# A Função Jurisdicional no Sistema GATT/OMC

# A Função Jurisdicional no Sistema GATT/OMC

2013

Pedro Infante Mota
Dissertação de Doutoramento em Ciências Jurídico-Económicas
na Faculdade de Direito da Universidade de Lisboa

A FUNÇÃO JURISDICIONAL NO SISTEMA GATT/OMC
AUTOR
Pedro Infante Mota
EDITOR
EDIÇÕES ALMEDINA, S.A.
Rua Fernandes Tomás, nºs 76, 78 e 80
3000-167 Coimbra
Tel.: 239 851 904 · Fax: 239 851 901
www.almedina.net · editora@almedina.net
DESIGN DE CAPA
FBA.
PRÉ-IMPRESSÃO
EDIÇÕES ALMEDINA, S.A.
IMPRESSÃO E ACABAMENTO
ROTABOOK, SERVICIOS DE IMPRESIÓN, S.L.
Junho, 2013

Apesar do cuidado e rigor colocados na elaboração da presente obra, devem os diplomas legais dela constantes ser sempre objeto de confirmação com as publicações oficiais.
Toda a reprodução desta obra, por fotocópia ou outro qualquer processo, sem prévia autorização escrita do Editor, é ilícita e passível de procedimento judicial contra o infrator.

 GRUPOALMEDINA

BIBLIOTECA NACIONAL DE PORTUGAL – CATALOGAÇÃO NA PUBLICAÇÃO
MOTA, Pedro Miguel Infante
A função jurisdicional no sistema
GATT/OMC. – (Tese de doutoramento)
ISBN 978-972-40-5064-5
CDU  341
     339

# AGRADECIMENTOS

O estudo que agora se publica corresponde à dissertação de doutoramento em Ciências Jurídico-Económicas apresentada na Faculdade de Direito da Universidade Clássica de Lisboa, em Setembro de 2010.

Esta mesma dissertação foi discutida e aprovada com distinção e louvor, por unanimidade, a 11 de Outubro de 2011, por um júri composto pelos Senhores Professores Doutores Ana Paula Dourado, Eduardo Paz Ferreira (orientador), Fernando Araújo (arguente), João Ferreira do Amaral (arguente), Luís Lima Pinheiro, Luís Pedro Cunha (arguente) e Luís Silva Morais.

Quero aproveitar esta oportunidade para agradecer a todos os membros do júri o encargo que aceitaram tomar, o que muito me honrou, deixando uma palavra de especial apreço e amizade ao meu orientador, Senhor Professor Doutor Eduardo Paz Ferreira, que muito me ajudou ao longo destes anos, pelo seu saber, paciência e encorajamento.

Quero tornar público, também, o meu agradecimento aos meus amigos e colegas que, de uma forma ou de outra, contribuíram para o sucesso dos meus trabalhos: Gonçalo Anastácio, Ricardo Borges, Rui Guerra Fonseca, José Renato Gonçalves, Vasco Guimarães, Alexey Maia, André Salgado de Matos, João Miguel, Paulo Pardal Morcela, Paulo Ribeiro, José Salgado e Miguel Moura e Silva.

Finalmente, mas primeiramente, quero agradecer e dedicar este estudo à minha família, em especial à Fati, ao Miguel e Pedro, por terem estado sempre perto mesmo quando eu estava distante, aos meus Pais, pelo carinho e apoio sempre pronto e inestimável, ao meu padrinho e ao meu tio Calé, aos meus avós, aos meus tios Augusta, João e Maria, Quim e Júlia, Zecas e Joaninha e aos meus primos Quim Quelhas, Quim José e Bélinha, Quim Júlio, Carlos e Clarinha, Zé, Sara, Géninha, Nuno e Nuno Baltazar.

O meu muito obrigado a todos.

A publicação da presente obra contou com o apoio financeiro do Instituto de Direito Económico, Financeiro e Fiscal (IDEFF) da Faculdade de Direito da Universidade de Lisboa

# ABREVIATURAS

| | |
|---|---|
| Acordo OMC | Acordo que institui a Organização Mundial do Comércio |
| ACP | África, Caraíbas e Pacífico (Países de) |
| AEA | The American Economic Association |
| AER | American Economic Review |
| AFDI | Annuaire Français de Droit International |
| AJIL | American Journal of International Law |
| ASIL | The American Society of International Law |
| AUJILP | American University Journal of International Law and Policy |
| Cf. | Conforme |
| CILJ | Cornell International Law Journal |
| CJIL | Chicago Journal of International Law |
| CJTL | Columbia Journal of Transnational Law |
| CMLR | Common Market Law Review |
| DSB | Dispute Settlement Body |
| DSU | Dispute Settlement Understanding |
| Ed(s). | edição ou editor(es) |
| EJIL | European Journal of International Law |
| ELR | European Law Review |
| FA | Foreign Affairs |
| GATS | General Agreement on Trade in Services |
| GYIL | German Yearbook of International Law |
| HILJ | Harvard International Law Journal |
| ICLQ | International and Comparative Law Quarterly |
| ILM | International Legal Materials |
| JDI | Journal du Droit International |
| JIEL | Journal of International Economic Law |
| JOCE | Jornal Oficial das Comunidades Europeias |
| JWT | Journal of World Trade |

| | |
|---|---|
| JWTL | Journal of World Trade Law |
| LIEI | Legal Issues of Economic Integration |
| NAFTA | North American Free Trade Agreement |
| NBER | National Bureau of Economic Research |
| MJGT | Minnesota Journal of Global Trade |
| MJIL | Michigan Journal of International Law |
| OMC | Organização Mundial do Comércio |
| ORL | Órgão de Resolução de Litígios |
| RBDI | Revue Belge de Droit International |
| RCADI | Recueil des Cours de l'Académie de Droit International |
| REEI | Revista Electrónica de Estudios Internacionales |
| RGDIP | Revue Générale de Droit International Public |
| RMCUE | Revue du Marché commun et de l'Union européenne |
| RMUE | Revue du Marché Unique Européen |
| RTDE | Revue Trimestrielle de Droit Européen |
| TPRM | Trade Policy Review Mechanism |
| TRIPs | Trade-Related Aspects of Intellectual Property Rights |
| WE | The World Economy |
| WTO | World Trade Organization |
| WTR | World Trade Review |
| YJIL | Yale Journal of International Law |

## PRELIMINARES

### 1. Objectivo

Durante o meu tempo de aluno do curso de Direito ministrado na Universidade Clássica de Lisboa, deparei com várias frases, nos manuais recomendados pelos regentes das disciplinas e noutros livros, que me despertaram algum interesse sobre a problemática da função jurisdicional no plano interno e, sobretudo, a nível internacional.

Logo no 1º ano, li Hamilton e a sua observação de que "the judiciary is beyond comparison the weakest of the three departments of power; (...) It can never attack with success either of the other two"[1]. Depois, na saudosa disciplina de Relações Económicas Internacionais, deparei com alguns autores franceses a defenderem que "un des traits saillants du droit international économique" era "son allergie au juge international"[2]. No 3º ano, descobri um livro escrito por um antigo juiz do Tribunal Permanente de Justiça Internacional (entre 1936 e 1942), que afirmava:

> "A conviction seems to be widespread that judicial settlement is not the best way of handling economic disputes, and that disputes relating to commercial questions should be dealt with by specialist experts rather than by judges of general competence who may have had no special experience in the field of international commerce"[3].

No 4º ano, já parecia sina, descobri numa investigação realizada para efeitos de um trabalho de melhoria de nota que o Tribunal Internacional de Justiça

---

[1] Alexander HAMILTON, *Federalist Papers*, nº 78: The Judiciary Department.

[2] Dominique CARREAU, Thiébaut FLORY e Patrick JUILLARD, *Droit international économique*, 3ª ed., Librairie Générale de Droit et de Jurisprudence, Paris, 1990, p. 55.

[3] Manley O. HUDSON, *International Tribunals: Past and Future*, Carnegie Endowment for International Peace-Brookings Institution, Washington, 1944, p. 213.

e o seu antecessor nunca tinham analisado qualquer litígio relativo ao comércio internacional[4]. Não constituía o comércio internacional "un pur fait, mais un fait qui a donné naissance au droit international tout entier"[5]? Confesso que fiquei um pouco confuso, até por ter aprendido no ano anterior que o Tribunal de Justiça das Comunidades Europeias tinha desempenhado um papel verdadeiramente capital na liberalização das trocas comerciais no plano comunitário.

Autêntica cereja em cima do bolo, li no último ano de curso Hart a questionar se o direito internacional seria realmente direito, por força da ausência de um poder legislativo internacional, de tribunais com jurisdição obrigatória e de sanções centralmente organizadas[6].

Face à curiosidade despertada por estas afirmações, decidi escolher como tema da minha dissertação de doutoramento a problemática do exercício da função jurisdicional no contexto da Organização Mundial do Comércio, tendo como principal objectivo indagar se as afirmações referidas correspondem ou não à realidade.

A escolha da Organização Mundial do Comércio não foi fruto do acaso. Desde logo, o facto de ter sido assistente durante vários anos das disciplinas de Relações Económicas Internacionais e de Direito Internacional Económico (e regido no ano lectivo de 2008/2009 as disciplinas de Economia Internacional (Turmas de Dia) e de Direito Internacional Económico (Turma da Noite)). Mais relevante, a Organização Mundial do Comércio (OMC) é, muito provavelmente, a organização internacional mais importante a ver a luz do dia desde a criação das Nações Unidas e a organização internacional normalmente associada ao fenómeno da globalização. E não constitui a paz o efeito natural do comércio?[7]. Além disso, o direito internacional atravessa hoje um estado de rápido crescimento e transformação, constituindo a proliferação e transformação do aparelho judiciário "the single most important development of the post-Cold War age"[8]. Entre os órgãos de resolução de litígios assume particular importância o Órgão de Recurso, desig-

---

[4] Günther Jaenicke, International Trade Conflicts before the Permanent Court of International Justice and the International Court of Justice, in *Adjudication of International Trade Disputes in International and National Economic Law*, Ernst-Ulrich Petersmann and G. Jaenicke ed., University Press Fribourg, 1992, p. 44.

[5] Antoine-Louis Pillet, *Recherches sur les droits fondamentaux des États dans l'ordre des rapports internationaux et sur la solution des conflits qu'ils font nâitre*, in RGDIP, 1898, p. 72.

[6] Herbert Hart, *O Conceito de Direito*, Tradução de A. Ribeiro Mendes, Fundação Calouste Gulbenkian, s.d., p. 230.

[7] Charles de Montesquieu, *De L'esprit des Lois*, Livro XX, Cap. II, Librairie Garnier Frères, Paris, s.d., p. 297.

[8] Cesare Romano, *The Proliferation of International Judicial Bodies: The Pieces of the Puzzle*, in New York University Journal of International Law and Politics, 1999, p. 709.

nadamente, por ser o único tribunal internacional cuja jurisdição é aceite, sem reservas, e utilizado regularmente pelos Estados Unidos, a grande potência militar dos nossos tempos. Os litígios são também uma parte importante e inevitável das relações internacionais e, a nível planetário, nenhum sistema é accionado tantas vezes pelos seus membros como o da OMC. A OMC é ainda descrita como "the most important, case-study regarding the relationship between power and rules in the context of current international relations" e o seu Órgão de Recurso "the most powerful and most significant international tribunal in existence today"[9]. Uma parte importante dos estudos referentes ao sistema de resolução de litígios da OMC caracteriza-se mesmo "by a near irrational exuberance"[10]. Finalmente, o comércio internacional tem o condão de ser transversal, de tocar vários domínios do direito internacional, desde a protecção dos direitos humanos e do ambiente até à salvaguarda da segurança nacional e internacional e da saúde pública. É também na OMC que se encontra o acordo internacional que tem contribuído para que se fale cada vez mais na controversa relação entre direito e ciência. Estamos a falar, é claro, do Acordo relativo à Aplicação de Medidas Sanitárias e Fitossanitárias.

## 2. Notas Importantes

Todos os documentos da OMC (relatórios dos painéis e do Órgão de Recurso, decisões de arbitragem ou decisões dos outros órgãos da OMC, etc.) podem ser encontrados neste sítio *http://docsonline.wto.org/gen_search.asp?searchmode=simple*. Basta inserir o código que se encontra entre parênteses em todos os documentos citados neste estudo. Se quisermos encontrar, por exemplo, o relatório do Órgão de Recurso no caso *European Communities – Regime for the Importation, Sale and Distribution of Bananas*, basta inserir o código WT/DS27/AB/R.

As datas referidas nos relatórios dos Painéis (da OMC) e do Órgão de Recurso correspondem à data da sua distribuição aos membros da OMC e não à data da sua adopção pelo Órgão de Resolução de Litígios da OMC.

Só muito excepcionalmente foram tidos em conta elementos de estudo posteriores a 30 de Junho de 2010, data da conclusão do presente estudo.

---

[9] John JACKSON, *The case of the World Trade Organization*, in International Affairs, 2008, pp. 437-438.
[10] Raj BHALA, *The Myth About Stare Decisis and International Trade Law (Part One of a Trilogy)*, in American University International Law Review, 1999, p. 856.

Parte I
# Aspectos Introdutórios

# Capítulo 1
# O Sistema de Resolução de Litígios do GATT de 1947

> *"The legal achievement represented by the WTO disputes procedure was not accomplished overnight. It occurred only after a slow – sometimes painfully slow – process of step-by-step developments beginning with the creation of the GATT in 1947"*[11].

## 1. Introdução

Os tratados comerciais (essencialmente de carácter bilateral) negociados durante vários séculos nunca previram o recurso a uma instituição externa para a resolução de litígios entre as partes contratantes[12]. Caso as consultas fracassassem

---

[11] Robert HUDEC, The Role of the GATT Secretariat in the Evolution of the WTO Dispute Settlement Procedure, in *The Uruguay Round and Beyond, Essays in Honour of Arthur Dunkel*, Springer, 1998, p. 101.

[12] *Idem*, p. 102. Até pelo facto de o fenómeno da resolução de litígios no plano internacional constituir um produto do século XX (cf. Shane SPELLISCY, *The Proliferation of International Tribunals: A Chink in the Armor*, in CJTL, 2001, p. 143). O primeiro mecanismo permanente de resolução de litígios entre Estados com base no Direito internacional foi o Tribunal Permanente de Arbitragem, estabelecido pela Convenção de Haia sobre a Resolução Pacífica de Conflitos Internacionais em 1899 (cf. *Idem*, p. 144). Antes da criação do Tribunal Permanente de Arbitragem, a arbitragem internacional só podia ter lugar numa base *ad hoc* (cf. Chester BROWN, *The Evolution and Application of Rules Concerning Independence of the "International Judiciary"*, in The Law and Practice of International Courts and Tribunals, 2003, p. 66). O Tratado de Amizade, do Comércio e de Navegação ou Tratado Jay (John Jay foi o primeiro presidente do Supremo Tribunal dos Estados Unidos e co--autor dos justamente famosos *Federalist Papers*) concluído em Novembro de 1794, na sequência da guerra da independência entre os Estados Unidos e a Grã-Bretanha, é visto, geralmente, como representando "the beginnings of modern international arbitration" (cf. *Idem*). O Tratado Jay, destinado a regular certas sequelas do conflito, estabeleceu três comissões arbitrais mistas com vista a decidir, de maneira obrigatória e definitiva, uma questão relativa à fronteira entre os Estados

no objectivo de corrigir o comportamento esperado de uma parte contratante, a parte afectada tinha ao seu dispor unicamente a possibilidade de não observar, igualmente, algumas ou todas as obrigações contratadas. O interesse mútuo na liberalização das trocas comerciais foi, todavia, sempre suficientemente forte para persuadir as partes contratantes a agirem geralmente em conformidade com o que tinham acordado[13].

## 2. Os Projectos anteriores à Carta de Havana

A criação de uma organização mundial do comércio foi proposta durante o primeiro conflito mundial por Cordell Hull, então membro do Congresso dos Estados Unidos. O chamado *Permanent International Trade Congress* teria como funções:

> "to consider trade practices and policies that lead to commercial controversies and to formulate agreements with respect thereto, designed to eliminate and avoid the injurious results and dangerous possibilities of economic warfare, and to promote fair and friendly trade relations among all nations of the world"[14].

Pouco tempo depois, o Presidente norte-americano Woodrow Wilson proporia a criação de um *World Trade Board* como parte integrante do Pacto da Sociedade das Nações[15].

No caso dos acordos comerciais bilaterais dos anos 20 e 30 (particularmente, os negociados pelos Estados Unidos a seguir a 1935), que muito influenciaram

---

Unidos e o Canadá, reivindicações pecuniárias apresentadas por cidadãos britânicos e reclamações relativas à captura ilícita de navios americanos durante a guerra entre a França e a Inglaterra subsequente à revolução francesa. Em termos processuais, o Tratado Jay limitou-se a regular a localização das comissões, os prazos para a audição das queixas e os elementos de prova que as comissões poderiam considerar (cf. Chester BROWN, *A Common Law of International Adjudication*, Oxford University Press, 2007, p. 2). Subsequentemente, foi estabelecido em 1907 o Tribunal de Justiça da América Central, o primeiro tribunal internacional (cf. Philippe SANDS e Ruth MACKENZIE, *International Courts and Tribunals and the Independence of the International Judge*, in HILJ, 2003, p. 272). Com a criação do Tribunal Permanente de Justiça Internacional, dá-se um novo ponto de viragem na institucionalização da resolução de litígios a nível internacional. Pela primeira vez, "a standing body existed that could hear the entire range of interstate claims". Cf. Tom GINSBURG e Richard MCADAMS, *Adjudicating in Anarchy: An Expressive Theory of International Dispute Resolution*, in William and Mary Law Review, Volume 45, No. 4, 2004, p. 1291.

[13] Robert HUDEC, The Role of the GATT Secretariat in the Evolution of the WTO Dispute Settlement Procedure, in *The Uruguay Round and Beyond, Essays in Honour of Arthur Dunkel*, Springer, 1998, p. 102.

[14] Steve CHARNOVITZ, *Triangulating the World Trade Organization*, in AJIL, 2002, p. 47.

[15] Daniel ESTY, *Greening the GATT: Trade, Environment, and the Future*, Institute for International Economics, Washington, D.C., 1994, p. 244.

O SISTEMA DE RESOLUÇÃO DE LITÍGIOS DO GATT DE 1947

a forma e a substância do Acordo Geral sobre Pautas Aduaneiras e Comércio[16], eles não contemplavam:

"any form of legalized or judicial proceedings to resolve disputes. (...) The provisions for consultations and the lack of judicialized dispute resolution clauses suggest that states negotiating these agreements were much more concerned with maintaining a general sense of reciprocity and balance of trading opportunities than with strict legal compliance. The underlying premise – apparently widely accepted at the time – was that economic disputes could be better addressed through diplomatic rather than legalistic mechanisms"[17].

Diferentemente, a Convenção Internacional para a Abolição de Proibições e Restrições à Importação e Exportação de 1927 tentou criar um sistema jurisdicional de resolução de litígios comerciais, prevendo a submissão de litígios de natureza jurídica ao Tribunal Permanente de Justiça Internacional, mas nunca se conseguiu reunir o número suficiente de ratificações para a sua entrada em vigor[18].

Tendo esta proposta fracassado, a ideia de criar uma organização internacional responsável pela condução dos destinos do comércio internacional voltou a ser aventada só em 1942. Nesse ano, James Meade, então a trabalhar na secção económica do gabinete de guerra do governo de Churchill, elaborou um documento propondo a criação de uma União Comercial Internacional[19], considerada o ponto de partida da Organização Internacional do Comércio referida na Carta de Havana[20].

No plano institucional, o documento de James Meade previa apenas que a União Comercial Internacional estaria aberta a todos os Estados que quisessem aderir e se mostrassem dispostos a cumprir todas as obrigações resultantes da adesão, bem como a criação de uma Comissão do Comércio Internacional, cujos membros seriam nomeados pelos governos dos Estados que fizessem parte da

---

[16] Robert HUDEC, *The GATT Legal System: A Diplomat's Jurisprudence*, in *The World Trading System. Critical Perspectives on the World Economy, vol. II, Dispute Settlement in the World Trading System*, Robert Howse ed., Routledge, Londres e Nova Iorque, 1998, p. 9; Douglas IRWIN, Petros MAVROIDIS e Alan SYKES, *The Genesis of the GATT*, Cambridge University Press, 2008, p. 12.

[17] Jeffrey DUNOFF, *Does the U.S. Support International Tribunals? The Case of the Multilateral Trade System*, Institute for International Law and Public Policy White Paper Series No. 2007-1, Temple University – Beasley School of Law, 2007, p. 5.

[18] *Idem*.

[19] James MEADE, *A Proposal for an International Commercial Union (25th July, 1942)*, in WE, 1987, pp. 400-407.

[20] Jean-Christophe GRAZ, *Aux sources de l'OMC: La Charte de La Havane (1941-1950)*, Droz, Genebra, 1999, p. 97; Ernest PENROSE, *Economic Planning for the Peace*, Princeton University Press, 1953, pp. 89-90.

União[21]. A Comissão do Comércio Internacional teria uma natureza semi-arbitral, semi-judicial, e os membros da União poderiam apresentar queixas com vista à obtenção de uma opinião da Comissão no sentido de saber se o Tratado da União teria sido violado ou não por uma acção específica de um membro. A Comissão do Comércio Internacional seria competente, igualmente, para interpretar o Tratado da União Comercial Internacional[22].

---

[21] No plano substantivo, a União Comercial Internacional basear-se-ia em alguns dos seguintes princípios fundamentais:

(i) os membros da União deveriam assumir o compromisso de não concederem preferências ou outras vantagens em matéria de preços a qualquer outro membro da União sem as estenderem a todos os membros da mesma, excepto em casos excepcionais relativos à concessão de preferências entre membros de agrupamentos geográficos ou políticos de nações;

(ii) os membros da União deveriam eliminar em conjunto e reciprocamente algumas práticas proteccionistas;

(iii) as actividades das empresas comerciais de Estado não seriam proibidas, mas teriam que se sujeitar às condições estabelecidas no Tratado da União Comercial Internacional;

(iv) os membros da União poderiam concluir acordos comerciais ou de outro tipo com qualquer outro Estado, que podia não ser membro da União, desde que os termos de tais acordos não fossem incompatíveis com as suas obrigações enquanto membros da União;

(v) os membros da União não poderiam discriminar, através de taxas, subsídios, preços preferenciais oferecidos por organizações do Estado ou outros meios, os produtos dos outros membros da União nem conceder a estes um tratamento menos favorável do que o concedido aos produtos similares de Estados não membros da União Comercial Internacional;

(vi) como excepção ao princípio referido no ponto anterior, os membros da União poderiam conceder preferências nos preços, até a um máximo de 10%, aos produtos dos Estados com os quais formassem uma união geográfica ou política;

(vii) os membros da União seriam proibidos de conceder uma preferência, através de taxas, subsídios, preços oferecidos por empresas comerciais do Estado ou outros meios, aos produtores nacionais superior em 25% ao preço oferecido aos produtos similares dos outros membros da União;

(viii) os membros da União seriam proibidos de impor restrições quantitativas ou proibições, excepto por razões de saúde pública ou de segurança, à importação de produtos dos outros membros da União;

(ix) os membros da União seriam proibidos de impor restrições quantitativas ou proibições às exportações, excepto quando aplicadas no âmbito de um regime internacional para os produtos primários;

(x) os membros da União deveriam comprometer-se a não impor taxas ou subvenções superiores a 10% sobre as exportações para qualquer outro país, mesmo que se tratasse de um Estado não membro da União.

[22] Apesar de ver o mecanismo de resolução de litígios como uma parte essencial da União Comercial, Meade notava que seria "premature at this stage to make detailed suggestions". Cf. Douglas IRWIN, Petros MAVROIDIS e Alan SYKES, *The Genesis of the GATT*, Cambridge University Press, 2008, p. 29.

O SISTEMA DE RESOLUÇÃO DE LITÍGIOS DO GATT DE 1947

## 3. A Carta de Havana

Terminada a segunda guerra mundial, e paralelamente à reorganização do Sistema Monetário Internacional e ao esforço de reconstrução das economias devastadas pelo conflito, os Estados Unidos submeteram aos seus aliados, em finais de 1945, propostas com vista à expansão do comércio mundial e do emprego[23]. Essas propostas, depois de várias conferências convocadas sob os auspícios do Conselho Económico e Social das Nações Unidas, tomaram a forma de um projecto de carta constitutiva de uma Organização Internacional do Comércio (a chamada Carta de Havana)[24]. Tal Organização, que deveria funcionar como uma instituição especializada das Nações Unidas, tinha como ambição principal organizar as relações comerciais internacionais em moldes verdadeiramente novos. Nesse sentido, a Carta de Havana estabelecia um verdadeiro código de conduta para o comércio internacional e abordava, pela primeira vez numa perspectiva mundial, as questões do desenvolvimento económico (artigos 8º a 15º), do comércio internacional de produtos de base (artigos 27º e 28º e 55º a 70º) e das práticas comerciais restritivas (artigos 46º a 54º).

A ambição da Carta de Havana reflectia-se, igualmente, nas disposições relativas à resolução de litígios (Capítulo VIII: artigos 92º a 97º). As negociações relativas à Carta de Havana (1946-48) foram mesmo as primeiras a dedicar grande atenção à questão da resolução imparcial de litígios comerciais por um terceiro e a prever, realmente, a criação de um sistema de resolução de litígios suficientemente elaborado. Interessa reproduzir, por isso, enquanto precedente histórico e ponto de partida, as disposições da Carta em matéria de resolução de litígios:

"**Artigo 92º**
Recurso aos processos previstos pela Carta
1. Os Estados Membros comprometem-se a não recorrer, nas suas relações com outros Estados Membros e com a Organização, a qualquer processo diferente dos

---

[23] ESTADOS UNIDOS DA AMÉRICA, *Proposals for Expansion of World Trade and Employment,* Department of State, November 1945, in *http://www.efficientfrontier.com/files/proposals.pdf.*

[24] Das quatro conferências realizadas (a primeira realizou-se em Londres entre 15 de Outubro e 26 de Novembro de 1946, a segunda em Nova Iorque, de 20 de Janeiro a 25 de Fevereiro de 1947, a terceira em Genebra, entre 10 de Abril e 30 de Outubro de 1947), a mais importante foi a que decorreu entre 21 de Novembro de 1947 e 24 de Março de 1948, em Havana, na qual participaram 56 Estados. Nessa conferência, onde só a Carta de Havana foi discutida, aprova-se o texto da mesma, que vem a ser assinado por 53 Estados participantes, tendo sido, pois, apenas três os Estados que então a não assinaram: a Argentina, a Polónia e a Turquia (a Turquia só pôde assinar em Julho devido a demoras na transmissão da respectiva autorização oficial). A conferência realizada em Havana não contou com a presença dos seguintes países: Alemanha, Japão, União Soviética e Espanha.

processos previstos pela presente Carta, no que respeita às reclamações e resolução dos diferendos a que der lugar a aplicação da Carta.

2. Os Estados Membros comprometem-se, igualmente, sem prejuízo de qualquer outro acordo internacional, a não recorrer a qualquer medida económica unilateral que for contrária às disposições da presente Carta.

Artigo 93º<br>Consultas e arbitragem

1. Se um Estado Membro entender que fica privado, no todo ou em parte, de uma vantagem que lhe resulte, directa ou indirectamente, implícita ou explicitamente, em virtude das disposições da presente Carta, além das do artigo primeiro, porque:

a) um Estado Membro, por uma acção ou uma omissão, falte a um dos compromissos que contraiu nos termos da presente Carta

b) ou porque um Estado Membro aplique uma medida não contrária às disposições da presente Carta;

c) ou porque existe qualquer outra situação, o dito Estado Membro poderá, com o fim de chegar a uma solução satisfatória do caso, enviar representações ou propostas escritas ao outro ou outros Estados Membros que, em seu entender, estão em causa; os Estados Membros, a quem estas representações ou estas propostas forem enviadas, examiná-las-ão com compreensão.

2. Os Estados Membros em causa poderão submeter a arbitragem, nas condições que forem convencionadas, qualquer caso dependente do parágrafo 1, entendendo-se que a decisão do árbitro não obrigará em coisa alguma a Organização ou qualquer Estado Membro, com excepção dos Estados Membros que tenham submetido o diferendo à arbitragem.

3. Os Estados Membros interessados comunicarão à Organização informações gerais sobre a evolução e os resultados de qualquer discussão, de qualquer consulta ou de qualquer arbitragem a que tiverem recorrido em virtude das disposições da presente Carta.

**Artigo 94º**
**Recurso para o Conselho Executivo**

1. Qualquer caso dependente da alínea a) ou b) do número 1 do artigo 93º que não tiver sido solucionado de maneira satisfatória, bem como qualquer caso dependente da alínea c) do número 1 do artigo 93º, poderão ser levados perante o Conselho Executivo por qualquer Estado Membro em causa.

2. O Conselho Executivo fará, sem demora, um inquérito sobre o caso e decidirá se há, efectivamente, privação total ou parcial de uma vantagem no sentido do número 1 do artigo 93º. Tomará então, dentre as medidas seguintes, aquelas que convierem ao caso em litígio:

O SISTEMA DE RESOLUÇÃO DE LITÍGIOS DO GATT DE 1947

a) decidir que não há razão para dar seguimento à demanda;

b) recomendar aos Estados Membros em causa que retomem as consultas;

c) submeter o caso à arbitragem, nas condições fixadas, de comum acordo, pelo Conselho Executivo e os Estados membros em causa;

d) para qualquer caso dependente da alínea a) do número 1 do artigo 93º, convidar o Estado membro em causa a tomar as medidas que lhe permitam conformar-se com as disposições da presente Carta;

e) para qualquer caso dependente das alíneas b) ou c) do número 1 do artigo 93º, dirigir aos Estados Membros as recomendações que forem mais úteis aos Estados Membros em causa e que facilitarem melhor uma solução satisfatória.

3. Se o Conselho Executivo considerar que as medidas referidas nas alíneas d) e e) do número 2, não parecem dever dar o resultado no prazo necessário para evitar um prejuízo grave, e que a privação, total ou parcial, de uma vantagem, no sentido do número 1 do artigo 93º, que foi verificada, é bastante grave para justificar tal medida, poderá, ressalvadas as disposições do número 1 do artigo 95º, autorizar o ou os Estados Membros lesados a suspender, relativamente a um ou mais outros Estados Membros, os compromissos ou as concessões que resultem da presente Carta ou da sua aplicação, na medida e nas condições que julgar apropriadas e suficientes para constituir uma compensação, tendo em consideração a vantagem perdida no todo ou em parte.

4. O Conselho Executivo poderá, no decurso do seu inquérito, entrar em consultas com Estados Membros ou organizações intergovernamentais sobre quaisquer questões dependentes da presente Carta que ele julgar apropriadas. Poderá, igualmente, consultar qualquer comissão competente da Organização sobre qualquer caso dependente do presente capítulo.

5. O Conselho Executivo poderá, no decurso do seu exame, levar, em qualquer momento, perante a Assembleia qualquer litígio que lhe tiver sido submetido em virtude do presente artigo.

## Artigo 95º
### Recursos para a Assembleia

1. O Conselho Executivo, se um Estado Membro em causa assim o pedir dentro de trinta dias, enviará à Assembleia para revisão, qualquer medida, decisão ou recomendação tomada ou formulada pelo Conselho Executivo ao abrigo dos números 2 ou 3 do artigo 94º. A menos que esta revisão tenha sido pedida por um Estado Membro em causa, os Estados membros terão o direito de se conformar com qualquer medida, decisão ou recomendação tomada ou formulada pelo Conselho Executivo ao abrigo dos números 2 ou 3 do artigo 94º. A Assembleia confirmará, modificará ou infirmará a medida, a decisão ou a recomendação que lhe tiver sido enviada nos termos do presente número.

A FUNÇÃO JURISDICIONAL NO SISTEMA GATT/OMC

2. Quando um litígio abrangido pelo presente capítulo tiver sido levado perante a Assembleia, pelo Conselho Executivo, a Assembleia seguirá o processo previsto para o Conselho Executivo no número 2 do artigo 94º.

3. Se a Assembleia julgar que a privação total ou parcial de uma vantagem, que tenha sido verificada, no sentido da alínea a) do número 1 do artigo 93º, é grave bastante para justificar tal medida, poderá autorizar o ou os Estados membros lesados a suspender, relativamente a um ou vários outros Estados Membros, os compromissos ou as concessões que resultem da presente Carta ou da sua aplicação, na medida e nas condições que julgar apropriadas e suficientes para constituir uma compensação, tendo em consideração a vantagem perdida no todo ou em parte. Se a Assembleia entender que a privação total ou parcial de uma vantagem no sentido das alíneas b) ou c) do número 1 do artigo 93º, que tenha sido verificada, é grave bastante para justificar tal medida, poderá igualmente conceder uma dispensa a um ou mais Estados Membros, na medida e nas condições em que esta dispensa for mais útil aos Estados Membros em causa e melhor facilitar uma solução satisfatória.

4. Quando, em conformidade com as disposições do número 3, um ou mais Estados Membros suspenderem, relativamente a outro Estado Membro, a execução de um compromisso ou o benefício de uma concessão, será permitido a este Estado Membro, num prazo de sessenta dias depois de esta medida ter sido tomada, ou, se houver sido pedido um parecer ao Tribunal Internacional de Justiça, em conformidade com as disposições do artigo 96º, depois de o Tribunal ter pronunciado o seu parecer, notificar por escrito que se retira da Organização. Esta saída produzirá efeito depois de expirado um prazo de sessenta dias, a contar da data em que o Director-Geral tiver recebido a notificação.

### Artigo 96º
### Recurso para o Tribunal Internacional de Justiça

1. A Organização poderá, em conformidade com os acordos concluídos ao abrigo das disposições do número 2 do artigo 96º da Carta das Nações Unidas, pedir ao Tribunal Internacional de Justiça pareceres consultivos sobre questões jurídicas que se suscitarem no quadro das actividades da Organização.

2. Qualquer decisão da Assembleia tomada em virtude da presente Carta deverá, a requerimento de qualquer Estado Membro cujos interesses sejam lesados por essa decisão, ser objecto de uma revisão pelo Tribunal Internacional de Justiça, por meio de um pedido de parecer consultivo apresentado segundo a forma requerida, em conformidade com o Estatuto do Tribunal.

3. O pedido de parecer será acompanhado de uma exposição da questão que suscitou o parecer, bem como de todos os documentos que possam servir para elucidar a questão. Esta exposição será fornecida pela Organização, em conformidade com o Estatuto do tribunal, após consultas com os Estados Membros interessados de maneira substancial.

O SISTEMA DE RESOLUÇÃO DE LITÍGIOS DO GATT DE 1947

4. Até que o Tribunal tenha pronunciado o seu parecer, a decisão da Assembleia produzirá todos os seus efeitos. No entanto, a Assembleia suspenderá a aplicação desta decisão até que o Tribunal tenha proferido o seu parecer, se a Assembleia entender que esta aplicação causaria um prejuízo dificilmente reparável a um Estado Membro em causa.

5. A Organização considerar-se-á vinculada pelo parecer do Tribunal sobre qualquer questão que lhe tiver submetido. A decisão em causa será modificada, na medida em que não estiver conforme com o parecer do Tribunal.

Artigo 97º
Disposições diversas

1. Nenhuma disposição do presente capítulo será interpretada como excluindo outros processos previstos na presente Carta para as consultas e resolução de diferendos a que der lugar a aplicação da Carta. A Organização poderá considerar as discussões, consultas e inquéritos realizados em virtude de qualquer outra disposição da presente Carta, como satisfazendo, no todo ou em parte, qualquer condição análoga de processo contida no presente capítulo.

2. A Assembleia e o Conselho Executivo estabelecerão as regras de processo que venham a ser necessárias para a aplicação das disposições do presente capítulo"[25].

A primeira conclusão que deve ser retirada prende-se com o facto de estarmos perante um procedimento de resolução institucional por decisão de um órgão político[26]. De facto, os dois principais órgãos da Organização Internacional do Comércio envolvidos na resolução de litígios teriam claramente carácter intergovernamental. A Assembleia seria composta por todos os Estados Membros da Organização, tendo cada Estado Membro um representante (art. 74º da Carta) e um voto (art. 75º, nº 1, da Carta)[27], e o Conselho Executivo composto por dezoito membros da Organização escolhidos pela Assembleia (art. 78º, nº 1, da Carta) e

---

[25] O texto da Carta de Havana pode ser encontrado in Brigitte STERN, *Un Nouvel Ordre Économique International?*, Recueil de Textes et Documents, volume 1, Economica, Paris, 1983, pp. 99-158.

[26] Xavier Fernández PONS, *La OMC y el Derecho internacional: Un estudio sobre el sistema de solución de diferencias de la OMC y las normas secundarias del Derecho internacional general*, Marcial Pons, Madrid-Barcelona, 2006, p. 62.

[27] Salvo disposição em contrário da Carta, as decisões da Assembleia seriam tomadas por maioria dos Estados membros presentes e que participassem na votação (art. 75º, nº 2, da Carta) e a Assembleia teria uma sessão anual ordinária e as sessões extraordinárias que fossem convocadas pelo Director-Geral, a pedido do Conselho Executivo ou de um terço dos Estados membros (art. 76º, nº 1, da Carta). Seriam reservados à Assembleia os poderes e atribuições conferidos à Organização pela Carta de Havana, bem como o poder soberano de fixar a política da Organização (art. 77º, nº 1, da Carta). Além disso, a Assembleia poderia confiar ao Conselho Executivo, por decisão tomada por maioria dos Estados membros da Organização, qualquer poder ou qualquer atribui-

A FUNÇÃO JURISDICIONAL NO SISTEMA GATT/OMC

de maneira a assegurar uma representação apropriada das grandes regiões geográficas a que pertencessem os membros da Organização (art. 78º, nº 2, alínea a), da Carta). Quando escolhesse os membros do Conselho, no início e depois de três em três anos, a Assembleia deveria ter em vista assegurar a representação, no Conselho, dos Estados mais importantes do ponto de vista económico, bem como a representação apropriada dos diferentes tipos de economia ou dos diferentes graus de desenvolvimento económico (art. 78º, nº 2, alínea c), da Carta). A duração do mandato de cada membro do Conselho Executivo seria de três anos (art. 78º, nº 4, da Carta). Cada membro do Conselho Executivo teria um voto (art. 79º, nº 1, da Carta) e as decisões do Conselho seriam tomadas por maioria dos votos expressos (art. 79º, nº 2, da Carta)[28].

Segundo, previa-se a possibilidade de recurso para a Assembleia de qualquer medida, decisão ou recomendação tomada ou formulada pelo Conselho Executivo (ao abrigo dos números 2 ou 3 do artigo 94º da Carta), situação que pode ser vista como precursora da fase de recurso prevista presentemente no art. 17º do Memorando de Entendimento sobre Resolução de Litígios da OMC[29].

Terceiro, o sistema de resolução de litígios previsto na Carta permitiria que fossem analisados não só acções ou omissões de um Estado Membro (art. 93º, nº 1), mas também qualquer medida, decisão ou recomendação tomada ou formulada pelo Conselho Executivo (art. 95º, nº 1) ou qualquer decisão da Assembleia tomada em virtude da Carta (art. 96º, nº 2)[30].

Quarto, previa-se expressamente a possibilidade de qualquer Estado Membro, cujos interesses tivessem sido lesados por uma decisão da Assembleia, interpor recurso para o Tribunal Internacional de Justiça (art. 96º, nº 2, da Carta de Havana)[31]. Apesar de os pareceres do Tribunal Internacional de Justiça carece-

ção, com excepção dos poderes ou atribuições que eram expressamente conferidos ou impostos à Assembleia pela Carta de Havana (art. 77º, nº 2, da Carta).

[28] O Conselho teria a seu cargo garantir a aplicação da política geral da Organização, exercer os poderes e realizar as tarefas que a Assembleia lhe confiasse, exercer um direito de vigilância sobre os trabalhos das Comissões e dar às suas recomendações o seguimento que julgasse útil (art. 81º, nº 1, da Carta).

[29] Peter-Tobias STOLL, Article 1 DSU, in *WTO-Institutions and Dispute Settlement*, Rüdiger Wolfrum, Peter-Tobias Stoll e Karen Kaiser (eds), Max Planck Commentaries on World Trade Law, Max Planck Institute for Comparative Public Law and International Law, Martinus Nijhoff Publishers, Leiden/Boston, 2006, p. 270.

[30] Como veremos *infra*, o sistema de resolução de litígios da OMC não permite que um Membro apresente uma queixa contra uma medida da Organização, dos seus órgãos ou do Director-Geral da OMC, ou seja, o controlo judicial visa apenas as medidas dos Membros da OMC.

[31] A história das negociações relativas à Carta de Havana revela que o recurso ao Tribunal Internacional de Justiça gerou bastante controvérsia. Os primeiros projectos, favorecidos pelos países mais poderosos (Estados Unidos e Reino Unido), permitiam o recurso apenas se a Assembleia con-

O SISTEMA DE RESOLUÇÃO DE LITÍGIOS DO GATT DE 1947

rem, estatutariamente, de efeito jurídico vinculativo[32], a Organização Internacional do Comércio considerar-se-ia vinculada pelo parecer do Tribunal sobre qualquer questão que lhe tivesse submetido e a decisão em causa da Assembleia seria modificada, na medida em que não estivesse conforme com o parecer do Tribunal. Nas palavras de um dos participantes nas negociações da Carta de Havana, "a basis is thus provided for the development of a body of international law to govern trade relationships"[33]. Claro está, a obrigatoriedade de modificação resultaria não de uma imposição da Carta das Nações Unidas ou do Estatuto do Tribunal Internacional de Justiça, mas da própria Carta de Havana.

Quinto, a própria Organização Internacional do Comércio poderia, enquanto organização especializada das Nações Unidas e mediante autorização da Assembleia Geral das Nações Unidas, solicitar um parecer consultivo ao Tribunal Internacional de Justiça sobre questões jurídicas surgidas dentro da esfera das suas actividades (art. 96º, nº 2, da Carta das Nações Unidas)[34].

sentisse, ao passo que outros países (França, Holanda, Bélgica) levantaram objecções a tal solução. Estes últimos países receavam que "the legal rulings by the Executive Board and the Conference might well be political rather than objective" (cf. Thomas ZIMMERMANN, *Negotiating the Review of the WTO Dispute Settlement Understanding*, Cameron May, 2006, p. 41). A solução final – pedir ao Tribunal Internacional de Justiça pareceres consultivos sobre questões jurídicas – constituiu, pois, um compromisso entre as duas posições referidas.

[32] Jochen FROWEIN e Karin OELLERS-FRAHM, Article 65, in *The Statute of the International Court of Justice – A Commentary*, Andreas Zimmermann, Christian Tomuschat e Karin Oellers-Frahm ed., Oxford University Press, 2006, pp. 1410 e 1415; Hermann MOSLER e Karin OELLERS-FRAHM, Article 96, in *The Charter of the United Nations: A Commentary*, vol. II, Bruno Simma ed., 2ª ed., Oxford University Press, 2002, pp. 1181 e 1188. Ao mesmo tempo, "even if advisory opinions of the International Court of Justice are not binding they do carry great authority and place a heavy burden on the requesting entity, especially if it decides not to follow the advice given". Cf. Cesare ROMANO, *Deciphering the Grammar of the International Jurisprudential Dialogue*, in New York University Journal of International Law and Politics, 2009, p. 787.

[33] Clair WILCOX, *A Charter for World Trade*, The Macmillan Company, Nova Iorque, 1949, p. 160.

[34] De notar que, nas suas relações com as Nações Unidas, o GATT recebia *de facto* o mesmo tratamento que as organizações especializadas das Nações Unidas (cf. Miquel Montaña i MORA, *A GATT With Teeth: Law Wins Over Politics in the Resolution of International Trade Disputes*, in CJTL, 1993, p. 108; Ernst-Ulrich Petersmann, *International Governmental Trade Organizations: GATT and CNUCED*, in International Encyclopedia of Comparative Law, vol. XVII, 1979, p. 10). Nunca foi solicitado, porém, qualquer parecer ao Tribunal Internacional de Justiça. Escrevendo perto do final do Ciclo do Uruguai, GÜNTHER JAENICKE notava, por outro lado, que:

"If we draw our attention to disputes between States in their trade relations, strictly speaking, that is to disputes relating to imports and exports of goods, international transports, financial transactions between trading nations, and transboundary supply of technology or other services, we discover the remarkable fact that no such conflict has ever been submitted to the Permanent Court of International Justice or the International Court of Justice". Cf. Günther JAENICKE, International Trade Conflicts before the Permanent Court of International Justice

A FUNÇÃO JURISDICIONAL NO SISTEMA GATT/OMC

Sexto, o art. 96º, nº 4, da Carta permitiria a aplicação de medidas provisórias numa determinada situação. Em contraste, é entendimento generalizado que, durante a vigência do GATT de 1947, os painéis não podiam indicar medidas provisórias e a entrada em vigor do sistema de resolução de litígios da OMC parece não ter modificado tal situação[35].

and the International Court of Justice, in *Adjudication of International Trade Disputes in International and National Economic Law*, Ernst-Ulrich Petersmann and G. Jaenicke ed., University Press Fribourg, 1992, p. 44.
Ainda que em teoria fosse juridicamente possível remeter um litígio do tipo dos referidos para o Tribunal Internacional de Justiça, caso fossem esgotados os procedimentos no âmbito do GATT e com base na Cláusula Opcional ou num acordo especial, nenhum Estado tomou tal acção (cf. *Idem*, p. 47). O próprio Presidente das PARTES CONTRATANTES declarou em 1949 que:
"Não existe nada no Acordo Geral a impedir a referência ao Tribunal Internacional de Justiça. Todavia, as PARTES CONTRATANTES agindo colectivamente estavam impedidas de apresentar um caso pelos próprios Estatutos do Tribunal. O Artigo XXV do GATT prevê a acção colectiva pelas PARTES CONTRATANTES e [o Presidente] interpretou as palavras 'para facilitar a aplicação e para permitir alcançar os objectivos deste Acordo', no nº 1, como permitindo às PARTES CONTRATANTES agir colectivamente para interpretarem o Acordo sempre que o considerassem necessário. Qualquer governo que não concordasse com uma interpretação podia levar ao Tribunal Internacional de Justiça o litígio que deu origem a tal interpretação, apesar de nenhum governo ou as PARTES CONTRATANTES poderem levar uma decisão das PARTES CONTRATANTES ao Tribunal Internacional de Justiça" (cf. GATT, *Analytical Index: Guide to GATT Law and Practice* (ed. Frieder Roessler), 6ª ed., Genebra, 1994, p. 670).
[35] Não podemos deixar de assinalar, por último, que a Jordânia sugeriu, já depois da entrada em vigor dos acordos da OMC, que seja facultado aos painéis, ao Órgão de Recurso e ao Órgão de Resolução de Litígios o poder de solicitarem uma opinião consultiva ao Tribunal Internacional de Justiça sobre questões de direito internacional e que tais opiniões possam ser adoptadas em conformidade com o Artigo IX, nº 2, do Acordo OMC:
"40. Em consonância com a ideia de que a OMC é um organismo do direito internacional público, a Jordânia sugere que seja concedido aos painéis, ao Órgão de Recurso e/ou ao Órgão de Resolução de Litígios o poder para 'procurar' opiniões consultivas junto do Tribunal Internacional de Justiça sobre questões de direito internacional. Isto implicaria estender a função consultiva do Tribunal Internacional de Justiça à OMC, como se fez com outros organismos especializados. A referência a um painel independente de peritos como o Tribunal Internacional de Justiça atestaria a imparcialidade da OMC na resolução dos litígios que podem emergir como resultado da aplicação dos Acordos da OMC.
**41.** A opinião consultiva deveria ser considerada como um instrumento de interpretação destinado a ajudar os órgãos relevantes a formularem recomendações ou a adoptarem um relatório sobre um determinado litígio. Tal opinião deveria estar sujeita a adopção pela Conferência Ministerial ou Conselho Geral de acordo com o nº 2 do artigo IX do Acordo que Cria a OMC".
Cf. OMC, *Jordan's Contribution Towards the Improvement and Clarification of the WTO Dispute Settlement Understanding* (TN/DS/W/43), 28-1-2003, parágrafos 40-41 (p. 9).
Georges CAVALIER, *A Call for Interim Relief at the WTO Level: Dispute Settlement and International Trade Diplomacy*, in World Competition, vol. 22, nº 3, 1999, pp. 118-121 e 124-129.

O SISTEMA DE RESOLUÇÃO DE LITÍGIOS DO GATT DE 1947

Sétimo, o famoso conceito de anulação ou redução de vantagens ("nullification or impairment") já se encontra presente (veja-se, por exemplo, o nº 2 do art. 94º da Carta de Havana).

Oitavo, o art. 92º da Carta impunha que os Estados Membros não recorressem, nas suas relações com outros Estados Membros e com a Organização, a qualquer processo de resolução de litígios diferente dos processos previstos pela Carta nem a qualquer medida económica unilateral contrária às disposições da Carta. O art. 92º da Carta de Havana apresenta, assim, grandes semelhanças com o actual art. 23º, nº 1, do Memorando de Entendimento sobre Resolução de Litígios da OMC[36].

Finalmente, ao prever a possibilidade de suspensão, relativamente a um ou vários outros Estados Membros, dos compromissos ou das concessões que resultassem da Carta ou da sua aplicação, a Carta de Havana introduziu um novo princípio nas relações económicas internacionais. Como observou CLAIR WILCOX, presidente ou vice-presidente da delegação norte-americana durante grande parte das negociações relativas à Carta:

> "We have asked the nations of the world to confer upon an international organization the right to limit their power to retaliate. We have sought to tame retaliation, to discipline it, to keep it within bounds. By subjecting it to the restraints of international control, we have endeavoured to check its spread and growth, to convert it from a weapon of economic warfare to an instrument of international order"[37].

Para entrar em vigor, a Carta de Havana deveria ser aceite, no mínimo, por 20 dos governos que assinaram a Acta Final da Conferência das Nações Unidas sobre Comércio e Emprego (art. 103º, nº 2, da Carta), o que nunca se verificou[38].

---

[36] Nos termos do nº 1 do art. 23º:
"Sempre que os Membros queiram opor-se à violação de obrigações ou à anulação ou redução de vantagens previstas nos acordos abrangidos, ou a um impedimento para atingir qualquer objectivo previsto nos referidos acordos, deverão recorrer e respeitar as normas e procedimentos previstos no presente Memorando".
Não obstante um painel ter caracterizado o art. 23º do Memorando de Entendimento sobre Resolução de Litígios da OMC como uma "cláusula de exclusividade em matéria de resolução de litígios" (cf. Relatório do Painel no caso *United States – Sections 301-310 of the Trade Act of 1974* (WT/DS152/R), 22-12-1999, parágrafo 7.43), alguns acordos da OMC prevêem excepções limitadas a tal cláusula. Veja-se, a título de exemplo, o nº 3 do art. 11º do Acordo relativo à Aplicação de Medidas Sanitárias e Fitossanitárias.
[37] GATT, *Analytical Index: Guide to GATT Law and Practice* (ed. Frieder Roessler), 6ª ed., Genebra, 1994, p. 645.
[38] *Idem*, p. 6.

A FUNÇÃO JURISDICIONAL NO SISTEMA GATT/OMC

Mesmo os Estados Unidos, seus grandes mentores, recusaram (através do Congresso) a sua ratificação[39].

No essencial, a atitude norte-americana deveu-se à admissão pela Carta de Havana de práticas proteccionistas, ainda que excepcionais[40]; à limitação excessiva da sua margem de manobra em termos comerciais[41]; à imensa satisfação dos Estados Unidos com o funcionamento do GATT no início[42]; e à situação de guerra fria que, entretanto, se tinha instalado, e que levou os Estados Unidos a dar primazia ao comércio com os seus aliados da Europa ocidental[43].

---

[39] Apesar de 83% dos cidadãos norte-americanos inquiridos em Fevereiro de 1947 apoiarem a criação de uma Organização Internacional do Comércio, encontrando-se do lado oposto apenas 7% dos inquiridos (cf. Clair WILCOX, *A Charter for World Trade*, The Macmillan Company, Nova Iorque, 1949, p. 24), no momento em que a Carta de Havana foi concluída [Março de 1948], já se tinha desenvolvido uma oposição substancial à mesma. Cf. Robert WEAVER e Delphine ABELLARD, The Functioning of the GATT System, in *The GATT Uruguay Round. A Negotiating History (1986-1992)*, Terence Stewart ed., vol. II, Kluwer Law and Taxation, Deventer – Boston, 1993, p. 1899.

[40] ANNE O. KRUEGER vai mesmo mais longe, afirmando que a carta da Organização Internacional do Comércio proposta era "um documento esquizofrénico"; metade dela foi elaborada para alicerçar um regime comercial aberto, enquanto a outra metade foi elaborada para permitir que os países adoptassem quaisquer políticas que entendessem necessárias à prossecução de objectivos internos. Cf. Anne O. KRUEGER, *Are Preferential Trading Arrangements Trade-Liberalizing or Protectionist?*, in Journal of Economic Perspectives, 1999, p. 106.

[41] A Carta de Havana, segundo o Congresso dos Estados Unidos, preconizava, e de certo modo amparava, no caso de existirem excedentes prolongados no mercado mundial, uma organização dirigista dos mercados de produtos de base, propiciando, de algum modo, a limitação das exportações e das produções, o que não podia ser aceite pelos agricultores norte-americanos (cf. Daniel JOUANNEAU, *Le GATT et l'Organisation Mondiale du Commerce*, Presses Universitaires de France, Paris, 1996, p. 20). A atenção dos Estados Unidos incidiu, igualmente, sobre as práticas preferenciais do Império Britânico, o que, face à história dos Estados Unidos, não era surpreendente, dado os especiais favores que as colónias americanas tinham sido forçadas a conceder ao comércio com o Reino Unido. Ao mesmo tempo, porém, o Reino Unido não deixou de recordar aos Estados Unidos o seu acordo comercial preferencial com as Filipinas (referido no anexo D ao GATT), nos termos do qual os produtos filipinos, só passados 20 anos, se encontrariam sujeitos ao regime geral da pauta aduaneira norte-americana. O próprio art. I, nº 2, alínea *c*), do GATT, refere as preferências, então em vigor, entre os Estados Unidos e Cuba. Cf. Richard GARDNER, *Sterling-Dollar Diplomacy: The Origins and the Prospects of our International Economic Order*, 2ª ed., Mcgraw-Hill Book Company, Nova Iorque-Toronto-Sydney-Londres, 1969, p. 353.

[42] Peter NEUMANN, *The Relationship Between GATT and the United Nations*, in CILJ, 1970, p. 77.

[43] Pedro ÁLVARES, *O GATT. De Punta del Este a Marraquexe*, Publicações Europa América, 1994, p. 27; Daniel JOUANNEAU, *Le GATT et l'Organisation Mondiale du Commerce*, Presses Universitaires de France, Paris, 1996, p. 21. Contribuíram, igualmente, para que a Organização Internacional do Comércio não fosse vista como uma prioridade da política externa norte-americana o Plano Marshall de 1948, a Organização do Tratado do Atlântico Norte de 1949 e a Guerra da Coreia em 1950.

O SISTEMA DE RESOLUÇÃO DE LITÍGIOS DO GATT DE 1947

Dada a recusa dos Estados Unidos, os países mais importantes abandonaram o projecto[44], definitivamente posto de lado em 1951, e daí a manutenção do GATT durante 47 anos, enquanto instrumento principal de enquadramento, de liberalização e de multilateralização do comércio internacional[45]. Isto porque, enquanto o projecto de criação de uma Organização Internacional do Comércio se encontrava em discussão, alguns países negociaram paralelamente a redução das fortes barreiras ao comércio então existentes e destacaram do projecto de carta constitutiva o capítulo IV, referente à política comercial, que foi revisto e melhorado, tornando-se o Acordo Geral sobre Pautas Aduaneiras e Comércio, mais conhecido pela sigla GATT[46]. Este acordo, que tinha como objectivo essencial servir de guia ao comércio internacional até à entrada em funções da

[44] William DIEBOLD Jr., *The End of the ITO*, Essays in International Finance, nº 16, 1952, pp. 1-2. De notar que o PIB norte-americano representava, em 1948, cerca de 65% do PIB total de todas as partes contratantes do GATT. Cf. John BARTON, Judith GOLDSTEIN, Timothy JOSLING e Richard STEINBERG, *The Evolution of the Trade Regime: Politics, Law, and Economics of the GATT and the WTO*, Princeton University Press, 2006, p. 11.

[45] Apesar do fracasso da Carta de Havana, a sua influência em matéria de comércio internacional não deve ser negligenciada. As exaustivas discussões sobre a Carta de Havana, nas quais tomaram parte quase todos os Estados, conduziram a uma identificação dos vários problemas que afectavam então o comércio internacional, apontaram o caminho para a sua resolução e constituíram o ponto de partida para o subsequente tratamento de tais problemas nas Nações Unidas, no âmbito do GATT e em outros acordos internacionais. Sempre que fosse necessário proceder à interpretação das regras do GATT, os trabalhos preparatórios da Carta de Havana deviam ser tidos em conta (cf. Günther JAENICKE, Havana Charter, in *Encyclopedia of Public International Law*, t. 8, Rudolf Bernhardt ed., 1985, pp. 263-264). Visto que se tratava de material contemporâneo do GATT, que os negociadores nacionais envolvidos nas negociações do Acordo Geral participaram igualmente nas negociações relativas à Carta de Havana e que as reuniões nas quais o texto do GATT foi negociado (em Nova Iorque no início de 1947 e em Genebra no Outono do mesmo ano) eram meras extensões das reuniões do comité preparatório da Organização Internacional do Comércio ocorridas na mesma altura e presididas pela mesma pessoa (cf. Robert HUDEC, The GATT Legal System: A Diplomat's Jurisprudence, in *The World Trading System. Critical Perspectives on the World Economy, vol. II, Dispute Settlement in the World Trading System*, Robert Howse ed., Routledge, Londres e Nova Iorque, 1998, p. 55), não era de admirar que, por exemplo, a aplicação não discriminatória do art. XIX do GATT tivesse como principal suporte jurídico a nota interpretativa ao art. 40º da Carta de Havana (cf. Terence STEWART e Myron BRILLIANT, Safeguards, in *The GATT Uruguay Round. A Negotiating History (1986-1992)*, vol. II, Kluwer Law and Taxation Publishers, Deventer – Boston, 1993, p. 1720), e que as disposições do nº 4 do art. II do GATT se devessem aplicar tendo em conta as disposições do art. 31º da Carta de Havana (nota interpretativa ao nº 4 do art. II), salvo se o contrário tivesse sido acordado expressamente pelos membros que negociaram primitivamente a concessão. Apesar de tudo, a Carta de Havana não podia ser utilizada para reduzir ou limitar o âmbito das obrigações das partes contratantes no Acordo Geral. Cf. Relatório do Painel no caso *Canada – Administration of the Foreign Investment Review Act* (L/5504), adoptado em 7-2-1984, parágrafo 5.12.

[46] Em inglês, "General Agreement on Tariffs and Trade". Ao longo da nossa exposição, utilizaremos indistintamente as expressões "GATT" e "Acordo Geral". O texto completo do GATT de

# A FUNÇÃO JURISDICIONAL NO SISTEMA GATT/OMC

Organização Internacional de Comércio, começou a vigorar provisoriamente no dia 1 de Janeiro de 1948[47].

Em suma, como realça RAJ BHALA, o GATT de 1947 "became the Constitution of international trade law by accident, not design"[48].

## 4. O GATT de 1947
### 4.1. Os Artigos XXII e XXIII

O fracasso na criação da Organização Internacional do Comércio e a consequente manutenção em vigor do GATT de 1947 implicaram que, caso as partes contratantes fossem incapazes de resolver os seus litígios através de negociações[49], elas poderiam recorrer ao sistema de resolução de litígios previsto nos artigos XXII e XXIII do Acordo Geral:

> **"Artigo XXII**
> **Consultas**
>
> 1. Cada parte contratante examinará com compreensão as representações que lhe sejam formuladas por qualquer outra parte contratante e disponibilizar-se-á a realizar consultas relativas às referidas representações, quando estas incidam sobre uma questão relativa à aplicação do presente Acordo.
>
> 2. As PARTES CONTRATANTES poderão, a solicitação de uma parte contratante, entrar em consultas com uma ou mais partes contratantes sobre uma questão para a qual não tenha sido possível encontrar uma solução satisfatória através das consultas previstas no parágrafo 1.

---

1947 pode ser encontrado in GATT, *Analytical Index: Guide to GATT Law and Practice* (ed. Frieder Roessler), 6ª ed., Genebra, 1994.

[47] Nos termos do art. XXIX, nº 2, do GATT, "a aplicação da Parte II do presente Acordo será suspensa na data da entrada em vigor da Carta de Havana". As partes contratantes originárias do GATT, que asseguravam na época 80% do comércio mundial (cf. Douglas IRWIN, *The GATT in Historical Perspective*, in American Economic Association Papers and Proceedings, 1995, p. 325), foram as seguintes: Reino Unido, França, Países Baixos, Bélgica, Noruega, Checoslováquia, África do Sul, Rodésia do Sul, Brasil, Chile, Birmânia, Síria, Índia, Paquistão, Líbano, Luxemburgo, China, Ceilão, Cuba, Estados Unidos, Canadá, Austrália e Nova Zelândia.

[48] Raj BHALA, *Modern GATT Law: A Treatise on the General Agreement on Tariffs and Trade*, Sweet & Maxwell, Londres, 2005, p. xiii.

[49] O Acordo Geral continha muitas disposições que tinham por objectivo a resolução de litígios entre as suas partes contratantes. A maioria dessas disposições baseava-se, exclusiva ou essencialmente, na realização de consultas entre as partes em litígio. A título de exemplo, podemos indicar os artigos VII, nº 1, VIII, nº 2, XIX, nº 2, do GATT. Outras disposições do GATT poderiam desempenhar, igualmente, um papel importante na resolução de litígios, a saber, os artigos XXV, nº 5, e XXVIII, nº 1. Cf. William DAVEY, *Dispute Settlement in GATT*, in Fordham International Law Journal, 1987, p. 54.

O SISTEMA DE RESOLUÇÃO DE LITÍGIOS DO GATT DE 1947

## Artigo XXIII
### Protecção das concessões e das vantagens

1. No caso de uma parte contratante considerar que uma vantagem que para si resulte, directa ou indirectamente, do presente Acordo se encontra anulada ou comprometida, ou que a realização de um dos objectivos do Acordo se encontra dificultada em consequência:

a) de outra parte contratante não satisfazer as obrigações que contraiu em virtude do presente Acordo; ou

b) de outra parte contratante aplicar uma medida, contrária ou não às disposições do presente Acordo; ou

c) de existir uma outra situação, a referida parte contratante poderá, com o objectivo de chegar a uma solução satisfatória da questão, formular representações ou efectuar propostas escritas à outra ou às outras partes contratantes que, em seu entender, estejam interessadas na questão. Toda a parte contratante cuja intervenção seja solicitada examinará com compreensão as representações ou propostas que lhe tenham sido efectuadas.

2. Se as partes contratantes interessadas não conseguirem chegar a uma solução satisfatória num prazo razoável ou se a dificuldade surgida se encontrar prevista na alínea c) do número 1 deste artigo, a questão poderá ser submetida às Partes Contratantes. Estas procederão, sem demora, a um inquérito sobre qualquer questão que lhes seja submetida neste domínio e, consoante o caso, dirigirão recomendações adequadas às partes contratantes que considerem interessadas ou pronunciar-se-ão sobre a questão. As Partes Contratantes poderão, quando o julgarem necessário, consultar as partes contratantes, o Conselho Económico e Social das Nações Unidas e qualquer outra organização intergovernamental competente. Se considerarem que as circunstâncias são suficientemente graves para justificar uma tal medida, poderão autorizar uma ou várias partes contratantes a suspender, em relação a uma ou mais partes contratantes, a aplicação de toda a concessão ou o cumprimento de outra obrigação resultante do Acordo Geral, cuja suspensão entendam justificada em função das circunstâncias. Se essa concessão ou outra obrigação for efectivamente suspensa em relação a uma parte contratante, será permitido a esta, num prazo de sessenta dias a contar da data da aplicação da suspensão, notificar por escrito ao Director-Geral a sua intenção de denunciar o Acordo Geral; esta denúncia produzirá efeito no termo de um prazo de sessenta dias a contar da data em que o Director-Geral tenha recebido a referida notificação"[50].

---

[50] No caso do GATT de 1947, sempre que se fazia referência às partes contratantes agindo colectivamente, elas eram designadas por Partes Contratantes (art. XXV, nº 1, *in fine*). A autoridade para as Partes Contratantes agirem colectivamente resultava das seguintes disposições do GATT de 1947: artigos II, nº 6, alínea *a*); VI, nº 6, alíneas *a*) e *b*); VII, nºs 1 e 4, alínea *c*); VIII, nº 2; X, nº 3,

31

A FUNÇÃO JURISDICIONAL NO SISTEMA GATT/OMC

Constituindo o artigo XXIII do Acordo Geral a principal disposição em matéria de resolução de litígios[51], podem ser destacados vários aspectos a seu respeito. O conceito de anulação ou redução de vantagens decorrentes do Acordo Geral mantém-se como causa de acção e independentemente da legalidade dos factos subjacentes, assim como a possibilidade de analisar as medidas das partes contratantes mesmo quando elas não fossem contrárias às disposições do GATT. As PARTES CONTRATANTES gozavam do poder de dirigir recomendações adequadas ou de se pronunciar sobre a questão apresentada e de autorizar, em circunstâncias suficientemente graves, a suspensão de concessões ou de outras obrigações resultantes do Acordo[52]. Não era claro, no entanto, se a suspensão deveria ser equivalente ao prejuízo causado pela medida da parte contratante faltosa ou se poderia assumir uma natureza punitiva. Uma parte contratante sujeita a uma suspensão de concessões ou de outras obrigações poderia depois denunciar o Acordo Geral. As deliberações das PARTES CONTRATANTES adoptar-se-iam por maioria dos votos emitidos, conforme previsto no nº 4 do art. XXV do GATT[53]. Expressivamente, os países e os territórios aduaneiros autónomos envolvidos nas negociações relativas ao GATT de 1947 não sentiram necessidade de introduzir no texto do Acordo Geral uma disposição semelhante ao art. 92º da Carta de Havana, impedindo as partes contratantes de recorrer a qualquer processo de

---

alínea *c*); XII, nº 4, alíneas *b*), *c*) e *d*), e nº 5; XIII, nº 4; XIV, nº 2; XV, nºs 1, 2, 3, 5, 6, 7 e 8; XVI, nº 5; XVII, nº 4, alínea *c*); XVIII, nºs 6, 7, 12, 14, 16, 19, 22; XIX, nºs 2 e 3; XX, alíneas *h*) e *j*); XXII, nº 2; XXIII, nº 2; XXIV, nºs 7 e 10; XXV, nºs 1 e 5; XXVII; XXVIII, nºs 1 e 4; XXVIII*bis*, nº 1; XXIX; XXX, nº 2; XXXIII; XXXVII, nº 2, alínea *b*); XXXVIII, nºs 1 e 2; e Notas Interpretativas aos artigos XII, nº 4, XVIII, nºs 15 e 16, e XXVIII, nº 1.

[51] Nos termos de uma decisão adoptada em 1960, as PARTES CONTRATANTES acordaram que as consultas realizadas ao abrigo do nº 1 do art. XXII do GATT seriam consideradas como preenchendo as condições estabelecidas no nº 1 do art. XXIII, isto apesar de haver algumas diferenças técnicas entre as duas disposições. O art. XXIII, por exemplo, fala em "propostas escritas" (cf. John JACKSON, *World Trade and the Law of GATT*, The Michie Company, Charlotesville – Virginia, 1969, pp. 178-179). Por outro lado, o âmbito das consultas a realizar no contexto do nº 1 do art. XXII do GATT, ao poder incidir sobre qualquer questão relativa à aplicação do Acordo Geral, é particularmente vasto.

[52] No caso do GATT de 1947, eram considerados como partes contratantes os governos que aplicassem as suas disposições em conformidade com o artigo XXVI ou com o artigo XXXIII ou em virtude do Protocolo de Aplicação Provisória (art. XXXII, nº 1). Com a entrada em vigor dos acordos da OMC, a expressão "parte contratante" deu lugar à expressão "membro".

[53] Na prática, apesar de o Acordo Geral estabelecer que as decisões das PARTES CONTRATANTES, salvo disposição em contrário, deveriam ser adoptadas por maioria dos votos expressos (art. XXV, nº 4, do GATT), instituiu-se, por força da regra do consenso, o direito de uma parte contratante vetar a adopção do relatório de um painel. Segundo alguns autores, a não adopção do relatório de um painel pelo órgão competente privava-o de qualquer valor jurídico. Cf. Thiébaut FLORY, *L'évolution des régimes juridiques du GATT depuis les Accords du Tokyo Round de 1979*, in JDI, 1986, p. 333.

O SISTEMA DE RESOLUÇÃO DE LITÍGIOS DO GATT DE 1947

resolução de litígios diferente dos processos previstos pelo GATT ou a qualquer medida económica unilateral contrária às disposições do Acordo Geral.

De modo semelhante à Carta de Havana, não estava previsto qualquer tribunal com competência para decidir sobre questões jurídicas, limitando-se o art. XXIII a prever o poder de as PARTES CONTRATANTES se pronunciarem sobre a questão apresentada, isto apesar de ser evidente que "an assembly of diplomats each representing his own government's interest hardly seems an appropriate forum for rendering an impartial legal decision"[54]. Em contraste, não estava previsto nem a possibilidade de um duplo grau de jurisdição nem a faculdade de solicitar um parecer ao Tribunal Internacional de Justiça[55].

É possível acentuar várias causas para a pouca atenção dada no GATT de 1947 à resolução de litígios comerciais entre as partes contratantes. Primeiro, o carácter provisório do GATT, previsto para vigorar apenas até à entrada em funções da Organização Internacional do Comércio. Segundo, o mandato negocial limitado das autoridades norte-americanas, que levava a que o governo estado-unidense só estivesse autorizado pelo Congresso para concluir acordos comerciais (e não para constituir uma organização internacional[56]), não podendo, por isso, incorporar o elaborado procedimento de adjudicação previsto na Carta de Havana. Terceiro, a necessidade de evitar os procedimentos formais de ratificação e os inerentes atrasos na implementação das reduções pautais acordadas em Genebra levou a que o Acordo Geral entrasse em vigor com base no chamado protocolo de aplicação provisória, documento que consagrava a curiosa figura da cláusula do avozinho[57]. Quarto, as negociações relativas à Organização Internacional do

---

[54] Robert HUDEC, The Role of the GATT Secretariat in the Evolution of the WTO Dispute Settlement Procedure, in *The Uruguay Round and Beyond, Essays in Honour of Arthur Dunkel*, Springer, 1998, p. 104.

[55] Não se previu a possibilidade de recurso para o Tribunal Internacional de Justiça, "no doubt because the temporary, 'provisional', and nonorganizational character of the General Agreement made such a relationship impossible". Cf. Robert HUDEC, *Retaliation Against "Unreasonable" Foreign Trade Practices: The New Section 301 and GATT Nullification and Impairment*, in Minnesota Law Review, Vol. 59, 1975, p. 479.

[56] Segundo HUDEC, "the spelling of the name in capital letters [CONTRACTING PARTIES] was the sole indication of any collective entity. Every other hint of organizational existence was ruthlessly hunted down and exterminated". Cf. Robert HUDEC, The GATT Legal System: A Diplomat's Jurisprudence, in *The World Trading System. Critical Perspectives on the World Economy, vol. II, Dispute Settlement in the World Trading System*, Robert Howse ed., Routledge, Londres e Nova Iorque, 1998, p. 23.

[57] O texto do Protocolo de Aplicação Provisória pode ser encontrado in Luís Máximo dos SANTOS, Luís MORAIS e Fernando Pereira RICARDO, *Textos de Relações Económicas Internacionais*, 2ª ed., AAFDL, Lisboa, 1999/2000, pp. 143-146. A cláusula do avozinho resultou da necessidade de evitar a intervenção dos parlamentos nacionais, o que, a acontecer, adiaria a implementação das concessões aduaneiras negociadas em 1947, no primeiro ciclo de negociações comerciais multilate-

33

A FUNÇÃO JURISDICIONAL NO SISTEMA GATT/OMC

Comércio não tinham tido êxito ainda na definição das consequências jurídicas dos vários tipos de queixas passíveis de serem apresentados ao abrigo do sistema de resolução de litígios previsto na Carta de Havana, facto que levou a que o sistema de resolução de litígios do GATT tivesse de se basear "on a much less precise draft text of the International Trade Organization disputes provision as it then stood – a text that applied to an extremely broad range of potential legal claims"[58].

rais da história do GATT (Ciclo de Genebra) (cf. Frieder ROESSLER, *The Provisional Application of the GATT – Note on the Report of the GATT Panel on the "Manufacturing Clause" in the U.S. Copyright Legislation*, in JWTL, vol. 19, nº 3, 1985, p. 290). Consagrada no art. 1º do Protocolo de Aplicação Provisória do GATT de 1947 (assim como nos Protocolos de Acessão das partes contratantes que a ele posteriormente acederam), a *grandfather's clause* tinha a particularidade de permitir que as partes contratantes só aplicassem o Acordo Geral, com excepção dos seus artigos I e II, se ele fosse compatível com as respectivas legislações nacionais em vigor no dia 30 de Outubro de 1947 (no caso dos países que acederam posteriormente, a data relevante era aquela que constava do próprio protocolo de acessão, o que levava a que, no caso de Portugal, a data a ter em conta fosse o dia 6 de Abril de 1962). Dado o fracasso da Carta de Havana, o Protocolo de Aplicação Provisória manteve--se em vigor, permitindo que o GATT de 1947 existisse provisoriamente até à entrada em funções da Organização Mundial do Comércio em 1 de Janeiro de 1995, ou seja, durante 47 anos, e que as partes contratantes mantivessem legislação nacional contrária a certas regras do GATT de 1947. Os Estados Unidos, por exemplo, invocaram até ao final do Ciclo de Tóquio o protocolo de aplicação provisória de modo a conservarem legislação contrária ao art. VI, nº 6, alínea *a*), do GATT de 1947, visto que a legislação norte-americana não condicionava a aplicação de direitos compensadores à prova de qualquer prejuízo (cf. Gary Clyde HUFBAUER e Joanna SHELTON, *Subsidies in International Trade*, Institute for International Economics, Washington D.C., 1984, p. 15). No caso do acordo que institui a Organização Mundial do Comércio, a *grandfather's clause* deixa de ter qualquer relevância, a menos que qualquer excepção seja expressamente mencionada. A única excepção prevista encontra-se no nº 3, alínea *a*), do Anexo 1A do Acordo OMC que incorpora o GATT de 1994 no Acordo OMC e refere-se à manutenção do *Merchant Marine Act* de 1920 (mais conhecido por *Jones Act*), ou seja, da legislação norte-americana que proíbe:

"a utilização, a venda ou a locação financeira de navios construídos ou reconstruídos no estrangeiro para utilizações comerciais entre pontos situados em águas nacionais ou em águas de uma zona económica exclusiva".

Também o princípio da conformidade, consagrado no art. XVI, nº 4, do Acordo OMC, impõe que cada membro assegure a conformidade aos acordos comerciais multilaterais e plurilaterais das "suas disposições legislativas, regulamentares e administrativas". Este princípio, se correctamente observado, garantirá a harmonia das regras nacionais com os compromissos assumidos no âmbito da Organização Mundial do Comércio e reforçará a observância e transparência do sistema comercial multilateral nos ordenamentos jurídicos internos. Sobre a cláusula do avozinho, ver, por exemplo, Pedro Infante MOTA, *O Sistema GATT/OMC: Introdução Histórica e Princípios Fundamentais*, Almedina, Coimbra, 2005, pp. 70-72.

[58] Robert HUDEC, The Role of the GATT Secretariat in the Evolution of the WTO Dispute Settlement Procedure, in *The Uruguay Round and Beyond, Essays in Honour of Arthur Dunkel*, Springer, 1998, p. 103.

O SISTEMA DE RESOLUÇÃO DE LITÍGIOS DO GATT DE 1947

Apesar de tudo, as partes contratantes, baseando-se nos dois artigos referidos do GATT (diga-se, pouco detalhados do ponto de vista processual), desenvolveram, improvisaram, ao longo de décadas, pragmática e progressivamente, um sistema de resolução de litígios razoavelmente sofisticado e eficaz. Alguns autores notam, por conseguinte, que o sistema de resolução de litígios do GATT "was not created; it evolved"[59] ou que, "unlike other instruments of judicial settlement in international law, the GATT and WTO dispute settlement procedures both emerged in customary law from state practice, based upon rudimentary provisions of GATT Article XXIII:2"[60].

Historicamente, o primeiro caso dirimido durante a vigência do GATT de 1947 teve na sua origem uma queixa apresentada pela Holanda no Verão de 1948, alegando que Cuba estava a cobrar uma taxa consular de 5% relativamente às importações de alguns países e uma taxa consular de 2% em relação às de outros países. Exigindo o art. I do GATT que "as imposições de qualquer espécie" fossem aplicadas de modo não discriminatório, estava em causa saber se as taxas consulares constituíam "imposições de qualquer espécie". Em 24 de Agosto desse mesmo ano, Dana Wilgress, do Canadá, que então presidia à reunião das Partes Contratantes do GATT em Genebra, concluiu que:

"em resposta a um pedido de interpretação da frase 'imposições de qualquer espécie' no nº 1 do artigo I quanto às taxas consulares, (...) tais taxas seriam abrangidas pela frase 'imposições de qualquer espécie'"[61].

Através desta decisão de Dana Wilgress, de apenas um parágrafo, nasceu efectivamente o sistema de resolução de litígios do GATT[62]. O mais curioso, segundo DAVID PALMETER, é que:

"nothing in GATT gave the chair the authority to decide that dispute in 1948. Canada's Dana Wilgress simply was in the chair when the question was raised and he ruled. Any party, most particularly the party he ruled against, could have objected. But no one did"[63].

---

[59] Donald McRae, *The Contribution of International Trade Law to the Development of International Law*, in RCADI, 1996, vol. 260, p. 181.

[60] Thomas Cottier, *The WTO Permanent Panel Body: A Bridge Too Far?*, in JIEL, 2003, p. 187.

[61] Decisão do Presidente no caso *Cuba – Consular Taxes* (CP.2/9), adoptada em 24-8-1948.

[62] Na verdade, "this single sentence constitutes the entirety of GATT's first dispute settlement 'report'" (cf. Petros Mavroidis e David Palmeter, *Dispute Settlement in the World Trade Organization: Practice and Procedure*, 2ª ed., Cambridge University Press, 2004, p. 304) e o art. XXIII do GATT não é referido. Cf. OMC, *World Trade Report 2007: Six decades of multilateral trade cooperation: What have we learnt?*, ed. OMC, 2007, p. 262.

[63] David Palmeter, *National Sovereignty and the World Trade Organization*, in Journal of World Intellectual Property, 1999, p. 79.

A FUNÇÃO JURISDICIONAL NO SISTEMA GATT/OMC

Fundamentalmente, observa ROBERT HUDEC:

"The first few legal rulings overcame both the time pressure and the neutrality problem by the device of a ruling from the chair, which became a ruling of the entire membership when it was tacitly approved by silence. This device was accepted as sufficiently neutral for two rather special reasons. First, the Chairman of the Contracting Parties during the first four sessions was Dana Wilgress, a senior Canadian diplomat who had also been Chairman of the 1946-48 GATT/ITO negotiations. Wilgress' key role in those negotiations lent an unusual degree of authority to his rulings, both because of his expertise as to the meaning of the agreement and because of the reputation for fairness he had earned in his work as chairman of the ITO negotiations. Second, and perhaps more important, in these early years most of the delegates to GATT meetings were also veterans of the GATT/ITO negotiations themselves. As such, they all felt they knew exactly what was meant by all of the provisions in the agreement they had drafted, and consequently saw nothing amiss in voting on authoritative legal interpretations. There was no problem of neutrality, they thought, when everyone in the room very well knew the right answer"[64].

Mas, como salienta um outro autor, a prática das decisões pelo Presidente das partes contratantes "was short-lived", uma vez que, a partir da segunda reunião, também realizada em 1948, as queixas começaram a analisadas por Grupos de Trabalho[65].

## 4.2. Os Grupos de Trabalho

Tendo a complexidade das questões objecto de litígio aumentado, as mesmas passaram a ser remetidas para grupos de trabalho compostos por representantes das partes contratantes interessadas, incluindo as partes em litígio[66]. Ao permitir que as partes em litígio tivessem uma participação directa na análise dos factos controvertidos, os grupos de trabalho caracterizavam-se por uma maior abertura a considerações de ordem política, mas a redacção maleável do nº 2 do artigo XXIII do GATT consentia-o claramente[67].

---

[64] Robert HUDEC, The Role of the GATT Secretariat in the Evolution of the WTO Dispute Settlement Procedure, in *The Uruguay Round and Beyond, Essays in Honour of Arthur Dunkel*, Springer, 1998, p. 104.

[65] Thomas ZIMMERMANN, *Negotiating the Review of the WTO Dispute Settlement Understanding*, Cameron May, 2006, pp. 45-46.

[66] De acordo com o Anexo do Memorando Relativo a Notificações, Consultas, Resolução de Litígios e Supervisão de 1979, a composição dos grupos de trabalho variava, regra geral, entre 5 a 20 representantes, tudo dependendo da importância da questão e dos interesses envolvidos (parágrafo 6(i)).

[67] Os grupos de trabalho podiam ser qualificados como comissões de conciliação, nas quais a presença das partes dava uma dimensão muito importante à técnica da negociação (cf. Fernando PIÉ-

O SISTEMA DE RESOLUÇÃO DE LITÍGIOS DO GATT DE 1947

Em geral, participavam nas reuniões dos grupos de trabalho muitas das pessoas que tinham tido a seu cargo a negociação do Acordo Geral e, enquanto a composição do GATT se manteve limitada, o sistema funcionou, genuinamente, como um clube selecto que resolvia os litígios à sua maneira, aplicando uma combinação de ingredientes técnicos, diplomáticos e políticos[68]. Tipicamente, o relatório de um grupo de trabalho descrevia o litígio em termos claros, expunha as posições das várias partes em litígio e referia apenas as questões em que todas as partes concordassem. Caso as partes não chegassem a acordo, o relatório limitava-se simplesmente a enumerar os respectivos argumentos[69].

No entanto, não sendo natural que um órgão deste tipo conseguisse gerar consensos e, com efeito, na maior parte dos casos, a parte contratante demandada reclamava contra as conclusões dos outros membros do grupo de trabalho, tornou-se prática habitual o grupo de trabalho comunicar separadamente as opiniões das partes em litígio e dos terceiros, passando a entender-se que a aprovação do relatório do grupo de trabalho significava efectivamente a adopção das opiniões dos terceiros. Quase imperceptivelmente, fora dado o primeiro passo no sentido de transformar a resolução de litígios por negociação numa resolução de litígios por decisão de terceiros[70].

### 4.3. Os Painéis
Em Outubro de 1952, ocorrem outras alterações significativas no funcionamento do sistema de resolução de litígios: primeiro, o presidente das PARTES CONTRATANTES (o norueguês Johan Melander) decide estabelecer apenas um grupo de trabalho para analisar todas as queixas constantes da agenda da sétima reunião das partes contratantes[71]; segundo; o Secretariado propõe às PARTES CONTRA-

---

ROLA, *Solución de Diferencias ante la OMC: Presente y Perspectivas*, Cameron May, Londres, 2008, p. 54). Um outro autor, pelo contrário, nota que o método usado pelos grupos de trabalho para lidar com os litígios era essencialmente "a kind of mediation, since the aim of the process was to encourage the protagonists to resolve their differences by bringing the influence of outside states to bear". Cf. J. G. MERRILLS, *International Dispute Settlement*, 4ª ed., Cambridge University Press, 2005, p. 213.

[68] Julio LACARTE-MURÓ e Fernado PIÉROLA, Estudio Comparativo de los Mecanismos de Solución de Diferencias del GATT y de la OMC: Qué se Logró en la Ronda Uruguay?, in *Solución de Controversias Comerciales Inter-Gubernamentales: Enfoques Multilaterales y Regionales*, Julio Lacarte e Jaime Granados ed., Banco Interamericano de Desarrollo, 2004, p. 15.

[69] Philip NICHOLS, *GATT Doctrine*, in Virginia Journal of International Law, 1996, p. 393.

[70] Frieder ROESSLER, A Evolução do Sistema de Resolução de Litígios do GATT/OMC, in *A Organização Mundial do Comércio e a Resolução de Litígios*, Conferência realizada no auditório da FLAD em 13 de Maio de 1997, Fundação Luso-Americana para o Desenvolvimento, 1998, pp. 74-75.

[71] Segundo ROBERT HUDEC:
"working parties were small ad hoc negotiating bodies consisting of a cross-section of GATT's membership – the governments directly interested, the major powers, and representatives of

TANTES uma lista de possíveis membros integrantes do dito grupo de trabalho, aparecendo assim, na prática, a primeira *short list* da história da resolução de litígios comerciais inter-estatais[72]; terceiro, o termo painel aparece poucos dias depois sem qualquer explicação[73].

O painel criado tinha diversas características que o diferenciavam particularmente dos anteriores grupos de trabalho: era composto por um presidente e cinco membros de seis partes contratantes que não estavam envolvidas nos vários litígios a analisar e nenhuma das principais potências comerciais estava representada no painel (e cuja presença era usualmente necessária para assegurar a aceitação política do resultado[74]), ou seja, "all the panel members were in fact from countries that could be called neutrals"[75]. Mais importante do que

constituencies such as the Nordic countries or the developing countries" (cf. Robert HUDEC, *Enforcing International Trade Law: The Evolution of the Modern GATT Legal System*, Butterworth Legal Publishers, Salem – New Hampshire, 1993, pp. 29-30);
"the term panel in GATT parlance came to describe an ad hoc group of government experts (rather than policy officials) convened to render an expert opinion about some technical question that is capable of being answered objectively. The term thus connoted objective decisions based on expertise rather than political representation of one's government". Cf. Robert HUDEC, The Role of the GATT Secretariat in the Evolution of the WTO Dispute Settlement Procedure, in *The Uruguay Round and Beyond, Essays in Honour of Arthur Dunkel*, Springer, 1998, p. 107.

[72] Pablo Zapatero MIGUEL, *La invención de los panels del GATT*, in Revista de Información Comercial Española, Nº 843, Julio-Agosto 2008, p. 97.

[73] Robert HUDEC, The Role of the GATT Secretariat in the Evolution of the WTO Dispute Settlement Procedure, in *The Uruguay Round and Beyond, Essays in Honour of Arthur Dunkel*, Springer, 1998, pp. 107-108. Ainda segunto HUDEC:
"When the Seventh Session panel was appointed, its structure was defined in a way to suggest working party practice. Members of the Seventh Session panel were still identified by country, rather than the traditional panel practice of identifying the experts by name. And nothing was said about any changes in working procedure. Most delegations would have known and understood what was really going on here, but all seemed to agree that the less said the better" (cf. *Idem*, p. 108).
Ao que parece, o procedimento do painel "was an invention – almost a conspiracy – devised by the secretariat to loosen the hold of the bigger powers which dominated the working parties at that time, and to re-enforce the secretariat's role in guiding and drafting rulings or recommendations to be submitted to the plenary session". Cf. Rosine PLANK, An Unofficial Description of how a GATT Panel Works and Does Not, in *The World Trading System. Critical Perspectives on the World Economy, vol. II, Dispute Settlement in the World Trading System*, Robert Howse ed., Routledge, Londres e Nova Iorque, 1998, p. 62.

[74] Thomas ZIMMERMANN, *Negotiating the Review of the WTO Dispute Settlement Understanding*, Cameron May, 2006, p. 46.

[75] Robert HUDEC, The Role of the GATT Secretariat in the Evolution of the WTO Dispute Settlement Procedure, in *The Uruguay Round and Beyond, Essays in Honour of Arthur Dunkel*, Springer, 1998, p. 108. Caso uma das partes em litígio fosse um país em desenvolvimento, pelo menos um

O SISTEMA DE RESOLUÇÃO DE LITÍGIOS DO GATT DE 1947

isso, ao contrário dos grupos de trabalho, o painel redigiu as suas conclusões na ausência das partes em litígio, embora tivesse discutido com elas as minutas das conclusões (de modo a torná-las mais aceitáveis), antes de as pôr à consideração das Partes Contratantes. Pela primeira vez na história do GATT, nem a parte reclamante nem a parte demandada integraram o órgão responsável por resolver o litígio[76].

O novo procedimento foi um êxito e, já em 1955, por influência do Director-Geral de então, o inglês Eric Wyndham-White, passou a ser prática corrente, no caso de queixas apresentadas nos termos do art. XXIII do GATT, constituir painéis especializados compostos por representantes de partes contratantes que não estavam directamente envolvidas no litígio, devendo actuar, pois, de modo imparcial[77]. O costume de discutir as minutas das conclusões com as partes em litígio não tardou a ser posto de parte[78] e os procedimentos de trabalho dos painéis começaram a ser explicados nos relatórios dos painéis publicados[79]. Este procedimento do Painel especializado é o que sobrevive até hoje[80].

membro do painel seria nacional de um país em desenvolvimento, ainda que normalmente de uma diferente região geográfica. Cf. Rosine Plank, An Unofficial Description of how a GATT Panel Works and Does Not, in *The World Trading System. Critical Perspectives on the World Economy, vol. II, Dispute Settlement in the World Trading System*, Robert Howse ed., Routledge, Londres e Nova Iorque, 1998, pp. 73-74.

[76] De notar que o painel criado no caso *Uruguayan Recourse to Article XXIII* (L/1923) para analisar as queixas apresentadas pelo Uruguai contra 15 partes contratantes desenvolvidas incluía três nacionais das partes contratantes demandadas, mas os três membros em causa não participaram na análise das partes da queixa relativas aos respectivos países (cf. GATT, *Multi-Complainants Procedures and Intervention by Third Parties in GATT Dispute Settlement Proceedings, Note by the Secretariat* (MTN.GNG/NG13/W/28), 5-7-1988, p. 2). O art. XXIII do GATT não impedia, por outro lado, que duas ou mais partes contratantes solicitassem a criação de um único painel para analisar uma queixa apresentada contra outra parte contratante [os n°s 1 e 2 do artigo referido falam em "partes"]. O primeiro litígio em que tal situação ocorreu foi o caso *Belgian Family Allowances (Allocations Familiales)*, tendo a Dinamarca e a Noruega apresentado uma queixa em conjunto contra a Bélgica. Cf. Relatório do Painel no caso *Belgian Family Allowances (Allocations Familiales)* (G/32), adoptado em 7-11-1952.

[77] O GATT de 1947 possuía como órgão de apoio técnico e administrativo um secretariado, à frente do qual se encontrava o chamado Secretário Executivo, que passou a ser designado Director-Geral a partir de 23 de Março de 1965.

[78] Frieder Roessler, A Evolução do Sistema de Resolução de Litígios do GATT/OMC, in *A Organização Mundial do Comércio e a Resolução de Litígios*, Conferência realizada no auditório da FLAD em 13 de Maio de 1997, Fundação Luso-Americana para o Desenvolvimento, 1998, p. 75.

[79] Robert Hudec, The Role of the GATT Secretariat in the Evolution of the WTO Dispute Settlement Procedure, in *The Uruguay Round and Beyond, Essays in Honour of Arthur Dunkel*, Springer, 1998, p. 108.

[80] O relatório do painel apresentado no caso *Treatment by Germany of Imports of Sardines* foi o primeiro a ser adoptado pelas Partes Contratantes (31-10-1952).

A FUNÇÃO JURISDICIONAL NO SISTEMA GATT/OMC

Ainda a respeito dos painéis, não podemos deixar de assinalar três aspectos importantes. Primeiro, o GATT não lhes fazia qualquer referência, donde, conclui PHILIP NICHOLS, "dispute settlement panels were the creation of and obtained all of their authority from the Contracting Parties"[81]. Segundo, a natureza dos procedimentos dos painéis aumentou a influência do Secretariado sobre o teor das conclusões jurídicas constantes dos relatórios dos painéis. É verdade que o Secretariado "did most of the drafting of these artfully worded legal rulings in the early working party reports"[82], mas também o é que "the Secretariat would be able to use its role as principal draftsman more aggressively" no caso dos painéis[83]. A razão é muito simples. Embora os membros dos painéis continuassem a exercer um controlo político importante sobre a viabilidade das conclusões constantes dos relatórios dos painéis e a adopção destes pelas PARTES CONTRATANTES fosse fundamental para a sua legitimidade, a substituição dos "veteranos" envolvidos nas negociações relativas à Organização Internacional do Comércio pelas novas gerações de delegados junto do GATT, a neutralidade e o conhecimento profundo do Secretariado sobre as matérias do Acordo Geral foram reconhecidos pelos governos das partes contratantes como a principal influência "on the content of panel rulings"[84]. Terceiro, durante a década de 50, os painéis foram constituídos na sua maioria por diplomatas de carreira (dos quais poucos tinham tido "formal legal training"[85]), e não por juristas[86]. O próprio Secretariado do GATT não dispunha de um gabinete jurídico[87]. Não espanta, por isso, que as conclusões jurídicas constantes dos relatórios fossem redigidas "with an elusive diplomatic vagueness", expressando "an intuitive sort of law based on shared experiences and unspoken assumptions"[88].

O recurso generalizado à criação de painéis a partir do início dos anos 50 não implicou, no entanto, o desaparecimento da possibilidade de serem criados

---

[81] Philip NICHOLS, *GATT Doctrine*, in Virginia Journal of International Law, 1996, p. 431.

[82] Robert HUDEC, The Role of the GATT Secretariat in the Evolution of the WTO Dispute Settlement Procedure, in *The Uruguay Round and Beyond, Essays in Honour of Arthur Dunkel*, Springer, 1998, p. 107.

[83] *Idem*, p. 108.

[84] *Idem*, pp. 108-109.

[85] Robert HUDEC, *Enforcing International Trade Law: The Evolution of the Modern GATT Legal System*, Butterworth Legal Publishers, Salem – New Hampshire, 1993, p. 30.

[86] Petros MAVROIDIS e David PALMETER, *Dispute Settlement in the World Trade Organization: Practice and Procedure*, 2ª ed., Cambridge University Press, 2004, p. 7.

[87] Robert HUDEC, *Enforcing International Trade Law: The Evolution of the Modern GATT Legal System*, Butterworth Legal Publishers, Salem – New Hampshire, 1993, p. 30.

[88] *Idem*, p. 12. Ainda segundo este autor, "the rate of compliance with these rather vague legal rulings was rather high". Cf. *Idem*.

O SISTEMA DE RESOLUÇÃO DE LITÍGIOS DO GATT DE 1947

grupos de trabalho. Nesse sentido, o caso *Canadian Import Quotas on Eggs*[89] foi analisado em 1975 por um grupo de trabalho, a pedido dos Estados Unidos[90], e composto por oito membros: Estados Unidos, Canadá, cinco partes contratantes neutras (Austrália, Brasil, Comunidade Económica Europeia, Índia e Japão) e um presidente (Mr. Eggert, da Finlândia)[91]. O próprio Memorando Relativo a Notificações, Consultas, Resolução de Litígios e Supervisão de 1979 consagrou expressamente esta opção das partes contratantes (nº 10)[92].

### 4.4. A Presunção *Prima Facie* de Anulação ou Redução de Vantagens

Quando o GATT entrou em vigor, não bastava que uma parte contratante violasse as obrigações que contraiu nos termos do Acordo Geral. Era necessário também que tal violação implicasse que uma vantagem resultante para outra parte contratante, directa ou indirectamente, fosse anulada ou reduzida. No caso *Italy – Discrimination Against Imported Agricultural Machinery*, por exemplo, o Painel considerou:

> "se a violação tinha causado um prejuízo aos interesses comerciais do Reino Unido e se tal prejuízo tinha por efeito comprometer as vantagens resultantes para este país das disposições do Acordo Geral"[93].

Contudo, o painel que, em 1962, analisou o recurso do Uruguai ao art. XXIII do GATT defende que:

> "Naqueles casos em que se produza claramente uma infracção das disposições do Acordo Geral ou em que, por outras palavras, as medidas são contrárias a essas disposições e não são permitidas pelo protocolo que rege a aplicação do Acordo Geral pela parte contratante em causa, as medidas adoptadas constituirão, *prima facie*, um caso de anulação ou redução de uma vantagem e implicam *ipso facto* saber se as circunstâncias

---

[89] Relatório do Grupo de Trabalho no caso *Canadian Import Quotas on Eggs* (L/4279), adoptado em 17-2-1976.

[90] Segundo os Estados Unidos, a criação de um painel daria, erradamente, a impressão de que as negociações entre os Estados Unidos e o Canadá tinham chegado a um impasse. Cf. Robert Hudec, *Enforcing International Trade Law: The Evolution of the Modern GATT Legal System*, Butterworth Legal Publishers, Salem – New Hampshire, 1993, p. 44.

[91] Como destaca Robert Hudec, "except for the chair, the members of the working party were national governments, not individuals". Cf. Robert Hudec, *Enforcing International Trade Law: The Evolution of the Modern GATT Legal System*, Butterworth Legal Publishers, Salem – New Hampshire, 1993, p. 44.

[92] É de notar que o Memorando de Entendimento sobre Resolução de Litígios da OMC não faz qualquer menção aos grupos de trabalho.

[93] Relatório do Painel no caso *Italy – Discrimination Against Imported Agricultural Machinery* (L/833), adoptado em 23-10-1958, parágrafo 17.

A FUNÇÃO JURISDICIONAL NO SISTEMA GATT/OMC

são suficientemente graves para justificar a autorização de suspender certas concessões ou obrigações"[94].

Assim, sempre que se verificasse uma violação das obrigações previstas no Acordo Geral, a acção seria considerada *prima facie* um caso de anulação ou redução de vantagens. Isto significava que existia normalmente uma presunção de que uma violação das regras tinha um efeito negativo nas outras partes contratantes e, em tais casos, cabia à parte contratante contra a qual tinha sido apresentada queixa provar o contrário[95], o que era muito difícil na prática ou mesmo impossível[96].

## 4.5. Os Países em Desenvolvimento e a Decisão de 1966

Atendendo às dificuldades em alterar formalmente o texto do Acordo Geral e à ausência de um processo explícito de interpretação autêntica das disposições do Acordo Geral, os procedimentos de resolução de litígios do GATT de 1947 foram sendo desenvolvidos progressivamente através de decisões, declarações ou memorandos adoptadas pelas PARTES CONTRATANTES em 1966, 1979, 1982, 1984 e 1989.

---

[94] Relatório do Painel no caso *Uruguayan Recourse to Article XXIII* (L/1923), adoptado em 16-11-1962, parágrafo 15.

[95] Esta presunção mantém-se em vigor e encontra-se mesmo prevista expressamente no Memorando de Entendimento sobre Resolução de Litígios, mais exactamente, no seu art. 3º, nº 8. Em contraste, ela perde importância no caso de alguns acordos da OMC:

"Ao contrário de outros acordos abrangidos (por exemplo, o nº 1 do artigo XXIII do GATT em conexão com o nº 8 do artigo 3º do Memorando), o Acordo Geral sobre o Comércio de Serviços (GATS) não requer que, no caso de uma queixa por violação (nº 1 do artigo XXIII do GATS), a 'anulação ou redução' das vantagens resultantes do tratado seja alegada pelo Membro da OMC queixoso e examinada por um Painel. Ao passo que o nº 1 do artigo XXIII do GATT condiciona especificamente o acesso aos procedimentos de resolução de litígios da OMC a uma alegação de que uma 'vantagem' ou a 'efectivação de um dos objectivos' desse Acordo foram anulados ou reduzidos, a disposição correspondente do GATS (nº 1 do artigo XXIII) permite o acesso aos procedimentos de resolução de litígios se um Membro não cumprir as suas obrigações ou compromissos específicos contraídos no âmbito do GATS. A este respeito, assinalamos que no caso *EC – Bananas III*, o Órgão de Recurso declarou que o Painel que se ocupou do mesmo 'errou ao estender o alcance da presunção do nº 8 do artigo 3º do Memorando às alegações formuladas no quadro do GATS'". Cf. Relatório do Painel no caso *Mexico – Measures Affecting Telecommunications Services* (WT/DS204/R), 2-4-2004, parágrafo 8.4.

[96] Segundo alguns autores, "there is no reported case in GATT case law where a plaintiff showed violation and the defendant could establish that nullification or impairment did not result from it". Cf. Petros MAVROIDIS, Edwin VERMULST e Paul WAER, *The Functioning of the Appellate Body After Four Years: Towards Rule Integrity*, in JWT, vol. 33, nº 2, 1999, p. 12.

O SISTEMA DE RESOLUÇÃO DE LITÍGIOS DO GATT DE 1947

Nos primeiros anos de vigência do GATT de 1947, era usual ver alguns países em desenvolvimento (o Paquistão, Cuba, Chile, Haiti e Índia) a recorrerem activamente ao sistema de resolução de litígios na defesa dos respectivos interesses comerciais. Acontece que os países em desenvolvimento perderam progressivamente o interesse no sistema, por entenderem que não estavam a ser atingidos os resultados desejados. Isso foi demonstrado claramente quando o Uruguai apresentou, em Outubro de 1961, uma queixa ao abrigo do art. XXIII do GATT contra a totalidade das partes contratantes desenvolvidas e envolvendo 576 medidas comerciais restritivas. Estas medidas, segundo o Uruguai, estavam a reduzir seriamente as suas exportações, consubstanciando uma anulação ou redução das vantagens para si resultantes do Acordo Geral. No essencial, a queixa do Uruguai, assevera ROBERT HUDEC:

"was showpiece litigation – an effort to dramatize a larger problem by framing it as a lawsuit. The complaint was making two points. One was to draw attention to the commercial barriers facing exports from developing countries and the fact that, whether or not these barriers were legal, the GATT was not working if it could not do better than this. Second, although Uruguay carefully avoided any claim of illegality, the fact that many of the restrictions were obviously illegal would, Uruguay hoped, dramatize the GATT's ineffectiveness in protecting the legal rights of developing countries"[97].

Embora a queixa do Uruguai tenha tido algum êxito na denúncia das barreiras comerciais, permitidas ou não, que as exportações dos países em desenvolvimento então enfrentavam, ela fracassou no objectivo de reduzir de modo significativo essas mesmas barreiras:

"at the conclusion of the proceeding, Uruguay noted the removal of certain restrictions, but said that others have been added in the meanwhile and that consequently Uruguay's overall position was no better than before. The lesson to be drawn from the case, according to Uruguay, was that GATT law did not protect developing countries"[98].

Após a conclusão deste caso, o Uruguai e o Brasil apresentaram propostas para a renegociação do artigo XXIII do GATT. Eles procuraram três reformas em especial: (i) a melhoria na assistência técnica prestada pelo Secretariado; (ii) a prossecução das queixas de países em desenvolvimento por partes terceiras; e (iii) uma melhor resposta aos casos de incumprimento (compensação financeira,

---

[97] Robert HUDEC, *Developing Countries in the GATT Legal System*, Trade Policy Research Centre, Thames Essay nº 50, Londres, 1987, p. 47.
[98] *Idem*, p. 49.

43

A FUNÇÃO JURISDICIONAL NO SISTEMA GATT/OMC

retaliação colectiva)[99]. Porém, o único resultado palpável deste esforço consistiu na adopção pelas PARTES CONTRATANTES, em 5 de Abril de 1966, da decisão *Procedures under Article XXIII*[100].

Esta decisão consagrou várias disposições especiais a favor das partes contratantes em desenvolvimento quando estas apresentassem queixas contra partes contratantes desenvolvidas[101]. Por exemplo, a atribuição de um papel mais activo ao Director-Geral do GATT, sendo possível utilizar os seus bons ofícios quando as negociações bilaterais fracassassem com vista à obtenção de uma solução satisfatória (parágrafo 1); a previsão de prazos para estabelecimento do painel, apresentação do seu relatório e implementação da sua decisão (parágrafos 4, 5, 7 e 8); o poder de as PARTES CONTRATANTES ou o Conselho dos Representantes nomearem um painel de peritos para analisar a questão objecto do litígio, com vista a recomendarem uma solução apropriada, mas os membros do painel deveriam ser nomeados em consulta e com a aprovação das partes contratantes em causa (parágrafo 5); a possibilidade de suspensão de concessões ou de outras obrigações do Acordo Geral em caso de incumprimento das recomendações (parágrafo 9); a possibilidade de adopção de outras medidas, para além da suspensão de concessões ou de outras obrigações, caso a parte contratante desenvolvida continuasse em situação de incumprimento (parágrafo 10)[102].

Na prática, os bons ofícios do Director Geral no âmbito dos Procedimentos de 1966 foram invocados apenas em três ocasiões durante a vigência do GATT de 1947. Apesar da realização de negociações em todas essas ocasiões, nunca os países em desenvolvimento conseguiram atingir os propósitos que os levaram a apresentar as queixas e daí ser inevitável a conclusão de que "that 1966 Procedure was more of a symbolic achievement for developing countries"[103].

---

[99] Thomas ZIMMERMANN, *Negotiating the Review of the WTO Dispute Settlement Understanding*, Cameron May, 2006, p. 49.

[100] Ainda segundo ROBERT HUDEC, "the GATT granted these special procedures in 1966 when it was competing with the newly-formed UNCTAD for the role of principal forum for North-South trade relations". Cf. Robert HUDEC, *GATT Dispute Settlement After the Tokyo Round: An Unfinished Business*, in CILJ, Volume 13, Number 2, 1980, pp. 179-180.

[101] GATT, *Decision of 5 April 1966 on Procedures under Article XXIII* (14/S/18).

[102] Actualmente, é necessário ter em conta que, em caso de conflito entre as regras e processos constantes dos artigos 4º, 5º, 6º e 12º do Memorando de Entendimento sobre Resolução de Litígios e as correspondentes regras e disposições dos *Procedures Under Article XXIII – Decision of 6 April 1966*, as últimas devem prevalecer (art. 3º, nº 12, do Memorando de Entendimento sobre Resolução de Litígios).

[103] Pretty KURUVILA, *Developing Countries and the GATT/WTO Dispute Settlement Mechanism*, in JWT, vol. 31, nº 6, 1997, p. 173. Porém, o *Analytical Index* indica que, pelo menos num caso em que foi invocada a Decisão de 1966, as partes em causa (Índia e Japão) conseguiram chegar a uma solução

O SISTEMA DE RESOLUÇÃO DE LITÍGIOS DO GATT DE 1947

No caso do parágrafo 5 da Decisão de 1966, disposição relativa à nomeação de um painel de peritos pelas PARTES CONTRATANTES ou pelo Conselho dos representantes, ele foi invocado pela primeira vez apenas em Fevereiro de 1993, num litígio envolvendo a Colômbia, a Costa Rica, a Guatemala, a Nicarágua e a Venezuela e visando as restrições à importação de bananas mantidas pelos Estados-Membros da Comunidade Europeia[104].

Num plano mais geral, entre 1959 e 1978, o sistema de resolução de litígios do GATT foi accionado em média apenas uma vez por ano[105], com a maioria das queixas a serem apresentadas pelos Estados Unidos[106]. Têm sido avançadas várias explicações para o declínio verificado. Primeiro, a criação da Comunidade Económica Europeia. O advento do Tratado de Roma implicou que os litígios entre os Estados-Membros da Comunidade passassem a ser resolvidos no seu âmbito[107]. Segundo, uma vez que certas disposições do Acordo Geral (por exemplo, as relativas aos sectores agrícola e dos têxteis) não eram implementadas de modo estrito, algumas partes contratantes começaram a sentir que nenhuma disposição do GATT deveria ser executada de modo rigoroso. Em vez disso, os litígios entre as partes contratantes deveriam ser resolvidos através de negociações[108]. Terceiro, o Japão e a Comunidade Económica Europeia, que emergiram entretanto como potências económicas, não consideravam necessariamente como sendo do seu interesse a existência de um sistema formal de resolução de litígios.

A este respeito, talvez seja útil referir a conhecida dicotomia entre as teses legalista e anti-legalista. No caso da primeira tese, o Acordo Geral seria um código de conduta e comportaria no seu seio um equilíbrio de concessões. Se um membro infringisse o código ou perturbasse o equilíbrio, haveria que penalizar esse comportamento e exercer pressões sobre o membro para que ele res-

mutuamente acordada. Cf. GATT, *Analytical Index: Guide to GATT Law and Practice* (ed. Frieder Roessler), 6ª ed., Genebra, 1994, p. 712.

[104] *Idem*, p. 713.

[105] Entre 1948 e 1958, foram analisados em média entre três a cinco casos por ano. Cf. William DAVEY, *Dispute Settlement in GATT*, in Fordham International Law Journal, 1987, p. 61.

[106] *Idem*, p. 63. Entre 1962 e 1973, os Estados Unidos foram responsáveis por 15 das 19 queixas apresentadas junto do sistema de resolução de litígios do GATT. Cf. Robert HUDEC, *GATT Dispute Settlement After the Tokyo Round: An Unfinished Business*, in CILJ, Volume 13, Number 2, 1980, p. 173.

[107] Antes da entrada em vigor do Tratado de Roma, muitos dos litígios dirimidos no contexto do sistema de resolução de litígios do GATT envolveram países que seriam depois Estados fundadores da Comunidade. Em contraste, até 1980, a Comunidade Económica Europeia apresentou apenas duas queixas ao abrigo dos artigos XXII e XXIII do GATT. Cf. Antonio ÁVILA, Miguel MIER e Juan URRUTIA, *Política Comercial Exterior de la Unión Europea*, Ediciones Pirámide, Madrid, 1997, p. 295.

[108] William DAVEY, *Dispute Settlement in GATT*, in Fordham International Law Journal, 1987, pp. 62-63.

A FUNÇÃO JURISDICIONAL NO SISTEMA GATT/OMC

peitasse o código ou restabelecesse o equilíbrio, eventualmente permitindo, se necessário, ao membro requerente aplicar medidas de retaliação. Pelo contrário, a segunda tese entende que o Acordo Geral não constitui um código de conduta *per se*, mas antes um compromisso dos membros no sentido de negociarem entre si em matéria comercial e de estudarem uma solução mutuamente aceitável para qualquer litígio[109]. A retaliação é assim completamente "antiethical" para a tese anti-legalista[110]. Antes do início do Ciclo do Uruguai (1986-94), os Estados Unidos e a maioria dos países em desenvolvimento tinham geralmente a reputação de sustentar a tese legalista[111], ao passo que o Japão e a Comunidade Económica Europeia seriam apoiantes da tese anti-legalista[112]. A abordagem da Comunidade reflectia, em particular, a necessidade de proteger a sua política

[109] Kees Jan KUILWIJK, *The European Court of Justice and the GATT Dilemma. Public Interest versus Individual Rights?*, Critical European Studies Series – vol. 1, Nexed Editions Academic Publishers, 1996, pp. 138-140.

[110] William DAVEY, *Dispute Settlement in GATT*, in Fordham International Law Journal, 1987, p. 99.

[111] Os países em desenvolvimento apoiam a legalização por entenderem que "a rules-based system, without political vetoes, would put them on a level playing field with more economically powerful parties". Cf. Joost PAUWELYN, *The Transformation of World Trade*, in Michigan Law Review, 2005, p. 29.

[112] William DAVEY, *Dispute Settlement in GATT*, in Fordham International Law Journal, 1987, p. 66. Porém, durante as negociações do Ciclo do Uruguai, a Comunidade, segundo um antigo assessor jurídico da Comissão Europeia, mudou de campo, passando a defender "a quasi-judicial dispute settlement system" por três razões essenciais:

> "First, because it was expected that more reliance on the rule of law would serve better the multilateral trading system globally; second, because it was likely to constrain the growing United States of America unilateralism and, third, because it was thought that it would suit better the European Union's constitutional structure and decisional practice in the external relations field" (cf. Theofanis CHRISTOFOROU, The World Trade Organization, Its Dispute Settlement System and the European Union: A Preliminary Assessment of Nearly Ten Years of Application, in *L'Intégration Européenne au XXIème Siècle: En Hommage à Jacques Bourrinet*, La Documentation Française, Paris, 2004, p. 258).

Por vezes, a Comunidade aproveitou a participação no sistema de resolução de litígios do GATT para tornar mais fácil a revisão das suas próprias práticas comerciais. Por exemplo, os Estados Unidos apresentaram, em 1988, uma queixa contra o regime de pagamentos instituído pela Comunidade Económica Europeia relativamente à transformação de oleaginosas. O painel criado concluiu que o programa em causa discriminava os transformadores estrangeiros, funcionando como uma subvenção indirecta aos produtores comunitários. Apesar de a França ter invocado a regra do consenso, a fim de bloquear a adopção do relatório do painel, a Comunidade não exerceu o direito de veto. Depois, a Comunidade substituiu o sistema de pagamentos antigo por um novo, ou seja, a Comunidade usou "triadic dispute resolution to deligitimise an outmoded, costly programme of which France had blocked revision within internal European Communities law-making processes". Cf. Alec Stone SWEET e Wayne SANDHOLTZ, Law, politics, and international governance, in *The Politics of International Law*, Christian Reus-Smit ed., Cambridge University Press, 2004, pp. 251-252.

O SISTEMA DE RESOLUÇÃO DE LITÍGIOS DO GATT DE 1947

agrícola comum e os acordos comerciais preferenciais celebrados com antigas colónias, cuja conformidade com as disposições do Acordo Geral levantava muitas dúvidas[113].

Da leitura do art. XXIII do GATT não resulta expressamente qualquer preferência por uma das duas teses. Apesar disso, a possibilidade que é dada às PARTES CONTRATANTES de formularem recomendações e de autorizarem medidas de retaliação sugere que os negociadores do texto do Acordo Geral pretendiam que o GATT não se limitasse a prestar simplesmente "conciliation services"[114]. E, caso as partes em litígio não cheguem a uma solução mutuamente satisfatória, o melhor a fazer será um órgão neutro, como os painéis, recomendar uma solução para pôr termo ao litígio[115].

## 4.6. O Memorando de 1979

Adoptado na sequência do Ciclo de Tóquio (1973-79), o denominado Memorando Relativo a Notificações, Consultas, Resolução de Litígios e Supervisão[116] teve o mérito de codificar as práticas costumeiras utilizadas na resolução de litígios entre as partes contratantes do GATT até 1979, de edificar (na prática) um

---

[113] Os acordos comerciais preferenciais são também conhecidos por acordos comerciais regionais, blocos económicos regionais ou acordos de comércio livre. Não obstante a designação "acordos comerciais regionais" ser a mais utilizada, pensamos que ela tenderá a perder importância, atendendo ao crescente número de acordos entre países de diferentes regiões. Veja-se, por exemplo, o chamado *Trans-Pacific Partnership Agreement* entre a Nova Zelândia, o Chile, Brunei e Singapura; os acordos comerciais concluídos pela Comunidade Europeia com a África do Sul (1999), o México (2000) e o Chile (2002); e os acordos comerciais concluídos pelos Estados Unidos com a Jordânia (2001), o Bahrein (2004) e Marrocos (2006).

[114] William DAVEY, *Dispute Settlement in GATT*, in Fordham International Law Journal, 1987, p. 67.

[115] Como veremos *infra*, as posições como que mudaram durante o Ciclo de Doha. Os Estados Unidos, por exemplo, propuseram a introdução de uma fase intermédia de revisão na fase de recurso e da possibilidade de as partes, após análise do relatório provisório, proporem por mútuo acordo o desaparecimento de algumas conclusões dos relatórios dos painéis e do Órgão de Recurso. As Comunidades Europeias, pelo contrário, têm defendido posições mais legalistas, como a profissionalização dos painelistas. Ao mesmo tempo, é interessante verificar que os Estados Unidos têm proposto um aumento da transparência dos procedimentos de resolução de litígios e, como observa BRYAN MERCURIO, "the position seems counterintuitive, as one would think that the more legalistic and adjudicative the system, the more transparent the process and, conversely, the more diplomatic and conciliatory the process, the less transparent the process becomes". Cf. Bryan MERCURIO, *Improving Dispute Settlement in the World Trade Organization: The Dispute Settlement Understanding Review – Making it Work?*, in JWT, 2004, p. 847.

[116] GATT, *Understanding Regarding Notification, Consultation, Dispute Settlement and Surveillance* (L/4907), 28-11-1979. A assinatura da Acta Final que pôs fim, formalmente, ao Ciclo de Tóquio ocorreu em Abril de 1979. Cf. Robert HUDEC, *GATT Dispute Settlement After the Tokyo Round: An Unfinished Business*, in CILJ, Volume 13, Number 2, 1980, p. 147.

A FUNÇÃO JURISDICIONAL NO SISTEMA GATT/OMC

sistema de resolução de litígios razoavelmente estruturado, quando comparado com a situação anterior[117].

Entre as principais novidades, temos a registar, no caso das consultas, o requisito de resposta pronta aos pedidos de consultas e de conclusão das consultas expeditamente, com vista à obtenção de uma solução mutuamente satisfatória para as partes envolvidas, e a necessidade de o pedido de consultas ser fundamentado (nº 4). Apesar do maior detalhe introduzido, não foram avançados quaisquer prazos ou indicações sobre a duração das consultas. A fixação de prazos teria, certamente, a vantagem de evitar que se alongassem indefinidamente consultas bilaterais infrutuosas.

No caso dos painéis, é de salientar a possibilidade de todas as partes contratantes solicitarem a um órgão ou indivíduo o uso dos seus bons ofícios (nº 8); a alusão ao modo de composição dos painéis, continuando as partes contratantes em litígio a gozar, no entanto, do direito de se oporem aos painelistas propostos (nºs 11 a 14); a previsão expressa da possibilidade de cada painel obter informações e conselhos técnicos de qualquer indivíduo ou organismo que considerasse adequado (nº 15); a menção de que a função de qualquer painel era assistir as PARTES CONTRATANTES no desempenho das suas responsabilidades ao abrigo do art. XXIII, nº 2, do GATT e, nessa conformidade, fazer uma apreciação objectiva da questão colocada, incluindo uma avaliação objectiva dos factos do caso e do cumprimento com o Acordo Geral e, se solicitado pelas PARTES CONTRATANTES, chegar a conclusões que ajudassem as PARTES CONTRATANTES a fazer recomendações ou decisões previstas no nº 2 do art. XXIII (nº 16); a necessidade de os painéis apresentarem às partes em litígios as secções descritivas do relatório e as suas conclusões antes da sua circulação junto das PARTES CONTRATANTES (nº 18); a exigência de que qualquer parte contratante que apresentasse uma queixa de não violação a justificasse pormenorizadamente (nº 5, *in fine*, do Anexo).

Do ponto de vista dos países em desenvolvimento, a única alteração verdadeiramente inovadora resultava do nº 24 do Memorando. Nos termos desta disposição, as PARTES CONTRATANTES concordavam em prestar uma atenção particular a qualquer desenvolvimento do sistema comercial multilateral que pudesse afectar os interesses das partes contratantes menos desenvolvidas. Todas as restantes disposições constituíam simplesmente uma repetição dos Procedimentos de 1966. Aliás, em certa medida, o Memorando de 1979 privava os países em desen-

---

[117] Ainda que o Memorando de 1979 não tivesse, formalmente, carácter vinculativo, as partes contratantes viam-no como "authoritative". Cf. Alec Stone SWEET, The New GATT: Dispute Resolution and the Judicialization of the Trade Regime, in *Law Above Nations: Supranational Courts and the Legalization of Politics*, Mary Volcansek ed., Florida University Press, 1997, p. 133.

O SISTEMA DE RESOLUÇÃO DE LITÍGIOS DO GATT DE 1947

volvimento do tratamento especial e diferenciado de que eles gozavam ao estender às outras partes contratantes os privilégios antes concedidos aos países em desenvolvimento ao abrigo dos Procedimentos de 1966.

Seja como for, registou-se a partir de 1979 um crescimento interessante no que diz respeito a queixas apresentadas por países em desenvolvimento, mais exactamente, 18 queixas entre 1980 e 1990. A codificação dos procedimentos de resolução de litígios no Memorando adoptado em 1979 pode ser uma das razões para tal aumento no número de queixas, assim como a participação crescente dos países em desenvolvimento no comércio internacional[118].

Significativamente, a criação dos painéis, o estabelecimento dos seus termos de referência, a adopção dos respectivos relatórios e a aplicação de medidas de suspensão de concessões ou de outras obrigações continuaram sujeitos à regra do consenso[119]. Poucos prazos foram também estabelecidos.

Por último, os acordos negociados no Ciclo de Tóquio, ao contemplarem normas específicas em matéria de resolução de litígios, deram azo a uma certa fragmentação dos procedimentos[120]. Conquanto tal fenómeno permitisse a adaptação

[118] Pretty KURUVILA, *Developing Countries and the GATT/WTO Dispute Settlement Mechanism*, in JWT, vol. 31, nº 6, 1997, p. 179.

[119] Uma publicação do Secretariado do GATT refere, no entanto, que o Conselho dos Representantes criou um painel em 1974, ao abrigo do art. XXIII do GATT e a pedido do Canadá, não obstante as objecções levantadas pela Comunidade Económica Europeia (cf. GATT, *Analytical Index: Guide to GATT Law and Practice* (ed. Frieder Roessler), 6ª ed., Genebra, 1994, p. 673). Uma página depois, a mesma publicação refere que:
"Na discussão do Conselho de 1984 sobre o pedido do Canadá de criação de um painel para analisar a redução unilateral da Comunidade Económica Europeia relativamente ao contingente pautal sobre as importações de papel de imprensa do Canadá, o representante das Comunidades Europeias disse que 'tem sido tradição na prática do GATT desde a discussão do quadro jurídico em 1979 não recusar tal pedido (de criação de um painel)'. A Comunidade respeitará, por isso, a tradição reproduzida no Memorando de 1979" (cf. *Idem*, p. 674).
Porém, quando as Comunidades Europeias impuseram uma proibição à utilização de substâncias hormonais para fins de engorda (Directiva 85/649/CEE adoptada em 31 de Dezembro de 1985 pelo Conselho dos Ministros da Agricultura das Comunidades Europeias), os Estados Unidos, após várias tentativas infrutíferas de pôr termo à medida comunitária, começaram a aplicar unilateralmente a partir do dia 1 de Janeiro de 1989, ao abrigo do Artigo 301 do *Trade Act* de 1974, medidas de retaliação no valor de 100 milhões de dólares norte-americanos contra alguns produtos agrícolas importados da Comunidade Europeia (carne de porco, tomate enlatado, sumos de fruta, algumas bebidas fermentadas, café instantâneo, etc.). Por força da regra do consenso, os Estados Unidos conseguiram bloquear a criação de um painel do GATT para analisar as medidas de retaliação aplicadas (cf. Reinhard QUICK e Andreas BLÜTHNER, *Has the Appellate Body Erred? An Appraisal and Criticism of the Ruling in the WTO Hormones Case*, in JIEL, 1999, pp. 606-607), as quais só deixaram de vigorar em Julho de 1996.

[120] Apesar de o Acordo relativo à Interpretação e Aplicação dos Artigos VI, XVI e XXIII do Acordo Geral sobre Pautas Aduaneiras e Comércio e o Acordo relativo às Aquisições Públicas não regula-

A FUNÇÃO JURISDICIONAL NO SISTEMA GATT/OMC

do procedimento de resolução de litígios às particularidades e necessidades das disposições substantivas de cada acordo, ela representava igualmente o risco de uma maior complexidade e incerteza, de um incremento dos custos e da possibilidade de *forum shopping*[121], ou seja, de uma parte tentar ter a sua acção julgada "in a particular court or jurisdiction where he feels he will receive the most favourable judgment or verdict"[122]. Paralelamente, dois dos acordos adoptados no Ciclo de Tóquio reconheceram o direito à criação de um Painel (artigos 15º, nº 5, do Acordo relativo à Aplicação do Artigo VI do Acordo Geral sobre Pautas Aduaneiras e Comércio e 18º, nº 1, do Acordo relativo à Interpretação e Aplicação dos Artigos VI, XVI e XXIII do Acordo Geral sobre Pautas Aduaneiras e Comércio)[123]. No caso dos outros acordos, pelo contrário, a regra do consenso continuou a ser respeitada de modo escrupuloso.

rem explicitamente a relação entre as suas disposições em matéria de resolução de litígios e as do GATT, alguns dos acordos do Ciclo de Tóquio davam preferência aos procedimentos de resolução de litígios neles previstos quando estivesse em causa um litígio entre partes contratantes do GATT que fossem também partes do acordo em causa: art. 20º, nº 11, do Acordo relativo à Aplicação do Artigo VII do Acordo Geral sobre Pautas Aduaneiras e Comércio; art. 14º, nº 23, do Acordo relativo aos Obstáculos Técnicos ao Comércio; e nota de rodapé ao art. 15º do Acordo relativo à Aplicação do Artigo VI do Acordo Geral sobre Pautas Aduaneiras e Comércio.

[121] Criados com o objectivo de regular em pormenor problemas específicos, do interesse de alguns Estados apenas, os Acordos do Ciclo de Tóquio eram obrigatórios somente para as partes contratantes que os subscrevessem e cada acordo era acompanhado de um sistema de resolução de litígios próprio. Além disso, alguns países que não eram partes contratantes do GATT de 1947 aceitaram também um ou outro dos acordos do Ciclo de Tóquio. O Botsuana, por exemplo, aceitou o Acordo relativo à Aplicação do Artigo VII do Acordo Geral sobre Pautas Aduaneiras e Comércio (cf. John JACKSON, *Restructuring the GATT System*, Council of Foreign Relations Press, Nova Iorque, 1990, p. 109). Em 31 de Dezembro de 1994, apenas 13 das 128 partes contratantes do GATT de 1947 se encontravam vinculadas pelo Acordo relativo às Compras Públicas e 47 pelo Acordo relativo aos Obstáculos Técnicos ao Comércio (cf. Debra STEGER, The World Trade Organization: A New Constitution for the Trading System, in *New Directions in International Economic Law: Essays in Honour of John Jackson*, Marco Bronckers e Reinhard Quick ed., Kluwer Law International, Haia-Londres-Boston, 2000, p. 141). Agora, por força do do chamado princípio da globalidade ou do compromisso único, consagrado no art. II, nº 2 do Acordo OMC, os Membros da OMC procuram evitar que existam divergências quanto aos direitos e obrigações dos vários membros da OMC.

[122] Marc BUSCH, *Overlapping Institutions, Forum Shopping, and Dispute Settlement in International Trade*, in International Organization, 2007, p. 736.

[123] No caso dos acordos do Ciclo de Tóquio, o relatório do painel era adoptado, ou não, pelo comité instituído no âmbito de cada acordo e no qual só podiam participar as partes contratantes que tivessem aceite ficar vinculadas pelas respectivas disposições.

50

O SISTEMA DE RESOLUÇÃO DE LITÍGIOS DO GATT DE 1947

## 4.7. O Gabinete dos Assuntos Jurídicos

Apesar de não ser possível encontrar no GATT de 1947 a base jurídica do Secretariado[124], este desempenhou, desde o início, um papel importante no caso dos procedimentos dos painéis. O Secretariado do GATT marcava e organizava as reuniões, fornecia informações e documentação e produzia o relatório[125]. A crescente complexidade dos litígios levou, contudo, a que o Secretariado do GATT e

---

[124] Robert HOWSE e Kalypso NICOLAÏDIS, Democracy without Sovereignty: The Global Vocation of Political Ethics, in *The Shifting Allocation of Authority in International Law: Considering Sovereignty, Supremacy and Subsidiarity, Essays in honour of Professor Ruth Lapidoth*, Tomer Broude e Yuval Shany ed., Hart Publishing, Oxford-Portland, 2008, p. 173. Como a ratificação da Carta de Havana pelos vários governos nacionais seria necessariamente demorada, foi aprovada uma resolução instituindo uma Comissão Interina da Organização Internacional do Comércio, composta por um comité executivo de dezoito membros e por um secretariado executivo, que funcionaria provisoriamente até a Organização Internacional do Comércio poder iniciar a sua actividade e de cujos trabalhos veio a beneficiar o GATT, que não dispunha ainda de serviços administrativos. Além disso, sendo o GATT um mero acordo comercial, ele não tinha capacidade para criar o seu próprio secretariado (cf. Robert E. HUDEC, The Role of the GATT Secretariat in the Evolution of the WTO Dispute Settlement Procedure, in *The Uruguay Round and Beyond, Essays in Honour of Arthur Dunkel*, Springer, 1998, p. 105). Mas, apesar de a Comissão Interina ter sido criada como uma medida claramente provisória, entendimento que resulta do preâmbulo da resolução que institui a Comissão Interina da Organização Internacional do Comércio ("considerando que, até à criação da Organização, certas funções devem ser provisoriamente preenchidas") e do nº 9 da mesma resolução ("a Comissão deixará de existir a partir da nomeação do Director-Geral da Organização, sendo então os bens e os arquivos da Comissão transferidos para a Organização"), a verdade é que tal Comissão sobreviveu, mesmo depois da ideia de criar uma Organização Internacional do Comércio ter sido posta de lado em 1950, e continuou a servir de fundamento à existência do secretariado do GATT. Mesmo que se defenda que a Comissão Interina constituía, tecnicamente, um órgão das Nações Unidas (cf. Bernard HOEKMAN e Michel KOSTECKI, *The Political Economy of the World Trading System: The WTO and Beyond*, 2ª ed., Oxford University Press, 2001, p. 38), os acontecimentos mostram que ela passa a ter, a partir de 1 de Janeiro de 1951, uma relação muito próxima com o GATT. O seu secretariado passou a trabalhar exclusivamente para as Partes Contratantes do GATT e o secretário executivo da Comissão Interina era igualmente o secretário executivo do GATT. Mais importante, as Partes Contratantes do GATT exerciam de facto plena autoridade sobre o secretariado, como se este fosse empregado e financiado directamente por elas (cf. Peter NEUMANN, *The Relationship Between GATT and the United Nations*, in CILJ, 1970, p. 75). Este arranjo durou até à entrada em funções da OMC em 1995, ou seja, a Comissão Interina para a Organização Internacional do Comércio "was still serving as the body on which the GATT Secretariat legally depend on the eve of the creation of the WTO". Cf. Pieter KUIJPER, WTO Institutional Aspects, in *The Oxford Handbook of International Trade Law*, Daniel Bethlehem, Donald McRae, Rodney Neufeld e Isabelle Van Damme Ed., Oxford University Press, 2009, p. 82.

[125] Karen KAISER, Article 27 DSU, in *WTO-Institutions and Dispute Settlement*, Rüdiger Wolfrum, Peter-Tobias Stoll e Karen Kaiser (eds), Max Planck Commentaries on World Trade Law, Max Planck Institute for Comparative Public Law and International Law, Martinus Nijhoff Publishers, Leiden/Boston, 2006, p. 588.

alguns dos governos das principais partes contratantes reconhecessem, no final de 1980, que estava a tornar-se um problema a reduzida capacidade jurídica dos painéis:

"Legal mistakes were becoming more and more common as litigation increased. The source of the problem lay in the fact that governments were making the legal work much harder by bombarding panels with every conceivable legal claim suggested by the facts and with every conceivable defense that could be invented. To respond to the problem, panels would have to increase their own legal skills. Some improvement could be gotten from more careful selecting of panel members, but as long as GATT followed the tradition of selecting delegates from neutral delegations, it was unrealistic to expect that panel members themselves would have the necessary legal expertise. That expertise would have to be supplied by the GATT Secretariat advisors to panels. It was clear that the Secretariat no longer contained the widely shared informal expertise of the original Secretariat, whose members had been present when the General Agreement had been negotiated at Geneva in 1947"[126].

A resposta foi rápida, tendo o Director-Geral do GATT de então, Arthur Dunkel, criado em Janeiro de 1981 uma posição no Secretariado denominada Director dos Assuntos Jurídicos. Foi escolhido um dos mais antigos funcionários do GATT (Hielke Van Tuinen), conhecido pela sua memória de arquivo da história do Acordo Geral, e cuja reforma estava prevista para breve (como salienta ROBERT HUDEC, "the position was understood to be temporary and experimental"[127]) e, significativamente, não tinha qualquer *staff* ao seu dispor e acreditava-se, pelo menos implicitamente, que a sua principal função consistiria em assessorar juridicamente o Director-Geral do GATT, ou seja, este último agiria como uma espécie de filtro político, de modo a proteger os governos "from anything too 'legalistic'"[128].

Quando o primeiro director dos assuntos jurídicos se reformou em Janeiro de 1983, estava em curso um aumento expressivo do número de litígios a analisar no âmbito do GATT e entendia-se que as decisões jurídicas não tinham ainda qualidade suficiente. A escolha do novo director recaiu outra vez sobre um antigo funcionário do GATT (Ake Lindén), mas desta vez ainda com vários anos de serviço à sua frente. Além disso, o título foi alterado para Director, Gabinete dos Assuntos Jurídicos, "thereby upgrading the office to a permanent institution on

---

[126] Robert HUDEC, *Enforcing International Trade Law: The Evolution of the Modern GATT Legal System*, Butterworth Legal Publishers, Salem – New Hampshire, 1993, p. 137.
[127] *Idem.*
[128] *Idem*, p. 138.

O SISTEMA DE RESOLUÇÃO DE LITÍGIOS DO GATT DE 1947

the Secretariat organizational chart"[129], e, pouco tempo depois, o Director do Gabinete dos Assuntos Jurídicos passou a contar com o apoio de um secretário e de dois jovens juristas[130].

A crescente participação do gabinete jurídico na redacção jurídica dos relatórios dos painéis melhorou claramente a qualidade dos mesmos e contribuiu para a sua *de-politicization* e adopção regular pelo Conselho dos Representantes[131]. No final da década de 80, o gabinete jurídico adquire grande visibilidade com vários relatórios a granjear a admiração da maioria das partes contratantes e dos observadores[132]. São deste período, por exemplo, os relatórios dos painéis nos casos *United States – Taxes on Petroleum and Certain Imported Substances* (1987), *Japan – Trade in Semi-Conductors* (1988) e *United States – Section 337 of the Tariff Act of 1930* (1989), ainda hoje frequentemente citados quando da resolução de litígios no âmbito da OMC.

Em 1989, Frieder Roessler, visto como um dos mais eminentes especialistas do direito do sistema GATT, foi mesmo nomeado director dos assuntos jurídicos do GATT, tendo desempenhado tais funções até 1995.

## 4.8. A Declaração Ministerial de 1982

Como seria de esperar, até pela proximidade no tempo, a declaração ministerial traz poucas novidades relativamente ao Memorando adoptado em 1979, limitando-se a introduzir melhorias específicas nos procedimentos[133]. Assim, caso houvesse acordo entre ambas as partes em litígio, passaria a ser possível recorrer aos bons ofícios do Director-Geral do GATT ou de um indivíduo ou grupo de pessoas nomeado pelo Director-Geral (ponto (i))[134]. O Secretariado do GATT passa a ter a responsabilidade de assistir os painéis, especialmente nos aspec-

---

[129] *Idem.*

[130] Robert HUDEC, The Role of the GATT Secretariat in the Evolution of the WTO Dispute Settlement Procedure, in *The Uruguay Round and Beyond, Essays in Honour of Arthur Dunkel*, Springer, 1998, p. 114.

[131] Ernst-Ulrich PETERSMANN, The Dispute Settlement System of the World Trade Organization and the Evolution of the GATT Dispute Settlement System since 1948, in *The World Trading System. Critical Perspectives on the World Economy, vol. II, Dispute Settlement in the World Trading System*, Robert Howse ed., Routledge, Londres e Nova Iorque, 1998, p. 311.

[132] Robert HUDEC, *Enforcing International Trade Law: The Evolution of the Modern GATT Legal System*, Butterworth Legal Publishers, Salem – New Hampshire, 1993, p. 138.

[133] GATT, *Ministerial Declaration of 29 November 1982, Decision on Dispute Settlement* (29S/13).

[134] Antes, pelo contrário, estabelecia-se que só era possível recorrer aos bons ofícios do Director-Geral se estivesse em causa uma queixa apresentada por uma parte contratante em desenvolvimento contra uma parte contratante desenvolvida e não era necessário obter qualquer acordo junto da parte contra à qual era apresentada a queixa.

## A FUNÇÃO JURISDICIONAL NO SISTEMA GATT/OMC

tos jurídicos, históricos e processuais das questões litigiosas (ponto (iv))[135]. Caso fosse encontrada uma violação das disposições do Acordo Geral ou de anulação ou redução de vantagens, previa-se que um painel propusesse formas para a execução, pela parte contratante faltosa, das recomendações adoptadas pelas PARTES CONTRATANTES (ponto v). Previa-se, igualmente, que a parte contratante em falta pudesse dispor de um determinado prazo razoável (sem especificar qualquer duração do mesmo), para indicar que acção propunha tomar com vista à resolução satisfatória do litígio (ponto (vii)).

Cumpre destacar, finalmente, que diz-se explicitamente na Declaração que as decisões adoptadas não poderiam aumentar ou diminuir os direitos e obrigações previstas no Acordo Geral (ponto (x)). Ao mesmo tempo, consta deste mesmo ponto (x) da Declaração que:

> "As PARTES CONTRATANTES reafirmam que o consenso continuará a ser o método tradicional de resolução de litígios; no entanto, concorda-se que a obstrução do processo de resolução de litígios deve ser evitada".

Além disso, acrescenta-se numa nota de rodapé a este mesmo ponto que "isto não prejudicará as disposições relativas à tomada de decisões previstas no Acordo Geral".

De acordo com FRIEDER ROESSLER, foram apresentadas três propostas na reunião ministerial do GATT de 1982: (a) manter a tradição do consenso; (b) aprovar os relatórios dos painéis especializados por consenso entre as partes contratantes excluindo as partes em litígio (consenso menos dois); e (c) decidir por votação, caso uma das partes em litígio o solicitasse[136]. Embora o texto adoptado, já por nós transcrito, desse cobertura às três propostas avançadas[137], os relatórios dos painéis continuaram sujeitos, na prática, à possibilidade de não serem adoptados caso uma parte contratante se opusesse à sua adopção. Como bem notam dois

---

[135] No caso do Memorando de 1979, diz-se apenas que os painéis podem procurar conselho ou apoio junto do Secretariado, especialmente nos aspectos históricos ou processuais (nº 6(iv) do Anexo Memorando Relativo a Notificações, Consultas, Resolução de Litígios e Supervisão).

[136] Frieder ROESSLER, A Evolução do Sistema de Resolução de Litígios do GATT/OMC, in *A Organização Mundial do Comércio e a Resolução de Litígios*, Conferência realizada no auditório da FLAD em 13 de Maio de 1997, Fundação Luso-Americana para o Desenvolvimento, 1998, p. 77.

[137] A primeira frase tranquilizava aqueles que defendiam a prática do consenso (a Comunidade Económica Europeia); a expressão "no entanto" equivalia praticamente a dizer que a parte contra a qual era apresentada a denúncia não deveria bloquear um consenso (Estados Unidos); e a nota de rodapé reservava explicitamente o direito de exigir a aprovação do relatório de um painel especializado por votação das PARTES CONTRATANTES (Austrália). O que não se dizia era qual das três regras prevaleceria em caso de conflito. Cf. *Idem*.

54

O SISTEMA DE RESOLUÇÃO DE LITÍGIOS DO GATT DE 1947

autores, "se desalentaban las prácticas obstruccionistas, pero las obstrucciones se seguían aplicando"[138].

## 4.9. A Decisão de 1984

Apenas dois anos transcorridos sobre a declaração ministerial de 1982, as PARTES CONTRATANTES adoptam uma decisão sobre resolução de litígios, a qual se limita a introduzir, como ela própria refere, melhorias processuais específicas no que diz respeito à composição e ao trabalho dos painéis. O objectivo visado prende-se com a melhoria da qualidade dos relatórios dos painéis.

No que diz respeito ao trabalho dos painéis, estabelece-se que estes deveriam fornecer de início às partes em litígio uma proposta de calendário para o processo do painel e que as partes em litígio deveriam respeitar os prazos estabelecidos pelos painéis caso estes solicitassem observações escritas.

Relativamente à composição dos painéis, determina-se que, caso não houvesse acordo entre as partes em litígio quanto à composição do painel no prazo de 30 dias após a apresentação do pedido às PARTES CONTRATANTES, o Director-Geral, a pedido de qualquer uma das partes em litígio e em consulta com o Presidente do Conselho dos Representantes e as partes em litígio, poderia nomear painelistas, de modo a que o painel pudesse dar início aos seus trabalhos. A cedência deste poder ao Director-Geral do GATT constituía um grande avanço comparativamente à prática seguida anteriormente[139]. Basta recordar que o acordo sobre a composição do painel no caso *United States Tax Legislation (DISC)* demorou três anos a atingir[140].

## 4.10. A Decisão de 1989

Com 15 queixas em 1987 e 25 em 1988, estes dois anos igualaram o número de queixas apresentadas durante as décadas de 60 e 70[141] e, em Abril de 1989, quase

[138] Julio LACARTE-MURÓ e Fernado PIÉROLA, Estudio Comparativo de los Mecanismos de Solución de Diferencias del GATT y de la OMC: Qué se Logró en la Ronda Uruguay?, in *Solución de Controversias Comerciales Inter-Gubernamentales: Enfoques Multilaterales y Regionales*, Julio Lacarte e Jaime Granados ed., Banco Interamericano de Desarrollo, 2004, p. 18.

[139] Nos termos do nº 11 do Memorando Relativo a Notificações, Consultas, Resolução de Litígios e Supervisão (1979), quando um painel era criado, o Director-Geral, depois de assegurar o acordo das partes contratantes em causa, deveria propor a composição do painel, de três ou cinco membros em função do caso, às PARTES CONTRATANTES para aprovação. Como é evidente, seria mais difícil chegar a acordo entre os membros do painel caso este tivesse cinco membros.

[140] Miquel Montaña I MORA, *A GATT With Teeth: Law Wins Over Politics in the Resolution of International Trade Disputes*, in CJTL, 1993, p. 121. E a adopção do relatório do painel pelo Conselho dos Representantes só ocorreu em 1981, ou seja, cinco anos após a sua apresentação.

[141] Robert HUDEC, *Enforcing International Trade Law: The Evolution of the Modern GATT Legal System*, Butterworth Legal Publishers, Salem – New Hampshire, 1993, p. 209.

## A FUNÇÃO JURISDICIONAL NO SISTEMA GATT/OMC

três anos após o início do Ciclo do Uruguai, as PARTES CONTRATANTES adoptaram a Decisão relativa ao Aperfeiçoamento das Regras e Procedimentos de Resolução de Litígios do GATT[142]. Estas regras vigoraram, de modo experimental, até ao termo do Ciclo, tendo sido então substituídas pelo novo Memorando de Entendimento sobre as Regras e Processos que Regem a Resolução de Litígios (Anexo 2 do Acordo que Cria a Organização Mundial do Comércio)[143].

Entre os aperfeiçoamentos adoptados, temos a salientar vários. Primeiro, diz-se claramente que as partes contratantes reconhecem que o sistema de resolução de litígios serve para preservar os direitos e obrigações das partes contratantes previstos no Acordo Geral e que constitui um elemento central de garantia da segurança e previsibilidade do sistema multilateral de comércio (A.1)[144]. Segundo, estabelecem-se, pela primeira vez, prazos específicos no caso das consultas[145]. Terceiro, o pedido de consultas, formalmente, deveria ser apresentado por escrito, ser fundamentado e notificado ao Conselho de Representantes do GATT (C.3). Quarto, foi introduzido pela primeira vez uma disposição específica para os casos de urgência, incluindo os relativos a bens perecíveis em trânsito. Quinto, são referidos expressamente pela primeira vez outros meios de resolução de litígios (conciliação, mediação e arbitragem) para além dos bons ofícios e do processo normal de resolução de litígios no contexto do GATT (consultas e painéis) (D, E)[146]. O recurso a tais meios alternativos exigiria o acordo de ambas as partes em litígio (D.1, E.2). Sexto, prevê-se a possibilidade de um painel ou de um grupo de trabalho terem termos de referência especiais (F(a)). Sétimo, nos casos

---

[142] GATT, *Decision of 12 April 1989 on Improvements to the GATT Dispute Settlement Rules and Procedures* (L/6489), 13-4-1989.

[143] Doravante, utilizaremos os seguintes nomes, indistintamente, para designar este Anexo 2: "sistema de resolução de litígios da OMC", "Memorando de Entendimento sobre Resolução de Litígios" ou simplesmente "Memorando".

[144] Omite-se, pois, qualquer referência às "normas de interpretação do direito internacional público", ao contrário do que acontece com o actual nº 2 do art. 3º do Memorando.

[145] Christiane SCHUCHHARDT, Consultations (Chapter 25), in *The World Trade Organization: Legal, Economic and Political Analysis*, Volume I, Patrick Macrory, Arthur Appleton e Michael Plummer Ed., Springer, Nova Iorque, 2005, pp. 1200-1202.

[146] No período entre 1972 e 1984, alguns painéis incentivaram às partes em litígio a negociar entre si, com vista a resolverem o litígio (cf. Relatório do Painel no caso *Canada – Withdrawal of Tariff Concessions* (L/4636), adoptado em 17-5-1978, parágrafo 5; Relatório do Painel no caso *Japanese Restraints on Imports of Manufactured Tobacco from the United States* (L/5140), adoptado em 11-6-1981, parágrafo 10; Relatório do Painel no caso *Japanese Measures on Imports of Leather* (L/5623), adoptado em 16-5-1984, parágrafo 5), mas não é possível encontrar nos respectivos relatórios quaisquer traços de conciliação ou de mediação durante os procedimentos dos painéis. Cf. Amelia PORGES, *Settling WTO Disputes: What Do Litigation Models Tell Us?*, in Ohio State Journal of Dispute Resolution, 2003, pp. 167-168.

O SISTEMA DE RESOLUÇÃO DE LITÍGIOS DO GATT DE 1947

em que mais de uma parte contratante requeresse a criação de um painel para a análise da mesma questão, seria criado um único painel para essas queixas, tendo-se em devida conta os direitos de todas as partes contratantes em causa (F(d)1). Oitavo, qualquer parte terceira que tivesse um interesse substancial numa questão em análise num painel e tivesse notificado esse seu interesse ao Conselho dos Representantes teria a oportunidade de ser ouvida pelo painel e de apresentar observações por escrito ao mesmo. Tais observações seriam igualmente transmitidas às partes em litígio e deveriam constar do relatório do painel (F(e)2). Nono, determina-se que, de modo a tornar os procedimentos mais eficientes, o prazo durante o qual o painel deveria proceder à sua análise, desde o momento em que a composição e os termos de referência do painel foram acordados até à data em que o relatório final foi apresentado às partes em litígio, não deveria, regra geral, exceder seis meses. Nos casos urgentes, incluindo os casos relativos a bens perecíveis, o painel deveria apresentar às partes em litígio no prazo de três meses (F(f)5). Caso o painel considerasse que não podia apresentar o seu relatório nos prazos previstos, deveria informar por escrito o Conselho dos Representantes das razões do atraso, juntamente com uma estimativa do prazo dentro do qual estaria em condições de apresentar o seu relatório. Contudo, o período entre a criação do painel e a apresentação do relatório às partes contratantes nunca poderia ser superior a nove meses (F(f)6). Décimo, decide-se que pode ser necessário ao Secretariado prestar assistência jurídica adicional em matéria de resolução de litígios às partes contratantes em desenvolvimento, mas o perito em causa deveria assistir a parte contratante em desenvolvimento de uma forma que assegurasse a permanente imparcialidade do Secretariado (H.1). Décimo primeiro, a parte contratante em falta deveria informar o Conselho dos Representantes das suas intenções relativamente à implementação das recomendações ou decisões. Caso fosse impraticável implementar de imediato as recomendações ou decisões, a parte contratante em causa deveria dispor de um prazo razoável para fazê-lo (I.2), mas não se avança com quaisquer prazos ou critérios para o seu estabelecimento. Diz-se apenas que "o rápido cumprimento das recomendações ou decisões das PARTES CONTRATANTES ao abrigo do artigo XXIII é essencial para assegurar uma resolução eficaz dos litígios em benefício de todas as partes contratantes" (I.1). Décimo segundo, o Conselho dos Representantes deveria supervisionar a implementação das recomendações ou decisões adoptadas ao abrigo do nº 2 do artigo XXIII do GATT e a questão da execução das recomendações ou decisões poderia ser suscitada junto do Conselho dos Representantes por qualquer parte contratante e a qualquer momento após a sua adopção (I.3).

Para além destes aperfeiçoamentos, muitos deles consagrados no actual sistema de resolução de litígios da OMC (a única excepção prende-se com a referência aos grupos de trabalho, agora desaparecida), é de destacar que se mantiveram as possibilidades de bloqueio vindas de trás no que diz respeito à adopção dos relatórios dos painéis. Não obstante os Estados Unidos terem voltado a formular, em 1987, diversas soluções para acabar com a possibilidade de bloqueio dos relatórios dos painéis, diz-se expressamente na Decisão de 1989 que a "prática de adopção dos relatórios dos painéis por consenso deve continuar" (G.3). As soluções avançadas pelas autoridades norte-americanas passavam por caracterizar as recomendações e as conclusões do painel como vinculativas para todas as partes envolvidas, sem necessidade de qualquer acção adicional do Conselho dos Representantes ou das Partes Contratantes; pela adopção dos relatórios dos painéis sem a participação das partes em litígio (*consensus-minus-two*); e por uma afirmação formal pelas partes contratantes de aceitação e de implementação dos relatórios dos painéis[147].

A preservação do direito de veto implicou, como é óbvio, um direito similar no caso das autorizações relativas à suspensão de concessões ou de outras obrigações. E o mesmo se passou quanto à criação de um painel. Neste último caso, a Decisão de 1989 limita-se a dizer que, "se a parte queixosa assim o solicitar, a decisão de criar um painel ou grupo de trabalho deve ser tomada o mais tardar na reunião do Conselho seguinte à reunião em que o pedido aparece pela primeira vez na ordem de trabalhos do Conselho, a menos que nessa reunião o Conselho decida de outro modo" (F(a)).

De realçar, por fim, que algumas propostas importantes apresentadas durante as negociações não foram acolhidas pela Decisão de 1989, a saber: o reconhecimento expresso do direito de uma parte a um painel; a eliminação da regra do consenso (total) na adopção dos relatórios dos painéis; e a introdução do remédio da compensação[148].

Portanto, apesar das melhorias introduzidas, muitas partes contratantes, a começar pelos Estados Unidos, estavam cientes de que a Decisão de 1989 deixava vazios significativos no sistema e de que o volume e a importância dos novos compromissos emergentes do Ciclo do Uruguai requereriam um sistema de resolução de litígios mais automático e elaborado.

## 5. Um Sistema de Resolução de Litígios Eficaz?

Normalmente, a eficácia dos sistemas jurídicos internacionais é medida pelo êxito que têm na alteração dos padrões de comportamento dos governos nacionais,

---

[147] Terence Stewart e Christopher Callahan, Dispute Settlement Mechanisms, in *The GATT Uruguay Round. A Negotiating History (1986-1992)*, Terence Stewart ed., vol. II, Kluwer Law and Taxation, Deventer – Boston, 1993, pp. 2733-2734.

[148] Eric Canal-Forgues e Rudolf Ostrihansky, *New Developments in the GATT Dispute Settlement Procedures*, in JWT, vol. 24, nº 2, 1990, p. 81.

O SISTEMA DE RESOLUÇÃO DE LITÍGIOS DO GATT DE 1947

mas, como é óbvio, a medição de tal influência não constitui propriamente uma ciência exacta[149]. Ainda assim, ROBERT HUDEC, de longe o autor que estudou mais aprofundadamente o sistema de resolução de litígios do GATT de 1947, concluiu num artigo publicado logo após a entrada em vigor dos acordos da Organização Mundial do Comércio que apenas 16 das 139 queixas analisadas por tal sistema não tinham sido resolvidas satisfatoriamente[150].

Esta taxa de sucesso de 88% do sistema de resolução de litígios do GATT de 1947 torna-se particularmente impressiva se tivermos presente que o número de casos resolvidos, durante as suas quase cinco décadas de existência, é mais do dobro do número de casos que o Tribunal Internacional de Justiça teve em mãos durante o mesmo período de tempo[151] e que alguns dos casos analisados tiveram consequências tão profundas nos governos nacionais e nos assuntos mundiais como os do Tribunal Internacional de Justiça[152].

Ademais, considerando o carácter de certo modo voluntário do sistema de resolução de litígios do GATT de 1947, bem evidente no facto de os governos poderem bloqueá-lo de quatro maneiras – vetando a criação do painel, recusando seleccionar os membros do painel, impedindo a adopção do relatório do painel e bloqueando a autorização para retaliar –, não deixa de ser surpreendente o êxito

---

[149] Robert HUDEC, *Enforcing International Trade Law: The Evolution of the Modern GATT Legal System*, Butterworth Legal Publishers, Salem – New Hampshire, 1993, p. 358.

[150] Robert HUDEC, GATT Legal Restraints on the Use of Trade Measures against Foreign Environmental Practices, in *Fair Trade and Harmonization*, Jagdish Bhagwati e Robert HUDEC ed., vol. 2, The MIT Press, Cambridge-Massachusetts e Londres, 1996, p. 114. De notar que somente 1/3 das centenas de queixas apresentadas durante a vigência do GATT de 1947 resultaram em relatórios de painéis (cf. Philip NICHOLS, *GATT Doctrine*, in Virginia Journal of International Law, 1996, p. 399). De notar, igualmente, que alguns autores avançam com outros números, ainda que o resultado final seja o mesmo: o sistema de resolução de litígios desenvolvido no contexto do GATT de 1947 foi bastante eficiente, emitindo-se um total de 115 relatórios, dos quais 101 foram adoptados (cf. Xavier Fernández PONS, *La OMC y el Derecho internacional: Un estudio sobre el sistema de solución de diferencias de la OMC y las normas secundarias del Derecho internacional general*, Marcial Pons, Madrid-Barcelona, 2006, p. 69). De notar, ainda, que alguns autores concluem que a parte contratante faltosa implementou plenamente apenas 2/5 das "decisões" favoráveis às partes contratantes queixosas. Em cerca de 1/3, a parte contratante em falta não adoptou qualquer medida de execução (cf. Marc BUSCH e Eric REINHARDT, Testing international trade law: Empirical studies of GATT/WTO dispute settlement, in *The Political Economy of International Trade Law – Essays in Honor of Robert E. Hudec*, Daniel Kennedy e James Southwick ed., Cambridge University Press, 2002, p. 473). De notar, finalmente, que a não adopção do relatório de um painel não significa que o litígio não tenha sido resolvido. Pode acontecer, por exemplo, que tenha sido a parte queixosa a perder o caso.

[151] John JACKSON, *The World Trade Organization*, Christopher Parlin org., in ASIL Proceedings, 1995, p. 319.

[152] John JACKSON, Global Economics and International Economic Law, in *The Jurisprudence of GATT and the WTO: Insights on Treaty Law and Economic Relations*, Cambridge University Press, 2000, p. 12.

registado[153]. Diversos factores terão ajudado, especialmente, a manutenção da credibilidade face aos parceiros comerciais e o interesse recíproco na manutenção do sistema comercial multilateral. Como bem nota JOOST PAUWELYN:

> "What kept GATT together was not so much an abstract respect for legal rules, but rather the political and economic need to keep intact a negotiated balance of tariff concessions, originally exchanged in 1947 and subsequently expanded in further rounds of trade negotiations. Reciprocal tariff reductions through Part I of GATT were at the apex of this GATT bargain. This tariff deal was, in turn, supported by the standard trade policies set out in Part II, such as national treatment and prohibitions on quantitative restrictions. Part II of GATT was crucial to ensure that commercial opportunities offered by tariff reductions would not be nullified by trade policy instruments other than tariffs. No strong enforcement mechanism to keep this balance afloat was needed. After all, the balance was struck because of reciprocal gains reaped from exchanging tariff reductions. This balance was, in turn, kept because of the threat of reciprocal withdrawals of concessions in case a country would not meet its end of the bargain. This was the secret of the GATT's early success"[154].

Ao mesmo tempo, é provável que um número significativo de litígios nunca tenha sido objecto de uma queixa junto do sistema de resolução de litígios do GATT de 1947 devido à suspeita da parte queixosa de que a parte demandada exerceria o seu direito de veto[155]. É muito provável, também, que, conscientes da possibilidade de uma das partes em litígio bloquear a adopção dos relatórios, os painéis possam ter sido influenciados pelo objectivo de se alcançar uma solução mutuamente aceitável para ambas as partes em litígio quando da redacção das suas conclusões[156]. Mesmo quando os relatórios dos painéis eram adoptados,

---

[153] Segundo JOHN JACKSON, "the ability of losing parties to block panel reports was deemed the most significant defect in the GATT process". Cf. John JACKSON, *The Role and Effectiveness of the WTO Dispute Settlement Mechanism*, in Brookings Trade Forum 2000, p. 183.

[154] Joost PAUWELYN, *The Transformation of World Trade*, in Michigan Law Review, 2005, pp. 12-13. Igualmente importante terá sido o facto de o GATT ter sido inspirado e gerido:

> "by what became known as 'embedded liberalism', that is, a common belief amongst the technocratic elites of the original twenty-three GATT contracting parties – after all, a limited set of like-minded, capitalist countries – that trade liberalization increases welfare and requires international coordination and discipline, albeit with sufficient room left for domestic politics to redistribute income and sustain the safety-nets of the welfare state at home". Cf. *Idem*, p. 13.

[155] OMC, *A Handbook on the WTO Dispute Settlement System – A WTO Secretariat Publication*, Cambridge University Press, 2004, p. 14; Maria de Lourdes Albertini QUAGLIA, *How the Judges of the Appellate Body Form Their Opinion and its Reflection on the Implementation of the Reports of the WTO Dispute Settlement Body*, in Anuário Brasileiro de Direito Internacional, Volume 2, 2009, p. 33.

[156] Actualmente, por força da regra do consenso negativo, os painéis já não necessitam de satisfazer todas as partes, ou seja, podem concentrar-se "on the merits of the dispute and the unencumbered

o risco de uma parte bloquear a adopção influenciou certamente o modo como os painéis redigiam as suas conclusões[157]. Os painelistas sabiam de antemão que o seu relatório teria de ser adoptado igualmente pela parte contratante vencida nas suas pretensões[158]. Qual o grau de influência exercido pelo receio de bloqueio, nunca saberemos. Sabemos apenas que, até ao início das negociações comerciais do Ciclo do Uruguai em Setembro de 1986, quase todos os relatórios de painéis submetidos ao Conselho dos Representantes ao abrigo do nº 2 do art. XXIII:2 do GATT foram adoptados e, na maioria dos casos, executados. Apenas em relação a alguns relatórios, o Conselho do GATT adoptou os relatórios por via de um "Memorando de Entendimento", equivalente a uma revisão parcial das interpretações jurídicas relevantes, ou absteve-se de adoptá-los. Mas, mesmo no caso dos quatro relatórios não adoptados entre 1948 e 1987, as partes em litígio resolveram o caso com base no relatório do painel[159]. ERNST-ULRICH PETERSMANN considera mesmo que:

> "The 'filtering' and non-adoption by the GATT Council of these reports reflected an attempt to avoid legally wrong interpretations (in the *Soybean* and *Citrus* cases), or to keep open interpretative issues (in the *Canned Fruit* and *Gold Coin* cases) which the defendants continued to challenge, rather than a breakdown of the GATT dispute settlement process"[160].

Outro teste passível de utilização para aferir da eficácia do GATT de 1947, em geral, e do seu sistema de resolução de litígios, em particular, é o que diz respeito à evolução das condições do mercado internacional[161]. Há mesmo quem lhe

---

application of the facts to WTO law". Cf. James CAMERON e Kevin GRAY, *Principles of International Law in the WTO Dispute Settlement Body*, in ICLQ, 2001, p. 249.

[157] De facto, "the desire to maximize the report's prospects for acceptance could be expected to motivate the panel and, if so, would seen to restrain panels from being overly assertive in the hope of avoiding an adverse reaction from the losing party". Cf. Christopher THOMAS, *Litigation Process under the GATT Dispute Settlement System: Lessons for the World Trade Organization?*, in JWT, vol. 30, nº 2, 1996, p. 57.

[158] Como bem nota ROBERT HUDEC, "blocking adoption was the only form of appeal there was". Cf. Robert HUDEC, *Enforcing International Trade Law: The Evolution of the Modern GATT Legal System*, Butterworth Legal Publishers, Salem – New Hampshire, 1993, p. 47.

[159] Ernst-Ulrich PETERSMANN, *The GATT/WTO Dispute Settlement System: International Law, International Organizations and Dispute Settlement*, Kluwer Law International, Londres-Haia-Boston, 1997, p. 88.

[160] *Idem.*

[161] Até porque, "historically, the trade regime has not been managed by elected officials accountable to a defined public. Instead, its legitimacy derived almost entirely from its perceived efficacy and value as part of the international economic management structure". Cf. Daniel ESTY, *The World Trade Organization's legitimacy crisis*, in WTR, 2002, p. 11.

chame "the ultimate test"[162]. Ora, a existência de numerosos factores susceptíveis de comprometer a sua sobrevivência e êxito[163] não impediu o GATT de se tornar a principal organização internacional responsável pelo comércio internacional e de contribuir muitíssimo para o seu desenvolvimento espectacular nos últimos 60 anos[164]. Até 1995, o volume do comércio internacional aumentou cerca de catorze vezes e o seu valor de 57 biliões de dólares para 4.090 biliões de dólares[165], o nível médio dos direitos aduaneiros *ad valorem* cobrados pelos países industrializados sobre os produtos manufacturados passou de 40%, quando o GATT entrou em vigor, para 3,7%, a parte do comércio internacional no PIB mundial passou de 7%, em 1950, para mais de 20%, em 1995[166], e o número de partes contratantes das 23 iniciais para 128 em finais de 1994[167]. Não surpreende assim que o GATT

---

[162] Robert HUDEC, *Enforcing International Trade Law: The Evolution of the Modern GATT Legal System*, Butterworth Legal Publishers, Salem – New Hampshire, 1993, p. 359.

[163] O fundamento jurídico do GATT não era forte; a sua existência deveria ser temporária; não se tratava propriamente de uma "organização internacional"; a *grandfather's clause* permitia a manutenção de legislação nacional contrária a alguns princípios fundamentais do GATT; no início, o único órgão previsto era uma conferência periódica das partes contratantes, prevista no art. XXV, nº 1, etc..

[164] A cooperação económica global ocorrida no final do século XIX está ligada principalmente a desenvolvimentos tecnológicos nos transportes (caminhos de ferro, navios a vapor e abertura dos canais do Suez e do Panamá) e nas comunicações (telefone, telégrafo e cabo transatlântico), ao passo que a cooperação ocorrida desde o final do segundo conflito mundial deve-se essencialmente à liberalização das trocas comerciais e dos fluxos financeiros (cf. FUNDO MONETÁRIO INTERNACIONAL, *Trade and Financial Integration*, in World Economic Outlook, Setembro de 2002, pp. 109 e 114-115). O GATT, encorajando a liberalização do comércio mundial, a não discriminação e a previsibilidade e transparência das políticas comerciais, teve, de facto, um papel primacial.

[165] OMC, *WTO Focus*, nº 6, 1995, p. 2. Durante o período de 1950-73, o volume do comércio mundial (em mercadorias e serviços) cresceu a uma taxa anual de quase 8%, ao passo que o PIB mundial cresceu em volume a uma taxa anual de 5%. Posteriormente, no período de 1974-94, as exportações mundiais cresceram a uma taxa anual ligeiramente superior a 4% e o PIB mundial a uma taxa anual ligeiramente inferior a 3%. Cf. COMISSÃO EUROPEIA, *The European Union as a World Trade Partner*, in European Economy – Reports and Studies, nº 3, 1997, p. 110.

[166] 25% em 2007 e prevê-se que a parte do comércio internacional no PIB mundial seja de 34% em 2030 (cf. BANCO MUNDIAL, *Global Economic Prospects 2007: Managing the Next Wave of Globalization*, ed. World Bank 2007, p. 46). No caso dos Estados Unidos, individualmente a maior potência comercial do Mundo, as exportações e importações norte-americanas representavam, em 1970, somente 11% do seu PIB, valor que aumentou para 14% em 1980 e 29% em 1999. Cf. Gregory SHAFFER, *WTO Blue-Green Blues: The Impact of U.S. Domestic Politics on Trade-Labor, Trade-Environment Linkages for The WTO's Future*, in Fordham International Law Journal, 2000, p. 634.

[167] Em 31 de Dezembro de 1994, 126 países e os territórios aduaneiros de Hong Kong e Macau eram partes contratantes do GATT, 13 países observavam *de facto* o Acordo Geral e 35 países eram observadores. As 128 partes contratantes do GATT correspondiam, por sua vez, a 90% do comércio mundial de mercadorias. A lista completa das partes contratantes pode ser encontrada in Bernard

O SISTEMA DE RESOLUÇÃO DE LITÍGIOS DO GATT DE 1947

seja considerado uma das maravilhas da história económica internacional do pós-
-guerra[168] e a instituição mais eficiente em termos de performance económica
mundial nos 50 anos seguintes ao termo do conflito mundial[169].

Mas, atenção, o êxito alcançado e o facto de o Memorando de Entendimento
sobre Resolução de Litígios da OMC constituir, em grande medida, uma codificação de procedimentos de resolução de litígios aplicados durante a vigência
do GATT de 1947 que sobreviveram por serem os mais aptos, numa espécie de
"processo de selecção darwinista"[170], não significa que não houvesse problemas
ou aperfeiçoamentos a introduzir. A própria Declaração de Punta del Este de 20
de Setembro de 1986, que marcou o início formal do Ciclo do Uruguai, estabelecia no que diz respeito à resolução de litígios que:

> "Com vista a assegurar uma resolução pronta e eficaz dos diferendos em benefício
> de todas as partes contratantes, as negociações terão como objectivo melhorar e refor-
> çar as regras e procedimentos do processo de resolução de diferendos, reconhecendo,
> simultaneamente, a importante contribuição trazida por regras e disciplinas do GATT
> mais eficazes e exequíveis. As negociações deverão incluir a elaboração de disposições
> adequadas para a supervisão e o controlo dos procedimentos, que facilitem o cumpri-
> mento das recomendações adoptadas"[171].

Especificamente, o novo Memorando de Entendimento sobre as Regras e
Processos que Rege a Resolução de Litígios da OMC (Anexo 2 da Acta Final do
Ciclo do Uruguai) pretende reforçar *the rule of law* e adaptar o sistema de resolução de litígios do GATT ao novo sistema comercial multilateral baseado nos
acordos da OMC, evitando a multiplicidade de sistemas de resolução de litígios.

HOEKMAN e Michel KOSTECKI, *The Political Economy of the World Trading System. From GATT to WTO*,
Oxford University Press, 1996, pp. 275-276.

[168] John JACKSON, Multilateral and Bilateral Negotiating Approaches for the Conduct of U.S. Trade
Policies, in *U.S. Trade Policies in a Changing World Economy*, Robert M. Stern ed., The Massachusetts
Institute of Technology Press, 1988, p. 379. Para DOUGLAS IRWIN, é mesmo duvidoso que a Organização Internacional do Comércio, prevista pela Carta de Havana, com a sua agenda multifacetada
e complexa, pudesse ter tido maior sucesso quanto à redução de barreiras ao comércio internacional. Cf. Douglas IRWIN, *The GATT's Contribution to Economic Recovery in Post-War Western Europe*, in
NBER Working Paper nº 4944, 1994, p. 14.

[169] Anne O. KRUEGER, *Whither the World Bank and the IMF?*, in Journal of Economic Literature,
1998, p. 2017.

[170] Frieder ROESSLER, A Evolução do Sistema de Resolução de Litígios do GATT/OMC, in *A Organização Mundial do Comércio e a Resolução de Litígios*, Conferência realizada no auditório da FLAD em
13 de Maio de 1997, Fundação Luso-Americana para o Desenvolvimento, 1998, p. 67.

[171] O texto da Declaração de Punta del Este pode ser encontrado in Eduardo Paz FERREIRA e
João ATANÁSIO, *Textos de Direito do Comércio Internacional e do Desenvolvimento Económico*, Volume
I – Comércio Internacional, Almedina, 2004, pp. 37-48.

A FUNÇÃO JURISDICIONAL NO SISTEMA GATT/OMC

Para além dos artigos XXII e XXIII do GATT de 1947, todos os acordos saídos do Ciclo de Tóquio, com excepção apenas do Convénio relativo à Carne Bovina e do Acordo relativo aos Procedimentos em matéria de Licenças de Importação[172], estabeleciam sistemas de resolução próprios: art. 14º e Anexos 2 e 3 do Acordo relativo aos Obstáculos Técnicos ao Comércio; art. 7º, nºs 6 a 14, do Acordo relativo às Compras Públicas; artigos 12º, 13º, 17º e 18º do Acordo relativo à Interpretação e Aplicação dos Artigos VI, XVI e XXIII do Acordo Geral sobre Pautas Aduaneiras e Comércio; art. IV, nºs 5 e 6, do Convénio Internacional relativo ao Sector Leiteiro; artigos 19º e 20º e Anexo III do Acordo relativo à Aplicação do Artigo VII do Acordo Geral sobre Pautas Aduaneiras e Comércio; art. 8º do Acordo relativo ao Comércio das Aeronaves Civis e art. 15º do Acordo relativo à Aplicação do Artigo VI do Acordo Geral sobre Pautas Aduaneiras e Comércio. O sistema unificado de resolução de litígios agora aplicável leva a que não possa ocorrer mais o tipo de *forum shopping* que ocorreu, por vezes, ao abrigo dos acordos do Ciclo de Tóquio[173].

O chamado unilateralismo comercial agressivo, praticado principalmente pelos Estados Unidos, foi outro dos problemas a que o Memorando procurou responder. Tendo os Estados Unidos adoptado em 1988 a *Super 301* e a *Special 301*, as outras partes contratantes do GATT viram a nova legislação como uma ameaça para os seus interesses comerciais e responderam convocando uma reunião especial do Conselho dos Representantes, com vista a obterem uma alteração da política norte-americana. Os Estados Unidos procuraram justificar a sua abordagem unilateral com a lentidão e a facilidade de bloqueio do sistema de resolução de litígios do GATT de 1947, incapaz, por isso, de proteger os seus interesses comerciais[174]. As autoridades norte-americanas invocavam, em particular,

---

[172] O art. 4º, nº 6, do Convénio relativo à Carne Bovina estabelecia, não obstante, que "todo e qualquer participante pode levantar perante o Conselho [Internacional da Carne] qualquer questão relativa ao presente Convénio ...". Já o nº 2 do art. 4º do Acordo relativo aos Procedimentos em matéria de Licenças de Importação estabelecia que "as consultas e a resolução dos diferendos, no que respeita a qualquer questão que afecte a aplicação do presente Acordo, ficarão sujeitas aos procedimentos dos artigos XXII e XXIII do Acordo Geral".

[173] Por exemplo, no caso *United States – Countervailing Duties on Fresh, Chilled and Frozen Pork from Canada* (DS7/R, relatório do painel adoptado em 11-7-1991), apesar de os Estados Unidos e o Canadá serem ambos partes do Acordo relativo à Interpretação e Aplicação dos Artigos VI, XVI e XXIII do GATT, o Canadá decidiu apresentar a queixa ao abrigo do art. XXIII do GATT e baseando as suas alegações unicamente nas disposições do art. VI do GATT. Cf. Mary E. Footer, Some Aspects of Third Party Intervention in GATT/WTO Dispute Settlement Proceedings, in *International Trade Law and the GATT/WTO Dispute Settlement System*, Studies in Transnational Economic Law, vol. 11, Ernst-Ulrich Petersmann ed., Kluwer Law International, Londres-Haia-Boston, 1997, p. 214.

[174] Para os Estados Unidos, a prática de bloquear a criação dos painéis e a adopção dos respectivos relatórios constituía igualmente uma forma de unilateralismo (cf. John Croome, *Reshaping the*

O SISTEMA DE RESOLUÇÃO DE LITÍGIOS DO GATT DE 1947

o poder de veto criado pela regra do consenso e manifestavam que a reforma do sistema de resolução de litígios do GATT constituía não só uma prioridade, mas também uma condição *sine qua non* para o seu país continuar como parte contratante do Acordo Geral[175]. Pragmaticamente, as outras partes contratantes avançaram com a seguinte proposta: em troca do compromisso dos Estados Unidos de não recorrerem a restrições comerciais do tipo das previstas na *Section 301* (legislação adoptada em 1974 e mãe de todas as outras legislações que permitem medidas comerciais de carácter unilateral), as outras partes contratantes concordavam em criar um novo sistema de resolução de litígios que respondesse às queixas dos Estados Unidos[176]. Importa ter presente que, só no ano de 1993, o Representante dos Estados Unidos para o Comércio conduziu investigações ao abrigo da *Section 301* e da *Special 301* em 91 casos e recorreu à aplicação de sanções em 11 desses casos (10 envolveram o aumento de direitos aduaneiros e um a aplicação de contingentes)[177].

Fazer face a uma certa falta de confiança dos países em desenvolvimento parece ter sido outro objectivo do novo Memorando. Entre 1948 e 1994, as par-

*World Trading System. A History of the Uruguay Round*, World Trade Organization, Genebra, 1995, p. 266). A própria história legislativa da *Section 301* está repleta de expressões de descontentamento do Congresso com o GATT. Cf. C. O'Neal TAYLOR, *The Limits of Economic Power: Section 301 and the World Trade Organization Dispute Settlement System*, in Vanderbilt Journal of Transnational Law, Vol. 30, 1997, p. 214.

[175] Robert HUDEC, *"Transcending the Ostensible": Some Reflections on the Nature of Litigation Between Governments*, in Minnesota Law Review, Vol. 72, 1987, p. 215.

[176] Robert HUDEC, *The New WTO Dispute Settlement Procedure: An Overview of the First Three Years*, in MJGT, 1999, p. 13. Segundo um outro autor:

"The right to a panel is viewed as a political compromise between the major trading partners that was necessitated by past practice. The United States was fed up with the European Community's exercise of its veto power in disputes such as the Hormone Beef controversy and therefore wanted to have an automatic system in place. The European Community, Japan, and most other countries, in contrast, had had enough of United States unilateralism *à la* Section 301 and wanted the United States to bind itself to the multilateral track of dispute resolution" (cf. Joost PAUWELYN, *The Limits of Litigation: "Americanization" and Negotiation in the Settlement of WTO Disputes*, in Ohio State Journal on Dispute Resolution, 2003, p. 122).

Há quem saliente, igualmente, que o desejo de criação de um sistema automático se deveu ao facto de existir no início dos anos 90 um sentimento generalizado em Washington de que os Estados Unidos veriam as suas pretensões ser acolhidas na maior parte dos litígios. Cf. Andrew STOLER, *The WTO dispute settlement process: did the negotiators get what they wanted?*, in WTR, 2004, p. 113.

[177] Norio KOMURO, *The WTO Dispute Settlement Mechanism: Coverage and Procedures of the WTO Understanding*, in JWT, vol. 29, nº 4, 1995, p. 74. No âmbito do art. XXIII do GATT de 1947, pelo contrário, as Partes Contratantes autorizaram somente uma vez uma parte contratante lesada a suspender as obrigações que resultavam para si do Acordo Geral e a tomar medidas de retorsão contra uma outra parte contratante (por exigir autorização, esta possibilidade é diferente da prevista no art. 60º da Convenção de Viena sobre o Direito dos Tratados, de 23 de Maio de 1969).

A FUNÇÃO JURISDICIONAL NO SISTEMA GATT/OMC

tes contratantes em desenvolvimento titularam 30,6% das queixas apresentadas no âmbito do sistema de resolução de litígios do GATT de 1947[178]. Segundo Kofi Kufuor, a menor participação dos países em desenvolvimento tem a seguinte explicação:

> "for the majority of developing countries, post-independence inward-looking economic strategies that entailed, *inter alia*, the closing-off of their economies to foreign trade interests, were seen as an essential aspect of their efforts to develop. Accordingly, if they challenged developed country protectionism through the GATT 1947 dispute settlement procedures, they could easily open themselves up to initiation of complaints against them by other contracting parties which could seriously undermine their own protectionist economic policies. Hence, the best thing to do was to largely ignore the GATT 1947 dispute settlement machinery"[179].

A respeito destes números e explicações, cumpre destacar três aspectos importantes. Primeiro, o art. XVIII do GATT dá cobertura a algumas das medidas referidas como justificação para a menor participação dos países em desenvolvimento. Segundo, a titularidade de 30,6% das queixas apresentadas não deixa de ser um valor suficientemente impressionante, se tivermos presente o peso dos países em desenvolvimento no comércio mundial durante a vigência do GATT de 1947. Terceiro, nem sempre os números relativos à participação dos países em desenvolvimento coincidem. Pretty Kuruvila, por exemplo, observa que, "out of a total of 236 GATT dispute settlement matters, developing countries had initiated only 38 of them"[180], isto é, cerca de 16,10% do total. Um outro autor nota, ainda, que os países em desenvolvimento participaram em apenas 25% ou menos dos litígios submetidos ao GATT entre 1947 e 1994[181]. Em qualquer caso, o sistema de resolução de litígios do GATT de 1947 era mais sensível aos interesses dos fortes que aos interesses dos fracos[182] e terá sido, seguramente, o reconhecimento deste problema que levou o Memorando de Entendimento sobre Resolução de Litígios a incluir um conjunto de disposições relativas às necessidades

---

[178] Bernard Hoekman e Michel Kostecki, *The Political Economy of the World Trading System: The WTO and Beyond*, 2ª ed., Oxford University Press, 2001, p. 395. E foram partes demandadas em 8% dos casos. Cf. *Idem*.

[179] Kofi Kufuor, *From the GATT to the WTO: The Developing Countries and the Reform of the Procedures for the Settlement of International Trade Disputes*, in JWT, vol. 31, nº 5, 1997, p. 121.

[180] Pretty Kuruvila, *Developing Countries and the GATT/WTO Dispute Settlement Mechanism*, JWT, vol. 31, nº 6, 1997, p. 179.

[181] Cesare Romano, *International Justice and Developing Countries (Continued): A Qualitative Analysis*, in The Law and Practice of International Courts and Tribunals, 2002, p. 605.

[182] Robert Hudec, *Enforcing International Trade Law: The Evolution of the Modern GATT Legal System*, Butterworth Legal Publishers, Salem – New Hampshire, 1993, p. 353.

O SISTEMA DE RESOLUÇÃO DE LITÍGIOS DO GATT DE 1947

dos países em desenvolvimento e dos países menos avançados. Dos 27 artigos do Memorando, seis conferem um tratamento especial aos países em desenvolvimento em geral: art. 3º, nº 12; art. 4º, nº 10; art. 8º, nº 10; art. 12º, nºs 10 e 11; art. 21º, nºs 2, 7 e 8, e art. 27º, nº 2; e um, o art. 24º, confere um tratamento ainda mais especial aos países menos avançados.

Finalmente, apesar de o sistema de resolução de litígios do GATT de 1947 ter evoluído, paulatinamente, de um sistema mais diplomático para um sistema mais judicial, assistiu-se durante o início da década de 90 a um aumento dramático do número de relatórios de painéis não adoptados: 12 relatórios não adoptados contra sete anteriormente[183].

Essencialmente, o Memorando de Entendimento sobre Resolução de Litígios adoptado no Ciclo do Uruguai afasta-se do sistema de resolução de litígios do GATT de 1947 em cinco aspectos importantes. Primeiro, o Memorando elimina a possibilidade de *forum shopping*. Segundo, o Memorando estabelece prazos rigorosos para a resolução dos litígios. Terceiro, o Memorando introduz a regra do consenso negativo. Quarto, é criado o Órgão de Recurso. Finalmente, introduz-se a possibilidade de retaliação cruzada.

Basicamente, a evolução histórica do sistema de resolução de litígios, desde a entrada em vigor do GATT de 1947 até à adopção dos acordos do Ciclo do Uruguai, revela uma judicialização progressiva. A própria codificação das melhorias acordadas das regras e dos procedimentos em matéria de resolução de litígios através de várias decisões, declarações e memorandos aponta nesse sentido. É que, como bem observa outro dos autores fulcrais a ter em conta quando estudamos o sistema de resolução de litígios do GATT:

> "The economic, political and legal advantages of this progressive 'judicialization' of GATT dispute settlement procedures are obvious: Rules, and their 'rule-oriented' rather than 'power-oriented' interpretation and application, enhance predictability and legal security, limit the risks of abuses of power, reduce transaction costs of traders and producers, increase the scope for decentralized decision making and thereby promote liberty and economic welfare. It is an everyday experience that traders, investors and consumers prefer to do business where rules are observed and enforceable"[184].

---

[183] William DAVEY, *The WTO Dispute Settlement: The First Ten Years*, in JIEL, 2005, p. 48. Tal facto explica-se, em parte, pelas negociações do Ciclo do Uruguai então em curso.

[184] Ernst-Ulrich PETERSMANN, International Trade Law and the GATT/WTO Dispute Settlement System 1948-1996: An Introduction, in *International Trade Law and the GATT/WTO Dispute Settlement System*, Studies in Transnational Economic Law, vol. 11, Ernst-Ulrich Petersmann ed., Kluwer Law International, Londres-Haia-Boston, 1997, p. 49.

## A FUNÇÃO JURISDICIONAL NO SISTEMA GATT/OMC

E como também salientou Douglass North:

"That institutions affect the performance of economics is hardly controversial (...). Institutions reduce uncertainty by providing a structure to everyday life (...). Institutions include any form of constraint that human beings devise to shape human interaction (...). Institutions affect the performance of the economy by their effect on the cost of exchange and production"[185].

Naturalmente, quanto maior for o valor da produção mundial a atravessar fronteiras nacionais, maior será o número de fricções e litígios comerciais. Aliás, quanto mais o Mundo se tornar economicamente interdependente, mais os cidadãos verão os seus postos de trabalho, os seus negócios e a sua qualidade de vida afectados, ou mesmo controlados, por acontecimentos externos.

É muito revelador, por isso, que, desde o comércio até ao ambiente, direitos humanos e crimes de guerra, o Mundo esteja a basear-se cada vez mais em regras e cada vez menos no poder relativo de cada Estado[186]. E é igualmente revelador que a "legalização" das relações comerciais internacionais esteja a implicar uma crescente "judicialização" da resolução de litígios no âmbito das relações internacionais[187], a proliferação de sistemas de resolução de litígios no direito inter-

---

[185] Douglass North, *Institutions, Institutional Change and Economic Performance*, Cambridge University Press, 1990, pp. 3-5.

[186] Thomas Franck entende, por isso, que já não há necessidade de debater a existência do Direito internacional:

"like any maturing legal system, international law has entered its post-ontological era. Its lawyers need no longer defend the very existence of international law. Thus emancipated from the constraints of defensive ontology, international lawyers are now free to undertake a critical assessment of its content". Cf. Thomas Franck, *Fairness in International Law and Institutions*, Oxford University Press, 1995, p. 6.

[187] A "legalização" significará, no caso do sistema GATT/OMC, o processo de expansão do GATT, primeiro, e da OMC, depois, a novas áreas de regulação e a aquisição de carácter obrigatório; a "judicialização" corresponderá ao fenómeno através do qual um órgão com as características de um tribunal resolve litígios de acordo com regras jurídicas processuais e substantivas preexistentes. Arie Reich, pelo contrário, fala em "juridicization", um processo "meant to encompass developments both on the substantive and procedural level" (cf. Arie Reich, *From Diplomacy to Law: The Juridicization of International Trade Relations*, in Northwestern Journal of International Law and Business, 1996, vol. 17, nºs 2/3, p. 777). Como é sabido, o direito processual refere-se essencialmente ao conjunto de regras e práticas relativas à administração da justiça; o direito substantivo ao conjunto de regras que determina os direitos e deveres decorrentes da lei em geral. Alguns autores defendem, por outro lado, que o conceito de "legalização" implica um conjunto particular de características, que as instituições podem ou não possuir. Tais características são definidas atendendo a três dimensões: obrigação, precisão e delegação. *Obligation* significa que os Estados ou outros actores estão vinculados por uma regra ou compromisso ou por um conjunto de regras ou compromissos. Especificamente, implica que eles estão juridicamente vinculados

O SISTEMA DE RESOLUÇÃO DE LITÍGIOS DO GATT DE 1947

nacional público[188]. Um autor conclui mesmo que "the enormous expansion and transformation of the international judiciary" constitui "the single most important development of the post-Cold War age"[189].

Todos estes fenómenos constituem um sinal particularmente positivo, desde logo por reflectirem a vontade dos governos nacionais de reforçar o papel do direito nas relações entre Estados, de reduzir a margem de manobra para o uso arbitrário do poder. Longe de constituir necessariamente um problema, a existência e a proliferação de instituições jurisdicionais, quase judiciais e arbitrais[190],

por uma regra ou compromisso, no sentido em que o seu comportamento está sujeito a escrutínio no contexto das regras e procedimentos do Direito internacional e, por vezes, também do Direito interno. *Precision* significa que as regras definem, sem ambiguidade, a conduta que requerem, autorizam ou condenam. *Delegation* significa que se atribuiu a partes terceiras autoridade para implementar, interpretar e aplicar as regras; resolver litígios; e, possivelmente criar mais regras (cf. Kenneth ABBOTT, Robert KEOHANE, Andrew MORAVCSIK, Anne-Marie SLAUGHTER e Duncan SNIDAL, *The Concept of Legalization*, in International Organization, 2000, p. 401). O Acordo da OMC sobre os Aspectos dos Direitos de Propriedade Intelectual relacionados com o Comércio (vulgarmente conhecido por Acordo TRIPS), por exemplo, é forte nas três características referidas. Cf. *Idem*, p. 404.

[188] Ernst-Ulrich PETERSMANN, La Proliferación y Fragmentación de los Mecanismos de Solución de Controversias en el Comercio Internacional: Los Procedimientos de Solución de Diferencias de la OMC y los Mecanismos de Solución Alternativa de Controversias, in *Solución de Controversias Comerciales Inter-Gubernamentales: Enfoques Multilaterales y Regionales*, Julio Lacarte e Jaime Granados ed., Banco Interamericano de Desarrollo, 2004, p. 310.

[189] Cesare ROMANO, *The Proliferation of International Judicial Bodies: The Pieces of the Puzzle*, in New York University Journal of International Law and Politics, 1999, p. 709.

[190] Apesar de não existir uma definição de tribunal internacional aceite universalmente, cinco elementos básicos caracterizam os tribunais internacionais que têm maior impacto, a saber:
1. São permanentes ou têm, pelo menos, uma existência longa;
2. São estabelecidos por um instrumento jurídico internacional;
3. Recorrem ao Direito internacional para decidir os casos;
4. Decidem os casos com base em regras processuais preexistentes e que, usualmente, não podem ser modificadas pelas partes; e
5. Proferem sentenças que são juridicamente vinculativas para as partes em litígio (cf. Cesare ROMANO, Daniel TERRIS e Leigh SWIGART, *The International Judge: An Introduction to the Men and Women who Decide the World's Cases*, Brandeis University Press, Waltham-Massachusetts, 2007, p. 4).
Em 2006, treze tribunais preenchiam estes critérios e funcionavam com uma certa regularidade:
1. Tribunal Internacional de Justiça;
2. Tribunal Internacional do Direito do Mar;
3. Tribunal Penal Internacional para a antiga Jugoslávia;
4. Tribunal Penal Internacional para o Ruanda;
5. Tribunal Penal Internacional;
6. Tribunal Especial para a Serra Leoa;
7. Tribunal Europeu dos Direitos do Homem;

A FUNÇÃO JURISDICIONAL NO SISTEMA GATT/OMC

nas palavras de THOMAS BUERGENTHAL, actual juiz norte-americano do Tribunal Internacional de Justiça, familiarizam os Estados com a ideia de adjudicação internacional, ou seja:

"Tend to make states less reluctant of and more agreeable to the idea of settling their disputes by adjudication or arbitration. Put another way, the proliferation of international tribunals is both the consequence of and a major factor contributing to the acceptance by states of international adjudication, as a viable and effective option for the resolution of disputes between them. This phenomenon contributes, in turn, to the development and application of international law and its increased relevance in international relations"[191].

No caso concreto da Organização Mundial do Comércio, facilmente concluímos estar perante "the most legalized area of worldwide international law"[192]. No momento da sua entrada em vigor, os acordos da OMC equivaliam a um total de

8. Tribunal Interamericano de Direitos do Homem;
9. Órgão de Recurso da OMC;
10. Tribunal de Justiça das Comunidades Europeias (e o Tribunal de Primeira Instância);
11. Tribunal da Associação Europeia de Comércio Livre;
12. Tribunal de Justiça da Comunidade Andina;
13. Tribunal de Justiça do Caribe (cf. Cesare ROMANO, Daniel TERRIS e Leigh SWIGART, *Toward a Community of International Judges*, in Loyola of Los Angeles International and Comparative Law Review, 2008, p. 421).

[191] Há quem distinga, por outro lado, entre "International Courts" e "International Tribunals". Os primeiros designariam apenas os órgãos judiciais de carácter permanente, ao passo que os segundos incluiriam também os tribunais arbitrais *ad hoc* (cf. Cesare ROMANO, *The Proliferation of International Judicial Bodies: The Pieces of the Puzzle*, in New York University Journal of International Law and Politics, 1999, p. 712).
Por último, a título de curiosidade, o Tribunal de Justiça das Comunidades Europeias defende que, para apreciar se um órgão possui a natureza de órgão jurisdicional, deve ter-se em conta um conjunto de elementos, tais como a origem legal do órgão, a sua natureza permanente, o carácter obrigatório da sua jurisdição, a natureza contraditória do processo, a aplicação pelo órgão das normas de direito, bem como a sua independência. Cf. TRIBUNAL DE JUSTIÇA DAS COMUNIDADES EUROPEIAS, Acórdão de 2-3-1999, *El-Yassini*, Proc. C-416/96, in Col. 1999, p. 1235 (considerando nº 17).
Thomas BUERGENTHAL, *Proliferation of International Courts and Tribunals: Is It Good or Bad?*, in Leiden Journal of International Law, 2001, pp. 271-272.

[192] Ernst-Ulrich PETERSMANN, *Justice as Conflict Resolution: Proliferation, Fragmentation, and Decentralization of Dispute Settlement in International Trade*, in University of Pennsylvania Journal of International Economic Law, 2006, p. 288. No mesmo sentido, um outro autor defende que a Organização Mundial do Comércio "has become the most legalized of all international institutions". Cf. Gregory SHAFFER, 'Public-private partnerships' in WTO dispute settlement: the US and EU experience, in *The WTO in the Twenty-First Century: Dispute Settlement, Negotiations, and Regionalism in Asia*, Yasuhei Taniguchi, Alan Yanovich e Jan Bohanes Ed., Cambridge University Press, 2007, p. 149.

O SISTEMA DE RESOLUÇÃO DE LITÍGIOS DO GATT DE 1947

26,228 páginas[193], tendo lugar garantido, em consequência, no "*Guinness* Book of Records"[194], e aplicavam-se às mais diversas matérias (agricultura, têxteis e vestuário, medidas sanitárias e fitossanitárias, obstáculos técnicos ao comércio, medidas de defesa comercial, medidas de investimento relacionadas com o comércio, serviços, direitos de propriedade intelectual, etc.). Porém, como assinala JOOST PAUWELYN, "if the ambitious Uruguay Round agreements were to be worth the paper they were written on, they had to be backed up by a credible and effective dispute settlement mechanism"[195]. Não surpreende, pois, que o sistema de resolução de litígios da OMC seja visto como a jóia da coroa do Ciclo do Uruguai. A participação no sistema é compulsória para todos os membros da OMC, no sentido de que nenhum Membro pode impedir que uma queixa apresentada contra si por outro Membro da OMC seja analisada, numa primeira instância, por um painel e, depois, pelo Órgão de Recurso; comparado com o sistema de resolução de litígios do GATT de 1947, a preocupação com as garantias processuais devidas é maior no sistema de resolução de litígios da OMC, a abordagem à interpretação dos tratados bem mais rigorosa e o valor precedencial dos relatórios anteriormente adoptados melhor aceite[196]; e constitui o único sistema de resolução de litígios a nível internacional cuja jurisdição compulsória é aceite, sem reservas, pelos Estados Unidos da América[197] e este país, decisivamente, "was not only the

---

[193] Amelia PORGES, *GATT: Multilateral Trade Negotiations Final Act Embodying the Results of the Uruguay Round of Trade Negotiations*, in ILM, vol. XXXIII, nº 5, 1994, p. 1126.

[194] John JACKSON, *Appraising the Launch and Functioning of the WTO*, in GYIL, vol. 39, 1996, p. 20.

[195] Joost PAUWELYN, *The Transformation of World Trade*, in Michigan Law Review, 2005, p. 29. A este respeito, MERRILLS distingue o papel do direito do papel da adjudicação: "while it is difficult to imagine adjudication without law, law without adjudication is actually the normal situation in international affairs" e responde positivamente à questão "is there any value in legal rules without procedures for adjudication?", observando que, "in practice where legal rules exist they are normally followed". Cf. J. G. MERRILLS, *International Dispute Settlement*, 4ª ed., Cambridge University Press, 2005, pp. 315-316.

[196] William DAVEY, WTO Dispute Settlement: Segregating the Useful Political Aspects and Avoiding "Over-Legalization", in *New Directions in International Economic Law: Essays in Honour of John H. Jackson*, Marco Bronckers e Reinhard Quick ed., Kluwer Law International, Londres-Haia-Boston, 2000, p. 299.

[197] Ernst-Ulrich PETERSMANN, Multilevel Trade Governance in the WTO Requires Multilevel Constitutionalism, in *Constitutionalism, Multilevel Trade Governance and Social Regulation*, Christian Joerges e Ernst-Ulrich Petersmann ed., Hart Publishing, Oxford-Portland, 2006, p. 13. O Senado norte-americano nunca consentiu na ratificação do Pacto da Sociedade das Nações nem do protocolo separado relativo ao Estatuto do Tribunal Permanente de Justiça Internacional (recorde-se, o primeiro tribunal permanente de vocação universal). Durante o período do seu funcionamento (1922-1945), o Tribunal Permanente de Justiça Internacional proferiu 27 pareceres consultivos e 32 acórdãos, mas os Estados Unidos nunca participaram em qualquer caso ante o tribunal, isto apesar de terem tido sempre um juiz com a sua nacionalidade como membro do tribunal. No que

# A FUNÇÃO JURISDICIONAL NO SISTEMA GATT/OMC

diz respeito ao Tribunal Internacional de Justiça, verdadeira reencarnação do Tribunal Permanente de Justiça Internacional, apesar de ter havido um apoio considerável na Conferência de São Francisco a favor da consagração da jurisdição compulsória, os Estados Unidos e a União Soviética opuseram-se veementemente (cf. Sean MURPHY, *The United States and the International Court of Justice: Coping with Antinomies*, Legal Studies Research Paper No. 291, The George Washington University Law School, 2007, p. 19). Nos últimos tempos, é de assinalar que os Estados Unidos são dos poucos países desenvolvidos que não ratificaram a Convenção das Nações Unidas sobre o Direito do Mar. Expressivamente:

> "The fact that the dispute settlement machinery under the [Montego Bay] convention provides for compulsory adjudication of certain disputes is one of the reasons why ratification is stalled, even though, during negotiations of the Convention, it was the United States that insisted on a compulsory and binding dispute settlement procedure" (cf. Cesare ROMANO, *The Sword and the Scales: The United States and International Courts and Tribunals*, Loyola Law School – Los Angeles, Legal Studies Paper No. 22, 2009, p. 7).

Desde o segundo conflito mundial, os Estados Unidos acederam apenas a 60% dos tratados depositados junto do secretário-geral das Nações Unidas que foram ratificados por mais de metade de todos os Estados. Em contraste, os outros Estados acederam, em média, a 79% dos tratados referidos e os outros membros do G-8 a 93% dos tratados (cf. Nico KRISCH, *International Law in Times of Hegemony: Unequal Power and the Shaping of the International Legal Order*, in EJIL, 2005, p. 388). A prática das reservas é tão importante para os Estados Unidos que o Senado urgiu o Presidente a não aceitar qualquer tratado que não admitisse reservas; e quando um tratado exclui a possibilidade de reservas, como o Estatuto do Tribunal Penal Internacional e o Tratado de Proibição de Minas Terrestres, os Estados Unidos recusaram tornar-se parte do mesmo (cf. *Idem*, p. 389). Sintomaticamente, o Acordo OMC não permite que se formulem reservas relativamente a nenhuma das suas disposições (art. XVI, nº 5, do Acordo OMC), impedindo assim que a uniformidade dos direitos e obrigações dos membros da OMC seja posta em causa. Relativamente aos acordos comerciais multilaterais, podem ser formuladas reservas, mas apenas na medida do previsto nestes acordos. Como explicar, assim, o excepcionalismo norte-americano no caso da Organização Mundial do Comércio. Têm sido avançadas essencialmente três explicações. Primeiro, um país só pode tornar-se membro da OMC se aceitar obrigatoriamente a jurisdição dos painéis e do Órgão de Recurso e, segundo estimativas recentes, os rendimentos dos Estados Unidos são 10% mais elevados do que se a economia fosse auto-suficiente (cf. Robert Z. LAWRENCE, Trade Policy: The Exception to American Exceptionalism?, in *Power and Superpower: Global Leadership and Exceptionalism in the 21st Century*, Morton Halperin, Jeffrey Laurenti, Peter Rundlet e Spencer Boyer ed., Century Foundation Press, 2007, p. 262). Segundo, o comércio internacional constitui uma área mais técnica, menos politizada. Terceiro, o poderio dos Estados Unidos face a outros países ou blocos (China, Comunidades Europeias e Japão) não é tão evidente no caso do comércio internacional (cf. Sean MURPHY, *The United States and the International Court of Justice: Coping with Antinomies*, Legal Studies Research Paper No. 291, The George Washington University Law School, 2007, p. 55).

Para acabar, queríamos referir mais dois aspectos que reputamos interessantes. Por um lado, os Estados Unidos invadiram o Iraque sem terem obtido antes uma resolução do Conselho de Segurança das Nações Unidas autorizando o uso da força militar ao abrigo do Capítulo VII da Carta das Nações Unidas; o tratamento dos prisioneiros em Guantanamo é visto por muitos como violando as Convenções de Genebra; o Presidente Bush rejeitou o Protocolo de Quioto sobre Alterações Climáticas; repudiou a assinatura do seu predecessor do estatuto do Tribunal Penal Internacional,

O SISTEMA DE RESOLUÇÃO DE LITÍGIOS DO GATT DE 1947

principle *demandeur*" mas também o participante mais activo nas negociações[198] e o principal defensor da ideia de criar "a trade court"[199].

etc. (cf. Robert Z. LAWRENCE, Trade Policy: The Exception to American Exceptionalism?, in *Power and Superpower: Global Leadership and Exceptionalism in the 21ˢᵗ Century*, Morton Halperin, Jeffrey Laurenti, Peter Rundlet e Spencer Boyer ed., Century Foundation Press, 2007, p. 259), mas, no caso da OMC, a administração Bush deu continuidade ao padrão estabelecido pela administração Clinton de evitar acções unilaterais de retaliação sem autorização do Órgão de Resolução de Litígios da OMC e de não procurar a celebração de acordos de autolimitação das exportações com outros membros da OMC. Por outro lado, o excepcionalismo norte-americano não é caso único. O governo chinês perseguiu o objectivo de aderir à OMC durante cerca de 15 anos (de 1986 até 2001) e não se importou de assumir compromissos mais exigentes do que os assumidos pela generalidade dos membros da OMC e afastou-se de uma longa tradição de não se sujeitar à jurisdição de órgãos judiciais internacionais (cf. Cesare ROMANO, *The Shift from the Consensual to the Compulsory Paradigm in International Adjudication: Elements for a Theory of Consent*, in New York Journal of International Law and Politics, 2007, p. 858). A China nunca apareceu ante o Tribunal Internacional de Justiça num caso contencioso e a única relação que mantém com este tribunal prende-se com a presença de um juiz de nacionalidade chinesa entre os seus membros.

[198] Jeffrey DUNOFF, *Does the U.S. Support International Tribunals? The Case of the Multilateral Trade System*, Institute for International Law and Public Policy White Paper Series No. 2007-1, Temple University – Beasley School of Law, 2007, p. 1.

[199] Rachel Brewster, *Rule-Based Dispute Resolution in International Trade Law*, in Virginia Law Review, Vol. 92, 2006, p. 252. Esta autora considera "puzzling" esta decisão das autoridades norte-americanas, "given the obvious American advantage in a negotiation-based system" (cf. *Idem*). Uma das explicação avançadas por RACHEL BREWSTER prende-se com o facto de o "trade court" impor um constrangimento internacional que aumenta, na realidade, o poder do Presidente norte-americano sobre o Congresso:

"Legislators do not want industries in their district to face increased foreign competition (...). The President and members of the Senate represent different constituencies. The President wants to promote economic growth nationally, while senators are re-elected based on the economic growth of their respective states. Consequently, the Senate, as a collective body, will give much greater weight to the economic well-being of sparsely populated states than the President will. (...) The trade policy that maximizes the President's electoral support will not be the same policy that maximizes electoral support in the Senate. (...) The WTO permits the President and the Congress to temporarily provide protection to favoured industries, but it makes permanent defections more costly. This system increases the President's control over trade policy. The system allows the President to provide temporary protection to key groups more easily than members of Congress. The President can provide protection, in the form of administrative safeguard actions, through executive order, while Congress has to pass a statute. Consequently, the President can target specific groups quickly, while members of Congress have to build majority support for trade protection (making it difficult to keep the number of groups provided with protection small) and find space on the legislative agenda". Cf. *Idem*, pp. 265-267.

# Capítulo 2
# O Ciclo do Uruguai e a Organização Mundial do Comércio

*"The World Trade Organization operates an extraordinarily powerful dispute settlement system, which is basically unique in international law history"*[200].

## 1. Introdução Histórica

Depois do fracasso da Carta de Havana e do Acordo relativo à criação da Organização de Cooperação Comercial[201], só em 1990, através de uma ideia avançada por

---

[200] John Jackson, *Sovereignty-Modern: A New Approach to an Outdated Concept*, in AJIL, 2003, p. 799.

[201] Em 1954, as Partes Contratantes decidiram analisar o futuro do GATT a longo prazo. A Organização Internacional do Comércio estava morta e o GATT tinha que se preparar para o papel de uma organização permanente. Uma sessão extraordinária das Partes Contratantes (a chamada "Sessão de Revisão") foi convocada para levar a cabo um exame completo da aplicação do Acordo Geral. As Partes Contratantes tentaram, uma vez mais, criar uma organização internacional formal, desta vez com o nome de Organização de Cooperação Comercial, cujo acordo constitutivo de 21 artigos, apesar de menos ambicioso, quando comparado com a Carta de Havana, uma vez mais, não entrou em vigor. E, uma vez mais, por culpa do Congresso dos Estados Unidos, que recusou aprová-lo (cf. Acordo Geral Sobre Pautas Aduaneiras e Comércio (GATT), *The 1954/55 Review Session*, Note by the Secretariat (MTN.GNG/NG14/W/12), 14-8-1987, p. 3). A instituição da Organização de Cooperação Comercial dependia da sua aceitação por um número de partes contratantes do GATT cujo comércio externo representasse pelo menos 85% do comércio externo total de todas as partes contratantes (art. 17º, alínea *c*)), e só à sua conta os Estados Unidos detinham 20,6% deste comércio (cf. J. M. Cidreiro LOPES, *O Acordo Geral sobre Pautas Aduaneiras e Comércio (G.A.T.T.)*, Centro de Economia e Finanças – Instituto Gulbenkian de Ciência, Lisboa, 1965, p. 23). No que diz respeito à resolução de litígios, o artigo 14º do acordo relativo à Organização de Cooperação Comercial limitava-se a reproduzir, em grande parte, o texto do artigo XXIII do GATT. O texto do Acordo relativo à criação da Organização de Cooperação Comercial pode ser encontrado in *Documents on American Foreign Relations (1955)*, Harper & Brothers, Nova Iorque, 1956, pp. 59-68.

## A FUNÇÃO JURISDICIONAL NO SISTEMA GATT/OMC

John Jackson, então professor da Universidade de Michigan e reconhecido como um dos maiores conhecedores do GATT, se tentou colmatar verdadeiramente a lacuna existente há mais de 40 anos[202]. Logo depois, John Crosbie, ministro canadiano do comércio externo, fez sua essa ideia e apresentou-a nas negociações do Ciclo do Uruguai[203], obtendo um grande apoio das Comunidades Europeias[204]. Segundo John Crosbie:

> "the multilateral institution which have played a key role in building world prosperity were created at a time of enormous change in the late 1940s. We are again at a pivotal point in history and our policies must match those challenges. A world trade organization should be a fundamental part of the multilateral trading system"[205].

Encontravam-se lançadas, assim, as bases para o estabelecimento de uma nova organização reguladora do comércio internacional.

No início, a Comunidade Europeia pretendia que a referida organização se denominasse Organização Multilateral do Comércio[206], mas a oposição dos Estados Unidos à pretensão comunitária fez com que na Acta Final de Marraquexe apareça Organização Mundial do Comércio:

> "The United States maintained a reservation on the draft Agreement Establishing the Multilateral Trade Organization until the very last minute of the Uruguay Round negotiations. Around midnight on December 14, 1993, after all of the other agreements had been approved by the Heads of Delegations, the United States lifted its reservation on the establishment of an international organization, on the con-

---

[202] De notar que a criação da OMC não estava prevista na declaração inicial de Punta del Este.

[203] Sobre o Ciclo do Uruguai e o novo sistema comercial multilateral dele resultante, ver, por exemplo, Pedro Infante MOTA, *O Sistema GATT/OMC: Introdução Histórica e Princípios Fundamentais*, Almedina, Coimbra, 2005, pp. 27-75.

[204] Em 1990, John Jackson escreveu uma monografia defendendo a ideia da criação de uma Organização Mundial do Comércio com uma 'carta' ou 'constituição' para o comércio mundial (cf. John JACKSON, *Restructuring the GATT System*, Council of Foreign Relations Press, Nova Iorque, 1990, pp. 95-100). Sendo Jackson assessor do governo do Canadá, uma versão da sua proposta tornou-se parte das negociações do Ciclo do Uruguai. Cf. Robert HOWSE, *The House that Jackson Built: Restructuring the GATT System*, in MJIL, 1999, p. 108; Debra STEGER, The World Trade Organization: A New Constitution for the Trading System, in *Peace Through Trade: Building the World Trade Organization*, Cameron May, Londres, 2004, p. 25.

[205] Citado in Gilbert WINHAM, *The World Trade Organisation: Institution-Building in the Multilateral Trade System*, in WE, 1998, p. 354

[206] John JACKSON, *The World Trade Organization: Constitution and Jurisprudence*, Chatham House Papers – The Royal Institute of International Affairs, Londres, 1998, p. 27.

dition that it be called the World Trade Organization, not the Multilateral Trade Organization"[207].

A oposição deveu-se ao receio de que a expressão "Multilateral" tivesse por objectivo um ataque disfarçado às medidas comerciais unilaterais adoptadas, por vezes, pelos norte-americanos, nomeadamente à Secção 301 da Lei Aduaneira norte-americana de 1974[208].

A actual Organização Mundial do Comércio representa, assim, o culminar de um processo iniciado há muitas décadas e, segundo JOHN JACKSON:

> "many factors supported the ultimate decision of the Uruguay Round negotiators to establish a new organization. It was thought that a new World Trade Organization Charter would assist a better implementation of the Uruguay Round results, and offer a better institutional structure to fill the 'Bretton Woods Gap'"[209].

Atendendo à importância dos diversos acordos celebrados no âmbito do Ciclo do Uruguai, é quase inevitável concluirmos que o acordo que cria a Organização Mundial do Comércio e respectivos anexos[210] constitui o mais importante acordo internacional concluído desde a Carta das Nações Unidas[211].

---

[207] Debra STEGER, The World Trade Organization: A New Constitution for the Trading System, in *Peace Through Trade: Building the World Trade Organization*, Cameron May, Londres, 2004, p. 37.

[208] Esta alteração do nome da nova organização implicou que, em inglês, ela fosse chamada de "World Trade Organization", o que, atendendo à atenção prestada pela Organização Mundial do Comércio aos direitos de propriedade intelectual, não deixa de ser irónico. É que o acrónimo inglês "WTO" estava a ser utilizado já pela Organização Mundial do Turismo (em inglês: World Tourism Organization) (cf. Bernard HOEKMAN e Michel KOSTECKI, *The Political Economy of the World Trading System: The WTO and Beyond*, 2ª ed., Oxford University Press, 2001, p. 49). Com vista a evitar confusões, a Organização Mundial do Comércio e a Organização Mundial do Turismo chegaram a um acordo, nos termos do qual a OMC utilizará um *logo* distinto e evitará o uso do acrónimo "WTO" no contexto dos serviços de turismo (em tais situações, utilizar-se-á a expressão "World Trade Organization" ou o acrónimo multilinguístico "WTO-OMC"). Cf. OMC, *Informal Meeting of Heads of Delegation on 28 March 1994* (MTN.TNC/W/146), 30-3-1994, p. 3; *WTO Analytical Index: Guide to WTO Law and Practice*, Volume 1, 1ª ed., 2003, p. 38.

[209] John JACKSON, *The World Trade Organization: Constitution and Jurisprudence*, Chatham House Papers – The Royal Institute of International Affairs, Londres, 1998, p. 6.

[210] Ao longo deste estudo, o Acordo que cria a Organização Mundial do Comércio, sem os respectivos anexos, será designado de "Acordo OMC" e o Acordo OMC juntamente com os seus quatro anexos de "Acordos da OMC".

[211] Ernst-Ulrich PETERSMANN, *The Transformation of the World Trading System through the 1994 Agreement Establishing the World Trade Organization*, in EJIL, 1995, vol. 6, p. 189.

A FUNÇÃO JURISDICIONAL NO SISTEMA GATT/OMC

## 2. As Funções da OMC
### 2.1. O Artigo III do Acordo OMC

Não sendo um Estado, mas sim uma organização internacional, a OMC só tem como funções as que lhe são atribuídas pelo tratado institutivo, tendo o poder de exercê-las "em toda a sua extensão, até ao ponto em que [o seu tratado institutivo] não lhe impõe restrições"[212].

Em termos gerais, a função primordial da OMC é constituir:

> "o enquadramento institucional comum para a condução das relações comerciais entre os seus Membros em questões relativas aos acordos e aos instrumentos jurídicos conexos que figuram nos Anexos do presente Acordo" (art. II, nº 1, do Acordo OMC).

O art. III do Acordo que a institui especifica depois que a OMC tem as seguintes funções:

*a)* Facilitar a aplicação, gestão e funcionamento do acordo que institui a OMC e dos acordos comerciais multilaterais e promover a realização dos seus objectivos, constituindo igualmente o enquadramento para a aplicação, gestão e funcionamento dos acordos comerciais plurilaterais;

*b)* Constituir o fórum próprio para as negociações entre os seus membros no que respeita às suas relações comerciais multilaterais em questões abrangidas pelos acordos incluídos nos anexos ao acordo que institui a OMC. Esta poderá, igualmente, constituir um fórum para a realização de outras negociações entre os seus membros no que respeita às suas relações comerciais multilaterais, bem como o enquadramento para a aplicação dos resultados de tais negociações caso a Conferência Ministerial assim o decida;

*c)* Assegurar a gestão do Memorando de Entendimento sobre as Regras e Processos de Resolução de Litígios, incluído no Anexo 2 do acordo que institui a OMC;

*d)* Assegurar a gestão do Mecanismo de Exame das Políticas Comerciais, previsto no Anexo 3 do acordo que institui a OMC; e

*e)* Cooperar, quando necessário, com o Fundo Monetário Internacional e com o Banco Mundial e respectivas agências, a fim de conferir uma maior coerência à elaboração das políticas económicas mundiais.

Destas cinco funções, o GATT de 1947 não tinha apenas a última, embora existissem alguns contactos do GATT com o Fundo Monetário Internacional e o Banco Mundial.

---

[212] Tribunal Permanente de Justiça Internacional, *Jurisdiction of the European Commission of the Danube between Galatz and Braila*, Parecer Consultivo de 8-12-1927 (Series B-No. 14), p. 64.

78

O CICLO DO URUGUAI E A ORGANIZAÇÃO MUNDIAL DO COMÉRCIO

Além das cinco funções previstas expressamente no Acordo OMC, é usual encontrarmos em certos documentos da OMC referências a uma sexta função: a assistência técnica aos países em desenvolvimento[213]. No entanto, esta função enquadra-se perfeitamente no nº 1 do art. III do Acordo OMC, visto que quase todos os acordos comerciais resultantes do Ciclo do Uruguai prevêem disposições especiais relativas à prestação de assistência técnica aos países em desenvolvimento.

Apesar de a OMC não ser um Estado, o art. III do Acordo OMC menciona as três funções típicas – legislativa, executiva e judicial – consagrando, pelo menos aparentemente, a matriz da separação tripartida de poderes[214]. Assim, em rela-

[213] Por exemplo, a compilação *Doha Declarations*, editada no ano de 2002 pela própria OMC, fala expressamente nesta função (p. 96).

[214] Contudo, apesar de ser entendimento comum que "só um Estado possui Constituição", é cada vez mais usual falar-se de "Constituição" fora do contexto estadual (cf. Thomas COTTIER e Maya HERTIG, *The Prospects of 21ˢᵗ Century Constitutionalism*, in Max Planck Yearbook of United Nations Law, Volume 7, 2003, pp. 261-328) e daí alguns autores apelidarem o Acordo OMC (ou o conjunto dos acordos da OMC) de *Constitution* (por exemplo, John JACKSON, *The WTO 'Constitution' and Proposed Reforms: Seven 'mantras' Revisited*, in JIEL, 2001, pp. 67-78; John McGINNIS e Mark MOVSESIAN, *The World Trade Constitution*, in Harvard Law Review, 2000, pp. 511-605; Ernst-Ulrich PETERSMANN, The WTO Constitution and the Millennium Round, in *New Directions in International Economic Law: Essays in Honour of John H. Jackson*, Marco Bronckers e Reinhard Quick ed., Kluwer Law International, Londres-Haia-Boston, 2000, pp. 111-133), havendo mesmo quem afirme que a OMC "will probably be the front runner of global constitutionalism" (cf. Miguel Poiares MADURO, The Constitution of the Global Market, in *Regional and Global Regulation of International Trade*, Francis Snyder ed., Hart Publishing, Oxford-Portland Oregon, 2002, p. 68). No entanto, no caso da OMC, o entendimento que é dado aos termos 'constituição' ou 'constitucionalização' varia, muitas vezes, de autor para autor. Por exemplo, JOHN JACKSON usa o termo 'constituição' em sentido amplo, referindo-se geralmente "to the practice as well as to documents that define the structure of a particular system of governing rules" (cf. John JACKSON, *The World Trade Organization: Constitution and Jurisprudence*, Chatham House Papers – The Royal Institute of International Affairs, Londres, 1998, p. 129). Já ERNST-ULRICH PETERSMANN defende, ao falar das funções constitucionais do sistema GATT/OMC, que as mesmas servem principalmente para "protect freedom and non-discrimination across frontiers" e, em particular, "to guarantee the individual freedom of trade as a human right" (cf. Ernst-Ulrich PETERSMANN, *The WTO Constitution and Human Rights*, in JIEL, 2000, p. 20) e que "the transition from GATT 1947 to the WTO offers so far the most successful example for the 'constitutionalization' of a worldwide organization based on constitutional principles of freedom and non-discrimination, 'rule-of-law', compulsory adjudication, 'checks and balances' between legislative, executive, and judicial powers, and the legal primacy of the 'WTO Constitution' *vis-à-vis* the Agreements listed in the Annexes to the WTO Agreement and *vis-à-vis* 'secondary WTO law' (such as decisions of the Textiles Surveillance Body, Dispute Settlement Body dispute settlement rulings" (cf. Ernst-Ulrich PETERSMANN, Constitutionalism and WTO law: From a state-centered approach towards a human rights approach in international economic law, in *The Political Economy of International Trade Law – Essays in Honor of Robert E. Hudec*, Daniel Kennedy e James Southwick ed., Cambridge University Press, 2002, p. 51). Mais modesto, THOMAS COTTIER

A FUNÇÃO JURISDICIONAL NO SISTEMA GATT/OMC

utiliza o termo "constitucionalismo" no sentido de "an attitude and a framework capable of reasonably balancing and weighing different, equally legitimate and democratically defined basic values and policy goals of a policy dedicated to promote liberty and welfare in a broad sense" (cf. Thomas Cottier, *Limits to International Trade: The Constitutional Challenge*, in ASIL Proceedings 2000, p. 221). De forma mais concreta, outros autores sugerem que o processo de constitucionalização na OMC só é possível (e desejável) se, a longo prazo, "human rights and environment are incorporated in the WTO as higher norms, to shape and limit the principle of free trade" (cf. Robert Howse e Kalypso Nicolaïdis, *Legitimacy and Global Governance: Why Constitutionalizing the WTO Is a Step Too Far?*, in *Efficiency, Equity, and Legitimacy: The Multilateral Trading System at the Millennium*, Roger Porter, Pierre Sauvé, Arvind Subramanian e Americo Zampetti ed., Brookings Institution Press, Washington, D.C., 2001, pp. 227-252). Daniel Tarullo, pelo contrário, defende que, no contexto da OMC, a frase "the 'trade constitution'" diz respeito à superioridade "of WTO rules over inconsistent national law or practice" (cf. Daniel Tarullo, *The Hidden Costs of International Dispute Settlement: WTO Review of Domestic Anti-dumping Decisions*, Georgetown University Law Center, 2002 Working Paper Series in Business, Economics, and Regulatory Policy Working Paper nº 351080, in http://papers.ssrn.com, p. 60). Finalmente, Deborah Z. Cass vê o termo "constitucionalização" "as 'judicial norm-generation'", cabendo ao Órgão de Recurso elaborar "norms and values within the WTO system that are usually found in national constitutional law ('constitutional features' of WTO law)" (cf. Deborah Z. Cass, *The 'Constitutionalization' of International Trade Law: Judicial Norm-Generation as the Engine of Constitutional Development in International Trade*, in EJIL, 2001, p. 42).

Fora do contexto da OMC, é de salientar que algumas organizações internacionais descrevem explicitamente as suas cartas como constituições, como a Organização das Nações Unidas para a Educação, Ciência e Saúde (UNESCO) e a Organização das Nações Unidas para a Alimentação e a Agricultura (FAO) e que outras qualificam implicitamente os seus instrumentos básicos em termos constitucionais. Por exemplo, o Tribunal de Justiça das Comunidades Europeias descreveu o tratado instituivo da Comunidade Económica Europeia como "the 'constitutional Charter of a Community based on the rule of law" (cf. Tribunal de Justiça das Comunidades Europeias, Parecer 1/91 de 14-12-1991, *Referring to the Draft on a European Economic Area*, ECR 1991-I, 6084).

Alguns autores referem, ainda, que:

"the state centred concept of constitutionalism may have been appropriate, if at all, in the state-centred, dualistic Westphalian system. It fails, however, to offer a useful analytical tool in a world where the boundaries between domestic and international law have been progressively blurred, and where new polities have emerged which challenge the states' exclusive legal and political authority" (cf. Thomas Cottier e Maya Hertig, *The Prospects of 21st Century Constitutionalism*, in Max Planck Yearbook of United Nations Law, Volume 7, 2003, p. 297).

"Globalisation demonstrates that national constitutions alone can neither protect human rights across frontiers nor secure the collective supply of global public goods (like international peace, rule of law and a healthy environment). National constitutions turn out to be 'incomplete constitutional safeguards'; in a globally interdependent world where ever more citizens pursue their happiness by consuming foreign goods and services or travelling abroad, national constitutions can no longer realise many of their objectives without complementary 'international constitutional safeguards' protecting constitutional rights, and limiting abuses of power, in transnational and international relations" (cf. Ernst-Ulrich Petersmann, State Sovereignty, Popular Sovereignty and Individual Sovereignty: From Constitutional Nationalism to Multilevel Constitutionalism in International Economic Law?, in *Redefining Sovereignty*

O CICLO DO URUGUAI E A ORGANIZAÇÃO MUNDIAL DO COMÉRCIO

ção aos vários números do art. III, podemos afirmar que o seu nº 1 diz respeito à função executiva, o nº 2 à função legislativa e o nº 3 à função jurisdicional. Já o nº 4 do art. III pode ser visto como abarcando elementos das funções executiva e jurisdicional e o nº 5 como dizendo respeito às relações externas da OMC[215].

Dos vários números do art. III do Acordo OMC resulta, ainda, que os países que participaram nas negociações do Ciclo do Uruguai não visaram conferir à OMC a possibilidade de ela determinar qual o rumo a seguir na evolução do sistema comercial multilateral. Basta ver que a OMC tem competência para organizar as negociações, mas não tem competência para, independentemente da vontade dos seus membros, rever as suas regras ou adoptar novas regras. Efectivamente, no caso da função legislativa, a OMC limita-se a "constituir o fórum próprio para as negociações entre os seus membros" e, no caso da função executiva, a "facilitar a aplicação, gestão e funcionamento do acordo que institui a OMC e dos acordos comerciais multilaterais". No caso da função jurisdicional, porém, o nº 3 do art. III dispõe que a OMC deve "assegurar a gestão do Memorando de Entendimento sobre as Regras e Processos de Resolução de Litígios", ou seja, a OMC não se limita a constituir um fórum ou a facilitar a aplicação, gestão e funcionamento. Deste modo, é possível concluir que a OMC, enquanto organização internacional, goza no caso da função jurisdicional de uma certa autonomia face aos seus membros, aspecto inexistente nas duas outras funções[216]. Nesse sentido, o art. 6º, nº 1,

> *in International Economic Law*, Wenhua Shan, Penelope Simons e Dalvinder Singh ed., Hart Publishing, Oxford-Portland, 2008, p. 34).
> Ao mesmo tempo, há quem clame que:
> "in so many other ways, the WTO is absolutely *not* constitutionalized. There is no question of a WTO polity or of a closely knit community of individuals that has mandated power to the WTO (the way, for example, that the United States or French people mandated power through the United States or French constitution). Unlike European Union bodies (such as the European Commission and the European Council), WTO organs do not even have legislative capacity of their own. Nor does the WTO offer any individual rights to citizens against their, or another, government. The WTO is and remains a treaty between states". Cf. Joost PAUWELYN, *Book Review: The Constitutionalization of the World Trade Organization: Legitimacy, Democracy, and Community in the International Trading System*, by Deborah Z. Cass, Oxford University Press, 2005, in AJIL, 2006, p. 989.

[215] Armin Von BOGDANDY, *Law and Politics in the WTO – Strategies to Cope with a Deficient Relationship*, in Max Planck Yearbook of United Nations Law, vol. 5, 2001, p. 614. Em estudo posterior, BOGDANDY limita o nº 4 do art. III à função executiva. Cf. Armin Von BOGDANDY e Markus WAGNER, Article III WTO Agreement, in *WTO-Institutions and Dispute Settlement*, Rüdiger Wolfrum, Peter--Tobias Stoll e Karen Kaiser (eds), Max Planck Commentaries on World Trade Law, Max Planck Institute for Comparative Public Law and International Law, Martinus Nijhoff Publishers, Leiden/ Boston, 2006, pp. 30 e 34.

[216] E daí um autor concluir que "the WTO Agreement draws conceptually on the traditional *separation of powers* doctrine and yet establishes an organization that exercises only one of those

81

## A FUNÇÃO JURISDICIONAL NO SISTEMA GATT/OMC

do Memorando de Entendimento sobre Resolução de Litígios, vem estabelecer que a criação dos painéis não depende do consentimento da parte contra a qual é apresentada a queixa e já não é possível a nenhuma das partes em litígio bloquear a adopção dos relatórios dos painéis e do Órgão de Recurso (artigos 16º, nº 4, e 17º, nº 14, do Memorando de Entendimento sobre Resolução de Litígios).

### 2.2. A *Members-Driven Organization*

Não obstante a OMC ser apelidada muitas vezes como "the quasi-constitution for rule-based regulation of globalization"[217], muitos autores referem como um dos seus traços mais característicos, relativamente a muitas outras organizações económicas internacionais, o papel fundamental e activo desempenhado pelas delegações nacionais na condução das suas actividades diárias e daí a sua caracterização como uma *members-driven organization*[218]. Há quem defenda mesmo que a OMC "is unique in the family of international organizations because of its Member-driven nature"[219].

---

powers". Cf. Armin Von Bogdandy, *Law and Politics in the WTO – Strategies to Cope with a Deficient Relationship*, in Max Planck Yearbook of United Nations Law, vol. 5, 2001, p. 617.

[217] Jens Ladefoged Mortensen, *The Institutional Requirements of the WTO in an Era of Globalisation: Imperfections in the Global Economic Polity*, in European Law Journal, Vol. 6, No. 2, 2000, p. 198. É também frequente a Organização Mundial do Comércio ser descrita "as the institutional incarnation of the malignant forces of globalization. It is said to promote unrestricted free trade and to limit the ability of countries to protect the local environment". Cf. Robert Wolfe, *Global trade as a Single Undertaking: the role of ministers in the WTO*, in International Journal, 1996, p. 690.

[218] Richard Blackhurst, The Capacity of the WTO to Fulfill Its Mandate, in *The WTO as an International Organization*, Anne Krueger ed., The University of Chicago Press, 1998, p. 36.

[219] Hakan Nordström, *The World Trade Organization Secretariat in a Changing World*, in JWT, 2005, p. 846. Em contraste, outro autor observa que "the mantra of the WTO is that it is 'a member-driven organization'. Everybody keeps reiterating it in a ritualistic way as if there are organizations which are not member-driven" (cf. Georges Abi-Saab, The WTO dispute settlement and general international law, in *Key Issues in WTO Dispute Settlement: The First Ten Years*, Rufus Yerxa e Bruce Wilson Ed., Cambridge University Press, 2005, p. 8). Talvez seja mais útil, pois, falar em termos de *quantum*. Por exemplo, ao contrário da OMC, o Fundo Monetário Internacional, " which – due to the far greater operational autonomy of the International Monetary Fund Executive Board than that of the WTO Director-General – can be considered 'institution driven'" (cf. Armin Von Bogdandy, *Law and Politics in the WTO – Strategies to Cope with a Deficient Relationship*, in Max Planck Yearbook of United Nations Law, vol. 5, 2001, p. 615). De facto, os funcionários do Fundo Monetário Internacional podem dizer às autoridades de um país o que deve ser feito, pagando-lhes para tal (cf. Robert Howse, The legitimacy of the World Trade Organization, in *The Legitimacy of International Organizations*, J.-M. Coicaud e V. Heiskanen (eds.), United Nations University Press, Nova Iorque-Tóquio, 2001, p. 373), o Director-Geral do Fundo monetário Internacional deve comunicar ao Directório Executivo os casos de incumprimento das regras da Organização (cf. Fundo Monetário Internacional, *By-Laws, Rules and Regulations*, Rule K-1, adoptada no dia 25 de Setembro de 1946 e revista em 18 de Setembro de 1969 e em 1 de Abril de 1978), o Director-Geral do Fundo

O CICLO DO URUGUAI E A ORGANIZAÇÃO MUNDIAL DO COMÉRCIO

São as delegações nacionais dos Membros da OMC que mantêm o essencial da autoridade e influência sobre a natureza e direcção das actividades da OMC[220]. Muito do trabalho analítico, do desenvolvimento de propostas recai sobre os membros da OMC e seus representantes, as regras do sistema comercial multilateral são negociadas apenas entre os membros e adoptadas por eles (e a OMC opera na base do consenso), só os membros da OMC podem lançar novas negociações comerciais multilaterais, só os membros podem solicitar a criação de um Painel ou a adopção dos relatórios dos painéis ou do Órgão de Recurso, a aplica-

presidirá às reuniões do Directório Executivo, mas não terá direito de voto, excepto em caso de empate (art. XII, Secção 4, alínea *a*), do Acordo do FMI), etc.. A OMC não dispõe, igualmente, de um órgão não plenário, de um conselho executivo, com um número limitado de membros, aspecto que a distingue de muitas outras organizações internacionais de vocação universal. Cf. Pieter Kuijper, WTO Institutional Aspects, in *The Oxford Handbook of International Trade Law*, Daniel Bethlehem, Donald McRae, Rodney Neufeld e Isabelle Van Damme Ed., Oxford University Press, 2009, p. 88.

[220] Aliás, a OMC repete constantemente que é "a 'Member-driven' organization and that its Secretariat is not an autonomous policy formulation body" (cf. Frederick Abbott, Distributed Governance at the WTO-WIPO: An Evolving Model for Open-Architecture Integrated Governance, in *New Directions in International Economic Law: Essays in Honour of John Jackson*, Marco Bronckers e Reinhard Quick ed., Kluwer Law International, Haia-Londres-Boston, 2000, p. 20). Nesse sentido, o Secretariado da OMC salientou recentemente que "the WTO is a table. People sit round the table and negotiate" (cf. OMC, *Understanding the WTO*, ed. OMC, Genebra, 2003, p. 9). Apesar disso, o Secretariado, na opinião de Frederick Abbott, "has indeed formulated policy, perhaps most notably illustrated by the distribution in late 1991 of the so-called 'Dunkel Draft' text of the Uruguay Round Agreements that provided an almost completed blueprint for the final texts adopted at Marrakesh" (cf. Frederick Abbott, *The Doha Declaration on the TRIPS Agreement and Public Health: Lighting a Dark Corner at the WTO*, in JIEL, 2002, p. 477). Já para Richard Steinberg, o chamado *Dunkel Draft* "was largely a collection of proposals prepared by and developed and negotiated between the European Community and the United States, fine-tuned after meeting with broader groups of countries (cf. Richard Steinberg, *In the Shadow of Law or Power? Consensus--Based Bargaining and Outcomes in the GATT/WTO*, in International Organization, 2002, p. 356). Mas ainda que a influência do Secretariado seja relevante, em resultado das suas capacidades técnicas, do seu conhecimento da história do sistema comercial multilateral e da sua familiaridade com os assuntos, a verdade é que a palavra final cabe sempre aos membros da OMC. Por exemplo, nas negociações do Ciclo do Uruguai estabelece-se que um inquérito que tenha por objectivo a existência, o grau e os efeitos de qualquer alegada prática de dumping será imediatamente encerrado quando o volume das importações for considerado negligenciável, isto é, se as importações provenientes de um determinado país representarem menos de 3% das importações do produto similar no membro importador (art. 5º, nº 8, do Acordo sobre a Aplicação do Artigo VI do GATT de 1994). Acontece que no chamado "Dunkel Draft Text" o volume das importações era considerado negligenciável se representasse 3% da quota de mercado e não 3% das importações. Cf. Christian Conrad, *Dumping and Anti-dumping Measures from a Competition and Allocation Perspective*, in JWT, 2002, p. 569.

A FUNÇÃO JURISDICIONAL NO SISTEMA GATT/OMC

ção de sanções comerciais necessita do consentimento do Membro da OMC que vence o litígio[221], etc..

Consequentemente, a OMC não tem o direito de impor sanções, aplicar multas, alterar as tarifas aduaneiras e o mais alto funcionário da OMC, o Director-Geral, não tem autoridade para apresentar queixa contra um membro da OMC no âmbito do sistema de resolução de litígios nem sequer para determinar quais os assuntos que devem constar da agenda de negociações da OMC[222].

Nos termos do Memorando de Entendimento sobre Resolução de Litígios, os painéis não escolhem os litígios que devem ser dirimidos ao abrigo do sistema de resolução de litígios da OMC (art. 3º, nº 7) e o Órgão de Recurso não selecciona quais os relatórios de painéis que devem ser objecto de recurso (art. 16º, nº 4) nem quais as questões jurídicas constantes de tais relatórios que devem ser analisadas por si (art. 17º, nºs 4 e 6).

Enquanto organização internacional, a OMC não dispõe, igualmente, de capacidade legislativa autónoma, de capacidade para, à margem da vontade dos membros da OMC, poder impor a estes últimos novas obrigações. Por exemplo, no último dia da Conferência Ministerial realizada em Cancún, o Botsuana fez uma declaração em nome da União Africana ameaçando bloquear qualquer acordo que incluísse a abertura de negociações sobre qualquer uma das chamadas questões de Singapura[223].

A OMC pode criar, é certo, direito derivado para facilitar a aplicação, gestão e funcionamento dos acordos comerciais multilaterais concluídos durante o Ciclo do Uruguai (art. III, nº 1, do Acordo OMC), mas o Secretariado da OMC não tem qualquer poder de decisão real e são sempre os órgãos compostos por representantes dos membros da OMC (a Conferência Ministerial e o Conselho Geral[224]) a decidir sobre a adopção de interpretações autênticas, a concessão de

---

[221] Segundo o art. 22º, nº 2, *in fine*, "se não for acordada nenhuma compensação satisfatória no prazo de 20 dias a contar da data em que expira o prazo razoável, *qualquer parte* que tenha accionado o processo de resolução de litígios pode solicitar autorização do Órgão de Resolução de Litígios para suspender a aplicação, em relação ao membro em causa, das concessões ou outras obrigações previstas nos acordos abrangidos" (itálico aditado).

[222] A situação foi bem descrita numa reunião formal durante o Ciclo do Uruguai, quando um diplomata, dirigindo-se ao Director-Geral de então, lhe notou: "Sir, there is a difference between you and me; I am a Contracting Party and you are a Contracted Party". Cf. Bernard HOEKMAN e Michel KOSTECKI, *The Political Economy of the World Trading System: The WTO and Beyond*, 2ª ed., Oxford University Press, 2001, p. 54.

[223] Jeffrey DUNOFF, Comment on Nordström's "Developing Countries and the WTO: What's Wrong with Inactivity?", in *WTO Law and Developing Countries*, George Bermann e Petros Mavroidis Ed. Cambridge University Press, 2007, p. 189.

[224] O Secretariado da OMC não é composto por representantes dos membros da OMC.

84

derrogações e a adopção de alterações às disposições do Acordo OMC ou dos acordos comerciais (artigos IX e X do Acordo OMC).

GREGORY SHAFFER considera, é verdade, que:

"on the basis of their expertise, reputation for impartiality, inside information, and close contacts with trade diplomats, Secretariat members can, at least at the margins, help shape knowledge, frame issues, identify interests, facilitate coalition-building, and thereby affect outcomes"[225].

Mas, veja-se, por exemplo, o que aconteceu aquando da elaboração do relatório do Comité do Comércio e Ambiente em 1996. O então director da divisão do secretariado relativa ao comércio e ambiente, Richard Eglin, encontrou-se não só com os principais membros da OMC para discutir os assuntos mais controversos, como a relação das regras da OMC com os acordos multilaterais de protecção do ambiente, mas também para propor "alternative language" passível de ser aceite pelos Estados[226] e "the concluding portion of the report was negotiated line-by-line"[227].

Além do mais, a OMC está longe de possuir um secretariado particularmente numeroso ou um orçamento volumoso:

| Organização/Programa | Número de funcionários | Orçamento em 2007 (a) |
|---|---|---|
| CNUCED | 450 | 0.1 |
| UNEP | 890 | 0.2 |
| UNICEF | 7.200 | 3.1 |
| UNDP | 5.300 | 4.9 |
| OIT | 1.900 | 0.5 |
| FAO | 3.600 | 0.8 |
| UNESCO | 2.100 | 0.7 |
| WHO | 8.000 | 1.6 |
| Banco Mundial | 10.000 | 26.8 (b) |
| FMI | 2.500 | 0.9 |
| UNIDO | 650 | 0.2 |
| WTO | 625 | 0.2 |
| IACA | 2.200 | 0.3 |
| OCDE | 2.500 | 0.5 |

(a) Inclui o orçamento regular e recursos extra-orçamentais e está expresso em biliões de dólares norte-americanos.

(b) Orçamento administrativo (2.1) + compromissos (24.7)[228].

[225] Gregory SHAFFER, *The World Trade Organization Under Challenge: Democracy and the Law and Politics of the WTO's Treatment of Trade and Environment Matters*, in The Harvard Environmental Law Review, 2001, p. 56.

[226] *Idem*, p. 60.

[227] Gregory SHAFFER, "If only we were elephants": The Political economy of the WTO's treatment of trade and environment matters, in *The Political Economy of International Trade Law – Essays in Honor of Robert E. Hudec*, Daniel Kennedy e James Southwick ed., Cambridge University Press, 2002, p. 367.

[228] THE ECONOMIST, *Who runs the world? Wrestling for influence*, 3-7-2008. De notar, ainda, que ¼ dos funcionários se encontram adstritos só às actividades de tradução. Cf. Hakan NORDSTRÖM, *The World Trade Organization Secretariat in a Changing World*, in JWT, 2005.

A FUNÇÃO JURISDICIONAL NO SISTEMA GATT/OMC

A influência do Secretariado da OMC é, portanto, marginal quando comparada com a dos membros da OMC mais poderosos.

Existem, apesar de tudo, ocasiões em que se pode dizer que os membros da OMC decidiram não dispor da "palavra final". O Acordo OMC parece conferir à Organização Mundial do Comércio enquanto tal algum poder de decisão autónomo quando estabelece que o Director-Geral determinará os deveres e condições para o exercício de funções do pessoal do Secretariado (art. VI, nº 3, do Acordo OMC) e apresentará as previsões orçamentais e as demonstrações financeiras anuais da OMC (art. VII, nº 1, do Acordo OMC); a Conferência Ministerial e o Conselho Geral podem, por uma maioria de ¾ dos membros da OMC, adoptar uma interpretação do Acordo OMC e dos acordos comerciais multilaterais (art. IX, nº 2, do Acordo OMC), vinculativa para todos os membros, tenham estes votado ou não a favor da mesma; a Conferência Ministerial e o Conselho Geral podem, por uma maioria de ¾ dos membros da OMC, decidir dispensar um Membro de uma das obrigações que lhe incumbem por força do Acordo OMC ou de um dos acordos comerciais multilaterais (artigos IX, nº 3, e IV, nº 2, do Acordo OMC), não importando, uma vez mais, se alguns membros da OMC votaram ou não a favor da derrogação em causa.

Na primeira situação, porém, o Director-Geral deve determinar os deveres e condições em conformidade com as regras adoptadas pela Conferência Ministerial (art. VI, nº 3, *in fine*, do Acordo OMC); no caso da segunda, depois de o Comité do Orçamento, Finanças e Administração examinar as previsões orçamentais e as demonstrações financeiras anuais e formular as recomendações pertinentes ao Conselho Geral, as previsões orçamentais serão submetidas à aprovação do Conselho Geral (art. VII, nº 1, *in fine*, do Acordo OMC), e, no caso das duas últimas situações, convém não esquecer que as decisões da OMC têm sido adoptadas por consenso.

Restam, assim, as decisões dos árbitros proferidas ao abrigo dos artigos 21º, nº 3, alínea *c*), e 25º do Memorando de Entendimento sobre Resolução de Litígios, que não necessitam de ser adoptadas pelo Órgão de Resolução de Litígios (órgão composto por representantes dos membros da OMC) e nem por isso deixam de ser vinculativas para os membros da OMC, e as situações em que o Órgão de Recurso e os painéis concluem que uma determinada medida de um Membro da OMC não está em conformidade com os chamados acordos abrangidos[229].

---

[229] Mesmo neste caso, há quem considere possível a um membro da OMC "comprar" a manutenção de uma medida incompatível com as normas do sistema comercial multilateral. Por exemplo, no entender de JUDITH BELLO, "the United States is not required to comply with a WTO dispute settlement ruling adverse to the United States (...). Instead, the United States (and any other member) may choose to comply, to compensate, or to stonewall and suffer retaliation against its

O CICLO DO URUGUAI E A ORGANIZAÇÃO MUNDIAL DO COMÉRCIO

Até hoje, porém, nenhum litígio comercial foi resolvido no âmbito da OMC através do recurso ao processo de arbitragem previsto no art. 25º do Memorando, a disposição em causa do art. 21º diz respeito apenas à determinação do prazo razoável para execução das recomendações do painel ou do Órgão de Recurso e o Memorando de Entendimento sobre Resolução de Litígios determina, significativamente, que os painéis e o Órgão de Recurso devem limitar-se a aplicar o Direito e não a criá-lo (art. 19º, nº 2). Mas, será que os membros da OMC podem realmente controlar os painéis e/ou o Órgão de Recurso caso estes assumam uma postura de activismo judicial? É o que veremos mais adiante.

## 2.3. Um Princípio do Equilíbrio Institucional?
### 2.3.1. O GATT de 1947

No contexto do GATT de 1947, a primeira vez que a problemática da existência de um princípio do equilíbrio institucional se colocou com alguma relevância foi no ano de 1982, quando os Estados Unidos, a propósito da relação das disposições do art. XXIV, nº 7, com as do art. XXIII, solicitaram a criação de um Painel para analisar as preferências aduaneiras concedidas pela Comunidade Europeia a países mediterrânicos no âmbito de acordos de associação. O Painel, depois de um longo período de consultas, conclui que:

> "... o exame – ou reexame – dos acordos do Artigo XXIV é da responsabilidade das Partes Contratantes. Na ausência de uma decisão pelas Partes Contratantes e sem prejuízo de qualquer decisão que as Partes Contratantes possam tomar no futuro sobre a questão, o Painel entende que não será apropriado determinar a conformidade de um acordo com os requisitos do Artigo XXIV com base numa queixa de uma parte contratante ao abrigo do nº 1, alínea *a*), do Artigo XXIII ... Isso deve ser feito claramente no contexto do Artigo XXIV e não do Artigo XXIII, uma vez que estão em causa na avaliação todos os direitos, regulamentações comerciais e cobertura comercial de todas as partes contratantes e não apenas os interesses e direitos da parte contratante que apresenta a queixa"[230].

---

exports" (cf. Judith Bello, *The WTO Dispute Settlement Understanding: Less Is More*, in AJIL, 1996, p. 418). Além disso, convém ter presente que as recomendações e decisões do Órgão de Resolução de Litígios não podem aumentar ou diminuir os direitos e obrigações previstos nos acordos do sistema comercial multilateral (art. 3º, nº 2, *in fine*, e 19º, nº 2, do Memorando de Entendimento sobre Resolução de Litígios).

[230] Relatório do Painel no caso *European Community – Tariff Treatment on Imports of Citrus Products from Certain Countries in the Mediterranean Region* (L/5776), posto a circular em 7-2-1985, nunca adoptado, parágrafo 4.15.

Posteriormente, a Austrália, a Nova Zelândia e os Estados Unidos solicitaram, cada um deles, a criação de um Painel para analisar as restrições à importação de carne aplicadas pela Coreia do Sul e notificadas ao abrigo do art. XVIII, Secção B, do GATT. Perante esta solicitação, várias partes contratantes consideraram que o recurso aos procedimentos do Painel não poderia implicar a substituição do processo de consultas no comité das restrições relacionadas com a balança de pagamentos, pelo que os painéis não deviam ser criados; outras partes contratantes, pelo contrário, consideraram o recurso ao art. XXIII do GATT como um direito absoluto. Apesar de os três painéis terem sido criados, os três relatórios, que continham conclusões idênticas, acabaram por considerar que:

> **118.** O Painel examinou a história da redacção dos artigos XXIII e XVIII e notou que nada é dito sobre a prioridade ou exclusividade dos procedimentos previstos nesses artigos. (...) Na prática do GATT existem diferenças entre o procedimento do artigo XXIII e o do artigo XVIII:B. O primeiro prevê um exame detalhado das distintas medidas por um grupo de peritos independentes, ao passo que o segundo prevê um exame geral da situação da balança de pagamentos do país, por um comité de representantes dos governos. (...).
>
> **121.** (...) A última consulta plena no Comité de Restrições à Importação (Balança de Pagamentos) sobre a situação da balança de pagamentos da Coreia realizou-se em Novembro de 1987 e o relatório da mesma foi aprovado pelas Partes Contratantes em Fevereiro de 1988. A seguinte consulta plena estava prevista para Junho de 1989. O Painel entendeu que devia tomar em consideração as conclusões a que tinha chegado o Comité da Balança de Pagamentos em 1987"[231].

Em suma, nunca nenhum Painel no âmbito do GATT de 1947 decidiu sobre a compatibilidade de um acordo de integração económica com o art. XXIV ou, no caso dos artigos XII e XVIII, Secção B, sobre a justificação das medidas relacionadas com a balança de pagamentos notificadas, sem haver antes uma determinação do comité da balança de pagamentos. Os painéis deixaram sempre estas questões para os órgãos compostos por representantes das partes contratantes[232].

É de notar, no entanto, que o Órgão de Recurso concluiu a propósito do relatório do Painel apresentado no caso *Republic of Korea – Restrictions on Imports of Beef – Complaint by the United States* que, longe de corroborar a interpretação avançada

---

[231] Relatórios dos Painéis no caso *Republic of Korea – Restrictions on Imports of Beef – Complaint by the United States* (L/6503), adoptado em 7-11-1989, parágrafos 118 e 121.

[232] Frieder Roessler, Are the Judicial Organs of the World Trade Organization Overburdened?, in *Efficiency, Equity, and Legitimacy: The Multilateral Trading System at the Millennium*, Roger Porter, Pierre Sauvé, Arvind Subramanian e Americo Zampetti ed., Brookings Institution Press, Washington, D.C., 2001, p. 311.

O CICLO DO URUGUAI E A ORGANIZAÇÃO MUNDIAL DO COMÉRCIO

pela Índia de existência do princípio do equilíbrio institucional no âmbito da OMC, tal relatório foi explícito na adopção da "dupla via":

> "O Painel que examinou o caso *Korea – Beef* concluiu claramente que o procedimento de resolução de litígios previsto no artigo XXIII assim como o procedimento enunciado no nº 12 do artigo XVIII podiam ambos ser utilizados no caso dos litígios relativos a restrições por motivos de balança de pagamentos. Consideramos que, no presente caso, o Painel interpretou correctamente que a prática do GATT permite ao Membro afectado eleger uma destas duas vias. Caso um Membro decida recorrer ao procedimento de resolução de litígios em conformidade com o artigo XXIII, essa decisão não afectará de forma alguma a competência do Comité de Balança de Pagamentos e do Conselho Geral para examinar a mesma questão no âmbito do nº 12 do artigo XVIII"[233].

### 2.3.2. A Organização Mundial do Comércio

O novo Acordo que institui a OMC, para além de criar formalmente uma verdadeira organização internacional, dotada de um âmbito de actuação mais vasto e de competências mais amplas, estabelece uma estrutura institucional bem mais cuidada e complexa. Basta ver que a OMC tinha mais de 65 órgãos em Maio de 2010[234], a maioria dos quais abertos a todos os membros da Organização[235], e que muitos assuntos, devido à sua complexidade, podem ser discutidos no âmbito de vários órgãos da OMC. A discussão relativa aos organismos geneticamente modificados, por exemplo, pode ocorrer no comité dos obstáculos técnicos ao comércio (a questão da rotulagem), no comité das medidas sanitárias e fitossanitárias (disseminação de pragas), no conselho TRIPS (patentes sobre organismos vivos) no comité do comércio e ambiente (relação entre o Protocolo de Cartagena sobre Diversidade Biológica e a OMC), no comité da agricultura (segurança alimentar), etc..

No essencial, os órgãos da OMC repartem-se por cinco círculos concêntricos. O primeiro círculo diz respeito aos três órgãos principais, todos com vocação geral, ou seja, a Conferência Ministerial, o Conselho Geral e o Secretariado. O segundo círculo é formado pelos órgãos principais especializados, ou seja, o Conselho do Comércio de Mercadorias, o Conselho do Comércio de Serviços e o Conselho dos Aspectos dos Direitos de Propriedade Intelectual relacionados

---

[233] Relatório do Órgão de Recurso no caso *India – Quantitative Restrictions on Imports of Agricultural, Textile and Industrial Products* (WT/DS90/AB/R), 23-8-1999, parágrafo 97.

[234] http://www.wto.org (sítio visitado em 6-5-2010).

[235] À excepção do Órgão de Recurso, dos painéis e dos comités dos acordos comerciais plurilaterais, todos os membros da OMC podem participar na Conferência Ministerial, nos quatro conselhos, nos comités, nos grupos de trabalho relativos à adesão de novos países à OMC, etc..

## A FUNÇÃO JURISDICIONAL NO SISTEMA GATT/OMC

com o Comércio. A seguir, temos os comités, órgãos subsidiários existentes na maioria dos acordos comerciais multilaterais. Depois, temos os órgãos de controlo, ou seja, o Órgão de Resolução de Litígios, o Órgão de Recurso e o Órgão de Exame das Políticas Comerciais. Finalmente, temos os órgãos que funcionam no âmbito dos acordos comerciais plurilaterais.

Dada a complexidade da estrutura institucional da Organização Mundial do Comércio, Frieder Roessler considera ser da maior importância observar o chamado princípio do equilíbrio institucional no seu âmbito[236], isto porque "each of the organs charged with making legal determinations operates within a different legal framework"[237]. De facto, a mudança de um determinado assunto de um

---

[236] Segundo o princípio do equilíbrio institucional, cada instituição "deve agir dentro dos limites das suas competências". A respeito do princípio do equilíbrio institucional, Ersnt-Ulrich Petersmann considera que ele "resembles to some extent the principle of separation of powers in national constitutions" (cf. Ernst-Ulrich Petersmann, *How to Promote the International Rule of Law? Contributions by the WTO Appellate Review System*, in JIEL, 1998, p. 33). Aliás, Frieder Roessler considera que, apesar de a OMC não ser um Estado, o Acordo OMC estabeleceu órgãos vocacionados para o exercício de cada uma das funções típicas – legislativa, executiva e judicial – consagrando, por conseguinte, a matriz da separação tripartida de poderes, segundo a concepção atribuída a Montesquieu. Assim, "decision-making in the WTO is divided between: – the membership of the WTO acting under the amendment and other rule-making provisions of the WTO Agreement (the 'legislative branch'); – the political organs of the WTO, such as the Committee on Regional Trade Agreements, the Committee on Subsidies and Countervailing Measures, the Safeguards Committee and the Committee on Balance-of-payments Restrictions (the 'executive authorities'); and – the judicial organs of the WTO, in particular the panels, arbitrators and the Appellate Body (the 'judicial powers')" (cf. Frieder Roessler, The Institutional Balance between the Judicial and the Political Organs of the WTO, in *New Directions in International Economic Law: Essays in Honour of John Jackson*, Marco Bronckers e Reinhard Quick ed., Kluwer Law International, Haia-Londres-Boston, 2000, p. 325). Também para Pierre Pescatore, "the General Council, the Secretariat and the Dispute Settlement Body with its sub-organs, namely the Panels and the Appellate Body, may be considered as a first sketch of a tripartite separation of powers" (cf. Pierre Pescatore, The New WTO Dispute Settlement Mechanism, in *Regionalism and Multilateralism after the Uruguay Round. Convergence, Divergence and Interaction*, Paul Demaret, Jean-François Bellis e Gonzalo García Jiménez org., European Interuniversity Press, Bruxelas, 1997, p. 688). Hélène Ruiz Fabri defende, por outro lado, o carácter inadequado da análise em termos de separação de poderes:

> "Dans l'approche classique en effet (*i.e.* constitutionnaliste), l'objectif de la séparation des pouvoirs est d'éviter le despotisme, de modérer l'exercice du pouvoir en le divisant, avec l'objectif d'assurer *in fine* la liberté des sujets. Un tel objectif n'apparaît pas transposable directement dans l'ordre d'une organisation internationale telle que l'OMC". Cf. Hélène Ruiz Fabri, *Le juge de l'OMC: ombres et lumières d'une figure judiciaire singulière*, in RGDIP, 2006, p. 64.

[237] Frieder Roessler, The Institutional Balance between the Judicial and the Political Organs of the WTO, in *New Directions in International Economic Law: Essays in Honour of John H. Jackson*, Marco Bronckers e Reinhard Quick ed., Kluwer Law International, Londres-Haia-Boston, 2000, p. 341. Ainda segundo Frieder Roessler, "National legal systems have developed a multitude of doc-

O CICLO DO URUGUAI E A ORGANIZAÇÃO MUNDIAL DO COMÉRCIO

órgão para outro pode ter consequências profundas nos direitos processuais e substantivos dos membros envolvidos. Em relação às medidas relativas à balança de pagamentos, por exemplo, o processo previsto no art. XVIII, nº 12, alínea *c)*, do GATT de 1994 permite aos membros da OMC, agindo através do comité das restrições relacionadas com a balança de pagamentos e do Conselho Geral, analisar, com a assistência do Fundo Monetário Internacional, as medidas notificadas por um membro ao abrigo do art. XVIII, Secção B, do GATT. Já no caso do sistema de resolução de litígios, as decisões do Órgão de Resolução de Litígios resultam de um processo em que apenas são tidos em conta os factos e alegações submetidos pelas partes em litígio e os resultados do litígio, formalmente, vinculam somente as partes envolvidas no mesmo. Além disso, se as restrições do membro em consultas com o comité das restrições relacionadas com a balança de pagamentos não se justificam ou deixaram de se justificar, o Conselho Geral pode, na sequência de uma recomendação do comité das restrições relacionadas com a balança de pagamentos, indicar um prazo para a sua remoção. Regra geral, as restrições relacionadas com a balança de pagamentos mantêm-se, legalmente, durante longos períodos de tempo, pelo que a sua remoção não é imediata, até para os agentes económicos se poderem ajustar à mudança imposta[238]. Pelo contrário, o nº 1 do 21º do Memorando de Entendimento sobre as Regras e Processos que regem a Resolução de Litígios estabelece que "o rápido cumprimento das recomendações ou decisões do Órgão de Resolução de Litígios é essencial para assegurar uma resolução eficaz dos litígios em benefício de todos os Membros".

Todavia, quando colocado perante a questão da existência ou não do princípio do equilíbrio institucional, o Órgão de Recurso considerou, tal como o Painel, que o facto de o Comité das Restrições relacionadas com a Balança de Pagamentos e o Conselho Geral terem por mandato examinar a justificação das restrições aplicadas por razões relacionadas com a balança de pagamentos e formular recomendações não impede um Painel de examinar a justificação dessas restrições.

---

trines to ensure that the judicial powers do not assume functions of the other branches of government. In the United States, for example, the Supreme Court developed the *Chevron* doctrine, which instructs the courts to defer to an administrative agency's interpretation of the law if the statute in question is ambiguous and the agency's interpretation is 'reasonable'. (...) The federal courts of the United States have also developed doctrines preventing an intrusion of the courts into the President's conduct of foreign affairs ". Cf. *Idem*, p. 326.

[238] Por exemplo, em Maio de 1997, depois de o Fundo Monetário Internacional ter concluído que a Índia deixara de ter os problemas de balança de pagamentos que justificavam a imposição de restrições à importação, este país notificou o comité das restrições relacionadas com a balança de pagamentos da sua intenção de remover as restrições e apresentou um calendário de seis anos, estabelecido de acordo com a prática corrente, para a eliminação e progressiva flexibilização das restantes restrições.

A FUNÇÃO JURISDICIONAL NO SISTEMA GATT/OMC

O Órgão de Recurso recusou, assim, o argumento da Índia, segundo o qual existe no direito da OMC um princípio de equilíbrio institucional ("the institutional balance"[239]), que obriga os painéis a se absterem de examinar a justificação das medidas aplicadas por razões relacionadas com a balança de pagamentos e a deixar ao Comité das Restrições relacionadas com a Balança de Pagamentos e ao Conselho Geral a diligência de proceder a esse exame. Ou seja, o Painel constatou, correctamente segundo o Órgão de Recurso, que tinha competência para examinar a justificação das restrições aplicadas pela Índia por razões relacionadas com a sua balança de pagamentos e que o seu exame não tornava redundante a competência do Comité das Restrições relacionadas com a Balança de Pagamentos e do Conselho Geral[240]. É que, segundo o Órgão de Recurso, o Comité da Balança de Pagamentos e os painéis têm funções diferentes e os procedimentos do Comité e os processos de resolução de litígios diferem quanto à sua natureza, âmbito, prazos e tipo de resultado a que conduzem[241]. O Órgão de Recurso apoiou a sua conclusão nos seguintes factos:

1) as normas e processos do Memorando de Entendimento sobre Resolução de Litígios são aplicáveis aos litígios que sejam objecto de pedidos nos termos das disposições de consulta e resolução de litígios previstas nos acordos enumerados no Apêndice 1, do qual consta o GATT de 1994[242];

2) o art. XVIII, Secção B, do GATT de 1994 não consta do Apêndice 2 do Memorando de Entendimento sobre as Regras e Processos que regem a Resolução de Litígios, relativo a normas e processos especiais ou complementares[243];

3) segundo uma nota de rodapé ao Memorando de Entendimento sobre as Disposições do Acordo Geral sobre Pautas Aduaneiras e Comércio de 1994 relativas à Balança de Pagamentos, "as disposições dos artigos XXII e XXIII do GATT de 1994, tal como foram precisadas e aplicadas pelo Memorando de Entendimento sobre Resolução de Litígios, poderão ser invocadas *relativamente a qualquer questão* suscitada pela aplicação de medi-

---

[239] Segundo a Índia, cada órgão da OMC deve exercer os seus poderes tendo em devida conta os que foram atribuídos aos outros órgãos da OMC", pelo que "os painéis podem examinar se determinadas restrições adoptadas para efeitos de balança de pagamentos são *aplicadas* de forma compatível com os acordos da OMC", mas "não estão autorizados a examinar a *justificação* global dessas restrições ao abrigo do artigo XVIII, Secção B". Cf. Relatório do Órgão de Recurso no caso *India – Quantitative Restrictions on Imports of Agricultural, Textile and Industrial Products* (WT/DS90/AB/R), 23-8-1999, parágrafos 80 e 89.

[240] *Idem*, parágrafos 80-109.

[241] *Ibidem*, parágrafo 104.

[242] *Idem*, parágrafo 85.

[243] *Idem*, parágrafo 86.

das de restrição à importação, adoptadas por razões que se prendem com a balança de pagamentos" (itálico aditado)[244]; e

.4) se o exercício da moderação jurisprudencial devesse na prática, como a Índia parecia sugerir, levar os painéis a abster-se de examinar os litígios relativos à justificação de restrições adoptadas para efeitos de balança de pagamentos, ele seria incompatível com o artigo XVIII do GATT de 1994, tal como precisado e aplicado pelo Memorando de Entendimento sobre Regras e Processos que Regem a Resolução de Litígios, e com a nota de rodapé do Memorando de Entendimento sobre as Disposições do Acordo Geral sobre Pautas Aduaneiras e Comércio de 1994 relativas à Balança de Pagamentos[245].

O entendimento do Órgão de Recurso suscitou particulares críticas de FRIE-DER ROESSLER, visto a sua conclusão ter deslocado "decision-making authority from the political to the judicial organs of the WTO, and consequently changed the negotiated institutional balance in the WTO"[246] e, mais grave do que isso, "if the panel's ruling is not implemented, it becomes a license to retaliate of enormous proportions"[247]. Além disso, o art. XVI, nº 1, do Acordo OMC dispõe que, "salvo disposição em contrário do presente Acordo ou dos acordos comerciais multilaterais, a OMC será regida pelas decisões, procedimentos e práticas habituais seguidas pelas Partes Contratantes no GATT de 1947 e pelos órgãos criados no âmbito do GATT de 1947"[248], e resulta do art. 3º, nº 2, do Memorando

---

[244] Idem, parágrafo 87. De igual modo, o nº 12 do Memorando de Interpretação sobre a Interpretação do Artigo XXIV do GATT de 1994 dispõe que:

"As disposições dos artigos XXII e XXIII do GATT de 1994, tal como precisadas e aplicadas pelo Memorando de Entendimento sobre Resolução de Litígios, poderão ser invocadas no que diz respeito a qualquer questão decorrente da aplicação das disposições do artigo XXIV relativas às uniões aduaneiras, às zonas de comércio livre ou aos acordos provisórios concluídos tendo em vista o estabelecimento de uma união aduaneira ou de uma zona de comércio livre".

[245] Idem, parágrafo 108.

[246] Frieder ROESSLER, The Institutional Balance between the Judicial and the Political Organs of the WTO, in New Directions in International Economic Law: Essays in Honour of John H. Jackson, Marco Bronckers e Reinhard Quick ed., Kluwer Law International, Londres-Haia-Boston, 2000, p. 326.

[247] Frieder ROESSLER, Are the Judicial Organs of the World Trade Organization Overburdened?, in Efficiency, Equity, and Legitimacy: The Multilateral Trading System at the Millennium, Roger Porter, Pierre Sauvé, Arvind Subramanian e Americo Zampetti ed., Brookings Institution Press, Washington, D.C., 2001, p. 321.

[248] Segundo FRIEDER ROESSLER, "interpretations that would entail a radical change in such practices should therefore be adopted only if it can be demonstrated that a change was intended or that the experience acquired by the Contracting Parties to the GATT 1947 is no longer relevant in the new trading system served by the WTO" (cf. Frieder ROESSLER, The Institutional Balance between the Judicial and the Political Organs of the WTO, in New Directions in International Eco-

de Entendimento sobre as Regras e Processos que regem a Resolução de Litígios que o recurso ao sistema de resolução de litígios serve somente para preservar os direitos e obrigações dos membros da OMC previstos nos acordos abrangidos e não para colocá-los em causa[249].

Diferente é o entendimento de WILLIAM DAVEY:

> "Consideration in dispute settlement proceedings of such issues as the justification of balance-of-payments restrictions does not upset the political-judicial balance within the WTO. To the contrary, in the absence of the possibility of consideration of such issues by the dispute settlement system, there is a much greater possibility that

*nomic Law: Essays in Honour of John H. Jackson*, Marco Bronckers e Reinhard Quick ed., Kluwer Law International, Londres-Haia-Boston, 2000, p. 343).

[249] De acordo com FRIEDER ROESSLER:

> "Article 3.2 of the DSU states the obvious, namely that the complainant's rights under the DSU cannot diminish the rights of the defendant under other WTO agreements. The procedural rights of Members under the DSU are thus clearly subsidiary to those conferred by the WTO agreements: a complainant may resort to the DSU only to enforce the obligations of the defendant under other WTO agreements, not to diminish the rights of the defendant under those agreements. This implies that a panel cannot determine its jurisdiction in a manner that diminishes those rights. Article 3:2 of the DSU obliges the panel to exercise judicial restraint whenever a WTO Member attempts to resort to the DSU for the purpose of negating another Member's procedural rights under another WTO agreement" (cf. Frieder ROESSLER, *Are the Judicial Organs of the World Trade Organization Overburdened?*, in *Efficiency, Equity, and Legitimacy: The Multilateral Trading System at the Millennium*, Roger Porter, Pierre Sauvé, Arvind Subramanian e Americo Zampetti ed., Brookings Institution Press, Washington, D.C., 2001, pp. 318-319).

Diferente é o entendimento do Órgão de Recurso:

> "**102.** (...) O recurso ao procedimento de resolução de litígios não afecta a possibilidade de recorrer aos procedimentos do nº 12 do artigo XVIII e do Memorando sobre a Balança de Pagamentos nem a utilidade desses procedimentos. Pelo contrário, se os painéis se abstiverem de examinar a justificação das restrições adoptadas por motivos de balança de pagamentos, eles reduziriam os direitos processuais atribuídos expressamente aos Membros pelo artigo XXIII e a nota de rodapé 1 do Memorando sobre a Balança de Pagamentos, assim como os direitos substantivos previstos no nº 11 do artigo XVIII.
>
> **103.** Estamos conscientes da competência atribuída ao Comité de Balança de Pagamentos e ao Conselho Geral a respeito das restrições por motivos de balança de pagamentos no quadro do nº 12 do artigo XVIII do GATT de 1994 e do Memorando sobre a Balança de Pagamentos, mas não consideramos que exista algum conflito entre essa competência e a competência dos painéis. Além disso, estamos convencidos de que os painéis, na análise da justificação das restrições por motivos de balança de pagamentos, devem ter em conta as deliberações e conclusões do Comité de Balança de Pagamentos, como fez o Painel que examinou o caso *Republic of Korea – Restrictions on Imports of Beef – Complaint by the United States*". Cf. Relatório do Órgão de Recurso no caso *India – Quantitative Restrictions on Imports of Agricultural, Textile and Industrial Products* (WT/DS90/AB/R), 23-8-1999, parágrafos 102-103.

O CICLO DO URUGUAI E A ORGANIZAÇÃO MUNDIAL DO COMÉRCIO

the balance of WTO Members' rights and obligations will be unfairly and inappropria-
tely tilted. Without the possibility of review in dispute settlement of the justification
of balance-of-payments measures, the consensus decision-making practices of the
WTO would mean that the Member applying those measures would have free rein to
decide when and for how long to keep such measures in place, with no possibility of
review. With the possibility of dispute settlement review, the complaining party only
is given the right to ask an independent three-person Panel to consider the justification issue, with the advice of the International Monetary Fund and subject to appeal.
Moreover, consideration of the justification of Balance of Payments measures is not
done without any normative framework. The key issue under GATT Article XVIII:B
is the adequacy of a Member's reserves"[250].

E, como observa um antigo membro do Órgão de Recurso a propósito do caso
*Turkey – Restriction on Imports of Textile and Clothing Products*:

> "the Appellate Body might not have felt obliged to comment on its responsibilities
> with respect to the interpretation of Article XXIV GATT (1994), if the Committee
> on Regional Trade Agreements had come to a conclusion on the compatibility of the
> customs union between the European Community and Turkey"[251].

---

[250] William DAVEY, Has the WTO Dispute Settlement System Exceeded Its Authority? A Consideration of Deference Shown by the System to Member Government Decisions and Its Use of
Issue-Avoidance Techniques, in *The Role of the Judge in International Trade Regulation: Experience and
Lessons for the WTO*, Thomas Cottier e Petros Mavroidis ed., Studies in International Economics –
The World Trade Forum, volume 4, The University of Michigan Press, 2003, pp. 49-50.
[251] Claus-Dieter EHLERMANN, *Six Years on the Bench of the "World Trade Court": Some Personal Expe-
riences as Member of the Appellate Body of the World Trade Organization*, in JWT, 2002, p. 634. Também
PETROS MAVROIDIS defende que, no caso da OMC, os painéis e o Comité dos Acordos Comerciais
Regionais têm competência para rever os acordos comerciais preferenciais (cf. Petros MAVROIDIS,
Judicial supremacy, Judicial restraint, and the issue of consistency of preferential trade agreements
with the WTO: The apple in the picture, in *The Political Economy of International Trade Law – Essays
in Honor of Robert E. Hudec*, Daniel Kennedy e James Southwick ed., Cambridge University Press,
2002, p. 595). No caso *Turkey – Restrictions on Imports of Textile and Clothing Products*, o Órgão de
Recurso, depois de observar que, segundo o Painel, pode sustentar-se que os painéis não têm
competência para apreciar a compatibilidade global de uma união aduaneira com as prescrições
do art. XXIV do GATT, afirmou que:
> "no presente recurso não somos chamados a pronunciar-nos sobre esta questão, mas temos
> presente a este respeito a nossa conclusão no processo *India – Quantitative Restrictions on Imports
> of Agricultural, Textile and Industrial Products*, relativa à competência dos painéis para exami-
> nar o fundamento de restrições adoptadas para efeitos de balança de pagamentos ao abrigo
> da secção B do artigo XVIII do GATT de 1994". Cf. Relatório do Órgão de Recurso no caso
> *Turkey – Restrictions on Imports of Textile and Clothing Products* (WT/DS34/AB/R), 22-10-1999,
> parágrafo 60.

95

A FUNÇÃO JURISDICIONAL NO SISTEMA GATT/OMC

Em nosso entender, existem vários argumento favoráveis à posição sustentada por DAVEY. Primeiro, não podemos esquecer que o Órgão de Recurso declarou expressamente no caso *Japan – Taxes on Alcoholic Beverages* que o art. 31º da Convenção de Viena sobre o Direito dos Tratados "dispõe que o texto do tratado constitui a base do processo interpretativo: 'a interpretação deve basear-se fundamentalmente no texto do tratado'"[252] e a verdade é que os Memorandos de Entendimento sobre as Disposições Relativas à Balança de Pagamentos do GATT de 1994 e sobre a Interpretação do Artigo XXIV do GATT de 1994 se encontram redigidos de modo bastante amplo, falando ambos em "qualquer questão".

Segundo, é verdade que foi rejeitada durante as negociações do Ciclo do Uruguai uma proposta avançada pelos Estados Unidos e Canadá relativa às restrições das importações adoptadas para efeitos de balança de pagamentos e que apresentava o seguinte conteúdo:

"A parte contratante que procede a consultas ou as partes contratantes afectadas podem, se o desejarem, tentar resolver a questão no Conselho. *Alternativamente, as partes contratantes afectadas podem, se o desejarem, prosseguir a questão através dos procedimentos normais de resolução de litígios de acordo com os Artigos XXII e XXIII*" (itálico aditado).

Acontece que, durante o mesmo ciclo de negociações, uma outra proposta limitando o recurso aos artigos XXII e XXIII do GATT no âmbito do art. XXIV do GATT não foi igualmente aceite[253], ou seja, "given the clarity of the existing

---

[252] Relatório do Órgão de Recurso no caso *Japan – Taxes on Alcoholic Beverages* (WT/DS8/AB/R, WT/DS10/AB/R, WT/DS11/AB/R), 4-10-1996, pp. 11-12.

[253] De facto, no dia 12 de Dezembro de 1993, a Comunidade Europeia apresentou uma proposta de revisão do nº 12 do Memorando de Entendimento sobre a Interpretação do Artigo XXIV do GATT de 1994 com o seguinte conteúdo:
"The dispute settlement provisions of the General Agreement may be invoked with respect to any specific measures arising from the implementation of those provisions of Article XXIV relating to customs unions, free trade areas or interim agreements leading to the formation of a customs union or free trade area. Such recourse to the dispute settlement provisions, however, shall not be allowed to question the conformity with GATT of existing customs unions, free trade areas or interim agreements leading to customs unions or free trade areas which have been notified to the Contracting Parties, as long as the Contracting Parties have not made a specific recommendation under Article XXIV:7 of the General Agreement". Cf. Theofanis CHRISTOFOROU, Multilateral Rules as a Constraint on Regional Rules: A Regional Perspective, in *Regionalism and Multilateralism after the Uruguay Round. Convergence, Divergence and Interaction*, Paul Demaret, Jean-François Bellis e Gonzalo García Jiménez org., European Interuniversity Press, Bruxelas, 1997, pp. 764-765.

O CICLO DO URUGUAI E A ORGANIZAÇÃO MUNDIAL DO COMÉRCIO

text, consideration of this ambiguous negotiating history is neither appropriate nor helpful under the standard rules for treaty interpretation"[254].

Terceiro, por força da regra do consenso praticada pelo Comité da Balança de Pagamentos, um único Membro da OMC poderia bloquear qualquer decisão relativa à interpretação e aplicação do artigo XVIII do GATT[255].

Finalmente, o próprio Tribunal Internacional de Justiça defende que não pode recusar a sua jurisdição simplesmente porque um órgão político (o Conselho de Segurança) possui um poder concorrente relativamente à questão objecto de litígio[256]. De facto, no caso *Concerning Military and Paramilitary Activities in and Against Nicaragua*, o Tribunal defendeu que:

> "(...) Enquanto o Artigo 12º [da Carta das Nações Unidas] distingue claramente as funções da Assembleia Geral das funções do Conselho de Segurança precisando que, a respeito de um qualquer litígio ou situação, o primeiro não deve fazer qualquer recomendação sobre esse litígio ou situação, a menos que o Conselho de Segurança o solicite, não existe nenhuma disposição similar na Carta a respeito do Conselho de Segurança e do Tribunal Internacional de Justiça. O Conselho [de Segurança] tem funções de natureza política, ao passo que o Tribunal exerce funções puramente judiciais. Ambos os órgãos podem, pois, desempenhar as suas funções separadas mas complementares a propósito dos mesmos acontecimentos"[257].

---

[254] William DAVEY, Comment, in *Efficiency, Equity, and Legitimacy: The Multilateral Trading System at the Millennium*, Roger Porter, Pierre Sauvé, Arvind Subramanian e Americo Zampetti ed., Brookings Institution Press, Washington, D.C., 2001, pp. 332-333.

[255] Robert HOWSE, The Most Dangerous Branch? WTO Appellate Body Jurisprudence on the Nature and Limits of the Judicial Power, in *The Role of the Judge in International Trade Regulation: Experience and Lessons for the WTO*, Thomas Cottier e Petros Mavroidis ed., Studies in International Economics – The World Trade Forum, volume 4, The University of Michigan Press, 2003, p. 31. Ainda segundo este autor:
"Where the Balance of Payments Committee has *acted* by consensus, that is another matter – here Dr. Roessler is surely right that there would be a strong case for the panels and the Appellate Body to be deferential to its views. But these views would likely amount to 'subsequent practice' among the parties, within the meaning of Vienna Convention 31, and so the requisite institutional balance can be achieved through the dispute settlement organs simply applying the treaties in accordance with the customary rules of interpretation of international law". Cf. *Idem*.

[256] Lorand BARTELS, *The Separation of Powers in the WTO: How To Avoid Judicial Activism*, in ICLQ, 2004, p. 882.

[257] TRIBUNAL INTERNACIONAL DE JUSTIÇA, *Case Concerning Military and Paramilitary in and Against Nicaragua (Nicaragua v. United States), Jurisdiction of the Court and Admissibility of the Application*, Acórdão de 26-11-1984, parágrafo 95.

A FUNÇÃO JURISDICIONAL NO SISTEMA GATT/OMC

Convém ter presente, ainda, que a questão em debate não é, na prática, tão importante como parece. Os acordos bilaterais ou regionais de comércio livre raramente são postos em causa no âmbito do Memorando de Entendimento sobre Resolução de Litígios e, actualmente, são muito poucos os membros da OMC que recorrem à aplicação de restrições às trocas comerciais por razões relacionadas com a balança de pagamentos[258].

Ainda assim, as conclusões do Órgão de Recurso a propósito do pseudo princípio do equilíbrio institucional têm o mérito de provar:

"the independent, judicial nature of WTO dispute settlement. WTO panels and the Appellate Body are not simply organs created by, and subject to the control of, political WTO bodies. They lead a separate existence as the judicial branch of the WTO"[259].

## 3. A Função Jurisdicional na OMC

### 3.1. A Regra do Consenso Positivo no GATT de 1947

O direito de vetar a criação de um painel ou a adopção do relatório de um painel não estava escrito no texto do GATT de 1947[260]. O Acordo Geral estabelecia, sim, que as decisões das Partes Contratantes, salvo disposição em contrário, deveriam ser adoptadas por maioria dos votos expressos (art. XXV, nº 4, do GATT)[261].

---

[258] O ultimo relatório anual do Comité da Balança de Pagamentos refere apenas dois países que recorreram a este tipo de medidas (o Equador e a Ucrânia). Cf. OMC, *Report (2009) of the Committee on Balance-of-Payments Restrictions* (WT/BOP/R/96), 30-10-2009, p. 1.

[259] Joost Pauwelyn, *The Use of Experts in WTO Dispute Settlement*, in ICLQ, 2002, p. 338.

[260] Através da ameaça de veto à criação de um painel, a parte contratante demandada gozava da possibilidade de limitar os termos de referência do painel e, em consequência, o âmbito do litígio. No caso *United States – Trade Measures Affecting Nicaragua*, por exemplo, os Estados Unidos vetaram a criação de um painel para analisar a queixa apresentada pela Nicarágua contra o embargo comercial aplicado ao país pelas autoridades norte-americanas a partir de Maio de 1985. O veto só foi levantado depois de a Nicarágua ter concordado que o Painel tivesse termos de referência especiais. Cf. Relatório do Painel no caso *United States – Trade Measures Affecting Nicaragua* (L/6053), posto a circular em 13-10-1986, nunca adoptado, parágrafos 1.3-1.4.

[261] De facto, salvo indicação em contrário, as decisões das Partes Contratantes do GATT de 1947 deveriam ser adoptadas por maioria dos votos emitidos, tendo cada membro um voto (art. XXV, nºs 3 e 4, do GATT), e constituindo a maioria simples das partes contratantes o quórum necessário (Regra 28 das Regras de Procedimento). Na prática, porém, as coisas passaram-se de modo bem diferente. Como bem nota Richard Steinberg:

"from 1948 to 1959, the GATT often used an informal version of consensus decision making instead of formal voting. At least as early as 1953, and on several occasions thereafter, the chairman took a sense of the meeting instead of resorting to a vote. Since 1959, virtually all GATT/WTO legislative decisions (except on accessions and waivers) have been taken by consensus" (cf. Richard Steinberg, *In the Shadow of Law or Power? Consensus-Based Bargaining and Outcomes in the GATT/WTO*, in International Organization, 2002, p. 344).

No mesmo sentido, Claus-Dieter-Ehlermann e Lothar Ehring notam que:

O CICLO DO URUGUAI E A ORGANIZAÇÃO MUNDIAL DO COMÉRCIO

Durante a vigência do GATT de 1947, foi só em 1972 que uma parte contratante bloqueou pela primeira vez a criação de um painel (caso *U.S.-E.E.C. Compensatory Taxes on Imports*). Mesmo então, o veto teve a ver não com qualquer objecção de princípio ao GATT dirimir o litígio, mas antes com o facto de o imposto em questão ir ser abolido nesse mesmo ano. Até 1986, a adopção do relatório de um

"voting did take place, but routinely only on decisions for waivers under Article XXV:5 and on accessions under Article XXXIII of the GATT 1947. In relation to other business, the CONTRACTING PARTIES did not usually proceed to a formal vote in reaching decisions, but the Chairperson took the sense of the meeting. Even on waivers, a consensus in the GATT Council very often preceded the votes" (cf. Claus-Dieter EHLERMANN e Lothar EHRING, *Decision-Making in the World Trade Organization: Is the Consensus Practice of the World Trade Organization Adequate for Making, Revising and Implementing Rules on International Trade?*, in JIEL, 2005, p. 61).
Ou seja, votava-se apenas nos casos em que o Acordo Geral previa um quórum específico: quando da concessão de derrogações (art. XXV, nº 5) ou da acessão de novas partes contratantes (art. XXXIII). Mas, mesmo nestes casos, a votação constituía uma mera formalidade, visto que, com vista a obter o consenso das partes contratantes, o *draft text* era objecto de consultas e de negociações antes da sua sujeição a votos (cf. John JACKSON, Designing and Implementing Effective Dispute Settlement Procedures: WTO Dispute Settlement, Appraisal and Prospects, in *The WTO as an International Organization*, Anne Krueger ed., The University of Chicago Press, 1998, p. 176).
Uma decisão era adoptada por consenso quando se verificava que nenhuma delegação das Partes Contratantes levantava objecções à sua adopção.
Apesar de tudo, todas as partes do Conselho dos Representantes cuja proposta fosse alvo de objecções por outra parte conservavam o direito formal de solicitar uma votação e foi esta possibilidade que, por vezes, levou as partes contratantes do GATT a aderirem ao consenso. Por exemplo, em 1975, depois de a Comunidade Económica Europeia e o Japão terem levantado repetidas vezes objecções a uma proposta da Austrália no sentido de constituir um grupo para estudar o mercado internacional da carne, a Austrália solicitou, para surpresa geral, que o presidente do Conselho dos Representantes realizasse uma votação sobre a proposta. O presidente decidiu suspender a reunião para "tomar chá" e a mesma só foi reatada alguns dias depois, tendo, então, o grupo da carne sido constituído por consenso (cf. Frieder ROESSLER, A Evolução do Sistema de Resolução de Litígios do GATT/OMC, in *A Organização Mundial do Comércio e a Resolução de Litígios*, Fundação Luso-Americana para o Desenvolvimento, 1997, pp. 75-76).
Durante a vigência do GATT de 1947, o funcionamento da regra do consenso foi facilitado, por um lado, pelo facto de os países desenvolvidos, particularmente os Estados Unidos e a Comunidade Económica Europeia, terem conduzido a agenda do GATT de 1947 e as negociações comerciais sem insistirem na participação de todas as partes contratantes (a maioria dos países em desenvolvimento remetia-se por vontade própria a um papel relativamente passivo); por outro lado, pelo facto de os países em desenvolvimento não terem bloqueado o progresso das negociações, não só porque os acordos negociados não lhes impunham grandes obrigações ou obrigações contra a sua vontade, mas também porque obtinham, através da cláusula da nação mais favorecida, as vantagens das concessões feitas pelos países desenvolvidos. Ainda segundo BERNARD HOEKMAN e MICHEL KOSTECKI, "consensus was facilitated by another GATT tradition – not to allow progress to be frustrated by one party's obstinacy, unless it happened to be one of the major trading powers". Cf. Bernard HOEKMAN e Michel KOSTECKI, *The Political Economy of the World Trading System: The WTO and Beyond*, 2ª ed., Oxford University Press, 2001, p. 57.

A FUNÇÃO JURISDICIONAL NO SISTEMA GATT/OMC

painel foi vetada apenas num litígio (o famoso caso *United States Tax Legislation (DISC)* de 1976, entre os Estados Unidos e a Comunidade Económica Europeia) e, na realidade, o relatório acabou por ser adoptado, ainda que somente cinco anos depois[262].

A partir do início do Ciclo Uruguai, aí sim, a facilidade com que as partes em litígio podiam bloquear a adopção dos relatórios dos painéis que lhes fossem desfavoráveis passou a constituir um dos defeitos principais do sistema de resolução de litígios do GATT de 1947. A resolução de um litígio tinha que passar por um Painel e, se este concluísse que um dado país tinha violado as suas obrigações, o relatório do Painel só seria adoptado se todas as partes contratantes, incluindo o país infractor, concordassem (regra do consenso positivo); gozando a parte infractora do direito de veto *ex post*, tudo dependia assim da sua boa vontade.

Dados recolhidos pelo Secretariado da OMC relativamente ao período entre 1990 e 1995 mostram que não foram adoptados 12 dos últimos 29 relatórios de painéis apresentados durante a vigência do GATT de 1947[263]. Segundo ROBERT HUDEC:

> "It was as though, having committed themselves to a rigorous procedure with no escape by means of the veto, governments felt entitled to enjoy one last orgy of veto indulgence, like one last pack of cigarettes before quitting. In the author's view, the reason why governments felt free to flout the GATT legal system was primarily the fact that a new and better WTO dispute settlement procedure was just around the corner – a fact which meant that vetoes of GATT legal rulings would no longer damage the legal system that governments needed to maintain order"[264].

Portanto, com a regra de consenso positivo, caso um painel concluísse que uma dada parte contratante tinha violado as suas obrigações, o relatório do painel só adquiria carácter vinculativo depois de ser adoptado pelas partes contratantes do GATT, inclusive pela parte contratante infractora[265]. Como conclui um antigo

---

[262] Joost PAUWELYN, *The Transformation of World Trade*, in Michigan Law Review, 2005, p. 22.

[263] Robert HUDEC, Broadening the Scope of Remedies in WTO Dispute Settlement, in *Improving WTO Dispute Settlement Procedures – Issues and Lessons from the Practice of Other International Courts and Tribunals*, Friedl Weiss ed., Cameron May, 2000, p. 375.

[264] *Idem*.

[265] Um membro do Órgão de Recurso considera mesmo que os relatórios dos painéis se assemelhavam em grande medida a pareceres consultivos, "to be adopted only if supported by general consensus". Cf. Giorgio SACERDOTI, *The Dispute Settlement System of the WTO: Structure and Function in the Perspective of the First 10 Years*, in The Law and Practice of International Courts and Tribunals, 2006, p. 57.

100

O CICLO DO URUGUAI E A ORGANIZAÇÃO MUNDIAL DO COMÉRCIO

director da divisão dos assuntos jurídicos do GATT [de 1947]: "the GATT panels proposed, the Contracting Parties disposed"[266].

Para além de constituir um "étrange procédure contentieuse, où un État se trouvait à la fois juge et partie!"[267], ofendendo por isso um dos princípios fundamentais de qualquer sistema de resolução de litígios independente (*nemo debe esse iudex in propria causa*, isto é, ninguém pode ser juiz em causa própria)[268], a regra do consenso positivo punha em causa também:

> "foundational principles of the rule of law and chilled the utility of dispute resolution, especially for the economically and politically unequal. Imagine a domestic legal dispute under municipal law in which the defending party must give its consent not only to 'go to law' but also to accept the results of the legal process: heads I win, tails you lose"[269],

Mesmo quando os relatórios dos painéis eram adoptados, o risco de uma parte bloquear a adopção dos relatórios cujas conclusões julgasse inaceitáveis influenciava seguramente *ex ante* o modo como os painéis redigiam os seus relatórios. Os membros dos painéis sabiam que o relatório tinha de ser aceite também pela parte contratante perdedora para ser adoptado e adquirir força vinculativa, havendo, por isso, um incentivo "to rule not solely on the basis of the legal merits of a complaint, but to aim for a somewhat 'diplomatic' solution by crafting a compromise that would be acceptable to both sides"[270]. Como bem nota RICHARD STEINBERG:

> "in the GATT dispute settlement system, panels had to be careful about making law because any party to a dispute could block adoption of the panel report by withhol-

---

[266] Frieder ROESSLER, Are the Judicial Organs of the World Trade Organization Overburdened?, in *Efficiency, Equity, and Legitimacy: The Multilateral Trading System at the Millennium*, Roger Porter, Pierre Sauvé, Arvind Subramanian e Americo Zampetti ed., Brookings Institution Press, Washington, D.C., 2001, pp. 322-323.

[267] Hugo PAEMEN, *Multilatéralisme: l'Europe gagne*, in Revue des Affaires Européennes, nº 1, 1994, p. 10.

[268] John GAFFNEY, *Due Process in the World Trade Organization: The Need for Procedural Justice in the Dispute Settlement System*, in American University International Law Review, 1999, p. 1196; Jeffrey WAINCYMER, *WTO Litigation: Procedural Aspects of Formal Dispute Settlement*, Cameron May, Londres, 2002, p. 632.

[269] Joseph WEILER, The Rule of Lawyers and the Ethos of Diplomats: Reflections on WTO Dispute Settlement, in *Efficiency, Equity, and Legitimacy: The Multilateral Trading System at the Millennium*, Roger Porter, Pierre Sauvé, Arvind Subramanian e Americo Zampetti ed., Brookings Institution Press, Washington, D.C., 2001, p. 335.

[270] OMC, *A Handbook on the WTO Dispute Settlement System – A WTO Secretariat Publication*, Cambridge University Press, 2004, p. 14.

A FUNÇÃO JURISDICIONAL NO SISTEMA GATT/OMC

ding its consent. Generally, the United States did not block the adoption of panel reports that found it in contravention of GATT obligations, but it did block the adoption of reports that made what it considered to be bad law. The panels had to be somewhat deferential to disputants' interpretations of law if they wanted their reports adopted"[271].

Apesar de tudo, ao assegurar que o controlo final sobre a determinação das obrigações que resultavam para as partes contratantes do GATT de 1947 se mantinha com quem ficava vinculado pelas mesmas, a regra do consenso positivo permitia conferir às conclusões dos painéis "legitimacy and normative force, including rulings based on creative interpretations advancing the objectives of GATT"[272]. Nesse sentido, ROBERT HOWSE observa que:

> "In the pre-Uruguay Round GATT system, through the process of adopting panel reports by positive consensus, there was a diplomatic control on interpretation as well. If the losing party found that the ruling was sharply at odds with a domestic understanding of the nature of a treaty commitment, it could block adoption (consider how much more damage would have been done to system legitimacy had the *Tuna/Dolphin* rulings not remained un-adopted). The automaticity of adoption in the WTO system makes *ex post* diplomatic adjustment of interpretations by dispute settlement organs much more difficult"[273].

Invoca-se, ainda, o facto de o sistema de resolução de litígios do GATT de 1947 baseado na regra do consenso positivo ter funcionado bem, pelo menos até meados dos anos 80, mas convém ter presente que tal sucesso é algo relativo e não necessariamente garantido no contexto da OMC. É relativo porque não sabemos o número de queixas que as partes contratantes do GATT deixaram de apresentar por causa da possibilidade de que gozavam as partes contratantes de bloquear a criação de um painel e é difícil transpor para o âmbito da OMC o sistema que vigorou no GATT de 1947. Os compromissos assumidos no con-

---

[271] Richard STEINBERG, *Judicial Lawmaking at the WTO: Discursive, Constitutional, and Political Constraints*, in AJIL, 2004, p. 263.

[272] Frieder ROESSLER, Are the Judicial Organs of the World Trade Organization Overburdened?, in *Efficiency, Equity, and Legitimacy: The Multilateral Trading System at the Millennium*, Roger Porter, Pierre Sauvé, Arvind Subramanian e Americo Zampetti ed., Brookings Institution Press, Washington, D.C., 2001, pp. 322-323. Ainda segundo este mesmo autor, "the normative force of a GATT panel ruling rested primarily on its endorsement by the community of trading nations. The rulings of the panels and the Appellate Body of the WTO are binding without such an endorsement and therefore lack that source of legitimacy". Cf. *Idem*, p. 325.

[273] Robert HOWSE, *From Politics to Technocracy – and Back Again: The Fate of the Multilateral Trading Regime*, in AJIL, 2002, p. 108.

## O CICLO DO URUGUAI E A ORGANIZAÇÃO MUNDIAL DO COMÉRCIO

texto da OMC são bem mais impositivos e extensos e as regras e obrigações dos acordos OMC incidem sobre matérias tão importantes como, por exemplo, a saúde das pessoas, a protecção dos consumidores, a propriedade intelectual e os serviços. Logo, "when faced with complaints in those fields, WTO members would be much more inclined to use their vetoes, thereby risking the paralysis of the entire process"[274]. Esta possibilidade já era aparente no final dos anos 80 e início dos anos 90 quando, de acordo com as estatísticas avançadas por ROBERT HUDEC, 40% dos litígios foram bloqueados, especialmente aqueles que envolviam obstáculos não pautais. Os próprios Estados Unidos, responsáveis pela não adopção de vários relatórios de painéis, viam a possibilidade de bloqueio como o maior problema do sistema GATT[275] e convém ter sempre presente que "no independent tribunal permits that kind of unilateral blocking"[276].

### 3.2. A (Nova) Regra do Consenso Negativo

Nos termos do Memorando de Entendimento sobre Resolução de Litígios, cabe ao Órgão de Resolução de Litígios adoptar os relatórios dos painéis e do Órgão de Recurso (artigos 16º, nº 4, e 17º, nº 14). Os Membros da OMC mantiveram, deste modo, as funções confiadas previamente às PARTES CONTRATANTES do GATT de 1947. Mas, atenção, ao adoptar os relatórios dos painéis e do Órgão de Recurso, o Órgão de Resolução de Litígios não decide *motu proprio*, apenas sanciona as recomendações contidas nos relatórios[277]. O próprio Memorando de Entendimento sobre Resolução de Litígios aponta nesse sentido, quando diz que, "nas suas conclusões e recomendações, o painel e o Órgão de Recurso não podem aumentar ou diminuir os direitos e obrigações previstos nos acordos abrangidos" (art. 19º, nº 2).

---

[274] Joost PAUWELYN, *The Transformation of World Trade*, in Michigan Law Review, 2005, p. 47.

[275] C. O'Neal TAYLOR, *The Limits of Economic Power: Section 301 and the World Trade Organization Dispute Settlement System*, in Vanderbilt Journal of Transnational Law, Vol. 30, 1997, pp. 267-268.

[276] Laurence HELFER e Anne-Marie SLAUGHTER, *Why States Create International Tribunals: A Response to Professors Posner and Yoo*, in California Law Review, Vol. 93, 2005, p. 951.

[277] Como salienta FRIEDL WEISS, "panels and the Appellate Body do not issue judgments or awards, but only make reports with recommendations to the Members, albeit highly influential recommendations" (cf. Friedl WEISS, The limits of the WTO: facing non-trade issues, in *The WTO at Ten: The Contribution of the Dispute Settlement System*, Ed. Giorgio Sacerdoti, Alan Yanovich e Jan Bohanes, Cambridge University Press, 2006, p. 167). Não deixa de ser significativo, aliás, que o Memorando de Entendimento sobre Resolução de Litígios fale, formalmente, em "recomendações" do painel e do Órgão de Recurso (art. 19º, nº 1) e não em acórdãos. Uma vez adoptada, a recomendação do painel transforma-se numa recomendação ou decisão do Órgão de Resolução de Litígios. Cf. Relatório do Órgão de Recurso no caso *European Communities – Export Subsidies on Sugar* (WT/DS265/AB/R, WT/DS266/AB/R, WT/DS283/AB/R), 28-4-2005, parágrafo 334.

A FUNÇÃO JURISDICIONAL NO SISTEMA GATT/OMC

Muito pragmaticamente, os participantes no Ciclo do Uruguai decidiram que decisões essenciais, tais como a criação de um Painel (artigo 6º, nº 1, do Memorando), a adopção dos relatórios do Painel e do Órgão de Recurso (respectivamente, artigos 16º, nº 4, e 17º, nº 14, do Memorando) e a autorização para a suspensão das concessões e outras obrigações (art. 22º, nº 6, do Memorando), ficariam sujeitas à chamada "regra do consenso negativo"[278]. O nº 4 do art. 16º do Memorando de Entendimento sobre Resolução de Litígios, por exemplo, dispõe que:

> "No prazo de 60 dias, a contar da data de apresentação de um relatório do Painel aos membros, o relatório será adoptado numa reunião do Órgão de Resolução de Litígios, a menos que uma das partes em litígio notifique formalmente o Órgão de Resolução de Litígios da sua decisão de recorrer, ou que o Órgão de Resolução de Litígios decida, por consenso, não adoptar o relatório".

---

[278] Fora estes casos, de longe os mais importantes, a nota de rodapé 3 do Acordo OMC estabelece que:

> "As decisões do Conselho Geral, quando este se reunir na qualidade de Órgão de Resolução de Litígios, serão tomadas unicamente em conformidade com o disposto no nº 4 do artigo 2º do Memorando de Entendimento sobre Resolução de Litígios".

Por seu turno, resulta do nº 4 do art. 2º do Memorando de Entendimento sobre Resolução de Litígios que, "nos casos em que as normas e processos do presente Memorando prevejam que o Órgão de Resolução de Litígios adopte uma decisão, a mesma será adoptada por consenso". Considera-se que o Órgão de Resolução de Litígios decidiu por consenso sobre uma questão que lhe foi apresentada se nenhum membro, presente na reunião do Órgão de Resolução de Litígios quando a decisão foi adoptada, contestar formalmente a decisão proposta (nota de rodapé 1 do Memorando de Entendimento sobre Resolução de Litígios). Neste caso, não há nada de novo, portanto, em relação à prática vigente no sistema de resolução de litígios do GATT de 1947 (a novidade reside, sim, na introdução e aplicação da regra do consenso negativo em determinados casos). Não deixa de ser significativo, por outro lado, que o nº 4 do art. 2º do Memorando de Entendimento sobre Resolução de Litígios não preveja, na ausência de consenso, a possibilidade de o Órgão de Resolução de Litígios adoptar decisões por maioria simples, 2/3, ¾, etc. É de referir, por último, que discutiu-se durante o Ciclo do Uruguai a chamada opção "consensus minus two", que implicaria a não participação das partes em litígio no processo de adopção dos relatórios (cf. Karen KAISER, Article 2 DSU, in *WTO-Institutions and Dispute Settlement*, Rüdiger Wolfrum, Peter-Tobias Stoll e Karen Kaiser (eds), Max Planck Commentaries on World Trade Law, Max Planck Institute for Comparative Public Law and International Law, Martinus Nijhoff Publishers, Leiden/Boston, 2006, p. 278). Segundo ROBERT HUDEC, "in late 1982 the consensus minus two proposal came within a whisker of being adopted; it was defeated only by a delayed objection from the European Community" (cf. Robert HUDEC, *"Transcending the Ostensible": Some Reflections on the Nature of Litigation Between Governments*, in Minnesota Law Review, Vol. 72, 1987, p. 216). Em qualquer caso, a opção "consensus minus two" tem a desvantagem de não impedir que um aliado da parte perdedora frustre a adopção de um relatório. Cf. Andreas LOWENFELD, *Remedies Along with Rights: Institutional Reform in the New GATT*, in AJIL, 1994, p. 480.

O mesmo se passa relativamente aos relatórios do Órgão de Recurso, uma vez redigidos e distribuídos aos membros da OMC:

> "Os relatórios do Órgão de Recurso serão adoptados pelo Órgão de Resolução de Litígios e aceites incondicionalmente pelas partes em litígio, salvo se o Órgão de Resolução de Litígios decidir por consenso não adoptar o relatório do Órgão de Recurso no prazo de 30 dias a contar da sua apresentação aos membros" (art. 17º, nº 14, do Memorando de Entendimento sobre Resolução de Litígios)

Deste modo, basta que um membro da OMC, designadamente a parte em litígio que vê a sua pretensão ser reconhecida, vote a favor da adopção do relatório do painel e, caso tenha sido interposto recurso, do relatório do Órgão de Recurso, para que ambos sejam adoptados pelo Órgão de Resolução de Litígios. A não ser que o relatório do Painel "is so far beyond the bounds of rational jurisprudence or political common sense that even the winning party will vote to reject it"[279].

Formalmente, os relatórios dos painéis e do Órgão de Recurso só se tornam vinculativos para as partes em litígio depois da sua aprovação pelo Órgão de Resolução de Litígios.

### 3.3. O Ciclo do Uruguai e a Criação do Órgão de Recurso

A ideia de uma fase de recurso emergiu num estádio já relativamente tardio das negociações do Ciclo do Uruguai. A fase de recurso não aparecia, por exemplo, no *Mid-Term Review* de Dezembro de 1988 nem na decisão das Partes Contratantes de 12 de Abril de 1989, relativa à implementação numa base experimental de certas reformas processuais do sistema de resolução de litígios a partir do dia 1 de Maio de 1989.

A ideia de estabelecer um Órgão de Recurso parece ter sido avançada, pela primeira vez, numa reunião do grupo de negociações relativo à resolução de litígios realizada no dia 28 de Setembro de 1989, como parte das discussões sobre os procedimentos de adopção dos relatórios dos painéis[280]. Numa tentativa de sintetizar as discussões sobre o assunto, uma proposta do México explicava que:

> "**12.** O objectivo de estabelecer um órgão de recurso passa por compensar a adopção virtualmente automática dos relatórios dos painéis, por reconhecer às partes em litígios a oportunidade de terem os relatórios revistos na sua totalidade por um órgão especializado nas questões do GATT; por outras palavras, por um órgão cujos mem-

---

[279] Philip NICHOLS, *GATT Doctrine*, in Virginia Journal of International Law, 1996, p. 453.
[280] Victoria DONALDSON, The Appellate Body: Institutional and Procedural Aspects (Chapter 27), in *The World Trade Organization: Legal, Economic and Political Analysis*, Volume I, Patrick Macrory, Arthur Appleton e Michael Plummer Ed., Springer, Nova Iorque, 2005, p. 1280.

# A FUNÇÃO JURISDICIONAL NO SISTEMA GATT/OMC

bros e natureza permanente assegura que as conclusões finais e recomendações estão livres de quaisquer dúvidas ou erros de interpretação relacionados com as regras e disciplinas do GATT.

**13.** O órgão de recurso estaria disponível para todas as partes contratantes. Todavia, esta possibilidade não deverá ser usada como simplesmente um outro procedimento de resolução de litígios. As partes em litígio que a ele recorram devem apresentar o seu caso por escrito, indicando os fundamentos para considerarem que o relatório do painel deve ser revisto e as questões específicas que desejam ver analisadas pelo órgão de recurso. Além disso, todos os pedidos de recurso devem ser acompanhados por uma declaração formal reiterando que a parte que apresenta o pedido aceitará a decisão final do recurso.

**14.** O órgão de recurso deve apresentar as suas conclusões e recomendações ao Conselho no prazo máximo de três meses. As suas conclusões e recomendações devem ter carácter final. Dado que a parte que apresentou o pedido aceitou previamente ficar vinculada pelos resultados do recurso, a adopção do relatório do órgão de recurso pelo Conselho será automática. As outras partes devem ter o direito de expressar as suas opiniões; contudo, uma vez terminado o procedimento de recurso, o relatório do painel/órgão de recurso deve ser adoptado, a menos que na reunião do Conselho se decida de outro modo.

**15.** O órgão de recurso deve ser composto por cinco membros nomeados pelas Partes Contratantes por um determinado período (três anos, por exemplo) e dois peritos da divisão dos assuntos jurídicos do secretariado do GATT. O órgão de recurso deve possuir o seu próprio secretariado para assisti-lo no desempenho das suas funções e pode recorrer aos serviços consultivos de peritos fora do GATT quando o considere necessário. O Presidente do Painel cujo relatório tenha sido objecto de recurso pode participar, quando convidado, para esclarecer o órgão de recurso sobre as conclusões e recomendações do relatório do Painel em questão"[281].

Nas discussões subsequentes sobre o assunto, muitas partes contratantes mostraram-se preocupadas com a possibilidade de a criação de uma fase de recurso poder aumentar indevidamente a duração e a complexidade dos procedimentos de resolução de litígios[282]. A fim de fazer face a tais riscos, foram avançadas as seguintes propostas durante as negociações:

(i) sujeição do processo de recurso a um prazo reduzido;

---

[281] GATT, *Negotiating Group on Dispute Settlement, Proposal by Mexico* (MTN.GNG/NG13/W/42), 12-7-1990, parágrafos 12-15.
[282] GATT, *Negotiating Group on Dispute Settlement, Meeting of 5 April 1990* (MTN.GNG/NG13/19), 28-5-1990, parágrafo 12.

## O CICLO DO URUGUAI E A ORGANIZAÇÃO MUNDIAL DO COMÉRCIO

(ii) limitação da possibilidade de recurso a "casos excepcionais", quando o painel cometesse erros fundamentais de interpretação;

(iii) uso de um sistema *certiorari*, ao abrigo do qual o Órgão de Recurso poderia decidir, com inteira liberdade, se examinava ou não o relatório do painel recorrido;

(iv) submissão automática do projecto de relatório do painel a uma espécie de órgão de peritos, cujas rectificações seriam incorporadas directamente no relatório final, em vez de criar um mecanismo de recurso formal e independente[283].

A ideia de uma fase de recurso suscitou, também, alguma discussão ao nível dos efeitos jurídicos dos relatórios de recurso e do processo de adopção de tais relatórios. Nesse sentido, várias opções foram avançadas num documento apresentado em Setembro de 1990:

> "Opção 1: Uma decisão do órgão de recurso deve ser aceite omo a resolução final do litígio, a menos que o Conselho decida de outro modo dentro de (x) dias. Este procedimento de aceitação não põe em causa o direito de as partes contratantes expressarem a sua opinião sobre o relatório do órgão de recurso.
>
> Opção 2: Uma decisão do órgão de recurso deve ser aceite como a resolução final do litígio, a menos que o Conselho decida não aceitar aquela decisão dentro de (x) dias. Este procedimento de aceitação não põe em causa o direito de as partes contratantes expressarem a sua opinião sobre o relatório do órgão de recurso.
>
> Opção 3: As decisões do órgão de recurso devem ter carácter final e ser aceites incondicionalmente. Este procedimento de aceitação não põe em causa o direito de as partes contratantes expressarem a sua opinião sobre o relatório do órgão de recurso.
>
> Opção 4: A decisão do órgão de recurso deve ser considerada e adoptada de acordo com os procedimentos tradicionais do consenso do Conselho"[284].

Em Dezembro de 1991, o então Director-Geral do GATT, Arthur Dunkel, submeteu à consideração das partes contratantes do GATT o chamado *Draft Final Act Embodying the Results of the Uruguay Round of Multilateral Trade Negotiations*, cujas secções S e T diziam respeito à resolução de litígios. O art. 15º da Secção S lidava especificamente com a fase de recurso e as suas disposições aproximavam-se muito do texto do actual art. 17º do Memorando de Entendimento

---

[283] Marc IYNEDJIAN, *Reform of the WTO Appeal Process*, in The Journal of World Investment & Trade, Vol. 6, No. 5, 2005, pp. 814-815.

[284] GATT, *Draft Text on Dispute Settlement – Negotiating Group on Dispute Settlement* (MTN.GNG/NG13/W/45), 21-9-1990, p. 4.

A FUNÇÃO JURISDICIONAL NO SISTEMA GATT/OMC

sobre Resolução de Litígios[285]. Apenas podem ser apontadas duas diferenças e pouco significativas. Por um lado, enquanto o nº 10 do art. 15º do chamado *Dunkel Draft* diz que "the proceedings of the Appellate Body shall be confidential", o nº 10 do art. 17º do Memorando acrescenta que "os relatórios do Órgão de Recurso serão redigidos sem a presença das partes em litígio e à luz das informações transmitidas e das declarações prestadas"; por outro lado, o nº 14 do art. 15º do *Dunkel Draft* diz que o relatório do Órgão de Recurso deve ser adoptado pelo Conselho, ao passo que o nº 14 do art. 17º do Memorando estabelece que tal relatório deve ser adoptado pelo Órgão de Resolução de Litígios.

A perspectiva de perder o controlo efectivo sobre a adopção dos relatórios dos painéis (por força da introdução da regra do consenso negativo), designadamente, impedindo que os "maus" relatórios se tornassem juridicamente vinculativos, fez com que os negociadores do Ciclo do Uruguai se mostrassem bastante apreensivos. Ainda por cima, as duas principais potências comerciais, os Estados Unidos e as Comunidades Europeias, estiveram ambas expostas durante as negociações do Ciclo do Uruguai a alguns relatórios de painéis que elas viam:

> "Not only as politically unpalatable, but in some cases also as serious legal errors. For the United States the two *Tuna/Dolphin* panel reports and some reports on anti-dumping and countervailing duties fell into these categories. For the European Communities, the *Oilseeds* panels and the *Airbus* panel came under either or both of these categories. These perceived major legal errors made the European Communities and the United States wary of a one-phase procedure and hence they both became proponents of an appeals procedure which should be limited to the legal issues"[286].

A introdução de um processo de recurso foi explicada, por isso, como uma medida de salvaguarda contra "maus" relatórios dos painéis, como parte do *quid pro quo* pela adopção automática dos relatórios dos painéis pelo Órgão de Resolução de Litígios[287].

---

[285] GATT, *Draft Final Act Embodying the Results of the Uruguay Round of Multilateral Trade Negotiations – Trade Negotiations Committee* (MTN.TNC/W/FA), 20-12-1991, pp. S.13-S.14.

[286] Pieter KUYPER, The New WTO Dispute Settlement System: The Impact on the Community, in *The Uruguay Round Results. A European Lawyers' Perspective*, Jacques Bourgeois, Frédérique Berrod & Eric Fournier ed., College of Europe and European Interuniversity Press, Bruxelas, 1995, pp. 90-91.

[287] Debra STEGER, The Appellate Body and its contribution to WTO dispute settlement, in *The Political Economy of International Trade Law – Essays in Honor of Robert E. Hudec*, Daniel Kennedy e James Southwick ed., Cambridge University Press, 2002, p. 483.

108

## 3.4. As Expectativas dos Negociadores

As regras relativas à criação, composição e funcionamento do Órgão de Recurso estão contidas principalmente em três instrumentos jurídicos: (i) artigos 16º a 19º do Memorando de Entendimento sobre Resolução de Litígios; (ii) Procedimentos de Trabalho do Órgão de Recurso; e (iii) Regras de Conduta para o Memorando de Entendimento sobre as Regras e Processos de Resolução de Litígios.

Alguns acordos abrangidos contêm, igualmente, algumas disposições que são aplicáveis à fase de recurso (artigos 4º, nºs 8 a 10, e 7º, nºs 6 a 9, do Acordo sobre as Subvenções e as Medidas de Compensação) e alguns procedimentos utilizados nos recursos têm sido estabelecidos através de decisões adoptadas pelo Órgão de Resolução de Litígios[288] ou através da prática dos membros da OMC que têm participado nos recursos.

Finalmente, determinadas decisões e declarações ministeriais adoptadas no final do Ciclo do Uruguai podem ter implicações para os procedimentos do Órgão de Recurso. É disso exemplo a Decisão relativa ao Exame do nº 6 do art. 17º do Acordo sobre a Aplicação do Artigo VI do Acordo Geral sobre Pautas Aduaneiras e Comércio de 1994.

Portanto, embora o Memorando de Entendimento sobre Resolução de Litígios da OMC tenha 27 artigos e contenha diversos artigos relacionados com a criação, os termos de referência, a composição, as atribuições, os procedimentos, os direitos e as obrigações dos painéis, apenas o artigo 17º lida na sua totalidade com o Órgão de Recurso e o processo de recurso (os artigos 16º, 18º e 19º lidam apenas marginalmente) e nenhum dos quatro apêndices do Memorando diz respeito ao Órgão de Recurso ou ao seu trabalho.

Comparando com a atenção dada ao processo do Painel (e a outros meios de adjudicação[289]) e com a morosidade e a complexidade das negociações que resultaram na adopção dos Estatutos do Tribunal Internacional de Justiça (70 artigos) e do Tribunal Internacional do Direito do Mar (41 artigos)[290], podemos concluir que a escassez de disposições relativas ao processo de recurso é indica-

---

[288] Por exemplo, a decisão *Expiration of Time-Periods in the DSU-Proposal by the Chairman and Secretariat Note* (WT/DSB/W/10 e WT/DSB/W/10/Add.1), adoptada pelo Órgão de Resolução de Litígios na sua reunião de 27-9-1995.

[289] O Memorando de Entendimento sobre Resolução de Litígios dedica dois artigos aos chamados meios diplomáticos de resolução de litígios (artigos 4º e 5º) e um artigo à arbitragem (art. 25º).

[290] O texto do Estatuto do Tribunal Internacional de Justiça pode ser encontrado in Paula Esca-rameia, *Colectânea de Leis de Direito Internacional*, Instituto Superior de Ciências Sociais e Políticas, Lisboa, 1994, pp. 147-160 e o do Estatuto do Tribunal Internacional do Direito do Mar in Diário da República – I Série A, Nº 238, 14-10-1997, pp. 174-178.

A FUNÇÃO JURISDICIONAL NO SISTEMA GATT/OMC

tiva da pouca importância atribuída pelos negociadores do Ciclo do Uruguai ao processo de recurso no sistema de resolução de litígios da OMC[291].

A própria escolha da designação "Órgão de Recurso" como nome para a nova instituição, para além de ser uma designação pouco atraente e técnica, revela as aspirações dos negociadores do Ciclo do Uruguai. Não é por acaso que a nova instituição não tem o nome de "International Trade (Appeals) Court (or anything similar with the word 'court' in it)"[292]. Não é por acaso, também, que o art. 17º do Memorando fala em "pessoas" ou "membros" e não em "juízes"[293] ou que se fale em relatórios e não em acórdãos, em procedimentos de trabalho e não em regras de processo e em director do secretariado e não em escrivão[294].

A falta de ambição dos negociadores do Ciclo do Uruguai resulta, ainda, de outras disposições do Memorando. Por exemplo, de acordo com o nº 1 do art. 17º do Memorando de Entendimento sobre Resolução de Litígios, o "Órgão de Recurso será composto por sete pessoas". Confrontando com outros tribunais internacionais, como o Tribunal Internacional de Justiça e o Tribunal Internacional do Direito do Mar, os quais são compostos, respectivamente, por 15 e 21 juízes[295], o pequeno número de membros do Órgão de Recurso não deixa de

[291] Como conclui o primeiro director do secretariado do Órgão de Recurso: "it has come as a surprise to nearly everyone in the WTO that the Appellate Body in its first few years has been so busy and so prolific". Cf. Debra STEGER, Improvements and Reforms of the WTO Appellate Body, in *The WTO Dispute Settlement System 1995-2003*, Federico Ortino e Ernst-Ulrich Petersmann ed., Kluwer Law International, Haia-Londres-Nova Iorque, 2004, p. 42.

[292] Peter Van den BOSSCHE, From afterthought to centerpiece: the WTO Appellate Body and its rise to prominence in the world trading system, in *The WTO at Ten: The Contribution of the Dispute Settlement System*, Ed. Giorgio Sacerdoti, Alan Yanovich e Jan Bohanes, Cambridge University Press, 2006, p. 294.

[293] Não obstante, os membros do Órgão de Recurso vêem-se a si mesmos como juízes. Cf. James BACCHUS, *Table Talk: Around the Table of the Appellate Body of the World Trade Organization*, in Vanderbilt Journal of Transnational Law, 2002, pp. 1024-1026; Claus-Dieter EHLERMANN, *Six Years on the Bench of the "World Trade Court": Some Personal Experiences as Member of the Appellate Body of the World Trade Organization*, in JWT, 2002, p. 606.

[294] Cesare ROMANO, Daniel TERRIS e Leigh SWIGART, *The International Judge: An Introduction to the Men and Women who Decide the World's Cases*, Brandeis University Press, Waltham-Massachusetts, 2007, p. 270.

[295] E existe em ambos os casos a possibilidade de nomear os chamados juízes *ad hoc*. No caso do Tribunal Internacional de Direito do Mar, por exemplo, determina-se que, "se o Tribunal, ao examinar uma controvérsia, incluir um membro nacional de uma das partes, qualquer outra parte poderá designar uma pessoa de sua escolha para participar na qualidade de membro do Tribunal" (art. 17º, nº 2, do Estatuto) e que, "se o Tribunal, ao examinar uma controvérsia, não incluir um membro nacional das partes, cada uma destas poderá designar uma pessoa de sua escolha para participar na qualidade de membro do Tribunal" (art. 17º, nº 3, do Estatuto). Os membros do Tribunal assim designados "devem participar na decisão do Tribunal em condições de absoluta igualdade com os seus colegas" (art. 17º, nº 6, *in fine*, do Estatuto).

O CICLO DO URUGUAI E A ORGANIZAÇÃO MUNDIAL DO COMÉRCIO

ser surpreendente. Como se não bastasse, resulta da mesma disposição que apenas três dos sete membros do Órgão de Recurso participarão na análise de cada caso[296]. A este grupo de três membros dá-se o nome de secção ou divisão e os governos dos participantes em litígio não têm qualquer papel na escolha dos membros da secção do Órgão de Recurso que vai analisar o recurso interposto. Portanto, os recursos nunca serão ouvidos pelo Órgão de Recurso em sessão plenária[297]. Ora, como conclui PETER VAN DEN BOSSCHE:

> "It is clear that the authority of rulings by the full Appellate Body would have been greater than the authority of rulings by three persons, a number which

[296] Em nenhum dos textos relativos ao funcionamento do Órgão de Recurso da OMC se estabelece qualquer quórum, ou seja, um recurso deve ser sempre analisado por uma secção constituída por três membros. Quando um membro estiver impossibilitado de actuar numa secção por uma das razões expostas no nº 3 da Regra 6 (por exemplo, por motivos de doença ou de outro motivo grave), um outro membro deve ser seleccionado imediatamente em conformidade com o nº 2 da Regra 6 para substituir o membro seleccionado inicialmente para fazer parte dessa secção (Regra 13 dos Procedimentos de Trabalho do Órgão de Recurso). Até agora, este processo de substituição de um membro seleccionado inicialmente para fazer parte de uma secção ocorreu em três ocasiões. No caso *United States – Imposition of Countervailing Duties on Certain Hot-Rolled Lead and Bismuth Carbon Steel Products Originating in the United Kingdom*, por exemplo, um dos membros da secção que estava a analisar o recurso faleceu pouco tempo depois da realização da audiência oral, o que implicou naturalmente a sua substituição. Em contraste, no caso do Tribunal Internacional de Justiça, o "quórum de nove juízes será suficiente para constituir o Tribunal" (art. 25º, nº 3, do Estatuto), não devendo os juízes *ad hoc* ser tidos em conta no cálculo do quórum (Regra 20, nº 3, das Regras do Tribunal Internacional de Justiça), e, no caso do Tribunal Internacional do Direito do Mar, "todos os membros do Tribunal que estejam disponíveis devem estar presentes, sendo exigido um quórum de 11 membros eleitos para constituir o Tribunal" (art. 13º, nº 1, do Estatuto).

[297] O Plenário não está, de facto, previsto no Memorando de Entendimento sobre Resolução de Litígios, mas os Procedimentos de Trabalho do Órgão de Recurso reconhecem-no implicitamente na sua Regra 3(1):

> "Em conformidade com o nº 1 do artigo 17º do Memorando de Entendimento sobre Resolução de Litígios, as decisões relacionadas com um recurso devem ser adoptadas unicamente pela secção afecta a esse recurso foi confiado. As demais decisões devem ser adoptadas pelo órgão de Recurso no seu conjunto".

As Comunidades Europeias apresentaram também uma proposta no sentido de o Órgão de Recurso poder funcionar em certos casos em sessão plenária. Tal possibilidade estaria reservada para os casos suficientemente importantes e poderia ser accionada pelo Presidente do Órgão de Recurso, pela divisão a que foi atribuído o caso ou pelos próprios participantes no recurso. Esta proposta tem o mérito de poder aumentar a autoridade dos relatórios do Órgão de Recurso, especialmente quando estejam em causa casos sensíveis do ponto de vista político, assim como a independência do Órgão de Recurso. Cf. Petros MAVROIDIS e Kim Van der BORGHT, Impartiality, Independence and the WTO Appellate Body, in *Reform and Development of the WTO Dispute Settlement System*, Dencho Georgiev e Kim Van der Borght Ed., Cameron May, Londres, 2006, p. 220.

A FUNÇÃO JURISDICIONAL NO SISTEMA GATT/OMC

does not exceed the number of panelists who 'produced' the panel report under review"[298].

Apesar de nunca ter acontecido, é mesmo possível que um painel seja composto por cinco pessoas (art. 8º, nº 5, do Memorando).

O Órgão de Recurso distingue-se, ainda, do Tribunal Internacional de Justiça e do Tribunal Internacional do Direito do Mar no que concerne aos prazos dos procedimentos. De acordo com o nº 5 do art. 17º do Memorando:

"Regra geral, o processo não deve exceder 60 dias desde a data em que uma parte em litígio notifique formalmente a sua decisão de recorrer até à data em que o Órgão de Recurso apresenta o seu relatório. (...) Caso o Órgão de Recurso considere que não pode apresentar o seu relatório no prazo de 60 dias, deve informar o Órgão de Resolução de Litígios, por escrito, das razões do atraso, juntamente com uma estimativa do prazo dentro do qual pensa estar em condições de apresentar o seu relatório. Contudo, o processo nunca deve exceder um período de 90 dias".

Este período máximo de 90 dias tem início com a apresentação da decisão de recorrer e inclui o tempo necessário para os participantes apresentarem observações escritas e serem ouvidos, para a secção do Órgão de Recurso responsável pela análise do caso decidir e redigir o relatório e, finalmente, para este ser traduzido[299]. Nenhum tribunal internacional funciona com prazos tão apertados, facto que leva PETER VAN DEN BOSSCHE a observar que:

"For proceedings of the International Court of Justice, (...) and the ITLOS [Tribunal Internacional do Direito do Mar], such time constraints would undoubtedly be considered 'unreasonable', on the parties as well as the court, and likely to endanger proper consideration of the issues in the dispute. The negotiators of the Dispute Settlement Understanding apparently did not have such concerns"[300].

---

[298] Peter Van den BOSSCHE, From afterthought to centerpiece: the WTO Appellate Body and its rise to prominence in the world trading system, in *The WTO at Ten: The Contribution of the Dispute Settlement System*, Ed. Giorgio Sacerdoti, Alan Yanovich e Jan Bohanes, Cambridge University Press, 2006, p. 295.

[299] Todos os Membros da OMC têm acesso simultâneo ao relatório do Órgão de Recurso nas três línguas oficiais da OMC (inglês, francês e espanhol) e, ao mesmo tempo, o relatório fica acessível ao público em geral na página oficial da OMC.

[300] Peter Van den BOSSCHE, From afterthought to centerpiece: the WTO Appellate Body and its rise to prominence in the world trading system, in *The WTO at Ten: The Contribution of the Dispute Settlement System*, Ed. Giorgio Sacerdoti, Alan Yanovich e Jan Bohanes, Cambridge University Press, 2006, pp. 297-298.

O CICLO DO URUGUAI E A ORGANIZAÇÃO MUNDIAL DO COMÉRCIO

Isto é tanto mais notável se tivermos em consideração a complexidade das questões substantivas, assim como o facto de as comunicações escritas apresentadas pelos participantes conterem entre 50 a 100 páginas ou mais e que, no ano de 2003, por exemplo, os relatórios do Órgão de Recurso tiveram em média 94 páginas[301].

Mais, decorre do estatuto do Tribunal Internacional de Justiça que "nenhum membro do Tribunal poderá exercer qualquer função política ou administrativa ou dedicar-se a outra ocupação de natureza profissional" (art. 16º, nº 1)[302] e que os "Membros do Tribunal serão obrigados a ficar permanentemente à disposição do Tribunal, a menos que estejam em licença ou impedidos de comparecer por motivo de doença ou outra séria razão, devidamente justificada perante o presidente" (art. 23º, nº 3)[303] e do art. 7º do Estatuto do Tribunal Internacional do Direito do Mar que:

> "1 – Nenhum membro do Tribunal pode exercer qualquer função política ou administrativa ou estar associado activamente ou interessado financeiramente em qualquer das operações de uma empresa envolvida na exploração ou aproveitamento dos recursos do mar ou dos fundos marinhos ou noutra utilização comercial do mar ou dos fundos marinhos.
>
> 2 – Nenhum membro do Tribunal pode exercer funções de agente, consultor ou advogado em qualquer questão".

---

[301] Valerie HUGHES, El Sistema de Solución de Diferencias de la OMC: Una Experiencia Exitosa, in *Solución de Controversias Comerciales Inter-Gubernamentales: Enfoques Multilaterales y Regionales*, Julio Lacarte e Jaime Granados ed., Banco Interamericano de Desarrollo, 2004, p. 80.

[302] Mas embora os juízes do Tribunal Internacional de Justiça desempenhem as suas funções a tempo inteiro, "the International Court of Justice has taken a flexible attitude with regard to certain outside activities. For example, some of the judges have accepted appointments to act as arbitrators, a practice that began in the 1970s when the International Court of Justice was not very busy" (cf. Philippe SANDS e Ruth MACKENZIE, *International Courts and Tribunals and the Independence of the International Judge*, in HILJ, 2003, p. 282). É de assinalar, ainda, que o nº 1 do art. 16º do Estatuto do Tribunal Internacional de Justiça parece não ser aplicável aos chamados juízes *ad hoc* (art. 31º do Estatuto do Tribunal Internacional de Justiça). De facto, a nomeação do antigo juiz do Tribunal Internacional de Justiça, Bedjaoui, como juiz *ad hoc* no caso *Frontier Dispute (Benin/Niger)* um ano após ter cessado funções no Tribunal Internacional de Justiça e no caso *Territorial and Maritime Dispute (Nicaragua v. Colombia)* manteve-se não obstante a sua nomeação como ministro dos negócios estrangeiros da Argélia no dia 1 de Maio de 2005. Cf. Iain SCOBBIE, *"Une Hérésie en Matière Judiciaire"? The Role of the Judge Ad Hoc in the International Court*, in The Law and Practice of International Courts and Tribunals, 2005, p. 427.

[303] O artigo 23º não tem sido entendido como requerendo residência permanente em Haia. Cf. Davis ROBINSON, *The Role of Politics in the Election and the Work of Judges of the International Court of Justice*, in ASIL Proceedings, 2003, p. 279.

A FUNÇÃO JURISDICIONAL NO SISTEMA GATT/OMC

No caso da OMC, pelo contrário, determina-se apenas que "todos os membros do Órgão de Recurso deverão estar disponíveis a qualquer momento e mediante um curto prazo de pré-aviso ..." (art. 17º, nº 3, do Memorando), donde parece decorrer que não é necessário, por exemplo, que os membros do Órgão de Recurso residam em Genebra, cidade onde fica a sede da OMC[304]. Nada impede, portanto, que, encontrando-se os membros do Órgão de Recurso em *part-time*, tenham outras responsabilidades. Tal sistema de ocupação temporária reflecte, necessariamente, as expectativas da parte dos Membros da OMC que acreditavam, em 1995, que o Órgão de Recurso não teria muito trabalho, não se justificando assim a contratação de membros a tempo integral. Talvez por isso, não existe no caso da OMC uma separação logística entre os órgãos abertos à participação dos Estados e territórios aduaneiros autónomos membros da OMC e os órgãos competentes em matéria de resolução de litígios, ao contrário do que acontece, por exemplo, com o Tribunal Internacional de Justiça. Não dispondo o Órgão de Recurso de uma sala de audiências, "it sets up in WTO meeting rooms where negotiators and WTO councils hold meetings"[305], ou seja, todos os órgãos da OMC funcionam no mesmo edifício em Genebra[306].

Importa referir, finalmente, que os relatórios do Órgão de Recurso devem ser adoptados pelo Órgão de Resolução de Litígios (art. 17º, nº 14, do Memorando), ao contrário do que acontece, por exemplo, com as decisões do Tribunal Internacional de Justiça, obrigatórias a partir do momento em que são proferidas, não depois da sua adopção ou aprovação por um órgão político-administrativo. É

---

[304] Segundo o Acordo que Institui a Organização Mundial do Comércio, "a OMC poderá concluir um acordo de sede" (art. 8º, nº 5). A este respeito, Bona e Genebra candidataram-se em 1994 a sediarem a nova Organização Mundial do Comércio. Nesta contenda, a Alemanha ofereceu, entre outras coisas, o pagamento das despesas relativas à mudança do Secretariado do GATT para Bona, missões diplomáticas gratuitas para os países menos avançados e maiores possibilidades de compras isentas do pagamento de impostos. A Suíça, além de oferecer vantagens semelhantes, ofereceu ainda aos diplomatas de países islâmicos a possibilidade de registarem duas esposas! Em Julho de 1994, tornou-se claro que cerca de 90% dos membros do GATT preferiam Genebra, pelo que a Alemanha retirou a sua candidatura. Cf. Henry SCHERMERS e Niels BLOKKER, *International Institutional Law*, 3ª ed., Martinus Nijhoff Publishers, Haia-Londres-Boston, 1995, p. 321.

[305] Valerie HUGHES, Special challenges at the appellate stage: a case study, in *Key Issues in WTO Dispute Settlement: The First Ten Years*, Rufus Yerxa e Bruce Wilson Ed., Cambridge University Press, 2005, p. 85. Curiosamente, durante grande parte da presidência de John Marshall, o Supremo Tribunal dos Estados Unidos funcionou numa cave do Capitólio situada debaixo da sala do Senado. Cf. Charles HOBSON, *Defining the Office: John Marshall as Chief Justice*, in University of Pennsylvania Law Review, Vol. 154, 2006, p. 1439.

[306] Giorgio SACERDOTI, The dispute settlement system of the WTO in action: a perspective on the first ten years, in *The WTO at Ten: The Contribution of the Dispute Settlement System*, Ed. Giorgio Sacerdoti, Alan Yanovich e Jan Bohanes, Cambridge University Press, 2006, pp. 43-44.

O CICLO DO URUGUAI E A ORGANIZAÇÃO MUNDIAL DO COMÉRCIO

verdade que o Órgão de Resolução de Litígios adopta os relatórios por consenso negativo e, em consequência, a adopção é automática, mas também o é que tal adopção constitui, apesar de tudo, um requisito formal: os relatórios do Órgão de Recurso só se tornam vinculativos para os participantes depois da sua aprovação pelo Órgão de Resolução de Litígios, um órgão eminentemente político. Curiosamente, ou talvez não, o nº 2 do art. 19º do Memorando diz que, "nas suas conclusões e recomendações, o painel e o Órgão de Recurso não podem aumentar ou diminuir os direitos e obrigações previstos nos acordos abrangidos".

Da análise levada a cabo resulta, portanto, que os negociadores do Ciclo do Uruguai tinham ambições limitadas quando decidiram criar um órgão de recurso. Todavia, apesar de a sua criação não reflectir, seguramente, "a grand design to create a strong, authoritative court that would be at the epicenter" do novo sistema de resolução de litígios da OMC[307], a verdade é que o Órgão de Recurso constitui, actualmente, a pedra angular de tal sistema e, em tudo menos no nome, o "World Trade Court". Como conclui ROBERT HUDEC:

> "whether intended or not, the decision to create an Appellate Body has ... caused a pronounced shift in the center of power in the GATT/WTO legal machinery. In the previous GATT panel proceedings, the decisive influence had generally rested with the legal analysis performed by the GATT Secretariat's Office of Legal Affairs. Under the present GATT/WTO procedure, the Appellate Body now has the final word on all issues of law"[308].

[307] Peter Van den BOSSCHE, From afterthought to centerpiece: the WTO Appellate Body and its rise to prominence in the world trading system, in *The WTO at Ten: The Contribution of the Dispute Settlement System*, Ed. Giorgio Sacerdoti, Alan Yanovich e Jan Bohanes, Cambridge University Press, 2006, p. 300.

[308] Robert HUDEC, *The New WTO Dispute Settlement Procedure: An Overview of the First Three Years*, in MJGT, 1999, p. 27.

Parte II
# As Balizas do Sistema de Resolução de Litígios da OMC

# Capítulo 3
## A Jurisdição

*"le nouveau mécanisme [de l'organisation mondiale du commerce] a la caractéristique d'être «irrésistible» c'est-à-dire de pouvoir être actionné unilatéralement et de ne pouvoir être bloqué"*[309].

### 1. O Princípio do Consentimento

Um litígio só pode ser examinado por um tribunal internacional se os Estados envolvidos derem o seu consentimento. Nas palavras do Tribunal Permanente de Justiça Internacional:

"Está bem estabelecido no direito internacional que nenhum Estado pode, sem o seu consentimento, ser compelido a submeter os seus litígios com outros Estados quer a mediação ou arbitragem, quer a qualquer outro tipo de resolução pacífica"[310].

O Tribunal Internacional de Justiça reconheceu, igualmente, que não tinha jurisdição "para analisar ... os méritos" na ausência de um acordo claro entre as partes[311].

O princípio do consentimento chega a prevalecer mesmo quando a questão submetida à apreciação do Tribunal Internacional de Justiça é constituída por normas *jus cogens* ou obrigações *erga omnes*:

---

[309] Hélène Ruiz FABRI, *Le juge de l'OMC: ombres et lumières d'une figure judiciaire singulière*, in RGDIP, 2006, p. 42.

[310] TRIBUNAL PERMANENTE DE JUSTIÇA INTERNACIONAL, *Status of Eastern Carelia*, Parecer Consultivo de 23-7-1923 (Series B-No. 5), p. 27.

[311] TRIBUNAL INTERNACIONAL DE JUSTIÇA, *Ambatielos Case (Greece v. United Kingdom)*, *Preliminary Objection*, Acórdão de 1-7-1952, p. 39.

A FUNÇÃO JURISDICIONAL NO SISTEMA GATT/OMC

"O Tribunal começará por reafirmar que 'os princípios que estão na base da Convenção [sobre o Genocídio] são princípios que são reconhecidos pelas nações civilizadas como vinculando os Estados, mesmo na ausência de qualquer obrigação convencional' e que uma consequência dessa concepção é 'o carácter universal da condenação do genocídio e da cooperação requerida para libertar a humanidade de flagelo tão odioso (Preâmbulo da Convenção)' (*Reservations to the Convention on the Prevention and Punishment of the Crime of Genocide, Advisory Opinion, I.C.J. Reports 1951*, p. 23). Daí resulta que 'os direitos e obrigações consagrados pela Convenção são direitos e obrigações *erga omnes*' (*Application of the Convention on the Prevention and Punishment of the Crime of Genocide (Bosnia and Herzegovina v. Yugoslavia), Preliminary Objections, Judgment, I.C.J. Reports 1996 (II)*, p. 616, para. 31). O Tribunal observa, todavia, que já teve a oportunidade de salientar que 'o carácter *erga omnes* de uma norma e a regra do consentimento à jurisdição são duas coisas diferentes' (*East Timor (Portugal v. Australia), Judgment, I.C.J. Reports 1995*, p. 102, para. 29) e que o mero facto de estarem em causa num litígio direitos e obrigações *erga omnes* não confere ao Tribunal jurisdição para conhecer esse litígio. O mesmo se aplica à relação entre normas imperativas de direito internacional geral (*jus cogens*) e o estabelecimento da jurisdição do Tribunal: o facto de um litígio dizer respeito ao cumprimento de uma norma com esse carácter, o que é seguramente o caso da proibição do genocídio, não pode em si mesmo fornecer uma base para a jurisdição do Tribunal. Ao abrigo dos Estatutos do Tribunal, essa jurisdição baseia-se sempre no consentimento das partes"[312].

Nenhum Estado pode, assim, ser compelido a aceitar a jurisdição do Tribunal Internacional de Justiça para dirimir um litígio em que esteja envolvido[313]. Mais:

---

[312] Tribunal Internacional de Justiça, *Case Concerning Armed Activities on the Territory of the Congo (New Application: 2002) (Democratic Republic of the Congo v. Rwanda)*, Jurisdição do Tribunal e Admissibilidade do Pedido, Acórdão de 3-2-2006, parágrafo 64. Segundo Tomuschat, "If any infringement of *jus cogens* or *erga omnes* rules provided access to the Court, any armed conflict could be submitted to adjudication inasmuch as the principle of non-use of force is deemed to belong to that class of legal norms. This would overstretch the capacities of the Court". Cf. Christian Tomuschat, Article 36, in *The Statute of the International Court of Justice – A Commentary*, Andreas Zimmermann, Christian Tomuschat e Karin Oellers-Frahm ed., Oxford University Press, 2006, p. 606.

[313] A jurisdição consultiva tem permitido, no entanto, ultrapassar "the stumbling block of consent" (cf. Cesare Romano, *The Shift from the Consensual to the Compulsory Paradigm in International Adjudication: Elements for a Theory of Consent*, in New York Journal of International Law and Politics, 2007, p. 826). No caso *Legal Consequences of the Construction of a Wall in the Occupied Palestinian Territory*, por exemplo, apesar de Israel não ter aceite a jurisdição do Tribunal Internacional de Justiça, este emitiu um parecer consultivo a respeito de uma determinada questão a pedido da Assembleia-Geral das Nações Unidas. Cf. Tribunal Internacional de Justiça, *Legal Consequences of the Construction of a Wall in the Occupied Palestinian Territory*, Parecer Consultivo de 9-7-2004, parágrafos 46-50.

## A JURISDIÇÃO

enquanto Estados soberanos, os Estados não podem nunca ser forçados a celebrar um tratado ou a aderir a uma organização internacional e daí a jurisdição de um tribunal internacional nunca ser, verdadeiramente, compulsória[314].

Dito isto, o consentimento pode resultar da condição de membro de uma organização internacional (o caso do sistema de resolução de litígios da OMC[315]) ou pode ser dado expressamente, através de um acordo *ad hoc*, de uma cláusula compromissória contida num tratado ou de uma declaração opcional. Logo, conclui CESARE ROMANO, "by either means consent is an inescapable element in international law and relations"[316] e constitui uma das diferenças mais notáveis entre as ordens jurídicas nacionais e a ordem jurídica internacional:

> "While jurisdiction of domestic courts is compulsory, meaning that the plaintiff ('applicant', in international terminology) need not obtain the defendant's ('respondent's') consent to bring the dispute before the court, jurisdiction of international adjudicative bodies has historically depended on such consent"[317].

Ao depender do consentimento explícito das partes, a jurisdição de um tribunal internacional para dirimir um litígio não pode ser presumida. Isso mesmo foi reconhecido pelo Tribunal Internacional de Justiça:

> "O Tribunal não pode decidir este litígio sem o consentimento da Albânia. Mas não é defendido por nenhuma Parte que a Albânia deu o seu consentimento neste caso, nem expressamente, nem implicitamente. Decidir sobre a responsabilidade internacional da Albânia sem o seu consentimento seria ir contra um princípio bem estabelecido do direito internacional e consagrado nos Estatutos do Tribunal, a saber, que o Tribunal só pode exercer a sua jurisdição sobre um Estado com o seu consentimento"[318].

[314] Stanimir ALEXANDROV, *The Compulsory Jurisdiction of the International Court of Justice: How Compulsory Is It?*, in Chinese Journal of International Law, Vol. 5, No. 1, 2006, p. 31.

[315] De acordo com CESARE ROMANO, "the WTO dispute settlement system provides the only example of a legal regime not limited to a particular geographic area where acceptance of the binding third-party settlement of disputes is *conditio sine qua non* of membership to the organization". Cf. Cesare ROMANO, *International Justice and Developing Countries (Continued): A Qualitative Analysis*, in The Law and Practice of International Courts and Tribunals, 2002, p. 541.

[316] Cesare ROMANO, *International Justice and Developing Countries: A Quantitative Analysis*, in The Law and Practice of International Courts and Tribunals, 2002, pp. 374-375.

[317] Cesare ROMANO, *The Shift from the Consensual to the Compulsory Paradigm in International Adjudication: Elements for a Theory of Consent*, in New York Journal of International Law and Politics, 2007, p. 792.

[318] TRIBUNAL INTERNACIONAL DE JUSTIÇA, *Case of the Monetary Gold Removed from Rome in 1943, Preliminary Question (Italy v. France, United Kingdom of Great Britain and Northern Ireland and United States of America)*, Acórdão de 15-6-1954, p. 32.

A FUNÇÃO JURISDICIONAL NO SISTEMA GATT/OMC

Os tribunais internacionais também só dispõem dos poderes que lhes são conferidos pelos tratados que os criam[319]. Os tratados podem determinar que os tribunais internacionais têm uma jurisdição circunscrita a uma certa região do globo (jurisdição *ratione loci*) ou que não têm qualquer restrição geográfica *per se* (os chamados tribunais universais) e que a jurisdição se limita a determinadas questões (*ratione materiae*), sujeitos (*ratione personae*) e períodos de tempo (*ratione temporis*).

## 2. O Artigo XXIII do GATT

Nem o Memorando de Entendimento sobre Resolução de Litígios nem qualquer outro acordo da OMC contêm um artigo comparável ao artigo 36º do Estatuto do Tribunal Internacional de Justiça, estabelecendo expressamente a jurisdição do Órgão de Resolução de Litígios, dos painéis ou do Órgão de Recurso[320]. Mas, apesar de nunca recorrerem ao termo "jurisdição", vários artigos do Memorando lidam com a importante questão da jurisdição do sistema de resolução de litígios da OMC, a saber: o art. 1º, cuja epígrafe é "Âmbito"; o art. 2º, que estabelece o Órgão de Resolução de Litígios; o art. 3º, nº 1, no qual os membros da OMC reiteram a sua adesão aos princípios de resolução de litígios aplicados anteriormente ao abrigo dos artigos XXII e XXIII do GATT de 1947; o art. 6º, relativo à criação dos painéis; o art. 7º, referente às atribuições dos painéis; o art. 17º, nº 6, o qual limita a jurisdição do Órgão de Recurso às questões de direito referidas no relatório do painel e às interpretações jurídicas aí desenvolvidas; e o art. 17º, nº 13, disposição que autoriza o Órgão de Recurso a ratificar, alterar ou revogar as conclusões jurídicas do painel.

Lendo o artigo XXIII do GATT de 1994 e o Memorando de Entendimento sobre Resolução de Litígios, resulta claro que a jurisdição dos painéis do sistema de resolução de litígios da OMC é definida de modo amplo[321]. Um Membro da OMC pode apresentar uma queixa sempre que: (i) considere que uma vantagem para si resultante, directa ou indirectamente, do Acordo Geral se encontra anulada ou comprometida, ou que (ii) a efectivação de um dos objectivos do Acordo Geral está sendo dificultada, em consequência:

---

[319] Joel TRACHTMAN, Jurisdiction in WTO dispute settlement, in *Key Issues in WTO Dispute Settlement: The First Ten Years*, Rufus Yerxa e Bruce Wilson Ed., Cambridge University Press, 2005, p. 132.

[320] Petros MAVROIDIS e David PALMETER, *Dispute Settlement in the World Trade Organization: Practice and Procedure*, 2ª ed., Cambridge University Press, 2004, p. 17.

[321] Werner ZDOUC, The Panel Process (Chapter 26), in *The World Trade Organization: Legal, Economic and Political Analysis*, Volume I, Patrick Macrory, Arthur Appleton e Michael Plummer Ed., Springer, Nova Iorque, 2005, p. 1236.

# A JURISDIÇÃO

*a)* de um membro não satisfazer as obrigações que contraiu nos termos do Acordo Geral; ou

*b)* de um membro aplicar uma medida, contrária ou não às disposições do Acordo Geral; ou

*c)* de existir uma outra situação[322].

Todavia, apesar da previsão de um total de seis categorias de queixas ou causas de acção, mais de 90% das queixas apresentadas no âmbito do sistema de resolução de litígios do GATT de 1947 resultaram de uma parte contratante considerar que uma vantagem para si resultante, directa ou indirectamente, do Acordo Geral se encontrava anulada ou comprometida em consequência de um membro não satisfazer as obrigações que contraiu nos termos do Acordo Geral[323].

---

[322] Nos termos do nº 1 do art. 3º do Memorando de Entendimento sobre Resolução de Litígios, "os Membros reiteram a sua adesão aos princípios de resolução de litígios que têm sido aplicados ao abrigo dos artigos XXII e XXIII do GATT de 1947, bem como às normas e processos previstos no presente Memorando". Com algumas excepções, o artigo XXIII do GATT é incorporado por referência nos principais acordos abrangidos: artigo 64º do Acordo TRIPS; artigo 19º do Acordo sobre a Agricultura; artigo 11º do Acordo sobre a Aplicação de Medidas Sanitárias e Fitossanitárias; artigo 14º do Acordo sobre os Obstáculos Técnicos ao Comércio; artigo 8º do Acordo sobre as Medidas de Investimento relacionadas com o Comércio; artigo 8º do Acordo sobre a Inspecção antes da Expedição; artigo 8º do Acordo sobre as Regras de Origem; artigo 6º do Acordo sobre os Procedimentos em Matéria de Licenças de Importação; artigo 30º do Acordo sobre as Subvenções e as Medidas de Compensação e artigo 14º do Acordo sobre as Medidas de Salvaguarda. Em contraste, no caso do artigo XXIII do GATS, do artigo 17º do Acordo sobre a Aplicação do Artigo VI do GATT de 1994 e do artigo 19º do Acordo sobre a Aplicação do Artigo VII do GATT de 1994, todas disposições relativas à resolução de litígios, não se faz qualquer menção aos artigos XXIII e XXIII do GATT. Por outro lado, ao passo que alguns memorandos de entendimento sobre a interpretação de determinados artigos do GATT de 1994 referem os artigos XXII e XXIII do GATT (nº 6 do memorando de entendimento sobre a interpretação do nº 1, alínea *b*), do artigo II do GATT de 1994; nº 12 do memorando de entendimento sobre a interpretação do artigo XXIV do GATT de 1994; e nota de rodapé 1 do memorando de entendimento sobre as disposições do GATT de 1994 relativas à balança de pagamentos), não é possível encontrar noutros instrumentos que fazem parte igualmente do GATT de 1994 qualquer menção aos artigos XXII e XXIII do GATT (memorando de entendimento sobre a interpretação do artigo XVII do GATT de 1994; memorando de entendimento respeitante às derrogações do GATT de 1994; memorando de entendimento sobre a interpretação do artigo XXVIII do GATT de 1994; e Protocolo de Marraquexe). Finalmente, além dos artigos XXII e XXIII, existiam no GATT de 1947 outras disposições relativas à resolução de litígios comerciais entre as partes contratantes, a saber: art. VI, nº 7; art. VII, nº 1; art. VIII, nº 2; art. XII, nº 4; art. XIII, nº 4; art. XVI, nº 1; e art. XIX, nºs 2 e 3.

[323] Ernst-Ulrich PETERSMANN, The Dispute Settlement System of the World Trade Organization and the Evolution of the GATT Dispute Settlement System since 1948, in *The World Trading System. Critical Perspectives on the World Economy, vol. II, Dispute Settlement in the World Trading System*, Robert Howse ed., Routledge, Londres e Nova Iorque, 1998, p. 275.

A FUNÇÃO JURISDICIONAL NO SISTEMA GATT/OMC

O âmbito dos procedimentos estabelecidos no sistema de resolução de litígios da OMC é, assim, muito mais amplo que o da maior parte dos processos de resolução de litígios previstos em acordos internacionais, os quais se limitam a litígios relacionados com a interpretação ou a violação das disposições do acordo por uma das partes[324]. Não só um membro da OMC pode apresentar uma queixa quando as suas próprias vantagens estiverem a ser anuladas ou reduzidas, como lhe é permitido utilizar os procedimentos para defender os objectivos dos acordos abrangidos e, por conseguinte, o interesse colectivo[325]. Neste último caso, porém, dadas as consequências diplomáticas desagradáveis que daí poderiam advir, somente em três casos o queixoso argumentou que a efectivação de um dos objectivos do GATT de 1947 estava sendo dificultada[326], mas nunca nenhum

[324] Por exemplo, nos termos do nº 2 do art. 36º do Estatuto do Tribunal Internacional de Justiça, as controvérsias jurídicas podem ter por objecto: *a*) a interpretação de um tratado; *b*) qualquer questão de direito internacional; *c*) a existência de qualquer facto que, se verificado, constituiria violação de um compromisso internacional; *d*) a natureza ou a extensão da reparação devida pela ruptura de um compromisso internacional.

[325] No caso do GATT, podem ser encontradas referências "aos objectivos deste Acordo" nos artigos XV, nº 7, alínea *a*); XVI, nº 2; XVI, nº 5; XVIII, nº 1; XVIII, nº 2; XXIII, nº 1; XXV, nº 1; XXVIII*bis*, nº 1; XXXVI, nº 1, alínea *a*); XXXVII, nº 2, alínea *b*)(iii); e nas notas interpretativas aos artigos XXIV, nº 11, e XXXVI, nº 1.

[326] Durante a vigência do GATT de 1947, o caso *Japan – Trade in Semi-conductors* foi o que lidou de modo mais desenvolvido com uma alegação de que a realização de um dos objectivos do Acordo Geral estava a ser dificultada por uma medida de uma parte contratante:
"A Comunidade Económica Europeia declarou que um dos objectivos enunciados no Preâmbulo do Acordo Geral era a 'redução substancial dos direitos aduaneiros e dos demais obstáculos ao comércio' e que o objectivo de tal redução abarcava a expansão da produção e troca de mercadorias. Este último tinha conduzido, desde logo, a uma maior interdependência internacional. Para alcançar estes objectivos, era necessário que nenhuma parte contratante manipulasse o sistema mediante a imposição de restrições unilaterais e arbitrárias à exportação, especialmente nas áreas em que tivesse conseguido um grau substancial de predomínio em termos de concentração da produção de bens essenciais. Até à data, no campo industrial, os controles à exportação tinham sido adoptados em grande medida ou de acordo com o país importador ou por razões de segurança nacional. Não era o caso do sistema de vigilância de mercados de países terceiros que o Japão aplicava aos semicondutores. Este sistema era contrário à filosofia e aos objectivos básicos do Acordo Geral. Não podia ser intenção do Acordo Geral tolerar medidas unilaterais que se aplicavam em benefício de uma ou duas partes contratantes e davam lugar à manipulação da oferta de um componente chave da tecnologia moderna, em detrimento de outras partes contratantes. Tão-pouco se podia tolerar que se tomasse uma medida dessa natureza no plano bilateral, fora de toda a consulta válida e sem transparência.
O Japão declarou que as medidas adoptadas pelo seu Governo estavam em conformidade com o Acordo entre o Japão e os Estados Unidos sobre o comércio de produtos semicondutores. As medidas para melhorar o acesso ao mercado beneficiavam tanto a Comunidade Económica Europeia como outros países terceiros. As medidas de vigilância de mercados de países terceiros eram aplicadas para impedir a prática de dumping, condenada pelo artigo VI do Acordo Geral.

A JURISDIÇÃO

Painel ou solução do sistema de resolução de litígios se baseou, no que respeita às suas conclusões jurídicas, em tal argumento[327], situação que se mantém após a entrada em vigor dos acordos da OMC[328].

> Todas estas medidas eram aplicadas com o objectivo de alcançar um desenvolvimento saudável do comércio mundial de semicondutores, assim como para promover um crescimento também saudável das indústrias de semicondutores no mundo, sob a égide de um sistema de comércio justo e livre. Elas estavam de acordo com o espírito e com os objectivos básicos do GATT" (cf. Relatório do Painel no caso *Japan – Trade in Semi-Conductors* (L/6309), adoptado em 4-5-1988, parágrafos 66-67).

No fim, o Painel considera que os elementos de prova apresentados pela Comunidade Económica Europeia relativos ao acesso ao mercado japonês não permitiam identificar qualquer medida adoptada pelo Governo Japonês que colocasse os exportadores de semicondutores da Comunidade em desvantagem competitiva face aos exportadores norte-americanos e que pudesse, por isso, anular ou reduzir as vantagens resultantes do GATT para a Comunidade Económica Europeia e impedir a efectivação de um dos objectivos do Acordo Geral no sentido do artigo XXIII (cf. Relatório do Painel no caso *Japan – Trade in Semi-Conductors* (L/6309), adoptado em 4-5-1988, parágrafo 131).

Interessante é também a conclusão a que chega o painel que analisou o caso *United States – Trade Measures Affecting Nicaragua*:

> "O Painel, notando que lhe tinha sido dado o mandato não só de preparar uma decisão das PARTES CONTRATANTES no contexto do nº 2 do artigo XXIII, mas também a tarefa mais ampla de ajudar as PARTES CONTRATANTES a tomar novas acções sobre a questão em causa, examinou os efeitos do embargo na economia da Nicarágua e no sistema de comércio internacional. O Painel assinalou que o embargo tinha paralisado o comércio entre as duas partes contratantes e causado um impacto severo na economia de uma parte contratante menos desenvolvida. O Painel observou, ainda, que os embargos impostos por razões de segurança criavam incerteza nas relações comerciais e, em consequência, reduziam a vontade dos governos para aplicarem políticas comerciais abertas e das empresas para investirem no sector comercial. Dito isto, o Painel concluiu que embargos como o imposto pelos Estados Unidos, independentemente de serem ou não justificados ao abrigo do artigo XXI, eram contrários aos objectivos básicos do GATT - promover políticas comerciais abertas e não discriminatórias, fomentar o desenvolvimento das partes contratantes menos desenvolvidas e reduzir a incerteza nas relações comerciais. O Painel reconheceu que o Acordo Geral protegia os interesses essenciais da segurança de cada parte contratante, através do artigo XXI, e que, por isso, o Acordo Geral não pretendia que as partes contratantes sacrificassem os interesses essenciais da sua segurança por causa dos objectivos mencionados. Todavia, o Painel considerou que o GATT não poderia atingir os seus objectivos básicos, salvo se cada parte contratante, sempre que invocasse os direitos previstos no artigo XXI, ponderasse cuidadosamente as necessidades da sua segurança face à necessidade de manter a estabilidade das relações comerciais". Cf. Relatório do Painel no caso *United States – Trade Measures Affecting Nicaragua* (L/6053), posto a circular em 13-10-1986, nunca adoptado, parágrafo 5.16.

[327] Ernst-Ulrich PETERSMANN, The Dispute Settlement System of the World Trade Organization and the Evolution of the GATT Dispute Settlement System since 1948, in *The World Trading System. Critical Perspectives on the World Economy, vol. II, Dispute Settlement in the World Trading System*, Robert Howse ed., Routledge, Londres e Nova Iorque, 1998, p. 275.

[328] Até porque os remédios previstos no Memorando foram desenhados especificamente para a situação de anulação ou redução de vantagens. Basta ver que a suspensão de concessões ou obri-

A FUNÇÃO JURISDICIONAL NO SISTEMA GATT/OMC

Os membros da OMC podem apresentar, ainda, queixas não só na sequência de violações do GATT e de outros acordos abrangidos por outro Membro, mas também na sequência de medidas governamentais inteiramente legais com alguns dos acordos abrangidos. E as queixas não precisam sequer de estar relacionadas necessariamente com uma medida de outro Membro da OMC: uma situação provocada pelas forças do mercado, impossível de imputar a uma determinada medida governamental, pode ser fundamento de uma acção. Ou seja, dificilmente os redactores do GATT poderiam ter formulado disposições de âmbito mais alargado para a resolução de litígios[329].

Outra singularidade do sistema de resolução de litígios da OMC é o facto de se basear não na violação das obrigações previstas nos acordos abrangidos, mas antes na ideia de que é a anulação ou redução das vantagens que resultam para um Membro da OMC que determina a possibilidade de este apresentar uma queixa contra outro Membro (art. XXIII, nº 1, do GATT). A dificuldade em usar o critério da anulação ou redução de vantagens (em vez do da violação) levou, porém, ao desenvolvimento da presunção de que, sempre que se verificasse uma violação das obrigações previstas no Acordo Geral, a acção seria considerada *prima facie* um caso de anulação ou redução de vantagens[330]. Esta presunção encontra-se agora validada pelo nº 8 do art. 3º do Memorando de Entendimento sobre Resolução de Litígios:

> "Sempre que se verifique uma violação das obrigações previstas num acordo abrangido, a acção é considerada *prima facie* como um caso de anulação ou prejuízo. Isto significa que existe normalmente uma presunção de que uma violação das regras tem um efeito negativo nos outros Membros partes contratantes nesse acordo abrangido e, em tais casos, é o Membro contra o qual foi apresentada a queixa que tem o ónus de provar o contrário".

Não obstante a generalidade dos autores notar que "there is no reported case in GATT case law where a plaintiff showed violation and the defendant could

gações a respeito do Membro da OMC infractor "deve ser equivalente ao nível de anulação ou redução de vantagens" (art. 22º, nº 4), ou seja, o Memorando nada diz sobre qual seria a referência no caso de uma queixa baseada exclusivamente na circunstância de que a realização de um dos objectivos dos acordos abrangidos se encontra comprometida. Cf. Xavier Fernández Pons, *La OMC y el Derecho internacional: Un estudio sobre el sistema de solución de diferencias de la OMC y las normas secundarias del Derecho internacional general*, Marcial Pons, Madrid-Barcelona, 2006, pp. 356-357.

[329] Frieder Roessler, A Evolução do Sistema de Resolução de Litígios do GATT/OMC, in *A Organização Mundial do Comércio e a Resolução de Litígios*, Conferência realizada no auditório da FLAD em 13 de Maio de 1997, Fundação Luso-Americana para o Desenvolvimento, 1998, p. 68.

[330] Relatório do Painel no caso *Uruguayan Recourse to Article XXIII* (L/1923), adoptado em 16-11-1962, parágrafo 15.

A JURISDIÇÃO

establish that nullification or impairment did not result from it"[331], um painel notou, há relativamente pouco tempo, que:

"que tal presunção nunca foi refutada, salvo no relatório excepcional do Painel no caso *United States – Section 301 Trade Act*. Nesse caso, o Painel reconheceu que os Estados Unidos tinham refutado uma presunção *prima facie* porque constatou que os Estados Unidos já tinham eliminado licitamente a violação *prima facie* do artigo 304. De facto, o Gabinete Executivo dos Estados Unidos tinha formulado uma promessa 'vinculativa' de colocar as determinações derivadas do artigo 304 em conformidade com as suas obrigações no âmbito da OMC (na Declaração de Acção Administrativa). No entender do Painel, isto *anulava* o fundamento da violação *prima facie* constatada anteriormente [Parágrafos 7.109-7.113]"[332].

O n.º 8 do art. 3.º do Memorando não foi, contudo, mencionado no relatório do painel relativo ao caso *United States – Sections 301-310 of the Trade Act of 1974* e pensamos que bem. Não tendo o painel encontrado qualquer violação, a condição essencial para a aplicação da presunção do n.º 8 do art. 3.º não estava, desde logo, presente.

A presunção constante do n.º 8 do art. 3.º do Memorando também nem sempre é aplicável. Ela não é aplicável, por exemplo, nos casos de não violação e talvez seja esta ausência um dos factores que explica a escassa apresentação de queixas de não violação.

O Órgão de Recurso defendeu, finalmente, que o texto do n.º 8 do artigo 3.º do Memorando sugere que um Membro da OMC pode refutar a presunção de anulação ou redução demonstrando que a sua violação das regras da OMC não causa um impacto adverso noutros membros. As perdas comerciais representam um exemplo óbvio de um impacto adverso[333]. Mas, não constitui uma violação das regras da OMC um caso de anulação ou redução e não simplesmente um caso *prima facie*? Ou seja, uma vez encontrada uma violação, "it necessarily follows" que a vantagem protegida pela disposição infringida foi anulada ou reduzida[334]. A aplicação de uma presunção refutável faz sentido, sim, no contexto da determinação do nível da suspensão. Isto porque a autorização de suspensão de con-

---

[331] Petros MAVROIDIS, Edwin VERMULST e Paul WAER, *The Functioning of the Appellate Body After Four Years: Towards Rule Integrity*, in JWT, vol. 33, n.º 2, 1999, p. 12.

[332] Relatório do Painel no caso *European Communities – Export Subsidies on Sugar, Complaint by Brazil* (WT/DS266/R), 15-10-2004, nota de rodapé 675.

[333] Relatório do Órgão de Recurso no caso *European Communities – Export Subsidies on Sugar* (WT/DS265/AB/R, WT/DS266/AB/R, WT/DS283/AB/R), 28-4-2005, parágrafo 289.

[334] Arwel DAVIES, *The DSU Article 3.8 Presumption That An Infringement Constitutes a Prima Facie Case of Nullification or Impairment: When Does It Operate and Why?*, in JIEL, 2010, p. 191.

A FUNÇÃO JURISDICIONAL NO SISTEMA GATT/OMC

cessões ou outras obrigações é determinada, regra geral, com base nos efeitos sobre o comércio:

"While GATT violations were confirmed by the Appellate Body in the *EC – Bananas III* dispute, no part of the ensuing authorization of suspension could be based on these violations as the United States was not an exporter of bananas. However, suspension was authorized up to the amount of US$191.4 million per year based on the GATS inconsistent aspects of the measures; specifically the impact on the United States' share of wholesale trade services sold in the European Communities and on the United States' share of allocated banana import licenses"[335].

## 3. A Jurisdição Compulsória

A jurisdição no direito internacional não é compulsória quando requer que ambas as partes dêem o seu consentimento "before a case proceeds to court"[336].

No caso do único tribunal internacional de carácter universal com jurisdição geral[337], o Estado pode dar o seu acordo *ad hoc* para a adjudicação de um caso já existente (a chamada jurisdição voluntária, prevista no nº 1, *ab initio*, do art. 36º do Estatuto)[338] ou pode dar o consentimento *ante hoc*, seja inserindo uma cláu-

---

[335] *Idem*, p. 198.

[336] Karen ALTER, *Delegating to International Courts: Self-Binding Vs. Other-Binding Delegation*, in Law and Contemporary Problems, 2008, p. 55.

[337] TRIBUNAL INTERNACIONAL DE JUSTIÇA, *Report of the International Court of Justice (1 August 2008-31 July 2009)*, Nações Unidas, Nova Iorque, 2009, p. 1.

[338] O consentimento para a adjudicação de um caso já existente pode ser dado ainda de duas maneiras (cf. Stanimir ALEXANDROV, *The Compulsory Jurisdiction of the International Court of Justice: How Compulsory Is It?*, in Chinese Journal of International Law, Vol. 5, No. 1, 2006, p. 30). Primeiro, um Estado pode expressar o seu consentimento aceitando uma recomendação feita pelo Conselho de Segurança para submeter um litígio ao Tribunal Internacional de Justiça (artigos 33º e 36º da Carta das Nações Unidas). No caso *Corfu Channel*, por exemplo:

"Considerando que ao abrigo desta nota o Governo da Albânia declara *inter alia* que o Governo do Reino Unido, ao submeter o caso ao Tribunal por via de um pedido unilateral, não agiu em conformidade com a recomendação do Conselho de Segurança de 9 de Abril de 1947 nem com os Estatutos do Tribunal ou os princípios reconhecidos do direito internacional e que, por conseguinte, o Governo da Albânia teria o direito de considerar que o Governo do Reino Unido não podia ter recorrido ao Tribunal sem primeiro concluir um acordo especial com o Governo da Albânia; mas o Governo da Albânia, aceitando amigavelmente pela sua parte a recomendação do Conselho de Segurança, está preparado, apesar desta irregularidade e em atenção à sua devoção aos princípios de colaboração amigável entre nações e da resolução pacífica de litígios, a aparecer diante do Tribunal" (cf. TRIBUNAL INTERNACIONAL DE JUSTIÇA, *Corfu Channel Case*, Ordem de 31-7-1947, p. 5).

Segundo, quando um Estado submete um litígio ao Tribunal Internacional de Justiça, ele pode propor fundar a jurisdição do Tribunal sobre um consentimento ainda não dado ou manifestado pelo Estado contra o qual é feita a reclamação (artigo 38º, nº 5, do Regulamento do Tribunal).

## A JURISDIÇÃO

sula compromissória em tratados bilaterais e multilaterais conferindo jurisdição ao Tribunal Internacional de Justiça sobre futuros litígios[339], seja através de
uma declaração ao abrigo da cláusula opcional (estes dois casos correspondem à
chamada jurisdição compulsória e encontram-se previstos, respectivamente, no
nºs 1, *in fine*, e 2 do art. 36º do Estatuto do Tribunal Internacional de Justiça)[340].
A diferença fundamental entre o consentimento dado via tratado e o consentimento dado através de uma declaração opcional é que o primeiro constitui um
acto negociado, enquanto o último é um acto unilateral, produzindo efeitos vinculativos apenas quando exista uma declaração similar de outro Estado[341]. Além
disso, sendo um acto unilateral, os Estados podem modificar ou retirar as suas
declarações opcionais ou juntar-lhes reservas e condições[342]. Segundo o próprio
Tribunal Internacional de Justiça:

> "As declarações de aceitação da jurisdição compulsória do Tribunal são compro-
> missos facultativos, de carácter unilateral, que os Estados têm toda a liberdade para

Caso o último Estado aceite, então, tal jurisdição, o Tribunal tem competência e cria-se a situação
conhecida pelo nome de *forum prorogatum*. Esta situação aconteceu muito raramente na história
do Tribunal Internacional de Justiça e ela pode ocorrer, também, quando uma comunicação da
parte queixosa vai além do âmbito do título relevante de jurisdição e, apesar disso, a parte demandada não levanta objecções à essa extensão *ratione materiae*. Cf. Christian TOMUSCHAT, Article 36,
in *The Statute of the International Court of Justice – A Commentary*, Andreas Zimmermann, Christian
Tomuschat e Karin Oellers-Frahm ed., Oxford University Press, 2006, pp. 613-614.

[339] Um exemplo de cláusula compromissória pode ser encontrado no artigo IX da Convenção para
a Prevenção e a Repressão do Crime de Genocídio de 9 de Dezembro de 1948:
> "As controvérsias entre as Parte Contratantes relativas à interpretação, aplicação ou execução
> da presente Convenção, incluindo as referentes à responsabilidade de um Estado em matéria
> de genocídio ou de qualquer dos outros actos enumerados no artigo III, devem ser submetidas
> ao Tribunal Internacional de Justiça a pedido de uma das Partes na controvérsia".

[340] Para além da necessidade de um acto independente de consentimento, um Estado que deseje
declarar a aceitação da jurisdição do Tribunal Internacional de Justiça deve, igualmente, tornar-
-se parte do Estatuto do Tribunal, assumindo as obrigações dele constantes (cf. Stanimir ALE-
XANDROV, *The Compulsory Jurisdiction of the International Court of Justice: How Compulsory Is It?*, in
Chinese Journal of International Law, Vol. 5, No. 1, 2006, pp. 29-30). Porém, como veremos *infra*,
o Tribunal Internacional de Justiça encontra-se, também, aberto a Estados que não sejam partes
no Estatuto, nas condições determinadas pelo Conselho de Segurança, tal como previsto no nº 2
do artigo 35º do Estatuto.

[341] Consequentemente, "as reciprocity is the underlying principle of the optional clause mechanism, jurisdiction is scaled down to the lowest common denominator of the declarations of the two
parties" (cf. Cesare ROMANO, *The Shift from the Consensual to the Compulsory Paradigm in International
Adjudication: Elements for a Theory of Consent*, in New York Journal of International Law and Politics,
2007, p. 817). Por outras palavras, a jurisdição do Tribunal Internacional de Justiça só existe na
medida em que os compromissos das duas partes coincidam.

[342] Mas tais reservas e condições não podem ser incompatíveis com o objecto e o fim do tratado
(art. 19º, alínea *c*), da Convenção de Viena sobre o Direito dos Tratados).

subscrever ou não. Ao fazer a declaração, um Estado tem igualmente liberdade para fazer quer uma declaração sem condições e sem limite de duração, quer uma declaração com condições ou reservas. Em particular, ele pode limitar os seus efeitos aos litígios que apareçam após uma determinada data; especificar o período de tempo em que a própria declaração estará em vigor ou descrever que comunicação (se alguma) será requerida para lhe pôr termo (...)"[343].

As reservas podem ser *ratione temporis*, excluindo da jurisdição do Tribunal Internacional de Justiça litígios que se desencadearam antes de uma determinada data (ou depois, mas derivados de factos ou situações anteriores à referida ocasião), *ratione personae*, subtraindo à jurisdição do Tribunal os litígios com certos Estados ou com certas categorias de Estados (por exemplo, os respeitantes aos países membros da *Commonwealth*), e *ratione materiae*, afastando da jurisdição do Tribunal certos tipos de questões (por exemplo, casos relacionados com conflitos armados ou com a protecção do ambiente)[344].

[343] TRIBUNAL INTERNACIONAL DE JUSTIÇA, *Case of Military and Paramilitary Activities in and against Nicaragua (Nicaragua v. United States), Jurisdiction of the Court and Admissibility of the Application*, Acórdão de 26-11-1984, parágrafo 59. Um autor conclui mesmo que:
"The compulsory jurisdiction of the International Court of Justice under Article 36(2) is not really compulsory (...). It is, in fact, optional. States have the option to accept it and can do so under terms and conditions that they determine themselves" (cf. Stanimir ALEXANDROV, *The Compulsory Jurisdiction of the International Court of Justice: How Compulsory Is It?*, in Chinese Journal of International Law, Vol. 5, No. 1, 2006, p. 31).
Todavia, algumas páginas depois, o mesmo autor nota que:
"The Court's compulsory jurisdiction is compulsory in the sense that consent to jurisdiction is granted by the States in advance, with respect to all or certain categories of disputes, and once a dispute arises, the State then does have a binding obligation and must submit to the Court's jurisdiction" (cf. *Idem*, p. 35).
Nada impede, igualmente, que uma cláusula compromissória prevista em tratados bilaterais e multilaterais contenha, igualmente, reservas. Nesse sentido, quando a Jugoslávia invocou o art. IX da Convenção para a Prevenção e a Repressão do Crime de Genocídio de 9 de Dezembro de 1948 contra os Estados Unidos no caso Kosovo, os Estados Unidos recordaram que:
"quando ratificaram a Convenção em 25 de Novembro de 1988, formularam a seguinte reserva: 'que relativamente ao Artigo IX da Convenção, antes de qualquer litígio em que os Estados Unidos sejam parte poder ser submetido à jurisdição do Tribunal Internacional de Justiça ao abrigo deste Artigo, o consentimento específico dos Estados Unidos deve ser requerido em cada caso'". Cf. TRIBUNAL INTERNACIONAL DE JUSTIÇA, *Case Concerning legality of Use of Force (Yugoslavia v. United States of America), Request for the Indication of Provisional Measures*, Ordem de 2-6-1999, parágrafo 21.
[344] Marisa Caetano FERRÃO, A jurisdição do Tribunal Internacional de Justiça: Em especial a Cláusula Facultativa de Jurisdição Obrigatória, in *Estudos de Direito Internacional Público e Relações Internacionais*, Coordenação de Margarida Salema d'Oliveira Martins, Associação Académica da Faculdade de Direito de Lisboa, 2008, pp. 355-356. No caso de Portugal, por exemplo, a sua decla-

A JURISDIÇÃO

A reserva mais popular é a cláusula que concede a outros mecanismos de resolução de litígios, como acordado entre as partes em causa, primazia sobre a jurisdição geral do Tribunal Internacional de Justiça[345].

Até 24 de Julho de 2007, tinham sido submetidos ao Tribunal Internacional de Justiça 105 casos, dos quais apenas 15 foram apresentados mediante acordo *ad hoc*. Os outros 90 casos foram submetidos unilateralmente, quer com base numa cláusula compromissória incluída num tratado bilateral ou multilateral, quer com base numa declaração opcional, ou ambas[346].

No caso da Organização Mundial de Comércio, a partir do momento em que um Estado ou território aduaneiro autónomo se torna Membro da OMC, ele fica sujeito, por força do princípio do compromisso único, a todos os acordos comerciais multilaterais da OMC (art. II, nº 2 do Acordo OMC) e aceita *ex ante* a jurisdição dos painéis e do Órgão de Recurso da OMC[347]. Em consequência, não é necessário que as partes em litígio aceitem a jurisdição do sistema de resolução

ração de aceitação da jurisdição do Tribunal Internacional de Justiça, ao abrigo do nº 2 do art. 36º do Estatuto, contém as seguintes reservas:

i) Controvérsias que Portugal tenha concordado ou venha a concordar com a outra Parte ou Partes resolver por outros meios de resolução pacífica de conflitos;

ii) Controvérsias com qualquer Estado que tenha depositado ou ratificado a aceitação da jurisdição obrigatória do Tribunal ou alterado os termos da mesma de modo a que a controvérsia tenha ficado abrangida no seu âmbito menos de 12 meses antes da data em que a acção foi intentada junto do Tribunal;

iii) Controvérsias, excepto no que respeita a títulos ou direitos territoriais ou a direitos de soberania ou jurisdição, anteriores a 26 de Abril de 1974 ou referentes a situações ou factos anteriores a essa data;

iv) Controvérsias que envolvam uma Parte ou Partes num tratado em relação ao qual a jurisdição do Tribunal Internacional de Justiça tenha sido, em conformidade com as normas aplicáveis, expressamente excluída, independentemente de a mesma se referir à interpretação e aplicação das disposições do tratado ou a outras fontes do direito internacional. Cf. Aviso nº 251/2005, in Diário da República – I Série-A, Nº 102, 27-5-2005, pp. 3566-3567.

[345] Christian Tomuschat, Article 36, in *The Statute of the International Court of Justice – A Commentary*, Andreas Zimmermann, Christian Tomuschat e Karin Oellers-Frahm ed., Oxford University Press, 2006, pp. 638-639.

[346] Cesare Romano, *The Shift from the Consensual to the Compulsory Paradigm in International Adjudication: Elements for a Theory of Consent*, in New York Journal of International Law and Politics, 2007, p. 818.

[347] Nos termos do nº 2 do art. II do Acordo OMC, "Os acordos e os instrumentos jurídicos conexos que figuram nos Anexos 1, 2 e 3 fazem parte integrante do presente Acordo e são vinculativos para todos os Membros".

A FUNÇÃO JURISDICIONAL NO SISTEMA GATT/OMC

de litígios da OMC numa declaração ou acordo separados[348]; ela resulta da adesão de um membro à OMC[349].

Os procedimentos de resolução de litígios da OMC podem ser iniciados pela parte queixosa sem necessidade de obter o acordo da parte contra a qual é apresentada a queixa, ou seja, nenhum membro pode impedir a apresentação de uma queixa contra si por parte de outro membro e, em consequência, o início do processo de resolução de litígios[350]. O painel só não será criado se o Órgão de Resolução de Litígios decidir por consenso não criá-lo (art. 6º, nº 1, do Memorando de Entendimento sobre Resolução de Litígios), e, iniciado o processo de adjudicação, ele só pode ser suspenso a pedido da parte queixosa (art. 12º, nº 12, do Memorando de Entendimento sobre Resolução de Litígios)[351].

Em 31 de Julho de 2009, 192 Estados eram partes do Estatuto do Tribunal Internacional de Justiça e 66 tinham depositado junto do Secretário-Geral uma declaração (muitas com reservas) reconhecendo a jurisdição do tribunal como compulsória, como contemplado pelo art. 36º, nºs 2 e 5, do Estatuto[352]. Além disso, cerca de 300 tratados bilaterais ou multilaterais determinam que o Tribunal tem jurisdição relativamente à resolução de litígios resultantes da sua aplicação ou interpretação[353]. Ao mesmo tempo, apenas um membro permanente

[348] Chittharanjan Amerasinghe, *Jurisdiction of Specific International Tribunals*, Martinus Nijhoff Publishers, Leiden-Boston, 2009, p. 512.

[349] OMC, *A Handbook on the WTO Dispute Settlement System – A WTO Secretariat Publication*, Cambridge University Press, 2004, p. 8.

[350] Foram os países desenvolvidos que insistiram na natureza compulsória do novo sistema de resolução de litígios. Cf. Mohan Kumar, Dispute Settlement System in the WTO: Developing Country Participation and Possible Reform, in *Reform and Development of the WTO Dispute Settlement System*, Dencho Georgiev e Kim Van der Borght Ed., Cameron May, Londres, 2006, p. 177.

[351] Em contraste, a jurisdição do sistema de resolução de litígios do GATT de 1947 estava longe de ser compulsória. Por força da regra do consenso positivo, uma parte contratante podia bloquear o pedido de criação de um painel e, mais importante, a própria adopção do relatório do painel. Esta espécie de "filtro politico" permitia que decisões politicamente censuráveis não produzissem qualquer efeito jurídico. Cf. Joel Trachtman, *The Domain of WTO Dispute Resolution*, in HILJ, 1999, p. 345.

[352] Tribunal Internacional de Justiça, *Report of the International Court of Justice (1 August 2008-31 July 2009)*, Nações Unidas, Nova Iorque, 2009, pp. 1 e 15. Em 1950, 60% dos Estados aceitavam a jurisdição compulsória; actualmente, esta percentagem caiu para cerca de 34%. Cf. Eric Posner, The Decline of the International Court of Justice, in *International Conflict Resolution*, Stefan Voigt, Max Albert e Dieter Schmidtchen Ed., Mohr Siebeck, 2006, p. 116.

[353] Tribunal Internacional de Justiça, *Report of the International Court of Justice (1 August 2008-31 July 2009)*, Nações Unidas, Nova Iorque, 2009, pp. 1 e 15. Segundo Eric Posner:

"States have showed less and less enthusiasm for treaty-based jurisdiction. From 1946 to 1965, states entered (on an annual basis) 9.7 multilateral or bilateral treaties that contained clauses that granted jurisdiction to the International Court of Justice. This number dropped to 2.8 per

do Conselho de Segurança reconhece a jurisdição compulsória do Tribunal, *in casu*, o Reino Unido[354], e a China, o Japão, a Rússia/União Soviética, a Coreia do Sul e o Brasil nunca suscitaram qualquer caso junto do Tribunal Internacional de Justiça[355].

No caso do sistema de resolução de litígios da OMC, a jurisdição é compulsória para os 153 membros da OMC, ou seja, apesar de as Nações Unidas terem mais 39 membros que a OMC, o Órgão de Resolução de Litígios, os painéis e o Órgão de Recurso têm jurisdição compulsória sobre mais 87 membros que o Tribunal Internacional de Justiça. E, como já foi referido, o Órgão de Recurso é o único órgão judicial internacional cuja jurisdição é aceite, sem reservas, pelos Estados Unidos da América. Mais, o Brasil já apresentou 24 queixas junto do sistema de resolução de litígios da OMC, a China (só aderiu em finais de 2001) 7 queixas, a Coreia do Sul 14 queixas e o Japão 13 queixas[356].

De todos os órgãos judiciais internacionais, o Tribunal Internacional de Justiça é, provavelmente, o que adere mais de perto ao paradigma do consenso, talvez por causa da amplitude da sua jurisdição *ratione materiae*[357], e os factos mostram que os Estados estão a abandonar, cada vez mais, o modelo da jurisdição não compulsória:

> "Through the end of the twentieth century and the first few years of the twenty-
> -first century, there has been a fundamental shift in the concept and practice of inter-
> national adjudication from a traditional *consensual paradigm*, in which express and

year for the period from 1966 to 1985, and to 1.3 per year from 1986 to 2004. These numbers are absolute; recall again the number of states tripled during this period". Cf. Eric Posner, The Decline of the International Court of Justice, in *International Conflict Resolution*, Stefan Voigt, Max Albert e Dieter Schmidtchen Ed., Mohr Siebeck, 2006, p. 118.

[354] TRIBUNAL INTERNACIONAL DE JUSTIÇA, *Report of the International Court of Justice (1 August 2008-31 July 2009)*, Nações Unidas, Nova Iorque, 2009, p. 19. E, tendo o Tribunal Internacional de Justiça um juiz proveniente de cada um dos cinco Estados membros permanentes do Conselho de Segurança, os Estados Unidos, a França, a Rússia e a China "arrogam-se o direito de participar no julgamento de outros Estados sem se submeterem de igual modo à jurisdição do Tribunal. E o paradoxo intensifica-se quando se vê presidir ao Tribunal um juiz nacional de um Estado que não aceita a jurisdição obrigatória". Cf. José Manuel Sérvulo CORREIA, *Relatório sobre Programa, Conteúdo e Métodos da Disciplina de Direito Internacional Público (Processo no Tribunal Internacional de Justiça)*, Provas Públicas de agregação em Ciências Jurídico-Políticas (Universidade de Lisboa), 2005, pp. 251-252.

[355] Eric POSNER e Miguel de FIGUEIREDO, *Is the International Court of Justice Biased?*, in The Journal of Legal Studies, 2005, p. 614.

[356] http://www.wto.org (visitado em 12-3-2010). A Rússia não é, ainda, Membro da OMC.

[357] Cesare ROMANO, *The Shift from the Consensual to the Compulsory Paradigm in International Adjudication: Elements for a Theory of Consent*, in New York Journal of International Law and Politics, 2007, p. 817.

A FUNÇÃO JURISDICIONAL NO SISTEMA GATT/OMC

specific consent is a prerequisite to jurisdiction and adjudication largely takes place with the assent and cooperation of both parties, to a *compulsory paradigm*, in which consent is largely formulaic either because it is implicit in the ratification of treaties creating certain international organizations endowed with adjudicative bodies or because it is jurisprudentially bypassed and litigation is often undertaken unilaterally. It must be stressed that the 'shift of paradigm' from consensual to compulsory does not mean that the principle of consent has been extinguished. The principle remains valid, but its significance has been gradually reduced"[358].

A jurisdição compulsória internacional pode aumentar a credibilidade dos compromissos assumidos, promover o seu respeito e o primado do direito e reduzir os custos de transacção e de cumprimento[359].

## 4. A Jurisdição *Ratione Materiae*
### 4.1. Introdução

Com excepção do Tribunal Internacional de Justiça[360], todos os tribunais internacionais existentes actualmente têm uma jurisdição limitada a determinadas questões (*ratione materiae*). No caso do GATT de 1947, a jurisdição dos painéis criados era, igualmente, limitada. Nesse sentido, o caso *Canada – Administration of the Foreign Investment Review Act* demonstra claramente que um painel estava impedido de analisar questões que não coubessem dentro dos "four corners" do Acordo Geral:

> "**1.4.** Na reunião do Conselho, várias delegações manifestaram dúvidas sobre se o litígio entre os Estados Unidos e o Canadá entrava na esfera de competência do GATT, já que envolvia legislação em matéria de investimento, uma questão não contemplada no Acordo Geral. (...) O representante dos Estados Unidos disse que o seu Governo não punha em causa a legislação canadense em matéria de investimento enquanto tal, mas que a sua queixa se referia às duas questões concretas relacionadas com o comércio mencionadas nos termos de referência. O representante do Canadá disse que (...) os termos de referência asseguravam que o exame se referiria unicamente a questões comerciais da competência do GATT. O Presidente sugeriu, e o Conselho assim o decidiu, que os termos de referência se mantivessem como estavam, que as reservas e decla-

---

[358] *Idem*, pp. 794-795.

[359] Ernst-Ulrich Petersmann, *Multilevel Judicial Governance of International Trade Requires a Common Conception of Rule of Law and Justice*, in JIEL, 2007, p. 542.

[360] A competência do Tribunal Internacional de Justiça "abrange todas as questões que as partes lhe submetam, bem como todos os assuntos especialmente previstos na Carta das Nações Unidas ou em tratados e convenções em vigor" (art. 36º, nº 1, do Estatuto do Tribunal Internacional de Justiça).

A JURISDIÇÃO

rações formuladas constassem da acta e que presumir-se-ia que o Painel limitaria as suas actividades e conclusões ao âmbito de competência do GATT. (...).

**5.1.** Tendo presente que o Acordo Geral não impede que o Canadá exerça o seu direito soberano de regular os investimentos directos estrangeiros, o Painel examinou unicamente à luz das obrigações comerciais do Canadá no âmbito do Acordo Geral os compromissos de compra e de exportação assumidos pelos investidores e sujeitos à Lei canadense sobre o exame do investimento estrangeiro (...)"[361].

## 4.2. Os "Acordos Abrangidos"

Nos termos do nº 1 do art. 1º do Memorando de Entendimento sobre Resolução de Litígios:

"As normas e processos previstos no presente memorando são aplicáveis aos litígios que sejam objecto de pedidos nos termos das disposições de consulta e resolução de litígios previstas nos acordos enumerados no apêndice 1 do presente memorando (adiante designados como «acordos abrangidos»). As regras e processos previstos no presente memorando são igualmente aplicáveis às consultas e resolução de litígios entre Membros referentes aos seus direitos e obrigações previstos no acordo que institui a Organização Mundial do Comércio (referido no memorando como o «Acordo OMC») e no presente memorando, tomadas isoladamente ou conjugadas com qualquer outro acordo abrangido".

Segundo o Órgão de Recurso, não é possível encontrar no Memorando de Entendimento sobre Resolução de Litígios nenhum fundamento para que os painéis e o Órgão de Recurso resolvam litígios não relacionados com a Organização Mundial do Comércio. O nº 2 do artigo 3º do Memorando de Entendimento sobre Resolução de Litígios estabelece que o sistema de resolução de litígios da OMC "permite preservar os direitos e obrigações dos Membros previstos nos *acordos abrangidos* e clarificar as disposições *desses acordos*"[362].

Um painel não tem, pois, jurisdição para analisar e resolver queixas relativas a direitos e obrigações que estão fora do âmbito dos acordos abrangidos, designadamente, queixas de violação de acordos de protecção do ambiente, convenções de direitos humanos, etc..

Com vista a evitar a diversidade de mecanismos de resolução de litígios que passou a existir a partir da entrada em vigor dos acordos adoptados durante o Ciclo de Tóquio, resulta declaradamente da primeira frase do nº 1 do art. 1º do

---

[361] Relatório do Painel no caso *Canada – Administration of the Foreign Investment Review Act* (L/5504), adoptado em 7 de Fevereiro de 1984, parágrafos 1.4 e 5.1.

[362] Relatório do Órgão de Recurso no caso *Mexico – Tax Measures on Soft Drinks and Other Beverages* (WT/DS308/AB/R), 7-10-2005, parágrafo 56.

A FUNÇÃO JURISDICIONAL NO SISTEMA GATT/OMC

Memorando que a OMC visa criar um sistema de resolução de litígios integrado aplicável:

"(...) a todos os acordos enumerados no Apêndice 1 do Memorando de Entendimento sobre Resolução de Litígios (os 'acordos abrangidos'). O Memorando de Entendimento sobre Resolução de Litígios constitui um sistema coerente de regras e procedimentos de resolução de litígios aplicável 'aos litígios que sejam objecto de pedidos nos termos das disposições de consulta e resolução de litígios' previstas nos acordos abrangidos"[363].

De acordo com o Apêndice 1 do Memorando de Entendimento sobre as Regras e Processos que Regem a Resolução de Litígios, a expressão "acordos abrangidos" inclui:

**Acordo que Institui a Organização Mundial do Comércio**
**Acordos Comerciais Multilaterais**
 Anexo 1A: Acordos Multilaterais sobre o Comércio de Mercadorias
 Anexo 1B: Acordo Geral sobre o Comércio de Serviços
 Anexo 1C: Acordo sobre os Aspectos do Direito de Propriedade Intelectual relacionados com o comércio
 Anexo 2: Memorando de Entendimento sobre as Regras e Processos que regem a Resolução de Litígios
**Acordos Comerciais Plurilaterais**
 Anexo 4: Acordo sobre o Comércio de Aeronaves Civis
 Acordo sobre Contratos Públicos
 Acordo Internacional sobre o Leite e os Produtos Lácteos
 Acordo Internacional sobre a Carne de Bovino[364].

---

[363] Relatório do Órgão de Recurso no caso *Guatemala – Anti-Dumping Investigation Regarding Portland Cement from México* (WT/DS60/AB/R), 2-11-1998, parágrafo 64.

[364] Ao contrário dos acordos comerciais multilaterais, os acordos comerciais plurilaterais não criam obrigações nem direitos para os membros da OMC que não os tenham aceitado (art. II, nº 3, do Acordo OMC). No seu encontro de 30 de Setembro de 1997, o Conselho Internacional dos Lacticínios (existia também o comité de alguns produtos lácteos) decidiu pôr fim ao Acordo Internacional sobre o Leite e os Produtos Lácteos, a partir de 1 de Janeiro de 1998, e, em Setembro de 1997, os 17 signatários do Acordo Internacional sobre a Carne Bovina decidiram que o mesmo deixaria de vigorar em finais de 1997 (cf. OMC, *1998 Annual Report*, ed. OMC, 1998, p. 126). No caso do primeiro acordo, as partes do mesmo justificaram a sua decisão principalmente com o facto de alguns dos maiores exportadores de lacticínios não participarem no acordo, o que tornava a operação das disposições sobre preços mínimos inconsequente. No caso do segundo acordo, o Conselho da Carne Bovina considerou que a sua manutenção já não tinha razão de ser, nomeadamente porque as questões comerciais relativas à carne bovina eram tratadas regularmente no Comité da

A JURISDIÇÃO

Ainda segundo o Apêndice 1, a aplicabilidade do Memorando de Entendimento sobre as Regras e Processos que regem a Resolução de Litígios aos acordos comerciais plurilaterais está sujeita à adopção de uma decisão pelas partes em cada um dos acordos, definindo os termos da aplicação do Memorando ao acordo em causa. Em 8 de Julho de 1996, o Comité das Compras Públicas notificou oficialmente o Órgão de Resolução de Litígios de que as normas e processos especiais ou complementares existentes no Acordo sobre Compras Públicas (art. XXII, n°s 2 a 7) devem ser aplicadas aos litígios que envolvam o acordo[365]. No caso do Acordo sobre o Comércio de Aeronaves Civis, o Comité do Comércio de Aeronaves Civis ainda não notificou o Órgão de Resolução de Litígios da adopção de qualquer decisão estabelecendo as condições de aplicação do Memorando de Entendimento sobre Resolução de Litígios ao acordo[366].

No que concerne à segunda frase do n° 1 do art. 1° do Memorando de Entendimento sobre Resolução de Litígios, resulta da mesma que o Memorando é aplicável, igualmente, aos acordos de carácter intrinsecamente institucional, mesmo se estes não dispõem de quaisquer disposições relativas, por exemplo, à resolução de litígios (o caso do Acordo OMC). É frequente, por exemplo, um membro da OMC alegar que outro membro viola o n° 4 do art. XVI do Acordo OMC[367].

E será que é possível a sobreposição de diferentes acordos da OMC? No caso *European Communities – Regime for the Importation, Sale, and Distribution of Bananas*, por exemplo, as Comunidades Europeias defenderam que "não tinha qualquer intenção de criar uma sobreposição entre o GATT e o GATS"[368]. Em contraste, o painel respondeu de modo afirmativo:

---

Agricultura e no Comité das Medidas Sanitárias e Fitossanitárias. Nestes dois casos, aplicou-se o art. X, n° 9, do Acordo OMC. Cf. OMC, *1998 Annual Report*, ed. OMC, Genebra, pp. 126-127.

[365] OMC, *Notification Under Appendix 1 of the Dispute Settlement Understanding – Communication from the Chairman of the Committee on Government Procurement* (WT/DSB/7), 12-7-1996.

[366] Algo surpreendentemente, as tentativas que têm sido realizadas para adaptar as disposições do Acordo sobre o Comércio de Aeronaves Civis ao novo Acordo OMC não surtiram até agora qualquer êxito (cf. OMC, 2005 *Annual Report*, p. 65), situação que, como é evidente, não permite, por exemplo, a aplicação do novo sistema de resolução de litígios da OMC aos litígios que surjam eventualmente no âmbito do comércio de aeronaves civis. Por exemplo, no caso *United States/European Communities – Measures Affecting Trade in Large Civil Aircraft*, também conhecido por caso *Airbus/Boeing*, nenhuma das partes em litígio alegou qualquer violação do Acordo sobre o Comércio de Aeronaves Civis. Os Estados Unidos e as Comunidades Europeias invocaram, sim, violações ao GATT e ao Acordo sobre as Subvenções e as Medidas de Compensação.

[367] Veja-se, por exemplo, o relatório do Painel no caso *United States – Sections 301-310 of the Trade Act of 1974* (WT/DS152/R), 22-12-1999, parágrafo 3.1.

[368] Relatório do Painel no caso *European Communities – Regime for the Importation, Sale, and Distribution of Bananas* (WT/DS27/R), 22-5-1997, parágrafo 4.614.

137

A FUNÇÃO JURISDICIONAL NO SISTEMA GATT/OMC

"o valor das obrigações e compromissos dos membros seria posto em causa e o objectivo de ambos os acordos frustrado se considerássemos que uma medida que cai no âmbito de um acordo não pode, ao mesmo tempo, cair no âmbito de outro acordo. As obrigações seriam ultrapassadas pela adopção de medidas no âmbito de um acordo que causassem, indirectamente, efeitos no comércio coberto pelo outro acordo sem a possibilidade de qualquer recurso legal"[369].

O Órgão de Recurso declarou posteriormente que:

"O GATS não foi concebido para regular a mesma matéria que o GATT de 1994. O GATS foi concebido para tratar um tema não abarcado pelo GATT de 1994, a saber, o comércio de serviços. Portanto, o GATS aplica-se à prestação de serviços. Prevê, *inter alia*, tanto o tratamento da nação mais favorecida como o tratamento nacional para os serviços e os prestadores de serviços. *Tendo em conta o respectivo âmbito de aplicação dos dois acordos, pode haver ou não sobreposição, tudo dependendo da natureza das medidas em causa.* Pode considerar-se que determinadas medidas estão compreendidas exclusivamente no âmbito do GATT de 1994, quando afectam o comércio de mercadorias enquanto tais. Outras medidas, em contrapartida, podem considerar-se compreendidas exclusivamente no âmbito do GATS, quando afectam a prestação de serviços enquanto tais. Não obstante, há uma terceira categoria de medidas que podem considerar-se compreendidas tanto no âmbito do GATT de 1994 como no do GATS. São as medidas que se referem a um serviço relacionado com uma determinada mercadoria ou com um serviço prestado conjuntamente com uma determinada mercadoria. Em todos os casos incluídos nesta terceira categoria, a medida em causa pode ser examinada tanto no âmbito do GATT de 1994 como no do GATS. Todavia, embora a mesma medida possa ser examinada no âmbito de ambos os acordos, os aspectos específicos da medida examinada à luz de cada acordo podem ser diferentes. No contexto do GATT de 1994, a atenção incide no modo como a medida afecta as mercadorias envolvidas. No âmbito do GATS, a atenção incide no modo como a medida afecta a prestação do serviço ou os prestadores de serviços envolvidos. Quanto a saber se uma determinada medida que afecta a prestação de um serviço relacionado com uma determinada mercadoria deve ser examinada no quadro do GATT de 1994 ou no do GATS, ou dos dois, é uma questão que só pode ser determinada caso a caso" (itálico aditado)[370].

---

[369] *Idem*, parágrafo 7.283.

[370] Relatório do Órgão de Recurso no caso *European Communities – Regime for the Importation, Sale, and Distribution of Bananas* (WT/DS27/AB/R), 9-9-1997, parágrafo 221. No caso *Canada – Certain Measures concerning Periodicals*, o Órgão de Recurso considerou que um periódico é uma mercadoria composta por dois elementos (um conteúdo editorial e um conteúdo publicitário), que podem ser considerados como contendo características de um serviço, mas, no conjunto, está em causa um

A JURISDIÇÃO

Existe sobreposição entre os dois acordos quando, por exemplo, um Membro da OMC que não assumiu qualquer compromisso específico no sector dos transportes permite que os produtos nacionais sejam distribuídos por comboio ou camião, mas impede que os produtos importados sejam distribuídos através de uma das duas formas de transporte referidas[371]. Como é óbvio, este exemplo consubstancia uma violação ao nº 4 do art. III do GATT. A obrigação do tratamento nacional no contexto do GATT é independente da assunção de quaisquer compromissos específicos, ao passo que a sua aplicação no âmbito do GATS depende da assunção prévia de compromissos por parte dos membros da OMC. Por conseguinte, as obrigações do GATT podem desempenhar um papel importante mesmo na ausência de compromissos específicos no contexto do GATS[372].

Ainda que não sejam referidas propriamente no Apêndice 1, as regras das convenções internacionais negociadas sob a égide da Organização Mundial de Propriedade Intelectual e incorporadas no Acordo TRIPS (o chamado método de incorporação por referência[373]) devem ser incluídas, igualmente, entre os "acordos abrangidos". Veja-se, por exemplo, o caso da Convenção de Paris, referida no nº 2 do art. 2º do Acordo TRIPS. Neste caso, as regras/acordos internacionais incorporadas nos "acordos abrangidos" são parte integrante dos mesmos, devendo ser respeitadas ou utilizadas como meio de interpretação pelos órgãos do sistema de resolução de litígios da OMC[374]. No caso *United States – Section 211 Omnibus Appropriations Act of 1998*, o Órgão de Recurso observou que os membros da OMC, sejam ou não países da União de Paris, estão obrigados, ao abrigo do Acordo OMC, a aplicar as disposições da Convenção de Paris (1967) que estão incorporadas no Acordo TRIPS[375] e o Painel do caso *Canada – Patent Protection of Pharmaceutical Products* tomou em consideração os trabalhos preparatórios da Convenção de Berna para clarificar o significado de uma condição estabelecida numa disposição do Acordo TRIPS. Ao justificar a sua escolha, o Painel notou que o texto da condição que tinha de examinar era retirado da Convenção de Berna:

bem material: o periódico propriamente dito. Cf. Relatório do Órgão de Recurso no caso *Canada – Certain Measures concerning Periodicals* (WT/DS31/AB/R), 30-6-1997, p. 18.

[371] Sobre o *overlap* entre o GATT e o GATS, ver, sobretudo, Erich VRANES, *The Overlap between GATT and GATS: A Methodological Mate*, in LIEI, 2009, pp. 215-238.

[372] Mitsuo MATSUSHITA, Thomas SCHOENBAUM e Petros MAVROIDIS, *The World Trade Organization: Law, Practice, and Policy*, Oxford University Press, 2003, p. 234.

[373] As regras incorporadas no Acordo TRIPS "are legally binding as such in the WTO". Cf. Joost PAUWELYN, *The Role of Public International Law in the WTO: How Far Can We Go?*, in AJIL, 2001, p. 555.

[374] Gabrielle MARCEAU, *A Call for Coherence in International Law: Praises for the Prohibition Against "Clinical Isolation" in WTO Dispute Settlement*, in JWT, vol. 33, nº 5, 1999, p. 107.

[375] Relatório do Órgão de Recurso no caso *United States – Section 211 Omnibus Appropriations Act of 1998* (WT/DS176/AB/R), 2-1-2002, parágrafo 125.

A FUNÇÃO JURISDICIONAL NO SISTEMA GATT/OMC

"Os trabalhos preparatórios do próprio Acordo TRIPS não esclarecem o significado do termo 'legítimos interesses', mas os trabalhos preparatórios do nº 2 do artigo 9º da Convenção de Berna, que manifestamente inspiraram o texto da terceira condição, tendem a confirmar a interpretação feita pelo Painel desse termo (...)"[376].

Menos clara é a situação em que, em vez da incorporação de uma obrigação de um acordo internacional (não identificado pelo Apêndice 1 do Memorando como um "acordo abrangido") no texto de um Acordo da OMC, uma obrigação estranha aos acordos abrangidos é referenciada expressamente para definir ou delimitar uma obrigação cujo *locus* se encontra num acordo da OMC. No caso *European Communities – Regime for the Importation, Sale, and Distribution of Bananas*, por exemplo, um Painel e o Órgão de Recurso analisaram a Convenção de Lomé IV com vista a decidirem sobre o âmbito da derrogação concedida à Comunidade Europeia, que a autorizava a conceder um tratamento preferencial aos produtos originários dos países ACP. De acordo com o Órgão de Recurso:

"(...) O Painel declarou acertadamente o seguinte: 'Notamos que, dado que as PARTES CONTRATANTES do GATT incorporaram na derrogação relativa à Convenção de Lomé uma referência a tal Convenção, a interpretação da Convenção de Lomé tornou--se uma questão do GATT/OMC, pelo menos nessa medida. Por conseguinte, não nos resta outra opção que examinar as disposições da Convenção de Lomé na medida do necessário para interpretar a derrogação'"[377].

Ou seja, a derrogação "effectively incorporated the Lomé Convention into a WTO Agreement"[378], mas o Painel e o Órgão de Recurso não aplicaram ou fizeram cumprir as disposições da própria Convenção de Lomé. Eles recorreram, sim, às suas disposições na determinação do âmbito "of the WTO right included in the Lomé waiver". Claro está, ao permitir que o Órgão de Recurso possa interpretar

---

[376] Relatório do Painel no caso *Canada – Patent Protection of Pharmaceutical Products* (WT/DS114/R), 17-3-2000, parágrafo 7.70.

[377] Relatório do Órgão de Recurso no caso *European Communities – Regime for the Importation, Sale, and Distribution of Bananas* (WT/DS27/AB/R), 9-9-1997, parágrafo 167.

[378] Petros MAVROIDIS e David PALMETER, *Dispute Settlement in the World Trade Organization: Practice and Procedure*, 2ª ed., Cambridge University Press, 2004, p. 72. Ainda segundo estes dois autores, "because the waiver effectively incorporated the Lomé Convention into a WTO agreement, the Panel's authority to interpret the waiver and, therefore, the Convention itself, parallels the authority that is likely to be claimed for the agreements explicitly referred to in the covered agreements, such as the intellectual property conventions". Cf. *Idem*.

140

A JURISDIÇÃO

qualquer tratado internacional que seja mencionado num instrumento da OMC, o Órgão de Recurso age como um "global treaty interpreter"[379].

De modo semelhante, apesar de o Acordo relativo à Aplicação de Medidas Sanitárias e Fitossanitárias referir expressamente as normas internacionais adoptadas no âmbito da Comissão do *Codex Alimentarius,* um painel não pode analisar, sem mais, uma queixa de violação dessas normas do *Codex* se não estiver em causa a aplicação do Acordo relativo à Aplicação de Medidas Sanitárias e Fitossanitárias num determinado caso[380].

É também frequente os membros da OMC concluírem entre si acordos bilaterais, mas será que estes têm alguma relevância junto do sistema de resolução de litígios da OMC? No que diz respeito à prática seguida durante a vigência do GATT de 1947, as Partes Contratantes declaram numa decisão adoptada em Agosto de 1949 que a determinação dos direitos e obrigações entre governos resultantes de um acordo bilateral não constituía uma questão que coubesse na competência das Partes Contratantes. Caberia, todavia, dentro da competência das Partes Contratantes determinar se uma acção tomada ao abrigo do acordo bilateral conflituava ou não com as disposições do Acordo Geral[381]. Subsequentemente, um árbitro do GATT analisou um acordo bilateral concluído entre o Canadá e as Comunidades Europeias ao abrigo do nº 6 do art. XXIV do GATT, tendo concluído que:

> "Em princípio, de acordo com os procedimentos multilaterais de resolução de litígios do GATT, não pode ser apresentada uma queixa baseada num acordo bilateral. Mas neste caso justifica-se uma excepção devido à estreita relação deste acordo bilateral com o Acordo Geral, ao facto de o Acordo ser compatível com os objectivos do GATT e de ambas partes concordarem em recorrer aos procedimentos de arbitragem do GATT"[382].

Depois da entrada em funções da OMC, o Órgão de Recurso, ao referir um acordo bilateral concluído entre o Brasil e as Comunidades Europeias (o chamado *Oilseeds Agreement*), considerou que o mesmo não era um "acordo abrangido" no sentido dado pelos artigos 1º e 2º do Memorando de Entendimento

---

[379] Isabelle Van Damme, What Role is there for Regional International Law in the Interpretation of the WTO Agreements?, in *Regional Trade Agreements and the WTO Legal System*, Lorand Bartels e Federico Ortino ed., Oxford University Press, 2006, p. 571.

[380] Como bem nota Pauwelyn, "though not having been incorporated, they cannot be judicially enforced independently of other WTO rules". Cf. Joost Pauwelyn, *The Role of Public International Law in the WTO: How Far Can We Go?,* in AJIL, 2001, p. 555.

[381] GATT, *Analytical Index: Guide to GATT Law and Practice* (ed. Frieder Roessler), 6ª ed., Genebra, 1994, p. 671.

[382] Decisão do Árbitro no caso *Canada/European Communities – Article XXVIII Rights* (DS12/R), 26-10-1990, pp. 4-5.

141

A FUNÇÃO JURISDICIONAL NO SISTEMA GATT/OMC

sobre Resolução de Litígios, não fazia parte das obrigações multilaterais aceites pelo Brasil e pela Comunidade Europeia de acordo com o Acordo OMC, não era citado em nenhum anexo do Acordo OMC, não se encontrava entre os instrumentos jurídicos que entraram em vigor no âmbito do GATT de 1947 e que agora fazem parte do GATT de 1994 e não constituía parte das "decisões, procedimentos e práticas habituais seguidas pelas Partes Contratantes no GATT de 1947", que, segundo o art. XVI, nº 1, do Acordo OMC, devem nortear a Organização Mundial do Comércio[383]. No fim, porém, ao reconhecer que o acordo bilateral em causa foi, com autorização das Partes Contratantes, negociado no âmbito do art. XXVIII do GATT e fornecia a base para o contingente pautal que estava em discussão no diferendo, o Órgão de Recurso decidiu que o acordo podia servir como um meio complementar de interpretação nos termos do art. 32º da Convenção de Viena sobre o Direito dos Tratados:

> "**81.** É a Lista LXXX, e não o Acordo sobre Sementes Oleaginosas, que contém as obrigações pertinentes das Comunidades Europeias no âmbito do Acordo OMC. Por conseguinte, é a Lista LXXX e não o Acordo sobre Sementes Oleaginosas, a base jurídica para solucionar o presente litígio e que deve ser interpretada 'em conformidade com as normas de interpretação do direito internacional público', em virtude do disposto no nº 2 do artigo 3º do Memorando de Entendimento sobre Resolução de Litígios. (...).
>
> **83.** Reconhecemos que o Acordo sobre Sementes Oleaginosas foi negociado no âmbito do artigo XXVIII do GATT de 1947 com autorização das Partes Contratantes e que ambas as partes concordam que o conteúdo deste Acordo constituiu a base da concessão feita pelas Comunidades Europeias no Ciclo do Uruguai, consignada na Lista LXXX, de um contingente pautal para 15.500 toneladas de carne de aves congelada. Em consequência, em nosso entender, o Acordo sobre Sementes Oleaginosas pode ser utilizado como *meio complementar* de interpretação da Lista LXXX nos termos do estabelecido no artigo 32º da Convenção de Viena, enquanto parte dos antecedentes históricos das concessões das Comunidades Europeias a respeito da carne de aves congelada"[384].

Outra situação que tem suscitado algumas dúvidas prende-se com as chamadas soluções mutuamente acordadas, previstas no nº 6 do art. 3º do Memorando de Entendimento sobre Resolução de Litígios:

---

[383] Relatório do Órgão de Recurso no caso *European Communities – Measures Affecting the Importation of Certain Poultry Products* (WT/DS69/AB/R), 13-7-1998, parágrafos 79-80.
[384] *Idem*, parágrafos 81 e 83.

A JURISDIÇÃO

"As soluções mutuamente acordadas para questões formalmente levantadas ao abrigo das disposições de consulta e resolução de litígios dos acordos abrangidos serão notificadas ao Órgão de Resolução de Litígios e aos conselhos e comités relevantes, onde qualquer Membro pode colocar uma questão relacionada com a matéria em discussão".

As soluções mutuamente acordadas notificadas ao Órgão de Resolução de Litígios variam muito em termos de pormenor e de natureza[385], sendo frequente as partes associarem termos e condições a tais acordos[386]. Por exemplo, no caso *Egypt – Anti-Dumping Duties on Matches from Pakistan*, as partes em causa limitaram-se a anunciar que tinham chegado a uma solução mutuamente acordada sob a forma de um compromisso de preços[387]; no caso *Japan – Measures Affecting the Importation of Apples*, as delegações do Japão e dos Estados Unidos notificaram o Órgão de Resolução de Litígios da solução mutuamente satisfatória a que tinham chegado, a qual consistia em múltiplos elementos e condições (por exemplo, desinfecção com cloro dos estabelecimentos de embalagem, certificação e confirmação da certificação da desinfecção das superfícies, inspecção das exportações, testes de amadurecimento das frutas frescas, etc.)[388]; no caso *Canada – Tax Exemptions and Reductions for Wine and Beer*, as delegações das Comunidades Europeias e do Canadá notificaram o Órgão de Resolução de Litígios que a solução mutuamente acordada entre si resumia-se a uma redução, com base no tratamento da nação mais favorecida, dos direitos aduaneiros aplicados a determinados produtos importados pelo Canadá[389]; e, no caso *Japan – Procurement of a*

[385] Xavier Fernández Pons, *La OMC y el Derecho internacional: Un estudio sobre el sistema de solución de diferencias de la OMC y las normas secundarias del Derecho internacional general*, Marcial Pons, Madrid-Barcelona, 2006, p. 434. Segundo o próprio Órgão de Recurso, "o nº 7 do Artigo 3º não prescreve o conteúdo das soluções mutuamente acordadas, excepto que elas devem ser compatíveis com os acordos abrangidos". Cf. Relatório do Órgão de Recurso no caso *European Communities – Regime for the Importation, Sale and Distribution of Bananas, Second Recourse to Article 21.5 of the DSU by Ecuador; European Communities – Regime for the Importation, Sale and Distribution of Bananas, Recourse to Article 21.5 of the DSU by the United States* (WT/DS27/AB/RW2/ECU, WT/DS27/AB/RW/USA), 26-11-2008, parágrafo 211.

[386] Hunter Nottage e Jan Bohanes, Arbitration as an alternative to litigation in the WTO: observations in the light of the 2005 Banana Tariff Arbitrations, in *The WTO in the Twenty-First Century: Dispute Settlement, Negotiations, and Regionalism in Asia*, Yasuhei Taniguchi, Alan Yanovich e Jan Bohanes Ed., Cambridge University Press, 2007, p. 239.

[387] OMC, *Egypt – Anti-Dumping Duties on Matches from Pakistan, Notification of Mutually Agreed Solution* (WT/DS327/3, G/L/731/Add.1, G/ADP/D61/2), 29-3-2006.

[388] OMC, *Japan – Measures Affecting the Importation of Apples, Notification of Mutually Agreed Solution* (WT/DS245/21, G/L/520/Add.1, G/SPS/GEN/299/Add.1, G/AG/GEN/50/Add.1), 2-9-2005.

[389] OMC, *Canada – Tax Exemptions and Reductions for Wine and Beer, Notification of Mutually Agreed Solution* (WT/DS354/2, G/L/806/Add.1, G/SCM/D72/1/Add.1), 23-12-2008.

A FUNÇÃO JURISDICIONAL NO SISTEMA GATT/OMC

*Navigation Satellite,* as duas partes em litígio limitaram-se a notificar que tinham chegado a uma solução mutuamente acordada[390], de tal modo que os Estados Unidos tiveram que solicitar esclarecimentos adicionais numa reunião do Órgão de Resolução de Litígios. A Comissão Europeia e o Ministério de Transportes do Japão emitiram depois uma declaração conjunta descrevendo o conteúdo da solução a que tinham chegado[391].

O Memorando de Entendimento sobre Resolução de Litígios não prevê, porém, que uma parte queixosa alegue, mais tarde, que os termos e condições de uma solução mutuamente acordada não estão a ser respeitados pela outra parte e que um painel (e, caso haja recurso, o Órgão de Recurso) possa analisar tal alegação. As soluções mutuamente acordadas não constituem, por exemplo, "acordos abrangidos" no sentido do nº 1 do art. 1º do Memorando. Apesar destes argumentos, o Painel do caso *India – Measures Affecting the Automotive Sector* defendeu que daí não resulta, necessariamente, que:

> "(...) Um painel não pode, em certas circunstâncias, ter necessidade de considerar os termos de uma solução mutuamente acordada para cumprir as suas obrigações ao abrigo do Memorando de Entendimento sobre Resolução de Litígios. No presente caso, o Painel observa que os litígios relativos à aplicação do próprio Memorando de Entendimento sobre Resolução de Litígios podem eles próprios ser objecto de procedimentos no âmbito do Memorando de Entendimento sobre Resolução de Litígios. Será assim possível incluir os litígios relativos a soluções mutuamente acordadas, já que estas são referidas expressamente no Memorando de Entendimento sobre Resolução de Litígios"[392].

Mas, caso os compromissos alcançados se reflictam na lista de concessões pautais de um Membro, o cumprimento dos mesmos pode ser reclamado através do sistema de resolução de litígios da OMC[393]. Poder-se-á reclamar, então, a observância das obrigações resultantes dos acordos abrangidos, mas não a das soluções mutuamente acordadas enquanto tais[394].

---

[390] OMC, *Japan – Procurement of a Navigation Satellite, Notification of a Mutually Agreed Solution* (WT/DS73/4/Rev.1, GPA/D1/2/Rev.1), 14-8-1997.

[391] OMC, *Japan – Procurement of a Navigation Satellite, Notification of a Mutually Agreed Solution* (WT/DS73/5), 3-3-1998.

[392] Relatório do Painel no caso *India – Measures Affecting the Automotive Sector* (WT/DS146/R, WT/DS175/R), 21-12-2001, nota de rodapé 364.

[393] Xavier Fernández PONS, *La OMC y el Derecho internacional: Un estudio sobre el sistema de solución de diferencias de la OMC y las normas secundarias del Derecho internacional general*, Marcial Pons, Madrid--Barcelona, 2006, p. 435.

[394] As listas de concessões e as listas de compromissos em matéria de apoio interno e de subsídios à exportação de produtos agrícolas fazem parte integrante do GATT (artigos II, nº 7, do GATT e

A JURISDIÇÃO

Pode acontecer, por outro lado, que o acordo que contém a solução mutuamente acordada compreenda disposições a regular eventuais controvérsias relativas à sua aplicação. O acordo a que chegaram as partes no caso *Australia – Subsidies Provided to Producers and Exporters of Automotive Leather*, por exemplo, previa uma arbitragem vinculativa caso despontasse um litígio sobre a execução e aplicação da solução mutuamente acordada[395]. O próprio Órgão de Recurso reconheceu que as partes em litígio podem assumir a obrigação de não recorrerem ao procedimento previsto no nº 5 do art. 21º do Memorando de Entendimento sobre Resolução de Litígios ao abrigo de uma solução mutuamente acordada[396].

Outra situação interessante diz respeito aos Protocolos de adesão à Organização Mundial do Comércio. Por um lado, as decisões relativas à adesão de novos membros são tomadas pelo Conselho Geral, agindo em nome da Conferência Ministerial (art. IV, nº 2, do Acordo OMC); por outro lado, os próprios termos dos protocolos de adesão prevêem que as disposições do protocolo são parte integrante do Acordo OMC[397]. Assim sendo, será que a violação de um compromisso assumido no quadro de uma adesão e constante dos documentos relativos à adesão constitui uma violação que pode dar lugar a um pedido de resolução do litígio? GABRIELLE MARCEAU pensa que sim[398] e nós também. No caso *China – Measures Affecting Trading Rights and Distribution Services for Certain Publications and Audiovisual Entertainment Products*, por exemplo, os Estados Unidos alegaram diante do painel que as medidas chinesas impugnadas violavam os compromissos em matéria de direito a comerciar assumidos pela China no Protocolo de Adesão da República Popular da China à Organização Mundial do Comércio e o relatório do Grupo de Trabalho sobre a adesão da China à OMC. Os Estados Unidos alegaram violações dos parágrafos 5.1 e 5.2 do Protocolo de Adesão da China e

---

3º, nº 1, do Acordo sobre a Agricultura) e as listas de compromissos específicos são parte integrante do GATS (art. XX, nº 3, do GATS).

[395] OMC, *Australia – Subsidies Provided to Producers and Exporters of Automotive Leather, Notification of Mutually Agreed Solution* (WT/DS126/11, G/SCM/D20/2), 31-7-2000, p. 1.

[396] Relatório do Órgão de Recurso no caso *European Communities – Regime for the Importation, Sale and Distribution of Bananas, Second Recourse to Article 21.5 of the DSU by Ecuador; European Communities – Regime for the Importation, Sale and Distribution of Bananas, Recourse to Article 21.5 of the DSU by the United States* (WT/DS27/AB/RW2/ECU, WT/DS27/AB/RW/USA), 26-11-2008, parágrafo 217.

[397] Steve CHARNOVITZ, Mapping the Law of WTO Accession, in *The WTO: Governance, Dispute Settlement, and Developing Countries*, Merit Janow, Victoria Donaldson e Alan Yanovich ed., Juris Publishing, Nova Iorque, 2008, p. 864; Gabrielle MARCEAU, Pratique et pratiques dans le droit de l'Organisation mondiale du commerce, in *La pratique et le droit international*, Société française pour le droit international, Colloque de Genève, Pedone, Paris, 2004, p. 201.

[398] Gabrielle MARCEAU *Les procédures d'accession à l'Organisation mondiale du commerce (OMC)*, in AFDI 1997, p. 235.

A FUNÇÃO JURISDICIONAL NO SISTEMA GATT/OMC

do parágrafo 1.2 do Protocolo de Adesão da China na medida em que este incorpora os compromissos referidos nos parágrafos 83 e 84 do relatório do Grupo de Trabalho sobre a adesão da China[399].

A respeito deste litígio, o Órgão de Recurso notou não só que o Protocolo de Adesão da China estabelece que ele é, juntamente com outros compromissos referidos no relatório do grupo de trabalho sobre a adesão da China, parte integrante do Acordo OMC[400], mas também que:

> "O Painel procedeu (...) na base de que o compromisso assumido pela China no parágrafo 93 do relatório do grupo de trabalho sobre a adesão da China pode ser invocado nos procedimentos de resolução de litígios da OMC e deve ser interpretado em conformidade com as normas consuetudinárias de interpretação consagradas nos artigos 31º e 32º da Convenção de Viena. Nenhuma destas asserções foi posta em causa em qualquer momento nestes procedimentos, incluindo no presente recurso"[401].

No fim, o Órgão de Recurso recomendou que o Órgão de Resolução de Litígios solicitasse à China que colocasse as medidas incompatíveis com o Protocolo de Adesão da China, o relatório do Grupo de Trabalho sobre a Adesão da China, o GATS e o GATT de 1994 em conformidade com as obrigações que lhe cabem em virtude destes instrumentos[402].

Cumpre destacar, por último, que, não obstante o Tribunal Internacional de Justiça ser o único órgão jurisdicional universal de competência geral para as questões de Direito Internacional[403], o sistema de resolução de litígios da OMC

---

[399] Relatório do Órgão de Recurso no caso *China – Measures Affecting Trading Rights and Distribution Services for Certain Publications and Audiovisual Entertainment Products* (WT/DS363/AB/R), 21-12-2009, parágrafo 2.

[400] *Idem*, parágrafo 133.

[401] Relatório do Órgão de Recurso no caso *China – Measures Affecting Imports of Automobile Partes* (WT/DS339/AB/R, WT/DS340/AB/R, WT/DS342/AB/R), 15-12-2008, parágrafo 214.

[402] Relatório do Órgão de Recurso no caso *China – Measures Affecting Trading Rights and Distribution Services for Certain Publications and Audiovisual Entertainment Products* (WT/DS363/AB/R), 21-12-2009, parágrafo 417.

[403] José Manuel Sérvulo CORREIA, *Relatório sobre Programa, Conteúdo e Métodos da Disciplina de Direito Internacional Público (Processo no Tribunal Internacional de Justiça)*, Provas Públicas de agregação em Ciências Jurídico-Políticas (Universidade de Lisboa), 2005, p. 61. JORGE MIRANDA, pelo contrário, entende que a competência do Tribunal Internacional de Justiça não é geral, dado estar circunscrita pela Carta das Nações Unidas e pelo seu Estatuto (cf. Jorge MIRANDA, *Apreciação do relatório sobre o programa, os conteúdos e os métodos de ensino de uma disciplina de direito internacional público (processo no Tribunal Internacional de Justiça) apresentado pelo Prof. Doutor José Manuel Sérvulo Correia a provas de agregação*, in Revista da Faculdade de Direito da Universidade de Lisboa, vol. XLVIII, nºs 1 e 2, 2007, p. 600). Nos últimos tempos, o Tribunal Internacional de Justiça tem

A JURISDIÇÃO

está longe, também, de constituir "a mono-culture". Embora as regras da OMC visem principalmente liberalizar as trocas comerciais, elas têm um impacto potencial sobre todos os outros segmentos da sociedade e do direito (por exemplo, a liberalização do comércio pode pôr em causa, por vezes, o ambiente ou os direitos humanos) e daí JOOST PAUWELYN concluir que tal situação "creates a huge potential for interaction between WTO rules and other rules of international law, as WTO rules cut across almost all other rules of international law"[404]. Olhando para o sistema de resolução de litígios da OMC, verificamos que a atenção deste tem recaído não apenas sobre o comércio internacional propriamente dito, mas também sobre a protecção do ambiente (casos *United States – Standards for Reformulated and Conventional Gasoline* e *United States – Import Prohibition of Certain Shrimp and Shrimp Products*), a protecção dos consumidores (caso *EC – Measures Affecting Meat and Meat Products (Hormones)*), a saúde pública (casos *EC – Measures Affecting the Prohibition of Asbestos and Asbestos Products* e *Argentina – Patent Production for Pharmaceuticals*), a fiscalidade (caso *United States – Tax Treatment for "Foreign Sales Corporations"*), o investimento (caso *Indonesia – Certain Measures Affecting the Automobile Industry*), a propriedade intelectual (caso *United States – Section 211 Omnibus Appropriations Act of 1998*), a segurança nacional (caso *United States – The Cuban Liberty and Democratic Solidarity Act*) e mesmo a protecção dos direitos humanos (caso *United States – Measures Affecting Government Procurement*). Diz-se mesmo muitas vezes que a OMC "will often 'attract' jurisdiction"[405]. Para tal efeito, muito contribui o facto de o sistema de resolução de litígios da OMC ser automático, poderoso, rápido e eficaz, podendo inclusive levar à aplicação de sanções económicas.

A diversidade de acordos e de matérias, além de tornar mais fácil aos membros da OMC a obtenção de compromissos (muitas vezes, impraticáveis noutras organizações internacionais, atendendo à impossibilidade de realizarem os chamados

---

lidado com queixas sobre os mais variados tópicos, incluindo o uso da força, o genocídio, o direito dos tratados, a responsabilidade dos Estados, o direito penal internacional, o tratamento dos estrangeiros, as relações consulares, a protecção diplomática e os direitos humanos. Cf. Christian LEATHLEY, *An Institutional Hierarchy to Combat the Fragmentation of International Law: Has the ILC Missed an Opportunity?*, in New York University Journal of International Law and Politics, 2007, p. 303.

[404] Joost PAUWELYN, *The Role of Public International Law in the WTO: How Far Can We Go?*, in AJIL, 2001, pp. 539-540.

[405] Gabrielle MARCEAU, *Conflicts of Norms and Conflicts of Jurisdictions: The Relationship between the WTO Agreement and MEAs and other Treaties*, in JWT, 2001, p. 1109.

147

A FUNÇÃO JURISDICIONAL NO SISTEMA GATT/OMC

*trade-offs*)[406], leva a que se tenha avançado com a proposta de a OMC se passar a chamar Organização Económica Mundial (*World Economic Organization*)[407].

## 4.3. O Caso do Mecanismo de Exame das Políticas Comerciais

O anexo 3 do Acordo OMC, relativo ao mecanismo de exame das políticas comerciais, é o único que não consta da enumeração de "acordos abrangidos" do Apêndice 1 do Memorando de Entendimento sobre Resolução de Litígios. O próprio Anexo 3 determina que o mecanismo de exame das políticas comerciais "não se destina a servir de base para garantir o cumprimento de obrigações específicas decorrentes dos acordos nem para os processos de resolução de litígios, nem ainda para impor aos membros novos compromissos em matéria de política". Por outras palavras, o mecanismo de exame deve exercer uma função de sentinela e não de juiz do sistema comercial no seu conjunto[408]. No caso *Canada – Measures Affecting the Export of Civilian Aircraft*, por exemplo, o Painel observou que:

> "O Brasil refere o exame da política comercial do Canadá elaborado em Novembro de 1998 no âmbito da OMC para alegar que a assistência do Quebeque à indústria de aeronaves de transporte regional outorga uma 'vantagem' ao 'oferecer garantias à exportação para projectos que são considerados demasiado arriscados pelas institui-ções financeiras privadas'. Observamos que a alínea i) da secção A do Mecanismo de Exame das Políticas Comerciais da OMC estipula que tal Mecanismo 'não se destina a servir de base para garantir o cumprimento de obrigações específicas decorrentes dos acordos nem para os processos de resolução de litígios (...)'. Por conseguinte, quando examinámos os argumentos apresentados pelo Brasil sobre a assistência de do Que-

---

[406] No caso do Ciclo do Uruguai, por exemplo, a inclusão da matéria dos serviços nas negociações não foi pacífica (isto apesar de os países em desenvolvimento possuírem vantagens comparativas nos sectores do turismo, do transporte marítimo e da construção civil e mesmo no caso de alguns serviços de informática). Contou nomeadamente com a oposição dos países em desenvolvimento, principalmente do chamado Grupo dos Dez (Brasil, Argentina, Índia, Cuba, Egipto, Nicarágua, Nigéria, Peru, Tanzânia e Jugoslávia), que manifestou energicamente a sua oposição à inclusão dos novos temas por, em sua opinião, excederem as competências do GATT. Além disso, os países em desenvolvimento em geral pretendiam impedir os avanços em novas matérias sem a realização de progressos significativos nos sectores tradicionais, como os têxteis e a agricultura. E, de facto, os países em desenvolvimento só aceitaram o Acordo sobre os Aspectos dos Direitos de Propriedade Intelectual relacionados com o Comércio porque os países desenvolvidos ofereceram em troca o Acordo sobre a Agricultura e o Acordo sobre os Têxteis e o Vestuário.

[407] Marco BRONCKERS, *More Power to the WTO?*, in JIEL, 2001, p. 55.

[408] GATT, *Políticas comerciales para un futuro mejor. Propuestas de acción (Relatório Leutwiler)*, Gene-bra, 1985, p. 48.

148

beque à indústria de aeronaves de transporte regional, não reconhecemos qualquer importância ao exame da política comercial do Canadá"[409].

Mas, será que os exames de política comercial visam simplesmente promover uma maior transparência das regulamentações e medidas nacionais que os membros aplicam nas suas relações comerciais com outros países? Por um lado, convém ter em conta que uma maior transparência das políticas comerciais reduz a pressão sobre o sistema de resolução de litígios, desde logo, por permitir que as medidas nacionais possam ser discutidas no Órgão de Exame das Políticas Comerciais (ou em reuniões de outros órgãos da OMC). Muitas vezes, tais discussões levam a que um membro perceba que uma determinada prática comercial viola as regras da OMC e a alterar, subsequentemente, a sua legislação nacional, de modo a colocá-la em conformidade com as regras da OMC. Por esta razão, o mecanismo de exame das políticas comerciais tem sido visto como uma:

"'extended wing of the Dispute Settlement Mechanism'. Even if the Trade Policy Review issues no condemnation from the World Trade Organization, diplomatic pressure is sometimes so severe that a country will have to conform to the report, if only to avoid a potential litigation"[410].

Deste modo, como salienta ASIF QURESHI, o Mecanismo de Exame das Políticas Comerciais pode ser "correctivo". O processo "correctivo" resulta do facto de o Mecanismo de Exame das Políticas Comerciais constituir um convite ao conjunto dos membros da OMC para avaliarem e apreciarem as políticas e práticas comerciais do Membro em causa[411]. Não obstante a sua falta de coerção, o mecanismo de exame tende a ter impacto no rumo do comportamento dos Estados[412].

---

[409] Relatório do Painel no caso *Canada – Measures Affecting the Export of Civilian Aircraft* (WT/DS70/R), 14-4-1999, parágrafo 9.274.

[410] Julien CHAISSE e Debashis CHAKRABORTY, *Implementing WTO Rules Through Negotiations and Sanctions: The Role of Trade Policy Review Mechanism and Dispute Settlement System*, in University of Pennsylvania Journal of International Economic Law, 2007, p. 161.

[411] Aliás, actualmente, o Secretariado da OMC presta assistência técnica à elaboração dos relatórios que os países em desenvolvimento e os países menos avançados têm de apresentar no âmbito dos respectivos exames de política comercial. A preparação e participação num exame de política comercial pode ser particularmente onerosa para alguns dos países referidos e, por isso, tais exames são precedidos, regra geral, por seminários organizados pelo Secretariado no território desses países quando são objecto de um exame. Cf. Markus BENZING, Trade Policy Review Mechanism, in *WTO-Institutions and Dispute Settlement*, Rüdiger Wolfrum, Peter-Tobias Stoll e Karen Kaiser (eds), Max Planck Commentaries on World Trade Law, Max Planck Institute for Comparative Public Law and International Law, Martinus Nijhoff Publishers, Leiden/Boston, 2006, p. 631.

[412] Asif QURESHI, *The World Trade Organization. Implementing International Trade Norms*, Manchester University Press, Manchester e Nova Iorque, 1996, p. 115.

A FUNÇÃO JURISDICIONAL NO SISTEMA GATT/OMC

Nada impede, por outro lado, que a informação que é revelada num exame da política Comercial possa ser usada como base para o cumprimento dos acordos da OMC através dos procedimentos de resolução de litígios da OMC. A criação do Mecanismo de Exame das Políticas Comerciais não pode ter sido prevista para funcionar como um processo em que, através da revelação de um "delito", os membros ficam "imunes" quanto ao cumprimento de uma obrigação. O Mecanismo de Exame das Políticas Comerciais não concede a absolvição dos pecados comerciais. Na verdade, nos exames, os membros podem fazer constar dos registos o seu direito, ou aspiração, tudo dependendo da evolução dos acontecimentos, de desenvolver o caso através dos procedimentos de resolução de litígios[413].

Nada coíbe, pois, que a informação recolhida e documentada pelos exames possa ser usada como prova ante um painel, não relevando se ela é apresentada por uma das partes em litígio ou obtida pelo próprio painel nos termos do art. 13º do Memorando de Entendimento sobre Resolução de Litígios[414]. Assim, embora os relatórios preparados no contexto dos exames de política comercial não contenham "concrete legal evaluations or determinations"[415] e o processo não seja coercivo, a verdade é que algumas das queixas apresentadas junto do sistema de resolução de litígios da OMC têm a ver com questões que foram postas em relevo no âmbito de exames da política comercial realizados anteriormente[416].

## 4.4. As Normas e Processos Especiais ou Complementares
Resulta do nº 2 do art. 1º do Memorando de Entendimento sobre Resolução de Litígios que:

> "As regras e processos do presente memorando são aplicáveis sem prejuízo das normas e processos especiais ou complementares sobre resolução de litígios previstos nos acordos abrangidos, tal como identificados no apêndice 2 do presente memorando. Caso haja divergências entre as normas e processos previstos no presente memorando e as normas e processos especiais ou complementares previstos no apên-

---

[413] *Idem*, p. 116. DONALD KEESING nota, ainda, que o exame das políticas comerciais fornece aos países frequentemente munições para utilização em negociações posteriores. Cf. Donald KEESING, *Improving Trade Policy Reviews in the World Trade Organization*, Institute for International Economics, Washington, D.C., 1998, p. 6.

[414] Markus BENZING, Trade Policy Review Mechanism, in *WTO-Institutions and Dispute Settlement*, Rüdiger Wolfrum, Peter-Tobias Stoll e Karen Kaiser (eds), Max Planck Commentaries on World Trade Law, Max Planck Institute for Comparative Public Law and International Law, Martinus Nijhoff Publishers, Leiden/Boston, 2006, p. 626.

[415] *Idem*.

[416] Julien CHAISSE e Debashis CHAKRABORTY, *Implementing WTO Rules Through Negotiations and Sanctions: The Role of Trade Policy Review Mechanism and Dispute Settlement System*, in University of Pennsylvania Journal of International Economic Law, 2007, pp. 178 e 184-185.

A JURISDIÇÃO

dice 2, estas últimas prevalecem sobre as primeiras. Nos diferendos que envolvam normas e processos previstos em mais do que um dos acordos abrangidos, se se verificar um conflito entre as normas e processos especiais ou complementares de acordos que estão a ser revistos, e caso as partes em litígio não consigam chegar a acordo sobre as normas e processos no prazo de 20 dias a contar da criação do painel, o presidente do Órgão de Resolução de Litígios previsto no nº 1 do artigo 2º, em consulta com as partes em litígio, definirá as normas e processos a respeitar no prazo de 10 dias a contar da apresentação de um pedido nesse sentido por um dos membros. O presidente reger-se-á pelo princípio de que as normas e processos previstos no presente memorando devem ser aplicados na medida do necessário para evitar conflitos".

São regras e processos especiais ou complementares as previstas:

a) no art. 11º, nº 2, do Acordo sobre a Aplicação de Medidas Sanitárias e Fitossanitárias;

b) nos artigos 2º, nºs 14 e 21; 4º, nº 4; 5º, nºs 2, 4 e 6; 6º, nºs 9, 10 e 11; e 8º, nºs 1 a 12, do Acordo sobre os Têxteis e o Vestuário;

c) no art. 14º, nºs 2 a 4, e anexo 2, do Acordo sobre os Obstáculos Técnicos ao Comércio;

d) no art. 17º, nºs 4 a 7, do Acordo sobre a Aplicação do Artigo VI do GATT 1994;

e) no art. 19º, nºs 3 a 5; e anexo II, nºs 2, alínea *f*), 3, 9 e 21, do Acordo sobre a Aplicação do Artigo VII do GATT 1994;

f) nos artigos 4º, nºs 2 a 12; 6º, nº 6; 7º, nºs 2 a 10; 8º, nº 5, nota de pé-de-página 35; 24º, nº 4; 27º, nº 8, e anexo V do Acordo sobre as Subvenções e as Medidas de Compensação;

g) nos artigos XXII, nº 3, e XXIII, nº 3, do GATS;

h) nº 4 do anexo relativo aos serviços de transporte aéreo;

i) nº 4 do anexo relativo aos serviços financeiros; e

j) nºs 1 a 5 da decisão relativa a certos processos de resolução de litígios para efeitos do GATS.

k) quaisquer normas ou procedimentos especiais ou complementares previstos nos Acordos Comerciais Plurilaterais tal como definidos pelos órgãos competentes de cada acordo e tal como notificados ao Órgão de Resolução de Litígios[417].

---

[417] Nos termos do art. 9º do Acordo sobre os Têxteis e o Vestuário, "o presente Acordo, bem como todas as restrições por ele abrangidas, caduca no primeiro dia do 121º mês após a entrada em vigor do Acordo OMC, data em que o sector dos têxteis e do vestuário estará plenamente integrado no âmbito do GATT de 1994. O presente Acordo não será prorrogado". Dito de outra forma, "o Acordo sobre os Têxteis e o Vestuário [era] o único acordo da OMC a prever o seu próprio 'suicídio'" (cf.

151

A FUNÇÃO JURISDICIONAL NO SISTEMA GATT/OMC

Um exame rápido destas regras e processos especiais ou complementares mostra, por exemplo, que elas visam permitir, a pedido de um membro parte num litígio ou de um Painel, a intervenção a título consultivo de peritos ou de um grupo de peritos técnicos em questões de natureza técnica que exijam uma análise aprofundada (art. 14º, nºs 2 a 4, do Acordo sobre os Obstáculos Técnicos ao Comércio; art. 11º, nº 2, do Acordo sobre a Aplicação de Medidas Sanitárias e Fitossanitárias) ou de organizações internacionais competentes (art. 11º, nº 2, do Acordo sobre a Aplicação de Medidas Sanitárias e Fitossanitárias); que estabelecem regras especiais sobre a composição dos painéis (nºs 1 a 5 da decisão relativa a certos processos de resolução de litígios para efeitos do GATS); que estabelecem regras para determinar se, na apreciação dos factos, as autoridades nacionais apuraram correctamente os factos e se a sua avaliação foi imparcial e objectiva (art. 17º, nº 6, do Acordo sobre a Aplicação do Artigo VI do GATT de 1994), etc..

As regras e processos especiais ou complementares não são, contudo, suficientes para porem em causa o carácter integrado do sistema de resolução de litígios da OMC:

> "É evidente que não se pretende que as disposições de um acordo abrangido em matéria de consultas e resolução de litígios *substituam*, enquanto sistema coerente de resolução de litígios para esse acordo, as regras e procedimentos do Memorando de Entendimento sobre Resolução de Litígios. Interpretar que o artigo 17º do Acordo Antidumping *substitui* o Memorando de Entendimento sobre Resolução de Litígios no seu conjunto equivale a negar o carácter integrado do sistema de resolução de litígios da OMC estabelecido pelo artigo 1º, nº 1, do Memorando de Entendimento sobre Resolução de Litígios"[418].

Ainda segundo o Órgão de Recurso:

> "**65.** O nº 2 do artigo 1º do Memorando dispõe que 'as normas e processos do presente Memorando são aplicáveis *sem prejuízo das normas e processos especiais ou complementares* sobre resolução de litígios previstas nos acordos abrangidos, tal como identificados no Apêndice 2 do presente Memorando'. O Memorando dispõe, ainda, que estas normas e processos especiais ou complementares 'devem prevalecer' sobre as disposições do Memorando 'na medida em que exista uma *divergência* entre' as duas séries de disposições. Em consequência, se não há nenhuma 'divergência', as normas

OMC, *Understanding the WTO*, ed. OMC, Genebra, 2003 p. 31), dada a previsão de que deixaria de vigorar no primeiro dia de 2005.
[418] Relatório do Órgão de Recurso no caso *Guatemala – Anti-Dumping Investigation Regarding Portland Cement from méxico* (WT/DS60/AB/R), 2-11-1998, parágrafo 67

A JURISDIÇÃO

e processos do Memorando e as normas e processos especiais ou complementares dos acordos abrangidos aplicam-se *conjuntamente*. Em nossa opinião, só quando as disposições do Memorando e as normas e processos especiais ou complementares de um acordo abrangido *não se complementam* entre si é que as disposições especiais ou complementares *prevalecem*. Só é possível chegar à conclusão de que uma disposição especial ou complementar *prevalece* sobre uma disposição do Memorando no caso de o cumprimento de uma disposição implicar a violação de outra disposição, ou seja, no caso de um *conflito* entre as duas. Por conseguinte, um intérprete deve identificar uma *incompatibilidade* ou uma *discrepância* entre uma disposição do Memorando e uma disposição especial ou complementar de um acordo abrangido *antes* de concluir que a última *prevalece* e de que a disposição do Memorando não é aplicável.

**66.** Consideramos que as normas e processos especiais ou complementares de um determinado acordo abrangido se unem às regras e processos de aplicação geral do Memorando para formar um sistema global, integrado, de resolução de litígios para o Acordo OMC. As regras e processos especiais ou complementares enumeradas no Apêndice 2 respondem ao objectivo de atender às peculiaridades do sistema de resolução de litígios no que respeita às obrigações resultantes de um determinado acordo abrangido, ao passo que o artigo 1º do Memorando procura estabelecer um sistema de resolução de litígios integrado e global para todos os acordos abrangidos do Acordo OMC no seu conjunto. Por conseguinte, só no caso concreto de uma disposição do Memorando de Entendimento sobre as Regras e Processos que Regem a Resolução de Litígios e uma regra especial ou complementar de um outro acordo abrangido serem mutuamente incompatíveis cabe concluir que a regra especial ou complementar *prevalece* sobre a disposição do Memorando"[419].

Por exemplo, o facto de o art. 17º, nº 5, do Acordo sobre a Aplicação do Artigo VI do GATT de 1994 conter requisitos adicionais, os quais não são mencionados no art. 6º, nº 2, do Memorando, não torna inaplicáveis os requisitos impostos por esta última disposição nos litígios surgidos no âmbito do Acordo sobre a Aplicação do Artigo VI do GATT de 1994. No entender do Órgão de Recurso, não existe qualquer divergência entre o art. 17º, nº 5, do Acordo sobre a Aplicação do Artigo VI do GATT de 1994 e o art. 6º, nº 2, do Memorando. Pelo contrário, as duas disposições são complementares e devem ser aplicadas conjuntamente ou, se quisermos, a primeira não visa substituir a última[420].

Só quando se verificam divergências entre as regras e processos previstos no Memorando e as regras e processos especiais ou complementares devem estas últimas prevalecer sobre as primeiras. O Órgão de Recurso considerou haver

---

[419] *Idem*, parágrafos 65-66.
[420] *Idem*, parágrafo 75.

A FUNÇÃO JURISDICIONAL NO SISTEMA GATT/OMC

uma divergência quando o respeito de uma disposição origina a violação de outra disposição[421]. O nº 4 do art. 4º do Acordo sobre as Subvenções e as Medidas de Compensação, por exemplo, estabelece um prazo de 30 dias a contar da data do pedido de consultas para encontrar uma solução mutuamente satisfatória, antes de qualquer membro que seja parte nas consultas possa pedir a criação de um painel, ao passo que o nº 7 do art. 4º do Memorando de Entendimento sobre Resolução de Litígios refere um prazo de 60 dias a contar da data de recepção do pedido de consultas para os mesmos efeitos. Neste caso, existe claramente um conflito e a regra do primeiro acordo deve prevalecer sobre a regra do segundo acordo. Todavia, se um caso disser respeito a mais de um acordo abrangido, por exemplo, ao Acordo sobre as Subvenções e as Medidas de Compensação e ao Acordo sobre a Agricultura, a parte queixosa "will often waive the invocation of the shorter time limit, since there is no shorter time limit provision in Agreement on Agriculture. Therefore, in practice, the normal time of 60 days is applicable"[422].

Até hoje, nunca foi utilizado o procedimento previsto no nº 2 do art. 1º do Memorando para solucionar possíveis situações de conflito entre normas e processos especiais ou complementares[423].

### 4.5. As Declarações e Decisões Ministeriais
Além dos diversos anexos, há uma série de Declarações e Decisões Ministeriais que completam, precisam ou interpretam certas disposições dos diferentes acordos abrangidos, mas que não fazem parte do Acordo OMC[424]. Essas declarações e decisões são as seguintes:

- Decisão relativa às medidas em favor dos países menos desenvolvidos;
- Decisão relativa às medidas respeitantes aos possíveis efeitos negativos do programa de reforma nos países menos desenvolvidos e nos países em desenvolvimento importadores líquidos de produtos alimentares;
- Declaração relativa à contribuição da Organização Mundial do Comércio para uma maior coerência na elaboração das políticas económicas a nível mundial;

---

[421] *Idem*, parágrafo 65. De notar, que esta conclusão do Órgão de Recurso foi feita a respeito da relação entre uma disposição do Acordo sobre a Aplicação do Artigo VI do GATT de 1994 (Anexo 1A) e uma disposição do Memorando de Entendimento sobre as Regras e Processos que regem a Resolução de Litígios (Anexo 2).

[422] Yang GUOHUA, Bryan MERCURIO e Li YONGJIE, *WTO Dispute Settlement Understanding: A Detailed Interpretation*, Kluwer Law International, 2005, p. 7.

[423] Fernando PIÉROLA, *Solución de Diferencias ante la OMC: Presente y Perspectivas*, Cameron May, Londres, 2008, pp. 85-86.

[424] Joost PAUWELYN, *The Role of Public International Law in the WTO: How Far Can We Go?*, in AJIL, 2001, p. 554.

A JURISDIÇÃO

- Declaração relativa às relações da Organização Mundial do Comércio com o Fundo Monetário Internacional;
- Decisão relativa aos procedimentos de notificação;
- Decisão relativa à notificação da primeira integração por força do nº 6 do artigo 2º do Acordo sobre os Têxteis e o Vestuário;
- Decisão relativa ao memorando de entendimento proposto respeitante ao sistema de informação sobre as normas OMC/Organização Internacional de Normalização (ISO);
- Decisão relativa ao exame de publicação do centro de informação ISO/ /CEI;
- Decisão relativa à prevenção da evasão às medidas antidumping;
- Decisão relativa ao exame do nº 6 do artigo 17º do Acordo sobre a Aplicação do Artigo VI do Acordo Geral sobre Pautas Aduaneiras e Comércio de 1994;
- Declaração relativa à resolução de litígios em conformidade com o Acordo sobre a Aplicação do Artigo VI do Acordo Geral sobre Pautas Aduaneiras e Comércio de 1994 ou com a parte V do Acordo sobre as Subvenções e as Medidas de Compensação;
- Decisão relativa aos casos em que as administrações aduaneiras têm razões para duvidar da veracidade ou da exactidão do valor declarado;
- Decisão relativa aos textos respeitantes aos valores mínimos e às importações efectuadas por agentes, distribuidores e concessionários exclusivos;
- Decisão relativa aos convénios institucionais respeitantes ao Acordo Geral sobre o Comércio de Serviços;
- Decisão relativa a certos processos de resolução de litígios para efeitos do Acordo Geral sobre o Comércio de Serviços;
- Decisão relativa ao comércio de serviços e ao ambiente;
- Decisão relativa às negociações sobre a circulação de pessoas singulares;
- Decisão relativa aos serviços financeiros;
- Decisão relativa às negociações sobre os serviços de transporte marítimo;
- Decisão relativa às negociações sobre as telecomunicações de base;
- Decisão relativa aos serviços das profissões liberais;
- Decisão relativa à aplicação e revisão do Memorando de Entendimento sobre as Regras e Processos que Regem a Resolução de Litígios.

Apesar de não estarem incluídas pelo Apêndice 1 do Memorando de Entendimento sobre as Regras e Processos que Regem a Resolução de Litígios na designação "acordos abrangidos" e de não criarem "specific rights and obligations for

155

A FUNÇÃO JURISDICIONAL NO SISTEMA GATT/OMC

WTO Members which can be enforced through WTO dispute settlement"[425], é nosso entendimento que, encontrando-se muitas destas Declarações e Decisões Ministeriais directamente ligadas aos acordos abrangidos (por exemplo, ao GATS), elas devem ser tomadas em consideração caso o sistema de resolução de litígios seja invocado em relação a tais acordos (por exemplo, a questão da autoridade monetária e cambial no caso dos serviços prestados no exercício da autoridade do Estado). DAVID LUFF defende mesmo que:

> "Elles peuvent orienter de manière substantielle l'interprétation des accords de l'OMC, voire même limiter les droits ou les obligations qu'ils contiennent et déterminer ainsi les conclusions de l'examen d'une affaire par un groupe spécial ou par l'Organe d'appel"[426].

### 4.6. Os Acordos Celebrados pela OMC

A combinação de várias disposições do Acordo OMC leva-nos a concluir que a OMC goza efectivamente de um "treaty-making power". Em particular, os artigos III, nº 5, V e VIII, nº 1, do Acordo OMC indiciam que a OMC pode, de facto, concluir acordos internacionais. A prática da OMC aponta igualmente nesse sentido. Desde a sua entrada em funções, ela já concluiu, por exemplo, acordos com o Fundo Monetário Internacional e o Banco Mundial[427], a Organização Mundial de Propriedade Intelectual[428] e a Organização Mundial da Saúde Animal (o antigo Gabinete Internacional de Epizootias)[429].

Entre os muitos acordos celebrados pela OMC até ao momento, são de realçar os acordos de cooperação com o Fundo Monetário Internacional, em Dezembro de 1996, e com o Banco Mundial/Associação Internacional de Desenvolvimento, em Abril de 1997, tendo o primeiro acordo sido já objecto de análise no âmbito do sistema de resolução de litígios da OMC. De facto, no caso *Argentina – Measures Affecting Imports of Footwear, Textiles, Apparel and Other Items*, estava em causa uma taxa *ad valorem* de 3% aplicada pela Argentina às importações, denominada "taxa estatística", destinada a cobrir o custo que implicava a prestação de um serviço estatístico, erigido com o intuito de oferecer informação fidedigna aos operadores do comércio externo. Em relação a tal taxa, o Painel concluiu que ela violava o nº 1, alínea *a*), do art. VIII do GATT, na medida em que dava lugar a imposições

---

[425] Peter Van den BOSSCHE, *The Law and Policy of the World Trade Organization*, Cambridge University Press, 2005, p. 54.

[426] David LUFF, *Le Droit de l'Organisation Mondiale du Commerce: Analyse Critique*, Bruylant, Bruxelas, 2004, p. 32.

[427] OMC, *Agreements between the WTO and the IMF and the World Bank* (WT/L/194), 18-11-1996.

[428] OMC, *Agreement between WIPO and WTO*, in ILM, vol. XXXV, 1996, pp. 754-759.

[429] OMC, *Agreement between the WTO and the Office International des Épizooties* (WT/L/272), 8-7-1998.

156

A JURISDIÇÃO

superiores ao custo aproximado dos serviços prestados e também por causa do seu carácter fiscal.

Tendo o relatório do Painel sido objecto de recurso, a Argentina alegou diante do Órgão de Recurso que o Painel tinha cometido um erro de direito ao não ter em conta as obrigações contraídas pela Argentina junto do Fundo Monetário Internacional. Segundo a Argentina, o "Memorando de Acordo sobre a Política Económica" celebrado com o Fundo Monetário Internacional constituía um "acordo em forma simplificada" e incluía um compromisso ou uma obrigação de ela cobrar um montante específico sob a forma de uma taxa estatística. Além disso, o Painel errou ao não tomar em consideração determinados "textos jurídicos ulteriores", a saber, o Acordo entre o Fundo Monetário Internacional e a OMC e a Declaração relativa à contribuição da Organização Mundial do Comércio para uma Maior Coerência na elaboração das políticas económicas a nível mundial. Mais concretamente, o parágrafo 10 do Acordo entre o Fundo Monetário Internacional e a OMC e o parágrafo 5 da Declaração sobre a Coerência dispõem que se deve evitar "a imposição aos governos de condicionalidades cruzadas ou exigências adicionais". Perante destas alegações, o Órgão de Recurso declarou que:

> "(...) não há nada no Acordo entre o Fundo Monetário Internacional e a OMC, na Declaração relativa às Relações da Organização Mundial do Comércio com o Fundo Monetário Internacional e na Declaração relativa à Contribuição da Organização Mundial do Comércio para uma Maior Coerência na Elaboração das Políticas Económicas a Nível Mundial que justifique a conclusão de que os compromissos por um membro [da OMC] com o Fundo Monetário Internacional devem prevalecer sobre as obrigações que para si resultam do art. VIII do GATT de 1994 (...)"[430].

Ainda segundo o Órgão de Recurso,

> "**72.** O Acordo entre o Fundo Monetário Internacional e a OMC *não* modifica, aumenta ou diminui os direitos e obrigações dos membros no âmbito do Acordo OMC, nem modifica os compromissos individuais assumidos pelos Estados com o Fundo Monetário Internacional. Ele não contém nenhuma regra fundamental para a solução de possíveis incompatibilidades entre as obrigações de um Membro em virtude do Acordo OMC e as suas obrigações em virtude dos Estatutos do Fundo Monetário Internacional ou de qualquer acordo com o Fundo Monetário Internacional (...).
>
> **73.** (...) Notamos que determinadas disposições do GATT de 1994, tais como os artigos XII, XIV, XV e XVIII, permitem que um Membro da OMC, em determinadas

---

[430] Relatório do Órgão de Recurso no caso *Argentina – Measures Affecting Imports of Footwear, Textiles, Apparel and Other Items* (WT/DS56/AB/R), 27-3-1998, parágrafo 70.

A FUNÇÃO JURISDICIONAL NO SISTEMA GATT/OMC

circunstâncias específicas relacionadas com questões cambiais e/ou de balança de pagamentos, se eximam a certas obrigações do GATT de 1994. Todavia, o artigo VIII não prevê nenhuma excepção ou isenção desse tipo"[431].

No fundo, o acordo entre a OMC e o Fundo Monetário Internacional limita-se

"a estabelecer meios específicos de cooperação administrativa entre as duas organizações. Ele prevê a realização de consultas e a troca de informações entre o Secretariado da OMC e os serviços do Fundo Monetário Internacional em determinadas circunstâncias específicas e atribui a cada organização o estatuto de observador em algumas reuniões da outra"[432].

Em suma, os acordos em causa não são acordos abrangidos no sentido do Apêndice 1 do Memorando de Entendimento sobre Resolução de Litígios.

### 4.7. A Cláusula de Não Aplicação

Uma das grandes originalidades do Acordo OMC (e do GATT de 1947) prende-se com a chamada cláusula de não aplicação[433], nos termos da qual é possível a um membro decidir, por razões políticas e mesmo comerciais, não aplicar o Acordo OMC e os acordos comerciais multilaterais relativamente a outro membro, quando da adesão de um deles à OMC (art. XIII do Acordo OMC)[434].

---

[431] *Idem*, parágrafos 72-73.

[432] *Idem*, parágrafo 71.

[433] Dominique CARREAU e Patrick JUILLARD, *Droit international économique*, 1ª ed., Dalloz, Paris, 2003, p. 56. Mais à frente, estes dois autores qualificam de "extravagância jurídica" o Art. XIII do Acordo OMC. Cf. *Idem*, p. 293.

[434] O que não impede que os membros em causa participem juntos nos trabalhos, votem conjuntamente, etc.. Convém ter em atenção que a cláusula de não aplicação é distinta da figura das reservas. De facto, a formulação de reservas visa excluir ou modificar o efeito jurídico apenas de certas disposições do tratado na sua aplicação ao Estado que as formulou e aplica-se a todas as partes do tratado. Pelo contrário, a cláusula de não aplicação aplica-se a todas as disposições do tratado, mas apenas a determinados membros. Além disso, na cláusula de não aplicação não é o tratado que está em causa, mas sim a existência de relações comerciais entre dois ou mais membros. Por último, a aplicação da cláusula de não aplicação depende apenas da vontade do membro que a invoca e nunca tem de ser aceite pelos outros membros. Todavia, quando o Paquistão assinou o Protocolo de Aplicação Provisória, o governo paquistanês estabeleceu que "ao abrigo do art. XXXV do GATT, o Paquistão não observaria o tratamento da nação mais favorecida, quando da aplicação das disposições do acordo à África do Sul", o que leva à presunção de que o resto do Acordo Geral se aplicava nas relações comerciais entre os dois países. Assim sendo, neste caso, a cláusula de não aplicação funcionou como uma cláusula de reserva, através da qual uma parte contratante "can be allowed to exclude the legal effect of selected parts of the General Agreement with others" (cf. Lei WANG, *Non-Application Issues in the GATT and the WTO*, in JWT, vol. 28, nº 2, 1994, p. 60). JOHN JACKSON considera mesmo que o art. XXXV do GATT eliminava a necessidade de se prever a possibilidade

A JURISDIÇÃO

Durante a vigência do GATT de 1947, a Índia e o Paquistão decidiram, em 1948, não aplicar o Acordo Geral relativamente à África do Sul, situação que se deveu à política de *apartheid* seguida por este último país. E, em 1955, quando da acessão do Japão ao GATT, 14 das 33 partes contratantes de então, embora tenham votado a favor da sua acessão, recusaram aplicar-lhe o Acordo Geral, invocando, nomeadamente, o carácter particularmente fechado do mercado japonês[435]. No fundo, a cláusula de não aplicação tinha por objectivo assegurar que nenhuma parte contratante era obrigada a estabelecer relações comerciais com outra parte contratante "through a majority decision"[436].

No âmbito do GATT de 1947, deviam ser preenchidas duas condições diferentes para a cláusula de não aplicação poder ser aplicada entre uma parte contratante e uma outra parte contratante:

– as duas partes não entabularem negociações pautais entre si (o Acordo OMC eliminou esta condição)[437]; e
– uma das duas não consentir na aplicação do Acordo Geral, ou do seu art. II, no momento em que uma delas se tornava parte contratante[438].

de formulação de reservas. Cf. John JACKSON, *World Trade and the Law of GATT*, The Michie Company, Charlottesville – Virginia, 1969, p. 72.

[435] O art. XXXV do GATT de 1947 foi invocado em 70 ocasiões, 50 das quais contra o Japão. A maioria destas invocações "were made in order to curb imports of Japanese cotton, which was seen as threatening the industry in many countries, as well as alleged unfair Japanese market access practices". Cf. Armin Von BOGDANDY e Markus WAGNER, Article XIII WTO Agreement, in *WTO-Institutions and Dispute Settlement*, Rüdiger Wolfrum, Peter-Tobias Stoll e Karen Kaiser (eds), Max Planck Commentaries on World Trade Law, Max Planck Institute for Comparative Public Law and International Law, Martinus Nijhoff Publishers, Leiden/Boston, 2006, p. 154.

[436] Frieder ROESSLER, The Agreement Establishing the World Trade Organization, in *The Uruguay Round Results. A European Lawyers' Perspective*, Jacques Bourgeois, Frédérique Berrod & Eric Fournier ed., College of Europe and European Interuniversity Press, Bruxelas, 1995, p. 79. No caso da OMC, é bom lembrar que a "Conferência Ministerial aprovará o acordo sobre as modalidades de adesão por uma maioria de dois terços dos membros da OMC" (art. XII, nº 2, do Acordo OMC) e que "the original 1947 text required unanimity, but this standard was relaxed the next year to a two-thirds majority so as to avoid the use of a veto by one contracting party, and Article XXXV was added to preserve the principle of consent". Cf. John BARTON, Judith GOLDSTEIN, Timothy JOSLING e Richard STEINBERG, *The Evolution of the Trade Regime: Politics, Law, and Economics of the GATT and the WTO*, Princeton University Press, 2006, p. 179.

[437] Segundo o Presidente das PARTES CONTRATANTES, "delegations should be deemed to have entered into negotiations when they had held a first meeting scheduled by the Tariff Negotiations Working Party at which they had exchanged lists of offers" (Decisão de 31 de Maio de 1949). Cf. GATT, *Analytical Index: Guide to GATT Law and Practice* (ed. Frieder Roessler), 6ª ed., Genebra, 1994, p. 956.

[438] Durante a vigência do GATT de 1947, todas as invocações do artigo XXXV "have related to the non-application of the General Agreement and not only of its Article II under the alternate

A FUNÇÃO JURISDICIONAL NO SISTEMA GATT/OMC

Por causa desta segunda condição, os Estados Unidos não puderam, em 1951, recorrer à cláusula de não aplicação contra a Checoslováquia (ambos eram partes contratantes originárias)[439]. Em vez disso, as PARTES CONTRATANTES declararam que os dois governos "shall be free to suspend, each with respect to the other, the obligations of the General Agreement on Tariffs and Trade"[440], ou seja, ambos os países beneficiaram de uma derrogação[441].

Regra geral, a cláusula de não aplicação era invocada por uma parte contratante contra um país que estava em vias de se tornar igualmente parte contratante. Mas o contrário também podia acontecer (a chamada *two-way street*). Por exemplo, quando a Roménia acedeu ao GATT em 1971, ela invocou a cláusula contra a Coreia do Sul, que era parte contratante desde 1967.

A cláusula de não aplicação deixava de vigorar quando as partes contratantes em causa acordassem nesse sentido e notificassem as outras partes contratantes desse facto. Depois de tal acontecer, não era possível às partes contratantes envolvidas voltarem a invocá-la[442].

No caso do Acordo OMC, uma não aplicação num dos acordos sectoriais, como o GATT de 1994 ou o GATS, leva a uma não aplicação de todos os acordos comerciais multilaterais anexos ao Acordo OMC, situação criticável, pois pode levar a que um membro afirme que vai recorrer à cláusula de não aplicação a fim de obter maiores e melhores concessões comerciais do país que quer aderir à OMC[443]. Isto porque desapareceu a primeira condição: a participação de membros da OMC nas negociações de adesão não os priva do seu direito de recorrer à cláusula de não aplicação.

Além disso, a não aplicação do Acordo OMC e dos acordos comerciais multilaterais que figuram nos anexos 1 e 2 entre membros só poderia ser invocada entre membros originários da OMC (no sentido do art. XI, nº 1, do Acordo OMC)

---

clause of Article XXXV:1". Cf. GATT, *Analytical Index: Guide to GATT Law and Practice* (ed. Frieder Roessler), 6ª ed., Genebra, 1994, p. 957.

[439] Foi em 1951 que o Congresso norte-americano adoptou uma lei que impedia os Estados Unidos de concederem o tratamento da nação mais favorecida aos países controlados ou dominados pelo comunismo. Nessa altura, a Checoslováquia era a única parte contratante comunista, pelo que os Estados Unidos manifestaram vontade de deixar de aplicar o GATT nas suas relações com aquele país.

[440] John JACKSON, *World Trade and the Law of GATT*, The Michie Company, Charlottesville – Virginia, 1969, p. 750.

[441] John JACKSON, William DAVEY e Alan O. SYKES, *Legal Problems of International Economic Relations. Cases, Materials and Text on the National and International Regulation of Transnational Economic Relations*, 4ª ed., American Casebook Series, West Group, 2002, p. 1046.

[442] Olivier LONG, *La place du droit et ses limites dans le système commercial du GATT*, in RCADI, 1983-IV, vol.182, p. 46.

[443] Lei WANG, *Non-Application Issues in the GATT and the WTO*, in JWT, vol. 28, nº 2, 1994, pp. 71-72.

160

## A JURISDIÇÃO

que eram partes contratantes no GATT de 1947 caso o art. XXXV desse acordo (disposição equivalente ao art. XIII do Acordo OMC) já tivesse sido anteriormente invocado e estivesse em vigor entre essas partes contratantes no momento da entrada em funções da Organização Mundial do Comércio. Se estiver em causa um membro que adira ao abrigo do art. XII, a cláusula de não aplicação relativamente a determinado membro da OMC só vigora se o membro que adere notificar a Conferência Ministerial antes de esta ter aprovado o acordo sobre as modalidades de adesão (art. XIII, nº 3, do Acordo OMC).

Excluem-se, por último, do art. XIII do Acordo OMC os Anexos 3 e 4. Para um membro se eximir do Anexo 3, teria que invocar a não aplicação em relação a todos os demais membros, o que seria absurdo e os acordos comerciais plurilaterais apenas vigoram entre os membros da OMC que os aceitaram.

Em meados de 1997, apenas o Botsuana, a Guiné e o Lesoto continuavam a aplicar o art. XIII do Acordo OMC contra o Japão, enquanto Marrocos e a Tunísia aplicavam a mesma disposição contra Israel. E, quando da adesão à OMC do Quirguistão e da Mongólia, os Estados Unidos exerceram em relação a estes dois países o seu direito de não aplicação, nos termos do art. XIII do Acordo OMC[444]. Posteriormente, os Estados Unidos deixaram de invocar a cláusula de não aplicação em relação à Mongólia (a partir de 7 de Julho de 1999) e ao Quirguistão (a partir de 18 de Setembro de 2000)[445]. Mais recentemente, El Salvador informou, em 5 de Novembro de 2001, o Director-Geral da OMC de que não iria aplicar os acordos comerciais multilaterais em relação à China, país cuja adesão à OMC estava prevista para breve[446]. Em Fevereiro de 2010, mantinham-se apenas três situações de não aplicação: os Estados Unidos em relação à Moldávia; El Salvador em relação à China e a Turquia em relação à Arménia[447].

---

[444] OMC, *Accession of Mongolia – Invocation by the United States of Article XIII of the WTO Agreement* (WT/L/159), 17-7-1996; e *Accession of the Kyrgyz Republic – Invocation by the United States of Article XIII of the WTO Agreement* (WT/L/275), 12-10-1998. Em ambos os casos, a missão permanente dos Estados Unidos dirigiu ao Presidente do Conselho Geral somente a seguinte comunicação:
"Recebi instruções das minhas autoridades para informá-lo e ao Conselho Geral, antes da aprovação do acordo sobre as condições de adesão do Quirguistão, de que os Estados Unidos não consentem na aplicação entre eles e o Quirguistão do Acordo que Cria a Organização Mundial do Comércio e dos Acordos Comerciais Multilaterais incluídos nos seus Anexos 1 e 2".

[445] OMC, *Withdrawal of Invocation of Article XIII by the United States with respect to Mongolia* (WT/L/306), 8-7-1999; e *Withdrawal of Invocation of Article XIII by the United States with respect to the Kyrgyz Republic* (WT/L/363), 20-9-2000.

[446] OMC, *Invocation by El Salvador of Article XIII of the Marrakesh Agreement Establishing the World Trade Organization with Respect to China* (WT/L/429), 7-11-2001.

[447] http://www.wto.org (visitado em 3-2-2010).

## A FUNÇÃO JURISDICIONAL NO SISTEMA GATT/OMC

Curiosamente, apesar das relações tensas que sempre existiram entre a China e o Taipé Chinês, nenhum dos dois países recorreu à cláusula de não aplicação. Ao mesmo tempo, assinala JOOST PAUWELYN:

> "Taiwan and, especially, China have sent out signals that they do not intend to resort to WTO dispute settlement to resolve trade disputes between mainland China and Taiwan. If a bilateral agreement or even a binding unilateral declaration to this effect can be detected, then a WTO panel ought to respect it and apply it as against the Member who made such commitment"[448].

De modo semelhante, a adesão da Arábia Saudita à OMC não implicou a invocação da cláusula de não aplicação em relação a Israel, isto apesar de a Arábia Saudita manter, desde há muito, "a total boycott of Israel and a secondary and tertiary boycott of firms and individuals in the United States and elsewhere that trade with Israel"[449].

## 5. O Acesso ao Sistema de Resolução de Litígios

### 5.1. A Jurisdição *Ratione Personae*

O Órgão de Recurso notou no caso *United States – Import Prohibition of Certain Shrimp and Shrimp Product* que:

> "(...) O acesso ao sistema de resolução de litígios da OMC está limitado aos Membros da OMC. Em virtude do Acordo OMC e dos acordos abrangidos actualmente em vigor, os particulares e as organizações internacionais, sejam elas governamentais ou não, não têm acesso a este sistema. Apenas os Membros podem tornar-se partes num litígio que possa ser submetido a um painel e só os Membros 'que tenham um interesse substancial numa questão em análise num painel' podem participar na qualidade de partes terceiras nos procedimentos do dito painel [artigos 4º, 6º, 9º e 10º do Memorando de Entendimento sobre Resolução de Litígios]. Por conseguinte, em conformidade com o Memorando de Entendimento sobre Resolução de Litígios, somente os Membros que sejam parte num litígio ou que tenham notificado ao Órgão de Resolução de Litígios o seu interesse em participar num litígio na qualidade de partes terceiras têm um *direito legal* de apresentar comunicações a um painel e um *direito*

---

[448] Joost PAUWELYN, *How to Win a World Trade Organization Dispute Based on Non-World Trade Organization Law? Questions of Jurisdiction and Merits*, in JWT, 2003, p. 1008.

[449]   Eugene KONTOROVICH, *The Arab League Boycott and WTO Accession: Can Foreign Policy Excuse Discriminatory Sanctions?*, in CJIL, Vol. 4, No. 2, 2003, p. 284. Este mesmo autor defendia que, "if Saudi Arabia were to accede to the WTO, the primary boycott of Israel would most likely not cause any conflict with GATT requirements. Article XXXV, known as the non-application clause, allows a newly acceding nation to opt out of GATT's requirements with respect to particular members". Cf. *Idem*, pp. 292-293.

A JURISDIÇÃO

*legal* de ver tais comunicações examinadas por um painel [artigos 10º, 12º e Apêndice 3 do Memorando de Entendimento sobre Resolução de Litígios]. Em consequência, os painéis estão juridicamente *obrigados* a aceitar e a examinar devidamente unicamente as comunicações apresentadas pelas partes e partes terceiras durante os procedimentos de um painel (...)"[450].

A respeito desta importante constatação do Órgão de Recurso, importa destacar, primeiro, que, tal como acontecia no sistema vigente no GATT de 1947, o acesso ao sistema de resolução de litígios continua limitado aos membros da OMC (partes contratantes no caso do GATT de 1947). Referia ROSINE PLANK a propósito do GATT de 1947 que:

"The GATT is not an ombudsman and has no forces to inspect the world's customs agents to ensure that GATT commitments are being honoured. Sending out no missionaries, it waits for individual contracting parties to come to chapel to confess, denounce others, or renew and expand the faith"[451].

Segundo, embora o Órgão de Recurso fale apenas dos particulares, das organizações intergovernamentais e das organizações não governamentais, também os governos ou autoridades regionais ou locais não têm acesso directo ao sistema de resolução de litígios da OMC nem podem ser objecto de queixas (pelo menos, directamente) junto do mesmo[452]. Apesar de tudo, convém ter presente que a

---

[450] Relatório do Órgão de Recurso no caso *United States – Import Prohibition of Certain Shrimp and Shrimp Products* (WT/DS58/AB/R), 12-10-1998, parágrafo 101. Posteriormente, o Órgão de Recurso voltou a reiterar que:
"(...) no sistema de resolução de litígios da OMC, o Memorando de Entendimento sobre Resolução de Litígios prevê a *participação* nos procedimentos dos painéis ou do Órgão de Recurso, como um direito, *unicamente* no caso das partes e partes terceiras num litígio. E, de acordo com o Memorando de Entendimento sobre Resolução de Litígios, *só* os Membros da OMC podem legalmente ser partes ou partes terceiras num determinado litígio (...)". Cf. Relatório do Órgão de Recurso no caso *United States – Imposition of Countervailing Duties on Certain Hot- -Rolled Lead and Bismuth Carbon Steel Products Originating in the United Kingdom* (WT/DS138/ AB/R), 10-5-2000, parágrafo 40.
[451] Rosine PLANK, An Unofficial Description of how a GATT Panel Works and Does Not, in *The World Trading System. Critical Perspectives on the World Economy, vol. II, Dispute Settlement in the World Trading System*, Robert Howse ed., Routledge, Londres e Nova Iorque, 1998, p. 65.
[452] De notar que, actualmente, "international judicial bodies that grant standing to non-state entities far outnumber judicial bodies whose jurisdiction is limited to disputes between sovereign states. Historically, this was not the rule". Cf. Cesare ROMANO, *The Proliferation of International Judicial Bodies: The Pieces of the Puzzle*, in New York University Journal of International Law and Politics, 1999, p. 710.

163

A FUNÇÃO JURISDICIONAL NO SISTEMA GATT/OMC

Comunidade Europeia, uma das mais importantes organizações internacionais da actualidade, é Membro da OMC[453].

Terceiro, não é possível ao Secretariado da OMC e aos países com o estatuto de observador apresentarem uma queixa junto do sistema de resolução de litígios da OMC[454].

Quarto, não é possível a um país ou território aduaneiro autónomo não membro da OMC aceder ao sistema de resolução de litígios da OMC[455] ou ser objecto de uma queixa. Durante a vigência do GATT de 1947, entendia-se, também, que

---

[453] Na sequência da entrada em vigor do Tratado de Lisboa no dia 1 de Dezembro de 2009, a União Europeia sucedeu à Comunidade Europeia. Consequentemente, a União Europeia passou a exercer todos os direitos e a assumir todas as obrigações da Comunidade Europeia no âmbito da OMC. Em particular, a União Europeia sucedeu à Comunidade Europeia em todos os acordos concluídos e compromissos contraídos por esta com a OMC e em todos os acordos ou compromissos adoptados no seio da OMC vinculativos para a Comunidade Europeia. Finalmente, a delegação da Comissão Europeia acreditada perante a OMC passou a ser a "delegação da União Europeia". Cf. OMC, *Verbal Note from the Council of the European Union and the Commission of the European Communities* (WT/L/779), 30-11-2009.

[454] OMC, *A Handbook on the WTO Dispute Settlement System – A WTO Secretariat Publication*, Cambridge University Press, 2004, p. 9. Todavia, uma vez que um litígio analisado no âmbito do sistema de resolução de litígios da OMC pode ter um impacto económico significativo num país ou território aduaneiro autónomo que não seja membro da OMC, um painel pode decidir convidar representantes desse país ou território não membro da OMC para estar presente numa audiência. Tal situação ocorreu durante a vigência do GATT de 1947, mais exactamente, no caso *European Community – Tariff Treatment on Imports of Citrus Products from Certain Countries in the Mediterranean Region*:

"Dada a natureza especial da questão, o Painel decidiu convidar os países do Mediterrâneo que são partes contratantes e cujas exportações de citrinos para a Comunidade beneficiam de preferências pautais para estarem presentes nas reuniões do Painel com os Estados Unidos e a Comunidade Europeia e ouvirem os argumentos destas duas partes em litígio. O Painel convidou também Marrocos para estar presente, atendendo a um pedido formulado por este país e tendo em conta o seu considerável interesse comercial na questão.Cada um destes países mediterrânicos foi convidado a apresentar ao Painel memorandos escritos sobre a queixa dos Estados Unidos e concedida também a cada um deles a possibilidade de fazerem apresentações orais nas reuniões do Painel com as partes. A Espanha apresentou memorandos escritos ao Painel. O Egipto, a Espanha, Israel e Marrocos fizeram apresentações orais" (cf. Relatório do Painel no caso *European Community – Tariff Treatment on Imports of Citrus Products from Certain Countries in the Mediterranean Region* (L/5776), posto a circular em 7 de Fevereiro de 1985 e nunca adoptado, parágrafo 1.7).

Marrocos gozava, então, apenas do estatuto de país observador junto do GATT.

[455] No GATT de 1947, em contraste, "contracting parties brought disputes on behalf of non-member territories for which they had international responsibility at the time. For example, the United Kingdom initiated dispute settlement proceedings against Norway on behalf of Hong Kong, while the Netherlands did so against the United States on behalf of the Netherlands Antilles" (cf. Petros MAVROIDIS e David PALMETER, *Dispute Settlement in the World Trade Organization: Practice and Proce-*

A JURISDIÇÃO

o nº 2 do art. XXIII não era aplicável aos litígios entre as partes contratantes e os países que estivessem a aplicar, *de facto*, o Acordo Geral[456]. No caso da Carta das Nações Unidas, porém, pode um Estado que não seja membro das Nações Unidas tornar-se parte no Estatuto do Tribunal Internacional de Justiça, em condições que serão determinadas, em cada caso, pela Assembleia Geral, mediante recomendação do Conselho de Segurança (art. 93º, nº 2, da Carta das Nações Unidas)[457].

*dure*, 2ª ed., Cambridge University Press, 2004, p. 29). Actualmente, os dois territórios referidos são membros da OMC.

[456] GATT, *Minutes of the Meeting Held on 10-11 November 1983, Committee on Customs Valuation* (VAL/M/8), 18-1-1984, parágrafo 6 (p.2); GATT, *De Facto Application of the General Agreement, Note by the Secretariat* (C/130), 28-6-1984, parágrafo 8(c) (p. 4). O GATT de 1947 criou direitos e obrigações não apenas para as partes contratantes formais, mas também para um conjunto vasto de países e territórios que nunca aderiram formalmente ao GATT (as chamadas partes contratantes *de facto*). As partes contratantes *de facto* recebiam o tratamento da nação mais favorecida, eram convidadas para as negociações comerciais multilaterais e podiam observar as reuniões anuais do GATT, mas não podiam votar (cf. Judith GOLDSTEIN, Douglas RIVERS e Michael TOMZ, *Institutions in International Relations: Understanding the Effects of the GATT and the WTO on World Trade*, in International Organization, 2007, p. 42). Os primeiros países a adquirir o estatuto *de facto* foram o Laos e o Cambodia, independentes a partir de 1949 e 1953, respectivamente.

[457] Esta situação verificou-se, por exemplo, em relação à Suíça, parte no Estatuto desde 1948, mas que só se tornou Membro da Organização das Nações Unidas em 2002. O Estatuto do Tribunal Internacional de Justiça, embora seja parte integrante da Carta das Nações Unidas (art. 92º da Carta), é formalmente distinto dela. Uma vez admitido, um Estado que não seja membro das Nações Unidas encontra-se na mesma posição jurídica em relação ao Tribunal Internacional de Justiça que os membros das Nações Unidas, participando, por exemplo, da mesma maneira que os membros na eleição dos juízes do Tribunal. As condições para que os países não membros das Nações Unidas possam aderir ao Estatuto do Tribunal são as seguintes: aceitar as disposições do Estatuto do Tribunal Internacional de Justiça; aceitar todas as obrigações dos membros das Nações Unidas previstas no art. 94º da Carta; e assumir o compromisso de contribuir para as despesas do Tribunal (cf. Hermann MOSLER e Karin OELLERS-FRAHM, Article 93, in *The Charter of the United Nations: A Commentary*, vol. II, Bruno Simma ed., 2ª ed., Oxford University Press, 2002, p. 1173). O Tribunal Internacional de Justiça encontra-se, ainda, aberto a Estados que não sejam partes no Estatuto, nas condições determinadas pelo Conselho de Segurança, tal como previsto no nº 2 do artigo 35º do Estatuto. Essas condições constam da Resolução 9 do Conselho de Segurança, de 15 de Outubro de 1946, e são as seguintes: que o Estado deposite junto do escrivão do Tribunal uma declaração de aceitação da jurisdição deste (de acordo com a Carta das Nações Unidas e com os termos e sujeito às condições do Estatuto e das regras do Tribunal), aceite obedecer de boa fé às decisões do tribunal e aceite todas as obrigações dos membros das Nações Unidas previstas no art. 94º da Carta (cf. Marisa Caetano FERRÃO, A jurisdição do Tribunal Internacional de Justiça: Em especial a Cláusula Facultativa de Jurisdição Obrigatória, in *Estudos de Direito Internacional Público e Relações Internacionais*, Coordenação de Margarida Salema d'Oliveira Martins, Associação Académica da Faculdade de Direito de Lisboa, 2008, p. 292; Hermann MOSLER e Karin OELLERS--FRAHM, Article 93, in *The Charter of the United Nations: A Commentary*, vol. II, Bruno Simma ed., 2ª

A FUNÇÃO JURISDICIONAL NO SISTEMA GATT/OMC

Quinto, muito embora os particulares e as empresas (enquanto importadores ou exportadores) sejam quem sofre mais directamente com as medidas alegadamente incompatíveis com os acordos abrangidos tomadas por Membros da OMC, formalmente, o sistema de resolução de litígios da OMC encontra-se aberto apenas aos Estados. Na prática, porém, "every WTO dispute has private actors lurking behind it"[458]. O afamado caso *European Communities – Regime for the Importation, Sale, and Distribution of Bananas*, por exemplo, começou após queixa das empresas "Chiquita Brands International, Inc." e "Hawaii Banana Industry Association" ao representante dos Estados Unidos para o comércio internacional[459]. Há mesmo quem afirme que a queixa apresentada pelos Estados Unidos contra a Comunidade Europeia "was to a very large extent a favour to Carl Lindner of Chiquita Bananas for his extensive campaign contributions to [U.S. Republican and Democratic] parties"[460] e que "a mark of the United States' success is that the factual description in the WTO panel report was largely taken from the U.S. brief. Much of that U.S. factual description had, in turn, been prepared by Chiquita and its lawyers"[461]. Sylvia Ostry, embaixadora do Canadá durante as

ed., Oxford University Press, 2002, p. 1173). A declaração de aceitação da jurisdição do Tribunal pode possuir uma natureza individualizada, sendo dirigida unicamente a um caso determinado, ou possuir uma natureza geral visando inclusive controvérsias futuras. Cf. Leonardo BRANT e Daniela VIEIRA, Artigo 93, in *Comentário à Carta das Nações Unidas*, Leonardo Brant org., Centro de Direito Internacional (CEDIN), Belo Horizonte, 2008, p. 1124.

[458] Steve CHARNOVITZ, *Economic and Social Actors in the World Trade Organization*, in ILSA Journal of International & Comparative Law, 2001, p. 263.

[459] Raj BHALA, *The Bananas War*, in McGeorge Law Review, 2000, p. 873.

[460] James DURLING, Rights of Access to WTO Dispute Settlement, in *Due Process in WTO Dispute Settlement*, Philippe Ruttley, Iain MacVay e Marc Weisberger ed., Cameron May, 2001, p. 145. Segundo parece, Lindner e os seus interesses doaram quase 1 milhão de dólares aos dois partidos dominantes em 1993 e 1994, "making him one of the largest contributors of soft money in the United States during that election cycle" (cf. Dale HATHAWAY e John STOVALL, US Interests in the Banana Trade Controversy, in *Banana Wars: The Anatomy of a Trade Dispute*, Timothy Josling e Timothy Taylor ed., Centre for Agricultural Bioscience International (CABI) Publishing, 2003, p. 153). O próprio Congresso norte-americano, então dominado pelo partido Republicano, teve um papel importante no desencadear do processo que originou a queixa. De facto, em Agosto de 1994, um grupo de 12 senadores, incluindo Bob Dole, escreveu a Mickey Kantor, na altura o *United States Trade Representative*, solicitando uma investigação formal ao abrigo da *Section 301* relativamente aos prejuízos causados às empresas norte-americanas ligadas à produção e comercialização de bananas por força do regime comunitário aplicável às bananas e 50 representantes enviaram uma carta similar, onde diziam que "the express intent of the new export quota and licensing authority is to inflict additional revenue and market share loss on American companies ... that have suffered a 50 percent decline in the European Union market share". Cf. *Idem*.

[461] Gregory SHAFFER, How to Make the WTO Dispute Settlement System Work for Developing Countries: Some Proactive Developing Country Strategies, in *Towards a Development-Supportive Dispute Settlement System in the WTO*, International Centre for Trade and Sustainable Development,

A JURISDIÇÃO

negociações comerciais do Ciclo do Uruguai, chegou mesmo a dizer que "America does not have a trade policy. It has clients"[462].

É mesmo possível defender que as partes privadas já participam abundantemente nos procedimentos da OMC. Ainda que tal participação seja "indirect, unofficial and largely *ad hoc*"[463], no caso *Japan – Measures Affecting Consumer Photographic Film and Paper*, por exemplo, estava em causa, na realidade, um litígio entre as empresas Kodak e Fuji e não propriamente uma disputa entre os Estados Unidos e o Japão. Formalmente, é verdade que a participação da Kodak se limitou à apresentação de uma queixa no âmbito da Secção 301 e de elementos de prova ao Representante dos Estados Unidos para o Comércio Internacional, incitando o governo norte-americano a prosseguir com o caso junto do governo japonês[464]. Na prática, porém, quer a Kodak, quer a Fuji, tinham representantes em Genebra, ambas as empresas auxiliaram as partes em litígio na fase inicial das consultas, ambas forneceram material probatório, ambas ajudaram na elaboração das observações escritas, ambas consultaram os respectivos governos antes das declarações orais e ambas auxiliaram os respectivos governos na redacção das respostas às questões escritas do Painel. A própria estratégia seguida pelos Estados Unidos de basear a queixa no art. XXIII do GATT, e não nos artigos III ou X do Acordo Geral, "had been urged by Kodak's lawyers, some of whom, while in the government, had worked on the *Oilseeds* case where the United States had successfully argued a similar 'nullification and impairment' theory"[465]. Em suma, a Kodak e a Fuji participaram profusamente na preparação e desenvolvimento do

---

ICTSD Resource Paper No. 5, March 2003, p. 20. De igual modo, as três queixas apresentadas com êxito pelas Comunidades Europeias contra alegadas práticas fiscais discriminatórias no Japão, Coreia e Chile exigiram "intensive input" da associação comercial comunitária afectada por tais práticas, a Associação *Scotch Whisky*. Cf. Gregory SHAFFER, 'Public-private partnerships' in WTO dispute settlement: the US and EU experience, in *The WTO in the Twenty-First Century: Dispute Settlement, Negotiations, and Regionalism in Asia*, Yasuhei Taniguchi, Alan Yanovich e Jan Bohanes Ed., Cambridge University Press, 2007, p. 174.

[462] *Idem*, p. 152.

[463] Jeffrey DUNOFF, *The Misguided Debate over NGO Participation at the WTO*, in JIEL, 1998, p. 434.

[464] O mais curioso é que foram os advogados da Fuji, e não funcionários do governo japonês, que se apresentaram perante o Representante dos Estados Unidos para o Comércio Internacional para discutir a matéria de facto, isto apesar de a Secção 301 ter sido concebida para lidar com práticas governamentais.

[465] Jeffrey DUNOFF, *The Misguided Debate over NGO Participation at the WTO*, in JIEL, 1998, pp. 446- -447.

A FUNÇÃO JURISDICIONAL NO SISTEMA GATT/OMC

litígio junto da OMC[466], não surpreendendo que se fale por vezes em "privatized trade policy"[467].

Sexto, podem ser avançadas diversas razões para que não seja permitido às partes privadas o acesso directo, formal, ao sistema de resolução de litígios da OMC. Antes de decidir apresentar uma queixa ao abrigo do sistema de resolução de litígios, os membros da OMC tomam em consideração um conjunto de aspectos, incluindo o estado da relação bilateral entre as partes em causa e como, em caso de vitória, reagiriam os cidadãos da parte demandada. Acredita-se, por exemplo, que Singapura retirou o caso que tinha iniciado contra a Malásia por entender que o mesmo poderia pôr em causa a excelente, mas por vezes tensa, relação entre os dois membros da Associação das Nações do Sudeste Asiático (ASEAN)[468]. De modo semelhante, pensa-se que a razão pela qual os países africanos não têm recorrido mais ao sistema de resolução de litígios se deve não à ausência de barreiras às suas exportações, mas sim por causa da sua vontade em manter excelentes relações bilaterais e multilaterais com a União Europeia, o seu principal parceiro comercial[469]. A perda do seu monopólio de decisão em relação às queixas a apresentar poderia tornar mais difícil aos Estados a assun-

[466] No próprio Ciclo do Uruguai, as organizações de carácter não estadual desempenharam, pela primeira vez, um papel significativo nas negociações comerciais multilaterais. Desde logo, a inclusão dos serviços na agenda do Ciclo do Uruguai deveu-se em boa parte aos esforços de um conjunto de grandes empresas prestadoras de serviços, principalmente norte-americanas (por exemplo, a American International Group, a American Express, o Citibank e a Arthur Andersen). No caso das negociações relativas ao Acordo TRIPS, as organizações de carácter não estadual chegaram mesmo a assessorar juridicamente o processo de redacção das suas disposições (cf. Gail EVANS, *Lawmaking under the Trade Constitution: A Study in Legislating by the World Trade Organization*, Kluwer Law International, Haia-Londres-Boston, 2000, p. 118). Isto é tanto mais notável quando sabemos que a Organização Mundial de Propriedade Intelectual, apesar de ter preparado "a few background papers for the TRIPS negotiating group, it was not a substantial factor in the TRIPS negotiations". Cf. Frederick ABBOTT, The TRIPS-legality of measures taken to address public health crises: Responding to USTR-State-industry positions that undermine the WTO, in *The Political Economy of International Trade Law – Essays in Honor of Robert E. Hudec*, Daniel Kennedy e James Southwick ed., Cambridge University Press, 2002, p. 315.

[467] Gregory SHAFFER, 'Public-private partnerships' in WTO dispute settlement: the US and EU experience, in *The WTO in the Twenty-First Century: Dispute Settlement, Negotiations, and Regionalism in Asia*, Yasuhei Taniguchi, Alan Yanovich e Jan Bohanes Ed., Cambridge University Press, 2007, p. 153.

[468] Estamos a falar da primeira queixa apresentada (por Singapura) no âmbito do sistema de resolução de litígios da OMC, a saber, o caso *Malaysia – Prohibition of Imports of Polyethylene and Polypropylene* (WT/DS1).

[469] Edwini KESSIE, *Enhancing Security and Predictability for Private Business Operators under the Dispute Settlement System of the WTO*, in JWT, vol. 34, nº 6, 2000, p. 10.

A JURISDIÇÃO

ção de compromissos nas negociações comerciais[470] e pôr em causa o papel do Estado enquanto mediador dos vários interesses em jogo (os interesses particulares/interesse geral e interesses comerciais/interesses não comerciais)[471]. Caso os produtores nacionais tenham maior capacidade para se organizar e defender os seus interesses do que os consumidores nacionais, acentuar-se-á o desequilíbrio a favor dos produtores[472]. Por último, participando com frequência quer como partes queixosas, quer como partes demandadas, os governos de alguns países importam-se com os precedentes que são estabelecidos. Por exemplo, a Comissão Europeia e o Representante dos Estados Unidos para o Comércio Internacional escolhem com cuidado os argumentos que utilizam nos litígios da OMC, ou seja, "private persons, as parties or *amici*, do not share the broader, longer-term perspective that governments might have"[473].

Sétimo, no caso dos três acordos da OMC sobre medidas de defesa comercial, os governos só podem dar início às investigações depois de ter sido apresentado um pedido escrito por ou em nome do ramo de produção nacional. Isso mesmo foi confirmado pelo Órgão de Recurso no caso *Brazil – Measures Affecting Desiccated Coconut*:

> "a decisão de impor um direito compensatório definitivo constitui o culminar de um processo jurídico nacional que começa com a apresentação de um pedido pelo ramo de produção nacional, inclui a abertura e a condução de uma investigação por uma autoridade investigadora, e normalmente leva a uma determinação preliminar e a uma determinação definitiva. Uma determinação definitiva positiva de que as importações subvencionadas estão a causar um prejuízo a uma indústria nacional autoriza

---

[470] Bernard HOEKMAN e Petros MAVROIDIS, *WTO Dispute Settlement, Transparency and Surveillance*, in WE, 2000, p. 530.

[471] Charles-Emmanuel CÔTÉ, *La participation des personnes privées au règlement des différends internationaux économiques: l'élargissement du droit de porter plainte à l'OMC*, Bruylant, Bruxelas, 2007, p. 541. Segundo as próprias *guidelines for Arrangements on Relations with Non-Governmental Organizations*, o estreitamento das relações de consulta e de cooperação com as organizações não governamentais deve ocorrer sobretudo no plano nacional, onde reside a responsabilidade fundamental de ter em conta os diferentes elementos de interesse público que concorrem na formulação das políticas comerciais. Cf. OMC, *Guidelines for Arrangements on Relations with Non-Governmental Organizations – Decision adopted by the General Council on 18 July 1996* (WT/L/162), 23-7-1996, parágrafo 6.

[472] Joel TRACHTMAN e Philip MOREMEN, *Costs and Benefits of Private Participation in WTO Dispute Settlement: Whose Right Is It Anyway?*, in HILJ, 2003, p. 247.

[473] *Idem*, p. 239. Por exemplo, o Departamento de Defesa dos Estados Unidos não quererá comprometer o seu uso das bases aéreas na Turquia com queixas sobre DVDs pirateados da Disney, por mais avultadas que sejam as quantias envolvidas para a empresa em causa. Cf. Gregory SHAFFER, *Defending Interests: Public-Private Partnerships in WTO Litigation*, Brookings Institution Press, Washington, D.C., 2003, p. 37.

169

A FUNÇÃO JURISDICIONAL NO SISTEMA GATT/OMC

as autoridades nacionais a aplicarem um direito compensatório definitivo sobre tais importações"[474].

Mas, mesmo nestes casos relativos a medidas de defesa comercial, nem o ramo de produção nacional nem os produtores e exportadores estrangeiros podem apresentar uma queixa junto do sistema de resolução de litígios da OMC ou intervir, por direito próprio, junto dos painéis ou do Órgão de Recurso. Nada impede, no entanto, que os representantes da indústria participem, indirectamente, no sistema de resolução de litígios de duas maneiras. Por um lado, é-lhes permitido submeter comunicações *amicus curiae* à consideração dos painéis e do Órgão de Recurso. No caso *Thailand – Anti-Dumping Duties on Angles, Shapes and Sections of Iron or Non-Alloy Steel and H-Beams from Poland*, por exemplo, uma coligação de empresas e associações comerciais dos Estados Unidos (a "Consuming Industries Trade Action Coalition") submeteu à consideração do Órgão de Recurso uma comunicação daquele tipo. Por outro lado, um Membro da OMC tem o direito de decidir qual a composição da delegação que o vai representar nos procedimentos do sistema de resolução de litígios da OMC. Têm sido avançadas, também, propostas no sentido de permitir aos particulares "an advisory locus standi" nos processos de resolução de litígios que possam afectar os seus direitos e interesses[475].

Finalmente, vários membros da OMC adoptaram mecanismos administrativos que permitem às partes privadas o acesso "to the machinery of coercive diplomacy"[476], ou seja, de solicitar aos respectivos governos nacionais a apresentação de uma queixa junto do sistema de resolução de litígios do GATT de 1947 ou da OMC. A "Secção 301" norte-americana da Lei do Comércio Exterior de 1974 foi o primeiro mecanismo desse tipo a ser criado[477], mas outros mecanismos depressa se lhe juntaram[478]. O afamado caso *European Communities – Regime for the Importation, Sale and Distribution of Bananas*, por exemplo, teve início numa queixa

---

[474] Relatório do Órgão de Recurso no caso *Brazil – Measures Affecting Desiccated Coconut* (WT/DS22/AB/R), 21-2-1997, p. 10.

[475] Ernst-Ulrich Petersmann, *Human Rights and International Economic Law in the 21st Century: The Need to Clarify their Interrelationships*, in JIEL, 2001, p. 36.

[476] Richard Sherman e Johan Eliasson, *Trade Disputes and Non-state Actors: New Institutional Arrangements and the Privatisation of Commercial Diplomacy*, in WE, 2006, p. 474.

[477] Gregory Shaffer, *Defending Interests: Public-Private Partnerships in WTO Litigation*, Brookings Institution Press, Washington, D.C., 2003, p. 19; Thomas Walsh, *Dispute Settlement at the World Trade Organization: Do Municipal Laws Promoting Private Party Identification of Trade Disputes Affect State Participation?*, in JWT, 2006, p. 893.

[478] As Comunidades Europeias, por exemplo, adoptaram posteriormente o Regulamento (CEE) nº 2641/84 do Conselho, de 17 de Setembro de 1984, relativo ao reforço da política comercial comum, nomeadamente no que respeite à defesa contra as práticas comerciais ilícitas.

A JURISDIÇÃO

apresentada pela empresa *Chiquita Brands International*, em Outubro de 1994, ao abrigo da "Secção 301"[479].

## 5.2. *Locus Standi*

Entende-se geralmente por *locus standi* a faculdade de recorrer a um tribunal para obter uma determinada solução jurídica, a existência de um interesse processual suficiente na matéria em causa[480].

De acordo com o Órgão de Recurso, um membro da OMC goza de ampla liberdade quanto à decisão de apresentar ou não uma queixa contra outro membro ao abrigo do sistema de resolução de litígios, não tendo de demonstrar *a legal interest* quando requer a criação de um Painel[481]. Um Painel chegou mesmo a dizer que todos os membros têm interesse em assegurar que os outros membros cumpram as suas obrigações[482]. No caso *European Communities – Regime for the Importation, Sale and Distribution of Bananas*, por exemplo, os Estados Unidos, país que não exporta bananas, encontravam-se entre os queixosos. Na altura, o único elo de ligação claro entre os Estados Unidos e as chamadas "bananas dólar" consistia no facto de algumas multinacionais norte-americanas assegurarem a quase totalidade da distribuição das bananas provenientes de alguns países da América Central[483]. Por isso mesmo, as Comunidades Europeias alegaram que o Painel:

> "15. (...) tinha violado o nº 2 do artigo 3º do Memorando de Entendimento sobre Resolução de Litígios ao constatar que os Estados Unidos tinham direito a apresentar alegações no âmbito do GATT de 1994. Segundo as Comunidades Europeias, como princípio geral, em qualquer sistema jurídico, incluindo o direito internacional, a parte reclamante deve ter normalmente um direito ou interesse protegido juridicamente na

[479] Ibrahim GASSAMA, *Confronting Globalization: Lessons from the Banana Wars and the Seattle Protests*, in Oregon Law Review, Vol. 81, 2002, pp. 713-714.

[480] Ian BROWNLIE, *Princípios de Direito Internacional Público*, Fundação Calouste Gulbenkian, Lisboa, 1997, p. 10. Segundo o próprio Órgão de Recurso, "entende-se geralmente por legitimação ou *locus standi* o direito de apresentar uma reclamação num litígio". Cf. Relatório do Órgão de Recurso no caso *European Communities – Regime for the Importation, Sale, and Distribution of Bananas* (WT/DS27/AB/R), 9-9-1997, nota de rodapé 65.

[481] Relatório do Órgão de Recurso no caso *European Communities – Regime for the Importation, Sale, and Distribution of Bananas* (WT/DS27/AB/R), 9-9-1997, parágrafos 132-138. Segundo alguns autores, "this is, in effect, the recognition of an '*actio popularis*' because all WTO members would seem to have an interest in any material breach of the covered agreements". Cf. Mitsuo MATSUSHITA, Thomas SCHOENBAUM e Petros MAVROIDIS, *The World Trade Organization: Law, Practice, and Policy*, 2ª ed., Oxford University Press, 2006, p. 114.

[482] Relatório do Painel no caso *European Communities – Regime for the Importation, Sale, and Distribution of Bananas* (WT/DS27/R), 22-5-1997, parágrafo 7.51.

[483] E, por isso, os Estados Unidos também alegaram que as Comunidades Europeias violavam diversos preceitos do GATS.

A FUNÇÃO JURISDICIONAL NO SISTEMA GATT/OMC

queixa que apresenta. As Comunidades Europeias referem-se à jurisprudência do Tribunal Permanente de Justiça Internacional e do Tribunal Internacional de Justiça em apoio do seu argumento de que o direito internacional, no estado actual, não reconhece o conceito de *actio popularis*.

**16.** Segundo as Comunidades Europeias, o direito dos tratados é um 'método que permite estabelecer por via contratual normas que se afastam do direito internacional comum'. Em consequência, para que se possa chegar à conclusão de que o sistema de resolução de litígios da OMC prescindiu do requisito da existência de um interesse protegido juridicamente, seria necessário que o Acordo OMC excluísse o requisito da existência de um interesse protegido juridicamente ou admitisse o conceito de *actio popularis*. Na ausência de uma norma expressa a esse respeito no Memorando, há que aplicar o direito internacional comum. Segundo as Comunidades Europeias, a observação do Painel segundo a qual todas as partes num tratado têm interesse no seu cumprimento é uma observação geral que pode ser feita a respeito de todos os tratados. As Comunidades Europeias aduzem que o Tribunal Internacional de Justiça não admitiu essa proposição como uma proposição válida no quadro do direito internacional comum em virtude da qual todas as partes num tratado multilateral têm *locus standi* em todos os casos.

**17.** As Comunidades Europeias alegam também que o nº 2 do artigo 10º do Memorando de Entendimento sobre Resolução de Litígios, ao permitir que qualquer Membro da OMC que tenha 'um interesse substancial numa questão em análise num painel' participe como parte terceira, sugere *a fortiori* que uma parte em litígio deve mostrar que tem um interesse jurídico. As Comunidades Europeias afirmam que os Estados Unidos não têm um interesse comercial real ou potencial que justifique a sua queixa, já que a sua produção de bananas é mínima, nunca exportou bananas e é pouco provável que a situação mude, dadas as condições climáticas e económicas dos Estados Unidos. No entendimento das Comunidades Europeias, o Painel não explica as razões pelas quais considera que os Estados Unidos têm um interesse comercial potencial nas bananas e o mero facto de produzirem bananas não basta para justificar a existência de um interesse comercial potencial (...)"[484].

Apesar destes argumentos, o Órgão de Recurso entendeu que resulta do art. XXIII, nº 1, do GATT que um membro tem interesse em agir caso considere "que uma vantagem para si resultante, directa ou indirectamente, deste Acordo se encontra anulada ou comprometida, ou que a efectivação de um dos objectivos do Acordo está sendo dificultada", pelo que, ao contrário das partes terceiras, relativamente às quais o Memorando exige a existência de um interesse substan-

---

[484] Relatório do Órgão de Recurso no caso *European Communities – Regime for the Importation, Sale, and Distribution of Bananas* (WT/DS27/AB/R), 9-9-1997, parágrafos 15-17.

172

cial (art. 10º, nº 2), o Memorando apenas impõe em relação à parte queixosa que, antes de apresentar um pedido, ela deverá verificar se qualquer pedido apresentado no âmbito do sistema de resolução de litígios é fundamentado (art. 3º, nº 7, do Memorando).

No entanto, uma leitura mais atenta do relatório do Órgão de Recurso sugere que os membros da OMC, apesar de disporem de ampla liberdade quanto à decisão de apresentar ou não uma queixa contra outro membro, não gozam de uma liberdade ilimitada. No final da sua argumentação, o próprio Órgão de Recurso declarou, depois de salientar que, consideradas em conjunto, as razões avançadas chegavam para justificar suficientemente as queixas apresentadas pelos Estados Unidos contra o regime comunitário de importação de bananas ao abrigo GATT 1994, "isto não significa que algum ou alguns dos factores que destacámos neste caso tenham de ser necessariamente considerados determinantes num outro caso"[485], donde parece resultar que, em casos futuros, os painéis gozam da possibilidade de não aceitar queixas apresentadas por membros sem nenhum interesse em jogo. JOOST PAUWELYN defende que tal aconteceria, por exemplo, se o Brasil apresentasse uma queixa contra medidas discriminatórias aplicadas pela Coreia do Sul exclusivamente às exportações da Marrocos. Nesta situação, o mero facto de um membro da OMC violar as regras do GATT não implica que todos os outros membros da OMC possam apresentar uma queixa contra aquele membro. Para um membro poder apresentar uma queixa, a medida contrária às regras do GATT deve repercutir-se, nem que seja potencialmente, sobre as suas trocas comerciais[486]. Como vimos anteriormente, o próprio Órgão de Recurso realçou no caso *European Communities – Regime for the Importation, Sale, and Distribution of Bananas* que:

> "os Estados Unidos produzem bananas, pelo que um potencial interesse de exportação não pode ser excluído. O seu mercado interno da banana poderia ser afectado pelo regime da Comunidade Europeia relativo à banana, em particular, pelos efeitos desse regime sobre a oferta mundial e os preços mundiais da banana. Subscrevemos igualmente a declaração do Painel de que, com a crescente interdependência da economia mundial, os membros têm um maior interesse na observância das normas da OMC do que no passado, já que toda a alteração aos direitos e obrigações negociados os afectará provavelmente mais do que nunca, directa ou indirectamente"[487].

[485] *Idem*, parágrafo 138.
[486] Joost PAUWELYN, *A Typology of Multilateral Treaty Obligations: Are WTO Obligations Bilateral or Collective in Nature?*, in EJIL, 2003, pp. 942-943.
[487] Relatório do Órgão de Recurso no caso *European Communities – Regime for the Importation, Sale and Distribution of Bananas* (WT/DS27/AB/R), 9-9-1997, parágrafo 136.

A FUNÇÃO JURISDICIONAL NO SISTEMA GATT/OMC

É verdade que o Órgão de Recurso deu provimento no caso *United States – Section 211 Omnibus Appropriations Act of 1998* a uma queixa apresentada pela Comunidade Europeia contra os Estados Unidos, pese embora o tratamento menos favorável em matéria de direitos de propriedade intelectual fosse concedido unicamente a nacionais de Cuba[488], mas também o é que, como observa JOOST PAUWELYN, "crucially, the defendant, *in casu* the United States, did not object to the European Communities (...), making such claim essentially on behalf of *other* WTO Member", pelo que o Órgão de Recurso "has not yet expressed judgement on whether one WTO member can bring a claim on behalf of another"[489]. O autor citado parece excluir, no fundo, a possibilidade de o sistema de resolução de litígios da OMC permitir uma *actio popularis*[490], salientando que.

> "the main argument against giving standing to all WTO members, based on a general legal interest to see the treaty abided by, is the risk of effectively appointing a number of powerful states as public prosecutors or policemen, with the result that especially (or only) obligations in the particular national interest of those states would be enforced. In the WTO, granting such *actio popularis* could mean that WTO agreements on, say, intellectual property or trade in services are more often judicially enforced than, for example, the agreements on Agriculture or Textiles and Clothing"[491].

YUJI IWASAVA, pelo contrário, defende que o nº 1 do art. XXIII do GATT parece consagrar a possibilidade de uma *actio popularis* ("a efectivação de um dos objectivos do Acordo Geral está sendo dificultada")[492], isto é, do direito de cada membro de uma comunidade, mesmo não sofrendo nenhum prejuízo directo, apresentar uma queixa em defesa do interesse colectivo[493]. Até porque a economia mundial tornou-se tão interdependente que as restrições comerciais

---

[488] Relatório do Órgão de Recurso no caso *United States – Section 211 Omnibus Appropriations Act of 1998* (WT/DS176/AB/R), 2-1-2002, parágrafos 273-296.

[489] Joost PAUWELYN, *A Typology of Multilateral Treaty Obligations: Are WTO Obligations Bilateral or Collective in Nature?*, in EJIL, 2003, pp. 943-944.

[490] "O direito de cada membro de uma comunidade intentar uma acção para a defesa de um interesse público". Cf. TRIBUNAL INTERNACIONAL DE JUSTIÇA, *South West Africa cases (Ethiopia v. South Africa; Liberia v. South Africa)*, Segunda Fase, Acórdão de 18-7-1966, parágrafo 88.

[491] Joost PAUWELYN, *The Nature of WTO Obligations*, Jean Monnet Working Paper 1/02 – New York University School of Law, 2002, p. 26.

[492] No caso *European Communities – Regime for the Importation, Sale and Distribution of Bananas*, o Órgão de Recurso lidou com uma queixa de anulação ou redução de vantagens, não com a queixa de que a efectivação de um dos objectivos do Acordo Geral estava a ser dificultada.

[493] Yuji IWASAWA, *WTO Dispute Settlement as Judicial Supervision*, in JIEL, 2002, p. 294.

174

A JURISDIÇÃO

introduzidas por um Estado terão efeitos negativos sobre o sistema comercial multilateral no seu conjunto[494].

[494] A resposta à questão da existência ou não de uma *actio popularis* no âmbito do sistema de resolução de litígios está associada, também, à questão da natureza das obrigações da OMC. Joost Pauwelyn, por exemplo, defende que devemos examinar a natureza das obrigações da OMC, uma a uma, para determinarmos se elas são bilaterais ou colectivas (cf. Joost Pauwelyn, *A Typology of Multilateral Treaty Obligations: Are WTO Obligations Bilateral or Collective in Nature?*, in EJIL, 2003, p. 925). As obrigações multilaterais do tipo bilateral podem ser reduzidas a uma compilação de relações bilaterais entre um Estado e outro. Em contraste, as obrigações colectivas (ou obrigações *erga omnes partes*) não podem ser divididas em componentes bilaterais, ou seja, elas prosseguem um interesse colectivo que transcende os interesses individuais das partes contratantes. As obrigações resultantes de um tratado relativo à protecção dos direitos humanos constituem o exemplo paradigmático desse tipo de obrigações. No entanto, a caracterização das obrigações como bilaterais ou colectivas não enfraquece a natureza vinculativa inerente à generalidade dessas obrigações. A distinção tem consequências, sim, a outro nível. Citando Pauwelyn uma vez mais, "bilateral obligations are (bundles of) one to one relationships; collective obligations are equally binding on all parties so that any breach by one party affects the individual rights of all others" (cf. Joost Pauwelyn, *A Typology of Multilateral Treaty Obligations: Are WTO Obligations Bilateral or Collective in Nature?*, in EJIL, 2003, p. 928).

No caso concreto das obrigações da OMC, a doutrina encontra-se dividida. Por um lado, há quem defenda a sua natureza bilateral com base nos seguintes argumentos: o comércio é o objecto das obrigações das OMC e o comércio "is and remains a bilateral occurrence. Goods or services from one country are being exported or transferred to one other country" (cf. Joost Pauwelyn, *A Typology of Multilateral Treaty Obligations: Are WTO Obligations Bilateral or Collective in Nature?*, in EJIL, 2003, p. 930). Além disso, o modo como as obrigações da OMC são negociadas e renegociadas confirma a sua natureza bilateral. Nas próprias palavras do Órgão de Recurso, "as negociações aduaneiras são um processo de exigências e de concessões recíprocas, de 'dar e receber'" (cf. Relatório do Órgão de Recurso no caso *European Communities – Customs Classification of Certain Computer Equipment* (WT/DS62/AB/R, WT/DS67/AB/R, WT/DS68/AB/R), 5-6-1998, parágrafo 109). Mais: os diferentes membros da OMC estão sujeitos a diferentes tipos de compromissos, tudo dependendo das concessões que realizaram relativamente a um determinado produto ou serviço no âmbito da OMC. É verdade que a cláusula da nação mais favorecida transforma as concessões bilaterais em colectivas no sentido de que elas têm de ser aplicáveis a todos os outros membros da OMC, mas esta "colectivização" mais não é, em substância, do que uma duplicação pelo número de membros da OMC da concessão bilateral originária. Finalmente, a aplicação bilateral da suspensão de concessões ou outras obrigações, uma vez autorizada, contra o Membro da OMC incumpridor demonstra que as obrigações da OMC têm, de facto, natureza bilateral.

Em contraste, Sungjoon Cho entende que a natureza bilateral da retaliação não reflecte, necessariamente, a natureza bilateral das obrigações da OMC, mas simplesmente "a remedial consequence of adversarial adjudication" (cf. Sungjoon Cho, *WTO's Identity Crisis*, in WTR, 2006, p. 301). Mesmo quando o Tribunal Internacional de Justiça adjudica um litígio sobre a violação de direitos humanos entre dois Estados, as contramedidas a aplicar serão, inevitavelmente, bilaterais. Neste Mundo altamente interdependente, é provável que qualquer modificação *inter se* afecte partes terceiras, seja de que maneira for. Vejamos o seguinte exemplo: os Estados Unidos e o México concluem um tratado bilateral penalizando as violações dos direitos laborais acordados através

## A FUNÇÃO JURISDICIONAL NO SISTEMA GATT/OMC

O Painel do caso *Korea – Definitive Safeguard Measures on Imports of Certain Dairy Products* vai mesmo mais longe que o Órgão de Recurso. Enquanto o termo *legal interest* é usado no caso no caso *European Communities – Regime for the Importation, Sale, and Distribution of Bananas* como equivalendo à existência de um interesse económico[495], o Painel admite no caso acima mencionado que as vantagens

de uma proibição à importação. Caso este tratado bilateral constitua uma modificação *inter se*, os Estados Unidos poderão deixar de importar brinquedos mexicanos quando eles são, alegadamente, fabricados em condições que não respeitam aqueles direitos laborais. Mas, e se esses brinquedos forem produzidos numa fábrica localizada no México, mas construída por investidores coreanos? Mais importante ainda, as obrigações da OMC não são sobre comércio *per se*, mas antes sobre expectativas "concerning the trade-related behaviour". Tais expectativas não são passíveis de quantificação nem divisíveis, ou seja, elas são, fundamentalmente, "unitary in nature" (cf. Chi Carmody, *WTO Obligations as Collective*, in EJIL, 2006, p. 421). Como defendeu o Órgão de Recurso:

> "é irrelevante o argumento segundo o qual 'os efeitos sobre o comércio' do diferencial entre a taxa cobrada sobre os produtos importados e aquela que incide sobre os produtos nacionais são, em termos do volume das importações, insignificantes ou mesmo inexistentes; o artigo III [do GATT] não visa proteger um volume esperado de exportações, mas antes a expectativa quanto à relação competitiva entre produtos importados e nacionais" (cf. Relatório do Órgão de Recurso no caso *Japan – Taxes on Alcoholic Beverages* (WT/DS8/AB/R, WT/DS10/AB/R, WT/DS11/AB/R), 4-10-1996, p. 17).

Existe ainda a tendência dos acordos da OMC protegerem e promoverem a interacção entre produtores e consumidores situados em diferentes países e, consequentemente, entrelaçarem uma rede indecomponível de relações económicas que vai para além dos interesses dos membros da OMC considerados individualmente. Segundo Carmody, "we see evidence of this in increased product differentiation and consumer choice, in global supply chains and just-in-time delivery" (cf. Chi Carmody, *WTO Obligations as Collective*, in EJIL, 2006, p. 422). A própria cláusula da nação mais favorecida prevista no nº 1 do art. I do GATT estabelece que:

> "qualquer vantagem, favor, privilégio ou imunidade concedida por um Membro a um produto originário de um outro país ou a ele destinado será, imediata e incondicionalmente, extensiva a todos os produtos similares originários dos territórios de qualquer outro Membro ou a eles destinados".

Ora, ao falar em "imediata e incondicionalmente", a cláusula da nação mais favorecida não exige qualquer reciprocidade e transforma concessões negociadas bilateralmente em concessões aplicadas a todos os membros da OMC. Logo, uma queixa pode ser apresentada por qualquer Membro da OMC.

Um autor nota, ainda, que "multilateral trade negotiations usually lead to multiparty tradeoffs that cannot be undone bilaterally" (cf. Holger Spamann, *The Myth of 'Rebalancing' Retaliation in WTO Dispute Settlement Practice*, in JIEL, 2006, p. 37). Mesmo Pauwelyn admite que algumas obrigações da OMC podem ter certas feições colectivas, especialmente as de carácter regulador. Cf. Joost Pauwelyn, *A Typology of Multilateral Treaty Obligations: Are WTO Obligations Bilateral or Collective in Nature?*, in EJIL, 2003, p. 950.

[495] Petros Mavroidis e David Palmeter, *Dispute Settlement in the World Trade Organization: Practice and Procedure*, 2ª ed., Cambridge University Press, 2004, p. 33.

A JURISDIÇÃO

resultantes dos acordos da OMC podem ser anuladas ou comprometidas mesmo quando não exista um interesse económico:

> "A respeito da referência que a Coreia faz à falta de interesse económico das Comunidades Europeias, consideramos que, ao abrigo do Memorando de Entendimento sobre Resolução de Litígios, não existe nenhum requisito de que as partes devam ter um interesse económico. No caso *European Communities – Regime for the Importation, Sale, and Distribution of Bananas*, o Órgão de Recurso declarou que não cabia supor a necessidade de um 'interesse protegido juridicamente' no Memorando de Entendimento sobre Resolução de Litígios nem em nenhuma outra disposição do Acordo OMC, e que em grande medida corresponde ao próprio Membro decidir sobre a 'utilidade' de qualquer procedimento no quadro do Memorando de Entendimento sobre Resolução de Litígios. Não encontramos no Memorando de Entendimento sobre Resolução de Litígios nenhum requisito de um 'interesse económico' (...)"[496].

O próprio Órgão de Recurso ratificou depois esta conclusão no caso *United States – Section 211 Omnibus Appropriations Act of 1998*:

> "No recurso, as Comunidades Europeias alegam que o Painel errou na sua conclusão sobre a discriminação entre titulares originários. As Comunidades Europeias mantêm que, tal como estão redigidos, tanto o artigo 211(a)(2) como o artigo 211(b) violam a obrigação do tratamento nacional estabelecida no Acordo TRIPS e a Convenção de de Paris (1967), porque outorgam aos nacionais de Cuba que são titulares originários um tratamento menos favorável que o concedido aos titulares originários que são nacionais dos Estados Unidos. Em apoio da sua posição, as Comunidades Europeias baseiam-se numa série concreta de circunstâncias que existem ao abrigo da lei e que, segundo elas, aclaram a forma como, nos seus próprios termos, os artigos 211(a)(2) e 211(b) estabelecem uma discriminação em favor dos nacionais dos Estados Unidos que são titulares originários relativamente aos nacionais de Cuba que têm essa mesma condição. As Comunidades Europeias consideram que esta situação demonstra o tratamento discriminatório estabelecido implicitamente nos artigos 211(a)(2) e 211(b)"[497].

Mas, atenção, o facto de o texto do nº 1 do artigo XXIII do GATT de 1994 e do nº 7 do artigo 3º do Memorando de Entendimento sobre Resolução de Lití-

---

[496] Relatório do Painel no caso *Korea – Definitive Safeguard Measure on Imports of Certain Dairy Products* (WT/DS98/R), 21-6-1999, parágrafo 7.13.

[497] Relatório do Órgão de Recurso no caso *United States – Section 211 Omnibus Appropriations Act of 1998* (WT/DS176/AB/R), 2-1-2002, parágrafo 275.

177

A FUNÇÃO JURISDICIONAL NO SISTEMA GATT/OMC

gios sugerir que cabe em grande medida a um membro da OMC decidir sobre a "utilidade" de apresentar uma queixa[498], não estando um painel obrigado nem autorizado a se interrogar sobre esta decisão de um Membro ou a questionar a sua apreciação[499], não impede que algumas queixas possam ser considerados como desrespeitando o disposto na primeira frase do nº 7 do art. 3º do Memorando. Por exemplo, qualquer acção que levasse um painel a examinar a compatibilidade de uma medida com uma obrigação que não consta em nenhum dos acordos abrangidos "would not be fruitful" no sentido da disposição referida[500]. Do mesmo modo:

> "trade sanctions, such as those which have been imposed by the Security Council since 1965, acting under Chapter VII of the United Nations Charter, cannot be removed through the Dispute Settlement Understanding procedures. (...) Panels and the Appellate Body are not competent, when determining the responsibility of Members, to pronounce on the validity of the relevant Security Council resolutions. Thus actions brought in order to oppose a trade measure prescribed by the Security Council are by definition fruitless, and would fail the test under Dispute Settlement Understanding Article 3.7 first sentence"[501].

Cabe referir, ainda, que o Memorando de Entendimento sobre Resolução de Litígios não impede que vários membros da OMC apresentem uma queixa conjunta contra uma medida de um determinado Membro da OMC (artigo 9º do Memorando, cuja epígrafe é "procedimentos em caso de multiplicidade de queixosos")[502]. No caso *United States – Continued Dumping and Subsidy Offset Act of 2000*, por exemplo, a medida norte-americana em causa foi objecto de queixa por parte de 11 membros da OMC (Austrália, Brasil, Canadá, Chile, Comunida-

---

[498] Relatório do Órgão de Recurso no caso *European Communities – Regime for the Importation, Sale and Distribution of Bananas* (WT/DS27/AB/R), 9-9-1997, parágrafo 135.

[499] Relatório do Órgão de Recurso no caso *Mexico – Anti-Dumping Investigation of High Fructose Corn Syrup (HFCS) from the United States, Recourse to Article 21.5 of the DSU by the United States* (WT/DS132/AB/RW), 22-10-2001, parágrafo 74.

[500] Rutsel MARTHA, *The Duty to Exercise Judgement on the Fruitfulness of Actions in World Trade Law*, in JWT, 2001, p. 1044.

[501] *Idem*, pp. 1047-1048.

[502] O primeiro litígio do GATT em que estiveram envolvidos mais do que duas partes foi uma queixa conjunta apresentada em Março de 1951 pela Dinamarca e Holanda contra o sistema de subsídios familiares então vigente na Bélgica. Foi criado apenas um painel. Cf. GATT, *Multi-Complainants Procedures and Intervention by Third Parties in GATT Dispute Settlement Proceedings, Note by the Secretariat* (MTN.GNG/NG13/W/28), 5-7-1988, p. 1.

A JURISDIÇÃO

des Europeias, Coreia do Sul, Índia, Indonésia, Japão, México e Tailândia)[503] e participaram como partes terceiras 5 membros da OMC (Argentina, Costa Rica, Hong Kong, Israel e Noruega)[504]. Na altura, as Comunidades Europeias tinham 15 Estados-membros, pelo que participaram nos procedimentos do painel 32 membros da OMC (esta tinha, então, 141 membros).

Apesar de o Memorando não conter qualquer disposição atinente aos procedimentos em caso de multiplicidade de partes demandadas, a prática seguida, quer durante a vigência do GATT de 1947, quer no âmbito da OMC, demonstra que é possível que seja apresentada queixa contra uma medida adoptada por dois ou mais membros da OMC[505]. No caso *Uruguayan Recourse to Article XXIII*, por exemplo, o Uruguai apresentou queixa contra as medidas comerciais aplicadas aos produtos agrícolas primários por 15 partes contratantes[506]. E, no caso *European Communities – Customs Classification of Certain Computer Equipment*, os Estados Unidos apresentaram queixas separadas e desfasadas no tempo contra uma medida (a reclassificação pautal das autoridades aduaneiras do equipamento de rede local) adoptada por vários membros da OMC (Comunidades Europeias, Reino Unido e Irlanda)[507]. Nada impede, igualmente, que um Membro da OMC decida apresentar queixa contra apenas um outro Membro, não obstante estar em causa uma medida adoptada ao abrigo de uma convenção de que eram também signatários outros membros da OMC. Nesse sentido, no caso *European Communities – Regime for the Importation, Sale and Distribution of Bananas*, os Estados Unidos, o Equador, o México, a Guatemala e as Honduras apresentaram queixa contra as Comunidades Europeias, mas não contra os países ACP, ainda que estes últimos fossem também partes da Convenção de Lomé. Ou seja, como bem nota WERNER ZDOUC:

> "in this case, the measures challenged before the WTO dispute settlement mechanism were based on a treaty which the defending member could not have changed without the consent of the other signatories to that treaty, that is, the ACP States"[508].

---

[503] Relatório do Painel no caso *United States – Continued Dumping and Subsidy Offset Act of 2000* (WT/DS217/R, WT/DS234/R), 16-9-2002, parágrafos 1.1-1.4.

[504] *Idem*, parágrafo 1.8.

[505] De notar que o Memorando só fala em procedimentos em caso de multiplicidade de queixosos (art. 9º).

[506] GATT, *Multi-Complainants Procedures and Intervention by Third Parties in GATT Dispute Settlement Proceedings, Note by the Secretariat* (MTN.GNG/NG13/W/28), 5-7-1988, p. 2.

[507] OMC, European *Communities – Customs Classification of Certain Computer Equipment – Constitution of the Panel at the Request of the United States, Note by the Secretariat* (WT/DS62/5), 25-4-1997. No fim, foi criado um único Painel para analisar as queixas apresentadas.

[508] Werner ZDOUC, The Panel Process (Chapter 26), in *The World Trade Organization: Legal, Economic and Political Analysis*, Volume I, Patrick Macrory, Arthur Appleton e Michael Plummer Ed., Springer, Nova Iorque, 2005, p. 1248.

A FUNÇÃO JURISDICIONAL NO SISTEMA GATT/OMC

Importa referir, também, o caso *Japan – Taxes on Alcoholic Beverages*, porquanto o Painel recusou tomar em consideração argumentos de defesa avançados pelo Japão atinentes aos sistemas tributários de outros países, com base no seguinte argumento:

> "O Painel observou que os seus termos de referência confinavam-se somente à legislação japonesa. O Painel não podia examinar os regimes tributários dos demais países, *dado que eles estão fora dos seus termos de referência*" (itálico aditado)[509].

Tudo parece depender, pois, do modo como são formulados os termos de referência do painel (art. 7º, nº 1, do Memorando de Entendimento sobre Resolução de Litígios).

Finalmente, sendo o procedimento dos tribunais internacionais em larga medida "adversarial" (a apresentação de uma queixa depende da vontade dos membros e são eles que definem o âmbito do litígio e dominam "the fact-finding process"[510]), é, por isso, muito interessante a proposta avançada recentemente por dois autores de criar o lugar de *Special Prosecutor*. O *Special Prosecutor* seria independente e teria por funções identificar e contestar potenciais violações de compromissos assumidos no âmbito da OMC, em nome dos países em desenvolvimento, utilizando informação retirada das mais variadas fontes (mecanismo de exame das políticas comerciais, imprensa de carácter económico, etc.), e apresentar queixas junto do sistema de resolução de litígios[511]. Claro está, pode existir o risco de as relações entre os países pobres membros da OMC com os países ricos poderem ser afectadas e de os primeiros sofrerem medidas de retaliação fora do campo comercial por parte dos segundos (por exemplo, redução da ajuda externa). Como já foi dito, pensa-se que a razão pela qual os países africanos não têm recorrido mais ao sistema de resolução de litígios se deve não tanto à ausência de barreiras às suas exportações, mas mais à sua vontade em manter excelentes relações bilaterais e multilaterais com a União Europeia, o seu principal parceiro comercial. A fim de minimizar este tipo de preocupações, há quem defenda que o *independent prosecutor* ou *ombudsman* deveria representar os interesses conjuntos do grupo de países afectados de modo adverso e a sua atenção dever-se-ia centrar mais em políticas comerciais incompatíveis com os acordos

---

[509] Relatório do Painel no caso *Japan – Taxes on Alcoholic Beverages* (WT/DS8/R, WT/DS10/R, WT/DS11/R), 11-7-1996, parágrafo 6.26.

[510] Markus BENZING, *Community Interests in the Procedure of International Courts and Tribunals*, in The Law and Practice of International Courts and Tribunals, 2006, p. 376.

[511] Bernard HOEKMAN e Petros MAVROIDIS, *WTO Dispute Settlement, Transparency and Surveillance*, in WE, 2000, pp. 538 e 541.

A JURISDIÇÃO

da OMC e não tanto em práticas que prejudiquem especificamente um país em desenvolvimento[512].

### 5.3. O Princípio do Esgotamento dos Meios Internos

O princípio do esgotamento dos meios internos implica que uma reclamação não é admissível no plano internacional, a menos que o indivíduo estrangeiro ou a sociedade em causa tenha esgotado os recursos jurídicos postos à sua disposição no Estado que alega ser o autor do dano[513]. Tradicionalmente, o princípio do esgotamento dos meios internos tem sido visto como uma das condições para o exercício da protecção diplomática:

> "É um princípio elementar do direito internacional que um Estado tem autori-
> dade para proteger os seus cidadãos lesados por actos contrários ao direito interna-
> cional cometidos por outro Estado, por força da incapacidade dos seus cidadãos em
> obter satisfação através dos canais normais"[514].

Durante a vigência do GATT de 1947, um Painel entendeu que o princípio do esgotamento dos meios internos não seria aplicável aos litígios surgidos no seu âmbito[515]. Ao mesmo tempo, o Painel do caso *EEC – Quantitative Restrictions against Imports of Certain Products from Hong Kong* reconhecia que os princípios de Direito internacional não podiam ser ignorados pelos painéis e que, além disso, o GATT era um acordo internacional que tinha de ser interpretado com base nos princípios e práticas aceites do Direito internacional[516].

Actualmente, o art. 3º, nº 2, do Memorando de Entendimento sobre Resolução de Litígios e o art. 17º, nº 6, do Acordo sobre a Aplicação do Artigo VI do GATT de 1994 fazem referência às normas de interpretação do direito interna-

---

[512] Chad BOWN, *Participation in WTO Dispute Settlement: Complainants, Interested Parties, and Free Riders*, in The World Bank Economic Review, Vol. 19, No. 2, 2005, p. 309.

[513] Ian BROWNLIE, *Princípios de Direito Internacional Público*, Fundação Calouste Gulbenkian, Lisboa, 1997, p. 518. Este princípio ajuda "to keep dockets of international courts and tribunals manageable and it stops litigation from being needlessly dramatized at an international level, when self--correction is still possible". Cf. Pieter KUYPER, The New WTO Dispute Settlement System: The Impact on the Community, in *The Uruguay Round Results. A European Lawyers' Perspective*, Jacques Bourgeois, Frédérique Berrod & Eric Fournier ed., College of Europe and European Interuniversity Press, Bruxelas, 1995, p. 106.

[514] TRIBUNAL PERMANENTE DE JUSTIÇA INTERNACIONAL, *The Mavrommatis Palestine Concessions*, Jurisdição, Acórdão de 30-8-1924 (Series A-No. 2), p. 12.

[515] Relatório do Painel no caso *United States – Anti-Dumping Duties on Gray Portland Cement and Cement Clinker from Mexico* (ADP/82), posto a circular em 7-9-1992, nunca adoptado, parágrafo 5.9.

[516] Relatório do Painel no caso *EEC – Quantitative Restrictions against Imports of Certain Products from Hong Kong* (L/5511), adoptado em 12 de Julho de 1983, parágrafo 15.

## A FUNÇÃO JURISDICIONAL NO SISTEMA GATT/OMC

cional público e, segundo o art. 31º, nº 3, alínea *c)*, da Convenção de Viena sobre o Direito dos Tratados, deve-se ter em conta toda a regra pertinente de Direito Internacional aplicável às relações entre as partes. Ora, de acordo com o Tribunal Internacional de Justiça:

> "A regra segundo a qual os recursos internos devem ser esgotados antes do início de um procedimento internacional é uma regra bem estabelecida do direito internacional consuetudinário; a regra tem sido geralmente observada em casos em que um Estado adoptou a causa de um seu nacional cujos direitos se alega terem sido lesados num outro Estado em violação do direito internacional. Antes de recorrer a um tribunal internacional em tal situação, tem sido considerado necessário que o Estado onde a violação ocorreu tenha a oportunidade de remediá-la pelos seus próprios meios, no âmbito da sua ordem jurídica interna"[517].

Sendo o princípio do esgotamento dos meios internos um princípio importante do Direito internacional, ele só não deve ser reconhecido quando resulta dos termos de um tratado que não é aplicável no seu âmbito[518].

A questão que importa pôr é, pois, saber se o esgotamento dos meios internos constitui uma condição de admissibilidade de uma queixa no âmbito do sistema de resolução de litígios da OMC. O artigo 295º da Convenção sobre o Direito do Mar, por exemplo, confirma que o esgotamento dos meios internos constitui uma condição de admissibilidade de certas queixas: "qualquer controvérsia entre Estados Partes relativa à interpretação ou à aplicação da presente Convenção só pode ser submetida aos procedimentos estabelecidos na presente secção depois de esgotados os recursos internos de conformidade com o direito internacional".

No caso dos Acordos da OMC, a exigência do esgotamento dos meios internos pode desempenhar um papel apenas nas áreas em que os governos não estão a defender os seus próprios direitos, mas sim os direitos das suas empresas, que tenham sido envolvidas em procedimentos de direito público (os procedimentos ligados à cobrança de direitos antidumping ou direitos compensadores ou à aplicação de medidas de salvaguarda) de outros países. Em todos estes casos, as empresas dos membros da OMC participam directamente nos procedimentos de investigação com vista a estabelecer até que ponto elas foram favorecidas por práticas comerciais "desleais" (dumping ou subvenções) e causaram prejuízos à indústria de outro membro (nos três casos). E, embora os direitos antidumping, os direitos compensadores ou as medidas de salvaguarda sejam muitas vezes

---

[517] TRIBUNAL INTERNACIONAL DE JUSTIÇA, *Interhandel Case (Switzerland v. United States of America)*, Objecções Preliminares, Acórdão de 21-3-1959, p. 27.

[518] TRIBUNAL INTERNACIONAL DE JUSTIÇA, *Elettronica Sicula S.p.A. (ELSI) (United States of América v. Italy)*, Acórdão de 20-7-1989, parágrafo 50.

A JURISDIÇÃO

impostos formalmente contra as importações de um determinado país, o raciocínio que apoia a decisão deixa claro que as medidas são direccionadas, de facto, contra os produtos de certas empresas, identificadas especificamente. Na maioria dos casos, estas empresas têm a oportunidade de recorrer a um reexame administrativo ou judicial nacional das medidas tomadas ou das determinações feitas.

ERNST-ULRICH PETERSMANN, pelo contrário, entende que esta justificação para o princípio do esgotamento dos meios internos no caso de protecção diplomática não procede no caso do GATT. Ao contrário do exercício do seu direito de protecção diplomática, em que um Estado reclama contra a violação de direitos de nacionais seus protegidos pelo Direito Internacional por outro Estado, no sistema de resolução de litígios do GATT os Estados invocam os seus próprios direitos[519]. Esta visão, segundo PETER J. KUYPER, negligencia o facto de que, se um Estado decide defender os pedidos dos seus nacionais perante outro Estado, tais pedidos tornam-se seus. E também não tem em consideração o facto de muitos dos direitos estabelecidos no Acordo sobre a Aplicação do Artigo VI do GATT de 1994 visarem proteger os sujeitos de direito e serem muitas vezes incorporados nos direitos internos das partes do acordo. Além disso, o direito clássico de protecção diplomática é frequentemente aplicado a direitos que foram atribuídos a nacionais e empresas de outros Estados através de tratado. Não há, portanto, nenhuma razão para aceitar que o princípio do esgotamento dos meios internos não deve ser aplicado nos casos em que os direitos reclamados por uma das partes num procedimento de Painel são essencialmente aqueles mesmos direitos reclamados pelos seus nacionais num procedimento administrativo ou judicial nacional de outra parte[520]. Ademais, os novos acordos sobre as subvenções e sobre a aplicação do art. VI do GATT de 1994 consagram disposições amplamente idênticas sobre "revisão judicial", que impõem aos membros a obrigação de criar procedimentos de reexame judicial das determinações de direitos antidumping e de direitos compensadores, os quais são independentes das autoridades administrativas nestes domínios[521]. A criação destas novas obrigações parece demonstrar

---

[519] Ernst-Ulrich PETERSMANN, *GATT Dispute Settlement Proceedings in the Field of Antidumping Law*, in CMLR, 1991, pp. 101-102; International Trade Law and the GATT/WTO Dispute Settlement System 1948-1996: An Introduction, in *International Trade Law and the GATT/WTO Dispute Settlement System*, Studies in Transnational Economic Law, vol. 11, Ernst-Ulrich Petersmann ed., Kluwer Law International, Londres-Haia-Boston, 1997, pp. 116-119.

[520] Peter J. KUYPER, *The Law of GATT as a Special Field of International Law: Ignorance, Further Refinement or Self-Contained System of International Law?*, in Netherlands Yearbook of International Law, 1994, p. 234.

[521] O Acordo sobre a Aplicação do Artigo VI do GATT de 1994 e o Acordo sobre as Subvenções e as Medidas de compensação prevêem a obrigação para os membros da OMC de instituir mecanismos de controlo judicial, administrativo ou de arbitragem da aplicação pelas autoridades nacionais de

A FUNÇÃO JURISDICIONAL NO SISTEMA GATT/OMC

que o princípio do esgotamento dos meios internos deve permanecer em pleno vigor nos casos em que um Estado, de facto, apresenta perante um Painel os mesmos pedidos formulados pelos seus nacionais ou empresas no quadro de tais procedimentos nacionais de revisão judicial. E porque impor tal obrigação se o procedimento nacional pode ser facilmente ultrapassado, indo directamente a um Painel?

Finalmente, para RUTSEL MARTHA, o princípio do esgotamento dos meios internos deve confinar-se aos casos que envolvam obrigações relativas ao tratamento das partes privadas[522]. Por exemplo, o nº 1 do art. II do GATS estabelece que, "relativamente a todas as medidas abrangidas pelo presente Acordo, cada Membro concederá imediata e incondicionalmente aos serviços e *prestadores de serviços* de qualquer outro Membro um tratamento não menos favorável do que o concedido aos serviços e *prestadores de serviços* equivalentes de qualquer outro país" (itálico aditado).

Independentemente do mérito das várias posições, um painel considerou que uma violação do art. II do GATT podia ser submetida a um painel independentemente da existência de uma possibilidade de reparação dessa violação no direito interno. O painel entendeu que os problemas práticos resultantes do recurso a tal possibilidade entravam em conflito com o objectivo do art. II de assegurar previsibilidade e segurança ao comércio internacional[523]. O próprio Órgão de Recurso defendeu que:

> "(...) O raciocínio do Painel parece assumir que existe sempre uma continuidade entre as alegações formuladas numa investigação que dá lugar à imposição de direitos antidumping e as alegações formuladas por uma parte queixosa num litígio conexo submetido à OMC. Este não é necessariamente o caso. As partes que intervêm numa investigação que dá lugar à imposição de direitos antidumping são, em geral, exportadores, importadores e outras entidades comerciais, ao passo que as que intervêm no procedimento de resolução de litígios da OMC são os Membros da OMC. Em consequência, não se pode supor que as diferentes questões suscitadas numa investigação

direitos antidumping e direitos compensadores (art. 13º do Acordo sobre a Aplicação do Artigo VI do GATT de 1994 e art. 23º do Acordo sobre as Subvenções e as Medidas de Compensação). Também o Acordo TRIPS inclui disposições relativas à obrigação de os membros da OMC colocarem à disposição dos titulares de direitos de propriedade intelectual vias judiciais de protecção desses direitos (art. 41º, nº 4, e Parte III do Acordo TRIPS).

[522] Rutsel MARTHA, *World Trade Disputes Settlement and the Exhaustion of Local Remedies Rule*, in JWT, vol. 30, nº 4, 1996, pp. 123-124.

[523] Relatório do Painel no caso *Argentina – Measures Affecting Imports of Footwear, Textiles, Apparel and Other Items* (WT/DS56/R), 25-11-1997, parágrafo 6.68.

184

A JURISDIÇÃO

antidumping corresponderão às alegações que um Membro decida submeter à OMC no âmbito de um litígio (...)"[524].

A não aplicação do princípio do esgotamento dos meios internos pode resultar, também, do facto de os Estados queixosos requererem apenas a retirada do acto ilegal *ex nunc*[525], ou seja, "a requirement to exhaust national remedies would too often be tantamount to denying effective enforcement of WTO obligations for too long a period of time"[526].

Merece atenção, ainda, o facto de os Estados Unidos terem proposto durante as negociações do Ciclo do Uruguai relativas ao Acordo sobre a Aplicação do Artigo VI do GATT de 1994 uma disposição exigindo o esgotamento dos meios internos, proposta que não venceu[527], de nenhum Membro da OMC ter sugerido até agora limitações no acesso ao sistema de resolução de litígios invocando o princípio do esgotamento dos meios internos[528] e de poderem ser apontados vários exemplos de casos em que os procedimentos de resolução de litígios da OMC correram paralelamente a processos em tribunais nacionais[529].

---

[524] Relatório do Órgão de Recurso no caso *Thailand – Anti-Dumping Duties on Angles, Shapes and Sections of Iron or Non-Alloy Steel and H-Beams from Poland* (WT/DS122/AB/R), 12-3-2001, parágrafo 94.

[525] Thomas COTTIER, *Dispute Settlement in the World Trade Organization: Characteristics and Structural Implications for the European Union*, in CMLR, 1998, p. 342.

[526] William DAVEY, Has the WTO Dispute Settlement System Exceeded Its Authority? A Consideration of Deference Shown by the System to Member Government Decisions and Its Use of Issue-Avoidance Techniques, in *The Role of the Judge in International Trade Regulation: Experience and Lessons for the WTO*, Thomas Cottier e Petros Mavroidis ed., Studies in International Economics – The World Trade Forum, volume 4, The University of Michigan Press, 2003, p. 66.

[527] Jacques BOURGEOIS, GATT/WTO Dispute Settlement Practice in the Field of Anti-dumping Law, in *International Trade Law and the GATT/WTO Dispute Settlement System*, Studies in Transnational Economic Law, vol. 11, Ernst-Ulrich Petersmann ed., Kluwer Law International, Londres-Haia-Boston, 1997, p. 291.

[528] Ernst-Ulrich PETERSMANN, *The GATT/WTO Dispute Settlement System: International Law, International Organizations and Dispute Settlement*, Kluwer Law International, Londres-Haia-Boston, 1997, p. 244. No entanto, neste seu mesmo estudo, ERNST-ULRICH PETERSMANN afirma que:
"the 'challenge procedures' in the Agreement on Government Procurement, the 'independent review procedures' in the Agreement on Pre-shipment Inspection, or the special domestic legal remedies prescribed in the TRIPS Agreement (e.g. for interim protection by domestic courts and suspension of release of counterfeit goods by customs authorities) illustrate, however, the often practical need to resort first to domestic courts and administrative procedures if speedy legal remedies are sought". Cf. *Idem*.

[529] No caso *United States – Measure Affecting Government Procurement* (WT/DS88, WT/DS95), um Painel foi estabelecido a pedido da Comunidade Europeia e do Japão, cujos termos de referência passavam pela investigação da lei adoptada pelo Estado de Massachusetts em Junho de 1996, que proibia agências estaduais, autoridades de estado e outras entidades estaduais de comprarem bens e serviços de qualquer empresa que realizasse negócios com Myanmar (antiga Birmânia), por

A FUNÇÃO JURISDICIONAL NO SISTEMA GATT/OMC

No caso concreto da distinção defendida por RUTSEL MARTHA, a inexistência de qualquer referência expressa à mesma indica ser pouco provável que os participantes nas negociações do Ciclo do Uruguai tenham pretendido desenhar a distinção em causa[530].

## 5.4. A Legitimidade Passiva

### 5.4.1. Introdução

As disposições do GATT de 1994 e do Memorando de Entendimento sobre Resolução de Litígios falam em litígios entre "partes contratantes" e "membros", respectivamente. Deste modo, um Membro da OMC não pode apresentar uma

causa do registo deste país em matéria de protecção dos direitos humanos. A lista de entidades proibidas de comprar incluía entidades sub-federais dos Estados Unidos, que também estavam incluídas na lista de cobertura dos Estados Unidos anexa ao Acordo sobre Compras Públicas. A Comunidade Europeia e o Japão contestaram a compatibilidade da "Lei da Birmânia" de Massachusetts com o Acordo sobre Compras Públicas, solicitando a criação de um painel no âmbito da OMC. Segundo a Comunidade Europeia, a "Lei da Birmânia" violava as obrigações dos Estados Unidos ao abrigo do Acordo sobre Compras Públicas, visto que a sua aplicação trataria de modo menos favorável as empresas comunitárias que presumivelmente realizassem trocas comerciais com Myanmar. Ao mesmo tempo, dentro do sistema judicial interno norte-americano, o Conselho Nacional de Comércio Externo, uma associação de centenas de empresas norte-americanas com negócios noutros países, intentou uma acção judicial contra o Estado de Massachusetts com base na inconstitucionalidade da lei. Em 4 de Novembro de 1998, o Tribunal Federal do Distrito de Boston decidiu que a "Lei da Birmânia" era de facto inconstitucional, visto ter "violado de modo inadmissível o poder do governo federal de regular os assuntos externos" (cf. Shawna FULLERTON, *State Foreign Policy: The Legitimacy of the Massachusetts Burma Law*, in MJGT, 1999, p. 249). Posteriormente, em Junho de 2000, o Supremo Tribunal dos Estados Unidos declarou igualmente inconstitucional a legislação de Massachusetts (caso *Crosby v. National Foreign Trade Council*), com o fundamento de que as disposições da lei contrariavam a delegação específica do Congresso ao Presidente de discricionariedade para desenvolver *"a comprehensive multilateral strategy to bring democracy to and improve human rights practices and the quality of life in Burma"* (cf. Sonali BANERJEE, *The Burma Law Dilemma: The Constitutionality of US State and Local Sanctions in the Sphere of Foreign Commerce. United States Supreme Court, Crosby v. National Foreign Trade Council, 530 US 2000*, in LIEI, 2000, pp. 304-305). Em resultado desta decisão, a Comunidade Europeia e o Japão suspenderam os procedimentos junto da OMC, uma vez que a "Lei de Burma" se tornou, na prática, obsoleta. Após um ano de suspensão, a autoridade do Painel expirou no dia 11 de Fevereiro de 2000, em conformidade com o art. 12º, nº 12, do Memorando de Entendimento sobre as Regras e Processos que Regem a Resolução de Litígios. Ver, também, Relatório do Painel no caso *United States – Import Prohibition of Certain Shrimp and Shrimp Products (Recourse to Article 21.5 by Malaysia)* (WT/DS58/RW), 15-6-2001, parágrafo 5.109; Relatório do Órgão de Recurso no caso *United States – Import Prohibition of certain Shrimp and Shrimp Products (Recourse to Article 21.5 of the DSU by Malaysia)* (WT/DS58/AB/RW), 22-10-2001, parágrafo 95.

[530] Peter LICHTENBAUM, *Procedural Issues in WTO Dispute Resolution*, in MJIL, 1998, p. 1223.

# A JURISDIÇÃO

queixa contra uma medida de um país que não seja membro da OMC, mesmo que tenha a permissão deste último[531].

Nada impede, por outro lado, que um painel criado ao abrigo do nº 5 do art. 21º do Memorando possa ter uma única parte[532]. Tal situação verificou-se, por exemplo, no caso *European Communities –Regime for the Importation, Sale and Distribution of Bananas, Recourse to Article 21.5 by the European Communities*, quando as Comunidades Europeias, o Membro cujas medidas tinham sido declaradas incompatíveis pelo painel inicial, solicitou a criação de um painel com base no nº 5 do art. 21º:

> "**4.11.** Em resposta às perguntas do Painel, as Comunidades Europeias adoptaram as seguintes posições relativamente ao procedimento deste Painel:
>
> – as Comunidades Europeias consideram que a Guatemala, as Honduras, o México e os Estados Unidos são partes neste procedimento em conformidade com o nº 5 do artigo 21º do Memorando de Entendimento sobre Resolução de Litígios;
>
> – uma parte que recuse comparecer deve sofrer as consequências de tal recusa e deve presumir-se que não respeitou a obrigação de comparecer;
>
> – este Painel deve decidir que a Guatemala, as Honduras, o México e os Estados Unidos não expressaram o seu desacordo no foro adequado e que, por conseguinte, não podem basear-se nas alegações que sem nenhum apoio tenham formulado em qualquer outro procedimento legal, já que, no que a eles se refere, o actual regime da Comunidade Europeia para a importação de bananas deve presumir-se compatível com a OMC;
>
> – as resoluções deste Painel devem tornar-se vinculativas para a Guatemala, as Honduras, o México e os Estados Unidos uma vez adoptadas pelo Órgão de Resolução de Litígios.
>
> **4.12.** Em nosso entender, não existe no Memorando de Entendimento sobre Resolução de Litígios nenhuma disposição que autorize um painel a obrigar um Membro a actuar como parte num procedimento. Assim, não temos autoridade para obrigar as partes queixosas iniciais a participar neste procedimento, iniciado em conformidade com o nº 5 do artigo 21º[do Memorando de Entendimento sobre Resolução de Litígios]. Notamos que as partes queixosas iniciais recusaram participar neste procedimento, pelo que constatamos que não são partes nele. Em consequência, não consideramos necessário examinar as questões de procedimento mencionadas nas suas cartas, por exemplo, se as Comunidades Europeias não cumpriram o disposto

---

[531] Jeffrey WAINCYMER, *WTO Litigation: Procedural Aspects of Formal Dispute Settlement*, Cameron May, Londres, 2002, p. 122.

[532] Pierre MONNIER, *Working Procedures Before Panels, the Appellate Body and Other Adjudicating Bodies of the WTO*, in The Law and Practice of International Courts and Tribunals, 2002, p. 510.

A FUNÇÃO JURISDICIONAL NO SISTEMA GATT/OMC

nos artigos 4º e 6º do Memorando de Entendimento sobre Resolução de Litígios no que concerne ao procedimento deste Painel"[533].

O silêncio de um Membro da OMC não significa, também, que ele concorda que as medidas do outro Membro estão em conformidade com as obrigações da OMC[534].

A proliferação de acordos comerciais preferenciais pode colocar, enfim, algumas questões interessantes no que diz respeito a quem pode ser sujeito a uma queixa apresentada junto do sistema de resolução de litígios da OMC. Deixando de lado as Comunidades Europeias, que, devido à sua importância, serão analisadas adiante, a Índia apresentou queixa no caso *Turkey – Restrictions on Imports of Textile and Clothing Products* apenas contra a Turquia. No entender da Turquia, no entanto, ela não podia ser considerada a única responsável pelas medidas tomadas, colectivamente, pelos membros da União Aduaneira existente entre a Turquia e a Comunidade Europeia, através dos órgãos estabelecidos pelo acordo institutivo da União[535] Para a Turquia, quando dois membros criam uma união aduaneira, ocorre uma mudança significativa na relação entre eles e na relação com os outros membros da OMC[536]. Era claro, porém, que as medidas em causa tinham sido tomadas pela própria Turquia, que eram aplicadas apenas no território turco, que a Turquia era responsável pela observância das quotas nas suas fronteiras e que a Turquia e a Comunidade Europeia tinham os seus próprios sistemas de controlo fronteiriço[537]. Mais, a união aduaneira entre a Turquia e a Comunidade Europeia não era, em si mesma, um membro da OMC, carecendo de personalidade jurídica no âmbito da OMC para poder ser parte num processo iniciado ao abrigo do Memorando de Entendimento sobre Resolução de Litígios[538]. Assim, na ausência de um direito de intervenção e participação plena no litígio, a Comunidade Europeia, que recusou intervir como parte terceira, alegando que era, sim, parte de pleno direito da união aduaneira estabelecida com a Turquia (e, como tal, deveria poder defender tal união), simplesmente não participou nos procedimentos do Painel.

---

[533] Relatório do Painel no caso *European Communities –Regime for the Importation, Sale and Distribution of Bananas, Recourse to Article 21.5 by the European Communities* (WT/DS27/RW/EEC), 12-4-1999, parágrafos 4.11-4.12.

[534] Relatório do Painel no caso *European Communities – Export Subsidies on Sugar, Complaint by Australia* (WT/DS265/R), 15-10-2004, parágrafo 7.211.

[535] Relatório do Painel no caso *Turkey – Restrictions on Imports of Textile and Clothing Products* (WT/DS34/R), 31-5-1999, parágrafo 9.33.

[536] *Idem*, parágrafo 9.34.

[537] *Idem*, parágrafos 9.36 e 9.39.

[538] *Idem*, parágrafos 9.6 e 9.41.

A JURISDIÇÃO

### 5.4.2. As Administrações Regionais ou Locais

Regra geral, os países com um sistema federal de governo, como o Canadá e os Estados Unidos, enfrentam maiores dificuldades em assegurar o cumprimento de compromissos internacionais que os países com sistemas centralizados[539]. Não significa isto, no entanto, que os compromissos contraídos por um Estado federal são menos vinculativos que os compromissos assumidos por outros membros da OMC. De acordo com o nº 1 do art. 4º dos artigos da Comissão de Direito Internacional sobre a Responsabilidade Internacional do Estado, a conduta de qualquer órgão do Estado deve ser considerada um acto desse Estado segundo o direito internacional "qualquer que seja a posição que ele ocupa na organização do Estado e qualquer que seja a sua natureza enquanto órgão do governo central ou de uma divisão territorial do Estado". JAMES CRAWFORD fala, a este respeito, em "princípio da unidade do Estado"[540].

Até ao termo do Ciclo de Tóquio (1973-79), o sistema comercial multilateral lidava em grande medida com medidas aplicáveis na fronteira (principalmente, direitos aduaneiros), o que levava a que o sistema se não preocupasse muito com os governos ou autoridades regionais ou locais, até porque a maioria das constituições nacionais impedia-os de impor tais obstáculos ao comércio internacional[541]. A perda de importância deste tipo de obstáculos levou, no entanto, a

---

[539] Pierre SAUVÉ e Craig VANGRASSTEK, *The Consistency of WTO Rules: Can The Single Undertaking Be Squared With Variable Geometry?*, in JIEL, 2006, p. 845.

[540] James CRAWFORD, *Los artículos de la Comisión de Derecho Internacional sobre la Responsabilidad Internacional del Estado – Introducción, texto y comentários*, Editorial Dykinson, Madrid, 2004, p. 133.

[541] Para além da atribuição expressa ao Congresso do poder de regular o comércio externo, a Constituição dos Estados Unidos contém outras disposições que parecem sugerir a exclusividade da autoridade federal nesta área: por um lado, o artigo I, secção 8, da Constituição atribui ao Congresso o poder para aplicar e arrecadar direitos alfandegários; por outro lado, o artigo I, secção 10, cláusula 2, da Constituição impede que os estados apliquem direitos sobre as importações ou exportações sem o consentimento do Congresso. Estas duas disposições mostram claramente que o Congresso goza de controlo total em matéria de direitos aduaneiros. Atendendo à importância histórica dos obstáculos pautais no comércio internacional, poderíamos pensar que tal exclusividade, juntamente com o poder geral de regular o comércio externo, seria suficiente para que as administrações regionais ou locais não tivessem um papel importante a desempenhar nas relações económicas internacionais. Além disso, a regulação do comércio internacional dos Estados Unidos é parte dos negócios estrangeiros e, como tal, pode cair na doutrina que defende que os Estados Unidos falam a uma só voz no que diz respeito à política estrangeira, isto é, o Presidente (quando tem competência para tal) ou o Presidente e o Congresso actuando em uníssono. A este respeito, o poder do Congresso em matéria de comércio estrangeiro é apoiado pelos seus poderes de criar receitas (incluindo direitos aduaneiros) e fundos apropriados, assim como pelos poderes do Presidente ao abrigo do artigo II da Constituição de celebrar tratados com o conselho e aprovação de 2/3 dos senadores presentes, a sua capacidade para indigitar embaixadores e cônsules e o seu papel como comandante supremo das forças armadas. Com base nestas disposições, o Supremo

A FUNÇÃO JURISDICIONAL NO SISTEMA GATT/OMC

que, a partir do final dos anos 70, as negociações comerciais passassem a conferir especial atenção à eliminação dos obstáculos não pautais às trocas comerciais (por exemplo, obstáculos técnicos, subvenções à produção nacional, práticas discriminatórias nas chamadas compras públicas, etc.). Se tivermos presente o peso económico dos vários Estados norte-americanos, a Califórnia e Nova Iorque encontram-se entre as seis ou sete maiores economias do mundo[542], donde resulta que eventuais medidas proteccionistas adoptadas pelas respectivas autoridades competentes podem ter um impacto substancial no bem-estar económico de países terceiros[543].

Tribunal defendeu que o "poder sobre os assuntos externos não é partilhado pelos Estados; ele está investido exclusivamente no governo nacional" (*United States v. Pink*, 1942) (cf. Hal SHAPIRO, *Is There a Role for Sub-Federal Governments in International Trade Policy Formation?*, in Ius Gentium, Volume 9, 2003, pp. 84-85). Na prática, porém, os Estados desempenharam sempre, e continuam a desempenhar até hoje, um papel nos assuntos internacionais. Como observa Hal Shapiro:
> "unlike foreign affairs in general, which since 1789 have been commonly understood to be the province of the federal government alone, state and local governments have attempted to regulate and influence international commerce since before the adoption of the Constitution. States and localities have attempted to attract foreign investment, promote their own exports, and applied their laws generally and specifically to foreign citizens and commerce" (cf. *Idem*, p. 78).

Nada impede, também, que um estado dos Estados Unidos possa, com o assentimento do Congresso, celebrar pactos ou acordos com um Estado estrangeiro (Artigo I, secção 10, cláusula 2), mas tais acordos estão limitados no que diz respeito ao seu âmbito e matéria. Além disso, um estado norte-americano pode concluir acordos com governos estrangeiros sem o consentimento do Congresso se eles não puserem em causa a autoridade dos Estados Unidos no que concerne às suas relações com outros países (cf. *Idem*, pp. 89-90).

A própria jurisprudência do Supremo Tribunal dos Estados Unidos não tem fornecido grande orientação sobre o que os estados e funcionários locais podem ou não fazer em relação aos assuntos económicos internacionais (cf. *Idem*, p. 79). De modo semelhante, alguns tribunais têm declarado ilegais disposições do tipo "Buy American", considerando que elas constituem uma interferência não permitida com a autoridade exclusiva do governo federal para regular os assuntos estrangeiros. Outros tribunais, pelo contrário, têm defendido a legalidade de tais disposições se não forem discriminatórias (se tratarem todos os países terceiros de modo igual), se permitirem a compra de bens estrangeiros caso o custo dos bens nacionais não seja razoável e se for impraticável e contra o interesse público comprar apenas bens nacionais. Cf. *Idem*, p. 91.

[542] Matthew SCHAEFER, U.S. States, Sub-Federal Rules, and the World Trading System, in *New Directions in International Economic Law: Essays in Honour of John Jackson*, Marco Bronckers e Reinhard Quick ed., Kluwer Law International, Haia-Londres-Boston, 2000, p. 526.

[543] Num artigo publicado em 2008, um autor salienta que:
> "California's economy, measured by gross domestic product, is larger than all but seven members of the World Trade Organization. California transacts more than four hundred billion US dollars worth of trade, again dwarfing that of most World Trade Organization members. California is the world's twelfth greatest emitter of carbon dioxide pollutants. California attracts more foreign investment than do most members of the World Trade Organization". Cf. Philip

A JURISDIÇÃO

No caso do GATT de 1947, o nº 12 do art. XXIV dispunha apenas que cada parte contratante deveria tomar "todas as medidas razoáveis à sua disposição para garantir, no seu território, a observação das disposições deste Acordo pelos governos ou autoridades regionais ou locais".

Os trabalhos preparatórios sugerem que esta disposição se deveria aplicar apenas às situações em que o governo central não tinha, por causa da divisão constitucional de competências, o poder de controlar os governos ou autoridades regionais ou locais[544]. Em tais casos, o governo central não faltava às suas obrigações internacionais se um governo ou autoridade regional ou local violasse o GATT, "as long as the central government does everything *within its power* to ensure local observance of GATT"[545].

Também durante um audiência realizada em 1949 no comité das finanças do Senado norte-americano, um funcionário do Departamento de Estado defendeu que o nº 12 do art. XXIV do GATT obrigava apenas o governo federal a persuadir os Estados a acatarem voluntariamente as disposições do GATT. Esta posição foi depois adoptada numa carta do Departamento de Estado ao *Hawaii Territorial Supreme Court* no caso *Hawaii v. Ho* [1957], tendo o assessor jurídico do Departamento de Estado notado que a obrigação de adoptar "medidas razoáveis" para garantir a observância pelas autoridades locais a respeito de legislação local incompatível com o GATT indicava que, "as a matter of law, the General Agreement did not override such laws"[546]. Esta posição voltou a ser afirmada durante a implementação do Acordo relativo aos Obstáculos Técnicos ao Comércio adoptado durante o Ciclo de Tóquio, quando o Congresso e o Executivo norte-americanos defenderam que as "medidas razoáveis" (referidas no art. 3º) apenas requeriam "polite requests for voluntary compliance by state governments"[547].

Todos estes entendimentos eram, porém, manifestamente contrários ao art. 27º da Convenção de Viena sobre o Direito dos Tratados, nos termos do qual "uma parte não pode invocar as disposições do seu direito interno para justificar a

NICHOLS, Sovereignty and Reform of the World Trade Organization, in *Redefining Sovereignty in International Economic Law*, Wenhua Shan, Penelope Simons e Dalvinder Singh ed., Hart Publishing, Oxford-Portland, 2008, p. 155.

[544] John JACKSON, William DAVEY e Alan O. SYKES, *Legal Problems of International Economic Relations. Cases, Materials and Text on the National and International Regulation of Transnational Economic Relations*, 4ª ed., American Casebook Series, West Group, 2002, p. 323.

[545] *Idem*, p. 322.

[546] Edward HAYES, *Changing Notions of Sovereignty and Federalism in the International Economic System: A Reassessment of WTO Regulation of Federal States and the Regional and Local Governments Within their Territories*, in Northwestern Journal of International Law & Business, 2004, p. 24.

[547] *Idem*.

A FUNÇÃO JURISDICIONAL NO SISTEMA GATT/OMC

não execução de um tratado"[548], embora também houvesse quem defendesse que a linguagem do Acordo Geral revelava "an intention to 'opt out' of the default rule of nation-state responsibility for subfederal governmental units"[549].

Com vista a tentarem resolver as ambiguidades inerentes ao texto nº 12 do art. XXIV do GATT, os participantes nas negociações do Ciclo do Uruguai adoptaram um memorando de entendimento sobre a interpretação do art. XXIV do GATT de 1994. Como bem nota HAL SHAPIRO:

> "The Understanding was deemed necessary by Uruguay Round negotiators because prior history with the GATT demonstrated that Article XXIV:12 allowed for a number of instances in which national governments were not held responsible for actions by their sub-national governments"[550].

Resulta do memorando de entendimento que:

> "Em conformidade com o GATT de 1994, cada Membro é plenamente responsável pelo respeito de todas as disposições do GATT de 1994 e tomará todas as medidas razoáveis ao seu dispor para garantir, no respectivo território, o respeito das referidas disposições por parte das administrações regionais ou locais" (nº 13)[551].

[548] Um Painel concluiu, ainda, que:
"A qualificação no nº 12 do artigo XXIV da obrigação de aplicar as disposições do Acordo Geral atribui um direito especial aos Estados federais sem conceder um privilégio compensatório aos Estados unitários e tem de ser interpretada estritamente para evitar desequilíbrios de direitos e obrigações entre as partes contratantes com constituições unitárias e as partes contratantes com constituições federais". Cf. Relatório do Painel no caso *United States – Measures Affecting Alcoholic and Malt Beverages* (DS23/R), adoptado em 19-6-1992, parágrafo 5.79.

[549] Edward Hayes, *A Comparative Analysis of the Regulation of State and Provincial Governments in NAFTA and GATT/WTO*, in CJIL, 2005, p. 613. Diga-se, aliás, que esta possibilidade de "opt out" é admitida pela própria Comissão do Direito Internacional:
"a responsabilidade do Estado federal em virtude de um tratado pode ser limitada mediante uma cláusula federal incluída no tratado. Isto constitui claramente uma excepção à regra geral, aplicável de modo exclusivo às relações entre os Estados Partes no tratado e às questões a que este se aplica. Produz efeitos em virtude do princípio da *lex specialis* (artigo 55º)". Cf. James CRAWFORD, *Los artículos de la Comisión de Derecho Internacional sobre la Responsabilidad Internacional del Estado – Introducción, texto y comentários*, Editorial Dykinson, Madrid, 2004, p. 137.

[550] Hal SHAPIRO, *Is There a Role for Sub-Federal Governments in International Trade Policy Formation?*, in Ius Gentium, Volume 9, 2003, p. 97.

[551] Quanto ao GATS, ele aplica-se "às medidas tomadas pelos membros que afectem o comércio de serviços" (art. 1º, nº 1, do GATS). Por medidas tomadas pelos membros entende-se, por sua vez, as medidas tomadas por administrações e autoridades públicas centrais, regionais ou locais e organismos não governamentais no exercício dos poderes delegados pelas administrações ou autoridades públicas centrais, regionais ou locais (art. 1, nº 3, alínea *a*), do GATS). Já o Acordo TRIPS, embora não contenha qualquer referência expressa aos governos regionais ou locais, estabelece que "cada membro concederá aos nacionais de outros membros um tratamento não menos favorá-

A JURISDIÇÃO

Se as medidas razoáveis de que um membro disponha para garantir a observância de uma disposição do GATT de 1994 não forem suficientes para remover as medidas incompatíveis das administrações regionais ou locais no seu território, o membro continua responsável, visto que "as disposições relativas à compensação e à suspensão de concessões ou outras obrigações são aplicáveis nos casos em que não tenha sido possível garantir o respeito de tal disposição" (nº 14 do Memorando de Entendimento sobre a Interpretação do art. XXIV do GATT de 1994).

Fica claro, pois, que, por exemplo, a importantíssima obrigação do tratamento nacional prevista no art. III do GATT se aplica quer horizontalmente, "across the board to all departments, ministries, offices, and so forth on a particular level of government, such as the federal level", quer verticalmente, "at every level of government, from top to bottom"[552].

Apesar dos avanços registados, continua por clarificar, todavia, a questão de saber quais as "medidas razoáveis" que um Membro da OMC deve adoptar para garantir, no respectivo território, o respeito das disposições do GATT de 1994 por parte das administrações regionais ou locais. A única ajuda resulta, em boa verdade, do relatório do Painel do caso *Canada – Import, Distribution and Sale of Certain Alcoholic Drinks By Provincial Marketing Agencies* adoptado ainda durante a vigência do GATT de 1947:

> "A respeito de sabermos se o Canadá tinha, de facto, empregado medidas razoáveis, o Painel notou que o Canadá tinha de demonstrar que tinha feito um esforço sério, persistente e convincente para assegurar o cumprimento das disposições do Acordo Geral pelos organismos provinciais de comercialização de bebidas alcoólicas"[553].

No fim, apesar de o painel ter concluído que o Canadá não adoptou medidas razoáveis[554], ficou por explicar o que constituiria um esforço sério, persistente e convincente para cumprir com o disposto no nº 12 do art. XXIV do GATT. Um autor observa mesmo que é difícil imaginar o que constituiria possivelmente um

---

vel do que o que concede aos seus próprios nacionais no que se refere à protecção da propriedade intelectual (art. 3º, nº 1, do Acordo TRIPS).

[552] Raj BHALA, *Modern GATT Law: A Treatise on the General Agreement on Tariffs and Trade*, Sweet & Maxwell, Londres, 2005, p. 102.

[553] Relatório do Painel no caso *Canada – Import, Distribution and Sale of Certain Alcoholic Drinks By Provincial Marketing Agencies* (DS17/R), adoptado em 18-2-1992, parágrafo 5.37.

[554] *Idem*, parágrafos 5.38, 5.39 e 6.3.

193

A FUNÇÃO JURISDICIONAL NO SISTEMA GATT/OMC

tal esforço quando a questão objecto do litígio cai dentro da jurisdição exclusiva da entidade provincial em causa[555].

De igual modo, uma nota interpretativa ao nº 1 do art. III do GATT determina que:

> "A aplicação do nº 1 aos impostos internos estabelecidos pelos governos ou autoridades locais do território de um Membro estará sujeita às disposições do último número do artigo XXIV. A expressão 'medidas razoáveis ao seu alcance' que figura no referido número não deve ser interpretada como obrigando, por exemplo, um Membro a revogar a legislação nacional que autorize os governos locais a estabelecer impostos internos que, embora formalmente incompatíveis com a letra do artigo III, não sejam de facto incompatíveis com o seu espírito, se essa revogação puder causar graves dificuldades financeiras aos governos ou às autoridades locais interessados. No que se refere aos impostos percebidos por estes governos ou autoridades locais, que sejam contrários à letra e ao espírito do artigo III, a expressão 'medidas razoáveis ao seu alcance' permitirá a qualquer Membro eliminar progressivamente estes impostos no decurso de um período de transição, se a sua supressão imediata puder criar graves dificuldades administrativas e financeiras".

Significativamente, o Memorando de Entendimento sobre Resolução de Litígios estabelece que é aplicável às medidas que afectam o funcionamento de qualquer acordo abrangido adoptadas no território de um membro, incluindo medidas adoptadas pelos governos locais ou regionais ou por autoridades no território de um membro (art. 4º, nº 2). Além disso, o nº 9 do art. 22º do Memorando determina que:

> "As disposições relativas à resolução de litígios dos acordos abrangidos podem ser invocadas no que se refere às medidas que afectem o seu cumprimento adoptadas pelos governos ou autoridades regionais ou locais no território de um Membro. Caso o Órgão de Resolução de Litígios decida que uma disposição de um acordo abrangido não foi respeitada, o Membro responsável deve tomar as medidas adequadas para assegurar o seu cumprimento. As disposições dos acordos abrangidos e do presente Memorando relativas à compensação ou à suspensão de concessões ou outras obrigações são aplicáveis nos casos em que não foi possível assegurar o seu cumprimento".

Ainda segundo uma nota de rodapé a esta disposição, "caso as disposições de qualquer acordo abrangido relativas a medidas adoptadas pelas autoridades ou governos regionais ou locais no território de um Membro disponham de forma dife-

---

[555] Edward HAYES, *A Comparative Analysis of the Regulation of State and Provincial Governments in NAFTA and GATT/WTO*, in CJIL, 2005, p. 617.

A JURISDIÇÃO

rente do estatuído no presente número, são aplicáveis as disposições de tais acordos abrangidos". O Acordo sobre os Obstáculos Técnicos ao Comércio, por exemplo, contém regras especiais de resolução de litígios relativamente aos governos locais ou regionais ou às autoridades no território de um membro (art. 14º, nº 4)[556].

Estas modificações, conjugadas com o reforço do sistema de resolução de litígios, visam prevenir efectivamente possíveis violações, pelas entidades regionais ou locais, das obrigações assumidas pelos governos centrais e independentemente do empenho destes. O único acordo da OMC que continua a acolher a possibilidade de os governos dos Estados federados poderem ter um papel realmente importante é o Acordo Geral sobre o Comércio de Serviços (GATS)[557]. Apesar de estabelecer que, "no cumprimento das suas obrigações e compromissos ao abrigo do Acordo, cada Membro tomará todas as medidas adequadas ao seu alcance para assegurar a sua observância, no seu território, por parte das administrações ou autoridades públicas regionais e locais e dos organismos não governamentais" (art. I, nº 3), o certo é que o GATS permite que, nos termos inscritos nas respectivas listas nacionais de compromissos anexas, os membros isentem certas medidas das administrações ou autoridades públicas e regionais e dos organismos não governamentais da observância dos artigos relativos ao acesso ao mercado (art. XVI) e ao tratamento nacional (art. XVII). Ou seja:

> "It is possible to derogate from the both sets of rules noted above under the terms of an express clause in a treaty, such that the territorial units of a federal state are not as obliged to perform the obligations under the treaty as are central government entities; nor is the conduct of territorial units attributable to the federal state in the same manner as that of the central government entities. Such clauses are usually known as "federal clauses", and they take effect as *lex specialis* in respect of matters covered by the relevant treaty"[558].

---

[556] O Acordo sobre os Obstáculos Técnicos ao Comércio caracteriza-se por distinguir, ao longo do seu articulado, entre as obrigações impostas aos membros em relação às acções dos organismos da administração central (artigos 2º, 4º, nº 1, primeira frase, 5º e 6º) ou às acções dos organismos da administração local, organismos regionais e organismos não governamentais (artigos 3º, 4º, nº 1, segunda frase, 7º e 8º). Ou seja, ainda que sejam órgãos do Estado, os organismos das administrações locais e regionais são equiparados aos organismos não governamentais, prevendo o Acordo que os membros "adoptarão todas as medidas razoáveis ao seu alcance para garantir" que estes organismos cumpram as suas disposições e aceitem e observem o Código de Boa Prática anexo.

[557] E, como bem nota EDWARD HAYES, "most services are regulated at the state and provincial level". Cf. Edward HAYES, *A Comparative Analysis of the Regulation of State and Provincial Governments in NAFTA and GATT/WTO*, in CJIL, 2005, p. 607.

[558] Sharif BHUIYAN, *Unreal Federal Clauses of the World Trade Organization Treaty: A Case for Removing the "Apparent" Limitations on Implementation and Observance of World Trade Organization Commitments at Sub-national Levels*, in JWT, 2004, p. 124.

A FUNÇÃO JURISDICIONAL NO SISTEMA GATT/OMC

Em termos do sistema de resolução de litígios da OMC, importa fazer uma brevíssima referência ao caso *Australia – Measures Affecting Importation of Salmon, Recourse to Article 21.5 of the DSU by Canada*. Entre outras questões, estava em causa neste litígio uma medida sanitária adoptada pelo governo da Tasmânia e a aplicabilidade do art. 13º do Acordo relativo à Aplicação de Medidas Sanitárias e Fitossanitárias, disposição que estabelece o seguinte:

> "Os Membros são plenamente responsáveis a título do presente Acordo pelo respeito de todas as obrigações nele enunciadas. Os Membros elaborarão e aplicarão medidas e mecanismos positivos para favorecer o respeito das disposições do presente Acordo pelas instituições que não as das administrações centrais. Os Membros tomarão todas as medidas razoáveis ao seu alcance para assegurar que as entidades não governamentais existentes no seu território, bem como os organismos regionais dos quais entidades competentes situadas nos seus territórios sejam Membros, respeitem as disposições aplicáveis do presente Acordo. Além disso, os Membros não tomarão medidas que tenham por efeito, directa ou indirectamente, obrigar ou incentivar essas entidades regionais ou não governamentais, ou as instituições públicas locais, a agir de um modo incompatível com as disposições do presente Acordo. Os Membros assegurar-se-ão de que só recorrerão aos serviços de entidades não governamentais para a aplicação de medidas sanitárias ou fitossanitárias se essas entidades respeitarem as disposições do presente Acordo".

Diante da medida adoptada pelo governo da Tasmânia, o Painel concluiu que:

> "Como reconheceu a Austrália na sua carta de 9 de Dezembro de 1999, as medidas da Tasmânia podiam ser consideradas medidas adoptadas por 'instituições' que não são 'das administrações centrais' no sentido do artigo 13º do Acordo relativo à Aplicação de Medidas Sanitárias e Fitossanitárias e constituiriam medidas 'adoptadas por uma autoridade regional' dentro do território da Austrália no sentido do nº 9 do artigo 22º do Memorando de Entendimento sobre Resolução de Litígios. O artigo 13º do Acordo relativo à Aplicação de Medidas Sanitárias e Fitossanitárias estabelece de forma inequívoca que: 1) 'os Membros são plenamente responsáveis' pelo respeito de todas as obrigações estipuladas no Acordo relativo à Aplicação de Medidas Sanitárias e Fitossanitárias; e 2) os Membros 'elaborarão e aplicarão medidas e mecanismos positivos para favorecer o respeito das disposições do presente Acordo pelas instituições que não as das administrações centrais'. Analisando conjuntamente estas duas obrigações à luz do nº 1 do artigo 1º do Acordo relativo à Aplicação de Medidas Sanitárias e Fitossanitárias a que temos feito referência, consideramos que as medidas sanitárias adoptadas pelo Governo da Tasmânia, sendo medidas de uma instituição que não é da administração central, como reconheceu a Austrália, estão sujeitas ao Acordo relativo à Aplicação de Medidas Sanitárias e Fitossanitárias, e a Austrália enquanto

A JURISDIÇÃO

Membro da OMC é responsável por elas no que diz respeito à observância por esse país das obrigações estipuladas no Acordo relativo à Aplicação de Medidas Sanitárias e Fitossanitárias (...)"[559].

Mesmo se não existisse o art. 13º do Acordo relativo à Aplicação de Medidas Sanitárias e Fitossanitárias, esta conclusão do Painel encontraria amparo no art. 27º da Convenção de Viena sobre o Direito dos Tratados e no nº 1 do art. 4º das Regras da Comissão de Direito Internacional sobre a Responsabilidade Internacional do Estado.

Importa referir, por fim, que o nº 4 do art. XVI do Acordo OMC dispõe que "cada Membro assegurará a conformidade das suas disposições legislativas, regulamentares e administrativas com as suas obrigações, tal como enunciadas nos acordos que figuram em anexo". Uma comparação textual dos artigos 26º e 27º da Convenção de Viena sobre o Direito dos Tratados com o art. XVI, nº 4, do Acordo OMC sugere que esta última disposição impõe uma disciplina mais rigorosa em relação ao direito nacional, desde logo, por não haver no direito internacional público "no comparable 'general duty' to ensure conformity of national laws, regulations, etc. with international obligations"[560]. Mais exactamente:

"even if one were to assume (as some publicists have) that Articles 26 and 27 do impose a duty to possess conforming national laws, it may not be doubted that a state does not commit a direct breach of international law by merely failing in that duty, and a breach occurs only if the state concerned fails to carry out its obligations on a specific occasion. (...) In essence, it means that while it is desirable to have conforming laws, strictly, a state is not 'obliged' to ensure conformity, because a failure to do so does not result in a breach. By contrast, under Article XVI:4 a Member must ensure the conformity of its national laws, regulations and other (administrative) measures with the WTO obligations, and a failure to do so amounts – without more, i.e. without any resulting injury – to a breach. Thus, Article XVI:4 puts in place an obligation that is largely unprecedented in contemporary international law or treaties"[561].

De modo semelhante, o Painel do caso *United States – Sections 301-310 of the Trade Act of 1974* concluiu que:

---

[559] Relatório do Painel no caso *Australia – Measures Affecting Importation of Salmon, Recourse to Article 21.5 of the DSU by Canada* (WT/DS18/RW), 18-2-2000, parágrafo 7.13.

[560] Sharif BHUIYAN, *Unreal Federal Clauses of the World Trade Organization Treaty: A Case for Removing the "Apparent" Limitations on Implementation and Observance of World Trade Organization Commitments at Sub-national Levels*, in JWT, 2004, p. 127.

[561] *Idem*, pp. 128-129.

A FUNÇÃO JURISDICIONAL NO SISTEMA GATT/OMC

"O nº 4 do artigo XVI [do Acordo OMC] vai mais longe do que o artigo 27º da Convenção de Viena (...). O artigo XVI, nº 4, não só proíbe a invocação de um conflito com o direito interno para justificar incompatibilidades com as regras da OMC, como também obriga efectivamente os Membros da OMC a garantirem a conformidade do seu direito interno com as obrigações assumidas ante a OMC"[562].

O art. XVI, nº 4, do Acordo OMC torna claro, também, que é o governo nacional de um país o único responsável por cumprir as regras constantes dos diversos acordos da OMC. Logo, um governo não pode alegar que é incapaz de cumprir as obrigações da OMC porque a sua legislação interna não o permite.

Mas, será que é realista pensar que, por exemplo, os Estados Unidos estão dispostos a alterar a sua estrutura constitucional de modo a assegurar o cumprimento de um tratado internacional por parte dos Estados federados? Pensamos que não e, como salienta EDWARD HAYES:

"because 'forced compliance' is not really an option in this situation, one solution is to reduce or eliminate the likelihood of nonconformity through 'encouraged or educated compliance'. This approach seeks to decrease the likelihood of nonconforming protectionist behaviour by giving the local governments a stake in the agreement"[563].

Haverá que providenciar, sobretudo, a possibilidade de as administrações regionais e locais se envolverem mais nas negociações e na implementação e administração da legislação comercial susceptível de causar um impacto importante nas suas economias. Os Estados Unidos, por exemplo, dispõem de um mecanismo, o *Intergovernmental Policy Advisory Committee* (IGPAC), composto por 24 membros representantes dos estados e de outras entidades não federais. Este comité trabalha directamente com o Gabinete do Representante dos Estados Unidos para o Comércio e tem por função "advise, consult with, and make recommendations to the U.S. Trade Representative and relevant Cabinet or sub--Cabinet members concerning trade matters"[564]. E, de facto, durante as negociações do Ciclo do Uruguai, o governo federal dos Estados Unidos forneceu aos estados imensa informação, de modo a mantê-los a par das negociações e para assegurar o seu acordo com os vários acordos com impacto em matérias sob o seu

---

[562] Relatório do Painel no caso *United States – Sections 301-310 of the Trade Act of 1974* (WT/DS152/R), 22-12-1999, nota de rodapé 652.
[563] Edward HAYES, *A Comparative Analysis of the Regulation of State and Provincial Governments in NAFTA and GATT/WTO*, in CJIL, 2005, pp. 621-622.
[564] http://www.ustr.gov/.../intergovernmental-policy-advisory-committee-i (visitado em 28 de Janeiro de 2010).

A JURISDIÇÃO

controlo (por exemplo, o Acordo Relativo à Aplicação de Medidas Sanitárias e Fitossanitárias)[565].

Finalmente, no que diz respeito ao termo "governo", o Órgão de Recurso fez algumas considerações importantes no caso *Canada – Measures Affecting the Importation of Milk and the Exportation of Dairy Products*, ainda que limitadas ao nº 1, alínea *a*), do art. 9º do Acordo sobre a Agricultura:

> "**97.** Começamos a nossa tarefa interpretativa com o texto do nº 1, alínea a), do artigo 9º e o sentido normal do próprio termo 'governo'. Segundo o *Black's Law Dictionary*, 'governo' significa, entre outras coisas, regulamentação, restrição, supervisão ou controlo exercidos sobre membros individuais de uma comunidade política organizada *por quem goza de autoridade*. Este sentido é similar aos proporcionados por outros dicionários. O aspecto básico do 'governo' é, por conseguinte, que ele dispõe das faculdades efectivas para 'regular', 'controlar' ou 'supervisionar' os indivíduos ou, em caso contrário, 'restringir' a sua conduta mediante o exercício de autoridade legítima. Este sentido deriva, em parte, das *funções* realizadas por um governo e, em parte, de o governo possuir as *faculdades* e a *autoridade* para levar a cabo essas funções. Em nossa opinião, um 'organismo público' é uma entidade que exerce poderes que lhe tenham sido outorgados por um 'governo' a fim de levar a cabo funções de carácter 'público', a saber, 'regulamentar', 'restringir', 'supervisionar' ou 'controlar' a conduta dos cidadãos. Como ocorre com todas as relações de um organismo, um 'organismo público' pode dispor de um grau de discricionariedade no exercício das suas funções. (...).
>
> **100.** (...) Se bem que as juntas provinciais de comercialização do leite gozem de um elevado grau de discricionariedade no exercício dos seus poderes, os governos mantêm as suas actividades 'sob o seu controlo'. Por conseguinte, o Painel concluiu acertadamente que as juntas provinciais de comercialização são 'organismos públicos'"[566].

### 5.4.3. As Medidas das Entidades Privadas
### 5.4.3.1. Introdução

Muito embora as empresas e os consumidores em todo o Mundo sejam os reais beneficiários previstos das regras e mecanismos previstos nos acordos da OMC[567],

---

[565] Edward HAYES, *A Comparative Analysis of the Regulation of State and Provincial Governments in NAFTA and GATT/WTO*, in CJIL, 2005, p. 622.

[566] Relatório do Órgão de Recurso no caso *Canada – Measures Affecting the Importation of Milk and the Exportation of Dairy Products* (WT/DS103/AB/R, WT/DS113/AB/R), 13-10-1999, parágrafos 97 e 100.

[567] Como bem notou um Painel:

> "(...) O sistema comercial multilateral é forçosamente composto não apenas por Estados, mas também – na verdade, sobretudo – por agentes económicos individuais. A falta de segurança e previsibilidade afecta sobretudo estes agentes económicos.
>
> A maior parte das vezes e com cada vez mais frequência, o comércio é conduzido por agentes privados. É através da melhoria das condições em que operam estes agentes privados que os

199

A FUNÇÃO JURISDICIONAL NO SISTEMA GATT/OMC

o Órgão de Recurso descreveu o comércio internacional, logo no seu primeiro relatório, como ocorrendo entre "entidades territoriais soberanas"[568]. E, de facto, os acordos da OMC visam essencialmente medidas dos Estados, pelo que não há qualquer violação, por exemplo, do GATT se uma empresa privada decidir cobrar tarifas de transporte mais elevadas quando estejam em causa produtos importados. Enquanto Tratado, o GATT aplica-se aos Membros da OMC, sejam eles Estados ou territórios aduaneiros autónomos, e não directamente a particulares. É verdade que, ao contrário dos termos "leis" e "regulamentos", o termo "prescrições" não implica necessariamente uma acção governamental. Apesar disso, os trabalhos preparatórios do GATT sugerem que não se visava no artigo III a discriminação levada a cabo por empresas privadas[569].

De modo semelhante, o nº 1, alínea *a*), do art. XVII do GATT determina que "cada Membro compromete-se a que, se estabelecer ou mantiver uma empresa do Estado, qualquer que seja o lugar em que isso se verifique, ou se conceder a uma empresa, de direito ou de facto, privilégios exclusivos ou especiais, tal empresa se sujeite, nas suas compras ou vendas que se traduzam por importações ou exportações, ao princípio geral da não discriminação *prescrito por este Acordo para as medidas de ordem legislativa ou administrativa respeitantes às importações ou exportações efectuadas por comerciantes privados*" e o nº 1 do art. 19º do Memorando de Entendimento sobre as Regras e Processos que Regem a Resolução de Litígios que, "caso um Painel ou o Órgão de Recurso considerem uma medida incompatível com um acordo abrangido, *recomendarão ao Membro em causa a conformação*

> membros beneficiam das disciplinas da OMC. A anulação das vantagens de um Membro que resulta de uma violação [do Sistema GATT/OMC] é com frequência indirecta e explica-se pela incidência desse incumprimento no mercado e nas actividades dos particulares que operam nesse mercado. (...).
> Pode, por isso, ser mais conveniente falar, no que concerne à ordem jurídica do GATT/OMC, não em princípio do efeito directo, mas sim em princípio do efeito indirecto" (cf. Relatório do Painel no caso *United States – Sections 301-310 of the Trade Act of 1974* (WT/DS152/R), 22-12-1999, parágrafos 7.76-7.78).

É interessante verificar, ainda, que se fala em "private rights to trade", incluindo os direitos de exportar e importar mercadorias, no acordo de 2001 relativo à adesão da China à OMC.

[568] Relatório do Órgão de Recurso no caso *United States – Standards for Reformulated and Conventional Gasoline* (WT/DS2/AB/R), 29-4-1996, p. 27. STEVE CHARNOVITZ fala a este respeito em "the state-centricity of the WTO, which imagines that international trade occurs between an 'exporting Member' and an 'importing Member'. Of course, the reality is that trade normally occurs between private economic actors, not between governments". Cf. Steve CHARNOVITZ, *The World Trade Organization in 2020*, in Journal of International Law & International Relations, Vol. 1 (1-2), 2005, pp. 176-177.

[569] John JACKSON, *World Trade and the Law of GATT*, The Michie Company, Charlottesville – Virginia, 1969, pp. 289-290.

*dessa medida com o Acordo*" (itálicos aditados). Mesmo no caso do dumping, não existe qualquer tentativa por parte dos acordos da OMC relevantes de regular o comportamento das empresas privadas. O objectivo das medidas antidumping passa, sim, por regular as actividades dos governos nacionais quando estes recorrem a tais medidas. Por outras palavras, estarão em causa medidas governamentais (medidas *antidumping*) destinadas a combater um comportamento privado (*dumping*).

Portanto, em princípio, se estiver em causa uma acção puramente privada, as regras da OMC não se aplicam. Se, pelo contrário, estiver em causa um comportamento público, o direito da OMC aplica-se. A linha divisória entre acções privadas e públicas é o factor determinante. Não se pense, todavia, que a circunstância de uma acção ser realizada por particulares exclui a possibilidade de ela violar as disposições do GATT. Nesse sentido, o painel do caso *Japan – Trade in Semi- -conductors* analisou restrições voluntárias à exportação adoptadas por empresas privadas no Japão e considerou dois critérios essenciais para determinar se determinadas medidas eram passíveis de contrariar o nº 1 do art. XI do GATT:

> "Em primeiro lugar, se havia fundamentos razoáveis para concluir que existiam incentivos ou desincentivos suficientes para que medidas não obrigatórias produzissem efeitos; em segundo lugar, a aplicação de medidas destinadas a restringir as exportações de semicondutores a preços inferiores ao custo para a empresa dependia essencialmente de uma acção ou intervenção governamental. (...) Se os dois critérios fossem preenchidos, as medidas teriam um efeito equivalente a prescrições imperativas e a diferença entre umas e outras seria apenas de forma e não de fundo, não havendo então lugar a dúvidas quanto à sua inclusão na previsão do nº 1 do art. XI do GATT"[570].

O Painel concluiu que o Governo Japonês criara uma estrutura administrativa que lhe permitia exercer as mais fortes pressões possíveis sobre as empresas privadas para que elas deixassem de exportar a preços inferiores ao custo para a empresa. Essas pressões traduziram-se: nos apelos reiterados do Ministério do Investimento e Comércio Externo do Japão; na obrigação imposta aos exportadores de transmitirem informações sobre os preços à exportação; na supervisão sistemática dos custos e dos preços à exportação quanto a cada empresa e a cada produto; e na instituição do mecanismo de previsão da oferta e da procura, utilizado de forma a influenciar directamente o comportamento das empresas privadas[571]. Ainda segundo o Painel:

---

[570] Relatório do Painel no caso *Japan – Trade in Semi-conductors* (L/6309), adoptado em 4-5-1988, parágrafo 109.
[571] *Idem*, parágrafo 117.

A FUNÇÃO JURISDICIONAL NO SISTEMA GATT/OMC

"Estas medidas tinham também por efeito aumentar as pressões exercidas no próprio sector privado para que cada participante se conformasse com os apelos do Ministério do Investimento e Comércio Externo e, ao mesmo tempo, criar um clima de incerteza quanto às condições em que as exportações poderiam ser realizadas. (...) O conjunto de medidas em causa partia do mesmo princípio que um regime formal de controlo das exportações, apresentando os respectivos elementos essenciais. A única diferença residia na ausência de obrigações formais e juridicamente vinculativas quanto à exportação ou venda para exportação de semicondutores. No entanto, tratava-se mais de uma diferença de forma do que de fundo, pois as medidas eram aplicadas da mesma forma que as prescrições imperativas"[572].

### 5.4.3.2. O Critério da Organização Mundial do Comércio

Após a entrada em vigor dos acordos da OMC, o Painel do caso *Japan – Measures Affecting Consumer Photographic Film and Paper* tornou claro que nenhuma das constatações do relatório do caso *Japan – Semi-conductors* sugere que este critério dos incentivos/desincentivos constitui o único critério para qualificar medidas formalmente não vinculativas como medidas governamentais[573]. Em consequência disso mesmo, o Painel ampliou a definição do termo "medida":

> "**10.43.** O sentido corrente do termo *medida* utilizado no nº 1, alínea *b*), do artigo XXIII do GATT abarca seguramente as leis ou regulamentos decretados por um governo, mas, em nosso entender, o seu alcance é mais amplo e inclui outros actos do Governo distintos da publicação de normas legalmente vinculativas. Ao mesmo tempo, é certo que não cabe considerar que qualquer declaração de um funcionário público ou qualquer estudo preparado por um órgão não governamental a pedido do governo ou com um certo grau de apoio do mesmo possa ser visto como uma medida de um governo Membro.
>
> **10.44.** No Japão, é aceite que o Governo actue por vezes através do que se denomina orientação administrativa. Em tal caso, a empresa que recebe a orientação do Governo do Japão não está obrigada juridicamente a actuar em conformidade com ela, mas espera-se que o faça, dado o poder do Governo e o sistema de incentivos e desincentivos governamentais derivados da ampla gama de actividades do Governo e da intervenção deste na economia japonesa. Como assinalam as partes, a orientação administrativa adopta diversas formas no Japão. Por exemplo, o Japão refere o que denomina 'orientação administrativa reguladora', que reconhece pode substituir de facto actos formais do Governo. Também faz referência à orientação administrativa indicativa, que insta as empresas a fazerem algo que têm interesse em fazer em todo o caso. Na opinião do

---

[572] *Ibidem*.

[573] Relatório do Painel no caso *Japan – Measures Affecting Consumer Photographic Film and Paper* (WT/DS44/R), 31-3-1998, parágrafo 10.48.

202

A JURISDIÇÃO

Japão, este tipo de orientação não pode ser assimilado a uma medida no sentido do nº 1, alínea *b*), do artigo XXIII. Para efeitos da nossa análise, estas distinções são pertinentes para a questão que examinamos, mas não determinantes. Por conseguinte, não é útil que intentemos classificar uma orientação administrativa concreta numa ou outra categoria geral. Será necessário que examinemos, como o fizeram anteriormente vários painéis do GATT, cada uma das supostas 'medidas' para determinar se concorrem nela as características concretas que deve reunir uma medida no sentido do nº 1, alínea *b*), do artigo XXIII. (...).

**10.49.** Concretamente, não estamos convencidos de que deva aplicar-se a definição proposta pelo Japão, a saber, que uma medida deve proporcionar uma vantagem ou impor uma obrigação juridicamente vinculativa ou que o seu conteúdo equivalha ao de uma obrigação juridicamente vinculativa, deva delimitar o que possa constituir uma medida no sentido do nº 1, alínea *b*), do artigo XXIII do GATT. Em nosso entender, não é necessário que uma política ou acto governamental tenha uma natureza substancialmente vinculativa ou obrigatória para que seja provável que os particulares actuem de forma a anular ou reduzir expectativas legítimas de vantagens incluídas no âmbito de aplicação do nº 1, alínea *b*), do artigo XXIII. De facto, é evidente que actos não vinculativos, que incluam incentivos ou desincentivos suficientes para que os particulares actuem de uma determinada maneira, podem ter efeitos desfavoráveis sobre as condições de concorrência na esfera de acesso aos mercados. Por exemplo, vários casos de não violação que tiveram por objecto subvenções, cuja atribuição estava subordinada apenas ao respeito voluntário das condições de elegibilidade. Além disso, consideramos que é concebível que, nos casos em que há um elevado grau de cooperação e colaboração entre o governo e as empresas, ou seja, quando a actividade económica se baseia em grande medida na orientação administrativa e em outros meios ainda mais informais de cooperação entre o governo e as empresas, que simples declarações de política geral do governo formuladas em termos indicativos e não vinculativos possam ter sobre os particulares efeitos similares aos de uma medida juridicamente vinculativa ou do que o Japão denomina orientação administrativa reguladora. Em consequência, acreditamos que devemos estar abertos à aceitação de uma definição ampla do termo *medida* para efeitos do nº 1, alínea *b*), do artigo XXIII, em que se tenha em conta se um acto governamental não vinculativo tem efeitos similares aos de uma medida vinculativa. (...).

**10.52.** Dado que o Acordo OMC é um acordo internacional que só obriga directamente os governos nacionais e os territórios aduaneiros autónomos, depreende-se que o termo *medida* utilizado no nº 1, alínea *b*), do artigo XXIII e no nº 1 do artigo 26º do Memorando de Entendimento sobre Resolução de Litígios, assim como em outros artigos do Acordo OMC, se refere exclusivamente às políticas ou actos dos governos e não dos particulares. Mas ainda que esta 'verdade' não possa ser posta em causa, os painéis viram-se confrontados em vários litígios comerciais com a necessidade de adoptar uma decisão, por vezes difícil, sobre o grau em que acções que, à primeira vista, pare-

A FUNÇÃO JURISDICIONAL NO SISTEMA GATT/OMC

cem acções de particulares podem ser imputáveis ao governo por causa da conexão do governo ou do apoio prestado a essas acções"[574].

O Painel conclui dizendo que os casos passados do GATT demonstram que o facto de uma acção ser realizada por particulares não exclui a possibilidade de que ela seja considerada governamental se existir nela um envolvimento suficiente do governo. Não obstante, é difícil estabelecer regras claras a este respeito, pelo que essa possibilidade terá de ser examinada caso a caso[575].

Muito interessante é, também, o caso *Korea – Measures Affecting Imports of Fresh, Chilled and Frozen Beef*, desde logo, por ter sido o primeiro caso em que o Órgão de Recurso teceu algumas considerações importantes a respeito de comportamentos privados. Assim, na sequência de práticas enganosas relativas à distribuição de carne de vaca estrangeira, a Coreia impôs em 1990 um duplo sistema de distribuição com redes dedicadas exclusivamente ao comércio a retalho de carne de vaca importada ou de carne de vaca coreana. Por conseguinte, os pequenos retalhistas tiveram de escolher entre, por um lado, continuar a vender carne de vaca coreana e renunciar à venda de carne de vaca importada ou, por outro, deixar de vender carne de vaca coreana a fim de obter autorização para vender o produto importado. Aparentemente, a grande maioria dos pequenos retalhistas escolheu a primeira opção, o que teve por resultado que a carne de vaca importada tivesse sido praticamente excluída dos circuitos de distribuição através dos quais a carne de vaca coreana (e, até essa data, a carne de vaca importada) era escoada para os lares e outros consumidores coreanos por todo o país. Consequentemente, foi necessário implantar e desenvolver progressivamente a partir do zero um novo sistema distinto de venda a retalho para levar o produto importado aos mesmos lares e outros consumidores se se quisesse que este estivesse de alguma forma em concorrência com o produto nacional. Em 1998, oito anos após a instauração inicial do duplo sistema de venda a retalho, o número muito mais reduzido de estabelecimentos especializados em carne de vaca importada (cerca de 5.000 estabelecimentos) em relação ao número de estabelecimentos que vendiam carne de vaca coreana (cerca de 45.000 estabelecimentos) atesta bem a redução de oportunidades comerciais[576]. A respeito deste facto, o Órgão de Recurso observou que:

---

[574] *Idem*, parágrafos 10.43-10.44, 10.49 e 10.52.

[575] *Idem*, parágrafo 10.56.

[576] De acordo com RAJ BHALA, "Korea has no dual retail system in related product areas other than the sale of foreign beef, which suggests the system is not necessary to prevent deceptive practices. Rather, for other products, like domestic beef, dairy cattle, pork and seafood, Korea relies on normal policing methods, such as record-keeping, investigations, prosecutions and fines. It could

A JURISDIÇÃO

"**146.** Estamos conscientes que a dramática redução do número de postos de venda a retalho de carne de vaca importada resultou de decisões tomadas pelos diferentes retalhistas a quem assistia a faculdade de escolher entre a venda do produto nacional ou do produto importado. Contudo, a necessidade legal de proceder a essa escolha foi imposta pela própria medida. Convém salientar a natureza restritiva dessa escolha. A alternativa oferecida aos retalhistas *não* era uma escolha entre permanecer na rede unificada já existente ou optar pelo duplo sistema de venda a retalho. A escolha limitava-se a decidir entre vender apenas carne de vaca coreana ou apenas carne de vaca importada. Assim, o efeito dessa medida é, do ponto de vista jurídico, a redução do acesso aos circuitos normais de venda a retalho. Nestas circunstâncias, o facto de nesta escolha intervir um qualquer elemento do domínio privado não permite à Coreia subtrair-se à sua responsabilidade ao abrigo do GATT de 1994 quanto ao estabelecimento de condições de concorrência menos favoráveis para o produto importado do que para o produto nacional, resultado esse a que conduziu esta medida. (...).

**149.** Finalmente, pode ser útil indicar, de forma geral, o que não *afirmamos* ao chegar à conclusão precedente. Nós *não* concluímos que um sistema duplo ou paralelo de distribuição que *não* é imposto, directa ou indirectamente, por via legislativa ou regulamentar, mas que resulta apenas da actuação de empresários privados actuando com base actuando com base no seu próprio cálculo dos custos e vantagens comparativas de diferentes sistemas de distribuição, é incompatível com o nº 4 do artigo III do GATT de 1994. O nº 4 do artigo III ocupa-se apenas da intervenção *governamental* que afecte as condições em que produtos similares, nacionais e importados, concorrem no Mercado do território de um Membro"[577].

O Órgão de Recurso considera, pois, que uma acção puramente privada não está sujeita à disciplina imposta pela cláusula do tratamento nacional.

Cumpre destacar, por outro lado, que os acordos da OMC incluem várias disposições que impõem obrigações aos membros no que diz respeito aos comportamentos privados[578]. O Acordo sobre as Medidas de Salvaguarda, por exemplo, estabelece expressamente que é possível apresentar uma queixa contra um Membro da OMC por causa de medidas de carácter não governamental adoptadas

---

have done so with foreign beef too". Cf. Raj BHALA, *Modern GATT Law: A Treatise on the General Agreement on Tariffs and Trade*, Sweet & Maxwell, Londres, 2005, p. 155.

[577] Relatório do Órgão de Recurso no caso *Korea – Measures Affecting Imports of Fresh, Chilled and Frozen Beef* (WT/DS161/AB/R, WT/DS169/AB/R), 11-12-2000, parágrafos 146 e 149.

[578] Segundo alguns autores, "this leads to an *e contrario* argument. Where the drafters of the WTO envisaged an obligation of WTO Members to constrain or discipline private party action, they did so expressly". Cf. Jan BOHANES e Iain SANDFORD, *The (Untapped) Potential of WTO Rules to Discipline Private Trade-Restrictive Conduct*, Online Proceedings – Working Paper No. 56/08, Society of International Economic Law, Inaugural Conference, Geneva, July 15-17, 2008, pp. 45-46.

A FUNÇÃO JURISDICIONAL NO SISTEMA GATT/OMC

ou mantidas por empresas privadas (por exemplo, acordos de autolimitação das exportações ou acordos de comercialização ordenada). Basta que tais medidas sejam encorajadas ou apoiadas pelo governo do Membro da OMC em causa (art. 11º, nº 3, do Acordo sobre as Medidas de Salvaguarda). Caso as medidas restritivas de cariz privado sejam meramente toleradas pelos governos nacionais, elas escapam à jurisdição da OMC[579].

Outro exemplo importante pode ser encontrado no Acordo sobre as Subvenções e as Medidas de Compensação. Nos termos do seu art. 1º, nº 1, alínea *a*)(iv):

> "Para efeitos do presente Acordo, considera-se que existe uma subvenção se existir uma contribuição financeira do Estado ou de qualquer entidade pública no território de Um Membro, ou seja, sempre que: (...) o Estado efectue pagamentos a um mecanismo de financiamento, ou encarregue um organismo privado de executar uma ou diversas funções dos tipos enumerados nas alíneas i) a iii), que normalmente incumbiriam ao Estado, ou determine que o faça, e a prática seguida não difira realmente da prática normal do Estado"[580].

---

[579] Werner ZDOUC, WTO Dispute Settlement Practice relating to the General Agreement on Trade in Services, in *The WTO Dispute Settlement System 1995-2003*, Federico Ortino e Ernst-Ulrich Petersmann ed., Kluwer Law International, Haia-Londres-Nova Iorque, 2004, p. 389. FRIEDER ROESSLER sugere que o recurso aos termos "encorajar" e "apoiar" implica, se interpretados de modo amplo, que cai também no âmbito de aplicação do nº 3 do art. 11º do Acordo sobre as Medidas de Salvaguarda a não aplicação da legislação existente contra os cartéis (cf. Frieder ROESSLER, *Should Principles of Competition Policy Be Incorporated into WTO Law Through Non-Violation Complaints?*, in JIEL, 1999, p. 421). Este argumento não procede em nosso entender, desde logo, porque muitos membros da OMC não têm qualquer legislação de defesa da concorrência, nem os acordos da OMC impõem qualquer obrigação de adoptá-la. Caso existisse a obrigação referida, criar-se-iam duas categorias de membros da OMC. Os membros da OMC que possuíssem legislação anti-cartel estariam obrigados a aplicá-la, mas tal obrigação não existiria para os membros que não tivessem qualquer legislação desse tipo.

[580] O conceito de subvenção previsto no Acordo sobre as Subvenções e as Medidas de Compensação implica, ainda, que se conceda uma vantagem ao receptor da mesma (art. 1º, nº 1, alínea *b*)). Segundo o Órgão de Recurso:
"A palavra 'vantagem' utilizada na alínea *b*) implica algum tipo de comparação. Isto deve ser assim, visto que só pode haver uma 'vantagem' para o receptor se a 'contribuição financeira' o colocar numa situação melhor do que a que teria tido na ausência dessa contribuição. Em nossa opinião, o mercado proporciona uma base de comparação apropriada para determinar se foi atribuída uma 'vantagem', na medida em que os possíveis efeitos de distorção do comércio de uma 'contribuição financeira' podem ser identificados determinando se o receptor recebeu uma 'contribuição financeira' em termos mais favoráveis que os disponíveis para ele no mercado" (cf. Relatório do Órgão de Recurso no caso *Canada – Measures Affecting the Export of Civilian Aircraft* (WT/DS70/AB/R), 2-8-1999, parágrafo 157).
Logo, não constituirá uma subvenção qualquer bem ou serviço fornecido por uma entidade pública a preços de mercado. Em contrapartida, se o Governo conceder um empréstimo a uma taxa de juro

A JURISDIÇÃO

Segundo o próprio Órgão de Recurso:

"O inciso iv) do Artigo 1.1(a)(1) [do Acordo sobre as Subvenções e as Medidas de Compensação] reconhece que um governo pode iludir as disposições dos três incisos anteriores efectuando pagamentos a um mecanismo de financiamento ou encomendando a uma entidade privada que faça uma contribuição financeira ou ordenando-lhe que a faça. Em consequência, estipula que os actos deste tipo também são contribuições financeiras. Este conjunto de medidas governamentais susceptíveis de conceder uma subvenção é ampliado ainda mais com o conceito de 'protecção dos rendimentos ou de manutenção dos preços' que figura no artigo 1. 1(a)(2)"[581].

Em contraste:

"(...) As situações que envolvam exclusivamente uma conduta privada – isto é, uma conduta que não seja atribuível de algum modo a um governo ou a um organismo público – não pode constituir uma 'contribuição financeira' para efeitos de determinar a existência de uma subvenção ao abrigo do Acordo sobre as Subvenções e as Medidas de Compensação"[582].

Finalmente, segundo os compromissos adicionais adoptados por alguns membros da OMC nos termos do art. XVIII do GATS, serão mantidas, com vista à prevenção de práticas restritivas da concorrência no domínio das telecomunicações, as medidas consideradas adequadas para impedir os prestadores que, individualmente ou em conjunto, constituam prestadores de serviços relevantes de se dedicarem ou persistirem em práticas restritivas da concorrência. Estas práticas incluirão em particular:

i) o envolvimento em subvenções cruzadas restritivas da concorrência;
ii) a utilização de informações obtidas através de concorrentes, com resultados restritivos da concorrência; e
iii) a não disponibilização a outros prestadores de serviços, em tempo oportuno, de informações técnicas sobre infra-estruturas essenciais, bem como informações comercialmente relevantes que lhes sejam necessários para fins de prestação de serviços.

mais favorável comparativamente à praticada no mercado, a diferença entre a taxa do mercado e a taxa praticada pelo Governo será vista como uma subvenção.

[581] Relatório do Órgão de Recurso no caso *United States – Final Countervailing Duty Determination with respect to certain Softwood Lumber from Canada* (WT/DS257/AB/R), 19-1-2004, parágrafo 52.
[582] Relatório do Órgão de Recurso no caso *United States – Countervailing Duty Investigation on Dynamic Random Access Memory Semiconductors (DRAMS) from Korea* (WT/DS296/AB/R), 27-6-2005, parágrafo 107.

A FUNÇÃO JURISDICIONAL NO SISTEMA GATT/OMC

Assim, apesar de outros acordos comerciais da OMC conterem disposições relativas ao direito da concorrência, que se limitam, no entanto, a autorizar os Governos a intervirem face a alegadas práticas anti-concorrenciais por parte de empresas privadas[583], estes compromissos adicionais ao Acordo Geral sobre o Comércio de Serviços relativos às Telecomunicações de Base, também conhecidos por *Reference Paper*, são os primeiros a obrigarem os Governos a intervir[584]. Como defende ELEANOR FOX, "the antitrust clause in the Reference Paper, in the context of the GATS Telecommunications Annex, contains the only set of antitrust prohibitions in the WTO"[585]. Ao mesmo tempo, porém, os princípios estabelecidos não primam em muitos aspectos pelo rigor, o que permite alguma discricionariedade às entidades nacionais. É disso exemplo o facto de se dizer que "serão mantidas as medidas *consideradas adequadas* para impedir os prestadores que, individualmente ou em conjunto, constituam prestadores de serviços relevantes de se dedicarem ou persistirem em práticas restritivas da concorrência" (itálico aditado).

Recentemente, um Painel observou que:

"uma análise dos compromissos constantes do *Reference Paper* indica que os membros reconheceram que o sector das telecomunicações se caracterizava, em muitos casos,

---

[583] O art. 40º do Acordo TRIPS, por exemplo, limita-se a prever a realização de consultas e pouco mais, não impondo, por exemplo, a obrigação de prevenir ou de eliminar a prática anti-concorrência.

[584] Em bom rigor, o *Reference Paper* não faz parte do Anexo relativo às Telecomunicações; todavia, ele tem carácter vinculativo para os membros que assim o decidiram, por força do mecanismo dos compromissos adicionais previsto no artigo XVIII do GATS. Esta foi a maneira que os negociadores do *Reference Paper* encontraram para não recorrerem ao difícil processo de alteração das disposições do GATS (cf. Alberto ALVAREZ-JIMÉNEZ, *International State Responsibility for Acts of Non-State Actors: The Recent Standards Set By the International Court of Justice in Genocide and Why the WTO Appellate Body Should Not Embrace Them*, in Syracuse Journal of International Law & Commerce, Vol. 35, 2007, p. 16). Alguns membros da OMC adoptaram o *Reference Paper* na sua totalidade, outros adoptaram partes do mesmo e os restantes decidiram não adoptá-lo (cf. Damien NEVEN e Petros MAVROIDIS, *El mess in TELMEX: a comment on Mexico – measures affecting telecommunications services*, in WTR, 2006, p. 277). O *Reference Paper* aplica-se apenas ao modo presença comercial, também conhecido pelo nome "modo 3" (cf. Damien NEVEN e Petros MAVROIDIS, *El mess in TELMEX: a comment on Mexico – measures affecting telecommunications services*, in WTR, 2006, p. 272). O texto dos compromissos adicionais assumidos pelas Comunidades Europeias e seus Estados membros no contexto do Acordo sobre Telecomunicações de Base pode ser encontrado in Diário da República – I Série A, de 7-3-1998, pp. 905-906.

[585] Eleanor FOX, *The WTO's First Antitrust Case – Mexican Telecom: A Sleeping Victory for Trade and Competition*, in JIEL, 2006, p. 273. De notar que nem a secção 1.1 do *Reference Paper* nem os exemplos referidos na secção 1.2 incluem qualquer menção aos cartéis. Aliás, os três exemplos referidos dizem respeito a prejuízos decorrentes da prática de baixos preços. Por conseguinte, os cartéis não estão cobertos pelo *Reference Paper*. Cf. Damien NEVEN e Petros MAVROIDIS, *El mess in TELMEX: a comment on Mexico – measures affecting telecommunications services*, in WTR, 2006, pp. 291-292.

208

pela existência de monopólios ou situações de domínio do mercado. A eliminação dos obstáculos ao acesso aos mercados e ao tratamento nacional não foi considerado suficiente para garantir a aplicação efectiva dos compromissos de acesso aos mercados nos serviços de telecomunicações básicas. Por conseguinte, muitos membros aceitaram assumir compromissos adicionais para aplicarem um quadro regulamentar favorável à concorrência destinado a evitar um comportamento monopolista contínuo, em particular pelos *antigos* operadores monopolistas, e o abuso do domínio do mercado por estes ou outros fornecedores principais. Os membros desejavam garantir que os compromissos de acesso aos mercados e de tratamento nacional não fossem debilitados pelo comportamento contrário à concorrência dos monopólios ou dos fornecedores dominantes, particularmente frequente no sector das telecomunicações (...)"[586].

ALBERTO ALVAREZ-JIMÉNEZ nota ainda que:

"Usually, WTO precepts deal exclusively with Members' actions or omissions, without regard for what private companies do. However, WTO pro-competition provisions constitute the exception to this rule, because by virtue of these decisions, Member States acquire the duty to ensure that their private undertakings or non--governmental bodies behave in the way set forth by the given WTO pro-competition provision. If they do not perform so, and the given Member state does nothing to ensure the existence of the respective private or non-governmental pro-competitive behaviour, the Member violates the respective norm, and a case before the Dispute Settlement Body may arise. Perhaps the most striking examples of a WTO pro-competition provision are the Annex on Telecommunications and the Reference Paper. Negotiated within the privatisation process of the telecom industry, both require Member States to ensure interconnection with other Members' service suppliers no matter whether the telecommunication transport networks are privately or publicly owned"[587].

Existe assim, claramente, um dever de diligência devida da parte dos membros da OMC de impedirem os fornecedores principais de serviços básicos de telecomunicações, públicos ou privados, de adoptar práticas anti-concorrência.

Portanto, analisámos no início situações em que podia ser atribuído a um Membro da OMC o comportamento das partes privadas, como se tivesse sido um órgão seu a adoptar tal comportamento. Agora, pelo contrário, estão em causa situações em que um Governo nacional pode ter a responsabilidade ao abrigo dos

---

[586] Relatório do Painel no caso *Mexico – Measures Affecting Telecommunications Services* (WT/DS204/R), 2-4-2004, parágrafo 7.237.

[587] Alberto ALVAREZ-JIMÉNEZ, *Emerging WTO Competition Jurisprudence and its Possibilities for Future Development*, in Northwestern Journal of International Law & Business, 2004, pp. 488-489.

A FUNÇÃO JURISDICIONAL NO SISTEMA GATT/OMC

acordos da OMC de não tolerar certos comportamentos, mesmo quando estes comportamentos de empresas privadas não são atribuíveis a tal governo.

Não podemos deixar de referir, por último, que, nos comentários aos Artigos sobre a Responsabilidade Internacional do Estado adoptados em 2001 pela Comissão de Direito Internacional[588], o último relator observa, a propósito do nº 1 do artigo 4º (ver *infra*), que a expressão "quaisquer outras funções" pode incluir, por exemplo, a formulação de directrizes administrativas para o sector privado. Se tais directrizes supõem uma violação de uma obrigação internacional pode ser discutível, mas como directrizes são claramente atribuíveis ao Estado e dá como exemplos os casos *Japan – Trade in Semi-conductors* e *Japan – Measures Affecting Consumer Photographic Film and Paper*[589].

### 5.4.3.3. Outros Critérios

Nos termos do nº 1 do art. 4º dos artigos da Comissão de Direito Internacional sobre a Responsabilidade Internacional do Estado:

> "A conduta de qualquer órgão do Estado deve ser considerada um acto desse Estado segundo o direito internacional, quer o órgão exerça funções legislativas, executivas, judiciais ou quaisquer outras funções e qualquer que seja a posição que ele ocupa na organização do Estado e qualquer que seja a sua natureza enquanto órgão do governo central ou de uma divisão territorial do Estado".

Ainda segundo o nº 2 do mesmo artigo, "um órgão inclui toda a pessoa ou entidade que tenha esse estatuto de acordo com o direito interno do Estado".

Não obstante este artigo cobrir uma vasta gama de situações em que um Estado pode incorrer em responsabilidade internacional, um tribunal internacional pode entender que uma determinada pessoa ou entidade não é, *de jure*, um órgão do Estado. Porém, tal conclusão não obsta a que um tribunal possa declarar a responsabilidade internacional de um Estado por acções levadas a cabo por grupos ou entidades de carácter não estadual. Tal responsabilidade pode ser encontrada com base na regra constante do art. 8º dos Artigos da Comissão de Direito Internacional sobre a Responsabilidade Internacional do Estado:

---

[588] O texto dos Artigos sobre a Responsabilidade Internacional do Estado adoptados em 2001 pela Comissão de Direito Internacional pode ser encontrado in James CRAWFORD, *Los artículos de la Comisión de Derecho Internacional sobre la Responsabilidad Internacional del Estado – Introducción, texto y comentários*, Editorial Dykinson, Madrid, 2004.

[589] James CRAWFORD, *Los artículos de la Comisión de Derecho Internacional sobre la Responsabilidad Internacional del Estado – Introducción, texto y comentários*, Editorial Dykinson, Madrid, 2004, p. 134, nota de rodapé 115.

A JURISDIÇÃO

"O comportamento de uma pessoa ou grupo de pessoas deve ser considerada um acto de um Estado segundo o direito internacional se a pessoa ou grupo de pessoas actua de facto com base em instruções, ou sob a direcção ou controlo, desse Estado ao observar esse comportamento"[590].

[590] Ao mesmo tempo, nos termos do artigo 5º dosArtigos sobre a Responsabilidade Internacional do Estadoadoptados pela Comissão de Direito Internacional, "o comportamento de uma pessoa ou entidade que não seja órgão do Estado ao abrigo do artigo 4º, mas que esteja habilitado pelo direito desse Estado a exercer atribuições do poder público, deve ser considerado um acto do Estado segundo o direito internacional, sempre que a pessoa ou entidade actue nessa capacidade num determinado caso". Nos comentários aos artigos da Comissão de Direito Internacional sobre a Responsabilidade Internacional do Estado, resulta claro que a finalidade do artigo 5º é ter em conta o fenómeno cada vez mais frequente das entidades paraestatais, que exercem atribuições do poder público em lugar dos órgãos do Estado, e o caso de antigas empresas estatais que, apesar de privatizadas, conservam certas funções públicas ou normativas. O recurso ao termo genérico "entidade" visa englobar a grande variedade de organismos que, apesar de não serem órgãos, podem estar habilitados pelo direito interno de um Estado a exercer atribuições do poder público e compreendem as empresas públicas, as entidades semipúblicas, as agências públicas de diverso tipo e mesmo, em casos especiais, empresas privadas, desde de que em cada caso a entidade esteja habilitada pelo direito interno a exercer funções de carácter público desempenhadas normalmente pelos órgãos do Estado e o comportamento da entidade esteja relacionado com o exercício das atribuições do poder público em causa. Por exemplo, em alguns países, é possível contratar empresas de segurança privada para que se encarreguem da vigilância nas prisões e, nessa qualidade, elas podem exercer poderes públicos como os de detenção e disciplina em conformidade com uma sentença judicial ou em cumprimento da regulamentação penitenciária. Portanto, o facto de uma entidade estar classificada como pública ou privada num ordenamento jurídico, a existência de uma participação maior ou menor do Estado no seu capital ou, mais genericamente, na propriedade dos seus activos e o facto de não estar sujeita ao controlo do poder executivo não constituem critérios decisivos para atribuir ao Estado o comportamento da entidade. Em vez disso, o artigo 5º consagra a característica que define, verdadeiramente, todas estas entidades, a saber, que estejam habilitadas, ainda que somente de modo limitada e num contexto preciso, a exercer atribuições do poder público. O que é considerado "poder público" dependerá da sociedade e da sua história e tradições. Terá particular importância não só o conteúdo das atribuições, mas a maneira como são conferidas a uma entidade, os fins para que se exercem e em que medida a entidade é responsável pelo seu exercício ante o Estado. Para efeitos do artigo 5º, são também visadas as entidades que, no exercício da autoridade, dispõem de um poder de apreciação e podem agir de modo independente; não é necessário demonstrar que o comportamento estava sujeito ao controlo do Estado. Há que distinguir, finalmente, o artigo 5º do caso em que uma entidade actua sob a direcção ou controlo do Estado, situação a que se aplica o art. 8º (cf. James CRAWFORD, *Los artículos de la Comisión de Derecho Internacional sobre la Responsabilidad Internacional del Estado – Introducción, texto y comentarios*, Editorial Dykinson, Madrid, 2004, pp. 138-140). No caso da Organização Mundial do Comércio, resulta do nº 1 do Memorando de Entendimento sobre a Interpretação do Artigo XVII do GATT de 1994, adoptado no Ciclo do Uruguai, que são empresas comerciais do Estado "as empresas governamentais e não governamentais, incluindo os institutos de comércio, a que tenham sido concedidos direitos ou privilégios exclusivos ou especiais, inclusive poderes legais ou constitucionais, no exercício dos quais influenciem, por meio das suas compras ou vendas, o nível

A FUNÇÃO JURISDICIONAL NO SISTEMA GATT/OMC

Como é evidente, a situação mais complexa é aquela em que a pessoa ou grupo de pessoas actua "sob a direcção ou controlo" de um Estado ao assumir determinado comportamento. Nos comentários aos Artigos da Comissão de Direito Internacional sobre a Responsabilidade Internacional do Estado, refere-se que o comportamento referido no art. 8º só será atribuível ao Estado se este dirigiu ou controlou a operação em causa e se o comportamento denunciado era parte integrante dessa operação, ou seja, este princípio não se estende ao comportamento cuja relação com a operação considerada seja incidental ou periférica e escape à direcção ou ao controlo do Estado[591].

Fundamentalmente, a condição para que se atribuam ao Estado actos realizados por particulares é que o Estado exerça um controlo sobre eles[592]. O grau de controlo pode, todavia, variar em função dos factos de cada caso. No caso *Military and Paramilitary Activities in and against Nicaragua (Nicaragua v. United States of America)*, por exemplo, estava em causa saber se o comportamento dos *contras* era atribuível aos Estados Unidos, ao ponto de tornar este país responsável, de uma maneira geral, pelas violações do direito internacional humanitário cometidas pelos *contras*. O Tribunal Internacional de Justiça analisou o caso baseando-se na noção de controlo. Por um lado, ele concluiu que os Estados Unidos eram responsáveis pelo facto de agentes seus terem participado no "planeamento, direcção e apoio" das operações[593]. Por outro lado, o Tribunal recusou a acusação mais ampla da Nicarágua de que todo o comportamento dos *contras* era atribuível aos Estados Unidos em razão do seu controlo sobre eles. O Tribunal concluiu, então, que:

> "**109.** O Tribunal tem de determinar neste momento se a relação dos *contras* com o Governo dos Estados Unidos era ou não uma relação de dependência por um lado e de

ou a orientação das importações ou exportações". Não é, pois, a propriedade *per se* que é relevante, mas sim a atribuição de direitos ou privilégios exclusivos ou especiais por parte do Governo. As empresas comerciais do Estado estão sujeitas ao disposto no art. XVII do GATT de 1994.

[591] James CRAWFORD, *Los artículos de la Comisión de Derecho Internacional sobre la Responsabilidad Internacional del Estado – Introducción, texto y comentários*, Editorial Dykinson, Madrid, 2004, p. 148.

[592] As palavras "pessoa ou grupo de pessoas" utilizadas no artigo 8º reflectem o facto de que o comportamento visado por este artigo pode ser o de um grupo não dotado de uma personalidade jurídica distinta mas que, *de facto*, actua colectivamente. Assim, um Estado pode autorizar o comportamento de uma pessoa jurídica como uma sociedade, mas também pode lidar com conjuntos de indivíduos ou grupos que não têm personalidade jurídica própria mas que, não obstante, agem como um colectivo. Cf. James CRAWFORD, *Los artículos de la Comisión de Derecho Internacional sobre la Responsabilidad Internacional del Estado – Introducción, texto y comentários*, Editorial Dykinson, Madrid, 2004, p. 151.

[593] TRIBUNAL INTERNACIONAL DE JUSTIÇA, *Military and Paramilitary Activities in and against Nicaragua (Nicaragua v. United States of America)*, *Merits*, Acórdão de 27-6-1986, parágrafo 86.

212

## A JURISDIÇÃO

controlo por outro que seria juridicamente fundado assimilar os *contras* a um órgão do Governo dos Estados Unidos ou considerar que eles agiam em nome deste Governo. É relevante notar que, em Maio de 1983, a avaliação do *Intelligence Committee*, referido no parágrafo 95 *supra*, conclui que os *contras* 'constituíam uma força independente' e que 'o único elemento de controlo que podia ser exercido pelos Estados Unidos' era 'a cessação de ajuda'. Paradoxalmente, esta avaliação serve para sublinhar, *a contrario*, as possibilidades de controlo que implica necessariamente a dependência dos *contras* da ajuda. Portanto, apesar dos elevados subsídios e de outro apoio prestado aos *contras* pelos Estados Unidos, não existe nenhuma prova clara de que os Estados Unidos têm realmente exercido um tal grau de controlo em todas as suas actividades que justifica tratar os *contras* como agindo em seu nome. (...).

**115.** (...) Todas as formas de participação dos Estados Unidos já mencionadas, e mesmo o controlo geral exercido pelo Estado demandado sobre uma força com um alto grau de dependência de si, não significaria em si mesmo, sem uma prova complementar, que os Estados Unidos ordenaram ou impuseram a prática dos actos contrários aos direitos humanos e ao direito humanitário alegados pelo Estado queixoso. Esses actos podiam bem ter sido cometidos por membros dos *contras* sem o controlo dos Estados Unidos. Para este comportamento originar a responsabilidade jurídica dos Estados Unidos, seria necessário, em princípio, estabelecer que este Estado tinha o controlo efectivo das operações militares ou paramilitares no decurso das quais foram cometidas as violações alegadas"[594].

O Tribunal Internacional de Justiça concluiu, no fundo, que uma situação geral de dependência e apoio seria insuficiente para justificar a atribuição do comportamento aos Estados Unidos. Esta conclusão volta a ser ratificada pelo Tribunal Internacional de Justiça no caso *Concerning the Application of the Convention on the Prevention and Punishment of the Crime of Genocide*:

"**392.** De acordo com a jurisprudência do Tribunal, uma pessoa, um grupo de pessoas ou uma entidade podem ser assimilados, para efeitos de responsabilidade internacional, a um órgão do Estado, mesmo se uma tal qualificação não resulta do direito interno, quando essa pessoa, grupo ou entidade actua de facto sob a 'total dependência' do Estado; em suma, quando constituem um mero instrumento do Estado. Em tal caso, é apropriado olhar para além do estatuto jurídico, a fim de apreender a realidade da relação entre a pessoa que age e o Estado a que ele está tão estreitamente ligado que parece ser um seu agente: qualquer outra solução permitira aos Estados escapar à sua responsabilidade internacional, caso escolhessem agir através de pessoas ou entidades cuja suposta independência seria puramente uma ficção.

---

[594] *Idem*, parágrafos 109 e 115.

A FUNÇÃO JURISDICIONAL NO SISTEMA GATT/OMC

**393.** Todavia, uma tal assimilação de pessoas ou entidades a órgãos do Estado quando elas não gozam desse estatuto ao abrigo do direito interno deve ser excepcional, uma vez que requer prova de uma grau particularmente elevado de controlo do Estado sobre as pessoas ou entidades em causa, uma relação que o acórdão anterior do Tribunal citado *supra* [Nicarágua, 1986] descreve explicitamente como 'total dependência'. Resta saber se, no presente caso, as pessoas ou entidades que cometeram os actos de genocídio em Srebrenica possuíam com a República Federal da Jugoslávia, na data dos factos, ligações tais que pudessem ser vistos como estando sob a total dependência da República Federal da Jugoslávia; é apenas quando esta condição se verifica que as pessoas ou entidades podem ser assimiladas aos órgãos do demandado para efeitos da responsabilidade internacional deste último"[595].

Apesar da considerável influência que a República Federal da Jugoslávia tinha sobre os autores do genocídio em Srebrenica (as chamadas forças sérvias da Bósnia mataram mais de 7.000 muçulmanos bósnios na sequência da conquista da cidade de Srebrenica em Julho de 1995[596]), o Tribunal Internacional de Justiça concluiu que eles não eram, de facto, órgãos da República Federal da Jugoslávia nem estavam a actuar com base em instruções específicas deste país:

"**388.** O Tribunal nota, primeiro, que nenhuma prova foi apresentada demonstrando que o General Mladić ou qualquer um dos outros oficiais pertencentes ao 30º Centro de Pessoal eram, de acordo com o direito interno do Demandado, oficiais do exército do Demandado – um órgão *de jure* do Demandado. Nem foi estabelecido conclusivamente que o General Mladić era um desses oficiais; e mesmo supondo que ele podia ter sido, o Tribunal não considera que ele poderia, apenas por essa razão, ser tratado como um órgão da República Federal da Jugoslávia para efeitos da aplicação das regras de responsabilidade do Estado. Não existem dúvidas de que a República Federal da Jugoslávia prestava um apoio substancial, *inter alia*, financeiro, à República de Srpska (cf. parágrafo 241 *supra*), e que o pagamento de salários e outros benefícios a alguns oficiais da Exército da República de Srpska constituía uma das formas de apoio, mas isto não os transforma automaticamente em órgãos da República Federal da Jugoslávia. Aqueles oficiais eram nomeados para o seu cargo pelo Presidente da República de Srpska e estavam subordinados à autoridade política da República de Srpska. Na ausência de provas em contrário, aqueles oficiais devem ser vistos como tendo recebido as suas ordens da República de Srpska ou do Exército da República de Srpska, não da República Federal da Jugoslávia. A expressão 'órgão do Estado',

---

[595] TRIBUNAL INTERNACIONAL DE JUSTIÇA, *Case Concerning the Application of the Convention on the Prevention and Punishment of the Crime of Genocide (Bosnia and Herzegovina v. Serbia and Montenegro)*, Acórdão de 26-2-2007, parágrafos 392-393.
[596] *Idem*, parágrafo 290.

214

no sentido do direito internacional consuetudinário e do Artigo 4º dos Artigos da Comissão de Direito Internacional, aplica-se a todas as pessoas ou entidades colectivas que fazem parte da organização do Estado e agem em seu nome (cf. Comentário da Comissão de Direito Internacional ao Artigo 4º, nº 1). Era, portanto, em nome das autoridades sérvias da Bósnia, em particular da República de Srpska, e não da República Federal da Jugoslávia que os oficiais do Exército da República de Srpska, incluindo o General Mladić, eram, no exercício das suas funções, chamados a agir; eles exerciam elementos da autoridade pública da República de Srpska (...).

**394.** O Tribunal pode apenas responder negativamente a esta questão [ver *supra*]. Na data relevante, Julho de 1995, nem a República de Srpska nem o Exército da República de Srpska podiam ser vistos como simples instrumentos de acção da República Federal da Jugoslávia, desprovidos de qualquer autonomia real. Enquanto as relações políticas, militares e logísticas entre autoridades federais em Belgrado e as autoridades em Pale, entre o exército jugoslavo e o Exército da República de Srpska, tinham sido fortes e próximas nos anos precedentes (ver parágrafo 238 *supra*), e estas ligações permaneceram indubitavelmente fortes, elas não eram, pelo menos no período considerado, de ordem a que as estruturas políticas e militares sérvias da Bósnia pudessem ser assimiladas a órgãos da República Federal da Jugoslávia. É mesmo verdade que emergiram na altura diferenças sobre opções estratégicas entre as autoridades jugoslavas e os líderes sérvios da Bósnia; no mínimo, estamos perante provas que demonstram que os últimos tinham alguma margem relativa, mas real, de autonomia. Nem, não obstante o apoio muito importante prestado pelo Demandado à República de Srpska, sem o qual não podia ter 'conduzido as suas actividades militares e paramilitares mais cruciais ou significativas' (*I.C.J. Reports 1986*, p. 63, parágrafo 111), isto significa uma 'total dependência' da República de Srpska em relação ao Demandado"[597].

Posto isto, o Tribunal Internacional de Justiça examinou uma possível responsabilidade internacional com base no art. 8º dos artigos da Comissão de Direito Internacional sobre a Responsabilidade Internacional do Estado:

"**397.** O Tribunal deve salientar, nesta fase do seu raciocínio, que a questão acabada de enunciar não se confunde com as que foram examinadas até agora. É evidente que ela é diferente da questão de saber se as pessoas que cometeram os actos de genocídio tinham a qualidade de órgãos do Demandado segundo o direito interno deste último; nem ela se confunde, apesar de certas aparências, com a questão de saber se essas pessoas devem ser assimiladas *de facto* aos órgãos do Estado, mesmo se eles não beneficiam de um tal estatuto ao abrigo do direito interno. A resposta à última questão depende, como explicado previamente, de saber se essas pessoas se

[597] *Idem*, parágrafos 388 e 394.

encontravam numa relação de total dependência do Estado que não podiam ser considerados senão como órgãos do Estado, de maneira que todas as suas acções exercidas nessa qualidade seriam atribuíveis ao Estado para efeitos de responsabilidade internacional. Tendo respondido a esta questão negativamente, o Tribunal analisa agora uma questão totalmente separada: saber se, nas circunstâncias específicas dos acontecimentos em Srebrenica, os autores dos actos de genocídio agiram segundo as instruções ou sob a direcção ou controlo do Demandado. Uma resposta afirmativa a esta questão não implicaria de modo algum que os autores deveriam ser caracterizados como órgãos da República Federal da Jugoslávia ou assimilados a tais órgãos. Significaria apenas que ocorreria a responsabilidade internacional da República Federal da Jugoslávia em razão do comportamento daqueles dos seus próprios órgãos que deram as instruções ou exerceram o controlo que resultou na prática de actos contrários às suas obrigações internacionais. Por outras palavras, já não está em causa saber se as pessoas que cometeram directamente o genocídio agiam enquanto órgãos da República Federal da Jugoslávia ou podiam ser assimilados a esses órgãos – questão a que já se respondeu negativamente. O que deve ser determinado é se os órgãos da República Federal da Jugoslávia – incontestavelmente tendo esse estatuto segundo o direito interno da República Federal da Jugoslávia – estiveram na origem do genocídio através de instruções aos autores ou em exercendo uma direcção ou controlo e se, em consequência, o comportamento dos órgãos do Demandado, tendo sido a causa da prática dos actos contrários às suas obrigações internacionais, constituiu uma violação dessas obrigações.

**398.** A este respeito, a regra aplicável, que é parte do direito consuetudinário da responsabilidade internacional, é enunciada no Artigo 8º dos Artigos da Comissão do Direito Internacional sobre Responsabilidade do Estado (...).

**399.** Esta disposição deve ser entendida à luz da jurisprudência do Tribunal sobre a matéria, particularmente do Acórdão de 1986 no caso *Military and Paramilitary Activities in and against Nicaragua (Nicaragua* v. *United States of America)* referido *supra* (parágrafo 391). Nesse Acórdão, depois de rejeitar o argumento de que os *contras* deveriam ser assimilados aos órgãos dos Estados Unidos, uma vez que eles estavam 'totalmente dependentes' dos Estados Unidos, o Tribunal acrescentou que a responsabilidade do Demandado poderia surgir caso se provasse que ele próprio tinha 'ordenado ou imposto a perpetração dos actos contrários aos direitos humanos e ao direito humanitário alegados pelo Estado queixoso' (*I.C.J. Reports 1986*, p. 64, parágrafo 115); isto levou à seguinte conclusão importante:

'Para este comportamento originar a responsabilidade jurídica dos Estados Unidos, seria necessário, em princípio, estabelecer que este Estado tinha o controlo efectivo das operações militares ou paramilitares no decurso das quais foram cometidas as violações alegadas' (*Ibid.*, p. 65.).

## A JURISDIÇÃO

**400.** Este critério assim formulado diverge em dois aspectos do critério usado para determinar se uma pessoa ou entidade pode ser assimilada a um órgão do Estado, mesmo não tendo esse estatuto segundo o direito interno. Primeiro, não é necessário neste contexto demonstrar que as pessoas que praticaram os actos alegadamente contrários ao direito internacional se encontravam, em geral, numa relação de 'total dependência' do Estado Demandado; tem de provar-se que eles agiram de acordo com as instruções desse Estado ou sob o seu 'controlo efectivo'. Deve ser demonstrado, contudo, que este 'controlo efectivo' foi exercido ou que as instruções do Estado foram dadas, a respeito de cada operação em que ocorreram as alegadas violações, e não geralmente a respeito do conjunto das acções praticadas pelas pessoas ou grupos de pessoas que cometeram as violações"[598].

A razão mais importante para a rejeição pelo Tribunal Internacional de Justiça do critério do controlo total ("overall control") para efeitos de aplicação do art. 8º dos artigos da Comissão de Direito Internacional sobre a Responsabilidade Internacional do Estado foi a seguinte:

"É de notar que o critério do 'controlo total' tem o defeito importante de ampliar o âmbito da responsabilidade estadual bem para além do princípio fundamental que governa o direito da responsabilidade internacional: um Estado é responsável apenas pelo seu próprio comportamento, ou seja, pelo comportamento das pessoas que ajam, seja qual for o fundamento, em seu nome. É esse o caso dos actos praticados pelos seus órgãos oficiais e igualmente pelas pessoas ou entidades que não são formalmente reconhecidas como órgãos oficiais segundo o direito interno, mas que devem, apesar disso, ser assimiladas a órgãos do Estado porque estão numa relação de 'total dependência' do Estado. Para além destes casos, os actos praticados por pessoas ou grupos de pessoas – que não são nem órgãos do Estado nem assimilados a tais órgãos – só podem implicar a responsabilidade do Estado se, supondo que eles são internacionalmente ilícitos, lhe forem atribuíveis em virtude da regra do direito internacional consuetudinário enunciada no Artigo 8º (...). Tal acontece quando um órgão do Estado deu as instruções ou forneceu as directrizes com base nas quais os autores do acto ilícito agiram ou exerceu um controlo efectivo sobre os actos no decurso dos quais foi cometido o ilícito. A este respeito, o critério do 'controlo total' é inadequado, uma vez que estica demasiado, quase até partir, a conexão que deve existir entre o comportamento dos órgãos do Estado e a responsabilidade internacional deste último"[599].

---

[598] *Idem*, parágrafos 397-400.

[599] *Idem*, parágrafo 406. Muito crítico deste parágrafo mostrou-se o Vice-Presidente do Tribunal Internacional de Justiça, Al-Khasawneh, no seguinte trecho da sua opinião dissidente:

"Infelizmente, a rejeição do Tribunal do critério do caso *Tadić* não permite analisar a questão crucial que é suscitada nesse caso, a saber, que diferentes tipos de actividades podem, tendo

A FUNÇÃO JURISDICIONAL NO SISTEMA GATT/OMC

O Tribunal Internacional de Justiça ratificou, pois, o critério do controlo efectivo como sendo o critério exigido para a aplicação do art. 8º aos Estados pelos comportamentos perpetrados por actores não estaduais.

Para além do critério avançado pelo Tribunal Internacional de Justiça e do critério do "envolvimento suficiente" praticado no âmbito da OMC, podemos apontar um outro critério, o do "controlo total", defendido pela Câmara de Recursos do Tribunal Penal Internacional para a Ex-Jugoslávia no chamado caso *Tadic*:

> **"115.** O critério do 'controlo efectivo' enunciado pelo Tribunal Internacional de Justiça foi considerado como correcto e ratificado pela Câmara de Primeira Instância II no seu acórdão [parágrafos 605-607]. Com todo o respeito devido, a Câmara de Recursos não considera convincente o critério do caso *Nicaragua* e isto por duas razões.
>
> **116.** Primeiro, o critério resultante do caso *Nicaragua* como tal pode ser considerado pouco convincente pela própria lógica de todo o sistema da responsabilidade dos Estados no direito internacional.
>
> **117.** Os princípios de direito internacional relativos à imputação praticados por particulares não estão baseados em critérios sólidos e uniformes. Estes princípios figuram no Artigo 8º do Projecto de Artigos relativos à Responsabilidade dos Estados adoptado em primeira leitura pela Comissão do Direito Internacional das Nações Unidas e, de um modo ainda mais claro, no texto da mesma disposição adoptado a título

em conta em particular a natureza sempre evolutiva de um conflito armado, impor variações subtis nas regras de imputabilidade. No caso *Nicaragua*, o Tribunal Internacional de Justiça notou que os Estados Unidos e os *Contras* partilhavam os mesmos objectivos – nomeadamente, o derrube do Governo da Nicarágua. Estes objectivos podiam, contudo, ser atingidos sem a prática de crimes de guerra ou de crimes contra a humanidade. Os próprios *Contras* podiam, de facto, ter-se limitado a alvos militares na prossecução dos seus objectivos. Como tal, para poder atribuir os crimes contra a humanidade cometidos na prossecução de um objectivo comum, o Tribunal Internacional de Justiça *defendeu que os próprios crimes* deveriam ser o objecto do controlo. Quando, no entanto, o objectivo partilhado é a prática de crimes internacionais, exigir simultaneamente o controlo sobre os actores não estaduais e sobre as operações específicas no contexto das quais foram cometidos os crimes internacionais é um limiar demasiado elevado. O perigo inerente a tal abordagem reside no facto de oferecer aos Estados a oportunidade de levar a cabo políticas criminais através de actores não estaduais ou de auxiliares sem incorrer, consequentemente, em responsabilidade directa. A declaração no parágrafo 406 do Acórdão de que a este respeito, 'o critério do controlo total é inadequado, uma vez que estica demasiado, quase até partir, a conexão que deve existir entre o comportamento dos órgãos do Estado e a responsabilidade internacional deste último' é, com todo o respeito devido, particularmente pouco convincente, porquanto não tem em conta que essa conexão tem de valer para situações onde existe um objectivo criminal comum. Está igualmente longe de ser evidente que o critério do 'controlo total' é sempre insuficientemente preciso para originar a responsabilidade do Estado" (parágrafo 39).

218

A JURISDIÇÃO

provisório em 1998 pelo Comité de Redacção da Comissão do Direito Internacional. Segundo este Artigo, caso seja estabelecido que os particulares, que a legislação interna de um Estado não considera como órgãos do dito Estado, agem, não obstante, de facto em nome desse Estado, os seus actos são imputáveis ao Estado. Esta regra explica-se pela vontade de impedir os Estados de escaparem à responsabilidade internacional recorrendo a particulares para levar a cabo as tarefas que não poderão ou não deverão ser desempenhadas pelos funcionários estaduais ou de alegarem que os particulares que participam de facto no exercício do poder não constituem órgãos do Estado ao abrigo da legislação interna e, em consequência, não originam a responsabilidade do Estado. Por outras palavras, os Estados não podem, por um lado, agir *de facto* por intermédio de particulares e, por outro lado, dissociarem-se de tais comportamentos quando esses particulares violam o direito internacional. Para imputar ao Estado actos cometidos por particulares, o direito internacional exige que o primeiro exerça o seu controlo sobre os últimos. O *grau de controlo* pode, contudo, variar de acordo com as circunstâncias factuais de cada caso. A Câmara de Recursos não vê porquê em cada e qualquer circunstância o direito internacional deve exigir um limiar elevado para o critério do controlo. Em vez disso, várias situações podem ser distinguidas.

**118.** Uma situação é o caso de um particular que é engatado por um Estado para executar especificamente alguns actos ilegais no território de outro Estado (por exemplo, o rapto de um funcionário estadual, o assassinato de um representante ou alto funcionário do Estado a explosão de uma central eléctrica ou, especialmente em tempos de guerra, a prática de actos de sabotagem). Em tal caso, para demonstrar que o particular agiu enquanto agente de facto do Estado, seria necessário demonstrar que o Estado expeliu instruções específicas relativamente à prática da violação, a fim de provar – nem que seja por dedução necessária – que o particular actuou *de facto* como um agente do Estado. Alternativamente, seria necessário demonstrar que o Estado, *a posteriori*, aprovou publicamente a acção desse particular. O exercício de uma autoridade geral sobre o particular não seria suficiente para originar a responsabilidade internacional do Estado. Uma situação similar pode surgir quando um grupo não organizado de particulares pratica actos contrários ao direito internacional. Para imputar estes actos ao Estado, parece necessário provar não apenas que o Estado exerceu alguma forma de autoridade sobre esses particulares, mas também que ele deu-lhes instruções específicas para a prática dos actos em causa, ou que ele *ex post facto* avalizou publicamente esses actos.

**119.** A estas situações, podemos adicionar outra, que aparece quando o Estado confia a um particular (ou grupo de particulares) a tarefa específica de praticar actos *lícitos* em seu nome, mas depois os particulares, ao cumprirem a tarefa, violam uma obrigação internacional do Estado (por exemplo, um detective privado é solicitado pelas autoridades estaduais para proteger um diplomata estrangeiro de alto nível mas ele maltrata-o seriamente durante a sua missão). Neste caso, por analogia com

219

as regras relativas à responsabilidade do Estado por actos de funcionários estaduais agindo *ultra vires*, é possível defender que o Estado é responsável pelo facto de ter solicitado especificamente a um particular (ou grupo de particulares) a execução de uma tarefa em seu nome.

**120.** Convém distinguir a situação em que os particulares actuam em nome de um Estado sem instruções específicas da situação em que os particulares constituem *um grupo organizado e estruturado hierarquicamente*, como uma unidade militar ou, no caso de guerra ou de conflitos internos, grupos de elementos irregulares ou rebeldes armados. Manifestamente, um grupo organizado difere de um particular, dado que o primeiro é dotado normalmente uma estrutura, de uma cadeia de comando e de um conjunto de regras assim como de símbolos exteriores de autoridade. Normalmente, um membro do grupo não actua de maneira independente mas sim em conformidade com as regras prevalecentes no grupo e está sujeito à autoridade do chefe do grupo. Consequentemente, para imputar ao Estado os actos de um grupo, é suficiente que este último esteja, no seu conjunto, sob o controlo total do Estado.

**121.** Este tipo de controlo do Estado sobre um grupo militar e o facto de o Estado ser considerado responsável por actos praticados por um grupo independentemente de quaisquer instruções do Estado, ou mesmo contrários a instruções, assimila em certa medida o grupo a um verdadeiro órgão do Estado. Segundo as regras consagradas no Artigo 10º do Projecto sobre a Responsabilidade do Estado, adoptado a título provisório pela Comissão do Direito Internacional, um Estado é responsável internacionalmente pelos actos ou transacções *ultra vires* dos seus órgãos. Dito de outra forma, o Estado incorre em responsabilidade mesmo no caso dos actos cometidos pelos seus funcionários fora das suas atribuições ou contrariamente a instruções estaduais. Esta regra explica-se pelo facto de que um Estado deve ser considerado responsável pelos actos dos seus órgãos, tenham estes cumprido ou não com eventuais instruções de autoridades superiores. De maneira geral, podemos dizer que o conjunto das regras de direito internacional sobre responsabilidade do Estado está baseado numa concepção realista de responsabilidade, que ignora as formalidades jurídicas e visa garantir que os Estados que confiam algumas funções a particulares ou grupos de particulares devem responder pelas suas acções, mesmo quando estes últimos não seguem as suas instruções.

**122.** A mesma lógica deverá aplicar-se à situação em discussão. Como já foi mencionado, a situação de um grupo organizado é diferente da situação de um particular isolado praticando um determinado acto em nome de um Estado. Normalmente, um grupo organizado dedica-se a diversas actividades. Caso ele se encontre sob o controlo total de um Estado, este deve ser responsável, forçosamente, pelas actividades do grupo, *quer tenha ou não imposto, solicitado ou ordenado cada uma delas*. (...).

**123.** A análise precedente não deverá, claro está, ocultar a distinção necessária entre as diversas situações jurídicas descritas. No caso previsto pelo Artigo 10º do Pro-

A JURISDIÇÃO

jecto sobre a Responsabilidade do Estado (assim como na situação prevista no Artigo 7º do mesmo Projecto), o Estado é objectivamente responsável porque os particulares que praticam determinados actos internacionalmente ilícitos gozam, ao abrigo da legislação relevante, do estatuto de funcionários do Estado ou de uma entidade pública do Estado. No caso em discussão, o de grupos organizados, a responsabilidade do Estado é, pelo contrário, o corolário objectivo do controlo total exercido pelo Estado sobre o grupo. Apesar das diferenças jurídicas, mantém-se o facto de o direito internacional tornar qualquer Estado responsável pelos actos contrários ao direito internacional praticados (i) por particulares que têm formalmente o estatuto de órgãos de um Estado (e isto ocorre mesmo quando estes órgãos actuam *ultra vires* ou *contra legem)*, ou (ii) por particulares que constituem grupos organizados sujeitos ao controlo do Estado. No direito internacional, o Estado é assim declarado responsável, quer ele tenha ou não emitido *instruções específicas* a esses particulares. Claro está, esta regra existe para evitar que o Estado possa prevalecer-se da sua própria ordem jurídica interna ou da ausência de instruções específicas para negar a sua responsabilidade internacional.

**124.** O critério referido no caso *Nicaragua* não é convincente por uma segunda razão. Esta razão revela-se decisiva. O critério do 'controlo efectivo' proposto pelo Tribunal Internacional de Justiça como critério único e exclusivo não está em consonância com a prática internacional judicial e estadual: essa prática tem concluído pela responsabilidade do Estado em circunstâncias em que o grau de controlo exercido era inferior ao exigido pelo critério do caso *Nicaragua*. Em suma, como veremos, esta prática reteve o critério do caso *Nicaragua* a respeito de particulares ou grupos não organizados de *particulares* agindo em nome dos Estados, mas tem aplicado um critério diferente a respeito de *grupos militares ou paramilitares*.

**125.** Nos casos relativos a membros de *grupos militares ou paramilitares*, os tribunais têm rejeitado claramente o critério do 'controlo efectivo' desenvolvido pelo Tribunal Internacional de Justiça (isto é, o controlo que se estende à emissão de instruções específicas relativamente às diversas actividades dos particulares em causa). Assim, no caso *Stephens*, a Comissão Geral dos Diferendos México-Estados Unidos imputou ao México actos cometidos durante a guerra civil por um membro das 'unidades auxiliares irregulares' do exército mexicano, que, entre outras coisas, não vestia nenhum uniforme e insígnia. Neste caso, a Comissão não procurou saber se tinham sido dadas ou não instruções específicas para que o membro em causa matasse um cidadão norte--americano"[600]

---

[600] Tribunal Penal Internacional para a Ex-Jugoslávia, Câmara de Recursos, *Prosecutor v. Dusko Tadic*, Case No. IT-94-1-A, 15-7-1999, parágrafos 115-125.

A FUNÇÃO JURISDICIONAL NO SISTEMA GATT/OMC

Este caso *Tadic* tem, ainda, a curiosidade de ter sido o primeiro, e até à data o único, em que um outro tribunal internacional (*in casu*, a Câmara de Recursos do Tribunal Penal Internacional para a Ex-Jugoslávia) desafiou directamente o Tribunal Internacional de Justiça[601], criticando a sua decisão no caso *Nicaragua* "como não consonante com a lógica do direito internacional sobre a responsabilidade do Estado e em desacordo com a prática judicial e estadual"[602]. Regra geral, um tribunal evita citar outro para dizer "they got it wrong"[603]. Isto é tanto mais curioso quando sabemos que o Tribunal Penal Internacional para a Ex-Jugoslávia constitui um tribunal penal especializado das Nações Unidas.

Muito diplomaticamente, o Tribunal Internacional de Justiça declarou em caso posterior ao caso *Tadic* que tinha:

> "(...) examinado cuidadosamente a fundamentação da Câmara de Recursos do Tribunal Penal Internacional para a Ex-Jugoslávia em apoio da conclusão mencionada [no parágrafo 402], mas sentia-se incapaz de aderir ao critério da Câmara de Recursos. Primeiro, o Tribunal observa que o Tribunal Penal Internacional para a Ex-Jugoslávia não tinha sido chamado no caso *Tadić*, nem é chamado geralmente, a decidir sobre questões de responsabilidade do Estado, uma vez que a sua jurisdição é penal e só é exercida relativamente a indivíduos. Portanto, naquele caso, o Tribunal Penal Internacional para a Ex-Jugoslávia analisou uma questão que não era indispensável para o exercício da sua jurisdição. Como já foi declarado, o Tribunal Internacional de Justiça atribui a maior importância às constatações de facto e jurídicas formuladas pelo Tribunal Penal Internacional para a Ex-Jugoslávia quando decide sobre a responsabilidade penal dos acusados que lhe são apresentados e, no presente caso, o Tribunal Internacional de Justiça tem em grande consideração os julgamentos e acórdãos do Tribunal Penal Internacional para a Ex-Jugoslávia que lidam com os acontecimentos subjacentes ao litígio. A situação não é a mesma no que concerne às posições adoptadas pelo Tribunal Penal Internacional para a Ex-Jugoslávia sobre questões de direito internacional geral que não entram no seu domínio específico de competência e cuja

---

[601] Suzannah Linton e Firew Kebede Tiba, *The International Judge in an Age of Multiple International Courts and Tribunals*, in CJIL, 2009, p. 453.

[602] Tribunal Penal Internacional para a Ex-Jugoslávia, Câmara de Recursos, *Prosecutor v. Dusko Tadic*, Case No. IT-94-1-A, 15-7-1999, parágrafos 116-145.

[603] Cesare Romano, *Deciphering the Grammar of the International Jurisprudential Dialogue*, in New York University Journal of International Law and Politics, 2009, p. 766. Ainda segundo este autor, "if judges of one court feel differently from those of another court on a given point of law, out of judicial comity they will often simply omit to take cognizance of judgments that do not support the reasoning chosen". Cf. *Idem*.

222

A JURISDIÇÃO

resolução, além disso, nem sempre é necessária ao julgamento dos casos penais que lhe são submetidos"[604].

### 5.4.3.4. Considerações Finais

Não existindo uma hierarquia entre os tribunais internacionais existentes, não tendo nenhum tribunal internacional "the power to overrule another international court"[605] e não se sentindo nenhum juiz internacional vinculado pela jurisprudência de outro tribunal[606], podem coexistir vários testes sobre a atribuição ao Estado de actos realizados por particulares[607]. Os próprios Artigos sobre a Responsabilidade Internacional do Estado adoptados pela Comissão de Direito Internacional em 2001 não identificam o grau de controlo requerido[608]. Nos comentários, em vez de confirmar se o controlo deve ser "total" ou "efectivo", opta-se por uma abordagem flexível: "hay que apreciar en cada caso si el comportamiento ha sido controlado por el Estado en tal medida que deba atribuirse a éste"[609].

Comparando os três critérios, é evidente que o critério do "envolvimento suficiente" da OMC difere substancialmente do critério seguido pelo Tribunal Internacional de Justiça. De facto, a aplicação do critério do controlo efectivo ou das instruções específicas exigiria a uma parte queixosa demonstrar, no âmbito do sistema de resolução de litígios da OMC, que o comportamento privado em causa foi instruído ou dirigido por um Estado relativamente a cada um dos comportamentos privados vistos como anulando ou reduzindo os direitos da parte queixosa. No caso da OMC, em contraste, apenas se requer que as partes queixosas demonstrem que o comportamento do Membro da OMC contra o qual é apresentada a queixa cria incentivos ou desincentivos em geral para as acções

---

[604] Tribunal Internacional de Justiça, *Case Concerning the Application of the Convention on the Prevention and Punishment of the Crime of Genocide (Bosnia and Herzegovina v. Serbia and Montenegro)*, Acórdão de 26-2-2007, parágrafo 403.

[605] Suzannah Linton e Firew Kebede Tiba, *The International Judge in an Age of Multiple International Courts and Tribunals*, in CJIL, 2009, p. 415.

[606] Cesare Romano, *Deciphering the Grammar of the International Jurisprudential Dialogue*, in New York University Journal of International Law and Politics, 2009, p. 758.

[607] No entanto, o Juiz Guillaume, antigo Presidente do Tribunal Internacional de Justiça, defendia que este deveria ocupar uma posição privilegiada na hierarquia judicial internacional por várias razões: (1) é o único tribunal com jurisdição universal; (2) é o órgão judicial principal das Nações Unidas; e (3) a sua longa existência dá-lhe uma autoridade especial. Cf. Rosalyn Higgins, *A Babel of Judicial Voices? Ruminations from the Bench*, in ICLQ, 2006, p. 799.

[608] Suzannah Linton e Firew Kebede Tiba, *The International Judge in an Age of Multiple International Courts and Tribunals*, in CJIL, 2009, p. 453.

[609] James Crawford, *Los artículos de la Comisión de Derecho Internacional sobre la Responsabilidad Internacional del Estado – Introducción, texto y comentários*, Editorial Dykinson, Madrid, 2004, p. 149.

A FUNÇÃO JURISDICIONAL NO SISTEMA GATT/OMC

dos actores não estaduais e que o Membro da OMC em causa está em posição de assegurar que os incentivos ou desincentivos cumprem o seu objectivo, levando os actores não estaduais a agirem do modo por si desejado. Portanto, o critério defendido pelo Tribunal Internacional de Justiça nos casos *Nicaragua* e *Genocide* para efeitos de aplicação do artigo 8º dos artigos da Comissão de Direito Internacional sobre a Responsabilidade Internacional do Estado é claramente mais exigente que o teste do "envolvimento suficiente" defendido no âmbito da OMC. Basta ver que, apesar da qualificação dos massacres de Srebrenica como genocídio[610] e da conclusão de que a Sérvia tinha contribuído significativamente para os mesmos[611], o Tribunal Internacional de Justiça concluiu que a Sérvia não podia ser responsabilizada ao abrigo da Convenção em causa. Não admira, por isso, que a aplicação do critério seguido no caso *Nicaragua* no âmbito do caso *Genocide* tenha suscitado críticas consideráveis junto da doutrina[612]. A aplicação de um critério de atribuição desnecessariamente exigente permitiu à Sérvia não ser responsabilizada, não obstante estar em causa um crime de genocídio, o crime dos crimes[613]. Mais:

> "One can imagine that, in the case of para-military activity and the rules implicated by such, just because of the character of the private activity involved, its effects, and international law's general objection to the use of force, a greater inclination would exist to trigger state responsibility for private actions"[614].

O critério da OMC não pode ser visto, também, como semelhante ao teste do "overall control" aplicado no caso *Tadic* pela Câmara de Recursos do Tribunal Penal Internacional para a Ex-Jugoslávia, ainda que haja semelhanças entre os dois. Na verdade, nenhum dos dois critérios exige que a parte queixosa demonstre que a parte demandada deu efectivamente instruções ou orientações em relação especificamente a cada comportamento privado visto como ilícito segundo

---

[610] TRIBUNAL INTERNACIONAL DE JUSTIÇA, *Case Concerning the Application of the Convention on the Prevention and Punishment of the Crime of Genocide (Bosnia and Herzegovina v. Serbia and Montenegro)*, Acórdão de 26-2-2007, parágrafo 297.

[611] O Tribunal Internacional de Justiça concluiu que a República Federal da Jugoslávia "estava a disponibilizar o seu considerável apoio militar e financeiro à República de Republika Srpska, e caso tivesse retirado esse apoio, teria limitado grandemente as opções ao dispor das autoridades da República de Srpska". Cf. TRIBUNAL INTERNACIONAL DE JUSTIÇA, *Case Concerning the Application of the Convention on the Prevention and Punishment of the Crime of Genocide (Bosnia and Herzegovina v. Serbia and Montenegro)*, Acórdão de 26-2-2007, parágrafo 241.

[612] Berglind BIRKLAND, *Reining in Non-State Actors: State Responsibility and Attribution in Cases of Genocide*, in New York University Law Review, 2009, p. 1644.

[613] *Idem*, p. 1654.

[614] Rex ZEDALIS, *When Do the Activities of Private Parties Trigger WTO Rules?*, in JIEL, 2007, p. 355.

A JURISDIÇÃO

o direito internacional, mas apenas que a parte demandada colocou em prática um esquema que lhe permite manter a capacidade de dirigir o comportamento privado no sentido por si pretendido. De diferente, temos que o critério do "controlo total" sobre o grupo ou entidade privada não é exigido para a aplicação do critério da OMC. No caso da OMC, apenas se exige que o Estado tenha capacidade suficiente para influenciar o comportamento privado quanto a algumas das suas actividades[615].

E, apesar de estarem em causa no caso *Genocide* factos virtualmente idênticos aos do caso *Tadic*, os dois tribunais em causa, ao aplicarem critérios de atribuição diferentes aos mesmos factos, chegaram a resultados radicalmente diferentes[616]. É verdade que o Tribunal Penal Internacional para a Ex-Jugoslávia só tem jurisdição sobre indivíduos, mas também o é que a sua Câmara de Recurso considerou que a questão nos casos *Nicaragua e Tadic* era essencialmente a mesma:

> "(...) Em ambos os casos, o que está em causa não é a distinção entre a responsabilidade do Estado e a responsabilidade penal individual. Pelo contrário, a questão consiste em definir os critérios para a imputabilidade jurídica ao Estado de actos praticados por particulares que não gozam do estatuto de funcionários desse Estado. No primeiro caso, estes actos, caso se prove que eles são imputáveis ao Estado, causarão a responsabilidade internacional deste último; no outro caso, eles assegurarão que o conflito armado deve ser classificado como internacional"[617].

O critério aplicado pela Câmara de Recursos do Tribunal Penal Internacional para a Ex-Jugoslávia é bem mais ajustado às circunstâncias do Mundo actual do que o critério dos casos *Nicaragua* e *Genocide*:

> "To assess whether violent actions by terrorist groups may be imputed to states aiding and abetting terrorism, with the consequence that such states may be held accountable for them, the 'overall control' test may turn out to be particularly efficacious. Plainly, applying instead the 'effective control' criterion to such actions would prove very exacting and, in addition, raise serious problems of evidence. How could one prove that a particular terrorist group has acted upon instructions or directions or

---

[615] Note-se, ainda, que o critério do Tribunal Internacional de Justiça é mais rigoroso que o critério aplicado no caso *Tadic*. De facto, para além do critério do controlo total de grupos ou entidades privadas, o Tribunal Internacional de Justiça requer que existam instruções ou orientações específicas para executar actos internacionalmente ilícitos para efeitos de aplicação do art. 8º dos artigos da Comissão de Direito Internacional sobre a Responsabilidade Internacional do Estado.

[616] Berglind BIRKLAND, *Reining in Non-State Actors: State Responsibility and Attribution in Cases of Genocide*, in New York University Law Review, 2009, p. 1644.

[617] TRIBUNAL PENAL INTERNACIONAL PARA A EX-JUGOSLÁVIA, Câmara de Recursos, *Prosecutor v. Dusko Tadic*, Case No. IT-94-1-A, 15-7-1999, parágrafo 104.

under the specific control of a state in such a manner as to imply that the state has specifically directed the perpetration of individual terrorist actions? The hidden nature of those groups, their being divided up into small and closely-knit units, the secretive contacts of officials of some specific states with terrorist groups, all this would make it virtually impossible to prove the issuance of instructions or directions *relating to each terrorist operation*. If one instead relies upon the 'overall control' test, it suffices to demonstrate that certain terrorist units or groups are not only armed or financed (or also equipped and trained) by a specific state or benefit from its strong support, but also that such state generally speaking organizes or coordinates or at any rate takes a hand in coordinating or planning its terrorist actions (not necessarily each individual terrorist operation). It would then be relatively easy to infer from these links that the state at issue bears responsibility for those terrorist activities. In short, on the strength of the 'overall control' test, it would be less difficult to attribute those actions to três state in question. This test would make it possible to attribute to some specific states of the Middle East responsibility for the gross violations of human rights perpetrated by terrorist groups on which they have exercised a strong influence because, in addition to providing support, financing, training and weapons, such states help coordinate and plan their terrorist activities"[618].

ALBERTO ALVAREZ-JIMÉNEZ ressalva, finalmente, que:

"the International Court of Justice was assessing whether a State was internationally responsible for acts of private actors that took place in another State. The specific instruction test of the International Court of Justice in *Nicaragua/Genocide* is a response to the fear of the expansion of States' responsibility, as the International Court of Justice declared. The opposite fear – absence of international responsibility and of protection to civilian populations – lies behind the *Tadic* standard and its aim of expanding the scope of application of international humanitarian law in today's inter-State ethnic conflicts. The facts and law of the cases are so particular as to make these judgments difficult to extrapolate to other factual situations under other internationally applicable laws"[619].

Seja como for, no que diz respeito aos casos por nós analisados e aos critérios aí defendidos, o critério seguido no âmbito da OMC é o mais flexível dos três critérios mencionados e, apesar de os acordos da OMC não deverem ser lidos "in

---

[618] Antonio CASSESE, *The Nicaragua and Tadic Tests Revisited in Light of the ICJ Judgment on Genocide in Bosnia*, in EJIL, 2007, p. 666.

[619] Alberto ALVAREZ-JIMÉNEZ, *International State Responsibility for Acts of Non-State Actors: The Recent Standards Set By the International Court of Justice in Genocide and Why the WTO Appellate Body Should Not Embrace Them*, in Syracuse Journal of International Law & Commerce, Vol. 35, 2007, p. 21.

A JURISDIÇÃO

clinical isolation from public international law"[620], esta constitui uma daquelas ocasiões em que deve prevalecer o carácter de *lex specialis* do direito da Organização Mundial do Comércio.

### 5.4.4. O Caso da Comunidade Europeia

Não obstante PAUL DEMARET entender que o Acordo de Comércio Livre da América do Norte, mais conhecido pela sigla NAFTA, é provavelmente o acordo regional "which best complied with the letter of Article XXIV [of GATT]"[621] e de os Estados Unidos não reconhecerem a Comunidade Europeia como uma união aduaneira[622], a Comunidade Europeia é o único bloco económico regional membro da OMC[623]. A explicação pode ser encontrada principalmente nos

---

[620] Relatório do Órgão de Recurso no caso *United States – Standards for Reformulated and Conventional Gasoline* (WT/DS2/AB/R), 29-4-1996, p. 17.

[621] PAUL DEMARET, The Reciprocal Influence of Multilateral and Regional Trade Rules: A Framework of Analysis, in *Regionalism and Multilateralism after the Uruguay Round. Convergence, Divergence and Interaction,* Paul Demaret, Jean-François Bellis e Gonzalo García Jiménez org., European Interuniversity Press, Bruxelas, 1997, p. 814.

[622] COMISSÃO EUROPEIA, *Report on United States Barriers to Trade and Investment,* Bruxelas, Dezembro de 2003, p. 6. Segundo o último relatório da Comissão Europeia sobre as barreiras encontradas nos Estados Unidos pelo comércio e investimento comunitário:

"Os serviços alfandegários dos Estados unidos não reconhecem a União Europeia como um país de origem nem os certificados de origem da União Europeia. Com vista a justificar o estatuto de país de origem da União Europeia, as empresas da União Europeia são obrigadas a fornecer documentação suplementar e a seguir procedimentos adicionais, o que pode ser uma fonte de custos adicionais" (cf. COMISSÃO EUROPEIA, *United States Barriers to Trade and Investment Report for 2008,* Bruxelas, Julho de 2009, p. 40).

Ao mesmo tempo, os Estados Unidos alegaram na OMC que a aplicação não uniforme da legislação aduaneira das Comunidades Europeias violava o disposto no nº 3, alínea *a*), do art. X do GATT de 1994. Cf. Relatório do Órgão de Recurso no caso European Communities – Selected Customs Matters (WT/DS315/AB/R), 13-11-2006, parágrafos 2-3.

[623] Com a criação da Organização Mundial do Comércio, a Comunidade Europeia e os seus Estados-membros são ambos referidos como membros originários da OMC. Mas, caso esteja em causa a adopção de uma decisão por votação, especifica-se numa nota de rodapé ao nº 1 do art. IX do Acordo OMC que "o número de votos das Comunidades Europeias e dos seus Estados-membros não ultrapassará, em caso algum, o número dos Estados-membros das Comunidades Europeias". A Comunidade Europeia beneficia, assim, de um estatuto *sui generis* sempre que exerça o seu direito de voto e, como destaca SONIA ROLLAND, a circunstância de o nº de votos das Comunidades Europeias ser equivalente ao nº dos seus Estados-Membros:

"multiplies the number of votes of an entity that, in terms of external trade, works as a single unit. Since the EC has one common external tariff, foreign trade is within the jurisdiction of the EC and members are therefore legally bound to speak with one voice, giving the EC twenty-seven votes seems logically inconsistent. This would be the functional equivalent to giving one vote per U.S. state" (cf. Sonia ROLLAND, *Developing Country Coalitions at the WTO: In Search of Legal Support,* in HILJ, 2007, p. 518).

# A FUNÇÃO JURISDICIONAL NO SISTEMA GATT/OMC

As Comunidades Europeias beneficiavam de um estatuto *sui generis* já antes da entrada em vigor dos acordos da OMC. Embora o GATT de 1947 fosse fonte de Direito Comunitário (no momento da criação da Comunidade Económica Europeia os então seis Estados-membros eram todos partes contratantes do GATT de 1947), não era possível defender que a Comunidade tinha sucedido aos Estados-membros quanto aos compromissos assumidos no âmbito do GATT:

"As regras sobre sucessão de Estados, codificadas na Convenção de Viena sobre a Sucessão dos Estados nos Tratados de 1979, não são aplicáveis a organizações internacionais (...), e há que evitar que, pela criação de uma organização internacional, os Estados se desvinculem de compromissos anteriormente assumidos. Deste modo, a questão da sucessão terá de ser resolvida com recurso ao direito aplicável à organização em cujo seio a Comunidade pretende integrar-se e à prática dos Estados-membros dessa organização de cujo consentimento a integração depende" (cf. José Carlos Moitinho de ALMEIDA, *Direito Comunitário. A Ordem Jurídica Comunitária. As Liberdades Fundamentais na C.E.E.*, Centro de Publicações do Ministério da Justiça, Lisboa, 1985, pp. 193-195).

Assim, conquanto não tenha havido qualquer processo de acessão nos termos do art. XXXIII do GATT, as outras partes contratantes do GATT reconheciam à Comunidade Económica Europeia o direito de falar, de negociar, de apresentar queixas, de concluir acordos comerciais sozinha ou juntamente com os Estados-membros (como exemplos de acordos mistos, tínhamos o Acordo relativo aos Obstáculos Técnicos ao Comércio e o Acordo relativo ao Comércio de Aeronaves Civis, ambos celebrados no âmbito do Ciclo de Tóquio) e de representar os Estados-membros (apesar de estes terem permanecido partes contratantes do GATT, sendo, por vezes, objecto de queixas individuais) A este respeito, ALICIA CEBADA ROMERO nota que:

"la actitud conciliadora de los demás Estados Partes en el GATT 47 fue vital para diseñar una salida pragmática a través del reconocimiento *de facto* de la CE como miembro. Sólo con la anuencia de los demás Estados Partes, la Comisión Europea pudo adjudicarse el papel de negociador y pudo la Comunidad participar en la celebración de los acuerdos internacionales que se preparaban en la órbita del GATT 47" (cf. Alicia Cebada ROMERO, *La Organización Mundial del Comercio y la Unión Europea*, La Ley, Madrid, 2002, p. 128).

Os Estados-membros da Comunidade Económica Europeia invocavam a sua qualidade de parte contratante muito raramente: por exemplo, no Comité do Orçamento, Finanças e Administração ou no exercício do seu direito de voto no caso dos artigos XXV, nº 5, e XXXIII do GATT, talvez devido ao receio de que, caso deixassem de votar, a Comunidade Europeia passasse a valer somente um voto (cf. Ernst-Ulrich PETERSMANN, The EEC as a GATT Member – Legal Conflicts Between GATT Law and European Community Law, in *The European Community and GATT*, Meinhard Hilf, Francis Jacobs e Ernst-Ulrich Petersmann ed., Kluwer, Deventer – Boston, 1986, pp. 36-37).No caso dos ciclos negociais, a Comunidade Europeia participou, substituindo os Estados-membros, em todos os ciclos negociais desde o Ciclo de Dillon. Em todos estes casos, foi a Comissão Europeia que representou a Comunidade. No caso do Ciclo do Uruguai, por exemplo, para garantir o máximo de coerência na condução das negociações, foi decidido que a Comissão Europeia agiria como porta-voz único da Comunidade e dos Estados-membros, devendo, no entanto, respeitar as instruções do Conselho e manter um contacto contínuo com os Estados-membros através do chamado Comité 113, órgão que assistiu permanentemente a Comissão durante as negociações (cf. Alicia Cebada ROMERO, *La Organización Mundial del Comercio y la Unión Europea*, La Ley, Madrid, 2002, p. 140). De qualquer modo, a acta da reunião em que o Conselho aprovou a Declaração de Punta del Este, que constituiu o ponto de partida das negociações, regista que a decisão de

A JURISDIÇÃO

seguintes factos: o NAFTA não se encontra dotado de personalidade jurídica e o respectivo acordo institutivo não prevê a criação de um mercado interno nem de uma política comercial comum[624].

No que diz respeito ao sistema de resolução de litígios da OMC, a ausência de uma cláusula sobre a distribuição de competências pode ter como consequência que tanto a Comunidade Europeia como os seus Estados-membros sejam responsáveis, do ponto de vista do Direito Internacional, pelo cumprimento de todas e de cada uma das disposições dos acordos da OMC[625]. No caso *Hermès*, por exemplo, o Advogado-Geral Tesauro observa que:

autorizar a Comissão a iniciar as negociações previstas na declaração foi "adoptada sem prejuízo da questão da competência da Comunidade e dos Estados-membros em domínios específicos". Encerrado o ciclo de negociações comerciais multilaterais, o Conselho decidiu, na sua sessão de 7 e 8 de Março de 1994, autorizar o presidente do Conselho e Sir Leon Brittan, membro da Comissão Europeia, a assinarem em 15 de Abril de 1994 em Marraquexe, em nome do Conselho da União Europeia, a Acta Final e o Acordo OMC. Contudo, considerando que esses actos incidiam também sobre questões da competência nacional, os representantes dos Governos dos Estados-membros acordaram, na mesma data, em proceder à assinatura da Acta Final e do Acordo OMC, pelo que "both EC and Member States signed the Uruguay Round Final Act". Cf. Christoph HERRMANN, *Common Commercial Policy after Nice: Sisyphus Would Have Done a Better Job*, in CMLR, 2002, p. 11.

[624] De notar que, apesar de o Acordo OMC mencionar as Comunidades Europeias, apenas a Comunidade (Económica) Europeia era membro da OMC (cf. Frank SCHORKOPF, Article XI WTO Agreement, in *WTO-Institutions and Dispute Settlement*, Rüdiger Wolfrum, Peter-Tobias Stoll e Karen Kaiser (eds), Max Planck Commentaries on World Trade Law, Max Planck Institute for Comparative Public Law and International Law, Martinus Nijhoff Publishers, Leiden/Boston, 2006, p. 140). Ao longo do presente estudo, utilizaremos indistintamente as expressões "Comunidades Europeias" ou "Comunidade Europeia".

[625] Nem a Acta Final nem o Acordo OMC contêm qualquer cláusula sobre a distribuição de competências. A presença de cláusulas que definam os domínios de competência respectivos da Comunidade e dos Estados-membros, na hipótese de participação conjunta num mesmo acordo, começa a ser cada vez mais frequente. Veja-se, por exemplo, a Convenção de Viena para a Protecção da Camada de Ozono, de 22 de Março de 1985, bem como a Terceira Convenção das Nações Unidas sobre o Direito do Mar, de 10 de Dezembro de 1982. Uma definição precisa e rigorosa do domínio das competências respectivas das Comunidades e dos seus Estados-membros constitui, além disso, uma exigência a que as outras partes contratantes atribuem considerável importância, o que é comprovado, por exemplo, pelo estatuto da Organização das Nações Unidas para a Alimentação e Agricultura (FAO), tal como foi alterado para permitir a admissão da Comunidade, que se verificou em 26 de Novembro de 1991, como membro desta organização. Este estatuto exige, com efeito, uma declaração de competência onde se especificam as questões para as quais os Estados-membros transferiram a competência para a Comunidade e sobre as quais, portanto, esta está habilitada a obrigar-se no plano internacional. Além disso, no plano interno, foi adoptado um entendimento "relativo à preparação das reuniões da FAO, às intervenções e aos votos", tendo por objectivo realizar a coordenação necessária entre a Comunidade e os Estados-membros para efeitos do exercício das suas responsabilidades respectivas e/ou das intervenções sobre uma determinada questão. Este entendimento não se revelou, porém, capaz de eliminar qualquer oposição, como se verifica

# A FUNÇÃO JURISDICIONAL NO SISTEMA GATT/OMC

"(...) Não se pode (...) esquecer que a Comunidade e os Estados-Membros assinaram o conjunto dos acordos OMC e que, portanto, face aos Estados terceiros contratantes, são tanto uma como outros partes contratantes. Se é verdade, além disso, que a aprovação destes mesmos acordos em nome da Comunidade se limita 'às matérias da sua competência', é também verdade que nem a Acta Final nem o Acordo OMC contêm qualquer cláusula sobre a competência e que a Comunidade e os seus Estados-Membros são referidos como membros originários na mesma qualidade. Nestas condições, deveria admitir-se que os Estados-Membros e a Comunidade constituem, face aos países terceiros contratantes, uma única parte contratante ou, pelo menos, partes contratantes igualmente responsáveis relativamente a uma eventual não aplicação do acordo. A consequência manifesta é que, numa hipótese deste tipo, o alcance da repartição de competências é meramente interno (...)"[626].

O próprio Acordo OMC é um tratado que só pode ser aceite "as a whole"[627]. Porém, não obstante o Tribunal de Justiça das Comunidades Europeias ter declarado, no Parecer 1/94, que todos os acordos multilaterais sobre o comércio de mercadorias estavam compreendidos no âmbito da política comercial comum[628], alguns membros da OMC têm apresentado queixas junto do sistema

---

pelo facto de o Tribunal de Justiça ter sido chamado a decidir de um litígio sobre a matéria (Acórdão de 19-3-1996, *Comissão/Conselho*, Processo C-25/94, Col. 1996, p. 1469).

[626] Conclusões do Advogado-Geral Tesauro apresentadas em 13 de Novembro de 1997, *Hermès International v. FHT Marketing Choice BV*, Processo C-53/96, parágrafo 14.

[627] Eva STEINBERGER, *The WTO Treaty as a Mixed Agreement: Problems with the EC's and the EC Member States' Membership of the WTO*, in EJIL, 2006, p. 856.

[628] Com a criação da Organização Mundial do Comércio, o estatuto de membro de pleno direito da Comunidade Europeia foi reconhecido pelo tratado institutivo (art. IX, nº 1, do Acordo OMC), mas isso não significa que ela tenha passado a ter competência exclusiva em matéria de política comercial. O Parecer 1/94, emitido ao abrigo do então artigo art. 228º, nº 6, do TCE, apreciou a existência ou não de uma competência exclusiva da Comunidade para concluir os acordos multilaterais do Ciclo do Uruguai. Contrariando algumas expectativas, o Tribunal de Justiça das Comunidades Europeias produziu neste parecer uma jurisprudência que veio refrear certos ímpetos "comunitarizantes", limitando o âmbito da política comercial comunitária ao comércio de mercadorias e às prestações de serviços de carácter análogo aos fluxos de mercadorias. Carácter análogo esse que existirá apenas quando o serviço for prestado por um prestador estabelecido num país determinado a um beneficiário residente noutro país, isto é, sem que haja deslocação do prestador para o país do beneficiário (nem vice-versa), sem que haja deslocação de pessoas físicas nem presença comercial de uma das partes no território onde a outra se encontra. Na medida em que essas deslocações ocorram ou exista a referida presença comercial, o Tribunal de Justiça considerou que nos encontramos em domínios que extravasam do âmbito da política comercial comum, uma vez que o Tratado contém disposições específicas regulando a livre circulação de pessoas e o direito de estabelecimento. O Tribunal de Justiça das Comunidades Europeias concluiu, por isso, que a competência para a celebração do Acordo Geral sobre o Comércio de Serviços (GATS) era

230

A JURISDIÇÃO

partilhada pelos Estados membros e pela Comunidade. Já quanto aos acordos comerciais multilaterais sobre o comércio de mercadorias, o Tribunal de Justiça das Comunidades Europeias não teve dúvidas em considerar que todos eles estavam compreendidos no âmbito da política comercial comum, pertencendo por isso à Comunidade a competência exclusiva para a sua celebração. No Parecer 1/94, o Tribunal de Justiça concluiu, por último, que, apesar de haver uma relação com o comércio de mercadorias, a propriedade intelectual não é abrangida pela política comercial. Mais precisamente, o Tribunal de Justiça isolou, sobretudo, a hipótese das medidas destinadas a evitar a introdução na Comunidade de contrafacções, que são objecto de uma regulamentação comunitária baseada no então art. 113º, e que são, portanto, da competência externa exclusiva da Comunidade. Quanto ao resto, reconhecendo embora a relação com o comércio de mercadorias e os efeitos que tais trocas podem produzir, o Tribunal de Justiça não considerou que tal fosse suficiente para que os direitos de propriedade intelectual fossem abrangidos pelo âmbito de aplicação específico do art. 113º e, como tal, pela esfera da competência externa exclusiva da Comunidade. O Tribunal de Justiça também não reconheceu que tal competência pudesse fundar-se noutras bases jurídicas, tais como os antigos artigos 100º-A e/ou 225º do Tratado, ou no paralelismo entre competências internas e externas. A este respeito, o Tribunal de Justiça afirmou, por um lado, que os artigos não eram, em si, susceptíveis de criar uma competência comunitária exclusiva; por outro lado, recordou o princípio segundo o qual a competência externa exclusiva resulta apenas de competências internas efectivamente exercidas, para o conjunto do sector visado, e quando este paralelismo seja necessário para que a competência interna seja exercida utilmente. O Parecer 1/94 pode ser encontrado in Colectânea de Jurisprudência do Tribunal de Justiça das Comunidades Europeias, 1994, pp. 5267-5422. Finalmente, nos termos do novo artigo 207º do Tratado sobre o Funcionamento da União Europeia (ex-artigo 133º do Tratado da Comunidade Europeia):

"1. A política comercial comum assenta em princípios uniformes, designadamente no que diz respeito às modificações pautais, à celebração de acordos pautais e comerciais sobre comércio de mercadorias e serviços, e aos aspectos comerciais da propriedade intelectual, ao investimento estrangeiro directo, à uniformização das medidas de liberalização, à política de exportação, bem como às medidas de defesa comercial, tais como as medidas a tomar em caso de *dumping* e de subsídios. A política comercial comum é conduzida de acordo com os princípios e objectivos da acção externa da União.

2. O Parlamento Europeu e o Conselho, por meio de regulamentos adoptados de acordo com o processo legislativo ordinário, estabelecem as medidas que definem o quadro em que é executada a política comercial comum.

3. Quando devam ser negociados e celebrados acordos com um ou mais países terceiros ou organizações internacionais, é aplicável o artigo 218º, sob reserva das disposições específicas do presente artigo.

Para o efeito, a Comissão apresenta recomendações ao Conselho, que a autoriza a encetar as negociações necessárias. Cabe ao Conselho e à Comissão assegurar que os acordos negociados sejam compatíveis com as políticas e normas internas da União.

As negociações são conduzidas pela Comissão, em consulta com um comité especial designado pelo Conselho para a assistir nessas funções e no âmbito das directrizes que o Conselho lhe possa endereçar. A Comissão apresenta regularmente ao comité especial e ao Parlamento Europeu um relatório sobre a situação das negociações.

4. Relativamente à negociação e celebração dos acordos a que se refere o nº 3, o Conselho delibera por maioria qualificada.

A FUNÇÃO JURISDICIONAL NO SISTEMA GATT/OMC

de resolução de litígios da OMC contra um dos Estados-membros das Comunidades por incumprimento das obrigações resultantes dos acordos compreendidos no Anexo 1A, em vez de apresentá-las somente contra às Comunidades Europeias. No caso *European Communities – Customs Classification of Certain Computer Equipment*, por exemplo, os Estados Unidos apresentaram uma queixa contra o Reino Unido, a Irlanda e as Comunidades Europeias. O Painel absteve-se de declarar que poderia não proceder por causa da falta de competências externas dos dois países referidos. O Painel declarou, sim, que tinham sido as Comunidades Europeias a violar as disposições do GATT em causa[629]. O próprio nome do caso limita-se a mencionar as Comunidades Europeias e foram estas quem interpuseram recurso do relatório do painel.

Na sua análise do caso, o Órgão de Recurso clarifica que:

> "As Comunidades Europeias constituem uma união aduaneira e, como tal, uma vez importadas as mercadorias por qualquer Estado-Membro, elas circulam livremente dentro do território de toda a união aduaneira. Por conseguinte, o mercado de exportação é constituído pelas Comunidades Europeias e não por um Estado-Membro em particular"[630].

Relativamente à negociação e celebração de acordos nos domínios do comércio de serviços e dos aspectos comerciais da propriedade intelectual, bem como do investimento directo estrangeiro, o Conselho delibera por unanimidade sempre que os referidos acordos incluam disposições em relação às quais seja exigida a unanimidade para a adopção de normas internas. O Conselho delibera também por unanimidade relativamente à negociação e celebração de acordos:

a) No domínio do comércio de serviços culturais e audiovisuais, sempre que esses acordos sejam susceptíveis de prejudicar a diversidade cultural e linguística da União;

b) No domínio do comércio de serviços sociais, educativos e de saúde, sempre que esses acordos sejam susceptíveis de causar graves perturbações na organização desses serviços ao nível nacional e de prejudicar a responsabilidade dos Estados-Membros de prestarem esses serviços.

5. A negociação e celebração de acordos internacionais no domínio dos transportes estão sujeitas às disposições do Título VI da Parte III e do artigo 218º.

6. O exercício das competências atribuídas pelo presente artigo no domínio da política comercial comum não afecta a delimitação de competências entre a União e os Estados-Membros, nem conduz à harmonização das disposições legislativas ou regulamentares dos Estados--Membros, na medida em que os Tratados excluam essa harmonização".

Formalmente, a política comercial comum passa a estar integrada na acção externa da União. Aumentam também os poderes do Parlamento Europeu e o investimento estrangeiro directo é incluído no âmbito da política comercial comum (antes, estava coberto apenas indirectamente, por via do comércio de serviços).

[629] Relatório do Painel no caso *European Communities – Customs Classification of Certain Computer Equipment* (WT/DS62/R, WT/DS67/R, WT/DS68/R), 5-2-1998, parágrafos 8.16 e 8.72.

[630] Relatório do Órgão de Recurso no caso *European Communities – Customs Classification of Certain Computer Equipment* (WT/DS62/AB/R, WT/DS67/AB/R, WT/DS68/AB/R), 5-6-1998, parágrafo 96.

A JURISDIÇÃO

Ou seja, por causa da sua competência exclusiva para adoptar a Pauta Aduaneira Comum para a totalidade do território comunitário, o Órgão de Recurso parece defender que somente as Comunidades Europeias poderão ser responsabilizadas no caso do GATT. E, de facto, o mais frequente é a queixa ser apresentada somente contra as Comunidades Europeias[631]. Mesmo quando a queixa é apresentada contra uma medida de um Estado-membro das Comunidades (por exemplo, um decreto francês no caso *European Communities – Measures Affecting Asbestos and Asbestos Containing Products*), são as Comunidades Europeias quem participa no sistema de resolução de litígios da OMC[632]. Como bem observa PIET EECKHOUT, "the European Community is eager to take up responsibility"[633] e os painéis da OMC e os próprios Estados-membros da Comunidade Europeia têm aceite que seja esta a assumir a responsibilidade[634]. Claro está, tal aceitação pode criar alguns problemas importantes:

> "by accepting responsibility for measures by its Member States the European Community exposes itself to suspension of concessions pursuant to Article 22 Dispute Settlement Understanding extending to products originating from any Member States, and not just from the Member State whose legislation or action violates WTO law"[635].

Em contraste, nunca um Estado-Membro das Comunidades Europeias apresentou uma queixa, a título individual, contra outro Membro da OMC[636]. E, sendo todos os Estados-membros das Comunidades Europeias membros da OMC, será que é possível a um deles apresentar queixa contra outro Estado-membro junto do sistema de resolução de litígios da OMC? Embora não se encontre nenhuma disposição nos acordos da OMC a impedir tal comportamento, ele iria, segura-

---

[631] Alicia Cebada ROMERO, *La Organización Mundial del Comercio y la Unión Europea*, La Ley, Madrid, 2002, p. 175.

[632] Neste caso *Asbestos*, observa EECKHOUT, "it was difficult to see how the French conduct could in any way be attributed to the European Community, since France had adopted the relevant legislation for public-health reasons, and since there was no link whatsoever with European Community legislation". Cf. Piet EECKHOUT, The EU and its Member States in the WTO – Issues of Responsibility, in *Regional Trade Agreements and the WTO Legal System*, Lorand Bartels e Federico Ortino ed., Oxford University Press, 2006, p. 461.

[633] *Idem*, p. 456. E, como nota este mesmo autor:
"this of course is counterintuitive. One would expect issues of responsibility to arise as a consequence of attempts to deny or evade such responsibility. Here the opposite appears to happen. The main reason for the EC's eagerness may well be the European Commission's quest for integration and for international confirmation and acceptance of the role of the EC as such". Cf. *Idem*.

[634] *Idem*, pp. 456 e 463.

[635] *Idem*, p. 463.

[636] Aparentemente, nem sequer houve tentativas nesse sentido. Cf. *Idem*, p. 453.

mente, contra o princípio da cooperação leal[637] consagrado no art. 3º, nº 3, do Tratado de Lisboa. Quando muito, a queixa poderia ser apresentada no que diz respeito às matérias que não cabem no âmbito das competências exclusivas das Comunidades[638].

No que diz respeito aos serviços e aos direitos de propriedade intelectual relacionados com o comércio, a falta de clareza relativamente à demarcação de competências levou a que tivessem sido apresentadas queixas contra apenas alguns Estados-membros da Comunidade (por exemplo *Denmark – Measures Affecting the Enforcement of Intellectual Property Rights* (WT/DS83/1) e *Belgium – Measures Affecting Commercial Telephone Directory Services* (WT/DS80/1)), queixas contra um Estado-membro e contra as Comunidades Europeias, ainda que separadamente (por exemplo *Ireland – Measures Affecting the Grant of Copyright and Neighboring Rights* (WT/DS82/1) e *European Community – Measures Affecting the Grant of Copyright and Neighboring Rights* (WT/DS115/1))[639], ou, então, apresentada uma queixa apenas contra as Comunidades Europeias (por exemplo, *European Community – Trademarks and Geographical Indications* (WT/DS174)). As Comunidades Europeias têm tendido, apesar de tudo, a assumir a principal responsabilidade relativamente aos litígios da OMC, mas nunca deixando de consultar os Estados-membros através dos canais disponíveis.

## 6. Jurisdição Exclusiva
### 6.1. Introdução

Os países e os territórios envolvidos nas negociações relativas ao GATT de 1947 não sentiram necessidade de introduzir no texto do Acordo Geral uma disposição semelhante ao art. 92º da Carta de Havana (ver *supra*); de impedirem expressamente as partes contratantes de recorrer a qualquer processo de resolução de litígios diferente dos processos previstos pelo GATT ou a qualquer medida económica unilateral contrária às disposições do Acordo Geral. O carácter provisório do GATT explicará, seguramente, tal omissão.

A falta de uma disposição do tipo da prevista na Carta de Havana começou a ser sentida, porventura, a partir do início da década de setenta, quando a coincidência de vários factores levou os Estados Unidos a adoptarem, em 1974, a chamada *Section 301*:

---

[637] Marco BRONCKERS, *The Relationship of the EC Courts with Other International Tribunals: Non-Committal, Respectful or Submissive?*, in CMLR, 2007, p. 613.
[638] Joost PAUWELYN, *How to Win a World Trade Organization Dispute Based on Non-World Trade Organization Law? Questions of Jurisdiction and Merits*, in JWT, 2003, p. 1010.
[639] Rutsel MARTHA, *Capacity to sue and be sued under WTO law*, in WTR, 2004, pp. 40-41.

234

A JURISDIÇÃO

"An overvalued dollar in the early 1970s led to a growing trade deficit, while imports from Asia, and especially from Japan, were growing independently, and leading to what many saw as the deindustrialization of the United States. The U.S. global economic position was visibly declining, creating domestic pressure for import protection and expansion of foreign markets. Since the GATT was thought too weak to fix a perceived imbalance in the openness of the United States versus that of other countries, a unilateral pressure mechanism was seen as a necessity"[640].

O relativo declínio dos Estados Unidos na economia mundial (o seu peso no PIB mundial passou de 40,3% em 1950 para 21,8% em 1980[641]) levou, pois, os Estados Unidos a começarem a assimilar os êxitos estrangeiros a práticas comerciais desleais. JAGDISH BHAGWATI fala, a este respeito, em "síndroma do gigante em declínio" e observa que o mesmo "has prompted a significant shift in United States trade policy toward emphasis on 'fair trade'"[642]. Como seria de esperar, os Estados Unidos impuseram, unilateralmente, as suas próprias noções de *fairness* aos outros países.

A "Secção 301" da Lei de Comércio Exterior destinava-se a eliminar as barreiras comerciais desleais que dificultassem o acesso ao mercado mundial dos produtos e serviços norte-americanos. No período entre 1985 e 1995, por exemplo, os Estados Unidos adoptaram medidas de retaliação em seis casos que painéis do GATT tinham concluído envolver violações do Acordo Geral[643]. Mas os Estados Unidos aplicaram, igualmente, medidas de retaliação contra países ao abrigo da Secção 301 sem que os procedimentos de resolução de litígios do GATT tivessem sido sequer accionados[644].

Expressivamente, os Estados Unidos nunca adoptaram qualquer medida de retaliação contra a política agrícola comum das Comunidades Europeias enquanto tal, de longe a barreira comercial que mais afectou as exportações norte-americanas até à entrada em funções da OMC[645]. A razão é muito sim-

[640] Krzysztof PELC, *Constraining Coercion? Legitimacy and Its Role in U.S. Trade Policy, 1975-2000*, in International Organization, 2010, p. 71.

[641] Jagdish BHAGWATI, *Protectionnisme*, Dunod, Paris, 1990, pp. 66-67.

[642] Jagdish BHAGWATI, Aggressive Unilateralism: An Overview, in *Aggressive Unilateralism: America's 301 Trade Policy and the World Trading System*, Jagdish Bhagwati e Hugh Patrick ed., The University of Michigan Press, 1990, p. 12.

[643] C. O'Neal TAYLOR, *The Limits of Economic Power: Section 301 and the World Trade Organization Dispute Settlement System*, in Vanderbilt Journal of Transnational Law, Vol. 30, 1997, p. 226.

[644] Naturalmente, esta retaliação não autorizada era ilegal do ponto de vista do GATT, mas nenhum dos países alvo das medidas norte-americanas apresentou qualquer queixa contra os Estados Unidos. Cf. *Idem*, p. 227.

[645] Robert HUDEC, *Enforcing International Trade Law: The Evolution of the Modern GATT Legal System*, Butterworth Legal Publishers, Salem – New Hampshire, 1993, p. 112.

## A FUNÇÃO JURISDICIONAL NO SISTEMA GATT/OMC

ples. A eficácia das sanções depende muito do país alvo das mesmas e, como é evidente, quanto maior for o poderio do país em causa, menor será a eficácia das sanções aplicadas[646].

Os dados parecem corroborar, também, a percepção de que a força da Secção 301 estava mais na ameaça de aplicação de sanções comerciais do que propriamente nas sanções[647]. Até Agosto de 1999, por exemplo, apenas 15 das 119 investigações realizadas ao abrigo da Secção 301 acabaram na aplicação de sanções comerciais[648]. Por vezes, bastava a mera publicação das possíveis medidas de retaliação[649].

No essencial, os Estados Unidos procuravam justificar a sua abordagem unilateral com a lentidão e a facilidade de bloqueio do sistema de resolução de litígios do GATT de 1947. Quando começaram as negociações do Ciclo do Uruguai, as Comunidades Europeias estavam a bloquear o procedimento do painel ou a adiar a execução de relatórios de painéis em cinco casos em que os Estados Unidos eram parte queixosa[650]. Avançou-se, por isso, com a seguinte proposta no Ciclo do Uruguai: em troca do compromisso dos Estados Unidos de não recorrerem a restrições comerciais do tipo das previstas na *Section 301*, as outras partes contratantes concordavam em criar um novo sistema de resolução de litígios que

---

[646] Isto não significa que os Estados Unidos nunca atacaram determinados aspectos da política agrícola comum da Comunidade Europeia. Por exemplo, quando do alargamento da Comunidade a Espanha e Portugal, o Presidente Reagan impôs quotas às importações comunitárias, por causa das restrições quantitativas aplicadas pela Comunidade às exportações não comunitárias para Portugal. Não tendo a Comunidade compensado os Estados Unidos pelas perdas decorrentes da redução das exportações de milho, o Presidente norte-americano anunciou que imporia direitos *ad valorem* de 200%, num total de 400 milhões de dólares, sobre as importações de alguns produtos comunitários (por exemplo, queijos, presunto, cenouras, vinho branco, etc.). O litígio foi resolvido pouco tempo antes de os novos direitos aduaneiros começarem a ser aplicados. Cf. Lynne PUCKETT e William REYNOLDS, *Rules, Sanctions and Enforcement under Section 301: At Odds with the WTO?*, in AJIL, 1996, p. 683.

[647] An CHEN, *The Three Big Rounds of U.S. Unilateralism Versus WTO Multilateralism During the Last Decade: A Combined Analysis of the Great 1994 Sovereignty Debate, Section 301 Disputes (1998-2000), and Section 201 Disputes (2002-Present)*, in Temple International & Comparative Law Journal, 2003, p. 455.

[648] Seung Wha CHANG, *Taming Unilateralism under the Multilateral Trading System: Unfinished Job in the WTO Panel Ruling on U.S. Sections 301-310 of the Trade Act of 1974*, in Law & Policy in International Business, vol. 31, nº 4, 2000, p. 1157.

[649] Em certa ocasião, as Comunidades Europeias apelidaram mesmo a "Secção 301" de "commercial nuclear bomb". Cf. GATT, *Minutes of Meeting Held in the Centre William Rappard on 21 June 1989* (C/M/233), 31-8-1989, p. 14.

[650] Rachel BREWSTER, *Rule-Based Dispute Resolution in International Trade Law*, in Virginia Law Review, Vol. 92, 2006, p. 278.

A JURISDIÇÃO

respondesse às preocupações dos Estados Unidos[651]. Os Estados Unidos parecem ter usado, pois, a ameaça de aplicação da Secção 301 "as a bargaining chip" do reforço dos procedimentos de resolução de litígios durante as negociações do Ciclo do Uruguai, especialmente, a inclusão da regra do consenso negativo[652].

No fim, a jurisdição compulsória do sistema de resolução de litígios da OMC e a criação do Órgão de Recurso ajudaram os membros da OMC "to legally limit their welfare-reducing recourse to unilateral self-help and trade sanctions (cf. Article 23 DSU)"[653].

Quanto à questão essencial dos resultados práticos do unilateralismo comercial norte-americano, THOMAS BAYARD e KIMBERLY ELLIOTT concluíram que, no caso da "Secção 301", os negociadores norte-americanos atingiram os seus objectivos em 54% dos casos, e que não há qualquer evidência de a sua aplicação ter estado na origem de guerras comerciais, visto que só houve um caso de contra-retaliação (o caso pouco importante das preferências comunitárias a favor dos citrinos importados da zona do Mediterrâneo, dado que o valor das trocas comerciais em causa era inferior a 50 milhões de dólares norte-americanos)[654]. Menos optimista, PATRICK MESSERLIN considera que, até finais de 1994, menos de 20% do total das acções intentadas ao abrigo da "Secção 301", da "Super 301" e da "Especial 301" (aplicável apenas em matéria de propriedade intelectual) tinham permitido a abertura dos mercados visados[655]. Todavia, foi graças ao unilateralismo comercial norte-americano que a propriedade intelectual passou a fazer parte da agenda de negociações do Ciclo do Uruguai[656].

---

[651] Robert HUDEC, *The New WTO Dispute Settlement Procedure: An Overview of the First Three Years*, in MJGT, 1999, p. 13.

[652] Arthur STEINMANN, Article 23 DSU, in *WTO-Institutions and Dispute Settlement*, Rüdiger Wolfrum, Peter-Tobias Stoll e Karen Kaiser (eds), Max Planck Commentaries on World Trade Law, Max Planck Institute for Comparative Public Law and International Law, Martinus Nijhoff Publishers, Leiden/Boston, 2006, p. 558.

[653] Ernst-Ulrich PETERSMANN, *Multilevel Judicial Governance of International Trade Requires a Common Conception of Rule of Law and Justice*, in JIEL, 2007, p. 547.

[654] Thomas BAYARD e Kimberly ELLIOTT, '*Aggressive Unilateralism*' *and Section 301: Market Opening or Market Closing?*, WE, vol. 15, nº 6, 1992, pp. 685-706.

[655] Patrick MESSERLIN, *La nouvelle Organisation Mondiale du Commerce*, Dunod, Paris, 1995, p. 312.

[656] Myles GETLAN, *TRIPs and the Future of Section 301: A Comparative Study in Trade Dispute Resolution*, in CJTL, 1995, p. 217. Mais: o exercício da "Super 301" contra o Brasil e a Índia no dia 25 de Maio de 1989 visou, ao que parece, colocar estes países sob pressão, de modo a que não colocassem entraves à obtenção de acordos sobre determinadas matérias (serviços, propriedade intelectual, medidas de investimento relacionadas com o comércio, etc.) Cf. Jagdish BHAGWATI, Aggressive Unilateralism: An Overview, in *Aggressive Unilateralism: America's 301 Trade Policy and the World Trading System*, Jagdish Bhagwati e Hugh Patrick ed., The University of Michigan Press, 1990, p. 32.

A FUNÇÃO JURISDICIONAL NO SISTEMA GATT/OMC

## 6.2. O Artigo 23º do Memorando

Intitulado "Reforço do Sistema Multilateral" (*Strengthening of the Multilateral System*), o nº 1 do art. 23º do Memorando de Entendimento sobre Resolução de Litígios determina que:

> "Sempre que os membros queiram opor-se à violação de obrigações ou à anulação ou redução de vantagens previstas nos acordos abrangidos, ou a um impedimento para atingir qualquer objectivo previsto nos referidos acordos, deverão recorrer e respeitar as normas e procedimentos previstos no presente Memorando".

Nesses casos, os membros deverão:

"*a*) Abster-se de adoptar qualquer decisão tendo em conta o facto de ter ocorrido uma violação, de terem sido anuladas ou reduzidas as vantagens ou de ter sido impedida a realização de qualquer objectivo previsto nos acordos abrangidos, excepto através do recurso ao mecanismo de resolução de litígios, em conformidade com as normas e procedimentos previstos no Memorando, devendo tal decisão ser compatível com as conclusões apresentadas no relatório do Painel ou do Órgão de Recurso adoptado pelo Órgão de Resolução de Litígios ou com qualquer decisão, no âmbito de um processo de arbitragem tomada ao abrigo do Memorando [art. 23º, nº 2, alínea *a*), do Memorando de Entendimento sobre Resolução de Litígios];

*b*) Respeitar o procedimento previsto no art. 21º para determinar o prazo razoável para o membro em causa executar as recomendações e decisões [art. 23º, nº 2, alínea *b*), do Memorando de Entendimento sobre Resolução de Litígios]; e

*c*) Respeitar os procedimentos previstos no art. 22º para definir o nível de suspensão de concessões ou outras obrigações e obter autorização do Órgão de Resolução de Litígios, em conformidade com esses procedimentos, antes de suspender concessões ou outras obrigações previstas nos acordos abrangidos como retaliação pelo não cumprimento, pelo membro em causa, das recomendações e decisões dentro daquele prazo razoável" [art. 23º, nº 2, alínea *c*), do Memorando de Entendimento sobre Resolução de Litígios]"[657].

O Memorando de Entendimento sobre Resolução de Litígios sujeita, portanto, todos os Membros da OMC ao sistema de resolução de litígios da OMC sempre que se queiram opor à violação de obrigações ou à anulação ou redução de vantagens previstas nos acordos abrangidos. Um painel descreveu mesmo o

---

[657] Sobre os trabalhos preparatórios do art. 23º do Memorando, ver Christian SCHEDE, *The Strengthening of the Multilateral System – Article 23 of the WTO Dispute Settlement Understanding: Dismantling Unilateral Retaliation under Section 301 of the 1974 Trade Act?*, in World Competition, Volume 20, Nº 1, 1996, pp. 112-115.

238

art. 23º do Memorando como incorporando o princípio fundamental de que o sistema de resolução de litígios da OMC constitui o meio exclusivo de reparação de qualquer violação de qualquer disposição dos acordos da OMC[658]. Logo, este artigo é violado não apenas quando os membros da OMC apresentam uma queixa baseada na violação de direitos e obrigações dos acordos da OMC "ante um órgão internacional de resolução de litígios fora do âmbito da OMC", mas também quando agem unilateralmente "para tratar de obter os resultados que podem ser atingidos com os remédios previstos no Memorando de Entendimento sobre Resolução de Litígios"[659].

Uma razão importante para interpretar o art. 23º do Memorando como proibindo qualquer forma de acção unilateral é que tais medidas unilaterais ameaçam a estabilidade e a previsibilidade do sistema comercial multilateral, uma componente necessária das "condições de mercado que fomentam a actividade económica individual nos mercados nacionais e globais", as quais, por sua vez, constituem um objectivo fundamental da OMC[660].

A respeito da relação entre os nºs 1 e 2 do art. 23º do Memorando de Entendimento sobre Resolução de Litígios, um Painel considerou que o nº 2 se encontra expressamente ligado ao nº 1 ("nesses casos") e que deve ser lido no contexto do nº 1, ao qual se encontra subordinado[661]. Segundo o próprio Órgão de Recurso:

> "O nº 1 do artigo 23º do Memorando de Entendimento sobre Resolução de Litígios impõe aos Membros a obrigação geral de reparar o incumprimento de obrigações ou outro tipo de anulação ou redução das vantagens resultantes dos acordos abrangidos recorrendo somente às normas e procedimentos do Memorando de Entendimento sobre Resolução de Litígios e não a medidas unilaterais. Nas alíneas *a*), *b*) e *c*) do nº 2 do artigo 23º indicam-se formas específicas e claramente definidas de medidas unilaterais proibidas, contrárias ao nº 1 do artigo 23º do Memorando de Entendimento sobre Resolução de Litígios. Existe uma relação estreita entre as obrigações estabelecidas nos nºs 1 e 2 do artigo 23º. *Todas* elas se referem à obrigação de os Membros da OMC não recorrerem a medidas unilaterais (...)"[662].

---

[658] Relatório do Painel no caso *United States – Import Measures on Certain Products from the European Communities* (WT/DS165/R), 17-7-2000, parágrafo 6.13.

[659] Relatório do Painel no caso *European Communities – Measures Affecting Trade in Commercial Vessels* (WT/DS301/R), 22-4-2005, parágrafo 7.195.

[660] Relatório do Painel no caso *United States – Import Measures on Certain Products from the European Communities* (WT/DS165/R), 17-7-2000, parágrafo 6.14.

[661] Relatório do Painel no caso *United States – Sections 301-310 of the Trade Act of 1974* (WT/DS152/R), 22-12-1999, parágrafo 7.44.

[662] Relatório do Órgão de Recurso no caso *United Sates – Import Measures on Certain Products from the European Communities* (WT/DS165/AB/R), 11-12-2000, parágrafo 111.

A FUNÇÃO JURISDICIONAL NO SISTEMA GATT/OMC

Duas das três proibições mencionadas no nº 2 do art. 23º – alíneas *b*) e *c*) – constituem exemplos flagrantes de comportamentos contrários às normas e procedimentos do Memorando[663]. O nº 2, alínea *a*), do art. 23º, em contraste, proibindo os Membros de realizarem certas determinações, não está coberto por nenhuma outra disposição do Memorando de Entendimento sobre Resolução de Litígios[664]. Naturalmente, uma lei que prescreva uma decisão de incompatibilidade logo que um painel faça circular o seu relatório, sem aguardar a interposição de um eventual recurso e a adopção das recomendações do Órgão de Resolução de Litígios, será contrária à alínea *a*) do nº 2 do art. 23º do Memorando[665]. Um Painel entendeu que devem ser satisfeitos quatro elementos para que um certo acto viole o nº 2, alínea *a*), do art. 23º num determinado litígio:

(a) que o acto seja adoptado "nesses casos" (*chapeau* do nº 2 do art. 23º), isto é, numa situação em que um Membro "queira opor-se à violação de obrigações ou à anulação ou redução de vantagens previstas nos acordos abrangidos ou a um impedimento para atingir qualquer objectivo previsto nos acordos abrangidos", como referido no art. 23º, nº 1;

(b) que o acto constitua uma "determinação";

(c) que a "determinação" seja no sentido de ter "ocorrido uma violação, de terem sido anuladas ou reduzidas as vantagens ou de ter sido impedida a realização de qualquer objectivo previsto nos acordos abrangidos";

(d) que a determinação *não* seja feita "através do recurso ao sistema de resolução de litígios, em conformidade com as normas e procedimentos previstos no Memorando de Entendimento sobre Resolução de Litígios" ou *não* seja feita de modo "compatível com as conclusões apresentadas no relatório do Painel ou do Órgão de Recurso adoptado pelo Órgão de Resolução de Litígios ou com qualquer decisão, no âmbito de um processo de arbitragem tomada ao abrigo do Memorando de Entendimento sobre Resolução de Litígios". Os dois elementos deste requerimento são cumulativos por natureza. As determinações são permitidas apenas "quando feitas através do recurso ao sistema de resolução de litígios *e* compatíveis com as conclusões adoptadas pelo Órgão de Resolução de Litígios ou com uma decisão de arbitragem tomada ao abrigo do sistema de resolução de litígios"[666].

---

[663] Relatório do Painel no caso *United States – Sections 301-310 of the Trade Act of 1974* (WT/DS152/R), 22-12-1999, parágrafo 7.45.

[664] *Idem*, nota de rodapé 654.

[665] *Idem*, parágrafo 7.48.

[666] *Idem*, nota de rodapé 657.

A JURISDIÇÃO

O Painel considerou, também, que as normas e procedimentos do art. 23º, nº 1, têm um âmbito de aplicação muito mais vasto do que o mencionado expressamente no nº 2 do art. 23º. Além dos casos especialmente referidos no art. 23º, nº 2, muitos outros comportamentos dos Estados podem constituir um incumprimento da obrigação geral constante do art. 23º, nº 1[667]. Por exemplo, a primeira frase do art. 21º, nº 5, do Memorando de Entendimento sobre Resolução de Litígios é uma das disposições cujo desrespeito, mesmo se não vem mencionado no art. 23º, nº 2, pode implicar uma violação do art. 23º, nº 1[668].

Em virtude da adopção das disposições mais precisas do art. 23º do Memorando, não é aplicável no contexto da OMC o art. 60º da Convenção de Viena sobre o Direito dos Tratados:

> "Mesmo se fosse verdade que as Comunidades Europeias atrasaram as reuniões do Órgão de Resolução de Litígios e o procedimento de arbitragem (e alegadamente violaram as normas do Memorando de Entendimento sobre Resolução de Litígios e as regras das reuniões do Órgão de Resolução de Litígios), resulta claro que um Membro não pode encontrar justificação na violação cometida por outro Membro para deixar de lado as prescrições do Memorando de Entendimento sobre Resolução de Litígios. O argumento dos Estados Unidos (que supõe que consideram justificado fazer o que fizeram porque o que as Comunidades Europeias teriam feito era ilícito no âmbito da OMC) é exactamente o que é proibido no artigo 23º do Memorando de Entendimento sobre Resolução de Litígios: a determinação unilateral de que ocorreu uma violação de normas da OMC e a imposição unilateral de suspensões de concessões ou outras obrigações. Em resumo, o regime de contramedidas, represálias ou medidas de retorsão foi regulado rigorosamente no Acordo OMC. Actualmente, só no quadro institucional da OMC/Órgão de Resolução de Litígios, os Estados Unidos podem obter uma determinação compatível com a OMC de que as Comunidades Europeias tinham violado o Acordo OMC e obter autorização para adoptar medidas correctivas"[669].

Nos termos do art. 60º da Convenção de Viena:

> "1. Uma violação substancial de um tratado bilateral, por uma das partes, autoriza a outra parte a invocar a violação como motivo para pôr fim ao tratado ou para suspender a sua aplicação no todo ou em parte.
>
> 2. Uma violação substancial de um tratado multilateral, por uma das partes, autoriza:

---

[667] *Idem*, parágrafo 7.45.

[668] Relatório do Painel no caso *United States – Import Measures on Certain Products from the European Communities* (WT/DS165/R), 17-7-2000, nota de rodapé 143.

[669] *Idem*, parágrafo 6.133 e nota de rodapé 170.

A FUNÇÃO JURISDICIONAL NO SISTEMA GATT/OMC

*a)* as outras partes, agindo de comum acordo, a suspenderem a aplicação do tratado ou a pôr fim à sua vigência:

i) seja nas relações entre elas mesmas e o Estado autor da violação;

ii) seja entre todas as partes;

*b)* uma parte, especialmente atingida pela violação, a invocá-la como motivo de suspensão da aplicação do tratado, no todo ou em parte, nas relações entre ela própria e o Estado autor da violação;

*c)* qualquer outra parte, salvo o autor da violação, a invocar a violação como motivo para suspender a aplicação do tratado, no todo ou em parte, no que lhe diga respeito, se este tratado for de tal natureza que uma violação substancial das suas disposições, por uma parte, modifique radicalmente a situação de cada uma das partes, quanto à excepção ulterior das suas obrigações emergentes do tratado;

3. Para os fins deste artigo, constituem violação substancial de um tratado:

*a)* a rejeição do tratado não autorizada pela presente Convenção; ou

*b)* a violação de uma disposição essencial para a realização do objecto ou do fim do tratado.

4. Os parágrafos precedentes não prejudicam nenhuma disposição do tratado que seja aplicável em caso de violação.

5. Os parágrafos 1 e 3 não se aplicam às disposições relativas à protecção da pessoa humana contidas nos tratados de natureza humanitária, nomeadamente às disposições que proíbem toda a forma de represálias sobre as pessoas protegidas pelos referidos tratados".

Portanto, o art. 23º do Memorando visa, de uma maneira geral, impedir os membros da OMC de resolverem unilateralmente os respectivos litígios no que diz respeito aos seus direitos e obrigações ao abrigo da OMC, obrigando-os a seguir as normas e procedimentos multilaterais do Memorando de Entendimento sobre Resolução de Litígios[670]. As medidas de retaliação só podem ser autorizadas após o termo do prazo razoável estabelecido, qualquer autorização para a suspensão de concessões ou de outras obrigações deve ser dada pelo Órgão de Resolução de Litígios e os membros da OMC não podem determinar, unilateralmente, o montante das sanções a aplicar[671]. Confirma-se, uma vez mais, que as

---

[670] Relatório do Painel no caso *United States – Sections 301-310 of the Trade Act of 1974* (WT/DS152/R), 22-12-1999, parágrafo 7.35.

[671] Além disso, uma contramedida consiste numa violação justificada de uma obrigação, ou seja, "elle n'a pas d'effet sur l'existence continue de la norme en tant que telle". Em contraste, as reacções baseadas no art. 60º da Convenção de Viena implicam "l'extinction temporaire ou permanente d'une norme; autrement dit, elles suppriment – à tout le moins temporairement – le lien juridique existant entre les parties au litige". Cf. Bruno SIMMA e Christian TAMS, Article 60

A JURISDIÇÃO

regras da OMC são regras de direito internacional que, em determinados aspectos, constituem *"lex specialis* vis-à-vis certain rules of general international law"[672]. Ao mesmo tempo, não podemos esquecer que as medidas antidumping e as medidas de compensação têm, por definição, carácter unilateral. A sua aplicação depende, impreterivelmente, de determinações unilaterais de que foram violadas disposições de certos acordos da OMC. Mas considerar tais medidas uma violação do art. 23º do Memorando de Entendimento sobre Resolução de Litígios não seria, seguramente, uma interpretação razoável. Desde logo, a sua aplicação é permitida pelos acordos abrangidos relevantes na matéria, desde que reunidas algumas condições.

Finalmente:

"(...) O conceito de 'trat[ar] de reparar o incumprimento' não compreende a situação em que um Membro adopta medidas para compensar ou atenuar o prejuízo causado a agentes económicos no Membro lesado em consequência da medida supostamente incompatível com as normas da OMC, desde que essas medidas não estejam desenhadas para influir na conduta do Membro que adopta a medida supostamente incompatível com as normas da OMC (...). Por exemplo, a assistência para o ajustamento ao comércio, que se presta com o objectivo de ajudar a mudarem de actividade económica as empresas ou trabalhadores afectados por uma restrição quantitativa supostamente incompatível com as normas da OMC, pode ser uma resposta a um comportamento incompatível com as normas da OMC, mas não seria 'trat[ar] de reparar'. Este tipo de medida paliativa pode abordar o prejuízo causado a determinados agentes num Membro da OMC por uma suposta violação das normas da OMC, mas não está desenhao para restabelecer o equilíbrio de direitos e obrigações entre os Membros"[673].

---

de la Convention de Vienne de 1969, in *Les Conventions de Vienne sur le Droit des Traités*, Bruylant, Bruxelas, 2006, pp. 2136-2137.

[672] Joost PAUWELYN, *The Role of Public International Law in the WTO: How Far Can We Go?*, in AJIL, 2001, p. 539. De notar que o Tribunal Internacional de Justiça defende que o artigo 60º da Convenção de Viena sobre o Direito dos Tratados "pode em muitos aspectos ser considerado uma codificação do direito consuetudinário existente sobre o assunto" (cf. TRIBUNAL INTERNACIONAL DE JUSTIÇA, *Legal Consequences for States of the Continued Presence of South Africa in Namibia (South West Africa) Notwithstanding Security Council Resolution 276 (1970)*, Parecer Consultivo de 21-6-1970, parágrafo 94) e que o próprio art. 60º prevê a possibilidade de um tratado internacional se afastar das suas regras nesta matéria (nº 4).

[673] Relatório do Painel no caso *European Communities – Measures Affecting Trade in Commercial Vessels* (WT/DS301/R), 22-4-2005, parágrafo 7.197.

A FUNÇÃO JURISDICIONAL NO SISTEMA GATT/OMC

### 6.3. O Unilateralismo Comercial "Agressivo"

Apesar de o unilateralismo comercial norte-americano (também conhecido por unilateralismo agressivo[674]), constituir uma prática com alguma história[675], a "Secção 301" de 1974 e a "Super 301" de 1988 constituem os exemplos mais famosos do seu uso[676]. A primeira refere-se a barreiras sectoriais, ao passo que a segunda prevê que a Administração norte-americana identifique quais as prioridades da liberalização comercial, incluindo países prioritários e, dentro destes, as práticas comerciais cuja eliminação terá um papel fundamental no aumento das exportações norte-americanas[677].

Apesar das diferenças entre si, destinam-se ambas a eliminar as barreiras comerciais alegadamente desleais que dificultem o acesso aos mercados mundiais dos produtos e serviços norte-americanos e podem ser accionadas quando os actos, políticas e práticas de um governo estrangeiro são considerados injus-

---

[674] Jagdish BHAGWATI, Aggressive Unilateralism: An Overview, in *Aggressive Unilateralism: America's 301 Trade Policy and the World Trading System*, Jagdish Bhagwati e Hugh Patrick ed., The University of Michigan Press, 1990, p. 1.

[675] Por exemplo, o acto do Congresso de 1794 que conferiu ao Presidente Washington o poder de aplicar restrições quantitativas às importações das nações estrangeiras que, no seu juízo, discriminavam as exportações norte-americanas (cf. Jared SILVERMAN, *Multilateral Resolution over Unilateral Retaliation: Adjudicating the Use of Section 301 Before the WTO*, in University of Pennsylvania Journal of International Economic Law, 1996, p. 241); a decisão do Supremo Tribunal no caso *Field* v. *Clark*, de 1892, admitindo a constitucionalidade de uma delegação de poder concedido ao Presidente permitindo-lhe aumentar o montante dos direitos aduaneiros caso uma nação estrangeira aplicasse aos produtos norte-americanos direitos aduaneiros julgados desrazoáveis e desiguais. Cf. Anne KLEBES-PELISSIER, *L'organisation mondiale du commerce confrontée à la législation commerciale américaine*, in RTDE, 2002, p. 205.

[676] O texto dos Artigos 301º a 310º da Lei de Comércio Externo de 1974 pode ser encontrado in Relatório do Painel no caso *United States – Sections 301-310 of the Trade Act of 1974* (WT/DS152/R), 22-12-1999, pp. 352-365. Em 1994, o político norte-americano Gephardt avançou mesmo com a proposta de criar uma "Blue and Green 301", destinada a permitir que os Estados Unidos aplicassem unilateralmente sanções comerciais contra os países sem medidas efectivas de protecção dos direitos dos trabalhadores e do ambiente. Cf. Kenneth ABBOTT, Defensive Unfairness: The Normative Structure of Section 301, in *Fair Trade and Harmonization*, Jagdish Bhagwati e Robert Hudec ed., vol. 2, The MIT Press, Cambridge-Massachusetts e Londres, 1996, p. 417; Robert E. HUDEC, *Differences in National Environmental Standards: The Level-Playing-Field Dimension*, in MJGT, 1996, p. 4.

[677] No início, a "Super 301" visava países e não produtos (cf. Helen MILNER, The Political Economy of U.S. Trade Policy: A Study of the Super 301 Provision, in *Aggressive Unilateralism: America's 301 Trade Policy and the World Trading System*, Jagdish Bhagwati e Hugh Patrick ed., The University of Michigan Press, 1990, p. 168). Porém, a partir de 1994, o critério dos países estrangeiros prioritários foi retirado, passando a incidir exclusivamente sobre "priority foreign practices". Cf. Gregory SHAFFER, *Defending Interests: Public-Private Partnerships in WTO Litigation*, Brookings Institution Press, Washington, D.C., 2003, p. 29.

244

A JURISDIÇÃO

tificáveis, pouco razoáveis ou discriminatórios, afectando ou restringindo o comércio externo dos Estados Unidos. São injustificáveis se violarem os direitos dos Estados Unidos resultantes do direito internacional (por exemplo, a recusa do tratamento da nação mais favorecida previsto no GATT), e discriminatórios quando privarem os produtos, serviços e investimentos norte-americanos de um tratamento idêntico aos bens nacionais e do tratamento da nação mais favorecida.

Em relação ao termo "pouco razoável", o mais propício a abusos, ele pode abranger, segundo a legislação norte-americana, um acto, política ou prática que, sem violar necessariamente os direitos jurídicos internacionais dos Estados Unidos, é, de outro modo, desleal e injusto. Os actos, políticas e práticas pouco razoáveis incluem, por exemplo: (i) o facto de o governo estrangeiro tolerar actividades anti-concorrenciais sistemáticas por parte de empresas privadas; (ii) a recusa da possibilidade de estabelecimento de uma empresa; (iii) a recusa de uma protecção adequada e efectiva dos direitos de propriedade intelectual; e (iv) a recusa em conceder certos direitos dos trabalhadores internacionalmente reconhecidos[678].

Em contrapartida, os actos, políticas e práticas de um país estrangeiro não serão tratados como sendo pouco razoáveis se o Representante dos Estados Unidos para o Comércio Internacional (*United States Trade Representative (USTR)*) determinar, por exemplo, que eles não são inconsistentes com o nível de desenvolvimento económico do país estrangeiro[679].

As investigações podem ser desencadeadas após queixa de qualquer pessoa interessada (por exemplo, uma empresa norte-americana, os trabalhadores de uma empresa, ou mesmo os consumidores)[680] ou por iniciativa do Representante

---

[678] De notar que o GATT de 1947 não tinha competência para lidar com nenhuma destas situações.

[679] O Representante dos Estados Unidos para o Comércio Internacional tem a categoria de ministro, só atende a instruções do Presidente e o seu gabinete faz parte do Gabinete Executivo do Presidente. O Representante dos Estados Unidos para o Comércio Internacional actua sob a direcção do Presidente e assessora-o e presta-lhe assistência em diversas funções presidenciais. Cf. Relatório do Painel no caso *United States – Sections 301-310 of the Trade Act of 1974* (WT/DS152/R), 22-12-1999, parágrafo 2.12.

[680] No caso de uma pessoa interessada apresentar um pedido de adopção de medidas em conformidade com o artigo 301º, o Representante dos Estados Unidos para o Comércio Internacional tem que examinar em primeiro lugar as alegações contidas no pedido. O mais tardar 45 dias depois da data de recepção do pedido, o Representante dos Estados Unidos para o Comércio Internacional deve determinar se inicia a investigação ou não. Caso formule uma determinação positiva, o Representante dos Estados Unidos para o Comércio Internacional deve iniciar uma investigação relativamente às questões suscitadas no pedido. Na data em que inicie uma investigação ou, no máximo, nos 90 dias posteriores, o Representante dos Estados Unidos para o Comércio Internacional tem de solicitar a realização de consultas com o outro Membro da OMC afectado, em conformidade com o sistema de resolução de litígios da OMC (artigo 303º (a)(1)). Caso se não chegue a uma solução mutuamente aceitável dentro do prazo de 60 dias previsto no Memorando

A FUNÇÃO JURISDICIONAL NO SISTEMA GATT/OMC

dos Estados Unidos para o Comércio Internacional[681]. Quando isso acontece, o representante norte-americano dá início a uma investigação que passa pela realização de consultas bilaterais directas, as quais podem resultar, ou não, num acordo negociado com o governo estrangeiro. Se houver acordo, ele traduzir-se-á na eliminação do acto, política ou prática objecto do conflito ou, então, na concessão aos Estados Unidos de benefícios comerciais de carácter compensatório. Na ausência de acordo, o representante do comércio pode retaliar, suspendendo ou retirando benefícios de carácter comercial ao país em causa, aumentando os direitos aduaneiros (*ad valorem*) até 100%, ou aplicando outras restrições às exportações do país em conflito para os Estados Unidos. Na sua actuação, o Representante dos Estados Unidos para o Comércio Internacional tem de

de Entendimento sobre Resolução de Litígios para as consultas, o Representante dos Estados Unidos para o Comércio tem de solicitar com prontidão que se iniciem os trabalhos de fundo sobre a questão, nos termos dos procedimentos formais de resolução de litígios previstos no Memorando de Entendimento sobre Resolução de Litígios (artigo 303º (a)(2)). Assim sendo, os Estados Unidos estão obrigados a celebrar consultas e a iniciar o procedimento de um painel, antes de concluírem a sua investigação. Ao mesmo tempo, o Representante dos Estados Unidos para o Comércio pode dar por terminada uma investigação em qualquer momento, inclusive antes de o painel ter iniciado os seus trabalhos, e caso recuse dar início a uma investigação, ele deve informar o requerente privado e publicar um parecer fundamentado no *Federal Register*, o jornal oficial do Governo federal norte-americano.

[681] Entre 1974 e 2005, foram iniciadas 121 investigações pelo Representante dos Estados Unidos para o Comércio Internacional em virtude da "Secção 301", 39 por iniciativa própria e 82 a pedido de particulares. Estes números não têm em conta o número de pedidos de investigação apresentados por particulares que o Representante dos Estados Unidos para o Comércio Internacional decidiu não dar seguimento (cf. Charles-Emmanuel CÔTÉ, *La participation des personnes privées au règlement des différends internationaux économiques: l'élargissement du droit de porter plainte à l'OMC*, Bruylant, Bruxelas, 2007, p. 431). Apesar de os artigos 301º a 310º proporcionarem uma via importante para os Estados Unidos fazerem valer os direitos que lhes pertencem em virtude do Acordo OMC, o Representante dos Estados Unidos para o Comércio Internacional pode, também, iniciar procedimentos no âmbito da OMC à margem dos artigos 301º a 310º, como fez, por exemplo, no caso *Hormones*. Os artigos 301º a 310º podem ser utilizados, igualmente, em conexão com outros acordos comerciais para além dos da OMC. Finalmente, as considerações de índole política têm, regra geral, um peso importante na decisão do Representante dos Estados Unidos de iniciar ou não o procedimento dos artigos 301º-310º. Entre os factores que o Representante dos Estados Unidos pode ter em conta, cabe destacar: o trabalho de lóbi desenvolvido pela empresa afectada, o facto de esta representar um sector económico chave para a economia norte-americana, o carácter mais ou menos prioritário do mercado estrangeiro dentro da estratégia de abertura dos Estados Unidos, se a investigação incide sobre uma medida de um governo cujo apoio seja necessário para os objectivos extra-económicos dos Estados Unidos, etc.. Cf. Irene NAVARRO, *Los límites del unilateralismo en el sistema de solución de diferencias de la organización mundial del comercio: el informe del grupo especial sobre los artículos 301 a 310 de la ley de comercio exterior de los Estados Unidos*, in Revista Electrónica de Estudios Internacionales, Número 1, 2000, p. 12.

A JURISDIÇÃO

atender a um critério de proporcionalidade, isto é, as medidas aplicadas devem afectar as mercadorias ou serviços do país estrangeiro numa quantia equivalente ao valor do obstáculo ou restrição que esse país tenha imposto ao comércio dos Estados Unidos (Artigo 301º (a)(3)).

Ao abrigo do Artigo 301º, se o Representante os Estados Unidos para o Comércio Internacional determinar que os direitos dos Estados Unidos no âmbito de qualquer acordo comercial estão a ser negados ou que um acto, política ou prática de um país estrangeiro viola ou é incompatível com um acordo comercial ou é injustificável e onera ou restringe o comércio dos Estados Unidos, a acção do Representante os Estados Unidos para o Comércio Internacional para fazer respeitar os direitos resultantes do acordo comercial ou para obter a eliminação do acto, política ou prática em causa é obrigatória (sujeita apenas a eventuais instruções específicas do Presidente).

O Representante os Estados Unidos para o Comércio Internacional não está obrigado a agir, contudo, nos casos em que (i) o Órgão de Resolução de Litígios tiver adoptado um relatório, ou uma determinação proferida no âmbito do sistema de resolução de litígios de qualquer outro acordo comercial, concluindo que os direitos resultantes do acordo comercial para os Estados Unidos não foram negados; (ii) o acto, política ou prática não viola ou é incompatível com os direitos dos Estados Unidos; (iii) o país terceiro está a adoptar medidas satisfatórias para conceder aos Estados Unidos os direitos resultantes do acordo comercial; o país terceiro concordou eliminar a prática; o país terceiro concordou numa solução rápida para o problema do ónus ou restrição do comércio norte-americano; ou o país terceiro acordou providenciar benefícios comerciais satisfatórios como compensação; (iv) os Estados Unidos concluam que em casos extraordinários essa acção poderia ter um impacto adverso na economia norte-americana, desproporcionado aos benefícios da acção, ou que a acção poderia causar um prejuízo sério à segurança nacional dos Estados Unidos.

Claro está, como bem notava ROBERT HUDEC:

> "Section 301 proceedings are a totally one-sided affair in which the United States plays both prosecutor and judge, in which the defendants are tried in absentia, and in which Congress has ordained certain guilty verdicts in advance, particularly with regard to Japan"[682].

---

[682] Robert HUDEC, Thinking about the New Section 301: Beyond Good and Evil, in *Aggressive Unilateralism: America's 301 Trade Policy and the World Trading System*, Jagdish Bhagwati e Hugh Patrick ed., The University of Michigan Press, 1990, p. 114.

A FUNÇÃO JURISDICIONAL NO SISTEMA GATT/OMC

A decisão do Representante dos Estados Unidos para o Comércio Internacional não está sujeita a qualquer tipo de revisão judicial[683].

Para além do seu carácter intrinsecamente discriminatório (visando determinados países e práticas comerciais), a possibilidade de o unilateralismo norte-americano violar o GATT de 1947 resultava, igualmente, do facto de os prazos estabelecidos pela legislação estado-unidense serem muito apertados. Ainda por cima, o sistema de resolução de litígios do GATT possibilitava que a criação de um painel fosse adiada ou bloqueada, que o relatório de um painel nunca fosse adoptado e que a aplicação de medidas de retaliação nunca fosse autorizada. Por conseguinte, a "Secção 301" poderia requerer a aplicação de medidas de retaliação por parte dos Estados Unidos antes de serem autorizadas pelas partes contratantes do Acordo Geral[684].

[683] Thomas WALSH, *Dispute Settlement at the World Trade Organization: Do Municipal Laws Promoting Private Party Identification of Trade Disputes Affect State Participation?*, in JWT, 2006, p. 895. Segundo este mesmo autor:

"Due to the political question doctrine, United States courts do not look favorably on judicial review of Executive decisions, including United States Trade Representative decisions regarding international economic affairs. A private party does not, therefore, have recourse to a higher authority should the United States Trade Representative deny its petition". Cf. *Idem*, p. 897.

[684] Mas a aplicação de medidas de retaliação só violaria o GATT se "somewhat unrealistic deadlines will force it [retaliation] to be taken before the [GATT] legal process has run its course", ou seja, salientava HUDEC, "I believe that disobedience to GATT law is not always the more harmful alternative – that in certain situations of legal crisis, disobedience may be less damaging to GATT law than continuing to abide by the rules" (cf. Robert HUDEC, Thinking about the New Section 301: Beyond Good and Evil, in *Aggressive Unilateralism: America's 301 Trade Policy and the World Trading System*, Jagdish Bhagwati e Hugh Patrick ed., The University of Michigan Press, 1990, p. 125). Ainda segundo o mesmo autor, "the notion of 'justified' disobedience is based on the simple judgment that there are cases where the damage to the legal system caused by inaction in the face of deadlock will exceed the damage caused by some disobedient act trying to force a correction" (cf. *Idem*, p. 127). E avança com o seguinte exemplo:

"In the early 1980s, the United States argued that a major defect in GATT was its limitation to trade in goods. GATT law did not protect other markets in which the evolving comparative advantage of the United States was becoming most heavily concentrated – markets for services, intellectual property rights, and other high technology information. (...) The United States sought to correct the perceived sectoral imbalance by legal reform. At the 1982 GATT Ministerial meeting, it proposed negotiating an extension of GATT legal disciplines to cover international transactions in services, intellectual property rights, and certain nontrade spheres. The proposal was both overbroad and one-sided, but the 1982 Ministerial meeting bypassed those problems and rejected the whole idea. Resistance continued for another four years. Gradually, the United States tried to increase the pressure by threatening to pursue its objectives bilaterally (a sort of the facto withdrawal from GATT), and also threatening (...) GATT-illegal trade retaliation in response to barriers in these nontrade areas. (...) The main

A JURISDIÇÃO

**6.4. O Caso *United States – Sections 301-310 of the Trade Act of 1974***
Em 2 de Março de 1999, o Órgão de Resolução de Litígios criou um Painel a pedido das Comunidades Europeias para analisar a "Secção 301 da Lei de Comércio Externo de 1974"[685], isto apesar de a Comissão das Comunidades Europeias entender que, até então, em relação aos assuntos cobertos pela Organização Mundial do Comércio, os Estados Unidos "has generally refrained from unilateral action", com a notável excepção do caso *Bananas*[686].

No pedido de criação do Painel, as Comunidades Europeias alegaram que a "Secção 301" (assim conhecida, apesar de o acto comercial norte-americano ser composto por dez secções ou artigos, os artigos 301º a 310º) previa a possibilidade de os Estados Unidos adoptarem medidas unilaterais, o que as tornava incompatíveis com o Memorando de Entendimento sobre as Regras e Processos que regem a Resolução de Litígios, em particular, com os artigos 3º, 21º e 23º, bem como com os artigos I, II, III, VIII e IX do GATT de 1994 e o art. XVI, nº 4, do Acordo OMC[687].

De acordo com as Comunidades Europeias, o Artigo 304º permitia, em certas circunstâncias, ao Representante dos Estados Unidos para o Comércio Internacional determinar, unilateralmente, se os direitos do seu país tinham sido postos em causa, no que diz respeito à OMC, num prazo de 180 dias a contar da apresentação de um pedido de consultas no âmbito do Memorando e independentemente da adopção pelo Órgão de Resolução de Litígios dos relatórios do Painel e do Órgão de Recurso sobre o litígio em causa[688].

---

outline of the U.S. proposal was finally adopted in late 1986, as part of the agenda for a new Uruguay Round of trade negotiations" (cf. *Idem*, p. 130).
Claro está, a legitimidade da teoria da desobediência justificada depende da observância de algumas condições. Por exemplo, a desobediência deve ser precedida por um esforço, levado avante de boa fé, de atingir a alteração jurídica desejada mediante negociações ("governments acting out of a concern to improve GATT law must necessarily respect that law as fully as possible, even when disobeying it" (cf. *Idem*, p. 137) e, muito importante, o país desobediente teria de aceitar as consequências jurídicas do seu comportamento, incluindo a aplicação de medidas de retaliação por outras partes contratantes (cf. *Idem*, p. 138). Com a conclusão do Ciclo do Uruguai, reduziram-se muito as circunstâncias que tornavam, porventura, legítima a desobediência justificada.
[685] OMC, *WTO Focus*, nº 38, 1999, p. 2
[686] COMISSÃO DAS COMUNIDADES EUROPEIAS, *Report on United States Barriers to Trade and Investment*, Bruxelas, Julho de 2000, p. 12.
[687] Relatório do Painel no caso *United States – Sections 301-310 of the Trade Act of 1974* (WT/DS152/R), 22-12-1999, parágrafos 7.2, 7.4 e 7.6.
[688] Segundo o próprio Painel:
"o dispositivo legislativo do art. 304º *obriga* o Representante dos Estados Unidos para o Comércio Internacional a adoptar, em certos casos, uma decisão unilateral sobre a questão de saber

249

A FUNÇÃO JURISDICIONAL NO SISTEMA GATT/OMC

A sensibilidade política do caso era evidente. A "Secção 301" era, muito provavelmente, a legislação norte-americana relativa ao comércio internacional mais criticada desde a famigerada Pauta Aduaneira *Smoot-Hawley* de 1930[689]. Os próprios Estados Unidos admitiram nas suas comunicações que os Artigos 301º a 310º eram impopulares no estrangeiro e, além das Comunidades Europeias, 12 das 16 partes terceiras não esconderam a sua grande hostilidade face à lei norte-americana em causa[690].

Ao analisar o Artigo 304º, o Painel verificou que existia de facto uma ameaça séria no sentido de tais medidas unilaterais serem adoptadas, embora nada obrigasse o representante dos Estados Unidos para o comércio internacional a tomá-las[691]. Esta ameaça, contudo, com o "efeito de esfriamento" (*chilling effect*)

> se os direitos dos Estados Unidos foram violados *antes* ainda de o Órgão de Resolução de Litígios ter adoptado as suas conclusões sobre a questão. No entanto, esse dispositivo não o *obriga* a adoptar uma decisão de incompatibilidade, do mesmo modo que não o *impede* de o fazer" (itálico no original). Cf. Relatório do Painel no caso *United States – Sections 301-310 of the Trade Act of 1974* (WT/DS152/R), 22-12-1999, parágrafo 7.32.

[689] Robert HUDEC, Thinking about the New Section 301: Beyond Good and Evil, in *Aggressive Unilateralism: America's 301 Trade Policy and the World Trading System*, Jagdish Bhagwati e Hugh Patrick ed., The University of Michigan Press, 1990, p. 113; Jared SILVERMAN, *Multilateral Resolution over Unilateral Retaliation: Adjudicating the Use of Section 301 Before the WTO*, in University of Pennsylvania Journal of International Economic Law, 1996, p. 251.

[690] Relatório do Painel no caso *United States – Sections 301-310 of the Trade Act of 1974* (WT/DS152/R), 22-12-1999, parágrafo 7.11.

[691] No essencial, o Artigo 304º, relativo às determinações do Representante dos Estados Unidos para o Comércio Internacional, estabelece o seguinte:

"(a) DISPOSIÇÕES GERAIS

(1) Com base nas investigações iniciadas em conformidade com o artigo 302º e das consultas (e os procedimentos, se aplicáveis) realizadas de acordo com o artigo 303º, o Representante para o Comércio Internacional:

(A) determinará se:

(i) os direitos dos Estados Unidos decorrentes de um acordo comercial estão a ser negados, ou

(ii) existe uma acção, política ou prática visada pelas secções (a)(1)(B) ou (b)(1) do artigo 301º, e

(B) caso a determinação formulada de acordo com a alínea (A) seja positiva, decidir, se for caso disso, a medida que deve adoptar ao abrigo das secções (a) ou (b) do artigo 301º.

(2) O Representante dos Estados Unidos para o Comércio Internacional formulará as determinações exigidas pelo parágrafo (1) nas seguintes datas, ou antes:

(A) no caso de uma investigação respeitante a um acordo comercial,

(i) 30 dias depois da data de conclusão do procedimento de resolução de litígios, ou

(ii) 18 meses após a data em que foi iniciada a investigação, se este prazo é inferior ao anterior, ou

(B) em todos os casos não descritos na alínea (A) ou no parágrafo (3), 12 meses depois da data em que se iniciou a investigação. (...)".

A JURISDIÇÃO

que poderia ter sobre os outros membros da OMC[692], principalmente, quando emanada de um membro com o estatuto de potência comercial, e, indirectamente, sobre o mercado, bem como sobre os diferentes agentes económicos[693], parecia constituir, à primeira vista, uma infracção ao art. 23º, nº 2, alínea *a)*, do Memorando:

> "O dispositivo legislativo do artigo 304º – que prescreve a adopção de uma decisão *antes* da adopção das conclusões do Órgão de Resolução de Litígios e que reserva legalmente o direito de adoptar uma decisão de incompatibilidade – deve presumir--se incompatível com as obrigações decorrentes da alínea *a)* do nº 2 do artigo 23º. O poder do Representante dos Estados Unidos para o Comércio Internacional de adoptar uma decisão de incompatibilidade cria um risco ou ameaça reais, tanto para os membros como para os agentes económicos, de lhes serem impostas decisões proibidas pela alínea *a)* do nº 2 do artigo 23º. Este poder discricionário de adoptar efectivamente tais decisões anula a garantia que o artigo 23º confere não apenas aos membros, como também, indirectamente, aos particulares e ao mercado. Nestes termos, o poder discricionário conferido pelo artigo 304º ao Representante dos Estados Unidos para o Comércio Internacional não garante – como pretendem os Estados Unidos – a compatibilidade do artigo 304º. Pelo contrário, ele é o elemento essencial da incompatibilidade aparente do dispositivo legislativo do artigo 304º"[694].

Todavia, embora tivesse concluído que o Artigo 304º constituía uma violação *prima facie* do nº 2, alínea *a)*, do art. 23º do Memorando, o painel afirmou que daí não decorria, por si só, que os Estados Unidos tivessem cometido um incumprimento[695]. De facto, depois de examinar outros elementos, em particular uma declaração feita pela Administração norte-americana, adoptada pelo Congresso e confirmada por compromissos tomados perante o Painel, os membros do painel concluíram que os Estados Unidos tinham limitado o poder discricionário do seu representante para o comércio internacional de tomar medidas unilaterais antes do esgotamento dos procedimentos previstos no Memorando.

---

[692] Relatório do Painel no caso *United States – Sections 301-310 of the Trade Act of 1974* (WT/DS152/R), 22-12-1999, parágrafos 7.81 e 7.88.

[693] Para o Painel:

> "a anulação das vantagens de um membro que resultam de uma violação [do Sistema GATT/OMC] é frequentemente indirecta e explica-se pela incidência desse incumprimento no mercado e nas actividades dos particulares que operam nesse mercado. (...) Pode, por isso, ser mais conveniente falar, no que concerne à ordem jurídica do GATT/OMC, não em princípio do efeito directo, mas sim em princípio do efeito indirecto". Cf. *Idem*, parágrafos 7.77-7.78.

[694] *Idem*, parágrafo 7.96.

[695] *Idem*, parágrafo 7.99.

A FUNÇÃO JURISDICIONAL NO SISTEMA GATT/OMC

A Administração norte-americana estabelece no *Statement of Administrative Action* (Declaração de Acção Administrativa), submetido ao Congresso pelo Presidente por ocasião da execução pelos Estados Unidos dos resultados do Ciclo do Uruguai[696], que:

> "Embora reforce a eficácia do Artigo 301º, o Memorando de Entendimento sobre o Sistema de Resolução de Litígios não exige nenhuma modificação relevante do Artigo 301º quanto às investigações relativas a uma alegada violação de um acordo do Ciclo do Uruguai ou a redução de vantagens decorrentes de um tal acordo para os Estados Unidos. Em tais casos, o Representante dos Estados Unidos para o Comércio Internacional:
>
> – invocará os procedimentos de resolução do sistema de resolução de litígios da OMC, como previsto na actual lei;
>
> – fundamentará qualquer decisão ao abrigo do Artigo 301º que conclua pela violação ou negação dos direitos dos Estados Unidos ao abrigo do acordo abrangido nas conclusões de um Painel ou do Órgão de Recurso adoptadas pelo Órgão de Resolução de Litígios;
>
> – após a adopção de um relatório favorável de um Painel ou do Órgão de Recurso concederá à parte demandada um prazo razoável para dar cumprimento às recomendações formuladas no relatório; e
>
> – caso o litígio não possa ser dirimido nesse prazo, solicitará ao Órgão de Resolução de Litígios a autorização para tomar medidas de retaliação"[697].

A relevância jurídica dos compromissos dos Estados Unidos enunciados no *Statement of Administrative Action* no plano internacional foi, também, confirmada e reforçada no decurso dos procedimentos do painel. Em resposta às questões que o Painel lhes dirigiu, os Estados Unidos confirmaram por diversas vezes, de forma explícita, oficial e incondicional, os compromissos expressos no *Statement of Administrative Action*[698]. Mais precisamente:

> **7.122.** Os argumentos e as declarações dos representantes dos Estados Unidos que compareceram perante nós foram apresentados de forma solene e reflectida de modo a constar do processo e foram ainda retomadas por escrito e confirmadas na segunda audiência do Painel. Elas nada têm de informal e não nos foram comunicadas no calor do debate. Pelo contrário, procuram tornar o seu enquadramento jurídico mais vinculativo.

---

[696] *Idem*, parágrafos 7.109, 7.110 e 7.114.
[697] *Idem*, parágrafo 7.112.
[698] *Idem*, parágrafo 7.115.

252

A JURISDIÇÃO

**7.123.** Estamos convencidos que os representantes que compareceram perante nós estavam plenamente mandatados para apresentar estes argumentos jurídicos e que actuaram no âmbito desse mandato. Os trabalhos dos painéis fazem parte do processo de resolução de litígios do Órgão de Resolução de Litígios. É inconcebível, excepto em circunstâncias excepcionais, que um painel conteste o facto de os representantes legais de um Membro estarem mandatados para apresentarem perante um painel e, por seu intermédio, perante o Órgão de Resolução de Litígios, a posição jurídica desse Membro no que respeita ao seu direito interno interpretado à luz das suas obrigações perante a OMC. O sistema dos painéis não poderia funcionar se tal competência não se pudesse presumir.

**7.124.** Estamos igualmente convencidos, como questão de facto, que as declarações produzidas perante nós se destinavam a ser vertidas no processo, que os Estados Unidos sabiam e compreendiam perfeitamente que elas podiam, como qualquer outra comunicação oficial, ser reproduzidas no nosso relatório e que elas foram feitas não apenas para que possamos confiar nelas, como também para que as Comunidades Europeias, partes terceiras no litígio e todos os membros do Órgão de Resolução de Litígios – na verdade, todos os membros da OMC – nelas possam confiar.

**7.125.** Por conseguinte, concluímos que as declarações dos Estados Unidos exprimem sem ambiguidade a sua posição oficial, de maneira a que todos os Membros nela possam confiar, de assumir o compromisso de que o poder discricionário do Representante dos Estados Unidos para o Comércio Internacional foi limitado de modo a precludir a adopção de uma decisão de incompatibilidade antes de esgotados os procedimentos previstos no Memorando de Entendimento sobre Resolução de Litígios. Se bem que estas declarações não criem uma nove obrigação jurídica internacional para os Estados Unidos – que já estavam vinculados pelo artigo 23º na qualidade de Membro da OMC – elas clarificam e constituem um compromisso ao nível internacional relativo a certos aspectos do direito interno dos Estados Unidos, em particular a forma como eles deram cumprimento às suas obrigações ao abrigo do nº 2, alínea *a*), do artigo 23º do Memorando de Entendimento sobre Resolução de Litígios"[699].

O Painel concluiu, em suma, que o *Statement of Administrative Action* e as declarações apresentadas pelos Estados Unidos tinham por efeito conjugado conferir directamente aos outros membros da OMC e indirectamente ao mercado as garantias que o artigo 23º devia conceder, isto é, impedir o Representante dos Estados Unidos para o Comércio Internacional de adoptar uma decisão de incompatibilidade contrária ao nº 2, alínea *a*), do artigo 23º do Memorando[700].

---

[699] *Idem*, parágrafos 7.122-7.125.
[700] *Idem*, parágrafo 7.126.

A FUNÇÃO JURISDICIONAL NO SISTEMA GATT/OMC

Ao mesmo tempo, o Painel não deixa de recordar que:

"Em direito internacional, os compromissos assumidos pelos Estados Unidos permitem ao Estado antecipar ou desonerar-se da responsabilidade que poderia ter caso a lei em causa apenas compreendesse o dispositivo legislativo. Evidentemente, daqui decorre que, se os Estados repudiarem ou revogarem por qualquer forma os seus compromissos, eles deverão assumir essa responsabilidade, já que a sua lei tornar-se-ia, então, incompatível com as obrigações decorrentes do artigo 23º"[701].

As conclusões do Painel foram aplaudidas pelo conjunto dos membros da OMC "for its political brilliance"[702] e ambas as partes em litígio revelaram satisfação[703], tendo mesmo ambas reclamado vitória:

"The United States Trade Representative issued a press release on December 22, 1999, announcing that the dispute settlement Panel of the WTO 'has rejected a complaint by the European Union, upholding the WTO-consistency of Section 301 of the Trade Act of 1974'. (...) To be sure, the United States statement of *victory* is not totally without basis, as the final Panel Report determined that Section 301 is not inconsistent with the WTO/Dispute Settlement Understanding system. (...) On December 23, 1999, just after the issuance of the United States' press release, the European Union Trade Commissioner, Pascal Lamy, also issued a press release, in which he stated that: The European Union notes with satisfaction the WTO Panel's now published report

---

[701] *Idem*, parágrafo 7.126.

[702] Seung Wha CHANG, *Taming Unilateralism under the Multilateral Trading System: Unfinished Job in the WTO Panel Ruling on U.S. Sections 301-310 of the Trade Act of 1974*, in Law & Policy in International Business, vol. 31, nº 4, 2000, p. 1224. De facto, conforme observa o mesmo autor:
"if the Panel had found that Sections 301-310 as such were inconsistent with WTO obligations and recommended the United States to bring relevant provisions of Section 301 into conformity with the U.S. obligations under the Dispute Settlement Understanding, it would have faced strong political resistance from the United States, particularly from Congress. With the Panel's confirmation that the U.S. Administration, rather than Congress, is given full authority to enforce Sections 301-310 in a manner consistent with U.S. obligations under Article 23, the U.S. Administration, particularly the United States Trade Representative, will be able to interpret and administer Sections 301-310 in conformity with Dispute Settlement Understanding rules and procedures. In this sense, the Panel has given the United States Trade Representative room to maneuver politically around Congressional pressure. On the other hand, the European Community achieved a major goal in this panel proceeding by acquiring a U.S. commitment not to exercise the United States Trade Representative' discretionary power contrary to U.S. obligations under Article 23. Cf. *Idem*.

[703] Natalie McNELIS, *Both Sides Consider Section 301 Panel Report a Victory*, in LIEI, 2000, p. 185.

254

A JURISDIÇÃO

on the Section 301 case. This is a fair result, a balanced outcome to a difficult case, but overall, it is a victory for the multilateral system"[704].

E, de facto, nenhuma das partes em litígio interpôs recurso do relatório do painel. Foi, aliás, o primeiro litígio comercial entre os Estados Unidos e as Comunidades Europeias em que não foi interposto recurso do relatório do painel.

Isto não significa, no entanto, que as conclusões salomónicas do painel não possam ser criticadas em alguns aspectos. Apesar de a análise dos dados estatísticos entre Janeiro de 1975 e Dezembro de 1999 revelar que existe um aumento significativo "in the proportion of United States Trade Representative cases treated under WTO auspices compared to the proportion treated under GATT"[705], uma observação mais rigorosa mostra que, no fundo, o Painel apoiou indirectamente a alegação norte-americana de que, desde 1995, os Estados Unidos nunca aplicaram a "Secção 301" de modo incompatível com as obrigações para si decorrentes da OMC[706]. Com efeito, durante os procedimentos do painel, os Estados Unidos negaram, sem rodeios, que o Representante dos Estados Unidos para o Comércio Internacional tivesse alguma vez tomado qualquer acção unilateral "que não se baseasse nos resultados dos procedimentos de resolução de litígios do GATT e da OMC"[707].

Porém, os Estados Unidos desrespeitaram, em absoluto, o Memorando de Entendimento sobre Resolução de Litígios pouco tempo depois da entrada em vigor dos acordos da OMC. Em 16 de Maio de 1995, recorrendo directamente à "Secção 301", os Estados Unidos declaram unilateralmente que iriam aplicar direitos aduaneiros de 100% *ad valorem* a 13 tipos diferentes de modelos de automóveis de luxo importados do Japão (o direito aduaneiro em causa estava, então, consolidado em 2.5% na lista de concessões norte-americana). No total, os direitos aduaneiros em questão corresponderiam a 5.9 biliões de dólares norte-americanos, "the largest United States tariff ever contemplated against any trading partner"[708].

---

[704] An CHEN, *The Three Big Rounds of U.S. Unilateralism Versus WTO Multilateralism During the Last Decade: A Combined Analysis of the Great 1994 Sovereignty Debate, Section 301 Disputes (1998-2000), and Section 201 Disputes (2002-Present)*, in Temple International & Comparative Law Journal, 2003, pp. 448-449.

[705] Earl GRINOLS e Roberto PERRELLI, *The WTO Impact on International Trade Disputes: An Event History Analysis*, in The Review of Economics and Statistics, November 2006, p. 623.

[706] Relatório do Painel no caso *United States – Sections 301-310 of the Trade Act of 1974* (WT/DS152/R), 22-12-1999, parágrafo 7.130.

[707] *Idem*, parágrafo 7.128.

[708] Jared SILVERMAN, *Multilateral Resolution over Unilateral Retaliation: Adjudicating the Use of Section 301 Before the WTO*, in University of Pennsylvania Journal of International Economic Law, 1996, p. 233.

A FUNÇÃO JURISDICIONAL NO SISTEMA GATT/OMC

Confrontado com o unilateralismo dos Estados Unidos, o Japão solicitou a realização de consultas no dia 17 de Maio de 1995, ao abrigo dos artigos 4º do Memorando e XXII do GATT. No pedido apresentado, o Japão alegou que as medidas adoptadas pelos norte-americanos (a decisão afirmativa contra o Japão, em virtude dos artigos 301º e 304º da Lei de Comércio Externo de 1974, adoptada em 10 de Maio de 1995, e o anúncio de uma lista de produtos que poderiam ficar sujeitos a direitos aduaneiros mais elevados) violavam, por exemplo, os artigos I e II do GATT e o art. 23º do Memorando de Entendimento sobre Resolução de Litígios[709].

Depois de algumas negociações, os Estados Unidos e o Japão chegaram a um acordo no dia 28 de Junho de 1995[710]. Em concreto, o governo Japonês aceitou a proposta norte-americana de abrir o seu mercado automóvel e de peças de automóveis e prometeu adoptar medidas específicas de execução da proposta[711]. Em contrapartida, o governo norte-americano comprometeu-se a não levar avante a sua decisão de aplicar direitos aduaneiros no valor de 100% aos automóveis importados do Japão[712].

Posteriormente, no famoso caso *European Communities – Regime for the Importation, Sale and Distribution of Bananas*, algumas das acções dos Estados Unidos violaram claramente as suas obrigações no âmbito da OMC. Antes de os Estados Unidos terem solicitado autorização ao Órgão de Resolução de Litígios (em 14 de Janeiro de 1999) para retaliar contra as Comunidades Europeias, já o Representante dos Estados Unidos para o Comércio Internacional tinha decidido, uni-

---

[709] OMC, *United States – Imposition of Import Duties on Automobiles from Japan under Sections 301 and 304 of the Trade Act of 1974 (Request for Consultations by Japan)* (WT/DS6/1), 22-5-1995.

[710] ESTADOS UNIDOS DA AMÉRICA, *United States –Japan: Automotive Agreement and Supporting Documents*, in ILM, vol. XXXIV, 1995, pp. 1482-1488.

[711] Por exemplo, nos termos do acordo alcançado, "the Government of Japan agreed to provide a broad range of financial incentives for imports of foreign automobiles and to undertake other measures to promote imports of automobiles into Japan. The will include concessionary loans oriented toward foreign companies, product import financing from the Japanese Export Import Bank, and Small Business Loans. The Government of Japan will also provide financial support for major exhibitions of foreign automobiles in cities throughout Japan, along with other information, dealer training, and outreach programs" (cf. ESTADOS UNIDOS DA AMÉRICA, *United States – Japan: Automotive Agreement and Supporting Documents*, in ILM, vol. XXXIV, 1995, p. 1483). Aplicando-se em conformidade com o tratamento da nação mais favorecida, estes compromissos assumidos pelo Japão são compatíveis com os acordos abrangidos (art. 3º, nº 5, do Memorando) e vão mesmo além do previsto em tais acordos.

[712] An CHEN, *The Three Big Rounds of U.S. Unilateralism Versus WTO Multilateralism During the Last Decade: A Combined Analysis of the Great 1994 Sovereignty Debate, Section 301 Disputes (1998-2000), and Section 201 Disputes (2002-Present)*, in Temple International & Comparative Law Journal, 2003, pp. 430-431.

A JURISDIÇÃO

lateralmente, que as Comunidades Europeias não tinham logrado executar as recomendações do Órgão de Resolução de Litígios[713] e publicado uma lista de retaliação em Novembro e Dezembro de 1998[714]. Aliás, a lista de retaliação não só foi publicada no *Federal Register*, como também apareceu na tabela de casos compilada pelo próprio secretariado do Representante dos Estados Unidos para o Comércio Internacional[715].

Em certa medida, os dois casos referidos mostram que a declaração feita pela Administração norte-americana no *Statement of Administrative Action* que acompanhou a legislação norte-americana de aplicação dos resultados do Ciclo do Uruguai "is *devoid* of legally binding effect"[716].

---

[713] No âmbito do caso *European Communities – Regime for the Importation, Sale and Distribution of Bananas*, as Comunidades Europeias tinham de executar as recomendações do Órgão de Resolução de Litígios até ao dia 1 de Janeiro de 1999. Assim, no dia 20 de Julho de 1998, as Comunidades revogaram a medida declarada incompatível e adoptaram um novo Regulamento, que entrou em vigor em 31 de Julho de 1998. As Comunidades Europeias notificaram o Órgão de Resolução de Litígios de que tinham executado parcialmente as suas recomendações e de que a execução estaria terminada no dia 1 de Janeiro de 1999. Porém, os Estados Unidos, assim como outras partes queixosas, discordaram que o novo regulamento fosse compatível com as obrigações da OMC. Por conseguinte, os Estados Unidos solicitaram a criação de um painel ao abrigo do nº 5 do art. 21º do Memorando para analisar se a nova medida comunitária respeitava o direito da OMC. As Comunidades Europeias, contudo, opuseram-se à criação do painel, observando que ele só poderia ser criado quando o regulamento comunitário estivesse totalmente implementado, ou seja, quando terminasse o prazo razoável concedido às Comunidades para executar as recomendações do Órgão de Resolução de Litígios. Subsequentemente, em Outubro de 1998, os Estados Unidos iniciaram procedimentos ao abrigo dos Artigos 305º e 306º da Lei do Comércio Externo de 1974, no sentido de obterem junto do Órgão de Resolução de Litígios autoriação para retaliar. Em suma, os Estados Unidos procuraram suspender concessões comerciais contra as Comunidades antes de o Órgão de Resolução de Litígios poder decidir se o novo regulamento comunitário era compatível com as regras da OMC.

[714] Tendo considerado que não tinham sido respeitadas as condições para os Estados Unidos apresentarem o pedido de retaliação, as Comunidades Europeias apresentaram, em 29 de Janeiro, um pedido no sentido de a questão ser resolvida por arbitragem, nos termos do art. 22º, nº 6, do Memorando (sobre o nível de suspensão das concessões e sobre a observância ou não dos princípios referidos no art. 22º, nº 3, do Memorando). O processo de arbitragem deveria estar concluído no prazo de 60 dias a contar da data em que terminou o prazo razoável; portanto, até 2 de Março de 1999.

[715] An CHEN, Trade as the Guarantor of Peace, Liberty and Security?, in *Redefining Sovereignty in International Economic Law*, Wenhua Shan, Penelope Simons e Dalvinder Singh ed., Hart Publishing, Oxford-Portland, 2008, pp. 133-134.

[716] An CHEN, *The Three Big Rounds of U.S. Unilateralism Versus WTO Multilateralism During the Last Decade: A Combined Analysis of the Great 1994 Sovereignty Debate, Section 301 Disputes (1998-2000), and Section 201 Disputes (2002-Present)*, in Temple International & Comparative Law Journal, 2003, p. 454.

A FUNÇÃO JURISDICIONAL NO SISTEMA GATT/OMC

E será que faz sentido o argumento de que, ao não aplicar efectivamente as medidas de retaliação que tinha anunciado nos dois casos referidos, os Estados Unidos não violaram as suas obrigações no âmbito dos acordos da OMC? Como sublinhou o próprio painel do caso *United States – Sections 301-310 of the Trade Act of 1974*, "para obter um resultado desejado, o simples facto de brandir um grande bastão é frequentemente um meio tão eficaz como o seu uso efectivo"[717].

Outra crítica importante prende-se com o facto de a confiança do Painel nos compromissos assumidos perante si pelos Estados Unidos constituir um mau precedente para os painéis que, no futuro, tenham de decidir sobre a conformidade com as regras da OMC de legislação discricionária. De facto, mesmo depois de a legislação ter sido contestada perante os procedimentos de um Painel, um membro da OMC pode defender, com êxito, a sua legislação, caso se comprometa perante o Painel "not to exercise its discretion contrary to WTO obligations in the future"[718].

O Painel parece entender, igualmente, que um membro da OMC pode manter uma legislação nacional contrária às regras da OMC. As conclusões do Painel parecem não ter, assim, em conta que o nº 4 do art. XVI do Acordo OMC impõe aos membros da OMC a obrigação de assegurarem a conformidade das suas disposições legislativas, regulamentares e administrativas com as obrigações resultantes da OMC. O nº 4 do art. XVI impõe a obrigação de assegurar a conformidade da legislação com as obrigações da OMC e não apenas a sua aplicação.

Apesar de tudo, a Administração Bush decidiu não renovar a aplicação da "Super 301", depois de esta ter expirado no fim de 2001[719], talvez porque tenha entendido que, na prática, as conclusões do Painel do caso *United States – Sections 301-310 of the Trade Act of 1974* tornaram o unilateralismo comercial estado-unidense inoperante face aos outros membros da OMC e, durante o ano de 2008, o Representante dos Estados Unidos para o Comércio Internacional não recebeu qualquer novo pedido ao abrigo da "Secção 301"[720]. Como observa a própria Comissão Europeia num relatório de Julho de 2009, "o resultado prático desta decisão [caso *United States – Sections 301-310 of the Trade Act of 1974*] foi tornar

---

[717] Relatório do Painel no caso *United States – Sections 301-310 of the Trade Act of 1974* (WT/DS152/R), 22-12-1999, parágrafo 7.89.

[718] Seung Wha CHANG, *Taming Unilateralism under the Multilateral Trading System: Unfinished Job in the WTO Panel Ruling on U.S. Sections 301-310 of the Trade Act of 1974*, in Law & Policy in International Business, vol. 31, nº 4, 2000, p. 1188.

[719] COMISSÃO EUROPEIA, *Report on United States Barriers to Trade and Investment*, Bruxelas, Dezembro de 2003, p. 13.

[720] ESTADOS UNIDOS DA AMÉRICA, *2009 Trade Policy Agenda and 2008 Annual Report of the President of the United States on the Trade Agreements Program*, Washington, D.C., 2009, p. 210.

A JURISDIÇÃO

os Artigos 301º-310º ineficazes contra os membros da OMC"[721]. Até porque o sistema de resolução de litígios da OMC aleviou, em grande medida, as preocupações que levaram o Congresso a avançar com a criação e o aprofundamento da "Secção 301". O Memorando de Entendimento sobre Resolução de Litígios garante o direito de um Membro da OMC a um painel, assegura a adopção do relatório final, impõe prazos apertados para cada fase do processo de resolução de litígios, supervisiona cuidadosamente a execução das recomendações dos painéis e do Órgão de Recurso e autoriza a aplicação de medidas de retaliação em caso de incumprimento de tais recomendações.

Nada impede, por outro lado, que o unilateralismo comercial norte-americano, tal como era praticado antes do *Statement of Administrative Action*, continue a aplicar-se a países que não são membros da OMC e a domínios não abrangidos pelo actual sistema comercial multilateral (o caso das práticas comerciais restritivas). No caso *Japan – Measures Affecting Consumer Photographic Film and Paper*, por exemplo, os Estados Unidos defenderam que o recurso a sanções unilaterais ao abrigo da "Secção 301" não era incompatível com os acordos da OMC, uma vez que estes não abrangem as práticas comerciais restritivas[722]. Neste segundo caso, porém, a liberdade de acção dos Estados Unidos encontra-se bastante refreada, visto que, se não houver acordo, é bem provável que as sanções aplicadas violem os compromissos assumidos pelos norte-americanos no âmbito do GATT. Se as sanções aplicadas consistirem num aumento dos direitos aduaneiros ou na imposição de restrições quantitativas, o art. II do GATT é violado claramente no primeiro caso e os artigos XI, nº 1, e XIII do GATT no segundo caso.

Há quem entenda, por último, que o unilateralismo "has bypassed" a OMC e emergiu numa forma diferente[723]. De facto, a Comunidade Europeia e os Estados Unidos têm negociado acordos de comércio livre com os países em desenvolvimento que incluem obrigações mais exigentes do que aquelas que constam de alguns acordos da OMC[724] e algumas das chamadas "questões de Singapura" (por exemplo, investimento e política de concorrência) aparecem frequentemente

---

[721] COMISSÃO EUROPEIA, *United States Barriers to Trade and Investment Report for 2008*, Bruxelas, Julho de 2009, p. 31. De notar que, também, as Comunidades Europeias adoptam, por vezes, medidas unilaterais cuja incompatibilidade com os acordos da OMC parece ser evidente. Cf. Antonis ANTONIADIS, *Unilateral Measures and WTO Dispute Settlement: An EC Perspective*, in JWT, 2007, pp. 605-627.

[722] Sungjoon CHO, *GATT Non-Violation Issues in the WTO Framework: Are They the Achilles' Heel of the Dispute Settlement Process?*, in HILJ, 1998, p. 332.

[723] T. SRINIVASAN, *The Dispute Settlement Mechanism of the WTO: A Brief History and an Evaluation from Economic, Contractarian and Legal Perspectives*, in WE, 2007, p. 1059.

[724] Richard POMFRET, *Is Regionalism an Increasing Feature of the World Economy?*, in WE, 2007, p. 933.

259

A FUNÇÃO JURISDICIONAL NO SISTEMA GATT/OMC

nos acordos celebrados, não obstante a forte oposição dos países em desenvolvimento à sua inclusão na Agenda de Desenvolvimento de Doha.

Ou seja, individualmente, os países em desenvolvimento concorrem entre si, não se importando de assumir obrigações mais exigentes quando está em causa o acesso aos mercados mais apetecíveis em termos comerciais[725]. Torna-se assim evidente a assimetria e a diferença de poder negocial entre os países em negociações de cunho bilateral ou regional. Apesar de tudo, no caso *European Communities – Conditions for the Granting of Tariff Preferences to Developing Countries* (ver *infra*), o Órgão de Recurso impõe limites importantes à possibilidade de os países ricos estruturarem os seus sistemas de preferências generalizadas de acordo principalmente com valores e ambições políticas.

## 6.5. Outros Tribunais Internacionais
### 6.5.1. Introdução

Ao afirmar que "sempre que os membros queiram opor-se à violação de obrigações ou à anulação ou redução de vantagens previstas nos acordos abrangidos, ou a um impedimento para atingir qualquer objectivo previsto nos referidos acordos, *deverão recorrer e respeitar as normas e procedimentos previstos no presente Memorando*" (o itálico é nosso), o nº 1 do art. 23º do Memorando de Entendimento sobre Resolução de Litígios parece excluir a possibilidade de recurso a outros sistemas "for the resolution of a WTO-related dispute"[726], designadamente, ao Tribunal Internacional de Justiça, faculdade prevista, como já foi dito, no art. 96º da Carta de Havana[727]. Um painel caracterizou mesmo o art. 23º do Memorando de Entendimento sobre Resolução de Litígios da OMC como uma "cláusula de exclusividade em matéria de resolução de litígios"[728], mas isso não significa, entenda-se, que não possa haver excepções a tal cláusula[729]. O artigo 23º do Memorando não

---

[725] Gregory SHAFFER e Yvonne APEA, GSP Programmes and Their Historical-Political-Institutional Context, in *Human Rights and International Trade*, Thomas Cottier, Joost Pauwelyn e Elisabeth Bürgi Bonanomi ed., Oxford University Press, 2005, p. 495.

[726] OMC, *A Handbook on the WTO Dispute Settlement System – A WTO Secretariat Publication*, Cambridge University Press, 2004, p. 8.

[727] Nada no texto do GATT de 1947 impedia as partes contratantes de submeterem os seus litígios ao Tribunal Internacional de Justiça, mas, apesar disso, "no dispute involving GATT or its associated agreements has ever been taken to the World Court". Cf. John JACKSON, *The World Trading System. Law and Policy of International Economic Relations*, 2ª ed., The Massachusetts Institute of Technology Press, 1997, p. 124.

[728] Relatório do Painel no caso *United States – Sections 301-310 of the Trade Act of 1974* (WT/DS152/R), 22-12-1999, parágrafo 7.43.

[729] YUVAL SHANY nota, igualmente, vários problemas a respeito da opinião de que o artigo 23º do Memorando pode ser visto como uma cláusula de exclusividade em matéria de resolução de litígios: primeiro, o Memorando prevê o recurso à arbitragem como forma alternativa de resolução de

A JURISDIÇÃO

pode proibir que tribunais estabelecidos por outros tratados exerçam jurisdição sobre queixas que corram paralelamente ou acumulem com as disposições da OMC[730]. Tal possibilidade resulta claramente de outras disposições dos acordos da OMC. Veja-se, por exemplo, a excepção prevista no n.º 3 do art. 11º do Acordo relativo à Aplicação de Medidas Sanitárias e Fitossanitárias:

> "Nenhuma disposição do presente acordo prejudicará os direitos dos Membros decorrentes de outros acordos internacionais, incluindo o direito de recorrer aos bons ofícios ou aos mecanismos de resolução de litígios de outras organizações internacionais ou estabelecidos no âmbito de qualquer acordo internacional".

Outro exemplo interessante pode ser encontrado no n.º 4 do Anexo do GATS sobre Serviços de Transporte Aéreo:

> "Os processos de resolução de litígios previstos no Acordo só poderão ser invocados no caso de os Membros em questão terem assumido obrigações ou compromissos específicos e caso tenham sido esgotadas as possibilidades de resolução dos litígios através de acordos ou convénios bilaterais ou multilaterais".

Por exemplo, no caso do litígio entre as Comunidades Europeias e os Estados Unidos sobre o regulamento relativo ao ruído nos aeroportos comunitários que restringia o uso de "dispositivos de insonorização" nos aviões (principalmente nos norte-americanos), os Estados Unidos optaram por submeter a controvérsia à Organização de Aviação Civil Internacional e não ao sistema de resolução de litígios da OMC, invocando o Acordo sobre os Obstáculos Técnicos ao Comércio da OMC ou o Acordo Geral sobre Comércio de Serviços (em virtude de que o regulamento sobre ruídos das Comunidades Europeias restringia os serviços de transporte aéreo)[731]. O direito da OMC acaba assim por não impedir que, em determinados casos, se possam apresentar ante o Tribunal Internacional de Jus-

litígios; segundo, a linguagem usada no nº 2 do art. 23º é, de certo modo, ambígua, uma vez que só proíbe "determinations" de violações dos acordos OMC por procedimentos de resolução de litígios externos, não interpretações dos acordos da OMC; terceiro, não é claro se é proibida a resolução de litígios ao abrigo de acordos comerciais preferenciais, envolvendo a aplicação de disposições que outorgam vantagens comerciais idênticas às concedidas pelo GATT, "as long as it is accepted that could not produce a *res judicata* effect under GATT/WTO law". Cf. Yuval Shany, *The Competing Jurisdictions of International Courts and Tribunals*, Oxford University Press, 2003, p. 184.

[730] Gabrielle Marceau e Kwak Kyung, Overlaps and Conflicts of Jurisdiction between the World Trade Organization and Regional Trade Agreements, in *Regional Trade Agreements and the WTO Legal System*, Lorand Bartels e Federico Ortino ed., Oxford University Press, 2006, p. 476.

[731] Ernst-Ulrich Petersmann, La Proliferación y Fragmentación de los Mecanismos de Solución de Controversias en el Comercio Internacional: Los Procedimientos de Solución de Diferencias de la OMC y los Mecanismos de Solución Alternativa de Controversias, in *Solución de Controversias*

A FUNÇÃO JURISDICIONAL NO SISTEMA GATT/OMC

tiça litígios sobre obrigações derivadas de outros tratados internacionais (artigos 84º e 86º do Acordo sobre Aviação Civil Internacional de 1944/68)[732].

Algo estranhamente, apenas o último exemplo mencionado constitui uma "norma e processo especial ou complementar sobre resolução de litígios" nos termos do Apêndice 2 do Memorando[733] e, como sabemos, caso haja divergências entre estas normas e processos especiais ou complementares e as normas e procedimentos previstos no Memorando de Entendimento sobre Resolução de Litígios, as primeiras prevalecem sobre as últimas (art. 1º, nº 2, do Memorando).

Seja como for, ao permitir o recurso a outros sistemas de resolução de litígios para além do seu, a OMC não deixa de proibir práticas unilaterais, dando ênfase, sim, ao primado do direito. Os próprios tribunais internacionais interagem entre si.

### 6.5.2. O Tribunal Internacional de Justiça

Apesar de o recurso directo ao Tribunal Internacional de Justiça parecer ser excluído pelo texto do art. 23º do Memorando de Entendimento sobre Resolução de Litígios da OMC[734] e de nenhum juiz internacional se sentir vinculado pela jurisprudência de outro tribunal[735], é frequente, por exemplo, os painéis e o Órgão de Recurso da OMC citarem a jurisprudência do Tribunal Permanente de Justiça Internacional e do Tribunal Internacional de Justiça[736]. No que diz respeito ao tratamento do Direito interno, por exemplo, o Órgão de Recurso seguiu o acórdão do Tribunal Permanente de Justiça Internacional no caso *Certain Ger-*

---

*Comerciales Inter-Gubernamentales: Enfoques Multilaterales y Regionales,* Julio Lacarte e Jaime Granados ed., Banco Interamericano de Desarrollo, 2004, p. 275.

[732] *Idem,* p. 296.

[733] De acordo com o Apêndice 2, apenas o nº 2 do art. 11º do Acordo relativo à Aplicação de Medidas Sanitárias e Fitossanitárias constitui uma das normas e processos especiais ou complementares sobre resolução de litígios: O seu texto é o seguinte:

> "Quando se levantem questões científicas ou técnicas no quadro de um litígio no âmbito da aplicação do presente Acordo, um painel deve solicitar o parecer de peritos escolhidos pelo próprio painel em consulta com as partes em litígio. Para o efeito, o painel pode, se o considerar adequado, criar um grupo consultivo de peritos técnicos ou consultar as organizações internacionais competentes, a pedido de uma ou outra das partes em litígio ou por sua própria iniciativa".

[734] Jeffrey WAINCYMER, *WTO Litigation: Procedural Aspects of Formal Dispute Settlement,* Cameron May, Londres, 2002, p. 78.

[735] Cesare ROMANO, *Deciphering the Grammar of the International Jurisprudential Dialogue,* in New York University Journal of International Law and Politics, 2009, p. 758.

[736] Nathan MILLER, *An International Jurisprudence? The Operation of "Precedent" Across International Tribunals,* in Leiden Journal of International Law, 2002, pp. 483-526.

A JURISDIÇÃO

*man Interests in Polish Upper Silesia*[737]. E, no que diz respeito à interpretação dos acordos abrangidos, o Órgão de Recurso referiu em vários casos o princípio do efeito útil seguido pelo Tribunal Internacional de Justiça (por exemplo, o caso *Ambatielos* de 1953 e o caso *Concerning Rights of United States Nationals in Morocco* de 1952)[738].

Para ERNST-ULRICH PETERSMANN:

> "The regular references to the case-law of the International Court of Justice in the reports of the Appellate Body suggest that the Appellate Body members are very well aware of the fact that interpretation of WTO law in conformity with general international law, and cooperation between tribunals, will strengthen the legal consistency and legitimacy of WTO law and WTO dispute settlement proceedings"[739].

Isto é tanto mais extraordinário quando sabemos que, apesar da citação de fontes externas poder melhorar a qualidade e legitimidade das decisões, é raro um tribunal internacional citar expressamente acórdãos de outros tribunais internacionais[740]. O Tribunal Internacional de Justiça, por exemplo, raramente cita decisões de tribunais internacionais, a não ser as do seu antecessor, o Tribunal Permanente de Justiça Internacional[741]. Até agora, nenhum julgamento do

---

[737] Relatório do Órgão de Recurso no caso *India – Patent Protection for Pharmaceutical and Agricultural Chemical Products* (WT/DS50/AB/R), 19-12-1997, parágrafo 65. Apesar de o Órgão de Recurso não ter clarificado o estatuto jurídico desta jurisprudência do Tribunal Permanente de Justiça Internacional, é possível que estivesse a tratá-la como "meio suplementar de interpretação". Cf. Petros MAVROIDIS, *No Outsourcing of Law? WTO Law As Practiced by WTO Courts*, in AJIL, 2008, p. 467.

[738] Relatório do Órgão de Recurso no caso *Korea – Definitive Safeguard Measure on Imports of Certain Dairy Products* (WT/DS98/AB/R), 14-12-1999, parágrafo 81:
"À luz do princípio do efeito útil, o intérprete de um tratado está *obrigado* 'a ler todas as disposições aplicáveis de um tratado de maneira a dar sentido a *todas* elas, harmoniosamente'. Um corolário importante deste princípio é o de que é necessário interpretar um tratado como um todo e, em particular, ler as suas secções e partes como um todo. O artigo II, nº 2, do Acordo OMC manifesta a intenção dos negociadores do Ciclo do Uruguai de as disposições do Acordo OMC e dos acordos comerciais multilaterais incluídos nos seus Anexos 1, 2 e 3 serem lidas como um todo".

[739] Ernst-Ulrich PETERSMANN, *From the Hobbesian International Law of Coexistence to Modern Integration Law: The WTO Dispute Settlement System*, in JIEL, 1998, pp. 196-197.

[740] Cesare ROMANO, *Deciphering the Grammar of the International Jurisprudential Dialogue*, in New York University Journal of International Law and Politics, 2009, p. 758.

[741] Ernst-Ulrich PETERSMANN, *Justice as Conflict Resolution: Proliferation, Fragmentation, and Decentralization of Dispute Settlement in International Trade*, in University of Pennsylvania Journal of International Economic Law, 2006, p. 283.

A FUNÇÃO JURISDICIONAL NO SISTEMA GATT/OMC

Tribunal Internacional de Justiça referiu o direito ou a jurisprudência da OMC[742]. Há quem fale em "jurisprudential narcissism" a respeito do Tribunal Internacional de Justiça[743], mas podemos, em alternativa, justificar o comportamento do principal órgão judicial das Nações Unidas recorrendo à explicação avançada por Thomas Buergenthal, um dos seus actuais membros

> "We at the International Court of Justice do read decisions of other courts that bear on what we are doing. And even though we don't cite them we do read them. The

---

[742] *Idem*, p. 329. Mas o Tribunal Internacional de Justiça já fez referências ao artigo XXI do GATT: "Que o Tribunal tem competência para determinar se as medidas tomadas por uma das partes cabe no âmbito de uma tal excepção resulta igualmente claro *a contrario* do facto de que o texto do Artigo XXI do Tratado não emprega o texto anterior do Artigo XXI do Acordo Geral sobre Pautas Aduaneiras e Comércio. Esta disposição do GATT, contemplando excepções à aplicação normal do Acordo Geral, estipula que o Acordo não deve ser interpretado como impedindo qualquer parte contratante de adoptar uma medida que 'considere necessárias à protecção dos interesses essenciais da sua segurança', em áreas como matérias físseis, armas, etc. O Tratado de 1956, pelo contrário, fala simplesmente em medidas 'necessárias' e não daquelas consideradas como tais por uma parte" (cf. TRIBUNAL INTERNACIONAL DE JUSTIÇA, *Case Concerning Military and Paramilitary Activities in and Against Nicarágua (Merits)*, Acórdão de 27-6-1986, parágrafo 222).
Ou seja, o Tribunal Internacional de Justiça parece indicar que teria declinado jurisdição "had article XXI GATT been the provision before it". Cf. Robyn BRIESE e Stephan SCHILL, *"If the State Considers": Self-Judging Clauses in International Dispute Settlement*, in Max Planck Yearbook of United Nations Law, Volume 13, 2009, p. 98.

[743] Marco BRONCKERS, *The Relationship of the EC Courts with Other International Tribunals: Non-Committal, Respectful or Submissive?*, in CMLR, 2007, p. 625. No parecer consultivo sobre as *Legal Consequences of the Construction of a Wall in the Occupied Palestinian Territory*, o Tribunal Internacional de Justiça mencionou as declarações do Comité dos Direitos Humanos das Nações Unidas sobre a necessidade de as restrições aos direitos enumeradas nas convenções fundamentais dos direitos do homem serem o menos intrusivas e proporcionais aos fins desejados (cf. TRIBUNAL INTERNACIONAL DE JUSTIÇA, *Legal Consequences of the Construction of a Wall in the Occupied Palestinian Territory*, Parecer Consultivo de 9-7-2004, parágrafo 136). Em 2007, no caso *Concerning the Application of the Convention on the Prevention and Punishment of the Crime of Genocide (Bosnia and Herzegovina v. Serbia and Montenegro)*, o Tribunal Internacional de Justiça mostrou grande deferência para com o Tribunal Penal Internacional para a Ex-Jugoslávia:
"o Tribunal Internacional de Justiça atribui a maior importância às constatações de facto e jurídicas formuladas pelo Tribunal Penal Internacional para a Ex-Jugoslávia quando decide sobre a responsabilidade penal dos acusados que lhe são apresentados e, no presente caso, o Tribunal Internacional de Justiça tem em grande consideração os julgamentos e acórdãos do Tribunal Penal Internacional para a Ex-Jugoslávia que lidam com os acontecimentos subjacentes ao litígio" (parágrafo 403).
Contudo, como bem sabemos, o Tribunal Penal Internacional para a Ex-Jugoslávia e o Comité dos Direitos Humanos são órgãos das Nações Unidas, como o próprio Tribunal Internacional de Justiça.

A JURISDIÇÃO

argument for not citing other court decisions or academic writings is that it avoids criticism that we are influenced by the views of one or the other region of the world"[744].

### 6.5.3. O Tribunal de Justiça das Comunidades Europeias

Os painéis da OMC referem-se, por vezes, a acórdãos do Tribunal de Justiça das Comunidades Europeias, o que é natural, se tivermos em conta que alguns dos mais reputados especialistas em Direito Comunitário (por exemplo, Joseph H. Weiler, Ernst-Ulrich Petersmann, Thomas Cottier e Paul Demaret) são frequentemente membros de painéis. Um antigo magistrado do Tribunal de Justiça das Comunidades Europeias (Pierre Pescatore) fez parte mesmo de alguns painéis. Não é de estranhar, por isso, que se verifique alguma influência da jurisprudência comunitária nas conclusões e recomendações dos painéis, sendo disso exemplo o caso *Japan – Measures Affecting Consumer Photographic Film and Paper*:

> "Assinalamos a nossa inquietude ante a possibilidade de nos basearmos no tipo de prova apresentado pelos Estados Unidos para justificarem a sua alegação no presente caso. Essencialmente, os Estados Unidos aduzem que, dado que um determinado tipo de lojas vende maior quantidade de produtos importados que outras lojas, qualquer regulação desse tipo de lojas poderia dar lugar a alegações legítimas ao abrigo da alínea *b*) do nº 1 do artigo XXIII. Esse argumento é semelhante ao utilizado para impugnar as leis que obrigam a encerrar ao Domingo na Comunidade Europeia, isto é, visto que as lojas de venda a retalho vendem produtos importados e vendem mais produtos ao Domingo, as limitações impostas à abertura dos estabelecimentos no Domingo poderiam ser assimiladas a restrições à importação. O Tribunal de Justiça das Comunidades Europeias recusou-se a constatar a existência de uma violação ao Tratado da Comunidade Europeia [Torfaen Borough Council v. B & Q PLC, Caso C-145/88, Col. 1989, p. 3851])"[745].

Também o Órgão de Recurso já recorreu a um acórdão do Tribunal de Justiça das Comunidades Europeias em favor da sua argumentação, mais concretamente, ao acórdão proferido em 5 de Outubro de 1994 no caso *Alemanha v. Conselho*[746]. E convém não esquecer que Claus-Dieter Ehlermann, um dos membros da primeira composição do Órgão de Recurso, foi Director-Geral dos Serviços Jurídi-

---

[744] Cesare ROMANO, Daniel TERRIS e Leigh SWIGART, *The International Judge: An Introduction to the Men and Women who Decide the World's Cases*, Brandeis University Press, Waltham-Massachusetts, 2007, p. 98.

[745] Relatório do Painel no caso *Japan – Measures Affecting Consumer Photographic Film and Paper* (WT/DS44/R), 31-3-1998, parágrafo 10.227.

[746] Relatório do Órgão de Recurso no caso *European Communities – Regime for the Importation, Sale, and Distribution of Bananas* (WT/DS27/AB/R), 9-9-1997, parágrafo 174.

A FUNÇÃO JURISDICIONAL NO SISTEMA GATT/OMC

cos da Comissão Europeia entre 1977 e 1987 e Director-Geral da Direcção-Geral para a Concorrência entre 1990 e 1995.

No caso do Tribunal de Justiça das Comunidades Europeias, só muito recentemente ele fez refência a relatórios do Órgão de Recurso que analisaram o Acordo TRIPS[747], o caso *Van Parys* foi o primeiro em que ele foi chamado a avaliar o efeito jurídico de uma decisão do Órgão de Resolução de Litígios da OMC após o termo do prazo razoável para o Membro faltoso (no caso, as Comunidades) colocar em conformidade com os acordos abrangidos a medida comunitária declarada incompatível[748], e, no muito recente caso *FIAMM e Fedon/Conselho e Comissão*, colocou-se pela primeira vez a questão de saber se as Comunidades Europeias poderiam ser responsabilizadas pelos prejuízos alegadamente causados pelas medidas de retaliação autorizadas pelo Órgão de Resolução de Litígios e aplicadas pelos Estados Unidos no âmbito do famoso caso *European Communities – Regime for the Importation, Sale and Distribution of Bananas*[749].

Segundo o Tribunal de Justiça das Comunidades Europeias, apesar de os acordos devidamente celebrados pela Comunidade com Estados terceiros ou com

[747] TRIBUNAL DE JUSTIÇA DAS COMUNIDADES EUROPEIAS, Acórdão de 16-11-2004, *Anheuser-Busch v. Budejovický Budvar*, Processo C-245/02, parágrafos 49, 67 e 91. Durante a vigência do GATT de 1947, o Tribunal de Justiça das Comunidades Europeias referiu explicitamente um relatório de um painel do GATT apenas uma vez:

"De acordo com a informação não contestada sobre esta matéria fornecida pela Comissão durante o procedimento oral, o grupo especial do GATT responsável por examinar a conformidade das medidas comunitárias com o Acordo Geral concluiu que a Comissão, quando adoptou as medidas protectoras em causa, não violou nem o Artigo I nem o Artigo II desse Acordo. O Grupo em questão criticou a Comunidade apenas por fazer de 1976 o terceiro ano de referência em vez de 1975 quando adoptou as medidas mencionadas. Uma crítica desse tipo não pode ser vista como um factor tal que torna nulas as medidas em causa (...)" (cf. TRIBUNAL DE JUSTIÇA DAS COMUNIDADES EUROPEIAS, Acórdão de 5-5-1981, *Firma Anton Dürbeck v. Hauptzollamt Frankfurt am Main-Flughafen*, Proc. 112/80, parágrafo 46).

Curiosamente, em vez de falar em "GATT panel", o Tribunal de Justiça fala em "Special GATT group". Cf. Geert ZONNEKEYN, *The Status of Adopted Panel and Appellate Body Reports in the European Court of Justice and the European Court of First Instance: The Banana Experience*, in JWT, vol. 34, nº 2, 2000, p. 100.

[748] TRIBUNAL DE JUSTIÇA DAS COMUNIDADES EUROPEIAS, Acórdão de 1-3-2005, *Léon Van Parys NV v. Belgisch Interventie*, Processo C-377/02, parágrafos 38-54.

[749] Como nota POIARES MADURO, trata-se de um caso inédito porque, apesar de, no processo Chiquita Brands e o., estar também em questão um pedido de indemnização do dano sofrido em resultado da violação persistente das regras da OMC, ainda que declarada pelo Órgão de Resolução de Litígios, a recorrente limitou-se a exigir a aplicação da excepção Nakajima (cf. Conclusões do Advogado-Geral M. Poiares Maduro apresentadas em 20 de Fevereiro de 2008, *FIAMM e FEDON/Conselho e Comissão*, Processo C-120/06P e C-121/06P, parágrafo 44). Por responder ficou a questão relativa à responsabilidade das Comunidades Europeias pelos prejuízos causados pelas medidas de retaliação adoptadas por si.

A JURISDIÇÃO

organizações internacionais serem vinculativos para as instituições comunitárias e para os Estados-Membros (art. 300º, nº 7, TCE) e de os actos unilaterais adoptados pelos órgãos instituídos por um acordo externo que vincula a Comunidade fazerem parte integrante, a partir da sua entrada em vigor, da ordem jurídica comunitária (constituem uma fonte de direito comunitário), um acordo internacional, para pode servir de norma de referência para a apreciação da legalidade de um acto comunitário e, mais geralmente, para que a aplicação das disposições de um tratado possa ser utilmente exigida ao Tribunal, tem que ser susceptível de aplicação jurisdicional. Como nota POIARES MADURO, o acordo internacional "deve poder ser invocado em juízo, isto é, ser susceptível de criar para os particulares da Comunidade o direito de o invocar em juízo, ou ainda, noutros termos, ser dotado de efeito directo"[750]. Ora, no âmbito do caso *FIAMM e Fedon/Conselho e Comissão*[751], o Tribunal de Justiça observou o seguinte:

[750] Conclusões do Advogado-Geral M. Poiares Maduro apresentadas em 20 de Fevereiro de 2008, *FIAMM e FEDON/Conselho e Comissão*, Processo C-120/06P e C-121/06P, parágrafo 25. Na Suíça, por exemplo, é possível aos particulares invalidarem medidas nacionais com base no direito da OMC (cf. Marco BRONCKERS, *Private Appeals to WTO Law: An Update*, in JWT, 2008, p. 255). Em contraste, os Estados Unidos, o Canadá, o Japão e a China não aceitam que os acordos da OMC gozem de efeito directo. Cf. Pieter KUIJPER, From initiating proceedings to ensuring implementation: the links with the Community legal order, in *The WTO at Ten: The Contribution of the Dispute Settlement System*, Ed. Giorgio Sacerdoti, Alan Yanovich e Jan Bohanes, Cambridge University Press, 2006, p. 268.

[751] Os factos na origem deste litígio são os seguintes. Em 13 de Fevereiro de 1993, o Conselho adoptou o Regulamento (CEE) nº 404/93 do Conselho, de 13 de Fevereiro de 1993, que estabelece a organização comum de mercado no sector das bananas (JO L 47, p. 1), cujo título IV, consagrado ao regime comercial com países terceiros, previa disposições preferenciais em benefício das bananas provenientes de certos Estados da África, das Caraíbas e do Pacífico (Países ACP), co-signatários da Quarta Convenção ACP-CEE, assinada em Lomé, em 15 de Dezembro de 1989 (JO 19991, L 229, p. 3). Na sequência das queixas apresentadas em Fevereiro de 1996 por vários membros da OMC, entre os quais os Estados Unidos, este regime de trocas comerciais foi objecto de um procedimento de resolução de litígios no âmbito da OMC. No seu relatório, o Órgão de Recurso concluiu que certos elementos do referido regime de trocas comerciais eram incompatíveis com os compromissos assumidos pela Comunidade nos termos dos acordos da OMC e recomendou à Comunidade a conformação desse regime com estes acordos. O referido relatório foi adoptado pelo Órgão de Resolução de Litígios em 25 de Setembro de 1997. Em 16 de Outubro de 1997, a Comunidade informou o Órgão de Resolução de Litígios, em conformidade com o artigo 21º, nº 3, do Memorando de Entendimento sobre Resolução de Litígios que respeitaria os seus compromissos internacionais. Nos termos do nº 3, alínea *c*), do artigo 21º do Memorando de Entendimento sobre Resolução de Litígios, o prazo razoável para a Comunidade cumprir as suas obrigações foi fixado, por sentença arbitral, no dia 1 de Janeiro de 1999. Como resulta do seu segundo considerando, o Regulamento (CE) nº 1637/98 do Conselho, de 20 de Julho de 1998, que altera o Regulamento (CEE) nº 404/93 (JO L 210, p. 28), alterou o regime de trocas comerciais de bananas com países terceiros atendendo a que importava "respeitar os compromissos internacionais assumidos pela Comunidade no

## A FUNÇÃO JURISDICIONAL NO SISTEMA GATT/OMC

âmbito da OMC, bem como em relação às partes co-signatárias da Quarta Convenção ACP-CEE e, ao mesmo tempo, assegurar a realização dos objectivos da organização comum de mercado no sector das bananas". Entendendo que o novo regime comunitário de importação de bananas assim instituído mantinha os elementos ilegais do regime anterior, violando os acordos OMC e a decisão do Órgão de Resolução de Litígios de 25 de Setembro de 1997, os Estados Unidos pediram, em 14 de Janeiro de 1999, autorização ao Órgão de Resolução de Litígios, ao abrigo do artigo 22º, nº 2, do Memorando de Entendimento sobre Resolução de Litígios, para suspender a aplicação à Comunidade e aos seus Estados-Membros de concessões pautais e de obrigações conexas ao abrigo do GATT de 1994 e do GATS, relativamente a um montante de 520 milhões de dólares norte-americanos. Tendo a Comunidade contestado este montante e alegado que os princípios e os procedimentos definidos pelo artigo 22º, nº 3, do Memorando de Entendimento sobre Resolução de Litígios não tinham sido observados, o Órgão de Resolução de Litígios decidiu, em 29 de Janeiro de 1999, submeter esta questão a arbitragem (artigo 22º, nº 6, do Memorando de Entendimento sobre Resolução de Litígios). Por decisão de 9 de Abril de 1999, os árbitros fixaram em 191,4 milhões de dólares norte-americanos por ano o nível da anulação ou da redução de vantagens sofrido pelos Estados Unidos e, em 19 de Abril de 1999, o Órgão de Resolução de Litígios autorizou os Estados Unidos a cobrar sobre as importações originárias da Comunidade direitos aduaneiros num montante anual de 191,4 milhões de dólares. Neste mesmo dia, as autoridades dos Estados Unidos aplicaram um direito *ad valorem* à importação à taxa de 100% sobre diversos produtos originários da Áustria, Bélgica, Finlândia, França, Alemanha, Grécia, Irlanda, Itália, Luxemburgo, Portugal, Espanha, Suécia e Reino Unido. Entre esses produtos figuravam os acumuladores estacionários e os estojos para óculos exportados, respectivamente, pelas empresas italianas FIAMM e Fedon. O regime comunitário de importação de bananas foi objecto de novas alterações, introduzidas pelo Regulamento (CE) nº 216/2001 do Conselho, de 29 de Janeiro de 2001, que altera o Regulamento (CEE) nº 404/93 (JO L 31, p. 2). Posteriormente, os Estados Unidos e a Comunidade concluíram, em 11 de Abril de 2001, um memorando de acordo que definia "os meios que podem permitir resolver o litígio de longa data relativo ao regime de importação das bananas" na Comunidade, através, designadamente, do compromisso da Comunidade em instituir um regime unicamente pautal para as importações de bananas. Na sequência da adopção do Regulamento (CE) nº 896/2001 da Comissão, de 7 de Maio de 2001, que estabelece normas de execução do Regulamento (CEE) nº 404/93 do Conselho no que respeita ao regime de importação de bananas na Comunidade (JO L 126, p. 6), os Estados Unidos suspenderam a aplicação do seu direito aduaneiro extraordinário a partir de 30 de Junho de 2001. Considerando a Comunidade responsável pelo prejuízo sofrido devido ao facto de terem incidido sobre produtos seus, entre 19 de Abril de 1999 e 30 de Junho de 2001, o direito aduaneiro extraordinário imposto pelas autoridades dos Estados Unidos, a FIAMM e a Fedon intentaram acções de indemnização com base nas disposições conjugadas dos artigos 235º TCE e 288º, segundo parágrafo, TCE, contra o Conselho e a Comissão. Antes da aplicação do direito aduaneiro extraordinário por parte dos Estados Unidos, os produtos em causa das empresas FIAMM e Fedon estavam sujeitos, respectivamente, a direitos aduaneiros de 3.5% e 4.6% *ad valorem* (cf. Marco DANI, *Remedying European legal pluralism: The FIAMM and Fedon Litigation and the judicial protection of international trade bystanders,* Jean Monnet Working Paper 06/09– New York University School of Law, 2009, p. 5). Para fundamentar os seus pedidos de indemnização, as recorrentes basearam-se principalmente na actuação ilícita dos órgãos da Comunidade. Alegaram que o facto de o Conselho da União Europeia e a Comissão não terem posto em conformidade o regime comunitário de importação de bananas, no prazo de 15 meses fixado pelo Órgão de Resolução de

A JURISDIÇÃO

"**108.** A este respeito, importa recordar que os efeitos, na Comunidade, das disposições de um acordo celebrado por esta com Estados terceiros não podem ser determinados abstraindo da origem internacional das disposições em causa. Nos termos dos princípios do direito internacional, as instituições comunitárias, que têm competência para negociar e celebrar esses acordos, podem acordar com os Estados terceiros em causa os efeitos que as disposições de um acordo devem produzir na ordem jurídica interna das partes contratantes. Só se esta questão não tiver sido expressamente regulada pelo referido acordo é que cabe aos órgãos jurisdicionais competentes e, em especial, ao Tribunal de Justiça, no âmbito da sua competência decorrente do Tratado, decidi-la nos mesmos termos que qualquer outra questão de interpretação relativa à aplicação do acordo na Comunidade (v., designadamente, acórdãos de 26 de Outubro de 1982, Kupferberg, 104/81, Recueil, p. 3641, nº 17, e Portugal/Conselho, nº 34), baseando-se nomeadamente no espírito, na sistemática ou nos termos do acordo (v., neste sentido, acórdão de 5 de Outubro de 1994, Alemanha/Conselho C-280/93, Colect., p. I-4973, nº 110).

**109.** Em especial, compete ao Tribunal de Justiça determinar, baseando-se nomeadamente nos critérios supra referidos, se as disposições de um acordo internacional criam para os particulares da Comunidade o direito de as invocarem em juízo, com vista a impugnarem a validade de um acto comunitário (v., a propósito do GATT de 1947, acórdão de 12 de Dezembro de 1972, International Fruit Company e o., 21/72 a 24/72, Colect., p. 407, nº 19).

**110.** A este respeito, resulta, nomeadamente, da jurisprudência do Tribunal de Justiça que este considera que só pode proceder ao exame da validade de uma regulamentação comunitária derivada à luz de um tratado internacional quando a natureza e a sistemática deste a isso não se opunham e quando, por outro lado, as suas disposições se revelem, do ponto de vista do seu conteúdo, incondicionais e suficientemente precisas (v., nomeadamente, acórdão de 3 de Junho de 2008, Intertanko e o., C-308/06).

**111.** Tratando-se (...) dos acordos OMC, é jurisprudência constante que, tendo em atenção a sua natureza e a sua economia, estes acordos não figuram, em princípio, entre as normas à luz das quais o Tribunal de Justiça fiscaliza a legalidade dos actos das instituições comunitárias (v., nomeadamente, acórdãos já referidos Portugal/Conselho, nº 47, Biret International/Conselho, nº 52, e Van Parys, nº 39).

**112.** Só no caso de a Comunidade ter decidido dar cumprimento a uma obrigação particular assumida no quadro da OMC ou no caso de o acto comunitário remeter

Litígios, com as obrigações que incumbiam à Comunidade por força dos acordos da OMC, quando a incompatibilidade do referido regime com as regras da OMC tinha sido declarada pelo Órgão de Resolução de Litígios, constituía um ilícito susceptível de gerar responsabilidade extracontratual da Comunidade. Precisaram que, caso não se viesse a considerar que os acordos da OMC tinham efeito directo, o que obstaria a que essa ilegalidade fosse posta em evidência, tal carácter deveria ser reconhecido à decisão do Órgão de Resolução de Litígios de condenação da Comunidade.

A FUNÇÃO JURISDICIONAL NO SISTEMA GATT/OMC

expressamente para disposições precisas dos acordos OMC é que compete ao Tribunal de Justiça fiscalizar a legalidade do acto comunitário em causa à luz das regras da OMC (v., acórdãos já referidos Biret International/Conselho, nº 53, e Van Parys, nº 40)"[752].

As razões avançadas pelo Tribunal de Justiça para as conclusões a que chega são essencialmente as seguintes:

"116. Importa recordar que o elemento determinante na matéria é o facto de a resolução dos litígios relativos ao direito da OMC se basear parcialmente em negociações entre as partes contratantes. A revogação de medidas ilegais é, sem dúvida, uma solução preconizada pelo direito da OMC, mas este autoriza também a adopção de outras soluções (acórdão Ómega Air, nº 89).

117. No nº 51 do seu acórdão Van Parys, o Tribunal de Justiça considerou assim, que o termo do prazo estabelecido pelo Órgão de Resolução de Litígios para assegurar a aplicação da sua decisão de 25 de Setembro de 1997 não implica que a Comunidade tenha esgotado as possibilidades previstas pelo Memorando de Resolução de Litígios para encontrar uma solução para o litígio que a opõe a outras partes. Nestas condições, cometer ao juiz comunitário, unicamente por ter expirado o prazo, a fiscalização da legalidade das medidas comunitárias em causa à luz das regras da OMC poderia ter como consequência fragilizar a posição da Comunidade na procura de uma solução para o litígio mutuamente aceitável e conforme com as referidas regras. (...).

119. Por outro lado, o Tribunal de Justiça recordou também que admitir que a missão que consiste em assegurar a conformidade do direito comunitário com as regras da OMC incumbe directamente ao juiz comunitário equivaleria a privar os órgãos legislativos ou executivos da Comunidade da margem de manobra de que gozam os órgãos semelhantes dos parceiros comerciais da Comunidade. É facto assente que algumas das partes contratantes, entre as quais os parceiros mais importantes da Comunidade do ponto de vista comercial, concluíram precisamente, à luz do objecto e da finalidade dos acordos OMC, que estes não figuram entre as normas com base nas quais os respectivos órgãos jurisdicionais devem fiscalizar a legalidade das suas disposições de direito interno. Tal falta de reciprocidade, a ser admitida, poderia levar a um desequilíbrio na aplicação das regras da OMC (acórdão Van Parys, nº 53).

120. Como resulta da jurisprudência do Tribunal de Justiça, não há, além disso, que fazer uma distinção entre estes diversos aspectos consoante a fiscalização da legalidade da actuação comunitária deva ser efectuada para fins do contencioso de anulação ou de decidir uma acção de indemnização (v., neste sentido, a propósito do

---

[752] TRIBUNAL DE JUSTIÇA DAS COMUNIDADES EUROPEIAS, Acórdão de 9-9-2008, *FIAMM e FEDON/ Conselho e Comissão*, Processo C-120/06P e C-121/06P, in Col. 2008, parágrafos 108-112.

A JURISDIÇÃO

período que precede o termo do prazo razoável fixado para a aplicação de uma decisão do Órgão de Resolução de Litígios, acórdão Biret International/Conselho, nº 62)"[753].

Relativamente às decisões do Órgão de Resolução de Litígios da OMC em concreto, o Tribunal de Justiça declara que:

"**125.** Quanto à distinção que as recorrentes pretendem efectuar entre o «efeito directo» das regras da OMC que impõem obrigações de ordem material e o «efeito directo» de uma decisão do Órgão de Resolução de Litígios, alegando que deveria ser possível aos particulares solicitar ao juiz comunitário uma fiscalização da legalidade da actuação das instituições comunitárias à luz da decisão do Órgão de Resolução de Litígios enquanto tal, se essa fiscalização não for possível à luz das regras da OMC cujo incumprimento foi declarado pela referida decisão, importa clarificar o seguinte.

**126.** Embora o Tribunal de Justiça ainda não se tenha pronunciado expressamente sobre esta distinção, decorre, porém, necessariamente da sua jurisprudência *supra* mencionada que tal distinção não tem razão de ser.

**127.** Com efeito, ao considerar que as regras da OMC cuja violação foi declarada por uma decisão do Órgão de Resolução de Litígios não podiam, não obstante o prazo previsto para executar essa decisão ter decorrido, ser invocadas perante o juiz comunitário para lhe solicitar a fiscalização da legalidade da actuação das instituições comunitárias à luz das referidas regras, o Tribunal de Justiça excluiu necessariamente que se possa proceder a esta fiscalização à luz da própria decisão do Órgão de Resolução de Litígios.

**128.** Uma decisão do Órgão de Resolução de Litígios cujo único objectivo é pronunciar-se sobre a conformidade da actuação de um membro da OMC com as obrigações assumidas neste âmbito por esse membro, não pode, em princípio, ser fundamentalmente distinta das regras materiais que traduzem estas obrigações e à luz das quais é operada esta fiscalização, pelo menos quando se trata de determinar se um incumprimento das referidas regras ou da referida decisão pode ou não ser invocado perante o juiz comunitário para fiscalizar a legalidade da actuação das instituições comunitárias.

**129.** Tal como as regras materiais compreendidas nos acordos OMC, uma recomendação ou uma decisão do Órgão de Resolução de Litígios que declara o incumprimento das referidas regras não é susceptível, qualquer que seja o seu alcance jurídico, de criar para os particulares um direito a invocar perante o juiz comunitário com vista a obterem uma fiscalização da legalidade da actuação das instituições comunitárias"[754].

---

[753] *Idem*, parágrafos 116-117 e 119-120.
[754] *Idem*, parágrafos 125-129.

A FUNÇÃO JURISDICIONAL NO SISTEMA GATT/OMC

Em particular, acentua o Tribunal de Justiça:

"As considerações relativas à natureza dos acordos OMC e à reciprocidade e à flexibilidade que os caracteriza, permanecem válidas uma vez adoptadas essas decisões ou recomendações e decorrido o prazo razoável fixado para a sua aplicação. As instituições comunitárias conservam designadamente uma margem de apreciação face aos seus parceiros comerciais na perspectiva da adopção de medidas destinadas a dar seguimento a essas decisões ou recomendações e essa margem de apreciação deve ser preservada"[755].

Com base em todas estas considerações, o Tribunal de Justiça das Comunidades Europeias conclui que o Tribunal de Primeira Instância tinha decidido correctamente, ou seja, não obstante ter terminado o prazo fixado para a aplicação de uma decisão do Órgão de Resolução de Litígios, o juiz comunitário não podia proceder a uma fiscalização da legalidade da actuação das instituições comunitárias à luz das regras da OMC[756].

Assim, só no caso de a Comunidade ter decidido cumprir uma obrigação particular assumida no quadro da OMC[757] ou de o acto comunitário remeter, de modo expresso, para disposições precisas dos acordos OMC[758], é que compete ao Tribunal de Justiça fiscalizar a legalidade da actuação das instituições demandadas à luz das regras da OMC[759].

Resulta claro, também, da argumentação do Tribunal de Justiça das Comunidades no caso *FIAMM e Fedon/Conselho e Comissão* que um acordo internacional só pode ser invocado no âmbito de uma acção de indemnização se tiver efeito directo. Tendo respondido negativamente, o Tribunal de Justiça conclui que as instituições comunitárias não podem ser responsabilizadas por não implementarem os relatórios dos painéis e do Órgão de Recurso adoptados pelo Órgão de Resolução de Litígios da OMC dentro do prazo razoável estabelecido nos termos do nº 3, alínea *c*), do artigo 21º do Memorando de Entendimento sobre Resolução de Litígios.

---

[755] *Idem*, parágrafo 130.

[756] *Idem*, parágrafo 133.

[757] Tribunal de Justiça das Comunidades Europeias, Acórdão de 7-5-1991, *Nakajima All Precision co. Ltd. v. Conselho*, Processo C-69/89, parágrafo 31.

[758] Tribunal de Justiça das Comunidades Europeias, Acórdão de 22-6-1989, *FEDIOL v. Comissão*, Processo 70/87, parágrafos 19-22.

[759] Tribunal de Justiça das Comunidades Europeias, Acórdão de 23-11-1999, *Portugal v. Conselho*, Processo C-149/96, parágrafo 49; Tribunal de Justiça das Comunidades Europeias, Acórdão de 30-9-2003, *Biret International SA v. Conselho*, Processo C-93/02, parágrafo 53.

A JURISDIÇÃO

Como seria de esperar, a jurisprudência do Tribunal de Justiça das Comunidades Europeias relativa aos efeitos jurídicos do direito da OMC, em geral, e dos relatórios dos painéis e do Órgão de Recurso, em particular, tem suscitado muitas reticências junto da doutrina. Sem pretendermos ser exaustivos, podemos apontar várias. Primeiro:

> "Direct effect requires that an international norm is 'unconditional and sufficiently precise' in respect of every dimension of a normative obligation, including both the substantive and the procedural scope. (...) The substantive obligation of whether the Community has to bring its legislation into WTO conformity is unconditional and sufficiently precise after the expire of the implementation period"[760].

De facto, o Tribunal de Justiça parece não dar a atenção devida ao facto de o nº 1 do art. 22º do Memorando de Entendimento sobre Resolução de Litígios estabelecer claramente que:

> "A compensação e a suspensão de concessões e outras obrigações são medidas *temporárias* que se podem adoptar caso as recomendações e as decisões não sejam adoptadas dentro de um prazo razoável. Contudo, *nem a compensação nem a suspensão de concessões ou outras obrigações são preferíveis à execução completa de uma recomendação como forma de tornar uma medida conforme aos acordos abrangidos*" (itálico aditado).

O sistema de resolução de litígios não contempla, pois, quaisquer alternativas à obrigação de cumprir com a decisão do Órgão de Resolução de Litígios, não tendo o Membro da OMC faltoso liberdade para manter em vigor medidas declaradas incompatíveis com os acordos da OMC. O Membro da OMC faltoso tem liberdade apenas a respeito dos meios de execução das recomendações do Órgão de Resolução de Litígios.

Segundo, o facto de as decisões da OMC não terem efeito retroactivo e de os membros da OMC poderem dispor de um prazo razoável para executar uma recomendação ou decisão do Órgão de Resolução de Litígios (sem possibilidade de sofrer sanções) não prejudica a natureza obrigatória do direito da OMC[761].

Terceiro, a obrigação de colocar uma medida declarada incompatível por um painel ou pelo Órgão de Recurso em conformidade com os acordos da OMC até ao expirar do prazo razoável é imposta a todos os membros da OMC, de igual

---

[760] Armin STEINBACH, *EC Liability for Non-compliance with Decisions of the WTO DSB: The Lack of Judicial Protection Persists*, in JWT, 2009, p. 1056.
[761] Marco BRONCKERS e Pieter KUIJPER, *WTO Law in the European Court of Justice*, in CMLR, 2005, p. 1346.

A FUNÇÃO JURISDICIONAL NO SISTEMA GATT/OMC

modo e incondicionalmente. Logo, qualquer decisão no âmbito de uma acção de indemnização não afecta o princípio da reciprocidade[762].

Quarto, o princípio *pacta sunt servanda* não é respeitado se as instituições comunitárias mantiverem actos comunitários incompatíveis com as regras da OMC após decorrido o prazo razoável atribuído nos termos do art. 21º, nº 3, alínea *c*), do Memorando de Entendimento sobre Resolução de Litígios, além de que, como realça PETROS MAVROIDIS:

> "it is indeed disturbing to hear from the Court that an international treaty will be the benchmark if and only if the European Community intended it to be the case. So our partners should now know that, when the European Community signs international treaties, sometimes it might and sometimes it might not intend to use them as benchmark for its subsequent actions coming under the purview of the international regime to which it voluntarily adhered"[763].

E não ficará difícil às Comunidades Europeias exigir que os outros membros da OMC cumpram com as suas obrigações relativamente a si? Claramente, a posição defendida pelo Tribunal de Justiça mina a credibilidade das Comunidades como parceiro fiável nas negociações, particularmente no que diz respeito aos países mais pequenos "who must rely on rules rather than on power to preserve their interests"[764].

Quinto, o Tribunal de Primeira Instância e o Tribunal de Justiça das Comunidades Europeias parecem bastante contentes em tolerar que as instituições comunitárias possam, nas palavras de MARCO DANI, "run wild"[765]. Com efeito, ao reconhecer plena liberdade aos órgãos políticos da Comunidade no âmbito da OMC[766], o Tribunal de Justiça está a permitir que eles continuem a violar impunemente o direito da OMC.

---

[762] Armin STEINBACH, *EC Liability for Non-compliance with Decisions of the WTO DSB: The Lack of Judicial Protection Persists*, in JWT, 2009, p. 1058.

[763] Petros MAVROIDIS, *It's alright ma, I'm only bleeding (A comment on the Fedon jurisprudence of the Court of First Instance)*, Sant'Anna School of Advanced Studies – Department of Law, STALS Research Paper nº 11/2008, p. 10. O autor refere-se ao acórdão do Tribunal de Primeira Instância no caso FIAMM e Fedon, mas o seu raciocínio vale, igualmente, para a argumentação seguida pelo Tribunal de Justiça das Comunidades Europeias.

[764] Marco BRONCKERS, *The Relationship of the EC Courts with Other International Tribunals: Non-Committal, Respectful or Submissive?*, in CMLR, 2007, p. 617.

[765] Marco DANI, *Remedying European legal pluralism: The FIAMM and Fedon Litigation and the judicial protection of international trade bystanders*, Jean Monnet Working Paper 06/09– New York University School of Law, 2009, p. 12.

[766] Nas palavras de um autor, "akin to a political questions doctrine, it is based on the premise that the executive and the legislature, not the judiciary, must play the dominant roles in the field

A JURISDIÇÃO

Sexto, a respeito da excepção *Nakajima*, não deveria o novo regulamento comunitário ser considerado como executando uma obrigação particular assumida no quadro da OMC?[767].

Sétimo, o dever de lealdade consagrado no art. 10º do Tratado da Comunidade Europeia (actual art. 3º, nº 3, do Tratado de Lisboa) vincula, igualmente, as instituições comunitárias e requer que estas evitem expor os Estados-Membros "to a breach of their international obligations"[768].

Oitavo, uma vez atingidas por medidas de retaliação, nem que seja por pouco tempo, as empresas FIAMM e Fedon, vítimas colaterais do caso *Bananas* entre as Comunidades Europeias e os Estados Unidos[769], perderão, quase que inevitavelmente, quotas de mercado e será muito difícil voltarem a conquistar as quotas que detinham anteriormente no mercado norte-americano[770]. O Tribunal de Justiça nota, a este respeito, que:

> "**185.** Atendendo às características dos presentes processos, importa igualmente recordar que resulta da jurisprudência do Tribunal de Justiça que um operador eco-

of international trade" (cf. Francis SNYDER, *The Gatekeepers: The European Courts and WTO Law*, in CMLR, 2003, p. 331), ou seja, "it is obvious that recognizing direct effect of international agreements results in a shift of power between constitutional institutions: the position of the government and the parliament is weakened, and that of the courts strengthened". Cf. Claus-Dieter EHLERMANN, *Six Years on the Bench of the "World Trade Court": Some Personal Experiences as Member of the Appellate Body of the World Trade Organization*, in JWT, 2002, p. 637.

[767] Olivia DANIC, *La fuyante responsabilité de la Communauté pour les dommages qu'elle cause: retour sur les affaires FIAMM et FEDON*, in Revue du Marché commun et de l'Union européenne, nº 535, 2010, p. 131. Esta excepção *Nakajima* tem tido pouca relevância junto dos tribunais comunitários (cf. Marco BRONCKERS e Ravi SOOPRAMANIEN, *The Impact of WTO Law on European Food Regulation*, in European Food and Feed Law Review, 2008, p. 372), e há quem defenda mesmo que ela nunca foi realmente aplicada. Cf. Marco BRONCKERS e Pieter KUIJPER, *WTO Law in the European Court of Justice*, in CMLR, 2005, pp. 1327 e 1340.

[768] Piet EECKHOUT, *Case C-308/06, The Queen on the application of Intertanko and Others v Secretary of State for Transport, judgment of the Court of Justice (Grand Chamber) of 3 June 2008, nyr*, in CMLR, 2009, p. 2052.

[769] Conclusões do Advogado-Geral M. Poiares-Maduro apresentadas em 20 de Fevereiro de 2008, *FIAMM e FEDON/Conselho e Comissão*, Processo C-120/06P e C-121/06P, parágrafo 1. A Fabbrica italiana accumulatori Montecchio (FIAMM) exerce actividades designadamente no sector dos acumuladores estacionários e a a Giorgio Fedon & Figli SpA, e Fedon America, Inc. (FEDON) no sector dos estojos para óculos e dos produtos acessórios incluídos na categoria de artigos de bolso.

[770] Não obstante se dizer, por vezes, que a aplicação de medidas de retaliação nem sempre implica a perda de quotas de mercado (por exemplo, a venda de malas de mão em pele da marca *Louis Vuitton* aumentou no mercado norte-americano, quando da sua sujeição a sanções. Cf. Antonis ANTONIADIS, *The European Union and WTO law: a nexus of reactive, coactive, and proactive approaches*, in WTR, 2007, p. 63), não sabemos em que medida esse aumento não poderia ter sido maior na ausência do aumento de direitos aduaneiros cobrados pelas autoridades norte-americanas.

nómico não pode reivindicar um direito de propriedade sobre uma quota de mercado que detinha num determinado momento, dado que essa quota de mercado constitui apenas uma posição económica momentânea sujeita aos imprevistos de uma alteração das circunstâncias (...).

**186.** Assim, um operador cuja actividade consista designadamente na exportação para os mercados dos Estados terceiros deve ter consciência de que a posição comercial de que dispõe num determinado momento pode ser afectada e modificada por diversas circunstâncias, entre as quais se conta a eventualidade, de resto expressamente prevista e regulamentada no artigo 22º do Memorando de Entendimento sobre Resolução de Litígios, de que um Estado terceiro adopte medidas de suspensão de concessões em reacção à atitude adoptada pelos seus parceiros comerciais no âmbito da OMC e escolha livremente, nessa perspectiva e como resulta do artigo 22º, nº 3, alíneas *a*) e *f*), do Memorando de Entendimento sobre Resolução de Litígios, mercadorias sobre as quais as referidas medidas vão incidir"[771].

Mas não estaremos nós perante um prejuízo claramente anormal? De acordo com o Advogado-Geral:

> "O prejuízo anormal é, antes de mais, aquele que ultrapassa os limites dos riscos económicos inerentes às actividades no sector em causa, isto é, que decorre da realização de um risco que a vítima não podia razoavelmente prever, contra o qual não se podia precaver. Mas isso não é suficiente. É ainda necessário que revista um carácter grave"[772].

Neste caso, só a empresa FIAMM alegou prejuízos à volta de 12 milhões de euros na acção intentada em 2000 no Tribunal de Primeira Instância[773] e não se pode considerar o dano em causa como "a concretização de um risco comercial normal em relação ao qual um operador prudente se poderia e deveria ter precavido"[774].

Nono, ao não acolher a proposta avançada pelo Advogado-Geral de consagração no direito comunitário do princípio da responsabilidade dos poderes públicos

---

[771] Tribunal de Justiça das Comunidades Europeias, Acórdão de 9-9-2008, *FIAMM e FEDON/Conselho e Comissão*, Processo C-120/06P e C-121/06P, in Col. 2008, parágrafos 185-186.

[772] Conclusões do Advogado-Geral M. Poiares-Maduro apresentadas em 20 de Fevereiro de 2008, *FIAMM e FEDON/Conselho e Comissão*, Processo C-120/06P e C-121/06P, parágrafo 76.

[773] Katrin Arend, *Liability in the Absence of Unlawfulness – The FIAMM Case*, in Göttingen Journal of International Law, 2009, p. 202.

[774] Conclusões do Advogado-Geral M. Poiares-Maduro apresentadas em 20 de Fevereiro de 2008, *FIAMM e FEDON/Conselho e Comissão*, Processo C-120/06P e C-121/06P, parágrafo 82.

A JURISDIÇÃO

resultante de um acto legislativo lícito[775], o Tribunal de Justiça priva as empresas comunitárias de qualquer protecção jurisdicional[776]. Segundo o Tribunal de Justiça, caso o princípio da responsabilidade da Comunidade por facto lícito devesse ser reconhecido em direito comunitário, teriam de se verificar pelo menos três condições cumulativas, isto é, a realidade do prejuízo, a existência de um nexo de causalidade entre este e o acto em causa bem como o carácter anormal e especial deste prejuízo[777]. No caso da condição "carácter anormal e especial do prejuízo em causa", pensamos que ela ocorre claramente neste caso *FIAMM e Fedon/Conselho e Comissão*. Caso contrário, seria normal as empresas afectadas pelas medidas de retaliação impostas pelas autoridades norte-americanas terem de prever que as Comunidades adoptariam o regime bananas; que esse regime prejudicaria os interesses norte-americanos; que os Estados Unidos apresentariam queixa junto do sistema de resolução de litígios da OMC, que um painel do GATT de 1947 declararia incompatível o regime comunitário em questão; que, apesar da conclusão do painel, as Comunidades Europeias não modificariam o seu regime de importação, venda e distribuição de bananas no mercado comunitário; que os Estados Unidos voltariam a apresentar queixa, após a entrada em vigor do novo sistema de resolução de litígios da OMC; que um painel e o Órgão de Recurso concluiriam que o regime comunitário não estava em conformidade com os acordos abrangidos; que as Comunidades Europeias, uma vez mais, não modificariam o seu regime; que os Estados Unidos adoptariam medidas de retaliação; e que estas medidas relativas ao regime comunitário de importação de bananas afectariam os produtos exportados pela FIAMM e Fedon (estojos para óculos e acumuladores industriais) para o mercado norte-americano.

Ao não cumprirem as suas obrigações internacionais, as Comunidades Europeias procederam, na prática, a uma redistribuição de rendimento entre pro-

---

[775] Conclusões do Advogado-Geral M. Poiares Maduro apresentadas em 20 de Fevereiro de 2008, *FIAMM e FEDON/Conselho e Comissão*, Processo C-120/06P e C-121/06P, parágrafos 54-83; Tribunal de Justiça das Comunidades Europeias, Acórdão de 9-9-2008, *FIAMM e FEDON/Conselho e Comissão*, Processo C-120/06P e C-121/06P, in Col. 2008, parágrafo 176.

[776] Esta situação equivale "to a real denial of justice: why should private companies bear the costs of strategic commercial decisions taken by WTO members without having a right to recover their damages?". Cf. Alberto Alemanno, Private Parties and WTO Dispute Settlement System: Who bears the costs of non-compliance and why private parties should not bear them, in *Essays on the Future of the World Trade Organization, Volume II – The WTO Judicial System: Contributions and Challenges*, Julien Chaisse e Tiziano Balmelli Ed., Editions Interuniversitaires Suisses, Genebra-Lugano--Bruxelas, 2008, p. 249.

[777] Tribunal de Justiça das Comunidades Europeias, Acórdão de 9-9-2008, *FIAMM e FEDON/ Conselho e Comissão*, Processo C-120/06P e C-121/06P, in Col. 2008, parágrafo 169.

dutores e importadores comunitários de bananas ACP *Vs.* FIAMM, Fedon e consumidores comunitários de bananas[778] e, como observa MARCO BRONCKERS:

> "While EC exporters have to accept that their commercial position abroad can be adversely affected for various reasons, it is not all obvious that they have to expect that their own government, the EC, will disregard its international legal obligations under the WTO and thereby provoke retaliatory trade restrictions from other countries. The WTO is a rule-based system, with an unusually compelling dispute settlement system. EC citizens are entitled to expect that the EC will abide by the rule of law, on which European integration itself depends, also in the context of the WTO"[779].

No fundo, nota ERNST-ULRICH PETERSMANN:

> "In the economic area of mutually beneficial cooperation among citizens across national frontiers, there are strong arguments for interpreting international trade agreements no longer only from the Westphalian perspective as 'international law among states', but also as legal frameworks protecting producers, investors, traders, and consumers not only against abuses of *foreign governments*, but also of their own government"[780].

---

[778] Por conseguinte, a consagração do princípio da responsabilidade da Comunidade por facto lícito em direito comunitário teria a vantagem de exigir que as instituições políticas comunitárias tivessem plenamente em conta "the costs that might arise for citizens or traders within the Union when upholding Community measures despite the expiry of the period of time provided by the Dispute Settlement Body to comply with its rulings identifying a breach of WTO law" (cf. Anne THIES, *The impact of general principles of EC law on its liability regime towards retaliation victims after FIAMM*, in ELR, 2009, p. 909). Não nos podemos esquecer que as próprias Comunidades Europeias admitiram que as bananas originárias dos Países ACP custavam 1,5 a 2 vezes mais que as bananas da América Latina. Cf. Relatório do Painel no caso *EEC – Member States' Import Regimes for Bananas* (DS32/R), 3-6-1993, nunca adoptado, parágrafo 263.

[779] Marco BRONCKERS, *From 'Direct Effect' To 'Muted Dialogue': Recent Developments in the European Courts' Case Law on the WTO and Beyond*, in JIEL, 2008, pp. 892-893. O próprio Tratado da União Europeia determina que:
> "A acção da União na cena internacional assenta nos princípios que presidiram à sua criação, desenvolvimento e alargamento, e que é seu objectivo promover em todo o mundo: democracia, Estado de Direito, universalidade e indivisibilidade dos direitos do Homem e das liberdades fundamentais, respeito pela dignidade humana, princípios da igualdade e solidariedade e respeito pelos princípios da Carta das Nações Unidas e do direito internacional" (artigo 21º).

[780] Segundo um outro autor, "many official and academic studies consider the WTO's dispute resolution to be the 'jewel in the crown' of the trading system and the global community's most effective international dispute resolution system". Cf. Jeffrey DUNOFF, *Less Than Zero: The Effects of Giving Domestic Effect to WTO Law*, in Loyola University Chicago International Law Review, Volume 6, Issue 1, 2008, p. 298.

A JURISDIÇÃO

Apesar de tudo, o próprio Tribunal de Justiça das Comunidades Europeias tem encontrado maneiras mais subtis que o efeito directo "to give domestic law effect to international agreements"[781] e manter em linha os dois sistemas jurídicos[782]. Desde que um litigante privado não ponha em causa a legalidade das medidas comunitárias invocando o direito da OMC, os tribunais comunitários mostram-se dispostos a interpretar as medidas comunitárias (e as normas nacionais), na medida do possível, em conformidade com o direito da OMC[783]. Nesse sentido, o Tribunal de Justiça reconheceu no caso *Hermès* que:

> "uma vez que a Comunidade Europeia é parte no Acordo TRIPS e que o referido acordo diz respeito à marca comunitária, quando as autoridades judiciais referidas no artigo 99º do Regulamento nº 40/94 tenham de aplicar as normas nacionais ao ordenarem medidas provisórias destinadas à protecção de direitos que resultam de uma marca comunitária, são obrigadas a proceder, na medida do possível, *à luz da letra e da finalidade do artigo 50º do Acordo TRIPS*" (o itálico é nosso)[784].

Por sua vez, no caso dos actos comunitários, o Tribunal de Justiça defendeu no caso *Comissão v. Alemanha* que:

> "Quando um texto de direito comunitário derivado necessita de interpretação, ele deve, na medida do possível, ser interpretado num sentido conforme com as disposições do Tratado. Um regulamento de execução deve também, se possível, ser objecto de interpretação conforme com as disposições do regulamento de base (v. o acórdão de 24 de Junho de 1993, Dr Tretter, C-90/92, Colect., p. I-3569, n. 11). Igualmente, *o primado dos acordos internacionais celebrados pela Comunidade sobre os textos de direito comu-*

---

Ernst-Ulrich PETERSMANN, *De-Fragmentation of International Economic Law Through Constitutional Interpretation and Adjudication with Due Respect for Reasonable Disagreement*, in Loyola University Chicago International Law Review, Volume 6, Issue 1, 2008, p. 242.

[781] Marco BRONCKERS, *From 'Direct Effect' To 'Muted Dialogue': Recent Developments in the European Courts' Case Law on the WTO and Beyond*, in JIEL, 2008, p. 885.

[782] Pieter KUIJPER, From initiating proceedings to ensuring implementation: the links with the Community legal order, in *The WTO at Ten: The Contribution of the Dispute Settlement System*, Ed. Giorgio Sacerdoti, Alan Yanovich e Jan Bohanes, Cambridge University Press, 2006, p. 279.

[783] Marco BRONCKERS, *Private Appeals to WTO Law: An Update*, in JWT, 2008, pp. 256-257. O princípio da interpretação conforme aplica-se igualmente nos Estados Unidos (cf. Antonis ANTONIADIS, *The European Union and WTO law: a nexus of reactive, coactive, and proactive approaches*, in WTR, 2007, p. 73). Segundo o Supremo Tribunal dos Estados Unidos: "an act of Congress ought never to be construed to violate the law of nations, if any other possible construction remains" (Caso *Murray v. Schooner Charming Betsy*, 1804).

[784] TRIBUNAL DE JUSTIÇA DAS COMUNIDADES EUROPEIAS, Acórdão de 16-6-1998, *Hermès International*, Proc. C-53/96, parágrafo 28.

279

A FUNÇÃO JURISDICIONAL NO SISTEMA GATT/OMC

*nitário derivado exige interpretar estes últimos, na medida do possível, em conformidade com esses acordos"* (o itálico é nosso)[785].

No essencial, este princípio da interpretação conforme implica que as normas nacionais e as medidas comunitárias sejam interpretadas, na medida do possível, à luz da letra e da finalidade dos acordos internacionais celebrados pelas Comunidades Europeias, facto que leva alguns autores a concluir que "the principle of consistent interpretation could well develop into a valuable substitute for direct effect"[786] ou que "WTO-consistent interpretation could result in the most effective means of judicially enforcing, in the absence of specific measures of transformation, WTO law within the Community legal order"[787]. Nesse sentido, o Tribunal de Justiça avançou com uma interpretação da classificação pautal comunitária de pedaços de frango desossado[788], que se afasta da interpretação tradicional dada pelas autoridades aduaneiras comunitárias, mas que está em conformidade com o relatório que o Órgão de Recurso proferiu no caso *European Communities – Customs Classification of Frozen Boneless Chicken Cuts* (WT/DS269/AB/R, WT/DS286/AB/R, 12-9-2005). Não obstante não se referir ao relatório do Órgão de Recurso, o acórdão do Tribunal de Justiça pode ser lido "as an effort to avoid inconsistencies with the WTO Appellate Body"[789].

O direito da Organização Mundial do Comércio adquiriu, igualmente, um papel central na formação das políticas internas e externas da União Europeia:

> "WTO law is set as the normative benchmark for the Community's internal and external policies and international agreements. Regarding internal policies, the political institutions adopt legislation that purports to be in conformity with WTO law and is normally presumed to achieve this objective. Consequently, it is not uncommon for Community legislation to state that its provisions comply with the relevant provisions of the WTO covered agreements. At the formulation of Community policies, the Commission intends to make them WTO compliant and, in fact, goes to great lengths to develop a full WTO-compliance test at its interaction with the other institutions. The realization that WTO law is omnipresent in the everyday activities of the Commission DGs, as well as the services of the Council and the European Parliament,

---

[785] TRIBUNAL DE JUSTIÇA DAS COMUNIDADES EUROPEIAS, Acórdão de 10-9-1996, *Comissão v. Alemanha*, Proc.C-61/94, parágrafo 52.

[786] Geert ZONNEKEYN, *The Status of WTO Law in the EC Legal Order: The Final Curtain?*, in JWT, vol. 34, nº 3, 2000, p. 125.

[787] Stefan GRILLER, *Judicial Enforceability of WTO Law in the European Union: Annotation to Case C-149/96, Portugal V. Council*, in JIEL, 2000, p. 468.

[788] TRIBUNAL DE JUSTIÇA DAS COMUNIDADES EUROPEIAS, Acórdão de 18-7-2007, *FTS International BV v. Belastingdienst – Douane West*, Proc. C-310/06.

[789] Marco BRONCKERS, *Private Appeals to WTO Law: An Update*, in JWT, 2008, p. 258.

A JURISDIÇÃO

clearly indicates that there is an emerging WTO culture, which started to dominate the law-making process within the Community. (...) It is hard to find any post-1995 Association Agreements, Partnership and Cooperation Agreements, Trade and Development Agreements, Stabilization and Association Agreements concluded by the Community without a detailed reference to WTO law. (...) In addition, WTO law has been at the forefront of sectoral agreements concluded with developed trading partners, in particular the United States"[790].

Um autor fala mesmo na impressão que a Comissão Europeia dá de tratar o direito da Organização Mundial do Comércio "as the 'supreme law'"[791].

## 6.6. Sobreposições e Conflitos de Jurisdição
## 6.6.1. Introdução
Uma vez que a judicialização das relações internacionais não tem sido completa e homogénea, a comunidade internacional tem deparado com o fenómeno da resolução do mesmo litígio ou de litígios muito idênticos em diferentes fóruns, paralela ou sequencialmente. Na ausência de uma hierarquia entre os tribunais internacionais existentes, nenhum juiz internacional se sente vinculado pela jurisprudência de outro tribunal e nenhum tribunal internacional "has the power to overrule another international court"[792]. A Câmara de Recursos do Tribunal Penal Internacional para a Ex-Jugoslávia chegou mesmo a observar que:

> "O direito internacional, ao não dispor de uma estrutura centralizada, não oferece um sistema judicial integrado que assegure uma repartição ordenada do trabalho entre um certo número de tribunais, onde alguns aspectos ou elementos de jurisdição enquanto poder poderiam ser centralizados ou outorgados a um deles mas não aos outros. No direito internacional, cada tribunal é um sistema autónomo" ([793]).

---

[790] Antonis ANTONIADIS, *The European Union and WTO law: a nexus of reactive, coactive, and proactive approaches*, in WTR, 2007, pp. 78-79.

[791] *Idem*, p. 86. O impacto do direito da OMC nos Estados Unidos é igualmente importante. Por exemplo, a maioria das 245 páginas do *Uruguay Round Agreements Act* de 1994 modificou legislação interna norte-americana, a fim de implementar as obrigações decorrentes dos acordos da OMC, "even though the act also provides that no person other than the federal government may challenge a U.S. law or regulation before a U.S. court for failing to comply with WTO law". Cf. Gregory SHAFFER, *Defending Interests: Public-Private Partnerships in WTO Litigation*, Brookings Institution Press, Washington, D.C., 2003, p. 2.

[792] Suzannah LINTON e Firew Kebede TIBA, *The International Judge in an Age of Multiple International Courts and Tribunals*, in CJIL, 2009, p. 415.

[793] TRIBUNAL PENAL INTERNACIONAL PARA A EX-JUGOSLÁVIA, Câmara de Recursos, *Prosecutor v. Dusko Tadic*, Decision on the Defence Motion for Interlocutory Appeal on Jurisdiction, Case No. IT-94-1-AR72, 2-10-1995, parágrafo 11. A frase "self-contained regime" foi referida pelo Tribunal

A FUNÇÃO JURISDICIONAL NO SISTEMA GATT/OMC

A própria ausência de um órgão legislativo central implica, de facto, que o aparecimento de tribunais internacionais seja apartado e largamente descoordenado[794].

Nestas circunstâncias, não admira que a questão dos possíveis efeitos sobre o ambiente do funcionamento da instalação nuclear *MOX Plant* em Sellafield, Reino Unido, tenha sido colocada a três tribunais diferentes: ao Tribunal Arbitral estabelecido ao abrigo do Anexo VII da Convenção das Nações Unidas sobre o Direito do Mar, ao procedimento de resolução de litígios instituído nos termos da Convenção para a Protecção do Meio Marinho do Atlântico Nordeste e ao Tribunal de Justiça das Comunidades Europeias.

A possibilidade de um país submeter, ao mesmo tempo ou consecutivamente, à consideração de dois ou mais tribunais internacionais o mesmo litígio ou aspectos relativos ao mesmo litígio suscita, como veremos, alguns problemas importantes. Uma das situações mais importantes de sobreposição de jurisdições ocorreu no afamado caso *Swordfish*[795].

### 6.6.2. O Caso *Swordfish*
Não tendo as partes reconhecido o mesmo procedimento para a resolução do litígio em causa, o caso *Swordfish* caracterizou-se pela ocorrência de processos

Permanente de Justiça Internacional, pela primeira vez, no caso S.S. "Wimbledon", onde estavam em causa as disposições sobre o trânsito no canal de Kiel contidas no Tratado de Versalhes (TRIBUNAL PERMANENTE DE JUSTIÇA INTERNACIONAL, *Case of the S.S. "Wimbledon"*, Acórdão de 17-8-1923 (Series A-No. 1), p. 24). Mais recentemente, o Tribunal Internacional de Justiça transpôs o conceito de "self-contained regimes" para o nível das chamadas normas secundárias:
    " (...) O próprio direito diplomático fornece os meios de defesa necessários, assim como as sanções, contra as actividades ilícitas dos membros das missões diplomáticas ou consulares.
Resumidamente, as regras do direito diplomático constituem um regime autónomo que, por um lado, enuncia as obrigações do Estado receptor em matéria de facilidades, privilégios e imunidades a serem reconhecidas às missões diplomáticas e, por outro lado, prevê a possibilidade do seu abuso pelos membros das missões e especifica os meios ao dispor do Estado receptor para fazer face a tais abusos (...)" (cf. TRIBUNAL INTERNACIONAL DE JUSTIÇA, *Case Concerning United States Diplomatic and Consular Staff in Tehran*, Acórdão de 24-5-1980, parágrafos 83 e 86).
A principal característica de um regime "self-contained" é a sua intenção de excluir totalmente "the application of the general legal consequences of wrongful acts as codified by the International Law Commission, in particular the application of countermeasures by an injured state". Cf. Bruno SIMMA e Dirk PULKOWSKI, *Of Planets and the Universe: Self-contained Regimes in International Law*, in EJIL, 2006, p. 493.

[794] Yuval SHANY, *The Competing Jurisdictions of International Courts and Tribunals*, Oxford University Press, 2003, pp. 7-8.

[795] Este caso *Swordfish* constitui, igualmente, o caso mais proeminente de corridas internacionais "to the courthouse". Cf. Yuval SHANY, *The Competing Jurisdictions of International Courts and Tribunals*, Oxford University Press, 2003, p. 149.

A JURISDIÇÃO

paralelos, um no âmbito da OMC, outro no âmbito do Tribunal Internacional para o Direito do Mar. Como o próprio nome do caso indica, era objecto do litígio o peixe-espada, espécie piscícola altamente migratória, que deambula pelas águas da zona económica exclusiva do Chile e do alto mar adjacentes. Operando os pescadores da Comunidade Europeia nas águas adjacentes à zona económica exclusiva do Chile, este país receava uma captura excessiva do peixe-espada e, consequentemente, que a sua existência na zona económica exclusiva pudesse ser posta em perigo. A fim de evitar tal situação, o art. 165º da Lei Geral de Pesca e Agricultura do Chile proibia a descarga e o trânsito do peixe-espada capturado nas águas do alto mar adjacentes à zona económica exclusiva do Chile quer por navios chilenos, quer por navios estrangeiros, nos Portos chilenos, quando as capturas não respeitassem as regras de conservação impostas pelo Chile. A proibição de acesso aos Portos nacionais imposta pelo Chile aos barcos de pesca comunitários violava, segundo a Comunidade Europeia, algumas disposições do GATT de 1994. O Chile entendia, pelo contrário, que o litígio em questão não era por natureza comercial, estando, sim, em causa medidas de conservação essenciais à pesca sustentada do peixe-espada. Ainda segundo o Chile, a Comunidade Europeia fracassou na adopção das medidas de conservação indispensáveis, de cooperar consigo, como Estado costeiro, em violação do disposto na Convenção das Nações Unidas sobre o Direito do Mar e os barcos de pesca espanhóis deixaram de poder entrar nos Portos chilenos, não em razão da sua nacionalidade, mas sim porque as autoridades chilenas competentes concluíram que aqueles barcos estavam a pôr em causa as suas medidas de conservação em relação aos cardumes de peixe-espada. A Comunidade Europeia rejeitou de modo enérgico as medidas de conservação impostas pelo Chile para além da sua zona económica exclusiva, entendendo que elas consubstanciavam uma violação das disposições da Convenção de *Montego Bay* relativas às liberdades do alto mar.

Como é evidente, o decurso em paralelo de dois processos, um na OMC, outro na Convenção de *Montego Bay*, trazia consigo o risco de acabar em interpretações e conclusões contraditórias e incompatíveis entre si, uma vez que, em ambos os casos, os órgãos responsáveis pela resolução do litígio em cada uma das organizações tinham competência para analisar a questão do acesso dos barcos de pesca comunitários aos Portos chilenos. A OMC podia concluir que o Chile se encontrava obrigado a permitir o acesso aos seus Portos dos barcos de pesca comunitários, por via do princípio da liberdade de trânsito consagrado no art. V do GATT de 1994, e o Tribunal Internacional para o Direito do Mar podia concluir que o Chile gozava do direito de exercer plena soberania sobre os seus Portos, ao abrigo do Direito do Mar, incluindo o direito de proibir o acesso a barcos de pesca estrangeiros. Apesar de a Convenção de *Montego Bay* conter disposições relativas às suas relações com outros acordos e outros sistemas de resolução de litígios,

283

A FUNÇÃO JURISDICIONAL NO SISTEMA GATT/OMC

elas eram inaplicáveis neste caso. O art. 282º, por exemplo, prevê que um outro acordo que contenha um sistema de resolução de litígios que possa conduzir a uma decisão obrigatória pode impedir a aplicação da Parte XV da Convenção das Nações Unidas sobre o Direito do Mar no caso de serem observadas as seguintes condições: o litígio deve incidir sobre a interpretação ou aplicação da Convenção das Nações Unidas sobre o Direito do Mar e os Estados Partes devem ter ajustado que o litígio em causa seja submetido a um procedimento conducente a uma decisão obrigatória, a pedido de qualquer das partes no mesmo. Estas condições, no entanto, tornavam inaplicável o art. 282º ao caso *Swordfish*, visto que a questão apresentada no âmbito do sistema de resolução de litígios da OMC não dizia respeito à interpretação ou aplicação da Convenção das Nações Unidas sobre o Direito do Mar. Além disso, o Chile e a Comunidade Europeia não chegaram a qualquer acordo para submeter o litígio a um procedimento diferente e, finalmente, questionou-se se os procedimentos perante o Painel e o Órgão de Recurso poderiam levar a uma decisão obrigatória, na medida em que os seus relatórios devem ser adoptados pelo Órgão de Resolução de Litígios antes de se tornarem vinculativos.

Ao abrigo do Memorando de Entendimento sobre as Regras e Processos que Regem a Resolução de Litígios, a Comunidade Europeia apresentou um pedido de consultas em 19 de Abril de 2000, tendo as consultas ocorrido em Genebra no dia 14 de Junho do mesmo ano. Uma vez que as consultas não permitiram chegar a uma solução mutuamente satisfatória, a Comunidade Europeia requereu, em 6 de Novembro de 2000, a criação de um Painel, tendo este sido criado em 12 de Dezembro do mesmo ano. De acordo com a Comunidade Europeia, a legislação chilena impedia o acesso aos Portos chilenos para operações de descarga ou de transbordo do peixe-espada capturado por parte dos barcos de pesca comunitários a operar no Sudeste do Oceano Pacífico. Por conseguinte, a Comunidade Europeia considerava que as medidas impostas pelas autoridades chilenas violavam o GATT de 1994, em particular, os seus artigos V, nºs 1 a 3, e XI, nº 1. No entanto, o facto de o caso se encontrar pendente na OMC não impediu que, também em Dezembro de 2000, as partes tivessem solicitado ao Tribunal Internacional para o Direito do Mar que analisasse o caso[796]. Segundo o Chile, o Tribunal Internacional para o Direito do Mar deveria examinar se a Comunidade Europeia observou o disposto nos artigos 64º (cooperar na conservação de espécies altamente migratórias), 116º a 119º (conservação e gestão dos recursos vivos do

---

[796] Relativamente à questão de saber se um caso pendente na OMC constitui um obstáculo à admissão da queixa, a Convenção sobre o Direito do Mar não contém nenhuma regulação expressa. Cf. Peter-Tobias STOLL e Silja VÖNEKY, *The Swordfish Case: Law of the Sea v. Trade*, in Zeitschrift für ausländisches öffentliches Recht und Völkerrecht, 2002, p. 26.

A JURISDIÇÃO

alto mar), 297º (resolução de litígios) e 300º (requer boa fé e que o exercício dos direitos, jurisdição e liberdades não constitua abuso de direito) da Convenção de *Montego Bay*. Ainda segundo o Chile, a Comunidade Europeia violou as suas obrigações ao não comunicar à Organização para a Alimentação e a Agricultura o volume das suas capturas.

Antes da OMC e do Tribunal Internacional para o Direito do Mar se debruçarem sobre os méritos do caso, a Comunidade e o Chile alcançaram, contudo, um acordo provisório, nos termos do qual concordaram em desenvolver um plano de gestão e de investigação haliêutica conjunto para a protecção das populações de peixe-espada no Sudeste do Oceano Pacífico, pelo que, em finais do mês de Janeiro de 2001, a Comunidade Europeia e o Chile suspenderam os procedimentos junto da OMC e do Tribunal Internacional para o Direito do Mar. No fim, obrigando-se a respeitar as suas obrigações no âmbito da Convenção das Nações Unidas sobre o Direito do Mar, os barcos de pesca da Comunidade Europeia que tradicionalmente operam no Sudeste do Oceano Pacífico passaram a ter acesso aos Portos chilenos. Em Novembro de 2003, o Chile e a Comunidade Europeia voltaram a reiterar o seu acordo em suspender o processo para a criação de um Painel no âmbito da OMC e, em Janeiro de 2004, o procedimento junto do Tribunal Internacional para o Direito do Mar voltou a ser suspenso por mais dois anos.

A suspensão dos trabalhos foi renovada sucessivamente, até que, em 28 de Maio de 2010, a União Europeia e o Chile informaram o Órgão de Resolução de Litígios de que o caso ante o Tribunal Internacional para o Direito do Mar tinha sido descontinuado, por acordo das partes. Em conformidade com o nº 6 do artigo 3º do Memorando de Entendimento sobre Resolução de Litígios, a União Europeia e o Chile disseram, então, que tencionavam notificar qualquer solução mutuamente acordada para o litígio, uma vez ratificada ao abrigo das respectivas ordens jurídicas. Além disso, o Chile e a União Europeia disseram que tinham acordado, incondicionalmente, que não exerceriam qualquer direito processual que lhes pertencesse ao abrigo do Memorando de Entendimento sobre Resolução de Litígios relativamente ao caso *swordfish*[797].

Portanto, o caso *Swordfish* foi submetido a dois tribunais diferentes, ambos com jurisdições especializadas, mais ou menos simultaneamente, e com a probabilidade de chegarem a conclusões incompatíveis. Não estava também em causa uma questão da litispendência, uma vez que as queixas apresentadas diziam respeito a diferentes aspectos da questão: o Tribunal Internacional do Direito do

---

[797] OMC, *Chile – Measures Affecting the Transit and Importation of Swordfish, Joint Communication from the European Union and Chile* (WT/DS193/4, G/L/367/Add.1), 3-6-2010.

A FUNÇÃO JURISDICIONAL NO SISTEMA GATT/OMC

Mar foi chamado a decidir uma questão relativa à liberdade de pesca no alto mar, o painel da OMC a analisar uma questão sobre a liberdade de trânsito[798].

### 6.6.3. As Regras de Coordenação

Caso os mecanismos de resolução de litígios de dois acordos internacionais sejam accionados em paralelo ou subsequentemente, os dois tribunais podem reclamar jurisdição final (primazia) sobre a questão e podem chegar a resultados diferentes ou mesmo opostos[799]. A fim de evitar tais situações, temos as doutrinas de exclusão e as doutrinas de abstenção[800]. Essencialmente, estas doutrinas têm por objectivo garantir o princípio da economia processual, proteger as partes de tácticas de pleito intoleráveis (expondo as partes a queixas sem fim) e, sobretudo, pro-

[798] Karin OELLERS-FRAHM, *Multiplication of International Courts and Tribunals and Conflicting Jurisdiction – Problems and Possible Solutions*, in Max Planck Yearbook of United Nations Law, Volume 5, 2001, pp. 86-87.

[799] O caso *United States – Measures Affecting the Cross-Border Supply of Gambling and Betting Services* revela, ainda, outro aspecto interessante. Como realça JOOST PAUWELYN:

"businesses engage in what one could call 'state shopping'. In the gambling case, for example, Mr. Cohen, a United States national and investor, lost his battle within the Unites States itself, and then obtained the support of a foreign government, here Antigua, to sue the United States" (cf. Joost PAUWELYN, *WTO Condemnation of US Ban on Internet Gambling Pits Free Trade against Moral Values*, ASIL Insight, Novembro de 2004).

O caso em questão foi iniciado em 2001, quando um tribunal norte-americano sentenciou Jay Cohen, cidadão norte-americano e fundador da plataforma de jogo na Internet "World Sports Exchange", a 21 meses de prisão por vender serviços de jogo a cidadãos norte-americanos a partir de Antígua em violação do *Wire Communications Act* de 1961. Aparentemente, Jay Cohen e a sua empresa conseguiram persuadir o governo de Antígua a levar o seu caso à OMC. Cf. Markus KRAJEWSKI, *Playing by the Rules of the Game? Specific Commitments after US – Gambling and Betting and the Current GATS Negotiations*, in LIEI, 2005, p. 421.

[800] A concorrência entre tribunais internacionais não constitui, necessariamente, um fenómeno negativo. É verdade que dois juízes distintos, interpretando a mesma regra de direito internacional, podem chegar a conclusões diferentes, mas também o é que tal situação pode ter alguns efeitos paralelos positivos: é natural que prevaleça a melhor interpretação. Tal concorrência pode levar, igualmente, um tribunal internacional a inovar as suas regras processuais, sob pena de correr o risco de marginalização. Por exemplo, especula-se que a decisão do Tribunal Internacional de Justiça no caso *LaGrand Case (Germany/United States of America)*, concluindo pelo carácter vinculativo das medidas cautelares, (cf. TRIBUNAL INTERNACIONAL DE JUSTIÇA, *LaGrand Case (Germany/United States of America)*, Acórdão de 27-6-2001, parágrafo 109) foi motivada em parte:

"by a desire for the International Court of Justice to remain an attractive forum for cases involving requests for provisional measures, especially in light of the recent creation of the ITLOS, and the clear stipulations under UNCLOS [Convenção das Nações Unidas sobre o Direito do Mar] that provisional measures granted by the ITLOS [Tribunal Internacional do Direito do Mar] and other UNCLOS tribunals would be binding [art. 290º, nº 6, do Estatuto do Tribunal Internacional do Direito do Mar]". Cf. Chester BROWN, *A Common Law of International Adjudication*, Oxford University Press, 2007, p. 147.

A JURISDIÇÃO

mover a segurança jurídica (evitando decisões contraditórias que podem deixar o litígio, aliás, sem solução). Uma maior coerência normativa contribui para a reputação e legitimidade do direito internacional e, muito importante, encoraja um maior nível de cumprimento com as suas normas. Como observa YUVAL SHANY:

> "If parties can repeatedly challenge final decisions of competent tribunals, the dispute might remain simmering indefinitely and the parties will have no incentive to comply with any judgment rendered"[801].

As doutrinas de exclusão afastam a jurisdição de um tribunal ou o direito de uma parte queixosa ver examinadas as suas alegações de carácter substantivo. O segundo tribunal não goza de qualquer liberdade e deve decidir que não tem jurisdição ou que a acção ou queixa é excluída. Consequentemente, se um outro tribunal já decidiu o caso, o efeito de caso julgado (*res judicata*) pode impedir o exame das queixas substantivas pelo segundo tribunal[802].

A regra da litispendência funciona de modo semelhante caso o litígio esteja pendente noutro tribunal, ou seja, ela lida com procedimentos paralelos e não com procedimentos subsequentes[803].

Por conseguinte, o princípio do caso julgado oferece duas vantagens face à regra da litispendência[804]. Primeiro, o princípio do caso julgado protege directamente as decisões tomadas e, em consequência, a estabilidade e a segurança do sistema jurídico (no caso dos procedimentos paralelos, não existe ainda qualquer decisão tomada). Segundo, como resulta do caso *Mexico – Tax Measures on Soft Drinks and Other Beverages* (ver *infra*), a recusa de jurisdição por causa da pendên-

---

[801] Yuval SHANY, *The Competing Jurisdictions of International Courts and Tribunals*, Oxford University Press, 2003, p. 164.

[802] Ou seja, o princípio do caso julgado diz respeito à admissibilidade de uma queixa e não à jurisdição de um tribunal e, por isso, um tribunal só pode considerá-la se uma parte em litígio o invocar (cf. Joost PAUWELYN e Luiz Eduardo SALLES, *Forum Shopping Before International Tribunals: (Real) Concerns, (Im)possible Solutions*, in CILJ, 2009, p. 105). O mesmo pode ser defendido para a doutrina da litispendência. Cf. *Idem*, p. 110.

[803] Todavia, a regra da litispendência não tem de implicar necessariamente que o tribunal inicial decida o litígio. Antes de analisar o caso, o primeiro tribunal deverá examinar se as disposições relevantes do tratado sobre sobreposição de jurisdições excluem a sua jurisdição ou concedem jurisdição a outro tribunal, mesmo se este outro tribunal ainda tenha que analisar a questão colocada. Cf. Joost PAUWELYN, *Going Global, Regional, or Both? Dispute Settlement in the Southern African Development Community (SADC) and Overlaps with the WTO and Other Jurisdictions*, in MJGT, Vol. 13:2, 2004, pp. 294-295.

[804] A aplicação do princípio do caso julgado exclui a aplicação da regra da litispendência e vice-versa. Cf. Yuval SHANY, *The Competing Jurisdictions of International Courts and Tribunals*, Oxford University Press, 2003, p. 212.

A FUNÇÃO JURISDICIONAL NO SISTEMA GATT/OMC

cia de um outro procedimento de resolução de litígios não garante necessariamente que o outro procedimento porá fim ao litígio[805].

Para poderem ser aplicadas, estas duas doutrinas exigem que as partes (*persona*), a questão em causa (*petitum*) e a causa da acção (*causa petendi*) sejam as mesmas[806].

O Órgão de Recurso confirmou estas três condições, pelo menos implicitamente, a propósito do efeito de *res judicata* das constatações constantes do relatório de um painel que não sejam objecto de recurso:

> "uma constatação incluída no relatório de um painel e que *não tenha sido objecto de recurso* e tenha sido *adoptada* pelo Órgão de Resolução de Litígios deve ser tratada como a *resolução definitiva* de um litígio entre as partes no que respeita à alegação *em particular* e à componente *específica* de uma medida objecto dessa alegação"[807].

Mas, atenção, a terceira condição referida significa, com frequência, que uma decisão anterior de um tribunal internacional não constituirá *res judicata* para outro tribunal internacional:

> "This is so because of the treaty-based, category-specific nature of the jurisdiction of most international tribunals. For example, if the International Tribunal for the Law of the Sea previously decided a dispute, the admissibility of the claims in a subsequent WTO panel between the same parties and on the same factual background will most likely not be precluded by the earlier International Tribunal for the Law of the Sea decision. The *causa petendi* before International Tribunal for the Law of the Sea will be a claim under the United Nations Convention on the Law of the Sea and before the WTO it will be a claim under a WTO agreement"[808].

---

[805] Joost Pauwelyn e Luiz Eduardo Salles, *Forum Shopping Before International Tribunals: (Real) Concerns, (Im)possible Solutions*, in CILJ, 2009, pp. 108-109.

[806] As doutrinas do *res Judicata* e *Lis Pendens* não se aplicam, todavia, em relação a procedimentos ante tribunais nacionais, por um lado, e tribunais internacionais, por outro (cf. August Reinisch, *The Use and Limits of Res Judicata and Lis Pendens As Procedural Tools To Avoid Conflicting Dispute Settlement Outcomes*, in The Law and Practice of International Courts and Tribunals, 2004, p. 51). Em contraste, elas aplicam-se aos procedimentos que envolvam um tribunal internacional propriamente dito ("international court") e um tribunal arbitral internacional. Cf. Andrea Bjorklund, *Private Rights and Public International Law: Why Competition Among International Economic Law Tribunals Is Not Working*, in Hastings Law Journal, 2007, p. 301.

[807] Relatório do Órgão de Recurso no caso *European Communities – Anti-Dumping Duties on Imports of Cotton-Type Bed Linen from India, Recourse to Article 21.5 of the DSU by India* (WT/DS141/AB/RW), 8-4-2003, parágrafo 93.

[808] Joost Pauwelyn e Luiz Eduardo Salles, *Forum Shopping Before International Tribunals: (Real) Concerns, (Im)possible Solutions*, in CILJ, 2009, p. 103. Vale o mesmo raciocínio para a regra da litispendência (cf. Gabrielle Marceau e Kwak Kyung, Overlaps and Conflicts of Jurisdiction between the World Trade Organization and Regional Trade Agreements, in *Regional Trade Agreements*

A JURISDIÇÃO

Ou seja, é pouco provável que o princípio do caso julgado possa ser aplicado por um painel da OMC, excepto se a "decisão" anterior for constituída por um relatório anterior de um painel ou do Órgão de Recurso envolvendo as mesmas partes e questões[809].

No caso da regra da litispendência:

"the time-factor (...) – the court first seized decides the case – makes sense between hierarchically equal and similarly expert and legitimate domestic courts. It does not make sense among international courts that are not necessarily comparable, be it for reasons of hierarchy, procedural efficiency, legitimacy, or expertise"[810].

Portanto, apesar de serem aceites pelos tribunais internacionais "as generally--recognized principles of law and judicial comity among courts in the exercise of their judicial function", os princípios do caso julgado e da litispendência raramente são aplicados[811].

Segundo alguns autores, esta situação poderia mudar se os tribunais aligeirassem os três critérios acima referidos para a aplicação do efeito *res judicata*,

---

*and the WTO Legal System*, Lorand Bartels e Federico Ortino ed., Oxford University Press, 2006, p. 481). Outros autores notam, ainda, que, "even if the provisions at issue were identical, the setting in which the cases arose would be different, and to the extent that proper interpretation requires consideration of context and of the object and purpose of the agreement, it is inevitable that the WTO agreement and the other agreement would not be identical in those respects" (cf. William DAVEY e André SAPIR, *The Soft Drinks Case: The WTO and Regional Agreements*, in WTR, 2009, p. 14). Não releva, por isso, que o art. 301º, nº 1, do NAFTA incorpore expressamente o art. III do GATT, tornando perfeitamente possível que, num determinado caso, uma regulamentação interna norte-americana, mexicana ou canadiana viole simultaneamente ambas as disposições. Segundo o artigo 301º, nº 1, do NAFTA:

"Cada uma das Partes deve conceder o tratamento nacional aos produtos de outra Parte, em conformidade com o Artigo III do Acordo Geral sobre Pautas Aduaneiras e Comércio (GATT), incluindo as suas notas interpretativas. Para esse efeito, o Artigo III do GATT e as suas notas interpretativas, ou qualquer disposição equivalente de um acordo sucessor a que todas as Partes adiram, são incorporadas neste Tratado e são parte integrante do mesmo".

[809] William DAVEY e André SAPIR, *The Soft Drinks Case: The WTO and Regional Agreements*, in WTR, 2009, p. 14.

[810] Joost PAUWELYN e Luiz Eduardo SALLES, *Forum Shopping Before International Tribunals: (Real) Concerns, (Im)possible Solutions*, in CILJ, 2009, p. 106.

[811] Ernst-Ulrich PETERSMANN, *Justice as Conflict Resolution: Proliferation, Fragmentation, and Decentralization of Dispute Settlement in International Trade*, in University of Pennsylvania Journal of International Economic Law, 2006, p. 355.

designadamente, recorrendo à figura do *issue estoppel*[812] ou, em casos excepcionais, aos princípios da boa fé, do *estoppel* ou do abuso de processo, com vista "to curb genuinely abusive sequential litigation"[813].

As doutrinas de abstenção, pelo contrário, não afastam a jurisdição do tribunal a que foi colocada a questão litigiosa. Em vez disso, elas levam a que esse tribunal decida discricionariamente, na sequência de uma avaliação jurisdicional, não se pronunciar sobre as queixas com base em algum factor extrínseco às mesmas (por exemplo, a jurisdição de outro tribunal é mais apropriada[814]). A chamada regra do *forum non conveniens*, por exemplo, constitui uma doutrina de abstenção[815].

No entanto, é entendimento generalizado que é difícil transpor actualmente esta regra do *forum non conveniens* para o direito internacional público. Primeiro, critérios desenvolvidos para atender aos interesses de litigantes privados fazem pouco sentido no contexto de litígios entre Estados[816]. Segundo, a localização dos

---

[812] Este princípio do *issue estoppel* no direito inglês é próximo do princípio do caso julgado, mas não exige a mesma causa de acção (cf. Joost Pauwelyn e Luiz Eduardo Salles, *Forum Shopping Before International Tribunals: (Real) Concerns, (Im)possible Solutions*, in CILJ, 2009, p. 104). No entanto, segundo estes mesmos dois autores:

"it may be difficult and risky to apply more lax criteria for *res judicata* for two reasons. First, it is difficult to distil true 'general principles' to this effect. Rules on 'issue estoppel' are, for example, only applied when explicitly provided for, they are not a self-standing doctrine or principle. Second, even where actions are 'related' – for example, national treatment in NAFTA and the WTO – the origin, objectives, and institutional contexts of these related actions may still be different and, therefore, it may be unwise for one decision to legally preclude another". Cf. *Idem*, p. 105.

[813] *Idem*, p. 105. Estes princípios têm sido reconhecidos como sendo aplicáveis pelos tribunais internacionais, ao abrigo da sua jurisdição inerente, para assegurar que a justiça internacional é administrada de modo apropriado. Cf. Andrew Mitchell e David Heaton, *The Inherent Jurisdiction of WTO Tribunals: The Need for a Principled Approach*, Legal Studies Research Paper No. 416, Melbourne Law School, Julho de 2009, p. 7.

[814] A maioria dos Estados "rely on criteria such as connecting factors, expenses, the availability of witnesses, the law governing the relevant transactions, the place where the parties reside or carry on business, the interest of the parties, and the general interest of justice". Cf. Gabrielle Marceau e Kwak Kyung, Overlaps and Conflicts of Jurisdiction between the World Trade Organization and Regional Trade Agreements, in *Regional Trade Agreements and the WTO Legal System*, Lorand Bartels e Federico Ortino ed., Oxford University Press, 2006, p. 480.

[815] Joost Pauwelyn e Luiz Eduardo Salles, *Forum Shopping Before International Tribunals: (Real) Concerns, (Im)possible Solutions*, in CILJ, 2009, pp. 86-87.

[816] Joost Pauwelyn, *Going Global, Regional, or Both? Dispute Settlement in the Southern African Development Community (SADC) and Overlaps with the WTO and Other Jurisdictions*, in MJGT, Vol. 13:2, 2004, pp. 290-291.

## A JURISDIÇÃO

elementos de prova, testemunhas e advogados tem, regra geral, pouca importância nos litígios internacionais[817]. Terceiro, um outro tribunal (por exemplo, do NAFTA) não pode decidir alegações de violação do direito da OMC (e vice-versa). Finalmente, a OMC é sempre um fórum conveniente para qualquer violação dos acordos abrangidos[818].

Portanto, na ausência de qualquer acordo entre os Estados, a regra do *forum non conveniens* parece ser inaplicável à uma sobreposição de jurisdições entre tribunais internacionais.

Não existindo, presentemente, qualquer "Constituição Internacional" a regular a relação entre os diversos tribunais internacionais nem nenhuma disposição sobre o assunto na maioria dos acordos internacionais, a melhor maneira de lidar com o problema da sobreposição de jurisdições é regulá-lo explicitamente, especialmente, através da regra *electa una via*, baseada "upon the rationale of estoppel"[819].

A regra *electa una via* implica que, uma vez escolhido um fórum de resolução de litígios, é proibido o recurso a outro fórum[820]. Assim, segundo o nº 6 do art. 2005 do NAFTA, "uma vez iniciado um procedimento de resolução de litígios ao abrigo do Artigo 2007 [do NAFTA] ou ao abrigo do GATT, o foro seleccionado deve ser usado com exclusão do outro". E, nos termos do nº 2 do art. 1º do Protocolo de Olivos:

> "As controvérsias compreendidas no âmbito de aplicação do presente Protocolo que possam também ser submetidas ao sistema de solução de controvérsias da Organização Mundial do Comércio ou de outros esquemas preferenciais de comércio de que sejam parte individualmente os Estados Partes do Mercosul poderão submeter-se a um ou outro foro, à escolha da parte demandante. Sem prejuízo disso, as partes na

---

[817] Gabrielle Marceau e Kwak Kyung, Overlaps and Conflicts of Jurisdiction between the World Trade Organization and Regional Trade Agreements, in *Regional Trade Agreements and the WTO Legal System*, Lorand Bartels e Federico Ortino ed., Oxford University Press, 2006, p. 480.

[818] E as decisões do sistema de resolução de litígios da OMC são consideradas mais legítimas que as decisões resultantes dos sistemas de resolução de litígios existentes em acordos comerciais preferenciais, em parte porque os membros dos painéis da OMC são, regra geral, oriundos de países não envolvidos no litígio em causa, por causa da possibilidade de recorrer dos relatórios dos painéis para o Órgão de Recurso e pelo facto de ser menos "power-based" que muitos sistemas de resolução de litígios vigentes em acordos comerciais preferenciais. Cf. William Davey, Dispute Settlement in the WTO and RTAs: A Comment, in *Regional Trade Agreements and the WTO Legal System*, Lorand Bartels e Federico Ortino ed., Oxford University Press, 2006, p. 355.

[819] Yuval Shany, *The Competing Jurisdictions of International Courts and Tribunals*, Oxford University Press, 2003, p. 23.

[820] Enquanto a regra *electa una via* proíbe todas as formas de procedimentos múltiplos, a regra *lis alibi pendens* proíbe apenas procedimentos paralelos.

## A FUNÇÃO JURISDICIONAL NO SISTEMA GATT/OMC

controvérsia poderão, de comum acordo, definir o foro. Uma vez iniciado um procedimento de solução de controvérsias de acordo com o parágrafo anterior, nenhuma das partes poderá recorrer a mecanismos de solução de controvérsias estabelecidos nos outros foros com relação a um mesmo objecto, definido nos termos do artigo 14º deste Protocolo. Não obstante, no marco do estabelecido neste numeral, o Conselho do Mercado Comum regulamentará os aspectos relativos à opção de foro".

Portanto, ao abranger também situações em que o foro seleccionado não levou a uma decisão final, a regra *electa una via* é mais ampla que o efeito combinado do princípio do caso julgado e da regra da litispendência[821].

Pode acontecer, também, que um tribunal se abstenha de exercer a sua jurisdição, por exemplo, quando outra autoridade tem não só uma jurisdição concorrente mas também exclusiva. Esta proposta encontra apoio no caso *Rights of Minorities in Upper Silesia*, no qual a jurisdição do Tribunal Permanente de Justiça Internacional foi contestada com base no facto de que o Conselho da Sociedade das Nações tinha jurisdição para decidir sobre as matérias em causa. O Tribunal rejeitou este argumento com base nos factos: a jurisdição do Conselho dizia respeito a diferentes petições apresentadas por particulares, não a litígios entre Estados. Todavia, o Tribunal aceitou, em princípio, a possibilidade de a jurisdição exclusiva de outra autoridade poder limitar o exercício da sua jurisdição, mesmo quando essa jurisdição se encontra estabelecida claramente de outro modo. O Tribunal referiu o nº 1 do art. 36º do seu Estatuto[822] e depois disse o seguinte:

> "Este princípio só se torna inaplicável naqueles casos excepcionais em que o litígio que os Estados desejariam submeter ao Tribunal entra na competência exclusiva reservada a um outro órgão"[823].

O paradigma da cláusula de jurisdição exclusiva inflexível encontra-se no art. 344º do Tratado sobre o Funcionamento da União Europeia (antes, o artigo 292º do Tratado da Comunidade Europeia)[824], a saber: "Os Estados-Membros

---

[821] Yuval SHANY, *The Competing Jurisdictions of International Courts and Tribunals*, Oxford University Press, 2003, p. 212.

[822] Nos termos desta disposição, "a competência do Tribunal abrange todos os casos que as partes lhe submetam, bem como todas as questões especialmente previstas em tratados e convenções em vigor".

[823] TRIBUNAL PERMANENTE DE JUSTIÇA INTERNACIONAL, *Rights of Minorities in Upper Silesia*, Acórdão de 26-4-1928 (Series A – No. 15), p. 23.

[824] Yuval SHANY, *The Competing Jurisdictions of International Courts and Tribunals*, Oxford University Press, 2003, p. 180. Ainda segundo este autor, o art. 23º do Memorando de Entendimento sobre Resolução de Litígios constitui "another, less absolute, exclusive jurisdiction arrangement". Cf. *Idem*, p. 183.

A JURISDIÇÃO

comprometem-se a não submeter qualquer diferendo relativo à interpretação ou aplicação dos Tratados a um modo de resolução diverso dos que neles estão previstos"[825].

Teoricamente, ainda podem ser avançadas outras soluções para os riscos associados à concorrência entre jurisdições internacionais, especialmente, para o risco de decisões contraditórias. YUVAL SHANY, por exemplo, avança com a ideia de criar um tribunal de recurso universal e com jurisdição compulsória:

"Clearly, by channelling appeals from different jurisdictions into one central entity, greater uniformity could be introduced into the law. The International Court of Justice would obviously be a leading candidate to serve as such a global supreme court. This is because it is placed in a unique position as the only permanent court of universal and general subject-matter jurisdiction"[826].

Mais modesta é a proposta que visa atribuir ao Tribunal Internacional de Justiça jurisdição universal obrigatória para arbitrar litígios jurisdicionais entre tribunais concorrentes e decidir qual o órgão jurisdicional que deverá examinar os méritos de um determinado caso[827].

Na prática, o risco de interpretações divergentes pode ser mitigado em grande medida através do aumento da cooperação e da coordenação entre tribunais internacionais. Isto já está, aliás, a acontecer no âmbito da OMC. A título de exemplo, Rosalyn Higgins, Presidente do Tribunal Internacional de Justiça, visitou, em 9 de Julho de 2007, a OMC em Genebra e, durante a sua visita, encontrou-se com Giorgio Sacerdoti, na altura o Presidente do Órgão de Recurso, e com Werner Zdouc, o Director do Secretariado do Órgão de Recurso; diversos membros do Órgão de Recurso visitaram o Tribunal de Justiça das Comunidades Europeias em 11 e 12 de Dezembro de 2007 e encontraram-se com o seu Presidente, Vassilios Skouris, e com diversos outros membros do Tribunal comunitário. Realizou-se igualmente um encontro com os membros do Tribunal de Primeira Instância[828]; e, no dia 1 de Agosto de 2008, o Presidente do Tribunal Internacional do Direito do Mar, Rüdiger Wolfrum, visitou o Órgão de Recurso[829].

---

[825] Em contraste, o art. 95º da Carta das Nações Unidas constitui o arquétipo de uma cláusula de jurisdição não exclusiva: "Nada na presente Carta impedirá os membros das Nações Unidas de confiarem a solução dos seus diferendos a outros tribunais, em virtude de acordos já vigentes ou que possam ser concluídos no futuro".

[826] Yuval SHANY, *The Competing Jurisdictions of International Courts and Tribunals*, Oxford University Press, 2003, p. 273.

[827] *Idem*.

[828] OMC, *Appellate Body – Annual Report for 2007* (WT/AB/9), 30-1-2008, p. 23.

[829] OMC, *Appellate Body – Annual Report for 2008* (WT/AB/11), 9-2-2009, p. 49.

293

A FUNÇÃO JURISDICIONAL NO SISTEMA GATT/OMC

Outro exemplo diz respeito à relevância que as interpretações, decisões e conclusões de outros tribunais internacionais têm para o sistema de resolução de litígios da OMC. No caso *European Communities – Regime for the Importation, Sale, and Distribution of Bananas*, por exemplo, o Órgão de Recurso declara que não encontrava nada no Acordo OMC, no sistema de resolução de litígios e nos Procedimentos de Trabalho do Órgão de Recurso, nem no Direito internacional geral ou na prática prevalecente dos tribunais internacionais que impedisse um Membro da OMC de determinar a composição da sua delegação nos procedimentos do Órgão de Recurso[830].

De modo semelhante, o Órgão de Recurso declara a respeito do ónus da prova que:

"É, de facto, difícil conceber como um sistema de resolução judicial de litígios poderá funcionar se acolher a ideia de que a mera asserção de uma alegação poderá equivaler a uma prova. Por conseguinte, não resulta surpreendente que diversos tribunais internacionais, incluindo o Tribunal Internacional de Justiça, tenham aceitado e aplicado de forma geral e concordante a regra segundo a qual a parte que alega um facto – seja o demandante ou o demandado- é responsável por fornecer a prova correspondente. Além disso, é um critério geralmente aceite nos ordenamentos jurídicos de tradição romanista, na *common law* e, de facto, na maior parte das jurisdições, que o ónus da prova incumbe à parte, seja o demandante ou o demandado, que afirma uma determinada reclamação ou defesa. Se essa parte apresentar elementos de prova suficientes para estabelecer a presunção de que sua reclamação é legítima, o ónus da prova passa para a outra parte, que deverá fornecer, sob pena de perder o caso, elementos de prova suficientes para refutar a presunção"[831].

E o Órgão de Recurso observa a respeito da *compétence de la compétence* dos painéis que:

"Notamos que, segundo uma regra universalmente aceite, um tribunal internacional pode considerar a questão da sua própria competência por sua iniciativa e certificar-se de que tem competência em qualquer caso que lhe seja submetido"[832].

---

[830] Relatório do Órgão de Recurso no caso *European Communities – Regime for the Importation, Sale, and Distribution of Bananas* (WT/DS27/AB/R), 9-9-1997, parágrafo 10.
[831] Relatório do Órgão de Recurso no caso *United States – Measure Affecting Imports of Woven Wool Shirts and Blouses from India* (WT/DS33/AB/R), 25-4-1997, p. 14.
[832] Relatório do Órgão de Recurso no caso *United States – Anti-Dumping Act of 1916* (WT/DS136/AB/R, WT/DS162/AB/R), 28-8-2000, nota de rodapé 30.

A JURISDIÇÃO

Portanto, em muitos casos, o Órgão de Recurso tem apoiado as suas conclusões na prática prevalecente dos tribunais internacionais[833]. Assim, apesar da observação da Câmara de Recursos para o Tribunal Penal Internacional para a ex-Jugoslávia no caso *Prosecutor v. Dusko Tadic*, CHESTER BROWN nota:

"(...) a readiness by international courts to look to the practice of other international courts on issues of procedure and remedies and draw on that practice. This will increasingly lead to a convergence in the jurisprudence of international courts. While a pattern of converging practices does not imply the existence of a completely uniform approach, it does suggest an emerging body of rules to which international courts might refer when their statutes and rules of procedure contain gaps or ambiguities. This emerging body of rules might be termed a 'common law of international adjudication'"[834].

Muito importante é, enfim, o facto de algumas personalidades terem exercido a função de juízes em diferentes tribunais internacionais. Por exemplo, Lord McNair foi juiz do Tribunal Internacional de Justiça e do Tribunal Europeu dos Direitos do Homem, Georges Abi-Saab foi juiz *ad hoc* do Tribunal Internacional de Justiça, juiz do Tribunal Penal Internacional para a Ex-Jugoslávia e membro do Órgão de Recurso e Mohamed Shahabuddeen foi juiz do Tribunal Internacional de Justiça, do Tribunal Penal Internacional para a Ex-Jugoslávia e do Tribunal Penal Internacional para o Ruanda[835].

## 7. A Jurisdição *Ratione Temporis*

A jurisdição dos tribunais internacionais está sujeira, com frequência, a limitações *ratione temporis*. Normalmente, a jurisdição só se estenderá a acontecimentos que tenham ocorrido após uma certa data, regra geral, a data efectiva do instrumento que expressa a aceitação da jurisdição do tribunal. Nesse sentido, o Órgão de Recurso defendeu no caso *Brazil – Measures Affecting Desiccated Coconut* que:

---

[833] É também frequente a jurisprudência da OMC ser citada por painéis de acordos comerciais preferenciais, "often without an indication of the basis for doing so". Cf. Locknie HSU, Applicability of WTO Law in Regional Trade Agreements: Identifying the Links, in *Regional Trade Agreements and the WTO Legal System*, Lorand Bartels e Federico Ortino ed., Oxford University Press, 2006, pp. 525-552.

[834] Chester BROWN, *The Cross-Fertilization of Principles Relating to Procedure and Remedies in the Jurisprudence of International Courts and Tribunals*, in Loyola of Los Angeles International and Comparative Law Review, 2008, p. 228.

[835] Yuval SHANY, *The Competing Jurisdictions of International Courts and Tribunals*, Oxford University Press, 2003, p. 280.

A FUNÇÃO JURISDICIONAL NO SISTEMA GATT/OMC

"O Artigo 28º [da Convenção de Viena sobre o Direito dos Tratados] enuncia o princípio geral de que um tratado não deve ser aplicado retroactivamente, 'a menos que o contrário resulte do tratado ou tenha sido estabelecido de um outro modo'. Ausente uma intenção contrária, um tratado não pode aplicar-se a actos ou factos que tiveram lugar, ou a situações que tenham deixado de existir, antes da data da sua entrada en vigor"[836].

Por conseguinte, caso se não depreenda de um tratado uma regulação específica dos seus efeitos temporais, aplicar-se-á o princípio geral da não retroactividade. Um exemplo de regulação específica pode ser encontrado no art. 70º do Acordo TRIPS:

"1. O presente Acordo não cria obrigações relativamente a actos ocorridos antes da data de aplicação do Acordo ao Membro em questão.

2. Salvo disposição em contrário do presente Acordo, o presente Acordo estabelece obrigações relativamente a todos os objectos existentes à data de aplicação do Acordo ao Membro em questão, e que sejam protegidos nesse Membro na referida data, ou que satisfaçam ou venham posteriormente a satisfazer os critérios de protecção definidos no presente Acordo".

No *Canada – Term of Patent Protection*, por exemplo, o Órgão de Recurso concluiu que:

"Às invenções protegidas pelas patentes concedidas ao abrigo da antiga Lei e aos direitos conferidos por essas patentes é aplicável o nº 2 do artigo 70º do Acordo TRIPS e não o nº 1 deste artigo, por estarem em causa objectos existentes [...] e [...] protegidos' na data de aplicação do Acordo TRIPS para o Canadá. Em consequência, concluímos que o Canadá está obrigado a aplicar a obrigação estabelecida no artigo 33º do Acordo TRIPS às patentes concedidas ao abrigo da antiga Lei"[837].

Os factos deste caso são relativamente simples. Enquanto a legislação canadense de patentes vigente até 1989 (*Old Act Patents*) concedia uma protecção de 17 anos desde a data da sua concessão, a legislação vigente a partir de 1989 alargou o prazo de protecção das patentes para 20 anos. Esta alteração legislativa levou a que as patentes solicitadas antes de 1989 ficassem sujeitas a um prazo de protecção de 17 anos e as concedidas após 1989 a um prazo de protecção de 20 anos.

---

[836] Relatório do Órgão de Recurso no caso *Brazil – Measures Affecting Desiccated Coconut* (WT/DS22/AB/R), 21-2-1997, p. 15.
[837] Relatório do Órgão de Recurso no caso *Canada – Term of Patent Protection* (WT/DS170/AB/R), 18-9-2000, parágrafo 79.

296

A JURISDIÇÃO

Acontece que o art. 33º do Acordo TRIPS determina que "a duração da protecção oferecida não terminará antes do termo de um período de 20 anos calculado a partir da data de depósito" e que, em 1996, cerca de 40% das patentes vigentes no Canadá estavam sujeitas ao prazo de protecção de 17 anos, por terem sido solicitadas antes de 1989[838].

Posteriormente, o Órgão de Recurso torna claro que as medidas sanitárias e fitossanitárias adoptadas antes da entrada em vigor do Acordo relativo à Aplicação de Medidas Sanitárias e Fitossanitárias e que continuaram a ser aplicadas após o dia 1 de Janeiro de 1995 caem no âmbito de aplicação do acordo referido:

> "Concordamos com o Painel de que o Acordo relativo à Aplicação de Medidas Sanitárias e Fitossanitárias aplica-se a medidas e situações que não deixaram de existir, tais como as Directivas de 1981 e 1988, a menos que aquele Acordo revele uma intenção contrária. Concordamos igualmente com o Painel de que o Acordo relativo à Aplicação de Medidas Sanitárias e Fitossanitárias não revela tal intenção. O Acordo relativo à Aplicação de Medidas Sanitárias e Fitossanitárias não contém qualquer disposição a limitar a sua aplicação temporal, ou das suas disposições, às medidas sanitárias e fitossanitárias adoptadas após o dia 1 de Janeiro de 1995. Na ausência de tal disposição, não se pode assumir que disposições centrais do Acordo relativo à Aplicação de Medidas Sanitárias e Fitossanitárias, como o artigo 5º, nºs 1 e 5, não são aplicáveis a medidas adoptadas antes de 1995 mas que se mantiveram depois em vigor. Se os negociadores quisessem isentar um conjunto muito amplo de medidas sanitárias e fitossanitárias em vigor em 1 de Janeiro de 1995 da disciplina de disposições tão importantes como os nºs 1 e 5 do artigo 5º, parece-nos razoável supor que eles o teriam dito explicitamente. Os nºs 1 e 5 do artigo 5º não distinguem entre medidas sanitárias e fitossanitárias adoptadas antes de 1 de Janeiro de 1995 e medidas adoptadas desde então; a consequência relevante é que eles devem ser aplicados aos dois tipos de medidas"[839].

Caso um Membro se retire do Acordo OMC, tal recesso produzirá efeitos no termo de um prazo de seis meses a contar da data em que o Director-Geral da OMC tiver recebido a notificação escrita do recesso (artigo XV, nº 1, do Acordo OMC). Assim sendo, a jurisdição do sistema de resolução de litígios da OMC manter-se-á relativamente a todos as queixas apresentadas antes do fim do prazo de seis meses[840].

---

[838] Idem, parágrafo 5.

[839] Relatório do Órgão de Recurso no caso European Communities Measures Concerning Meat and Meat Products (Hormones) (WT/DS26/AB/R, WT/DS48/AB/R), 16-1-1998, parágrafo 128.

[840] Hervé ASCENSIO, Article 70 de la Convention de Vienne de 1969, in Les Conventions de Vienne sur le Droit des Traités, Bruylant, Bruxelas, 2006, pp. 2532-2533.

A FUNÇÃO JURISDICIONAL NO SISTEMA GATT/OMC

Diga-se, ainda, que, em virtude da jurisprudência da OMC, o facto de um Membro não apresentar uma queixa contra a imposição de uma medida num determinado momento não pode, em si mesmo, privá-lo do seu direito a iniciar um litígio em algum momento posterior se tal Membro considerar, de boa fé, que será proveitoso fazê-lo[841]. Esta conclusão está em consonância com o que foi defendido por um outro painel durante a vigência do GATT de 1947: "seria errado interpretar o facto de uma medida não ter sido sujeita ao artigo XXIII do Acordo Geral durante vários anos como significando a sua aceitação tácita pelas partes contratantes"[842].

## 8. A Jurisdição Consultiva
### 8.1. O GATT de 1947

Durante a vigência do GATT de 1947, o Director-Geral (conhecido inicialmente por secretário executivo) ou o seu representante pessoal emitiram pareceres consultivos nalguns casos[843]. Além disso, em Outubro de 1963, a Comunidade Económica Europeia e o Governo dos Estados Unidos solicitaram ao Conselho dos Representantes a criação de um painel para apresentar um parecer consultivo às duas partes. O painel foi criado no dia 28 de Outubro de 1963 e teve os seguintes termos de referência:

"Assessorar as duas partes interessadas com o objectivo de determinar, com base na definição de aves domésticas que figura no parágrafo 02.02 da Pauta Aduaneira Comum da Comunidade Económica Europeia e das regras e métodos do GATT, o valor a ser atribuído (em dólares dos Estados Unidos), desde o dia 1 de Setembro de 1960, às exportações de aves domésticas dos Estados Unidos para a República Federal da Alemanha, no contexto das desconsolidações relativas a este produto"[844].

A composição do painel foi a seguinte: E. Wyndham White (Secretário Executivo do GATT) como Presidente, A. Weitnauer (Suíça), Campbell Smith (Canadá), N. Montan (Suécia) e F.P. Donovan (Austrália). O painel realizou algumas reuniões em Novembro de 1963 e apresentou o seu relatório às duas partes, tendo estas depois implementado as conclusões do painel.

---

[841] Relatório do Painel no caso *European Communities – Export Subsidies on Sugar, Complaint by Brazil* (WT/DS266/R), 15-10-2004, parágrafo 7.69.

[842] Relatório do Painel no caso *EEC – Quantitative Restrictions against Imports of Certain Products from Hong Kong* (L/5511), adoptado em 12-7-1983, parágrafo 28.

[843] Ernst-Ulrich PETERSMANN, Alternative Dispute Resolution – Lessons for the WTO?, in *Improving WTO Dispute Settlement Procedures – Issues and Lessons from the Practice of Other International Courts and Tribunals*, Friedl Weiss ed., Cameron May, 2000, p. 33.

[844] GATT, *US/EEC Negotiation on Poultry, Establishment of Panel* (L/2088), 21-11-1963, p. 1.

A JURISDIÇÃO

Posteriormente, o Anexo ao Memorando Relativo a Notificações, Consultas, Resolução de Litígios e Supervisão de 1979 vem estabelecer que os relatórios dos grupos de trabalho seriam pareceres consultivos, com base nos quais as PARTES CONTRATANTES podiam tomar uma decisão final[845]. Em Julho de 1988, o Director-Geral, a pedido das Comunidades Europeias e do Canadá e com base no nº 8 do Memorando Relativo a Notificações, Consultas, Resolução de Litígios e Supervisão adoptado pelas PARTES CONTRATANTES em 1979, emitiu um parecer sobre se uma concessão pautal oferecida por Portugal ao Canadá em 1961 seria aplicável ao bacalhau húmido conservado em sal[846].

Convém não esquecer, também, que os relatórios dos painéis, durante a vigência do GATT de 1947, só produziam efeitos jurídicos após a sua adopção pelo Conselho dos Representantes, ou seja, antes da sua adopção, eles seriam meramente "advisory"[847]. Aliás, por causa da possibilidade de veto que existia, o governo recalcitrante mantinha o poder de bloquear indefinidamente a adopção do relatório do painel[848].

## 8.2. O Sistema de Resolução de Litígios da OMC

Embora muitos dos actuais tribunais internacionais gozem da competência para responder a questões de direito internacional hipotéticas ou abstractas através de pareceres consultivos[849], "a function close to lawmaking"[850], no caso da OMC:

> "requiring a panel to deal with claims that are not necessary to resolve the dispute is tantamount to adding a new function, i.e., that of rendering advisory opinions on the interpretation of the WTO Agreement. If such proposal were to be considered, one would have to examine how it would relate to Article IX of the WTO Agreement and Article 3.9 of the DSU"[851].

---

[845] GATT, *Understanding Regarding Notification, Consultation, Dispute Settlement and Surveillance* (L/4907), 28-11-1979, nº 6(i).

[846] GATT, *Minutes of Meeting Held in the Centre William Rappard on 19 October 1988* (C/M/225), 2-11-1988, p. 2.

[847] Kenneth ABBOTT, *GATT as a Public Institution: The Uruguay Round and Beyond*, in Brooklyn Journal of International Law, 1992, p. 55.

[848] Paul STEPHAN, *Sheriff or Prisoner? The United States and the World Trade Organization*, in CJIL, Vol. 1, No. 1, 2000, p. 51.

[849] Por exemplo, o Tribunal Internacional de Justiça (art. 65º do Estatuto e art. 96º da Carta das Nações Unidas).

[850] Dinah SHELTON, *Form, Function, and the Powers of International Courts*, in CJIL, 2009, p. 542.

[851] Jacques BOURGEOIS, The Gasoline, the Hormones and the Shrimps Cases in the Light of Procedural Law, in *Free World Trade and the European Union – The Reconciliation of Interests and the Review of the Understanding on Dispute Settlement in the Framework of the World Trade Organization*, The Academy of European Law in Trier, vol. 28, 2000, p. 67.

A FUNÇÃO JURISDICIONAL NO SISTEMA GATT/OMC

Parece claro, pois, que os painéis e o Órgão de Recurso não têm competência para emitir pareceres consultivos (embora haja propostas nesse sentido). O próprio Órgão de Recurso já teve a oportunidade de dizer que considerava, atendendo ao objectivo expresso de resolução de litígios que transparece em todo o Memorando, que o sentido do nº 2 do artigo 3º do Memorando não consistia em encorajar os painéis ou o Órgão de Recurso a legislarem mediante a clarificação da disposições vigentes do Acordo OMC fora do contexto da resolução de um determinado litígio[852]. Assim, no caso dos acordos da OMC, longe de constituir um exercício puramente académico, a existência de um litígio é condição *sine qua non* para um Membro da OMC pedir a criação de um painel. O Memorando determina expressamente que o "objectivo do sistema de resolução de litígios é o de obter uma solução positiva para um litígio" (art. 3º, nº 7) e a expressão "litígios" é recorrente ao longo de todo o Memorando de Entendimento sobre Resolução de Litígios[853].

Mas, apesar de os órgãos de adjudicação da OMC não terem competência para emitir pareceres consultivos, ANA FRISCHTAK, por exemplo, defende a atribuição ao Órgão de Recurso da competência para emitir pareceres consultivos sobre questões jurídicas e medidas hipotéticas:

> "with regard to questions of law, the Appellate Body would be available to provide opinions to questions posed by Member States arising under the covered agreements. In the case of hypothetical measures, the Appellate Body would issue an opinion with regards to the legality of the hypothetical measure, as if it were enacted by a member government. (...) If and when such a measure (or a substantially related one) were in fact enacted, the Appellate Body's findings and/or recommendations would be highly persuasive. These advisory findings would not binding; the complaining Member would still have to bring a case to the Dispute Settlement Body through the usual procedures established in the DSU"[854].

Em contraste, a Jordânia propôs a atribuição de competências consultivas não ao Órgão de Recurso, mas ao Conselho Geral. Nos termos da proposta apresentada, o Memorando passaria a ter um Artigo 5º*bis*, intitulado "Questions of Interpretation", e com a seguinte redacção:

---

[852] Relatório do Órgão de Recurso no caso *United States – Measure Affecting Imports of Woven Wool Shirts and Blouses from India* (WT/DS33/AB/R), 25-4-1997, p. 19.

[853] Os tribunais só podem exercer jurisdição nos procedimentos contenciosos se existir efectivamente um litígio entre as partes. Cf. Dinah SHELTON, *Form, Function, and the Powers of International Courts*, in CJIL, 2009, p. 547.

[854] Ana FRISCHTAK, *Balancing Judicial Economy, State Opportunism, and Due Process Concerns in the WTO*, in MJIL, 2005, p. 984

A JURISDIÇÃO

"1. As partes e as partes terceiras num litígio podem remeter questões de interpretação ao Conselho Geral em qualquer fase dos procedimentos de acordo com o presente artigo.

2. A questão ou questões devem ser apresentadas ao Conselho Geral mediante um pedido escrito que contenha uma exposição exacta das dúvidas a respeito das quais se solicita a interpretação, acompanhada de todos os documentos que provavelmente ajudem a analisar e a responder à questão ou questões.

3. O Secretariado deve prontamente dar notícia do pedido de interpretação aos outros Membros que possam ter um interesse substancial no resultado da mesma.

4. As partes em litígio, as partes terceiras e os Membros com um interesse substancial, que tenham apresentado comunicações escritas, devem observar a forma, os prazos e demais directrizes estabelecidas pelo Conselho Geral para este propósito.

5. A decisão do Conselho Geral deve ser adoptada por uma maioria de três quartos dos votos emitidos"[855].

Existem também propostas no sentido de introduzir a opção de requerer um parecer consultivo ao Tribunal Internacional de Justiça:

"As regras deveriam reafirmar (...) que nos litígios que suscitam questões que ultrapassam a competência comercial da OMC, podem ser pedidos pareceres consultivos ao Tribunal Internacional de Justiça, a fim de promover a harmonia jurídica internacional"[856].

Actualmente, não sendo a OMC uma agência especializada das Nações Unidas[857],

---

[855] OMC, *Jordan's Contributions Towards the Improvement and Clarification of the WTO Dispute Settlement Understanding – Communication from Jordan* (TN/DS/W/43), 28-1-2003, pp. 8-9.

[856] OMC, *Negotiations on the Dispute Settlement Understanding (Dispute Settlement Body – Special Session) – Proposal by the African Group* (TN/DS/W/15), 25-9-2002, parágrafo 10. De notar que, no caso do Tribunal Internacional de Justiça, os Estados não estão habilitados a solicitar um parecer consultivo.

[857] Não sendo o GATT formalmente uma verdadeira organização internacional e baseando-se as suas relações com as Nações Unidas numa simples troca de cartas, ocorrida em 1952, entre o seu secretário executivo e o secretário-geral das Nações Unidas (tais relações foram depois consolidadas no documento *Relations of the GATT with the UN* elaborado em 1976 a pedido do comité ad hoc da reestruturação dos sectores económico e social do sistema das Nações Unidas (UNGA-Doc. A/AC. 179/5, de 9 de Março de 1976)), o GATT não podia *de jure* ser considerado uma organização especializada das Nações Unidas (a Carta de Havana, pelo contrário, continha expressamente uma disposição relativa ao estatuto de organização especializada (art. 86º, nº 1)), embora, de facto, fosse tratado como tal (cf. Rainer Lagoni e Oliver Landwehr, Article 70, in *The Charter of the United Nations: A Commentary*, vol. II, Bruno Simma ed., 2ª ed., Oxford University Press, 2002, p. 1066). Por exemplo, as Partes Contratantes adoptaram, em 1955, uma decisão permitindo ao pessoal da Comissão Interina da Organização Internacional do Comércio (o Secretariado do GATT teve origem nesta Comissão) participar no fundo de pensões das Nações Unidas, o que implicou a aprovação de uma resolução especial da

A FUNÇÃO JURISDICIONAL NO SISTEMA GATT/OMC

Assembleia-geral das Nações Unidas (Resolução 773 (VIII)) e ocasionalmente, o Secretariado do GATT marcava presença em sessões da Assembleia Geral, em particular as respeitantes ao chamado segundo comité (económico e financeiro), bem como em sessões do Conselho Económico e Social. Ao contrário das expectativas do então secretário-geral das Nações Unidas, Boutros-Ghali, de que a OMC participaria no sistema das Nações Unidas de um modo semelhante ao do FMI e do Banco Mundial, a OMC decidiu não desenvolver qualquer ligação institucional especial com as Nações Unidas, mas sim basear-se na prática anterior do GATT de 1947 e, por isso, estabeleceu apenas um acordo sobre relações de trabalho com as Nações Unidas, concluído por uma troca de cartas em 29 de Setembro de 1995 e tendo estas em anexo o documento de 1976 (cf. OMC, *Arrangements for Effective Cooperation with other Intergovernmental Organizations: Relations Between the WTO and the United Nations – Communication from the Director-General* (WT/GC/W/10), 3-11-1995). O acordo alcançado prevê a representação recíproca de acordo com as decisões dos órgãos competentes das respectivas organizações, a troca de informações relevantes, a cooperação entre os dois secretariados nas matérias administrativa e estatística e a continuação da participação da OMC no comité administrativo de coordenação e seus órgãos subsidiários. De acordo com Wolfgang Benedek:

"by remaining outside the United Nations system (...), the WTO tries to shield off influences from other areas in order to concentrate on trade policy matters. Closer relationship is only sought with the Bretton Woods Organizations, which share the same philosophy, setting social issues aside. This approach is different from the United Nations Charter, which deals with economic and social affairs in a common perspective. This might be the deeper reason, why the WTO preferred to stay outside the United Nations system" (cf. Wolfgang Benedek, Relations of the WTO with other International Organizations and NGOs, in *International Economic Law with a Human Face*, Friedl Weiss, Erik Denters e Paul de Waart ed., Kluwer Law International, Haia, Dordrecht e Londres, 1998, p. 495).

Apesar de tudo, a realidade mostra que a OMC concordou em continuar a aceitar certas obrigações, em muito semelhantes às encontradas nos acordos concluídos pelas Nações Unidas com as suas organizações especializadas. Na verdade, a OMC tem de providenciar toda a informação que seja requerida pelas Nações Unidas, as resoluções das Nações Unidas relacionadas com a OMC têm de ser tidas em conta, a OMC tem, se requerida, de submeter relatórios sobre as acções tomadas com base nas resoluções das Nações Unidas, etc., o que indicia que, apesar de a OMC se manter fora do sistema das Nações Unidas, continua a haver ligações muito próximas entre as duas organizações. O art. XXVI do GATS prevê mesmo que "o Conselho Geral tomará as providências adequadas com vista à consulta e cooperação com as Nações Unidas e os seus organismos especializados ...". E o art. XI, nº 2, do Acordo OMC e a alínea *a)* do Anexo VII do Acordo sobre as Subvenções e as Medidas de Compensação recorrem à classificação das Nações Unidas de países menos avançados. Em contrapartida, a OMC não tem de apresentar quaisquer relatórios anuais às Nações Unidas e esta última não dirige recomendações aos órgãos da OMC (cf. Werner Meng, Article 57, in *The Charter of the United Nations: A Commentary*, vol. II, Bruno Simma ed., 2ª ed., Oxford University Press, 2002, p. 948). Por fim, a OMC utiliza o Tribunal Administrativa da Organização Internacional do Trabalho no que diz respeito às queixas apresentadas pelos funcionários do Secretariado contra a OMC (cf. Donald McRae, The Place of the WTO in the International Systemt, in *The Oxford Handbook of International Trade Law*, Daniel Bethlehem, Donald McRae, Rodney Neufeld e Isabelle Van Damme Ed., Oxford University Press, 2009, p. 63) e os litígios respeitantes às pensões são dirimidos pelo Tribunal Administrativo das Nações Unidas. Cf. Rutsel Martha, *Capacity to sue and be sued under WTO law*, in WTR, 2004, p. 44.

A JURISDIÇÃO

a jurisdição consultiva do Tribunal Internacional de Justiça não lhe é aplicável[858].

Nada impede, por fim, que um painel possa recolher "informações e conselhos técnicos" junto de qualquer organismo que considere adequado (art. 13º, nº 1, do Memorando), possa procurar informações de qualquer fonte relevante ou consultar peritos para obter o seu parecer sobre certos aspectos da questão (art. 13º, nº 2, do Memorando). Por exemplo, um painel poderá obter um parecer junto de um tribunal ou de uma organização internacional com especiais conhecimentos numa determinada matéria (em matéria ambiental, por exemplo). A qualidade dos seus relatórios e a aceitabilidade dos mesmos seria, certamente, incrementada. Não é por acaso que, também, o nº 2 do art. 34º do Estatuto do Tribunal Internacional de Justiça prevê que, "sobre as causas que lhe forem submetidas, o Tribunal, nas condições prescritas pelo seu Regulamento, poderá solicitar informação de organizações internacionais públicas e receberá as informações que lhe forem prestadas, por iniciativa própria, pelas referidas organizações".

## 9. A Jurisdição Inerente
Uma vez estabelecida a jurisdição substantiva de um tribunal internacional através do consentimento explícito das partes envolvidas, ele passa a ter determinados poderes jurisdicionais que resultam da sua própria natureza de órgão judicial:

> "(...) Convém salientar que o Tribunal possui um poder inerente que o autoriza a adoptar toda a medida exigida, por um lado, para assegurar que o exercício da sua jurisdição sobre os méritos, se e quando estabelecida, não deve ser frustrado e, por outro lado, para assegurar a resolução regular de todas as questões em litígio, assim como o respeito dos 'limites inerentes ao exercício da função judicial' do Tribunal e para 'conservar o seu carácter judicial' (Northern Cameroons, Judgment, I.C.J. *Reports 1963*, p. 29). Tal jurisdição inerente, com base na qual o Tribunal está plenamente habilitado a adoptar toda a conclusão eventualmente necessária para os fins indicados, resulta da simples existência do Tribunal como um órgão judicial estabelecido pelo

---

[858] Robert Howse, The Most Dangerous Branch? WTO Appellate Body Jurisprudence on the Nature and Limits of the Judicial Power, in *The Role of the Judge in International Trade Regulation: Experience and Lessons for the WTO*, Thomas Cottier e Petros Mavroidis ed., Studies in International Economics – The World Trade Forum, volume 4, The University of Michigan Press, 2003, p. 16.

A FUNÇÃO JURISDICIONAL NO SISTEMA GATT/OMC

consentimento dos Estados e é-lhe conferida de modo a que as suas funções judiciais fundamentais possam ser salvaguardadas"[859].

A jurisdição inerente de um tribunal resulta, pois, do seu carácter jurisdicional e da necessidade de possuir poderes para regular questões relativas à administração da justiça, visto poder haver aspectos não previstos no Regulamento[860], pese embora a maior parte dos tratados preveja expressamente tal *compétence de la compétence* ou poder para decidir sobre os limites da jurisdição (por exemplo, o art. 36º, nº 6, do Estatuto do Tribunal Internacional de Justiça)[861]. Isto porque, se existir um litígio sobre a jurisdição, esse litígio necessita de ser resolvido antes que o tribunal possa analisar os méritos[862].

Segundo o Tribunal Internacional de Justiça:

"O Tribunal deve circunscrever o verdadeiro problema em causa e precisar o objecto da queixa. Nunca foi contestado que o Tribunal tem o direito e mesmo o dever de interpretar as conclusões das partes; isto é um dos atributos da sua função judicial"[863].

---

[859] Tribunal Internacional de Justiça, *Nuclear Tests Case (Australia v. France)*, Acórdão de 20-12-1974, parágrafo 23.

[860] Tribunal Internacional de Justiça, Opinião Separada da Juíza Rosalyn Higgins no caso *Legality of Use of Force (Serbia and Montenegro v. Belgium)*, *Preliminary Objections*, Acórdão de 15-12-2004, parágrafo 10).

[861] Relativamente ao Tribunal Internacional de Justiça, apenas no caso *Nicaragua v. United States* uma parte em litígio (os Estados Unidos) recusou reconhecer (sem êxito) a decisão do tribunal sobre a sua competência (cf. Dinah Shelton, *Form, Function, and the Powers of International Courts*, in CJIL, 2009, p. 547). Reagindo ao acórdão amplamente desfavorável aos Estados Unidos, George P. Shultz dirigiu uma carta a Javier Perez de Cuellar, então Secretário-Geral das Nações Unidas, pondo termo à declaração dos Estados Unidos, depositada em 26 de Agosto de 1946, aceitando a jurisdição compulsória do Tribunal Internacional de Justiça (cf. Estados Unidos da América, *Department of State Letter and Statement Concerning Termination of Acceptance of I.C.J. Compulsory Jurisdiction (October 7, 1985)*, in ILM, vol. XXIV, 1985, pp. 1744-1745). Os Estados Unidos continuam a marcar presença, apesar de tudo, no Tribunal Internacional de Justiça através de acordos especiais com a outra parte, ou seja, ao abrigo da jurisdição contenciosa facultativa. Nesse sentido, pode-se apontar o caso *concerning Avena and other mexican nationals (Mexico v. United States of America)*, acórdão de 31-3-2004.

[862] Dinah Shelton, *Form, Function, and the Powers of International Courts*, in CJIL, 2009, p. 547.

[863] Tribunal Internacional de Justiça, *Nuclear Tests Case (Australia v. France)*, Acórdão de 20-12-1974, parágrafo 29.

A JURISDIÇÃO

De igual modo, qualquer tribunal goza do poder de determinar se tem jurisdição substantiva para decidir uma questão[864] ou de recorrer ao princípio da economia judicial[865].

No caso concreto do sistema de resolução de litígios da OMC, o Órgão de Recurso confirmou que os painéis têm também certos poderes inerentes à sua função jurisdicional. Em particular, os painéis têm o direito de determinar se são competentes num determinado caso, assim como o âmbito da sua competência[866]. No caso *Mexico – Anti-Dumping Investigation of High Fructose Corn Syrup (HFCS) from the United States, Recourse to Article 21.5 of the DSU by the United States*, o Órgão de Recurso defendeu mesmo que um painel pode ser solicitado a analisar questões jurisdicionais mesmo se nenhuma das partes em litígio as suscitou:

> "(...) Os painéis têm que analisar e resolver certas questões de carácter fundamental, mesmo se as partes em litígios guardarem silêncio sobre essas questões. A este respeito, observámos anteriormente que 'a atribuição de jurisdição a um painel é um requisito prévio fundamental de um procedimento do Painel conforme ao direito'. Por esta razão, os painéis não podem simplesmente ignorar questões que afectam a base da sua jurisdição, ou seja, a sua autoridade para examinar e resolver questões. Em vez disso, os painéis têm de lidar com tais questões, se necessário por sua iniciativa própria, para poderem continuar com os seus trabalhos"[867].

O Órgão de Recurso defendeu no caso *United States – Continued Dumping and Subsidy Offset Act of 2000* que dispunha, igualmente, do poder de considerar uma

---

[864] Qualquer tribunal internacional "enjoys Kompetenz-Kompetenz" (cf. Christian TOMUSCHAT, Article 36, in *The Statute of the International Court of Justice – A Commentary*, Andreas Zimmermann, Christian Tomuschat e Karin Oellers-Frahm ed., Oxford University Press, 2006, p. 643). No caso *Nottebohm*, o Tribunal Internacional de Justiça observou que:
"Desde o caso *Alabama*, tem sido geralmente reconhecido, em conformidade com precedentes anteriores, que, na ausência de qualquer acordo em contrário, um tribunal internacional tem o poder de decidir sobre a sua própria jurisdição e tem o poder de interpretar para este efeito os instrumentos que governam essa jurisdição". Cf. TRIBUNAL INTERNACIONAL DE JUSTIÇA, *Nottebohm Case (Liechtenstein v. Guatemala)*, Objecção Preliminar, Acórdão de 18-11-1953, p. 119.

[865] Joost PAUWELYN, *The Role of Public International Law in the WTO: How Far Can We Go?*, in AJIL, 2001, p. 555.

[866] Relatório do Órgão de Recurso no caso *Mexico – Tax Measures on Soft Drinks and Other Beverages* (WT/DS308/AB/R), 6-3-2006, parágrafo 45. O Órgão de Recurso recordava ainda que uma resolução apenas parcial da questão em causa seria uma falsa economia judicial [cf. Relatório do Órgão de Recurso no caso *Australia – Measures Affecting Importation of Salmon* (WT/DS18/AB/R), 20-10-1998, parágrafo 223].

[867] Relatório do Órgão de Recurso no caso *Mexico – Anti-Dumping Investigation of High Fructose Corn Syrup (HFCS) from the United States, Recourse to Article 21.5 of the DSU by the United States* (WT/DS132/AB/RW), 22-10-2001, parágrafo 36.

## A FUNÇÃO JURISDICIONAL NO SISTEMA GATT/OMC

alegação de que um painel tinha excedido a sua jurisdição, mesmo se a parte apelante não incluiu tal alegação no pedido de recurso:

"**206.** Tendo chegado à conclusão de que o pedido de recurso não deu notícia às partes apeladas de que os Estados Unidos intentam formular alegações no sentido de que o Painel excedeu os seus termos de referência, a questão seguinte que se coloca é saber se estamos impedidos de examinar essas alegações no recurso. Como temos explicado, se uma parte apelada não teve notícia suficiente mediante o pedido de recurso de que a parte apelante formulará uma determinada alegação, esta ficará normalmente excluída do recurso. Todavia, observamos que os Estados Unidos observaram neste recurso que podemos examinar questões referentes à jurisdição em qualquer caso, mesmo se não estão incluídas no pedido de recurso.

207. Estamos de acordo com a posição dos Estados Unidos. Dissemos anteriormente, em relação à obrigação de um painel analisar as questões referentes à sua jurisdição, o seguinte:

... Os painéis têm que analisar e resolver certas questões de carácter fundamental, mesmo se as partes em litígios guardarem silêncio sobre essas questões. A este respeito, observámos anteriormente que 'a atribuição de jurisdição a um painel é um requisito prévio fundamental de um procedimento do Painel conforme ao direito'. Por esta razão, os painéis não podem simplesmente ignorar questões que afectam a base da sua jurisdição, ou seja, a sua autoridade para examinar e resolver questões. Em vez disso, os painéis têm de lidar com tais questões, se necessário por sua iniciativa própria, para poderem continuar com os seus trabalhos.

**208.** Em nossa opinião, o mesmo raciocínio é válido neste caso. Uma objecção à competência deve ser suscitada o mais cedo possível' e, do ponto de vista das devidas garantias processuais, é preferível que a parte apelante coloque essa questão no pedido de recurso, de modo a que as partes demandadas tenham conhecimento que tal alegação será formulada na fase do recurso. Todavia, a questão da competência de um Painel é de tal modo fundamental que é apropriado analisar as alegações de que um Painel ultrapassou a sua competência mesmo se elas não constam do pedido de recurso"[868].

O reconhecimento de que os tribunais da OMC gozam de jurisdição inerente não significa, contudo, que eles tenham *carte-blanche* para usar quaisquer princípios de direito internacional (por exemplo, os relativos ao ónus da prova) para resolver os litígios decorrentes de queixas apresentadas por membros da OMC.

---

[868] Relatório do Órgão de Recurso no caso *United States – Continued Dumping and Subsidy Offset Act of 2000* (WT/DS217/AB/R, WT/DS234/AB/R), 16-1-2003, parágrafos 207-209.

A JURISDIÇÃO

Por exemplo, a aplicação de um princípio de direito internacional deve ser necessária para um painel ou o Órgão de Recurso exercerem apropriadamente a sua função jurisdicional e a aplicação de tal princípio não deve ser incompatível com os acordos da OMC[869]. Em relação à esta última condição, por exemplo, como referiu o próprio Órgão de Recurso, "Nenhuma disposição do Memorando de Entendimento sobre Resolução de Litígios reconhece a um painel autoridade para ignorar ou modificar outras disposições explícitas do mesmo"[870] e, alguns anos depois, o Órgão de Recurso voltou a declarar que:

> "Não obstante a existência destes poderes jurisdicionais inerentes não se depreende que, uma vez estabelecida validamente a jurisdição, os painéis da OMC tenham autoridade para declinar pronunciar-se sobre a totalidade das alegações que lhes tenham sido colocadas. Pelo contrário, notamos que, apesar de reconhecer os poderes inerentes dos painéis da OMC, o Órgão de Recurso salientou previamente o seguinte: se bem que os painéis possuam uma certa discricionariedade no estabelecimento dos seus próprios procedimentos de trabalho, *esta discricionariedade não é tão ampla que permita modificar as disposições de fundo do Memorando de Entendimento sobre Resolução de Litígios. (...) Nenhuma disposição do Memorando de Entendimento sobre Resolução de Litígios confere a um painel autoridade para ignorar ou modificar ... disposições explícitas do Memorando*"[871].

Acresce que, apesar de alguns autores entenderem que a jurisdição inerente é, de certa maneira, análoga aos poderes implícitos das organizações internacionais[872], deve ser feita uma distinção entre poderes explícitos, inerentes e implícitos. Os poderes explícitos são os poderes estipulados no documento constitutivo, geralmente denominado tratado ou estatuto, e noutras regras processuais adoptadas quer pelos Estados participantes, quer pelo tribunal. Os poderes implícitos são poderes adicionais que, não estando estabelecidos de modo explícito no documento constitutivo e noutras regras processuais, são requeridos pelo exercício dos poderes explícitos. Eles resultam da interpretação do documento constitutivo e a sua asserção e exercício deverá ser necessária à luz dos poderes

---

[869] Andrew MITCHELL e David HEATON, *The Inherent Jurisdiction of WTO Tribunals: The Select Application of Public International Law Required by the Judicial Function*, in MJIL, 2010, p. 561.

[870] Relatório do Órgão de Recurso no caso *India – Patent Protection for Pharmaceutical and Agricultural Chemical Products* (WT/DS50/AB/R), 19-12-1997, parágrafo 92.

[871] Relatório do Órgão de Recurso no caso *Mexico – Tax Measures on Soft Drinks and Other Beverages* (WT/DS308/AB/R), 7-10-2005, parágrafo 46.

[872] Andrew MITCHELL, Due process in WTO disputes, in *Key Issues in WTO Dispute Settlement: The First Ten Years*, Rufus Yerxa e Bruce Wilson Ed., Cambridge University Press, 2005, p. 158.

A FUNÇÃO JURISDICIONAL NO SISTEMA GATT/OMC

explícitos[873]. Os poderes inerentes são poderes de que o juiz goza pelo simples facto do seu estatuto. Sendo poderes funcionais, eles apenas devem ser exercidos quando necessário para o exercício pleno da função jurisdicional e dos valores associados no contexto de um determinado sistema de resolução de litígios. O seu exercício não está dependente de uma cláusula explícita no documento constitutivo do tribunal[874]. O poder inerente mais básico de um tribunal diz respeito à determinação da sua própria jurisdição. Nem todos os poderes implícitos são também inerentes, "with the notable example of the power to order provisional measures"[875]. No caso concreto do sistema de resolução de litígios da OMC, o poder implícito mais contestado continua a ser o relativo à admissibilidade de comunicações *amicus curiae*[876].

## 10. A Agenda (Futura) da OMC
### 10.1. Introdução
Por força da interdependência crescente das economias, da redução das barreiras tradicionais ao comércio e investimento e do sucesso de alguns países em desenvolvimento no acesso aos mercados internacionais, alguns membros têm defendido que a OMC se deveria preocupar não apenas com o estabelecimento de um comércio livre (*free trade*), mas também de um comércio justo (*fair trade*).

De igual modo, face às alterações decorrentes necessariamente de uma economia globalizada, a OMC terá de responder frequentemente a novos desafios. Mas, naturalmente, a OMC não pode cobrir todas as matérias que tenham alguma relação com o comércio e o investimento internacionais. Por isso, da duas, uma: ou a OMC avança para uma coordenação horizontal com outras organizações intergovernamentais ou os membros da OMC decidem iniciar negociações sobre algumas dessas matérias.

Sintomaticamente, a Conferência Ministerial de Singapura, realizada dois anos após a entrada em vigor dos acordos da OMC, decidiu iniciar negociações sobre o investimento, a concorrência, a transparência das práticas de celebração de contratos públicos e a facilitação das trocas comerciais (as chamadas "questões

---

[873] Isabelle Van DAMME, *Treaty Interpretation by the WTO Appellate Body*, Oxford University Press, 2009, p. 164.

[874] *Idem*, p. 166.

[875] *Idem*.

[876] Regra geral, os tribunais internacionais tendem mais a aplicar poderes inerentes do que a ler poderes implícitos nos respectivos estatutos. Cf. Andrew MITCHELL e David HEATON, *The Inherent Jurisdiction of WTO Tribunals: The Select Application of Public International Law Required by the Judicial Function*, in MJIL, 2010, p. 619.

A JURISDIÇÃO

de Singapura")[877]. Pareceu prevalecer, assim, a "teoria da bicicleta" do GATT: "il faut pédaler sans relâche pour ne pas risquer de tomber"[878]. Por outras palavras, na ausência de iniciativas de liberalização do comércio internacional, as forças proteccionistas consolidam-se a si mesmas e podem reverter com êxito o processo de liberalização.

Porém, o fracasso da Conferência Ministerial de Seattle em finais de 1999 deveu-se, em grande medida, aos desacordos existentes entre os membros sobre a agenda de negociações[879] e, depois de várias tentativas, sobretudo por parte dos países em desenvolvimento, os membros da OMC chegaram a acordo, em Agosto de 2004, para retirar da agenda do Ciclo de Doha as negociações relativas ao investimento, política de concorrência e transparência das compras públicas[880].

## 10.2. O Caso das Práticas Comerciais Restritivas

Ao contrário da Carta de Havana (artigos 46º e 54º), o GATT de 1947 não concedeu grande atenção à questão das práticas comerciais restritivas[881]. A sua atenção incidiu, antes, no desmantelamento das barreiras comerciais resultantes de medidas estatais, como os direitos aduaneiros e as restrições quantitativas, então as principais medidas de protecção dos mercados nacionais[882].

---

[877] O texto da Declaração Ministerial de Singapura pode ser encontrado in Boletim da União Europeia, 12-1996, pp. 184-189.

[878] Jagdish BHAGWATI, *Protectionnisme*, Dunod, Paris, 1990, p. 42.

[879] Steve CHARNOVITZ, *Triangulating the World Trade Organization*, in AJIL, 2002, p. 28.

[880] OMC, *Doha Work Programme, Decision Adopted by the General Council on 1 August 2004* (WT/L/579), 2-8-2004, Ponto G.

[881] Segundo o nº 3 do art. 46º da Carta de Havana, eram práticas comerciais restritivas: (i) as que fixam os preços ou condições a respeitar nas transacções com terceiros, relativamente à compra, venda ou locação de qualquer produto; (ii) as que excluem empresas dum mercado territorial ou de um campo de actividade comercial, atribuindo ou repartindo um mercado territorial ou um campo de actividade comercial, distribuem a clientela ou fixam contingentes de venda ou de compra; (iii) as que têm efeito discriminatório em detrimento de determinadas empresas; (iv) as que limitam a produção ou fixam contingentes de produção; (v) as que, mediante acordo, impedem o aperfeiçoamento ou a aplicação de processos técnicos ou invenções registadas ou não; e (vi) as que estendem o exercício de direitos resultantes de patentes, marcas de fabrico, direitos de autor ou de reprodução, concedidos por um Estado Membro, a matérias que, em conformidade com as leis e regulamentos deste Estado Membro, não estejam incluídas no quadro desses privilégios, ou então a produtos ou a condições de produção, utilização ou venda que, igualmente, não constituem objecto desses privilégios.

[882] A principal regra do GATT de 1947 relativa às práticas comerciais restritivas encontrava-se no nº 4 do art. II e aplicava-se apenas aos monopólios de importação. Cf. Kyle BAGWELL e Robert STAIGER, *The Economics of the World Trading System*, The Massachusetts Institute of Technology Press, Cambridge, Massachusetts, 2002, p. 149.

A FUNÇÃO JURISDICIONAL NO SISTEMA GATT/OMC

Mas, como é natural, a perda de importância dos instrumentos clássicos de protecção e a regulamentação atingida em matéria de obstáculos não pautais levam a que as medidas de eliminação das barreiras estaduais ao comércio acordadas no Ciclo do Uruguai careçam de ser complementadas por normas que impeçam restrições à livre concorrência com origem em empresas privadas, como, por exemplo, as chamadas restrições verticais[883]. Até porque a política comercial e a política de concorrência prosseguem objectivos idênticos na maior parte dos casos:

> "The objective of competition policy is to protect consumers and to promote 'competition'. (...) Promoting economic efficiency and consumer welfare through competition requires an open market free from entry barriers and the safeguarding of free trade and effective competition. In this sense, competition policy basically supports free trade and market liberalization. In sum, trade policy enhances economic efficiency and consumer welfare through free trade and market liberalization, while competition policy advocates an open market and free trade in order to achieve economic efficiency and consumer welfare"[884].

Apesar de os acordos da OMC não imporem qualquer obrigação específica aos seus membros no sentido da adopção de medidas contra às restrições verticais, os Estados Unidos solicitaram ao Japão, em Junho de 1996, a realização de consultas, ao abrigo de uma decisão de 1960, sobre certas práticas comerciais de fabricantes, grossistas e retalhistas japoneses de película e rolos fotográficos (caso *Japan – Measures Affecting Consumer Photographic Film and Paper*)[885]. Mais con-

---

[883] Estão aqui em causa as medidas que ligam as diversas empresas nacionais nas sucessivas fases da cadeia de distribuição dos produtos, tornando bem mais difícil a entrada de empresas concorrentes estrangeiras. Dentro deste grupo de medidas incluem-se, por exemplo, os acordos de distribuição exclusiva (impedem os distribuidores de comercializarem os produtos dos concorrentes), as vendas condicionadas à compra de outros produtos do mesmo fabricante, os descontos por fidelidade (desincentivam a distribuição de produtos de outros fabricantes), etc..

[884] Seung CHANG, *Interaction between Trade and Competition: Why a Multilateral Approach for the United States?*, in Duke Journal of Comparative & International Law, 2004, p. 6. Isto não significa que não possa haver conflitos entre ambas:
"As for trade policy, its objective – for example, protecting national welfare – should embrace the protection of both consumer and producer interests. Nevertheless, producers' interests are normally more politically influential and better organized than those of consumers and thus more evident in the actual implementation of trade policy tools. In contrast, the objective of competition law is not the protection of 'producers'. Rather, the protection of consumer welfare through competition is the overriding objective of competition law". Cf. *Idem*, p. 7.

[885] Em 13 de Novembro de 1960, as partes contratantes do GATT adoptaram uma decisão que estabelecia um procedimento, não obrigatório, para a realização de consultas bilaterais sobre práticas comerciais restritivas. Este procedimento, porém, nunca foi utilizado no âmbito do GATT de

310

A JURISDIÇÃO

cretamente, os Estados Unidos alegaram que leis, regulamentos e prescrições do governo Japonês dificultavam significativamente a distribuição e a venda de papel e película fotográficos de consumo importados, violando nomeadamente os artigos III e X do GATT e os artigos III, VI, XVI e XVII do GATS. Ainda segundo os Estados Unidos, mesmo que se entendesse não haver qualquer violação, as práticas japonesas prejudicariam directa ou indirectamente a *Kodak*, no sentido determinado pelos chamados casos de não violação (artigos XXIII, nº 1, alínea *b*), do GATT de 1994 e 26º, nº 1, do Memorando de Entendimento sobre as Regras e Processos que Regem a Resolução de Litígios). Mas, como observa o actual director do secretariado do Órgão de Recurso:

> "in WTO law the dividing line appears to be between private trade-restrictive conduct encouraged or supported by a Member's government and private trade-restrictive conduct merely tolerated by the government. The former is likely to constitute a measure under WTO law, while in the case the government's failure to act against private restrictive conduct escapes the reach of WTO jurisdiction"[886].

Esta situação é tanto mais deplorável quando sabemos que os benefícios dos diversos ciclos de negociações comerciais multilaterais podem ser postos em causa por práticas comerciais restritivas levadas a cabo por empresas privadas. As vantagens inerentes à abolição de uma quota à importação de um produto num Membro da OMC podem ser anuladas se os compradores formarem nesse membro um cartel de importação e limitarem quantitativamente a importação do produto em causa ou levarem avante um boicote à sua aquisição[887]. Não é por acaso que os preços tendem a cair entre 20 a 40%, uma vez eliminados os cartéis internacionais[888]. Um dos executivos que participava num cartel que recente-

---

1947 (cf. Ernst-Ulrich Petersmann, *The GATT/WTO Dispute Settlement System: International Law, International Organizations and Dispute Settlement*, Kluwer Law International, Londres-Haia-Boston, 1997, p. 217). No entanto, no caso *Kodak-Fuji*, quando o Representante dos Estados Unidos para o Comércio Internacional "claimed to have found 'significant evidence of anti-competitive activities', it decided to request consultations with Japan on these issues pursuant to a 1960 Decision by the Contracting Parties on 'restrictive business practices', rather than raise them in the WTO complaint". Cf. Jeffrey Dunoff, *The Misguided Debate over NGO Participation at the WTO*, in JIEL, 1998, p. 446.

[886] Werner Zdouc, WTO Dispute Settlement Practice relating to the General Agreement on Trade in Services, in *The WTO Dispute Settlement System 1995-2003*, Federico Ortino e Ernst-Ulrich Petersmann ed., Kluwer Law International, Haia-Londres-Nova Iorque, 2004, p. 389.

[887] Mitsuo Matsushita, Restrictive Business Practices and the WTO/GATT Dispute Settlement Process, in *International Trade Law and the GATT/WTO Dispute Settlement System*, Studies in Transnational Economic Law, vol. 11, Ernst-Ulrich Petersmann ed., Kluwer Law International, Londres-Haia-Boston, 1997, p. 359.

[888] OMC, *World Trade Report 2003*, ed. OMC, 2003, p. 193.

A FUNÇÃO JURISDICIONAL NO SISTEMA GATT/OMC

mente foi objecto de investigação chegou mesmo a declarar – "os nossos concorrentes são nossos amigos, os nossos clientes são o inimigo" –, o que mostra que estes cartéis estão em total contradição com o funcionamento correcto de um mercado concorrencial, que eles têm efeitos negativos no comércio internacional e que merecem uma condenação firme a nível internacional[889].

É verdade que, em princípio, a integração dos mercados nacionais através do comércio e do investimento deveria dificultar a manutenção de tais cartéis, pelo menos dos que implicam um aumento significativo dos preços. Contudo, o número considerável de cartéis descobertos na década de 90 parece indicar que as forças do mercado, isoladamente, não oferecem uma protecção total contra esta ameaça ao comércio internacional. O chamado cartel das vitaminas, por exemplo, procurou explorar justamente a abertura dos mercados estimulada pelo sistema comercial multilateral para aumentar os preços e transferir receitas no valor de biliões de dólares dos compradores para os membros do cartel[890].

Note-se, ainda, que os cartéis *hardcore* não são, em caso algum, um mal confinado unicamente às economias dos países desenvolvidos[891]. Pelo contrário,

---

[889] OMC, *International Hardcore Cartels and Cooperation under a WTO Framework Agreement on Competition – Communication from the European Community and Its Member States* (WT/WGTCP/W/193), 1-7-2002, pp. 1-2.

[890] Simon EVENETT, *Study on Issues Relating to a Possible Multilateral Framework on Competition Policy* (WT/WGTCP/W/228), 19-5-2003, p. 96. Ainda segundo o mesmo autor, a análise do cartel das vitaminas revela que ele afectou em particular os países da Ásia, América Latina e Europa que não tinham aplicado medidas nacionais anti-cartel (cf. *Idem*). O cartel das vitaminas operou entre 1990 e 1999, envolveu produtores localizados no Canadá, Alemanha, Japão, Suíça e Estados Unidos e aumentou de modo exorbitante o preço das vitaminas mais usadas, por exemplo, como suplementos nutricionais. Na sequência, os Estados Unidos, por exemplo, aplicaram uma multa de 500 milhões de dólares à empresa suíça Hoffmann La Roche e de 225 milhões à empresa alemã BASF. Cf. Sheela RAI, *Protection of Competition Through Anti-dumping Law: A Case Study of the Vitamin Industry in India*, in JWT, 2006, pp. 974-975.

[891] Por vezes, faz-se a distinção entre cartéis *hardcore* e cartéis privados internacionais. Estes últimos surgem quando: (i) empresas privadas de mais de uma economia concertam um acordo explícito para fixar os preços, repartir os mercados ou manipular as licitações para a adjudicação de contratos; ou (ii) empresas privadas da mesma economia concertam um acordo explícito para fixar os preços, repartir os clientes ou manipular licitações nos mercados de mais de um país (cf. Simon EVENETT, *Study on Issues Relating to a Possible Multilateral Framework on Competition Policy* (WT/WGTCP/W/228), 19-5-2003, p. 89). Ora, segundo a OCDE, esta definição deve ser distinguida da definição de cartel intrinsecamente nocivo [*hardcore cartel*]. Segundo aquela organização internacional, este último tipo de cartel é "um acordo anticoncorrência, uma prática concertada anticoncorrência ou um arranjo anticoncorrência entre concorrentes visando fixar os preços, apresentar ofertas concertadas (manipulação de licitações), estabelecer restrições ou contingentes à produção, ou dividir os mercados mediante a repartição de consumidores, produtores, territórios ou linhas de actividade". Talvez a distinção mais importante entre a definição

A JURISDIÇÃO

tais cartéis constituem um fenómeno mundial que afecta uma vasta gama de produtos utilizados e consumidos em todo o mundo, tanto nos países desenvolvidos como nos países em desenvolvimento[892]. Além disso, existem indícios claros de que, uma vez detectados, investigados e punidos pelas autoridades, os cartéis procurarão encaminhar as suas actividades para as economias em desenvolvimento e em transição onde não estejam a operar[893]. E, observa ainda ELEANOR FOX:

> "Industrialized countries normally have the tools, resources and power to protect themselves from offshore cartels by extraterritorial enforcement of their antitrust laws and through bilateral cooperation. Developing countries, however, do not have comparable resources, and, given their vulnerability, they are often the special targets of world cartel activity emanating from the industrialized world"[894].

Por último, muitos governos tendem a ser mais tolerantes com o comportamento das empresas nos mercados de exportação do que nos mercados internos[895]. Isso deve-se ao facto de as autoridades nacionais de defesa da concorrência não terem incentivos para refrear o comportamento monopolístico de empresas estabelecidas na sua jurisdição se esse comportamento dá lugar a um aumento

de cartel internacional privado e a de cartel *hardcore* seja a repetida utilização da expressão "anticoncorrência" na última. Isto suscita a questão de saber se um cartel pode ser pro-concorrência, isto é, se a formação de um cartel pode redundar em preços mais baixos para os compradores. Como têm assinalado alguns investigadores da escola de Chicago, em teoria, é possível que um cartel – em determinadas circunstâncias – dê lugar a reduções de custos suficientemente elevadas para que os compradores paguem menos pelos bens. A informação empírica disponível sobre os cartéis internacionais privados não tem, contudo, comprovado a relevância desta observação teórica. Cf. *Idem*.

[892] Os factos relativos a 12 cartéis privados internacionais mostram, por exemplo, que, entre 1995 e 2002, os países em desenvolvimento importaram bens num valor situado entre 8 e 12 biliões de dólares sujeitos a preços mais elevados do que seria de esperar. Cf. Jacob KOL e Alan WINTERS, *The EU after Cancun: Can the Leopard Change its Spots?*, in European Foreign Affairs Review, 2004, p. 19.

[893] OMC, *International Hardcore Cartels and Cooperation under a WTO Framework Agreement on Competition – Communication from the European Community and Its Member States*, 1-7-2002, p. 3.

[894] Eleanor FOX, Competition Law, in *Andreas Lowenfeld International Economic Law*, Oxford University Press, 2001, p. 382.

[895] A maioria dos países da OCDE excepciona os cartéis de exportação "from their national laws regulating cartels" (cf. Peter LLOYD, *When should new areas of rules be added to the WTO?*, in WTR, 2005, pp. 280-281). Mas, um acordo que *ex facie* é aplicável apenas às exportações pode ter "quite serious domestic effects". De facto, "wherever the members of an export cartel account for a substantial share of domestic production, their export decisions are likely to spill over and influence domestic supplies and prices". Cf. Brendan SWEENEY, *Export Cartels: Is There a Need for Global Rules?*, in JIEL, 2007, p. 89.

A FUNÇÃO JURISDICIONAL NO SISTEMA GATT/OMC

dos benefícios nacionais à custa principalmente de consumidores e concorrentes estrangeiros[896].

## 10.3. Os Limites À Inclusão de Novas Matérias

Ao determinar que "as recomendações e decisões do Órgão de Resolução de Litígios não podem aumentar ou diminuir os direitos e obrigações previstos nos acordos abrangidos", o nº 2 do art. 3º do Memorando de Entendimento sobre Resolução de Litígios articula "a contractual, law-applying system designed to preserve existing bargains rather than delegate to Appellate Body judges the authority to interpret WTO provisions in light of their perceptions of changing policy concerns"[897]. Vamos imaginar, por exemplo, que um Membro da OMC apresenta uma queixa, nos termos dos artigos XXIII, nº 1, alínea b), do GATT e 26º, nº 1, do Memorando, baseada essencialmente em considerações relativas a práticas comerciais restritivas (sem qualquer envolvimento governamental), matéria abordada de forma muito residual pelo actual sistema comercial multilateral[898]. Como bem nota DAVID GERBER:

> "In the context of the WTO, a narrower vision of international economic relations has prevailed. In it, the focus is on the actions of states that impede trade and competition, while the actions of private institutions that may have similar effects have been curiously privileged. From this perspective, the WTO's mission appears unbalanced, treating that part of the problem whose treatment best serves United States and European interests, but neglecting the issues whose treatment would weigh most heavily on United States an European companies, given that they are most likely to have the economic power necessary to engage in global-level anticompetitive conduct"[899].

Assim, um painel que aceitasse analisar a queixa acima referida estaria a incorrer, em boa verdade, em *law-making* (em vez de *law-applying*)[900], a violar a disposição que determina que os painéis e o Órgão de Recurso não podem assumir uma

---

[896] E, uma vez que são as empresas do país exportador a ganhar com a ausência de disciplina a nível internacional, o país "exportador" pode recusar ao país "importador" o acesso a elementos de prova importantes localizados no seu território.

[897] J. Patrick KELLY, *Judicial Activism at the World Trade Organization: Developing Principles of Self-Restraint*, in Northwestern Journal of International Law & Business, 2002, p. 366.

[898] É possível, apesar de tudo, encontrar algumas referências à promoção da política de concorrência nos acordos da OMC: artigo 11º do Acordo sobre as Medidas de Salvaguarda, artigos VIII e IX do GATS e artigo 40º do Acordo TRIPS.

[899] David GERBER, *Competition Law and the WTO: Rethinking the Relationship*, in JIEL, 2007, p. 708.

[900] John JACKSON, *Appraising the Launch and Functioning of the WTO*, in GYIL, vol. 39, 1996, pp. 38-39.

314

A JURISDIÇÃO

postura de activismo judicial, aumentando ou diminuindo os direitos e obrigações dos membros previstos nos "acordos abrangidos"[901].

No que concerne aos membros da OMC, a sua liberdade para alterar as disposições dos acordos da OMC ou adicionar novos acordos é, igualmente, diminuta, embora, formalmente, a sua legitimidade seja inquestionável. No caso das alterações aos acordos da OMC, as regras do art. X do Acordo OMC são, no seu conjunto, assaz rigorosas. Sendo habitual encontrar omissões e disposições de carácter ambíguo em muitos dos acordos da OMC, talvez tivesse sido preferível maior flexibilidade.

### 10.4. O Caso *EC – Conditions for the Granting of Tariff Preferences*

A Índia alegou no caso *European Communities – Conditions for the Granting of Tariff Preferences to Developing Countries* que o regime especial de luta contra a produção e o tráfico de droga consagrado no art. 10º do Regulamento comunitário nº 2501/2001 do Conselho da União Europeia[902], base jurídica do sistema de pre-

---

[901] Segundo o nº 2 do art. 19º do Memorando de Entendimento sobre Resolução de Litígios, o Painel e o Órgão de Recurso não podem também, nas suas conclusões e recomendações, aumentar ou diminuir os direitos e obrigações previstos nos acordos abrangidos.

[902] Regulamento (CE) Nº 2501/2001 do Conselho de 10 de Dezembro de 2001, *relativo à aplicação de um sistema de preferências pautais generalizadas durante o período compreendido entre 1 de Janeiro de 2002 e 31 de Dezembro de 2004*, in JO L 346, 31-12-2001, pp. 1 e segs. Este regulamento comunitário previa: i) um regime geral; ii) um regime especial de incentivo à protecção dos direitos dos trabalhadores; iii) um regime especial de incentivo à protecção do ambiente; iv) um regime especial a favor dos países menos avançados; e v) um regime especial de luta contra a produção e o tráfico de droga. Ao abrigo do regime geral, podiam receber preferências pautais todos os países e territórios referidos no anexo I do Regulamento. Os produtos abrangidos estavam, por sua vez, enumerados no anexo IV do Regulamento e dividiam-se em produtos sensíveis e não sensíveis. No caso dos produtos não sensíveis enumerados no anexo IV, excepto os componentes agrícolas, os direitos da pauta aduaneira comum aplicáveis eram suspensos na sua totalidade (art. 7º, nº 1, do Regulamento 2501/2001). Já no caso dos produtos sensíveis enumerados no anexo IV, os direitos *ad valorem* da pauta aduaneira comum aplicáveis sofriam uma redução de 3,5 pontos percentuais, sendo essa redução de 20% em relação aos produtos dos capítulos 50 e 63 do Sistema Harmonizado (art. 7º, nº 2, do Regulamento 2501/2001), e os direitos específicos da pauta aduaneira comum, que não direitos máximos ou mínimos, aplicáveis aos produtos sensíveis enumerados no anexo IV sofriam uma redução de 30%, sendo essa redução limitada a 15% no caso dos produtos do código Nomenclatura Combinada (NC) 2207 (art. 7º, nº 4, do Regulamento 2501/2001). E sempre que os direitos da pauta aduaneira comum aplicáveis aos produtos sensíveis enumerados no anexo IV compreendessem direitos *ad valorem* e direitos específicos, estes últimos não sofriam qualquer redução. No que concerne ao regime especial de luta contra a produção e o tráfico de droga, o art. 10º do regulamento comunitário determinava o seguinte:

"1. Os direitos *ad valorem* da pauta aduaneira comum aplicáveis aos produtos que, de acordo com o anexo IV, estão incluídos no regime especial de luta contra a produção e o tráfico de droga a que se refere o título IV e que são originários de um país que, de acordo com a coluna

315

A FUNÇÃO JURISDICIONAL NO SISTEMA GATT/OMC

ferências generalizadas então aplicável pelas Comunidades Europeias, violava o nº 1 do art. I do GATT e que não era justificado pela Cláusula de Habilitação[903]. Mais exactamente, a Índia alegou que a alínea *a*) do nº 2 da Cláusula de Habilitação tinha por objectivo:

"assegurar que os benefícios do sistema generalizado de preferências são estendidos a *todos* os países em desenvolvimento e não apenas a alguns deles. A alínea *a*) do nº 2 da Cláusula de Habilitação não prevê nenhuma selectividade. Em vez disso, exige que o tratamento preferencial seja atribuído a todos os países em desenvolvimento"[904].

Na prática, a Cláusula de Habilitação imporia um tratamento da nação mais favorecida quanto às preferências comerciais a conceder aos diferentes países em desenvolvimento.

Em contraste, o Órgão de Recurso leu o nº 3, alínea *c*), da Cláusula de Habilitação como autorizando os países que concedem preferências a "responder positivamente" a "necessidades" que não sejam necessariamente comuns ou par-

---

I do anexo I, beneficie desse regime serão suspensos na sua totalidade. Esse direito é reduzido a 3,6% em relação aos produtos do código NC 0306 13.

2. Os direitos específicos da pauta aduaneira comum aplicáveis aos produtos referidos no nº 1 são suspensos na sua totalidade, excepto em relação aos produtos cujos direitos da pauta aduaneira comum também incluem direitos *ad valorem*. O direito específico é limitado a 16% do valor aduaneiro em relação aos produtos dos códigos NC 1704 10 91 e 1704 10 99".

Deste modo, os produtos originários dos países beneficiários incluídos no regime especial mas não no regime geral tinham acesso livre ao mercado comunitário, enquanto que todos os outros países em desenvolvimento estavam obrigados a pagar os direitos da pauta aduaneira comum aplicáveis. Já no que diz respeito aos produtos incluídos simultaneamente no regime especial e no regime geral e que fossem considerados sensíveis ao abrigo da coluna G do anexo IV do Regulamento, com excepção dos produtos dos códigos NC 0306 13, 1704 10 91 e 1704 10 99, os países beneficiários gozavam de acesso livre ao mercado comunitário, ao passo que todos os outros países em desenvolvimento beneficiavam apenas de reduções nos direitos da pauta aduaneira comum aplicáveis. Portanto, as preferências pautais atribuídas aos países beneficiários do regime especial de luta contra a produção e o tráfico de droga eram maiores do que as concedidas no âmbito do regime geral a outros países em desenvolvimento.

[903] Para a Índia:

"a Comunidade Europeia optou por uma preferência tarifária selectiva e o preço foi pago não pela Comunidade, mas pelos outros países em desenvolvimento. (...) A Cláusula de Habilitação foi adoptada *especificamente* com o propósito de transferir benefícios dos países desenvolvidos para os países em desenvolvimento. O seu objectivo não é, nem nunca foi, permitir que os países desenvolvidos transfiram benefícios ligados ao acesso aos mercados de alguns países em desenvolvimento para outros". Cf. OMC, *Minutes of Meeting Held in the Centre William Rappard on 20 April 2004* (WT/DSB/M/167), 27-5-2004, pp. 8-9.

[904] Relatório do Órgão de Recurso no caso *European Communities – Conditions for the Granting of Tariff Preferences to Developing Countries* (WT/DS246/AB/R), 7-4-2004, parágrafo 121.

A JURISDIÇÃO

tilhadas por todos os países em desenvolvimento. Em consequência, a resposta às "necessidades dos países em desenvolvimento" pode implicar tratar os diferentes países em desenvolvimento beneficiários de maneira diferente[905].

Todavia, segundo o mesmo órgão:

"**163.** A alínea *c*) do nº 3 não autoriza *qualquer* tipo de resposta a *qualquer* alegada necessidade dos países em desenvolvimento. Em primeiro lugar, observamos que os tipos de necessidades dos países em desenvolvimento para as quais se prevê uma resposta se reduzem às 'necessidades do desenvolvimento, das finanças e do comércio'. Em nossa opinião, não se pode considerar que uma 'necessidade' seja uma das 'necessidades dos países em desenvolvimento' especificadas no sentido da alínea *c*) do nº 3, com base apenas numa afirmação nesse sentido, por exemplo, de um país que conceda preferências ou de um país beneficiário. Pelo contrário, quando se formula uma alegação de incompatibilidade com a alínea *c*) do nº 3, a existência de uma 'necessidade do desenvolvimento, das finanças e do comércio' deve ser avaliada de acordo com um critério *objectivo*. O amplo reconhecimento de uma determinada necessidade, no Acordo OMC ou em instrumentos multilaterais adoptados por organizações internacionais, pode constituir um tal critério.

**164.** Em segundo lugar, a alínea *c*) do nº 3 prescreve que a resposta dada às necessidades dos países em desenvolvimento seja 'positiva'. (...) Isto sugere que a resposta de um país que concede preferências deve ser tomada com vista a *melhorar* a situação de desenvolvimento, financeira ou comercial de um país beneficiário, tendo em conta a necessidade particular em causa. Como tal, em nossa opinião, a previsão de que os países desenvolvidos 'respondam positivamente' às 'necessidades dos países em desenvolvimento' indica que deve haver um nexo suficiente entre, por um lado, o tratamento preferencial concedido ao abrigo da medida correspondente autorizada pelo nº 2, e, por outro lado, a probabilidade de mitigar a 'necessidade de desenvolvimento, financeira ou comercial' relevante. No contexto de um esquema sistema generalizado de preferências, a necessidade concreta em causa deve ser tal, pela sua natureza, que seja possível abordá-la de forma eficaz mediante preferências tarifárias. Consequentemente, só se um país que concede preferências actuar da forma 'positiva' sugerida, 'para responder' a uma necessidade de desenvolvimento, financeira ou comercial' amplamente reconhecida, pode tal acção satisfazer os requisitos da alínea *c*) do nº 3.

**165.** Assim sendo, consideramos que a alínea *c*) do nº 3, ao exigir que os países desenvolvidos 'respondam positivamente' às 'necessidades dos países em desenvolvimento', que são variadas e não são homogéneas, indica que um esquema sistema generalizado de preferências pode ser 'não discriminatório' mesmo quando não se conceda um tratamento tarifário 'idêntico' a 'todos' os beneficiários do sistema gene-

---

[905] *Idem*, parágrafo 162.

A FUNÇÃO JURISDICIONAL NO SISTEMA GATT/OMC

ralizado de preferências. Além disso, a alínea *c*) do nº 3 sugere que as preferências tarifárias no âmbito dos esquemas sistema generalizado de preferências podem ser 'não discriminatórias' quando as preferências tarifárias relevantes visam responder a uma 'necessidade de desenvolvimento, financeira ou comercial' concreta e se põem à disposição de todos os beneficiários que partilham de tal necessidade"[906].

O Órgão de Recurso assinalou, por fim, que:

"o objectivo de aumentar 'a parte no crescimento do comércio internacional' e o 'comércio e receitas de exportação' dos países em desenvolvimento pode ser alcançado através da promoção de políticas preferenciais visando os interesses que os países em desenvolvimento têm em comum, *assim como* os interesses partilhados por subcategorias de países em desenvolvimento, em função das suas necessidades específicas. Uma interpretação da expressão 'não discriminação' que não exija a concessão de 'preferências tarifárias idênticas' permite não só que os esquemas sistema generalizado de preferências proporcionem um acesso preferencial aos mercados a todos os beneficiários, mas também a possibilidade de concessão de preferências adicionais para os países em desenvolvimento com necessidades particulares, desde que tais preferências adicionais não sejam incompatíveis com as demais disposições da Cláusula de Habilitação, incluindo os requisitos de que essas preferências sejam 'generalizadas' e 'não recíprocas'"[907].

Por conseguinte, com base nas conclusões referidas, o Órgão de Recurso permite que os vários sistemas de preferências generalizadas diferenciem os países em desenvolvimento de acordo com as suas necessidades especiais. Essencialmente, um país doador deve demonstrar, quando pretende criar um sistema de preferências generalizadas com diferentes níveis de preferências para diferentes países em desenvolvimento:

*a*) que os países que recebem preferências adicionais têm necessidades de desenvolvimento especiais;

*b*) que as preferências adicionais são um meio efectivo de resposta a tais necessidades especiais;

*c*) que as preferências adicionais são concedidas a todos os países em desenvolvimento que têm tais necessidades de desenvolvimento especiais;

*d*) que qualquer resposta positiva de um país que conceda preferências às diferentes necessidades dos países em desenvolvimento não impõe ónus injustificáveis aos outros membros.

---

[906] *Idem*, parágrafos 163-165.
[907] *Ibidem*, parágrafo 169.

A JURISDIÇÃO

Assim, a respeito da objectividade dos critérios de reconhecimento da existência de uma "necessidade do desenvolvimento, das finanças e do comércio", o Órgão de Recurso diz expressamente que "o amplo reconhecimento de uma determinada necessidade, no Acordo OMC ou em instrumentos multilaterais adoptados por organizações internacionais, pode constituir um tal critério objectivo" (parágrafo 163). Assim, a atribuição condicionada de preferências comerciais ao reconhecimento dos chamados direitos mínimos dos trabalhadores identificados pela Organização Internacional do Trabalho (OIT)[908] cum-

---

[908] O nº 2 da Declaração da OIT de 1998 relativa aos Princípios e Direitos Fundamentais no Trabalho, que entrou em vigor em Novembro de 2000, mostra que já existe consenso da comunidade internacional quanto aos direitos laborais que devem ser considerados mínimos:

"Todos os Membros, mesmo quando não tenham ratificado as Convenções em causa, têm a obrigação, pelo simples facto de serem membros da Organização, de respeitar, promover e realizar, de boa fé e de acordo com a Constituição, os princípios relativos aos direitos fundamentais que são objecto das ditas convenções, a saber (a) a liberdade de associação e o reconhecimento efectivo do direito de negociação colectiva [Convenções da OIT nºs 87 e 98]; (b) a eliminação de todas as formas de trabalho forçado ou obrigatório [Convenções da OIT nºs 29 e 105]; (c) a abolição efectiva do trabalho infantil [Convenções da OIT nºs 138 e 182]; e (d) a eliminação da discriminação em matéria de emprego e ocupação [Convenções da OIT nºs 100 e 111]".

Do nº 5 desta Declaração da OIT resulta ainda que "as normas laborais não deverão ser utilizadas com fins comerciais proteccionistas e que nada na presente Declaração deverá ser invocado ou utilizado de outro modo para tais fins; além disso, a vantagem comparativa de qualquer país não deverá se posta em causa, de forma alguma, por esta Declaração" (o texto da Declaração e das convenções da OIT pode ser encontrado in http://www.ilo.org).

O facto de a Declaração de 1998 da OIT ter obtido o voto favorável de 150 membros da Organização, tendo sido apenas 25 os membros que se abstiveram (cf. Robert HOWSE, *The World Trade Organization and the Protection of Workers' Rights*, in The Journal of Small and Emerging Business Law, 1999, p. 142), mostra claramente que os membros da OIT concordaram em respeitar e promover os direitos mínimos dos trabalhadores, mesmo que não tivessem ratificado anteriormente as convenções relativas aos mesmos. Aliás, se virmos bem, já anteriormente a declaração ministerial da OMC adoptada na Conferência de Singapura (1996) tinha dito essencialmente o mesmo. Nesta declaração, onde se encontra, pela primeira vez num documento oficial da OMC, uma referência à cláusula social (cf. Virginia LEARY, *The WTO and the Social Clause: Post-Singapore*, in EJIL, 1997, p. 118), os membros declaram reiterar o seu empenho em respeitar as normas fundamentais do trabalho consagradas internacionalmente, reconhecendo, no entanto, que é a OIT a organização competente para fixar estas normas e delas se ocupar. Reconhece-se, até, que o crescimento económico e o desenvolvimento, favorecidos por um aumento das trocas comerciais e uma mais ampla liberalização do comércio, contribuem para a promoção dessas normas. Os membros da OMC declaram, ainda, rejeitar a utilização das normas do trabalho com fins proteccionistas e reconhecer que a vantagem comparativa dos países, em especial dos países em desenvolvimento com salários baixos, não deve de forma alguma ser posta em causa (o sublinhado é nosso).

Em suma, resulta da declaração ministerial de Singapura, tal como da declaração posterior da OIT, que os membros da OMC não enjeitam as normas fundamentais do trabalho internacio-

## A FUNÇÃO JURISDICIONAL NO SISTEMA GATT/OMC

prirá, certamente, a exigência de objectividade, até porque todos os membros da OMC já se comprometeram a observar tais direitos. Consequentemente, é possível defender a legitimidade das preferências adicionais que a Comunidade Europeia concedia em matéria laboral e ambiental ao abrigo do Regulamento nº 2501/2001. Não só tais preferências adicionais contribuíam para responder às "necessidades de desenvolvimento" dos países que beneficiavam das mesmas, como também eram concedidas com base em critérios razoavelmente objectivos e transparentes[909]. Em contraste, uma das condições impostas pelos Estados Unidos para um país em desenvolvimento poder beneficiar do seu sistema de preferências generalizadas – não ser um país comunista – dificilmente poderá ser vista

nalmente reconhecidas; rejeitam somente aquelas que são utilizadas com fins proteccionistas ou que põem em causa a vantagem comparativa dos países em desenvolvimento, em especial dos países com salários baixos. A única diferença relevante entre as duas declarações prende--se, assim, com o facto de que aquilo que na declaração da OIT é obrigação, na declaração da OMC se transforma apenas em empenho. Significativamente, no nº 8 da declaração ministerial da OMC adoptada na Conferência de Doha (2001), os membros da OMC reafirmaram a sua declaração relativa às normas fundamentais do trabalho consagradas internacionalmente, feita na Conferência Ministerial de Singapura, o que não surpreende. A OMC não tem experiência nem qualquer conhecimento especial que lhe permita impor o respeito dos direitos mínimos dos trabalhadores. Essa tarefa deve caber claramente à OIT, pelo que não é de estranhar que a Declaração Ministerial que lançou o Ciclo de Doha (2001-) tenha excluído da agenda das negociações comerciais multilaterais a problemática dos direitos dos trabalhadores. O texto da Declaração Ministerial de Doha pode ser encontrado in Eduardo Paz FERREIRA e João ATANÁSIO, *Textos de Direito do Comércio Internacional e do Desenvolvimento Económico*, Volume I – Comércio Internacional, Almedina, 2004, pp. 745-762.

[909] É de salientar que o sistema de preferências generalizadas dos Estados Unidos da América impõe, como condição obrigatória para que um país possa beneficiar das preferências comerciais, condições de trabalho aceitáveis no que diz respeito ao salário, horas de trabalho e condições de segurança e saúde no local de trabalho e é bom não esquecer que, segundo o art. 7º do Pacto Internacional sobre os Direitos Económicos, Sociais e Culturais, "os Estados Partes no presente Pacto reconhecem o direito de todas as pessoas de gozar de condições de trabalho justas e favoráveis, que assegurem em especial: *b)* condições de trabalho seguras e higiénicas; *d)* repouso, lazer e limitação razoável das horas de trabalho ...". Também alguns autores discordam da Declaração da OIT relativa aos Princípios e Direitos Fundamentais no Trabalho. Para PATRICK MACKLEM, por exemplo, não faz sentido deixar de fora os direitos do trabalhador à segurança e higiene no local de trabalho, uma vez que "working conditions free of grave risk of injury or illness seems as fundamental a right as working without discrimination" (cf. Patrick MACKLEM, *Labour Law Beyond Borders*, in JIEL, 2002, p. 620). Mas, como vimos, os direitos mínimos dos trabalhadores não abrangem o nível salarial nem as condições de saúde e de segurança no local de trabalho, ambos susceptíveis de aumentar os custos de produção e, como tal, distorcer as vantagens comparativas de que gozam os países em desenvolvimento.

A JURISDIÇÃO

como um critério objectivo, até por não existir nenhum instrumento multilateral a impossibilitar a adopção de tal forma de governo[910].

Resulta, igualmente, da interpretação feita pelo Órgão de Recurso do n.º 3, alínea *c*), da Cláusula de Habilitação que um país doador não pode conceder preferências adicionais com base em condições que reflictam substancialmente os seus próprios interesses, uma vez que tais preferências não teriam por objectivo responder positivamente às necessidades dos países em desenvolvimento[911]. Tal aconteceria, por exemplo, se uma determinada condição fosse imposta com o objectivo de proteger os direitos de propriedade intelectual do país doador no mercado do país beneficiário das preferências comerciais. Logo, os Estados Unidos dificilmente poderão impor no âmbito do seu sistema de preferências generalizadas condições similares às que têm imposto nos acordos de comércio livre bilaterais concluídos por si nos últimos tempos[912]. Por exemplo, enquanto que o Acordo da OMC sobre os Aspectos dos Direitos de Propriedade Intelectual relacionados com o Comércio (Acordo TRIPS) prevê que os direitos de autor sejam protegidos durante 50 anos, os acordos de comércio livre concluídos pelos Estados Unidos da América com Singapura, Chile, Marrocos, Austrália e Bahrein impõem um prazo de 70 anos[913].

---

[910] Segundo PETER GERHART e ARCHANA KELLA:
"a preference system that distinguishes between countries on the basis of their form of government or their religion would be sustained as 'non-discriminatory' only if it could be shown that the form of government or religion had some relationship to the developmental, financial or trade needs of the country". Cf. Peter GERHART e Archana KELLA, *Power and Preferences: Developing Countries and the Role of the WTO Appellate Body*, in North Carolina Journal of International Law and Commercial Regulation, Vol. 30, 2005, p. 550.

[911] JEFFREY DUNOFF nota, a este respeito, que:
"Under Article XX [of the GATT], trade measures that discriminate among exporting states are justified, under certain conditions, precisely because they advance importing state interests. A measure designed to advance exporting state interests is unlikely to pass muster under an Article XX analysis. (...) So, unlike measures under the Enabling Clause – which will only be upheld if designed to advance recipient states' (i.e., exporting states') development, financial, or trade needs – measures under Article XX will only be upheld if they are designed to advance the interests of importing states" (cf. Jeffrey DUNOFF, When – and Why – Do Hard Cases Make Bad Law? ..., p. 285).
Por exemplo, o art. XX do GATT autoriza um país a proibir a importação de DVDs sobre pedofilia, não para proteger as crianças no país exportador, mas para salvaguardar a moralidade no país de importação.

[912] O texto destes acordos bilaterais pode ser encontrado in http://www.ustr.gov/Trade_Agreements/Bilateral/Section_Index.html.

[913] Carsten FINK e Patrick REICHENMILLER, *Tightening TRIPS: The Intellectual Property Provisions of Recent US Free Trade Agreements*, Trade Note 20, 7-2-2005, International Trade Department, The World Bank Group, pp. 3-4. Significativamente, os países em desenvolvimento têm defendido,

A FUNÇÃO JURISDICIONAL NO SISTEMA GATT/OMC

Apesar de tudo, os sistemas de preferências generalizadas poderão permitir aos países desenvolvidos a prossecução de objectivos impossíveis de realizar legitimamente ao abrigo de determinados princípios fundamentais do GATT. Por exemplo, não é possível a um Membro da OMC proibir ao abrigo do art. III do GATT a comercialização de um determinado produto importado no mercado nacional só porque ele é originário de um país onde os direitos mínimos dos trabalhadores não são observados. Ao abrigo do art. III do GATT, os produtos só podem ser distinguidos com base nas qualidades dos próprios produtos, pelo que as distinções dos produtos baseadas nas características do processo de produção, ou do produtor, que não sejam determinantes das características do produto, são simplesmente vistas *a priori* como ilegítimas. No âmbito dos vários sistemas de preferências generalizadas, pelo contrário, não haverá grandes impedimentos à possibilidade de um Membro oferecer preferências comerciais adicionais aos países que respeitem tais direitos mínimos.

Resumindo, o Órgão de Recurso impõe alguns limites à liberdade dos países ricos condicionarem em termos unilaterais o acesso às suas preferências comerciais. Deixa de ser legítimo, por exemplo, o que os Estados Unidos fizeram nos anos 80, quando deixaram de conceder preferências comerciais à Nicarágua

no seu conjunto, interpretações mais flexíveis do Acordo sobre os Aspectos dos Direitos de Propriedade Intelectual relacionados com o Comércio, com vista a gozarem de maior margem de manobra. Por exemplo, enquanto os Estados Unidos, antes da Conferência Ministerial de Doha, assinalavam que "apenas a pandemia da sida deveria ser vista como uma situação de emergência nacional" (cf. James Thuo GATHII, *The Legal Status of the Doha Declaration on TRIPS and Public Health Under the Vienna Convention on the Law of Treaties*, in Harvard Journal of Law & Technology, 2002, p. 307), os países em desenvolvimento tiveram um papel fundamental na solução posteriormente consagrada na Declaração sobre o Acordo sobre os Aspectos dos Direitos de Propriedade Intelectual Relacionados com o Comércio e a Saúde Pública: cada membro da OMC tem "o direito de determinar o que constitui uma emergência nacional ou outras circunstâncias de extrema urgência, entendendo-se que as crises no domínio da saúde pública, incluindo as relacionadas com sida,tuberculose, malária e outras epidemias, podem representar uma emergência nacional ou outras circunstâncias de extrema urgência" (considerando nº 5, alínea *c*)). Ultimamente, estando alguns acordos bilaterais e regionais criados a limitar a utilidade dos instrumentos da OMC relativos à saúde pública, têm sido redigidos memorandos de entendimento para inclusão em alguns desses acordos de comércio livre, com o objectivo de protegerem os direitos dos membros da OMC resultantes do Acordo sobre os Aspectos dos Direitos de Propriedade Intelectual relacionados com o Comércio, da Declaração sobre o Acordo sobre os Aspectos dos Direitos de Propriedade Intelectual Relacionados com o Comércio e a Saúde Pública e da derrogação à alínea *f*) do art. 31º do Acordo sobre os Aspectos dos Direitos de Propriedade Intelectual Relacionados com o Comércio adoptada em Agosto de 2003cf. OMC, *Implementation of paragraph 6 of the Doha Declaration on the TRIPS Agreement and public health* (IP/C/W/405), 30-8-2003). Todavia, como salienta SONIA ROLLAND, a validade jurídica destes memorandos permanece incerta. Cf. Sonia ROLLAND, *Developing Country Coalitions at the WTO: In Search of Legal Support*, in HILJ, 2007, pp. 547-548.

## A JURISDIÇÃO

(governada pelos Sandinistas), por considerarem que este país não respeitava os direitos dos trabalhadores, continuando, no entanto, a conceder preferências a São Salvador e à Guatemala, acções que pareciam ter por fim promover os objectivos de política externa da administração Reagan e não a protecção dos trabalhadores[914].

Mas qual a razão que nos leva a analisar este caso num capítulo dedicado à jurisdição do sistema de resolução de litígios da OMC? Simplesmente porque o caso *European Communities – Conditions for the Granting of Tariff Preferences to Developing Countries* indica que, apesar de os painéis e o Órgão de Recurso não poderem analisar queixas baseadas em alegações que não cabem na sua jurisdição *ratione materiae*, eles podem, apesar de tudo, impor limites importantes à possibilidade de os países ricos estruturarem os seus sistemas de preferências generalizadas de acordo principalmente com valores e ambições políticas que não caem dentro de tal jurisdição. Além disso, o fim dos sistemas de preferências generalizadas teria como consequência, fatalmente, a multiplicação de acordos bilaterais e a realidade revela que os países em desenvolvimento têm negociado acordos de comércio livre com os países desenvolvidos (principalmente com os Estados Unidos) que incluem obrigações mais exigentes do que aquelas que constam de alguns acordos da OMC[915] e que algumas das chamadas "questões de Singapura" (investimento, política de concorrência e transparência das práticas de celebração de contratos públicos[916]) aparecem frequentemente nos acordos bilaterais celebrados, não obstante a forte oposição dos países em desenvolvimento à sua inclusão na Agenda de Desenvolvimento de Doha.

---

[914] Gregory SHAFFER e Yvonne APEA, *Institutional Choice in the Generalized System of Preferences Case: Who Decides the Conditions for Trade Preferences? The Law and Politics of Rights*, in JWT, 2005, p. 997.

[915] Richard POMFRET, *Is Regionalism an Increasing Feature of the World Economy?*, in WE, 2007, p. 933.

[916] Os contratos públicos, ou compras públicas, começaram a ser regulados no plano internacional a partir do Ciclo de Tóquio. Actualmente, o acordo sobre contratos públicos continua a ser uma opção para os membros da OMC (art. II, nº 3, do Acordo que Institui a Organização Mundial do Comércio) e, por isso, o que está em discussão nas negociações do Ciclo de Doha é a sua multilateralização, isto é, a sua obrigatoriedade para todos os membros da OMC.

# Capítulo 4
## Os Casos de Não Violação

*"The non-violation procedure is to some a matter of concern, to others a source of hope"*[917].

## 1. Introdução

Apesar de a grande maioria dos relatórios de painéis e do Órgão de Recurso dizer respeito a casos de violação das obrigações contraídas, o âmbito do sistema de resolução de litígios do sistema GATT/OMC abarca igualmente casos de anulação ou redução de vantagens sem que haja necessariamente qualquer violação das disposições dos acordos referidos no Apêndice 1 do Memorando de Entendimento sobre as Regras e Processos que Regem a Resolução de Litígios (os "acordos abrangidos"). Como já foi mencionado, esta singularidade encontra-se prevista no nº 1 do art. XXIII do GATT:

> "No caso de uma parte contratante considerar que uma vantagem que para si resulte, directa ou indirectamente, do presente Acordo se encontra anulada ou comprometida, ou que a realização de um dos objectivos do Acordo se encontra dificultada em consequência:
>
> a) de outra parte contratante não satisfazer as obrigações que contraiu em virtude do presente Acordo; ou
>
> b) de outra parte contratante aplicar uma medida, *contrária ou não às disposições do presente Acordo*; ou
>
> c) de existir uma outra situação, a referida parte contratante poderá, com o objectivo de chegar a uma solução satisfatória da questão, formular representações ou efec-

---

[917] Armin von BOGDANDY, *The Non-Violation Procedure of Article XXIII:2, GATT: Its Operational Rationale*, in JWT, vol. 26, nº 4, 1992, p. 96.

A FUNÇÃO JURISDICIONAL NO SISTEMA GATT/OMC

tuar propostas escritas à outra ou às outras partes contratantes que, em seu entender, estejam interessadas na questão" (itálico aditado)

Estes casos, comummente apelidados de "casos de não violação", constituem um fenómeno jurídico único, que ocorria somente no âmbito do GATT de 1947[918], apesar de ser possível encontrar disposições comparáveis ao nº 1, alínea *b*), do art. XXIII do GATT em alguns tratados de comércio anteriores à segunda Guerra Mundial[919].

Não obstante os casos de não violação serem vistos por alguns autores como "a legal fantasy (...) [that] should be deleted and (...) be left to the speculations of professors fond of legal paradoxes"[920], mantém-se após a entrada em vigor dos acordos da OMC a possibilidade de um Membro da OMC apresentar uma queixa relativamente a uma medida que não viole os acordos abrangidos. Tal possibilidade está agora prevista não só no art. XXIII, nº 1, alínea *b*), do GATT, mas também no art. 26º, nº 1, do Memorando de Entendimento sobre Resolução de Litígios, e mostra claramente que o sistema de resolução de litígios da OMC vai além do que é prática normal no direito internacional público:

> "Dispute settlement procedures under international treaties are designed to resolve differences arising from the interpretation or application of the provisions of the treaty in question. The legal system of the WTO goes further by allowing its Members recourse to its dispute settlement in order to resolve disputes arising from measures that violate the provisions of the WTO agreements as well as disputes rela-

[918] O conceito básico de não violação encontrava-se presente, igualmente, nos acordos adoptados no Ciclo de Tóquio (1973-79): art. 14º, nº 2, do Acordo sobre os Obstáculos Técnicos ao Comércio; art. 7º, nº 4, do Acordo sobre Compras Públicas; artigos 12º, nº 3, e 13º, nº 4, do Acordo relativo à Interpretação e Aplicação dos Artigos VI, XVI e XXIII do GATT; artigos 19º, nº 1, e 20º, nº 11, do Acordo relativo à Aplicação do Artigo VII do GATT; art. 15º, nº 2, do Acordo relativo à Aplicação do Artigo VI do GATT; e art. 4º, nº 2, do Acordo relativo aos Procedimentos em matéria de Licenças de Importação. O texto dos acordos do Ciclo de Tóquio pode ser encontrado in Jornal Oficial das Comunidades Europeias, Edição Especial, 11. Relações Externas (Fascículo 12), 1985, pp. 44-164.

[919] Pieter J. KUYPER, *The Law of GATT as a Special Field of International Law: Ignorance, Further Refinement or Self-Contained System of International Law?*, in Netherlands Yearbook of International Law, 1994, p. 245. Sobre o nascimento de conceito de anulação ou redução de uma vantagem em consequência da aplicação de uma medida não contrária às disposições do um Acordo e sua evolução até à entrada em vigor do GATT de 1947, ver, sobretudo, James DURLING e Simon LESTER, *Original Meanings and the Film Dispute: The Drafting History, Textual Evolution, and Application of the Non-Violation Nullification or Impairment Remedy*, in George Washington Journal of International Law and Economics, Vol. 32, 1999, pp. 216-239.

[920] Pierre PESCATORE, *The GATT Dispute Settlement Mechanism: Its Present Situation and its Prospects*, in JWT, vol. 27, nº 1, 1993, p. 19.

326

OS CASOS DE NÃO VIOLAÇÃO

ting to measures that do not violate the provisions of those agreements, but none-theless nullify or impair benefits accruing under certain of the WTO agreements"[921].

## 2. As Origens dos Casos de Não Violação

Os casos de não violação encontram as suas origens nos acordos comerciais bila-terais negociados pelos Estados Unidos nas décadas de 1920 e 1930[922] e assen-tavam no reconhecimento de que muitas medidas governamentais poderiam afectar o valor dos compromissos assumidos em virtude dos acordos comerciais internacionais e de que seria muito difícil, e talvez mesmo indesejável, pretender regular todas essas medidas[923]. Os *founding fathers* do GATT tiveram a percepção, pois, de que o efeito pretendido de uma negociação pautal poderia ser frustrado facilmente por medidas vistas pelo Acordo Geral como perfeitamente legítimas (por exemplo, as subvenções internas, conforme resultava dos artigos III, nº 8, alínea *b*), e XVI, nº 1)[924]. Com alguma ironia, o representante de África do Sul

---

[921] Frieder ROESSLER e Petina GAPPAH, A Re-Appraisal of Non-Violation Complaints Under the WTO Dispute Settlement Procedures (Chapter 29), in *The World Trade Organization: Legal, Economic and Political Analysis*, Volume I, Patrick Macrory, Arthur Appleton e Michael Plummer Ed., Sprin-ger, Nova Iorque, 2005, p. 1372.

[922] Julio LACARTE-MURÓ e Fernado PIÉROLA, Estudio Comparativo de los Mecanismos de Solu-ción de Diferencias del GATT y de la OMC: Qué se Logró en la Ronda Uruguay?, in *Solución de Controversias Comerciales Inter-Gubernamentales: Enfoques Multilaterales y Regionales*, Julio Lacarte e Jaime Granados ed., Banco Interamericano de Desarrollo, 2004, p. 14. Por exemplo, o art. XIV do acordo comercial concluído entre os Estados Unidos e as Honduras em 1936 determinava que:

"In the event that the United States of America or the Republic of Honduras adopts any mea-sure which even though it does not result in an infringement of terms of this Agreement, is considered by the Government of the other country to have the effect of nullifying or impai-ring any objective of the Agreement, the Government of the country which has adopted any such measure shall consider such representation and proposals as the Government of the other country may make with a view to effecting a mutually satisfactory adjustment of the matter".

Um outro autor considera ainda que, "because the Bretton Woods system was constructed under United States leadership, it would be natural that much of the systemic elements including the legal structure of the GATT 47 were imported from those of the United States". Cf. Dae-Won KIM, *Non-Violation Complaints in WTO Law: Theory and Practice*, Peter Lang, Berna-Berlim-Bruxe-las-Frankfurt-Nova Iorque-Oxford-Viena, 2006, p. 36.

[923] OMC, *Non-Violation Complaints and the TRIPs Agreement – Council for Trade-Related Aspects of Intellectual Property Rights* (IP/C/W/124), 28-1-1999, p. 10.

[924] Por exemplo, nos termos do nº 8, alínea *b*), do GATT:

"as disposições do presente artigo não impedirão a concessão de subsídios exclusivamente aos produtores nacionais, incluindo os subsídios provenientes do produto de impostos ou impo-sições internas, aplicados em conformidade com as disposições do presente artigo, e os sub-sídios sob a forma de compra de produtos nacionais pelos poderes públicos ou por sua conta".

presente na Conferência de Genebra na qual se aprovou o texto do GATT de 1947 considerou que:

> "Of all the vague and woolly punitive provisions that one could make, this [Article XXIII] seems to me to hold the prize place. It appears to me that what it says is this: In this wide world of sin there are certain sins which we have not yet discovered and which after long examination we cannot define; but there being such sins, we will provide some sort of punishment for them if we find out what they are and if we find anybody committing them"[925].

O propósito subjacente aos casos de não violação foi depois confirmado pelo Painel do caso *European Economic Community – Payments and Subsidies Paid to Processors and Producers of Oilseeds and Related Animal-Feed Proteins*:

> **144.** (...) A ideia subjacente é a de que a melhoria das oportunidades comerciais que pode ser legitimamente esperada de uma concessão aduaneira pode ser frustrada não apenas por medidas proscritas pelo Acordo Geral, mas também por medidas com ele compatíveis. A fim de encorajar a realização de concessões pautais pelas partes contratantes, é-lhes concedido um direito de reparação quando o valor de uma concessão recíproca é reduzido por outra parte contratante em resultado da aplicação de uma qualquer medida, compatível ou não com o Acordo Geral. (...).
>
> **148.** (...) O principal valor de uma concessão aduaneira é a garantia de um melhor acesso ao mercado mediante uma maior concorrência de preços. As partes contratantes negoceiam concessões aduaneiras principalmente para obter essa vantagem. Deve supor-se, assim, que elas baseiam as suas negociações aduaneiras na expectativa de que o efeito que as concessões aduaneiras exercerão sobre os preços não será sistema-

---

Ainda segundo alguns autores, "the device was necessary because the concept of good faith, the doctrines of abuse of rights and the protection of legitimate expectations were not yet fully recognized and developed in international law at the time". Cf. Thomas COTTIER e Krista SCHEFER, Good Faith and the Protection of Legitimate Expectations in the WTO, in *New Directions in International Economic Law: Essays in Honour of John H. Jackson*, Marco Bronckers e Reinhard Quick ed., Kluwer Law International, Londres-Haia-Boston, 2000, p. 58.

[925] CONSELHO ECONÓMICO E SOCIAL DAS NAÇÕES UNIDAS, *Second Session of the Preparatory Committee of the United Nations Conference on Trade and Employment – Thirty-Third Meeting of Commission "B" Held on Tuesday, August 19 1947 at 2.30 P.M. in the Palais des Nations, Geneva* (E/PC/T/B/PV/33) 19-8-1947, p. 42; GATT, *Non-Violation Complaints Under GATT Article XXIII:2 – Note by the Secretariat* (MTN.GNG/NG13/W/31), 14-7-1989, p. 6. Ao que parece, o representante sul-africano despontou como o principal crítico do conceito de anulação ou redução de uma vantagem em consequência da aplicação de uma medida não contrária às disposições do um acordo. Cf. James DURLING e Simon LESTER, *Original Meanings and the Film Dispute: The Drafting History, Textual Evolution, and Application of the Non-Violation Nullification or Impairment Remedy*, in George Washington Journal of International Law and Economics, Vol. 32, 1999, p. 234.

## OS CASOS DE NÃO VIOLAÇÃO

ticamente neutralizado. Se não lhes fosse concedido nenhum direito de reparação em tal situação, elas teriam relutância em realizar concessões aduaneiras e o Acordo Geral deixaria de constituir um quadro jurídico útil para a incorporação dos resultados das negociações comerciais (...)"[926].

Essencialmente, as queixas de não violação visam impedir que um Membro da OMC retire uma concessão *de facto*, escapando à obrigação de oferecer uma compensação ou à possibilidade de ficar sujeito à retirada de concessões substancialmente equivalentes pelos membros afectados, condições que o art. XXVIII do GATT impõe sempre que um Membro queira desconsolidar *de jure* uma concessão pautal.

## 3. Os Casos de Não Violação no GATT de 1947

Por serem considerados um instrumento excepcional de resolução de litígios[927], apenas em 14 casos foi uma alegação de não violação analisada por grupos de trabalho e painéis ao abrigo do nº 1, alínea *b*), do art. XXIII do GATT de 1947[928], mas tais alegações foram reconhecidas com êxito somente em seis desses casos, a saber:

---

[926] Relatório do Painel no caso *EEC – Payments and Subsidies Paid to Processors and Producers of Oilseeds and Related Animal-Feed Proteins* (L/6627), 25-1-1990, parágrafos 144 e 148. Não deixa de ser irónico que o Juiz Pierre Pescatore tenha feito parte deste painel, um dos poucos que deu provimento a uma alegação de não violação (ver *supra*).

[927] Relatório do Painel no caso *Japan – Measures Affecting Consumer Photographic Film and Paper* (WT/DS44/R), 31-3-1998, parágrafo 10.36. Segundo este Painel, "a razão desta prudência é evidente. Os Membros negoceiam as normas que acordam em seguir e só excepcionalmente prevêem a possibilidade de que se apresentem contra eles queixas por medidas que não infringem essas normas" (cf. *Idem*). Os próprios Estados Unidos observaram no caso *EEC – Payments and Subsidies Paid to Processors and Producers of Oilseeds and Related Animal-Feed Proteins* que:

"Os Estados Unidos concordam com a proposição de que o conceito de anulação ou redução sem violação de disposições deve continuar a ser excepcional. Ainda que tal conceito figure no texto do artigo XXIII do Acordo Geral desde o início, tal conceito deve continuar a ser aplicado com prudência" (parágrafo 114).

Ainda no âmbito deste caso, a Comunidade Económica Europeia declarou que "o recurso ao conceito de 'anulação ou redução sem violação de disposições' enunciado no nº 1, alínea *b*), do artigo XXIII deve permanecer excepcional, porque, de outro modo, o mundo do comércio ficaria sujeito a um estado de precariedade e incerteza" (parágrafo 113).

[928] OMC, *A Handbook on the WTO Dispute Settlement System – A WTO Secretariat Publication*, Cambridge University Press, 2004, p. 34. ROBERT HUDEC fala em 139 queixas analisadas durante a vigência do sistema de resolução de litígios do GATT de 1947. Cf. Robert HUDEC, GATT Legal Restraints on the Use of Trade Measures against Foreign Environmental Practices, in *Fair Trade and Harmonization*, Jagdish Bhagwati e Robert HUDEC ed., vol. 2, The MIT Press, Cambridge-Massachusetts e Londres, 1996, p. 114.

A FUNÇÃO JURISDICIONAL NO SISTEMA GATT/OMC

1) caso *Australian Subsidy on Ammonium Sulphate*, relatório do grupo de trabalho adoptado em 3 de Abril de 1950;

2) caso *Treatment by Germany of Imports of Sardines*, relatório do Painel adoptado em 31 de Outubro de 1952;

3) caso *European Economic Community – Tariff Treatment on Imports of Citrus Products from Certain Countries in the Mediterranean Region*, com data de 7 de Fevereiro de 1985 e nunca adoptado;

4) caso *European Economic Community – Production Aids Granted on Canned Peaches, Canned Pears, Canned Fruit Cocktail and Dried Grapes*, com data de 20 de Fevereiro de 1985 e nunca adoptado;

5) caso *European Economic Community – Payments and Subsidies Paid to Processors and Producers of Oilseeds and Related Animal Feed Proteins*, relatório do Painel adoptado em 25 de Janeiro de 1990; e

6) caso *European Economic Community – Follow-up on the Panel Report, Payments and Subsidies Paid to Processors and Producers of Oilseeds and Related Animal-Feed Proteins*, datado de 31 de Março de 1992 e nunca adoptado[929].

Vamos então ver o que se passou nos três casos em que foi adoptado o relatório apresentado às partes contratantes.

Como acabámos de referir, o relatório de 1950 do Grupo de Trabalho sobre o caso *Australian Subsidy on Ammonium Sulphate* foi o primeiro a reconhecer uma alegação de não violação ao abrigo do nº 1, alínea *b*), do artigo XXIII. O Grupo de Trabalho concluiu que a cessação pela Austrália, em Julho de 1949, de uma subvenção concedida desde a guerra ao nitrato de sódio, produto essencialmente importado, e a manutenção da subvenção dada ao sulfato amoníaco, produto obtido junto de fontes de abastecimento nacionais e estrangeiras, embora não fosse incompatível com as obrigações que incumbiam à Austrália no quadro do GATT, anulava ou reduzia as vantagens resultantes para o Chile do Acordo Geral. O Grupo de Trabalho concordou que existiria uma redução das vantagens se a medida australiana que perturbou a relação de concorrência existente entre o nitrato de sódio e o sulfato de amoníaco não pudesse ter sido razoavelmente prevista pelo Governo chileno, tendo em conta todas as circunstâncias relevantes

---

[929] Relatório do Órgão de Recurso no caso *European Communities – Measures Affecting Asbestos and Asbestos Containing Products* (WT/DS135/AB/R), 12-3-2001, nota de rodapé 188. Como já foi dito, durante a vigência do GATT de 1947, as partes em litígio gozavam da possibilidade de bloquear a adopção dos relatórios dos painéis que lhes fossem desfavoráveis. A resolução de um litígio tinha que passar por um Painel (ou Grupo de Trabalho) e, se este concluísse que um dado país tinha violado as suas obrigações, o relatório do Painel só seria adoptado se todas as partes contratantes, incluindo o país infractor concordassem (regra do consenso positivo); gozando a parte infractora do direito de veto *ex post*, tudo dependia da sua boa vontade.

330

OS CASOS DE NÃO VIOLAÇÃO

e as disposições do Acordo Geral, no momento em que foi negociada a consolidação do regime de admissão em franquia do nitrato de sódio[930]. Ainda segundo o Grupo de Trabalho:

> "O Governo do Chile tinha razões para assumir, durante estas negociações, que a subvenção atribuída aos fertilizantes em tempo de Guerra não seria removida para o nitrato de sódio antes de ser removida para o sulfato de amoníaco. Para chegarmos a esta conclusão, fomos influenciados em particular por um conjunto de circunstâncias:
> (a) Os dois tipos de fertilizantes estão estreitamente relacionados;
> (b) Ambos têm beneficiado de uma subvenção e sido distribuídos pela mesma agência e vendidos ao mesmo preço;
> (c) Nem um nem outro eram subvencionados antes da guerra, e o sistema de subvenções e de distribuição foi introduzido durante a guerra, ao mesmo tempo para ambos e em virtude dos mesmos poderes excepcionais conferidos ao Governo da Austrália.
> (d) Este sistema estava ainda em vigor para os dois fertilizantes na altura das negociações pautais de 1947"[931].

O relatório do grupo de trabalho concluiu, enfim, que o Governo australiano não tinha violado o Acordo GATT, mais exactamente, o nº 2 do art. III do GATT, uma vez que não existiam impostos ou outras imposições internas sobre o nitrato de sódio[932], e os artigos I e III, nº 4, do GATT, dado o grupo de trabalho ter considerado que não estavam em causa produtos similares[933]. É verdade que a segunda frase do nº 2 do art. III do GATT é aplicável a produtos directamente concorrentes ou sucedâneos, mas também o é que ela se aplica a "impostos ou outras imposições internas" e não a subvenções. Todavia, como bem nota BRETT WILLIAMS:

> "economists may not have seen much difference between reducing the rate of sales tax on one of two directly competitive and substitutable products and reducing the rate of sales subsidy on one of two such products. For them, both would be in breach

---

[930] Relatório do Grupo de Trabalho no caso *The Australian Subsidy on Ammonium Sulphate* (CP.4/39), adoptado em 3-4-1950, parágrafo 12. Por causa da introdução do conceito de "expectativas razoáveis", este caso é visto, por vezes, como o caso *Marbury v. Madison* do GATT. Cf. John JACKSON, *The World Trading System. Law and Policy of International Economic Relations*, 2ª ed., The Massachusetts Institute of Technology Press, 1997, p. 373.

[931] Relatório do Grupo de Trabalho no caso *The Australian Subsidy on Ammonium Sulphate* (CP.4/39), adoptado em 3-4-1950, parágrafo 12. Em 1947, quando a subvenção ainda estava em vigor, a Austrália atribuiu uma concessão pautal ao Chile, consolidando a isenção pautal relativa ao nitrato de sódio.

[932] *Idem*, parágrafo 7.

[933] *Idem*, parágrafos 8-9.

A FUNÇÃO JURISDICIONAL NO SISTEMA GATT/OMC

of the spirit of the second sentence of Article III:2. They might have regarded the discriminatory reduction of the subsidy as a failure to carry out the obligation imposed by Article III:2 in good faith"[934].

No fim, apesar de a Austrália ter levantado objecções à interpretação do grupo de trabalho, ela chegou a acordo com o Chile pouco tempo depois da adopção do relatório[935].

No segundo caso, a Noruega alegou que a aplicação pela Alemanha de determinadas medidas (por exemplo, diferentes taxas aduaneiras) relativamente a dois tipos de sardinhas, equivalentes em termos comerciais, favorecendo o tipo exportado principalmente por Portugal, comprometia as concessões pautais alemãs negociadas durante o Ciclo de Torquay (1950-51)[936]. Perante estes factos, o Painel considerou:

> "**16.** (...) O Painel concorda que uma vantagem será posta em causa se a medida do Governo Alemão, que teve por efeito modificar a relação de concorrência entre as conservas de *clupea pilchardus* e as conservas de outras variedades da família das sardinhas, não podia ter sido razoavelmente prevista pelo Governo da Noruega no momento em que negociou as reduções pautais relativas às conservas de *clupea sprattus* e de *clupea harengus*. O Painel concluiu que o Governo da Noruega tinha razões para supor, durante estas negociações que as conservas preparadas com as espécies

---

[934] Brett WILLIAMS, Non-Violation Complaints in the WTO System, in *International Trade Law on the 50th Anniversary of the Multilateral Trade System*, Paolo Mengozzi Ed., Dott. A. Giuffrè Editore, Milão, 1999, p. 725. Ainda segundo este autor:
"The principle of good faith would require that Article XXIII:1(a) of the GATT and also all other 'violation' clauses in any part of the WTO Agreement should be interpreted so that acts not inconsistent with the letter of the provisions which evade or circumvent the mutual understanding embodied in the treaty can be treated as treaty violations. This means that *even without* the express adoption of 'non-violation' complaints in the WTO Agreement, it would be possible for measures which do not directly breach the literal words of the Agreement to constitute violations and it would be possible for the Dispute Settlement Body to authorize countermeasures in response to such measures". Cf. *Idem*, pp. 754-755.

[935] John JACKSON, *World Trade and the Law of GATT*, The Michie Company, Charlotesville – Virginia, 1969, p. 173.

[936] Durante a vigência do GATT de 1947, as negociações sobre a redução de obstáculos às trocas comerciais tiveram lugar no contexto de oito ciclos de negociações comerciais multilaterais. Nos cinco primeiros ciclos (Genebra (1947), Annecy, em França (1949), Torquay, no Reino Unido (1950-51), Genebra (1956), Genebra, também conhecido por Ciclo de Dillon (1960-1961)), as negociações incidiram quase que exclusivamente sobre a redução dos direitos aduaneiros. Já os últimos três ciclos de negociações (Ciclo de Kennedy (1964-1967), Ciclo de Tóquio (1973-1979) e Ciclo do Uruguai (1986-1994)) tiveram uma agenda mais alargada, incidindo principalmente sobre os obstáculos não pautais.

OS CASOS DE NÃO VIOLAÇÃO

de peixes da família das sardinhas em que estavam interessados não seriam tratadas de modo menos favorável que as outras conservas de peixes da mesma família e de que esta situação não seria modificada por uma medida unilateral do Governo da Alemanha. Ao chegar a esta conclusão, o Painel foi influenciado em particular pelas seguintes circunstâncias:

(a) os produtos das diferentes espécies *clupeae* são muito próximos e são considerados como directamente concorrentes por muitas partes interessadas;

(b) as duas partes concordam que a questão da igualdade de tratamento foi discutida durante as negociações de Torquay; e

(c) ainda que nenhuma prova concludente tenha sido produzida quanto ao alcance e conteúdo das declarações que podem ter sido dadas ou feitas no decurso desta discussões, é razoável supor que a delegação norueguesa, ao avaliar o valor das concessões oferecidas pela Alemanha relativamente às conservas de *clupeae* e em oferecendo ela mesma concessões em troca, tenha tido em conta as vantagens resultantes da manutenção do sistema de igualdade de tratamento que prevalecia desde 1925.

**17.** Atendendo a que as medidas tomadas pelo Governo da Alemanha anularam a validade das suposições que ditaram a atitude da delegação norueguesa e reduziram substancialmente o valor das concessões obtidas pela Noruega, o Painel constata que o Governo da Noruega tem razão quando alega que uma vantagem para si resultante do Acordo Geral foi comprometida.

**18.** Tendo em conta as considerações precedentes, o Painel sugere às PARTES CONTRATANTES que seria apropriado dirigir à Alemanha e à Noruega uma recomendação conforme à primeira frase do nº 2 do artigo XXIII. Tal recomendação deveria visar restabelecer, na medida do possível, a relação de concorrência que existia à data em que o governo norueguês negociou em Torquay (...)"[937].

No mínimo, estas conclusões parecem-nos assaz discutíveis. Basta ver que as expectativas podem resultar de qualquer declaração ou promessa, não tendo de constar, pois, de uma lista de concessões ou de qualquer outro instrumento com carácter vinculativo. O Painel baseou-se "not [on] (...) what the parties had agreed but upon the basis of what one party assumed. The panel either introduced a new principle of law protecting unilateral reasonable expectations or made a completely untenable treaty construction"[938].

---

[937] Relatório do Painel no caso *Treatment by Germany of Imports of Sardines* (G/26), adoptado em 31-10-1952, parágrafos 16-18.
[938] Brett WILLIAMS, Non-Violation Complaints in the WTO System, in *International Trade Law on the 50th Anniversary of the Multilateral Trade System*, Paolo Mengozzi Ed., Dott. A. Giuffrè Editore, Milão, 1999, p. 733.

A FUNÇÃO JURISDICIONAL NO SISTEMA GATT/OMC

Não obstante, o relatório do painel foi adoptado pelas Partes Contratantes e as partes em litígio reportaram subsequentemente um acordo mutuamente satisfatório[939].

Finalmente, estavam em causa no terceiro caso subsídios atribuídos pela Comunidade Económica Europeia aos produtores de oleaginosas e de proteínas afins destinadas à alimentação dos animais. Segundo o painel, tais subsídios, variáveis em função dos preços de importação, punham em causa os benefícios resultantes para os Estados Unidos dos direitos nulos consolidados que a Comunidade tinha negociado com eles em 1962, uma vez que eliminavam sistematicamente os efeitos económicos da redução pautal negociada:

> "**148.** (...) Neste processo as medidas controvertidas são subvenções concedidas a certos produtos e que protegem completamente os produtores das flutuações de preços das importações e impedem, desse modo, as concessões pautais de ter qualquer impacto na relação de concorrência entre as oleaginosas de origem comunitárias e as importadas. (...) O Painel considerou que se poderia assumir que os Estados Unidos não tinham antecipado a introdução das subvenções protectoras dos produtores comunitários de oleaginosas dos movimentos dos preços das importações, impedindo que as concessões pautais tivessem qualquer impacto nas condições de concorrência entre as oleaginosas comunitárias e importadas, e que têm como consequência que todas as oleaginosas produzidas na Comunidade sejam escoadas no mercado interno, apesar da disponibilidade de importações.
>
> **149.** Tendo feito esta constatação, o Painel examinou se a Comunidade tinha apresentado quaisquer provas que permitissem refutar tal hipótese. O Painel notou que as provas apresentadas pela Comunidade revelavam que os Estados Unidos sabiam que, em 1962, alguns Estados-membros das Comunidade subvencionavam as oleaginosas e que esta tinha em preparação uma política agrícola comum. No entanto, nenhuma prova apresentada indica que a Comunidade tivesse feito saber à época que estava a ponderar introduzir programas de subvenções que isolassem completamente os produtos de oleaginosas da concorrência das importações. Logo, as provas mostram que os Estados Unidos podiam razoavelmente esperar a transformação das medidas de apoio aos produtores nacionais num programa de apoio comunitário, mas já não podiam razoavelmente prever que seriam aplicados programas de subvenções que protegessem totalmente os produtores quanto aos movimentos dos preços das importações, impedindo dessa forma as concessões pautais de produzirem qualquer impacto na relação de concorrência entre as oleaginosas comunitárias e importadas.

---

[939] Robert Hudec, *Retaliation Against "Unreasonable" Foreign Trade Practices: The New Section 301 and GATT Nullification and Impairment*, in Minnesota Law Review, Vol. 59, 1975, p. 492.

OS CASOS DE NÃO VIOLAÇÃO

**150.** A Comunidade alega que, mesmo que não fosse razoável prever que estes programas de subvenções viriam a ser postos em prática, os mesmos não tinham realmente como efeito a a anulação das concessões, uma vez que não desviavam nem impediam as importações, tanto mais que as importações de colza, de girassol e de soja tinham crescido de 4.5 milhões de toneladas em 1966 (CEE-6) para 20.4 milhões de toneladas em 1988 (CEE-12) (...). Na opinião dos Estados Unidos, estes programas reduziram as concessões pautais na medida em que eles prejudicam a relação de concorrência entre as oleaginosas comunitárias e importadas. Estes argumentos das partes suscitam a questão da natureza da vantagem decorrente do artigo II: a vantagem consistirá na protecção das expectativas em termos de condições de concorrência ou de fluxos comerciais? O Painel notou que as PARTES CONTRATANTES têm interpretado consistentemente as disposições fundamentais do Acordo Geral relativas a medidas comerciais restritivas como disposições que estabelecem condições de concorrência. Assim, elas decidiram que um contingente à importação constituía uma restrição à importação na acepção do artigo XI, nº 1, mesmo quando não entrava realmente as importações, e que uma imposição interna sobre os produtos importados não satisfazia a obrigação relativa ao tratamento nacional prevista no artigo III, mesmo que a imposição não se aplicasse realmente às importações. Um painel anterior assinalou que os artigos III e XI visam 'proteger as expectativas as partes contratantes relativamente à relação de concorrência entre os seus produtos e os produtos de outras partes contratantes. Estes dois artigos não visam apenas proteger as trocas actuais, mas também têm por objectivo criar as condições de previsibilidade necessárias para planear as trocas futuras' [relatório do Painel no caso *United States – Taxes on Petroleum and Certain Imported Substances*, 17-6-1987, parágrafo 5.2.2]. Nos casos anteriores ao abrigo do nº 1, alínea *b*), do artigo XXIII, as PARTES CONTRATANTES adoptaram a mesma abordagem: quando constataram que foram anuladas ou comprometidas vantagens, basearam-se no facto de os produtos que beneficiavam de uma determinada concessão pautal serem afectados por uma alteração desfavorável das condições de concorrência. As PARTES CONTRATANTES não consideraram em nenhum destes processos que o efeito dessa alteração no comércio fosse determinante. Num caso, elas recusaram-se expressamente a ter em conta as estatísticas sobre os fluxos comerciais para constatar que tivessem sido anuladas ou comprometidas vantagens. Claro está que, nas negociações pautais levadas a cabo no âmbito do GATT, as partes contratantes procuram obter concessões pautais na esperança de verem aumentar as suas exportações, mas os compromissos recíprocos que elas assumem nessas negociações incidem sobre as condições de concorrência no contexto das trocas comerciais e não sobre o volume destas.

**151.** A abordagem das PARTES CONTRATANTES reflecte o facto de os governos não poderem muitas vezes prever com rigor qual será o impacto das suas intervenções ao nível dos volumes de importações. Se, para constatar que foram anuladas ou

A FUNÇÃO JURISDICIONAL NO SISTEMA GATT/OMC

comprometidas vantagens, fosse necessário não só determinar que se produziu uma alteração desfavorável das condições de concorrência, como também que essa modificação resulta numa diminuição das importações, a sujeição das partes contratantes a alegações com base no nº 1, alínea *b*), do artigo XXIII dependeria de factores que elas não controlam; as regras relativas à anulação ou redução de vantagens não poderiam mais orientar as políticas governamentais. Além disso, as partes contratantes, confrontadas com uma alteração desfavorável das políticas, não poderiam queixar-se da anulação ou redução de vantagens senão após essa modificação ter produzido os seus efeitos. Estas alegações também não poderiam mais ter por finalidade impedir efeitos prejudiciais; elas serviriam apenas para obter uma reparação <u>subsequente</u> à produção desses efeitos. Se considerássemos que o artigo II protege uma expectativa de fluxos comerciais, seria necessário que as PARTES CONTRATANTES determinassem qual o volume de exportações que se poderia razoavelmente esperar depois de obter uma concessão pautal. O Painel não vislumbra que critérios ou que princípios poderiam ser aplicados para esse efeito. O Painel observa ainda que as alterações do volume de trocas resultam não só das políticas governamentais mas também de outros factores e que, na maioria das circunstâncias, não é possível determinar se uma diminuição das importações que ocorra na sequência de uma alteração das políticas é imputável a tal alteração ou a outros factores. As disposições do nº 1, alínea *b*), do artigo XXIII dificilmente poderiam ser aplicadas na prática se uma parte contratante que alega a anulação ou redução de vantagens tivesse de demonstrar não apenas que houve uma alteração desfavorável das condições de concorrência como também que daí resultou uma diminuição das importações.

**152.** Por estas razões, o Painel constatou que as vantagens resultantes para os Estados Unidos do artigo II do Acordo Geral no que respeita à isenção de direitos sobre oleaginosas, consolidadas na Lista de Concessões da Comunidade, foram comprometidas devido a programas de subvenções que têm por efeito proteger completamente os produtores comunitários de oleaginosas dos movimentos de preços das importações, impedindo assim as concessões pautais de terem qualquer impacto na relação de concorrência entre as oleaginosas comunitárias e as importadas"[940].

Não deixa de ser significativo que o Painel tenha limitado as suas conclusões aos "product-specific subsidies", reflectindo, no fundo, a justificação económica de que uma subvenção tornada acessível a toda a sociedade tem efeitos de distorção mínimos sobre o comércio internacional[941].

---

[940] Relatório do Painel no caso *European Economic Community – Payments and Subsidies Paid to Processors and Producers of Oilseeds and Related Animal Feed Proteins* (L/6627), adoptado em 25-1-1990, parágrafos 148-152.

[941] Presentemente, nos termos do Acordo da OMC sobre as Subvenções e as Medidas de Compensação, uma subvenção só estará sujeita às disposições da parte II (subvenções proibidas) ou

OS CASOS DE NÃO VIOLAÇÃO

das partes III (subvenções passíveis de recurso) ou V (medidas de compensação) se for específica (art. 1º, nº 2). De fora do alcance material do Acordo, ficam, portanto, todas as subvenções que não sejam específicas.

Para estabelecer se uma subvenção é concedida especificamente a uma empresa ou a um ramo de produção ou a um grupo de empresas ou ramos de produção sujeitos à jurisdição da entidade que concede a subvenção, o art. 2º do Acordo sobre as Subvenções e as Medidas de Compensação determina que devem ser aplicados os seguintes princípios:

*a*) no caso de a entidade que concede a subvenção, ou a legislação ao abrigo da qual actua a referida entidade, limitar expressamente a certas empresas o acesso à subvenção, considera-se que tal subvenção é específica;

*b*) no caso de a entidade que concede a subvenção, ou a legislação ao abrigo da qual actua a referida entidade, sujeitar a critérios ou a condições objectivos (critérios ou condições neutros, que não favoreçam certas empresas em relação a outras, de carácter económico e de aplicação horizontal, tais como o número de assalariados ou a dimensão da empresa) o direito de beneficiar da subvenção e o montante desta última, considera-se que não se trata de uma subvenção específica, desde que o direito de beneficiar da subvenção seja automático e que os referidos critérios ou condições sejam estritamente respeitados;

*c*) no caso de, não obstante se afigurar que não existe especificidade resultante da aplicação dos princípios enunciados nas alíneas *a*) e *b*), existirem motivos para considerar que a subvenção pode efectivamente ser específica, poderão ser tomados em consideração outros factores, tais como a utilização de um programa de subvenções por um número limitado de certas empresas, a utilização dominante por certas empresas, a concessão a certas empresas de montantes de subvenção desproporcionadamente elevados, e o modo como a entidade que concede a subvenção exerceu um poder discricionário na decisão de conceder uma subvenção (neste contexto, serão especialmente tidas em conta as informações relativas à frequência com que os pedidos de subvenção foram recusados ou aprovados, bem como os motivos destas decisões);

*d*) será considerada específica uma subvenção limitada a certas empresas situadas no interior de uma região geográfica determinada abrangida pela jurisdição da entidade que concede esta subvenção;

*e*) a fixação ou a alteração dos níveis de tributação de aplicação geral por parte dos níveis da administração pública competentes para o fazer não será considerada uma subvenção específica;

*f*) serão consideradas específicas as subvenções subordinadas, de direito ou de facto, quer exclusiva, quer entre diversas outras condições, aos resultados das exportações e as subvenções subordinadas, quer exclusivamente, quer entre diversas outras condições, à utilização de produtos nacionais em detrimento de produtos importados.

Numa frase, não existe especificidade se os critérios de atribuição forem neutros, não discriminatórios e horizontais (ou seja, não procedam a distinções entre sectores) (cf. Bernard HOEKMAN e Michel KOSTECKI, *The Political Economy of the World Trading System: The WTO and Beyond*, 2ª ed., Oxford University Press, 2001, p. 173).

O critério da especificidade pode ser de grande utilidade se reconhecermos a necessidade de eliminar do âmbito do Acordo sobre as Subvenções e as Medidas de Compensação as actividades que todos os governos levam a cabo e que afectam, directa ou indirectamente, as condições de desenvolvimento das actividades económicas a nível nacional e internacional (por exemplo, a criação de infra-estruturas gerais, a aposta na educação e investigação, etc.). Ao reduzirem o risco

A FUNÇÃO JURISDICIONAL NO SISTEMA GATT/OMC

A maior parte dos casos de não violação analisados durante a vigência do GATT de 1947 lidou com situações em que uma subvenção a um produtor nacional de um determinado bem, compatível com as disposições do GATT, foi concedida ou as condições da sua atribuição modificadas depois da outorga de uma concessão aduaneira relativamente àquele bem[942]. Por outras palavras, a subvenção concedida resultou numa transformação das condições de concorrência (numa redução ou anulação do valor da concessão) dos produtos importados em causa.

Além disso, o facto de as restrições declaradas incompatíveis com o disposto no nº 1 do artigo XI serem conformes com os termos de uma derrogação não impedia uma parte contratante de apresentar uma queixa ao abrigo do nº 1, alínea b), do artigo XXIII do Acordo Geral, mas teria que demonstrar que a anulação ou redução de vantagens resultantes para si do Acordo Geral tinha sido causada pelas restrições em causa[943]. Esta conclusão encontra-se agora acolhida expressamente no nº 3º, alínea b), do Memorando de Entendimento Respeitante às Derrogações às Obrigações Decorrentes do Acordo Geral sobre Pautas Aduaneiras e Comércio de 1994:

> "Qualquer Membro que considere que uma vantagem que para ele resulta do GATT de 1994 se encontra anulada ou comprometida pelo facto de ser aplicada uma medida compatível com as modalidades e condições da derrogação, pode invocar as disposições do artigo XXIII do GATT de 1994, tal como precisadas e aplicadas pelo Memorando de Entendimento sobre as Regras e Processos que regem a Resolução de Litígios".

Em particular, um Membro da OMC que se tenha oposto à concessão de uma derrogação pode alegar que as suas legítimas expectativas ao abrigo da obrigação derrogada foram afectadas pela aprovação da derrogação. Porém, no caso da

---

e diminuírem o custo do capital, os próprios serviços de defesa nacional beneficiam as empresas privadas (cf. Alan O. SYKES, *The Economics of WTO Rules on Subsidies and Countervailing Measures*, John M. Olin Law & Economics Working Paper nº 186 (2d series), The Law School – The University of Chicago, 2003, p. 3).Portanto, para efeitos do Acordo sobre as Subvenções e as Medidas de Compensação, não se sujeitam ao seu regime as chamadas subvenções horizontais, isto é, todas aquelas que são concedidas a todos os sectores da economia, como a redução de impostos, por exemplo, para fomentar novos investimentos.

[942] James DURLING e Simon LESTER, *Original Meanings and the Film Dispute: The Drafting History, Textual Evolution, and Application of the Non-Violation Nullification or Impairment Remedy*, in George Washington Journal of International Law and Economics, Vol. 32, 1999, p. 214.

[943] Relatório do Painel no caso *United States – Restrictions on the Importation of Sugar and Sugar-Containing Products Applied under the 1955 Waiver and under the Headnote to the Schedule of Tariff Concessions* (L/6631), adoptado em 7-11-1990, parágrafo 5.20.

## OS CASOS DE NÃO VIOLAÇÃO

adopção de derrogações por consenso, será difícil a um Membro alegar que as suas legítimas expectativas foram postas em causa[944].

Finalmente, os casos de não violação podiam ser iniciados não apenas por aqueles que negociaram a concessão pautal, mas também por qualquer parte contratante do GATT, o que levava a que estes últimos tivessem, nestes casos, direitos que não tinham no caso do art. XXVIII do GATT. Tendo examinado a questão de saber se existia algum fundamento jurídico no Acordo Geral que permitisse limitar apenas aos beneficiários nominativos das concessões o direito de apresentar uma queixa de não violação ao abrigo do art. XXIII, o Painel do caso *European Economic Community – Production Aids Granted on Canned Peaches, Canned Pears, Canned Fruit Cocktail and Dried Grapes* respondeu que:

> "(...) Nem o artigo XXIII nem a prática do GATT sugerem, juridicamente, uma limitação do direito das partes contratantes atacarem, ao abrigo do artigo XXIII, uma pretensa anulação ou redução de concessões pautais que devessem ser aplicadas segundo o tratamento da nação mais favorecida. O Painel notou que nem os painéis que examinaram anteriormente queixas de não violação relativas a concessões pautais nem as partes em litígio tinham dado a entender que existia uma tal limitação. (...)"[945].

No fundo, o Painel conclui que, nos casos de não violação, os benefícios relevantes são concedidos a todos os outros membros e daí ser defensável "an objective rather than a subjective assessment of reasonable expectations"[946].

## 4. Os Casos de Não Violação na OMC
### 4.1. As Novidades

Após a entrada em funções da OMC, o Órgão de Recurso observou num dos seus primeiros relatórios que os casos de não violação têm por objectivo proteger o

---

[944] James HARRISON, *Legal and Political Oversight of WTO Waivers*, in JIEL, 2008, p. 417.

[945] Relatório do Painel no caso *European Economic Community – Production Aids Granted on Canned Peaches, Canned Pears, Canned Fruit Cocktail and Dried Grapes* (L/5778), posto a circular em 20-2-1985, nunca adoptado, parágrafo 50.

[946] Brett WILLIAMS, Non-Violation Complaints in the WTO System, in *International Trade Law on the 50th Anniversary of the Multilateral Trade System*, Paolo Mengozzi Ed., Dott. A. Giuffrè Editore, Milão, 1999, p. 740. Mais contido é o entendimento de ARMIN VON BOGDANDY:

> "Considering the underlying rationale of encouraging contracting parties to make tariff concessions, only a party that has negotiated a tariff binding is entitled to bring an action. Consequently, an action by a third contracting party is excluded in so far as the concession has been bilaterally negotiated. This differs where multilaterally negotiated tariff concessions are concerned, as occurred during the Kennedy and the Tokyo Rounds when the parties agreed on important tariff reductions following the 'formula or linear approach'". Cf. Armin von BOGDANDY, *The Non-Violation Procedure of Article XXIII:2, GATT: Its Operational Rationale*, in JWT, vol. 26, nº 4, 1992, p. 101.

A FUNÇÃO JURISDICIONAL NO SISTEMA GATT/OMC

valor das concessões pautais recíprocas negociadas entre os membros ao abrigo do art. II do GATT. Na ausência de regras jurídicas substantivas em muitas áreas que afectam o comércio internacional, o art. XXIII, nº 1, alínea *b*), do GATT visa impedir que os membros da OMC recorram a obstáculos não pautais ou a outras medidas com vista a negarem os benefícios das concessões pautais negociadas[947].

Com a criação da Organização Mundial do Comércio, porém, os casos de não violação deixaram de se aplicar apenas às concessões aduaneiras. No Acordo sobre a Agricultura os casos de não violação encontram-se ligados directamente aos compromissos negociados e no Acordo Geral sobre o Comércio de Serviços (GATS) aos compromissos específicos. No caso deste último acordo, o nº 3 do art. XXIII determina que:

> "Caso um membro considere que qualquer vantagem de que razoavelmente deveria beneficiar nos termos de um compromisso específico de outro membro ao abrigo do disposto na parte III do presente Acordo é anulada ou comprometida na sequência da aplicação de qualquer medida que não infringe o disposto no presente Acordo, esse membro poderá recorrer ao Memorando de Entendimento sobre Resolução de Litígios. Se o Órgão de Resolução de Litígios considerar que a medida anulou ou comprometeu essa vantagem, o membro afectado terá direito a uma compensação mutuamente satisfatória com base no disposto no nº 2 do art. XXI, que poderá incluir a alteração ou retirada da medida. Caso os membros em questão não consigam chegar a acordo, será aplicável o disposto no art. 22º do Memorando de Entendimento sobre Resolução de Litígios".

As disposições do GATS relativas aos casos de não violação são, assim, semelhantes às do Memorando de Entendimento sobre Resolução de Litígios, embora haja duas diferenças importantes a assinalar. Primeiro, o Memorando não impõe qualquer obrigação de abolir a medida que anula ou reduz as vantagens, ou impede a realização de objectivos, previstas no acordo abrangido. O Painel ou o Órgão de Recurso podem, sim, recomendar ao membro em causa que proceda a um ajustamento mutuamente satisfatório. No GATS, pelo contrário, se o Órgão de Resolução de Litígios considerar que a medida anulou ou comprometeu uma vantagem, o membro afectado terá direito a uma compensação mutuamente satisfatória com base no disposto no nº 2 do art. XXI, que poderá incluir a alteração ou retirada da medida; caso os Membros em questão não consigam chegar a acordo será aplicável o disposto no artigo 22º do Memorando de Entendimento sobre Resolução de Litígios. O nº 3 do art. XXIII do GATS permite, pois, expres-

---

[947] Relatório do Órgão de Recurso no caso *India – Patent Protection for Pharmaceutical and Agricultural Chemical Products* (WT/DS50/AB/R), 19-12-1997, parágrafo 41.

340

OS CASOS DE NÃO VIOLAÇÃO

samente que o Membro afectado recorra a medidas de retaliação, inclusivamente, às medidas de retaliação cruzada previstas no nº 3 do art. 22º do Memorando de Entendimento sobre Resolução de Litígios.

Segundo, contrariamente ao nº 1 do art. 26º do Memorando de Entendimento sobre Resolução de Litígios, o nº 3 do art. XXIII do GATS não permite que um Membro da OMC apresente uma queixa com o fundamento de que a efectivação de um dos objectivos do Acordo está sendo dificultada[948].

Não podemos deixar de referir, ainda, que, apesar de o GATS reconhecer que, em determinadas circunstâncias, as subvenções poderão ter efeitos de distorção do comércio de serviços e que os membros da OMC deverão encetar negociações com vista a desenvolver as necessárias disciplinas para evitar esses efeitos de distorção (art. XV, nº 1), até ao presente não foi acordada qualquer disciplina comercial, o que não surpreende. Com efeito, atendendo à natureza intangível de muitas prestações de serviços, o cálculo das subvenções por unidade do serviço subvencionado constitui um enorme desafio, além de que seria difícil, ou mesmo impossível, aplicar medidas de compensação no caso dos serviços prestados através do modo 2 (consumo no estrangeiro)[949]. Mas, apesar da ausência

---

[948] Duas razões podem explicar esta impossibilidade: "on the one hand, one could argue that the later cause of action has already fallen in desuetude under GATT 1947 for non-violation and violation complaints. On the other hand, these differences in the wording of the Articles XXIII of GATS and GATT could be interpreted as a deliberate attempt to contain the scope of the non-violation remedy under GATS". Cf. Werner ZDOUC, *WTO Dispute Settlement Practice relating to the GATS*, in JIEL, 1999, p. 303.

[949] Muitas vezes, diz-se que os serviços, ao contrário das mercadorias, são intangíveis e invisíveis, têm um carácter transitório e a produção e o consumo ocorrem simultaneamente (cf. Manuel López ESCUDERO, *El comercio internacional de servicios después de la Ronda Uruguay*, Tecnos, Madrid, 1996, pp. 22-23). Mas, por exemplo, será que o projecto de um arquitecto é intangível? Não será uma aula ou uma transacção bancária mais longa que o consumo de um gelado? E, finalmente, no caso da maioria dos programas televisivos, a produção e o consumo são simultâneos? Para complicar ainda mais as coisas, a informação contida em livros pode ser transmitida electronicamente e, nesse caso, seria difícil tratá-la como um bem. Mas será que é razoável aplicar regras diferentes, consoante a informação seja vendida através de um livro ou por transmissão electrónica? Atendendo às dificuldades em obter uma definição aceitável de serviços, o GATS limita-se a definir "o comércio de serviços", descrito, segundo o art. I, nº 2, como a prestação de um serviço:
*a)* com origem no território de um membro e com destino ao território de qualquer outro membro (por exemplo, as chamadas telefónicas internacionais, uma informação ou um conselho transmitido por fax, telefone ou correio electrónico), ou seja, apenas o serviço atravessa as fronteiras e não o prestador ou o consumidor do mesmo. Chama-se a este modo de prestação de serviços *prestação transfronteiriça* ou Modo 1;
*b)* no território de um membro a um consumidor de serviços de qualquer outro membro (por exemplo, o turismo e a reparação de navios no estrangeiro), ou seja, quem se desloca é o consumidor e daí este modo de prestação de serviços ser conhecido pelo nome de *consumo no estrangeiro* (Modo 2);

A FUNÇÃO JURISDICIONAL NO SISTEMA GATT/OMC

de disciplinas específicas e das dificuldades existentes, os membros da OMC não são inteiramente livres de conceder subvenções de forma discriminatória. Nos casos em que uma subvenção seja reservada a prestadores de serviços locais ou atribuída de forma discriminatória que altere as condições de concorrência, o membro em causa não estará a respeitar o princípio do tratamento nacional. Esta é a razão pela qual, na coluna do tratamento nacional das suas listas de compromissos específicos[950], alguns membros inscreveram algumas reservas, de forma a evitarem eventuais contestações às suas políticas em matéria de subvenções

*c)* por um prestador de serviços de um membro através da presença comercial no território de qualquer outro membro (por exemplo, bancos e grupos hoteleiros do país A estabelecem-se no país B e aí prestam serviços). Este modo de prestação é denominado *presença comercial* (Modo 3) e abrange qualquer forma de estabelecimento comercial ou profissional, inclusivamente através: i) da constituição, aquisição ou manutenção de uma pessoa colectiva; ii) da criação ou manutenção de uma sucursal ou de uma representação, no território de um membro com vista à prestação de um serviço (art. XXVIII, alínea *d*), do GATS);

*d)* por um prestador de serviços de um membro através da presença de pessoas singulares de um membro no território de qualquer outro membro (por exemplo, consultores de um país deslocam-se a outro país e aí prestam serviços, as *top-models*). A este modo de prestação dá-se o nome de *presença de pessoas singulares* ou Modo 4.

Nada impede que existam ligações comerciais entre os vários modos de prestação de serviços, podendo, por exemplo, uma empresa estrangeira estabelecida no país A ter como trabalhadores nacionais do país B e exportar serviços para os países C e D. Nada impede, também, que um determinado tipo de serviço seja prestado através dos diferentes modos de prestação. Por exemplo, os serviços de um advogado podem ser prestados através dos quatro modos referidos. Nada impede, por último, que um serviço seja prestado através dos diferentes meios tecnológicos (telefone, Internet, etc.), salvo se a lista de compromissos de um Membro especificar outra coisa.

[950] Por causa da natureza das restrições ao comércio internacional de serviços, a estrutura do GATS é composta por dois elementos: por um lado, as obrigações e disciplinas gerais, aplicáveis a todos os membros da OMC (artigos II a XV) e, por outro lado, as listas de compromissos específicos (artigos XVI a XXI). Mas, atenção, as obrigações gerais assumidas no âmbito do GATS não garantem o acesso aos mercados: qualquer Membro da OMC pode respeitar a cláusula da nação mais favorecida e manter o seu mercado completamente inacessível aos serviços e prestadores de serviços estrangeiros. A liberalização dos mercados depende, sim, dos compromissos assumidos por cada Membro da OMC nas respectivas listas de compromissos específicos. Por força do art. XX do GATS, "cada membro estabelecerá uma lista incluindo os compromissos específicos que assume ao abrigo da Parte III do GATS" (nº 1) e as listas de compromissos específicos encontram-se anexas ao GATS e são parte integrante do mesmo (nº 3). No que diz respeito aos sectores em que esses compromissos são assumidos, cada lista de compromissos deverá conter o seguinte tipo de informações:

*a)* as condições e limitações referentes ao acesso ao mercado;
*b)* as condições e qualificações referentes ao tratamento nacional;
*c)* as obrigações relativamente a compromissos adicionais;
*d)* nos casos em que tal se justifique, o calendário de implementação desses compromissos; e
*e)* a data de entrada em vigor desses compromissos (art. XX, nº 1, do GATS).

OS CASOS DE NÃO VIOLAÇÃO

(no caso da China, por exemplo, no que concerne ao modo de prestação presença comercial, aparece "não consolidado a respeito de todas as subvenções concedidas actualmente aos prestadores de serviços nacionais nos sectores dos serviços audiovisuais, serviços de aviação e serviços médicos"[951]). Além disso, o Acordo sobre as Subvenções e as Medidas de Compensação permite que, em

O modelo-tipo de uma lista de compromissos específicos tem três colunas: a Coluna 1 diz respeito ao acesso ao mercado, a Coluna 2 ao Tratamento nacional e a Coluna 3 aos compromissos adicionais. Na primeira coluna, um Membro da OMC, quando assume um compromisso num sector ou subsector, deve indicar em relação a cada modo de prestação quais as eventuais limitações que mantém em matéria de acesso ao mercado. Salvo indicação em contrário, apenas pode decidir adoptar ou manter seis categorias de restrições (as indicadas no nº 2 do art. XVI do GATS). Na segunda coluna, um Membro que deseje manter limitações em matéria de tratamento nacional deve indicar essas limitações nesta coluna da sua lista de compromissos. Quanto à terceira coluna, convém notar, desde logo, que as entradas nesta coluna não são obrigatórias. No entanto, num determinado momento, um Membro pode decidir assumir compromissos adicionais relativos a medidas diferentes das que devem figurar nas colunas relativas ao acesso ao mercado e ao tratamento nacional. Estes compromissos adicionais podem respeitar, por exemplo, às qualificações, às normas técnicas, aos processos ou requisitos de licenciamento, bem como a outras regulamentações internas. Por outro lado, para designar os compromissos, utilizam-se as seguintes expressões: "Nada" [*None*, em inglês], o que significa que existe um compromisso total, ou seja, não existe qualquer limitação nem legislação incompatível com as regras em matéria de acesso ao mercado e de tratamento nacional para serviços e prestadores de serviços de outros membros e "Não Consolidado" [*Unbound*], o que implica que podem ser adoptadas ou mantidas medidas não compatíveis com as regras em matéria de acesso ao mercado ou de tratamento nacional. A utilização desta expressão só é relevante quando num sector foi assumido um compromisso relativamente a, pelo menos, um modo de prestação. Sempre que todos os modos de prestação sejam não consolidados e não tenham sido assumidos compromissos adicionais no sector em questão, esse sector não figurará na lista. Em determinadas situações, um determinado modo de prestação pode não se ter tecnicamente possível. É o que acontece, por exemplo, com a prestação transfronteiriça de um corte de cabelo. Nestes casos, deve ser utilizado o termo "Não Consolidado*" [*Unbound**]. Além disso, quando uma prestação de serviços requer na prática a utilização de mais de um modo de prestação, a cobertura da transacção só é assegurada quando se assumem compromissos em cada modo de prestação pertinente. Por exemplo, se um membro assumir um compromisso em relação à prestação transfronteiriça de serviços de arquitectura (por correio), este compromisso por si só não abarca a presença de pessoas singulares (a visita de arquitectos). Finalmente, de forma a evitar repetições, quase todos os países reservaram uma secção, no início das suas listas, para os chamados "compromissos horizontais" relativos às medidas aplicáveis a todos os sectores enumerados. Daqui podem resultar limitações aplicáveis a todos os sectores em relação a qualquer modo de prestação. É conveniente verificar a existência e a natureza da secção horizontal de uma lista antes de ler a linha correspondente a um determinado sector específico na segunda parte da lista. Por exemplo, a maioria dos membros inscrevem os compromissos horizontais como forma de limitar a circulação de pessoas físicas em todos os sectores de serviços inscritos, dificultando a entrada de visitantes desempregados.

[951] OMC, *Limitations in Members' Schedules Relating to Subsidies*, Note by the Secretariat (S/WPGR/W/Add2), 30-8-2004, p. 3.

A FUNÇÃO JURISDICIONAL NO SISTEMA GATT/OMC

alguns casos, se tomem medidas contra a concessão de subvenções a certos serviços intimamente ligados às exportações de mercadorias, sendo disso exemplo a alínea *c)* do Anexo I do Acordo mencionado, a qual inclui na lista exemplificativa de subvenções às exportações as "tarifas de transporte interno e de frete aplicadas às expedições para exportação, asseguradas ou impostas pelos Estados, em condições mais favoráveis do que as aplicadas às expedições destinadas ao mercado interno". O facto de o GATS não proibir os subsídios atribuídos ao comércio de serviços não impede, evidentemente, que tais situações sejam cobertas pelos casos de não violação.

Convém destacar, por outro lado, o facto de o Acordo sobre os Aspectos dos Direitos de Propriedade Intelectual Relacionados com o Comércio (Acordo TRIPS) determinar que os casos de não violação não poderiam ser invocados durante um período de cinco anos a contar da data de entrada em vigor do Acordo OMC[952], ou seja, até ao ano 2000 (art. 64º, nº 2, do Acordo TRIPS)[953].

Apesar do limite temporal estabelecido e de os Estados Unidos entenderem que a moratória tinha terminado em 2000[954], a chamada Decisão sobre as Questões e Preocupações relativas à Aplicação inclui no seu parágrafo 11.1 uma espécie

---

[952] Segundo alguns autores, esta solução resultou de um compromisso:

"between two opposing views expressed mainly in informal meetings in the final stages of the Uruguay Round. Some negotiators, principally from developing countries, argued that there were no benefits accruing to WTO Members under the TRIPS Agreement beyond those arising from the observation of its provisions, and that there was consequently no place for complaints based on measures that are legal. Other negotiators, mainly from developed countries, argued that the complaints predicated on measures that are legal must be available to ensure that the obligations under the TRIPS Agreement are not be circumvented through measures not specifically covered by the TRIPS Agreement, such as high fees for patent registration, or through informal administrative guidance" (cf. Frieder Roessler e Petina Gappah, A Re-Appraisal of Non-Violation Complaints Under the WTO Dispute Settlement Procedures (Chapter 29), in *The World Trade Organization: Legal, Economic and Political Analysis*, Volume I, Patrick Macrory, Arthur Appleton e Michael Plummer Ed., Springer, Nova Iorque, 2005, p. 1384).

Sobre a história das negociações relativas ao art. 64º do Acordo TRIPS, ver OMC, *Non-Violation Complaints and the TRIPs Agreement – Note by the Secretariat* (IP/C/W/124), 28-1-1999, pp. 5-7.

[953] Porém, nos termos do nº 3 do art. 64º do Acordo TRIPS:

"Durante o período referido no nº 2, o Conselho TRIPS examinará o âmbito e as modalidades das queixas do tipo previsto nas alíneas *b)* e *c)* do nº 1 do artigo XXIII do GATT de 1994 formuladas em conformidade com o presente Acordo e apresentará as suas recomendações à Conferência Ministerial para aprovação. Qualquer decisão da Conferência Ministerial de aprovar essas recomendações ou de prolongar o período referido no nº 2 só poderá ser tomada por consenso e as recomendações aprovadas produzirão efeitos para todos os Membros sem qualquer outro processo formal de aceitação".

[954] Organização Mundial do Comércio, *Scope and Modalities of Non-Violation Complaints Under the TRIPS Agreement, Communication from the United States* (IP/C/W/194), 17-7-2000.

OS CASOS DE NÃO VIOLAÇÃO

de cláusula *standstill*, nos termos da qual não seria possível invocar casos de não violação no âmbito do Acordo TRIPS antes da 5ª Conferência Ministerial, a realizar na cidade mexicana de Cancún em Setembro de 2003[955].

Realizada a Conferência Ministerial de Cancún, não é possível, contudo, encontrar na Declaração Ministerial adoptada no final da Conferência qualquer referência aos casos de não violação[956].

Posteriormente, durante a 6ª Conferência Ministerial, realizada em Hong Kong em Dezembro de 2005, os negociadores norte-americanos tentaram obter concessões em troca do seu apoio à continuidade da moratória[957]. Concretamente, o parágrafo 45 da Declaração da Conferência Ministerial dispõe que:

"Tomamos nota do trabalho realizado pelo Conselho dos Aspectos dos Direitos de Propriedade Intelectual relacionados com o Comércio em conformidade com o parágrafo 11.1 da Decisão de Doha sobre as questões e preocupações relativas à aplicação e o parágrafo 1.h da Decisão adoptada pelo Conselho Geral em 1 de Agosto de 2004, e requeremos que continue o seu exame do alcance e das modalidades das queixas dos tipos previstos nas alíneas *b*) e *c*) do nº 1 do artigo XXIII do GATT de 1994 e faça recomendações no nosso próximo período de reuniões. Fica acordado, entretanto, que os Membros não apresentarão tais queixas no âmbito do Acordo TRIPS"[958].

Uma coisa parece ser certa: saber se as queixas em casos em que não exista uma violação devem poder admitir-se no âmbito do Acordo TRIPS é uma questão

---

[955] OMC, *Decision on Implementation-related Issues and Concerns* (WT/MIN(01)/W/10), 14-11-2001, parágrafo 11.1. O estatuto da decisão sobre as questões ligadas à aplicação dos acordos e decisões da OMC não deixa de ser interessante, visto que ela não pode ser vista como uma interpretação autêntica das disposições dos acordos comerciais nem como uma alteração às suas disposições. Desde logo, porque não foram observados os procedimentos previstos nos artigos IX, nº 2, e X, ambos do Acordo OMC. Apesar disso, os painéis e o Órgão de Recurso devem tê-la em conta quando da interpretação das disposições relevantes dos acordos e isto porque ela pode ser considerada como um "acordo ulterior" (art. 31, nº 3, alínea *a*), da Convenção de Viena de 1969, sobre o Direito dos Tratados). Caso recorram à decisão, os painéis e o Órgão de Recurso devem ter sempre presente que não podem aumentar as obrigações dos membros contidas nos acordos.

[956] O texto da Declaração Ministerial de Cancún pode ser encontrado in Eduardo Paz FERREIRA e João ATANÁSIO, *Textos de Direito do Comércio Internacional e do Desenvolvimento Económico*, Volume I – Comércio Internacional, Almedina, 2004, pp. 817-818.

[957] Thomas FAUNCE, Warwick NEVILLE e Anton WASSON, Non-Violation Nullification of Benefit Claims: Opportunities and Dilemmas for Australia in the WTO Dispute Settlement System, in *Ten Years of WTO Dispute Settlement: Australian Perspectives*, Office of Trade Negotiations of the Department of Foreign Affairs and Trade (Australia) ed., 2006, p. 128.

[958] O texto da Declaração da Conferência Ministerial de Hong Kong (2005) pode ser encontrado in http://www.wto.org.

A FUNÇÃO JURISDICIONAL NO SISTEMA GATT/OMC

que não deve ser resolvida mediante uma interpretação dos painéis ou do Órgão de Recurso[959].

Mas será que este hiato de tempo significa que não é concebível haver queixas de não violação no que concerne aos direitos de propriedade intelectual? Pensamos que não. Na prática, o NAFTA permite a apresentação de casos de não violação em matéria de propriedade intelectual (art. 2004 e Anexo 2004 do NAFTA):

> *"Artigo 2004: Recurso aos Procedimentos de Resolução de Litígios*
>
> Excepto quando disposto de outro modo neste Acordo, as disposições para a resolução de litígios deste capítulo devem aplicar-se a respeito da prevenção ou resolução de todos os litígios entre as Partes relativos à aplicação ou interpretação deste Tratado ou sempre que uma Parte considere que uma medida vigente ou proposta de outra Parte, é ou poderia ser incompatível com as obrigações deste Tratado ou causar anulação ou redução no sentido do Anexo 2004.
>
> Anexo 2004: Anulação e Redução
>
> 1. As Partes poderão recorrer ao sistema de resolução de litígios deste capítulo quando, em virtude da aplicação de uma medida não incompatível com o Tratado, considerem que se anula ou se reduzem as vantagens que podem razoavelmente ser esperadas da aplicação das seguintes disposições:
>
> (a) Parte II (Comércio de bens), salvo as relativas ao investimento do Anexo 300-A (Sector Automóvel) ou Capítulo VI (Energia);
>
> (b) Parte III (Barreiras Técnicas ao Comércio);
>
> (c) Capítulo XII (Comércio Transfronteiriço de Serviços);
>
> (d) Parte VI (Propriedade Intelectual),
>
> 2. Uma Parte não pode invocar:
>
> (a) o nº (1)(a) ou (b), na medida em que a vantagem resulte de qualquer disposição relativa ao comércio transfronteiriço de serviços da Parte II, ou
>
> (b) o nº 1(c) ou (d),
>
> A respeito de qualquer medida sujeita a uma excepção ao abrigo do Artigo 2101º (Excepções Gerais)".

Por outro lado, assinala FREDERICK ABBOTT:

"granting intellectual property rights while limiting access to the market deprives the right holder of advantages expected to be gained when the TRIPS Agreement was negotiated. Concerns over a market access theory of TRIPS in relation to the

---

[959] Relatório do Órgão de Recurso no caso *India – Patent Protection for Pharmaceutical and Agricultural Chemical Products* (WT/DS50/AB/R), 19-12-1997, parágrafo 42.

audio-visual sector motivated the European Community to support the non-violation moratorium during the Uruguay Round. The European Community was concerned that the United States would claim that granting copyrights to authors and artists, but restricting their capacity to show films, etc., in the European Community, would deprive the United States of the benefit of its TRIPS bargain. (...) There are many forms of government regulation that could be argued to be consistent with the TRIPS Agreement, yet to nullify or impair the expectations of intellectual property rights holders. For example, tax policies with respect to intellectual property rights may affect the profitability of intellectual property rights-dependent industries and nullify or impair benefits. Regulatory measures such as packaging and labelling requirements, and consumer protection rules, might be applicable to trademark holders and affect their access to the market. Many Members maintain rules on acceptable expression, that is, they censor certain materials as against public policy. Members on behalf of copyright holders may argue that rules restricting expression are inconsistent with copyright holders' interests"[960].

O hiato revela também, em boa verdade, as divergências que se verificam entre países ricos e países pobres em matéria de protecção dos direitos de propriedade intelectual. MICHAEL FINGER observa, a esse respeito, que a economia mercantilista era suficientemente boa para o GATT, mas não é suficientemente boa para a OMC[961]. De facto, embora as motivações mercantilistas que estão por detrás das negociações comerciais considerem a redução do montante do direito aduaneiro como uma "concessão", tal redução beneficia quer o concedente, quer o recebedor. O mesmo já não se pode dizer no caso do Acordo TRIPS, visto que nada nos garante que os concedentes vão beneficiar com a aceitação das suas

---

[960] Frederick ABBOTT, *Non-Violation or Impairment Causes of Action under the TRIPS Agreement and the Fifth Ministerial Conference: A Warning and Reminder,* Quaker United Nations Office, Occasional Paper 11, 2003, p. 2.

[961] Michael FINGER, The Uruguay Round North-South bargain: Will the WTO get over it?, in *The Political Economy of International Trade Law – Essays in Honor of Robert E. Hudec,* Daniel Kennedy e James Southwick ed., Cambridge University Press, 2002, p. 301. Ainda segundo um outro autor:
"Anyone who has tried to make sense of international trade negotiations eventually realizes that they can only be understood by realizing that they are a game scored according to mercantilist rules, in which an increase in exports – no matter how expensive to produce in terms of other opportunities foregone – is a victory, and an increase in imports – no matter how many resources it releases for other uses – is a defeat. The implicit mercantilist theory that underlies trade negotiations does not make sense on any level, indeed is inconsistent with simple adding-up constraints; but it nonetheless governs actual policy". Cf. Paul KRUGMAN, *What Should Trade Negotiators Negotiate About?,* in Journal of Economic Literature, 1997, p. 114.

A FUNÇÃO JURISDICIONAL NO SISTEMA GATT/OMC

regras e princípios. Bem pelo contrário[962]. Calcula-se, por exemplo, que a aplicação do Acordo TRIPS na sua totalidade implicará uma transferência para seis países do resto do Mundo de 8.3 biliões de dólares (dos quais 5.8 biliões apenas para os Estados Unidos)[963].

## 4.2. O Artigo 26º, nº 1, do Memorando

Caso uma parte em litígio considere que uma questão se refere a uma medida que não viola as disposições de um acordo abrangido ao qual são aplicáveis as disposições do nº 1, alínea b), do art. XXIII do GATT 1994, e um Painel ou o Órgão de Recurso decidam igualmente nesse sentido, o nº 1 do art. 26º do Memorando de Entendimento sobre Resolução de Litígios determina que são aplicáveis os procedimentos nele previstos, com as seguintes alterações:

a) A parte queixosa deve apresentar uma justificação pormenorizada da sua queixa relacionada com uma medida que não viola o acordo abrangido relevante;

b) Caso se verifique que uma medida anula ou reduz as vantagens, ou impede a realização de objectivos, previstos no acordo abrangido relevante sem violação do mesmo, não existe qualquer obrigação de abolir essa medida. Contudo, nesses casos, o Painel ou o Órgão de Recurso recomendarão ao membro em causa que proceda a um ajustamento mutuamente satisfatório;

---

[962] Do ponto de vista económico, é sabido que a redução dos obstáculos às trocas comerciais beneficia tanto os países exportadores como os países importadores. No caso dos primeiros, o comércio internacional permite-lhes, por exemplo, expandir as suas fronteiras de produção e aproveitar economias de escala; no caso dos segundos, o comércio internacional reduz os preços junto dos consumidores e os custos das indústrias que utilizam bens importados, permitindo uma afectação mais eficiente dos recursos.
Quais as razões que levaram, então, os países em desenvolvimento a aceitar o Acordo TRIPS? A resposta encontra-se, em parte, na pressão exercida pelos países desenvolvidos preocupados com as perdas de receitas resultantes da contrafacção de marcas comerciais e da infracção dos direitos de autor. Além disso, a aceitação do Acordo pelos países em desenvolvimento foi uma espécie de moeda de troca, utilizada na obtenção de um maior acesso aos mercados dos países ricos nos sectores agrícola, dos têxteis e do vestuário. Mais ainda, alguns países em desenvolvimento sentiram que a sua adesão às normas de protecção dos direitos de propriedade intelectual daria um sinal importante aos investidores estrangeiros. É igualmente provável que alguns países em desenvolvimento não tivessem simplesmente a percepção do que estavam realmente a assinar (cf. Patrick LOW Is the WTO Doing Enough for Developing Countries?, in WTO Law and Developing Countries, George Bermann e Petros Mavroidis Ed. Cambridge University Press, 2007, p. 330). Finalmente, a ideia de que os resultados das negociações formariam um "pacote único", a implementar como um Tratado só (princípio do compromisso único), terá tido o seu papel.
[963] Keith Maskus, Intellectual Property Rights in the Global Economy, Institute for International Economics, Washington, D.C., 2000, p. 184.

348

OS CASOS DE NÃO VIOLAÇÃO

c) Sem prejuízo do disposto no art. 21º, a arbitragem prevista no nº 3 do art. 21º, a pedido de qualquer uma das partes, pode incluir uma definição do nível de benefícios que foram anulados ou prejudicados, e pode igualmente propor formas e meios para se conseguir uma solução mutuamente satisfatória; essas propostas não serão vinculativas para as partes em litígio; e

d) Sem prejuízo do disposto no nº 1 do art. 22º, uma compensação pode fazer parte de um ajustamento mutuamente satisfatório para a resolução do litígio.

Em relação aos casos de violação dos acordos abrangidos, podemos apontar, pois, duas diferenças importantes. Por um lado, ao dizer que a parte queixosa deve apresentar uma justificação pormenorizada da sua queixa relacionada com uma medida que não viola o acordo abrangido relevante, não é aplicável aos casos de não violação o disposto no nº 8 do art. 3º do Memorando de Entendimento sobre Resolução de Litígios:

> "Sempre que se verifique uma violação das obrigações previstas num acordo abrangido, a acção é considerada *prima facie* como um caso de anulação ou prejuízo. Isto significa que existe normalmente uma presunção de que uma violação das regras tem um efeito negativo nos outros Membros partes contratantes nesse acordo abrangido e, em tais casos, é o Membro contra o qual foi apresentada a queixa que tem o ónus de provar o contrário".

Por outro lado, a alínea *b*) do nº 1 do art. 26º contraria claramente o estipulado no nº 7 do art. 3º do Memorando de Entendimento sobre Resolução de Litígios:

> "(...) É preferível uma solução mutuamente aceitável para as partes e conforme aos acordos abrangidos. Na falta de uma solução mutuamente acordada, o objectivo imediato do sistema de resolução de litígios é normalmente o de assegurar a supressão das medidas em causa, caso se verifique que as mesmas são incompatíveis com as disposições de qualquer um dos acordos abrangidos".

## 4.3. As Condições de Aplicação

No caso *Japan – Measures Affecting Consumer Photographic Film and Paper*[964], o primeiro caso a lidar longamente com um caso de não violação depois da entrada

---

[964] Este caso é mais conhecido pelo nome *Kodak-Fuji*, visto que estava em causa, na realidade, um litígio entre as empresas Kodak e Fuji e não propriamente uma disputa entre os Estados Unidos e o Japão. Formalmente, é verdade que a participação da Kodak se limitou à apresentação de uma queixa no âmbito da Secção 301 e de elementos de prova ao Representante dos Estados Unidos para o Comércio Internacional, incitando o governo norte-americano a prosseguir com o caso junto do

A FUNÇÃO JURISDICIONAL NO SISTEMA GATT/OMC

em vigor dos acordos da OMC[965], o Painel defendeu que o n.º 1, alínea *b*), do art. XXIII do GATT estabelece três elementos que devem ser demonstrados pela parte queixosa com vista a ter êxito na sua acção:

(1) aplicação de uma medida por um Membro da OMC;
(2) uma vantagem resultante de um acordo abrangido; e
(3) anulação ou redução da vantagem em consequência da aplicação da medida[966].

No que diz respeito ao primeiro elemento, o relatório de um painel adoptado durante a vigência do GATT de 1947 concluiu que nem todas as solicitações não imperativas poderão ser qualificadas como medidas para efeitos do n.º 1 do art. XI do Acordo Geral. As relações entre o Governo e a Indústria variam de país para país, de um sector ou ramo de produção para outro, e são influenciadas por numerosos factores. As intervenções governamentais podem, por isso, revestir um grande número de formas e ir, por exemplo, desde instruções directas a consultas ocasionais a comités[967].

Após a entrada em vigor dos acordos da OMC, o Painel do caso *Japan – Measures Affecting Consumer Photographic Film and Paper* tornou claro que:

> "(...) Nenhuma das constatações do relatório do caso *Japan – Semi-conductors* sugere que este critério dos incentivos/desincentivos constitui o único critério para qualificar medidas formalmente não vinculativas como medidas governamentais. Em consequência, o relatório do caso *Japan – Semi-conductors* não pode ser visto como estabelecendo o

governo japonês. Na prática, porém, a Kodak e a Fuji participaram profusamente na preparação e desenvolvimento do litígio junto da OMC.

[965] No caso *Japan – Measures Affecting Consumer Photographic Film and Paper*, o Painel dedicou quase 80 páginas à alegação de não violação, ao passo que o Painel do caso *EEC – Payments and Subsidies Paid to Processors and Producers of Oilseeds and Related Animal Feed Proteins*, o que dedicou maior atenção aos casos de não violação antes da entrada em vigor dos acordos da OMC, gastou apenas 7 páginas a respeito da alegação de não violação.

[966] Relatório do Painel no caso *Japan – Measures Affecting Consumer Photographic Film and Paper* (WT/DS44/R), 31-3-1998, parágrafo 10.41. O painel cita expressamente dois relatórios de painéis anteriores em apoio da sua formulação (casos *Australian Subsidy on Ammonium Sulphate* e *EEC – Payments and Subsidies Paid to Processors and Producers of Oilseeds and Related Animal Feed Proteins*). Os três critérios mencionados foram aplicados igualmente na análise de uma alegação de não violação a respeito do art. 5.º, alínea *b*), do Acordo sobre as Subvenções e as Medidas de Compensação. Cf. Relatório do Painel no caso *United States – Continued Dumping and Subsidy Offset Act of 2000* (WT/DS217/R), 16-12-2002, parágrafos 7.118-7.132.

[967] Relatório do Painel no caso *Japan – Trade in Semi-conductors* (L/6309), adoptado em 4-5-1988, parágrafo 108.

350

## OS CASOS DE NÃO VIOLAÇÃO

critério exclusivo nem o último limite do que possa ser considerado uma medida sujeita ao disposto no nº 1, alínea *b*), do artigo XXIII do GATT"[968].

Em consequência disso mesmo, ampliou a definição do termo "medida":

"Concretamente, não estamos convencidos de que deva aplicar-se a definição proposta pelo Japão, a saber, que uma medida deve proporcionar uma vantagem ou impor uma obrigação juridicamente vinculativa ou que o seu conteúdo equivalha ao de uma obrigação juridicamente vinculativa, deva delimitar o que possa constituir uma medida no sentido do nº 1, alínea *b*), do artigo XXIII do GATT. Em nosso entender, não é necessário que uma política ou acto governamental tenha uma natureza substancialmente vinculativa ou obrigatória para que seja provável que os particulares actuem de forma a anular ou reduzir expectativas legítimas de vantagens incluídas no âmbito de aplicação do nº 1, alínea *b*), do artigo XXIII. De facto, é evidente que actos não vinculativos, que incluam incentivos ou desincentivos suficientes para que os particulares actuem de uma determinada maneira, podem ter efeitos desfavoráveis sobre as condições de concorrência na esfera de acesso aos mercados. Por exemplo, vários casos de não violação que tiveram por objecto subvenções, cuja atribuição estava subordinada apenas ao respeito voluntário das condições de elegibilidade. Além disso, consideramos que é concebível que, nos casos em que há um elevado grau de cooperação e colaboração entre o governo e as empresas, ou seja, quando a actividade económica se baseia em grande medida na orientação administrativa e em outros meios ainda mais informais de cooperação entre o governo e as empresas, que simples declarações de política geral do governo formuladas em termos indicativos e não vinculativos possam ter sobre os particulares efeitos similares aos de uma medida juridicamente vinculativa ou do que o Japão denomina orientação administrativa reguladora. Em consequência, acreditamos que devemos estar abertos à aceitação de uma definição ampla do termo *medida* para efeitos do nº 1, alínea *b*), do artigo XXIII, em que se tenha em conta se um acto governamental não vinculativo tem efeitos similares aos de uma medida vinculativa"[969].

No fim, o Painel declarou que:

"(...) Notamos que o Plano Básico de 1971 não é uma norma legal ou regulamentar nem estabelece incentivos ou desincentivos para que o sector privado adopte determinadas medidas. Mesmo se o Plano Básico de 1971 foi elaborado e publicado por um órgão consultivo quase governamental integrado por universitários, representantes da indústria e funcionários do governo, ele tem algumas das características próprias de

---

[968] Relatório do Painel no caso *Japan – Measures Affecting Consumer Photographic Film and Paper* (WT/DS44/R), 31-3-1998, parágrafo 10.48.
[969] *Idem*, parágrafo 10.49.

A FUNÇÃO JURISDICIONAL NO SISTEMA GATT/OMC

uma medida governamental, já que o Conselho de Fomento da Sistematização da Distribuição foi criado pelo *Ministry of International Trade and Industry* [MITI] e foi o MITI quem encomendou a preparação do Plano. Além disso, como indicámos antes, quando o Plano foi publicado, funcionários de alto nível do MITI apoiaram-no e manifestaram que o MITI colaboraria com o sector privado para garantir a aplicação das suas recomendações. À luz destas declarações e iniciativas do MITI, consideramos que existe um grau suficiente de probabilidade de que a orientação administrativa do MITI em conexão com o Plano Básico de 1971 constituiu um incentivo suficiente para que os particulares actuassem de uma determinada forma, pelo que teria tido na actividade empresarial do Japão efeitos similares aos de uma medida juridicamente vinculativa. (...) Em consequência, constatamos que o Plano Básico de 1971 constitui uma medida no sentido do nº 1, alínea *b*), do artigo XXIII"[970].

A violação das leis de defesa da concorrência por parte de empresas privadas, sem qualquer envolvimento governamental, por exemplo, não satisfaz este primeiro elemento[971]. Tal conduta de carácter puramente privado, combinada com

---

[970] *Idem*, parágrafo 10.180.

[971] Claus-Dieter EHLERMANN e Lothar EHRING, *WTO Dispute Settlement and Competition Law: Views from the Perspective of the Appellate Body Experience*, in Fordham International Law Journal, 2003, p. 1557. PETROS MAVROIDIS, ao mesmo tempo que afirma que o facto de os acordos da OMC não conterem disposições que visem explicitamente e especificamente as práticas comerciais restritivas não impede que tais práticas possam ser submetidas à jurisdição dos painéis, nomeadamente, através da aplicação dos artigos XI e XXIII, nº 1, alínea *b*) do GATT de 1994, observa que as práticas comerciais restritivas que ocorram sem qualquer participação do Estado não podem ser atacadas no âmbito da OMC (cf. Petros MAVROIDIS, *Les pratiques restrictives du commerce: la question de la répartition des compétences entre la communauté européenne et ses états membres dans le cadre de l'organisation mondiale du commerce*, in AFDI, 1996, pp. 870-871). Significa isto que a OMC é incapaz de fornecer uma solução contra os cartéis de importação, o tipo de prática comercial restritiva mais atreito a anular de modo mais directo o valor comercial de uma concessão pautal? Veja-se, por exemplo, a seguinte hipótese avançada por um antigo membro do Órgão de Recurso:

"In country A, the competition law authority has stringently and consistently prohibited buying cartels including import cartels. Under the circumstances, there is reasonable expectation that the authority proceeds against such a cartel if it can catch one or if there is a complaint with sufficient evidence. In the past, many complaints were filed and the authority had acted vigorously on the basis of such complaint. Exporters of country B intended to export a product to country A but the buying cartel in country A refused to purchase the product. Exporters filed a complaint with the competition law authority in country A. However, in this particular case, the authority refused to take any action. (...) This discriminatory denial of justice may be a contravention of the MFN principle [cláusula da nação mais favorecida] or the national treatment and the government of country B may bring a petition before to the dispute settlement procedure of the WTO/GATT". Cf. Mitsuo MATSUSHITA, Restrictive Business Practices and the WTO/GATT Dispute Settlement Process, in *International Trade Law and the*

OS CASOS DE NÃO VIOLAÇÃO

a ausência de leis de defesa da concorrência ou a sua não aplicação, pode muito provavelmente cair no âmbito apenas das queixas de situação[972].

A aplicação de uma medida pode consistir também numa omissão. Embora os painéis tenham lidado na maioria dos casos com medidas positivas, um Painel concluiu no caso *German Import Duties on Starch and Potato Flour* que, se uma parte contratante prometeu reduzir os direitos aduaneiros sobre certos produtos durante as negociações com outras partes, o não cumprimento da promessa pode ser considerada um caso de anulação ou redução de uma vantagem no âmbito do GATT[973]. Este caso não se inclui, porém, entre os seis casos em que as alegações de não violação foram reconhecidas com êxito no âmbito do GATT de 1947. O relatório do Painel foi apenas tomado em consideração pelas Partes Contratantes, tendo as duas partes envolvidas, a Alemanha e o Benelux, resolvido bilateralmente o litígio[974]. Seja como for, apesar de o art. XXIII, nº 1, alínea *b*), do GATT

---

*GATT/WTO Dispute Settlement System*, Studies in Transnational Economic Law, vol. 11, Ernst--Ulrich Petersmann ed., Kluwer Law International, Londres-Haia-Boston, 1997, pp. 369-370. O apoio ou encorajamento destes cartéis é, por outro lado, proibido expressamente pelo nº 3 do art. 11º do Acordo sobre as Medidas de Salvaguarda. Assim, caso os termos "encorajamento" ou "apoio" sejam interpretados extensivamente, de modo a abrangerem a não aplicação da legislação anti-cartel a um determinado cartel, este tipo de prática comercial restritiva pode, então, ser combatido através dos casos de não violação. Cf. Frieder ROESSLER, *Should Principles of Competition Policy Be Incorporated into WTO Law Through Non-Violation Complaints?*, in JIEL, 1999, pp. 420-421.

[972] Claus-Dieter EHLERMANN e Lothar EHRING, *WTO Dispute Settlement and Competition Law: Views from the Perspective of the Appellate Body Experience*, in Fordham International Law Journal, 2003, p. 1558.

[973] Norio KOMURO, *Kodak-Fuji Film Dispute and the WTO Panel Ruling*, in JWT, vol. 32, nº 5, 1998, p. 182. Durante o ciclo de negociações multilaterais de Torquay (1950-51), o chefe da delegação alemã concordou em carta endereçada às delegações do Benelux:

"that the duties in the German draft custom tariff on these products should be reduced as soon as possible to the level of the duties applied by Benelux (...). The Government of the Federal Republic of Germany is prepared to open negotiations with the Governments of the Benelux countries on the subject of a new reduction of German duties on starch and starch derivatives with a view to applying as soon as possible under the new German custom tariff a duty of 15 percent on starch and potato flour and similar duties on starch derivatives". Cf. Ernst-Ulrich PETERSMANN, *The GATT/WTO Dispute Settlement System: International Law, International Organizations and Dispute Settlement*, Kluwer Law International, Londres-Haia-Boston, 1997, p. 156. Assim, ao contrário do que aconteceu no caso *Treatment by Germany of Imports of Sardines* (1952), no qual nenhuma prova concludente foi produzida quanto ao alcance e conteúdo das declarações que possam ter sido feitas (parágrafo 16), a garantia feita durante as negociações foi depois confirmada numa carta do Presidente da delegação alemã às delegações dos Governos do Benelux.

[974] Markus BÖCKENFÖRDE, Article 26 DSU, in *WTO-Institutions and Dispute Settlement*, Rüdiger Wolfrum, Peter-Tobias Stoll e Karen Kaiser (eds), Max Planck Commentaries on World Trade Law, Max Planck Institute for Comparative Public Law and International Law, Martinus Nijhoff Publishers, Leiden/Boston, 2006, p. 581.

A FUNÇÃO JURISDICIONAL NO SISTEMA GATT/OMC

falar na "aplicação de uma medida", contrária ou não às disposições do Acordo Geral, o mesmo acontecendo no nº 1 do art. 26º do Memorando, e de estarmos perante um instrumento excepcional de resolução de litígios, "it seems to be generally accepted that a failure to act may be considered as an application of a measure"[975]. O próprio Órgão de Recurso reconhece que, em princípio, qualquer acto ou omissão imputável a um Membro da OMC pode ser uma medida desse Membro para efeitos dos procedimentos do sistema de resolução de litígios[976].

Ao estabelecer a necessidade de a medida em causa estar a ser aplicada (que não tenha deixado de existir)[977], o art. XXIII, nº 1, alínea *b*), do GATT torna igualmente irrelevante a distinção entre legislação imperativa e legislação discricionária, seguida por muitos painéis durante a vigência do GATT de 1947 e ratificada posteriormente pelo Órgão de Recurso a propósito dos casos de violação.

Passando ao segundo elemento, apenas num dos casos em que o art. XXIII, nº 1, alínea *b*), foi invocado no âmbito do GATT de 1947 o benefício reclamado não se prendeu com a expectativa razoável de melhores oportunidades de acesso aos mercados, resultante das concessões aduaneiras relevantes[978]. No caso *German Import Duties on Starch and Potato Flour*, defendeu-se mesmo que não é necessário que a concessão pautal tenha sido concedida, basta que haja promessas credíveis nesse sentido:

> "No decurso das negociações de Torquay, as delegações do Benelux solicitaram à delegação alemã que concordasse numa redução dos direitos aduaneiros aplicados pela Alemanha à importação dos produtos especificados no parágrafo 1 para o nível do direito aduaneiro do Benelux [15%]. A delegação alemã estava preparada apenas

---

[975] *Idem.*

[976] Relatório do Órgão de Recurso no caso *United States – Sunset Review of Anti-Dumping Duties on Corrosion-Resistant Carbon Steel Flat Products from Japan* (WT/DS244/AB/R), 15-12-2003, parágrafo 81. Ainda segundo o Órgão de Recurso, "os actos ou omissões que podem ser imputáveis desse modo são, habitualmente, os actos ou omissões dos órgãos do Estado, incluindo os do poder executivo". Cf. *Idem.*

[977] No caso de estarmos ante uma omissão, ABD AL-KASHIF nota que:
"the non-violation remedy is only limited to omission that is currently being applied. The assertion as whether or not the omission is in effect, in our view, can be reached through making sure whether or not there are adverse effects resulting from such omission, and where any benefit is being nullified or impaired as a result of an omission, this leads to considering that such omission is currently being applied". Cf. Abd AL-KASHIF, GATS's Non-Violation Complaint: Its Elements and Scope Comparing to GATT 1994, in *The World Trade Organization and Trade in Services*, Kern Alexander e Mads Andenas ed., Martinus Nijhoff Publishers, Leiden-Boston, 2008, p. 529.

[978] Relatório do Painel no caso *Japan – Measures Affecting Consumer Photographic Film and Paper* (WT/DS44/R), 31-3-1998, parágrafo 10.61.

OS CASOS DE NÃO VIOLAÇÃO

para reduzir as taxas relativas ao amido de cereal e fécula de batata até 25% (...), mas concordou em assegurar que novas reduções seriam contempladas num futuro próximo, e o Presidente da delegação alemã dirigiu uma carta para esse efeito à delegação dos países do Benelux em 31 de Março de 1951. Esta carta continha duas promessas que comprometiam a delegação da Alemanha a agir em nome do seu Governo. A primeira promessa tinha um carácter geral e consistia num acordo do Governo Alemão de que os direitos seriam reduzidos 'o mais cedo possível'. A segunda promessa era mais precisa, uma vez que o Governo Alemão declarava aceitar entrar em negociações com os governos do Benelux depois do Outono de 1952, com vista a resolver o problema em questão"[979].

O caso *European Economic Communities – Tariff Treatment on Imports of Citrus Products from Certain Countries in the Mediterranean Region* foi o único em que a vantagem comprometida invocada pela parte queixosa dizia respeito não à expectativa razoável de melhores oportunidades de acesso aos mercados nos termos do art. II do GATT[980], mas antes à aplicação de preferências aduaneiras, não consolidadas, concedidas pela Comunidade Económica Europeia a certos países mediterrânicos:

"(...) o Painel considerou que, conquanto as queixas apresentadas anteriormente ao abrigo do nº 1, alínea *b*), do artigo XXIII dissessem respeito a vantagens resultantes do artigo II, isso não significava que o nº 1, alínea *b*), do artigo XXIII estivesse limitado apenas a essas vantagens. Os trabalhos preparatórios do artigo XXIII confirmam que este Artigo, incluindo o nº 1, alínea *b*), protege qualquer vantagem no quadro do Acordo Geral. Isto incluiria, pois, quaisquer vantagens resultantes para os Estados Unidos do nº 1 do artigo I do GATT, disposição aplicável de igual modo quer a direitos aduaneiros consolidados, quer a direitos aduaneiros não consolidados"[981].

Significativamente, o relatório do Painel nunca foi adoptado, em parte devido à expansão verificada do âmbito de aplicação dos casos de não violação[982].

---

[979] Relatório do Painel no caso *German Import Duties on Starch and Potato Flour* (W.9/178), adoptado em 16-2-1955, parágrafo 2.

[980] Relatório do Painel no caso *Japan – Measures Affecting Consumer Photographic Film and Paper* (WT/DS44/R), 31-3-1998, nota de rodapé do parágrafo 10.61.

[981] Relatório do Painel no caso *European Economic Community – Tariff Treatment on Imports of Citrus Products from Certain Countries in the Mediterranean Region* (L/5776), posto a circular em 7-2-1985, nunca adoptado, parágrafo 4.36.

[982] Markus BÖCKENFÖRDE, Article 26 DSU, in *WTO-Institutions and Dispute Settlement*, Rüdiger Wolfrum, Peter-Tobias Stoll e Karen Kaiser (eds), Max Planck Commentaries on World Trade Law, Max Planck Institute for Comparative Public Law and International Law, Martinus Nijhoff Publishers, Leiden/Boston, 2006, p. 582.

A FUNÇÃO JURISDICIONAL NO SISTEMA GATT/OMC

Segundo o representante das Comunidades Europeias, o art. XXIII, nº 1, alínea *b*), do GATT tinha sido aplicado apenas a casos em que estavam em causa concessões pautais; constituiria um precedente perigoso estender a sua aplicação a situações em que nenhum compromisso desse tipo foi violado[983].

Algo estranho é o facto de o Painel do caso *Korea – Measures Affecting Government Procurement* incluir na expressão "benefícios" os resultantes do comportamento dos negociadores dos tratados:

> "**7.100.** Uma das questões que se apresentam no presente litígio é saber se as queixas de não violação podem aparecer em contextos distintos do enfoque tradicional que representa o princípio *pacta sunt servanda*. Pode, por exemplo, a questão do erro na negociação de um tratado ser examinada no âmbito do artigo 26º do Memorando de Entendimento sobre Resolução de Litígios e do nº 2 do artigo XXII do Acordo sobre Compras Públicas? Não vemos nenhuma razão para que tal não seja possível. As partes estão tão obrigadas a negociar de boa fé como obrigadas a aplicar o tratado de boa fé. Parece-nos claro que é necessário que as negociações relativas ao acordo objecto da nossa análise (o Acordo sobre Compras Públicas) sejam conduzidas de forma especialmente aberta e franca.
>
> **7.101.** Por conseguinte, baseando-nos nas numerosas provas apresentadas por ambas as partes no litígio, examinaremos a alegação por anulação ou redução de vantagens formulada pelos Estados Unidos no quadro dos princípios de direito internacional que são geralmente aplicáveis não só ao cumprimento dos tratados mas também à sua negociação. Agir de outro modo poderia criar uma lacuna na aplicabilidade geral do direito aos litígios examinados no quadro da OMC, e não avistamos no texto dos Acordos da OMC alguma intenção de que se pretendia criar essa lacuna. Caso seja considerado que uma queixa de não violação não permite obter uma repa-

---

[983] GATT, *Minutes of Meeting Held in the Centre William Rappard on 12 March 1985* (C/M/186), 19-4-1985, p. 17. Todavia, como bem nota ABD AL-KASHIF:
"There are agreements under WTO that codify a non-violation remedy although the obligations under these agreements have not been intended to protect a balance of tariff concessions but rather to establish minimum standards of intellectual protection, like under TRIPS, or to secure market access and national treatment, like under GATS. The codification of the non--violation complaint indicates the explicit desire for non-violation complaints to be applied to areas outside tariff concessions" (cf. Abd AL-KASHIF, GATS's Non-Violation Complaint: Its Elements and Scope Comparing to GATT 1994, in *The World Trade Organization and Trade in Services*, Kern Alexander e Mads Andenas ed., Martinus Nijhoff Publishers, Leiden-Boston, 2008, p. 532).
Além disso, uma interpretação restritiva limitando o termo "vantagem" às vantagens resultantes das concessões pautais não encontra apoio no texto do nº 1, alínea *b*), do art. XXIII do GATT. A linguagem usada nesta disposição não confina a aplicação das queixas de não violação apenas às vantagens resultantes do art. II do GATT.

## OS CASOS DE NÃO VIOLAÇÃO

ração no caso de problemas como os que os que se apresentaram no presente caso no que respeita à boa fé e ao erro na negociação dos compromissos no quadro do Acordo sobre Compras Públicas (e podemos acrescentar, dos compromissos em matéria de direitos aduaneiros e serviços derivados de outros Acordos da OMC), então nada poderia ser feito a esse respeito no âmbito do sistema de resolução de litígios da OMC se as normas do direito internacional consuetudinário relativas à boa fé e ao erro na negociação dos tratados não fossem aplicáveis. Como se indicou anteriormente, isso não estaria em conformidade com a relação normal entre o direito internacional e o direito dos tratados ou com os Acordos da OMC.

**7.102.** Se os casos de não violação representam uma extensão da obrigação de actuar de boa fé na aplicação de um tratado e podem também aplicar-se à boa fé e ao erro nas negociações ao abrigo do Acordo sobre Compras Públicas, e pensamos que podem, então também deveriam aplicar-se os recursos especiais para casos em que não existe violação contemplados no artigo 26º do Memorando de Entendimento sobre Resolução de Litígios em lugar dos recursos tradicionais do direito dos tratados que não são pertinentes no que respeita ao Acordo sobre Compras Públicas"[984].

Relativamente a estas conclusões do Painel, cumpre destacar que o Painel parece ter confundido os casos de não violação com o conceito de "erro num tratado" previsto no art. 48º da Convenção de Viena sobre o Direito dos Tratados[985]. As conclusões do Painel contradizem o próprio texto do Acordo Geral, cujo art. XXIII fala em vantagens resultantes de um Acordo e não propriamente de vantagens obtidas durante as negociações. Mais: apesar de o texto do nº 1, alínea *b*), do art. XXIII do GATT referir apenas "uma vantagem para si resultante, directa ou indirectamente, do presente Acordo", ficando por explicar quais as vantagens que estão em causa, o *case law* tem considerado que tais vantagens incluem as que um Membro da OMC pode razoavelmente esperar obter de uma concessão pautal[986].

Voltando ao caso *Japan – Measures Affecting Consumer Photographic Film and Paper*, o Painel avançou concretamente com as seguintes pistas:

---

[984] Relatório do Painel no caso *Korea – Measures Affecting Government Procurement* (WT/DS163/R), 1-5-2000, parágrafos 7.100-7.102.

[985] Frieder ROESSLER e Petina GAPPAH, A Re-Appraisal of Non-Violation Complaints Under the WTO Dispute Settlement Procedures (Chapter 29), in *The World Trade Organization: Legal, Economic and Political Analysis*, Volume I, Patrick Macrory, Arthur Appleton e Michael Plummer Ed., Springer, Nova Iorque, 2005, pp. 1378-1379.

[986] É preciso que as medidas impugnadas não tenham podido ser razoavelmente previstas no momento em que se negociaram as concessões pautais. Cf. Relatório do Painel no caso *Japan – Measures Affecting Consumer Photographic Film and Paper* (WT/DS44/R), 31-3-1998, parágrafo 10.76.

A FUNÇÃO JURISDICIONAL NO SISTEMA GATT/OMC

"**10.78.** Um ponto de partida óbvio para determinar se uma medida foi prevista razoavelmente é examinar se a medida em questão foi adoptada antes ou depois da conclusão do ciclo de negociações pautais relevantes (...). Não obstante, as partes alegam que a questão é muito mais complexa. Os Estados Unidos aduzem que não tinham conhecimento de algumas 'medidas' anteriores à conclusão do ciclo de negociações pautais relevante devido à falta de transparência dessas medidas. Noutros casos, Os Estados Unidos indicam que, ainda que tivesse consciência da existência das 'medidas' antes da conclusão das negociações, não conheciam nem podiam ter conhecido a sua importância em relação ao acesso ao mercado japonês das películas e papel importados no momento das negociações pautais relevantes. O Japão, em contraste, sustém que os Estados Unidos previram ou deveriam ter previsto todas as supostas 'medidas'. A este respeito, o Japão refere que os Membros exportadores devem prever razoavelmente as medidas compatíveis com o GATT adoptadas por um Membro importador para incrementar a eficiência de um determinado sector da sua economia, como o sector da distribuição.

**10.79.** Consideramos que a questão da previsão razoável deve ser analisada em relação a 'medidas' concretas, à luz das seguintes orientações. Primeiro, no caso das medidas que os Estados Unidos demonstraram que foram adoptadas posteriormente à conclusão das negociações pautais em causa, é nossa opinião que os Estados Unidos estabeleceram uma presunção de que não cabe supor que tivessem previsto essas medidas, pelo que cabe ao Japão o ónus de refutar essa presunção. Tal refutação pode ser feita, por exemplo, estabelecendo que a medida em causa está contemplada de forma clara numa medida anterior que os Estados Unidos tinham que tê-la previsto. Todavia, é necessário que exista uma conexão clara entre uma e outra medida. Em nossa opinião, não basta alegar que uma medida *concreta* deveria ter sido antecipada, porque era compatível com uma política *geral* anterior do governo ou dava continuidade a essa política. Tal como no caso *EEC – Oilseeds*, não acreditamos que seja apropriado defender que os Estados Unidos deveriam ter previsto razoavelmente todas as medidas compatíveis com o GATT, como as destinadas a melhorar o sector japonês da distribuição, sector qualificado pelo Japão de ineficiente. De facto, se um Membro tivesse que prever todas as medidas compatíveis com o GATT, nenhuma alegação de não violação seria possível. Tão-pouco consideramos que os Estados Unidos devessem ter previsto razoavelmente, regra geral, as medidas adoptadas pelo Japão que são similares às adoptadas nos mercados de outros Membros. É necessário analisar em cada caso a questão da previsão razoável.

**10.80.** Em segundo lugar, no caso das medidas que o Japão demonstrou que foram introduzidas antes da conclusão das negociações pautais em causa, consideramos que o Japão estabeleceu a presunção de que deve considerar-se que os Estados Unidos previram essas medidas, e que incumbe aos Estados Unidos refutar essa presunção. A este respeito, é nosso entendimento que os Estados Unidos são acusados de conhe-

OS CASOS DE NÃO VIOLAÇÃO

cer as medidas adoptadas pelo Governo do Japão na data da sua publicação. Estamos conscientes de que o conhecimento da existência de uma medida não equivale à compreensão do seu impacto no mercado de um determinado produto. Por exemplo, algumas políticas de aplicação de uma medida podem dar a uma medida ambígua um conteúdo não previsto inicialmente ou modificar sensivelmente o seu conteúdo. Todavia, nos casos em que os Estados Unidos alegam que desconheciam a importância de uma medida para as condições de acesso aos mercados das películas ou papel, os Estados Unidos têm de demonstrar claramente por que não podiam ter previsto razoavelmente desde o primeiro momento os efeitos no mercado de películas ou papel de uma medida existente e aclarar quando se aperceberam desses efeitos. Essa demonstração tem de referir-se aos momentos pertinentes (a conclusão dos Ciclos Kennedy, Tóquio ou do Uruguai) para efeitos da avaliação do alcance das expectativas legítimas dos Estados Unidos de vantagens resultantes desses três Ciclos. Não basta declarar simplesmente que a falta de transparência e o carácter informal das medidas de um Membro impedem uma avaliação do seu impacto. Conquanto seja verdade que na maioria dos casos de não violação anteriores era claramente perceptível a relação entre uma medida que afectava um determinado produto e os seus efeitos sobre a concessão pautal supostamente anulada, também pode discernir-se a existência de uma relação entre as medidas gerais que afectam a venda e distribuição no mercado interno de determinados produtos, como as normas sobre publicidade e prémios, e as concessões pautais relativas aos produtos em geral.

**10.81.** Em terceiro lugar, para efeitos da nossa análise, consideramos que a data da conclusão das negociações pautais dos três Ciclos são as que se indicam a seguir: no caso do Ciclo Kennedy, parece que as negociações pautais continuaram até mesmo ao final do Ciclo, pelo que consideraremos que a data relevante é a data em que terminou o Ciclo (30 de Junho de 1967). No caso do Ciclo de Tóquio, o ciclo terminou em 12 de Abril de 1979, ainda que a data oficial do Protocolo correspondente seja formalmente o dia 30 de Junho de 1979. Examinaremos quando apropriado o argumento dos Estados Unidos de que as negociações sobre as reduções dos direitos aduaneiros aplicados às películas fotográficas terminaram antes. No caso do Ciclo do Uruguai, as negociações pautais terminaram, no essencial, em 15 de Dezembro de 1993, ainda que o Ciclo tenha terminado oficialmente com a assinatura do Acordo sobre a OMC em Marraquexe em 15 de Abril de 1994. Assim sendo, usaremos a data de 15 de Dezembro de 1993 como data de conclusão da negociações pautais do Ciclo do Uruguai"[987].

---

[987] Relatório do Painel no caso *Japan – Measures Affecting Consumer Photographic Film and Paper* (WT/DS44/R), 31-3-1998, parágrafos 10.78-10.81.

# A FUNÇÃO JURISDICIONAL NO SISTEMA GATT/OMC

Portanto, para um caso de não violação ter êxito, presume-se que uma medida introduzida após o termo das negociações não poderia ser razoavelmente esperada nem prevista pela parte queixosa no momento da negociação da concessão, mas a outra parte pode refutar esta presunção[988], demons-

---

[988] E, como já foi referido, é necessário que as medidas em causa estejam a ser aplicadas, isto é, que não tenham deixado de existir (cf. Relatório do Painel no caso *Japan – Measures Affecting Consumer Photographic Film and Paper* (WT/DS44/R), 31-3-1998, parágrafo 10.57). Nos casos de violação, pelo contrário, embora não seja normal os painéis considerarem medidas que já expiraram ou foram retiradas, nem sempre assim acontece. Por exemplo, num litígio relativo à proibição de importação de atum do Canadá, medida aplicada pelos Estados Unidos, os dois países concordaram em continuar os procedimentos do Painel, apesar do levantamento da proibição. Isto porque se mantinha em vigor a disposição ao abrigo da qual a proibição foi aplicada, pelo que interessava evitar a repetição de uma prática similar (cf. Relatório do Painel no caso *United States Prohibitions of Imports of Tuna and Tuna Products from Canada* (L/5198), 22-12-1981, parágrafo 4.3).

Ainda a respeito da presunção referida (no texto principal), o Painel do caso *European Communities – Measures Affecting Asbestos and Asbestos Containing Products* fez algumas considerações importantes:

"Constatamos que, no que se refere aos elementos que devem tomar-se em consideração para determinar se a medida em causa podia ter sido prevista razoavelmente, os painéis anteriores chegaram à conclusão de que um determinado número de elementos não eram pertinentes. Consideramos necessário apreciar a sua aplicabilidade em relação às circunstâncias do presente litígio.

(a) Observamos, em primeiro lugar, que nos relatórios sobre os casos *Japan – Film* e *European Economic Community – Oilseeds*, se chegou à conclusão de que uma determinada medida não era previsível só porque estava em conformidade com una política geral anterior do governo ou consistia numa continuidade dessa política. Não obstante, contrariamente ao ocorrido nos dois casos mencionados, constatamos que a França já tinha desenvolvido uma política específica em resposta aos problemas de saúde causados pelo amianto antes da adopção do Decreto. Não há dúvida de que este factor deve ser tomado em consideração na nossa análise.

(b) No caso *Japan – Film*, o Painel concluiu igualmente que não tinha nenhuma razão para considerar que os Estados Unidos tinham previsto razoavelmente todas as medidas compatíveis com o GATT. Por conseguinte, não consideramos que o Canadá tenha previsto razoavelmente todas as medidas compatíveis com o GATT ou mesmo eventualmente as medidas justificáveis ao abrigo do artigo XX.

(c) Por último, na medida em que o Decreto é posterior às negociações pautais mais recentes, poderíamos aplicar a presunção estabelecida pelo Painel que se ocupou do caso *Japan – Film*, segundo a qual não deveria supor-se normalmente que o Canadá tinha previsto a medida, se esta fosse posterior à concessão pautal. Todavia, não cremos que essa presunção seja compatível com o critério de prova que considerámos ser aplicável no parágrafo 8.272, *supra*, no caso de uma alegação de anulação sem violação de disposições relativa a medidas reguladas pelo artigo XX do GATT de 1994.

Por outro lado, as circunstâncias do presente caso parecem-nos distintas da situação contemplada no caso *Japan – Film*. Nesse caso, as medidas em litígio diziam respeito à organização do mercado interno do Japão. Tratava-se, pois, de medidas económicas cuja natureza poderia surpreender um país terceiro e que, por isso, eram dificilmente previsíveis. Agora, trata-se de medidas de protecção da saúde pública reguladas na alínea *b*) do artigo XX e que, portanto,

OS CASOS DE NÃO VIOLAÇÃO

trando, por exemplo, que ela estava claramente contemplada numa medida anterior[989].

No caso das medidas introduzidas antes da conclusão das negociações pautais em causa, presume-se que a parte queixosa deveria ter antecipado tais medidas. Logo, cabe à parte queixosa refutar tal presunção. Ao fazê-lo, a parte queixosa deve demonstrar claramente porque não conseguiu antever razoavelmente os efeitos de uma medida existente e quando se apercebeu desses efeitos[990]. Caso a parte queixosa tenha êxito, demonstrando que não podia ter previsto, com razoabilidade, os efeitos da medida[991], o ónus da prova passa para a parte arguida, a qual deve demonstrar que tal prejuízo podia ter sido previsto quando a concessão foi negociada (por exemplo, se as medidas se encontrassem já em vigor). Um relató-

fazem parte das medidas cuja adopção é contemplada explicitamente pelo GATT de 1994. Consideramos, pois, que a presunção estabelecida no caso *Japan - Film* não é aplicável neste caso.

**8.292.** O Canadá menciona em primeiro lugar as concessões feitas pela França em 1947 e pela Comunidade Económica Europeia em 1962. Todavia, consideramos que, dados os intervalos de tempo transcorridos entre essas concessões e a adopção do Decreto (50 e 35 anos), o Canadá não podia presumir que, durante um período tão longo, não haveria avanços nos conhecimentos médicos, com o risco de que um produto pudesse, em algum momento, ser objecto de uma proibição por motivos de saúde. Também por esta razão, consideramos que a presunção estabelecida no caso *Japan – Film* não pode ser aplicada no caso das concessões efectuadas em 1947 e 1962. Qualquer outra interpretação ampliaria o âmbito de aplicação do conceito de anulação sem violação de disposições muito mais além do contemplado pelo Painel no caso *Japan - Film* (...)". Cf. Relatório do Painel no caso *European Communities – Measures Affecting Asbestos and Asbestos Containing Products* (WT/DS135/R), 18-9-2000, parágrafos 8.291-8.292.

[989] Relatório do Painel no caso *Japan – Measures Affecting Consumer Photographic Film and Paper* (WT/DS44/R), 31-3-1998, parágrafo 10.79.

[990] *Idem*, parágrafo 10.80.

[991] Segundo o Painel:
"Notamos que a Decisão do Conselho de Ministros de 6 de Junho de 1967 foi publicada no Jornal Oficial do Japão em 21 de Junho de 1967, nove dias antes da data em que terminou formalmente o Ciclo Kennedy (30 de Junho de 1967). Recordamos o critério estabelecido no nosso exame geral da previsão razoável, segundo o qual se presume que um Membro tem conhecimento de uma medida na data da sua publicação, mas esta presunção admite prova em contrário se o Membro identificar circunstâncias excepcionais. Dado o breve período transcorrido entre a publicação desta medida concreta e a conclusão oficial do Ciclo Kennedy, julgamos que é difícil concluir que os Estados Unidos deveriam ter previsto a Decisão do Conselho de Ministros de 1967, já que seria pouco realista considerar que os Estados Unidos teriam tido a oportunidade de reabrir as negociações pautais sobre determinados produtos nos últimos dias de um ciclo de negociações multilaterais. Em consequência, consideramos que os Estados Unidos, no que respeita à Decisão do Conselho de Ministros de 1967, têm expectativas legítimas de melhoria de acesso aos mercados resultantes do Ciclo Kennedy. Todavia, aplicando o critério elaborado anteriormente, constatamos que os Estados Unidos não podem alegar a titularidade de expectativas legítimas resultantes das concessões do Ciclo de Tóquio e do Ciclo do Uruguai". Cf. *Idem*, parágrafo 10.103.

A FUNÇÃO JURISDICIONAL NO SISTEMA GATT/OMC

rio de um Painel do GATT (não adoptado) considerou mesmo que, por causa da discussão pública sobre preferências aduaneiras para os países do Mediterrâneo durante as negociações, as autoridades norte-americanas deveriam ter a percepção de que o valor das concessões por si concluídas seria afectado[992].

No que toca ao terceiro elemento referido no caso *Japan – Measures Affecting Consumer Photographic Film and Paper* para um caso de não violação ter êxito, é importante ter em conta que não é necessário que se verifique uma redução dos fluxos de comércio:

"**10.82.** (...) há que demonstrar que a competitividade dos produtos importados objecto de uma concessão (pautal) pertinente em matéria de acesso aos mercados é *perturbada pela* ('anulada ou reduzida [...] em consequência de') aplicação de uma medida que não foi prevista razoavelmente. Os painéis do GATT que examinaram alegações de anulação ou redução sem violação de disposições recorreram sistematicamente à equiparação entre 'anulação ou redução' e "perturbação da relação de concorrência' entre produtos nacionais e importados. Por exemplo, o Painel que examinou o caso *European Economic Community – Oilseeds*, nas suas constatações, declarou que tinha constatado '[...] que as subvenções em causa tinham comprometido a concessão pautal, uma vez que *alteravam a relação de concorrência entre as sementes de oleaginosas comunitárias e as importadas*, e não porque tivessem algum efeito nos fluxos comerciais' [parágrafo 77]. Nos casos *Australian Subsidy* e *Germany – Sardines* utilizavam-se termos análogos. Em consequência, neste caso, incumbe aos Estados Unidos provar que as medidas governamentais que referem comprometeram a relação de concorrência estabelecida no Japão entre as películas e o papel fotográficos nacionais e importados, em detrimento dos últimos. Por outras palavras, os Estados Unidos têm de demonstrar que existe uma relação clara entre as medidas e os efeitos desfavoráveis na relação de concorrência relevante.

**10.83.** Em nosso entender, este terceiro elemento – a existência de uma relação causal – talvez constitua um dos aspectos mais complexos do ponto de vista fáctico do nosso exame. A este respeito, assinalamos que nos três casos anteriores de não violação em que os painéis constataram que a parte reclamante não tinha apoiado as suas alegações com uma justificação detalhada, a questão fundamental foi a falta de provas da existência de uma relação causal [casos *Uruguayan Recourse to Article XXIII* (parágrafo 15); *Japan – Trade in Semi-conductors* (parágrafo 131); e *United States – Restrictions on the Importation of Sugar and Sugar-Containing Products Applied under the 1955 Waiver and under the Headnote to the Schedule of Tariff Concessions* (parágrafos 5.20-5.23)]. Quatro questões relacionadas com a causalidade merecem uma análise geral. Primeiro, o grau de causalidade que deve

---

[992] Relatório do Painel no caso *European Economic Community – Tariff Treatment of Citrus Products from Certain Mediterranean Countries* (L/5776), posto a circular em 7-2-1985, nunca adoptado, parágrafo 4.34.

OS CASOS DE NÃO VIOLAÇÃO

ser demonstrado (se é necessário que a medida seja 'causa necessária' ou se requer um grau menor). Segundo, a pertinência da neutralidade de uma medida quanto à origem no que concerne à causa da anulação ou da redução. Terceiro, a relevância da finalidade para a determinação da relação causal. E por último, até que ponto podem as medidas ser consideradas no seu conjunto numa análise da relação causal.

**10.84.** Quanto ao primeiro destes elementos, os Estados Unidos argumentam que não têm que demonstrar que as medidas em causa são uma condição '*sine qua non*' da redução do acesso ao mercado das películas e papel importados, mas unicamente que essas medidas são '*uma*' causa dessa distorção. (...) Neste momento do procedimento, importa examinar se uma medida dessa natureza causou a anulação ou redução de uma vantagem, isto é, se contribuiu mais do que *de minimis* para a anulação ou redução"[993].

Apesar deste critério da contribuição *de minimis* ter sido criticado por alguns autores como sendo "extremely low"[994], atendendo ao carácter excepcional dos casos de não violação e aos respectivos trabalhos preparatórios[995], não podemos esquecer que o nº 1 do art. 26º do Memorando de Entendimento sobre Resolução de Litígios traz uma novidade importante relativamente ao texto do nº 1, alínea *b*), do art. XXIII do GATT, a qual, aliás, tem passado despercebida pela generalidade dos autores. Ao contrário desta última disposição, cujo texto fala em "as *the* result of", o texto do Memorando fala em "as *a* result of", implicando, "if anything, the intention for less rather than more direct correlation"[996].

O Painel observou, por outro lado, que:

"(...) O nº 1, alínea *b*) do artigo XXIII não exige que se prove que o governo que adopta uma medida tem a finalidade de anular ou reduzir vantagens. O que importa para

---

[993] Relatório do Painel no caso *Japan – Measures Affecting Consumer Photographic Film and Paper* (WT/DS44/R), 31-3-1998, parágrafos 10.82-10.84.

[994] James DURLING e Simon LESTER, *Original Meanings and the Film Dispute: The Drafting History, Textual Evolution, and Application of the Non-Violation Nullification or Impairment Remedy*, in George Washington Journal of International Law and Economics, 1999, p. 265.

[995] Dae-Won KIM, *Non-Violation Complaints in WTO Law: Theory and Practice*, Peter Lang, Berna--Berlim-Bruxelas-Frankfurt-Nova Iorque-Oxford-Viena, 2006, p. 136.

[996] Markus BÖCKENFÖRDE, Article 26 DSU, in *WTO-Institutions and Dispute Settlement*, Rüdiger Wolfrum, Peter-Tobias Stoll e Karen Kaiser (eds), Max Planck Commentaries on World Trade Law, Max Planck Institute for Comparative Public Law and International Law, Martinus Nijhoff Publishers, Leiden/Boston, 2006, p. 584. De igual modo, o nº 3, primeira frase, do art. XXIII do GATS estabelece que:
"If any Member considers that any benefit it could reasonably have expected to accrue to it under a specific commitment of another Member under Part III of this Agreement is being nullified or impaired *as a result of* the application of any measure which does not conflict with the provisions of this Agreement, it may have recourse to the Dispute Settlement Understanding" (itálico aditado).

363

A FUNÇÃO JURISDICIONAL NO SISTEMA GATT/OMC

efeitos de estabelecer a existência de uma relação causal é o impacto da medida, isto é, se a medida perturba a relação de concorrência. Apesar disso, é possível que a finalidade seja até certo ponto relevante. Em nossa opinião, caso se demonstre que a finalidade de uma medida cujos efeitos sobre os produtos nacionais e importados parecem à primeira vista neutrais quanto à origem tem sido restringir as importações, podemos estar mais inclinados a constatar em casos concretos a existência de uma relação causal, tendo presente que essa finalidade, quando exista, não tem um valor determinante. A parte reclamante continua obrigada a demonstrar que a medida concreta impugnada anula o reduz efectivamente vantagens no sentido do nº 1, alínea *b*), do artigo XXIII"[997].

É de salientar, finalmente, que não há qualquer razoabilidade na expectativa de que um Membro da OMC não recorrerá à adopção de medidas previstas especificamente nos acordos abrangidos. Por exemplo, as concessões pautais negociadas não podem pôr em causa o direito de um Membro da OMC aplicar medidas de salvaguarda ao abrigo do art. XIX do GATT. Segundo alguns autores:

"the protection of this expectation under Article XXIII:1(b) [of the GATT] would have the consequence that the Member would seek compensation for the loss of trading opportunities they did not 'pay' for and should therefore not regarded as a benefit accruing under the GATT"[998].

Alguns autores defendem, ainda, que o art. XX do GATT, ao impedir a aplicação de medidas de forma a "constituírem um meio de discriminação arbitrária ou injustificada entre os países onde existam as mesmas condições ou uma restrição disfarçada ao comércio internacional", não permite que uma medida que nele encontre justificação possa dar origem a um caso de não violação ao abrigo do nº 1, alínea *b*), do art. XXIII do GATT e do nº 1 do art. 26º do Memorando de Entendimento sobre Resolução de Litígios. MARKUS BÖCKENFÖRDE, por exemplo, entende que, "if an element of bad faith is required in the application of a measure for an non-violation complaint to be successful, that measure is not justifiable under Art. XX GATT 1994"[999]. Em princípio, só será possível encontrar

---

[997] Relatório do Painel no caso *Japan – Measures Affecting Consumer Photographic Film and Paper* (WT/DS44/R), 31-3-1998, parágrafo 10.87.

[998] Frieder ROESSLER e Petina GAPPAH, A Re-Appraisal of Non-Violation Complaints Under the WTO Dispute Settlement Procedures (Chapter 29), in *The World Trade Organization: Legal, Economic and Political Analysis*, Volume I, Patrick Macrory, Arthur Appleton e Michael Plummer Ed., Springer, Nova Iorque, 2005, p. 1381.

[999] Markus BÖCKENFÖRDE, Article 26 DSU, in *WTO-Institutions and Dispute Settlement*, Rüdiger Wolfrum, Peter-Tobias Stoll e Karen Kaiser (eds), Max Planck Commentaries on World Trade Law, Max Planck Institute for Comparative Public Law and International Law, Martinus Nijhoff Publishers, Leiden/Boston, 2006, p. 576.

OS CASOS DE NÃO VIOLAÇÃO

uma justificação ao abrigo do art. XX do GATT de 1994 "if the theoretical under-pinning of non-violation complaint is at least partly rooted in the concept of *clausula rebus sic stantibus*"[1000]. Em contraste, ARMIN VON BOGDANDY defende que:

"It cannot make any difference whether an action is lawful because it does not violate a GATT obligation, in particular Article II, or whether it violates such an obligation but falls within a GATT exception. This interpretation is consistent with the general function of the non-violation procedure. If its overall aim is to maintain the balance of advantages, even in the case where such an advantage is impaired or nullified by a legal measure, there are no grounds for denying the procedure if a measure is covered by an exception"[1001].

Durante a vigência do GATT de 1947, o Painel do caso *United States – Trade Measures Affecting Nicaragua* observou que:

"Ao não poder examinar o embargo à luz do n.º 1, alínea *a*), do artigo XXIII, o Painel continuou a examiná-lo à luz do n.º 1, alínea *b*), deste mesmo artigo. Consequentemente, o Painel considerou a questão de saber se as vantagens resultantes para a Nicarágua do Acordo Geral tinham sido anuladas ou reduzidas pelo embargo, não importando se este violava ou não as disposições do Acordo Geral"[1002].

---

[1000] *Idem*. Mas, como salienta um outro autor, "a State invoking this principle [*clausula rebus sic stantibus*] can normally only terminate or withdraw from the treaty as a whole. Article XXIII:1(b) of the GATT provides for the additional possibility of a selective withdrawal from certain concessions or obligations with multilateral approval" (cf. Frieder ROESSLER, *Should Principles of Competition Policy Be Incorporated into WTO Law Through Non-Violation Complaints?*, in JIEL, 1999, p. 416). Ainda segundo um outro autor:
"some commentators have argued that Article XXIII:1(b) is analogous to the (...) principle of *clausula rebus sic stantibus*, which has been codified in Article 62 of the Vienna Convention of the Law of Treaties. Although there are similarities (...), perhaps most notably in that they do not require a violation of contract or treaty, the differences are substantial. Most importantly, a successful non-violation claim does not excuse or discharge a WTO member from performance of its WTO obligations. To the contrary, the relevant WTO provision continues in force, and the obligations of the offended WTO member are either adjusted or the offending WTO member pays compensation to the offended member". Cf. John LINARELLI, *The Role of Dispute Settlement in World Trade Law: Some Lessons from the Kodak-Fuji Dispute*, in Law & Policy in International Business, Vol. 31, 2000, p. 344.
[1001] Armin von BOGDANDY, *The Non-Violation Procedure of Article XXIII:2, GATT: Its Operational Rationale*, in JWT, vol. 26, n.º 4, 1992, p. 107.
[1002] Relatório do Painel no caso *United States – Trade Measures Affecting Nicaragua* (L/6053), posto a circular em 13-10-1986, nunca adoptado, parágrafo 5.4. Neste caso, o Painel encontrava-se algo diminuído pelos seguintes termos de referência:
"Examinar, à luz das disposições pertinentes do Acordo Geral, do entendimento a que chegou o Conselho em 10 de Outubro de 1985 de que o Painel não pode examinar nem julgar a validade

A FUNÇÃO JURISDICIONAL NO SISTEMA GATT/OMC

A prática seguida após a entrada em funções da OMC parece dar igualmente razão a posição defendida pelo último autor citado:

"(...) nem o texto do nº 1, alínea *b*) do artigo XXIII do GATT de 1994 nem o nº 1 do artigo 26º do Memorando de Entendimento sobre Resolução de Litígios incorporam expressamente a distinção sugerida pelas Comunidades Europeias entre medidas de natureza puramente comercial e medidas relativas à protecção da saúde das pessoas. Apesar destes artigos exigirem que exista uma *medida* – facto que nenhuma das partes contesta –, eles não distinguem entre os diferentes *tipos* de medidas"[1003].

Esta mesma conclusão foi depois ratificada pelo Órgão de Recurso:

"**188.** As Comunidades Europeias argumentam ainda que o Painel errou ao constatar que a alínea *b*) do nº 1 do artigo XXIII é aplicável a medidas que prosseguem objectivos de saúde pública e não comerciais, podendo, por isso, ser justificadas ao abrigo da alínea b) do artigo XX do GATT de 1994. Uma vez mais, devemos olhar para o texto do nº 1, alínea *b*), do artigo XXIII, nos termos do qual 'a aplicação por outro Membro de *uma medida*' pode motivar um recurso com base nesta disposição. A utilização da palavra 'uma' sugere que tal recurso se pode fundar em medidas de todo o tipo. O texto não distingue entre, ou exclui, certas categorias de medidas. É, por isso, evidente que o texto da alínea *b*) do nº 1 do artigo XXIII contradiz o argumento das Comunidades Europeias de que certas categorias de medidas, a saber, as que prosseguem objectives de saúde pública, são excluídas do âmbito da alínea *b*) do nº 1 do artigo XXIII.

**189.** Em qualquer caso, seria muito difícil, na prática, tentar estabelecer a distinção sugerida pelas Comunidades Europeias entre medidas ditas de saúde pública e medidas comerciais. Por definição, as medidas que afectam o comércio de mercadorias, e que estão sujeitas às disciplinas do GATT de 1994, têm um impacto comercial.

nem os motivos da invocação pelos Estados Unidos do inciso iii) da alínea *b*) do artigo XXI, das disposições relevantes do Memorando Relativo a Notificações, Consultas, Resolução de Litígios e Supervisão, e do procedimento acordado de resolução de litígios que figura na Declaração Ministerial de 1982, as medidas adoptadas pelos Estados Unidos em 7 de Maio de 1985 e seus efeitos comerciais, a fim de determinar em que medida anulam ou reduzem as vantagens resultantes do Acordo Geral para a Nicarágua, e formular conclusões que possam ajudar as PARTES CONTRATANTES a dar sequência a este caso" (cf. Relatório do Painel no caso *United States – Trade Measures Affecting Nicaragua* (L/6053), posto a circular em 13-10-1986, nunca adoptado, parágrafo 1.4).

Não obstante, os Estados Unidos reconheceram que uma medida que não violava as obrigações previstas no Acordo Geral podia ser causa de uma anulação ou redução e que uma invocação do artigo XXI não impedia o recurso ao procedimento do artigo XXIII. Cf. *Idem*, parágrafo 4.9.

[1003] Relatório do Painel no caso *European Communities – Measures Affecting Asbestos and Asbestos Containing Products* (WT/DS135/R), 18-9-2000, parágrafo 8.266.

366

OS CASOS DE NÃO VIOLAÇÃO

Simultaneamente, os objectivos de saúde pública prosseguidos por numerosas medidas não podem ser atingidos senão através de uma regulamentação comercial. Assim, na prática, será talvez demasiado difícil estabelecer distinções claras entre medidas de saúde pública medidas comerciais. Além disso, entendemos ser desprovida de fundamento a argumentação segundo a qual, anteriormente, apenas as medidas 'comerciais' teriam sido objecto do recurso ao nº 1, alínea *b*), do artigo XXIII, tendo em conta que daí não decorre que *não possa* ser apresentado um recurso com base na disposição citada relativamente a uma medida 'não comercial'"[1004].

Ainda no âmbito do caso *European Communities – Measures Affecting Asbestos and Asbestos Containing Products*, o Órgão de Recurso avançou com a seguinte constatação:

> "(...) Passamos agora a considerar o argumento das Comunidades Europeias segundo o qual a alínea *b*) do nº 1 do art. XXIII não é aplicável às medidas que caem dentro do âmbito de aplicação de outras disposições do GATT de 1994. O texto do nº 1, alínea *b*), do art. XXIII estipula que o mesmo pode ser invocado quando uma 'vantagem' está a ser 'anulada ou comprometida' em consequência da 'aplicação de uma medida, *contrária ou não às disposições deste Acordo*'. Assim, a redacção desta disposição indica claramente que uma alegação pode ser acolhida, ao abrigo do nº 1, alínea *b*), do art. XXIII do GATT, *mesmo que a medida em causa seja 'contrária' a certas disposições substantivas do GATT de 1994*. Daqui resulta que uma medida pode ser, *simultaneamente*, incompatível com uma disposição do GATT de 1994 ou contrária a esta *e*, apesar disso, fundamentar um recurso com base no nº 1, alínea *b*), do art. XXIII. Naturalmente, se uma medida é 'contrária' a uma disposição do GATT de 1994, ela será abrangida pelo âmbito de aplicação dessa disposição do GATT de 1994. Como o Painel, entendemos que esta interpretação do nº 1, alínea *b*), do art. XXIII é compatível com os relatórios dos painéis nos casos *Japan – Measures Affecting Consumer Photographic Film and Paper* e *European Economic Communities – Payments and Subsidies Paid to Processors and Producers of Oilseeds and Related Animal-Feed Proteins*, sendo que ambos militam no sentido de considerar que o nº 1, alínea *b*), do art. XXIII é aplicável às medidas que relevam também do âmbito de aplicação de outras disposições do GATT de 1994. Por conseguinte, rejeitamos o primeiro fundamento do recurso das Comunidades Europeias com base no nº 1, alínea *b*), do art. XXIII do GATT de 1994"[1005].

Portanto, o Órgão de Recurso parece sugerir que, caso uma medida viole, por exemplo, o art. XI do GATT, mas seja permitida ao abrigo da alínea *b*) do artigo

---

[1004] Relatório do Órgão de Recurso no caso *European Communities – Measures Affecting Asbestos and Asbestos Containing Products* (WT/DS135/AB/R), 12-3-2001, parágrafos 188-189.
[1005] *Idem*, parágrafo 187.

367

A FUNÇÃO JURISDICIONAL NO SISTEMA GATT/OMC

XX do GATT ou do Acordo relativo à Aplicação de Medidas Sanitárias e Fitos-sanitárias (por exemplo, o acesso ao mercado esperado de uma concessão pautal relativa ao vinho pode ser impedido pela introdução da proibição generalizada de consumo de bebidas alcoólicas), um Membro da OMC pode apresentar uma queixa com base no nº 1, alínea *b*), do art. XXIII do GATT.

## 4.4. As Queixas de Situação

Além dos casos de não violação, é possível também que uma parte contratante considere que uma vantagem para si resultante, directa ou indirectamente, do GATT se encontra anulada ou comprometida, ou que a efectivação de um dos objectivos do Acordo Geral está sendo dificultada em consequência "de existir uma outra situação" (art. XXIII, nº 1, alínea *c*), do GATT). São as chamadas queixas de situação, que resultaram da convicção geral, entre os redactores do GATT de 1947, de que poderiam surgir circunstâncias económicas em que as partes contratantes deixassem de estar em posição de manter os seus compromissos em matéria de acesso aos mercados ou que não pudessem ser corrigidas pela acção particular de um só governo (por exemplo, uma recessão generalizada, altas taxas de desemprego, o colapso no preço de uma matéria-prima, etc.)[1006]. Estas ideias, segundo FRIEDER ROESSLER, baseavam-se em grande medida nos ensinamentos de Keynes, que acreditava que a introdução de restrições à importação seria uma resposta política correcta a problemas como um declínio das razões de troca, uma recessão ou o desemprego generalizado. A finalidade do art. XXIII do GATT passava, pois, por conferir às partes contratantes o poder de decidir sobre os ajustamentos necessários de direitos e obrigações no caso de surgirem problemas macroeconómicos do tipo referido[1007].

No âmbito do GATT de 1947, somente em quatro litígios se faz referência à existência de outras situações, mas nunca se concluiu que "a existência de uma situação" tivesse anulado ou comprometido uma vantagem ou dificultado a efec-tivação de um dos objectivos do Acordo Geral, talvez porque as ideias keynesia-nas por detrás desta regra perderam o apelo intelectual que tinham[1008].

---

[1006] Frieder ROESSLER, The Concept of Nullification and Impairment in the Legal System of the World Trade Organization, in *International Trade Law and the GATT/WTO Dispute Settlement System*, Studies in Transnational Economic Law, vol. 11, Ernst-Ulrich Petersmann ed., Kluwer Law International, Londres-Haia-Boston, 1997, p. 134.

[1007] Frieder ROESSLER, A Evolução do Sistema de Resolução de Litígios do GATT/OMC, in *A Organização Mundial do Comércio e a Resolução de Litígios*, Conferência realizada no auditório da FLAD em 13 de Maio de 1997, Fundação Luso-Americana para o Desenvolvimento, 1998, p. 70.

[1008] *Idem*, p. 71.

OS CASOS DE NÃO VIOLAÇÃO

Nos poucos casos em que o artigo XXIII, nº 1, alínea *c*), tem servido de base a argumentos apresentados pelas partes ante os painéis[1009], talvez o mais importante se prenda com a solicitação por parte da Comunidade Económica Europeia, em 1983, de estabelecimento de um grupo de trabalho, com o fundamento de que os benefícios negociados com o Japão no âmbito do GATT de 1947 não se tinham concretizado, por força de situações peculiares da economia japonesa[1010]. Segundo a Comunidade Económica Europeia:

> "Apesar da redução e enfraquecimento de muitas das mais conhecidas barreiras comerciais (medidas formais, como direitos aduaneiros e regulamentações não pautais), em consequência das sucessivas negociações no quadro do GATT, a evolução do comércio entre a Comunidade e o Japão tornou-se seriamente desequilibrada, tal como acontece também com o comércio entre o Japão e outras partes contratantes. (...) Existe um problema sério: a dificuldade em penetrar no mercado japonês. O reduzido grau de acesso ao mercado japonês – comparado com a situação encontrada em outros países industrializados – é resultado, *inter alia*, das seguintes condições adversas no seu conjunto encontradas pelos concorrentes estrangeiros:
>
> (i) barreiras comerciais visíveis, e ainda mais importante, menos visíveis num determinado número de áreas;
>
> (ii) problemas em certos casos por causa dos procedimentos de aprovação, de teste e alfandegários excessivamente complicados;
>
> (iii) forte concentração e o entrelaçar das estruturas de produção, financiamento e distribuição, o que tornava difícil às empresas de países terceiros o estabelecimento de canais de distribuição no Japão.
>
> Esta dificuldade de penetração não tem como causa a falta de esforço ou de competitividade das empresas comunitárias: em nenhum outro mercado de exportação as indústrias comunitárias encontram dificuldades semelhantes"[1011].

A solicitação da Comunidade Económica Europeia não teve, porém, qualquer sequência[1012].

---

[1009] Relatório do Órgão de Recurso no caso *India – Patent Protection for Pharmaceutical and Agricultural Chemical Products* (WT/DS50/AB/R), 19-12-1997, parágrafo 39.

[1010] Como notou um observador a propósito deste caso, "Japan itself was a nontariff barrier". Cf. Robert HUDEC, *Enforcing International Trade Law: The Evolution of the Modern GATT Legal System*, Butterworth Legal Publishers, Salem – New Hampshire, 1993, p. 256.

[1011] GATT, *Japan – Nullification or Impairment of the Benefits Accruing to the European Economic Community Under the General Agreement and Impediment to the Attainment of GATT Objectives – Communication from the European Communities* (L/5479), 8-4-1983.

[1012] Mitsuo MATSUSHITA, Restrictive Business Practices and the WTO/GATT Dispute Settlement Process, in *International Trade Law and the GATT/WTO Dispute Settlement System*, Studies in Trans-

A FUNÇÃO JURISDICIONAL NO SISTEMA GATT/OMC

E, contrariamente às expectativas dos redactores do art. XXIII do GATT, a eclosão das crises económicas do período pós-guerra – a derrocada do regime cambial estabelecido em Bretton Woods, o quadruplicar dos preços do petróleo e a estagflação generalizada na década de 70 – resultou em esforços crescentes de liberalização do comércio internacional (por exemplo, o Ciclo de Tóquio (1973-1979)) e não num aumento das queixas de situação[1013].

No caso do Memorando de Entendimento sobre Resolução de Litígios, estabelece-se a propósito das queixas de situação que, caso uma parte considere que a questão é abrangida pelo disposto no n.º 2 do seu art. 26.º, e o Painel (mas não o Órgão de Recurso) decida igualmente nesse sentido, as disposições do Memorando são aplicáveis apenas até à fase processual em que o relatório do Painel é apresentado aos membros da OMC. Posteriormente, no que respeita à consideração para adopção, fiscalização e execução das recomendações e decisões, são aplicáveis as normas e procedimentos de resolução de litígios previstas na Decisão de 12 de Abril de 1989. É igualmente aplicável o seguinte:

a) a parte queixosa deve apresentar uma justificação pormenorizada em apoio de qualquer argumento que tenha sido apresentado relativo às questões abrangidas pelo presente número; e

b) nos casos que digam respeito a questões abrangidas pelo presente número, se um Painel verificar que estão igualmente em causa questões de resolução de litígios que não estão previstas no presente número, apresentará um relatório ao Órgão de Resolução de Litígios onde analisa tais questões e um relatório separado sobre questões abrangidas pelo presente número.

A consequência mais importante da referência à decisão de 1989 é o facto de esta decisão estabelecer que o relatório de um Painel só pode ser adoptado se todos os membros da OMC presentes na reunião do Órgão de Resolução de Litígios votarem a favor da sua adopção, ou seja, mantém-se expressamente a famosa regra do consenso positivo[1014].

---

national Economic Law, vol. 11, Ernst-Ulrich Petersmann ed., Kluwer Law International, Londres--Haia-Boston, 1997, p. 362.

[1013] Ernst-Ulrich PETERSMANN, International Trade Law and the GATT/WTO Dispute Settlement System 1948-1996: An Introduction, in *International Trade Law and the GATT/WTO Dispute Settlement System*, Studies in Transnational Economic Law, vol. 11, Ernst-Ulrich Petersmann ed., Kluwer Law International, Londres-Haia-Boston, 1997, p. 37.

[1014] Os participantes no Ciclo do Uruguai decidiram, muito pragmaticamente, que decisões essenciais, tais como a criação de um Painel, a adopção do relatório do Painel e do Órgão de Recurso e a autorização para a suspensão das concessões e outras obrigações, ficariam sujeitas à chamada "regra do consenso negativo" (artigos 6.º, n.º 1 (criação de painéis), 16.º, n.º 4 (adopção dos relatórios dos painéis), art. 17.º, n.º 14 (adopção dos relatórios do Órgão de Recurso), 22.º, n.º 6 (autorização para

OS CASOS DE NÃO VIOLAÇÃO

Da leitura dos acordos abrangidos resulta, ainda, que o n.º 2 do art. 26.º do Memorando exclui, ainda que implicitamente, a possibilidade de recurso contra o relatório de um painel baseado numa queixa de situação. Além disso, as queixas de situação têm carácter residual face aos casos de violação e de não violação, aspecto que resulta explicitamente do disposto na primeira frase do n.º 2 do art. 26.º do Memorando:

> "Caso as disposições do n.º 1, alínea *c*), do artigo XXIII do GATT de 1994 sejam aplicáveis a um acordo abrangido, um painel só pode adoptar decisões e recomendações caso uma parte considere que qualquer vantagem que lhe é concedida, directa ou indirectamente, ao abrigo do acordo abrangido relevante está a ser anulada ou prejudicada, ou a realização de qualquer objectivo previsto nesse acordo está a ser impedida, pela existência de uma situação *à qual não são aplicáveis as disposições do n.º 1, alíneas a) e b), do artigo XXIII do GATT de 1994*" (itálico aditado).

O GATS não permite que os membros da OMC apresentem queixas de situação (art. XXIII, n.º 3, do GATS) e, no caso do Acordo TRIPS, prevê-se que "a alínea *c*) do art. XXIII do GATT de 1994 não será aplicável à resolução de litígios ao abrigo do presente Acordo durante um período de cinco anos a contar da data de entrada em vigor do Acordo OMC" (art. 64.º, n.º 2, do Acordo TRIPS).

O termo "situação" constante do n.º 1, alínea *c*), do art. XXIII do GATT pressupõe, também, que não existe qualquer violação de um acordo nem visivelmente uma medida governamental. Há quem defenda, por isso, que a disposição em causa pode abarcar situações em que o reconhecimento de poucos direitos laborais num determinado país tem como consequência um afluxo repentino e exagerado de produtos no mercado de outro país[1015].

Por último, as queixas de situação não implicam que um Membro da OMC tenha infalivelmente de abolir a causa da situação em questão. No caso de uma recessão económica global ou de um boicote dos consumidores, é mesmo pouco

suspender concessões ou outras obrigações) e 22.º, n.º 7 (autorização para suspender as concessões ou outras obrigações nos casos em que o pedido de retaliação seja compatível com a decisão do árbitro), do Memorando). Nestes casos, basta que um Membro da OMC, designadamente a parte em litígio que vê a sua pretensão ser reconhecida, vote a favor da adopção do relatório do painel e, caso tenha sido interposto recurso, do relatório do Órgão de Recurso para que ambos sejam adoptados pelo Órgão de Resolução de Litígios.

[1015] Mitsuo MATSUSHITA, Restrictive Business Practices and the WTO/GATT Dispute Settlement Process, in *International Trade Law and the GATT/WTO Dispute Settlement System*, Studies in Transnational Economic Law, vol. 11, Ernst-Ulrich Petersmann ed., Kluwer Law International, Londres-Haia-Boston, 1997, p. 370.

A FUNÇÃO JURISDICIONAL NO SISTEMA GATT/OMC

provável que o conseguisse fazer, *de facto* ou *de jure*[1016]. Logo, o Membro da OMC em causa deve proceder sim a um ajustamento satisfatório.

Significativamente, nunca uma queixa de situação serviu de fundamento para uma recomendação ou decisão das PARTES CONTRATANTES do GATT de 1947[1017] ou resultou na apresentação de um relatório de um painel, quer durante a vigência do GATT de 1947, quer após a entrada em vigor dos acordos da OMC[1018].

## 5. O Futuro dos Casos de Não Violação

Nos primeiros anos de aplicação do sistema de resolução de litígios da OMC, foram muito poucos os painéis que analisaram substantivamente alegações de não violação. Tal aconteceu, por exemplo, nos casos *Japan – Measures Affecting Consumer Photographic Film and Paper* e *Korea – Measures Affecting Government Procurement*)[1019]. No caso do Órgão de Recurso, o nº 1, alínea *b)*, do art. XXIII do GATT de 1994 foi analisado com alguma profundidade apenas no caso *European Communities – Measures Affecting Asbestos and Asbestos Containing Products*[1020].

---

[1016] Pense-se, por exemplo, no boicote ao consumo de produtos dinamarqueses por parte de alguns países do Médio Oriente, ocorrido no ano de 2006, na sequência de cartoons publicados num jornal da Dinamarca. Cf. Jan BOHANES e Iain SANDFORD, *The (Untapped) Potential of WTO Rules to Discipline Private Trade-Restrictive Conduct*, Online Proceedings – Working Paper No. 56/08, Society of International Economic Law, Inaugural Conference, Geneva, July 15-17, 2008, p. 47.

[1017] OMC, *Non-Violation Complaints and the TRIPs Agreement – Council for Trade-Related Aspects of Intellectual Property Rights* (IP/C/W/124), 28-1-1999, p. 4.

[1018] Markus BÖCKENFÖRDE, Article 26 DSU, in *WTO-Institutions and Dispute Settlement*, Rüdiger Wolfrum, Peter-Tobias Stoll e Karen Kaiser (eds), Max Planck Commentaries on World Trade Law, Max Planck Institute for Comparative Public Law and International Law, Martinus Nijhoff Publishers, Leiden/Boston, 2006, p. 586.

[1019] Sobre o primeiro caso, o mais importante até agora, ver, sobretudo, Julie GOLDMAN, *Bad Lawyering or Ulterior Motive? Why the United States Lost the Film Case before the WTO Dispute Settlement Panel*, in Law & Policy in International Business, 1999, pp. 417-437; e Norio KOMURO, *Kodak-Fuji Film Dispute and the WTO Panel Ruling*, in JWT, vol. 32, nº 5, 1998, pp. 161-217.

[1020] Relatório do Órgão de Recurso no caso *European Communities – Measures Affecting Asbestos and Asbestos Containing Products* (WT/DS135/AB/R), 12-3-2001, parágrafos 182-191. Porém, no caso *India – Patent Protection for Pharmaceutical and Agricultural Chemical Products*, o Órgão de Recurso afirmou a propósito dos casos de não violação que:

> "Mesmo que o Painel afirme que está meramente a aplicar um 'princípio bem assente no quadro do GATT', a sua fundamentação não reflecte com exactidão a prática do sistema GATT/OMC. Ao desenvolver o seu princípio interpretativo, o Painel mistura, e por isso confunde, dois conceitos diferentes decorrentes da prática anterior do GATT. Um é o conceito de protecção das expectativas das partes contratantes quanto à relação concorrencial entre os seus produtos e os produtos de outras partes contratantes. Trata-se de um conceito que foi desenvolvido no contexto das queixas de *violação* relativas aos artigos III e XI, formuladas ao abrigo do nº 1, alínea *a)*, do artigo XXIII do GATT de 1947. O outro é um conceito de protecção das expectativas razoáveis das partes contratantes quanto às concessões em matéria de acesso aos

OS CASOS DE NÃO VIOLAÇÃO

Há mesmo quem defenda que, como o Direito da Organização Mundial do Comércio está cada vez mais abrangente e completo, os casos de não violação tenderão a rarear:

"there are significant policy areas affecting international trade in goods and services that are not covered by the World Trade Organization Agreement, tax policies being the most important example. At the present stage, the subtle and imaginative compromise between international trade and domestic policy autonomy incorporated in Article XXIII:1(b) therefore still performs a useful function. However, given the broad extension of the multilateral trade order into the area of domestic policies, the field of potential application of this provision has diminished significantly"[1021].

E, se virmos bem, os três casos em que as alegações de não violação foram reconhecidas com sucesso e os respectivos relatórios adoptados pelas Partes Contratantes durante a vigência do GATT de 1947 seriam hoje em dia, muito prova-

mercados. Este é um conceito que foi desenvolvido no contexto das queixas de *não violação* formuladas ao abrigo do nº 1, alínea *b*), do artigo XXIII do GATT" (cf. Relatório do Órgão de Recurso no caso *India – Patent Protection for Pharmaceutical and Agricultural Chemical Products* (WT/DS50/AB/R), 19-12-1997, parágrafo 36).

[1021] O painel tinha defendido de facto que:

"quando o texto do Acordo TRIPS é interpretado, as expectativas legítimas dos membros da OMC relativas ao Acordo TRIPS devem ser tomadas em consideração, assim como as normas de interpretação desenvolvidas anteriormente em relatórios de painéis no quadro do GATT, em particular aqueles que estabelecem o princípio da protecção das condições de concorrência resultants dos acordos comerciais multilaterais" (cf. Relatório do Painel no caso *India – Patent Protection for Pharmaceutical and Agricultural Chemical Products* (WT/DS50/R), 5-9-1997, parágrafo 8.22).

Relativamente à conclusão do Órgão de Recurso, alguns autores destacam que:

"in the Appellate Body's interpretation and application of WTO rules, the mere existence of the non-violation remedy has led to a limitation on the good faith protection in the *violation* cases of GATT Article XXIII:1(a). Instead of generalizing the recognition of the existence of legitimate expectations throughout the WTO, the Appellate Body has recognized it only in the realm of non-violation, denying its applicability elsewhere. This segregation of uses of legitimate expectations is at odds with the current integration of WTO rules into international law". Cf. Thomas COTTIER e Krista SCHEFER, Good Faith and the Protection of Legitimate Expectations in the WTO, in *New Directions in International Economic Law: Essays in Honour of John H. Jackson*, Marco Bronckers e Reinhard Quick ed., Kluwer Law International, Londres-Haia-Boston, 2000, p. 60.

Frieder ROESSLER, The Concept of Nullification and Impairment in the Legal System of the World Trade Organization, in *International Trade Law and the GATT/WTO Dispute Settlement System*, Studies in Transnational Economic Law, vol. 11, Ernst-Ulrich Petersmann ed., Kluwer Law International, Londres-Haia-Boston, 1997, p. 134.

## A FUNÇÃO JURISDICIONAL NO SISTEMA GATT/OMC

velmente, solucionados de outro modo[1022]. Actualmente, é prática estabelecida que o tratamento da nação mais favorecida do GATT é aplicável igualmente à discriminação *de facto* do tipo introduzido pela Alemanha relativamente às sardinhas importadas. E o caso *European Economic Community – Payments and Subsidies Paid to Processors and Producers of Oilseeds and Related Animal Feed Proteins* seria, muito presumivelmente, analisado ao abrigo da alínea *b*) do art. 5º do Acordo sobre as Subvenções e as Medidas de Compensação:

> "Nenhum Membro deverá causar, recorrendo a qualquer uma das subvenções previstas nos nºs 1 e 2 do artigo 1º, efeitos desfavoráveis aos interesses dos restantes Membros, designadamente: *b*) anular ou comprometer vantagens que resultem directa ou indirectamente do GATT de 1994 para outros Membros, especialmente as vantagens resultantes de concessões consolidadas por força do artigo 2º do referido Acordo".

Significa isto que os casos de não violação constituem um conceito "conceptually obsolete"[1023], não tendo qualquer papel importante a desempenhar no actual sistema GATT/OMC? Pensamos que não. Para além de constituírem "a weapon of dissuasion"[1024], "a loophole closing device"[1025], visto ser difícil os Membros da OMC preverem todas as medidas governamentais passíveis de comprometer ou anular o benefício de uma concessão pautal[1026], MARKUS BÖCKENFÖRDE salienta a respeito dos casos de não violação que:

> "the *European Communities – Asbestos* decision shed some light on the potential future role of the non-violation complaint: in the area of health and environmental protec-

---

[1022] Frieder ROESSLER e Petina GAPPAH, A Re-Appraisal of Non-Violation Complaints Under the WTO Dispute Settlement Procedures (Chapter 29), in *The World Trade Organization: Legal, Economic and Political Analysis*, Volume I, Patrick Macrory, Arthur Appleton e Michael Plummer Ed., Springer, Nova Iorque, 2005, pp. 1376-1377.

[1023] Sara DILLON, *Fuji-Kodak, the WTO, and the Death of Domestic Political Constituencies*, in MJGT, 1999, p. 222.

[1024] Christophe LAROUER, *WTO Non-Violation Complaints: A Misunderstood Remedy in the WTO Dispute Settlement System*, in Netherlands International Law Review, 2006, p. 103.

[1025] Thomas COTTIER e Krista SCHEFER, Non-Violation Complaints in WTO/GATT Dispute Settlement: Past, Present and Future, in *International Trade Law and the GATT/WTO Dispute Settlement System*, Studies in Transnational Economic Law, vol. 11, Ernst-Ulrich Petersmann ed., Kluwer Law International, Londres-Haia-Boston, 1997, p. 147.

[1026] "no law is so comprehensive as to remove all possibility of evasion of its principles". Cf. Thomas COTTIER e Krista SCHEFER, Non-Violation Complaints in WTO/GATT Dispute Settlement: Past, Present and Future, in *International Trade Law and the GATT/WTO Dispute Settlement System*, Studies in Transnational Economic Law, vol. 11, Ernst-Ulrich Petersmann ed., Kluwer Law International, Londres-Haia-Boston, 1997, p. 158.

OS CASOS DE NÃO VIOLAÇÃO

tion. The non-violation complaint may help to reconcile differences between trade and health/environmental measures, especially if the latter are based on the precautionary approach. In this case, the applied measure has a negative impact on the equilibrium of concessions without preventing actual harm (such as measures prohibiting the carcinogen asbestos) but only reducing a potential risk anticipated by a Member. Considering that there are different cultural perceptions of risk, some Members, following the demands of their populations, apply precautionary measures sooner than others. Allowing them to pursue such policy without violating WTO provisions on the one hand, but obliging them to rebalance the equilibrium of concessions on the other hand may be achieved through the application of the non-violation complaint if its requirements are met"[1027].

Ao utilizar a muito ampla expressão "uma medida" (art. XXIII, nº 1, alínea *b*), do GATT), não existe nenhuma razão lógica para limitar o conceito de "medida" apenas às subvenções, pelo que os casos de não violação podem desempenhar, de facto, um papel importante relativamente a matérias que constam unicamente da agenda (futura) de negociações da OMC[1028]. Estamos a pensar, nomeadamente, nas chamadas práticas comerciais restritivas, nos direitos fundamentais dos trabalhadores e nas regras de origem preferenciais. Nestes casos, seria possível avaliar determinadas medidas governamentais que, apesar de não violarem os acordos abrangidos, afectassem as expectativas razoáveis que podem ser esperadas de uma concessão pautal. Como defende JOOST PAUWELYN:

"When we obtained your trade concession (duty-free access for our computers), we did so in the expectation that you would continue to respect international labour standards (in particular, not to employ children under the age of ten). Now you have violated these non-WTO rules (children under the age of ten assemble computers in your country). This violation of labour standards does not violate WTO rules as such, but it nullifies the trade value of your concession, a nullification that we could not have foreseen (you are now able to produce much cheaper computers than before and outsell our computers, which are produced with full respect for international labour

---

[1027] Markus BÖCKENFÖRDE, Article 26 DSU, in *WTO-Institutions and Dispute Settlement*, Rüdiger Wolfrum, Peter-Tobias Stoll e Karen Kaiser (eds), Max Planck Commentaries on World Trade Law, Max Planck Institute for Comparative Public Law and International Law, Martinus Nijhoff Publishers, Leiden/Boston, 2006, p. 585.

[1028] O próprio Painel do caso *Japan – Measures Affecting Consumer Photographic Film and Paper* declarou que desejava tornar claro que não considerava inapropriado, *a priori*, aplicar "a acção baseada no nº 1, alínea *b*), do artigo XXIII a outros actos do governo, como os destinados a fortalecer a competitividade de determinados sectores industriais ou de distribuição mediante uma assistência não financeira". Cf. Relatório do Painel no caso *Japan – Measures Affecting Consumer Photographic Film and Paper* (WT/DS44/R), 31-3-1998, parágrafo 10.38.

## A FUNÇÃO JURISDICIONAL NO SISTEMA GATT/OMC

standards). Therefore, in the WTO we should be compensated for this nullification under the heading of nonviolation"[1029].

Como é evidente, as regras em causa, não pertencentes aos acordos abrangidos, teriam de ser vinculativas para ambas as partes em litígio.

Claro está, pode correr-se o risco de uma interpretação ampla do nº 1, alínea *b*), do art. XXIII do GATT ter um impacto relevante em muitos domínios das políticas comerciais dos Estados[1030], mas, ao mesmo tempo, convém não esquecer que haverá sempre que observar as condições e restrições que têm sido impostas, quer por painéis, quer pelo Órgão de Recurso, com vista a delimitar o âmbito de aplicação dos casos de não violação. Como bem notou o Painel do caso *Japan – Measures Affecting Consumer Photographic Film and Paper*:

> "(...) é importante não definir de forma injustificadamente restritiva o tipo de actos do governo que se consideram abrangidos pelo nº 1, alínea *b*), do artigo XXIII. Caso contrário, corre-se o risco de haver situações em que os governos intervêm de alguma forma na anulação ou redução de vantagens sem que seja possível obter qualquer ressarcimento ao abrigo do nº 1, alínea *b*), do artigo XXIII, o que impediria que este preceito cumprisse a sua finalidade. Não obstante, temos de sublinhar que una definição ampla de *medida* não supõe uma ampliação do alcance do recurso oferecido pelo nº 1, alínea *b*), do artigo XXIII, porque continua a incumbir ao Membro reclamante o ónus de demonstrar claramente que a medida contestada tem por efeito ou causa a anulação ou redução de vantagens e, em última instância, o governo do Membro demandado só é responsável pelos efeitos que ele mesmo causou"[1031].

Finalmente, mas primeiramente, os participantes nas negociações do Memorando de Entendimento sobre Resolução de Litígios, um dos grandes êxitos do Ciclo do Uruguai, tiveram a oportunidade de revogar o art. XXIII do GATT ou de alterar o seu texto. Em vez disso, decidiram mantê-lo intacto e reiterar "a sua adesão aos princípios de resolução de litígios que têm sido aplicados ao abrigo dos artigos 22º e 23º do GATT de 1947" (art. 3º, nº 1, do Memorando de Entendimento sobre Resolução de Litígios).

---

[1029] Joost PAUWELYN, *The Role of Public International Law in the WTO: How Far Can We Go?*, in AJIL, 2001, p. 559.

[1030] Brett WILLIAMS, Non-Violation Complaints in the WTO System, in *International Trade Law on the 50th Anniversary of the Multilateral Trade System*, Paolo Mengozzi Ed., Dott. A. Giuffrè Editore, Milão, 1999, pp. 682-683.

[1031] Relatório do Painel no caso *Japan – Measures Affecting Consumer Photographic Film and Paper* (WT/DS44/R), 31-3-1998, parágrafo 10.50.

# Capítulo 5
# O Direito Aplicável

*"The most noteworthy phenomenon is the mighty influx of general international law and, with it, of general principles the expression of which had remained strongly inhibited under the defunct GATT regime"*[1032].

## 1. O Sistema de Resolução de Litígios do GATT de 1947

Era recorrente defender-se durante a vigência do GATT de 1947 que o sistema de resolução de litígios constituía um regime separado, de certa forma isolado "from the general body of international law"[1033], e invocavam-se várias razões

---

[1032] Pierre PESCATORE, Resolution Procedures in the Framework of the WTO, in *Free World Trade and the European Union – The Reconciliation of Interests and the Review of the Understanding on Dispute Settlement in the Framework of the World Trade Organization*, The Academy of European Law in Trier, vol. 28, 2000, p. 13.

[1033] John JACKSON, *Dispute Settlement and the WTO: Emerging Problems*, in JIEL, 1998, p. 341. Não era este, porém, o entendimento de algumas das principais partes contratantes do GATT. Por exemplo, em Novembro de 1974, a República Federal da Alemanha passou a proibir o desembarque directo de pescado islandês nos seus portos. A Islândia considerou que a proibição alemã violava as obrigações do GATT e solicitou em Dezembro de 1974 a realização de consultas nos termos do nº 1 do art. XXII do Acordo Geral. O Governo alemão, no entanto, defendeu que as disposições do GATT não eram aplicáveis neste caso, porquanto a restrição tinha sido imposta como represália por um incidente em que um barco alemão (de nome "Arcturus"), que pescava a cerca de 35 milhas náuticas da costa islandesa, tinha sido apresado ilegalmente pela Islândia, o seu mestre condenado a uma pesada multa por um tribunal islandês e as capturas de pescado confiscadas. Portanto, segundo o Governo alemão, a sua proibição:

> "era uma contramedida justificada e totalmente conforme com os princípios gerais e regras do direito internacional. Não tem por isso fundamento a asserção do Governo Islandês de que as disposições do GATT eram aplicáveis e que foram violadas pelo Governo Alemão" (cf. GATT,

A FUNÇÃO JURISDICIONAL NO SISTEMA GATT/OMC

para tal asserção. Primeiro, era muito raro os painéis mencionarem os princípios gerais de Direito Internacional Público ou a jurisprudência de outros tribunais internacionais[1034].

Segundo, o caso *United States – Restrictions on Imports of Tuna* (também conhecido por *Tuna II*) constitui um bom exemplo da tendência dos painéis, no âmbito do GATT de 1947, para ignorar o Direito internacional público. Neste caso, os Estados Unidos alegaram que a Convenção sobre o Comércio Internacional de Espécies Selvagens da Fauna e da Flora Ameaçadas de Extinção (CITES) e alguns acordos bilaterais e plurilaterais eram relevantes para um litígio entre partes contratantes do GATT que fossem também partes desses acordos. O Painel considerou, no entanto, que tais acordos não eram relevantes para a interpretação do texto do Acordo Geral, dado que não tinham sido aceites por todas as partes contratantes do GATT:

> "O Painel recordou que a Convenção de Viena estipula uma regra geral de interpretação (artigo 31º) e uns meios de interpretação complementares (artigo 32º). O Painel examinou primeiramente se, em virtude da regra *geral* de interpretação da Convenção de Viena, os tratados aludidos podiam ser tomados em consideração para efeitos de interpretação do Acordo Geral. A regra geral estipula que 'todo o acordo ulterior entre

*Minutes of Meeting Held in the Palais des Nations, Geneva, on 3 and 7 February 1975* (C/M/103), 18-2-1975, p. 15).
A Islândia replicou que os argumentos alemães eram irrelevantes, "na medida em que GATT só poderia estar preocupado com a aplicação ou o funcionamento do Acordo Geral e não com quaisquer outros princípios internacionais" (cf. GATT, *Minutes of Meeting Held in the Palais des Nations, Geneva, on 3 and 7 February 1975* (C/M/103), 18-2-1975, p. 15). A República Federal da Alemanha observou, então, que o Acordo Geral "não representava um sistema jurídico isolado. Pelo contrário, ele encaixava nas regras gerais do direito internacional" (cf. GATT, *Minutes of Meeting Held in the Palais des Nations, Geneva, on 3 and 7 February 1975* (C/M/103), 18-2-1975, p. 16). O Governo alemão não tratou, pois, de justificar a sua restrição ao abrigo das excepções do GATT, considerando suficiente a sua legitimação à luz do Direito internacional geral (pouco tempo antes, o Tribunal Internacional de Justiça tinha proferido um acórdão contra a pretensão da Islândia de ampliar unilateralmente os seus direitos de pesca exclusivos até 50 milhas náuticas. Cf. TRIBUNAL INTERNACIONAL DE JUSTIÇA, *Fisheries Jurisdiction Case (Federal Republic of Germany v. Iceland), Merits*, Acórdão de 25-7-1974, p. 205). Não se chegou sequer a criar um painel e, como bem nota um autor:
> "Si, hipotéticamente, un Grupo Especial hubiese examinado esta diferencia debería haberla contemplado, de conformidad con el «mandato tipo», dentro de los llamados *four corners of GATT*, sin poder pronunciarse acerca de la previa violación por Islandia de las normas internacionales sobre el Derecho del mar. Este aspecto de la controversia, que motivó las contramedidas alemanas, quedaría fuera de la jurisdicción limitada de los Grupos Especiales". Cf. Xavier Fernández PONS, *La OMC y el Derecho internacional: Un estudio sobre el sistema de solución de diferencias de la OMC y las normas secundarias del Derecho internacional general*, Marcial Pons, Madrid-Barcelona, 2006, p. 123.
[1034] Marco BRONCKERS, *More Power to the WTO?*, in JIEL, 2001, p. 56.

O DIREITO APLICÁVEL

as partes sobre a interpretação do tratado ou a aplicação das suas disposições' é um dos elementos pertinentes para a interpretação desse tratado. Não obstante, o Painel observou que os acordos citados pelas partes em litígio eram acordos bilaterais ou plurilaterais não concluídos entre as partes contratantes do Acordo Geral e que não eram aplicáveis à interpretação do Acordo Geral nem à aplicação das suas disposições. De facto, muitos dos tratados referidos não podiam ser aplicáveis porquanto tinham sido concluídos antes da negociação do Acordo Geral. O Painel observou, igualmente, que, em virtude da regra geral de interpretação da Convenção de Viena, deve ter-se em conta 'toda a prática seguida ulteriormente na aplicação do tratado pela qual se estabeleça o acordo das partes em relação à interpretação do tratado'. Todavia, o Painel observou que a prática seguida no âmbito dos acordos bilaterais e plurilaterais citados não podia ser considerada como prática no âmbito do Acordo Geral e, portanto, não podia afectar a interpretação deste. O Painel constatou, por isso, que, em virtude da regra geral estipulada no artigo 31º da Convenção de Viena, estes tratados não eram relevantes como meios primordiais de interpretação do texto do Acordo Geral"[1035].

Outro exemplo significativo diz respeito ao caso *Canada – Measures Affecting Exports of Unprocessed Herring and Salmon*. Depois de invocar a excepção geral prevista na alínea *g*) do art. XX do GATT, o Canadá defendeu que as suas restrições à exportação ou venda para exportação de determinados tipos de salmão e arenques por processar se inseriam no contexto de um litígio mais amplo que vinha mantendo com os Estados Unidos em relação com o regime de pescas. Os Estados Unidos, por sua vez, defendiam que a medida em causa dificultava o seu abastecimento de matéria-prima e favorecia o desenvolvimento da indústria conserveira canadense (e a exportação por esta de produtos já elaborados, não sujeitos a restrições). O Canadá, para além de recordar os sucessivos acordos bilaterais que tinha concluído sobre as pescas no Oceano Pacífico, mencionou expressamente os princípios aplicáveis para a conservação dos recursos piscícolas em diversas disposições da Convenção das Nações Unidas sobre o Direito do Mar. O Painel considerou, contudo, que o seu mandato estava limitado ao exame das medidas canadenses à luz das disposições relevantes do Acordo Geral, isto é, o seu relatório não tinha qualquer incidência sobre as questões relativas à jurisdição sobre as pescas[1036].

Terceiro, muitos painéis não tiveram em conta a distinção entre a regra geral de interpretação e os meios complementares de interpretação. Muitas vezes, os

[1035] Relatório do Painel no caso *United States – Restrictions on Imports of Tuna* (DS29/R), posto a circular em 16-6-1994, nunca adoptado, parágrafo 5.19.
[1036] Relatório do Painel no caso *Canada – Measures Affecting Exports of Unprocessed Herring and Salmon* (L/6268), adoptado em 22-3-1988, parágrafo 5.3.

379

A FUNÇÃO JURISDICIONAL NO SISTEMA GATT/OMC

painéis mostravam um entusiasmo pouco salutar e indevido pelas circunstâncias históricas do momento da redacção do GATT como meio de interpretação[1037]. Mesmo quando o objecto e as finalidades eram tomados em consideração na interpretação, eram-no atendendo excessivamente ao seu contexto histórico[1038].

Finalmente, os painéis afastavam-se das normas hermenêuticas estabelecidas pelo direito internacional geral noutro aspecto importante: a decisiva importância reconhecida aos relatórios de painéis precedentes. Nalguns casos, o Conselho dos Representantes do GATT sentia mesmo a necessidade de explicitar, no momento de adopção do relatório de um painel, que determinadas interpretações constantes do mesmo não deveriam ter o valor de "precedente". Por exemplo, quando se adoptou o relatório do painel no caso *United States – Imports of Certain Automotive Spring Assemblies*, o Conselho dos Representantes precisou que adoptava o relatório:

> "entendendo que tal não impedia o exame futuro da utilização do Artigo 337 para lidar com os casos de infracção de patentes do ponto de vista da compatibilidade com os Artigos III e XX do Acordo Geral"[1039].

Os próprios Estados Unidos declararam, quando da adopção do relatório do painel relativo ao caso *Spain – Measures Concerning Domestic Sale of Soyabean Oil*, que:

---

[1037] Pieter J. KUYPER, *The Law of GATT as a Special Field of International Law: Ignorance, Further Refinement or Self-Contained System of International Law?*, in Netherlands Yearbook of International Law, 1994, p. 229; Ernst-Ulrich PETERSMANN, *The GATT/WTO Dispute Settlement System: International Law, International Organizations and Dispute Settlement*, Kluwer Law International, Londres-Haia--Boston, 1997, p. 112. Podemos apontar, como exemplos, o relatório do Painel no caso *Japan – Restrictions on Imports of Certain Agricultural Products* ((L/6253), adoptado em 2-2-1988, parágrafos 5.1.2-5.1.3 e 5.2.1-5.2.2; o Relatório do Painel no caso *Canada – Import Restrictions on Ice Cream and Yoghurt* ((L/6568), adoptado em 4-12-1989, parágrafos 66-69; e o Relatório do Painel no caso *Korea – Restrictions on Imports of Beef (Complaint by New Zealand)* ((L/6505), adoptado em 7-11-1989, parágrafo 121. Isto apesar de um autor defender que a criação do Gabinete dos Assuntos Jurídicos do GATT em 1983 contribuiu para uma aplicação crescente das regras costumeiras de interpretação dos tratados por parte dos painéis. Cf. Ernst-Ulrich PETERSMANN, *The GATT/WTO Dispute Settlement System: International Law, International Organizations and Dispute Settlement*, Kluwer Law International, Londres-Haia-Boston, 1997, p. 113.

[1038] Isto não significa, no entanto, que não seja possível encontrar exemplos durante a vigência do GATT de 1947 em que só se lança mão dos trabalhos preparatórios em última instância. Veja-se, por exemplo, o Relatório do Painel no caso *EEC – Restrictions on Imports of Dessert Apples (Complaint by Chile)* (L/6491), 18-4-1989, parágrafos 12.22-12.23.

[1039] GATT, *Minutes of Meeting Held in the Centre William Rappard on 26 May 1983* (C/M/168), 14-6-1983, p. 10.

O DIREITO APLICÁVEL

"existia um outro aspecto relativamente a qualquer relatório de um painel que era, porventura, mais importante do que a resolução de um litígio: os relatórios dos painéis, explicita e necessariamente, interpretam artigos do Acordo Geral. *Quando o Conselho adopta um relatório, essas interpretações tornam-se direito do GATT*. A sua delegação não pode concordar com a adopção deste Relatório, uma vez que ele interpreta importantes disposições do GATT de um modo que permite acções proteccionistas contrárias ao texto, objectivo e história das disposições em causa" (itálico aditado)[1040].

É certo que um painel declarou que:

"Ao considerar os factos e os argumentos relacionados com o artigo XI em particular, tomamos nota de que um Painel anterior apresentou em 1980 um relatório sobre uma queixa que envolvia o mesmo produto e as mesmas partes que o caso actual e um conjunto similar de questões relacionadas com o GATT. (...) Decidimos ter em conta o relatório do Painel de 1980 e as expectativas legítimas criadas pela adopção do mesmo, mas também outras práticas do GATT e relatórios de painéis adoptados pelas Partes Contratantes e as circunstâncias concretas da queixa em causa. Em consequência, não nos consideramos juridicamente vinculados por todos os detalhes e raciocínio jurídico do mencionado relatório de 1980"[1041].

Mas também o é que a grande maioria dos relatórios publicados depois de 1973 "made some authoritative reference" a relatórios prévios e, virtualmente, todos os relatórios publicados após 1985 referem relatórios antecedentes "as authoritative precedent"[1042].

Não surpreende, portanto, que um autor tenha perguntado se o GATT de 1947 se tinha tornado um regime de Direito Internacional fechado e, se sim, se tal facto resultava do desconhecimento das regras gerais do Direito Internacional ou de um refinamento ou adaptação reflectidos[1043].

---

[1040] GATT, *Minutes of Meeting Held in the Centre William Rappard on 3 November 1981* (C/M/152), 3-11-1981, p. 8. Alguns anos depois, porém, os Estados Unidos notaram, não sendo da sua conveniência uma determinada interpretação feita por um painel, que "se tinha declarado sem ambiguidade em relatórios anteriores que os painéis não estavam vinculados pelas conclusões dos painéis anteriores, mas que deviam considerar todas as questões novamente e chegar às suas próprias conclusões". Cf. Relatório do Painel no caso *United States – Restrictions on Imports of Tuna* (DS29/R), posto a circular em 16-6-1994, nunca adoptado, parágrafo 3.67.

[1041] Relatório do Painel no caso *European Economic Community – Restrictions on Imports of Dessert Apples (Complaint by Chile)* (L/6491), adoptado em 22-6-1989, parágrafo 12.1.

[1042] Philip Nichols, *GATT Doctrine*, in Virginia Journal of International Law, 1996, pp. 432-433.

[1043] Pieter J. Kuyper, *The Law of GATT as a Special Field of International Law: Ignorance, Further Refinement or Self-Contained System of International Law?*, in Netherlands Yearbook of International Law, 1994, p. 228.

A FUNÇÃO JURISDICIONAL NO SISTEMA GATT/OMC

Pouco condescendente, EDMOND MCGOVERN responde que "the disregard of GATT panels for this instrument [Convenção de Viena sobre o Direito dos Tratados] must be regarded as culpable, whether it arises from perversity or mere ignorance"[1044].

Outro autor, porém, nota que:

"buena parte de la historia del GATT de 1947 transcurrió antes de la codificación del Derecho de los tratados por la Convención de Viena de 1969 y que, como observó la CDI [Comissão do Direito Internacional], la cuestión de la interpretación de los tratados no estaba exenta de discrepancias doctrinales, manteniéndose distintas posiciones acerca de la importancia relativa que cabía atribuir a criterios básicos de interpretación literal y sistemática, la teleológica o la histórica, siendo la CVDT [Convenção de Viena sobre o Direito dos Tratados] la que acabaría impulsando una clarificación de la cuestión"[1045].

O próprio facto de nenhum painel ter, até início da década de 90, alguma vez citado expressamente os artigos 31º a 33º da Convenção de Viena sobre o Direito dos Tratados[1046] não significa que a interpretação a que chegaram não coincidisse, na prática, com a que resultaria da aplicação pelos painéis dos referidos artigos[1047].

Diga-se, enfim, que o facto de os painéis limitarem as suas apreciações aos chamados *four corners of GATT* não se devia a uma pretensão teórica de entender o sistema do GATT de 1947 como uma espécie de sistema jurídico fechado, mas a uma questão de procedimento, concebendo o seu mandato tanto como limite da sua jurisdição como do direito aplicável ou a ter em conta.

---

[1044] Edmond MCGOVERN, Dispute Settlement in the GATT – Adjudication or Negotiation?, in *The European Community and GATT*, Meinhard Hilf, Francis Jacobs e Ernst-Ulrich Petersmann ed., Kluwer, Deventer – Boston, 1986, p. 80.

[1045] Xavier Fernández PONS, *La OMC y el Derecho internacional: Un estudio sobre el sistema de solución de diferencias de la OMC y las normas secundarias del Derecho internacional general*, Marcial Pons, Madrid--Barcelona, 2006, p. 207.

[1046] *Idem*, pp. 201-202.

[1047] A Convenção de Viena sobre o Direito dos Tratados constitui o instrumento fundamental que regula "modern treaty-making". Grande parte das suas normas codifica prática costumeira preexistente (por exemplo, as regras relativas à entrada em vigor e à interpretação dos tratados), mas, no que diz respeito às reservas, a Convenção introduz um novo regime, que altera substancialmente o direito internacional consuetudinário que existia antes. Cf. Francesco PARISI e Vincy FON, *The Hidden Bias of the Vienna Convention on the International Law of Treaties*, in Review of Law and Economics, 2008, p. 384.

O DIREITO APLICÁVEL

## 2. A Organização Mundial do Comércio
### 2.1. Introdução
Num Mundo cada vez mais integrado, as políticas comerciais, financeiras, económicas, sociais, ambientais e de desenvolvimento atingem, em muitos casos, uma dimensão verdadeiramente global e interagem cada vez mais entre si, o que reivindica maior cooperação a nível internacional não só entre os Estados, mas também entre as organizações internacionais[1048]. Por isso mesmo, o nº 1 do art. V do Acordo OMC estabelece que o Conselho Geral deve tomar as medidas adequadas para assegurar uma cooperação eficaz com outras organizações intergovernamentais cujas competências estejam relacionadas com as da Organização Mundial do Comércio[1049].

[1048] Para além de ter sido elaborado sob os auspícios das Nações Unidas, era possível encontrar no próprio texto do GATT de 1947 referências ao Secretário-Geral das Nações Unidas (artigos XXV, nº 2, e XXVI, nº 3), além de que era habitual as partes contratantes respeitarem as decisões das Nações Unidas sobre questões políticas (cf. GATT, *Analytical Index: Guide to GATT Law and Practice*, 6ª ed., Genebra, 1994, pp. 813-814). Em 1971, por exemplo, o Presidente das PARTES CONTRATANTES sugeriu que estas "deveriam observar a decisão adoptada na Resolução 2758 (XXVI) das Nações Unidas. Foi acordado que, por estas razões, os representantes da República da China não poderiam mais estar presentes como observadores nas reuniões das PARTES CONTRATANTES" (cf. *Idem*, p. 813).
No caso do Fundo Monetário Internacional, foi concluído pouco tempo após a entrada em vigor do GATT de 1947, através da troca de cartas entre o presidente das Partes Contratantes e o Director-Geral do FMI, um acordo com o FMI (cf. FUNDO MONETÁRIO INTERNACIONAL, *Selected Decisions and Selected Documents of the International Monetary Fund*, Washington, D.C., 1999, pp. 546-548), acordo esse que criava obrigações de cooperação e de consultas com o Fundo Monetário Internacional para as PARTES CONTRATANTES, mas não para nenhuma parte contratante em especial. Assumia particular destaque a obrigação prevista no artigo XV, nº 2, do GATT. Com o tempo, desenvolveu-se o costume de a comunicação do Fundo passar a incluir também o seu ponto de vista sobre se determinadas restrições à importação ou outras medidas comerciais adoptadas por um membro ultrapassavam a medida do necessário para sanar o problema da balança de pagamentos (cf. Deborah SIEGEL, *Legal Aspects of the IMF/WTO Relationship: The Fund's Articles of Agreement and the WTO Agreements*, in AJIL, 2002, p. 580) e um representante do Fundo passou a participar nas reuniões do Comité das Restrições relacionadas com a Balança de Pagamentos. Por fim, o GATT de 1947 referia-se repetidas vezes ao Fundo Monetário Internacional, designadamente nos artigos II, nº 6, alíneas *a)* e *b)*, VII, nº 4, alíneas *a)* e *c)*, XIV e XV, e nas *Ad* aos artigos VIII, nº 1, XII, nº 4, alínea *b)*, e XVI, Secção B, referências que se mantêm com o GATT de 1994. A competência para interpretar as disposições do Acordo Geral relevantes em matéria cambial não cabia, no entanto, ao Fundo Monetário Internacional.
No que concerne ao Banco Mundial, o texto do Acordo Geral só se lhe referia de modo implícito (artigos XXXVI, nº 6, e XXXVIII, nº 2, alínea *c)*) e daí as relações entre as duas organizações se terem desenvolvido numa base puramente informal.
[1049] Também segundo o art. XXVI do GATS, "o Conselho Geral tomará as providências adequadas com vista à consulta e cooperação com as Nações Unidas e os seus organismos especializados, bem como com outras organizações intergovernamentais que intervenham na área dos serviços".

383

## A FUNÇÃO JURISDICIONAL NO SISTEMA GATT/OMC

No essencial, pretende-se garantir que os recursos e as competências da comunidade internacional sejam utilizados da maneira mais eficaz, coordenada e, sobretudo, adaptada às necessidades mais urgentes à escala mundial.

Na categoria de organizações intergovernamentais cujas competências se encontram relacionadas com as da Organização Mundial do Comércio, podemos incluir, certamente, as Conferências das Nações Unidas para o Comércio e Desenvolvimento nas questões relativas aos países em desenvolvimento, a Organização para a Cooperação e Desenvolvimento Económico nas questões respeitantes às empresas multinacionais e ao investimento, a Organização Internacional do Trabalho nos assuntos relativos aos direitos dos trabalhadores, a Organização Mundial da Propriedade Intelectual nas matérias atinentes à propriedade intelectual, o Fundo Monetário Internacional nos domínios que digam respeito a reservas monetárias, a balanças de pagamentos ou a disposições em matéria cambial, etc..

Por vezes, são os próprios acordos comerciais multilaterais que estabelecem pontes entre a Organização Mundial do Comércio e outras organizações inter-

Ou seja, também no GATS, o poder de tomar as medidas adequadas para assegurar uma cooperação eficaz com outras organizações intergovernamentais cabe ao Conselho Geral, não ao Comité do Comércio de Serviços. Apesar disso, o Comité do Comércio de Serviços aprovou o texto do acordo de cooperação com a União Internacional de Telecomunicações na sua reunião de Março de 1999. A aprovação final do acordo pelo Conselho Geral só ocorreu numa reunião deste último órgão realizada em Dezembro de 2000. Já o Acordo TRIPS determina que, "em consulta com a Organização Mundial de Propriedade Intelectual, o Conselho dos Aspectos dos Direitos de Propriedade Intelectual Relacionados com o Comércio procurará estabelecer, no prazo de um ano a contar da sua primeira reunião, disposições adequadas relativamente à cooperação com os órgãos dessa organização" (art. 68º). Apesar de parecer haver uma certa falta de coerência, convém ter presente que, não obstante o texto do acordo com a Organização Mundial de Propriedade Intelectual ter sido negociado pelo Conselho dos Aspectos dos Direitos de Propriedade Intelectual Relacionados com o Comércio, foi ao Conselho Geral que coube a conclusão e a aprovação final do acordo. Em suma, embora o Conselho do Comércio de Serviços e o Conselho dos Aspectos dos Direitos de Propriedade Intelectual Relacionados com o Comércio tenham adquirido, na prática, um papel importante na negociação e aceitação do texto dos acordos celebrados com outras organizações intergovernamentais, a aprovação final do acordo enquanto tal tem cabido sempre ao Conselho Geral (cf. Pieter KUIJPER, WTO Institutional Aspects, in *The Oxford Handbook of International Trade Law*, Daniel Bethlehem, Donald McRae, Rodney Neufeld e Isabelle Van Damme Ed., Oxford University Press, 2009, p. 99). Natureza jurídica diferente têm os muitos Memorandos de Entendimento celebrados entre o secretariado da OMC e outros secretariados internacionais, uma vez que não podem ser vistos como tratados internacionais celebrados entre duas organizações. Tais memorandos prevêem somente a colaboração técnica e financeira entre os secretariados e só muito raramente contêm disposições de carácter vinculativo. Cf. Pieter KUYPER, Some institutional issues presently before the WTO, in *The Political Economy of International Trade Law – Essays in Honor of Robert E. Hudec*, Daniel Kennedy e James Southwick ed., Cambridge University Press, 2002, p. 108.

O DIREITO APLICÁVEL

nacionais. As organizações internacionais de carácter intergovernamental mencionadas nos acordos da OMC são as seguintes:

1) Nações Unidas (artigos XVI, nº 6, do Acordo OMC e XXVI do GATS);
2) Organização das Nações Unidas para a Alimentação e a Agricultura (art. 10º, nº 4, alínea *b*), do Acordo sobre a Agricultura);
3) Comissão do *Codex Alimentarius* (artigos 3º, nº 4, 12º, nºs 3 e 5, e Anexo A, nº 3(a) do Acordo relativo à Aplicação de Medidas Sanitárias e Fitossanitárias);
4) Gabinete Internacional de Epizootias, actualmente conhecido por Organização Mundial da Saúde Animal (artigos 3º, nº 4, 12º, nºs 3 e 5, e Anexo A, nº 3(a) do Acordo relativo à Aplicação de Medidas Sanitárias e Fitossanitárias);
5) Secretariado da Convenção Fitossanitária Internacional (artigos 3º, nº 4, 12º, nºs 3 e 5, e Anexo A, nº 3(c) do Acordo relativo à Aplicação de Medidas Sanitárias e Fitossanitárias);
6) Conselho Internacional do Trigo (art. 10º, nº 4, alínea *c*), do Acordo sobre a Agricultura);
7) Banco Internacional de Reconstrução e Desenvolvimento (art. III, nº 5, do Acordo OMC e nº 6(a) do Anexo relativo às Telecomunicações do GATS);
8) Fundo Monetário Internacional (artigos III, nº 5, do Acordo OMC; II, nº 6, alíneas *a*) e *b*), VII, nº 4, alíneas *a*) e *c*), XV e notas interpretativas aos artigos VIII, nº 1, XV, nº 4 e XVI, secção B, do GATT; e XII, nº 2, alínea *b*), XII, nº 5, alínea *e*), XII, nº 6, do GATS);
9) Organização Mundial de Propriedade Intelectual (artigos 5º, 63º, nº 3, e 68º do Acordo TRIPS)
10) Conselho de Cooperação Aduaneira, actualmente conhecido por Organização Mundial das Alfândegas (artigo 18º, nº 2, e Anexo II, nºs 1, 4, 5, 6, 7, 8 e 23, do Acordo sobre a Aplicação do Artigo VII do GATT de 1994; artigos 4º, nº 2, 9º, nºs 1 e 2, alínea c), Anexo I, nºs 4, 5, 6 e 7, do Acordo sobre as Regras de Origem);
11) União Internacional de Telecomunicações (nºs 6(a), 7(a), 7(b), do Anexo relativo às Telecomunicações do GATS);
12) Programa das Nações Unidas para o Desenvolvimento (nº 6(a) do Anexo relativo às Telecomunicações do GATS)[1050].

---

[1050] Existem também organizações internacionais que, apesar de não serem mencionadas nos acordos da OMC, são-no em outros textos jurídicos da OMC. A Organização Internacional do Trabalho, por exemplo, é mencionada nas Declarações Ministerias de Singapura (1996) e de Doha (2001).

A FUNÇÃO JURISDICIONAL NO SISTEMA GATT/OMC

Alguns acordos da OMC mencionam, também, algumas organizações não governamentais internacionais:

1) Organização Internacional de Normalização (nº 7(a) do Anexo relativo às Telecomunicações do GATS, Anexo 1 e Anexo 3(C, J, K) do Acordo sobre os Obstáculos Técnicos ao Comércio; e
2) Comissão Electrotécnica Internacional (Anexo 1 e Anexo 3(C, J, K) do Acordo sobre os Obstáculos Técnicos ao Comércio)[1051].

Esta divisão de trabalho, esta ligação entre a OMC e outras organizações internacionais, tem a vantagem de promover a eficiência:

"because it takes advantage of other regimes' expertise, and leaves the World Trade Organization free to do what it does best. Linkage allows World Trade Organization negotiators and decision-makers to focus their efforts on trade rules, not science, labor, or national security"[1052].

Numerosas organizações internacionais gozam, igualmente, do estatuto de observador junto da Conferência Ministerial e dos vários conselhos, comités ou grupos de trabalho da OMC[1053]. Por exemplo, em Abril de 2010, as Nações Unidas gozavam do estatuto de observador junto do Conselho Geral, do Conselho do Comércio de Mercadorias, do Conselho do Comércio de Serviços, do Conselho dos Aspectos dos Direitos de Propriedade Intelectual relacionados com o Comércio, do comité do comércio e do desenvolvimento, do comité do comércio e do ambiente, do comité das medidas de investimento relacionadas com o comércio, do comité do comércio dos serviços financeiros, do comité dos compromissos específicos, do grupo de trabalho sobre as regras do acordo geral sobre o comércio de serviços, do grupo de trabalho relativo à regulamentação nacional e do grupo de trabalho sobre comércio, dívida e finanças; a Organização Mundial de Propriedade Intelectual gozava do estatuto de observador junto do Conselho

---

[1051] GATT, *The WTO and Other Inter-Governmental Organizations, Note by the Secretariat* (PC/IPL/W/2), 29-6-1994, p. 3.

[1052] Claire R. KELLY, *Power, Linkage and Accommodation: The WTO as an International Actor and Its Influence on Other Actors and Regimes*, in Berkeley Journal of International Law, 2006, p. 88.

[1053] Por exemplo, 76 organizações internacionais obtiveram o estatuto de observador na Conferência Ministerial de Doha de 2001 (cf. OMC, *2003 Annual Report*, p. 119). O Anexo 3 de uma decisão do Conselho Geral de 25 de Julho de 1996 estabelece que o estatuto de observador só pode ser obtido se as organizações internacionais demonstrarem que as matérias discutidas nos órgãos da OMC lhes interessam directamente e que têm competência em matéria de política comercial ou responsabilidades relacionadas com as da OMC. Cf. OMC, *Rules of Procedure for Sessions of the Ministerial Conference and Meetings of the General Council, Annex 3 ("Observer Status for International Intergovernmental Organizations in the WTO")* (WT/L/161), 25-7-1996.

386

O DIREITO APLICÁVEL

Geral, do Conselho dos Aspectos dos Direitos de Propriedade Intelectual relacionados com o Comércio, do comité do comércio e do ambiente, do comité do comércio e do desenvolvimento e do grupo de trabalho sobre comércio, dívida e finanças; a OCDE gozava do estatuto de observador junto do Conselho Geral, do Órgão de Exame das Políticas Comerciais, do Conselho do Comércio de Mercadorias, do Conselho dos Aspectos dos Direitos de Propriedade Intelectual relacionados com o Comércio, do comité da agricultura, do comité das restrições relacionadas com a balança de pagamentos, do comité do comércio e do desenvolvimento e do comité do comércio e do ambiente, do comité das regras de origem, do comité dos obstáculos técnicos ao comércio, do comité das medidas de investimento relacionadas com o comércio, do comité das medidas de salvaguarda, do comité das medidas sanitárias e fitossanitárias, do comité do comércio dos serviços financeiros, do comité dos compromissos específicos, do comité dos participantes sobre a expansão do comércio de produtos de tecnologia de informação, do grupo de trabalho sobre as regras do acordo geral sobre o comércio de serviços, do grupo de trabalho relativo à regulamentação nacional, do grupo de trabalho sobre a interacção do comércio e da política de concorrência, do grupo de trabalho sobre a relação entre comércio e investimento, do grupo de trabalho sobre comércio, dívida e finanças e do grupo de negociação sobre a facilitação do comércio[1054].

Dada a relação especial que mantêm com a OMC (art. III, nº 5, do Acordo OMC), o Fundo Monetário Internacional e o Banco Mundial gozam do estatuto de observador em quase todos os órgãos da OMC. A primeira organização só não goza de tal estatuto junto do Órgão de Resolução de Litígios (embora possa participar como observador nas reuniões do Órgão de Resolução de Litígios caso estejam em causa matérias de interesse mútuo e se para tal for convidada), do Comité do Orçamento, Finanças e Administração, dos painéis e do comité dos participantes sobre a expansão do comércio de produtos de tecnologia de informação. O Banco Mundial não goza do estatuto de observador junto do Órgão de Resolução de Litígios (embora possa participar como observador nas suas reuniões caso estejam em causa matérias de interesse mútuo e se para tal for convidado), do Comité do Orçamento, Finanças e Administração, dos painéis, do comité do comércio de aeronaves civis, do comité de contratação pública e do comité dos participantes sobre a expansão do comércio de produtos de tecnologia de informação[1055].

O Centro de Comércio Internacional, por ser um órgão conjunto da OMC e da CNUCED, não foi obrigado a apresentar formalmente qualquer pedido para

[1054] http://www.wto.org (sítio visitado em 22-4-2010).
[1055] http://www.wto.org (sítio visitado em 22-4-2010).

A FUNÇÃO JURISDICIONAL NO SISTEMA GATT/OMC

obter o estatuto de observador junto dos órgãos da OMC, podendo estar presente nas reuniões quando for esse o seu anseio[1056].

Finalmente, também a OMC goza do estatuto de observador junto de outras organizações internacionais. Em Abril de 2010, ela gozava de tal estatuto junto, por exemplo, da Convenção sobre a Diversidade Biológica, da Convenção sobre o Comércio Internacional de Espécies da Fauna e da Flora Selvagens Ameaçadas de Extinção, da Organização Mundial das Alfândegas, do Banco Mundial, do Fundo Monetário Internacional, da Associação Europeia de Comércio Livre, da Organização Mundial de Saúde, da Organização Mundial de Propriedade Intelectual, da OCDE, das Nações Unidas, e da Convenção de Basileia sobre o Controle dos Movimentos Transfronteiriços de Resíduos Perigosos e Sua Eliminação[1057].

## 2.2. O Método da Deferência

A respeito das relações estabelecidas entre a OMC e outras organizações internacionais ou acordos internacionais, alguns acordos abrangidos revelam expressamente uma grande deferência da OMC para com as Nações Unidas na área da paz e da segurança internacionais (artigos XXI, alínea *c*), do GATT, XIV-A, n.º 1, alínea *c*), do GATS e 73.º, alínea *c*), do Acordo TRIPS), o mesmo se passando com o Fundo Monetário Internacional no domínio dos câmbios, das reservas monetárias e das balanças de pagamentos (artigos XV, n.º 2, do GATT e XII, n.º 2, alínea *b*), do GATS)[1058]. Na prática, as disposições referidas reflectem uma completa cessão da jurisdição reguladora sobre o assunto em questão, não reivindicando o Acordo Geral sobre Pautas Aduaneiras e Comércio o direito de rever o fundamento das acções das Nações Unidas ou do Fundo Monetário Internacional[1059].

---

[1056] OMC, *General Council – Minutes of Meeting Held in the Centre William Rappard on 10 December 1997* (WT/GC/M/25), 4-2-1998, p. 2.

[1057] http://www.wto.org (sítio visitado em 22-4-2010).

[1058] Quanto aos países que são apenas membros da OMC (por exemplo, a Suíça, que acolhe a sede da OMC, só se tornou membro das Nações Unidas no dia 10 de Setembro de 2002), há que ter em conta o disposto no art. 2.º, n.º 6, da Carta das Nações Unidas, nos termos do qual "a Organização fará com que os Estados que não são membros das Nações Unidas ajam de acordo com os princípios referidos nos n.ºs 1 a 5 do art. 2.º da Carta em tudo quanto for necessário à manutenção da paz e da segurança internacionais". No caso do Fundo Monetário Internacional, o art. XV, n.º 6, do GATT dispõe que "qualquer Membro [da OMC] que não seja membro do Fundo deverá, num prazo a fixar pela OMC após consulta com o Fundo, tornar-se membro deste ou, caso o não faça, concluir com a OMC um acordo cambial especial. Todo o Membro que deixe de ser membro do Fundo concluirá imediatamente com a OMC um acordo cambial especial".

[1059] Robert E. HUDEC, GATT Legal Restraints on the Use of Trade Measures against Foreign Environmental Practices, in *Fair Trade and Harmonization*, Jagdish Bhagwati e Robert Hudec ed., vol. 2, The MIT Press, Cambridge-Massachusetts e Londres, 1996, p. 123.

O DIREITO APLICÁVEL

A própria Carta das Nações Unidas estabelece que um país deve observar as obrigações da Carta em caso de conflito entre as obrigações dos membros das Nações Unidas em virtude da Carta e as obrigações resultantes de qualquer outro acordo internacional (art. 103º)[1060]. No que diz respeito à alínea *c*) do art. XXI do GATT, convém ter presente que, por força do art. 25º da Carta das Nações Unidas, os membros das Nações Unidas devem aceitar e aplicar as decisões do Conselho de Segurança relativas à paz e segurança internacionais. Entre as medidas que um Membro da OMC pode ter de adoptar em cumprimento dos seus compromissos para com a Carta das Nações Unidas, inclui-se "a interrupção completa ou parcial das relações económicas" (art. 41º da Carta das Nações Unidas)[1061]. Consequentemente, as sanções comerciais autorizadas pelo Conselho de Segurança ao abrigo do Capítulo VII da Carta das Nações Unidas, como aconteceu nos anos 80 quando foram aplicadas sanções económicas contra a África do Sul, por causa do regime de *apartheid* que então aí vigorava, não podem ser declaradas incompatíveis com os acordos da OMC pelos painéis ou pelo Órgão de Recurso[1062].

Contudo, dado constituir uma suspensão parcial do princípio *pacta sunt servanda*, o art. 103º deve ser "interpretado restritivamente"[1063], além de que, ao falar somente em "obrigações" (jurídicas, claro está), não se aplicará a "recomendações e outras declarações não vinculativas"[1064]. Em contrapartida, a utilização do termo "qualquer outro acordo internacional" indica que o art. 103º da Carta abarca quer os acordos presentes e futuros[1065], quer os acordos que os membros

[1060] Segundo o art. 103º da Carta das Nações Unidas, "no caso de conflito entre as obrigações dos Membros das Nações Unidas em virtude da presente Carta e as obrigações resultantes de qualquer outro acordo internacional, prevalecerão as obrigações assumidas em virtude da presente Carta".

[1061] Com base no art. 41º da Carta das Nações Unidas, só não é permitida a interrupção completa ou parcial das relações económicas de modo unilateral, sem acordo do Conselho de Segurança.

[1062] Julien CAZALA, *Les renvois opérés par le droit de l'organisation mondiale du commerce à des instruments extérieurs à l'organisation*, in Revue Belge de Droit International, 2005/1-2, p. 547.

[1063] Ignaz SEIDL-HOHENVELDERN, Hierarchy of Treaties, in *Essays on the Law of Treaties: A Collection of Essays in Honour of Bert Vierdag*, Jan Klabbers e René Lefeber ed., Martinus Nijhoff Publishers, 1998, p. 16.

[1064] Rudolf BERNHARDT, Article 103, in *The Charter of the United Nations: A Commentary*, vol. II, Bruno Simma ed., 2ª ed., Oxford University Press, 2002, p. 1296.

[1065] Segundo JOOST PAUWELYN, as obrigações da Carta das Nações Unidas prevalecem sobre outros acordos internacionais, não porque elas representam inerentemente *higher law*, mas porque os membros das Nações Unidas concordaram em conceder tal prioridade à própria Carta das Nações Unidas. O art. 103º não vincula os Estados que não são membros das Nações Unidas, excepto as obrigações da Carta das Nações Unidas que façam parte do *jus cogens* (cf. Joost PAUWELYN, *Conflict of Norms in Public International Law: How WTO Law Relates to other Rules of International Law*, Cambridge University Press, 2003, p. 337). O aparecimento do conceito de *jus cogens*, essencialmente na segunda metade do século XX, corresponde à tomada de consciência de que nem todas as normas de direito internacional gozam do mesmo estatuto. Algumas delas, por protegerem valores tão

A FUNÇÃO JURISDICIONAL NO SISTEMA GATT/OMC

importantes e universais, como por exemplo a proibição de genocídio, gozam de um estatuto hierárquico especial, sobrepondo-se às demais normas de direito internacional, e vinculam os Estados independentemente do seu consentimento directo. O art. 53º da Convenção de Viena sobre o Direito dos Tratados define uma norma imperativa de Direito Internacional geral (*jus cogens*) como "a que for aceite e reconhecida pela comunidade internacional dos Estados no seu conjunto como norma à qual nenhuma derrogação é permitida e que só pode ser modificada por uma nova norma de Direito Internacional geral com a mesma natureza", ou seja, como observa DINAH SHELTON, "while this definition precludes an individual state from vetoing the emergence of a peremptory norm, it sets a high threshold for identifying such a norm and bases the identification squarely in state consent" (cf. Dinah SHELTON, *Normative Hierarchy in International Law*, in AJIL, 2006, p. 300). Mesmo assim limitado, o conceito foi controverso desde o início e dividiu os estados participantes na redacção da Convenção de Viena sobre o Direito dos Tratados. Dos 110 estados participantes na segunda reunião plenária da Conferência de Viena, 87 votaram a favor do artigo 53º (na altura o art. 50º), 8 contra (incluindo a Austrália, a Bélgica, a França, a Suíça e a Turquia) e 12 abstiveram-se (incluindo o Japão e o reino Unido (cf. *Idem*). Nos termos do art. 64º da Convenção de Viena sobre o Direito dos Tratados, "se sobrevier uma nova norma imperativa de Direito Internacional Geral, todo o tratado existente que seja incompatível com esta norma torna-se nulo e cessa a sua vigência". A primeira vez que o Tribunal Internacional de Justiça apoiou a existência do *jus cogens* foi no caso *Armed Activities on the Territory of the Congo (New Application: 2002) (Democratic Republic of the Congo v. Rwanda)*, tendo o Tribunal confirmado que a proibição de genocídio tinha o carácter de *jus cogens* (cf. TRIBUNAL INTERNACIONAL DE JUSTIÇA, *Case Concerning Armed Activities on the Territory of the Congo (New Application: 2002) (Democratic Republic of the Congo v. Rwanda)*, Jurisdição do Tribunal e Admissibilidade do Pedido, Acórdão de 3-2-2006, parágrafo 64). Curiosamente, encontrámos um autor a defender que a liberdade das trocas comerciais "has achieved peremptory status by reason of the social power, market prominence and ideological productivity of the social forces who support the European Union, NAFTA and WTO" (cf. Michael ALLEN, *Globalization and Peremptory Norms in International Law: from Westphalian to Global Constitutionalism?*, in International Politics, 2004, p. 346). Não podemos deixar de referir, por último, que, enquanto todas as obrigações resultantes do *jus cogens* possuem o carácter de obrigações *erga omnes*, o reverso não é verdade (cf. Gabrielle MARCEAU, *Conflicts of Norms and Conflicts of Jurisdictions: The Relationship between the WTO Agreement and MEAs and other Treaties*, in JWT, 2001, p. 1105). As normas de *jus cogens* resultam maioritariamente do direito internacional consuetudinário e as obrigações *erga omnes* têm origem maioritariamente em tratados internacionais (cf. Zdzislaw GALICKI, Hierarchy in International Law within the Context of Its Fragmentation, in *International Law between Universalism and Fragmentation – Festschrift in Honour of Gerhard Hafner*, Isabelle Buffard, James Crawford, Alain Pellet e Stephan Wittich Ed., Martinus Nijhoff Publishers, Leiden-Boston, 2008, p. 53). As obrigações *erga omnes* foram definidas pelo Tribunal Internacional de Justiça no caso *Barcelona Traction* como as obrigações de um Estado para com a comunidade inernacional no seu todo, tendo todos os Estados interesse jurídico na sua protecção (cf. TRIBUNAL INTERNACIONAL DE JUSTIÇA, *Case Concerning The Barcelona Traction, Light and Power Company, Limited (Belgium v. Spain)*, Acórdão de 5-2-1970, Segunda Fase, parágrafo 33). No caso *East Timor*, o Tribunal Internacional de Justiça confirmou que o direito dos povos à autodeterminação tinha um carácter *erga omnes* (cf. TRIBUNAL INTERNACIONAL DE JUSTIÇA, *Case Concerning East Timor (Portugal v. Austrlia)*, Acórdão de 30-6-1995, parágrafo 29 102) e, no caso *Genocide*, que os direitos e obrigações consagrados na Convenção de Prevenção e Punição do Crime de Genocídio são direitos e obrigações *erga omnes* (cf.

O DIREITO APLICÁVEL

das Nações Unidas concluam com países que não sejam membros das Nações Unidas[1066]. É também opinião dominante que as obrigações da Carta prevalecem sobre "as obrigações de direito consuetudinário dos Estados Membros das Nações Unidas"[1067].

No caso do Fundo Monetário Internacional, o nº 2 do art. XV do GATT determina que:

> "Sempre que a OMC seja chamada a examinar ou a resolver problemas que digam respeito a reservas monetárias, a balanças de pagamentos ou a disposições em matéria cambial, entrará em estreitas consultas com o Fundo Monetário Internacional. No decurso destas consultas, a OMC *aceitará todas* as constatações de facto, de ordem estatística ou outra, que lhe sejam comunicadas pelo Fundo no domínio dos câmbios, das reservas monetárias e das balanças de pagamentos; *aceitará* também as conclusões do Fundo sobre a conformidade das medidas tomadas por um Membro, em matéria cambial, com os Estatutos do Fundo Monetário Internacional ou com as disposições de um acordo cambial especial concluído entre este Membro e a OMC. Quando tenha que tomar a sua decisão final em casos que envolvam os critérios estabelecidos na alínea *a*) do nº 2 do artigo XII ou no nº 9 do artigo XVIII, a OMC *aceitará* as conclusões do Fundo no que se refere a saber se as reservas monetárias do Membro sofreram uma quebra importante, se estão a um nível muito baixo ou se aumentaram segundo uma taxa de acréscimo razoável, assim como no que respeita aos aspectos financeiros dos outros problemas a que serão extensivas as consultas em tais casos" (itálico aditado)[1068].

---

TRIBUNAL INTERNACIONAL DE JUSTIÇA, *Case Concerning Application of the Convention of the Prevention and Punishment of the Crime of Genocide (Bosnia and Herzegovina v. Yugoslavia)*, Acórdão de 11-7-1996, Objecções Preliminares, parágrafo 31). De acordo com a Comissão do Direito Internacional, a natureza *erga omnes* de uma obrigação não indica uma superioridade clara dessa obrigação sobre outras obrigações, ou seja, "apesar de na prática as normas reconhecidas como tendo uma validade *erga omnes* estabelecerem obrigações indubitavelmente importantes, esta importância não se traduz numa superioridade hierárquica similar à do Artigo 103º [da Carta das Nações Unidas] e *jus cogens*". Cf. COMISSÃO DO DIREITO INTERNACIONAL, 58ª Sessão, *Fragmentation of International Law: Difficulties arising from the Diversification and Expansion of International Law*, Report of the Study Group of the International Law Commission – Finalised by Martti Koskenniemi (A/CN.4/L.682), 13-4-2006, parágrafo 380.

[1066] *Idem*, parágrafos 330 e 343.

[1067] *Idem*, parágrafo 345.

[1068] Nos termos do nº 2 (Notas explicativas) do texto do Anexo 1A que incorpora o GATT de 1994 no Acordo OMC, "nos nºs 1, 2 e 8 do artigo XV (...) e nas disposições relativas aos acordos cambiais especiais que figuram nos nºs 2, 3, 6, 7 e 9 do artigo XV do GATT de 1994, as referências às Partes Contratantes agindo conjuntamente devem ser entendidas como referências à OMC".

Pouco tempo após a entrada em vigor dos acordos da OMC, um painel submeteu ao Fundo Monetário Internacional, com base nos artigos 13º do Memorando de Entendimento sobre as Regras e Processos que regem a Resolução de Litígios e XV, nº 2, do GATT de 1994, um conjunto de questões relativas à situação da balança de pagamentos da Índia. Embora tenha dado bastante importância às opiniões expressas pelo Fundo na resposta às questões formuladas, o Painel não se contentou em aceitar as opiniões do Fundo Monetário Internacional. O Painel realizou uma análise crítica dessas opiniões e teve em conta também outros dados e opiniões para chegar às suas conclusões[1069].

Apesar de o comportamento do Painel parecer estar em conformidade com o parágrafo 8 do acordo de cooperação concluído entre a OMC e o Fundo Monetário Internacional em 1996, nos termos do qual o Fundo apenas tem competência para verificar, "considerando as medidas cambiais no âmbito da sua jurisdição, se tais medidas são compatíveis com os artigos do Acordo do Fundo", o procedimento do Painel e a conclusão do Órgão de Recurso mereceram críticas acérrimas por parte de DEBORAH SIEGEL, uma vez que o Painel e o Órgão de Recurso parecem ter tomado a posição de que um Painel pode ponderar a informação fornecida pelo Fundo como achar adequado, como faz com outros peritos. Acontece que o texto e a sua fundamentação subjacente sugerem uma análise diferente. A declaração do Fundo não é apenas outra opinião de peritos a ser considerada ou ponderada contra a de outros peritos. Esta interpretação reflecte não apenas o sentido evidente do texto, mas também é apoiada pelos trabalhos preparatórios do GATT, os quais registam a decisão dos redactores de rejeição da proposta (apresentada pela Austrália) de mudar "aceitarão todas as" para "devem dar especial importância à opinião do Fundo"[1070].

Há quem considere, no entanto, que o painel agiu correctamente. Caso contrário, o seu comportamento colidiria com a obrigação que qualquer painel tem de realizar uma apreciação objectiva da questão colocada (art. 11º do Memorando de Entendimento sobre Resolução de Litígios). Ou seja:

> "Were the panel to follow the course advocated by Siegel, it would be tantamount to the panel abandoning the cardinal requirement to conduct an objective assessment of the matter before it spelt out in the provision. It is difficult to see how an assessment that consists of the opinion of only one expert, however definitive, without a

---

[1069] Relatório do Órgão de Recurso no caso *India – Quantitative Restrictions on Imports of Agricultural, Textile and Industrial Products* (WT/DS90/AB/R), 23-8-1999, parágrafo 149.

[1070] Deborah SIEGEL, *Legal Aspects of the IMF/WTO Relationship: The Fund's Articles of Agreement and the WTO Agreements*, in AJIL, 2002, p. 582.

O DIREITO APLICÁVEL

corresponding opportunity of challenging it, can meet the crucial test of an objective assessment"[1071].

A decisão final sobre se as medidas comerciais adoptadas por um membro, por razões relacionadas com a balança de pagamentos, se justificam ao abrigo das disposições do GATT relevantes não pertence, pois, ao Fundo Monetário Internacional, mas sim aos órgãos competentes da OMC. A OMC está obrigada a aceitar unicamente todas as constatações de facto, de ordem estatística ou outra, que lhe sejam comunicadas pelo Fundo no domínio dos câmbios, das reservas monetárias e das balanças de pagamentos[1072]. Apesar de tudo, o GATT tem geralmente actuado (ou deixado de actuar) de acordo com as avaliações do Fundo Monetário Internacional[1073].

No plano oposto, alguns acordos internacionais mostram uma certa deferência para com a OMC. Por exemplo, no âmbito da Convenção das Nações Unidas sobre o Direito do Mar, a política de produção da Autoridade Internacional dos Fundos Marinhos deverá basear-se no princípio de que "as disposições do Acordo Geral sobre Pautas Aduaneiras e Comércio, os seus códigos pertinentes e os acordos destinados a suceder-lhes ou a substitui-las aplicar-se-ão tratando--se de actividades na área" (anexo, secção 6, parágrafo 1, alínea *b*), do Acordo Relativo à Implementação da Parte XI da Convenção das Nações Unidas sobre o Direito do Mar[1074]), solução que confere à OMC um papel legislativo continuado em relação à Autoridade dos Fundos Marinhos[1075].

---

[1071] Ugochukwu Chima UKPABI, *Juridical Substance or Myth Over Balance-of-Payment: Developing Countries and the Role of the International Monetary Fund in the World Trade Organization*, in MJIL, 2005, pp. 725-726.

[1072] Em contrapartida, a decisão sobre a conformidade das medidas tomadas por um Membro, em matéria cambial, com os Estatutos do Fundo Monetário Internacional ou com as disposições de um acordo cambial especial concluído entre este Membro e a OMC cabe unicamente ao Fundo Monetário Internacional. Estas decisões jurídicas do Fundo Monetário Internacional apoiam-se também noutras disposições do GATT que têm em conta a jurisdição do Fundo e por objectivo evitar decisões incoerentes para os países que pertencem a ambas as instituições. Nesse sentido, o art. XV, n.º 9, alínea *a*), do GATT de 1994 dispõe que "nenhuma das disposições do GATT poderá impedir que um membro recorra ao estabelecimento de controlos ou de restrições em matéria cambial que estejam de harmonia com os Estatutos do Fundo Monetário Internacional ...".

[1073] Daniel TARULLO, The Relationship of WTO Obligations to Other International Arrangements, in *New Directions in International Economic Law: Essays in Honour of John Jackson*, Marco Bronckers e Reinhard Quick ed., Kluwer Law International, Haia-Londres-Boston, 2000, p. 169.

[1074] O texto da Convenção pode ser encontrado in Diário da República – I Série A, 14-10-1997, pp. 3-192.

[1075] Steve CHARNOVITZ, *Triangulating the World Trade Organization*, in AJIL, 2002, p. 52.

A FUNÇÃO JURISDICIONAL NO SISTEMA GATT/OMC

## 2.3. O Método de Incorporação por Referência

No decorrer do ciclo de negociações comerciais do Uruguai, os países participantes acordaram estabelecer um conjunto de normas fundamentais mínimas de protecção para cada uma das grandes categorias de direitos de propriedade intelectual (direitos de autor (artigos 9º a 14º), marcas (artigos 15º a 21º), indicações geográficas (artigos 22º a 24º), desenhos e modelos industriais (artigos 25º e 26º), patentes (artigos 27º a 34º), configurações de circuitos integrados (artigos 35º a 38º) e segredos comerciais (art. 39º)), baseando-se nas convenções internacionais em vigor, negociadas sob a égide da Organização Mundial de Propriedade Intelectual, e transformando-as em verdadeiras obrigações da OMC (o chamado método de incorporação por referência). Consequentemente, o sistema de resolução de litígios da OMC é aplicável aos litígios que surjam em matéria de direitos de propriedade intelectual relacionados com o comércio e pode levar mesmo à aplicação de sanções comerciais. Como exemplos do método de incorporação, temos os artigos 2º, nº 1, e 9º, nº 1, do Acordo TRIPS. Segundo a primeira disposição, "no que diz respeito às partes II, III e IV do presente acordo, os membros devem observar o disposto nos artigos 1º a 12º e no art. 19º da Convenção de Paris de 1967"; de acordo com a segunda, "os membros devem observar o disposto nos artigos 1º a 21º da Convenção de Berna (1971) e no respectivo anexo". Assim sendo, os membros da OMC têm, ao abrigo do âmbito do Acordo TRIPS, a obrigação de proteger os nomes comerciais, isto apesar do Acordo TRIPS nunca se referir directamente aos nomes comerciais. Acontece que o nº 1 do art. 2º do Acordo TRIPS incorpora expressamente no seu âmbito o art. 8º da Convenção de Paris (1967), disposição que se refere apenas à protecção dos nomes comerciais. Logo, observa o Órgão de Recurso:

> "se a intenção dos negociadores fosse a de excluir a protecção dos nomes comerciais o artigo 8º não teria sido incluído na lista de disposições da Convenção de Paris (1967) que foram expressamente incorporadas no Acordo sobre os Aspectos dos Direitos de Propriedade Intelectual Relacionados com o Comércio"[1076].

Mas, atenção, o método de incorporação não implica que o Acordo TRIPS não possa estabelecer regras que vão para além das celebradas no âmbito da Organização Mundial de Propriedade Intelectual[1077]. Por exemplo, o Acordo TRIPS requer que os membros da OMC autorizem as companhias discográficas de um membro a combaterem a reprodução e venda não autorizadas dos seus produtos

---

[1076] Relatório do Órgão de Recurso no caso *United States – Section 211 Omnibus Appropriations Act of 1998* (WT/DS176/AB/R), 2-1-2002, parágrafo 338.

[1077] TRIPS é a sigla inglesa para *Trade-Related Aspects of Intellectual Property Rights*.

O DIREITO APLICÁVEL

no território de outro membro[1078] e consagrou, pela primeira vez, num acordo internacional de protecção dos direitos de propriedade intelectual o tratamento da nação mais favorecida (art. 4º)[1079]. Neste último caso, o Secretariado da OMC notou que:

"nas anteriores convenções internacionais sobre propriedade intelectual, especialmente as Convenções de Paris e Berna, não foi considerado necessário incluir uma cláusula da nação mais favorecida. Tal deveu-se ao facto de se julgar que o vasto âmbito da obrigação do tratamento nacional contida em tais convenções limitava grandemente a probabilidade de ver os benefícios atribuídos aos nacionais de um país não serem concedidos aos nacionais de todos os outros países: à parte das situações relativamente limitadas em que as excepções ao tratamento nacional são permitidas nestas convenções, uma tal discriminação entre os nacionais de outros países seria possível unicamente se um país dá aos nacionais de outro país um tratamento mais favorável do que o concedido aos seus próprios nacionais. A origem da cláusula da nação mais favorecida no Acordo TRIPS radica no facto de que, não obstante a inerente improbabilidade de tal comportamento, determinados países adoptaram medidas nesse sentido. A cláusula da nação mais favorecida no Acordo TRIPS foi em grande parte motivada pela vontade de fazer frente a esta situação bastante excepcional"[1080].

[1078] Bernard HOEKMAN e Michel KOSTECKI, *The Political Economy of the World Trading System: The WTO and Beyond*, 2ª ed., Oxford University Press, 2001, p. 287.

[1079] Keith MASKUS, *Intellectual Property Rights in the Global Economy*, Institute for International Economics, Washington, D.C., 2000, p. 17. Segundo o Órgão de Recurso, "enquanto pedra angular do sistema comercial mundial, a obrigação de conceder o tratamento da nação mais favorecida deve ter, no que diz respeito aos direitos de propriedade intelectual abarcados pelo Acordo TRIPS, a mesma importância que ela tem desde há muito no caso do comércio de mercadorias no âmbito do GATT. Numa palavra, ela é fundamental". Cf. Relatório do Órgão de Recurso no caso *United States – Section 211 Omnibus Appropriations Act of 1998* (WT/DS176/AB/R), 2-1-2002, parágrafo 297.

[1080] OMC, *The Fundamental WTO Principles of National Treatment, Most-Favoured-Nation Treatment and Transparency*, Background Note by the Secretariat (WT/WGTCP/W/114), 14-4-1999, parágrafo 41. No que diz respeito à outra vertente do princípio da não discriminação, o tratamento nacional, ALBERTO FRANCISCO RIBEIRO DE ALMEIDA nota que:

"a referência expressa deste princípio [do tratamento nacional] no acordo TRIPS tem, aparentemente, algo de simbólico na medida em que já resultava do art. 2º a sua incorporação no acordo pela importação dos princípios das convenções de Paris, Berna e Roma. Contudo a noção de protecção [para efeitos do disposto nos artigos 3º e 4º], abrange as questões relativas à existência, aquisição, âmbito, manutenção e aplicação efectiva dos direitos de propriedade intelectual expressamente contempladas no acordo TRIPS. Ora, com este entendimento de protecção – que aglomera o exercício dos direitos de propriedade intelectual – o princípio do tratamento nacional tem uma maior amplitude do que tradicionalmente consagrado nas convenções relativas à propriedade intelectual. Nestas convenções o princípio do tratamento nacional não contendia com a liberdade dos Estados em regulamentar a propriedade intelectual, desde logo no domínio dos processos judicial e administrativo". Cf. Alberto Francisco

A FUNÇÃO JURISDICIONAL NO SISTEMA GATT/OMC

De qualquer maneira, tem-se verificado que a Organização Mundial de Propriedade Intelectual continua a deter o papel de fórum para a negociação de novas regras. Pouco tempo após a entrada em vigor do Acordo TRIPS, dois novos e importantes tratados foram aprovados no âmbito da Organização Mundial de Propriedade Intelectual: o Tratado sobre o Direito de Autor e o Tratado sobre Prestações e Fonogramas, ambos adoptados no dia 20 de Dezembro de 1996, e que tratam, respectivamente, da protecção dos autores e da protecção dos artistas intérpretes ou executantes e dos produtores de fonogramas[1081]. Estes tratados actualizam significativamente a protecção internacional do direito do autor e dos direitos conexos, inclusive no que diz respeito à denominada "agenda digital", e melhoram os meios de combate contra a pirataria a nível mundial.

Mas, será que é possível que os órgãos competentes da OMC tomem em consideração estes dois tratados da Organização Mundial de Propriedade Intelectual quando da interpretação das disposições do Acordo TRIPS relacionadas? Pensamos que não. Embora se considere a relação entre a OMC e a Organização Mundial de Propriedade Intelectual um exemplo extremamente interessante e harmonioso de duas organizações internacionais com jurisdição em muitos aspectos sobre o mesmo assunto, uma (a Organização Mundial do Comércio) tendo um sistema de resolução de litígios eficaz e a outra (a Organização Mundial de Propriedade Intelectual) a capacidade de criar novas regras[1082], a regra é que, na interpretação dos termos que se encontram, por exemplo, no Acordo OMC, seja feita referência ao seu sentido no direito internacional em Abril de 1994, isto é, o momento em que os acordos da OMC foram concluídos. Nessa base, parece que a referência às convenções de Berna, Paris e Roma no Acordo TRIPS é uma referência a estes acordos como eles estavam em Abril de 1994, isto é, no momento da conclusão do Acordo OMC[1083]. A incorporação dos dois tratados da Organização Mundial de Propriedade Intelectual no Acordo OMC seria sim dinâmica – incorporando automaticamente também as modificações produzidas nestas convenções da Organização Mundial da Propriedade Intelectual – no caso de haver uma indicação clara dos redactores do Acordo TRIPS nesse sentido[1084].

---

Ribeiro de ALMEIDA, *Os Princípios Estruturantes do Acordo TRIP'S: Um Contributo para a Liberalização do Comércio Mundial*, in Revista da Ordem dos Advogados, Volumes I/II, 2004, p. 298.

[1081] O texto destes dois tratados pode ser encontrado na página <http://www.wipo.org>

[1082] Debra STEGER, *Afterword: The "Trade and ..." Conundrum – A Commentary*, in AJIL, 2002, p. 136.

[1083] Joost PAUWELYN, *The Nature of WTO Obligations*, Jean Monnet Working Paper 1/02 – New York University School of Law, 2002, pp. 32-33. As próprias referências às convenções de protecção da propriedade intelectual que se encontram na nota de rodapé 2 do Acordo TRIPS são a versões específicas dessas convenções.

[1084] *Idem.*

O DIREITO APLICÁVEL

Tal situação de "incorporação dinâmica" (*as it evolves over time*) pode ser encontrada, por exemplo, no item (k), segundo parágrafo, do Anexo I ao Acordo sobre as Subvenções e as Medidas de Compensação: "um compromisso internacional em matéria de créditos à exportação que beneficiam de apoio oficial, no qual pelo menos 12 membros do presente Acordo sejam partes desde 1 de Janeiro de 1979 (*ou num compromisso que o substitua que tenha sido adoptado por esses membros*)" (itálico aditado)[1085].

Um relatório de um painel considerou, por isso, que o compromisso sucessor em causa no segundo parágrafo do item (k) era "o compromisso sucessor mais recente que [tivesse] sido adoptado antes do momento em que o segundo parágrafo [era] tomado em consideração", *in casu*, um compromisso da OCDE de 1998[1086].

No fundo, como reconheceu o painel do caso *Canada – Measures Affecting the Export of Civilian Aircraft (Recourse by Brazil to Article 21.5 of the DSU)*:

"O segundo parágrafo da alínea *k*) é bastante singular no sentido de que estabelece uma isenção a uma proibição de um acordo da OMC cujo alcance é deixado nas mãos de um subgrupo de Membros da OMC (os quais são todos Membros da OCDE), que podem definir e modificar a isenção referida como e quando consideram conveniente. Tendo em conta esta circunstância, é importante que o segundo parágrafo do ponto *k*) não seja interpretado de uma maneira que permita a este subgrupo de Membros estabelecer *de facto* para si próprios um tratamento mais favorável no âmbito do Acordo sobre as Subvenções e as Medidas de Compensação do que aquele que está disponível para todos os demais Membros da OMC. É evidente que o Acordo da OCDE, enquanto acordo plurilateral em que não participa a maioria dos Membros da OMC, *pode dar lugar* a essa diferença de tratamento entre participantes e não participantes"[1087]

Posteriormente, um outro painel assinala que os participantes no Acordo da OCDE de 1998 podem abusar do seu poder para modificar, *de facto*, o alcance do item (k), segundo parágrafo, de forma a beneficiá-los, mas sem beneficiar igualmente os restantes membros da OMC[1088].

---

[1085] A remissão feita pelo nº 2 do art. XI do Acordo OMC para a classificação das Nações Unidas de países menos avançados, cuja revisão ocorre de três em três anos, constitui outro exemplo de incorporação dinâmica.

[1086] Relatório do Painel no caso *Brazil – Export Financing Programme for Aircraft, Second recourse by Canada to Article 21.5 of the DSU* (WT/DS46/RW2), 26-7-2001, parágrafo 5.83.

[1087] Relatório do Painel no caso *Canada – Measures Affecting the Export of Civilian Aircraft (Recourse by Brazil to Article 21.5 of the DSU)* (WT/DS70/RW), 9-5-2000, parágrafo 5.132.

[1088] Relatório do Painel no caso *Brazil – Export Financing Programme for Aircraft, Second recourse by Canada to Article 21.5 of the DSU* (WT/DS46/RW2), 26-7-2001, parágrafo 5.87.

A FUNÇÃO JURISDICIONAL NO SISTEMA GATT/OMC

## 2.4. As Disposições *Safe Harbor*

Nalguns acordos da OMC, foram consagradas disposições que evitam ao país que eventualmente adopte uma restrição ou uma norma a incerteza de saber se um Painel consideraria a medida em causa justificável ao abrigo do art. XX do GATT ou de outra excepção. São as chamadas disposições "porto seguro" (*safe harbor*), que asseguram a um membro da OMC que, em princípio, ele não viola as suas obrigações comerciais se, ao adoptar uma restrição ou um regulamento, tal medida estiver em conformidade com determinados critérios pré-estabelecidos. Por exemplo, o art. 2º, nº 5, *in fine*, do Acordo sobre os Obstáculos Técnicos ao Comércio estabelece que:

> "sempre que um regulamento técnico seja elaborado, adoptado ou aplicado tendo em vista um dos objectivos legítimos explicitamente referidos no nº 2, e que esteja em conformidade com as normas internacionais pertinentes, presumir-se-á – sendo esta presunção refutável – que tal regulamento não cria obstáculos desnecessários ao comércio internacional"[1089].

Assim, um membro que adopte um regulamento técnico em conformidade com as normas internacionais pertinentes estará relativamente imune a um ataque de um outro membro que veja aquele regulamento técnico como um obstáculo ao comércio internacional. Mas, como resulta do próprio texto da disposição transcrita, o membro em causa não se encontra totalmente imune, não só porque a presunção é refutável (e quanto maior for a facilidade em refutar a presunção, menor será a segurança do membro que se baseou na norma em questão), mas também porque o art. 2º, nº 5, impõe que o regulamento tenha sido adoptado para satisfação dos objectivos legítimos referidos no art. 2º, nº 2, do Acordo sobre os Obstáculos Técnicos ao Comércio.

Coloca-se, por outro lado, a questão de se saber quem é competente para atestar a conformidade da medida nacional com a norma internacional relevante? Será um Painel ou, por exemplo, a Comissão Electrotécnica Internacional/Organização Internacional de Normalização? Muito embora o Acordo sobre os Obstáculos Técnicos ao Comércio não responda directamente a estas questões, o seu texto sugere fortemente que um Painel da OMC produzirá a sua própria constatação. Na ausência de uma disposição explícita em sentido contrário, é de assumir que um Painel da OMC decida todos os assuntos que lhe são apresentados[1090]. Até

---

[1089] É a "chamada cláusula do tratamento internacional". Cf. Jennifer SCHULTZ, *The GATT/WTO Committee on Trade and the Environment: Toward Environmental Reform*, in AJIL, 1995, p. 426.
[1090] Daniel TARULLO, The Relationship of WTO Obligations to Other International Arrangements, in *New Directions in International Economic Law: Essays in Honour of John H. Jackson*, Marco Bronckers e Reinhard Quick ed., Kluwer Law International, Londres-Haia-Boston, 2000, p. 165.

O DIREITO APLICÁVEL

por causa do disposto no nº 2 do art. 14º do Acordo sobre os Obstáculos Técnicos ao Comércio:

"a pedido de uma parte num litígio, ou por sua própria iniciativa, um Painel pode constituir um grupo de peritos técnicos para o assistir em questões de natureza técnica que exijam uma análise aprofundada por peritos".

Com o objectivo de reduzir os litígios e os custos de transacção, o Acordo relativo à Aplicação de Medidas Sanitárias e Fitossanitárias incita, igualmente, os países a estabelecerem "as suas medidas sanitárias ou fitossanitárias com base em normas, directrizes ou recomendações internacionais, caso existam" (art. 3º nº 1)[1091], presumindo que:

"As medidas sanitárias ou fitossanitárias conformes às normas, directrizes ou recomendações internacionais serão consideradas necessárias à protecção da vida e da saúde das pessoas e dos animais ou à protecção vegetal e compatíveis com as disposições aplicáveis do presente acordo e do GATT de 1994" (art. 3º, nº 2).

Segundo o nº 3 do Anexo A do Acordo relativo à Aplicação de Medidas Sanitárias e Fitossanitárias, as normas, directrizes e recomendações internacionais relevantes são as estabelecidas pela Comissão do *Codex Alimentarius* no que respeita à inocuidade dos produtos alimentares[1092], as elaboradas sob os auspícios do Gabi-

---

[1091] Ao qualificar a referência a "normas, directrizes ou recomendações" com o adjectivo "internacionais", o Acordo relativo à Aplicação de Medidas Sanitárias e Fitossanitárias pretende excluir as normas, directrizes ou recomendações estabelecidas no plano regional, com o intuito de responderem a problemas de saúde de carácter especificamente regional (cf. Denise PRÉVOST e Peter Van den BOSSCHE, The Agreement on the Application of Sanitary and Phytosanitary Measures (Chapter 7), in *The World Trade Organization: Legal, Economic and Political Analysis*, Volume I, Patrick Macrory, Arthur Appleton e Michael Plummer Ed., Springer, Nova Iorque, 2005, pp. 271-272). Como exemplo, temos as directrizes adoptadas pela Comissão do *Codex Alimentarius* com base numa proposta de um dos seus comités regionais, como as relativas à venda de bens na rua, que têm explicitamente como destinatários apenas os países africanos.

[1092] A Comissão do *Codex Alimentarius* é um órgão consultivo misto criado em 1963 pela Organização para a Alimentação e a Agricultura e pela Organização Mundial de Saúde para aplicar o programa comum Organização Mundial para a Alimentação e Agricultura/Organização Mundial de Saúde sobre normas alimentares. O objecto deste programa é proteger a saúde dos consumidores e assegurar que se observam práticas leais no comércio de produtos alimentares, mediante a elaboração de normas alimentares. Tais normas, juntamente com as notificações recebidas dos governos relativas à sua aceitação das normas, constituem o *Codex Alimentarius*. Este é pois um compêndio de normas alimentares adoptadas no âmbito internacional e apresentadas de modo uniforme. Podem ser membros da Comissão do *Codex* todos os Estados-membros e membros associados da Organização para a Alimentação e a Agricultura e da Organização Mundial de Saúde. As análises técnicas e científicas da presença de medicamentos veterinários, aditivos alimentares

A FUNÇÃO JURISDICIONAL NO SISTEMA GATT/OMC

nete Internacional de Epizootias (actual Organização Mundial da Saúde Animal) no que respeita à saúde dos animais[1093], as elaboradas sob os auspícios do Secretariado da Convenção Fitossanitária Internacional no que respeita à protecção vegetal[1094] e as promulgadas por outras organizações internacionais competentes abertas a todos os membros da OMC no que respeita às questões não incluídas no âmbito das organizações atrás referidas[1095]. STEVE CHARNOVITZ defende, por exemplo, que uma medida adoptada de acordo com o Protocolo de Cartagena pode tornar-se uma norma internacional pertinente para efeitos do nº 2 do art. 3º do Acordo relativo à Aplicação de Medidas Sanitárias e Fitossanitárias[1096]. Até agora, porém, nunca o Comité das Medidas Sanitárias e Fitossanitárias recebeu

e algumas outras substâncias em alimentos e bebidas não são realizadas pela própria Comissão do *Codex* mas, de modo independente, pelo Comité Misto da Organização para a Alimentação e a Agricultura e da Organização Mundial de Saúde de Peritos em Aditivos Alimentares. Este Comité Misto é composto por cientistas independentes, que actuam a título pessoal na sua qualidade de peritos e não como representantes dos seus governos ou organizações.

[1093] O Gabinete Internacional de Epizootias foi estabelecido em 1924, independentemente das Nações Unidas. A sua missão principal consiste em: 1) recolher e transmitir aos governos e seus serviços sanitários os factos e documentos de interesse geral que se refiram ao estado das enfermidades epizoóticas e aos meios utilizados para combatê-las; 2) recolher, analisar e disseminar informação veterinária de carácter científico; 3) fornecer conhecimento especializado e promover a solidariedade internacional no controlo de doenças dos animais; e 4) garantir a segurança sanitária do comércio mundial desenvolvendo regras sanitárias para o comércio de animais e produtos derivados. As normas do Gabinete Internacional de Epizootias são desenvolvidas por consenso de peritos de todos os países membros do Gabinete Internacional de Epizootias.

[1094] O Secretariado da Convenção Fitossanitária Internacional foi fundado em 1952 e funciona sob os auspícios da Organização das Nações Unidas para a Alimentação e Agricultura. A convenção foi revista duas vezes, uma em 1979 e outra em 1997, e o propósito do Secretariado da Convenção Fitossanitária Internacional é assegurar uma acção comum e efectiva para impedir a propagação e a introdução de organismos nocivos dos vegetais e produtos vegetais e para promover medidas adequadas para o seu controlo.

[1095] Em 2008, a Comissão do *Codex Alimentarius* tinha 171 países membros, o Gabinete Internacional de Epizootias 169 países membros e a Convenção Fitossanitária Internacional 161 países membros. Cf. Tim BÜTHE, *The Globalization of Health and Safety Standards: Delegation of Regulatory Authority in the SPS Agreement of the 1994 Agreement Establishing the World Trade Organization*, in Law and Contemporary Problems, 2008, p. 220.

[1096] Steve CHARNOVITZ, *The Supervision of Health and Biosafety Regulation by World Trade Rules*, in Tulane Environmental Law Journal, 2000, p. 300. Gozam do estatuto de observador junto do Comité das Medidas Sanitárias e Fitossanitárias da OMC a Organização Mundial de Saúde, a Organização das Nações Unidas para a Alimentação e Agricultura, o Centro de Comércio Internacional, a Organização Internacional de Normalização, o Banco Mundial, a Organização para a Cooperação e Desenvolvimento Económico, as Conferências das Nações Unidas para o Comércio e Desenvolvimento, a Organização Mundial da Saúde Animal, a Comissão Mista FAO/OMC do *Codex Alimentarius*, a Convecção Internacional de Protecção Fitossanitária da FAO e o Fundo Monetário Internacional. Cf. http://www.wto.org (sítio visitado em 26-4-2010).

O DIREITO APLICÁVEL

qualquer pedido no sentido de adicionar outras organizações internacionais competentes às três organizações internacionais referidas expressamente no nº 3 do Anexo A[1097], situação que parece dever-se à exigência de consenso[1098].

A respeito do nº 2 do artigo 3º do Acordo relativo à Aplicação de Medidas Sanitárias e Fitossanitárias, o próprio Órgão de Recurso assinalou que:

> **170.** Ao abrigo do nº 2 do artigo 3º do Acordo sobre a Aplicação de Medidas Sanitárias e Fitossanitárias, um Membro pode decidir promulgar uma medida sanitária e fitossanitária que está em conformidade com uma norma internacional. Essa medida incorporará a norma internacional na sua totalidade e, para efeitos práticos, converte-a numa norma interna. Tal medida goza do benefício de uma presunção (ainda que refutável) de compatibilidade com as disposições relevantes do Acordo sobre a Aplicação de Medidas Sanitárias e Fitossanitárias e do GATT de 1994.
>
> **171.** Em virtude do nº 1 do artigo 3º do Acordo sobre a Aplicação de Medidas Sanitárias e Fitossanitárias, um Membro pode optar por estabelecer uma medida sanitária ou fitossanitária baseada numa norma, directriz e recomendação internacional relevante já existente. Tal medida pode adoptar alguns dos elementos, não necessariamente todos, da norma internacional. O Membro que impõe essa medida não beneficia da presunção de compatibilidade estabelecida no nº 2 do artigo 3º (...)"[1099].

[1097] Tim BÜTHE, *The Globalization of Health and Safety Standards: Delegation of Regulatory Authority in the SPS Agreement of the 1994 Agreement Establishing the World Trade Organization*, in Law and Contemporary Problems, 2008, p. 226.

[1098] Joanne SCOTT, *The WTO Agreement on Sanitary and Phytosanitary Measures – A Commentary*, Oxford University Press, 2007, p. 245.

[1099] Relatório do Órgão de Recurso no caso *European Communities Measures Concerning Meat and Meat Products (Hormones)* (WT/DS26/AB/R, WT/DS48/AB/R), 16-1-1998, parágrafos 170-171. Deste modo, o Órgão de Recurso alterou a conclusão jurídica do Painel no caso *Hormones* que defendia que as medidas sanitárias ou fitossanitárias nacionais deveriam estar em conformidade com as normas internacionais:

"O Acordo relativo à Aplicação de Medidas Sanitárias e Fitossanitárias não define expressamente a expressão *com base ... em* utilizada no nº 1 do artigo 3º. Todavia, o nº 2 do mesmo artigo 3º introduz uma presunção de compatibilidade com o Acordo relativo à Aplicação de Medidas Sanitárias e Fitossanitárias e com o GATT das medidas sanitárias *conformes com* normas internacionais e equipara as medidas *baseadas em* normas internacionais com as medidas que *estejam em conformidade* com essas normas. Por sua vez, o nº 3 do artigo 3º estabelece expressamente uma relação entre a definição de medidas sanitárias *baseadas em* normas internacionais e o nível de protecção sanitária que se atingiria com tais medidas. O nº 3 do artigo 3º estabelece os requisitos que um Membro deve cumprir para estabelecer ou manter determinadas medidas sanitárias que *não* estejam baseadas em normas internacionais. Mais exactamente, esse preceito refere-se às medidas 'que resultem num *nível* de protecção sanitária ... *mais elevado* do que o que seria conseguido através de medidas baseadas nas normas ... internacionais aplicáveis' ou 'que resultem num *nível* de protecção sanitária ... *diferente* do que seria conseguido através de medidas baseadas nas normas ... internacionais'. Em consequência, um dos factores determinantes da decisão sobre

401

A FUNÇÃO JURISDICIONAL NO SISTEMA GATT/OMC

Assim, embora a observância das normas do *Codex* seja voluntária, elas gozam de um estatuto especial no âmbito do Acordo relativo à Aplicação das Medidas Sanitárias e Fitossanitárias e do Acordo sobre os Obstáculos Técnicos ao Comércio e um membro da OMC, não comete, em princípio, qualquer violação se, ao adoptar uma restrição ou um regulamento, estas estiverem em conformidade com uma determinada norma internacional[1100]. Todavia, não obstante a opção feita pelos participantes no Ciclo do Uruguai comportar várias vantagens[1101], isso

se uma medida está ou não *baseada numa* norma internacional é o nível de protecção que seria conseguido com a medida. De acordo com o nº 3 do artigo 3º, todas as medidas *baseadas* numa determinada norma internacional devem, em princípio, alcançar o *mesmo* nível de protecção sanitária. Por conseguinte, se uma norma internacional representa um determinado nível de protecção sanitária e uma medida sanitária implica um nível *diferente*, essa medida não pode ser considerada *baseada na* norma internacional" (cf. Relatório do Painel no caso *European Communities Measures Concerning Meat and Meat Products (Hormones), Complaint by the United States* (WT/DS26/R/USA), 18-8-1997, parágrafo 8.72).
Ao consagrarem a expressão "com base", em vez de "conformes", no nº 2 do art. 3º, os negociadores pretenderam, aparentemente, permitir pequenas diferenças "in national standards stemming from differences in national diets" (cf. Regine NEUGEBAUER, Fine-Tuning WTO Jurisprudence and the SPS Agreement to Improve Trade Integration and Harmonization, in *Reconciling Environment and Trade*, John Jackson e Edith Brown Weiss ed., Transnational Publishers, Ardsley-Nova Iorque, 2001, p. 329). Assim, não obstante a conclusão do painel (o termo "baseada" é equivalente ao termo "em conformidade") estar mais perto das intenções dos redactores do Acordo relativo à Aplicação de Medidas Sanitárias e Fitossanitárias (cf. *Idem*, p. 340), a interpretação do Órgão de Recurso dá provavelmente aos membros da OMC maior liberdade do que aquela prevista inicialmente pelos criadores do Acordo relativo à Aplicação de Medidas Sanitárias e Fitossanitárias. Cf. David VICTOR, *The Sanitary and Phytosanitary Agreement of the World Trade Organization: An Assessment after Five Years*, in New York Journal of International Law and Politics, 2000, p. 937.
[1100] Ao contrário do Acordo relativo à Aplicação de Medidas Sanitárias e Fitossanitárias, o Acordo sobre os Obstáculos Técnicos ao Comércio não menciona qualquer organização internacional pelo nome, talvez devido ao seu maior âmbito de aplicação. Uma vez que o acordo abrange tudo, desde uma lâmpada eléctrica até a um avião, teria sido muito difícil enumerar todos os organismos internacionais de normalização cujo trabalho tem sido relevante (cf. Doaa MOTAAL, *The "Multilateral Scientific Consensus" and the World Trade Organization*, in JWT, 2004, p. 857). Seja como for, o *Codex Alimentarius* desempenha também um papel importante como ponto de referência para a qualidade dos alimentos e para outros regulamentos técnicos em matéria alimentar ao abrigo do Acordo sobre os Obstáculos Técnicos ao Comércio, tendo "autoridade para emitir normas relativas a regulamentos técnicos para efeitos do Acordo sobre os Obstáculos Técnicos ao Comércio". Cf. Relatório do Órgão de Recurso no caso *European Communities – Trade Description of Sardines* (WT/DS231/AB/R), 26-9-2002, parágrafo 315(e).
[1101] É menos provável que as normas, directrizes e recomendações internacionais referidas sejam o produto de "regulatory protectionism" do que as normas, directrizes e recomendações adoptadas pelos membros individualmente; a internacionalização ou a harmonização das normas internacionais removem a incerteza de saber se as normas internas constituem restrições disfarçadas ao comércio ou iniciativas reguladoras perfeitamente legítimas; apesar de a delegação de compe-

# O DIREITO APLICÁVEL

não significa que não haja problemas com a escolha dos membros da OMC. É frequente não existirem normas, directrizes e recomendações internacionais relevantes e, quanto tais normas existem, o processo de tomada de decisões é algo opaco e complexo, predominam os interesses industriais em vez dos interesses dos consumidores e as preferências idiossincráticas dos riscos preferidos pelos consumidores podem fazer com que as normas internacionais sejam inaceitáveis para determinados países, impedindo-os de responder adequadamente aos interesses dos consumidores, mesmo na ausência de uma agenda proteccionista[1102]. É mesmo possível, paradoxalmente, que o Acordo relativo à Aplicação de Medidas Sanitárias e Fitossanitárias possa implicar uma diminuição da probabilidade de as normas sanitárias e fitossanitárias serem harmonizadas no futuro através dos processos do *Codex Alimentarius*, do Gabinete Internacional de Epizootias e do Secretariado da Convenção Fitossanitária Internacional. Como observa JEFFREY DUNOFF:

> "The granting of enhanced legal standing to what had previously been understood as entirely voluntary standards may well inhibit the future development of international standards in the food safety area. Indeed, it appears that the SPS Agreement had led to a greater politicalization – and reduced output – of international standards setting activities"[1103].

---

tências feita pela OMC a outros organismos internacionais suscitar problemas ao nível da capacidade de participação dos países em desenvolvimento, o recurso ao *Codex Alimentarius*, ao Gabinete Internacional de Epizootias e ao Secretariado da Convenção Fitossanitária Internacional permite à OMC escapar às críticas e à necessidade de consenso quando da adopção das normas, directrizes e recomendações internacionais (no caso da OMC, todas as decisões são adoptadas por consenso); e a harmonização das normas sanitárias e fitossanitárias (e dos obstáculos técnicos ao comércio) reduz os custos de observância por parte dos países em desenvolvimento, designadamente, por causa da redução das normas que os países em desenvolvimento teriam de respeitar. Ainda que os efeitos das normas sobre a direcção e o tamanho das trocas comerciais tendam a ser complexos, existe trabalho empírico que revela que a adopção de normas internacionais ou comuns pode ter um efeito positivo e significativo sobre o comércio. Um estudo, por exemplo, calcula que um aumento de 10% no número de normas partilhadas entre parceiros comerciais aumenta as trocas comerciais entre ambos em cerca de 3%. Cf. OMC, *World Trade Report 2008: Trade in a Globalizing World*, ed. OMC, 2008, p. 149.

[1102] Michael TREBILCOCK e Julie SOLOWAY, International trade policy and domestic food safety regulation: The case for substantial deference by the WTO Dispute Settlement Body under the SPS Agreement, in *The Political Economy of International Trade Law – Essays in Honor of Robert E. Hudec*, Daniel Kennedy e James Southwick ed., Cambridge University Press, 2002, p. 543.

[1103] Jeffrey DUNOFF, *Lotus Eaters: Reflections on the Varietals Dispute, the SPS Agreement, and WTO Dispute Resolution*, Institute for International Law and Public Policy-Temple University Beasley School of Law, White Paper Series No. 2006-1, p. 16.

A FUNÇÃO JURISDICIONAL NO SISTEMA GATT/OMC

De facto, apesar de as normas estabelecidas pela Comissão do *Codex Alimentarius*, pelo Gabinete Internacional de Epizootias (actual Organização Mundial da Saúde Animal) e pelo Secretariado da Convenção Fitossanitária Internacional não terem carácter vinculativo (de acordo com os seus próprios documentos constitutivos)[1104], o Acordo relativo à Aplicação de Medidas Sanitárias e Fitossanitárias, ao recorrer a tais normas internacionais para aferir se as normas nacionais de segurança alimentar, de protecção dos animais e das plantas constituem obstáculos não pautais às trocas comerciais, converteu-as em "benchmarks against which Members must justify their sanitary and phytosanitary measures"[1105]. Nos termos do próprio Acordo relativo à Aplicação de Medidas Sanitárias e Fitossanitárias:

> "Os membros podem introduzir ou manter medidas sanitárias ou fitossanitárias que resultem num nível de protecção sanitária ou fitossanitária mais elevado que o que seria conseguido através de medidas baseadas nas normas, directrizes ou recomendações internacionais aplicáveis, se existir uma justificação científica ou se tal for consequência do nível de protecção sanitária ou fitossanitária que um membro considere adequado em conformidade com as disposições aplicáveis dos nºs 1 a 8 do artigo 5º" (art. 3º, nº 3)[1106].

---

[1104] Joel TRACHTMAN, *The World Trading System, the International Legal System and Multilevel Choice*, in European Law Journal, Vol. 12, No. 4, 2006, p. 480.

[1105] Joanne SCOTT, *The WTO Agreement on Sanitary and Phytosanitary Measures – A Commentary*, Oxford University Press, 2007, p. 242.

[1106] Considera-se que existe "justificação científica se, com base num exame e avaliação dos dados científicos disponíveis em conformidade com as disposições aplicáveis do presente acordo, um membro determinar que as normas, directrizes ou recomendações internacionais aplicáveis não são suficientes para conseguir o nível de protecção sanitária ou fitossanitária que considera adequado" (nota de rodapé 1). No caso *United States – Measure Affecting Imports of Woven Wool Shirts and Blouses from India*, ante um argumento relativo ao ónus da prova, o Órgão de Recurso entendeu que os artigos XX e XI, nº 2, alínea *c*)(i), do GATT constituem excepções limitadas a respeito de obrigações contidas noutras disposições do GATT de 1994, não regras positivas estabelecendo elas próprias obrigações. Elas têm a natureza de meios de defesa afirmativos (cf. Relatório do Órgão de Recurso no caso *United States – Measure Affecting Imports of Woven Wool Shirts and Blouses from Índia* (WT/DS33/AB/R), 25-4-1997, p. 16). No caso *European Communities Measures Concerning Meat and Meat Products (Hormones)*, o painel considerou que o nº 3 do art. 3º do Acordo relativo à Aplicação de Medidas Sanitárias e Fitossanitárias constituía uma excepção à obrigação contida no nº 1 do mesmo artigo e que o ónus de provar a observância do nº 3 do art. 3º (e, em consequência, com a avaliação dos riscos imposta pelo art. 5º) cabia à parte que defendia a manutenção da sua medida sanitária ou fitossanitária. O Órgão de Recurso, porém, rejeitou este entendimento, considerando que os nºs 1 e 3 do art. 3º não se caracterizam por uma relação regra/excepção (cf. Relatório do Órgão de Recurso no caso *European Communities Measures Concerning Meat and Meat Products (Hormones)* (WT/DS26/AB/R, WT/DS48/AB/R), 16-1-1998, parágrafos 104 e 172). O ónus probatório relativamente ao nº 3 do art. 3º foi devidamente atribuído à parte queixosa, mas mais importante

O DIREITO APLICÁVEL

No caso concreto da segurança dos produtos alimentares, a Comissão do *Codex Alimentarius* desempenhava um papel relativamente obscuro antes da entrada em vigor do Acordo relativo à Aplicação de Medidas Sanitárias e Fitossanitárias[1107], as suas normas eram inteiramente voluntárias e as partes podiam simplesmente ignorá-las[1108], sem que ficassem sujeitas a qualquer sanção[1109]. Ainda que o seu objectivo fosse claramente o de encorajar a unificação das políticas de segurança alimentar dos Estados, o mecanismo de harmonização utilizado com maior efi-

do que isso, a categoria "direitos autónomos" nasceu textualmente, distinguindo-se das excepções (cf. Tomer BROUDE, *Genetically modified rules: the awkward rule-exception-right distinction in EC – Biotech*, in WTR, 2007, pp. 221-222). Segundo o Órgão de Recurso, "existe uma 'relação científica' para uma medida sanitária e fitossanitária, no sentido do nº 3 do artigo 3º, se existir uma relação racional entre a medida sanitária e fitossanitária em questão e a informação científica disponível" (cf. Relatório do Órgão de Recurso no caso *Japan – Measures Affecting Agricultural Products* (WT/DS76/AB/R), 22-2-1999, parágrafo 79). Ao exigir apenas uma "justificação científica suficiente" e não uma ponderação da preponderância dos elementos de prova, o nº 3 do art. 3º do Acordo relativo à Aplicação de Medidas Sanitárias e Fitossanitárias reconhece a existência "of scientific uncertainty" e o facto de as decisões se basearem em escolhas entre diferentes opiniões científicas. Cf. Denise PRÉVOST e Peter Van den BOSSCHE, The Agreement on the Application of Sanitary and Phytosanitary Measures (Chapter 7), in *The World Trade Organization: Legal, Economic and Political Analysis*, Volume I, Patrick Macrory, Arthur Appleton e Michael Plummer Ed., Springer, Nova Iorque, 2005, p. 260.

[1107] Daniel TARULLO, The Relationship of WTO Obligations to Other International Arrangements, in *New Directions in International Economic Law: Essays in Honour of John Jackson*, Marco Bronckers e Reinhard Quick ed., Kluwer Law International, Haia-Londres-Boston, 2000, p. 172. *Contra*: FRODE VEGGELAND e SVEIN BORGEN alegam que, "even before 1995, the Codex was influential in shaping national food standards practices" (cf. Frode VEGGELAND e Svein BORGEN, *Negotiating International Food Standards: The World Trade Organization's Impact on the Codex Alimentarius Commission*, in Governance: An International Journal of Policy, Administration, and Institutions, Vol. 18, No. 4, 2005, p. 684). Independentemente de saber quem tem razão, uma coisa é certa: em 1993 – véspera da incorporação do sistema de estabelecimento de normas do *Codex* na OMC – apenas 12% das suas normas tinham sido aceites (cf. David VICTOR, *The Sanitary and Phytosanitary Agreement of the World Trade Organization: An Assessment after Five Years*, in New York Journal of International Law and Politics, 2000, p. 891), situação que não impediu os participantes no Ciclo de Uruguai de entenderem que o *Codex* tinha a legitimidade suficiente no momento da adopção do Acordo relativo à Aplicação de Medidas Sanitárias e Fitossanitárias e do Acordo sobre os Obstáculos Técnicos ao Comércio para delegarem nele um papel importante. A OMC reforçou a autoridade das normas do *Codex Alimentarius* e, através do sistema de resolução de litígios, introduziu novas consequências para quem as não respeitasse. As regras do jogo mudaram dramaticamente.

[1108] Michael LIVERMORE, *Authority and Legitimacy in Global Governance: Deliberation, Institutional Differentiation, and the Codex Alimentarius*, in New York University Law Review, Vol. 81, nº 2, May 2006, p. 777.

[1109] Frode VEGGELAND e Svein BORGEN, *Negotiating International Food Standards: The World Trade Organization's Impact on the Codex Alimentarius Commission*, in Governance: An International Journal of Policy, Administration, and Institutions, Vol. 18, No. 4, 2005, p. 683.

A FUNÇÃO JURISDICIONAL NO SISTEMA GATT/OMC

cácia pelo *Codex* era o da convergência de políticas a título informal, recorrendo aos instrumentos da persuasão e de difusão da informação científica.

Após a conclusão do Ciclo do Uruguai, a primeira controvérsia ocorreu com a aprovação não consensual do nível máximo de resíduos para cinco hormonas de crescimento na 21ª reunião do *Codex Alimentarius* em Julho de 1995, somente sete meses após a entrada em vigor do Acordo relativo à Aplicação de Medidas Sanitárias e Fitossanitárias[1110]. Em resposta a um pedido dos Estados Unidos, as normas em causa foram sujeitas a votação secreta e aprovadas por 33 votos a favor da sua adopção, 29 votos contra e 7 abstenções[1111]. Pela primeira vez na história do *Codex*, "a vote on an international standard was held"[1112]. Após a votação, o observador

[1110] No caso da segurança dos produtos alimentares, considera-se que uma norma é adoptada para efeitos do Acordo relativo à Aplicação de Medidas Sanitárias e Fitossanitárias quando ela foi aprovada pela Comissão do *Codex Alimentarius*. A Comissão do *Codex Alimentarius* adopta três tipos de normas: (1) normas relativas a mercadorias, definindo o que se entende por determinada mercadoria (por exemplo, o que é pêssego enlatado ou água mineral), (2) normas relativas a resíduos, definindo níveis aceitáveis de pesticidas ou aditivos alimentares, e (3) códigos de conduta e outras directrizes que recomendam, por exemplo, boas práticas na utilização de medicamentos veterinários ou métodos para avaliação dos riscos. Na viragem do século, a Comissão do *Codex Alimentarius* tinha adoptado cerca de 3,000 normas (cf. David VICTOR, *The Sanitary and Phytosanitary Agreement of the World Trade Organization: An Assessment after Five Years*, in New York Journal of International Law and Politics, 2000, p. 886) e, actualmente, o *Codex Alimentarius* constitui a referência mundial para os consumidores, os produtores e processadores de produtos alimentares, os organismos nacionais de controlo dos alimentos e o comércio internacional de produtos alimentares. Cf. ORGANIZAÇÃO MUNDIAL DE SAÚDE/ORGANIZAÇÃO PARA A ALIMENTAÇÃO E A AGRICULTURA, *Understanding the Codex Alimentarius – Revised and Updated*, Roma, 2005, p. iv.

[1111] Relatório do Painel no caso *European Communities Measures Concerning Meat and Meat Products (Hormones)* (WT/DS26/R/USA), 18-8-1997, parágrafo 4.77. O caso *Hormones* constitui, ainda, um bom exemplo das dificuldades associadas à incorporação das regras ou normas produzidas por outros organismos. O trabalho substantivo da Comissão do *Codex Alimentarius* é realizado por vários comités, os quais preparam projectos de normas:

"A committee is usually hosted by a member country, which provides its chairperson and is chiefly responsible for the cost of the committee's maintenance and its administration. The host country thus obtains substantial influence. In the case concerning the standards for hormones, the Codex Committee on Residues of Veterinary Drugs in Food was of crucial importance; the host was the United States, whose industry had the keenest interest in those standards. A thorough empirical study revealed an impressive presence of private enterprises in the Codex-Committees and a negligible one of consumer interest groups". Cf. Armin Von BOGDANDY, *Law and Politics in the WTO – Strategies to Cope with a Deficient Relationship*, in Max Planck Yearbook of United Nations Law, vol. 5, 2001, pp. 636-637.

[1112] Doaa MOTAAL, *The "Multilateral Scientific Consensus" and the World Trade Organization*, in JWT, 2004, p. 866. A elaboração das normas do *Codex Alimentarius* constitui um processo em oito passos: *Passo 1*: A Comissão do *Codex* decide elaborar uma norma e identifica o órgão subsidiário ou outro organismo responsável por empreender esse trabalho, tendo em conta os critérios relativos à determinação da ordem de prioridade das actividades e a criação de órgãos subsidiários.

O DIREITO APLICÁVEL

das Comunidades Europeias declarou que o recurso a votação secreta era infeliz por se desviar do objectivo do *Codex* de funcionar com transparência, que a votação tinha posto em causa a validade das normas do *Codex* e que as Comunidades Europeias podiam reconsiderar a sua participação no *Codex*[1113].

A decisão de elaborar uma norma também pode ser adoptada por um órgão subsidiário da Comissão do *Codex*, sob reserva de aprovação ulterior da Comissão ou do seu Comité Executivo;

*Passo 2*: O secretariado da Comissão do *Codex* organiza a preparação de um "anteprojecto de norma". No caso dos medicamentos veterinários, o Comité Misto da Organização Mundial de Saúde e da Organização para a Alimentação e a Agricultura de Peritos em Aditivos Alimentares é responsável por preparar as recomendações sobre os níveis máximos de resíduos;

*Passo 3*: O secretariado distribui o primeiro "anteprojecto de norma" aos membros da Comissão para comentários;

*Passo 4*: Os comentários recebidos são enviados pelo secretariado ao Comité do *Codex* sobre Resíduos de Medicamentos Veterinários nos Alimentos, que os examina e prepara, se apropriado, um segundo anteprojecto de norma;

*Passo 5*: Este anteprojecto de norma é submetido, por intermédio do secretariado, à Comissão do *Codex* ou ao Comité Executivo, com vista à sua adopção como "projecto de norma";

*Passo 6*: O secretariado envia o "projecto de norma" a todos os membros e organizações internacionais interessadas para comentários sobre todos os aspectos, incluindo possíveis consequências do "projecto de norma" para os seus interesses económicos;

*Passo 7*: O secretariado envia os comentários recebidos ao Comité do *Codex* sobre Resíduos de Medicamentos Veterinários nos Alimentos, o qual, depois de examiná-los, pode modificar o "projecto de norma";

*Passo 8*: O "projecto de norma" é submetido à Comissão do *Codex* pelo secretariado, juntamente com quaisquer propostas escritas recebidas dos membros e organizações internacionais interessadas para emendas no passo 8, com vista à sua adopção como "norma do *Codex*". A adopção das normas tem lugar normalmente por consenso, mas pode proceder-se a uma votação se assim for solicitado. Neste caso, uma decisão requer o voto da maioria dos membros do *Codex*.

A Comissão pode autorizar, mediante uma maioria de 2/3 dos votos registados, a omissão dos passos 6 e 7 (cf. Ravi Afonso PEREIRA, *Why Would International Administrative Activity Be Any Less Legitimate? – A Study of the Codex Alimentarius Commission*, in German Law Journal, Vol. 9, No. 11, 2008, p. 1699).

A Comissão do *Codex* mantém em exame as normas do *Codex* e pode modificá-las, geralmente seguindo procedimentos similares aos utilizados para a sua elaboração. Tais normas são publicadas e enviadas aos governos para aceitação e às organizações internacionais às quais os Estados-membros delegaram competências na matéria. A aceitação das normas é voluntária: os membros do *Codex* não estão obrigados a comunicar a sua aceitação oficial das normas, directrizes ou recomendações do mesmo. A aplicação das normas no plano nacional é responsabilidade dos membros.

[1113] As delegações da Holanda, da Suécia, da Finlândia, da Espanha e do Reino Unido dissociaram-se, no entanto, de partes ou de todas as declarações feitas pelo observador das Comunidades Europeias. Cf. Terence STEWART e David JOHANSON, *The SPS Agreement of the World Trade Organization and International Organizations: The Roles of the Codex Alimentarius Commission, the International Plant Protection Convention, and the International Office of Epizootics*, in Syracuse Journal of International Law and Commerce, 1998, p. 42.

A FUNÇÃO JURISDICIONAL NO SISTEMA GATT/OMC

No caso *Hormones*, não estando a proibição de utilização de hormonas imposta pela Comunidade Europeia em conformidade com as normas internacionais relevantes, ela não beneficiava da presunção de conformidade consagrada no n.º 2 do art. 3.º do Acordo relativo à Aplicação de Medidas Sanitárias e Fitossanitárias. Consequentemente, o Órgão de Recurso confirmou a conclusão do Painel de que a proibição imposta pelas Comunidades Europeias, por não estar baseada numa avaliação dos riscos, era incompatível com o n.º 1 do art. 5.º do Acordo relativo à Aplicação de Medidas Sanitárias e Fitossanitárias[1114].

É importante ter em conta que a Comunidade Europeia não tinha aceite as normas estabelecidas pelo *Codex* relativas a níveis máximos de resíduos para cinco das seis hormonas em disputa no caso *Hormones*, mas a sua não aceitação foi irrelevante. Apesar de o Órgão de Recurso defender que as normas directrizes e recomendações não possuem carácter vinculativo[1115], através da presunção consagrada no n.º 2 do art. 3.º do Acordo relativo à Aplicação de Medidas Sanitárias e Fitossanitárias e da necessidade de justificação científica no caso das medidas sanitárias ou fitossanitárias que resultem num nível de protecção sanitária ou fitossanitária mais elevado ao nível que seria conseguido através de medidas baseadas nas normas, directrizes ou recomendações internacionais aplicáveis, tais normas tornaram-se *de facto* vinculativas. Mais exactamente, "*Codex* standards do not have the force of international law and are not directly binding on member countries. What complicates the situation, however, is that the WTO Agreements are binding for all WTO members"[1116]. Devido ao impacto das normas desenvolvidas na Comissão do *Codex Alimentarius*, a Comunidade Europeia decidiu mesmo tornar-se membro da Comissão[1117].

---

[1114] Relatório do Órgão de Recurso no caso *European Communities Measures Concerning Meat and Meat Products (Hormones)* (WT/DS26/AB/R, WT/DS48/AB/R), 16-1-1998, parágrafo 208.

[1115] *Idem*, parágrafo 165.

[1116] Frode VEGGELAND e Svein BORGEN, *Negotiating International Food Standards: The World Trade Organization's Impact on the Codex Alimentarius Commission*, in Governance: An International Journal of Policy, Administration, and Institutions, Vol. 18, No. 4, 2005, p. 690. Antes da entrada em vigor do Acordo relativo à Aplicação de Medidas Sanitárias e Fitossanitárias, as normas do *Codex* só eram vinculativas quando a sua aplicação fosse aceite pela legislação nacional. Cf. Gabrielle MARCEAU e Joel TRACHTMAN, *The Technical Barriers to Trade Agreement, the Sanitary and Phytosanitary Agreement, and the General Agreement on Tariffs and Trade: A Map of the World Trade Organization Law of Domestic Regulation of Goods*, in JWT, 2002, p. 839.

[1117] Jan WOUTERS e Bart de MEESTER, *Safeguarding Coherence in Global Policy-Making on Trade and Health: The EU-WHO-WTO Triangle*, in International Organizations Law Review, 2005, pp. 327-328. A adesão da Comunidade Europeia tornou-se juridicamente possível em 2003, após uma alteração às regras de funcionamento da Comissão do *Codex Alimentarius*, as quais contaram com o voto contra dos Estados Unidos e de alguns países da América Latina. Cf. Sara POLI, *The European*

O DIREITO APLICÁVEL

Cabe assinalar, enfim, que o Acordo sobre os Obstáculos Técnicos ao Comércio reconhece que também as normas internacionais produzidas pela Organização Internacional de Normalização (ISO) constituem normas internacionais pertinentes, não obstante ela ter a natureza de uma organização não governamental, aberta à participação de representantes governamentais e de representantes da Indústria (por exemplo, os representantes dos Estados Unidos junto da Organização Internacional de Normalização são, na sua maioria, originários do sector privado)[1118]. Também no caso do *Codex Alimentarius*, um autor nota que os consumidores e outros grupos de interesse público raramente estão presentes nas reuniões dos comités onde as normas internacionais são elaboradas. O processo é conduzido pela indústria, não atraindo a grande maioria das normas do *Codex* nenhuma atenção dos outros grupos de interesse:

"among the 156 NGOs currently in observer status at the Codex, more than 100 can clearly be categorised as representing the interests of food producers (agriculture and industry) or traders. The remainder mainly comprise scientific and professional organisations, while only 10 organisations represent consumer, health or environmental interests. (...) The bias is, in fact, even stronger if we take into account the size of delegations. Only one consumer organisation sent more than one person to the 2005 session of the Codex Alimentarius Commission, while the same was true of about half the industry organisations, seven of which had three or more people on their teams and thus more than most national delegations"[1119].

JEFFREY DUNOFF considera mesmo que:

"International standard setting bodies like Codex may be more subject to industry influence because they typically provide less opportunity for public input and are less transparent than standard setting bodies in the United States and at least some other states. For example, trade groups like the International Dairy Federation, the International Council of Grocery Manufacturers Associations, and individual corporations such as Monsanto, Kraft, General Foods, Coca-Cola, and others frequently attend Codex meetings as part of the US delegation. (...) Producer groups have an even greater incentive to try to influence an international process, such as Codex or IPPC, than they do to influence a domestic process. An interest group that successfully obtains an international standard that disadvantages competitors enjoys advan-

*Community and the Adoption of International Food Standards within the Codex Alimentarius Commission*, in European Law Journal, 2004, p. 618.
[1118] José ALVAREZ, *International Organizations as Law-makers*, Oxford University Press, 2005, p. 221.
[1119] Thorsten HÜLLER e Matthias Leonhard MAIER, Fixing the Codex? Global Food-Safety Governance Under Review, in *Constitutionalism, Multilevel Trade Governance and Social Regulation*, Christian Joerges e Ernst-Ulrich Petersmann ed., Hart Publishing, Oxford-Portland, 2006, p. 279.

## A FUNÇÃO JURISDICIONAL NO SISTEMA GATT/OMC

tages on a global, rather than a domestic, scale. Hence, special interest groups might rationally invest more resources in efforts to capture international processes than domestic ones. Moreover, many of the SPS agreement's 'checks' against enactment of domestic protectionist legislation domestically – requiring that measures be no more trade restrictive than necessary, and consistency across different measures addressing similar risks, etc. – are not applied to international standards"[1120].

Os Estados Unidos foram mesmo embaraçados quando, em 1996, um funcionário do *Codex* avisou o grupo de trabalho do Comité do *Codex* sobre Aditivos e Contaminantes na Comida para deixar de permitir que representantes da Nabisco participassem em reuniões oficiais com delegados governamentais[1121].

## 3. A Especificidade do Sistema de Resolução de Litígios
### 3.1. Introdução

O Órgão de Recurso enfatizou logo no seu primeiro relatório que:

"Todas as partes e as partes terceiras invocaram a 'regra geral de interpretação' acima enunciada [Artigo 31º, nº 1, da Convenção de Viena sobre o Direito dos Tratados], ainda que nem sempre em relação à mesma questão. Esta regra geral de interpretação adquiriu o estatuto de uma regra de direito internacional consuetudinário ou geral. Como tal, ela faz parte das 'regras consuetudinárias de interpretação do direito internacional público' que o Órgão de Recurso está incumbido, por força do nº 2 do artigo 3º do Memorando de Entendimento sobre Resolução de Litígios, de aplicar quando procura clarificar as disposições do Acordo Geral e dos outros 'acordos abrangidos' do Acordo de Marraquexe que institui a Organização Mundial do Comércio (Acordo OMC). *Esta instrução reflecte, em certa medida, o reconhecimento de que o Acordo Geral não deve ser lido de forma estanque* [in clinical isolation] *relativamente ao direito internacional público*" (Itálico aditado)[1122].

Deste modo, o Órgão de Recurso, ao mesmo tempo que se afasta da prática seguida por muitos painéis durante a vigência do GATT de 1947, vem dizer, para que não restassem dúvidas, que os acordos da OMC correspondem à definição de

---

[1120] Jeffrey DUNOFF, *Lotus Eaters: Reflections on the Varietals Dispute, the SPS Agreement, and WTO Dispute Resolution*, Institute for International Law and Public Policy-Temple University Beasley School of Law, White Paper Series No. 2006-1, p. 19.

[1121] Joanne SCOTT, *The WTO Agreement on Sanitary and Phytosanitary Measures – A Commentary*, Oxford University Press, 2007, p. 248.

[1122] Relatório do Órgão de Recurso no caso *United States – Standards for Reformulated and Conventional Gasoline* (WT/DS2/AB/R), 29-4-1996, p. 17.

410

"tratado" constante do art. 2º da Convenção de Viena sobre o Direito dos Tratados, que são parte integrante do direito internacional público[1123], o que implica, por definição, que eles não podem ser aplicados à margem das outras regras do direito internacional[1124]. Posteriormente, o Órgão de Recurso concretiza o seu pensamento, dizendo que, na ausência de qualquer cláusula *contracting out,* as regras de interpretação dos tratados dos artigos 31º e 32º da Convenção de Viena são aplicáveis a qualquer tratado, em qualquer domínio do direito internacional público, e não somente aos Acordos da OMC. Estas regras de interpretação dos tratados impõem determinadas disciplinas comuns aos intérpretes do tratado, independentemente da disposição do tratado que se examine e do domínio do direito internacional em causa[1125].

A aplicação pelo Órgão de Recurso das regras gerais de interpretação do direito internacional público demonstra claramente que a Organização Mundial do Comércio:

> "is not a 'self-contained regime' either (1) in the strict sense of being a treaty somehow concluded outside of the system of international law all together, or (2) in the broader sense of being a sub-system of international law hermetically sealed off from other branches of international law"[1126].

E tem a vantagem de contribuir para aumentar a legitimidade do próprio sistema de resolução de litígios da OMC, principalmente, quando adjudica litígios em que estão em causa outros valores além da liberalização das trocas comerciais:

---

[1123] Segundo GABRIELLE MARCEAU, o Órgão de Recurso, ao reconhecer que o GATT de 1994 não deve ser lido de forma estanque relativamente ao direito internacional público:
"has acknowledged that the WTO is not a hermetically closed regime, impermeable to the other rules of international law. In other words, the Appellate Body has 'connected' the GATT/WTO sub-system of law to the rest of international legal order and imposed on Panels and WTO Members the obligation to interpret the WTO Agreement as any other international treaty". Cf. Gabrielle MARCEAU, *A Call for Coherence in International Law: Praises for the Prohibition Against "Clinical Isolation" in WTO Dispute Settlement,* in JWT, vol. 33, nº 5, 1999, p. 95.
[1124] Joost PAUWELYN, *How to Win a World Trade Organization Dispute Based on Non-World Trade Organization Law? Questions of Jurisdiction and Merits,* in JWT, 2003, p. 1001.
[1125] Relatório do Órgão de Recurso no caso *United States – Anti-Dumping Measures on Certain Hot-Rolled Steel Products from Japan* (WT/DS184/AB/R), 24-7-2001, parágrafo 60 e nota de rodapé 40.
[1126] Joost PAUWELYN, The Application of Non-WTO Rules of International Law in WTO Dispute Settlement (Chapter 31), in *The World Trade Organization: Legal, Economic and Political Analysis,* Volume I, Patrick Macrory, Arthur Appleton e Michael Plummer Ed., Springer, Nova Iorque, 2005, p. 1409.

A FUNÇÃO JURISDICIONAL NO SISTEMA GATT/OMC

"this is because these norms are common to international law generally, including regimes that give priority to very different values, and are not specific to a regime that has traditionally privileged a single value, that of free trade"[1127].

Portanto, embora seja possível às partes de um tratado convencionar expressamente a não aplicação, no todo ou em parte, das regras dos artigos 31º e 32º da Convenção de Viena sobre o Direito dos Tratados à interpretação de um determinado tratado ou a aplicação de regras de interpretação distintas das estabelecidas na Convenção de Viena, tal cláusula *contracting out* não existe no caso dos acordos da OMC[1128].

Um painel notou, de igual modo, o seguinte:

"Temos presente que, em virtude do nº 2 do artigo 3º do Memorando de Entendimento sobre Resolução de Litígios, devemos tratar, no contexto de cada litígio em particular, de clarificar as disposições vigentes dos Acordos da OMC de acordo com as normas usuais de interpretação do direito internacional público. Todavia, a relação entre os Acordos da OMC e o direito internacional consuetudinário tem maior alcance. O direito internacional consuetudinário aplica-se de forma geral às relações económicas entre os Membros da OMC, sempre que os Acordos da OMC não se 'afastem' dele. Por outras palavras, sempre que não exista conflito ou incompatibilidade, ou uma expressão num Acordo da OMC abrangido que implique outra coisa, consideramos que as normas consuetudinárias do direito internacional são aplicáveis aos Tratados da OMC e ao processo de elaboração de tratados no âmbito da OMC"[1129].

---

[1127] Robert Howse, The legitimacy of the World Trade Organization, in *The Legitimacy of International Organizations*, J.-M. Coicaud e V. Heiskanen (eds.), United Nations University Press, Nova Iorque-Tóquio, 2001, p. 386.

[1128] Relatório do Órgão de Recurso no caso *United States – Anti-Dumping Measures on Certain Hot-Rolled Steel Products from Japan* (WT/DS184/AB/R), 24-7-2001, nota de rodapé 40. Corroborando a opinião do Órgão de Recurso, Joost Pauwelyn defende que, em teoria, seria perfeitamente possível os participantes no ciclo de negociações comerciais multilaterais do Ciclo do Uruguai redigirem os acordos da OMC apartando-os completamente de outras regras de direito internacional (exceptuando o *jus cogens*). Cf. Joost Pauwelyn, The Application of Non-WTO Rules of International Law in WTO Dispute Settlement (Chapter 31), in *The World Trade Organization: Legal, Economic and Political Analysis*, Volume I, Patrick Macrory, Arthur Appleton e Michael Plummer Ed., Springer, Nova Iorque, 2005, p. 1406.

[1129] Relatório do Painel no caso *Korea – Measures Affecting Government Procurement* (WT/DS163/R), 1-5-2000, parágrafo 7.96. A consequência natural da conclusão do painel é a de que, contendo o costume internacional elementos adicionais aos direitos e obrigações contratuais previstos nos acordos da OMC, os acordos abrangidos e os outros acordos internacionais neles mencionados não constituem as únicas fontes de direito aplicáveis no âmbito do sistema de resolução de litígios da OMC; o costume internaional deve ser visto, igualmente, como fonte do direito da OMC. Todavia, os mais de 200 relatórios da era OMC e os mais de 120 relatórios da era GATT "did not identify

O DIREITO APLICÁVEL

Com base neste entendimento, o painel aplicou depois normas do direito internacional consuetudinárias relativas à boa fé e ao erro na negociação dos tratados[1130], em particular, o art. 48º da Convenção de Viena sobre o Direito dos Tratados[1131].

Esta abordagem foi adoptada posteriormente pelo Órgão de Recurso:

"A nossa opinião é apoiada pelas regras gerais do direito internacional sobre a responsabilidade dos Estados, que exigem que as contramedidas adoptadas em resposta ao incumprimento pelos Estados das suas obrigações internacionais sejam proporcionais ao prejuízo sofrido. De forma análoga, observamos que o nº 4 do artigo 22º do Memorando de Entendimento sobre Resolução de Litígios estabelece que o nível de suspensão das concessões deve ser equivalente ao da anulação ou redução. Esta disposição do Memorando de Entendimento sobre Resolução de Litígios tem sido interpretada sistematicamente como não justificando compensações de carácter punitivo. Estes dois exemplos ilustram as consequências do incumprimento pelos Estados das suas obrigações internacionais, ao passo que uma medida de salvaguarda constitui simplesmente uma medida correctiva de actos de 'comércio leal' compatíveis com a OMC. Seria absurdo se o incumprimento de uma obrigação internacional fosse sancionada com contramedidas proporcionadas e, na ausência de uma tal violação, um Membro da OMC estivesse sujeito a uma atribuição desproporcionada e, em consequência, 'punitiva' de um prejuízo grave não causado integralmente pelas suas exportações. Em nossa opinião, este desvio exorbitante do princípio da proporcionalidade a respeito da atribuição do prejuízo grave só poderia ser justificado se os redactores do Acordo sobre os Têxteis e o Vestuário o tivessem dito expressamente, o que não é o caso"[1132].

Expressivamente, o painel do caso *Korea – Measures Affecting Government Procurement* e o Órgão de Recurso confirmam claramente que a referência encontrada no nº 2 do art. 3º do Memorando de Entendimento sobre Resolução de Litígios a algumas regras do direito internacional público geral (vinculativas para todos os membros da OMC) não significa a exclusão de todas as outras regras. Isso mesmo foi reconhecido pelo Painel supramencionado, ainda que numa nota de rodapé:

any custom other than good faith as a source of GATT/WTO law". Cf. Petros MAVROIDIS, *No Outsourcing of Law? WTO Law As Practiced by WTO Courts*, in AJIL, 2008, p. 439.

[1130] Relatório do Painel no caso *Korea – Measures Affecting Government Procurement* (WT/DS163/R), 1-5-2000, parágrafo 7.101.

[1131] *Idem*, parágrafos 7.123-7.126.

[1132] Relatório do Órgão de Recurso no caso *United States – Transitional Safeguard Measure on Combed Cotton Yarn from Pakistan* (WT/DS192/AB/R), 8-10-2001, parágrafo 120.

A FUNÇÃO JURISDICIONAL NO SISTEMA GATT/OMC

"Observamos igualmente que não vemos aqui nenhum fundamento para deduzir *a contrario* que as normas do direito internacional distintas das relativas à interpretação não são aplicáveis. A este respeito, o texto do nº 2 do artigo 3º contempla um problema específico que se colocou no âmbito do GATT, no sentido de que, entre outras coisas, o recurso aos antecedentes de negociação estava a utilizar-se de forma alegadamente incompatível com as normas usuais do direito internacional público para a interpretação dos tratados"[1133]

Ao mesmo tempo, salienta JOOST PAUWELYN:

"It is for the new treaty to *exclude* the rules of international law that the parties do *not* want to apply to the new treaty; not the reverse, i.e., the treaty does not have to positively list all such rules that are to apply to the new treaty. Just as private contracts are automatically born into a system of domestic law, so treaties are automatically born into the system of international law. (...) In that sense, there was no need for DSU Article 3.2 to explicitly confirm the application if international law rules on treaty interpretation"[1134].

A própria Comissão do Direito Internacional confirmou que "está na natureza do 'direito geral aplicar-se de maneira geral' – nomeadamente na medida em que não tenha sido excluído especificamente"[1135].

Por exemplo, o Memorando de Entendimento sobre Resolução de Litígios da OMC *contracts out* do direito internacional geral quando determina que as medidas de retaliação só podem ser aplicadas após autorização do Órgão de Resolução de Litígios. Em contraste, no Direito Internacional Geral ou Comum, as medidas de retaliação não dependem de qualquer aprovação multilateral[1136].

---

[1133] Relatório do Painel no caso *Korea – Measures Affecting Government Procurement* (WT/DS163/R), 1-5-2000, nota de rodapé 753.

[1134] Joost PAUWELYN, The Application of Non-WTO Rules of International Law in WTO Dispute Settlement (Chapter 31), in *The World Trade Organization: Legal, Economic and Political Analysis*, Volume I, Patrick Macrory, Arthur Appleton e Michael Plummer Ed., Springer, Nova Iorque, 2005, p. 1407.

[1135] COMISSÃO DO DIREITO INTERNACIONAL, 58ª Sessão, *Fragmentation of International Law: Difficulties arising from the Diversification and Expansion of International Law*, Report of the Study Group of the International Law Commission – Finalised by Martti Koskenniemi (A/CN.4/L.682), 13-4-2006, parágrafo 185.

[1136] Segundo JOOST PAUWELYN, "in this type of conflict, the general international law rule would only prevail in case it is either part of *jus cogens* (making the WTO provision invalid pursuant to VCLT Article 53), or established subsequent to the WTO Agreement and the WTO Agreement does not continue to apply as the most specific law". Cf. Joost PAUWELYN, The Application of Non--WTO Rules of International Law in WTO Dispute Settlement (Chapter 31), in *The World Trade*

O DIREITO APLICÁVEL

A possibilidade de *contracting out* do Direito Internacional Geral ou Comum é confirmada quer pelo art. 5º da Convenção de Viena sobre o Direito dos Tratados[1137], quer pelo art. 55º das Regras da Comissão de Direito Internacional sobre a Responsabilidade Internacional do Estado[1138].

No entanto, por se considerar que a expressão "regime fechado" é analiticamente destrutiva, designadamente, por ver nos acordos da OMC um sistema hermético (e, como o Órgão de Recurso já referiu, não é possível isolá-los clinicamente)[1139], resulta mais adequado caracterizar os acordos da OMC como *lex specialis*, no sentido do artigo 55º das Regras da Comissão de Direito Internacional sobre a Responsabilidade Internacional do Estado[1140]. Mas isto não significa, note-se, que as regras da OMC são *lex specialis* face a todas as regras de Direito internacional:

> "States, in their treaty relations, can contract out of one, more, or, in theory, all rules of general international law (other than those of *jus cogens*), but they cannot contract out of the system of international law. (...) WTO rules are thus rules of inter-

---

*Organization: Legal, Economic and Political Analysis*, Volume I, Patrick Macrory, Arthur Appleton e Michael Plummer Ed., Springer, Nova Iorque, 2005, p. 1418.

[1137] Nos termos desta disposição, "A presente Convenção aplica-se a todo o tratado que seja acto constitutivo de uma organização internacional e a todo o tratado adoptado no âmbito de uma organização internacional, sem prejuízo das regras aplicáveis próprias da organização".

[1138] Segundo esta disposição, "Os presentes artigos não se aplicam no caso e na medida em que as condições de existência de um facto internacionalmente ilícito, o conteúdo da responsabilidade internacional de um Estado ou o modo de torná-la efectiva se rejam por normas especiais de direito internacional".

[1139] Segundo MARTTI KOSKENNIEMI, a expressão "self-contained regime" constitui um erro, visto que nenhum regime jurídico internacional está totalmente isolado do Direito internacional geral e "inclusivamente é pouco provável que tal isolamento seja possível: um regime pode gozar (ou não) de força jurídica vinculativa ('validade') unicamente por referência a (válidas e vinculativas) regras ou princípios *estranhos a ele*". Cf. COMISSÃO DO DIREITO INTERNACIONAL, 58ª Sessão, *Fragmentation of International Law: Difficulties arising from the Diversification and Expansion of International Law*, Report of the Study Group of the International Law Commission – Finalised by Martti Koskenniemi (A/CN.4/L.682), 13-4-2006, parágrafo 193.

[1140] Gabrielle MARCEAU, *WTO Dispute Settlement and Human Rights*, in EJIL, 2002, pp. 766-767. Mas, atenção, segundo a Comissão do Direito Internacional, o artigo 55º tem por objectivo abarcar tanto as formas "fortes" de *lex specialis*, inclusivamente aquelas a que se faz referência muitas vezes como regimes completos em si mesmos, como as formas "débeis", tais como determinadas disposições de um tratado sobre uma só questão, por exemplo uma disposição específica de um tratado que exclua a restituição (cf. James CRAWFORD, *Los artículos de la Comisión de Derecho Internacional sobre la Responsabilidad Internacional del Estado – Introducción, texto y comentários*, Editorial Dykinson, Madrid, 2004, p 357). A distinção entre *lex specialis* e "self-contained regime" é, pois, uma questão de grau, pelo que um regime "self-contained" constitui uma forma forte de *lex specialis*.

415

A FUNÇÃO JURISDICIONAL NO SISTEMA GATT/OMC

national law that, in certain respects, constitute *lex specialis* vis-à-vis certain rules of general international law"[1141].

## 3.2. O Direito Aplicável
### 3.2.1. As Lacunas Processuais

A aplicação directa de regras que não constam dos acordos da OMC por parte dos painéis (e, caso haja recurso, pelo Órgão de Recurso) na análise de uma queixa apresentada ao abrigo do sistema de resolução de litígios da OMC, independentemente da interpretação em concreto de termos dos acordos abrangidos, constitui uma questão bastante polémica e que tem suscitado discussões assaz interessantes. Será que é possível, por exemplo, os painéis aplicarem tais "non-WTO rules" quando os acordos abrangidos são omissos a respeito de determinada questão? Será que um Membro da OMC demandado pode invocar "non-WTO rules" para justificar um incumprimento dos acordos abrangidos?

Respondendo à primeira questão, o direito internacional geral, para além da ajuda na interpretação das disposições dos acordos abrangidos, é também comummente referido para colmatar as lacunas processuais dos acordos da OMC[1142], ou seja:

> "The fact of the matter is that the WTO Agreement does not have an explicit provision on burden of proof, standing or representation before panels. There is, therefore, no WTO provision on those matters to be 'interpreted' in light of general international law norms. Rather, given the silence of the WTO Agreement on the issue, general international law norms must be presumed to continue to apply to the issue as it arises before a WTO panel. Hence, we are faced here with general international law 'filling gaps' left open by the WTO Agreement"[1143].

De facto, a respeito da representação das partes por advogados privados, por exemplo, o Órgão de Recurso referiu que não encontrava nada no Acordo OMC,

---

[1141] Joost PAUWELYN, *The Role of Public International Law in the WTO: How Far Can We Go?*, in AJIL, 2001, p. 539.

[1142] As regras processuais são definidas como as regras que governam o sistema de resolução de litígios. Elas governam o comportamento não só dos membros da OMC, mas também o dos painéis e do Órgão de Recurso. As regras processuais são funcionais, uma vez que existem apenas em função de e para o objectivo de fazer cumprir as regras substantivas e permitem que os painéis e o Órgão de Recurso exerçam a sua função jurisdicional. Cf. Isabelle Van DAMME, *Treaty Interpretation by the WTO Appellate Body*, Oxford University Press, 2009, p. 189.

[1143] Joost PAUWELYN, The Application of Non-WTO Rules of International Law in WTO Dispute Settlement (Chapter 31), in *The World Trade Organization: Legal, Economic and Political Analysis*, Volume I, Patrick Macrory, Arthur Appleton e Michael Plummer Ed., Springer, Nova Iorque, 2005, p. 1413.

416

O DIREITO APLICÁVEL

no sistema de resolução de litígios e nos Procedimentos de Trabalho do Órgão de Recurso, nem no Direito internacional geral ou na prática prevalecente dos tribunais internacionais a impedir um membro da OMC de determinar a composição da sua delegação nos procedimentos do Órgão de Recurso[1144].

Portanto, não sendo possível encontrar no Memorando de Entendimento sobre Resolução de Litígios regras claras sobre o ónus da prova, a representação defronte dos painéis, a aplicação retroactiva dos tratados, etc., é forçoso que os painéis e o Órgão de Recurso recorram ao direito internacional geral, sob pena de não poderem exercer a sua função jurisdicional.

Apesar da importância deste processo de alusão ao direito internacional geral, é evidente que tal processo só é possível quando as palavras da disposição dos acordos OMC em causa não são inequivocamente claras (a interpretação *contra legem* é proibida). A aplicação das regras processuais do direito internacional geral pode eventualmente decidir um caso, mas dificilmente influenciará os seus méritos substantivos, a questão de fundo[1145].

Em suma, mesmo um tribunal com uma jurisdição limitada pode ter de recorrer a normas que não façam parte do tratado que o institui para preencher lacunas de carácter processual.

### 3.2.2. O Direito Substantivo

No caso da segunda questão acima colocada, alguns autores entendem que os painéis devem limitar o direito aplicável aos chamados "acordos abrangidos", donde resulta que quaisquer regras de direito internacional não incluídas ou referidas expressamente nos acordos da OMC não têm qualquer papel a desempenhar no sistema de resolução de litígios da OMC. GABRIELLE MARCEAU, por exemplo, entende que:

> "It is suggested that with regard to the use of non-WTO obligations, an important distinction seems to arise between the 'application' (and enforcement) of WTO provisions and their 'interpretation'. Pursuant to Article 1 of the DSU, the DSU shall apply to disputes brought under the 'covered agreements' listed in Annex 1 of the DSU. Pursuant to Article 7 of the DSU the mandate of panels is to examine claims under any of the 'covered agreements'. Therefore, it seems that under the DSU only

---

[1144] Relatório do Órgão de Recurso no caso *European Communities – Regime for the Importation, Sale, and Distribution of Bananas* (WT/DS27/AB/R), 9-9-1997, parágrafos 10-12.

[1145] Joost PAUWELYN, *How to Win a World Trade Organization Dispute Based on Non-World Trade Organization Law? Questions of Jurisdiction and Merits*, in JWT, 2003, pp. 997-998.

A FUNÇÃO JURISDICIONAL NO SISTEMA GATT/OMC

provisions of the 'covered agreements' can be the 'applicable law' applied and enforced by Panels and the Appellate Body"[1146].

Ainda segundo esta autora:

"WTO adjudicating bodies cannot formally interpret other treaties and customs and thus cannot apply or enforce other treaties or customs or determine the legal consequences of rights and obligations that WTO Members may have under other treaties or by custom; these must be examined only when necessary for the interpretation of WTO law and/or as a factual determination"[1147].

De igual modo, JOEL TRACHTMAN considera que os termos de referências normais de um Painel constantes do nº 1 do artigo 7º do Memorando de Entendimento sobre a Resolução de Litígios referem unicamente o direito resultante dos acordos da OMC, isto é, o mandato dos painéis e do Órgão de Recurso é claro: aplicar (directamente) apenas os acordos abrangidos[1148]. Mais exactamente:

"while panels and the Appellate Body are only permitted to apply WTO law, they refer to non-WTO international law in two types of cases. First, as specifically authorized by article 3.2 of the Dispute Settlement Understanding, they refer to customary rules of interpretation of international law. This reference does not appear to include substantive non-WTO international law. While article 31(3)(c) of the Vienna Convention, which is taken as reflective of customary rules of interpretation, refers to applicable international law, it does so only to indicate what materials should be taken into account in interpreting treaty texts. Thus, other international law is not directly applicable but is taken into account in a manner similar to the United States *Charming Betsy* rules: interpret so as to avoid conflict where possible. Second, substantive non-WTO international law may be incorporated by reference in WTO law, either by treaty language such as the references in TRIPS to intellectual property treaties or by a waiver such as the Lomé waiver in the recent *Bananas III* decision (paragraph 164). More subtly, substantive non-WTO law may indirectly be incorporated by reference in provisions such as article XX(b) of GATT"[1149].

Essencialmente, os autores referidos defendem que não é possível que um Painel ou o Órgão de Recurso tenham em conta, quando do exame de um litígio,

---

[1146] Gabrielle MARCEAU, *A Call for Coherence in International Law: Praises for the Prohibition Against "Clinical Isolation" in WTO Dispute Settlement*, in JWT, vol. 33, nº 5, 1999, pp. 112-113.
[1147] Gabrielle MARCEAU, *WTO Dispute Settlement and Human Rights*, in EJIL, 2002, p. 753.
[1148] Joel TRACHTMAN, *The Domain of WTO Dispute Resolution*, in HIILJ, 1999, p. 342.
[1149] *Idem*, p. 343.

418

O DIREITO APLICÁVEL

as regras de outros acordos internacionais e concluam que um determinando Membro da OMC, que invocou tais acordos, não violou os acordos da OMC.

Do outro lado da barricada encontram-se os autores que defendem que o direito aplicável no âmbito do sistema de resolução de litígios da OMC não se cinge aos acordos da OMC e às regras neles mencionadas. Logo, uma vez aplicadas as regras de conflito relevantes, nada impede que um acordo de protecção ambiental vinculativo para as partes em litígio possa justificar, independentemente do art. XX do GATT, a violação de uma disposição constante de um acordo abrangido[1150]. As únicas limitações à aplicação dessas regras de direito internacional prendem-se com os factos do litígio, as partes envolvidas e os meios de defesa que estas últimas decidam invocar[1151].

Joost Pauwelyn, seguramente o autor que tem dedicado maior atenção à problemática do direito passível de aplicação pelos órgãos de adjudicação do sistema de resolução de litígios da OMC, estrutura todo o seu pensamento partindo da distinção entre três conceitos fundamentais:

"1) The *jurisdiction* of WTO panels: the WTO panels are limited to claims of violation of WTO agreements only;

2) The law that WTO panels can refer to when *interpreting* WTO provisions; and

3) The law that WTO panels may *apply* when examining and deciding on the validity of the WTO claims before them"[1152].

Por conseguinte, há que ter em conta que a jurisdição dos painéis da OMC se distingue claramente da problemática do direito aplicável aos litígios analisados pelos painéis da OMC[1153]. Esta distinção é bastante clara, por exemplo, no caso do Tribunal Internacional do Direito do Mar: "o tribunal que tiver jurisdição nos termos desta secção deve aplicar a presente Convenção e outras normas de direito internacional que não forem incompatíveis com esta Convenção"

---

[1150] É verdade que os acordos da OMC permitem acomodar outras preocupações para além da liberalização das trocas comerciais, mas também o é que o art. XX do GATT contém uma lista taxativa de dez objectivos passíveis de justificar uma violação de outras disposições do GATT e impõe algumas condições para que possa ser aplicado.

[1151] Joost Pauwelyn, The Application of Non-WTO Rules of International Law in WTO Dispute Settlement (Chapter 31), in *The World Trade Organization: Legal, Economic and Political Analysis*, Volume I, Patrick Macrory, Arthur Appleton e Michael Plummer Ed., Springer, Nova Iorque, 2005, p. 1416.

[1152] Joost Pauwelyn, *Bridging Fragmentation and Unity: International Law as a Universe of Inter-Connected Islands*, in MJIL, 2004, p. 910.

[1153] Joost Pauwelyn, *How to Win a World Trade Organization Dispute Based on Non-World Trade Organization Law? Questions of Jurisdiction and Merits*, in JWT, 2003, p. 1000.

A FUNÇÃO JURISDICIONAL NO SISTEMA GATT/OMC

(art. 293º, nº 1, do do Estatuto do Tribunal Internacional do Direito do Mar)[1154]. A própria Comissão do Direito Internacional confirmou a distinção entre jurisdição e direito aplicável, invocando para tal o exemplo do sistema de resolução de litígios da OMC:

"Uma jurisdição limitada não implica, contudo, uma limitação do âmbito do direito aplicável na interpretação e aplicação desses tratados (...). Enquanto o Memorando de Entendimento sobre Resolução de Litígios da OMC limita a jurisdição unicamente às queixas suscitadas a respeito dos acordos abrangidos da OMC, não existe uma disposição explícita a identificar o âmbito do direito aplicável"[1155].

Ainda segundo a Comissão:

"Mesmo quando é claro que a competência dos órgãos da OMC está limitada à consideração de queixas ao abrigo dos acordos abrangidos (e não, por exemplo, em virtude de tratados ambientais ou de direitos humanos), ao elucidar o conteúdo dos direitos e obrigações relevantes, os órgãos da OMC devem enquadrar esses direitos e obrigações no contexto geral do direito internacional geral (incluindo os tratados ambientais e de direitos humanos relevantes)"[1156].

No caso do sistema de resolução de litígios da OMC, ninguém tem dúvidas que os painéis da OMC só têm jurisdição para decidir sobre "os litígios que sejam objecto de pedidos nos termos das disposições de consulta e resolução de litígios previstas nos acordos enumerados no Apêndice 1 do presente Memorando (os chamados "acordos abrangidos") e, por isso, um Membro da OMC só pode apresentar queixa quando "considera que um benefício que lhe é devido directa ou indirectamente ao abrigo dos acordos abrangidos está a ser posto em causa por medidas adoptadas por outro membro" (art. 3º, nº 3, do Memorando de Entendimento sobre Resolução de Litígios). Não é possível, por conseguinte, que os Estados Unidos ou as Comunidades Europeias apresentem uma queixa junto do sistema de resolução de litígios da OMC com fundamento na violação por parte da China dos direitos humanos e dos trabalhadores que este último país concordou respeitar ao abrigo de outros acordos internacionais. Resulta claramente do

---

[1154] Nos termos do nº 1 do art. 288º do respectivo Estatuto, o Tribunal Internacional do Direito do Mar "tem jurisdição sobre qualquer controvérsia relativa à interpretação ou aplicação da presente Convenção que lhe seja submetida".

[1155] COMISSÃO DO DIREITO INTERNACIONAL, 58ª Sessão, *Fragmentation of International Law: Difficulties arising from the Diversification and Expansion of International Law*, Report of the Study Group of the International Law Commission – Finalised by Martti Koskenniemi (A/CN.4/L.682), 13-4-2006, parágrafo 45.

[1156] *Idem*, parágrafo 170.

O DIREITO APLICÁVEL

n° 1 do art. 1° do Memorando que a jurisdição dos painéis está limitada a alegações de violação dos acordos da OMC[1157].

Portanto, embora seja verdade que o Memorando de Entendimento sobre Resolução de Litígios limita a jurisdição dos painéis (e, caso haja recurso, do Órgão de Recurso), daí não resulta que ele limite o direito potencialmente aplicável aos litígios. Nesse sentido, aliás, veja-se o que o Tribunal Internacional de Justiça fez nos casos *Lockerbie*. Apesar de ele ter jurisdição para considerar as alegações da Líbia apenas ao abrigo da Convenção de Montreal, isso não impediu que ele tivesse em conta, por exemplo, a Resolução 748 do Conselho de Segurança das Nações Unidas, invocada pelos Estados Unidos e pelo Reino Unido em sua defesa, como parte do direito aplicável[1158].

Finalmente, acrescenta PAUWELYN, permitir que todo o direito internacional relevante faça parte da lei aplicável por um Painel não é apenas crucial para o sistema de resolução de litígios da OMC. É, de modo mais geral, um dos principais instrumentos que todos os tribunais devem usar para evitar contradições entre decisões judiciais. Apesar de os diferentes tribunais poderem estar a lidar com diferentes queixas, a lei aplicável para examinar tais queixas deve ser a mesma, não relevando onde elas são apresentadas. Não aceitar esta proposição, como muitos autores fazem – alegando, por exemplo, que no Tribunal Internacional do Direito do Mar só as regras da Convenção das Nações Unidas sobre o Direito do Mar podem ser aplicadas ou na OMC apenas as regras da OMC podem ser aplicadas – resulta necessariamente na criação de pequenas bolsas isoladas de direito internacional, desligadas de outros ramos ou do corpo mais vasto do direito internacional. Isso vai contra a unidade do direito internacional e o princípio *pacta sunt servanda*[1159].

---

[1157] A este respeito, o importante Relatório Sutherland diz que o sistema de resolução de litígios da OMC se caracteriza por ser "autónomo no exercício das suas funções jurisdicionais". Cf. Peter SUTHERLAND, Jagdish BHAGWATI, Kwesi BOTCHWEY, Niall FITZGERALD, Koichi HAMADA, John JACKSON, Celso LAFER e Thierry de MONTBRIAL, *The Future of the WTO: Addressing institutional challenges in the new millennium*, Report by the Consultative Board to the Director-General Supachai Panitchpakdi, ed. WTO, 2004, parágrafo 167.

[1158] TRIBUNAL INTERNACIONAL DE JUSTIÇA, *Case Concerning Questions of Interpretation and Application of the 1971 Montreal Convention Arising from the Aerial Incident at Lockerbie (Libyan Arab Jamahiriya v. United States of America), Request for the Indication of Provisional Measures*, 14-4-1992, parágrafo 42.

[1159] Joost PAUWELYN, *Conflict of Norms in Public International Law: How WTO Law Relates to other Rules of International Law*, Cambridge University Press, 2003, p. 461. Pelo contrário, JOEL TRACHTMAN defende que:

"it seems that the greater violation of *pacta sunt servanda* would be to require WTO tribunals to apply other international law contrary to the specific *pacta* that gives them their authority. The non application of other international law in WTO dispute settlement violates no other treaty, as no other treaty purports to require application of particular non-WTO legal rules

A FUNÇÃO JURISDICIONAL NO SISTEMA GATT/OMC

Qual das duas posições deve prevalecer é o que vamos tentar descortinar de seguida.

### 3.2.3. O Texto do Memorando de Entendimento sobre Resolução de Litígios

Muitos autores apoiam-se nos artigos 7º, nº 1, e 11º do Memorando de Entendimento sobre a Resolução de Litígios para concluir que, "under the Dispute Settlement Understanding, not all sources of law may be applied or enforced by WTO adjudicating bodies"[1160].

Segundo o art. 11º do Memorando, é função dos painéis "fazer uma apreciação objectiva da questão que lhes foi colocada, incluindo uma avaliação objectiva dos factos em discussão e da *aplicabilidade e cumprimento dos acordos abrangidos relevantes*, bem como chegar a conclusões que ajudem o Órgão de Resolução de Litígios a adoptar as recomendações ou decisões previstas *nos acordos abrangidos*" (o itálico é nosso) e nos termos do nº 1 do art. 7º:

> "Os painéis terão as seguintes atribuições, salvo se as partes em litígio acordarem em contrário no prazo de 20 dias a contar da criação do Painel: «analisar, à luz das disposições relevantes do (nome do ou dos acordos abrangidos citados pelas partes em litígio), a questão apresentada no Órgão de Resolução de Litígios por (nome da parte) no documento ... e chegar a conclusões que permitam assistir o Órgão de Resolução de Litígios na adopção das recomendações ou das decisões previstas nesse ou nesses acordos»".

Acontece que, enquanto alguns autores citam esta disposição como prova de que todas as fontes de direito são potencialmente aplicáveis no âmbito da Organização Mundial do Comércio[1161], outros vêem o art. 7º do Memorando como apontando precisamente no sentido oposto[1162].

Conquanto o texto do art. 7º do Memorando não seja dos mais felizes, pensamos que é possível chegar a algumas conclusões fundamentais. Primeiro, é perfeitamente possível concluir que a lei aplicável nos procedimentos dos painéis

---

in WTO dispute settlement". Cf. Joel Trachtman, *Book Review – Conflict of Norms in Public International Law: How WTO Law Relates to Other Rules of International Law by Joost Pauwelyn*, in AJIL, 2004, p. 859.

[1160] Gabrielle Marceau, *A Call for Coherence in International Law: Praises for the Prohibition Against "Clinical Isolation" in WTO Dispute Settlement*, in JWT, vol. 33, nº 5, 1999, p. 110.

[1161] Joost Pauwelyn, *How to Win a World Trade Organization Dispute Based on Non-World Trade Organization Law? Questions of Jurisdiction and Merits*, in JWT, 2003, p. 1001.

[1162] Gabrielle Marceau, *A Call for Coherence in International Law: Praises for the Prohibition Against "Clinical Isolation" in WTO Dispute Settlement*, in JWT, vol. 33, nº 5, 1999, p. 110; Joel Trachtman, *The Domain of WTO Dispute Resolution*, in HILJ, 1999, p. 342.

O DIREITO APLICÁVEL

não se limita à que se encontra nos "acordos abrangidos". Como realça LORAND BARTELS:

> "according to Article 7.1, Panels are to examine the matter referred to the Dispute Settlement Body by the complainant *in the light of* the relevant provisions in the relevant covered agreement. The phrase 'in the light of' does not limit the sources of law that might be relevant in examining the 'matter'"[1163].

Outro autor observa, igualmente, que os artigos 3º, nº 2, e 7º do Memorando de Entendimento sobre Resolução de Litígios não têm que ser vistos, necessariamente, como cláusulas que incorporam outras regras de direito internacional no direito da OMC, uma vez que eles estão preocupados, sim, com a interpretação e aplicação do direito da OMC[1164].

O próprio Órgão de Recurso, ao analisar o nº 1 do art. 7º do Memorando, entendeu que os termos de referência estabelecem a jurisdição do painel "by defining the precise claims at issue in the dispute"[1165].

A possibilidade de se estabelecerem termos de referência especiais nos termos do nº 3 do art. 7º do Memorando implica, por outro lado, que o próprio artigo 7º parece não limitar as fontes de direito aplicáveis pelos painéis no âmbito do sistema de resolução de litígios da OMC.

Finalmente, apesar de o art. 38º do Estatuto do Tribunal Internacional de Justiça mencionar expressamente as fontes de direito que o principal órgão judicial das Nações Unidas pode aplicar, a prática demonstra que a disposição referida não esgota o direito potencialmente aplicável por tal órgão. Não estão incluídos no art. 38º, por exemplo, os actos unilaterais dos Estados e os actos das organizações internacionais. Logo, o art. 7º do Memorando de Entendimento sobre Resolução de Litígios não é muito diferente do art. 38º do Estatuto do Tribunal Internacional de Justiça. Na verdade, nenhum destes dois artigos estabelece uma lista exaustiva do direito potencialmente aplicável.

Ainda a respeito do texto do Memorando de Entendimento sobre Resolução de Litígios, LORAND BARTELS entende que o nº 2, *in fine*, do art. 3º e o nº 2 do art. 19º do Memorando de Entendimento sobre Resolução de Litígios constituem ambos uma norma de conflitos atinente à relação entre o direito da OMC e outras normas de direito internacional:

---

[1163] Lorand BARTELS, *Applicable Law in WTO Dispute Settlement Proceedings*, in JWT, vol. 35, nº 3, 2001, p. 505.
[1164] Erich VRANES, *Jurisdiction and Applicable Law in WTO Dispute Settlement*, in GYIL, Vol. 48, 2006, p. 288.
[1165] Relatório do Órgão de Recurso no caso *Brazil – Measures Affecting Desiccated Coconut* (WT/DS22/AB/R), 21-2-1997, p. 21.

423

A FUNÇÃO JURISDICIONAL NO SISTEMA GATT/OMC

"If the Dispute Settlement Understanding does not place any *a priori* restrictions on the sources of international law applicable in a dispute, it does however contain a restriction on the application of such law in any given case. This restriction is found in the last sentence of Article 3.2 (referring to the Dispute Settlement Body), and repeated in Article 19.2 of the Dispute Settlement Understanding (referring to Panels and the Appellate Body), that: 'recommendations and rulings of the Dispute Settlement Body cannot add to or diminish the rights and obligations provided in the covered agreements'. Usually this prohibition on 'add[ing] to or diminish[ing] the rights and obligations provided in the covered agreements' is read as an explication of the preceding reference to 'clarify[ing]' the rights and obligations in the covered agreements. Article 3.2 is therefore usually cited as a limitation on too broad an *interpretation* of the covered agreements. However, it is submitted here that, in the context of conflicts between different sources of potentially applicable law, the rule also has another function, which is to ensure that in the event of a conflict between the provisions of the covered agreements and any other applicable law, the covered agreements shall prevail. The result would be the same as Article 293(1) of United Nations Convention on the Law of the Sea, which requires the International Tribunal on the Law of the Sea to apply 'other rules of international law *not incompatible with this Convention*"[1166].

Não é este o nosso entendimento. As disposições mencionadas dizem respeito, sim, aos "limites inerentes" que um painel da OMC deve observar quando interpreta os acordos abrangidos[1167]. Se tivermos presente que o nº 1 do art. 31º da Convenção de Viena sobre o Direito dos Tratados determina que "um tratado deve ser interpretado de boa fé, segundo o sentido comum atribuível aos termos do tratado no *seu contexto* ..." (itálico aditado), então, a frase imediatamente a

---

[1166] Lorand BARTELS, *Applicable Law in WTO Dispute Settlement Proceedings*, in JWT, vol. 35, nº 3, 2001, pp. 506-507. Ainda segundo este autor:

"It must be recognised that this provision is not a normal conflicts rule in that it does not purport to regulate conflicts between the covered agreements and other agreements as a matter of substantive international law. In the WTO context, such rules are found in the General Interpretative Note at the beginning of Annex 1A, which expressly regulates conflicts between the Annex 1A agreements and GATT 1994, and Article XVI:3 of the WTO Agreement, which regulates conflicts between the WTO Agreement and the agreements and associated legal instruments included in Annexes 1, 2 and 3. By contrast, the rule contained in Articles 3.2 and 19.2 only limit the powers of the DSB, Panels and the Appellate Body respectively. But despite the fact that this rule operates in this indirect manner, rather than by directively determining the substantive law applicable in a dispute, it shares with substantive conflicts rules the purpose of ensuring the primacy (though not exclusivity) of the 'law' contained in certain agreements". Cf. *Idem*, p. 507.

[1167] Joost PAUWELYN, *The Role of Public International Law in the WTO: How Far Can We Go?*, in AJIL, 2001, p. 564.

424

O DIREITO APLICÁVEL

seguir confirma a nossa impressão. Após a imposição feita pelo nº 2 do art. 3º do Memorando de Entendimento sobre Resolução de Litígios de que os painéis clarifiquem as disposições dos acordos abrangidos em conformidade com as normas de interpretação do direito internacional público vem a frase "as recomendações e decisões do Órgão de Resolução de Litígios não podem aumentar ou diminuir os direitos e obrigações previstos nos acordos abrangidos". A parte final do nº 2 do art. 3º parece dizer respeito, assim, somente à função interpretativa dos painéis. Até porque, como notou o Tribunal Internacional de Justiça no Parecer *Interpretation of Peace Treaties with Bulgaria, Hungary and Romania*:

> "É dever do Tribunal interpretar os Tratados, não revê-los. O princípio de interpretação expresso pela máxima: *Ut res magis valeat quam pereat*, princípio frequentemente designado pelo nome de princípio do efeito útil, não pode autorizar o Tribunal a estender a cláusula de resolução de litígios inserida nos Tratados de Paz num sentido que seria contrário à sua letra e espírito"[1168].

Este mesmo limite foi confirmado pelo Órgão de Recurso: "o intérprete de um tratado deve dar sentido e efeito a todos os termos do tratado. Um intérprete não é livre de adoptar uma interpretação que poderá ter por resultado tornar redundantes ou inúteis cláusulas ou parágrafos inteiros de um tratado"[1169].

Portanto, a restrição resultante dos artigos 3º, nº 2, e 19º, nº 2, do Memorando de Entendimento sobre Resolução de Litígios não é aplicável quando não esteja em causa a interpretação dos acordos da OMC.

### 3.2.4. A Jurisprudência da OMC

Significativamente, os painéis e o Órgão de Recurso têm recorrido aos princípios gerais de direito, ao costume internacional e a outros acordos internacionais. No caso *United States – Import Prohibition of certain Shrimp and Shrimp Products*, por exemplo, o Órgão de Recurso mencionou um acordo internacional concluído pelos Estados Unidos (a Convenção Inter-Americana para a Protecção e Conservação das Tartarugas Marinhas) como prova de que o comportamento das autoridades norte-americanas constituía uma discriminação injustificável:

> "**171.** A Convenção Interamericana demonstra de forma convincente que os Estados Unidos podiam ter razoavelmente optado por outra acção com vista a assegurar o objective legítimo da sua medida, uma acção diferente dos procedimentos unilaterais

---

[1168] TRIBUNAL INTERNACIONAL DE JUSTIÇA, *Interpretation of Peace Treaties with Bulgaria, Hungary and Romania, Second phase*, Parecer Consultivo de 18-7-1950, p. 229.
[1169] Relatório do Órgão de Recurso no caso *Korea – Definitive Safeguard Measure on Imports of Certain Dairy Products* (WT/DS98/AB/R), 14-12-1999, parágrafo 80.

425

A FUNÇÃO JURISDICIONAL NO SISTEMA GATT/OMC

e não consensuais utilizados para impor a proibição à importação constante do artigo 609º. Convém notar que, normalmente, a proibição das importações é a 'arma' mais pesada de que dispõe um Membro no seu arsenal de medidas comerciais. Todavia, o processo não indicam que os Estados Unidos se tenham esforçado seriamente por negociar acordos similares com outros países ou grupos de países antes (nem, tendo visto o processo, após) a data de aplicação do artigo 609º à escala mundial, a saber, 1 de Maio de 1996. Finalmente, o processo também não indica que os Estados Unidos tenham tentado recorrer aos mecanismos internacionais existentes para porem em prática esforços de cooperação com vista a proteger e conservar as tartarugas marinhas antes de impor a proibição de importações.

**172.** É evidente que os Estados Unidos negociaram seriamente com certos membros que exportam camarão para o mercado norte-americano, mas não com outros membros (incluindo as partes queixosas). Esta acção é manifestamente discriminatória e, em nossa opinião, injustificável (...)"[1170].

No essencial, o Órgão de Recurso parece dar abertura ao entendimento de que a vontade de concluir um acordo de protecção das tartarugas marinhas, ou mesmo a sua existência, constitui um elemento determinante no exame de conformidade com as exigências do prólogo do art. XX do GATT[1171].

---

[1170] Relatório do Órgão de Recurso no caso *United States – Import Prohibition of certain Shrimp and Shrimp Products* (WT/DS58/AB/R), 12-10-1998, parágrafos 171-172.

[1171] Segundo PAUWELYN:

"even if [an multilateral environmental] convention is not binding on all WTO members, or on the disputing parties in the particular case (in particular, the complainant), the fact that, say, sixty countries including half of the WTO membership have ratified the convention may constitute significant proof under GATT Article XX(b) that the defendant's measure is, indeed, 'necessary for the protection of human health'. The role non-WTO rules may play as 'facts' can thus be especially important in defending trade restrictions prescribed in an environmental convention against nonparties. Even if those nonparties (members of the WTO) are not legally bound by the convention and a WTO panel could therefore not apply this non-WTO rule (with a view to prevailing over the relevant WTO rule, depending on the conflict rule to be applied), the convention could nonetheless constitute strong support for the defendant's contention that the trade restriction is 'necessary' pursuant to GATT Article XX(b). Recall, however, that the non-WTO rule then exerts influence not as a legal right or obligation, but as a proof of an alleged fact ('necessary to protect health'), meaning that it may not be conclusive. The complainant may be able to disprove the veracity of or rebut the factual evidence reflected in the non-WTO rule. Without such an option, a group of WTO members might conclude a convention stating, for example, that hormone-treated beef is dangerous. In doing so, they might hope to bind signatories that could challenge their ban on hormone-treated beef in the WTO. In these circumstances, a WTO panel would not be compelled to accept the premise that hormones are dangerous as an established fact. It would need to weigh that premise in the convention against other evidence on the record and might conclude, as it did in *EC – Hormo-*

O DIREITO APLICÁVEL

O Órgão de Recurso refere, igualmente, várias convenções internacionais de protecção do ambiente quando interpreta o artigo XX do GATT. Mais exactamente, os três membros da secção do Órgão de Recurso que analisou o caso invocaram cinco instrumentos internacionais a favor das suas conclusões, designadamente, em apoio da cooperação internacional e da rejeição de práticas unilaterais[1172]. Dois dos cinco instrumentos referidos não eram, e não pretendem sê-lo, juridicamente vinculativos (a Declaração do Rio sobre Ambiente e Desenvolvimento e a Agenda 21), um foi assinado mas não ratificado pelos Estados Unidos (a Convenção sobre Diversidade Biológica), outro não foi assinado por nenhuma das partes em litígio (a Convenção sobre a Conservação das Espécies Migratórias Pertencentes à Fauna Selvagem) e o último era uma convenção em que não podia participar nenhum dos quatro países asiáticos envolvidos no litígio (Convenção Interamericana para a Protecção e Conservação das Tartarugas Marinhas)[1173].

Finalmente, o Órgão de Recurso referiu várias convenções e declarações internacionais a favor da sua interpretação do termo "recursos naturais" (a Convenção das Nações Unidas sobre Direito do Mar, a Convenção sobre Biodiversidade e a Agenda 21)[1174]. O Órgão de Recurso teve também em consideração na interpretação do termo "recursos naturais" tratados que nem todos os participantes no recurso tinham subscrito (por exemplo, os Estados Unidos não assinaram a Convenção sobre Biodiversidade), ao passo que, na interpretação do termo "recursos naturais esgotáveis" no âmbito da alínea *g*) do art. XX do GATT, o Órgão de Recurso referiu somente um tratado (a Convenção sobre o Comércio Internacional das Espécies Selvagens da Fauna e da Flora Ameaçadas de Extinção)[1175], de que eram partes todos os participantes no recurso[1176].

Entre as convenções internacionais referidas pelo Órgão de Recurso no caso *United States – Import Prohibition of certain Shrimp and Shrimp Products,* merece destaque a Convenção sobre Diversidade Biológica, uma vez que, como bem nota JOANNE SCOTT:

> "not only is this not an instrument cited by the World Trade Organization Decision on Trade and Environment (it thus not being possible to infer indirect consent on the

---

nes, that science does not support a ban on hormone-treated beef". Cf. Joost PAUWELYN, *The Role of Public International Law in the WTO: How Far Can We Go?,* in AJIL, 2001, p. 572.

[1172] Relatório do Órgão de Recurso no caso *United States – Import Prohibition of Certain Shrimp and Shrimp Products* (WT/DS58/AB/R), 12-10-1998, parágrafos 168-169.

[1173] Philippe SANDS, *'Unilateralism', Values, and International Law,* in EJIL, 2000, pp. 300-301.

[1174] Relatório do Órgão de Recurso no caso *United States – Import Prohibition of Certain Shrimp and Shrimp Products* (WT/DS58/AB/R), 12-10-1998, parágrafo 130.

[1175] *Idem,* parágrafo 132.

[1176] *Idem,* nota de rodapé 121.

A FUNÇÃO JURISDICIONAL NO SISTEMA GATT/OMC

part of all World Trade Organization Members), but the United States is not a party and it predates the World Trade Organization"[1177].

Consequentemente, nem a data de entrada em vigor do acordo internacional de protecção do ambiente nem a quantidade de membros são necessariamente críticos na determinação da sua relevância para efeitos de interpretação do GATT.

Três anos após o relatório do Órgão de Recurso no caso *United States – Import Prohibition of certain Shrimp and Shrimp Products* ter sido tornado público, o Órgão de Recurso volta a dizer que os painéis devem tomar em consideração outros tratados internacionais, não se cingindo aos tratados respeitantes à OMC, mesmo se eles não são vinculativos para todos os membros da OMC:

> "Para evitar uma 'discriminação arbitrária ou injustificável' [ao abrigo do prólogo do artigo XX do GATT], os Estados Unidos tinham que proporcionar a todos os países exportadores 'oportunidades similares para negociar' um acordo internacional. Atendendo (...) à decidida preferência por enfoques multilaterais proclamada pelos Membros da OMC e por outros países da comunidade internacional em diversos acordos internacionais para a protecção e conservação das espécies ameaçadas de tartarugas marinhas (...), caberia esperar, em nossa opinião, que os Estados Unidos realizassem esforços de boa fé para alcançar acordos internacionais comparáveis num ou noutro fórum de negociação"[1178].

Por conseguinte, caso os Estados Unidos tivessem concluído um acordo bilateral com a Malásia (a outra parte em litígio), tal acordo permitiria aos Estados Unidos invocá-lo em seu benefício se a Malásia decidisse apresentar uma queixa contra si, subsequentemente à conclusão do acordo entre os dois países, ou seja, os Estados Unidos poderiam aplicar quaisquer restrições à importação não justificáveis ao abrigo do art. XX do GATT e qualquer argumento da Malásia de que o acordo bilateral "is not part of the applicable law before a WTO panel" deveria

---

[1177] Joanne SCOTT, *International Trade and Environmental Governance: Relating Rules (and Standards) in the EU and the WTO*, in EJIL, 2004, p. 338.
[1178] Relatório do Órgão de Recurso no caso *United States – Import Prohibition of certain Shrimp and Shrimp Products (Recourse to Article 21.5 of the DSU by Malaysia)* (WT/DS58/AB/RW), 22-10-2001, parágrafo 122. Neste caso, o Órgão de Recurso referiu expressamente um "non-WTO treaty" (a Convenção Interamericana para a Protecção e Conservação das Tartarugas Marinhas), ainda que apenas como "factual reference" (parágrafo 130), como evidência de que estava razoavelmente ao alcance dos Estados Unidos uma linha de acção alternativa, baseada na cooperação e no consenso" (parágrafo 128).

428

O DIREITO APLICÁVEL

ser rejeitado[1179]. Os Estados Unidos (e a Malásia) não poderiam, sim, submeter à análise de um painel da OMC uma queixa com fundamento na violação do acordo bilateral celebrado. Nunca é de mais lembrar que a jurisdição dos painéis está limitada a alegações de violação dos acordos abrangidos.

Outro exemplo interessante é o que se prende com o caso *European Communities – Measures Concerning Meat and Meat Products (Hormones)*. Caso o princípio da precaução tivesse sido reconhecido pelo Órgão de Recurso como costume internacional, permitindo desse modo a um Membro da OMC proibir a importação de carne de vaca com hormonas de crescimento, poderia ter ocorrido um conflito entre um acordo abrangido e o direito internacional geral ou comum. O Órgão de Recurso, apesar de não ter fechado a porta, em termos de princípio, à possibilidade de tomar em consideração tais regras de direito internacional, defendeu que:

> "**123.** O estatuto do princípio da precaução no direito internacional continua a ser objecto de discussão entre os académicos, os profissionais do direito, os reguladores e os juízes. Alguns consideram que o princípio da precaução se cristalizou num princípio geral do direito internacional consuetudinário do *ambiente*. A questão de saber se ele é amplamente aceite pelos membros como princípio de *direito internacional consuetudinário* ou *geral* é menos clara. Consideramos, contudo, que é desnecessário, e provavelmente imprudente, que o Órgão de Recurso tome posição no presente recurso sobre esta importante, mas abstracta, questão. Notamos que o próprio Painel não avançou com qualquer conclusão definitiva relativamente ao estatuto do princípio da precaução no direito internacional e que o princípio da precaução, pelo menos fora do âmbito do direito internacional do ambiente, ainda espera por uma formulação a que seja reconhecida autoridade. (...).
>
> **125.** Concordamos, por isso, com a conclusão do Painel, segundo a qual o princípio da precaução não prevalece sobre as disposições dos nºs 1 e 2 do artigo 5º do Acordo relativo à Aplicação de Medidas Sanitárias e Fitossanitárias"[1180].

---

[1179] Joost PAUWELYN, The Application of Non-WTO Rules of International Law in WTO Dispute Settlement (Chapter 31), in *The World Trade Organization: Legal, Economic and Political Analysis*, Volume I, Patrick Macrory, Arthur Appleton e Michael Plummer Ed., Springer, Nova Iorque, 2005, p. 1416. Na ausência de um acordo bilateral entre os Estados Unidos e a Malásia, o primeiro não poderia invocá-lo como justificação para medidas por si aplicadas eventualmente contrárias ao disposto no GATT.

[1180] Relatório do Órgão de Recurso no caso *European Communities – Measures Concerning Meat and Meat Products (Hormones)* (WT/DS26/AB/R, WT/DS48/AB/R), 16-1-1998, parágrafos 123 e 125. Mais recentemente, o Painel do caso *European Communities – Measures Affecting the Approval and Marketing of Biotech Products* fez também algumas considerações interessantes relativamente ao princípio da precaução:

A FUNÇÃO JURISDICIONAL NO SISTEMA GATT/OMC

Todavia, se interpretada *a contrario*, esta conclusão do Órgão de Recurso parece sugerir que, tivesse o princípio da precaução emergido como uma regra de direito internacional consuetudinário e sido declarado como tal pelo Tribunal Internacional de Justiça, ele poderia ter afastado as disposições do Acordo sobre a Aplicação de Medidas Sanitárias ou Fitossanitárias[1181].

No caso *Argentina – Measures Affecting Imports of Footwear, Textiles, Apparel and Other Items*, estando em causa realmente um conflito, *in casu*, entre um acordo abrangido e um outro acordo internacional, o Órgão de Recurso concluiu então que:

> "não há nada no Acordo entre o Fundo Monetário Internacional e a OMC, na Declaração relativa às Relações da Organização Mundial do Comércio com o Fundo Monetário Internacional e na Declaração relativa à Contribuição da Organização Mundial do Comércio para uma Maior Coerência na Elaboração das Políticas Económicas a Nível Mundial que justifique a conclusão de que os compromissos assumidos por um membro [da OMC] com o Fundo Monetário Internacional devem prevalecer sobre as obrigações que para si resultam do artigo VIII do GATT de 1994"[1182].

---

[1180] "Não houve, até agora, nenhuma decisão com autoridade de uma corte ou tribunal internacional a reconhecer o princípio da precaução como um princípio geral ou comum de direito internacional. É certo que disposições que aplicam explícita ou implicitamente o princípio da precaução foram incorporadas em numerosas convenções e declarações, ainda que, na sua maioria, sejam convenções e declarações ambientais. De igual modo, o princípio tem sido referido e aplicado pelos Estados no plano nacional, também principalmente no âmbito do direito do ambiente. Por outro lado, subsistem questões no que concerne à definição e conteúdo do princípio da precaução. Finalmente, a respeito da doutrina, notamos que muitos autores expressaram a opinião de que o princípio da precaução existe como princípio geral de direito internacional. Ao mesmo tempo, como já foi notado pelo Órgão de Recurso, outros expressaram cepticismo e consideram que o princípio da precaução não tem ainda o estatuto de princípio geral de direito internacional". Cf. Relatório do Painel no caso *European Communities – Measures Affecting the Approval and Marketing of Biotech Products* (WT/DS291/R, WT/DS292/R, WT/DS293/R), 29-9-2006, parágrafo 7.88.

[1181] Na nota de rodapé 93 do seu Relatório no caso *European Communities – Measures Concerning Meat and Meat Products (Hormones)*, o Órgão de Recurso observa que o Tribunal Internacional de Justiça reconheceu no caso *Concerning the Gabcíkovo-Nagymaros Project (Hungary/Slovakia)* que, no âmbito da protecção ambiental, "novas normas têm sido desenvolvidas e consagradas num grande número de instrumentos durante as duas últimas décadas. Essas novas normas têm que ser tomadas devidamente em consideração". Ao mesmo tempo, o Órgão de Recurso nota que o Tribunal Internacional de Justiça não identificou o princípio da precaução como uma dessas normas desenvolvidas recentemente.

[1182] Relatório do Órgão de Recurso no caso *Argentina – Measures Affecting Imports of Footwear, Textiles, Apparel and Other Items* (WT/DS56/AB/R), 27-3-1998, parágrafo 70.

430

O DIREITO APLICÁVEL

Neste caso, parece claro que o Órgão de Recurso não limitou a sua análise aos acordos da OMC. Ele teve em conta não só as regras dos Estatutos do Fundo Monetário Internacional e de dois instrumentos jurídicos não mencionados em nenhum dos acordos abrangidos (a Declaração relativa às Relações da Organização Mundial do Comércio com o Fundo Monetário Internacional e a Declaração relativa à Contribuição da Organização Mundial do Comércio para uma Maior Coerência na Elaboração das Políticas Económicas a Nível Mundial), como também admite a possibilidade de tais instrumentos jurídicos poderem modificar as obrigações que resultam para um Membro da OMC de um acordo abrangido. Como conclui ERICH VRANES, o facto:

> "That the Appellate Body examined non-covered agreements invoked as a defense should arguably be read as implying that it would have been prepared, in principle, also to take the next logical step, *i.e.* to accept that non-WTO international law may prevail over WTO obligations in certain circumstances"[1183].

No caso *European Communities – Conditions for the Granting of Tariff Preferences to Developing Countries*, o Órgão de Recurso confirma a necessidade de acudir a outras normas internacionais, distintas dos acordos abrangidos:

> "A alínea *c*) do n.º 3 [da Cláusula de Habilitação de 1979] não autoriza *qualquer* tipo de resposta a *qualquer* alegada necessidade dos países em desenvolvimento. Em primeiro lugar, observamos que os tipos de necessidades dos países em desenvolvimento para as quais se prevê uma resposta se reduzem às 'necessidades do desenvolvimento, das finanças e do comércio'. Em nossa opinião, não se pode considerar que uma 'necessidade' seja uma das 'necessidades dos países em desenvolvimento' especificadas no sentido da alínea *c*) do n.º 3, com base apenas numa afirmação nesse sentido, por exemplo, de um país que conceda preferências ou de um país beneficiário. Pelo contrário, quando se formula uma alegação de incompatibilidade com a alínea *c*) do n.º 3, a existência de uma 'necessidade do desenvolvimento, das finanças e do comércio' deve ser avaliada de acordo com um critério *objectivo*. O amplo reconhecimento de uma determinada necessidade, no Acordo OMC ou em instrumentos multilaterais adoptados por organizações internacionais, pode constituir um tal critério"[1184].

O Órgão de Recurso não condiciona, neste caso, a relevância dos "instrumentos multilaterais adoptados por outras organizações internacionais" à sua acei-

---

[1183] Erich VRANES, *Jurisdiction and Applicable Law in WTO Dispute Settlement*, in GYIL, Vol., 48, 2006, p. 277.
[1184] Relatório do Órgão de Recurso no caso *European Communities – Conditions for the Granting of Tariff Preferences to Developing Countries* (WT/DS246/AB/R), 7-4-2004, parágrafo 163.

431

A FUNÇÃO JURISDICIONAL NO SISTEMA GATT/OMC

tação pelas partes em litígio, ou seja, como salienta Pauwelyn, "these instances raise more questions of legitimacy and state consent than my, less ambitious, proposal for panels to apply rules that the parties have explicitly agreed to in the first place"[1185].

No que concerne aos membros da OMC, a prática demonstra que eles próprios têm mencionado outros tratados internacionais para além dos acordos da OMC. Os Estados Unidos, por exemplo, defenderam a proibição de importação de camarão com base em tratados internacionais de protecção das tartarugas marinhas; a Argentina tentou justificar uma taxa *ad valorem* de 3% aplicada às importações (a denominada "taxa estatística") referindo o "Memorando de Acordo sobre a Política Económica" que tinha celebrado com o Fundo Monetário Internacional, etc..

Mesmo no caso da referência do nº 2 do art. 3º do Memorando de Entendimento sobre Resolução de Litígios às regras de interpretação, não obstante os artigos 31º, 32º e 33º da Convenção de Viena caberem claramente nessa categoria, a prática jurisdicional da OMC contém frequentes referências a outros artigos da mesma Convenção, como os artigos 26º[1186], 28º[1187], 60º e 70º[1188].

### 3.2.5. O Artigo 31º, nº 3, da Convenção de Viena

Outro argumento particularmente interessante é o facto de o nº 3 do art. 31º da Convenção de Viena sobre o Direito dos Tratados determinar que ter-se-á em consideração na interpretação de um tratado não só o próprio tratado (*in casu*, os

---

[1185] Joost Pauwelyn, Non-Traditional Patterns of Global Regulation: Is the WTO 'Missing the Boat'?, in *Constitutionalism, Multilevel Trade Governance and Social Regulation*, Christian Joerges e Ernst-Ulrich Petersmann ed., Hart Publishing, Oxford-Portland, 2006, p. 215. Ainda segundo este autor:

> "How could these references to norms that were not binding on the disputing parties be justified? In my view, it is possible to interpret Article 31.3(c) of the Vienna Convention sufficiently broadly to call these norms 'rules of international law applicable in the relations between the parties', that is, part of the rules which WTO panels must refer to when interpreting the WTO Treaty pursuant to Article 3.2 of the DSU". Cf. Joost Pauwelyn, Non-Traditional Patterns of Global Regulation: Is the WTO 'Missing the Boat'?, in *Constitutionalism, Multilevel Trade Governance and Social Regulation*, Christian Joerges e Ernst-Ulrich Petersmann ed., Hart Publishing, Oxford-Portland, 2006, p. 216.

[1186] Relatório do Painel no caso *Korea – Measures Affecting Government Procurement* (WT/DS163/R), 1-5-2000, parágrafo 7.93.

[1187] Relatório do Órgão de Recurso no caso *Brazil – Measures Affecting Desiccated Coconut* (WT/DS22/AB/R), 21-2-1997, p. 14.

[1188] Decisão de Arbitragem no caso *Brazil – Export Financing Programme for Aircraft, Recourse to Arbitration by Brazil under Article 22.6 of the DSU and Article 4.11 of the SCM Agreement* (WT/DS46/ARB), 28-8-2000, parágrafo 3.10.

432

O DIREITO APLICÁVEL

acordos da OMC), mas também "todo o acordo ulterior entre as partes sobre a interpretação do tratado ou a aplicação das suas disposições" (alínea *a*)) e "toda a regra pertinente de Direito Internacional aplicável às relações entre as partes" (alínea *c*)).

Todavia, existem diferentes pontos de vista sobre se o n° 3, alínea *c*), do art. 31° da Convenção de Viena sobre o Direito dos Tratados refere a regra aplicável entre apenas algumas das partes do acordo (usualmente as partes em litígio) ou a regra aplicável a todas as partes do acordo (todos os membros da OMC)[1189]. Esta discordância não tem qualquer efeito sobre o recurso ao costume internacional ou aos princípios gerais de direito para efeitos interpretativos, mas tem implicações a respeito de sabermos se os acordos *inter se* entre um grupo de membros da OMC podem ser utilizados para interpretar os acordos da OMC (ao abrigo do art. 41° da Convenção de Viena sobre o Direito dos Tratados, os membros da OMC podem celebrar acordos *inter se* modificativos dos seus direitos e obrigações[1190]).

Olhando para a redacção do n° 3, alínea *c*), do art. 31° da Convenção de Viena, é possível sugerir várias interpretações[1191]. Por exemplo, conquanto seja possível sugerir que o artigo usa o termo "partes" no sentido de partes num determinado

[1189] O Órgão de Recurso referiu-se explicitamente ao n° 3, alínea *c*), do art. 31° da Convenção de Viena sobre o Direito dos Tratados no caso *United States – Import Prohibition of certain Shrimp and Shrimp Products* (nota de rodapé 157) e, no caso *European Communities – Customs Classification of Frozen Boneless Chicken Cuts*, o Órgão de Recurso admite que o Sistema Harmonizado de Designação e Codificação de Mercadorias, elaborado sob os auspícios do Conselho de Cooperação Aduaneira (agora denominado de Organização Mundial das Alfândegas), pode, caso sejam preenchidos os critérios do n° 3, alínea *c*), do art. 31° da Convenção de Viena, constituir uma "regra pertinente de Direito Internacional aplicável às relações entre as partes" (cf. Relatório do Órgão de Recurso no caso *European Communities – Customs Classification of Frozen Boneless Chicken Cuts* (WT/DS269/AB/R, WT/DS286/AB/R), 12-9-2005, parágrafo 195). Apesar de o Sistema Harmonizado não fazer parte formalmente do Acordo OMC, pois não foi nele incorporado, total ou parcialmente (cf. *Idem*), os membros do Sistema Harmonizado incluem a grande maioria dos membros da OMC e o Sistema Harmonizado foi utilizado como base para a preparação das Listas do GATT resultantes do Ciclo do Uruguai (cf. *Idem*, parágrafo 196). De notar que a Comissão do Direito Internacional defende que, ainda que um tribunal tenha apenas jurisdição relativamente a um determinado instrumento, ele deve interpretar e aplicar esse instrumento atendendo à sua relação com o seu ambiente normativo, isto é, "other international law". Este é o princípio da integração sistemática a que dá expressão o n° 3, alínea *c*), do art. 31° da Convenção de Viena. Cf. COMISSÃO DO DIREITO INTERNACIONAL, 58ª Sessão, *Fragmentation of International Law: Difficulties arising from the Diversification and Expansion of International Law*, Report of the Study Group of the International Law Commission – Finalised by Martti Koskenniemi (A/CN.4/L.682), 13-4-2006, parágrafo 423.

[1190] Lorand BARTELS, *Article XX of GATT and the Problem of Extraterritorial Jurisdiction: The Case of Trade Measures for the Protection of Human Rights*, in JWT, 2002, pp. 360-361.

[1191] Para conhecermos a evolução do n° 3, alínea *c*), do art. 31° desde a sua gestação pelos progenitores do direito internacional (Grotius e Vattel) até à finalização do texto da Convenção de Viena sobre o Direito dos Tratados, ver, sobretudo, Panos MERKOURIS, *Debating the Ouroboros of*

A FUNÇÃO JURISDICIONAL NO SISTEMA GATT/OMC

litígio[1192], tal sentido parece ser excluído pela própria Convenção de Viena, visto que esta define "parte" como "um Estado que consentiu em estar vinculado pelo tratado e para o qual o tratado se encontra em vigor" (art. 2º, nº 1, alínea *g*)). Aliás, os termos "parte num diferendo" ou "partes num diferendo" são utilizados na Convenção de Viena quando se refere a um litigante (ver, por exemplo, o art. 66º e o Anexo). Por outro lado, o nº 2, alínea *a*), do art. 31º fala em "todas as partes" e a alínea *b*) do mesmo nº 2 em "uma ou várias partes", donde resulta ser possível construir a referência a "partes" no nº 3, alínea *c*), do art. 31º a algumas partes, mas não necessariamente a todas as partes do acordo em causa[1193]. PANOS MERKOURIS assevera mesmo que:

> "Several issues, such as as intertemporal law or the notion of 'parties' and 'relevant rules' were left intentionally vague to allow the reaching of an agreement and avoiding simultaneously putting at risk the very existence of the provision. (...) The incorporation of a provision such as Article 31(3)(c) was considered essential"[1194].

Há quem chame a atenção, também, para o facto de o nº 3, alínea *c*), do art. 31º fazer referência a "toda a regra pertinente de Direito Internacional aplicável às relações entre as partes" e não a regras que vinculam normativamente todas as partes. Por conseguinte, basta que uma regra reflicta as "intenções comuns" ou o entendimento dos membros da OMC no seu conjunto relativamente ao significado de um termo constante dos acordos da OMC para que tal regra possa ser aplicada[1195]. Assim, se estiver em causa a interpretação, por exemplo, do termo "recursos naturais esgotáveis", um painel não tem de limitar-se às regras que são vinculativas juridicamente para todos os membros da OMC. Basta que as fontes externas aos acordos da OMC reflictam uma definição ou proporcionem um sig-

---

*International Law: The Drafting History of Article 31(3)(c)*, in International Community Law Review, 2007, pp. 1-31.

[1192] Petros MAVROIDIS e David PALMETER, *The WTO Legal System: Sources of Law*, in AJIL, 1998, p. 411

[1193] Benn MCGRADY, *Fragmentation of International Law or "Systemic Integration" of Treaty Regimes: EC – Biotech Products and the Proper Interpretation of Article 31(3)(c) of the Vienna Convention on the Law of Treaties*, in JWT, 2008, p. 594. *Contra*: Ulf LINDERFALK, *Doing the Right Thing for the Right Reason – Why Dynamic or Static Approaches Should be Taken in the Interpretation of Treaties*, in International Community Law Review, 2008, p. 111 ("Parties – the expression used in Article 31, paragraph 3(c) – does not mean parties to the specific interpretation dispute, as sometimes suggested. It means all parties to a treaty").

[1194] Panos MERKOURIS, *Debating the Ouroboros of International Law: The Drafting History of Article 31(3)(c)*, in International Community Law Review, 2007, p. 29.

[1195] Joost PAUWELYN, Non-Traditional Patterns of Global Regulation: Is the WTO 'Missing the Boat'?, in *Constitutionalism, Multilevel Trade Governance and Social Regulation*, Christian Joerges e Ernst-Ulrich Petersmann ed., Hart Publishing, Oxford-Portland, 2006, p. 216.

## O DIREITO APLICÁVEL

nificado que seja comummente entendido por todos os membros da OMC[1196]. Como defende PAUWELYN:

"After all, interpreting a WTO term with reference to other sources is *not* adding legally binding rights or obligations to the WTO term, but rather a technical, linguistic exercise of defining the very meaning of the WTO term. Indeed, the very first outside source that panels and the Appellate Body consistently refer to is surely one that is *not* legally binding on all WTO members, namely, the Oxford English Dictionary in which 'ordinary meaning' is traditionally found"[1197].

Talvez a melhor interpretação seja, pois, a de que os redactores da Convenção de Viena não prestaram muita atenção às implicações dos vários significados do termo "partes"[1198]. A própria jurisprudência dos vários sistemas de resolução de litígios internacionais e regionais dá apoio ao argumento de que o termo "partes"

---

[1196] Segundo o Órgão de Recurso:
"A finalidade da interpretação de tratados em conformidade com o artigo 31º da Convenção de Viena é estabelecer as intenções *comuns* das partes. Estas intenções *comuns* não podem ser estabelecidas com base em 'expectativas' subjectivas e determinadas unilateralmente por *uma* das partes de um tratado. As concessões pautais inscritas na lista de um Membro – cuja interpretação está em jogo neste caso – são recíprocas e resultam de uma negociação mutuamente vantajosa entre Membros importadores e Membros exportadores. Uma lista torna-se parte integrante do GATT de 1994 em virtude do nº 7 do seu artigo II. Por conseguinte, as concessões inscritas nesta lista fazem parte dos termos do tratado. Por isso, as únicas regras a aplicar na interpretação de uma concessão são as regras gerais de interpretação de tratados enunciadas na Convenção de Viena" (cf. Relatório do Órgão de Recurso no caso *European Communities – Customs Classification of Certain Computer Equipment* (WT/DS62/AB/R, WT/DS67/AB/R, WT/DS68/AB/R), 5-6-1998, parágrafo 84).
No caso *United States – Import Prohibition of Certain Shrimp and Shrimp Products*, o Órgão de Recurso observa que as palavras da alínea *g*) do artigo XX do GATT, "recursos naturais esgotáveis" devem ser analisadas por um intérprete de tratados à luz das preocupações actuais da comunidade de nações em matéria de protecção e conservação do ambiente (cf. Relatório do Órgão de Recurso no caso *United States – Import Prohibition of Certain Shrimp and Shrimp Products* (WT/DS58/AB/R), 12-10-1998, parágrafos 129) e, como já foi referido, o Órgão de Recurso menciona na sua interpretação da alínea *g*) regras de direito internacional que não eram vinculativas para todos os membros da OMC, nem sequer para todas as partes em litígio. Essencialmente, as "non-WTO rules" devem reflectir as intenções comuns "by being agreed upon or tolerated – be it explicitly, implicitly, or by acquiescence only – by all WTO members". Cf. Joost PAUWELYN, *The Role of Public International Law in the WTO: How Far Can We Go?*, in AJIL, 2001, p. 575.
[1197] Joost PAUWELYN, Non-Traditional Patterns of Global Regulation: Is the WTO 'Missing the Boat'?, in *Constitutionalism, Multilevel Trade Governance and Social Regulation*, Christian Joerges e Ernst-Ulrich Petersmann ed., Hart Publishing, Oxford-Portland, 2006, pp. 216-217.
[1198] Isabelle Van DAMME, What Role is there for Regional International Law in the Interpretation of the WTO Agreements?, in *Regional Trade Agreements and the WTO Legal System*, Lorand Bartels e Federico Ortino ed., Oxford University Press, 2006, p. 559.

A FUNÇÃO JURISDICIONAL NO SISTEMA GATT/OMC

é lido por alto quando é interpretado o nº 3, alínea *c*), do art. 31º da Convenção de Viena[1199].

Uma coisa é certa: caso prevaleça o entendimento de que o nº 3, alínea *c*), do art. 31º da Convenção de Viena se refere unicamente às regras de direito internacional que são juridicamente vinculativas para todos os membros da OMC, os painéis e o Órgão de Recurso ficam impedidos de tomar em consideração muitas das regras de direito internacional quando interpretam os acordos da OMC.

É preciso ter em atenção, igualmente, que, não obstante o nº 3, alínea *c*), do art. 31º da Convenção de Viena não constituir um fundamento para aplicar outras normas de direito internacional, no sentido de preservar os direitos e as obrigações resultantes das mesmas, mas sim para ter em conta essas normas com o fim específico de interpretar as disposições dos acordos abrangidos[1200], a distinção entre direito aplicável e referência interpretativa pode ser difícil de traçar na prática[1201].

### 3.2.6. O Caso *European Communities – Biotech Products*

No importante caso *European Communities – Measures Affecting the Approval and Marketing of Biotech Products*, perante o argumento das Comunidades Europeias de que os acordos da OMC deveriam ser interpretados à luz de outras regras de direito internacional (*in casu*, a Convenção sobre Diversidade Biológica e o seu Protocolo de Cartagena[1202]), mesmo se não fossem vinculativas para todas as partes em litígio[1203], o Painel contrapôs que a relevância de uma regra de direito

---

[1199]  *Idem*, p. 559.

[1200]  Joost Pauwelyn, The Application of Non-WTO Rules of International Law in WTO Dispute Settlement (Chapter 31), in *The World Trade Organization: Legal, Economic and Political Analysis*, Volume I, Patrick Macrory, Arthur Appleton e Michael Plummer Ed., Springer, Nova Iorque, 2005, pp. 1411-1412.

[1201]  Tomer Broude, *Principles of Normative Integration and the Allocation of International Authority: The WTO, the Vienna Convention on the Law of Treaties, and the Rio Declaration*, in Loyola University Chicago International Law Review, Volume 6, Issue 1, 2008, p. 196.

[1202]  A Comunidade Europeia era a única parte em litígio que tinha assinado e ratificado o Protocolo de Cartagena. Cf. Margaret Young, *The WTO's Use of Relevant Rules of International Law: An Analysis of the Biotech Case*, in ICLQ, 2007, p. 907.

[1203]  As partes queixosas defenderam que a expressão "partes" significava "partes em litígio, embora o Canadá tivesse depois mudado de opinião. A única parte terceira que abordou esta questão na respectiva comunicação (Austrália) defendeu também que a expressão "partes" equivaleria a "partes em litígio" (cf. Margaret Young, *The WTO's Use of Relevant Rules of International Law: An Analysis of the Biotech Case*, in ICLQ, 2007, p. 915). Uma das principais razões para preferir a leitura da maioria das partes queixosas prende-se com o facto de a interpretação alternativa deixar sem sentido o nº 3, alínea *c*), do art. 31º da Convenção de Viena.

436

O DIREITO APLICÁVEL

internacional depende da sua aplicabilidade a todas as partes do tratado que está a ser interpretado:

"**7.68.** Além disso, é importante o facto de o nº 3, alínea c), do artigo 31º indicar que, ao interpretar um tratado, só há que ter em conta as regras de direito internacional 'aplicáveis às relações entre as partes'. Esta limitação suscita a questão do significado da expressão 'as partes'. Ao abordar esta questão, observamos que o nº 3, alínea c), do artigo 31º não faz referência a 'uma ou mais partes'. Nem se refere 'às partes em litígio'. Observamos ainda que o nº 1, alínea g), do artigo 2º da Convenção de Viena indica o significado do termo 'parte' para efeitos da Convenção de Viena (...). É possível inferir destes elementos que as regras de direito internacional aplicáveis às relações entre 'as partes' são as regras de direito internacional aplicáveis às relações entre os Estados que tenham consentido em ficar vinculados pelo tratado que se está a interpretar e a respeito dos quais esse tratado está em vigor. Esta interpretação da expressão 'as partes' conduz logicamente à opinião de que as regras de direito internacional a serem tomadas em consideração na interpretação dos Acordos da OMC em questão no presente litígio são as aplicáveis nas relações entre os Membros da OMC. (...).

**7.70.** Tendo em conta o facto de que o nº 3, alínea c), do artigo 31º obriga a tomar em consideração outras regras de direito internacional aplicáveis, e de que essa consideração poderia levar o intérprete de um tratado a adoptar uma interpretação em lugar de outra, consideramos que faz sentido interpretar o nº 3, alínea c), do artigo 31º como exigindo que se tomem em consideração as regras de direito internacional que são aplicáveis nas relações entre todas as partes no tratado que se está interpretando. A exigência de que um tratado seja interpretado à luz de outras regras de direito internacional que obrigam os Estados partes nesse tratado assegura ou aumenta a consistência das regras de direito internacional aplicáveis a esses Estados e contribui para evitar conflitos entre as regras pertinentes.

**7.71.** As Comunidades Europeias parecem sugerir que devemos interpretar os acordos da OMC em questão no presente litígio à luz de outras regras de direito internacional, mesmo se estas regras não são vinculativas para todas as partes em litígio. Ao abordar este argumento, recordamos em primeiro lugar a nossa posição de que o nº 3, alínea c), do artigo 31º obriga a tomar em consideração as regras de direito internacional que são aplicáveis nas relações entre todas as partes no tratado que se está interpretando. As partes num litígio sobre o cumprimento de um determinado tratado são, naturalmente, partes nesse tratado. Portanto, em relação com o presente litígio, pode dizer-se que, se uma regra de direito internacional não é aplicável a um dos quatro Membros da OMC partes no presente litígio, essa regra não é aplicável nas relações entre todos os Membros da OMC. Em consequência, tomando como base a nossa interpretação do nº 3, alínea c), do artigo 31º, não consideramos que, ao interpretar os acordos da OMC pertinentes, estejamos obrigados a ter em conta outras regras de direito internacional que não são aplicáveis a uma das partes neste litígio.

A FUNÇÃO JURISDICIONAL NO SISTEMA GATT/OMC

Mas, mesmo independentemente da nossa própria interpretação, consideramos que o nº 3, alínea c), do artigo 31º não pode ser interpretado razoavelmente como sugerem as Comunidades Europeias. De facto, não está claro por que razão um Estado soberano aceitaria uma regra obrigatória de interpretação de tratados que poderia ter como consequência que a interpretação de um tratado de que é parte esse Estado é afectada por outras regras de direito internacional que esse Estado decidiu não aceitar"[1204].

Os Estados Unidos, por exemplo, não eram parte em nenhum dos dois acordos referidos (Convenção sobre Diversidade Biológica e Protocolo de Cartagena)[1205] e, por isso, o Painel decidiu que não estava obrigado a ter em conta nenhum dos acordos referidos na interpretação das regras da OMC relevantes para o litígio subjacente[1206].

Não deixa de ser curioso, ao mesmo tempo, que o painel tenha dito uns parágrafos depois que não havia qualquer discrepância entre a sua abordagem e a do Órgão de Recurso no caso *United States – Import Prohibition of certain Shrimp and Shrimp Products*:

"**7.92.** O Painel recorda que, em virtude do nº 1 do artigo 31º da Convenção de Viena, os termos de um tratado devem ser interpretados em conformidade com o 'sentido comum' atribuível no seu contexto e à luz dos respectivos objecto e fim. O sentido comum dos termos de um tratado determina-se, com frequência, com base em dicionários. Pensamos que, além dos dicionários, há outras regras pertinentes de direito internacional que podem, em alguns casos, ajudar o intérprete de um tratado a estabelecer, ou confirmar, o sentido comum dos termos de um tratado no contexto específico em que são utilizados. Tais regras não seriam tomadas em consideração porque são normas jurídicas, mas antes porque elas poderiam fornecer provas do sentido comum dos termos como fazem os dicionários. Elas seriam tomadas em consideração por causa do seu carácter informativo. Portanto, quando o intérprete de um tratado não considere que outra regra de direito internacional é informativa, ele não terá que se basear nela.

**7.93.** Tendo em conta o que foi dito, consideramos que um painel pode tomar em consideração outras regras pertinentes de direito internacional quando interprete os termos dos Acordos da OMC se considerar que elas são informativas. Mas um painel não tem que utilizar necessariamente outras regras de direito internacional, em particular, se considera que é possível determinar o sentido corrente dos termos dos Acordos da OMC tomando como referência outros elementos

[1204] Relatório do Painel no caso *European Communities – Measures Affecting the Approval and Marketing of Biotech Products* (WT/DS291/R, WT/DS292/R, WT/DS293/R), 29-9-2006, parágrafos 7.68 e 7.70-7.71.
[1205] *Idem*, parágrafos 7.74-7.75.
[1206] Esta abordagem do painel recorda, assim, a que foi seguida pelo painel que analisou o famoso caso *Tuna II* (ver *supra*).

O DIREITO APLICÁVEL

**7.94.** Este enfoque é coerente com o do Órgão de Recurso no caso *United States – Shrimp*, tal como o entendemos. Naquele caso, o Órgão de Recurso tinha que interpretar o termo 'recursos naturais esgotáveis' que figura na alínea *g*) do artigo XX do GATT de 1994. O Órgão de Recurso constatou que este termo era por definição evolutivo e, em consequência, considerou 'oportuno advertir que as modernas convenções e declarações internacionais fazem frequentes referências aos recursos naturais incluindo dentro dos mesmos tanto os recursos vivos como os não vivos'. Portanto, segundo entendemos, o Órgão de Recurso baseou-se em outras regras de direito internacional porque considerou que eram informativas e o ajudavam a estabelecer o sentido e o alcance do termo 'recursos naturais esgotáveis'. As Comunidades Europeias assinalam correctamente que o Órgão de Recurso referiu convenções que não eram aplicáveis a todas as partes em litígio. Todavia, o mero facto de que uma ou mais partes em litígio não são partes de uma convenção não significa necessariamente que esta não pode aclarar o sentido e o alcance de um termo do tratado a ser interpretado.

**7.95.** No presente caso, em resposta a uma pergunta formulada pelo Painel, as Comunidades Europeias identificaram várias disposições da Convenção sobre a Diversidade Biológica e do Protocolo sobre Segurança da Biotecnologia que consideram que o Painel deve ter em conta. As Comunidades Europeias não explicaram como estas disposições são pertinentes para a interpretação dos Acordos da OMC em questão neste litígio. Examinámos cuidadosamente as disposições mencionadas pelas Comunidades Europeias. No entanto, em última instância, não consideramos necessário nem adequado recorrer a estas disposições concretas ao interpretar os Acordos da OMC em questão no presente litígio.

**7.96.** Além disso, recordamos que, depois de consultar as partes, solicitamos a várias organizações internacionais (por exemplo, o *Codex*, a Organização das Nações Unidas para a Alimentação e a Agricultura, a Organização Mundial de Saúde, o secretariado da Convenção sobre a Diversidade Biológica e o Programa das Nações Unidas para o Ambiente) que identificassem materiais (trabalhos de referência, glossários, documentos oficiais das organizações internacionais competentes, incluindo convenções, normas e directrizes, etc.) que nos pudessem ajudar a determinar o sentido corrente de determinados termos utilizados nas definições que figuram no Anexo A do Acordo sobre a Aplicação de Medidas Sanitárias e Fitossanitárias. Os materiais obtidos desta maneira foram tomados em consideração, quando apropriado"[1207].

O painel entendeu, deste modo, o nº 1 do artigo 31º da Convenção de Viena como alternativa ao nº 3, alínea *c*), do mesmo artigo para poder tomar em con-

---

[1207] Relatório do Painel no caso *European Communities – Measures Affecting the Approval and Marketing of Biotech Products* (WT/DS291/R, WT/DS292/R, WT/DS293/R), 29-9-2006, parágrafos 7.92-7.96.

439

A FUNÇÃO JURISDICIONAL NO SISTEMA GATT/OMC

sideração "non-WTO law" na interpretação dos acordos abrangidos. De acordo com MARGARET YOUNG, esta abordagem do painel:

"is logically attractive given that "ordinary meaning" is not a matter of consent, but rather of intersubjectivity. Meaning in language is not dependent on the consent of participants, but rather develops according to social practices within a community"[1208].

De qualquer modo, a "abordagem isolacionista" do painel[1209] suscita vários problemas importantes. Primeiro, o painel não tem em conta que alguns dos membros da OMC (os territórios aduaneiros autónomos, como Macau, Hong Kong e o Taipé Chinês) não gozam da personalidade jurídica internacional necessária à ratificação da Convenção sobre a Diversidade Biológica.

Segundo, como consequência última da abordagem do painel ao nº 3, alínea *c*), do art. 31º da Convenção de Viena, a maioria das regras de direito internacional (excepto o direito consuetudinário) não pode ser tomada em consideração no âmbito do sistema de resolução de litígios da OMC. Basta ver que o painel não atribui qualquer relevância às disposições do Protocolo de Cartagena, um código detalhado sobre a avaliação do risco e controlo regulador dos organismos geneticamente modificados, aceite na altura da análise do litígio por cerca de 130 Estados. Alguns autores consideram mesmo que:

"The failure of the panel in the *European Communities – Biotech* case to take into consideration the Protocol represents old-style 'insider network' governance, and had the ruling been appealed on this point, the Appellate Body would probably have reversed, given its openness to the consideration of environmental instruments in WTO interpretation, even where those instruments do not bind all WTO members"[1210].

Terceiro, a própria Convenção de Viena permite que sejam celebrados acordos *inter se* entre apenas alguns membros da OMC modificativos das suas obrigações no âmbito dos acordos da OMC (art. 41º)[1211]. Por exemplo, subsequen-

---

[1208] Margaret YOUNG, *The WTO's Use of Relevant Rules of International Law: An Analysis of the Biotech Case*, in ICLQ, 2007, p. 919.

[1209] Joost PAUWELYN, *The Sutherland Report: A Missed Opportunity for Genuine Debate on Trade, Globalization and Reforming the WTO*, in JIEL, 2005, p. 334.

[1210] Robert HOWSE e Kalypso NICOLAÏDIS, Democracy without Sovereignty: The Global Vocation of Political Ethics, in *The Shifting Allocation of Authority in International Law: Considering Sovereignty, Supremacy and Subsidiarity, Essays in honour of Professor Ruth Lapidoth*, Tomer Broude e Yuval Shany ed., Hart Publishing, Oxford-Portland, 2008, pp. 180-181.

[1211] Nos termos do nº 1 do artigo 41º da Convenção de Viena sobre o Direito dos Tratados:
"1. Duas ou mais partes dum tratado internacional podem concluir um acordo tendo por objecto modificar o tratado somente no que respeita às relações entre si:
a) se a possibilidade duma tal modificação estiver prevista no tratado; ou
b) se a modificação em questão não for proibida pelo tratado, desde que:

O DIREITO APLICÁVEL

*I*) não ofenda o gozo, pelas outras partes, dos direitos que lhes provenham do tratado, nem o cumprimento das suas obrigações;

*II*) não diga respeito a uma disposição que não possa ser derrogada sem que haja incompatibilidade com a realização efectiva do objecto e dos fins do tratado em geral".

A regra de que um tratado não cria nem obrigações nem direitos para um Estado terceiro sem o consentimento deste último pode ser encontrada no art. 34º da Convenção de Viena sobre o Direito dos Tratados e, segundo JOOST PAUWELYN, a referência à realização efectiva do objecto e dos fins do tratado em geral:

"is reminiscent of the distinction introduced by Sir Gerald Fitzmaurice between treaties imposing obligations of (1) a reciprocal nature; (2) an interdependent nature; and (3) an integral nature. The Vienna Convention on Diplomatic Relations is named as an example of a 'reciprocal' treaty, in which the obligations, like most WTO treaty provisions, can be reduced to a bilateral state-to-state relationship. The example given of an 'interdependent' treaty is a disarmament treaty. There, obligations are not purely bilateral, and the performance of one party's obligations depends on performance by all the other parties. Whenever one party violates its obligations, it necessarily does so toward all the others and further performance would be of little use. Finally, the 1948 Genocide Convention serves as an example of an 'integral' treaty. The binding nature of the obligations in question is autonomous and absolute. The treaty cannot be reduced to state-to-state obligations, nor does it depend on the performance of other parties. Inter se agreements modifying 'interdependent' and, in particular, 'integral' treaties are most likely to affect the rights of third parties, as well as be incompatible with 'the effective execution of the object and purpose of the treaty as a whole'. Inter se agreements modifying 'reciprocal' agreements, in contrast, are less prone to have this effect. In this light, many obligations in environmental treaties arguably have an 'interdependent' (some even an 'integral') nature, whereas most obligations in human rights treaties might be seen as falling into the class of 'integral' obligations. Hence, inter se modifications of these ('interdependent' or 'integral') environmental and human rights treaties (including modifications by the WTO treaty itself) might have difficulty passing the test of Article 41 of the Vienna Convention – much more, indeed, than modifications of the 'reciprocal' WTO treaty, for example, by an inter se environmental or human rights agreement" (cf. Joost PAUWELYN, *The Role of Public International Law in the WTO: How Far Can We Go?*, in AJIL, 2001, p. 549).

De notar, igualmente, que a Comissão do Direito Internacional aceita a legalidade dos acordos *inter se* que restrinjam as trocas comerciais apenas entre alguns membros da OMC, "in deviation of WTO rules", na medida em que os direitos das partes terceiras sejam respeitados:

"O tratado do GATT não contém nenhuma regra que possa aplicar-se se dois ou mais membros desejam concluir um acordo *inter se* para restringir o comércio entre eles. Na ausência dessas disposições, não parece haver nada que impeça os membros de concluir um acordo *inter se* no sentido de não invocarem nas suas relações mútuas, por exemplo, os artigos III e XI do GATT a respeito de certas restrições comerciais que sentem justificadas. Esse acordo afectará os direitos e obrigações dos demais membros da OMC, mas num sentido positivo, pelo que a condição estabelecida no artigo 41º da Convenção de Viena sobre o Direito dos Tratados será satisfeita". Cf. COMISSÃO DO DIREITO INTERNACIONAL, 58ª Sessão, *Fragmentation of International Law: Difficulties arising from the Diversification and Expansion of International Law*, Report of the Study Group of the International Law Commission – Finalised by Martti Koskenniemi (A/CN.4/L.682), 13-4-2006, parágrafo 306.

A FUNÇÃO JURISDICIONAL NO SISTEMA GATT/OMC

temente à adopção do relatório do painel inicial no caso *Australia – Subsidies Provided to Producers and Exporters of Automotive Leather*, os Estados Unidos e a Austrália chegaram a um acordo atinente aos procedimentos aplicáveis ao litígio, de acordo com os artigos 21º e 22º do Memorando de Entendimento sobre Resolução de Litígios e 4º do Acordo sobre as Subvenções e as Medidas de Compensação. Nos termos do ponto 4 do acordo bilateral, "a Austrália e os Estados Unidos aceitarão incondicionalmente o relatório do painel [criado ao abrigo do nº 5 do artigo 21º do Memorando de Entendimento sobre Resolução de Litígios] e não haverá qualquer recurso desse relatório"[1212]. O painel criado ao abrigo do nº 5 do art. 21º decidiu a favor dos Estados Unidos e, conforme acordado, a Austrália não recorreu do relatório. Mas, caso a Austrália tivesse recorrido do relatório do painel, será que os Estados Unidos poderiam ter invocado o acordo bilateral concluído entre os dois países, um acordo que não consta da lista de acordos abrangidos do Memorando de Entendimento sobre Resolução de Litígios? A resposta deve ser afirmativa. Os Estados Unidos e a Austrália abdicaram voluntariamente do direito de recurso e os direitos das partes terceiras não foram afectados. Logo:

"the Appellate Body must respect the bilateral agreement and decline jurisdiction. By thus applying the bilateral agreement, the Appellate Body would *not* expand its jurisdiction beyond WTO claims; rather, it would expand the applicable law before it and on that basis decline to exercise its limited jurisdiction"[1213].

A aplicação deste acordo bilateral pelo Órgão de Recurso equivaleria, no fundo, a respeitar a vontade soberana das duas partes em litígio e não a aumentar ou a diminuir quaisquer direitos e obrigações dos membros da OMC previstos nos acordos abrangidos[1214].

Quarto, apesar de o painel ter citado a abordagem do Órgão de Recurso no caso *United States – Import Prohibition of certain Shrimp and Shrimp Products*, a verdade é que, como já foi referido, o Órgão de Recurso teve em consideração na interpretação do termo "recursos naturais" tratados que nem todos os participantes no recurso tinham subscrito. Os Estados Unidos, por exemplo, não tinham assinado nem a Convenção das Nações Unidas sobre Direito do Mar nem

---

[1212] OMC, *Australia – Subsidies to Producers and Exporters of Automotive Leather (Recourse by the United States to Article 21.5 of the DSU)* (WT/DS126/8), 4-10-1999, ponto 4 (p. 2).

[1213] Joost PAUWELYN, *How to Win a World Trade Organization Dispute Based on Non-World Trade Organization Law? Questions of Jurisdiction and Merits*, in JWT, 2003, p. 1007.

[1214] Joost PAUWELYN, The Application of Non-WTO Rules of International Law in WTO Dispute Settlement (Chapter 31), in *The World Trade Organization: Legal, Economic and Political Analysis*, Volume I, Patrick Macrory, Arthur Appleton e Michael Plummer Ed., Springer, Nova Iorque, 2005, p. 1422.

# O DIREITO APLICÁVEL

a Convenção sobre Diversidade Biológica. Além disso, o Órgão de Recurso não mencionou directamente, então, qualquer nº ou alínea em particular do artigo 31º da Convenção de Viena na sua interpretação do termo "recursos naturais esgotáveis". O Órgão de Recurso referiu, sim, os artigos 31º, nº 3, alínea *c*), e 32º da Convenção de Viena na sua interpretação do prólogo do art. XX do GATT, na sua missão de interpretar a redacção do prólogo em busca de outras indicações, se necessário, recorrendo aos princípios gerais de direito internacional[1215]. A própria interpretação do Órgão de Recurso do termo "recursos naturais esgotáveis" pode cair no âmbito do art. 31º, nºs 1, 2 e 3, alínea *b*), e/ou do art. 32º da Convenção de Viena e é possível defender, também, a relevância do nº 3, alínea *c*), do art. 31º, visto permitir o recurso a tratados que reflictam as "intenções comuns" dos membros da OMC[1216]. Suscita muitas dúvidas, assim, a afirmação do painel de que o nº 1 do art. 31º constitui a única disposição relevante que permite o recurso, "as interpretative tools", a tratados que não são vinculativos para todos os membros da OMC[1217].

Quinto, como defendeu o grupo de estudo estabelecido pela Comissão do Direito Internacional das Nações Unidas para analisar a temática da fragmentação do Direito Internacional, as conclusões do painel tornam-se problemáticas quando está em causa um tratado multilateral:

> "Tendo em conta a improbabilidade de uma coincidência total dos membros das convenções multilaterais mais importantes, seria muito difícil que pudesse utilizar-se *algum* elemento do direito internacional convencional para interpretar essas convenções. Isto teria o efeito irónico de que, quantos mais membros tivesse um tratado multilateral, como os acordos abrangidos da OMC, mais afastados ficariam esses tratados do resto do direito internacional. Na prática, o resultado seria um isolamento dos acordos multilaterais como 'ilhas' que não permitiriam referências *inter se* na sua aplicação"[1218].

---

[1215] Relatório do Órgão de Recurso no caso *United States – Import Prohibition of Certain Shrimp and Shrimp Products* (WT/DS58/AB/R), 12-10-1998, parágrafos 157-158.

[1216] Margaret YOUNG, *The WTO's Use of Relevant Rules of International Law: An Analysis of the Biotech Case*, in ICLQ, 2007, p. 920.

[1217] *Idem.*

[1218] COMISSÃO DO DIREITO INTERNACIONAL, 58ª Sessão, *Fragmentation of International Law: Difficulties arising from the Diversification and Expansion of International Law*, Report of the Study Group of the International Law Commission – Finalised by Martti Koskenniemi (A/CN.4/L.682), 13-4-2006, parágrafo 471. Ainda neste parágrafo, a Comissão do Direito Internacional nota que a conclusão do painel do caso *European Communities – Measures Affecting the Approval and Marketing of Biotech Products*:

> "Isto também proibiria qualquer uso de acordos de aplicação regional ou de outro tipo – incluindo acordos *inter se* – que possam ter sido concluídos ao abrigo de um tratado quadro,

A FUNÇÃO JURISDICIONAL NO SISTEMA GATT/OMC

Assim sendo, a Comissão do Direito Internacional das Nações Unidas defende que:

"Uma melhor solução é permitir a referência a outro tratado sempre que *as partes em litígio* são também partes de outro tratado. Apesar disto criar a possibilidade de eventuais interpretações divergentes (dependendo de quais os Estados que são igualmente partes do litígio), isso reflectiria simplesmente a necessidade de respeitar a vontade (intrinsecamente divergentes) das partes como elucidadas por referência a esses outros tratados, assim como o carácter bilateral da maioria dos tratados sustentados pelas práticas em matéria de reservas, modificação *inter se* e tratados sucessivos, por exemplo. O risco de divergência – algo habitual no direito convencional – seria mitigado fazendo a distinção entre tratados 'recíprocos' ou 'sinalagmáticos' (em que a mera 'divergência' na interpretação não criaria problemas) e tratados 'integrais' ou 'interdependentes' (ou tratados concluídos *erga omnes parties*) em que não deveria permitir-se que a utilização desse outro tratado na interpretação ameaçasse a coerência do tratado que se interpreta. Isto daria resposta igualmente às inquietações precisas expressas pelo Painel no caso *European Communities – Biotech Products* sobre a coerência na interpretação dos tratados. Além disso, pode também ser útil ter em conta até que ponto pode dizer-se que esse outro tratado objecto de referência pode ter sido 'implicitamente' aceite, ou pelo menos tolerado, pelas outras partes 'no sentido de que possa ser razoavelmente considerado a expressão das intenções ou entendimentos comuns de todos os membros a respeito do significado do ... termo em causa'. Esta abordagem tem sido, de facto, adoptada em algumas decisões do Órgão de Recurso da OMC. Põe em prática a ideia de que certas noções ou conceitos de tratados multilaterais, apesar de figurarem em tratados que não contam com os mesmos membros, suscitam, no entanto, a aceitação suficiente para dar uma indicação válida de qual é o

como meio de ajudar na sua interpretação. Isto pareceria contrário ao espírito legislativo da maioria dos processos de celebração tratados multilaterais e, presumivelmente, com a intenção da maioria dos seus autores. Naturalmente, uma parte destas repercussões pode ser atenuada exigindo que se determine que, se o tratado não está em vigor para todos os membros do tratado que se interpreta, a regra nele contida seja tratada como parte do direito internacional consuetudinário. Esta abordagem permitiria manter o 'carácter geral' de pelo menos alguns tratados multilaterais. Mas ela teria dois efeitos excessivamente restritivos em duas situações:
a) Poderia impedir a referência a tratados que gozam de grande aceitação junto da comunidade internacional (incluindo os Estados em litígio) mas que, apesar disso, não foram ratificados universalmente e que não são aceites em todos os aspectos como direito internacional consuetudinário (como a Convenção das Nações Unidas sobre o Direito do Mar);
b) Poderia impedir igualmente a referência a tratados que representam a elaboração mais importante do conteúdo do direito internacional numa determinada matéria especializada, com o argumento de que não foram ratificados por todas as partes do tratado que se interpreta".

O DIREITO APLICÁVEL

'entendimento comum' ou a 'situação actual' num determinada matéria técnica sem reflectir necessariamente o direito consuetudinário reconhecido"[1219].

De facto, a sugestão do painel no caso *European Communities – Biotech Products* de que somente os acordos internacionais que são aplicáveis nas relações entre todos os membros da OMC podem ser tidos em conta na interpretação dos acordos da OMC tem como consequência indesejável o isolamento clínico *de facto* dos acordos da OMC, na medida em que dificilmente haverá algum acordo que preencha o requisito referido[1220]. Sem surpresa, o grupo de estudo estabelecido pela Comissão do Direito Internacional das Nações Unidas para analisar a temática da fragmentação do Direito Internacional salienta que:

> "O nº 3, alínea *c*), do artigo 31º exige igualmente que o intérprete considere outras regras fundadas em tratados para obter um sentido coerente. Essas outras regras têm uma importância particular quando as partes do tratado que se interpreta são também partes do outro tratado, quando a regra convencional tem origem no, ou expressa, direito internacional costumeiro ou quando estabelecem o entendimento comum das partes sobre o objecto e fim de um tratado a interpretar ou do sentido de um determinado termo"[1221].

Sexto, conquanto a interpretação do painel respeite "classic conceptions of sovereignty" e estabeleça "State consent" como condição para que as regras de Direito internacional relevantes possam ser tomadas em consideração[1222], algumas disposições dos acordos abrangidos permitem claramente o afastamento dos dois citados paradigmas. Para além dos já referidos item (k), segundo parágrafo, do Anexo I ao Acordo sobre as Subvenções e as Medidas de Compensação, e de algumas normas do Acordo sobre a Aplicação de Medidas Sanitárias e Fitossanitárias, também o Acordo OMC permite, por exemplo, que ¾ dos membros da OMC adoptem interpretações com carácter vinculativo (art. IX, nº 2). Por outras

---

[1219] COMISSÃO DO DIREITO INTERNACIONAL, 58ª Sessão, *Fragmentation of International Law: Difficulties arising from the Diversification and Expansion of International Law*, Report of the Study Group of the International Law Commission – Finalised by Martti Koskenniemi (A/CN.4/L.682), 13-4-2006, parágrafo 472.

[1220] Duncan FRENCH, *Treaty Interpretation and the Incorporation of Extraneous Legal Rules*, in ICLQ, 2006, p. 307.

[1221] COMISSÃO DO DIREITO INTERNACIONAL, 58ª Sessão, *Conclusions of the work of the Study Group on the Fragmentation of International Law: Difficulties arising from the Diversification and Expansion of International Law*, Report of the Study Group of the International Law Commission – Finalised by Martti Koskenniemi (A/CN.4/L.702), 18-7-2006, conclusão nº 21.

[1222] Margaret YOUNG, *The WTO's Use of Relevant Rules of International Law: An Analysis of the Biotech Case*, in ICLQ, 2007, pp. 908-909.

445

A FUNÇÃO JURISDICIONAL NO SISTEMA GATT/OMC

palavras, não é verdade que os direitos e obrigações dos membros da OMC só possam ser modificados caso haja consenso dos membros da OMC nesse sentido[1223].

[1223] Os últimos tempos têm testemunhado igualmente uma erosão do princípio do consentimento no que diz respeito a outros tratados internacionais. Na área do terrorismo internacional, por exemplo, o Conselho de Segurança das Nações Unidas adoptou legislação global exigindo que todos os membros das Nações Unidas impeçam o financiamento do terrorismo e previnam actos de terrorismo, não importando se ratificaram ou não os tratados multilaterais contendo estas mesmas obrigações (cf. Laurence HELFER, *Nonconsensual International Lawmaking*, in University of Illinois Law Review, 2008, p. 78.). LAURENCE HELFER define esta situação como "nonconsensual international lawmaking", isto é, a criação de uma obrigação jurídica que vincula um Estado membro de um tratado ou de uma organização internacional mesmo que esse país não tenha ratificado, aderido a ou, de outro modo, aceite afirmativamente essa obrigação (cf. *Idem*, p. 74). A Resolução 1373 (2001) adoptada em 28 de Setembro de 2001 pelo Conselho de Segurança das Nações Unidas é possivelmente o melhor exemplo de legislação internacional não consensual. Através da sua adopção, o Conselho de Segurança das Nações Unidas impôs um conjunto de obrigações aos membros das Nações Unidas de combate à ameaça de terrorismo, como, por exemplo, a tipificação do financiamento do terrorismo como crime, o congelamento dos fundos e demais activos financeiros ou recursos económicos dos terroristas, a adopção de medidas para evitar a falsificação, alteração ilegal e utilização fraudulenta de documentos de identidade e de viagem e a recusa de concessão do estatuto de refugiado aos terroristas e seus apoiantes (cf. CONSELHO DE SEGURANÇA DAS NAÇÕES UNIDAS, *Resolution 1373 (2001) Adopted by the Security Council at its 4385th meeting, on 28 September 2001* (S/RES/1373(2001), 28-9-2001).
Na perspectiva do princípio do consentimento, importa assinalar vários aspectos a respeito da Resolução 1373. Primeiro, o Conselho de Segurança adoptou a resolução por voto unânime menos de três semanas após os ataques terroristas de 11 de Setembro de 2001. Segundo, o Conselho de Segurança actuou em virtude do Capítulo VII da Carta das Nações Unidas para impor obrigações juridicamente vinculativas a todos os 191 então membros das Nações Unidas. Embora o Conselho de Segurança já tivesse exercido anteriormente os seus poderes ao abrigo do Capítulo VII, as obrigações então criadas estavam sempre relacionadas com controvérsias específicas geograficamente bem delimitadas; na Resolução 1373, pelo contrário, o Conselho assumiu um novo papel institucional – o de "legislador global", dotado de poderes para adoptar direito internacional universal, vinculativo para a totalidade da comunidade de nações. Terceiro, a falta de transparência e de inclusão nos métodos de trabalho do Conselho de Segurança foi particularmente evidente durante a adopção da Resolução 1373. A resolução foi adoptada 48 horas após os Estados Unidos terem começado a consultar no dia 26 de Setembro os outros quatro membros permanentes e o projecto de resolução, depois de ter circulado informalmente no dia seguinte entre os membros do Conselho de Segurança, foi adoptado numa reunião pública formal que durou apenas cinco minutos (cf. Erika de WET, The Legitimacy of United Nations Security Council Decisions in the Fight against Terrorism and the Proliferation of Weapons of Mass Destruction: Some Critical Remarks, in *Legitimacy in International Law*, Rüdiger Wolfrum e Volker Röben (eds.), Springer, 2008, p. 147). Por último, as disposições fundamentais da Resolução 1373 foram retiradas directamente da Convenção Internacional para a Repressão do Financiamento do Terrorismo de 9 de Dezembro de 1999, que não estava então em vigor e que tinha sido ratificada no momento da adopção da Resolução por quatro países apenas. Procedendo deste modo, o Conselho de Segurança, "in a single stroke,

O DIREITO APLICÁVEL

Sétimo, sabe-se que os diferentes grupos que participaram nas negociações do Protocolo de Cartagena tiveram opiniões diferentes no que toca à sua relação com os Acordos da OMC e, em particular, com o Acordo relativo à Aplicação de Medidas Sanitárias e Fitossanitárias[1224]. Um dos grupos (o chamado Grupo de Miami) compreendia os principais países exportadores de organismos geneticamente modificados (Estados Unidos, que não sendo parte da Convenção sobre Diversidade Biológica, participou nas negociações apenas como observador, Canadá, Austrália, Argentina, Uruguai e Chile) e considerava que os acordos da OMC deveriam prevalecer sobre o Protocolo, pelo que propunha inserir uma "cláusula de salvação" (*savings clause*) que impedisse a aplicação do princípio da *lex posterior* consagrado no nº 3 do art. 30º da Convenção de Viena sobre o Direito dos Tratados de 23 de Maio de 1969. Esta proposta foi, todavia, rejeitada pela Comunidade Europeia e por alguns países em desenvolvimento. Estas divergências não impediram que uma "solução de compromisso", engendrada aparentemente pelo presidente das negociações, acabasse por ficar consagrada nos três considerandos finais do preâmbulo do Protocolo:

bypassed the ratification process and made the major provisions of this convention binding on the entire UN membership" (cf. Laurence HELFER, *Nonconsensual International Lawmaking*, in University of Illinois Law Review, 2008, pp. 80-81). É verdade que o Conselho de Segurança "is unique among international bodies. No other existing international mechanism pairs global legislative power capable of departing from pre-existing treaty obligations with the possibility of enforcement via binding economic sanctions or military force" (cf. *Idem*, p. 109), mas também o é que parece ser inevitável que o princípio do consentimento sofra uma certa erosão no que diz respeito a outros tratados internacionais para além da Carta das Nações Unidas. A este respeito, vale a pena voltar a citar LAURENCE HELFER:

"The principle of *pacta sunt servanda* (treaty commitments must be obeyed) compels the state to adhere to its obligations. Because those obligations were undertaken with the state's consent, the reasoning goes, no legitimacy concerns arise. But consider what lies beneath the surface of this narrative. It assumes that treaty obligations, once undertaken, remain static. In fact, governments often leave agreements imprecise or incomplete, to be clarified and augmented by later state practice. The narrative also ignores the role of international institutions, many of which are granted the authority to monitor behaviour, settle disputes among treaty parties, interpret ambiguous texts, and develop new hard and soft law norms. Where treaty obligations are dynamic and evolve through institutional processes outside of any one state's control, compliance with those obligations may clash with domestic preferences and raise trenchant legitimacy concerns. The formal rules of state consent to treaties do little to ameliorate these concerns, suggesting the need for alternative sources of legitimacy to support adherence to international agreements and institutions". Cf. Laurence HELFER, *Constitutional Analogies in the International Legal System*, in Loyola of Los Angeles Law Review, 2003, pp. 196-197.

[1224] O Protocolo de Cartagena sobre Segurança Biológica é um protocolo à Convenção sobre Diversidade Biológica de 1992, entrou em vigor no dia 11 de Setembro de 2003 e, em 14 de Julho de 2010, tinha 159 países como partes. Cf. http://bch.cbd.int/protocol (sítio visitado em 30-7-2010).

447

A FUNÇÃO JURISDICIONAL NO SISTEMA GATT/OMC

"Reconhecendo que os acordos de comércio e ambientais devem apoiar-se mutuamente, com vista a alcançar um desenvolvimento sustentável;

Sublinhando que o presente Protocolo não deve ser interpretado como implicando uma mudança no que respeita aos direitos e obrigações de uma Parte ao abrigo de quaisquer acordos internacionais existentes;

Entendendo que o considerando acima enunciado não tem por objectivo subordinar o presente Protocolo a outros acordos internacionais".

Apesar de as negociações relativas ao texto do Protocolo de Cartagena terem demorado mais de quatro anos[1225], os considerandos do preâmbulo referidos são tudo menos claros. O preâmbulo, ao mesmo tempo que rejeita expressamente o princípio da *lex posterior*, estabelece igualmente que o Protocolo não se encontra subordinado a outros acordos internacionais, o que sugere que o Protocolo pode ter primazia sobre os acordos da OMC e evidencia abertamente que nem todos os membros da OMC concordam que os acordos da OMC prevaleçam sempre sobre outros tratados internacionais. E será que faria sentido tanto tempo perdido a negociar o preâmbulo do Protocolo de Cartagena se os membros da OMC não aceitassem que os tratados internacionais concluídos após 1994 são passíveis de afectar, de qualquer modo, os direitos e obrigações decorrentes dos acordos da OMC? De igual modo, o parágrafo 31(i) da Declaração Ministerial de Doha só é compreensível se os Membros da OMC aceitarem que os tratados internacionais concluídos após 1994 podem prevalecer sobre os acordos da OMC[1226].

Oitavo, a fragmentação do direito em regimes especializados é inevitável num mundo integrado por cerca de duas centenas de estados soberanos com conveniências, agendas e políticas muito distintas, mas daí não resulta que seja possível aos órgãos de adjudicação da OMC agir como se os valores, leis e práticas acordados pelos Estados noutras áreas não existissem. Caso o direito da OMC seja interpretado e desenvolvido à margem do restante direito internacional, a presunção existente no direito internacional público de ausência de conflitos será posta em causa[1227]. Não é por acaso, também, que a atenção que o nº 3, alínea *c*),

---

[1225] Olivette RIVERA-TORRES, *The Biosafety Protocol and the WTO*, in Boston College International & Comparative Law Review, 2003, p. 273.

[1226] Segundo o parágrafo 31(i) da Declaração Ministerial de Doha:
"a fim de reforçar o apoio recíproco entre o comércio e o ambiente, os membros concordaram em realizar negociações (...) sobre a relação entre as normas em vigor na OMC e as obrigações comerciais específicas nos acordos comerciais multilaterais sobre o ambiente. (...) As negociações não devem prejudicar os direitos que correspondem no seio da OMC a todo o membro que não seja parte do acordo multilateral sobre o ambiente em causa".

[1227] Jiaxiang HU, *The Role of International Law in the Development of WTO Law*, in JIEL, 2004, p. 148. Segundo um painel da OMC, existe no direito internacional público uma presunção de ausência

448

O DIREITO APLICÁVEL

do art. 31º da Convenção de Viena sobre o Direito dos Tratados tem merecido nos últimos tempos tenha despontado num momento de crescentes preocupações com a fragmentação do direito internacional[1228].

Finalmente, um eventual isolamento da OMC contribuirá seguramente para pôr em causa a sua legitimidade. Mesmo o importante relatório *The Future of the WTO: Addressing institutional challenges in the new millennium* (Relatório Sutherland[1229]), não obstante defender que:

de conflitos. Esta presunção é especialmente relevante no contexto da OMC, uma vez que todos os acordos da OMC, incluindo o GATT de 1994, modificado por Memorandos quando se considerou necessário, foram negociados ao mesmo tempo, pelos mesmos membros e no mesmo fórum". Cf. Relatório do Painel no caso *Indonesia – Certain Measures Affecting the Automobile Industry* (WT/DS54/R, WT/DS55/R, WT/DS59/R, WT/DS64/R), 2-7-1998, parágrafo 14.28.

[1228] Campbell McLACHLAN, *The Principle of Systemic Integration and Article 31(3)(C) of the Vienna Convention*, in ICLQ, 2005, p. 280.

[1229] Em Junho de 2003, o Director-Geral da OMC, Supachai Panitchpakdi, escolheu a *Consultative Board* composto por oito ilustres personalidades (Peter Sutherland, Jagdish Bhagwati, Kwesi Botchwey, Niall Fitzgerald, Koichi Hamada, John Jackson, Celso Lafer e Thierry de Montbrial) para estudar os desafios institucionais futuros que a OMC enquanto organização internacional tinha de enfrentar e como poderia a OMC ser fortalecida e apetrechada para lhes responder. Este relatório, denominado *The Future of the WTO: Addressing Institutional Challenges in the New Millennium*, foi tornado público no dia 17 de Janeiro de 2005 e constitui o último de uma série de relatórios que têm sido elaborados por peritos externos à organização ao longo dos últimos 50 anos. Assim, em 1957, as partes contratantes decidiram criar um painel de quatro reconhecidos especialistas nas áreas do comércio e finança internacional (Gottfried Haberler, James Meade, Jan Tinbergen e Oliveira Campos) e intitulado *Trends in International Trade*. O painel tinha por função analisar as tendências do comércio internacional, em particular os problemas específicos dos países em desenvolvimento. Publicado em 1958, o Relatório Haberler constituiu um ponto de viragem nas relações do GATT com os países em desenvolvimento (cf. Kenneth DAM, *The GATT Law and International Economic Organization*, The University of Chicago Press, Chicago e Londres, 1970, pp. 228-229) e chegou à conclusão de que as barreiras comerciais aplicadas pelos países desenvolvidos à importação de produtos dos países em desenvolvimento contribuíam significativamente para os problemas comerciais destes últimos, pelo que era necessário ligar a ajuda ao desenvolvimento à abertura de oportunidades comerciais em relação aos produtos agrícolas e manufacturados produzidos pelos países em desenvolvimento. A resposta das partes contratantes à publicação do relatório passou essencialmente pelo estabelecimento do chamado Comité III (cf. T. SRINIVASAN, *Developing Countries and the Multilateral Trading System: From the GATT to the Uruguay Round and the Future*, Westview Press, 2000, p. 23), que tinha como função principal saber como os países menos desenvolvidos poderiam obter um aumento das suas receitas de exportação. Com esse intuito, o Comité III considerava os produtos por grupos, fazia recomendações e pressionava no sentido das barreiras comerciais que afectassem alguns produtos fossem removidas (cf. GATT, *The Role of GATT in Relation to Trade and Development*, GATT, Genebra, 1964, pp. 20-21). Na prática, o Programa de Acção do Comité III nunca foi muito implementado (cf. Patrick LOW e Alexander KECK, *Special and Differential Treatment in the WTO: Why, When and How?*, Staff Working Paper 2004-03, WTO Economic Research and Statistics Division, May 2004, p. 4). Cerca de 25 anos depois, o

449

A FUNÇÃO JURISDICIONAL NO SISTEMA GATT/OMC

"O sistema jurídico da OMC faz parte do sistema jurídico internacional, mas constitui uma *lex specialis*. Esta *lex specialis, qua lex specialis*, não pode ser alterada desde o exterior por outras organizações internacionais cujos membros são distintos e em que há outras regras sobre a criação de regras"[1230],

Conclui que a cooperação com outras organizações intergovernamentais acrescenta, regra geral, valor às actividades da OMC[1231].

Tendo a OMC "significant political, moral, ethical, and social ramifications"[1232], a permeabilidade dos acordos da OMC a outros valores para além da liberalização das trocas comerciais a nível internacional pode ajudar a afastar algumas preocupações com a legitimidade da OMC. Como realçam DANIEL TARULLO, "the WTO risks its own legitimacy further each time it appears to elevate trade over non-trade values"[1233], ou JOOST PAUWELYN:

> "To resolve WTO complaints within the four corners of WTO covered agreements portrays the WTO as a self-contained regime and the field of public international law as a fragmented system with sealed-off compartments. It puts fuel on the argument that the WTO is only concerned about economic welfare; not about other values that may be expressed with equal force in other treaties"[1234].

---

Director-Geral do GATT de então, Arthur Dunkel, convidou um grupo de sete pessoas eminentes e independentes para estudar os problemas do sistema comercial multilateral. O Presidente do grupo era Fritz Leutwiler, na altura o governador do banco central suíço e presidente do Banco de Pagamentos Internacionais. O relatório que o grupo apresentou em 1985 é conhecido por Relatório Leutwiler e dele constam 15 recomendações. Ainda que não fosse, formalmente, um documento oficial do GATT, o Relatório Leutwiler constituiu uma espécie de prelúdio ao início das negociações do Ciclo do Uruguai em 1986 (cf. Terence STEWART e Christopher CALLAHAN, Dispute Settlement Mechanisms, in *The GATT Uruguay Round. A Negotiating History (1986-1992)*, Terence Stewart ed., vol. II, Kluwer Law and Taxation, Deventer – Boston, 1993, p. 2720). Por exemplo, o relatório nota que, por vezes, os painéis tinham que basear as suas constatações em "rules that have been purposely left unclear for lack of agreement or that have been superseded by tacit or informal understandings".

[1230] Peter SUTHERLAND, Jagdish BHAGWATI, Kwesi BOTCHWEY, Niall FITZGERALD, Koichi HAMADA, John JACKSON, Celso LAFER e Thierry de MONTBRIAL, *The Future of the WTO: Addressing institutional challenges in the new millennium*, Report by the Consultative Board to the Director-General Supachai Panitchpakdi, ed. WTO, 2004, parágrafo 168.

[1231] *Idem*, parágrafo 170.

[1232] Anja LINDROOS e Michael MEHLING, *Dispelling the Chimera of 'Self-Contained Regimes' International Law and the WTO*, in EJIL, 2005, p. 875.

[1233] Daniel TARULLO, The Relationship of WTO Obligations to Other International Arrangements, in *New Directions in International Economic Law: Essays in Honour of John Jackson*, Marco Bronckers e Reinhard Quick ed., Kluwer Law International, Haia-Londres-Boston, 2000, p. 173.

[1234] Joost PAUWELYN, *How to Win a World Trade Organization Dispute Based on Non-World Trade Organization Law? Questions of Jurisdiction and Merits*, in JWT, 2003, p. 1029.

450

O DIREITO APLICÁVEL

Não surpreende, pois, que o Órgão de Recurso tenha recorrido no caso *United States – Import Prohibition of certain Shrimp and Shrimp Products* ao direito internacional de protecção do ambiente numa situação politicamente complicada, a fim de legitimar a sua interpretação da alínea *g*) do art. XX do GATT. Ao ter em conta outros valores para além da liberalização das trocas comerciais a nível internacional, a OMC reconhece igualmente a especialização, a experiência e a importância de outras organizações internacionais[1235]. Como bem nota o actual Director-Geral da OMC, quanto maior for a coerência da ordem jurídica internacional, mais forte será a comunidade internacional[1236]. E, uma vez que as regras da OMC não são hierarquicamente superiores ou inferiores a quaisquer outras regras de direito internacional público (exceptuando o *jus cogens*) e que "realizar a cooperação internacional, resolvendo os problemas internacionais de carácter económico, social, cultural ou humanitário" constitui um dos objectivos das Nações Unidas (art. 1º, nº 3, da Carta das Nações Unidas), os países devem encontrar modos de coordenar todas as políticas de modo coerente no plano internacional e, por isso, é de aplaudir o facto de o Secretariado da OMC manter relações de trabalho com quase 200 organizações internacionais em actividades que vão desde a informação estatística, investigação, até à assistência técnica e formação[1237], e que os membros da OMC tenham sido consultados quando da conclusão da Convenção da UNESCO relativa à Protecção e Promoção da Diversidade de Expressões Culturais[1238].

Mesmo a decisão de respeitar as regras de interpretação dos artigos 31º e 32º da Convenção de Viena sobre o Direito dos Tratados permite, em certo sentido, aumentar a legitimidade do Órgão de Recurso (e dos painéis) na resolução de

---

[1235] Daí PAUWELYN defender que, se existir um procedimento de resolução de litígios especial disponível para determinar uma violação das *non-WTO obligations* e a resolução de uma questão ao abrigo desse procedimento estiver intrinsecamente ligada a uma queixa apresentada junto do sistema de resolução de litígios da OMC, então, o painel da OMC terá vantagens em suspender os seus procedimentos e conferir às partes em litígio a possibilidade de obterem uma decisão ao abrigo do outro tratado (cf. *Idem*, p. 1027). Nada impede, também, que os painéis e o Órgão de Recurso possam procurar ajuda especializada junto de outras organizações e tribunais internacionais quando esteja em causa a aplicação de *non-WTO rules*. Cf. *Idem*, p. 1030.

[1236] Pascal LAMY, *The Place of the WTO and its Law in the International Legal Order*, in EJIL, 2007, p. 981.

[1237] *Idem*.

[1238] Tania VOON, *UNESCO and the WTO: A Clash of Cultures*, in ICLQ, 2006, p. 650. Esta Convenção relativa à Protecção e Promoção da Diversidade de Expressões Culturais foi adoptada, em 20 de Outubro de 2005, pela Conferência Geral da UNESCO. Votaram a favor da mesma 148 membros da UNESCO, votaram contra os Estados Unidos e Israel e abstiveram-se a Austrália, Honduras, Libéria e Nicarágua. Cf. Michael HAHN, *A Clash of Cultures? The UNESCO Diversity Convention and International Trade Law*, in JIEL, 2006, p. 516.

## A FUNÇÃO JURISDICIONAL NO SISTEMA GATT/OMC

litígios comerciais em que estão em causa valores conflituantes entre si. Em particular, o nº 3, alínea *c*), do art. 31º da Convenção de Viena, ao determinar que se terá "em consideração, simultaneamente com o contexto, toda a regra pertinente de Direito Internacional aplicável às relações entre as partes", admite ter em consideração outras regras do Direito Internacional, dando azo a que se possa dar prioridade a outros valores e interesses para além dos referentes à liberalização das trocas comerciais[1239].

Enfim, a crescente interdependência entre Estados e entre matérias (por exemplo, comércio e ambiente, comércio e direitos humanos e comércio e desenvolvimento económico) tornam artificial qualquer separação estrita entre as diferentes áreas do direito internacional e a emergência no plano internacional dos chamados actores não estaduais (sejam eles organizações não governamentais, empresas ou opinião pública mundial) exerce uma pressão adicional sobre os representantes dos governos nacionais para não lidarem com os problemas separadamente[1240].

### 3.2.7. As Condições de Aplicação das "non-WTO rules"

Admitida a legitimidade do recurso a outras regras de direito internacional para além das constantes dos acordos da OMC, um painel só poderá aplicá-las, quando do exame das queixas que lhe são apresentadas no âmbito do sistema de resolução de litígios da OMC, se estiverem reunidas algumas condições[1241]. Primeiro, essas outras regras devem ser vinculativas para ambas as partes do litígio e invocadas por elas (aplica-se o princípio *non ultra petita*). De acordo com JOOST PAUWELYN

> "Referring to non-WTO rules in the interpretation of WTO claims validly before it is something a WTO panel can, and should, do at its own initiative, as part of its own legal reasoning (*jura novit curia*). This explains the Appellate Body's chastisement of a panel for not having considered certain non-WTO rules (legal instruments created in the context of the World Customs Organization) that were obviously related to the WTO rules under interpretation, even though the parties to the dispute had not invoked these non-WTO rules [Relatório do Órgão de Recurso no caso *European Communities – Customs Classification of Certain Computer Equipment*, parágrafos 89-90]. In contrast, for a panel to refer to non-WTO rules as facts, it seems that one of the

---

[1239] Robert HOWSE, The legitimacy of the World Trade Organization, in *The Legitimacy of International Organizations*, J.-M. Coicaud e V. Heiskanen (eds.), United Nations University Press, Nova Iorque-Tóquio, 2001, p. 387.

[1240] Joost PAUWELYN, *Bridging Fragmentation and Unity: International Law as a Universe of Inter-Connected Islands*, in MJIL, 2004, p. 903.

[1241] Não esquecer que, por vezes, são os próprios acordos OMC que admitem a aplicação e prevalência das *non-WTO rules* (por exemplo, artigos XXI, alínea *c*), e XXIV do GATT).

O DIREITO APLICÁVEL

parties must first raise these non-WTO rules. That party then also has the burden of proof in this respect"[1242].

Segundo, as outras regras de direito internacional em causa devem ser válidas e lícitas, ou seja, não devem ser proibidas pelos acordos da OMC (por exemplo, o art. 11º do Acordo sobre as Medidas de Salvaguarda proíbe expressamente os chamados acordos de autolimitação das exportações[1243]). Além disso, essas outras regras não podem afectar os direitos ou obrigações de partes terceiras (por exemplo, um acordo bilateral que conceda explicitamente uma concessão comercial à outra parte do acordo, em violação da obrigação do tratamento da nação mais favorecida). Mais: um tratado que altere os direitos ou obrigações somente entre as suas partes não pode ser concluído através de coerção, fraude ou corrupção nem baseado na existência de erro; caso contrário, ele será inválido. Finalmente, para que as regras dos outros acordos internacionais possam justificar uma medida que, de outro modo, seria incompatível com os acordos da OMC, a outra regra deve prevalecer sobre a regra dos acordos da OMC incompatível, em conformidade com as regras de conflitos do direito internacional[1244].

---

[1242] Joost PAUWELYN, *The Role of Public International Law in the WTO: How Far Can We Go?*, in AJIL, 2001, p. 574.

[1243] É necessário, contudo, distinguir entre um acordo cuja conclusão é proibida expressamente nos acordos da OMC (por exemplo, os acordos de autolimitação das exportações são proibidos pelo art. 11º do Acordo sobre as Medidas de Salvaguarda) e as regras de outros tratados internacionais que simplesmente contradizem regras consagradas nos acordos da OMC (por exemplo, um acordo que derrogue o direito de recurso). O primeiro acordo é ilegal (o art. 41º, nº 1, alínea *b*), da Convenção de Viena sobre o Direito dos Tratados não permite a modificação *inter se* de um tratado multilateral se tal modificação é proibida pelo tratado); na segunda situação, as regras são lícitas, pelo que a questão que se coloca é saber qual a regra que prevalece atendendo às circunstâncias específicas do caso. Cf. Joost PAUWELYN, *How to Win a World Trade Organization Dispute Based on Non--World Trade Organization Law? Questions of Jurisdiction and Merits*, in JWT, 2003, p. 1004.

[1244] A Comissão do Direito Internacional define "conflito" entre normas de modo amplo: quando duas regras ou princípio sugerem diferentes maneiras de lidar com um problema (cf. COMISSÃO DO DIREITO INTERNACIONAL, 58ª Sessão, *Fragmentation of International Law: Difficulties arising from the Diversification and Expansion of International Law*, Report of the Study Group of the International Law Commission – Finalised by Martti Koskenniemi (A/CN.4/L.682), 13-4-2006, parágrafo 25). No caso da OMC, o painel que analisou o caso *European Communities – Regime for the Importation, Sale and Distribution of Bananas* definiu conflito do seguinte modo: "(i) os conflitos entre as obrigações contidas no GATT de 1994 e as contidas nos Acordos que figuram no Anexo 1A quando estas obrigações se excluam mutuamente no sentido de que un Membro não pode cumprir ambas as obrigações ao mesmo tempo e; ii) a situação em que a norma de um acordo proíbe o que é permitido explicitamente por uma norma de outro acordo" (cf. Relatório do Painel no caso *European Communities – Regime for the Importation, Sale and Distribution of Bananas* (WT/DS27/R/USA), 22-5-1997, parágrafo 7.159). Em contraste, o Órgão de Recurso define "conflito" de modo muito estrito:

453

A FUNÇÃO JURISDICIONAL NO SISTEMA GATT/OMC

Isso pode acontecer porque os próprios acordos OMC ou outro tratado internacional o determinam explicitamente ou porque a outra regra é posterior à regra dos acordos da OMC (*lex posterior*) ou mais específica (*lex specialis*)[1245].

> "Só quando as disposições do Memorando e as normas e processos especiais ou complementares de um acordo abrangido *não se complementam* entre si é que as disposições especiais ou complementares *prevalecem*. Só é possível chegar à conclusão de que uma disposição especial ou complementar *prevalece* sobre uma disposição do Memorando no caso de o cumprimento de uma disposição implicar a violação de outra disposição, ou seja, no caso de um *conflito* entre as duas" (cf. Relatório do Órgão de Recurso no caso *Guatemala – Anti-Dumping Investigation Regarding Portland Cement from México* (WT/DS60/AB/R), 2-11-1998, parágrafo 65).
> Porém, no caso *European Communities – Conditions for the Granting of Tariff Preferences to Developing Countries*, o Órgão de Recurso confirma que um conflito entre duas normas inclui também a situação em que uma norma proíbe o que outra permite de modo explícito (cf. Relatório do Órgão de Recurso no caso *European Communities – Conditions for the Granting of Tariff Preferences to Developing Countries* (WT/DS246/AB/R), 7-4-2004, parágrafo 101). Ao constatar um possível conflito entre a proibição constante do nº 1 do art. I do GATT de 1994 e a permissão inerente à Cláusula de Habilitação, o Órgão de Recurso confirmou que uma obrigação pode, de facto, colidir com um direito.
> [1245] Joost PAUWELYN, *How to Win a World Trade Organization Dispute Based on Non-World Trade Organization Law? Questions of Jurisdiction and Merits*, in JWT, 2003, pp. 1003-1005. Para além do *jus cogens*, que é expressamente não derrogável, podem existir considerações que podem levar à conclusão de que a presunção *lex specialis* pode não ser aplicável. Por exemplo, a prevalência da lei geral pode ser inferida da intenção das partes, a aplicação da lei especial pode frustrar o objectivo da lei geral e o equilíbrio de direitos e obrigações estabelecido na lei geral pode ser afectado negativamente pela lei especial (cf. COMISSÃO DO DIREITO INTERNACIONAL, 58ª Sessão, *Conclusions of the work of the Study Group on the Fragmentation of International Law: Difficulties arising from the Diversification and Expansion of International Law*, Report of the Study Group of the International Law Commission – Finalised by Martti Koskenniemi (A/CN.4/L.702), 18-7-2006, conclusão nº 10). Estas limitações podem ser igualmente relevantes a respeito do princípio da *lex posterior* (cf. COMISSÃO DO DIREITO INTERNACIONAL, 58ª Sessão, *Conclusions of the work of the Study Group on the Fragmentation of International Law: Difficulties arising from the Diversification and Expansion of International Law*, Report of the Study Group of the International Law Commission – Finalised by Martti Koskenniemi (A/CN.4/L.702), 18-7-2006, conclusão nº 27). Finalmente, a aplicação das cláusulas de conflito *lex specialis* e *lex posterior* não está isenta de problemas. Pode acontecer, por exemplo, um conflito entre dois tratados em que apenas um dos países em causa está vinculado por ambos, ou seja, o país A promete ao país B no âmbito da OMC que não restringirá as trocas comerciais, mas depois acorda com o país C que todas as trocas comerciais relativas a um determinado produto, incluindo as originárias de países terceiros (por exemplo, do país B), serão proibidas. Por conseguinte, deve o país A cumprir com as suas obrigações para com o país B ou com as obrigações que assumiu relativamente ao país C? A escolha que o país A fizer violará, inevitavelmente, os direitos do país B ou do país C. O direito internacional não oferece qualquer cláusula de conflito para este caso. Apesar de tudo, as regras relativas à responsabilidade dos Estados são aplicáveis e, por isso, se o país A violar os direitos do país B, este pode reclamar uma compensação ou a aplicação de medidas de retaliação contra o país A e, possivelmente, contra o país C (se este for membro da OMC). Caso o país A cumpra o acordado com o país B, serão as obrigações *vis-à-vis* o país C que serão violadas. Cf.

O DIREITO APLICÁVEL

Se deixarmos de lado o *jus cogens*, o Direito Internacional caracteriza-se pela ausência de uma hierarquia inerente, donde resulta que, em princípio, as normas de um tratado concluído sob os auspícios do Programa das Nações Unidas para o Meio Ambiente gozam do mesmo estatuto jurídico que as normas dos tratados concluídos no âmbito da OMC, da Organização Mundial de Propriedade Intelectual, etc.[1246]. Todas as regras dos tratados resultam do consentimento dos Estados envolvidos e, derivando da mesma fonte, elas devem vinculá-los de modo idêntico[1247]. Todavia, na prática, os próprios tratados, assim como as regras do direito internacional geral sobre a interacção entre eles (em particular, a regra *lex posterior* constante do artigo 30º da Convenção de Viena), estabelecem regras sobre a prioridade das diferentes normas dos tratados[1248].

O princípio da igualdade entre todos os tratados só é posto de lado se houver uma manifestação clara no sentido da superioridade hierárquica de um determinado tratado. É o caso, por exemplo, do art. 103º da Carta das Nações Unidas[1249].

Joost Pauwelyn, *Bridging Fragmentation and Unity: International Law as a Universe of Inter-Connected Islands*, in MJIL, 2004, p. 909.

[1246] Joost Pauwelyn, *The Role of Public International Law in the WTO: How Far Can We Go?*, in AJIL, 2001, p. 537.

[1247] Apesar de não existir uma hierarquia formal entre as fontes de direito internacional, é possível sugerir a presença de uma hierarquia informal entre elas:

"Desde que o 'direito geral' não tenha o estatuto de *jus cogens*, os tratados em geral gozam de prioridade sobre o costume e os tratados especiais sobre os tratados gerais. (...) Esta hierarquia informal não resulta de nenhum acto legislativo mas emerge como um aspecto 'forense' ou 'natural' do raciocínio jurídico. Qualquer tribunal ou jurista olhará primeiro para os tratados, depois para o costume e, por último, para os princípios gerais de direito para resolver um problema normativo". Cf. Comissão do Direito Internacional, 58ª Sessão, *Fragmentation of International Law: Difficulties arising from the Diversification and Expansion of International Law*, Report of the Study Group of the International Law Commission – Finalised by Martti Koskenniemi (A/CN.4/L.682), 13-4-2006, parágrafo 85.

[1248] Joost Pauwelyn, *The Role of Public International Law in the WTO: How Far Can We Go?*, in AJIL, 2001, p. 538. No mesmo sentido, Ignaz Seidl-Hohenveldern observa que "a natureza juridicamente vinculativa dos tratados repousa *directamente* na vontade dos estados soberanos de ficarem juridicamente vinculados. Parece impossível conceber graus na vontade de ficarem juridicamente vinculados". Cf. Ignaz Seidl-Hohenveldern, Hierarchy of Treaties, in *Essays on the Law of Treaties: A Collection of Essays in Honour of Bert Vierdag*, Jan Klabbers e René Lefeber ed., Martinus Nijhoff Publishers, 1998, p. 8.

[1249] *Idem*, p. 9.

# Capítulo 6
## O Critério de Análise

*"Because WTO panels review the acts of sovereign States, the standard of review takes on additional significance and sensitivity"*[1250].

### 1. O GATT de 1947

Não estava previsto no Acordo Geral nenhuma disposição que lidasse expressamente com o critério de análise a aplicar[1251] e, talvez por isso, esta importante questão "went through a very contrasted history" durante a vigência do GATT de 1947[1252]. Nos primeiros anos, as autoridades nacionais não precisaram de se preocupar com a observância de qualquer critério de análise, como resulta claro do caso *Withdrawal by the United States of a Tariff Concession under Article XIX of the General Agreement on Tariffs and Trade* (1951):

> "Os membros do Grupo de Trabalho estão convencidos de que as autoridades norte-americanas investigaram a questão extensamente, com base nos dados *ao seu dispor* na altura do inquérito, e que chegaram de *boa fé* à conclusão de que as medidas propostas respeitavam os termos do artigo XIX tal, *como na sua opinião*, deveriam ser interpretados" (itálico aditado)[1253].

---

[1250] Jan Bohanes e Nicolas Lockhart, Standard of Review in WTO Law, in *The Oxford Handbook of International Trade Law*, Daniel Bethlehem, Donald McRae, Rodney Neufeld e Isabelle Van Damme Ed., Oxford University Press, 2009, p. 381.

[1251] Sharif Bhuiyan, *National Law in WTO Law: Effectiveness and Good Governance in the World Trading System*, Cambridge University Press, 2007, p. 153; Stefan Zleptnig, *The Standard of Review in WTO Law*, in European Business Law Review, 2002, pp. 429-430.

[1252] Holger Spamann, *Standard of Review for World Trade Organization Panels in Trade Remedy Cases: a Critical Analysis*, in JWT, 2004, p. 519.

[1253] Relatório do Grupo de Trabalho no caso *Withdrawal by the United States of a Tariff Concession under Article XIX of the General Agreement on Tariffs and Trade* (CP/106), adoptado em 22-10-1951, parágrafo 48.

A FUNÇÃO JURISDICIONAL NO SISTEMA GATT/OMC

Deste modo, uma medida seria sustida se a parte contratante que a adoptou fosse capaz de avançar com uma explicação, "no matter how dubious"[1254].

As coisas só começaram a mudar com a progressiva judicialização do sistema de resolução de litígios ao longo dos anos:

> "A more regular and explicit use of procedural issues in general, and standards of review in particular, was only observed in the late GATT 1947 years. This could be seen as going hand-in-hand with the process of *juridification* of dispute settlement. The ongoing *juridification* was mainly reflected in the increasing importance of the rule of law"[1255].

No caso *New Zealand – Electrical Transformers from Finland* (1985), por exemplo, o argumento avançado pela Nova Zelândia de que, ao abrigo do artigo VI, nº 6, alínea *a*), do GATT de 1947, a sua determinação de ocorrência de um prejuízo importante não deveria ser perscrutada pelo painel foi rejeitada vigorosamente. A aceitação do argumento da Nova Zelândia daria aos governos uma liberdade completa e uma discricionariedade ilimitada para tomar decisões a respeito de casos antidumping sem qualquer possibilidade de examinar no GATT as medidas adoptadas. Isto conduziria a uma situação inaceitável do ponto de vista da observância das normas e manutenção da ordem nas relações comerciais internacionais regidas pelo Acordo Geral:

> "Resulta claramente da redacção do Artigo VI de que não deve ser cobrado nenhum direito antidumping até que tenham sido estabelecidos determinados factos. Representando este aspecto uma obrigação para a parte contratante que imponha tais direitos, é razoável esperar que a mesma estabeleça a existência de tais factos quando se questionam as medidas por ela adoptadas"[1256].

Consequentemente, o próprio painel examinou se tinha sido causado um prejuízo importante à indústria neozelandesa em causa, concluindo que não[1257].

Pouco tempo depois, alguns painéis realçaram que um painel se deveria limitar a examinar as determinações factuais das autoridades nacionais e não fazer

---

[1254] Holger SPAMANN, *Standard of Review for World Trade Organization Panels in Trade Remedy Cases: a Critical Analysis*, in JWT, 2004, pp. 519-520.

[1255] Matthias OESCH, *Standards of Review in WTO Dispute Resolution*, Oxford University Press, 2003, p. 5. Apesar de o texto do nº 16 do Memorando Relativo a Notificações, Consultas, Resolução de Litígios e Supervisão de 1979 ser idêntico ao texto do art. 11º do Memorando, nunca um painel estabeleceu expressamente que o nº 16 descrevia o critério de análise apropriado. Cf. *Idem*, p. 61.

[1256] Relatório do Painel no caso *New Zealand – Electrical Transformers from Finland* (L/5814), adoptado em 18-7-1985, parágrafo 4.4.

[1257] *Idem*, parágrafo 4.7.

O CRITÉRIO DE ANÁLISE

ele próprio as determinações. Por exemplo, no caso *Korea – Antidumping Duties on Imports of Polyacetal Resins from the United States*:

> "O Painel considerou que um exame para saber se a determinação da Comissão de Comércio da Coreia se baseava em provas positivas não significava que o Painel deveria substituir pelo seu próprio juízo a opinião da Comissão de Comércio da Coreia sobre a importância que devia ser atribuída aos factos apresentados à Comissão. Proceder deste modo seria ignorar que a tarefa do Painel não consistia em fazer a sua própria avaliação dos factos apresentados à Comissão do Comércio da Coreia para determinar se existia um prejuízo importante causado à produção da Coreia, mas em examinar a determinação feita pela Comissão de Comércio da Coreia para comprovar a sua compatibilidade com o Acordo [relativo à Aplicação do Artigo VI do GATT de 1947], tendo presente que, num determinado caso, pessoas razoáveis podem divergir quanto à importância que deve ser atribuída a certos factos. O Painel considerou que um exame adequado da determinação emitida pela Comissão de Comércio da Coreia para ver se respeitava o requisito das provas positivas estipulado no nº 1 do artigo 3º significava que devia examinar se a base fáctica das conclusões enunciadas na determinação era discernível no texto da determinação e apoiava razoavelmente essas conclusões"[1258].

Ao mesmo tempo, sempre se entendeu que os painéis retinham o controlo total das interpretações jurídicas dos acordos que compunham o sistema comercial multilateral baseado no Acordo Geral. Ontem como hoje, podem ser aduzidos dois argumentos importantes contra a deferência dos painéis (e, actualmente, do Órgão de Recurso) para com as autoridades nacionais no que concerne a questões de direito. Primeiro, os órgãos de adjudicação da OMC possuem uma maior experiência e conhecimento institucional do direito e prática da OMC que as autoridades nacionais (*jura novit curia*). Segundo, as disposições dos acordos GATT/OMC servirão melhor o sistema comercial multilateral e os objectivos da segurança e previsibilidade (art. 3º, nº 2, do Memorando de Entendimento sobre Resolução de Litígios) se forem interpretadas de modo uniforme[1259].

Após a entrada em vigor dos acordos da OMC, o Órgão de Recurso rejeitou vigorosamente a ideia de que a jurisprudência do GATT de 1947 poderia servir de base jurídica ao critério de análise a usar nos procedimentos da OMC. Além

---

[1258] Relatório do Painel no caso *Korea – Antidumping Duties on Imports of Polyacetal Resins from the United States* (ADP/92), adoptado em 27-4-1993, parágrafo 227.

[1259] Se assim não fosse, "each member state, knowing that its interpretation would likely be upheld by a deferential panel would have an incentive to interpret GATT law in a self-serving, beggar-thy-neighbour fashion". Cf. Phoenix CAI, *Between Intensive Care and the Crematorium: Using the Standard of Review to Restore Balance to the WTO*, in Tulane Journal of International and Comparative Law, 2007, p. 490.

459

A FUNÇÃO JURISDICIONAL NO SISTEMA GATT/OMC

disso, não obstante a autoridade dos tribunais internacionais para conceder aos Estados uma margem de apreciação raramente se basear expressamente em normas de um tratado[1260], o Órgão de Recurso defende que o artigo 11º do Memorando de Entendimento sobre Resolução de Litígios expressa presentemente o critério apropriado:

"**117.** Apesar de, em última instância, o Painel ter exposto correctamente o critério de análise, surpreende-nos que o Painel tenha baseado a sua abordagem em vários relatórios de painéis anteriores que examinaram as investigações nacionais no contexto de dois Acordos do Ciclo de Tóquio: o Acordo relativo à Aplicação do Artigo VI do GATT de 1947 e o Acordo sobre a Interpretação e Aplicação dos Artigos VI, XVI e XXIII do GATT (...).

**118.** Declarámos, em mais de uma ocasião, que, em relação a todos os acordos abrangidos, o artigo 11º do Memorando de Entendimento sobre Resolução de Litígios enuncia, com uma só excepção, o critério de análise apropriado para os painéis. A única excepção é o Acordo relativo à Aplicação do Artigo VI do GATT de 1994, no qual uma disposição concreta, o nº 6 do artigo 17º, estabelece um critério de análise especial para os litígios suscitados ao abrigo do dito Acordo"[1261].

## 2. Os Acordos da OMC

### 2.1. Introdução

Quando os painéis e o Órgão de Recurso são chamados a analisar a compatibilidade de uma medida de um Membro da OMC com os "acordos abrangidos" coloca-se a questão do critério de análise a aplicar, ou seja, quão intensamente deve uma medida ser analisada e quanta deferência deve ser reconhecida aos decisores nacionais[1262]. Essencialmente, o critério de análise define no caso da OMC:

"the parameters within which judges work and, correspondingly, within which legislators and regulators work. It establishes 'no go' areas for judges, requiring them to respect the choices made by legislators or regulators. Within these 'no go' areas, the first decision-maker has discretion to make choices that the judge cannot reconsider. Beyond the 'no go' areas, the judge has the authority to verify the legal – but not political – validity of the decision"[1263].

---

[1260] Yuval SHANY, *Toward a General Margin of Appreciation Doctrine in International Law?*, in EJIL, 2005, p. 911.

[1261] Relatório do Órgão de Recurso no caso *Argentina – Safeguard Measures on Imports of Footwear* (WT/DS121/AB/R), 14-12-1999, parágrafos 117-118.

[1262] Claus-Dieter EHLERMANN e Nicolas LOCKHART, *Standard of Review in WTO Law*, in JIEL, 2004, p. 493.

[1263] *Idem*.

O CRITÉRIO DE ANÁLISE

O critério de análise desempenha, assim, um papel importantíssimo na definição dos poderes da "função jurisdicional" da OMC e das autoridades nacionais no âmbito do sistema comercial multilateral[1264]. De facto, quando se debruçou pela primeira vez sobre a questão do critério de análise (caso *European Communities – Measures Concerning Meat and Meat Products (Hormones)*), o Órgão de Recurso referiu expressamente que o critério de análise deve reflectir o equilíbrio entre as competências jurisdicionais concedidas pelos Membros à OMC e as competências jurisdicionais retidas pelos próprios Membros[1265].

Pouco tempo depois, o Órgão de Recurso diz mesmo que a questão do critério de análise "goes to the very core of integrity" do próprio sistema de resolução de litígios da OMC[1266]. Isto porque:

> "By establishing the intensity of a panel's review of acts adopted by the legislature and the executive of sovereign States, the standard of review influences the decision--making autonomy of WTO Members, and the extent to which they can decide for themselves – through their legislature and executive – whether and how to comply with WTO law"[1267].

A problemática do critério de análise é, também, importante por outras razões. Primeiro, o critério de análise constitui um dos mecanismos que tenta reflectir um equilíbrio adequado entre a autonomia dos membros da OMC e a necessidade de uma execução uniforme e efectiva do direito da OMC. Segundo, a questão do critério de análise está intimamente ligada ao nº 2 do art. 3º do Memorando de Entendimento sobre Resolução de Litígios, não podendo os painéis pôr em causa, nos respectivos relatórios, o equilíbrio institucional de direitos e obrigações delineado pelos "founding fathers" dos acordos da OMC[1268]. O próprio Órgão de Recurso reconheceu que:

---

[1264] A questão do critério de análise está também ligada, de certo modo, ao princípio do equilíbrio institucional entre os diversos órgãos da OMC. Por exemplo, quando o Órgão de Recurso examina as questões de direito referidas no relatório do painel e as interpretações jurídicas aí desenvolvidas, quanta deferência deve ser dada pelo Órgão de Recurso a tais conclusões e interpretações?

[1265] Relatório do Órgão de Recurso no caso *European Communities – Measures Concerning Meat and Meat Products (Hormones)* (WT/DS26/AB/R, WT/DS48/AB/R), 16-1-1998, parágrafo 115.

[1266] Relatório do Órgão de Recurso no caso *European Communities – Measures Affecting the Importation of Certain Poultry Products* (WT/DS69/AB/R), 13-7-1998, parágrafo 133.

[1267] Jan BOHANES e Nicolas LOCKHART, Standard of Review in WTO Law, in *The Oxford Handbook of International Trade Law*, Daniel Bethlehem, Donald McRae, Rodney Neufeld e Isabelle Van Damme Ed., Oxford University Press, 2009, p. 381.

[1268] Petros MAVROIDIS, Article 11 DSU, in *WTO-Institutions and Dispute Settlement*, Rüdiger Wolfrum, Peter-Tobias Stoll e Karen Kaiser (eds), Max Planck Commentaries on World Trade Law, Max

A FUNÇÃO JURISDICIONAL NO SISTEMA GATT/OMC

"Adoptar um critério de análise que não se funda claramente no próprio texto do Acordo relativo à Aplicação de Medidas Sanitárias e Fitossanitárias pode bem equivaler a modificar o equilíbrio ciosamente desenhado [entre as competências jurisdicionais concedidas pelos membros da OMC e as competências jurisdicionais retidas pelos próprios membros] e nem um painel nem o Órgão de Recurso estão autorizados a fazê-lo"[1269].

Terceiro, a aplicação de um critério de análise "metediço" pode dar origem a uma confrontação perniciosa entre um painel e uma parte em litígio (a parte demandada) quanto às respectivas competências, mas a aplicação de um critério de análise "frouxo" pode esvaziar de sentido e eficácia os direitos da outra parte em litígio (a parte queixosa)[1270]. Com efeito, é frequente os membros da OMC que perdem os casos em Genebra alegarem que os painéis e o Órgão de Recurso aplicaram critérios de análise demasiado intrusos ou deferentes[1271].

Quarto, a legitimidade da OMC pode depender muito do critério de análise aplicado nos acordos abrangidos. No caso do critério articulado pelo Supremo Tribunal dos Estados Unidos no caso *Chevron* (ver *infra*), o maior conhecimento das agências administrativas não constitui a única razão para os tribunais mostrarem deferência para com elas. A deferência justifica-se, também, por razões de ordem democrática. Uma vez que os juízes não são eleitos, ao contrário do Presidente e dos legisladores, e que as agências, não os juízes, respondem perante o Presidente e o Congresso, a deferência dos tribunais para com as decisões das agências administrativas aumenta a legitimidade política do regime administrativo[1272].

Excepto num caso, o artigo 11º do Memorando de Entendimento sobre Resolução de Litígios enuncia o critério de análise apropriado para os painéis em rela-

---

Planck Institute for Comparative Public Law and International Law, Martinus Nijhoff Publishers, Leiden/Boston, 2006, p. 402.

[1269] Relatório do Órgão de Recurso no caso *European Communities – Measures Concerning Meat and Meat Products (Hormones)* (WT/DS26/AB/R, WT/DS48/AB/R), 16-1-1998, parágrafo 115.

[1270] Sharif BHUIYAN, *National Law in WTO Law: Effectiveness and Good Governance in the World Trading System*, Cambridge University Press, 2007, pp. 162-163.

[1271] Matthias OESCH, *Standards of Review in WTO Dispute Resolution*, Oxford University Press, 2003, p. 3.

[1272] Steven CROLEY e John JACKSON, WTO Dispute Panel Deference to National Government Decisions. The Misplaced Analogy to the U.S. Chevron Standard-Of-Review Doctrine, in *International Trade Law and the GATT/WTO Dispute Settlement System*, Studies in Transnational Economic Law, vol. 11, Ernst-Ulrich Petersmann ed., Kluwer Law International, Londres-Haia-Boston, 1997, p. 203.

O CRITÉRIO DE ANÁLISE

ção a todos os acordos abrangidos[1273] e, por isso, convém começar pelo próprio texto da disposição:

> "A função dos painéis é a de assistir o Órgão de Resolução de Litígios no desempenho das suas atribuições previstas no Memorando e nos acordos abrangidos. Nessa conformidade, *o Painel deve fazer uma apreciação objectiva da questão que lhe foi colocada, incluindo uma avaliação objectiva dos factos em disputa e da aplicabilidade e cumprimento dos acordos abrangidos relevantes*, bem como chegar a conclusões que ajudem o Órgão de Resolução de Litígios a adoptar as recomendações ou decisões previstas nos acordos abrangidos. Os painéis deverão consultar regularmente as partes em litígio e dar-lhes oportunidade de chegarem a uma solução mutuamente satisfatória" (itálico aditado).

Esta disposição de carácter algo genérico diz-nos, no entanto, muito pouco sobre a natureza e a intensidade da análise que um Painel deve fazer[1274]. Não só qualquer apreciação, "whether highly deferential, marginally deferential, or not deferential at all" pode constituir uma "apreciação objectiva"[1275], mas também a imposição de uma obrigação de fazer "uma apreciação objectiva" equivale a declarar uma evidência. Em boa verdade, o art. 11º do Memorando não exclui qualquer "critério de análise" em particular[1276].

É possível encontrar, igualmente, no art. 11º do Memorando os modelos jurisdicional e diplomático de resolução de litígios. Por um lado, a disposição referida determina que o painel "deve fazer uma apreciação objectiva da questão que lhe foi colocada, incluindo uma avaliação objectiva dos factos em disputa e

---

[1273] Relatório do Órgão de Recurso no caso *European Communities – Measures Concerning Meat and Meat Products (Hormones)* (WT/DS26/AB/R, WT/DS48/AB/R), 16-1-1998, parágrafo 116; Relatório do Órgão de Recurso no caso *Argentina – Safeguard Measures on Imports of Footwear* (WT/DS121/AB/R), 14-12-1999, parágrafo 118.

[1274] É, por isso, algo surpreendente que o Órgão de Recurso tenha dito que o art. 11º articula "de maneira muito sucinta mas suficientemente clara" o critério de análise aplicável a todos os acordos abrangidos, com excepção do Acordo Antidumping. Cf. Relatório do Órgão de Recurso no caso *European Communities – Measures Concerning Meat and Meat Products (Hormones)* (WT/DS26/AB/R, WT/DS48/AB/R), 16-1-1998, parágrafo 116.

[1275] Jan BOHANES e Nicolas LOCKHART, Standard of Review in WTO Law, in *The Oxford Handbook of International Trade Law*, Daniel Bethlehem, Donald McRae, Rodney Neufeld e Isabelle Van Damme Ed., Oxford University Press, 2009, p. 383.

[1276] Holger SPAMANN, *Standard of Review for World Trade Organization Panels in Trade Remedy Cases: a Critical Analysis*, in JWT, 2004, pp. 528-529. Em qualquer caso, a margem de apreciação ou critério de análise reconhecida aos Estados nunca é ilimitada. Primeiro, os Estados devem exercer a sua discricionariedade de boa fé. Segundo, os tribunais internacionais, têm autorização, em última instância, para examinar se as decisões nacionais são razoáveis, designadamente, se a opção do Estado está em conformidade com o objecto e o propósito da norma relevante. Cf. Yuval SHANY, *Toward a General Margin of Appreciation Doctrine in International Law?*, in EJIL, 2005, pp. 910-911.

## A FUNÇÃO JURISDICIONAL NO SISTEMA GATT/OMC

da aplicabilidade e cumprimento dos acordos abrangidos relevantes, bem como chegar a conclusões que ajudem o Órgão de Resolução de Litígios a adoptar as recomendações ou decisões previstas nos acordos abrangidos"; por outro lado, o mesmo artigo estabelece, *in fine*, que "os painéis deverão consultar regularmente as partes em litígio e dar-lhes oportunidade de chegarem a uma solução mutuamente satisfatória"[1277].

Apesar de tudo, é evidente que a natureza e a intensidade da análise dependem do tipo de actividades levadas a cabo pelos painéis e da questão objecto do litígio[1278]. Nesse sentido, no caso *European Communities – Measures Concerning Meat and Meat Products (Hormones)*, o Órgão de Recurso teve o cuidado de distinguir o critério aplicável à análise da determinação e apreciação dos factos do critério de análise aplicável a determinações jurídicas[1279].

### 2.2. A Avaliação Objectiva dos Factos

No que concerne ao estabelecimento dos factos, o Órgão de Recurso observou que:

> "As actividades dos painéis são sempre constrangidas pelo mandato do artigo 11º do Memorando de Entendimento sobre Resolução de Litígios: o critério aplicável não é um exame *de novo* como tal, nem a 'deferência total', mas sim a 'avaliação objectiva dos factos'. Muitos painéis recusaram no passado, sensatamente, empreender um exame *de novo*, dado que no âmbito da prática e dos sistemas vigentes, se encontram em qualquer caso com poucos recursos para empreender esse tipo de exames. Por outro lado, como se disse com acerto, 'uma política de total deferência para com as conclusões das autoridades nacionais' não poderia assegurar uma 'avaliação objectiva' como a prevista no artigo 11º do Memorando"[1280].

---

[1277] Esta última frase "has never been put into practice in the WTO era". Cf. Petros MAVROIDIS, Legal Eagles? The WTO Appellate Body's First Ten Years, in *The WTO: Governance, Dispute Settlement, and Developing Countries*, Merit Janow, Victoria Donaldson e Alan Yanovich ed., Juris Publishing, Nova Iorque, 2008, p. 347.

[1278] Claus-Dieter EHLERMANN e Nicolas LOCKHART, *Standard of Review in WTO Law*, in JIEL, 2004, p. 519.

[1279] Relatório do Órgão de Recurso no caso *European Communities – Measures Concerning Meat and Meat Products (Hormones)* (WT/DS26/AB/R, WT/DS48/AB/R), 16-1-1998, parágrafo 116.

[1280] *Idem*, parágrafo 117. De acordo com MATTHIAS OESCH, o autor que estudou mais aprofundadamente a problemática do critério de análise no âmbito dos acordos da OMC:

"a policy of full *de novo* review allows a panel to completely substitute its own findings for those of the national authority and to arrive at a different factual as well as legal conclusion. The standard of review of 'total deference' means that a panel shall not review in substance the investigations conducted by the national authorities. Under such a policy, judicial is limited to the formal examination of whether the relevant procedural requirements for the adoption of

O CRITÉRIO DE ANÁLISE

Desde então, o Órgão de Recurso tem detalhado o "critério de análise" para os painéis, em particular, numa série de recursos relativos a medidas de salvaguarda. Assim, no caso *Argentina – Safeguard Measures on Imports of Footwear*, o Órgão de Recurso conclui que o Painel aplicou correctamente o critério de análise do art. 11º do Memorando ao não realizar:

"um exame *de novo* das provas ou substituir a sua análise e julgamento pelos das autoridades argentinas. Em vez disso, o Painel examinou se, conforme requerido pelo artigo 4º do Acordo sobre as Medidas de Salvaguarda, as autoridades argentinas tinham tido em conta todos os factores pertinentes e explicado de maneira adequada como esses factores confirmavam as determinações feitas"[1281].

Algum tempo depois, o Órgão de Recurso reitera que:

"Uma 'avaliação objectiva' de uma alegação formulada ao abrigo do art. 4º, nº 2, alínea *a*), do Acordo sobre as Medidas de Salvaguarda comporta, em princípio, dois elementos. Primeiro, o Painel deve examinar se as autoridades competentes avaliaram *todos os factores pertinentes* e, segundo, se as autoridades proporcionaram *uma explicação fundamentada e apropriada* do modo como os factos corroboram a sua determinação. Por conseguinte, a avaliação objectiva do Painel envolve um aspecto *formal* e um aspecto *substantivo*. O aspecto formal consiste em determinar se as autoridades competentes analisaram 'todos os factores relevantes'. O aspecto substantivo em estabelecer se as autoridades competentes proporcionaram uma explicação fundamentada e apropriada para a sua determinação"[1282].

---

a measure in question were complied with". Cf. Matthias Oesch, *Standards of Review in WTO Dispute Settlement*, in JIEL, 2003, p. 638.

[1281] Relatório do Órgão de Recurso no caso *Argentina – Safeguard Measures on Imports of Footwear* (WT/DS121/AB/R), 14-12-1999, parágrafo 121.

[1282] Relatório do Órgão de Recurso no caso *United States – Safeguard Measures on Imports of Fresh, Chilled or Frozen Lamb Meat from New Zealand and Australia* (WT/DS177/AB/R, WT/DS178/AB/R), 1-5-2001, parágrafo 103. O nº 2, alínea *a*), do art. 4º do Acordo sobre as Medidas de Salvaguarda determina que:

"No decurso do inquérito para determinar se um aumento das importações causou ou ameaça causar um prejuízo grave a um ramo de produção nacional em conformidade com as disposições do presente Acordo, as autoridades competentes avaliarão todos os factores pertinentes de natureza objectiva e quantificável que influenciam a situação desse ramo, em especial o ritmo de crescimento das importações do produto considerado e o seu aumento em volume, em termos absolutos e relativos, a parte do mercado interno adquirida pelo aumento das importações, as variações do nível das vendas, a produção, a produtividade, a utilização da capacidade instalada, os lucros, as perdas e o emprego".

A FUNÇÃO JURISDICIONAL NO SISTEMA GATT/OMC

Quanto ao aspecto formal, o Órgão de Recurso especifica no caso *United States – Definitive Safeguard Measures on Imports of Wheat Gluten from the European Communities* que as autoridades nacionais podem não:

"**55.** (...) limitar a sua avaliação de 'todos os factores relevantes', em conformidade com o nº 2, alínea *a*), do artigo 4º do Acordo sobre as Medidas de Salvaguarda, aos factores que as partes interessadas assinalaram como relevantes. Em qualquer caso, as autoridades competentes devem levar a cabo uma investigação completa que lhes permita realizar uma avaliação adequada de todos os factores relevantes mencionados expressamente no nº 2, alínea *a*), do artigo 4º do Acordo sobre as Medidas de Salvaguarda. Além disso, o nº 2, alínea *a*), do artigo 4º requer que as autoridades competentes – e *não as partes interessadas* – avaliem plenamente a pertinência, no seu caso, dos 'outros factores'. (...) Se as autoridades competentes consideram que um desses 'outros factores' pode ser relevante (...) os seus deveres de investigação e avaliação excluem a possibilidade de que se mantenham passivas ante as possíveis limitações das provas apresentadas e as opiniões expressas pelas partes interessadas. Em tais casos, quando as autoridades competentes não têm ante si informação suficiente para avaliar a possível pertinência desse 'outro factor', devem investigar a fundo esse factor, de maneira a que possam cumprir as suas obrigações de avaliação ao abrigo do nº 2, alínea *a*), do artigo 4º. (...) As autoridades competentes devem iniciar investigações adicionais, quando as circunstâncias o exijam, a fim de cumprir a sua obrigação de avaliar todos os factores relevantes.

**56.** (...) Todavia, como se indicou com clareza no parágrafo anterior deste Relatório, rejeitamos igualmente o argumento das Comunidades Europeias de que as autoridades competentes têm o dever indeterminado e ilimitado de investigar todos os factos disponíveis que possam eventualmente ser relevantes"[1283].

Na prática, os painéis e o Órgão de Recurso têm adoptado um critério de análise severo no que diz respeito à questão de saber se todos os factores relevantes foram tomados em consideração[1284]. No caso *Argentina – Safeguard Measures on Imports of Footwear*, por exemplo, o Órgão de Recurso nota que:

"**134.** O Painel considera que o nº 2, alínea *a*) do artigo 4º significa literalmente que todos os factores enumerados: 'as variações do nível de vendas, a produção, a produtividade, a utilização da capacidade instalada, os lucros, as perdas e o emprego' – devem ser avaliadas no inquérito. Além disso, o Painel declarou que devem avaliar-

---

[1283] Relatório do Órgão de Recurso no caso *United States – Definitive Safeguard Measures on Imports of Wheat Gluten from the European Communities* (WT/DS166/AB/R), 22-12-2000, parágrafos 55-56.
[1284] Andrew GUZMAN, *Determining the Appropriate Standard of Review in WTO Disputes*, in CILJ, 2009, p. 61.

## O CRITÉRIO DE ANÁLISE

-se também todos os demais factores pertinentes que influenciam a situação do ramo de produção nacional. Como o Painel comprovou que a Argentina não tinha avaliado dois dos factores enumerados, a utilização da capacidade instalada e a produtividade, O Painel chegou à conclusão de que a investigação da Argentina não cumpria com os requisitos do nº 2, alínea *a*), do artigo 4º (...).

**137.** Por estas razões, confirmamos a conclusão do Painel de que a Argentina não avaliou 'todos os factores pertinentes de natureza objectiva e quantificável que influenciam a situação desse ramo de produção' conforme exigido no nº 2, alínea *a*), do artigo 4º do Acordo sobre as Medidas de Salvaguarda"[1285].

A não tomada em consideração de todos os factos relevantes pode permitir, em boa verdade, a um Membro da OMC chegar à sua conclusão preferida, porventura injustificada caso todos os factores relevantes tivessem sido tidos em conta.

Passando ao aspecto substantivo, o Órgão de Recurso entende que:

"**105.** A natureza exacta do exame que um painel deve realizar, a respeito de uma alegação apresentada ao abrigo do nº 2 do artigo 4º do Acordo sobre as Medidas de Salvaguarda, deriva em parte da sua obrigação de fazer uma 'avaliação objectiva do caso' de acordo com o artigo 11º do Memorando de Entendimento sobre Resolução de Litígios e, em parte, também das obrigações derivadas do nº 2 do artigo 4º, na medida em que façam parte da alegação. Assim, como ocorre com qualquer alegação apresentada em virtude das disposições de um acordo da OMC, os painéis têm que examinar, de acordo com o artigo 11º do Memorando de Entendimento sobre Resolução de Litígios, se o Membro cumpriu as obrigações impostas pelas disposições identificadas expressamente na alegação. Ao considerar se a explicação dada pelas autoridades competentes no seu relatório é fundamentada e adequada, os painéis podem determinar se estas autoridades actuaram de maneira consistente com as obrigações impostas pelo nº 2 do artigo 4º do Acordo sobre as Medidas de Salvaguarda.

**106.** Desejamos realçar que, se bem que os painéis não estejam autorizados a realizar um exame *de novo* das provas nem a *substituir* as conclusões das autoridades competentes pelas suas próprias, isto *não* significa que os painéis devam simplesmente *aceitar* as conclusões das autoridades competentes. Pelo contrário, em nosso entender, ao examinar uma alegação no âmbito do nº 2, alínea *a*), do artigo 4º, um painel *só* poderá apreciar se a explicação que oferecem as autoridades competentes para a sua determinação é fundamentada e adequada examinando criticamente tal explicação, em profundidade e à luz dos factos de que tenha tido conhecimento. Portanto, os

---

[1285] Relatório do Órgão de Recurso no caso *Argentina – Safeguard Measures on Imports of Footwear* (WT/DS121/AB/R), 14-12-1999, parágrafos 134 e 137.

A FUNÇÃO JURISDICIONAL NO SISTEMA GATT/OMC

painéis devem considerar se a explicação das autoridades competentes tem plenamente em conta a natureza e, em especial, a complexidade dos dados, e responde a outras interpretações plausíveis destes. Um painel deve determinar, em particular, se a explicação não é fundamentada ou adequada, se existe *outra explicação* plausível dos factos e se a explicação das autoridades competentes não parece adequada tendo em conta a outra explicação. Assim, quando fazem uma 'avaliação objectiva' de uma alegação de acordo com o nº 2, alínea *a*), do artigo 4º, os painéis devem permanecer abertos à possibilidade de a explicação dada pelas autoridades competentes não ser fundamentada ou adequada.

**107.** A este respeito, a expressão 'exame *de novo*' não deve ser utilizada de um modo descuidado. Se um painel chega à conclusão de que as autoridades competentes, num determinado caso, *não forneceram* uma explicação fundamentada ou adequada para a sua determinação, não resulta daí que o dito painel terá empreendido um exame *de novo* ou terá substituído as conclusões das autoridades competentes pelas suas. O painel terá, sim, em conformidade com as obrigações impostas pelo Memorando de Entendimento sobre Resolução de Litígios, chegado simplesmente à conclusão de que a determinação das autoridades competentes é incompatível com as disposições previstas no nº 2 do artigo 4º do Acordo sobre as Medidas de Salvaguarda"[1286].

## Posteriormente, o Órgão de Recurso defende que:

"O critério de análise elaborado pelo Órgão de Recurso em relação às determinações administrativas baseadas no Acordo sobre as Medidas de Salvaguarda é instrutivo para os casos referentes ao Acordo sobre as Subvenções e as Medidas de Compensação, o qual envolve também determinações administrativas. Não obstante, a 'apreciação objectiva' ao abrigo do artigo 11º do Memorando de Entendimento sobre Resolução de Litígios deve ser entendida à luz das obrigações do respectivo acordo abrangido, a fim de delinear mais especificamente o critério de análise adequado. A este respeito, temos presente em especial, neste recurso, as disposições dos artigos 12º, 19º e 22º do Acordo sobre as Subvenções e as Medidas de Compensação"[1287].

---

[1286] Relatório do Órgão de Recurso no caso *United States – Safeguard Measures on Imports of Fresh, Chilled or Frozen Lamb Meat from New Zealand and Australia* (WT/DS177/AB/R, WT/DS178/AB/R), 1-5-2001, parágrafos 105-107.

[1287] Relatório do Órgão de Recurso no caso *United States – Countervailing Duty Investigation on Dynamic Random Access Memory Semiconductors (DRAMS) from Korea* (WT/DS296/AB/R), 27-6-2005, parágrafo 184.

O CRITÉRIO DE ANÁLISE

Assim, pela primeira vez, o Órgão de Recurso diz claramente que não existe um critério de análise aplicado de modo uniforme[1288]. Mais exactamente, o critério da apreciação objectiva referido no art. 11º do Memorando de Entendimento sobre Resolução de Litígios deve ser lido à luz das obrigações subjacentes contidas em cada um dos acordos da OMC.

O Órgão de Recurso nota depois, no caso *United States – Investigation of the International Trade Commission in Softwood Lumber from Canada, Recourse to Article 21.5 of the DSU by Canada* (estavam em causa queixas relativas ao Acordo sobre a Aplicação do Artigo VI do GATT de 1994 e ao Acordo sobre as Subvenções e as Medidas de Compensação) que:

"**93.** (...) Está bem estabelecido que os painéis não devem realizar um exame *de novo* nem simplesmente aderir às conclusões da autoridade nacional. O exame dessas conclusões pelo painel deve ser crítico e aprofundado e basear-se nas informações contidas no registo e nas explicações dadas pela autoridade no relatório que tenha publicado. O Painel deve examinar, à luz dos elementos de prova contados no registo, se as conclusões a que chegou a autoridade investigadora são fundamentadas e adequadas. (...). O escrutínio do Painel deverá comprovar se a argumentação da autoridade é coerente e tem solidez intrínseca. O Painel deve examinar a fundo se as explicações dadas revelam como a autoridade investigadora tratou os factos e os elementos de prova constantes do registo e se dispunha de elementos de prova positivos em apoio das inferências feitas e das conclusões a que chegou. O Painel deve examinar se as explicações dadas demonstram que a autoridade teve em conta devidamente a complexidade dos dados que tinha ante si e se explicam porque rejeitou ou atribuiu menos importância a outras explicações e interpretações constantes do registo. O Painel deve admitir a possibilidade de que as explicações dadas pela autoridade não são razoáveis ou adequadas à luz de outras explicações plausíveis e deve ter o cuidado de não assumir ele próprio a função de ajuizador inicial dos factos nem adoptar uma posição passiva e 'simplesmente *aceitar* as conclusões das autoridades competentes'.

**94.** (...) Muitas vezes será conveniente, ou necessário, que o Painel examine 'a suficiência dos elementos de prova que apoiam a conclusão de uma autoridade investigadora analisando cada um dos elementos de prova'. (...) Um Painel deve também examinar, tendo em conta devidamente a abordagem adoptada por essa autoridade, a forma como a totalidade das provas apoia a conclusão geral a que se chegou. (...).

**97.** Por último, observamos que está na natureza das investigações antidumping e em matéria de direitos compensadores que a autoridade investigadora reúna informações e dados diversos de fontes distintas e que estas podem indicar tendências e

---

[1288] Ross BECROFT, *The Standard of Review Strikes Back: The US – Korea DRAMS Appeal*, in JIEL, 2006, p. 213.

A FUNÇÃO JURISDICIONAL NO SISTEMA GATT/OMC

resultados diferentes. A autoridade investigadora será chamada, inevitavelmente, a conciliar essas informações e dados divergentes. Todavia, o caminho seguido pela autoridade investigadora a respeito das provas e que levou às suas inferências e conclusões gerais tem que poder discernir-se com clareza no raciocínio e explicações que constem do seu relatório (...).

98. Em suma, o Painel encarregado de examinar os fundamentos fácticos de uma determinação de existência de ameaça de prejuízo deve determinar se a autoridade investigadora deu 'uma explicação fundada e adequada':

a) da forma como determinados elementos de prova podem apoiar razoavelmente cada inferência e como os elementos de prova constantes do registo apoiam as constatações fácticas da autoridade investigadora;

b) da forma como os factos do registo, e não as alegações, conjecturas ou possibilidades remotas, apoiam e servem de base à determinação geral da existência de ameaça de prejuízo;

c) da forma como as projecções e as suposições da autoridade investigadora indicam que existe um elevado grau de probabilidade de que o prejuízo previsto se materializará num futuro próximo; e

d) da forma como a autoridade investigadora examinou outras explicações e interpretações dos elementos de prova e porque optou por rejeitar ou dar menos importância a essas outras ao chegar às suas conclusões"[1289]

Ou seja, o dever de explicar abrange o estabelecimento e a avaliação dos factos pelas autoridades nacionais, assim como a sua caracterização dos factos em termos jurídicos.

Segundo o próprio Órgão de Recurso, uma "explicação fundamentada e adequada" deve ser clara e inequívoca, não deve limitar-se meramente a insinuar ou a sugerir uma explicação, tem que ser uma explicação directa formulada em termos

---

[1289] Relatório do Órgão de Recurso no caso *United States – Investigation of the International Trade Commission in Softwood Lumber from Canada, Recourse to Article 21.5 of the DSU by Canada* (WT/DS277/AB/RW), 13-4-2006, parágrafos 93-94 e 97-98. De notar que cada um dos acordos da OMC relativos a medidas de defesa comercial obriga as autoridades nacionais responsáveis pela investigação a publicarem um relatório do qual constarão as suas verificações, bem como as conclusões fundamentadas a que chegaram sobre todas as questões de facto e de direito relevantes (artigos 12º, nº 2, do Acordo Antidumping, 22º, nº 3, do Acordo sobre as Subvenções e as Medidas de Compensação e 3º, nº 1, do Acordo sobre as Medidas de Salvaguarda).

470

## O CRITÉRIO DE ANÁLISE

expressos[1290] e não constitui uma conclusão fundada aquela que nem sequer se refere aos factos que podem apoiá-la[1291].

O Órgão de Recurso observou, igualmente, que, em vez de realizar uma análise *de novo*, o painel deve colocar-se no lugar do Membro da OMC no momento em que este formulou a sua determinação[1292]. Nesta descrição da função do painel está implícita a ideia de que ele deve reconhecer um grau considerável de discricionariedade às autoridades nacionais na determinação e apreciação dos factos[1293]. Por conseguinte, o Órgão de Recurso encontrou violações do art. 11º do Memorando quando um Painel considerou elementos de prova que não existiam no momento em que um membro decidiu aplicar uma medida de salvaguarda sobre as importações de têxteis:

> **"77.** O exercício da diligência devida por um Membro não pode implicar o exame de provas que não existiam e que, por isso, não poderiam ser tomadas em consideração quando o Membro formulou a sua determinação. A demonstração por um Membro de que as importações no seu território de um determinado produto aumentaram em tal quantidade que causam um prejuízo grave (ou uma ameaça real de prejuízo grave) ao ramo de produção nacional só pode basear-se em factos e provas existentes no momento em que se formulou a determinação. O carácter urgente de uma investigação dessa natureza pode não permitir ao Membro adiar a sua determinação, com vista a ter em conta provas que possam estar disponíveis apenas numa data futura. Mesmo a determinação da existência de uma ameaça de prejuízo grave deve basear-se em projecções extrapoladas dos dados *existentes*.
>
> **78.** (...) Consequentemente, um painel não deve considerar provas que não existiam *nesse momento preciso*. É evidente que um Membro não pode ser repreendido por não ter tomado em consideração provas que não podia ter conhecido quando formulou a sua determinação. Se um painel examinasse tais provas, o painel realizaria, de facto, um exame *de novo* e estaria a fazê-lo sem poder beneficiar das opiniões das partes interessadas. O painel estaria avaliando se um Membro actuou com a diligência devida ao chegar às suas conclusões e a fazer as suas projecções beneficiando de uma visão retrospectiva e, estaria, de facto, a investigar outra vez a situação do mercado e

---

[1290] Relatório do Órgão de Recurso no caso *United States – Definitive Safeguard Measures on Imports of Circular Welded Carbon Quality Line Pipe from Korea* (WT/DS202/AB/R), 15-2-2002, parágrafo 217.

[1291] Relatório do Órgão de Recurso no caso *United States – Definitive Safeguard Measures on Imports of Certain Steel Products* (WT/DS248/249/251/252/253/254/258/259/AB/R), 10-11-2003, parágrafo 326.

[1292] Relatório do Órgão de Recurso no caso *United States – Transitional Safeguard Measure on Combed Cotton Yarn from Pakistan* (WT/DS192/AB/R), 8-10-2001, parágrafo 78.

[1293] Claus-Dieter EHLERMANN e Nicolas LOCKHART, *Standard of Review in WTO Law*, in JIEL, 2004, p. 502.

A FUNÇÃO JURISDICIONAL NO SISTEMA GATT/OMC

substituindo o entendimento do Membro pelo seu próprio, o que, em nossa opinião, seria incompatível com o critério estabelecido no artigo 11º do Memorando de Entendimento sobre Resolução de Litígios para a análise dos painéis"[1294].

Portanto, a análise dos casos referidos revela claramente que uma das constâncias da jurisprudência da OMC a respeito da avaliação objectiva dos factos (no caso das medidas de defesa comercial) consiste na rejeição de uma análise *de novo* e da deferência total por parte dos painéis.

A exclusão de uma análise *de novo* faz todo o sentido em nosso entender. Embora seja óbvio que os painéis necessitam de estar compreensivamente informados sobre os factos relevantes de um caso, os painéis não dispõem, na prática, dos recursos humanos e financeiros necessários e, em muitos casos, da perícia técnica imprescindível à realização desse tipo de análises. Ao mesmo tempo, uma série de razões, para além de considerações gerais relacionadas com a distribuição do poder, favorecem um certo grau de deferência para com as autoridades nacionais. Muitas vezes, os painéis dependem da cooperação das autoridades, empresas e outros actores envolvidos da parte demandada no que diz respeito à apresentação de elementos de prova. Não é concebível que um painel tenha de desempenhar tarefas de recolha de provas equivalentes às das autoridades nacionais "under *any* standard of review"[1295]. Não obstante os painéis gozarem do direito de procurar informações e de consultar peritos (art. 13º, nº 2, do Memorando de Entendimento sobre Resolução de Litígios), os procedimentos dos painéis têm, essencialmente, natureza *adversarial* e não *inquisitorial*[1296]. O próprio princípio de economia judicial favorece uma postura pouco intrusa por parte dos painéis e a incapacidade dos tribunais internacionais de compelirem à produção de elementos de prova e documentos põe em causa, igualmente, as suas capacidades de investigação dos factos. A maior familiaridade das autoridades nacionais com as circunstâncias factuais do caso é outro factor que pode levar um painel a

[1294] Relatório do Órgão de Recurso no caso *United States – Transitional Safeguard Measure on Combed Cotton Yarn from Pakistan* (WT/DS192/AB/R), 8-10-2001, parágrafos 77-78. Posteriormente, o Órgão de Recurso volta a declarar que "um Membro não pode procurar defender a defesa da decisão da sua agência com base em provas que não constam do dossier da investigação". Cf. Relatório do Órgão de Recurso no caso *United States – Countervailing Duty Investigation on Dynamic Random Access Memory Semiconductors (DRAMS) from Korea* (WT/DS296/AB/R), 27-6-2005, parágrafo 161.

[1295] Holger SPAMANN, *Standard of Review for World Trade Organization Panels in Trade Remedy Cases: a Critical Analysis*, in JWT, 2004, p. 551.

[1296] Ao abrigo de um sistema inquisitório, os painéis têm o poder e dispõem dos recursos necessários para procurarem informações e realizarem activamente investigações dos factos. Ao abrigo de um sistema *adversarial*, os painéis mantêm-se passivos, confiando que as partes lhes forneçam as matérias de facto relevantes, e limitam-se a basear a sua avaliação em tal registo factual. Cf. Matthias OESCH, *Standards of Review in WTO Dispute Resolution*, Oxford University Press, 2003, p. 55.

O CRITÉRIO DE ANÁLISE

adoptar uma postura deferente no processo de apuramento dos factos. Por detrás da adopção de uma determinada medida por um Membro da OMC, podem estar considerações de ordem política, económica, cultural, e, como é natural em tais casos, não devem ser os painéis ou o Órgão de Recurso a hierarquizar os diversos valores envolvidos. Dada a informação de que dispõem os Estados, pode haver mais do que uma conclusão plausível.

Mas, caso não exista nenhuma investigação realizada por autoridades nacionais, o painel não pode colocar-se no lugar do Membro da OMC quando este formulou a sua determinação nem mostrar deferência para com tais autoridades no que concerne às conclusões factuais. Ou seja, enquanto os acordos da OMC relativos a medidas de defesa comercial (medidas antidumping, medidas de compensação e medidas de salvaguarda) exigem que uma medida só possa ser imposta depois de realizada uma investigação a nível nacional[1297], outros acordos não exigem ou prevêem qualquer inquérito antes da adopção de uma medida, tendo os membros da OMC total liberdade relativamente ao modo como adoptam medidas cobertas por esses acordos (o caso dos artigos III e XX do GATT)[1298]. Nestas diferentes circunstâncias, ainda que os painéis estejam obrigados sempre a fazer "uma apreciação objectiva", a natureza e intensidade subjacentes à análise do painel não podem ser iguais.

Consequentemente, no caso dos acordos da OMC relativos à aplicação de medidas de defesa comercial, os painéis analisam medidas que resultam obrigatoriamente de um inquérito realizado a nível nacional, isto é, o painel *não é a entidade que determina inicialmente os factos*"[1299]. É mesmo normal que um acordo abrangido especifique que as autoridades responsáveis pelo inquérito devem ter

---

[1297] Por exemplo, no âmbito do Acordo sobre a Aplicação do Artigo VI do Acordo Geral sobre Pautas Aduaneiras e Comércio de 1994, uma medida antidumping só pode ser adoptada por um Membro na sequência de um inquérito conduzido no território nacional por uma determinada autoridade do Membro em causa e depois de demonstrar que se encontram reunidas as condições previstas no acordo para a sua imposição.

[1298] Os artigos III e XX do GATT "govern solely the substantive aspects of relevant national rules". Cf. Claus-Dieter EHLERMANN e Nicolas LOCKHART, *Standard of Review in WTO Law*, in JIEL, 2004, p. 518.

[1299] Relatório do Painel no caso *United States – Definitive Safeguard Measures on Imports of Certain Steel Products* (WT/DS248/249/251/252/253/254/258/259/R), 11-7-2003, parágrafo 10.25. Diga-se, ainda que, nos termos do art. 13º do Acordo sobre a Aplicação do Artigo VI do GATT de 1994:
"Cada Membro cuja legislação nacional contenha disposições relativas às medidas antidumping deverá dispor de instâncias ou tribunais judiciais, administrativos ou de arbitragem ou que procedam, entre outras coisas, a um rápido reexame das medidas administrativas relacionadas com as determinações finais e os reexames dessas determinações na acepção do artigo 11º. Tais tribunais ou instâncias serão independentes das autoridades responsáveis pela determinação ou reexame em causa".

A FUNÇÃO JURISDICIONAL NO SISTEMA GATT/OMC

em conta determinados aspectos. O nº 4 do art. 3º do Acordo sobre a Aplicação do Artigo VI do GATT de 1994, por exemplo, determina que:

> "O exame dos efeitos das importações objecto de dumping sobre o ramo de produção nacional em causa deverá incluir uma avaliação de todos os factores e índices económicos pertinentes com influência na situação desse ramo de produção, nomeadamente diminuição efectiva e potencial das vendas, lucros, produção, parte de mercado, produtividade, rendimento dos investimentos, ou utilização das capacidades; factores que afectam os preços internos; a amplitude da margem de dumping; os efeitos negativos, efectivos e potenciais sobre o *cash flow*, as existências, o emprego, os salários, o crescimento e a possibilidade de obter capitais ou investimentos. Esta lista, contudo, não é exaustiva e nenhum destes elementos, considerados isoladamente ou em conjunto, proporcionará a orientação decisiva".

O Órgão de Recurso defendeu, todavia, que cada um dos quinze factores individuais enunciados na lista obrigatória de factores do nº 4 do art. 3º do Acordo sobre a Aplicação do Artigo VI do GATT de 1994 deve ser avaliado pelas autoridades de investigação[1300].

O Acordo sobre as Subvenções e as Medidas de Compensação contém, igualmente, uma disposição semelhante à transcrita (art. 23º). Mas, nem os painéis nem o Órgão de Recurso consideram relevante para efeitos de determinação do critério de análise apropriado o facto de a medida impugnada já ter sido analisada por um tribunal nacional (cf. Matthias OESCH, *Standards of Review in WTO Dispute Resolution*, Oxford University Press, 2003, p. 151). Nestes casos, o painel continua a não ser "the initial fact-finder", agindo sim como "an appellate court". Cf. *Idem*, p. 152.

[1300] Relatório do Órgão de Recurso no caso *Thailand – Antidumping Duties on Angles, Shapes and Sections of Iron or Non-Alloy Steel and H-Beams from Poland* (WT/DS122/AB/R), 12-3-2001, parágrafo 125. Entre as importações objecto de dumping e o prejuízo ao ramo de produção nacional, é necessário demonstrar, ainda, a existência de um nexo de causalidade. As autoridades examinarão também todos os factores conhecidos, para além das importações objecto de dumping, que estejam simultaneamente a causar um prejuízo ao ramo de produção nacional, não devendo os prejuízos causados por esses outros factores ser atribuídos às importações objecto de dumping (art. 3º, nº 5, do Acordo sobre a Aplicação do Artigo VI do GATT de 1994). Esses factores poderão ser o volume e os preços das importações não vendidas a preços de dumping, a contracção da procura ou alterações nos padrões de consumo, práticas comerciais restritivas dos produtores estrangeiros e nacionais e concorrência entre eles, evolução tecnológica, bem como os resultados das exportações e produtividade do ramo de produção nacional (art. 3º, nº 5, *in fine*, do Acordo sobre a Aplicação do Artigo VI do GATT de 1994). No essencial, a não atribuição exige, segundo o Órgão de Recurso, que:
> "**188.** (...) se separem e distingam os efeitos dos outros factores causais dos efeitos das importações objecto de dumping, de modo a que os prejuízos causados pelas importações objecto de dumping e os prejuízos causados por outros factores não sejam 'confundidos' e 'impossíveis de distinguir'.
> (...) Não obstante, o Acordo sobre a Aplicação do Artigo VI do GATT de 1994 não determina a *metodologia* que uma autoridade investigadora deve utilizar para evitar imputar os prejuízos

## O CRITÉRIO DE ANÁLISE

Em contraste, não impondo alguns artigos do GATT qualquer "national fact-finding process"[1301], o painel é obrigado a realizar uma apreciação *de novo* dos factos e, "as such, the usual rule that panels cannot conduct a *de novo* review does not apply"[1302]. No caso *Chile – Taxes on Alcoholic Beverages*, por exemplo, o painel teve de determinar:

> "Whether a Chilean beverage, 'pisco', was 'like' certain other beverages, such as whisky, gin and tequila. In addressing this issue, the panel made a series of factual findings on the competitive relationship between the different beverages. Its inquiry was entirely *de novo* as there was no prior national investigation of this question. Furthermore, there were no limitations on the data, or other evidence, which the Panel could examine. Its inquiry was, therefore, *de novo*, open-ended, and contemporaneous"[1303].

Mesmo quando estão em causa somente disposições de um dos acordos da OMC, o critério de análise aplicável não é necessariamente o mesmo, isto é, tudo depende da questão em análise[1304]. Não é de esperar, por exemplo, que o crité-

---

devidos a outros factores causais às importações objecto de dumping. (...) Assim, desde que a autoridade investigadora não impute os prejuízos devidos a outros factores causais às importações objecto de dumping, ela é livre de escolher a metodologia que utilizará no exame da 'relação causal' entre as importações objecto de dumping e o prejuízo". Cf. Relatório do Órgão de Recurso no caso *European Communities – Antidumping Duties on Malleable Cast Iron Tube or Pipe Fittings from Brazil* (WT/DS219/AB/R), 22-7-2003, parágrafos 188-189.

[1301] Alguns artigos, porque, como assinalou o Órgão de Recurso, não existe nenhuma razão para não aplicar geralmente o mesmo critério de análise às obrigações do Acordo sobre as Medidas de Salvaguarda e às obrigações do art. XIX do GATT de 1994 (cf. Relatório do Órgão de Recurso no caso *United States – Definitive Safeguard Measures on Imports of Certain Steel Products* (WT/DS248/2 49/251/252/253/254/258/259/AB/R), 10-11-2003, parágrafo 276). O Órgão de Recurso referiu-se igualmente à relação inseparável entre o art. XIX do GATT de 1994 e o Acordo sobre as Medidas de Salvaguarda. Cf. *Idem*, parágrafos 275 e 277.

[1302] Claus-Dieter EHLERMANN e Nicolas LOCKHART, *Standard of Review in WTO Law*, in JIEL, 2004, p. 518.

[1303] Jan BOHANES e Nicolas LOCKHART, Standard of Review in WTO Law, in *The Oxford Handbook of International Trade Law*, Daniel Bethlehem, Donald McRae, Rodney Neufeld e Isabelle Van Damme Ed., Oxford University Press, 2009, p. 414. De modo semelhante, no âmbito do Acordo relativo à Aplicação de Medidas Sanitárias e Fitossanitárias, os painéis podem analisar se as medidas em causa são justificadas pela última informação científica disponível. No caso *Japan – Measures Affecting the Importation of Apples*, por exemplo, o painel analisou uma queixa ao abrigo do nº 2 do art. 2º do Acordo relativo à Aplicação de Medidas Sanitárias e Fitossanitárias à luz de provas científicas recentes, que não puderam ser tomadas em consideração pelo Japão quando da sua avaliação dos riscos. A medida impugnada foi adoptada em 1994, a avaliação dos riscos realizada em 1996 e 1999 e o painel teve presente um relatório científico de 2003. Cf. *Idem*, p. 413.

[1304] Andrew GUZMAN, *Determining the Appropriate Standard of Review in WTO Disputes*, in CILJ, 2009, pp. 51-52.

A FUNÇÃO JURISDICIONAL NO SISTEMA GATT/OMC

rio de análise aplicado aos litígios referentes aos artigos III e XX do GATT seja idêntico ao que se aplica quando está, por exemplo, em causa a protecção da segurança nacional (art. XXI do GATT). Segundo o próprio Órgão de Recurso:

> "O intérprete de um tratado que aprecia uma medida alegadamente necessária para assegurar a aplicação de uma lei ou de um regulamento compatível com o Acordo OMC pode, caso tal seja apropriado, ter em conta a importância relativa do interesse comum ou dos valores comuns que a lei ou o regulamento cuja aplicação se pretende assegurar visa proteger. Quanto mais vitais ou importantes esses interesses comuns ou esses valores comuns, mais fácil será admitir a 'necessidade' de uma medida concebida como um instrumento de aplicação"[1305].

Ou seja, a latitude permitida aos membros da OMC terá de ser necessariamente maior quando estejam em causa questões relacionadas com a sua segurança.

Cumpre ter presente, por último, que a análise *de novo* não constitui um impedimento a que um painel tenha em conta novos argumentos:

> "113. (...) Ao expor as suas alegações num procedimento de resolução de litígios, um *Membro da OMC* não se limita simplesmente a repetir argumentos que as *partes interessadas* expuseram às autoridades competentes durante a investigação nacional, mesmo se o Membro da OMC foi ele próprio parte interessada nessa investigação. De modo análogo, os painéis não estão obrigados a determinar e confirmar a natureza e o carácter dos argumentos expostos pelas partes interessadas às autoridades competentes. Os argumentos expostos às autoridades nacionais competentes podem ser influenciados pelas prescrições das leis, regulamentos e procedimentos nacionais e basearem-se em tais prescrições. Por outro lado, os procedimentos de resolução de litígios iniciados ao abrigo do Memorando de Entendimento sobre Resolução de Litígios no que respeita às medidas de salvaguarda impostas ao abrigo do Acordo sobre as Medidas de Salvaguarda podem envolver argumentos que as partes interessadas não expuseram às autoridades competentes.
>
> 114. (...) Em síntese, as autoridades competentes estão obrigadas, em certas circunstâncias, a ir além dos argumentos expostos pelas partes interessadas durante a investigação. E assim como as *autoridades competentes* estão obrigadas, em certas circunstâncias, a ir além dos argumentos das partes interessadas para chegar às suas próprias determinações, acreditamos que os *painéis* também não estão limitados aos argumentos apresentados pelas partes interessadas às autoridades competentes

---

[1305] Relatório do Órgão de Recurso no caso *Korea – Measures Affecting Imports of Fresh, Chilled and Frozen Beef* (WT/DS161/AB/R, WT/DS169/AB/R), 11-12-2000, parágrafo 162.

O CRITÉRIO DE ANÁLISE

quando analisam essas determinações num procedimento de resolução de litígios da OMC"[1306].

E existe pelo menos uma boa razão para permitir que um painel tenha em atenção outros argumentos para além dos que foram expostos inicialmente às autoridades nacionais competentes. Com efeito, os membros da OMC que participam num procedimento de resolução de litígios da OMC como parte(s) queixosa(s) ou partes terceiras podem não ter participado no inquérito realizado pelas autoridades nacionais.

## 2.3. A Avaliação Objectiva das Questões Jurídicas

Nos termos do art. 11º do Memorando, o painel deve fazer "uma apreciação objectiva da questão que lhe foi colocada, incluindo uma avaliação objectiva (...) da aplicabilidade e cumprimento dos acordos abrangidos relevantes" e, segundo o Órgão de Recurso, o termo "questão" corresponde às medidas específicas identificadas e à breve síntese da base jurídica da queixa, referidas no pedido de criação de um Painel[1307].

No relatório apresentado no caso *European Communities – Measures Concerning Meat and Meat Products (Hormones)*, o Órgão de Recurso defende que:

> "No que concerne às questões jurídicas – isto é, a compatibilidade ou incompatibilidade de uma medida de um Membro com as disposições do acordo aplicável – um critério que não figura no texto do Acordo relativo à Aplicação de Medidas Sanitárias e Fitossanitárias não pode absolver um painel (ou o Órgão de Recurso) do dever de aplicar as regras costumeiras de interpretação do direito internacional público. Convém notar que as Comunidades Europeias não sugeriram que o nº 6 do artigo 17º do Acordo Antidumping, na sua totalidade, era aplicável no presente caso. Todavia, é apropriado sublinhar que também aqui é pertinente o artigo 11º do Memorando de Entendimento sobre Resolução de Litígios, exigindo-se que um painel 'faça uma apreciação objectiva da questão que lhe foi colocada, incluindo uma avaliação objectiva dos factos em disputa e da aplicabilidade e cumprimento dos acordos abrangidos relevantes (...)"[1308].

---

[1306] Relatório do Órgão de Recurso no caso *United States – Safeguard Measures on Imports of Fresh, Chilled or Frozen Lamb Meat from New Zealand and Australia* (WT/DS177/AB/R, WT/DS178/AB/R), 1-5-2001, parágrafos 113-114.

[1307] Relatório do Órgão de Recurso no caso *Guatemala – Anti-Dumping Investigation regarding Portland Cement from México* (WT/DS60/AB/R), 2-11-1998, parágrafo 72.

[1308] Relatório do Órgão de Recurso no caso *European Communities Measures Concerning Meat and Meat Products (Hormones)* (WT/DS26/AB/R, WT/DS48/AB/R), 16-1-1998, parágrafo 118. Assim, quando se trata de decidir qual é a interpretação correcta dos acordos abrangidos, "todo o Painel se apoiará nos argumentos das partes mas sem estar vinculados por eles; as suas conclusões sobre

A FUNÇÃO JURISDICIONAL NO SISTEMA GATT/OMC

De acordo com Matthias Oesch:

"Panels have consistently interpreted WTO provisions pursuant to the methods provided for in the VCLT [Convenção de Viena sobre o Direito dos Tratados] and have not deferred to legal interpretations set forth by national authorities. No example can be found in the case law where a panel or the Appellate Body accepted an interpretative conclusion of a party although it preferred a different reading of the WTO provision in question"[1309].

Mas quais são as razões que levam os painéis a realizar uma análise *de novo* da determinação jurídica feita por uma autoridade nacional, ao contrário do que acontece com algumas determinações factuais? Como já foi dito, sempre que os membros da OMC queiram opor-se à violação de obrigações ou à anulação ou redução de vantagens previstas nos acordos abrangidos, ou a um impedimento para atingir qualquer objectivo previsto nos referidos acordos, deverão recorrer e respeitar as normas e procedimentos previstos no Memorando (art. 23º, nº 1, do Memorando), ou seja, o sistema de resolução de litígios da OMC tem jurisdição exclusiva para analisar os litígios entre membros da OMC relativos aos acordos da OMC. Além disso, os painéis e o Órgão de Recurso têm a responsabilidade de "clarificar" as disposições dos acordos abrangidos (art. 3º, nº 2, do Memorando) e, na prossecução de tal objectivo, os painéis e o Órgão de Recurso desempenham um papel importante assegurando uma interpretação uniforme dos acordos abrangidos. Se a cada Membro da OMC fosse permitido interpretar os acordos abrangidos, o objectivo da interpretação uniforme de tais acordos seria, seguramente, posto em causa. As obrigações assumidas pelos membros da OMC e os direitos adquiridos divergiriam de membro para membro, pondo em causa "the core objectives of the rule-based system"[1310].

O conhecimento dos painéis e o Órgão de Recurso será também superior ao das autoridades nacionais quando está em causa a aplicação e interpretação dos "acordos abrangidos"[1311].

---

tais questões devem estar de acordo com as regras de interpretação dos tratados aplicáveis à OMC". Cf. Relatório do Painel no caso *United States – Sections 301-310 of the Trade Act of 1974* (WT/DS152/R), 22-12-1999, parágrafo 7.16.

[1309] Matthias Oesch, *Standards of Review in WTO Dispute Settlement*, in JIEL, 2003, pp. 656-657.

[1310] Claus-Dieter Ehlermann e Nicolas Lockhart, *Standard of Review in WTO Law*, in JIEL, 2004, p. 498.

[1311] Seguindo o mesmo raciocínio, Matthias Oesch defende que:
"it might be advisable for panels to be guided by, and defer to, the expertise of other national and international bodies in interpreting international law stemming from sources other than the WTO agreements. In the context of interpreting WTO law, such an assumption, howe-

O CRITÉRIO DE ANÁLISE

Naturalmente, os painéis estão inibidos de examinar as alegações jurídicas que estejam fora do âmbito dos seus termos de referência. Todavia, nada no Memorando limita a faculdade de um Painel utilizar livremente os argumentos apresentados por qualquer uma das partes – ou de desenvolver o seu próprio raciocínio jurídico – para apoiar as suas próprias opiniões e conclusões sobre a questão submetida à sua consideração[1312]. O princípio *iura novit curia* não exclui que os painéis e o Órgão de Recurso possam ser ajudados pelos argumentos jurídicos avançados pelos membros e outros órgãos da OMC, ainda que não estejam vinculados pelos mesmos[1313]. Um Painel pode bem ser incapaz de realizar uma avaliação objectiva da questão, como exige o artigo 11º do Memorando, caso o seu raciocínio se limite exclusivamente aos argumentos apresentados pelas partes em litígio. Consequentemente, a máxima *non ultra petita* cobre apenas as alegações e não os argumentos avançados em apoio das alegações.

Um painel actuará de maneira incompatível com as obrigações que lhe cabem em virtude do artigo 11º do Memorando de Entendimento sobre Resolução de Litígios caso se pronuncie sobre uma alegação sem que existam provas e argumentos que a corroborem[1314].

## 2.4. O Critério de Análise do Acordo Antidumping

Como já foi mencionado, o artigo 11º do Memorando de Entendimento sobre Resolução de Litígios define em relação a todos os acordos abrangidos, com uma só excepção, o critério de análise apropriado para os painéis. A única excepção é o Acordo relativo à Aplicação do Artigo VI do GATT de 1994 (também conhecido por Acordo Antidumping), no qual uma disposição concreta, o nº 6 do artigo 17º, estabelece um critério de análise especial para os litígios suscitados ao abrigo do dito Acordo[1315]. O seu texto é o seguinte:

ver, does not hold true". Cf. Matthias Oesch, *Standards of Review in WTO Dispute Settlement*, in JIEL, 2003, p. 643.

[1312] Relatório do Órgão de Recurso no caso *European Communities Measures Concerning Meat and Meat Products (Hormones)* (WT/DS26/AB/R, WT/DS48/AB/R), 16-1-1998, parágrafo 156.

[1313] Isto mesmo foi reconhecido pelo painel que analisou o caso *United States – Sections 301-310 of the Trade Act of 1974 United States – Sections 301-310 of the Trade Act of 1974*: "quando se trate de decidir qual é a interpretação correcta dos acordos abrangidos, um painel poderá ser ajudado pelos argumentos das partes, mas não estará vinculado por eles". Cf. Relatório do Painel no caso *United States – Sections 301-310 of the Trade Act of 1974* (WT/DS152/R), 22-12-1999, parágrafo 7.16.

[1314] Relatório do Órgão de Recurso no caso *United States – Measures Affecting the Cross-Border Supply of Gambling and Betting Services* (WT/DS285/AB/R), 7-4-2005, parágrafo 281.

[1315] Tal como o critério de análise previsto no art. 11º do Memorando de Entendimento sobre Resolução de Litígios, também o critério de análise consagrado no nº 6 do art. 17º do Acordo se divide em dois aspectos. Mas enquanto no primeiro critério está em causa saber se a autoridade nacional considerou todos os factos relevantes e proporcionou uma explicação fundamentada e apropriada

A FUNÇÃO JURISDICIONAL NO SISTEMA GATT/OMC

"Ao examinar a questão referida no nº 5:

(i) O painel determinará, na sua apreciação dos factos, se as autoridades apuraram correctamente os factos e se a sua avaliação foi imparcial e objectiva. Caso o apuramento dos factos tenha sido correcto e a avaliação imparcial e objectiva, esta não será negligenciada mesmo que o painel tenha chegado a uma conclusão diferente;

(ii) O painel interpretará as disposições pertinentes do Acordo à luz das regras habituais de interpretação do direito internacional público. Sempre que considerar que uma disposição pertinente do Acordo se presta a mais do que uma interpretação, o painel determinará que a medida tomada pelas autoridades está em conformidade com o Acordo caso assente numa das interpretações possíveis"[1316].

O texto desta disposição foi alvo de intensos debates e a versão final só foi acertada durante a última noite das negociações do Ciclo do Uruguai[1317], facto que ilustra a enorme influência dos lóbis proteccionistas no âmbito da legislação antidumping e da política comercial[1318].

As exigências do critério de análise previsto nos pontos (i) e (ii) do nº 6 do art. 17º do Acordo relativo à Aplicação do Artigo VI do GATT de 1994 são cumulativas[1319]. No que concerne ao nº 6(i), o Órgão de Recurso observou que:

"(...) ao abrigo do artigo 17º, nº 6(i), a função dos painéis consiste simplesmente em examinar o 'estabelecimento' e a 'avaliação' dos factos por parte das autoridades encarregadas da investigação. Para esse fim, o artigo 17º, nº 6(i) exige que os painéis procedam a 'uma avaliação dos factos'. A redacção desta frase reflecte fielmente a obrigação imposta aos painéis, em virtude do artigo 11º, de fazerem uma 'uma ava-

para a sua determinação, no segundo critério importa saber se a autoridade nacional apurou correctamente os factos e se a sua avaliação desses factos foi imparcial e objectiva.

[1316] Nos termos do nº 5 do art. 17º do Acordo relativo à Aplicação do Artigo VI do GATT de 1994: "A pedido da parte queixosa, o Órgão de Resolução de Litígios constituirá um painel que se encarregará de examinar a questão com base no seguinte:
(i) Uma exposição escrita em que o Membro que apresentou o pedido explica de que forma um benefício decorrente, directa ou indirectamente, do presente Acordo foi anulado ou comprometido ou de que forma a concretização dos objectivos do Acordo está a ser dificultada; e
(ii) Os factos comunicados às autoridades do Membro importador em conformidade com os seus procedimentos internos".
[1317] Stefan ZLEPTNIG, The Standard of Review in WTO Law, in European Business Law Review, 2002, p. 436.
[1318] Ernst-Ulrich PETERSMANN, The GATT/WTO Dispute Settlement System: International Law, International Organizations and Dispute Settlement, Kluwer Law International, Londres-Haia-Boston, 1997, p. 91.
[1319] Relatório do Órgão de Recurso no caso Mexico – Anti-Dumping Investigation of High Fructose Corn Syrup (HFCS) from the United States – Recourse to Article 21.5 of the DSU by the United States (WT/DS132/AB/RW), 22-10-2001, parágrafo 130.

480

O CRITÉRIO DE ANÁLISE

*liação objectiva dos factos*'. Assim, o texto de ambas as disposições obriga os painéis a 'avaliarem' os factos, o que, em nossa opinião, é evidente que requer uma análise ou um exame activo dos factos pertinentes. O nº 6(i) do artigo 17º do Acordo Antidumping não diz expressamente que os painéis estão obrigados a fazer uma avaliação dos factos que seja 'objectiva'. Não obstante, é inimaginável que o nº 6(i) do artigo 17º exigisse aos painéis algo distinto de uma 'avaliação *objectiva* dos factos da questão'. Neste caso, não consideramos que haja um 'conflito' entre o nº 6(i) do artigo 17º do Acordo Antidumping e o artigo 11º do Memorando de Entendimento sobre Resolução de Litígios"[1320].

O Órgão de Recurso considera, assim, que os painéis devem examinar os factos encontrados pelas autoridades responsáveis pela investigação e não simplesmente aceitá-los[1321]. Mas, atenção, no caso *Mexico – Anti-Dumping Investigation of High Fructose Corn Syrup (HFCS) from the United States – Recourse to Article 21.5 of the DSU by the United States*, o Órgão de Recurso torna claro que o artigo 17º, nºs 5 e 6(i), do Acordo relativo à Aplicação do Artigo VI do GATT de 1994, juntamente com o art. 11º do Memorando de Entendimento sobre Resolução de Litígios, não autorizam os painéis a investigar de novo os factos de forma independente:

> "ao examinar a medida, os painéis têm de considerar, tendo em conta as alegações e os argumentos das partes, se, em particular, o 'apuramento' dos factos pelas autoridades investigadoras foi 'correcto', conforme as obrigações que impõe a tais autoridades investigadoras o Acordo relativo à Aplicação do Artigo VI do GATT de 1994"[1322].

Ainda segundo o Órgão de Recurso:

> "O Artigo 17º, nº 6(i) do Acordo sobre a Aplicação do Artigo VI do GATT de 1994 dispõe também que cabe ao Painel determinar, em primeiro lugar, se as autoridades encarregadas da investigação *apuraram correctamente* os factos' e, em segundo lugar, se *a sua avaliação dos factos foi imparcial e objectiva*'. Se bem que o texto do nº 6(i) do Artigo 17º cria uma obrigação para os painéis – os painéis 'devem' determinar – esta disposição, ao mesmo tempo, define quando se pode considerar que as autoridades

---

[1320] Relatório do Órgão de Recurso no caso *United States – Anti-Dumping Measures on Certain Hot-Rolled Steel Products from Japan* (WT/DS184/AB/R), 24-7-2001, parágrafo 55.

[1321] James DURLING, *Deference, But Only When Due: WTO Review of Anti-Dumping Measures*, in JIEL, 2003, p. 142.

[1322] Relatório do Órgão de Recurso no caso *Mexico – Anti-Dumping Investigation of High Fructose Corn Syrup (HFCS) from the United States (Recourse to Article 21.5 of the DSU by the United States)* (WT/DS132/AB/RW), 22-10-2001, parágrafo 84.

481

A FUNÇÃO JURISDICIONAL NO SISTEMA GATT/OMC

investigadoras actuaram de forma incompatível com o Acordo sobre a Aplicação do Artigo VI do GATT de 1994 no processo de 'estabelecimento' e 'avaliação' dos factos pertinentes (...)"[1323].

O artigo 17º, nº 6(i), do Acordo Antidumping estabelece, assim, uma limitação para o painel nas circunstâncias nele definidas. A sua finalidade é impedir que o painel ponha em causa uma determinação formulada por uma autoridade nacional sempre que o estabelecimento dos factos seja adequado e a avaliação dos mesmos imparcial e objectiva[1324]. Por outras palavras, o nº 6(i) do art. 17º determina que a atenção do painel se deve centrar não nos próprios factos, mas sim no facto de o processo de estabelecimento dos mesmos ter sido ou não adequado e a sua avaliação imparcial e objectiva. Ao mesmo tempo, os termos "imparcial" e "objectiva" reforçam a ideia de que os painéis não devem adoptar uma postura passiva ou de deferência extrema. Somente quando os factos foram apurados de modo adequado e a sua avaliação imparcial e objectiva é que esta não será negligenciada mesmo que um painel pudesse ter chegado a uma conclusão diferente.

O Órgão de Recurso defende, por último, que os nºs 5 e 6(i) do art. 17º do Acordo Antidumping, ao mesmo tempo que exigem que o painel examine os factos comunicados à autoridade investigadora do Membro importador, não impedem um painel de examinar factos que não foram divulgados às partes interessadas ou que não eram discerníveis para elas no momento da determinação final[1325].

No caso do nº 6(ii) do art. 17º do Acordo Antidumping, o que tem suscitado maior polémica, o critério nele previsto foi influenciado pelo critério de revisão jurisdicional das interpretações jurídicas das agências administrativas articulado pelo Supremo Tribunal dos Estados Unidos no caso *Chevron, U.S.A. v. National Resources Defense Council* (1984):

"When a Court reviews an agency's construction of the statute which it administers, it is confronted with two questions. First, always, is the question whether Congress has directly spoken to the precise question at issue. If the intent of Congress is clear, that is the end of the matter ... if the statute is silent or ambiguous with respect

---

[1323] Relatório do Órgão de Recurso no caso *United States – Anti-Dumping Measures on Certain Hot-Rolled Steel Products from Japan* (WT/DS184/AB/R), 24-7-2001, parágrafo 56.
[1324] Relatório do Órgão de Recurso no caso *Thailand – Anti-Dumping Duties on Angles, Shapes and Sections of Iron or Non-Alloy Steel and H-Beams from Poland* (WT/DS122/AB/R), 12-3-2001, parágrafo 117.
[1325] Relatório do Órgão de Recurso no caso *Thailand – Anti-Dumping Duties on Angles, Shapes and Sections of Iron or Non-Alloy Steel and H-Beams from Poland* (WT/DS122/AB/R), 12-3-2001, parágrafo 118.

482

O CRITÉRIO DE ANÁLISE

to the specific issue, the question for the court is whether the agency's answer is based on a permissible construction of the statute"[1326].

Seja como for, alguns autores defendem que a segunda frase do nº 6(ii) do art. 17º do Acordo Antidumping não é compatível com a primeira frase do mesmo nº 6(ii). Os autores em causa invocam que o art. 31º da Convenção de Viena sobre o Direito dos Tratados parece não prever a possibilidade de duas interpretações possíveis. O propósito do art. 31º da Convenção de Viena passa por determinar "o sentido comum atribuível aos termos do tratado" e o próprio art. 32º da mesma Convenção estabelece que se pode recorrer:

"a meios complementares de interpretação e, designadamente, aos trabalhos preparatórios e às circunstâncias em que foi concluído o tratado, com vista ou a confirmar *o sentido* resultante da aplicação do artigo 31º ou a determinar *o sentido*, quando a interpretação obtida segundo o artigo 31º deixa o sentido ambíguo ou obscuro ou conduz a um resultado que é manifestamente absurdo ou desrazoável" (itálico aditado).

Por conseguinte, se a primeira frase do art. 17º, nº 6(ii) for entendida como exigindo o recurso obrigatório às regras normais de interpretação do Direito internacional público em todos os casos, então, a segunda frase torna-se supérflua, visto que, "once a panel has invoked Articles 31 and 32 of the Vienna Convention, it presumably will have already settled on a non-ambiguous, non-absurd

---

[1326] Daniel TARULLO, *The Hidden Costs of International Dispute Settlement: WTO Review of Domestic Anti-dumping Decisions*, Georgetown University Law Center, 2002 Working Paper Series in Business, Economics, and Regulatory Policy Working Paper nº 351080, in http://papers.ssrn.com, p. 9. Existem, contudo, duas diferenças importantes entre o critério de análise consagrado no nº 6(ii) do art. 17º do Acordo Antidumping e o critério articulado no caso *Chevron*. Primeiro, o nº 6(ii) do art. 17º do Acordo Antidumping usa o termo "possível", que pode não ter um significado idêntico aos termos "razoável" ou "permissível" utilizados no direito norte-americano. No direito dos Estados Unidos, o teste essencial é saber se a interpretação da agência é "rational and consistent with the statute", um teste facilmente ultrapassável pelas agências. Segundo, "as regras habituais de interpretação do direito internacional público" mencionadas no nº 6(ii) do art. 17º do Acordo Antidumping não são, certamente, idênticas aos tradicionais "tools of statutory construction" do direito interno norte-americano. Ao passo que os artigos 31º e 32º da Convenção de Viena visam clarificar quaisquer ambiguidades constantes do texto de um tratado, a aplicação no direito norte-americano dos tradicionais "tools of statutory construction" podem tanto exacerbar como eliminar as ambiguidades da legislação. Cf. Steven CROLEY e John JACKSON, WTO Dispute Panel Deference to National Government Decisions. The Misplaced Analogy to the U.S. Chevron Standard-Of-Review Doctrine, in *International Trade Law and the GATT/WTO Dispute Settlement System*, Studies in Transnational Economic Law, vol. 11, Ernst-Ulrich Petersmann ed., Kluwer Law International, Londres-Haia-Boston, 1997, p. 202.

A FUNÇÃO JURISDICIONAL NO SISTEMA GATT/OMC

interpretation"[1327]. De acordo com MATTHIAS OESCH, a própria prática dos painéis e do Órgão de Recurso parece apontar nesse sentido:

> "To date, neither a panel nor the Appellate Body has ever found in explicit terms that a provision of the Antidumping Agreement gives rise to more than one permissible interpretation. They consistently concluded that the application of Articles 31 and 32 of the Vienna Convention led to one single interpretative meaning of the provision in question and did not leave room for additional 'permissible' meanings. Therefore, the second sentence of Article 17.6(ii) has never come into play in practice after the application of Articles 31 and 32 of the Vienna Convention"[1328].

Parece haver, porém, alguma candura por parte dos autores que criticam a redacção do nº 6(ii) do art. 17º do Acordo Antidumping. É evidente que o texto da disposição em causa não é dos mais claros, até por ter sido "a 'Round-breaker'"[1329], e que existe o risco de os painéis não conseguirem assegurar uma interpretação uniforme do Acordo sobre a Aplicação do Artigo VI do GATT de 1994. Mas, se virmos bem, é recorrente os tribunais estarem divididos no que diz respeito à interpretação de normas e a maioria dos litígios nunca veria a luz do dia caso só fosse possível uma interpretação. Como nota JOHN JACKSON:

> "There are domestic courts issuing five-to-four rulings, and one could also say that the lower courts going one way and the upper courts coming another way suggests

---

[1327] John JACKSON e Steven CROLEY, WTO Dispute Panel Deference to National Government Decisions. The Misplaced Analogy to the U.S. Chevron Standard-Of-Review Doctrine, in *International Trade Law and the GATT/WTO Dispute Settlement System*, Studies in Transnational Economic Law, vol. 11, Ernst-Ulrich Petersmann ed., Kluwer Law International, Londres-Haia-Boston, 1997, p. 196. Segundo um outro autor:

"the point of having a rule of interpretation to begin with is to preclude the possibility of arriving at rival, equally plausible and valid, interpretations. For having competing interpretations would amount to having a political conflict – precisely the sort of conflict that reliance on a rule of interpretation was supposed to prevent". Cf. Jan KLABBERS, *On Rationalism in Politics: Interpretation of Treaties and the World Trade Organization*, in Nordic Journal of International Law, 2005, p. 416.

[1328] Matthias OESCH, *Standards of Review in WTO Dispute Settlement*, in JIEL, 2003, p. 657. Ainda segundo um outro autor, "regarding legal interpretations, Article 17.6(ii) of the Antidumping Agreement has not yet led any Panel or the Appellate Body to defer to a national authorities' interpretation". Cf. Holger SPAMANN, *Standard of Review for World Trade Organization Panels in Trade Remedy Cases: a Critical Analysis*, in JWT, 2004, p. 511.

[1329] Ernst-Ulrich PETERSMANN, *The GATT/WTO Dispute Settlement System: International Law, International Organizations and Dispute Settlement*, Kluwer Law International, Londres-Haia-Boston, 1997, p. 91.

O CRITÉRIO DE ANÁLISE

that, at the very least, rational minds could differ on this, and therefore, there might be more than one 'permissible' interpretation"[1330].

No caso concreto do Supremo Tribunal dos Estados Unidos, por exemplo, mais de 1/3 dos casos decididos durante o ano de 2006 foram-no por um voto de 5-4, "a modern record"[1331].

O próprio Órgão de Recurso parece admitir no caso *United States – Anti-Dumping Measures on Certain Hot-Rolled Steel Products from Japan* (em contraste com o painel que analisou o mesmo caso), que pode haver duas ou mais interpretações possíveis:

> "No presente caso, como temos dito, o Japão e os Estados Unidos estão de acordo que as vendas ulteriores por filiais se realizaram 'no decurso de operações comerciais normais'. Os participantes reconhecem também que estas vendas foram de 'produto similar' e que este produto se destinava 'ao consumo no país de exportação'. Nestas circunstâncias, constatamos que a utilização pelo Departamento do Comércio dos Estados Unidos de vendas ulteriores para calcular o valor normal assenta numa interpretação do nº 1 do artigo 2º do Acordo Antidumping que é, em princípio, 'possível' aplicando as regras de interpretação dos tratados contidas na Convenção de Viena"[1332].

O Órgão de Recurso realça ainda no âmbito deste caso que:

> "**59.** A segunda frase do nº 6(ii) do Artigo 17º *pressupõe* que a aplicação das regras de interpretação dos tratados enunciadas nos Artigos 31º e 32º da Convenção de Viena poderia dar lugar, pelo menos, a duas interpretações de algumas disposições do Acordo sobre a Aplicação do Artigo VI do GATT de 1994, e, ao abrigo desta convenção, ambas seriam 'interpretações *possíveis*'. Em tal situação, considera-se que a medida está em conformidade com o Acordo sobre a Aplicação do Artigo VI do GATT de 1994 'caso assente numa das interpretações possíveis'.

---

[1330] John JACKSON, *The Varied Policies of International Juridical Bodies – Reflections on Theory and Practice*, in MJIL, 2004, p. 871.

[1331] Timothy JOHNSON, Ryan BLACK e Eve RINGSMUTH, *Hear Me Roar: What Provokes Supreme Court Justices to Dissent from the Bench?*, in Minnesota Law Review, 2009, p. 1563. Na prática, "a survey of interpretative methods in most domestic legal systems makes it obvious that the various interpretative elements used are reflected in Articles 31 and 32 of the Vienna Convention". Cf. Petros MAVROIDIS, Legal Eagles? The WTO Appellate Body's First Ten Years, in *The WTO: Governance, Dispute Settlement, and Developing Countries*, Merit Janow, Victoria Donaldson e Alan Yanovich ed., Juris Publishing, Nova Iorque, 2008, p. 363.

[1332] Relatório do Órgão de Recurso no caso *United States – Anti-Dumping Measures on Certain Hot-Rolled Steel Products from Japan* (WT/DS184/AB/R), 24-7-2001, parágrafo 172.

A FUNÇÃO JURISDICIONAL NO SISTEMA GATT/OMC

**60.** Assim, ao abrigo do artigo 17º, nº 6(ii), do Acordo Antidumping, os painéis estão obrigados a determinar se uma medida assenta numa interpretação das disposições relevantes do Acordo Antidumping que *seja possível de acordo com as regras de interpretação dos tratados* dos artigos 31º e 32º da Convenção de Viena. Dito de outra forma, uma interpretação possível é uma interpretação que é julgada adequada *após* aplicação das regras pertinentes da Convenção de Viena (...)"[1333].

E, empiricamente, a sujeição às mesmas regras de interpretação não impediu que dois painéis que analisaram a já famosa prática do *zeroing* discordassem abertamente do Órgão de Recurso e recusassem seguir a sua argumentação[1334].

Mais recentemente, o Órgão de Recurso defendeu que existe "a sequential analysis" entre as duas frases do nº 6(ii) do art. 17º, devendo qualquer painel começar por aplicar a primeira frase[1335], e que:

"(...) a segunda frase prevê a possibilidade de que a aplicação das regras da Convenção de Viena possa dar lugar a um leque de interpretações e, se der, uma interpretação compreendida nesse leque é possível e deve declarar-se que a medida está em conformidade com o acordo abrangido. A função da segunda frase é, pois, dar efeito ao leque de interpretações e não exigir ao intérprete que siga adiante com o exercício interpretativo até ao momento em que só uma interpretação desse leque prevaleça"[1336].

Bem mais pertinente seria, em princípio, a crítica de JOOST PAUWELYN ao art. 17º, nº 6, do Acordo sobre a Aplicação do Artigo VI do GATT de 1994:

"there is no good reason why panels ought to show more deference when examining a dumping case as opposed to when they examine a health measure. On the contrary, one would have expected that for health issues, more deference would be warranted"[1337].

---

[1333] *Idem*, parágrafos 59-60.

[1334] Petros MAVROIDIS, Patrick MESSERLIN e Jasper WAUTERS, *The Law and Economics of Contingent Protection in the WTO*, Elgar International Economic Law, Edward Elgar, 2008, p. 65.

[1335] Relatório do Órgão de Recurso no caso *United States – Continued Existence and Application of Zeroing Methodology* (WT/DS350/AB/R), 4-2-2009, parágrafo 271.

[1336] *Idem*, parágrafo 272.

[1337] Joost PAUWELYN, *The Use of Experts in WTO Dispute Settlement*, in ICLQ, 2002, p. 361. Quando concluíram o Acordo relativo à Aplicação de Medidas Sanitárias e Fitossanitárias, os membros da OMC seleccionaram *good science* como o critério decisivo para determinar se uma determinada medida sanitária ou fitossanitária seria ou não compatível com as regras da OMC (caso a medida seja apoiada pela ciência, presume-se que ela não é proteccionista. O acordo em causa é visto, por isso, como "unique in the World Trade Organization system, in its turn to science" (cf. Joanne SCOTT, *The WTO Agreement on Sanitary and Phytosanitary Measures – A Commentary*, Oxford University Press, 2007, p. 3), como um ponto de viragem em termos jurídicos, uma vez que "its

O CRITÉRIO DE ANÁLISE

Apesar de ser frequente os painéis reverem, de modo essencialmente *inquisitorial*, os factos relevantes[1338] e consultarem peritos científicos[1339], em especial nos litígios concernentes ao Acordo relativo à Aplicação de Medidas Sanitárias e Fitossanitárias[1340], o grau de deferência reconhecido é ele-

science-based rules displace centuries of food traditions and national attitudes toward food and food safety" (cf. Marsha ECHOLS, *Food Safety and the WTO: The Interplay of Culture, Science and Technology*, Kluwer Law International, Londres-Haia-Nova Iorque, 2001, p. 3). São várias as disposições do Acordo relativo à Aplicação de Medidas Sanitárias e Fitossanitárias que reconhecem um papel especial à ciência na avaliação e prevenção dos riscos, assim como na determinação da legalidade das medidas sanitárias e fitossanitárias adoptadas, a saber: artigos 2º, nº 2; 3º, nº 3; 5º, nº 1; 5º, nº 2; e 5º, nº 7. Sendo a ciência "the traditional and internationally recognized basis of authority in food safety regulation" (cf. Grace SKOGSTAD, Regulating Food Safety Risks in the European Union: A Comparative Perspective, in *What's the Beef? The Contested Governance of European Food Safety*, Christopher Ansell e David Vogel Ed., The MIT Press, Cambridge-Massachusetts, Londres, 2006, p. 215), o recurso a ela no âmbito do Acordo relativo à Aplicação de Medidas Sanitárias e Fitossanitárias é claramente uma estratégia para permitir uma apreciação objectiva dos factos, estando, por isso, ligada inerentemente aos critérios de análise mandatados pelo art. 11º do Memorando de Entendimento sobre Resolução de Litígios (cf. Jan BOHANES, *Risk Regulation in WTO Law: A Procedure-Based Approach to the Precautionary Principle*, in CJTL, Vol. 40, 2002, p. 346). Como argumentaram as Comunidades Europeias durante o caso *Hormones*:
"As medidas devem basear-se em princípios *científicos,* em oposição aos não científicos, como a superstição. Caso se proponha uma medida para reduzir ou eliminar um risco para a saúde, tal medida deverá tratar o risco de maneira cientificamente justificada. Se, por exemplo, a medida proposta visa eliminar um organismo patogénico de um alimento, existem vários métodos, por exemplo, cozer, salgar, etc. cuja eficácia pode ser provada cientificamente. Se, no entanto, um Membro prescreve rezar orações sobre os alimentos, ou executar uma dança ritual em torno deles, isso não seria compatível com o Acordo relativo à Aplicação de Medidas Sanitárias e Fitossanitárias, porque a eficácia de tais métodos não pode ser provada cientificamente". Cf. Relatório do Painel no caso *European Communities Measures Concerning Meat and Meat Products (Hormones)* (WT/DS26/R/USA), 18-8-1997, parágrafo 4.25.

[1338] Nas palavras de um autor, "overall, panels have chosen as the appropriate fact-finding method an *inquisitorial* technique rather than one which is adversarial". Cf. Matthias OESCH, Standards of review in WTO panel proceedings, in *Key Issues in WTO Dispute Settlement: The First Ten Years*, Rufus Yerxa e Bruce Wilson Ed., Cambridge University Press, 2005, p. 168.

[1339] No caso da análise das medidas sanitárias e fitossanitárias adoptadas por membros da OMC, os painéis não têm dado grande importância à opinião dos peritos "introduced" pelas partes demandadas (cf. Matthias OESCH, *Standards of Review in WTO Dispute Resolution*, Oxford University Press, 2003, p. 236). Os painéis têm dado importância, sim, às opiniões dos peritos científicos que consultam ao abrigo do art. 13º do Memorando de Entendimento sobre Resolução de Litígios e do art. 11º, nº 2, do Acordo sobre a Aplicação de Medidas Sanitárias e Fitossanitárias.

[1340] No caso das queixas relativas a violações do Acordo relativo à Aplicação de Medidas Sanitárias e Fitossanitárias, as opiniões dos peritos têm tido um impacto claro nas constatações dos painéis (cf. Michelle GRANDO, *Evidence, Proof, and Fact-Finding in WTO Dispute Settlement*, Oxford University Press, 2009, p. 340). É difícil aos juízes, por definição não cientistas, avaliarem se um medida é apoiada pela ciência na sua actividade de *dicere legem*. Isto mesmo foi reconhecido pelo

A FUNÇÃO JURISDICIONAL NO SISTEMA GATT/OMC

vado quando chegamos ao âmbito da gestão dos riscos (*risk management*)[1341], isto é, quando, por exemplo, um Membro da OMC determina o ní-

Juiz Rehnquist em 1993, então Presidente do Supremo Tribunal dos Estados Unidos, na sua opinião dissidente no caso *Daubert v. Merrell Dow Pharmaceuticals*:

> "The various briefs filed in this case are markedly different from typical briefs, in that large parts of them do not deal with decided cases or statutory language – the sort of material we customarily interpret. Instead, they deal with definitions of scientific knowledge, scientific method, scientific validity, and peer review – in short, matters far afield from the expertise of judges. This is not to say that such materials are not useful or even necessary in deciding how Rule 702 should be applied; but it is to say that the unusual subject matter should cause us to proceed with great caution in deciding more than we have to, because our reach can so easily exceed our grasp" (parágrafos 598-599).

[1341] De acordo com um autor, "to date the WTO has shown deference in the area of risk management, but not in the area of risk assessment" (cf. Andrew GUZMAN, *Determining the Appropriate Standard of Review in WTO Disputes*, in CILJ, 2009, p. 76). Regra geral, a teoria de regulação do risco distingue entre avaliação dos riscos, gestão dos riscos e comunicação dos riscos:

> "The prevalent view describes risk assessment as a process of probabilistic estimation of the potential adverse health or environmental effects of a substance, process, action or event, determined according to scientifically plausible methods. The goal of risk assessment is to provide risk managers with the information necessary for rational decision-making. Risk management is defined as 'a process of identifying, evaluating, selecting and implementing actions to reduce risk'. Risk management reflects the preferences of a particular society for an acceptable level of risk exposure. It is based on a number of factors, such as the costs and benefits of regulation of the particular risk, societal values and preferences, and technical feasibility. Risk communication is understood as the two-way 'flow of information and risk evaluation ... between academic experts, regulatory practitioners, interests groups, and the general public'. The aim of risk communication is to influence the trust of the general public and increase support for regulatory decisions" (cf. Lukasz GRUSZCZYNSKI, *Science in the Process of Risk Regulation under the WTO Agreement on Sanitary and Phytosanitary Measures*, in German Law Journal, 2006, pp. 378-379).

Acontece que o Órgão de Recurso recusou no caso *Hormones* a distinção entre a "avaliação dos riscos" e a "gestão dos riscos", por falta de base textual (cf. Relatório do Órgão de Recurso no caso *European Communities Measures Concerning Meat and Meat Products (Hormones)* (WT/DS26/AB/R, WT/DS48/AB/R), 16-1-1998, parágrafo 206), apesar de ela ser reconhecida amplamente na literatura sobre regulação do risco (cf. Michael TREBILCOCK e Julie SOLOWAY, International trade policy and domestic food safety regulation: The case for substantial deference by the WTO Dispute Settlement Body under the SPS Agreement, in *The Political Economy of International Trade Law – Essays in Honor of Robert E. Hudec*, Daniel Kennedy e James Southwick ed., Cambridge University Press, 2002, p. 561). A própria Comissão do *Codex Alimentarius* (o fórum plenário do *Codex Alimentarius* composto por representantes dos membros e que reúne uma vez por ano) estabelece que:

> "other legitimate factors relevant for health protection and fair trade practices may be identified in the risk management process, and risk managers should indicate how these factors affect the selection of risk management options and the development of standards, guidelines and related texts. Consideration of other factors should not affect the scientific basis of risk analysis; in this process, the separation between risk assessment and risk management should

O CRITÉRIO DE ANÁLISE

be respected, in order to ensure the scientific integrity of the risk assessment" (cf. CODEX ALIMENTARIUS COMMISSION, *Codex Alimentarius Commission Procedural Manual*, 17ª ed., Joint FAO/WHO Food Standards Programme, 2007, p. 194).

Ao recusar aceitar a distinção referida, o Órgão de Recurso procura atenuar a possibilidade de um membro desconsiderar as conclusões científicas de uma avaliação dos riscos e, em vez disso, adoptar medidas em resposta a pressões políticas e sociais. O próprio contraste entre as avaliações científicas e as preocupações de carácter não científico introduz uma dicotomia problemática entre respostas racionais e reacções irracionais. As mesmas pessoas que assumem comportamentos de elevado risco em determinadas situações (por exemplo, quando fumam e conduzem) podem ter grande aversão ao risco noutros contextos (por exemplo, quando rejeitam consumir organismos geneticamente modificados ou carne com hormonas de crescimento) (cf. Christian JOERGES e Jürgen NEYER, *Politics, risk management, World Trade Organisation governance and the limits of legalisation*, in Science and Public Policy, volume 30, number 3, 2003, p. 220). Há quem entenda, por outro lado, que o Órgão de Recurso optou por uma abordagem integrada da avaliação dos riscos e da gestão dos riscos, nos termos da qual as considerações científicas e políticas influenciam constantemente ambas as fases da regulação dos riscos, a avaliação e a gestão dos riscos, talvez porque "the distinction between risk assessment and risk management, while intuitively appealing, is far from simple and is increasingly being discredited" (cf. Tracey EPPS, *International Trade and Health Protection: A Critical Assessment of the WTO's SPS Agreement*, Edward Elgar, Cheltenham, UK/Northampton, USA, 2008, p. 157). Assim, apesar da ausência de uma referência específica à gestão dos riscos, o nº 6 do art. 5º do Acordo relativo à Aplicação de Medidas Sanitárias e Fitossanitárias, ao requerer que os membros devem assegurar que as medidas sanitárias ou fitossanitárias não sejam mais restritivas para o comércio do que o necessário para conseguir o nível de protecção sanitária ou fitossanitária, funcionalmente, exige de facto "a risk management (cost-effectiveness) form of analysis" (Michael TREBILCOCK e Julie SOLOWAY, International trade policy and domestic food safety regulation: The case for substantial deference by the WTO Dispute Settlement Body under the SPS Agreement, in *The Political Economy of International Trade Law – Essays in Honor of Robert E. Hudec*, Daniel Kennedy e James Southwick ed., Cambridge University Press, 2002, p. 561). Mesmo a decisão do Órgão de Recurso no caso *Hormones*, ao mesmo tempo que rejeita expressamente a distinção entre a "avaliação dos riscos" e a "gestão dos riscos", abre provavelmente a porta à entrada de considerações de ordem política no processo de avaliação dos riscos quando salienta que:

"Um painel encarregue de determinar se existem 'provas científicas suficientes' para garantir a manutenção por um Membro de uma determinada medida sanitária e fitossanitária pode, claro está, e deve, ter presente que governos representativos, responsáveis actuam normalmente com prudência e precaução quando estão em causa riscos de um prejuízo irreversível (por exemplo, mortais) para a saúde humana" (cf. Relatório do Órgão de Recurso no caso *European Communities Measures Concerning Meat and Meat Products (Hormones)* (WT/DS26/AB/R, WT/DS48/AB/R), 16-1-1998, parágrafo 124).

Embora estas conclusões do Órgão de Recurso ajudem a tornar mais aceitável do ponto de vista político o seu relatório no caso *Hormones*, a verdade é que qualquer interpretação no sentido da adopção de uma abordagem integrada por parte do Órgão de Recurso, de uma igual consideração dos factores científicos e não científicos na avaliação dos riscos, vai demasiado longe. Qualquer interpretação no sentido da ampla inclusão de preferências e valores culturais não encontra apoio suficiente nem no Acordo relativo à Aplicação de Medidas Sanitárias e Fitossanitárias nem no *case law*. Apesar de o Órgão de Recurso defender que "não existe nada que indique que a enumeração

## A FUNÇÃO JURISDICIONAL NO SISTEMA GATT/OMC

de factores que podem ser tomados em consideração numa avaliação de riscos ao abrigo do nº 2 do artigo 5º constitui uma lista fechada" (cf. Relatório do Órgão de Recurso no caso *European Communities Measures Concerning Meat and Meat Products (Hormones)* (WT/DS26/AB/R, WT/DS48/ AB/R), 16-1-1998, parágrafo 187), abrindo a porta à inclusão de factores como preferências culturais e valores comunitários na avaliação dos riscos de medidas sanitárias e fitossanitárias (cf. Regine NEUGEBAUER, Fine-Tuning WTO Jurisprudence and the SPS Agreement to Improve Trade Integration and Harmonization, in *Reconciling Environment and Trade*, John Jackson e Edith Brown Weiss ed., Transnational Publishers, Ardsley-Nova Iorque, 2001, p. 335), o nº 2 do art. 2º e o nº 3 do art. 3º atribuem, textualmente, um papel vital à ciência e a definição de avaliação dos riscos, constante do nº 4 do Anexo A, baseia-se também fortemente no paradigma técnico. Em consequência, a inclusão de factores não científicos na avaliação dos riscos, no sentido de prevalecerem sobre as provas científicas, parece ser incompatível com a redacção explícita do Acordo relativo à Aplicação de Medidas Sanitárias e Fitossanitárias (cf. Lukasz GRUSZCZYNSKI, *Science in the Process of Risk Regulation under the WTO Agreement on Sanitary and Phytosanitary Measures*, in German Law Journal, 2006, p. 384). A tomada em consideração de factores não científicos pode, quando muito, ter um carácter suplementar, mas não pode contrabalançar as provas científicas.

Não podemos deixar de salientar, ao mesmo tempo, que a escolha feita por um Membro da OMC de um determinado nível adequado de protecção sanitária ou fitossanitária "is what is typically called a *risk management* decision" (cf. Denise PRÉVOST e Peter Van den BOSSCHE, The Agreement on the Application of Sanitary and Phytosanitary Measures (Chapter 7), in *The World Trade Organization: Legal, Economic and Political Analysis*, Volume I, Patrick Macrory, Arthur Appleton e Michael Plummer Ed., Springer, Nova Iorque, 2005, p. 309) e que o Acordo relativo à Aplicação de Medidas Sanitárias e Fitossanitárias reconhece-o ao não impor que a escolha de um determinado nível adequado de protecção sanitária ou fitossanitária tenha base científica. Mas, também aqui, o direito de um Membro de definir o seu nível adequado de protecção não constitui "um direito absoluto, não sujeito a condições" (cf. Relatório do Órgão de Recurso no caso *European Communities Measures Concerning Meat and Meat Products (Hormones)* (WT/DS26/AB/R, WT/DS48/AB/R), 16-1-1998, parágrafo 173), aspecto que o nº 3 do art. 3º do Acordo relativo à Aplicação de Medidas Sanitárias e Fitossanitárias torna claro. Além disso, os nºs 4 e 5 do art. 5º do Acordo relativo à Aplicação de Medidas Sanitárias e Fitossanitárias impõem algumas limitações a respeito da escolha de um nível adequado de protecção sanitária ou fitossanitária, ainda que apenas a disposição constante do nº 5 tenha carácter vinculativo. Finalmente, o facto de um Membro da OMC poder determinar que o seu nível adequado de protecção seja "a zero-risk" não implica que ele tenha liberdade para tomar medidas contra riscos "arising from theoretical uncertainty" (cf. Joanne SCOTT, *The WTO Agreement on Sanitary and Phytosanitary Measures – A Commentary*, Oxford University Press, 2007, p. 106). No entendimento do Órgão de Recurso:

> "A incerteza que subsiste sempre no plano teórico, uma vez que a ciência não pode *nunca* oferecer a certeza absoluta de que uma dada substância *nunca* terá efeitos adversos para a saúde (...) não é o tipo de risco que deve ser avaliado ao abrigo do nº 1 do artigo 5º [do Acordo relativo à Aplicação de Medidas Sanitárias e Fitossanitárias]" (cf. Relatório do Órgão de Recurso no caso *European Communities Measures Concerning Meat and Meat Products (Hormones)* (WT/DS26/ AB/R, WT/DS48/AB/R), 16-1-1998, parágrafo 186).

Em suma, apesar da ciência ser vulnerável a manipulações, o recurso à *good science* pode remover a incerteza de saber se estamos perante medidas sanitárias ou fitossanitárias perfeitamente legí-

O CRITÉRIO DE ANÁLISE

vel adequado de protecção sanitária ou fitossanitária no seu território[1342]. De acordo com o Órgão de Recurso:

timas ou restrições disfarçadas ao comércio e impedir que consumidores não informados sejam subjugados politicamente por interesses especiais:

"Despite the limitations of science as a decision-making tool, it arguably remains the best tool we have to sift out unwarranted protectionism from genuine health protection measures. Without science, we are left at the mercy of competing unproven claims and perspectives. Even if we accept that public risk perceptions are often rational, they cannot be the only guide. (...) Powerful economic interests cannot change objective truth, but they can change public perception. Money and media are influential" (cf. Tracey Epps, *Reconciling public opinion and WTO rules under the SPS Agreement*, in WTR, 2008, p. 378).

E, como já foi referido, a abordagem dos órgãos de resolução de litígios da OMC à interpretação das disposições do Acordo relativo à Aplicação de Medidas Sanitárias e Fitossanitárias que reconhecem um papel especial à ciência tem sido, em grande parte, procedimental, isto é, no sentido da harmonização dos procedimentos sanitários ou fitossanitários dos países, principalmente, através da imposição do requisito da avaliação dos riscos, facto que leva JOANNE SCOTT a realçar que:

"to this extent, the constraints implied by these obligations may be understood in terms of decision making *methodology* and not outcomes. (...) To the extent that the relevant obligations have been construed as imposing procedural requirements, claims of epistemic imperialism based on science seem less than plausible. On the contrary, to this extent, the agreement serves to open up decision making to more and better information, and to induce reflexivity in the elaboration of regulatory outcomes" (cf. Joanne SCOTT, *The WTO Agreement on Sanitary and Phytosanitary Measures – A Commentary*, Oxford University Press, 2007, p. 78).

Um autor tão importante como STEVE CHARNOVITZ defende mesmo que:

"It is unfortunate that this respect for science does not permeate other areas of WTO law. Aside from the Sanitary and Phytosanitary Measures Agreement and the review of environmental measures under GATT Article XX, the scientific basis for government regulations is not being scrutinized elsewhere in the WTO system. For example, is there a scientific justification for the WTO to condemn 'dumping' in a broad definition that includes the practice of selling a product at less than its cost of production when that prevents price increases in the country of importation?". Cf. Steve CHARNOVITZ, Improving the Agreement on Sanitary and Phytosanitary Standards, in *Trade, Environment, and the Millennium*, 2ª ed., Gary Sampson e Bradnee Chambers ed., 2002, p. 223.

[1342] O único limite à liberdade dos membros da OMC realmente importante decorre do nº 5 do art. 5º do Acordo relativo à Aplicação de Medidas Sanitárias e Fitossanitárias. Nos termos desta disposição:

"Com o objectivo de assegurar a coerência na aplicação do conceito de nível adequado de protecção sanitária ou fitossanitária contra os riscos para a saúde e a vida das pessoas e dos animais ou para a protecção vegetal, cada membro evitará estabelecer distinções arbitrárias ou injustificadas nos níveis que considere adequados em situações diferentes, caso essas distinções resultem numa discriminação ou numa restrição disfarçada ao comércio internacional. Os membros cooperarão no comité [das medidas sanitárias e fitossanitárias], em conformidade com os nºs 1, 2 e 3 do artigo 12º do presente acordo para elaborar directrizes destinadas a favorecer a aplicação prática da presente disposição. Para elaborar essas directrizes, o comité

A FUNÇÃO JURISDICIONAL NO SISTEMA GATT/OMC

terá em conta todos os factores pertinentes, incluindo o carácter excepcional dos riscos para a saúde aos quais as pessoas se expõem voluntariamente".

Uma vez que o nº 5 do art. 5º diz respeito não à coerência entre medidas, mas sim à coerência entre níveis adequados de protecção sanitária ou fitossanitária, a incoerência dos níveis adequados de protecção torna-se suspeita do ponto de vista do Acordo relativo à Aplicação de Medidas Sanitárias e Fitossanitárias sempre que, por exemplo, um Membro da OMC estabelece um elevado nível adequado de protecção para os riscos associados a um produto importado e um baixo nível adequado de protecção no caso dos produtos nacionais.

No caso *European Communities Measures Concerning Meat and Meat Products (Hormones)*, o Órgão de Recurso deu o seguinte exemplo de uma não violação do princípio da coerência:

"Não partilhamos as conclusões do Painel de que as diferenças acima mencionadas nos níveis de protecção a respeito das hormonas adicionadas presentes na carne tratada e das hormonas presentes de maneira natural nos produtos alimentares são simplesmente arbitrárias e injustificadas. Pelo contrário, consideramos que existe uma distinção fundamental entre hormonas adicionadas (naturais ou sintéticas) e hormonas presentes de maneira natural na carne e noutros produtos alimentares. A respeito das últimas, as Comunidades Europeias simplesmente não adoptaram qualquer acção regulamentar; exigir que elas interditem totalmente a produção e consumo de tais produtos alimentares ou limitem a concentração de resíduos presentes de maneira natural nos produtos alimentares supõe que os poderes públicos intervenham tão massivamente em todos os domínios da natureza e da vida quotidiana da população que a comparação torna-se, ela própria, absurda (...)" (cf. Relatório do Órgão de Recurso no caso *European Communities Measures Concerning Meat and Meat Products (Hormones)* (WT/DS26/AB/R, WT/DS48/AB/R), 16-1-1998, parágrafo 221).

Ainda que existisse um forte elemento comum (as hormonas naturais eram as mesmas), a diferença entre a administração artificial e a ocorrência natural do mesmo tipo de substância era tal que tornava as duas situações incomparáveis.

Em contraste, o Órgão de Recurso encontrou uma violação do princípio da coerência no caso *Australia – Measures Affecting Importation of Salmon*:

"**154.** (...) O Painel iniciou a sua análise observando que, atendendo à diferença nas medidas sanitárias e fitossanitárias e os correspondentes níveis de protecção para os produtos de salmão, por um lado, e as quatro categorias de outros peixes e produtos derivados do peixe, por outro, esperar-se-ia que tal diferença tivesse alguma justificação, por exemplo, um risco mais elevado derivado das importações de salmão. Todavia, como notou o Painel:

... os argumentos, relatórios, estudos e opiniões de peritos que nos foram apresentados a este respeito, em vez de sugerirem que ... [o salmão do Pacífico capturado no oceano], apresenta um risco *mais elevado*, o que justificaria as medidas sanitárias mais rigorosas impostas a esses produtos, provam que as duas categorias de não salmonídeos [arenque usado como isco e peixes ornamentais vivos], às quais se aplicam medidas sanitárias mais indulgentes representam um risco ao menos tão elevado, quando não maior, que o associado ao salmão do Pacífico capturado no oceano.

**155.** Em consequência, o Painel chegou à conclusão de que, com base na informação que lhe foi submetida, as distinções nos níveis de protecção sanitária que se reflectem no tratamento dado pela Austrália ao salmão do Pacífico capturado no oceano, por um lado, e ao arenque usado como isco e aos peixes ornamentais vivos, por outro, são 'arbitrárias ou injustificáveis' no sentido do segundo elemento do nº 5 do artigo 5º. (...).

O CRITÉRIO DE ANÁLISE

**158.** A Austrália determinou expressamente que o seu nível adequado de protecção a respeito do salmão do Pacífico capturado no oceano é 'um nível de protecção sanitária alto ou muito conservador' destinado a reduzir o risco até chegar a 'níveis muito baixos', 'ainda que não esteja baseado num enfoque de risco zero'. O nível de protecção que se reflecte no tratamento que a Austrália confere ao arenque usado como isco e aos peixes ornamentais vivos é definitivamente mais baixo. Notamos a constatação fáctica do Painel de que cabe supor que o arenque e os peixes ornamentais vivos representam um risco ao menos tão alto, quando não maior, que o associado ao salmão do Pacífico capturado no oceano. Em consequência, apoiamos a constatação do Painel (...).

**159.** No que toca ao terceiro elemento do nº 5 do artigo 5º, a saber, que as distinções arbitrárias ou injustificáveis nos níveis de protecção têm por resultado 'uma discriminação ou uma restrição disfarçada do comércio internacional', observamos que o Painel identificou três 'sinais de aviso', assim como três 'factores de natureza mais substancial' ('factores adicionais'). O Painel considerou que cada um destes 'sinais de aviso' e 'factores adicionais' podem ser tomados em consideração no que respeita à sua decisão relativa ao terceiro elemento do nº 5 do artigo 5º. No parágrafo 8.159 do seu relatório, O Painel formulou a seguinte conclusão:

Baseando-nos em todos os 'sinais de aviso' e 'factores adicionais' acima referidos, *considerados no seu conjunto*, ... as distinções nos níveis de protecção impostos pela Austrália para, por um lado, ... [o salmão do Pacífico capturado no oceano] e, por outro, o arenque ... usado como risco e os peixes ornamentais vivos, ... tem por resultado 'uma restrição disfarçada do comércio internacional' no sentido do terceiro elemento do artigo 5º, nº 5" (cf. Relatório do Órgão de Recurso no caso *Australia – Measures Affecting Importation of Salmon* (WT/DS18/AB/R), 20-10-1998, parágrafos 154-155 e 158-159).

Os três sinais de aviso que o Painel teve em conta e que o Órgão de Recurso considerou apropriados foram os seguintes:

(i) o carácter arbitrário e injustificável das diferenças nos níveis de protecção; (ii) a diferença muito substancial nos níveis de protecção entre a proibição à importação de salmão capturado no Oceano Pacífico e a tolerância relativamente às importações de arenque usado como isco e de peixe vivo ornamental; e

(iii) a incompatibilidade da medida sanitária e fitossanitária em causa com os artigos 5º, nº 1, e 2º, nº 2, do Acordo relativo à Aplicação de Medidas Sanitárias e Fitossanitárias (cf. *Idem*, parágrafos 161-166).

O Painel teve em conta, ainda, três factores adicionais, a saber:

(i) as duas medidas sanitárias e fitossanitárias substancialmente diferentes aplicadas pela Austrália (proibição à importação versus tolerância à importação) implicavam que o salmão fosse discriminado face ao arenque usado como isco e ao peixe vivo ornamental;

(ii) a alteração substancial, mas inexplicada, da conclusão entre o Projecto de Relatório de 1995, o qual recomendava a permissão de importação do salmão capturado no Oceano Pacífico ao abrigo de determinadas condições, e o Relatório Final de 1996, que recomendava a manutenção da proibição de importação; e

(iii) a ausência de controlos sobre a circulação de produtos de salmão dentro da Austrália (cf. *Idem*, parágrafos 167-176).

O Órgão de Recurso considerou que apenas o primeiro factor adicional deveria ser excluído do exame do terceiro elemento do nº 5 do art. 5º do Acordo relativo à Aplicação de Medidas Sanitárias e Fitossanitárias, tendo a razão invocada sido a seguinte:

493

A FUNÇÃO JURISDICIONAL NO SISTEMA GATT/OMC

"(...) Todas as 'distinções arbitrárias ou injustificáveis' nos níveis de protecção levam logicamente a uma discriminação entre produtos, independentemente de os produtos serem os mesmos ou não (por exemplo, uma discriminação entre as importações de salmão procedentes de diferentes países ou entre o salmão importado e o de origem nacional) ou de produtos distintos (por exemplo, entre o salmão, por um lado, e o arenque utilizado como isco ou os peixes ornamentais vivos, por outro). Em consequência, o primeiro 'factor adicional' não é diferente do primeiro sinal de aviso nem deve ser tido em conta como um *factor distinto* na decisão sobre se se uma medida sanitaria ou fitossanitária tem por resultado 'uma restrição disfarçada do comércio internacional'" (cf. *Idem*, parágrafo 169).

Subsequentemente, com vista a colocar em conformidade com o Acordo relativo à Aplicação de Medidas Sanitárias e Fitossanitárias a medida declarada incompatível, a Austrália afrouxou a proibição de importação de salmão do Canadá e aumentou os controlos à importação de outros produtos piscícolas em causa no litígio:

"**7.91.** Recordamos que, em consequência das recomendações e resoluções do Órgão de Resolução de Litígios no litígio inicial, a Austrália conta agora, em apoio das novas medidas que aplica, com uma avaliação, não só dos riscos relacionados com os salmões mas também com os dos peixes distintos dos salmões e os peixes ornamentais vivos. Assim, a Austrália não só estabeleceu um regime de importação menos restritivo do comércio para os salmões objecto do presente litígio, mas também reforçou, ou reforçará, as restrições à importação de peixes distintos dos salmões, incluindo em particular os arenques usado como isco e os peixes ornamentais vivos referidos no litígio inicial.

**7.92.** Dois dos três peritos que assessoram o Painel entendem que o regime aplicado pela Austrália às importações de salmões e o regime aplicado por esse país às importações de peixes distintos dos salmões e peixes ornamentais vivos, contribuem para alcançar os mesmos ou similares níveis de protecção. Os peritos consideram ainda que o tratamento diferente dado pela Austrália a essas categorias diferentes de peixes está cientificamente justificado.

**7.93.** Mesmo quando não se impuseram medidas de controlo mais rigorosas ao movimento interno de peixes australianos mortos como consequência da adopção das recomendações do Órgão de Resolução de Litígios, notamos a explicação da Austrália de que o risco associado ao movimento interno de peixes australianos é diferente, e menor, que o associado às importações de salmões. Em primeiro lugar, as enfermidades associadas ao movimento de peixes dentro de Austrália estão *per force* já presentes (isto é, são endémicas) na Austrália. Mesmo se determinadas enfermidades só estão presentes em algumas partes da Austrália, a existência de vias fluviais interiores pode tornar difícil impedir a propagação destas enfermidades. Dado que, pelo contrário, as enfermidades que são motivo de preocupação em relação com as importações de salmões *não* estão presentes (isto é, são exóticas) na Austrália, essas enfermidades são *per definition* diferentes das associadas aos peixes australianos e podem ser – e são segundo a Austrália – motivo de maior preocupação tanto do ponto de vista do risco de entrada da enfermidade como do ponto de vista das suas possíveis repercussões" (cf. Relatório do Painel no caso *Australia – Measures Affecting Importation of Salmon, Recourse to Article 21.5 of the DSU by Canada* (WT/DS18/RW), 18-2-2000, parágrafos 7.91-7.93).

Ou seja, como assinala JEFFREY ATIK:

"a successful challenge by Canada of a series of inconsistent Australian measures via Article 5.5 led to some greater access for Canadian salmon and less access for imports of baitfish and ornamental fish (presumably not from Canada). The outcome is an intriguing example of

O CRITÉRIO DE ANÁLISE

"A determinação do nível adequado de protecção, um conceito definido no nº 5 do Anexo A como 'o nível de protecção considerado adequado pelo Membro que estabelece uma medida sanitária', é uma *prerrogativa* desse Membro e não de um painel ou do Órgão de Recurso"[1343].

Esta conclusão do Órgão de Recurso é da maior importância, não só porque a probabilidade de os painéis e o Órgão de Recurso incorrerem em erros na área da saúde é maior do que no caso dos litígios puramente comerciais[1344], mas também devido ao facto de as medidas sanitárias e fitossanitárias variarem bastante entre os países[1345], tendo em vista os factores que as autoridades reguladoras nacionais

regulatory contagion – an attack on one measure induced changes to other measures. One can imagine the outrage of bait and ornamental fish producers who see the Australian market for their products closed off through the action of the Canadian salmon industry! If the ultimate finding of the Article 5.5 inquiry in *Australia-Salmon* is that the salmon import ban was a disguised restraint, it is difficult to imagine how the imposition of restrictions on other products (for sake of consistency) lessens this conclusion". Cf. Jeffrey ATIK, *The Weakest Link: Demonstrating the Inconsistency of "Appropriate Levels of Protection" in Australia-Salmon*, in Risk Analysis, Vol. 24, No. 2, 2004, p. 489.

[1343] Relatório do Órgão de Recurso no caso *Australia – Measures Affecting Importation of Salmon* (WT/DS18/AB/R), 20-10-1998, parágrafo 199.

[1344] Segundo ANDREW GUZMAN, "mistakes are more likely because domestic attitudes toward health and safety risks are more likely to differ across states than in other issue areas such as, for example, safeguards" (cf. Andrew GUZMAN, *Food Fears: Health and Safety at the WTO*, in Virginia Journal of International Law, 2004, p. 10). Os próprios acordos da OMC reconhecem que a probabilidade de errar é maior no caso do Acordo relativo à Aplicação de Medidas Sanitárias e Fitossanitárias. Enquanto os painéis podem procurar informações de qualquer fonte relevante e podem consultar peritos para obter o seu parecer sobre certos aspectos da questão apresentada (no que respeita a uma questão de facto relativa a matéria científica ou técnica levantada por uma das partes em litígio, o painel pode requerer um parecer escrito de um grupo de peritos) (art. 13º, nº 2, do Memorando de Entendimento sobre Resolução de Litígios) e têm plena liberdade para decidir se o estabelecimento de um grupo de peritos é necessário ou apropriado (cf. Relatório do Órgão de Recurso no caso *European Communities Measures Concerning Meat and Meat Products (Hormones)* (WT/DS26/AB/R, WT/DS48/AB/R), 16-1-1998, parágrafo 147), no caso do Acordo relativo à Aplicação de Medidas Sanitárias e Fitossanitárias, o Painel deve solicitar o parecer de peritos escolhidos pelo próprio Painel em consulta com as partes em litígio quando se levantem questões científicas ou técnicas no quadro de um litígio no âmbito da aplicação do acordo. Para o efeito, o painel pode, se o considerar adequado, criar um grupo consultivo de peritos técnicos ou consultar as organizações internacionais competentes, a pedido de uma ou outra das partes em litígio ou por sua própria iniciativa (art. 11º, nº 2).

[1345] Por isso mesmo, existem duas diferenças importantes entre os litígios relativos a medidas sanitárias e fitossanitárias e a maior parte dos outros litígios comerciais. Primeiro, nos litígios referentes a medidas sanitárias e fitossanitárias, as preferências dos Estados, individualmente considerados, são mais importantes do que no caso dos outros litígios. Segundo, é provável que tais preferências divirjam entre os Estados, sendo, por isso, mais difícil aos painéis e ao Órgão de

A FUNÇÃO JURISDICIONAL NO SISTEMA GATT/OMC

tomam em consideração quando da sua introdução, tais como os interesses das indústrias nacionais, a tolerância dos consumidores aos riscos, as condições climáticas e geográficas, o nível de desenvolvimento tecnológico, os recursos económicos disponíveis, a dimensão cultural e religiosa, etc..

Cada membro tem, portanto, liberdade total para decidir sobre o nível de risco que pode aceitar, podendo mesmo justificar-se "a zero risk level":

> "É importante distinguir – talvez mais cuidadosamente do que o Painel fez – entre a avaliação do 'risco' numa avaliação do risco e a determinação do nível adequado de protecção. Como declaramos no nosso relatório *European Communities – Hormones*, o 'risco' avaliado numa avaliação do risco deve ser um risco verificável; a incerteza teórica 'não é o tipo de risco que deve ser avaliado' no âmbito do nº 1 do artigo 5º. Isso não implica, no entanto, que um Membro não possa determinar que o seu próprio nível adequado de protecção seja um 'risco zero'"[1346].

Por conseguinte, um Painel não pode concluir que uma medida é incompatível apenas porque entende que o risco em causa é mínimo ou porque uma avaliação dos custos e benefícios demonstra que os custos para o comércio e bem-estar associados à medida ultrapassam notoriamente os benefícios reais para a saúde. Uma medida só pode ser considerada mais restritiva para o comércio do que o necessário caso exista uma outra medida, razoavelmente aplicável tendo em conta a viabilidade técnica e económica, que permita conseguir o nível de protecção adequado e seja significativamente menos restritiva para o comércio (art.

Recurso identificá-las com rigor. Cf. Andrew Guzman, Dispute Resolution in SPS Cases, in *Ten Years of WTO Dispute Settlement*, Dan Horovitz, Daniel Moulis e Debra Steger ed., International Bar Association, Londres, 2007, p. 227.

[1346] Relatório do Órgão de Recurso no caso *Australia – Measures Affecting Importation of Salmon* (WT/DS18/AB/R), 20-10-1998, parágrafo 125. De facto, no caso *European Communities Measures Concerning Meat and Meat Products (Hormones)*, o Órgão de Recurso salientou que:
"numa parte dos seus Relatórios, o Painel opõe a condição de um 'risco identificável' à incerteza que sempre subsiste no plano teórico, uma vez que a ciência não pode *nunca* oferecer a certeza absoluta de que uma dada substância *nunca* terá efeitos adversos para a saúde. Concordamos com o Painel de que esta incerteza teórica não é o tipo de risco que deve ser avaliado ao abrigo do nº 1 do artigo 5º [do Acordo relativo à Aplicação de Medidas Sanitárias e Fitossanitárias]" (cf. Relatório do Órgão de Recurso no caso *European Communities Measures Concerning Meat and Meat Products (Hormones)* (WT/DS26/AB/R, WT/DS48/AB/R), 16-1-1998, parágrafo 186).
Reconhecer a incerteza teórica como base legítima das decisões nacionais em matéria de risco resultaria, na prática, na inutilidade de todo o sistema estabelecido pelo Acordo relativo à Aplicação de Medidas Sanitárias e Fitossanitárias. Cf. Lukasz Gruszczynski, SPS Measures Adopted in Case of Insufficiency of Scientific Evidence, in *Essays on the Future of the World Trade Organization, Volume II – The WTO Judicial System: Contributions and Challenges,* Julien Chaisse e Tiziano Balmelli Ed., Editions Interuniversitaires Suisses, Genebra-Lugano-Bruxelas, 2008, p. 116.

O CRITÉRIO DE ANÁLISE

5º, nº 6, do Acordo sobre a Aplicação de Medidas Sanitárias e Fitossanitárias)[1347]. Caso a medida alternativa não assegure um nível de protecção equivalente, o Painel não pode concluir pela existência de qualquer violação, ou seja, uma redução do nível de protecção da saúde e da vida das pessoas não pode ser imposta em nenhuma circunstância e daí JOOST PAUWELYN destacar que:

> "This approach may be quite novel in the WTO legal system. When it comes to protective measures under GATT Article XX, for example, the stated 'not more trade-restrictive than necessary test' may arguably imply some form of balancing act between, on the one hand, for example, 'environmental benefits' and, on the other, 'trade costs'; a balancing act that could allow a Panel to question the level of environmental protection sought by the Member concerned. Under the Sanitary and Phytosanitary Measures Agreement, however, this possibility is explicitly ruled out"[1348].

[1347] Segundo o Órgão de Recurso:
"Estes três elementos são cumulativos, no sentido de que para estabelecer a existência de uma incompatibilidade com o nº 6 do artigo 5º, é necessário que todos se verifiquem. Se algum destes elementos não se verificar, a medida em litígio será compatível com o nº 6 do artigo 5º. Assim, caso não exista nenhuma medida alternativa disponível, tendo em conta a sua viabilidade técnica e económica, *ou* se a medida alternativa não permitir alcançar o nível adequado de protecção sanitária ou fitossanitária do Membro, *ou* se a medida em questão não é significativamente menos restritiva do comércio, a medida em litígio será compatível com o nº 6 do artigo 5º" (cf. Relatório do Órgão de Recurso no caso *Australia – Measures Affecting Importation of Salmon* (WT/DS18/AB/R), 20-10-1998, parágrafo 194; Relatório do Órgão de Recurso no caso *Japan – Measures Affecting Agricultural Products* (WT/DS76/AB/R), 22-2-1999, parágrafo 95).
[1348] Nos termos da nota de rodapé ao nº 6 do art. 5º do Acordo relativo à Aplicação de Medidas Sanitárias e Fitossanitárias, "nenhuma medida será mais restritiva para o comércio que o necessário, a menos que exista uma outra medida, razoavelmente aplicável tendo em conta a viabilidade técnica e económica, que permita conseguir o nível de protecção adequado e seja significativamente menos restritiva para o comércio", ou seja, parece não existir espaço para valores que não caibam nos parâmetros da "viabilidade técnica e económica" (por exemplo, considerações de ordem ética ou ligadas à opinião pública).
Joost PAUWELYN, Does the WTO Stand for "Deference to" or "Interference with" National Health Authorities When Applying the Agreement on Sanitary and Phytosanitary Measures (SPS Agreement)?, in *The Role of the Judge in International Trade Regulation: Experience and Lessons for the WTO*, Thomas Cottier e Petros Mavroidis ed., Studies in International Economics – The World Trade Forum, volume 4, The University of Michigan Press, 2003, p. 176. Ainda segundo este autor:
"case law will determine whether the same route will, nevertheless, be taken under GATT Article XX. Especially when it comes to the protection of health or the environment, it would seem difficult, in policy terms at least, to take a different route (...). A different route may be taken, however, under other paragraphs of Article XX, for example, Article XX(d)". Cf. Joost PAUWELYN, Does the WTO Stand for "Deference to" or "Interference with" National Health Authorities When Applying the Agreement on Sanitary and Phytosanitary Measures (SPS Agreement)?, in *The Role of the Judge in International Trade Regulation: Experience and Lessons for*

A FUNÇÃO JURISDICIONAL NO SISTEMA GATT/OMC

Estando em causa a protecção da saúde e da vida das pessoas, permite-se assim que as diferentes comunidades revelem uma tolerância desigual ao risco (as percepções do risco diferem entre países) e passa a ser perfeitamente legítimo que qualquer risco para a saúde, por mais pequeno que seja, ponha em causa os benefícios resultantes das trocas comerciais entre Membros da OMC[1349]. Como bem nota Joost Pauwelyn com um certo humor: "when a politician explains to an audience that there is only one cancer risk in a million, the reply shouted from the audience 'I hope *you* are the one', explains all"[1350].

Não admira, assim, que a introdução de medidas protectoras da saúde e da vida das pessoas seja reconhecida expressamente como um direito de qualquer membro da OMC e não como excepção aos princípios do livre-câmbio. Em consequência, é o Membro da OMC que põe em causa uma determinada medida protectora da saúde e da vida das pessoas que deve provar, *prima facie*, que tal medida viola o Acordo relativo à Aplicação de Medidas Sanitárias e Fitossanitárias:

> "O ónus da prova incumbe inicialmente à parte queixosa, que deve estabelecer um caso *prima facie* de incompatibilidade com uma determinada disposição do Acordo relativo à Aplicação de Medidas Sanitárias e Fitossanitárias no que concerne à parte demandada, ou mais exactamente, da sua medida sanitária ou fitossanitária objecto da queixa. Quando é estabelecido um caso *prima facie*, o ónus da prova passa para a parte demandada, que deve, por sua vez, replicar ou refutar a incompatibilidade alegada"[1351].

---

*the WTO*, Thomas Cottier e Petros Mavroidis ed., Studies in International Economics – The World Trade Forum, volume 4, The University of Michigan Press, 2003, p. 176.

[1349] O Comité das Medidas Sanitárias e Fitossanitárias define "risco" do seguinte modo: "Risco no contexto do Acordo relativo à Aplicação de Medidas Sanitárias e Fitossanitárias refere-se à probabilidade de que ocorrerá um acontecimento adverso (praga ou doença) e à magnitude das possíveis consequências conexas para a preservação dos vegetais ou da vida e saúde dos animais desse acontecimento adverso, assim como aos possíveis efeitos prejudiciais para a vida e a saúde das pessoas e dos animais dos riscos transmitidos pelos alimentos". Cf. Comité das Medidas Sanitárias e Fitossanitárias, *Guidelines to Further the Practical Implementation of Article 5.5* (G/SPS/15), 18-7-2000, parágrafos A.4 e B.2.

[1350] Joost Pauwelyn, Does the WTO Stand for "Deference to" or "Interference with" National Health Authorities When Applying the Agreement on Sanitary and Phytosanitary Measures (SPS Agreement)?, in *The Role of the Judge in International Trade Regulation: Experience and Lessons for the WTO*, Thomas Cottier e Petros Mavroidis ed., Studies in International Economics – The World Trade Forum, volume 4, The University of Michigan Press, 2003, p. 176.

[1351] Relatório do Órgão de Recurso no caso *European Communities Measures Concerning Meat and Meat Products (Hormones)* (WT/DS26/AB/R, WT/DS48/AB/R), 16-1-1998, parágrafo 98. Um caso *prima facie* "é um que, na ausência de refutação efectiva pela parte demandada, requer que o painel, de direito, decida a afavor da parte queixosa que apresentou o caso *prima facie*". Cf. *Idem*, parágrafo 104.

O CRITÉRIO DE ANÁLISE

Em concreto, a parte queixosa deve provar que a medida sanitária ou fitossanitária é mantida sem provas científicas suficientes, que não se baseia numa avaliação dos riscos ou que é mais restritiva do que o necessário para conseguir o nível de protecção sanitária ou fitossanitária considerado adequado pelo membro que a adoptou. Mesmo quando está em causa uma medida sanitária ou fitossanitária que se afasta das normas, directrizes ou recomendações internacionais aplicáveis, é à parte queixosa que cabe provar que tal medida não é baseada em princípios científicos:

> "Nos termos do nº 1 do artigo 3º do Acordo relativo à Aplicação de Medidas Sanitárias e Fitossanitárias, um Membro pode escolher estabelecer uma medida sanitária e fitossanitária que se baseia numa norma, directriz ou recomendação internacional relevante já existente. Esta medida pode adoptar alguns, não necessariamente todos, dos elementos da norma internacional. O Membro que impõe esta medida não beneficia da presunção de compatibilidade prevista no nº 2 do artigo 3º; mas, como observámos anteriormente, ele não é penalizado porquanto o Membro queixoso não é isento da obrigação normal de apresentar um caso *prima facie* de incompatibilidade com o nº 1 do artigo 3º ou com outro artigo relevante do Acordo relativo à Aplicação de Medidas Sanitárias e Fitossanitárias ou do GATT de 1994"[1352].

Atendendo à complexidade dos factos e ao papel da ciência, a questão de saber a quem cabe o ónus da prova é particularmente importante nos litígios relativos a medidas sanitárias e fitossanitárias e, como é fácil de ver, as conclusões do Órgão de Recurso que acabámos de referir jogam a favor da parte que aplica a medida sanitária ou fitossanitária ("since the burden of proof rests on the complainant, if the evidence in support and against the health measure is, according to the Panel is equally strong, the health measure will stand"[1353]) e vão contra aquilo que é prática normal no âmbito do art. XX do GATT. No caso do Acordo Geral, caso a parte queixosa consiga provar a existência de uma violação, por exemplo, ao nº 1 do art. XI do GATT (princípio da proibição de restrições quantitativas), cabe à parte contra a qual foi apresentada a queixa invocar as excepções gerais constantes do art. XX do GATT, designadamente, provando que está em causa uma medida "necessária" à protecção da saúde e da vida das pessoas.

---

[1352] *Idem*, parágrafo 171.
[1353] Joost PAUWELYN, Does the WTO Stand for "Deference to" or "Interference with" National Health Authorities When Applying the Agreement on Sanitary and Phytosanitary Measures (SPS Agreement)?, in *The Role of the Judge in International Trade Regulation: Experience and Lessons for the WTO*, Thomas Cottier e Petros Mavroidis ed., Studies in International Economics – The World Trade Forum, volume 4, The University of Michigan Press, 2003, p. 177.

A FUNÇÃO JURISDICIONAL NO SISTEMA GATT/OMC

O facto de uma medida sanitária ou fitossanitária encontrar apoio em opiniões científicas minoritárias não impede, também, um membro da OMC de adoptá-la:

> "Não acreditamos que uma avaliação de riscos tenha que chegar a uma conclusão monolítica que coincida com a conclusão ou a opinião científica implícita na medida sanitária ou fitossanitária. A avaliação dos riscos pode coincidir quer com a opinião prevalecente, representativa da corrente científica 'dominante', quer com opiniões de cientistas com um ponto de vista divergente. O artigo 5º, nº 1, não exige que a avaliação dos riscos deva necessariamente incorporar apenas a opinião da maioria da comunidade científica interessada. (...) Na maioria dos casos, os governos responsáveis e representativos têm tendência a basear as suas medidas legislativas e administrativas na opinião científica 'dominante'. Noutros casos, governos igualmente responsáveis e representativos podem agir de boa fé com base no que pode ser, num dado momento, uma opinião divergente procedente de fontes competentes e respeitadas. Em si mesmo, isto não significa necessariamente a ausência de uma relação razoável entre a medida sanitária ou fitossanitária e a avaliação dos riscos, especialmente quando o risco em questão pode ser mortal e visto como representando uma ameaça evidente e iminente para a saúde e segurança públicas. A existência ou a ausência desta relação só pode ser determinada caso a caso, depois de termos presente todas as considerações que afectam racionalmente a questão dos potenciais efeitos negativos para a saúde"[1354].

Também esta conclusão do Órgão de Recurso faz todo o sentido. A ciência nem sempre é capaz de fornecer uma resposta e, em muitas situações, os resultados da investigação científica são contraditórios, inconcludentes ou pouco fiáveis. Isto não significa que uma medida que encontra apoio em opiniões científicas minoritárias não esteja sujeita a algumas condições. Como acabámos de ver, o Órgão de Recurso entende que tal análise deve ser feita casuisticamente e que dependerá das circunstâncias particulares do caso, incluindo as características da medida em causa e a qualidade e quantidade das provas científicas. Apesar de o Órgão de Recurso não ter definido o que entende por "fontes competentes e respeitadas"[1355], o Órgão de Recurso salientou no caso *Hormones* que:

> "Relativamente à opinião científica expressa pelo Dr. Lucier na reunião conjunta tida com os peritos e enunciada no parágrafo 819 do anexo dos relatórios do Painel Estados Unidos e do Painel Canadá, convém notar que tal opinião não pode constituir o resultado de estudos efectuados pelo próprio Dr. Lucier ou sob a sua supervi-

---

[1354] Relatório do Órgão de Recurso no caso *European Communities Measures Concerning Meat and Meat Products (Hormones)* (WT/DS26/AB/R, WT/DS48/AB/R), 16-1-1998, parágrafo 194.
[1355] *Idem.*

500

O CRITÉRIO DE ANÁLISE

são nem está centrada especificamente nos resíduos de hormonas presentes na carne de gado engordado com tais hormonas. Em consequência, parece que a única opinião divergente expressa pelo Dr. Lucier não pode ser razoavelmente considerada suficiente para alterar as conclusões em sentido contrário retiradas dos estudos científicos mencionados pelas Comunidades Europeias que se referem expressamente aos resíduos de hormonas presentes na carne de bovinos engordados através da administração de hormonas"[1356].

De facto, não é aconselhável a aceitação de qualquer tipo de opinião divergente, independentemente da sua qualidade. Uma confiança ilimitada em opiniões científicas minoritárias transforma o requisito da avaliação dos riscos em obstáculos processuais mínimos, visto que será sempre possível encontrar um perito com uma opinião científica dissonante[1357]. Por isso mesmo, devem ser tidos em conta e ponderados em conjunto factores como a qualidade do relatório e a reputação do instituto de investigação[1358], assim como a publicação em revistas académicas de topo[1359].

Garantida a qualidade dos peritos científicos, as opiniões minoritárias podem bem ser suficientes "quando o risco em causa pode ser mortal e é visto como constituindo uma ameaça evidente e iminente para a saúde e a segurança públicas"[1360].

---

[1356] *Idem*, parágrafo 198.

[1357] Lukasz GRUSZCZYNSKI, *Science in the Process of Risk Regulation under the WTO Agreement on Sanitary and Phytosanitary Measures*, in German Law Journal, 2006, p. 389.

[1358] Mitsuo MATSUSHITA, Some Issues of the SPS Agreement, in *The Role of the Judge in International Trade Regulation: Experience and Lessons for the WTO*, Thomas Cottier e Petros Mavroidis ed., Studies in International Economics – The World Trade Forum, volume 4, The University of Michigan Press, 2003, p. 202.

[1359] Petros MAVROIDIS e Henrik HORN, National Health Regulations and the SPS Agreement: The WTO Case Law of the Early Years, in *The Role of the Judge in International Trade Regulation: Experience and Lessons for the WTO*, Thomas Cottier e Petros Mavroidis ed., Studies in International Economics – The World Trade Forum, volume 4, The University of Michigan Press, 2003, p. 280.

[1360] Relatório do Órgão de Recurso no caso *European Communities Measures Concerning Meat and Meat Products (Hormones)* (WT/DS26/AB/R, WT/DS48/AB/R), 16-1-1998, parágrafo 194. O Órgão de Recurso defende que também no âmbito da alínea *b*) do art. XX do GATT:
"Quanto mais vitais ou importantes os interesses ou valores comuns prosseguidos, mais fácil será admitir a 'necessidade' de medidas concebidas para atingir esses objectivos. No presente caso, o objectivo prosseguido pela medida é a protecção da vida e saúde das pessoas, através da eliminação, ou redução, dos bem conhecidos e extremamente graves, riscos para a saúde que representam as fibras de amianto. O valor prosseguido é simultaneamente vital e importante no mais elevado grau". Cf. Relatório do Órgão de Recurso no caso *European Communities – Measures Affecting Asbestos and Asbestos Containing Products* (WT/DS135/AB/R), 12-3-2001, parágrafo 172.

A FUNÇÃO JURISDICIONAL NO SISTEMA GATT/OMC

No que diz respeito ao requisito de avaliação dos riscos, resulta do nº 1 do art. 5º do Acordo relativo à Aplicação de Medidas Sanitárias e Fitossanitárias que:

> "Os Membros assegurarão que as suas medidas sanitárias ou fitossanitárias sejam estabelecidas com base numa avaliação, realizada de uma forma adequada às circunstâncias, dos riscos para a saúde e a vida das pessoas e dos animais ou para a protecção vegetal, tendo em conta as técnicas de avaliação de riscos desenvolvidas pelas organizações internacionais competentes"[1361].

Esta disposição pode ser vista como uma aplicação específica da obrigação básica contida no nº 2 do art. 2º do Acordo relativo à Aplicação de Medidas Sanitárias e Fitossanitárias, devendo ambas as disposições ser constantemente lidas em conjunto[1362], e, segundo o Órgão de Recurso:

> "É essencial não perder de vista que o risco que deve ser avaliado no âmbito de uma avaliação dos riscos nos termos do nº 1 do artigo 5º do Acordo relativo à Aplica-

---

[1361] Relativamente ao requisito "uma forma adequada às circunstâncias", alguns autores notam que:

"it appears that the qualifying phrase 'as appropriate to the circumstances' has been interpreted by panels to indicate that the *manner* of conducting a risk assessment may differ, depending on the source of the risk (e.g. chemical or pathogen), subject of the risk (human, plant or animal), product involved, and country-specific situations regarding the country of origin or destination of the product. What the appropriate manner of conducting a risk assessment is in a specific case is determined with reference to the opinions of scientific experts, and risk assessment techniques established by international standard-setting organizations in the area at issue" (cf. Denise Prévost e Peter Van den Bossche, The Agreement on the Application of Sanitary and Phytosanitary Measures (Chapter 7), in *The World Trade Organization: Legal, Economic and Political Analysis*, Volume I, Patrick Macrory, Arthur Appleton e Michael Plummer Ed., Springer, Nova Iorque, 2005, pp. 289-290).

[1362] Algumas disposições do Acordo relativo à Aplicação de Medidas Sanitárias e Fitossanitárias parecem permitir assim, pelo menos implicitamente, uma aplicação diferenciada com base no desenvolvimento dos membros da OMC. Pode ser encontrado outro exemplo no nº 6 do art. 5º: "os membros assegurarão que as medidas sanitárias ou fitossanitárias não sejam mais restritivas para o comério do que o necessário para conseguir o nível de protecção sanitária ou fitossanitária que considerem adequado, *tendo em conta a viabilidade técnica e económica*" (itálico aditado). Relatório do Órgão de Recurso no caso *European Communities Measures Concerning Meat and Meat Products (Hormones)* (WT/DS26/AB/R, WT/DS48/AB/R), 16-1-1998, parágrafo 180. Por isso mesmo, o Órgão de Recurso concluiu no caso *Australia – Measures Affecting Importation of Salmon* que, "ao manter uma proibição das importações (...) em violação do nº 1 do artigo 5º, a Austrália, em consequência, também actuou de forma incompatível com o nº 2 do artigo 2º do Acordo relativo à Aplicação de Medidas Sanitárias e Fitossanitárias". Cf. Relatório do Órgão de Recurso no caso *Australia – Measures Affecting Importation of Salmon* (WT/DS18/AB/R), 20-10-1998, parágrafo 138.

502

O CRITÉRIO DE ANÁLISE

ção de Medidas Sanitárias e Fitossanitárias não é unicamente o risco que é verificável num laboratório científico a funcionar em condições rigorosamente controladas, mas também o risco para as sociedades humanas como elas existem na realidade, ou seja, os potenciais efeitos adversos para a saúde das pessoas no mundo real onde elas vivem, trabalham e morrem"[1363].

Não está, portanto, em curso a harmonização dos níveis de protecção sanitária ou fitossanitária e das medidas sanitárias ou fitossanitárias, apenas a harmonização dos procedimentos sanitários ou fitossanitários dos países[1364], principalmente, através da imposição de uma avaliação dos riscos[1365] e do respeito por esta da exigência de especificidade[1366]. Não se pense, todavia, que é adoptada

---

[1363] Relatório do Órgão de Recurso no caso *European Communities Measures Concerning Meat and Meat Products (Hormones)* (WT/DS26/AB/R, WT/DS48/AB/R), 16-1-1998, parágrafo 187.

[1364] "It is *how* the conclusions have been reached, not *what* the conclusions are that make good science today". Cf. Alberto ALEMANNO, The Dialogue between Judges and Experts in the EU and WTO, in *Shaping the Rule of Law through Dialogue: International and Supranational Experiences*, Paolo Carrozza, Filippo Fontanelli e Giuseppe Martinico ed., Europa Law Publishing, 2010, p. 369.

[1365] Como observa JEFFREY DUNOFF:

"States can use internationally mandated standards, where they exist. But if they don't exist – or if they exist but states elect not to use them – then states must follow an internationally mandated process when generating their own standards. That is, states can choose between international *substantive* standards, or international *process* standards". Cf. Jeffrey DUNOFF, *Lotus Eaters: Reflections on the Varietals Dispute, the SPS Agreement, and WTO Dispute Resolution*, Institute for International Law and Public Policy-Temple University Beasley School of Law, White Paper Series No. 2006-1, p. 27.

[1366] Segundo o Órgão de Recurso:

"[Os estudos apresentados pela parte demandada] constituem estudos gerais que confirmam efectivamente a existência de um risco geral de cancro; mas eles não centram a sua atenção nem lidam com o tipo particular de risco em causa - o potencial cancerígeno ou genotóxico dos resíduos das hormonas presentes na carne originária de bovinos aos quais foram administradas as hormonas para efeitos de engorda – como exigido pelo nº 4 do Anexo A do Acordo relativo à Aplicação de Medidas Sanitárias e Fitossanitárias" (cf. Relatório do Órgão de Recurso no caso *European Communities Measures Concerning Meat and Meat Products (Hormones)* (WT/DS26/AB/R, WT/DS48/AB/R), 16-1-1998, parágrafo 200).

De igual modo, o Órgão de Recurso destacou no caso *Japan – Measures Affecting the Importation of Apples* que:

"**202.** (...) Ao abrigo do Acordo relativo à Aplicação de Medidas Sanitárias e Fitossanitárias, a obrigação de conduzir uma avaliação do 'risco' não é satisfeita simplesmente com um exame geral da doença que se visa evitar mediante a imposição de uma medida fitossanitária. O Órgão de Recurso constatou que a avaliação do risco examinada no caso *EC – Hormones* não era 'suficientemente específica', embora os artigos científicos citados pelo Membro importador tivessem avaliado o 'potencial cancerígeno' de todas as *categorias* de hormonas ou das hormonas em questão *em* geral. O Órgão de Recurso concluiu que a avaliação do risco, para constituir uma 'avaliação do risco' tal como definida no Aplicação de Medidas Sanitárias e Fitossanitárias,

## A FUNÇÃO JURISDICIONAL NO SISTEMA GATT/OMC

uma abordagem bastante inflexível do requisito da avaliação dos riscos. Longe disso. Não só o Acordo relativo à Aplicação de Medidas Sanitárias e Fitossanitárias não impõe nenhum método em especial de condução da avaliação dos riscos, limitando-se a avançar com uma definição geral de avaliação dos riscos no seu Anexo A, como também o Órgão de Recurso insiste que a avaliação dos riscos não necessita de ser realizada pelo membro que adopta a medida sanitária:

> "O artigo 5º, nº 1, não exige que um Membro que adopta uma medida sanitária proceda à sua própria avaliação dos riscos. Ele exige unicamente que as medidas sanitárias ou fitossanitárias sejam 'estabelecidas com base numa avaliação, realizada de uma forma adequada às circunstâncias ...'. A medida sanitária ou fitossanitária pode bem encontrar a sua justificação objectiva numa avaliação dos riscos efectuada por um outro Membro ou por uma organização internacional"[1367].

deveria ter examinado o potencial cancerígeno não das hormonas pertinentes em geral, mas dos 'resíduos das hormonas encontradas na carne de gado a que se tinham administrado as hormonas com o fim de estimular o crescimento'. Em consequência, ao examinar o risco a ser especificado na avaliação do risco no caso *EC – Hormones*, o Órgão de Recurso referiu-se em geral ao prejuízo de que se tratava (câncer ou danos genéticos) *assim como ao* agente exacto que poderia causar o dano (ou seja, as hormonas específicas quando usadas de um modo específico e com fins específicos).

**203.** No presente caso, o Painel constatou que a conclusão do PAR de 1999 [Report on Pet Risk Analysis Concerning Fire Blight Pathogen – Fresh Apples Produced in United States of America] sobre o fogo bacteriano se baseava 'numa avaliação global de possíveis modos de contaminação, em que as maçãs eram só um dos possíveis hóspedes/vectores considerados'. O Painel constatou, ainda, baseando-se nos testemunhos científicos, que o risco de entrada, radicação o propagação da doença varia de maneira significativa em função do vector, ou planta hóspede específica, que se está avaliando. Dado que a medida em litígio se relaciona com o risco de transmissão do fogo bacteriano da pêra e da maçã por meio das maçãs, para determinar se a avaliação do risco é 'suficientemente específica a respeito do caso em causa', a natureza do risco a que pretende fazer frente a medida em litígio é um factor que deve ser tido em conta. À luz destas considerações, consideramos que o Painel determinou adequadamente que a avaliação no ARP de 1999 dos 'riscos associados a todos os possíveis hóspedes considerados no seu conjunto' não era suficientemente específica para poder ser considerada como uma 'avaliação do risco' ao abrigo do Acordo relativo à Aplicação de Medidas Sanitárias e Fitossanitárias para a avaliação da probabilidade de entrada, radicação ou propagação do fogo bacteriano da pêra e da maçã no Japão por meio das maçãs". Cf. Relatório do Órgão de Recurso no caso *Japan – Measures Affecting the Importation of Apples* (WT/DS245/AB/R), 26-11-2003, parágrafos 202-203.

[1367] Relatório do Órgão de Recurso no caso *European Communities Measures Concerning Meat and Meat Products (Hormones)* (WT/DS26/AB/R, WT/DS48/AB/R), 16-1-1998, parágrafo 190; Relatório do Órgão de Recurso no caso *Australia – Measures Affecting Importation of Salmon* (WT/DS18/AB/R), 20-10-1998, nota de rodapé 68.

O CRITÉRIO DE ANÁLISE

E convém não esquecer que os painéis não podem levar a cabo a sua própria avaliação dos riscos[1368].

Finalmente, num litígio em que estava em causa a interpretação das obrigações de um membro da OMC no âmbito do Acordo relativo à Aplicação de Medidas Sanitárias e Fitossanitárias, o Órgão de Recurso referiu-se, enquanto meio complementar de interpretação, ao princípio *in dubio mitius*, nos termos do qual:

> "se o significado de um termo é ambíguo, deve ser dada preferência ao significado que seja menos oneroso para a parte que assume uma obrigação, ou que interfere menos com a supremacia territorial e pessoal de uma parte, ou implique restrições menos gerais para as partes"[1369].

No essencial, o princípio *in dubio mitius* revela a falta de interesse do Órgão de Recurso em ser demasiado activista na interpretação e construção de normas ambíguas, em agir de modo contrário aos interesses nacionais[1370]. É mesmo possível concluir que:

> "it is widely acknowledged that panels and the Appellate Body have developed a policy of deference in interpreting open-textured provisions. Nothing in the case law suggests that they have 'pushed the envelope of interpreting ambiguous clauses to suit certain policy preferences' too far"[1371].

Apesar de o Órgão de Recurso defender que o princípio de interpretação *in dúbio mitius* é "amplamente reconhecido no direito internacional como um meio

---

[1368] Nas próprias palavras do Órgão de Recurso:
"Um painel que examina a compatibilidade de uma medida sanitária ou fitossanitária com o nº 1 do artigo 5º deve determinar se a medida em questão se 'baseia' numa avaliação dos riscos. Cabe ao Membro da OMC a tarefa de realizar a avaliação dos riscos. A tarefa do painel é examinar essa avaliação dos riscos. Quando um painel vai além dos limites deste mandato e actua como avaliador dos riscos, substitui o juízo do avaliador dos riscos pelo seu próprio juízo científico, realiza um exame *de novo* e, consequentemente, excede as suas funções ao abrigo do artigo 11º do Memorando de Entendimento sobre Resolução de Litígios (...)". Cf. Relatório do Órgão de Recurso no caso *United States – Continued Suspension of Obligations in the EC – Hormones Dispute* (WT/DS320/AB/R), 16-10-2008, parágrafo 590.

[1369] Relatório do Órgão de Recurso no caso *European Communities Measures Concerning Meat and Meat Products (Hormones)* (WT/DS26/AB/R, WT/DS48/AB/R), 16-1-1998, parágrafo 165.

[1370] Nas palavras de um autor, "when a treaty is interpreted and the rule of restrictive interpretation [em Latim, conhecido pela máxima *in dubio mitius*] is applied, the means of interpretation assumed is the principle of state sovereignty". Cf. Ulf LINDERFALK, *On the Interpretation of Treaties: The Modern International Law as Expressed in the 1969 Vienna Convention on the Law of Treaties*, Springer, 2007, p. 281.

[1371] Matthias OESCH, *Standards of Review in WTO Dispute Settlement*, in JIEL, 2003, pp. 644-645.

complementar de interpretação"[1372], podem ser avançados, no entanto, vários argumentos contra a sua aplicação. Primeiro, não se demonstrou até agora que o princípio *in dubio mitius* faz parte das regras consuetudinárias de interpretação dos tratados internacionais; mais, existe alguma evidência de que ele foi deixado propositadamente de fora do texto da Convenção de Viena sobre o Direito dos Tratados[1373]. Segundo, argumentos que se baseiem conceptualmente somente na soberania são particularmente perigosos, atendendo aos problemas associados aos acordos multilaterais. No caso de acordos multilaterais como o da OMC, a maioria das obrigações principais são redigidas, em certa medida, de modo ambíguo. Logo, uma abordagem interpretativa claramente conservadora e uma aplicação demasiado pronta do princípio *in dubio mitius* porão certamente em causa o efeito normativo das regras. Como salienta JEFFREY WAINCYMER: "Multilateralism is an exercise of sovereignty rather than a constraint upon it and must be supported as much on the basis of sovereign consent as on any other basis"[1374].

Face a estas objecções, não deixa de ser concludente que o Órgão de Recurso tenha mencionado o princípio *in dubio mitius*, ainda que somente no âmbito de um acordo que visa proteger a vida e a saúde das pessoas e dos animais ou proteger os vegetais. Assim, quando estão em causa valores como a vida humana, não só a margem de apreciação dos legisladores nacionais deve ser particularmente vasta, como também o Órgão de Recurso se mostra menos inclinado a interferir com as medidas dos membros que se afastem do objectivo da OMC de liberalização do comércio internacional. E, ao que parece, esta maior sensibilidade a outros valores que não a liberalização das trocas comerciais está a alastrar-se a outros órgãos da OMC. Veja-se, também nesse sentido, a Declaração relativa ao Acordo TRIPS e a Saúde Pública, adoptada durante a Conferência Ministerial de Doha por todos os membros da OMC.

---

[1372] Relatório do Órgão de Recurso no caso *European Communities Measures Concerning Meat and Meat Products (Hormones)* (WT/DS26/AB/R, WT/DS48/AB/R), 16-1-1998, parágrafo 165, nota de rodapé 154. Porém, segundo ULF LINDERFALK:

"The rule of restrictive interpretation – (...) in Latin termed as the maxim *in dubio mitius* – is probably among the most rarely applied rules of interpretation in twentieth century international case law. Nevertheless, it is a view generally held in the literature that it should still be considered part of international law. Based on this fact, it is my conclusion that the rule of restrictive interpretation is a valid rule of international law". Cf. Ulf LINDERFALK, *On the Interpretation of Treaties: The Modern International Law as Expressed in the 1969 Vienna Convention on the Law of Treaties*, Springer, 2007, p. 280.

[1373] John JACKSON, *Sovereignty, the WTO, and Changing Fundamentals of International Law*, Hersch Lauterpacht Memorial Lectures, Cambridge University Press, 2006, p. 185.

[1374] Jeffrey WAINCYMER, *WTO Litigation: Procedural Aspects of Formal Dispute Settlement*, Cameron May, Londres, 2002, p. 476.

O CRITÉRIO DE ANÁLISE

Em suma, a jurisprudência dos painéis e, sobretudo, do Órgão de Recurso tem ajudado a balancear os diversos valores relevantes (o livre-câmbio com outros valores, como a saúde pública, o ambiente ou a protecção do consumidor) que se encontram estabelecidos em numerosas disposições dos acordos da OMC e a clarificar o modo como uma determinada comunidade pode preservá-los. Um autor conclui mesmo que o Órgão de Recurso "never was, and also currently is not, a 'devotee' of the free trade cause"[1375] e, como salienta um outro autor:

> "To the extent the World Trade Organization translates GATT doctrine into a rigidity that consistently exalts trade above all other societal values, it could seriously undermine the free trade regime's popular acceptance"[1376].

No que se refere à relação do art. 11º do Memorando com o nº 6(ii) do art. 17º do Acordo Antidumping, o próprio Órgão de Recurso disse que:

> "(...) ainda que a segunda frase do nº 6(ii) do artigo 17º do Acordo Antidumping imponha aos painéis obrigações que não se encontram no Memorando de Entendimento sobre Resolução de Litígios, consideramos que o nº 6(ii) do artigo 17º complementa, mas não substitui, o Memorando de Entendimento sobre Resolução de Litígios e o artigo 11º em particular. (...) Nada no nº 6(ii) do artigo 17º do Acordo Antidumping sugere que os painéis que examinem queixas ao abrigo deste Acordo não tenham de realizar uma 'apreciação objectiva' das disposições jurídicas do Acordo, a sua aplicabilidade ao litígio e a conformidade das medidas em litígio com o Acordo. O nº 6(ii) do artigo 17º limita-se a acrescentar [em relação ao artigo 11º do Memorando] que o painel constatará que uma medida está em conformidade com o Acordo Antidumping se ela se basear numa interpretação possível do dito Acordo"[1377].

Apesar da diferente redacção das duas disposições, na prática, os critérios de análise aplicados aos vários tipos de medidas de defesa comercial não têm sido diferentes[1378]. Um autor chega mesmo a afirmar que o facto de poder haver várias

---

[1375] Peter Van den Bossche, From afterthought to centerpiece: the WTO Appellate Body and its rise to prominence in the world trading system, in *The WTO at Ten: The Contribution of the Dispute Settlement System*, Ed. Giorgio Sacerdoti, Alan Yanovich e Jan Bohanes, Cambridge University Press, 2006, p. 323.

[1376] Philip Nichols, *GATT Doctrine*, in Virginia Journal of International Law, 1996, p. 464.

[1377] Relatório do Órgão de Recurso no caso *United States – Antidumping Measures on Certain Hot-Rolled Steel Products from Japan* (WT/DS184/AB/R), 24-7-2001, parágrafo 62.

[1378] Também no que diz respeito ao exame das matérias de facto, o critério de análise aplicado às medidas de compensação e de salvaguarda é muito semelhante à abordagem deferente que resulta dos nºs 5(ii) e 6(i) do art. 17º do Acordo Antidumping (cf.. Jan Bohanes e Nicolas Lockhart, Standard of Review in WTO Law, in *The Oxford Handbook of International Trade Law*, Daniel Beth-

A FUNÇÃO JURISDICIONAL NO SISTEMA GATT/OMC

interpretações possíveis é tratado como se o Órgão de Recurso tivesse liberdade para impor "whatever interpretation it prefers"[1379] e que "it is difficult to identify any issue in any of the cases in which this special standard has produced an outcome different from that which would have prevailed had there been no Article 17.6"[1380]. Mas será que faz sentido a acusação de que, ao desconsiderar o art. 17º, nº 6(ii), do Acordo relativo à Aplicação do Artigo VI do GATT de 1994, o Órgão de Recurso reviu efectivamente o acordo em causa?

JAMES DURLING responde negativamente:

> "critics say that panels and the Appellate Body have essentially ignored the special standard of review in Article 17.6. But a review of the actual cases demonstrates that this criticism is unfair, and that to the contrary, panels and the Appellate Body have been performing precisely the tasks assigned by Article 17.6"[1381].

É muito significativo, também, que a maioria dos juristas especializados e muito prestigiados que o *General Accounting Office* consultou quando elaborou, a pedido do Congresso dos Estados Unidos, o relatório *World Trade Organization: Standard of Review and Impact of Trade Remedy Rulings* (2003)[1382], tenha concluído que a OMC tinha aplicado de modo apropriado, até então, os critérios de análise e decidido correctamente as principais questões colocadas nos litígios relativos a medidas de defesa comercial[1383]. Os peritos que o *General Accounting Office* entrevistou para o relatório foram, por exemplo, Raj Bhala, William Davey, Gary Horlick, Robert Howse, John Jackson, Joost Pauwelyn, Frieder Roessler, Terence Stewart, Daniel Tarullo e Mitsuo Matsushita[1384].

---

lehem, Donald McRae, Rodney Neufeld e Isabelle Van Damme Ed., Oxford University Press, 2009, p. 397). Os painéis limitam-se a analisar a investigação e as determinações feitas a nível nacional.

[1379] Daniel TARULLO, *The Hidden Costs of International Dispute Settlement: WTO Review of Domestic Anti-dumping Decisions*, Georgetown University Law Center, 2002 Working Paper Series in Business, Economics, and Regulatory Policy Working Paper nº 351080, in http://papers.ssrn.com, p. 14.

[1380] *Idem*, p. 10.

[1381] James DURLING, *Deference, But Only When Due: WTO Review of Anti-Dumping Measures*, in JIEL, 2003, p. 143.

[1382] O *General Accounting Office* constitui o organismo de auditoria, avaliação e investigação do Congresso dos Estados Unidos. A partir de 2004, este organismo passou a chamar-se *Government Accountability Office*.

[1383] UNITED STATES GENERAL ACCOUNTING OFFICE, *World Trade Organization: Standard of Review and Impact of Trade Remedy Rulings*, Report to the Ranking Minority Member – Committee on Finance, U.S. Senate, July 2003.

[1384] Mais recentemente, um outro autor conclui que "the larger lesson is that the standard of review has been appropriately determined in most cases". Cf. Andrew GUZMAN, *Determining the Appropriate Standard of Review in WTO Disputes*, in CILJ, 2009, p. 76.

O CRITÉRIO DE ANÁLISE

Igualmente significativo é o facto de não se ter verificado, até à data, o reexame previsto numa decisão ministerial, no sentido de se considerar a possibilidade do critério de análise previsto no nº 6 do art. 17º do Acordo sobre a Aplicação do Artigo VI do GATT de 1994 ser aplicado a todos os acordos comerciais.

## 2.5. A Apreciação Objectiva da Questão

Como já foi referido amiúde, a função dos painéis é a de assistir o Órgão de Resolução de Litígios no desempenho das suas atribuições previstas no Memorando e nos acordos abrangidos, devendo o Painel, nessa conformidade, fazer uma apreciação objectiva da questão que lhe foi colocada. Mas quando é que se pode concluir que um painel não realiza uma apreciação objectiva da questão? Para além dos casos já referidos, não é feita uma apreciação objectiva quando um painel examina de modo impróprio o registo factual:

> "Não nos parece óbvio como o Painel chegou à conclusão de que tinha 'argumentos suficientes' para deduzir que os dois produtos em questão <u>são</u> produtos similares com base no exame de um exemplo incorrecto que levou à conclusão de que as publicações periódicas 'com edições separadas e as publicações nacionais que não são 'edições separadas' <u>podem ser</u> 'similares'. Por conseguinte, concluímos que, devido à falta de argumentos jurídicos adequados por estarem baseados numa análise fáctica incorrecta nos parágrafos 5.25 e 5.26 do relatório do Painel, o Painel não pode chegar logicamente à conclusão de que as publicações periódicas 'com edições separadas' importadas e as publicações nacionais que não são 'edições separadas' são produtos similares. Estamos conscientes da limitação do nosso mandato previsto nos nºs 6 e 13 do artigo 17º do Memorando de Entendimento sobre Resolução de Litígios. De acordo com o nº 6 do artigo 17º, o recurso terá unicamente por objecto as questões de direito tratadas no relatório do Painel e as interpretações jurídicas aí desenvolvidas. A determinação de saber se os produtos importados e os nacionais são 'produtos similares' é um processo pelo qual as normas jurídicas têm que ser aplicadas aos factos. Em qualquer análise da primeira frase do nº 2 do artigo III, este procedimento é particularmente delicado posto que a 'similitude' deve ser construída restritivamente e caso a caso. Observamos que, ao não figurar no relatório do Painel uma análise adequada a esse respeito, não é possível proceder a uma determinação de produtos similares. Portanto, estamos obrigados a revogar as constatações e conclusões jurídicas do Painel no que respeita aos 'produtos similares'"[1385].

---

[1385] Relatório do Órgão de Recurso no caso *Canada – Certain Measures concerning Periodicals* (WT/DS31/AB/R), 30-6-1997, p. 24.

A FUNÇÃO JURISDICIONAL NO SISTEMA GATT/OMC

Ou quando um Painel realiza, indevidamente, uma análise *de novo* das provas apresentadas à agência:

"**187.** Um painel não pode rejeitar as conclusões de uma agência simplesmente porque poderia ter chegado a uma conclusão diferente caso lhe pertencesse formular a determinação. Além disso, na ausência de uma alegação de que a agência não investigou suficientemente ou que não recolheu uma determinada informação, os painéis devem limitar o seu exame às provas de que dispôs a agência durante a investigação e devem ter em conta todas as provas assim apresentadas pelas partes em litígio. Por outras palavras, os painéis não podem realizar um exame *de novo* das provas nem substituir as conclusões da autoridade investigadora pelas suas. Não aplicar o critério de exame adequado constitui um erro de direito ao abrigo do artigo 11º do Memorando de Entendimento sobre Resolução de Litígios.

**188.** Estes princípios gerais correspondem ao facto de que um painel que examine uma determinação sobre a existência de uma subvenção deve ter presente o seu papel de *examinador* da actuação da agência e não o de *avaliador inicial dos factos*. Assim, o painel que examine as provas que serviram de base para uma determinação sobre a existência de uma subvenção deve investigar, com base nas provas que constam do registo de que dispõe, se as provas e explicações que utilizou a autoridade investigadora apoiam razoavelmente às suas conclusões. Ao examinar cada elemento de prova, por exemplo, o painel deve centrar-se em questões tais como a exactidão dos elementos ou se podem ser utilizados razoavelmente em apoio da dedução retirada concretamente pela autoridade investigadora. Contudo, como observámos antes, o Painel examinou no presente caso se determinados elementos de prova bastavam para formular certas conclusões que o Departamento de Comércio dos Estados Unidos não tinha procurado extrair, pelo menos com base apenas em tais elementos de prova. Além disso, o Painel não analisou as provas *na sua totalidade*. Em consequência, o Painel não avaliou a determinação da agência. Em vez disso, a análise do Painel reflectiu as suas próprias opiniões sobre se no presente caso existia um pedido ou ordem; o Painel realizou, indevidamente, uma análise *de novo* das provas apresentadas à agência"[1386].

Ou quando recusa considerar certas provas apresentadas sem que houvesse qualquer fundamento jurídico para isso[1387].

O Órgão de Recurso referiu, ainda, que:

---

[1386] Relatório do Órgão de Recurso no caso *United States – Countervailing Duty Investigation on Dynamic Random Access Memory Semiconductors (DRAMS) from Korea* (WT/DS296/AB/R), 27-6-2005, parágrafos 187-188.
[1387] *Idem*, parágrafo 189.

## O CRITÉRIO DE ANÁLISE

"Ao fazer 'uma avaliação objectiva da questão que lhe foi colocada', um painel está obrigado a garantir o respeito das garantias processuais devidas. Estas garantias representam uma obrigação inerente ao sistema de resolução de litígios da OMC. Um Painel não cumpre com o seu dever de respeitar as garantias processuais quando faz uma constatação a respeito de uma questão que não lhe foi colocada, porque desse modo não concede a uma das partes um legítimo direito de réplica (...)"[1388].

Não é feita também uma apreciação objectiva quando um painel desrespeita o princípio *non ultra petita*:

"Neste caso, o Painel apresentou uma conclusão sobre uma questão que não lhe foi colocada pela Argentina. Tendo determinado que os direitos resultantes do sistema de bandas de preços [*price band system*] do Chile não poderiam ser analisados ao abrigo da primeira frase da alínea *b*) do nº 1 do art. II do GATT de 1994, o Painel examinou a mesma medida ao abrigo da segunda frase daquela disposição. Ao actuar desse modo, o Painel analisou uma disposição que não fazia parte da 'questão que lhe foi colocada'. (...) Por conseguinte, ao formular uma constatação sobre uma disposição que não tinha sido submetida à sua consideração, o Painel não realizou uma apreciação objectiva *da questão que lhe foi colocada*, como exige o artigo 11º [do Memorando]. Pelo contrário, o Painel chegou a uma conclusão sobre uma questão que *não* lhe foi colocada. Assim sendo, o Painel actuou *ultra petita* e de maneira incompatível com o artigo 11º do Memorando"[1389].

Estes dois últimos casos têm a curiosidade de mostrar que, por vezes, o art. 11º do Memorando de Entendimento sobre Resolução de Litígios diz respeito não propriamente ao critério de análise a aplicar ao exame das medidas adoptadas pelos membros da OMC, mas antes ao reconhecimento de certas garantias processuais devidas às partes em litígio.

Segundo o Órgão de Recurso, uma impugnação ao abrigo do artigo 11º do Memorando de Entendimento sobre Resolução de Litígios não deve ser imprecisa nem ambígua. Pelo contrário, ela deve ser formulada claramente e justificada com argumentos concretos. Uma alegação em relação ao artigo 11º não deve ser apresentada com ligeireza ou simplesmente como um argumento ou alegação subsidiária em apoio de uma alegação de que um painel não interpretou ou não aplicou correctamente uma determinada disposição de um acordo abrangido. Uma alegação em relação ao artigo 11º do Memorando de Entendimento sobre Resolução de Litígios deve ser autónoma e justificar-se por si mesma e não

---

[1388] Relatório do Órgão de Recurso no caso *Chile – Price Band System and Safeguard Measures Relating to Certain Agricultural Products* (WT/DS207/AB/R), 23-9-2002, parágrafo 176.
[1389] *Idem*, parágrafo 173.

A FUNÇÃO JURISDICIONAL NO SISTEMA GATT/OMC

enquanto alegação subsidiária de outra suposta infracção[1390]. No caso *United States – Laws, Regulations and Methodology for Calculating Dumping Margins ("Zeroing")*, por exemplo, o Órgão de Recurso conclui que as Comunidades Europeias não justificaram a sua alegação de que o painel tinha actuado de forma incompatível com o art. 11º do Memorando, uma vez que a sua alusão a uma "fundamentação insuficiente" do painel ou "incoerência interna" é imprecisa e mencionada unicamente de passagem na sua comunicação de parte apelante[1391].

Em contraste, os painéis não deixam de fazer uma apreciação objectiva da questão colocada no seguinte caso:

"(...) Um painel goza de autonomia não só para abordar unicamente as *alegações* que tenham de ser analisadas para resolver a questão em causa num litígio, mas também para lidar unicamente com os *argumentos* que considere necessários para resolver uma alegação em concreto. Desde que se depreenda claramente do relatório do painel que este examinou razoavelmente uma alegação, o facto de um argumento em particular relativo a essa alegação não ser referido especificamente na secção sobre 'Constatações' do seu relatório não implica em si mesmo que o painel não tenha cumprido o dever de fazer uma 'apreciação objectiva da questão que lhe foi colocada' como requer o artigo 11º do Memorando de Entendimento sobre Resolução de Litígios"[1392].

O mesmo se passa quando um painel decide não recolher informações:

"**165.** A Índia afirma que o Painel não examinou activamente os factos, como exigimos no caso *United States – Hot-Rolled Steel*, porque 'não exerceu os seus poderes ao abrigo do artigo 13º do Memorando de Entendimento sobre Resolução de Litígios nem examinou de algum outro modo esses factos'. Apesar de a Índia reconhecer que o poder de o painel procurar informação ao abrigo do artigo 13º do Memorando de Entendimento sobre Resolução de Litígios tem *carácter discricionário*, ela alega que o Painel estava obrigado a procurar informação junto das Comunidades Europeias como parte da sua obrigação de '*analisar ou examinar activamente* os factos', de acordo com o nº 6 do artigo 17º do Acordo Antidumping. Consequentemente, entendemos que a alegação da Índia se centra na primeira parte da primeira frase do nº 6(i) do artigo 17º, ou seja, na função do Painel de determinar 'se as autoridades estabeleceram os factos de modo adequado'.

---

[1390] Relatório do Órgão de Recurso no caso *United States – Definitive Safeguard Measures on Imports of Certain Steel Products* (WT/DS248/249/251/252/253/254/258/259/AB/R), 10-11-2003, parágrafo 498.

[1391] Relatório do Órgão de Recurso no caso *United States – Laws, Regulations and Methodology for Calculating Dumping Margins ("Zeroing")* (WT/DS294/AB/R), 18-4-2006, parágrafo 254.

[1392] Relatório do Órgão de Recurso no caso *European Communities – Measures Affecting the Importation of Certain Poultry Products* (WT/DS69/AB/R), 13-7-1998, parágrafo 135.

O CRITÉRIO DE ANÁLISE

**166.** Já declarámos anteriormente que o direito de um painel a procurar informação de acordo com o artigo 13º do Memorando de Entendimento sobre Resolução de Litígios é um *poder discricionário* e não uma obrigação, como a própria Índia reconhece. Além disso, no caso *European Communities – Sardines*, onde se formulou uma queixa ao abrigo do artigo 11º do Memorando de Entendimento sobre Resolução de Litígios, concluímos que:

Uma infracção do dever imposto pelo artigo 11º do Memorando de Entendimento sobre Resolução de Litígios, de realizar uma apreciação objectiva dos factos, não pode ser consequência do exercício *devido* da discricionariedade permitida por outra disposição do Memorando de Entendimento sobre Resolução de Litígios, neste caso o nº 2 do seu artigo 13º"[1393].

Ou quando não atribui o mesmo valor que uma das partes em litígio atribui aos elementos de prova que apresenta:

"A Índia não nos convenceu de que o Painel excedeu neste caso os limites dos seus poderes discricionários de que ele dispõe para julgar os factos. Em nosso entender, o Painel avaliou e ponderou as provas apresentadas por ambas as partes e, em última instância, concluiu que as Comunidades Europeias dispunham de informação sobre todos os factores económicos relevantes enumerados no nº 4 do artigo 3º [do Acordo Antidumping]. Não constitui um 'erro e muito menos um erro fundamental', o facto de o Painel ter recusado reconhecer às provas o peso que a Índia desejava. Em consequência, recusamos o argumento da Índia de que o Painel, ao não *transferir* o ónus da prova, não cumpriu devidamente o seu dever de avaliar de forma objectiva os elementos de facto do caso, como requer o 11º do Memorando de Entendimento sobre Resolução de Litígios"[1394].

Ou quando não incorre em especulações:

"Não há nenhuma forma de conhecer ou prever quando ou como será concluído este procedimento judicial concreto nos Estados Unidos. Foi interposto recurso do caso *Turtle Island* [uma decisão do *United States Court of International Trade*, 2000] e é possível que possa chegar ao Supremo Tribunal dos Estados Unidos. Teria sido puramente especulativo por parte do Painel prever quando ou como poderia ser concluído este litígio ou supor que, em último caso, se ditaria uma ordem judicial e que o

---

[1393] Relatório do Órgão de Recurso no caso *European Communities – Anti-Dumping Duties on Imports of Cotton-Type Bed Linen from India, Recourse to Article 21.5 of the DSU by India* (WT/DS141/AB/RW), 8-4-2003, parágrafos 165-166.
[1394] *Idem*, parágrafo 177.

A FUNÇÃO JURISDICIONAL NO SISTEMA GATT/OMC

Tribunal de Recurso dos Estados Unidos ou o Supremo Tribunal dos Estados Unidos obrigaria, em última instância, o Departamento de Estado a modificar as Directrizes Revistas. O Painel actuou correctamente ao não favorecer tais especulações, o que teria sido contrário à obrigação que o artigo 11º do Memorando de Entendimento sobre Resolução de Litígios impõe aos painéis de 'fazerem uma apreciação objectiva da questão (...), incluindo uma avaliação objectiva dos factos'"[1395].

O facto de um Painel atribuir aos estudos um sentido e um peso distintos que os atribuídos pelas partes em litígio não significa, igualmente, que não tenha feito uma avaliação objectiva no sentido do artigo 11º do Memorando de Entendimento sobre Resolução de Litígios"[1396].

### 2.6. O Direito Interno dos Membros da OMC

A problemática do critério de análise coloca-se, também, a propósito das normas jurídicas internas administradas e aplicadas pelas autoridades nacionais. A experiência sugere que a determinação do sentido das leis nacionais dos membros da OMC pode constituir uma tarefa delicada. A legislação contestada pode ser nova e não ter sido ainda aplicada na prática ou ser velha e raramente aplicada (o caso, por exemplo, do *Antidumping Act of 1916*[1397]) e os tribunais nacionais podem ter interpretado a legislação em causa de modo diferente e mesmo contraditório[1398].

Durante a vigência do GATT de 1947, o critério de análise aplicado pelos painéis a propósito da interpretação da legislação e prática internas não primou pela coerência[1399]. Enquanto o painel do caso *United States – Section 337 of the Tariff Act of 1930* conduziu um exame detalhado da legislação e prática dos Estados Unidos quando avaliou a sua conformidade com as disposições relevantes do GATT de

---

[1395] Relatório do Órgão de Recurso no caso *United States – Import Prohibition of certain Shrimp and Shrimp Products (Recourse to Article 21.5 of the DSU by Malaysia)* (WT/DS58/AB/RW), 22-10-2001, parágrafo 95.

[1396] Relatório do Órgão de Recurso no caso *United States – Subsidies on Upland Cotton, Recourse to Article 21.5 of the DSU by Brazil* (WT/DS267/AB/RW), 2-6-2008, parágrafo 404.

[1397] A Lei Antidumping de 1916 admitia a instauração de processos civis e penais contra o dumping de qualquer produto quando realizado com a intenção de destruir ou prejudicar uma indústria nos Estados Unidos, de impedir o estabelecimento de uma indústria nos Estados Unidos ou de limitar ou monopolizar qualquer parte do comércio de tal produto nos Estados Unidos. Acontece que tal legislação, na prática, raramente foi invocada e nunca com êxito. Cf. Youngjin JUNG e Sun Hyeong LEE, *The Legacy of the Byrd Amendment Controversies: Rethinking the Principle of Good Faith*, in JWT, 2003, p. 953.

[1398] Claus-Dieter EHLERMANN, *Six Years on the Bench of the "World Trade Court": Some Personal Experiences as Member of the Appellate Body of the World Trade Organization*, in JWT, 2002, p. 623.

[1399] Matthias OESCH, *Standards of Review in WTO Dispute Resolution*, Oxford University Press, 2003, pp. 68-69.

O CRITÉRIO DE ANÁLISE

1947 e, no fim, não mostrou qualquer deferência para com a interpretação dos Estados Unidos da sua própria legislação[1400], o painel do caso *United States – Measures Affecting the Importation, Internal Sale and Use of Tobacco* (cujo relatório foi o último a ser adoptado antes da entrada em funções da OMC) considerou que a interpretação da legislação interna tinha de ser conceptualmente tratada como uma questão de facto, demonstrando deferência para com a interpretação que as autoridades nacionais norte-americanas submeteram formalmente à consideração do painel[1401].

Após a entrada em vigor dos acordos da OMC, o Órgão de Recurso defende num dos seus primeiros relatórios que:

> "**65.** No direito internacional público, um tribunal internacional pode tratar a lei interna de várias maneiras. A lei interna pode servir de prova de factos e pode proporcionar provas da prática do Estado. No entanto, a lei interna pode também constituir uma prova de cumprimento ou incumprimento de obrigações internacionais. Por exemplo, no caso *Certain German Interests in Polish Upper Silesia*, o Tribunal Permanente de Justiça Internacional observou que:
>
> > Pode perguntar-se se não coloca uma dificuldade o facto de o Tribunal ter de lidar com a lei polaca de 14 de Julho de 1920. Não obstante, tal não parece ser o caso. Do ponto de vista do direito internacional e do Tribunal que é seu órgão, as leis internas são meros factos que expressam a vontade e constituem as actividades dos Estados, da mesma maneira que as decisões jurídicas e as medidas administrativas. *Não incumbe certamente ao Tribunal interpretar a legislação como tal; mas nada impede o Tribunal de emitir um juízo sobre a questão de saber se, ao aplicar essa legislação, a Polónia actua em conformidade com as obrigações que lhe impõe a Convenção de Genebra para com a Alemanha.*
>
> **66.** (...) É claro que para determinar se a Índia cumprir as obrigações que lhe impõe a alínea *a*) do nº 8 do artigo 70º do Acordo TRIPS é essencial um exame dos aspectos pertinentes da legislação interna da Índia e, em particular, das disposições pertinentes da Lei de Patentes relacionadas com as 'instruções administrativas'. Simplesmente, não existia nenhuma maneira de o Painel fazer tal determinação sem examinar a legislação da Índia. Todavia, neste caso, o Painel não estava a interpretar a lci da Índia 'enquanto tal'; em vez disso, o Painel examinava a legislação Indiana apenas para determinar se a Índia tinha cumprido as suas obrigações constantes do Acordo TRIPS. Dizer que o Painel deveria ter agido de outro modo equivaleria a afirmar que

[1400] Relatório do Painel no caso *United States – Section 337 of the Tariff Act of 1930* (L/6439), adoptado em 7-11-1989, parágrafos 5.15-5.20.
[1401] Relatório do Painel no caso *United States – Measures Affecting the Importation, Internal Sale and Use of Tobacco* (DS44/R), adoptado em 4-10-1994, parágrafo 75.

A FUNÇÃO JURISDICIONAL NO SISTEMA GATT/OMC

só a Índia pode avaliar se a legislação indiana é compatível com as obrigações que o Acordo OMC lhe impõe. É claro que não pode ser assim"[1402].

Não obstante haver quem defenda que, através do recurso ao qualificativo "como tal", o Tribunal Permanente de Justiça Internacional talvez quisesse dizer apenas que um tribunal internacional não poderia interpretar, com autoridade, a legislação nacional (ao contrário dos tribunais nacionais)[1403], os painéis e o Órgão de Recurso, na prática, referem-se ao *dictum* do Tribunal Permanente "in a rather mechanistic way to make flat assertions that they are not engaged in interpretation of national law"[1404].

Subsequentemente, o Painel do caso *United States – Sections 301-310* confirma que:

> "O nosso mandato consiste em examinar os Artigos 301º a 310º somente com a finalidade de determinar se os Estados Unidos cumprem as suas obrigações no âmbito da OMC. Ao fazê-lo, nós não interpretamos, como assinalou o Órgão de Recurso no caso *India – Patent Protection for Pharmaceutical and Agricultural Chemical Products*, a legislação dos Estados Unidos 'como tal', da forma que interpretaríamos, por exemplo, as disposições dos acordos abrangidos. Em vez disso, temos que determinar o significado dos Artigos 301º a 310º como elementos fácticos e verificar se esses elementos fácticos constituem um comportamento dos Estados Unidos contrário às suas obrigações no âmbito da OMC"[1405].

Ao mesmo tempo, o princípio *jura novit curia* não é aplicável à interpretação da legislação interna pelos tribunais internacionais. Não é realista esperar que os membros dos painéis da OMC conheçam, com profundidade, a legislação interna dos diferentes membros da OMC. E, uma vez que a interpretação da legislação interna é, por definição, "state-specific", não é posto em causa o objectivo da interpretação uniforme do direito da OMC[1406]. Ou seja, como nota o Painel do caso *United States – Sections 301-310*:

---

[1402] Relatório do Órgão de Recurso no caso *India – Patent Protection for Pharmaceutical and Agricultural Chemical Products* (WT/DS50/AB/R), 19-12-1997, parágrafos 65-66.

[1403] Sharif BHUIYAN, *National Law in WTO Law: Effectiveness and Good Governance in the World Trading System*, Cambridge University Press, 2007, pp. 213-214.

[1404] *Idem*, p. 214. Segundo este mesmo autor, "any hints by panels or the Appellate Body of the existence and invocation of even minimalist powers to interpret national law would generate a huge outcry by the members of the WTO". Cf. *Idem*, p. 217.

[1405] Relatório do Painel no caso *United States – Sections 301-310 of the Trade Act of 1974* (WT/DS152/R), 22-12-1999, parágrafo 7.18.

[1406] Matthias OESCH, Standards of review in WTO panel proceedings, in *Key Issues in WTO Dispute Settlement: The First Ten Years*, Rufus Yerxa e Bruce Wilson Ed., Cambridge University Press, 2005, p. 172.

O CRITÉRIO DE ANÁLISE

"Daqui se depreende que, logo que estabeleçamos constatações fácticas sobre o significado dos Artigos 301º a 310º, não estamos obrigados a aceitar a interpretação proposta pelos Estados Unidos. Dito isto, qualquer Membro pode razoavelmente esperar que considerável deferência seja dada à sua opinião sobre o significado da sua própria legislação"[1407].

Claro está, existem casos em que os painéis e o Órgão de Recurso mostraram menos ou pouca deferência para com a opinião de um Membro da OMC sobre o significado da sua própria legislação[1408]. Nesse sentido, o Órgão de Recurso, no já referido caso *India – Patent Protection for Pharmaceutical and Agricultural Chemical Products*, depois de declarar que o painel tinha agido correctamente ao examinar de modo detalhado a legislação indiana[1409], conclui não estar convencido de que as instruções administrativas da Índia tivessem primazia sobre as disposições obrigatórias da Lei de Patentes contrárias a elas[1410]. Segundo alguns autores, a abordagem seguida pelo painel e Órgão de Recurso neste caso contrasta com a abordagem seguida por outros painéis e pelo Órgão de Recurso noutros casos, essencialmente porque a lei indiana era obrigatória e não discricionária, como sucedia, por exemplo, com a legislação norte-americana analisada pelo painel do caso *United States – Sections 301-310 of the Trade Act of 1974*[1411].

De qualquer modo, a jurisprudência da OMC indica que os painéis e o Órgão de Recurso não impõem, geralmente, uma interpretação *de novo* das normas internas relevantes do Membro da OMC em causa[1412]. Nesse sentido, o painel que

[1407] Relatório do Painel no caso *United States – Sections 301-310 of the Trade Act of 1974* (WT/DS152/R), 22-12-1999, parágrafo 7.19.

[1408] Um Painel chegou mesmo a declarar que a obrigação que tinha de fazer uma apreciação objectiva impedia-o de aceitar a interpretação da aplicabilidade das condições do nº 1 do artigo 12º do Regulamento comunitário apresentada pelas Comunidades Europeias nos procedimentos (cf. Relatório do Painel no caso *European Communities – Protection of Trademarks and Geographical Indications for Agricultural Products and Foodstuffs, Complaint by Australia* (WT/DS290/R), 15-3-2005, parágrafo 7.151), ou seja, qualquer Membro da OMC pode razoavelmente esperar que seja dada considerável deferência à sua opinião sobre o significado da sua própria legislação, mas isso não implica que um painel aceite, sem sentido crítico, a interpretação avançada por um Membro, que o painel não faça uma apreciação objectiva de tal interpretação.

[1409] Relatório do Órgão de Recurso no caso *India – Patent Protection for Pharmaceutical and Agricultural Chemical Products* (WT/DS50/AB/R), 19-12-1997, parágrafo 67.

[1410] *Idem*, parágrafo 69.

[1411] Jan BOHANES e Nicolas LOCKHART, Standard of Review in WTO Law, in *The Oxford Handbook of International Trade Law*, Daniel Bethlehem, Donald McRae, Rodney Neufeld e Isabelle Van Damme Ed., Oxford University Press, 2009, p. 418.

[1412] Matthias OESCH, Standards of review in WTO panel proceedings, in *Key Issues in WTO Dispute Settlement: The First Ten Years*, Rufus Yerxa e Bruce Wilson Ed., Cambridge University Press, 2005, p. 172.

517

A FUNÇÃO JURISDICIONAL NO SISTEMA GATT/OMC

analisou o caso *United States – Anti-Dumping Act of 1916, Complaint by the European Communities*, declara, inequivocamente, que não é função dos painéis:

"**6.53.** (...) desenvolver a [sua] própria interpretação da legislação norte-americana, mas simplesmente escolher entre os acórdãos pertinentes a interpretação mais conforme com tal legislação, na medida do necessário para resolver a questão colocada.

**6.58.** (...) Se, depois de ter aplicado a metodologia descrita, não podemos saber com absoluta certeza qual é a interpretação judicial mais apropriada, ou seja, se existir um equilíbrio entre as provas de um e outro lado, devemos seguir a interpretação mais favorável à parte contra a qual foi apresentada a queixa, considerando que a outra parte não apoiou de forma convincente a sua queixa"[1413].

No que diz respeito ao ónus de prova, o Órgão de Recurso clarificou que:

"Cabe à parte que alega que a legislação interna de outra parte é, em si mesma, incompatível com obrigações pertinentes resultantes de um tratado o ónus de apresentar provas sobre o alcance e o sentido dessa lei para fundamentar tal alegação. A forma característica de apresentar essa prova é o texto da legislação ou instrumentos jurídicos pertinentes, os quais podem ser apoiados, sempre que apropriado, com provas sobre a aplicação sistemática dessas leis, os acórdãos dos tribunais nacionais relativos ao seu sentido, as opiniões de juristas especializados e as publicações de peritos reconhecidos. A natureza e o alcance das provas necessárias para satisfazer o ónus da prova variará de caso para caso"[1414].

Caso a parte queixosa apresente elementos de prova suficientes para criar a presunção de que a sua alegação é verdadeira (a incompatibilidade da medida da parte demandada com os acordos da OMC), a parte demandada deve apresentar provas suficientes para refutar efectivamente a presunção. Nada impede, também, que um painel possa procurar informações de qualquer fonte relevante ou consultar peritos para obter o seu parecer sobre certos aspectos da questão que tem de analisar (art. 13º do Memorando de Entendimento sobre Resolução de Litígios). No entanto, excepto num caso em que estavam em causa questões de tradução (caso *Japan – Measures Affecting Consumer Photographic Film and Paper* (1998)[1415]), os painéis não têm sentido necessidade de consultar peritos "for pur-

---

[1413] Relatório do Painel no caso *United States – Anti-Dumping Act of 1916, Complaint by the European Communities* (WT/DS136/R), 31-3-2000, parágrafos 6.53 e 6.58.

[1414] Relatório do Órgão de Recurso no caso *United States – Countervailing Duties on Certain Corrosion-Resistant Carbon Steel Flat Products from Germany* (WT/DS213/AB/R), 28-11-2002, parágrafo 157.

[1415] Entre os elementos de prova apresentados neste caso, encontravam-se 20.000 páginas de documentos em japonês. Cf. C. O'Neal TAYLOR, *Impossible Cases: Lessons from the First Decade of WTO Dispute Settlement*, in University of Pennsylvania Journal of International Economic Law, 2007, p. 387.

518

## O CRITÉRIO DE ANÁLISE

poses of determining national law issues"[1416]. O Órgão de Recurso observou, por outro lado, que o exame do direito interno ou de determinadas transacções regidas por ele pode ser relevante, como elemento de prova, para verificar se existe ou não uma contribuição financeira. Todavia, uma vez que o direito interno – em particular, o referente ao regime da propriedade – varia entre os Membros da OMC, seria claramente inapropriado qualificar, para efeitos de aplicação de qualquer uma das disposições dos acordos abrangidos da OMC, a mesma coisa ou a mesma transacção de modo diferente, segundo a sua qualificação jurídica nas jurisdições dos diferentes Membros[1417].

O Órgão de Recurso defendeu, finalmente, que um painel pode examinar o direito interno de um Membro da OMC para determinar se este cumpriu as obrigações que lhe impõe o Acordo OMC e que tal juízo constitui uma qualificação jurídica, podendo, por isso, ser objecto de exame em recurso de acordo com o nº 6 do artigo 17º do Memorando de Entendimento sobre Resolução de Litígios"[1418]. Ao considerar uma alegação de que um painel qualificou erradamente o direito interno de um Membro, o Órgão de Recurso não está sujeito à limitação de examinar unicamente as disposições da legislação examinadas expressamente pelo painel[1419].

---

[1416] Sharif BHUIYAN, *National Law in WTO Law: Effectiveness and Good Governance in the World Trading System*, Cambridge University Press, 2007, p. 211. Após a publicação deste estudo, um outro painel recorre a um perito linguístico para determinar o sentido de uma determinada expressão constante de uma medida adoptada pela China. Cf. Relatório do Painel no caso *China – Measures Affecting Trading Rights and Distribution Services for Certain Publications and Audiovisual Entertainment Products* (WT/DS363/R), 12-8-2009, parágrafo 7.533.

[1417] Relatório do Órgão de Recurso no caso *United States – Final Countervailing Duty Determination with respect to certain Softwood Lumber from Canada* (WT/DS257/AB/R), 19-1-2004, parágrafo 56. Paralelamente, a maneira como o direito interno de um Membro da OMC classifica um artigo não pode ser, em si mesma, determinante da interpretação de disposições dos acordos abrangidos da OMC. Cf. *Idem*, parágrafo 65.

[1418] Relatório do Órgão de Recurso no caso *United States – Section 211 of the Omnibus Appropriations Act of 1998* (WT/DS176/AB/R), 2-1-2002, parágrafo 105.

[1419] Relatório do Órgão de Recurso no caso *China – Measures Affecting Trading Rights and Distribution Services for Certain Publications and Audiovisual Entertainment Products* (WT/DS363/AB/R), 21-12-2009, parágrafo 187.

Parte III

# Os Actores

# Capítulo 7
# O Órgão de Resolução de Litígios

*"In substance, the role of the political body amounts to a kind of notarial acknowledgement (by 'automatic adoption') of a decision actually delegated to, and taken by, the judicial arm"*[1420].

## 1. Um *Alter Ego* do Conselho Geral

Entre as sessões da Conferência Ministerial, funciona como órgão principal o Conselho Geral, aberto à participação de representantes de todos os membros da OMC (geralmente, embaixadores ou chefes de delegação), que reúne quando necessário e que tem, como curiosidade, o facto de poder funcionar, em certos momentos, quer como Órgão de Resolução de Litígios, quer como Órgão de Exame das Políticas Comerciais (art. IV, nºs 3 e 4, do Acordo OMC)[1421], ou seja, permite-se "un détriplement fonctionnel"[1422].

No caso concreto do sistema de resolução de Litígios da OMC, o nº 3 do art. IV do Acordo OMC determina que:

---

[1420] Giorgio SACERDOTI, *The Dispute Settlement System of the WTO: Structure and Function in the Perspective of the First 10 Years*, in The Law and Practice of International Courts and Tribunals, 2006, p. 53.

[1421] Este arranjo pouco usual representa "the compromise reached between those who wanted the Dispute Settlement Understanding and the Trade Policy Review Mechanism to be administered by separate organs and those who wanted the central organ of the WTO to administer the Dispute Settlement Understanding and the Trade Policy Review Mechanism". Cf. Frieder ROESSLER, The Agreement Establishing the World Trade Organization, in *The Uruguay Round Results. A European Lawyers' Perspective*, Jacques Bourgeois, Frédérique Berrod & Eric Fournier ed., College of Europe and European Interuniversity Press, Bruxelas, 1995, p. 72.

[1422] Hélène Ruiz FABRI, *Organisation Mondiale du Commerce, Droit institutionnel*, in Juris-Classeur – Droit International, 1998, Fascicule 130-10, p. 11.

A FUNÇÃO JURISDICIONAL NO SISTEMA GATT/OMC

"O Conselho Geral reunir-se-á, conforme adequado, para desempenhar funções de Órgão de Resolução de Litígios, tal como previsto no Memorando de Entendimento sobre Resolução de Litígios. O Órgão de Resolução de Litígios poderá ter o seu próprio Presidente e estabelecer o regulamento interno que considere necessário para o cumprimento daquelas funções".

O Órgão de Resolução de Litígios tem um presidente, geralmente o chefe de uma das missões permanentes em Genebra de um dos membros da OMC, e reúne quando for necessário para desempenhar as suas funções, normalmente uma vez por mês, mas também se podem realizar sessões especiais a pedido de qualquer membro da OMC[1423]. Em 2008, por exemplo, o Órgão de Resolução de Litígios reuniu 19 vezes[1424].

O Presidente do Órgão de Resolução de Litígios tem algumas responsabilidades em determinadas situações previstas no Memorando de Entendimento sobre Resolução de Litígios (artigos 1º, nº 2; 7º, nº 3; 8º, nº 7; 12º, nº 10; 17º, nº 9 e 24º, nº 2). Por exemplo, ao criar um painel, o Órgão de Resolução de Litígios pode autorizar o seu presidente a definir os termos de referência do Painel, em consulta com as partes em litígio, embora sem prejuízo do disposto no nº 1 (art. 7º, nº 3)[1425].

## 2. Os Poderes do Órgão de Resolução de Litígios

O Órgão de Resolução de Litígios é responsável pela aplicação das normas e processos do Memorando e das disposições de consulta e resolução de litígios previstas nos acordos abrangidos e tem competência para criar painéis, adoptar os relatórios destes e do Órgão de Recurso, fiscalizar a execução das decisões e recomendações e autorizar a suspensão das concessões e outras obrigações nos termos previstos nos acordos abrangidos (art. 2º, nº 1, do Memorando de Entendimento sobre Resolução de Litígios).

As recomendações ou decisões adoptadas pelo Órgão de Resolução de Litígios destinam-se a conseguir uma resolução satisfatória da questão, em conformidade com os direitos e obrigações previstos no Memorando de Entendimento sobre Resolução de Litígios e nos acordos abrangidos (art. 3º, nº 4, do Memorando de Entendimento sobre Resolução de Litígios). Assim, apesar da sua denominação,

---

[1423] Reuniões especiais do Órgão de Resolução de Litígios "are scheduled from time to time to deal with time-sensitive matters". Cf. Valerie HUGHES, The Institutional Dimension, in *The Oxford Handbook of International Trade Law*, Daniel Bethlehem, Donald McRae, Rodney Neufeld e Isabelle Van Damme Ed., Oxford University Press, 2009, p. 275.

[1424] OMC, *2009 WTO Annual Report*, ed. OMC, 2009, p. 74.

[1425] Todos os pedidos de criação de um painel devem ser dirigidos ao Órgão de Resolução de Litígios. Todavia, no caso de um acordo comercial plurilateral, só os signatários do acordo em questão poderão participar em qualquer decisão do Órgão de Resolução de Litígios relativa ao mesmo.

# O ÓRGÃO DE RESOLUÇÃO DE LITÍGIOS

o Órgão de Resolução de Litígios é mais o órgão responsável pela administração do sistema de resolução de litígios (por exemplo, os pedidos de consultas devem ser notificados ao Órgão de Resolução de Litígios e é este quem cria os painéis) do que propriamente o verdadeiro órgão de resolução dos litígios comerciais. Desde logo, o Órgão de Resolução de Litígios não redige qualquer relatório e não tem competência para modificar os relatórios dos painéis e do Órgão de Recurso, limitando-se apenas a adoptá-los ou não. Relevantemente, entre o momento em que o Órgão de Resolução de Litígios cria o Painel e a altura em que o Órgão de Recurso apresenta o seu relatório, o Memorando não atribui nenhuma competência ao Órgão de Resolução de Litígios no processo de adjudicação de um litígio. Como observa JOOST PAUWELYN:

> "In practice, both panels and the Appellate Body are established, operate, and reach their legal conclusions in an entirely independent and law-based fashion. They are judicial tribunals in the international law sense"[1426].

Só depois de os relatórios dos painéis e do Órgão de Recurso circularem, é que o Órgão de Resolução de Litígios volta a ter um papel importante. Curiosamente, as decisões dos árbitros proferidas ao abrigo dos artigos 21º, nº 3, alínea c), 22º, nº 6, e 25º do Memorando de Entendimento sobre Resolução de Litígios não necessitam de ser adoptadas pelo Órgão de Resolução de Litígios e nem por isso deixam de ser vinculativas para os membros da OMC.

Parece resultar do art. 2º do Memorando de Entendimento sobre Resolução de Litígios que o Órgão de Resolução de Litígios não goza, em princípio, do poder de interpretar o Memorando nem de criar novas regras. Contudo, o facto de o Órgão de Resolução de Litígios ter adoptado a decisão que estabeleceu as regras de conduta para os membros dos painéis e funcionários do Secretariado ao serviço dos painéis leva a que, na prática:

> "the power of administering the Dispute Settlement Understanding has been interpreted as going beyond the enumerated powers mentioned in Article 2.1 of the Dispute Settlement Understanding and as including the implied power of adopting such a decision"[1427].

A própria decisão que estabeleceu as regras de conduta determina que as mesmas serão reexaminadas nos dois anos seguintes à sua adopção e o Órgão

---

[1426] Joost PAUWELYN, *The Role of Public International Law in the WTO: How Far Can We Go?*, in AJIL, 2001, p. 553.

[1427] Peter J. KUYPER, Some institutional issues presently before the WTO, in *The Political Economy of International Trade Law – Essays in Honor of Robert E. Hudec*, Daniel Kennedy e James Southwick ed., Cambridge University Press, 2002, p. 87.

A FUNÇÃO JURISDICIONAL NO SISTEMA GATT/OMC

de Resolução de Litígios decidirá se elas devem ser mantidas, modificadas ou revogadas[1428].

## 3. O Processo de Adopção dos Relatórios

Não obstante a adopção dos relatórios dos painéis e do Órgão de Recurso ser automática, tal adopção constitui, apesar de tudo, um requisito formal: os relatórios só se tornam vinculativos para os participantes depois da sua aprovação pelo Órgão de Resolução de Litígios. E como salienta HÉLÈNE RUIZ FABRI:

"even though, theoretically, it might be argued that the political nature of the Dispute Settlement Body does not prevent the Dispute Settlement Body from participating in the performance of a judicial function and does not preclude the mechanism, viewed in its totality, from being described as judicial, this political intervention nevertheless continues to be viewed as an obstacle to, or rather a bulwark against, such a description"[1429].

DOMINIQUE CARREAU e PATRICK JUILLARD, por exemplo, notam que:

"ce «rapport» [de l'Organe d'appel] n'aura de valeur que pour autant qu'il aura été adopté par l'Organe de Règlement des Différends – c'est-à-dire par le Conseil général de l'OMC agissant en cette qualité: on rappellera en effet que celui-ci dispose du pouvoir de le rejeter par «consensus négatif». Imagine-t-on une décision judiciaire digne de ce nom qui aurait besoin d'être validée – ou à tout le moins non désavouée – par un organe politique pour avoir force obligatoire"[1430].

Qual será a razão, então, para o papel atribuído ao Órgão de Resolução de Litígios pelos participantes nas negociações comerciais multilaterais do Ciclo do Uruguai? Será que faz sentido que os relatórios dos painéis e do Órgão de Recurso devam ser adoptados ou aprovados por um órgão político-administrativo? Não teria sido melhor consagrar a solução adoptada no caso do Tribunal Internacional de Justiça, cujas decisões são obrigatórias a partir do momento em que são proferidas? Segundo um antigo membro do Órgão de Recurso, a razão principal é a seguinte:

"Putting the weight of the entire membership behind any decision resolving a dispute induces implementation by making the political consequences of non imple-

---

[1428] OMC, *Règles de Conduite Relatives au Mémorandum d'Accord sur les Règles et Procédures Régissant le Règlement des Différends* (WT/DSB/RC/1), 11-12-1996, p. 7.

[1429] Hélène Ruiz FABRI, Dispute Settlement in the WTO: On the Trail of a Court, in *Law in the Service of Human Dignity – Essays in Honour of Florentino Feliciano*, Steve Charnovitz, Debra Steger e Peter van den Bossche Ed., Cambridge University Press, 2005, p. 155.

[1430] Dominique CARREAU e Patrick JUILLARD, *Droit international économique*, 2ª ed., Dalloz, Paris, 2005, p. 79.

O ÓRGÃO DE RESOLUÇÃO DE LITÍGIOS

mentation harder to bear for any party that has to face the whole constituency, and not just its opponent in the dispute"[1431].

Ao mesmo tempo, nem todos as partes do Estatuto do Tribunal Internacional de Justiça reconhecem a sua jurisdição como compulsória e, por isso, quando a aceitam, a necessidade de um filtro político no momento da implementação é menos sentida no caso do Tribunal Internacional de Justiça[1432].

Nos primeiros tempos de funcionamento do Órgão de Resolução de Litígios, o seu Presidente perguntava se havia um consenso contra a adopção de um relatório, mas actualmente é usual omitir-se este trâmite, pois ele é mais teórico do que real[1433]. Assim, a reunião de "adopção" serve, essencialmente, como fórum de debate e o Presidente do Órgão de Resolução de Litígios limita-se a dar a palavra aos membros da OMC que queiram expressar as suas opiniões sobre o relatório, ainda que elas não entravem a aplicação da regra do consenso negativo e, em consequência, a adopção dos relatórios. Não podendo o Órgão de Resolução de Litígios introduzir qualquer modificação nos relatórios dos painéis ou do Órgão de Recurso, a regra do consenso negativo transforma-o num simples *rubber stamp*[1434].

Apesar de tudo, as discussões que ocorrem no Órgão de Resolução de Litígios quando da adopção dos relatórios dos painéis e do Órgão de Recurso representam uma oportunidade estratégica para os Membros apresentarem os seus pontos de vista sobre os relatórios apresentados, discutindo e criticando quer o resultado específico do litígio, quer as questões sistémicas gerais de interpretação e implementação. Os artigos 16º, nº 4, e 17º, nº 14, do Memorando reconhecem expressamente este direito[1435]. Graças a este "feed-back", é estabelecido um diá-

---

[1431] Giorgio SACERDOTI, *The Dispute Settlement System of the WTO: Structure and Function in the Perspective of the First 10 Years*, in The Law and Practice of International Courts and Tribunals, 2006, p. 53.

[1432] Joel TRACHTMAN, *Bananas, Direct Effect and Compliance*, in EJIL, 1999, p. 668.

[1433] Xavier Fernández PONS, *La OMC y el Derecho internacional: Un estudio sobre el sistema de solución de diferencias de la OMC y las normas secundarias del Derecho internacional general*, Marcial Pons, Madrid- -Barcelona, 2006, p. 82.

[1434] Yang GUOHUA, Bryan MERCURIO e Li YONGJIE, *WTO Dispute Settlement Understanding: A Detailed Interpretation*, Kluwer Law International, 2005, p. 11.

[1435] No caso dos painéis, os membros que tenham objecções a colocar ao relatório devem apresentar, por escrito, as razões dessas mesmas objecções pelo menos 10 dias antes da reunião do Órgão de Resolução de Litígios na qual será analisado o relatório do painel (art. 16º, nº 2, do Memorando de Entendimento sobre Resolução de Litígios). As partes em litígio têm o direito de participar plenamente na análise pelo Órgão de Resolução de Litígios do relatório do painel, devendo as suas opiniões ficar integralmente registadas em acta (art. 16º, nº 3, do Memorando de Entendimento sobre Resolução de Litígios) e a parte final do nº 4 do art. 16º do Memorando de Entendimento sobre Resolução de Litígios determina que "este processo de adopção não prejudica o direito dos

527

A FUNÇÃO JURISDICIONAL NO SISTEMA GATT/OMC

logo entre os órgãos de adjudicação da OMC e os Membros da OMC. Não é por acaso que membros do secretariado do Órgão de Recurso assistem às reuniões do Órgão de Resolução de Litígios[1436].

O controlo político que o Órgão de Resolução de Litígios exerce sobre o sistema de resolução de litígios não deve assim ser menosprezado. A reacção no Órgão de Resolução de Litígios contra o estabelecimento do chamado procedimento adicional no caso *European Communities – Measures Affecting Asbestos and Asbestos Containing Products* é disso um bom exemplo. Por conseguinte, a intervenção do Órgão de Resolução de Litígios tem o condão de possibilitar que os membros da OMC expressem os seus pontos de vista e comentários sobre as interpretações jurídicas e juízos dos painéis e do Órgão de Recurso. Os pontos de vista avançados, sejam objecções, opiniões favoráveis ou meras apreciações genéricas, não têm, contudo, qualquer efeito na adopção dos relatórios ou relevância jurídica:

> "The Dispute Settlement Understanding is silent as to the status of these expressions of view. Nevertheless, it should not be possible to take statements of members at the time of adoption as matters of legal principle. Nor would they be formal reservations. More often than not they would be general 'flood gates' statements aimed at reserving rights and slowing down the pace of perceived judicial activism of the panel process itself"[1437].

O próprio Órgão de Recurso reconhece que as declarações formuladas no Órgão de Resolução de Litígios não estão destinadas a surtir efeitos jurídicos[1438].

---

membros de apresentarem os seus pontos de vista num relatório do painel" (as actas das reuniões do Órgão de Resolução de Litígios têm carácter reservado mas este desaparecerá automaticamente 45 dias depois da data de distribuição aos membros da OMC. Cf. OMC, *Procedures for the Circulation and Derestriction of WTO Documents* (WT/L/452), 16-5-2002, Ponto 2, alínea *c*)). Ou seja, sendo inevitável a adopção do relatório do painel, as partes em litígio em particular e os membros da OMC em geral podem querer expressar o seu desagrado com o relatório. No caso *Mexico – Measures Affecting telecommunications Services*, por exemplo, o representante do México disse logo no início da reunião convocada para efeitos de adopção do relatório do painel que: "his country had strong concerns of a systemic nature about some of the Panel's findings and recommendations, especially regarding the way Mexico's commitments under the General Agreement on Trade in Services had been interpreted". Cf. OMC, *Minutes of Meeting Held in the Centre William Rappard on 1 June 2004* (WT/DSB/M/170), 6-7-2004, parágrafo 4 (p. 2).

[1436] Hélène Ruiz Fabri, *La juridictionnalisation du règlement des litiges économiques entre États*, in Revue de l'arbitrage, 2003-Nº 3, pp. 944-945.

[1437] Jeffrey Waincymer, *WTO Litigation: Procedural Aspects of Formal Dispute Settlement*, Cameron May, Londres, 2002, p. 633.

[1438] Relatório do Órgão de Recurso no caso *United States – Continued Suspension of Obligations in the EC – Hormones Dispute* (WT/DS320/AB/R), 16-10-2008, parágrafo 398.

# Capítulo 8
# Os Painéis

*"unconfirmed folklore suggests that a country with an interest in a dispute once reminded a panelist that his decision could affect his career"*[1439]

## 1. A Composição dos Painéis

O nº 1 do art. 8º do Memorando de Entendimento sobre Resolução de Litígios determina que:

> "Os painéis serão compostos por indivíduos altamente qualificados, funcionários governamentais ou não, incluindo pessoas que tenham feito parte de um Painel ou que tenham apresentado uma questão ao mesmo, que tenham participado como representantes de um membro ou de uma parte contratante no GATT de 1947 ou como representantes no conselho ou comité de qualquer acordo abrangido ou de um seu acordo predecessor, ou no Secretariado, bem como pessoas que tenham publicado obras sobre Direito ou política comercial internacional, ou que tenham sido funcionários superiores de um departamento de política comercial de um membro".

Por vezes, a composição dos painéis deve obedecer também a regras especiais. A Decisão relativa a certos processos de resolução de litígios para efeitos do Acordo Geral sobre o Comércio de Serviços, por exemplo, determina que "os painéis para a resolução de litígios em questões sectoriais deverão ter os especialistas necessários nos domínios específicos onde se verifica o diferendo" (nº 4).

O nº 2 do art. 8º do Memorando de Entendimento sobre Resolução de litígios determina, ainda, que "os membros dos painéis serão seleccionados tendo em

---

[1439] William DAVEY, *Dispute Settlement in GATT*, in Fordham International Law Journal, 1987, p. 89.

## A FUNÇÃO JURISDICIONAL NO SISTEMA GATT/OMC

vista a sua independência, uma formação suficientemente diversa e um amplo leque de experiências".

Alguns membros consideram que é importante que um jurista ocupe a presidência, porquanto a experiência no campo jurídico resultará útil na resolução de qualquer problema de ordem processual. Outros membros crêem que os diplomatas acreditados em Genebra são os mais indicados e há outros que pensam que um académico poderia adoptar um enfoque excessivamente teórico[1440]. Na prática:

> "In terms of the employment background of panelists, they have overwhelming tended to be current or former government officials, plus some international trade academics, attorneys or economists, and a few former Secretariat officials. Over 75% of individuals serving as panelists have had significant government service and over 80% of panelist positions have been filled by such individuals. Most of the remaining individuals have been academics, mostly legal. The typical panelist has a diplomatic background or trade negotiating experience"[1441].

Regra geral, os painéis são compostos por três pessoas (art. 8º, nº 5, do Memorando de Entendimento sobre Resolução de Litígios)[1442], mas, na prática, o Secretariado propõe, com frequência, mais do que três candidatos. No caso *United States – Definitive Safeguard Measures on Imports of Certain Steel Products*, por exemplo, o Secretariado propôs seis candidatos, dois para a posição de presidente do painel e quatro para as restantes duas posições[1443]. Mas, que tenhamos conhecimento, não ocorreu ainda nenhuma situação similar à que sucedeu no GATT de

---

[1440] Valerie HUGHES, El Sistema de Solución de Diferencias de la OMC: Una Experiencia Exitosa, in *Solución de Controversias Comerciales Inter-Gubernamentales: Enfoques Multilaterales y Regionales*, Julio Lacarte e Jaime Granados ed., Banco Interamericano de Desarrollo, 2004, p. 68.

[1441] William DAVEY, Expediting the Panel Process in WTO Dispute Settlement, in *The WTO: Governance, Dispute Settlement, and Developing Countries*, Merit Janow, Victoria Donaldson e Alan Yanovich ed., Juris Publishing, Nova Iorque, 2008, p. 433. Este autor teve em conta os dados disponíveis até Setembro de 2006.

[1442] Salvo se as partes em litígio acordarem num prazo de 10 dias a contar da criação do Painel num Painel composto por cinco pessoas (art. 8º, nº 5, do Memorando de Entendimento sobre Resolução de Litígios), mas tal nunca aconteceu (cf. Valerie HUGHES, The Institutional Dimension, in *The Oxford Handbook of International Trade Law*, Daniel Bethlehem, Donald McRae, Rodney Neufeld e Isabelle Van Damme Ed., Oxford University Press, 2009, p. 276). No caso *Uruguayan Recourse to Article XXIII*, foi prevista mesmo a criação de um painel com oito membros, embora depois o painel acabasse por ficar reduzido, por problemas vários, a cinco painelistas. Cf. Relatório do Painel no caso *Uruguayan Recourse to Article XXIII* (L/1923), adoptado em 16-11-1962, parágrafo 5.

[1443] Yang GUOHUA, Bryan MERCURIO e Li YONGJIE, *WTO Dispute Settlement Understanding: A Detailed Interpretation*, Kluwer Law International, 2005, p. 86.

OS PAINÉIS

1947, quando, durante os seis meses que demorou a composição de um painel, foram propostos 14 nomes, alguns mais do que uma vez[1444].

Para ajudar a seleccionar os membros de um painel, o Secretariado dispõe de uma lista indicativa de personalidades, funcionários governamentais ou não[1445], que possuam as qualificações exigidas[1446], a partir da qual poderão ser escolhidos os membros do painel e os membros da OMC podem sugerir, periodicamente, nomes de indivíduos, funcionários governamentais ou não, para inclusão na lista indicativa, transmitindo as devidas informações sobre os seus conhecimentos em matéria de comércio internacional e sobre os sectores ou matérias regulados pelos acordos abrangidos. Estes nomes serão adicionados à lista, após aprovação do Órgão de Resolução de Litígios (art. 8º, nº 4, do Memorando). Até aos dias de hoje, nunca um indivíduo cuja inclusão na lista tenha sido proposta suscitou objecções por parte de outros membros da OMC[1447] e é de notar que o Memorando de Entendimento sobre Resolução de Litígios não exclui que um Membro da OMC nomeie cidadãos de outros membros da OMC[1448]. Contudo, embora a lista seja útil como fonte de possíveis membros de painéis[1449], a maioria dos

[1444] Rosine PLANK, An Unofficial Description of how a GATT Panel Works and Does Not, in *The World Trading System. Critical Perspectives on the World Economy, vol. II, Dispute Settlement in the World Trading System*, Robert Howse ed., Routledge, Londres e Nova Iorque, 1998, p. 77.

[1445] O nº 11 do art. 8º do Memorando de Entendimento sobre Resolução de Litígios estabelece que "as despesas dos membros do painel, incluindo as despesas de viagem e as ajudas de custo, serão cobertas pelo orçamento da OMC". Os membros que não são funcionários governamentais recebem 600 francos suíços por dia de trabalho, viagens pagas (mais 200 francos suíços para os *transfers* do e para o aeroporto) e um *per diem* entre 360 e 421 francos suíços para despesas de acomodação e de alimentação. Já os membros dos painéis que são funcionários governamentais não têm direito aos 600 francos suíços por dia de trabalho (cf. Valerie HUGHES, The Institutional Dimension, in *The Oxford Handbook of International Trade Law*, Daniel Bethlehem, Donald McRae, Rodney Neufeld e Isabelle Van Damme Ed., Oxford University Press, 2009, p. 277). De acordo com o nº 8 do art. 8º do Memorando, os "países Membros comprometem-se, regra geral, a autorizar a participação de funcionários dos seus governos nos painéis".

[1446] Mas, atenção, "placement on the list is not necessarily indicative of ideal qualifications to serve as panelists". Cf. Valerie HUGHES, The Institutional Dimension, in *The Oxford Handbook of International Trade Law*, Daniel Bethlehem, Donald McRae, Rodney Neufeld e Isabelle Van Damme Ed., Oxford University Press, 2009, p. 276.

[1447] Petros MAVROIDIS, Article 8 DSU, in *WTO-Institutions and Dispute Settlement*, Rüdiger Wolfrum, Peter-Tobias Stoll e Karen Kaiser (eds), Max Planck Commentaries on World Trade Law, Max Planck Institute for Comparative Public Law and International Law, Martinus Nijhoff Publishers, Leiden/Boston, 2006, p. 362.

[1448] Werner ZDOUC, The Panel Process (Chapter 26), in *The World Trade Organization: Legal, Economic and Political Analysis*, Volume I, Patrick Macrory, Arthur Appleton e Michael Plummer Ed., Springer, Nova Iorque, 2005, p. 1249.

[1449] A vantagem de escolher candidatos que constam da lista indicativa prende-se com o facto de o Secretariado poder providenciar informação biográfica básica sobre os mesmos Cf Andrew

531

A FUNÇÃO JURISDICIONAL NO SISTEMA GATT/OMC

membros dos painéis não consta da lista no momento em que são escolhidos pela primeira vez[1450]. A lista tem sido particularmente útil no caso da escolha de membros de painéis para dirimir litígios relativos aos acordos que exigem um conhecimento mais especializado (por exemplo, o Acordo TRIPS e o GATS)[1451].

As partes em litígio só se poderão opor às nomeações propostas pelo Secretariado se apresentarem razões fundamentadas para tal (art. 8º, nº 6, do Memorando). Na prática, por razões fundamentadas ou não, as partes opõem-se frequentemente às nomeações do Secretariado[1452] e sem grandes justificações[1453]. Não havendo no Memorando de Entendimento sobre Resolução de Litígios nenhuma definição da condição "razões fundamentadas",

> "parties oppose panelists for all types of 'compelling' or not-so compelling reasons, such as whether the proposed panelist is from a developing or developed country, is from a common law or civil law country, has expressed preconceived views on certain substantive issues, or is viewed as a devout 'free trader' or 'protectionist'"[1454].

Sem surpresa, uma pessoa que fez declarações públicas ou publicou artigos sobre as questões em litígio não deve ser seleccionada, de modo a evitar que a resolução do caso seja afectada por opiniões preconcebidas[1455], e não constitui certamente uma razão fundamentada para rejeitar uma nomeação o facto de uma pessoa ter servido num painel anterior e ter, então, decidido contra o Membro da OMC que é parte no novo litígio[1456]. Neste último caso, a prática seguida aponta, de facto, nesse sentido. O neo-zelandês Crawford Falconer, por exemplo, apesar

SHOYER, *Panel Selection in WTO Dispute Settlement Proceedings*, in JIEL, 2003, p. 204.

[1450] William DAVEY, A permanent panel body for WTO dispute settlement: Desirable or practical?, in *The Political Economy of International Trade Law – Essays in Honor of Robert E. Hudec*, Daniel Kennedy e James Southwick ed., Cambridge University Press, 2002, p. 499.

[1451] Gabrielle MARCEAU, Consultations and the panel process in the WTO dispute settlement system, in *Key Issues in WTO Dispute Settlement: The First Ten Years*, Rufus Yerxa e Bruce Wilson Ed., Cambridge University Press, 2005, p. 36.

[1452] Andrew SHOYER, *Panel Selection in WTO Dispute Settlement Proceedings*, in JIEL, 2003, p. 206.

[1453] Pornchai DANVIVATHANA, Is It Beneficial to WTO Members to Reform the Panel System?, in *Reform and Development of the WTO Dispute Settlement System*, Dencho Georgiev e Kim Van der Borght Ed., Cameron May, Londres, 2006, p. 89.

[1454] James CAMERON e Stephen ORAVA, GATT/WTO Panels Between Recording and Finding Facts: Issues of Due Process, Evidence, Burden of Proof, and Standard of Review in GATT/WTO Dispute Settlement, in *Improving WTO Dispute Settlement Procedures – Issues and Lessons from the Practice of Other International Courts and Tribunals*, Friedl Weiss ed., Cameron May, 2000, p. 224.

[1455] Werner ZDOUC, The Panel Process (Chapter 26), in *The World Trade Organization: Legal, Economic and Political Analysis*, Volume I, Patrick Macrory, Arthur Appleton e Michael Plummer Ed., Springer, Nova Iorque, 2005, p. 1249.

[1456] *Idem*, p. 1250.

## OS PAINÉIS

de ter feito parte dos painéis que analisaram os casos *United States – Standards for Reformulated and Conventional Gasoline* e *United States – Tax Treatment for "Foreign Sales Corporations"* e concluíram contra os interesses dos Estados Unidos, foi depois aceite por este país como presidente do painel que analisou o importante caso *United States – Laws, Regulations and Methodology for Calculating Dumping Margins ("Zeroing")*[1457].

Nos casos em que as partes em litígio se opõem às nomeações propostas pelo Secretariado, as partes não são forçadas a explicar as suas razões nem existe a possibilidade de analisar se as razões avançadas são verdadeiramente fundamentadas ou não. Em vez disso, o Secretariado limita-se a propor outros nomes[1458].

Caso não haja acordo sobre a composição de um Painel no prazo de 20 dias a contar da data de criação do mesmo (o que acontece frequentemente[1459]), o Director-Geral da OMC, a pedido de qualquer das partes e em consulta com o Presidente do Órgão de Resolução de Litígios e com o presidente do conselho ou comité relevante, determinará a composição do Painel[1460], nomeando os membros do mesmo que considere mais adequados, em conformidade com as normas ou procedimentos especiais ou complementares previstos nos acordos abrangidos que são objecto do diferendo, após consulta das partes em litígio (art. 8º, nº 7, do Memorando)[1461]. Mas, atenção, o Director-Geral da OMC não negoceia a composição de um painel. O Director-Geral limita-se simplesmente a avançar com os nomes dos indivíduos e o painel é composto[1462].

---

[1457] Não têm assim razão os autores que defendem que "independent tribunals pose a danger to international cooperation because they can render decisions that conflict with the interests of state parties". Cf. Eric Posner e John Yoo, *Judicial Independence in International Tribunals*, in California Law Review, 2005, p. 7.

[1458] OMC, *A Handbook on the WTO Dispute Settlement System – A WTO Secretariat Publication*, Cambridge University Press, 2004, p. 51.

[1459] Valerie Hughes, The WTO dispute settlement system – from initiating proceedings to ensuring implementation: what needs improvement?, in *The WTO at Ten: The Contribution of the Dispute Settlement System*, Ed. Giorgio Sacerdoti, Alan Yanovich e Jan Bohanes, Cambridge University Press, 2006, p. 206.

[1460] Na prática, é usualmente a parte queixosa que toma a iniciativa para a composição do painel, mas nada obsta que seja a parte demandada a tomar a dita iniciativa. Cf. OMC, *Canada – Measures Relating to Exports of Wheat and Treatment of Imported Grain, Constitution of the Panel Established at the Request of the United States* (WT/DS276/7), 13-5-2003.

[1461] O Presidente do Órgão de Resolução de Litígios informará os países membros da composição do Painel formado deste modo o mais tardar 10 dias a contar da data em que recebeu o pedido (art. 8º, nº 7, *in fine*, do Memorando).

[1462] Valerie Hughes, The Institutional Dimension, in *The Oxford Handbook of International Trade Law*, Daniel Bethlehem, Donald McRae, Rodney Neufeld e Isabelle Van Damme Ed., Oxford University Press, 2009, p. 277.

533

A FUNÇÃO JURISDICIONAL NO SISTEMA GATT/OMC

O Director-Geral determinou a composição do Painel em cerca de 1/3 dos casos nos primeiros cinco anos de funcionamento do sistema de resolução de litígios da OMC e em cerca de 2/3 dos casos nos cinco anos seguintes[1463]. Significativamente, nos primeiros dez anos de aplicação do Memorando de Entendimento sobre Resolução de Litígios, não se registou qualquer queixa relativamente a um painel composto pelo Director-Geral da OMC[1464].

PETROS MAVROIDIS e DAVID PALMETER notam, apesar de tudo, que:

"the Secretariat, de facto, has the key role in selecting panelists. It effectively 'screens' potential panelists in selecting those that will be proposed to the parties. If the parties cannot agree on a panel from the names proposed to them, the Secretariat, while not called upon by the Dispute Settlement Understanding to do so, typically recommends names to the Director-General"[1465].

O estabelecimento dos limites temporais mencionados é da maior importância. Basta recordar que o acordo sobre a composição do painel demorou três anos a atingir no caso *United States Tax Legislation (DISC)*[1466]. No caso da OMC, tendo deixado de existir a possibilidade de a parte contra a qual é apresentada a queixa bloquear todo o processo do painel através da sua discordância sobre a composição do painel, a determinação da composição dos painéis nos cinco primeiros anos de aplicação do Memorando de Entendimento sobre Resolução de Litígios demorou em média um mês e meio[1467].

---

[1463] Valerie HUGHES, The WTO dispute settlement system – from initiating proceedings to ensuring implementation: what needs improvement?, in *The WTO at Ten: The Contribution of the Dispute Settlement System*, Ed. Giorgio Sacerdoti, Alan Yanovich e Jan Bohanes, Cambridge University Press, 2006, p. 206. 56% entre 1995 e finais de 2008 (cf. Marc BUSCH e Krzysztof PELC, *Does the WTO Need a Permanent Body of Panelists?*, in JIEL, 2009, p. 581). Na grande maioria destes casos, o Director-Geral nomeou os três painelistas.

[1464] Pornchai DANVIVATHANA, Is It Beneficial to WTO Members to Reform the Panel System?, in *Reform and Development of the WTO Dispute Settlement System*, Dencho Georgiev e Kim Van der Borght Ed., Cameron May, Londres, 2006, p. 91.

[1465] Petros MAVROIDIS e David PALMETER, *Dispute Settlement in the World Trade Organization: Practice and Procedure*, 2ª ed., Cambridge University Press, 2004, p. 107.

[1466] Miquel Montaña I MORA, *A GATT With Teeth: Law Wins Over Politics in the Resolution of International Trade Disputes*, in CJTL, 1993, p. 121.

[1467] William DAVEY, WTO Dispute Settlement: Segregating the Useful Political Aspects and Avoiding "Over-Legalization", in *New Directions in International Economic Law: Essays in Honour of John Jackson*, Marco Bronckers e Reinhard Quick ed., Kluwer Law International, Haia-Londres-Boston, 2000, p. 304.

OS PAINÉIS

Nada impede que um indivíduo nomeado recuse compor um painel (as razões invocadas são, com frequência, o excesso de trabalho e limitações de tempo[1468]) e, caso um membro nomeado pelo Director-Geral se demita, este poderá proceder à sua substituição[1469].

Quando se verificar um litígio entre um país membro em desenvolvimento e um país membro desenvolvido, o Painel deve, caso o país membro em desenvolvimento assim o requeira, incluir pelo menos um indivíduo oriundo de um país membro em desenvolvimento (art. 8º, nº 10º, do Memorando). Nos primeiros seis anos de funcionamento do sistema de resolução de litígios da OMC (mais concretamente até 4 de Fevereiro de 2001), 35% dos membros dos painéis vieram de países em desenvolvimento[1470] e, na prática, é usual o Secretariado da OMC avançar com o nome de nacionais de países em desenvolvimento no caso dos litígios que envolvam países em desenvolvimento, mesmo se nenhum pedido for feito nesse sentido[1471].

Segundo um antigo director da divisão dos assuntos jurídicos da OMC, é claramente preferível que a partes em litígio cheguem a acordo sobre a composição do painel. Nestas circunstâncias, é mais provável que elas pensem que serão tratadas com imparcialidade pelo painel e será mais difícil queixarem-se mais tarde sobre os resultados da fase do painel. Além disso, o envolvimento frequente do Director-Geral da OMC na indicação dos membros de um painel pode comprometer a sua neutralidade em geral[1472].

[1468] Rosine PLANK, An Unofficial Description of how a GATT Panel Works and Does Not, in *The World Trading System. Critical Perspectives on the World Economy, vol. II, Dispute Settlement in the World Trading System*, Robert Howse ed., Routledge, Londres e Nova Iorque, 1998, p. 77.

[1469] Relatório do Painel no caso *Guatemala – Anti-Dumping Investigation Regarding Portland Cement from Mexico* (WT/DS60/R), 19-6-1998, parágrafo 1.8.

[1470] COMUNIDADE EUROPEIA, *Contribution of the EC and its Member States to the Improvement of the WTO Dispute Settlement Understanding*, 13-3-2002, p. 3. Apesar de os países menos avançado representarem 21% dos membros da OMC, apenas uma vez um cidadão de um desses países (Bangladesh) fez parte de um painel, no caso, de um painel criado ao abrigo do nº 5 do art. 21º do Memorando. Cf. Marc BUSCH e Krzysztof PELC, *Does the WTO Need a Permanent Body of Panelists?*, in JIEL, 2009, p. 588.

[1471] Werner ZDOUC, The Panel Process (Chapter 26), in *The World Trade Organization: Legal, Economic and Political Analysis*, Volume I, Patrick Macrory, Arthur Appleton e Michael Plummer Ed., Springer, Nova Iorque, 2005, p. 1250.

[1472] William DAVEY, A permanent panel body for WTO dispute settlement: Desirable or practical?, in *The Political Economy of International Trade Law – Essays in Honor of Robert E. Hudec*, Daniel Kennedy e James Southwick ed., Cambridge University Press, 2002, pp. 503-504.

535

A FUNÇÃO JURISDICIONAL NO SISTEMA GATT/OMC

## 2. A Independência dos Painéis

Não tendo os painéis carácter permanente, cada litígio é analisado, em princípio, por um painel diferente. Como já foi referido, os painéis são compostos, regra geral, por três pessoas, que agem a título individual e não como representantes governamentais nem como representantes de qualquer organização. Além disso, determina-se expressamente que "os cidadãos de países Membros cujos governos são partes no litígio ou partes terceiras, tal como definidas no nº 2 do artigo 10º, não devem ser membros do painel que esteja a analisar esse diferendo, a menos que as partes em litígio acordem em contrário" (art. 8º, nº 3, do Memorando). Ainda segundo a nota de rodapé 6 do Memorando, "nos casos em que uniões aduaneiras ou mercados comuns são partes num diferendo, este impedimento é aplicável aos cidadãos de todos os países membros da união aduaneira ou mercado comum".

Como é fácil de ver, a regra inscrita no art. 8º, nº 3, do Memorando impede a selecção das pessoas mais qualificadas em muitos dos litígios que envolvem as grandes potências comerciais. Por exemplo, nos cinco primeiros anos de funcionamento do sistema de resolução de litígios da OMC, somente um cidadão norte-americano, Robert E. Hudec, então professor da Universidade de Minnesota e consensualmente considerado o maior especialista a nível mundial do sistema de resolução de litígios do GATT e da OMC, foi membro de um Painel, o que se deve ao facto de os Estados Unidos estarem envolvidos na maior parte dos litígios surgidos, seja como parte, seja como parte terceira. Alguns membros da OMC acabam, também, por fornecer um número desproporcionado de painelistas[1473]. Talvez por isso, cidadãos de partes terceiras têm sido seleccionados como membros de painéis em alguns casos[1474] e mesmo cidadãos das partes em litígio. No caso *United States – Laws, Regulations and Methodology for Calculating Dumping Margins ("Zeroing")*, por exemplo, compuseram o painel Crawford Fal-

[1473] Entre 1995 e 2008, foram nomeados apenas 11 painelistas nacionais dos Estados Unidos contra 37 da Nova Zelândia, 35 da Austrália e 33 da Suíça (cf. Marc Busch e Krzysztof Pelc, *Does the WTO Need a Permanent Body of Panelists?*, in JIEL, 2009, pp. 589) e, até finais de 2006, Mohan Kumar, da Índia, já tinha feito parte de 14 painéis (cf. Petros Mavroidis e Henrik Horn, The WTO Dispute Settlement System 1995-2006: Some Descriptive Statistics, in *Trade Disputes and the Dispute Settlement Understanding of the WTO: An Interdisciplinary Assessment*, Frontiers of Economics and Globalization, Volume 6, Ed. James C. Hartigan, Emerald Group, 2009, p. 24). É também importante verificar que, nos dez primeiros anos de funcionamento do sistema de resolução de litígios da OMC, 10 cidadãos de países africanos foram membros de 20 painéis. O egípcio M. Abdel-Fattah fez mesmo parte de 6 painéis (cf. Victor Mosoti, *Africa in the First Decade of WTO Dispute Settlement*, in JIEL, 2006, p. 440). Em contraste, nos quase 50 anos de vigência do GATT de 1947, só três africanos serviram em painéis. Cf. *Idem.*

[1474] Yang Guohua, Bryan Mercurio e Li Yongjie, *WTO Dispute Settlement Understanding: A Detailed Interpretation*, Kluwer Law International, 2005, p. 85.

## OS PAINÉIS

coner, Hans-Friedrich Beseler e William Davey, não obstante os dois últimos indivíduos serem, respectivamente, cidadãos de um Estado-membro das Comunidades Europeias e dos Estados Unidos. Ou seja, as partes em litígio acordaram, nos termos do nº 3 do art. 8º, que eles fizessem parte do painel[1475]. Não deixa de ser curioso, por outro lado, que a nota de rodapé referida não mencione as zonas de comércio livre. Será pelo facto de estas não exigirem a existência de uma política comercial comum entre os seus membros face a países terceiros?

Muito importante é, também, o facto de os membros da OMC não poderem dar instruções aos membros dos painéis nem procurar influenciá-los no que respeita às questões em discussão no Painel (art. 8º, nº 9, do Memorando). Aliás, após a sua nomeação, os membros dos painéis assinam um documento padrão (que não é tornado público) com a OMC, no qual assumem a obrigação jurídica de desempenhar os seus deveres enquanto membros dos painéis isolados de qualquer conflito que possa pôr em causa a sua imparcialidade[1476].

Até 31 de Dezembro de 2008, foram nomeados 189 indivíduos (119 relatórios de painéis)[1477], sendo normalíssimo os membros dos painéis terem ligações às administrações nacionais[1478] e daí se dizer que os painéis não exercem propriamente uma função judicial. Prova disso mesmo parece ser o facto de haver frequentemente atrasos na nomeação dos membros dos painéis por falta de consenso das partes em litígio, o que parece demonstrar a sua preocupação com uma eventual falta de independência dos membros dos painéis, isto apesar de, como já referimos, o Memorando de Entendimento sobre Resolução de Litígios estabelecer que os membros da OMC não lhes poderão dar instruções nem procurar influenciá-los no que respeita às questões em discussão no Painel.

Na prática, a Guatemala foi, até agora, o único Membro da OMC a pôr em causa a independência de um membro de um painel nomeado:

> "**8.10.** A Guatemala solicita-nos que declaremos que a composição deste Painel é incompatível com os princípios da OMC e do direito internacional e que, por isso, carecemos de competência para examinar a questão que nos foi colocada. Em con-

---

[1475] Relatório do Painel no caso *United States – Laws, Regulations and Methodology for Calculating Dumping Margins ("Zeroing")* (WT/DS294/R), 31-10-2005, parágrafo 1.5.

[1476] Petros MAVROIDIS, Article 8 DSU, in *WTO-Institutions and Dispute Settlement*, Rüdiger Wolfrum, Peter-Tobias Stoll e Karen Kaiser (eds), Max Planck Commentaries on World Trade Law, Max Planck Institute for Comparative Public Law and International Law, Martinus Nijhoff Publishers, Leiden/Boston, 2006, p. 363.

[1477] Marc BUSCH e Krzysztof PELC, *Does the WTO Need a Permanent Body of Panelists?*, in JIEL, 2009, p. 585.

[1478] Bruce WILSON, The WTO dispute settlement system and its operation: a brief overview of the first ten years, in *Key Issues in WTO Dispute Settlement: The First Ten Years*, Rufus Yerxa e Bruce Wilson Ed., Cambridge University Press, 2005, p. 24.

537

A FUNÇÃO JURISDICIONAL NO SISTEMA GATT/OMC

creto, a Guatemala considera que a presença neste Painel de um membro que integrou um Painel anterior que se ocupou da mesma questão ('*Guatemala – Cement I*') compromete a objectividade e independência que um painel deve ter ao examinar uma questão que lhe foi colocada. O México pede que recusemos a objecção preliminar da Guatemala e alega que o Painel foi composto em conformidade com o Memorando de Entendimento sobre Resolução de Litígios e que temos competência para examinar a questão que nos foi colocada.

**8.11.** Antes da primeira reunião do Painel com as partes, emitimos a seguinte resolução sobre esta questão numa comunicação, com data de 24 de Fevereiro de 2000, dirigida às partes e às partes terceiras:

'1.4 Com o fim de determinar se a substância da objecção preliminar da Guatemala constitui uma questão que pode ser objecto de uma decisão do Painel, analisámos cuidadosamente as disposições do Memorando de Entendimento sobre Resolução de Litígios que regulam a composição dos painéis. É evidente que o nº 6 do artigo 8º do Memorando de Entendimento sobre Resolução de Litígios atribui a responsabilidade fundamental no que respeita à composição dos painéis às partes em litígio. Nos casos, como o presente, em que as partes são incapazes de chegar a um acordo sobre a composição de um painel, o nº 7 do artigo 8º do Memorando de Entendimento sobre Resolução de Litígios atribui a competência para determinar a composição de um painel ao Director Geral. Em consequência, ao abrigo do artigo 8º do Memorando de Entendimento sobre Resolução de Litígios, o estabelecimento da composição de um painel cabe às partes em litígio ou, em determinadas circunstâncias, ao Director Geral. Nem o artigo 8º nem nenhuma outra disposição do Memorando de Entendimento sobre Resolução de Litígios atribuem ao painel qualquer função no processo de estabelecimento da sua composição. Por esta razão, constatamos que não podemos decidir sobre a substância da questão colocada pela Guatemala.

1.5 Caso persista nas suas preocupações substantivas acerca da composição do Painel, a Guatemala pode recorrer ao procedimento previsto nas Regras de Conduta para a aplicação do Memorando de Entendimento sobre as Regras e Procedimentos que Regem a Resolução de Litígios"[1479].

THOMAS COTTIER, que já fez parte de vários painéis, nota, igualmente, que "has never experienced any pressures"[1480], o mesmo se passando com outro pai-

---

[1479] Relatório do Painel no caso *Guatemala – Definitive Anti-Dumping Measures on Grey Portland Cement From México* [também conhecido como caso *Guatemala – Cement II*] (WT/DS156/R), 24-10-2000, parágrafos 8.10-8.11.
[1480] Thomas COTTIER, *Dispute Settlement in the World Trade Organization: Characteristics and Structural Implications for the European Union*, in CMLR, 1998, p. 348.

OS PAINÉIS

nelista: "at least in this author's personal experience, no party ever subsequently attempted to influence 'its' panellist in the course of the proceeding[1481].

Em contraste, ROSINE PLANK nota que:

> "Unfortunately, certain parties to the dispute and interested parties have been known to exercise pressure on the government of a panelist or on the panelist himself to decide the case in their favour. In one case, a chairman so approached chose to quit the panel"[1482].

Para afastar quaisquer dúvidas, o Órgão de Resolução de Litígios adoptou, em 3 de Dezembro de 1996, um conjunto de regras de conduta[1483], "by far the most detailed and sophisticated set of provisions imposing obligations of impartiality and independence on persons involved in an international dispute settlement process"[1484]. As regras de conduta estabelecidas visam assegurar que as pessoas envolvidas no sistema de resolução de litígios sejam independentes e imparciais, evitem conflitos de interesses e respeitem a confidencialidade dos procedimentos até à adopção do relatório do Painel e/ou do Órgão de Recurso pelo Órgão de Resolução de Litígios. Por exemplo, seria certamente incompatível com a independência e imparcialidade exigida a um painel ou ao Órgão de Recurso que um seu membro prestasse assessoria jurídica, como advogado ou consultor, a um dos participantes nos procedimentos do painel ou num processo de recurso.

As pessoas sujeitas às regras de conduta adoptadas são:

(i)   os membros dos painéis;

---

[1481] Jacques BOURGEOIS, *Some Reflections on the WTO Dispute Settlement System from a Practitioner's Perspective*, in JIEL, 2001, pp. 146.

[1482] Rosine PLANK, An Unofficial Description of how a GATT Panel Works and Does Not, in *The World Trading System. Critical Perspectives on the World Economy, vol. II, Dispute Settlement in the World Trading System*, Robert Howse ed., Routledge, Londres e Nova Iorque, 1998, p. 86. De facto, no caso *European Economic Community – Subsidies on Export of Pasta Products* (o relatório foi tornado público em 19 de Maio de 1983, mas nunca adoptado), interferências políticas nos procedimentos levaram à demissão de um quinto membro do painel e a que o relatório tivesse sido aprovado pelos restantes 4 membros do painel por 3 votos a favor contra 1. Cf. Andrew STOLER, Enhancing the Operation of the WTO Panel Process and Appellate Review: Lessons from Experience and A Focus on Transparency, in *The WTO: Governance, Dispute Settlement, and Developing Countries*, Merit Janow, Victoria Donaldson e Alan Yanovich ed., Juris Publishing, Nova Iorque, 2008, p. 527.

[1483] O texto das regras de conduta relativas ao Memorando de Entendimento sobre as Regras e Processos que regem a Resolução de Litígios pode ser encontrado in Gabrielle MARCEAU, *Rules on Ethics for the New World Trade Organization Dispute Settlement Mechanism: The Rules of Conduct for the Understanding on Rules and Procedures Governing the Settlement of Disputes*, in JWT, vol. 32, nº 3, 1998, pp. 92-97.

[1484] *Idem*, p. 91.

539

A FUNÇÃO JURISDICIONAL NO SISTEMA GATT/OMC

(ii) os membros do Órgão de Recurso e respectivo *staff* de apoio;
(iii) os árbitros que actuem ao abrigo dos artigos 21º, nº 3, alínea *c)*, 22º, nº 6, 22º, nº 7, 26º, nº 1, alínea *c)*, e 25º do Memorando, do art. 8º, nº 5, do Acordo sobre as Subvenções e as Medidas de Compensação e dos artigos XXI, nº 3, e XXII, nº 3, do GATS;
(iv) o presidente, os membros e membros do secretariado do Órgão de Supervisão dos Têxteis;
(v) os peritos que aconselhem ou forneçam informações ao abrigo do art. 13º do Memorando, do art. 4º, nº 5, do Acordo sobre as Subvenções e as Medidas de Compensação, do art. 11º, nº 2, do Acordo sobre a Aplicação de Medidas Sanitárias e Fitossanitárias e dos artigos 14º, nºs 2 e 3, do Acordo sobre os Obstáculos Técnicos ao Comércio; e
(vi) os funcionários do secretariado que assistam os painéis ao abrigo do art. 27º, nº 1, do Memorando e os procedimentos de arbitragem referidos no ponto (iii).

Assim, as pessoas sujeitas às Regras de Conduta devem ser independentes e imparciais, devem evitar todo o conflito de interesses directo ou indirecto e devem respeitar a confidencialidade dos procedimentos dos órgãos do sistema de resolução de litígios, de maneira a que mediante a observância dessas regras de conduta se preservem a integridade e imparcialidade do dito sistema (Artigo II das Regras de Conduta, cuja epígrafe é "Princípio Director").

Para garantir a observância do princípio director das regras de conduta, espera-se que cada uma das pessoas sujeitas:

1) adira estritamente às disposições do Memorando de Entendimento sobre Resolução de Litígios;
2) revele a existência ou aparecimento de qualquer interesse, relação ou questão que seja razoável pensar-se que conhece e que possa afectar a sua independência ou imparcialidade ou dar lugar a dúvidas justificáveis;
3) ponha no desempenho das suas funções o cuidado devido para cumprir com as expectativas, inclusive evitando qualquer conflito directo ou indirecto de interesses relacionados com o objecto do litígio (Artigo III, nº 1, das Regras de Conduta).

Ainda segundo as Regras de Conduta para o Memorando de Entendimento sobre as Regras e Processos de Resolução de Litígios, "as pessoas abrangidas devem manter a todo o momento a confidencialidade das deliberações e procedimentos de resolução de litígios e de qualquer informação que uma parte identifique como confidencial As pessoas abrangidas não devem utilizar em nenhum

OS PAINÉIS

momento a informação conhecida durante tais deliberações e procedimentos em benefício pessoal, próprio ou de outros"(Artigo VII, nº 1).

Mas, apesar dos cuidados postos em relação à integridade e imparcialidade do sistema, houve quem criticasse, no caso do conflito entre a Comunidade Europeia e os Estados Unidos sobre a legalidade da Lei *Helms-Burton*, o facto de um dos membros do Painel ter na altura um cargo importante numa instituição que se tinha declarado abertamente contra a lei norte-americana. A pessoa em causa era Arthur Dunkel, antigo Director-Geral do GATT e na altura Presidente da Comissão do Comércio Internacional e Investimento da Câmara de Comércio Internacional. Segundo a Câmara de Comércio Internacional:

> "the ICC [Câmara do Comércio Internacional] is profoundly disturbed by the United States Cuban Liberty and Democratic Solidarity (Libertad) Act 1996. The ICC believes that the Helms-Burton Act, which threatens to distort international trade and investment and to cause considerable commercial disruption to companies from countries which are trading partners of the US, is in clear contradiction of the fundamental principles of the World Trade Organization and may contain elements which are incompatible with United States obligations under the WTO. Moreover, the provision for extraterritorial application of United States court rulings is contrary to accepted principles of public international law"[1485].

Por outro lado, as Regras de Conduta não são aplicáveis aos advogados ou outras pessoas que representem ou aconselhem os membros da OMC participantes na resolução de litígios. Estes últimos podem estar sujeitos, sim, às regras de deontologia da ordem dos advogados que os reconhece, aspecto que mereceu algumas críticas:

> "If the WTO is to maintain its legitimacy and not appear to be an organization that encourages unethical behaviour, it must assume responsibility for its decision to allow private counsel into the Dispute Settlement Body and promulgate a code of ethics to regulate such counsel. The methods available to the WTO to achieve the effect of a regulated body of attorneys are multiple: private attorneys may be included as 'covered persons' in the Dispute Settlement Body's working procedures, a separate code of conduct can be promulgated for such counsel, or the Dispute Settlement Body may require every attorney appearing before it to sign a code of conduct"[1486].

---

[1485] PUBLIC CITIZEN-GLOBAL TRADE WATCH, *Comments of Public Citizen, Inc. Regarding U.S. Preparations for the World Trade Organization's Ministerial Meeting 1999*, 22-10-1998, in http://www.citizen.org/pctrade/gattwto/1999.htm, pp. 5-6.

[1486] Priscila McCALLEY, *The Dangers of Unregulated Counsel in the WTO*, in Georgetown Journal of Legal Ethics, Vol. 18, 2005, p 986.

A FUNÇÃO JURISDICIONAL NO SISTEMA GATT/OMC

## 3. Os Painéis do Artigo 21º, nº 5, do Memorando

De acordo com o nº 5 do art. 21 do Memorando de Entendimento sobre Resolução de Litígios:

> "Caso haja desacordo quanto à existência ou compatibilidade com um acordo abrangido de medidas adoptadas para dar cumprimento às recomendações e decisões, esse diferendo será resolvido através destes processos de resolução de litígios, incluindo o recurso, sempre que possível, ao Painel original. O Painel deve apresentar o seu relatório no prazo de 90 dias a contar da data em que a questão lhe foi submetida para apreciação".

A previsão do recurso, sempre que possível, ao painel original visa garantir que os membros do painel não percam tempo a familiarizar-se com a questão analisada inicialmente.

Caso um membro do painel original não possa participar nos procedimentos do painel criado ao abrigo do nº 5 do art. 21º do Memorando, as partes em litígio podem chegar a acordo sobre um outro painelista[1487]. Bem mais complexa é a situação ocorrida no caso *United States – Laws, Regulations and Methodology for Calculating Dumping Margins ("Zeroing")*. Compuseram o painel inicial Crawford Falconer, Hans-Friedrich Beseler e William Davey e, apesar de Beseler ser nacional de um Estado-membro das Comunidades Europeias e Davey nacional dos Estados Unidos, as partes em litígio acordaram, nos termos do nº 3 do art. 8º, que eles fizessem parte do painel[1488]. Todavia, quando do pedido de criação de um painel ao abrigo do nº 5 do art. 21º, apenas Beseler se mostrava disponível para fazer parte do painel. Numa carta dirigida ao Secretariado da OMC no dia 1 de Outubro de 2007, as Comunidades Europeias defenderam a opinião de que, encontrando-se disponível, Beseler deveria fazer parte do painel a criar nos termos do nº 5 do art. 21º[1489]. Posteriormente, no dia 28 de Novembro de 2007, as Comunidades Europeias solicitaram ao Director-Geral da OMC que determinasse a composição do painel do art. 21º, nº 5, ao abrigo do nº 7 do art. 8º do Memorando. No dia 30 de Novembro de 2007, o Director-Geral nomeou Felipe

---

[1487] Relatório do Órgão de Recurso no caso *United States – Final Countervailing Duty Determination with respect to certain Softwood Lumber from Canada, Recourse by Canada to Article 21.5 of the DSU* (WT/DS257/AB/RW), 5-12-2005, parágrafo 6.

[1488] Relatório do Painel no caso *United States – Laws, Regulations and Methodology for Calculating Dumping Margins ("Zeroing")* (WT/DS294/R), 31-10-2005, parágrafo 1.5.

[1489] Relatório do Painel no caso *United States – Laws, Regulations and Methodology for Calculating Dumping Margins ("Zeroing"), Recourse to Article 21.5 of the DSU by the European Communities* (WT/DS294/RW), 17-12-2008, parágrafo 5.64.

OS PAINÉIS

Jaramillo como Presidente e Usha Dwarka-Canabady e Scott Gallacher como membros do painel[1490].

Lendo o relatório do Painel, verificamos que:

"Substantivamente, as Comunidades Europeias alegam que, ao abrigo do nº 3 do artigo 8º e do nº 5 do artigo 21º do Memorando de Entendimento sobre Resolução de Litígios, quando os painelistas do litígio inicial estão disponíveis para um procedimento do nº 5 do artigo 21º, eles não podem ser retirados unilateralmente do painel por uma das partes. Na opinião das Comunidades Europeias, o acordo inicial ao abrigo do nº 3 do artigo 8º do Memorando de Entendimento sobre Resolução de Litígios não pode ser revogado em nenhuma fase do procedimento de resolução de litígios, incluindo a fase do painel relativa à execução. As Comunidades Europeias encontram apoio contextual para a sua interpretação do nº 3 do artigo 8º do Memorando de Entendimento sobre Resolução de Litígios no nº 6 do artigo 8º, ao abrigo do qual as partes só se poderão opor aos painelistas por razões 'fundamentadas'. Segundo as Comunidades Europeias, a nacionalidade de um painelista não pode constituir uma razão 'fundamentada' para recusá-lo, quando ambas as partes já concordaram que ele desempenhe funções em qualquer painel que se ocupe do litígio. As Comunidades Europeias também encontram apoio para os seus argumentos no objecto e fim do Memorando de Entendimento sobre Resolução de Litígios, que inclui a resolução pronta e efectiva dos litígios (artigo 12º) por painelistas independentes (nº 2 do artigo 8º) e que dê lugar a relatórios dos painéis vinculativos (artigo 17º). As Comunidades Europeias alegam que o Painel tem jurisdição inerente e o dever de se pronunciar *ex officio* sobre a idoneidade da sua própria composição e solicitam ao Painel que constate que essa composição não era compatível com o nº 5 do artigo 21º e o nº 3 do artigo 8º do Memorando de Entendimento sobre Resolução de Litígios"[1491].

Na resposta, o Painel salientou os seguintes aspectos:

"**8.16.** As Comunidades Europeias não invocaram nenhuma disposição do Memorando de Entendimento sobre Resolução de Litígios, e nós não conhecemos nenhuma, que nos confira autoridade para formularmos uma constatação ou decisão a respeito da aplicação, pelo Director Geral da OMC, das disposições do Memorando de Entendimento sobre Resolução de Litígios relativas à composição dos painéis enunciadas no nº 7 do artigo 8º.

**8.17.** O nº 7 do artigo 8º diz claramente que, quando não há acordo entre as partes, a autoridade definitiva para estabelecer a composição do painel reside no Director

---

[1490] *Idem*, parágrafo 1.6. Nenhum destes painelistas era nacional das partes em litígio.
[1491] *Idem*, parágrafo 8.11.

A FUNÇÃO JURISDICIONAL NO SISTEMA GATT/OMC

Geral da OMC. Por conseguinte, recusamos decidir sobre a substância da alegação das Comunidades Europeias relativa à composição deste Painel pelo Director Geral"[1492].

Interposto recurso da conclusão do Painel, o Órgão de Recurso notou que:

"**169.** No recurso, as Comunidades Europeias alegam que o Painel actuou de maneira incompatível com os requisitos básicos das garantias processuais devidas e do exercício pleno da função judicial ao não examinar devidamente a sua alegação de que a composição do Painel se estabeleceu de maneira incompatível com o nº 3 do artigo 8º e o nº 5 do artigo 21º do Memorando de Entendimento sobre Resolução de Litígios. As Comunidades Europeias defendem que, como os painéis e, em última instância, o Órgão de Recurso, têm a autoridade e a obrigação de decidirem sobre a interpretação correcta do Memorando de Entendimento sobre Resolução de Litígios, os defeitos que possam surgir durante a composição do Painel estão sujeitos à sua revisão judicial. As Comunidades Europeias solicitam ao Órgão de Recurso que complete a análise e constate que a composição do Painel neste caso foi incompatível com o nº 3 do artigo 8º e o nº 5 do artigo 21º do Memorando de Entendimento sobre Resolução de Litígios.

**170.** Os Estados Unidos respondem que a alegação das Comunidades Europeias sobre a composição do Painel não estava compreendida na jurisdição deste. Alegam que o nº 5 do artigo 21º não regula o processo de composição dos painéis quando não é possível recorrer ao painel inicial. Além disso, segundo os Estados Unidos, um painel constituído indevidamente não teria poderes para formular constatações sobre o mérito das alegações das Comunidades Europeias, inclusive sobre alegações relacionadas com a sua própria composição. (...).

**172.** Quanto ao mérito do recurso das Comunidades Europeias, observamos que, em 28 de Novembro de 2007, se solicitou ao Director Geral que determinasse a composição do Painel relativo à fase da execução de acordo com o nº 7 do artigo 8º do Memorando de Entendimento sobre Resolução de Litígios. Em nosso entender, o nº 7 do artigo 8º confere ao Director Geral o poder para estabelecer a composição dos painéis, que exerceu devidamente neste caso. Por conseguinte *constatamos* que o Painel não errou ao abster-se, nos parágrafos 8.17 e 9.1(a) do seu relatório, de formular uma constatação sobre se a sua composição tinha sido estabelecida indevidamente. À luz desta conclusão, não consideramos necessário examinar os demais argumentos que as partes esgrimiram sobre esta questão"[1493].

---

[1492] *Idem*, parágrafos 8.16-8.17.

[1493] Relatório do Órgão de Recurso no caso *United States – Laws, Regulations and Methodology for Calculating Dumping Margins ("Zeroing"), Recourse to Article 21.5 of the DSU by the European Communities* (WT/DS294/AB/RW), 14-5-2009, parágrafos 169-170 e 172.

544

## 4. A Natureza Jurídica dos Painéis

É usual dizer-se que nem os painéis nem o Órgão de Recurso da OMC merecem propriamente a classificação de tribunais internacionais, dado não disporem, verdadeiramente, de poder decisório[1494].

No caso do Órgão de Recurso, como veremos ao longo deste estudo, pensamos que esta asserção está longe de ser correcta. Ela pode ter relevância, sim, no caso dos painéis. Os painéis são constituídos *ad hoc*, as partes em litígio podem influenciar a sua composição e as recomendações e conclusões dos painéis constituem um parecer (art. 14º, nº 3, do Memorando). Além disso, os painéis devem encorajar as partes em litígio a chegarem a uma solução mutuamente satisfatória (um dos elementos que caracteriza o meio diplomático da conciliação), prevendo o Memorando diversos mecanismos para esse fim[1495]. O art. 11º, por exemplo, determina que "os painéis deverão consultar regularmente as partes em litígio e dar-lhes oportunidade de chegarem a uma solução mutuamente satisfatória".

Ao mesmo tempo, os painéis contêm diversos elementos de juridicidade próprios dos tribunais internacionais, a saber:

(i) os membros dos painéis não são escolhidos pelas partes em litígio, mas sim propostos pelo secretariado;

(ii) em princípio, os cidadãos nacionais das partes em litígio não podem integrá-los;

(iii) não existe qualquer compromisso que fixe *ad hoc* a competência do Painel, resultando esta, regra geral, dos termos de referência normais;

(iv) os procedimentos de trabalho e o direito aplicável são pré-determinados;

(v) as partes terceiras podem intervir no processo sem o consentimento das partes em litígio, etc..

(vi) o painel chega às suas conclusões recorrendo a várias técnicas jurídicas (ónus da prova, métodos de interpretação, valorização dos precedentes);

(vii) as partes em litígio podem interpor recurso do relatório do painel;

(viii) uma vez adoptado, o relatório do painel vincula as partes.

---

[1494] Christian TOMUSCHAT, Article 33 UN Charter, in *The Statute of the International Court of Justice – A Commentary*, Andreas Zimmermann, Christian Tomuschat e Karin Oellers-Frahm ed., Oxford University Press, 2006, pp. 116-117. *Contra*: "les rapports sont des décisions, leur adoption relève du procédé de l'homologation. Cela s'opère par un mécanisme de «virtualité», c'est-à-dire que sauf élément nouveau l'acceptation du rapport est déjà contenue dans celui-ci". Cf. Marie-Anne FRISON-ROCHE, Le principe du contradictoire et les droits de la défense devant l'organe de règlement des différends de l'organisation mondiale du commerce, in *Le principe du contradictoire devant les juridictions internationales*, Pedone, Paris, 2004, p. 131.

[1495] Yuji IWASAWA, *WTO Dispute Settlement as Judicial Supervision*, in JIEL, 2002, pp. 290-291.

A FUNÇÃO JURISDICIONAL NO SISTEMA GATT/OMC

Significativamente, o Painel do caso *United States – Sections 301-310 of the Trade Act of 1974* concluiu que "a nossa função neste caso é jurisdicional"[1496]. O próprio Órgão de Recurso reconhece que:

"(...) Os painéis da OMC têm certos poderes inerentes à sua função jurisdicional. Em particular, os painéis têm o direito de determinar se são competentes num determinado caso, assim como o âmbito da sua competência. A este respeito, o Órgão de Recurso declarou anteriormente que, 'segundo uma regra amplamente aceite, um tribunal internacional pode considerar, por iniciativa própria, a questão da sua própria jurisdição e estabelecer que tem competência em qualquer caso que lhe é apresentado' (...)"[1497].

O Órgão de Recurso não hesita também em recorrer ao termo "jurisprudência" para designar os relatórios dos painéis[1498].

A favor destas conclusões, temos, por um lado, o facto de a regra do consenso negativo tornar a adopção dos relatórios dos painéis virtualmente automática; por outro lado, como realçou um autor, "whether findings of a third party bind the parties to the dispute is often considered the decisive factor distinguishing adjudication from conciliation"[1499].

Assim, talvez seja mais correcto defender que os painéis da OMC constituem um método *sui generis* de resolução de litígios com elementos próprios da adjudicação e da conciliação[1500].

---

[1496] Relatório do Painel no caso *United States – Sections 301-310 of the Trade Act of 1974* (WT/DS152/R), 22-12-1999, parágrafo 7.12.

[1497] Relatório do Órgão de Recurso no caso *Mexico – Tax Measures on Soft Drinks and Other Beverages* (WT/DS308/AB/R), 6-3-2006, parágrafo 45.

[1498] Relatório do Órgão de Recurso no caso *United States – Anti-Dumping Act of 1916* (WT/DS136/AB/R, WT/DS162/AB/R), 28-8-2000, parágrafo 61.

[1499] Yuji IWASAWA, *WTO Dispute Settlement as Judicial Supervision*, in JIEL, 2002, p. 290.

[1500] *Idem*, p. 291.

# Capítulo 9
# O Órgão de Recurso

*"The WTO's Appellate Body (arguably the single most powerful international court today)"*[1501].

## 1. A Composição do Órgão de Recurso

Nos termos do nº 3 do art. 17º do Memorando de Entendimento sobre Resolução de Litígios:

> "O Órgão de Recurso deve ser composto por pessoas de reconhecida autoridade, especialistas em direito, comércio internacional e nas matérias reguladas nos acordos abrangidos. Estas pessoas não devem estar ligadas a qualquer governo. A composição do Órgão de Recurso deve ser representativa dos membros da OMC. Todos os membros do Órgão de Recurso devem estar disponíveis a qualquer momento e mediante um curto prazo de pré-aviso e devem manter-se ao corrente das actividades da OMC em matéria de resolução de litígios e das suas outras actividades relevantes. Estas pessoas não devem participar na análise de qualquer litígio que possa criar um conflito de interesses directo ou indirecto".

O Memorando de Entendimento impõe, assim, cinco requisitos relativamente à composição do Órgão de Recurso. Primeiro, o Órgão de Recurso deve ser composto por pessoas de reconhecida autoridade, especialistas em direito, comércio internacional e nas matérias reguladas nos acordos abrangidos em geral. Segundo, os membros do Órgão de Recurso não devem estar ligados a qualquer governo. Terceiro, todos os membros do Órgão de Recurso devem estar dispo-

---

[1501] Philippe Sands, *Turtles and Torturers: The Transformation of International Law*, in New York University Journal of International Law and Politics, 2001, p. 553.

## A FUNÇÃO JURISDICIONAL NO SISTEMA GATT/OMC

níveis a qualquer momento e mediante um curto prazo de pré-aviso. Quarto, os membros do Órgão de Recurso devem manter-se ao corrente das actividades da OMC em matéria de resolução de litígios e das suas outras actividades relevantes. Por último, a composição do Órgão de Recurso deve ser representativa dos membros da OMC[1502].

No que concerne ao primeiro requisito, os membros da OMC debateram por ocasião do primeiro processo de selecção se era necessário que cada membro do Órgão de Recurso fosse especialista em todas as áreas identificadas no nº 3 do art. 17º do Memorando de Entendimento sobre Resolução de Litígios (direito, comércio internacional e nas matérias reguladas nos acordos abrangidos em geral). O Presidente do Órgão de Resolução de Litígios notou que as consultas realizadas entre o Comité de Selecção e os membros da OMC:

> "indicaram que existem ideias muito difundidas no sentido de que todos os candidatos, tenham eles principalmente competências em matéria jurídica ou em política comercial (inclusive experiência no sistema GATT/OMC), devem possuir uma capacidade demonstrada nos três aspectos das orientações acordadas, a saber: direito, comércio internacional e temas tratados nos acordos da OMC. No caso dos candidatos que exercem profissões jurídicas, a maioria das delegações considerou que o mais útil seria uma combinação de experiência académica, de direito público e de arbitragem. A este res-

[1502] Ainda que não resulte directamente do nº 3 do art. 17º do Memorando, os membros do Órgão de Recurso encontram-se sujeitos ainda a uma outra condição: saberem falar inglês, visto esta ser, de facto, a língua de trabalho do Órgão de Recurso, isto apesar de a OMC ter três línguas oficiais (inglês, francês e espanhol) (cf. Petros Mavroidis e Kim Van der Borght, Impartiality, Independence and the WTO Appellate Body, in *Reform and Development of the WTO Dispute Settlement System*, Dencho Georgiev e Kim Van der Borght Ed., Cameron May, Londres, 2006, p. 211). O Tribunal Internacional de Justiça, pelo contrário, continua "attachée fondamentalement au bilinguisme", ao princípio da igualdade das línguas que rege o seu funcionamento interno (cf. Gilbert Guillaume, De l'emploi des langues à la cour internationale de justice, in *Droit du Pouvoir, Pouvoir du Droit, Mélanges offerts à Jean Salmon*, Bruylant, Bruxelas, 2007, p. 1288). Nos termos do nº 1 do art. 39º do Estatuto do Tribunal Internacional de Justiça, "as línguas oficiais do Tribunal serão o francês e o inglês". No caso dos painéis, importa notar que, pela primeira vez na história do GATT ou da OMC, o espanhol foi a língua utilizada numa audiência oral realizada em 12 de Setembro de 2006 (caso *Mexico – Anti-Dumping Duties on Steel Pipes and Tubes from Guatemala* (DS331)). Os três membros do painel (Julio Lacarte-Muró, Cristian Espinosa Cañizares e Álvaro Espinoza) fizeram todos os seus comentários e colocaram todas as suas questões apenas em espanhol e as partes em litígio (México e Guatemala) pleitearam o seu caso totalmente em espanhol. Cf. Bradly Condon, *Lost in Translation: Plurilingual Interpretation of WTO Law*, in Journal of International Dispute Settlement, Vol. 1, No. 1, 2010, p. 191.

O ÓRGÃO DE RECURSO

peito, muitas delegações referiram igualmente a necessidade de os candidatos poderem ser capazes de redigir os seus próprios pareceres jurídicos"[1503].

A respeito do segundo requisito, uma decisão de 1995 estipulava que os membros do Órgão de Recurso não deveriam manter qualquer ligação com um Governo que pudesse por em perigo a sua independência como juiz, mas isto não excluiria necessariamente pessoas que, ainda que remuneradas por um Governo, desempenhassem funções estrita e claramente independentes desse Governo[1504].

No caso dos terceiro e quarto requisitos, parece decorrer dos mesmos que os membros do Órgão de Recurso devem ter uma relação de trabalho prioritária com a OMC[1505], mas nada impede que tenham outras actividades. Por exemplo, Giorgio Sacerdoti, quando era membro do Órgão de Recurso, presidiu ao tribunal que analisou o caso *Continental Casualty Company v. Argentine Republic* [ICSID Case No. ARB/03/9], sujeito à arbitragem do Centro Internacional para a Resolução de Diferendos relativos a Investimentos.

Relativamente ao requisito da representatividade, o Órgão de Resolução de Litígios reconheceu, pouco tempo depois da entrada em vigor dos acordos da OMC, que tal requisito implicaria que factores como a diversidade das regiões, os níveis de desenvolvimento e os sistemas jurídicos devessem ser devidamente tidos em conta[1506]. Alguns dias depois, o presidente do Órgão de Resolução de

---

[1503] OMC, *Minutes of Meeting Held in the Centre William Rappard on 31 May 1995 – Dispute Settlement Body* (WT/DSB/M/5), 4-7-1995, p. 13.

[1504] OMC, *Establishment of the Appellate Body: Recommendations by the Preparatory Committee for the WTO approved by the Dispute Settlement Body on 10 February 1995* (WT/DSB/1), 19-6-1995, parágrafo 7.

[1505] Para efeitos do terceiro requisito, os Procedimentos de Trabalho do Órgão de Recurso estabelecem que cada membro do Órgão de Recurso deve manter a todo o momento o Secretariado informado do seu paradeiro (Regra 2, nº 4). No caso do Tribunal Internacional do Direito do Mar, apenas o seu presidente exerce as suas funções a tempo inteiro e reside permanentemente em Hamburgo. Os outros vinte membros do tribunal deslocam-se ao tribunal duas vezes por ano para as sessões plenárias, audiências e deliberações relativas aos casos que o tribunal tenha de analisar (cf. Cesare ROMANO, Daniel TERRIS e Leigh SWIGART, *The International Judge: An Introduction to the Men and Women who Decide the World's Cases*, Brandeis University Press, Waltham-Massachusetts, 2007, p. 53). No caso do Tribunal Internacional de Justiça, o nº 2 do art. 22º determina que "o presidente e o escrivão residirão na sede do Tribunal" e o nº 3 do art. 23º, ambos do Estatuto do Tribunal Internacional de Justiça, que "os Membros do Tribunal serão obrigados a ficar permanentemente à disposição do Tribunal, a menos que estejam em licença ou impedidos de comparecer por motivo de doença ou outra séria razão, devidamente justificada perante o presidente".

[1506] OMC, *Establishment of the Appellate Body – Recommendations by the Preparatory Committee for the WTO approved by the Dispute Settlement Body on 10 February 1995* (WT/DSB/1), 19-6-1995, parágrafo 6 (p. 2).

549

A FUNÇÃO JURISDICIONAL NO SISTEMA GATT/OMC

Litígios sintetizou os pontos de vista de muitos membros da OMC sobre os critérios referidos do seguinte modo:

> "Muitas delegações acreditam que a força do Órgão de Recurso residirá na sua diversidade de representação, que há de reflectir: i) um equilíbrio regional e entre países desenvolvidos e países em desenvolvimento; ii) uma representação adequada de regiões e países que são participantes activos no sistema comercial, incluindo tanto países pequenos como países grandes; iii) diferentes sistemas jurídicos, dado que a credibilidade e a autoridade do Órgão de Recurso deve ser aceitável para todos"[1507].

Durante a reunião do Órgão de Resolução de Litígios em que foram nomeados os primeiros sete membros do Órgão de Recurso, o Presidente do Órgão de Resolução de Litígios avisou que:

> "A decisão a ser tomada na presente reunião com base na proposta do Comité não determinará para sempre a composição do Órgão de Recurso e a sua composição inicial não confere qualquer tipo de direitos. Em consequência, a repartição regional ou nacional concreta das nomeações iniciais não afecta de modo algum a possibilidade de ser diferente no futuro a sua composição regional ou nacional"[1508].

Nesta mesma reunião, o México realçou que:

> "A composição actual do Órgão de Recurso não constitui um precedente. (...) A composição do Órgão de Recurso não deve estar sujeita a quotas por países nem a distribuição por regiões, porquanto isso afectaria a credibilidade da OMC"[1509];

O Egipto, falando em nome do Grupo Africano, notou que a composição do Órgão de Recurso não implica que qualquer país que está representado tenha um direito automático a estar representado no futuro[1510] e o Canadá enfatizou que:

> "As futuras nomeações devem reger-se pelos princípios que figuram no Memorando de Entendimento sobre Resolução de Litígios e pelas orientações estabelecidas pelos Membros e a composição actual do Órgão de Recurso não deve determinar nem implicar nenhuma composição fixa por nações ou regiões"[1511].

---

[1507] OMC, *Minutes of Meeting Held in the Centre William Rappard on 31 May 1995 – Dispute Settlement Body* (WT/DSB/M/5), 4-7-1995, p. 13.
[1508] OMC, *Minutes of Meeting Held in the Centre William Rappard on 1 and 29 November – Dispute Settlement Body* (WT/DSB/M/9), 1-2-1996, p. 2.
[1509] *Idem*, p. 5.
[1510] *Idem*, p. 6.
[1511] *Idem*, p. 8.

550

## O ÓRGÃO DE RECURSO

No caso da nomeação dos primeiros sete membros do Órgão de Recurso, todos os continentes estavam representados e quatro dos membros eram originários de países desenvolvidos e três de países em desenvolvimento. Tal grau de representatividade terá contribuído, certamente, para a aceitação da legitimidade do Órgão de Recurso no início[1512]. Os Estados Unidos e as Comunidades Europeias, significativamente, abandonaram a ideia que tinham defendido no início de terem dois representantes cada na composição do Órgão de Recurso[1513].

Posteriormente, durante o processo de nomeação ocorrido no ano 2000, o Japão criticou a carta enviada pelo Egipto ao Presidente do Órgão de Resolução de Litígios, a qual referia "o lugar reservado a África e Médio Oriente"[1514]. Na sequência, o Presidente do Órgão de Resolução de Litígios afirmou que era sua opinião que nenhum lugar do Órgão de Recurso estava reservado para uma determinada região, entendimento que mereceu expressamente a concordância do Canadá, dos Estados Unidos e da Eslovénia[1515].

Ainda no que diz respeito às qualificações exigidas aos membros do Órgão de Recurso, a comparação com o que se passa noutros tribunais internacionais demonstra que as expectativas dos redactores do Memorando de Entendimento sobre Resolução de Litígios eram algo limitadas. Não deixa de ser curioso, por exemplo, que os redactores do Memorando não tenham feito qualquer referência ao requisito da "alta consideração moral", como sucede com o Tribunal Internacional de Justiça:

> "um corpo de juízes independentes eleitos sem ter em conta a sua nacionalidade, de entre pessoas que gozem de alta consideração moral e possuam as condições exigidas nos seus respectivos países para o desempenho das mais altas funções judiciais, ou que

---

[1512] A respeito do requisito da representatividade, é de notar que o Tribunal Internacional do Direito do Mar apresenta diversas anomalias. A Grécia, um país importante em matéria de transporte marítimo, nunca teve um seu nacional nomeado como juiz, ao passo que a Tanzânia, que dificilmente pode ser visto como um país importante nos assuntos marítimos, já teve dois juízes eleitos desde 1996. Mas o facto mais estranho de todos diz respeito ao Reino Unido, desde sempre uma das principais potências marítimas a nível mundial, ter perdido o seu lugar em 2005 para um candidato da Áustria, país sem qualquer acesso ao mar. Cf. Cesare ROMANO, Daniel TERRIS e Leigh SWIGART, *The International Judge: An Introduction to the Men and Women who Decide the World's Cases*, Brandeis University Press, Waltham-Massachusetts, 2007, p. 33.

[1513] Donald McRAE, *The Contribution of International Trade Law to the Development of International Law*, in RCADI, 1996, vol. 260, p. 187; Jared SILVERMAN, *Multilateral Resolution over Unilateral Retaliation: Adjudicating the Use of Section 301 Before the WTO*, in University of Pennsylvania Journal of International Economic Law, 1996, p. 261.

[1514] OMC, *Minutes of Meeting Held in the Centre William Rappard on 27 January 2000 – Dispute Settlement Body* (WT/DSB/M/74), 22-2-2000, p. 22.

[1515] OMC, *Minutes of Meeting Held in the Centre William Rappard on 27 January 2000 – Dispute Settlement Body* (WT/DSB/M/74), 22-2-2000, p. 22.

## A FUNÇÃO JURISDICIONAL NO SISTEMA GATT/OMC

sejam jurisconsultos de reconhecida competência em direito internacional" (art. 2º do Estatuto do Tribunal Internacional de Justiça)[1516].

Mesmo no caso do Tribunal Internacional do Direito do Mar, um tribunal de jurisdição limitada, determina-se que ele "será composto por 21 membros independentes, eleitos entre pessoas possuindo a mais alta reputação de imparcialidade e de integridade e uma competência reconhecida no domínio do direito do mar" (art. 2º, nº 1, do Estatuto do Tribunal Internacional do Direito do Mar)[1517].

A explicação para a ausência acima referida talvez se encontre no facto de ser "the most difficult to objectify" de todos os requisitos geralmente impostos aos membros dos tribunais internacionais[1518]. Um antigo Presidente do Tribunal Internacional de Justiça, Taslim Olawale Elias da Nigéria, notou em certa ocasião que:

> "the requirement of moral integrity is probably the equivalent of an unimpeachable conduct as a public figure; in other words, the candidate need not be an angel, though he must not be only a little better than a rascal"[1519]

Um outro antigo juiz, desta vez do Tribunal Permanente de Justiça Internacional, defendeu que:

> "Moral integrity (...) embraces more than ordinary fidelity and honesty, more than patent impartiality. It includes a measure of freedom from prepossessions, a willing-

---

[1516] A condição relativa à competência e elegibilidade para o desempenho nos seus países das mais altas funções judiciais parece ser ignorada na prática (cf. Chittharanjan AMERASINGHE, *Judges of the International Court of Justice – Elections and Qualifications*, in Leiden Journal of International Law, 2001, p. 347) e as eleições para o Tribunal Internacional de Justiça "are highly politicized" (cf. Philippe SANDS e Ruth MACKENZIE, *International Courts and Tribunals and the Independence of the International Judge*, in HILJ, 2003, p. 278). Sobre o artigo 2º do Estatuto do Tribunal Internacional de Justiça, ver, sobretudo, Mariano AZNAR-GOMEZ, Article 2, in *The Statute of the International Court of Justice – A Commentary*, Andreas Zimmermann, Christian Tomuschat e Karin Oellers-Frahm ed., Oxford University Press, 2006, pp. 205-218.

[1517] Apenas o Tribunal Internacional de Justiça possui jurisdição universal (cf. Karin OELLERS--FRAHM, *Multiplication of International Courts and Tribunals and Conflicting Jurisdiction – Problems and Possible Solutions*, in Max Planck Yearbook of United Nations Law, Volume 5, 2001, p. 75). O Tribunal Internacional de Justiça está aberto a todos os Estados (art. 35º do Estatuto do Tribunal Internacional de Justiça) e é competente para decidir sobre qualquer questão de direito internacional (art. 36º do Estatuto do Tribunal Internacional de Justiça). Em contraste, os painéis e o Órgão de Recurso só têm jurisdição para decidir sobre queixas relativas aos acordos da OMC (art. 1º, nº 1, do Memorando).

[1518] Cesare ROMANO, Daniel TERRIS e Leigh SWIGART, *The International Judge: An Introduction to the Men and Women who Decide the World's Cases*, Brandeis University Press, Waltham-Massachusetts, 2007, pp. 26-27.

[1519] *Idem*.

O ÓRGÃO DE RECURSO

ness to face the consequences of views which may not be shared, a devotion to judicial processes, and a willingness to make the sacrifices which the performance of judicial duties may involve"[1520].

A Regra 10 dos Procedimentos de Trabalho do Órgão de Recurso revela, apesar de tudo, que a independência, a imparcialidade e a abstenção em caso de conflito de interesses são também requisitos essenciais e típicos dos membros do Órgão de Recurso (em boa verdade, de qualquer órgão judicial[1521]) e não deixa de ser notável que a nacionalidade dos membros do Órgão de Recurso seja irrelevante para efeitos da composição da secção do Órgão de Recurso que vai analisar o recurso, isto é, a presença de um nacional de um Membro da OMC na secção que analisa um litígio em que o seu país de nacionalidade é parte constitui uma simples coincidência e não uma manifestação da figura do juiz *ad hoc*. CLAUS--DIETER EHLERMANN, por exemplo, considera:

> "astonishing that the problem of nationality of Appellate Body Members with respect to the parties in an appeal was not addressed expressly by the Dispute Settlement Understanding, but left to be regulated by the Working Procedures"[1522].

É verdade que o assunto foi considerado pelo Órgão de Recurso quando da elaboração dos primeiros Procedimentos de Trabalho, mas como foi explicado na altura:

> "O Órgão de Recurso entende que abordar a questão da nacionalidade de qualquer outro modo não é necessário nem desejável: não é necessário tendo em conta as qualificações requeridas para ser Membro do Órgão de Recurso; e não é desejável porque poria em causa a capacidade dos Membros do Órgão de Recurso para adoptar decisões

---

[1520] Manley O. HUDSON, *International Tribunals: Past and Future*, Carnegie Endowment for International Peace-Brookings Institution, Washington, 1944, p. 34.

[1521] Fora do âmbito da OMC, um juiz do Tribunal Internacional de Justiça retirou-se do caso *Certain Phosphate Lands in Nauru (Nauru v. Australia)*, dado que tinha anteriormente presidido a um comité de inquérito sobre a questão objecto do litígio. Recentemente, um outro juiz do Tribunal Internacional de Justiça retirou-se do caso *Concerning the Arbitral Award of 31 July 1989 (Guinea--Bissau v. Senegal)*, porquanto tinha feito parte do painel cuja decisão estava a ser posta em causa. De igual modo, Sir Benegal Rau não participou no caso entre a Grã-Bretanha e o Irão relativo à empresa *Anglo-Iranian Oil*, uma vez que tinha sido membro do Conselho de Segurança nas primeiras etapas do litígio. Finalmente, dois juízes iranianos agrediram fisicamente o juiz Mangärd, "a neutral", por entenderem que este último estava a ser parcial no exercício das suas funções no Tribunal *Iran-United States Claim*. Cf. Adam M. SMITH, *"Judicial Nationalism" in International Law: National Identity and Judicial Autonomy at the ICJ*, in Texas International Law Journal, Vol. 40, 2005, p. 199.

[1522] Claus-Dieter EHLERMANN, *Six Years on the Bench of the "World Trade Court": Some Personal Experiences as Member of the Appellate Body of the World Trade Organization*, in JWT, 2002, p. 614.

553

A FUNÇÃO JURISDICIONAL NO SISTEMA GATT/OMC

com independência e imparcialidade. Há também algumas considerações práticas que são muito relevantes. Caso as regras fossem formuladas de modo que exigissem a um Membro do Órgão de Recurso manter-se à margem num recurso em que participasse o seu país de origem, exclusivamente por razões de nacionalidade, isso resultaria, provavelmente, em distorções no trabalho dos Membros do Órgão de Recurso. Além disso, os recursos envolvendo muitas partes poderiam implicar a impossibilidade de constituir uma divisão"[1523].

O método exacto utilizado para seleccionar a composição de uma secção é confidencial e nenhum dos participantes no litígio nem os outros Membros da OMC têm qualquer palavra a dizer sobre a composição da secção que vai analisar o recurso[1524]. O Memorando de Entendimento sobre Resolução de Litígios limita-se a dizer que "os membros do Órgão de Recurso exercerão funções de um modo rotativo, que será definido no regulamento interno do Órgão de Recurso" (art. 17º, nº 1, *in fine*) e o nº 2 da Regra 6 dos Procedimentos de Trabalho do Órgão de Recurso que os membros integrantes de uma secção devem ser seleccionados "por alternância, levando em consideração os princípios da selecção aleatória e oportunidade de actuação para todos os membros, independentemente da sua nacionalidade"[1525].

---

[1523] OMC, *Working Procedures for Appellate Review – Communication from the Appellate Body* (WT/AB/WP/W/1), 7-2-1996, p. 2.

[1524] Petros MAVROIDIS e Kim Van der BORGHT, Impartiality, Independence and the WTO Appellate Body, in *Reform and Development of the WTO Dispute Settlement System*, Dencho Georgiev e Kim Van der Borght Ed., Cameron May, Londres, 2006, pp. 214-215. Ainda a respeito da composição de uma secção do Órgão de Recurso, WILLIAM DAVEY observa que:
"the Appellate Body selects divisions to hear individual cases by a secret method that is largely based on chance. It is apparently based on the fact that there are thirty-five different three-person divisions that can be composed with a seven-member Appellate Body and a drawing of such possibilities is used to select the order of divisions. There may be some adjustment process, but only Appellate Body members are privy to all of the details of the process". Cf. William DAVEY, A permanent panel body for WTO dispute settlement: Desirable or practical?, in *The Political Economy of International Trade Law – Essays in Honor of Robert E. Hudec*, Daniel Kennedy e James Southwick ed., Cambridge University Press, 2002, p. 523.

[1525] Há quem refira, todavia, que, "in cases involving the United States or European Union as defendants, their nationals on the Appellate Body [publicado em 2003, o autor em causa refere-se a James Bacchus e a Claus-Dieter Ehlermann] served on the division slightly more often than a purely random process would suggest". Cf. James McCall SMITH, *WTO dispute settlement: the politics of procedure in Appellate Body rulings*, in WTR, 2003, p. 82.
Em contraste, no caso dos painéis, determina-se expressamente que "os cidadãos de países Membros cujos governos são partes no litígio ou partes terceiras, tal como definidas no nº 2 do artigo 10º, não devem ser membros do painel que esteja a analisar esse diferendo, a menos que as partes

# O ÓRGÃO DE RECURSO

Em tribunais internacionais como o Tribunal Internacional de Justiça e o Tribunal Internacional do Direito do Mar, pelo contrário, a nacionalidade dos juízes é tida em conta. No Tribunal Internacional de Justiça, "se o tribunal incluir entre os seus membros um juiz de nacionalidade de uma das partes, qualquer outra parte poderá designar uma pessoa para intervir como juiz" (art. 31º, nº 2, do Estatuto)[1526], o mesmo acontecendo no Tribunal Internacional do Direito do Mar (art. 17º do Estatuto do Tribunal Internacional do Direito do Mar)[1527]. Estamos perante os chamados juízes *ad hoc*, cujo processo de nomeação no caso do

em litígio acordem em contrário" (art. 8º, nº 3, do Memorando de Entendimento sobre Resolução de Litígios).

[1526] O chamado juiz *ad hoc* não tem necessariamente que ser cidadão do país que o escolheu. Por exemplo, o Professor Thomas Franck, de nacionalidade norte-americana, foi nomeado como juiz *ad hoc* pela Indonésia no caso *Sovereignty over Pulau Litigan and Pulau Sipidan (Indonesia v. Malaysia)* [2002 ICJ Rep. 625, 17-12-2002].

[1527] Apesar da ideia de uma parte em litígio escolher um juiz ser, historicamente, "a practice of arbitration not litigation" (cf. Adam M. Smith, *"Judicial Nationalism" in International Law: National Identity and Judicial Autonomy at the ICJ*, in Texas International Law Journal, Vol. 40, 2005, p. 201) e parecer ir contra o adágio *nemo iudex in sua causa* e o princípio da independência judicial, alguns autores destacam que "the architects of the court reasoned that states would be much more likely to have confidence in the International Court of Justice and therefore more incentive to bring cases before it and follow its judgments if each contending party had a judge on the bench (cf. Cesare Romano, Daniel Terris e Leigh Swigart, *The International Judge: An Introduction to the Men and Women who Decide the World's Cases*, Brandeis University Press, Waltham-Massachusetts, 2007, p. 151). Na prática, Iain Scobbie destaca que "there is a definite trend or, less charitably, an almost invariable practice of judges *ad hoc* voting in favour of the thesis presented by their appointing State" (cf. Iain Scobbie, *"Une Hérésie en Matière Judiciaire"? The Role of the Judge Ad Hoc in the International Court*, in The Law and Practice of International Courts and Tribunals, 2005, p. 439). É verdade que tal facto pode reduzir o juiz *ad hoc* a um "behaviourist automaton" (cf. *Idem*, p. 443), por ignorar que o juiz *ad hoc* possa ter votado a favor do país que o nomeou apenas porque era de opinião que os seus argumentos eram correctos do ponto de vista jurídico, mas também o é que podem ser apontadas à figura do juiz *ad hoc* duas críticas dificilmente rebatíveis: por um lado, o juiz *ad hoc* não possui as relações institucionais ou o conhecimento institucional de um juiz titular e, por isso, "if one party has a national sitting as a titular judge, and the other only a judge *ad hoc*, then this could be a source of actual inequality" (cf. *Idem*, p. 458) e, em consequência, pôr em causa o princípio da igualdade processual das partes; por outro lado, o maior conhecimento que um juiz *ad hoc* possa porventura ter do direito nacional do país que o nomeou é desnecessário, uma vez que a interpretação que o Tribunal Internacional de Justiça "must adopt is that fixed by the municipal decisions laid before it" (cf. *Idem*, p. 459). Concluindo, a única razão para a existência dos juízes *ad hoc* prende-se com o facto de o Tribunal Internacional de Justiça funcionar "in an extremely politicised *milieu*" (cf. *Idem*, p. 463). No caso da OMC, parece haver uma certa aproximação à figura dos juízes *ad hoc* somente no caso dos painéis. De facto, quando se verificar um litígio entre um país membro em desenvolvimento e um país membro desenvolvido, o Painel deve, caso o país membro em desenvolvimento assim o requeira, incluir pelo menos um indivíduo oriundo de um país membro em desenvolvimento (art. 8º, nº 10º, do Memorando).

A FUNÇÃO JURISDICIONAL NO SISTEMA GATT/OMC

Tribunal Internacional de Justiça é actualmente regulado pelos artigos 35º a 37º das Regras do Tribunal de 1978 e pela Instrução de Processo VII, adoptada em 2002[1528]. Esta Instrução de Processo VII é importante porque, pela primeira vez, o Tribunal Internacional de Justiça colocou restrições (adicionais às estabeleci-

[1528] O texto dos artigos referidos é o seguinte:

"Artigo 35º

1. Se uma parte pretende exercer o poder conferido pelo artigo 31º dos Estatutos para designar um juiz *ad hoc* num caso, ele deve notificar o Tribunal da sua intenção o mais cedo possível. Se o nome e nacionalidade do juiz designado não são indicados ao mesmo tempo, a parte deve, o mais tardar dois meses antes do termo do prazo fixado para a apresentação da contra-memória, informar o Tribunal do nome e nacionalidade da pessoa designada e fornecer uma breve nota biográfica. O juiz *ad hoc* pode ser de uma nacionalidade diferente da parte que o designou.

2. Se uma parte propõe abster-se de designar um juiz *ad hoc*, na condição de que a outra parte faça o mesmo, ela deve notificar o Tribunal, que deve informar a outra parte. Se a outra parte notificar a sua intenção de designar, ou designa, um juiz *ad hoc*, o prazo aplicável para a parte que se absteve anteriormente de designar um juiz pode ser prorrogado pelo Presidente.

3. Uma cópia de qualquer notificação relativa à designação de um juiz *ad hoc* deve ser comunicada pelo Escrivão à outra parte, que deve ser convidada a apresentar, num prazo fixado pelo Presidente, as observações que possa desejar fazer. Se, no prazo fixado, não for suscitada nenhuma objecção pela outra parte e o Tribunal não encontrar nenhuma, as partes devem ser disso informadas.

4. Em caso de contestação ou de dúvida, a questão deve ser decidida pelo Tribunal, se necessário após ouvir as partes.

5. Um juiz *ad hoc* que tenha aceite a designação mas que se torna incapaz para exercer a função pode ser substituído.

6. Se e quando as razões para a participação de um juiz *ad hoc* deixarem de existir, ele deve deixar de se sentar no Banco.

Artigo 36º

1. Se o Tribunal constata que duas ou mais partes têm interesses comuns e devem ser considerados como uma única parte, e nenhum membro do Tribunal tem a nacionalidade de qualquer uma dessas partes, o Tribunal deve fixar um prazo para elas poderem designar de comum acordo um juiz *ad hoc*.

2. Caso uma das partes que o Tribunal constatou terem interesses comuns alega a existência de um interesse próprio ou suscita uma outra objecção, a questão deve ser decidida pelo Tribunal, se necessário após ter ouvido as partes.

Artigo 37º

1. Se um membro do Tribunal com a nacionalidade de uma das partes não está, ou deixa de estar, em condições de se sentar no Banco em qualquer fase de um caso, esta parte é autorizada a designar um juiz *ad hoc* num prazo fixado pelo Tribunal ou pelo Presidente, se o Tribunal não estiver em sessão.

2. As partes com interesses comuns devem ser consideradas como não tendo um juiz das suas nacionalidades no Banco se o membro do Tribunal que tem uma dessas nacionalidades está, ou deixar de estar, em condições de se sentar em qualquer fase de um caso.

O ÓRGÃO DE RECURSO

das nos artigos 17º, nº 2, e 24º do Estatuto) sobre quem pode ser nomeado juiz *ad hoc*[1529].

Mais importante que tudo, conquanto as secções do Órgão de Recurso compreendam, com frequência, membros com a nacionalidade dos participantes envolvidos e, em alguns recursos, presidam mesmo à secção, "never has a defeated party before the WTO Appellate Body – however bitter the defeat – accused Appellate Body judges of national bias"[1530], ainda que seja possível encontrar exemplos de situações em que um Membro da OMC, discordando de uma determinada conclusão do Órgão de Recurso, apresenta uma proposta de alteração dos acordos abrangidos, com vista a fazer face a tal conclusão[1531].

No caso do principal órgão judicial das Nações Unidas, após estabelecerem que um juiz vota de maneira imparcial se for influenciado apenas pelas considerações de ordem jurídica relevantes – tais como a interpretação apropriada de um tratado – e não por considerações juridicamente irrelevantes, como, por exemplo, se uma das partes em litígio tem uma aliança militar com o país da nacio-

3. Se o membro do Tribunal com a nacionalidade de uma das partes está novamente em condições de se sentar antes do encerramento dos procedimentos escrios nessa fase do caso, esse membro do Tribunal deve reassumir o seu lugar no Banco".

O texto da Instrução de Processo VII é, por sua vez, o seguinte:
"O Tribunal considera que não é do interesse de uma boa administração da justiça que uma pessoa a exercer as funções de juiz *ad hoc* num caso exerça ao mesmo tempo, ou tenha começado recentemente a exercer, as funções de agente, consultor ou advogado num outro caso ante o Tribunal. Consequentemente, as partes, quando designam um juiz *ad hoc* de acordo com o artigo 31º dos Estatutos e o artigo 35º do Regulamento do Tribunal, deverão abster-se de designar pessoas que exerçam as funções de agente, consultor ou advogado noutro caso submetido ao Tribunal ou que agiram nessa capacidade nos três anos anteriores à data da sua designação. Além disso, as partes deverão igualmente abster-se de designar como agente, consultor ou advogado num caso submetido ao Tribunal uma pessoa que exerce as funções de juiz *ad hoc* num outro caso submetido ao Tribunal".

[1529] Iain SCOBBIE, *"Une Hérésie en Matière Judiciaire"? The Role of the Judge Ad Hoc in the International Court*, in The Law and Practice of International Courts and Tribunals, 2005, p. 426. Entre o dia 1 de Agosto de 2008 e o dia 31 de Julho de 2009, o número de juízes *ad hoc* escolhidos pelos Estados em casos ante o Tribunal Internacional de Justiça foi de 25, com 20 indivíduos a desempenhar tais funções. Cf. TRIBUNAL INTERNACIONAL DE JUSTIÇA, *Report of the International Court of Justice (1 August 2008-31 July 2009)*, Nações Unidas, Nova Iorque, 2009, p. 1.

[1530] Robert HOWSE e Susan ESSERMAN, The Appellate Body, the WTO dispute settlement system, and the politics of multilateralism, in *The WTO at Ten: The Contribution of the Dispute Settlement System*, Ed. Giorgio Sacerdoti, Alan Yanovich e Jan Bohanes, Cambridge University Press, 2006, p. 62.

[1531] Terence STEWART, Amy DWYER e Elizabeth HEIN, Proposals for DSU Reform that Address Reform Directly or Indirectly, the Limitations on Panels and the Appellate Body Not to Create Rights and Obligations, in *Reform and Development of the WTO Dispute Settlement System*, Dencho Georgiev e Kim Van der Borght Ed., Cameron May, Londres, 2006, pp. 343-345.

557

A FUNÇÃO JURISDICIONAL NO SISTEMA GATT/OMC

nalidade do juiz[1532], ERIC POSNER e MIGUEL DE FIGUEIREDO concluem que os juízes do Tribunal Internacional de Justiça são significativamente parciais a favor do seu país de origem quando ele aparece como parte num litígio. Enquanto os juízes votam a favor de uma parte em litígio cerca de 50% das vezes quando não têm qualquer relação com ela, tal percentagem sobe para 85-90% quando a parte em litígio é o país de origem do juiz[1533]. Mais: quando o país de origem do juiz e uma parte em litígio apresentam afinidades – ambos são membros da OCDE ou partilham a mesma língua ou religião – é provável que o juiz vote a favor da parte que combina com o seu país de origem. Os resultados são particularmente significativos quando estão em causa a língua e a religião. Em contraste, a pertença à mesma região e a qualidade de membro no Conselho de Segurança parecem ser irrelevantes[1534].

Em suma, um viés nacional parece ter uma influência importante no processo decisório do Tribunal Internacional de Justiça. Os juízes votam a favor do seu país de origem em 90% das vezes e, quando os seus países de origem não estão envolvidos, os juízes votam a favor dos Estados semelhantes aos seus, em termos de riqueza, cultura e regime político[1535]. Porém, notam os dois autores que temos vindo a citar, os votos dos juízes a favor dos respectivos países de origem podem cancelar-se uns aos outros, pelo que é possível que, sendo os outros juízes imparciais, o Tribunal Internacional de Justiça profira, no seu conjunto, decisões imparciais[1536].

Não podemos deixar de referir, também, que as qualificações dos membros que compõem o Órgão de Recurso dificilmente podem ser vistas como mais exigentes do que as qualificações exigidas aos membros dos painéis pelo n.º 1 do art. 8.º do Memorando de Entendimento sobre Resolução de Litígios. No caso *European Communities – Conditions for the Granting of Tariff Preferences to Developing Countries*, Julio Lacarte-Muró, um antigo membro do Órgão de Recurso, fez mesmo parte do Painel[1537].

---

[1532] Eric POSNER e Miguel de FIGUEIREDO, *Is the International Court of Justice Biased?*, in The Journal of Legal Studies, 2005, pp. 600-601.

[1533] *Idem*, p. 601.

[1534] Eric POSNER, *The International Court of Justice: Voting and Usage Statistics*, in ASIL Proceedings, 2005, p. 131.

[1535] Eric POSNER e Miguel de FIGUEIREDO, *Is the International Court of Justice Biased?*, in The Journal of Legal Studies, 2005, p. 624.

[1536] *Idem*, p. 615.

[1537] Relatório do Painel no caso *European Communities – Conditions for the Granting of Tariff Preferences to Developing Countries* (WT/DS246/R), 1-12-2003, parágrafo 1.6.

O ÓRGÃO DE RECURSO

É igualmente significativo que fossem mulheres quatro dos nove candidatos na nomeação ocorrida em finais de 2007[1538], três das quais acabaram por ser nomeadas como membros do Órgão de Recurso. Por um lado, o Memorando de Entendimento sobre Resolução de Litígios da OMC não contém nenhuma disposição semelhante ao nº 8, alínea *a*)(iii), do art. 36º do Estatuto do Tribunal Penal Internacional: "na selecção dos juízes, os Estados Partes ponderarão sobre a necessidade de assegurar que a composição do tribunal inclua uma representação equitativa de juízes do sexo feminino e do sexo masculino"[1539]; por outro lado, o Tribunal Internacional de Justiça viu uma mulher ser nomeada juíza (Rosalyn Higgins) somente em 1995[1540], ou seja, quase cinco décadas depois de o principal órgão judicial das Nações Unidas ter começado a funcionar[1541].

Outro aspecto que importa referir é o que diz respeito aos salários praticados, um dos elementos mais importantes na determinação da imparcialidade de qualquer tribunal internacional[1542]. Como nota ALEXANDER HAMILTON:

> "Next to permanency in office, nothing can contribute more to the independence of the judges than a fixed provision for their support. (...) In the general course of human nature, *a power over a man's subsistence amounts to a power over his will*"[1543].

O salário dos membros do Órgão de Recurso foi fixado inicialmente em 7,000 francos suíços por mês[1544] e actualmente corresponde a cerca de 8,000 dólares

---

[1538] Joost PAUWELYN, *La sélection des juges à l'OMC, et peut-être celle d'un Chinois, mérite plus d'attention*, in Le Temps, 16-11-2007.

[1539] Segundo alguns autores, "lobbying by non-governmental organizations and the support of sympathetic states helped bring about the article in the Rome Statute that required states to take into account the 'fair representation of women' when choosing the court's judges". Cf. Cesare ROMANO, Daniel TERRIS e Leigh SWIGART, *Toward a Community of International Judges*, in Loyola of Los Angeles International and Comparative Law Review, 2008, p. 428.

[1540] Cesare ROMANO, Daniel TERRIS e Leigh SWIGART, *The International Judge: An Introduction to the Men and Women who Decide the World's Cases*, Brandeis University Press, Waltham-Massachusetts, 2007, pp. 18-19.

[1541] Anteriormente, Suzanne Bastid (França) tinha sido juiz *ad hoc* no caso *Application for Revision and Interpretation of the Judgment of 24 February 1982 in the Case Concerning the Continental Shelf (Tunisia v. Libyan Arab Jamahiriya)*, 10-12-1985, 1985 ICJ Rep., p. 192.

[1542] Petros MAVROIDIS e Kim Van der BORGHT, Impartiality, Independence and the WTO Appellate Body, in *Reform and Development of the WTO Dispute Settlement System*, Dencho Georgiev e Kim Van der Borght Ed., Cameron May, Londres, 2006, p. 202.

[1543] Alexander HAMILTON, No. 79: the Judiciary Continued, in *The Federalist Papers*, Charles R. Kesler Ed., Mentor, 1999, p. 440.

[1544] OMC, *Establishment of the Appellate Body – Recommendations by the Preparatory Committee for the WTO approved by the Dispute Settlement Body on 10 February 1995* (WT/DSB/1), 19-6-1995, parágrafo 12 (p. 2).

A FUNÇÃO JURISDICIONAL NO SISTEMA GATT/OMC

norte-americanos[1545]. Além disso, os membros do Órgão de Recurso recebem um *per diem* por cada dia de viagem para Genebra ou de trabalho em Genebra (aproximadamente 700 dólares por dia) e uma determinada quantia para despesas administrativas e de comunicação (300 francos suíços por mês). As despesas relativas a viagens dos membros do Órgão de Recurso estão igualmente cobertas. Porém, não sendo os membros do Órgão de Recurso funcionários da OMC, eles não beneficiam do plano de pensões da OMC[1546] nem do seguro de saúde[1547].

Ainda de acordo com os artigos 31º e 34º do Acordo de Sede concluído entre a OMC e a Confederação Suíça, os membros do Órgão de Recurso têm direito aos privilégios e imunidades que são concedidos aos agentes diplomáticos em conformidade com o direito das nações e o costume internacional[1548] e, entre os privilégios atribuídos especificamente aos membros do Órgão de Recurso (equivalentes aos atribuídos aos Directores-Gerais adjuntos da OMC), estão incluídos a isenção do pagamento de quaisquer impostos federais, dos cantões ou comunais aplicados na Suíça relativamente à sua remuneração, assim como a isenção do pagamento do imposto sobre o valor acrescentado relativamente aos bens e serviços adquiridos para seu uso pessoal[1549].

## 2. O Processo de Nomeação dos Membros
### 2.1. A Nomeação dos Membros do Órgão de Recurso
Os candidatos a membros do Órgão de Recurso devem ser propostos pelos governos dos membros da OMC (as candidaturas à margem dos governos não são admitidas) e todos os membros da OMC gozam do direito de propor candidatos para membros do Órgão de Recurso. As sugestões podem incluir candidatos de nacionalidades diferentes do Membro da OMC que propõe o seu nome[1550] e

---

[1545] Valerie HUGHES, The Institutional Dimension, in *The Oxford Handbook of International Trade Law*, Daniel Bethlehem, Donald McRae, Rodney Neufeld e Isabelle Van Damme Ed., Oxford University Press, 2009, p. 283.

[1546] Victoria DONALDSON, The Appellate Body: Institutional and Procedural Aspects (Chapter 27), in *The World Trade Organization: Legal, Economic and Political Analysis*, Volume I, Patrick Macrory, Arthur Appleton e Michael Plummer Ed., Springer, Nova Iorque, 2005, p. 1288.

[1547] Valerie HUGHES, The Institutional Dimension, in *The Oxford Handbook of International Trade Law*, Daniel Bethlehem, Donald McRae, Rodney Neufeld e Isabelle Van Damme Ed., Oxford University Press, 2009, p. 283.

[1548] Victoria DONALDSON, The Appellate Body: Institutional and Procedural Aspects (Chapter 27), in *The World Trade Organization: Legal, Economic and Political Analysis*, Volume I, Patrick Macrory, Arthur Appleton e Michael Plummer Ed., Springer, Nova Iorque, 2005, pp. 1288-1289.

[1549] *Idem.*

[1550] ACORDO GERAL SOBRE PAUTAS ADUANEIRAS E COMÉRCIO (GATT), *Establishment of the Appellate Body – Recommendations by the Preparatory Committee to the WTO approved on 6 December* (PC/IPL/13), 8-12-1994, p. 3. Por exemplo, em 1995, o Canadá nomeou Julio Lacarte-Muró do Uruguai para o

O ÓRGÃO DE RECURSO

alguns membros (por exemplo, os Estados Unidos e a China) submetem mais do que um nome à consideração do comité de selecção, o que não deixa de ser louvável[1551].

Uma vez apresentadas as candidaturas, um comité de selecção composto pelo Director-Geral e pelos presidentes do Conselho Geral, do Órgão de Resolução de Litígios, do Conselho do Comércio de Mercadorias, do Conselho do Comércio de Serviços e do Conselho dos Aspectos dos Direitos de Propriedade Intelectual Relacionados com o Comércio submete os candidatos a entrevistas orais e ouve a opinião dos membros da OMC relativamente aos vários candidatos. Por exemplo, durante o processo de nomeação ocorrido em finais de 2007, 44 delegações dos membros da OMC tiveram reuniões com o comité de selecção e oito delegações apresentaram comentários escritos[1552] e, durante o último processo de nomeação, as delegações que desejaram encontrar-se separadamente com os candidatos foram convidadas a contactar directamente as representações nacionais dos respectivos candidatos[1553].

No fim de todo este processo, o comité de selecção recomenda ao Órgão de Resolução de Litígios a nomeação de determinados candidatos. O Órgão de Resolução de Litígios toma, então, uma decisão (por consenso) sobre a nomeação[1554]. Assim, tal como acontece com os juízes do Tribunal Internacional de Justiça e do Tribunal Internacional do Direito do Mar, os membros do Órgão de Recurso são nomeados por um órgão político, *in casu*, pelo Órgão de Resolução de Litígios (art. 17º, nº 2, do Memorando de Entendimento sobre Resolução de Litígios)[1555].

Órgão de Recurso. Cf. Valerie HUGHES, The Institutional Dimension, in *The Oxford Handbook of International Trade Law*, Daniel Bethlehem, Donald McRae, Rodney Neufeld e Isabelle Van Damme Ed., Oxford University Press, 2009, p. 281.

[1551] De igual modo, nos termos do nº 1 do art. 4º do Estatuto do Tribunal Internacional do Direito do Mar, "cada Estado Parte pode designar, no máximo, duas pessoas que reúnam as condições prescritas no artigo 2º do presente anexo. Os membros do Tribunal devem ser eleitos da lista das pessoas assim designadas" e, no caso do Tribunal Internacional de Justiça, "nenhum grupo nacional pode indicar mais de quatro pessoas, das quais, no máximo, duas poderão ser da sua nacionalidade. Em nenhum caso, o número dos candidatos por um grupo poderá ser maior do que o dobro dos lugares a serem preenchidos (art. 5º, nº 2, do Estatuto).

[1552] OMC, *Minutes of Meeting Held in the Centre William Rappard on 19 and 27 November 2007 – Dispute Settlement Body* (WT/DSB/M/242), 11-2-2008, p. 3.

[1553] OMC, *Minutes of Meeting Held in the Centre William Rappard on 20 March 2009 – Dispute Settlement Body* (WT/DSB/M/266), 19-5-2009, parágrafo 96 (p. 22).

[1554] Os membros do Órgão de Recurso só podem ser nomeados e, quatro anos depois, reconduzidos no seu cargo (apenas uma vez) por consenso dos Membros da OMC. Este controlo pelos Membros da OMC deve ser mantido. Cf. Joost PAUWELYN, *The Transformation of World Trade*, in Michigan Law Review, 2005, p. 48.

[1555] No caso do Tribunal Internacional de Justiça, os membros do Tribunal são eleitos pela Assembleia-geral e pelo Conselho de Segurança (art. 4º, nº 1, do Estatuto do Tribunal Internacional de

## A FUNÇÃO JURISDICIONAL NO SISTEMA GATT/OMC

Mas, ao contrário do que acontece com o Tribunal Internacional de Justiça e com o Tribunal Internacional do Direito do Mar, o Órgão de Resolução de Litígios deve tomar a decisão da nomeação por consenso (art. 2º, nº 4, do Memorando de Entendimento sobre Resolução de Litígios), donde resulta que qualquer membro da OMC pode, em princípio, vetar a nomeação para o Órgão de Recurso de uma pessoa em particular. Até aos dias de hoje, o Órgão de Resolução de Litígios nomeou sempre o candidato recomendado pelo comité de selecção[1556].

Como críticas ao processo de nomeação dos membros do Órgão de Recurso, podemos apontar o secretismo que, em grande medida, o rodeia[1557]. As audições

Justiça); no caso do Tribunal Internacional do Direito do Mar, são nomeados numa reunião dos Estados Partes (art. 4º, nº 4, do Estatuto do Tribunal Internacional do Direito do Mar).

[1556] Victoria DONALDSON, The Appellate Body: Institutional and Procedural Aspects (Chapter 27), in *The World Trade Organization: Legal, Economic and Political Analysis*, Volume I, Patrick Macrory, Arthur Appleton e Michael Plummer Ed., Springer, Nova Iorque, 2005, p. 1287.

[1557] No caso do Tribunal Internacional de Justiça, pelo contrário, o processo de eleição dos juízes vem referido, todo ele, em vários artigos do Estatuto do Tribunal Internacional de Justiça. Assim, todo o Estado parte no Estatuto do Tribunal Internacional de Justiça tem o direito de propor candidatos para o lugar de juiz do Tribunal Internacional de Justiça, mas a fim de evitar eventuais interferências políticas no processo de nomeação, os candidatos não são nomeados pelos governos dos Estados parte, mas pelos chamados "grupos nacionais" do Tribunal Permanente de Arbitragem (art. 4º, nº 1, do Estatuto do Tribunal Internacional de Justiça). No caso dos membros das Nações Unidas não representados no Tribunal Permanente de Arbitragem, os candidatos serão apresentados por grupos nacionais designados para esse fim pelos seus governos, nas mesmas condições que as estipuladas para os membros do Tribunal Permanente de Arbitragem pelo artigo 44º da Convenção de Haia, de 1907, referente à solução pacífica dos litígios internacionais (art. 4º, nº 2, do Estatuto do Tribunal Internacional de Justiça). Antes de fazer estas designações, recomenda-se que cada grupo nacional consulte o seu mais alto tribunal de justiça, as faculdades de direito, academias nacionais e secções nacionais de academias internacionais que se dediquem ao estudo do direito (art. 6º do Estatuto do Tribunal Internacional de Justiça). Nenhum grupo nacional pode indicar mais de quatro pessoas, das quais, no máximo, duas poderão ser da sua nacionalidade. Em nenhum caso, o número dos candidatos por um grupo poderá ser maior do que o dobro dos lugares a serem preenchidos (art. 5º, nº 2, do Estatuto do Tribunal Internacional de Justiça). Seguidamente, o Secretário-Geral prepara uma lista, por ordem alfabética, de todas as pessoas assim designadas e submeterá tal lista à Assembleia-geral e ao Conselho de Segurança (art. 7º, nºs 1 e 2, do Estatuto do Tribunal Internacional de Justiça). Os juízes são eleitos pela Assembleia-Geral e pelo Conselho de Segurança, de modo independente um do outro (art. 8º do Estatuto do Tribunal Internacional de Justiça). Os candidatos que obtiverem maioria absoluta dos votos na Assembleia-Geral e no Conselho de Segurança serão considerados eleitos (art. 10º, nº 1, do Estatuto do Tribunal Internacional de Justiça). No caso em que a maioria absoluta de votos, tanto da Assembleia-Geral como do Conselho de Segurança, contemple mais de um nacional do mesmo Estado, o mais velho dos dois será considerado eleito (art. 10º, nº 3, do Estatuto do Tribunal Internacional de Justiça). No entanto, se, depois da primeira reunião convocada para fins de eleição, um ou mais lugares continuarem vagos, deverá ser realizada uma segunda e, se necessária, uma terceira reunião (art. 11º do Estatuto do Tribunal Internacional de Justiça). Se, depois da terceira reunião, um ou mais

O ÓRGÃO DE RECURSO

são confidenciais e o único registo público prende-se com o anúncio da nomeação de determinados candidatos pelo Órgão de Resolução de Litígios[1558]. No caso da primeira nomeação, por exemplo, sabe-se apenas que concorreram ao lugar de membros do Órgão de Recurso 32 candidatos de 23 países diferentes[1559], mas a lista de candidatos nunca foi tornada pública, e que a selecção dos sete primeiros membros do Órgão de Recurso foi bastante difícil:

"The creation of the Appellate Body sparked one of the first and most contentious political battles in the first year of the World Trade Organization. The European Union held up the appointment of the seven member groups by the Director-General Ruggiero arguing that Europe should be entitled to have two representatives on the Appellate Body. The United States refused to agree to such a position and so no consensus was reached, nor a decision made, until the European Union backed off of its original argument. The dispute held up appointment of the Appellate Body until October 1995"[1560].

Sabemos, também, que, em 20 de Junho de 2007, o Órgão de Resolução de Litígios decidiu levar a cabo um procedimento único de selecção para nomear os membros do Órgão de Recurso que ocupariam os dois postos cujos mandatos expiravam em Dezembro de 2007 e os dois postos cujos mandatos findavam em Maio de 2008[1561], seguindo um enfoque similar ao acordado pelo Órgão de Resolução de Litígios no processo de selecção realizado em 2003 e baseando-se no procedimento normal para a selecção dos membros do Órgão de Recurso. O Órgão de Resolução de Litígios fixou o dia 31 de Agosto de 2007 como data

lugares ainda continuarem vagos, uma comissão mista, composta por seis membros, três indicados pela Assembleia-Geral e três pelo Conselho de Segurança, poder ser formada em qualquer momento, por solicitação da Assembleia-Geral ou do Conselho de Segurança, com o fim de escolher, por maioria absoluta de votos, um nome para cada lugar ainda vago, o qual será submetido à Assembleia-Geral e ao Conselho de Segurança para a sua respectiva aceitação (art. 12º, nº 1, do Estatuto do Tribunal Internacional de Justiça). Sobre as eleições para o cargo de juízes do Tribunal Internacional de Justiça nos seus primeiros 50 anos de funcionamento, ver Christopher HARLAND, *International Court of Justice Elections: a Report on the First Fifty Years*, in Canadian Yearbook of International Law, 1996, pp. 303-367.

[1558] Petros MAVROIDIS e Kim Van der BORGHT, Impartiality, Independence and the WTO Appellate Body, in *Reform and Development of the WTO Dispute Settlement System*, Dencho Georgiev e Kim Van der Borght Ed., Cameron May, Londres, 2006, p. 205.

[1559] OMC, *Minutes of Meeting Held in the Centre William Rappard on 1 and 29 November 1995 – Dispute Settlement Body* (WT/DSB/M/9), 1-2-1996, ponto 1.

[1560] C. O'Neal TAYLOR, *The Limits of Economic Power: Section 301 and the World Trade Organization Dispute Settlement System*, in Vanderbilt Journal of Transnational Law, Vol. 30, 1997, p. 255.

[1561] OMC, *Minutes of Meeting Held in the Centre William Rappard on 20 June 2007, Dispute Settlement Body* (WT/DSB/M/234), 23-7-2007, pp. 13-14

limite para que os membros da OMC apresentassem candidaturas. Foram recebidas nove candidaturas: o Benim, a Coreia do Sul, as Filipinas, o Japão e o Paquistão designaram cada um candidato, enquanto a China e os Estados Unidos designaram cada dois candidatos[1562]. Mas, uma vez mais, não foi tornada pública a lista de candidatos. Sabemos apenas o nome dos quatro candidatos que foram depois nomeados membros do Órgão de Recurso.

Porém, na última nomeação de membros do Órgão de Recurso, a lista de candidatos foi tornada pública. Sabemos, por isso, que concorreram seis juristas, a saber:

- Hector Torres (Argentina), antigo representante do seu país junto do Fundo Monetário Internacional;
- Ellen Gracie Northfleet (Brasil), juíza do Tribunal Supremo do Brasil;
- Ronald Saborio Soto (Costa Rica), embaixador do respectivo país junto da OMC;
- Ricardo Ramirez (México), antigo conselheiro geral adjunto para as negociações comerciais no ministério da economia mexicano;
- Pieter-Jan Kuijper (Holanda), professor na Universidade de Amesterdão; e
- Peter Van den Bossche (Bélgica), professor na Universidade de Maastricht[1563].

Assim, não só tem aumentado a transparência dos procedimentos dos painéis e do Órgão de Recurso, principalmente, através da abertura nos últimos tempos da audiência oral aos membros da OMC e ao público em geral via transmissão simultânea em circuito fechado para uma outra sala, como também o próprio processo de nomeação dos membros do Órgão de Recurso se está a pautar por uma maior transparência. Pensamos mesmo que, atendendo ao grande interesse que a OMC tem despertado junto da chamada sociedade civil e ao facto de a aplicação das normas do sistema GATT/OMC incidir sobre políticas nacionais fundadas em interesses tão legítimos como a protecção do ambiente ou da saúde, não deixa de ser curioso que a nomeação dos membros do Órgão de Recurso não mereça uma maior atenção ou um maior escrutínio, não apenas por parte de alguns membros da OMC, mas também, por exemplo, dos principais meios de comunicação a nível mundial.

---

[1562] OMC, *Appellate Body – Annual Report for 2007* (WT/AB/9), 30-1-2008, p. 4.
[1563] Simon LESTER, *And the Nominees Are ...*, in International Economic Law and Policy Blog, 9-4-2009 «http://www.worldtradelaw.net».

O ÓRGÃO DE RECURSO

## 2.2. O Afastamento de um Membro do Órgão de Recurso

Geralmente, os estatutos e as regras dos vários tribunais internacionais determinam que, uma vez eleitos, os juízes internacionais só possam ser afastados pelo próprio tribunal, ou seja, a manutenção do cargo não estará sujeita a interferências de ordem política. Nesse sentido, o n° 1 do art. 18° do Estatuto do Tribunal Internacional de Justiça estabelece que "nenhum membro do Tribunal poderá ser demitido, a menos que, na opinião unânime dos outros membros, tenha deixado de preencher as condições exigidas"[1564]. A fim de reforçar a sua independência e imparcialidade, o Tribunal Internacional de Justiça publicou mesmo duas Instruções de Processo (VII e VIII) a referir situações inapropriadas no caso dos indivíduos nomeados juízes *ad hoc* (e para aqueles que participem como consultores, advogados, agentes ante o Tribunal Internacional de Justiça)[1565]. Também no caso do Tribunal Internacional do Direito do Mar, prevê-se que, "se, na opinião unânime dos demais membros do Tribunal, um membro tiver deixado de reunir as condições requeridas, o Presidente do Tribunal deve declarar o lugar vago" (art. 9° do Estatuto do Tribunal Internacional do Direito do Mar)[1566].

No caso do Órgão de Recurso da OMC, o Memorando de Entendimento sobre Resolução de Litígios limita-se a dizer que os membros do Órgão de Recurso "não participarão na análise de qualquer litígio que possa criar um conflito de interesses directo ou indirecto" (art. 17°, n° 3, *in fine*). Concretizando esta exigência, os Procedimentos de Trabalho do Órgão de Recurso determinam que, "durante o seu mandato, os membros não devem aceitar nenhum emprego nem

---

[1564] O n° 1 do artigo 18° representa um dos principais meios de salvaguarda da independência dos membros do Tribunal. A própria exigência de unanimidade representa uma salvaguarda contra qualquer abuso do poder de demissão, por exemplo, em consequência de pressões políticas (cf. David ANDERSON, Article 18, in *The Statute of the International Court of Justice – A Commentary*, Andreas Zimmermann, Christian Tomuschat e Karin Oellers-Frahm ed., Oxford University Press, 2006, p. 352). O art. 18° do Estatuto do Tribunal Internacional de Justiça nunca foi aplicado. Cf. *Idem*, p. 357.

[1565] Nos termos da Instrução de Processo VIII:
"O Tribunal considera que não é do interesse de uma boa administração da justiça que uma pessoa que foi até recentemente membro do Tribunal, juiz *ad hoc*, Escrivão, Escrivão adjunto ou funcionário superior do Tribunal (secretário jurídico principal, primeiro secretário ou secretário) intervenha como agente, consultor ou advogado num caso submetido ao Tribunal. Consequentemente, as partes deverão abster-se de designar como agente, consultor ou advogado num caso submetido ao Tribunal uma pessoa que foi, nos três anos precedentes à data de designação, membro do Tribunal, juiz *ad hoc*, Escrivão, Escrivão adjunto ou funcionário superior do Tribunal" (o texto da Instrução de Processo VII pode ser encontrado *supra*).

[1566] Sobre a evolução histórica e aplicação das disposições relacionadas com as questões da independência, imparcialidade e responsabilização dos juízes nos tribunais internacionais, ver Chester BROWN, *The Evolution and Application of Rules Concerning Independence of the "International Judiciary"*, in The Law and Practice of International Courts and Tribunals, 2003, pp. 63-96.

A FUNÇÃO JURISDICIONAL NO SISTEMA GATT/OMC

devem exercer qualquer actividade profissional que seja incompatível com as suas funções e responsabilidades" (Regra 2, nº 2) e, "no desempenho do seu cargo, os membros não devem aceitar nem receber instruções de nenhuma organização internacional, governamental ou não governamental, nem de nenhuma entidade privada" (Regra 2, nº 3).

Identificados os principais deveres e responsabilidades dos membros do Órgão de Recurso, a Regra 10 dos Procedimentos de Trabalho revela que a independência, a imparcialidade e a abstenção em caso de conflito de interesses são também requisitos essenciais e típicos dos membros do Órgão de Recurso e erige o seguinte procedimento caso ocorra uma violação de tais requisitos:

1) Quando um participante apresente, em conformidade com o previsto no nº 1 do artigo VIII das Regras de Conduta, provas de que se cometeu uma violação importante, essas provas devem ter carácter confidencial e devem apoiar-se em declarações sob juramento de pessoas que tenham conhecimento real ou boas razões para acreditar na veracidade dos factos declarados;

2) As provas apresentadas em conformidade com o nº 1 do artigo VIII das Regras de Conduta devem ser apresentadas na primeira ocasião em que seja possível fazê-lo, isto é, imediatamente depois que o participante que as apresenta tenha conhecimento ou tenha podido ter conhecimento dos factos em que se baseia. Em nenhum caso deve ser admitida a apresentação de tais provas depois da distribuição do relatório do órgão de Recurso aos membros da OMC;

3) Quando um participante não tenha apresentado tais provas na primeira ocasião possível, ele deve apresentar por escrito as razões pelas quais não o pôde fazer antes, e o Órgão de Recurso, conforme apropriado, pode decidir ter em conta ou não as provas;

4) Sem prejuízo de ter plenamente em conta o disposto no nº 5 do artigo 17º do Memorando de Entendimento sobre Resolução de Litígios, quando se tenham apresentado provas em conformidade com o artigo VIII das Regras de Conduta, o procedimento de recurso será suspenso por um prazo de 15 dias ou até que termine o procedimento a que se faz referência nos nºs 14 a 16 do artigo VIII das Regras de Conduta, caso este último termine antes;

5) Como resultado do procedimento a que se referem os nºs 14 a 16 do artigo VIII das Regras de Conduta, o Órgão de Recurso pode rejeitar a alegação, dispensar o membro do Órgão de Recurso ou o membro do Secretariado do Órgão de Recurso em causa de fazer parte da secção ou adoptar qualquer outra decisão que considere necessária em conformidade com o artigo VIII das Regras de Conduta.

O ÓRGÃO DE RECURSO

Segundo o artigo VIII das Regras de Conduta, qualquer parte num litígio conduzido em conformidade com o Acordo OMC que possua ou entre na posse de provas de que as pessoas sujeitas às regras de conduta (*in casu*, os membros do Órgão de Recurso ou do Secretariado do Órgão de Recurso) cometeram uma violação importante das suas obrigações de independência, imparcialidade e confidencialidade ou da sua obrigação de evitar conflitos de interesses, directos ou indirectos, que possam comprometer a integridade, imparcialidade ou confidencialidade do sistema de resolução de litígios, deve submeter essas provas o mais brevemente possível e de modo confidencial ao Órgão de Recurso, mediante declaração escrita descrevendo os factos e as circunstâncias relevantes. Caso outros membros possuam ou entrem na posse de tais provas, eles podem fornecê-las às partes em litígio no interesse da manutenção da integridade e imparcialidade do sistema de resolução de litígios (artigo VIII, nº 1). Quando as provas a que o nº 1 do artigo VIII faz referência se baseiam na presunção de que uma pessoa sujeita não revelou um interesse, relação ou circunstância pertinentes, tal presunção não será em si mesma motivo suficiente de inabilitação, a menos que existam provas de uma violação importante das obrigações de independência, imparcialidade e confidencialidade ou da obrigação de evitar conflitos de interesses, directos ou indirectos e de que a integridade, imparcialidade ou confidencialidade do sistema de resolução de litígios será posta em causa (artigo VIII, nº 2). Depois de apresentadas as provas ao Órgão de Recurso, o procedimento descrito nos nºs 14 a 17 do artigo VIII das Regras de Conduta deve estar terminado no prazo de 15 dias laborais.

Caso a pessoa a que se referem as provas seja membro do Órgão de Recurso ou do pessoal de apoio do Órgão de Recurso, a parte deve apresentar as provas à outra parte em litígio e seguidamente ao Órgão de Recurso (artigo VIII, nº 14). Ao receber as provas, o Órgão de Recurso deve transmiti-las sem demora à pessoa a que se referem, para que as possa analisar (artigo VIII, nº 15). Incumbirá ao Órgão de Recurso adoptar as medidas adequadas depois de ter concedido à pessoa interessada e às partes em litígio uma oportunidade razoável para apresentarem as suas opiniões (art. VIII, nº 16). Finalmente, o Órgão de Recurso deve dar conhecimento da sua decisão às partes em litígio e ao presidente do Órgão de Resolução de Litígios, comunicando-lhes ao mesmo tempo a informação justificativa pertinente (artigo VIII, nº 17).

Que tenhamos conhecimento, apenas numa ocasião se pediu o afastamento de um membro do Órgão de Recurso, mas tal solicitação deveu-se não a uma eventual violação das suas obrigações de independência, imparcialidade e confidencialidade ou da sua obrigação de evitar conflitos de interesses, directos ou indirectos, mas antes à iniciativa do Órgão de Recurso em estabelecer no caso *Asbestos* um procedimento adicional para aceitação de comunicações *amicus curiae*.

# A FUNÇÃO JURISDICIONAL NO SISTEMA GATT/OMC

Fora do contexto da OMC, alguns incidentes amplamente divulgados envolvendo juízes internacionais têm posto em causa a dignidade da profissão e dos tribunais internacionais onde ocorrem. Em particular, os tribunais penais, cujas actividades são seguidas de perto pelos meios de comunicação e pela opinião pública, têm provido alguns dos momentos mais embaraçosos para os juízes internacionais. Nesse sentido, alguns autores apontam o seguinte caso:

> "At the Yugoslavia tribunal, one defendant appealed his conviction on the ground that the presiding judge at his trial, Adolphus Karibi-Whyte, was asleep during substantial portions of the trial; it was alleged that members of the registrar's office and one of his fellow judges frequently had to nudge him to keep him awake. The judges of the appeals chamber reviewed the videotapes of the trial and conceded that the taped did indeed 'demonstrate a recurring pattern of behaviour where Judge Karibi-Whyte appears not to have been fully conscious of the proceedings for short periods of time', but in the end they rejected the argument that these brief periods of unconsciousness constituted 'substantial portions of the trial'. The judges reprimanded their colleague for his conduct; if his somnolence was due to medical conditions over which he had no control, then he should have removed himself from a case to which he could not devote his full attention, they said. But they decided that the appellant had failed to prove that Judge Karibi-Whyte missed anything 'essential' or 'crucial' during the trial proceedings"[1567].

Seja como for, o juiz Karibi-Whyte da Nigéria fracassou depois no seu desejo de recondução em 1997, não obstante o governo do seu país ter avançado o seu nome como candidato[1568].

Outro caso interessante ocorreu no Tribunal Internacional de Justiça. Num determinado litígio que estava a ser analisado pelo tribunal, foi observado que, enquanto o advogado de uma das partes em litígio estava a criticar em termos políticos uma decisão de outro Estado, o juiz nacional do Estado que estava a ser criticado (e antigo assessor jurídico do respectivo Ministério dos Negócios Estrangeiros) foi visto a retirar os seus auscultadores (através dos quais era possível ouvir a tradução simultânea) e a colocá-los na mesa diante de si, situação que só cessou depois de o advogado em causa ter passado ao seguinte ponto (de carácter não político) da sua apresentação. Ora, como observa PHILIPPE SANDS, "this raised an issue of (...) independence, since independence assumes that the

---

[1567] Cesare ROMANO, Daniel TERRIS e Leigh SWIGART, *The International Judge: An Introduction to the Men and Women who Decide the World's Cases*, Brandeis University Press, Waltham-Massachusetts, 2007, pp. 202-203.

[1568] Erik VOETEN, *The Politics of International Judicial Appointments*, in CJIL, 2009, p. 398.

## O ÓRGÃO DE RECURSO

international judge will listen to all arguments put to him"[1569] e não nos podemos esquecer que a legitimidade e a autoridade dos tribunais estão ligadas intimamente à sua independência[1570].

Cumpre referir, por último, os chamados *Burgh House Principles* relativos à independência dos juízes internacionais e que representam uma primeira tentativa de elaborar princípios de aplicação geral sobre a independência e imparcialidade jurisdicional nos tribunais internacionais[1571]. Entre os princípios gerais, destacam-se os seguintes:

"– judges must enjoy independence from the parties to cases before them, their own states of nationality or residence, the host countries in which they serve, and the international organisations under the auspices of which the court or tribunal is established;

– judges must be free from undue influence from any source;

– judges shall decide cases impartially, on the basis of the facts of the case and the applicable law;

– judges shall avoid any conflict of interest, as well as being placed in a situation which might reasonably be perceived as giving rise to any conflict of interests;

– judges shall refrain from impropriety in their judicial and related activities"[1572].

Em suma, existem diversos aspectos dos estatutos e dos procedimento de trabalho dos tribunais internacionais que podem ser relevantes para a independência dos seus juízes, a saber: o método de eleição ou de nomeação dos juízes; a previsão ou não de reeleição; a possibilidade de nomeação de juízes *ad hoc* em cada litígio; a existência de uma lista de funções consideradas incompatíveis com o exercício do cargo de juiz enquanto membro de um tribunal; a previsão da possibilidade de o juiz não participar na análise de um determinado litígio ou de deixar de exercer o cargo; a confidencialidade das deliberações dos juízes; o gozo

---

[1569] Philippe SANDS, The Independence of the International Judiciary: Some Introductory Thoughts, in *Law in the Service of Human Dignity – Essays in Honour of Florentino Feliciano*, Steve Charnovitz, Debra Steger e Peter van den Bossche Ed., Cambridge University Press, 2005, p. 318.

[1570] Num plano mais geral, não há nenhum caso conhecido em que a independência do Tribunal Permanente de Justiça Internacional ou do Tribunal Internacional de Justiça tenha sido posta em dúvida credivelmente. Ocasionalmente, porém, têm sido feitas acusações contra um juiz ou juízes em particular. No caso *Concerning Military and Paramilitary Activities in and Against Nicaragua*, por exemplo, os Estados Unidos tentaram pôr em dúvida a imparcialidade de alguns juízes. Cf. Chester BROWN, *The Evolution and Application of Rules Concerning Independence of the "International Judiciary"*, in The Law and Practice of International Courts and Tribunals, 2003, p. 87.

[1571] Philippe SANDS, Campbell McLACHLAN e Ruth MACKENZIE, *The Burgh House Principles on the Independency of the International Judiciary*, in The Law and Practice of International Courts and Tribunals, 2005, p. 247.

[1572] *Idem*, p. 251.

A FUNÇÃO JURISDICIONAL NO SISTEMA GATT/OMC

de privilégios e imunidades; uma remuneração adequada dos juízes e o financiamento dos tribunais[1573].

Em princípio, quanto maior for a independência dos juízes, maior será a credibilidade dos compromissos assumidos pelos Estados no âmbito de um determinado tratado internacional.

## 3. As Várias Formações do Órgão de Recurso
### 3.1. A primeira formação

Quase um ano após a entrada em vigor dos acordos da OMC, o Órgão de Resolução de Litígios nomeou em 29 de Novembro de 1995, como primeiros membros do Órgão de Recurso, que tomaram posse em Dezembro do mesmo ano, os seguintes juristas (com o respectivo *curriculum* descrito entre parênteses):

- o norte-americano James Bacchus (advogado especialista em comércio internacional, membro da Câmara dos Representantes de 1991 a 1995 e do comité especial de coordenação da política comercial e assessor especial do representante dos Estados Unidos para o comércio internacional entre 1979 e 1981):
- o neozelandês Christopher Beeby (diplomata de carreira, que foi, entre outros cargos, embaixador da Nova Zelândia em França, na Argélia, no Irão e no Paquistão e representante permanente junto da OCDE);
- o alemão Claus-Dieter Ehlermann (professor honorário da Universidade de Hamburgo, funcionário da Comissão Europeia durante 34 anos (foi, entre 1977 e 1987, Director-Geral dos Serviços Jurídicos da Comissão e, entre 1990 e 1995, Director-Geral da Direcção-Geral para a Concorrência) e professor de Direito internacional económico no Instituto Europeu de Florença);
- o egípcio Said El-Naggar (professor emérito de economia na Universidade do Cairo, director-adjunto da Conferência das Nações Unidas para o Comércio e o Desenvolvimento entre 1965 e 1970 e administrador do Banco Mundial entre 1976 e 1984);
- o filipino Florentino Feliciano (juiz do tribunal supremo das Filipinas, vice-presidente do Conselho Académico do *Institute of International Business Law and Practice* da Câmara do Comércio Internacional e árbitro em vários litígios comerciais e de investimento internacionais);
- o uruguaio Julio Lacarte-Muró (diplomata de carreira, participante nos oito ciclos de negociações comerciais multilaterais realizados durante a vigência do GATT de 1947, representante permanente do Uruguai junto do GATT

---

[1573] Chester Brown, *The Evolution and Application of Rules Concerning Independence of the "International Judiciary"*, in The Law and Practice of International Courts and Tribunals, 2003, p. 65.

O ÓRGÃO DE RECURSO

entre 1961 e 1966 e 1982-1992, membro de vários painéis do GATT, Director-Adjunto da Divisão do Comércio Internacional e da Balança de Pagamentos das Nações Unidas e embaixador do Uruguai na Índia, no Japão, nos Estados Unidos, na Tailândia e junto das Comunidades Europeias); e
– o japonês Mitsuo Matsushita (professor de Direito da Universidade de Seikei e professor emérito da Universidade de Tóquio, especialista em direito internacional económico)[1574].

## 3.2. A segunda formação

Posteriormente, o Órgão de Resolução de Litígios nomeou, em Abril e Maio de 2000, os novos membros do Órgão de Recurso[1575], tendo sido escolhidos:

– o japonês Yasuhei Taniguchi (professor de Direito da Universidade de Kyoto durante 39 anos, advogado em Tóquio, árbitro em vários litígios internacionais e antigo presidente da Associação Japonesa de Processo Civil);
– o egípcio Georges Abi-Saab (Professor de Direito Internacional no "Graduate Institute of International Studies" em Genebra entre 1963 e 2000, professor honorário da Faculdade de Direito da Universidade do Cairo, membro do Tribunal Administrativo do Fundo Monetário Internacional e de vários tribunais arbitrais internacionais, juiz da câmara de recursos dos tribunais internacionais criminais para a antiga Jugoslávia e para o Ruanda e consultor do secretário-geral das Nações Unidas em diversas ocasiões, advogado de vários países em casos ante o Tribunal Internacional de Justiça e duas vezes juiz *ad hoc* no Tribunal Internacional de Justiça); e
– o indiano Arumugamangalam Ganesan (secretário do comércio do governo indiano nos anos 1991-93, negociador principal do seu país no Ciclo do Uruguai, membro do Painel que analisou a queixa da Comunidade Europeia contra a Secção 110(5) do *United States Copyright Act*, membro do grupo permanente de peritos existente no âmbito do Acordo sobre as Subvenções e as Medidas de Compensação, representante do seu país em numerosas negociações bilaterais, regionais e multilaterais nas áreas do comércio internacional, investimento e direitos de propriedade intelectual e perito e assessor de várias organizações do sistema das Nações Unidas, nomeadamente, das Conferências das Nações Unidas para o Comércio e Desenvolvimento e do Programa das Nações Unidas para o Desenvolvimento).

---

[1574] OMC, *WTO announces appointments to Appellate Body*, 1995 Press Releases, Press/32, 29-11-1995.
[1575] Estes novos membros do Órgão de Recurso substituíram Mitsuo Matsushita, Said El-Naggar e Christopher Beeby e iniciaram as suas novas funções em Junho de 2000.

## A FUNÇÃO JURISDICIONAL NO SISTEMA GATT/OMC

### 3.3. A terceira formação

Após a primeira mudança à composição inicial do Órgão de Recurso, o Órgão de Resolução de Litígios nomeou, em 25 de Setembro de 2001, para membros do Órgão de Recurso, em substituição de Claus-Dieter Ehlermann, Florentino Feliciano e Julio Lacarte-Muró:

- o brasileiro Luiz Olavo Baptista (professor do departamento de Direito Internacional da Universidade de São Paulo, advogado, membro do Tribunal Permanente de Arbitragem de Haia desde 1996 e assessor jurídico em diversos projectos apoiados pelo Banco Mundial e pelas Conferências das Nações Unidas para o Comércio e Desenvolvimento);
- o australiano John Lockhart (director executivo do Banco Asiático de Desenvolvimento entre Julho de 1999 e 2002, tendo sido antes juiz do tribunal federal da Austrália (1978-99), presidente do tribunal da concorrência da Austrália (1982-99), vice-presidente do tribunal de direitos de autor da Austrália (1981-97) e consultor do Banco Mundial no âmbito da reforma dos sistemas jurídicos e judiciais dos países em desenvolvimento e das economias em transição); e
- o italiano Giorgio Sacerdoti (professor de Direito Internacional e Direito Comunitário na Universidade Bocconi-Milão desde 1986, vice-presidente do grupo de trabalho da OCDE relativo à corrupção nas transacções comerciais internacionais entre 1999 e 2001, painelista no centro internacional para a resolução de litígios relativos a investimentos (desde 1981), consultor do Conselho da Europa (1996), das Conferências das Nações Unidas para o Comércio e Desenvolvimento (1998-2000), do Banco Mundial (1999-2000) em matérias relativas aos investimentos internacionais, comércio, corrupção, desenvolvimento e boa governação. No sector privado, serviu frequentemente de árbitro e de presidente de tribunais arbitrais e em procedimentos de arbitragem *ad hoc* para a resolução de litígios comerciais de carácter internacional)[1576].

### 3.4. A quarta formação

Em substituição do também norte-americano James Bacchus, Merit E. Janow assumiu o cargo de membro do Órgão de Recurso no dia 11 de Dezembro de 2003[1577]. Merit E. Janow era, desde 1994, Professora de Direito Internacional

---

[1576] OMC, *WTO appoints new Appellate Body members*, 2001 Press Releases, Press/246, 25-9-2001.

[1577] OMC, *WTO appoints new Appellate Body Member and reappoints three existing Members,* 2003 Press Releases, Press/364, 7-11-2003. Na mesma altura, o Órgão de Resolução de litígios reconduziu no cargo por um período de quatro anos (art. 17º, nº 2, do Memorando de Entendimento sobre Resolução de Litígios), a partir de 11 de Dezembro de 2003 no caso Yasuhei Taniguchi, e de 1 de Junho de 2004 nos casos de Georges Abi-Saab e de Arumugamangalam Venkatachalam Ganesan.

572

O ÓRGÃO DE RECURSO

Económico e Relações Internacionais na Universidade de Columbia, especialista em direito da concorrência, foi membro do Painel que analisou o caso *European Communities – Trade Description of Sardines*, exerceu advocacia na área das concentrações e aquisições entre 1988-90 na Firma *Skadden, Arps, Slate, Meagher & Flom* de Nova Iorque e foi *Deputy Assistant* do Representante Norte-Americano para as relações comerciais internacionais com o Japão e a China entre 1990 e 1993.

### 3.5. A quinta formação

Cerca de 30 meses depois, o Órgão de Resolução de Litígios nomeou (em 31 de Julho de 2006) o sul-africano David Unterhalter em substituição de John Lockhart, o qual tinha falecido em Janeiro do mesmo ano. David Unterhalter é professor de direito desde 1998 na Universidade de Witwatersrand na África do Sul e as suas áreas de investigação e ensino têm incidido sobre o comércio internacional, o direito da concorrência e o direito constitucional. David Unterhalter tem exercido também advocacia nos domínios do direito comercial, direito da concorrência, direito constitucional e direito internacional económico (neste último caso, em litígios relativos a medidas antidumping e a medidas de compensação), agido como conselheiro do Departamento do Comércio e da Indústria da África do Sul e feito parte de vários painéis do sistema de resolução de litígios da OMC[1578].

### 3.6. A sexta formação

No dia 27 de Novembro de 2007, o Órgão de Resolução de Litígios nomeou quatro novos membros do Órgão de Recurso:

- Lilia Bautista das Filipinas (na altura em que assumiu o lugar de membro do Órgão de Recurso era consultora da escola onde se formam os advogados e juízes das Filipinas (a chamada Academia Judiciária das Filipinas), foi Presidente da Comissão de Valores e da Bolsa entre 2000 e 2004, Subsecretária Sénior e Negociadora Comercial Especial no Departamento do Comércio e Indústria em Manila entre 1999 e 2000, Representante Permanente das Filipinas em Genebra junto das Nações Unidas, da Organização Mundial do Comércio, da Organização Mundial de Saúde, da Organização Internacional do Trabalho e de outras organizações internacionais entre Dezembro de 1992 e Junho de 1999, presidiu ao Conselho do Comércio de Serviços da OMC, Ministra do Comércio das Filipinas entre Fevereiro e Junho de 1992, etc.);
- Jennifer Hillman dos Estados Unidos (Professora Auxiliar de Direito no Instituto de Direito Internacional Económico da Universidade de Geor-

---

[1578] OMC, *WTO appoints new Appellate Body Member*, 2006 Press Releases, Press/448, 31-7-2006.

A FUNÇÃO JURISDICIONAL NO SISTEMA GATT/OMC

getown, foi membro da Comissão de Comércio Internacional dos Estados Unidos – agência quase-judicial, independente, responsável por formular determinações nos procedimentos de antidumping e de medidas de compensação e pela condução das investigações no domínio das medidas de salvaguarda – entre 1998 e 2007, ocupou o lugar de assessor jurídico principal junto do Representante dos Estados Unidos para o Comércio Internacional entre 1995 e 1997 (supervisionou os desenvolvimentos jurídicos necessários à implementação do Acordo do Ciclo do Uruguai) e foi responsável pela negociação de todos os acordos bilaterais concluídos pelos Estados Unidos no sector dos têxteis entre 1993 e 1995);

– Shotaro Oshima do Japão (diplomata durante quase 40 anos, representante permanente do Japão junto da OMC entre 2002 e 2005, período durante o qual presidiu ao Conselho Geral e ao Órgão de Resolução de Litígios, representante pessoal do Primeiro-Ministro Koizumi na cimeira do G8 no Canadá em Junho de 2002 e na cimeira mundial das Nações Unidas sobre Desenvolvimento Sustentável realizada na África do Sul em 2002 e Director-Geral dos Assuntos Económicos no Ministério dos Negócios Estrangeiros entre 1997 e 2000); e

– Yuejiao Zhang da China (Professora de Direito na Universidade de Shantou, advogada, árbitro na Comissão de Arbitragem Económica e de Comércio Internacional da China, vice-presidente da Sociedade de Direito Internacional Económico da China, ocupou várias posições no Banco Asiático do Desenvolvimento entre 1998 e 2004, Director-Geral do Direito e dos Tratados no Ministério do Comércio Externo e da Cooperação Económica entre 1984 e 1997, participou na redacção de muitas das leis de comércio da China (lei do comércio exterior, regulamento antidumping e regulamento anti-subvenções), conselheira jurídica principal da China durante o processo de adesão à OMC, membro da UNIDROIT entre 1987 e 1999 e assessora jurídica no Banco Mundial entre 1982 e 1985)[1579].

### 3.7. A Sétima Formação
Na sequência da resignação de Luiz Olavo Baptista em meados de Novembro de 2008, por motivos de saúde e com efeitos a partir de 11 de Fevereiro de 2009[1580],

---

[1579] OMC, *WTO appoints four new Appellate Body members*, 2007 Press Releases, Press/501, 27-11-2007. Lilia Bautista e Jennifer Hillman substituíram Yasuhei Taniguchi e Merit Janow, cujos mandatos terminaram em 10 de Dezembro de 2007, e Shotaro Oshima do Japão e Yuejiao Zhang substituíram Georges Abi-Saab e Arumugamangalam Ganesan, cujos mandatos terminaram no dia 31 de Maio de 2008.

[1580] OMC, *Resignation of Appellate Body Member – Communication from the Appellate Body* (WT/DSB/46), 17-11-2008. No caso desta resignação, aplicou-se a Regra 14 dos Procedimentos de Trabalho do Órgão de Recurso.

574

O ÓRGÃO DE RECURSO

foi nomeado Ricardo Ramírez Hernández do México, com o seu mandato a ter início no dia 1 de Julho de 2009. Na mesma reunião do Órgão de Resolução de Litígios, os membros da OMC decidiram ainda nomear Peter Van den Bossche da Bélgica em substituição de Giorgio Sacerdoti e reconduzir David Unterhalter num segundo mandato. Os mandatos dos dois últimos nomeados começaram no dia 12 de Dezembro de 2009[1581].

No momento da sua nomeação, Ricardo Ramírez Hernández era advogado e chefe do departamento de comércio internacional para a América Latina da sociedade de advogados Chadbourne & Parke na Cidade do México e titular da cátedra de Direito Comercial Internacional na Universidade Nacional Autónoma do México. Antes de trabalhar na sociedade de advogados referida, Ricardo Hernández foi durante mais de 10 anos Director-Geral adjunto de Consultoria Jurídica de Negociações Comerciais da Secretaria de Economia do México e, no desempenho dessa função, prestou assessoria sobre questões de política comercial e de concorrência relacionadas com 11 acordos de comércio livre assinados pelo México e com acordos multilaterais, incluindo os relacionados com a OMC, a Área de Livre Comércio das Américas (ALCA) e a Associação Latino-americana de Integração (ALADI). Finalmente, Ricardo Hernández representou o seu país em litígios relativos ao comércio internacional e em procedimentos de arbitragem sobre investimento, exerceu a função de advogado principal do México em vários litígios ante a OMC e integrou vários painéis do NAFTA[1582].

No que concerne a Peter Van den Bossche, este era quando da sua nomeação Professor de Direito Internacional Económico e chefe do departamento de Direito Internacional e Europeu da Universidade de Maastricht, Director Académico do Instituto da Globalização e Regulamentação Internacional da Universidade de Maastricht, docente do Instituto do *World Trade Institute* de Berna e do Instituto de Estudos Europeus de Macau. Anteriormente, Van den Bossche tinha sido assessor de muitos países em desenvolvimento e, entre 1997 até 2001, desempenhado as funções de conselheiro e de Director interino do Secretariado do Órgão de Recurso da OMC e, de 1990 a 1992, as funções de referendário do Advogado Geral W. van Gerven no Tribunal de Justiça das Comunidades Europeias[1583].

É muito interessante registar a respeito destes dois nomeados para membros do Órgão de Recurso o facto de serem os dois *insiders* (ambos tinham trabalhado anteriormente na OMC[1584] e, por isso, a sua nomeação contraria muito a prática seguida

---

[1581] OMC, *WTO appoints two new Appellate Body members*, 2009 Press Releases, Press/558, 19-6-2009.
[1582] *Idem.*
[1583] *Idem.*
[1584] Simon LESTER, *And the Nominees Are ...*, in International Economic Law and Policy Blog, 9-4-2009 «http://www.worldtradelaw.net».

575

A FUNÇÃO JURISDICIONAL NO SISTEMA GATT/OMC

nas nomeações anteriores) e a sua juventude: o mexicano Ricardo Hernández tinha apenas 40 anos quando foi nomeado e Peter Van den Bossche 51 anos[1585].

### 3.8. Análise das Várias Formações

Fazendo o ponto de situação, o Órgão de Recurso teve até hoje os seguintes membros[1586]:

| Membro | País de Origem | Duração do Mandato |
|---|---|---|
| James Bacchus | Estados Unidos | 11-12-1995/10-12-2003 |
| Christopher Beeby | Nova Zelândia | 11-12-1995/19-3-2000 |
| Claus-Dieter Ehlermann | Alemanha | 11-12-1995/10-12-2001 |
| Florentino Feliciano | Filipinas | 11-12-1995/10-12-2001 |
| Julio Lacarte-Muró | Uruguai | 11-12-1995/10-12-2001 |
| Mitsuo Matsushita | Japão | 11-12-1995/31-3-2000 |
| Said El-Naggar | Egipto | 11-12-1995/31-3-2000 |
| Yasuhei Taniguchi | Japão | 25-5-2000/10-12-2007 |
| Georges Abi-Saab | Egipto | 1-6-2000/31-5-2008 |
| A. V. Ganesan | Índia | 1-6-2000/31-5-2008 |
| Luiz Olavo Baptista | Brasil | 11-12-2001/11-2-2009 |
| John Lockhart | Austrália | 11-12-2001/13-1-2006 |
| Giorgio Sacerdoti | Itália | 11-12-2001/11-12-2009 |
| Merit Janow | Estados Unidos | 11-12-2003/10-12-2007 |
| David Unterhalter | África do Sul | 31-7-2006/ |
| Lilia Bautista | Filipinas | 11-12-2007/ |
| Jennifer Hillman | Estados Unidos | 11-12-2007/ |
| Shotaro Oshima | Japão | 1-6-2008/ |
| Yuejiao Zhang | China | 1-6-2008/ |
| Ricardo R. Hernández | México | 1-7-2009/ |
| Peter Van den Bossche | Bélgica | 12-12-2009/ |

[1585] OMC, *WTO appoints two new Appellate Body members*, 2009 Press Releases, Press/558, 19-6-2009.

[1586] A respeito da duração dos mandatos referidos, há que ter em conta, por um lado, que o Órgão de Resolução de Litígios nomeou em 31 de Julho de 2006 o sul-africano David Unterhalter em substituição de John Lockhart, o qual tinha falecido em Janeiro do mesmo ano. Por esta razão, David Unterhalter foi nomeado apenas até ao termo do período de quatro anos para que tinha sido nomeado John Lockhart, ou seja, até 11 de Dezembro de 2009; por outro lado, que, durante a análise do recurso interposto no caso *United States – Imposition of Countervailing Duties on Certain Hot-Rolled Lead and Bismuth Carbon Steel Products Originating in the United Kingdom*, o mandato de dois membros do Órgão de Recurso expirou (Mitsuo Matsushita e Said El-Naggar eram os dois membros em causa e o seu mandato tinha expirado em 31 de Março de 2000), o que levou à prorrogação do seu mandato até ao dia 10 de Maio de 2000, de modo a que pudessem acabar de analisar o recurso em causa (cf. OMC, *United States – Imposition of Countervailing Duties on Certain Hot-Rolled Lead and Bismuth Carbon Steel Products Originating in the United Kingdom*, Communication from the Appellate Body (WT/DS138/7), 4-4-2000), solução permitida pela Regra 15 dos Procedimentos de Trabalho do Órgão de Recurso:

"Uma pessoa que deixe de ser membro do Órgão de Recurso pode, mediante autorização do Órgão de Recurso e prévia notificação do Órgão de Resolução de Litígios, terminar o exame de todo o recurso que lhe tenha sido atribuído quando era membro e entender-se que, unicamente para este fim, continua a ser membro do Órgão de Recurso".

Esta Regra 15 tem a vantagem de permitir que, apesar de ter expirado o mandato, tais pessoas continuem a ser membros do Órgão de Recurso até a distribuição do relatório do Órgão de Recurso e que sejam nomeados novos membros do Órgão de Recurso e lhes sejam atribuídos novos recursos.

## O ÓRGÃO DE RECURSO

Apesar de o nº 3 do art. 17º do Memorando dizer que o "Órgão de Recurso será composto por pessoas de reconhecida autoridade, especialistas em direito, comércio internacional e nas matérias reguladas nos acordos abrangidos em geral", a verdade é que somente alguns dos sete membros da primeira composição do Órgão de Recurso observavam os requisitos referidos. Com excepção do Embaixador Julio Lacarte-Muró, nenhum dos membros então apontados era um afamado especialista em comércio internacional e nenhum tinha feito parte de um painel durante a vigência do GATT de 1947. Quatro dos sete membros não tinham, na realidade, qualquer conhecimento especial do direito do GATT. A experiência e o conhecimento dos membros iniciais variavam muito e incidiam, essencialmente, sobre o direito internacional em geral, o direito das Comunidades Europeias, o direito da concorrência, o direito comercial, a economia do desenvolvimento e a resolução e adjudicação nacional e internacional de litígios. Acontece que, como observa PETER VAN DEN BOSSCHE:

> "Whether intentionally or not, the Dispute Settlement Body appointed the 'right' persons to serve on the Appellate Body". (...) The breadth as well as the depth of this non-GATT expertise of the members appointed in November 1995 had an important impact on the early case-law of the Appellate Body. As most members were not familiar with GATT practice and had not been involved in the Uruguay Round negotiations, they were not 'burdened' with preconceived ideas about WTO law. This made it easier for them than it would be for GATT veterans to inject new ideas into and adopt new approaches to the interpretation and application of WTO law. It is not surprising that an Appellate Body of this composition already saw cause to state, in its very first case, that the GATT 1994 is not to be read in clinical isolation from public international law"[1587].

No mesmo sentido, um membro da primeira composição do Órgão de Recurso salienta que:

---

[1587] Peter Van den BOSSCHE, From afterthought to centerpiece: the WTO Appellate Body and its rise to prominence in the world trading system, in *The WTO at Ten: The Contribution of the Dispute Settlement System*, Ed. Giorgio Sacerdoti, Alan Yanovich e Jan Bohanes, Cambridge University Press, 2006, p. 301. Os próprios Estados Unidos, quando da discussão do processo de selecção dos membros do Órgão de Recurso, salientaram que este "beneficiaria se contasse com candidatos com uma ampla gama de conhecimentos em diversos campos, para garantir a avaliação objectiva dos recursos que teria que examinar. A este respeito, as candidaturas de pessoas com formação jurídica deveriam ser consideradas, pelo menos, com o mesmo interesse que as das pessoas que tivessem participado directamente nos trabalhos e nas negociações do GATT". Cf. OMC, *Minutes of Meeting Held in the Centre William Rappard on 10 February 1995 – Dispute Settlement Body* (WT/DSB/M/1), 28-2-1995, ponto 3, alínea *b*).

"Our professional backgrounds and experiences differed widely. Taken together, the group was a cocktail with ingredients from all branches of government (the legislative, the executive and the judicial branches), international organizations (regional and world-wide), academia, private law practice, and private arbitration. (...) The wealth of widely different professional backgrounds, experiences and sensitivities proved immediately to be extremely useful and has been – in my view – one of the strengths of the Appellate Body since its very first activities"[1588].

E tal situação manteve-se com a primeira alteração à primeira formação do Órgão de Recurso. Como observa o japonês YASUHEI TANIGUCHI, um dos componentes da segunda formação do Órgão de Recurso:

"When I was appointed to the position, I had only the slightest knowledge of the WTO and its dispute settlement system. Public international law in general, and international trade law in particular, were quite foreign to my teaching and research interest in civil procedure and insolvency law"[1589].

Em boa verdade, a única coisa que quase todos os membros do Órgão de Recurso têm tido em comum é a sua formação jurídica (ao contrário do que acontece no caso dos painéis). Trata-se de uma situação perfeitamente compreensível, se tivermos em conta que "um recurso deve ser limitado às questões de direito referidas no relatório do Painel e às interpretações jurídicas aí desenvolvidas" (art. 17º, nº 6, do Memorando de Entendimento sobre Resolução de Litígios). É de estranhar, por isso, a nomeação do indiano Arumugamangalam Ganesan. De facto, sendo Ganesan possuidor de um M.A. e M.Sc em química pela Universidade de Madras, na Índia, a sua nomeação não respeitou claramente a exigência de formação jurídica. Aliás, dos 215 juízes que, em Janeiro de 2006, compunham a bancada dos treze principais tribunais e cortes internacionais[1590], apenas Ganesan não possuía qualquer formação jurídica ou em relações internacionais[1591]. Ao que parece, a pessoa em causa "has gained his experience and knowledge of the

---

[1588] Claus-Dieter EHLERMANN, *Six Years on the Bench of the "World Trade Court": Some Personal Experiences as Member of the Appellate Body of the World Trade Organization*, in JWT, 2002, p. 608.

[1589] Yasuhei TANIGUCHI, *The WTO Dispute Settlement as Seen by a Proceduralist*, in CILJ, 2009, p. 2.

[1590] A lista dos treze principais tribunais e cortes internacionais pode ser encontrada in Cesare ROMANO, Daniel TERRIS e Leigh SWIGART, *The International Judge: An Introduction to the Men and Women who Decide the World's Cases*, Brandeis University Press, Waltham-Massachusetts, 2007, Apêndice A, pp. 17 e 236-245.

[1591] *Idem*, p. 262.

O ÓRGÃO DE RECURSO

legal aspects of international relations through a life in national and international civil service"[1592].

Relativamente às várias alterações à primeira formação do Órgão de Recurso, podemos ver que o Órgão de Resolução de Litígios tem vindo a afastar-se, pelo menos em parte, da prática de nomear para o Órgão de Recurso pessoas com pouca ou nenhuma experiência prévia no direito do GATT ou da OMC e que a composição do Órgão de Recurso continua a ser representativa dos membros da OMC. Não deixa de ser interessante, aliás, verificar que, após a nomeação do sul--africano David Unterhalter, o continente africano esteve representado por dois membros durante cerca de dois anos.

Tem sido assim respeitada a decisão do Órgão de Resolução de Litígios de Estabelecimento do Órgão de Recurso, nos termos da qual os membros do Órgão de Recurso devem ser representativos, no conjunto, da composição da OMC, pelo que factores como a diversidade das regiões, os níveis de desenvolvimento e os sistemas jurídicos deverão ser devidamente tidos em conta[1593]. Logo, embora não se impeça expressamente que um Membro da OMC tenha dois nacionais como membros do Órgão de Recurso[1594], a exigência de que os seus membros sejam representativos, no conjunto, da composição da OMC coíbe que possa haver entre os sete membros do Órgão de Recurso mais de um nacional do mesmo Estado ou território aduaneiro autónomo Membro da OMC.

Recordando a primeira formação do Órgão de Recurso, os seus membros eram originários dos seguintes países: Alemanha, Egipto, Estados Unidos, Filipinas, Japão, Nova Zelândia e Uruguai. Consequentemente, o sistema económico não parece corresponder a um critério, visto que nenhum nacional de uma economia em transição fazia parte então do Órgão de Recurso, situação que se tem mantido ao longo das várias composições. Em contraste, as três grandes potências comerciais da altura (Comunidades Europeias, Estados Unidos e Japão) estavam representadas[1595]. Aliás, segundo alguns autores, não obstante a igualdade jurí-

---

[1592] Cesare ROMANO, Daniel TERRIS e Leigh SWIGART, *Toward a Community of International Judges*, in Loyola of Los Angeles International and Comparative Law Review, 2008, p. 425.

[1593] OMC, *Establishment of the Appellate Body – Recommendations by the Preparatory Committee for the WTO approved by the Dispute Settlement Body on 10 February 1995* (WT/DSB/1), 19-6-1995, parágrafo 6 (p. 2).

[1594] Por exemplo, o Estatuto do Tribunal Internacional de Justiça determina expressamente que não pode haver entre os 15 membros do Tribunal mais de um nacional do mesmo Estado (art. 3º, nº 1). Porém, a prática do Tribunal Internacional de Justiça indica que é possível um juiz *ad hoc* ter a mesma nacionalidade de um juiz regular do Tribunal Internacional de Justiça. Cf. Pieter KOOI-JMANS, Article 31, in *The Statute of the International Court of Justice – A Commentary*, Andreas Zimmermann, Christian Tomuschat e Karin Oellers-Frahm ed., Oxford University Press, 2006, p. 500.

[1595] Esta circunstância sugere que os governos nacionais se preocupam, de facto, com o resultado dos julgamentos dos tribunais internacionais.

## A FUNÇÃO JURISDICIONAL NO SISTEMA GATT/OMC

dica de todos os membros da OMC, é difícil de imaginar um Órgão de Recurso sem qualquer representante dos Estados Unidos, Japão e Comunidade Europeia[1596]. Relativamente aos outros quatro lugares, o critério geográfico tem imperado regra geral, com um membro do continente africano, um do continente asiático, um da América Latina e um da Oceânia. Porém, nem sempre os cinco continentes têm estado representados.

Presentemente, verificamos que o continente americano continua a assegurar (sempre) dois lugares, que o continente europeu continua a não estar representado por mais do que um membro, que o continente asiático se encontra representado por três membros (acontece pela primeira vez), que o continente africano continua a manter um lugar (já houve formações em que teve dois representantes) e que a Oceânia não tem qualquer representante (só deixou de o ter com a sexta formação).

No que diz respeito aos novos membros do Órgão de Recurso, é de assinalar que a China tem um seu nacional nomeado pela primeira vez, que África deixou de ter dois lugares para passar a ter apenas um, que o continente asiático, representativo de cerca de metade da população mundial, é o mais representado e que o Japão continua a ter um seu nacional na composição do Órgão de Recurso, o que parece indicar que existem três lugares *de facto* reservados[1597].

---

[1596] Petros Mavroidis e Kim Van der Borght, Impartiality, Independence and the WTO Appellate Body, in *Reform and Development of the WTO Dispute Settlement System*, Dencho Georgiev e Kim Van der Borght Ed., Cameron May, Londres, 2006, p. 212.

[1597] De igual modo, no contexto do art. 9º do Estatuto do Tribunal Internacional de Justiça, o principal órgão judicial das Nações Unidas, "there has become established a convention that the five permanent members of the Security Council should have five secure seats on the Court" (cf. Chittharanjan Amerasinghe, *Judges of the International Court of Justice – Elections and Qualifications*, in Leiden Journal of International Law, 2001, p. 346), ainda que a China não tenha tido nenhum juiz no Tribunal Internacional de Justiça entre 1967 e 1985, "because the political issue of China's representation was contended between the People's Republic of China and Taiwan" (cf. Cesare Romano, Daniel Terris e Leigh Swigart, *The International Judge: An Introduction to the Men and Women who Decide the World's Cases*, Brandeis University Press, Waltham-Massachusetts, 2007, p. 266). Actualmente, os continentes africano e asiático nomeiam cada um três juízes, a América Latina e a Europa Oriental (inclui a Rússia) nomeiam dois juízes cada e ao grupo da Europa Ocidental e outros estados (Canadá, Estados Unidos, Austrália e Nova Zelândia) são atribuídos 5 lugares (cf. Janina Satzer, *Explaining the Decreased Use of International Courts – The Case of the ICJ*, in Review of Law and Economics, 2007, p. 13). Entre os Estados rotativos, o Japão e a Alemanha têm estado mais representados no Tribunal Internacional de Justiça ao longo da sua história do que os países mais pequenos (cf. Eric Posner, The Decline of the International Court of Justice, in *International Conflict Resolution*, Stefan Voigt, Max Albert e Dieter Schmidtchen Ed., Mohr Siebeck, 2006, p. 114). A respeito dos cinco lugares permanentes no Tribunal dos cinco membros permanentes do Conselho de Segurança, Philippe Sands nota que:

O ÓRGÃO DE RECURSO

Mas talvez o mais importante tenha sido o facto de o Taipé Chinês ter aproveitado a regra do consenso (positivo) para bloquear, na reunião do Órgão de Resolução de Litígios do dia 19 de Novembro de 2007, a nomeação dos novos membros, invocando dúvidas quanto à imparcialidade e qualificações de um dos nove candidatos (mais exactamente, do candidato chinês). A jogada de Taipé pareceu dever-se mais a uma certa frustração por não po-der aderir a algumas organizações internacionais, tais como as Nações Unidas e a Organização Mundial de Saúde, por causa da oposição da China. Mesmo no caso da OMC, o Taipé, assim chamado por insistência da China, aderiu não como Estado soberano[1598], mas como território aduaneiro autónomo (abarca o território de Taiwan, Penghu, Kinmen e Matsu)[1599]

"this is an unwritten custom which may, in the eyes of some observers, raise issues about independence, although others take the view that it is nothing more than an appropriate mechanism to guarantee that the principal judicial organ of the United Nations remains broadly representative of political realities". Cf. Philippe SANDS, The Independence of the International Judiciary: Some Introductory Thoughts, in *Law in the Service of Human Dignity – Essays in Honour of Florentino Feliciano*, Steve Charnovitz, Debra Steger e Peter van den Bossche Ed., Cambridge University Press, 2005, p. 319.

[1598] O nome oficial de Taiwan é República da China. Os factores que determinam o carácter estadual da República da China devem limitar-se aos referidos no artigo 1º da Convenção de Montevideu sobre os Direitos e Deveres dos Estados, a saber: uma população permanente, um território definido, um governo e capacidade de estabelecer relações com outros Estados. A República da China preenche os quatro requisitos referidos (cf. Pasha HSIEH, *An Unrecognized Sate in Foreign and International Courts: The Case of the Republic of China on Taiwan*, in MJIL, Vol. 28, 2007, pp. 771-772). A Convenção sobre Direitos e Deveres dos Estados foi assinada em Montevideu em 26 de Dezembro de 1933, entrou em vigor em 26 de Dezembro de 1934 e é vista como "the source most often cited as an authority on the definition of the state". Cf. Thomas GRANT, *Defining Statehood: The Montevideo Convention and Its Discontents*, in CJTL, 1999, p. 408.

[1599] Ao contrário das Nações Unidas (artigos 3º e 4º da Carta das Nações Unidas) e da Organização Mundial de Saúde (artigos 3º a 6º da Constituição da Organização Mundial de Saúde), podem aderir à Organização Mundial do Comércio "qualquer Estado ou território aduaneiro autónomo distinto que possua plena autonomia na condução das suas relações comerciais externas" (art. XII, nº 1, do Acordo OMC) e daí o Taipé Chinês ser actualmente Membro da OMC. E apesar de as decisões em matéria de adesão serem aprovadas por consenso de todos os membros da OMC, a China ainda não era Membro da OMC quando a adesão do Taipé Chinês foi aprovada. A adesão do Taipé Chinês à OMC coloca, apesar de tudo, algumas questões e problemas. Por exemplo, nos termos do nº 6 do art. 2º do Acordo sobre os Obstáculos Técnicos ao Comércio, "a fim de harmonizar numa base o mais ampla possível os seus regulamentos técnicos, os membros participarão plenamente, nos limites dos seus recursos, na elaboração, pelos organismos internacionais de normalização competentes, de normas internacionais para os produtos para os quais tenham adoptado ou prevejam adoptar regulamentos técnicos", o que leva a que o Taipé Chinês seja obrigado a seguir normas estabelecidas por organismos internacionais que não permitem a sua adesão (cf. Steve CHARNOVITZ, *Taiwan's WTO Membership and Its International Implications*, in Asian Journal of WTO and International Health Law and Policy, Vol. I, 2006, p. 415). Por outro lado, uma vez que o Fundo

A FUNÇÃO JURISDICIONAL NO SISTEMA GATT/OMC

Monetário Internacional não permitiu que Taiwan adquirisse a condição de seu membro, a adesão do Taipé Chinês implicou a negociação com a OMC de um acordo cambial especial em matéria monetária, conforme exigido pelo nº 6 do art. XV do GATT (cf. OMC, *Accession of the Separate Customs Territory of Taiwan, Penghu, Kinmen and Matsu – Decision of 11 November 2001* (WT/L/433), 23-11-2001, Annex II). Resulta do seus próprios termos que a aplicação do acordo cambial pode ser garantida através do sistema de resolução de litígios da OMC (cf. OMC, *Accession of the Separate Customs Territory of Taiwan, Penghu, Kinmen and Matsu – Decision of 11 November 2001* (WT/L/433), 23-11-2001, Artigo VI, nº 4). Por outro lado, ainda, a China vetou durante muito tempo a adesão do Taipé Chinês, a 17ª maior economia a nível mundial (cf. Pasha HSIEH, *An Unrecognized Sate in Foreign and International Courts: The Case of the Republic of China on Taiwan*, in MJIL, Vol. 28, 2007, p. 766), ao Acordo sobre Compras Públicas por razões políticas. Ao abrigo do Acordo sobre Compras Públicas, cada parte deve especificar num apêndice as entidades governamentais que concorda sujeitar às regras do acordo. A lista proposta por Taipé, à semelhança de outras listas apresentadas, contém a maioria dos seus ministérios governamentais, o gabinete do Primeiro-Ministro e o Ministério dos Negócios Estrangeiros. A China recusa tal lista de entidades no Acordo sobre Compras Públicas por considerar que uma província da China não pode ter um Primeiro-Ministro ou um Ministério dos Negócios Estrangeiros e, por isso, tem instado o Taipé Chinês a alterar o nome destas e de outras entidades, de modo a apagar qualquer indício de soberania (cf. Arie REICH, *The Threat of Politicization of the World Trade Organization*, in University of Pennsylvania Journal of International Economic Law, 2005, pp. 807-808). Estas dificuldades só foram ultrapassadas depois de o comité para os contratos públicos ter adoptado em 2006 um decisão relativa ao processo geral de acessão de territórios aduaneiros autónomos, na qual se estabelece que:

> "With respect to the nomenclature and other terminology used in a decision of accession to the Agreement, including in appendices and annexes, that have been provided by any delegation representing a separate customs territory, the Parties note that the nomenclature and other terminology used have been provided only for the purpose of providing clarity in defining commitments in the framework of the accession to the Agreement. The Parties also note that none of the nomenclature and other terminology used have implications for sovereignty"
> (cf. Sigrid WINKLER, *Can trade make a sovereign? Taiwan–China-EU relations in the WTO*, in Asia Europe Journal, 2008, p. 479).

Na sequência desta decisão, o comité para os contratos públicos da OMC adoptou uma decisão, em 9 de Dezembro de 2008, que convida o Taipé Chinês a aceder ao Acordo sobre Compras Públicas (cf. OMC, *Chinese Taipei to accede to WTO Government Procurement Agreement*, 2008 News Items, 9-12-2008).

Convém ter presente, finalmente, o seguinte episódio: em Maio de 2005, sem notificar o governo do Taipé Chinês como exigido pelo art. 12º do Acordo sobre as Medidas de Salvaguarda, a China adoptou medidas de salvaguarda provisórias contra os produtos de aço importados do Taipé Chinês. Por esta razão, a missão do Taipé Chinês na OMC solicitou formalmente a realização de consultas com a República Popular da China em conformidade com o art. 4º do Memorando de Entendimento sobre Resolução de Litígios. A missão da República Popular da China na OMC respondeu por carta ao Taipé Chinês, mas chamou à missão do Taipé Chinês "Economic Trade Office", o título que Hong Kong e Macau usam, e não o título oficial "Permanent Representative Mission", que a China considera ter "sovereign implications". O Taipé Chinês respondeu imediatamente, qualificando o engano de inapropriado e requerendo novamente a realização de consultas em conformidade com as regras da OMC. Receosa de que o Taipé Chinês solicitasse a criação de

582

O ÓRGÃO DE RECURSO

e a sua adesão só foi possível uma vez concretizada a adesão da China[1600].

Pela primeira vez, um Membro da OMC pôs em causa a nomeação de novos membros do Órgão de Recurso, depois de o comité de selecção ter conduzido o processo de selecção e apresentado as suas recomendações.

## 4. As Secções do Órgão de Recurso

Nos termos do nº 1 do art. 17º do Memorando de Entendimento sobre Resolução de Litígios, o Órgão de Recurso "será composto por sete pessoas, três das quais participarão na análise de cada caso. Os membros do Órgão de Recurso exercerão funções de um modo rotativo, que será definido nos Procedimentos de Trabalho do Órgão de Recurso". Uma secção é definida nos Procedimentos de Trabalho do Órgão de Recurso como "os três membros seleccionados para analisarem um recurso de acordo com o disposto no nº 1 do artigo 17º do Memorando de Entendimento sobre Resolução de Litígios e no nº 2 da Regra 6".

Em conformidade com o nº 2 da regra 6 dos Procedimentos de Trabalho do Órgão de Recurso, "os membros que constituem uma secção devem ser seleccionados por rotação, tendo em conta os princípios de selecção aleatória e da imprevisibilidade e do princípio segundo o qual todos os membros devem ter a possibilidade de actuar independentemente da sua origem nacional".

Desde a sua fundação, o Órgão de Recurso tem utilizado um processo confidencial para determinar a composição das secções de acordos com os princípios acima referidos. A composição de uma secção só é conhecida depois de o pedido

---

um painel, realçando a impressão de haver dois Estados, a China decidiu finalmente ter a reunião com o Taipé Chinês na missão deste último no dia 12 de Novembro de 2005. Cf. Pasha Hsieh, *An Unrecognized Sate in Foreign and International Courts: The Case of the Republic of China on Taiwan*, in MJIL, Vol. 28, 2007, p. 809.

[1600] Não obstante Taiwan ter adquirido, em 1965, o estatuto de observador junto do GATT, o GATT retirou-lhe tal estatuto em 1971, depois de a República Popular da China ter ocupado o seu lugar nas Nações Unidas e da expulsão dos representantes de Taiwan desta última organização internacional. Posteriormente, a China e as partes contratantes do GATT chegaram ao seguinte entendimento:

"O Conselho de Representantes do GATT deve examinar o relatório do Grupo de Trabalho relativo à China e adoptar o Protocolo para a acessão da República Popular da China antes de examinar o relatório e adoptar o Protocolo para o Taipé Chinês, ainda que os relatórios dos grupos de trabalho devam ser examinados de modo independente". Cf. Acordo Geral Sobre Pautas Aduaneiras e Comércio, *Minutes of Meeting Held in the Centre William Rappard on 29 September-1 October 1992* (C/M/259), 27-10-1992, p. 4.

E, de facto, a china aderiu à OMC no dia 11 de Dezembro de 2001, o Taipé Chinês no dia 1 de Janeiro de 2002.

A FUNÇÃO JURISDICIONAL NO SISTEMA GATT/OMC

de recurso ter sido apresentado e qualquer membro seleccionado para fazer parte de uma secção deve servir nela, salvo se:

i) for dispensado da secção em conformidade com as Regras 9 e 10;
ii) tiver notificado o Presidente [do Órgão de Recurso] e o Presidente da Secção, dizendo que não pode servir na secção por motivos de doença ou de outro motivo grave, em conformidade com a Regra 12;
iii) se tiver notificado a sua intenção de renunciar em conformidade com a Regra 14 (Regra 6, nº 3, dos Procedimentos de Trabalho do Órgão de Recurso).

Nestas situações, a Regra 13 dos Procedimentos de Trabalho do Órgão de Recurso estabelece que, "quando um membro estiver impossibilitado de actuar numa secção por uma das razões expostas no nº 3 da Regra 6, um outro membro deve ser seleccionado imediatamente em conformidade com o nº 2 da Regra 6 para substituir o membro seleccionado inicialmente para fazer parte dessa secção". Até agora, este processo de substituição de um membro seleccionado inicialmente para fazer parte de uma secção ocorreu em três ocasiões. No caso *United States – Imposition of Countervailing Duties on Certain Hot-Rolled Lead and Bismuth Carbon Steel Products Originating in the United Kingdom*, um dos membros da secção que estava a analisar o recurso faleceu pouco tempo depois da realização da audiência oral, o que implicou naturalmente a sua substituição e, no interesse da equidade e do bom desenrolar do processo de recurso (Regra 16, nº 1, dos Procedimentos de Trabalho do Órgão de Recurso), decidiu-se realizar uma segunda audiência oral com a secção reconstituída[1601]. No caso *United States – Continued Dumping and Subsidy Offset Act of 2000*, aproximadamente um mês após a apresentação do pedido de recurso, mas antes da realização da audiência oral, os participantes foram informados de que, em conformidade com a Regra 13 dos Procedimentos de Trabalho do Processo de Recurso, o Órgão de Recurso tinha substituído o Presidente da secção, por este ter invocado razões pessoais

---

[1601] Relatório do Órgão de Recurso no caso *United States – Imposition of Countervailing Duties on Certain Hot-Rolled Lead and Bismuth Carbon Steel Products Originating in the United Kingdom* (WT/DS138/AB/R), 10-5-2000, parágrafo 8. Foi esta, aliás, a primeira vez que o nº 1 da Regra 16 dos Procedimentos de Trabalho do Órgão de Recurso foi aplicado (cf. Pierre MONNIER, *Working Procedures Before Panels, the Appellate Body and Other Adjudicating Bodies of the WTO*, in The Law and Practice of International Courts and Tribunals, 2002, p. 518). Na segunda audiência oral, os participantes e participantes terceiros expuseram oralmente os seus argumentos e responderam às perguntas que os membros da nova secção lhes dirigiram. Devido às circunstâncias extraordinárias a que se fez referência, os participantes, as Comunidades Europeias e os Estados Unidos acordaram que se prorrogasse por duas semanas o prazo de 90 dias fixado para o exame de recurso.

## O ÓRGÃO DE RECURSO

sérias[1602]. Finalmente, por carta datada de 12 de Novembro de 2003, a Directora do Secretariado do Órgão de Recurso informou os participantes e participantes terceiros de que, em conformidade com a Regra 13 dos Procedimentos de trabalho, o Órgão de Recurso tinha escolhido Giorgio Sacerdoti para substituir AV. Ganesan como membro da secção que analisava o recurso, porquanto este último não podia continuar a servir na secção por motivos pessoais graves[1603].

Cada secção deve ter um Presidente, o qual deve ser eleito pelos seus membros (Regra 7, n.º 1, dos Procedimentos de Trabalho do Órgão de Recurso). Na eleição do Presidente da secção, a prática do Órgão de Recurso até à data tem tendido a reflectir os princípios da rotatividade e da igualdade de oportunidades e não, por exemplo, a antiguidade no cargo[1604]. Caso o Presidente da secção se veja na impossibilidade de desempenhar as suas funções, os demais membros da secção em causa e o membro escolhido para substituí-lo em conformidade com o disposto na Regra 13 elegerão um deles para que actue como Presidente da secção (Regra 7, n.º 3, dos Procedimentos de Trabalho do Órgão de Recurso).

As funções do Presidente da secção incluem coordenar toda a condução do processo de recurso, presidir à apresentação oral das alegações e às sessões relacionadas com o recurso e coordenar a redacção do relatório do Órgão de Recurso (Regra 7, n.º 2, dos Procedimentos de Trabalho do Órgão de Recurso).

## 5. O Secretariado do Órgão de Recurso

Ainda que formalmente o secretariado do Órgão de Recurso (art. 17.º, n.º 7, do Memorando de Entendimento sobre Resolução de Litígios) seja parte integrante do Secretariado da OMC[1605], funcionalmente, trata-se de um secretariado sepa-

---

[1602] Relatório do Órgão de Recurso no caso *United States – Continued Dumping and Subsidy Offset Act of 2000* (WT/DS217/AB/R, WT/DS234/AB/R), 16-1-2003, parágrafo 8.

[1603] Relatório do Órgão de Recurso no caso *United States – Final Countervailing Duty Determination with respect to certain Softwood Lumber from Canada* (WT/DS257/AB/R), 19-1-2004, parágrafo 10. Nos termos do n.º 1 da Regra 12 dos Procedimentos de Trabalho do Órgão de Recurso, "qualquer membro que por doença ou por algum outro motivo grave não possa actuar numa secção deve notificar o Presidente do Órgão de Recurso e o Presidente da Secção, justificando devidamente os motivos". Logo que recebam a notificação, o Presidente do Órgão de Recurso e o Presidente da secção devem transmiti-la ao Órgão de Recurso (Regra 12, n.º 2, dos Procedimentos de Trabalho do Órgão de Recurso).

[1604] Victoria DONALDSON e Alan YANOVICH, The Appellate Body's working procedures for appellate review, in *The WTO at Ten: The Contribution of the Dispute Settlement System*, Ed. Giorgio Sacerdoti, Alan Yanovich e Jan Bohanes, Cambridge University Press, 2006, p. 392.

[1605] Tal como os funcionários do Secretariado da OMC (art. VI, n.º 3, do Acordo OMC), os funcionários do Secretariado do Órgão de Recurso são escolhidos pelo Director-Geral da OMC mas, no caso destes últimos, os membros do Órgão de Recurso são consultados. Cf. Manfred ELSIG, *The*

## A FUNÇÃO JURISDICIONAL NO SISTEMA GATT/OMC

rado do resto do Secretariado da OMC e que trabalha sob a autoridade do Órgão do Recurso[1606]. Mas, atenção, o secretariado do Órgão de Recurso:

> "headed by a director, it is organized as a pool of lawyers and secretaries who serve all seven members of the Appellate Body, without being subdivided into individual members' chambers. Contrary to other judicial bodies, members of the Appellate Body therefore do not enjoy the assistance of personal secretaries and assistants"[1607].

O Órgão de Resolução de Litígios concordou que o tamanho do Secretariado do Órgão de Recurso deveria depender do volume de trabalho do Órgão de Recurso. Na altura do estabelecimento do Órgão de Recurso, o seu Secretariado contava com um Director, dois juristas e dois funcionários administrativos[1608], mas, em Março de 2010, contava já com onze juristas permanentes a assessorar o Órgão de Recurso[1609]. Trata-se, ainda assim, de um número reduzido, se tivermos presente, não só o seu volume de trabalho, mas também que, em 2006, o Tribunal Internacional de Justiça tinha 82 funcionários permanentes e 14 a título temporário e o Tribunal Penal Internacional para a Ex-Jugoslávia cerca de 1.200 funcionários[1610].

Actualmente, o Secretariado do Órgão de Recurso está situado no mesmo edifício que o Secretariado da OMC, o Centro William Rappard em Genebra, e os seus funcionários são contratados nos mesmos termos que os funcionários do Secretariado da OMC[1611].

---

*World Trade Organization at Work: Performance in a Member-Driven Milieu*, in Review of International Organizations, Volume 5, 2010, p. 354.

[1606] Claus-Dieter EHLERMANN, *Experiences from the WTO Appellate Body*, in Texas International Law Journal, 2003, p. 477. Os funcionários do Secretariado do Órgão de Recurso apoiam também os membros do Órgão de Recurso quando estes actuam como árbitros ao abrigo do nº 3, alínea *c*), do art. 21º do Memorando. Cf. Valerie HUGHES, The Institutional Dimension, in *The Oxford Handbook of International Trade Law*, Daniel Bethlehem, Donald McRae, Rodney Neufeld e Isabelle Van Damme Ed., Oxford University Press, 2009, p. 294.

[1607] Claus-Dieter EHLERMANN, *Six Years on the Bench of the "World Trade Court": Some Personal Experiences as Member of the Appellate Body of the World Trade Organization*, in JWT, 2002, p. 613.

[1608] Victoria DONALDSON, The Appellate Body: Institutional and Procedural Aspects (Chapter 27), in *The World Trade Organization: Legal, Economic and Political Analysis*, Volume I, Patrick Macrory, Arthur Appleton e Michael Plummer Ed., Springer, Nova Iorque, 2005, p. 1291.

[1609] http://www.wto.org (página visitada em 8-3-2010).

[1610] Robert JENNINGS, General Introduction, in *The Statute of the International Court of Justice – A Commentary*, Andreas Zimmermann, Christian Tomuschat e Karin Oellers-Frahm ed., Oxford University Press, 2006, p. 34.

[1611] Victoria DONALDSON, The Appellate Body: Institutional and Procedural Aspects (Chapter 27), in *The World Trade Organization: Legal, Economic and Political Analysis*, Volume I, Patrick Macrory, Arthur Appleton e Michael Plummer Ed., Springer, Nova Iorque, 2005, p. 1291.

# Capítulo 10
# O Secretariado e o Director-Geral da OMC

*"The stronger the adjudicators, the weaker the secretariat"*[1612].

## 1. Introdução

Não obstante estarmos ante uma *member-driven organization*, também a Organização Mundial do Comércio dispõe de um Secretariado (como é próprio, aliás, de qualquer organização internacional), composto por 627 funcionários das mais diversas nacionalidades[1613], com funções de apoio administrativo e técnico e dirigido por um Director-Geral, o mais alto funcionário da OMC[1614].

---

[1612] David CARON, *Towards A Political Theory of International Courts and Tribunals*, in Berkeley Journal of International Law, 2007, p. 416.

[1613] 69 nacionalidades, de acordo com o último relatório anual da OMC que consultámos (cf. OMC, *2009 Annual Report*, ed. OMC, 2009, pp. 114 e 117). Mas, ao contrário das Nações Unidas, não existem quotas nacionais entre os funcionários do Secretariado da OMC.

[1614] O cargo de Director-Geral, criado no âmbito do GATT, por uma decisão de 23 de Março de 1965, continua, assim, a existir no âmbito da Organização Mundial do Comércio. Até aos dias de hoje, foram Directores-Gerais do GATT Sir Eric Wyndham White, de nacionalidade britânica (de 1965, ano em que o chefe do Secretariado passa a ter a designação actual, a 1968, embora desempenhasse funções similares desde a entrada em vigor do GATT), Olivier Long, de nacionalidade suíça (de 1968 a 1979), Arthur Dunkel, de nacionalidade suíça (de 1980 a 1993), Peter Sutherland, de nacionalidade irlandesa (desde 1 de Julho de 1993 até 1 de Maio de 1995), Renato Ruggiero, de nacionalidade italiana (de 1 de Maio de 1995 até 30 de Abril de 1999), Mike Moore, de nacionalidade neo-zelandesa (de 1 de Setembro de 1999 até 31 de Agosto de 2002), o tailandês Supachai Panitchpakdi (de 1 de Setembro de 2002 a 31 de Agosto de 2005) e o francês Pascal Lamy (desde o dia 1 de Setembro de 2005). Pascal Lamy contou, na altura, com a concorrência de outros três candidatos: Carlos Perez del Castillo do Uruguai, Jaya Krishna Cuttaree das Maurícias e Luiz Felipe Seixas Correa do Brasil. Cf. OMC, *2005 Press Releases – Press 407*, 26-5-2005.

## A FUNÇÃO JURISDICIONAL NO SISTEMA GATT/OMC

No cumprimento dos seus deveres, o Director-Geral e o pessoal do Secretariado, cujas funções são de carácter exclusivamente internacional, não devem solicitar nem aceitar instruções de qualquer governo ou autoridade estranha à Organização Mundial do Comércio (art. VI, nº 4, do Acordo OMC), donde resulta que são responsáveis apenas perante a organização em que trabalham[1615]. Prova disso mesmo é o juramento feito por um novo funcionário do Secretariado quando assume funções:

> "Comprometo-me solenemente a exercer com toda a lealdade, discrição e consciência as funções que me foram confiadas na qualidade de funcionário internacional da Organização Mundial do Comércio, a desempenhar essas funções e a regular a minha conduta tendo em conta exclusivamente os interesses da Organização Mundial do Comércio, sem solicitar nem aceitar instruções de nenhum governo ou outra autoridade externa à Organização a respeito do cumprimento dos meus deveres, assim como a não aceitar deles nenhuma remuneração a respeito dos meus serviços na OMC, seja antes, durante ou após este emprego"[1616].

O Director-Geral tem, como deveres principais, apresentar ao Comité do Orçamento, Finanças e Administração um projecto de orçamento e um relatório sobre a situação financeira anual da Organização Mundial do Comércio (art. VII, nº 1, do Acordo OMC), aplicar os regulamentos financeiros da OMC[1617], nomear os membros do pessoal do Secretariado, determinar os seus deveres e condições para o exercício de funções (art. VI, nº 3, do Acordo OMC)[1618], convocar as reu-

---

[1615] Na prática, os Estados Unidos parecem gozar de um "unspoken veto over the appointment of the director-general of the WTO and key staff" (cf. Gautam SEN, The United States and the GATT/WTO System, in *US Hegemony and International Organizations – The United States and Multilateral Institutions*, Rosemary Foot, S. Neil MacFarlane e Michael Mastanduno ed., Oxford University Press, 2003, p. 131). Por acordo tácito, um cidadão norte-americano tem ocupado sempre uma das posições de director-geral adjunto, mas nunca o cargo de Director-Geral da OMC. Cf. John BARTON, Judith GOLDSTEIN, Timothy JOSLING e Richard STEINBERG, *The Evolution of the Trade Regime: Politics, Law, and Economics of the GATT and the WTO*, Princeton University Press, 2006, p. 44.

[1616] OMC, *Conditions of Service Applicable to the Staff of the WTO Secretariat – Decision Adopted by the General Council and the ICITO Executive Committee on 16 October 1998* (WT/L/282), 21-10-1998, Regulation 1.12.

[1617] OMC, *Financial Regulations of the World Trade Organization* (WT/L/156/Rev.1), 21-11-2003, Regulation 2.

[1618] O GATT de 1947 não continha qualquer disposição relativa à sucessão do director-geral (Olivier Long, em 1967, e Arthur Dunkel, em 1980, foram nomeados pelo conjunto das partes contratantes. Cf. John BARTON, Judith GOLDSTEIN, Timothy JOSLING e Richard STEINBERG, *The Evolution of the Trade Regime: Politics, Law, and Economics of the GATT and the WTO*, Princeton University Press, 2006, pp. 42-43). No que diz respeito à nomeação do Director-Geral, não obstante o Acordo OMC dizer que ele será nomeado pela Conferência Ministerial (art. VI, nº 2), todos os cinco directores-

588

# O SECRETARIADO E O DIRECTOR-GERAL DA OMC

-gerais da OMC foram nomeados pelo Conselho Geral (cf. Mary FOOTER, *An Institutional and Normative Analysis of the World Trade Organization*, Martinus Nijhoff, Leiden-Boston, 2006, pp. 46-47). Seja como for, o Director-Geral da OMC é o único cargo que é nomeado directamente pelos membros da OMC. Todos os outros funcionários da OMC são nomeados pelo Director-Geral, incluindo os quatro adjuntos do Director-Geral (cf. Hakan NORDSTRÖM, *The World Trade Organization Secretariat in a Changing World*, in JWT, 2005, p. 834). Os quatro directores-gerais adjuntos são, no entanto, sujeitos a uma aprovação informal dos membros da OMC, com vista a assegurar que os altos funcionários da OMC reflectem a composição dos membros.

O Acordo OMC não estabelece, por outro lado, quaisquer condições especiais para a assunção do cargo, ao contrário do que acontece, por exemplo, no Fundo Monetário Internacional (no caso do Fundo, os seus Estatutos impõem que o "Director-Geral não poderá ser nenhum dos governadores nem dos directores executivos" (art. XII, Secção 4)). Apesar disso, uma decisão adoptada em Dezembro de 2002 pelo Conselho Geral estabelece que, em geral, os candidatos ao cargo de Director-Geral da OMC deverão reunir as seguintes qualificações:

(i) grande traquejo em relações internacionais, incluindo em questões económicas, comerciais e/ou políticas;

(ii) um comprometimento firme com as actividades e os objectivos da OMC;

(iii) capacidade de gestão e de liderança comprovadas; e

(iv) reconhecidos dons de comunicação (cf. OMC, *Procedures for the Appointment of Directors-General*, Adopted by the General Council on 10 December 2002 (WT/L/509), 20-1-2003, parágrafo 9).

Na prática, a escolha do Director-Geral tem obedecido ainda a outra regra: a de que a pessoa escolhida para assumir o cargo não seja funcionário da Organização (cf. Miles KAHLER, *Leadership Selection in the Major Multilaterals*, Institute for International Economics, Washington, D.C., 2001, p. 95). Além disso, a nomeação do irlandês Peter Sutherland, um antigo comissário das Comunidades Europeias, significou uma mudança no tipo de personalidade escolhida pelos membros para dirigir o Secretariado. Anteriormente, o Director-Geral era sempre um funcionário diplomático, mas, com a criação da OMC à vista, o cargo começou a ser preenchido por políticos (cf. *Idem*, p. 94). A maior exposição da OMC à opinião pública tornou igualmente o processo de selecção do Director-Geral mais difícil. Em 1995, por exemplo, o substituto de Peter Sutherland, Renato Ruggiero, antigo ministro do comércio da Itália, apesar de ter sido nomeado por consenso, foi uma escolha controversa. Segundo os Estados Unidos, a nomeação de Renato Ruggiero violaria o acordo estabelecido nos anos 60, nos termos do qual o Director-Geral não deveria ser nunca originário de uma grande economia europeia. Posteriormente, a administração Clinton acabou por concordar com a escolha de Ruggiero, mas para que tal acontecesse impôs duas condições: por um lado, em vez do mandato normal de cinco anos, o mandato limitar-se-ia a quatro anos; por outro lado, o seu sucessor seria um nacional de um país não europeu (cf. *Idem*, pp. 57 e 61), muito provavelmente de um país em desenvolvimento.

Posteriormente, quando Renato Ruggiero terminou o seu mandato em 30 de Abril de 1999, verificou-se que os Estados Unidos tinham rompido o acordo de cavalheiros existente para a escolha do Director-Geral, nos termos do qual o próximo Director-Geral da OMC deveria ser oriundo de um dos países em desenvolvimento. Estes acordos são bastante comuns. Por exemplo, a partir de 1968, o cargo de Director-Geral do GATT de 1947 passou a ser atribuído, por via de um acordo informal, a um nacional de um pequeno país industrializado. Já no caso do Fundo Monetário Internacional e do Banco Mundial, existe um "acordo", não escrito, que atribui o cargo de Director-Geral do

589

# A FUNÇÃO JURISDICIONAL NO SISTEMA GATT/OMC

Fundo a um cidadão europeu e o de Presidente do Banco Mundial a um cidadão norte-americano (cf. Jacob COGAN, *Representation and Power in International Organization: The Operational Constitution and Its Critics*, in AJIL, 2009, pp. 209-210; Miles KAHLER, *Leadership Selection in the Major Multilaterals*, Institute for International Economics, Washington, D.C., 2001, pp. 14-15, 24 e 55).

No caso da escolha do substituto de Renato Ruggiero, enquanto a maioria dos países ocidentais mais industrializados, com os Estados Unidos à cabeça, apoiava a candidatura do neo-zelandês Michael Moore, o Japão e a Associação de Nações do Sudeste Asiático (ASEAN) apoiavam o tailandês Supachai Panitchpakdi, o qual tinha, ainda, o apoio de alguns países da Comunidade Europeia, incluindo alguns inesperados, como a Holanda e o Reino Unido (cf. Mike MOORE, *A World Without Walls – Freedom, Development, Free Trade and Global Governance*, Cambridge University Press, 2003, p. 94).

O facto de a OMC ser uma organização internacional particularmente importante para os Estados Unidos, levou a que os norte-americanos dessem uma importância acrescida à questão da escolha do Director-Geral, pelo que o esperado consenso, através do qual foram escolhidos todos os dirigentes da OMC e do GATT até então, parecia longe de ser alcançado. Contudo, após vários meses de "cadeira vazia" (desde 30 de Abril de 1999 até 1 de Setembro do mesmo ano), os membros da OMC chegaram a um consenso, demonstrando que o pragmatismo característico do GATT de 1947 se encontra igualmente presente no caso da OMC. Com efeito, o dia 1 de Setembro de 1999 marcou o início do mandato do novo Director-Geral, o neo-zelandês Mike Moore, antigo primeiro-ministro da Nova Zelândia e um forte defensor do comércio livre, que esteve à frente da OMC durante três anos (até 31 de Agosto de 2002) (assim, pela primeira vez, foi nomeado um Director-Geral nacional de um país não europeu), em vez dos quatro anos normais (cf. Rorden WILKINSON, *The WTO in Crisis: Exploring the Dimensions of Institutional Inertia*, in JWT, 2001, p. 415). Para os três anos seguintes, foi designado Supachai Panitchpakdi, na altura vice primeiro-ministro da Tailândia, e que, ao assumir o cargo de Director-Geral da OMC no dia 1 de Setembro de 2002, tornou-se o primeiro cidadão de um país em desenvolvimento a presidir a uma das três organizações económicas internacionais de vocação universal mais importantes (OMC, Fundo Monetário Internacional e Banco Mundial). Decidiu-se ainda que quer Mike Moore, quer Supachai Panitchpakdi, uma vez terminados os respectivos mandatos, não poderiam voltar a ocupar o cargo de Director-Geral da OMC. O texto da decisão do Conselho Geral, de 22 de Julho de 1999, relativa à nomeação de Mike Moore e Supachai Panitchpakdi, pode ser encontrada in OMC, *WTO Focus*, nº 41, 1999, p. 2. A fim de evitar a repetição do "alvoroço" das últimas nomeações, o Conselho Geral adoptou, em Dezembro de 2002, um conjunto de procedimentos para a nomeação atempada do próximo Director-Geral da OMC (cf. OMC, *Procedures for the Appointment of Directors-General*, Adopted by the General Council on 10 December 2002 (WT/L/509), 20-1-2003). De acordo com essa decisão, o processo deverá ter início nove meses antes do termo do mandato do então titular do cargo, através de uma notificação do Presidente do Conselho Geral, e terminar com uma reunião do Conselho Geral convocada o mais tardar três meses antes do fim do mandato do titular do cargo, na qual se adoptará a decisão de nomear um novo Director-Geral da OMC.

Uma vez iniciado o processo de nomeação, os membros da OMC terão um prazo de um mês para a apresentação de candidatos. As candidaturas serão apresentadas unicamente pelos membros e apenas em relação a nacionais seus. Os candidatos apresentados terão depois três meses para se darem a conhecer aos membros e para participarem em debates sobre questões pertinentes com que a OMC se veja confrontada. Os dois meses restantes antes da conclusão do processo serão consagrados à escolha e à nomeação de um dos candidatos. No final do processo de consultas, o

## O SECRETARIADO E O DIRECTOR-GERAL DA OMC

niões do Conselho Geral (regra 2 dos Procedimentos de Trabalho das Reuniões do Conselho Geral), responsabilizar-se pela aplicação dos acordos de cooperação celebrados com o Fundo Monetário Internacional e o Banco Mundial/Associação Internacional de Desenvolvimento (parágrafo 14 do acordo celebrado com o Fundo Monetário Internacional e parágrafo 11 do acordo finalizado com o Banco Mundial), responsabilizar-se pelo secretariado do Órgão de Recurso, representar a OMC nas suas relações externas, participando, quando convidado, no G7 e em algumas cimeiras importantes (por exemplo, a Cimeira das Américas no Chile em 1998, a CNUCED X em 2000), etc.[1619].

Como representante máximo da OMC, o Director-Geral tem-se preocupado, igualmente, em estabelecer ligações entre a organização a que preside e os parlamentos dos membros da OMC[1620]. Dado que a participação dos cidadãos é algo

Presidente do Conselho Geral apresentará o nome do candidato que tenha maiores probabilidades de gerar consenso e recomendará a sua nomeação pelo órgão a que preside. Quando os membros da OMC tiverem de optar entre candidatos de igual mérito, um dos factores de preferência a ter em conta será o de o Director-Geral escolhido reflectir a diversidade da composição da Organização. Se, no entanto, não for de todo possível ao Conselho Geral no prazo previsto adoptar a decisão de nomeação do Director-Geral por consenso, os membros da OMC têm como única alternativa o recurso à votação, mediante um procedimento que será então determinado.

Uma vez nomeado, o Director-Geral terá um mandato de quatro anos, podendo ser confirmado para um novo mandato não superior a quatro anos. Mas, caso o Director-Geral em funções decida solicitar a sua confirmação no cargo para um segundo mandato, deverá notificar o Presidente do Conselho Geral da sua vontade antes do início do processo, de modo a que possa ser considerado candidato. O Presidente do Conselho Geral deverá, então, informar os membros da OMC da candidatura do Director-Geral em funções, a fim de que a possam ter em consideração quando da apresentação das suas candidaturas.

Caso o cargo de Director-Geral fique vago, o Conselho Geral nomeará um dos Directores-Gerais adjuntos em funções para que actue interinamente como Director-Geral da OMC até à nomeação de um novo Director-Geral, cujo processo de nomeação deverá ter início o mais rapidamente possível.

[1619] Apesar de as regras do GATT de 1947 não se aplicarem ao comércio de têxteis e vestuário, o Director-Geral era o presidente do comité dos têxteis do Acordo Multifibras.

[1620] No caso do Ciclo do Uruguai, a participação dos parlamentos nas negociações comerciais foi, com a excepção importante do congresso norte-americano, quase inexistente. Os parlamentos nacionais só foram confrontados com as negociações depois destas terem terminado (cf. Markus KRAJEWSKI, *Democratic Legitimacy and Constitutional Perspectives of WTO Law*, in JWT, 2001, p. 176). Além disso, entre a assinatura dos acordos da OMC em Abril de 1994 e a sua entrada em vigor em 1 de Janeiro de 1995, o tempo para traduzir as cerca de 25.000 páginas de texto foi de tal maneira escasso que muitos parlamentos nacionais (por exemplo, o da Alemanha) tiveram de discutir os acordos sem que tivessem ao seu dispor uma tradução completa dos acordos na respectiva língua materna, impedindo os mesmos de analisarem, discutirem ou criticarem "such complex and important 'international legislation'" (cf. Ernst-Ulrich PETERSMANN, Constitutionalism and WTO law: From a state-centered approach towards a human rights approach in international economic

# A FUNÇÃO JURISDICIONAL NO SISTEMA GATT/OMC

remota e o controlo parlamentar sobre o executivo pouco efectivo[1621], o estabelecimento de ligações entre a OMC e os parlamentos nacionais é importante, não só para obter apoio a favor das actividades da OMC, mas também para melhorar a transparência do processo de tomada de decisões da OMC e reforçar a legitimidade do sistema comercial multilateral. Por isso mesmo, um elemento positivo da Conferência Ministerial de Seattle, que passou despercebido, foi a realização da primeira reunião informal de parlamentares de diversos membros da OMC, que debateu alguns dos problemas relacionados com o comércio internacional e o fenómeno da globalização[1622]. Também na Conferência Ministerial de Doha, mais de cem parlamentares de diferentes países levaram a cabo um debate sobre a possibilidade de uma participação mais sistemática dos parlamentos nos trabalhos da OMC. Na declaração final, os parlamentares reclamaram mesmo uma dimensão parlamentar para a OMC[1623]. A própria Comissão Europeia propôs, com vista a aprofundar o diálogo entre os parlamentos dos membros da OMC, o estabelecimento de uma Assembleia Parlamentar Consultiva da OMC (*WTO Parliamentary Consultative Assembly*), que funcionaria como um fórum de discussão dos principais assuntos debatidos no âmbito da OMC[1624].

law, in *The Political Economy of International Trade Law – Essays in Honor of Robert E. Hudec*, Daniel Kennedy e James Southwick ed., Cambridge University Press, 2002, p. 63). Apesar disso, é bom ter presente que "Keynes himself had not had time to read the complete text of the ninety-six-page document covering the [International Monetary] Fund and the [World] Bank before he signed it". Cf. Fatoumata JAWARA e Aileen KWA, *Behind the scenes at the WTO: the real world of international trade negotiations*, Zed Books, Londres e Nova Iorque, 2003, p. 115.

[1621] Eric STEIN, *International Integration and Democracy: No Love at First Sight*, in AJIL, 2001, p. 490.

[1622] OMC, *Moore calls for closer parliamentary involvement in WTO matters*, 2000 Press Releases, Press/169, 21-2-2000. Actualmente, é cada vez mais frequente parlamentares fazerem parte das delegações nacionais presentes nas conferências ministeriais e, no ano de 2003, a OMC manteve contactos com grupos parlamentares chaves, tais como a União Inter-Parlamentar e a Associação Parlamentar da Commonwealth. Cf. OMC, *2004 Annual Report*, ed. OMC, 2004, p. 7.

[1623] INTER-PARLIAMENTARY UNION, *Final Declaration/Conclusions*, Parliamentary Meeting, Doha/Qatar, 11-11-2001, in www.ipu.org/splz-e/doha.htm.

[1624] COMISSÃO EUROPEIA, *Improving the functioning of the WTO System*, EU paper on WTO activities, Setembro de 2000. Para reforçar a legitimidade e o apoio ao sistema comercial multilateral, ERNST-ULRICH PETERSMANN propõe, igualmente, a criação de órgãos que assegurem a participação efectiva de representantes nacionais de todos os interesses da sociedade civil nos trabalhos da Organização, nomeadamente através da criação de um *WTO Economic and Social Committee* ou de um *Advisory Parliamentary Body*, os quais seriam consultados regularmente pelos órgãos da OMC (cf. Ernst-Ulrich PETERSMANN, The WTO Constitution and the Millennium Round, in *New Directions in International Economic Law: Essays in Honour of John Jackson*, Marco Bronckers e Reinhard Quick ed., Kluwer Law International, Haia-Londres-Boston, 2000, p. 119; *Human Rights and International Economic Law in the 21st Century: The Need to Clarify their Interrelationships*, in JIEL, 2001, p. 36). Uma tal Assembleia Consultiva poderia ter, por exemplo, um papel importante na nomeação do Director-Geral da OMC e dos membros do Órgão de Recurso, "through mandatory hea-

# O SECRETARIADO E O DIRECTOR-GERAL DA OMC

Na prática, não obstante o Director-Geral da OMC ser uma espécie de general sem armas[1625], não podendo, por exemplo, ordenar que os membros da OMC liberalizem as trocas comerciais, interpretar os acordos abrangidos, determinar os procedimentos e práticas da OMC, pronunciar-se sobre a legalidade das políticas comerciais dos membros da OMC ou dar início a um novo ciclo de negociações comerciais multilaterais, a história institucional do sistema comercial multilateral contém muitos exemplos de intervenções fundamentais da sua parte. Para dar um exemplo, em 1991, durante as negociações do Ciclo do Uruguai, o Director--Geral de então, Arthur Dunkel, interveio a fim de ultrapassar um eventual beco sem saída, apresentando um projecto de acordo em seu nome e sob a sua responsabilidade. Embora o chamado *Dunkel Draft* de 436 páginas[1626] não tenha posto fim ao ciclo de negociações, ele providenciou o caminho a seguir até ao acordo final três anos depois[1627]. A acção do Director-Geral foi ousada e arriscada, mas é provável que as negociações tivessem fracassado sem a sua orientação[1628].

Quanto ao corpo de funcionários da OMC, mais conhecido por Secretariado, o aspecto mais importante a realçar é, igualmente, o da ausência do poder de decisão. Geralmente, o Secretariado da OMC desempenha as seguintes funções:

1. Funciona como secretariado de um determinado órgão da OMC, por exemplo, do Comité das Práticas Antidumping;
2. Funciona como depositário das obrigações de notificação;
3. Prepara determinados relatórios factuais, por exemplo, no âmbito do exame das políticas comerciais dos membros da OMC;
4. Fornece assistência técnica e formação;
5. Assiste os painéis;

---

rings prior to the appointment decision by Member States". Cf. Americo Beviglia ZAMPETTI, *Democratic Legitimacy in the World Trade Organization: The Justice Dimension*, in JWT, 2003, p. 124.

[1625] Hakan NORDSTRÖM, *The World Trade Organization Secretariat in a Changing World*, in JWT, 2005, p. 834.

[1626] Gilbert WINHAM, *An Institutional Theory of WTO Decision-Making: Why Negotiation in the WTO Resembles Law-Making in the U.S. Congress*, Occasional Paper No. 11, Munk Centre for International Studies at Trinity College-University of Toronto, 2006, pp. 21-22.

[1627] Hakan NORDSTRÖM, *The World Trade Organization Secretariat in a Changing World*, in JWT, 2005, p. 819.

[1628] Gilbert WINHAM, *An Institutional Theory of WTO Decision-Making: Why Negotiation in the WTO Resembles Law-Making in the U.S. Congress*, Occasional Paper No. 11, Munk Centre for International Studies at Trinity College-University of Toronto, 2006, pp. 21-22.

A FUNÇÃO JURISDICIONAL NO SISTEMA GATT/OMC

6. Coopera com outras organizações internacionais[1629] e é responsável pelas comunicações com a sociedade civil e parlamentos nacionais[1630].

O Secretariado presta, ainda, apoio às negociações comerciais da OMC que decorrem actualmente ao abrigo do mandato de Doha (e o Director-Geral preside ao Comité de Negociações Comerciais, estabelecido pela Declaração Ministerial de Doha e que funciona sob a supervisão do Conselho Geral)[1631].

Em relação à sua estrutura interna, o Secretariado da OMC está organizado em divisões, cujas competências variam em função das matérias, e que têm normalmente à sua cabeça um director subordinado a um Director-Geral adjunto[1632]. Assim, temos as: (i) chamadas divisões funcionais: divisão das adesões; divisão da agricultura e dos produtos de base, divisão do conselho e do comité de negociações comerciais (esta divisão apoia o comité de negociações comerciais, o Conselho Geral, o Órgão de Resolução de Litígios e a Conferência Ministerial), divisão de análise económica e das estatísticas, divisão do desenvolvimento (esta divisão apoia o comité do comércio e desenvolvimento e o conjunto dos países em desenvolvimento e menos avançados), divisão da propriedade intelectual, divisão dos assuntos jurídicos, divisão do acesso aos mercados, divisão das regras (cobre o Acordo sobre a Aplicação do Artigo VI do GATT de 1994, o Acordo sobre as Subvenções e as Medidas de Compensação, o Acordo sobre as Medidas de Salvaguarda, o Acordo sobre Compras Públicas e o Acordo sobre o Comércio de Aeronaves Civis), divisão da cooperação técnica, divisão de auditoria da cooperação técnica, divisão de funções especiais relativas ao programa de Doha para o desenvolvimento, divisão do comércio e ambiente, divisão do comércio e das finanças e da facilitação das trocas comerciais, divisão do comércio de serviços e a divisão do exame de políticas comerciais; (ii) as divisões de informação e ligação: divisão de informação e de relações com os meios de comunicação e a divisão das relações externas; e (iii) as divisões de apoio: divisão da administração e dos serviços gerais, divisão dos recursos humanos, divisão da informática, divisão de serviços linguísticos e da documentação.

É de notar, por outro lado, que se levantam frequentemente dúvidas sobre a capacidade de o secretariado da OMC desempenhar cabal e eficazmente as funções que lhe estão atribuídas. Basta ver que a OMC tinha, em 2000, 552 fun-

---

[1629] Hakan NORDSTRÖM, *The World Trade Organization Secretariat in a Changing World*, in JWT, 2005, p. 825.

[1630] Gregory SHAFFER, *The role of the Director-General and Secretariat: Chapter IX of the Sutherland Report*, in WTR, 2005, pp. 429-430.

[1631] *Idem.*

[1632] Em Março de 2010, eram Directores-Gerais adjuntos Rufus Yerxa (Estados Unidos), Valentine Rugwabiza (Ruanda), Alejandro Jara (Chile) e Harsha Singh (Índia).

O SECRETARIADO E O DIRECTOR-GERAL DA OMC

cionários[1633], número que, quando comparado com o de outras organizações internacionais económicas de vocação mundial, se revela muito reduzido (por exemplo, em Junho de 2000, só o Banco Mundial tinha 11.103 funcionários[1634]). Aquele número revela-se ainda mais insuficiente, se tivermos em conta, não só que a China aderiu entretanto e que a Rússia está em vias de aderir à OMC, mas também o grande número de casos que o novo sistema de resolução de litígios tem em mãos e os novos acordos celebrados depois da conclusão do Ciclo do Uruguai, como, por exemplo, o acordo sobre tecnologias de informação.

Todavia, apesar de os países menos desenvolvidos serem a favor do aumento da importância do Secretariado e do seu número de funcionários, isto porque acreditam que tal os ajudaria na protecção e promoção dos seus interesses comerciais[1635], as grandes potências comerciais não concordam com tal aumento, essencialmente por duas razões: por um lado, porque sendo as contribuições dos membros para o orçamento da OMC proporcionais à sua quota no comércio internacional, isso levaria a que seriam os países ricos a pagar o acréscimo do número de funcionários do Secretariado e os países em desenvolvimento a beneficiar do aumento e importância das suas actividades; por outro lado, devido ao sistema "um país, um voto" vigente, é do interesse dos países ricos que as delegações nacionais mantenham o essencial da autoridade e influência sobre a natureza e direcção das actividades da OMC.

Uma possível solução para a escassez de funcionários do Secretariado da OMC passa pela transformação da OCDE em "research arm" da OMC, até por causa da complementaridade existente entre as duas organizações[1636]. Se as duas organizações internacionais não colaborarem entre si, corre-se o risco de chegarem a conclusões diferentes quando ambas lidarem com o mesmo assunto, situação que afectaria a sua credibilidade. Outra solução, que já está, aliás, a ser aplicada, embora em pequena escala, passa pelo recurso a consultores externos. Por exemplo, em 1998, apenas 13 dos 20 relatórios do Secretariado, no âmbito dos exames de política comercial, foram inteiramente elaborados por funcionários da OMC.

---

[1633] OMC, *2001 Annual Report*, ed. OMC, p. 138.

[1634] Marco BRONCKERS, *More Power to the WTO?*, in JIEL, 2001, p. 49.

[1635] Na prática, a CNUCED (Conferências das Nações Unidas para o Comércio e Desenvolvimento) acaba por desempenhar, em muitos dos aspectos ligados ao comércio internacional, o papel de Secretariado dos países em desenvolvimento.

[1636] David HENDERSON, International Agencies and Cross-Border Liberalization: The WTO in Context, in *The WTO as an International Organization*, Anne Krueger ed., The University of Chicago Press, 1998, p. 125.

A FUNÇÃO JURISDICIONAL NO SISTEMA GATT/OMC

Os outros 7 foram elaborados com a colaboração de consultores externos, o que foi possível graças a fundos da Austrália, Dinamarca e Reino Unido[1637].

## 2. O Secretariado e o Sistema de Resolução de Litígios

O Secretariado do GATT de 1947 desempenhou, desde o início, um papel importante no caso dos procedimentos dos painéis: o Secretariado do GATT marcava e organizava as reuniões, fornecia informações e documentação e produzia o relatório[1638]. A crescente complexidade dos litígios levou, contudo, a que o Secretariado do GATT de 1947 começasse a experimentar dificuldades, facto que levou à criação, em 1983, do Gabinete dos Assuntos Jurídicos e, pela primeira vez na sua história, o GATT de 1947 recorreu a "trained lawyers"[1639].

Actualmente, uma vez que exercem as suas funções numa base *ad hoc* e recebem uma compensação simbólica[1640], os membros dos painéis têm, na maioria dos casos, outras ocupações profissionais, pelo que não podem dedicar a totalidade do seu tempo aos procedimentos relativos ao painel.

Na prática, a Divisão do Conselho presta assistência ao Órgão de Resolução de Litígios, a Divisão das Regras presta assistência aos painéis que analisem os chamados litígios relativos a regras (medidas antidumping, subvenções e medidas de compensação e medidas de salvaguarda), a Divisão dos Assuntos Jurídicos (sucedeu ao antigo Gabinete dos Assuntos Jurídicos do GATT de 1947) presta apoio aos painéis que tenham de analisar os outros tipos de litígios, às arbitragens relativas à determinação do nível apropriado de retaliação e em todos os outros processos de arbitragem e de mediação (a única excepção prende-se com as arbitragens respeitantes à determinação do prazo razoável, levadas a cabo por um membro do Órgão de Recurso com a assistência do Secretariado do Órgão de Recurso)[1641].

---

[1637] Sam LAIRD, *The WTO's Trade Policy Review Mechanism – From Through the Looking Glass*, in WE, vol. 22, nº 6, 1999, p. 762.

[1638] Karen KAISER, Article 27 DSU, in *WTO-Institutions and Dispute Settlement*, Rüdiger Wolfrum, Peter-Tobias Stoll e Karen Kaiser (eds), Max Planck Commentaries on World Trade Law, Max Planck Institute for Comparative Public Law and International Law, Martinus Nijhoff Publishers, Leiden/Boston, 2006, p. 588.

[1639] *Idem.*

[1640] Marc IYNEDJIAN, *The Case for Incorporating Scientists and Technicians into WTO Panels*, in JWT, 2008, p. 283.

[1641] Teoricamente, é possível que um painel reúna sem a presença do Secretariado. Tal situação ocorreu, por exemplo, com o painel que examinou, durante a vigência do GATT de 1947, o chamado caso *DISC*. O painel redigiu, inclusive, a quase totalidade dos vários relatórios tornados públicos no âmbito do caso mencionado. Significativamente, os relatórios demoraram cinco anos a ser aprovados pelo Conselho dos Representantes (em 1981) e só depois de ter sido adoptado "an unintelligible text" fornecendo uma interpretação do que significavam os quatro relatórios. Cf.

596

O SECRETARIADO E O DIRECTOR-GERAL DA OMC

A assistência prestada pelo Secretariado da OMC a cada Painel assume geralmente duas formas. Por um lado, o Painel é assistido por um representante da divisão do Secretariado com responsabilidades substantivas sobre a matéria objecto do litígio (agricultura, acesso aos mercados, serviços, etc.), o qual actua como secretário do Painel e que tem como funções principais manter o contacto com as partes e preparar a parte factual do relatório do Painel; por outro lado, o Painel é assistido por um representante da Divisão dos Assuntos Jurídicos ou da Divisão das Regras, o qual aconselha os membros dos painéis nas questões jurídicas, ajuda-os na redacção das conclusões dos relatórios e assegura a compatibilidade entre os relatórios dos vários painéis, facto que tem permitido melhorar a qualidade e a credibilidade das conclusões dos painéis[1642].

A Divisão dos Assuntos Jurídicos tem ainda a seu cargo o Registo de Resolução de Litígios[1643]; mantém as bases de dados do Secretariado relativas ao sistema de resolução de litígios; prepara as publicações regulares do Secretariado sobre o sistema de resolução de litígios (por exemplo, o famoso e importante *WTO Analytical Index*, os *Dispute Settlement Reports*), organiza, em cooperação com o Instituto de Formação e Cooperação Técnica, cursos de formação especiais para os Membros da OMC interessados em matéria de procedimentos e práticas de resolução de litígios[1644]; e, finalmente, a Divisão dos Assuntos Jurídicos trabalha com outras divisões funcionais do Secretariado da OMC na assistência aos pai-

Rosine PLANK, An Unofficial Description of how a GATT Panel Works and Does Not, in *The World Trading System. Critical Perspectives on the World Economy, vol. II, Dispute Settlement in the World Trading System*, Robert Howse ed., Routledge, Londres e Nova Iorque, 1998, p. 81.

[1642] Nos chamados litígios relativos a regras (medidas antidumping, subvenções e medidas de compensação e medidas de salvaguarda), o assessor jurídico e o secretário do Painel provêm da Divisão das Regras. Cf. Petros MAVROIDIS e David PALMETER, *Dispute Settlement in the World Trade Organization: Practice and Procedure*, 2ª ed., Cambridge University Press, 2004, p. 114.

[1643] O Registo de Resolução de Litígios constitui o repositório central e o centro de distribuição de toda a documentação relativa aos procedimentos dos painéis, como por exemplo as comunicações dos painéis, as comunicações apresentadas pelas partes em litígio e partes terceiras, os registos administrativos, etc.

[1644] Para além dos cursos sobre resolução de litígios com duração de uma semana, o Instituto de Formação e Cooperação Técnica oferece regularmente cursos sobre política comercial com duração de três meses, cursos especializados com duração de duas semanas e cursos introdutórios com duração de três semanas para os países menos avançados e cursos introdutórios de um dia para os delegados colocados pela primeira vez em Genebra. Com excepção do último curso referido, aberto também a representantes das organizações não governamentais, os outros cursos de preparação têm como destinatários apenas funcionários governamentais. Os cursos relativos ao sistema de resolução de litígios são conduzidos nas três línguas oficiais da OMC. Cf. Karen KAISER, Article 27 DSU, in *WTO-Institutions and Dispute Settlement*, Rüdiger Wolfrum, Peter-Tobias Stoll e Karen Kaiser (eds), Max Planck Commentaries on World Trade Law, Max Planck Institute for Comparative Public Law and International Law, Martinus Nijhoff Publishers, Leiden/Boston, 2006, p. 591.

597

A FUNÇÃO JURISDICIONAL NO SISTEMA GATT/OMC

néis que tenham de analisar questões em que essas outras divisões possuem um maior conhecimento (por exemplo, a Divisão da Propriedade Intelectual assistirá os painéis que estejam a analisar questões relacionadas com o Acordo TRIPS, a Divisão da Agricultura e dos Produtos de Base assistirá os painéis que estejam a analisar questões suscitadas ao abrigo do Acordo sobre a Agricultura, etc.)[1645]. Todavia, apesar da sua grande influência, a Divisão dos Assuntos Jurídicos não dispõe do poder jurídico ou institucional de controlar o que os painéis fazem[1646].

Significativamente, a permanente imparcialidade do Secretariado impede que ele possa prestar assistência jurídica aos membros da OMC, redigindo os argumentos jurídicos num determinado litígio ou assessorando juridicamente um Membro da OMC nos procedimentos de um painel[1647]. No caso *Chile – Price*

[1645] Bruce WILSON, The WTO dispute settlement system and its operation: a brief overview of the first ten years, in *Key Issues in WTO Dispute Settlement: The First Ten Years*, Rufus Yerxa e Bruce Wilson Ed., Cambridge University Press, 2005, pp. 19-20.

[1646] Robert E. HUDEC, The Role of the GATT Secretariat in the Evolution of the WTO Dispute Settlement Procedure, in *The Uruguay Round and Beyond, Essays in Honour of Arthur Dunkel*, Springer, 1998, p. 115.

[1647] Apesar da permanente imparcialidade que deve pautar o comportamento do Secretariado da OMC, existe uma regra não escrita que determina que a direcção da divisão dos assuntos jurídicos e do Secretariado do Órgão de Recurso, respectivamente, "are either from the European Union or from the United States or Canada" (cf. Asif QURESHI, Participation of Developing Countries in the WTO Dispute Settlement System, in *The WTO Dispute Settlement System 1995-2003*, Federico Ortino e Ernst-Ulrich Petersmann ed., Kluwer Law International, Haia-Londres-Nova Iorque, 2004, p. 495).

As funções gerais do Director dos Assuntos Jurídicos da OMC são as seguintes: presta assessoria jurídica e serviços conexos ao Gabinete do Director-Geral e ao Secretariado da OMC, ao Órgão de Resolução de Litígios e, a pedido, a outros órgãos da OMC, aos painéis e órgãos arbitrais, às delegações dos membros da OMC junto da mesma e, quando apropriado, ao público em geral. Por seu turno, as funções específicas consistem no seguinte:

1) dirigir o funcionamento da divisão dos assuntos jurídicos, incluindo a distribuição e revisão do trabalho dos juristas que nela trabalham, e assegurar que as práticas administrativas da divisão estão em conformidade com as regras e regulamentos da OMC;

2) prestar assessoria sobre o direito e prática da OMC ao Director-Geral da OMC e outras divisões do Secretariado da OMC, ao Órgão de Resolução de Litígios e, sob pedido, aos comités e grupos de trabalho da OMC, aos painéis e órgãos arbitrais, às delegações dos membros da OMC junto da mesma; e, quando adequado, ao público. É igualmente responsável por rever, na medida do necessário, os pareceres prestados por outros sobre o direito dos funcionários civis internacionais e os privilégios e imunidades do Secretariado da OMC;

3) supervisionar a participação da divisão dos assuntos jurídicos nos programas de ensino e treino da OMC, com particular incidência no sistema de resolução de litígios. Esta supervisão inclui, também, a preparação dos materiais de ensino e de treino utilizados, incluindo para o treino ministrado à distância por computador;

4) supervisionar a preparação e actualização dos materiais de referência do direito e prática da OMC, incluindo o *Analytical Index* da OMC; o Estatuto dos Instrumentos Jurídicos da OMC; Os

## O SECRETARIADO E O DIRECTOR-GERAL DA OMC

*Band System and Safeguard Measures Relating to Certain Agricultural Products*, o Painel observou igualmente que:

"O Chile informou também que, no início dos anos 90, durante um seminário realizado num país da América Central 'foi apresentada uma carta de uma autoridade do Secretariado do GATT alegando que não era necessário tarificar as bandas de preços, já que estas não estavam relacionadas com o preço interno, isto desde que as bandas preços se mantivessem dentro dos níveis consolidados'. O Chile foi incapaz de apresentar a carta mencionada. Não obstante, mesmo que tivéssemos podido comprovar o conteúdo exacto da carta, consideramos que ela não poderia ter alterado a nossa interpretação do nº 2 do artigo 4º do Acordo sobre a Agricultura. O simples facto de que uma pessoa do Secretariado do GATT pudesse ter feito uma declaração – oralmente ou por escrito – de acordo com o exposto pelo Chile não é determinante. O Acordo sobre a OMC atribui à Conferência Ministerial e ao Conselho Geral o direito exclusivo de adoptar interpretações dos acordos da OMC. Embora o Secretariado tenha sido solicitado, no passado e certamente o será no futuro, a prestar assessoria aos Membros da OMC, consideramos que o critério correcto neste contexto é a norma geral que reserva aos Membros o direito de adoptar interpretações, reconhecendo ao mesmo tempo naturalmente que as normas da OMC não estavam vigentes naquele momento"[1648].

Uma nota do Secretariado ou do Director-Geral do GATT não pode ser vista, também, como uma interpretação com autoridade:

"Para chegar a esta conclusão, o Painel baseou-se numa nota de 1968 do Director-Geral do GATT, na qual se dizia que o nº 3, alínea *a*), do artigo X impedia a aplicação de um conjunto de regras e procedimentos a algumas partes contratantes

---

Sumários de Uma Página do Sistema de Resolução de Litígios; e a preparação dos contributos relativos aos desenvolvimentos jurídicos da OMC para outras publicações
5) assistir os Membros da OMC a darem efeito jurídico aos acordos que possam estar a negociar e a concluir no quadro jurídico da OMC;
6) supervisionar o funcionamento do Registo do sistema de resolução de litígios da OMC;
7) supervisionar o funcionamento do depositário da OMC;
8) supervisionar o funcionamento do programa de estágios na divisão dos assuntos jurídicos;
9) representar o Director-Geral e o Secretariado da OMC em diversas funções públicas e académicas em Genebra e no estrangeiro respeitantes ao sistema de resolução de litígios e a questões jurídicas relevantes para a OMC;
10) assumir outras tarefas que possam ser atribuídas pelo Director-Geral da OMC. Cf. World Trade Institute (Genebra), *Director of Legal Affairs at the WTO*, in International Economic Law and Policy Blog, 19-11-2009 «http://worldtradelaw.net»

[1648] Relatório do Painel no caso *Chile – Price Band System and Safeguard Measures Relating to Certain Agricultural Products* (WT/DS207/R), 3-5-2002, parágrafo 7.94.

A FUNÇÃO JURISDICIONAL NO SISTEMA GATT/OMC

e um conjunto diferente a outras. Todavia, as Comunidades Europeias assinalaram acertadamente durante os procedimentos do Painel que a Nota de 1968 não pode ser considerada uma interpretação com autoridade das regras do GATT, porquanto nunca chegou a ser aprovada por uma decisão formal das PARTES CONTRATANTES"[1649].

O Secretariado da OMC desempenha, ainda, um papel importante na selecção dos membros dos painéis (art. 8º, nº 4, do Memorando de Entendimento sobre Resolução de Litígios)[1650] e funciona como depositário das observações escritas apresentadas pelas partes em litígio (art. 12º, nº 6, do Memorando de Entendimento sobre Resolução de Litígios).

Como já foi referido, o Secretariado da OMC é dirigido por um Director-Geral (art. VI, nº 1, do Acordo OMC), o qual dispõe também de alguns poderes importantes em matéria de resolução de litígios, tais como o poder de oferecer, agindo a título oficioso, os seus bons ofícios, conciliação ou mediação com vista a ajudar os membros a resolver um litígio (artigos 5º, nº 6, e 24º, nº 2, do Memorando de Entendimento sobre Resolução de Litígios), nomear o árbitro em certos casos quando do recurso aos procedimentos de arbitragem previstos nos artigos 21º, nº 3, alínea c), e 22º, nº 6, do Memorando de Entendimento sobre Resolução de Litígios e determinar a composição de um painel quando não haja acordo entre as partes em litígio sobre a composição do mesmo (art. 8º, nº 7, do Memorando de Entendimento sobre Resolução de Litígios). Neste último caso, por exemplo, as partes em litígio chegaram a acordo sobre a composição de um painel em 49 dos 107 painéis criados nos primeiros dez anos de funcionamento do sistema de resolução de litígios da OMC, mas recorreram ao director-geral da OMC para determinar, no todo ou em parte, a composição de um painel em 58 dos 107 painéis criados (54%)[1651].

Antes da entrada em funções da OMC, o Secretariado exercia grande influência sobre o sistema de resolução de litígios do GATT, não apenas através da escolha dos membros dos painéis, mas também através dos próprios relatórios dos

---

[1649] Relatório do Órgão de Recurso no caso *European Communities – Regime for the Importation, Sale and Distribution of Bananas* (WT/DS27/AB/R), 9-9-1997, parágrafo 200.

[1650] A Divisão das Regras presta apoio na composição dos painéis que analisem os chamados litígios relativos a regras (medidas antidumping, subvenções e medidas de compensação e medidas de salvaguarda) e a Divisão dos Assuntos Jurídicos na composição dos painéis que tenham de analisar os outros tipos de litígios.

[1651] Bruce WILSON, The WTO dispute settlement system and its operation: a brief overview of the first ten years, in *Key Issues in WTO Dispute Settlement: The First Ten Years*, Rufus Yerxa e Bruce Wilson Ed., Cambridge University Press, 2005, p. 21. No todo ou em parte, porque o director-geral nomeará apenas o número de membros do painel em relação aos quais as partes em litígio não chegaram a acordo.

O SECRETARIADO E O DIRECTOR-GERAL DA OMC

painéis, nalguns casos redigidos na sua totalidade por si[1652]. Presentemente, tal influência parece continuar (há mesmo quem fale em "powerful influence"[1653]) e, ainda que não possa apresentar queixas contra os membros da OMC (ao contrário da Comissão Europeia, conforme resulta do art. 258º do Tratado sobre o Funcionamento da União Europeia), há quem caracterize o Secretariado da OMC como o "guardião dos tratados"[1654]. Segundo HAKAN NORDSTRÖM:

> "One reason why the Secretariat has come to play a major role in the adjudication of trade disputes, and certainly a much larger role than the mandate would seem to suggest, is the limited experience of many panelists. The average panelist has neither the procedural nor the substantive experience to take control over the panel process. Nor do panelists have any pecuniary incentives to set aside the necessary time for Panel work"[1655].

Ainda de acordo com o mesmo autor:

> "The panelists are flown to Geneva for a few days when the Panel meets with the parties. They study the submissions, they listen to the verbal arguments, they hold hearings with outside experts, and they discuss the case with the lawyers of the Secretariat before returning home. The actual drafting of the Panel Reports is delegated to the lawyers of the Secretariat, including the proposed findings"[1656].

Na prática, embora seja possível divergirem do Secretariado da OMC, os membros dos painéis raramente adoptam um ponto de vista diferente do sugerido pela Divisão dos Assuntos Jurídicos do Secretariado da OMC[1657]. Muitos pai-

---

[1652] Robert HOWSE, The legitimacy of the World Trade Organization, in *The Legitimacy of International Organizations*, J.-M. Coicaud e V. Heiskanen (eds.), United Nations University Press, Nova Iorque-Tóquio, 2001, p. 371.

[1653] Karen KAISER, Article 27 DSU, in *WTO-Institutions and Dispute Settlement*, Rüdiger Wolfrum, Peter-Tobias Stoll e Karen Kaiser (eds), Max Planck Commentaries on World Trade Law, Max Planck Institute for Comparative Public Law and International Law, Martinus Nijhoff Publishers, Leiden/Boston, 2006, p. 589.

[1654] Peter SUTHERLAND, Jagdish BHAGWATI, Kwesi BOTCHWEY, Niall FITZGERALD, Koichi HAMADA, John JACKSON, Celso LAFER e Thierry de MONTBRIAL, *The Future of the WTO: Addressing institutional challenges in the new millennium*, Report by the Consultative Board to the Director-General Supachai Panitchpakdi, ed. WTO, 2004, parágrafo 363.

[1655] Hakan NORDSTRÖM, *The World Trade Organization Secretariat in a Changing World*, in JWT, 2005, p. 828.

[1656] *Idem*, p. 829.

[1657] John BARTON, Judith GOLDSTEIN, Timothy JOSLING e Richard STEINBERG, *The Evolution of the Trade Regime: Politics, Law, and Economics of the GATT and the WTO*, Princeton University Press, 2006, p. 51.

601

nelistas sentem mesmo que "cannot meaningfully challenge the legal secretary on points of law"[1658].

A principal explicação para a influência do Secretariado talvez se deva ao facto de os membros dos painéis serem escolhidos *ad hoc*, enquanto que o Secretariado é relativamente permanente, situação que permitiu ao Secretariado adquirir e desenvolver ao longo dos tempos conhecimentos que poucos painelistas podem igualar[1659]. Consequentemente, fica difícil aos membros dos painéis discordar do parecer jurídico do Secretariado. Ao mesmo tempo, não falta quem chame a atenção para o facto de o texto do artigo 27º do Memorando não sugerir que o Secretariado da OMC possa desenvolver o raciocínio jurídico que permite dirimir o litígio em causa. Mas, estando os membros da OMC presumivelmente a par do que se passa, é possível concluir que a situação é aceite tacitamente pelos mesmos. Aliás, até agora, nenhum Membro levantou quaisquer objecções à prática descrita, nomeadamente, no âmbito do actual processo de revisão do Memorando de Entendimento sobre Resolução de Litígios[1660].

No caso do Órgão de Recurso, também os juristas do Secretariado da OMC terão a oportunidade de influenciar, indirectamente, as suas conclusões através da assistência que prestam aos painéis[1661]. Uma conclusão bem fundamentada do Painel, justificada de modo persuasivo, pode condicionar o modo como o recurso será interposto, pelo que o raciocínio jurídico do Painel terá de ser analisado com bastante cuidado antes do Órgão de Recurso poder chegar às suas próprias conclusões[1662]. Apesar de tudo, pensamos que a influência exercida pelo Secretariado da OMC nos trabalhos do Órgão de Recurso será bem menor quando comparada com a ascendência exercida sobre os painéis. O Órgão de Recurso tem o seu próprio secretariado (art. 17º, nº 7, do Memorando de Entendimento sobre Resolução de Litígios) e, mais importante do que isso, sete membros nomeados

---

[1658] Joseph WEILER, *The Rule of Lawyers and the Ethos of Diplomats: Reflections on WTO Dispute Settlement*, in *Efficiency, Equity, and Legitimacy: The Multilateral Trading System at the Millennium*, Roger Porter, Pierre Sauvé, Arvind Subramanian e Americo Zampetti ed., Brookings Institution Press, Washington, D.C., 2001, p. 345.

[1659] A maioria dos painelistas *ad hoc* "face a steeper learning curve in their work, as they cannot develop enough experience". Cf. Thomas COTTIER, *The WTO Permanent Panel Body: A Bridge Too Far?*, in JIEL, 2003, p. 190.

[1660] Hakan NORDSTRÖM, *The World Trade Organization Secretariat in a Changing World*, in JWT, 2005, p. 829.

[1661] Recorde-se que, nos termos do nº 1 do art. 27º do Memorando de Entendimento sobre Resolução de Litígios, o Secretariado da OMC assiste apenas os painéis.

[1662] Robert E. HUDEC, The Role of the GATT Secretariat in the Evolution of the WTO Dispute Settlement Procedure, in *The Uruguay Round and Beyond, Essays in Honour of Arthur Dunkel*, Springer, 1998, pp. 117-118.

O SECRETARIADO E O DIRECTOR-GERAL DA OMC

por um período de quatro anos e que podem ser reconduzidos no seu cargo uma vez, por um novo período de quatro anos.

## 3. O Futuro do Secretariado da OMC

No processo de revisão do Memorando de Entendimento sobre Resolução de Litígios que está a decorrer, têm sido avançadas algumas propostas que, caso sejam adoptadas, terão por consequência, inevitavelmente, uma redução importante da influência do Secretariado e, correlativamente, um aumento da importância dos painéis no sistema de resolução de litígios da OMC. Temos a proposta de criação de um grupo permanente de 15 a 24 painelistas profissionais[1663] ou de um Tribunal de Primeira Instância formado por juristas qualificados, substituindo o actual sistema de painéis *ad hoc*[1664]. Temos também a ideia avançada por Robert E. Hudec de criar o lugar de Advogado Geral no Secretariado[1665] e a ideia da Tailândia de criar um "sistema híbrido" no que diz respeito à composição dos painéis[1666].

Relativamente à primeira proposta, avançada pela primeira vez no final dos anos 70[1667], a profissionalização dos membros dos painéis permitiria, entre outras coisas:

(i) o estabelecimento de uma relação de trabalho mais próxima;

(ii) uma conclusão mais célere dos casos;

(iii) maior coerência nas conclusões dos relatórios e, consequentemente, menores probabilidades de as conclusões jurídicas dos painéis serem revogadas ou alteradas pelo Órgão de Recurso;

(iv) evitar o tempo perdido com a constituição *ad hoc* dos painéis[1668];

---

[1663] COMUNIDADE EUROPEIA, *Contribution of the European Communities and Its Member States to the Improvement of the WTO Dispute Settlement Understanding* (TN/DS/W/1), 13-3-2002, p. 4.

[1664] Allan ROSAS, *Implementation and Enforcement of WTO Dispute Settlement Findings: An EU Perspective*, in JIEL, 2001, p. 144.

[1665] Robert E. HUDEC, The Role of the GATT Secretariat in the Evolution of the WTO Dispute Settlement Procedure, in *The Uruguay Round and Beyond, Essays in Honour of Arthur Dunkel*, Springer, 1998, p. 120. Onze anos antes, HUDEC tinha já proposto aumentar o papel do Secretariado, "asking it to function as an advocate general to assure proper representation of GATT policy". Cf. Robert HUDEC, *"Transcending the Ostensible": Some Reflections on the Nature of Litigation Between Governments*, in Minnesota Law Review, Vol. 72, 1987, p. 216.

[1666] OMC, *Contribution to Clarify and Improve the Dispute Settlement Understanding: Panel System – Communication from Thailand* (TN/DS/W/31), 22-1-2003.

[1667] A ideia de criar um painel permanente foi avançada em 1979 pelo Professor John Jackson, propondo uma lista de 20 painelistas. Cf. John JACKSON, *Governmental Disputes in International Trade Relations: A Proposal in the Context of GATT*, in JWTL, vol. 13, nº 1, 1979, p. 18.

[1668] Estima-se que a criação de um grupo permanente de painelistas permitiria poupar entre seis a oito semanas, em média (cf. William DAVEY, Evaluating WTO dispute settlement: what results

603

A FUNÇÃO JURISDICIONAL NO SISTEMA GATT/OMC

(v)   tornar mais exequível a introdução de certas inovações processuais (por exemplo, o Órgão de Recurso passar a dispor do poder de devolução do processo ao painel);

(vi)   aumentar o grau de conhecimento e experiência dos membros dos painéis;

(vii)   uma disponibilidade total dos painelistas[1669]; e

(viii) assegurar uma melhor representação das principais potências comerciais (Comunidades Europeias, Estados Unidos, Japão e China).

É verdade que a criação de um painel permanente implicará necessariamente mais despesas[1670], mas também o é que aumentou significativamente o volume de trabalho dos painéis[1671]. Compare-se, por exemplo, a decisão relativa ao primeiro

have been achieved through consultations and implementation of panel reports?, in *The WTO in the Twenty-First Century: Dispute Settlement, Negotiations, and Regionalism in Asia*, Yasuhei Taniguchi, Alan Yanovich e Jan Bohanes Ed., Cambridge University Press, 2007, p. 122). No caso *Australia – Subsidies Provided to Producers and Exporters of Automotive Leathers*, por exemplo, a selecção dos membros do painel demorou 133 dias a contar da data de criação do painel. Cf. Petros Mavroidis, Article 8 DSU, in *WTO-Institutions and Dispute Settlement*, Rüdiger Wolfrum, Peter-Tobias Stoll e Karen Kaiser (eds), Max Planck Commentaries on World Trade Law, Max Planck Institute for Comparative Public Law and International Law, Martinus Nijhoff Publishers, Leiden/Boston, 2006, p. 363.

[1669] Actualmente, em determinadas fases dos procedimentos do painel (incluindo audições com as partes), alguns membros do painel, ocasionalmente, têm estado disponíveis apenas por telefone por causa de outros compromissos profissionais. Cf. Ernst-Ulrich Petersmann, WTO dispute settlement practice 1995-2005: lessons from the past and future challenges, in *The WTO in the Twenty-First Century: Dispute Settlement, Negotiations, and Regionalism in Asia*, Yasuhei Taniguchi, Alan Yanovich e Jan Bohanes Ed., Cambridge University Press, 2007, p. 95.

[1670] A maioria dos membros dos painéis não são pagos, "except to reimburse travel and living expenses". Cf. William J. Davey, The WTO Dispute Settlement System, in *Trade, Environment, and the Millennium*, 2ª ed., Gary Sampson e Bradnee Chambers ed., 2002, p. 162.

[1671] John Ragosta, *Unmasking the WTO – Access to the DSB System: Can the WTO DSB Live Up to the Moniker "World Trade Court"?*, in Law & Policy in International Business, 2000, p. 766. O aumento significativo do volume de trabalho dos painéis resulta da conjugação de vários factores, a saber:

(i) a existência da fase de recurso e a sua utilização frequente, o que leva a que os painéis analisem mais detalhadamente as questões apresentadas pelas partes em litígio, de modo a reduzir as probabilidades de o Órgão de Recurso revogar ou alterar as conclusões jurídicas constantes dos relatórios dos painéis, ou com vista a permitir ao Órgão de Recurso completar a análise caso tal seja necessário e possível;

(ii) a crescente legalização do sistema de resolução de litígios implica naturalmente uma argumentação jurídica mais desenvolvida das partes em litígio;

(iii) o aumento do número de alegações feitas pelas partes em litígio, geralmente relativas a mais do que um acordo abrangido, daí podendo resultar conflitos entre as disposições dos acordos abrangidos citados, possibilidade ausente do sistema de resolução de litígios do GATT de 1947, pelo menos até à adopção dos acordos do Ciclo de Tóquio;

O SECRETARIADO E O DIRECTOR-GERAL DA OMC

litígio dirimido logo após a entrada em vigor do GATT de 1947 (caso *Cuba – Consular Taxes*), com apenas quatro linhas, com o relatório do Painel apresentado em 1998 no âmbito do caso *Kodak-Fuji* (579 páginas). Esse aumento do volume de trabalho resulta claro do seguinte quadro:

| | Decisões publicadas | Número médio de páginas de um relatório | Relatório com maior número de páginas |
|---|---|---|---|
| 1948-1959 | 9 | 7 pp. | 14 pp. |
| 1960-1969 | 4 | 7 pp. | 10 pp. |
| 1970-1979 | 14 | 15 pp. | 39 pp. |
| 1980-1989 | 19 | 28 pp. | 82 pp. |
| 1985-1988 | 7 | 48 pp. | 82 pp. |
| 1995-1999 | 31 | 184 pp. | 579 pp. |

A situação parece ter atingido o seu clímax com o caso *European Communities – Measures Affecting the Approval and Marketing of Biotech Products* (2006). O relatório do Painel disponível no *site* da OMC tem 2,436 páginas e, segundo dados constantes do próprio relatório:

"Calcula-se que o Painel recebeu 2,580 páginas de comunicações escritas (incluindo declarações orais, observações relativas às consultas aos peritos e respostas às perguntas) das quatro partes. Calcula-se que foram recebidas 292 páginas dos peritos científicos que assessoraram o Painel. As partes terceiras apresentaram outras 102 páginas de comunicações escritas (incluindo declarações orais e respostas às perguntas). Os *amici curiae* apresentaram comunicações que correspondem a um total de 96 páginas. Além disso, calcula-se que as partes apresentaram ao Painel um total de 3,136 documentos em apoio das suas alegações e argumentos. Embora alguns destes documentos sejam breves, outros têm mais de 100 páginas"[1672].

Mais pertinente parece ser a objecção relacionada com o facto de a autoridade e a legitimidade do sistema de resolução de litígios da OMC assentarem, em grande medida, no envolvimento das partes em litígio na escolha dos membros que irão compor os painéis. Ao contrário dos membros do Órgão de Recurso, os painelistas são muitas vezes diplomatas de carreira, mais atentos e sensíveis por isso às expectativas e valores dos membros da OMC. Porém, esta objecção perde

(iv) o aumento do número e da importância das questões processuais;
(v) a maior complexidade factual dos litígios; e
(vi) a necessidade de recorrer, muitas vezes, a peritos externos à OMC.

[1672] Relatório do Painel no caso *European Communities – Measures Affecting the Approval and Marketing of Biotech Products* (WT/DS291/R, WT/DS292/R, WT/DS293/R), 29-9-2006, parágrafo 7.39.

605

A FUNÇÃO JURISDICIONAL NO SISTEMA GATT/OMC

muito da sua relevância se tivermos presente que cerca de metade dos membros dos painéis são escolhidos pelo Director-Geral da OMC[1673].

Os opositores à criação de um grupo permanente de painelistas receiam, enfim, que tal passo tenha como resultado final um maior activismo judicial comparativamente ao que se verifica actualmente (se é que ele se verifica) com os painéis *ad hoc*[1674].

No que diz respeito à segunda proposta referida, o Advogado Geral teria como funções principais preparar uma análise independente das questões jurídicas suscitadas em cada um dos procedimentos de resolução de litígios do ponto de vista da OMC enquanto organização (e não na perspectiva dos litigantes envolvidos em cada litígio) e apresentar a sua posição aos painéis e ao Órgão de Recurso[1675]. A introdução da figura do Advogado Geral permitiria, igualmente, à OMC estar equipada para receber comunicações *amicus curiae* e dar-lhes a atenção devida[1676].

Atendendo à natureza da função, a lista de advogados gerais seria composta exclusivamente por juristas, conhecedores do direito e dos procedimentos da OMC, seleccionados pelo Órgão de Resolução de Litígios. Para cada litígio, seria nomeado um advogado geral e as sua principal função seria participar nos procedimentos de resolução de litígios desde o momento em que um painel é composto até ao momento em que o Órgão de Recurso distribui o seu relatório. O advogado geral receberia uma cópia das comunicações das partes e das comunicações *amicus curiae* apresentadas ao Painel e, antes da audiência oral, deveria submeter à consideração do Painel um relatório contendo a sua análise das questões jurídicas colocadas pelo litígio em causa[1677]. O relatório do advogado geral poderia, ainda, aconselhar o Painel sobre as comunicações *amicus curiae* que deveriam ser tomadas em consideração e avaliar os elementos de prova factuais e os argumentos jurídicos constantes das comunicações seleccionadas[1678]. O relatório do advogado geral não seria vinculativo, mas os membros dos painéis

---

[1673] I. BERCERO e P. GARZOTTI, DSU Reform: What are the Underlying Issues?, in *Reform and Development of the WTO Dispute Settlement System*, Dencho Georgiev e Kim Van der Borght Ed., Cameron May, Londres, 2006, p. 135.

[1674] Thomas ZIMMERMANN, *Negotiating the Review of the WTO Dispute Settlement Understanding*, Cameron May, 2006, p. 134.

[1675] Robert E. HUDEC, The Role of the GATT Secretariat in the Evolution of the WTO Dispute Settlement Procedure, in *The Uruguay Round and Beyond, Essays in Honour of Arthur Dunkel*, Springer, 1998, p. 120.

[1676] A.L.C. De MESTRAL e M. AUERBACH-ZIOGAS, A Proposal to Introduce an Advocate General's Position into WTO Dispute Settlement, in *Law in the Service of Human Dignity – Essays in Honour of Florentino Feliciano*, Steve Charnovitz, Debra Steger e Peter van den Bossche Ed., Cambridge University Press, 2005, p. 172.

[1677] *Idem*, pp. 159-160.

[1678] *Idem*, p. 160.

O SECRETARIADO E O DIRECTOR-GERAL DA OMC

deveriam analisá-lo com cuidado antes de distribuírem o relatório do Painel. O relatório do advogado geral seria tornado público conjuntamente com o relatório do Painel[1679].

Caso fosse interposto recurso do relatório do Painel, o advogado geral continuaria a estar envolvido nos procedimentos, agora ao nível da fase de recurso. Uma vez concluídos os procedimentos escritos junto do Órgão de Recurso, o advogado geral deveria submeter à secção do Órgão de Recurso responsável pela análise do caso um novo relatório, reavaliando as questões jurídicas recorridas. Uma vez mais, o relatório do advogado geral poderia aconselhar a secção do Órgão de Recurso sobre quais as comunicações *amicus curiae* a ter em conta e avaliar os argumentos jurídicos constantes das comunicações seleccionadas. Porém, ao contrário da sua participação na fase do painel, o advogado geral teria a tarefa adicional de chamar a atenção do Órgão de Recurso para qualquer mudança dos argumentos jurídicos das partes que pudessem não ser aparentes a partir da apreciação do registo completo dos procedimentos do painel. O relatório do advogado geral seria distribuído ao público também juntamente com o relatório do Órgão de Recurso. Finalmente, o advogado geral seria chamado a participar em qualquer procedimento relativo à implementação do relatório do painel ou do Órgão de Recurso[1680].

Finalmente, segundo a proposta do "sistema híbrido", a prática actual de composição de um painel (acordo mútuo das partes em litígio relativamente às nomeações propostas pelo Secretariado da OMC ou composição do Painel pelo Director-Geral da OMC a pedido de qualquer uma das partes em litígio) seria complementada pela existência de uma Lista de Presidentes de Painéis, composta por indivíduos experientes e dispostos a assumir com regularidade as funções de presidente de um painel. A Lista seria elaborada pelo Director-Geral e aprovada pelo Órgão de Resolução de Litígios e deveria contar com indivíduos com as qualificações, a experiência e a competência técnica específicas previstas no art. 8º do Memorando de Entendimento sobre Resolução de Litígios, assim como experiência prévia como membros de painéis[1681].

Assim, caso as partes em litígio não chegassem a acordo sobre a composição de um painel no prazo de 20 dias a contar da data de criação do mesmo, qualquer uma das partes em litígio poderia solicitar ao Director-Geral da OMC para determinar a composição do Painel o mais tardar 10 dias a contar da data em que recebeu o pedido. Nesse caso, o Director-Geral nomearia o presidente do

---

[1679] *Idem.*

[1680] *Idem.*

[1681] OMC, *Contribution to Clarify and Improve the Dispute Settlement Understanding: Panel System – Communication from Thailand* (TN/DS/W/31), 22-1-2003, parágrafo 6.

A FUNÇÃO JURISDICIONAL NO SISTEMA GATT/OMC

Painel, por sorteio, a partir da Lista de Presidentes de Painéis, e determinaria a composição do painel nos termos do nº 7 do art. 8º do Memorando de Entendimento sobre Resolução de Litígios, dando efeito pleno à designação anterior de um presidente do painel e/ou a qualquer acordo das partes sobre um painelista nomeado pelo Secretariado[1682].

As partes em litígio teriam assim a opção de ter um presidente de um Painel experiente, nomeado em qualquer fase do processo de composição do painel, mantendo ao mesmo tempo a possibilidade de concordarem na nomeação de painelistas com a experiência necessária na matéria objecto dos acordos abrangidos relevantes para o litígio em causa. Em contrapartida, o "sistema híbrido" teria como desvantagem principal a criação de duas classes de painelistas e, consequentemente, o risco de os presidentes dos painéis gozarem de maior influência que os painelistas nomeados numa base *ad hoc*. Parece ser esta a razão principal para a proposta tailandesa não ter tido qualquer sequência, mas talvez ela venha a ganhar alento com as conclusões de um estudo recente, em especial, da que:

> "on appeal, panels led by experienced chairs are far less likely to have their rulings reversed by the Appellate Body; the experience of the other panelists, by comparison, is inconsequential. The implication is that rather than constituting a permanent body of panelists, the WTO would be better served by establishing a pool of permanent chairs"[1683].

[1682] *Idem*, parágrafo 9.
[1683] Marc BUSCH e Krzysztof PELC, *Does the WTO Need a Permanent Body of Panelists?*, in JIEL, 2009, p. 579.

# Capítulo 11
## As Partes Terceiras

*"Third parties can draw attention to other arguments that fit within the terms of reference but which the complainant and defendant had not introduced or – worse still – do not favor"*[1684].

## 1. O GATT de 1947

Durante a vigência do GATT de 1947, as regras relativas à participação de partes terceiras num litígio não se encontravam definidas, facto que levou ao seu desenvolvimento *ad hoc*. Regra geral:

"The content of third party rights at the time extended from submission of written statements and memoranda to participation in the oral hearing. Apart from the standard third party rights recognized in the GATT practice, enhanced third party rights were also accorded in several circumstances"[1685].

Curiosamente, a primeira participação importante de uma parte terceira nos trabalhos de um painel ocorreu por incitação do Conselho de Representantes do GATT[1686]. O painel do caso *United Kingdom – Dollar Area Quotas* analisou uma

---

[1684] Marc Busch e Eric Reinhardt, With a Little Help from Our Friends? Developing Country Complaints and Third-Party Participation, in *Developing Countries in the WTO Legal System*, Chantal Thomas e Joel Trachtman ed., Oxford University Press, 2009, p. 254.

[1685] Antonis Antoniadis, *Enhanced Third Party Rights in the WTO Dispute Settlement Understanding*, in LIEI, 2002, pp. 288-289.

[1686] Mary E. Footer, Some Aspects of Third Party Intervention in GATT/WTO Dispute Settlement Proceedings, in *International Trade Law and the GATT/WTO Dispute Settlement System*, Studies in Transnational Economic Law, vol. 11, Ernst-Ulrich Petersmann ed., Kluwer Law International, Londres-Haia-Boston, 1997, pp. 216-217.

A FUNÇÃO JURISDICIONAL NO SISTEMA GATT/OMC

queixa apresentada pelos Estados Unidos contra as restrições quantitativas mantidas pelo Reino Unido por razões relacionadas com a balança de pagamentos e aplicadas a alguns citrinos e produtos tropicais (por exemplo, bananas e rum) originários de países da "Dollar Area"[1687]. Na reunião do Conselho realizada em Dezembro de 1972, na qual foi estabelecido o painel, o Presidente do Conselho declarou que o painel desejaria, certamente, ouvir os representantes da Jamaica, Trindade e Tobago e Cuba sobre a questão em causa[1688]. Ao redigir o seu relatório, o próprio painel reconheceu que tinha beneficiado bastante da informação fornecida por várias delegações dos países e territórios da Commonwealth da região do Caribe, assim como pela delegação cubana, e que tinha conseguido clarificar certos aspectos relativos ao funcionamento do sistema de quotas do Reino Unido através das consultas que tinha realizado com esses mesmos países e territórios[1689].

Para além da adopção no dia 10 de Novembro de 1958 dos Procedimentos relativos a Consultas em virtude do Artigo XXII[1690], a base para a distinção que se mantém até hoje entre as consultas iniciadas ao abrigo do art. XXII e as realizadas no contexto do art. XXIII do GATT, o Memorando Relativo a Notificações, Consultas, Resolução de Litígios e Supervisão de Novembro de 1979 constituiu outra tentativa importante das partes contratantes de reconhecimento formal dos interesses das partes terceiras nos procedimentos de resolução de litígios do GATT[1691]. Nos termos do parágrafo 15 deste Memorando: "Qualquer parte contratante que tenha um interesse substancial numa questão em análise num painel e que tenha notificado esse seu interesse ao Conselho terá oportunidade de ser ouvida pelo painel".

Após a formalização dos interesses das partes terceiras, como estabelecido no Memorando de 1979, várias partes contratantes tiveram um papel importante na reunião do Conselho em que foi criado o painel que iria analisar o caso *Canada – Administration of the Foreign Investment Review Act*. Na reunião em causa, realizada

[1687] As restrições resultantes de contingentes para a zona do dólar tiveram a sua origem nas medidas de controlo de divisas e de protecção monetária adoptadas pelo Reino Unido durante e depois da Segunda Guerra Mundial. Inicialmente, os países da zona do dólar eram aqueles cujas exportações para o Reino Unido tinham de ser pagas em dólares dos Estados Unidos, mas tal condição já tinha deixado de ser exigida quando o relatório do painel foi adoptado em Julho de 1973.

[1688] GATT, *Minutes of Meeting Held in the Palais des Nations, Geneva, on 19 December 1972* (C/M/83), 8-1-1973, p. 4.

[1689] Relatório do Painel no caso *United Kingdom – Dollar Area Quotas* (L/3891), adoptado em 30-7-1973, p. 2 (parágrafo 3).

[1690] GATT, *Consultations Under Article XXII – Procedures adopted on 10 November 1958* (L/928), 21-11-1958.

[1691] GATT, *Understanding Regarding Notification, Consultation, Dispute Settlement and Surveillance* (L/4907), 28-11-1979.

AS PARTES TERCEIRAS

em Novembro de 1982, várias partes contratantes (Brasil, Argentina, Filipinas, Colômbia, Espanha e Jugoslávia) protestaram contra os termos de referência do painel criado a pedido dos Estados Unidos, por entenderem que a questão do investimento estrangeiro não cabia dentro da competência do GATT[1692]. Subsequentemente, o Presidente do painel perguntou aos representantes das partes contratantes, por carta datada de 20 de Dezembro de 1982, se desejavam ter uma oportunidade para serem ouvidos em conformidade com o parágrafo 15 do Memorando de 1979. Apenas respondeu a Argentina e o seu representante foi ouvido pelo painel em 25 de Janeiro de 1983[1693], constando as suas opiniões do relatório do painel:

> "4.1. (...) A Argentina disse que devia ser feita uma distinção entre os compromissos de compra e de exportação e sua compatibilidade com o Acordo Geral, por um lado e a legislação como tal do Canadá em matéria de investimentos, por outro. Enquanto o primeiro tema poderia ser visto como caindo na esfera de competência do GATT, o segundo ficava claramente à margem do âmbito do Acordo Geral. A este respeito, a Argentina recordava que se tinha decidido não incluir a questão dos investimentos na Declaração Ministerial de Novembro de 1982. A questão da competência do GATT deveria ser tomada em consideração pelo Painel na interpretação do seu mandato.
>
> 4.2. A Argentina assinalou, ainda, que o litígio submetido ao Painel envolvia duas partes contratantes desenvolvidas. As disposições e argumentos invocados contra o Canadá não eram necessariamente os que legitimamente poderiam ser invocados contra países em desenvolvimento, considerando a protecção que estes países tinham direito a conceder, em virtude do Acordo Geral, às suas indústrias em desenvolvimento. A Argentina solicitou ao Painel que tomasse em consideração este aspecto nas suas deliberações"[1694].

Mas, embora as partes terceiras pudessem participar "quando necessário e apropriado" nos trabalhos de um painel, elas não podiam formular novas alegações ou alegações que as partes em litígio pudessem ter suscitado. Nesse sentido, no caso *Japanese Measures on Imports of Leather*, onde estava uma queixa apresentada pelos Estados Unidos contra as restrições à importação mantidas pelo Japão em relação a produtos em pele semi-transformados e acabados, o painel recebeu pedidos de participação da Austrália, Comunidades Europeias, Índia, Nova Zelândia e Paquistão. Foram convidados representantes de cada uma destas par-

---

[1692] GATT, *Minutes of Meeting Held in the Centre William Rappard on 2 November 1982* (C/M/162), 19-11-1982, pp. 25-26.

[1693] Relatório do Painel no caso *Canada – Administration of the Foreign Investment Review Act* (L/5504), adoptado em 7-2-1984, parágrafo 1.5.

[1694] *Idem*, parágrafos 4.1-4.2.

A FUNÇÃO JURISDICIONAL NO SISTEMA GATT/OMC

tes contratantes para serem ouvidos pelo painel e as delegações da Austrália e da Nova Zelândia apresentaram igualmente comunicações escritas[1695]. O painel sintetizou as declarações feitas pelas partes terceiras sobre as restrições quantitativas impostas pelo Japão e a administração discriminatória das mesmas, mas concluiu que:

> "Algumas das delegações que tinham manifestado interesse numa questão em exame e feito declarações ante o Painel alegaram que o regime japonês de importações de pele continha elementos discriminatórios e que, portanto, violava os nºs 1 e 2 do artigo XIII. O Painel não formulou nenhuma conclusão sobre esta questão, uma vez que não tinha sido suscitada pelos Estados Unidos e, consequentemente, não cabia nos seus termos de referência (...)"[1696].

Posteriormente, as Comunidades Europeias e o Canadá alegaram no caso *United States Customs User Fee* que as taxas cobradas pelos serviços prestados pelas autoridades aduaneiras norte-americanas violavam os artigos II, nº 2, alínea *c*), e VIII, nº 1, alínea *a*), do GATT. Apesar de as duas partes queixosas referidas não terem suscitado junto do painel qualquer violação da cláusula da nação mais favorecida, algumas partes terceiras (Índia, Austrália e Singapura) consideravam também relevante o art. I, nº 1, do GATT[1697]. Significativamente, conquanto as partes queixosas tivessem declarado que não tinham qualquer objecção a que o painel lidasse com a questão relativa ao tratamento da nação mais favorecida[1698], o painel concluiu:

> "que não seria apropriado formular uma constatação formal a respeito desta questão. A prática seguida pelo GATT tem sido a de os painéis formularem conclusões unicamente a respeito das questões suscitadas pelas partes em litígio. O Painel acredita que esta prática estava juridicamente bem fundada e que deveria ser seguida neste caso. Claro está, era perfeitamente possível a toda a parte contratante que desejasse colocar esta questão, ou qualquer outra questão referente à taxa de processamento das mercadorias aplicada pelos Estados Unidos, iniciar por direito próprio um procedimento de resolução de litígios ao abrigo do Acordo Geral"[1699].

[1695] Relatório do Painel on *Japanese Measures on Imports of Leather* (L/5623), adoptado em 15/16-5-1984, parágrafo 4.
[1696] *Idem*, parágrafo 58.
[1697] Relatório do Painel no caso *United States Customs User Fee* (L/6264), adoptado em 2-2-1988, parágrafo 121.
[1698] *Idem*.
[1699] *Idem*, parágrafo 124.

AS PARTES TERCEIRAS

Existe apenas um caso em que uma alegação avançada por uma parte terceira interessada foi considerada pelo painel, mas só depois de uma das partes em litígio ter solicitado especificamente ao painel que a tomasse em consideração:

"A comunicação do Canadá, datada de 16 de Setembro de 1987, adicionou dois aspectos à queixa constante do ponto i) supra, alegando que as medidas violavam também os artigos primeiro e XVII, nº 1, alínea c). A Comunidade Económica Europeia, numa comunicação de 22 de Outubro de 1987, manifestou o seu acordo com as opiniões formuladas pelo Canadá e pediu ao Painel que as tomasse em consideração"[1700].

Ainda assim, o Painel teve o cuidado de declarar que:

"Em conformidade com a prática anterior do GATT e com o entendimento a que se tinha chegado no Conselho em 15 de Abril de 1987 relativamente à participação dos Estados Unidos, o Painel tomou em consideração as observações feitas por esse país e as partes terceiras interessadas sobre as questões colocadas pelas partes em litígio, mas não formulou constatações sobre as questões colocadas unicamente pelos Estados Unidos ou as partes terceiras interessadas"[1701].

Outro aspecto interessante relativamente à participação de outros países para além das partes em litígio propriamente ditas ocorreu no caso *European Community – Tariff Treatment on Imports of Citrus Products from Certain Countries in the Mediterranean Region*. Naturalmente, nada impede que um litígio analisado no âmbito do sistema de resolução de litígios do GATT de 1947 ou da OMC possa ter um impacto económico significativo num país ou território aduaneiro autónomo que não seja parte contratante ou membro. Por conseguinte, um painel pode decidir convidar representantes de um país ou território que não seja parte contratante ou membro para uma audiência se considerar necessário ter em atenção outros factos e perspectivas para resolver um litígio. Nesse sentido, o painel do caso *European Community – Tariff Treatment on Imports of Citrus Products from Certain Countries in the Mediterranean Region* decidiu, dada a natureza especial da questão:

"convidar os países do Mediterrâneo que são partes contratantes e cujas exportações de citrinos para a Comunidade beneficiam de preferências pautais a estarem presentes nas reuniões do Painel com os Estados Unidos e a Comunidade Europeia e ouvirem os argumentos destas duas partes em litígio. O Painel convidou também Marrocos a estar presente, atendendo a um pedido formulado por este país e tendo em conta o seu considerável interesse comercial na matéria. Estes países do Mediterrâneo foram convidados

---

[1700] Relatório do Painel no caso *Japan – Trade in Semi-Conductors* (L/6309), adoptado em 4-5-1988, parágrafo 32.

[1701] *Idem*, parágrafo 98.

613

## A FUNÇÃO JURISDICIONAL NO SISTEMA GATT/OMC

a título individual a apresentarem ao Painel memorandos escritos acerca da queixa dos Estados Unidos e foi-lhes concedida a possibilidade de fazerem apresentações orais nas reuniões do Painel com as partes. A Espanha apresentou memorandos escritos ao Painel. O Egipto, a Espanha, Israel e Marrocos fizeram apresentações orais"[1702].

Marrocos gozava, então, apenas do estatuto de país observador junto do GATT e, por isso mesmo, declarou:

> "Não sendo parte contratante, não tinha direitos nem obrigações ao abrigo do Acordo Geral. Portanto, não interviria no debate jurídico em curso, excepto para afirmar que Marrocos apoiava a abordagem e os argumentos da Comunidade. O problema dos citrinos não podia ser reduzido unicamente aos seus elementos jurídicos, mas tinha de ser considerado no contexto do complexo sistema de relações políticas, económicas e comerciais subjacentes à situação dos países do Mediterrâneo (...)"[1703].

Este caso é importante por demonstrar que, em boa verdade, não existiam quaisquer princípios ou práticas a governar a participação de partes terceiras no sistema de resolução de litígios do GATT de 1947[1704].

Um último desenvolvimento ocorre com a adopção da Decisão relativa ao Aperfeiçoamento das Regras e Procedimentos de Resolução de Litígios do GATT[1705], que inclui as seguintes regras, mais detalhadas que as do Memorando de 1979, sobre a participação de partes terceiras:

> "1. Os interesses das partes em litígio e os das outras partes contratantes devem ser plenamente tomados em consideração durante o processo do painel.
>
> 2. Qualquer parte contratante que tenha um interesse substancial numa questão em análise num painel e que tenha notificado esse seu interesse ao Conselho deve ter a oportunidade de ser ouvido pelo painel e de apresentar comunicações escritas ao mesmo. Estas comunicações devem ser igualmente transmitidas às partes em litígio e devem constar do relatório do painel.

---

[1702] Relatório do Painel no caso *European Community – Tariff Treatment on Imports of Citrus Products from Certain Countries in the Mediterranean Region* (L/5776), posto a circular em 7 de Fevereiro de 1985 e nunca adoptado, parágrafo 1.7.

[1703] *Idem*, parágrafo 3.97.

[1704] Mary E. FOOTER, Some Aspects of Third Party Intervention in GATT/WTO Dispute Settlement Proceedings, in *International Trade Law and the GATT/WTO Dispute Settlement System*, Studies in Transnational Economic Law, vol. 11, Ernst-Ulrich Petersmann ed., Kluwer Law International, Londres-Haia-Boston, 1997, p. 222.

[1705] GATT, *Decision of 12 April 1989 on Improvements to the GATT Dispute Settlement Rules and Procedures* (L/6489), 13-4-1989.

## AS PARTES TERCEIRAS

3. A pedido de uma parte contratante terceira, o painel pode conceder a esta acesso às comunicações escritas apresentadas pelas partes em litígio que concordaram com a transmissão das mesmas à parte contratante terceira".

Lendo o art. 10º do Memorando de Entendimento sobre Resolução de Litígios, adoptado no Ciclo do Uruguai, facilmente concluímos que ele deve muito ao texto desta decisão adoptada em 1989.

## 2. O Memorando de Entendimento
### 2.1. O Regime Normal

Não tendo os painéis autoridade para exigir que um membro se torne parte terceira ou que participe de outro modo no processo do Painel[1706], é indispensável que qualquer membro que tenha um interesse substancial numa questão em análise num Painel notifique esse seu interesse ao Órgão de Resolução de Litígios, ou seja, a participação de um membro como parte terceira durante a fase das consultas não confere a tal membro um direito automático de participação como parte terceira no processo do painel[1707].

Um Membro da OMC pode demonstrar o seu interesse em tornar-se parte terceira na própria reunião do Órgão de Resolução de Litígios em que se anuncia a criação do painel ou até dez dias depois desta reunião do Órgão de Resolução de Litígios. Nalguns casos, as partes têm aceite a participação de países em desenvolvimento como partes terceiras, não obstante os pedidos de participação terem

---

[1706] Relatório do Painel no caso *Turkey – Restrictions on Imports of Textile and Clothing Products* (WT/DS34/R), 31-5-1999, parágrafo 9.5. O Painel rejeitou ainda no âmbito deste caso o conceito de "partes essenciais" avançado pelo Tribunal Internacional de Justiça:

"Cabe assinalar que o conceito de 'partes essenciais' não existe no âmbito da OMC. Com base nos nossos termos de referência e no facto de termos decidido não examinar a compatibilidade da união aduaneira Comunidade Europeia-Turquia com o GATT e a OMC, consideramos que as Comunidades Europeias não eram parte essencial no presente litígio; as Comunidades Europeias, se tivessem desejado, podiam ter invocado as disposições do Memorando de Entendimento sobre Resolução de Litígios, que anteriores painéis interpretaram com um certo grau de flexibilidade, na defesa dos seus interesses. Recordamos neste contexto que os relatórios dos painéis e do Órgão de Recurso só são vinculativos para as partes". Cf. Relatório do Painel no caso *Turkey – Restrictions on Imports of Textile and Clothing Products* (WT/DS34/R), 31-5-1999, parágrafo 9.11.

[1707] Segundo MARY FOOTER, "there is no language in Article 4:1 of the DSU that endorses the previous GATT practice of progressing from consultations under Article XXII:1 of the GATT to the establishment of a panel under Article XXIII:2". Cf. Mary E. FOOTER, Some Aspects of Third Party Intervention in GATT/WTO Dispute Settlement Proceedings, in *International Trade Law and the GATT/WTO Dispute Settlement System*, Studies in Transnational Economic Law, vol. 11, Ernst--Ulrich Petersmann ed., Kluwer Law International, Londres-Haia-Boston, 1997, p. 243.

A FUNÇÃO JURISDICIONAL NO SISTEMA GATT/OMC

sido apresentados mais de 10 dias após a criação do painel[1708]. Contudo, uma vez que as partes terceiras só têm direito a receber as primeiras comunicações escritas e de participar na primeira reunião do Painel, um pedido de participação de um Membro da OMC retardatário apresentado após a troca das primeiras comunicações escritas não respeitará o espírito do art. 10º do Memorando, devendo, por isso, ser recusado[1709].

É de notar que o Memorando de Entendimento sobre Resolução de Litígios não indica o prazo durante o qual as partes terceiras devem notificar o Órgão de Resolução de Litígios do seu interesse substancial num litígio entre outras partes. Todavia, uma vez que o nº 3 do art. 8º do Memorando estabelece que os cidadãos de países membros cujos governos são partes no litígio ou partes terceiras não devem ser membros do Painel que esteja a analisar esse diferendo, a menos que as partes em litígio acordem em contrário, pode acontecer que um membro notifique o Órgão de Resolução de Litígios do seu interesse depois de um seu cidadão ser nomeado para o Painel. Para minimizar tal eventualidade, o Secretariado da OMC adoptou, informalmente, a prática de não sugerir os nomes de possíveis membros de painéis às partes até 10 dias depois de o Órgão de Resolução de Litígios ter decidido criar o Painel.

Adquirindo o estatuto de parte terceira no processo, o membro da OMC em causa terá a oportunidade de ser ouvido pelo Painel, de apresentar as suas observações por escrito ao mesmo durante uma sessão especial da primeira reunião do Painel, que será convocada para esse efeito (art. 10º, nº 2, e nº 6 do Apêndice 3 do Memorando de Entendimento sobre Resolução de Litígios)[1710], de receber

---

[1708] Gabrielle MARCEAU, Pratique et pratiques dans le droit de l'Organisation mondiale du commerce, in *La pratique et le droit international*, Société française pour le droit international, Colloque de Genève, Pedone, Paris, 2004, pp. 169 e 182. No caso *Turkey – Measures Affecting the Importation of Rice*, por exemplo, o Paquistão notifica o seu interesse em participar como parte terceira já depois de o painel ter sido criado:

"(...) apesar de o painel já estar composto quando o Paquistão formulou o seu pedido como parte terceira, não vemos nenhuma razão para crer que aceitar o pedido do Paquistão afectaria a 'independência dos membros' deste Painel, prevista no nº 2 do artigo 8º do Memorando de Entendimento sobre Resolução de Litígios, nem parece prejudicar de algum modo a maneira como o presente Painel cumprirá as suas funções especificadas no artigo 11º do Memorando de Entendimento sobre Resolução de Litígios". Cf. Relatório do Painel no caso *Turkey – Measures Affecting the Importation of Rice* (WT/DS334/R), 21-9-2007, parágrafo 6.8.

[1709] Gabrielle MARCEAU, Pratique et pratiques dans le droit de l'Organisation mondiale du commerce, in *La pratique et le droit international*, Société française pour le droit international, Colloque de Genève, Pedone, Paris, 2004, p. 185.

[1710] As observações apresentadas por partes terceiras serão transmitidas igualmente às partes em litígio e deverão constar do relatório do Painel (art. 10º, nº 2, *in fine*, do Memorando). No caso de qualquer parte terceira convidada para apresentar as suas observações, nos termos do art. 10º do

AS PARTES TERCEIRAS

as observações apresentadas pelas partes em litígio (e outras partes terceiras) na primeira reunião do Painel (art. 10º, nº 3, do Memorando). A propósito do nº 3 do art. 10º do Memorando, o Órgão de Recurso notou que:

"O texto do nº 3 do artigo 10º do Memorando de Entendimento sobre Resolução de Litígios tem carácter imperativo. Segundo o seu texto, 'as partes terceiras receberão as observações apresentadas pelas partes em litígio na *primeira* reunião do painel'. O nº 3 do artigo 10º *não* diz que as partes terceiras receberão 'as *primeiras* comunicações' das partes, mas que elas receberão '*as* comunicações' das partes. *Não* se estabelece o número de comunicações que as partes terceiras têm direito a receber. Em vez disso, o nº 3 do artigo 10º define as comunicações que as partes terceiras têm direito a receber referindo-se a uma etapa específica do procedimento, a primeira reunião do painel. Consequentemente, em nossa opinião, ao abrigo desta disposição, as partes terceiras devem receber todas as comunicações que as partes tenham feito ao painel até à sua primeira reunião, independentemente do número de comunicações que se tenham feito, incluindo quaisquer comunicações escritas feitas a título de réplica apresentadas antes da primeira reunião (...)"[1711].

Normalmente, as partes terceiras não podem participar em quaisquer reuniões entre as partes em litígios ou colocar questões às partes em litígio, mas estas, pelo contrário, podem, juntamente com o Painel, colocar questões às partes terceiras[1712].

Escrevendo em 2008, um autor concluiu que os painéis tiveram, em média, 5.5 partes terceiras desde que a OMC entrou em funções, tiveram até 24 partes terceiras nos casos mais importantes e que somente seis casos não tiveram a participação de qualquer parte terceira[1713]. Mas, caso tenhamos em conta o conceito de "país terceiro implicitamente interessado"[1714], o número de países terceiros

---

Memorando, o fizer oralmente, deve transmitir ao Painel uma versão escrita das suas declarações orais (nº 9 do Apêndice 3 do Memorando). Na prática, os relatórios dos painéis contêm uma secção especial sumariando os argumentos das partes terceiras.

[1711] Relatório do Órgão de Recurso no caso *United States – Tax Treatment for "Foreign Sales Corporations", Recourse to Article 21.5 of the DSU by the European Communities* (WT/DS108/AB/RW), 14-1-2002, parágrafo 245.

[1712] Pierre Monnier, Working Procedures: Recent Changes and Prospective Developments, in *Reform and Development of the WTO Dispute Settlement System*, Dencho Georgiev e Kim Van der Borght Ed., Cameron May, Londres, 2006, p. 277.

[1713] Mateo Diego-Fernandez, *Trade negotiations make strange bedfellows*, in WTR, 2008, p. 443. O caso *European Communities – Export Subsidies on Sugar, Complaint by Brazil* (WT/DS266/R), por exemplo, contou com a participação de 24 partes terceiras.

[1714] Este conceito inclui, no caso do GATT de 1974, os países que eram partes contratantes e os países que não eram partes contratantes; no caso da OMC, os países membros e os países não mem-

A FUNÇÃO JURISDICIONAL NO SISTEMA GATT/OMC

interessados no resultado final de um litígio já chegou a 80 no caso do GATT de 1947 e a 54 no caso da OMC[1715].

Assim, a participação regular de partes terceiras nos procedimentos do painel e do Órgão de Recurso distinguem o sistema de resolução de litígios da OMC dos procedimentos judiciais de natureza bilateral da grande maioria dos litígios examinados pelo Tribunal Internacional de Justiça[1716].

A participação frequente de partes terceiras na fase de consultas e nos procedimentos dos painéis e do Órgão de Recurso tem a vantagem de contribuir para evitar procedimentos adicionais de resolução de litígios entre as partes em litígio e as partes terceiras. ERNST-ULRICH PETERSMANN fala, a este respeito, em "conflict-prevention function of third-party intervention in multilateral treaty systems with compulsory jurisdiction"[1717].

Uma parte terceira pode intervir quer a favor da parte queixosa, quer a favor da parte demandada, mas ela não tem que fazer qualquer declaração dizendo qual a parte que está a apoiar[1718]. Essencialmente, a intervenção de uma parte

---

bros. Cf. Chad BOWN, MFN and the Third-Party Economic Interests of Developing Countries in GATT/WTO Dispute Settlement, in *Developing Countries in the WTO Legal System*, Chantal Thomas e Joel Trachtman ed., Oxford University Press, 2009, p. 280.

[1715] Chad BOWN, MFN and the Third-Party Economic Interests of Developing Countries in GATT/WTO Dispute Settlement, in *Developing Countries in the WTO Legal System*, Chantal Thomas e Joel Trachtman ed., Oxford University Press, 2009, p. 280.

[1716] Nos termos do nº 1 do art. 62º do Estatuto do Tribunal Internacional de Justiça, "quando um Estado entender que a decisão de uma causa é susceptível de comprometer um interesse seu de ordem jurídica, esse Estado poderá solicitar ao Tribunal permissão para intervir em tal causa". O Tribunal Internacional de Justiça decidirá depois sobre o pedido apresentado (art. 62º, nº 2, do Estatuto), e, num estudo publicado em 2006, um autor concluía que:

"there have only been two successful requests to intervene under Art. 62 before the International Court of Justice. (...) Nicaragua's request to intervene in the *Land, Island and Maritime Frontier Dispute case* was accepted by a chamber of the Court and Equatorial Guinea's request in the *Land and Maritime Boundary case* was accepted by the full Court". Cf. Christine CHINKIN, Article 62, in *The Statute of the International Court of Justice – A Commentary*, Andreas Zimmermann, Christian Tomuschat e Karin Oellers-Frahm ed., Oxford University Press, 2006, p. 1339.

[1717] Ernst-Ulrich PETERSMANN, Alternative Dispute Resolution – Lessons for the WTO?, in *Improving WTO Dispute Settlement Procedures – Issues and Lessons from the Practice of Other International Courts and Tribunals*, Friedl Weiss ed., Cameron May, 2000, p. 34.

[1718] Geralmente, as partes terceiras apoiam a parte queixosa (cf. Marc BUSCH e Krzysztof PELC, *The Politics of Judicial Economy at the World Trade Organization*, in International Organization, 2010, p. 258). Segundo um estudo recente, "the more procomplainant third parties, the more likely a panel or the Appellate Body is to render a procomplainant verdict". Cf. Marc BUSCH e Eric REINHARDT, With a Little Help from Our Friends? Developing Country Complaints and Third-Party Participation, in *Developing Countries in the WTO Legal System*, Chantal Thomas e Joel Trachtman ed., Oxford University Press, 2009, p. 248

## AS PARTES TERCEIRAS

terceira visa que os painéis e o Órgão de Recurso atendam a argumentos e considerações diferentes dos que foram avançados pelas partes em litígio, evitando que os órgãos de adjudicação da OMC se centrem demasiado nos interesses específicos das partes em litígio. Por exemplo, lendo o nº 3 da Regra 24 dos Procedimentos de Trabalho, é fácil concluir que a intervenção dos participantes terceiros é bem vista:

> "Os participantes terceiros são encorajados a apresentarem comunicações escritas para facilitar a tomada em consideração plena das suas posições pela divisão que examina o recurso e que os participantes e outros participantes terceiros tenham notícia das posições a serem tomadas na audiência".

No caso dos painéis, diz-se claramente que "durante o processo do painel, serão tomados em consideração os interesses das partes em litígio e os interesses de outros membros, no âmbito do acordo abrangido que é objecto do litígio" (art. 10º, nº 1, do Memorando).

Os interesses das partes terceiras num determinado litígio não têm, também, que ser concorrentes. Pode haver partes terceiras que apoiam a parte queixosa e partes terceiras que apoiam a outra parte em litígio. O caso *European Communities – Export Subsidies on Sugar* é, a esse respeito, particularmente ilustrativo. A diminuição do montante dos subsídios à exportação concedidos pelas Comunidades Europeias teve como consequência, inevitavelmente, o aumento do preço mundial do açúcar[1719], daí resultando um aumento das exportações de açúcar dos países em desenvolvimento que são competitivos a nível mundial e uma diminuição das importações de açúcar e do bem-estar dos países em desenvolvimento importadores líquidos do produto em causa[1720].

Nada impede, por outro lado, que um Membro da OMC deixe de participar como parte terceira nos procedimentos do Painel[1721] e que, caso uma parte terceira possa ser capaz de fornecer elementos de prova e argumentos apropriados, ela seja chamada a fornecer tais elementos de acordo com o direito de recolher

---

[1719] As Comunidades Europeias declararam em 2006 que era provável que a reforma do sector comunitário do açúcar implicasse uma diminuição do preço de apoio em 36%. Cf. OMC, *European Communities – Export Subsidies on Sugar, Status Report by the European Communities, Addendum* (WT/DS265/35/Add.1, WT/DS266/35/Add.1, WT/DS283/16/Add.1), 2-6-2006, p. 1.

[1720] Chad BOWN, MFN and the Third-Party Economic Interests of Developing Countries in GATT/WTO Dispute Settlement, in *Developing Countries in the WTO Legal System*, Chantal Thomas e Joel Trachtman ed., Oxford University Press, 2009, p. 267.

[1721] Relatório do Painel no caso *United States – Sunset Review of Anti-Dumping Duties on Corrosion--Resistant Carbon Steel Flat Products from Japan* (WT/DS244/R), 14-8-2003, parágrafo 1.7.

A FUNÇÃO JURISDICIONAL NO SISTEMA GATT/OMC

informações nos termos do art. 13º do Memorando de Entendimento sobre Resolução de Litígios.

As partes terceiras constituem, enfim, uma das duas categorias de partes interessadas que podem participar nos procedimentos dos painéis. A outra categoria é constituída pelos chamados *amici curiae*[1722]. Aliás, um Membro da OMC que não tenha sido parte terceira na fase do Painel pode participar no processo de recurso não enquanto participante terceiro, mas sim mediante a apresentação de uma comunicação *amicus curiae*, não estando o Órgão de Recurso, no entanto, obrigado a tomá-la em consideração. No caso *European Communities – Trade Description of Sardines*, Marrocos recorreu precisamente a uma comunicação *amicus curiae* para que o Órgão de Recurso tivesse conhecimento das suas opiniões[1723].

## 2.2. Os Direitos Adicionais

Ocasionalmente, os painéis permitem às partes terceiras uma maior participação[1724]. Segundo o Órgão de Recurso:

> "A decisão de um painel reconhecer, ou não, direitos 'mais amplos' de participação às partes terceiras é uma questão que releva do poder discricionário dos mesmos. Claro está, este poder discricionário não é ilimitado e, por exemplo, está circunscrito pelos requisitos impostos pelo respeito das garantias processuais devidas. Nos casos presentes, no entanto, as Comunidades Europeias e o Japão não demonstraram que o Painel ultrapassou os limites do seu poder discricionário"[1725].

Posteriormente, o Órgão de Recurso acentua que:

> "No que diz respeito às disposições do Memorando de Entendimento sobre Resolução de Litígios que regulam os direitos das partes terceiras, já observámos que, em conformidade com o Memorando de Entendimento sobre Resolução de Litígios, na sua forma actual, os direitos das partes terceiras nos procedimentos dos painéis estão limitados aos conferidos pelo artigo 10º e Apêndice 3 do Memorando de Entendimento sobre Resolução de Litígios. Para além dessas garantias mínimas, os painéis gozam de discricionariedade para conferir às partes terceiras outros direitos de parti-

---

[1722] Até há pouco tempo, existia uma outra categoria: a dos chamados observadores passivos (ver *infra* Parte IV, Capítulo 16).

[1723] Relatório do Órgão de Recurso no caso *European Communities – Trade Description of Sardines* (WT/DS231/AB/R), 26-9-2002, parágrafos 164-167.

[1724] Nick COVELLI, *Public International Law and Third Party Participation in WTO Panel Proceedings*, in JWT, vol. 33, nº 2, 1999, pp. 132-134.

[1725] Relatório do Órgão de Recurso no caso *United States – Anti-Dumping Act of 1916* (WT/DS136/AB/R, WT/DS162/AB/R), 28-8-2000, parágrafo 150.

AS PARTES TERCEIRAS

cipação em casos particulares, sempre que esses direitos 'adicionais' sejam compatíveis com as disposições do Memorando de Entendimento sobre Resolução de Litígios e o princípio das garantias processuais devidas. Todavia, os painéis não têm discricionariedade para limitar os direitos garantidos às partes terceiras pelas disposições do Memorando de Entendimento sobre Resolução de Litígios"[1726].

O próprio Memorando de Entendimento sobre Resolução de Litígios estabelece que "o processo do painel deverá ser suficientemente flexível para assegurar a elaboração de relatórios de alta qualidade" (art. 12º, nº 2, *ab initio*). Por conseguinte, nada parece impedir que os painéis estabeleçam procedimentos especiais que acomodem melhor os interesses das partes terceiras. A adopção de tais procedimentos especiais depende, é certo, da consulta prévia das partes em litígio, mas o Memorando nada diz sobre a necessidade de obtenção do seu assentimento (art. 12º, nº 1). A única limitação relevante é que tal adopção não "atrase indevidamente o processo" (art. 12º, nº 2, *in fine*).

Relativamente ao âmbito de tais direitos adicionais, o Painel do caso *European Communities – Regime for the Importation, Sale and Distribution of Bananas (Bananas III)*, por exemplo, permitiu a presença das partes terceiras na segunda reunião do Painel com as partes em litígio, bem como a realização de uma breve declaração, mas já não autorizou a apresentação de observações por escrito para além das respostas às questões já colocadas durante a primeira reunião. As razões invocadas pelo Painel para a maior participação das partes terceiras foram as seguintes:

(i) as implicações económicas importantes do regime comunitário para alguns países terceiros;

(ii) a prática dos painéis que analisaram anteriormente os regimes de importação, venda e distribuição de bananas da Comunidade Europeia e dos seus Estados-membros;

(iii) a ausência de acordo entre as partes em litígio sobre uma maior participação das partes terceiras; e

(iv) os benefícios económicos do regime comunitário das bananas para certas partes terceiras resultavam de um acordo internacional concluído entre elas e a Comunidade Europeia[1727].

---

[1726] Relatório do Órgão de Recurso no caso *United States – Tax Treatment for "Foreign Sales Corporations", Recourse to Article 21.5 of the DSU by the European Communities* (WT/DS108/AB/RW), 14-1-2002, parágrafo 243.
[1727] Relatório do Painel no caso *European Communities – Regime for the Importation, Sale, and Distribution of Bananas* (WT/DS27/R/ECU), 22-5-1997, parágrafo 7.8.

A FUNÇÃO JURISDICIONAL NO SISTEMA GATT/OMC

Na sequência da segunda reunião do painel com as partes em litígio, algumas das partes terceiras requereram ainda mais direitos de participação, incluindo a participação na fase intermédia de revisão[1728]. O painel recusou:

"Consultámos as partes e constatámos que, como anteriormente, elas tinham opiniões divergentes sobre a conveniência de aceder a este pedido. Decidimos que não seriam concedidos outros direitos de participação às partes terceiras excepto, de acordo com a prática normal, para permitir-lhes o exame do projecto de resumo dos seus argumentos na parte expositiva. Observamos a este respeito que o artigo 15º do Memorando de Entendimento sobre Resolução de Litígios, que lida com o procedimento da fase intermédia de revisão, só menciona as partes como participantes no mesmo. Em nossa opinião, conceder às partes terceiras todos os direitos das partes poria em causa a distinção estabelecida no Memorando de Entendimento sobre Resolução de Litígios entre as partes e as partes terceiras, o que seria inapropriado"[1729].

É certo que, durante a vigência do GATT de 1947, foram reconhecidos às partes terceiras direitos de participação adicionais em vários litígios[1730], mas também o é que tal concessão contou sempre com o acordo das partes em litígio[1731].

---

[1728] Regra geral, as opiniões das partes terceiras vêm referidas no relatório provisório, assim como no relatório final. Cf. Marc Busch e Eric Reinhardt, Fixing What "Ain't Broke"? Third Party Rights, Consultations, and the DSU, in *Reform and Development of the WTO Dispute Settlement System*, Dencho Georgiev e Kim Van Der Borght ed., Cameron May, Londres, 2006, p. 77.

[1729] Relatório do Painel no caso *European Communities – Regime for the Importation, Sale and Distribution of Bananas* (WT/DS27/R), 22-5-1997, parágrafo 7.9.

[1730] Relatório do Painel no caso *Japan – Trade in Semiconductors* (L/6309), adoptado em 4-5-1988, parágrafo 5; Relatório do Painel no caso *European Economic Community – Member States' Import Regimes for Bananas* (DS32/R), posto a circular em 3-6-1993, nunca adoptado, parágrafo 9; Relatório do Painel no caso *European Economic Community – Import Regime for Bananas* (DS38/R), posto a circular em 11-2-1994, nunca adoptado, parágrafo 8. Neste último caso, por exemplo:
"O Painel considerou, e as partes concordaram, que, no interesse da transparência entre as partes contratantes com um interesse substancial no comércio de bananas, seria razoável convidar esses países para as reuniões do Painel. Consequentemente, o Painel convidou os representantes dos Governos do Belize, Brasil, Camarões, Costa do Marfim, Dominica, Filipinas, Jamaica, Madagáscar, República Dominicana, Santa Lúcia, São Vicente e Granadinas e Suriname para as reuniões do Painel em que estivessem presentes as partes em litígio. As partes contratantes citadas deviam apresentar as suas comunicações por escrito ou, se feitas oralmente, apresentar cópia escrita das mesmas. Os representantes das partes contratantes presentes nas reuniões do Painel receberam todas as comunicações das partes em litígio. O Painel convidou também estas mesmas partes contratantes a que interviessem oralmente nas suas reuniões. Não obstante, a opinião do Painel era que este procedimento não devia ser considerado um precedente para os painéis futuros" (parágrafo 8).

[1731] Relatório do Painel no caso *European Communities – Regime for the Importation, Sale and Distribution of Bananas* (WT/DS27/R), 22-5-1997, parágrafo 7.5.

AS PARTES TERCEIRAS

Consequentemente, a atribuição dos direitos solicitados pelas partes terceiras no caso *Bananas III* não encontra propriamente apoio no texto do Memorando de Entendimento sobre Resolução de Litígios e afasta-se claramente da prática seguida anteriormente. Além disso, pela primeira vez, um painel concedeu os mesmos direitos adicionais a partes terceiras (Canadá e Japão) que não tinham qualquer acordo comercial especial com a parte contra à qual foi apresentada a queixa (Comunidades Europeias), facto que mereceu alguns reparos:

> "First, neither country could experience a very large economic effect from the European Community banana regime. Second, neither country was party to the said international treaty between the other third parties and the European Community. Third, past practice in Panel proceedings involving the European Community banana regimes clearly extended additional third party rights to third parties with a plurilateral agreement between the third parties and the European Community that was the subject-matter of the dispute. Despite the language of the decision, there was not a precedent for extending additional third party rights to Member States that were not party to such a plurilateral treaty"[1732].

Em nosso entender, porém, é preciso ter em conta que, para que uma parte terceira possa intervir no caso dos procedimentos do Painel, o nº 2 do art. 10º do Memorando exige apenas que o membro da OMC tenha um "interesse substancial" numa questão em análise no Painel, não sendo necessário o consentimento das partes em litígio. Por outro lado, um "interesse substancial" não tem de ser necessariamente "a *trade* interest" (como se exige a respeito das consultas)[1733]. Basta:

> "a general interest in the interpretation of the WTO Agreement or a systemic interest in the dispute settlement procedures. For example, even though Japan and Canada were not banana-exporting countries, they intervened in *European Communities – Bananas* mostly out of systemic interests in the dispute settlement procedures"[1734].

---

[1732] Nick COVELLI, *Public International Law and Third Party Participation in WTO Panel Proceedings*, in JWT, vol. 33, nº 2, 1999, p. 133.

[1733] A noção de "interesse substancial" tem sido interpretada de modo amplo na prática do sistema de resolução de litígios da OMC. Cf. Werner ZDOUC, The Panel Process (Chapter 26), in *The World Trade Organization: Legal, Economic and Political Analysis*, Volume I, Patrick Macrory, Arthur Appleton e Michael Plummer Ed., Springer, Nova Iorque, 2005, p. 1256.

[1734] Yuji IWASAWA, *WTO Dispute Settlement as Judicial Supervision*, in JIEL, 2002, pp. 302-303.

623

A FUNÇÃO JURISDICIONAL NO SISTEMA GATT/OMC

Há quem considere mesmo que as partes terceiras podem invocar outro tipo de interesses públicos nos procedimentos de resolução de litígios da OMC, como a protecção do ambiente e dos direitos humanos[1735].

Posteriormente, 11 partes terceiras do caso *European Communities – Conditions for the Granting of Tariff Preferences to Developing Countries* solicitaram ao Painel que este lhes atribuísse direitos adicionais aos normalmente atribuídos às partes terceiras. Em apoio do seu pedido, as 11 partes terceiras alegaram que o seu interesse substancial assumia especial importância neste caso, dado que a medida em causa determinava as condições de acesso das suas exportações ao mercado europeu enquanto beneficiários do sistema de preferências pautais estabelecido pelas Comunidades Europeias. Na apreciação do pedido, o Painel teve em conta os seguintes factores:

(i) existiam similitudes consideráveis entre este caso e o caso *EC – Bananas III* quanto à repercussão económica que os programas preferenciais tinham nos países em desenvolvimento que participavam na qualidade de partes terceiras. Tanto as partes terceiras que eram beneficiárias do Regime Droga das Comunidades Europeias como as partes terceiras que estavam excluídas tinham um interesse económico considerável na questão apresentada a este Painel;

(ii) o resultado do presente caso poderia ter um efeito significativo na política comercial dos Estados Unidos enquanto país que concede preferências;

(iii) como uma questão de processo devido, seria apropriado atribuir os mesmos direitos processuais a todas as partes terceiras do litígio; e

(iv) na atribuição de quaisquer direitos adicionais às partes terceiras, seria importante evitar que se confundisse indevidamente a diferença feita no Memorando entre partes em litígio e partes terceiras[1736].

Consequentemente, o Painel decidiu atribuir a todas as partes terceiras os seguintes direitos adicionais aos já previstos no Memorando e nos procedimentos de trabalho adoptados: assistir como observadores à primeira reunião com as partes em litígio; receber as segundas comunicações das partes em litígio; assistir como observadores à segunda reunião com as partes em litígio; fazer uma breve declaração oral durante a segunda reunião com as partes em litígio; e examinar o

---

[1735] Markus BENZING, *Community Interests in the Procedure of International Courts and Tribunals*, in The Law and Practice of International Courts and Tribunals, 2006, p. 400.

[1736] Relatório do Painel no caso *European Communities – Conditions for the Granting of Tariff Preferences to Developing Countries* (WT/DS246/R), 1-12-2003, Anexo A, nº 7.

AS PARTES TERCEIRAS

resumo dos seus respectivos argumentos que figurem no projecto da parte descritiva do relatório do Painel[1737].

## 2.3. As Especificidades do Estatuto de Partes Terceiras

Se uma parte terceira considerar que uma medida em análise num painel anula ou prejudica os benefícios que lhe são devidos ao abrigo de qualquer acordo abrangido, esse Membro pode recorrer aos procedimentos normais de resolução de litígios previstos no Memorando (art. 10º, nº 4, do Memorando). No caso *India – Patent Protection for Pharmaceutical and Agricultural Chemical Products*, por exemplo, as Comunidades Europeias intervieram inicialmente como parte terceira numa queixa apresentada pelos Estados Unidos[1738]. Mas, depois de o relatório do Painel ter sido apresentado aos membros, as Comunidades Europeias solicitaram a criação de um painel para analisar a mesma questão analisada pelo primeiro Painel[1739]. Na sequência, dois membros do painel que analisou a queixa dos Estados Unidos (WT/DS50) foram nomeados como membros do painel responsável pela análise da queixa apresentada pelas Comunidades Europeias (WT/DS79). E o terceiro (o Presidente do painel anterior) só não foi nomeado, porque apresentou razões pessoais que impediram tal nomeação. E, apesar das objecções levantadas pela Índia à apresentação da queixa por parte das Comunidades Europeias ("a Índia solicita que o Painel declare inadmissível a queixa das Comunidades Europeias"[1740]), o painel que analisou a queixa das Comunidades Europeias considerou que:

> "**7.21.** Os termos do nº 4 do artigo 10º foram respeitados no presente caso. As Comunidades Europeias, que eram parte terceira no procedimento iniciado pelos Estados Unidos a respeito das mesmas medidas da Índia, decidiram recorrer a um painel ao abrigo do disposto no Memorando de Entendimento sobre Resolução de Litígios. Isto é precisamente o que é permitido pelo nº 4 do artigo 10º. (...).
>
> **7.26.** Vários painéis do GATT examinaram queixas apresentadas por diferentes partes contratantes envolvendo a mesma medida ou medidas similares da parte demandada. Por exemplo, tanto o relatório do Painel de 1983 no caso *Spring Assemblies* (queixa do Canadá) como o relatório do Painel de 1989 no caso *Section 337* (queixa da Comunidade Europeia) se referiam à aplicação pelos Estados Unidos do artigo 337 da Lei Aduaneira. O relatório do Painel de 1980 no caso *Apples* (queixa do Chile) e

---

[1737] *Idem*, parágrafo 1.10 e Anexo A, nº 8.

[1738] Relatório do Painel no caso *India – Patent Protection for Pharmaceutical and Agricultural Chemical Products* (WT/DS50/R), 5-9-1997.

[1739] Relatório do Painel no caso *India – Patent Protection for Pharmaceutical and Agricultural Chemical Products* (WT/DS79/R), 24-8-1998, parágrafo 3.1.

[1740] *Idem*, parágrafo 7.19.

625

A FUNÇÃO JURISDICIONAL NO SISTEMA GATT/OMC

os relatórios do Painel de 1989 no caso *Dessert Apples* (queixas do Chile e dos Estados Unidos) examinaram essencialmente a mesma medida adoptada pela Comunidade Económica Europeia. O relatório do Painel de 1988 no caso *Canadian Liquor Boards* (queixa das Comunidades Europeias) e o relatório do Painel de 1992 sobre a mesma questão (queixa dos Estados Unidos) foram de facto examinados pelos mesmos painelistas. Os relatórios não adoptados dos painéis no caso *Tuna* lidaram com o mesmo texto legislativo (a Lei de Protecção dos Mamíferos Marinhos) dos Estados Unidos.

**7.27.** Em nenhum destes casos se abordou directamente a questão de saber se os relatórios adoptados de painéis constituem precedentes vinculativos (*stare decisis*). A seguinte passagem do segundo relatório no caso *Tuna* é a única que analisa se os relatórios dos painéis do GATT constituem *stare decisis*:

'Na opinião da Comunidade Económica Europeia e dos Países Baixos, a interpretação que os Estados Unidos faziam do termo 'necessárias', dando-lhe o sentido de 'que são necessárias' equivalia a rejeitar relatórios de painéis que tinham sido adoptados e que constituíam interpretações acordadas do Acordo Geral. A Comunidade Económica Europeia reconhecia que não existia *stare decisis* no GATT, se mais não fosse porque não existia uma hierarquia entre os tribunais ou órgãos arbitrais do GATT. O mesmo ocorria no caso da maioria dos tribunais ou cortes internacionais. Não obstante, esses tribunais ou cortes internacionais cuidavam sempre de respeitar os seus precedentes e manter uma certa coerência nas suas decisões. O GATT necessitava dessa coerência nas interpretações dos painéis, a fim de dar estabilidade ao sistema internacional de comércio'. (...).

**7.30.** (...) As decisões anteriores de painéis ou do Órgão de Recurso não *vinculam* os Painéis, mesmo se essas decisões se referem à mesma questão. Ao examinarmos o litígio WT/DS79, não estamos juridicamente vinculados pelas conclusões do Painel no litígio WT/DS50 modificadas pelo relatório do Órgão de Recurso. Não obstante, no decurso dos 'procedimentos normais de resolução de litígios' requeridos ao abrigo do nº 4 do artigo 10º do Memorando de Entendimento sobre Resolução de Litígios, teremos em conta as conclusões e fundamentação dos relatórios do Painel e do Órgão de Recurso no litígio WT/DS50. Além disso, no nosso exame, acreditamos que devemos atribuir considerável importância tanto ao nº 2 do artigo 3º do Memorando de Entendimento sobre Resolução de Litígios, que destaca a função do sistema de resolução de litígios da OMC em garantir segurança e previsibilidade ao sistema comercial multilateral, como à necessidade de evitar resoluções contraditórias. Em nosso entender, estas considerações constituem a base da prescrição do nº 4 do artigo 10º do Memorando de Entendimento sobre Resolução de Litígios que exige que o litígio seja analisado, sempre que possível, pelo painel que analisou inicialmente a questão"[1741].

---

[1741] *Idem*, parágrafos 7.21, 7.26-7.27 e 7.30.

626

AS PARTES TERCEIRAS

Ao mesmo tempo, porém, o Painel reconhecia o seguinte:

"**7.22.** Observamos que a razão de ser da interpretação restritiva que a Índia faz do nº 1 do artigo 9º e do nº 4 do artigo 10º é a ideia de que um direito absoluto de partes diferentes apresentarem queixas sucessivas baseadas nos mesmos factos e alegações jurídicas poder implicar graves riscos para a ordem comercial multilateral, por causa da possibilidade de resoluções contraditórias e de problemas de desperdício de recursos e de perseguição injustificados. Embora reconheçamos que estes aspectos podem suscitar justificadamente graves preocupações, este Painel não é o órgão adequado para abordar estas questões.

**7.23.** De acordo com o artigo 11º do Memorando de Entendimento sobre Resolução de Litígios, a função dos painéis é 'fazer uma apreciação objectiva da questão que lhe foi colocada, incluindo uma avaliação objectiva dos factos em disputa e da aplicabilidade e cumprimento dos acordos abrangidos relevantes'. Além disso, segundo o nº 2 do artigo 3º do Memorando de Entendimento sobre Resolução de Litígios, a finalidade do procedimento dos painéis é 'clarificar as disposições vigentes [dos acordos abrangidos] em conformidade com as normas usuais de interpretação do direito internacional público'. O mesmo parágrafo acrescenta que 'as recomendações e decisões do Órgão de Resolução de Litígios não podem aumentar ou diminuir os direitos e obrigações previstos nos acordos abrangidos' e o nº 2 do artigo 19º afirma, igualmente, que 'as constatações e recomendações do painel e do Órgão de Recurso não podem aumentar ou diminuir os direitos e obrigações previstos nos acordos abrangidos'. Assim, o Painel está obrigado a basear as suas conclusões no texto do Memorando de Entendimento sobre Resolução de Litígios. Não podemos de modo algum tomar uma decisão *ex aequo et bono* para atender a uma preocupação sistémica estranha aos termos expressos no Memorando de Entendimento sobre Resolução de Litígios"[1742].

Para além dos argumentos que o Painel utilizou a favor do reconhecimento da pretensão das Comunidades Europeias, consideramos que existe um muito importante, que ficou por referir. É que, caso a parte contra à qual é apresentada uma queixa não execute as decisões e recomendações do Órgão de Resolução de Litígios, o Memorando apenas permite que seja a parte queixosa a solicitar autorização ao Órgão de Resolução de Litígios para suspender concessões ou outras obrigações previstas nos acordos abrangidos (art. 22º, nº 2, *in fine*)[1743]. Ou seja, as partes terceiras não têm direito a qualquer compensação caso a parte a

---

[1742] *Idem*, parágrafos 7.22-7.23.
[1743] Neste caso, sempre que possível, esse litígio será analisado pelo Painel inicial (art. 10º, nº 4, *in fine*, do Memorando).

627

A FUNÇÃO JURISDICIONAL NO SISTEMA GATT/OMC

quem é dirigida a recomendação não coloque a medida declarada incompatível em conformidade com um acordo abrangido[1744].

Quanto à possibilidade de uma parte terceira deduzir acusações, era hábito dos painéis criados no âmbito do GATT de 1947 ignorar ou declinar tomar em consideração as acusações feitas por partes terceiras que não fossem também apresentadas pelas partes em litígio. Como já referimos, no caso *United States – Customs User Fee*, o Painel declarou que não seria apropriado fazer qualquer juízo sobre a questão suscitada, uma vez que a prática do GATT era a de os painéis formularem conclusões unicamente a respeito das questões suscitadas pelas partes em litígio[1745]. Depois da entrada em funções da OMC, o Órgão de Recurso perfilhou a prática seguida no âmbito do GATT[1746]. Portanto, uma vez que os painéis se encontram limitados pelos seus termos de referência, uma parte terceira não pode suscitar uma questão não compreendida em tais termos.

Subsequentemente, o Órgão de Recurso torna mais expressivo o seu pensamento a respeito da questão em causa:

"A Argentina defende que duas partes terceiras – os Estados Unidos e as Comunidades Europeias – 'forneceram argumentos a respeito da segunda frase do nº 1, alínea *b*), do artigo II'. Para apoiar esta afirmação, a Argentina cita as respostas dessas duas partes terceiras à pergunta 3 formulada pelo Painel. Todavia, mesmo se estas respostas pudessem ser interpretadas do modo que a Argentina deseja que o façamos – questão que não é necessário resolver no presente recurso – não poderiam, em nenhum caso, servir para que a Argentina formulasse uma alegação relativamente à segunda frase do nº 1, alínea *b*), do artigo II. Estão em causa declarações de partes terceiras neste litígio. *As partes terceiras num litígio não podem deduzir acusações.* Cabe à Argentina, na sua qualidade de parte queixosa, formular uma alegação; a Argentina não pode recorrer a partes terceiras para que o façam em seu nome. Por outro lado, observamos que a Argentina não adoptou estes argumentos das partes terceiras nos procedimentos posteriores" (itálico aditado)[1747].

---

[1744] As partes terceiras podem apenas suscitar em qualquer momento no Órgão de Resolução de Litígios a questão da execução das recomendações ou decisões após a sua adopção (art. 21º, nº 6, do Memorando de Entendimento sobre Resolução de Litígios).

[1745] Relatório do Painel no caso *United States – Customs User Fee* (L/6264), adoptado em 2-2-1988, parágrafo 124.

[1746] Relatório do Órgão de Recurso no caso *Guatemala – Anti-Dumping Investigation Regarding Portland Cement from México* (WT/DS60/AB/R), 2-11-1998, parágrafo 72.

[1747] Relatório do Órgão de Recurso no caso *Chile – Price Band System and Safeguard Measures Relating to Certain Agricultural Products* (WT/DS207/AB/R), 23-9-2002, parágrafo 163.

AS PARTES TERCEIRAS

A situação parece ser diferente quando estão em causa novos argumentos. É verdade que, durante a vigência do GATT de 1947, um painel realçou que:

"Em conformidade com a prática dos painéis de não examinarem excepções do Acordo Geral que não fossem invocadas pela parte contratante demandada nem questões colocadas unicamente por partes terceiras, o Painel decidiu não examinar se os direitos anti-evasão poderiam ser justificados ao abrigo do artigo VI do Acordo Geral"[1748].

Neste caso, a parte demandada argumentava que as suas disposições relativas à fuga ao pagamento de direitos antidumping eram justificadas por força da alínea *d*) do art. XX do GATT, não tendo avançado com a possibilidade de tais medidas serem também justificadas ao abrigo do art. VI do mesmo acordo[1749]. Esta última disposição foi invocada, sim, por uma parte terceira. Claro está, nada impedia uma parte terceira que quisesse ver analisado o seu ponto de vista de recorrer, por direito próprio, aos procedimentos normais de resolução de litígios, solicitando, primeiro, a realização de consultas e depois, em caso de insucesso, a criação de um painel.

Após a entrada em vigor dos acordos da OMC, o Órgão de Recurso defende logo num dos primeiros casos por si analisados que:

"Os painéis estão inibidos de examinar as alegações jurídicas que estejam fora do âmbito dos seus termos de referência. Todavia, nada no Memorando de Entendimento sobre Resolução de Litígios limita a faculdade de um Painel utilizar livremente os argumentos apresentados por qualquer uma das partes – ou de desenvolver o seu próprio raciocínio jurídico – para apoiar as suas próprias opiniões e conclusões sobre a questão submetida à sua consideração. Um painel poderia bem não ser capaz de proceder a uma avaliação objectiva da questão, como exigido pelo artigo 11º do Memorando de Entendimento sobre Resolução de Litígios, se tivesse que limitar a sua argumentação apenas aos argumentos apresentados pelas partes em litígio (...)"[1750].

Essencialmente, um painel que usa argumentos que não foram submetidos ou desenvolvidos por nenhuma das partes em litígio não viola o princípio *non ultra*

---

[1748] Relatório do Painel no caso *European Ecomonic Community – Regulation on Imports of Parts and Components* (L/6657), adoptado em 16-5-1990, parágrafo 5.11.

[1749] De acordo com um autor, "Panels did not examine applicable exceptions to the General Agreement if respondents did not invoke those exceptions". Cf. Philip Nichols, *GATT Doctrine*, in Virginia Journal of International Law, 1996, p. 420.

[1750] Relatório do Órgão de Recurso no caso *European Communities Measures Concerning Meat and Meat Products (Hormones)* (WT/DS26/AB/R, WT/DS48/AB/R), 16-1-1998, parágrafo 156.

629

A FUNÇÃO JURISDICIONAL NO SISTEMA GATT/OMC

*petita*. Os painéis estão apenas limitados, de facto, às alegações constantes dos respectivos termos de referência[1751].

## 2.4. A Fase de Recurso

Apenas as partes em litígio, e não qualquer parte terceira, podem recorrer do relatório de um painel (art. 17º, nº 4 do Memorando de Entendimento sobre Resolução de Litígios). No caso *European Communities – Anti-Dumping Duties on Imports of Cotton-Type Bed Linen from India*, por exemplo, um participante terceiro (o Egipto), apresentou a sua opinião sobre um conjunto de questões que considerava fundamentais para uma interpretação jurídica adequada do Acordo sobre a Aplicação do Artigo VI do GATT de 1994. Muito secamente, o Órgão de Recurso respondeu que, visto que nenhuma destas constatações tinha sido objecto de recurso, os comentários do Egipto não eram directamente pertinentes para o recurso em causa[1752].

Mas, caso uma das partes em litígio recorra, as partes terceiras que tenham notificado o Órgão de Resolução de Litígios de um interesse substancial na matéria, nos termos do nº 2 do art. 10º do Memorando, podem participar, apresentando observações escritas e ser ouvidas pelo Órgão de Recurso (art. 17º, nº 4, *in fine*, do Memorando de Entendimento sobre Resolução de Litígios).

O Órgão de Recurso tem procurado, igualmente, expandir os direitos das partes terceiras. Até 1 de Maio de 2003, era participante terceiro a parte terceira que tivesse apresentado uma comunicação escrita. Caso uma parte terceira não submetesse qualquer comunicação, ela não podia estar presente na audiência oral. Para essas partes terceiras, contudo, o Órgão de Recurso criou a possibilidade de estarem presentes na audiência oral como "observadores passivos". Assim, esgotado o prazo de 25 dias a contar da data de apresentação do pedido de recurso, uma parte terceira podia ainda participar no processo de recurso enquanto "observador passivo". No caso *Argentina – Safeguard Measures on Imports of Footwear*, por exemplo :

> "Em 19 de Outubro de 1999, o Órgão de Recurso recebeu uma carta do Governo do Paraguai indicando o seu interesse 'em estar presente' na audiência oral deste recurso. Em 25 de Outubro de 1999, o Órgão de Recurso recebeu uma segunda carta do Paraguai clarificando que não estava a pedir que lhe fosse dada a oportunidade de 'apresentar oralmente os seus argumentos ou exposições' na audiência oral, ao abrigo do nº 3 da Regra 27 dos Procedimentos de Trabalho. Pelo contrário, o Paraguai man-

[1751] Chittharanjan AMERASINGHE, *Jurisdiction of Specific International Tribunals*, Martinus Nijhoff Publishers, Leiden-Boston, 2009, p. 549.

[1752] Relatório do Órgão de Recurso no caso *European Communities – Anti-Dumping Duties on Imports of Cotton-Type Bed Linen from India* (WT/DS141/AB/R), 1-3-2001, parágrafo 35.

AS PARTES TERCEIRAS

tinha que, enquanto parte terceira que tinha notificado o seu interesse ao Órgão de Resolução de Litígios em conformidade com o nº 2 do artigo 10º do Memorando de Entendimento sobre Resolução de Litígios, tinha direito a participar 'de forma passiva' na audiência oral prevista pelo Órgão de Recurso no presente litígio. Nenhum participante ou participante terceiro colocou objecções à participação do Paraguai numa base 'passiva'. Em 26 de Outubro de 1999, os Membros da Divisão que analisou este recurso informou o Paraguai, os participantes e os participantes terceiros de que, tendo em conta as disposições do nº 2 do artigo 10º e do nº 4 do artigo 17º do Memorando de Entendimento sobre Resolução de Litígios, assim como das disposições das Regras 24 e 27 dos Procedimentos de Trabalho, autorizaria o Paraguai a estar presente na audiência oral na qualidade de 'observador passivo'"[1753].

Actualmente, os Procedimentos de Trabalho do Órgão de Recurso vão mais longe, estabelecendo que:

"Qualquer parte terceira que não tenha apresentado uma comunicação escrita em conformidade com o nº 1 [da Regra 24], nem feito uma notificação ao Secretariado do Órgão de Recurso em conformidade com o nº 2 [da Regra 24], poderá notificar o Secretariado do Órgão de Recurso que pretende comparecer na audiência e poderá solicitar fazer uma declaração oral na audiência. Essas notificações e solicitações deverão ser notificadas por escrito ao Secretariado do Órgão de Recurso com a maior brevidade possível" (Regra 24, nº 4, dos Procedimentos de Trabalho do Órgão de Recurso).

Neste caso, a secção responsável, tendo em conta as exigências das garantias processuais devidas, decide se permite à parte terceira fazer uma declaração oral na audiência e responder às perguntas formuladas pela secção (Regra 27, nº 3, alínea c), dos Procedimentos de Trabalho do Órgão de Recurso).

## 2.5. O Artigo 22º do Memorando

Apesar de o art. 22º, nº 6, do Memorando nada dizer sobre a participação das partes terceiras nos procedimentos de arbitragem, os árbitros do caso *European Communities – Regime for the Importation, Sale and Distribution of Bananas* determinaram que:

"Em 4 de Fevereiro de 1999, o Equador solicitou aos Árbitros que lhe reconhecessem o estatuto de parte terceira, por ter um interesse especial no procedimento. Não obstante, dada a inexistência de disposições relativas ao estatuto de parte terceira no artigo 22º do Memorando de Entendimento sobre Resolução de Litígios e tendo em conta que não consideramos que este procedimento afecte os direitos do Equador,

---

[1753] Relatório do Órgão de Recurso no caso *Argentina – Safeguard Measures on Imports of Footwear* (WT/DS121/AB/R), 14-12-1999, parágrafo 7.

A FUNÇÃO JURISDICIONAL NO SISTEMA GATT/OMC

recusamos o pedido deste país. A este respeito, notamos que tanto a nossa decisão inicial como a nossa decisão final na presente arbitragem respeitam plenamente os direitos do Equador ao abrigo do Memorando de Entendimento sobre Resolução de Litígios e, em particular, do seu artigo 22º"[1754].

Posteriormente, os árbitros do caso *European Communities – Measures Concerning Meat and Meat Products (Hormones)* defenderam que:

"Na sequência de um pedido dos Estados Unidos de reconhecimento do direito a participar na qualidade de parte terceira e depois de analisarmos atentamente os argumentos expostos pelas partes na reunião organizativa de 4 de Junho de 1999 e nas suas comunicações escritas, os Árbitros adoptaram a seguinte decisão:

Os Estados Unidos e o Canadá são autorizados a estar presentes nas duas audiências orais dos procedimentos de arbitragem, a fazer uma declaração no termo de cada audiência e a obter uma cópia das comunicações escritas apresentadas em ambos os procedimentos.

Esta decisão foi adoptada pelas razões que a seguir se expõem.

– As disposições do Memorando de Entendimento sobre Resolução de Litígios relativas aos procedimentos dos painéis, referidas por analogia nos procedimentos de trabalho dos árbitros, reconhecem a estes uma margem de discricionariedade para adoptar decisões sobre questões processuais não reguladas no Memorando de Entendimento sobre Resolução de Litígios (nº 1 do artigo 12º do Memorando de Entendimento sobre Resolução de Litígios), de acordo com o princípio das garantias processuais devidas. O Memorando de Entendimento sobre Resolução de Litígios não se ocupa da questão da participação de partes terceiras nos procedimentos de arbitragem do artigo 22º.

– Os direitos dos Estados Unidos e do Canadá podem ser afectados em ambos os procedimentos de arbitragem:

Em primeiro lugar, o cálculo das exportações de carne de bovino de alta qualidade perdidas por causa da proibição das hormonas tem de basear-se num contingente pautal que supostamente necessita de ser distribuído entre o Canadá e os Estados Unidos. Por conseguinte, uma determinação formulada num procedimento pode ter uma importância decisiva para uma determinação no outro.

Em segundo lugar, diversas metodologias são propostas para calcular as oportunidades de exportação perdidas. Dado que tanto os produtos (carne de bovino de alta qualidade e restos comestíveis de animais da espécie bovina) como os obstá-

---

[1754] Decisão dos Árbitros (art. 22º, nº 6, do Memorando) no caso *European Communities – Regime for the Importation, Sale and Distribution of Bananas, Recourse to Arbitration by the European Communities* (WT/DS27/ARB), 9-4-1999, parágrafo 2.8.

AS PARTES TERCEIRAS

culos ao comércio relevantes (proibição das hormonas e contingente pautal para a carne de bovino de alta qualidade) são os mesmos em ambos os procedimentos, é possível que ambos os órgãos arbitrais (integrados pelas mesmas três pessoas) considerem necessário adoptar a mesma metodologia ou metodologias muito similares, tanto mais porquanto os Árbitros são chamados a formular uma determinação concreta sobre o valor da anulação ou redução causados pela proibição. Logo, eles não estão limitados, como na maior parte dos procedimentos de painéis, a tomar uma decisão apenas sobre a compatibilidade do valor proposto pelos Estados Unidos e Canadá com as disposições do Memorando de Entendimento sobre Resolução de Litígios). Em consequência, um procedimento com as garantias devidas requer que se dê às três partes uma oportunidade para comentarem a metodologia proposta por cada uma delas.

– Em contraste, as Comunidades Europeias não mostraram como a participação de partes terceiras prejudicaria os seus direitos. Nenhum argumento específico foi feito demonstrando que a participação de partes terceiras prejudicaria substancialmente os interesses das Comunidades Europeias ou o seu direito a um procedimento com as garantias devidas"[1755].

Finalmente, no âmbito do caso *Brazil – Export Financing Programme for Aircraft, Recourse to Arbitration by Brazil under Article 22.6 of the DSU and Article 4.11 of the SCM Agreement*, a Austrália solicitou aos árbitros que, dada a sua participação na qualidade de parte terceira nos procedimentos iniciados ao abrigo do nº 5 do art. 21º do Memorando de Entendimento sobre Resolução de Litígios e o seu interesse substancial e continuado no litígio, lhe reconhecessem a condição de parte terceira[1756]. A pedido dos árbitros, as partes em litígio deram a conhecer as suas opiniões em 8 de Junho de 2000. Nessa mesma data, os árbitros informaram a Austrália de que recusavam o seu pedido, tendo em conta:

"**2.5.** (...) as opiniões expostas pelas partes, a inexistência no Memorando de Entendimento sobre Resolução de Litígios de disposições relativas à condição de parte terceira no âmbito do artigo 22º e o facto de não considerarmos que o presente procedimento possa afectar os direitos da Austrália.

---

[1755] Decisão dos Árbitros (art. 22º, nº 6, do Memorando) no caso *European Communities – Measures Concerning Meat and Meat Products (Hormones), Original Complaint by the United States* (WT/DS26/ARB), 12-7-1999, parágrafo 7; Decisão dos Árbitros (art. 22º, nº 6, do Memorando) no caso *European Communities – Measures Concerning Meat and Meat Products (Hormones), Original Complaint by Canada* (WT/DS48/ARB), 12-7-1999, parágrafo 7.

[1756] Decisão de Arbitragem no caso *Brazil – Export Financing Programme for Aircraft, Recourse to Arbitration by Brazil under Article 22.6 of the DSU and Article 4.11 of the SCM Agreement* (WT/DS46/ARB), 28-8-2000, parágrafo 2.4.

## A FUNÇÃO JURISDICIONAL NO SISTEMA GATT/OMC

**2.6.** Notamos a este respeito que, no âmbito das arbitragens realizadas ao abrigo do nº 6 do artigo 22º, foram reconhecidos direitos na qualidade de partes terceiras nos casos *European Communities – Measures Concerning Meat and Meat Products (Hormones)* e foram recusados esses direitos no caso *European Communities – Regime for the Importation, Sale and Distribution of Bananas, Recourse to Arbitration by the European Communities.* Não consideramos que, no presente caso, a Austrália esteja na mesma situação que o Canadá e os Estados Unidos nas arbitragens relativas ao caso *European Communities – Measures Concerning Meat and Meat Products (Hormones)*, nem sequer na mesma situação que o Equador na arbitragem relativa ao caso *European Communities – Regime for the Importation, Sale and Distribution of Bananas.* De facto, a Austrália nunca iniciou um procedimento de resolução de litígios contra o Brasil a respeito do programa de financiamento das exportações em litígio. Além disso, a Austrália não chamou a atenção dos árbitros para quaisquer vantagens ou direitos resultantes para si no quadro do Acordo OMC que possam ser afectados pela sua decisão"[1757].

Após esta decisão dos árbitros, nunca mais se colocou a questão da participação de partes terceiras nos procedimentos iniciados ao abrigo do art. 22º do Memorando. Ainda assim, as três decisões analisadas permitem-nos concluir que, tal como acontece com os painéis, os árbitros que actuam ao abrigo do nº 6 do art. 22º contam com uma margem de discricionariedade para lidar, sempre tendo presente as garantias processuais devidas, com situações concretas que possam surgir num determinado caso e não estejam reguladas expressamente[1758]. Para que a participação de partes terceiras se torne uma realidade nos procedimentos de arbitragem realizados no contexto do art. 22º do Memorando é necessário, essencialmente, que os direitos do membro que solicita a participação na qualidade de parte terceira possam ser afectados pela arbitragem em causa e que os direitos do Membro da OMC em falta não sejam prejudicados pela participação do membro que solicita a participação na qualidade de parte terceira. Claro está, os árbitros consideram que, em tais situações, devem prestar particular atenção às opiniões das partes em litígio[1759].

Portanto, até aos dias de hoje, apenas no caso *European Communities – Measures Concerning Meat and Meat Products (Hormones) (Original Complaint by the United States), Recourse to Arbitration by the European Communities under Article 22.6 of the*

---

[1757] *Idem*, parágrafos 2.5-2.6.

[1758] Decisão de Arbitragem no caso *United States – Measures Affecting the Cross-Border Supply of Gambling and Betting Services, Recourse to Arbitration by the United States under Article 22.6 of the DSU* (WT/DS285/ARB), 21-12-2007, parágrafo 2.31.

[1759] Decisão de Arbitragem no caso *United States – Measures Affecting the Cross-Border Supply of Gambling and Betting Services, Recourse to Arbitration by the United States under Article 22.6 of the DSU* (WT/DS285/ARB), 21-12-2007, parágrafo 2.31.

AS PARTES TERCEIRAS

*DSU* foram reconhecidos alguns direitos às partes terceiras. Mas, como já foi dito, estavam em causa neste caso circunstâncias muito específicas. Os dois membros a quem se reconheceu o estatuto de parte terceira eram ambos parte queixosa e partes em procedimentos de arbitragem iniciados nos termos do nº 6 do art. 22º do Memorando, referentes à mesma questão e nos quais os árbitros constataram que, nas circunstâncias em causa, a determinação formulada num procedimento poderia resultar decisiva para a determinação formulada no outro.

### 3. As Recomendações dos Painéis e do Órgão de Recurso

Diz-se muitas vezes que, independentemente do reconhecimento de direitos adicionais, as partes terceiras gozam sempre da vantagem de não ficarem vinculadas pelas recomendações constantes dos relatórios dos painéis e do Órgão de Recurso. Nesse sentido, nos termos do nº 1 do art. 19º do Memorando de Entendimento sobre Resolução de Litígios, "caso um painel ou o Órgão de Recurso considerem uma medida incompatível com um acordo abrangido, *recomendarão ao Membro em causa* [a parte em litígio à qual são dirigidas as recomendações do painel ou do Órgão de Recurso] *a conformação dessa medida* com o Acordo" e, de acordo com o nº 2 do art. 22º do Memorando de Entendimento sobre Resolução de Litígios, "se não for acordada nenhuma compensação satisfatória no prazo de 20 dias a contar da data em que expira o prazo razoável, *qualquer parte que tenha accionado o processo de resolução de litígios* pode solicitar autorização do Órgão de Resolução de Litígios para suspender a aplicação, em relação ao Membro em causa, das concessões ou outras obrigações previstas nos acordos abrangidos" (itálicos aditados). Estas duas disposições e os artigos IX, nº 2, do Acordo OMC e 3º, nº 9, do Memorando de Entendimento sobre Resolução de Litígios parecem limitar claramente o efeito dos relatórios às partes em litígio. O próprio Órgão de Recurso já defendeu que, formalmente, os relatórios dos painéis adoptados não são vinculativos, excepto para as partes em litígio e a respeito do caso em questão[1760]. Depois, no caso *United States – Import Prohibition of certain Shrimp and Shrimp Products, Recourse to Article 21.5 of the DSU by Malaysia*, o Órgão de Recurso estendeu esta conclusão aos seus próprios relatórios adoptados[1761].

Alguns autores, porém, defendem que, caso um relatório de um painel ou do Órgão de Recurso declare uma determinada metodologia geral (por exemplo, a prática de redução a zero aplicada por alguns membros da OMC no cálculo das

---

[1760] Relatório do Órgão de Recurso no caso *Japan – Taxes on Alcoholic Beverages* (WT/DS8/AB/R, WT/DS10/AB/R, WT/DS11/AB/R), 4-10-1996, pp. 14-15.

[1761] Relatório do Órgão de Recurso no caso *United States – Import Prohibition of certain Shrimp and Shrimp Products (Recourse to Article 21.5 of the DSU by Malaysia)* (WT/DS58/AB/RW), 22-10-2001, parágrafos 107-109.

A FUNÇÃO JURISDICIONAL NO SISTEMA GATT/OMC

margens de dumping) incompatível com um acordo abrangido, tal conclusão cria obrigações não apenas para o Membro que foi declarado faltoso e a quem é dirigida a recomendação do Órgão de Resolução de Litígios, mas também para outros membros da OMC que, porventura, apliquem igualmente a metodologia em causa. Natalie McNelis, por exemplo, entende que:

> "For Members to ignore a clear holding and refuse to change their law or practices until they are instructed to do so, via a recommendation to bring themselves into conformity pursuant to dispute settlement, could be argued to be violation of the duty of good faith which prevails on all WTO Members"[1762].

Ou seja, a autora citada defende que, quando um litígio é solucionado por um relatório de um painel ou do Órgão de Recurso, mesmo os membros que não sejam partes em litígio devem ser "bons cidadãos" e colocar as suas medidas em conformidade com os princípios jurídicos constantes do relatório. Até porque existem razões fortes para o painel ou o Órgão de Recurso decidirem a mesma questão do mesmo modo em casos futuros. A autora invoca, também, em apoio da sua tese o nº 4 do artigo XVI do Acordo OMC e o nº 4 do artigo 18º do Acordo sobre a Aplicação do Artigo VI do GATT de 1994. Outro autor que concorda com esta posição de fundo é Donald Regan, ainda que seja um pouco mais exigente:

> "Members may not be required by good faith to obey immediately; it may make more than one Dispute Settlement Body decision to definitively achieve clarification (even partial clarification). But still, the good faith obligation of all Members in regard to their deliberating is different after a Dispute Settlement Body decision is rendered from what it was before. 'Attention must be paid'"[1763].

As próprias Comunidades Europeias parecem admitir a posição adoptada por estes dois autores. Num regulamento adoptado em 2001, o Conselho da União Europeia apresenta a seguinte justificação para adoptá-lo:

> "A fim de ter em conta as interpretações jurídicas formuladas num relatório aprovado pelo Órgão de Resolução de Litígios, as instituições comunitárias podem considerar adequado revogar, alterar ou adoptar quaisquer outras medidas especiais relativas às medidas adoptadas no âmbito do Regulamento (CE) nº 384/96 [aplicável às importações que são objecto de dumping de países não membros da Comunidade

---

[1762] Natalie McNelis, *What Obligations Are Created by World Trade Organization Dispute Settlement Reports?*, in JWT, 2003, pp. 658-659.

[1763] Donald Regan, *Do World Trade Organization Dispute Settlement Reports Affect the Obligations of Non-Parties? Response to McNelis*, in JWT, 2003, p. 892.

## AS PARTES TERCEIRAS

Europeia] ou do Regulamento (CE) nº 2026/97 [aplicável às importações que são objecto de subvenções de países não membros da Comunidade Europeia], designadamente medidas que não tenham sido sujeitas a um processo de resolução de litígios no âmbito do Memorando de Entendimento sobre Resolução de Litígios"[1764].

Mas, atenção, as instituições comunitárias não estão obrigadas a tomar quaisquer medidas.

Há, contudo, um aspecto importante que importa ter em conta. Como já foi referido, de acordo com o nº 2 do art. 22º do Memorando de Entendimento sobre Resolução de Litígios, só pode solicitar autorização do Órgão de Resolução de Litígios para suspender a aplicação, em relação ao Membro faltoso, das concessões ou outras obrigações previstas nos acordos abrangidos a parte que tenha accionado o processo de resolução de litígios, ou seja, as partes terceiras não podem fazê-lo. O Brasil propõe, por isso, a criação de um "fast track panel":

> "O Brasil entende que um dos inconvenientes do actual sistema de resolução de litígios é a necessidade de que um Membro inicie um procedimento *de novo*, através de todas as etapas e prazos estabelecidos, mesmo que já se tenha constatado em procedimentos anteriores de painéis ou de recurso iniciados por outro Membro que a mesma medida que anula ou reduz as vantagens do primeiro é incompatível com as normas da OMC. O Brasil acredita que uma 'via rápida' ou um 'procedimento acelerado' nesses casos agilizaria o sistema e torná-lo-ia mais eficiente. O painel seria composto, se possível, pelos mesmos membros que serviram no painel inicial que analisou a questão"[1765].

Finalmente, o Órgão de Recurso defendeu recentemente que, enquanto a aplicação de uma disposição pode ser vista como confinada ao contexto em que tem lugar, a relevância da clarificação contida nos relatórios adoptados do Órgão de Recurso não se limita à aplicação de uma determinada disposição num caso específico[1766].

---

[1764] Conselho da União Europeia, Regulamento (CE) Nº 1515/2001 de 23 de Julho de 2001 *relativo às medidas que a Comunidade pode adoptar na sequência de um relatório sobre medidas anti-dumping e anti-subvenções aprovado pelo Órgão de Resolução de Litígios da OMC*, in JOCE L 201, 26-7-2001, pp. 10-11.

[1765] OMC, *Contribution of Brazil to the Improvement of the WTO Dispute Settlement Understanding, communication from Brazil* (TN/DS/W/45/Rev.1), 4-3-2003, p. 1.

[1766] Relatório do Órgão de Recurso no caso *United States – Final Anti-Dumping Measures on Stainless Steel from Mexico* (WT/DS344/AB/R), 30-4-2008, parágrafo 161.

637

## A FUNÇÃO JURISDICIONAL NO SISTEMA GATT/OMC

### 4. Uma Maior Participação?

A participação como parte terceira pode ser de extrema utilidade, especialmente para aqueles membros da OMC que não têm experiência em matéria de participação no sistema de resolução de litígios. Como observa VALERIE HUGHES:

> "Aside from the necessity of and interest in following the issues for substantive or systemic reasons, participating in the process first-hand but from the 'third party sidelines' is an excellent way to learn about the process"[1767].

Muitos membros têm proposto, por isso, que qualquer Membro da OMC deveria ter a possibilidade de presenciar todas as reuniões do Painel e do Órgão de Recurso, de receber toda a documentação (excluindo a de carácter confidencial) e de ter o seu testemunho mais tido em conta pelo painel no relatório provisório e no relatório final[1768]. Este maior grau de transparência teria duas vantagens principais. Primeiro, o simples acto de abertura das portas aos membros, em vez de mantê-las fechadas, aumentaria a sensação de legitimidade do sistema e dos resultados do mesmo. Segundo, permitiria que a informação fosse distribuída mais rapidamente aos membros que não fossem partes, em litígio ou terceiras, num determinado caso[1769]. Pensamos mesmo que seria mais fácil aos painéis realizar "uma apreciação objectiva da questão que lhe foi colocada" (art. 11º do Memorando de Entendimento sobre Resolução de Litígios) se as partes terceiras pudessem ouvir e responder a todos os argumentos suscitados durante o processo do painel. As partes terceiras ajudam a multilateralizar um caso, destacando preocupações que podem não ter sido suscitadas pelas partes em litígio[1770], e a sua intervenção permite assinalar as suas preferências e influenciar, porventura, as conclusões dos painéis e do Órgão de Recurso[1771].

Na prática, é difícil avaliar a influência que as comunicações das partes terceiras possam ter nos procedimentos dos painéis ou do Órgão de Recurso, até por-

---

[1767] Valerie HUGHES, The WTO dispute settlement system – from initiating proceedings to ensuring implementation: what needs improvement?, in *The WTO at Ten: The Contribution of the Dispute Settlement System*, Ed. Giorgio Sacerdoti, Alan Yanovich e Jan Bohanes, Cambridge University Press, 2006, p. 201.

[1768] Marc BUSCH e Eric REINHARDT, Fixing What "Ain't Broke"? Third Party Rights, Consultations, and the DSU, in *Reform and Development of the WTO Dispute Settlement System*, Dencho Georgiev e Kim Van Der Borght ed., Cameron May, Londres, 2006, p. 78.

[1769] Nick COVELLI e Rajeev SHARMA, *Proposals for Reform of the WTO Dispute Settlement Understanding in Respect of Third Parties*, in International Trade Law & Regulation, 2003, nº 1, p. 2.

[1770] Ngangjoh YENKONG, *Third Party Rights and the Concept of Legal Interest in World Trade Organization Dispute Settlement: Extending Participatory Rights to Enforcement Rights*, in JWT, 2004, p. 761.

[1771] James SMITH, *WTO dispute settlement: the politics of procedure in Appellate Body rulings*, in WTR, 2003, pp. 65-100.

AS PARTES TERCEIRAS

que, no caso dos primeiros, "such submissions are sometimes (but not usually) discussed in the findings part of Panel's reports"[1772].

Apesar das limitações existentes, podemos apontar alguns casos em que um painel ou o Órgão de Recurso examinaram os argumentos de partes terceiras. No caso *European Communities – Anti-Dumping Duties on Imports of Cotton-Type Bed Linen from India*, por exemplo, os Estados Unidos eram parte terceira e tinham a sua própria opinião sobre a interpretação do conceito de "ramo de produção nacional"[1773], opinião que o próprio Painel considerou "interessante"[1774]. Mais, o Órgão de Recurso discutiu amplamente o entendimento que os Estados Unidos tinham de uma determinada disposição do Acordo sobre a Aplicação do Artigo VI do GATT de 1994[1775].

Mais recentemente, no caso *China – Measures Affecting Trading Rights and Distribution Services for Certain Publications and Audiovisual Entertainment Products*, a argumentação da União Europeia, um dos participantes terceiros, influenciou grandemente a conclusão a que chegou o Órgão de Recurso. De facto, quando respondeu a perguntas formuladas na audiência oral, a China clarificou que, se o Órgão de Recurso confirmasse as constatações do Painel de que as medidas em litígio não eram "necessárias" no sentido da alínea *a*) do artigo XX do GATT de 1994, a China não solicitaria ao Órgão de Recurso que se pronunciasse sobre se a alínea *a*) do artigo XX podia ser invocada como meio de defesa de uma infracção dos compromissos em matéria de direitos de comercialização assumidos pela China no âmbito do seu Protocolo de Adesão[1776]. Por sua vez, os Estados Unidos, a outra parte em litígio, instaram o Órgão de Recurso a que examinasse as constatações do Painel no âmbito da alínea *a*) do artigo XX aplicando a mesma abordagem *arguendo* utilizada e se abstivesse igualmente de decidir se a alínea *a*) do artigo XX podia ser invocada como meio de defesa do incumprimento da obrigação da China de outorgar o direito a ter actividades comerciais[1777]. Final-

---

[1772] Petros MAVROIDIS, Appendix 3 DSU, in *WTO-Institutions and Dispute Settlement*, Rüdiger Wolfrum, Peter-Tobias Stoll e Karen Kaiser (eds), Max Planck Commentaries on World Trade Law, Max Planck Institute for Comparative Public Law and International Law, Martinus Nijhoff Publishers, Leiden/Boston, 2006, p. 605.

[1773] Relatório do Painel no caso *European Communities – Anti-Dumping Duties on Imports of Cotton-Type Bed Linen from India* (WT/DS141/R), 30-10-2000, parágrafo 6.174.

[1774] *Idem*, parágrafo 6.175.

[1775] Relatório do Órgão de Recurso no caso *European Communities – Anti-Dumping Duties on Imports of Cotton-Type Bed Linen from India, Recourse to Article 21.5 of the DSU by India* (WT/DS141/AB/RW), 8-4-2003, parágrafos 140-146.

[1776] Relatório do Órgão de Recurso no caso *China – Measures Affecting Trading Rights and Distribution Services for Certain Publications and Audiovisual Entertainment Products* (WT/DS363/AB/R), 21-12-2009, parágrafo 35.

[1777] *Idem*, parágrafo 64.

## A FUNÇÃO JURISDICIONAL NO SISTEMA GATT/OMC

mente, a União Europeia tinha preocupações sérias com a abordagem *arguendo* e queria que o Órgão de Recurso decidisse a questão da disponibilidade da alínea *a*) do art. XX do GATT como meio de defesa:

> "(...) Uma análise substantiva detalhada no quadro do artigo XX deve resultar, e depender, de uma constatação positiva de que tal disposição é aplicável – todavia, o Painel não formulou tal constatação. Portanto, o Painel, antes de analisar a alínea *a*) do artigo XX, o Painel deveria ter demonstrado que 'as medidas declaradas incompatíveis com os compromissos em matéria de direitos comerciais [da China] são acessórias (no sentido de 'necessárias') para a regulamentação das mercadorias pertinentes'. Além disso, a abordagem *arguendo* adoptada pelo Painel não contribuiu para resolver efectivamente o litígio entre as partes, porque a China não sabe se pode adoptar 'medidas alternativas menos incompatíveis com o GATT (menos restritivas), como as assinaladas pelos Estados Unidos', sem correr o risco de que uma nova impugnação dessas medidas no quadro da OMC tenha êxito"[1778].

Ante estas posições divergentes, o Órgão de Recurso fez aquilo que a União Europeia tinha solicitado:

> "**213.** Observamos que o recurso a uma suposição *arguendo* é uma técnica jurídica que um adjudicador pode utilizar a fim de tornar mais simples e eficaz a tomada de decisões. Apesar de os painéis e o Órgão de Recurso poderem escolher empregar esta técnica em circunstâncias especiais, ela nem sempre oferece uma base sólida para sustentar conclusões jurídicas. O emprego desta técnica pode dificultar uma enunciação clara das normas pertinentes da OMC e criar problemas de implementação. O recurso a esta técnica pode também ser problemático para determinados tipos de questões jurídicas, por exemplo, as que se referem à jurisdição de um painel ou a questões preliminares de que dependa a análise ulterior do mérito. A finalidade do sistema de resolução de litígios da OMC é resolver os litígios de uma maneira que preserve os direitos e obrigações dos membros da OMC e aclarar as disposições vigentes dos acordos abrangidos em conformidade com as normas usuais de interpretação do direito internacional público. Ao fazê-lo, os painéis e o Órgão de Recurso não estão obrigados a preferir o enfoque mais conveniente ou o sugerido por uma ou algumas das partes em litígio. Pelo contrário, os painéis e o Órgão de Recurso devem adoptar um método ou estrutura analíticos adequados para resolver as questões colocadas e fazer uma avaliação objectiva dos assuntos pertinentes e formular conclusões que ajudem o Órgão de Resolução de Litígios a adoptar as recomendações ou decisões previstas nos acordos abrangidos.

[1778] *Idem*, parágrafo 111.

AS PARTES TERCEIRAS

**214.** Neste caso, a China afirmava que a cláusula introdutória do parágrafo 1 da secção 5 do seu Protocolo de Adesão permitia-lhe justificar as disposições das suas medidas declaradas incompatíveis com os seus compromissos em matéria de direitos de comercialização como sendo necessários à protecção da moralidade pública na China no sentido da alínea *a*) do artigo XX do GATT de 1994. O Painel não decidiu se o parágrafo 1 da secção 5 dava à China acesso a esta defesa. Em vez disso, partiu da *suposição* de que essa defesa estava disponível. Todavia, se a China não pode basear-se na alínea *a*) do artigo XX para defender as suas medidas como protegendo a moral pública na China, as constatações de incompatibilidade com os compromissos da China em matéria de direito a comerciar seriam o fim da questão e desnecessária qualquer análise das medidas ao abrigo da alínea *a*) do artigo XX. Além disso, alguns elementos da argumentação do Painel relativa à alínea *a*) do artigo XX, sobretudo a sua análise do efeito restritivo adequado que há que ter-se em conta, dependiam, pelo menos em certa medida, da possibilidade de recurso à alínea *a*) do artigo XX como uma defesa do incumprimento dos compromissos da China em matéria de direitos de comercialização. Portanto, estas partes da análise do Painel assentam numa base incerta devido à ausência de uma conclusão sobre a aplicabilidade da alínea *a*) do artigo XX neste caso. Mais, a falta de clareza sobre a questão de saber se a China pode recorrer à alínea *a*) do artigo XX como uma defesa a respeito de uma violação do parágrafo 1 da secção 5 do seu Protocolo de Adesão pode deixar os participantes confusos sobre o âmbito da regulamentação de que desfruta a China para a aplicação e se qualquer medida de aplicação é, de facto, compatível com as obrigações da China no âmbito da OMC ou susceptível de nova impugnação num procedimento conforme o nº 5 do artigo 21º do Memorando de Entendimento sobre Resolução de Litígios.

**215.** Em nossa opinião, supor *arguendo* que a China pode invocar a alínea *a*) do artigo XX poderia ser contrário ao objectivo de promover a segurança e previsibilidade através da resolução de litígios, e pode não contribuir para a resolução deste litígio, em especial porque tal abordagem corre o risco de criar incerteza a respeito das obrigações de aplicação da China. Notamos que a questão de saber se a cláusula introdutória do parágrafo 1 da secção 5 permite à China fazer valer uma defesa ao abrigo da alínea *a*) do artigo XX é uma questão de interpretação jurídica compreendida no âmbito de aplicação do nº 6 do artigo 17º do Memorando de Entendimento sobre Resolução de Litígios. Por estas razões, decidimos nós mesmos examinar esta questão"[1779].

Este caso em particular demonstra, claramente, que as partes terceiras nos procedimentos dos painéis e os participantes terceiros na fase de recurso não devem sentir que as suas comunicações constituem meramente uma formalidade.

---

[1779] *Idem*, parágrafos 213-215.

## A FUNÇÃO JURISDICIONAL NO SISTEMA GATT/OMC

Pelo menos no caso do Órgão de Recurso, os seus pontos de vista são considerados.

A introdução da regra do consenso negativo implicou, no entanto, uma alteração fundamental no estatuto jurídico das partes terceiras. Com a entrada em funcionamento do novo sistema de resolução de litígios da OMC, as partes terceiras deixaram, de facto, de ter nas mãos a protecção dos seus interesses. Enquanto o relatório de um painel no âmbito do GATT de 1947 só era adoptado se nenhuma parte contratante (presente na reunião) se opusesse à sua adopção (regra do consenso positivo), a aplicação da actual regra do consenso negativo implica que as partes terceiras deixaram de gozar de tal direito de veto.

# Capítulo 12
## Os Peritos Externos

*"Experts appointed by a panel can significantly influence the decision-making process"*[1780].

## 1. Introdução

Durante a vigência do GATT de 1947, apenas um Painel recorreu a peritos externos (*in casu*, a Organização Mundial de Saúde) no âmbito do processo de resolução de litígios, mais exactamente, no caso *Thailand – Restrictions on Importation of and Internal Taxes on Cigarettes* [(DS10/R), adoptado em 7-11-1990, parágrafos 78-80][1781].

Em contraste, nove painéis recorreram a peritos científicos só nos doze primeiros anos de aplicação do sistema de resolução de litígios da OMC[1782], três

---

[1780] Relatório do Órgão de Recurso no caso *United States – Continued Suspension of Obligations in the EC – Hormones Dispute* (WT/DS320/AB/R), 16-10-2008, parágrafo 480.

[1781] Mireille COSSY, Panel's consultations with scientific experts: the right to seek information under Article 13 of the DSU, in *Key Issues in WTO Dispute Settlement: The First Ten Years*, Rufus Yerxa e Bruce Wilson Ed., Cambridge University Press, 2005, p. 207. No entanto, no famoso caso *United States Tax Legislation (DISC)*, dois peritos externos fizeram parte do painel que analisou o caso. Foram eles F. Forte, Professor de Finanças Públicas da Universidade de Turim, e A.R. Prest, Professor de Economia do Sector Público da *London School of Economics*. Cf. Relatório do Painel no caso *Uited States Tax Legislation (DISC)* (L/4422), adoptado em 7-12-1981, parágrafo 2.

[1782] Relatório do Painel no caso *European Communities Measures Concerning Meat and Meat Products (Hormones), Complaint by the United States* (WT/DS26/R/USA), 18-8-1997, parágrafos 6.1-6.10; Relatório do Painel no caso *United States – Import Prohibition of certain Shrimp and Shrimp Products* (WT/DS58/R), 15-5-1998, parágrafos 5.1-5.9; Relatório do Painel no caso *Australia – Measures Affecting Importation of Salmon* (WT/DS18/R), 12-6-1998, parágrafos 6.1-6.6; Relatório do Painel no caso *Japan – Measures Affecting Agricultural Products* (WT/DS76/R), 27-10-1998, parágrafos 6.1-6.4; Relatório do Painel no caso *Australia – Measures Affecting Importation of Salmon, Recourse to Article 21.5 of*

A FUNÇÃO JURISDICIONAL NO SISTEMA GATT/OMC

painéis solicitaram o conselho de outras organizações internacionais (no caso *India – Quantitative Restrictions on Imports of Agricultural Textile, and Industrial Products* ao Fundo Monetário Internacional e nos casos *United States – Section 110(5) of the US Copyright Act* e *United States – Section 211 Omnibus Appropriations Act of 1998* à Organização Mundial de Propriedade Intelectual)[1783] e um Painel apelou a um perito linguístico[1784].

Conquanto possam ser encontradas várias razões para a maior importância da opinião dos peritos externos no âmbito do sistema de resolução de litígios da OMC, a principal razão prende-se, em nosso entender, com o carácter bastante técnico de alguns acordos da OMC[1785]. O nº 2 do art. 2º do Acordo relativo à Aplicação de Medidas Sanitárias e Fitossanitárias, por exemplo, determina que "os membros assegurarão que qualquer medida sanitária ou fitossanitária só seja aplicada na medida necessária à protecção da saúde e da vida das pessoas e dos animais ou à protecção vegetal, *seja baseada em princípios científicos e não seja mantida*

---

*the DSU by Canada* (WT/DS18/RW), 18-2-2000, parágrafos 6.1-6.5; e Relatório do Painel no caso *European Communities – Measures Affecting Asbestos and Asbestos Containing Products* (WT/DS135/R), 18-9-2000, parágrafos 5.1-5.23; Relatório do Painel no caso *Japan – Measures Affecting the Importation of Apples* (WT/DS245/R), 15-7-2003, parágrafos 6.1-6.4; Relatório do Painel no caso *Japan – Measures Affecting the Importation of Apples, Recourse to Article 21.5 of the DSU by the United States* (WT/DS245/RW), 23-6-2005, parágrafos 6.1-6.5; Relatório do Painel no caso *European Communities – Measures Affecting the Approval and Marketing of Biotech Products* (WT/DS291/R, WT/DS292/R, WT/DS293/R), 29-9-2006, parágrafos 7.12-7.32.

[1783] Relatório do Painel no caso *India – Quantitative Restrictions on Imports of Agricultural, Textile and Industrial Products* (WT/DS90/R), 6-4-1999, parágrafos 5.11-5.13; Relatório do Painel no caso *United States – Section 110(5) of the US Copyright Act* (WT/DS160/R), 15-6-2000, Apêndice 4, pp. 245-258; e Relatório do Painel no caso *United States – Section 211 Omnibus Appropriations Act of 1998* (WT/DS176/R), 6-8-2001, parágrafos 8.11-8.13 e 8.82. Neste último caso, por exemplo, o Painel solicitou (ao abrigo do art. 13º do Memorando de Entendimento sobre Resolução de Litígios) e recebeu um extenso relatório factual do Secretariado da Organização Mundial de Propriedade Intelectual relativo à história das negociações atinentes ao Artigo 6*quinquies* da Convenção de Paris (1967). O Painel baseou-se nesses trabalhos preparatórios para confirmar a sua interpretação da Convenção de Paris (cf. Relatório do Painel no caso *United States – Section 211 Omnibus Appropriations Act of 1998* (WT/DS176/R), 6-8-2001, parágrafos 8.11-8.13 e 8.82). De igual modo, o Órgão de Recurso baseou-se, para fins interpretativos, no relatório fornecido pela Organização Mundial de Propriedade Intelectual (assim como no Guia à Convenção de Paris do Professor Bodenhausen). Cf. Relatório do Órgão de Recurso no caso *United States – Section 211 Omnibus Appropriations Act of 1998* (WT/DS176/AB/R), 2-1-2002, parágrafos 138 e 189.

[1784] Relatório do Painel no caso *Japan – Measures Affecting Consumer Photographic Film and Paper* (WT/DS44/R), 31-3-1998, Annex on Translation Problems, pp. 477-494.

[1785] Entre os peritos ou técnicos consultados pelos painéis, temos biólogos, físicos, toxicologistas e engenheiros. Cf. Marc IYNEDJIAN, *The Case for Incorporating Scientists and Technicians into WTO Panels*, in JWT, 2008, p. 286.

644

## OS PERITOS EXTERNOS

*sem provas científicas...*" (itálico aditado)[1786]. Por vezes, o carácter técnico resulta mesmo de um desenvolvimento jurisprudencial. No caso *European Communities – Measures Affecting Asbestos and Asbestos Containing Products*, por exemplo, o Órgão de Recurso salienta que, quer seja ou não adoptado o enquadramento aplicado no relatório sobre *Border Tax Adjustments* de 1970, é importante que, ao abrigo do nº 4 do art. III do GATT, sejam tidos em conta os elementos de prova que indicam se e em que medida existe, ou pode existir, uma relação de concorrência no mercado entre os produtos considerados[1787].

Muito importante é, igualmente, o facto de os interesses em jogo nos litígios da OMC dizerem respeito não apenas a concessões comerciais trocadas entre os governos nacionais, mas também a regras dos acordos da OMC que têm um impacto directo e profundo nos interesses dos operadores económicos, dos consumidores e da população em geral. Pense-se, por exemplo, nos litígios relativos às hormonas de crescimento, aos organismos geneticamente modificados e ao amianto. Claro está, ao recorrerem cada vez mais a peritos externos, os painéis asseguram mais facilmente a qualidade, a transparência e a legitimidade das suas conclusões[1788], em particular, daquelas que são transversais a um conjunto de valores da sociedade e objecto de grande escrutínio público, e evitam que as organizações não governamentais acusem os painéis de não terem o conhecimento necessário para analisar questões relacionadas com a saúde pública e a protecção do ambiente.

Finalmente, estando obrigado a "fazer uma apreciação objectiva da questão que lhe foi colocada, incluindo uma avaliação objectiva dos factos em disputa" (art. 11º do Memorando do Entendimento sobre Resolução de Litígios), um painel que tenha de analisar, por exemplo, questões relativas a factos científicos complexos não respeitará o critério assinalado se não consultar peritos externos[1789].

---

[1786] "The expertise of professional staff working for the WTO secretary is mainly, if not exclusively, in the area of trade" (cf. Joost PAUWELYN, *The Use of Experts in WTO Dispute Settlement*, in ICLQ, 2002, p. 345). Segundo um outro autor, "the WTO employees are mostly lawyers, economists and others with a specialization in international trade policy". Cf. Marc IYNEDJIAN, *The Case for Incorporating Scientists and Technicians into WTO Panels*, in JWT, 2008, p. 283

[1787] Relatório do Órgão de Recurso no caso *European Communities – Measures Affecting Asbestos and Asbestos Containing Products* (WT/DS135/AB/R), 12-3-2001, parágrafo 103.

[1788] Rüdiger WOLFRUM, Legitimacy of International Law from a Legal Perspective: Some Introductory Considerations, in *Legitimacy in International Law*, Rüdiger Wolfrum e Volker Röben (eds.), Springer, 2008, pp. 6-7.

[1789] Marc IYNEDJIAN, *The Case for Incorporating Scientists and Technicians into WTO Panels*, in JWT, 2008, p. 285.

A FUNÇÃO JURISDICIONAL NO SISTEMA GATT/OMC

Diga-se, ainda, que também outros tribunais internacionais prevêem o recurso a peritos externos. Por exemplo, nos termos do art. 289º da Convenção das Nações Unidas sobre o Direito do Mar, "a corte ou tribunal, no exercício da sua jurisdição nos termos da presente secção, pode, em qualquer controvérsia em que se suscitem questões científicas ou técnicas, a pedido de uma parte ou por iniciativa própria, seleccionar, em consulta com as partes, pelo menos dois peritos em questões científicas ou técnicas, escolhidos de preferência da lista preparada em conformidade com o artigo 2º do anexo VIII, para participarem nessa corte ou tribunal, sem direito a voto" e o art. 50º do Estatuto do Tribunal Internacional de Justiça determina que este "poderá, em qualquer momento, cometer a qualquer indivíduo, entidade, repartição, comissão ou outra organização à sua escolha a tarefa de proceder a um inquérito ou a uma peritagem"[1790].

## 2. O Direito Positivo

No caso do Memorando de Entendimento sobre Resolução de Litígios, o nº 2 do art. 13º dispõe que:

> "Os painéis podem procurar informações de qualquer fonte relevante e podem consultar peritos para obter o seu parecer sobre certos aspectos da questão. No que respeita a uma questão de facto relativa a matéria científica ou técnica levantada por uma das partes em litígio, o painel pode requerer um parecer escrito de um grupo de peritos. As regras relativas ao estabelecimento de tal grupo, bem como os seus procedimentos constam do Apêndice 4"[1791].

Ao que parece, a referência ao grupo de peritos foi inserida no Memorando de Entendimento sobre Resolução de Litígios a pedido dos Estados Unidos por causa do seu descontentamento com o relatório do Painel apresentado no caso *United States – Restrictions on Imports of Tuna from Mexico* (1991)[1792].

---

[1790] Sobre esta possibilidade, ver Christian TAMS, Article 50, in *The Statute of the International Court of Justice – A Commentary*, Andreas Zimmermann, Christian Tomuschat e Karin Oellers-Frahm ed., Oxford University Press, 2006, pp. 1109-1118.

[1791] Do Apêndice 4 resulta, por exemplo, que os membros dos grupos de peritos agem em nome individual e não como representantes governamentais ou representantes de qualquer organização e, sobretudo, que a opinião dos peritos não é vinculativa.

[1792] Norio KOMURO, *The WTO Dispute Settlement Mechanism: Coverage and Procedures of the WTO Understanding*, in in JWT, vol. 29, nº 4, 1995, p. 54. A própria nomeação de Winfried Lang, um diplomata austríaco e perito em direito internacional do ambiente, para membro do painel que analisou o segundo caso *Tuna-Dolphin* foi vista como uma reacção ao forte criticismo por parte das organizações não governamentais ao relatório do painel apresentado no primeiro caso *Tuna-Dolphin*. Cf. August REINISCH e Christina IRGEL, *The participation of non-governmental organisations (NGOs) in the WTO dispute settlement system*, in Non-State Actors and International Law, 2001, p. 146.

A disposição transcrita demonstra ainda que:

"contrary to what prevails in most common law proceedings, WTO panels are not confined to the factual record made by the parties. A panel may seek information 'from any individual or body which it deems appropriate'. In this, they follow the practice of courts in the civil law system, as do most international tribunals"[1793].

Outra disposição importante, até por estabelecer uma obrigação de consulta a peritos, pode ser encontrada no nº 2 do art. 11º do Acordo relativo à Aplicação de Medidas Sanitárias e Fitossanitárias:

"Quando se levantem questões científicas ou técnicas no quadro de um litígio no âmbito da aplicação do presente Acordo, um painel deve solicitar o parecer de peritos escolhidos pelo próprio painel em consulta com as partes em litígio. Para o efeito, o painel pode, se o considerar adequado, criar um grupo consultivo de peritos técnicos ou consultar as organizações internacionais competentes, a pedido de uma ou outra das partes em litígio ou por sua própria iniciativa".

O Acordo sobre as Subvenções e as Medidas de Compensação prevê, por outro lado, a instituição do chamado Grupo Permanente de Peritos (art. 24º, nºs 3 e 4), composto por cinco pessoas independentes, altamente qualificadas em matéria de subvenções e de relações comerciais, e cujas conclusões "no que se refere a determinar se a medida em questão é ou não uma subvenção proibida serão aceites pelo Painel sem alterações" (art. 4º, nº 5, do Acordo sobre as Subvenções e as Medidas de Compensação). Nos primeiros quinze anos de existência da OMC, porém, nenhum Painel solicitou a assistência do Grupo Permanente de Peritos[1794].

Resulta ainda do Acordo sobre a Aplicação do Artigo VII do Acordo Geral sobre Pautas Aduaneiras e Comércio de 1994 e do Acordo sobre os Obstáculos Técnicos ao Comércio, respectivamente, que:

"a pedido de uma das partes em litígio, ou por sua própria iniciativa, qualquer painel instituído para examinar um litígio relacionado com as disposições do presente acordo pode solicitar ao comité técnico que proceda ao exame de qualquer questão que exija uma análise técnica. O painel determinará o mandato do comité técnico em relação ao litígio em causa e fixará o prazo para entrega do relatório do comité técnico. O painel tomará em consideração o relatório do comité técnico. Se o comité técnico não

---

[1793] Petros MAVROIDIS, Development of WTO Dispute Settlement Procedures Through Case-Law (We Will Fix It), in *The WTO Dispute Settlement System 1995-2003*, Federico Ortino e Ernst-Ulrich Petersmann ed., Kluwer Law International, Haia-Londres-Nova Iorque, 2004, pp. 170-171.
[1794] Jun KAZEKI, *Permanent Group of Experts under the SCM Agreement*, in JWT, 2009, pp. 1031 e 1033.

A FUNÇÃO JURISDICIONAL NO SISTEMA GATT/OMC

conseguir um consenso sobre determinada questão que lhe tenha sido submetida em conformidade com as disposições do presente número, o painel concederá às partes em litígio a possibilidade de lhe exporem a sua posição quanto a essa questão" (art. 19º, nº 4);

"a pedido de uma parte num litígio, ou por sua própria iniciativa, um painel pode constituir um grupo de peritos técnicos para o assistir em questões de natureza técnica que exijam uma análise aprofundada por peritos" (art. 14º, nº 2).

Contudo, a disposição em causa do Acordo sobre a Aplicação do Artigo VII do Acordo Geral sobre Pautas Aduaneiras e Comércio de 1994 nunca foi accionada[1795] e o grupo perito de técnicos ainda não foi criado[1796].

O recurso a peritos externos pode ocorrer, finalmente, no contexto dos procedimentos de arbitragem realizados ao abrigo do nº 6 do art. 22º do Memorando de Entendimento sobre Resolução de Litígios. Apesar desta disposição não prever o recurso a peritos, o árbitro do caso *United States – Measures Affecting the Cross-Border Supply of Gambling and Betting Services, Recourse to Arbitration by the United States under Article 22.6 of the DSU* informou as partes, em 19 de Novembro de 2007, que considerava útil, à luz das resposta das partes às questões por si colocadas e por necessitar de clarificar algumas questões factuais, requerer informação técnica junto do Fundo Monetário Internacional e do Banco Central das Antilhas Orientais relativamente à fonte exacta e ao teor dos dados recolhidos pelas partes e referidos nos procedimentos. Em consequência, o Árbitro propôs endereçar um pedido de informação às duas organizações referidas e solicitou às partes um comentário relativamente ao projecto do texto das comunicações a enviar[1797]. No que diz respeito ao argumento de Antígua de que o Árbitro "pode estar a realizar uma determinação dos factos a favor dos Estados Unidos"[1798], o Árbitro responde que:

"Embora o Árbitro tenha concordado que uma consulta especializada não deve ter por objectivo suprimir a omissão de uma das partes que não fundamentou os seus argumentos, o Árbitro considera que não é isso que está a propor ao procurar informação junto do Fundo Monetário Internacional e do Banco Central do Caribe Oriental. O Seu objectivo é, sim, procurar clarificações complementares sobre alguns dos ele-

---

[1795] http://www.wto.org (página visitada em 22-6-2010).

[1796] Jun KAZEKI, *Permanent Group of Experts under the SCM Agreement*, in JWT, 2009, p. 1043.

[1797] Decisão de Arbitragem no caso *United States – Measures Affecting the Cross-Border Supply of Gambling and Betting Services, Recourse to Arbitration by the United States under Article 22.6 of the DSU* (WT/DS285/ARB), 21-12-2007, parágrafo 2.32.

[1798] *Idem*, parágrafo 2.33.

648

OS PERITOS EXTERNOS

mentos factuais que as partes lhe apresentaram, a fim de formular a sua determinação na base da melhor informação possível"[1799].

Muito expressivamente, o Órgão de Recurso observou, há relativamente pouco tempo, que as modelizações são susceptíveis de ser uma ferramenta analítica importante que um painel deve examinar com atenção. A relativa complexidade de um modelo e dos seus parâmetros não é razão para que um painel se declare agnóstico a respeito deles. Tal como outras categorias de provas, um painel deve chegar a conclusões a respeito do valor probatório que reconhece às simulações ou modelos económicos que lhe são apresentados. Este tipo de avaliação está dentro das faculdades de um painel como instância a que cabe a decisão inicial sobre os factos num caso de prejuízo grave[1800].

## 3. A Prática dos Painéis

Na prática, o painel informará da sua intenção em procurar informação junto de peritos normalmente na primeira reunião (substantiva) que tem com as partes em litígio, mas, em alguns casos, os painéis têm notificado a sua intenção na reunião organizacional, isto é, antes de as partes em litígio terem submetido à sua consideração quaisquer elementos de prova[1801].

Algo criticada tem sido a circunstância de nenhum painel ter criado qualquer grupo de peritos nos primeiros 15 anos de funcionamento do sistema de resolução de litígio[1802]. Apesar de o nº 2, *in fine*, do art. 13º do Memorando falar unicamente em "grupo de peritos", a opção dos painéis tem recaído antes na nomeação de peritos individuais, e o Órgão de Recurso tem concordado com ela:

> "**147.** Quer o Acordo relativo à Aplicação de Medidas Sanitárias e Fitossanitárias, quer o Memorando de Entendimento sobre Resolução de Litígios deixam à completa discrição de um painel a determinação de saber se a criação de um grupo de peritos é necessária ou apropriada.
>
> **148.** Tanto o nº 2 do artigo 11º do Acordo sobre a Aplicação de Medidas Sanitárias e Fitossanitárias como o nº 2 do artigo 13º do Memorando sobre a Resolução de Litígios exigem que os painéis consultem as partes em litígio durante a selecção dos peritos. Todavia, nenhum dos participantes neste recurso afirma que não foi consul-

---

[1799] *Idem*, parágrafo 2.34.

[1800] Relatório do Órgão de Recurso no caso *United States – Subsidies on Upland Cotton, Recourse to Article 21.5 of the DSU by Brazil* (WT/DS267/AB/RW), 2-6-2008, parágrafo 357.

[1801] Mireille COSSY, Panel's consultations with scientific experts: the right to seek information under Article 13 of the DSU, in *Key Issues in WTO Dispute Settlement: The First Ten Years*, Rufus Yerxa e Bruce Wilson Ed., Cambridge University Press, 2005, p. 209.

[1802] http://www.wto.org (página visitada em 1-5-2010).

A FUNÇÃO JURISDICIONAL NO SISTEMA GATT/OMC

tado pelo Painel no momento de designar os peritos. Além disso, não se discute que os peritos foram seleccionados em conformidade com procedimentos a que todos os participantes tinham dado o seu acordo prévio. Também é indiscutível que, entre os peritos consultados pelo Painel, há nacionais de cada uma das partes em litígio. As normas e processos que figuram no Apêndice 4 do Memorando sobre a Resolução de Litígios aplicam-se a situações em que se tenham estabelecido grupos consultivos de peritos, situação que não ocorre no presente caso. Em consequência, uma vez que o Painel decidiu solicitar a opinião individual de peritos científicos, não existe nenhum obstáculo jurídico a que o Painel formule, em consulta com as partes em litígio, normas *ad hoc* para esses procedimentos em particular"[1803].

Fundamentalmente, podem ser aduzidas duas razões principais para a opção dos painéis[1804]. Por um lado, nos termos do nº 6 do Apêndice 4 do Memorando de Entendimento sobre Resolução de Litígios, o "grupo de peritos deve apresentar um relatório", situação passível de transformar o grupo de peritos num "tribunal within a tribunal". No caso dos peritos individuais, a flexibilidade e a liberdade dos painéis serão seguramente bem maiores. Os painéis poderão colocar questões específicas a cada perito, suscitar novas questões durante o processo, interrogar os peritos oralmente, etc.. Em termos de resultado final, a nomeação de peritos individuais permite, igualmente, a um painel obter a opinião individual de cada perito, ao passo que o relatório de um grupo de peritos pode incentivar os peritos a apresentarem observações algo vagas, reflectoras de uma solução satisfatória para todos os peritos que compõem o grupo. É perfeitamente plausível que um grupo de peritos emita um relatório algo confuso numa situação em que o grupo tenha de lidar com questões científicas e técnicas complexas e haja opiniões divergentes entre os vários componentes do grupo relativamente

---

[1803] Relatório do Órgão de Recurso no caso *European Communities Measures Concerning Meat and Meat Products (Hormones)* (WT/DS26/AB/R, WT/DS48/AB/R), 16-1-1998, parágrafos 147-148. A respeito deste parágrafo, Theofanis Christoforou destaca que:
"The European Communities objected to the panel's method of choosing the experts and considered this a serious procedural error. The statement in the Appellate Body report (para. 148) that the selection procedures adopted by the panel in the *Hormones* case had been '*previously agreed*' with the parties is a factual mistake. Both the European Communities and the United States have expressed their opposition to a number of issues arising in the selection procedure proposed by the panel. 'Consultation' of the parties by the panel does not mean 'agreement' of the parties to the procedure finally adopted by it". Cf. Theofanis Christoforou, WTO Panels in the Face of Scientific Uncertainty, in *Improving WTO Dispute Settlement Procedures – Issues and Lessons from the Practice of Other International Courts and Tribunals*, Friedl Weiss ed., Cameron May, 2000, p. 249.

[1804] Joost Pauwelyn, *The Use of Experts in WTO Dispute Settlement*, in ICLQ, 2002, p. 340.

às questões objecto do relatório emitido[1805]. É normal, por isso, que um grupo de peritos demore mais tempo a apresentar um parecer, aspecto a ter em conta ante os constrangimentos temporais com que se depara qualquer painel. Por outro lado, embora o relatório final do grupo de peritos não seja vinculativo (n.º 6, *in fine*, do Apêndice 4), seria difícil a um painel afastar-se de uma posição comum adoptada pelo grupo.

A prática seguida pelos painéis não está, contudo, isenta de críticas. Primeiro, raramente as respostas dos peritos são breves e sucintas. No caso *European Communities – Measures Affecting the Approval and Marketing of Biotech Products*, por exemplo, as respostas escritas dos peritos científicos (Anexo H) ocupam 255 páginas do relatório do painel, os comentários dos Estados Unidos às respostas dos peritos correspondem a 79 páginas (Anexo I-1) e a transcrição da reunião do painel com as partes e os peritos perfaz 171 páginas (Anexo J)[1806].

Segundo, embora goze de maior liberdade de decisão no caso dos peritos individuais, o painel incorre no risco de ter de decidir entre opiniões conflituantes dos peritos. Logo, sendo os painéis formados principalmente por juristas e economistas, as vantagens resultantes do recurso a peritos externos podem ser postas em causa. Mary Footer, por exemplo, defende que:

"when seeking scientific advice, WTO panels 'should step away from their preference of appointing individual scientists, to whom they then submit a number of questions, in favour of appointing an advisory experts group or community'. (...) The benefits than can be derived from this approach are two-fold. First, instead of WTO decision-makers seeking to establish common ground between divergent scientific opinions, the scientific experts themselves would be in a position to do this. Second, an expert scientific advisory group would be better placed to deal with the formal requirements for assessing and depicting issues such as uncertainty and variability in different risk assessments and in demonstrating how risk varies between citizens in different societies"[1807].

---

[1805] O Apêndice 4 não impede, contudo, que possa haver opiniões dissidentes no relatório final apresentado pelo grupo de peritos.

[1806] Marc Iynedjian, *The Case for Incorporating Scientists and Technicians into WTO Panels*, in JWT, 2008, p. 289.

[1807] Mary Footer, *Post-normal science in the multilateral trading system: social science expertise and the EC – Biotech panel*, in WTR, 2007, p. 296. De modo semelhante, um outro autor salienta que:
"an expert review group works collectively on the questions of the panel. Its members are supposed to meet and discuss together the issues and prepare one report with one set of replies to all the questions. Although their report to the panel is only advisory, it is the result of intellectual dialogue and confrontation, very close to the type of risk assessment most Members of the WTO employ to check and approve the authorisation of drugs, chemical substances, pesticides, etc." (cf. Theofanis Christoforou, WTO Panels in the Face of Scientific Uncer-

A FUNÇÃO JURISDICIONAL NO SISTEMA GATT/OMC

A prática dos painéis de solicitação de pareceres a peritos individuais parece também ir contra o princípio do efeito útil, um dos corolários das regras de interpretação da Convenção de Viena sobre o Direito dos Tratados de 1969:

"o intérprete de um tratado deve dar sentido e efeito a todos os termos do tratado. Um intérprete não é livre de adoptar uma interpretação que poderá ter por resultado tornar redundantes ou inúteis cláusulas ou parágrafos inteiros de um tratado"[1808].

Expressivamente, no caso em que o painel está obrigado a solicitar o parecer de peritos escolhidos pelo próprio painel em consulta com as partes em litígio (art. 11º, nº 2, do Acordo relativo à Aplicação de Medidas Sanitárias e Fitossanitárias), nunca uma parte em litígio levantou objecções ao desejo do Painel de nomear peritos individuais[1809]. Apenas no caso *European Communities – Measures Affecting Asbestos and Asbestos Containing Products* uma das partes em litígio levantou objecções à não nomeação de um grupo de peritos:

"(...) Na opinião das Comunidades Europeias, o Painel pode neste caso estabelecer apenas um grupo consultivo de peritos ao abrigo dos termos do Apêndice 4 do Memorando de Entendimento sobre Resolução de Litígios. Com efeito, a medida em questão no presente litígio é uma medida que cabe examinar unicamente à luz do GATT de 1994, com exclusão do Acordo sobre os Obstáculos Técnicos ao Comércio. O nº 2 do artigo 13º do Memorando de Entendimento sobre Resolução de Litígios dispõe o seguinte: 'no que respeita a uma questão de facto relativa a matéria científica ou técnica levantada por uma das partes em litígio, o painel pode requerer um parecer escrito de um grupo de peritos. As regras relativas ao estabelecimento de tal grupo,

---

tainty, in *Improving WTO Dispute Settlement Procedures – Issues and Lessons from the Practice of Other International Courts and Tribunals*, Friedl Weiss ed., Cameron May, 2000, p. 256).

[1808] Um outro autor nota, enfim, que:
"There is admittedly some sort of paradox in the fact that, on the one hand, a panel decides to consult scientific experts because it may feel uncomfortable choosing between contradictory evidence put forward by the parties, and, on the other hand, the fact the same panel is of the view that it can 'weigh' different and possibly conflicting views expressed by 'its' experts". Cf. Mireille COSSY, Panel's consultations with scientific experts: the right to seek information under Article 13 of the DSU, in *Key Issues in WTO Dispute Settlement: The First Ten Years*, Rufus Yerxa e Bruce Wilson Ed., Cambridge University Press, 2005, p. 212.
Relatório do Órgão de Recurso no caso *Korea – Definitive Safeguard Measure on Imports of Certain Dairy Products* (WT/DS98/AB/R), 14-12-1999, parágrafo 80.

[1809] Relatório do Painel no caso *European Communities Measures Concerning Meat and Meat Products (Hormones) – Complaint by the United States* (WT/DS26/R/USA), 18-8-1997, parágrafo 7.5-7.10; Relatório do Painel no caso *Australia – Measures Affecting Importation of Salmon* (WT/DS18/R), 12-6-1998, parágrafos 6.1-6.6; Relatório do painel no caso *Japan – Measures Affecting Agricultural Products* (WT/DS76/R), 27-10-1998, parágrafo 6.2.

OS PERITOS EXTERNOS

bem como os seus procedimentos, constam do Apêndice 4'. O estabelecimento de um grupo consultivo de peritos é a única opção que o Memorando de Entendimento sobre Resolução de Litígios oferece aos painéis que desejam obter informação sobre questões científicas. A primeira frase do nº 2 do artigo 13º aplica-se a situações em que um painel deseja obter apenas informação de carácter fáctico ou técnico, com exclusão das informações científicas. O sentido usual dos termos, assim como o objecto e a finalidade da primeira e segunda frases do nº 2 do artigo 13º, no seu contexto, levam claramente à conclusão de que os painéis não estão autorizados a afastar-se do procedimento previsto no Apêndice 4 do Memorando de Entendimento sobre Resolução de Litígios. O resultado é o mesmo, quer o pedido proceda de uma parte, quer constitua uma iniciativa do próprio Painel. As questões estritamente científicas não podem ser resolvidas por meios e/ou procedimentos distintos dos previstos no Apêndice 4 do Memorando de Entendimento sobre Resolução de Litígios. O parágrafo preliminar do Apêndice 4 do Memorando de Entendimento sobre Resolução de Litígios confirma igualmente esta interpretação ao dispor que as normas e procedimentos contidas em tal Apêndice 'são aplicáveis aos grupos consultivos de peritos criados em conformidade com o disposto no nº 2 do artigo 13º', ou seja, independentemente do facto de o painel se basear na primeira ou na segunda frase do artigo 13º. Esta interpretação é apoiada pelo facto de que, se o Acordo sobre os Obstáculos Técnicos ao Comércio fosse aplicável (não é o caso), o nº 2 do artigo 14º deste Acordo exige de forma explícita aos painéis que se limitem a estabelecer um grupo de peritos técnicos (equivalente a um grupo consultivo de peritos). Em tal caso, devem aplicar-se as normas de procedimento previstas no Anexo 2 do Acordo sobre os Obstáculos Técnicos ao Comércio. O Anexo 2 do Acordo sobre os Obstáculos Técnicos ao Comércio e o Apêndice 4 do Memorando de Entendimento sobre Resolução de Litígios são quase idênticos. Além disso, em virtude do nº 2 do artigo 1º e do Apêndice 2 do Memorando de Entendimento sobre Resolução de Litígios, apenas o nº 2 do artigo 14º do Acordo sobre os Obstáculos Técnicos ao Comércio é aplicável"[1810].

Independentemente desta querela, é importante ter em conta que é ao Painel que cabe a decisão de consultar ou não os peritos[1811]. As partes em litígio podem solicitar essa consulta, mas o Painel não está obrigado a aceder ao pedido formulado. Mesmo quando nenhuma das partes em litígio requer ao Painel a con-

---

[1810] Relatório do Painel no caso *European Communities – Measures Affecting Asbestos and Asbestos Containing Products* (WT/DS135/R), 18-9-2000, parágrafo 5.3.

[1811] De igual modo, é o Tribunal Internacional de Justiça que decide sobre os peritos, não gozando as partes do direito de ter peritos nomeados pelo Tribunal. Cf. Christian Tams, Article 50, in *The Statute of the International Court of Justice – A Commentary*, Andreas Zimmermann, Christian Tomuschat e Karin Oellers-Frahm ed., Oxford University Press, 2006, p. 1113.

A FUNÇÃO JURISDICIONAL NO SISTEMA GATT/OMC

sulta de peritos, o Painel pode proceder à mesma por iniciativa própria[1812]. E os painéis não necessitam de justificar "at great length" a sua decisão de consultar peritos[1813]. No caso *United States – Import Prohibition of certain Shrimp and Shrimp Products*, por exemplo, o Painel explicou que queria consultar peritos porque as partes em litígio citavam com frequência os mesmos documentos em apoio de opiniões contrárias[1814].

A liberdade de que gozam os painéis resulta claramente do art. 13º do Memorando de Entendimento sobre Resolução de Litígios. Como observa o Órgão de Recurso:

> "O nº 1 do artigo 13º do Memorando de Entendimento sobre Resolução de Litígios reconhece a cada painel '... o direito de recolher informações e conselhos técnicos de qualquer indivíduo ou organismo *que considere adequado*'. De acordo com o nº 2 do artigo 13. do Memorando de Entendimento sobre Resolução de Litígios, os painéis podem procurar informação de qualquer fonte relevante e podem consultar peritos para obter o seu parecer sobre certos aspectos da questão. Isto traduz-se na atribuição de um poder discricionário: um painel não está obrigado a procurar informação em todos e cada um dos casos ou a consultar peritos particulares ao abrigo desta disposição (...)"[1815].

Mas, não obstante um painel dispor de um poder de investigação significativo, este não pode ser utilizado por um painel para se pronunciar em favor de uma parte queixosa que não estabeleceu *prima facie* uma presunção de incompatibilidade com base nas alegações jurídicas específicas formuladas por si. Um painel está habilitado a procurar informação e conselhos de peritos e de qualquer outra fonte relevante que ele escolha em virtude do artigo 13º do Memorando e, num caso relativo a medidas sanitárias e fitossanitárias, em virtude do nº 2 do artigo 11 do Acordo sobre a Aplicação de Medidas Sanitárias e Fitossanitárias, para o ajudar a compreender e avaliar os elementos de prova apresentados e os argumentos avançados pelas partes, mas não para advogar a causa de uma parte queixosa[1816].

---

[1812] Jeffrey WAINCYMER, *WTO Litigation: Procedural Aspects of Formal Dispute Settlement*, Cameron May, Londres, 2002, p. 589.

[1813] Mireille COSSY, Panel's consultations with scientific experts: the right to seek information under Article 13 of the DSU, in *Key Issues in WTO Dispute Settlement: The First Te. n Years*, Rufus Yerxa e Bruce Wilson Ed., Cambridge University Press, 2005, p. 209.

[1814] Relatório do Painel no caso *United States – Import Prohibition of certain Shrimp and Shrimp Products* (WT/DS58/R), 15-5-1998, parágrafo 5.1.

[1815] Relatório do Órgão de Recurso no caso *Argentina – Measures Affecting Imports of Footwear, Textiles, Apparel and Other Items* (WT/DS56/AB/R), 27-3-1998, parágrafo 84.

[1816] Relatório do Órgão de Recurso no caso *Japan – Measures Affecting Agricultural Products* (WT/DS76/AB/R), 22-2-1999, parágrafo 129.

OS PERITOS EXTERNOS

Estas conclusões do Órgão de Recurso revelam, pois, que não existe nada parecido com uma queixa *ex officio* no direito da OMC[1817].

Posteriormente, o Órgão de Recurso avança com algumas precisões importantes:

"A primeira justificação do Canadá assenta no pressuposto de que a obrigação de um Membro responder rápida e completamente ao pedido de informação de um painel só nasce *depois* de a parte contrária no litígio ter estabelecido *prima facie* que a sua queixa ou defesa é meritória. É oportuno recordar que um caso *prima facie* é aquele que requer, na ausência de uma refutação efectiva pela parte demandada, que o painel, como questão de direito, se pronuncie a favor da parte queixosa que apresenta o caso *prima facie*. Não existe no Memorando de Entendimento sobre Resolução de Litígios nem no Acordo sobre as Subvenções e as Medidas de Compensação nenhuma disposição que apoie o pensamento do Canadá. Pelo contrário, os painéis gozam de um amplo e extenso poder discricionário para determinar *quando* necessitam de informação para resolver um litígio e *de que* informação necessitam. É possível que um painel necessite dessa informação antes ou depois de um Membro queixoso ou demandado ter estabelecido a sua queixa ou defesa numa base *prima facie*. De facto, um painel pode necessitar da informação que trata de obter para avaliar provas que já lhe tenham sido apresentadas quando determina se o Membro queixoso ou demandado, segundo os casos, estabeleceu *prima facie* uma alegação ou defesa. Além disso, a recusa em facultar a informação solicitada com o argumento de que não foi estabelecida uma presunção *prima facie* implica que o Membro a quem se dirige o pedido se acha capaz de julgar se a outra parte estabeleceu tal presunção. Todavia, nenhum Membro pode determinar por si mesmo se a outra parte estabeleceu *prima facie* uma alegação ou defesa. De acordo com o Memorando de Entendimento sobre Resolução de Litígios, essa competência cabe necessariamente aos painéis e não aos Membros que são partes em litígio (...)"[1818].

O facto de o Painel ter perguntado à Organização Mundial de Propriedade Intelectual no caso *United States – Section 110(5) of the US Copyright Act* "how it should interpret certain legal provisions in a WIPO convention referred to in the WTO's TRIPS agreement"[1819], demonstra, ainda, que o art. 13º do Memorando de Entendimento sobre Resolução de Litígios permite aos painéis solicitarem infor-

---

[1817] Petros MAVROIDIS, Development of WTO Dispute Settlement Procedures Through Case-Law (We Will Fix It), in *The WTO Dispute Settlement System 1995-2003*, Federico Ortino e Ernst-Ulrich Petersmann ed., Kluwer Law International, Haia-Londres-Nova Iorque, 2004, p. 167.

[1818] Relatório do Órgão de Recurso no caso *Canada – Measures Affecting the Export of Civilian Aircraft* (WT/DS70/AB/R), 2-8-1999, parágrafo 192.

[1819] Joost PAUWELYN, *The Use of Experts in WTO Dispute Settlement*, in ICLQ, 2002, p. 332.

## A FUNÇÃO JURISDICIONAL NO SISTEMA GATT/OMC

mação esclarecedora de certas questões de direito, não se limitando apenas às questões factuais[1820]. JOOST PAUWELYN considera mesmo que é possível ao Órgão de Recurso receber ou solicitar a opinião de outros tribunais (presumivelmente com maior conhecimento sobre a questão apresentada)[1821], isto apesar de o art. 17º do Memorando de Entendimento sobre Resolução de Litígios não conter nenhuma disposição equivalente ao art. 13º[1822].

A favor deste diálogo com outros tribunais internacionais, temos o argumento de que tal situação melhoraria a coordenação entre os diferentes ramos do direito internacional e reduziria o risco de os diferentes órgãos de adjudicação chegarem a conclusões contraditórias. Na prática, o Órgão de Recurso nunca procurou a ajuda de peritos externos[1823].

Nada parece impedir, igualmente, que os painéis procurem informação ou conselho junto dos órgãos políticos da OMC, como, por exemplo, o Órgão de Resolução de Litígios ou o Conselho Geral, ou dos órgãos da OMC de carácter mais técnico (por exemplo, o comité dos acordos comerciais regionais)[1824].

Um número crescente de organizações não governamentais, de associações industriais e até de particulares tem também submetido comunicações *amicus curiae* à consideração dos painéis e do Órgão de Recurso.

Convém notar, por último, que nem o Memorando de Entendimento sobre Resolução de Litígios nem qualquer outro acordo da OMC contêm regras ou

---

[1820] PAUWELYN defende mesmo que os painéis poderiam suspender os seus trabalhos e adoptar a doutrina comunitária do *acte claire*:

"if the meaning and application of the non-WTO rules offers no complication, a WTO panel could apply it without much need for expert advice or input from other sources. If, in contrast, the non-WTO rule offers ambiguity, then advice or even decisions from other bodies could be sought, not only to help the WTO in reaching the correct and most legitimate decision, but also to preserve the uniform interpretation of the other treaty". Cf. Joost PAUWELYN, *How to Win a World Trade Organization Dispute Based on Non-World Trade Organization Law? Questions of Jurisdiction and Merits*, in JWT, 2003, p. 1030.

[1821] Joost PAUWELYN, *The Use of Experts in WTO Dispute Settlement*, in ICLQ, 2002, p. 336.

[1822] Durante as negociações do Ciclo do Uruguai, o México chegou a propor que o Órgão de Recurso "poderia solicitar os serviços consultivos de peritos externos ao GATT quando o considerasse necessário. O Presidente do Painel cujo relatório fosse objecto de recurso poderia participar a convite para clarificar ao Órgão de Recurso as conclusões e recomendações do relatório do Painel em questão". Cf. GATT, *Proposal by Mexico – Negotiating Group on Dispute Settlement* (MTN. GNG/NG13/W/42), 12-7-1990, parágrafo 15 (p. 4).

[1823] Victoria DONALDSON, The Appellate Body: Institutional and Procedural Aspects (Chapter 27), in *The World Trade Organization: Legal, Economic and Political Analysis*, Volume I, Patrick Macrory, Arthur Appleton e Michael Plummer Ed., Springer, Nova Iorque, 2005, p. 1320.

[1824] Segundo JOOST PAUWELYN, "if panels can seek information *outside* of the WTO (e.g., at the IMF or WIPO), why not *within* the WTO?". Cf. Joost PAUWELYN, *The Use of Experts in WTO Dispute Settlement*, in ICLQ, 2002, p. 331.

# OS PERITOS EXTERNOS

processos específicos para a consulta dos peritos individuais nomeados. E apesar de ser vasta a discricionariedade de que gozam os painéis quando nomeiam e recolhem a opinião dos peritos individuais, os procedimentos de trabalho adoptados pelos painéis para a sua consulta têm sido basicamente similares[1825], todos prevendo as seguintes três fases:

a) *Selecção dos peritos*: o Memorando de Entendimento sobre Resolução de Litígios nada diz sobre o modo de nomeação dos peritos e o nº 2 do art. 11º do Acordo relativo à Aplicação de Medidas Sanitárias e Fitossanitárias limita-se a dizer que, "quando se levantem questões científicas ou técnicas no quadro de um litígio no âmbito da aplicação do presente acordo, um painel deve solicitar o parecer de *peritos escolhidos pelo próprio painel em consulta com as partes em litígio*" (itálico aditado).

No caso *European Communities Measures Concerning Meat and Meat Products (Hormones)*, o secretariado da Comissão do *Codex Alimentarius* e a Agência Internacional de Investigação do Cancro forneceram ao painel uma lista de peritos que ambas as partes em litígio tiveram oportunidade de comentar com base no *curriculum vitae* e de levantar eventuais objecções (conflito de interesses, falta de imparcialidade), tendo depois as partes em litígio nomeado cada uma um perito (não sendo obrigatório que o mesmo constasse da lista recebida pelo painel) e o Painel nomeado mais quatro peritos[1826]. Nos casos subsequentes, os painéis deixaram de permitir que as partes em litígio nomeassem peritos[1827]. Em vez disso, os painéis passaram a nomear todos os peritos, com base em listas de nomes providas pelas organizações internacionais mais competentes relativamente à matéria de facto objecto dos litígios. Assim, nos casos *Australia – Measures Affecting Importation of Salmon* e *Japan – Measures Affecting Agricultural* Products, os painéis solicitaram, respectivamente, o parecer do Gabinete Internacional de Epizootias e do Secretariado da Convenção Fitossanitária Internacional quando da selecção dos peritos[1828]. Ora, como nota Alberto Alemanno:

> "this practice looks controversial to the extent that appointed experts are likely to come from the same organizations which have set the international standards the

[1825] Marc Iynedjian, *The Case for Incorporating Scientists and Technicians into WTO Panels*, in JWT, 2008, pp. 287-288.

[1826] Relatório do Painel no caso *European Communities Measures Concerning Meat and Meat Products (Hormones) – Complaint by the United States* (WT/DS26/R/USA), 18-8-1997, parágrafos 7.6-7.7.

[1827] Marc Iynedjian, *The Case for Incorporating Scientists and Technicians into WTO Panels*, in JWT, 2008, p. 288.

[1828] Terence Stewart e David Johanson, *The SPS Agreement of the World Trade Organization and International Organizations: The Roles of the Codex Alimentarius Commission, the International Plant Protection Convention, and the International Office of Epizootics*, in Syracuse Journal of International Law and Commerce, 1998, p. 33.

A FUNÇÃO JURISDICIONAL NO SISTEMA GATT/OMC

WTO Members may have tried to depart from. Against this backdrop, it is unavoidable that these experts will tend to defend the existing international standards by their organization, if not by themselves"[1829].

Um outro autor assinala que três dos cinco cientistas escolhidos no caso *European Communities Measures Concerning Meat and Meat Products (Hormones)* "were regular participants in Codex [Alimentarius] scientific committees and one was even the rapporteur in the risk assessment of the hormones in question conducted by the expert committee in Codex"[1830].

Já no caso *European Communities – Measures Affecting the Approval and Marketing of Biotech Products,* ao mesmo tempo que solicitava a assistência de seis organizações internacionais (Convenção sobre Diversidade Biológica, Organização Mundial de Saúde, *Codex Alimentarius,* Gabinete Internacional de Epizootias, Secretariado da Convenção Fitossanitária Internacional e Organização para a Alimentação e a Agricultura), o painel convidava as partes em litígio a avançarem com sugestões de possíveis peritos[1831]. No total, mais de 100 peritos externos foram sugeridos pelas organizações internacionais consultadas e pelas partes em litígio[1832].

Caso não existam organizações relevantes na questão objecto do litígio[1833], as partes em litígio são convidadas a avançar com nomes que as outras partes podem

---

[1829] Alberto ALEMANNO, The Dialogue between Judges and Experts in the EU and WTO, in *Shaping the Rule of Law through Dialogue: International and Supranational Experiences,* Paolo Carrozza, Filippo Fontanelli e Giuseppe Martinico ed., Europa Law Publishing, 2010, p. 356.

[1830] Theofanis CHRISTOFOROU, *Settlement of Science-Based Trade Disputes in the WTO: A Critical Review of the Developing Case Law in the Face of Scientific Uncertainty,* in New York University Environmental Law Journal, 2000, p. 630. Ainda segundo este autor:
"The European Communities objected to the panel's method of choosing the experts as a serious procedural error. The statement in the Appellate Body report that the selection procedures adopted by the panel in the *Hormones* case had been 'previously agreed' to by the parties [parágrafo 148] is a factual mistake. Both the European Communities and the United States expressed their opposition on a number of issues in the selection procedure proposed by the panel. 'Consultation' of the parties by the panel does not mean 'agreement' of the parties to the procedure finally adopted by it". Cf. *Idem.*

[1831] Relatório do Painel no caso *European Communities – Measures Affecting the Approval and Marketing of Biotech Products* (WT/DS291/R, WT/DS292/R, WT/DS293/R), 29-9-2006, parágrafos 7.21-7.22.

[1832] Marc IYNEDJIAN, *The Case for Incorporating Scientists and Technicians into WTO Panels,* in JWT, 2008, p. 295.

[1833] Tal aconteceu, por exemplo, no caso *Shrimp/Turtles* e, por isso, apenas as partes em litígio avançaram com nomes de possíveis peritos. Cf. Theofanis CHRISTOFOROU, WTO Panels in the Face of Scientific Uncertainty, in *Improving WTO Dispute Settlement Procedures – Issues and Lessons from the Practice of Other International Courts and Tribunals,* Friedl Weiss ed., Cameron May, 2000, p. 251.

658

OS PERITOS EXTERNOS

depois comentar[1834]. Nos casos em que um Painel procura o parecer, por exemplo, do Fundo Monetário Internacional e da Organização Mundial de Propriedade Intelectual, tal parecer é solicitado não numa base *ad personam*, mas sim enviando uma carta oficial do Painel ao director-geral da organização em causa[1835].

De igual modo, o Memorando de Entendimento sobre Resolução de Litígio nada diz sobre o número apropriado de peritos. A prática seguida revela que o número de peritos tem variado de litígio para litígio. Por exemplo, foram nomeados seis peritos no caso *European Communities Measures Concerning Meat and Meat Products (Hormones)*; cinco peritos no caso *United States – Import Prohibition of Certain Shrimp and Shrimp Products*; quatro peritos no caso *Australia – Measures Affecting Importation of Salmon* (e apenas três peritos no painel criado ao abrigo do nº 5 do art. 21º do Memorando de Entendimento sobre Resolução de Litígios, dos quais apenas um tinha participado no painel inicial); três peritos no caso *Japan – Measures Affecting Agricultural Products*; quatro peritos no caso *European Communities – Measures Affecting Asbestos and Asbestos Containing Products*[1836]; e seis peritos no complexo caso *European Communities – Measures Affecting the Approval and Marketing of Biotech Products*[1837].

b) *Questões escritas aos peritos e respectivas respostas*: nomeados os peritos, o painel prepara as questões a fazer aos peritos. Estas questões podem ser comentadas pelas partes, as quais podem também sugerir questões adicionais. A lista definitiva de questões é depois enviada aos peritos e estes devem responder por escrito a todas as questões relativamente às quais se sentem competentes[1838]. As respostas escritas são fornecidas ao painel e comunicadas por este último às partes[1839] e os registos mostram que as respostas dos peritos raramente são neutrais ("they tend to lend support to the views expressed by one party or the other"[1840]). As

---

[1834] Joost PAUWELYN, *The Use of Experts in WTO Dispute Settlement*, in ICLQ, 2002, p. 342.

[1835] *Idem.*

[1836] *Idem.*

[1837] Relatório do Painel no caso *European Communities – Measures Affecting the Approval and Marketing of Biotech Products* (WT/DS291/R, WT/DS292/R, WT/DS293/R), 29-9-2006, parágrafos 7.25 e 7.27.

[1838] No caso *Asbestos*, por exemplo, o painel submeteu 26 perguntas à consideração dos peritos. Cf. Mireille COSSY, Panel's consultations with scientific experts: the right to seek information under Article 13 of the DSU, in *Key Issues in WTO Dispute Settlement: The First Ten Years*, Rufus Yerxa e Bruce Wilson Ed., Cambridge University Press, 2005, p. 215.

[1839] No caso *Hormones*, os peritos tiveram cerca de um mês para responder por escrito às perguntas colocadas. Cf. Theofanis CHRISTOFOROU, WTO Panels in the Face of Scientific Uncertainty, in *Improving WTO Dispute Settlement Procedures – Issues and Lessons from the Practice of Other International Courts and Tribunals*, Friedl Weiss ed., Cameron May, 2000, p. 250.

[1840] Mireille COSSY, Panel's consultations with scientific experts: the right to seek information under Article 13 of the DSU, in *Key Issues in WTO Dispute Settlement: The First Ten Years*, Rufus Yerxa e Bruce Wilson Ed., Cambridge University Press, 2005, p. 216.

659

A FUNÇÃO JURISDICIONAL NO SISTEMA GATT/OMC

partes têm, então, a oportunidade de fazer comentários escritos às respostas dos peritos. As respostas dos peritos e as observações feitas pelas partes são, geralmente, reproduzidas ou resumidas no relatório do painel. Tal publicidade tem a vantagem de assegurar:

> "peer pressure which, in turn, constitutes an incentive for experts to be neutral and truthful (if experts know that their answers will be published, they will think twice before answering). Publication also benefits the transparency of the whole expert procedure, both for governments and civil society (including the scientific community at large)"[1841].

c) *Reunião com os peritos*: quando considerem apropriado (o que acontece usualmente), os painéis agendam uma reunião com as partes e os peritos[1842]. Antes da reunião, os peritos recebem as respostas dos outros peritos com os comentários feitos pelas partes. O objectivo da reunião com os peritos (normalmente, dura entre um e dois dias e realiza-se antes da segunda reunião do painel com as partes em litígio) passa pela discussão das respostas dos peritos e dos comentários das partes e quer o painel, quer as partes, podem colocar questões aos peritos.

## 4. A Independência e Imparcialidade dos Peritos

A protecção das garantias processuais devidas é uma característica essencial de um sistema de adjudicação baseado em regras (como o estabelecido ao abrigo do Memorando de Entendimento sobre Resolução de Litígios), garantindo que os procedimentos são conduzidos com justiça e imparcialidade e que uma das partes não é desfavorecida face a outras partes em litígio[1843]. Naturalmente, a protecção das garantias processuais devidas aplica-se igualmente ao processo de selecção dos peritos e às consultas do painel com eles e mantém-se durante os procedimentos[1844]. E, tal como acontece com os outros participantes no sistema de resolução de litígios da OMC, também os peritos que aconselhem ou forneçam informações ao abrigo do art. 13º do Memorando de Entendimento sobre Resolução de Litígios, do art. 4º, nº 5, do Acordo sobre as Subvenções e as Medidas de Compensação, do art. 11º, nº 2, do Acordo sobre a Aplicação de Medidas Sanitárias e Fitossanitárias e do art. 14º, nºs 2 e 3, do Acordo sobre os Obstáculos Técnicos ao Comércio se encontram sujeitos às regras de conduta estabelecidas.

---

[1841] Joost PAUWELYN, *The Use of Experts in WTO Dispute Settlement*, in ICLQ, 2002, p. 347.

[1842] É de notar que o Apêndice 4 é omisso relativamente à realização desta reunião.

[1843] Relatório do Órgão de Recurso no caso *United States – Continued Suspension of Obligations in the EC – Hormones Dispute* (WT/DS320/AB/R), 16-10-2008, parágrafo 433.

[1844] *Idem*, parágrafo 436.

660

OS PERITOS EXTERNOS

Essencialmente, as regras adoptadas visam assegurar que as pessoas envolvidas no sistema de resolução de litígios sejam independentes e imparciais, evitem conflitos de interesses e respeitem a confidencialidade dos procedimentos até à adopção do relatório do Painel e/ou do Órgão de Recurso pelo Órgão de Resolução de Litígios. No caso *European Communities – Measures Affecting the Approval and Marketing of Biotech Products*, por exemplo, as partes apresentaram as suas objecções em relação a muitos dos peritos, observando que estavam realmente implicados nos procedimentos em questão no litígio, que eram empregados de uma ou outra parte em litígio e que tinham participado em actividades que poderiam suscitar dúvidas sobre a sua imparcialidade[1845].

Todavia, o facto de um perito revelar um potencial conflito de interesses não implica, forçosamente, o seu afastamento. A informação revelada pelo perito será transmitida às partes para que possam comentá-la e, tomando em consideração a natureza da informação em causa e os comentários das partes, o painel pode, apesar de tudo, decidir confirmar o perito ou peritos em questão. No caso *United States – Import Prohibition of certain Shrimp and Shrimp Products*, por exemplo, três dos peritos propostos revelaram "circunstâncias que poderiam ser consideradas como podendo dar lugar a conflitos de interesses"[1846]. O Painel decidiu, porém, confirmar as suas nomeações, "defendendo que a informação revelada não era de tal natureza que impedisse os peritos em causa de serem imparciais na hora de fornecer os dados científicos esperados"[1847].

No caso da nomeação de peritos nacionais das partes em litígio, o nº 3 do Apêndice 4 do Memorando de Entendimento sobre Resolução de Litígios determina que:

> "Os cidadãos das partes em litígio não podem integrar um grupo de peritos sem o acordo conjunto das partes em litígio, excepto em circunstâncias excepcionais, caso o painel considere que é a única forma de obter um parecer científico especializado".

Pese embora os painéis tentem evitar nomear peritos nacionais das partes em litígio[1848], os painéis dos casos *European Communities Measures Concerning Meat and Meat Products (Hormones)* e *United States – Import Prohibition of Certain Shrimp and*

---

[1845] Relatório do Painel no caso *European Communities – Measures Affecting the Approval and Marketing of Biotech Products* (WT/DS291/R, WT/DS292/R, WT/DS293/R), 29-9-2006, parágrafo 7.21.

[1846] Relatório do Painel no caso *United States – Import Prohibition of certain Shrimp and Shrimp Products* (WT/DS58/R), 15-5-1998, parágrafo 5.7.

[1847] *Idem.*

[1848] Mireille COSSY, Panel's consultations with scientific experts: the right to seek information under Article 13 of the DSU, in *Key Issues in WTO Dispute Settlement: The First Ten Years*, Rufus Yerxa e Bruce Wilson Ed., Cambridge University Press, 2005, p. 213.

A FUNÇÃO JURISDICIONAL NO SISTEMA GATT/OMC

*Shrimp Products* nomearam peritos naturais das partes em litígio[1849]. No caso do primeiro litígio, as Comunidades Europeias levantaram objecções à escolha de dois peritos, invocando em particular, no caso de um deles, o facto de ser cidadão de uma das partes em litígio ou partes terceiras[1850]. Mas, uma vez que os peritos tinham sido seleccionados em conformidade com procedimentos acordados previamente por todos os participantes, o Órgão de Recurso rejeitou os argumentos comunitários[1851]. O próprio Apêndice 4 não contém abertamente qualquer proibição de nomeação de nacionais das partes em litígio; este Apêndice diz sim que "os funcionários governamentais das partes em litígio não poderão integrar um grupo de peritos". Pensamos que a mesma proibição pode ser aplicada à nomeação de peritos individuais[1852] e, de facto, os painéis nunca escolheram funcionários governamentais[1853]. Nada impede, ainda, que uma parte em litígio inclua na sua delegação peritos científicos da sua própria nacionalidade[1854].

A imparcialidade dos peritos é garantida, ainda, pelo facto de os custos inerentes à sua participação nos procedimentos do painel serem suportados pelo orçamento da OMC. Os peritos recebem uma determinada quantia por cada dia despendido na preparação do seu relatório e pela participação nas reuniões realizadas em Genebra (600 francos suíços por cada dia de trabalho). O orçamento da OMC cobre igualmente as despesas de alojamento e viagem[1855].

---

[1849] No caso *United States – Import Prohibition of certain Shrimp and Shrimp Products*, por exemplo, o Painel seleccionou cinco peritos, dois dos quais nacionais de duas das partes em litígio. Cf. Relatório do Painel no caso *United States – Import Prohibition of certain Shrimp and Shrimp Products* (WT/DS58/R), 15-5-1998, parágrafo 5.6.

[1850] Relatório do Órgão de Recurso no caso *European Communities Measures Concerning Meat and Meat Products (Hormones)* (WT/DS26/AB/R, WT/DS48/AB/R), 16-1-1998, parágrafo 37.

[1851] *Idem*, parágrafo 148.

[1852] Não obstante o Apêndice 4 nunca ter sido aplicado no âmbito do sistema de resolução de litígios da OMC (cf. Katrin AREND, Appendix 4 DSU, in *WTO-Institutions and Dispute Settlement*, Rüdiger Wolfrum, Peter-Tobias Stoll e Karen Kaiser (eds), Max Planck Commentaries on World Trade Law, Max Planck Institute for Comparative Public Law and International Law, Martinus Nijhoff Publishers, Leiden/Boston, 2006, p. 618), ele oferece um quadro jurídico que assegura a neutralidade e a transparência do processo de peritagem e, em consequência, aumenta a legitimidade e a credibilidade das conclusões avançadas por um painel.

[1853] Mireille COSSY, Panel's consultations with scientific experts: the right to seek information under Article 13 of the DSU, in *Key Issues in WTO Dispute Settlement: The First Ten Years*, Rufus Yerxa e Bruce Wilson Ed., Cambridge University Press, 2005, p. 214.

[1854] Relatório do Painel no caso *Japan – Measures Affecting Agricultural Products* (WT/DS76/R), 27-10-1998, parágrafo 6.2.

[1855] Mireille COSSY, Panel's consultations with scientific experts: the right to seek information under Article 13 of the DSU, in *Key Issues in WTO Dispute Settlement: The First Ten Years*, Rufus Yerxa e Bruce Wilson Ed., Cambridge University Press, 2005, pp. 215 e 217.

OS PERITOS EXTERNOS

Por fim, merece uma referência o recente caso *United States – Continued Suspension of Obligations in the EC – Hormones Dispute* e, mais especificamente, a alegação das Comunidades Europeias de que o Dr. Boisseau e o Dr. Boobis, por terem sido co-autores dos relatórios do Comité Misto da Organização das Nações Unidas para a Alimentação e a Agricultura (FAO)/Organização Mundial de Saúde (OMS) de Peritos em Aditivos Alimentares não poderiam ser considerados independentes e imparciais, porque isso equivaleria a pedir-lhes que examinassem e criticassem relatórios que eles mesmos redigiram[1856]. Logo, dado que o Dr. Boisseau e o Dr. Boobis figuraram entre os autores dos relatórios do Comité Misto FAO/OMS de Peritos em Aditivos Alimentares criticado em termos científicos na Directiva 2003/74/CE[1857], eles deveriam ter sido impedidos de assessorar o painel. E, de facto, o Órgão de Recurso dá provimento à queixa apresentada pelas Comunidades Europeias, concluindo que a independência e imparcialidade do painel enquanto órgão de adjudicação foi posta em causa com a nomeação dos já referidos Drs. Boisseau e Boobis e a realização de consultas com os dois:

> "**459.** Tanto o Dr. Boisseau como o Dr. Boobis tinham vínculos institucionais estreitos com o Comité Misto FAO/OMS de Peritos em Aditivos Alimentares. O Dr. Boisseau foi membro do Comité Misto FAO/OMS de Peritos em Aditivos Alimentares

---

[1856] Relatório do Órgão de Recurso no caso *United States – Continued Suspension of Obligations in the EC – Hormones Dispute* (WT/DS320/AB/R), 16-10-2008, parágrafo 426. O Comité Misto FAO/OMS de Peritos em Aditivos Alimentares, que é administrado conjuntamente pela Organização das Nações Unidas para a Alimentação e a Agricultura (FAO) e a Organização Mundial de Saúde (OMS), é um Comité internacional de peritos científicos que avalia a inocuidade de aditivos alimentares, contaminantes, substâncias tóxicas que se produzem naturalmente e resíduos de medicamentos veterinários nos alimentos. O Comité Misto FAO/OMS de Peritos em Aditivos Alimentares realiza avaliações de riscos e assessoria a FAO, a OMS e os países membros de ambas as organizações. Alguns países usam informação do Comité Misto FAO/OMS de Peritos em Aditivos Alimentares nos seus programas nacionais de controlo da inocuidade dos alimentos. Os pedidos de assessoria científica são canalizados geralmente através da Comissão do Codex Alimentarius (o Codex). O Codex também adopta normas internacionais com base nas avaliações realizadas pelo Comité Misto FAO/OMS de Peritos em Aditivos Alimentares. O Codex adoptou normas internacionais para cinco das hormonas objecto deste litígio, a saber, o estradiol-17β, a testosterona, a progesterona, a trenbolona e o zeranol, com base em avaliações realizadas pelo Comité Misto FAO/OMS de Peritos em Aditivos Alimentares. Além disso, o Codex iniciou um processo de estabelecimento de normas para o melengestrol, também com base em avaliações do Comité Misto FAO/OMS de Peritos em Aditivos Alimentares, mas este processo ainda não foi concluído. Cf. Relatório do Órgão de Recurso no caso *United States – Continued Suspension of Obligations in the EC – Hormones Dispute* (WT/DS320/AB/R), 16-10-2008, parágrafo 457.

[1857] Directiva 2003/74/CE do Parlamento Europeu e do Conselho, de 22 de Setembro de 2003, *que altera a Directiva 96/22/CE do Conselho relativa à proibição de utilização de certas substâncias com efeitos hormonais ou tireostáticos e de substâncias agonistas em produção animal*, in JO L 262, 14-10-2003, pp. 17-21.

A FUNÇÃO JURISDICIONAL NO SISTEMA GATT/OMC

de 1987 a 2002 e o Dr. Boobis foi membro de 1997 a 2006. A condição de membro do Comité Misto FAO/OMS de Peritos em Aditivos Alimentares, em nossa opinião, reflecte o reconhecimento internacional dos conhecimentos especializados de um determinado cientista. A este respeito, o Painel observou que o Comité Misto FAO/OMS de Peritos em Aditivos Alimentares é uma 'entidade internacional independente integrada por peritos de grande competência seleccionados pela OMS ou a FAO de acordo com um rigoroso processo'. Estamos de acordo com o Painel de que o Dr. Boisseau e o Dr. Boobis são cientistas altamente qualificados. O facto de os Drs. Boisseau e Boobis serem pessoas qualificadas e com conhecimentos – e, por isso, peritos – não nos causa preocupação quanto à sua imparcialidade e independência. Pelo contrário, esperamos que uma pessoa considerada um perito tenha opiniões, e mesmo opiniões muito firmes, na sua área particular de conhecimento. Todavia, estamos de acordo com as Comunidades Europeias de que as qualificações e os conhecimentos pertinentes dos Drs. Boisseau e Boobis não são por si mesmos garantias suficientes da sua independência e imparcialidade. Um perito poderá ser muito qualificado e ter conhecimentos profundos e, não obstante, a sua nomeação gerar preocupação quanto à sua imparcialidade ou independência devido à vinculação institucional desse perito ou por outras razões. Pelas mesmas razões, o facto de o Comité Misto FAO/OMS de Peritos em Aditivos Alimentares poder seleccionar os seus peritos de acordo com um rigoroso processo não garante por si só que estes peritos sejam independentes e imparciais a respeito das questões que possam surgir num litígio no âmbito da OMC.

**460.** Os Drs. Boisseau e Boobis, além de participarem no Comité Misto FAO/OMS de Peritos em Aditivos Alimentares, estiveram directamente envolvidos nas avaliações do Comité Misto FAO/OMS de Peritos em Aditivos Alimentares das seis hormonas em questão. O Dr. Boisseau era membro do Comité Misto FAO/OMS de Peritos em Aditivos Alimentares em 1987 quando o Comité avaliou o estradiol-17β, a progesterona, a testosterona, acetato de trembolona e o zeranol. Tanto o Dr. Boisseau como o Dr. Boobis eram membros do Comité Misto FAO/OMS de Peritos em Aditivos Alimentares em 1999 quando este voltou a avaliar o estradiol-17β, a progesterona e a testosterona. Na sua reunido de 1999, o Comité Misto FAO/OMS de Peritos em Aditivos Alimentares adoptou consumos diários admissíveis recomendadas para o estradiol-17β, a testosterona e a progesterona. No relatório da reunido de 1999 figuram o Dr. Boisseau como Presidente e o Dr. Boobis como um dos dois relatores. Os Drs. Boisseau e Boobis também participaram na avaliação do acetato de melengestrol em 2000. Nessa ocasião, no correspondente relatório do Comité Misto FAO/OMS de Peritos em Aditivos Alimentares figuram o Dr. Boisseau como Vice-presidente e o Dr. Boobis como relator. Em suma, o Dr. Boisseau era membro do Comité Misto FAO/OMS de Peritos em Aditivos Alimentares quando este avaliou as seis hormonas objecto deste litígio e o Dr. Boobis participou na avaliação de quatro das seis hormonas. Como Presidente,

OS PERITOS EXTERNOS

Vice-presidente e relator, é de esperar que tenham desempenhado um papel significativo nos debates. (...).

**462.** O Painel observou igualmente que, 'dado que as avaliações do risco do Comité Misto FAO/OMS de Peritos em Aditivos Alimentares foram utilizadas como avaliações do risco de referência para efeitos da análise prevista no nº 7 do artigo 5º do Acordo sobre a Aplicação de Medidas Sanitárias e Fitossanitárias, era necessário que o Painel pudesse basear-se na assessoria de peritos profundamente familiarizados coo conteúdo substantivo das avaliações do risco do Comité Misto FAO/OMS de Peritos em Aditivos Alimentares'. A argumentação do Painel não nos convence. Precisamente porque as avaliações do risco do Comité Misto FAO/OMS de Peritos em Aditivos Alimentares desempenham uma função tão importante neste litígio, o Painel deveria ter sido especialmente prudente na hora de nomear como peritos pessoas com vínculos institucionais com o Comité Misto FAO/OMS de Peritos em Aditivos Alimentares. O Painel concedeu aos peritos uma ampla margem no que se refere ao seu exame das provas e assessoria que prestada. Dada a forma como o Painel estruturou as suas consultas com os peritos, teria sido muito difícil limitar o alcance da assessoria que recebeu do Dr. Boisseau e do Dr. Boobis ao 'trabalho do Comité Misto FAO/OMS de Peritos em Aditivos Alimentares '. De facto, no nosso exame do registo do Painel indica que este não limitou as suas consultas com os Drs. Boisseau e Boobis ao 'trabalho do Comité Misto FAO/OMS de Peritos em Aditivos Alimentares'. Por exemplo, em relação à proibição permanente da carne de bovinos tratados com estradiol-17β imposta pelas Comunidades Europeias, o Painel perguntou aos peritos (incluindo o Dr. Boisseau e o Dr. Boobis o seguinte):

Em sua opinião, até que ponto a avaliação do risco das [Comunidades Europeias] identifica os possíveis efeitos prejudiciais para a saúde humana, entre eles o potencial cancerígeno e genotóxico, dos resíduos de estradiol-17β encontrados na carne de vaca a que se tenha administrado hormonas a fim de promover o crescimento, em conformidade com as boas práticas veterinárias? Até que ponto a avaliação do risco das [Comunidades Europeias] permite avaliar a possível aparição destes efeitos prejudiciais?.

**463.** Esta pergunta refere-se directamente à idoneidade da avaliação do risco realizada pelas Comunidades Europeias e não diz respeito ao trabalho do Comité Misto FAO/OMS de Peritos em Aditivos Alimentares. (...) Nas suas respostas, os Drs. Boisseay e Boobis avaliam directamente a idoneidade da avaliação do risco realizadas pelas Comunidades Europeias. (...).

**469.** As Comunidades Europeias basearam grande parte dos argumentos que expuseram ao Painel nas limitações da abordagem adoptada pelo Comité Misto FAO/OMS de Peritos em Aditivos Alimentares. Dado que na sua própria avaliação do risco as Comunidades Europeias puseram em questão a validade das avaliações de do risco

A FUNÇÃO JURISDICIONAL NO SISTEMA GATT/OMC

feitas pelo Comité Misto FAO/OMS de Peritos em Aditivos Alimentares, era impróprio que o Painel pedisse ao Dr. Boisseau e ao Dr. Boobis, que tinham participado directamente na avaliação feita pelo Comité Misto FAO/OMS de Peritos em Aditivos Alimentares, que examinassem a avaliação do risco realizada pelas Comunidades Europeias. A inclinação natural de alguém colocado nessa situação seria comparar as avaliações do risco, não avaliar se os testemunhos científicos em que se basearam as Comunidades Europeias podiam apoiar as conclusões a que estas chegaram, e favorecer ou defender o enfoque do Comité Misto FAO/OMS de Peritos em Aditivos Alimentares. A maneira como o Painel utilizou estes peritos não garante a imparcialidade e não se pode dizer que assegura a igualdade nas consultas com os peritos. Tal resultado não é compatível com as obrigações relativas às garantias processuais devidas que são inerentes ao sistema de resolução de litígios da OMC. (...).

**472.** Reconhecemos que o Comité Misto FAO/OMS de Peritos em Aditivos Alimentares envolve um processo de adopção de decisões baseado no consenso e que o resultado do processo no reflecte necessariamente as opiniões dos seus diferentes membros. Todavia, o facto deste processo envolver diversos indivíduos e de o resultado poder ser o resultado de um compromisso não significa que o resultado conjunto do processo pode ser desconectado dos peritos que participaram no processo. Pelo contrário, é de esperar que as opiniões dos peritos que participaram no processo estejam reflectidas, em diversos graus, no resultado. Como se indicou anteriormente, a participação dos Drs. Boisseau e Boobis não foi indirecta ou marginal. Será de esperar que ambos tenham tido uma influência especial no processo, dado que exerciam as funções de Presidente e Vice-presidente, e de Relator adjunto, respectivamente. Além disso, independentemente do seu grau de influência no processo, era previsível que ambos tendessem naturalmente a se identificar com a avaliação do Comité Misto FAO/OMS de Peritos em Aditivos Alimentares, por terem participado no consenso. Em consequência, não consideramos que o facto de o Comité Misto FAO/OMS de Peritos em Aditivos Alimentares chegar às suas conclusões por consenso dissipa as nossas preocupações relativamente à circunstância de o Painel ter pedido aos Drs. Boisseau e Boobis para avaliarem a avaliação do risco realizada pelas Comunidades Europeias.

**473.** (...) O facto de o Painel poder ter mantido consultas com as partes neste caso quando da preparação dos procedimentos de trabalho para as consultas com peritos e da selecção destes não serve de base para chegar à conclusão de que também as garantias processuais devidas foram respeitadas nas etapas ulteriores do procedimento, incluindo as consultas com os peritos. Além disso, nas consultas que o Painel manteve com as partes, as Comunidades Europeias formularam repetidamente objecções contra a escolha de peritos vinculados ao Comité Misto FAO/OMS de Peritos em Aditivos Alimentares. (...).

**477.** Reconhecemos que é frequente pedir aos cientistas que revejam estudos realizados por outros cientistas e que a comunidade científica deve reavaliar cons-

OS PERITOS EXTERNOS

tantemente as teorias à luz dos progressos científicos. Não obstante, o Painel não se limitou a perguntar aos Drs. Boisseau e Boobis sobre o trabalho e as avaliações do risco do Comité Misto FAO/OMS de Peritos em Aditivos Alimentares. Durante as consultas com os peritos, o Painel pediu aos Drs. Boisseau e Boobis que avaliassem a avaliação do risco realizada pelas Comunidades Europeias e este fizeram-no tomando como ponto de referência as avaliações do Comité Misto FAO/OMS de Peritos em Aditivos Alimentares. Isto é problemático neste caso, porquanto a avaliação do risco realizada pelas Comunidades Europeias punha em causa a validade das avaliações do Comité Misto FAO/OMS de Peritos em Aditivos Alimentares e afirmava explicitamente que não seguiria estas últimas. Assim sendo, não era apropriado o Painel consultar os Drs. Boisseau e Boobis, que tinham participado directamente nas avaliações do Comité Misto FAO/OMS de Peritos em Aditivos Alimentares. As preocupações suscitadas nesta situação não são atenuadas pelo facto de os cientistas realizarem com regularidade 'exames por especialistas do mesmo nível' ou poderem reconhecer que a ciência evolui. Também não se responde a essas preocupações com a explicação do Painel de que o trabalho do Comité Misto FAO/OMS de Peritos em Aditivos Alimentares está vinculado ao Codex, órgão que o Acordo sobre a Aplicação de Medidas Sanitárias e Fitossanitárias reconhece expressamente como responsável pela elaboração de 'normas, directrizes e recomendações internacionais'. (...).

**481.** Consideramos que existia uma base objectiva para chegar à conclusão de que a vinculação institucional dos Drs. Boisseau e Boobis ao Comité Misto FAO/OMS de Peritos em Aditivos Alimentares e a sua participação nas avaliações das seis hormonas em questão realizadas pelo Comité Misto FAO/OMS de Peritos em Aditivos Alimentares provavelmente afectariam a sua independência ou imparcialidade ou dariam lugar a dúvidas razoáveis, dado que as avaliações levadas a cabo pelo Comité Misto FAO/OMS de Peritos em Aditivos Alimentares constituem um elemento central do litígio entre as partes. A nomeação dos Drs. Boisseau e Boobis e as consultas que se mantiveram com eles comprometeram a independência e imparcialidade do Painel enquanto órgão de adjudicação. Em consequência, constatamos que o Painel não respeitou os direitos das Comunidades Europeias às garantias processuais ao consultar os Drs. Boisseau e Boobis na qualidade de peritos científicos.

**482.** Uma vez que a nomeação dos Drs. Boisseau e Boobis e as consultas mantidas com eles comprometeram a capacidade do Painel de agir como entidade decisória independente, não se pode dizer que o Painel realizou uma 'apreciação objectiva da questão', como exige o artigo 11º do Memorando de Entendimento sobre Resolução de Litígios"[1858].

---

[1858] Relatório do Órgão de Recurso no caso *United States – Continued Suspension of Obligations in the EC – Hormones Dispute* (WT/DS320/AB/R), 16-10-2008, parágrafos 459-460, 462-463, 469, 472, 473, 477, 481 e 482.

## A FUNÇÃO JURISDICIONAL NO SISTEMA GATT/OMC

Essencialmente, o Órgão de Recurso censura os testemunhos científicos dos Drs. Boisseau e Boobis não por causa das suas qualificações profissionais ou por qualquer razão de ordem ética, mas simplesmente por força da sua filiação institucional e participação em actividades profissionais perfeitamente legítimas e desenvolvidas em conformidade com essa mesma filiação. O facto de o painel ter nomeado os peritos deste caso com base em listas de peritos fornecidas por entidades internacionais, após consultas realizadas com as partes em litígio, não garante, assim, a imparcialidade dos peritos que constam de tais listas[1859].

Em contrapartida, o Órgão de Recurso conclui que um dos peritos nomeados e consultados, o Dr. Boisseau, não violou as prescrições do nº 2 do artigo VI das regras de conduta a que estava adstrito ao não ter declarado se tinha trabalhado para, financiado por ou assessorado as indústrias em causa ou os organismos reguladores nacionais ou internacionais que se ocupam de questões similares às que eram objecto do litígio nem mencionado a sua vinculação com o Comité Misto FAO/OMS de Peritos em Aditivos Alimentares ou o facto de ter sido Presidente ou Vice-presidente de painéis do Comité Misto FAO/OMS de Peritos em Aditivos Alimentares que avaliaram algumas das hormonas objecto do litígio[1860]. Ainda que os painéis devam insistir que os possíveis peritos cumpram as prescrições de revelação de factos estabelecidas nas Regras de Conduta e as partes tenham direito a uma revelação de factos dos peritos completa, o Órgão de Recurso considera:

> "que o Painel não excedeu a sua autoridade ao concluir que a breve declaração do Dr. Boisseau, considerada juntamente com a informação que figura no seu curriculum vitae, constituía uma revelação suficiente neste caso. O curriculum vitae do Dr. Boisseau fornece informação sobre o seu envolvimento com o Comité Misto FAO/OMS de Peritos em Aditivos Alimentares e suas demais actividades profissionais"[1861].

Não obstante alguns dos problemas identificados e de alguns membros da OMC terem criticado algumas das opções feitas por certos painéis, a apreciação geral dos membros da OMC no que concerne ao recurso a peritos externos parece

---

[1859] Uma das consequências da conclusão do Órgão de Recurso será, certamente, uma maior dificuldade em encontrar peritos externos dispostos a assessorar futuros painéis, isto porque "Drs. Boobis and Boisseau are highly respected and internationally renowned experts in their field and still they were found lacking in impartiality and objectiveness". Cf Catharina Koops, *Suspensions: To Be Continued. The Consequences of the Appellate Body Report in Hormones II*, in LIEI, 2009, p. 364.
[1860] Relatório do Órgão de Recurso no caso *United States – Continued Suspension of Obligations in the EC – Hormones Dispute* (WT/DS320/AB/R), 16-10-2008, parágrafo 450.
[1861] *Idem*, parágrafo 451.

OS PERITOS EXTERNOS

ser positiva. Prova disso é o facto de não ter sido apresentada qualquer proposta relevante de alteração das regras actuais no processo de revisão do Memorando de Entendimento sobre Resolução de Litígios que está a decorrer. Alguns juízes do Tribunal Internacional de Justiça afirmaram mesmo que "a Organização Mundial do Comércio é a organização que mais tem contribuído para o desenvolvimento das melhores práticas em matéria de consulta a peritos externos, a fim de avaliar melhor as provas que lhe são apresentadas"[1862].

---

[1862] TRIBUNAL INTERNACIONAL DE JUSTIÇA, *Case Concerning Pulp Mills on the River Uruguay (Argentina v. Uruguay)*, Acórdão de 20-4-2010, Opinião Dissidente Comum dos Juízes Al-Khasawneh e Simma, parágrafo 16.

# Capítulo 13
## Os *Amici Curiae*

*"real NGOs (...) are civil society, not servile society"*[1863].

## 1. Definição de Actores Não Estaduais

O termo "organização não governamental" surge somente após o fim da segunda guerra mundial, estando intimamente ligado à criação das Nações Unidas. A Carta das Nações Unidas, adoptada em 1945, estipula no seu artigo 71º que "o Conselho Económico e Social poderá entrar em entendimentos convenientes para a consulta com organizações não governamentais que se ocupem de assuntos no âmbito da sua própria competência"[1864].

Anteriormente à popularização do termo "organizações não governamentais", principalmente através da prática das Nações Unidas, empregavam-se outras expressões, tais como "organizações privadas" ou "grupos de pressão interna-

---

[1863] Pierre-Marie DUPUY, Conclusion: return on the legal status of NGOs and on the methodological problems which arise for legal scholarship, in *NGOs in International Law: Efficiency in Flexibility?*, Pierre-Marie Dupuy e Luisa Vierucci Ed., Edward Elgar, 2008, pp. 204-205.

[1864] Em 1996, o Conselho Económico e Social das Nações Unidas definiu como organização não governamental "any such organization that is not established by a governmental entity or intergovernmental agreement, including organizations that accept members designated by governmental authorities, provided that such membership does not interfere with the free expression of views of the organization" e enumerou um conjunto de condições para o estabelecimento de relações consultivas com uma organização não governamental, a saber: os fins de uma organização não governamental devem estar em conformidade com o espírito, os objectivos e os princípios da Carta das Nações Unidas; a organização não governamental deve ter uma constituição adoptada democraticamente e uma estrutura representativa com mecanismos apropriados de responsabilização e ter uma reputação reconhecida em determinada área. Cf. Luisa VIERUCCI e Christine BAKKER, Introduction: a normative or pragmatic definition of NGOs?, in *NGOs in International Law: Efficiency in Flexibility?*, Pierre-Marie Dupuy e Luisa Vierucci Ed., Edward Elgar, 2008, p. 13.

A FUNÇÃO JURISDICIONAL NO SISTEMA GATT/OMC

cionais". O Pacto da Sociedade das Nações, por exemplo, utilizava a expressão "organizações voluntárias"[1865].

Contudo, apesar da popularidade do termo "organização não governamental", existem muitas dificuldades em circunscrever tal fenómeno, dada a sua extrema diversidade. Esta tem a ver, principalmente, com a dimensão, as actividades prosseguidas, as ideologias, a cultura organizacional e o estatuto jurídico. Por exemplo, ainda que as organizações não governamentais tenham, por definição, um carácter não governamental, elas podem ter como membros outras entidades para além dos particulares. Um exemplo disso é a União Internacional para a Conservação da Natureza, que tinha como membros, em 19 de Abril de 2007, 83 Estados, 110 agências governamentais e mais de 800 organizações não governamentais[1866]. Muitas organizações não governamentais recebem mesmo dinheiro de instituições governamentais[1867]. Há quem defenda, também, o carácter não violento das organizações não governamentais como um elemento distinto face aos grupos que recorrem à força para atingir determinados fins. Em particular, este requisito serviria para excluir os grupos terroristas, os grupos de guerrilha e as organizações de libertação (por exemplo, o *Irish Republican Army*, a Organização de Libertação da Palestina). Mas, face aos acontecimentos de Seattle e de Génova, será que este requisito se mantém válido? Não recorrem algumas organizações não governamentais à violência quando pretendem proteger certas espécies animais? Estas são algumas das razões que levam muitos autores a preferir utilizar o termo "actor não estadual", o qual oferece a vantagem de ser bem mais abrangente que o termo "organização não governamental"[1868]. Porém, apesar das dificuldades inerentes à utilização do termo "organização não governamental", os redactores do Acordo OMC optaram por tal termo (art. V, nº 2), talvez devido à sua popularidade e uso frequente[1869].

---

[1865] Kerstin MARTENS, *Mission Impossible? Defining Nongovernmental Organizations*, in Voluntas: International Journal of Voluntary and Nonprofit Organizations, Vol. 13, No. 3, September 2002, pp. 271-272.

[1866] http://www.iucn.org.

[1867] Kerstin MARTENS, *Mission Impossible? Defining Nongovernmental Organizations*, in Voluntas: International Journal of Voluntary and Nonprofit Organizations, Vol. 13, No. 3, September 2002, p. 280.

[1868] Por vezes, o termo "actor não estadual" é utilizado de modo bastante abrangente. ERIC POSNER, por exemplo, associa tal termo "to the standard cast of characters – interest groups, NGOs, politicians, individuals, governmental units, international organizations, and so forth. Thus, the term includes the people who control the state, such as a president or prime minister, because they are individuals rather than the 'state' itself". Cf. Eric POSNER, *International Law and the Disaggregated State*, in Florida State University Law Review, 2005, p. 801.

[1869] A propósito da questão da personalidade jurídica internacional das organizações não governamentais, o ponto de partida é necessariamente a observação feita pelo Tribunal Internacional

## OS *AMICI CURIAE*

Presentemente, existem mais de 20.000 organizações internacionais não governamentais, contra 200 em 1909 e 1.000 em 1956[1870], e as mais importantes exercem uma forte influência na evolução das relações internacionais, funcionando como grupos de pressão, cujo objectivo passa por influenciar ou corrigir a actuação dos principais sujeitos do Direito Internacional (Estados e organizações internacionais de carácter intergovernamental). Nas palavras de um autor, "real NGOs are not only powers, they are also 'counter-powers'"[1871]. Algumas organizações não governamentais receberam mesmo o Prémio Nobel da Paz (por exemplo, a Amnistia Internacional recebeu o Prémio em 1977 e os *Médecins Sans Frontières* em 1999[1872]) e existe declaradamente em alguns casos um elo de ligação com organizações internacionais. Veja-se, por exemplo, o já citado art. 71º da Carta das Nações Unidas: em 2004, ascendia a 2.531 o número de organizações

de Justiça no Parecer *Reparations for Injuries Suffered in the Service of the United Nations* (Parecer Consultivo de 11-4-1949):

"Os sujeitos de direito, em qualquer sistema jurídico, não são necessariamente idênticos na sua natureza ou extensão dos seus direitos e a sua natureza depende das necessidades da comunidade. Durante a sua história, o desenvolvimento do direito internacional tem sido influenciado pelas exigências da vida internacional e o aumento progressivo nas actividades colectivas dos Estados já deu origem a casos de acção exercidos no plano internacional por certas entidades que não são Estados. Este desenvolvimento culminou no estabelecimento em Junho de 1945 de uma organização internacional cujos fins e princípios são enunciados na Carta das Nações Unidas. Mas para atingir estes fins, é indispensável a atribuição de personalidade internacional" [ICJ Reports, 1949, p. 178].

Ainda que esta observação tenha sido feita relativamente a organizações intergovernamentais, o Tribunal Internacional de Justiça declara abertamente que os Estados não são as únicas entidades a ter personalidade jurídica internacional. E, de facto, algumas organizações não governamentais adquiriram explicitamente personalidade jurídica, "either by entering into agreements with Intergovernmental Organizations or as a result of specific treaty provisions" (cf. Luisa Vierucci e Christine Bakker, Introduction: a normative or pragmatic definition of NGOs?, in *NGOs in International Law: Efficiency in Flexibility?*, Pierre-Marie Dupuy e Luisa Vierucci Ed., Edward Elgar, 2008, p. 3). É o que acontece em particular com o Comité Internacional da Cruz Vermelha, o qual mantém relações quase diplomáticas com os Estados, goza das imunidades típicas das organizações intergovernamentais e celebra acordos com Estados.

[1870] Eric Werker e Faisal Ahmed, *What do Nongovernmental Organizations Do?*, in Journal of Economic Perspectives, 2008, p. 75. Segundo Steve Charnovitz, "the earliest internationaly active NGO was probably the Roman Catholic Chruch". Cf. Steve Charnovitz, *Two Centuries of Participation: NGOs and International Governance*, in MJIL, 1997, p. 190.

[1871] Pierre-Marie Dupuy, Conclusion: return on the legal status of NGOs and on the methodological problems which arise for legal scholarship, in *NGOs in International Law: Efficiency in Flexibility?*, Pierre-Marie Dupuy e Luisa Vierucci Ed., Edward Elgar, 2008, pp. 204-205.

[1872] Anna-Karin Lindblom, *Non-Governmental Organisations in International Law*, Cambridge University Press, 2005, p. 18.

A FUNÇÃO JURISDICIONAL NO SISTEMA GATT/OMC

não governamentais que tinham o seu estatuto consultivo reconhecido junto do Conselho Económico e Social[1873].

## 2. O GATT de 1947

Na Conferência das Nações Unidas sobre Comércio e Emprego que redigiu a Carta de Havana (1946-48), algumas organizações não governamentais (a Câmara do Comércio Internacional, a Aliança Internacional das Cooperativas e a Federação Mundial dos Sindicatos) chegaram a enviar observadores[1874], tendo os relatórios e declarações da Câmara de Comércio Internacional tido mesmo

---

[1873] Jens STEFFEK e Claudia KISSLING, Why Co-operate? Civil Society Participation at the WTO, in *Constitutionalism, Multilevel Trade Governance and Social Regulation*, Christian Joerges e Ernst-Ulrich Petersmann ed., Hart Publishing, Oxford-Portland, 2006, p. 140. Ainda que o estatuto consultivo das organizações não governamentais esteja hoje em dia limitado expressamente ao Conselho Económico e Social e respectivos órgãos, elas têm conseguido desenvolver uma cooperação informal quer com a Assembleia-Geral, quer com o Conselho de Segurança das Nações Unidas. Por exemplo, em 1997, durante a 19ª sessão especial da Assembleia-Geral agendada para analisar a implementação da chamada Agenda 21, o presidente da Assembleia, pela primeira vez na história das Nações Unidas, convidou algumas organizações não governamentais para participarem e falarem no debate. Também em 1997, quatro organizações não governamentais apresentaram ao Conselho de Segurança comunicações sobre questões humanitárias na região dos Grandes Lagos. Em vez de invocar o Artigo 39º das Regras de Procedimento do Conselho de Segurança [the Council may invite (...) other persons, whom it considers competent for the purpose, to supply it with information or to give other assistance in examining matters within its competence], o Conselho preferiu encontrar-se informalmente com os representantes das organizações não governamentais "in a general room" na sede das Nações Unidas. Esta forma de consulta, denominada "Arria meeting" por ter sido o então embaixador da Venezuela a sugerir tal abordagem, tem-se mantido desde então. Cf. Emanuele REBASTI, Beyond consultative status: which legal framework for enhanced interaction between NGOs and intergovernmental organizations?, in *NGOs in International Law: Efficiency in Flexibility?*, Pierre-Marie Dupuy e Luisa Vierucci Ed., Edward Elgar, 2008, pp. 27-28.

[1874] Steve CHARNOVITZ, *WTO Cosmopolitics*, in New York University Journal of International Law and Politics, 2002, p. 308. Um outro autor defende mesmo que os líderes internacionais do período pós-II Guerra Mundial e os pais fundadores do GATT tinham em mente um papel importante para as organizações não governamentais. Nesse sentido, Sir Eric Wyndham White, o primeiro Secretário-Executivo do GATT, propôs especificamente que a Organização Internacional do Comércio:

(1) redigisse uma lista de organizações não governamentais com estatuto consultivo;

(2) convidasse as organizações não governamentais com o estatuto de observador para as conferências da Organização Internacional do Comércio e permitisse que elas propusessem items para a agenda e falassem;

(3) consultasse as organizações não governamentais com um conhecimento especial em determinados campos de actividade relacionados com as competências da Organização Internacional do Comércio; e

(4) nomeasse um comité consultivo de organizações não governamentais representativas. Cf. Rahul SINGH, *The World Trade Organization and Legitimacy: Evolving a Framework for Bridging the Democratic Deficit*, in JWT, 2008, p. 360.

OS *AMICI CURIAE*

influência directa na redacção das normas da Carta de Havana relativas ao investimento e às relações da Organização Internacional do Comércio com o Fundo Monetário Internacional[1875].

Todavia, apesar de o nº 2 do art. 87º da Carta de Havana determinar que a Organização Internacional do Comércio poderia realizar acordos próprios para facilitar as consultas e a cooperação com organizações não governamentais interessadas em questões relacionadas com a Carta, as organizações não governamentais "have never been formally present in the negotiating room or even in the corridors of the GATT [1947] building"[1876]. As organizações não governamentais limitaram-se a manter contactos informais e *ad hoc* com as partes contratantes e o Secretariado. Na reunião ministerial de Marraquexe de Abril de 1994, por exemplo, as organizações não governamentais só puderam estar presentes registando-se como membros da imprensa[1877].

No caso concreto do sistema de resolução de litígios do GATT de 1947, algumas organizações não governamentais dirigiram algumas comunicações ao Secretariado, mas elas nunca foram tomadas em consideração pelos membros dos painéis[1878]. Como justificação, alegava-se que os litígios ocorriam estritamente entre governos e que os membros dos painéis apenas podiam analisar as queixas e os argumentos submetidos pelas partes contratantes em litígio[1879]. O GATT não incluía, por outro lado, qualquer disposição a conferir o estatuto de observador às organizações não governamentais, o mesmo se passando com as regras de fun-

---

[1875] Steve CHARNOVITZ, *Two Centuries of Participation: NGOs and International Governance*, in MJIL, 1997, p. 254. Sobre o papel que algumas organizações não governamentais desempenharam nas várias conferências relativas à criação da Organização Internacional do Comércio, ver, sobretudo, Steve CHARNOVITZ e John WICKHAM, *Non-Governmental Organizations and the Original International Trade Regime*, in JWT, vol. 29, nº 5, 1995, pp. 111-122.

[1876] Gabrielle MARCEAU e Peter PEDERSEN, *Is the WTO Open and Transparent? A Discussion of the Relationship of the WTO with Non-governmental Organisations and Civil Society's Claims for more Transparency and Public Participation*, in JWT, vol. 33, nº 1, 1999, p. 5. Já JEFFREY DUNOFF observa que, "while the GATT did not include language addressing NGO participation, it did permit business NGO involvement in the 1950s. The International Chamber of Commerce, for example, participated in several early GATT working parties" (cf. Jeffrey DUNOFF, *The Misguided Debate over NGO Participation at the WTO*, in JIEL, 1998, p. 441). A Câmara do Comércio Internacional parece ter sido, no entanto, a única organização não governamental autorizada a participar nos trabalhos do GATT. Cf. Steve CHARNOVITZ, *Opening the WTO to Nongovernmental Interests*, in Fordham International Law Journal, 2000, pp. 174-175.

[1877] Gabrielle MARCEAU e Peter PEDERSEN, *Is the WTO Open and Transparent? A Discussion of the Relationship of the WTO with Non-governmental Organisations and Civil Society's Claims for more Transparency and Public Participation*, in JWT, vol. 33, nº 1, 1999, p. 10.

[1878] Brigitte STERN, *L'intervention des tiers dans le contentieux de l'OMC*, in RGDIP, 2003-2, p. 260.

[1879] Padideh ALA'I, *Judicial Lobbying at the WTO: The Debate over the Use of Amicus Curiae Briefs and the U.S. Experience*, in Fordham International Law Journal, 2000, p. 67.

## A FUNÇÃO JURISDICIONAL NO SISTEMA GATT/OMC

cionamento das reuniões das PARTES CONTRATANTES. Uma Nota do Secretariado do GATT, de 15 de Junho de 1990 sobre o Estatuto de Observador no GATT é igualmente clara a esse respeito: "as organizações não governamentais internacionais não gozam do estatuto de consultor no GATT e nenhuma foi admitida como observador nas reuniões"[1880]. Apenas o nº 2 do art. XXIII do GATT previa a possibilidade de consulta ao "Conselho Económico e Social das Nações Unidas e a qualquer outra organização intergovernamental competente", mas os peritos privados e as organizações não governamentais eram deixados expressamente de fora.

Durante o Ciclo do Uruguai, propostas de participação dos *amicus curiae* foram apresentadas, negociadas e rejeitadas[1881]. De acordo com uma comunicação relativa à revisão do Memorando de Entendimento sobre Resolução de Litígios apresentada em Setembro de 2002:

> "Uma delegação apresentou uma proposta informal para a negociação [no Grupo Informal sobre as Questões Institucionais em 1993], ao abrigo da qual os painéis poderiam convidar pessoas interessadas (distintas das partes ou partes terceiras em litígio) a apresentar as suas opiniões por escrito. Como a oposição foi esmagadora, a proposta não foi incorporada no Memorando de Entendimento sobre Resolução de Litígios"[1882].

## 3. O Sistema de Resolução de Litígios da OMC

### 3.1. Os Painéis

Nos termos do Memorando, apenas as partes em litígio e as partes terceiras gozam expressamente do direito de apresentar provas e apenas os membros da OMC têm acesso directo ao sistema de resolução de litígios da OMC, como partes em litígio ou como partes terceiras. Apesar do interesse que possam ter num litígio internacional de natureza comercial, os actores não estaduais não gozam de tal direito.

No entanto, a pressão da sociedade civil no sentido de uma maior participação traduziu-se numa interpretação algo ampla da possibilidade de os painéis e o Órgão de Recurso aceitarem informação não proveniente das partes em litígio ou partes terceiras. Efectivamente, o nº 2 do art. 13º do Memorando de Entendimento sobre Resolução de Litígios, ao reconhecer que os painéis "podem pro-

---

[1880] GATT, *Analytical Index: Guide to GATT Law and Practice* (ed. Frieder Roessler), 6ª ed., Genebra, 1994, p. 1043.

[1881] Lance BATHOLOMEUSZ, *The Amicus Curiae before International Courts and Tribunals*, in Non-State Actors and International Law, 2005, p. 255.

[1882] OMC, *Negotiations on the Dispute Settlement Understanding – Proposals on DSU by Cuba, Honduras, India, Malaysia, Pakistan, Sri Lanka, Tanzania and Zimbabwe (Dispute Settlement Body)* (TN/DS/W/18), 7-10-2002, p. 2.

OS *AMICI CURIAE*

curar informações de qualquer fonte relevante e consultar peritos", é passível de ser interpretado no sentido de permitir a participação das organizações não governamentais, de particulares, de associações industriais, etc., caso se verifique uma solicitação dos painéis nesse sentido. Em contraste, o art. 13º do Memorando deixa em aberto a questão da admissibilidade de comunicações *amicus curiae* quando não sejam solicitadas pelos painéis[1883]. Nos primeiros litígios em que tal questão se colocou, os casos *United States – Standards for Reformulated and Conventional Gasoline* e *European Communities – Measures Concerning Meat and Meat Products (Hormones)*, as comunicações *amicus curiae* apresentadas aos painéis foram rejeitadas, respeitando-se, desse modo, a prática vigente no GATT de 1947[1884]. Depois disso, no caso *United States – Import Prohibition of Certain Shrimp and Shrimp Products*, dois grupos de organizações não governamentais ambientais enviaram comunicações ao Painel[1885], alegando que o art. 13º do Memorando permitia aceitar e tomar em consideração tais comunicações. De igual modo, os Estados Unidos incentivaram o Painel a utilizar toda a informação relevante incluída em ambas as comunicações. Ao invés, as partes queixosas – Índia, Malásia, Paquistão e Tailândia – defenderam que o Painel não deveria tomar em consideração o conteúdo das comunicações na sua investigação da questão objecto do litígio[1886]. No fim, o Painel declarou que:

> "Nós não solicitámos a informação contida nos documentos mencionados. Notamos que, de acordo com o artigo 13º do Memorando de Entendimento sobre Resolução de Litígios, a iniciativa para procurar informação e seleccionar a fonte de informação pertence ao Painel. Em qualquer outra situação, só as partes e as partes

---

[1883] Segundo GEORG UMBRICHT,
"the idea of *amici* goes back to Roman times, when lawyers did not have the convenience of online databases, when books were rare, and oral history was the principal way to transmit jurisprudence and wisdom. In these circumstances, *amici* were crucial for informed decision-making and were – at least in theory – considered aids, offering assistance to the court in cases in which the court would have serious doubts or be about to commit a mistake". Cf. Georg UMBRICHT, An 'Amicus Curiae Brief' on Amicus Curiae Briefs at the WTO, in JIEL, 2001, p. 778.

[1884] Brigitte STERN, The Intervention of Private Entities and States as "Friends of the Court" in WTO Dispute Settlement Proceedings (Chapter 32), in *The World Trade Organization: Legal, Economic and Political Analysis*, Volume I, Patrick Macrory, Arthur Appleton e Michael Plummer Ed., Springer, Nova Iorque, 2005, p. 1431.

[1885] Uma das comunicações foi enviada pelo *Center for International Environmental Law* e *Center for Marine Conservation*; a outra pelo *World Wide Fund for Nature*. Cf. Relatório do Órgão de Recurso no caso *United States – Import Prohibition of Certain Shrimp and Shrimp Products* (WT/DS58/AB/R), 12-10-1998, parágrafo 99.

[1886] Relatório do Painel no caso *United States – Import Prohibition of certain Shrimp and Shrimp Products* (WT/DS58/R), 15-5-1998, parágrafo 3.129.

A FUNÇÃO JURISDICIONAL NO SISTEMA GATT/OMC

terceiras estão autorizados a apresentar informação directamente ao Painel. Aceitar informação não solicitada de fontes não governamentais seria, em nossa opinião, incompatível com as disposições do Memorando de Entendimento sobre Resolução de Litígios como aplicado actualmente. Por conseguinte, informamos as partes que não era nossa intenção tomar em consideração estes documentos. Além disso, observavamos que era prática habitual as partes apresentarem quaisquer documentos que considerassem relevantes em apoio dos seus argumentos e que, se uma das partes no presente litígio desejar apresentar os documentos mencionados, ou partes dos mesmos, como parte das suas próprias comunicações ao Painel, elas têm liberdade para fazê-lo. Se for este o caso, as demais partes terão duas semanas para responder a este material adicional. Observamos que os Estados Unidos aproveitaram esta oportunidade designando a secção III do documento apresentado pelo Centro de Conservação Marinha e o Centro de Direito Ambiental Internacional como um anexo da sua segunda comunicação ao Painel"[1887].

Como é fácil de concluir, a interpretação do art. 13º do Memorando feita pelo Painel neste caso não facilita a apresentação de comunicações *amicus curiae* e cria alguma incerteza sobre a independência e a objectividade de tais comunicações. Como bem observam LAURENCE DE CHAZOURNES e MAKANE MBENGUE:

"if a condition of acceptability of a non-governmental organization's communication is that it should be introduced by a party (therefore a State) to the dispute, as an element of its own communication, then *amici curiae* find themselves reduced to the role of instruments in the WTO dispute settlement process"[1888].

Ao mesmo tempo, é de notar que o Presidente Clinton dos Estados Unidos defendeu num discurso proferido três dias após a publicação do relatório do Painel no caso *Shrimp* que:

"Today, there is no mechanism for private citizens to provide input in [the] trade disputes. I propose that the World Trade Organization provide the opportunity for stakeholders to convey their views, such as the ability to file 'amicus briefs', to help inform the panels in their deliberations"[1889].

---

[1887] Relatório do Painel no caso *United States – Import Prohibition of certain Shrimp and Shrimp Products* (WT/DS58/R), 15-5-1998, parágrafo 7.8.
[1888] Laurence Boisson De CHAZOURNES e Makane MBENGUE, *The Amici Curiae and the WTO Dispute Settlement System: The Doors Are Open*, in The Law and Practice of International Courts and Tribunals, 2003, p. 215.
[1889] PRESIDENT CLINTON, *Remarks by the President at the Commemoration of the 50th Anniversary of the World Trade Organization*, Palais des Nations, Geneva-Switzerland, 18-5-1998, in http://www.globalsrvicesnetwork.com/president_clinton%D5s_remark.htm

OS *AMICI CURIAE*

Tendo o relatório do Painel sido objecto de recurso, o Órgão de Recurso conclui, expressivamente, que os painéis têm discricionariedade para aceitar e tomar em consideração ou rejeitar as informações ou as opiniões que lhes são oferecidas (por organizações, particulares, etc.), sejam elas solicitadas ou não, mas devem permiti-las quando adoptadas por uma das partes em litígio. O fundamento para a sua conclusão pode ser encontrado nos seguintes parágrafos do seu importante relatório:

"**104.** Convém sublinhar o amplo carácter da autoridade que se atribui aos painéis para 'recolher' informações e conselhos técnicos de 'qualquer indivíduo ou organismo' que considerem adequado ou de 'qualquer fonte relevante'. Esta autoridade não se limita simplesmente à escolha e avaliação da *fonte* da informação ou do conselho que um painel pode procurar, mas inclui também a autoridade de decidir *não procurar* qualquer informação ou conselho. Consideramos que os painéis também têm autoridade para *aceitar ou rejeitar* qualquer informação ou conselho que tenham procurado e recebido ou de *dispor deles de algum outro modo apropriado*. Em particular, a competência e autoridade de um painel compreendem a autoridade para determinar *a necessidade de informação e conselho* num caso concreto, de estabelecer a *aceitabilidade* e *pertinência* da informação ou do conselho recebidos e de decidir *que peso atribuir a tal informação ou conselho* ou de concluir que nenhuma importância deve ser dada ao material recebido.

**105.** É também conveniente salientar que o nº 1 do artigo 12º do Memorando de Entendimento sobre Resolução de Litígios autoriza os painéis a não seguir ou a complementar os Procedimentos de Trabalho previstos no Apêndice 3 do Memorando de Entendimento sobre Resolução de Litígios e inclusive a elaborar os seus próprios procedimentos de trabalho, após consulta das partes em litígio. No nº 2 do artigo 12º estabelece-se, ainda, que 'o processo do painel deverá ser *suficientemente flexível para assegurar a elaboração de relatórios de alta qualidade, sem que isso atrase indevidamente todo o processo*'.

**106.** A ideia subjacente aos artigos 12º e 13º, lidos em conjunto, é que o Memorando de Entendimento sobre Resolução de Litígios confere aos painéis criados pelo Órgão de Resolução de Litígios e que participam num procedimento de resolução de litígios amplos e extensos poderes para empreender e controlar o processo mediante o qual procuram informação tanto sobre os factos pertinentes do litígio como sobre as normas e princípios jurídicos aplicáveis a tais factos. Esses poderes, assim como a amplitude que os caracteriza, são indispensáveis para permitir a um painel desempenhar o dever imposto pelo artigo 11º do Memorando de Entendimento sobre Resolução de Litígios de 'fazer uma apreciação objectiva da questão que lhe foi colocada, incluindo uma *avaliação objectiva dos factos em disputa e da aplicabilidade e cumprimento dos acordos abrangidos relevantes ...*'.

A FUNÇÃO JURISDICIONAL NO SISTEMA GATT/OMC

**107.** Tendo em conta os amplos poderes que o Memorando de Entendimento sobre Resolução de Litígios confere aos painéis e o objecto e fim do mandato dos painéis revelado no artigo 11º, não acreditamos que a palavra 'procurar' deva necessariamente ser lida, como parece fazer o Painel, de modo demasiado literal. A conclusão de que a interpretação que o Painel faz do termo 'procura' tem un carácter desnecessariamente formal e técnico fica patente caso um 'indivíduo ou organismo' solicite primeiro permissão a um painel para apresentar uma comunicação ou fazer uma declaração. Em tal caso, o painel pode recusar conceder a permissão solicitada. Se, no exercício dos seus poderes discricionários num caso em concreto, o painel concluir, entre outras coisas, que pode aceitar o pedido sem atrasar 'indevidamente' os trabalhos, ele pode conceder permissão para que se apresente uma comunicação ou se faça uma declaração, com sujeição às condições que considere oportunas. Claro está, o exercício dos poderes conferidos aos painéis poderia, e talvez devesse, incluir a realização de consultas com as partes em litígio. Neste tipo de situações, desaparece, para todos os efeitos práticos e pertinentes, a distinção entre informação 'procurada' e 'não procurada'.

**108.** No presente contexto, não é correcto equiparar o poder de *procurar* informação com uma *proibição* de aceitar informação apresentada a um painel sem que este a tenha solicitado. Os painéis têm liberdade quer para aceitar e examinar, quer para recusar a informação ou o conselho que lhes tenha sido apresentada, *quer o painel a tenha solicitado ou não*. O facto de que um painel pode *motu proprio* ter iniciado um pedido de informação não obriga, em si, o painel a aceitar e examinar a informação que efectivamente lhe é apresentada. A amplitude da autoridade conferida aos painéis para configurar os processos de esclarecimento dos factos e interpretação jurídica torna claro que um painel *não* se verá saturado de material não solicitado, *a não ser que ele mesmo permita tal saturação*.

**109.** Além disso, a aceitação ou a recusa de informação e conselho do tipo apresentado neste caso ao Painel não requer que se esgote todo o universo de possíveis usos apropriados que se pode fazer deles. No presente caso, o Painel não recusou a informação por completo. Em vez disso, o Painel sugeriu que, se alguma das partes desejasse 'apresentar os documentos mencionados, ou partes dos mesmos, como parte das suas próprias comunicações ao Painel, ela teria liberdade para fazê-lo'. Em resposta, os Estados Unidos designaram a secção III do documento apresentado pelo Centro de Conservação Marinha e o Centro de Direito Ambiental Internacional como um anexo da sua segunda comunicação ao Painel e este último conferiu às partes apeladas duas semanas para lhe responder. Consideramos que esta forma prática de o painel despachar a questão neste litígio pode ter-se devido, nas circunstâncias do caso, à interpretação jurídica que fez da palavra 'recolher' contida no nº 1 do artigo 13º do Memorando de Entendimento sobre Resolução de Litígios. Desse ponto de vista, concluímos que, em si, a resolução que o Painel adoptou a respeito de tais comunica-

OS *AMICI CURIAE*

ções não constitui um erro de direito nem um abuso dos seus poderes discricionários relativamente a esta questão. Por conseguinte, o Painel estava autorizado a tratar e tomar em consideração a secção da comunicação que os Estados Unidos anexaram à sua segunda comunicação ao Painel de modo idêntico a qualquer outra parte da comunicação dos Estados Unidos.

**110.** Constatamos, e defendemos, que o Painel errou na sua interpretação jurídica de que a aceitação de informação não solicitada de fontes não governamentais é incompatível com as disposições do Memorando de Entendimento sobre Resolução de Litígios. Ao mesmo tempo, consideramos que o Painel actuou dentro do âmbito dos poderes que lhe são conferidos pelos artigos 12º e 13º do Memorando de Entendimento sobre Resolução de Litígios ao permitir que qualquer uma das partes em litígio anexe as comunicações apresentadas pelas organizações não governamentais, ou parte das mesmos, às suas próprias comunicações"[1890].

A respeito destas conclusões, é de notar que o Órgão de Recurso estabelece no parágrafo 110 uma distinção entre as comunicações *amicus curiae* anexas às observações de uma parte do litígio e as comunicações *amicus curiae* não anexadas. Os dois tipos de comunicações *amicus curiae* não parecem gozar do mesmo estatuto jurídico. É de notar, igualmente, que o Órgão de Recurso utiliza no parágrafo 109 a expressão "entitled" e não "obligated". Finalmente, seguindo o raciocínio do Órgão de Recurso, não parece haver obstáculos à possibilidade de as partes terceiras de um litígio anexarem igualmente comunicações *amicus curiae* às suas observações.

Em qualquer caso, resulta claro do relatório do Órgão de Recurso que a aceitação de comunicações *amicus curiae* nunca confere aos *amici* o direito de participar nas reuniões do Painel, de receber as provas e as observações escritas submetidas pelas partes em litígio e partes terceiras, de obter uma resposta dos painéis ou que o conteúdo das suas comunicações se reflicta nas conclusões e recomendações dos painéis. No entendimento do Órgão de Recurso:

> "O acesso ao sistema de resolução de litígios da OMC está limitado aos Membros da OMC. Em virtude do Acordo OMC e dos acordos abrangidos actualmente em vigor, os particulares e as organizações internacionais, sejam elas governamentais ou não, não têm acesso a este sistema. Apenas os Membros podem tornar-se partes num litígio que possa ser submetido a um painel e só os Membros 'que tenham um interesse substancial numa questão em análise num painel' podem participar na qualidade de partes terceiras nos procedimentos do dito painel [artigos 4º, 6º, 9º e

---

[1890] Relatório do Órgão de Recurso no caso *United States – Import Prohibition of certain Shrimp and Shrimp Products* (WT/DS58/AB/R), 12-10-1998, parágrafos 104-110.

A FUNÇÃO JURISDICIONAL NO SISTEMA GATT/OMC

10º do Memorando de Entendimento sobre Resolução de Litígios]. Por conseguinte, em conformidade com o Memorando de Entendimento sobre Resolução de Litígios, somente os Membros que sejam parte num litígio ou que tenham notificado ao Órgão de Resolução de Litígios o seu interesse em participar num litígio na qualidade de partes terceiras têm um *direito legal* de apresentar comunicações a um painel e um *direito legal* de ver tais comunicações examinadas por um painel [artigos 10º, 12º e Apêndice 3 do Memorando de Entendimento sobre Resolução de Litígios]. Em consequência, os painéis estão juridicamente *obrigados* a aceitar e a examinar devidamente unicamente as comunicações apresentadas pelas partes e partes terceiras durante os procedimentos de um painel"[1891].

Também as comunicações *amicus curiae* apresentadas depois da realização da segunda reunião do painel com as partes em litígio têm sido, geralmente, rejeitadas[1892]. Foi o que aconteceu, por exemplo, no caso *United States – Imposition of Countervailing Duties on Certain Hot-Rolled Lead and Bismuth Carbon Steel Products Originating in the United Kingdom*:

"A comunicação do American Iron and Steel Institute [AISI] foi apresentada uma vez expirado o prazo para a apresentação das réplicas das partes e depois da segunda reunião substantiva do Painel com elas. Portanto, as partes não tiveram, na prática, uma oportunidade adequada para apresentar ao Painel as suas observações a respeito da comunicação do AISI. Em nossa opinião, a impossibilidade de as partes apresentarem as suas observações sobre a comunicação do AISI suscita graves preocupações, no plano das garantias processuais devidas, quanto à medida em que o Painel possa considerar a comunicação. De acordo com o nº 1 do artigo 12º do Memorando de Entendimento sobre Resolução de Litígios, o Painel pode ter sido autorizado a atrasar o seu procedimento, a fim de dar às partes uma oportunidade suficiente para apresentarem observações sobre a comunicação do AISI. No entanto, consideramos que um tal atraso não se justificado no presente caso"[1893].

Significativamente, a rejeição da comunicação *amicus curiae* apresentada pelo *American Iron and Steel Institute* durante o processo do Painel não impediu que a

---

[1891] Relatório do Órgão de Recurso no caso *United States – Import Prohibition of Certain Shrimp and Shrimp Products* (WT/DS58/AB/R), 12-10-1998, parágrafo 101. É de salientar que, em todos os casos em que os painéis aceitaram comunicações *amicus curiae*, as partes em litígio e as partes terceiras tiveram a oportunidade de comentá-las.

[1892] Gabrielle MARCEAU e Matthew STILWELL, *Practical Suggestions for Amicus Curiae Briefs before WTO Adjudicating Bodies*, in JIEL, 2001, pp. 160 e 182.

[1893] Relatório do Painel no caso *United States – Imposition of Countervailing Duties on Certain Hot--Rolled Lead and Bismuth Carbon Steel Products Originating in the United Kingdom* (WT/DS138/R), 23-12-1999, parágrafo 6.3.

OS *AMICI CURIAE*

mesma organização apresentasse uma comunicação *amicus curiae* no âmbito do mesmo caso durante o processo de recurso e que fosse aceite pelo Órgão de Recurso[1894].

## 3.2. O Órgão de Recurso

Uma questão bem distinta da relativa à aceitação de comunicações *amicus curiae* pelos painéis é a da aceitação de comunicações do mesmo tipo pelo próprio Órgão de Recurso. Em relação a este, o Memorando de Entendimento sobre Resolução de Litígios não só não contém nenhuma disposição análoga ao n.º 2 do art. 13.º[1895], como também limita a participação no recurso às partes em litígio e às partes terceiras (art. 17.º, n.º 4)[1896]. Tais circunstâncias não impediram, no entanto, o Órgão de Recurso de declarar a sua competência para aceitar comunicações *amicus curiae* no caso *United States – Import Prohibition of Certain Shrimp and Shrimp Products*, conclusão que mereceu algumas considerações interessantes por parte de alguns autores. ARTHUR APPLETON, por exemplo, entende que:

> "the Appellate Body is clearly of the opinion that granting itself the authority to accept and review *amicus* submissions in no way adds to or diminishes 'the rights and obligations provided in the covered agreements'. This position is somewhat hard to reconcile with the fact that the right of panels to seek information and technical

---

[1894] Relatório do Órgão de Recurso no caso *United States – Imposition of Countervailing Duties on Certain Hot-Rolled Lead and Bismuth Carbon Steel Products Originating in the United Kingdom* (WT/DS138/AB/R), 10-5-2000, parágrafo 36.

[1895] E, segundo os Procedimentos de Trabalho do Órgão de Recurso, este pode solicitar documentação adicional apenas a qualquer participante ou participante terceiro (Regra 28, n.º 1). As próprias Comunidades Europeias notaram que "o artigo 13.º do Memorando de Entendimento sobre Resolução de Litígios não é aplicável ao Órgão de Recurso e que, em todo o caso, o alcance essa disposição limita-se à *informação fáctica e ao conselho técnico* e não abarca os *argumentos jurídicos ou interpretações jurídicas* recebidos de quem não é Membro". Cf. *Idem*.

[1896] As questões são distintas também devido ao facto de as comunicações *amicus curiae* apresentadas aos painéis poderem incidir sobre questões de facto e de direito, ao passo que as comunicações oferecidas ao Órgão de Recurso devem limitar-se a argumentos e interpretações jurídicas, não podendo os *amici* introduzir novos factos. Não foi isso que aconteceu, no entanto, no caso *Shrimp-Turtle*, no qual uma organização não governamental (o "Center for International Environmental Law") submeteu ao Órgão de Recurso uma comunicação *amicus curiae* questionando "factual issues" (cf. Arthur APPLETON, *Amicus Curiae Submissions in the Carbon Steel Case: Another Rabbit from The Appellate Body's Hat?*, in JIEL, 2000, p. 693). Convém não esquecer, porém, que, em alguns casos, o Órgão de Recurso lida de facto com factos, com vista a "completar a análise", e que o n.º 6 do art. 17.º do Memorando de Entendimento sobre Resolução de Litígios diz apenas que "um recurso deve ser limitado às questões de direito referidas no relatório do painel e às interpretações jurídicas aí desenvolvidas", ou seja, esta disposição não impede que o Órgão de Recurso lide com questões de facto.

A FUNÇÃO JURISDICIONAL NO SISTEMA GATT/OMC

advice is provided in Article 13 of the Dispute Settlement Understanding, but no similar right applicable to Appellate Body is expressed anywhere in the Dispute Settlement Understanding"[1897].

PETROS MAVROIDIS, pelo contrário, dá pouca importância ao argumento textual:

"is the Appellate Body bound only by what is explicitly stated in the Dispute Settlement Understanding? If this were indeed the case, one could end up with rather perverse outcomes: for example, nowhere the Dispute Settlement Understanding mentions that the Appellate Body must make an objective assessment of the matter before it. The matter comprises of course not only the facts, but also the law, as the unambiguous wording of Art. 11 Dispute Settlement Understanding makes it plain. Such an obligation is imposed only on panels (Art. 11 Dispute Settlement Understanding). Does the fact that such an obligation is not explicitly imposed on the Appellate Body mean that, following an *a contrario* interpretation, the Appellate Body should not make an objective assessment of the matter before it? Of course not"[1898].

De facto, se aceitarmos como imperativo o argumento textual, se aceitarmos que o Órgão de Recurso só pode fazer o que resulta abertamente do Memorando de Entendimento sobre Resolução de Litígios, o resultado será, inevitavelmente, a paralisia da fase de recurso. Como bem nota ROBERT HOWSE:

"the Dispute Settlement Understanding does not even explicitly provide the Appellate Body with the power to hear the states parties to the dispute (although it does set out Third Parties rights, i.e. rights of states Members of the World Trade Organization to intervene in an appellate proceeding"[1899].

O argumento contra a aceitação de comunicações *amicus curiae* de organizações não governamentais poderia ser aplicado, igualmente, às organizações intergovernamentais. O texto do Memorando de Entendimento sobre Resolução de Litígios da OMC nada diz a esse respeito, ao contrário do Estatuto do Tribunal Internacional de Justiça:

---

[1897] Arthur APPLETON, *Amicus Curiae Submissions in the Carbon Steel Case: Another Rabbit from The Appellate Body's Hat?*, in JIEL, 2000, p. 698.

[1898] Petros MAVROIDIS, *Amicus Curiae* Briefs Before the WTO: Much Ado About Nothing, in *European Integration and International Co-ordination – Studies in Transnational Economic Law in Honour of Claus-Dieter Ehlermann*, Armin von Bogdandy/Petros Mavroidis/Yves Mény ed., Kluwer Law International, Haia/Londres/Nova Iorque, 2002, p. 326.

[1899] Robert HOWSE, *Membership and its Privileges: the WTO, Civil Society, and the Amicus Brief Controversy*, in European Law Journal, 2003, p. 499.

## OS *AMICI CURIAE*

"sobre as causas que lhe forem submetidas, o Tribunal, nas condições prescritas pelo seu Regulamento, poderá solicitar informação de organizações internacionais públicas e receber as informações que lhe forem prestadas, por iniciativa própria, pelas referidas organizações" (art. 34º, nº 2).

Significativamente, o Órgão de Recurso decidiu aceitar no caso *United States – Import Prohibition of Certain Shrimp and Shrimp Products* quatro comunicações *amicus curiae*, três das quais tinham sido anexadas às alegações dos Estados Unidos. Relativamente à articulação entre as comunicações *amicus curiae* anexadas e as alegações dos participantes, o Órgão de Recurso assinalou que:

> "O anexar de uma comunicação ou de outro material à comunicação da parte apelante ou da parte apelada, qualquer que seja a sua origem ou a maneira como eles foram comunicados, converte esse material, pelo menos *prima facie*, em parte integrante da comunicação do dito participante. Por um lado, é óbvio que cabe a um participante num recurso determinar por si o que incluir na sua comunicação. Por outro lado, é correcto considerar que um participante que apresenta uma comunicação assume a responsabilidade pelo seu conteúdo, incluindo qualquer anexo ou outro material que se anexe"[1900].

Quando esta situação ocorre, o responsável pela apresentação da comunicação ou material anexada assemelha-se mais a um amigo de uma das partes em litígio do que propriamente a um *amicus curiae*. Ao mesmo tempo, verificou-se neste caso *United States – Import Prohibition of Certain Shrimp and Shrimp Products* uma situação algo curiosa. Depois de os Estados Unidos terem decidido, em 23 de Julho de 1998, anexar às suas alegações três das quatro comunicações *amicus curiae* apresentadas, um dos três grupos de organizações não governamentais que viu suas comunicações serem anexadas apresentou no dia 3 de Agosto de 1998 uma versão ligeiramente revista da sua comunicação[1901]. Ao aceitar tal comunicação revista, sem que esta tivesse passado novamente pelo crivo do governo norte-americano, o Órgão de Recurso parece ter introduzido uma certa brecha na natureza intergovernamental do processo ante o Órgão de Recurso[1902] e permitido uma violação do nº 10 do Apêndice 3 do Memorando de Entendimento sobre Resolução de Litígios[1903].

---

[1900] Relatório do Órgão de Recurso no caso *United States – Import Prohibition of Certain Shrimp and Shrimp Products* (WT/DS58/AB/R), 12-10-1998, parágrafo 89.

[1901] *Idem*, parágrafo 79.

[1902] Brigitte STERN, *L'intervention des tiers dans le contentieux de l'OMC*, in RGDIP, 2003-2, p. 266.

[1903] Brigitte STERN, The Intervention of Private Entities and States as "Friends of the Court" in WTO Dispute Settlement Proceedings (Chapter 32), in *The World Trade Organization: Legal, Eco-*

A FUNÇÃO JURISDICIONAL NO SISTEMA GATT/OMC

Relativamente às comunicações *amicus curiae* não anexadas, é de notar, por um lado, que a comunicação em geral favorável às posições norte-americanas foi apresentada ao Órgão de Recurso depois do termo do prazo estabelecido para a parte apelante apresentar a sua comunicação escrita[1904]; por outro lado, a justificação para a aceitação de uma comunicação não anexada só foi dada pelo Órgão de Recurso no caso *United States – Imposition of Countervailing Duties on Certain Hot-Rolled Lead and Bismuth Carbon Steel Products Originating in the United Kingdom*, cujo relatório é posterior em cerca de 18 meses ao relatório proferido no caso *United States – Import Prohibition of Certain Shrimp and Shrimp Products*:

> "**39.** Ao examinar esta questão, observamos em primeiro lugar que não existe no Memorando de Entendimento sobre Resolução de Litígios nem nos *Procedimentos de Trabalho* nenhuma disposição que estabeleça expressamente que o Órgão de Recurso pode aceitar e ter em conta comunicações procedentes de fontes distintas dos participantes e participantes terceiros num recurso. Por outro lado, nem o Memorando de Entendimento sobre Resolução de Litígios nem os *Procedimentos de Trabalho* proíbem expressamente admitir ou ter em conta essas comunicações. Todavia, o nº 9 do artigo 17º do Memorando de Entendimento sobre Resolução de Litígios estabelece o seguinte:

> > Os trâmites processuais serão definidos pelo Órgão de Recurso em consulta com o Presidente do Órgão de Resolução de Litígios e o Director-Geral e comunicados aos Membros para sua informação.

> Esta disposição torna claro que o Órgão de Recurso tem amplos poderes para adoptar regras de procedimento que não conflituem com as normas e procedimentos do Memorando de Entendimento sobre Resolução de Litígios ou dos acordos abrangidos. Por conseguinte, <u>sempre que ajamos de forma compatível com as disposições do Memorando de Entendimento sobre Resolução de Litígios e dos acordos abrangidos, estamos juridicamente autorizados a adoptar uma decisão sobre se aceitamos e examinamos ou não qualquer informação que consideremos pertinente e útil num recurso</u>.(...).

> **41.** As pessoas e organizações que não são membros da OMC não têm direito a apresentar comunicações ou a ser ouvidos pelo Órgão de Recurso. O Órgão de Recurso não está juridicamente *obrigado* a aceitar ou a considerar comunicações *ami-*

---

*nomic and Political Analysis*, Volume I, Patrick Macrory, Arthur Appleton e Michael Plummer Ed., Springer, Nova Iorque, 2005, p. 1452. Segundo a disposição referida: "Com vista a assegurar uma completa transparência e a evitar qualquer aparência de comunicações *ex parte*, os pedidos, as contestações ou réplicas e as declarações referidas nos nºs 5 a 9 serão apresentadas na presença das partes (...)".

[1904] Arthur APPLETON, *Shrimp/Turtle: Untangling the Nets*, in JIEL, 1999, p. 486.

OS *AMICI CURIAE*

*cus curiae* não solicitadas apresentadas por pessoas ou por organizações que não são membros da OMC. O Órgão de Recurso *só* está juridicamente *obrigado* a examinar as comunicações apresentadas por Membros da OMC que sejam partes ou partes terceiras num determinado litígio.

**42.** Entendemos que o Memorando de Entendimento sobre Resolução de Litígios autoriza-nos juridicamente a aceitar e examinar comunicações *amicus curiae* num recurso quando o consideremos pertinente e útil. No presente recurso, não considerámos necessário ter em conta as duas comunicações *amicus curiae* apresentadas ao formular a nossa decisão" (sublinhado aditado)[1905].

---

[1905] Relatório do Órgão de Recurso no caso *United States – Imposition of Countervailing Duties on Certain Hot-Rolled Lead and Bismuth Carbon Steel Products Originating in the United Kingdom* (WT/DS138/AB/R), 10-5-2000, parágrafos 39 e 41-42. O nº 9 do art. 17º do Memorando de Entendimento sobre Resolução de Litígios estabelece que "os trâmites processuais do recurso serão definidos pelo Órgão de Recurso em consulta com o Presidente do Órgão de Resolução de Litígios e com o Director-Geral, e comunicados aos membros para sua informação". Acontece que nenhum processo de consulta e de notificação ocorreu no caso *United States – Imposition of Countervailing Duties on Certain Hot-Rolled Lead and Bismuth Carbon Steel Products Originating in the United Kingdom* (cf. Brigitte STERN, The Intervention of Private Entities and States as "Friends of the Court" in WTO Dispute Settlement Proceedings (Chapter 32), in *The World Trade Organization: Legal, Economic and Political Analysis*, Volume I, Patrick Macrory, Arthur Appleton e Michael Plummer Ed., Springer, Nova Iorque, 2005, p. 1451). Segundo o Presidente do Órgão de Resolução de Litígios:
"O Órgão de Recurso não estava a estabelecer novos procedimentos de trabalho para o exame de um recurso. As Comunidades Europeias como parte apelada neste caso só tinham pedido ao Órgão de Recurso neste caso específico que decidisse se podia aceitar e examinar duas comunicações não solicitadas apresentadas por duas associações de empresas siderúrgicas dos Estados Unidos à divisão responsável pelo exame do recurso. (...) Recapitulando, o Órgão de Recurso estava a resolver simplesmente uma objecção processual específica apresentada por uma das partes em litígio relativamente a estas duas comunicações não solicitadas. O Órgão de Recurso não estava, insisto, a estabelecer novos Procedimentos de Trabalho e, por conseguinte, não estava obrigado a consultar-me, como Presidente do Órgão de Resolução de Litígios, nem com o Director Geral. Tenho a dizer que, na realidade, me pareceria altamente inapropriado que, na hora de decidir questões suscitadas num determinado recurso, o Órgão de Recurso consultasse o Presidente do Órgão de Resolução de Litígios ou com o Director Geral nesse contexto específico". Cf. OMC, *Minutes of Meeting Held in the Centre William Rappard on 19 June 2000 – Dispute Settlement Body* (WT/DSB/M/84), 24-7-2000, parágrafo 86.
Menciona-se também numa nota de rodapé (a nota 33) a Regra 16, nº 1, dos Procedimentos de Trabalho do Órgão de Recurso:
"Quando no interesse da equidade e do bom desenrolar do processo de recurso se coloque uma questão processual que não esteja prevista nos Procedimentos de Trabalho do Órgão de Recurso, a secção pode adoptar, para efeitos unicamente desse recurso, um procedimento apropriado, se ele não for incompatível com o Memorando de Entendimento sobre Resolução de Litígios, com os demais acordos abrangidos e com os Procedimentos de Trabalho do Órgão de Recurso. Quando um tal procedimento é adoptado, a secção deve notificá-lo imediata-

A FUNÇÃO JURISDICIONAL NO SISTEMA GATT/OMC

Lendo estes parágrafos, a única conclusão que podemos retirar é a de que o Órgão de Recurso goza de total liberdade para aceitar comunicações *amicus curiae*. Basta que ele considere que a sua aceitação e tomada de consideração é pertinente e útil.

Outra questão que pode ser colocada é a seguinte: será que faz sentido rejeitar uma comunicação não solicitada de uma organização intergovernamental cujas competências estejam relacionadas com as da OMC? Embora esta questão possa parecer algo académica, o próprio art. V do Acordo OMC parece conferir um estatuto jurídico diferente às organizações intergovernamentais relativamente às organizações não governamentais. Enquanto o nº 1 do artigo referido diz que o "Conselho Geral *tomará* as medidas adequadas para assegurar uma cooperação eficaz com outras organizações intergovernamentais ...", o nº 2 do mesmo artigo dispõe que o "Conselho Geral *poderá tomar* as medidas adequadas tendo em vista a consulta e a cooperação com organizações não governamentais" (itálico aditado). A aceitação de comunicações *amicus curiae* por parte de organizações intergovernamentais com competências afins das da OMC asseguraria, certamente, uma melhor sinergia e cooperação entre organizações internacionais e tribunais internacionais.

Curiosamente, o acordo concluído entre o Fundo Monetário Internacional e a Organização Mundial do Comércio parece proibir, em larga medida, que o Fundo escreva aos painéis da OMC, dando a sua opinião. Se o Fundo Monetário Internacional, uma organização internacional que tem uma relação de trabalho próxima com a OMC e que é referida em várias disposições do GATT (por exemplo, no art. XV) e no Acordo OMC (art. III, nº 5), não pode participar como *amici* nos procedimentos do sistema de resolução de litígios da OMC, muito provavelmente as outras organizações internacionais também não poderão participar[1906].

Vivendo nós num Mundo cada vez mais integrado, onde as políticas comerciais, financeiras, económicas, sociais, ambientais e de desenvolvimento atingem, em muitos casos, uma dimensão verdadeiramente global e interagem cada vez mais entre si, facto que, por si só, reivindica maior cooperação a nível internacional não só entre os Estados, mas também entre as organizações internacionais, talvez fosse bom o Órgão de Recurso avançar com algumas clarificações importantes sobre a possibilidade de outras organizações internacionais submeterem comunicações *amicus curiae* à consideração dos painéis e do Órgão de Recurso da OMC.

---

mente às partes em litígio, aos participantes, às partes terceiras e aos participantes terceiros, assim como aos demais membros do Órgão de Recurso".

[1906] Henry GAO, *Amicus Curiae in WTO Dispute Settlement: Theory and Practice*, in China Rights Forum, No. 1, 2006, pp. 54-55.

OS *AMICI CURIAE*

Posteriormente, ocorre um desenvolvimento importante no caso *European Communities – Measures Affecting Asbestos and Asbestos Containing Products*. Em 7 de Novembro de 2000, durante o decurso dos procedimentos, a secção responsável pela análise do recurso consulta as partes e as partes terceiras sobre a possibilidade de estabelecer um procedimento *ad hoc* para lidar com possíveis comunicações *amicus curiae*[1907]. De acordo com o Órgão de Recurso:

> "A tramitação equitativa e ordenada deste recurso poderia ser facilitada adoptando os procedimentos apropriados, para efeitos unicamente deste recurso, de acordo com a Regra 16(1) dos Procedimentos de Trabalho, para lidar com quaisquer possíveis comunicações"[1908].

O Canadá, as Comunidades Europeias e o Brasil consideraram que as questões relativas a tal procedimento *ad hoc* deveriam ser resolvidas pelos próprios Membros da OMC, os Estados Unidos acolheram com agrado a ideia do Órgão de Recurso e o Zimbabué não se opôs à adopção de um tal procedimento[1909]. Sem prejuízo das suas posições, o Canadá, as Comunidades Europeias e os Estados Unidos avançaram, a título individual, com algumas sugestões relativamente a qualquer procedimento que eventualmente fosse adoptado[1910].

Não obstante as reticências de alguns dos participantes e participantes terceiros no processo de recurso, o Órgão de Recurso adopta uma comunicação na qual estabelece um procedimento adicional para a aceitação de comunicações

---

[1907] Significativamente, "the Division determined that it would set out the rules only after having fully debated the issue [o procedimento *ad hoc*] with the rest of the Appellate Body members. Certainly, regarding this systemic issue, it was the Appellate Body *en banc* that took this decision". Cf. Alberto ALVAREZ-JIMÉNEZ, *The WTO Appellate Body's Decision-Making Process: A Perfect Model for International Adjudication?*, in JIEL, 2009, p. 306.

[1908] Relatório do Órgão de Recurso no caso *European Communities – Measures Affecting Asbestos and Asbestos Containing Products* (WT/DS135/AB/R), 12-3-2001, parágrafo 50.

[1909] Note-se que, no caso *European Communities – Measures Affecting Asbestos and Asbestos Containing Products*, o Órgão de Recurso recebeu, em 21 de Novembro de 2001, uma carta do Zimbabué, na qual este membro da OMC comunicava o seu interesse em estar presente quando as partes em litígio e as partes terceiras fossem ouvidas pelo Órgão de Recurso (note-se que o Zimbabué tinha participado como parte terceira nos procedimentos perante o Painel), embora não tivesse apresentado nenhuma comunicação enquanto participante terceiro no âmbito do recurso. Nenhum participante ou participante terceiro levantou quaisquer objecções ao pedido formulado e, por isso, em 15 de Dezembro de 2001, o Órgão de Recurso informou o Zimbabué, os participantes e os participantes terceiros de que iria permitir a presença do Zimbabué, "como observador passivo", quando das declarações orais. Cf. *Idem*, parágrafo 7.

[1910] *Idem*, parágrafo 50.

689

A FUNÇÃO JURISDICIONAL NO SISTEMA GATT/OMC

*amicus curiae*[1911], com base não no nº 9 do art. 17º do Memorando de Entendimento sobre Resolução de Litígios, mas antes no nº 1 da Regra 16 dos Procedimentos de Trabalho do Órgão de Recurso[1912]. A opção do Órgão de Recurso parece dever-se ao facto de os requisitos impostos pelo nº 1 da Regra 16 dos Procedimentos de Trabalho do Órgão de Recurso serem menos rigorosos que as condições inerentes à aplicação do nº 9 do art. 17º do Memorando[1913].

No mesmo dia em que foi adoptado, o procedimento adicional foi tornado público na página da *internet* da OMC e enviado por correio electrónico a todas as organizações não governamentais constantes da lista de endereços da OMC. Expressivamente, ao mesmo tempo que muitas organizações não governamentais recebiam favoravelmente o procedimento, não só por constituir um momento raro de transparência, mas também por reconhecer o valor da sua contribuição para o processo de tomada de decisões da OMC[1914], muitos membros da OMC sentiam que o comportamento do Órgão de Recurso equivalia a um convite aberto à apresentação de comunicações *amicus curiae* e, mais importante, significava que o Órgão de Recurso se mostrava disposto não só a receber tais comunicações, como também a encorajá-las e a dar-lhes a sua bênção[1915]. BRIGITTE STERN considera mesmo que, "rather than the content of the additional procedure, what WTO Members objected to most strongly was the procedure for disseminating that additional procedure"[1916].

Quanto ao seu conteúdo, o procedimento adicional dispunha que:

> "1. Para assegurar a equidade e o bom desenvolvimento do procedimento no presente recurso, a Secção responsável decidiu adoptar, em conformidade com o nº 1 da Regra 16 dos Procedimentos de Trabalho do Órgão de Recurso, e depois de ter

---

[1911] Apenas os Estados Unidos, a Nova Zelândia e a Suíça deram o seu apoio público à comunicação. Cf. Jeffrey DUNOFF, *Public Participation in the Trade Regime: of Litigation, Frustration, Agitation and Legitimation*, in Rutgers Law Review, Vol. 56, 2004, p. 963.

[1912] Relatório do Órgão de Recurso no caso *European Communities – Measures Affecting Asbestos and Asbestos Containing Products* (WT/DS135/AB/R), 12-3-2001, parágrafos 50-52.

[1913] Geert ZONNEKEYN, *The Appellate Body's Communication on Amicus Curiae Briefs in the Asbestos Case: An Echternach Procession?*, in JWT, 2001, p. 556.

[1914] CENTRO PARA O COMÉRCIO INTERNACIONAL E DESENVOLVIMENTO SUSTENTÁVEL, *Amicus Brief Storm Highlights WTO's Unease with External Transparency*, in Bridges, Year 4, No. 9, November-December 2000, p. 1.

[1915] Brigitte STERN, The emergence of non-state actors in international commercial disputes through WTO Appellate Body case-law, in *The WTO at Ten: The Contribution of the Dispute Settlement System*, Ed. Giorgio Sacerdoti, Alan Yanovich e Jan Bohanes, Cambridge University Press, 2006, p. 378.

[1916] *Idem*, p. 380.

OS *AMICI CURIAE*

consultado as partes e partes terceiras do presente litígio, o seguinte procedimento adicional para efeitos unicamente do presente recurso.

2. Qualquer pessoa, física ou moral, que não seja parte ou parte terceira no presente litígio e deseje apresentar uma comunicação por escrito ao Órgão de Recurso, deverá solicitar a autorização do Órgão de Recurso para apresentar essa comunicação *antes do meio-dia de Quinta-Feira, 16 de Novembro de 2000*.

3. A solicitação de autorização para apresentar uma tal comunicação por escrito:

(a) será apresentada por escrito, será datada e assinada pelo requerente e incluirá a morada e outras informações que permitam contactar o requerente;

(b) não ultrapassará, em nenhum caso, as três páginas dactilografadas;

(c) deverá conter uma descrição do requerente, que inclua uma declaração que indique a composição e a condição jurídica do requerente, os objectivos gerais que o requerente pretende alcançar, a natureza das actividades do requerente e as fontes de financiamento do requerente;

(d) especificará a natureza do interesse que o requerente tem neste recurso;

(e) identificará as questões de direito específicas tratadas no relatório do Painel e as interpretações jurídicas desenvolvidas pelo Painel que constituem o objecto deste recurso, segundo se indica na notificação do recurso (WT/DS135/8), de 23 de Outubro de 2000, que o requerente se propõe tratar na sua comunicação escrita;

(f) deverá expor as razões pelas quais seria conveniente, no interesse de obter uma solução satisfatória da questão em causa, de acordo com os direitos e obrigações que correspondem aos membros da OMC segundo o Memorando e os outros acordos abrangidos, que o Órgão de Recurso autorizasse o requerente a apresentar uma comunicação por escrito neste recurso; e indicar, em particular, de que forma o requerente fará uma contribuição para a resolução deste litígio que não constitua uma repetição do que já foi apresentado por uma parte ou parte terceira no presente litígio; e

(g) deverá conter uma declaração que revele se o requerente tem alguma relação, directa ou indirecta, com qualquer parte ou parte terceira no presente litígio, assim como se recebeu ou receberá alguma assistência, financeira ou de outra índole, de uma parte ou parte terceira neste litígio na preparação da sua solicitação de autorização ou na sua comunicação por escrito.

4. O Órgão de Recurso examinará e considerará cada solicitação de autorização para apresentar uma comunicação por escrito e adoptará, sem demora, uma decisão acerca da concessão ou recusa dessa autorização.

5. A concessão por parte do Órgão de Recurso da autorização para apresentar uma comunicação não implica que o Órgão de Recurso examinará no seu relatório os argumentos jurídicos formulados nessa comunicação.

6. Qualquer pessoa, que não seja parte ou parte terceira neste litígio, a quem tenha sido concedida autorização para apresentar uma comunicação escrita ao Órgão de

A FUNÇÃO JURISDICIONAL NO SISTEMA GATT/OMC

Recurso, deverá apresentar a sua comunicação no Secretariado do Órgão de Recurso *o mais tardar ao meio-dia de Segunda-Feira, 27 de Novembro de 2000.*

7. A comunicação escrita apresentada ao Órgão de Recurso por um requerente que obteve autorização para apresentar essa comunicação deverá:

(a) ser datada e assinada pela pessoa que apresente a comunicação;

(b) ser concisa e, em nenhum caso, ultrapassar as 20 páginas dactilografadas, incluindo quaisquer apêndices; e

(c) compreender uma exposição exacta, limitada estritamente aos argumentos jurídicos, que sustente a posição jurídica do requerente quanto às questões de direito ou às interpretações jurídicas contidas no relatório do Painel a respeito dos quais o requerente foi autorizado a apresentar uma comunicação por escrito.

8. O requerente autorizado a apresentar uma comunicação, para além de apresentar a sua comunicação por escrito no Secretariado do Órgão de Recurso, deverá fornecer uma cópia da sua comunicação a todas as partes e partes terceiras do litígio *até ao meio-dia de Segunda-Feira, 27 de Novembro de 2000.*

9. O Órgão de Recurso facultará uma oportunidade plena e satisfatória para as partes e partes terceiras neste litígio formularem observações e responderem a qualquer comunicação por escrito apresentada ao Órgão de Recurso por um requerente a quem tenha sido concedido autorização ao abrigo deste procedimento" (itálico no original)[1917].

Apesar de o processo estabelecido pelo Órgão de Recurso apresentar uma certa rigidez[1918], o Órgão de Recurso recebeu 11 comunicações escritas de particulares e de organizações não governamentais[1919], sendo de destacar a grande diversificação da origem dos *amici curiae*, tanto no plano geográfico (Estados Unidos, Argentina, Índia, Coreia do Sul, Bélgica, Austrália, Suíça, Reino Unido, França e Holanda), como no plano institucional (professores e centros universitários, organizações não governamentais de protecção do ambiente, associações industriais do amianto e associações de protecção da saúde pública)[1920].

---

[1917] Relatório do Órgão de Recurso no caso *European Communities – Measures Affecting Asbestos and Asbestos Containing Products* (WT/DS135/AB/R), 12-3-2001, parágrafo 52.

[1918] Laurence Boisson De Chazournes e Makane Mbengue, *The Amici Curiae and the WTO Dispute Settlement System: The Doors Are Open*, in The Law and Practice of International Courts and Tribunals, 2003, p. 225.

[1919] No total, foram recebidas 17 comunicações, seis das quais depois de expirado o prazo previsto no parágrafo 2 do procedimento adicional. Cf. Relatório do Órgão de Recurso no caso *European Communities – Measures Affecting Asbestos and Asbestos Containing Products* (WT/DS135/AB/R), 12-3-2001, parágrafo 55.

[1920] *Idem*, notas de rodapé 31 e 32.

692

OS *AMICI CURIAE*

Porém, depois de ter examinado cada uma das 11 comunicações, o Órgão de Recurso entendeu rejeitá-las, por considerar que nenhuma observava suficientemente as condições estabelecidas no parágrafo 3 do procedimento adicional[1921], facto que levou Remi Parmentier, representante do *Greenpeace*, a afirmar que "obviously they have not learnt the lesson from Seattle"[1922].

Confrontados com a rejeição do Órgão de Recurso, alguns dos interessados endereçaram-lhe um pedido solicitando que especificasse as razões da rejeição. Tal pedido foi recusado, com a justificação de que os interessados deveriam esperar pela publicação do relatório do Órgão de Recurso, onde toda a informação seria fornecida. Curiosamente, ou talvez não, não é possível encontrar

---

[1921] *Idem*, parágrafo 56.

[1922] CENTRO PARA O COMÉRCIO INTERNACIONAL E DESENVOLVIMENTO SUSTENTÁVEL, *Amicus Brief Storm Highlights WTO's Unease with External Transparency*, in Bridges, Year 4, No. 9, November--December 2000, p. 1. A Conferência Ministerial de Seattle, realizada entre 30 de Novembro e 3 de Dezembro de 1999, contou com a presença de 122 governos membros, 24 governos observadores e cinco organizações internacionais com o estatuto de observador e tinha por objectivo lançar um novo ciclo de negociações comerciais (o ciclo do milénio), mas terminou sem que os participantes chegassem a um acordo, nem mesmo a uma declaração comum (cf. Dilip DAS, *Debacle at Seattle: the Way the Cookie Crumbled*, in JWT, vol. 34, nº 5, 2000, p. 192). Este malogro trouxe à luz do dia divergências entre os membros da OMC, bem como a desconfiança de alguns grupos (ambientalistas, sindicalistas, defensores dos povos dos países pobres e alguns anarquistas) em relação a uma certa liberalização comercial, ao que dizem, sem controlo ("Hey-Hey! Ho-Ho! The WTO has got to go!" era o que gritavam os manifestantes em Seattle). No primeiro caso, por exemplo, enquanto os Estados Unidos pretendiam lançar negociações nas áreas do comércio electrónico e dos direitos mínimos dos trabalhadores, a Comunidade Europeia pretendia dar maior atenção às questões do investimento e da defesa da concorrência e o Japão à questão da revisão do acordo relativo à prática de dumping. Pelo contrário, os países em desenvolvimento queriam concentrar os seus esforços de liberalização nas áreas mais tradicionais, tais como as relativas aos obstáculos pautais e ao proteccionismo agrícola (cf. Jeffrey SCHOTT, *Prospects for New WTO Trade Negotiations*, in Cato Journal, 2000, p. 380). No segundo caso, não podemos deixar de observar que é perfeitamente patético ver alguns grupos que detestam a globalização por ser americana atacarem organizações internacionais que podem limitar a preponderância dos Estados Unidos. Há que encontrar, sim, formas de regulamentar a globalização, de modo a que ela possa trazer benefícios para todos, isto porque "the genie cannot be stuffed back into the bottle" (cf. Dani RODRIK, *Has globalization gone too far?*, Institute for International Economics, Washington, D.C., 1997, p. 9). E não deixa de ser paradoxal verificar que os principais meios de coordenação dos movimentos de protesto contra a globalização foram a internet e o telemóvel, talvez os símbolos mais eloquentes da mesma. Com alguma ironia, ROBERT HOWSE observa mesmo que, "through email and cellular communications, information flowed more freely and effectively among NGO groups than between delegations and the organizers of the meeting". Cf. Robert HOWSE, Trade negotiations and high politics: Drawing the right lessons from Seattle, in *The Political Economy of International Trade Law – Essays in Honor of Robert E. Hudec*, Daniel Kennedy e James Southwick ed., Cambridge University Press, 2002, p. 432.

A FUNÇÃO JURISDICIONAL NO SISTEMA GATT/OMC

no relatório do Órgão de Recurso nenhuma informação sobre as razões da rejeição[1923].

Como seria de esperar, a iniciativa do Órgão de Recurso de estabelecer um procedimento adicional deu lugar a uma imensa polémica entre os membros da OMC e motivou uma reunião extraordinária do Conselho Geral em 22 de Novembro de 2000, convocada pelo Egipto em nome do chamado Grupo Informal de Países em Desenvolvimento[1924]. Nessa reunião, o Órgão de Recurso foi severamente criticado, tendo a grande maioria dos membros da OMC, com a excepção importante dos Estados Unidos[1925], considerado que o estabelecimento

[1923] Geert ZONNEKEYN, *The Appellate Body's Communication on Amicus Curiae Briefs in the Asbestos Case: An Echternach Procession?*, in JWT, 2001, p. 560.

[1924] OMC, *Minutes of Meeting (General Council) Held in the Centre William Rappard on 22 November 2000* (WT/GC/M/60), 23-1-2001, parágrafo 1 (p. 1).

[1925] Já anteriormente, quando no dia 6 de Novembro de 1998 o Órgão de Resolução de Litígios considerou, para efeitos de adopção, os relatórios do Painel e do Órgão de Recurso apresentados no âmbito do caso *Shrimp*, apenas os Estados Unidos apoiaram fortemente a conclusão do Órgão de Recurso de que o Painel gozava do poder de aceitar comunicações *amicus curiae* não solicitadas, mesmo que não anexadas às observações de uma parte em litígio. Todos os outros os Membros da OMC presentes na reunião do Órgão de Resolução de Litígios reagiram negativamente à conclusão do Órgão de Recurso (cf. OMC, *Minutes of Meeting (Dispute Settlement Body) Held in the Centre William Rappard on 6 November 1998* (WT/DSB/M/50), 14-12-1998, pp. 11 e 16). Posteriormente, quando da realização da reunião do Órgão de Resolução de Litígios para efeitos de adopção do relatório do Órgão de Recurso apresentado no âmbito do caso *Lead and Bismuth II*, 14 dos 16 Membros que falaram criticaram de alguma maneira a decisão do Órgão de Recurso relativa às comunicações *amicus curiae*, um (a Austrália) não exprimiu qualquer opinião a respeito de tais comunicações, sugerindo apenas que deveriam ser os Membros a discutir tal assunto, e unicamente um, os Estados Unidos, apoiou sem restrições o Órgão de Recurso (cf. Lance BATHOLOMEUSZ, *The Amicus Curiae before International Courts and Tribunals*, in Non-State Actors and International Law, 2005, p. 258). Segundo PADIDEH ALA'I, "the solitary voice of the United States in support of the Appellate Body can be attributed, at least partly, to the U.S. legal system's historical familiarity with the institution of *amicus curiae* and its evolution from 'friend of the court' to 'judicial lobbyist'" (cf. Padideh ALA'I, *Judicial Lobbying at the WTO: The Debate over the Use of Amicus Curiae Briefs and the U.S. Experience*, in Fordham International Law Journal, 2000, p. 67). No caso *United States – Section 110(5) of the US Copyright Act*, os Estados Unidos apoiaram mesmo o direito de os particulares darem a conhecer as suas opiniões aos painéis, isto apesar de a opinião do *amici* em causa (uma sociedade de advogadas estabelecida nos Estados Unidos) não coincidir propriamente com as posições do governo norte-americano (cf. Relatório do Painel no caso *United States – Section 110(5) of the US Copyright Act* (WT/DS160/R), 15-6-2000, parágrafos 6.3-6.5). No fundo, os legisladores norte-americanos entendem que um maior escrutínio dos procedimentos da OMC e uma maior abertura à participação das organizações não governamentais permitirá conquistar o apoio da opinião pública (cf. Viji RANGASWAMI, *Operation of the Appellate Process and Functions, Including the Appellate Body*, in Law & Policy in International Business, 2000, p. 702) ou então, numa visão mais calculista: "the unlimited acceptance of *amicus curiae* briefs would probably favour, in particular, the larger international NGOs, most of which would appear to be of US origin, as well as the

OS *AMICI CURIAE*

de um procedimento para aceitação das comunicações *amicus curiae* era uma questão que deveria ser abordada pelos membros da OMC no Conselho Geral e não no contexto de um litígio pelo Órgão de Recurso, já que afectava os direitos dos membros da OMC:

> "Quase todas as delegações avançaram com comentários sobre a questão de saber se o Órgão de Recurso ou os painéis devem ou não receber ou solicitar comunicações *amicus curiae*. Existe um amplo consenso de que os direitos e obrigações ao abrigo do Memorando de Entendimento sobre Resolução de Litígios pertencem aos Membros da OMC. Tem sido dito reiteradamente que a OMC é uma Organização dirigida pelos seus Membros [*Member-driven organization*]. Por conseguinte, a maioria das delegações concluiu que, ao não existir nenhuma disposição concreta a respeito das comunicações *amicus curiae*, estas não devem ser aceites"[1926].

Após a grande polémica suscitada pela adopção do procedimento adicional, um novo desenvolvimento ocorre no caso *European Communities – Trade Description of Sardines*. A novidade residia no facto de um membro da OMC (Marrocos) ter submetido à consideração do Órgão de Recurso uma comunicação *amicus curiae*, apesar de não ter sido sequer parte terceira nos procedimentos do Painel[1927]. Apesar disso, o Órgão de Recurso declarou que:

> **164.** (...) Como já determinamos que temos autoridade para receber comunicações *amicus curiae* de um particular ou de uma organização, *a fortiori* estamos autorizados para aceitar tais comunicações de um Membro da OMC, sempre que não exista no Memorando de Entendimento sobre Resolução de Litígios nenhuma disposição a proibi-lo. Não encontramos uma tal proibição.
>
> **165.** Nenhum dos participantes no presente recurso identificou qualquer disposição do Memorando de Entendimento sobre Resolução de Litígios que pudesse ser interpretada como proibindo os Membros da OMC de participar como *amicus curiae*

extremely well-organized and powerful US lobbies. (...) It seems very likely that, if there were unlimited authorization to file *amicus curiae* briefs, the big winner, in terms of relative influence, would be the United States". Cf. Brigitte STERN, The emergence of non-state actors in international commercial disputes through WTO Appellate Body case-law, in *The WTO at Ten: The Contribution of the Dispute Settlement System*, Ed. Giorgio Sacerdoti, Alan Yanovich e Jan Bohanes, Cambridge University Press, 2006, p. 382.

[1926] OMC, *Minutes of Meeting (General Council) Held in the Centre William Rappard on 22 November 2000* (WT/GC/M/60), 23-1-2001, parágrafo 114.

[1927] Segundo o nº 4 do art. 17º do Memorando de Entendimento sobre Resolução de Litígios, "as partes terceiras que tenham notificado o Órgão de Resolução de Litígios de um interesse substancial na matéria, nos termos do nº 2 do artigo 10, podem apresentar observações escritas e ser ouvidas pelo Órgão de Recurso", mas o Memorando nada diz quanto aos membros da OMC que não foram partes terceiras durante o processo do Painel.

A FUNÇÃO JURISDICIONAL NO SISTEMA GATT/OMC

nos procedimentos dos painéis ou num recurso. Nem qualquer participante neste recurso demonstrou como uma tal participação violaria o disposto no Memorando de Entendimento sobre Resolução de Litígios. O Peru declarou apenas que o Memorando de Entendimento sobre Resolução de Litígios dispõe que a participação como partes terceiras é governada pelo n.º 2 do artigo 10.º e n.º 4 do artigo 17.º e parece retirar destas disposições uma inferência negativa, a saber, que os Membros podem participar ao abrigo destas disposições ou não poderão fazê-lo em absoluto. Examinámos o n.º 2 do artigo 10.º e o n.º 4 do artigo 17.º e não partilhamos o ponto de vista do Peru. O facto de estas disposições estipularem apenas quando um Membro pode participar como parte terceira ou participante terceiro num procedimento de resolução de litígio não conduz inevitavelmente, em nossa opinião, à conclusão de que a participação de um Membro como um *amicus curiae* está proibida"[1928]. 166.

A aceitação da comunicação só seria de rejeitar se ela interferisse com:

"'a resolução equitativa, rápida e eficaz dos litígios comerciais'. Isto poderia acontecer, por exemplo, se um Membro da OMC intentasse apresentar uma comunicação *amicus curiae* numa fase muito avançada do procedimento de recurso e que, como consequência da aceitação da comunicação, fosse imposto um ónus indevido a outros participantes"[1929].

Claro está que o mais importante se prende não tanto com a aceitação pelo Órgão de Recurso de uma comunicação *amicus curiae* de um membro da OMC, o que aconteceu pela primeira vez, mas sim com o facto de, ao aceitá-la, o Órgão de Recurso ter reafirmado claramente o seu direito de aceitar tais comunicações. Por causa da pressão política que se verificou no caso *Asbestos*, existia o receio de o Órgão de Recurso não poder continuar a ser visto como um órgão realmente independente dos membros da OMC[1930], de que o braço jurisdicional da OMC tivesse capitulado perante o braço político da OMC[1931].

Ainda no âmbito do caso *Sardines*, o Órgão de Recurso nota o seguinte:

[1928] Relatório do Órgão de Recurso no caso *European Communities – Trade Description of Sardines* (WT/DS231/AB/R), 26-9-2002, parágrafos 164-165.

[1929] *Idem*, parágrafo 167.

[1930] STEVE CHARNOVITZ observa mesmo que a fragilidade da independência judicial na OMC pode ser vista nas minutas da reunião do Conselho Geral convocada para discutir o comportamento do Órgão de Recurso. Cf. Steve CHARNOVITZ, Judicial Independence in the World Trade Organization, in *International Organizations and International Dispute Settlement: Trends and Prospects*, Laurence Boisson De Chazournes, Cesare Romano e Ruth Mackenzie ed., Transnational Publishers, 2002, p. 236.

[1931] Robyn ECKERSLEY, *A Green Public Sphere in the WTO: The Amicus Curiae Interventions in the Trans--Atlantic Biotech Dispute*, in Journal of Trade and Environment Studies, 2005-2, p. 10.

OS *AMICI CURIAE*

"O Equador e o Chile alegam que, se aceitarmos e tivermos em conta uma comunicação *amicus curiae* apresentada por um Membro da OMC que não tenha seguido os procedimentos previstos para a participação como parte terceira ou participante terceiro, estaremos a conceder a esse Membro direitos superiores aos que concederemos a um Membro que tenha seguido esses procedimentos, mas não tenha apresentado no recurso uma comunicação escrita como especificado na Regra 27(3) dos nossos Procedimentos de Trabalho. Segundo o Chile e o Equador, o Membro que não tenha apresentado uma comunicação escrita no recurso só pode participar como observador passivo na audiência oral, mas não lhe é permitido expor as suas opiniões em tal audiência. O Chile e o Equador alegam que, pelo contrário, o Membro que tenha apresentado uma comunicação *amicus curiae* tem direitos mais amplos porque nos expõe as suas opiniões. Não concordamos. Um Membro que tenha participado como parte terceira na fase dos procedimentos do Painel tem direito a apresentar na fase de recurso uma comunicação de acordo com a Regra 24 e, se o fizer, nós estamos obrigados a examiná-la. Se tal Membro decide, por razões suas, não apresentar uma comunicação no recurso, a nossa prática é permitir que ele assista à audiência oral. Pelo contrário, o Membro que apresenta uma comunicação *amicus curiae* não tem garantia de que aceitaremos examiná-la e não terá direito a assistir à audiência oral"[1932].

Tal como aconteceu no caso *Asbestos*, durante a reunião do Órgão de Resolução de Litígios de adopção do relatório do Órgão de Recurso no caso *Sardines*, pelo menos doze membros da OMC criticaram a aceitação da comunicação de Marrocos. A acção foi criticada, *inter alia*, por estabelecer novos direitos e obrigações para os membros da OMC nos procedimentos do sistema de resolução de litígios e por prejudicar as negociações em andamento para a reforma de tais procedimentos[1933].

Não obstante, o exemplo de Marrocos revela que a participação enquanto *amici* (e não como participante terceiro ou participante) pode constituir um modo menos dispendioso de um Membro da OMC expor a sua opinião num litígio em que estejam em causa os seus interesses[1934].

Um último desenvolvimento ocorre nos casos *United States – Definitive Safeguard Measures on Imports of Certain Steel Products* e *United States – Final Counter-*

---

[1932] Relatório do Órgão de Recurso no caso *European Communities – Trade Description of Sardines*, 26-9-2002 (WT/DS231/AB/R), parágrafo 164, nota de rodapé 69.

[1933] Raj BHALA e David GANTZ, *WTO Case Review 2002*, in Arizona Journal of International and Comparative Law, Vol. 20, No. 2, 2003, p. 284.

[1934] Robert HOWSE, *Membership and its Privileges: the WTO, Civil Society, and the Amicus Brief Controversy*, in European Law Journal, 2003, p. 509; Joseph KELLER, *The Future of Amicus Participation at the WTO: Implications of the Sardines Decision and Suggestions for Further Development*, in International Journal of Legal Information, 2005, p. 456.

## A FUNÇÃO JURISDICIONAL NO SISTEMA GATT/OMC

*vailing Duty Determination with respect to certain Softwood Lumber from Canada*. No primeiro caso, o Órgão de Recurso nota que "a comunicação dizia respeito principalmente a uma questão que não fazia parte de nenhuma das alegações. Não consideramos útil a comunicação para resolver este recurso"[1935]. No segundo caso, o Órgão de Recurso volta a afastar a relevância das comunicações *amicus curiae*:

> "Estas comunicações referem-se a algumas questões não tratadas nas comunicações dos participantes ou dos participantes terceiros. Nenhum participante ou participante terceiro adoptou os argumentos formulados nessas comunicações. Em última instância, neste recurso, a Divisão não considerou necessário ter em conta as duas comunicações *amicus curiae* ao adoptar a sua decisão"[1936].

Os *amici curiae* só podem, pois, fazer observações a respeito das questões objecto do litígio ou das comunicações apresentadas pelas partes em litígio e partes terceiras, conclusão consentânea com o disposto no Memorando de Entendimento sobre Resolução de Litígios, quer para o Órgão de Recurso ("um recurso deve ser limitado às questões de direito referidas no relatório do painel e às interpretações jurídicas aí desenvolvidas" (art. 17º, nº 6)), quer para os painéis:

> "Os painéis terão as seguintes atribuições, salvo se as partes em litígio decidirem em contrário no prazo de 20 dias a contar da criação do Painel:
> Analisar, à luz das disposições relevantes do(s) acordo(s) abrangido(s) citado(s) pelas partes em litígio, a questão apresentada ao Órgão de Resolução de Litígios pela parte queixosa e chegar a conclusões que permitam assistir o Órgão de Resolução de Litígios na adopção das recomendações ou das decisões previstas no(s) acordo(s) abrangido(s)" (art. 7º, nº 1).

Outro aspecto que importa referir a propósito do caso *United States – Final Countervailing Duty Determination with respect to certain Softwood Lumber from Canada* é o que diz respeito à expressão "questão". Como vimos, o Órgão de Recurso observa que "these briefs dealt with some questions not addressed in the submissions of the participants or third participants". Acontece que, no caso do Órgão de Recurso, embora ambas as partes em litígio possam recorrer do relatório de um painel, as partes terceiras que tenham notificado o Órgão de Resolução de Litígios de um interesse substancial na matéria, nos termos do nº 2 do artigo

---

[1935] Relatório do Órgão de Recurso no caso *United States – Definitive Safeguard Measures on Imports of Certain Steel Products* (WT/DS248/249/251/252/253/254/258/259/AB/R), 10-11-2003, parágrafo 268.

[1936] Relatório do Órgão de Recurso no caso *United States – Final Countervailing Duty Determination with respect to certain Softwood Lumber from Canada* (WT/DS257/AB/R), 19-1-2004, parágrafo 9.

698

## OS *AMICI CURIAE*

10º, podem apenas apresentar observações escritas e ser ouvidas pelo Órgão de Recurso (art. 17º, nº 4, do Memorando). E, no caso dos painéis, a referência feita pelo nº 1 do art. 7º do Memorando "ao nome do ou dos acordos abrangidos citados pelas partes em litígio" é algo enganosa, uma vez que é unicamente a parte queixosa quem determina, quando solicita a criação de um painel, os respectivos termos de referência.

Ao dizer também no caso *United States – Final Countervailing Duty Determination with respect to certain Softwood Lumber from Canada* que "nenhum participante ou participante terceiro adoptou os argumentos feitos nestas comunicações", o Órgão de Recurso parece estar a declarar que, embora as comunicações *amicus curiae* sejam admissíveis, não têm relevância as que não reflectirem os argumentos dos participantes e participantes terceiros[1937]. Curiosamente, diz-se no nº 3, alínea (f), do Procedimento Adicional adoptado pelo Órgão de Recurso no caso *Asbestos* que qualquer comunicação *amicus curiae*:

> "deverá expor as razões pelas quais seria conveniente, no interesse de obter uma solução satisfatória da questão em causa, de acordo com os direitos e obrigações que correspondem aos membros da OMC segundo o Memorando e os outros acordos abrangidos, que o Órgão de Recurso autorizasse o requerente a apresentar uma comunicação por escrito neste recurso; e indicar, em particular, *de que forma o requerente fará uma contribuição para a resolução deste litígio que não constitua uma repetição do que já foi apresentado por uma parte ou parte terceira no presente litígio*" (itálico aditado).

Importa fazer, finalmente, uma breve referência ao facto de o carácter confidencial do sistema de resolução de litígios da OMC também não ajudar a afastar o cepticismo de muitos actores não estaduais. Nesse sentido, durante os procedimentos do caso *European Communities – Measures Affecting the Approval and Marketing of Biotech Products*, o painel recebeu comunicações *amicus curiae* de diversas organizações não governamentais e, significativamente, o relatório provisório do painel (art. 15º do Memorando de Entendimento sobre Resolução de Litígios) foi tornado público numa página de Internet da organização não governamental *Friends of the Earth*, situação que mereceu críticas por parte do painel:

> "O Painel recorda as suas cartas de 8 de Fevereiro e 2 de Março de 2006, em que expressava a sua grave preocupação pelas fugas de informação que tinham ocorrido, primeiro das conclusões confidenciais dos relatórios provisórios e depois dos relatórios provisórios confidenciais na sua totalidade. Numa série de cartas (cartas das Comunidades Europeias de 13 de Fevereiro e 7 de Março de 2006; cartas dos Estados

---

[1937] C.L. LIM, *Asian WTO Members and the Amicus Brief Controversy: Arguments and Strategies*, in Asian Journal of WTO and International Health Law and Policy, Vol. I, 2006, p. 100.

A FUNÇÃO JURISDICIONAL NO SISTEMA GATT/OMC

Unidos de 13 de Fevereiro e 7 de Março de 2006; cartas do Canadá de 13 de Fevereiro e 8 de Março de 2006; e carta da Argentina de 3 de Março de 2006), todas as Partes indicaram que partilhavam da preocupação do Painel e deploraram que não tivesse sido respeitada a confidencialidade dos relatórios provisórios do Painel, mas negaram qualquer envolvimento e responsabilidade nas fugas. O Painel acolhe com satisfação as respostas das Partes e a sua continuada cooperação nesta matéria. De facto, como notado anteriormente pelo Painel, a confidencialidade em todas as fases do processo é parte inerente do mecanismo de resolução de litígios da OMC, cuja finalidade é assegurar uma solução positiva para um litígio, pelo que resulta inaceitável a divulgação de qualquer parte do relatório confidencial de um painel"[1938].

No mesmo dia em que o relatório do Painel no caso *European Communities – Measures Affecting the Approval and Marketing of Biotech Products* foi tornado público, o presidente do Painel dirige uma comunicação ao presidente do Órgão de Resolução de Litígios salientando que:

"Lamentavelmente, ocorreu uma grave quebra da confidencialidade após a distribuição dos relatórios provisórios do Painel às partes. O desrespeito da confidencialidade dos relatórios provisórios e, de facto, de todas as fases do procedimento, torna mais difícil às partes a consecução de uma solução mutuamente aceitável. Convém recordar a este respeito que o nº 7 do artigo 3º do Memorando de Entendimento sobre Resolução de Litígios caracteriza a solução mutuamente aceitável como a solução preferível para os litígios. O desrespeito da confidencialidade dos relatórios provisórios tem igualmente um efeito desfavorável na vontade de os particulares facilitarem às partes e aos painéis informação comercial de carácter confidencial que pode ser crucial para resolver o litígio. Por último, pode expor os painéis e o Secretariado a pressões políticas motivadas pelo exame e debate públicos das constatações e conclusões provisórias dos painéis, com possíveis consequências para os procedimentos do

---

[1938] Relatório do Painel no caso *European Communities – Measures Affecting the Approval and Marketing of Biotech Products* (WT/DS291/R, WT/DS292/R, WT/DS293/R), 29-9-2006, Anexo K. Ainda a propósito deste Anexo K do relatório do painel apresentado no caso *European Communities – Measures Affecting the Approval and Marketing of Biotech Products*, é de salientar que o painel tenta em tal anexo clarificar alguns dos argumentos avançados no texto principal. Apesar de ser pouco usual na prática dos painéis, o Anexo referido foi adicionado em resposta às muitas críticas que o relatório provisório do painel suscitou e que tinha sido tornado público por uma organização não governamental (cf. Oren PEREZ, *Anomalies at the precautionary kingdom: reflections on the GMO Panel's decision*, in WTR, 2007, p. 267). A carta dirigida pelo painel às partes em litígio assume a forma de anexo, podendo, por isso, ser vista como parte integrante do relatório do painel, e é a primeira vez que um painel incorpora uma carta fornecendo orientações quanto à interpretação das conclusões apresentadas. Cf. Sara POLI, *The EC's implementation of the WTO ruling in the Biotech Dispute*, in ELR, 2007, p. 721.

700

OS *AMICI CURIAE*

painel não pretendidas nem desejadas pelos Membros da OMC. Atendendo à grave infracção ocorrida neste caso, o Painel facultou às partes uma versão confidencial dos seus relatórios definitivos que lhe teria permitido rastrear qualquer fuga e atribui-la à parte responsável. Talvez os painéis futuros desejem considerar a possibilidade de adoptar procedimentos similares quando apropriado"[1939].

Às críticas do Painel, as organizações não governamentais replicaram referindo o interesse público como razão principal para a difusão do relatório provisório[1940].

## 4. A Relevância Prática das Comunicações *Amicus Curiae*
Na primeira década de funcionamento do sistema de resolução de litígios da OMC, foram apresentadas (ou pedida permissão para apresentar) comunicações *amicus curiae* apenas em 13 dos 113 procedimentos de painéis[1941] e apenas em nove desses procedimentos foram as comunicações aceites pelo painel. Em quatro dos procedimentos, o painel declarou explicitamente que não julgava necessário tomar em consideração as comunicações *amicus curiae* para dirimir o litígio. Nos restantes cinco procedimentos, os painéis nada disseram sobre a relevância das comunicações *amicus curiae* na resolução do litígio[1942].

Relativamente ao Órgão de Recurso, foram apresentadas (ou pedida permissão para apresentar) comunicações *amicus curiae* apenas em nove dos 66 procedimentos de recurso e apenas em 6 desses procedimentos foram as comunicações aceites pelo Órgão de Recurso. Em quatro dos procedimentos, o Órgão de Recurso declarou explicitamente que não julgava necessário tomar em consideração as comunicações *amicus curiae* para dirimir o litígio. Nos restantes dois procedimentos, o Órgão de Recurso nada disse sobre a relevância das comunicações

---

[1939] OMC, *European Communities – Measures Affecting the Approval and Marketing of Biotech Products – Communication from the Chairmann of the Panel* (WT/DS291/32, WT/DS292/26, WT/DS293/26), 29-9-2006, parágrafo 2 (pp. 1-2).

[1940] Jan-Erik BURCHARDI e Lorenz FRANKEN, *Beyond Biosafety: An Analysis of the EC – Biotech Panel Report*, in Aussenwirtschaft, 2007, p. 77.

[1941] James DURLING e David HARDIN, *Amicus curiae participation in WTO dispute settlement: reflections on the past decade*, in *Key Issues in WTO Dispute Settlement: The First Ten Years*, Rufus Yerxa e Bruce Wilson Ed., Cambridge University Press, 2005, p. 224. Um procedimento de painel ocorre quando é emitido um relatório. O termo "procedimento" deve ser distinguido do termo "litígio", visto que um único litígio pode envolver dois ou mais procedimentos. Por exemplo, o caso *United States – Shrimp* envolveu quatro procedimentos e em todos eles foram apresentadas comunicações *amicus curiae* (no procedimento do painel, no procedimento de recurso, no procedimento do painel criado ao abrigo do nº 5 do art. 21º do Memorando de Entendimento sobre Resolução de Litígios e no procedimento de recurso do relatório do painel emitido ao abrigo do nº 5 do art. 21º).

[1942] *Idem.*

701

A FUNÇÃO JURISDICIONAL NO SISTEMA GATT/OMC

*amicus curiae* na resolução do litígio[1943]. Sintomaticamente, nos sete procedimentos (cinco painéis e dois de recurso) em que as comunicações *amicus curiae* foram aceites e não ignoradas de modo explícito, quase todas as questões em causa diziam respeito à saúde e ao ambiente. Em contraste, parece haver uma hostilidade aberta à aceitação de comunicações *amicus curiae* no contexto das medidas de defesa comercial[1944].

Assim, não obstante a celeuma gerada pela aceitação das comunicações *amicus curiae*, os dados referidos confirmam que tais comunicações não constituem um traço proeminente do sistema de resolução de litígios da OMC e, mais importante do que isso, não parecem ter desempenhado qualquer papel importante no resultado final dos litígios. Além disso, as organizações não governamentais não têm, até ao momento, qualquer garantia de que as suas comunicações serão tomadas em consideração pelos painéis e pelo Órgão de Recurso. Tal só acontecerá quando as comunicações *amicus curiae* forem anexadas às alegações de uma das partes de um litígio ou no caso de se ver nelas alguma pertinência ou relevância.

Na prática, somente num caso a comunicação *amicus curiae* apresentada de modo autónomo às observações de um Membro da OMC foi tida em conta, *in casu*, por um painel:

> **"7.8.** Em 29 de Novembro de 1999, o Painel enviou às partes a seguinte comunicação:
>
> Em 25 de Novembro de 1999, o Painel recebeu uma carta dos 'Pescadores e Processadores de peixe interessados' da Austrália Meridional. A carta refere-se ao tratamento pela Austrália, por um lado, das importações de sardinhas destinadas a servir de isco ou de alimento para os peixes e, por outro lado, das importações de salmão. O Painel considerou que a informação constante da carta é pertinente para os seus procedimentos e aceitou que essa informação passe a fazer parte do registo, ao abrigo da autoridade que lhe é reconhecida pelo nº 1 do artigo 13º do Memorando de Entendimento sobre Resolução de Litígios.
>
> **7.9.** Confirmamos esta decisão recordando, em particular, que a informação facultada na carta tem relação directa com uma alegação que já tinha sido suscitada pelo Canadá, designadamente a incompatibilidade no sentido do nº 5 do artigo 5º do Acordo relativo à Aplicação de Medidas Sanitárias e Fitossanitárias do tratamento pela Austrália das importações de sardinhas *versus* importações de salmão (...)"[1945].

[1943] *Idem*, p. 225.
[1944] *Idem*, p. 226.
[1945] Relatório do Painel no caso *Australia – Measures Affecting Importation of Salmon, Recourse to Article 21.5 by Canada* (WT/DS18/RW), 18-2-2000, parágrafos 7.8-7.9.

Diga-se que a comunicação foi apresentada não propriamente por uma organização não governamental "in pursuit of some objective of general interest", mas sim por operados económicos privados (*Concerned Fishermen and Processors of South Australia*), "ultimately concerned by the specific decision to be taken within the context of the WTO's dispute settlement mechanism"[1946].

No caso do Órgão de Recurso, usando as suas próprias palavras, nunca uma comunicação *amicus curiae* não solicitada foi considerada "pertinente ou útil". Em qualquer caso, só é possível ao Órgão de Recurso dizer o que diz depois de ter lido as comunicações e absorvido, em certa medida, a sua substância.

Robert Howse afirma, apesar de tudo, que "it is a relatively rare case where an *amicus* brief actually has a direct and decisive impact on some legal ruling of the court"[1947]. Mesmo nos Estados Unidos, país onde as comunicações *amicus curiae* gozam de grande popularidade[1948], a maioria das comunicações submetidas à consideração do Supremo Tribunal, com a notável excepção das submetidas pelo Procurador-Geral, têm um impacto diminuto nas decisões do Supremo Tribunal[1949].

É interessante verificar, por outro lado, que as Comunidades Europeias que inicialmente se tinham oposto veementemente à aceitação de comunicações *amicus curiae* por parte do Órgão de Recurso mudaram de opinião nos últimos tempos. Assim, no caso *United States – Imposition of Countervailing Duties on Certain Hot-Rolled Lead and Bismuth Carbon Steel Products Originating in the United Kingdom*, as Comunidades Europeias defenderam que:

---

[1946] Brigitte Stern, The Intervention of Private Entities and States as "Friends of the Court" in WTO Dispute Settlement Proceedings (Chapter 32), in *The World Trade Organization: Legal, Economic and Political Analysis*, Volume I, Patrick Macrory, Arthur Appleton e Michael Plummer Ed., Springer, Nova Iorque, 2005, p. 1442.

[1947] Robert Howse, *Membership and its Privileges: the WTO, Civil Society, and the Amicus Brief Controversy*, in European Law Journal, 2003, p. 508. Henry Gao, pelo contrário, defende que os *amicus curiae* desempenharam, durante o século XX, um papel chave "in many landmark cases in American Legal history, such as civil rights and abortion case". Cf. Henry Gao, *Amicus Curiae in WTO Dispute Settlement: Theory and Practice*, in China Rights Forum, No. 1, 2006, p. 51.

[1948] Por exemplo, num caso de referência a respeito da definição de discriminação racial (*Regents of University of California v. Bakke*, 438 U.S. 265 (1978)), foram apresentadas 57 comunicações *amicus curiae* (cf. Dinah Shelton, *The Participation of Nongovernmental Organizations in International Judicial Proceedings*, in AJIL, 1994, p. 618) e em dois casos de 2003, relativos à acção afirmativa pela Universidade de Michigan, foram apresentadas mais de 100 comunicações *amicus curiae* (*Gratz v. Bollinger e Grutter v. Bollinger*) (cf. Paul Collins Jr., *Friends of the Supreme Court: Interest Groups and Judicial Decision Making*, Oxford University Press, 2008, p. 49). Entre 1990 e 2001, foi apresentada, pelo menos, uma comunicação *amicus curiae* em perto de 90% dos casos analisados pelo Supremo Tribunal. Cf. *Idem*, p. 46.

[1949] Padideh Ala'i, *Judicial Lobbying at the WTO: The Debate over the Use of Amicus Curiae Briefs and the U.S. Experience*, in Fordham International Law Journal, 2000, p. 93.

A FUNÇÃO JURISDICIONAL NO SISTEMA GATT/OMC

"A base para permitir comunicações *amicus curiae* nos procedimentos *dos painéis* é o artigo 13º do Memorando de Entendimento sobre Resolução de Litígios, como explicado no caso *United States – Shrimp*. As Comunidades Europeias notaram que o artigo 13º do Memorando de Entendimento sobre Resolução de Litígios não é aplicável ao Órgão de Recurso e que, em todo o caso, o alcance essa disposição limita-se à *informação fáctica e ao conselho técnico* e não abarca os *argumentos jurídicos ou interpretações jurídicas* recebidos de quem não é Membro. Além disso, segundo as Comunidades Europeias, nem o Memorando de Entendimento sobre Resolução de Litígios nem os Procedimentos de Trabalho permitem admitir comunicações *amicus curiae* nos procedimentos do Órgão de Recurso, dado que o nº 4 do artigo 17º do Memorando de Entendimento sobre Resolução de Litígios e as Regras 21, 22 e 28(1) dos Procedimentos de Trabalho limitam a participação num recurso aos participantes e participantes terceiros e que o nº 10 do artigo 17º do Memorando de Entendimento sobre Resolução de Litígios dispõe que os procedimentos do Órgão de Recurso terão carácter confidencial"[1950],

No caso *United States – Countervailing Measures Concerning Certain Products from the European Communities*, porém, as Comunidades Europeias, ao mesmo tempo que contestavam a relevância de uma comunicação *amicus curiae* para a análise do Órgão de Recurso, "afirmando que os argumentos não diferiam em substância dos apresentados pelos Estados Unidos, repetindo-os em larga medida", consideravam que o Órgão de Recurso tinha autoridade para aceitá-la[1951].

## 5. Observações Finais

As comunicações *amicus curiae* representam uma oportunidade para um determinado tribunal ver, sem qualquer filtro governamental, o seu papel no meio em que desempenha as suas funções. Relativamente ao relatório apresentado pelo Órgão de Recurso no caso *Shrimp*, por exemplo, as organizações não governamentais citam-no agora nas suas comunicações e documentos[1952] e daí não concordarmos muito com MARCO SLOTBOOM quando ele diz que a apresentação de comunicações *amicus curiae* não solicitadas não é indispensável ao aumento dos recursos postos ao dispor dos órgãos do sistema de resolução de litígios da OMC (e dos membros da OMC), especialmente, porque as organizações não governa-

---

[1950] Relatório do Órgão de Recurso no caso *United States – Imposition of Countervailing Duties on Certain Hot-Rolled Lead and Bismuth Carbon Steel Products Originating in the United Kingdom* (WT/DS138/AB/R), 10-5-2000, parágrafo 36.

[1951] Relatório do Órgão de Recurso no caso *United States – Countervailing Measures Concerning Certain Products from the European Communities* (WT/DS212/AB/R), 9-12-2002, parágrafos 9 e 76.

[1952] Robert HOWSE e Susan ESSERMAN, The Appellate Body, the WTO dispute settlement system, and the politics of multilateralism, in *The WTO at Ten: The Contribution of the Dispute Settlement System*, Ed. Giorgio Sacerdoti, Alan Yanovich e Jan Bohanes, Cambridge University Press, 2006, p. 62.

## OS *AMICI CURIAE*

mentais são perfeitamente capazes, fora da sala de audiências, de disseminarem a informação e os argumentos relevantes relativamente aos interesses legítimos que elas representam ("lobbying for their interests is an essential part of the *ratio vivendi*" das organizações não governamentais[1953]). Em nosso entender, a aceitação das comunicações *amicus curiae* não passa tanto pela questão do aumento de recursos, mas sim pela possibilidade de um *amici curiae* poder apresentar argumentos numa questão controvertida perante um tribunal sem qualquer filtro por parte das partes envolvidas no litígio[1954]. É verdade que "the richest and most active NGOs are based in the North, and many of their positions generally tend to ignore the viewpoints of the NGOs, intellectuals, and governments of the South"[1955], mas também o é que muitas organizações não governamentais baseadas no Norte gastam muito do seu tempo a criticar os governos dos países ricos.

Seria ainda extremamente difícil à OMC voltar atrás. A aceitação de comunicações *amicus curiae* constitui cada vez mais uma prática frequente de muitos tribunais internacionais e conta com o apoio das principais potências comerciais a nível mundial. Seria, pois, da maior utilidade que se estabelecessem regras claras e uniformes sobre a aceitação de comunicações *amicus curiae*. ARTHUR APPLETON propõe mesmo que o ponto de partida seja a Regra 37 do Supremo Tribunal dos Estados Unidos[1956]:

### "Rule 37.
### Brief for an *Amicus Curiae*

1. An *amicus curiae* brief that brings to the attention of the Court relevant matter not already brought to its attention by the parties may be of considerable help to the Court. An *amicus curiae* brief that does not serve this purpose burdens the Court, and its filing is not favored.

2. (a) An *amicus curiae* brief submitted before the Court's consideration of a petition for a writ of certiorari, motion for leave to file a bill of complaint, jurisdictional statement, or petition for an extraordinary writ, may be filed if accompanied by the written consent of all parties, or if the Court grants leave to file under subparagraph 2(b) of this Rule. The brief shall be submitted within the time allowed for filing a brief in opposition or for filing a motion to dismiss or affirm. The *amicus curiae* brief shall specify whether consent was granted, and its cover shall identify the party supported.

---

[1953] Marco SLOTBOOM, *Participation of NGOs before the WTO and EC tribunals: which court is the better friend?*, in WTR, 2006, pp. 97-98.

[1954] Ian BROWNLIE, *Princípios de Direito Internacional Público*, Fundação Calouste Gulbenkian, Lisboa, 1997, p. 9.

[1955] Jagdish BHAGWATI, *Afterword: The Question of Linkage*, in AJIL, 2002, p. 126.

[1956] Arthur APPLETON, *Amicus Curiae Submissions in the Carbon Steel Case: Another Rabbit from The Appellate Body's Hat?*, in JIEL, 2000, pp. 698-699.

(b) When a party to the case has withheld consent, a motion for leave to file an *amicus curiae* brief before the Court's consideration of a petition for a writ of certiorari, motion for leave to file a bill of complaint, jurisdictional statement, or petition for an extraordinary writ may be presented to the Court. The motion, prepared as required by Rule 33.1 and as one document with the brief sought to be filed, shall be submitted within the time allowed for filing an *amicus curiae* brief, and shall indicate the party or parties who have withheld consent and state the nature of the movant's interest. Such a motion is not favored.

3. (a) An *amicus curiae* brief in a case before the Court for oral argument may be filed if accompanied by the written consent of all parties, or if the Court grants leave to file under subparagraph 3(b) of this Rule. The brief shall be submitted within the time allowed for filing the brief for the party supported, or if in support of neither party, within the time allowed for filing the petitioner's or appellant's brief. The *amicus curiae* brief shall specify whether consent was granted, and its cover shall identify the party supported or indicate whether it suggests affirmance or reversal. The Clerk will not file a reply for an *amicus curiae*, or a brief for an *amicus curiae* in support of, or in opposition to, a petition for rehearing.

(b) When a party to a case before the Court for oral argument was withheld consent, a motion for leave to file an *amicus curiae* brief may be presented to the Court. The motion, prepared as required by Rule 33.1 and as one document with the brief sought to be filed, shall be submitted within the time allowed for filing an *amicus curiae* brief, and shall indicate the party or parties who have withheld consent and state the nature of the movant's interest.

4. No motion for leave to file an *amicus curiae* brief is necessary if the brief is presented on behalf of the United States by the Solicitor General; on behalf of any agency of the United States allowed by law to appear before this Court when submitted by the agency's authorized legal representative; on behalf of a State, Commonwealth, Territory, or Possession when submitted by its Attorney General; or on behalf of a city, county, town, or similar entity when submitted by its authorized law officer.

5. A brief or motion filed under this Rule shall be accompanied by proof of service as required by Rule 29, and shall comply with the applicable provisions of Rules 21, 24, and 33.1 (except that it suffices to set out in the brief the interest of the *amicus curiae*, the summary of the argument, the argument, and the conclusion). A motion for leave to file may not exceed five pages. A party served with the motion may file an objection thereto, stating concisely the reasons for withholding consent; the objection shall be prepared as required by Rule 33.2.

6. Except for briefs presented on behalf of *amicus curiae* listed in Rule 37.4, a brief filed under this Rule shall indicate whether counsel for a party authored the brief in whole or in part and shall identify every person or entity, other than the *amicus curiae*, its members, or its counsel, who made a monetary contribution to the preparation or

OS *AMICI CURIAE*

submission of the brief. The disclosure shall be made in the first footnote on the first page of text"[1957].

Naturalmente, com vista a evitar conflitos entre os órgãos políticos e os órgãos judiciais da OMC, devem ser os Membros da OMC a negociar os critérios e os procedimentos relativos à aceitação de comunicações *amicus curiae*.

Nada impede, ao mesmo tempo, que o procedimento adicional adoptado pelo Órgão de Recurso no caso *Asbestos* possa constituir um bom ponto de partida. A própria Comunidade Europeia sugeriu, no âmbito do actual processo de revisão do Memorando de Entendimento sobre Resolução de Litígios, a adição de um novo artigo ao Memorando, o artigo 13º*bis*, que, no essencial, codifica o procedimento adicional erigido pelo Órgão de Recurso para aceitação de comunicações *amicus curiae*[1958]. Todavia, embora o procedimento adicional seja, entre os procedimentos adoptados por tribunais internacionais para aceitação de comunicações *amicus curiae*, o mais pormenorizado quanto à natureza, forma e conteúdo da participação dos *amici*[1959], podem destacar-se alguns problemas e situações:

i) Nos termos da alínea *f*), *in fine*, do nº 3 do Procedimento Adicional, qualquer pessoa, física ou moral, que não seja parte ou parte terceira no presente litígio e deseje apresentar uma comunicação por escrito ao Órgão de Recurso, deverá indicar de que forma fará uma contribuição para a resolução deste litígio que não constitua uma repetição do que já foi apresentado por uma parte ou parte terceira no presente litígio. Como notou a Índia, é difícil de entender "como uma pessoa que solicitou autorização para apresentar uma comunicação poderá responder a este exigência sem ter acesso às comunicações das partes em litígio ou das partes terceiras"[1960] e convém não esquecer que o Órgão de Recurso tem recusado aceitar comunicações *amicus curiae* quando o requerente tem acesso prévio às observações das partes[1961]. Apenas as partes em litígio mais activas no sistema de resolução de litígios da OMC divulgam as suas próprias posições ao público, situação

---

[1957] O texto das Regras do Tribunal Supremo dos Estados Unidos pode ser encontrado in http://www.supremecourtus.gov.

[1958] Comunidades Europeias, *Contribution of the European Communities and Its Member States to the Improvement of the WTO Dispute Settlement Understanding* (TN/DS/W/1), 13-3-2002.

[1959] Lance Batholomeusz, *The Amicus Curiae before International Courts and Tribunals*, in Non-State Actors and International Law, 2005, p. 259.

[1960] OMC, *Minutes of Meeting (General Council) Held in the Centre William Rappard on 22 November 2000* (WT/GC/M/60), 23-1-2001, parágrafo 36.

[1961] Relatório do Órgão de Recurso no caso *Thailand – Anti-Dumping Duties on Angles, Shapes and Sections of Iron or Non-Alloy Steel and H-Beams from Poland* (WT/DS122/AB/R), 12-3-2001, parágrafos 62-78.

707

A FUNÇÃO JURISDICIONAL NO SISTEMA GATT/OMC

permitida nos termos do nº 3 do Apêndice 3 do Memorando de Entendimento sobre Resolução de Litígios;

ii) A decisão dos painéis ou do Órgão de Recurso sobre quem tem direito a apresentar uma comunicação dependerá da composição e da condição jurídica do requerente, dos objectivos gerais que o requerente pretende alcançar, da natureza das actividades do requerente, das fontes de financiamento do requerente e do interesse que o requerente tem neste recurso, o que pode levar, segundo o Brasil, a que o sistema de resolução de litígios seja "contaminado por questões políticas que não pertencem à OMC nem, sobretudo, ao seu sistema de resolução de litígios"[1962];

iii) Conforme resulta do nº 5 do Procedimento Adicional, a concessão por parte do Órgão de Recurso da autorização para apresentar uma comunicação não implica que o Órgão de Recurso examinará no seu relatório os argumentos jurídicos formulados nessa comunicação. Logo, as partes em litígio continuarão a gozar de uma situação privilegiada, uma vez que, nos termos do nº 12 do art. 17º do Memorando, "o Órgão de Recurso analisará cada uma das questões colocadas ...".

iv) No nº 2 do procedimento adicional optou-se por uma definição de *amicus curiae* demasiado abrangente: "Qualquer pessoa, física ou moral, que não seja parte ou parte terceira no presente litígio e deseje apresentar uma comunicação". Com vista a não criar mais problemas do que aqueles que visa resolver, o Procedimento Adicional deveria estabelecer critérios equitativos e transparentes a respeito da participação de organizações não governamentais no sistema de resolução de litígios da OMC (e no processo de negociações comerciais).

Independentemente da solução a reter, as regras relativa à aceitação de comunicações *amicus curiae* devem observar sempre, do ponto de vista processual, os seguintes requisitos:

i) assegurar as garantias processuais devidas, em particular o direito de as partes em litígio conhecerem as alegações constantes das comunicações e realizarem as observações julgadas oportunas (artigos 10º, nº 2, e 12º, nº 6, do Memorando de Entendimento sobre Resolução de Litígios);

ii) tal como assinala o nº 2 do art. 12º do Memorando de Entendimento sobre Resolução de Litígios, deve ser estabelecido um equilíbrio entre a flexibilidade necessária para garantir a qualidade dos relatórios e a necessidade de o processo não sofrer atrasos indevidos;

---

[1962] OMC, *Minutes of Meeting (General Council) Held in the Centre William Rappard on 22 November 2000* (WT/GC/M/60), 23-1-2001, parágrafo 46.

708

## OS *AMICI CURIAE*

iii) as comunicações *amicus curiae*, solicitadas ou não, devem ser notificadas directa e simultaneamente ao Painel, às partes do litígio e às partes terceiras.

Só através do desenvolvimento de um conjunto de regras processuais que assegurem as garantias processuais devidas e a manutenção dos direitos dos Membros da OMC, será possível garantir que as comunicações *amicus curiae* contribuem forçosamente para a integridade e a legitimidade dos relatórios apresentados pelos painéis e Órgão de Recurso.

Num plano mais geral, convém ter presente que não há muito tempo, apenas os Estados eram vistos como sujeitos de direito internacional, mas, actualmente, os particulares, as empresas multinacionais e as organizações intergovernamentais e não governamentais são reconhecidos universalmente como tendo também direitos e obrigações ao abrigo do direito internacional, ou seja, o poder de carácter não estadual "is a fact of the new world"[1963]. Nas negociações internacionais relativas à protecção do ambiente, o *Greenpeace* e outras organizações não governamentais são mesmo mais influentes que muitos Estados. E, com a revolução ocorrida nos últimos tempos no sector das telecomunicações, as organizações não governamentais tornaram contestável a agenda e o mercado das ideias. KOFI ANNAN considera mesmo que:

"a United Nations which recognizes the Non Governmental Organization revolution – the new global people-power – is the best thing that has happened to our Organization in a long time. This phenomenon is arguably one of the happier consequences of what we now recognize as the essence of modern life: globalization"[1964].

No caso da OMC, a participação das organizações não governamentais tende a ser particularmente importante para a sua legitimidade. Geralmente, as organizações não governamentais defendem valores não associados directamente ao comércio internacional, como a protecção do ambiente.

---

[1963] Peter SPIRO, *Accounting for NGOs*, in CJIL, 2002, p. 169.
[1964] Kofi ANNAN, *Partnership with Civil Society Necessity in Addressing Global Agenda*, Press Release, SG/SM/7318, 29-2-2000, in http://www.un.org/News/Press/docs/2000/20000229.sgsm7318.doc. html>

Parte IV

# Os Processos de Resolução de Litígios

# Capítulo 14
# Os Meios Diplomáticos de Resolução de Litígios

*"To a large degree, the history of civilization may be described as a gradual evolution from a power-oriented approach, in the state of nature, towards a rule-oriented approach"*[1965].

## 1. Introdução

Nos termos do nº 3 do art. 2º da Carta das Nações Unidas, "os Membros da Organização deverão resolver as suas controvérsias internacionais por meios pacíficos, de modo a que a paz e a segurança internacionais, bem como a justiça, não sejam ameaçadas". Especificamente, podem distinguir-se dez métodos (pacíficos) diferentes de resolução de litígios internacionais: (1) negociações bilaterais e/ou multilaterais; (2) inquérito; (3) mediação; (4) conciliação; (5) arbitragem institucionalizada ou *ad hoc*; (6) via judicial; (7) recurso a organizações ou acordos regionais; (8) qualquer meio pacífico à sua escolha (art. 33º da Carta das Nações Unidas); (9) solução de controvérsias no âmbito do Conselho de Segurança das Nações Unidas (artigos 34º a 38º da Carta das Nações Unidas) ou de outros órgãos das Nações Unidas e outras organizações internacionais; e (10) bons ofícios[1966].

---

[1965] John JACKSON, *The World Trading System. Law and Policy of International Economic Relations*, 2ª ed., The Massachusetts Institute of Technology Press, 1997, p. 110.

[1966] Segundo TOMUSCHAT, "the long list of procedures and mechanisms displayed in Art. 33 UN Charter raises the question of whether the order of listing amounts to an order of priority in a legal sense also. However, unanimity prevails in rejecting such a classification scheme" (cf. Christian TOMUSCHAT, Article 33 UN Charter, in *The Statute of the International Court of Justice – A Commentary*, Andreas Zimmermann, Christian Tomuschat e Karin Oellers-Frahm ed., Oxford University Press, 2006, p. 110). O princípio da livre escolha dos meios, referido no nº 1, *in fine*, do art. 33º pode, também, ser restringido. As partes de um determinado tratado podem aceitar, por exem-

## A FUNÇÃO JURISDICIONAL NO SISTEMA GATT/OMC

Os princípios do direito internacional da "livre escolha dos meios" e do "consentimento internacional" como condição prévia para a adjudicação internacional supõem que – salvo a obrigação geral de resolução das controvérsias internacionais por meios pacíficos – (art. 2º, nº 3, da Carta das Nações Unidas) – nenhum método de resolução de litígios tem prioridade sobre os outros[1967], a menos que os países acordem o contrário[1968]. No caso do Sistema de Resolução de Litígios da OMC, por exemplo, os bons ofícios, a conciliação e a mediação são processos voluntários e exigem o acordo das partes em litígio, ao passo que a realização de consultas ao abrigo do art. 4º do Memorando constitui, normalmente, o primeiro passo obrigatório a dar[1969], um requisito prévio dos procedimentos dos painéis[1970]. Nesse sentido, o nº 5 do art. 4º do Memorando de Entendimento sobre Resolução de Litígios, cuja epígrafe é "Consultas", estabelece que:

> "durante o processo de consultas realizado nos termos do disposto num acordo abrangido, antes de recorrerem a outro tipo de medidas previstas no presente Memorando os membros deverão tentar obter uma solução satisfatória da questão".

plo, a jurisdição do Tribunal Internacional de Justiça através de uma cláusula compromissória. Por outro lado, a lista enunciada no art. 33º não tem carácter exaustivo. Os bons ofícios, por exemplo, não constam dela, pelo menos expressamente ("for practical purposes, the absence of an explicit reference to good offices has been seen as a lacuna". Cf. Christian Tomuschat, Article 33, in *The Charter of the United Nations: A Commentary*, vol. II, Bruno Simma ed., 2ª ed., Oxford University Press, 2002, p. 590). Apesar disso, pensamos que eles são claramente abrangidos pela expressão "o recurso a outros meios pacíficos à sua escolha". Finalmente, a maioria dos autores defende que o art. 33º da Carta das Nações Unidas não constitui senão uma elaboração detalhada do art. 2º, nº 3, da Carta das Nações Unidas. Cf. *Idem*, p. 584.

[1967] Os meios para a resolução pacífica de litígios caracterizam-se pela ausência de acções unilaterais e pela igualdade estrita das partes. É certo que esta regra formal da igualdade das partes tem menos peso nas negociações, mas também o é que "is the supreme law" nos procedimentos judiciais. Cf. Christian Tomuschat, Article 33 UN Charter, in *The Statute of the International Court of Justice – A Commentary*, Andreas Zimmermann, Christian Tomuschat e Karin Oellers-Frahm ed., Oxford University Press, 2006, p. 110.

[1968] Ernst-Ulrich Petersmann, La Proliferación y Fragmentación de los Mecanismos de Solución de Controversias en el Comercio Internacional: Los Procedimientos de Solución de Diferencias de la OMC y los Mecanismos de Solución Alternativa de Controversias, in *Solución de Controversias Comerciales Inter-Gubernamentales: Enfoques Multilaterales y Regionales*, Julio Lacarte e Jaime Granados ed., Banco Interamericano de Desarrollo, 2004, p. 281.

[1969] Relatório do Painel no caso *European Communities – Regime for the Importation, Sale and Distribution of Bananas* (WT/DS27/R/USA), 22-5-1997, parágrafo 7.17.

[1970] Relatório do Órgão de Recurso no caso *Mexico – Anti-Dumping Investigation of High Fructose Corn Syrup (HFCS) from the United States (Recourse to Article 21.5 of the DSU by the United States)* (WT/DS132/AB/RW), 22-10-2001, parágrafo 58.

OS MEIOS DIPLOMÁTICOS DE RESOLUÇÃO DE LITÍGIOS

CESARE ROMANO observa, a este respeito, que:

"It is true that also in the case of the International Court of Justice, States should have first tried to settle the dispute by any diplomatic means of their choice, in any forum they might select, but in the case of the GATT/WTO, diplomatic negotiations are part and parcel of the dispute settlement process and are not an elective preamble"[1971].

No acórdão relativo ao caso *Land and Maritime Boundary between Cameroon and Nigeria*, por exemplo, o Tribunal Internacional de Justiça defende que:

"Não existe na Carta, nem de outro modo no direito internacional, qualquer regra geral segundo a qual o esgotamento das negociações diplomáticas constitui uma condição prévia para uma questão ser submetida ao Tribunal"[1972].

Ao contrário do nº 1 do art. 33º da Carta das Nações Unidas, o art. 5º do Memorando de Entendimento sobre Resolução de Litígios da OMC não refere expressamente o inquérito[1973]. No caso deste meio diplomático de resolução de litígios, está em causa a averiguação de certas questões de facto controvertidas, requerendo-se a uma parte terceira imparcial (um inquiridor ou uma comissão de inquérito) o fornecimento às partes em litígio de uma avaliação objectiva das mesmas. O relatório não terá carácter vinculativo, embora as partes em litígio possam concordar, de antemão, aceitá-lo como tendo. Apesar da referida omissão, pensamos que o art. 13º do Memorando de Entendimento sobre Resolução de Litígios permite claramente a realização de inquéritos. O próprio art. XXIII, nº 2, do GATT dispõe que:

"no caso de não se conseguir uma solução, num prazo razoável, entre as partes contratantes interessadas, ou no caso das dificuldades serem as apontadas na alínea *c)* do

---

[1971] Cesare ROMANO, *International Justice and Developing Countries: A Quantitative Analysis*, in The Law and Practice of International Courts and Tribunals, 2002, p. 386.

[1972] TRIBUNAL INTERNACIONAL DE JUSTIÇA, *Case Concerning Land and Maritime Boundary between Cameroon and Nigeria (Cameroon v. Nigeria)*, Objecções Preliminares, Acórdão de 11-6-1998, parágrafo 56.

[1973] Apesar de ser entendimento corrente que as consultas são equiparáveis à negociação (cf. Xavier Fernández PONS, *La OMC y el Derecho internacional: Un estudio sobre el sistema de solución de diferencias de la OMC y las normas secundarias del Derecho internacional general*, Marcial Pons, Madrid--Barcelona, 2006, p. 75), alguns autores defendem que as negociações exigem mais do que a mera troca de informações ou realização de consultas. Ou seja, "for each of the parties they [as negociações] entail a duty of response. Only if the two sides submit statements as to the merits of the dispute can one speak of negotiations in the sense contemplated". Cf. Christian TOMUSCHAT, Article 33 UN Charter, in *The Statute of the International Court of Justice – A Commentary*, Andreas Zimmermann, Christian Tomuschat e Karin Oellers-Frahm ed., Oxford University Press, 2006, p. 112.

## A FUNÇÃO JURISDICIONAL NO SISTEMA GATT/OMC

parágrafo 1 do presente artigo, a questão poderá ser levada perante as Partes Contratantes. Estas procederão, sem demora, a um *inquérito* de qualquer questão de que tenham assim conhecimento ..." (itálico aditado).

Os dez métodos de resolução de litígios acima identificados podem, por sua vez, dividir-se em duas grandes categorias: a via diplomática (ou política) de resolução, compreendendo a negociação/consultas, os bons ofícios, o inquérito, a mediação, a conciliação e a resolução no âmbito de organismos ou acordos internacionais; e os meios jurisdicionais, isto é, a arbitragem e o recurso a um órgão judicial[1974].

Os meios diplomáticos de resolução de litígios caracterizam-se pelos seguintes traços: a flexibilidade dos procedimentos, o controlo do litígio pelas partes, a liberdade destas para aceitar ou rejeitar as soluções propostas, a possibilidade de evitar "winner-loser situations" (e as repercussões que daí resultam para o prestígio das partes) e a influência limitada de considerações jurídicas[1975]. Em contraste, os chamados meios jurídicos de resolução de litígios tendem a ser utilizados quando as partes querem obter decisões vinculativas em conformidade com as suas obrigações e interesses mutuamente acordados e quando pretendem evitar os riscos envolvidos quando do recurso a meios diplomáticos (dependência do consentimento e da boa vontade do réu, soluções bilaterais *ad hoc* reflectindo possivelmente o poder relativo das partes em vez do mérito da acção, etc.)[1976].

## 2. A Fase das Consultas
### 2.1. O GATT de 1947

Quando o GATT de 1947 entrou em vigor, a realização de consultas entre as partes contratantes constituía, tal como agora, a primeira etapa do sistema de resolução de litígios do GATT de 1947, a ela se referindo expressamente o nº 1 do art. XXII do Acordo Geral. Nos termos da disposição referida:

> "Cada parte contratante deverá examinar com compreensão as representações que lhe sejam dirigidas por qualquer outra parte contratante e prestar-se à realização de consultas a respeito de tais representações, sempre que elas incidam sobre uma questão relativa à aplicação deste Acordo".

---

[1974] Lucius Caflisch, *Cent ans de règlement pacifique des différends interétatiques*, in RCADI, 2001, vol. 288, Martinus Nijhoff, Haia-Boston-Londres, 2002, p. 274.

[1975] De acordo com Lucius Caflisch, "dans l'accomplissement de son mandat, le tiers peut s'écarter des règles du droit international, hormis celles qui relèvent du *jus cogens*, au profit de considérations d'opportunité (d'où l'appellation «moyens politiques»)". Cf. *Idem*, p. 275.

[1976] Ernst-Ulrich Petersmann, *The GATT/WTO Dispute Settlement System: International Law, International Organizations and Dispute Settlement*, Kluwer Law International, Londres-Haia-Boston, 1997, p. 69.

## OS MEIOS DIPLOMÁTICOS DE RESOLUÇÃO DE LITÍGIOS

Em 1955, entre várias alterações ao Acordo Geral, foi adicionado um nº 2 ao art. XXII, estabelecendo que:

"As PARTES CONTRATANTES poderão, a pedido de uma parte contratante, entrar em consultas com uma ou várias partes contratantes sobre uma questão para a qual não tenha sido possível encontrar uma solução satisfatória através das consultas previstas no nº 1".

Um outro passo importante é dado no dia 10 de Novembro de 1958, tendo as PARTES CONTRATANTES adoptado então os Procedimentos em virtude do Artigo XXII relativos a questões que afectassem os interesses de algumas partes contratantes[1977]. De acordo com estes procedimentos, toda a parte contratante que solicitasse a outra parte contratante a realização de consultas em conformidade com o artigo XXII do GATT enviaria ao mesmo tempo uma notificação ao Secretário Executivo do GATT, a fim de que este informasse todas as outras partes contratantes do início de um novo procedimento. Os procedimentos adoptados previam, ainda, que qualquer outra parte contratante que declarasse um interesse comercial substancial na questão deveria, no prazo de 45 dias a contar da data da notificação do pedido de consultas ao Secretário Executivo, notificar as partes em processo de consultas e o Secretário Executivo do seu desejo em participar nas consultas; que a parte contratante que manifestasse tal desejo poderia participar nas consultas caso as partes às quais o pedido foi dirigido concordassem que existia efectivamente um interesse comercial substancial; que, caso o pedido de participação nas consultas não fosse aceite, a parte contratante em causa poderia apresentar a sua alegação às PARTES CONTRATANTES; que, no final das consultas, as partes que nelas participaram deveriam informar o Secretário Executivo do resultados das mesmas, para informação de todas as partes contratantes; e que o Secretário Executivo do GATT deveria fornecer assistência às partes em consultas, caso estas o solicitassem.

Evidentemente, os procedimentos estabelecidos tinham como objectivo principal evitar o bilateralismo na resolução de litígios e dar às outras partes contratantes a possibilidade de participarem nas consultas, caso as mesmas demonstrassem ter um interesse comercial substancial na questão objecto do litígio e sempre que as partes em consulta vissem mérito na pretensão.

Estes procedimentos terão sido, também, a base para a distinção que se mantém até hoje entre as consultas iniciadas ao abrigo do art. XXII do GATT e as consultas realizadas no contexto do art. XXIII do mesmo Acordo:

---

[1977] GATT, *Consultations Under Article XXII – Procedures adopted on 10 November 1958* (L/928), 21-11-1958.

A FUNÇÃO JURISDICIONAL NO SISTEMA GATT/OMC

"If the request is based on Article XXII of GATT, third parties with 'a substantial trade interest' may notify the consulting Members and the Dispute Settlement Body, within 10 days of the circulation of the initial request for consultations, of their desire to be joined in the consultations. They shall be joined unless the party to whom the original request for consultations was addressed objects. However, if the request for consultations is based on Article XXIII, third parties may not request to be joined. This distinction allows the requesting party to make the tactical decision as to whether it wants the presence, and presumably the support, of third parties"[1978].

Cerca de 20 anos depois, o Memorando Relativo a Notificações, Consultas, Resolução de Litígios e Supervisão adoptado no Ciclo de Tóquio tem o mérito de codificar as práticas costumeiras utilizadas na resolução de litígios entre as partes contratantes do GATT até 1979. No caso das consultas, as principais novidades a registar prendem-se com o requisito de resposta pronta aos pedidos de consultas e de conclusão das consultas expeditamente, com vista à obtenção de uma solução mutuamente satisfatória para as partes envolvidas, e com a necessidade de o pedido de consultas ser fundamentado (nº 4). Apesar do maior detalhe introduzido, não foram avançados quaisquer prazos ou indicações sobre a duração das consultas.

Finalmente, três anos após o início do Ciclo do Uruguai, as PARTES CONTRATANTES adoptam a Decisão relativa ao Aperfeiçoamento das Regras e Procedimentos de Resolução de Litígios do GATT, estabelecendo-se, pela primeira vez, prazos específicos no caso das consultas. A parte contratante a quem era apresentado o pedido de consultas deveria responder no prazo de 10 dias após a sua recepção e iniciar consultas, de boa fé, dentro de um prazo não superior a 30 dias a contar da data de recepção do pedido, com vista a chegarem a uma solução mutuamente satisfatória. Caso a parte contratante não respondesse no prazo de 10 dias ou não desse início às consultas dentro de um prazo não superior a 30 dias (ou noutro prazo mutuamente acordado), a parte contratante que apresentou o pedido poderia requerer imediatamente a criação de um painel (C.1). Caso as consultas realizadas ao abrigo dos artigos XXII, nº 1, ou XXIII, nº 1, do GATT não permitissem resolver o litígio dentro de um prazo de 60 dias a contar da data de apresentação do pedido de consultas, a parte queixosa poderia solicitar a criação de um painel ou de um grupo de trabalho ao abrigo do nº 2 do artigo XXIII (C.2). Terceiro, o pedido de consultas, formalmente, deveria ser apresentado por escrito, ser fundamentado e notificado ao Conselho de Representantes do GATT (C.3). Quarto, foi introduzido pela primeira vez uma disposição específica para os

---

[1978] Petros MAVROIDIS e David PALMETER, *Dispute Settlement in the World Trade Organization: Practice and Procedure*, 2ª ed., Cambridge University Press, 2004, p. 94.

OS MEIOS DIPLOMÁTICOS DE RESOLUÇÃO DE LITÍGIOS

"Cada membro compromete-se a estar receptivo e a criar oportunidades de consultas relativamente a quaisquer pedidos apresentados por outro membro sobre medidas que afectem o funcionamento de qualquer acordo abrangido adoptadas no território do primeiro".

A fase de consultas permite às partes em litígio o conhecimento dos factos e dos argumentos jurídicos, com vista à resolução do litígio bilateralmente, ou seja, sem que se verifique a intervenção de uma parte terceira neutral.

Através da realização de consultas, as partes trocam informação, avaliam a força e debilidades dos respectivos *casos*, delimitam o âmbito das divergências entre si e, muitas vezes, alcançam uma solução mutuamente aceitável para ambas e conforme aos "acordos abrangidos". Mesmo quando não é obtida uma solução mutuamente aceitável, as consultas permitem que as partes definam e delimitem o âmbito do litígio entre elas[1988]. O art. 4º do Memorando prevê, por isso, que as partes em litígio deverão proceder a consultas, antes de a parte queixosa poder, eventualmente, pedir a criação de um Painel. No caso *Brazil – Measures Affecting Desiccated Coconut,* perante a recusa do Brasil em entrar em consultas com as Filipinas (a parte queixosa), o Painel afirmou mesmo que:

"O respeito da obrigação fundamental de os membros da OMC realizarem consultas quando se apresenta um pedido em conformidade com o sistema de resolução de litígios é de vital importância para o funcionamento do sistema de resolução de litígios. (...) A obrigação de os membros realizarem consultas é absoluta e não pode ser sujeita a modalidades ou condições impostas previamente por um membro"[1989].

Um Membro da OMC não pode, por exemplo, recusar a realização de consultas com base na natureza essencialmente política da queixa apresentada[1990].

num espaço de tempo relativamente curto. No caso *Japan – Taxes on Alcoholic Beverages,* por exemplo, foi atribuído o número DS8 ao pedido apresentado pelas Comunidades Europeias no dia 29 de Junho de 1995, o número DS10 ao pedido apresentado pelo Canadá em 17 de Julho de 1995 e o número DS11 ao pedido apresentado pelos Estados Unidos em 17 de Julho de 1995. Caso o pedido de consultas seja apresentado em conjunto por vários membros da OMC, é-lhe atribuído apenas um número. Nesse sentido, o pedido de realização de consultas relativo ao regime comunitário de importação, venda e distribuição de bananas foi apresentado, conjuntamente, pelo Equador, Guatemala, Honduras, México e Estados Unidos, tendo, por isso, apenas um número (DS27).

[1988] Relatório do Órgão de Recurso no caso *Mexico – Anti-Dumping Investigation of High Fructose Corn Syrup (HFCS) from the United States, Recourse to Article 21.5 of the DSU by the United States* (WT/DS132/AB/RW), 22-10-2001, parágrafo 54.

[1989] Relatório do Painel no caso *Brazil – Measures Affecting Desiccated Coconut* (WT/DS22/R), 17-10-1996, parágrafo 287.

[1990] Jeffrey WAINCYMER, *WTO Litigation: Procedural Aspects of Formal Dispute Settlement,* Cameron May, Londres, 2002, pp. 215-216.

A FUNÇÃO JURISDICIONAL NO SISTEMA GATT/OMC

Caso um membro não responda no prazo de 10 dias a contar da data de recepção do pedido de realização de consultas, ou não dê início a consultas dentro de um prazo não superior a 30 dias, ou no prazo mutuamente acordado, após a data de recepção do pedido, o Membro da OMC que apresentou o pedido de consultas pode requerer imediatamente a criação de um Painel (art. 4º, nº 3, do Memorando)[1991], não prevendo o Memorando quaisquer outras consequências jurídicas associadas à recusa de um membro em realizar consultas, como, por exemplo, a suspensão de concessões, solução que leva um autor a concluir que "this take the right to consultations out of the ambit of a substantive right"[1992].

Em casos de urgência, incluindo aqueles que se referem a bens perecíveis, os Membros iniciarão consultas num prazo não superior a 10 dias a contar da data de recepção do pedido (art. 4º, nº 8, do Memorando de Entendimento sobre Resolução de Litígios), mas caso a parte a quem é dirigido o pedido de consultas não concorde com o carácter de urgência, a parte que solicita a realização de consultas nada pode fazer:

> "There is no neutral decision-maker to determine urgency (the Dispute Settlement Body or a panel) at this early stage of the proceeding. There is no review of the refusal to consult under an accelerated time frame because the Dispute Settlement Understanding generally does not provide for involvement by the Dispute Settlement Body during consultations"[1993].

No caso *United States – Automobiles from Japan*, por exemplo, o Japão solicitou a realização de consultas com carácter de urgência (num prazo não superior a 10 dias a contar da data de recepção do pedido), conforme previsto na parte inicial do nº 8 do art. 4º do Memorando de Entendimento sobre Resolução de Litígios, por causa do impacto negativo que as medidas unilaterais anunciadas e aplicadas pelo governo dos Estados Unidos iriam causar na indústria automóvel

---

[1991] No caso específico do art. 8º, nº 10, do Acordo sobre os Têxteis e o Vestuário, acordo que entretanto deixou de estar em vigor, um membro insatisfeito com as recomendações do Órgão de Supervisão dos Têxteis podia pedir a criação de um Painel, sem ter que requerer a realização de consultas nos termos do art. 4º do Memorando (cf. Relatório do Painel no caso *United States – Measure Affecting Imports of Woven Wool Shirts and Blouses from Índia* (WT/DS33/R), 6-1-1997, parágrafo 7.19). É de observar, por outro lado, que o Memorando de Entendimento sobre Resolução de Litígios não exige uma resposta escrita ao pedido de realização de consultas.

[1992] Christiane SCHUCHHARDT, Consultations (Chapter 25), in *The World Trade Organization: Legal, Economic and Political Analysis*, Volume I, Patrick Macrory, Arthur Appleton e Michael Plummer Ed., Springer, Nova Iorque, 2005, p. 1207.

[1993] *Idem*, p. 1211.

OS MEIOS DIPLOMÁTICOS DE RESOLUÇÃO DE LITÍGIOS

do Japão[1994]. Os Estados Unidos, pelo contrário, entendiam que a questão apresentada não tinha qualquer carácter de urgência[1995]. Numa reunião do Órgão de Resolução de Litígios realizada já depois de expirado o prazo de 10 dias, o Japão reiterou a sua alegação, declarando que a queixa apresentada suscitava questões sistémicas importantes e que, caso a situação não fosse resolvida rapidamente,

"a rede de concessionários de automóveis japoneses de luxo seria afectada de modo adverso e forçada a despedir empregados e a enfrentar a ameaça de bancarrota. Muitos poderiam não sobreviver. Sem uma acção rápida, as medidas do Governo dos Estados Unidos causariam um prejuízo irreparável. Caso a OMC não resolva rapidamente este litígio relativo a uma violação clara das regras, a sua credibilidade ficará em perigo"[1996].

Na resposta, os Estados Unidos argumentaram que nem a natureza sistémica de uma queixa nem a sua importância económica deveriam ser tidas em conta na determinação da urgência:

"Atribuir aos litígios um valor em dólares (ou em ienes) para determinar se está em causa uma questão urgente poderia levar a uma discriminação implícita contra as indústrias e as economias pequenas. Aceitar os argumentos japoneses acerca do que constitui um caso urgente equivaleria a aplicar a um litígio, qualquer que fosse a sua importância económica ou sistémica, os prazos extremamente breves que foram previstos para o exame destes casos. Isso provavelmente submergiria o sistema de resolução de litígios da OMC"[1997].

Assim, na ausência de consenso entre as partes em litígio, as consultas realizaram-se 26 dias depois da data de apresentação do pedido de consultas. Porém, sete dias após a realização das consultas, as partes notificaram o Órgão de Resolução de Litígios de que tinham resolvido o litígio.

É de salientar, ainda, que o México suscitou no caso *Mexico – Anti-Dumping Investigation of High Fructose Corn Syrup (HFCS) from the United States* a questão da ausência de consultas apenas na audiência oral que teve com o Painel criado ao abrigo do nº 5 do art. 21º do Memorando de Entendimento sobre Resolução de Litígios, apesar de ter tido várias oportunidades para fazê-lo antes, nomeadamente, na reunião do Órgão de Resolução de Litígios em que foi criado tal painel

---

[1994] OMC, *United States – Imposition of Import Duties on Automobiles from Japan under Sections 301 and 304 of the Trade Act of 1974 (Request for Consultations by Japan)* (WT/DS6/1), 22-5-1995.

[1995] Petros MAVROIDIS e David PALMETER, *Dispute Settlement in the World Trade Organization: Practice and Procedure*, 2ª ed., Cambridge University Press, 2004, p. 95.

[1996] OMC, *Minutes of Meeting Held in the Centre William Rappard on 31 May 1995 – Dispute Settlement Body* (WT/DSB/M/5), 4-7-19995, p. 4.

[1997] *Idem*, p. 5.

A FUNÇÃO JURISDICIONAL NO SISTEMA GATT/OMC

e nas duas comunicações escritas que apresentou ao painel inicial[1998]. O Órgão de Recurso, sem recorrer à palavra "estoppel"[1999], defendeu neste caso que:

[1998] Relatório do Órgão de Recurso no caso *Mexico – Anti-Dumping Investigation of High Fructose Corn Syrup (HFCS) from the United States – Recourse to Article 21.5 of the DSU by the United States* (WT/DS132/AB/RW), 22-10-2001, parágrafos 39-42.

[1999] David PALMETER e Simon SCHROPP, *Commentary on the Appellate Body Report in EC – Bananas III (Article 21.5): waiver-thin, or lock, stock, and metric ton?*, in WTR, 2010, p. 16. Durante a vigência do GATT de 1947, apenas terão sido aceites alegações baseadas na aquiescência e *estoppel* num procedimento de resolução de litígios. Na decisão arbitral de 1990 sobre o caso *Canada/European Communities Article XXVIII Rights*, o árbitro concluiu, a respeito de um acordo bilateral sobre trigo concluído entre o Canadá e as Comunidades Europeias em 1962, que "by silence for so long on the Agreement on Ordinary Wheat, Canada has relinquished any rights under the General Agreement she might have possessed under it in 1962" (cf. Ernst-Ulrich PETERSMANN, *How to Promote the International Rule of Law? Contributions by the WTO Appellate Review System*, in JIEL, 1998, p. 35.). Em contraste, argumentos baseados na aquiescência foram rejeitados pelo painel do caso *European Economic Community – Quantitative Restrictions against Imports of Certain Products from Hong Kong*. O painel considerou que "seria erróneo interpretar o facto de uma medida não ter estado sujeita ao artigo XXIII durante um certo número de anos como equivalendo a uma aceitação tácita pelas partes contratantes" (cf. Relatório do Painel no caso *European Economic Community – Quantitative Restrictions against Imports of Certain Products from Hong Kong* (L/5511), adoptado em 12-7-1983, parágrafo 28). Após a entrada em vigor dos acordos da OMC, um painel defendeu que o conceito de 'estoppel' "repousa sobre o princípio de que, quando uma parte foi induzida a agir com base nas garantias dadas por uma outra parte, de um modo tal que seria prejudicada se a outra parte modificasse posteriormente a sua posição, tal mudança de posição é *estopped*, isto é, interdita" (cf. Relatório do Painel no caso *Guatemala – Definitive Anti-Dumping Measures on Grey Portland Cement From Mexico* (WT/DS156/R), 24-10-2000, parágrafo 8.23). Ainda segundo este painel, "'aquiescência equivale a um 'silêncio qualificado', que permite interpretar o silêncio perante acontecimentos que requerem algum tipo de reacção como consentimento presumido" (cf. *Idem*). No caso *European Communities – Export Subsidies on Sugar*, o Órgão de Recurso rejeitou a alegação de *estoppel* das Comunidades Europeias, dizendo que "it is far from clear that the estoppel principle applies in the context of WTO dispute settlement" (cf. Relatório do Órgão de Recurso no caso *European Communities – Export Subsidies on Sugar* (WT/DS265/AB/R, WT/DS266/AB/R, WT/DS283/AB/R), 28-4-2005, parágrafo 310). Ainda segundo o Órgão de Recurso:

"O princípio do estoppel nunca foi aplicado pelo Órgão de Recurso. Além disso, o conceito de estoppel, tal como foi colocado pelas Comunidades Europeias, pareceria inibir a capacidade de os Membros da OMC iniciarem um procedimento de resolução de litígios. Encontramos no Memorando de Entendimento sobre Resolução de Litígios muito poucas disposições que limitem expressamente o direito de os Membros apresentarem uma queixa: os Membros da OMC devem verificar 'se qualquer pedido apresentado no âmbito desses processos é fundamentado' em virtude do nº 7 do artigo 3º do Memorando de Entendimento sobre Resolução de Litígios e devem intervir 'nesses processos de boa fé' em conformidade com o nº 10 do artigo 3º. Esta última disposição, em nosso entender, abarca todo o desenvolvimento da resolução de litígios, desde o momento do início de um caso até à fase de execução das recomendações e decisões do Órgão de Resolução de Litígios. Portanto, mesmo supondo *arguendo* que o princípio do estoppel possa aplicar-se na OMC, a sua aplicação ficaria delimitada por estes estreitos

OS MEIOS DIPLOMÁTICOS DE RESOLUÇÃO DE LITÍGIOS

"(...) Quando um Membro deseja formular uma objecção num procedimento de resolução de litígios, tem a obrigação de o fazer sem demora. Um Membro que não formule as suas objecções oportunamente, apesar de ter tido uma ou várias oportunidades para fazê-lo, pode ser visto como tendo renunciado ao seu direito de um painel considerar tais objecções"[2000].

Por conseguinte:

"**63.** O Memorando de Entendimento sobre Resolução de Litígios reconhece explicitamente que pode haver circunstâncias em que a ausência de consultas *não* priva o painel da sua autoridade para examinar a questão que lhe foi colocada pelo Órgão de Resolução de Litígios. Em nossa opinião, daí resulta que, quando a parte demandada não formula, explicita e oportunamente, objecções ao facto de a parte queixosa não ter solicitado a realização de consultas ou não ter realizado consultas, a parte demandada consentiu na não realização de consultas e, por isso, renunciou a qualquer direito a realizar consultas que pudesse ter tido.

**64.** Em consequência, constatamos que a ausência de consultas prévias não é um defeito que, pela sua própria natureza, prive um painel da sua autoridade para examinar uma questão e resolvê-la e que, por conseguinte, tal defeito não é um que um painel deva examinar quando ambas as partes em litígio guardarem silêncio a seu respeito (...)"[2001].

Merece atenção, também, o facto de o Memorando de Entendimento sobre Resolução de Litígios não impor qualquer limite temporal para apresentação de um pedido de realização de consultas. O único limite que o Memorando impõe prende-se com a fundamentação do pedido (art. 3º, nº 7). As consultas são organizadas por acordo entre as partes e têm lugar geralmente em Genebra[2002]. Pelo

parâmetros estabelecidos no Memorando de Entendimento sobre Resolução de Litígios" (cf. Relatório do Órgão de Recurso no caso *European Communities – Export Subsidies on Sugar* (WT/DS265/AB/R, WT/DS266/AB/R, WT/DS283/AB/R), 28-4-2005, parágrafo 312).
A abordagem do Órgão de Recurso, centrada no texto de algumas disposições do Memorando, revela a preocupação de evitar quaisquer críticas dos membros da OMC relacionadas com o aumento ou diminuição dos seus direitos e obrigações. No caso específico da aquiescência, parece claro que o nº 4 do art. XVI do Acordo OMC a exclui claramente.
[2000] Relatório do Órgão de Recurso no caso *Mexico – Anti-Dumping Investigation of High Fructose Corn Syrup (HFCS) from the United States – Recourse to Article 21.5 of the DSU by the United States* (WT/DS132/AB/RW), 22-10-2001, parágrafo 50.
[2001] *Idem*, parágrafos 63-64.
[2002] Sugestões quando ao tempo e lugar são submetidas pela parte queixosa à consideração do membro ao qual é dirigido o pedido de consultas (cf. Frank SCHORKOPF, Article 4 DSU, in *WTO--Institutions and Dispute Settlement*, Rüdiger Wolfrum, Peter-Tobias Stoll e Karen Kaiser (eds), Max

A FUNÇÃO JURISDICIONAL NO SISTEMA GATT/OMC

menos num caso (*United States – Provisional Anti-Dumping Measure on Imports of Certain Softwood Lumber from Canada*), as partes em litígio realizaram consultas recorrendo a telefonemas feitos a partir dos respectivos países[2003].

O pedido de consultas é dirigido, usualmente, a um alto funcionário governamental (ministro ou secretário responsável pela área coberta pelo acordo da OMC em questão) ou ao chefe da missão do país em causa em Genebra[2004] e deve ser notificado ao Órgão de Resolução de Litígios e aos conselhos e comités relevantes pelo Membro que as solicita[2005].

Formalmente, qualquer pedido de consultas deve ser apresentado por escrito e fundamentado, incluindo a identificação das medidas em questão e a base jurídica do pedido (art. 4º, nº 4, do Memorando de Entendimento sobre Resolução de Litígios)[2006]. O pedido deve especificar, pois, os artigos dos acordos da OMC

Planck Commentaries on World Trade Law, Max Planck Institute for Comparative Public Law and International Law, Martinus Nijhoff Publishers, Leiden/Boston, 2006, p. 325). Caso esteja em causa uma medida de um país menos avançado, as consultas, segundo algumas propostas avançadas, deveriam ser realizadas na capital desse país (cf. OMC, *Special Session of the Dispute Settlement Body – Report by the Chairman, Ambassador Péter Balas, to the Trade Negotiations Committee* (TN/DS/9), 6-6-2003, p. 3), porquanto muitos países menos avançados membros da OMC não têm qualquer representação em Genebra.

[2003] Duane LAYTON e Jorge O. MIRANDA, *Advocacy Before World Trade Organization Dispute Settlement Panels in Trade Remedy Cases*, in JWT, 2003, p. 73.

[2004] Christiane SCHUCHHARDT, Consultations (Chapter 25), in *The World Trade Organization: Legal, Economic and Political Analysis*, Volume I, Patrick Macrory, Arthur Appleton e Michael Plummer Ed., Springer, Nova Iorque, 2005, p. 1215.

[2005] Com vista a tornar mais fácil o requisito de notificação, o Órgão de Resolução de Litígios decidiu, na sua reunião do dia 19 de Julho de 1995, que os membros que apresentam os pedidos de consulta têm de enviar uma única notificação ao Secretariado, especificando nesse pedido os conselhos e comités relevantes que desejam ver notificados, que depois a distribuirá junto dos conselhos e comités especificados. Cf. OMC, *Dispute Settlement Body – Minutes of Meeting Held in the Centre William Rappard on 19 July 1995* (WT/DSB/M/6), 28-8-1995, p. 13.

[2006] Estes requisitos constituem uma novidade do Memorando e asseguram que todos os litígios serão visíveis para os membros da OMC. Em contraste, antes de 1989, um contendor podia solicitar a realização de consultas oralmente ou através da troca bilateral de correspondência, sem qualquer obrigação de comunicá-la ao GATT, e a dar início ou a pôr fim a um litígio inteiramente à margem do registo histórico do GATT (cf. Amelia PORGES, *Settling WTO Disputes: What Do Litigation Models Tell Us?*, in Ohio State Journal of Dispute Resolution, 2003, p. 156). Por outro lado, quando a medida posta em causa é, alegadamente, uma subvenção proibida, o Acordo sobre as Subvenções e as Medidas de Compensação impõe que um pedido de consultas inclua "uma exposição dos elementos de prova disponíveis relativos à existência e à natureza da subvenção em questão" (art. 4º, nº 2) e, no caso de uma subvenção passível de recurso, "uma exposição dos elementos de prova disponíveis relativos: *a*) à existência e natureza da subvenção em questão, e *b*) ao prejuízo causado ao ramo de produção nacional, à anulação ou à redução das vantagens ou ao prejuízo grave causado aos interesses do membro que solicita a realização de consultas" (art. 7º, nº 2). De acordo

OS MEIOS DIPLOMÁTICOS DE RESOLUÇÃO DE LITÍGIOS

relevantes ao abrigo dos quais se solicita a realização de consultas[2007] e deve ser o mais amplo possível na identificação quer das medidas em questão, quer da base jurídica do pedido, visto que tal identificação limitará o alcance de um eventual pedido de criação de um Painel e, se este for criado, dos seus termos de referência[2008]. As consultas e o pedido de criação de um Painel devem incidir, assim, sobre o mesmo litígio, embora não tenha que haver uma identidade precisa e exacta entre as medidas que foram objecto de consultas e as identificadas no pedido de criação de um Painel[2009]. Um dos objectivos da fase de consultas passa precisamente pela clarificação dos factos do litígio[2010]. Não é por acaso que o

com o Órgão de Recurso, "este requisito adicional de 'incluir uma exposição dos elementos de prova disponíveis' (...) difere dos requisitos do nº 4 do artigo 4º do Memorando de Entendimento sobre Resolução de Litígios e não é observado com o cumprimento desta última disposição". Cf. Relatório do Órgão de Recurso no caso *United States – Tax Treatment for "Foreign Sales Corporations"* (WT/DS108/AB/R), 24-2-2000, parágrafo 161.

[2007] Normalmente, tais artigos incluem o art. 4º do Memorando, as disposições correspondentes dos outros acordos abrangidos (indicadas na nota de rodapé 4 do memorando) e os artigos XXII ou XXIII do GATT.

[2008] Relatório do Painel no caso *United States – Denial of Most-Favoured-Nation Treatment as to Non--Rubber Footwear from Brazil* (DS18/R), adoptado em 19-6-1992, parágrafos 6.1-6.2.

[2009] Relatório do Órgão de Recurso no caso *Brazil – Export Financing Programme for Aircraft* (WT/DS46/AB/R), 2-8-1999, parágrafo 132. O Órgão de Recurso salientou que, desde que a parte queixosa não ampliasse o alcance do litígio, hesitava impor um critério demasiado rígido a respeito da "identidade precisa e exacta" entre o âmbito das consultas e o pedido de estabelecimento de um painel, já que tal implicaria substituir este último pelo pedido de realização de consultas. Cf. Relatório do Órgão de Recurso no caso *United States – Subsidies on Upland Cotton* (WT/DS267/AB/R), 3-3-2005, parágrafo 293.

[2010] Ainda segundo o Órgão de Recurso, "cabe esperar que a informação obtida durante as consultas possa permitir à parte queixosa circunscrever o alcance da questão a respeito da qual solicita a criação do painel" (cf. Relatório do Órgão de Recurso no caso *Brazil – Export Financing Programme for Aircraft* (WT/DS46/AB/R), 2-8-1999, parágrafo 132). Por isso, sendo as consultas confidenciais e não havendo nenhum registo oficial das mesmas, é importante que a parte queixosa mantenha um registo das questões discutidas durante as consultas. Questões escritas submetidas à outra parte em litígio durante as consultas "may serve this evidentiary purpose" (cf. Petros MAVROIDIS e David PALMETER, *Dispute Settlement in the World Trade Organization: Practice and Procedure*, 2ª ed., Cambridge University Press, 2004, p. 91). Cabe fazer uma referência, finalmente, ao caso *European Communities – Anti-Dumping Duties on Imports of Cotton-Type Bed Linen from India*, e isto por causa dos elementos de prova relativos à substância das consultas realizadas:

**6.30.** As Comunidades Europeias objectam também a inclusão pela Índia, na sua comunicação, de transcrições das consultas realizadas entre as partes antes da criação do painel. As Comunidades Europeias alegam que essas transcrições foram redigidas pela Índia, sem aprovação das Comunidades Europeias, que são inexactas e intrinsecamente pouco dignas de confiança e não são provas que possam ser apresentadas ao Painel.

**6.31.** Na resposta, a Índia realçou a 'absoluta exactidão das transcrições literais' que tinha preparado e sobre as quais baseava a sua primeira comunicação. A Índia reconheceu que não

A FUNÇÃO JURISDICIONAL NO SISTEMA GATT/OMC

nº 4 do art. 4º do Memorando fala em "medidas em questão" e o nº 2 do art. 6º do Memorando em "medidas específicas em questão". É natural que um Membro da OMC não esteja a par de todos os factos nem ciente de todas as questões jurídicas quando redige o seu pedido de realização de consultas. O próprio Órgão de Recurso declarou que:

> "Todas as partes que participam na resolução de um litígio ao abrigo do Memorando de Entendimento sobre Resolução de Litígios devem estar, desde o início, plenamente avisadas sobre as alegações que configuram o litígio e os elementos factuais relacionados com essas alegações. As alegações devem ser formuladas claramente. Os elementos factuais devem ser comunicados livremente. Assim deve suceder nas consultas e nas reuniões mais formais dos procedimentos do painel. De facto, a exigência de um processo com as garantias processuais devidas que está implícita no Memorando de Entendimento sobre Resolução de Litígios faz com que isto seja especialmente necessário durante as consultas. As alegações que se formulam e os factos que se estabelecem durante as consultas influenciam em grande medida a substância e o âmbito do subsequente procedimento do painel (...)"[2011].

Naturalmente, dizer que as alegações devem ser formuladas claramente não significa que elas devam ser completamente formuladas. Mais: referir que as alegações que se formulam e os factos que se estabelecem durante as consultas

era normal apresentar essas transcrições, mas manteve que se viu obrigada a fazê-lo porque testemunhavam a falta de respeito das Comunidades Europeias pelo objectivo básico do processo de consultas, que é a busca de uma solução amigável".
Depois de referir o art. 11º do Memorando e a obrigação de conduzir uma apreciação objectiva da questão apresentada e o nº 2 do art. 13º do Memorando e o direito dos painéis de procurarem informações de qualquer fonte relevante (parágrafos 6.33-6.34), o Painel concluiu do seguinte modo:
    6.35. "Não vemos nenhuma vantagem em limitar as provas no presente litígio acedendo ao pedido das Comunidades Europeias e, por conseguinte, não o aceitamos. Observamos, ainda, que para adoptar as nossas decisões no litígio não nos temos baseado nas provas relativas às consultas. Em consequência, consideramos que a exactidão das afirmações da Índia a respeito do que sucede nas consultas não é relevante para a nossa decisão e não chegamos a nenhuma conclusão a esse respeito". Cf. Relatório do Painel no caso *European Communities – Anti-Dumping Duties on Imports of Cotton-Type Bed Linen from India* (WT/DS141/R), 30-10-2000, parágrafos 6.30-6.31 e 6.35.
[2011] Relatório do Órgão de Recurso no caso *India – Patent Protection for Pharmaceutical and Agricultural Chemical Products* (WT/DS50/AB/R), 19-12-1997, parágrafo 94. Ainda segundo o Órgão de Recurso, se depois das consultas, uma parte acredita que, por qualquer razão, não foram apresentados ao painel todos os elementos de facto pertinentes relacionados com uma alegação, essa parte deve solicitar ao painel responsável por esse caso que inicie averiguações de factos adicionais. Mas tais averiguações não podem modificar as alegações submetidas ao painel, porquanto elas não podem modificar os termos de referência do painel. Cf. *Idem*.

## OS MEIOS DIPLOMÁTICOS DE RESOLUÇÃO DE LITÍGIOS

influenciam em larga medida o procedimento subsequente não requer que o painel só possa examinar as alegações formuladas durante as consultas.

Não é muito claro, no entanto, "how much deviation from 'precise and exact' identity the Appellate Body would accept"[2012]. Embora se defenda, por vezes, que um Painel pode analisar apenas as medidas e disposições que sejam mencionadas no pedido de realização de consultas, WILLIAM DAVEY entende que a utilização do termo "questão" (*matter*) nos artigos 4º e 7º do Memorando de Entendimento sobre Resolução de Litígios não implica que deva haver obrigatoriamente uma identidade entre o pedido de realização de consultas e o pedido de criação do Painel[2013]. O único requisito prévio imposto pelo Memorando para criar um Painel é as consultas não terem tido êxito na resolução do litígio[2014]. Por conseguinte, desde que se verifique algum controle, de modo a que um caso relativo à aplicação de medidas sanitárias e fitossanitárias não se transforme num caso relativo ao Acordo sobre os Aspectos dos Direitos de Propriedade Intelectual entre a fase das consultas e a fase do Painel, não é necessário haver uma identidade precisa e exacta entre as medidas específicas objecto de consultas e as identificadas no pedido de criação de um Painel.

A questão de saber se uma parte queixosa ampliou o âmbito do litígio ou modificou a essência do litígio incluindo no seu pedido de criação do painel uma medida que não estava incluída no seu pedido de realização de consultas deve ser determinada caso a caso[2015].

Sintetizando, não é necessário que as disposições referidas no pedido de realização de consultas sejam idênticas às enunciadas no pedido de criação do painel, desde que se possa dizer razoavelmente que a base jurídica constante do pedido de criação do painel deriva da base jurídica objecto das consultas[2016]. Dito de

---

[2012] William DAVEY, WTO Dispute Settlement: Segregating the Useful Political Aspects and Avoiding "Over-Legalization", in *New Directions in International Economic Law: Essays in Honour of John Jackson*, Marco Bronckers e Reinhard Quick ed., Kluwer Law International, Haia-Londres-Boston, 2000, p. 303.

[2013] *Idem*, p. 302.

[2014] Segundo DAVEY:

"the argument that there should be identity and that the lack of such identity requires supplemental consultations is a ploy raised by respondents to gain time since a new consultation request would put back the process by a minimum of five or six months (three months for the consultations and re-establishment of the panel, plus a month or more to select the panel and to re-file submissions)". Cf. *Ibidem*, p. 303.

[2015] Relatório do Órgão de Recurso no caso *United States – Measures Relating to Shrimp from Thailand; United States – Customs Bond Directive for Merchandise Subject to Anti-Dumping/Countervailing Duties* (WT/DS343/AB/R, WT/DS345/B/R), 16-7-2008, parágrafo 293.

[2016] No caso *United States – Continued Existence and Application of Zeroing Methodology*, por exemplo, os Estados Unidos defenderam que as 14 medidas adicionais eram juridicamente distintas das

A FUNÇÃO JURISDICIONAL NO SISTEMA GATT/OMC

outra forma, "é preciso que a adição de outras disposições não tenha por efeito a modificação da essência da queixa"[2017].

No que diz respeito ao tipo de medidas que podem ser objecto das consultas, o Órgão de Recurso notou que:

"**262.** O facto de uma medida continuar ou não em vigor não resolve a questão de saber se essa medida está a afectar actualmente o funcionamento de um acordo abrangido. Por conseguinte, discordamos do argumento dos Estados Unidos de que as medidas cuja base legislativa tenha expirado são incapazes de afectar actualmente o funcionamento de um acordo abrangido e que, em consequência, as medidas que tenham expirado *não podem* ser objecto de consultas ao abrigo do Memorando de Entendimento sobre Resolução de Litígios. Em nossa opinião, a questão de saber se as medidas cuja base legislativa expirou afectam actualmente o funcionamento de um acordo abrangido deve ser resolvida tomando como base os factos de cada caso. O resultado dessa análise não pode ser antecipado excluindo-a por completo das consultas e do procedimento de resolução de litígios.

**263.** (...) O objectivo visado pelas consultas seria posto em causa caso se interpretasse o nº 2 do artigo 4º como excluindo *a priori* medidas cuja base legislativa pudesse ter expirado, mas cujos efeitos se alega estarem a comprometer as vantagens resultantes para o Membro solicitante ao abrigo de um acordo abrangido. Nem encontramos apoio textual para fazê-lo na própria disposição. Por conseguinte, não interpretamos o

enumeradas no pedido de realização de consultas e, por isso, não poderiam estar compreendidas nos termos de referência do painel. O Órgão de Recurso, pelo contrário, defendeu que: "As 14 medidas adicionais e as enumeradas expressamente no pedido de realização de consultas dizem respeito aos mesmos direitos aplicados aos mesmos produtos procedentes dos mesmos países e foram impostos em virtude das normas e regulamentos antidumping pertinentes dos Estados Unidos). Em relação a cada um dos direitos, os procedimentos identificados tanto no pedido de realização de consultas como no pedido de criação do painel derivam da mesma base jurídica, a saber, as ordens de imposição de direitos antidumping emitidas em virtude das investigações iniciais em que se determinou a existência de dumping, de prejuízo importante e de uma relação causal entre os dois. Os Estados Unidos argumentaram que os exames periódicos foram conduzidos exclusivamente pelo Departamento do Comércio dos Estados Unidos e que os exames por extinção requeriam decisões tanto do Departamento do Comércio como da Comissão do Comércio Internacional dos Estados Unidos. Todavia, o facto de estarem envolvidas um ou dois organismos não altera o facto de que cada um dos direitos que são objecto dos dois tipos de exame dimana da mesma ordem de imposição de direitos antidumping. Como explicou o Órgão de Recurso no caso *United States – Certain European Communities Products*, 'é perfeitamente possível que participe na adopção de uma medida mais de um organismo oficial' (...)". Cf. Relatório do Órgão de Recurso no caso *United States – Continued Existence and Application of Zeroing Methodology* (WT/DS350/AB/R), 4-2-2009, parágrafo 231.

[2017] Relatório do Órgão de Recurso no caso *Mexico – Definitive Anti-Dumping Measures on Beef and Rice, Complaint with Respect to Rice* (WT/DS295/AB/R), 29-11-2005, parágrafo 138.

730

# OS MEIOS DIPLOMÁTICOS DE RESOLUÇÃO DE LITÍGIOS

nº 2 do artigo 4º do Memorando de Entendimento sobre Resolução de Litígios como impedindo um Membro de formular representações sobre medidas cuja base legislativa tenha expirado nos casos em que esse Membro tem razões para crer que essas medidas 'afectam' todavia o funcionamento de um acordo abrangido

**264.** Encontramos apoio contextual para esta interpretação no nº 3 do artigo 3º do Memorando de Entendimento sobre Resolução de Litígios, que sublinha a importância da 'pronta resolução' de determinadas situações que, na ausência de solução, poderiam afectar o funcionamento eficaz da OMC e a manutenção de um equilíbrio adequado entre os direitos e obrigações dos Membros. Observamos em primeiro lugar que o nº 3 do artigo 3º não se centra em medidas 'existentes' nem em medidas que estejam 'actualmente em vigor', mas antes em 'medidas adoptadas' por um Membro, o que inclui medidas adoptadas no passado. Observamos igualmente que o nº 3 do artigo 3º prevê que surjam litígios quando um Membro 'considere' que as vantagens resultantes para ele foram reduzidas por medidas adoptadas por outro Membro. Ao utilizar a palavra 'considere', o nº 3 do artigo 3º centra-se na percepção ou interpretação do Membro prejudicado. Isto não exclui a possibilidade de que o Membro que solicita a realização de consultas possa ter razões para crer que uma medida continua a reduzir vantagens mesmo se a sua base legislativa expirou"[2018].

Tendo início as consultas, as partes em litígio gozam de ampla discricionariedade face à maneira como as consultas devem ser conduzidas[2019]. O Memorando fornece poucas pistas sobre a condução das consultas, impondo o nº 6 do art. 4º apenas dois requisitos. Por um lado, as consultas devem ser confidenciais, tendo lugar sem qualquer envolvimento do Órgão de Resolução de Litígios ou do Secretariado e sem qualquer registo oficial das mesmas[2020]. Por causa da natureza privada das consultas, o Painel limitar-se-á no futuro apenas a verificar se as consultas ocorreram de facto, se o pedido de consultas foi apresentado nos termos previstos nos acordos da OMC e se o período de 60 dias a contar da data

---

[2018] Relatório do Órgão de Recurso no caso *United States – Subsidies on Upland Cotton* (WT/DS267/AB/R), 3-3-2005, parágrafos 262-264.

[2019] Por exemplo, as consultas relativas ao caso *United States – Measures Affecting the Cross-Border Supply of Gambling (Recourse to Article 21.5 of the DSU by Antigua and Barbuda)* duraram, ao que parece, cerca de 15 minutos. Cf. Andrea EWART, *Small Developing States in the WTO: A Procedural Approach to Special and Differential Treatment Through Reforms to Dispute Settlement*, in Syracuse Journal of International Law & Commerce, Vol. 35, 2007, p. 57.

[2020] No caso *European Communities – Regime for the Importation, Sale and Distribution of Bananas*, o Painel observou que "as consultas são matéria reservada para as partes. O Órgão de Resolução de Litígios não participa, nenhum painel participa e as consultas são realizadas na ausência do Secretariado". Cf. Relatório do Painel no caso *European Communities – Regime for the Importation, Sale and Distribution of Bananas* (WT/DS27/R), 22-5-1997, parágrafo 7.19.

de recepção do pedido de consultas expirou antes de a criação de um painel ter sido solicitada pela parte queixosa[2021]. Um Painel não está, assim, em posição de saber o que foi de facto discutido durante as consultas nem se um país desenvolvido, em consultas realizadas com um país em desenvolvimento, aproveitou o seu maior poderio politico e económico para ligar a resolução do litígio em causa a considerações extrínsecas ao mesmo. Como disse um Painel: "o que ocorre nas consultas não interessa aos painéis. (...) Não temos qualquer mandato para investigar a idoneidade do processo de consultas que teve lugar entre as partes"[2022].

As consultas não devem prejudicar, por outro lado, os direitos de qualquer Membro em fases processuais posteriores[2023]. Segundo um Painel:

> "O texto do nº 6 do artigo 4º do Memorando de Entendimento sobre Resolução de Litígios estabelece claramente que, caso não se chegue a uma solução mutuamente acordada, as ofertas formuladas no contexto das consultas não têm consequências jurídicas em fases processuais posteriores da resolução do litígio, no que se refere aos direitos das partes em tal litígio"[2024].

Deste modo, as ofertas com vista a pôr fim a um litígio não podem ser usadas depois para alegar que o membro contra o qual foi apresentada a queixa admitiu uma violação. A limitação imposta pelo nº 6 do art. 4º do Memorando não implica, no entanto, que a informação obtida na fase das consultas não possa ser apresentada a um Painel:

> "Notamos que o nº 6 do artigo 4º do Memorando de Entendimento sobre Resolução de Litígios exige que as consultas entre as partes num litígio sejam confidenciais. Esta imposição é essencial para que as partes possam realizar conversações úteis. Não obstante, consideramos que este dever de confidencialidade só exige que as partes nas consultas não divulguem informação obtida nelas a partes que não intervenham nessas consultas. Temos consciência de que o procedimento do Painel entre as partes também tem carácter confidencial, pelo que as partes não quebram a obrigação de

---

[2021] No caso *Turkey – Restrictions on Imports of Textile and Clothing Products*, por exemplo, a Turquia não só não apareceu na reunião agendada para as consultas, depois de ter concordado com a data avançada pela Índia, como não forneceu qualquer explicação para a sua ausência. Cf. Relatório do Painel no caso *Turkey – Restrictions on Imports of Textile and Clothing Products* (WT/DS34/R), 31-5-1999, parágrafo 9.20.

[2022] Relatório do Painel no caso *Korea – Taxes on Alcoholic Beverages* (WT/DS75/R, WT/DS84/R), 17-9-1998, parágrafo 10.19.

[2023] De referir que "durante as consultas os Membros prestarão especial atenção aos problemas e interesses específicos dos países Membros em desenvolvimento" (art. 4º, nº 10, do Memorando de Entendimento sobre Resolução de Litígios).

[2024] Relatório do Painel no caso *United States – Restrictions on Imports of Cotton and Man-made Fibre Underwear* (WT/DS24/R), 8-11-1996, parágrafo 7.27.

OS MEIOS DIPLOMÁTICOS DE RESOLUÇÃO DE LITÍGIOS

confidencialidade se revelarem informação obtida durante as consultas. Na realidade, em nossa opinião, a verdadeira finalidade das consultas é que as partes possam reunir informação exacta e relevante que as ajude a chegar a uma solução mutuamente acordada ou, na falta de êxito, a apresentarem informação exacta ao Painel. Constituiria um importante prejuízo para o processo de resolução de litígios se a informação obtida nas consultas não pudesse ser utilizada por uma parte nos procedimentos ulteriores. Em consequência, constatamos que as partes queixosas não quebraram o dever de confidencialidade neste caso relativamente à informação de que tiveram conhecimento durante as consultas realizadas com a Coreia sobre este litígio"[2025].

Um outro Painel notou também que:

"A condição de manter a confidencialidade das consultas não é violada pela inclusão de informação obtida durante as consultas na comunicação escrita de uma parte transmitida a uma parte terceira no âmbito dos procedimentos subsequentes do painel, mesmo se essa parte terceira não participou nas consultas"[2026].

Uma questão igualmente importante é saber se o âmbito das consultas é determinado pelo pedido da sua realização ou pelo que aconteceu realmente nas consultas. A este respeito, o Órgão de Recurso observou o seguinte:

"**286.** (...) O Painel examinou em primeiro lugar o que ocorreu efectivamente nas consultas. Ele observou que o Brasil apresentou por escrito 21 perguntas aos Estados Unidos sobre medidas de garantias de créditos à exportação, para conseguir informação, entre outros assuntos, sobre o volume total e o valor das exportações de produtos agro-pecuários estado-unidenses garantidos por estes programas. Segundo o Painel, 'isto demonstra que as consultas *reais* incluíram efectivamente as medidas de garantias de créditos à exportação correspondentes a todos os produtos agro-pecuários admissíveis'. O Painel examinou de seguida o texto do pedido de realização de consultas apresentado pelo Brasil, 'supondo, para efeitos de argumentação, que o alcance do pedido escrito de realização de consultas era determinante, mais que o alcance das consultas reais.

**287.** Consideramos que o Painel deveria ter limitado a sua análise do pedido de realização de consultas, porque tendemos a concordar com o Painel que se ocupou do caso *Korea – Taxes on Alcoholic Beverages* que ' o único requisito que estabelece o Memorando de Entendimento sobre Resolução de Litígios é que se realizem de facto

---

[2025] Relatório do Painel no caso *Korea – Taxes on Alcoholic Beverages* (WT/DS75/R, WT/DS84/R), 17-9-1998, parágrafo 10.23.
[2026] Relatório do Painel no caso *Mexico – Antidumping Investigation of High Fructose Corn Syrup (HFCS) from the United States* (WT/DS132/R), 28-1-2000, parágrafo 7.41.

as consultas .... O que ocorre nessas consultas não interessa aos painéis' [parágrafo 10.19]. Examinar o ocorrido nas consultas pareceria contrário ao que dispõe o nº 6 do artigo 4º do Memorando de Entendimento sobre Resolução de Litígios: 'as consultas serão confidenciais e não prejudicarão os direitos de qualquer Membro em fases processuais posteriores'. Além disso, pareceria contraditório com a prescrição do nº 4 do artigo 4º do Memorando de Entendimento sobre Resolução de Litígios que todo o pedido de realização de consultas seja apresentado por escrito e notificado ao Órgão de Resolução de Litígios. Por outro lado, não existe nenhum registo público do que realmente ocorre nas consultas, e as partes discordam com frequência do que foi exactamente discutido (...)"[2027].

Outro aspecto fundamental a ter em conta é aquele em que outro membro considera que tem um interesse comercial substancial nas consultas em curso, nos termos do nº 1 do art. XXII do GATT 1994, do nº 1 do art. XXII do GATS, ou das disposições correspondentes de outros acordos abrangidos[2028]. Neste caso, esse membro pode notificar os membros em consulta e o Órgão de Resolução de Litígios, no prazo de 10 dias a contar da data de divulgação do pedido de consultas, do seu desejo de participar nas consultas enquanto parte terceira, mas terá de provar, junto do membro a quem foi apresentado o pedido de consultas, que a alegação de interesse substancial é fundamentada (art. 4º, nº 11, do Memorando de Entendimento sobre Resolução de Litígios). Adquirido o estatuto de parte terceira nos termos do nº 11 do art. 4º do Memorando, o membro da OMC em causa tem o direito de estar presente durante as consultas entre a parte que solicita a realização de consultas e a parte que recebeu tal solicitação e acesso aos factos, argumentos jurídicos e documentos produzidos durante as consultas.

---

[2027] Relatório do Órgão de Recurso no caso *United States – Subsidies on Upland Cotton* (WT/DS267/AB/R), 3-3-2005, parágrafos 286-287.

[2028] As disposições correspondentes sobre consultas previstas nos acordos abrangidos são as seguintes: art. 19º do Acordo sobre a Agricultura; art. 11º, nº 1, do Acordo sobre a Aplicação de Medidas Sanitárias e Fitossanitárias; art. 8º, nº 4, do Acordo sobre os Têxteis e o Vestuário; art. 14º, nº 1, do Acordo sobre os Obstáculos Técnicos ao Comércio; art. 8º do Acordo sobre as Medidas de Investimento relacionadas com o Comércio; art. 17º, nº 2, do Acordo sobre a Aplicação do Artigo VI do GATT de 1994; art. 19º, nº 2, do Acordo sobre a Aplicação do Artigo VII do GATT de 1994; art. 7º do Acordo sobre a Inspecção antes da Expedição; art. 7º do Acordo sobre as Regras de Origem; art. 6º do Acordo sobre os Procedimentos em matéria de Licenças de Importação; art. 30º do Acordo sobre as Subvenções e as Medidas de Compensação; art. 13º do Acordo sobre as Medidas de Salvaguarda; art. 64º, nº 1, do Acordo sobre os Aspectos dos Direitos de Propriedade Intelectual relacionados com o Comércio; quaisquer disposições correspondentes sobre consultas previstas nos acordos comerciais plurilaterais, tal como definidas pelos órgãos competentes de cada acordo e tal como notificadas ao Órgão de Resolução de Litígios.

OS MEIOS DIPLOMÁTICOS DE RESOLUÇÃO DE LITÍGIOS

Caso o pedido de participação nas consultas não seja aceite, o Membro interessado não poderá impor a sua presença nas consultas, por mais legítima que seja a sua invocação de um interesse comercial substancial, nem solicitar a revisão judicial da decisão que recusa a sua participação[2029]. Tal Membro poderá, todavia, solicitar a abertura de um processo de consultas nos termos do nº 1 do art. XXII ou do nº 1 do art. XXIII do GATT de 1994 ou do nº 1 do art. XXII ou do nº 1 do art. XXIII do GATS, ou das disposições correspondentes de outros acordos abrangidos (art. 4º, nº 11, *in fine*, do Memorando)[2030] e sem ter que demonstrar qualquer "interesse comercial substancial"[2031]. Além disso, nos poucos casos em que os pedidos de participação nas consultas formulados por partes terceiras foram rejeitados, os Membros em causa tiveram a possibilidade de apresentar depois observações como partes terceiras na fase do Painel[2032]. Foi o que aconteceu, por exemplo, com as Comunidades Europeias no caso *Korea – Measures Affecting Government Procurement*[2033].

Em alguns casos, as partes que solicitam a abertura de um processo de consultas recorrem ao art. XXIII do GATT, presumivelmente para manter "partes estranhas" de fora das consultas[2034]. Esta possibilidade de a parte queixosa impedir a

[2029] Segundo WILLIAM DAVEY:
"in practice, third parties are allowed in consultations only if both parties agree. I do not see a reason to change this situation. The consultation process is largely a political process aimed at settlement and the presence of third parties could complicate settlement negotiations". Cf. William DAVEY, Proposals for Improving the Working Procedures of WTO Dispute Settlement Panels, in *The WTO Dispute Settlement System 1995-2003*, Federico Ortino e Ernst-Ulrich Petersmann ed., Kluwer Law International, Haia-Londres-Nova Iorque, 2004, p. 22.

[2030] O Memorando parece restringir, assim, a participação de partes terceiras ao lado da parte queixosa. Cf. Frank SCHORKOPF, Article 4 DSU, in *WTO-Institutions and Dispute Settlement*, Rüdiger Wolfrum, Peter-Tobias Stoll e Karen Kaiser (eds), Max Planck Commentaries on World Trade Law, Max Planck Institute for Comparative Public Law and International Law, Martinus Nijhoff Publishers, Leiden/Boston, 2006, p. 327.

[2031] E daí a conclusão de que "the 'substantial trade interest' standard [is] an unnecessary obstacle to an efficient use of consultations". Cf. Christiane SCHUCHHARDT, Consultations (Chapter 25), in *The World Trade Organization: Legal, Economic and Political Analysis*, Volume I, Patrick Macrory, Arthur Appleton e Michael Plummer Ed., Springer, Nova Iorque, 2005, p. 1214.

[2032] Marc BUSCH e Eric REINHARDT, *Three's a Crowd – Third Parties and WTO Dispute Settlement*, in World Politics, April 2006, p. 451.

[2033] Relatório do Painel no caso *Korea – Measures Affecting Government Procurement, Request to Join Consultations, Communication from the European Communities*, 8-3-1999, parágrafos 5.1-5.43.

[2034] Se a parte queixosa invocar o art. XXII, nº 1, do GATT, a admissão de partes terceiras interessadas depende da parte contra a qual a queixa foi apresentada, podendo esta aceitá-las ou não. Na maioria dos casos, os pedidos de consultas são feitos ao abrigo do art. XXII do GATT (as chamadas consultas plurilaterais). Caso o pedido de realização de consultas não refira a base jurídica do pedido, cabe à parte que solicita a realização de consultas decidir se outros membros podem adquirir o estatuto de "partes terceiras" ao abrigo do nº 11 do art. 4º do Memorando de Entendi-

735

A FUNÇÃO JURISDICIONAL NO SISTEMA GATT/OMC

participação de partes terceiras na fase das consultas pode ser atractiva quando a parte queixosa pretende trabalhar com a outra parte em litígio no sentido da obtenção de uma solução mutuamente aceitável, sem a interferência de outros membros da OMC[2035]. Contudo, MARC BUSCH e ERIC REINHARDT observam que, empiricamente, "cases filed for Article XXIII:1 consultations during the GATT years were 40 percent more likely to be brought to a panel"[2036].

Significativamente, só muito raramente os Membros da OMC têm visto recusados os seus pedidos de participação nas consultas[2037]. Não obstante alguns

mento sobre Resolução de Litígios. Cf. Christiane SCHUCHHARDT, Consultations (Chapter 25), in *The World Trade Organization: Legal, Economic and Political Analysis*, Volume I, Patrick Macrory, Arthur Appleton e Michael Plummer Ed., Springer, Nova Iorque, 2005, p. 1213.

[2035] Na prática, a participação de partes terceiras nas consultas reduz significativamente as perspectivas de pôr fim ao diferendo rapidamente (cf. Marc BUSCH e Eric REINHARDT, Fixing What "Ain't Broke"? Third Party Rights, Consultations, and the DSU, in *Reform and Development of the WTO Dispute Settlement System*, Dencho Georgiev e Kim Van Der Borght ed., Cameron May, Londres, 2006, p. 84). Assim sendo, a abertura da fase das consultas ao escrutínio público constituiria, muito provavelmente, um erro. O escrutínio público das consultas poderia pôr em causa a capacidade de os Membros da OMC alcançarem soluções negociadas dos litígios e aumentar o custo político da negociação de um acordo que pode não ser popular internamente. Cf. *Idem*, p. 86.

[2036] Marc BUSCH e Eric REINHARDT, *Three's a Crowd – Third Parties and WTO Dispute Settlement*, in World Politics, April 2006, p. 453. Ainda de acordo com estes dois autores:
"many observers have speculated that consultations held under Article XXIII:1 are more likely to go on to a panel, in contrast to those held under Article XXII:1 (both of GATT 1947). The reason is that, even though both texts fulfil GATT's requirement that consultations be held before a complainant can request a panel, Article XXIII:1 boasts more explicit language about 'nullification and impairment', and thus seems a more natural transition to the subsequent paragraph, which provides for a panel. It might thus be argued that complainants choosing Article XXIII:1 are likely to have grievances that are not only more contentious, but better defined with respect to GATT disciplines. Article XXII, by way of contrast, is widely viewed as the preferred choice of those countries looking to gather information, or to consult in the most general sense. Does the evidence bear out the conventional wisdom? Quite convincingly, in fact. (...) It appears that, at least under GATT 1947, Article XXIII:1 consultations are substantially more likely to feed into a panel proceeding, in all likelihood because complainants choose this text where they are predisposed to invoke GATT's language of nullification and impairment. Interestingly, however, some of the most heated disputes heard by WTO panels have, instead, emerged from Article XXII consultations, most notably *Hormones, Periodicals*, and *Sections 301-310*". Cf. Marc BUSCH e Eric REINHARDT, Testing international trade law: Empirical studies of GATT/WTO dispute settlement, in *The Political Economy of International Trade Law – Essays in Honor of Robert E. Hudec*, Daniel Kennedy e James Southwick ed., Cambridge University Press, 2002, pp. 468-469.

[2037] Escrevendo em 2006, MARC BUSCH e ERIC REINHARDT concluem que tal só aconteceu em 4% dos pedidos (cf. Marc BUSCH e Eric REINHARDT, Fixing What "Ain't Broke"? Third Party Rights, Consultations, and the DSU, in *Reform and Development of the WTO Dispute Settlement System*, Dencho Georgiev e Kim Van Der Borght ed., Cameron May, Londres, 2006, p. 83). No caso *United Sta-*

OS MEIOS DIPLOMÁTICOS DE RESOLUÇÃO DE LITÍGIOS

receios por parte dos países em desenvolvimento, a reivindicação de um "interesse comercial substancial" não parece ser nada difícil[2038]. No caso *United States – Section 306 of the Trade Act of 1974 and Amendments Thereto*, por exemplo, o Canadá defendeu que:

> "O interesse comercial a que se refere o nº 11 do artigo 4º [do Memorando de Entendimento sobre Resolução de Litígios] não está limitado a um interesse comercial imediato, sendo sim suficientemente amplo para abarcar os interesses comerciais e os sistémicos. Como participante frequente em procedimentos de resolução de litígios no âmbito do Memorando de Entendimento sobre Resolução de Litígios, o Canadá tem um interesse comercial significativo na interpretação devida das disposições dos Acordos da OMC citados pelas Comunidades Europeias no seu pedido de realização de consultas"[2039].

De igual modo, e no âmbito do mesmo caso, quando os Estados Unidos recusaram o pedido do Japão de participação nas consultas entre as Comunidades Europeias e os Estados Unidos, invocando a falta de um interesse comercial substancial, o Japão argumentou que tinha um interesse comercial substancial na questão, incluindo um de natureza sistémica[2040].

Ainda a respeito deste caso, a Austrália aduziu os seguintes factores em favor do reconhecimento de um "interesse comercial substancial":

- A Austrália exportou para os Estados Unidos, em 1999, mercadorias no valor de 8,414 milhões de dólares australianos e serviços no valor de 4,645 milhões de dólares australianos.
- A Austrália era um exportador importante de matérias-primas para as Comunidades Europeias e para outros membros que exportam para os Estados Unidos. Os planos de comercialização e os acordos de abastecimento destes mercados de matérias-primas poderiam ser afectados pelas

---

tes – *Import Measures on Certain Products from the European Communities*, porém, os Estados Unidos recusaram a participação de todas as partes terceiras. Cf. OMC, *United States – Import Measures on Certain Products from the European Communities (Request for the Establishment of a Panel by the European Communities)* (WT/DS165/8), 11-5-1999, p. 2.

[2038] Não contendo o Memorando de Entendimento sobre Resolução de Litígios qualquer definição de "interesse comercial substancial", pensamos que, quanto maior for a importância de um membro da OMC nas trocas comerciais realizadas a nível mundial, mais fácil será a esse membro preencher o requisito do "interesse comercial substancial" e daí alguns países em desenvolvimento considerarem tal requisito injusto.

[2039] OMC, *United States – Section 306 of the Trade Act of 1974 and Amendments Thereto, Communication from Canada* (WT/DS200/8), 27-6-2000.

[2040] OMC, *United States – Section 306 of the Trade Act of 1974 and Amendments Thereto, Communication from Japan* (WT/DS200/12), 3-8-2000.

737

alterações às listas de produtos sujeitos à suspensão de concessões por parte dos Estados Unidos.

– A Austrália tinha um interesse sistémico na segurança e previsibilidade do sistema comercial multilateral, assim como em qualquer clarificação dos direitos relativos à suspensão de concessões no âmbito da OMC[2041].

No fim, os Estados Unidos recusaram atender aos pedidos de participação nas consultas do Japão, Austrália, Santa Lúcia, Jamaica e República Dominicana, alegando que estes países não tinham um interesse comercial substancial nas consultas ou um interesse directo na questão do exercício dos direitos previstos no art. 22º do Memorando de Entendimento sobre Resolução de Litígios[2042]. Ao mesmo tempo, os Estados Unidos aceitaram o pedido de participação nas consultas do Canadá, Equador, Honduras, Guatemala e Panamá. Este último grupo de países, por coincidência ou não, incluía alguns dos países que estiveram ao lado dos Estados Unidos contra as Comunidades Europeias nos casos *Bananas* ou *Hormones*[2043].

### 2.2.3. Os Bons Ofícios, a Conciliação e a Mediação

Apesar de não ser possível encontrar no texto do art. XXIII do GATT qualquer referência aos bons ofícios, conciliação e mediação, entendia-se que a disposição em causa apresentava flexibilidade suficiente para que as PARTES CONTRATANTES pudessem recorrer a tais meios diplomáticos de resolução de litígios[2044].

Presentemente, caso as partes acordem nesse sentido, prevê-se expressamente a possibilidade de os bons ofícios, a conciliação e a mediação poderem ser accionados voluntariamente (art. 5º, nº 1, do Memorando de Entendimento

---

[2041] OMC, *United States – Section 306 of the Trade Act of 1974 and Amendments Thereto*, Request to Join Consultations, Communication from Australia (WT/DS200/10), 28-6-2000.

[2042] Neste caso *United States – Section 306 of the Trade Act of 1974 and Amendments Thereto*, estava em causa a revisão da Secção 306 do *Trade Act* de 1974 pela Secção 407 da Lei do Comércio e Desenvolvimento de 2000 (*Trade and Development Act of 2000*), aprovada pelo congresso norte-americano, em 18 de Maio de 2000, e que estabelecia a legislação comummente apelidada de "legislação carrossel" (ver *infra* Parte V, Capítulo 22).

[2043] John JACKSON e Patricio GRANE, *The Saga Continues: An Update of the Banana Dispute and Its Procedural Offspring*, in JIEL, 2001, p. 590.

[2044] Fernando PIÉROLA, *Solución de Diferencias ante la OMC: Presente y Perspectivas*, Cameron May, Londres, 2008, p. 46. Em contraste, o processo de consultas vinha referido não só nos artigos XXII e XXIII, mas também em muitas outras disposições do GATT: artigos II, nº 5; VI, nº 7; VII, nº 1; VIII, nº 2; IX, nº 6; XII, nº 4; XIII, nº 4; XVI, nº 1; XVIII, nºs 7, 12, 16, 21 e 22; XIX, nº 2; XXIV, nº 7; XXV, nº 1; XXVII; XXVIII, nºs 1 e 4; XXXVII, nº 2.

## OS MEIOS DIPLOMÁTICOS DE RESOLUÇÃO DE LITÍGIOS

sobre Resolução de Litígios). Os bons ofícios, a mediação e a conciliação são geralmente definidos do seguinte modo[2045]:

a) *bons ofícios*: esta expressão é utilizada quando a participação de um ou mais Estados ou de uma organização internacional num litígio entre outros Estados se limita a encorajar os Estados em conflito a retomar as negociações e/ou a providenciar a esses Estados canais de comunicação adicionais. Os bons ofícios podem ser oferecidos por um Estado ou organização internacional (ou pelo Director-Geral da OMC no caso do sistema de resolução de litígios da OMC), por sua livre iniciativa, ou podem ser requeridos por uma ou ambas as partes em litígio;

b) *mediação*: difere dos bons ofícios pela participação mais activa do mediador (um Estado, uma organização internacional ou um indivíduo)[2046], o qual está autorizado a transmitir e interpretar as propostas de cada parte e a avançar informalmente com as suas próprias propostas, baseadas não em investigações levadas a cabo por si, mas na informação dada pelas partes. A mediação só pode ter lugar com o consentimento das partes em litígio, as propostas não vinculam as partes, as quais mantêm o controlo da disputa, e as propostas podem basear-se não apenas no direito vigente, mas também em considerações de equidade; e

c) *conciliação*: pode ter lugar a pedido de uma ou ambas as partes em litígio e distingue-se da mediação pelo facto de a intervenção da parte terceira ocorrer numa base jurídica e institucionalizada. Os membros dos órgãos de conciliação são, regra geral, independentes e não funcionários do Estado de que são nacionais ou de uma organização internacional. Os órgãos de conciliação são chamados, regra geral, a estabelecer os factos, a examinar as queixas de ambas as partes, a tomar em conta todos os factores relevantes (incluindo a situação jurídica) e a submeter propostas, não vinculativas, com vista à obtenção de um eventual acordo. Se as propostas de conciliação forem aceites, os órgãos de conciliação redigem normalmente uma acta contendo o acordo de conciliação e estabelecendo os termos do mesmo. A confidencialidade é a regra geral nos procedimentos de conci-

---

[2045] Ernst-Ulrich PETERSMANN, International Trade Law and the GATT/WTO Dispute Settlement System 1948-1996: An Introduction, in *International Trade Law and the GATT/WTO Dispute Settlement System*, Studies in Transnational Economic Law, vol. 11, Ernst-Ulrich Petersmann ed., Kluwer Law International, Londres-Haia-Boston, 1997, pp. 32-33.

[2046] Em determinadas situações, é possível que organizações não governamentais (por exemplo, o Comité Internacional da Cruz Vermelha) actuem como mediadores. Cf. J. G. MERRILLS, *International Dispute Settlement*, 4ª ed., Cambridge University Press, 2005, p. 29.

A FUNÇÃO JURISDICIONAL NO SISTEMA GATT/OMC

liação, visto que se entende que é mais fácil aos governos fazer concessões quando não há publicidade[2047]-[2048].

Os processos relativos aos bons ofícios, à conciliação e à mediação, e em especial as posições adoptadas pelas partes em litígio durante estes processos, serão confidenciais e não prejudicarão os direitos das partes em fases processuais posteriores (art. 5º, nº 2, do Memorando). Além disso, o recurso aos bons ofícios, à conciliação e à mediação pode ser solicitado em qualquer altura por qualquer parte num diferendo, podendo ter início a qualquer momento e ser igualmente extinto a qualquer momento (art. 5º, nº 3, do Memorando). O próprio Director-Geral da OMC pode, agindo a título oficioso, oferecer os seus bons ofícios, conciliação ou mediação, com vista a ajudar os membros a resolver um litígio (art. 5º, nº 6, do Memorando)[2049].

Caso as partes em litígio considerem que o processo de bons ofícios, conciliação ou mediação não conseguiu resolver o diferendo, a parte queixosa pode solicitar a criação de um Painel (art. 5º, nº 3, do Memorando). Nada impede,

[2047] Segundo uma nota do Secretariado do GATT de 1947, "dado que as propostas de conciliação permanecem não vinculativas mesmo nos casos em que a lei desempenha um papel, os relatórios de conciliação têm sido, por vezes, submetidos sujeitos à condição de que 'a opinião da Comissão sobre questões de direito não possa ser invocada pelas partes ante qualquer tribunal, judicial ou arbitral'". Cf. GATT, *Concept, Forms and Effects of Arbitration – Note by the Secretariat* (MTN.GNG/NG13/W/20), 22-2-1988, p. 3.

[2048] Mais simplistas são as definições avançadas numa comunicação do Director-Geral: "Os bons ofícios consistem principalmente na prestação de apoio material e assistência de secretariado às partes. A conciliação consistirá nos bons ofícios mais o envolvimento do Director Geral na promoção de conversações e negociações entre as partes. A mediação consistirá na conciliação mais a possibilidade de o Director Geral propor soluções às partes". Cf. OMC, *Article 5 of the Dispute Settlement Understanding*, communication from the Director-General (WT/DSB/25), 17-7-2001, p. 5.
Ainda a respeito desta comunicação do Director-Geral, é de destacar que: (i) as comunicações *ex parte* são permitidas, (ii) que todas as comunicações feitas durante o processo devem permanecer confidenciais, não devendo nunca ser reveladas, incluindo durante quaisquer outros procedimentos iniciados em conformidade com o Memorando, (iii) a menos que haja acordo entre as partes, não haverá participação de partes terceiras no processo; e (iv) caso seja alcançada uma solução mutuamente satisfatória para o litígio ao abrigo de um procedimento realizado em conformidade com o art. 5º do Memorando, a notificação ao Órgão de Resolução de Litígios e aos conselhos e comités relevantes (art. 3º, nº 6, do Memorando) deve indicá-lo. Cf. *Idem*.

[2049] Nos casos de resolução de litígios que envolvam um país membro menos desenvolvido, quando se não encontrar uma solução satisfatória no âmbito do processo de consultas, o Director-Geral ou o presidente do Órgão de Resolução de Litígios deverão, a pedido de um país membro menos desenvolvido, oferecer os seus bons ofícios, conciliação e mediação, com vista a assistir as partes na resolução do litígio, antes de se solicitar a criação de um Painel (art. 24º, nº 2, do Memorando). Esta disposição não obriga, contudo, a outra parte do litígio a aceitar tal oferta.

## OS MEIOS DIPLOMÁTICOS DE RESOLUÇÃO DE LITÍGIOS

porém, que, caso as partes em litígio acordem nesse sentido, os processos de bons ofícios, conciliação ou mediação possam prosseguir paralelamente aos trâmites do processo do Painel (art. 5º, nº 5, do Memorando), ou seja, não existe nenhuma ligação entre o fim dos processos de bons ofícios, conciliação ou mediação e a criação de um painel.

Relativamente à ligação entre os processos de bons ofícios, conciliação ou mediação e a fase de consultas, o nº 4 do art. 5º do Memorando determina que:

> "Caso os processos de bons ofícios, conciliação ou mediação tenham sido iniciados no prazo de 60 dias a contar da data de recepção de um pedido de consultas, a parte queixosa não pode solicitar a criação de um painel antes de decorrido um prazo de 60 dias a contar da data de recepção do pedido de consultas. A parte queixosa pode solicitar a criação de um painel antes de decorrido o prazo de 60 dias caso as partes em litígio considerem ambas que o processo de bons ofícios, conciliação ou mediação não conseguiu resolver o diferendo".

No fundo, os bons ofícios, a conciliação e a mediação permitem às partes em litígio "by-pass" o processo de consultas[2050], isto é:

> "As the purpose of both the alternative dispute resolution approach [art. 5º do Memorando de Entendimento sobre Resolução de Litígios] and the consultation process are to attempt to reach an agreed solution to the dispute, if good offices, conciliation or mediation fail to reach a solution, it can be concluded that it is not possible to find a mutually agreed solution to the dispute. Therefore, it is unnecessary to hold consultations"[2051].

Acresce que os bons ofícios, a conciliação e a mediação nunca podem ter início antes da apresentação de um pedido de consultas, visto este pedido constituir condição necessária para desencadear a aplicação dos procedimentos do Memorando de Entendimento sobre Resolução de Litígios, incluindo o art. 5º[2052].

## 3. A Relevância Prática dos Meios Diplomáticos

Durante a vigência do GATT de 1947, apenas as consultas desempenharam um papel importante, tendo os processos de bons ofícios, conciliação ou mediação

---

[2050] Yang GUOHUA, Bryan MERCURIO e Li YONGJIE, *WTO Dispute Settlement Understanding: A Detailed Interpretation*, Kluwer Law International, 2005, p. 55.

[2051] *Idem*.

[2052] OMC, *A Handbook on the WTO Dispute Settlement System – A WTO Secretariat Publication*, Cambridge University Press, 2004, p. 94.

A FUNÇÃO JURISDICIONAL NO SISTEMA GATT/OMC

sido utilizados apenas em três ocasiões[2053]. A primeira assumiu a forma de bons ofícios do Director-Geral do GATT e foi utilizada em 1982, sem sucesso, num litígio entre os Estados Unidos e a Comunidade Económica Europeia (caso *European Economic Community – Imports of Citrus Fruit and Products*)[2054]. A segunda teve início em finais de 1987, a pedido da Comunidade Económica Europeia e do Japão, tendo o Director-Geral nomeado um representante pessoal para exercer o seu papel de bons ofícios relativamente às críticas que eram formuladas contra determinadas práticas comerciais do Japão quanto ao cobre (por exemplo, direitos aduaneiros elevados sobre as importações de cobre refinado, subsídios escondidos e um cartel de preços por parte dos produtores japoneses)[2055]. O representante apresentou um relatório em finais de 1988, no qual absolveu o Japão de qualquer violação das obrigações do GATT, ao mesmo tempo que recomendava às partes que negociassem a redução ou a eliminação dos direitos aduaneiros relativos ao cobre no contexto do Ciclo do Uruguai e observando o princípio da nação mais favorecida[2056]. Finalmente, em Julho de 1988, o Director-Geral, a pedido das Comunidades Europeias e do Canadá e com base no nº 8 do Memorando Relativo a Notificações, Consultas, Resolução de Litígios e Supervisão adoptado pelas PARTES CONTRATANTES em 1979, emitiu um parecer sobre se a concessão pautal oferecida por Portugal ao Canadá em 1961 era aplicável ao bacalhau húmido conservado em sal[2057]. Relativamente aos dois últimos casos referidos, MERRILLS nota que:

> "the Director-General's involvement, though termed 'good offices', was really a kind of conciliation since the parties were offered a specific set of conclusions and recommendations as a basis for further action"[2058].

---

[2053] Ernst-Ulrich PETERSMANN, *Justice as Conflict Resolution: Proliferation, Fragmentation, and Decentralization of Dispute Settlement in International Trade*, in University of Pennsylvania Journal of International Economic Law, 2006, pp. 348-349.

[2054] GATT, *Minutes of Meeting Held in the Centre William Rappard on 1 October 1982* (C/M/161), 29-10-1982, Item 4, pp. 6-9.

[2055] O Director-Geral do GATT nomeou Gardner Patterson como seu representante pessoal e este contou com o apoio de Martin Thompson da *Rio Tinto Zinc*, contratado como perito independente sobre o mercado do cobre, de acordo com o entendimento alcançado entre a Comunidade Económica Europeia e o Japão.

[2056] GATT, *Measures Affecting the World Market for Copper Ores and Concentrates – Note by the Director-General* (L/6456), 31-1-1989.

[2057] GATT, *Minutes of Meeting Held in the Centre William Rappard on 19 October 1988* (C/M/225), 2-11-1988, p. 2. A questão do âmbito da concessão pautal foi suscitada nas negociações pautais entre a Comunidade Económica Europeia e o Canadá realizadas ao abrigo do nº 6 do art. XXIV do GATT e deveu-se à incapacidade de as duas partes contratantes chegarem a uma solução mutuamente satisfatória.

[2058] J. G. MERRILLS, *International Dispute Settlement*, 4ª ed., Cambridge University Press, 2005, p. 218.

OS MEIOS DIPLOMÁTICOS DE RESOLUÇÃO DE LITÍGIOS

No âmbito da OMC, o facto de nenhum litígio ter sido resolvido em consequência da utilização dos bons ofícios, da conciliação ou da mediação nos primeiros anos de aplicação do Memorando de Entendimento sobre Resolução de Litígios levou o Director-Geral a apresentar, em Julho de 2001, uma comunicação com o objectivo de tornar mais operacional o art. 5º do Memorando[2059]. Depois disso, em Novembro de 2001, as Comunidades Europeias, a Tailândia e as Filipinas acordaram encetar um processo de consultas com vista a examinar em que medida a aplicação do tratamento pautal preferencial às conservas de atum originárias dos Países ACP estava a prejudicar indevidamente os interesses legítimos dos dois países asiáticos referidos. Dado que as referidas consultas não permitiram chegar a uma solução mutuamente aceitável, os três membros da OMC em causa solicitaram, num pedido conjunto apresentado em Setembro de 2002 (quase oito anos depois da entrada em vigor do Memorando), a mediação do Director-Geral da OMC e estabeleceram o seguinte objectivo para o processo de mediação:

> "Examinar em que medida os interesses legítimos das Filipinas e Tailândia estão a ser indevidamente reduzidos como consequência da aplicação pelas Comunidades Europeias do tratamento pautal preferencial concedido ao atum em lata originário dos Países ACP. Caso o mediador conclua que a redução indevida ocorreu efectivamente, ele poderá considerar os meios que permitam fazer frente à situação"[2060].

O Director-Geral da OMC aceitou o pedido de mediação e, com o acordo dos três membros da OMC em causa, nomeou como mediador o Director-Geral adjunto Rufus Yerxa[2061]. No dia 20 de Dezembro de 2002, Rufus Yerxa informou o Director-Geral da OMC de que tinha completado o seu trabalho de mediador no prazo acordado pelos três membros da OMC que solicitaram o processo de mediação e divulgou o seu parecer consultivo indicando que a forma mais justa de resolver a situação seria a abertura pelas Comunidades Europeias de um contingente pautal Nação Mais Favorecida de cerca de 25,000 toneladas a uma taxa do

---

[2059] OMC, *Article 5 of the Dispute Settlement Understanding*, communication from the Director-General (WT/DSB/25), 17-7-2001.

[2060] OMC, *Request for Mediation by the Philippines, Thailand and the European Communities – Communication from the Director-General* (WT/GC/66), 16-10-2002.

[2061] Porém, as partes em causa não invocaram formalmente o artigo 5º do Memorando de Entendimento sobre Resolução de Litígios, por considerarem que não estava em causa um litígio "within the terms of the Dispute Settlement Understanding". Apesar disso, as partes acordaram que o mediador poderia guiar-se por procedimentos similares aos previstos para a mediação no art. 5º do Memorando. Cf. Alan YANOVICH e Werner ZDOUC, Procedural and Evidentiary Issues, in *The Oxford Handbook of International Trade Law*, Daniel Bethlehem, Donald McRae, Rodney Neufeld e Isabelle Van Damme Ed., Oxford University Press, 2009, p. 350.

A FUNÇÃO JURISDICIONAL NO SISTEMA GATT/OMC

direito *ad valorem* de 12%[2062]. Alguns meses depois, as Comunidades Europeias, a Tailândia e as Filipinas comunicaram ao Director-Geral que tinham chegado a uma solução amigável com base no parecer do Mediador[2063] e, em 5 de Junho de 2003, as Comunidades Europeias adoptaram um regulamento a implementar a solução proposta[2064].

Recentemente, a Colômbia[2065] e o Panamá[2066] solicitaram, também, os bons ofícios do Director-Geral da OMC em relação aos seus pedidos de consultas referentes ao regime comunitário de importação de bananas, mas os pedidos foram apresentados ao abrigo da Decisão de 1966 (art. 3º, nº 12, do Memorando).

A escassa relevância prática dos bons ofícios, da conciliação e da mediação pode ser explicada do seguinte modo:

> "The rare use, often with little success, of the GATT/WTO provisions on conciliation and mediation by third parties seems to be due not only to the weak political influence of the GATT/WTO Directors-General on domestic interest group politics, but also to the multilateral legal nature of most disputes about the interpretation and application of GATT/WTO rules. (...) Even though dispute settlement rulings by the DSB are only legally binding on the parties to the concrete dispute, WTO jurisprudence leads to progressive clarifications of WTO rules that must be respected by all WTO members – a legal and political result that cannot be achieved through bilateral ad hoc mediation or other bilateral dispute settlement"[2067].

A incerteza sobre os procedimentos aplicáveis é, provavelmente, outra razão para a não utilização do artigo 5º do Memorando[2068].

As consultas continuam, portanto, a ser o principal meio diplomático de resolução de litígios. Os dados conhecidos revelam que a maioria dos diferendos não

---

[2062] Margaret YOUNG, *WTO undercurrents at the Court of Justice*, in ELR, 2005, p. 712.

[2063] OMC, *Request for Mediation by the Philippines, Thailand and the European Communities – Joint Communication from the European Communities, Thailand and the Philippines* (WT/GC/71), 1-8-2003.

[2064] CONSELHO DA UNIÃO EUROPEIA, Regulamento (CE) Nº 975/2003 de 5 de Junho de 2003 *relativo à abertura e modo de gestão de contingentes pautais para as importações de conservas de atum classificadas nos códigos NC 1604 14 11, 1604 14 18 e 1604 20 70*, in JOCE L 141, 7-6-2003, pp. 1-2.

[2065] OMC, *European Communities – Regime for the Importation of Bananas, Request for Consultations by Colombia* (WT/DS361/1, G/L/818), 26-3-2007.

[2066] OMC, *European Communities – Regime for the Importation of Bananas, Request for Consultations by Panama* (WT/DS364/1, G/L/822), 27-6-2007.

[2067] Ernst-Ulrich PETERSMANN, Prevention and Settlement of Transatlantic Economic Disputes: Legal Strategies for EU/US Leadership, in *Transatlantic Economic Disputes: The EU, the US, and the WTO*, Ernst-Ulrich Petersmann e Mark Pollack ed., Oxford University Press, 2003, pp. 40-41.

[2068] William DAVEY, The Limits of Judicial Processes, in *The Oxford Handbook of International Trade Law*, Daniel Bethlehem, Donald McRae, Rodney Neufeld, Isabelle Van Damme Ed., Oxford University Press, 2009, p. 467.

OS MEIOS DIPLOMÁTICOS DE RESOLUÇÃO DE LITÍGIOS

acaba num pedido de criação de um Painel: 51% dos litígios são resolvidos com êxito durante a fase das consultas e 2/3 dos litígios findam mesmo com uma concessão total por parte do Membro da OMC faltoso, isto é, a remoção da medida objecto do litígio[2069]. Ora, como salientam MARC BUSCH e ERIC REINHARDT:

> "The expectation, of course, has long been that the WTO's greater legalism was going to change all this. With a more streamlined panel process, in particular, the thought was that consultations would become *pro forma*, amounting to little more than pre-trial discovery. The data tell a very different story: consultations still yield many of the most favourable outcomes, and deepest concessions, at the WTO. In some trading relationships, most notably involving the United States and European Community, the simple fact is that if the parties do not settle in consultations, they do not settle"[2070].

Os dados revelam, aliás, que, actualmente, é maior o número de litígios que são resolvidos durante a fase das consultas. Por exemplo, entre 1948 e 1989, só 31% dos litígios terminaram antes da apresentação do pedido de criação de um Painel[2071].

Quanto mais casos forem resolvidos na fase das consultas, que funciona, pode-se dizê-lo, como um filtro, mais se demonstra o carácter dissuasor do actual sistema de resolução de litígios da OMC. Ou seja, o facto de a criação de um painel depender da regra do consenso negativo leva a que muitos litígios sejam resolvidos logo na fase das consultas. Além disso:

> "even a large and powerful complaining party representing a stakeholder has a powerful incentive to seek a solution through negotiation and compromise, in the interest of achieving a solution in the near term and not after two or more years of World Trade Organization litigation"[2072].

---

[2069] Marc BUSCH e Eric REINHARDT, *Three's a Crowd – Third Parties and WTO Dispute Settlement*, in World Politics, April 2006, p. 450.

[2070] Marc BUSCH e Eric REINHARDT, Fixing What "Ain't Broke"? Third Party Rights, Consultations, and the DSU, in *Reform and Development of the WTO Dispute Settlement System*, Dencho Georgiev e Kim Van Der Borght ed., Cameron May, Londres, 2006, p. 82.

[2071] Jeffrey WAINCYMER, *WTO Litigation: Procedural Aspects of Formal Dispute Settlement*, Cameron May, Londres, 2002, p. 212. Outros autores, pelo contrário, defendem que, durante a vigência do GATT de 1947, apenas 40% dos litígios resultaram na adopção de um relatório do painel. Cf. John JACKSON, William DAVEY e Alan O. SYKES, *Legal Problems of International Economic Relations. Cases, Materials and Text on the National and International Regulation of Transnational Economic Relations*, 4ª ed., American Casebook Series, West Group, 2002, p. 257.

[2072] Amelia PORGES, *Settling WTO Disputes: What Do Litigation Models Tell Us?*, in Ohio State Journal of Dispute Resolution, 2003, p. 145.

A FUNÇÃO JURISDICIONAL NO SISTEMA GATT/OMC

Igualmente importante parece ser a dependência da parte queixosa do mercado da parte contra a qual é apresentada a queixa, ou seja, "there is some evidence to suggest that as the complainant's exports to the defendant increase, there is greater tendency to settle in the consultation phase"[2073]. Pode acontecer, também, que, por razões financeiras, os países mais pobres tentem evitar passar à fase do painel, bem mais dispendiosa e morosa que a fase das consultas. A preferência por pôr fim a um litígio durante a fase de consultas pode dever-se, enfim, à circunstância de um Membro da OMC tentar evitar a maior publicidade envolvida num caso que chega à fase do painel ou que um caso estabeleça um precedente, dando origem a outras queixas similares por parte de outros membros da OMC.

A oportunidade que as partes têm de pôr fim ao litígio durante a fase de consultas corresponde, no fundo, à função "litigation avoidance"[2074]. Os membros deverão tentar obter durante o processo de consultas "uma solução satisfatória da questão" (art. 4º, nº 5, do Memorando) e só é possível a parte queixosa solicitar a criação de um painel se "as consultas não permitirem resolver um litígio" (art. 4º, nº 7, do Memorando).

A fase de consultas permite, igualmente, uma maior observância de um dos principais objectivos do sistema de resolução de litígios da OMC: a pronta resolução de situações em que um membro considera que um benefício que lhe é devido directa ou indirectamente ao abrigo dos acordos abrangidos está a ser prejudicado por outro membro (art. 3º, nº 3, do Memorando).

## 4. Os Acordos de Autolimitação das Exportações
Nos termos do nº 5 do art. 3º do Memorando de Entendimento sobre Resolução de Litígios:

> "Todas as soluções de questões que sejam formalmente levantadas ao abrigo das disposições de consulta de litígios dos acordos abrangidos, incluindo a nomeação de árbitros, serão conformes a esses acordos e não anularão ou prejudicarão os benefícios devidos a qualquer Membro por força desses acordos, nem impedirão a realização de qualquer objectivo desses mesmos acordos".

Resulta claramente desta disposição a ilegalidade de alguns meios diplomáticos de resolução de litígios, designadamente, dos chamados acordos de autolimi-

---

[2073] Andrew GUZMAN e Beth SIMMONS, *To Settle or Empanel? An Empirical Analysis of Litigation and Settlement at the World Trade Organization*, in Journal of Legal Studies, 2002, p. 224.
[2074] T. SRINIVASAN, *The Dispute Settlement Mechanism of the WTO: A Brief History and an Evaluation from Economic, Contractarian and Legal Perspectives*, in WE, 2007, p. 1049.

OS MEIOS DIPLOMÁTICOS DE RESOLUÇÃO DE LITÍGIOS

tação das exportações[2075]. Durante a vigência do GATT de 1947, muitos acordos de autolimitação das exportações foram apresentados como a solução mutuamente acordada de um litígio[2076]. Tal aconteceu, por exemplo, com a queixa apresentada pela Coreia do Sul contra a Comunidade Económica Europeia em 1978, por causa de uma medida de salvaguarda imposta por esta última restringindo as importações de televisores coreanos. O carácter discriminatório da medida de salvaguarda contrariava, em particular, os artigos XIII e XIX do GATT de 1947. Após a realização de negociações, o litigio foi resolvido não através da simples supressão de uma medida claramente incompatível com o Acordo Geral, mas sim mediante um acordo bilateral pelo qual a Coreia se comprometeu a limitar as suas exportações. A Coreia retirou depois a sua queixa no dia 25 de Julho de 1979[2077].

A imensa proliferação dos acordos de autolimitação das exportações levou, aliás, a que se tivessem transformado, na década de 80, no mais importante dos obstáculos não pautais. Cerca de 15% do comércio mundial de produtos manufacturados encontrava-se, então, sob a alçada de acordos de autolimitação[2078], tendo para tal muito contribuído a obrigatoriedade de aplicação do art. XIX do GATT numa base *erga omnes*, ou seja, a todos os Membros e em igual medida, fossem ou não responsáveis pelo surto de importações verificado, o que tornava algo difícil a sua aplicação. Os países importadores tenderam, por isso, a contornar essa dificuldade recorrendo a acordos bilaterais com os países exportadores responsáveis pelo aumento de importações, através dos quais estes se comprometiam a restringir as suas exportações para os mercados daqueles[2079].

[2075] Ernst-Ulrich PETERSMANN, Multilevel Trade Governance in the WTO Requires Multilevel Constitutionalism, in *Constitutionalism, Multilevel Trade Governance and Social Regulation*, Christian Joerges e Ernst-Ulrich Petersmann ed., Hart Publishing, Oxford-Portland, 2006, p. 50.

[2076] Apesar de os direitos antidumping terem passado a ser durante a década de 90 a principal "medida de salvaguarda" dos países desenvolvidos (cf. Michael FINGER, Francis NG e Sonam WANGCHUK, *Antidumping as Safeguard Policy*, 2001, in http://www.worldbank.org, p. 4) estavam em vigor em 1991 perto de 300 acordos de autolimitação das exportações. Nas palavras de um autor, os acordos de autolimitação das exportações tornaram-se "a preferred form of settling bilateral trade disputes". Cf. Dennis KITT, *What's Wrong with Volunteering? The Futility of the WTO's Ban on Voluntary Export Restraints*, in CJTL, 2009, p. 364.

[2077] Xavier Fernández PONS, *La OMC y el Derecho internacional: Un estudio sobre el sistema de solución de diferencias de la OMC y las normas secundarias del Derecho internacional general*, Marcial Pons, Madrid--Barcelona, 2006, p. 461.

[2078] Martin WOLF, *Why Voluntary Export Restraints? A Historical Analysis*, in WE, 1989, p. 284.

[2079] Paralelamente, no caso dos chamados acordos de expansão "voluntária" das importações, os países comprometem-se a aumentar as suas importações de certos produtos originários de determinados países terceiros. Por exemplo, quando de uma disputa com o Japão, os Estados Unidos declararam unilateralmente que os direitos aduaneiros *ad valorem* sobre 13 modelos de luxo de carros japoneses passariam a ser de 100% caso os negociadores japoneses não cedessem às suas exigências de expansão das importações de produtos norte-americanos (cf. Jagdish BHAGWATI, *The*

A FUNÇÃO JURISDICIONAL NO SISTEMA GATT/OMC

A multiplicação de acordos de autolimitação das exportações, que podiam ser negociados entre Administrações Públicas de partes contratantes ou entre sectores económicos privados (por exemplo, produtores de automóveis do Japão e dos Estados Unidos), deveu-se às vantagens que ofereciam relativamente à cláusula de salvaguarda geral prevista no art. XIX do GATT, a saber:

– não era necessário justificar a sua aplicação com a existência de um prejuízo grave aos produtores nacionais de produtos similares ou de produtos directamente concorrentes;

– não requeriam formalmente qualquer compensação (na prática, ela acabava por se verificar por via das rendas obtidas pelos exportadores);

– aplicavam as medidas restritivas apenas a um país, ressalvando assim os interesses de outros parceiros comerciais; e

– os países exportadores afectados pelas restrições quantitativas, tendo concordado com as mesmas, de modo tácito ou declaradamente, não apresentavam queixa junto do sistema de resolução de litígios do GATT (isto apesar de a limitação das exportações não ser propriamente voluntária), até por causa da regra do consenso positivo então vigente[2080].

No plano económico, os acordos de autolimitação das exportações aumentavam os preços por força da diminuição da concorrência. Por exemplo, quando os Estados Unidos impuseram limitações à importação de carros do Japão no início dos anos 80, o preço dos automóveis subiu 41% entre 1981 e 1984. Embora se dissesse que a medida então adoptada visava salvar os empregos dos trabalhadores norte-americanos, a verdade é que o aumento dos preços implicou uma diminuição das vendas de novos carros em cerca de 1 milhão, daí resultando necessariamente mais despedimentos[2081].

O aumento dos preços decorria necessariamente do facto de as empresas dos países responsáveis pela aplicação das restrições exportarem menos. Ou seja, as empresas obtinham "rendas" sobre cada produto que podiam continuar a exportar e eram essas "rendas" que asseguravam, muitas vezes, a cooperação dos

---

*US-Japan car dispute: a monumental mistake*, in International Affairs, vol. 72, nº 2, 1996, p. 267). Resumindo, os acordos de expansão "voluntária" das importações são uma espécie de irmão gémeo dos acordos de autolimitação das exportações e também eles passaram a ser proibidos pelo Acordo sobre as Medidas de Salvaguarda (art. 11º, nº 1, alínea *b*)).

[2080] Em princípio, os únicos países que tinham algum incentivo para apresentar uma queixa seriam os países terceiros afectados, de certo modo, pelos efeitos de desvio de comércio associados a um acordo de autolimitação das exportações. Cf. Dennis KITT, *What's Wrong with Volunteering? The Futility of the WTO's Ban on Voluntary Export Restraints*, in CJTL, 2009, p. 378.

[2081] OMC, *10 benefits of the WTO trading system*, ed. OMC, 2002, p. 6.

748

OS MEIOS DIPLOMÁTICOS DE RESOLUÇÃO DE LITÍGIOS

exportadores com os países importadores[2082]. Um exemplo interessante é o que se refere ao acordo de autolimitação das exportações negociado em Fevereiro de 1983 entre a Comissão Europeia e o Japão, o qual, ao restringir as exportações de videogravadores japoneses para o mercado comunitário, implicou o aumento dos preços dos videogravadores em mais de 15% neste mercado, um custo para os consumidores comunitários de pelo menos 500 milhões de libras em finais de 1985 e o pagamento anual de "rendimentos resultantes da protecção" aos produtores japoneses por parte dos consumidores comunitários à volta de 175 milhões de libras. Como se não bastasse, o acordo fracassou no objectivo que tinha levado à sua celebração – promover a produção europeia de videogravadores pela Philips e a Grundig, na medida em que estas duas empresas deixaram de produzir os seus próprios videogravadores, passando sim a produzir tais produtos ao abrigo de uma licença japonesa[2083].

No caso dos países em desenvolvimento, os acordos de autolimitação das exportações suscitam, igualmente, algumas questões importantes:

"the 'quota-rents' for the exporting countries (...) might have a theoretical basis but, in reality, were not enough to compensate for the quantity loss sustained by developing countries for the quota restrictions. It was because the price elasticity of demand was typically high for export products of developing countries subject to quota, of which competitiveness was based primarily on low price, and the price could not be raised enough to cover the quantity loss. Developing countries also needed to increase export quantities to build their manufacturing capacity, and grey-area measures were a serious impediment to this effort"[2084].

Não é por acaso que o impulso para a proibição dos acordos de autolimitação das exportações teve origem em países como o Brasil, México e Índia[2085].

No plano jurídico, PETERSMANN entendia que os acordos de autolimitação das exportações violavam, pelo menos, os artigos I, XI, nº 1, e XIII do GATT, sendo que tais violações não podiam ser justificadas pelos artigos VI e XIX do Acordo Geral nem pelo art. 41º da Convenção de Viena sobre o Direito dos Tratados, de

---

[2082] Estas rendas constituíam verdadeiros impostos pagos pelos consumidores de produtos importados aos exportadores estrangeiros. Cf. Patrick MESSERLIN, *La nouvelle Organisation Mondiale du Commerce*, Dunod, Paris, 1995, p. 200.

[2083] Ernst-Ulrich PETERSMANN, *Grey Area Trade Policy and the Rule of Law*, in JWT, vol. 22, nº 2, 1988, pp. 27-28.

[2084] Yong-Shik LEE, *Not Without a Clue: Commentary on "the Persistent Puzzles of Safeguards"*, in JWT, 2006, p. 394.

[2085] Dennis KITT, *What's Wrong with Volunteering? The Futility of the WTO's Ban on Voluntary Export Restraints*, in CJTL, 2009, p. 376.

749

A FUNÇÃO JURISDICIONAL NO SISTEMA GATT/OMC

23 de Maio de 1969[2086]. JOHN JACKSON, pelo contrário, considerava que, apesar de o art. XIX do GATT se referir somente à possibilidade de o país importador suspender as suas obrigações, se uma medida de salvaguarda ao abrigo do artigo XIX do GATT fosse possível, mas os países envolvidos preferissem um acordo de restrição das exportações, este último deveria ser permitido se não afectasse partes terceiras[2087].

No plano politico, os governos responsáveis pela imposição dos acordos de autolimitação repartiam milhões de dólares por poderosos grupos de interesse, sem qualquer controlo parlamentar, discussão democrática ou revisão judicial.

Não é de estranhar, assim, que o Acordo sobre Medidas de Salvaguarda, adoptado durante o Ciclo do Uruguai, estabeleça expressamente a proibição dos acordos de autolimitação das exportações (art. 11º, nº 1, alínea b)). Consequentemente, todos os acordos que existiam à data da entrada em vigor do Acordo sobre Medidas de Salvaguarda tiveram de ser colocados em conformidade com as disposições do GATT, ou, no mínimo, progressivamente eliminados nos quatro anos seguintes à entrada em funções da Organização Mundial do Comércio (ou seis anos no caso dos países em desenvolvimento).

Hoje em dia, caso dois membros da OMC concluam entre si um acordo de autolimitação das exportações, enquanto acordo *inter se* proibido, ele não será oponível aos outros membros nem aos órgãos da OMC.

Ainda segundo o Acordo sobre as Medidas de Salvaguarda, os membros da OMC não encorajarão nem apoiarão a adopção ou a manutenção, por empresas públicas ou privadas, de medidas não governamentais equivalentes a medidas de limitação voluntária das exportações, acordos de comercialização ordenada ou outras medidas similares no que respeita à exportação ou à importação (art. 11º, nº 3). Por conseguinte, somente os acordos de autolimitação celebrados entre empresas privadas de diferentes países, sem qualquer intervenção por parte dos Membros da OMC, permanecerão fora do âmbito da proibição prevista no Acordo sobre as Medidas de Salvaguarda. Como já foi referido, as regras da OMC regulam o uso do poder público em relação às actividades comerciais conduzidas por partes privadas, mas não a conduta das próprias partes privadas[2088].

---

[2086] Ernst-Ulrich PETERSMANN, *Grey Area Trade Policy and the Rule of Law*, in JWT, vol. 22, nº 2, 1988, pp. 23-44. Nos termos do nº 1 do art. 41º da Convenção de Viena sobre o Direito dos Tratados, a modificação não deve ser incompatível com a realização efectiva do objecto e dos fins do tratado em geral.

[2087] John JACKSON, *Consistency of Export-restraint Arrangements with the GATT*, in WE, 1988, p. 494.

[2088] Santiago VILLALPANDO, *Attribution of Conduct to the State: How the Rules of State Responsibility May Be Applied within the WTO Dispute Settlement System*, in JIEL, 2002, p. 415.

OS MEIOS DIPLOMÁTICOS DE RESOLUÇÃO DE LITÍGIOS

Infelizmente, temos no caso dos chamados compromissos de preços previstos no art. 8º do Acordo sobre a Aplicação do Artigo VI do GATT de 1994 uma situação muito próxima dos acordos de autolimitação das exportações:

"'Cartel' é um termo que pode não estar longe dos lábios dos economistas quando discutem os 'compromissos de preços'. As indústrias queixosas podem gostar, é claro, dos compromissos de preços, uma vez que estes aumentam o preço das importações concorrentes. Por vezes, os Governos podem também gostar deles, uma vez que os compromissos podem ser uma maneira de resolver problemas bilaterais complicados. Estranhamente, os exportadores podem gostar igualmente dos compromissos de preços – não porque os exportadores se estão a conluiar com os queixosos, ainda que tal seja possível, mas porque os compromissos podem constituir a única maneira de os exportadores permanecerem no mercado"[2089].

De facto, na ausência de uma procura perfeitamente inelástica, o aumento de preços necessário para eliminar a margem de dumping implicará necessariamente uma redução das importações do produto em causa, daí resultando uma situação bastante próxima da provocada por um acordo de autolimitação das exportações[2090]. Assim, tal como os acordos de autolimitação, os compromissos de preços transferirão "rendas" para os exportadores[2091], ao passo que os direitos antidumping são cobrados pelo governo do país importador[2092].

Assim, não deixa de ser contraditório, pelo menos do ponto de vista económico, que a situação referente aos acordos de autolimitação das exportações seja proibida e a relativa aos casos de dumping permitida. Num artigo publicado muito recentemente, um autor defendeu mesmo a legalização dos acordos de autolimitação das exportações:

"While voluntary export restraint agreements compensate exporters automatically by permitting them to capture quota rents, countries are free to impose safeguards

---

[2089] David PALMETER, *A Commentary on the WTO Anti-Dumping Code*, in JWT, vol. 30, nº 4, 1996, p. 59.

[2090] Chad BOWN, *Why are safeguards under the WTO so unpopular?*, in WTR, 2002, p. 53.

[2091] Todavia, assinala DENNIS KITT:
"in price undertakings where foreign competitors agree to match subsequent price changes by domestic firms, a price undertaking may yield an outcome that leaves foreign firms and domestic consumers worse off as compared to an equivalent voluntary export restraint, because more efficient foreign producers cannot use their cost advantage to compete and consumers are deprived of low prices that they could have obtained through more foreign competition". Cf. Dennis KITT, *What's Wrong with Volunteering? The Futility of the WTO's Ban on Voluntary Export Restraints*, in CJTL, 2009, p. 371.

[2092] Sam LAIRD, *Export Policy and the WTO*, in The Journal of International Trade & Economic Development, 1999, p. 83.

A FUNÇÃO JURISDICIONAL NO SISTEMA GATT/OMC

for up to three years without paying compensation, and governments collecting anti-dumping duties have no obligation to compensate at all"[2093].

## 5. A Criação de um Painel

Se as consultas não permitirem resolver um litígio no prazo de 60 dias a contar da data de recepção do pedido de consultas, a parte queixosa pode solicitar a criação de um Painel (art. 4º, nº 7, do Memorando). O único requisito prévio para solicitar a criação de um Painel é que as consultas não tenham permitido resolver um litígio no prazo de 60 dias a contar da data de recepção do pedido de consultas[2094]. Mesmo que uma parte prove que a outra parte não participou nas consultas de boa fé com vista a chegarem a uma solução mutuamente satisfatória, o painel não tem jurisdição para analisar essa questão[2095]. Por exemplo:

> "Certain litigation strategies occasionally applied by Members, such as 'stonewalling', are clearly in conflict with the good faith principle of Article 4.3 [do Memorando], since they prevent the effective discussion of disputed issues. Stonewalling consultations is a preferred practice of the larger WTO Members whose negotiators try to disclose as little information as possible in order not to reveal their legal theories and to get the full benefit of surprise once a panel is established and proceeding begun. Thus, in some instances, parties do not cooperate during consultations – they do not openly discuss facts and law and little substantive information is exchanged. As a result, consultations are reduced to a mere formality, a necessary stage before the panel proceedings begins. Parties are unwilling to engage in good faith consultations because they have no interest in settling and do not want to admit that they are wrong"[2096].

Na prática, a criação do Painel não é solicitada, na maioria dos casos, no prazo de 60 dias a contar da data de recepção do pedido de consultas, ou seja, "parties have the right to consult for as long as they wish and they make extensive use of this right"[2097].

Em casos de urgência, incluindo aqueles que se referem a bens perecíveis, se as consultas não permitirem resolver o diferendo no prazo de 20 dias a contar da

---

[2093] Dennis KITT, *What's Wrong with Volunteering? The Futility of the WTO's Ban on Voluntary Export Restraints*, in CJTL, 2009, p. 369.

[2094] Relatório do Painel no caso *European Communities – Regime for the Importation, Sale and Distribution of Bananas* (WT/DS27/R), 22-5-1997, parágrafo 7.20.

[2095] Christiane SCHUCHHARDT, Consultations (Chapter 25), in *The World Trade Organization: Legal, Economic and Political Analysis*, Volume I, Patrick Macrory, Arthur Appleton e Michael Plummer Ed., Springer, Nova Iorque, 2005, p. 1223.

[2096] *Idem*, p. 1225.

[2097] *Idem*, p. 1208.

OS MEIOS DIPLOMÁTICOS DE RESOLUÇÃO DE LITÍGIOS

data de recepção do pedido de consultas, a parte queixosa pode requerer a criação de um painel (art. 4º, nº 8, do Memorando de Entendimento sobre Resolução de Litígios)[2098]. A determinação de que um caso é urgente pressupõe o acordo de ambas as partes em litígios. Caso as partes não cheguem a acordo sobre o carácter de urgência, o nº 8 do art. 4º do Memorando de Entendimento sobre Resolução de Litígios limita-se a prever a possibilidade de a parte queixosa requerer a criação de um painel no prazo de 20 dias a contar da data de recepção do pedido de consultas[2099]. A determinação de que um caso é urgente será feita, então, pelo Órgão de Resolução de Litígios e com base na regra do consenso (art. 2º, nº 4, do Memorando de Entendimento sobre Resolução de Litígios)[2100].

Se estiver em causa uma medida adoptada por um país membro em desenvolvimento, as partes podem acordar uma prorrogação dos prazos previstos nos nºs 7 e 8 do artigo 4º do Memorando (art. 12º, nº 10, do Memorando de Entendimento sobre Resolução de Litígios).

Enfim, a parte queixosa pode solicitar a criação de um painel nos casos não urgentes antes de decorrido o prazo de 60 dias caso as partes em consulta considerem conjuntamente que as consultas não permitirão resolver o litígio (art. 4º, nº 7, *in fine*, do Memorando de Entendimento sobre Resolução de Litígios)[2101].

Em qualquer caso, o pedido de criação de um painel deve informar da realização ou não de consultas (art. 6º, nº 2, do Memorando). O Órgão de Recurso nota a respeito deste requisito que:

> "Na avaliação da importância da obrigação de indicar 'da realização ou não de consultas', observamos que essa exigência será cumprida pela inclusão, no pedido de criação de um painel, de uma indicação sobre se as consultas foram *ou não* realizadas. Essa exigência parece ter por finalidade primordial informar o Órgão de Reso-

---

[2098] Nos termos do nº 9 do art. 4º do Memorando de Entendimento sobre Resolução de Litígios, "em casos de urgência, incluindo aqueles que se referem a bens perecíveis, as partes em litígio, os painéis e o Órgão de Recurso envidarão todos os esforços para acelerar o processo o máximo possível".

[2099] Petros MAVROIDIS e David PALMETER, *Dispute Settlement in the World Trade Organization: Practice and Procedure*, 2ª ed., Cambridge University Press, 2004, p. 95.

[2100] Nos primeiros dez anos de aplicação do Memorando de Entendimento sobre Resolução de Litígios, nunca um painel ou o Órgão de Recurso lidaram com a questão da urgência no que diz respeito às consultas. Cf. Christiane SCHUCHHARDT, Consultations (Chapter 25), in *The World Trade Organization: Legal, Economic and Political Analysis*, Volume I, Patrick Macrory, Arthur Appleton e Michael Plummer Ed., Springer, Nova Iorque, 2005, p. 1209.

[2101] Segundo o Órgão de Recurso, "o nº 7 do artigo 4º não especifica nenhuma forma particular que o acordo entre as partes deva adoptar". Cf. Relatório do Órgão de Recurso no caso *Mexico – Anti-Dumping Investigation of High Fructose Corn Syrup (HFCS) from the United States – Recourse to Article 21.5 of the DSU by the United States* (WT/DS132/AB/RW), 22-10-2001, parágrafo 61.

A FUNÇÃO JURISDICIONAL NO SISTEMA GATT/OMC

lução de Litígios e os Membros sobre se as consultas tiveram lugar. Recordamos que o Memorando de Entendimento sobre Resolução de Litígios prevê expressamente a possibilidade de que, em certas circunstâncias, um painel examine e resolva a questão que lhe foi colocada, mesmo na ausência de consultas. De igual modo, a autoridade do painel não pode ser invalidada pelo ausência de indicação no pedido de criação do painel 'da realização ou não de consultas'. De facto, seria curioso que a exigência do nº 2 do artigo 6º de que se informe o Órgão de Resolução de Litígios da realização de consultas tivesse mais importância no processo de resolução de litígios do que a exigência de realizar efectivamente essas consultas"[2102].

---

[2102] *Idem*, parágrafo 70.

# Capítulo 15
# A Fase do Painel

> *"Procedure in international tribunals is characterized predomi-*
> *nantly by its flexibility, even by its informality"*[2103].

## 1. O Início da Fase do Painel

A fase do painel tem início com a apresentação do pedido de criação do painel ao Órgão de Resolução de Litígios, momento que assinala "the turning point between the 'diplomatic' and the 'judicial' legs of WTO dispute settlement"[2104].

Se a parte queixosa assim o solicitar, o painel será criado o mais tardar na reunião do Órgão de Resolução de Litígios a seguir à reunião em que o pedido aparece pela primeira vez na sua ordem de trabalhos (art. 6º, nº 1, do Memorando)[2105]. Na prática, o nº 1 do art. 6º do Memorando permite ao membro da OMC contra o

---

[2103] Manley O. Hudson, *International Tribunals: Past and Future*, Carnegie Endowment for International Peace-Brookings Institution, Washington, 1944, p. 84.

[2104] Petros Mavroidis, Article 6 DSU, in *WTO-Institutions and Dispute Settlement*, Rüdiger Wolfrum, Peter-Tobias Stoll e Karen Kaiser (eds), Max Planck Commentaries on World Trade Law, Max Planck Institute for Comparative Public Law and International Law, Martinus Nijhoff Publishers, Leiden/Boston, 2006, p. 353.

[2105] É de notar que o nº 12 do art. 3º do Memorando dispõe que:

"Sem prejuízo do disposto no nº 11, caso uma queixa baseada em qualquer um dos acordos abrangidos for apresentada por um país em desenvolvimento membro contra um país desenvolvido membro, a parte queixosa tem o direito de invocar, em alternativa às disposições previstas nos artigos 4º, 5º, 6º e 12º do presente memorando, as disposições correspondentes da Decisão de 5 de Abril de 1966, excepto nos casos em que o painel considere que o prazo previsto no nº 7 da decisão é demasiado curto para que possa apresentar o seu relatório, podendo, caso a parte queixosa dê o seu acordo, prorrogar-se o referido prazo. Caso exista uma divergência entre as normas e processos correspondentes da decisão, estas últimas prevalecem sobre as primeiras".

A FUNÇÃO JURISDICIONAL NO SISTEMA GATT/OMC

qual é apresentada a queixa bloquear a criação do Painel na reunião do Órgão de Resolução de Litígios em que o pedido aparece pela primeira vez na sua ordem de trabalhos. Basta que o membro em causa conteste formalmente a decisão proposta (art. 2º, nº 4, do Memorando). Porém, na reunião seguinte do Órgão de Resolução de Litígios, o Painel só não será criado se o Órgão de Resolução de Litígios decidir, por consenso, não criá-lo, isto é, basta ao membro que solicita a criação do Painel votar a favor para que ele seja efectivamente criado. Por vezes, com vista a acelerar o processo, a parte queixosa pode solicitar uma reunião especial do Órgão de Resolução de Litígios para criar o painel. Caso tal pedido seja feito, o Órgão de Resolução de Litígios deve convocar a reunião dentro do período de 15 dias após a recepção de tal pedido, desde que a data de realização da reunião seja comunicada 10 dias antes. Por causa da falta de acordo imediato da parte contra a qual é apresentada a queixa, poucos painéis são criados na primeira reunião do Órgão de Resolução de Litígios e é frequente haver reuniões especiais do Órgão de Resolução de Litígios[2106].

## 2. O Pedido de Criação do Painel
### 2.1. Introdução

Formalmente, o pedido de criação de um Painel deve ser apresentado por escrito, deve informar da realização ou não de consultas, identificar as medidas específicas em questão e apresentar uma breve síntese da base jurídica da queixa que permita uma percepção clara do problema (art. 6º, nº 2, do Memorando).

A exigência de que o pedido de criação de um painel contenha determinada informação deve-se a duas razões:

> "(...) Dado que, normalmente, um pedido de criação de um painel não é objecto de uma análise detalhada pelo Órgão de Resolução de Litígios, incumbe ao Painel examinar cuidadosamente o pedido para assegurar o seu cumprimento com a letra e o espírito do nº 2 do artigo 6º do Memorando de Entendimento sobre Resolução de Litígios. É importante que o pedido de criação de um painel seja suficientemente preciso por duas razões: em primeiro lugar, porque com grande frequência constitui a base dos termos de referência do painel, em observância do disposto no artigo 7º do Memorando de Entendimento sobre Resolução de Litígios e, em segundo lugar, porque informa a parte contra a qual se dirige a queixa e as partes terceiras sobre qual é a base jurídica da queixa"[2107].

---

[2106] Yang GUOHUA, Bryan MERCURIO e Li YONGJIE, *WTO Dispute Settlement Understanding: A Detailed Interpretation*, Kluwer Law International, 2005, p. 58.

[2107] Relatório do Órgão de Recurso no caso *European Communities – Regime for the Importation, Sale, and Distribution of Bananas* (WT/DS27/AB/R), 9-9-1997, parágrafo 142.

A FASE DO PAINEL

Resulta claro, também, deste parágrafo que os painéis podem *motu proprio* analisar se o pedido de criação de um painel observa o disposto no nº 2 do art. 6º do Memorando, decidir se gozam ou não de jurisdição.

## 2.2. A Questão da Admissibilidade

Uma vez estabelecida validamente a jurisdição, a maioria dos tribunais dispõe do poder de declarar um caso inadmissível ou, pelo menos, de examinar se determinadas razões compelem o tribunal a não exercer a sua jurisdição[2108]. No caso *Concerning Oil Platforms (Islamic Republic of Iran v. United States of America)*, por exemplo, o Tribunal Internacional de Justiça declara que:

> "Normalmente, as objecções à admissibilidade assumem a forma de uma afirmação de que, mesmo quando o Tribunal tem jurisdição e os factos expostos pelo Estado queixoso são considerados correctos, existem, apesar de tudo, razões pelas quais o Tribunal não deverá proceder a um exame dos méritos"[2109].

Como compendia Isabelle Van Damme, "the jurisdictional stage is about whether a court or tribunal *can* hear a case and involves appreciating jurisdic-

---

[2108] As objecções à jurisdição e as objecções à admissibilidade têm em comum o facto de serem ambas preliminares, isto é, elas são analisadas antes dos méritos. Existem, contudo, algumas diferenças importantes entre elas. Por exemplo, as objecções à jurisdição "are primarily directed to the authority of the court to rule on the claims (i.e., the court's competence", ao passo que as objecções à admissibilidade "are targeted at the conditions for the specific action or complaint". Consequentemente, as objecções à admissibilidade "often come into play only after a finding of jurisdiction". Além disso, a falta de jurisdição é uma questão que deve ser analisada pelo tribunal por iniciativa própria, enquanto a questão da admissibilidade é suscitada normalmente pelas partes em litígio. Finalmente, uma decisão sobre a inadmissibilidade não adquire "the full force of *res judicata*" quando o problema subjacente à admissibilidade pode ser solucionado. Em contraste, uma decisão sobre a jurisdição não pode ser solucionada de modo unilateral e, nessa medida, "does carry the force of *res judicata*". Assim, uma decisão proclamando a inadmissibilidade de uma queixa no âmbito do sistema de resolução de litígios, por causa da inadequação das consultas realizadas, não impediria a parte queixosa de apresentar o mesmo pedido, no âmbito de novos procedimentos, depois de realizar consultas, desta vez de modo adequado, com a parte a que dirigiu o pedido de realização de consultas. Cf. Joost Pauwelyn e Luiz Eduardo Salles, *Forum Shopping Before International Tribunals: (Real) Concerns, (Im)possible Solutions*, in CILJ, 2009, pp. 95-97.

[2109] Tribunal Internacional de Justiça, *Case Concerning Oil Platforms (Islamic Republic of Iran v. United States of America)*, Acórdão de 6-11-2003, parágrafo 29. Significativamente, o Estatuto do Tribunal Internacional de Justiça não inclui explicitamente a distinção entre jurisdição e admissibilidade. Cf. Joost Pauwelyn e Luiz Eduardo Salles, *Forum Shopping Before International Tribunals: (Real) Concerns, (Im)possible Solutions*, in CILJ, 2009, p. 94.

A FUNÇÃO JURISDICIONAL NO SISTEMA GATT/OMC

tional objections. If it can, the admissibility stage is about whether a court ot tribunal *should* hear the case"[2110].

Apesar de o Memorando de Entendimento sobre Resolução de Litígio não prever esta fase da admissibilidade, o México avança com a distinção entre jurisdição e admissibilidade no caso *Mexico – Tax Measures on Soft Drinks and Other Beverages*, argumentando que a mera conclusão de que o Painel tem jurisdição substantiva para ouvir o caso apresentado pelos Estados Unidos não esgota todas as questões relevantes para a competência do painel neste litígio[2111].

Na resposta, o painel assinala que a inadmissibilidade conflituaria com o seu mandato nos termos do art. 11º do Memorando, ao mesmo tempo que confunde admissibilidade e jurisdição:

> "Como declarou o Órgão de Recurso, o objectivo do sistema de resolução de litígios da OMC consiste em resolver a questão em causa em casos concretos e obter uma solução positiva para um litígio. Portanto, os painéis têm que abordar as alegações a respeito das quais é necessária uma constatação para que o Órgão de Resolução de Litígios possa formular resoluções ou fazer recomendações suficientemente precisas para as partes. Por conseguinte, não parece que os painéis possam escolher livremente se exercem ou não a sua jurisdição. Se um painel optasse por não exercer a sua jurisdição num caso concreto, não estaria a cumprir as suas obrigações. Mais especificamente, o painel não estaria a cumprir o seu dever de fazer 'uma apreciação objectiva da questão que lhe foi colocada, incluindo uma avaliação objectiva dos factos em disputa e da aplicabilidade e cumprimento dos acordos abrangidos relevantes, bem como chegar a conclusões que ajudem o Órgão de Resolução de Litígios a adoptar as recomendações ou decisões previstas nos acordos abrangidos ...'"[2112].

Interposto recurso, o México defende que, conquanto o Painel possuísse o poder de se pronunciar sobre o mérito das alegações dos Estados Unidos, ele gozava, também, do "poder implícito" de se não pronunciar sobre as mesmas e que deveria mesmo ter exercido tal poder atendendo às circunstâncias do litígio[2113]. Portanto, a questão colocada não era se o painel estava juridicamente pri-

---

[2110] Isabelle Van DAMME, Jurisdiction, Applicable Law, and Interpretation, in *The Oxford Handbook of International Trade Law*, Daniel Bethlehem, Donald McRae, Rodney Neufeld e Isabelle Van Damme Ed., Oxford University Press, 2009, p. 309. Ainda segundo esta autora, "admissibility applies to disputes, understood as the entirety of the claims". Cf. Isabelle Van DAMME, *Treaty Interpretation by the WTO Appellate Body*, Oxford University Press, 2009, p. 177.

[2111] Relatório do Painel no caso *Mexico – Tax Measures on Soft Drinks and Other Beverages* (WT/DS308/R), 7-10-2005, parágrafo 4.184.

[2112] *Idem*, parágrafo 7.8.

[2113] O México defendia, em particular, que as alegações dos Estados Unidos ao abrigo do artigo III do GATT de 1994 estavam indissociavelmente ligadas a um litígio mais vasto, respeitante

A FASE DO PAINEL

vado do poder de se pronunciar sobre as alegações dos Estados Unidos, mas sim se o painel poderia declinar, e se devia ter declinado, exercer a sua jurisdição a respeito das alegações que os Estados Unidos lhe tinham colocado[2114].

Na resposta, o Órgão de Recurso começa por assinalar que concordava com o argumento avançado pelo México de que os painéis da OMC têm certos poderes inerentes à sua função jurisdicional. Em particular, os painéis gozam do direito de determinar se têm jurisdição num determinado caso, assim como o âmbito da sua competência, e podem aplicar o princípio da economia judicial, não se pronunciando sobre determinadas alegações, caso estas não sejam indispensáveis à resolução do litígio[2115]. Todavia:

> "Não obstante a existência destes poderes jurisdicionais inerentes não se depreende que, uma vez estabelecida validamente a jurisdição, os painéis da OMC tenham autoridade para declinar pronunciar-se sobre a totalidade das alegações que lhes tenham sido colocadas. Pelo contrário, notamos que, apesar de reconhecer os poderes inerentes dos painéis da OMC, o Órgão de Recurso salientou previamente o seguinte: se bem que os painéis possuem uma certa discricionariedade no estabelecimento dos seus próprios procedimentos de trabalho, *esta discricionariedade não é*

ao acesso do açúcar mexicano ao mercado norte-americano em virtude do NAFTA (cf. Relatório do Órgão de Recurso no caso *Mexico – Tax Measures on Soft Drinks and Other Beverages* (WT/DS308/AB/R), 6-3-2006, parágrafo 42). Ao mesmo tempo, é muito interessante verificar que o poder de veto continua a ter um papel importante nalguns sistemas de resolução de litígios internacionais:

"Os Estados Unidos confirmaram que existe um desacordo entre ambas as partes, México e Estados Unidos, relativo ao comércio de açúcar no âmbito das disposições do Tratado de Livre Comércio da América do Norte (NAFTA). Os Estados Unidos confirmaram a validade do pedido do México para estabelecer um painel arbitral ao abrigo do capítulo XX desse Tratado e que o litígio continua pendente. (...) Os Estados Unidos declararam também que era uma contrariedade que à data, mais de quatro anos depois do pedido do México para a criação de um painel arbitral e mais de seis anos depois de ter activado o mecanismo de resolução de litígios do capítulo XX do NAFTA, não se tivesse conseguido resolver o litígio, seja através de consultas e negociações, seja por via do mecanismo de resolução de litígios. Isto porque os Estados Unidos têm bloqueado o pedido do México para criar um painel arbitral. Até à data, o painel arbitral do NAFTA não foi composto, porque os Estados Unidos não designaram painelistas nem concordaram com a nomeação do seu presidente". Cf. Relatório do Painel no caso *Mexico – Tax Measures on Soft Drinks and Other Beverages* (WT/DS308/R), 7-10-2005, parágrafo 4.223.

[2114] Relatório do Órgão de Recurso no caso *Mexico – Tax Measures on Soft Drinks and Other Beverages* (WT/DS308/AB/R), 6-3-2006, parágrafo 44.

[2115] *Idem*, parágrafo 45. O Órgão de Recurso recorda ainda que uma resolução apenas parcial da questão em causa seria uma falsa economia judicial [cf. Relatório do Órgão de Recurso no caso *Australia – Measures Affecting Importation of Salmon* (WT/DS18/AB/R), 20-10-1998, parágrafo 223].

A FUNÇÃO JURISDICIONAL NO SISTEMA GATT/OMC

*tão ampla que permita modificar as disposições de fundo do Memorando de Entendimento sobre Resolução de Litígios. (...) Nenhuma disposição do Memorando de Entendimento sobre Resolução de Litígios confere a um painel autoridade para ignorar ou modificar ... disposições explícitas do Memorando*"[2116].

A favor desta conclusão, o Órgão de Recurso invoca várias disposições do Memorando de Entendimento sobre Resolução de Litígios. Em primeiro lugar, o Órgão de Recurso refere o nº 2 do art. 7º e conclui que o uso nesta disposição das palavras "shall address" indica que os painéis estão obrigados a considerar as disposições relevantes do acordo ou acordos abrangidos citadas pelas partes em litígio[2117].

Em segundo lugar, o Órgão de Recurso recorre ao art. 11º do Memorando de Entendimento sobre Resolução de Litígios e observa que é difícil compreender como realizaria um painel uma apreciação objectiva da questão caso recusasse exercer uma jurisdição validamente conferida e se abstivesse de formular quaisquer conclusões a respeito da questão que lhe foi colocada[2118].

Em terceiro lugar, citando o nº 3 do art. 3º do Memorando de Entendimento sobre Resolução de Litígios, o Órgão de Recurso defende que o facto de um Membro poder iniciar um litígio no âmbito da OMC sempre que considere que uma vantagem que lhe é devida ao abrigo dos acordos abrangidos está a ser prejudicada por medidas adoptadas por outro Membro implica que o Membro queixoso "is *entitled*" a uma determinação de um painel da OMC[2119].

Em quarto lugar, o Órgão de Recurso completa que:

"A decisão de um painel de declinar o exercício de uma jurisdição validamente estabelecida pareceria 'diminuir' o direito do Membro queixoso 'se opor à violação de obrigações' no sentido do artigo 23º do Memorando de Entendimento sobre Resolução de Litígios e de apresentar uma queixa em conformidade com o nº 3 do artigo 3º do Memorando de Entendimento sobre Resolução de Litígios. Isto não seria compatível com as obrigações dos painéis em virtude dos artigos 3º, nº 2, e 19º, nº 2, do Memorando de Entendimento sobre Resolução de Litígios. Portanto, não vemos nenhum motivo para discordar da declaração do Painel de que 'não parece que os painéis da OMC possam escolher livremente se exercem ou não a sua jurisdição'"[2120].

---

[2116] Relatório do Órgão de Recurso no caso *Mexico – Tax Measures on Soft Drinks and Other Beverages* (WT/DS308/AB/R), 7-10-2005, parágrafo 46.

[2117] *Idem*, parágrafo 49.

[2118] *Idem*, parágrafo 51.

[2119] *Idem*, parágrafo 52.

[2120] *Idem*, parágrafo 53.

A FASE DO PAINEL

Finalmente:

"Tendo presente o exacto alcance do recurso do México, não nos pronunciamos sobre se pode haver outras circunstâncias em que pudessem existir impedimentos legais que impossibilitariam um painel de se pronunciar sobre o mérito das alegações que lhe foram colocadas. No presente caso, o México defende que as alegações dos Estados Unidos a respeito do artigo III do GATT de 1994 estão intimamente associadas a um litígio mais amplo e que só um painel do Tratado de Comércio Livre da América do Norte poderia resolver a totalidade do litígio. Contudo, o México não questiona a constatação do Painel de que 'nem o objecto nem as respectivas posições das partes são idênticas no litígio no âmbito do Tratado de Comércio Livre da América do Norte e no presente litígio'. O México afirmou também que não podia identificar um fundamento jurídico que lhe permitisse apresentar, num procedimento de resolução de litígios no âmbito da OMC, as alegações em matéria de acesso aos mercados que apresentou no quadro do Tratado de Comércio Livre da América do Norte. Além disso, é indiscutível que nenhum painel do Tratado de Comércio Livre da América do Norte decidiu até à data o 'litígio mais amplo' referido pelo México. Por último, observamos que o México declarou expressamente que a denominada 'cláusula de exclusão' prevista no nº 6 do artigo 2005 do Tratado de Comércio Livre da América do Norte não tinha sido 'aplicada'. Não nos pronunciamos sobre se existiria um impedimento jurídico ao exercício da jurisdição de um painel caso concorressem as circunstâncias antes mencionadas. Em qualquer caso, não vemos nenhum impedimento jurídico aplicável neste caso"[2121].

Ou seja, o Órgão de Recurso acaba por não fechar a porta à possibilidade de um painel recusar pronunciar-se sobre a totalidade das alegações que lhe sejam colocadas no âmbito de um determinado litígio[2122]. Ele mesmo observa que não se pronuncia sobre se pode haver outras circunstâncias em que possam existir impedimentos legais que impossibilitem um painel de se pronunciar sobre o mérito das alegações que lhe foram colocadas. Mas que impedimentos legais são esses? Por exemplo, o Órgão de Recurso declara que o México tinha declarado, expressamente, que a denominada 'cláusula de exclusão' prevista no nº 6 do artigo 2005 do Tratado de Comércio Livre da América do Norte não tinha sido "aplicada". Em consequência, "this leaves open the question of whether a WTO panel would be entitled to decline jurisdiction if both parties to the dispute have agreed on a clause giving exclusive jurisdiction to the dispute settlement mechanism of

[2121] *Idem*, parágrafo 54.
[2122] Isabelle Van DAMME, Jurisdiction, Applicable Law, and Interpretation, in *The Oxford Handbook of International Trade Law*, Daniel Bethlehem, Donald McRae, Rodney Neufeld e Isabelle Van Damme Ed., Oxford University Press, 2009, p. 313.

A FUNÇÃO JURISDICIONAL NO SISTEMA GATT/OMC

an Regional Trade Agreement"[2123]. E, de facto, estivesse o Protocolo de Olivos em vigor quando da análise do caso *Argentina – Definitive Anti-Dumping Duties on Poultry from Brazil*[2124], e o painel criado para analisar o litígio subjacente não teria sido capaz de exercer a sua jurisdição relativamente ao mesmo:

> "Notamos que o Brasil assinou o Protocolo de Olivos em Fevereiro de 2002. O artigo 1º do Protocolo de Olivos estabelece que, uma vez que uma parte decida apresentar um caso ao abrigo dos fóruns de resolução de litígios do MERCOSUR ou da OMC, essa parte não poderá apresentar um caso posterior a respeito do mesmo objecto no outro fórum. Não obstante, o Protocolo de Olivos não modifica a nossa avaliação, dado que esse Protocolo ainda não entrou em vigor e, em qualquer caso, não á aplicável a respeito de litígios já decididos de acordo com o Protocolo de Brasília do MERCOSUR [o Artigo 50º do Protocolo of Olivos determina que 'os litígios em curso iniciados de acordo com o Protocolo of Brasília continuarão a ser regulados exclusivamente por aquele Protocolo até ao seu termo']. Na realidade, o facto de os membros do MERCOSUR considerarem necessário adoptar o Protocolo de Olivos sugere-nos que reconheceram que (na ausência de tal Protocolo) um procedimento de resolução de litígios no âmbito do MERCOSUR podia ser seguido de um procedimento de resolução de litígios na OMC a respeito da mesma medida"[2125].

Com base nestas conclusões, alguns autores notam que, "whether the Appellate Body would give effect to such a provision on mandatory choice of forum [Protocolo de Olivos] is not clear, but its seems to be a clear possibility"[2126].

---

[2123] Gabrielle MARCEAU e Julian WYATT, *Dispute Settlement Regimes Intermingled: Regional Trade Agreements and the WTO*, in Journal of International Dispute Settlement, Vol. 1, No. 1, 2010, p. 71.

[2124] O Protocolo de Olivos para a resolução de litígios no Mercosul entrou em vigor no dia 10 de Fevereiro de 2004 e o seu texto pode ser encontrado in ILM, vol. XLII, 2003, pp. 2-18. Nos termos do nº 2 do art. 1º do Protocolo de Olivos:
"As controvérsias compreendidas no âmbito de aplicação do presente Protocolo que possam também ser submetidas ao sistema de solução de controvérsias da Organização Mundial do Comércio ou de outros esquemas preferenciais de comércio de que sejam parte individualmente os Estados Partes do Mercosul poderão submeter-se a um ou outro foro, à escolha da parte demandante. Sem prejuízo disso, as partes na controvérsia poderão, de comum acordo, definir o foro. Uma vez iniciado um procedimento de solução de controvérsias de acordo com o parágrafo anterior, nenhuma das partes poderá recorrer a mecanismos de solução de controvérsias estabelecidos nos outros foros com relação a um mesmo objecto, definido nos termos do artigo 14º deste Protocolo. Não obstante, no marco do estabelecido neste numeral, o Conselho do Mercado Comum regulamentará os aspectos relativos à opção de foro".

[2125] Relatório do Painel no caso *Argentina – Definitive Anti-Dumping Duties on Poultry from Brazil* (WT/DS241/R), 22-4-2003, parágrafo 7.38.

[2126] William DAVEY e André SAPIR, *The Soft Drinks Case: The WTO and Regional Agreements*, in WTR, 2009, p. 12. Mais à frente, porém, estes mesmos autores defendem que:

762

A FASE DO PAINEL

De modo semelhante, apesar de todos os Estados-membros da União Europeia serem membros da OMC, entende-se que não é possível a um deles apresentar uma queixa junto do sistema de resolução de litígios da OMC no que diz respeito às matérias que caibam no âmbito das competências exclusivas das Comunidades (por exemplo, comércio de mercadorias). Tal comportamento iria, certamente, contra o princípio da cooperação leal[2127] consagrado no art. 4º, nº 3, do Tratado da União Europeia (antes, o art. 10º do Tratado da Comunidade Europeia)[2128]. Consequentemente:

> "in case the complaining European Union member lacks the legal capacity to submit a WTO complaint, any WTO panel ought to recognize this and decline to exercise jurisdiction, even if this lack of capacity results from European Union law, not WTO law. As between European Union members, the European Court of Justice could then decide the dispute; a WTO complaint by an European Union member against a non-European Union member could then be reinitiated at the WTO by the European Communities itself"[2129].

De notar, por outro lado, que o Órgão de Recurso não respondeu ao argumento do México de que existia noutros "órgãos e tribunais internacionais" o poder discricionário de recusar exercer jurisdição estabelecida validamente[2130]. A existência deste poder foi reconhecida, por exemplo, pelo Tribunal Internacional de Justiça:

> "Allowing or encouraging Members to take WTO-related disputes to other fora, where the rest of the WTO membership has no right to be heard seems unwise. Indeed, to give effect to a WTO Member's waiver of its right to invoke WTO dispute settlement also deprives other WTO Members of the third-party rights that they would otherwise enjoy. It is arguable that such a result should be possible only if approved in advance by the WTO membership (e.g. through a waiver)". Cf. *Idem*, p. 16.

[2127] Marco Bronckers, *The Relationship of the EC Courts with Other International Tribunals: Non-Committal, Respectful or Submissive?*, in CMLR, 2007, p. 613.

[2128] Segundo as próprias Comunidades Europeias:
"o 'dever de cooperação' do artigo 10º do Tratado da Comunidade Europeia é juridicamente vinculativo e directamente aplicável em todos os Estados membros. (...) As Comunidades Europeias também afirmam que, quando um Estado membro infringe o dever de cooperação, isso constitui uma infracção do Tratado da Comunidade Europeia, contra a qual a Comissão Europeia pode invocar um procedimento por incumprimento ao abrigo do artigo 226º do Tratado da Comunidade Europeia". Cf. Relatório do Painel no caso *European Communities – Selected Customs Matters* (WT/DS315/R), 16-6-2006, parágrafo 7.163.

[2129] Joost Pauwelyn, *How to Win a World Trade Organization Dispute Based on Non-World Trade Organization Law? Questions of Jurisdiction and Merits*, in JWT, 2003, p. 1010.

[2130] Relatório do Órgão de Recurso no caso *Mexico – Tax Measures on Soft Drinks and Other Beverages* (WT/DS308/AB/R), 7-10-2005, parágrafo 10.

A FUNÇÃO JURISDICIONAL NO SISTEMA GATT/OMC

"(...) Mas mesmo se o Tribunal, quando solicitado, entende ter jurisdição, ele não é obrigado a exercer essa jurisdição em todos os casos. Existem limites inerentes ao exercício da função judicial que o Tribunal, enquanto tribunal de justiça, não pode nunca ignorar (...). Se o Tribunal está convencido, seja qual for a natureza da reparação demandada, que será incompatível com a sua função judicial decidir sobre os méritos de um pedido, ele deve recusar fazê-lo"[2131].

A jurisdição inerente do Tribunal Internacional de Justiça permite-lhe, assim, tomar a decisão de não adjudicar mais um caso. Neste caso em concreto, o Tribunal Internacional recusou exercer a sua jurisdição porquanto o seu julgamento não teria nenhuma consequência prática no sentido de poder afectar os direitos e obrigações jurídicas existentes das partes[2132], ou seja, o Tribunal tinha sido relegado "to an issue remote from reality"[2133].

O argumento do Órgão de Recurso de que seria difícil ao painel realizar uma apreciação objectiva da questão caso recusasse exercer uma jurisdição validamente conferida e se abstivesse de formular quaisquer conclusões a respeito da questão que lhe foi colocada (parágrafo 51) parece-nos, igualmente, um pouco forçado. Inevitavelmente, caso um painel decidisse não analisar a totalidade das alegações, ele certamente diria quais as razões para a sua recusa.

Um painel pode também considerar uma queixa inadmissível por causa da utilização abusiva dos meios processuais:

"Abuse of procedure consists of the use of procedural instruments or rights by one or more parties for purposes that are alien to those for which the procedural rights were established, especially for a fraudulent, procrastinatory or frivolous purpose, for the purpose of causing harm or obtaining an illegitimate advantage, for the purpose of reducing or removing the effectiveness of some other available process or for purposes of pure propaganda. To these situations, action with a malevolent intent or with bad faith can be added"[2134].

Assim, qualquer acção que levasse um painel a examinar a compatibilidade de uma medida com uma obrigação que não consta em nenhum dos acordos abrangidos não seria fundamentada no sentido do nº 7 do artigo 3º do Memorando de

---

[2131] TRIBUNAL INTERNACIONAL DE JUSTIÇA, *Case Concerning the Northern Cameroons (Cameroon v. United Kingdom), Objecções Preliminares*, Acórdão de 2-12-1963, pp. 29 e 37.

[2132] *Idem*, p. 34.

[2133] *Idem*, p. 33.

[2134] Robert KOLB, General Principles of Procedural Law, in *The Statute of the International Court of Justice – A Commentary*, Andreas Zimmermann, Christian Tomuschat e Karin Oellers-Frahm ed., Oxford University Press, 2006, p. 831.

A FASE DO PAINEL

Entendimento sobre Resolução de Litígios. O próprio Órgão de Recurso nota no caso *United States – Laws, Regulations and Methodology for Calculating Dumping Margins ("Zeroing")* que:

"uma medida atribuível a um Membro poderá ser submetida a procedimentos de resolução de litígios com a única condição de que outro Membro tenha considerado, de boa fé, que a medida anula ou compromete vantagens resultantes para ele do Acordo Antidumping"[2135].

Por vezes, a proibição de abuso do processo encontra-se consagrada explicitamente no próprio estatuto de um tribunal internacional. O nº 1 do art. 294º do Estatuto do Tribunal Internacional do Direito do Mar, por exemplo, determina que:

"A corte ou tribunal referido no artigo 287º ao qual tiver sido feito um pedido relativo a uma controvérsia mencionada no artigo 297º decidirá, por solicitação de uma parte, ou poderá decidir, por iniciativa própria, se o pedido constitui utilização abusiva dos meios processuais ou se *prima facie* é bem fundamentado. Se a corte ou tribunal decidir que o pedido constitui utilização abusiva dos meios processuais ou é *prima facie* infundado, cessará a sua acção no caso".

Outra questão importante é saber se a invocação do art. XXI do GATT *per se* impede que um painel analise qualquer medida adoptada com base em tal excepção? Intitulado "Excepções respeitantes à segurança"[2136], o art. XXI dispõe que:

"Nenhuma disposição deste Acordo será interpretada:
*a*) como impondo a um Membro a obrigação de fornecer informações cuja divulgação seja, em seu entender, contrária aos interesses essenciais da sua segurança; ou
*b*) como impedindo um Membro de tomar todas as medidas que julgue necessárias à protecção dos interesses essenciais da sua segurança:
i) relacionando-se com matérias físseis ou com matérias que servem para o seu fabrico;
ii) relacionando-se com o tráfico de armas, munições e de material de guerra, e com todo o tráfico de outros artigos e materiais destinados, directa ou indirectamente, a assegurar o abastecimento de forças armadas;
iii) aplicadas em tempo de guerra ou em caso de grave tensão internacional; ou

---

[2135] Relatório do Órgão de Recurso no caso *United States – Laws, Regulations and Methodology for Calculating Dumping Margins ("Zeroing")*(WT/DS294/AB/R), 18-4-2006, parágrafo 191.
[2136] Também o GATS (art. XIV-A) e o Acordo TRIPS (art. 73º) prevêem excepções por razões de segurança. É de destacar, por outro lado, que o art. XXI confere muito maior latitude aos membros da OMC do que o art. XX do GATT, dado não conter nenhum prólogo a impor limites à sua invocação.

A FUNÇÃO JURISDICIONAL NO SISTEMA GATT/OMC

*c*) como impedindo um Membro de adoptar medidas em cumprimento dos seus compromissos para com a Carta das Nações Unidas, com o fim de manter a paz e segurança internacionais".

Nalguns casos analisados durante a vigência do GATT de 1947, a parte demandada questionou a competência dos painéis para dirimirem casos envolvendo a segurança nacional[2137]. No caso *United States – Trade Measures Affecting Nicaragua*, por exemplo, os Estados Unidos alegaram:

> "que o artigo XXI se aplicava a qualquer medida que a parte contratante que a adoptara estimasse necessária para a protecção de um interesse essencial da sua segurança. Esta disposição deixava, em termos claros, a validade da justificação relativa à segurança ao critério exclusivo da parte contratante que a invocasse. Não podia concluir-se, pois, que a medida norte-americana violava o disposto no artigo XXI. Em todo o caso, os termos de referência indicavam claramente que o Painel não poderia examinar nem a validade nem os motivos do recurso dos Estados Unidos ao inciso iii) da alínea *b*) do artigo XXI. Por conseguinte, o cumprimento por parte dos Estados Unidos das obrigações contraídas em virtude do Acordo Geral não era assunto que tivesse que ser examinado pelo Painel. Os Estados Unidos acrescentaram que não estavam de acordo com a apreciação feita pela Nicarágua da situação em termos de segurança, mas não queriam encetar um debate sobre uma questão estranha à competência do GATT em geral e do Painel em particular"[2138].

Posteriormente, os Estados Unidos defenderam que a Lei Helms-Burton adoptada em Março de 1996 caía, também, no âmbito da excepção do artigo XXI do GATT[2139] e, por isso, nenhum painel seria competente para examinar a justi-

---

[2137] Stefan OHLHOFF e Hannes SCHLOEMANN, *"Constitutionalization" and Dispute Settlement in the WTO: National Security as an Issue of Competence*, in AJIL, 1999, p. 426. De notar que o direito consuetudinário internacional não contém uma excepção por razões de segurança nacional. Nem a Convenção de Viena sobre o Direito dos Tratados nem os artigos da Comissão do Direito Internacional sobre a Responsabilidade Internacional do Estado prevêem uma excepção por razões de segurança nacional. Cf. Benjamin BILLA e Susan ROSE-ACKERMAN, *Treaties and National Security*, in New York University Journal of International Law and Politics, 2008, p. 443.

[2138] Relatório do Painel no caso *United States – Trade Measures Affecting Nicaragua* (L/6053), posto a circular em 13-10-1986, nunca adoptado, parágrafo 4.6.

[2139] Na sequência do abatimento, em Fevereiro de 1996, de dois aviões dirigidos por membros de organizações anti-Castro sedeadas nos Estados Unidos, este país adoptou, em Março de 1996, a chamada Lei da Liberdade e da Solidariedade com Cuba, mais conhecida por Lei Helms-Burton. Esta lei tinha (tem) por objectivo reforçar e internacionalizar o isolamento de Cuba, impondo, unilateralmente, o embargo económico norte-americano ao resto do Mundo. Assim, a fim de reforçar as sanções económicas contra Cuba e punir as empresas com interesses económicos neste país, a Lei Helms-Burton permitiria aos cidadãos norte-americanos apresentar queixas nos tribunais

A FASE DO PAINEL

ficação ou a motivação das autoridades norte-americanas[2140]. E, de facto, quando o Órgão de Resolução de Litígios nomeou, em Fevereiro de 1997, os membros do painel criado para analisar a Lei Helms-Burton, os Estados Unidos anunciaram que não iriam participar nos procedimentos do painel[2141] e nunca apresentaram quaisquer documentos referentes ao litígio[2142].

norte-americanos contra as empresas estrangeiras que utilizassem em Cuba os bens de nacionalidade americana confiscados depois da tomada do poder por Fidel Castro (Título III) e proibir a entrada nos Estados Unidos aos seus gestores, aos familiares dos gestores e aos accionistas (Título IV). No entanto, a expropriação e nacionalização por Cuba, sem indemnização, dos bens de cidadãos norte-americanos dificilmente pode ser considerada como pondo em causa os interesses essenciais da segurança dos Estados Unidos ou provocando uma situação de grave tensão internacional, principalmente quando se trata de um facto ocorrido entre 1959 e 1961. Como se não bastasse, não só o Conselho de Segurança das Nações Unidas não adoptou nenhuma resolução contra Cuba, elemento que indicia a inexistência de uma situação de grave tensão internacional (cf. Kees Jan Kuilwijk, *Castro's Cuba and the U.S. Helms-Burton Act: An Interpretation of the GATT Security Exemption*, in JWT, vol. 31, nº 3, 1997, p. 54), como a própria Assembleia Geral votou, em Novembro de 1992, contra o embargo imposto pelos Estados Unidos (Resolução 47/19). Por causa da polémica que suscitou, a aplicação do Título III da Lei Helms-Burton ("Protecção dos Direitos de Propriedade de Cidadãos dos Estados Unidos") tem sido sucessivamente suspensa por decisão do Presidente dos Estados Unidos, mas, contrariamente ao memorando de entendimento concluído entre os Estados Unidos e as Comunidades Europeias, os Títulos III e IV não foram derrogados a título permanente. No caso do Título III, têm sido concedidas derrogações de seis em seis meses e, quanto ao Título IV, nenhuma acção foi tomada, até agora, contra cidadãos ou empresas comunitárias, não obstante a Administração norte-americana continuar a investigar certos investimentos realizados em Cuba por empresas comunitárias. Segundo a própria Comissão Europeia, a existência da Lei Helms-Burton e a ausência de derrogações permanentes dos Títulos III e IV "continue to constitute an on-going threat to European Union companies doing or intending to do legitimate business in Cuba" (cf. Comissão Europeia, *United States Barriers to Trade and Investment Report for 2008*, Bruxelas, Julho de 2009, p. 27). O texto da Lei Helms-Burton pode ser encontrado in ILM, vol. XXXV, 1996, pp. 357-378.

[2140] Alan Alexandroff e Rajeev Sharma, The National Security Provision – GATT Article XXI (Chapter 35), in *The World Trade Organization: Legal, Economic and Political Analysis*, Volume I, Patrick Macrory, Arthur Appleton e Michael Plummer Ed., Springer, Nova Iorque, 2005, p. 1577.

[2141] C. O'Neal Taylor, *Impossible Cases: Lessons from the First Decade of WTO Dispute Settlement*, in University of Pennsylvania Journal of International Economic Law, 2007, p. 378.

[2142] *Idem*, p. 374. Na prática, os Estados Unidos acabaram por avançar com algumas opiniões a respeito do litígio em reuniões do Órgão de Resolução de Litígios:

"A Organização Mundial do Comércio foi estabelecida para regular as relações comerciais entre os governos Membros, não as relações diplomáticas nem de segurança que possam ter efeitos incidentais sobre o comércio e o investimento. (...) Ao introduzir este desacordo com os Estados Unidos em relação à política exterior e de segurança face a Cuba no seio da OMC, as Comunidades Europeias converteram esta organização num território inexplorado. Por essa razão, os Estados Unidos não se unem ao consenso para a criação de um painel na reunião em curso". Cf. OMC, *Minutes of Meeting Held in the Centre William Rappard on 16 October 1996* (WT/DSB/M/24), 26-11-1996, pp. 8-9.

A FUNÇÃO JURISDICIONAL NO SISTEMA GATT/OMC

Na prática, a excepção relativa à segurança produziu um *case law* deveras limitado durante a vigência do GATT de 1947[2143]. Apesar disso, a questão da delimitação dos seus limites (por exemplo, quais os produtos relevantes em matéria de segurança nacional para efeitos da alínea *b*)) tem suscitado algum debate. Em certa ocasião, Khruschev sugeriu mesmo, fazendo troça dos controlos à exportação impostos pelos Estados Unidos, um embargo aos botões, a fim de os soldados soviéticos ficarem com as calças nas mãos ...[2144].

Durante a vigência do GATT de 1947, o caso mais controverso prendeu-se com a imposição pela Suécia, entre Novembro de 1975 e Julho de 1977, de um sistema global de quotas de importação para certo tipo de calçado. A Suécia defendia que a manutenção de facilidades na produção de calçado se habilitava à excepção do art. XXI do GATT, visto que havia a necessidade de ter uma indústria nacional para assegurar que o país disporia de botas para o exército em tempo de guerra[2145].

Essencialmente, notam alguns autores:

"The key issue, as yet unresolved, is the jurisdictional argument – relied upon more than once by the United States – that the phrase 'which it considers necessary' in the chapeau of paragraph (b) means that a country's decision to take action on national security grounds under Article XX:1(b) cannot be challenged in the dispute resolution system"[2146].

Mas, mesmo que se interprete a alínea *b*) do art. XXI como permitindo a cada Membro da OMC decidir unilateralmente quais as medidas necessárias à protecção dos interesses essenciais da sua segurança, isso não corresponde a uma licença para um Membro agir como um verdadeiro *cowboy*. Na realidade, existem

---

[2143] O art. XXI foi invocado nove vezes durante a vigência do GATT de 1947 (cf. Gary Clyde HUF-BAUER, Jeffrey SCHOTT, Kimberly ELLIOTT e Barbara OEGG, *Economic Sanctions Reconsidered*, 3ª ed., Peterson Institute for International Economics, Washington, DC, 2007, p. 95), mas apenas quatro casos acabaram numa disputa formal no contexto do artigo XXIII do GATT de 1947: *Czechoslovakia v. United States* em 1949, *Nicaragua v. United States* em 1984, *Nicaragua v. United States* em 1985-1986, e *Yugoslavia v. European Community* em 1991-1992. Cf. Stefan OHLHOFF e Hannes SCHLOEMANN, *"Constitutionalization" and Dispute Settlement in the WTO: National Security as an Issue of Competence*, in AJIL, 1999, p. 432.

[2144] John JACKSON e Andreas LOWENFELD, Helms-Burton, the U.S., and the WTO, in *The Role of Government in International Trade – Essays over Three Decades*, Cameron May, Londres, 2000, p. 407.

[2145] Bernard HOEKMAN e Michel KOSTECKI, *The Political Economy of the World Trading System: The WTO and Beyond*, 2ª ed., Oxford University Press, 2001, p. 341.

[2146] Alan ALEXANDROFF e Rajeev SHARMA, The National Security Provision – GATT Article XXI (Chapter 35), in *The World Trade Organization: Legal, Economic and Political Analysis*, Volume I, Patrick Macrory, Arthur Appleton e Michael Plummer Ed., Springer, Nova Iorque, 2005, p. 1573.

A FASE DO PAINEL

vários limites à possibilidade de um Membro se comportar como tal. Primeiro, as medidas devem ser "necessárias" à protecção dos interesses essenciais da sua segurança[2147]. Segundo, a invocação do art. XXI sem que exista qualquer ameaça credível aos interesses essenciais da segurança de um Membro é politicamente inaceitável[2148]. No caso do calçado, por exemplo, a Suécia, sentindo a reprovação da comunidade internacional, depressa se apressou a oferecer a realização de consultas e a retirar a medida uns meses depois de a ter adoptado. Terceiro, os próprios redactores do Acordo Geral e as partes contratantes reconheceram que uma invocação do artigo XXI não impedia o recurso ao artigo XXIII[2149]. Quarto, uma decisão adoptada pelas PARTES CONTRATANTES em 30 de Novembro de 1982, na sequência do embargo decretado por algumas partes contratantes contra a Argentina durante o conflito das Malvinas, voltou a reiterar que, quando se adoptam medidas ao abrigo do art. XXI, todas as partes contratantes afectadas por elas conservam integralmente os direitos reconhecidos pelo Acordo Geral[2150],

---

[2147] Um exame dos casos relevantes mostra que, com excepção do caso do calçado da Suécia, a parte que invocou o artigo XXI, alínea *b*)(iii), estava a retaliar contra o que entendia serem acções ilegais ou violações dos direitos humanos perpetradas pelo país alvo das medidas. Logo, "it can be seen that the Contracting Parties' actions have all been in conformity with the restrictive interpretation of article XXI(b)(iii)". Cf. Michael HAHN, *Vital Interests and the Law of GATT: An Analysis of GATT's Security Exception*, in MJIL, 1991, p. 595.

[2148] Raj BHALA, *Fighting Bad Guys with International Trade Law*, in The University of California Davis Law Review, 1997, p. 17. Por exemplo, um ataque armado contra o México ameaçaria certamente os interesses essenciais da segurança dos Estados Unidos. Por outro lado, é mais difícil de entender como o conflito entre o Reino Unido e a Argentina em relação às Ilhas Malvinas representou uma tal ameaça substancial à segurança do Canadá e da Austrália, de tal modo que estes se sentiram forçados a aplicar também sanções contra a Argentina. Em suma, as excepções baseadas na segurança, quando não impostas pelas Nações Unidas, não deveriam ser utilizadas meramente para criar um boicote imposto por um grupo de nações com filosofias económicas e políticas similares (cf. Wesley CANN JR., *Creating Standards and Accountability for the Use of the WTO Security Exception: Reducing the Role of Power-Based Relations and Establishing a New Balance Between Sovereignty and Multilateralism*, in YJIL, 2001, p. 464). Mais recentemente, um outro autor afirmou que, na sequência dos ataques do dia 11 de Setembro de 2001, nada impede que os Estados Unidos invoquem a protecção dos interesses essenciais da sua segurança para pôr em prática medidas passíveis de afectar o comércio internacional, numa tentativa de redução do risco de actos terroristas. Cf. William KERR, *Homeland Security and the Rules of International Trade*, in The Estey Centre Journal of International Law and Trade Policy, vol. 5, nº 1, 2004, p. 2.

[2149] Wesley CANN JR., *Creating Standards and Accountability for the Use of the WTO Security Exception: Reducing the Role of Power-Based Relations and Establishing a New Balance Between Sovereignty and Multilateralism*, in YJIL, 2001, p. 474.

[2150] Carmen LÓPEZ-JURADO, *La controversia entre la Unión Europea y Estados Unidos relativa a la Ley Helms-Burton*, in Revista de Derecho Comunitario Europeo, 1997, pp. 588-589.

A FUNÇÃO JURISDICIONAL NO SISTEMA GATT/OMC

nomeadamente, o de recorrer ao artigo XXIII do Acordo Geral[2151]. Quinto, os artigos dos acordos abrangidos relativos à segurança não constam da enumeração das normas e processos especiais ou complementares (art. 1º, nº 2, e Apêndice 2 do Memorando). Sexto, o próprio Órgão de Recurso já disse que, permitir que um Membro utilize de forma abusiva ou imprópria o seu direito de invocar uma excepção equivaleria, na realidade, a diminuir as suas próprias obrigações e a desvalorizar os direitos convencionais dos outros membros. Se o uso abusivo ou impróprio for suficientemente grave e amplo, o Membro confere, na verdade, um carácter meramente facultativo à sua obrigação convencional e suprime a sua natureza jurídica; ao fazê-lo, nega completamente os direitos convencionais dos outros membros[2152]. Finalmente, a prática de outros tribunais internacionais mostra que a condição "guerra ou em caso de grave tensão internacional" pode perfeitamente ser examinada pelos painéis[2153]. Por exemplo, os tribunais penais internacionais têm tido a necessidade, por vezes, de determinar se existe ou não um conflito armado para efeitos de aplicação do direito internacional humanitário. O Tribunal Penal Internacional para a ex-Jugoslávia, por exemplo, considera que existe um conflito armado "sempre que há recurso à força armada entre Estados ou um conflito armado prolongado entre as autoridades governamentais e grupos armados organizados ou entre tais grupos no seio de um Estado"[2154].

O art. XXIII do GATT pode constituir, pois, uma limitação significativa à invocação pelos membros da excepção prevista no art. XXI e permitir a um Membro receber uma compensação caso se considere que uma vantagem para si resultante, directa ou indirectamente, do Acordo Geral foi anulada ou comprometida em consequência da aplicação por outro Membro de uma medida, contrária ou não às disposições do GATT[2155]. Aliás, quando os Estados Unidos adoptaram a Lei Helms-Burton em 1996, houve quem defendesse a invocação do art. XXIII, nº 1, alínea b), do GATT pela Comunidade Europeia[2156].

---

[2151] Michael HAHN, *Vital Interests and the Law of GATT: An Analysis of GATT's Security Exception*, in MJIL, 1991, p. 575.

[2152] Relatório do Órgão de Recurso no caso *United States – Import Prohibition of Certain Shrimp and Shrimp Products* (WT/DS58/AB/R), 12-10-1998, parágrafo 156.

[2153] Dapo AKANDE e Sope WILLIAMS, *International Adjudication on National Security Issues: What Role for the WTO?*, in Virginia Journal of International Law, 2003, p. 366.

[2154] TRIBUNAL PENAL INTERNACIONAL PARA A EX-JUGOSLÁVIA, Câmara de Recursos, *Prosecutor v. Dusko Tadic a/k/a "DULE"*, *Decision on the Defence Motion for Interlocutory Appeal on Jurisdiction*, Case No. IT-94-1-AR72, 2-10-1995, parágrafo 70.

[2155] John JACKSON, *World Trade and the Law of GATT*, The Michie Company, Charlottesville – Virginia, 1969, p. 748.

[2156] August REINISCH, *Widening the US Embargo Against Cuba Extraterritorially: A Few Public International Law Comments on the 'Cuba Liberty and Democratic Solidarity (LIBERTAD) Act of 1996'*, in EJIL, 1996, p. 560.

A FASE DO PAINEL

Apesar de tudo, em vez de colocarem a questão a um Painel, os membros da OMC têm recorrido frequentemente à pressão internacional e à diplomacia para resolver os litígios comerciais ligados ao artigo XXI[2157]. No caso da Lei Helms-Burton, por exemplo, os Estados Unidos e a Comunidade Europeia, receosos provavelmente das possíveis consequências da adjudicação de um litígio ligado ao artigo XXI do GATT por um Painel da OMC[2158], adoptaram um memorando de entendimento, com base no qual a Comunidade Europeia concordou em suspender os trabalhos do Painel criado a seu pedido para analisar a legalidade daquela Lei[2159]. Apesar disso, a Comissão Europeia declarou expressamente que a União Europeia nunca reconheceria a legitimidade deste tipo de leis e que conservava integralmente o seu direito de retomar na OMC o caso contra a Lei Helms-Burton[2160].

Cumpre notar, enfim, que, constituindo a segurança nacional "the Achilles' heel of international law"[2161], não prevendo o Memorando de Entendimento sobre Resolução de Litígios qualquer mecanismo que permita aos painéis ou ao Órgão de Recurso, por iniciativa própria, declinarem analisar uma queixa apresentada com base na sensibilidade política do caso[2162] ou suspenderem os respectivos trabalhos[2163] e vigorando a regra do consenso negativo no que diz respeito à criação

---

[2157] Peter LINDSAY, *The Ambiguity of GATT Article XXI: Subtle Success or Rampant Failure?*, in Duke Law Journal, 2003, p. 1279.

[2158] *Idem*, p. 1306.

[2159] European Union-United States, *Memorandum of Understanding Concerning the U.S. Helms-Burton Act and the U.S. Iran and Libya Sanctions Act*, 11-4-1997, in ILM, vol. XXXVI, 1997, pp. 529-530. O caso *United States – The Cuban Liberty and Democratic Solidarity Act* foi resolvido pouco tempo antes da apresentação das primeiras observações escritas (cf. William DAVEY, A permanent panel body for WTO dispute settlement: Desirable or practical?, in *The Political Economy of International Trade Law – Essays in Honor of Robert E. Hudec*, Daniel Kennedy e James Southwick ed., Cambridge University Press, 2002, p. 511). De notar que, nos termos do nº 12 do artigo 12º do Memorando, "caso os trabalhos do painel sejam sido suspensos por mais de 12 meses, a autorização para o estabelecimento do painel caduca".

[2160] COMISSÃO EUROPEIA, *Report on United States Barriers to Trade and Investment*, Bruxelas, Dezembro de 2003, p. 11.

[2161] Stefan OHLHOFF e Hannes SCHLOEMANN, *"Constitutionalization" and Dispute Settlement in the WTO: National Security as an Issue of Competence*, in AJIL, 1999, p. 426.

[2162] Segundo um antigo membro do Órgão de Recurso, tal recusa seria contrária ao disposto no nº 2 do art. 3º e nº 12 do art. 17º do Memorando de Entendimento sobre Resolução de Litígios. Cf. Claus-Dieter EHLERMANN, *Tensions between the dispute settlement process and the diplomatic and treaty-making activities of the WTO*, in WTR, 2002, p. 305.

[2163] Nos termos do nº 12 do art. 12º do Memorando, "o painel pode suspender os seus trabalhos a qualquer momento *a pedido da parte queixosa* por um período não superior a 12 meses" (itálico aditado).

771

A FUNÇÃO JURISDICIONAL NO SISTEMA GATT/OMC

de um painel e à adopção dos relatórios dos painéis e do Órgão de Recurso[2164], é da maior importância que existam doutrinas que possibilitem limitar o âmbito da adjudicação em determinados casos, isto é, que seja possível que certas alegações não sejam analisadas. Para além, fundamentalmente, do princípio da economia judicial, nada impede que um painel, confrontado com uma invocação do artigo XXI do GATT de 1994 assuma uma postura de retraimento judicial. O Supremo Tribunal dos Estados Unidos, por exemplo, desenvolveu a chamada doutrina da questão política, que lhe permite recusar decidir sobre "questões políticas"[2165], definidas no caso *Baker v. Carr* (1962) como as que implicam "the impossibility of deciding without an initial policy determination of a kind clearly for nonjudicial discretion" (369 U.S. 186, 217)[2166].

No essencial, a chamada doutrina da questão política constitui "a method of self-restraint" desenvolvido pelos próprios tribunais[2167] e permite que estes recusem analisar uma determinada queixa. Nas palavras de John Marshall, antigo Presidente do Supremo Tribunal dos Estados Unidos: "Questions, in their nature political, or which are, by the constitution and laws, submitted to the Executive, can never be made in this Court" (Caso *Marbury v. Madison* (1803), p. 170).

Pode colocar-se, pois, a questão de saber se existe no âmbito da OMC uma espécie de doutrina da questão política? A Carta de Havana, por exemplo, dispunha que:

> "Os Estados Membros reconhecem que a Organização não deverá procurar agir de maneira a implicar que ela se pronuncie, de qualquer modo, sobre questões de ordem essencialmente política. Em conformidade e a fim de evitar um conflito de atribuições entre as Nações Unidas e a Organização a respeito destas questões, qualquer medida, tomada por um Estado Membro em ligação directa com uma questão política de que

[2164] Durante a vigência do GATT de 1947, o requisito formal de que os painéis fossem estabelecidos por consenso das partes contratantes possibilitava um controlo politico sobre a jurisdição dos painéis.

[2165] Não existe também na OMC nada de semelhante ao sistema discricionário existente no Supremo Tribunal dos Estados Unidos e aos seus pedidos para ordens de *certiorari* (cf.Jonathan STERNBERG, *Deciding Not to Decide: The Judiciary Act of 1925 and the Discretionary Court*, in Journal of Supreme Court History, Volume 33, Nº 1, 2008, pp. 1-16). Uma parte que pretenda que o Supremo Tribunal reveja uma sentença de um tribunal federal ou estadual, apresenta um pedido para uma ordem de *certiorari* junto do Supremo Tribunal dos Estados Unidos. Este pode ou não aceder ao pedido. Em 2004, o Supremo Tribunal concedeu apenas 85 dos 8,593 pedidos que foram apresentados, ou seja, "far more often than not the Court declines to exercise jurisdiction and thus avoids the overwhelming majority of questions put before it". Cf. *Idem*, p. 1.

[2166] Stefan OHLHOFF e Hannes SCHLOEMANN, *"Constitutionalization" and Dispute Settlement in the WTO: National Security as an Issue of Competence*, in AJIL, 1999, p. 449.

[2167] Marcella DAVID, *Passport to Justice: Internationalizing the Political Question Doctrine for Application in the World Court*, in HILJ, 1999, p. 81.

A FASE DO PAINEL

a Organização das Nações Unidas tiver sido encarregada, em conformidade com as disposições dos capítulos IV ou VI da Carta das Nações Unidas, será considerada como sendo da competência da Organização das Nações Unidas e as disposições da presente Carta não lhe serão aplicáveis" (art. 86º, nº 3).

Não obstante a Carta de Havana nunca ter entrado em vigor e de não ser possível encontrar a disposição mencionada no texto do Acordo Geral, Taiwan perdeu o estatuto de observador junto do GATT em 1971 (estatuto que tinha adquirido em 1965), depois de a República Popular da China ter ocupado o seu lugar nas Nações Unidas e da expulsão dos representantes de Taiwan desta última organização internacional. Nos termos da Resolução 2758 das Nações Unidas de 1971, decidiu-se:

> "[To] restore all its rights to the People's Republic of China and to Recognize the Representative of its Government as the only legitimate representative of China to the United Nations, and to expel forthwith the representative of Chiang Kai-Shek from the place which they unlawfully occupy at the United Nations and in all the organizations related to it"[2168].

Este caso constitui um dos exemplos da prática do GATT em seguir as decisões das Nações Unidas relativas a questões altamente políticas[2169], não obstante o GATT não poder ser visto como uma agência especializada das Nações Unidas[2170].

---

[2168] Pasha HSIEH, *Facing China: Taiwan's Status as a Separate Customs Territory in the World Trade Organization*, in JWT, 2005, p. 1198.

[2169] Steve CHARNOVITZ, *Taiwan's WTO Membership and Its International Implications*, in Asian Journal of WTO and International Health Law and Policy, Vol. I, 2006, p. 404.

[2170] Nos termos do nº 3 do art. 36º da Carta das Nações Unidas:
"Ao fazer recomendações, de acordo com este artigo, o Conselho de Segurança deverá também tomar em consideração que *as controvérsias de carácter jurídico devem, em regra, ser submetidas pelas partes ao Tribunal Internacional de Justiça*, de acordo com as disposições do Estatuto do Tribunal" (itálico aditado).
O Tribunal Internacional de Justiça entende por controvérsia de carácter jurídico a disputa "capaz de ser resolvida pela aplicação de princípios e regras do direito internacional" (cf. TRIBUNAL INTERNACIONAL DE JUSTIÇA, Case Concerning *Border and Transborder Armed Actions (Nicaragua/ Honduras), Jurisdiction of the Court and Admissibility of the Application*, 20-12-1988, parágrafo 52). Mas significa isto que o principal órgão jurisdicional das Nações Unidas acolhe a chamada doutrina da questão política? No caso *Military and Paramilitary Activities in and against Nicaragua (Nicaragua v. United States)*, por exemplo, o Juiz Lachs manifestou, em opinião separada, alguma preocupação sobre a capacidade do Tribunal Internacional de Justiça poder dar um contributo válido para a resolução de questões altamente políticas:
"O direito internacional adquiriu hoje uma dimensão desconhecida no passado. Quase todos os litígios entre os Estados apresentam simultaneamente aspectos políticos e jurídicos, a polí-

# A FUNÇÃO JURISDICIONAL NO SISTEMA GATT/OMC

tica e o direito encontram-se quase sempre. Os órgãos políticos, nacionais ou internacionais, devem ambos respeitar o direito. Isto não significa que todos os litígios se prestam a uma resolução judicial. É necessário recordar que, no último século e no início do presente, os litígios relativos aos 'interesses vitais dos Estados' ou à sua 'honra' eram considerados políticos e, por isso, não sujeitos à resolução por parte terceira?" (cf. TRIBUNAL INTERNACIONAL DE JUSTIÇA, *Case Concerning Military and Paramilitary Activities in and against Nicaragua (Nicaragua v. United States), Merits,* Acórdão de 27-6-1986, p. 168).

20 anos depois, um antigo juiz do Tribunal defende que:

"The notion once taught by academic international lawyers, that a court of law can and should deal with any kind of dispute is, in this writer's opinion, fundamentally erroneous. The organs of government must include, alongside courts, other organs for making policy decisions, and in respect of those policy decisions the function of the court of law should be confined to determining whether the political organ is acting *intra vires* its powers as defined by the applicable constitutional and administrative law" (cf. Robert JENNINGS, General Introduction, in *The Statute of the International Court of Justice – A Commentary,* Andreas Zimmermann, Christian Tomuschat e Karin Oellers-Frahm ed., Oxford University Press, 2006, p. 5).

Alguns importantes membros parecem defender, igualmente, a existência da doutrina da questão política no âmbito das Nações Unidas:

"The conflict in Central America is not a narrow legal dispute; it is an inherently political problem that is not appropriate for judicial resolution. The conflict will be solved only by political and diplomatic means – not through a judicial tribunal. The International Court of Justice was never intended to resolve issues of collective security and self-defense and is patently unsuited for such a role. Unlike domestic courts, the World Court has jurisdiction only to the extent that nation-states have consented to it. When the United States accepted the court's compulsory jurisdiction in 1946, it certainly never conceived of such a role for the court in such controversies. Nicaragua's suit against the United States – which includes an absurd demand for hundreds of millions of dollars in reparations – is a blatant misuse of the court for political and propaganda purposes" (cf. ESTADOS UNIDOS, *Statement of the U.S. Withdrawal from the Proceedings Initiated by Nicaragua in the International Court of Justice (January 18, 1985),* in ILM, vol. XXIV, 1985, pp. 246-248).

Todavia, não obstante a limitação que parece resultar do texto da disposição mencionada e de algumas opiniões separadas de alguns dos seus juízes e de certos membros das Nações Unidas, o Tribunal Internacional de Justiça tem recusado, em termos gerais, argumentos no sentido de não poder analisar um determinado litígio por estar em causa uma questão política. Em vez disso, ele tem salientado que muitos litígios têm ramificações políticas, mas isso não impede que as questões jurídicas submetidas à sua apreciação sejam analisadas. Nesse sentido, o Tribunal Internacional de Justiça negou explicitamente a existência de uma doutrina da questão política. O Tribunal Internacional de Justiça defendeu no caso *Military and Paramilitary Activities In and Against Nicaragua (Nicaragua v. United States* que não pode recusar a sua jurisdição simplesmente porque um órgão político (o Conselho de Segurança) possui um poder concorrente relativamente à questão objecto de litígio:

"Enquanto o Artigo [51º da Carta das Nações Unidas] exige que as acções tomadas 'devem ser comunicadas imediatamente ao Conselho de Segurança' – e nenhuma comunicação foi feita -, ele não apoia a alegação de que incumbe exclusivamente ao Conselho de Segurança decidir sobre a legitimidade de medidas tomadas invocando legítima defesa. O argumento

A FASE DO PAINEL

Ainda durante a vigência do GATT de 1947, um painel, depois de declarar que um determinado argumento não justificava uma interpretação do nº 3

dos Estados Unidos quanto aos poderes do Conselho de Segurança e do Tribunal é uma tentativa de transferir para o plano internacional noções internas de separação de poderes, mas estas noções não são aplicáveis às relações entre instituições internacionais responsáveis pela resolução dos litígios. (...).

"**95.** (...) Enquanto o Artigo 12º [da Carta das Nações Unidas] distingue claramente as funções da Assembleia Geral das funções do Conselho de Segurança precisando que, a respeito de um qualquer litígio ou situação, o primeiro não deve fazer qualquer recomendação sobre esse litígio ou situação, a menos que o Conselho de Segurança o solicite, não existe nenhuma disposição similar na Carta a respeito do Conselho de Segurança e do Tribunal Internacional de Justiça. O Conselho [de Segurança] tem funções de natureza política, ao passo que o Tribunal exerce funções puramente judiciais. Ambos os órgãos podem, pois, desempenhar as suas funções separadas mas complementares a propósito dos mesmos acontecimentos" (cf. TRIBUNAL INTERNACIONAL DE JUSTIÇA, *Case Concerning Military and Paramilitary in and Against Nicaragua (Nicaragua v. United States), Jurisdiction of the Court and Admissibility of the Application*, Acórdão de 26-11-1984, parágrafos 92 e 95).

De notar que, na sequência deste caso, os Estados Unidos puseram fim à sua aceitação da jurisdição do Tribunal Internacional de Justiça ao abrigo da chamada cláusula opcional (cf. Nico KRISCH, *International Law in Times of Hegemony: Unequal Power and the Shaping of the International Legal Order*, in EJIL, 2005, p. 391).

Subsequentemente, o Tribunal Internacional de Justiça declarou que:

"O facto desta questão apresentar igualmente aspectos políticos (...) não é suficiente para privá-la do seu carácter como 'questão jurídica' e para 'privar o Tribunal de uma competência que lhe é expressamente reconhecida pelos seus Estatutos' (...) [nem é] a natureza política dos motivos que inspiraram o pedido e as implicações políticas que o parecer dado pode ter não têm relevância no estabelecimento da sua jurisdição para dar esse parecer" (cf. TRIBUNAL INTERNACIONAL DE JUSTIÇA, *Legality of the Threat or Use of Nuclear Weapons*, Parecer Consultivo de 8-7-1996, parágrafo 13 (p. 234)).

Esta posição do Tribunal Internacional de Justiça voltou a ser reiterada muito recentemente. Cf. TRIBUNAL INTERNACIONAL DE JUSTIÇA, *Legal Consequences of the Construction of a Wall in the Occupied Palestine Territory*, Parecer Consultivo de 9-7-2004, parágrafo 41.

Até aos dias de hoje, apenas uma vez o Tribunal Internacional de Justiça concluiu que um litígio não era passível de resolução judicial (*Case Concerning Northern Cameroons (Cameroon v. United Kingdom), Preliminary Objections*, Acórdão de 2-12-1963, p. 38) (cf. Christian TOMUSCHAT, Article 36, in *The Statute of the International Court of Justice – A Commentary*, Andreas Zimmermann, Christian Tomuschat e Karin Oellers-Frahm ed., Oxford University Press, 2006, p. 602).

Em suma, embora seja verdade que "judicial process alone cannot banish war" (cf. Andrew COLEMAN, *The International Court of Justice and Highly Political Matters*, in Melbourne Journal of International Law, 2003, p. 30), também o é que o Tribunal tem contribuído significativamente para a resolução pacífica de questões altamente políticas. No fundo, como defendem alguns autores, "litigation is a way of depoliticising a dispute" (cf. J. G. MERRILLS, *International Dispute Settlement*, 4ª ed., Cambridge University Press, 2005, p. 176), "tribunalization means depoliticization". Cf. Robert HOWSE e Ruti TEITEL, *Cross-Judging: Tribunalization in a Fragmented But Interconnected Global Order*, in New York University Journal of International Law and Politics, 2009, p. 961.

A FUNÇÃO JURISDICIONAL NO SISTEMA GATT/OMC

do artigo VI do GATT contrária "ao seu texto claro", salientou explicitamente que "os procedimentos de resolução de litígios têm como finalidade garantir o cumprimento dos compromissos existentes; caso seja considerado que os mecanismos actuais não são suficientes, quaisquer modificações devem ser procuradas mediante negociações"[2171].

Outro caso interessante ocorreu na sequência da invasão das Ilhas Malvinas pela Argentina em Abril de 1982, facto que levou as Comunidades Europeias a adoptarem uma decisão impondo sanções comerciais à Argentina, tendo a Austrália e o Canadá imposto, igualmente, sanções. Em vez de apresentar uma queixa junto do sistema de resolução de litígios do GATT, a Argentina decidiu levar o assunto ao Conselho dos Representantes do GATT. Numa comunicação apresentada a todas as partes contratantes e nas observações orais feitas ante o Conselho, a Argentina alegou que as sanções comerciais violavam o tratamento da nação mais favorecida e o princípio da proibição de restrições quantitativas e que a sua aplicação se devia não a razões de cariz económico, mas antes à necessidade de pressionar politicamente a Argentina. Nas respectivas respostas ao Conselho, os representantes das Comunidades, da Austrália e do Canadá declararam que as suas medidas foram adoptadas com base nos seus direitos inerentes, de que o artigo XXI do GATT constituía uma reflexão. Estas partes contratantes notaram, ainda, que o Conselho de Segurança das Nações Unidas tinha aprovado a Resolução 502 intimando à retirada das tropas argentinas e à cessação imediata das hostilidades, ou seja, as suas medidas poderiam ser vistas como caindo no âmbito do artigo XXI, alíneas $b$)(iii) ou $c$), do GATT[2172]. Claro está, a Argentina poderia ter tentado apresentar uma queixa formal ao abrigo do sistema de resolução de litígios do GATT. Com excepção do Reino Unido, a justificação da Austrália e do Canadá de basear as suas sanções comerciais no artigo XXI tinha poucas probabilidades de êxito. As medidas adoptadas por estes dois países não poderiam ser vistas como "necessárias à protecção dos interesses essenciais da sua segurança" (artigo XXI, alínea $b$)) nem a resolução 502 do Conselho de Segurança faz menção a quaisquer sanções comerciais, pelo que não poderiam ser consideradas como medidas "em cumprimento das obrigações assumidas em virtude da Carta das Nações Unidas" (artigo XXI, alínea $c$))[2173]. Acontece que, por força da regra do consenso que então imperava, as perspectivas de criação de um painel e de adopção do seu relatório por parte da Argentina eram pouco promissoras.

[2171] Relatório do Painel no caso *United States – Countervailing Duties on Fresh, Chilled and Frozen Pork from Canada* (DS7/R), adoptado em 11-7-1991, parágrafo 4.7.
[2172] Arie REICH, *The Threat of Politicization of the World Trade Organization*, in University of Pennsylvania Journal of International Economic Law, 2005, pp. 791-792.
[2173] *Idem*, pp. 794-795.

A FASE DO PAINEL

A regra do consenso (positivo) funcionava como uma espécie de "political 'safety valve'" do GATT, que impedia o seu sistema de resolução de litígios de se envolver em litígios muito sensíveis do ponto de vista político[2174].

Depois da entrada em vigor dos acordos da OMC, um painel enfatiza que:

"(...) Era significativo que as preocupações relativas às excepções para o exame regulamentar em geral, ainda que fossem bem conhecidas na época das negociações acerca do Acordo sobre os Aspectos dos Direitos de Propriedade Intelectual relacionados com o Comércio, não eram aparentemente suficientemente claras nem suficientemente imperiosas para serem inscritas explicitamente na documentação referente ás negociações relativas ao Acordo sobre os Aspectos dos Direitos de Propriedade Intelectual relacionados com o Comércio. O conceito dos 'interesses legítimos' do artigo 30º não devia ser usado para dirimir, de maneira imperativa, uma questão de política normativa que todavia era manifestamente objecto de um debate político não resolvido"[2175].

Por seu turno, o Órgão de Recuso observa no caso *United Sates – Import Measures on Certain Products from the European Communities* que:

"Não constitui certamente tarefa dos painéis nem do Órgão de Recurso alterar o Memorando de Entendimento sobre Resolução de Litígios nem adoptar interpretações no sentido do nº 2 do artigo IX do Acordo que Cria a OMC. Só os Membros da OMC gozam da autoridade para alterar o Memorando de Entendimento sobre Resolução de Litígios ou para adoptar tais interpretações. De acordo com o nº 2 do artigo 3º do Memorando de Entendimento sobre Resolução de Litígios, a função dos painéis e do Órgão de Recurso no sistema de resolução de litígios da OMC serve para 'preservar os direitos e obrigações dos Membros previstos nos acordos abrangidos e para *clarificar as disposições vigentes* de tais acordos em conformidade com as normas usuais de interpretação do direito internacional público' [sem itálico no original]. Determinar o que deveriam ser as normas e procedimentos do Memorando de Entendimento sobre Resolução de Litígios não é nossa responsabilidade nem responsabilidade dos painéis; trata-se claramente de uma responsabilidade exclusiva dos Membros da OMC"[2176].

Contudo, com a introdução da regra do consenso negativo no que diz respeito à criação de um painel, nada impede que os membros da OMC decidam apresen-

---

[2174] *Idem*, p. 795.

[2175] Relatório do Painel no caso *Canada – Patent Protection of Pharmaceutical Products* (WT/DS114/R), 17-3-2000, parágrafo 7.82.

[2176] Relatório do Órgão de Recurso no caso *United Sates – Import Measures on Certain Products from the European Communities* (WT/DS165/AB/R), 11-12-2000, parágrafo 92.

777

## A FUNÇÃO JURISDICIONAL NO SISTEMA GATT/OMC

tar queixas susceptíveis de aumentar a tensão entre as funções judiciais e políticas da OMC. Como observou um antigo membro do Órgão de Recurso:

"Contrary to other branches of government, the judicial branch cannot choose which issues that it wants to address first and which problems it prefers to resolve later. The judicial branch has to decide claims and respond to arguments that are made before it. It is not active, but reactive"[2177].

Só se os membros da OMC exercerem algum retraimento é que os casos politicamente mais sensíveis não serão levados à consideração dos painéis e do Órgão de Recurso. Por exemplo, no caso das restrições impostas pela Comunidade Europeia à importação de organismos geneticamente modificados, os Estados Unidos abstiveram-se durante muitos anos de recorrer ao sistema de resolução de litígios da OMC, "in the hope of reaching a negotiated solution"[2178], porque de nada lhes valeria um relatório de um Painel ou do Órgão de Recurso favorável aos seus interesses. Não seria por isso que os consumidores comunitários passariam a ingerir (mais) produtos alimentares geneticamente modificados[2179]. É verdade que, em Maio de 2003, os Estados Unidos, o Canadá e a Argentina solicitaram a realização de consultas com a Comunidade Europeia. Segundo o pedido apresentado pelas autoridades norte-americanas:

"desde Outubro de 1998, as Comunidades Europeias têm aplicado uma moratória relativamente à aprovação de produtos biotecnológicos. As Comunidades Europeias suspenderam o exame dos pedidos de aprovação, ou a concessão da aprovação, de produtos biotecnológicos ao abrigo do sistema de aprovação das Comunidades Europeias. Vários pedidos para colocar produtos biotecnológicos no mercado foram bloqueados no processo de aprovação no âmbito da legislação comunitária e nunca foram considerados para efeitos de aprovação final. A moratória respeitante às aprovações restringiram as importações de produtos agro-pecuários e de produtos alimentares originários dos Estados Unidos. Além disso, os Estados membros mantêm diversas proibições nacionais de comercialização e de importação de produtos biotecnológi-

---

[2177] Claus-Dieter EHLERMANN, *Six Years on the Bench of the "World Trade Court": Some Personal Experiences as Member of the Appellate Body of the World Trade Organization*, in JWT, 2002, p. 618.

[2178] Ernst-Ulrich PETERSMANN, *Justice as Conflict Resolution: Proliferation, Fragmentation, and Decentralization of Dispute Settlement in International Trade*, in University of Pennsylvania Journal of International Economic Law, 2006, p. 339.

[2179] Há quem diga, também, que os Estados Unidos se abstiveram de apresentar uma queixa contra as Comunidades Europeias junto do sistema de resolução de litígios da OMC enquanto procuraram obter o seu apoio diplomático para a invasão do Iraque. Cf. Jeffrey DUNOFF, *Less Than Zero: The Effects of Giving Domestic Effect to WTO Law*, in Loyola University Chicago International Law Review, Volume 6, Issue 1, 2008, p. 303.

A FASE DO PAINEL

cos, mesmo quando esses produtos já foram aprovados pelas Comunidades Europeias para importação e comercialização no território comunitário"[2180].

Mas, como observam alguns autores:

"the complainants' submissions are quite carefully framed; they do not purport to attack the EC's [Comunidades Europeias] GMO [organismos geneticamente modificados] regulatory regime as such – indeed Canada argues that all would be well if only the EC would follow its legislated assessment and approval processes. Instead, the complainants argue that excessive delay in the EC approval process and/or bans on GM crops maintained by individual Members of the European Union violate the obligations of the EC under several WTO agreements"[2181].

Muitos dos casos referidos demonstram, igualmente, que é extremamente subjectivo saber até que ponto um litígio é político. Como ANDREW COLEMAN bem notou: "the desire of states to protect their national interests means that all international disputes will inevitably be 'political' in nature; what varies is merely the degree of political volatility"[2182].

## 2.3. A Identificação das Medidas Específicas em Questão

No pedido de criação de um painel, a medida específica em questão (a parte factual) deve ser identificada com precisão e não de modo indefinido ou genérico:

"**169.** (...) O penúltimo parágrafo do pedido de criação do painel apresenta o seguinte resumo das partes precedentes do pedido:

As Comunidades Europeias consideram que a decisão de 2 de Agosto de 2000 dos Estados Unidos de não revogar os direitos compensadores impostos às importações de aço resistente à corrosão (Nº 65 FR 47407), assim como determinados aspectos do procedimento do exame para efeitos de extinção que conduziram a essa decisão (regulados pelo artigo 751 c) da Lei Pautal de 1930 e o regulamento de aplicação e normas provisórias finais estabelecidas pelo Departamento do Comércio (...) são incompatíveis com as obrigações dos Estados Unidos ao abrigo do Acordo sobre as Subvenções e as Medidas de Compensação e, em par-

---

[2180] OMC, *European Communities – Measures Affecting the Approval and Marketing of Biotech Products, Request for Consultations by the United States* (WT/DS291/1, G/L/627, G/SPS/GEN/397, G/AG/GEN/60 e G/TBT/D/28), 20-5-2003.

[2181] Jacqueline PEEL, Rebecca NELSON e Lee GODDEN, *GMO Trade Wars: The Submissions in the EC – GMO Dispute in the WTO*, in Melbourne Journal of International Law, 2005, pp. 143-144.

[2182] Andrew COLEMAN, *The International Court of Justice and Highly Political Matters*, in Melbourne Journal of International Law, 2003, p. 31.

A FUNÇÃO JURISDICIONAL NO SISTEMA GATT/OMC

ticular, dos artigos 10º, 11º, nº 9, 21º (especialmente os seus nºs 1 e 3) e 32º, nº 5, e ao abrigo do nº 4 do artigo XVI do Acordo que estabelece a Organização Mundial do Comércio.

**170.** Como notou o Painel, o pedido não contém nenhuma referência explícita à oportunidade para apresentar provas num exame por extinção. Na realidade, nem sequer contém a palavra 'provas'. Nem o pedido dá qualquer indicação sobre *como* ou *porquê* supostamente o Departamento do Comércio não deu suficiente oportunidades para a apresentação de provas no exame por extinção referente ao aço de carbono. Além disso, o pedido de criação do painel não cita nenhuma disposição em particular da legislação norte-americana nem outros exemplos da prática dos Estados Unidos que se relacionem concretamente com a apresentação de provas.

**171.** Em nossa opinião, as referências existentes no pedido de criação do painel a 'determinados aspectos do procedimento dos exames para efeitos de extinção', às normas jurídicas norte-americanas que regem esses exames, a disposições regulamentares conexas e ao *Sunset Policy Bulletin* podem ser lidas como referências gerais ao direito norte-americano relativo à determinação a ser feita nos exames por extinção. Todavia, não acreditamos que elas possam ser interpretadas como referências a medidas *distintas*, ou seja, normas jurídicas dos Estados Unidos, em si mesmas e em sua aplicação, referentes à apresentação de provas. Consequentemente, concordamos com o Painel de que as questões relacionadas com a apresentação de provas num exame por extinção não estão compreendidas no seu mandato, porque no pedido de criação do painel *não se identificaram adequadamente as medidas concretas em litígio*, como exigido pelo nº 2 do artigo 6º do Memorando de Entendimento sobre Resolução de Litígios"[2183].

Portanto, as medidas estavam fora dos termos de referência do painel por não terem sido identificadas com precisão no pedido de criação do painel, não importando se a parte contra a qual foi apresentada a queixa sofreu qualquer prejuízo com a falta de exactidão[2184].

Porém, no caso *United States – Continued Dumping and Subsidy Offset Act of 2000*, o art. 15º do Acordo sobre a Aplicação do Artigo VI do GATT de 1994, claramente uma disposição relativa ao tratamento diferenciado e mais favorável para os países Membros em desenvolvimento prevista nos acordos abrangidos, não foi

---

[2183] Relatório do Órgão de Recurso no caso *United States – Countervailing Duties on Certain Corrosion-Resistant Carbon Steel Flat Products from Germany* (WT/DS213/AB/R), 28-11-2002, parágrafos 169-171.

[2184] Petros MAVROIDIS, Article 6 DSU, in *WTO-Institutions and Dispute Settlement*, Rüdiger Wolfrum, Peter-Tobias Stoll e Karen Kaiser (eds), Max Planck Commentaries on World Trade Law, Max Planck Institute for Comparative Public Law and International Law, Martinus Nijhoff Publishers, Leiden/Boston, 2006, p. 341.

A FASE DO PAINEL

referida nos diversos pedidos de criação do painel e, como concluiu o Órgão de Recurso, normalmente, as medidas não incluídas nos termos de referência não podem ser consideradas pelo Painel[2185]. Todavia, segundo o Painel:

"(...) o n.º 11 do artigo 12.º do Memorando de Entendimento sobre Resolução de Litígios obriga os painéis a indicar 'expressamente a forma através da qual foram tidas em conta as disposições relativas ao tratamento diferenciado e mais favorável para os países membros em desenvolvimento previstas nos acordos abrangidos invocados por esses países em desenvolvimento durante os procedimentos de resolução de litígios'. Como consideramos que o artigo 15.º do Acordo Antidumping é pertinente e a disposição foi invocada por países em desenvolvimento nestes procedimentos, estamos obrigados a considerar esta disposição, mesmo se ela não foi mencionada nos diferentes pedidos de estabelecimento do painel (...)"[2186].

## 2.4. As Medidas Subsidiárias

Se uma medida não é enumerada no pedido de criação de um Painel, ela não é geralmente tomada em consideração. Tal não acontecerá, porém, se as medidas forem medidas subsidiárias, medidas de execução. No caso *European Communities – Regime for the Importation, Sale, and Distribution of Bananas*, por exemplo, o Órgão de Recurso declarou:

"Tal como o Painel, julgamos que o pedido apresentado neste caso (documento WT/DS27/6, de 12 de Abril de 1996), que se refere ao 'regime de importação, venda e distribuição de bananas estabelecido pelo Regulamento 404/93(JO L 47 de 25 de Fevereiro de 1993, p. 1), e a legislação, regulamentos e medidas administrativas posteriores da Comunidade Europeia, incluindo aquelas que reflectem as disposições do Acordo Quadro sobre bananas, que desenvolvem, complementam e modificam aquele regime' contém uma identificação das medidas específicas em questão que é suficiente para satisfazer as condições do artigo 6.º, n.º 2, do Memorando"[2187].

Ainda a respeito das medidas subsidiárias, um Painel observou que:

"para respeitar os termos do n.º 2 do artigo 6.º do Memorando de Entendimento sobre Resolução de Litígios, parece claro que uma 'medida' que não é mencionada expressamente no pedido de criação do painel deve ter uma relação clara com outra mencio-

---

[2185] Relatório do Órgão de Recurso no caso *European Communities – Regime for the Importation, Sale and Distribution of Bananas* (WT/DS27/AB/R), 9-9-1997, parágrafo 142.

[2186] Relatório do Painel no caso *United States – Continued Dumping and Subsidy Offset Act of 2000* (WT/DS217/R, WT/DS234/R), 16-9-2002, parágrafo 7.87.

[2187] Relatório do Órgão de Recurso no caso *European Communities – Regime for the Importation, Sale, and Distribution of Bananas* (WT/DS27/AB/R), 9-9-1997, parágrafo 140.

781

A FUNÇÃO JURISDICIONAL NO SISTEMA GATT/OMC

nada expressamente no pedido, de modo a que se possa dizer que ela está 'incluída' na 'medida' especificada. Em nossa opinião, os requisitos do nº 2 do artigo 6º são respeitados no caso de uma 'medida' que é subsidiária de uma 'medida' identificada expressamente ou que lhe está estreitamente ligada que podemos razoavelmente supor que a parte demandada foi suficientemente informada do âmbito das queixas formuladas pela parte queixosa. (...) Por exemplo, em nossa opinião, se no pedido de criação do painel se especifica uma lei-quadro básica cujo objecto está estritamente delimitado e em que se prevêem 'medidas' de aplicação, é possível considerar, em circunstâncias apropriadas, que essas 'medidas' de aplicação estão de facto incluídas no pedido de criação do painel para efeitos do nº 2 do artigo 6º. Tais circunstâncias incluem o caso de uma lei-quadro básica que especifica a forma das 'medidas' de aplicação e delimita o seu possível conteúdo e alcance (...)"[2188].

## 2.5. A Alteração ou Extinção das Medidas

Não obstante o termo "medidas específicas em questão", constante do nº 2 do artigo 6º do Memorando, sugerir que, regra geral, as medidas incluídas nos termos de referência de um painel devem ser medidas que estejam em vigor no momento de criação do painel[2189], pode acontecer que, após um Membro ter iniciado os procedimentos de resolução de litígios, desenvolvimentos ulteriores afectem a medida objecto do litígio. Tais desenvolvimentos podem envolver, por exemplo, a alteração ou a extinção da medida descrita no pedido de criação do painel.

Durante a vigência do GATT de 1947, a medida que estava a ser analisada pelo painel no caso *United States – Section 337 of the Tariff Act of 1930* foi alterada enquanto decorriam os procedimentos, mas o painel recusou-se a tomar em consideração tal alteração:

"**1.7.** Depois de o Painel ter iniciado os seus trabalhos, o artigo 337º da Lei Pautal dos Estados Unidos foi modificado, conforme se indica no anexo II. O presente relatório, ou seja, a exposição dos aspectos fácticos, dos argumentos das partes e das constatações e conclusões, baseia-se no artigo 337º tal como estava redigido quando se adoptou em Outubro de 1987 a decisão de criar o Painel. (...).

**5.2.** Durante o período em que o Painel trabalhou, o artigo 337º foi modificado pela Lei Pautal Geral do Comércio Exterior e Competitividade de 1988. As conclusões do

---

[2188] Relatório do Painel no caso *Japan – Measures Affecting Consumer Photographic Film and Paper* (WT/DS44/R), 31-3-1998, parágrafo 10.8.
[2189] Relatório do Órgão de Recurso no caso *European Communities – Customs Classification of Frozen Boneless Chicken Cuts* (WT(DS269/AB/R, WT/DS286/AB/R), 12-9-2005, parágrafo 156.

# A FASE DO PAINEL

Painel baseiam-se no artigo 337º tal como estava redigido no momento em que o Painel foi criado pelo Conselho, em Outubro de 1987"[2190].

Após a entrada em vigor dos acordos da OMC, o Painel do caso *Chile – Price Band System and Safeguard Measures Relating to Certain Agricultural Products* declara que "os painéis têm formulado constatações a respeito de medidas incluídas nos seus termos de referência que ficaram sem efeito ou foram modificadas posteriormente ao início do procedimento do Painel"[2191].

A jurisprudência da OMC sugere que devem ser respeitadas algumas condições para que um painel possa analisar um desenvolvimento ocorrido subsequentemente ao pedido de criação a si respeitante e que afecta a medida em questão, alterando-a. Tais condições são as seguintes: a redacção do pedido de criação do painel deve ser suficientemente ampla, de modo a incorporar o desenvolvimento em causa, e a essência da medida posta em causa deve ser a mesma antes e depois do desenvolvimento ocorrido subsequentemente. Caso o desenvolvimento posterior consista numa medida "separada e distinta juridicamente" da medida identificada inicialmente no pedido de criação do painel, então, a essência da medida foi modificada e o desenvolvimento ocorrido não cabe nos termos de referência do painel[2192].

No caso *Chile – Price Band System and Safeguard Measures Relating to Certain Agricultural Products*, tendo o relatório do painel sido objecto de recurso, o Órgão de Recurso teve de decidir se a sua análise incidiria sobre o sistema de bandas de preços do Chile revisto (pela lei 19.772) ou como ele existia antes da entrada em vigor da alteração[2193]. O pedido de criação de um painel apresentado pela Argentina referia-se ao sistema de bandas de preços existente ao abrigo da Lei 18.525

---

[2190] Relatório do Painel no caso *United States – Section 337 of the Tariff Act of 1930* (L/6439), adoptado em 7-11-1989, parágrafos 1.7 e 5.2.

[2191] Relatório do Painel no caso *Chile – Price Band System and Safeguard Measures Relating to Certain Agricultural Products* (WT/DS207/R), 3-5-2002, parágrafo 7.6.

[2192] Tania VOON e Alan YANOVICH, What Is the Measure at Issue?, in *Challenges and Prospects for the WTO*, Andrew Mitchell ed., Cameron May, Londres, 2005, p. 154. No caso *European Communities – Customs Classification of Frozen Boneless Chicken Cuts*, por exemplo, o Órgão de Recurso ratificou a conclusão do painel de que duas medidas subsequentes não cabiam nos termos de referência do painel, uma vez que elas não faziam qualquer referência explícita às medidas iniciais, as quais se mantinham em vigor, e porque tinham implicações jurídicas diferentes das duas medidas iniciais. Ou seja, as duas medidas subsequentes não podiam ser consideradas alterações às duas medidas iniciais nem os dois conjuntos de medidas eram, em essência, o mesmo. Cf Relatório do Órgão de Recurso no caso *European Communities – Customs Classification of Frozen Boneless Chicken Cuts* (WT(DS269/AB/R, WT/DS286/AB/R), 12-9-2005, parágrafos 153-159.

[2193] Relatório do Órgão de Recurso no caso *Chile – Price Band System and Safeguard Measures Relating to Certain Agricultural Products* (WT/DS207/AB/R), 23-9-2002, parágrafo 127.

A FUNÇÃO JURISDICIONAL NO SISTEMA GATT/OMC

(a lei inicial), assim como aos regulamentos e disposições complementares e/ou modificações. Com base nesta redacção, o Órgão de Recurso concluiu que:

"135. (...) essas *alterações* incluem a Lei Nº 19.772. O amplo alcance do pedido de criação de um painel indica que a Argentina tinha a intenção de que tal pedido abarcasse inclusive a medida modificada. Por conseguinte, concluímos que a Lei Nº 19.772 está compreendida nos termos de referência do Painel.

**136.** Recordamos que, no caso *Brazil – Export Financing Programme for Aircraft*, colocou-se uma questão quanto à identidade da medida em questão. Nesse litígio, foram introduzidos mudanças regulamentares relevantes na medida depois da realização de consultas, mas antes da criação do painel. Determinámos que as mudanças regulamentares 'não modificaram a essência' da medida:

Estamos convencidos de que as medidas objecto do litígio neste caso são as subvenções brasileiras à exportação para as aeronaves regionais ao abrigo do PROEX. As partes realizaram consultas sobre estas subvenções e foram estas mesmas subvenções que foram referidas ao Órgão de Resolução de Litígios para efeitos de criação de um painel. Realçamos que os instrumentos regulamentares que entraram em vigor em 1997 e 1998 *não modificaram a essência* das subvenções à exportação para as aeronaves regionais no âmbito do PROEX.

**137.** No presente caso, a situação é algo diferente, porquanto a Modificação foi promulgada *depois* da criação do Painel e *enquanto* este se dedicava a examinar a medida. Todavia, não vemos por que razão deveria esta diferença a nossa abordagem para determinar a identidade da medida. Entendemos que a Modificação clarificou a legislação que estabelecia o sistema de bandas de preços do Chile. A Modificação não transformou o sistema de bandas de preços numa medida *diferente* do sistema de bandas de preços que estava em vigor antes da introdução da Modificação. Pelo contrário, como temos assinalado, o artigo 2º da Lei Nº 19.772 limita-se a modificar o artigo 12º da Lei Nº 18.525 *acrescentando* um parágrafo final a essa disposição. Na sua versão modificada, a Lei Nº 18.525 incorpora o parágrafo adicional, deixando claro que existe um tecto quanto à quantidade do direito total que pode ser aplicado ao abrigo do sistema e que este tecto corresponde a uma taxa de 31,5% *ad valorem*, o qual se encontra consolidado na Lista do Chile desde a entrada em vigor do Acordo OMC.

**138.** Notamos, além disso, que o Painel que analisou o caso *Argentina – Safeguard Measures on Imports of Footwear*, decidiu examinar as *modificações* que se tinham introduzido na medida em litígio *durante* os procedimentos do Painel, uma vez que tais modificações:

... *não constituíam medidas de salvaguarda totalmente novas* no sentido de que elas se baseavam numa investigação diferente em matéria de medidas de salvaguarda,

A FASE DO PAINEL

*constituindo sim modificações da forma jurídica da medida definitiva inicial, que continua em vigor quanto à substância* e é objecto da queixa.

Ainda que não nos tenha sido pedido no recurso que examinássemos esta constatação em particular, concordamos com a abordagem do Painel, que se baseia num raciocínio sólida e é compatível com o raciocínio que aqui seguimos.

**139.** Entendemos que, como a medida de salvaguarda analisada no caso *Argentina – Safeguard Measures on Imports of Footwear*, o sistema de bandas de preços do Chile continua a ser essencialmente o mesmo depois da promulgação da Lei Nº 19.772. A medida não é diferente na sua essência como consequência dessa Modificação. Portanto, concluímos que a medida que é submetida à nossa consideração no presente recurso inclui a Lei Nº 19.772, porquanto que essa Lei modifica o sistema de bandas de preços do Chile sem *modificar a sua essência*. (...).

144. Insistimos que não é nossa intenção aprovar a prática de modificar as medidas durante o procedimento de resolução de litígios quando tais modificações têm por objecto proteger uma medida do escrutínio de um painel ou do Órgão de Recurso. Não insinuamos que foi isso que ocorreu no presente caso. Não obstante, em termos gerais, a exigência das garantias processuais devidas é tal que uma parte queixosa não deveria ter que ajustar as suas alegações no decurso do procedimento de resolução de litígios para fazer frente a uma medida em litígio como um 'alvo em movimento'. Se os termos de referência num litígio são suficientemente amplos para incluírem modificações a uma medida - como sucede neste caso – e é necessário considerar uma modificação para assegurar uma solução positiva para o litígio – como acontece aqui –, é conveniente examinar a medida *modificada* para chegar a uma decisão a respeito de um litígio"[2194].

Num caso mais recente, o Painel seguiu o raciocínio do Órgão de Recurso e examinou uma medida modificada. De facto, não obstante a República Dominicana ter substituído a medida posta em causa e alegado, em consequência, que ela já não se encontrava em vigor, as Honduras, a parte queixosa, alegaram que era relevante para os termos de referência do Painel não os actos jurídicos na sua forma originária ou modificada, mas a substância da medida em causa[2195]. Depois de referir os casos *Brazil – Export Financing Programme for Aircraft* e *Chile – Price Band System and Safeguard Measures Relating to Certain Agricultural Products*, o Painel concluiu que:

---

[2194] *Idem*, parágrafos 135-139 e 144.
[2195] Relatório do Painel no caso *Dominican Republic – Measures Affecting the Importation and Internal Sale of Cigarettes* (WT/DS302/R), 26-11-2004, parágrafo 7.16.

785

A FUNÇÃO JURISDICIONAL NO SISTEMA GATT/OMC

"Neste litígio, o Painel considera que os termos de referência se referem à sobretaxa transitória de estabilização económica [a medida inicialmente posta em causa pelas Honduras], que é essencialmente igual à medida emendada pela Lei nº 2-04. As partes concordam também explicitamente que a emenda aprovada pela Lei Nº 2-04 não modifica a essência da sobretaxa. Os termos de referência deste Painel são suficientemente amplos para incluírem a nova lei. O Painel considera também necessário examinar a Lei nº 2-04 para chegar a uma solução positiva relativamente à questão que lhe foi colocada, dado que o Decreto Nº 636-03 foi substituído pela Lei nº 2-04. Consequentemente, o Painel considera que a medida a ser examinada é a sobretaxa transitória de estabilização económica prevista no novo instrumento jurídico, a Lei nº 2-04"[2196].

Caso um Painel não pudesse nunca examinar uma medida alterada, uma parte demandada poderia introduzir modificações de qualquer ordem numa medida contestada, para aduzir sempre com êxito que o relatório do painel não podia ter em definitivo qualquer efeito normativo, uma vez que as alterações introduzidas seriam distintas das medidas inicialmente consideradas. Como concluiu um painel, "isto poderia frustrar inteiramente" o sistema de resolução de litígios[2197].

Relativamente à situação em que desenvolvimentos subsequentes à apresentação do pedido de criação do painel afectam a medida em causa objecto do litígio, extinguindo-a, o facto de a cessação do comportamento ilícito constituir o fim essencial do sistema de resolução de litígios da OMC reflecte-se na atitude dos painéis e do Órgão de Recurso de não se pronunciarem, regra geral, sobre medidas que deixaram de vigorar. No caso *United States – Standards for Reformulated and Conventional Gasoline*, por exemplo, o Painel decide não analisar uma medida que já não estava em vigor:

"O Painel observou que os painéis criados de acordo com o Acordo Geral não se tinham pronunciado, regra geral, sobre medidas que não estavam nem estariam em vigor no momento do estabelecimento dos termos de referência dos painéis. No caso *Animal Feed Protein* de 1978, o Painel pronunciou-se sobre uma medida que tinha deixado de ser aplicada, mas tal só aconteceu depois de se ter chegado a acordo sobre os termos de referência do painel. No caso *Chile Apples* de 1980, o Painel pronunciou-se sobre uma medida que tinha deixado de vigorar antes do acordo sobre os termos de referência; mas nesse caso, os termos de referência abrangiam expressamente o exame dessa medida e, estando em causa uma medida sazonal, existia a possibilidade da sua reintrodução. No presente caso, os termos de referência do Painel foram estabelecidos

[2196] *Idem*, parágrafo 7.21.
[2197] Relatório do Painel no caso *India – Measures Affecting the Automotive Sector* (WT/DS146/R, WT/DS175/R), 21-12-2001, nota de rodapé 455.

A FASE DO PAINEL

quando a regra dos 75% já tinha deixado de surtir qualquer efeito e não se fazia qualquer referência específica a ela nos termos de referência. O Painel observou, igualmente, que as partes não tinham indicado que a regra dos 75% representasse uma medida cuja renovação fosse provável. Por último, o Painel considerou que, em qualquer caso, as suas constatações à luz do disposto no nº 4 do artigo III e das alíneas *b*), *d*) e *g*) do artigo XX sobre o tratamento concedido em virtude dos métodos de estabelecimento dos limites de base tornavam desnecessário examinar a regra dos 75% à luz do disposto no nº 1 do artigo I. Por isso, o Painel não examinou este aspecto da Regra sobre Gasolinas ao abrigo do nº 1 do artigo I do Acordo Geral"[2198].

Depois, no caso *Japan – Measures Affecting Consumer Photographic Film and Paper*, o Painel decide igualmente no mesmo sentido.

"Além disso, os precedentes do GATT/OMC em outras áreas, incluindo quase todos os casos submetidos a painéis ao abrigo do nº 1, alínea *a*), do artigo XXIII, confirmam que os painéis do GATT/OMC seguem a prática de não se pronunciarem sobre medidas cujo período de vigência tenha expirado ou que tenham sido anuladas ou retiradas. Apenas num número muito reduzido de casos, envolvendo situações muito particulares, os painéis se pronunciaram sobre queixas relativas a medidas que já não existiam ou já não estavam a ser aplicadas. Em tais casos, estavam em causa, regra geral, medidas que tinha sido aplicadas até pouco tempo antes"[2199].

Excepcionalmente, porém, alguns painéis têm analisado medidas que já se extinguiram. No caso *United States – Measure Affecting Imports of Woven Wool Shirts and Blouses from India*, por exemplo, o Painel decide, na ausência de acordo entre as partes em litígio, continuar a examinar uma medida retirada:

"Notamos que os Estados Unidos declararam que a restrição, que é objecto do presente litígio, seria retirada 'devido à diminuição constante das importações de camisas e blusas de tecidos de lã originárias da Índia e ao ajustamento do ramo de produção'. Isto foi confirmado por um aviso publicado no *Federal Register* de 4 de Dezembro de 1996 (...). Na ausência de um acordo entre as partes para pôr termo aos procedimentos, consideramos apropriado emitir o nosso relatório definitivo relativo à questão definida nos termos de referência deste Painel, a fim de cumprirmos com o nosso mandato, como referido no parágrafo 1.3 do presente relatório, não obstante a

---

[2198] Relatório do Painel no caso *United States – Standards for Reformulated and Conventional Gasoline* (WT/DS2/R), 20-5-1996, parágrafo 6.19.
[2199] Relatório do Painel no caso *Japan – Measures Affecting Consumer Photographic Film and Paper* (WT/DS44/R), 31-3-1998, parágrafo 10.58.

A FUNÇÃO JURISDICIONAL NO SISTEMA GATT/OMC

retirada da restrição pelos Estados Unidos. Vários painéis do GATT procederam da mesma maneira"[2200].

De modo semelhante, o Painel do caso *Indonesia – Certain Measures Affecting the Automobile Industry* decide continuar a examinar uma medida que, alegadamente, já tinha expirado:

> "Em 25 de Fevereiro de 1998, a Indonésia enviou ao Presidente do Comité de Subvenções uma carta dizendo que, em 21 de Janeiro de 1998, o Programa de Automóveis Nacionais tinha terminado e que tinham sido derrogados os regulamentos e decretos correspondentes. Na opinião da Indonésia, a Instrução Presidencial que estabelecia o Programa de Automóveis Nacionais tinha-se tornado 'obsoleta'. Uma cópia dessa carta tinha sido notificada oficialmente ao Presidente deste Painel. A pedido do Painel, todas as partes comentaram esta notificação da Indonésia. Notamos que esta comunicação da Indonésia foi apresentada depois do termo do prazo estabelecido pelo Painel para a apresentação de informação e argumentos neste caso, que expirava em 30 de Janeiro de 1998. Além disso, as partes queixosas duvidam que o Programa de Automóveis Nacionais tenha realmente terminado e solicitaram ao Painel que se pronuncie sobre todas as queixas que lhe foram colocadas. Em todo o caso, tendo em conta os nossos termos de referência e observando que a revogação de uma medida impugnada pode ser relevante para a fase de execução do procedimento de resolução de litígios, consideramos que é apropriado formularmos constatações a respeito do Programa de Automóveis Nacionais. Mais, observamos, que em casos anteriores, os painéis formularam constatações a respeito de medidas incluídas nos seus termos de referência, embora essas medidas tivessem terminado ou sido alteradas após o início do procedimento do Painel. Consequentemente, examinaremos todas as alegações das partes queixosas"[2201].

Muito recentemente, o Órgão de Recurso vem reconhecer grande liberdade aos painéis para poderem continuar a analisar medidas suprimidas, parecendo não relevar se existe ou não acordo entre as partes em litígio:

> "uma vez estabelecido um painel e fixados os seus termos de referência, o painel é competente para formular constatações a respeito das medidas neles incluídas. Assim, consideramos que cabe dentro das faculdades discricionárias do Painel decidir como tem em conta as modificações ulteriores ou a derrogação da medida em litígio. Em

---

[2200] Relatório do Painel no caso *United States – Measure Affecting Imports of Woven Wool Shirts and Blouses from India* (WT/DS33/R), 6-1-1997, parágrafo 6.2.
[2201] Relatório do Painel no caso *Indonesia – Certain Measures Affecting the Automobile Industry* (WT/DS54/R, WT/DS55/R, WT/DS59/R, WT/DS64/R), 2-7-1998, parágrafo 14.9.

A FASE DO PAINEL

consequência, os painéis formularam em alguns casos constatações sobre medidas que tinham expirado e abstiveram-se em outros de fazê-lo"[2202].

Importa mencionar, ainda, três outras situações. A primeira ocorre quando a medida em causa é retirada mas uma nova medida suscita questões comparáveis. No caso *Argentina – Measures Affecting Imports of Footwear, Textiles, Apparel and Other Items*, por exemplo, os Estados Unidos puseram em causa uma série de direitos aduaneiros aplicados pela Argentina com o argumento de que tais direitos violavam as disposições do art. II do GATT. Os Estados Unidos solicitaram a criação de um painel no dia 9 de Janeiro de 1997, o que ocorreu em 25 de Fevereiro do mesmo ano. No entanto, no dia 14 de Fevereiro de 1997, ou seja, depois da apresentação do pedido de criação do painel mas antes que a sua criação tivesse lugar, a Argentina revogou os direitos específicos que tinha estado a aplicar ao calçado, mas nesse mesmo dia impõe direitos específicos sobre o calçado ao abrigo de uma medida de salvaguarda provisória[2203]. Apesar disso, o Painel recusou considerar a medida revogada:

"**6.12.** Em diversas ocasiões, os painéis examinaram medidas que já não estavam em vigor. Parece que em nenhum desses casos, contudo, as partes suscitaram objecções a que o Painel examinasse a medida que tinha expirado. (...).

**6.13.** Como se indicou anteriormente, a medida argentina que está a ser analisada foi revogada antes da criação do Painel e do estabelecimento dos seus termos de referência, ou seja, antes de o Painel ter iniciado os seus procedimentos (...).

**6.14.** Todavia, os Estados Unidos alegam que existe uma ameaça grave de que a situação se repita, já que a Argentina poderá introduzir facilmente as medidas anteriores sobre as importações e os Estados Unidos consideram provável que a Argentina o faça porque somente existe uma débil justificação para a medida de salvaguarda imposta sobre o calçado. Não podemos avaliar a justificação nem a provável duração de tal medida de salvaguarda. Além disso, ante a falta de uma clara prova em contrário, não podemos assumir que a Argentina retirará a sua medida de salvaguarda e reimplantará os direitos específicos para tentar iludir o exame das suas medidas pelo Painel. Devemos assumir que os Membros da OMC cumprirão de boa fé as obrigações resultantes dos tratados, como exigido pelos acordos da OMC e direito internacional.

---

[2202] Relatório do Órgão de Recurso no caso *European Communities – Regime for the Importation, Sale and Distribution of Bananas, Second Recourse to Article 21.5 of the DSU by Ecuador* (WT/DS27/AB/RW2/ECU), 26-11-2008, parágrafo 270; Relatório do Órgão de Recurso no caso *European Communities – Regime for the Importation, Sale and Distribution of Bananas, Recourse to Article 21.5 of the DSU by the United States* (WT/DS27/AB/RW/USA), 26-11-2008, parágrafo 270.

[2203] Relatório do Painel no caso *Argentina – Measures Affecting Imports of Footwear, Textiles, Apparel and Other Items* (WT/DS56/R), 25-11-1997, parágrafo 6.5.

A FUNÇÃO JURISDICIONAL NO SISTEMA GATT/OMC

Portanto, consideramos que não existem provas de que os direitos de importação específicos mínimos sobre o calçado serão reimplantados.

**6.15.** Consequentemente, não examinaremos a compatibilidade com as disposições da OMC dos direitos específicos que se impunham ao calçado e que, desde a criação deste Painel, foram revogados. Não obstante, dado que esses direitos específicos sobre o calçado estiveram em vigor durante um largo período, até 14 de Fevereiro de 1997, e a fim de compreendermos o tipo de direitos aplicados pela Argentina, poderemos citar, quando do exame do regime de importação aplicado aos têxteis e ao vestuário, alguns exemplos de transacções relativas ao calçado porque o tipo de direitos aplicados pela Argentina nesse momento aos têxteis, ao vestuário e ao calçado era a mesma"[2204].

Segundo ANA FRISCHTAK:

"While at first glance this case may seem to be at odds with prior WTO jurisprudence, it can be reconciled with the above cases and their concern for judicial economy. Here, Argentina revoked the measure before the establishment of the Panel, that is, before the Panel began work on the original matter at issue. Accordingly, judicial economy concerns were not significantly implicated. In fact, these concerns would have been exacerbated had the Panel continued with its original terms of reference. (...) A safeguard measure would have been challenged and defended based on the Safeguards Agreement, a related but different treaty; different grounds than a complaint alleging the imposition of duties above bound rates in violation of Article II GATT. To have continued the dispute with the original terms of reference would not allow Argentina to defend its measure as it currently stood as a safeguards measure, unless the Panel were to allow an amendment to the terms of reference. Such a concept of amendment does not exist in the Dispute Settlement Understanding"[2205].

Uma coisa é certa: será certamente inadequado que um Membro da OMC possa modificar a sua legislação com o objectivo de evitar a apresentação de queixas e, em consequência, um potencial relatório desfavorável aos seus interesses. As modificações que mantêm a mesma medida comercial restritiva em questão com meras alterações cosméticas não devem ser estimuladas pelo Órgão de Resolução de Litígios, até por constituírem um desperdício importante de recursos judiciais.

A segunda situação sucede quando a medida em causa se mantém em vigor, mas deixa de ser aplicável à parte queixosa. Por exemplo, os Estados Unidos proi-

---

[2204] *Idem*, parágrafos 6.12-6.15.
[2205] Ana FRISCHTAK, *Balancing Judicial Economy, State Opportunism, and Due Process Concerns in the WTO*, in MJIL, 2005, p. 969.

A FASE DO PAINEL

biram em 31 de Agosto de 1979 as importações de atum e de produtos derivados do atum procedentes do Canadá. Esta medida ocorreu depois do apresamento de 19 navios pesqueiros e da captura pelas autoridades canadenses de certo número de pescadores norte-americanos que se dedicavam à pesca de atum branco ou albacora dentro do limite de 200 milhas ao largo da costa ocidental do Canadá sem autorização do Governo canadense, em águas que o Canadá considerava situadas dentro da sua jurisdição pesqueira e que os Estados Unidos consideravam fora da jurisdição de qualquer Estado relativamente à pesca de atum[2206]. O Painel foi igualmente informado de que a legislação norte-americana relevante concedia ao Secretário de Estado dos Estados Unidos poder discricionário para recomendar uma proibição de importação mais ampla, que abarcasse outras espécies de pescado ou de produtos de pescado da nação estrangeira interessada, mas tal faculdade não tinha sido exercida neste caso[2207].

Em Dezembro de 1979, representantes dos Estados Unidos e do Canadá realizaram consultas ao abrigo do nº 1 do art. XXIII do GATT, mas os dois países não conseguiram chegar a acordo. Em Janeiro de 1980, as autoridades canadenses, invocando o nº 2 do art. XXIII do GATT, solicitaram a criação de um painel para examinar o litígio entre os dois países. Em 29 de Agosto de 1980, na sequência de um acordo provisório com o Canadá em relação à pesca de atum branco ou albacora, o Representante dos Estados Unidos para o Comércio Internacional informou o Secretariado do GATT de que as suas autoridades tinham decidido acabar com a proibição das importações de atum e de produtos derivados do atum procedentes do Canadá. A proibição foi subsequentemente levantada no dia 4 de Setembro de 1980.

O Painel realizou no dia 3 de Dezembro de 1980 uma reunião com as duas partes, a fim de conhecer as respectivas posições quanto à continuidade dos seus trabalhos depois de os Estados Unidos terem posto fim à proibição de importação e de obter outros esclarecimentos sobre o acordo provisório celebrado entre o Canadá e os Estados Unidos. Nesta reunião, o representante do Canadá sublinhou que a possibilidade de aplicação de novas proibições à importação de produtos da pesca procedentes do Canadá continuava a existir, pelo que o Painel deveria continuar os seus trabalhos, de modo a poder chegar a conclusões substantivas[2208]. Mais concretamente, o representante do Canadá salientou que:

> "**3.22.** (...) Este desejo de que o Painel chegasse a uma conclusão substantiva estava relacionado com o facto de, em Agosto de 1980, os Estados Unidos terem ameaçado

---

[2206] Relatório do Painel no caso *United States – Prohibition of Imports of Tuna and Tuna Products from Canada* (L/5198), adoptado em 22-2-1982, parágrafo 2.1.
[2207] *Idem*, parágrafo 2.3.
[2208] *Idem*, parágrafo 2.8.

791

A FUNÇÃO JURISDICIONAL NO SISTEMA GATT/OMC

aplicar uma proibição discriminatória ao abrigo do artigo 205º da Lei de 1976 sobre Conservação e Administração de Pescas contra as importações de salmão do Canadá na sequência do arresto pelas autoridades canadenses de um barco norte-americano e, além disso, o Acordo provisório entre o Canadá e os Estados Unidos sobre o atum só preparava o terreno para um acordo a longo prazo, que tinha ainda de ser negociado e que requereria a ratificação do Congresso dos Estados Unidos. Na ausência de um acordo ratificado, subsistia o risco de se voltar a impor uma proibição discriminatória das importações de atum originárias do Canadá ou inclusive que se estendesse a outros produtos como o salmão ou que se impusesse uma proibição discriminatória das importações de outros produtos da pesca como resultado de diferenças não comerciais em outras questões piscícolas. Não só não estava em vigor um acordo a longo prazo acerca do atum branco, mas também um tal acordo não poderia prejudicar a posição respectiva das partes relativamente à jurisdição do Estado costeiro sobre as espécies altamente migratórias. Nestas circunstâncias, subsistia a possibilidade de que os Estados Unidos, apesar da ratificação de um tratado bilateral sobre o atum branco, impusessem por razões não comerciais, de acordo com o artigo 205º da Lei de 1976 sobre Conservação e Administração de Pescas, medidas comerciais incompatíveis com as obrigações assumidas pelos Estados Unidos ao abrigo do Acordo Geral.

**3.23.** O representante alegou, por conseguinte, que seria apropriado o Painel constatar que a proibição discriminatória das importações de atum e produtos de atum era contrária às obrigações dos Estados Unidos e anulava vantagens resultantes para o Canadá do Acordo Geral e recomendar que o Governo dos Estados Unidos tomasse as medidas necessárias para que a Lei de 1976 sobre Conservação e Administração de Pescas se aplicasse de maneira compatível com o Acordo Geral"[2209].

Depois de os Estados Unidos terem posto fim à proibição de importação de atum branco ou albacora procedente do Canadá, negociações ulteriores entre os dois países resultaram na elaboração do Tratado sobre os Barcos Pesqueiros de Atum Branco ou Albacora do Pacífico e Seus Privilégios Portuários, o qual foi assinado no dia 26 de Maio de 1981 e ratificado no dia 29 de Julho do mesmo ano. Este tratado substituiu o acordo provisório de Agosto de 1980. À luz destes desenvolvimentos, o Painel salientou que:

"(...) segundo a prática do GATT, quando as partes acordassem uma solução bilateral para um litígio, os painéis limitavam, regra geral, os seus relatórios a uma breve descrição do caso indicando que se tinha chegado a uma solução. No entanto, em algumas ocasiões, os painéis apresentaram um relatório completo, mesmo se já tivesse sido abolida a medida que esteve na origem do litígio. Além disso, o representante do Canadá não

[2209] *Idem*, parágrafos 3.22-3.23.

792

A FASE DO PAINEL

aceitava que os resultados obtidos bilateralmente constituíssem uma solução satisfatória ou um acordo no sentido do nº 17 do Memorando Relativo a Notificações, Consultas, Resolução de Litígios e Supervisão e que tinha alegado que o prejuízo causado pela medida que tinha dado origem ao litígio não tinha sido reparado satisfatoriamente e que se mantinha a ameaça de que os Estados Unidos tomassem medidas ao abrigo do artigo 205º da Lei de 1976 sobre Conservação e Administração de Pescas. Por conseguinte, esse representante solicitou ao Painel que apresentasse um relatório completo sobre o caso. O Painel tomou nota de que a Embaixada do Canadá, numa nota diplomática dirigida ao Departamento de Estado dos Estados Unidos, indicou que os arranjos relativos à pesca de atum branco ao largo das costas do Oceano Pacífico do Canadá e dos Estados Unidos tinham sido concluídos sem prejuízo da acção empreendida no GATT relativamente à proibição das importações de atum e produtos de atum. O Painel observou também que o representante dos Estados Unidos, apesar de ter expressado sérias duvidas sobre a utilidade de um relatório completo quando se tinha conseguido uma conciliação no litígio, tinha declarado, não obstante, a sua disposição para cooperar totalmente caso o Painel desejasse apresentar um relatório completo. O Painel sentiu, pois, que, neste caso em particular, tinha de considerar que tipo de relatório apresentaria ao Conselho e decidiu prosseguir com o seu trabalho e elaborar um relatório completo"[2210].

Temos, finalmente, o caso de medidas que deixaram de vigorar antes da apresentação do pedido de realização de consultas. Muito recentemente, o Órgão de Recurso declarou no caso *United States – Measures Relating to Zeroing and Sunset Reviews, Recourse to Article 21.5 of the DSU by Japan* que:

"(...) À parte a referência no tempo presente ao facto de que a parte queixosa deve identificar as medidas 'em litígio', o nº 2 do artigo 6º não estabelece nenhuma condição nem limitação temporal expressa quanto às medidas que podem ser identificadas num pedido de criação [de um painel] (...)"[2211].

Alguns anos antes, os Estados Unidos tinham defendido no caso *United States – Subsidies on Upland Cotton* que determinados pagamentos feitos pelo Governo norte-americano aos agricultores nacionais não eram passíveis de inclusão nos termos de referência do painel, uma vez que tinham expirado antes de o Brasil ter apresentado o pedido de realização de consultas[2212]. Consequentemente, argumentaram os Estados Unidos:

---

[2210] *Idem*, parágrafo 4.3.
[2211] Relatório do Órgão de Recurso no caso *United States – Measures Relating to Zeroing and Sunset Reviews, Recourse to Article 21.5 of the DSU by Japan* (WT/DS322/AB/RW), 18-8-2009, parágrafo 121.
[2212] Segundo os Estados Unidos, "as consultas ao abrigo do nº 2 do artigo 4º do Memorando de Entendimento sobre Resolução de Litígios não podem cobrir medidas expiradas e as medidas

A FUNÇÃO JURISDICIONAL NO SISTEMA GATT/OMC

"as medidas que já não estão em vigor no momento em que se realizam as consultas não podem 'afectar o funcionamento de nenhum acordo abrangido' nesse momento, no sentido do nº 2 do artigo 4º do Memorando de Entendimento sobre Resolução de Litígios e, por conseguinte, não podem ser 'medidas em questão' no sentido do nº 2 do artigo 6º do Memorando de Entendimento sobre Resolução de Litígios"[2213].

O Painel que analisou o caso destaca, no entanto, que as alegações do Brasil diziam respeito unicamente às subvenções e ao apoio interno atribuídos no âmbito dos programas que tinham expirado e da legislação que as autorizava, por outras palavras, aos próprios pagamentos. O Brasil não pedia nenhuma reparação a respeito dos programas norte-americanos em causa ou à legislação que os autorizava enquanto tais e, por isso, o painel apenas considerou se os pagamentos estavam compreendidos nos seus termos de referência[2214]. Além disso, o Brasil não solicitava que os pagamentos feitos pelas autoridades norte-americanas fossem postos em conformidade com o Acordo sobre a Agricultura ou com o GATT de 1994, apenas que se constatasse que os pagamentos feitos durante as campanhas de comercialização de 1999-2001 não estavam isentos das medidas do artigo 13º do Acordo sobre a Agricultura e que eles causavam e continuavam a causar um prejuízo sério aos interesses do Brasil, em violação dos artigos 5º, alínea *c*), e 6º, nº 3, alíneas *c*) e *d*), do Acordo sobre as Subvenções e as Medidas de Compensação e do artigo XVI, nº 3, do GATT de 1994[2215].

No fim, o Painel concluiu, por um lado, que:

"os pagamentos *production flexibility contract* e *market loss assistance* já tinham sido feitos na data de criação do painel. Nesse sentido, eles não tinham expirado, tinham simplesmente ocorrido no passado, o que também sucede com a maioria das subvenções impugnadas numa alegação de prejuízo grave real. Estamos de acordo com a seguinte declaração do Painel do caso *Indonesia – Certain Measures Affecting the Automobile Industry*:

'Notamos que em algum momento do passado ocorreram alguns pagamentos de subvenções enquanto outros irão ocorrer no futuro. Se tivéssemos que considerar que as subvenções do passado não são pertinentes para a nossa análise de prejuízo grave por serem 'medidas já expiradas', ao mesmo tempo que as medidas futu-

---

que não tenham sido objecto de consultas não podem cair dentro dos termos de referência de um painel". Cf. Relatório do Painel no caso *United States – Subsidies on Upland Cotton* (WT/DS267/R), 8-9-2004, parágrafo 7.104.

[2213] *Idem*, parágrafo 7.113.

[2214] *Idem*, parágrafo 7.108.

[2215] *Idem*, parágrafo 7.109.

794

A FASE DO PAINEL

ras não podiam ter causado um prejuízo grave real, seria difícil imaginar que um painel pudesse chegar a determinar a existência de um prejuízo grave real'"[2216];

Por outro lado, que:

"Em qualquer caso, os termos de referência do painel fazem referência ao pedido de criação de um painel apresentado pelo Brasil, não ao seu pedido de realização de consultas. O nº 2 do artigo 6º do Memorando de Entendimento sobre Resolução de Litígios dispõe que um pedido de criação de um painel deve identificar 'as medidas específicas em questão' e não diz nada sobre a situação em que se encontram as medidas"[2217].

Esta análise do Painel relativamente ao nº 2 do art. 6º do Memorando e às medidas que tinham expirado foi depois ratificada pelo Órgão de Recurso:

"**269.** A única conotação temporal contida no sentido corrente da expressão 'em questão', tal como ela é utilizada no nº 2 do artigo 6º do Memorando de Entendimento sobre Resolução de Litígios, está expressa pela sua redacção no tempo presente: as medidas devem estar 'em questão' ou, dito de outra maneira, 'em litígio', no momento em que se apresenta o pedido. Evidentemente, não há nada implícito na expressão 'em questão' que aclare se as medidas em questão devem estar em vigor actualmente ou se podem estar em causa medidas cuja base legislativa tenha expirado.

**270.** O contexto pertinente para o nº 2 do artigo 6º a este respeito compreende o nº 3 do artigo 3º e o nº 2 do artigo 4º do Memorando de Entendimento sobre Resolução de Litígios. Como concluímos *supra*, essas disposições não impedem que um Membro formule representações a respeito de medidas cuja base legislativa tenha expirado se esse Membro considera, com razão, que vantagens resultantes para ele dos acordos abrangidos continuam a ser comprometidas depois das consultas. Se o efeito de tais medidas continua em questão depois das consultas, a parte queixosa pode, em conformidade com o nº 7 do artigo 4º do Memorando de Entendimento sobre Resolução de Litígios, pedir a criação de um painel e o texto do nº 2 do artigo 6º não sugere que essas medidas não podem ser objecto de um pedido de criação de um painel como 'medidas específicas em questão'"[2218].

---

[2216] *Idem*, parágrafo 7.110.
[2217] *Idem*, parágrafo 7.121.
[2218] Relatório do Órgão de Recurso no caso *United States – Subsidies on Upland Cotton* (WT/DS267/AB/R), 3-3-2005, parágrafos 269-270.

A FUNÇÃO JURISDICIONAL NO SISTEMA GATT/OMC

Portanto, o facto de uma medida ter expirado antes da apresentação do pedido de realização de consultas não impede que um painel considere que tal medida pode cair na sua jurisdição.

## 2.6. Medidas não incluídas nos pedidos de consultas e/ou de criação do painel

A jurisprudência da OMC tem sugerido que um Painel pode escolher analisar medidas não incluídas no pedido de realização de consultas apresentado por um membro da OMC ou no pedido de criação de um painel se elas estiverem suficientemente ligadas à medida em questão[2219]. No caso *Chile – Price Band System and Safeguard Measures Relating to Certain Agricultural Products*, por exemplo, não obstante os argumentos avançados pelo Chile:

> "O Painel não pode examinar a medida que prorroga a aplicação da medida de salvaguarda definitiva, uma vez que ela não foi incluída no pedido de realização de consultas apresentado pela Argentina. O Chile afirma que, apesar de ter mantido algumas consultas com a Argentina, 'isto não significa que a Argentina tenha solicitado [...] consultas válidas ante a OMC relativamente às medidas de prorrogação, dado que não elas não foram solicitadas por escrito e não fez nenhuma notificação à OMC em tal sentido'. O Chile não nega que 'a medida final (prorrogação) é idêntica no seu conteúdo à medida prévia', mas afirma que a nova medida é o resultado de um novo pedido, novas audiências e novas provas e só existe graças a uma decisão oficial das autoridades chilenas. Por último, o Chile afirma que o Painel não deveria formular constatações relativas às medidas de salvaguarda prorrogadas que 'retirou' recentemente"[2220],

E depois de declarar que o:

> "O Chile suscita duas objecções diferentes acerca da competência do Painel a respeito das medidas de salvaguarda definitivas e a extensão da sua duração: primeira, as medidas de salvaguarda definitivas tinham 'expirado' antes da apresentação do pedido de criação de um painel; segunda, as 'medidas de extensão' não foram incluídas formalmente no pedido de realização de consultas"[2221],

---

[2219] Uma medida estará suficientemente relacionada com a medida em causa quando não modifica a essência desta última. Cf. Relatórios do Órgão de Recurso nos casos *Brazil – Export Financing Programme for Aircraft* (WT/DS46/AB/R), 2-8-1999, parágrafo 132; e *Chile – Price Band System and Safeguard Measures Relating to Certain Agricultural Products* (WT/DS207/AB/R), 23-9-2002, parágrafo 139.

[2220] Relatório do Painel no caso *Chile – Price Band System and Safeguard Measures Relating to Certain Agricultural Products* (WT/DS207/R), 3-5-2002, parágrafo 7.111.

[2221] *Idem*, parágrafo 7.116.

A FASE DO PAINEL

O Painel concluiu que não podia aceitar:

"**7.116.** (...) nenhuma destas objecções pela mesma e única razão. As duas objecções do Chile baseiam-se na tese de que a extensão do período de aplicação dá lugar a uma medida distinta da medida de salvaguarda definitiva. Discordamos desta tese. Em nossa opinião, resulta claramente do artigo 7º do Acordo sobre Medidas de Salvaguarda que está em causa não a extensão 'da medida de salvaguarda' mas antes a extensão 'do período de aplicação da medida de salvaguarda' ou 'da duração da medida de salvaguarda'. (...).

**7.119.** Este texto [do artigo 7º, nºs 1, 2 e 3, do Memorando] é suficientemente claro para chegarmos à conclusão de que as 'extensões' não são medidas distintas mas simplesmente continuações temporais das medidas de salvaguarda definitivas. Consequentemente, não consideramos que as medidas de salvaguarda definitivas se extinguiram antes do pedido de criação de um painel mas antes que a sua duração foi simplesmente prorrogada naquele momento. Por conseguinte, não é necessário continuar a analisar o argumento do Chile de que não temos competência para formular constatações em relação às medidas de salvaguarda definitivas porque estas expiraram. Pela mesma razão, também entendemos que o facto de a extensão não ser mencionada no pedido de realização de consultas não é relevante para a determinação da nossa competência: de acordo com o nº 4 do artigo 4º do Memorando de Entendimento sobre Resolução de Litígios, a Argentina tinha que identificar, e identificou, as medidas de salvaguarda definitivas no pedido de realização de consultas. O facto de que a duração das medidas identificadas foi prorrogada pelo Chile depois do pedido de realização de consultas não pode afectar o cumprimento pela Argentina do disposto no nº 4 do artigo 4º do Memorando de Entendimento sobre Resolução de Litígios.

**7.120.** Além disso, notamos que a 'extensão' não modificou de modo algum o conteúdo das medidas de salvaguarda e que, de facto, existiram 'trocas' entre a Argentina e o Chile durante o período de consultas acerca da 'extensão'. Portanto, o Chile deve estar plenamente ao corrente da intenção da Argentina de impugnar as medidas de salvaguarda *prorrogadas*. Em consequência, mesmo se a 'extensão' fosse considerada uma medida independente, *quod non*, as garantias processuais devidas ao Chile não teriam sido infringidas"[2222].

## 2.7. Medidas não adoptadas no momento do pedido de criação do painel

No caso *United States – Subsidies on Upland Cotton*, os Estados Unidos solicitaram que nenhuma medida tomada ao abrigo da Lei de Assistência à Agricultura de 2003 fosse incluída nos termos de referência do Painel, visto que, por um lado,

[2222] *Idem*, parágrafos 7.116 e 7.119-7.120.

797

nenhuma dessas medidas tinha sido objecto de consultas e, por outro lado, só tinham sido adoptadas depois de o Brasil ter apresentado o pedido de criação de um painel[2223]. Respondendo a esta solicitação, o Painel observou que:

> **7.158.** A 'questão' dirigida ao Órgão de Resolução de Litígios pelo Brasil no documento WT/DS267/7 consistiu em medidas e alegações mencionadas naquele documento datado de 6 de Fevereiro de 2003. Nessa data, o Acto de Assistência Agrícola de 2003 não existia, nunca tinha existido e podia subsequentemente nunca ter entrado em vigor. O Brasil antecipou a adopção daquele Acto no seu pedido de criação do painel e a sua alegação a respeito do Acto era completamente especulativa. Consequentemente, o Brasil não podia tê-lo referido ao Órgão de Resolução de Litígios nesse momento e ele não faz parte dos termos de referência do Painel.
>
> **7.159.** Acreditamos que isto é compatível com o princípio previsto no nº 3 do artigo 3º do Memorando de Entendimento sobre Resolução de Litígios (...).
>
> **7.160.** Neste caso, o Acto de Assistência Agrícola de 2003 não podia estar a reduzir quaisquer benefícios na data em que o Brasil dirigiu a sua queixa ao Órgão de Resolução de Litígios porquanto ele ainda não existia"[2224].

Caso o Painel tivesse decidido que medidas hipotéticas poderiam cair no âmbito da jurisdição do painel, tal conclusão seria, certamente, contrária ao disposto no nº 3 do art. 3º e no nº 2 do art. 6º, ambos do Memorando. Em particular, relativamente a medidas que ainda não foram adoptadas, não existe, desde logo, qualquer medida específica em questão, conforme exigido pelo nº 2 do art. 6º.

Há quem defenda, igualmente, que a adjudicação internacional não tem por função clarificar questões jurídicas *in abstracto*, no sentido de que o desacordo entre as partes deve ter alguma relevância prática para as suas relações e não um carácter puramente teórico[2225]. Um litígio deve dizer respeito a questões claramente identificadas e deve ter consequências específicas.

E será que é necessário que tenha ocorrido efectivamente um prejuízo para que um Membro possa apresentar uma queixa? No caso *Headquarters Agreement*, por exemplo, o Tribunal Internacional de Justiça declara que:

> "(...) Enquanto a existência de um litígio pressupõe uma queixa originada por um comportamento ou uma decisão por uma das partes, ela não implica, de modo algum, que qualquer decisão contestada já tenha sido materialmente executada. Mais, um

---

[2223] Relatório do Painel no caso *United States – Subsidies on Upland Cotton* (WT/DS267/R), 8-9-2004, parágrafo 7.155.

[2224] *Idem*, parágrafos 7.158-7.160.

[2225] Christoph SCHREUER, What is a Legal Dispute?, in *International Law between Universalism and Fragmentation – Festschrift in Honour of Gerhard Hafner*, Isabelle Buffard, James Crawford, Alain Pellet e Stephan Wittich Ed., Martinus Nijhoff Publishers, Leiden-Boston, 2008, p. 970.

A FASE DO PAINEL

litígio pode nascer mesmo se a parte em causa assegura que nenhuma medida de execução será tomada até ordenada por decisão dos tribunais nacionais"[2226].

Este caso demonstra que um litígio não será considerado hipotético ou incapaz de ser analisado pelo Tribunal só porque ainda não ocorreu efectivamente um prejuízo.

No caso dos acordos da OMC, longe de constituir um exercício puramente académico, a existência de um litígio é condição *sine qua non* para um Membro da OMC pedir a criação de um painel. Nesse sentido, o nº 1 do art. 1º do Memorando de Entendimento sobre Resolução de Litígios determina que "as normas e processos previstos no presente Memorando são aplicáveis aos litígios que sejam objecto de pedidos nos termos das disposições de consulta e resolução de litígios previstas nos acordos enumerados no Apêndice 1". Além disso, como bem observou um painel, a função do sistema de resolução de litígios da OMC é, "primeiro que tudo (...) resolver litígios"[2227]. O próprio Memorando determina que o "objectivo do sistema de resolução de litígios é o de obter uma solução positiva para um litígio" (art. 3º, nº 7) e a expressão "litígios" é recorrente ao longo de todo o Memorando de Entendimento sobre Resolução de Litígios. Ela aparece, por exemplo, no art. 1º, nºs 1 e 2, art. 3º, nºs 1, 7, 10 e 11, art. 4º, nº 7, art. 8º, nº 10, art. 9º, nº 2, e art. 10º, nºs 1 e 4.

Porém, os acordos da OMC não contêm exactamente uma definição de "litígio". Apenas indirectamente o nº 3 do art. 3º do Memorando de Entendimento sobre Resolução de Litígios providencia tal definição, quando refere "situações em que um Membro considera que um benefício que lhe é devido directa ou indirectamente ao abrigo de acordos abrangidos está a ser prejudicado por medidas adoptadas por outro Membro"[2228].

---

[2226] Tribunal Internacional de Justiça, *Applicability of the Obligation to Arbitrate under Section 21 of the United Nations Headquarters Agreement of 26 June 1947*, Parecer Consultivo de 26-4-1988, parágrafo 42.

[2227] Relatório do Painel no caso *European Communities – Regime for the Importation, Sale and Distribution of Bananas* (WT/DS27/R/ECU), 22-5-1997, parágrafo 7.32.

[2228] O Tribunal Permanente de Justiça Internacional entendeu por litígio "um desacordo sobre uma questão de direito ou de facto, um conflito de posições jurídicas ou de interesses entre duas pessoas" (cf. Tribunal Permanente de Justiça Internacional, Caso *The Mavrommatis Palestine Concessions*, Julgamento nº 2 (Jurisdição), 30-8-1924, in *World Court Reports – A Collection of the Judgements and Opinions of the Permanent Court of International Justice*, Manley O. Hudson ed., Volume I (1922-1926), Carnegie Endowment for International Peace, Washington, 1934, p. 301). Esta definição foi confirmada depois pelo Tribunal Internacional de Justiça. No caso *Concerning East Timor (Portugal v. Australia)*, por exemplo, ante a alegação da Austrália de que não existia nenhum litígio entre si e Portugal e que estava a ser acusada no lugar da Indonésia, o Tribunal Internacional de

## A FUNÇÃO JURISDICIONAL NO SISTEMA GATT/OMC

Justiça, depois de repetir a definição dada pelo Tribunal Permanente de Justiça Internacional no caso *Mavrommatis*, rejeitou o argumento australiano e declarou que:

"Para verificar a existência de um litígio de ordem jurídica, não é relevante determinar se o 'verdadeiro litígio' é entre Portugal e Indonésia e não entre Portugal e Austrália. Portugal formulou, correcta ou incorrectamente, queixas de facto e de direito contra a Austrália, que esta tem negado. Em virtude desta negação, existe um litígio de ordem jurídica" (cf. TRIBU-NAL INTERNACIONAL DE JUSTIÇA, *Case Concerning East Timor (Portugal v. Australia)*, Acórdão de 30-6-1995, parágrafo 22).

Noutro caso bem mais antigo, o Tribunal Internacional de Justiça observou o seguinte:

"*A existência de um litígio internacional exige ser determinada de modo objectivo. A simples negação da existência de um litígio não prova a sua não existência.* Na correspondência diplomática submetida ao Tribunal, o Reino Unido, agindo em associação com a Austrália, Canadá e Nova Zelândia, e os Estados Unidos acusaram a Bulgária, Hungria e Roménia de terem violado, de diversas maneiras, as disposições dos artigos que, nos Tratados de Paz, lidam com os direitos humanos e liberdades fundamentais e convidaram os três Governos a tomarem medidas correctivas, a fim de respeitarem as suas obrigações ao abrigo dos Tratados de Paz. Os três Governos, por outro lado, rejeitaram as acusações. Verifica-se, pois, *uma situação em que os dois lados defendem opiniões claramente contrárias relativamente à questão do cumprimento ou incumprimento de determinadas obrigações convencionais.* Confrontado com uma tal situação, o Tribunal deve concluir que existem litígios internacionais" (itálico aditado) (cf. TRIBUNAL INTERNACIONAL DE JUSTIÇA, *Interpretation of the Peace Treaties with Bulgaria, Hungary and Romania*, Parecer Consultivo de 30-3-1950 (primeira fase), p. 74).

Posteriormente a este caso, o Tribunal Internacional de Justiça salientou nos casos *South West Africa*, depois de citar uma vez mais a bem conhecida definição do caso *Mavrommatis*, que:

"Não é suficiente para uma parte de um caso contencioso afirmar a existência de um litígio com outra parte. Uma simples afirmação não é suficiente para provar a existência de um litígio e uma simples negação da existência não prova, igualmente, a sua inexistência. Nem é adequado demonstrar que os interesses das duas partes num determinado caso estão em conflito. Deve demonstrar-se, sim, que a alegação de um parte conta com a oposição manifesta da outra parte" (cf. TRIBUNAL INTERNACIONAL DE JUSTIÇA, *South West Africa (Ethiopia v. South Africa; Liberia v. South Africa)*, Objecções Preliminares, Acórdão de 21-12-1962, p. 328).

Muito recentemente, o Tribunal Internacional de Justiça declarou no caso *Concerning Certain Property (Liechtenstein v. Germany)* que:

"nos presentes procedimentos, as queixas de facto e de direito formuladas pelo Liechtenstein contra a Alemanha são rejeitadas por esta última. De acordo com a sua jurisprudência bem estabelecida (...), o Tribunal conclui que, 'por força desta rejeição, existe um litígio de ordem jurídica' entre o Liechtenstein e a Alemanha" (cf. TRIBUNAL INTERNACIONAL DE JUSTIÇA, *Case Concerning Certain Property (Liechtenstein v. Germany)*, Objecções Preliminares, Acórdão de 10-2-2005, parágrafo 25).

Todos estes casos indicam, claramente, que basta a formulação de posições antagónicas pelas partes para que exista um litígio.

E se a parte demandada reconhece simplesmente a posição da parte queixosa e nada faz para reparar a situação? Nestas circunstâncias, a ausência de um claro desacordo entre as partes não implicará a não existência de um litígio. No caso *Headquarters Agreement*, por exemplo, o Tribunal Internacional de Justiça declarou que:

800

A FASE DO PAINEL

Importa recordar, por outro lado, que o nº 1 do art. XXIII do GATT de 1994 prevê três fundamentos juridicamente distintos para a apresentação de uma queixa por um Membro da OMC, estabelecendo a distinção entre as chamadas queixas por violação, queixas em caso de não violação e queixas relativas a uma outra situação, respectivamente, nas alíneas *a*), *b*) e *c*). Uma leitura literal deste artigo XXIII poderia dar a impressão de que a parte queixosa tem de provar, em todas as circunstâncias, a ocorrência de uma anulação ou redução de uma vantagem ou o impedimento da realização de um dos objectivos do Acordo Geral. Mas uma tal leitura seria incorrecta. De facto, nos termos do nº 8 do art. 3º do Memorando de Entendimento sobre Resolução de Litígios, sempre que se verifique uma violação das obrigações previstas num acordo abrangido, a acção é considerada *prima facie* como um caso de anulação ou prejuízo. Isto significa que existe normalmente uma presunção de que uma violação das regras tem um

> "Na opinião do Tribunal, quando uma parte de um tratado protesta contra o comportamento ou uma decisão de outra parte, e alega que esse comportamento ou decisão constitui uma violação do tratado, o simples facto de a parte acusada não apresentar qualquer argumento para justificar a sua conduta ao abrigo do direito internacional não impede que as atitudes opostas das partes façam nascer um litígio relativo à interpretação ou aplicação do tratado" (cf. Tribunal Internacional de Justiça, *Applicability of the Obligation to Arbitrate under Section 21 of the United Nations Headquarters Agreement of 26 June 1947*, Parecer Consultivo de 26-4-1988, parágrafo 38).
>
> Por outras palavras, "silence of a party in the face of legal arguments and claims for reparation by the other party cannot be taken as expressing agreement and hence the absence of a dispute" (cf. Christoph Schreuer, What is a Legal Dispute?, in *International Law between Universalism and Fragmentation – Festschrift in Honour of Gerhard Hafner*, Isabelle Buffard, James Crawford, Alain Pellet e Stephan Wittich Ed., Martinus Nijhoff Publishers, Leiden-Boston, 2008, p. 964.). Ainda no âmbito deste caso, o Tribunal Internacional de Justiça, referindo-se ao caso *United States Diplomatic and Consular Staff in Tehran*, notou a falta de comparecimento do Irão nesse caso:
>
> "O Irão, que não apareceu nos procedimentos ante o Tribunal, tinha agido de tal modo que, na opinião dos Estados Unidos, tinha violado as Convenções, mas, tanto quanto o Tribunal sabia, o Irão nunca tinha pretendido justificar as suas acções invocando uma interpretação alternativa das Convenções, com base na qual tais acções não constituiriam uma violação. O Tribunal não julgou necessário investigar qual tinha sido a atitude do Irão para estabelecer a existência de um litígio'" (cf. Tribunal Internacional de Justiça, *Applicability of the Obligation to Arbitrate under Section 21 of the United Nations Headquarters Agreement of 26 June 1947*, Parecer Consultivo de 26-4-1988, parágrafo 38).
>
> No plano doutrinário, Merrills defende que:
>
> "a dispute may be defined as a specific disagreement concerning a matter of fact, law or policy in which a claim or assertion of one party is met with refusal, counter-claim or denial by another. In the broadest sense, an international dispute can be said to exist whenever such a disagreement involves governments, institutions, juristic persons (corporations) or private individuals in different parts of the world". Cf. J. G. Merrills, *International Dispute Settlement*, 4ª ed., Cambridge University Press, 2005, p. 1.

A FUNÇÃO JURISDICIONAL NO SISTEMA GATT/OMC

efeito negativo nos outros Membros partes contratantes nesse acordo abrangido e, em tais casos, é o Membro contra o qual foi apresentada a queixa que tem o ónus de provar o contrário. Deste modo, o Memorando de Entendimento sobre Resolução de Litígios não exige que a parte queixosa prove a existência de um prejuízo. A anulação ou redução de uma vantagem é presumida caso se determine a violação de uma obrigação.

Todavia, pese embora a condição de anulação ou redução de vantagens constitua um elemento comum às queixas de violação e de não violação, a parte queixosa está obrigada a provar a existência de tal condição somente nos casos de não violação, isto é, não se aplica a este tipo de queixas a presunção constante do nº 8 do art. 3º do Memorando.

De notar, por último, que um prejuízo no sentido, por exemplo, do GATT não equivale a um efeito sobre o volume ou valor das trocas comerciais. Como defendeu o Órgão de Recurso:

> "é irrelevante o argumento segundo o qual 'os efeitos sobre o comércio' do diferencial entre a taxa cobrada sobre os produtos importados e aquela que incide sobre os produtos nacionais são, em termos do volume das importações, insignificantes ou mesmo inexistentes; o artigo III [do GATT] não visa proteger um volume esperado de exportações, mas antes a expectativa quanto à relação competitiva entre produtos importados e nacionais"[2229].

Também no âmbito do GATT de 1947, as partes contratantes, ao adoptarem o relatório de um Painel em 1987, concordaram com as razões avançadas pelos membros do Painel para rejeitar o chamado critério do impacto económico no volume das trocas comerciais[2230]:

> "aceitar o argumento segundo o qual medidas que não têm senão um efeito insignificante no volume de exportações não anulam nem comprometem as vantagens resultantes da primeira frase do nº 2 do artigo III implicaria que a razão de ser fundamental desta disposição – a vantagem que ela confere às partes contratantes – é a protecção de expectativas quanto ao volume de exportações. Tal não é, todavia, o caso. Segundo a primeira frase do nº 2 do artigo III, as partes contratantes são obrigadas a estabelecer certas condições concorrenciais para os produtos importados relativamente aos produtos nacionais. Diferentemente de outras disposições do Acordo Geral, não é

---

[2229] Relatório do Órgão de Recurso no caso *Japan – Taxes on Alcoholic Beverages* (WT/DS8/AB/R, WT/DS10/AB/R, WT/DS11/AB/R), 4-10-1996, p. 17.

[2230] Frieder ROESSLER, Diverging Domestic Policies and Multilateral Trade Integration, in *Fair Trade and Harmonization*, Jagdish Bhagwati e Robert Hudec ed., vol. 2, The MIT Press, Cambridge-Massachusetts e Londres, 1996, p. 26.

A FASE DO PAINEL

feita qualquer referência a efeitos sobre o comércio. Assim, a maioria dos Membros do Grupo de Trabalho incumbido de examinar a questão das 'imposições internas brasileiras' concluiu correctamente que as disposições da primeira frase do n.º 2 do artigo III 'eram igualmente aplicáveis quer as importações provenientes de outras partes contratantes fossem importantes, reduzidas ou inexistentes'. (...) Acresce que é concebível que uma imposição compatível com o princípio do tratamento nacional (um direito específico elevado mas não discriminatório, por exemplo, tenha um efeito mais apreciável nas exportações das outras partes contratantes do que uma imposição que violasse esse princípio (por exemplo, uma imposição muito reduzida mas discriminatória). O diferendo submetido ao Painel ilustra este argumento: com efeito, os Estados Unidos poderiam tornar a imposição sobre o petróleo conforme com a primeira frase do n.º 2 do artigo III aumentando a taxa que incide sobre os produtos nacionais, baixando a taxa sobre os produtos importados ou fixando uma nova taxa comum para produtos importados e nacionais. Cada uma destas soluções teria consequências diferentes no comércio e, por conseguinte, não é logicamente possível determinar a diferença de efeitos no comércio entre a taxa actual e uma taxa que fosse compatível com a primeira frase do n.º 2 do artigo III, nem dessa forma determinar o efeito do incumprimento desta disposição. Por estas razões, a primeira frase do n.º 2 do art. III não pode ser interpretada como visando proteger um volume esperado de exportações; o que ela protege é a expectativa quanto à relação competitiva entre produtos importados e nacionais. Qualquer alteração desta relação competitiva contrária a esta disposição deve, em consequência, ser considerada *ipso facto* como anulando ou prejudicando as vantagens conferidas pelo Acordo Geral. O facto de se determinar que uma medida incompatível com a primeira frase do n.º 2 do art. III não produz quaisquer efeitos ou tem apenas efeitos insignificantes não seria suficiente, no entender do Painel, para provar que as vantagens conferidas por esta disposição não foram anuladas ou comprometidas, mesmo que tal demonstração fosse, em princípio, admissível"[2231].

Resumindo, o impacto de um tratamento diferenciado no volume das trocas comerciais não necessita de ser demonstrado para que uma medida seja considerada incompatível com a cláusula do tratamento nacional. O objectivo fundamental da cláusula do tratamento nacional não é proteger as expectativas dos Membros da OMC quanto a volumes de exportações, mas sim as expectativas relativas à relação de concorrência entre produtos importados e produtos nacio-

---

[2231] Relatório do Painel no caso *United States – Taxes on Petroleum and Certain Imported Substances* (L/6175), adoptado em 17-6-1987, parágrafo 5.1.9.

803

A FUNÇÃO JURISDICIONAL NO SISTEMA GATT/OMC

nais. Não interessa, por isso, saber se o volume em causa é substancial, insignificante ou inexistente[2232].

## 2.8. A Identificação dos Produtos em Questão

Durante a vigência do GATT de 1947, o Painel que analisou o caso *EEC – Quantitative Restrictions Against Imports of Certain Products from Hong Kong* defendeu que:

> "(...) assim como os termos de referência devem ser acordados entre as partes antes do início do exame pelo Painel, também a cobertura em matéria de produtos deve ficar claramente definida e acordada entre as partes em litígio. O Painel considerou que seria introduzido um elemento de iniquidade caso se admitisse a inclusão de um produto adicional a respeito do qual uma parte não tivesse sido avisada formalmente antes do início dos procedimentos"[2233].

Alguns dias depois, um outro Painel considera que:

> "(...) o exame dos compromissos de *fabrico* de bens que de outro modo seriam importados, solicitado pelos Estados Unidos (...), não estava compreendido pelos seus termos de referência, que só se referia à '*compra* de mercadorias no Canadá e/ou à *exportação* de mercadorias do Canadá'"[2234].

No caso do sistema de resolução de litígios da OMC, apesar de o nº 2 do art. 6º do Memorando não exigir expressamente que sejam identificados os produtos aos quais se aplicam as "medidas específicas em questão", o Órgão de Recurso nota que:

> "67. (...) a respeito de certas obrigações da OMC, para identificar 'as medidas concretas em litígio', talvez seja necessário também identificar os produtos sujeitos às medidas em litígio.
>
> 68. Tanto o 'equipamento para redes locais' como 'os computadores pessoais com capacidade multimédia' são termos genéricos. Saber se estes termos são suficiente-

---

[2232] Contudo, por vezes, o sistema comercial multilateral impõe que se atenda ao impacto de uma determinada medida no volume de trocas comerciais. O exemplo mais óbvio é o do artigo XVI, nº 3, do GATT de 1947: "se uma parte contratante conceder, directa ou indirectamente, sob uma forma qualquer, um subsídio que tenha por efeito aumentar a exportação de um produto primário proveniente do seu território, este subsídio não será concedido de uma forma tal que a referida parte contratante venha a deter então mais do que uma fracção equitativa do comércio mundial de exportação do referido produto".

[2233] Relatório do Painel no caso *EEC – Quantitative Restrictions Against Imports of Certain Products from Hong Kong* (L/5511), adoptado em 12-7-1983, parágrafo 30.

[2234] Relatório do Painel no caso *Canada – Administration of the Foreign Investment Review Act* (L/5504), adoptado em 7-2-1984, parágrafo 5.3.

A FASE DO PAINEL

mente precisos para identificar 'as medidas concretas em litígio' de acordo com o n° 2 do artigo 6° do Memorando de Entendimento sobre Resolução de Litígios depende, em nossa opinião, do facto de cumprirem a finalidade das prescrições dessa disposição. (...).

**70.** As Comunidades Europeias alegam que a falta de precisão do termo 'equipamento para redes locais' tinha dado lugar a uma violação do seu direito às garantias processuais devidas que está implícito no Memorando de Entendimento sobre Resolução de Litígios. Notamos, contudo, que as Comunidades Europeias não contestam que o termo 'equipamento para redes locais' seja um termo comercial facilmente compreensível no ramo. O desacordo entre as Comunidades Europeias e os Estados Unidos está na definição precisa deste termo e nos produtos que abarca exactamente. Notamos, igualmente, que o termo 'equipamento para redes locais' foi utilizado nas consultas realizadas pelas Comunidades Europeias e os Estados Unidos antes da apresentação do pedido de criação de um painel e, em particular, numa 'ficha de informação' apresentada pelas Comunidades Europeias aos Estados Unidos durante as consultas informais realizadas em Genebra em Março de 1997. Não vemos como a suposta falta de precisão dos termos 'equipamento para redes locais' e 'computadores pessoais com capacidade multimédia' no pedido de criação de um painel afectou os direitos de defesa das Comunidades Europeias *no decurso* dos procedimentos do Painel. Dado que o desconhecimento das medidas em litígio não afectou a capacidade de defesa das Comunidades Europeias, não consideramos que o Painel tenha infringido a norma fundamental do processo devido"[2235].

Posteriormente, o Órgão de Recurso desenvolve o seu entendimento a respeito da necessidade, ou não, de identificação dos produtos em questão:

"**165.** (...) O n° 2 do artigo 6° do Memorando de Entendimento sobre Resolução de Litígios não se refere à identificação dos produtos em questão; em vez disso, ele refere-se à identificação das medidas específicas em questão. O n° 2 do artigo 6° prevê que a identificação dos produtos em questão deve derivar das medidas específicas identificadas no pedido de criação do painel. Por conseguinte, a identificação do produto em questão não é, regra geral, um elemento separado e distinto dos termos de referência de um painel; é, sim, uma consequência do âmbito de aplicação das medidas específicas em questão. Dito de outra maneira, é a *medida* em litígio a que geralmente definirá o *produto* em questão.

**166.** Ao mesmo tempo, reconhecemos que o Órgão de Recurso defendeu, no caso *European Communities – Customs Classification of Certain Computer Equipment* que, a res-

---

[2235] Relatório do Órgão de Recurso no caso *European Communities – Customs Classification of Certain Computer Equipment* (WT/DS62/AB/R, WT/DS67/AB/R, WT/DS68/AB/R), 5-6-1998, parágrafos 67-68 e 70.

805

A FUNÇÃO JURISDICIONAL NO SISTEMA GATT/OMC

peito de determinadas obrigações contraídas no âmbito da OMC, para identificar as medidas específicas em questão, talvez seja necessário identificar também os produtos em questão. Não obstante, nesse caso, as medidas em litígio eram diversas decisões de classificação de autoridades aduaneiras das Comunidades Europeias e não medidas reguladoras ou legislativas de aplicação geral como neste caso. (...).

**167.** Estimamos que, em circunstâncias em que se impugna uma série de decisões das autoridades aduaneiras, talvez seja necessário identificar os produtos em questão para diferenciar as medidas impugnadas (por exemplo, decisões de classificação individuais adoptadas pelas autoridades aduaneiras) de outras medidas (decisões de classificação individuais diferentes adoptadas pelas autoridades aduaneiras). Em contraste, no presente litígio, as medidas impugnadas não são decisões individuais de classificação das autoridades aduaneiras, mas antes i) um instrumento jurídico de aplicação geral (o Regulamento (CE) Nº 1223/2002), assim como ii) uma decisão pela que se exige a um Estado membro das Comunidades Europeias que retire uma serie de informações aduaneiras vinculativa (a Decisão 2003/97/CE). Estas duas medidas definem os produtos a que se aplicam (...). Por conseguinte, é evidente que estes produtos, que se mencionam expressamente nas medidas específicas identificadas nos pedidos de criação de um painel, são os produtos em questão no presente litígio"[2236].

## 2.9. Uma Breve Síntese da Base Jurídica da Queixa

A importância da especificidade quando sintetizamos uma queixa foi reconhecida durante a vigência do GATT de 1947, mais exactamente, no caso *European Communities – Imposition of Anti-Dumping Duties on Imports of Cotton Yarn from Brazil*:

"Dependendo das circunstâncias, pode existir mais de uma base jurídica para uma alegada violação da mesma disposição do Acordo e, por isso, uma queixa a respeito de uma não constitui também uma queixa a respeito da outra. Exigir-se-á, pois, uma queixa separada e distinta"[2237].

Nada impede, por outro lado, que seja feita mais de uma queixa em relação à mesma disposição legal, tudo dependendo das circunstâncias.

No caso do sistema de resolução de litígios da OMC, o nº 2 do art. 6º do Memorando determina expressamente que o pedido de criação de um painel deve incluir, também, uma breve síntese da base jurídica da queixa que permita uma percepção clara do problema. Neste contexto, a base jurídica refere-se às

---

[2236] Relatório do Órgão de Recurso no caso *European Communities – Customs Classification of Frozen Boneless Chicken Cuts* (WT(DS269/AB/R, WT/DS286/AB/R), 12-9-2005, parágrafos 165-167.
[2237] Relatório do Painel no caso *European Communities – Imposition of Anti-Dumping Duties on Imports of Cotton Yarn from Brazil* (ADP/137), 4-7-1995, parágrafo 445.

A FASE DO PAINEL

disposições relevantes dos acordos da OMC. No pedido de criação de um painel apresentado pela China no caso *United States – Definitive Safeguard Measures on Imports of Certain Steel Products*, por exemplo, a "base jurídica" refere-se aos artigos 2º, nº 1, 4º, nº 2, e outras disposições do Acordo sobre as Medidas de Salvaguarda[2238].

A identificação das disposições do tratado que se alega terem sido violadas é, assim, necessária para definir os termos de referência de um painel e para informar a parte demandada e as partes terceiras das alegações formuladas pela parte que apresenta a queixa. Nas palavras do Órgão de Recurso, esta identificação constitui um requisito prévio mínimo de apresentação da base jurídica da queixa[2239]. Mas será que a mera enumeração dos artigos cuja violação se alega respeita o disposto no art. 6º, nº 2, do Memorando? No caso *European Communities – Regime for the Importation, Sale and Distribution of Bananas*, o Órgão de Recurso aceita:

> "(...) a opinião do Painel de que é suficiente as partes queixosas enumerarem as disposições dos acordos abrangidos que se alega terem sido violados, sem exporem argumentos detalhados acerca de quais são os aspectos concretos das medidas em questão relacionados com as disposições concretas desses acordos"[2240].

Porém, cerca de dois anos depois, o Órgão de Recurso vem dizer que a questão de saber se a simples enumeração dos artigos cuja violação se alega cumpre o disposto no nº 2 do art. 6º do Memorando deve ser examinada caso a caso. Ao resolver essa questão, devemos ter em consideração se o facto de o pedido de criação do Painel se limitar a enumerar as disposições cuja violação se alega afectou negativamente a capacidade de defesa da parte arguida, tendo em conta o desenvolvimento efectivo do procedimento do Painel[2241]. Ou seja, pode haver situações em que a simples enumeração dos artigos do acordo ou acordos em causa é suficiente, dadas as circunstâncias do caso, para satisfazer o critério da clareza na apresentação da base jurídica da queixa. Todavia, pode haver também situações em que as circunstâncias são tais que a simples enumeração dos artigos do tratado não basta para satisfazer o critério expresso no nº 2 do artigo 6º,

---

[2238] Yang Guohua, Bryan Mercurio e Li Yongjie, *WTO Dispute Settlement Understanding: A Detailed Interpretation*, Kluwer Law International, 2005, p. 69.

[2239] Relatório do Órgão de Recurso no caso *Korea – Definitive Safeguard Measure on Imports of Certain Dairy Products* (WT/DS98/AB/R), 14-12-1999, parágrafo 124.

[2240] Relatório do Órgão de Recurso no caso *European Communities – Regime for the Importation, Sale and Distribution of Bananas* (WT/DS27/AB/R), 9-9-1997, parágrafo 141.

[2241] Relatório do Órgão de Recurso no caso *Korea – Definitive Safeguard Measure on Imports of Certain Dairy Products* (WT/DS98/AB/R), 14-12-1999, parágrafo 127.

A FUNÇÃO JURISDICIONAL NO SISTEMA GATT/OMC

como, por exemplo, no caso de os artigos enumerados não estabelecerem uma única e distinta obrigação, mas sim uma pluralidade de obrigações. Em tal situação, a enumeração dos artigos de um acordo poderá, em si, não satisfazer o critério do nº 2 do artigo 6º[2242]. O artigo 5º do Acordo sobre a Aplicação do Artigo VI do GATT de 1994, por exemplo, estabelece múltiplas obrigações no que diz respeito ao início e certos passos subsequentes numa investigação[2243] e, segundo alguns autores, também os artigos 2º e 3º do Acordo sobre a Aplicação do Artigo VI do GATT de 1994, o art. 15º do Acordo sobre as Subvenções e as Medidas de Compensação e o art. 4º do Acordo sobre as Medidas de Salvaguarda contêm obrigações múltiplas[2244].

A prática de clarificar uma alegação parece ter sido, também, confirmada pelo Órgão de Recurso no caso *Thailand – Anti-Dumping Duties on Angles, Shapes and Sections of Iron or Non-Alloy Steel and H-Beams from Poland*, atendendo à sua conclusão de que:

> "A Tailândia alega que foi prejudicada pela falta de clareza do pedido de criação de um painel apresentado pela Polónia. A questão fundamental para avaliar as alegações de prejuízo é saber se se deu conhecimento à parte demandada, de forma suficiente para ela poder defender-se das alegações apresentadas pela parte queixosa. Ao avaliar as alegações de prejuízo formuladas pela Tailândia, consideramos pertinente ter em conta que, ainda que a Tailândia tenha solicitado ao painel uma resolução preliminar sobre a suficiência do pedido de criação de um painel apresentado pela Polónia a respeito dos artigos 5º e 6º do Acordo sobre a Aplicação do Artigo VI do GATT de 1994 no momento em que apresentou as suas primeiras comunicações escritas, não solicitou o mesmo nesse momento a respeito das alegações da Polónia em relação aos artigos 2º e 3º do dito Acordo. Por conseguinte, devemos concluir que a Tailândia não sentiu nesse momento que necessitava de clareza adicional a respeito dessas alegações, em particular, porque notamos que a Polónia tinha clarificado ainda mais as suas alegações na sua primeira comunicação escrita. Esta é uma indicação clara para nós que a Tailândia não sofreu qualquer prejuízo devido a uma possível falta de clareza no pedido de criação do painel"[2245].

---

[2242] *Idem*, parágrafo 124.

[2243] Relatório do Painel no caso *Thailand – Anti-Dumping Duties on Angles, Shapes and Sections of Iron or Non-Alloy Steel and H-Beams from Poland* (WT/DS122/R), 28-9-2000, parágrafo 7.18.

[2244] Edwin Vermulst e Folkert Graafsma, *WTO Dispute Settlement with Respect to Trade Contingency Measures: Selected Issues*, in JWT, 2001, p. 212.

[2245] Relatório do Órgão de Recurso no caso *Thailand – Anti-Dumping Duties on Angles, Shapes and Sections of Iron or Non-Alloy Steel and H-Beams from Poland* (WT/DS122/AB/R), 12-3-2001, parágrafo 95.

A FASE DO PAINEL

Nestas circunstâncias, o caso *Korea – Definitive Safeguard Measure on Imports of Certain Dairy Products* representa um ponto de viragem. O Órgão de Recurso deixa de atender apenas ao pedido de criação do painel em si mesmo e passa a procurar saber, igualmente, se as alegadas insuficiências causaram algum prejuízo à parte arguida no decurso dos procedimentos do Painel. Mesmo que o pedido de criação do painel não satisfaça claramente o estipulado no nº 2 do art. 6º do Memorando, o Órgão de Recurso parece admitir a continuação do procedimento de resolução de litígios[2246].

O Órgão de Recurso parece afastar-se, assim, da sua conclusão no caso *European Communities – Regime for the Importation, Sale and Distribution of Bananas*:

> "Não concordamos com o painel quando ele diz que mesmo 'se houvesse alguma dúvida a respeito de saber se o pedido de criação de um painel tinha cumprido os requisitos do nº 2 do artigo 6º, as primeiras comunicações escritas dos queixosos tinham 'sanado' essa dúvida porque as suas comunicações eram suficientemente detalhadas e apresentavam claramente todas as questões de facto e de direito'. O nº 2 do artigo 6º do Memorando exige que se especifiquem no pedido de criação de um painel não os *argumentos*, mas sim todas as *alegações*, de forma suficiente para que a parte contra a qual é apresentada a queixa e as partes terceiras possam conhecer o fundamento jurídico da queixa. Caso não se especifique uma *alegação* no pedido de criação de um painel, os defeitos do pedido não podem ser 'sanados' posteriormente pela argumentação da parte queixosa na sua primeira comunicação escrita ao painel ou em quaisquer outras comunicações ou declarações feitas depois no decurso do procedimento do Painel"[2247].

Mas, ao admitir o conceito de "sanação posterior", afastando-se da sua conclusão no caso *European Communities – Regime for the Importation, Sale and Distribution of Bananas*, o Órgão de Recurso corre o risco de transformar os termos de referência num alvo em movimento (*moving target*) e de ignorar os direitos das partes terceiras interessadas[2248].

Ainda em relação ao estipulado no nº 2 do art. 6º do Memorando de Entendimento sobre Resolução de Litígios, o Órgão de Recurso observou que:

> "A conveniente frase 'incluindo mas não necessariamente limitada aos' é simplesmente inapropriada para 'identificar as medidas específicas em questão e apresentar uma breve síntese da base jurídica da queixa que permita uma percepção clara do pro-

---

[2246] Scott LITTLE, *Preliminary Objections to Panel Requests and Terms of Reference: Panel and Appellate Body Rulings on the First Line of Defence in WTO Dispute Settlement Proceedings*, in JWT, 2001, p. 544.

[2247] Relatório do Órgão de Recurso no caso *European Communities – Regime for the Importation, Sale and Distribution of Bananas* (WT/DS27/AB/R), 9-9-1997, parágrafo 143.

[2248] Scott LITTLE, *Preliminary Objections to Panel Requests and Terms of Reference: Panel and Appellate Body Rulings on the First Line of Defence in WTO Dispute Settlement Proceedings*, in JWT, 2001, p. 543.

A FUNÇÃO JURISDICIONAL NO SISTEMA GATT/OMC

blema', como exige o nº 2 do artigo 6º do Memorando de Entendimento sobre Resolução de Litígios. Se esta frase incorpora o artigo 63º, que artigo do Acordo sobre os Aspectos dos Direitos de Propriedade Intelectual relacionados com o Comércio não é incorporado? Por conseguinte, esta fórmula é insuficiente para incluir nos termos de referência do Painel uma queixa relativa ao artigo 63º"[2249].

A mera referência a um acordo da OMC, sem menção de quaisquer disposições, ou "a outras disposições", não identificadas, é também demasiado vaga para cumprir com o disposto no art. 6º, nº 2, do Memorando:

> "No pedido de criação de um painel alega-se uma incompatibilidade com as prescrições do Acordo sobre a Agricultura, sem concretizar nenhuma disposição do mesmo. Também se assinala que 'as medidas das Comunidades Europeias são incompatíveis com os seguintes acordos e disposições *entre outros*', sugerindo que podem existir incompatibilidades com disposições não especificadas e incompatibilidades com disposições não especificadas dos acordos identificados. Nestas duas situações não é possível, na fase do pedido de criação de um painel, inclusive nos termos mais genéricos, descrever qual é o 'problema' jurídico em causa. Enquanto a referência a uma disposição concreta de um determinado acordo pode não ser essencial se o problema ou a alegação jurídica é descrito claramente de outro modo, a mera referência à totalidade de um acordo ou simplesmente a 'outros' acordos ou disposições que não se especificam, na ausência de alguma descrição do problema, é inadequado nos termos do nº 2 do artigo 6º. Consequentemente, constatamos que referências a um Acordo da OMC sem menção de nenhuma disposição, ou a 'outras' disposições não identificadas, são demasiado vagas para cumprir as prescrições do nº 2 do artigo 6º do Memorando de Entendimento sobre Resolução de Litígios"[2250].

Não é possível também formular uma alegação implicitamente:

> "A Argentina parece dar a entender que uma alegação poderá ser apresentada implicitamente e que não é necessário apresentá-la explicitamente. Não concordamos. As exigências relativas às garantias processuais devidas e a um desenvolvimento ordenado do processo impõe que as alegações devem ser formuladas explicitamente no âmbito do procedimento de resolução de litígios da OMC. Somente deste modo

---

[2249] Relatório do Órgão de Recurso no caso *India – Patent Protection for Pharmaceutical and Agricultural Chemical Products* (WT/DS50/AB/R), 19-12-1997, parágrafo 90. Neste caso, os Estados Unidos alegaram no pedido de criação do painel que o regime jurídico da Índia parecia ser incompatível com as obrigações do Acordo TRIPS, "incluindo mas não necessariamente limitado" aos artigos 27º, 65º e 70º.

[2250] Relatório do Painel no caso *European Communities – Regime for the Importation, Sale, and Distribution of Bananas* (WT/DS27/R/USA), 22-5-1997, parágrafo 7.30.

810

A FASE DO PAINEL

o Painel, as outras partes e as partes terceiras compreenderão que se formulou uma determinada alegação, conhecerão as suas dimensões e terão uma oportunidade adequada de examiná-la e de lhe responderem. Os Membros da OMC não devem ter que indagar que alegações foram feitas especificamente contra eles no quadro do sistema de resolução de litígios"[2251].

O Órgão de Recurso observou também que:

"**172.** (...) Em nossa opinião, as impugnações de medidas de um Membro 'em si mesmas' nos procedimentos de resolução de litígios constituem impugnações sérias [*serious challenges*]. Por definição, as alegações referentes a medidas 'em si mesmas' impugnam leis, regulamentos ou outros instrumentos de um Membro que são aplicados de maneira geral e prospectiva, afirmando que a conduta de um Membro – não somente num caso particular que tenha ocorrido, mas também em situações futuras – será necessariamente incompatível com as obrigações desse Membro no âmbito da OMC. No essencial, as partes queixosas que formulam impugnações de medidas 'em si mesmas' procuram impedir *ex ante* que os membros adoptem uma certa conduta. As incidências de tais impugnações são, evidentemente, de maior alcance que as alegações referentes à 'aplicação' das medidas.

**173.** Esperamos também que as medidas que são objecto de impugnação 'em si mesmas' tenham sido submetidas, em conformidade com o direito interno, a um escrutínio aprofundado através de diversos processos deliberativos a fim de assegurar a sua compatibilidade com as obrigações internacionais do Membro, incluindo as que se encontram nos acordos abrangidos, e que a aprovação de tal medida reflicta implicitamente a conclusão desse Membro de que a medida não é incompatível com essas obrigações. A presunção de que os membros da OMC actuam de boa fé no cumprimento dos seus compromissos no quadro da OMC é particularmente oportuna no contexto das medidas impugnadas 'em si mesmas'. Por conseguinte, desejamos instar as partes queixosas a que actuem com *especial diligência* ao expor as suas alegações referentes a medidas 'em si mesmas' nos pedidos de criação dos painéis que apresentem. Em particular, é de esperar que as alegações referentes a medidas 'em si mesmas' indiquem inequivocamente as medidas concretas de direito interno que a parte queixosa impugna e o fundamento jurídico da alegação de que tais medidas não são compatíveis com determinadas disposições dos acordos abrangidos. Mediante essa exposição inequívoca das alegações sobre medidas 'em si mesmas', os pedidos de criação de um painel não deveriam deixar dúvidas às partes demandadas de que, apesar das suas próprias opiniões ponderadas a respeito da compatibilidade das suas

---

[2251] Relatório do Órgão de Recurso no caso *Chile – Price Band System and Safeguard Measures Relating to Certain Agricultural Products* (WT/DS207/AB/R), 23-9-2002, parágrafo 164.

811

# A FUNÇÃO JURISDICIONAL NO SISTEMA GATT/OMC

medidas com a OMC, outro Membro se propõe impugnar essas medidas, em si mesmas, no procedimento de resolução de litígios da OMC"[2252].

Muito importante, não se deve confundir "a base jurídica da queixa" – isto é, as "alegações" que se formulam – com os argumentos que a parte expõe em apoio das suas alegações. O Órgão de Recurso entende por alegação a afirmação de que a parte demandada violou uma disposição de um determinado acordo, ou anulou ou comprometeu as vantagens resultantes dessa disposição. É necessário distinguir essa alegação de violação dos argumentos aduzidos por uma parte queixosa para demonstrar que a medida tomada pela parte demandada infringe efectivamente a disposição do tratado identificada[2253]. A importância desta distinção prende-se com a circunstância de o nº 2 do art. 6º do Memorando requerer que as alegações, mas não os argumentos, sejam todas suficientemente especificadas no pedido de criação de um Painel, de modo a que a parte contra a qual é apresentada a queixa e qualquer parte terceira tenham conhecimento da base jurídica da queixa[2254]. Ao contrário das alegações, indicadas no pedido de criação de um Painel e que determinam os termos de referência do Painel nos termos do art. 7º do Memorando, os argumentos apresentados em apoio das alegações são expostos e progressivamente aclarados nas primeiras comunicações escritas, nas comunicações apresentadas a título de réplica e nas primeira e segunda reuniões do painel com as partes[2255].

Além disso, o Órgão de Recurso nota que os dois requisitos referidos no nº 2 do art. 6º do Memorando (identificação das medidas específicas em questão e uma breve síntese da base jurídica da queixa), sendo conceptualmente distintos, não devem ser confundidos. Por isso, ao constatar que os termos "medidas em

---

[2252] Relatório do Órgão de Recurso no caso *United States – Sunset Reviews of Anti-Dumping Measures on Oil Country Tubular Goods from Argentina* (WT/DS268/AB/R), 29-11-2004, parágrafos 172-173. Ainda no âmbito do mesmo caso, o Órgão de Recurso assinalou que:
"como o Órgão de Recurso observou no caso *United States – Anti-Dumping Act of 1916*, uma longa série de casos examinados no âmbito do GATT deixou 'firmemente estabelecido' o princípio de que as partes queixosas podiam impugnar medidas 'em si mesmas', entendendo-se com isso o funcionamento em geral das medidas impugnadas, sem ter em conta a sua aplicação em casos concretos, e algumas vezes inclusive sem tomar em consideração se as medidas se encontravam ainda em vigor. Este entendimento mantém-se com a OMC". Cf. *Idem*, parágrafo 165.

[2253] Relatório do Órgão de Recurso no caso *Korea – Definitive Safeguard Measure on Imports of Certain Dairy Products* (WT/DS98/AB/R), 14-12-1999, parágrafo 139. As "alegações" e os "argumentos", por sua vez, são distintos dos elementos de prova que a parte queixosa ou a parte contra a qual é apresentada a queixa apresentam em apoio dos factos e argumentos invocados. Cf. *Idem*.

[2254] Relatório do Órgão de Recurso no caso *European Communities – Regime for the Importation, Sale, and Distribution of Bananas* (WT/DS27/AB/R), 9-9-1997, parágrafo 143.

[2255] *Idem*, parágrafo 141.

A FASE DO PAINEL

questão" que figuram no nº 2 do artigo 6º deveriam ser interpretados à luz da obrigação específica da OMC supostamente infringida, um painel não teve em conta a distinção entre *medidas* e *alegações*:

"**130.** Estes dois requisitos referem-se a aspectos distintos da impugnação pela parte queixosa das medidas adoptadas por outro Membro. A 'medida específica' a ser identificada no pedido de criação de um painel é o objecto da impugnação, a saber, a medida que supostamente é causa da violação de uma obrigação contida num acordo abrangido. Por outras palavras, a medida em litígio é *aquela que* o Membro queixoso está a impugnar. Em contraste, a base jurídica da queixa, a saber, a 'alegação', diz respeito à disposição específica do acordo abrangido que contém a obrigação supostamente infringida. A breve síntese da base jurídica da queixa requerida pelo nº 2 do artigo 6º do Memorando de Entendimento sobre Resolução de Litígios tem por objecto explicar sucintamente *como* ou *porquê* o Membro queixoso considera que a medida em litígio infringe a obrigação da OMC em questão. Esta breve síntese deve ser suficiente para apresentar o problema com clareza. Tomados em conjunto, estes diferentes aspectos de um pedido de criação de um painel servem não só para definir o âmbito de um litígio, mas também para preservar as garantias processuais devidas.

**131.** Em conformidade com o nº 1 do artigo 7º do Memorando de Entendimento sobre Resolução de Litígios, os termos de referência de um painel são governados pelo pedido de criação. Por outras palavras, o pedido de criação de um painel identifica as medidas e as alegações que um painel terá autoridade para analisar e formular constatações. A questão de saber se uma medida está compreendida nos termos de referência de um painel é uma questão prévia, distinta da determinação de saber se a medida é ou não compatível com a disposição ou as disposições jurídicas do acordo ou acordos abrangidos referidas no pedido de criação do painel. Por conseguinte, as questões concernentes à identificação das 'medidas em questão' e as 'alegações' relativas à suposta violação de obrigações da OMC, que figuram no pedido de criação de um painel, devem ser analisadas separadamente"[2256].

Por fim, a mera referência ao artigo XXIII do GATT como a base jurídica para um pedido de criação de um painel não será suficiente para incluir uma alegação relativa ao nº 1, alínea *b*), do artigo XXIII dentro dos termos de referência do painel. É necessário referir expressamente o nº 1, alínea *b*), do art. XXIII do GATT[2257].

---

[2256] Relatório do Órgão de Recurso no caso *European Communities – Selected Customs Matters* (WT/DS315/AB/R), 13-11-2006, parágrafos 130-131.
[2257] Relatório do Painel no caso *Australia – Measures Affecting Importation of Salmon* (WT/DS18/R), 12-6-1998, parágrafo 8.28.

A FUNÇÃO JURISDICIONAL NO SISTEMA GATT/OMC

## 2.10. A Insuficiência do Pedido de Criação do Painel

No caso do pedido de criação de um Painel não ser suficiente, os vícios não podem ser sanados nas comunicações apresentadas posteriormente pelas partes durante os trabalhos do Painel. No entanto, ao examinar se um pedido de criação de um Painel é ou não suficiente, pode-se consultar as comunicações apresentadas e as declarações feitas durante os procedimentos do Painel, em particular, a primeira comunicação escrita da parte queixosa, a fim de determinar o sentido dos termos utilizados no pedido de criação do Painel e avaliar se a capacidade de defesa da parte contra a qual foi apresentada a queixa foi ou não posta em causa[2258]. Além disso, o respeito dos requisitos do art. 6º, nº 2, do Memorando deve ser determinado em função das particularidades de cada caso, depois de analisado o pedido de criação no seu conjunto e à luz das circunstâncias respectivas[2259]. O Memorando de Entendimento sobre Resolução de Litígios não impede, também, que a parte contra a qual é apresentada a queixa solicite mais esclarecimentos sobre as alegações formuladas no pedido de criação de um painel, inclusivamente antes da apresentação da primeira comunicação escrita[2260].

Respeitado o disposto no nº 2 do art. 6º do Memorando, o Painel só não será criado se o Órgão de Resolução de Litígios decidir, por consenso, não criá-lo (art. 6º, nº 1, do Memorando), pelo que o membro da OMC alvo da acusação não poderá bloquear a criação do Painel. O direito à criação de um Painel foi reconhecido, pela primeira vez, em 1966 relativamente às queixas apresentadas por partes contratantes em desenvolvimento contra partes contratantes desenvolvidas, em 1979 relativamente a queixas apresentadas nos termos do acordo relativo à aplicação do artigo VI do acordo geral sobre pautas aduaneiras e comércio (art. 15º, nº 5) e do acordo relativo à interpretação e aplicação dos artigos VI, XVI e XXIII do acordo geral sobre pautas aduaneiras e comércio (art. 18º, nº 1) e, por último, em 1989, relativamente a todos os litígios surgidos no âmbito do GATT (cf. *Deci-*

---

[2258] A primeira comunicação escrita da parte queixosa compreende, normalmente, cinco partes: i) a introdução, da qual constam considerações de índole geral sobre as implicações jurídicas e comerciais do litígio; ii) os antecedentes processuais do litígio, contendo a descrição cronológica das actuações das partes ao abrigo do procedimento de resolução de litígios, desde o pedido de consultas até à apresentação da comunicação escrita; iii) as alegações, a parte mais importante da comunicação escrita e que contém a descrição da questão em causa; iv) o pedido, que expõe as pretensões da parte queixosa a respeito dos remédios que espera do procedimento em termos de resoluções, recomendações e propostas a adoptar pelo painel; e v) a lista de provas, ou seja, o sustento fáctico das asserções constantes da comunicação. Cf. Fernando PIÉROLA, *Solución de Diferencias ante la OMC: Presente y Perspectivas*, Cameron May, Londres, 2008, p. 119.

[2259] Relatório do Órgão de Recurso no caso *United States – Countervailing Duties on Certain Corrosion- -Resistant Carbon Steel Flat Products from Germany* (WT/DS213/AB/R), 28-11-2002, parágrafo 127.

[2260] Relatório do Órgão de Recurso no *caso Thailand – Anti-Dumping Duties on Angles, Shapes and Sections of Iron or Non-Alloy Steel and H-Beams from Poland* (WT/DS122/AB/R), 12-3-2001, parágrafo 97.

A FASE DO PAINEL

*sion on Improvements to the GATT Dispute Settlement Rules and Procedures,* de 12 de Abril de 1989, parágrafo F(a)[2261]. Em suma, durante grande parte da vigência do GATT de 1947, os painéis só eram criados se as partes contratantes, reunidas no Conselho de Representantes, aprovassem por consenso a sua criação. Bastava a parte contratante contra a qual era apresentada a queixa desaprovar a criação do Painel para este não ser criado.

## 3. As "Medidas Específicas em Questão"
### 3.1. Introdução
Como já foi referido, o pedido de criação de um Painel deve identificar as "medidas específicas em questão". Com excepção das chamadas "queixas de situação" (art. 26º, nº 2), o Memorando de Entendimento sobre Resolução de Litígios contempla apenas casos em que estejam em causa "medidas" (somente estas podem ser postas em causa)[2262]. Nesse sentido, os nºs 3 e 7 do art. 3º, o nº 2 do art. 6º e o nº 1 do art. 26º, todos do Memorando, falam em "medidas"[2263]. A medida posta em causa num determinado litígio determinará o âmbito da jurisdição do painel e as questões de facto e de direito a resolver. Não obstante a importância do termo "medidas", o Memorando de Entendimento sobre Resolução de Litígios não dá qualquer definição do mesmo[2264] e, por isso, tem cabido aos painéis e ao Órgão de Recurso interpretá-lo.

Resulta claro, também, do texto do Memorando que determinadas medidas não podem ser impugnadas pelos membros da OMC (por exemplo, as medidas adoptadas pelos órgãos da OMC).

### 3.2. Um Acto ou Omissão
O Órgão de Recurso considera que pode caber na expressão "medidas" qualquer acto ou omissão de um Membro da OMC:

> "(...) Em princípio, qualquer acto ou omissão imputável a um Membro da OMC pode ser uma medida desse Membro para efeitos dos procedimentos do sistema de resolução de litígios. Os actos ou omissões que podem ser imputáveis desse modo

---

[2261] O texto da Decisão de 12 de Abril de 1989 pode ser encontrado in GATT, *Analytical Index: Guide to GATT Law and Practice,* 6ª ed., Genebra, 1994, pp. 592-595.

[2262] Jeffrey WAINCYMER, *Settlement of Disputes Within the World Trade Organisation: A Guide to the Jurisprudence,* in WE, 2001, p. 1252.

[2263] No caso do nº 1 do artigo XXIII do GATT, apenas a alínea *b),* referente aos chamados casos de não violação, fala em medidas.

[2264] Tania VOON e Alan YANOVICH, What Is the Measure at Issue?, in *Challenges and Prospects for the WTO,* Andrew Mitchell ed., Cameron May, Londres, 2005, p. 119.

815

A FUNÇÃO JURISDICIONAL NO SISTEMA GATT/OMC

são, habitualmente, os actos ou omissões dos órgãos do Estado, incluindo os do poder executivo"[2265].

Exemplificando, a imposição de direitos aduaneiros pelas autoridades alfandegárias constitui um acto executivo[2266] e ocorre uma omissão quando um Membro da OMC não protege a patente de um produto farmacêutico[2267]. Neste último caso, seguramente o mais difícil de discernir, o Órgão de Recurso concluiu no caso *India – Patent Protection for Pharmaceutical and Agricultural Chemical Products* que a Índia tinha violado o nº 9 do art. 70º do Acordo TRIPS por não ter estabelecido um mecanismo para a concessão de direitos exclusivos de comercialização

---

[2265] Relatório do Órgão de Recurso no caso *United States – Sunset Review of Anti-Dumping Duties on Corrosion-Resistant Carbon Steel Flat Products from Japan* (WT/DS244/AB/R), 15-12-2003, parágrafo 81.

[2266] Relatório do Órgão de Recurso no caso *European Communities – Customs Classification of Certain Computer Equipment* (WT/DS62/AB/R, WT/DS67/AB/R, WT/DS68/AB/R), 5-6-1998, parágrafo 65. No caso *United States – Measures Affecting the Cross-Border Supply of Gambling and Betting Services*, Antígua afirmou que impugnava a "proibição total" como "uma medida em si mesma e por si mesma", ou seja, Antígua discordou da asserção dos Estados Unidos de que a "proibição total" não poderia constituir uma medida em si mesma para efeitos do sistema de resolução de litígios da OMC. O Órgão de Recurso deu razão aos Estados Unidos:

" A 'proibição total' descrita por Antígua não constitui, em si mesma, uma 'medida'. Como reconheceu Antígua ante o Painel e no recurso, a 'proibição total' é o *efeito colectivo* do funcionamento de diversas leis federais e estatais dos Estados Unidos. E é a própria 'proibição total' – como *efeito* das leis que a originam – o que constitui a redução das vantagens resultantes do Acordo Geral sobre o Comércio de Serviços.

Observamos também que se a 'proibição total' fosse uma 'medida', uma parte queixosa poderia cumprir a sua obrigação de 'identificar as medidas concretas em litígio', ao abrigo do nº 2 do artigo 6º do Memorando de Entendimento sobre Resolução de Litígios, simplesmente mencionando de forma expressa a 'proibição'. Contudo, sem conhecer a fonte exacta de tal 'proibição', a parte demandada não estaria em condições de preparar adequadamente a sua defesa, sobretudo se, como neste caso, se alega que a 'proibição total' se basea em numerosas leis federais e estatais. Por conseguinte, concluímos que, sem identificar a fonte da proibição, uma parte queixosa não pode impugnar uma 'proibição total' *per se* num procedimento de resolução de litígios baseado no Acordo Geral sobre o Comércio de Serviços. Em consequência, *ratificamos* a constatação do Painel, que figura no parágrafo 6.175 do seu relatório, de que 'a alegada 'proibição total' da prestação transfronteiriça de serviços de jogos de azar e apostas descreve o alegado efeito de uma lista imprecisa de disposições legislativas e outros instrumentos e não pode constituir uma 'medida' única e autónoma que possa ser impugnada em si mesma". Cf. Relatório do Órgão de Recurso no caso *United States – Measures Affecting the Cross-Border Supply of Gambling and Betting Services* (WT/DS285/AB/R), 7-4-2005, parágrafos 124-126.

[2267] O art. 33º do Acordo sobre os Aspectos dos Direitos de Propriedade Intelectual Relacionados com o comércio, inserido na Secção 5 relativa às patentes, determina que "a duração da protecção oferecida não terminará antes do termo de um período de vinte anos calculado a partir da data de depósito".

A FASE DO PAINEL

para produtos objecto de um pedido de patente desde a data da entrada em vigor do Acordo OMC[2268].

Em termos gerais, o entendimento do Órgão de Recurso está em consonância com o artigo 2º dos Artigos sobre a Responsabilidade Internacional do Estado adoptados pela Comissão do Direito Internacional em 2001:

> "Existe um facto internacionalmente ilícito de um Estado quando um comportamento consiste numa acção ou omissão: *a*) atribuível ao Estado segundo o direito internacional; e *b*) constitui uma violação de uma obrigação internacional do Estado"[2269].

A alínea *a*) corresponde ao elemento subjectivo, a alínea *b*) ao elemento objectivo[2270].

É preciso ter em atenção que os Artigos a Responsabilidade Internacional do Estado só se referem à responsabilidade dos Estados por um comportamento internacionalmente ilícito, deixando de lado as questões de responsabilidade das organizações internacionais ou de outras entidades distintas dos Estados, assim como a responsabilidade que resulta de casos em que não exista violação de um acordo internacional[2271]. Por outro lado, existem circunstâncias que excluem a ilicitude de um comportamento que, de outro modo, não estaria em conformidade

---

[2268] Relatório do Órgão de Recurso no caso *India – Patent Protection for Pharmaceutical and Agricultural Chemical Products* (WT/DS50/AB/R), 19-12-1997, parágrafo 84.

[2269] O Projecto de Artigos sobre a Responsabilidade Internacional do Estado por Actos Internacionalmente Ilícitos, junto com os seus comentários, foram adoptados pela Comissão do Direito Internacional em 9 de Agosto de 2001 e constitui o resultado de quase 40 anos de trabalho por parte da Comissão do Direito Internacional, orientada por uma série de relatores especiais: Garcia-Amador (1955-61), Roberto Ago (1963-79), Willem Riphagen (1979-86), Gaetano Arangio-Ruiz (1987-96) e James Crawford (1997-2001). Nas palavras do último relator especial, o Projecto constitui uma contribuição para a codificação e o desenvolvimento de um capítulo fundamental do direito internacional. Nesse sentido, possuem, pelo menos em princípio, tanta importância como o Projecto de Artigos sobre o Direito dos Tratados de 1967 que se converteu, com apenas algumas alterações, na Convenção de Viena de 1969 sobre o Direito dos Tratados. Cf. James CRAWFORD, *Los artículos de la Comisión de Derecho Internacional sobre la Responsabilidad Internacional del Estado – Introducción, texto y comentários*, Editorial Dykinson, Madrid, 2004, p. 15.

[2270] Santiago VILLALPANDO, *Attribution of Conduct to the State: How the Rules of State Responsibility May Be Applied within the WTO Dispute Setllement System*, in JIEL, 2002, p. 395.

[2271] Desenvolvimentos recentes do Direito internacional reconhecem que a responsabilidade do Estado pode resultar, igualmente, de um facto internacionalmente lícito. O caso citado com maior frequência pela doutrina é o da responsabilidade absoluta do Estado pelos prejuízos causados pelos aparelhos espaciais na superfície da Terra ou por aviões em voo. Porém, esta responsabilidade do Estado sem violação do Direito internacional não faz parte do costume internacional e a sua existência, mesmo no direito convencional, permanece por ora controversa. Cf. Charles-Emmanuel CÔTÉ, *La participation des personnes privées au règlement des différends internationaux économiques: l'élargissement du droit de porter plainte à l'OMC*, Bruylant, Bruxelas, 2007, p. 111.

A FUNÇÃO JURISDICIONAL NO SISTEMA GATT/OMC

com as obrigações internacionais do Estado em causa. Essas circunstâncias são: o consentimento (artigo 20º), a legítima defesa (artigo 21º), as contramedidas (artigo 22º), a força maior (artigo 23º), o perigo extremo (artigo 24º) e o estado de necessidade (artigo 25º)[2272].

### 3.3. As Medidas Não Escritas

Os Estados Unidos alegaram no caso *United States – Laws, Regulations and Methodology for Calculating Dumping Margins ("Zeroing")* que o Painel tinha errado ao concluir que a metodologia de redução a zero (*zeroing*) constituía uma "norma" e, por isso, uma "medida"[2273], apesar de não ter identificado qualquer acto ou instrumento dos Estados Unidos a estabelecer ou a criar essa regra ou norma[2274], ou seja, como concluiu o Painel, a metodologia em questão não estava expressa por escrito[2275]. Interposto recurso, o Órgão de Recurso considerou que é, de facto, possível contestar com êxito medidas que não assumam a forma de documento escrito, mas o ónus da prova necessário para demonstrar a existência desse tipo de medidas é particularmente exigente:

> "Concordamos com os Estados Unidos que um painel não deve pressupor com ligeireza a existência de uma 'regra ou norma' constituindo uma medida de aplicação geral e prospectiva, especialmente quando ela não é enunciada sob a forma de um documento escrito. Caso um painel o fizesse, ele actuaria de maneira incompatível com a sua obrigação, em virtude do artigo 11º do Memorando de Entendimento sobre Resolução de Litígios, de 'fazer uma apreciação objectiva da questão' que lhe foi colocada"[2276].

---

[2272] Sobre estas seis circunstâncias, ver, sobretudo, James CRAWFORD, *Los artículos de la Comisión de Derecho Internacional sobre la Responsabilidad Internacional del Estado – Introducción, texto y comentários*, Editorial Dykinson, Madrid, 2004, pp. 201-234. De notar que o artigo 26º dos Artigos da Comissão Internacional sobre a Responsabilidade Internacional do Estado deixa claro que não é possível invocar nenhuma das circunstâncias referidas se tal contradisser uma norma imperativa de direito internacional geral.

[2273] Pode ser encontrada uma definição da metodologia *zeroing* no relatório do Painel no caso *United States – Laws, Regulations and Methodology for Calculating Dumping Margins ("Zeroing")*(WT/DS294/R), 31-10-2005, parágrafo 2.3.

[2274] Relatório do Órgão de Recurso no caso *United States – Laws, Regulations and Methodology for Calculating Dumping Margins ("Zeroing")*(WT/DS294/AB/R), 18-4-2006, parágrafo 185.

[2275] Relatório do Painel no caso *United States – Laws, Regulations and Methodology for Calculating Dumping Margins ("Zeroing")*(WT/DS294/R), 31-10-2005, parágrafo 7.104.

[2276] Relatório do Órgão de Recurso no caso *United States – Laws, Regulations and Methodology for Calculating Dumping Margins ("Zeroing")*(WT/DS294/AB/R), 18-4-2006, parágrafo 196. Segundo o Órgão de Recurso, as provas podem incluir provas da aplicação sistemática da 'regra ou norma' impugnada. Cf. *Idem*, parágrafo 198.

A FASE DO PAINEL

Ainda segundo o Órgão de Recurso:

"(...) Um painel deve proceder com especial rigor para apoiar uma conclusão sobre a existência de uma 'regra ou norma' que *não* se expressa sob a forma de um documento escrito. Para concluir que essa 'regra ou norma' pode ser impugnada, em si mesma, o painel deve examinar com o maior cuidado as circunstâncias concretas que demonstrem a sua existência"[2277].

Para formular uma alegação "em si mesma" contra uma "regra ou norma" que não está expressa sob a forma de um documento escrito:

"(...) Uma parte queixosa deve estabelecer claramente, mediante argumentos e provas justificativas, pelo menos que a alegada 'regra ou norma' é atribuível ao Membro demandado, o seu conteúdo exacto e que é de aplicação geral e prospectiva. Como se indicou anteriormente [parágrafo 198], só se a parte queixosa apresentar provas suficientes a respeito de cada um desses elementos estará um painel em condições de constatar que a 'regra ou norma' pode ser contestada em si mesma (...)"[2278].

Vários argumentos podem ser apontados a favor da conclusão do Órgão de Recurso. Primeiro, como o próprio Órgão de Recurso tinha defendido anteriormente:

"(...) O âmbito de cada elemento da frase 'leis, regulamentos e procedimentos administrativos' deve ser determinado para efeitos do direito da OMC e não simplesmente mediante referência ao nome dado aos distintos instrumentos na legislação interna de cada Membro da OMC. Esta determinação deve basear-se no conteúdo e essência do instrumento e não simplesmente na sua forma ou nomenclatura. Caso contrário, as obrigações estabelecidas no nº 4 do artigo 18º [do Acordo sobre a Aplicação do Artigo VI do GATT de 1994] variariam de um Membro para outro segundo a legislação e prática internas de cada Membro"[2279].

Segundo, não há nos acordos abrangidos nem na jurisprudência da OMC nada que sugira que uma medida deve ter forma escrita.

---

[2277] *Idem*, parágrafo 198. O Órgão de Recurso nota, igualmente, que esta sua conclusão "não significa que se possa considerar que um simples princípio abstracto constitua uma 'regra ou norma' passível de impugnação em si mesmo. Cf. *Idem*, nota de rodapé 342.

[2278] *Idem*, parágrafo 228.

[2279] Relatório do Órgão de Recurso no caso *United States – Sunset Review of Anti-Dumping Duties on Corrosion-Resistant Carbon Steel Flat Products from Japan* (WT/DS244/AB/R), 15-12-2003, nota de rodapé 87.

819

A FUNÇÃO JURISDICIONAL NO SISTEMA GATT/OMC

Finalmente, há medidas que podem ser tão eficazes e normativas como uma regra e não terem forma escrita.

## 3.4. Atribuível a um Membro da OMC

O nº 3 do art. 3º do Memorando de Entendimento sobre Resolução de Litígios dispõe que:

> "A pronta resolução de situações em que um Membro considera que um benefício que lhe é devido directa ou indirectamente ao abrigo de acordos abrangidos está a ser prejudicado por *medidas adoptadas por outro Membro* é essencial para que a OMC exerça as suas funções de um modo eficaz e para a manutenção de um equilíbrio adequado entre os direitos e obrigações dos Membros" (itálico aditado).

Não obstante esta disposição suscitar algumas dificuldades conceptuais quando esteja em causa uma omissão, dado esta não poder ser vista, normalmente, como tendo sido adoptada por outro Membro da OMC[2280], ela demonstra claramente que o sistema de resolução de litígios da OMC só é aplicável a medidas adoptadas pelos membros da OMC.

Tendo a Organização Mundial do Comércio uma vocação marcadamente universal, podem aderir à mesma "qualquer Estado ou território aduaneiro distinto que possua plena autonomia na condução das suas relações comerciais externas e em relação a outras questões previstas no presente acordo e nos acordos comerciais multilaterais ..." (art. XII, nº 1, do Acordo OMC), donde resulta que podem existir membros que sejam Estados e membros que não o sejam, encontrando-se nesta situação, por exemplo, Hong Kong e Macau, membros da OMC desde o dia 1 de Janeiro de 1995 e que assim se mantêm, não obstante a sua integração na China. Isto porque as leis de base das regiões administrativas especiais de Hong Kong e Macau consagram a autonomia e independência dos poderes executivo, legislativo e judicial dos territórios e das respectivas economias, pelo que continuam a funcionar como territórios aduaneiros autónomos. Nada impede igualmente que adira à OMC um território aduaneiro autónomo composto por vários Estados soberanos[2281]. É o caso da Comunidade Europeia, o único bloco económico regional Membro da OMC.

---

[2280] Tania VOON e Alan YANOVICH, What Is the Measure at Issue?, in *Challenges and Prospects for the WTO*, Andrew Mitchell ed., Cameron May, Londres, 2005, p. 120.

[2281] Segundo o art. XXIV, nº 2, do GATT 1994, "entende-se por território aduaneiro qualquer território em que, para uma parte substancial do seu comércio com os outros territórios, se aplica uma pauta aduaneira distinta ou outras regulamentações comerciais distintas". De acordo com ANTONIO PARENTI, um território aduaneiro possui plena autonomia na condução das suas relações comerciais externas e em relação a outras questões previstas no Acordo OMC e nos acordos

A FASE DO PAINEL

Logo no seu primeiro relatório, o Órgão de Recurso observou que um membro da OMC é responsável pelas acções do poder executivo e do poder legislativo[2282]. Depois, o Órgão de Recurso salientou que, apesar de as diferenças nos períodos fixados para a execução da prescrição referida se deverem às decisões do Tribunal do Comércio Internacional, os Estados Unidos não deixavam:

"de ser responsáveis pelas consequências jurídicas do impacto discriminatório das decisões deste tribunal. Como todos os outros membros da Organização Mundial do Comércio e da comunidade dos Estados em geral, os Estados Unidos assumem a responsabilidade das acções do conjunto dos poderes públicos, incluindo o poder judicial"[2283].

Muito recentemente, os Estados Unidos defenderam no caso *United States – Measures Relating to Zeroing and Sunset Reviews, Recourse to Article 21.5 of the DSU by Japan* que as "acções ou omissões que têm lugar depois do termo do prazo razoável devido a procedimentos judiciais internos estão excluídas das obrigações de cumprimento que incumbem a um Membro"[2284]. Na resposta, o Órgão de Recurso observou que um Membro da OMC "é responsável pelos actos de todos os seus departamentos públicos, incluindo o poder judicial", invocando a seu favor o art. 18º, nº 4, do Acordo sobre a Aplicação do Artigo VI do GATT de 1994, o art. XVI, nº 4, do Acordo OMC e o art. 27º da Convenção de Viena sobre o Direito dos Tratados[2285].

Esta conclusão do Órgão de Recurso é compatível com os artigos da Comissão do Direito Internacional sobre a Responsabilidade Internacional do Estado, mais exactamente, com o nº 1 do art. 4º: "A conduta de qualquer órgão do Estado deve ser considerada um acto desse Estado segundo o direito internacional, quer o órgão exerça funções legislativas, executivas, judiciais ou quaisquer outras funções".

---

comerciais multilaterais se tiver "ability to approve and modify tariffs and services commitments without the consent of any other State or separate customs territories" e "ability to apply to the WTO without reference to any other State or separate customs territories". Cf. Antonio PARENTI, *Accession to the World Trade Organisation: A Legal Analysis*, in LIEI, 2000, p. 148.

[2282] Relatório do Órgão de Recurso no caso *United States – Standards for Reformulated and Conventional Gasoline* (WT/DS2/AB/R), 29-4-1996, p. 28.

[2283] Relatório do Órgão de Recurso no caso *United States – Import Prohibition of Certain Shrimp and Shrimp Products* (WT/DS58/AB/R), 12-10-1998, parágrafo 173.

[2284] Relatório do Órgão de Recurso no caso *United States – Measures Relating to Zeroing and Sunset Reviews, Recourse to Article 21.5 of the DSU by Japan* (WT/DS322/AB/RW), 18-8-2009, parágrafo 170.

[2285] *Idem*, parágrafo 182.

A FUNÇÃO JURISDICIONAL NO SISTEMA GATT/OMC

### 3.5. Uma Medida Vinculativa ou Não

Não há fundamento algum na prática do GATT e da OMC em geral para concluir que somente determinados tipos de medidas podem, enquanto tais, ser contestados no quadro de um procedimento de resolução de litígios. Por conseguinte, não existe nenhuma razão para concluir que, em princípio, as medidas não obrigatórias não podem ser impugnadas "enquanto tais"[2286].

Portanto, os painéis não estão obrigados, como questão preliminar de competência, a examinar se a medida contestada é obrigatória. Esta questão é relevante, se é que o é, unicamente como parte da avaliação do Painel se a medida, enquanto tal, é incompatível com determinadas obrigações[2287].

### 3.6. As Medidas "Enquanto Tais" ou "Como Aplicadas"

No caso *United States – Sunset Review of Anti-Dumping Duties on Corrosion-Resistant Carbon Steel Flat Products from Japan*, o Órgão de Recurso defende que:

> "(...) Na prática de resolução de litígios do GATT e da OMC, os painéis têm examinado com frequência medidas que consistem não só em actos concretos aplicados somente a uma situação específica, mas também actos que estabelecem regras ou normas destinadas a ser aplicadas de maneira geral e prospectiva. (...) Isto é assim porque as disciplinas do GATT e da OMC, assim como o sistema de resolução de litígios, têm por objecto proteger não só o comércio actual mas também a segurança e previsibilidade necessárias para levar a cabo o comércio futuro. Este objectivo seria frustrado se os instrumentos que estabelecem regras ou normas incompatíveis com as obrigações de um Membro não pudessem ser submetidos a um painel uma vez adoptados e independentemente de qualquer caso concreto de aplicação de tais regras ou normas. Também daria lugar a múltiplos litígios se os instrumentos que incorporam regras ou normas não pudessem ser impugnados em si mesmos, mas unicamente nos casos da sua aplicação. Por conseguinte, a possibilidade de formular alegações contra medidas, em si mesmas, serve para evitar litígios futuros ao permitir que se elimine a raiz do comportamento incompatível com as normas da OMC"[2288].

Nos Estados Unidos, por exemplo, a Lei Antidumping de 1916 admitia a instauração de processos civis e penais contra o dumping de qualquer produto quando realizado com a intenção de destruir ou prejudicar uma indústria nos Estados Unidos, de impedir o estabelecimento de uma indústria nos Estados Uni-

---

[2286] Relatório do Órgão de Recurso no caso *United States – Sunset Review of Anti-Dumping Duties on Corrosion-Resistant Carbon Steel Flat Products from Japan* (WT/DS244/AB/R), 15-12-2003, parágrafo 88.

[2287] *Idem*, parágrafo 89.

[2288] *Idem*, parágrafo 82.

A FASE DO PAINEL

dos ou de limitar ou monopolizar qualquer parte do comércio de tal produto nos Estados Unidos. Acontece que tal legislação, na prática, raramente foi invocada e nunca com êxito[2289], mas tal facto não impediu as Comunidades Europeias e o Japão de solicitarem a criação de um painel para examinar se ela era ou não compatível com as obrigações assumidas pelos Estados Unidos em virtude dos acordos abrangidos[2290].

Interposto recurso do relatório do painel, o Órgão de Recurso concluiu que a Lei Antidumping de 1916, enquanto tal, era incompatível com as obrigações que os Estados Unidos assumiram em virtude do artigo VI do GATT de 1994 e do Acordo sobre a Aplicação do Artigo VI do GATT de 1994[2291]. Assim sendo, as partes queixosas não necessitariam de apresentar uma queixa separada cada vez que um procedimento fosse conduzido ao abrigo da legislação norte-americana.

A parte queixosa num caso precisa decidir, pois, não só sobre a medida a pôr em causa, mas também se apresenta uma queixa contra a medida enquanto tal, como aplicada ou ambas. Esta decisão é importante caso a parte queixosa tenha sucesso na sua pretensão, uma vez que terá implicações quando chegar o momento da implementação das recomendações e decisões do Órgão de Resolução de Litígios[2292].

Mas, atenção, o Órgão de Recurso clarifica posteriormente que a distinção entre as alegações sobre a medida 'enquanto tal' e 'como aplicada' não governa a definição de uma medida para efeitos de um procedimento de resolução de litígios na OMC:

> "**179.** Esta distinção foi desenvolvida na jurisprudência como instrumento de análise para facilitar a compreensão da natureza de uma medida em litígio. Apesar da sua utilidade, este recurso heurístico não define de maneira exaustiva os tipos de medida que podem ser objecto de impugnação na resolução de litígios da OMC. Para poder ser impugnada, uma medida não tem que corresponder totalmente a uma dessas duas categorías, isto é, ser uma regra ou norma de aplicação geral e prospectiva ou um caso concreto de aplicação de uma regra ou norma. (...).
>
> **181.** Por conseguinte, as medidas em litígio não consistem nem no método de redução a zero enquanto regra ou norma de aplicação geral e prospectiva nem em aplicações distintas do método de redução a zero em situações concretas, mas sim na

---

[2289] Youngjin JUNG e Sun Hyeong LEE, *The Legacy of the Byrd Amendment Controversies: Rethinking the Principle of Good Faith*, in JWT, 2003, p. 953.

[2290] Relatório do Órgão de Recurso no caso *United States – Anti-Dumping Act of 1916* (WT/DS136/AB/R, WT/DS162/AB/R), 28-8-2000, parágrafo 2.

[2291] *Idem*, parágrafo 155.

[2292] Tania VOON e Alan YANOVICH, What Is the Measure at Issue?, in *Challenges and Prospects for the WTO*, Andrew Mitchell ed., Cameron May, Londres, 2005, p. 147.

A FUNÇÃO JURISDICIONAL NO SISTEMA GATT/OMC

utilização do método de redução a zero em procedimentos sucessivos, em cada um dos 18 casos, em virtude dos quais os direitos são mantidos durante um certo período de tempo. Não vemos motivo para excluir da impugnação no âmbito de um procedimento de resolução de litígios da OMC um comportamento continuado que consiste na utilização do método de redução a zero (...)"[2293].

Por outro lado, o sistema de resolução de litígios da OMC aplica-se exclusivamente a litígios relativos a medidas já adoptadas ou que já entraram em vigor, não a medidas propostas ou iminentes[2294]. No caso do NAFTA, pelo contrário, é possível invocar os procedimentos de resolução de litígios relativamente a uma medida "actual or proposed" de outra Parte (art. 2004º).

### 3.7. Medidas Obrigatórias e Medidas Discricionárias

Durante a vigência do GATT de 1947, um Painel defendeu que a legislação que exigia imperativamente ao poder executivo a imposição de uma medida incompatível com o Acordo Geral era contrária a este enquanto tal, não relevando se a medida era ou não efectivamente aplicada[2295]. Mas, enquanto a legislação que requeria, obrigatoriamente, uma acção incompatível com as disposições do GATT foi considerada contrária ao Acordo Geral, mesmo se não aplicada, já a legislação que somente conferia às autoridades o poder discricionário de actuar de modo contrário ou não ao disposto no GATT não foi considerada, em si mesma, incompatível com o Acordo Geral[2296]. Nesse sentido, o último Painel que se debruçou sobre esta questão no âmbito do GATT de 1947 observou que:

---

[2293] Relatório do Órgão de Recurso no caso *United States – Continued Existence and Application of Zeroing Methodology* (WT/DS350/AB/R), 4-2-2009, parágrafos 179 e 181.

[2294] Frieder ROESSLER, The Scope of WTO Law Enforced Through WTO Dispute Settlement Procedures, in *The WTO: Governance, Dispute Settlement, and Developing Countries*, Merit Janow, Victoria Donaldson e Alan Yanovich ed., Juris Publishing, Nova Iorque, 2008, p. 333. Por exemplo, apesar de estar previsto que o chamado *Superfund Amendments and Re-authorisation Act* de 1986 só entrasse em vigor em 1989, isso não impediu que, logo em 1986, fosse apresentada queixa contra o mesmo junto do sistema de resolução de litígios do GATT de 1947.

[2295] Relatório do Painel no caso *United States – Denial of Most-Favoured-Nation Treatment as to Non-Rubber Footwear from Brazil* (DS18/R), adoptado em 19-6-1992, parágrafo 6.13, citando relatório do Painel no caso *United States – Taxes on Petroleum and Certain Imported Substances* (L/6175), adoptado em 17-6-1987, e o relatório do painel no caso *European Economic Communities – Regulation on Imports of Parts and Components* (L/6657), adoptado em 16-5-1990.

[2296] Esta distinção entre legislação obrigatória e legislação discricionária é única, uma vez que apenas os órgãos de adjudicação da OMC (e anteriormente do GATT) recorrem a esta distinção. Os outros tribunais internacionais não parecem fazer qualquer distinção entre legislação nacional obrigatória e discricionária para efeitos de exame da sua compatibilidade com as obrigações internacionais. Cf. Sharif BHUIYAN, *National Law in WTO Law: Effectiveness and Good Governance in the World Trading System*, Cambridge University Press, 2007, p. 245.

A FASE DO PAINEL

"os painéis tinham declarado sistematicamente que a legislação que exigia medidas incompatíveis com o Acordo Geral podia ser impugnada enquanto tal, ao passo que a legislação que se limitava a conceder ao poder executivo de uma parte contratante a faculdade de agir de modo incompatível com o Acordo Geral não podia ser impugnada enquanto tal; somente a aplicação efectiva dessa legislação de modo incompatível com o Acordo Geral podia ser impugnada"[2297].

A razão de ser desta distinção, "a judge-made creation"[2298], pode ser encontrada no relatório do Painel no caso *United States – Taxes on Petroleum and Certain Imported Substances*:

"a proibição geral de aplicar restrições quantitativas prevista no artigo XI, n.º 1 (...) e a obrigação do tratamento nacional prevista no artigo III (...) têm fundamentalmente a mesma razão de ser, a saber, proteger as expectativas das partes contratantes quanto à relação de concorrência entre os seus produtos e os das outras partes contratantes. A finalidade destes dois artigos é não só proteger o comércio actual, mas também criar a previsibilidade necessária ao planeamento do comércio futuro. (...) Assim como a mera existência de um regulamento que estabelece um contingente, sem chegar a limitar importações concretas, constitui uma violação do artigo XI, n.º 1, a mera existência de uma disposição legislativa imperativa que estabelece uma imposição interna, sem que chegue a ser aplicada a um produto importado concreto, deve ser vista como caindo dentro do âmbito de aplicação do n.º 2, primeira frase, do artigo III"[2299].

Ainda de acordo com o Painel:

"(...) A Lei relativa ao 'Superfund' autoriza o Secretário do Tesouro a fixar mediante regulamento, em lugar da taxa de 5%, outra taxa que seria igual ao montante que seria imposto se a substância fosse fabricada utilizando o método predominante de produção. Este regulamento não foi ainda emitido. Por isso, fica por saber se o regulamento eliminará a necessidade de aplicar a taxa penalizadora e se equiparará por completo os produtos nacionais com os importados, como exigido pelo disposto na primeira frase do n.º 2 do artigo III. Na perspectiva dos objectivos globais do Acordo Geral, é lamentável que a Lei relativa ao 'Superfund' imponha expressamente às autoridades fiscais dos Estados Unidos a obrigação de aplicar um imposto incompatível com o princípio do tratamento nacional; mas, como a Lei em causa reconhece também a possibilidade de evitar

---

[2297] Relatório do Painel no caso *United States – Measures Affecting the Importation, Internal Sale and Use of Tobacco* (DS44/R), adoptado em 4-10-1994, parágrafo 118.

[2298] Nicolas Lockhart e Elizabeth Sheargold, *In Search of Relevant Discretion: The Role of the Mandatory/Discretionary Distinction in WTO Law*, in JIEL, 2010, p. 379.

[2299] Relatório do Painel no caso *United States – Taxes on Petroleum and Certain Imported Substances (Superfund Act)* (L/6175), adoptado em 17-6-1987, parágrafo 5.2.2.

A FUNÇÃO JURISDICIONAL NO SISTEMA GATT/OMC

a necessidade de aplicar o dito imposto mediante a promulgação de um regulamento, a existência das disposições sobre o tipo de taxa penalizadora não constitui como tal uma violação das obrigações que incumbem aos Estados Unidos em virtude do Acordo Geral. O Painel notou com satisfação a declaração dos Estados Unidos segundo a qual, tendo presente a autoridade regulamentar que a Lei reconhece às autoridades fiscais, 'o mais provável é que não a taxa penalizadora de 5% nunca seja aplicada'"[2300].

ADRIAN CHUA nota, porém, que a legislação que confere discricionarie- dade ao executivo para discriminar as importações de modo incompatível com o GATT expõe as importações a um risco de discriminação, não relevando se a discricionariedade é ou não exercida. A segurança e a previsibilidade das trocas comerciais exigem que a legislação discricionária possa ser posta em causa, não importando se ela é ou não aplicada[2301]. E dificilmente existirá uma legislação que seja 100% imperativa[2302].

Seja como for, podem ser sugeridas várias razões para explicar a razão pela qual o Painel não estendeu as suas preocupações sobre os efeitos de insegurança à legislação discricionária. As leis comerciais discricionárias podem resultar, por vezes, de pressões políticas internas. O poder legislativo pode ser confrontado, em certas alturas, com dificuldades em responder a dois pedidos simultanea- mente contraditórios: a obrigação do GATT proibindo o governo de adoptar um determinado comportamento e as forças políticas internas pressionando o governo para adoptar o comportamento proibido pelo GATT. A publicação da lei discricionária – conferindo ao executivo discricionariedade para cometer ou não uma violação – pode permitir ao poder legislativo responder a pedidos políticos para uma violação da obrigação do GATT e conservar a possibilidade de não a cometer realmente. Na realidade, ao publicar tal lei discricionária, o poder legis- lativo está simplesmente a adiar uma solução. Mas isso pode ser uma maneira útil de acomodar temporariamente os diferentes interesses nacionais; ao adiar uma solução, o poder legislativo pode ser capaz de ganhar tempo até que os interes- ses nacionais cheguem eventualmente a um consenso no sentido de cumprir as obrigações do GATT. Do mesmo modo, ao publicar legislação discricionária, o poder legislativo pode transferir a responsabilidade pelo problema para o exe- cutivo e, em consequência, reduzir os seus próprios custos políticos[2303]. Ou seja,

---

[2300] *Idem*, parágrafo 5.2.9.

[2301] Adrian CHUA, *Precedent and Principles of WTO Panel Jurisprudence*, in Berkeley Journal of Inter- national Law, 1998, p. 193.

[2302] Nicolas LOCKHART e Elizabeth SHEARGOLD, *In Search of Relevant Discretion: The Role of the Man- datory/Discretionary Distinction in WTO Law*, in JIEL, 2010, p. 393.

[2303] Yoshiko NAIKI, *The Mandatory/Discretionary Doctrine in WTO Law: The US – Section 301 and Its Aftermath*, in JIEL, 2004, pp. 29-30.

A FASE DO PAINEL

o Painel do caso *Superfund* pode ter pensado que uma decisão constatando uma violação em virtude de uma lei discricionária implicaria demasiada interferência na autonomia legislativa de que gozam os países. Talvez o Painel tenha considerado que alguma deferência para com a autonomia legislativa dos países providenciaria maiores benefícios políticos ao sistema do GATT no seu todo do que a remoção dos "efeitos de insegurança" causados pelas leis discricionárias aos particulares[2304].

Contudo, o nº 4 do art. XVI do Acordo OMC, se interpretado à luz do princípio *pacta sunt servanda*, consagrado no art. 26º da Convenção de Viena sobre o Direito dos Tratados, de 23 de Maio de 1969, pode levar a uma reconsideração das conclusões dos painéis que, no âmbito do GATT de 1947, se debruçaram sobre esta questão[2305]. NORIO KOMURO, por exemplo, defende que a OMC se afastou da distinção entre legislação discricionária e legislação imperativa. O artigo XVI, nº 4, do Acordo OMC impôs aos membros uma obrigação geral de colocarem as suas disposições nacionais em conformidade com os acordos da OMC, não importando se elas são discricionárias ou imperativas[2306]. Por outras palavras, existiria uma obrigação de colocar a legislação, e não meramente a sua aplicação, em conformidade com o direito da OMC. Em contraste, PIETER J. KUYPER defende que, à luz da incorporação do *acquis gattien* na OMC, é claro que o valor acrescentado do artigo XVI, nº 4, é bastante limitado[2307]. A favor da posição sustentada pelo primeiro autor, parece ir, no entanto, um Painel recente, que considerou que:

> "nos tratados que respeitam apenas às relações entre Estados, a responsabilidade do Estado apenas se constitui quando existe efectivamente uma violação. Pelo contrário, quando está em causa um tratado cujas vantagens dependem em parte da actividade de operadores individuais, a própria lei pode configurar uma violação, pois a sua mera existência tem um 'efeito dissuasor' [*chilling effect*] considerável nas actividades económicas dos particulares"[2308].

O Painel parece defender, deste modo, que, em algumas circunstâncias, a legislação discricionária pode violar as obrigações da OMC de um Estado se

---

[2304] *Idem*, p. 31.

[2305] Petros MAVROIDIS e David PALMETER, *Dispute Settlement in the World Trade Organization: Practice and Procedure*, Kluwer Law International, Haia-Londres-Boston, 1999, p. 26.

[2306] Norio KOMURO, *The EC Banana Regime and Judicial Control*, in JWT, vol. 34, nº 5, 2000, p. 50.

[2307] Pieter J. KUYPER, The New WTO Dispute Settlement System: The Impact on the Community, in *The Uruguay Round Results. A European Lawyers' Perspective*, Jacques Bourgeois, Frédérique Berrod & Eric Fournier ed., College of Europe and European Interuniversity Press, Bruxelas, 1995, p. 110.

[2308] Relatório do Painel no caso *United States – Sections 301-310 of the Trade Act of 1974* (WT/DS152/R), 22-12-1999, parágrafo 7.81.

A FUNÇÃO JURISDICIONAL NO SISTEMA GATT/OMC

a natureza dessa obrigação proibir tal discricionariedade[2309], ou seja, o Painel ampliou o âmbito das medidas passíveis de revisão, incluindo em certas circunstâncias leis que outrora teriam sido vistas como discricionárias e não passíveis de revisão *per se*[2310]. Em qualquer caso, a distinção continuará a ser relevante no âmbito da OMC, visto que o caso *United States – Sections 301-310 of the Trade Act of 1974* não implica que o princípio estabelecido em casos anteriores de que a legislação que obrigue a uma incompatibilidade é incompatível com o sistema GATT/OMC deva ser alterado. Por outras palavras, o efeito da decisão naquele caso será apenas o de sujeitar determinadas medidas discricionárias à disciplina da OMC, medidas essas que outrora não teriam sido consideradas como sendo passíveis de revisão *per se*[2311].

No caso do Órgão de Recurso, a distinção imperativa/discricionária foi tomada expressamente em consideração pela primeira vez no caso *United States – Anti-Dumping Act of 1916*: "o poder discricionário relevante, para efeitos da distinção entre legislação imperativa e discricionária, é o poder discricionário conferido ao *poder executivo*"[2312]. Ainda no âmbito do mesmo caso, o Órgão de Recurso afirmou que:

> "na jurisprudência desenvolvida ao abrigo do GATT de 1947, a distinção entre legislação imperativa e discricionária centrou-se na existência ou não de um poder discricionário conferido ao *poder executivo*. Não obstante, os Estados Unidos não se baseiam no poder discricionário do poder executivo dos Estados Unidos, mas na interpretação do *Anti-Dumping Act of 1916* pelos tribunais norte-americanos. Em nossa opinião, este argumento não diz respeito à distinção entre legislação imperativa e discricionária"[2313].

No que concerne ao poder discricionário do Departamento de Justiça para iniciar ou não um procedimento criminal, o Órgão de Recurso considerou que o poder discricionário de que gozava o Departamento de Justiça dos Estados Unidos não era de tal natureza ou amplitude que transformasse o *Anti-Dumping Act of 1916* numa norma de legislação discricionária, no sentido em que se tem interpretado este termo para efeitos da distinção entre legislação imperativa e

---

[2309] Kwan Kiat SIM, *Rethinking the mandatory/discretionary legislation distinction in WTO jurisprudence*, in WTR, 2003, p. 50.

[2310] Sharif BHUIYAN, *Mandatory and Discretionary Legislation: The Continued Relevance of the Distinction under the WTO*, in JIEL, 2002, pp. 576-577.

[2311] *Idem*, p. 604.

[2312] Relatório do Órgão de Recurso no caso *United States – Anti-Dumping Act of 1916* (WT/DS136/AB/R, WT/DS162/AB/R), 28-8-2000, parágrafo 89.

[2313] *Idem*, parágrafo 100.

828

A FASE DO PAINEL

discricionária[2314]. Note-se, por último, que o Órgão de Recurso observa, na nota de rodapé 59, que o Painel do caso *United States – Sections 301-310 of the Trade Act of 1974* concluiu que mesmo uma legislação discricionária poderia ser contrária a certas obrigações da OMC. Todavia, uma tal chamada de atenção não significa necessariamente que o Órgão de Recurso aprovou a conclusão do Painel.

Dois anos depois, o Órgão de Recurso declara que não excluía a possibilidade de um Membro violar as suas obrigações no âmbito da OMC mediante a promulgação de normas legislativas que conferissem às suas autoridades o poder discricionário para actuarem de maneira contrária às suas obrigações no quadro da OMC[2315].

Posteriormente, o Órgão de Recurso observa no caso *United States – Sunset Review of Anti-Dumping Duties on Corrosion-Resistant Carbon Steel Flat Products from Japan* que, como qualquer instrumento analítico, a importância da distinção entre legislação imperativa e discricionária pode variar de caso para caso. Por esta razão, o Órgão de Recurso também preveniu contra a aplicação da referida distinção de forma mecânica[2316].

Muito recentemente, o Órgão de Recurso parece dar um passo mais:

> "(...) Independentemente da definição de um acto como 'ministerial' ou de outro modo na legislação norte-americana e independentemente de qualquer discricionariedade que a autoridade que emita tais instruções ou toma essa acção possa ter, os Estados Unidos, como Membro da OMC, são responsáveis por esses actos de acordo com os acordos abrangidos e com o direito internacional"[2317].

Naturalmente, a ampliação do âmbito das medidas passíveis de exame implica, correlativamente, um aumento dos poderes dos painéis e do Órgão de Recurso.

### 3.8. O Acordo Geral sobre o Comércio de Serviços

Como foi dito anteriormente, não obstante a importância do termo "medidas", o Memorando de Entendimento sobre Resolução de Litígios não dá qualquer

---

[2314] *Idem*, parágrafo 91.

[2315] Relatório do Órgão de Recurso no caso *United States – Countervailing Measures Concerning Certain Products from the European Communities* (WT/DS212/AB/R), 9-12-2002, nota de rodapé 334.

[2316] Relatório do Órgão de Recurso no caso *United States – Sunset Review of Anti-Dumping Duties on Corrosion-Resistant Carbon Steel Flat Products from Japan* (WT/DS244/AB/R), 15-12-2003, parágrafo 93.

[2317] Relatório do Órgão de Recurso no caso *United States – Measures Relating to Zeroing and Sunset Reviews, Recourse to Article 21.5 of the DSU by Japan* (WT/DS322/AB/RW), 18-8-2009, parágrafo 183.

# A FUNÇÃO JURISDICIONAL NO SISTEMA GATT/OMC

definição do mesmo. Em contraste, alguns dos acordos da OMC providenciam uma definição do termo "medida". No caso do Acordo Geral sobre o Comércio de Serviços (GATS), por exemplo, não só se diz que ele "é aplicável às medidas tomadas pelos Membros que afectem o comércio de serviços" (art. I, nº 1)[2318], como se define medida como "qualquer medida tomada por um Membro, sob a forma de lei, regulamentação, regra, procedimento, decisão, acção administrativa ou sob qualquer outra forma" (art. XXVIII, alínea a))[2319].

Ainda segundo este acordo, o termo "serviços" abrange serviços em todos os sectores, com excepção dos serviços prestados no exercício da autoridade do Estado (art. I, nº 3, alínea b)), ou seja, dos serviços que não sejam prestados nem numa base comercial, nem em concorrência com um ou mais prestadores de

[2318] Nos termos do art. XXVIII, alínea c) do GATS, as medidas tomadas por Membros que afectam o comércio de serviços incluem medidas relativas: (i) à aquisição, pagamento ou utilização de um serviço; (ii) ao acesso e utilização, relacionados com a prestação de um serviço, de serviços que esses Membros exigem que sejam oferecidos ao público em geral; (iii) à presença, incluindo a presença comercial, de pessoas de um Membro para a prestação de um serviço no território de um outro Membro.

[2319] O Acordo relativo à Aplicação de Medidas Sanitárias e Fitossanitárias fornece, igualmente, uma definição de medidas, mais exactamente, de medidas sanitárias e fitossanitárias. Assim, o Acordo relativo à Aplicação de Medidas Sanitárias e Fitossanitárias "é aplicável a todas as medidas sanitárias e fitossanitárias que podem, directa ou indirectamente, afectar o comércio internacional" (art. 1º, nº 1, do Acordo relativo à Aplicação de Medidas Sanitárias e Fitossanitárias) e, nos termos do seu Anexo A, é medida sanitária ou fitossanitária qualquer medida aplicada:
"a) para proteger, no território do membro, a saúde e a vida dos animais ou preservar os vegetais dos riscos decorrentes da entrada, estabelecimento ou propagação de parasitas, doenças, organismos portadores de doenças ou organismos patogénicos;
b) para proteger, no território do membro, a saúde e a vida das pessoas e dos animais dos riscos decorrentes dos aditivos, contaminantes, toxinas ou organismos patogénicos presentes nos produtos alimentares, bebidas ou alimentos para animais;
c) para proteger, no território do membro, a saúde e a vida das pessoas dos riscos decorrentes de doenças veiculadas por animais, plantas ou seus produtos, ou da entrada, estabelecimento ou propagação de parasitas; ou
d) para impedir ou limitar, no território do membro, outros danos decorrentes da entrada, estabelecimento ou propagação de parasitas.
As medidas sanitárias ou fitossanitárias incluem todas as leis, decretos, regulamentações, prescrições e procedimentos aplicáveis, incluindo, nomeadamente, os critérios relativos ao produto final; os processos e métodos de produção; os processos de ensaio, inspecção, certificação e homologação; os regimes de quarentena, incluindo as prescrições aplicáveis ao transporte de animais ou vegetais ou às matérias necessárias à sua sobrevivência durante o transporte; as disposições relativas aos métodos estatísticos, processos de amostragem e métodos de avaliação dos riscos e as prescrições em matéria de embalagem e de rotulagem directamente ligadas à inocuidade dos produtos alimentares" (nº 1 do Anexo A).

A FASE DO PAINEL

serviços (art. I, nº 3, alínea *c*))[2320]. Por conseguinte, o GATS aplica-se a todas as medidas que afectem o comércio de serviços, com excepção das resultantes do exercício da autoridade do Estado[2321].

Resulta da definição de serviços prestados no exercício da autoridade do Estado avançada que se encontram excluídos do âmbito do GATS os serviços que sejam prestados gratuitamente ou a um preço manifestamente inferior ao custo de produção e que são irrelevantes a natureza do serviço em si ou as características do prestador de serviços[2322]. O GATS define os serviços prestados no exercício da autoridade do Estado atendendo às circunstâncias em que o serviço é prestado e não com base no interesse público do serviço. Por conseguinte, ainda que correspondam tradicionalmente ao exercício da autoridade do Estado,

---

[2320] A noção de serviços prestados no exercício da autoridade do Estado é ainda clarificada para as medidas que afectem a prestação de serviços financeiros no anexo relativo a esta actividade. Esses serviços correspondem:

    i) às actividades desenvolvidas por um banco central ou uma autoridade monetária, ou por qualquer outra entidade pública, na condução da política monetária ou cambial;

    ii) às actividades integradas num sistema de segurança social instituído por lei ou em planos de pensões de reforma públicos; e

    iii) a outras actividades desenvolvidas por uma entidade pública por conta ou com a garantia do Estado ou utilizando os recursos financeiros do Estado.

Se as duas últimas actividades não constituírem monopólio do sector público, se forem desenvolvidas em concorrência, não serão consideradas prestadas no exercício da autoridade do Estado, incluindo-se no âmbito universal acima referido (nº 1, alínea *b*), do Anexo Relativo aos Serviços Financeiros).

[2321] De notar, enfim, que o GATS não utiliza os termos "serviços públicos" ou "serviços de interesse geral". Apenas no artigo XXVIII, alínea *c*)(ii) o GATS utiliza um termo que apresenta algumas semelhanças com os dois termos referidos: "As medidas tomadas por membros que afectam o comércio de serviços incluem medidas relativas ao acesso e utilização, relacionados com a prestação de um serviço, de serviços que esses membros exigem que sejam *oferecidos ao público em geral*" (itálico aditado).

Os serviços prestados no exercício da autoridade do Estado não caem no âmbito do GATS e, por isso, eles não se encontram sujeitos a negociação, não são objecto de compromissos específicos por parte dos membros da OMC e os princípios do tratamento da nação mais favorecida e da transparência não são aplicáveis. Qualquer membro da OMC que deseje manter um determinado serviço como um serviço público ou monopólio goza de inteira liberdade para tal. Além disso, a coexistência de serviços governamentais e privados no mesmo sector (por exemplo, no da saúde) não significa que eles se encontram em concorrência nem invalida a exclusão dos primeiros do âmbito do GATS. Cf. OMC, *Market Access: Unfinished Business*, Special Studies nº 6, ed. OMC, 2001, p. 124.

[2322] Como bem nota um autor, "activities carried out on commercial terms or mainly, if not exclusively, with a view to making a profit or obtaining a financial gain are covered by the GATS, whether they are carried out by governments, governmental organizations, State enterprises or private entities".Cf. Eric Leroux, *What is a "Service Supplied in the Exercise of Governmental Authority" Under Article I:3(b) and (c) of the General Agreement on Trade in Services?*, in JWT, 2006, p. 354.

## A FUNÇÃO JURISDICIONAL NO SISTEMA GATT/OMC

encontram-se sujeitos às regras e princípios do GATS os serviços de policiamento prestados por empresas de segurança privadas e os serviços de notariado. Neste último caso, embora os serviços de registo e de certificação sejam considerados serviços públicos, os notários concorrem entre si na angariação de clientes e prestam os seus serviços, na grande maioria dos casos, numa base comercial[2323]. Consequentemente, a maioria dos serviços públicos encontra-se sujeita ao estipulado no GATS, pois, como bem nota MARKUS KRAJEWSKI, a noção de concorrência torna especialmente difícil excluir quaisquer sectores de serviços *per se*[2324]. Nada impede, no entanto, que um membro da OMC exclua do âmbito do GATS serviços públicos prestados numa base comercial e em concorrência com um ou mais prestadores de serviços: basta que especifique na respectiva lista de compromissos limitações de acesso ao mercado nacional e de tratamento nacional ou que não assuma qualquer compromisso.

Ainda em relação à condição "serviço prestado numa base comercial", apesar de haver quem defenda que ela deve ser interpretada como exigindo a obtenção de um lucro ou de um retorno financeiro[2325], tal interpretação é demasiado limitada. Nesse sentido, a alínea *l*) do art. XXVIII do GATS entende por pessoa colectiva "qualquer entidade jurídica devidamente constituída ou organizada de outra forma nos termos da legislação aplicável, *quer tenha fins lucrativos ou não* e quer seja propriedade privada ou do Estado ..." (itálico aditado). Ou seja, como bem nota RUDOLF ADLUNG:

> "the insertion of 'or otherwise' clearly indicates that public utilities, and other not-
> -for-profit organizations are not excluded *per se* from the scope of mode 3 (commercial presence) and, consequently, from the General Agreement on Trade in Services"[2326].

Temos também a favor deste entendimento o facto de o Taipé Chinês ter incluído na sua lista de compromissos específicos um compromisso que refere explicitamente entidades não lucrativas[2327].

---

[2323] Ao contrário dos juízes, secretários de tribunal e procuradores-gerais, que são funcionários públicos, é frequente os notários prestarem os seus serviços numa base comercial, estando sujeitos, em consequência, às disposições do GATS. Cf. OMC, *Legal Services – Background Note by the Secretariat* (S/C/W/43), 6-7-1998, parágrafo 13, nota de rodapé 2.

[2324] Markus KRAJEWSKI, *Public Services and Trade Liberalization: Mapping the Legal Framework*, in JIEL, 2003, p. 354.

[2325] Eric LEROUX, *What is a "Service Supplied in the Exercise of Governmental Authority" Under Article I:3(b) and (c) of the General Agreement on Trade in Services?*, in JWT, 2006, p. 354.

[2326] Rudolf ADLUNG, *Public Services and the GATS*, in JIEL, 2006, p. 462.

[2327] *Idem.*

A FASE DO PAINEL

## 3.9. As Medidas dos Órgãos da OMC
### 3.9.1. Os Problemas

Tal como acontecia no âmbito do GATT de 1947, a OMC não se encontra dotada de um sistema organizado de normas derivadas nem existe uma tipologia definida dos actos passíveis de adopção pelos órgãos da OMC[2328]. O Acordo OMC, bem como os seus quatro anexos, embora falem na possibilidade de se tomar medidas (art. IV, nº 1, do Acordo OMC), guardam silêncio sobre a natureza jurídica dos actos adoptados pelos órgãos da OMC. Regra geral, fala-se em decisões (por exemplo, no art. IX do Acordo OMC)[2329], mas noutros casos, pelo contrário, emprega-se o termo "recomendações"[2330], "declarações" (por exemplo, as declarações das Conferências Ministeriais de Singapura, de Genebra e de Doha), "declarações dos presidentes da Conferência Ministerial e do Conselho Geral" (a questão do *explicit consensus*)[2331], "resoluções" (por exemplo, a que criou o Conselho dos Representantes em 1960), "protocolos" (por exemplo, os protocolos de adesão), "pareceres"[2332], "directrizes"[2333], "acções do Conselho"[2334], "pro-

---

[2328] O direito derivado é constituído pelos actos adoptados pelos órgãos competentes no seio da Organização Internacional, segundo os procedimentos prescritos no tratado constitutivo.

[2329] Não há, no entanto, no âmbito da OMC, qualquer distinção entre "decisions with external effect", isto é, que impõem obrigações jurídicas ou concedem direitos aos membros e "decisions with internal effect", isto é, vinculativas apenas para os órgãos da Organização. Cf. Peter J. Kuyper, Some institutional issues presently before the WTO, in *The Political Economy of International Trade Law – Essays in Honor of Robert E. Hudec*, Daniel Kennedy e James Southwick ed., Cambridge University Press, 2002, p. 107.

[2330] Por exemplo, o nº 13 do Memorando de Entendimento sobre as disposições do GATT 1994 relativas à Balança de Pagamentos fala em recomendações do Conselho Geral; o art. XIII, nº 4, do Acordo OMC estabelece que "a pedido de um membro, a Conferência Ministerial poderá examinar a aplicação do presente artigo em casos especiais e formular as recomendações adequadas".

[2331] Sobre esta questão, ver Pedro Infante Mota, O Processo de Tomada de Decisões na Organização Mundial do Comércio, in *Estudos Jurídicos e Económicos em Homenagem ao Prof. Doutor António de Sousa Franco*, Edição da Faculdade de Direito da Universidade de Lisboa, Coimbra Editora, 2006, pp. 691-733.

[2332] Resulta do art. 24º, nº 4, do Acordo sobre Subvenções e Medidas de Compensação que o Grupo Permanente de Peritos composto por cinco pessoas independentes, altamente qualificadas em matéria de subvenções e de relações comerciais, pode formular pareceres (confidenciais) relativamente à natureza de qualquer subvenção que o membro em questão mantenha ou se proponha conceder.

[2333] Por exemplo, em 15 de Dezembro de 2000, o Conselho Geral aprovou "guidelines governing the acceptance and use of voluntary contributions, gifts or donations from private individuals and non-governmental, non-profit organizations or foundations" (WT/L/386).

[2334] Por exemplo, nos casos que ficaram conhecidos por "Tax Legislation Cases" (*Belgium – Income Tax, US – DISC, France – Income Tax* e *Netherlands – Income Tax*), casos altamente controversos, o Conselho dos Representantes adoptou uma acção ("the 1981 Council action"), a qual, além de permitir a adopção dos relatórios dos painéis (depois de 5 anos de espera), precisou e interpretou

833

A FUNÇÃO JURISDICIONAL NO SISTEMA GATT/OMC

postas" dos painéis e do Órgão de Recurso (art. 19º, nº 1, do Memorando de Entendimento sobre as Regras e Processos que regem a Resolução de Litígios), *background notes*[2335], "relatórios" (do Órgão de Recurso e dos painéis), "acordos de cooperação" (por exemplo, o acordo celebrado entre a OMC e o Fundo Monetário Internacional, que entrou em vigor no dia 9 de Dezembro de 1996), "comunicações"[2336], etc.. E tudo isto sem haver uma hierarquia clara entre eles nem, na maioria dos casos, uma distinta força coerciva[2337].

Claro está que as decisões têm um efeito jurídico obrigatório, como a decisão de conceder uma derrogação[2338]. Já as recomendações, embora sejam frequente-

o disposto no art. XVI, nº 4, do GATT de 1947 (cf. Relatório do Órgão de Recurso no caso *United States – Tax Treatment for "Foreign Sales Corporations"* (WT/DS108/AB/R), 24-2-2000, parágrafo 105). Por vincular apenas as partes em litígio, a acção do Conselho não foi considerada pelo Órgão de Recurso como uma decisão das PARTES CONTRATANTES no GATT de 1947 (nº 1, alínea b)(iv) do GATT de 1994), pelo que não faz parte do GATT de 1994 (cf. *Idem*, parágrafos 107-114). Apesar disso, o Órgão de Recurso reconheceu que, "como as 'decisões' no sentido do nº 1 do artigo XVI do Acordo OMC, os relatórios adoptados dos painéis nos 'Tax Legislation Cases', conjuntamente com a 'acção do Conselho' de 1981, poderiam servir de 'guia' à OMC. Cf. *Idem*, parágrafo 115.

[2335] O Secretariado da OMC elabora, por vezes, *background notes* (por exemplo, em Março de 1999, o Secretariado elaborou uma nota intitulada *Interpretation of Procurement-Related Provisions in GATT: Possible Application to Article XIII of GATS* (S/WPGR/W/29), 31-3-1999). Relativamente a esta nota, o Secretariado esclarece que ela foi preparada em resposta a uma solicitação do grupo de trabalho relativo às regras do GATS e que fornece informação de base sobre a interpretação das disposições do GATT relativas às compras públicas, que são similares às contidas no nº 1 do artigo XIII do GATS. O Secretariado diz ainda que o objectivo da nota é ajudar o Grupo de Trabalho na sua discussão de quais as transacções que podem ser consideradas aquisições de serviços e que a mesma não deve ser vista como uma interpretação exaustiva ou autêntica das disposições do GATT ou GATS.

[2336] Por exemplo, em Julho de 1999, o então presidente do Órgão de Resolução de Litígios comunicou à Austrália qual a sua opinião sobre determinados assuntos. Cf. OMC, *Australia – Measures Affecting the Importation of Salmonids – communication from the Chairman of the DSB* (WT/DS21/5), 23-7-1999.

[2337] Tal hierarquia só existe quando actos semelhantes são adoptados por diferentes órgãos da mesma organização. Uma decisão adoptada pela Conferência Ministerial terá necessariamente um valor superior a uma decisão adoptada sobre a mesma matéria pelo Conselho TRIPS, ou seja, existe uma hierarquia inerente ao estatuto de cada órgão no seio da OMC.

[2338] Mesmo no caso das decisões, é fundamental ter presente que há as decisões adoptadas durante o ciclo do Uruguai e as decisões adoptadas depois da entrada em funções da OMC. No caso, por exemplo, da decisão relativa às medidas respeitantes aos possíveis efeitos negativos do programa de reforma nos países menos desenvolvidos e nos países em desenvolvimento importadores líquidos de produtos alimentares, adoptada durante o Ciclo do Uruguai, entende-se que a mesma "creates no mandatory obligations on the developed countries to do anything for the benefit of least-developed countries and net-food importing developing countries" (cf. Melaku DESTA, *Food Security and International Trade Law: An Appraisal of the World Trade Organization Approach*, in JWT, 2001, p. 452). Também segundo PETER J. KUYPER, a decisão relativa aos serviços financeiros e à decisão relativa

mente definidas como "non-binding suggestions"[2339], o certo é que, por exemplo, as recomendações do Órgão de Resolução de Litígios são, na verdade, mais do que simples recomendações, visto que, se não forem observadas no prazo razoável estabelecido nos termos do Memorando, podem dar azo à aplicação de medidas de retaliação por parte da parte vencedora da disputa. Quanto às Declarações Ministeriais, o seu estatuto jurídico é algo ambíguo. Por exemplo, em relação às duas declarações adoptadas na Conferência Ministerial de Doha, STEVE CHARNOVITZ afirma que:

> "one possibility is that they are merely political statements or moral commitments of trade ministers. In this view, WTO Declarations are analogous to G-7 Declarations (...). The other possibility is that the Doha Declarations are part of the constitutive process of decision-making by the WTO as an organization. In this view, the Ministerial Conference can exercise its constitutional authority to set WTO policy, or perhaps to enact secondary law"[2340].

Ainda segundo o mesmo autor:

> "perhaps the best explanation is that the Declarations were adopted pursuant to Article III:2 in order to implement the negotiations at Doha, and pursuant to Article IV:1. These two *rules* would seem sufficient to authorize a Ministerial Conference decision that launches new negotiations, sets timetables for those negotiations, and approves what is now being called the Doha Development Agenda"[2341].

Já ALAN O. SYKES afirma com grande convicção que:

> "ministerial declarations within the WTO are not legally binding, and in the event of a dispute the language of the treaties approved by national governments would prevail over any contradictory declaration by the ministers"[2342].

---

às negociações sobre os serviços de transporte marítimo, ambas adoptadas em Marraquexe, "have to be regarded, in spite of their name 'decisions', as small *ad hoc* treaties, modifying or giving an interpretation to the main treaty, outside the normal amendment or interpretation procedures". Cf. Peter J. KUYPER, Some institutional issues presently before the WTO, in *The Political Economy of International Trade Law – Essays in Honor of Robert E. Hudec*, Daniel Kennedy e James Southwick ed., Cambridge University Press, 2002, p. 92.

[2339] Henry SCHERMERS e Niels BLOKKER, *International Institutional Law*, 3ª ed., Martinus Nijhoff Publishers, Haia-Londres-Boston, 1995, p. 755.

[2340] Steve CHARNOVITZ, *The Legal Status of the Doha Declarations*, in JIEL, 2002, p. 211.

[2341] *Idem*, p. 210.

[2342] Alan O. SYKES, *TRIPS, Pharmaceuticals, Developing Countries, and the Doha "Solution"*, John M. Olin Law & Economics Working Paper nº 140 (2d series), The Law School – The University of Chicago, 2002, p. 9.

A FUNÇÃO JURISDICIONAL NO SISTEMA GATT/OMC

A própria Comunidade Europeia insiste que, apesar de ter sido adoptada por consenso, a Declaração de Doha sobre o Acordo TRIPS e a Saúde Pública "does not have legal binding"[2343].

No fundo, a única certeza é o facto de as declarações não constituírem, formalmente, interpretações dos acordos nem alterações aos mesmos, visto que não houve qualquer recurso aos procedimentos previstos nos artigos XI, nº 2, e X, ambos do Acordo OMC. Apesar disso, a Declaração sobre o Acordo TRIPS e a Saúde Pública, ao especificar que cada membro da OMC tem "o direito de determinar o que constitui uma emergência nacional ou outras circunstâncias de extrema urgência, entendendo-se que as crises no domínio da saúde pública, incluindo as relacionadas com VIH/SID, tuberculose, malária e outras epidemias, podem representar uma emergência nacional ou outras circunstâncias de extrema urgência" (considerando nº 5, alínea *c*)), acaba por interpretar efectivamente o art. 31º do Acordo TRIPS, na medida em que, antes da Conferência Ministerial de Doha, os Estados Unidos assinalaram, com alguma relutância, que "only HIV/AIDS should qualify under the emergency criteria"[2344].

### 3.9.2. A Revisão Jurisdicional

As medidas tomadas pelos órgãos da OMC não são passíveis de revisão no âmbito do Memorando de Entendimento sobre Resolução de Litígios[2345]. A revisão só é possível no caso de medidas tomadas pelos membros da OMC (artigos 1º, nº 1, e 3º, nº 3, do Memorando) e, no caso do art. XXIII, nº 1, do GATT, estão sempre em causa comportamentos dos membros da OMC, nunca dos órgãos da Organização. Mesmo no caso da alínea *c*) do artigo mencionado ("de existir uma outra situação"), o Membro que considere que uma vantagem para si resultante, directa ou indirectamente, do acordo se encontra anulada ou comprometida, ou que a efectivação de um dos objectivos do acordo está sendo dificultada, continua a ter que "apresentar exposições ou propostas escritas *ao outro ou aos outros membros que, em seu entender, estejam em causa*".

---

[2343] Daya SHANKER, *The Vienna Convention on the Law of Treaties, the Dispute Settlement System of the WTO and the Doha Declaration on the TRIPS Agreement*, in JWT, 2002, p. 722.

[2344] James Thuo GATHII, *The Legal Status of the Doha Declaration on TRIPS and Public Health Under the Vienna Convention on the Law of Treaties*, in Harvard Journal of Law & Technology, 2002, p. 307.

[2345] Como observa CARLOS D. ESPÓSITO, "el Acuerdo OMC *no* crea un sistema de revisión judicial de la validez de los actos de creación normativa que llevan a cabo sus órganos". Cf. Carlos D. ESPÓSITO, *La Organización Mundial del Comercio y los Particulares*, Dykinson, Madrid, 1999, p. 53.

A FASE DO PAINEL

Naturalmente, uma medida só será válida se for adoptada pelo órgão competente[2346] e se forem observados os procedimentos e requisitos prescritos[2347]. É frequente, por isso, as decisões tomadas por órgãos de organizações internacionais referirem as disposições do tratado institutivo que lhes atribuem o poder de adoptar as decisões em questão[2348]. Estranhamente, ou talvez não, não era habitual no caso do GATT que as decisões das PARTES CONTRATANTES citassem determinados artigos do Acordo Geral como base jurídica da sua autoridade. Tal só acontecia geralmente nos seguintes casos: decisões relativas a derrogações; decisões tomadas no âmbito do art. XXIII; decisões tomadas ao abrigo do art. XVIII; e decisões adoptadas no âmbito do art. II, nº 6, alínea a). De qualquer modo, nos outros casos, a base jurídica, ainda que não fosse referida, era facilmente identificável[2349].

Depois da entrada em funções da OMC, parece haver um maior cuidado na identificação da base jurídica das medidas tomadas (por consenso, recorde-se) pelos órgãos da OMC. Por exemplo, na sequência da Declaração sobre o Acordo TRIPS e a Saúde Pública, o Conselho Geral,

"Considerando os nºs 1, 3 e 4 do Artigo IX do Acordo de Marraquexe que Cria a Organização Mundial do Comércio;

Desempenhando as funções da Conferência Ministerial no intervalo entre as reuniões em conformidade com o nº 2 do Artigo IV do Acordo OMC;

Atendendo à decisão do Conselho TRIPS sobre a prorrogação do período de transição previsto no nº 1 do Artigo 66º do Acordo TRIPS em favor dos países menos avançados para determinadas obrigações relativas aos produtos farmacêuticos (IP/C/25) (a 'Decisão'), adoptada pelo Conselho TRIPS na sua reunião dos dias 25 a 27 de Junho de 2002 em cumprimento das instruções da Conferência Ministerial contidas no considerando nº 7 da Declaração sobre o Acordo TRIPS e a Saúde Pública (a 'Declaração');

Considerando que as obrigações estabelecidas no nº 9 do Artigo 70º do Acordo TRIPS, quando aplicáveis, não deverão impedir a realização dos objectivos do considerando nº 7 da Declaração;

---

[2346] TRIBUNAL INTERNACIONAL DE JUSTIÇA, *Certain Expenses of the United Nations (Article 17, Paragraph 2, of the Charter)*, Parecer Consultivo de 20-7-1962, p. 168.

[2347] TRIBUNAL INTERNACIONAL DE JUSTIÇA, *Legal Consequences for States of the Continued Presence of South Africa in Namibia (South West Africa) Notwithstanding Security Council Resolution 276 (1970)*, Parecer Consultivo de 21-6-1971, p. 22.

[2348] Henry SCHERMERS e Niels BLOKKER, *International Institutional Law*, 3ª ed., Martinus Nijhoff Publishers, Haia-Londres-Boston, 1995, p. 11.

[2349] Edmond McGOVERN, *International Trade Regulation*, Chapter 1, Exeter – Globefield Press, 2004, p. 1.21-4.

837

A FUNÇÃO JURISDICIONAL NO SISTEMA GATT/OMC

Notando que, à luz do exposto, existem circunstâncias excepcionais que justificam uma derrogação do disposto no nº 9 do Artigo 70º do Acordo TRIPS a respeito dos produtos farmacêuticos para os países menos avançados Membros;

Decide o seguinte:

1. As obrigações dos países menos avançados Membros no âmbito do nº 9 do Artigo 70º do Acordo TRIPS serão derrogadas a respeito dos produtos farmacêuticos até ao dia 1 de Janeiro de 2016.

2. Esta derrogação será objecto de exame pela Conferência Ministerial o mais tardar um ano depois de concedida, e posteriormente uma vez por ano até à derrogação terminar, de acordo com o disposto no nº 4 do Artigo IX do Acordo OMC"[2350].

Do mesmo modo, a Decisão Ministerial sobre as Questões e Preocupações Relativas à Aplicação estabelece, logo no seu início, que "a Conferência Ministerial, tendo em conta os nºs 1 e 5 do artigo IV e o artigo IX do Acordo de Marraquexe que Cria a Organização Mundial do Comércio ...") e os exemplos poderiam continuar.

Mas, nada se diz sobre o que acontece no caso de uma medida ser tomada por um órgão que não é competente para adoptá-la. O art. 1º, nº 1, do Memorando de Entendimento sobre as Regras e Processos que Regem a Resolução de Litígios limita-se a estabelecer que as regras e processos previstos no memorando são aplicáveis apenas às consultas e resolução de litígios entre membros e não entre um membro da OMC e um órgão da OMC. Os membros da OMC poderão, quando muito, suscitar a questão da falta de competência junto da Conferência Ministerial (artigos III, nº 1, e IV, nº 1, do Acordo OMC) ou do Conselho Geral (artigos III, nº 1, e IV, nº 2, do Acordo OMC). Porém, alguns autores têm defendido que:

"bien qu'il n'y ait pas encore eu de différends sur les problèmes de validité ou d'invalidité [d'un acte de la Conférence ministérielle ou du Conseil général] au sein de l'OMC, il est raisonnable de penser que le pouvoir de *jus dicere* (dire le droit) des organes de règlement des différends ne devrait pas être limité en la matière"[2351].

Temos também a favor deste argumento o facto de o Tribunal Penal Internacional para a Ex-Jugoslávia ter proferido:

---

[2350] OMC, *Council approves LDC decision with additional waiver*, 2002 Press Releases, Press/301, 28-6-2002.

[2351] Laurence CHAZOURNES e Makane MBENGUE, *La Déclaration de Doha de la Conférence Ministérielle de l'Organisation Mondiale du Commerce et sa Portée dans les Relations Commerce/Environnement*, in RGDIP, 2002, p. 867.

838

A FASE DO PAINEL

"à l'occasion de l'affaire *Dusko Tadic*, une décision pionnière et exemplaire relative à la question de l'étendue du pouvoir du juge international dans le contrôle de la légalité des actes des instances suprêmes des organisations internationales"[2352].

Com efeito, depois de referir que:

"O Tribunal [Penal] Internacional [para a ex-Jugoslávia] não funciona como um tribunal constitucional, examinado os actos dos outros órgãos das Nações Unidas, em particular os do Conselho de Segurança, o seu próprio 'criador'. Ele não foi criado com esse propósito, como resulta claro da definição do âmbito da sua jurisdição 'primária' ou 'substantiva' nos Artigos 1º a 5º do seu Estatuto"[2353],

O Tribunal Penal Internacional para a Ex-Jugoslávia defende, na mesma decisão, "a hipótese de exame da legalidade das decisões de outros órgãos enquanto jurisdição 'incidental', a fim de definir e ser capaz de exercer a sua jurisdição 'primária' sobre a questão que lhe foi submetida"[2354].

Pensamos que é, de facto, perfeitamente possível que, num litígio envolvendo dois membros da OMC, a parte demandada possa invocar uma derrogação justificando a sua alegada violação das suas obrigações substantivas junto da OMC e a parte queixosa questionar a validade da derrogação invocada, ou seja, os painéis e o Órgão de Recurso devem poder analisar, incidentalmente, a validade de um acto adoptado pela OMC se tal for relevante para dirimir um determinado litígio. E, de acordo com a doutrina de que os actos *ultra-vires* são inválidos, uma derrogação invalidamente concedida não pode ter qualquer efeito jurídico sobre o resultado de um litígio[2355].

O próprio Órgão de Recurso declarou expressamente que, ao examinar a justificação de restrições adoptadas para efeitos de balança de pagamentos, os painéis deveriam ter em conta as deliberações e conclusões do Comité da Balança de Pagamentos[2356]. Nada impede, também, que uma decisão de um órgão da OMC possa ser tomada em consideração quando da interpretação de uma disposição de um acordo abrangido. Por exemplo, tendo o comité das medidas sanitárias

---

[2352] *Idem.*

[2353] TRIBUNAL PENAL INTERNACIONAL PARA A EX-JUGOSLÁVIA, Câmara de Recursos, *Prosecutor v. Dusko Tadic a/k/a "DULE", Decision on the Defence Motion for Interlocutory Appeal on Jurisdiction*, Case No. IT-94-1-AR72, 2-10-1995, parágrafo 20.

[2354] *Idem*, parágrafo 21.

[2355] Claus-Dieter EHLERMANN e Lothar EHRING, *The Authoritative Interpretation Under Article IX:2 of the Agreement Establishing the World Trade Organization: Current Law, Practice and Possible Improvements*, in JIEL, 2005, pp. 809-810.

[2356] Relatório do Órgão de Recurso no caso *India – Quantitative Restrictions on Imports of Agricultural, Textile and Industrial Products* (WT/DS90/AB/R), 23-8-1999, parágrafo 103.

A FUNÇÃO JURISDICIONAL NO SISTEMA GATT/OMC

e fitossanitárias adoptado uma "Decisão sobre a Equivalência"[2357], em conformidade com o art. 4º do Acordo relativo à Aplicação de Medidas Sanitárias e Fitossanitárias, a decisão em causa "is not a 'covered agreement' for purposes of the Dispute Settlement Understanding"[2358], mas pode perfeitamente ser tida em conta na interpretação do art. 4º do Acordo relativo à Aplicação de Medidas Sanitárias e Fitossanitárias. Ela poderia ser vista como constituindo um "acordo estabelecido entre as partes sobre a interpretação do tratado ou a aplicação das suas disposições" (artigo 31º, nº 3, alínea *a*), da Convenção de Viena sobre o Direito dos Tratados)[2359]. Outro exemplo prende-se com os artigos 8º e 9º do Acordo sobre as Subvenções e as Medidas de Compensação. Estes dois artigos deixaram de vigorar em 1 de Janeiro de 2000, dado o comité das subvenções e medidas de compensação não ter chegado a consenso sobre a prorrogação da sua aplicação, conforme requerido pelo art. 31º do Acordo sobre as Subvenções e as Medidas de Compensação. Esta decisão nunca foi confirmada pelo Conselho Geral nem ratificada pelos membros da OMC, mas ela tem sido respeitada e os membros parecem sentir-se vinculados. Assim, caso se apresentasse uma queixa com base nos artigos 8º e 9º do Acordo sobre as Subvenções e as Medidas de Compensação, um painel interpretaria provavelmente o art. 31º do mesmo Acordo tendo em conta a decisão do comité de Dezembro de 1999 (art. 31º, nº 3, alíneas *a*) ou *c*), da Convenção de Viena sobre o Direito dos Tratados) e a prática ulterior dos membros (art. 31º, nº 3, alínea *b*), da mesma convenção) para concluir que não tem competência para examinar uma queixa baseada em disposições que já não estão em vigor. Importa referir, por fim, que as delegações presentes no comité do comércio e ambiente quando da negociação do seu relatório de 1996 vigiaram de perto a sua redacção, por entendem que a ausência de carácter vinculativo do relatório não impediria que ele fosse invocado no futuro pelas partes em litígio e tomado em consideração por painéis e pelo Órgão de Recurso:

> "National representatives were vigilant over the wording of the CTE [Committee on Trade and Environment] 1996 Report because they feared that it could be used against them in subsequent disputes. In the WTO's first major trade-environment dispute following the Report—the Shrimp-Turtle case—the claimants (Thailand, Malaysia, India, and Pakistan), the respondent (the United States) and three third-

---

[2357] *Decision on the Implementation of Article 4 of the Agreement on the Application of Sanitary and Phytosanitary Measures – Committee on Sanitary and Phytosanitary Measures* (G/SPS/19), 26-10-2001.

[2358] Denise PRÉVOST e Peter Van den BOSSCHE, The Agreement on the Application of Sanitary and Phytosanitary Measures (Chapter 7), in *The World Trade Organization: Legal, Economic and Political Analysis*, Volume I, Patrick Macrory, Arthur Appleton e Michael Plummer Ed., Springer, Nova Iorque, 2005, p. 332.

[2359] *Idem.*

A FASE DO PAINEL

-party participants (Australia, Nigeria and Singapore) each supported their positions by citing different paragraphs from the CTE 1996 Report. The dispute settlement panel also cited the Report, as did the Appellate Body in reversing certain panel determinations. Although the Report was not decisive in any of these disputes, each party 'spun' it to support its reasoning"[2360].

E se um relatório de um comité da OMC pode ser útil na interpretação do Direito da OMC, então uma declaração da Conferência Ministerial terá necessariamente uma maior utilidade. É perfeitamente legítimo, por isso, que os membros da OMC invoquem, por exemplo, a Declaração de Doha sobre o Acordo TRIPS e a Saúde Pública[2361].

## 4. Os Termos de Referência
## 4.1. O GATT de 1947

Ao estabelecer um painel, o Conselho dos Representantes autorizava, regra geral, o Presidente do Conselho a decidir, em consulta com as partes contratantes em causa, sobre os termos de referência apropriados e a nomear os membros do painel[2362]. Depois, o Presidente informava o Conselho sobre os termos de referência e a composição do painel. No caso *European Economic Community – Tariff Treatment on Imports of Citrus Products from Certain Countries in the Mediterranean Region*, por exemplo, o Presidente recordou que, em 2 de Novembro de 1982, o Conselho tinha acordado criar um painel para analisar a queixa dos Estados Unidos, que tinha sido autorizado a decidir sobre os termos de referência apropriados para o painel, em consultas com as duas partes em litígio em causa e com outras partes contratantes que tivessem indicado um interesse na questão e, em consultas com as duas partes em litígio, designar o presidente e os membros do painel. Os termos de referência foram considerados na reunião do Conselho realizada em

---

[2360] Gregory SHAFFER, *The World Trade Organization Under Challenge: Democracy and the Law and Politics of the WTO's Treatment of Trade and Environment Matters*, in The Harvard Environmental Law Review, 2001, pp. 38-39.

[2361] Regra geral, as declarações ministeriais são vistas como tendo natureza política, incapazes de impor "binding obligations on members" (cf. Mary FOOTER, *An Institutional and Normative Analysis of the World Trade Organization*, Martinus Nijhoff, Leiden-Boston, 2006, p. 34). Em contraste, as decisões ministeriais são vinculativas juridicamente para os membros da OMC, ou seja, como notou um painel "uma Declaração carece da força obrigatória de uma Decisão". Cf. Relatório do Painel no caso *United States – Imposition of Countervailing Duties on Certain Hot-Rolled Lead and Bismuth Carbon Steel Products Originating in the United Kingdom* (WT/DS138/R), 23-12-1999, parágrafo 6.17.

[2362] GATT, *Analytical Index: Guide to GATT Law and Practice* (ed. Frieder Roessler), 6ª ed., Genebra, 1994, p. 678.

A FUNÇÃO JURISDICIONAL NO SISTEMA GATT/OMC

20 de Abril de 1983 e, com base em mais consultas com outras delegações, o Presidente informou o Conselho dos seguintes termos de referência:

"Analisar, à luz das disposições relevantes do GATT, a questão apresentada às PARTES CONTRATANTES pelos Estados Unidos, relativa ao tratamento pautal concedido pela Comunidade Europeia às importações de produtos do sector dos citrinos de determinados países da região do Mediterrâneo (L/5337) e chegar a conclusões que permitam assistir as PARTES CONTRATANTES na adopção das recomendações ou decisões previstas no nº 2 do artigo XXIII"[2363].

O Presidente fez ulteriormente a seguinte declaração:

"O acordo sobre os termos de referência acima mencionados foi alcançado na base dos seguintes entendimentos. Relativamente aos produtos visados, entende-se que a referência ao documento L/5337 significa uma referência aos produtos aí indicados. Atendendo à natureza especial desta questão, em que o tratamento pautal a ser examinado pelo Painel constitui um elemento dos acordos concluídos pela Comunidade Europeia com determinados países do Mediterrâneo, espera-se que o Painel tenha em conta, *inter alia*, os relatórios dos grupos de trabalho relacionados com estes acordos e as minutas das reuniões do Conselho em que foram examinados e adoptados estes relatórios e que, ao estabelecer os seus próprios procedimentos de trabalho, conceda oportunidades adequadas para estes países participarem nos procedimentos do Painel sempre que necessário e apropriado"[2364].

O Anexo do Memorando Relativo a Notificações, Consultas, Resolução de Litígios e Supervisão de 1979 notava no seu nº 6(ii) que:

"Os termos de referência são analisados e aprovados pelo Conselho. Normalmente, os termos de referência são 'analisar a questão e chegar a conclusões que permitam assistir as PARTES CONTRATANTES a fazer as recomendações ou proferir as decisões previstas no nº 2 do artigo XXIII'".

Posteriormente, a Decisão relativa ao Aperfeiçoamento das Regras e Procedimentos de Resolução de Litígios do GATT (1989) estabelece que:

"Os Painéis devem ter os seguintes termos de referência, salvo se as partes em litígio acordarem em contrário no prazo de 20 dias a contar da criação do painel:

---

[2363] GATT, *Minutes of Meeting Held in the Centre William Rappard on 26 May 1983* (C/M/168), 14-6-1983, p. 5.
[2364] *Idem*.

A FASE DO PAINEL

'Analisar, à luz das disposições relevantes do GATT, a questão apresentada às Partes Contratantes por (nome da parte contratante) no documento L/... e chegar a conclusões que permitam às Partes Contratantes fazer recomendações ou proferir decisões previstas no nº 2 do artigo XXIII'.

Ao criar um painel, o Conselho pode autorizar o seu Presidente a definir os termos de referência do painel em consulta com as partes, sem prejuízo do disposto no parágrafo anterior. Os termos de referência assim definidos devem ser comunicados a todas as partes contratantes. Caso sejam acordados termos de referência diferentes dos normais, qualquer parte contratante pode levantar uma questão relacionada com os mesmos no Conselho" (F(b)).

Não se registou desde a entrada em vigor da Decisão de 1989 qualquer caso em que as partes em litígio tivessem acordado no estabelecimento de termos de referência diferentes dos normais. Mas houve situações em que as partes concordaram em adoptar "entendimentos" relativamente ao modo como o painel conduziria os seus trabalhos[2365]. No caso *Thailand – Restrictions on Importation of and Internal Taxes on Cigarettes*, por exemplo, estabeleceram-se os seguintes termos de referência, perfeitamente normais:

> "Examinar, à luz das disposições relevantes do Acordo Geral, a questão apresentada à Partes Contratantes pelos Estados Unidos no documento DS10/2 e formular conclusões que ajudem as Partes Contratantes a fazer recomendações ou decidir sobre a questão, conforme o disposto no nº 2 do artigo XXIII"[2366].

Ao mesmo tempo, os Estados Unidos e a Tailândia chegaram adicionalmente ao seguinte entendimento:

> "(i) Os Estados Unidos acordam apresentar a sua primeira comunicação antes da Tailândia apresentar a sua e permitir às autoridades tailandesas um período de tempo razoável para a preparação da sua primeira comunicação;
> (ii) As duas partes acordam que a Tailândia solicitará ao Painel que consulte organizações internacionais competentes acerca de aspectos técnicos tais como os efeitos do uso e consumo de cigarros para a saúde. Acorda-se, ainda, que, se a Tailândia apresentar uma tal solicitação, o Painel poderá proceder à consulta;

---

[2365] GATT, *Analytical Index: Guide to GATT Law and Practice* (ed. Frieder Roessler), 6ª ed., Genebra, 1994, p. 679.
[2366] Relatório do Painel no caso *Thailand – Restrictions on Importation of and Internal Taxes on Cigarettes* (DS10/R), adoptado em 7-11-1990, parágrafo 2.

A FUNÇÃO JURISDICIONAL NO SISTEMA GATT/OMC

(iii) As duas partes acordam que as 'disposições relevantes do Acordo Geral' referidas nos termos de referência compreendem o Protocolo de Adesão da Tailândia e a decisão das PARTES CONTRATANTES de 17 de Junho de 1987"[2367].

Excepcionalmente, os termos de referência de um painel podiam sofrer modificações no decurso dos procedimentos:

"Os termos de referência do Painel abarcam tanto a aplicação do artigo 337º em geral como a sua aplicação no caso relativo a certa fibra de arame que motivou a queixa da Comunidade Económica Europeia ante as PARTES CONTRATANTES. Durante os procedimentos do Painel, as partes em litígio chegaram a um acordo e a Comunidade desistiu da sua demanda de que o Painel se pronunciasse a respeito do caso submetido à sua consideração. Por conseguinte, o Painel limitou-se a examinar o artigo 337º em si, mais o artigo 337º(a), conexo com ele, que o Conselho desejou claramente incluir nos termos de referência do Painel, dado que era a disposição aplicável ao caso relativo a certa fibra de arame"[2368].

Através da ameaça de veto à criação de um painel, a parte contratante demandada gozava, igualmente, da possibilidade de limitar os termos de referência do painel e, em consequência, o âmbito do litígio. No caso *United States – Trade Measures Affecting Nicaragua*, por exemplo, os Estados Unidos vetaram a criação de um painel para analisar a queixa apresentada pela Nicarágua contra o embargo comercial aplicado ao país pelas autoridades norte-americanas a partir de Maio de 1985:

"As medidas do seu Governo contra a Nicarágua estavam cobertas pelo artigo XXI, alínea *b*)(iii). Esta disposição conferia a cada parte contratante a determinação das medidas que considerasse necessárias para proteger os interesses essenciais da sua segurança nacional. Portanto, um painel não podia examinar a validade nem os motivos do recurso dos Estados Unidos à alínea *b*), inciso iii) do artigo XXI do GATT"[2369].

O veto só foi levantado depois de a Nicarágua ter concordado que o Painel tivesse os seguintes termos de referência especiais:

"Examinar – à luz das disposições pertinentes do Acordo Geral, do entendimento a que chegou o Conselho em 10 de Outubro de 1985 de que o Painel não poderia exa-

[2367] *Idem*, parágrafo 3
[2368] Relatório do Painel no caso *United States – Section 337 of the Tariff Act of 1930* (L/6439), adoptado em 7-11-1989, parágrafo 5.1.
[2369] Relatório do Painel no caso *United States – Trade Measures Affecting Nicaragua* (L/6053), posto a circular em 13-10-1986, nunca adoptado, parágrafo 1.2.

A FASE DO PAINEL

minar nem julgar a validade nem os motivos do recurso dos Estados Unidos ao inciso (iii) da alínea *b*) do artigo XXI, das disposições relevantes do Entendimento relativo às Notificações, Consultas, a Resolução de Litígios e Supervisão e do procedimento acordado de resolução de litígios que figura na Declaração Ministerial de 1982 – as medidas adoptadas pelos Estados Unidos em 7 de Maio de 1985 e os seus efeitos comerciais com vista a determinar em que grau anulam ou reduzem as vantagens resultantes do Acordo Geral para a Nicarágua e formular conclusões que possam ajudar as PARTES CONTRATANTES a tomar novas acções sobre esta questão"[2370].

Uma vez criado, o Painel, depois de notar as diferentes opiniões das partes sobre se a invocação por parte dos Estados Unidos do artigo XXI, alínea *b*)(iii), do GATT era apropriada, concluiu que tal questão não constava dos seus termos de referência[2371]. Assim, diminuído pelos termos de referência e pela incapacidade em examinar a motivação ou a justificação invocada pelos Estados Unidos, o painel foi forçado a tratar as alegações como uma queixa de não violação e, visto que não tinha autoridade para requerer a remoção do embargo e que os Estados Unidos tinham previamente indicado que não concordariam com uma tal remoção, absteve-se de fazer uma recomendação sem significado a esse respeito[2372]. Do mesmo modo, dado que os Estados Unidos tinham já imposto um embargo nos dois sentidos contra a Nicarágua, qualquer autorização permitindo à Nicarágua a suspensão da aplicação de concessões para com os Estados Unidos não teria também qualquer sentido[2373].

A única decisão realmente tomada pelo Painel foi a de que não poderia prover qualquer solução ao problema da Nicarágua[2374] e talvez se encontre aí a justificação para o relatório do Painel no caso *United States – Trade Measures Affecting Nicaragua*, posto a circular no dia 13 de Outubro de 1986, nunca ter sido adoptado.

### 4.2. Os Termos de Referência Normais

Nos termos do art. 7º, nº 1, do Memorando, os painéis terão as seguintes atribuições, salvo se as partes em litígio decidirem em contrário no prazo de 20 dias a contar da criação do Painel:

[2370] *Idem*, parágrafo 1.4.
[2371] *Idem*, parágrafo 5.3.
[2372] *Idem*, parágrafos 5.8-5.10.
[2373] *Idem*, parágrafo 5.11.
[2374] Wesley CANN JR., *Creating Standards and Accountability for the Use of the WTO Security Exception: Reducing the Role of Power-Based Relations and Establishing a New Balance Between Sovereignty and Multilateralism*, in YJIL, 2001, pp. 476-477.

A FUNÇÃO JURISDICIONAL NO SISTEMA GATT/OMC

"Analisar, à luz das disposições relevantes do(s) acordo(s) abrangido(s) citado(s) pelas partes em litígio, a questão apresentada ao Órgão de Resolução de Litígios pela parte queixosa e chegar a conclusões que permitam assistir o Órgão de Resolução de Litígios na adopção das recomendações ou das decisões previstas no(s) acordo(s) abrangido(s)".

Os termos de referência normais são redigidos pelo Presidente do Órgão de Resolução de Litígios, em consulta com as partes em litígio e adaptam, essencialmente, o texto genérico referido no nº 1 do art. 7º do Memorando ao litígio em questão[2375]. Basta, no fundo, preencher o nome da parte queixosa e o número do documento do seu pedido de criação de um painel no texto genérico[2376]. No caso *United States – Measures Affecting Imports of Woven Shirts and Blouses from India*, por exemplo, os termos de referência do painel ficaram com a seguinte redacção:

"Analisar, à luz das disposições relevantes dos acordos abrangidos citados pela Índia no documento WT/DS33/1, a questão apresentada ao Órgão de Resolução de Litígios pela Índia naquele documento e chegar a conclusões que permitam assistir o Órgão de Resolução de Litígios na adopção das recomendações ou das decisões previstas nos acordos abrangidos"[2377].

[2375] Petros MAVROIDIS, Article 7 DSU, in *WTO-Institutions and Dispute Settlement*, Rüdiger Wolfrum, Peter-Tobias Stoll e Karen Kaiser (eds), Max Planck Commentaries on World Trade Law, Max Planck Institute for Comparative Public Law and International Law, Martinus Nijhoff Publishers, Leiden/Boston, 2006, p. 356.

[2376] Por isso mesmo, na ausência de acordo entre as partes em litígio, os termos de referência normais podem ser impostos:
"Na reunião realizada em 16 de Outubro de 1996, o Órgão de Resolução de Litígios criou um Painel de acordo com o artigo 6º do Memorando de Entendimento sobre Resolução de Litígios. Não obstante, ante as preocupações expostas pelo Japão acerca dos problemas processuais do pedido de criação de um painel apresentado pelos Estados Unidos, o Órgão de Resolução de Litígios acordou que as partes em litígio redigissem os termos de referência do Painel dentro do prazo de 20 dias previsto no nº 1 do artigo 7º do Memorando de Entendimento sobre Resolução de Litígios. Como as partes em litígio não chegaram a acordo sobre os termos de referência, foram aplicados os termos de referencia normais previstos no nº 1 do artigo 7º do Memorando de Entendimento sobre Resolução de Litígios:
'Examinar, à luz das disposições relevantes dos acordos abrangidos citados pelos Estados Unidos no documento WT/DS44/2, a questão apresentada ao Órgão de Resolução de Litígios pelos Estados Unidos naquele documento e chegar a conclusões que permitam assistir o Órgão de Resolução de Litígios na adopção das recomendações ou das decisões previstas nesse ou nesses acordos'". Cf Relatório do Painel no caso *Japan – Measures Affecting Consumer Photographic Film and Paper* (WT/DS44/R), 31-3-1998, parágrafo 1.3.

[2377] Relatório do Painel no caso *United States – Measures Affecting Imports of Woven Shirts and Blouses from India* (WT/DS33/R), 6-1-1997, parágrafo 1.3.

846

A FASE DO PAINEL

De acordo com o Órgão de Recurso, a expressão "questão apresentada" corresponde às medidas específicas identificadas e à breve síntese da base jurídica da queixa referidas no pedido de criação de um Painel[2378]. Ou seja, a parte queixosa é o *dominus negotii*.

Não basta, todavia, identificar as medidas específicas e avançar com uma breve síntese jurídica da queixa. A parte queixosa deve, igualmente, suscitar durante os procedimentos do painel argumentos dirigidos especificamente a uma medida ou apresentar elementos de prova factuais ou de carácter científico contra uma medida:

> "No final dos procedimentos do Painel, os Estados Unidos disseram que a sua queixa não se limitava à carne e aos produtos derivados da mesma de origem bovina (gado) mas que abarcava também, por exemplo, a carne de cordeiro. A este respeito, os Estados Unidos referiram um anexo da sua primeira comunicação, na qual manifestavam que no seu território está autorizada a administração de zeranol aos cordeiros. Todavia, notamos que, apesar do tema estar compreendido do ponto de vista técnico nos termos de referência do Painel, os Estados Unidos não expuseram em nenhum momento do procedimento argumentos concretos nem apresentaram testemunhos fácticos e científicos contra a proibição imposta pelas Comunidades Europeias de utilização de hormonas em animais de explorações agrícolas não pertencentes à espécie bovina. Observamos, ainda, que todos os estudos científicos invocados tanto pelos Estados Unidos como pelas Comunidades Europeias se ocupam dos riscos que resultam da ingestão ou administração de hormonas para a saúde das pessoas ou para o gado bovino e não dos riscos que resultam para outros animais. Por conseguinte, a proibição das Comunidades Europeias, na medida em que afecta a carne ou os produtos derivados de animais de explorações agrícolas não pertencentes à espécie bovina não está compreendida no âmbito do presente litígio"[2379].

Paralelamente, uma parte em litígio pode deixar cair alegações durante os procedimentos de resolução de litígios, ou seja, subsequentemente ao estabelecimento dos termos de referência ou em qualquer outra fase dos procedimentos[2380].

---

[2378] Relatório do Órgão de Recurso no caso *Guatemala – Anti-Dumping Investigation regarding Portland Cement from México* (WT/DS60/AB/R), 2-11-1998, parágrafo 72.

[2379] Relatório do Painel no caso *European Communities Measures Concerning Meat and Meat Products (Hormones)* (WT/DS26/R/USA), 18-8-1997, parágrafo 8.17.

[2380] Relatório do Órgão de Recurso no caso *Japan – Measures Affecting the Importation of Apples* (WT/DS245/AB/R), 26-11-2003, parágrafo 136.

A FUNÇÃO JURISDICIONAL NO SISTEMA GATT/OMC

## 4.3. Os Termos de Referência Especiais

Ao criar um Painel, o Órgão de Resolução de Litígios pode autorizar também o seu presidente a definir os termos de referência do Painel, em consulta com as partes em litígio, embora sem prejuízo do disposto no nº 1 do art. 7º do Memorando de Entendimento sobre Resolução de Litígios. Os termos de referência definidos desta forma devem ser transmitidos a todos os membros e qualquer membro pode levantar uma questão relacionada com os mesmos no Órgão de Resolução de Litígios (art. 7º, nº 3, do Memorando).

Até aos dias de hoje, apenas no caso *Brazil – Measures Affecting Desiccated Coconut* foram definidos termos de referência especiais:

"analisar, à luz das disposições relevantes do GATT de 1994 e do Acordo sobre a Agricultura, a questão apresentada ao Órgão de Resolução de Litígios pelas Filipinas no documento WT/DS22/5, tomando em consideração a exposição feita pelo Brasil no documento WT/DS22/3 e o registo das discussões da reunião do Órgão de Resolução de Litígios de 21 de Fevereiro de 1996, e chegar a conclusões que permitam assistir o Órgão de Resolução de Litígios na adopção das recomendações ou decisões previstas nesses acordos"[2381].

Neste caso, nenhum membro da OMC levantou no Órgão de Resolução de Litígios qualquer questão relacionada com estes termos de referência[2382].

Apesar de alguns autores defenderem que um painel pode decidir sobre alegações baseadas em disposições de um acordo multilateral de protecção do ambiente caso as partes em litígio lhe concedam, por mútuo consentimento, a jurisdição *ad hoc* prevista no nº 3 do art. 7º do Memorando (ou recorrendo ao processo de arbitragem previsto no art. 25º do Memorando)[2383], pensamos que, estando a autoridade de um painel circunscrita pelo disposto no nº 2 do art. 3º do Memorando ("permite preservar os direitos e obrigações dos membros previstos nos acordos abrangidos e clarificar as disposições desses acordos"), os membros da OMC não podem apresentar queixas que não assentem nos acordos abrangidos. Eles não podem, por exemplo, queixar-se junto do sistema de resolução de litígios da OMC da violação de certos acordos multilaterais de protecção do

---

[2381] Relatório do Painel no caso *Brazil – Measures Affecting Desiccated Coconut* (WT/DS22/R), 17-10-1996, parágrafo 10.

[2382] Petros MAVROIDIS, Article 7 DSU, in *WTO-Institutions and Dispute Settlement*, Rüdiger Wolfrum, Peter-Tobias Stoll e Karen Kaiser (eds), Max Planck Commentaries on World Trade Law, Max Planck Institute for Comparative Public Law and International Law, Martinus Nijhoff Publishers, Leiden/Boston, 2006, p. 356.

[2383] Joost PAUWELYN, *The Role of Public International Law in the WTO: How Far Can We Go?*, in AJIL, 2001, p. 554.

848

A FASE DO PAINEL

ambiente nem sobre a não implementação da proibição do genocídio. As partes em litígio não podem, através da adopção de termos de referência especiais, transformar os painéis "into courts of general jurisdiction"[2384].

## 4.4. A Importância dos Termos de Referência

Os termos de referência do Painel são importantes, fundamentalmente, por duas razões:

> "Primeiro, os termos de referência cumprem um importante objectivo em termos de garantias processuais devidas, a saber, proporciona às partes e às partes terceiras informação suficiente a respeito das alegações em causa no litígio com vista a dar-lhes uma oportunidade para responderem aos argumentos da parte queixosa. Segundo, eles estabelecem a jurisdição do Painel definindo as alegações concretas em causa no litígio"[2385].

No âmbito do GATT de 1947, os painéis apresentavam conclusões apenas sobre as questões invocadas pelas partes em litígio, isto é, os painéis não atendiam a disposições do Acordo Geral que não fossem invocadas diante de si por uma das partes em litígio e não consideravam possíveis justificações não suscitadas pela parte contra a qual tivesse sido apresentada a queixa[2386]. Este princípio *non ultra petita* foi aplicado, por exemplo, no caso *United States – Denial of Most-favoured-nation Treatment as to Non-rubber Footwear from Brazil*:

> "**6.1.** O Painel recordou que nas primeiras comunicações que lhe apresentaram, o Brasil e os Estados Unidos não concordaram sobre o âmbito apropriado do procedimento. Além de referir na sua comunicação o nº 1 do artigo I, o Brasil avançou com argumentos a respeito da aplicação das leis norte-americanas relativas a direitos compensadores ao abrigo do artigo X e da anulação ou redução de vantagens sem violação de disposições ao abrigo do nº 1, alíneas *b*) e *c*), do artigo XXIII, por considerar que estas últimas questões caíam dentro dos termos de referência normais do Painel. Segundo os Estados Unidos, estas questões não tinham sido suscitadas pelo Brasil nem nas consultas nem no seu pedido de criação de um painel, pelo que deveriam ser excluídas dos termos de referência do Painel. Os Estados Unidos, que não tinham lidado com estas questões de fundo na sua comunicação ao Painel, pediram a este que decidisse sobre tal questão.

---

[2384] Petros MAVROIDIS, Article 7 DSU, in *WTO-Institutions and Dispute Settlement*, Rüdiger Wolfrum, Peter-Tobias Stoll e Karen Kaiser (eds), Max Planck Commentaries on World Trade Law, Max Planck Institute for Comparative Public Law and International Law, Martinus Nijhoff Publishers, Leiden/Boston, 2006, p. 356.

[2385] Relatório do Órgão de Recurso no caso *Brazil – Measures Affecting Desiccated Coconut* (WT/DS22/AB/R), 21-2-1997, p. 21.

[2386] Philip NICHOLS, *GATT Doctrine*, in Virginia Journal of International Law, 1996, p. 420.

849

A FUNÇÃO JURISDICIONAL NO SISTEMA GATT/OMC

**6.2.** Em 18 de Setembro de 1991, o Painel tomou a seguinte decisão:

Tendo ouvido e considerado os argumentos do Brasil e dos Estados Unidos quanto à procedência ou improcedência das alegações relacionadas com o artigo X e as alíneas *b*) e *c*) do nº 1 do artigo XXIII, o Painel decide do seguinte modo:

'*Artigo X*: o Painel nota que os seus termos de referência estão limitados às questões suscitadas pelo Brasil no seu pedido de criação deste Painel, ou seja, no documento DS18/2. No seu pedido, o Brasil menciona a discriminação da legislação norte-americana em matéria de direitos compensadores como aplicada ao Brasil, mas não, todavia, qualquer discriminação resultante da administração das leis norte-americanas em matéria de direitos compensadores. Por isso, o Painel considera que a questão suscitada pelo Brasil na sua comunicação relativamente ao nº 3, alínea *a*), do artigo X não faz parte dos seus termos de referência. No entanto, o Painel deseja realçar que está disposto a considerar todo o argumento relacionado com a questão da discriminação, tendo em conta os seus termos de referência'.

'*Artigo XXIII:1(b) e (c)*: o Painel observa, ainda, que o Brasil alegou, no seu pedido de criação de um painel, que os Estados Unidos tinham procedido de maneira incompatível com o Acordo Geral. Mas o Brasil não alegou que as vantagens resultantes para ele do Acordo Geral tivessem sido anuladas ou reduzidas por medidas ou situações compreendidas nas alíneas *b*) e *c*) do nº 1 do artigo XXIII. Portanto, o Painel considera que as questões suscitadas pelo Brasil relacionadas com estas disposições não estão abrangidas pelos seus termos de referência"[2387].

Com a entrada em vigor do Memorando de Entendimento sobre Resolução de litígios, continua a valer o princípio de que nenhum Painel está autorizado a pronunciar-se sobre a compatibilidade ou incompatibilidade de uma medida com as normas dos acordos abrangidos que não tenham sido expressamente invocados pela parte que apresentou queixa:

"**88.** (...) Tendo em conta a prática dos painéis constituídos durante a vigência do GATT de 1947 e dos Códigos do Ciclo de Tóquio, todas as alegações devem estar incluídas no pedido de criação de um painel para que fiquem compreendidas nos termos de referência deste. Essa prática anterior exigia que, para fazer parte da 'questão' submetida ao exame de um painel, uma alegação tinha que ser mencionada ou estar incluída nos documentos referidos nos termos de referência (...).

**89.** Assim, uma alegação *deve* estar incluída no pedido de criação de um painel para fazer parte dos termos de referência do painel num determinado caso. (...).

---

[2387] Relatório do Painel no caso *United States – Denial of Most-favoured-nation Treatment as to Non-rubber Footwear from Brazil* (DS18/R), adoptado em 19-6-1992, parágrafos 6.1-6.2.

850

A FASE DO PAINEL

**92.** (...) O Painel só pode considerar as alegações que tem autoridade para examinar em virtude dos seus termos de referência. O Painel não pode assumir uma jurisdição que não possui. Neste caso, o artigo 63º não estava compreendido na jurisdição do Painel, como definida pelos seus termos de referência. Por conseguinte, o Painel não tinha autoridade para examinar a alegação alternativa feita pelos Estados Unidos ao abrigo do artigo 63º.

**93.** (...) Não existe nenhuma base no Memorando de Entendimento sobre Resolução de Litígios para que uma parte queixosa faça uma alegação adicional, fora do âmbito dos termos de referência do Painel, na primeira reunião substantiva desse Painel comas partes. O Painel está vinculado pelos seus termos de referência"[2388].

Consequentemente, o Órgão de Recurso conclui no caso *United Sates – Import Measures on Certain Products from the European Communities* que:

"**89.** Tendo constatado que a Medida de 3 de Março é a medida em litígio no presente caso e que a medida de 19 de Abril não está compreendida nos seus termos de referência, o Painel deveria ter limitado as suas considerações às questões que eram pertinentes para a Medida de 3 de Março. Ao formular declarações sobre uma questão que só era pertinente para a medida de 19 de Abril, o Painel não seguiu a lógica da sua *própria* constatação sobre a medida em litígio no presente caso e, em consequência, não actuou de maneira coerente com essa constatação. Portanto, o Painel errou ao formular declarações que se referem a uma medida que, como ele próprio tinha determinado previamente, não estava compreendida nos seus termos de referência. (...).

**114.** Com base no nosso exame das comunicações e declarações das Comunidades Europeias ao Painel, chegamos à conclusão de que as Comunidades Europeias não alegaram especificamente ante o Painel que, ao adoptar a Medida de 3 de Março, os Estados Unidos actuaram de maneira incompatível com o nº 2, alínea *a*), do artigo 23º do Memorando de Entendimento sobre Resolução de Litígios. Dado que as Comunidades Europeias não formularam nenhuma alegação concreta de incompatibilidade com o nº 2, alínea *a*), do artigo 23º, não apresentaram nenhuma prova nem argumento para demonstrar que os Estados Unidos tinham formulado 'uma determinação de que se produziu uma violação' infringindo o disposto no nº 2, alínea *a*), do artigo 23º do Memorando de Entendimento sobre Resolução de Litígios. E, dado que as Comunidades Europeias não apresentaram nenhuma prova nem argumento em apoio de uma alegação de violação do nº 2, alínea *a*), do artigo 23º do Memorando de Entendimento sobre Resolução de Litígios, as Comunidades Europeias não podiam ter estabelecido,

---

[2388] Relatório do Órgão de Recurso no caso *India – Patent Protection for Pharmaceutical and Agricultural Chemical Products* (WT/DS50/AB/R), 19-12-1997, parágrafos 88-89 e 92-93.

A FUNÇÃO JURISDICIONAL NO SISTEMA GATT/OMC

e não estabeleceram, uma presunção *prima facie* de violação do nº 2, alínea *a*) do artigo 23º do Memorando de Entendimento sobre Resolução de Litígios.

**115.** Por estas razões, chegamos à conclusão de que o Painel errou ao constatar que os Estados Unidos actuaram de maneira incompatível com o nº 2, alínea *a*), do artigo 23º do Memorando de Entendimento sobre Resolução de Litígios (...)."[2389]

Um Painel considerou mesmo que uma alegação baseada num empréstimo não identificado no pedido de criação de um painel não cabia nos termos de referência, não relevando o facto de tal empréstimo constituir um aspecto do programa referido no pedido de criação[2390]. A inclusão de uma alegação nas comunicações apresentadas a um painel não é, também, suficiente para remediar a omissão de inclusão da alegação no pedido de criação de um painel e, consequentemente, nos termos de referência do painel[2391].

Parece assim inevitável concluir que os painéis devem observar o princípio *non ultra petita*: os painéis não podem decidir para além do pedido pelas partes em litígio[2392]. Isto pode levar a que uma medida que, aparentemente, cairia no âmbito de um determinado acordo (Acordo sobre os Obstáculos Técnicos ao Comércio) acabe por ser analisada à luz de outro acordo (GATT de 1994)[2393]. Tudo depende do modo como os termos de referência normais acabam por ser estabelecidos.

Ao mesmo tempo, o princípio *non ultra petita* é irrelevante no que diz respeito à cessação da medida declarada incompatível, podendo os painéis e o Órgão de Recurso propor a cessação da medida ilegal, mesmo na ausência de qualquer pedido nesse sentido pela parte que viu a sua pretensão ser reconhecida.

O princípio *ne ultra petita* também não é aplicável aos argumentos das partes:

---

[2389] Relatório do Órgão de Recurso no caso *United Sates – Import Measures on Certain Products from the European Communities* (WT/DS165/AB/R), 11-12-2000, parágrafos 89 e 114-115.

[2390] Relatório do Painel no caso *Indonesia – Certain Measures Affecting the Automobile Industry* (WT/DS54/R, WT/DS55/R, WT/DS59/R, WT/DS64/R), 2-7-1998, parágrafo 14.3.

[2391] Relatório do Painel no caso *United States – Definitive Safeguard Measures on Imports of Circular Welded Quality Line Pipe from Korea* (WT/DS202/R), 29-10-2001, parágrafo 7.125.

[2392] Este princípio *non ultra petita* encontra-se previsto no nº 2 do art. 7º do Memorando de Entendimento sobre Resolução de Litígios. Cf. Petros MAVROIDIS, Article 7 DSU, in *WTO-Institutions and Dispute Settlement*, Rüdiger Wolfrum, Peter-Tobias Stoll e Karen Kaiser (eds), Max Planck Commentaries on World Trade Law, Max Planck Institute for Comparative Public Law and International Law, Martinus Nijhoff Publishers, Leiden/Boston, 2006, p. 355.

[2393] Ou seja, o princípio *ne ultra petita* baseia-se mais num conceito de justiça formal (justiça como discricionariamente demandada) do que num conceito de justiça material (justiça de acordo com a totalidade das regras). Cf. Robert KOLB, General Principles of Procedural Law, in *The Statute of the International Court of Justice – A Commentary*, Andreas Zimmermann, Christian Tomuschat e Karin Oellers-Frahm ed., Oxford University Press, 2006, p. 811.

"Os painéis não podem examinar as alegações jurídicas que não cabem no âmbito dos seus termos de referência. Todavia, nada no Memorando de Entendimento sobre Resolução de Litígios limita a faculdade de um painel utilizar livremente os argumentos apresentados por qualquer uma das partes – ou de desenvolver a sua própria argumentação jurídica – para apoiar as suas constatações e conclusões relativamente à questão em exame. Um painel pode bem ser incapaz de realizar uma avaliação objectiva da questão, como exigido pelo artigo 11º do Memorando de Entendimento sobre Resolução de Litígios, se tiver que limitar a sua argumentação unicamente aos argumentos apresentados pelas partes em litígio"[2394].

Mais, de acordo com JEFFREY WAINCYMER:

"Once a Panel is obliged to consider the claim, it is bound to identify the optimal arguments. Furthermore, the whole point of having third party involvement is to allow them to contribute their arguments about the central issues within the terms of reference"[2395].

Nada impede, finalmente, que um painel recuse analisar mais alegações do que as necessárias para solucionar o diferendo (princípio da economia judicial)[2396] ou que altere a ordem de análise das alegações avançadas pela parte queixosa:

"**276.** A primeira alegação de erro das Comunidades Europeias suscita a questão de saber se os painéis estão 'obrigados' a seguir a 'ordem sequencial' das alegações jurídicas formuladas pela parte queixosa quando tal ordem não coloca problemas de interpretação especiais. Em apoio da sua alegação a este respeito, as Comunidades Europeias refere-nos o relatório do Painel no caso *EC – Sardines*, no qual o Painel considerou que 'não seria um erro jurídico' observar a ordem das alegações jurídicas estabelecida na comunicação do Peru, uma que 'essa ordem do exame não afectaria a interpretação das demais disposições' [parágrafo 7.18]. As Comunidades Europeias referiram-nos também a constatação do Órgão de Recurso no caso *US – Shrimp* de que a sequência de análise do Painel a respeito do artigo XX do GATT de 1994 (primeiro o prólogo e depois as alíneas) colocava problemas particulares de interpretação [parágrafo 120].

---

[2394] Relatório do Órgão de Recurso no caso *European Communities Measures Concerning Meat and Meat Products (Hormones)* (WT/DS26/AB/R, WT/DS48/AB/R), 16-1-1998, parágrafo 156.

[2395] Jeffrey WAINCYMER, *WTO Litigation: Procedural Aspects of Formal Dispute Settlement*, Cameron May, Londres, 2002, p. 283.

[2396] Relatório do Órgão de Recurso no caso *United States – Imposition of Countervailing Duties on Certain Hot-Rolled Lead and Bismuth Carbon Steel Products Originating in the United Kingdom* (WT/DS138/AB/R), 10-5-2000, parágrafo 71.

A FUNÇÃO JURISDICIONAL NO SISTEMA GATT/OMC

**277.** Em nossa opinião, estas decisões não apoiam a ideia de que os painéis estão 'obrigados' a seguir a ordem das alegações formuladas pela parte queixosa. Pelo contrário, confirmam que, apesar de os painéis poderem optar por seguir a ordem concreta das alegações jurídicas proposta pela parte queixosa, também podem seguir uma ordem de análise diferente, a fim de aplicarem a interpretação correcta das normas da OMC em causa. De facto, consideramos que, ao cumprir os deveres que lhe cabem em virtude do artigo 11º do Memorando de Entendimento sobre Resolução de Litígios, um painel pode afastar-se da ordem sequencial proposta pela parte queixosa, em particular quando isto é requerido pela interpretação ou aplicação correctas das disposições jurídicas em causa"[2397].

Aliás, a alteração da ordem de análise por razões estratégicas ou para evitar questões ou queixas incómodas não é incomum na prática de outros tribunais internacionais[2398]. No caso *The Arrest Warrant of 11 April 2000*, por exemplo, o Tribunal Internacional de Justiça considerou desnecessário lidar com a complexa questão da jurisdição universal criminal e concentrou-se apenas na questão bem menos intrincada da imunidade diplomática:

> "**45.** Como já foi indicado, o Congo, no seu Pedido para instituir estes procedimentos, contestou inicialmente a licitude do mandato de prisão de 11 de Abril de 2000 com base em dois fundamentos distintos: por um lado, a pretensão da Bélgica de exercer uma jurisdição universal e, por outro lado, a alegada violação das imunidades do Ministro dos Negócios Estrangeiros do Congo então em funções. Todavia, nas conclusões constantes da sua Memória, assim como nas suas conclusões finais apresentadas no final dos procedimentos orais, o Congo invocou somente o último fundamento.
>
> **46.** De um ponto de vista lógico, o segundo fundamento só deverá ser analisado após haver uma determinação a respeito do primeiro, na medida em que, só quando um Estado possui jurisdição ao abrigo do direito internacional em relação a uma determinada questão, pode um problema de imunidade ser colocado quanto ao exercício dessa jurisdição. Não obstante, no presente caso, e tendo em conta a forma final das conclusões do Congo, o Tribunal examinará primeiro a questão de saber, assumindo que a Bélgica tinha jurisdição ao abrigo do direito internacional para emitir e difundir

---

[2397] Relatório do Órgão de Recurso no caso *United States – Laws, Regulations and Methodology for Calculating Dumping Margins ("Zeroing"), Recourse to Article 21.5 of the DSU by the European Communities* (WT/DS294/AB/RW), 14-5-2009, parágrafos 276-277.

[2398] Alberto Alvarez-Jiménez, *The WTO Appellate Body's Exercise of Judicial Economy*, in JIEL, 2009, p. 409.

A FASE DO PAINEL

o mandato de prisão de 11 Abril de 2000, se ela violou, ao fazê-lo, as imunidades do então Ministro dos Negócios Estrangeiros do Congo"[2399].

## 5. Os Procedimentos a Seguir pelos Painéis
### 5.1. O Apêndice 3 do Memorando
No Apêndice 3 do Memorando de Entendimento sobre Resolução de Litígios regula-se de forma pormenorizada (mas não exaustiva) os procedimentos a seguir pelos painéis, salvo se o próprio Painel decidir em contrário após consulta das partes em litígio (art. 12º, nº 1, do Memorando de Entendimento sobre Resolução de Litígios). Mas, atenção, embora o painel deva consultar as partes em litígio, ele não está obrigado a seguir os procedimentos de trabalho previstos no Apêndice 3 do Memorando nem a aceitar eventuais recomendações das partes em litígio. No primeiro caso, apesar de o Apêndice 3 constituir, na prática, "the procedural 'road map'" que os painéis seguem desde o dia da sua criação até à apresentação dos seus relatórios finais[2400], nada impede que um Painel adopte os seus próprios procedimentos de trabalho, "with some additional streamlining to fit the specificities of a particular case"[2401], isto desde que os mesmos não sejam incompatíveis com o Memorando[2402].

Relativamente às recomendações das partes em litígio, elas não devem ser seguidas:

> "if the suggested procedures offend against general principles of due process or do not otherwise make the Panel confident that they would allow for an objective, efficient and fair determination or give adequate support to the Panel in its function to assist the Dispute Settlement Body"[2403].

Na prática, uma vez acordada a composição do painel, os membros do painel realizam uma reunião com as partes em litígio (o chamado *organizational meeting*)

---

[2399] TRIBUNAL INTERNACIONAL DE JUSTIÇA, *Case Concerning the Arrest Warrant of 11 April 2000 (Democratic Republic of the Congo v. Belgium)*, Acórdão de 14-2-2002, parágrafos 45-46.

[2400] Petros MAVROIDIS, Appendix 3 DSU, in *WTO-Institutions and Dispute Settlement*, Rüdiger Wolfrum, Peter-Tobias Stoll e Karen Kaiser (eds), Max Planck Commentaries on World Trade Law, Max Planck Institute for Comparative Public Law and International Law, Martinus Nijhoff Publishers, Leiden/Boston, 2006, pp. 603-604.

[2401] *Idem*.

[2402] Relatório do Órgão de Recurso no caso *India – Patent Protection for Pharmaceutical and Agricultural Chemical Products* (WT/DS50/AB/R), 19-12-1997, parágrafos 92 e 95.

[2403] Jeffrey WAINCYMER, *WTO Litigation: Procedural Aspects of Formal Dispute Settlement*, Cameron May, Londres, 2002, p. 294.

A FUNÇÃO JURISDICIONAL NO SISTEMA GATT/OMC

para adoptar os procedimentos de trabalho e o calendário para o processo do painel[2404].

De acordo com o Memorando de Entendimento sobre Resolução de Litígios, ao definir o calendário do processo do painel, o painel deve prever tempo suficiente para as partes em litígio prepararem as suas observações (art. 12º, nº 4); deve estabelecer prazos precisos para a apresentação por escrito das observações pelas partes, os quais devem ser respeitados (art. 12º, nº 5); e o processo do painel deverá ser suficientemente flexível para assegurar a elaboração de relatórios de alta qualidade, sem que isso atrase indevidamente o processo (art. 12º, nº 2).

Uma vez adoptados, os procedimentos de trabalho adoptados por um painel são, em termos jurídicos, vinculativos para as partes em litígio[2405].

De acordo com o Apêndice 3, antes da primeira reunião do Painel com as partes, as partes em litígio transmitirão ao Painel observações escritas apresentando os factos e os seus argumentos (nº 4). Normalmente, os procedimentos de trabalho estabelecem que, com excepção das contestações e réplicas, nenhuma informação factual deve ser apresentada depois da primeira reunião do painel com as partes em litígio, isto porque:

> "Presentation of extensive factual material for the first time after the first meeting can lead to confusion and thereby dilute its effectiveness. Late presentation of extensive factual material is also likely to lead the Panel to offer more time to the other party to respond"[2406].

No caso *United States – Measures Affecting the Cross-Border Supply of Gambling and Betting Services*, por exemplo, o Órgão de Recurso observa que.

> "**271.** As garantias processuais devidas podem ser de especial interesse nos casos em que uma parte apresenta *factos novos* numa fase avançada dos procedimentos do painel. O Órgão de Recurso observou que, ao abrigo dos procedimentos de trabalho usuais dos painéis, as partes queixosas deverão apresentar os seus casos – com 'uma exposição cabal dos factos acompanhada das provas pertinentes' – durante a *primeira*

---

[2404] Yang Guohua, Bryan Mercurio e Li Yongjie, *WTO Dispute Settlement Understanding: A Detailed Interpretation*, Kluwer Law International, 2005, p. 145. Nos termos do nº 3 do art. 12º do Memorando de Entendimento sobre Resolução de Litígios,
"após consulta das partes em litígio, os membros do painel estabelecerão, logo que possível e de preferência no prazo de uma semana a contar da data em que foram acordados os termos de referência e a composição do painel, o calendário para o processo do painel".

[2405] Relatório do Painel no caso *United States – Continued Dumping and Subsidy Offset Act of 2000* (WT/DS217/R, WT/DS234/R), 16-9-2002, parágrafo 7.2.

[2406] Petros Mavroidis e David Palmeter, *Dispute Settlement in the World Trade Organization: Practice and Procedure*, 2ª ed., Cambridge University Press, 2004, p. 156.

A FASE DO PAINEL

fase dos procedimentos do painel. Não vemos nenhuma razão para que esta expectativa não seja igualmente aplicável às partes demandadas, as quais, uma vez que tenham recebido a primeira comunicação escrita da parte queixosa, estarão a par das defesas que poderão invocar e das provas necessárias para apoiá-las.

**272.** (...) Os princípios da boa fé das garantias processuais devidas obrigam uma parte demandada a expor a sua defesa com prontidão e clareza. Isto permitirá à parte queixosa compreender que foi invocado um meio de defesa em particular, 'conhecer as suas dimensões e ter uma oportunidade adequada de examiná-la e de lhe responder'. A questão de saber se uma defesa foi ou não apresentada numa fase suficientemente precoce dos procedimentos do painel para informar suficientemente a parte contrária dependerá das circunstâncias concretas de um determinado litígio.

**273.** Além disso, como parte dos seus deveres ao abrigo do artigo 11º do Memorando de Entendimento sobre Resolução de Litígios, de 'fazer uma apreciação objectiva da questão' que lhes foi colocada, os painéis devem assegurar que as garantias processuais devidas das partes num litígio são respeitadas. Um painel pode actuar de maneira incompatível com esta obrigação [uma apreciação objectiva da questão, nos termos do art. 11º do Memorando] se examina uma defesa que uma parte demandada apresentou numa fase tão tardia dos procedimentos do painel que a parte reclamante não teve, verdadeiramente, oportunidade de lhe responder. Para tal fim, os painéis dispõem de 'flexibilidade suficiente' nos seus procedimentos de trabalho, em virtude do nº 2 do artigo 12º do Memorando de Entendimento sobre Resolução de Litígios, para regular os procedimentos do painel e, em particular, para adaptar o seu calendário com o fim de dar um tempo adicional para responder ou apresentar comunicações complementares quando for necessário.

**274.** No presente caso, os Estados Unidos não mencionaram o artigo XIV do GATS até à sua segunda comunicação escrita, apresentada em 9 de Janeiro de 2004. Antigua não se referiu ao artigo XIV na sua segunda comunicação escrita, que apresentou no mesmo dia, apesar de ter referido na sua primeira comunicação a possibilidade de os Estados Unidos poderem invocar o artigo XIV. Ambas as partes referiram questões relacionadas com o artigo XIV nas suas declarações iniciais na segunda reunião do Painel, no dia 26 de Janeiro de 2004.

**275.** Na audiência deste recurso, Antígua reconheceu que 'tinha tido a oportunidade de responder' à defesa dos Estados Unidos, e tinha 'respondido suficientemente', durante a sua declaração inicial na segunda reunião do Painel. Quando se lhe perguntou se tinha informado o Painel de algum prejuízo derivado da invocação supostamente tardia pelos Estados Unidos da defesa, Antígua respondeu que não tinha informado o Painel. Apesar disso, Antígua manteve na audiência que tinha sido prejudicada baseando-se no facto de a invocação tardia pelos Estados Unidos da sua defesa ter dificultado a capacidade do Painel para avaliar essa defesa, dando lugar a que o Painel formulasse a defesa pelos Estados Unidos.

A FUNÇÃO JURISDICIONAL NO SISTEMA GATT/OMC

**276.** Nestas circunstâncias, consideramos que, apesar de que os Estados Unidos poderiam ter suscitado mais cedo a sua defesa, o Painel não errou ao decidir avaliar se as medidas dos Estados Unidos são justificadas ao abrigo do artigo XIV. Desde o princípio, Antígua sabia, aparentemente, que os Estados Unidos podiam aduzir que as suas medidas satisfaziam as prescrições do artigo XIV. Antígua reconheceu que não tinha formulado objecção alguma a respeito do momento em que os Estados Unidos formularam a defesa ante o Painel. Antígua também reconheceu que teve efectivamente oportunidade de responder adequadamente à defesa dos Estados Unidos, ainda que numa fase avançada do procedimento. Por estas razões, *consideramos* que o Painel não 'privou' Antígua de uma 'oportunidade plena e equitativa de responder à defesa'. Portanto, *constatamos* que o Painel não incumpriu as obrigações que lhe incumbem em virtude do artigo 11º do Memorando de Entendimento sobre Resolução de Litígios ao examinar o mérito da defesa dos Estados Unidos ao abrigo do artigo XIV"[2407].

As primeiras observações escritas apresentadas pela parte que apresenta a queixa incluem, comummente, os textos ou outra informação relativos à "medida" objecto de queixa, juntamente com quaisquer traduções relevantes, assim como uma exposição da sua argumentação jurídica e das razões pelas quais a medida viola determinadas disposições dos acordos da OMC. Estas primeiras observações escritas devem incluir, igualmente, quaisquer resenhas, estudos ou outro material probatório em apoio da alegação feita.

No caso da parte contra a qual é apresentada a queixa, as primeiras observações escritas devem conter qualquer meio de defesa afirmativo que possa refutar a alegação feita pela parte queixosa e o seu ponto de vista factual sobre a medida em causa[2408]. Muito importante é o facto de a parte queixosa não poder incluir nas suas primeiras observações escritas queixas que não constam do seu pedido de criação do painel:

> "uma parte num procedimento de resolução de litígios não pode introduzir uma nova alegação durante ou depois da etapa das réplicas. De facto, qualquer alegação que não

---

[2407] Relatório do Órgão de Recurso no caso *United States – Measures Affecting the Cross-Border Supply of Gambling and Betting Services* (WT/DS285/AB/R), 7-4-2005, parágrafos 271-276.

[2408] Petros MAVROIDIS e David PALMETER, *Dispute Settlement in the World Trade Organization: Practice and Procedure*, 2ª ed., Cambridge University Press, 2004, p. 157. Em determinados casos, os painéis podem decidir, após consulta às partes em litígio, que estas apresentem ao mesmo tempo as suas primeiras observações ao painel. Cf. Yang GUOHUA, Bryan MERCURIO e Li YONGJIE, *WTO Dispute Settlement Understanding: A Detailed Interpretation*, Kluwer Law International, 2005, p. 148.

A FASE DO PAINEL

tenha sido formulada no pedido de criação de um painel não pode ser submetida em qualquer momento posterior à comunicação e aceitação desse pedido"[2409].

Parece não haver, por outro lado, quaisquer limites, mínimos ou máximos, no que diz respeito ao número de páginas das comunicações escritas. No caso *United States – Anti-Dumping Measures on Polyethylene Retail Carrier Bags from Thailand*, por exemplo, a primeira comunicação escrita apresentada pelos Estados Unidos continha apenas cinco parágrafos, correspondentes a perto de uma página[2410].

Na sua primeira reunião com as partes, o Painel pedirá à parte queixosa que exponha as suas razões. Subsequentemente, e ainda na mesma reunião, a parte contra a qual é apresentada a queixa deverá apresentar o seu ponto de vista (n.º 5 do Apêndice 3). Feito isto, as partes podem trocar questões entre si, podendo o painel igualmente colocar questões às partes em litígio. As partes podem responder prontamente ou fazê-lo por escrito depois da reunião, num prazo estabelecido pelo painel[2411]. As partes em litígio dispõem, assim, de várias oportunidades para apresentar o seu caso. Um autor observa mesmo que, ao nível dos painéis, "the opportunities provided appear greater than in many other domestic or international tribunals"[2412].

Todas as partes terceiras que tenham notificado o seu interesse no litígio ao Órgão de Resolução de Litígios serão convidadas por escrito a apresentar as suas observações durante uma sessão da primeira reunião, que será convocada para esse efeito. As partes terceiras podem estar presentes durante toda essa sessão (n.º 6) e, segundo o Órgão de Recurso, nada impede que elas recebam direitos de participação adicionais[2413].

---

[2409] Relatório do Órgão de Recurso no caso *Korea – Definitive Safeguard Measure on Imports of Certain Dairy Products* (WT/DS98/AB/R), 14-12-1999, parágrafo 139.

[2410] ESTADOS UNIDOS DA AMÉRICA, Caso *United States – Anti-Dumping Measures on Polyethylene Retail Carrier Bags from Thailand*, Primeira Comunicação Escrita dos Estados Unidos (WT/DS383) 26-10-2009.

[2411] Werner ZDOUC, The Panel Process (Chapter 26), in *The World Trade Organization: Legal, Economic and Political Analysis*, Volume I, Patrick Macrory, Arthur Appleton e Michael Plummer Ed., Springer, Nova Iorque, 2005, p. 1254.

[2412] Andrew MITCHELL, Due process in WTO disputes, in *Key Issues in WTO Dispute Settlement: The First Ten Years*, Rufus Yerxa e Bruce Wilson Ed., Cambridge University Press, 2005, p. 153. Um outro autor nota mesmo que, "comparing my experience in the English courts and before the Court of Justice of the European Union, there is no doubt that the Appellate Body is (...) easily the most judicial instance before which I have litigated". Cf. Jamen FLETT, *From the Green Room to the Court Room (And Back): Judicial Clarification of Ambiguity in WTO Law and the Effects on Subsequent Negotiations*, Oñati Socio-Legal Series, v. 1, n. 4 (2011), p. 4.

[2413] Relatório do Órgão de Recurso no caso *United States – Anti-Dumping Act of 1916* (WT/DS136/AB/R, WT/DS162/AB/R), 28-8-2000, parágrafo 150.

A FUNÇÃO JURISDICIONAL NO SISTEMA GATT/OMC

As contestações e réplicas formais deverão ser apresentadas numa segunda reunião de discussão do Painel[2414]. A parte contra a qual é apresentada a queixa terá o direito de apresentar oralmente as suas alegações em primeiro lugar, seguindo-se a parte queixosa[2415]. As partes apresentarão, por escrito, antes dessa reunião, as respectivas contestações e réplicas ao Painel (nº 7).

O Painel pode, a qualquer momento, colocar questões às partes e solicitar-lhes explicações tanto durante a reunião com as partes como por escrito (nº 8).

As partes em litígio e qualquer parte terceira convidada para apresentar as suas observações nos termos do art. 10º do Memorando devem transmitir ao Painel uma versão escrita das suas declarações orais (nº 9)[2416].

Com vista a assegurar uma completa transparência e a evitar qualquer aparência de comunicações *ex parte*, os pedidos, as contestações ou réplicas e as declarações referidas nos nºs 5 a 9 serão apresentados na presença das partes. Além disso, as observações escritas de cada parte, incluindo quaisquer comentários sobre a parte descritiva do relatório e respostas a questões colocadas pelo Painel, serão colocadas ao dispor das outras partes (nº 10). A respeito desta exigência, no caso *Canada – Export Credits and Loan Guarantees for Regional Aircraft*, o Canadá tentou enviar a sua resposta a uma questão do painel sem fornecer uma cópia da mesma ao Brasil:

> "Depois de receber as primeiras comunicações escritas das partes, em 20 de Junho de 2001, o Painel pediu que o Brasil 'fornecesse detalhes completos sobre os termos e condições da oferta da Embrear de financiamento à Air Wisconsin' e ao Canadá que proporcionasse 'detalhes completos dos termos e condições da sua operação com a Air Wisconsin'. Ambas as partes responderam a este pedido em 25 de Junho de 2001. O Canadá não forneceu ao Brasil uma cópia da informação nessa data. Em vez disso, o Canadá solicitou ao Painel 'que requeresse que, quando se esta informação fosse prestada ao Brasil, a sua revelação se limite aos funcionários do Governo do Brasil e aos assessores jurídicos privados contratados e pagos pelo Governo do Brasil envolvidos

---

[2414] Diferentemente das primeiras comunicações escritas, as contestações e as réplicas formais das partes em litígio devem ser apresentadas ao painel em simultâneo. Cf. Yang GUOHUA, Bryan MERCURIO e Li YONGJIE, *WTO Dispute Settlement Understanding: A Detailed Interpretation*, Kluwer Law International, 2005, p. 149.

[2415] A ordem de apresentação na segunda reunião do Painel com as partes é, deste modo, invertida (Apêndice 3, nºs 5 e 7).

[2416] O registo ante o Painel abarca, porém, quer as declarações orais (e é por isso que as reuniões são gravadas), quer todas as comunicações escritas apresentadas ao Painel. Cf. Petros MAVROIDIS, Appendix 3 DSU, in *WTO-Institutions and Dispute Settlement*, Rüdiger Wolfrum, Peter-Tobias Stoll e Karen Kaiser (eds), Max Planck Commentaries on World Trade Law, Max Planck Institute for Comparative Public Law and International Law, Martinus Nijhoff Publishers, Leiden/Boston, 2006, p. 607.

A FASE DO PAINEL

directamente nestes procedimentos de resolução de litígios'. Numa carta dirigida ao Canadá, de 26 de Junho de 2001, o Painel observou que a carta do Canadá de 25 de Junho de 2001 'não foi copiada para o Brasil, contrariamente ao disposto no parágrafo 10 dos Procedimentos de Trabalho dos Painéis'. O Painel observou, igualmente, 'que, com a excepção limitada do parágrafo 16, não existe nos Procedimentos de Trabalho de nenhum procedimento especial sobre o tratamento da informação comercial de carácter confidencial. O Painel não considera apropriado introduzir tais procedimentos nas circunstâncias actuais, ou seja, com base no pedido de uma das partes e sem oportunidade de consulta com o Brasil'. Por estas razões, o Painel devolveu a comunicação do Canadá de 25 de Junho de 2001. Na primeira reunião substantiva, o Canadá informou o Painel de que não tinha sido seu propósito apresentar uma comunicação *ex parte* e que não procurava introduzir nenhum procedimento especial para o tratamento de informação comercial com carácter confidencial. Nessa base, a sua carta de 25 de Junho de 2001 foi incorporada no registo"[2417].

O nº 12 do Apêndice 3 propõe, ainda, o seguinte calendário para os trabalhos do Painel:

*a*) Recepção das primeiras observações escritas das partes:
　　1) Parte queixosa: 3-6 semanas;
　　2) Parte contra a qual é apresentada a queixa: 2-3 semanas;
*b*) Data, prazo e local da primeira reunião de discussão com as partes; reunião com uma parte terceira: 1-2 semanas;
*c*) Recepção das contestações e réplicas escritas das partes: 2-3 semanas;
*d*) Data, prazo e local da segunda reunião de discussão com as partes: 1-2 semanas;
*e*) Apresentação da parte descritiva do relatório às partes: 2-4 semanas;
*f*) Recepção das observações das partes sobre a parte descritiva do relatório: 2 semanas;
*g*) Apresentação do relatório provisório, incluindo as conclusões, às partes: 2-4 semanas;
*h*) Prazo para a parte solicitar a revisão de uma parte do relatório: 1 semana;
*i*) Período de revisão pelo Painel, incluindo possíveis reuniões adicionais com as partes: 2 semanas;
*j*) A presentação do relatório final às partes em litígio: 2 semanas;
*k*) Apresentação do relatório final aos outros membros da OMC: 3 semanas.

---

[2417] Relatório do Painel no caso *Canada – Export Credits and Loan Guarantees for Regional Aircraft* (WT/DS222/R), 28-1-2002, parágrafo 7.135.

## A FUNÇÃO JURISDICIONAL NO SISTEMA GATT/OMC

Este calendário pode ser alterado devido a quaisquer imprevistos[2418] e, se necessário, também se poderão realizar reuniões adicionais com as partes e, de facto, os painéis realizam por vezes uma terceira reunião, em particular quando tem lugar uma audição de peritos[2419]. Deixando de lado os casos em que os painéis tiveram uma reunião especial com os peritos (como aconteceu, por exemplo, nos casos *Hormones, Shrimp I* e *Asbestos*), apenas numa ocasião um painel decidiu convocar uma terceira reunião antes da realização da fase intermédia de revisão[2420]. A razão invocada prendeu-se com a resignação do presidente do painel e sua substituição e, por isso:

> "O Painel com a sua nova composição realizou uma reunião adicional com as partes em 18 de Maio de 2000. Nesta reunião, cada parte foi convidada a fazer uma declaração oral sintetizando o seu caso com base nos elementos de prova já constantes do registo do Painel, incluindo a correspondência entre o Painel e as partes"[2421].

Nada impede, também, que possam ser apresentadas observações escritas pela terceira vez. Embora tal facto ocorra muito raramente[2422], ele verificou-se, por exemplo, no caso *Australia – Measures Affecting Importation of Salmon*:

> "Na nossa segunda reunião substantiva, a Austrália suscitou uma questão processual relativamente à declaração oral do Canadá nessa reunião. Segundo a Austrália, essa declaração introduzia modificações fundamentais que afectavam a natureza das alegações jurídicas concretas do Canadá e que eram de tal importância que devia

---

[2418] No caso *European Communities – Measures Affecting the Approval and Marketing of Biotech Products*, a segunda reunião com as partes em litígio foi realizada quase um ano depois de o painel ter sido composto (cf. Relatório do Painel no caso *European Communities – Measures Affecting the Approval and Marketing of Biotech Products* (WT/DS291/R, WT/DS292/R, WT/DS293/R), 29-9-2006, parágrafo 7.42). Segundo o próprio Painel:
"Quatro factores em particular tornaram a condução deste procedimento uma tarefa difícil para o Painel e o pequeno grupo de funcionários do Secretariado que lhe prestou assistência e contribuíram para os atrasos registados na resolução do presente caso. Os factores são os seguintes: i) o volume dos materiais que o Painel teve que examinar, ii) a necessidade de uma constatação dos factos adicional no decurso dos trabalhos do Painel, iii) a complexidade processual e substantiva do caso e iv) a escassa coordenação das comunicações apresentadas pelas partes queixosas ao Painel". Cf. *Idem*, parágrafo 7.38.

[2419] OMC, *A Handbook on the WTO Dispute Settlement System – A WTO Secretariat Publication*, Cambridge University Press, 2004, p. 56.

[2420] Pierre MONNIER, *Working Procedures before Panels, the Appellate Body and Other Adjudicating Bodies of the WTO*, in The Law and Practice of International Courts and Tribunals, 2002, p. 493.

[2421] Relatório do Painel no caso *United States – Definitive Safeguard Measures on Imports of Wheat Gluten from the European Communities* (WT/DS166/R), 31-7-2000, parágrafos 1.10-1.12.

[2422] Yang GUOHUA, Bryan MERCURIO e Li YONGJIE, *WTO Dispute Settlement Understanding: A Detailed Interpretation*, Kluwer Law International, 2005, p. 150.

A FASE DO PAINEL

ser permitido à Austrália refutá-las através de uma comunicação escrita a título de réplica formal. Nesta base, a Austrália solicitou ao Painel que lhe concedesse mais tempo (uma semana mais) para apresentar uma comunicação escrita de réplica. As 'modificações fundamentais' referidas pela Austrália encontram-se nos parágrafos 4.8 a 4.17. Consideramos que algumas dessas modificações (inspiradas na sua maioria nas opiniões dos peritos recolhidas pelo Painel na reunião com os peritos e no relatório do Órgão de Recurso no caso *European Communities – Hormones*) são realmente substanciais e justificam, por força das garantias processuais devidas, a concessão à Austrália de um período adicional de réplica. Consequentemente, acedemos à solicitação da Austrália de apresentar uma terceira comunicação escrita dentro da semana seguinte à nossa segunda reunião substantiva. Oferecemos uma possibilidade análoga ao Canadá e notamos que as terceiras comunicações deviam limitar-se às 'modificações fundamentais' introduzidas pelo Canadá e identificadas numa declaração oral feita pela Austrália na segunda reunião substantiva"[2423].

Regra geral, os painéis seguem os procedimentos de trabalho descritos no Apêndice 3, mas com frequência adoptam regras adicionais quando o litígio em causa o exige[2424]. Pode acontecer, por exemplo, que os procedimentos de trabalho contenham disposições relativas à composição das delegações das partes em litígio[2425]. Por vezes, os procedimentos de trabalho adoptados por um determinado painel são incluídos no próprio relatório do painel[2426]. Por causa do número cada vez maior de regras adicionais, PIERRE MONNIER avança mesmo com uma distinção entre o Apêndice 3 oficial, o que consta do Memorando de Entendimento sobre Resolução de Litígios, e o Apêndice 3 real, o que vigora na prática[2427]. Nesse sentido, veja-se, por exemplo, os procedimentos de trabalho publicados pelo painel no caso *United States – Measures Affecting the Cross-Border Supply of Gambling and Betting Services*:

> "**1.** O Painel proporcionará às partes um calendário dos seus procedimentos e procederá de acordo com os procedimentos de trabalho normais estabelecidos no

[2423] Relatório do Painel no caso *Australia – Measures Affecting Importation of Salmon* (WT/DS18/R), 12-6-1998, parágrafo 8.22.
[2424] OMC, *A Handbook on the WTO Dispute Settlement System – A WTO Secretariat Publication*, Cambridge University Press, 2004, p. 53.
[2425] Yang GUOHUA, Bryan MERCURIO e Li YONGJIE, *WTO Dispute Settlement Understanding: A Detailed Interpretation*, Kluwer Law International, 2005, p. 145.
[2426] Um exemplo recente pode ser encontrado no Anexo A do relatório do Painel proferido no caso *United States – Measures Affecting the Cross-Border Supply of Gambling and Betting Services*.
[2427] Pierre MONNIER, Working Procedures: Recent Changes and Prospective Developments, in *Reform and Development of the WTO Dispute Settlement System*, Dencho Georgiev e Kim Van der Borght Ed., Cameron May, Londres, 2006, p. 271.

A FUNÇÃO JURISDICIONAL NO SISTEMA GATT/OMC

Memorando de Entendimento sobre Resolução de Litígios e no seu Apêndice 3, mais determinados procedimentos adicionais, que se indicam de seguida:

**2.** O Painel reunirá à porta fechada. As partes em litígio e as partes terceiras só poderão estar presentes nas reuniões quando o Painel as convide.

**3.** As deliberações do Painel e os documentos submetidos à sua consideração devem ser mantidos confidenciais. Nenhuma das disposições do Memorando de Entendimento sobre Resolução de Litígios impedirá uma parte em litígio de tornar públicas as suas posições. Os Membros devem tratar como confidencial a informação submetida ao Painel por outro Membro a que este tenha atribuído tal carácter. Segundo o previsto no n.º 2 do artigo 18.º do Memorando de Entendimento sobre Resolução de Litígios, quando uma parte em litígio faculte uma versão confidencial das suas comunicações escritas ao Painel, também facultará, a pedido de qualquer Membro, um resumo não confidencial da informação contida nas comunicações escritas que possam ser transmitidas ao público.

**4.** Antes da primeira reunião substantiva do Painel com as partes, as partes em litígio devem transmitir ao Painel comunicações escritas expondo os factos do caso e os respectivos argumentos.

**5.** Na primeira reunião substantiva com as partes, o Painel deve pedir à parte queixosa que apresente o seu caso. Posteriormente, na mesma reunião, pedir-se-á à parte demandada que exponha os seus pontos de vista.

**6.** As partes terceiras devem ser convidadas por escrito a exporem as suas opiniões durante uma sessão da primeira reunião substantiva do Painel reservada para tal fim. As partes terceiras podem estar presentes durante a totalidade desta sessão.

**7.** As réplicas formais devem ser feitas na segunda reunião substantiva do Painel. A parte demandada deve ter o direito de falar em primeiro lugar, seguida pela parte queixosa. Antes da reunião, as partes devem apresentar as suas comunicações escritas de réplica ao Painel.

**8.** O Painel pode a todo o momento colocar perguntas às partes e pedir-lhes explicações, seja durante uma reunião com elas ou por escrito. As respostas por escrito às perguntas devem ser apresentadas numa data a ser decidida pelo Painel em consulta com as partes.

**9.** As partes em litígio e qualquer parte terceira convidada a expor as suas opiniões, devem pôr à disposição do Painel e da outra parte uma versão escrita das suas exposições orais.

**10.** No interesse de uma total transparência, as exposições, as réplicas e as declarações mencionadas nos parágrafos 5 a 9 devem ser feitas na presença das partes. Além disso, as comunicações escritas de cada parte, incluindo as respostas às perguntas do Painel, os comentários sobre a parte descritiva do relatório e os comentários sobre o relatório provisório devem ser postos à disposição da outra parte.

A FASE DO PAINEL

**11.** Qualquer pedido para uma decisão preliminar pelo Painel (incluindo as decisões sobre questões jurisdicionais) deve ser apresentada o mais tardar na primeira comunicação escrita de uma parte. Se a parte queixosa solicita uma decisão deste tipo, a parte demandada deve apresentar a sua resposta a tal pedido na sua primeira comunicação escrita. Se a parte demandada solicita uma decisão deste tipo, a parte queixosa deve apresentar a sua resposta a tal pedido antes da primeira reunião substantiva do Painel. A parte queixosa deve apresentar esta resposta na data determinada pelo Painel depois de receber o pedido da parte demandada e à luz dela. Devem ser concedidas excepções a este procedimento quando justificado.

**12.** As partes devem apresentar ao Painel todas as provas fácticas o mais tardar na primeira reunião substantiva, excepto no tocante às provas necessárias para efeitos de réplica ou de respostas a perguntas. Excepções a este procedimento devem ser concedidas por causas justificadas. Em tais casos, deve ser concedido à outra parte um prazo para que formule comentários, conforme apropriado.

**13.** Para facilitar a manutenção do registo do litígio e as referências às provas documentais apresentadas pelas partes, estas devem numerar sequencialmente as suas provas documentais durante todas as fases do litígio.

**14.** As partes e as partes terceiras devem fornecer ao Painel um resumo dos factos e argumentos apresentados ao Painel nas suas comunicações escritas e observações orais dentro da semana seguinte à entrega ao Painel da versão escrita da comunicação relevante. Os resumos das comunicações escritas a apresentar por cada parte não deverão exceder 10 páginas e os resumos das observações orais não deverão exceder 5 páginas. Os resumos a apresentar pelas partes terceiras devem sumariar as suas comunicações escritas e observações orais e não deverão exceder 5 páginas. Os resumos não devem ser de nenhum modo utilizados em substituição das comunicações das partes no exame do caso pelo Painel. Todavia, o Painel pode reproduzir os resumos fornecidos pelas partes e partes terceiras na secção do seu relatório relativa aos argumentos, sujeita a qualquer modificação considerada apropriada pelo Painel. As respostas das partes e partes terceiras às perguntas e os comentários das partes sobre as respostas de cada um dos demais às perguntas figurarão como anexos do relatório do Painel.

**15.** As partes e as partes terceiras no presente procedimento têm o direito de determinar a composição das suas próprias delegações. As delegações podem incluir, como representantes do governo em causa, conselheiros e assessores privados. A este respeito, assinala-se que a parte queixosa se comprometeu a assegurar, na medida do possível, a presença de um funcionário governamental em todas as reuniões com o Painel. As partes e as partes terceiras devem ser responsáveis por todos os membros das suas delegações e devem assegurar que todos eles actuam em conformidade com as normas do Memorando de Entendimento sobre Resolução de Litígios e os Procedimentos de Trabalho deste Painel, especialmente em relação à confidencialidade dos procedimentos. Em particular, os advogados privados que actuem em nome da parte

A FUNÇÃO JURISDICIONAL NO SISTEMA GATT/OMC

queixosa estão vinculados pelas mesmas obrigações e responsabilidades que os Membros da OMC. As partes devem facultar uma lista dos participantes da sua delegação antes do início da reunião com o Painel.

**16.** Uma vez emitido o relatório provisório, as partes devem dispor de 10 dias no mínimo para apresentar por escrito pedidos de revisão de aspectos precisos do relatório provisório e pedir uma nova reunião com o Painel. O direito a pedir essa reunião deve ser exercido o mais tardar até à apresentação por escrito do pedido de revisão. Uma vez recebido qualquer pedido escrito de revisão, nos casos em que não se solicita uma nova reunido com o Painel, as partes devem ter a oportunidade, num prazo a ser determinado pelo Painel, para apresentar comentários por escrito sobre os pedidos de revisão formulados por escrito pelas outras partes. Tais comentários devem limitar-se estritamente aos pedidos de revisão formulados por escrito pelas outras partes.

**17.** Aplicam-se os seguintes procedimentos a respeito da entrega de documentos:

(a) Cada parte e cada parte terceira devem entregar as suas comunicações directamente a todas as demais partes, incluindo quando apropriado as partes terceiras, e confirmar que assim o fez no momento em que apresenta a sua comunicação ao Painel.

(b) As partes e as partes terceiras devem apresentar as suas comunicações escritas e as suas respostas escritas às perguntas o mais tardar até às 17.30 h dos dias em que vençam os prazos estabelecidos pelo Painel, a menos que este estabeleça um momento diferente. A este respeito, as partes concordaram que trocarão comunicações escritas e respostas escritas às perguntas, incluindo todas as provas documentais, electronicamente, em Word ou WordPerfect. Quando necessário (por exemplo, devido à natureza e/ou tamanho do documento em questão), as provas documentais podem ser submetidas em formato .pdf ou por fax. Nos casos em que o tamanho das provas documentais seja demasiado grande e não seja possível enviar os documentos em formato .pdf ou por fax nos prazos estipulados, devem ser enviados exemplares impressos por correio de modo a que sejam recebidos no dia seguinte à data estabelecida. Dentro das 24 horas seguintes aos prazos estabelecidos, devem ser enviados exemplares impressos de todas as comunicações e respostas por serviço de correio. Estes procedimentos são aplicáveis à apresentação de documentos ao Painel, à outra parte e às partes terceiras.

(c) As partes e as partes terceiras devem facultar ao Secretariado cópias das suas comunicações orais o mais tardar até ao meio-dia do primeiro dia útil seguinte ao último dia das reuniões substantivas.

(d) As partes e as partes terceiras devem facultar ao Painel nove cópias de todas as suas comunicações, incluindo as versões escritas das declarações orais e as respostas às perguntas. Todos estas cópias devem ser apresentadas ao Responsável pelo Registo do Sistema de Resolução de Litígios, Sr. Ferdinand Ferranco (gabinete nº 3154).

866

A FASE DO PAINEL

(e) No momento em que apresentam exemplares impressos das suas comunicações, as partes e as partes terceiras devem apresentar também ao Painel uma cópia electrónica de todas as suas comunicações numa disquete ou num arquivo anexo a uma mensagem de correio electrónico num formato compatível com o sistema informático do Secretariado. Os arquivos anexos a mensagens de correio electrónico devem ser dirigidos ao Responsável pelo Registo do Sistema de Resolução de Litígios, Sr. Ferdinand Ferranco (DSRegistry@wto.org), com cópia para a Sra. Mireille Cossy (mireille.cossy@wto.org)

(f) Cada parte deve entregar os resumos mencionados no parágrafo 14 directamente à outra parte e confirmar que assim o fez no momento em que apresenta a sua comunicação ao Painel. Cada parte terceira deve entregar os resumos mencionados no parágrafo 14 directamente às partes e confirmar que assim o fez no momento em que apresenta a sua comunicação ao Painel. Os parágrafos d) e e) *supra* devem ser aplicáveis à entrega de resumos"[2428].

Enquanto os parágrafos 1 a 10 reproduzem o Apêndice 3 oficial, os parágrafos subsequentes (11 a 17) "now form the Basic panel standard Working Procedures"[2429].

Analiticamente, os procedimentos de trabalho a seguir pelos painéis propriamente ditos têm merecido essencialmente dois reparos. Por um lado, não tem muita razão de ser que a parte queixosa tenha 3 a 6 semanas para apresentar as suas primeiras observações escritas e a parte contra a qual é apresentada a queixa somente 2 a 3 semanas (alínea *a*) do nº 12 do Apêndice 3)[2430]. O mais lógico seria

---

[2428] Relatório do Painel no caso *United States – Measures Affecting the Cross-Border Supply of Gambling and Betting Services* (WT/DS285/R), 10-11-2004, Anexo A.

[2429] Pierre MONNIER, Working Procedures: Recent Changes and Prospective Developments, in *Reform and Development of the WTO Dispute Settlement System*, Dencho Georgiev e Kim Van der Borght Ed., Cameron May, Londres, 2006, p. 271.

[2430] Nos termos do nº 6 do art. 12º do Memorando de Entendimento sobre Resolução de Litígios: "Cada uma das partes em litígio depositará as suas observações escritas ao Secretariado, para que as mesmas possam ser imediatamente transmitidas ao painel e à(s) outra(s) parte(s). A parte queixosa apresentará as suas primeiras observações antes da parte acusada, a menos que o painel decida, ao fixar o calendário referido no nº 3 e após consulta das partes em litígio, que as partes deverão apresentar as suas primeiras observações simultaneamente. Nos casos em que fique decidido que o depósito das primeiras observações não será simultâneo, o painel fixará um prazo rígido para a recepção das observações da parte acusada. Quaisquer observações escritas posteriores serão apresentadas simultaneamente".
Na prática, as partes em litígio transmitem directamente às outras partes em litígio e às partes terceiras as suas observações escritas. Cf. Werner ZDOUC, The Panel Process (Chapter 26), in *The World Trade Organization: Legal, Economic and Political Analysis*, Volume I, Patrick Macrory, Arthur Appleton e Michael Plummer Ed., Springer, Nova Iorque, 2005, p. 1254.

867

A FUNÇÃO JURISDICIONAL NO SISTEMA GATT/OMC

a parte demandada ter mais tempo que a parte queixosa, visto que esta teve a possibilidade de preparar atempadamente os seus argumentos. Por outro lado, não falta quem avance com a proposta de eliminar a obrigação de o Painel apresentar o relatório provisório, com a finalidade de tornar o processo mais célere (alínea *g*) do nº 12 do Apêndice 3).

Significativamente, a maioria das propostas apresentadas no âmbito do actual processo de revisão do Memorando de Entendimento sobre Resolução de Litígios tem a ver com alterações ao Apêndice 3, o que não surpreende. Como observa PETROS MAVROIDIS, "the provisions of Appendix 3 have been put to the test of practice more than any other provisions of the Dispute Settlement Understanding"[2431], e, sendo o sistema de resolução de litígios da OMC "principally adversarial", o respeito das garantias processuais devidas é, necessariamente, "quintessential for the institutional legitimacy of the whole endeavour"[2432]. As propostas apresentadas prendem-se, por exemplo, com o tratamento da informação confidencial, a participação das partes terceiras e a participação dos países em desenvolvimento.

### 5.2. A Fase Intermédia de Revisão

O art. 15º do Memorando de Entendimento sobre Resolução de Litígios determina que:

> "1. Na sequência da análise das observações e das alegações orais das diversas partes, o painel apresentará as secções descritivas (*de facto* e *de jure*) do seu projecto de relatório às partes em litígio. As partes apresentarão as suas observações escritas sobre a matéria num prazo estipulado pelo painel.
>
> 2. Decorrido o prazo estabelecido para a recepção das referidas observações, o painel apresentará um relatório provisório às partes, incluindo tanto as secções descritivas como as conclusões do painel. Dentro do prazo estabelecido pelo painel, qualquer parte pode solicitar por escrito ao painel a revisão de aspectos precisos do relatório provisório antes da apresentação do relatório final aos membros. A pedido de uma das partes, o painel deve realizar mais uma reunião com as partes sobre as questões identificadas nas observações escritas. Se não tiverem sido recebidas observações das partes no prazo estipulado, o relatório provisório será considerado como final e apresentado em tempo devido aos membros.

---

[2431] Petros MAVROIDIS, Appendix 3 DSU, in *WTO-Institutions and Dispute Settlement*, Rüdiger Wolfrum, Peter-Tobias Stoll e Karen Kaiser (eds), Max Planck Commentaries on World Trade Law, Max Planck Institute for Comparative Public Law and International Law, Martinus Nijhoff Publishers, Leiden/Boston, 2006, p. 608.

[2432] *Idem*, p. 607.

A FASE DO PAINEL

3. As conclusões do relatório final do painel incluirão a discussão dos argumentos apresentados na fase intermédia de revisão. A fase intermédia de revisão realizar-se-á dentro do prazo estabelecido no nº 8 do artigo 12º".

O art. 15º do Memorando prevê, pois, a apresentação sucessiva de três documentos: as secções descritivas (*de facto* e *de jure*) do projecto de relatório, um relatório provisório e um relatório final[2433]. Lendo o nº 2 do art. 15º, torna-se claro que as secções descritivas não incluem as conclusões do painel. As secções descritivas podem incluir, sim, aspectos factuais, os principais argumentos, as observações das partes terceiras ou mesmo das organizações não governamentais e as consultas do painel com os peritos[2434]. É frequente as partes em litígio aproveitarem a fase intermédia para clarificar os aspectos factuais do caso[2435]. O facto de uma parte em litígio não informar o painel sobre um erro de facto cometido nas suas constatações pode ser contrário à obrigação enunciada no nº 10 do art. 3º do Memorando de Entendimento sobre Resolução de Litígios, que dispõe, entre outras coisas, que "todos os membros intervirão nesses processos [de resolução de litígios] de boa fé com vista a resolver o litígio"[2436].

Por ser distribuído apenas às partes em litígio, o relatório provisório não constitui, em termos oficiais, um documento público. Todavia, atendendo à atenção que o caso suscitou junto da opinião pública e às divisões políticas internacionais subjacentes, o relatório provisório do painel do caso *European Communities – Measures Affecting the Approval and Marketing of Biotech Products* foi tornado público, na sua totalidade, numa página de Internet da organização não governamental

---

[2433] Relativamente aos vários prazos referidos no art. 15º, ver o nº 12, alíneas *e)*, *f)*, *g)* e *h)*, do Apêndice 3 do Memorando.

[2434] Peter-Tobias Stoll e Katrin Arend, Article 15 DSU, in *WTO-Institutions and Dispute Settlement*, Rüdiger Wolfrum, Peter-Tobias Stoll e Karen Kaiser (eds), Max Planck Commentaries on World Trade Law, Max Planck Institute for Comparative Public Law and International Law, Martinus Nijhoff Publishers, Leiden/Boston, 2006, p. 437. Apesar de as secções descritivas conterem as observações das partes terceiras, o painel só apresentará as secções descritivas (*de facto* e *de jure*) do seu projecto de relatório às partes em litígio. Para alterar tal situação, o Taipé Chinês propôs, durante o actual processo de revisão do sistema de resolução de litígios, que passasse a constar do nº 1 do art. 15º a obrigação de as partes terceiras receberem também as secções descritivas. Cf. OMC, *Contribution by the Separate Customs Territory of Taiwan, Penghu, Kinmen and Matsu to the Doha Mandated Review of the Dispute Settlement Understanding – Communication from the Separate Customs Territory of Taiwan, Penghu, Kinmen and Matsu* (TN/DS/W/36), 22-1-2003, p. 2.

[2435] Armin Steinbach, *The DSU Interim Review – Need for its Elimination or Extension to the Appellate Body?*, in JIEL, 2009, p. 425.

[2436] Relatório do Painel no caso *European Communities – Measures Affecting Asbestos and Asbestos Containing Products* (WT/DS135/R), 18-9-2000, parágrafo 7.2, nota de rodapé 3.

## A FUNÇÃO JURISDICIONAL NO SISTEMA GATT/OMC

*Friends of the Earth*, pouco tempo depois de as partes em litígio terem tido conhecimento do mesmo.

Na prática, o relatório final contém uma secção específica denominada "revisão provisória", na qual o painel aprecia o mérito dos comentários feitos pelas partes em litígio durante a fase intermédia de revisão[2437], e é geralmente distribuído em primeiro lugar às partes em litígio e só depois traduzido para as outras línguas oficiais da OMC e distribuído aos outros membros da OMC e ao público em geral[2438]. O tempo que decorre, em média, entre a distribuição dos relatórios provisório e definitivo é de aproximadamente 44 dias[2439].

Assim, apesar de constituir uma característica única na prática internacional de resolução de litígios[2440], a fase intermédia de revisão oferece uma última oportunidade, quiçá persuasiva, às partes de resolverem o litígio de modo amigável, antes de o relatório ser tornado público[2441], e permite rever os elementos

---

[2437] Mesmo quando, na sequência da fase intermédia, o painel não modifica as suas conclusões, o relatório final deve conter sempre uma referência à fase intermédia de revisão, incluindo uma discussão dos argumentos produzidos durante a mesma. Cf. Peter-Tobias STOLL e Katrin AREND, Article 15 DSU, in *WTO-Institutions and Dispute Settlement*, Rüdiger Wolfrum, Peter-Tobias Stoll e Karen Kaiser (eds), Max Planck Commentaries on World Trade Law, Max Planck Institute for Comparative Public Law and International Law, Martinus Nijhoff Publishers, Leiden/Boston, 2006, p. 440.

[2438] Werner ZDOUC, The Panel Process (Chapter 26), in *The World Trade Organization: Legal, Economic and Political Analysis*, Volume I, Patrick Macrory, Arthur Appleton e Michael Plummer Ed., Springer, Nova Iorque, 2005, p. 1268. O tempo que transcorre, em média, entre a distribuição do relatório definitivo do painel às partes e a distribuição do dito relatório a todos os membros da OMC é de aproximadamente 51 dias (dados de Novembro de 2009).

[2439] OMC, *Proposed Amendments to the Working Procedures for Appellate Review, Communication from the Appellate Body* (WT/AB/WP/W/10), 12-1-2010, p. 5. Não foram tidos em conta os procedimentos anormais, ou seja, os procedimentos resultantes da invocação do nº 5 do art. 21º do Memorando.

[2440] Ernst-Ulrich PETERSMANN, *Justice as Conflict Resolution: Proliferation, Fragmentation, and Decentralization of Dispute Settlement in International Trade*, in University of Pennsylvania Journal of International Economic Law, 2006, p. 317. Deve-se ao Canadá a ideia de criar a fase intermédia de revisão no Memorando de Entendimento sobre Resolução de Litígios (cf. Armin STEINBACH, *The DSU Interim Review – Need for its Elimination or Extension to the Appellate Body?*, in JIEL, 2009, p. 421) e a sua origem encontra-se no art. 19º do acordo de comércio livre concluído entre os Estados Unidos e o Canadá em 1988 (cf. Kenneth ABBOTT, *GATT as a Public Institution: The Uruguay Round and Beyond*, in Brooklyn Journal of International Law, 1992, pp. 58-59). O texto deste Acordo pode ser encontrado in ILM, Vol. XXVII, 1988, pp. 293-402.

[2441] Não é frequente às partes aproveitarem esta última oportunidade (antes de o relatório do painel ser tornado público) para resolver o litígio de modo amigável (cf. Armin STEINBACH, *The DSU Interim Review – Need for its Elimination or Extension to the Appellate Body?*, in JIEL, 2009, p. 423). No caso da parte vencedora, por exemplo, uma resolução amigável do litígio levaria a que deixasse de poder beneficiar da possibilidade de recorrer aos procedimentos de execução das recomendações do Órgão de Resolução de Litígios previstos nos artigos 21º e 22º do Memorando caso a outra parte

A FASE DO PAINEL

factuais (o que já não é possível no processo de recurso), possibilitando às partes em litígio e ao painel a correcção de erros técnicos e de redacção incorridos pelo Painel e evitando alegações de que determinados argumentos não foram avaliados de modo adequado. É geralmente a parte vencedora quem avança com mais sugestões e esclarecimentos[2442], uma vez que a parte perdedora não terá qualquer interesse em melhorá-lo e, em consequência disso, diminuir as suas esperanças de reverter a situação na fase de recurso[2443].

A fase intermédia de revisão só se refere, porém, a "aspectos precisos" do relatório, não podendo as partes aproveitar tal fase para conseguir que o painel volte a apreciar os argumentos das partes em litígio ou a redigir integralmente o relatório. No caso *Australia – Measures Affecting Importation of Salmon*, por exemplo, a Austrália solicitou "um exame da totalidade do relatório provisório":

> "Para estes efeitos, a Austrália referiu o artigo 11º do Memorando de Entendimento sobre Resolução de Litígios, onde se estabelece a função dos painéis e se estipula que cada um deles 'deve fazer uma apreciação objectiva da questão que lhe foi colocada, incluindo uma avaliação objectiva dos factos em disputa e da aplicabilidade e cumprimento dos acordos abrangidos relevantes'. A Austrália alegou que boa parte da fundamentação jurídica do relatório provisório não se baseava numa avaliação objectiva da questão apresentada ao Painel e indicou que o relatório provisório continha várias asserções e incorrecções de facto não sustentadas por provas apresentadas ao Painel. Na reunião sobre a fase intermédia de revisão, o Canadá contestou a solicitação da Austrália de um 'exame da totalidade do relatório'. O Canadá referiu o nº 2 do artigo 15º do Memorando de Entendimento sobre Resolução de Litígios, disposição que confere às partes a oportunidade de solicitar ao Painel 'a revisão de aspectos precisos do relatório provisório'. Na opinião do Canadá, o Painel só tem autoridade para analisar comentários relacionados com 'aspectos precisos' do relatório provisório. Estamos de acordo com o Canadá e, por isso, só examinámos o nosso relatório provisório à luz dos comentários formulados pelas relacionados com 'aspectos precisos' do relatório provisório"[2444].

---

não cumprisse depois o acordado. No caso da parte perdedora, uma resolução amigável implicaria que ela deixasse, por exemplo, de poder interpor recurso do relatório do painel.

[2442] *Idem*, p. 426.

[2443] Eric WHITE, Written and Oral Submissions in WTO Dispute Settlement, in *Improving WTO Dispute Settlement Procedures – Issues and Lessons from the Practice of Other International Courts and Tribunals*, Friedl Weiss ed., Cameron May, 2000, p. 125.

[2444] Relatório do Painel no caso *Australia – Measures Affecting Importation of Salmon* (WT/DS18/R), 12-6-1998, parágrafo 7.3. Vale a pena notar que o painel aceitou a maioria dos detalhados comentários feitos pela Austrália na fase intermédia de revisão. Cf. Yang GUOHUA, Bryan MERCURIO e Li YONGJIE, *WTO Dispute Settlement Understanding: A Detailed Interpretation*, Kluwer Law International, 2005, p. 185.

A FUNÇÃO JURISDICIONAL NO SISTEMA GATT/OMC

Ao mesmo tempo, o próprio Órgão de Recurso declarou que a fase intermédia de revisão não era o momento apropriado do procedimento do painel para formular pela primeira vez objecções à sua jurisdição[2445].

Excepcionalmente, alguns painéis têm lidado com novos argumentos jurídicos durante a fase intermédia de revisão:

> "Consideramos que existiriam diversas razões para rejeitar o argumento dos Estados Unidos por não ter sido invocado em momento oportuno. Não obstante, dado que o nº 3 do artigo 15º do Memorando de Entendimento sobre Resolução de Litígios estabelece que o relatório final deve incluir uma discussão dos argumentos apresentados na fase intermédia de revisão e dado que a nossa decisão de abordarmos as alegações formuladas pelas Comunidades Europeias ao abrigo do artigo VI do GATT de 1994 e do Acordo Antidumping pode ser objecto de recurso, consideramos justificado explicar a razão pela qual, em nossa opinião, a competência do Painel para analisar uma violação do citado artigo e do citado Acordo não é afectada pelas constatações do Órgão de Recurso no caso *Guatemala – Cement* e do Painel e Órgão de Recurso no caso *Brazil – Desiccated Coconut*"[2446].

A fase intermédia de revisão não serve, também, para a apresentação de novos elementos de prova[2447].

Na sua essência, estamos diante de uma nítida herança de tempos passados, quando a resolução de litígios comerciais tinha natureza fundamentalmente diplomática e havia necessidade de obter o acordo das partes em litígio para que o relatório do painel se tornasse vinculativo[2448]. ERIC WHITE considera mesmo que o procedimento do relatório provisório, "originally designed as a surrogate for an

---

[2445] Relatório do Órgão de Recurso no caso *United States – Anti-Dumping Act of 1916* (WT/DS136/AB/R, WT/DS162/AB/R), 28-8-2000, parágrafo 54.

[2446] Relatório do Painel no caso *United States – Anti-Dumping Act of 1916, Complaint by the European Communities* (WT/DS136/R), 31-3-2000, parágrafo 5.19.

[2447] Relatório do Órgão de Recurso no caso *European Communities – Trade Description of Sardines* (WT/DS231/AB/R), 26-9-2002, parágrafo 301. *Contra*: Relatório do Painel no caso *India – Measures Affecting the Automotive Sector* (WT/DS146/R, WT/DS175/R), 21-12-2001, parágrafo 6.54:
"O Painel só pode lamentar que um elemento de prova concernente a uma questão que está, no seu entender, claramente dentro da esfera de questões examinadas no procedimento, tenha sido apresentado numa fase tão tardia do procedimento. No interesse da integridade, e em consonância com o enfoque geral adoptado nas suas recomendações, o Painel decide, não obstante, aceitar considerar a nova prova, à luz também do facto de que esta prova só procura confirmar a situação oficial da medida tal como já tinha sido aduzido e discutido durante o procedimento. Por conseguinte, não se submete a debate nenhuma questão fundamentalmente nova que exija extensas deliberações adicionais entre as partes".

[2448] De facto, os painéis do GATT desenvolveram a prática de dar às partes a oportunidade de comentarem as partes descritivas dos seus relatórios – o sumário dos argumentos das partes –

872

A FASE DO PAINEL

appeal (...), has lost most of its purpose now that a proper appeal is possible"[2449]. Felizmente, não existem sinais de que a fase intermédia tenha afectado de qualquer maneira a objectividade e independência dos membros dos painéis e do processo do painel. Pelo contrário, pode ter contribuído para uma melhoria da qualidade do relatório final do painel e da sua aceitação pelas partes em litígio[2450].

Não podemos deixar de notar, por último, que as conclusões de carácter substantivo contidas em todos os relatórios de painéis tornados públicos nos dez primeiros anos de funcionamento do sistema de resolução de litígios da OMC são quase idênticas às encontradas nos relatórios provisórios. A fase intermédia de revisão foi usada apenas para corrigir erros técnicos ou tipográficos nos relatórios dos painéis. Porém, no caso *Korea – Anti-Dumping Duties on Imports of Certain Paper from Indonesia*, o Painel avançou no seu relatório final com constatações substantivas adicionais relativamente às constantes do relatório provisório:

> "Notamos que na nossa análise desta alegação no nosso relatório provisório (*infra*, parágrafos 7.49-7.105), nós considerámos o que entendíamos ser os principais argumentos expostos pela Indonésia a este respeito. Não obstante, na fase intermédia de revisão, a Indonésia chamou a nossa atenção para determinados argumentos adicionais (*infra*, parágrafo 7.108) relativos ao cálculo dos gastos por juros correspondentes à CMI [PT Cakrawala Mega Indah], que nós não tivemos em conta no nosso relatório provisório. Apesar destes argumentos não terem sido, em nossa opinião, expostos da forma mais coerente, sentimo-nos obrigados a lidar com eles e, em consequência, revimos a nossa constatação a respeito desta alegação, como constante dos parágrafos 7.106-7.112 *infra*"[2451].

Cerca de um ano depois, no âmbito do caso *European Communities – Measures Affecting the Approval and Marketing of Biotech Products*, todas as partes pediram ao painel a revisão de aspectos em quase todas as secções do relatório provisório.

---

antes da emissão do relatório final. Cf. Petros MAVROIDIS e David PALMETER, *Dispute Settlement in the World Trade Organization: Practice and Procedure*, 2ª ed., Cambridge University Press, 2004, p. 166.

[2449] Eric WHITE, Written and Oral Submissions in WTO Dispute Settlement, in *Improving WTO Dispute Settlement Procedures – Issues and Lessons from the Practice of Other International Courts and Tribunals*, Friedl Weiss ed., Cameron May, 2000, pp. 124-125. Durante as negociações do Ciclo do Uruguai, foi mesmo apresentada uma proposta com o sentido teor: "uma parte que não tenha suscitado objecções às constatações do Painel durante a fase intermédia de revisão não pode interpor recurso". Cf. GATT, *Draft Text on Dispute Settlement – Negotiating Group on Dispute Settlement* (MTN. GNG/NG13/W/45), 21-9-1990, p. 4.

[2450] Claus-Dieter EHLERMANN, *Experiences from the WTO Appellate Body*, in Texas International Law Journal, 2003, p. 472.

[2451] Relatório do Painel no caso *Korea – Anti-Dumping Duties on Imports of Certain Paper from Indonesia* (WT/DS312/R), 28-10-2005, parágrafo 6.5.

A FUNÇÃO JURISDICIONAL NO SISTEMA GATT/OMC

A consulta do relatório final revela que o Painel procedeu a alterações significativas[2452].

### 5.3. A Regra da Confidencialidade

O painel começa a redigir o relatório do painel depois de realizadas as duas reuniões com as partes em litígio[2453]. Reflectindo a independência e a imparcialidade dos painéis, o Memorando de Entendimento sobre Resolução de Litígios determina que as "deliberações do Painel são confidenciais" (art. 14º, nº 1), que "os relatórios do painel serão elaborados sem a presença das partes em litígio, tendo como base as informações prestadas e as declarações feitas" (art. 14º, nº 2) e que "os pareceres expressos no relatório do painel pelos seus membros serão anónimos" (art. 14º, nº 3).

O Apêndice 3 do Memorando estabelece, por seu turno, que o painel reunir-se-á em sessão fechada. As partes em litígio, bem como outras partes interessadas, participarão nas reuniões apenas quando forem convidadas pelo painel para estar presentes (nº 2). O Apêndice 3 determina ainda no nº 3 que:

> "As deliberações do painel e os documentos que lhe são apresentados terão tratamento confidencial. Nada no presente Memorando impede uma parte em litígio de divulgar as suas próprias posições ao público. Os membros tratarão como confidencial qualquer informação transmitida por outro membro ao painel que tenha sido identificada por aquele como confidencial. Nos casos em que uma parte em litígio apresenta uma versão confidencial das suas observações escritas ao painel, deve igualmente, a pedido de um membro, transmitir uma síntese não confidencial das informações contidas nas suas observações que possa ser divulgada ao público".

Tradicionalmente, os governos nacionais têm defendido que as regras sobre confidencialidade consagradas no Memorando visam dar às partes a flexibilidade necessária para as partes em litígio resolverem os conflitos através de negociação. Mas, como veremos desenvolvidamente mais adiante, podem ser avançados vários argumentos importantes contra a falta de transparência dos procedimentos de resolução de litígios. No âmbito do GATT de 1947, a percepção dominante era a de que os litígios interessavam apenas às partes em litígio, mas é evidente que tal sentimento mudou com os acordos da OMC. Actualmente, muitos litígios envolvem várias partes em litígios e partes terceiras. As regras protectoras da confidencialidade dos documentos e dos procedimentos no Memorando põem

---

[2452] Relatório do Painel no caso *European Communities – Measures Affecting the Approval and Marketing of Biotech Products* (WT/DS291/R, WT/DS292/R, WT/DS293/R), 29-9-2006, parágrafos 6.9-6.178.
[2453] Yang Guohua, Bryan Mercurio e Li Yongjie, *WTO Dispute Settlement Understanding: A Detailed Interpretation*, Kluwer Law International, 2005, p. 181.

A FASE DO PAINEL

em causa a legitimidade interna do sistema de resolução de litígios, uma vez que negam aos membros da OMC que não participam no litígio a oportunidade de conhecer o que está a ser alegado em determinados litígios. Além disso, dentro da sociedade civil, estas regras semeiam a suspeição e desacordos relativamente ao sistema de resolução de litígios da OMC[2454].

Significativamente, algumas partes em litígio têm decidido solicitar a abertura ao público em geral das reuniões com os painéis e o Órgão de Recurso. Por exemplo, em Agosto de 2005 e na sequência de uma solicitação apresentada conjuntamente pelas partes em litígio (Canadá, Comunidades Europeias e Estados Unidos)[2455], o Painel que analisou os casos *United States – Continued Suspension of Obligations in the EC – Hormones Dispute* (WT/DS320/8) e *Canada – Continued Suspension of Obligations in the EC – Hormones Dispute* (WT/DS321/8) aceitou, pela primeira vez, abrir ao público as audiências orais com as partes em litígio[2456], permitindo-lhe assistir à reunião através de um circuito fechado de televisão numa sala separada[2457]. Esta opção deveu-se às seguintes razões: uma maior capacidade de lugares sentados, minimizar quaisquer riscos de interferência e permitir a interrupção da transmissão em caso de necessidade. A audiência foi transmitida nas três línguas oficiais da OMC e estiveram presentes cerca de 200 indivíduos, muitos deles delegados de países em desenvolvimento membros da OMC[2458].

Embora o nº 2 do Apêndice 3 do Memorando estabeleça: "o Painel reunir-se-á em sessão fechada", o nº 1 do art. 12º do Memorando dispõe que "os painéis seguirão os procedimentos previstos no Apêndice 3, salvo se o próprio Painel decidir em contrário após consulta das partes em litígio". Lamentavelmente, a reunião dos painéis com as partes terceiras não foi aberta ao público por não ter havido acordo entre todas as partes envolvidas[2459]. Mas, caso haja acordo com as

---

[2454] Debra STEGER, The Challenges to the Legitimacy of the WTO, in *Law in the Service of Human Dignity – Essays in Honour of Florentino Feliciano*, Steve Charnovitz, Debra Steger e Peter van den Bossche Ed., Cambridge University Press, 2005, p. 210.

[2455] OMC, *United States – Continued Suspension of Obligations in the EC – Hormones Dispute* (WT/DS320/8) e *Canada – Continued Suspension of Obligations in the EC – Hormones Dispute* (WT/DS321/8), Communication from the Chairman of the Panels, 2-8-2005, p. 1.

[2456] Lothar EHRING, *Public Access to Dispute Settlement Hearings in the World Trade Organization*, in JIEL, 2008, p. 1022. Aconteceu o mesmo depois na audiência com os peritos científicos. Cf. *Idem*, p. 1024.

[2457] Porém, no caso *European Communities – Regime for the Importation, Sale and Distribution of Bananas, Second Recourse to Article 21.5 of the DSU by Ecuador*, foi permitido ao público assistir à audiência oral na própria sala em que ela decorreu e não numa sala separada. Cf. *Idem*, pp. 1026 e 1034.

[2458] *Idem*, p. 1025.

[2459] OMC, *United States – Continued Suspension of Obligations in the EC – Hormones Dispute* (WT/DS320/8) e *Canada – Continued Suspension of Obligations in the EC – Hormones Dispute* (WT/DS321/8), *Communication from the Chairman of the Panels*, 2-8-2005.

A FUNÇÃO JURISDICIONAL NO SISTEMA GATT/OMC

partes terceiras, nada impede que também a sua reunião com o painel seja aberta a outros membros da OMC e ao público em geral.

Posteriormente, as partes solicitaram e o painel do caso *United States – Continued Existence and Application of Zeroing Methodology* anuiu na abertura ao público da sua reunião com as partes em litígio do dia 29 de Janeiro de 2008. Relativamente à reunião com as partes terceiras do dia 30 de Janeiro de 2008, o painel permitiu a presença de público no momento das suas declarações orais, caso as partes terceiras o desejassem[2460]. Não foi permitida, contudo, qualquer forma de gravação ou de filmagem das reuniões[2461].

Pouco tempo depois, no caso *Australia – Measures Affecting the Importation of Apples from New Zealand* (DS367), todas as partes terceiras (Chile, Comunidades Europeias, Japão, Paquistão, Taipé Chinês e Estados Unidos) concordaram pela primeira vez permitir a observação pública da reunião com o painel[2462]. Como sempre, o Painel reteve a possibilidade de interromper a observação pública para efeitos de protecção da informação comercial de carácter confidencial, mas não foi necessário exercer tal faculdade[2463].

Importante para a transparência dos procedimentos dos painéis é, também, o facto de um número importante de membros da OMC disponibilizar as suas próprias comunicações na Internet. A legislação dos Estados Unidos impõe mesmo que as comunicações apresentadas pelas autoridades norte-americanas sejam sempre tornadas públicas e que os Estados Unidos, quando intervenham no sistema de resolução de litígios da OMC, como parte em litígio ou parte terceira, solicitem sempre aos outros membros um resumo não confidencial das informações contidas nas observações escritas apresentadas que possam ser transmitidas ao público[2464].

---

[2460] O Japão, a Noruega e o Taipé Chinês permitiram a observância pública das suas declarações orais, mas o Brasil, a China a Índia, a Coreia do Sul e o México não. Cf. Lothar EHRING, *Public Access to Dispute Settlement Hearings in the World Trade Organization*, in JIEL, 2008, p. 1027.

[2461] OMC, *WTO hearings on Zeroing dispute opened to the public*, 2008 News Items, 8-1-2008.

[2462] Lothar EHRING, *Public Access to Dispute Settlement Hearings in the World Trade Organization*, in JIEL, 2008, p. 1027.

[2463] Nos chamados casos *Measures Affecting Trade in Large Civil Aircraft* (WT/DS316, WT/DS317, WT/DS347, WT/DS353), também conhecidos por casos *Boeing-Airbus*, os painéis concordaram em abrir as suas audiências ao público, através de um circuito fechado de televisão, mas a transmissão foi em diferido, a fim de assegurar que não fosse revelada acidentalmente informação confidencial. Cf. Alan YANOVICH e Werner ZDOUC, Procedural and Evidentiary Issues, in *The Oxford Handbook of International Trade Law*, Daniel Bethlehem, Donald McRae, Rodney Neufeld e Isabelle Van Damme Ed., Oxford University Press, 2009, p. 364.

[2464] Yang GUOHUA, Bryan MERCURIO e Li YONGJIE, *WTO Dispute Settlement Understanding: A Detailed Interpretation*, Kluwer Law International, 2005, pp. 218-219.

A FASE DO PAINEL

No que concerne ao n.º 3 do art. 14.º do Memorando, importa salientar, por um lado, que ele não impede que possa haver registos de opiniões individuais, tal como aconteceu durante a vigência do GATT de 1947[2465]; por outro lado, que a disposição referida nada diz sobre o processo de tomada de decisões quando os membros do painel têm opiniões diferentes.

A respeito do primeiro aspecto, depois da entrada em funções da OMC, o caso *European Communities – Measures Affecting the Importation of Certain Poultry Products* foi o primeiro em que um dos membros do painel emitiu uma opinião separada[2466]. Curiosamente, o membro do painel autor da opinião dissidente não menciona o n.º 3 do art. 14.º do Memorando quando emite o seu ponto de vista no relatório do painel e o Órgão de Recurso, quando analisou o relatório do painel, assinalou que "a interpretação adoptada pela maioria do painel implicaria o aparecimento de algumas anomalias. Uma dessas anomalias é referida na opinião do membro dissidente do painel"[2467]. É de assinalar, ainda, que o art. 57.º do Estatuto do Tribunal Internacional de Justiça permite que, "se a sentença não representar, no todo ou em parte, a opinião unânime dos juízes, qualquer deles terá direito de lhe juntar a exposição da sua opinião individual". O Memorando de Entendimento sobre Resolução de Litígios, pelo contrário, ao estabelecer que "os pareceres expressos no relatório do painel pelos seus membros serão anónimos", realça "the collective task of the bench as a whole and, at the same time, protects both the deciding body itself and the individual panelists"[2468].

Relativamente ao segundo aspecto, é evidente que não é necessário que haja sempre consenso dos membros que compõem o painel quanto a todos os aspectos que foram por si analisados. A possibilidade de haver opiniões dissidentes (ou concorrentes) aponta precisamente nesse sentido.

O facto de o Memorando não referir, pelo menos expressamente, o processo de tomada de decisões quando os membros do painel têm opiniões diferentes seria problemático caso o Memorando de Entendimento sobre Resolução de Litígios não estabelecesse que "os painéis serão compostos por três pessoas, salvo se

---

[2465] No âmbito do GATT de 1947, ver, por exemplo, o relatório do Painel no caso *European Economic Community – Subsidies on Export of Pasta Products*, (SCM/43), posto a circular em 19-5-1983, nunca adoptado, parágrafos 5.1-5.6.

[2466] Relatório do Painel no caso *European Communities – Measures Affecting the Importation of Certain Poultry Products* (WT/DS69/R), 12-3-1998, parágrafos 289-292.

[2467] Relatório do Órgão de Recurso no caso *European Communities – Measures Affecting the Importation of Certain Poultry Products* (WT/DS69/AB/R), 13-7-1998, parágrafo 151.

[2468] Katrin Arend, Article 14 DSU, in *WTO-Institutions and Dispute Settlement*, Rüdiger Wolfrum, Peter-Tobias Stoll e Karen Kaiser (eds), Max Planck Commentaries on World Trade Law, Max Planck Institute for Comparative Public Law and International Law, Martinus Nijhoff Publishers, Leiden/Boston, 2006, p. 433.

## A FUNÇÃO JURISDICIONAL NO SISTEMA GATT/OMC

as partes em litígio acordarem, no prazo de 10 dias a contar da criação do painel, num painel composto por cinco pessoas" (art. 8º, nº 5). Durante a vigência do GATT de 1947, o Painel do caso *Jamaica – Margins of Preference*, por exemplo, foi composto por quatro pessoas[2469].

Finalmente, convém fazer uma breve referência a um aspecto estruturante do sistema de resolução de litígios e que assume particular relevância quando um membro da OMC é representado por advogados privados[2470]. Não é por acaso que os Membros da OMC que se opõem a representação por advogados privados invocam frequentemente o problema da confidencialidade e outras considerações de ordem ética. Acontece que, enquanto representantes dos membros da OMC, os advogados privados que participam no sistema de resolução de litígios devem estar igualmente sujeitos à obrigação de confidencialidade prevista em várias disposições do Memorando. Nesse sentido, o Órgão de Recurso defende que:

> "As disposições do nº 10 do artigo 17º e o nº 2 do artigo 18º aplicam-se a todos os Membros da OMC e obrigam os Membro a manter a confidencialidade das comunicações ou informações apresentadas, ou recebidas, no procedimento do Órgão de Recurso. Além disso, essas disposições obrigam os Membros a assegurar que tal confidencialidade é plenamente respeitada por qualquer pessoa que o Membro designe para que actue como seu representante, advogado ou consultor. A este respeito, notamos, com aprovação, a seguinte declaração feita pelo Painel no caso *Indonesia – Certain Measures Affecting the Automobile Industry*:
>
>> Desejamos destacar que *todos os membros das delegações das partes, independentemente de serem ou não funcionários do Governo, assistem às reuniões na qualidade de representantes dos governos respectivos e, como tal, estão sujeitos às disposições do Memorando de Entendimento sobre Resolução de Litígios e dos procedimentos uniformes de trabalho, incluindo os nºs 1 e 2 do artigo 18º do Memorando de Entendimento sobre Resolução de Litígios e os parágrafos 2 e 3 dos citados procedimentos.* Em especial, as partes estão obrigadas a considerar confidenciais todas as comunicações dirigidas ao Painel e toda a informação facultada com esse carácter pelos demais Membros; e, além disso, o Painel reúne à porta fechada. Em consequência, *esperamos que todas as delegações respeitem plenamente essas obrigações e tratem com a máxima prudência e discrição estes procedimentos*"[2471].

---

[2469] Relatório do Painel no caso *Jamaica – Margins of Preference* (L/3485), 2-2-1971, parágrafo 1.

[2470] Nada menos que seis artigos do Memorando lidam com a questão da confidencialidade, assim como dois parágrafos dos seus apêndices (artigos 4º, nº 6; 5º, nº 2; 13º, nº 1; 14º, nº 1; 17º, nº 10, e 18º, nº 2, do Memorando, nº 3 do Apêndice 3 e nº 5 do Apêndice 4).

[2471] Relatório do Órgão de Recurso no caso *Canada – Measures Affecting the Export of Civilian Aircraft* (WT/DS70/AB/R), 2-8-1999, parágrafo 145.

A FASE DO PAINEL

Infelizmente, no caso *Thailand – Anti-Dumping Duties on Angles, Shapes and Sections of Iron or Non-Alloy Steel and H-Beams from Poland*, a Tailândia denunciou que o conteúdo da comunicação *amicus curiae* apresentada por uma associação sectorial de carácter privado (a *Consuming Industries Trade Action Coalition*) revelava que tal associação tinha tido acesso às observações escritas que tinha apresentado ao Órgão de Recurso, em violação da exigência de confidencialidade prevista nos artigos 17º, nº 10, e 18º, nº 2, do Memorando de Entendimento sobre Resolução de Litígios. No parágrafo 2 da comunicação apresentada pela *Consuming Industries Trade Action Coalition* havia mesmo uma referência à Secção III.C.5 das observações apresentadas pela Tailândia. Apesar de a Polónia e a associação empresarial não terem conseguido avançar com uma justificação, ela residia certamente no facto de a mesma sociedade de advogados prestar assessoria à Polónia, a parte queixosa, e à *Consuming Industries Trade Action Coalition*[2472].

Depois de rejeitar a comunicação apresentada pela associação empresarial:

> "Consideramos que existem elementos de prova *prima facie* indicando que a *Consuming Industries Trade Action Coalition* recebeu a comunicação de parte apelante apresentada pela Tailândia no presente recurso ou teve acesso à mesma. Não vemos nenhum motivo para aceitar a comunicação escrita apresentada pela *Consuming Industries Trade Action Coalition* neste recurso. Consequentemente, devolvemos esta comunicação à *Consuming Industries Trade Action Coalition*"[2473].

---

[2472] Relatório do Órgão de Recurso no caso *Thailand – Anti-Dumping Duties on Angles, Shapes and Sections of Iron or Non-Alloy Steel and H-Beams from Poland* (WT/DS122/AB/R), 12-3-2001, parágrafos 64, 65 e 71. Caso o Órgão de Recurso determinasse que um participante ou participante terceiro tinha violado as suas obrigações ao abrigo dos artigos 17º, nº 10, e 18º, nº 2, do Memorando de Entendimento sobre Resolução de Litígios, a Tailândia sugeria várias acções ao Órgão de Recurso: "tais medidas poderiam incluir a rejeição da comunicação escrita apresentada pela *Consuming Industries Trade Action Coalition*; a desqualificação para continuar participando neste recurso de qualquer advogado ou sociedade de advogados que tivesse revelado o conteúdo da comunicação da Tailândia; a garantia por tais advogados ou sociedades de advogados de que tinham destruído ou devolvido ao Órgão de Recurso todas as cópias da comunicação escrita da Tailândia ou todos os materiais escritos baseados ou referidos na comunicação; a garantia pela *Consuming Industries Trade Action Coalition* de que tinha destruído ou devolvido ao Órgão de Recurso todas as cópias da comunicação de parte apelante da Tailândia ou qualquer material escrito baseado ou referido na comunicação; e a exigência de que os advogados da Polónia ou das partes terceiras apresentassem ao Órgão de Recurso um relatório escrito expondo detalhadamente todas as revelações feitas por tais advogados a qualquer parte não envolvida neste recurso, incluindo os memorandos que tivessem preparado para clientes ou potenciais clientes ou as conversas que tivessem mantido com estes referindo de qualquer modo o conteúdo da comunicação de parte apelante apresentada pela Tailândia". Cf. *Idem*, parágrafo 67.

[2473] *Idem*, parágrafo 74.

A FUNÇÃO JURISDICIONAL NO SISTEMA GATT/OMC

Porém, insatisfeita com esta singela declaração, a Tailândia insistiu junto do Órgão de Recurso para que este explicasse as razões pelas quais tinha rejeitado a comunicação apresentada[2474]. Apesar das insistências, o Órgão de Recurso limitou-se a referir que:

> "Acreditamos que temos feito tudo o que está ao nosso alcance dentro do nosso mandato nos termos do Memorando de Entendimento sobre Resolução de Litígios para responder às preocupações da Tailândia. A respeito da sugestão desta última de que seja pedido uma explicação à *Consuming Industries Trade Action Coalition*, notamos que rejeitámos a comunicação escrita submetida por esta organização. Nestas circunstâncias, não seria apropriado o Órgão de Recurso comunicar com a *Consuming Industries Trade Action Coalition*"[2475].

Ao mesmo tempo, o Órgão de Recurso não deixou de recordar que:

> "Os Membros da OMC, que eram participantes e participantes terceiros neste recurso eram inteiramente responsáveis, ao abrigo do Memorando de Entendimento sobre Resolução de Litígios e dos demais acordos abrangidos, por quaisquer actos dos seus funcionários, assim como dos seus representantes, advogados ou consultores"[2476].

Segundo Brigitte Stern:

> "This case revealed the possibility of collusion between a party and the NGOs that backed its cause. An important lesson to be learned from this case is that a friend of the court should not be a false friend and should therefore be independent of the parties. (...) The aim is to avoid confusion between the interests of the friends of the court and the interests of the parties or third parties, otherwise the manipulation of the one group by the other would render the institution meaningless"[2477].

O caso em análise mostra, ainda, claramente que os órgãos de adjudicação da OMC não têm quaisquer poderes ao seu dispor mesmo quando o requisito de confidencialidade é violado de modo claro.

Nada impede, por outro lado, que um painel possa adoptar procedimentos de trabalho especiais para protecção de informação comercial de carácter confi-

---

[2474] *Idem*, parágrafo 75.

[2475] *Idem*, parágrafo 76.

[2476] *Idem*, parágrafo 68.

[2477] Brigitte Stern, The Intervention of Private Entities and States as "Friends of the Court" in WTO Dispute Settlement Proceedings (Chapter 32), in *The World Trade Organization: Legal, Economic and Political Analysis*, Volume I, Patrick Macrory, Arthur Appleton e Michael Plummer Ed., Springer, Nova Iorque, 2005, p. 1447.

A FASE DO PAINEL

dencial (por exemplo, segredos comerciais, certa informação financeira, planos de *marketing*, etc.). Presentemente, o Memorando de Entendimento sobre Resolução de Litígios não contém disposições especiais que protejam a informação comercial de carácter confidencial e, por isso, no caso *Canada – Measures Affecting the Export of Civilian Aircraft*, o Canadá, a parte contra a qual tinha sido apresentada a queixa, solicitou ao Painel a adopção de procedimentos especiais para protecção de informação comercial confidencial. Apesar do n⁰ 2 do art. 18⁰ do Memorando prever a protecção de informação confidencial, o Painel observou que o n⁰ 1 do art. 12⁰ permite que os painéis adoptem procedimentos de trabalho adicionais aos previstos no Memorando:

> "Dado o carácter sensível da informação comercial confidencial que podia ser apresentada ao Painel neste caso, e dado o acordo das partes quanto à necessidade de uma protecção adicional dessa informação, o Painel decidiu adoptar um procedimento especial aplicável à informação comercial confidencial que vai além da protecção concedida pelo n⁰ 2 do artigo 18⁰ do Memorando de Entendimento sobre Resolução de Litígios"[2478].

---

[2478] Relatório do Painel no caso *Canada – Measures Affecting the Export of Civilian Aircraft* (WT/DS70/R), 14-4-1999, parágrafo 9.56. No caso de informação governamental, ver o relatório do Painel no caso *Australia – Measures Affecting Importation of Salmon, Recourse to Article 21.5 of the DSU by Canada* (WT/DS18/RW), 18-2-2000, parágrafo 7.7. Ainda em relação à participação dos advogados no sistema de resolução de litígios da OMC, as Comunidades Europeias perguntaram no âmbito de um litígio se, em princípio, era possível os mesmos advogados representarem simultaneamente uma parte queixosa e uma parte terceira e, se sim, em que condições (cf. Relatório do Painel no caso *European Communities – Conditions for the Granting of Tariff Preferences to Developing Countries* (WT/DS246/R), 1-12-2003, parágrafo 7.3). O Painel respondeu assim:

"ao analisar este conjunto de questões processuais, o Painel observa em primeiro lugar que a própria OMC não elaborou normas de ética que regulem a conduta dos advogados que representam os membros da OMC nos diferentes litígios. Consequentemente, o Painel considera que não existem disposições jurídicas nem directrizes directamente aplicáveis a que se possa apelar para resolver quaisquer questões colocadas relativamente à representação conjunta de uma das partes e uma parte terceira" (cf. *Idem*, parágrafo 7.5).

Contudo:

"de uma maneira geral, o Painel considera que o advogado tem a obrigação de assegurar de que não se coloca numa posição em que pode haver um conflito de interesses real ou potencial quando aceita representar, e posteriormente quando representa, um ou mais membros da OMC num litígio ao abrigo do Memorando sobre o Sistema de Resolução de Litígios. A este respeito, o Painel observa que as ordens dos advogados em muitas jurisdições têm elaborado regras deontológicas que tratam explicitamente dos conflitos de interesses ligados à representação conjunta. Todas estas regras deontológicas têm em comum o princípio de que os advogados não devem aceitar nem ou continuar a representar mais de um cliente num caso em que os interesses dos clientes estejam efectiva ou potencialmente em conflito. Este princípio baseia-se na ideia fundamental de que os clientes têm que ter plena confiança na objectividade

A FUNÇÃO JURISDICIONAL NO SISTEMA GATT/OMC

## 5.4. A Regra da Fundamentação

Nos termos do nº 7 do art. 12º do Memorando:

> "Caso as partes em litígio não consigam chegar a uma solução mutuamente satis-
> fatória, o painel apresentará as suas conclusões, sob a forma de um relatório escrito ao
> Órgão de Resolução de Litígios. Nesse caso, o relatório do painel deverá apresentar as
> conclusões sobre as questões de facto, sobre as disposições aplicáveis e os fundamen-
> tos essenciais de quaisquer conclusões e recomendações que adopte. Caso se consiga
> dirimir o litígio entre as partes, o relatório do painel deverá limitar-se a uma breve
> descrição do caso e à solução que foi dada ao mesmo".

A existência desta obrigação de motivação não é original. Ela está consagrada
igualmente no nº 1 do art. 56º do Estatuto do Tribunal Internacional de Justiça[2479]
e no nº 1 do art. 30º do Estatuto do Tribunal Internacional do Direito do Mar[2480].
Há mesmo quem entenda que a sua origem é consuetudinária[2481].

No caso específico do sistema de resolução de litígios da OMC, o Órgão de
Recurso analisou do seguinte modo a obrigação constante do nº 7 do art. 12º do
Memorando:

> "**106.** (...) O nº 7 do artigo 12º estabelece uma regra mínima a respeito da funda-
> mentação que os painéis devem fornecer em apoio das suas conclusões e recomenda-
> ções. Os painéis devem dar explicações e razões suficientes para revelar a justificação
> essencial ou fundamental dessas conclusões e recomendações.

e independência da assessoria jurídica que lhe é prestada pelos advogados. Não obstante, um
segundo elemento comum a todas essas regras deontológicas é a possibilidade de os clientes,
quando confrontados com a possibilidade de os advogados estarem sujeitos a um conflito de
interesses real ou potencial em consequência da representação conjunta, aceitarem tal representação conjunta, mas só depois de os advogados os terem informado inteiramente de tal
situação. Por outras palavras, uma vez revelada a existência real ou potencial de um conflito
de interesses, os clientes podem optar por não a relevarem. Contudo, um terceiro elemento
comum é o de que o advogado deve abandonar essa representação conjunta no momento em
que tiver conhecimento que os interesses dos dois (ou mais) clientes se opõem directamente.
O Painel considera que os elementos anteriormente descritos que são comuns às regras deontológicas de muitos ordenamentos jurídicos são igualmente apropriados para lidar com os
problemas de conflito de interesses ligados à representação no âmbito do sistema de resolução
de litígios da OMC". Cf. *Idem*, parágrafos 7.9-7.11.

[2479] "A sentença deverá declarar as razões em que se funda".

[2480] "A sentença deve ser fundamentada".

[2481] Hélène Ruiz Fabri, La motivation des décisions dans le règlement des différends de l'OMC,
in *La motivation des décisions des juridictions internationales*, Hélène Ruiz-Fabri e Jean-Marc Sorel,
Pedone ed., Paris, 2008, p. 117.

A FASE DO PAINEL

**107.** Em nossa opinião, a obrigação de os painéis exporem as 'razões' em que se baseiam as suas conclusões e recomendações, imposta pelo nº 7 do artigo 12º do Memorando de Entendimento sobre Resolução de Litígios, reflecte os princípios de equidade elementar e de respeito das garantias processuais subjacente às disposições do Memorando de Entendimento sobre Resolução de Litígios e que informam as disposições do Memorando de Entendimento sobre Resolução de Litígios, e é conforme a esses princípios. Em particular, nos casos em que se constatou que um Membro actuou de forma incompatível com as obrigações que os acordos abrangidos lhe impõem, esse Membro tem direito, em virtude das garantias processuais, a conhecer as razões de tal constatação. Além disso, a exigência de que os relatórios dos painéis exponham as razões em que se baseiam as suas conclusões e recomendações ajuda cada Membro a compreender a natureza das suas obrigações e a decidir com conhecimento de causa sobre: i) o que deve ser feito para dar cumprimento às eventuais resoluções e recomendações do Órgão de Resolução de Litígios, e ii) se vale a pena interpor recurso e como fazê-lo. O nº 7 do artigo 12º também contribui para a prossecução dos objectivos, enunciados no nº 2 do artigo 3º do Memorando de Entendimento sobre Resolução de Litígios, de promover a segurança e previsibilidade do sistema multilateral de comércio e de aclarar as disposições vigentes dos acordos abrangidos, uma vez que a prescrição de que se exponham as 'razões em que se baseiam' as conclusões e recomendações contribui para que outros Membros da OMC compreendam a natureza e o alcance dos direitos e das obrigações previstos nos acordos abrangidos.

**108.** Não acreditamos que, em abstracto, seja possível ou conveniente determinar a regra mínima de fundamentação que constitua as 'razões em que se baseiam' as conclusões e recomendações de um painel. Para determinar se um painel enunciou devidamente as razões em que se baseiam as suas conclusões e recomendações, haverá que proceder caso a caso, tendo em conta os factos do caso, as disposições jurídicas concretas em litígio e as conclusões e recomendações particulares formuladas pelo painel. Os painéis devem identificar os factos relevantes e as normas jurídicas aplicáveis. Ao aplicar essas normas jurídicas aos factos relevantes, a fundamentação do painel deve revelar como e porquê a lei se aplica aos factos. Desta forma, os painéis darão a conhecer, nos seus relatórios, a justificação essencial ou fundamental das suas conclusões e recomendações.

**109.** Isto não implica necessariamente, no entanto, que o nº 7 do artigo 12 exija que os painéis exponham extensamente as razões das suas conclusões e recomendações. Por exemplo, podemos imaginar casos em que as razões em que se baseiam as conclusões e recomendações de um painel podem ser encontradas em justificações expostas em outros documentos, tais como os relatórios de um painel anterior ou do Órgão de Recurso, sempre que tal fundamentação se cite ou, como mínimo, se incorpore por remissão. De facto, espera-se que um painel que actue ao abrigo do

A FUNÇÃO JURISDICIONAL NO SISTEMA GATT/OMC

nº 5 do artigo 21º do Memorando de Entendimento sobre Resolução de Litígios refira o relatório do painel inicial, particularmente nos casos em que a medida de aplicação esteja estreitamente relacionada com a medida inicial e em que as alegações feitas nos procedimentos desenvolvidos de acordo com o nº 5 do artigo 21º se aproximam muito das alegações formuladas nos procedimentos do painel inicial"[2482].

Naturalmente, quanto mais convincentes forem os fundamentos essenciais de quaisquer conclusões e recomendações adoptadas, maior será a probabilidade de a sentença proferida merecer o apoio de ambas as partes e de ser implementada pela parte vencida nas suas pretensões. Como observou HERSCH LAUTERPACHT:

"Absence of reasons – or of adequate reasons – unavoidably creates the impression of arbitrariness. (...) When a tribunal, by failing to base a decision on articulate grounds, makes it difficult to scrutinise the law underlying the decision, it leaves the door wide open for imputing motives extraneous to the proper exercise of the judicial function. (...) However competent, however august, however final, and however authoritative a tribunal may be, it cannot, in conditions in which its jurisdiction is in law, and compliance with its decisions is in fact, essentially of a voluntary character, dispense with that powerful appeal to opinion which stems from the reasoned content of its pronouncements"[2483].

A especificação das razões essenciais é importante, ainda, para evitar futuros litígios.

## 5.5. Os Prazos Estabelecidos

O prazo durante o qual o Painel procederá à sua análise não deve, regra geral, exceder seis meses, desde a data em que a composição e os termos de referência do Painel foram acordados até à data em que o relatório final foi apresentado às partes em litígio. Nos casos urgentes, incluindo os relativos a bens perecíveis, o Painel deverá apresentar o seu relatório às partes em litígio no prazo de três meses (art. 12º, nº 8, do Memorando)[2484].

---

[2482] Relatório do Órgão de Recurso no caso *Mexico – Anti-Dumping Investigation of High Fructose Corn Syrup (HFCS) from the United States – Recourse to Article 21.5 of the DSU by the United States* (WT/DS132/AB/RW), 22-10-2001, parágrafos 106-109.

[2483] Hersch LAUTERPACHT, *The Development of International Law by the International Court*, Stevens & Sons, Londres, 1958, pp. 39-41.

[2484] No caso do Acordo sobre as Subvenções e as Medidas de Compensação, "o relatório será enviado a todos os membros no prazo de 90 dias a contar da data de aprovação da composição e do mandato do painel" (art. 4º, nº 6). Na prática, nenhum painel conseguiu apresentar o seu relatório no prazo de 90 dias. Alguns painéis ultrapassaram mesmo os 300 dias. Tal facto aconteceu, por exemplo, no caso *United States – Tax Treatment for "Foreign Sales Corporations"* (WT/DS108/R).

A FASE DO PAINEL

Quando o Painel considere que não pode apresentar o seu relatório no prazo de seis meses, ou no prazo de três meses para os casos de urgência, deve informar por escrito o Órgão de Resolução de Litígios das razões do atraso, juntamente com uma estimativa do prazo dentro do qual estará em condições de apresentar o seu relatório. O período entre a criação do Painel e a apresentação do relatório aos membros nunca poderá ser superior a nove meses (art. 12º, nº 9, do Memorando). Contudo, apesar desta injunção clara ("nunca poderá ser superior"), alguns relatórios excederam claramente o limite dos nove meses. No caso *European Communities – Measures Affecting Asbestos and Asbestos Containing Products*, por exemplo, o Órgão de Resolução de Litígios criou o Painel em 25 de Novembro de 1998, os membros dos painéis foram seleccionados em 29 de Março de 1999, o relatório final foi apresentado às partes em litígio em 25 de Julho de 2000 e a todos os membros da OMC em 18 de Setembro de 2000, ou seja, quase dois anos depois da criação do Painel. Mais recentemente, no caso *European Communities – Measures Affecting the Approval and Marketing of Biotech Products*, o painel foi criado no dia 29 de Agosto de 2003 e composto pelo Director-Geral da OMC no dia 4 de Março de 2004, mas o relatório final só foi apresentado às partes em litígio no dia 10 de Maio de 2006 e aos outros membros da OMC no dia 29 de Setembro de 2006. Segundo o presidente do painel, "o número de alegações e produtos envolvidos neste caso não tem precedentes e o expediente submetido ao Painel foi muito volumoso"[2485]. Prova disso é o facto de o relatório final ter mais de 1000 páginas[2486].

Mas, como salienta JEFFREY WAINCYMER:

"while there is different language in various parts of the Dispute Settlement Understanding as to the obligations to comply with deadlines, it is unlikely that a failure to comply would lead to a conclusion that the authority has lapsed"[2487].

O incumprimento do prazo de 9 meses tem acontecido sobretudo nos casos em que o Painel considera necessário consultar peritos externos, em que há atrasos nas traduções e quando são extraordinariamente complexos[2488]. Sempre que

---

[2485] OMC, *European Communities – Measures Affecting the Approval and Marketing of Biotech Products, Communication from the Chairmann of the Panel* (WT/DS291/32, WT/DS292/26, WT/DS293/26), 29-9-2006, parágrafo 1.

[2486] Jan-Erik BURCHARDI e Lorenz FRANKEN, *Beyond Biosafety: An Analysis of the EC – Biotech Panel Report*, in Aussenwirtschaft, 2007, pp. 77-78.

[2487] Jeffrey WAINCYMER, *WTO Litigation: Procedural Aspects of Formal Dispute Settlement*, Cameron May, Londres, 2002, p. 306.

[2488] William DAVEY, The WTO Dispute Settlement System, in *Trade, Environment, and the Millennium*, 2ª ed., Gary Sampson e Bradnee Chambers ed., 2002, p. 153.

## A FUNÇÃO JURISDICIONAL NO SISTEMA GATT/OMC

os painéis ultrapassaram o limite dos nove meses, eles informaram por escrito o Órgão de Resolução de Litígios das razões do atraso, conforme requerido pelo nº 9 do art. 12º do Memorando[2489]. No caso *China – Measures Affecting Trading Rights and Distribution Services for Certain Publications and Audiovisual Entertainment Products*, por exemplo, o Presidente do Painel comunicou ao Órgão de Resolução de Litígios as seguintes razões do atraso na apresentação do relatório final: "a necessidade de recorrer a um perito externo para lidar com várias questões de tradução, a complexidade da questão e a dimensão do relatório"[2490].

É de referir, finalmente, que um painel pode suspender os seus trabalhos a qualquer momento a pedido da parte queixosa por um período não superior a 12 meses. Em caso de suspensão, os prazos previstos nos nºs 8 e 9 do art. 12º, no nº 1 do art. 20º e no nº 4 do art. 21º, todos do Memorando de Entendimento sobre Resolução de Litígios, serão prorrogados pelo período de tempo durante o qual os trabalhos estiveram suspensos. Caso os trabalhos do painel tenham sido suspensos por mais de 12 meses, a autorização para o estabelecimento do painel caduca (art. 12º, nº 12, do Memorando). Embora não seja frequente, o painel do caso *European Communities – Trade Description of Scallops (Requests by Peru and Chile)*, por exemplo, suspendeu os seus trabalhos[2491].

Portanto, um painel não pode suspender os seus trabalhos unilateralmente ou a pedido da parte demandada, designadamente, enquanto uma decisão relevante é tomada noutro fórum. É verdade que, segundo o nº 1 do mesmo artigo, "os painéis seguirão os procedimentos previstos no Apêndice 3, salvo se o próprio painel decidir em contrário após consulta das partes em litígio", mas, como resulta logo da primeira frase do Apêndice 3, "nos seus procedimentos, o painel respeitará as disposições relevantes do presente Memorando". As próprias limitações temporais previstas nos nºs 8 e 9 do art. 12º do Memorando parecem indicar que um painel não pode suspender, unilateralmente, os seus procedimentos.

---

[2489] Petros MAVROIDIS, Article 12 DSU, in *WTO-Institutions and Dispute Settlement*, Rüdiger Wolfrum, Peter-Tobias Stoll e Karen Kaiser (eds), Max Planck Commentaries on World Trade Law, Max Planck Institute for Comparative Public Law and International Law, Martinus Nijhoff Publishers, Leiden/Boston, 2006, p. 413.

[2490] OMC, *China – Measures Affecting Trading Rights and Distribution Services for Certain Publications and Audiovisual Entertainment Products, Communication from the Chairman of the Panel* (WT/DS363/9), 29-5-2009.

[2491] Relatório do Painel no caso *European Communities – Trade Description of Scallops (Requests by Peru and Chile)* (WT/DS12/R, WT/DS14/R), 5-8-1996, parágrafo 20. Sobre este caso *Scallops*, ver Elisa BARONCINI, *The European Community and the Diplomatic Phase of the WTO Dispute Settlement Understanding*, in Yearbook of European Law, 1998, pp. 167-176.

A FASE DO PAINEL

Todavia, a fim de colocar os painéis (e o Órgão de Recurso) em consonância com a prática de outros tribunais internacionais, eles deveriam poder suspender os seus procedimentos temporariamente, como ocorreu com o Tribunal Arbitral nomeado ao abrigo do Anexo VII da Convenção das Nações Unidas sobre o Direito do Mar no caso *MOX Plant (UK/Ireland)*:

"**26.** Although it is possible that the Tribunal [nomeado em conformidade com o Anexo VII da Convenção das Nações Unidas sobre o Direito do Mar] might conclude from the arguments of the Parties that at least certain provisions of the Convention [sobre o Direito do Mar] do not fall within the exclusive jurisdiction and competence of the European Communities in the present case, it would still not be appropriate for the Tribunal to proceed with hearings on the merits in respect of any such provisions. For one thing, it is not at all clear at this stage that the Parties are able to identify with any certainty what such provisions might be; and the Tribunal is in no better position. For another, there is no certainty that any such provisions would in fact give rise to a self-contained and distinct dispute capable of being resolved by the Tribunal. Finally, the Tribunal notes that, whatever the Parties may agree in these proceedings as to the scope and effects of European Community law applicable in the present dispute, the question is ultimately not for them to decide but is rather to be decided within the institutions of the European Communities, and particularly by the European Court of Justice.

**27.** The Tribunal observes that the resolution of the essentially internal problems within the European Community legal order may involve decisions that are final and binding. The Tribunal further observes that its decision, including a decision on jurisdiction, will be final and binding on the Parties by virtue of article 296 of the Convention and article 11 of Annex VII of the Convention.

**28.** In the circumstances, and bearing in mind considerations of mutual respect and comity which should prevail between judicial institutions both of which may be called upon to determine rights and obligations as between two States, the Tribunal considers that it would be inappropriate for it to proceed further with hearing the Parties on the merits of the dispute in the absence of a resolution of the problems referred to. Moreover, a procedure that might result in two conflicting decisions on the same issue would not be helpful to the resolution of the dispute between the Parties.

**29.** For these reasons, the Tribunal has decided, in exercise of its powers under article 8 of the Rules of Procedure, that further proceedings on jurisdiction and the merits in this arbitration will be suspended.

**30.** The Tribunal nevertheless remains seized of the dispute. Unless otherwise agreed or decided, the Tribunal will resume its proceedings not later than 1 December 2003. The Tribunal hopes that it will at that time have a clearer picture of the position

A FUNÇÃO JURISDICIONAL NO SISTEMA GATT/OMC

regarding European Community law and possible proceedings there under insofar as they appertain to the present dispute"[2492].

Portanto, o tribunal arbitral decidiu, por iniciativa própria, suspender os procedimentos por cinco meses e nenhuma das partes levantou quaisquer objecções a tal iniciativa.

## 6. A Prova
## 6.1. O GATT de 1947

Muitos dos litígios analisados durante a vigência do GATT de 1947 diziam respeito a violações claras e simples de obrigações internacionais. A medida em causa era normalmente uma disposição legislativa e, por isso, a respectiva cópia era, muito frequentemente, o elemento de prova necessário[2493].

No que diz respeito especificamente à prática dos painéis, parecem ter despontado duas regras relacionadas com o ónus da prova. Primeiro, cabia à parte queixosa provar a violação do Acordo Geral que alegava. Embora nenhum relatório de um painel tenha atribuído explicitamente este ónus à parte queixosa, ele pode ser deduzido, implicitamente, de muitos relatórios[2494]. Logo em 1952, o Painel do caso *Treatment by Germany of Imports of Sardines* concluiu que:

> "O exame das provas submetidas levam o Painel à conclusão de que não foram apresentadas provas suficientes para concluirmos que o Governo Alemão violou as suas obrigações ao abrigo do artigo I, nº 1, e XIII, nº 1"[2495].

De acordo com JOOST PAUWELYN:

> "The reason why this rule was never explicitly articulated is most probably the fact that in GATT 1947 panel practice the parties often presented the panel a set of facts they agreed upon (i.e., the so-called 'cluster or undisputed facts')"[2496].

---

[2492] TRIBUNAL PERMANENTE DE ARBITRAGEM, *The MOX Plant Case (Ireland v. United Kingdom)*, Order Nº 3, *Suspension of Proceedings on Jurisdiction and Merits, and Request for Further Provisional Measures*, 24-6-2003, parágrafos 26-30.

[2493] Jeffrey WAINCYMER, *WTO Litigation: Procedural Aspects of Formal Dispute Settlement*, Cameron May, Londres, 2002, p. 530.

[2494] Joost PAUWELYN, *Evidence, Proof and Persuasion in the WTO Dispute Settlement*: Who Bears the Burden?, in JIEL, 2001, p. 235.

[2495] Relatório do Painel no caso *Treatment by Germany of Imports of Sardines* (G/26), adoptado em 31-10-1952, parágrafo 15.

[2496] Joost PAUWELYN, *Evidence, Proof and Persuasion in the WTO Dispute Settlement: Who Bears the Burden?*, in JIEL, 2001, p. 235.

A FASE DO PAINEL

vante. Demonstrar a subordinação *de facto* à exportação é muito mais difícil. Não existe um único documento jurídico que demonstre, sem mais, que uma subvenção está 'subordinada (...) *de facto* aos resultados de exportação'. Pelo contrário, a existência desta relação de subordinação, entre a subvenção e os resultados de exportação, deve ser *inferida* a partir da configuração total dos factos que constituem a concessão da subvenção e a rodeiam, nenhum dos quais será provavelmente decisivo por si só"[2505].

As provas devem ser submetidas numa das três línguas oficiais da OMC (inglês, francês e espanhol)[2506].

### 6.2.2. *Actori incumbit probatio*
O ónus da prova diz respeito a factos e, respeitando a máxima do direito romano *actori incumbit probatio*, é a parte que formula uma alegação (a parte queixosa) que deve prová-la[2507]. A razão desta máxima no caso do sistema de resolução de litígios da OMC é muito simples:

> "if one were to allocate the burden of proof to the respondent, this might have significant implications for the incentives to complain. If members could with just a few words force other countries to motivate each and every policy, the Dispute Settlement System might be swamped by complaints. In addition, the respondents would have to spend enormous resources defending all their policies. This strongly speaks against allocating the burden of proof to the respondent"[2508].

Ou, como observa um membro do próprio Órgão de Recurso, "the member who disturbs the status quo and potentially triggers a risk of error should bear the burden of establishing a breach of the covered agreements"[2509].

---

[2505] Relatório do Órgão de Recurso no caso *Canada – Measures Affecting the Export of Civilian Aircraft* (WT/DS70/AB/R), 2-8-1999, parágrafo 167.

[2506] Relatório do Painel no caso *Korea – Definitive Safeguard Measure on Imports of Certain Dairy Products* (WT/DS98/R), 21-6-1999, parágrafo 7.16.

[2507] Petros MAVROIDIS, Article 11 DSU, in *WTO-Institutions and Dispute Settlement*, Rüdiger Wolfrum, Peter-Tobias Stoll e Karen Kaiser (eds), Max Planck Commentaries on World Trade Law, Max Planck Institute for Comparative Public Law and International Law, Martinus Nijhoff Publishers, Leiden/Boston, 2006, p. 389. No geral, o Direito internacional "has not developed a systematic approach to the allocation of the burden of proof going beyond the general guidance provided by the principle of *actori incumbit probatio*". Cf. Michelle GRANDO, *Allocating the Burden of Proof in WTO Disputes: A Critical Analysis*, in JIEL, 2006, p. 642.

[2508] Joseph WEILER e Henrik HORN, European Communities – Trade Description of Sardines: Textualism and its Discontent, in *The WTO Case Law of 2002*, The American Law Institute Reporters' Studies, Henrik Horn e Petros Mavroidis ed., Cambridge University Press, 2005, p. 270.

[2509] David UNTERHALTER, *Allocating the Burden of Proof in WTO Dispute Settlement Proceedings*, in CILJ, 2009, p. 217. Mas a parte queixosa não está obrigada a demonstrar afirmativamente a má fé

A FUNÇÃO JURISDICIONAL NO SISTEMA GATT/OMC

Por isso mesmo, o facto de a parte demandada permanecer em silêncio não implica que daí resulta, automaticamente, um caso *prima facie*. O Painel do caso *Mexico – Tax Measures on Soft Drinks and Other Beverages*, por exemplo, concluiu que:

> "**8.18.** Na sua avaliação das alegações e argumentos das partes neste caso, o Painel observa que, em vez de alegar que a medida não é aplicada 'de maneira a proteger a produção nacional', o México não responde às alegações dos Estados Unidos sobre as supostas violações do artigo III do GATT de 1994. Todavia, o México não admite estas alegações nem está de acordo que as suas medidas fiscais infringem o artigo III. O México aceita que a sua decisão de não responder às alegações dos Estados Unidos não liberta os Estados Unidos da sua obrigação como parte queixosa de estabelecer um caso *prima facie* e que o Painel deveria formular constatações apenas depois de examinar se foram cumpridas as condições prescritas nas diferentes disposições do artigo III.
>
> **8.19.** A este respeito, os Estados Unidos alegam que o Painel não deveria ter grandes dificuldades para confirmar que os Estados Unidos estabeleceram um caso *prima facie* de incompatibilidade no presente litígio. Os Estados Unidos afirmam que apresentaram provas e argumentos jurídicos mais que suficientes nas suas duas comunicações, suas declarações orais e suas respostas às perguntas do Painel e que todos os factos não impugnados que apresentaram deveriam ser aceites para efeitos de constatações fácticas e jurídicas do Painel neste litígio. Os Estados Unidos chamam, ainda, a atenção do Painel para a abordagem seguida nos casos *United States – Shrimp* e *Turkey – Textiles*, em que os painéis realizaram uma breve análise, baseada nas provas que tinham ante si, confirmando que as partes queixosas tinham estabelecido o seu caso *prima facie*, e logo de seguida examinaram a defesa afirmativa das partes demandadas ao abrigo dos artigos XX e XXIV do GATT de 1994, respectivamente quando, como neste caso, as partes demandadas não apresentaram nenhuma refutação das alegações das partes queixosas.
>
> **8.20.** A avaliação da compatibilidade das medidas em questão com o artigo III implica o exame de factores como os produtos similares, a tributação excessiva ou diferente entre produtos importados e produtos nacionais, a protecção do ramo de produção nacional e o tratamento menos favorável concedido aos produtos importados. Consequentemente, para determinar se os Estados Unidos demonstraram as suas

do outro Membro (cf. Relatório do Painel no caso *Korea – Measures Affecting Government Procurement* (WT/DS163/R), 1-5-2000, parágrafo 7.99). Fundamentalmente, a medida da parte demandada será tratada como compatível com o direito da OMC, até serem apresentados elementos suficientes para provar o contrário. Cf. Relatório do Órgão de Recurso no caso *Canada – Measures Affecting the Importation of Milk and the Exportation of Dairy Products, Recourse to Article 21.5 of the DSU by New Zealand and the United States* (WT/DS103/AB/RW, WT/DS113/AB/RW), 3-12-2001, parágrafo 66.

A FASE DO PAINEL

alegações baseadas no artigo III, o Painel deverá examinar as alegações, argumentos e provas apresentadas pelas partes a respeito de cada prescrição jurídica ao abrigo da disposição relevante do artigo III e, ao mesmo tempo, ter presente a abordagem analítica relativamente sucinta que os painéis adoptaram nos casos *United States – Shrimp* e *Turkey – Textiles* na ausência de argumentos contra da parte demandada"[2510].

Relativamente às questões de direito, o direito da OMC segue a máxima *jura novit curia*[2511]. Não é exigível às partes em litígio a prova da incompatibilidade ou compatibilidade jurídica de uma medida com uma disposição dos acordos da OMC[2512].

De igual modo, o Tribunal Internacional de Justiça declarou no caso *Fisheries Jurisdiction* (*United Kingdom of Great Britain and Northern Ireland v. Iceland*) que:

> "Tendo o Tribunal por função determinar e aplicar o direito relevante atendendo às circunstâncias do caso, o ónus de estabelecer ou provar as regras de direito internacional não pode ser imposto a qualquer uma das partes, porquanto o Tribunal conhece a lei"[2513].

O ónus da prova não é aplicável, também, ao estabelecimento da jurisdição do tribunal, dado esta ser uma questão de direito[2514].

Claro está, as partes em litígio podem sempre apresentar argumentos jurídicos em apoio das suas alegações, visando influenciar a interpretação do tribunal de modo favorável aos seus interesses, mas não recai sobre elas "any burden of proof in respect of issues of law"[2515]. Ao mesmo tempo, o facto de o juiz "conhecer o direito" não implica nunca "qu'il connaisse tous les droits: il n'est jamais censé «savoir» que celui qui est propre à l'ordre juridique auquel il doit ses com-

---

[2510] Relatório do Painel no caso *Mexico – Tax Measures on Soft Drinks and Other Beverages* (WT/DS308/R), 7-10-2005, parágrafos 8.18-8.20.

[2511] "Le fait relève des parties et le droit du juge". Cf. Joe VERHOEVEN, *Jura novit curia* et le juge international, in *Essays in Honour of Christian Tomuschat: Common Values in International Law*, P.-M. Dupuy, B. Fassbender, M. N. Shaw, K.-P. Sommermann eds., Engel Verlag, Kehl, 2006, p. 637.

[2512] Relatório do Órgão de Recurso no *caso European Communities – Conditions for the Granting of Tariff Preferences to Developing Countries* (WT/DS246/AB/R), 7-4-2004, parágrafo 105.

[2513] TRIBUNAL INTERNACIONAL DE JUSTIÇA, *Fisheries Jurisdiction* (*United Kingdom of Great Britain and Northern Ireland v. Iceland*), *Merits*, Acórdão de 25-7-1974, parágrafo 17.

[2514] Robert KOLB, General Principles of Procedural Law, in *The Statute of the International Court of Justice – A Commentary*, Andreas Zimmermann, Christian Tomuschat e Karin Oellers-Frahm ed., Oxford University Press, 2006, p. 821.

[2515] Joost PAUWELYN, *Evidence, Proof and Persuasion in the WTO Dispute Settlement: Who Bears the Burden?*, in JIEL, 2001, pp. 241-242.

893

A FUNÇÃO JURISDICIONAL NO SISTEMA GATT/OMC

pétences et ses pouvoirs"[2516]. Mais exactamente, o princípio *jura novit curia* não é posto em causa se um tribunal internacional não conhecer o direito interno dos vários países:

> "Apesar de estar vinculado a aplicar o direito interno quando as circunstâncias o exijam, o Tribunal, que é um tribunal de direito internacional, e, nesta capacidade, presume-se que ele conhece este direito, não está obrigado a conhecer igualmente o direito interno dos vários países. Tudo o que pode ser dito a este respeito é que o Tribunal poderá possivelmente ser obrigado a procurar conhecer o direito nacional que tem de ser aplicado. E deve fazê-lo, seja através de meios de prova fornecidos pelas partes, seja através de qualquer investigação que o próprio Tribunal considere desejável fazer ou pedir que outros a realizem"[2517].

O Tribunal Internacional de Justiça já exigiu mesmo prova de costumes regionais:

> "O Governo da Colômbia invocou finalmente o 'direito internacional americano em geral'. Para além das regras convencionais já consideradas, a Colômbia baseou-se num pretenso costume regional ou local peculiar ao Estados da América Latina. A Parte que invoca um costume deste tipo deve provar que este costume é estabelecido de tal maneira que ele se torna vinculativo para a outra Parte. O Governo colombiano deve provar que a regra que invoca é conforme a uma prática constante e uniforme, pelos Estados em questão, e que esta prática traduz um direito pertencente ao Estado que concede asilo e um dever para o Estado territorial"[2518].

### 6.2.3. O Momento da Apresentação dos Elementos de Prova

Nem o Memorando de Entendimento sobre Resolução de Litígios nem o seu Apêndice 3, relativo aos procedimentos de trabalho dos painéis, estabelecem limites temporais para a apresentação dos elementos de prova a um painel.

No caso *Argentina – Measures Affecting Imports of Footwear, Textiles, Apparel and Other Items*, perante a alegação da Argentina de que o painel tinha agido incorrectamente ao admitir certos elementos de prova apresentados pelos Estados Unidos apenas dois dias antes da segunda reunião do painel com as partes em litígio, o Órgão de Recurso respondeu que:

---

[2516] Joe VERHOEVEN, *Jura novit curia* et le juge international, in *Essays in Honour of Christian Tomuschat: Common Values in International Law*, P.-M. Dupuy, B. Fassbender, M. N. Shaw, K.-P. Sommermann eds., Engel Verlag, Kehl, 2006, p. 638.

[2517] TRIBUNAL PERMANENTE DE JUSTIÇA INTERNACIONAL, *Case Concerning the Payment in Gold of Brazilian Federal Loans Contracted in France*, Acórdão de 12-7-1929 (Series A-No. 21), p. 124.

[2518] TRIBUNAL INTERNACIONAL DE JUSTIÇA, *Asylum Case (Colombia/Peru)*, Acórdão de 20-11-1950, p. 276.

894

A FASE DO PAINEL

"**79.** O artigo 11º do Memorando de Entendimento sobre Resolução de Litígios não estabelece prazos para a apresentação de provas a um painel. O nº 1 do artigo 12º do Memorando de Entendimento sobre Resolução de Litígios dispõe que os painéis seguirão os procedimentos previstos no Apêndice 3, salvo se o próprio painel decidir em contrário após consulta das partes em litígio. Os Procedimentos de Trabalho do Apêndice 3 também não estabelecem prazos exactos para a apresentação de provas por uma parte em litígio. É verdade que os Procedimentos de Trabalho 'não proíbem' a apresentação de uma prova adicional depois da primeira reunião substantiva de um painel com as partes. Não obstante, também é verdade que os Procedimentos de Trabalho do Apêndice 3 contemplam duas etapas diferenciadas num procedimento ante um painel. Nos parágrafos 4 e 5 dos Procedimentos de Trabalho descrevem a primeira etapa do seguinte modo:

4. Antes da primeira reunião do painel com as partes, as partes em litígio transmitirão ao painel observações escritas nas quais apresentam os factos e os seus argumentos

5. Na sua primeira reunião com as partes, o painel pedirá à parte queixosa que exponha as suas razões. Posteriormente, e ainda na mesma reunião, a parte demandada deverá apresentar o seu ponto de vista.

A segunda etapa dos procedimentos do Painel é descrita no parágrafo 7 do seguinte modo:

7. As contestações e réplicas formais deverão ser apresentadas numa segunda reunião de discussão do painel. A parte demandada terá o direito de apresentar oralmente as suas alegações em primeiro lugar, seguindo-se-lhe a parte queixosa. As partes apresentarão, por escrito, antes dessa reunião, as respectivas contestações e réplicas ao painel.

Ao abrigo dos Procedimentos de Trabalho do Apêndice 3, a parte queixosa deverá apresentar todos os seus argumentos, junto com uma exposição cabal dos factos acompanhada das provas relevantes, durante a primeira etapa. A segunda etapa destina-se, geralmente, a permitir que cada uma das partes apresente 'réplicas' aos argumentos e provas aduzidos pelas outras partes.

**80.** Os Procedimentos de Trabalho na sua forma presente não impõem aos painéis normas estritas e irrevogáveis sobre prazos de apresentação de provas. O Painel poderia ter recusado admitir a prova documental adicional dos Estados Unidos por ter sido apresentada tardiamente. Todavia, o Painel decidiu admitir essa prova, dando ao mesmo tempo à Argentina duas semanas para lhe responder. A Argentina chamou a atenção para as dificuldades que teria para encontrar e verificar os documentos aduaneiros processados manualmente e para responder aos mesmos, uma vez que os nomes, números de identificação pautal e, em alguns casos, as descrições dos produtos tinham

A FUNÇÃO JURISDICIONAL NO SISTEMA GATT/OMC

sido apagados. O Painel poderia muito bem ter concedido à Argentina mais do que duas semanas para responder à prova adicional. No entanto, não existe no registo do painel nenhuma indicação de que a Argentina tenha solicitado explicitamente, naquele momento ou em momento posterior, um prazo mais dilatado para poder responder à prova documental adicional apresentada pelos Estados Unidos. A Argentina também não apresentou nenhum documento nem comentários para refutar os documentos adicionais apresentados pelos Estados Unidos.

**81.** Por conseguinte, ainda que um outro painel pudesse ter exercido de forma diferente os seus poderes discricionários, não consideramos que o presente Painel tenha utilizado de maneira ilegítima esses poderes, impossibilitando-o de fazer uma apreciação objectiva da questão, como exigido pelo artigo 11º do Memorando de Entendimento sobre Resolução de Litígios"[2519].

O painel do caso *Canada – Measures Affecting the Export of Civilian Aircraft* entendeu também que:

"Uma norma categórica excluindo a apresentação de provas por uma parte queixosa depois da primeira reunião substantiva seria inapropriada, já que em alguns casos a parte queixosa pode ver-se forçada a apresentar novas provas para lidar com os argumentos expostos pela parte demandada na sua réplica. Além disso, pode haver casos em que, como no presente litígio, uma parte tenha de apresentar novas provas a pedido do Painel. Por estas razões, rejeitamos o pedido do Canadá de uma decisão preliminar em que se declare que o Painel não deve aceitar novas provas apresentadas pelo Brasil depois da primeira reunião substantiva"[2520].

Normalmente, são os procedimentos de trabalho adoptados por um painel para um litígio em particular que disciplinam os limites temporais dentro dos quais a aceitação dos elementos de prova será considerada legítima. O nº 7 dos procedimentos de trabalho do painel do caso *Canada – Measures Affecting the Importation of Milk and the Exportation of Dairy Products*, por exemplo, estabelecia que:

"As partes devem apresentar ao Painel todas as provas fácticas o mais tardar na primeira reunião substantiva, excepto no que respeita às provas necessárias para efeitos de comunicações a título de réplica ou de respostas às perguntas. Excepções a

---

[2519] Relatório do Órgão de Recurso no caso *Argentina – Measures Affecting Imports of Footwear, Textiles, Apparel and Other Items* (WT/DS56/AB/R), 27-3-1998, parágrafos 79-81.
[2520] Relatório do Painel no caso *Canada – Measures Affecting the Export of Civilian Aircraft* (WT/DS70/R), 14-4-1999, parágrafo 9.73.

896

A FASE DO PAINEL

este procedimento podem ser concedidas por causas justificadas. Em tal caso, deve se concedido à outra parte um prazo para formular observações, como apropriado"[2521].

Regra geral, uma disposição semelhante a esta é incluída nos procedimentos de trabalho da maioria dos painéis[2522], mas nem sempre se tem conseguido impedir o aparecimento de novas questões relacionadas com os limites temporais. Por exemplo, no caso *European Communities – Trade Description of Sardines*, apesar de o nº 12 dos procedimentos de trabalho do painel ser muito semelhante ao nº 7 dos procedimentos de trabalho do painel do caso *Canada – Measures Affecting the Importation of Milk and the Exportation of Dairy Products*, as Comunidades Europeias apresentaram novos elementos de prova durante a fase intermédia de revisão. Logicamente, o painel entendeu que a fase intermédia de revisão não era o momento apropriado para apresentar novos elementos de prova[2523], tendo esta conclusão sido depois ratificada pelo Órgão de Recurso:

> "Também rejeitamos a afirmação das Comunidades Europeias referente às cartas que apresentou na fase intermédia de revisão. Esta fase não é o momento oportuno para a apresentação de novas provas. Recordamos que a fase intermédia de revisão é governada pelo artigo 15º do Memorando de Entendimento sobre Resolução de Litígios. O artigo 15º permite que as partes, durante esta fase do procedimento, apresentem observações sobre o projecto de relatório emitido pelo painel e peçam 'que o Painel reveja aspectos precisos do relatório provisório'. Nesse momento, o procedimento do Painel está praticamente completo; são apenas – nas palavras do artigo 15º – 'aspectos precisos' do relatório que podem ser verificados durante a fase intermédia. E isto, em nossa opinião, não pode incluir propriamente uma avaliação de novas provas a que a outra parte não respondeu. Portanto, consideramos que o Painel actuou correctamente ao recusar tomar em consideração as novas provas durante a fase intermédia de revisão e, por isso, não agiu de forma contrária ao artigo 11º do Memorando de Entendimento sobre Resolução de Litígios"[2524].

As garantias processuais devidas podem ser de especial interesse nos casos em que uma parte apresenta factos novos numa fase avançada dos procedimentos do

---

[2521] Relatório do Painel no caso *Canada – Measures Affecting the Importation of Milk and the Exportation of Dairy Products* (WT/DS103/R, WT/DS113/R), 17-5-1999, parágrafo 7.17.

[2522] Petros MAVROIDIS e David PALMETER, *Dispute Settlement in the World Trade Organization: Practice and Procedure*, 2ª ed., Cambridge University Press, 2004, p. 127.

[2523] Relatório do Painel no caso *European Communities – Trade Description of Sardines* (WT/DS231/R), 29-5-2002, parágrafo 6.16.

[2524] Relatório do Órgão de Recurso no caso *European Communities – Trade Description of Sardines* (WT/DS231/AB/R), 26-9-2002, parágrafo 301.

A FUNÇÃO JURISDICIONAL NO SISTEMA GATT/OMC

painel. Um painel pode actuar de maneira incompatível com a obrigação de realizar uma apreciação objectiva da questão, nos termos do art. 11º do Memorando, se examinar uma defesa que uma parte demandada apresentou numa fase tão tardia dos procedimentos do painel que a parte queixosa não teve oportunidade de lhe responder verdadeiramente[2525].

A fim de evitar este tipo de situações, alguns painéis têm interpretado estritamente os procedimentos de trabalho proibindo a introdução de comunicações não apresentadas a título de refutação (*non-rebuttal evidence*) depois da primeira comunicação[2526]. O Painel do caso *Korea – Definitive Safeguard Measure on Imports of Certain Dairy Products*, por exemplo, recusou prorrogar o prazo estipulado para permitir à Coreia do Sul apresentar uma tradução de um relatório da *Korean Trade Commission*[2527]. De modo semelhante, o Painel do caso *Canada – Wheat Exports and Grain Imports* recusou aceitar um artigo académico apresentado extemporaneamente pelos Estados Unidos:

> "Os Estados Unidos tiveram uma oportunidade na sua primeira declaração oral de 'refutar' as alegações feitas pelo Canadá na sua primeira comunicação escrita, incluindo mediante a apresentação de novas provas fácticas. Além disso, tendo os Estados Unidos liberdade para 'explicar melhor' as suas declarações anteriores na sua segunda comunicação escrita, eles deviam ter apresentado toda a informação fáctica em apoio dessas declarações anteriores durante ou antes da primeira reunião substantiva do Painel. É preciso notar também que os Estados Unidos não indicaram que o artigo de 1998 não estava à sua disposição na data da primeira reunião substantiva nem tentaram dar uma 'justificação suficiente' para a apresentação tardia das novas provas fácticas. Por todas estas razões, estamos de acordo com o Canadá de que o artigo de 1998 não nos foi submetido devidamente"[2528].

De notar que as provas que fundamentam uma alegação que impugna medidas compreendidas nos termos de referência de um painel podem ser anteriores ou posteriores ao pedido de criação do painel. Dito de outra forma, um painel

---

[2525] Relatório do Órgão de Recurso no caso *United States – Measures Affecting the Cross-Border Supply of Gambling and Betting Services* (WT/DS285/AB/R), 7-4-2005, parágrafo 273.

[2526] Scott ANDERSEN, Administration of evidence in WTO dispute settlement proceedings, in *Key Issues in WTO Dispute Settlement: The First Ten Years*, Rufus Yerxa e Bruce Wilson Ed., Cambridge University Press, 2005, p. 183.

[2527] Relatório do Painel no caso *Korea – Definitive Safeguard Measure on Imports of Certain Dairy Products* (WT/DS98/R), 21-6-1999, parágrafos 7.16-7.20.

[2528] Relatório do Painel no caso *Canada – Measures Relating to Exports of Wheat and Treatment of Imported Grain* (WT/DS276/R), 6-4-2004, parágrafo 6.140.

898

A FASE DO PAINEL

não está impedido de avaliar um elemento de prova simplesmente porque este é anterior ou posterior à sua criação[2529].

### 6.2.4. Um Caso *Prima Facie*

Logo num dos seus primeiros relatórios, o Órgão de Recurso declarou a respeito do ónus da prova que:

> "É, de facto, difícil conceber como um sistema de resolução judicial de litígios poderá funcionar se acolher a ideia de que a mera asserção de uma alegação poderá equivaler a uma prova. Por conseguinte, não resulta surpreendente que diversos tribunais internacionais, incluindo o Tribunal Internacional de Justiça, tenham aceitado e aplicado de forma geral e concordante a regra segundo a qual a parte que alega um facto – seja o demandante ou o demandado- é responsável por fornecer a prova correspondente. Além disso, é um critério geralmente aceite nos ordenamentos jurídicos de tradição romanista, na *common law* e, de facto, na maior parte das jurisdições, que o ónus da prova incumbe à parte, seja o demandante ou o demandado, que afirma uma determinada reclamação ou defesa. Se essa parte apresentar elementos de prova suficientes para estabelecer a presunção de que a sua reclamação é legítima, o ónus da prova passa para a outra parte, que deverá fornecer, sob pena de perder o caso, elementos de prova suficientes para refutar a presunção"[2530].

Subsequentemente, o Órgão de Recurso assinala que:

> "**140.** Um caso *prima facie* deve basear-se em 'provas e argumentos jurídicos' apresentados pela parte queixosa relativamente a *cada um* dos elementos da queixa. A parte queixosa não pode simplesmente limitar-se a apresentar provas e esperar que o Painel extraia delas o fundamento de uma incompatibilidade com o regime da OMC. Nem a parte queixosa pode limitar-se a invocar factos sem relacioná-los com os seus argumentos jurídicos.
>
> **141.** (...) As provas e argumentos em que se baseia um caso *prima facie* devem ser suficientes para identificar a medida impugnada e as suas consequências fundamentais, especificar a disposição relevante da OMC e a obrigação que contém e explicar a base para a alegada incompatibilidade da medida com a disposição"[2531].

---

[2529] Relatório do Órgão de Recurso no caso *European Communities – Selected Customs Matters* (WT/DS315/AB/R), 13-11-2006, parágrafo 188.

[2530] Relatório do Órgão de Recurso no caso *United States – Measure Affecting Imports of Woven Wool Shirts and Blouses from India* (WT/DS33/AB/R), 25-4-1997, p. 14.

[2531] Relatório do Órgão de Recurso no caso *United States – Measures Affecting the Cross-Border Supply of Gambling and Betting Services* (WT/DS285/AB/R), 7-4-2005, parágrafos 140-141.

A FUNÇÃO JURISDICIONAL NO SISTEMA GATT/OMC

No essencial, observa PETROS MAVROIDIS, "making out a *prima facie* case" corresponde ao que definimos como "burden of persuasion"[2532]. Veja-se, por exemplo, o relatório do Painel no caso *United States – Anti-Dumping Measures on Stainless Steel Plate in Coils and Stainless Steel Sheet and Strip from Korea*:

> "Nos procedimentos da OMC para a resolução de litígios, o ónus da prova a respeito de uma determinada queixa ou defesa incumbe à parte que formula essa queixa ou invoca essa defesa. No contexto do presente litígio, isto significa que a Coreia está obrigada a apresentar um caso *prima facie* de violação dos artigos relevantes do Acordo Antidumping. A este respeito, o Órgão de Recurso declarou que 'um caso *prima facie* é aquele que requer, na falta de uma *refutação efectiva* pela parte demandada, que o Painel, como questão de direito, se pronuncie a favor da parte queixosa que apresenta o caso *prima facie*'. Assim, quando a Coreia apresenta um caso *prima facie* a respeito de uma queixa, incumbe aos Estados Unidos 'refutar efectivamente' as provas e os argumentos da Coreia, apresentando as suas próprias provas e avançando com os seus próprios argumentos em apoio da afirmação de que cumpriram as suas obrigações ao abrigo do Acordo Antidumping. Supondo que ambas as partes apresentam provas e aduzem argumentos, é nossa tarefa pesar e avaliar essas provas e argumentos para determinar se a Coreia estabeleceu que os Estados Unidos actuaram de forma incompatível com as suas obrigações ao abrigo do Acordo Antidumping"[2533].

Portanto, segundo o próprio Órgão de Recurso, um caso *prima facie* é aquele que, na falta de refutação efectiva pela outra parte, obriga um Painel, de direito, a se pronunciar a favor da parte que o apresentou[2534].

---

[2532] De acordo com PETROS MAVROIDIS:
"Although the burden of proof seems to be a concept distinct from standard of review, in part there is an overlap between the two. By burden of proof we understand not only the burden of production (which party must submit the evidence), but also the burden of persuasion (how much evidence is needed for a party to be deemed to have met its burden of proof, so that the burden then shifts to the other party). The second leg – the burden of persuasion – is heavily influenced by the standard of review". Cf. Petros MAVROIDIS, Article 11 DSU, in *WTO-Institutions and Dispute Settlement*, Rüdiger Wolfrum, Peter-Tobias Stoll e Karen Kaiser (eds), Max Planck Commentaries on World Trade Law, Max Planck Institute for Comparative Public Law and International Law, Martinus Nijhoff Publishers, Leiden/ Boston, 2006, pp. 388 e 390.

[2533] Relatório do Painel no caso *United States – Anti-Dumping Measures on Stainless Steel Plate in Coils and Stainless Steel Sheet and Strip from Korea* (WT/DS179/R), 22-12-2000, parágrafo 6.2.

[2534] Relatório do Órgão de Recurso no caso *European Communities Measures Concerning Meat and Meat Products (Hormones)* (WT/DS26/AB/R, WT/DS48/AB/R), 16-1-1998, parágrafo 104.

A FASE DO PAINEL

## 6.2.5. A Refutação de um Caso *Prima Facie*

Num dos primeiros casos, o Órgão de Recurso defendeu que, caso a parte que sustenta um facto apresentasse elementos de provas suficientes para criar a presunção de que a sua alegação era verdadeira, o ónus da prova passaria para a outra parte, devendo esta apresentar provas suficientes para refutar efectivamente a presunção[2535]. Todavia, os painéis "do not raise a flag whenever a presumption has been created; rather, WTO adjudicating bodies will make a global evaluation based on what has been pleaded before them by the parties to the dispute"[2536]. No caso *Chile – Price Band System and Safeguard Measures Relating to Certain Agricultural Products, Recourse to Article 21.5 of the DSU by Argentina*, por exemplo, o Órgão de Recurso defende que

> "Um painel não está sempre obrigado a formular uma constatação expressa de que uma parte queixosa satisfez a sua obrigação de estabelecer uma presunção *prima facie* a respeito de cada um dos elementos de uma alegação em particular ou que a parte demandada refutou efectivamente uma presunção *prima facie*. Por conseguinte, um painel não está obrigado a formular uma resolução explícita de que uma parte queixosa estabeleceu uma presunção *prima facie* de incompatibilidade antes de examinar a defesa e as provas apresentadas pela parte demandada"[2537].

Dependendo do ramo de direito, a "prova *prima facie*", a "prova para além de qualquer dúvida razoável" e a "preponderância da prova" são critérios usados para medir a suficiência da prova apresentada para determinar se uma determinada alegação procede ou não (o chamado ónus ou grau de persuasão).

---

[2535] *Idem*, parágrafo 98. Posteriormente, o Órgão de Recurso precisou o seu pensamento: "(...) A declaração do Órgão de Recurso no caso *EC – Hormones* [parágrafo 98] não significa que a parte queixosa está obrigada a apresentar provas de todos os elementos de facto suscitados em relação com a determinação de saber se uma medida é compatível com uma determinada disposição de um acordo abrangido. Por outras palavras, ainda que a parte queixosa esteja obrigada a apresentar provas que atestem o seu caso, a parte demandada deverá apresentar provas que confirmem os argumentos que deseja formular em resposta (...)". Cf. Relatório do Órgão de Recurso no caso *Japan – Measures Affecting the Importation of Apples* (WT/DS245/AB/R), 26-11-2003, parágrafo 154.

[2536] Petros Mavroidis, Article 11 DSU, in *WTO-Institutions and Dispute Settlement*, Rüdiger Wolfrum, Peter-Tobias Stoll e Karen Kaiser (eds), Max Planck Commentaries on World Trade Law, Max Planck Institute for Comparative Public Law and International Law, Martinus Nijhoff Publishers, Leiden/Boston, 2006, p. 390.

[2537] Relatório do Órgão de Recurso no caso *Chile – Price Band System and Safeguard Measures Relating to Certain Agricultural Products, Recourse to Article 21.5 of the DSU by Argentina* (WT/DS207/AB/RW), 7-5-2007, parágrafo 135.

901

A FUNÇÃO JURISDICIONAL NO SISTEMA GATT/OMC

O último critério é o mais aplicado pelos tribunais internacionais[2538] e o primeiro "the lowest degree of proof"[2539].

Uma razão importante para a prevalência do critério da preponderância da prova reside no facto de ele criar um incentivo para a produção de provas:

> "On the one hand, if the standard of proof is set too low, the party bearing the burden of proof has no incentive to produce more than the minimal evidence required to satisfy that standard. On the other hand, if the standard is set too high, the party that does not bear the burden of proof will have little incentive to produce any evidence. A mid-range standard such as the preponderance of the evidence encourages both parties to provide their account of the facts and submit supporting evidence"[2540].

Os acordos da OMC não estabelecem o *quantum* de prova a aplicar. Olhando para os acordos abrangidos, vemos que o nº 5 do art. 3º do Acordo sobre a Aplicação do Artigo VI do Acordo Geral sobre Pautas Aduaneiras e Comércio de 1994 fala em "elementos de prova pertinentes", o mesmo se passando com o art. 42º do Acordo sobre os Aspectos dos Direitos de Propriedade Intelectual Relacionados com o Comércio; que o nº 3 do art. 5º do Acordo sobre a Aplicação do Artigo VI do Acordo Geral sobre Pautas Aduaneiras e Comércio de 1994 fala em "elementos de prova suficientes"; e que o nº 1 do art. 3º do Acordo sobre a Aplicação do Artigo VI do Acordo Geral sobre Pautas Aduaneiras e Comércio de 1994 fala em "elementos de prova positivos"[2541].

No que diz respeito à jurisprudência da OMC, o Órgão de Recurso assinalou no caso *European Communities – Measures Affecting Asbestos and Asbestos Containing Products* que:

> "Para justificar uma medida à luz da alínea *b*) do artigo XX do GATT de 1994, um Membro pode igualmente basear-se, de boa fé, em fontes científicas que, nesse momento, podem representar uma opinião divergente, mas que procedem de fon-

---

[2538] James PFITZER e Sheila SABUNE, *Burden of Proof in WTO Dispute Settlement: Contemplating Preponderance of the Evidence*, International Centre for Trade and Sustainable Development, Issue Paper No. 9, 2009, p. 23.

[2539] Chester BROWN, *A Common Law of International Adjudication*, Oxford University Press, 2007, p. 98.

[2540] Michelle GRANDO, *Evidence, Proof, and Fact-Finding in WTO Dispute Settlement*, Oxford University Press, 2009, pp. 139-140.

[2541] No caso *United States – Imposition of Countervailing Duties on Certain Hot-Rolled Lead and Bismuth Carbon Steel Products Originating in the United Kingdom*, o Órgão de Recurso interpretou o termo "elementos de prova positivos" do seguinte modo: "a palavra 'positivas' significa (...) que as provas devem ser de carácter afirmativo, objectivo e verificável e devem ser credíveis". Cf. Relatório do Órgão de Recurso no caso *United States – Anti-Dumping Measures on Certain Hot-Rolled Steel Products from Japan* (WT/DS184/AB/R), 24-7-2001, parágrafo 192.

A FASE DO PAINEL

tes competentes e respeitadas. Um Membro não é obrigado, aquando da elaboração de uma política de saúde, a seguir automaticamente o que pode, num determinado momento, constituir uma opinião científica maioritária. Por conseguinte, um Painel não deve necessariamente chegar a uma decisão sobre a alínea *b*) do artigo XX do GATT de 1994 com base no peso 'preponderante' da prova"[2542].

Este entendimento do Órgão de Recurso deve-se, certamente, ao facto de estar em causa neste litígio uma medida que visava proteger a saúde e a vida das pessoas e ao facto de a ciência nem sempre ser capaz de fornecer uma resposta e, em muitas situações, os resultados da investigação científica são opostos, incoerentes ou pouco confiáveis.

O Órgão de Recurso acolhe, implicitamente, o critério da "preponderância da prova" num caso relativo a uma queixa apresentada ao abrigo do Acordo sobre a Agricultura e do Acordo sobre as Subvenções e as Medidas de Compensação:

"À luz dos dois resultados plausíveis com probabilidades similares que emergem das provas quantitativas, a constatação do Painel sobre a estrutura, o desenho e o funcionamento oferece uma base probatória suficiente para a conclusão de que é mais provável do que não que o programa *General Sales Manager 102* revisto funcione com prejuízos. Por conseguinte, consideramos que o Brasil conseguiu demonstrar que os prémios do programa *General Sales Manager 102* revisto são insuficientes para cobrir a longo prazo os seus custos e perdas de funcionamento"[2543].

Por seu turno, o painel do caso *Canada – Measures Affecting the Importation of Milk and the Exportation of Dairy Products, Second Recourse to Article 21.5 by New Zealand and the United States* rejeitou expressamente a aplicação de um critério de prova "afim do critério 'para além de qualquer dúvida razoável' próprio do direito penal"[2544].

Em contraste com estas referências esparsas a dois dos três critérios de prova identificados, é possível encontrar referências ao critério do caso *prima facie* em quase todos os relatórios de painéis e do Órgão de Recurso[2545].

Dito isto, o Órgão de Recurso observa que:

[2542] Relatório do Órgão de Recurso no caso *European Communities – Measures Affecting Asbestos and Asbestos Containing Products* (WT/DS135/AB/R), 12-3-2001, parágrafo 178.

[2543] Relatório do Órgão de Recurso no caso *United States – Subsidies on Upland Cotton, Recourse to Article 21.5 of the DSU by Brazil* (WT/DS267/AB/RW), 2-6-2008, parágrafo 321.

[2544] Relatório do Painel no caso *Canada – Measures Affecting the Importation of Milk and the Exportation of Dairy Products, Second Recourse to Article 21.5 by New Zealand and the United States* (WT/DS103/RW2, WT/DS113/RW2), 26-7-2002, parágrafo 5.67.

[2545] Michelle GRANDO, *Evidence, Proof, and Fact-Finding in WTO Dispute Settlement*, Oxford University Press, 2009, p. 93.

903

A FUNÇÃO JURISDICIONAL NO SISTEMA GATT/OMC

"No contexto do GATT de 1994 e do Acordo OMC, a quantidade precisa e a natureza do tipo de provas que serão necessários para estabelecer essa presunção [*prima facie*] variarão necessariamente para cada medida, para cada disposição e para cada caso"[2546].

Por vezes, o pensamento do Órgão de Recurso não prima pela clareza:

"Uma parte queixosa que, num procedimento inicial, não estabeleceu um caso *prima facie* não deverá dispor de uma 'segunda oportunidade' num procedimento ao abrigo do nº 5 do artigo 21º e receber portanto um tratamento mais favorável que uma parte queixosa que estabeleceu efectivamente um caso *prima facie* mas que, em última instância, não tenha prevalecido no procedimento do Painel inicial, por este não ter constatado que a medida impugnada era incompatível com as obrigações contraídas no âmbito da OMC. Nem uma parte demandada deve ser sujeita a uma segunda impugnação da medida cuja incompatibilidade com as obrigações contraídas no âmbito da OMC não se tenha constatado, simplesmente porque a parte queixosa não estabeleceu um caso *prima facie* e não porque não tenha conseguido persuadir em última instância o Painel inicial"[2547].

O Órgão de Recurso parece sugerir, deste modo, que a questão da ocorrência ou não de um caso *prima facie* é anterior à questão final de sabermos se o painel foi persuadido da verdade da alegação da parte queixosa.

Pelo contrário, o Órgão de Recurso nota no caso *Korea – Definitive Safeguard Measure on Imports of Certain Dairy Products* que não há no Memorando de Entendimento sobre Resolução de Litígios nenhuma disposição que obrigue um painel a formular uma resolução expressa sobre se a parte queixosa estabeleceu uma presunção *prima facie* de violação antes de passar a examinar os meios de defesa e provas da parte demandada[2548].

De qualquer forma, MICHELLE GRANDO observa que:

"While it is true that it is not possible for panels to make a general statement on the type of evidence that would in every circumstance meet the requirements of a *prima facie* case, it is nonetheless possible to define in terms of degree of proof the standard of persuasion required to establish a *prima facie* case. In this regard, the literal meaning of the expression '*prima facie*' is 'at first sight; from a first impression'. This

[2546] Relatório do Órgão de Recurso no caso *United States – Measure Affecting Imports of Woven Wool Shirts and Blouses from India* (WT/DS33/AB/R), 25-4-1997, p. 14.
[2547] Relatório do Órgão de Recurso no caso *European Communities – Anti-Dumping Duties on Imports of Cotton-Type Bed Linen from India, Recourse to Article 21.5 of the DSU by India* (WT/DS141/AB/RW), 8-4-2003, parágrafo 96.
[2548] Relatório do Órgão de Recurso no caso *Korea – Definitive Safeguard Measure on Imports of Certain Dairy Products* (WT/DS98/AB/R), 14-12-1999, parágrafo 145.

904

A FASE DO PAINEL

would suggest that the *prima facie* case standard would be a low standard of proof, namely, a low degree of certainty involving a mere *possibility* that a proposition is true would satisfy this standard"[2549].

Apesar da jurisprudência formulada pelo Órgão de Recurso poder causar alguma confusão, ela atribui, basicamente, o ónus de persuasão à parte queixosa no que diz respeito à sua alegação de violação do direito da OMC e à parte demanda no que concerne a qualquer meio de defesa afirmativo e o ónus não muda com o decurso do procedimento de resolução de litígios[2550]. Parece ser esta, também, a prática de outros tribunais internacionais:

> "International tribunals will require parties, regardless of which side they represent, to prove against an agreed standard of proof each claim or fact they submit to the tribunal for consideration. In essence, then, the burden of proof does not shift"[2551].

O mesmo se passa, aliás, nos sistemas do *common law* e do *civil law*[2552].

Portanto, é prática generalizada que o ónus da prova cabe à mesma parte do início ao fim. Isto não significa que o painel só deve examinar as provas apresentadas pela parte a que pertence o ónus da prova. As partes em litígio devem cooperar na averiguação dos factos e os painéis não são espectadores passivos.

Caso se verifique um equilíbrio entre os elementos de prova, segue-se a interpretação que favoreça a parte contra a qual a alegação foi feita, considerando que a outra parte não justificou de forma convincente a sua alegação[2553]. Nesse sentido, o painel do caso *United States – Sections 301-310 of the Trade Act of 1974* concluiu que:

> "(...) Como, neste caso, ambas as partes aduziram numerosos factos e extensos argumentos a respeito das alegações das Comunidades Europeias, a nossa tarefa consistirá essencialmente em ponderar todas as provas apresentadas e em decidir se as Comunidades Europeias, a quem incumbe o ónus da prova inicial, nos convenceu da

---

[2549] Michelle GRANDO, *Evidence, Proof, and Fact-Finding in WTO Dispute Settlement*, Oxford University Press, 2009, p. 106.

[2550] John BARCELÓ, *Burden of Proof, Prima Facie Case and Presumption in WTO Dispute Settlement*, in CILJ, 2009, p. 24.

[2551] James PFITZER e Sheila SABUNE, *Burden of Proof in WTO Dispute Settlement: Contemplating Preponderance of the Evidence*, International Centre for Trade and Sustainable Development, Issue Paper No. 9, 2009, pp. 22-23.

[2552] Michelle GRANDO, *Evidence, Proof, and Fact-Finding in WTO Dispute Settlement*, Oxford University Press, 2009, p. 128.

[2553] Relatório do Painel no caso – *United States – Anti-Dumping Act of 1916, Complaint by the European Communities* (WT/DS136/R), 31-3-2000, parágrafo 6.58.

905

## A FUNÇÃO JURISDICIONAL NO SISTEMA GATT/OMC

validade das suas alegações. Em caso de incerteza, isto é, se todas as provas apresentadas e os argumentos aduzidos por uma e outra parte têm um peso equivalente, teremos que dar o benefício da dúvida aos Estados Unidos, como parte demandada"[2554].

### 6.2.6. A Discricionariedade dos Painéis

A capacidade dos tribunais internacionais de obter elementos de prova diferentes dos submetidos pelas partes pode ser crucial para a sua capacidade de desempenhar as suas funções de encontrar a verdade e dirimir o litígio, através da correcta aplicação da lei aos factos em causa.

No caso do sistema de resolução de litígios da OMC, os elementos de prova são apresentados pelas partes, mas cada painel tem também "o direito de recolher informações e conselhos técnicos de qualquer indivíduo ou organismo que considere adequado" (art. 13º, nº 1, do Memorando de Entendimento sobre Resolução de Litígios) e pode procurar "informações de qualquer fonte relevante e consultar peritos para obter o seu parecer sobre certos aspectos da questão" (art. 13º, nº 2, do Memorando de Entendimento sobre Resolução de Litígios) para o ajudar a compreender e avaliar os elementos de prova apresentados e os argumentos avançados pelas partes. Um Painel pode assim ter uma participação activa no processo de averiguação dos factos. Sendo uma parte desinteressada, a participação do painel pode resultar num estabelecimento mais rigoroso dos factos e reduzir o impacto das desigualdades em termos de recursos entre as partes. Ao mesmo tempo, o painel não pode procurar informação e conselhos de peritos e de qualquer outra fonte relevante para advogar a causa de uma parte queixosa[2555]. Mais exactamente, um painel não pode utilizar a informação recolhida para se pronunciar em favor de uma parte queixosa que não estabeleceu *prima facie* uma presunção de incompatibilidade com base nas alegações jurídicas específicas formuladas por si:

> "No presente caso, o Painel procedeu correctamente quando procurou informação e conselho de peritos para o ajudarem a compreender e avaliar as provas apresentadas e os argumentos expostos pelos Estados Unidos e o Japão a respeito da alegada violação do nº 6 do artigo 5º [do Acordo relativo à Aplicação de Medidas Sanitárias e Fitossanitárias]. Não obstante, o Painel errou quando utilizou essa informação e esse conselho como base para a sua constatação de incompatibilidade com o nº 6 do artigo 5º, dado que os Estados Unidos não estabeleceram *prima facie* uma incompatibilidade com a dita disposição com base em alegações relativas à 'determinação dos níveis de

---

[2554] Relatório do Painel no caso *United States – Sections 301-310 of the Trade Act of 1974* (WT/DS152/R), 22-12-1999, parágrafo 7.14.
[2555] Relatório do Órgão de Recurso no caso *Japan – Measures Affecting Agricultural Products* (WT/DS76/AB/R), 22-2-1999, parágrafo 129.

A FASE DO PAINEL

sorção'. Os Estados Unidos nem sequer *alegaram* que a 'determinação dos níveis de sorção' constitui uma medida alternativa que cumpre os três elementos do nº 6 do artigo 5º"[2556].

O Memorando não impõe, também, aos painéis nenhuma obrigação de levarem a cabo "o seu próprio trabalho de averiguação dos factos" nem de colmatarem as lacunas existentes nos argumentos apresentados pelas partes[2557]. Além disso, o Órgão de Recurso nota que:

> "Temos consciência de que a informação que se apresenta aos painéis é com frequência volumosa por natureza e que o valor probatório de determinados elementos de prova varia consideravelmente. Os painéis devem examinar e tomar em consideração todas as provas que lhe são apresentadas, devem identificar as provas sobre as quais se baseiam as suas conclusões e não devem formular constatações que não sejam apoiadas por provas. Todavia, os painéis também dispõem de uma margem de discricionariedade considerável na apreciação das provas. Isto significa, entre outras coisas, que um painel não está obrigado a explicar exactamente no seu relatório como examinou todos e cada um dos elementos de prova que constam do registo do painel. Em nossa opinião, o Chile está a procurar que sopesemos as provas de maneira distinta da do Painel. O Chile pode considerar perfeitamente que o Painel deveria ter dado mais peso a determinadas provas apresentadas por si e ter-se baseado mais nelas ou que não deveria ter-se baseado em determinadas provas apresentadas pela Argentina, mas na falta de uma indicação de que o Painel ignorou ou distorceu as provas ou formulou constatações que não são apoiadas por *nenhuma* prova, não vemos nenhuma razão para interferir no exercício do Painel das duas faculdades discricionárias neste caso"[2558].

Portanto, o painel goza de uma margem de discricionariedade para apreciar o valor das provas e a importância a atribuir às mesmas. No exercício dessa discricionariedade, o painel tem liberdade para determinar que certos elementos de prova devem ter maior peso que outros[2559]. Como sintetizou o Órgão de Recurso:

---

[2556] *Idem*, parágrafo 130.

[2557] Relatório do Órgão de Recurso no caso *United States – Countervailing Duties on Certain Corrosion-Resistant Carbon Steel Flat Products from Germany* (WT/DS213/AB/R), 28-11-2002, parágrafo 153.

[2558] Relatório do Órgão de Recurso no caso *Chile – Price Band System and Safeguard Measures Relating to Certain Agricultural Products, Recourse to Article 21.5 of the DSU by Argentina* (WT/DS207/AB/RW), 7-5-2007, parágrafo 240.

[2559] Relatório do Órgão de Recurso no caso *European Communities – Measures Affecting Asbestos and Asbestos Containing Products* (WT/DS135/AB/R), 12-3-2001, parágrafo 161.

A FUNÇÃO JURISDICIONAL NO SISTEMA GATT/OMC

"O exame e a ponderação pelo Painel das provas apresentadas caem, em princípio, no âmbito da discricionariedade do Painel enquanto decide sobre os factos e, em consequência, ficam fora do âmbito do exame de recurso"[2560].

### 6.2.7. O Ónus da Prova no Caso das Excepções
### 6.2.7.1. O Princípio Geral

Estando em causa a invocação de uma excepção, aplica-se a máxima do Direito Romano *quicunque exceptio invocat ejudem probare debet*:

"**132.** O que a quinta frase da nota de rodapé 59 [do Acordo sobre as Subvenções e as Medidas de Compensação] significa é que os Membros têm autoridade para 'tomar' ou 'adoptar' medidas para evitar a dupla tributação dos rendimentos procedentes do estrangeiro, não obstante eles poderem constituir, em princípio, subvenções à exportação no sentido do nº 1, alínea *a*), do artigo 3º [do Acordo sobre as Subvenções e as Medidas de Compensação]. Portanto, a quinta frase da nota de rodapé 59 estabelece uma excepção ao regime jurídico aplicável às subvenções à exportação ao abrigo do nº 1, alínea *a*), do artigo 3º, ao dispor expressamente que, quando uma medida á adoptada para evitar a dupla tributação dos rendimentos procedentes do estrangeiro, os Membros têm autoridade para adoptá-la.

**133.** Por conseguinte, como indicámos no caso *United States – Foreign Sales Corporations*, a quinta frase da nota de rodapé 59 constitui um meio de defesa afirmativo que justifica a atribuição de uma subvenção à exportação proibida quando a medida em causa é adoptada para 'evitar a dupla tributação dos rendimentos procedentes do estrangeiro'. Nesses casos, o ónus de provar que uma medida está justificada por caber no âmbito de aplicação da quinta frase da nota de rodapé 59 recai sobre a parte demandada"[2561].

Portanto, no contexto dos meios de defesa afirmativos, a parte demandada deve invocar uma defesa e apresentar provas e argumentos para apoiar a sua afirmação de que a medida impugnada satisfaz os requisitos da defesa. Quando a parte demandada cumpre esta obrigação, o painel pode pronunciar-se sobre se a medida impugnada é justificada ao abrigo da defesa pertinente, baseando-se em argumentos apresentados pelas partes ou desenvolvendo o seu próprio raciocínio. O mesmo é aplicável às réplicas. Um painel não pode atribuir a si a função de

---

[2560] Relatório do Órgão de Recurso no caso *Korea – Taxes on Alcoholic Beverages* (WT/DS75/AB/R, WT/DS84/AB/R), 18-1-1999, parágrafo 161.

[2561] Relatório do Órgão de Recurso no caso *United States – Tax Treatment for "Foreign Sales Corporations", Recourse to Article 21.5 of the DSU by the European Communities* (WT/DS108/AB/RW), 14-1-2002, parágrafos 132-133.

A FASE DO PAINEL

refutar a alegação (ou a defesa) quando a própria parte demandada (ou a parte queixosa) não o fez[2562].

### 6.2.7.2. Os chamados "direitos autónomos"

O Órgão de Recurso tem-se afastado do princípio geral em algumas situações[2563]. A mais importante é a que diz respeito às normas, directrizes e recomendações internacionais. No caso *European Communities Measures Concerning Meat and Meat Products (Hormones)*, o painel considerou que o nº 3 do art. 3º do Acordo relativo à Aplicação de Medidas Sanitárias e Fitossanitárias constituía uma excepção à obrigação contida no nº 1 do mesmo artigo e que o ónus de provar a observância do nº 3 do art. 3º (e, em consequência, da avaliação dos riscos imposta pelo art. 5º) caberia à parte que defendia a manutenção da sua medida sanitária ou fitossanitária. O Órgão de Recurso, porém, rejeitou este entendimento, considerando que os nºs 1 e 3 do art. 3º não se caracterizam por uma relação regra/excepção:

> "**104.** (...) Em nosso entender, o Painel compreendeu mal a relação existente entre os nºs 1, 2 e 3 do artigo 3º – a qual é qualitativamente diferente da relação existente entre, por exemplo, os artigos I ou III e o artigo XX do GATT de 1994. O artigo 3º, nº 1, do Acordo relativo à Aplicação de Medidas Sanitárias e Fitossanitárias exclui simplesmente do seu âmbito de aplicação as situações visadas pelo artigo 3., nº 3, do mesmo acordo, ou seja, em que um Membro previu assegurar um nível de protecção sanitária mais elevado do que aquele que seria conseguido por uma medida baseada numa norma internacional. O artigo 3º, nº 3, reconhece o direito autónomo de um Membro estabelecer um tal nível de protecção mais elevado, devendo, no entanto, tal Membro respeitar certas condições quando promulgue as medidas sanitárias ou fitossanitárias para atingir esse nível. (...).
>
> **172.** (...) O direito de um Membro a estabelecer o seu próprio nível de protecção ao abrigo do nº 3 do artigo 3º do Acordo relativo à Aplicação de Medidas Sanitárias e Fitossanitárias é um direito autónomo e *não* uma 'excepção' a 'obrigação geral' prevista no nº 1 do artigo 3º"[2564].

---

[2562] Relatório do Órgão de Recurso no caso *United States – Measures Affecting the Cross-Border Supply of Gambling and Betting Services* (WT/DS285/AB/R), 7-4-2005, parágrafo 282.

[2563] Um autor identifica duas situações. A primeira diz respeito às normas, directrizes e recomendações internacionais; a segunda ao sistema de preferências generalizadas. Cf. Petros MAVROIDIS, Article 11 DSU, in *WTO-Institutions and Dispute Settlement*, Rüdiger Wolfrum, Peter-Tobias Stoll e Karen Kaiser (eds), Max Planck Commentaries on World Trade Law, Max Planck Institute for Comparative Public Law and International Law, Martinus Nijhoff Publishers, Leiden/Boston, 2006, p. 391.

[2564] Relatório do Órgão de Recurso no caso *European Communities Measures Concerning Meat and Meat Products (Hormones)* (WT/DS26/AB/R, WT/DS48/AB/R), 16-1-1998, parágrafos 104 e 172.

A FUNÇÃO JURISDICIONAL NO SISTEMA GATT/OMC

Nasce assim, textualmente, a categoria dos "direitos autónomos", distinta da das excepções[2565]. Posteriormente, o Órgão de Recurso observa num caso relativo ao Acordo sobre os Obstáculos Técnicos ao Comércio que:

> "**271.** No caso *European Communities – Hormones*, declarámos que a caracterização de uma disposição de um tratado como 'excepção', por si só, não impõe o ónus da prova ao Membro demandado. Esse caso referia-se, entre outras coisas, à imposição do ónus da prova ao abrigo do artigo 3º, nºs 1 e 3, do Acordo relativo à Aplicação de Medidas Sanitárias e Fitossanitárias. (...).
> **275.** Tendo em conta as similitudes conceptuais entre, por um lado, os nºs 1 e 3 do artigo 3º do Acordo relativo à Aplicação de Medidas Sanitárias e Fitossanitárias e, por outro, o nº 4 do artigo 2º do Acordo sobre os Obstáculos Técnicos ao Comércio, não vemos nenhuma razão para que o Painel não se pudesse basear no princípio que articulámos no caso *European Communities – Hormones* para determinar a atribuição do ónus da prova de acordo com o nº 4 do artigo 2º do Acordo sobre os Obstáculos Técnicos ao Comércio. No caso *European Communities – Hormones* constatámos que não existe uma relação 'regra geral-excepção' entre os nºs 1 e 3 do artigo 3º do Acordo relativo à Aplicação de Medidas Sanitárias e Fitossanitárias, com a consequência de que a parte queixosa tinha que estabelecer *prima facie* a incompatibilidade com *ambos* os nºs 1 e 3 do artigo 3º. Chegamos a esta conclusão como consequência da nossa constatação de que 'o nº 1 do artigo 3º do Acordo relativo à Aplicação de Medidas Sanitárias e Fitossanitárias exclui simplesmente do seu âmbito de aplicação os tipos de situações abarcados pelo nº 3 do artigo 3º desse Acordo' [Relatório do Órgão de Recurso no caso *European Communities Measures Concerning Meat and Meat Products (Hormones)* (WT/DS26/AB/R, WT/DS48/AB/R), 16-1-1998, parágrafo 104]. Do mesmo modo, as circunstâncias referidas na segunda parte do nº 4 do artigo 2º estão excluídas do âmbito de aplicação da primeira parte desse nº. Em consequência, tal como ocorria com os nºs 1 e 3 do artigo 3º do Acordo relativo à Aplicação de Medidas Sanitárias e Fitossanitárias, não existe uma relação 'regra geral-excepção' entre a primeira e a segunda parte do nº 4 do artigo 2º. Portanto, neste caso, recai sobre o Peru – como Membro queixoso que solicita uma decisão sobre a incompatibilidade da medida aplicada pelas Comunidades Europeias com o nº 4 do artigo 2º do Acordo sobre os Obstáculos Técnicos ao Comércio – o ónus de provar a sua alegação. Este ónus compreende a necessidade de estabelecer que o Codex Stan 94 não foi utilizado 'como base do' Regulamento das Comunidades Europeias, assim como estabelecer que o Codex Stan 94 é eficaz e apropriado para alcançar

---

[2565] Tomer BROUDE, *Genetically modified rules: the awkward rule-exception-right distinction in EC – Biotech*, in WTR, 2007, pp. 221-222.

A FASE DO PAINEL

os 'objectivos legítimos' prosseguidos pelas Comunidades Europeias mediante o seu Regulamento"[2566].

O Órgão de Recurso adoptou esta categoria dos "direitos autónomos" para caracterizar aquelas disposições dos acordos abrangidos que permitem a uma parte a possibilidade de não aplicar um determinado conjunto de obrigações e, em vez disso, adoptar um comportamento, de outro modo incompatível, sujeito a uma regime diferente de obrigações[2567].

Mas, se atentarmos bem no texto das disposições em causa, verificamos que a distinção criada pelo Órgão de Recurso entre disposições que constituem excepções e disposições que excluem a aplicação de outras é artificial[2568], designadamente, porque a linguagem de todas as disposições em causa permite explicitamente desvios de outras regras. Além disso, o uso da palavra "excepto" quer no nº 1 do art. 3º do Acordo relativo à Aplicação de Medidas Sanitárias e Fitossanitárias, quer no nº 4 do art. 2º do Acordo sobre os Obstáculos Técnicos ao Comércio, torna claro que o recurso à norma internacional (quando exista) é a regra e a sua não aplicação a excepção. Porém, com base na jurisprudência referida:

> "It seems that, in the Appellate Body's scheme of things, the burden of proof will never shift to defendants: assuming that in the *European Communities – Sardines* litigation, Peru proves that the European Communities could have reached its objective using the international standard, it wins. Assuming that it does not, it loses. How can Peru ever know why the European Communities finds it impractical or inefficient to use the international standard? This is, in all likelihood, private information that the defendant has, and the complainant does not"[2569].

### 6.2.8. A Possibilidade de Inferências Adversas

Nos termos do nº 1 do art. 13º do Memorando:

> "Cada painel terá o direito de recolher informações e conselhos técnicos de qualquer indivíduo ou organismo que considere adequado. Contudo, antes de um painel

---

[2566] Relatório do Órgão de Recurso no caso *European Communities – Trade Description of Sardines* (WT/DS231/AB/R), 26-9-2002, parágrafos 271 e 275.

[2567] David UNTERHALTER, *Allocating the Burden of Proof in WTO Dispute Settlement Proceedings*, in CILJ, 2009, p. 214.

[2568] Michelle GRANDO, *Evidence, Proof, and Fact-Finding in WTO Dispute Settlement*, Oxford University Press, 2009, p. 181.

[2569] Petros MAVROIDIS, Article 11 DSU, in *WTO-Institutions and Dispute Settlement*, Rüdiger Wolfrum, Peter-Tobias Stoll e Karen Kaiser (eds), Max Planck Commentaries on World Trade Law, Max Planck Institute for Comparative Public Law and International Law, Martinus Nijhoff Publishers, Leiden/Boston, 2006, p. 403.

## A FUNÇÃO JURISDICIONAL NO SISTEMA GATT/OMC

procurar essas informações ou conselhos na jurisdição de um membro deve informar de tal facto as autoridades desse mesmo país membro. Esse membro deve responder atempadamente e de forma completa a qualquer pedido, apresentado por um painel, de informações que o referido painel considere necessárias e adequadas. As informações confidenciais que forem transmitidas não serão reveladas sem uma autorização formal do indivíduo, organismo ou autoridades do membro que transmite a informação".

Para o Órgão de Recurso, esta disposição confere a um Painel o poder de solicitar informação não somente em relação a um indivíduo ou organismo na jurisdição de um membro, mas também de qualquer membro, inclusive de um membro que seja parte do litígio em análise pelo Painel[2570], não se encontrando o exercício desta faculdade sujeito a nenhuma condição:

> "A primeira justificação do Canadá baseia-se na suposição de que a obrigação de um Membro dar uma resposta pronta e completa ao pedido de informação de um painel só nasce *depois* que a parte contrária no litígio estabeleceu *prima facie* que a sua queixa ou oposição estão bem fundadas. (...) Não há no Memorando de Entendimento sobre Resolução de Litígios ou no Acordo sobre as Subvenções e as Medidas de Compensação nenhuma disposição que apoie a hipótese do Canadá. Pelo contrário, atribui-se aos painéis uma discricionariedade ampla para determinar *quando* necessitam de informação para solucionar um litígio e *que* informação necessitam. É possível que um painel necessite dessa informação antes ou depois que um Membro demandante ou demandado estabeleceu *prima facie* a sua queixa ou defesa. De facto, o painel pode necessitar da informação solicitada para avaliar as provas que tem ante si e determinar se o membro queixoso ou demandado, segundo os casos, estabeleceu *prima facie* uma alegação ou defesa. Além disso, a recusa em prestar a informação solicitada baseando-se no facto de não ter sido estabelecida uma presunção *prima facie* pressupõe que o Membro a quem se dirige o pedido considera que pode julgar por si mesmo se a outra parte a estabeleceu. Todavia, nenhum Membro pode determinar por si mesmo se a outra parte estabeleceu *prima facie* uma alegação ou defesa. Em conformidade com o Memorando de Entendimento sobre Resolução de Litígios, essa competência pertence necessariamente aos painéis e não aos Membros que são partes no litígio (...)"[2571].

Os membros da OMC têm o dever e a obrigação de responder atempadamente e de forma completa a qualquer pedido de informações apresentado por

---

[2570] Relatório do Órgão de Recurso no caso *Canada – Measures Affecting the Export of Civilian Aircraft* (WT/DS70/AB/R), 2-8-1999, parágrafo 185.
[2571] *Idem*, parágrafo 192.

912

A FASE DO PAINEL

um Painel[2572]. Caso os membros a quem o Painel solicita informação não tivessem o dever jurídico de responder à sua solicitação, fornecendo a informação em causa, o direito indiscutível desse Painel de recolher informação reconhecido na primeira frase do nº 1 do artigo 13º deixaria de ter sentido. Qualquer membro que fosse parte de um litígio poderia, se o desejasse, anular o poder do Painel de descobrir os factos e controlar o processo de recolha de informação que os artigos 12º e 13º do Memorando confiam ao Painel. Por outras palavras, um membro poderia impedir que um Painel levasse a cabo a sua tarefa de determinar os factos que configuram o litígio que lhe foi apresentado e, em consequência, que procedesse à qualificação jurídica desses factos. O nº 7 do artigo 12º do Memorando, na sua parte pertinente, estabelece que o relatório do Painel deverá apresentar as conclusões sobre as questões de facto, sobre as disposições aplicáveis e os fundamentos essenciais de quaisquer conclusões e recomendações que adopte. Se um Painel é impedido de determinar os factos reais ou relevantes de um litígio, ele não estará em condições de determinar a aplicabilidade das disposições relevantes do tratado a esses factos e, por conseguinte, não poderá submeter ao Órgão de Resolução de Litígios conclusões e recomendações[2573]. Além disso, a obrigação de um membro que é parte num litígio de atender ao pedido de um painel de prestar informação em virtude do nº 1 do art. 13º do Memorando constitui uma manifestação concreta das obrigações mais gerais, impostas a todos os membros da OMC pelo nº 10 do art. 3º, de "a utilização dos procedimentos de resolução de litígios não dever ser considerada um acto contencioso" e, caso surja um litígio, de "todos os membros intervirem nos procedimentos de boa fé com vista à sua resolução"[2574].

Mas, caso um Membro não responda, como acontece frequentemente[2575], não está previsto no Memorando qualquer sanção para tal comportamento[2576]. Não

---

[2572] *Idem*, parágrafo 187.

[2573] *Idem*, parágrafo 188.

[2574] *Idem*, parágrafo 190.

[2575] David COLLINS, *Institutionalized Fact-Finding at the WTO*, in University of Pennsylvania Journal of International Economic Law, 2006, p. 370. Há quem proponha, por isso, a criação de um *WTO fact-finding body*. Este órgão teria por funções conduzir investigações com vista a clarificar os factos existentes, assim como averiguar informação em falta, necessários à apresentação do relatório do painel. Este órgão não poderia fazer recomendações nem retirar conclusões. Ele poderia, sim, recolher os elementos de prova requeridos pelo painel a pedido das partes ou por vontade do próprio painel. Recolher nova informação para colmatar as lacunas do registo de prova, procurar informação para rectificar omissões nos elementos de prova apresentados pelas partes (cf. *Idem*, pp. 367-387). Mas, na ausência de cooperação de uma parte, continuaria a ser necessário recorrer, porventura, a uma inferência adversa.

[2576] O nº 7 do Anexo V do Acordo sobre as Subvenções e as Medidas de Compensação, pelo contrário, determina que, "na elaboração das suas determinações, o painel deve interpretar desfavo-

A FUNÇÃO JURISDICIONAL NO SISTEMA GATT/OMC

obstante, o Órgão de Recurso tem encorajado expressamente os painéis a retirarem conclusões desfavoráveis (*adverse inferences*) em tais casos[2577], especialmente quando a prova é detida por uma parte, e a informar as partes em litígio dessa possibilidade:

> "Um Painel deve estar disposto a recordar expressamente às partes – no decurso dos procedimentos de resolução de litígios – que a recusa em facultar a informação solicitada pelo Painel pode dar lugar a que se conclua que a informação retida tem carácter culposo"[2578].

De notar que o Órgão de Recurso observou que a sua conclusão era apoiada pela prática e o modo de proceder habituais dos tribunais internacionais[2579]. De facto, no caso *Corfu Channel*, o Tribunal Internacional de Justiça observou que: "a prova pode resultar de presunções de facto, contanto que estas *não* suscitem nenhuma dúvida razoável"[2580].

Posteriormente, o Órgão de Recurso explica melhor o seu entendimento:

> "Quando uma parte se nega a proporcionar a informação que um painel solicitou em conformidade com o nº 1 do artigo 13 do Memorando de Entendimento sobre Resolução de Litígios, essa negativa será um dos factos pertinentes do registo e, por certo, um facto importante, a ser tomado em consideração para determinar qual é a inferência apropriada a extrair. Todavia, se um painel ignorasse ou desconsiderasse outros factos pertinentes, não efectuaria uma 'avaliação objectiva' ao abrigo do artigo 11º do Memorando de Entendimento sobre Resolução de Litígios"[2581].

A retirada de inferências adversas baseia-se no pressuposto de que, se uma determinada prova não é produzida, é porque a revelação de tal prova pode ser

---

ravelmente a falta de colaboração de qualquer das partes envolvidas no processo de recolha de informações".

[2577] O reconhecimento deste direito é de enorme significado prático. Muitos casos têm a ver essencialmente com factos e, regra geral, a informação e os dados relevantes encontram-se sob o controlo da autoridade nacional que adoptou as medidas comerciais de carácter restritivo ou de empresas privadas cujos interesses estão em jogo no caso em análise.

[2578] Relatório do Órgão de Recurso no caso *Canada – Measures Affecting the Export of Civilian Aircraft* (WT/DS70/AB/R), 2-8-1999, parágrafo 204.

[2579] *Idem*, parágrafo 202.

[2580] Tribunal Internacional de Justiça, *The Corfu Channel Case (Merits)*, Acórdão de 9-4-1949, p. 18. Sobre a prática do Tribunal Internacional de Justiça, ver, por exemplo, Christian Tams, Article 49, in *The Statute of the International Court of Justice – A Commentary*, Andreas Zimmermann, Christian Tomuschat e Karin Oellers-Frahm ed., Oxford University Press, 2006, pp. 1099-1108.

[2581] Relatório do Órgão de Recurso no caso *United States – Definitive Safeguard Measures on Imports of Wheat Gluten from the European Communities* (WT/DS166/AB/R), 22-12-2000, parágrafo 174.

A FASE DO PAINEL

contrária aos interesses da parte que a possui[2582] e pode ser justificada do seguinte modo:

> "dans un système où l'absence d'*imperium* rend l'obtention forcée des preuves concrètement irréalisable, le fait d'affirmer que le silence de la partie est un mode de preuve de la véracité – ou de la vraisemblance – des allégations qui sont portées contre elle, est un des seuls moyens pour la «faire sortir du bois», c'est-à-dire produire des éléments de preuve dans le débat"[2583].

A recusa em prestar a informação solicitada constitui, pois, "uma demonstração de má fé", o que bastaria, por si só, para justificar a retirada de conclusões desfavoráveis[2584]. No caso *Canada – Measures Affecting the Export of Civilian Aircraft*, por exemplo, o Painel solicitou informação ao Canadá em 16 ocasiões diferentes relativamente a diversos documentos, tendo o Canadá recusado sempre facultar ao Painel tais documentos[2585], e o Canadá recusou transmitir informação confidencial, não obstante as regras processuais *ad hoc* para a comunicação de tal informação adoptadas pelo Painel corresponderem, essencialmente, às propostas pelo próprio Canadá[2586]. Ou seja, sem a cooperação das partes, "the currently practised procedure for sharing and protecting information does not work"[2587].

Mas, atenção, não existe qualquer obrigação da parte dos painéis de retirar tais conclusões desfavoráveis[2588]. Quando muito, o Órgão de Recurso deve determinar:

> "(...) se o Painel exerceu indevidamente o seu poder discricionário, ao abrigo do artigo 11º, ao não retirar certas inferências dos factos que tinha diante de si. Ao solicitar-

---

[2582] Chester BROWN, *A Common Law of International Adjudication*, Oxford University Press, 2007, p. 108.

[2583] Marie-Anne FRISON-ROCHE, Le principe du contradictoire et les droits de la défense devant l'organe de règlement des différends de l'organisation mondiale du commerce, in *Le principe du contradictoire devant les juridictions internationales*, Pedone, Paris, 2004, p. 138.

[2584] Pieter KUYPER, The Appellate Body and the Facts, in *New Directions in International Economic Law: Essays in Honour of John Jackson*, Marco Bronckers e Reinhard Quick ed., Kluwer Law International, Haia-Londres-Boston, 2000, p. 321.

[2585] Rambod BEHBOODI, *'Should' Means 'Shall': A Critical Analysis of the Obligation to Submit Information under Article 13.1 of the DSU in the Canada – Aircraft Case*, in JIEL, 2000, p. 569.

[2586] Relatório do Órgão de Recurso no caso *Canada – Measures Affecting the Export of Civilian Aircraft* (WT/DS70/AB/R), 2-8-1999, parágrafo 195.

[2587] Claus-Dieter EHLERMANN e Lothar EHRING, *WTO Dispute Settlement and Competition Law: Views from the Perspective of the Appellate Body Experience*, in Fordham International Law Journal, 2003, p. 1549.

[2588] Relatório do Órgão de Recurso no caso *United States – Definitive Safeguard Measures on Imports of Wheat Gluten from the European Communities* (WT/DS166/AB/R), 22-12-2000, parágrafo 173.

915

A FUNÇÃO JURISDICIONAL NO SISTEMA GATT/OMC

-nos a realização de tal exame, o recorrente deve indicar claramente de que modo o Painel exerceu indevidamente o seu poder discricionário. Tendo em conta todo o *conjunto* dos factos, o recorrente deveria, pelo menos: identificar os factos que figuram no registo a partir dos quais o Painel deveria ter extraído inferências; indicar as inferências factuais ou jurídicas que o Painel deveria ter retirado desses factos; e, finalmente, explicar a razão pela qual o não exercício pelo Painel do seu poder discricionário em retirar estas inferências constitui um erro de direito em virtude do artigo 11º do Memorando"[2589].

Até aos dias de hoje, apenas um painel recorreu expressamente ao seu direito de retirar conclusões desfavoráveis por força de um membro da OMC ter recusado ceder a informação solicitada. A recusa da Turquia neste caso em responder aos sucessivos pedidos de informação do painel foi particularmente notória[2590], facto que levou o painel do caso *Turkey – Measures Affecting the Importation of Rice* a observar que:

> "**7.106**. Mesmo se o Painel reconhecesse a validade dos argumentos da Turquia sobre as suas limitações derivadas da lei interna, isso não bastaria por si só para eximir a Turquia do seu ónus da prova nos presentes procedimentos. Na ausência de qualquer prova refutatória proporcionada pela Turquia, é procedente que este Painel extraia as conclusões apropriadas correspondentes, como sugeriu os Estados Unidos em várias ocasiões no decurso do presente litígio.
>
> **7.107.** Por conseguinte, na ausência da informação solicitada pelo Painel e, de um modo mais geral, a falta de qualquer prova que nos permita chegar a uma conclusão diferente, concluímos que a Turquia não refutou a presunção de que, desde Setembro de 2003 e durante diferentes períodos de tempo, adoptou a decisão de denegar, ou não outorgar, certificados de controlo para a importação de arroz fora do contingente pautal"[2591].

Curiosamente, o painel usou o termo "conclusões adversas" no seu relatório provisório, mas foi persuadido pelo Estados Unidos a substituí-lo no relatório final pelo termo "conclusões apropriadas"[2592].

---

[2589] *Idem*, parágrafo 175.

[2590] David GANTZ e Simon SCHROPP, *Rice Age: Comments on the Panel Report in Turkey – Measures Affecting the Importation of Rice*, in WTR, 2009, p. 147.

[2591] Relatório do Painel no caso *Turkey – Measures Affecting the Importation of Rice* (WT/DS334/R), 21-9-2007, parágrafos 7.106-7107.

[2592] *Idem*, parágrafo 5.18.

A FASE DO PAINEL

Para além do caso referido, é possível apontar outros casos em que o painel retirou, implicitamente, inferências adversas. No caso *Chile – Taxes on Alcoholic Beverages*, por exemplo, o painel notou o seguinte:

> "Entendemos que esta obrigação assumida em virtude de um tratado [art. 13º do Memorando de Entendimento sobre Resolução de Litígios] exige algo mais que uma ausência de obstrução. E, de facto, a abordagem do Chile ao longo dos procedimentos foi construtiva. A nossa única conclusão aqui foi que, dado que a indústria chilena tinha recusado os reiterados pedidos para apresentar o relatório, aceitaríamos a prova não refutada das Comunidades Europeias acerca das conclusões desse relatório"[2593].

## 7. O Princípio das Garantias Processuais Devidas
### 7.1. Introdução Histórica

O princípio das garantias processuais devidas encontra a sua origem no capítulo 39 da Magna Carta inglesa, outorgada por João sem Terra em 15 de Junho de 1215[2594], e ganhou grande destaque com os aditamentos V e XIV à Constituição dos Estados Unidos, de tal modo que JOHN GAFFNEY defende estarmos perante um conceito "predominantly american"[2595]. No caso do aditamento V, determina-se que:

> "Ninguém será obrigado a responder por crime capital ou infamante sem denúncia ou acusação feita por um grande júri, salvo tratando-se de casos ocorridos nas forças terrestres e navais ou na milícia, quando em serviço activo em tempo de guerra ou de perturbação pública. Ninguém poderá ser, por virtude do mesmo crime, exposto a perigo de vida ou a ser molestado na sua integridade física. Ninguém será forçado a testemunhar contra si próprio em processo criminal, nem privado da vida, liberdade ou propriedade sem observância dos trâmites legais. Não poderá haver requisição da propriedade particular sem justa indemnização".

---

[2593] Relatório do Painel no caso *Chile – Taxes on Alcoholic Beverages* (WT/DS87/R, WT/DS110/R), 15-6-1999, parágrafo 6.27.

[2594] Nos termos do capítulo 39, "nenhum homem livre será detido ou sujeito a prisão, ou privado dos seus bens, ou colocado fora da lei, ou exilado, ou de qualquer modo molestado, e nós não procederemos nem mandaremos proceder contra ele senão mediante um julgamento regular pelos seus pares ou de harmonia com a lei do país". O texto da Magna Carta pode ser encontrado in Jorge MIRANDA, *Textos Históricos do Direito Constitucional*, Imprensa Nacional-Casa da Moeda, Lisboa, 1980, pp. 13-16.

[2595] John GAFFNEY, *Due Process in the World Trade Organization: The Need for Procedural Justice in the Dispute Settlement System*, in American University International Law Review, 1999, pp. 1175--1176.

A FUNÇÃO JURISDICIONAL NO SISTEMA GATT/OMC

Por seu turno, o nº 1 do XIV aditamento estabelece que:

"Toda a pessoa nascida ou naturalizada nos Estados Unidos, e sujeita a sua jurisdição, é cidadã dos Estados Unidos e do Estado em que resida. Nenhum Estado poderá fazer ou executar leis restringindo os privilégios ou as imunidades dos cidadãos dos Estados Unidos; nem poderá privar qualquer pessoa de sua vida, liberdade, ou propriedade sem o devido processo legal, ou negar a qualquer pessoa sob sua jurisdição a igual protecção das leis".

A jurisprudência relativa a estes dois aditamentos tem avançado com uma distinção entre o princípio das garantias processuais devidas com carácter processual (relativo aos direitos à informação, audiência, apoio de um advogado, recurso e um julgamento justo e objectivo) e o princípio das garantias processuais devidas com carácter substantivo (relativo à exigência de que o teor da legislação seja imparcial e razoável e promova um objectivo governamental legítimo)[2596]. Esta distinção encontra-se prevista, igualmente, nos acordos da OMC[2597]. Como exemplo do primeiro tipo, as disposições do sistema de resolução de litígios que promovam a igualdade entre as partes em litígio; como exemplo do segundo, o art. X, nº 3, alínea *a*), do GATT impõe que "cada membro aplicará de maneira uniforme, imparcial e equitativa todas as suas leis, regulamentos, decisões judiciais e disposições administrativas a que se refere o nº 1 do presente artigo"[2598].

O princípio das garantias processuais devidas é visto, também, como um princípio geral de direito reconhecido pelas nações civilizadas no sentido do artigo 38º, nº 1, alínea *c*), do Estatuto do Tribunal Internacional de Justiça[2599].

É difícil definir rigorosamente o princípio das garantias processuais devidas ou da justiça processual, porquanto as exigências de justiça dependem das cir-

---

[2596] Andrew MITCHELL, *Legal Principles in WTO Disputes*, Cambridge University Press, 2008, p. 147.

[2597] Andrew MITCHELL, Fair Crack of the Whip: Examining Procedural Fairness in WTO Disputes Using an Australian Administrative Law Framework, in *Ten Years of WTO Dispute Settlement: Australian Perspectives*, Office of Trade Negotiations of the Department of Foreign Affairs and Trade (Australia) ed., 2006, p. 46.

[2598] A respeito desta disposição, o Órgão de Recurso declarou que o nº 3, alínea *a*), do art. X do GATT estabelece "certos critérios mínimos relativos à transparência e justiça processual na administração dos regulamentos comerciais". Cf. Relatório do Órgão de Recurso no caso *United States – Import Prohibition of Certain Shrimp and Shrimp Products* (WT/DS58/AB/R), 12-10-1998, parágrafo 183.

[2599] Andrew MITCHELL, Fair Crack of the Whip: Examining Procedural Fairness in WTO Disputes Using an Australian Administrative Law Framework, in *Ten Years of WTO Dispute Settlement: Australian Perspectives*, Office of Trade Negotiations of the Department of Foreign Affairs and Trade (Australia) ed., 2006, p. 47.

A FASE DO PAINEL

cunstâncias. Por exemplo, pode ser necessário ponderar os interesses de uma parte em ter procedimentos adicionais com o valor e custo de tais procedimentos[2600]. Pode haver mesmo conflitos. O direito das partes a serem ouvidas e a apresentarem provas pode jogar a favor da introdução de elementos de prova à última hora, mas a necessidade de haver igualdade entre as partes e tempo suficiente para estas responderem e porem em causa os novos elementos de prova pode jogar contra a sua admissão[2601]. Uma ênfase excessiva nas garantias processuais pode pôr em causa a eficácia do sistema e as objecções processuais tornarem-se um meio de evasão à resolução dos litígios.

Regra geral, têm sido identificados como normas processuais mínimas ou normas processuais fundamentais subjacentes a qualquer processo de adjudicação digno desse nome:

(i) a imparcialidade do tribunal ou a igualdade jurídica entre as partes na sua capacidade como litigantes[2602];

(ii) a regra da audiência ("hearing rule") baseada na máxima *audi alteram partem* (ouvir a outra parte ou princípio do contraditório)[2603]; e

(iii) a fundamentação das conclusões e recomendações adoptadas[2604].

Todas estas regras são aspectos do que é descrito, por vezes, como o dever de um tribunal "to follow 'judicial procedure' or 'act judicially'"[2605].

## 7.2. O Caso da Organização Mundial do Comércio

Desde que entrou em funções, o Órgão de Recurso tem observado que o princípio das garantias processuais devidas ou da justiça processual está subjacente e inspira as disposições do Memorando[2606], que a exigência de um processo com todas as garantias está implícita no Memorando de Entendimento sobre Resolu-

---

[2600] Andrew MITCHELL, *Legal Principles in WTO Disputes*, Cambridge University Press, 2008, p. 145.

[2601] *Idem*.

[2602] John GAFFNEY, *Due Process in the World Trade Organization: The Need for Procedural Justice in the Dispute Settlement System*, in American University International Law Review, 1999, p. 1179.

[2603] Andrew MITCHELL, *Legal Principles in WTO Disputes*, Cambridge University Press, 2008, pp. 147-148.

[2604] Andrew MITCHELL, Due process in WTO disputes, in *Key Issues in WTO Dispute Settlement: The First Ten Years*, Rufus Yerxa e Bruce Wilson Ed., Cambridge University Press, 2005, p. 147.

[2605] *Idem*, p. 148.

[2606] Relatório do Órgão de Recurso no caso *Mexico – Anti-Dumping Investigation of High Fructose Corn Syrup (HFCS) from the United States, Recourse to Article 21.5 of the DSU by the United States* (WT/DS132/AB/RW), 22-10-2001, parágrafo 107.

A FUNÇÃO JURISDICIONAL NO SISTEMA GATT/OMC

ção de Litígios[2607], que as regras processuais do sistema de resolução de litígios da OMC têm por objectivo promover, não o desenvolvimento de técnicas de contencioso, mas simplesmente a resolução equitativa, rápida e eficaz dos diferendos comerciais[2608] e, mais recentemente, que:

> "a protecção das garantias processuais devidas é uma característica essencial de um sistema de resolução de litígios baseado em normas como o estabelecido no Memorando de Entendimento sobre Resolução de Litígios. A protecção das garantias processuais devidas garante que os procedimentos são conduzidos com equidade e imparcialidade e que uma das partes não é injustamente desfavorecida a respeito das outras partes num litígio"[2609].

Um painel afirmou mesmo que tinha "a autoridade inerente – e de facto o dever – de dirigir o procedimento de maneira a garantir o processo devido a todas as partes envolvidas no procedimento e manter a integridade do sistema de resolução de litígios"[2610]. JOOST PAUWELYN identifica, igualmente, como um elemento da jurisdição inerente a capacidade de um tribunal decidir todas as questões relativas ao exercício da sua jurisdição substantiva, incluindo "claims under rules on ... due process"[2611].

Não obstante o princípio das garantias processuais devidas ou do processo devido constituir uma componente necessária da legitimidade de qualquer sistema jurídico, seja ele nacional ou internacional, tal princípio é especialmente importante no caso do sistema de resolução de litígios da OMC. A sua jurisdição compulsória, as matérias sobre que incidem os diversos acordos da OMC e as consequências que podem resultar para o Membro incumpridor de um relatório de um painel ou do Órgão de Recurso assim o determinam[2612]. Além disso, a judicia-

---

[2607] Relatório do Órgão de Recurso no caso *India – Patent Protection for Pharmaceutical and Agricultural Chemical Products* (WT/DS50/AB/R), 19-12-1997, parágrafo 94.

[2608] Relatório do Órgão de Recurso no caso *United States – Tax Treatment for "Foreign Sales Corporations"* (WT/DS108/AB/R), 24-2-2000, parágrafo 166.

[2609] Relatório do Órgão de Recurso no caso *Canada – Continued Suspension of Obligations in the EC – Hormones Dispute* (WT/DS321/AB/R), 16-10-2008, parágrafo 433.

[2610] Relatório do Painel no caso *European Communities – Conditions for the Granting of Tariff Preferences to Developing Countries* (WT/DS246/R), 1-12-2003, parágrafo 7.8.

[2611] Joost PAUWELYN, *Conflict of Norms in Public International Law: How WTO Law Relates to other Rules of International Law*, Cambridge University Press, 2003, p. 448.

[2612] Fora do contexto do sistema de resolução de litígios da OMC, o princípio do processo devido é igualmente importante. Como bem nota ANDREW MITCHELL, "the potentially vast political and economic effects of trade liberalization and protectionism, the opportunity for Members to challenge domestic regulations of sovereign governments using WTO rules, and the power differences between WTO Members all heighten the need for fair rule enforcement in the WTO". Cf. Andrew

A FASE DO PAINEL

lização registada com a entrada em vigor do Memorando de Entendimento sobre Resolução de Litígios implicou um aumento dramático das alegações e objecções de carácter processual suscitadas pelas partes em litígio, assim como do número de páginas despendidas pelos painéis e pelo Órgão de Recurso com questões processuais (por exemplo, ónus da prova, termos de referência do painel, participação nos procedimentos)[2613]. Por fim, num plano mais genérico, quanto mais afastada se encontrar a responsabilidade de um decisor de um eleitorado em particular, mais a sua legitimidade dependerá do princípio das garantias processuais devidas[2614].

Em termos concretos, o Órgão de Recurso defende que o Memorando de Entendimento sobre Resolução de Litígios e, em particular, o seu Apêndice 3, reconhecem aos painéis da OMC uma margem de discricionariedade para lidar, sempre de acordo com as garantias processuais devidas, com situações particulares que podem surgir num determinado caso e que não estão expressamente reguladas[2615], mas isso não obsta a que o Órgão de Recurso examine se um painel anulou quaisquer direitos conferidos às partes pelo Memorando de Entendimento sobre Resolução de Litígios ou infringiu as garantias processuais devidas: "uma parte apelante a solicitar ao Órgão de Recurso que revogue uma decisão do painel relativa a questões processuais deve demonstrar o prejuízo sofrido por essa decisão"[2616].

De modo semelhante, o Órgão de Recurso observou no caso *Australia – Measures Affecting Importation of Salmon* que os painéis "devem prestar sempre atenção ao respeito das garantias processuais devidas e isso supõe proporcionar às partes uma oportunidade adequada para responder às provas apresentadas"[2617]. Neste caso em concreto, o Órgão de Recurso entendeu que o painel tinha respeitado o princípio das garantias processuais devidas:

> "Entendemos que o argumento de Austrália se reduz, em síntese, a que não teve tempo para preparar uma resposta adequada à exposição oral feita pelo Canadá na segunda reunião do Painel, dada a extensão e complexidade dos argumentos. Não obstante, da descrição feita pelo Painel dos seus procedimentos depreende-se que

MITCHELL, Due process in WTO disputes, in *Key Issues in WTO Dispute Settlement: The First Ten Years*, Rufus Yerxa e Bruce Wilson Ed., Cambridge University Press, 2005, pp. 144-145.

[2613] Joost PAUWELYN, *The Limits of Litigation: "Americanization" and Negotiation in the Settlement of WTO Disputes*, in Ohio State Journal on Dispute Resolution, 2003, p. 125.

[2614] Robert HOWSE, Adjudicative Legitimacy and Treaty Interpretation in International Trade Law: The Early Years of WTO Jurisprudence, in *The EU, the WTO, and the NAFTA: Towards a Common Law of International Trade?*, Joseph Weiler ed., Oxford University Press, 2001, p. 43.

[2615] Relatório do Órgão de Recurso no caso *European Communities Measures Concerning Meat and Meat Products (Hormones)* (WT/DS26/AB/R, WT/DS48/AB/R), 16-1-1998, nota de rodapé 138.

[2616] *Idem.*

[2617] Relatório do Órgão de Recurso no caso *Australia – Measures Affecting Importation of Salmon* (WT/DS18/AB/R), 20-10-1998, parágrafo 272.

921

A FUNÇÃO JURISDICIONAL NO SISTEMA GATT/OMC

a Austrália solicitou um prazo de uma semana para responder à exposição oral do Canadá e que o Painel acedeu à sua solicitação. Um elemento fundamental das garantias processuais devidas do procedimento é que se dê a uma parte a oportunidade de responder às alegações formuladas contra ela. No presente caso, consideramos que o Painel *deu* à Austrália uma oportunidade de responder, ao permitir que esse país apresentasse uma terceira comunicação escrita. Não entendemos como poderia o Painel ter negado as garantias processuais devidas à Austrália ao conceder-lhe o prazo suplementar que tinha solicitado"[2618].

O Órgão de Recurso concluiu que o princípio das garantias processuais devidas não tinha também sido violado no caso *European Communities – Customs Classification of Certain Computer Equipment*:

"As Comunidades Europeias alegam que a falta de precisão do termo 'equipamento para redes locais' resultou numa violação do seu direito às garantias processuais devidas que está implícito no Memorando de Entendimento sobre Resolução de Litígios. Notamos, contudo, que as Comunidades Europeias não contestam que o termo 'equipamento para redes locais' seja um termo comercial facilmente compreensível no ramo. O desacordo entre as Comunidades Europeias e os Estados Unidos está na definição precisa deste termo e nos produtos que abarca exactamente. Notamos igualmente que o termo 'equipamento para redes locais' foi utilizado nas consultas realizadas entre as Comunidades Europeias e os Estados Unidos antes da apresentação do pedido para a criação de um painel e, em particular, numa 'ficha de informação' apresentada pelas Comunidades Europeias aos Estados Unidos durante as consultas informais realizadas em Genebra em Março de 1997. Não vemos como a suposta falta de precisão dos termos 'equipamento para redes locais' e 'computadores pessoais com capacidade multimédia' no pedido de criação de um painel afectou os direitos de defesa das Comunidades Europeias *no decurso* dos procedimentos do Painel. Dado que o desconhecimento das medidas em litígio não afectou a capacidade de defesa das Comunidades Europeias, não consideramos que o Painel tenha infringido as garantias processuais devidas"[2619].

Casos acabados de referir demonstram, de modo inequívoco, que saber se um painel respeitou o princípio das garantias processuais devidas é uma questão jurídica que o Órgão de Recurso pode examinar.

---

[2618] *Idem*, parágrafo 278.
[2619] Relatório do Órgão de Recurso no caso *European Communities – Customs Classification of Certain Computer Equipment* (WT/DS62/AB/R, WT/DS67/AB/R, WT/DS68/AB/R), 5-6-1998, parágrafo 70.

# Capítulo 16
## A Fase de Recurso

*"It looks like a court, it works much like a court, and one litigates
as in a court"*[2620].

## 1. A Possibilidade de Recurso

Como contrapartida da adopção da nova regra do consenso negativo foi criado
um Órgão de Recurso, de carácter permanente (ao contrário dos painéis, criados *ad hoc*) e competente para apreciar "os recursos interpostos das decisões do
painel" (art. 17º, nº 1, do Memorando de Entendimento sobre Resolução de Liti-
gios). Esta possibilidade de recurso constitui uma das principais novidades face
ao sistema de resolução de litígios vigente durante o GATT de 1947 e "a very rare
feature in international third party dispute settlement"[2621].

---

[2620] David EVANS e Celso de Tarso PEREIRA, DSU review: a view from the inside, in *Key Issues in
WTO Dispute Settlement: The First Ten Years*, Rufus Yerxa e Bruce Wilson Ed., Cambridge University
Press, 2005, p. 266.

[2621] Giorgio SACERDOTI, Appeal and Judicial Review in International Arbitration and Adjudication: The Case of the WTO Appellate Review, in *International Trade Law and the GATT/WTO
Dispute Settlement System*, Studies in Transnational Economic Law, vol. 11, Ernst-Ulrich Petersmann ed., Kluwer Law International, Londres-Haia-Boston, 1997, p. 247. Nos casos do Tribunal
Internacional de Justiça e do Tribunal Internacional do Direito do Mar, por exemplo, não existe
a possibilidade de recorrer das suas decisões (respectivamente, art. 60º do Estatuto do Tribunal
Internacional de Justiça e art. 33º do Estatuto do Tribunal Internacional do Direito do Mar). Por
vezes, o Tribunal Internacional de Justiça pode funcionar "as a court of appeal" em relação a outros
órgãos (artigos 36º e 37º do Estatuto e 87º das Regras do Tribunal). O Tribunal Internacional de
Justiça pode funcionar como tribunal de segunda instância nos casos relativos a funcionários das
Nações Unidas (existe a possibilidade de recurso contra uma decisão do Tribunal Administrativo
das Nações Unidas) e das suas organizações especializadas (como o Banco Mundial e a Organização Internacional do Trabalho). O Tribunal Internacional de Justiça pode também analisar casos

A FUNÇÃO JURISDICIONAL NO SISTEMA GATT/OMC

Assim, um relatório do painel não será adoptado se uma das partes em litígio notificar, formalmente, o Órgão de Resolução de Litígios da sua decisão de recorrer no prazo de 60 dias a contar da data de apresentação do relatório[2622]. Caso haja recurso, o relatório não será submetido à aprovação do Órgão de Resolução de Litígios até à conclusão do processo de recurso (art. 16º, nº 4, do Memorando de Entendimento sobre Resolução de Litígios).

Para que os membros disponham de tempo suficiente para analisar os relatórios do painel, estes não serão submetidos à aprovação do Órgão de Resolução de Litígios antes de decorrido um prazo de 20 dias a contar da data em que os relatórios lhes foram transmitidos (art. 16º, nº 1, do Memorando). Uma vez que o nº 4 do art. 16º do Memorando de Entendimento sobre Resolução de Litígios fala em 60 dias para adopção do relatório do painel, a notificação do pedido de recurso deve ocorrer após o prazo de 20 dias e antes, necessariamente, da adopção do relatório do painel. No entanto:

relativos a convenções e tratados que prevêem que as suas partes possam recorrer contra uma decisão adoptada pelos seus órgãos. Nos primeiros 50 anos de funcionamento do principal órgão jurisdicional das Nações Unidas, temos o exemplo do *Appeal Relating to the Jurisdiction of the ICAO* [Organização da Aviação Civil Internacional] *Council* de 1972" (cf. Andreas ZIEGLER, *Scope and Function of the WTO Appellate System: What Future after the Millennium Round?*, in Max Planck Yearbook of United Nations Law, vol. 3, 1999, p. 448).

As excepções à ausência de um processo de recurso a nível internacional incluem, também, o Tribunal Penal Internacional para a antiga Jugoslávia, o Tribunal Penal Internacional para o Ruanda, o Tribunal Especial para a Serra Leoa e o Tribunal de Justiça das Comunidades Europeias (cf. Tania VOON e Alan YANOVICH, *Completing the Analysis in WTO Appeals: The Practice and Its Limitations*, in JIEL, 2006, p. 934), mas, como é sabido, o direito a recorrer nos casos penais "is generally recognized as a human right under international law" (cf. Joost PAUWELYN, *Appeal Without Remand: A Design Flaw in WTO Dispute Settlement and How to Fix It*, International Centre for Trade and Sustainable Development, Issue Paper No. 1, 2007, p. 40). E, diferentemente do Órgão de Recurso da OMC, as câmaras de recurso dos tribunais penais internacionais podem considerar questões de facto e de direito.

Finalmente, na esteira do êxito do Órgão de Recurso da OMC, o Acordo de Comércio Livre da América Central (Anexo 10-F), o Protocolo de Olivos do MERCOSUR ou a terceira proposta para a Área de Livre Comércio das Américas "embrace the concept of a permanent international instance for appeal". Cf. Noemi GAL-OR, *The Concept of Appeal in International Dispute Settlement*, in EJIL, 2008, p. 44.

[2622] Um autor estudou a possibilidade de tornar o processo de resolução de litígios da OMC ainda mais célere e concluiu que "perhaps the best example of unnecessary time in the Dispute Settlement Understanding process is the 60 days provided for adoption of the panel report or appeal in lieu thereof. That time could be easily be reduced to 30 days". Cf. William DAVEY, Evaluating WTO dispute settlement: what results have been achieved through consultations and implementation of panel reports?, in *The WTO in the Twenty-First Century: Dispute Settlement, Negotiations, and Regionalism in Asia*, Yasuhei Taniguchi, Alan Yanovich e Jan Bohanes Ed., Cambridge University Press, 2007, p. 124.

924

A FASE DE RECURSO

"A potential appellant may not be able to wait the full sixty days before making its appeal. This is since, in practice, the 'triggering event' for an appeal often occurs when one party to the dispute places the adoption of the panel report on the agenda of a Dispute Settlement Body meeting within that sixty-day period. This compels any party desiring to appeal the panel report to do so *before* the Dispute Settlement Body decides to adopt it"[2623].

Tendo em conta os recursos interpostos de procedimentos normais até Novembro de 2009, o período de tempo médio entre a distribuição do relatório do painel (a todos os membros da OMC) e a apresentação do pedido de recurso foi de 43 dias[2624]. Porém, no caso *United States – Anti-Dumping Act of 1916*, foi interposto recurso do relatório do painel no próprio dia da sua distribuição a todos os membros da OMC. Estando prevista a distribuição do relatório do painel referente à queixa apresentada pelo Japão para umas semanas depois da distribuição do relatório do painel relativo à queixa apresentada pelas Comunidades Europeias (a distribuição deste ocorreu no dia 31 de Março de 2000), o painel decidiu, com vista a permitir um recurso simultâneo dos dois relatórios, distribuir apenas a secção das conclusões do seu relatório (a parte descritiva estava ainda a ser traduzida). Esta acção do painel permitiu aos Estados Unidos interporem recurso dos dois relatórios no dia 29 de Maio de 2000[2625]. Mas será que a distribuição da secção das conclusões do relatório do painel (sem a parte descritiva) é compatível com o Memorando de Entendimento sobre Resolução de Litígios? O México, por exemplo, entende que não:

"Pelas razões que a seguir se expõem, o México considera que a omissão das secções descritivas do relatório do Painel e a distribuição unicamente de uma parte do mesmo constituem acções contrárias ao Memorando de Entendimento sobre Resolução de Litígios:

a) O nº 2 do artigo 15º do Memorando de Entendimento sobre Resolução de Litígios estabelece claramente que os relatórios incluem tanto secções descritivas como constatações e conclusões e não somente estas últimas. Esta ideia é reconhecida

---

[2623] Victoria DONALDSON, The Appellate Body: Institutional and Procedural Aspects (Chapter 27), in *The World Trade Organization: Legal, Economic and Political Analysis*, Volume I, Patrick Macrory, Arthur Appleton e Michael Plummer Ed., Springer, Nova Iorque, 2005, p. 1295.

[2624] OMC, *Proposed Amendments to the Working Procedures for Appellate Review, Communication from the Appellate Body* (WT/AB/WP/W/10), 12-1-2010, p. 5.

[2625] Victoria DONALDSON, The Appellate Body: Institutional and Procedural Aspects (Chapter 27), in *The World Trade Organization: Legal, Economic and Political Analysis*, Volume I, Patrick Macrory, Arthur Appleton e Michael Plummer Ed., Springer, Nova Iorque, 2005, p. 1295.

925

## A FUNÇÃO JURISDICIONAL NO SISTEMA GATT/OMC

novamente no apêndice III do Memorando de Entendimento sobre Resolução de Litígios.

b) O artigo 17º do Memorando de Entendimento sobre Resolução de Litígios aclara que os procedimentos de recurso são 'contra o relatório de um painel'. Neste caso em particular, recorreu-se unicamente contra a secção de constatações e conclusões do relatório do Painel. Isto, por sua vez, afectará os direitos das partes terceiras no caso de um recurso

c) Diversas disposições do Memorando de Entendimento sobre Resolução de Litígios serão severamente afectadas caso se permita que os relatórios sejam divididos e distribuídos em partes, particularmente os artigos 15º, nº 1, 15º, nº 2, 17º, nº 4, e 17º, nº 6.

d) A separação das secções descritivas do relatório de um Painel é contrária à prática seguida no GATT e na própria OMC, violando o artigo XVI, nº 1, do Acordo que Cria a OMC"[2626].

Em três casos, a notificação do pedido de recurso ocorreu depois de transcorrido o prazo de 60 dias estabelecido pelo Memorando de Entendimento sobre Resolução de Litígios. Por causa do período de férias de Verão, a Comunidade Europeia (a parte queixosa nos três litígios em causa) sugeriu, na reunião de Julho do Órgão de Resolução de Litígios, "o adiamento da consideração destes relatórios de painéis e a extensão dos correspondentes prazos para a interposição de recurso para uma futura reunião do Órgão de Resolução de Litígios no início de Setembro"[2627]. Caso contrário, as Comunidades Europeias teriam de convocar três reuniões especiais do Órgão de Resolução de Litígios durante o mês de Agosto. Os três membros da OMC contra os quais tinham sido apresentadas as queixas não levantaram quaisquer objecções à proposta, pedindo apenas a manutenção de todos os seus direitos[2628]. Assim, quando o Órgão de Resolução de Litígios voltou a reunir, já tinham passado mais de 60 dias a contar da data de distribuição dos relatórios dos painéis[2629].

---

[2626] OMC, *United States – Anti-Dumping Act of 1916, Communication from Mexico* (WT/DS162/8), 26-7-2000.

[2627] OMC, *Minutes of Meeting Held in the Centre William Rappard on 26 July 1999 – Dispute Settlement Body* (WT/DSB/M/65), 15-9-1999, p. 19.

[2628] *Idem*, p. 20.

[2629] Relatório do Órgão de Recurso no caso *Chile – Taxes on Alcoholic Beverages* (WT/DS87/AB/R, WT/DS110/AB/R), 13-12-1999, parágrafos 3-4; Relatório do Órgão de Recurso no caso *Argentina – Safeguard Measures on Imports of Footwear* (WT/DS121/AB/R), 14-12-1999, parágrafos 4 e 6; e Relatório do Órgão de Recurso no caso *Korea – Definitive Safeguard Measure on Imports of Certain Dairy Products* (WT/DS98/AB/R), 14-12-1999, parágrafos 3-4.

A FASE DE RECURSO

Para o cálculo do período limite, é necessário atender à Regra 17 dos Procedimentos de Trabalho do Órgão de Recurso:

"(1) Salvo quando o Órgão de Resolução de Litígios decida em sentido contrário, na contagem dos prazos estipulados no Memorando de Entendimento sobre Resolução de Litígios ou nas disposições especiais ou adicionais dos acordos abrangidos ou nestas Regras, para apresentar uma comunicação ou para que um Membro da OMC adopte uma medida para exercer ou proteger os seus direitos, excluir-se-á o dia a partir do qual começa a correr o prazo e incluir-se-á, sob reserva do que estabelece o nº 2, o último dia do prazo.

(2) A Decisão do Órgão de Resolução de Litígios sobre 'Expiração dos prazos previstos no Memorando de Entendimento sobre Resolução de Litígios' (WT/DSB/M/7), será aplicável aos recursos submetidos ao conhecimento das secções do Órgão de Recurso".

Assim, de acordo com o nº 1 da Regra 17, o período de 90 dias previsto para o processo de recurso começa a correr no dia seguinte ao da apresentação do pedido de recurso, não importando se o dia seguinte é ou não dia de trabalho. Todavia, caso o período de 90 dias termine num "feriado oficial da OMC" ou durante o fim-de-semana, o limite expira no próximo dia de trabalho[2630]. Apenas as partes em litígio, e não qualquer parte terceira, podem recorrer das questões de direito referidas no relatório de um painel e das interpretações jurídicas aí desenvolvidas (art. 17º, nºs 4 e 6, do Memorando de Entendimento sobre Resolução de Litígios). No caso *European Communities – Anti-Dumping Duties on Imports of Cotton-Type Bed Linen from India*, por exemplo, um participante terceiro (o Egipto), apresentou a sua opinião sobre um conjunto de questões que considerava "fundamentais para uma interpretação jurídica apropriada do Acordo Antidumping". O Órgão de Recurso respondeu que, "dado que não se recorreu contra nenhuma dessas constatações, as observações do Egipto não são directamente relevantes para o presente recurso"[2631].

Apesar de ocorrer raramente[2632], nada impede, pois, que a parte que prevaleceu na fase do painel possa recorrer do relatório do painel (ou que ambas ou todas as partes em litígio recorram). No caso *Japan – Taxes on Alcoholic Beverages*,

---

[2630] Nos termos da Regra 109.1 das *WTO Staff Rules*, são feriados oficiais da OMC, por exemplo, o dia de Natal, a Sexta-Feira Santa, o dia seguinte ao Domingo de Páscoa, etc.

[2631] Relatório do Órgão de Recurso no caso *European Communities – Anti-Dumping Duties on Imports of Cotton-Type Bed Linen from India* (WT/DS141/AB/R), 1-3-2001, parágrafo 35.

[2632] Petros MAVROIDIS e David PALMETER, *Dispute Settlement in the World Trade Organization: Practice and Procedure*, 2ª ed., Cambridge University Press, 2004, p. 217.

927

A FUNÇÃO JURISDICIONAL NO SISTEMA GATT/OMC

por exemplo, os Estados Unidos apresentaram um pedido de recurso, não obstante terem vencido o caso na fase do painel[2633].

Se as duas partes em litígio recorrem do relatório de um painel, cada uma delas é, simultaneamente, parte apelante e parte apelada, mas geralmente a respeito de diferentes partes do relatório do painel, isto é, as questões de direito e interpretações jurídicas do relatório do painel postas em causa por ambas são diferentes.

Por vezes, um Membro da OMC prefere não interpor recurso de uma questão jurídica particularmente delicada e correr o risco do Órgão de Recurso caucionar ainda mais a conclusão do painel. Isto porque os Membros da OMC tendem a considerar que a repercussão dos relatórios do Órgão de Recurso transcende o âmbito de cada litígio em particular.

## 2. Recurso das Decisões do Painel?

Algo curioso é o facto de o nº 1 do art. 17º do Memorando de Entendimento sobre Resolução de Litígios falar, na versão portuguesa, em "recursos interpostos das decisões do Painel"[2634]. Será que existe aqui um erro de tradução. Como é sabido, as traduções oficiais não gozam da autoridade dos textos autênticos[2635]. Todavia, ao compararmos o art. 17º, nº 1, do Memorando, nas versões em língua inglesa, francesa e espanhola, verificamos que o texto em língua portuguesa não é o único a falar em "decisões do Painel". De facto, resulta da versão em língua espanhola que o Órgão de Resolução de Litígios "establecerá un Órgano Permanente de Apelación. El Órgano de Apelación entenderá en los recursos de apelación interpuestos contra *las decisiones de los grupos especiales*" (itálico aditado), ao passo que a versão inglesa estabelece que "A standing Appellate Body shall be established by the Dispute Settlement Body. The Appellate Body shall hear appeals from panel cases" e a versão francesa que "Un organe d'appel permanent sera institué par l'Organe de Règlement des Différends. Cet organe connaîtra des appels concer-

---

[2633] Relatório do Órgão de Recurso no caso *Japan – Taxes on Alcoholic Beverages* (WT/DS8/AB/R, WT/DS10/AB/R, WT/DS11/AB/R), 4-10-1996, pp. 1-2.

[2634] O art. 17º, nº 1, do Memorando dispõe que "será criado pelo Órgão de Resolução de Litígios um Órgão de Recurso. O Órgão de Recurso apreciará os recursos interpostos das *decisões do Painel*" (itálico aditado).

[2635] Dinah SHELTON, *Reconcilable Differences? The Interpretation of Multilingual Treaties*, in Hastings International and Comparative Law Review, 1997, p. 634. Segundo BERNHARDT, "official or unofficial translations which are not authentic are in no case authoritative under international law, although they often have considerable weight in the internal order of the State concerned". Cf. Rudolf BERNHARDT, Interpretation in International Law, in *Encyclopedia of Public International Law*, Max Planck Institute for Comparative Public Law and International Law, Volume Two, North-Holland Elsevier, 1999, p. 1422.

A FASE DE RECURSO

nant des affaires soumises à des groupes spéciaux"[2636]. Ou seja, das três línguas autênticas, apenas a versão em língua espanhola fala em decisões dos painéis[2637].

Quando o significado de um termo é ambíguo ou obscuro numa determinada língua, mas é claro e convincente quanto às intenções das partes numa outra língua, o multilinguismo de um tratado facilita a interpretação do texto cujo significado levanta algumas dúvidas. No caso do Acordo OMC, estabelece-se que ele foi "feito em Marraquexe em 15 de Abril de 1994, num único exemplar, em língua espanhola, francesa e inglesa, fazendo fé qualquer um dos textos", e, segundo a Convenção de Viena sobre o Direito dos Tratados, de 23 de Maio de 1969, "quando um tratado for autenticado em duas ou várias línguas, o seu texto faz fé em cada uma dessas línguas ...", donde a presunção de que os termos de um tratado têm o mesmo sentido nos diversos textos autênticos (art. 33º, nº 3)[2638].

---

[2636] O texto do Memorando de Entendimento sobre as Regras e Processos que regem a Resolução de Litígios pode ser encontrado, nas três línguas autênticas, no *site* http://www.wto.org.

[2637] De realçar que a maioria das actividades da OMC é conduzida na língua inglesa, além de que os painéis e do Órgão de Recurso recorrem preferencialmente a dicionários de inglês. Mais: segundo JAMES BACCHUS, um dos sete membros originários do Órgão de Recurso,
  "as a matter of practice, the seven of us generally work in our common language – English. We conduct our oral hearings in English – unless asked by the WTO Members participating in the hearing to do otherwise. We deliberate in English (...). We write our reports in English. Our reports are translated into Spanish and French before release to the parties to the appeal and to the world" (cf. James BACCHUS, *Around the Table of the Appellate Body of the World Trade Organization*, in Vanderbilt Journal of Transnational Law, 2002, p. 1029).
E daí CARLOS D. ESPÓSITO afirmar que "en el caso particular de las decisiones del Organo de Solución de Diferencias, sólo el inglés es autoritativo, lo demás es labor de traductores". Cf. Carlos D. ESPÓSITO, *La Organización Mundial del Comercio y los Particulares*, Dykinson, Madrid, 1999, p. 64.

[2638] Note-se que o nº 4 do art. 33º da Convenção de Viena dispõe que "quando a comparação dos textos autênticos apresenta uma diferença de sentido que a aplicação dos artigos 31º e 32º não permite remediar, adoptar-se-á o sentido que melhor concilie esses textos tendo em conta o objecto e o fim do tratado". No caso *Chile – Price Band System and Safeguard Measures Relating to Certain Agricultural Products*, o Órgão de Recurso criticou o Painel que tinha analisado anteriormente o mesmo caso, por este último não ter tido em conta numa interpretação que tinha feito o disposto no art. 33º, nº 4, da Convenção de Viena (cf. Relatório do Órgão de Recurso no caso *Chile – Price Band System and Safeguard Measures Relating to Certain Agricultural Products* (WT/DS207/AB/R), 23-9-2002, parágrafo 271). Posteriormente, no caso *European Communities – Conditions for the Granting of Tariff Preferences to Developing Countries*, o Órgão de Recurso, depois de comparar a versão inglesa da Cláusula de Habilitação com as versões espanhola e francesa da mesma, observou que: "os termos mais fortes, mais vinculativos, tanto do texto francês como do texto espanhol (...), apoiam a nossa opinião de que só o tratamento pautal preferencial que é 'generalizado, não recíproco e não discriminatório' é abrangido pelo nº 2, alínea *a*), da Cláusula de Habilitação". Cf. Relatório do Órgão de Recurso no caso *European Communities – Conditions for the Granting of Tariff Preferences to Developing Countries* (WT/DS246/AB/R), 7-4-2004, parágrafo 147.

929

A FUNÇÃO JURISDICIONAL NO SISTEMA GATT/OMC

Mas, será que os painéis dispõem realmente de poder de decisão? As únicas disposições do Memorando de Entendimento sobre Resolução de Litígios a falarem em "decisões do Painel" são o art. 17º, nº 1, e o art. 26º, nºs 1 e 2, esta última relativa aos chamados casos de não violação e às queixas de situação, raramente invocados com êxito. Todas as outras falam em conclusões (por exemplo, os artigos 9º, nº 2, 11º, 12º, nº 7, e 17º, nº 14) ou em recomendações (por exemplo, os artigos 12º, nº 7, e 19º, nº 1).

O nº 1 do art. 7º do Memorando diz também que os painéis terão as seguintes atribuições:

> "Analisar, à luz das disposições relevantes do acordo ou dos acordos abrangidos citados pelas partes em litígio, a questão apresentada ao Órgão de Resolução de Litígios (...) e chegar a *conclusões* que permitam assistir o Órgão de Resolução de Litígios na adopção das recomendações ou das decisões previstas nesses ou nesses acordos" (itálico aditado).

Além disso, resulta do art. 11º do Memorando que uma das funções dos painéis é a de "chegar a conclusões que ajudem o Órgão de Resolução de Litígios a adoptar as recomendações ou decisões previstas nos acordos abrangidos" e do nº 3 do art. 14º do Memorando que os relatórios dos painéis contêm meros pareceres.

## 3. Os Procedimentos de Trabalho

No caso do Órgão de Recurso, somente cinco nºs do art. 17º do Memorando de Entendimento sobre Resolução de Litígios dizem respeito aos aspectos processuais da fase de recurso e, nos termos do nº 9 do artigo identificado, "os trâmites processuais do recurso serão definidos pelo Órgão de Recurso em consulta com o presidente do Órgão de Resolução de Litígios e com o director-geral, e comunicados aos membros para sua informação". Para Pierre Monnier:

> "this terse approach was probably inherited from its GATT ancestors who, step-by--step, drew up Dispute Settlement procedures from scratch. The negotiators of the WTO Agreements sanctified this empirical and pragmatic approach. In order to fill the gap, they gave considerable discretion to panels and the Appellate Body in order to draw up their own working procedures"[2639].

---

[2639] Pierre Monnier, *Working Procedures before Panels, the Appellate Body and Other Adjudicating Bodies of the WTO*, in The Law and Practice of International Courts and Tribunals, 2002, p. 481.

A FASE DE RECURSO

Após o estabelecimento do Órgão de Recurso em termos formais pelo Órgão de Resolução de Litígios no dia 10 de Fevereiro de 1995[2640], e a nomeação dos seus sete primeiros membros pelo Órgão de Resolução de Litígios em Novembro de 1995, estes tiveram como primeira tarefa a elaboração dos Procedimentos de Trabalho do Órgão de Recurso. O então presidente do Órgão de Recurso explicou que os sete membros tiveram as seguintes preocupações essenciais quando da elaboração de tais procedimentos:

> "A necessidade de vigilância na protecção dos direitos básicos de todas as partes nos nossos procedimentos; a necessidade de rotação no estabelecimento das divisões a par das vantagens da colegialidade; a necessidade de independência e imparcialidade no nosso processo de tomada de decisões; a necessidade de uma adesão rigorosa às Regras de Conduta nos nossos procedimentos; e a necessidade de um cumprimento constante e consciente com a letra e espírito do Memorando de Entendimento sobre Resolução de Litígios e dos outros acordos abrangidos da Organização Mundial do Comércio em todos os nossos esforços de reforço do sistema comercial multilateral"[2641].

Ao contrário do que acontece com os painéis, os Procedimentos de Trabalho do Órgão de Recurso são, no essencial, iguais para todos os recursos. Somente quando no interesse da equidade e do bom desenrolar do processo de recurso se coloque uma questão processual que não esteja prevista nos Procedimentos de Trabalho do Órgão de Recurso, pode a secção responsável pelo exame do recurso adoptar, para efeitos unicamente desse recurso, um procedimento apropriado, se ele não for incompatível com o Memorando de Entendimento sobre Resolução de Litígios, com os demais acordos abrangidos e com os Procedimentos de Trabalho do Órgão de Recurso (Regra 16, nº 1, dos Procedimentos de Trabalho do Órgão de Recurso). Por exemplo, a morte de um dos membros da secção que estava a analisar inicialmente o recurso apresentado no caso *United States – Imposition of Countervailing Duties on Certain Hot-Rolled Lead and Bismuth Carbon Steel Products Originating in the United Kingdom* levou a que os participantes no recurso concordassem em prorrogar em duas semanas o prazo de 90 dias[2642]. De acordo com a Regra 13 dos Procedimentos de Trabalho do Órgão de Recurso, foi eleito

---

[2640] OMC, *Minutes of Meeting Held in the Centre William Rappard on 10 February 1995 – Dispute Settlement Body* (WT/DSB/M/1), 28-2-1995, ponto 3, alínea *a*).

[2641] Julio LACARTE-MURÓ, *Letter to the Chairman of the Dispute Settlement Body (Mr. Celso Lafer)*, 7-2-1996, in ILM, Vol. XXXV, 1996, p. 498.

[2642] OMC, *United States – Imposition of Countervailing Duties on Certain Hot-Rolled Lead and Bismuth Carbon Steel Products Originating in the United Kingdom – Communication from the Appellate Body* (WT/DS138/6), 27-3-2000.

A FUNÇÃO JURISDICIONAL NO SISTEMA GATT/OMC

um outro membro do Órgão de Recurso em substituição do membro inicialmente seleccionado e, no interesse da equidade e do bom desenrolar do processo de recurso (Regra 16, nº 1, dos Procedimentos de Trabalho do Órgão de Recurso), decidiu-se realizar uma segunda audiência oral com a secção reconstituída[2643].

Quando se adopta um procedimento para responder a uma questão processual que não esteja prevista nos Procedimentos de Trabalho do Órgão de Recurso, a secção deve notificar tal procedimento de imediato às partes em litígio, aos participantes, às partes terceiras e aos participantes terceiros, assim como aos demais membros do Órgão de Recurso (Regra 16, nº 1, *in fine*, dos Procedimentos de Trabalho do Órgão de Recurso).

O Órgão de Recurso pode, igualmente, "modificar estas Regras de acordo com os procedimentos previstos no nº 9 do art. 17º do Memorando de Entendimento sobre Resolução de Litígios" (Regra 32, nº 2, dos Procedimentos de Trabalho do Órgão de Recurso)[2644].

Ao contrário das alterações ao Memorando de Entendimento sobre Resolução de Litígios, não é necessário a aprovação (o consenso) dos membros da OMC para que os Procedimentos de Trabalho do Órgão de Recurso sejam alterados. Como já foi referido, os trâmites processuais do recurso serão definidos pelo Órgão de Recurso em consulta com o presidente do Órgão de Resolução de Litígios e com o Director-Geral, e comunicados aos membros para sua informação. Todavia, em resposta ao desagrado manifestado por alguns membros da OMC com as poucas consultas promovidas pelo Presidente do Órgão de Resolução de Litígios quando do processo de alteração dos Procedimentos de Trabalho em 2002, o Órgão de Resolução de Litígios adoptou em Dezembro de 2002 uma decisão a estabelecer procedimentos adicionais a fim de estabelecer um diálogo efectivo entre os órgãos da OMC competentes e os membros da OMC sempre que o Órgão de Recurso pretenda alterar os seus procedimentos de trabalho. Nos termos da decisão adoptada:

"**1.** O Presidente do Órgão de Resolução de Litígios deve informar o mais cedo possível os Membros da OMC quando o Órgão de Recurso solicite a realização de consultas, nos termos do nº 9 do artigo 17º do Memorando de Entendimento sobre Resolução de Litígios, a respeito das modificações propostas dos Procedimentos de Trabalho para o Exame do Recurso.

---

[2643] Yang GUOHUA, Bryan MERCURIO e Li YONGJIE, *WTO Dispute Settlement Understanding: A Detailed Interpretation*, Kluwer Law International, 2005, p. 213.

[2644] E sempre que o Memorando de Entendimento sobre Resolução de Litígios ou as normas e processos especiais ou complementares dos acordos abrangidos sejam alterados, o Órgão de Recurso deve examinar se é necessário modificar estas Regras (Regra 32, nº 3, dos Procedimentos de Trabalho do Órgão de Recurso).

# A FASE DE RECURSO

**2.** O Presidente do Órgão de Resolução de Litígios deve informar o Órgão de Recurso de que procurará as opiniões dos Membros sobre as modificações propostas e que comunicará tais opiniões ao Órgão de Recurso.

**3.** O Presidente do Órgão de Resolução de Litígios deve dar aos Membros uma oportunidade para comentarem as modificações propostas, incluindo por escrito. O Presidente deve inscrever um ponto na ordem do dia de uma reunião do Órgão de Resolução de Litígios, de modo a que os Membros possam discutir nesse contexto as modificações propostas.

**4.** O Presidente do Órgão de Resolução de Litígios deve comunicar sem demora ao Órgão de Recurso as opiniões expressas pelos Membros sobre as modificações propostas e solicitará ao Órgão de Recurso que as tenha em conta"[2645].

Relativamente ao seu conteúdo, os Procedimentos de Trabalho consistem em 32 regras e três anexos. Logo na primeira regra, são avançadas algumas definições relevantes (a definição de secção, participante, participante terceiro, etc.), seguida de duas partes. A Parte I compreende as regras 2 a 15 e lida com os direitos e as responsabilidades dos membros do Órgão de Recurso, o processo de tomada de decisões, a presidência do Órgão de Recurso, as secções e sua presidência, as regras de conduta, etc.. Sobretudo, a Parte I coloca grande ênfase na independência e imparcialidade do Órgão de Recurso, em evitar conflitos de interesses (Regras 2, 8 a 11, 14 e 15)[2646].

---

[2645] OMC, *Additional Procedures for Consultations between the Chairperson of the Dispute Settlement Body and WTO Members in Relation to Amendments to the Working Procedures for Appellate Review – Decision adopted by the Dispute Settlement Body on 19 December 2002* (WT/DSB/31), 20-12-2002.

[2646] Durante as negociações do Ciclo do Uruguai, não foram debatidas quaisquer regras relativas à conduta ética dos membros dos painéis e de outros responsáveis pela administração das regras e procedimentos de resolução de litígios da OMC. Tais regras só foram objecto de discussão pela primeira vez no âmbito do chamado comité preparatório da OMC e depois sob os auspícios do Órgão de Resolução de Litígios. Distribuídas informalmente aos membros da OMC sob a forma de projecto em 1995, o Órgão de Recurso pôs a circular, em Fevereiro de 1996, procedimentos de trabalho conforme exigido pelo nº 1 do art. 17º do Memorando, neles incorporando o projecto das regras de conduta, e começou a aplicá-las quer a si, quer ao seu próprio secretariado, numa base provisória, até à conclusão das negociações entre os Membros da OMC:

"Estamos também preocupados com os possíveis conflitos de interesses. Por essa razão, adoptámos, numa base provisória, as disposições do projecto de Regras de Conduta aplicáveis ao Órgão de Recurso, que estão presentemente a ser consideradas pelo Órgão de Resolução de Litígios" (cf. Julio LACARTE-MURÓ, *Letter to the Chairman of the Dispute Settlement Body (Mr. Celso Lafer)*, 7-2-1996, in ILM, Vol. XXXV, 1996, p. 499).

Em 3 de Dezembro de 1996, as regras de conduta foram finalmente adoptadas pelo Órgão de Resolução de Litígios e, como sugere ANDREW SHOYER, "the interim application of the Rules of Conduct by the Appellate Body contributed to their eventual adoption by the Dispute Settlement

A FUNÇÃO JURISDICIONAL NO SISTEMA GATT/OMC

A Parte II, por sua vez, compreende as regras 16 a 32 e cobre o processo de recurso, descrevendo com grande cuidado e com particular atenção às garantias processuais devidas os aspectos relacionados com o plano de trabalho de um recurso, a apresentação e circulação de documentos, a proibição de comunicações *ex parte*, o início do processo de recurso, as observações escritas dos participantes, os direitos dos participantes terceiros, a audiência oral, as respostas escritas, as consequências da não comparência, a retirada do recurso, etc..

Finalmente, o Anexo I estabelece o calendário aplicável aos recursos, o Anexo II consiste nas Regras de Conduta para o Memorando de Entendimento sobre as Regras e Processos de Resolução de Litígios e o Anexo III é uma tabela de versões revistas e consolidadas dos Procedimentos de Trabalho.

No fundo, os Procedimentos de Trabalho para o processo de recurso:

> "leave no doubt that the Appellate body division hearing the appeal (and not the participants) is firmly in control of the appellate process, just as one would expect from a court as opposed to an arbitral body"[2647].

Como já foi mencionado, os Procedimentos de Trabalho do Órgão de Recurso avançam logo na Regra 1 com diversas definições:

- por "parte apelante" qualquer parte em litígio que tenha apresentado um pedido de recurso em conformidade com a Regra 20 dos Procedimentos de Trabalho do Órgão de Recurso;
- por "parte apelada" qualquer parte em litígio que tenha apresentado uma comunicação em conformidade com a Regra 22 ou com o nº 4 da Regra 23, ambas dos Procedimentos de Trabalho do Órgão de Recurso;
- por "outra parte apelante" qualquer parte em litígio que tenha apresentado um pedido de outro recurso em conformidade com o nº 1 da Regra 23 dos Procedimentos de Trabalho do Órgão de Recurso;
- por "parte em litígio" qualquer Membro da OMC que tenha sido parte demandante ou demandada no litígio analisado pelo painel, excluídas as partes terceiras;
- por "participante" qualquer parte em litígio que tenha apresentado um pedido de recurso em conformidade com a Regra 20 dos Procedimentos de Trabalho do Órgão de Recurso ou um pedido de outro recurso em con-

Body". Cf. Andrew SHOYER, *The First Three Years of WTO Dispute Settlement: Observations and Suggestions*, in JIEL, 1998, pp. 285-286.

[2647] Peter Van den BOSSCHE, From afterthought to centerpiece: the WTO Appellate Body and its rise to prominence in the world trading system, in *The WTO at Ten: The Contribution of the Dispute Settlement System*, Ed. Giorgio Sacerdoti, Alan Yanovich e Jan Bohanes, Cambridge University Press, 2006, p. 305.

934

A FASE DE RECURSO

formidade com a Regra 23 dos Procedimentos de Trabalho do Órgão de Recurso ou uma comunicação em conformidade com a Regra 22 ou com o nº 4 da Regra 23, ambos dos Procedimentos de Trabalho do Órgão de Recurso;

- por "parte terceira" qualquer Membro da OMC que tenha notificado ao Órgão de Resolução de Litígios que tem um interesse substancial no caso apresentado ao painel, em conformidade com o nº 2 do art. 10º do Memorando de Entendimento sobre Resolução de Litígios; e
- por "participante terceiro" qualquer parte terceira que tenha apresentado uma comunicação escrita em conformidade com o nº 1 da Regra 24 dos Procedimentos de Trabalho do Órgão de Recurso ou qualquer parte terceira que compareça na audiência, faça ou não uma declaração oral nessa audiência.

Assim, qualquer membro da OMC que não tenha sido parte em litígio num caso analisado por um painel não pode ser participante num recurso interposto relativamente a esse mesmo caso. Por outro lado, uma parte em litígio na fase do painel só adquire a qualidade de participante se apresentar um pedido de recurso, uma comunicaçao como outra parte apelante ou uma comunicação como parte apelada. Finalmente, não obstante os Procedimentos de Trabalho não contemplarem qualquer participação na fase de recurso dos membros da OMC que não tenham participado como partes ou partes terceiras nos procedimentos ante o painel, o caso *European Communities – Trade Description of Sardines* mostra que é possível que tais membros submetam uma comunicação *amicus curiae* à consideração do Órgão de Recurso[2648]. Segundo o Órgão de Recurso:

"Como explicámos no caso *United States – Lead and Bismuth II*, o Memorando de Entendimento sobre Resolução de Litígios concede aos Membros da OMC que são participantes e participantes terceiros o *direito reconhecido legalmente* a participar no procedimento de recurso. Em particular, os Membros da OMC que são participantes terceiros num recurso têm *o direito* de apresentar comunicações escritas e orais. O corolário é que, em virtude do Memorando de Entendimento sobre Resolução de Litígios, estamos *obrigados* a aceitar e ter em conta essas comunicações dos Membros da OMC. Pelo contrário, a participação como *amici* no procedimento de recurso da OMC não é um *direito reconhecido legalmente* e não estamos obrigados a aceitar nenhuma

---

[2648] Segundo o nº 4 do art. 17º do Memorando de Entendimento sobre Resolução de Litígios, "as partes terceiras que tenham notificado o Órgão de Resolução de Litígios de um interesse substancial na matéria, nos termos do nº 2 do artigo 10, podem apresentar observações escritas e ser ouvidas pelo Órgão de Recurso", mas o Memorando nada diz quanto aos membros da OMC que não foram partes terceiras durante o processo do Painel.

935

A FUNÇÃO JURISDICIONAL NO SISTEMA GATT/OMC

comunicação *amicus curiae*. Não obstante, podemos fazê-lo com base no facto de estarmos juridicamente autorizados a regular os nossos próprios procedimentos, como estipulado no nº 9 do artigo 17º do Memorando de Entendimento sobre Resolução de Litígios. O facto de Marrocos, como Estado soberano, ter optado por não exercer o seu *direito* a participar no presente litígio invocando os seus direitos como parte terceira na fase dos procedimentos do Painel não põe em causa, em nossa opinião, a nossa *autoridade legal* ao abrigo do Memorando de Entendimento sobre Resolução de Litígios e dos nossos Procedimentos de Trabalho para aceitar e examinar a comunicação *amicus curiae* apresentada por Marrocos"[2649]. 166.

O exemplo de Marrocos revela que a participação enquanto *amici* (e não como participante terceiro ou participante) pode constituir um modo menos dispendioso de um Membro da OMC com poucos recursos apresentar o seu ponto de vista num litígio em que estejam em causa os seus interesses[2650].

Como veremos *infra*, os Procedimentos de Trabalho do Órgão de Recurso, adoptados em Fevereiro de 1996, têm sido bastante úteis ao Órgão de Recurso, permitindo-lhe desempenhar as suas funções de maneira imparcial, eficiente e verdadeiramente jurisdicional. Desde a sua adopção, os procedimentos já foram revistos quatro vezes[2651], tendo cada uma das revisões posto fim a algumas deficiências específicas. Por exemplo, com a revisão ocorrida em 2002, tornou-se mais fácil a participação de partes terceiras na audiência oral, e, com a revisão de 2005, introduziram-se alterações no que diz respeito aos requisitos a observar pelo pedido de recurso, passou-se a prever a possibilidade de o pedido de recurso ser formalmente alterado, modificou-se o momento de realização da audiência oral, etc..

Estas e outras alterações, assinala um dos actuais membros do Órgão de Recurso, "further strengthened the court-like nature of the Appellate Body and the judicial-type nature of the appellate review proceedings"[2652], e demonstram

---

[2649] Relatório do Órgão de Recurso no caso *European Communities – Trade Description of Sardines* (WT/DS231/AB/R), 26-9-2002, parágrafo 166.

[2650] Robert Howse, *Membership and its Privileges: the WTO, Civil Society, and the Amicus Brief Controversy*, in European Law Journal, 2003, p. 509; Joseph Keller, *The Future of Amicus Participation at the WTO: Implications of the Sardines Decision and Suggestions for Further Development*, in International Journal of Legal Information, 2005, p. 456.

[2651] As revisões tornaram-se efectivas em Fevereiro de 1997, em Janeiro de 2002, em Maio de 2003 e em Janeiro de 2005.

[2652] Peter Van den Bossche, From afterthought to centrepiece: the WTO Appellate Body and its rise to prominence in the world trading system, in *The WTO at Ten: The Contribution of the Dispute Settlement System*, Ed. Giorgio Sacerdoti, Alan Yanovich e Jan Bohanes, Cambridge University Press, 2006, p. 306.

936

A FASE DE RECURSO

que o Órgão de Recurso e os membros da OMC têm conseguido adaptar o sistema de resolução de litígios a novas circunstâncias sem alterar uma única disposição do Memorando de Entendimento sobre Resolução de Litígios. As alterações ao Memorando, convém dizê-lo, só podem ser adoptadas por consenso (Artigo X, nº 8, do Acordo OMC).

Muito recentemente, o Órgão de Recurso propôs introduzir mais três modificações nos seus Procedimentos de Trabalho[2653]. Em primeiro lugar, sugere que a comunicação escrita da parte apelante seja apresentada no momento em que se inicia o recurso, isto é, no mesmo dia em que se apresenta o pedido de recurso, e que todos os demais prazos aplicáveis às comunicações escritas, o pedido de outro recurso e as notificações dos participantes terceiros sejam avançados em consequência[2654].

---

[2653] OMC, *Proposed Amendments to the Working Procedures for Appellate Review, Communication from the Appellate Body* (WT/AB/WP/W/10), 12-1-2010, p. 1. Subsequentemente, estas três novas modificações passaram a vigorar para os recursos apresentados a partir de 15 de Setembro de 2010.

[2654] Em contraste com o pedido de recurso, que inclui só um breve resumo da natureza do recurso, na comunicação escrita da parte apelante expõe-se com detalhe cada um dos erros em que supostamente incorreu o painel. Na prática, na comunicação escrita de uma parte apelante habitualmente fornece-se uma análise pormenorizada das questões de direito e as interpretações jurídicas a que se referem as alegações, expõem-se argumentos detalhados em apoio da posição da parte apelante e explicam-se em detalhe as recomendações e resoluções solicitadas. A comunicação da parte apelante não só constitui uma base importante para a preparação pelas demais partes e partes terceiras das suas respostas detalhadas, mas também contribui para que os Membros do Órgão de Recurso possam analisar as questões colocadas no recurso e tomarem parte plenamente nos debates substantivos e nas deliberações internas. Todavia, em conformidade com as actuais Regras 20 e 21 dos Procedimentos de Trabalho, a comunicação escrita da parte apelante pode ser apresentada até sete dias depois do início de um recurso. Isto significa que os Membros do Órgão de Recurso, assim como as demais partes e partes terceiras no litígio, devem esperar durante uma semana antes de conhecer os argumentos detalhados da parte apelante em apoio das suas alegações. Dado o limite de 90 dias que o nº 5 do artigo 17º do Memorando de Entendimento sobre Resolução de Litígios estipula para o procedimento de recurso, esse "período de espera" durante um recurso não parece ser a afectação mais eficiente do limitado tempo disponível. O "período de espera" de sete dias parece particularmente ineficaz à luz do facto de que actualmente o Órgão de Recurso dispõe unicamente à volta de 10 dias depois de receber todas as comunicações escritas para preparar a audiência oral, que tem lugar, tradicionalmente, 35 a 45 dias a partir da data de apresentação do recurso. Em determinados recursos excepcionalmente extensos e complexos durante os últimos três anos, estes problemas têm-se agravado ainda mais devido à maior extensão das comunicações das partes apelantes. Propõe-se, portanto, que a comunicação escrita da parte apelante seja apresentada quando se inicia o recurso, ou seja, no mesmo dia em que se apresenta o pedido de recurso. A alteração proposta tem por objectivo permitir que o Órgão de Recurso e os demais Membros da OMC que participam no recurso se centrem o mais cedo possível nos aspectos substantivos das questões de direito específicas objecto de recurso, contribuindo para uma utilização mais eficiente do tempo durante o período de 90 dias de um recurso. De notar que esta

## A FUNÇÃO JURISDICIONAL NO SISTEMA GATT/OMC

Em segundo lugar, propõe que se autorize explicitamente, com sujeição a determinadas condições, a apresentação e notificação de documentos por meios electrónicos[2655].

proposta não teria por consequência aumentar o ónus que recai nas partes apelantes na hora de preparar as suas comunicações nem eliminar o pedido de recurso. Antes de apresentar um pedido de recurso, as partes já tiveram muitas semanas para ler e analisar o relatório definitivo do painel e para começar a preparar-se para o recurso. Segundo os dados disponíveis em Novembro de 2009, o tempo que decorre, em média, entre a distribuição do relatório do painel às partes e a apresentação do pedido de recurso é de 92,8 dias (cf. OMC, *Proposed Amendments to the Working Procedures for Appellate Review, Communication from the Appellate Body* (WT/AB/WP/W/10), 12-1-2010, p. 5). E o pedido de recurso continua a ser necessário porque acciona o recurso e, conjuntamente com o pedido de outro recurso, cumpre a importante função de demarcar o âmbito do exame do Órgão de Recurso num determinado litígio. Além disso, o pedido de recurso é o único documento público pelo qual se notifica os Membros da OMC do início de um recurso e lhes é dado conhecimento da natureza do recurso. Como consequência da modificação proposta, também se adaptariam os prazos conseguintes para a apresentação do pedido de outro recurso, da comunicação da outra parte apelante e das comunicações das partes apeladas. No interesse da justiça e da equidade, do mesmo modo que os prazos para a apresentação do pedido de recurso e da comunicação das parte apelante venceriam no mesmo dia, os prazos para a apresentação do pedido de outro recurso e da comunicação da outra parte apelante venceriam também no mesmo dia. Por último, a fim de dar aos participantes terceiros a oportunidade de responderem aos argumentos formulados pelas partes apeladas, as comunicações e notificações dos participantes terceiros deveriam ser apresentados numa data distinta -a saber, três dias depois – do dia em que se apresentem as comunicações das partes apeladas. Actualmente, o facto de as comunicações dos participantes terceiros terem de ser apresentadas no mesmo dia que as comunicações das partes apeladas significa que, na prática, os participantes terceiros não podem responder nas suas comunicações escritas às comunicações das partes apeladas.

[2655] Actualmente, os Procedimentos de Trabalho prevêem que os documentos sejam apresentados ao Órgão de Recurso e notificados às demais partes/participantes e partes terceiras/participantes terceiros em forma impressa. Todavia, a evolução da tecnologia e a prática dos Membros têm moderado, em certa medida, a importância que se atribui nos actuais Procedimentos de Trabalho as cópias impressas. Considera-se, por isso, apropriado e prático autorizar explicitamente a apresentação de documentos por meios electrónicos na fase de recurso. Em conformidade com a modificação proposta, os documentos e notificações enviados por correio electrónico nos prazos estabelecidos considerar-se-iam, com sujeição a determinadas condições, devidamente apresentados. Além disso, a autorização da apresentação electrónica está em harmonia com as tendências seguidas em tribunais nacionais e internacionais, muitos dos quais puseram em prática com êxito sistemas de apresentação de documentos por meios electrónicos. Mas, ao propor que os Procedimentos de Trabalho autorizem expressamente um tipo específico de apresentação electrónica, o Órgão de Recurso não visa eliminar a necessidade de apresentar cópias impressas no Secretariado do Órgão de Recurso. Aos documentos enviados por correio electrónico seguir-se-iam cópias impressas dos documentos, de modo a que os Membros do Órgão de Recurso e o Secretariado disponham de exemplares impressos das comunicações. Além disso, os Membros que não desejem apresentar documentos por meios electrónicos poderiam optar por apresentar cópias impressas nos prazos estabelecidos, como previsto actualmente no nº 1 da Regra 18 dos Procedimentos de Trabalho.

A FASE DE RECURSO

Em terceiro lugar, sugere a introdução de um procedimento que permita consolidar os procedimentos de recurso nos casos em que dois ou mais litígios tenham muitos elementos em comum e estejam estreitamente relacionadas de um ponto de vista temporal[2656].

## 4. O Processo de Recurso
### 4.1. O Pedido de Recurso

Todo o recurso terá início com uma notificação por escrito ao Órgão de Resolução de Litígios em conformidade com o nº 4 do art. 16º do Memorando de Entendimento sobre Resolução de Litígios e a apresentação simultânea de um pedido de recurso junto do Secretariado do Órgão de Recurso (Regra 20, nº 1, dos Procedimentos de Trabalho do Órgão de Recurso).

Como já foi referido, a notificação e a apresentação do pedido de recurso devem ser feitos dentro do prazo de 60 dias a contar da data de apresentação de um relatório do painel aos membros da OMC e antes da adopção do relatório do painel pelo Órgão de Resolução de Litígios. Na prática, as partes apelantes enviam uma cópia do pedido de recurso ao Presidente do Órgão de Resolução de Litígios e apresentam uma cópia do mesmo pedido junto do Secretariado do Órgão de Recurso. O Secretariado do Órgão de Recurso reproduz o texto do pedido de recurso num documento WT/DS, o qual é depois distribuído a todos os membros da OMC, geralmente no dia de trabalho seguinte ao da apresentação do pedido de recurso[2657].

Nos termos do nº 2 da Regra 20 dos Procedimentos de Trabalho do Órgão de Recurso, o pedido de recurso deve incluir a seguinte informação:

a) o título do relatório do painel objecto de recurso;
b) o nome da parte em litígio que apresenta o pedido de recurso;

---

[2656] Nos casos em que dois ou mais litígios têm muitos elementos em comum, a consolidação de procedimentos de recurso demonstra ser uma maneira pragmática de levar a cabo os recursos, dado que maximiza o uso eficiente dos recursos de que dispõem as partes, as partes terceiras e o Órgão de Recurso e propicia uniformidade na adopção de decisões. Até à data, as decisões de consolidar procedimentos de recurso têm sido adoptadas numa base *ad hoc* em consulta com as partes. Tendo em conta que, nos últimos tempos, se tem recorrido com frequência à consolidação de procedimentos, o Órgão de Recurso considera apropriado codificar esta prática acrescentando uma regra sobre consolidação aos Procedimentos de Trabalho. Tal regra simplificaria os procedimentos nos casos em que se antecipasse a consolidação de procedimentos de recurso e proporcionaria orientação aos Membros da OMC em litígios futuros, assegurando assim a previsibilidade do sistema de resolução de litígios.

[2657] Victoria DONALDSON, The Appellate Body: Institutional and Procedural Aspects (Chapter 27), in *The World Trade Organization: Legal, Economic and Political Analysis*, Volume I, Patrick Macrory, Arthur Appleton e Michael Plummer Ed., Springer, Nova Iorque, 2005, p. 1291.

A FUNÇÃO JURISDICIONAL NO SISTEMA GATT/OMC

c) o endereço e os números de telefone e de fac-símile da parte em litígio;
d) um breve resumo da natureza do recurso, incluindo:
   i) a identificação dos supostos erros nas questões de direito tratadas no relatório do painel e nas interpretações jurídicas desenvolvidas pelo painel;
   ii) uma lista das disposições jurídicas dos acordos abrangidos a respeito das quais se alega que o painel errou na interpretação e aplicação;
   iii) sem prejuízo da faculdade de o apelante se referir a outros parágrafos do relatório do painel no contexto do seu recurso, uma lista indicativa dos parágrafos do relatório do painel contendo os supostos erros.

A respeito da informação a incluir num pedido de Recurso, o Órgão de Recurso observou no caso *United States – Import Prohibition of certain Shrimp and Shrimp Products* que:

"**92.** (...) O pedido de recurso apresentado pela parte apelante não identificava nenhum erro jurídico de um modo suficiente para que as partes apeladas pudessem desenvolver uma defesa e isto, na opinião das partes apeladas, tornou impossível para elas discernir as questões que iam ser objecto do recurso até que, 10 dias depois, a parte apelante apresentou a sua comunicação escrita. Deste modo, reduziu-se de 25 para 15 dias o tempo disponível para todas as partes apeladas redigirem as suas réplicas escritas.

**93.** Segundo as partes apeladas conjuntas, existem pelo menos dois motivos para que não sejam tolerados pedidos de recurso vagos. Em primeiro lugar, considerações de equidade fundamental e boa fé obrigam a que não seja permitido que a parte apelante obtenha uma vantagem táctica ao não cumprir os requisitos dos Procedimentos de Trabalho para o Exame do Recurso. Em segundo lugar, as comunicações cuidadosamente estudadas e bem redigidas beneficiam o processo de tomada de decisões do Órgão de Recurso. (...).

**95.** (...) Os Procedimentos de Trabalho para o Exame do Recurso exigem à parte apelante que seja *breve* no seu pedido de recurso ao expor 'a natureza do recurso, incluindo as alegações de erros'. Em nossa opinião, em princípio, a 'natureza do recurso' e 'as alegações de erros' são suficientemente expostas quando se identificam devidamente no pedido de recurso as conclusões ou interpretações jurídicas do Painel que são objecto de recurso por serem consideradas erróneas. Não se espera que o pedido de recurso contenha os motivos pelos quais a parte apelante considera erróneas tais conclusões ou interpretações. O pedido de recurso não está concebido para servir de sumário ou esboço dos argumentos que a parte apelante apresentará. Como é evidente, os argumentos jurídicos em que se baseiam as alegações de erros devem ser expostos e desenvolvidos na comunicação da parte apelante.

## A FASE DE RECURSO

**96.** Neste caso, há que reconhecer que o pedido de recurso comunica a decisão dos Estados Unidos de recorrer contra determinadas questões jurídicas abrangidas e interpretações de direito desenvolvidas no relatório do Painel. O pedido de recurso refere, depois, duas conclusões supostamente erróneas do Painel que são objecto do recurso, a saber: a conclusão de que a medida estado-unidense em questão não está compreendida entre as medidas autorizadas em virtude do preâmbulo do artigo XX; e a conclusão de que o facto de aceitar informação não solicitada de fontes não governamentais é incompatível com o Memorando de Entendimento sobre Resolução de Litígios. Não são citados no pedido os números dos parágrafos do relatório do Painel que contêm as conclusões mencionadas, mas as partes apeladas conjuntas não afirmam que isso seja necessário. As referências que são feitas no pedido de recurso a estas duas conclusões do Painel são sucintas, mas não existem dúvidas sobre quais são as conclusões ou interpretações do Painel que o Órgão de Recurso deve examinar. Por conseguinte, mantemos que o pedido de recurso apresentado pelos Estados Unidos cumpre os requisitos previstos na Regra 20(2)(d) dos Procedimentos de Trabalho para o Exame do Recurso e negamos o pedido das partes apeladas conjuntas de recusar sumariamente o recurso na sua totalidade com base unicamente na insuficiência do pedido de recurso"[2658].

Portanto, a natureza do recurso e as alegações de erros são, em princípio, suficientemente descritas quando o pedido de recurso identifica devidamente as questões de direito referidas no relatório do Painel e as interpretações jurídicas aí desenvolvidas que são consideradas erradas e, por isso mesmo, objecto de recurso. Não é necessário, contudo, que o pedido de recurso contenha as razões pelas quais a parte que recorre considera erradas tais conclusões ou interpretações, ou seja, o pedido de recurso não está concebido para servir de sumário ou esboço dos argumentos que a parte apelante apresentará. Os argumentos jurídicos em apoio das alegações de erro devem ser expostos e desenvolvidos, sim, na comunicação do participante que recorre.

Posteriormente, o Órgão de Recurso sublinha:

"a importância do equilíbrio que deve ser mantido entre o direito dos membros de exercerem verdadeira e efectivamente o direito de recorrer e o direito das partes recorridas de tomarem conhecimento, mediante a notificação da decisão de recorrer, das conclusões objecto de recurso, a fim de que possam exercer realmente o seu direito de defesa. Consequentemente, não subscrevemos a afirmação feita pelos Estados Unidos segundo a qual a notificação da decisão de recorrer 'tem um objectivo limitado' constituindo 'simplesmente um meio formal que dá início à fase do recurso'.

---

[2658] Relatório do Órgão de Recurso no caso *United States – Import Prohibition of certain Shrimp and Shrimp Products* (WT/DS58/AB/R), 12-10-1998, parágrafos 92-93 e 95-96.

A FUNÇÃO JURISDICIONAL NO SISTEMA GATT/OMC

(...) A notificação mencionada no nº 1 da Regra 20 dos Procedimentos de Trabalho do Órgão de Recurso é o mecanismo de iniciação a que se refere os Estados Unidos. As prescrições adicionais estabelecidas no nº 2 da Regra 20 servem para assegurar que a parte recorrida também toma conhecimento, ainda que de forma resumida, da 'natureza do recurso' e das 'alegações de erros' cometidas pelo Painel"[2659].

O Órgão de Recurso notou, ainda, que, geralmente, uma notificação da decisão de recorrer que mencione meramente os números dos parágrafos que figuram na secção "Conclusões e Recomendações" do relatório de um Painel ou que os cita integralmente será insuficiente para fazer conhecer de modo adequado as alegações de erros visadas pelo recurso, ficando, por isso, aquém das prescrições enunciadas no nº 2(d) da Regra 20 dos Procedimentos de Trabalho do Órgão de Recurso[2660].

O Órgão de Recurso sustentou, por outro lado, no caso *Chile – Price Band System and Safeguard Measures Relating to Certain Agricultural Products* que a distinção:

"**182.** (...) entre alegações e argumentos jurídicos ao abrigo do nº 2 do artigo 6º do Memorando de Entendimento sobre Resolução de Litígios é também relevante para a distinção entre 'alegações de erros' e argumentos jurídicos como contemplada na Regra 20 dos Procedimentos de Trabalho. Tendo presente esta distinção, *não* estamos de acordo com a Argentina de que os argumentos do Chile a respeito da ordem de análise pelo Painel equivalem a uma 'alegação de erro' distinta que o Chile *deveria ter* -ou *poderia ter* – incluído no seu pedido de recurso. De facto, não vemos, nem a Argentina explicou, que 'alegação de erro' *distinta* poderia ter sido feita nem que fundamento jurídico teria podido fazer para essa 'alegação de erro'. Em nossa opinião, em vez de formular uma 'alegação de erro' distinta, o Chile limitou-se a expor um *argumento jurídico* para apoiar as questões suscitadas em relação com o nº 2 do artigo 4º do *Acordo sobre a Agricultura* e o nº 1, alínea *b*), do artigo II do GATT de 1994.

---

[2659] Relatório do Órgão de Recurso no caso *United States – Countervailing Measures Concerning Certain Products from the European Communities* (WT/DS212/AB/R), 9-12-2002, parágrafo 62. O pedido de recurso apresentado pelos Estados Unidos tinha o seguinte teor:
"Em conformidade com o artigo 16º do Memorando de Entendimento sobre Resolução de Litígios e a Regra 20 dos Procedimentos de Trabalho do Órgão de Recurso, os Estados Unidos notificam pelo presente a sua decisão de recorrer para o Órgão de Recurso a respeito de certas questões de direito tratadas no relatório do Painel no caso *United States – Countervailing Measures Concerning Certain Products from the European Communities* (WT/DS212/R) e determinadas interpretações jurídicas desenvolvidas pelo Painel.
Os Estados Unidos solicitam que o Órgão de Recurso examine as conclusões do Painel que figuram nos parágrafos 8.1 a)-d) e 8.2 do seu relatório. Estas conclusões estão erradas e baseiam-se em constatações erradas sobre questões de direito e interpretações jurídicas conexas". Cf. *Idem*, parágrafo 51.
[2660] *Idem*, parágrafo 70.

942

A FASE DE RECURSO

**183.** Consequentemente, rejeitamos a objecção processual da Argentina (...)"[2661].

Muito recentemente, no caso *European Communities – Regime for the Importation, Sale and Distribution of Bananas, Second Recourse to Article 21.5 of the DSU by Ecuador; European Communities – Regime for the Importation, Sale and Distribution of Bananas, Recourse to Article 21.5 of the DSU by the United States,* os Estados Unidos alegaram na sua comunicação de parte apelada que o pedido de recurso apresentado pelas Comunidades Europeias não satisfazia os requisitos do nº 2(d)(iii) da Regra 20 dos Procedimentos de Trabalho do Órgão de Recurso, uma vez que não incluía uma lista indicativa dos parágrafos do relatório do Painel solicitado pelos Estados Unidos que continham os supostos erros. Os Estados Unidos declararam, ainda, que o pedido de recurso não cumpria com o disposto no nº 2(d)(i) da Regra 20, porquanto vários dos seus parágrafos referiam-se a 'constatações erróneas' do Painel sem identificar que constatações alegava serem erradas[2662].

Na resposta, as Comunidades Europeias não negaram que não estavam identificados em concreto no seu pedido de recurso os parágrafos do relatório do Painel criado a pedido dos Estados Unidos que continham os supostos erros, mas observava que nenhum dos participantes ou participantes terceiros tinha qualquer dificuldade em identificar o âmbito e conteúdo do pedido de recurso[2663].

O Órgão de Recurso notou o seguinte:

"O pedido de recurso das Comunidades Europeias identifica sete questões jurídicas distintas. Todavia, ele não menciona nenhum parágrafo do relatório do Painel solicitado pelos Estados Unidos em relação com as questões objecto de recurso. Não obstante, consideramos que os Estados Unidos estavam em condições de discernir as questões suscitadas no pedido de recurso das Comunidades Europeias. As Comunidades Europeias forneceram uma breve descrição de cada uma das questões jurídicas que suscitava no recurso. O facto de os Estados Unidos terem apresentado uma comunicação de parte apelada exaustiva respondendo a todas as questões cuja revisão era solicitada pelas Comunidades Europeias indica-nos que, na realidade, estavam em condições de identificar as constatações do Painel contra as quais as Comunidades Europeias recorriam e de que não sofreram nenhum prejuízo pelo facto de as Comunidades Europeias não terem incluído no pedido de recurso uma lista dos parágrafos pertinen-

---

[2661] Relatório do Órgão de Recurso no caso *Chile – Price Band System and Safeguard Measures Relating to Certain Agricultural Products* (WT/DS207/AB/R), 23-9-2002, parágrafos 182-183.

[2662] Relatório do Órgão de Recurso no caso *European Communities – Regime for the Importation, Sale and Distribution of Bananas, Second Recourse to Article 21.5 of the DSU by Ecuador; European Communities – Regime for the Importation, Sale and Distribution of Bananas, Recourse to Article 21.5 of the DSU by the United States* (WT/DS27/AB/RW2/ECU, WT/DS27/AB/RW/USA), 26-11-2008, parágrafo 275.

[2663] *Idem*, parágrafo 277.

943

A FUNÇÃO JURISDICIONAL NO SISTEMA GATT/OMC

tes do relatório do Painel criado a pedido dos Estados Unidos. Além disso, assinalamos que, em resposta a perguntas formuladas na audiência oral, os Estados Unidos confirmaram que não alegavam que tinham sido prejudicados pelo facto de o pedido de recurso das Comunidades Europeias contra o relatório do Painel solicitado pelos Estados Unidos não indicar números de parágrafos. Portanto, consideramos que (...) os Estados Unidos estavam em condições de 'conhecer o caso que tinham que estudar' e, por isso, tinham conhecimento das questões suscitadas no pedido de recurso das Comunidades Europeias. Por conseguinte, os defeitos formais do pedido de recurso não dão lugar a um prejuízo processual do tipo que justificaria a rejeição do recurso das Comunidades Europeias. *Constatamos*, pois, que as deficiências do pedido de recurso das Comunidades Europeias não levam a rejeitar o recurso das Comunidades Europeias"[2664].

O Órgão de Recurso nunca rejeitou um recurso na sua totalidade com base num pedido de recurso imperfeito[2665], apesar de ter havido solicitações nesse sentido[2666]. O Órgão de Recurso excluiu, sim, ocasionalmente determinadas questões de direito do âmbito do recurso quando elas não estavam suficientemente descritas no pedido de recurso. No caso *European Communities – Regime for the Importation, Sale and Distribution of Bananas*, por exemplo, o Órgão de Recurso concluiu que:

> "As alegações de erro formuladas pelas Comunidades Europeias nos parágrafos c) e d) do pedido de recurso não abarcam a constatação do Painel que figura no parágrafo 7.93 dos seus relatórios. A constatação que figura nesse parágrafo refere-se expressamente ao direito do Equador de recorrer ao nº 2 do artigo XIII ou ao nº 4 do artigo XIII do GATT de 1994, tendo em conta que o Equador aderiu à OMC *depois* da entrada em vigor do Acordo que Cria a OMC e *depois* de ter sido negociado e consignado na Lista das Comunidades Europeias anexa ao GATT de 1994 o contingente pautal para os países do Acordo Quadro para as Bananas. Não existe qualquer menção específica a esta constatação do Painel nem no pedido de recurso nem nos argumentos principais da comunicação de parte apelante apresentada pelas Comunidades Europeias. Em consequência, o Equador não tinha notícia de que as Comunidades Europeias apelavam contra esta constatação. Por estas razões, concluímos que a constatação do Painel do parágrafo 7.93 deve ser excluída do âmbito deste recurso"[2667].

---

[2664] *Idem*, parágrafo 283.

[2665] Victoria DONALDSON, The Appellate Body: Institutional and Procedural Aspects (Chapter 27), in *The World Trade Organization: Legal, Economic and Political Analysis*, Volume I, Patrick Macrory, Arthur Appleton e Michael Plummer Ed., Springer, Nova Iorque, 2005, p. 1298.

[2666] Relatório do Órgão de Recurso no caso *United States – Import Prohibition of certain Shrimp and Shrimp Products* (WT/DS58/AB/R), 12-10-1998, parágrafo 92.

[2667] Relatório do Órgão de Recurso no caso *European Communities – Regime for the Importation, Sale and Distribution of Bananas* (WT/DS27/AB/R), 9-9-1997, parágrafo 152.

A FASE DE RECURSO

Subsequentemente, o Órgão de Recurso faz algumas considerações importantes a respeito do pedido de recurso e do art. 11º do Memorando:

"124. Do mesmo modo, examinaremos neste caso o pedido de recurso apresentado pelo Japão para apreciar se os Estados Unidos foram notificados de que o Japão se propunha argumentar no recurso com referência ao artigo 11º do Memorando de Entendimento sobre Resolução de Litígios. O Japão alega que suscitou no recurso duas impugnações distintas referentes ao artigo 11º do Memorando de Entendimento sobre Resolução de Litígios: uma a respeito da avaliação feita pelo Painel sobre a alegação dos Estados Unidos a respeito do nº 2 do artigo 2º do Acordo relativo à Aplicação de Medidas Sanitárias e Fitossanitárias e outra a respeito da avaliação feita pelo Painel sobre a alegação dos Estados Unidos acerca do nº 1 do artigo 5º do mesmo Acordo. O pedido de recurso do Japão, na parte pertinente, indica como matéria do recurso as seguintes alegações de erro de direito:

1. O Painel incorreu num erro de direito ao constatar que o Japão agiu de maneira incompatível com as suas obrigações resultantes do nº 2 do artigo 2º do Acordo relativo à Aplicação de Medidas Sanitárias e Fitossanitárias. Esta constatação reflecte a interpretação errada que o Painel fez da regra do ónus da prova e o facto de o Painel não ter realizado uma avaliação objectiva da questão que lhe foi submetida de acordo com o artigo 11º do Memorando de Entendimento sobre Resolução de Litígios.

...

3. O Painel incorreu num erro de direito ao constatar que a medida fitossanitária do Japão não se baseava numa avaliação do risco no sentido do nº 1 do artigo 5º do Acordo relativo à Aplicação de Medidas Sanitárias e Fitossanitárias. Esta constatação baseia-se numa interpretação errada das condições relativas à avaliação do risco estabelecidas no nº 1 do artigo 5º.

**125.** A intenção do Japão de impugnar a análise do Painel *correspondente ao nº 2 do artigo 2º* por ser incompatível com as condições do artigo 11º do Memorando de Entendimento sobre Resolução de Litígios é expresso em termos claros e inequívocos. Mas no tocante à análise *correspondente ao nº 1 do artigo 5º* observamos a ausência manifesta de qualquer referência ao artigo 11º do Memorando de Entendimento sobre Resolução de Litígios ou ao critério de 'avaliação objectiva' estabelecido nessa disposição. Na realidade, não encontramos no pedido de recurso alguma referência ao artigo 11º ou ao critério de 'avaliação objectiva', salvo no contexto do nº 2 do artigo 2º, antes citado.

**126.** Ao referir-se ao alegado incumprimento pelo Painel do artigo 11º do Memorando de Entendimento sobre Resolução de Litígios unicamente no contexto do nº 2 do artigo 2º, o Japão não permitiu aos Estados Unidos 'conhecer o caso que teriam de estudar' no que respeita à alegação baseada no artigo 11º em conexão com o nº 1 do artigo 5º do Acordo relativo à Aplicação de Medidas Sanitárias e Fitossanitárias. O

945

A FUNÇÃO JURISDICIONAL NO SISTEMA GATT/OMC

Órgão de Recurso tem destacado sistematicamente que as garantias processuais devidas exigem que o pedido de recurso notifique à parte demandada os temas suscitados no recurso. É esta preocupação relativa com as garantias processuais devidas, que se reflecte na Regra 20 dos Procedimentos de Trabalho, o fundamento da resolução do Órgão de Recurso sobre a suficiência do pedido de recurso no caso *United States – Countervailing Measures on Certain European Communities Products*.

**127.** O Japão reconheceu durante a audiência oral que não notificou aos Estados Unidos a sua reclamação referente ao artigo 11º especificamente relacionada com a análise do Painel correspondente ao nº 1 do artigo 5º do Acordo relativo à Aplicação de Medidas Sanitárias e Fitossanitárias. O Japão alegou, contudo, que 'visto que suscitámos a queixa a respeito do nº 1 do artigo 5º do Acordo relativo à Aplicação de Medidas Sanitárias e Fitossanitárias, isso suponha naturalmente determinadas questões de facto e ... podemos assumir que os Estados Unidos foram notificados' da alegação correspondente baseada no artigo 11º. Não estamos de acordo. Como já temos indicado, o Órgão de Recurso determinou no caso *United States – Countervailing Measures on Certain European Communities Products* que as alegações baseadas no artigo 11º são distintas das colocadas ao abrigo de disposições substantivas de outros acordos abrangidos. Depreende-se desta distinção que a notícia de uma impugnação baseada no artigo 11º não pode ser 'assumida' simplesmente porque existe uma impugnação de uma análise feita pelo painel de uma disposição substantiva de um acordo da OMC. Pelo contrário, uma alegação baseada no artigo 11º constitui 'uma alegação de erro distinta' que deve ser incluída no pedido de recurso. Em consequência, rejeitamos a afirmação do Japão de que uma impugnação baseada no artigo 11º não é mais que um 'argumento jurídico' em que se baseiam as questões colocadas no recurso.

**128.** Nestas circunstâncias, estamos de acordo com os Estados Unidos de que não foram notificados de que o Japão intentava apresentar uma impugnação baseada no artigo 11º a respeito da avaliação realizada pelo Painel sobre a alegação dos Estados Unidos referente ao nº 1 do artigo 5º. Em consequência, constatamos que a questão do cumprimento pelo Painel do artigo 11º do Memorando de Entendimento sobre Resolução de Litígios a respeito da sua análise da alegação dos Estados Unidos referente ao nº 1 do artigo 5º do Acordo relativo à Aplicação de Medidas Sanitárias e Fitossanitárias não nos foi submetida devidamente neste recurso. Por conseguinte, não nos pronunciaremos sobre esta questão"[2668].

Não obstante a entrada em vigor do novo texto da Regra 20(2)(d) em Janeiro de 2005, já por nós reproduzido[2669], o Órgão de Recurso continuou a ver-se con-

---

[2668] Relatório do Órgão de Recurso no caso *Japan – Measures Affecting the Importation of Apples* (WT/DS245/AB/R), 26-11-2003, parágrafos 124-128.

[2669] A versão inicial dispunha do seguinte modo: "O pedido de recurso deve incluir a seguinte informação: d) um breve resumo da natureza do recurso, incluindo os supostos erros nas ques-

A FASE DE RECURSO

frontado com alegações de que um pedido de recurso não observava o disposto na nova versão. Assim, no caso *European Communities – Export Subsidies on Sugar*, a Austrália defendeu que o pedido de recurso apresentado pelas Comunidades Europeias não satisfazia "the due process requirements" da Regra 20(2)(d), dos Procedimentos de Trabalho e avançava com quatro razões principais:

"Primeiro, as Comunidades Europeias não 'citam' no seu pedido de recurso as constatações ou conclusões do Painel objecto do seu recurso. Segundo, a respeito de certas alegações, as Comunidades Europeias não estabelecem uma distinção entre as conclusões e as constatações ou não identificam as constatações em causa. Terceiro, as Comunidades Europeias não enumeram a respeito de cada alegação as disposições cuja interpretação ou aplicação pelo Painel constituem supostamente um erro. Por último, as Comunidades Europeias referem, no seu pedido de recurso, uma parte da sua Lista como 'uma disposição de um acordo abrangido'"[2670].

Porém, no entendimento do Órgão de Recurso:

"**344.** No seu pedido de recurso, as Comunidades Europeias 'solicitam que se examinem' seis 'conclusões' e as 'constatações e interpretações jurídicas relacionadas' estabelecidas em determinados parágrafos dos relatórios do Painel. As Comunidades Europeias resumem a substância de cada uma das conclusões controvertidas e as constatações e interpretações jurídicas relacionadas. O pedido de recurso contém também uma lista das disposições dos acordos abrangidos que o Painel interpretou ou aplicou de forma supostamente errónea. Na nossa opinião, o pedido de recurso informa suficientemente as partes queixosas do conteúdo do seu recurso, permitindo--lhes preparar adequadamente a sua defesa, como exigido pela Regra 20(2)(d) dos Procedimentos de Trabalho.

**345.** Por estas razões, *constatamos* que o pedido de recurso das Comunidades Europeias cumpre os requisitos estabelecidos na Regra 20(2)(d) dos Procedimentos de Trabalho"[2671].

Pouco tempo depois, no caso *United States – Countervailing Duty Investigation on Dynamic Random Access Memory Semiconductors (DRAMS) from Korea*, o Órgão de Recurso rejeitou a reclamação da Coreia do Sul de que o pedido de recurso

---

tões de direito tratadas no relatório do painel e nas interpretações jurídicas desenvolvidas pelo painel".

[2670] Relatório do Órgão de Recurso no caso *European Communities – Export Subsidies on Sugar* (WT/DS265/AB/R, WT/DS266/AB/R, WT/DS283/AB/R), 28-4-2005, parágrafo 342.

[2671] *Idem*, parágrafos 344-345.

A FUNÇÃO JURISDICIONAL NO SISTEMA GATT/OMC

apresentado pelos Estados Unidos não observava o disposto no nº 2(d)(i) da Regra 20 dos Procedimentos de Trabalho do Órgão de Recurso:

> **96.** No seu pedido de recurso, os Estados Unidos indicam que solicitam a revisão da:
>
> ... conclusão jurídica do Painel de que, a respeito da ordem de aplicação de direitos compensadores do Departamento do Comércio dos Estados Unidos [United States Department of Commerce], o pedido de realização de consultas apresentado pela Coreia proporciona uma indicação suficiente da base jurídica da queixa no sentido do nº 4 do artigo 4º do Memorando de Entendimento sobre Resolução de Litígios. Esta conclusão é errada e está baseada em constatações erradas sobre questões de direito e interpretações jurídicas conexas.
>
> **97.** A Coreia alega que o pedido de recurso dos Estados Unidos não identifica os supostos erros nas questões de direito tratadas no relatório do Painel e nas interpretações jurídicas desenvolvidas pelo Painel. Não estamos de acordo. Apesar da razão que assiste à Coreia ao afirmar que o pedido de recurso dos Estados Unidos não faz mais que seguir a constatação do Painel, o pedido de recurso indica, no entanto, que o suposto erro do Painel consiste na constatação de que o pedido de realização de consultas apresentado pela por Coreia proporciona uma indicação suficiente da base jurídica da queixa; indica que a disposição relevante é o nº 4 do artigo 4º do Memorando de Entendimento sobre Resolução de Litígios; e menciona os parágrafos do relatório do Painel em que se formula essa constatação. Portanto, o pedido de recurso apresentado pelos Estados Unidos informa adequadamente a Coreia sobre a 'natureza do recurso', permitindo-lhe conhecer os argumentos a que deve responder. Entendemos que isso é suficiente, neste caso, para efeitos da regra 20(2)(d) dos Procedimentos de Trabalho"[2672].

Por vezes, também não há necessidade de o Órgão de Recurso tomar qualquer decisão relativamente a um alegado incumprimento da Regra 20(2)(d) dos Procedimentos de Trabalho do Órgão de Recurso. No caso *United States – Imposition of Countervailing Duties on Certain Hot-Rolled Lead and Bismuth Carbon Steel Products Originating in the United Kingdom*, por exemplo, as Comunidades Europeias defenderam que o pedido de recurso apresentado pelos Estados Unidos falhou na identificação da sua alegação na fase de recurso a respeito de determinadas conclusões avançadas pelo painel. O Órgão de Recurso não necessitou, contudo, de resolver a questão colocada, uma vez que os Estados Unidos reconheceram

---

[2672] Relatório do Órgão de Recurso no caso *United States – Countervailing Duty Investigation on Dynamic Random Access Memory Semiconductors (DRAMS) from Korea* (WT/DS296/AB/R), 27-6-2005, parágrafos 96-97.

948

A FASE DE RECURSO

que as conclusões relevantes constituíam meras constatações de facto e que não eram impugnadas por si[2673].

Nada impede, por outro lado, que uma parte apelante retire, em qualquer altura o seu pedido de recurso, tendo essa parte como única obrigação notificar o Órgão de Recurso (este último deve, por sua vez, notificar imediatamente o Órgão de Resolução de Litígios) (Regra 30, nº 1, dos Procedimentos de Trabalho do Órgão de Recurso). Por exemplo, em 14 de Março de 2002, o Órgão de Recurso recebeu uma carta da Índia informando que:

> "De acordo com o disposto na Regra 30(1) dos Procedimentos de Trabalho do Órgão de Recurso, pela presente se informa o Órgão de Recurso de que a Índia desiste do recurso mencionado *supra*; a audiência oral correspondente está prevista para 15 de Março de 2002. Lamentamos profundamente os inconvenientes causados ao Órgão de Recurso, ao Secretariado, às outras partes e aos participantes terceiros"[2674].

Assim sendo, o Órgão de Recurso distribuiu um relatório muito breve (apenas 6 páginas e 18 parágrafos), limitando-se a descrever a história processual do recurso e concluindo que, "por força da retirada do recurso notificada pela Índia na sua carta de 14 de Março de 2002, o Órgão de Recurso conclui por este meio o seu trabalho no presente recurso"[2675]. O Órgão de Resolução de Litígios adoptou depois conjuntamente o relatório do painel e o relatório do Órgão de Recurso na sua reunião do dia 5 de Abril de 2002[2676].

No entanto, nem o Memorando de Entendimento sobre Resolução de Litígios nem os Procedimentos de Trabalho do Órgão de Recurso dizem algo sobre as consequências jurídicas que resultam da retirada do pedido de recurso. No caso dos painéis, em contraste, o nº 12 do art. 12º do Memorando estabelece que:

> "O painel pode suspender os seus trabalhos a qualquer momento a pedido da parte queixosa por um período não superior a 12 meses. Em caso de suspensão, os prazos previstos nos nºs 8 e 9 do art. 12º, no nº 1 do art. 20º e no nº 4 do art. 21º serão prorrogados pelo período de tempo durante o qual os trabalhos estiveram suspensos. Caso os trabalhos do painel tenham sido suspensos por mais de 12 meses, a autorização para o estabelecimento do painel caduca"

---

[2673] Relatório do Órgão de Recurso no caso *United States – Imposition of Countervailing Duties on Certain Hot-Rolled Lead and Bismuth Carbon Steel Products Originating in the United Kingdom* (WT/DS138/AB/R), 10-5-2000, parágrafo 66 .

[2674] Relatório do Órgão de Recurso no caso *India – Measures Affecting the Automotive Sector* (WT/DS146/AB/R, WT/DS175/AB/R), 19-3-2002, parágrafo 15.

[2675] *Idem*, parágrafo 18.

[2676] OMC, *India – Measures Affecting the Automotive Sector – Appellate Body Report and Panel Report (Action by the Dispute Settlement Body)* (WT/DS146/11, WT/DS175/11), 11-4-2002.

A FUNÇÃO JURISDICIONAL NO SISTEMA GATT/OMC

Caso uma solução mutuamente acordada de um litígio objecto de recurso seja notificada ao Órgão de Resolução de Litígios (art. 3º, nº 6, do Memorando de Entendimento sobre Resolução de Litígios)[2677], ela deve ser notificada também ao Órgão de Recurso (Regra 30, nº 2, dos Procedimentos de Trabalho do Órgão de Recurso).

Relativamente à possibilidade de uma parte apelante juntar uma condição (a apresentação de um novo pedido de recurso) à retirada do seu pedido de recurso[2678], o Órgão de Recurso observou que:

"141. (...) A interpretação correcta é, em nossa opinião, que a Regra 30(1) permite retiradas condicionais, a menos que a condição imposta ponha em causa a 'resolução equitativa, rápida e eficaz dos litígios comerciais' ou a menos que o Membro que impõe a condição não 'intervenha neste procedimento de resolução de litígios de boa fé e esforçando-se por resolver o litígio'. Portanto, é necessário examinar as condições impostas às retiradas segundo as circunstâncias de cada caso para determinar se, efectivamente, a condição particular imposta num caso concreto obstrui de alguma maneira o procedimento de resolução de litígios ou diminui de algum modo os direitos da parte apelada ou de outros participantes no recurso. (...).

143. Segundo as Comunidades Europeias, elas retiraram o pedido de recurso em 25 de Junho de 2002, depois de ter recebido o Pedido de Resolução Preliminar do Peru para 'ampliar ... a descrição dos argumentos' contidos nos parágrafos *d*), *f*), *g*) e *h*) do Pedido de Recurso inicial e, desse modo, 'clarificar os argumentos que o Peru considerava não estarem claros'. As Comunidades Europeias mantêm que o Pedido de Recurso 'substitutivo' não continha 'motivos de recurso novos ou modificados'. Além disso, as Comunidades Europeias defendem que 'os direitos de defesa do Peru não foram de nenhum modo prejudicados pela substituição do Pedido de Recurso inicial pelo novo nem pelo novo Plano de Trabalho. As Comunidades Europeias entendem que actuaram dentro dos prazos, 'dentro dos 60 dias impostos pelo Memorando de

---

[2677] Nos termos do nº 6 do art. 3º do Memorando:
"As soluções mutuamente acordadas para questões formalmente levantadas ao abrigo das disposições de consulta e resolução de litígios dos acordos abrangidos serão notificadas ao Órgão de Resolução de Litígios e aos conselhos e comités relevantes, onde qualquer Membro pode colocar uma questão relacionada com a matéria em discussão".

[2678] Relatório do Órgão de Recurso no caso *European Communities – Trade Description of Sardines* (WT/DS231/AB/R), 26-9-2002, parágrafo 15. É de notar que, ao contrário deste caso, nos litígios anteriores em que tal questão se colocou, as secções do Órgão de Recurso em causa e as partes apeladas tiveram conhecimento prévio e deram o seu acordo. Cf. Relatório do Órgão de Recurso no caso *United States – Tax Treatment for "Foreign Sales Corporations"* (WT/DS108/AB/R), 24-2-2000, parágrafo 4; Relatório do Órgão de Recurso no caso *United States – Definitive Safeguard Measures on Imports of Circular Welded Carbon Quality Line Pipe from Korea* (WT/DS202/AB/R), 15-2-2002, parágrafo 13.

950

A FASE DE RECURSO

Entendimento sobre Resolução de Litígios [para a adopção dos relatórios dos painéis]' e 'com bastante antecedência de qualquer troca substancial entre as partes'.

**144.** Em nossa opinião, a imposição da condição para a retirada não foi excessiva tendo em conta as circunstâncias. O facto de as Comunidades Europeias condicionarem a sua retirada do Pedido de Recurso de 25 de Junho de 2002 ao direito de apresentar um Pedido de Recurso substitutivo teve lugar como resposta ao Pedido de Resolução Preliminar apresentado pelo Peru. Embora o Peru conteste o argumento das Comunidades Europeias de que o Peru não sofreu nenhum prejuízo – aduzindo que se viu 'obrigado a examinar uma questão processual completamente nova e a perder com ela tempo que [o Peru] poderia ter utilizado para melhores fins', não estamos convencidos de que a resposta das Comunidades Europeias obstruiu de algum modo o procedimento ou diminuiu os direitos do Peru. Na realidade, pode bem ter tido o efeito contrário. Apesar de as Comunidades Europeias afirmarem que consideravam o Pedido de Resolução Preliminar do Peru 'sem mérito', trataram de remediar a dificuldade percebida pelo Peru e de não atrasar mais o procedimento contestando as alegações de insuficiência.

**145.** Além disso, as Comunidades Europeias responderam dentro dos prazos, facultando a informação adicional num Pedido de Recurso substitutivo no dia seguinte ao da recepção das objecções do Peru ao Pedido de Recurso de 25 de Junho de 2002 e apenas três dias depois de ter apresentado o Pedido de Recurso inicial. O Pedido substitutivo foi apresentado bastante antes da apresentação de quaisquer comunicações. Por conseguinte, pelas razões expostas, consideramos que a retirada do Pedido inicial com a condição de apresentar um Pedido que o substituísse foi apropriada e teve o efeito de retirar condicionalmente o Pedido inicial.

**146.** Ao formularmos esta constatação, temos consciência do argumento do Peru de que permitir a retirada de um pedido de recurso subordinada a uma condição unilateralmente declarada do direito a apresentar um novo pedido de recurso e a apresentação ulterior de um novo pedido de recurso cria uma 'imenso potencial de abuso e desordem nos procedimentos de exame do recurso'. O Peru sugere vários exemplos de possíveis práticas abusivas que poderiam ocorrer, incluindo o retardamento da adopção dos relatórios dos painéis através da apresentação de um novo pedido de recurso cada vez que um relatório é submetido ao Órgão de Resolução de Litígios, a modificação das alegações de erro à luz dos argumentos feitos pela parte apelada ou das perguntas formuladas pela Divisão na audiência oral e a tentativa de ter uma Divisão diferente ou uma data diferente para a audiência oral. Estamos de acordo com o Peru de que pode haver situações em que a retirada de um recurso com a condição de apresentar um novo pedido, e a apresentação posterior de um novo pedido, poderia ser abusivo e prejudicial. Não obstante, nesses casos teríamos o direito de recusar a condição e também de recusar a apresentação de um novo pedido de recurso, com base quer no facto de o Membro que tenciona apresentar esse novo pedido não estar

951

## A FUNÇÃO JURISDICIONAL NO SISTEMA GATT/OMC

a intervir no procedimento de resolução de litígios de boa fé, quer no facto de a Regra 30(1) dos Procedimentos de Trabalho não dever ser utilizada para pôr em causa a resolução equitativa, rápida e eficaz dos litígios comerciais. Partilhamos a opinião do Peru de que as regras devem ser interpretadas de modo a 'assegurar que o procedimento de exame do recurso não se converte num cenário de técnicas de litígio lamentáveis que frustrem os objectivos do Memorando de Entendimento sobre Resolução de Litígios e que os países em desenvolvimento não têm recursos para fazer frente'. Todavia, neste caso, não ocorre nenhuma destas circunstâncias.

**147.** Além disso, acreditamos que há circunstâncias que, apesar de não constituírem 'práticas abusivas', infringiriam o Memorando de Entendimento sobre Resolução de Litígios e, portanto, obrigar-nos-iam a não autorizar a retirada condicional de um pedido de recurso assim como a apresentação de um pedido substitutivo. Por exemplo, se a retirada condicional ou a apresentação de um novo pedido tiveram lugar depois de transcorrido o prazo de 60 dias previsto no nº 4 do artigo 16º do Memorando de Entendimento sobre Resolução de Litígios para a adopção dos relatórios dos painéis, isto iludiria efectivamente o requisito de apresentar os recursos dentro dos 60 dias seguintes à distribuição dos relatórios dos painéis. Em tais circunstâncias, rejeitaríamos a retirada condicional e o novo pedido de recurso"[2679].

Posteriormente, no caso *United States – Final Countervailing Duty Determination with respect to certain Softwood Lumber from Canada*, os Estados Unidos notificaram, em 2 de Outubro de 2003, o Órgão de Resolução de Litígios da sua intenção em recorrer de determinadas questões de direito tratadas no relatório do Painel e de determinadas interpretações jurídicas aí formuladas, de acordo com o nº 4 do artigo 16º do Memorando de Entendimento sobre Resolução de Litígios, e apresentaram um pedido de recurso em conformidade com a Regra 20 dos Procedimentos de trabalho do Órgão de Recurso. Em 3 de Outubro de 2003, por razões de calendário, os Estados Unidos retiraram o seu pedido de recurso em consonância com a Regra 30 dos Procedimentos de Trabalho do Órgão de Recurso, ao mesmo tempo que reservavam o direito de voltarem a apresentar o pedido de recurso em data posterior. Em 21 de Outubro de 2003, os Estados Unidos voltaram a apresentar um pedido de recurso essencialmente idêntico ao abrigo da Regra 20 dos Procedimentos de Trabalho do Órgão de Recurso. No mesmo dia, os Estados Unidos apresentaram a sua comunicação de parte apelante de acordo com o plano de trabalho elaborado pela secção para este recurso[2680]. Em 23 de

---

[2679] Relatório do Órgão de Recurso no caso *European Communities – Trade Description of Sardines* (WT/DS231/AB/R), 26-9-2002, parágrafos 141 e 143-147.
[2680] Relatório do Órgão de Recurso no caso *United States – Final Countervailing Duty Determination with respect to certain Softwood Lumber from Canada* (WT/DS257/AB/R), 19-1-2004, parágrafo 6.

952

A FASE DE RECURSO

Outubro de 2003, as Comunidades Europeias, participante terceiro nestes recursos, solicitaram ao Órgão de Recurso que modificasse o plano de trabalho[2681]. Todavia, no dia seguinte, o Órgão de Recurso recusou a solicitação das Comunidades Europeias, assinalando que:

"a ampliação do prazo para a apresentação das comunicações de participantes terceiros reduziria significativamente o tempo de que dispunha a secção para examinar cuidadosamente os argumentos formulados nessas comunicações, assim como o tempo disponível para os participantes responderem a esses argumentos. A secção observou também que o novo pedido de recurso apresentado pelos Estados Unidos em 21 de Outubro de 2003 era, em todos os aspectos relevantes, idêntico ao que tinha apresentado em 2 de Outubro de 2003, e que o período de tempo decisivo para os participantes terceiros e as partes apeladas prepararem as suas respostas aos argumentos formulados pelas partes apelantes e outras partes apelantes é o período entre a recepção das comunicações da parte apelante ou de outras partes apelantes, que contêm os argumentos formulados por estas, e a data em que devem ser apresentadas as comunicações dos participantes terceiros. A secção notou que o período de tempo entre a recepção da comunicação de parte apelante e a data em que deviam ser apresentadas as comunicações de participantes terceiros neste caso era o mesmo caso o pedido de recurso de 21 de Outubro de 2003 tivesse sido apresentado 10 dias antes da data da comunicação da parte apelante, como ocorre normalmente"[2682].

Em determinados recursos, tem despontado também a questão de saber se e em que medida pode um pedido de recurso ser alterado ou clarificado subsequentemente à sua apresentação:

"**52.** Em 10 de Setembro de 2002, as Comunidades Europeias apresentaram um pedido de decisão preliminar (o 'Pedido'), alegando que o pedido de recurso dos Estados Unidos 'não está manifestamente em conformidade com a Regra 20(2)(d) dos Procedimentos de Trabalho do Órgão de Recurso' porque nela 'não se identificam as constatações nem as interpretações jurídicas que consideram erradas'. As Comunidades Europeias argumentaram que, 'em consequência, as Comunidades Europeias estão impossibilitadas de preparar a sua resposta ao recurso'. As Comunidades Europeias pedem-nos para ordenarmos 'aos Estados Unidos, de acordo com a Regra 16(1)

---

[2681] Numa carta datada de 23 de Outubro de 2003, dirigida pela Delegação Permanente da Comissão Europeia, as Comunidades Europeias alegaramque o prazo para a apresentação da sua comunicação de participante terceiro era contrário ao nº 1 da Regra 24 dos *Procedimentos de trabalho do Órgão de Recurso* por ser inferior ao prazo de 25 dias contados a partir da data em que se voltou a apresentar um pedido de recurso

[2682] Relatório do Órgão de Recurso no caso *United States – Final Countervailing Duty Determination with respect to certain Softwood Lumber from Canada* (WT/DS257/AB/R), 19-1-2004, parágrafo 7.

953

## A FUNÇÃO JURISDICIONAL NO SISTEMA GATT/OMC

dos Procedimentos de Trabalho, que apresentassem imediatamente mais detalhes em relação ao seu pedido de recurso identificando as constatações jurídicas e interpretações jurídicas exactas que estavam a impugnar. (...).

**55.** Em 12 de Setembro de 2002, convidámos os Estados Unidos a 'identificarem as constatações e interpretações exactas do Painel que, segundo alega no pedido de recurso apresentado em 9 de Setembro de 2002, constituem erros'. Os Estados Unidos responderam por carta de 13 de Setembro de 2002. Num anexo a essa carta, os Estados Unidos citaram o texto integral dos parágrafos do relatório do Painel que mencionavam meramente pelo seu número no pedido de recurso. Os Estados Unidos deram também informação sobre os erros de direito alegadamente cometidos pelo Painel. (...).

**64.** Na realização da nossa análise, examinaremos tanto o pedido de recurso como a carta de 13 de Setembro de 2002 que complementa o pedido de recurso. Se bem que os Procedimentos de Trabalho não prevejam expressamente a apresentação de clarificações ou mais detalhes, ou de pedidos de recurso suplementares ou modificados, consideramos apropriado, nas circunstâncias particulares deste caso, examinar ambos os documentos com vista a conferir 'ao direito de recurso todo o seu significado e efeito'. Notamos, em particular, que o documento adicional foi apresentado pelos Estados Unidos em resposta ao nosso convite para fazê-lo, convite que se baseava em parte no pedido de mais detalhes apresentado pelas Comunidades Europeias. Além disso, o documento adicional foi apresentado pouco depois (três dias) da apresentação do pedido de recurso. Finalmente, notamos que as Comunidades Europeias referiram tanto o pedido de recurso como a carta de 13 de Setembro de 2002 nos seus argumentos sobre esta questão"[2683].

Dado que o pedido de recurso define o âmbito do recurso, as alterações têm efeitos sobre a parte apelada e, por isso, elas devem ser limitadas. Até ao dia 1 de Janeiro de 2005, os Procedimentos de Trabalho do Órgão de Recurso não previam que o pedido pudesse ser formalmente alterado, situação que o Órgão de Recurso considerava insatisfatória[2684]. Com a última revisão, os Procedimentos de Trabalho do Órgão de Recurso passaram a conter a seguinte solução processual:

"*Regra 23bis.*

1) A secção pode autorizar a parte apelante inicial a modificar um pedido de recurso ou a outra parte apelante a modificar um pedido de outro recurso.

---

[2683] Relatório do Órgão de Recurso no caso *United States – Countervailing Measures Concerning Certain Products from the European Communities* (WT/DS212/AB/R), 9-12-2002, parágrafos 52,55 e 64.
[2684] Christian WALTER, Article 17 DSU, in *WTO-Institutions and Dispute Settlement*, Rüdiger Wolfrum, Peter-Tobias Stoll e Karen Kaiser (eds), Max Planck Commentaries on World Trade Law, Max Planck Institute for Comparative Public Law and International Law, Martinus Nijhoff Publishers, Leiden/Boston, 2006, p. 456.

A FASE DE RECURSO

2) O pedido de modificação de um pedido de recurso ou um pedido de outro recurso deve ser feito o mais brevemente possível por escrito e indicar a razão(ões) do pedido e identificar concretamente as modificações que a parte apelante ou a outra parte apelante deseja introduzir no pedido. Uma cópia do pedido deve ser notificada às outras partes em litígio, aos participantes, aos participantes terceiros e às partes terceiras, devendo cada um destes ter a oportunidade de comentar por escrito o pedido".

Ao decidir se autoriza, total ou parcialmente, o requerimento de modificação do pedido de recurso ou do pedido de outro recurso, a secção deve ter em conta:

a) a prescrição de distribuir o relatório do recurso no prazo estabelecido no nº 5 do art. 17º do Memorando de Entendimento sobre Resolução de Litígios ou, quando apropriado, no nº 9 do art. 4º do Acordo sobre as Subvenções e as Medidas de Compensação; e

b) a importância de assegurar a equidade e o bom desenrolar do processo, incluindo a natureza e o alcance da modificação proposta, o momento do requerimento de modificação do pedido de recurso ou do pedido de outro recurso, as razões pelas quais a modificação do pedido de recurso ou do pedido de outro recurso modificado proposta não foi apresentado ou não pôde ser apresentado na data prevista inicialmente e quaisquer outras considerações que possam ser apropriadas (Regra *23bis.*, nº 3).

A secção deve notificar a sua decisão às partes em litígio, aos participantes, aos participantes terceiros e às partes terceiras. No caso de a secção autorizar a modificação de um pedido de recurso ou de um pedido de outro recurso, ela deve fornecer ao Órgão de Resolução de Litígios uma cópia modificada do mesmo (Regra *23bis.*, nº 4).

No próprio dia da apresentação do pedido de recurso ou no dia de trabalho seguinte, todas as partes em litígio e partes terceiras são notificadas por carta da composição da secção que irá apreciar o recurso interposto do relatório do painel e do plano de trabalho do recurso. O plano de trabalho identifica os prazos para a apresentação das várias comunicações escritas durante a fase de recurso, assim como a data ou datas da audiência oral, e é acompanhado por uma carta contendo instruções adicionais para os participantes em relação à fase de recurso. Por exemplo, os participantes devem apresentar, regra geral, doze cópias impressas e uma cópia electrónica das suas comunicações escritas até às cinco horas da tarde da data devida relevante, assim como um sumário executivo das comunicações. A versão electrónica pode ser entregue numa disquete, juntamente com as cópias impressas, ou por e-mail no endereço electrónico indicado na carta enviada a todas as partes em litígio e partes terceiras no início de um recurso.

955

A FUNÇÃO JURISDICIONAL NO SISTEMA GATT/OMC

O Órgão de Recurso não estabelece quaisquer limites no que diz respeito ao número de páginas das comunicações escritas, mas dá preferência ao tamanho 12 no que concerne ao tamanho do tipo de letra. As comunicações escritas podem ser feitas em qualquer uma das línguas oficiais da OMC: Inglês, Francês e Espanhol. O Órgão de Recurso solicita apenas aos participantes e participantes terceiros que notifiquem previamente o Secretariado do Órgão de Recurso caso queiram apresentar documentos em francês e espanhol, de modo a que sejam assegurados os necessários serviços de tradução[2685].

No caso da audiência oral, as instruções determinam uma data limite para os participantes informarem o Órgão de Recurso da composição da sua delegação[2686]. Finalmente, a carta identifica os membros do Secretariado do Órgão de Recurso que podem ser contactados no caso de haver questões relacionadas com a fase de recurso[2687].

Uma vez apresentado o pedido de recurso, o Director-Geral da OMC transmitirá ao Órgão de Recurso o registo completo dos procedimentos do painel (Regra 25, nº 1, dos Procedimentos de Trabalho do Órgão de Recurso). O registo dos procedimentos do painel inclui, mas não se limita a isso, o seguinte:

a) as comunicações escritas, as comunicações apresentadas a título de réplica e as provas apresentadas em apoio das mesmas, apresentadas pelas partes em litígio e partes terceiras;

b) os argumentos apresentados por escrito nas reuniões do painel com as partes em litígio e as partes terceiras, as gravações dessas reuniões do dito painel e quaisquer respostas escritas às perguntas colocadas nessas reuniões do painel;

c) a correspondência relativa ao litígio examinado pelo painel entre este ou o Secretariado da OMC e as partes em litígio ou as partes terceiras;

d) qualquer outra documentação apresentada ao painel (Regra 25, nº 2, dos Procedimentos de Trabalho do Órgão de Recurso).

No caso *United States – Laws, Regulations and Methodology for Calculating Dumping Margins ("Zeroing"), Recourse to Article 21.5 of the DSU by the European Communities*, o Órgão de Recurso deu um exemplo importante da utilidade em termos práticos da Regra 25 dos Procedimentos de Trabalho do Órgão de Recurso:

---

[2685] Victoria Donaldson, The Appellate Body: Institutional and Procedural Aspects (Chapter 27), in *The World Trade Organization: Legal, Economic and Political Analysis*, Volume I, Patrick Macrory, Arthur Appleton e Michael Plummer Ed., Springer, Nova Iorque, 2005, p. 1315.
[2686] O tamanho das delegações dos participantes ante o Órgão de Recurso varia consideravelmente,"from as few as one to as many as fifteen or more". Cf. *Idem*, p. 1316.
[2687] *Idem*, p. 1292.

956

# A FASE DE RECURSO

"Antes de examinarmos o recurso das Comunidades Europeias, lidaremos em primeiro lugar com uma questão preliminar suscitada pelos Estados Unidos na audiência oral referente à Prova documental 62 apresentada pelas Comunidades Europeias, uma troca de mensagens electrónicas. Esta Prova documental foi apresentada pelas Comunidades Europeias ao Órgão de Recurso como apêndice de um documento em que se reproduz a declaração oral que as Comunidades Europeias formularam na audiência oral. Os Estados Unidos opuseram-se à sua apresentação e alegaram que é um novo elemento de prova que não pode ser examinado nos procedimentos de recurso. As Comunidades Europeias responderam que a Prova documental 62 já tinha sido apresentada ao Órgão de Recurso como parte do registo dos procedimentos do Painel porque, de acordo com a Regra 25(2) dos Procedimentos de Trabalho para o Exame do recurso, 'o registo completo dos procedimentos do painel incluirá ... a correspondência relativa ao litígio entre o painel ou o Secretariado da OMC e as partes em litígio ou partes terceiras'. Tendo examinado o registo das procedimentos do Painel, transmitido ao Órgão de Recurso em virtude da Regra 25(1) dos Procedimentos de Trabalho, constatamos que não contém a troca de mensagens electrónicos a que se faz referência na Prova documental 62 das Comunidades Europeias. Consequentemente, concluímos que a Prova documental 62 é uma prova nova que não pode ser examinada na fase de recurso"[2688].

## 4.2. Os Recursos Condicionais

O sistema de resolução de litígios da OMC permite que as partes em litígio interponham os chamados recursos condicionais contra uma questão de direito referida no relatório do painel ou uma interpretação jurídica aí desenvolvida, isto é, recursos cujo exame dependa das constatações do Órgão de Recurso sobre algumas outras questões apresentadas no recurso.

A prática do Órgão de Recurso demonstra que devem ser satisfeitos três critérios para que possa apreciar um recurso condicional. Primeiro, o recurso condicional deve ser efectuado correctamente:

"Na audiência oral, os Estados Unidos suscitaram uma questão prévia relativamente aos argumentos formulados pela Venezuela e o Brasil nas suas respectivas comunicações de parte apelada sobre se o ar puro é um recurso natural esgotável no sentido da alínea *g*) do artigo XX [do GATT de 1994] e se as normas para o estabelecimento de linhas de base são compatíveis como Acordo sobre os Obstáculos Técnicos ao Comércio. O motivo principal da questão prévia é que essas questões e os argumentos relacionados formulados pela Venezuela e o Brasil não foram submetidos ao Órgão de Recurso

---

[2688] Relatório do Órgão de Recurso no caso *United States – Laws, Regulations and Methodology for Calculating Dumping Margins ("Zeroing"), Recourse to Article 21.5 of the DSU by the European Communities* (WT/DS294/AB/RW), 14-5-2009, parágrafo 171.

A FUNÇÃO JURISDICIONAL NO SISTEMA GATT/OMC

neste recurso de acordo com o estabelecido nos Procedimentos de Trabalho. Os Estados Unidos destacaram que a Venezuela e o Brasil não recorreram contra a constatação do Painel sobre a questão do ar puro nem contra o facto de este se ter abstido de se pronunciar sobre a aplicabilidade do Acordo sobre os Obstáculos Técnicos ao Comércio. A Venezuela e o Brasil não apresentaram comunicações ao abrigo da Regra 23(1) dos Procedimentos de Trabalho nem apresentaram recursos separados de acordo com o previsto na sua Regra 23(4). Os seus argumentos sobre estas duas questões foram formulados nas comunicações de parte apelada apresentadas ao abrigo da Regra 22 e, na sua qualidade de partes apeladas, a Venezuela e o Brasil não podem impugnar a constatação do Painel sobre a questão do ar puro nem a sua abstenção de se pronunciar sobre a aplicabilidade do Acordo sobre os Obstáculos Técnicos ao Comércio. Na audiência oral, em resposta a perguntas formuladas pelo Órgão de Recurso, a Venezuela e o Brasil confirmaram que de facto não estavam a recorrer contra os dois aspectos mencionados, mas disseram que acreditavam que o Órgão de Recurso tinha autoridade, se o considerasse necessário, para examinar os resultados do exame dessas duas questões pelo Painel. (...). Os próprios Estados Unidos, que eram a única parte apelante no procedimento Appellate Body-1996-1, não tinham suscitado a questão do ar puro e da aplicabilidade do Acordo sobre os Obstáculos Técnicos ao Comércio. Consideramos persuasivas as comunicações dos Estados Unidos relativas a esta questão prévia. Com efeito, os argumentos formulados pela Venezuela e o Brasil sobre as questões do ar puro e do Acordo sobre os Obstáculos Técnicos ao Comércio podem ser vistos, na prática, como recursos condicionais, isto é, subordinados à condição de que o Órgão de Recurso revogue as constatações de carácter geral do Painel sobre a alínea *g*) do artigo XX e não decida a favor da Venezuela e do Brasil quanto aos demais requisitos do artigo XX. Esta condição não foi cumprida, mas, ainda que tivesse sido cumprida, o Órgão de Recurso teria tido grande relutância em analisar as duas questões em causa. Observamos, em primeiro lugar, que as questões de facto suscitadas pela parte apelante, os Estados Unidos, não são de natureza a que não seja possível adoptar uma decisão sobre elas sem ter que resolver ao mesmo tempo a questão do ar puro ou da aplicabilidade do Acordo sobre os Obstáculos Técnicos ao Comércio. Em segundo lugar, o Órgão de Recurso, para examinar as duas questões em causa, nas circunstâncias do presente recurso, teria sido obrigado a prescindir incidentalmente dos seus próprios procedimentos de trabalho e isso sem que ocorresse uma causa imperativa baseada, por exemplo, em princípios fundamentais de equidade ou num caso de força maior. A Venezuela e o Brasil poderiam ter recorrido contra a constatação e a abstenção do Painel sobre as duas questões ao abrigo da Regra 23(1) e (4) dos Procedimentos de Trabalho, permitindo que o Órgão de Recurso decidisse directamente as duas questões num único procedimento de recurso. A aceitação pela Venezuela e o Brasil dos Procedimentos de Trabalho e a sua adesão a eles não está em causa. Todavia, não podemos senão concluir que a via que escolheram para abordar

958

A FASE DE RECURSO

as duas questões em causa não está prevista nos Procedimentos de Trabalho e, por isso, tais questões não podem ser objecto do presente recurso"[2689].

Segundo, a condição de que depende o recurso deve ser satisfeita. No caso *United States – Safeguard Measures on Imports of Fresh, Chilled or Frozen Lamb Meat from New Zealand and Australia*, por exemplo, a Austrália recorreu condicionalmente contra a recusa do Painel em analisar as suas alegações respeitantes aos artigos 2º, nº 2, 3º, nº 1, 4º, nº 2, 5º, nº 1, 8º, nº 1, 11º, nº 1, alínea *a*), e 12º, nº 3, do Acordo sobre Medidas de Salvaguarda, por razões de economia judicial. Já a Nova Zelândia recorreu condicionalmente contra a recusa do Painel em analisar as suas alegações em relação aos artigos 2º, nº 2, 3º, nº 1, e 5º, nº 1, do Acordo sobre Medidas de Salvaguarda e aos artigos I e II do GATT de 1994, por razões de economia judicial. Estes recursos, no entanto, só seriam examinados se o Órgão de Recurso revogasse as conclusões do Painel de que a medida de salvaguarda em litígio era incompatível com o Acordo sobre Medidas de Salvaguarda e com nº 1, alínea *a*), do art. XIX do GATT de 1994. Ao não verificar-se a condição de que dependiam, o Órgão de Recurso considerou não ser necessário analisar os recursos condicionais da Austrália e Nova Zelândia[2690].

Terceiro, caso a decisão sobre o recurso condicional dependa da aplicação das disposições legais relevantes aos factos, então deve haver conclusões de facto suficientes ou factos incontroversos no processo que permitam ao Órgão de Recurso "completar a análise" (ver *infra*)[2691].

## 4.3. O Âmbito do Recurso
### 4.3.1. O Artigo 17º, nº 6, do Memorando
Para além das limitações impostas pelo pedido de recurso apresentado em cada caso, o âmbito da análise na fase de recurso é definido essencialmente pelo dis-

---

[2689] Relatório do Órgão de Recurso no caso *United States – Standards for Reformulated and Conventional Gasoline* (WT/DS2/AB/R), 29-4-1996, pp. 10-12.

[2690] Relatório do Órgão de Recurso no caso *United States – Safeguard Measures on Imports of Fresh, Chilled or Frozen Lamb Meat from New Zealand and Australia* (WT/DS177/AB/R, WT/DS178/AB/R), 1-5-2001, parágrafo 196. No caso *United States – Tax Treatment for "Foreign Sales Corporations", Recourse to Article 21.5 of the DSU by the European Communities*, a Comunidade Europeia, apesar de ter interposto quatro recursos condicionais, declarou expressamente que não estava a pôr em causa o exercício da economia judicial como tal pelo Painel. Cf. Relatório do Órgão de Recurso no caso *United States – Tax Treatment for "Foreign Sales Corporations", Recourse to Article 21.5 of the DSU by the European Communities* (WT/DS108/AB/RW), 14-1-2002, parágrafo 253.

[2691] Relatório do Órgão de Recurso no caso *United States – Anti-Dumping Measures on Certain Hot-Rolled Steel Products from Japan* (WT/DS184/AB/R), 24-7-2001, parágrafos 237-239.

959

A FUNÇÃO JURISDICIONAL NO SISTEMA GATT/OMC

posto nos nºs 6 e 13 do art. 17º do Memorando de Entendimento sobre Resolução de Litígios.

Nos termos da primeira disposição referida, "um recurso deve ser limitado às questões de direito referidas no relatório do Painel e às interpretações jurídicas aí desenvolvidas"[2692]. Assim, ao contrário do que acontece normalmente no direito internacional, onde a distinção "questões de facto/questões de direito" não tem grande importância[2693], tal distinção é fundamental no caso do Órgão de Recurso:

> "International tribunals typically are tribunals of first instance that decide both factual and legal questions. The World Trade Organization Appellate Body is the unique exception in public international law – the only appellate tribunal, and the only tribunal whose jurisdiction is confined to questions of law"[2694].

Porém, nem o Memorando de Entendimento sobre Resolução de Litígios nem os Procedimentos de Trabalho do Órgão de Recurso definem questões de direito ou de facto. O Órgão de Recurso, por sua vez, tem abordado esta questão casuisticamente, "refraining from adopting a strict demarcation between law and fact"[2695], até porque é preciso ter em atenção que uma questão pode abranger simultaneamente questões jurídicas e de facto[2696]. Ao mesmo tempo, o próprio Órgão de Recurso tem fornecido algumas pistas:

> "(...) A questão de saber se um acontecimento ocorreu ou não em determinado momento e lugar é tipicamente uma questão de facto; por exemplo, a questão de saber se o Codex [Alimentarius] adoptou ou não uma norma, directriz ou recomendação

---

[2692] A previsão de um recurso limitado às questões de direito no caso da OMC pode ter várias explicações: (i) o facto de os litígios no âmbito do GATT de 1947 não serem "fact intensive at all"; (ii) o desejo de limitar a duração e complexidade do sistema de resolução de litígios da OMC; (iii) a circunstância de um tal tipo de recurso constituir "the hallmark of appellate review in most common law systems". Cf. Joost PAUWELYN, *Appeal Without Remand: A Design Flaw in WTO Dispute Settlement and How to Fix It*, International Centre for Trade and Sustainable Development, Issue Paper No. 1, 2007, p. 2.

[2693] Petros MAVROIDIS e David PALMETER, *Dispute Settlement in the World Trade Organization: Practice and Procedure*, 2ª ed., Cambridge University Press, 2004, p. 211.

[2694] *Idem.*

[2695] Tania VOON e Alan YANOVICH, *The Facts Aside: The Limitation of WTO Appeals to Issues of Law*, in JWT, 2006, p. 244.

[2696] Jan BOHANES e Nicolas LOCKHART, Standard of Review in WTO Law, in *The Oxford Handbook of International Trade Law*, Daniel Bethlehem, Donald McRae, Rodney Neufeld e Isabelle Van Damme Ed., Oxford University Press, 2009, pp. 420-421. O próprio Órgão de Recurso reconhece que a fronteira entre uma questão puramente fáctica e uma questão que inclui aspectos de direito e de facto é, com frequência, difícil de traçar. Cf. Relatório do Órgão de Recurso no caso *United States – Subsidies on Upland Cotton, Recourse to Article 21.5 of the DSU by Brazil* (WT/DS267/AB/RW), 2-6-2008, parágrafo 385.

A FASE DE RECURSO

internacional sobre o acetato de melengestrol é uma questão de facto. A determinação da credibilidade e do peso a ser atribuído a (isto é, a apreciação de) um determinado elemento de prova faz parte do processo de averiguação dos factos e é, em princípio, deixado à discrição de um painel enquanto examinador dos factos. A compatibilidade ou incompatibilidade de um dado facto ou conjunto de factos com as prescrições de uma determinada disposição de um tratado é, todavia, uma questão de qualificação jurídica. É uma questão de direito"[2697].

Ainda segundo o mesmo órgão:

"o exame e a ponderação pelo Painel dos elementos de prova correspondem à sua avaliação dos factos e, por conseguinte, não estão compreendidos no âmbito do processo de recurso, conforme o disposto no nº 6 do artigo 17º do Memorando"[2698];
"a ausência pelo Painel de uma constatação sobre os pêssegos, que não são nectarinas, produto em causa neste litígio, constitui um erro de direito"[2699];
"as conclusões do Painel sobre a nacionalidade, propriedade e controle de certas empresas, assim como das suas participações no mercado, correspondem a decisões de facto e estão, por isso, fora do âmbito do recurso"[2700];
"a legislação nacional dos membros da OMC pode servir não apenas como prova de factos, mas também como prova do cumprimento ou incumprimento de obrigações internacionais. Ao abrigo do Memorando de Entendimento sobre Resolução de Litígios, um Painel pode examinar a legislação nacional de um membro da OMC para determinar se esse membro respeitou as obrigações que lhe impõe o Acordo OMC. Tal exame constitui uma apreciação jurídica feita por um Painel. E, em consequência, o exame de um Painel sobre a compatibilidade da legislação nacional com as obrigações impostas pelas regras da OMC pode ser objecto de um processo de recurso, em conformidade com o nº 6 do artigo 17º do Memorando"[2701];
"a questão sobre se uma autoridade responsável pela investigação exerceu o seu poder discricionário de uma maneira imparcial é uma questão *jurídica*; em contraste, a questão subjacente no caso submetido à nossa consideração de saber se as duas empresas se encontravam ou não 'em situações factuais diferentes' é uma questão *de facto*. Tratando-se de uma questão de facto, devemos determinar se existe algum motivo

---

[2697] Relatório do Órgão de Recurso no caso *European Communities Measures Concerning Meat and Meat Products (Hormones)*(WT/DS26/AB/R, WT/DS48/AB/R), 16-1-1998, parágrafo 132.

[2698] Relatório do Órgão de Recurso no caso *Japan – Measures Affecting Agricultural Products* (WT/DS76/AB/R), 22-2-1999, parágrafos 98 e 136.

[2699] *Idem*, nota de rodapé 91.

[2700] Relatório do Órgão de Recurso no caso *European Communities – Regime for the Importation, Sale and Distribution of Bananas* (WT/DS27/AB/R), 9-9-1997, parágrafo 239.

[2701] Relatório do órgão de Recurso no caso *United States – Section 211 Omnibus Appropriations Act of 1998* (WT/DS176/AB/R), 2-1-2002, parágrafo 105.

## A FUNÇÃO JURISDICIONAL NO SISTEMA GATT/OMC

para que interfiramos com a constatação fáctica do Painel sobre este ponto. Como o Órgão de Recurso tem observado frequentemente, ele não interferirá sem motivos bem fundamentados com a avaliação dos factos feita por um Painel"[2702].

O nº 6 do art. 17º do Memorando não deve ser lido, apesar de tudo, como sugerindo que os recursos não têm nada a ver com factos ou que o Órgão de Recurso está absolutamente impedido de lidar com factos. Desde logo, a aplicação dos acordos abrangidos aos factos constitui uma questão jurídica que pode ser analisada pelo Órgão de Recurso e que leva a que este possa ter que levar a cabo uma análise detalhada das constatações de facto.

Essencialmente, o órgão de Recurso pode rever três tipos principais de matérias jurídicas num recurso: a interpretação do painel de disposições dos acordos OMC, a aplicação do painel das disposições dos acordos OMC aos factos do caso e o desempenho pelo painel das suas atribuições[2703].

No caso concreto do art. 11º do Memorando de Entendimento sobre Resolução de Litígios, disposição que, excepto num caso, enuncia o critério de análise apropriado para os painéis em relação a todos os acordos abrangidos, o Órgão de Recurso declarou que:

> "Uma *alegação* de erro cometida por um Painel do ponto de vista do artigo 11º do Memorando de Entendimento sobre Resolução de Litígios só é possível no contexto de um recurso. Por definição, essa *alegação* não figurará nos pedidos de criação de um painel, pelo que os painéis não farão referência a ela nos seus relatórios. Por conseguinte, se as partes apelantes tencionam alegar essa questão no recurso, elas devem referi-la nos pedidos de recurso de modo a que as partes apeladas possam discernir e conhecer o caso que têm de examinar"[2704].

Ao mesmo tempo, o Órgão de Recurso ressalva que:

> "É evidente que nem todos os erros na avaliação dos elementos de prova (...) podem ser considerados como um incumprimento da obrigação de realizar uma avaliação objectiva dos factos. (...) A obrigação de proceder a uma avaliação objectiva dos factos é, entre outras coisas, uma obrigação de examinar os elementos de prova apresentados a um Painel e de chegar a conclusões de facto baseadas nesses elementos. Ignorar deliberadamente, ou a recusa em considerar, os elementos de prova apre-

---

[2702] Relatório do Órgão de Recurso no caso *United States – Final Dumping Determination on Softwood Lumber From Canada* (WT/DS264/AB/R), 11-8-2004, parágrafo 174.

[2703] Tania VOON e Alan YANOVICH, *The Facts Aside: The Limitation of WTO Appeals to Issues of Law*, in JWT, 2006, p. 245.

[2704] Relatório do Órgão de Recurso no caso *United States – Countervailing Measures Concerning Certain Products from the European Communities* (WT/DS212/AB/R), 9-12-2002, parágrafo 74.

962

A FASE DE RECURSO

sentados a um Painel é incompatível com o dever que um Painel tem de fazer uma avaliação objectiva dos factos. A distorção ou a falsidade deliberadas dos elementos de prova apresentados a um Painel são também actos incompatíveis com uma avaliação objectiva dos factos. 'Desconhecimento', 'distorção' e 'falseamento' dos elementos de prova, no seu sentido habitual nos processos judiciais e quase-judiciais, supõe não simplesmente um erro de juízo na apreciação dos elementos de prova, mas antes um erro monumental que põe em dúvida a boa fé do Painel. Alegar que um Painel ignorou ou distorceu os elementos de prova que lhe foram apresentados é, com efeito, em maior ou menor grau, alegar que o Painel negou à parte que apresentou os elementos de prova a equidade elementar ou, o que em muitas jurisdições, é conhecido como garantias processuais devidas ou justiça natural"[2705].

Este critério é particularmente exigente, revela claramente a pouca vontade do Órgão de Recurso em condicionar a liberdade dos painéis quando procedem à avaliação dos factos e representa um afastamento importante relativamente à jurisprudência que o Órgão de Recurso tinha defendido inicialmente. De facto, no relatório apresentado no caso *Canada – Certain Measures concerning Periodicals* (Junho de 1997), o Órgão de Recurso analisou as conclusões do painel referentes à primeira frase do nº 2 do art. III do GATT e, na sua análise do conceito "produto similar", notou que:

> "O Painel não baseou as suas constatações nos documentos e provas que tinha diante de si, em particular, as cópias das revistas TIME, TIME *Canada* e *Maclean's*, apresentadas pelo Canadá, e das revistas *Pulp & Paper* e *Pulp & Paper Canada*, apresentadas pelos Estados Unidos, ou o relatório do Grupo de Estudos sobre a Edição de Revistas Canadenses"[2706].

O Painel, pelo contrário, baseou as suas conclusões "de que as publicações importadas com edições separadas e as publicações nacionais que não são edições separadas 'podem' ser produtos similares num só exemplo hipotético baseado numa revista de propriedade canadense, *Harrowsmith Country Life*"[2707], facto que levou o Órgão de Recurso a concluir que:

> "Este exemplo envolve uma comparação entre duas edições da mesma revista, ambas produtos importados, que não podiam ter estado no mercado canadense ao mesmo tempo. Assim, a explicação constante do parágrafo 5.25 do relatório do Pai-

[2705] Relatório do Órgão de Recurso no caso *European Communities Measures Concerning Meat and Meat Products (Hormones)* (WT/DS26/AB/R, WT/DS48/AB/R), 16-1-1998, parágrafo 133.
[2706] Relatório do Órgão de Recurso no caso *Canada – Certain Measures concerning Periodicals* (WT/DS31/AB/R), 30-6-1997, p. 23.
[2707] *Idem.*

963

A FUNÇÃO JURISDICIONAL NO SISTEMA GATT/OMC

nel não é pertinente, porquanto o exemplo é incorrecto. O Painel, baseando-se no seu exame de um exemplo hipotético incorrecto, concluiu que as publicações periódicas 'com edições separadas' importadas e as publicações nacionais que não são 'edições separadas' podem ser produtos similares no sentido do nº 2 do artigo III do GATT de 1994. (...) Não nos parece óbvio como o Painel chegou à conclusão de que tinha 'argumentos suficientes' para deduzir que os dois produtos em causa são produtos similares baseando-se no exame de um exemplo incorrecto que levava à conclusão de que as publicações periódicas 'com edições separadas e as publicações nacionais que não são 'edições separadas' podem ser 'similares'. Por conseguinte, concluímos que, devido à falta de argumentos jurídicos adequados, por estarem baseados numa análise fáctica incorrecta (...), o Painel não podia chegar logicamente à conclusão de que as publicações periódicas 'com edições separadas' importadas e as publicações nacionais que não são 'edições separadas' são produtos similares"[2708].

Uma abordagem diferente, bem mais exigente, parece ter sido seguida, pois, pelo Órgão de Recurso no caso *European Communities – Measures concerning Meat and Meat Products (Hormones)* para determinar quando é que a não realização de uma apreciação objectiva dos factos por parte de um painel pode ser vista como uma questão de direito e, em consequência, passível de análise pelo Órgão de Recurso. Ante a alegação das Comunidades Europeias de que o painel tinha ignorado ou distorcido os elementos de prova por si apresentados ou pelos peritos[2709], o Órgão de Recurso respondeu, como já referimos, que ignorar deliberadamente, ou a recusa em considerar, os elementos de prova apresentados a um Painel é incompatível com o dever que um Painel tem de fazer uma avaliação objectiva dos factos, que a distorção ou a falsidade deliberadas dos elementos de prova apresentados a um Painel são também actos incompatíveis com uma avaliação objectiva dos factos, que o desconhecimento, distorção e falseamento dos elementos de prova, no seu sentido habitual nos processos judiciais e quase-judiciais, supõe não simplesmente um erro de juízo na apreciação dos elementos de prova, mas antes um erro monumental que ponha em dúvida a boa fé do Painel, e que alegar que um Painel ignorou ou distorceu os elementos de prova apresentados é, com efeito, em maior ou menor grau, alegar que ele negou à parte que apresentou tais elementos de prova a equidade elementar ou, o que em muitas jurisdições, é conhecido como garantias processuais devidas ou justiça natural[2710]. Além disso, o Órgão de Recurso declara que:

---

[2708] *Idem*, pp. 23-24.
[2709] Relatório do Órgão de Recurso no caso *European Communities Measures Concerning Meat and Meat Products (Hormones)* (WT/DS26/AB/R, WT/DS48/AB/R), 16-1-1998, parágrafo 17.
[2710] *Idem*, parágrafo 133.

964

## A FASE DE RECURSO

"**138.** (...) Notamos que o Painel, de facto, citou M. Lucier [um dos peritos consultados pelo Painel] de modo incorrecto. O Painel interpretou erradamente a declaração de M. Lucier constante do parágrafo 819 do anexo como significando que o risco de 0 a 1 num milhão é causado pela *quantidade total de estrogénios na carne tratada*. É evidente que M. Lucier declarou que este risco é causado por uma pequena fracção de *estrogénios* que é *adicionado para efeitos de crescimento*. Todavia, este erro de interpretação do Painel quanto à declaração de M. Lucier não constitui uma desconsideração *deliberada* das provas nem uma negligência *grosseira* equivalente a má fé.

**139.** (...) Mesmo se o Painel tivesse interpretado de modo incorrecto as opiniões de M. André [outro dos peritos consultados], nós não vemos nenhuma razão – e nenhuma razão foi avançada – para considerar que este erro corresponde a uma desconsideração *deliberada ou uma distorção* das provas"[2711].

Esta última abordagem do Órgão de Recurso, no entendimento de MAURITS LUGARD:

"would raise the threshold level of evidence to be submitted by the parties in order to allow a reversal of the factual findings. By requiring from them that they demonstrate before the Appellate Body that a panel had deliberately distorted the evidence, or had acted with bad faith, it would seem that the parties are requested to prove that a panel had the aim or the intention to act contrary to due process requirements"[2712].

Depois de feita a comparação com outros sistemas judiciais (*in casu*, comunitário, norte-americano, canadense e alemão), o autor citado conclui ainda que:

"all have criteria in place which are generally consonant with the requirements developed in the *Canadian Periodicals* case. The criteria applied by the Appellate Body in the *Hormones* case would seem to require an insight in the minds of panellists, and are therefore much more difficult to prove: how will parties be able to make a distinction between panels which have made a mistake when assessing the facts, and panels which have deliberately made a mistake when assessing those facts?"[2713].

Mas será que o Órgão de Recurso deve deixar passar um erro de facto manifesto se ele for decisivo para a resolução do litígio em questão? No caso *Hormones*, por exemplo, tendo o Órgão de Recurso concluído que o Painel tinha interpre-

---

[2711] *Idem*, parágrafos 138-139.
[2712] Maurits LUGARD, *Scope of Appellate Review: Objective Assessment of the Facts and Issues of Law*, in JIEL, 1998, p. 325.
[2713] *Idem*, p. 327.

A FUNÇÃO JURISDICIONAL NO SISTEMA GATT/OMC

tado erradamente as opiniões dos cientistas em diversas ocasiões[2714] e que não tinha descrito de modo preciso os pareceres dos peritos a que recorreu a Comunidade Europeia[2715], um dos assessores jurídicos da Comissão Europeia durante as negociações do Ciclo do Uruguai defende que:

> "In virtually any national system of law such mistakes would have lead to the annulment of the report and its remand to lower court for re-trial of the evidence. Yet, the Appellate Body was able, by applying the so-called deliberate disregard or wilful distortion test, to uphold the findings of the panel. The absence of the possibility to remand may have played a role but, if true, this was a quite unfortunate role to play in view of the health issues at stake"[2716].

De modo semelhante, outros autores defendem que a norma do "wilful error" para análise das questões de facto é demasiado rigorosa e que o caso *Canada – Periodicals* constitui um bom exemplo de como o Órgão de Recurso deve intervir em tais situações[2717].

Apesar do rigor exagerado do critério adoptado no caso *Hormones*[2718], o Órgão de Recurso confirmou-o em vários relatórios seus posteriores[2719] e, no caso *United States – Definitive Safeguard Measures on Imports of Certain Steel Products* (2003), reiterou que "nem todos os erros de um painel na apreciação das provas podem ser caracterizados de incumprimento da obrigação de fazer uma avaliação objectiva

---

[2714] Relatório do Órgão de Recurso no caso *European Communities Measures Concerning Meat and Meat Products (Hormones)* (WT/DS26/AB/R, WT/DS48/AB/R), 16-1-1998, parágrafo 138.

[2715] *Idem*, parágrafo 144.

[2716] Theofanis CHRISTOFOROU, WTO Panels in the Face of Scientific Uncertainty, in *Improving WTO Dispute Settlement Procedures – Issues and Lessons from the Practice of Other International Courts and Tribunals*, Friedl Weiss ed., Cameron May, 2000, p. 262.

[2717] Marco BRONCKERS e Natalie MCNELIS, Fact and Law in Pleadings Before the Appellate Body, in *Improving WTO Dispute Settlement Procedures – Issues and Lessons from the Practice of Other International Courts and Tribunals*, Friedl Weiss ed., Cameron May, 2000, p. 326.

[2718] Nas palavras de um autor, "it appears to be almost impossible to establish in practice that a panel *deliberately* disregarded or distorted the evidence and that the *egregious* error calls into question the *good faith* of a panel". Cf. Matthias OESCH, *Standards of Review in WTO Dispute Resolution*, Oxford University Press, 2003, p. 160.

[2719] Relatório do Órgão de Recurso no caso *European Communities – Measures Affecting the Importation of Certain Poultry Products* (WT/DS69/AB/R), 13-7-1998, parágrafo 133; Relatório do Órgão de Recurso no caso *Australia – Measures Affecting Importation of Salmon* (WT/DS18/AB/R), 20-10-1998, parágrafo 266; Relatório do Órgão de Recurso no caso *Korea – Taxes on Alcoholic Beverages* (WT/DS75/AB/R, WT/DS84/AB/R), 18-1-1999, parágrafo 162; Relatório do Órgão de Recurso no caso *Japan – Measures Affecting Agricultural Products* (WT/DS76/AB/R), 22-2-1999, parágrafo 141.

A FASE DE RECURSO

dos factos"[2720], citando expressamente o parágrafo 141 do relatório que emitiu no caso *Japan – Measures Affecting Agricultural Products* e cujo teor é o seguinte:

"Como declarámos no nosso relatório sobre o caso *European Communities – Hormones*, nem todos os erros de um painel na apreciação das provas podem ser caracterizados como um incumprimento da obrigação de fazer uma avaliação objectiva dos factos como exigido pelo artigo 11º do Memorando de Entendimento sobre Resolução de Litígios. Apenas os erros fundamentais constituem um incumprimento da obrigação de proceder a uma avaliação objectiva dos factos enunciada no artigo 11º do Memorando de Entendimento sobre Resolução de Litígios"[2721].

Ao mesmo tempo, um dos membros da secção do Órgão de Recurso que analisou o caso *Hormones* escreveu num artigo publicado em 2002 que não acreditava que:

"the quoted passage [parágrafo 133 do relatório do Órgão de Recurso] limits the spectrum of possible violations of Article 11 Dispute Settlement Understanding with respect to the determination of the existence of and weight to be attributed to a given fact or set of facts"[2722].

Deste modo, talvez seja possível ler o critério do caso *Hormones* como constituindo apenas um exemplo do tipo de conduta que violaria o art. 11º do Memorando e não como estabelecendo um patamar mínimo[2723]. É também este o nosso entendimento. Relatórios subsequentes, incluindo recusas de conclusões factuais dos painéis no contexto do art. 11º do Memorando, tornaram claro que o Órgão de Recurso enjeitará uma conclusão factual de um painel, mesmo na ausência de um "egregious error"[2724]. Nesse sentido, o Órgão de Recurso defende no caso *United States – Definitive Safeguard Measures on Imports of Wheat Gluten from the European Communities* que:

---

[2720] Relatório do Órgão de Recurso no caso *United States – Definitive Safeguard Measures on Imports of Certain Steel Products* (WT/DS248/249/251/252/253/254/258/259/AB/R), 10-11-2003, parágrafo 497.

[2721] Relatório do Órgão de Recurso no caso *Japan – Measures Affecting Agricultural Products* (WT/DS76/AB/R), 22-2-1999, parágrafo 141.

[2722] Claus-Dieter EHLERMANN, *Six Years on the Bench of the "World Trade Court": Some Personal Experiences as Member of the Appellate Body of the World Trade Organization*, in JWT, 2002, p. 622.

[2723] Andrew MITCHELL, Due process in WTO disputes, in *Key Issues in WTO Dispute Settlement: The First Ten Years*, Rufus Yerxa e Bruce Wilson Ed., Cambridge University Press, 2005, p. 156.

[2724] Jan BOHANES e Nicolas LOCKHART, Standard of Review in WTO Law, in *The Oxford Handbook of International Trade Law*, Daniel Bethlehem, Donald McRae, Rodney Neufeld e Isabelle Van Damme Ed., Oxford University Press, 2009, p. 424.

967

A FUNÇÃO JURISDICIONAL NO SISTEMA GATT/OMC

"**161.** Ainda que a conclusão do Painel sobre esta questão tenha sido a de que o relatório da *United States International Trade Commission* [USITC] continha uma explicação adequada das metodologias de atribuição, o raciocínio desenvolvido pelo Painel revela claramente que não considerava que assim fosse. O Painel não sentiu que pudesse basear-se unicamente, nem sequer principalmente, na explicação realmente proporcionada no relatório da USITC e, por isso, apoiou-se consideravelmente na informação complementar prestada pelos Estados Unidos nas respostas às perguntas do Painel. De facto, a parte mais importante do raciocínio do Painel sobre esta questão baseia-se nessas 'clarificações'. (...) Não compreendemos como o Painel pôde concluir que o relatório da USITC proporcionava *efectivamente* uma explicação adequada das metodologias de atribuição, quando resulta claro que o próprio Painel reconheceu deficiências tais em dito relatório que se baseou amplamente nas 'clarificações' não contidas nele.

**162.** Ao chegar a uma conclusão relativa ao relatório da Comissão de Comércio Internacional dos Estados Unidos, tão amplamente baseada na informação suplementar fornecida pelos Estados Unidos durante os procedimentos do painel – informação não contida no relatório da Comissão de Comércio Internacional dos Estados Unidos -, o Painel aplicou um critério de análise que não respeita as exigências do artigo 11º do Memorando de Entendimento sobre Resolução de Litígios"[2725].

Ou seja, o Órgão de Recurso parece admitir que o teste do "erro monumental que põe em dúvida a boa fé do Painel" não constitui uma exigência crucial para ser encontrada uma violação do art. 11º do Memorando.

Posteriormente, o Órgão de Recurso parece afastar-se mais um pouco do critério do caso *Hormones*:

"(...) Um painel *só* pode apreciar se a explicação oferecida pelas autoridades competentes para a sua determinação é fundada e adequada examinando criticamente tal explicação, em profundidade e à luz dos factos de que tenha tido conhecimento. Portanto, os painéis devem considerar se a explicação das autoridades competentes tem plenamente em conta a natureza e, em especial, a complexidade dos dados e responde a outras interpretações plausíveis dos dados. Um painel deve determinar, em particular, se a explicação não é fundada ou adequada, se há *outra explicação* plausível dos factos e se a explicação das autoridades competentes não parece adequada tendo em conta a outra explicação (...)"[2726].

---

[2725] Relatório do Órgão de Recurso no caso *United States – Definitive Safeguard Measures on Imports of Wheat Gluten from the European Communities* (WT/DS166/AB/R), 22-12-2000, parágrafos 161-162.
[2726] Relatório do Órgão de Recurso no caso *United States – Safeguard Measures on Imports of Fresh, Chilled or Frozen Lamb Meat from New Zealand and Australia* (WT/DS177/AB/R, WT/DS178/AB/R), 1-5-2001, parágrafo 106.

A FASE DE RECURSO

O Órgão de Recurso analisou depois as conclusões factuais da autoridade nacional em causa à luz deste critério:

"**148.** (...) o Painel não examinou criticamente se a Comissão de Comércio Internacional dos Estados Unidos tinha realmente emitido uma explicação fundamentada e adequada do modo como os factos apoiavam a sua determinação de que existia uma 'ameaça de prejuízo grave'.

**149.** Em consequência, constatamos que o Painel não *aplicou* o critério de análise apropriado, ao abrigo do artigo 11º do Memorando de Entendimento sobre Resolução de Litígios, ao examinar se, como questão substantiva, a Comissão de Comércio Internacional dos Estados Unidos enunciou uma explicação fundamentada e adequada do modo como os factos apoiam uma determinação de 'ameaça de prejuízo grave' em conformidade com o nº 2, alínea *a*), do artigo 4º do Acordo sobre as Medidas de Salvaguarda"[2727].

O nº 6 do art. 17º do Memorando não impede, por outro lado, que novos argumentos jurídicos sejam, em princípio, admitidos no âmbito de um recurso, excepto se dependerem de factos não apresentados ao Painel:

"(...) O nº 6 do artigo 17º do Memorando de Entendimento sobre Resolução de Litígios estabelece que 'o recurso deve ser limitado às questões de direito referidas no relatório do painel e às interpretações jurídicas aí desenvolvidas'. Em princípio, os novos argumentos não estão excluídos do âmbito do exame em recurso simplesmente porque são novos. Não obstante, para podermos analisar o novo argumento do Brasil, teríamos que solicitar, receber e examinar novos factos que o Painel não recebeu e não examinou. Em nossa opinião, o nº 6 do artigo 17º do Memorando de Entendimento sobre Resolução de Litígios impede-nos manifestamente de realizar uma tal tarefa. Notamos, ainda, que, se as partes queixosas puderem suscitar novos argumentos desta natureza no recurso, as garantias processuais devidas das partes demandadas podem ser postas em causa, porquanto não teriam a oportunidade de refutar as alegações apresentando provas em resposta a essas alegações"[2728].

De igual modo, no caso *United States – Tax Treatment for "Foreign Sales Corporations"*, o Órgão de Recurso recusou tomar em consideração um novo argumento, porquanto não tinha sido solicitado ao painel que analisasse as questões suscitadas pelo novo argumento dos Estados Unidos:

---

[2727] *Idem*, parágrafos 148-149.

[2728] Relatório do Órgão de Recurso no caso *Canada – Measures Affecting the Export of Civilian Aircraft* (WT/DS70/AB/R), 2-8-1999, parágrafo 211. Ver, também, Relatório do Órgão de Recurso no caso *United States – Tax Treatment for "Foreign Sales Corporations"* (WT/DS108/AB/R), 24-2-2000, parágrafo 101.

969

A FUNÇÃO JURISDICIONAL NO SISTEMA GATT/OMC

"O nosso mandato ao abrigo do nº 6 do artigo 17º do Memorando de Entendimento sobre Resolução de Litígios é lidar com 'as *questões de direito* referidas no relatório do Painel e as *interpretações jurídicas* aí desenvolvidas'. O argumento que os Estados Unidos nos pedem para examinar ao abrigo da quinta frase da nota de rodapé 59 [do Acordo sobre as Subvenções e as Medidas de Compensação] envolve duas questões jurídicas distintas: primeiro, que a medida relativa às Empresas de Venda no Estrangeiro [*Foreign Sales Corporations*] é uma medida destinada 'a evitar a dupla tributação dos rendimentos de origem estrangeira', no sentido da nota de rodapé 59; e segundo, que, em consequência, a medida relativa às Empresas de Venda no Estrangeiro é *excluída* da proibição estabelecida no nº 1, alínea *a*), do artigo 3 do Acordo sobre as Subvenções e as Medidas de Compensação contra as subvenções à exportação. Em nossa opinião, o exame das questões de fundo suscitadas por este argumento em particular não estaria compreendido no nosso mandato, segundo o nº 6 do artigo 17º, já que o argumento não envolve nem 'questões de direito referidas no relatório do Painel' nem 'interpretações jurídicas aí desenvolvidas'. Simplesmente, o Painel não foi solicitado a examinar as questões suscitadas pelo novo argumento dos Estados Unidos. Além disso, tratar o novo argumento que nos foi apresentado exigiria lidarmos com questões jurídicas muito diferentes das que foram abordadas pelo Painel e poderia bem requerer provas de novos factos. Os Estados Unidos parecem, com efeito, estar a recorrer contra o facto de o Painel não ter tomado uma decisão ou adoptado uma interpretação jurídica a respeito da quinta frase da nota de rodapé 59. Em nossa opinião, essa omissão parece dever-se ao facto de o Membro demandado não ter exposto de modo apropriado a questão ante o Painel. Portanto, recusamos examinar o argumento dos Estados Unidos de que a medida relativa às Empresas de Venda no Estrangeiro é uma medida destinada 'a evitar a dupla tributação' no sentido da nota de rodapé 59 e reservamos a nossa opinião a este respeito"[2729].

Num caso posterior, tendo o painel decidido não analisar as alegações feitas pelo Canadá ao abrigo do Acordo sobre os Obstáculos Técnicos ao Comércio, o Órgão de Recurso recusou analisar tais alegações. Não havia, desde logo, nem questões de direito nem interpretações jurídicas[2730].

A natureza limitada do processo de recurso ao abrigo do nº 6 do art. 17º do Memorando de Entendimento sobre Resolução de Litígios tem ainda como consequência que o Órgão de Recurso não pode tomar em consideração novos elementos de prova:

---

[2729] Relatório do Órgão de Recurso no caso *United States – Tax Treatment for "Foreign Sales Corporations"* (WT/DS108/AB/R), 24-2-2000, parágrafo 103.
[2730] Relatório do Órgão de Recurso no caso *European Communities – Measures Affecting Asbestos and Asbestos Containing Products* (WT/DS135/AB/R), 12-3-2001, parágrafos 81-83.

A FASE DE RECURSO

"Não está em causa que as notas de rodapé 148 e 149 da comunicação da parte apelante apresentada pelos Estados Unidos se referem a documentos que não fazem parte do registo do Painel. Os Estados Unidos alegam que mencionaram os documentos 'para facilitar ao Órgão de Recurso uma melhor compreensão dos factos em causa no litígio'. Mas o nº 6 do artigo 17º é inequívoco quando limita a nossa jurisdição às questões de direito tratadas nos relatórios dos painéis e às interpretações jurídicas aí desenvolvidas. Não temos autoridade para examinar factos novos no recurso. A circunstância de que os documentos estão disponíveis para 'consulta pública' não nos exonera das limitações impostas pelo nº 6 do artigo 17º. Notamos que os demais participantes não tiveram uma oportunidade para comentar esses documentos e que, para fazê-lo, podem sentir-se obrigados a apresentar ainda mais elementos de prova. Também estaríamos impedidos de examinar esses elementos de provas. <u>Constatamos</u>, portanto, que os documentos mencionados nas notas de rodapé 148 e 149 da comunicação da parte apelante apresentada pelos Estados Unidos não fazem parte do registo do Painel e constituem novos elementos de prova. Em consequência, em virtude do disposto no nº 6 do artigo 17º do Memorando de Entendimento sobre Resolução de Litígios, estamos impedidos de tomar em consideração esses documentos ao decidir este recurso"[2731].

O Órgão de Recurso invocou, igualmente, o nº 6 do art. 17º do Memorando de Entendimento sobre Resolução de Litígios para recusar considerar informação factual de natureza científica e económica contida numa comunicação *amicus curiae* apresentada por Marrocos no caso *European Communities – Trade Description of Sardines*:

"A comunicação *amicus curiae* de Marrocos contém principalmente informação fáctica. Ela refere as diferenças científicas entre a *Sardina pilchardus* Walbaum ('*Sardina pilchardus*') e a *Sardinops sagax sagax* ('*Sardinops sagax*') e também contém informação económica sobre as indústrias pesqueiras e conserveiras de Marrocos. Como o nº 6 do artigo 17º do Memorando de Entendimento sobre Resolução de Litígios limita o recurso às questões de direito referidas no relatório do painel e às interpretações jurídicas aí desenvolvidas, a informação fáctica facultada na comunicação *amicus curiae* de Marrocos não é pertinente neste recurso"[2732].

É de realçar, por fim, duas situações importantes que relativizam, de certo modo, o disposto no nº 1 do art. 17º do Memorando, isto é, de que o Órgão de

---

[2731] Relatório do Órgão de Recurso no caso *United States – Continued Dumping and Subsidy Offset Act of 2000* (WT/DS217/AB/R, WT/DS234/AB/R), 16-1-2003, parágrafo 222.
[2732] Relatório do Órgão de Recurso no caso *European Communities – Trade Description of Sardines* (WT/DS231/AB/R), 26-9-2002, parágrafo 169.

A FUNÇÃO JURISDICIONAL NO SISTEMA GATT/OMC

Recurso só pode apreciar recursos interpostos de conclusões do painel. Por um lado, é sabido que, por vezes, o Órgão de Recurso expressa o seu desacordo relativamente a algumas conclusões do painel que não foram objecto de recurso. Um dos exemplos mais conhecidos ocorreu no caso *Turkey – Restrictions on Imports of Textile and Clothing Products*:

> "(...) Neste caso, o Painel não examinou a questão de saber se o acordo comercial regional entre a Turquia e as Comunidades Europeias era, de facto, uma 'união aduaneira' que cumpria os requisitos estabelecidos na alínea *a*) do nº 8 e na alínea *a*) do nº 5 do artigo XXIV do GATT de 1994. Na opinião do Painel, pode-se argumentar que os painéis não têm jurisdição para avaliar a compatibilidade global de uma união aduaneira com as condições do artigo XXIV. Não nos foi solicitado no presente recurso que examinássemos essa questão, mas notamos a esse respeito a nossa decisão no caso *India – Quantitative Restrictions on Imports of Agricultural, Textile and Industrial Products* sobre a jurisdição dos painéis para examinar a justificação das restrições por motivo de balança de pagamentos ao abrigo do artigo XVIII, Secção B, do GATT de 1994 [parágrafos 80-109]"[2733].

Por outro lado, é defendido que um Painel não pode apresentar uma conclusão sobre uma questão que não lhe tenha sido colocada pela parte queixosa:

> "Neste caso, o Painel apresentou uma conclusão sobre uma questão que não lhe foi colocada pela Argentina. Tendo determinado que os direitos resultantes do sistema de bandas de preços [*price band system*] do Chile não poderiam ser analisados ao abrigo da primeira frase da alínea *b*) do nº 1 do art. II do GATT de 1994, o Painel examinou a mesma medida ao abrigo da segunda frase daquela disposição. Ao actuar desse modo, o Painel analisou uma disposição que não fazia parte da 'questão que lhe foi colocada'. (...) Por conseguinte, ao formular uma constatação sobre uma disposição que não tinha sido submetida à sua consideração, o Painel não realizou uma apreciação objectiva *da questão que lhe foi colocada*, como exige o artigo 11º [do Memorando]. Pelo contrário, o Painel chegou a uma conclusão sobre uma questão que *não* lhe foi colocada. Assim sendo, o Painel actuou *ultra petita* e de maneira incompatível com o artigo 11º do Memorando"[2734].

Porém, no caso *Canada – Certain Measures Concerning Periodicals*, depois de ter revogado a conclusão do Painel de que a medida em causa era contrária ao art. III,

---

[2733] Relatório do Órgão de Recurso no caso *Turkey – Restrictions on Imports of Textile and Clothing Products* (WT/DS34/AB/R), 22-10-1999, parágrafo 60.
[2734] Relatório do Órgão de Recurso no caso *Chile – Price Band System and Safeguard Measures Relating to Certain Agricultural Products* (WT/DS207/AB/R), 23-9-2002, parágrafo 173.

A FASE DE RECURSO

nº 2, primeira frase, do GATT de 1994, o Órgão de Recurso procedeu ao exame das alegações formuladas pelos Estados Unidos ao abrigo do art. III, nº 2, segunda frase, do GATT de 1994, disposição que o Painel não tinha sequer considerado. Segundo o Órgão de Recurso, "a primeira e a segunda frases do nº 2 do artigo III estão intimamente ligadas [*closely related*] e são parte de uma continuidade lógica [are part of a *logical continuum*]"[2735].

Em contraste, o Órgão de Recurso declarou no caso *European Communities – Export Subsidies on Sugar* o seguinte:

> "Não estamos convencidos de que o artigo 3º, o artigo 8º e o nº 1 do artigo 9º do Acordo sobre a Agricultura, por um lado, e os nºs 1, alínea *a*), e 2 do artigo 3º e os pontos *a*) e *d*) da Lista Ilustrativa do Acordo sobre as Subvenções e as Medidas de Compensação, por outro, estão 'intimamente relacionados', porque as questões apresentadas ao abrigo dos dois Acordos diferem em diversos aspectos"[2736].

Sabendo nós que o texto das disposições dos acordos abrangidos não constitui, em muitos casos, um modelo de rigor e clareza e que envolvem compromissos complexos, a possibilidade de o Órgão de Recurso estabelecer se existe ou não uma continuidade lógica entre duas obrigações constantes da mesma disposição dá-lhe uma certa discricionariedade no que diz respeito ao modo de adjudicação do litígio[2737]. No fundo, os casos referidos mostram uma vez mais que o Órgão de Recurso não é como uma máquina sem vontade própria.

### 4.3.2. O Artigo 17º, nº 13, do Memorando

Em conformidade com o nº 13 do art. 17º do Memorando de Entendimento sobre Resolução de Litígios, o Órgão de Recurso "pode ratificar, alterar ou revogar as conclusões jurídicas do painel".

A respeito desta disposição, convém ter em conta, para começar, o que o Órgão de Recurso assinalou no caso *United States – Measure Affecting Imports of Woven Wool Shirts and Blouses from India*:

> "A Índia apelou a seguinte declaração relativa ao nº 10 do artigo 6º do Acordo sobre os Têxteis e o Vestuário, contida no parágrafo 7.20 do relatório do Painel:

---

[2735] Relatório do Órgão de Recurso no caso *Canada – Certain Measures concerning Periodicals* (WT/DS31/AB/R), 30-6-1997, p. 24.

[2736] Relatório do Órgão de Recurso no caso *European Communities – Export Subsidies on Sugar* (WT/DS265/AB/R, WT/DS266/AB/R, WT/DS283/AB/R), 28-4-2005, parágrafo 338.

[2737] Alberto ALVAREZ-JIMÉNEZ, *The Enhancing of the WTO Judiciary's Control over Disputes and Suggestions for the Exceptional Expansion of Such Control to Favour Developing and Least Developing Countries*, in The Law and Practice of International Courts and Tribunals, 2007, p. 287.

## A FUNÇÃO JURISDICIONAL NO SISTEMA GATT/OMC

Durante o processo de exame, o Órgão de Supervisão dos Têxteis não está limitado à informação inicial apresentada pelo Membro importador, dado que as partes podem apresentar outra informação e informação adicional em apoio das suas respectivas posições, que, *em nosso entender*, podem estar relacionadas com acontecimentos posteriores.

Em nossa opinião, esta declaração do Painel é simplesmente uma observação descritiva e gratuita destinada a situar no seu contexto a interpretação que o Painel faz das funções do Órgão de Supervisão dos Têxteis. Não consideramos que esta observação do Painel seja uma das 'constatações e conclusões jurídicas' que o Órgão de Recurso 'poderá ratificar, alterar ou revogar"[2738].

O mesmo se passará com um comentário de carácter descritivo contido numa nota de rodapé do relatório de um painel:

"(...) Temos consciência de que o nº 6 do artigo 17º do Memorando de Entendimento sobre Resolução de Litígios nos exige que limitemos o alcance do recurso 'às questões de direito referidas no relatório do painel e às interpretações jurídicas aí desenvolvidas'. Temos também consciência de que o nº 13 do artigo 17º do Memorando de Entendimento sobre Resolução de Litígios estabelece que 'o Órgão de Recurso pode ratificar, alterar ou revogar as conclusões jurídicas do painel'. Tendo presente estas limitações, observamos que, a respeito de duas das questões em causa, o Painel não formulou nenhuma constatação ou interpretação jurídica. É verdade que na nota de rodapé 140 do seu relatório, o Painel afirma que o parágrafo 7.75 dos relatórios do Painel no caso *European Communities – Bananas* e 'especialmente o uso da frase todos os abastecedores distintos dos Membros que tenham um interesse substancial no abastecimento do produto' (...) indica que o Painel do caso *Bananas III* não entendeu que a atribuição de partes do contingente a não Membros em virtude do artigo XIII, nº 2, alínea *d*), do GATT de 1994, não fosse permitida. Não consideramos que esta observação formulada pelo Painel numa nota de rodapé seja uma 'interpretação jurídica formulada pelo Painel' no sentido do nº 6 do artigo 17º do Memorando de Entendimento sobre Resolução de Litígios nem uma 'constatação jurídica' ou 'conclusão jurídica' que o Órgão de Recurso possa 'ratificar, alterar ou revogar' em conformidade com o nº 13 do artigo 17º do Memorando de Entendimento sobre Resolução de Litígios. No caso que examinamos não existe qualquer dúvida de que não há uma *atribuição* de uma parte específica do contingente pautal a um não Membro. Por conseguinte, não existe nenhuma constatação nem nenhuma 'interpretação

---

[2738] Relatório do Órgão de Recurso no caso *United States – Measure Affecting Imports of Woven Wool Shirts and Blouses from India* (WT/DS33/AB/R), 25-4-1997, p. 17.

A FASE DE RECURSO

jurídica desenvolvida pelo painel' que possa ser objecto de um recurso para o Órgão de Recurso"[2739].

Esta transcrição é importante, ainda, por demonstrar claramente que a análise de certas questões de direito pelo Órgão de Recurso está condicionada à existência de conclusões ou de interpretações jurídicas do painel a respeito das mesmas. Não basta que as questões tenham sido suscitadas diante do painel.

Na prática, o Órgão de Recurso tem sido bastante rigoroso, chegando mesmo a revogar uma conclusão de um painel só porque este analisou uma disposição pela ordem errada:

> "**119.** A ordem de etapas indicada, a seguir na análise de uma alegação respeitante a uma justificação com base no artigo XX, reflecte, não uma escolha fortuita ou aleatória, mas antes a estrutura e lógica fundamentais do artigo XX. O Painel parece dar a entender, ainda que de forma indirecta, que é indiferente seguir a ordem de etapas indicada ou invertê-la (...). Não partilhamos este ponto de vista.
>
> **120.** A tarefa de interpretar o prólogo de forma a impedir o uso abusivo ou impróprio das excepções específicas do artigo XX torna-se difícil, senão mesmo impossível, quando o intérprete (como o Painel, neste caso) não identificou e examinou antecipadamente a excepção específica susceptível de abuso. (...) O que é indicado definir como 'discriminação arbitrária' ou 'discriminação injustificada' ou como uma 'restrição disfarçada ao comércio internacional' para uma determinada categoria de medidas já não o seria para outra categoria ou grupo de medidas. Por exemplo, o critério da 'discriminação arbitrária', enunciado no prólogo, pode ser diferente consoante esteja em causa uma medida que se quer necessária para proteger a moralidade pública ou uma medida relativa a artigos fabricados nas prisões"[2740].

Nos relatórios apresentados aos Membros da OMC entre 1995 e 2004, o Órgão de Recurso ratificou, alterou ou revogou 84% das conclusões jurídicas dos painéis. Das conclusões jurídicas dos painéis ratificadas, alteradas ou revogadas, o Órgão de Recurso ratificou 66%, revogou 31% e alterou 3%[2741]. Todavia, estes dados e, em particular, os dados relativos ao número de conclusões jurídicas

---

[2739] Relatório do Órgão de Recurso no caso *European Communities – Measures Affecting the Importation of Certain Poultry Products* (WT/DS69/AB/R), 13-7-1998, parágrafo 107.

[2740] Relatório do Órgão de Recurso no caso *United States – Import Prohibition of certain Shrimp and Shrimp Products* (WT/DS58/AB/R), 12-10-1998, parágrafos 119-120.

[2741] Peter Van den BOSSCHE, From afterthought to centerpiece: the WTO Appellate Body and its rise to prominence in the world trading system, in *The WTO at Ten: The Contribution of the Dispute Settlement System*, Ed. Giorgio Sacerdoti, Alan Yanovich e Jan Bohanes, Cambridge University Press, 2006, p. 316. Note-se que o Órgão de Recurso altera uma conclusão se, apesar de concordar com ela, discorda da sua fundamentação.

975

A FUNÇÃO JURISDICIONAL NO SISTEMA GATT/OMC

dos painéis ratificadas e alteradas são, em certa medida, enganadores. Uma leitura atenta das decisões do Órgão de Recurso em que ele ratificou as conclusões jurídicas dos painéis mostra que, em muitos casos, o Órgão de Recurso, de facto, não concordou com a argumentação do painel e avançou com os seus próprios argumentos[2742]. No caso *United States – Definitive Safeguard Measures on Imports of Circular Welded Carbon Quality Line Pipe from Korea*, por exemplo, o Órgão de Recurso ratificou, ainda que por razões diferentes, a conclusão formulada pelo Painel[2743]. Nestes casos, talvez fosse mais correcto o Órgão de Recurso declarar que alterou a conclusão do painel objecto de recurso. Contudo, ao ratificar tal conclusão do painel em vez de modificá-la, talvez o Órgão de Recurso queira reforçar a autoridade dos painéis.

O facto de o nº 13 do art. 17º do Memorando dizer que o Órgão de Recurso "pode" ratificar, alterar ou revogar as conclusões jurídicas do Painel não significa, por outro lado, que o Órgão de Recurso está limitado a tais acções[2744]. A prática seguida demonstra-o cabalmente. Nos casos em que não ratificou, revogou ou alterou uma conclusão jurídica de um painel, o Órgão de Recurso adoptou uma acção não prevista expressamente no nº 13 do art. 17º do Memorando de Entendimento sobre Resolução de Litígios. Esta outra acção tem assumido diversas formas, incluindo:

(i) completar a análise jurídica;
(ii) recusar completar a análise;
(iii) decidir sobre o âmbito do processo de recurso;
(iv) decidir sobre questões processuais; e
(v) recusar decidir sobre questões redundantes (*moot issues*)[2745].

---

[2742] *Idem.*

[2743] Relatório do Órcão de Recurso no caso *United States – Definitive Safeguard Measures on Imports of Circular Welded Carbon Quality Line Pipe from Korea* (WT/DS202/AB/R), 15-2-2002, parágrafo 263(a).

[2744] Segundo Tania Voon:

"Without doubt, the Appellate Body can and does do more than uphold, modify or reverse Panel findings and conclusions. Sometimes the justification for doing so is found in the Dispute Settlement Understanding or in the nature of the Appellate Body as a judicial tribunal, but at other times the Appellate Body lacks a strong legal basis, such as when it exercises judicial economy on a contentious issue, thereby failing to resolve all aspects of the dispute".
Cf. Tania Voon, *To Uphold, Modify or Reverse? How the WTO Appellate Body Treats Panel Reports*, in The Journal of World Investment & Trade, Vol. 7, No. 4, 2006, p. 518.

[2745] Peter Van den Bossche, From afterthought to centerpiece: the WTO Appellate Body and its rise to prominence in the world trading system, in *The WTO at Ten: The Contribution of the Dispute Settlement System*, Ed. Giorgio Sacerdoti, Alan Yanovich e Jan Bohanes, Cambridge University Press, 2006, p. 317.

## A FASE DE RECURSO

Em alguns recursos, o Órgão de Recurso sentiu-se, de facto, obrigado a tomar decisões sobre o âmbito do processo de recurso ou sobre questões processuais. E ainda que os membros da OMC não tenham concordado sempre com as decisões do Órgão de Recurso sobre as matérias referidas em determinados litígios, eles nunca puseram em causa a competência do Órgão de Recurso para adoptar "outra acção"[2746]. No fundo, tal competência do Órgão de Recurso é considerada (em nosso entender, correctamente) como sendo inerente. Significativamente, nunca uma questão processual impediu o Órgão de Recurso de analisar um recurso interposto e o Órgão de Recurso tem estado atento impedindo que os Membros da OMC utilizem as suas regras processuais como "abusive litigation techniques".

A respeito das questões redundantes, a competência do Órgão de Recurso para recusar decidir sobre elas foi também aceite. Embora o nº 12 do art. 17º do Memorando diga que "o Órgão de Recurso analisará cada uma das questões colocadas em conformidade com o nº 6 durante o processo de recurso", o Órgão de Recurso sempre interpretou esta obrigação de modo flexível e pragmático[2747]. Uma questão torna-se redundante (*moot*) quando, após a queixa ter sido apresentada, ocorre um determinado acontecimento que põe fim efectivamente ao litígio. Por exemplo, uma queixa apresentada contra uma certa legislação pode tornar-se redundante caso esta seja revogada antes de o órgão adjudicador chegar a uma decisão final. Apesar de poder ser visto como "a waste of resources to dismiss a case right before the end of the process without a definitive result"[2748], o Órgão de Recurso observou que o:

> "O nº 7 do artigo 3º do Memorando de Entendimento sobre Resolução de Litígios estabelece expressamente: 'o objectivo do sistema de resolução de litígios é o de obter uma solução positiva para um litígio'. (...) Assim, o objectivo fundamental do sistema de resolução de litígios da OMC é resolver litígios. Este objectivo fundamental é afirmado no Memorando de Entendimento sobre Resolução de Litígios em

[2746] Tal não aconteceu no caso das comunicações *amicus curiae*, mas esta questão não é vista como uma questão processual pela maioria dos Membros da OMC. Ela é vista, sim, como uma questão que põe em causa "os direitos e obrigações previstos nos acordos abrangidos" (artigos 3º, nº 2, e 19º, nº 2, do Memorando de Entendimento sobre Resolução de Litígios).

[2747] Peter Van den BOSSCHE, From afterthought to centerpiece: the WTO Appellate Body and its rise to prominence in the world trading system, in *The WTO at Ten: The Contribution of the Dispute Settlement System*, Ed. Giorgio Sacerdoti, Alan Yanovich e Jan Bohanes, Cambridge University Press, 2006, p. 317.

[2748] William DAVEY, Has the WTO Dispute Settlement System Exceeded Its Authority? A Consideration of Deference Shown by the System to Member Government Decisions and Its Use of Issue-Avoidance Techniques, in *The Role of the Judge in International Trade Regulation: Experience and Lessons for the WTO*, Thomas Cottier e Petros Mavroidis ed., Studies in International Economics – The World Trade Forum, volume 4, The University of Michigan Press, 2003, p. 63.

A FUNÇÃO JURISDICIONAL NO SISTEMA GATT/OMC

reiteradas ocasiões. Por exemplo, o nº 4 do artigo 3º estabelece: 'as recomendações ou decisões adoptadas pelo Órgão de Resolução de Litígios destinar-se-ão a conseguir uma resolução satisfatória da questão em conformidade com os direitos e obrigações previstos no presente Memorando e nos acordos abrangidos'. (...) Dado que o objectivo expresso de resolver litígios permeia todo o Memorando de Entendimento sobre Resolução de Litígios, não consideramos que o sentido do nº 2 do artigo 3º do Memorando de Entendimento sobre Resolução de Litígios consista em encorajar os painéis ou o Órgão de Recurso a 'legislar' mediante a clarificação das disposições vigentes do Acordo OMC fora do contexto da resolução de um determinado litígio. Um painel só necessita de tratar as alegações que se devem abordar para resolver a questão em causa no litígio. Observamos, ainda, que o artigo IX do Acordo que Cria a OMC estabelece que 'incumbe exclusivamente' à Conferência Ministerial e ao Conselho Geral a adopção de interpretações do Acordo que Cria a OMC e dos Acordos Comerciais Multilaterais. Isto é reconhecido igualmente e de modo expresso no nº 9 do artigo 3º do Memorando de Entendimento sobre Resolução de Litígios"[2749].

Um exemplo bem conhecido pode ser encontrado no caso *Brazil – Export Financing Programme for Aircraft, Recourse by Canada to Article 21.5 of the DSU*:

"Como o Brasil não provou um dos elementos necessários para demonstrar que os pagamentos efectuados no âmbito do PROEX revisto são justificados pelo ponto k) [do Anexo I do Acordo sobre as Subvenções e as Medidas de Compensação], não consideramos necessário examinar a questão de saber se as subvenções à exportação do PROEX revisto correspondem a um 'pagamento [pelos governos], na totalidade ou em parte, de todas as despesas suportadas pelos exportadores ou pelos organismos financeiros para a obtenção de crédito' no sentido da primeira frase do ponto k). Consequentemente, não examinamos as conclusões formuladas pelo Painel do nº 5 do artigo 21º a respeito desta questão. Estas conclusões do dito Painel são supérfluas e, portanto, não têm nenhum efeito jurídico"[2750].

Outro exemplo interessante ocorre no caso *United Sates – Import Measures on Certain Products from the European Communities*:

"**88.** (...) O Painel constatou correctamente que a medida em litígio no presente caso é a Medida de 3 de Março e que a medida de 19 de Abril não está compreendida nos termos de referência do Painel.

---

[2749] Relatório do Órgão de Recurso no caso *United States – Measure Affecting Imports of Woven Wool Shirts and Blouses from India* (WT/DS33/AB/R), 25-4-1997, pp. 18-20.
[2750] Relatório do Órgão de Recurso no caso *Brazil – Export Financing Programme for Aircraft, Recourse by Canada to Article 21.5 of the DSU*, (WT/DS46/AB/RW), 21-7-2000, parágrafo 78.

**89.** Tendo constatado que a Medida de 3 de Março é a medida em litígio no presente caso e que a medida de 19 de Abril não está compreendida nos seus termos de referência, o Painel deveria ter limitado a sua argumentação às questões que eram pertinentes em relação à Medida de 3 de Março. Ao formular declarações sobre uma questão que só era pertinente em relação à medida de 19 de Abril, o Painel não seguiu a lógica da sua *própria* constatação sobre a medida em litígio no presente caso e, em consequência, não actuou de maneira coerente com essa constatação. Portanto, o Painel incorreu em erro ao formular declarações que se referem a uma medida que, como *ele próprio* tinha determinado previamente, não estava compreendida nos seus termos de referência.

**90.** Por estas razões, chegamos à conclusão de que o Painel errou ao formular as declarações que figuram nos parágrafos 6.121 a 6.126 do seu relatório a respeito dos termos de referência dos árbitros nomeados ao abrigo do nº 6 do artigo 22º do Memorando de Entendimento sobre Resolução de Litígios. Por conseguinte, estas declarações do Painel não têm efeitos jurídicos"[2751].

O Tribunal Internacional de Justiça reconheceu, igualmente, o conceito de *mootness* no caso *Nuclear Tests (New Zealand v. France)*:

"**58.** O Tribunal, como órgão jurisdicional, tem por tarefa resolver os litígios existentes entre Estados. Assim, a existência de um litígio é a condição primária do exercício da sua função judicial; não é suficiente uma parte afirmar que existe um litígio, uma vez que 'a existência de um litígio internacional exige ser determinada objectivamente' pelo Tribunal. O litígio submetido ao Tribunal deve, portanto, continuar a existir no momento em que ele apresenta a sua decisão. O Tribunal não deve deixar de ter em conta toda a situação em que o litígio desapareceu porque o objectivo final do queixoso, apesar de se ter mantido, foi alcançado por outros meios. Se as declarações da França relativas à efectiva cessação dos testes nucleares têm o significado descrito pelo Tribunal, isto é, se elas levaram ao desaparecimento do litígio, é necessário retirar as consequências que se impõem.

**59.** É possível alegar que, apesar da França ter assumido a obrigação, por uma declaração unilateral, a não efectuar testes nucleares atmosféricos na região do Pacífico Sul, um acórdão do Tribunal sobre esta questão poderá ainda ser valioso porquanto, se o Acórdão adoptar as teses do queixoso, ele reforçara a posição deste último ao afirmar a obrigação do Demandado. Não obstante, tendo o Tribunal concluído que o Demandado tinha assumido uma obrigação de comportamento relativamente à cessação efectiva dos testes nucleares, nenhuma outra acção judicial é exigida. O Quei-

---

[2751] Relatório do Órgão de Recurso no caso *United Sates – Import Measures on Certain Products from the European Communities* (WT/DS165/AB/R), 11-12-2000, parágrafos 88-90.

A FUNÇÃO JURISDICIONAL NO SISTEMA GATT/OMC

xoso procurou repetidamente junto do Demandado uma garantia de que os testes cessariam e o Demandado, por sua própria iniciativa, fez um conjunto de declarações no sentido de que os testes iriam cessar. Dito isto, o Tribunal conclui que, tendo o litígio desaparecido, a queixa apresentada pela Nova Zelândia deixou de ter qualquer objecto. Daí resulta que qualquer outra constatação não teria *raison d'être*.

**60.** Isto não equivale a dizer que o Tribunal tem a faculdade de escolher, entre os casos que lhe são submetidos, aqueles que lhe parecem mais adequados a uma decisão e de recusar estatuir sobre os outros. O Artigo 38º dos Estatutos do Tribunal determina que a sua função é 'decidir em conformidade com o direito internacional as controvérsias que lhe forem submetidas'; mas, para além do próprio Artigo 38º, também outras disposições dos Estatutos e do Regulamento indicam claramente que o Tribunal só pode exercer a sua jurisdição nos procedimentos contenciosos quando existe realmente um litígio entre as partes. Por conseguinte, ao abster-se de qualquer outra acção neste caso, o Tribunal está simplesmente a agir de acordo com a interpretação correcta da sua função judicial.

**61.** O Tribunal indicou no passado considerações que podiam levá-lo a não decidir. O presente caso é um daqueles em que 'circunstâncias surgidas tornam qualquer decisão destituída de objecto' (*Northern Cameroons Judgment, I.C.J. Reports 1963*, p. 38). Por conseguinte, o Tribunal não vê nenhuma razão para permitir a continuação de procedimentos que ele sabe estarem condenados a ser estéreis. Pese embora a resolução judicial possa proporcionar uma via para a harmonia internacional quando existe um conflito, também é verdade que a continuação desnecessária de um procedimento compromete tal harmonia.

**62.** Portanto, o Tribunal considera que não é necessário nenhuma outra decisão no presente caso. Não cabe nas funções adjudicatórias do Tribunal lidar com questões *in abstracto*, uma vez que ele concluiu que os méritos do caso não necessitam mais de ser determinados. Tendo claramente desaparecido o objecto da queixa, não existe nada sobre que decidir"[2752].

No que concerne às questões de direito referidas no relatório do painel e interpretações jurídicas aí desenvolvidas que não foram objecto de recurso, o próprio Órgão de Recurso defende que:

"**93.** (...) uma constatação incluída no relatório de um painel e que *não tenha sido objecto de recurso* e tenha sido *adoptada* pelo Órgão de Resolução de Litígios deve ser tratada como a *resolução definitiva* de um litígio entre as partes no que respeita à alegação *em particular* e à componente *específica* de uma medida objecto dessa alegação.

---

[2752] TRIBUNAL INTERNACIONAL DE JUSTIÇA, Caso *Nuclear Tests (New Zealand v. France)*, Acórdão de 20-12-1974, parágrafos 58-62.

980

# A FASE DE RECURSO

Apoiam esta conclusão o nº 4 do artigo 16º, o nº 1 do artigo 19º, os nºs 1 e 3 do artigo 21º e o nº 1 do artigo 22º do Memorando de Entendimento sobre Resolução de Litígios. Quando um painel chegue à conclusão de que uma medida é incompatível com um acordo abrangido, esse painel *recomendará*, emconformidade com o nº 1 do artigo 19º, que o Membro faltoso a ponha em conformidade com esse Acordo. Os relatórios dos painéis, incluindo as *recomendações* que contenham, serão *adoptados* pelo Órgão de Resolução de Litígios dentro do prazo especificado no nº 4 do artigo 16º, salvo as que sejam objecto de recurso. De acordo com os nºs 1 e 3 do artigo 21º do Memorando de Entendimento sobre Resolução de Litígios, os Membros devem *cumprir* prontamente, ou dentro de um prazo razoável, as recomendações e resoluções *adoptadas* pelo Órgão de Resolução de Litígios. Um Membro que não cumpra as recomendações e resoluções adoptadas pelo Órgão de Resolução de Litígios dentro desse prazo deverá enfrentar as consequências estabelecidas no nº 1 do artigo 22º, relativas à compensação e à suspensão de concessões. Portanto, uma leitura do nº 4 do artigo 16º, do nº 1 do artigo 19º, dos nºs 1 e 3 do artigo 21º e do nº 1 do artigo 22º, considerados em conjunto, demonstra inequivocamente que uma constatação de um painel que não tenha sido objecto de recurso e que figure no relatório de um painel *adoptado* pelo Órgão de Resolução de Litígios deve ser aceite pelas partes como uma resolução *definitiva* do litígio entre elas, do mesmo modo e com o mesmo carácter definitivo que uma conclusão incluída num relatório do Órgão de Recurso adoptada pelo Órgão de Resolução de Litígios – com respeito à alegação em particular e à componente específica da medida que é objecto da alegação. De facto, as Comunidades Europeias e a Índia concordaram na audiência oral que os relatórios dos painéis e os relatórios do Órgão de Recurso teriam o mesmo efeito, a este respeito, uma vez adoptados pelo Órgão de Resolução de Litígios.

**95.** (...) as partes do relatório do Painel inicial que não são objecto de recurso, junto com o relatório do Órgão de Recurso que resolve as questões objecto de recurso, devem considerar-se, em nossa opinião, como a resolução final do litígio, e devem ser tratadas como tal pelas partes, e por nós mesmos, no presente procedimento"[2753].

Uma constatação de um Painel que não tenha sido expressamente objecto de recurso num determinado caso não deverá, no entanto, ser considerada como tendo sido ratificada pelo Órgão de Recurso. Tal constatação poderá ser examinada pelo Órgão de Recurso caso a questão seja suscitada de modo apropriado num recurso subsequente[2754].

---

[2753] Relatório do Órgão de Recurso no caso *European Communities – Anti-Dumping Duties on Imports of Cotton-Type Bed Linen from India, Recourse to Article 21.5 of the DSU by India* (WT/DS141/AB/RW), 8-4-2003, parágrafos 93 e 95.

[2754] Relatório do Órgão de Recurso no caso *Canada – Certain Measures concerning Periodicals* (WT/DS31/AB/R), 30-6-1997, nota de rodapé 28, p. 17.

A FUNÇÃO JURISDICIONAL NO SISTEMA GATT/OMC

Tendo o Órgão de Recurso sido criado com o intuito de diminuir o risco de ocorrência de erros judiciais, a possibilidade de recurso incentiva a preparação de relatórios de painéis bem estruturados e melhor fundamentados. Quanto mais conclusões jurídicas do relatório do painel forem revogadas pelo Órgão de Recurso, maior será porventura o número de recursos interpostos de relatórios dos painéis e menor será provavelmente a importância atribuída aos relatórios dos painéis. Tal facto pode levar mesmo a que sejam cada menos os indivíduos que aceitam fazer parte de um painel e sujeitarem-se a tal escrutínio e crítica. A ocorrer, esta circunstância será, certamente, um argumento capital para se avançar para a profissionalização dos painelistas.

Nada impede que o Órgão de Recurso, num só caso, ratifique, altere e revogue conclusões jurídicas de um Painel. No caso *European Communities Measures Concerning Meat and Meat Products (Hormones)*, por exemplo, o Órgão de Recurso ratifica sete conclusões jurídicas do Painel, altera quatro e revoga seis. Por vezes, o Órgão de Recurso ratifica todas as conclusões jurídicas de um Painel que foram objecto de recurso (por exemplo, nos casos *Korea – Taxes on Alcoholic Beverages, United States – Antidumping Act of 1916 e Japan – Measures Affecting the Importation of Apples*), e, até meados de 2010, somente em cinco casos foram as conclusões jurídicas do Painel revogadas na sua totalidade[2755].

### 4.3.3. A Prática "Completar a Análise"
### 4.3.3.1. A ausência do poder de reenvio
Como já foi referido, o Órgão de Recurso "pode ratificar, alterar ou revogar as conclusões jurídicas do Painel" (art. 17º, nº 13, do Memorando de Entendimento sobre Resolução de Litígios). Logo, o Órgão de Recurso não parece gozar da possibilidade de remeter o processo ao Painel que analisou o caso inicialmente para exame ou reexame de certos factos (característica importante de qualquer Órgão de Recurso), ausência que constitui "the main shortcoming" do actual sistema de resolução de litígios da OMC[2756].

---

[2755] Os cinco casos são os seguintes: (i) *Guatemala – Anti-Dumping Investigation Regarding Portland Cement from México*; (ii) *Canada – Measures Affecting the Importation of Milk and the Exportation of Daity Products, Recourse to Article 21.5 of the DSU by New Zealand and the United States*; (iii) *United States – Investigation of the International Trade Commission in Softwood Lumber from Canada, Recourse to Article 21.5 of the DSU by Canada*; (iv) *United States – Final Dumping Determination on Softwood Lumber From Canada, Recourse to Article 21.5 of the DSU by Canada*; e (v) *United States – Final Anti-Dumping Measures on Stainless Steel from Mexico*. Uma vez que foram apresentados 96 relatórios do Órgão de Recurso até meados de 2010, os cinco casos mencionados correspondem a cerca de 5% do total dos relatórios.

[2756] Konstantin JOERGENS, *True Appellate Procedure or Only A Two-Stage Process? A Comparative View of the Appellate Body Under the WTO Dispute Settlement Understanding*, in Law & Policy in International

A FASE DE RECURSO

O poder de remeter um processo não é desconhecido dos tribunais internacionais. Por exemplo, o Capítulo 19 do NAFTA, relativo aos direitos antidumping e direitos compensadores, prevê tal mecanismo[2757], o mesmo se passando com o art. 54º do Estatuto do Tribunal de Justiça da União Europeia[2758]. Ao que parece, os redactores do Memorando de Entendimento sobre Resolução de Litígios não incluíram um processo de reenvio principalmente por causa dos receios de que tornaria o procedimento de resolução de litígios mais moroso (posição defendida pelos Estados Unidos) ou demasiado complexo (a opinião de muitos países em desenvolvimento)[2759].

Não obstante, JACQUES BOURGEOIS defende que:

> "the Appellate Body should limit itself to determine only that the panel erred in failing to make a finding, or that the panel's analysis was incomplete and send the matter back to the Dispute Settlement Body. The Dispute Settlement Body could then reconvene the original panel or establish another panel. It has been argued that the Appellate Body has no remand authority. This is not persuasive. The Dispute Settlement Understanding is silent on this point"[2760].

De modo semelhante, um antigo membro do Órgão de Recurso defende que:

> "There is, however, a means by which the Appellate Body could effectively exercise remand power. If an issue of remand comes up in a case in which the Panel's fact-finding was not sufficient, the Appellate Body could reverse the ruling of the Panel based on insufficient fact-finding and send its report to the Dispute Settlement Body with a comment that the reversal is due to the lack of sufficient fact-finding rather than a deficiency in legal reasoning. The Dispute Settlement Body could then decide to reconvene the original panel and commission it to engage in further fact--finding"[2761].

Mesmo que seja possível ver o poder de reenvio como uma questão processual que cabe no âmbito do nº 9 do art. 17º do Memorando e da Regra 16(1) dos

Business, 1999, p. 229.

[2757] John LOCKHART e Tania VOON, *Reviewing Appellate Review in the WTO Dispute Settlement System*, in Melbourne Journal of International Law, 2005, p. 484.

[2758] O texto do Estatuto do Tribunal de Justiça da União Europeia pode ser encontrado in Jornal Oficial da União Europeia C 83, 30-3-2010, pp. 210-226.

[2759] Joost PAUWELYN, *Appeal Without Remand: A Design Flaw in WTO Dispute Settlement and How to Fix It*, in Bridges, No. 3, May 2007, p. 12.

[2760] Jacques BOURGEOIS, *Some Reflections on the WTO Dispute Settlement System from a Practitioner's Perspective*, in JIEL, 2001, p. 152.

[2761] Mitsuo MATSUSHITA, Some Thoughts on the Appellate Body, (Chapter 30), in *The World Trade Organization: Legal, Economic and Political Analysis*, Volume I, Patrick Macrory, Arthur Appleton e Michael Plummer Ed., Springer, Nova Iorque, 2005, pp. 1394-1395.

A FUNÇÃO JURISDICIONAL NO SISTEMA GATT/OMC

Procedimentos de Trabalho para o Processo de Recurso, o Órgão de Recurso nunca demonstrou, em termos práticos, qualquer intenção de remeter qualquer questão ao Órgão de Resolução de Litígios ou ao painel que analisou a mesma e vários Membros da OMC já apresentaram propostas no sentido da introdução de um processo de reenvio no âmbito da revisão do Memorando que está a decorrer. Veja-se, por exemplo, a proposta apresentada pelas Comunidades Europeias e seus Estados-membros em Janeiro de 2003[2762]. Além disso, a consagração do poder de reenvio através de uma das duas disposições supramencionadas tornaria muito difícil, seguramente, respeitar o prazo de 90 dias previsto actualmente para a fase de recurso (art. 17º, nº 5, do Memorando).

### 4.3.3.2. A prática do Órgão de Recurso

A questão da ausência da possibilidade de remeter o processo colocou-se logo no primeiro caso objecto de recurso (caso *United States – Standards for Reformulated and Conventional Gasoline*). Tendo concluído que uma regra que determina os padrões de qualidade da gasolina não constituía uma medida relativa à conservação de recursos naturais esgotáveis no sentido do art. XX, alínea *g)*, do GATT, o Painel considerou não ser necessário examinar se a medida em causa era aplicada conjuntamente com restrições à produção ou ao consumo nacionais (art. XX, alínea *g)*, *in fine*). O Painel considerou, igualmente, não ser necessário analisar a argumentação das partes queixosas (Brasil e Venezuela) de que a medida em causa constituía um meio de discriminação arbitrária ou injustificada ou uma restrição disfarçada ao comércio internacional nos termos do prólogo do art. XX do GATT[2763].

Ora, quando o Órgão de Recurso revogou a supracitada conclusão do Painel, as suas opções eram limitadas. Ou dizia ao Brasil e à Venezuela que começassem tudo de novo, solicitando ao painel que considerasse as restantes alegações, ou ele próprio considerava essas queixas (segundo o Órgão de Recurso "o Painel cometeu um erro de direito ao não se pronunciar sobre as questões remanescentes do artigo XX"[2764]). Foi esta última a opção escolhida, tendo o Órgão de Recurso ratificado a conclusão do Painel de que a regra norte-americana não era passível de ser justificada com base no art. XX, alínea *g)*, ainda que as razões invocadas tenham sido diferentes das avançadas pelo Painel.

---

[2762] OMC, *Contribution of the European Communities and Its Member States to the Improvement and Clarification of the WTO Dispute Settlement Understanding – Communication from the European Communities* (TN/DS/W/38), 23-1-2003, parágrafo 21.

[2763] David PALMETER, *The WTO Appellate Body Needs Remand Authority*, in JWT, vol. 32, nº 1, 1998, pp. 41-42.

[2764] Relatório do Órgão de Recurso no caso *United States – Standards for Reformulated and Conventional Gasoline* (WT/DS2/AB/R), 29-4-1996, p. 30.

984

A FASE DE RECURSO

Na opinião de DAVID PALMETER, não podia ter sido de outro modo. Pedir ao Brasil e à Venezuela para voltarem ao princípio um ano depois de terem iniciado o processo, simplesmente porque o Painel, por razões de economia judicial, considerou não ser necessário analisar todas as suas alegações, seria um resultado inaceitável para a maioria dos membros da OMC, até porque estava em causa o primeiro caso objecto de recurso[2765].

Depois deste primeiro caso, o Órgão de Recurso tem ocasionalmente continuado a completar a análise jurídica, com vista a facilitar a resolução rápida do litígio, conformemente ao art. 3º, nº 3, do Memorando, mas tal só é possível "se as conclusões de facto do Painel e os elementos incontroversos constantes do processo" proporcionarem ao Órgão de Recurso uma base suficiente para a sua análise[2766]. No caso *Korea – Definitive Safeguard Measure on Imports of Certain Dairy Products*, por exemplo, o Órgão de Recurso, depois de ter revogado uma conclusão jurídica do Painel, absteve-se de se pronunciar sobre a incompatibili-

---

[2765] David PALMETER, *The WTO Appellate Body Needs Remand Authority*, in JWT, vol. 32, nº 1, 1998, p. 42. Uma eventual solução para esta situação passa por solicitar, quando possível, a criação de um painel ao abrigo do nº 5 do art 21º do Memorando. No caso desta disposição, o painel deve apresentar o seu relatório dentro de 90 dias a contar da data em que a questão lhe foi submetida para apreciação. Por exemplo, tendo o Órgão de Recurso concluído no caso *Canada – Measures Affecting the Importation of Milk and the Exportation of Dairy Products, Recourse to Article 21.5 of the DSU by New Zealand and the United States* que não se encontravam reunidos os requisitos necessários para completar a análise (cf. Relatório do Órgão de Recurso no caso *Canada – Measures Affecting the Importation of Milk and the Exportation of Dairy Products, Recourse to Article 21.5 of the DSU by New Zealand and the United States* (WT/DS103/AB/RW, WT/DS113/AB/RW), 3-12-2001, parágrafos 103 e 127), os Estados Unidos e a Nova Zelândia (as partes queixosas) solicitaram a criação de um painel ao abrigo do nº 5 do art. 21º (caso *Canada – Measures Affecting the Importation of Milk and the Exportation of Dairy Products, Second Recourse to Article 21.5 by New Zealand and the United States* (WT/DS103/RW2, WT/DS113/RW2), 26-7-2002).

[2766] Relatório do Órgão de Recurso no caso *European Communities – Measures Affecting Asbestos and Asbestos Containing Products* (WT/DS135/AB/R), 12-3-2001, parágrafo 78. Curiosamente, estes dois requisitos nem sempre parecem cumulativos nas palavras do Órgão de Recurso. No caso *Australia – Measures Affecting Importation of Salmon*, por exemplo, o Órgão de Recurso defendeu que: "Tendo em conta que revogámos a constatação do Painel no sentido de que a medida sanitária e fitossanitária em questão, identificada erradamente como a prescrição de termotratamento, não se baseia numa avaliação do risco, estimamos que – na medida em que seja possível fazê-lo com base nas constatações fácticas do Painel e/ou dos factos não controvertidos que figuram no registo do Painel – devemos completar a análise jurídica e determinar se a medida sanitária e fitossanitária realmente em questão, ou seja, *a proibição das importações* imposta pela Austrália ao salmão do Pacífico capturado no oceano, fresco, refrigerado ou congelado, se baseia numa avaliação do risco" (sublinhado aditado) (cf. Relatório do Órgão de Recurso no caso *Australia – Measures Affecting Importation of Salmon* (WT/DS18/AB/R), 20-10-1998, parágrafo 118). Por outro lado, é importante ter em conta que os factos constantes do processo não constituem necessariamente constatações de facto do Painel.

A FUNÇÃO JURISDICIONAL NO SISTEMA GATT/OMC

dade ou não de uma medida, nos termos solicitados pela Comunidade Europeia, alegando que:

"Na ausência de quaisquer constatações fácticas do Painel ou de factos incontestáveis no registo do painel relativamente a um suposto aumento das importações (...) não podemos, no âmbito do nosso mandato estabelecido no artigo 17º do Memorando de Entendimento sobre Resolução de Litígios, completar a análise e formular uma determinação sobre se a Coreia actuou de forma incompatível com as suas obrigações ao abrigo do nº 1, alínea *a*), do artigo XIX do GATT"[2767].

Em contraste, o Órgão de Recurso considerou haver no caso *United States – Section 211 Omnibus Appropriations Act of 1998* uma base factual suficiente:

"Com base:
– no facto de que os artigos 211(a)(2) e 211(b) não estabelecem nenhuma distinção entre marcas comerciais e nomes comerciais;
– no enfoque adoptado pelos participantes, visto que, ao exporem os mesmos argumentos e utilizarem as mesmas análises relativamente à protecção dos nomes comerciais e das marcas comerciais, sugere que as obrigações relativas à protecção dos primeiros não são diferentes das relativas à protecção das segundas;
– na informação existente no registo do Painel sobre a interpretação dada ao artigo 8º da Convenção de Paris (1967) pelos participantes; e
– na informação constante do registo do Painel acerca da protecção dos nomes comerciais na legislação norte-americana;

Concluímos que o registo do Painel contém suficientes constatações fácticas e factos admitidos pelos participantes para que possamos completar a análise da compatibilidade dos artigos 211(a)(2) e 211(b) – no que respeita aos nomes comerciais – com o nº 1 do artigo 2º do Acordo sobre os Aspectos dos Direitos de Propriedade Intelectual relacionados com o Comércio em conexão com o nº 1 do artigo 2º da Convenção de Paris (1967) e o nº 1 do artigo 3º do Acordo sobre os Aspectos dos Direitos de Propriedade Intelectual relacionados com o Comércio, com o artigo 4º do Acordo sobre os Aspectos dos Direitos de Propriedade Intelectual relacionados com o Comércio, com o artigo 42º do Acordo sobre os Aspectos dos Direitos de Propriedade Intelectual relacionados com o Comércio e com o nº 1 do artigo 2º deste último acordo em conexão com o artigo 8º da Convenção de Paris (1967)"[2768].

[2767] Relatório do Órgão de Recurso no caso *Korea – Definitive Safeguard Measure on Imports of Certain Dairy Products* (WT/DS98/AB/R), 14-12-1999, parágrafo 92.
[2768] Relatório do Órgão de Recurso no caso *United States – Section 211 Omnibus Appropriations Act of 1998* (WT/DS176/AB/R), 2-1-2002, parágrafo 352.

986

# A FASE DE RECURSO

Para além deste requisito, o Órgão de Recurso só poderá "completar a análise" se o princípio das garantias processuais devidas ou da justiça processual for assegurado no que diz respeito às partes em litígio:

"(...) Conquanto as partes queixosas, no recurso, tenham justificado em certa medida as alegações formuladas ao abrigo do Acordo sobre as Subvenções e as Medidas de Compensação, elas não abordaram suficientemente a questão de saber se o artigo 3º do Acordo sobre as Subvenções e as Medidas de Compensação é aplicável às subvenções à exportação enumeradas no nº 1 do artigo 9º do Acordo sobre a Agricultura atribuídas a produtos agrícolas *consignados em listas* superiores ao níveis de compromisso assumidos por um Membro demandado. Em nossa opinião, à luz do estabelecido no artigo 21º do Acordo sobre a Agricultura e na cláusula introdutória do artigo 3º do Acordo sobre as Subvenções e as Medidas de Compensação, a questão da aplicabilidade do Acordo sobre as Subvenções e as Medidas de Compensação às subvenções à exportação objecto do presente litígio suscita uma série de questões complexas. De igual modo, consideramos que, na ausência de um estudo aprofundado sobre estas questões, completar a análise poderia afectar as garantias processuais devidas dos participantes"[2769].

Uma vez que o princípio das garantias processuais devidas ou da justiça processual serve de base e inspira as disposições do Memorando, as partes em litígio devem gozar da possibilidade de defender as suas posições quando o Órgão de Recurso tem de completar a análise. Actualmente, tal possibilidade pode não estar necessariamente garantida em todos os casos[2770].

Respeitados os dois requisitos referidos, o Órgão de Recurso tem completado a análise essencialmente em dois cenários: por um lado, a revogação de uma conclusão jurídica de um painel sobre uma determinada questão pode levar a que o Órgão de Recurso tenha de realizar a sua própria análise de uma questão jurídica que o Painel não analisou; por outro lado, o Órgão de Recurso altera ou revoga a interpretação que o painel fez de uma disposição dos acordos da OMC e depois aplica a sua própria interpretação dessa disposição aos factos do litígio. Deste modo, em contraste com o primeiro cenário, o Painel analisa a questão ou a alegação relevante e decide sobre a compatibilidade da medida contestada com a disposição em causa[2771].

---

[2769] Relatório do Órgão de Recurso no caso *European Communities – Export Subsidies on Sugar* (WT/DS265/AB/R, WT/DS266/AB/R, WT/DS283/AB/R), 28-4-2005, parágrafo 339.

[2770] Fernando Piérola, The Question of Remand Authority for the Appellate Body, in *Challenges and Prospects for the WTO*, Andrew Mitchell ed., Cameron May, Londres, 2005, p. 209.

[2771] Tania Voon e Alan Yanovich, *Completing the Analysis in WTO Appeals: The Practice and Its Limitations*, in JIEL, 2006, pp. 937-940.

987

A FUNÇÃO JURISDICIONAL NO SISTEMA GATT/OMC

O primeiro cenário ocorreu, por exemplo, no caso *Canada – Certain Measures Concerning Periodicals*. Tendo revogado a conclusão do Painel de que a medida em causa era contrária ao art. III, nº 2, primeira frase, do GATT de 1994, o Órgão de Recurso procedeu depois ao exame das alegações formuladas pelos Estados Unidos ao abrigo do art. III, nº 2, segunda frase, do GATT de 1994, disposição que o Painel não tinha sequer considerado. Segundo o Órgão de Recurso, a primeira e a segunda frases do nº 2 do artigo III estão intimamente ligadas [*closely related*] e são parte de uma continuidade lógica [*logical continuum*][2772]. Ou seja, parece ser necessário haver uma conexão suficiente entre as questões jurídicas analisadas pelo Painel e as analisadas quando o Órgão de Recurso "completa a análise"[2773]. Em contraste, o Órgão de Recurso recusou completar a análise relativamente a uma questão de carácter totalmente novo e que não tinha sido discutida de forma suficientemente aprofundada diante do painel:

> "Tendo em conta o seu carácter totalmente novo, consideramos que as alegações do Canadá baseadas no Acordo sobre os Obstáculos Técnicos ao Comércio não foram exploradas a fundo diante de nós. Como o Painel não abordou essas alegações, não existem 'questões de direito' nem 'interpretações jurídicas' relativas a elas que tenham de ser analisadas pelas partes e examinadas por nós em conformidade com o nº 6 do artigo 17º do Memorando de Entendimento sobre Resolução de Litígios. Observamos, igualmente, que a suficiência dos factos constantes do registo depende do alcance das disposições do Acordo sobre os Obstáculos Técnicos ao Comércio que se afirma serem aplicáveis, alcance que todavia ainda não foi determinado"[2774].

O segundo cenário ocorreu, por exemplo, no caso *United States – Import Prohibition of certain Shrimp and Shrimp Products*, tendo o Órgão de Recurso revogado a análise interpretativa do art. XX do GATT de 1994 levada a cabo pelo Painel, por este não ter respeitado a ordem de etapas que deve ser seguida na análise de uma alegação respeitante a uma justificação com base no artigo XX. Subsequen-

---

[2772] Relatório do Órgão de Recurso no caso *Canada – Certain Measures concerning Periodicals* (WT/DS31/AB/R), 30-6-1997, p 24.
[2773] Segundo FERNANDO PIÉROLA, "the criterion of complete factual record or factual findings by the panel appears to be supplemented by a more substantive element when the completion of the analysis concerns provisions other than those examined by the panel. The Appellate Body has stated on certain occasions, that, in order to complete the analysis, there must be a 'logical continuum" between the provisions at issue". Cf. Fernando PIÉROLA, The Question of Remand Authority for the Appellate Body, in *Challenges and Prospects for the WTO*, Andrew Mitchell ed., Cameron May, Londres, 2005, p. 203.
[2774] Relatório do Órgão de Recurso no caso *European Communities – Measures Affecting Asbestos and Asbestos Containing Products* (WT/DS135/AB/R), 12-3-2001, parágrafo 82.

A FASE DE RECURSO

temente, o Órgão de Recurso completa a análise aplicando a sua própria interpretação do art. XX do GATT de 1994 aos factos do caso[2775].

Apesar do engenho do Órgão de Recurso, a ausência de um procedimento de reenvio é criticável pela simples razão de que o Órgão de Recurso, ao considerar queixas que não foram decididas pelo Painel, leva a que as suas conclusões não possam ser objecto de recurso e a parte vencedora nunca votará contra a adopção do relatório apresentado. E apesar de os membros do Órgão de Recurso serem juristas distintos e experientes, isso não impede que eles sejam menos falíveis do que os igualmente distintos membros dos painéis que apreciam as queixas inicialmente, além de que os prazos são bem mais reduzidos no caso do processo de recurso[2776].

Apesar disso, várias disposições do Memorando podem ser apontadas como apoiando a prática de "completar a análise" seguida pelo Órgão de Recurso. Em primeiro lugar, temos o texto do nº 3 do art. 3º do Memorando:

> "A pronta resolução de situações em que um Membro considera que um benefício que lhe é devido directa ou indirectamente ao abrigo dos acordos abrangidos está a ser prejudicado por medidas adoptadas por outro Membro é essencial para que a OMC exerça as suas funções de um modo eficaz e para a manutenção de um equilíbrio adequado entre os direitos e obrigações dos Membros".

Caso não fosse possível ao Órgão de Recurso utilizar a técnica de "completar a análise", certamente que o objectivo da pronta resolução dos litígios seria seriamente posto em causa. Mesmo que um Membro da OMC considerasse legitimamente que um benefício que lhe é devido estava a ser prejudicado, ele teria que começar todo o processo de novo.

Mais: os atrasos causados pela necessidade de remeter o caso para um painel poderiam aumentar os prejuízos causados às partes queixosas pela medida impugnada e, como é sabido, nunca um painel ordenou medidas cautelares e as medidas de retaliação no âmbito do sistema de resolução de litígios da OMC são puramente prospectivas.

O Memorando permite, também, não só que o Órgão de Recurso ratifique ou revogue, mas também que altere as conclusões jurídicas de um painel. Interpretado expansivamente, o poder de modificar as conclusões jurídicas de um painel permite ao Órgão de Recurso analisar uma questão de direito que não tenha sido

---

[2775] Relatório do Órgão de Recurso no caso *United States – Import Prohibition of certain Shrimp and Shrimp Products* (WT/DS58/AB/R), 12-10-1998, parágrafos 114-124.
[2776] David PALMETER, *The WTO Appellate Body Needs Remand Authority*, in JWT, vol. 32, nº 1, 1998, p. 43.

A FUNÇÃO JURISDICIONAL NO SISTEMA GATT/OMC

analisada pelo painel[2777]. O próprio Memorando de Entendimento sobre Resolução de Litígios enfatiza que "o objectivo do sistema de resolução de litígios é o de obter uma solução positiva para um litígio" (art. 3º, nº 7).

Essencialmente, a prática de "completar a análise", "purely a case-law creation of the Appellate Body"[2778], contribuiu para a credibilidade do sistema de resolução de litígios da OMC. Embora se possa suscitar a ilegitimidade da solução encontrada, particularmente, por não caber no âmbito do nº 13 do art. 17º do Memorando, uma vez que não existem conclusões jurídicas do painel, e por privar as partes em litígio do seu direito a recorrer, direito previsto expressamente no Memorando[2779], a prática de "completar a análise", quando existam conclusões de facto do Painel ou elementos incontroversos suficientes no processo[2780], é claramente preferível à solução de deixar os litígios por resolver[2781]. Além disso,

[2777] Jeffrey WAINCYMER, *WTO Litigation: Procedural Aspects of Formal Dispute Settlement*, Cameron May, Londres, 2002, pp. 741-742.

[2778] Sydney CONE, *The Appellate Body, the Protection of Sea Turtles and the Technique of "Completing the Analysis"*, in JWT, vol. 33, nº 2, 1999, p. 56.

[2779] Jacques BOURGEOIS, *Some Reflections on the WTO Dispute Settlement System from a Practitioner's Perspective*, in JIEL, 2001, p. 152. A respeito desta crítica e tendo em conta os dois cenários já referidos no texto principal, convém ter em conta a importante observação do Órgão de Recurso caso *Australia – Measures Affecting Importation of Salmon*:

"Temos presente as disposições do artigo 17º do Memorando de Entendimento sobre Resolução de Litígios que estabelecem a nossa jurisdição e o nosso mandato. O nº 6 do artigo 17º do Memorando de Entendimento sobre Resolução de Litígios dispõe o seguinte: 'O recurso deve ser limitado às questões de direito referidas no relatório do painel e às interpretações jurídicas aí desenvolvidas'. O nº 13 do mesmo artigo dispõe: 'O Órgão de Recurso pode ratificar, alterar ou revogar as conclusões jurídicas do painel'. *Em certos recursos, quando revogámos uma conclusão de um painel sobre uma questão de direito, podemos examinar e decidir uma questão que não foi especificamente examinada pelo painel, a fim de completar a análise jurídica e resolver o litígio entre as partes* (...)" (itálico aditado) (cf. Relatório do Órgão de Recurso nos casos *Australia – Measures Affecting Importation of Salmon* (WT/DS18/AB/R), 20-10-1998, parágrafo 117).

Todavia, se virmos bem, estas questões jurisdicionais aparecem principalmente no caso do primeiro cenário, uma vez que o Órgão de Recurso está a examinar uma questão que o Painel não analisou. No segundo cenário, pelo contrário, o Painel interpretou uma disposição relevante dos acordos da OMC e aplicou-a aos factos. Acontece que o Órgão de Recurso, não tendo concordado com a interpretação do Painel da disposição relevante, avança com a sua própria interpretação e aplica-a aos factos quando da sua análise do relatório do Painel. Nestas circunstâncias, "the matter falls more clearly within the jurisdiction of the Appellate Body". Cf. Tania VOON e Alan YANOVICH, *Completing the Analysis in WTO Appeals: The Practice and Its Limitations*, in JIEL, 2006, pp. 940-941.

[2780] Estas condições asseguram que o Órgão de Recurso, ao completar a análise, não se transforme "into a fact-finding organ" e, com isso, viole o nº 6 do art. 17º do Memorando. Cf., Tania VOON e Alan YANOVICH, *The Facts Aside: The Limitation of WTO Appeals to Issues of Law*, in JWT, 2006, p. 243.

[2781] Viji RANGASWAMI, *Operation of the Appellate Process and Functions, Including the Appellate Body*, in Law & Policy in International Business, 2000, p. 704. Quando escreveu este artigo, Viji Ran-

990

A FASE DE RECURSO

estamos perante uma técnica praticada por outros tribunais internacionais[2782] e que parece ser aceite pela generalidade dos Membros da OMC[2783]. Alguns apelantes têm mesmo o cuidado de incluir um pedido de "completar a análise" na sua notificação de recurso:

> "Caso o Órgão de Recurso revogue a conclusão do Painel de que a exigência do imposto de selo não se justifica ao abrigo da alínea *d*) do artigo XX do GATT de 1994, a República Dominicana solicita que o Órgão de Recurso complete a análise jurídica de acordo com o artigo XX do GATT de 1994"[2784].

Como salientam TANIA VOON e ALAN YANOVICH:

> "the expression 'completing the analysis' has become part of the WTO lexicon, with parties increasingly asking the Appellate Body to complete the panel's analysis to provide real solutions to disputes"[2785].

No entanto, a incapacidade de o Órgão de Recurso "completar a análise" em determinados litígios constitui um problema que tem necessariamente de ser resolvido[2786]. Por exemplo, num relatório apresentado recentemente, o Órgão de

gaswami trabalhava, como *Trade Counsel*, no chamado *Committee on Ways and Means* do Congresso dos Estados Unidos.

[2782] Por exemplo, as câmaras de recurso dos vários tribunais penais internacionais. Cf. Joost PAUWELYN, *Appeal Without Remand: A Design Flaw in WTO Dispute Settlement and How to Fix It*, International Centre for Trade and Sustainable Development, Issue Paper No. 1, 2007, p. 41.

[2783] Friedl WEISS, The limits of the WTO: facing non-trade issues, in *The WTO at Ten: The Contribution of the Dispute Settlement System*, Ed. Giorgio Sacerdoti, Alan Yanovich e Jan Bohanes, Cambridge University Press, 2006, p. 166.

[2784] OMC, *Dominican Republic – Measures Affecting the Importation and Internal Sale of Cigarettes, Notification of an Appeal by the Dominican Republic under Article 16.4 and Article 17 of the Understanding on Rules and Procedures Governing the Settlement of Disputes (DSU), and under Rule 20(1) of the Working Procedures for Appellate Review* (WT/DS302/8), 24-1-2005, ponto 2.

[2785] Tania VOON e Alan YANOVICH, *Completing the Analysis in WTO Appeals: The Practice and Its Limitations*, in JIEL, 2006, p. 934.

[2786] Na maioria dos casos, a parte queixosa não apresenta nova queixa para resolver as questões que ficaram sem resposta do Órgão de Recurso. Esta situação pode indiciar que as alegações que ficaram sem resposta não são muito importantes (cf. Joost PAUWELYN, *Appeal Without Remand: A Design Flaw in WTO Dispute Settlement and How to Fix It*, International Centre for Trade and Sustainable Development, Issue Paper No. 1, 2007, p. 19). Porém, no recente no caso *United States – Continued Suspension of Obligations in the EC – Hormones Dispute*, o próprio Órgão de Recurso reconheceu que, atendendo às numerosas deficiências que identificou na análise do Painel e à natureza altamente controvertida dos factos, não podia completar a análise. Cf. Relatório do Órgão de Recurso no caso *United States – Continued Suspension of Obligations in the EC – Hormones Dispute* (WT/DS320/AB/R), 16-10-2008, parágrafo 735.

## A FUNÇÃO JURISDICIONAL NO SISTEMA GATT/OMC

Recurso declara, depois de ter concluído ser incapaz de "completar a análise", não poder fazer qualquer recomendação ao Órgão de Resolução de Litígios[2787]. Nestes casos, a única via que resta à parte queixosa é dar início a um novo processo, de modo a ver examinada a queixa ou as questões que ficaram por resolver. Esta solução, como é evidente, é dispendiosa em termos de tempo e de custos e francamente prejudicial para os países mais pobres membros da OMC. É verdade que, por vezes, o Painel examina outros factos e avança com outras conclusões jurídicas (contrariando o princípio da economia judicial[2788]), com vista a ajudar o Órgão de Recurso caso este decida "completar a análise"[2789]. Por exemplo, no caso *United States – Measures Affecting the Cross-Border Supply of Gambling and Betting Services*:

> "Apesar da sua constatação de que as medidas em litígio *não* estão justificadas provisoriamente, o Painel examinou se essas medidas cumprem os requisitos do prólogo do artigo XIV [do Acordo Geral sobre o Comércio de Serviços] 'a fim de ajudar às partes a resolver o litígio subjacente no presente caso'"[2790].

No caso *United States – Final Countervailing Duty Determination with respect to certain Softwood Lumber from Canada*, o Órgão de Recurso chega mesmo a censurar um painel por não ter providenciado "alternative factual findings", situação que, em última instância, impediu o Órgão de Recurso de completar a análise:

> "Em consequência, não existem suficientes constatações de facto do Painel nem factos incontroversos no seu registo que nos permitam examinar se o ponto de refe-

---

[2787] Relatório do Órgão de Recurso no caso *United States – Investigation of the International Trade Commission in Softwood Lumber from Canada, Recourse to Article 21.5 of the DSU by Canada* (WT/DS277/AB/RW), 13-4-2006, parágrafos 162, alínea *c*), e 163.

[2788] De notar que em muitos casos em que é necessário completar a análise, tal necessidade aparece não por causa do recurso pelo painel ao princípio da economia judicial, mas sim porque o Órgão de Recurso revogou algumas das conclusões jurídicas do painel. Por exemplo, no caso *Canada – Certain Measures Concerning Periodicals*, o Órgão de Recurso completou a análise jurídica ao abrigo do nº 2, segunda frase, do art. III do GATT de 1994, depois de ter revogado a conclusão do Painel relativa ao nº 2, primeira frase, do art. III do GATT de 1994.

[2789] Como o próprio Órgão de Recurso observou: "sempre que cumpram a sua obrigação de apreciar o caso objectivamente, os painéis gozam de liberdade para decidir *que problemas jurídicos* devem examinar para resolver um litígio. Além disso, em alguns casos, a decisão de um painel de continuar a sua análise jurídica e efectuar constatações fácticas para além do estritamente necessário para resolver o litígio pode ajudar o Órgão de Recurso caso este seja chamado mais tarde a completar a análise, como ocorre, por exemplo, neste caso (...)". Cf. Relatório do Órgão de Recurso no caso *United States – Measures Affecting the Cross-Border Supply of Gambling and Betting Services* (WT/DS285/AB/R), 7-4-2005, parágrafo 344.

[2790] Relatório do Órgão de Recurso no caso *United States – Measures Affecting the Cross-Border Supply of Gambling and Betting Services* (WT/DS285/AB/R), 7-4-2005, parágrafo 338.

A FASE DE RECURSO

rência utilizado pelo Departamento do Comércio dos Estados Unidos nesta investigação tem relação ou conexão com, ou se refere, a condições reinantes no mercado do Canadá, como demanda a alínea *d*) do artigo 14º, a fim de reflectir adequadamente as condições de preço, qualidade, disponibilidade, comerciabilidade, transporte e demais condições de compra ou de venda. Por conseguinte, não nos é possível completar a análise jurídica da alegação do Canadá segundo a qual os Estados Unidos actuaram de forma incompatível com a alínea *d*) do artigo 14º do Acordo sobre as Subvenções e as Medidas de Compensação. Observamos, a este respeito, que os painéis, por vezes, formulam outras constatações de facto que ajudam o Órgão de Recurso a completar a análise jurídica quando ele não está de acordo com as interpretações jurídicas desenvolvidas pelo painel, mas tal não ocorre no relatório do Painel que temos ante nós"[2791].

Esta possível solução para a ausência de um processo de reenvio depara-se, no entanto, com algumas dificuldades: os painéis estão, regra geral, assoberbados de trabalho, existe a necessidade de respeitar os prazos previstos no Memorando, é cada vez maior a complexidade das questões apresentadas para análise e o princípio da economia judicial constitui um bom meio para evitar que eventuais acusações de activismo judicial vejam a luz do dia. Não admira, por isso, que seja "relatively infrequent" que os painéis avancem com constatações de facto alternativas[2792].

É certo que, ao recusar completar a análise quando não estejam reunidas determinadas condições, o Órgão de Recurso parece estar a dizer aos painéis que não recorram ao princípio da economia judicial. Mas também é possível que o Órgão de Recurso esteja simplesmente a enviar um sinal aos membros da OMC para que avancem com a criação de um processo de reenvio, que tal recusa se deva à falta de tempo e, sobretudo, que, "like judicial economy for panels, for the Appellate Body not completing the analysis can be an easy way out of deciding a sensitive question"[2793].

### 4.3.4. O Critério de Análise

Ao contrário do que acontece com os painéis (artigos 11º do Memorando de Entendimento sobre Resolução de Litígios e 17º, nº 6, do Acordo sobre a Aplicação do Artigo VI do GATT de 1994), nenhum dos acordos da OMC ou das decla-

---

[2791] Relatório do Órgão de Recurso no caso *United States – Final Countervailing Duty Determination with respect to certain Softwood Lumber from Canada* (WT/DS257/AB/R), 19-1-2004, parágrafo 118.

[2792] Marc BUSCH e Krzysztof PELC, *The Politics of Judicial Economy at the World Trade Organization*, in International Organization, 2010, p. 261

[2793] Joost PAUWELYN, *Appeal Without Remand: A Design Flaw in WTO Dispute Settlement and How to Fix It*, International Centre for Trade and Sustainable Development, Issue Paper No. 1, 2007, pp. 23-24.

A FUNÇÃO JURISDICIONAL NO SISTEMA GATT/OMC

rações e decisões ministeriais adoptados durante o Ciclo do Uruguai determina explicitamente o critério de análise a aplicar na fase de recurso. O exame dos relatórios do Órgão de Recurso permite concluir, apesar disso, que existem factores que influenciam o critério de análise que é aplicado. Primeiro, o Órgão de Recurso analisa o trabalho dos painéis a fim de determinar se eles aplicaram correctamente as regras consuetudinárias de interpretação do direito internacional público, conforme exigido pelo nº 2 do art. 3º do Memorando de Entendimento sobre Resolução de Litígios. Veja-se, a este respeito, o caso *European Communities – Customs Classification of Certain Computer Equipment*. O Painel começou por referir que:

> "O sentido de uma determinada expressão numa lista de concessões não pode ser determinado isolando-a do seu contexto. Ela tem de ser interpretado no contexto do artigo II do GATT de 1994 (...). Convém salientar que uma das funções mais importantes do artigo II é a protecção das expectativas legítimas a respeito do tratamento pautal de um produto objecto de consolidação"[2794].

Depois de justificar esta sua afirmação invocando o relatório do Painel no caso *European Economic Community – Payments and Subsidies Paid to Processors and Producers of Oilseeds and Related Animal-Feed Proteins*, o Painel declarou que:

> "**8.23.** (...) O facto de o relatório do Painel no caso *Oilseeds* respeitar a uma queixa de não violação não afecta a validade deste raciocínio nos casos em é alegada uma violação efectiva de compromissos pautais. Em todo o caso, uma tal violação directa envolveria uma situação em que a base das expectativas a respeito das concessões pautais seria ainda mais firme.
>
> **8.24.** A importância das expectativas legítimas na interpretação dos compromissos pautais pode ser confirmada pelo texto do próprio artigo II. (...) Apesar de o nº 5 do artigo II [do GATT de 1994] ser um preceito que se refere ao procedimento bilateral especial relativo à classificação pautal, aspecto que não está directamente em causa no presente caso, a existência desta disposição confirma que as expectativas legítimas são um elemento de importância essencial na interpretação do artigo II e das listas de concessões pautais.
>
> **8.25.** Esta conclusão é igualmente apoiada pelo objecto e fim do Acordo que Cria a OMC e do GATT de 1994. A segurança e previsibilidade dos 'acordos recíprocos e mutuamente vantajosos, tendo em vista a redução substancial dos directos aduaneiros e de outros entraves ao comércio' (objectivo que se encontra nos preâmbulos de ambos os Acordos) não pode ser mantida sem a protecção de tais expectativas legítimas. Esta

---

[2794] Relatório do Painel no caso *European Communities – Customs Classification of Certain Computer Equipment* (WT/DS62/R, WT/DS67/R, WT/DS68/R), 5-2-1998, parágrafo 8.23.

A FASE DE RECURSO

conclusão é compatível com o princípio da boa fé estabelecido no artigo 31º da Convenção de Viena sobre o Direito dos Tratados (...)"[2795].

Após analisar estas conclusões do painel, o Órgão de Recurso notou o seguinte:

"**80.** Não estamos de acordo com a conclusão do Painel de que o sentido de uma concessão pautal consignada na Lista de um Membro pode ser determinada à luz das 'expectativas legítimas' de um Membro exportador. Primeiro, não vemos que relevância tem o relatório do Painel que examinou o caso *European Economic Community – Oilseeds* a respeito da interpretação da Lista de um Membro no contexto de uma queixa de violação apresentada ao abrigo da alínea *a*) do nº 1 do artigo XXIII do GATT de 1994. O relatório do Painel que examinou o caso *European Economic Community – Oilseeds* tratava de uma queixa sem violação de disposições, apresentada ao abrigo da alínea *b*) do nº 1 do artigo XXIII do GATT de 1994, pelo que não é juridicamente relevante no caso que se examina. O nº 1 do artigo XXIII do GATT de 1994 prevê três causas de acção juridicamente distintas para um Membro fundar uma queixa; distingue entre as chamadas queixas *em caso de violação de disposições*, queixas *em casos em que não existe violação de disposições* e queixas *motivadas por outras situações*, ao abrigo, respectivamente, das alíneas *a*), *b*) e *c*). O conceito de 'expectativas razoáveis', que o Painel refere como 'expectativas legítimas', é um conceito desenvolvido no contexto das queixas *em casos em que não existe violação de disposições*. Como declarámos no caso *India – Patents*, ao utilizar este conceito no contexto de uma queixa em caso de violação de disposições, o Painel mescla numa mesma causa de acção as bases, juridicamente distintas, para as 'queixas em casos de violação' e para as 'queixas em casos em que não existe violação' estipuladas no artigo XXIII do GATT de 1994, o que não está de acordo com a prática estabelecida do GATT.

**81.** Segundo, rejeitamos a opinião do Painel de que o nº 5 do artigo II do GATT de 1994 confirma que 'as expectativas legítimas são um elemento de importância essencial na interpretação' do nº 1 do artigo II do GATT de 1994 e das Listas dos Membros. Resulta claramente do texto do nº 5 do artigo II que esta disposição não apoia a opinião do Painel. Este parágrafo reconhece a possibilidade de que o tratamento *contemplado* numa concessão prevista na Lista de um Membro, a respeito de um determinado produto, possa diferir do tratamento *concedido* a esse produto e prevê um mecanismo de compensação para reequilibrar em tais casos as concessões entre os dois Membros em causa. No entanto, não existe no nº 5 do artigo II nada que indique que as expectativas *unicamente* do Membro exportador possam constituir a base da interpretação de uma concessão prevista na Lista de um Membro para determinar se esse Membro actuou de maneira compatível com as obrigações que lhe cabem em virtude do nº 1

---

[2795] *Idem*, parágrafos 8.23-8.25.

A FUNÇÃO JURISDICIONAL NO SISTEMA GATT/OMC

do artigo II. No exame do nº 5 do artigo II, o Painel não prestou a devida atenção à segunda frase dessa disposição, a qual clarifica que o 'tratamento contemplado' a que faz referência é o tratamento previsto por *ambos* os Membros.

**82.** Terceiro, concordamos com o Painel de que a segurança e previsibilidade dos 'acordos recíprocos e mutuamente vantajosos, tendo em vista a redução substancial dos directos aduaneiros e de outros entraves ao comércio' é um objectivo e fim do Acordo que Cria a OMC, assim como do GATT de 1994. Todavia, não concordamos com o Painel de que a manutenção da segurança e previsibilidade das concessões pautais permita a interpretação de uma concessão à luz das 'expectativas legítimas' dos Membros exportadores, isto é, as suas opiniões *subjectivas* quanto ao acordado nas negociações pautais. A segurança e previsibilidade das concessões pautais seriam seriamente minadas se as concessões previstas nas Listas dos Membros fossem interpretadas com base unicamente nas opiniões subjectivas de alguns Membros exportadores unicamente. O nº 1 do artigo II do GATT de 1994 assegura a manutenção da segurança e previsibilidade das concessões pautais ao exigir que os Membros não concedam ao comércio dos *demais* Membros um tratamento menos favorável que o previsto nas suas Listas.

**83.** Além disso, não estamos de acordo com o Painel de que a interpretação do sentido de uma concessão prevista na Lista de um Membro à luz das 'expectativas legítimas' dos Membros exportadores seja compatível com o princípio da interpretação de boa fé previsto no artigo 31º da Convenção de Viena sobre o Direito dos Tratados. Recentemente, no caso *India – Patents*, o Painel declarou que uma interpretação de boa fé ao abrigo do artigo 31º da Convenção de Viena sobre o Direito dos Tratados exigia 'a protecção das expectativas legítimas'

(...).

**84.** A finalidade da interpretação dos tratados ao abrigo do artigo 31º da Convenção de Viena sobre o Direito dos Tratados é determinar a intenção *comum* das partes. Esta intenção *comum* não pode ser estabelecida com base nas 'expectativas', subjectivas e determinadas unilateralmente, de *uma* das partes num tratado. As concessões pautais consignadas na Lista de um Membro – cuja interpretação é o que está em causa neste caso – são recíprocas e resultam de uma negociação mutuamente vantajosa entre os Membros importadores e exportadores. Em virtude do nº 7 do artigo II do GATT de 1994, as Listas são parte integrante do GATT de 1994. Por conseguinte, as concessões previstas nessa Lista são parte dos termos do tratado. Assim, as únicas regras que podem ser aplicadas para interpretar o sentido de uma concessão são as regras gerais de interpretação previstas na Convenção de Viena sobre o Direito dos Tratados"[2796].

---

[2796] Relatório do Órgão de Recurso no caso *European Communities – Customs Classification of Certain Computer Equipment* (WT/DS62/AB/R, WT/DS67/AB/R, WT/DS68/AB/R), 5-6-1998, parágrafos 80-84.

A FASE DE RECURSO

Uma aplicação incorrecta das regras consuetudinárias de interpretação do direito internacional público implicará, pois, uma interpretação incorrecta das disposições em causa e uma aplicação inadequada das disposições jurídicas relevantes aos factos do litígio.

Segundo, o Órgão de Recurso tem declarado insistentemente que as conclusões de um painel sobre questões de facto não estão sujeitas, em princípio, ao exame do Órgão de Recurso[2797]. Ao mesmo tempo, o Órgão de Recurso tem reconhecido que:

> "Apesar da função dos painéis em virtude do artigo 11º se relacionar, em parte, com a sua avaliação dos *factos*, a questão de saber se o Painel realizou uma 'avaliação objectiva' é uma questão *jurídica* que pode ser objecto de um recurso. Todavia, tendo em conta a distinção entre os respectivos papéis que incumbem ao Órgão de Recurso e aos painéis, temos procurado realçar que a apreciação pelo Painel das provas está compreendida, em princípio, 'no *âmbito da discricionariedade que corresponde ao Painel enquanto decide sobre os factos*'. Ao avaliarmos a apreciação pelo Painel dos elementos de prova apresentados, não podemos basear uma constatação de incompatibilidade em relação ao artigo 11º meramente na conclusão de que poderíamos ter chegado a uma constatação de facto diferente daquela a que chegou o Painel. Pelo contrário, devemos ter a convicção de que o Painel ultrapassou os limites do poder discricionário de que dispõe para julgar os factos, na sua apreciação dos elementos de prova. Como resulta claramente de recursos anteriores, não interferiremos sem motivos bem fundados com o exercício do poder discricionário que corresponde ao Painel"[2798].

No caso *Korea – Taxes on Alcoholic Beverages*, por exemplo, o Órgão de Recurso conclui:

> "A Coreia não conseguiu demonstrar que o Painel cometeu um erro fundamental que pode ser caracterizado como um incumprimento da obrigação de realizar uma avaliação objectiva da questão apresentada. Os argumentos da Coreia, quando lidos em conjunto com o relatório do Painel e o registo dos seus procedimentos, não demonstram que o Painel distorceu, falseou ou desprezou provas nem aplicou um 'duplo critério' da prova neste caso. Não se trata de um erro, e muito menos de um

---

[2797] Relatório do Órgão de Recurso no caso *European Communities Measures Concerning Meat and Meat Products (Hormones)*(WT/DS26/AB/R, WT/DS48/AB/R), 16-1-1998, parágrafo 132.
[2798] Relatório do Órgão de Recurso no caso *United States – Definitive Safeguard Measures on Imports of Wheat Gluten from the European Communities* (WT/DS166/AB/R), 22-12-2000, parágrafo 151.

A FUNÇÃO JURISDICIONAL NO SISTEMA GATT/OMC

erro fundamental, o facto de o Painel não atribuir às provas a importância que uma das partes acredita que o Painel lhes deveria ter reconhecido"[2799].

Os painéis não podem, também, estabelecer constatações afirmativas que não tenham fundamento nos elementos de prova contidos no seu registo. No entanto, desde que as acções do Painel se mantenham dentro destes parâmetros, o Órgão de Recurso tem dito que é em geral ao Painel que cabe decidir quais os elementos de prova que elege para utilizar na formulação das suas conclusões e que, no recurso, não interferirá sem motivos bem fundados com o exercício do poder discricionário que corresponde ao Painel[2800].

O Órgão de Recurso destacou, ainda, que:

> "(...) Em virtude do artigo 11º do Memorando de Entendimento sobre Resolução de Litígios, um painel têm o mandato de determinar os factos do caso e de formular constatações fácticas. No cumprimento do seu mandato, os painéis estão obrigados a examinar e a tomar em consideração não só as provas apresentadas por uma ou outra das partes, mas todas as provas ao seu alcance, e a avaliar a relevância e o valor probatório de cada elemento de prova (...)"[2801].

Terceiro, o Memorando de Entendimento sobre Resolução de Litígios impõe uma obrigação sobre os painéis a respeito da forma dos seus relatórios e da argumentação que usam em apoio das suas conclusões[2802]. Assim, caso as partes em litígio não consigam chegar a uma solução mutuamente satisfatória, o painel apresentará as suas conclusões, sob a forma de um relatório escrito ao Órgão de Resolução de Litígios. Nesse caso, o relatório do painel deverá apresentar as conclusões sobre as questões de facto, sobre as disposições aplicáveis e os fundamentos essenciais de quaisquer conclusões e recomendações que adopte (art. 12º, nº 7, do Memorando de Entendimento sobre Resolução de Litígios). No caso *Chile – Taxes on Alcoholic Beverages*, por exemplo, o Chile alegou que o painel tinha violado o disposto no art. 12º, nº 7, do Memorando, com base no argumento de que o painel "não indicou as razões em que se baseou para definir a 'diferença'

---

[2799] Relatório do Órgão de Recurso no caso *Korea – Taxes on Alcoholic Beverages* (WT/DS75/AB/R, WT/DS84/AB/R), 18-1-1999, parágrafo 164.

[2800] Relatório do Órgão de Recurso no caso *United States – Countervailing Duties on Certain Corrosion-Resistant Carbon Steel Flat Products from Germany* (WT/DS213/AB/R), 28-11-2002, parágrafo 142.

[2801] Relatório do Órgão de Recurso no caso *Korea – Definitive Safeguard Measure on Imports of Certain Dairy Products* (WT/DS98/AB/R), 14-12-1999, parágrafo 137.

[2802] Victoria DONALDSON, The Appellate Body: Institutional and Procedural Aspects (Chapter 27), in *The World Trade Organization: Legal, Economic and Political Analysis*, Volume I, Patrick Macrory, Arthur Appleton e Michael Plummer Ed., Springer, Nova Iorque, 2005, p. 1303.

998

A FASE DE RECURSO

como tal nem explicou a forma como o sistema tributário chileno podia satisfazer essa condição"[2803]. O Órgão de Recurso, pelo contrário, concluiu que:

"(...) O Painel 'expôs' as 'razões em que baseia' a sua conclusão e recomendação a respeito da questão 'não estão sujeitos a um imposto similar', tal como requerido pelo nº 7 do artigo 12º do Memorando de Entendimento sobre Resolução de Litígios. O Painel identificou a norma jurídica que aplicou, examinou os factos pertinentes e indicou razões em apoio da sua conclusão de que existia uma tributação diferente"[2804].

É irrelevante saber, enfim, se o Órgão de Recurso concorda ou não com as conclusões jurídicas e factuais de um painel quando analisa se este último observou o disposto no nº 7 do art. 12º do Memorando de Entendimento sobre Resolução de Litígios:

"**149.** (...) Neste caso, o Painel efectuou *amplas* análises de facto e de direito das diferentes alegações formuladas pelas partes, enunciou numerosas constatações de facto baseadas num exame detalhado das provas que as autoridades argentinas tiveram ao seu dispor assim como de outras provas apresentadas ao Painel e ofereceu amplas explicações sobre como e porquê tinha chegado às suas conclusões de facto e de direito. Ainda que a Argentina possa não estar de acordo com as razões expostas pelo Painel, e nós próprios não concordamos com todo o seu raciocínio, estamos certos de que o Painel expôs, no seu relatório, 'os fundamentos essenciais' compatíveis com as prescrições do nº 7 do artigo 12º do Memorando de Entendimento sobre Resolução de Litígios.

**150.** Por estas razões, recusamos o recurso da Argentina ao abrigo do nº 7 do artigo 12º do Memorando de Entendimento sobre Resolução de Litígios. De facto, vemo-nos obrigados a comprovar que, no seu recurso, a Argentina parece afirmar que o Painel disse e fez ao mesmo tempo demasiado e demasiado pouco"[2805].

Quarto, relativamente às questões de carácter processual decididas pelos painéis, o Órgão de Recurso examinará se um painel anulou quaisquer direitos conferidos às partes pelo Memorando de Entendimento sobre Resolução de Litígios ou se infringiu as garantias processuais devidas:

"O Memorando de Entendimento sobre Resolução de Litígios e, em particular, o seu Apêndice 3 reconhecem aos painéis uma margem de discricionariedade para lidar,

---

[2803] Relatório do Órgão de Recurso no caso *Chile – Taxes on Alcoholic Beverages* (WT/DS87/AB/R, WT/DS110/AB/R), 13-12-1999, parágrafo 77.
[2804] *Idem*, parágrafo 78.
[2805] Relatório do Órgão de Recurso no caso *Argentina – Safeguard Measures on Imports of Footwear* (WT/DS121/AB/R), 14-12-1999, parágrafos 149-150.

# A FUNÇÃO JURISDICIONAL NO SISTEMA GATT/OMC

sempre de acordo com as garantias processuais devidas, com situações particulares que podem surgir num determinado caso e que não estão expressamente reguladas. Dentro deste contexto, uma parte apelante que solicite ao Órgão de Recurso a revogação da decisão de um painel sobre uma questão processual deve provar o prejuízo sofrido em consequência de tal decisão"[2806].

Veja-se, por exemplo, a interpretação que o Órgão de Recurso tem dado ao requisito constante do nº 2 do art. 6º do Memorando de Entendimento sobre Resolução de Litígios: o pedido de criação de um painel deve apresentar uma breve síntese da base jurídica da queixa que permita uma percepção clara do problema. Neste contexto, a base jurídica refere-se às disposições relevantes dos acordos da OMC. Pode haver, todavia, situações em que as circunstâncias são tais que a simples enumeração dos artigos do tratado não basta para satisfazer o critério expresso no nº 2 do artigo 6º, como, por exemplo, no caso de os artigos enumerados não estabelecerem uma única e distinta obrigação, mas sim uma pluralidade de obrigações. Em tal situação, a enumeração dos artigos de um acordo poderá, em si, não satisfazer o critério do nº 2 do artigo 6º[2807].

O Órgão de Recurso parece deixar, assim, aberta a possibilidade de os painéis julgarem suficiente a simples enumeração dos artigos considerados violados. O único limite prende-se com a exigência de a capacidade de defesa da parte arguida não sofrer qualquer prejuízo. Como observou o Órgão de Recurso posteriormente:

> "O nº 2 do artigo 6º do Memorando de Entendimento sobre Resolução de Litígios exige uma clareza suficiente a respeito da base jurídica da queixa, ou seja, a respeito das 'alegações' avançadas pela parte queixosa. A parte demandada tem direito a conhecer os argumentos a que deve responder, assim como as violações que foram alegadas, a fim de poder começar a preparar a sua defesa. De igual modo, os Membros da OMC que planeiam participar como partes terceiras nos procedimentos de um painel devem ser informados da base jurídica da queixa. Este requisito das garantias processuais devidas é fundamental para assegurar um desenrolar justo e harmonioso dos procedimentos de resolução de litígios"[2808].

---

[2806] Relatório do Órgão de Recurso no caso *European Communities Measures Concerning Meat and Meat Products (Hormones)* (WT/DS26/AB/R, WT/DS48/AB/R), 16-1-1998, nota de rodapé 138.

[2807] Relatório do Órgão de Recurso no caso *Korea – Definitive Safeguard Measure on Imports of Certain Dairy Products* (WT/DS98/AB/R), 14-12-1999, parágrafo 124.

[2808] Relatório do Órgão de Recurso no caso *Thailand – Anti-Dumping Duties on Angles, Shapes and Sections of Iron or Non-Alloy Steel and H-Beams from Poland* (WT/DS122/AB/R), 12-3-2001, parágrafo 88. Anteriormente, o Órgão de Recurso já tinha assinalado que:
"O art. 6º, nº 2, do Memorando exige apenas uma síntese – que pode ser breve – da base jurídica da queixa; mas a síntese deve, em todo o caso, ser 'suficiente para permitir uma percepção

A FASE DE RECURSO

## 4.4. A Regra da Imparcialidade

Uma vez apresentado o pedido de recurso, cada membro do Órgão de Recurso deve rever a parte factual do relatório do painel relevante e preencher o formulário de divulgação que figura no Anexo 3 das Regras de Conduta (Regra 9(1), dos Procedimentos de Trabalho do Órgão de Recurso e Artigo VI, nº 4, alínea *b*) (i), das Regras de Conduta)[2809] e cujo texto é o seguinte:

> "Eu li o Memorando de Entendimento relativo às Regras e Processos que Regem a Resolução de Litígios e as Regras de Conduta para a aplicação do Memorando de Entendimento relativo às Regras e Processos que Regem a Resolução de Litígios e estou consciente de que, enquanto dure a minha participação no sistema de resolução de litígios e até que o Órgão de Resolução de Litígios tome uma decisão acerca da adopção de um relatório relativo ao procedimento ou tome nota da sua resolução, tenho o dever permanente de revelar agora e no futuro qualquer informação que possa afectar a minha independência ou imparcialidade ou que possa dar lugar a dúvidas justificáveis sobre a integridade e a imparcialidade do sistema de resolução de litígios e de respeitar as minhas obrigações relacionadas com a confidencialidade do procedimento de resolução de litígios"[2810].

Qualquer membro do Órgão de Recurso pode manter consultas com os demais antes de preencher o formulário de divulgação (Regra 9, nº 1, *in fine*, dos Procedimentos de Trabalho do Órgão de Recurso).

Durante o recurso, toda a pessoa sujeita às Regras de Conduta deve revelar qualquer nova informação que seja pertinente e que possa afectar a sua independência ou imparcialidade ou dar lugar a dúvidas justificáveis logo que tenha conhecimento dela (Artigo VI, nº 5, das Regras de Conduta). O Anexo 2 das Regras de Conduta, cujo título é "Lista Ilustrativa das Informações que devem

---

clara do problema'. Por outras palavras, não basta identificar brevemente 'a base jurídica da queixa'; a identificação deve 'apresentar o problema de modo claro'". Cf. Relatório do Órgão de Recurso no caso *Korea – Definitive Safeguard Measure on Imports of Certain Dairy Products* (WT/DS98/AB/R), 14-12-1999, parágrafo 120.

[2809] Quando é apresentado um pedido de recurso, os funcionários do Secretariado do Órgão de Recurso devem revelar toda a circunstância relevante ao Órgão de Recurso, a fim de permitir que este a tome em consideração quando decidir sobre a nomeação do pessoal que irá prestar apoio num determinado recurso (Regra 9, nº 2, dos Procedimentos de Trabalho do Órgão de Recurso e Artigo VI, nº 4, alínea *b*)(ii)).

[2810] Cada membro do Órgão de Recurso assina igualmente uma Declaração Solene no momento em que assume funções, impondo-lhe o respeito da confidencialidade dos procedimentos do Órgão de Recurso. Estas obrigações de confidencialidade estendem-se a todos os aspectos dos procedimentos da fase de recurso.

A FUNÇÃO JURISDICIONAL NO SISTEMA GATT/OMC

Revelar-se", providencia alguma orientação relativamente ao tipo de informações que devem ser reveladas, a saber:

a) interesses financeiros (por exemplo, investimentos, empréstimos, acções, juros e outras dívidas); interesses comerciais ou empresariais (por exemplo, funções de direcção ou outros interesses contratuais); e interesses patrimoniais relevantes para o litígio em causa;

b) interesses profissionais (por exemplo, uma relação passada ou actual com clientes privados, ou quaisquer interesses que a pessoa possa ter em procedimentos nacionais ou internacionais, e suas implicações, quando estes se refiram a questões análogas às examinadas no litígio em causa);

c) outros interesses activos (por exemplo, participação activa em grupos de interesses públicos ou outras organizações que possam ter um programa declarado que seja relevante para o litígio em causa);

d) declarações explícitas de opiniões pessoais sobre questões pertinentes para o litígio em causa (por exemplo, publicações, declarações públicas);

e) interesses de emprego ou familiares (por exemplo, a possibilidade de qualquer vantagem indirecta, ou qualquer probabilidade de pressão por parte do seu empregador, de sócios comerciais ou empresariais ou de familiares próximos).

Caso se tenha apresentado informação de acordo com o nº 4, alínea *b*)(i) e (ii), do Artigo VI das Regras de Conduta, o Órgão de Recurso deve examinar se é necessário adoptar qualquer medida ulterior (Regra 9, nº 3, dos Procedimentos de Trabalho do Órgão de Recurso). Como resultado do exame da questão pelo Órgão de Recurso, o membro do Órgão de Recurso ou o membro do Secretariado do Órgão de Recurso em causa podem continuar a servir na secção ou ser dispensados de participar nela (Regra 9, nº 4, dos Procedimentos de Trabalho do Órgão de Recurso). Por razões óbvias, um membro do Órgão de Recurso que tenha apresentado um formulário de divulgação com informação anexada em conformidade com o nº 4, alínea *b*)(i) do Artigo VI das Regras de Conduta não deve participar nas decisões que se adoptem de acordo com o nº 4 da regra 9 dos Procedimentos de Trabalho do Órgão de Recurso (Regra 11, nº 1, dos Procedimentos de Trabalho do Órgão de Recurso).

Um membro que tenha sido dispensado de fazer parte de uma secção, em conformidade com o nº 4 da Regra 9, não deve participar na troca de opiniões que terá lugar no recurso em causa de acordo com o nº 3 da Regra 4 dos Procedimentos de Trabalho do Órgão de Recurso (Regra 11, nº 2, dos Procedimentos de Trabalho do Órgão de Recurso). De igual modo, um membro do Órgão de Recurso que, caso fizesse parte da secção, teria sido dispensado de fazer parte

A FASE DE RECURSO

da secção não deve participar na troca de opiniões que terá lugar no recurso em causa de acordo com o nº 3 da Regra 4 dos Procedimentos de Trabalho do Órgão de Recurso (Regra 11, nº 3, dos Procedimentos de Trabalho do Órgão de Recurso).

Também a fim de assegurar a equidade e o bom desenrolar do processo, nenhuma secção do Órgão de Recurso nem nenhum dos seus membros se reunirá ou entrará em contacto com uma parte em litígio, um participante, uma parte terceira ou um participante terceiro na ausência das demais partes em litígio, participantes, partes terceiras e participantes terceiros (Regra 19, nº 1, dos Procedimentos de Trabalho do Órgão de Recurso) e nenhum membro da secção poderá discutir algum aspecto das questões objecto de recurso com uma parte em litígio, participante, parte terceira ou participante terceiro na ausência dos demais membros da secção (Regra 19, nº 2, dos Procedimentos de Trabalho do Órgão de Recurso). Por força da regra da colegialidade, o nº 3 da Regra 19 dos Procedimentos de Trabalho do Órgão de Recurso determina ainda que nenhum membro que não faça parte da secção que analisa o recurso comentará algum aspecto das questões objecto de recurso com uma parte em litígio, participante, parte terceira ou participante terceiro.

No essencial, esta Regra 19 visa garantir a imparcialidade do Órgão de Recurso (e dos painéis) e detalha o disposto no nº 1 do art. 18º do Memorando de Entendimento sobre Resolução de Litígios: "Não haverá quaisquer comunicações *ex parte* com o painel ou o Órgão de Recurso que digam respeito a matérias que estejam a ser apreciadas por qualquer um destes órgãos". Consequentemente, o Painel e o Órgão de Recurso não podem reunir com uma das partes em litígio sem que a outra esteja presente e todas as comunicações escritas do e para o Painel ou Órgão de Recurso serão transmitidas ou colocadas à disposição de todas as partes em litígio (e, nalguns casos, das partes terceiras)[2811]. E será que é possível uma parte em litígio discutir o caso com o Secretariado da OMC e/ou com o Secretariado do Órgão de Recurso? No caso do primeiro, o nº 2 do art. 27º do Memorando de Entendimento sobre Resolução de Litígios determina o seguinte:

"Não obstante o Secretariado assistir os membros em matéria de resolução de litígios a seu pedido, pode ser igualmente necessário que o mesmo preste assistência

---

[2811] Segundo um antigo membro do Órgão de Recurso:
"In my experience, governments have been scrupulous in maintaining the independence of the Appellate Body members. In my years on the Appellate Body, I had no contact with the United States government and, in fact, United States officials would avoid even extended pleasantries at the occasional cocktail party lest even such idle conversation generate any misimpression". Cf. Merit Janow, *Reflections on Serving on the Appellate Body*, in Loyola University Chicago International Law Review, Volume 6, Issue 1, 2008, p. 251.

1003

# A FUNÇÃO JURISDICIONAL NO SISTEMA GATT/OMC

jurídica complementar em matéria de resolução de litígios aos países membros em desenvolvimento. Para este efeito, o Secretariado deve colocar ao dispor de qualquer país membro em desenvolvimento que assim o requeira um perito em questões jurídicas dos serviços de cooperação técnica da OMC. Este perito assistirá o país membro em desenvolvimento de uma forma que assegure a permanente imparcialidade do Secretariado".

De notar que as Regras de Conduta para o Memorando de Entendimento sobre as Regras e Processos de Resolução de Litígios só são aplicáveis aos funcionários do Secretariado da OMC que assistam os painéis ao abrigo do nº 1 do art. 27º do Memorando, ou seja, assegurada a permanente imparcialidade do Secretariado, nada parece impedir que um seu perito em questões jurídicas discuta o caso com uma parte em litígio que seja um país em desenvolvimento.

No caso do segundo, as Regras de Conduta para o Memorando de Entendimento sobre as Regras e Processos de Resolução de Litígios impedem claramente que haja discussões entre os funcionários do Secretariado do Órgão de Recurso e as partes em litígio (Artigo VII, nº 2). Mas será que faz sentido esta diferença de tratamento entre o Secretariado da OMC e o Secretariado do Órgão de Recurso?

Bem mais sentido faz a crítica de WILLIAM DAVEY ao disposto na parte final do art. 11º do Memorando de Entendimento sobre Resolução de Litígios: "Os painéis deverão consultar regularmente as partes em litígio e dar-lhes oportunidade de chegarem a uma solução mutuamente satisfatória". Segundo aquele antigo director da divisão dos assuntos jurídicos do Secretariado da OMC, esta disposição pode entrar em conflito directo com a proibição de haver comunicações *ex parte*:

> "This is a historical anomaly that should be removed from the Dispute Settlement Understanding. (...) It is obvious that it would be difficult for a panel to implement this provision. The role of brokering a solution to a dispute and making an objective assessment of the case in a legal ruling, as panels are also required to do by Article 11, is essentially inconsistent. Giving panels a formal role in the settlement process can only encourage panels not to look at the legal merits of a case, but rather to try to craft a political solution. That is simply not their role. Moreover, the mere presence of this provision in Article 11 may encourage parties to request the panel to broker a solution, a process that seems likely to result in inappropriate ex parte contacts between panel members and the parties to the case"[2812].

---

[2812] William DAVEY, WTO Dispute Settlement: Segregating the Useful Political Aspects and Avoiding "Over-Legalization", in *New Directions in International Economic Law: Essays in Honour of John H. Jackson*, Marco Bronckers e Reinhard Quick ed., Kluwer Law International, Londres-Haia-Boston, 2000, p. 296.

A FASE DE RECURSO

De qualquer modo, já houve casos em que as partes em litígio chegaram a uma solução mutuamente satisfatória antes da apresentação do relatório provisório do painel (por exemplo, caso *United States – Anti-Dumping Duty on Dynamic Random Access Memory Semiconductors (DRAMS) of One Megabit or Above from Korea, Recourse to Article 21.5 of the DSU by Korea*), casos em que chegaram a esse acordo após a apresentação do relatório provisório do painel, mas antes da apresentação do relatório final (por exemplo, caso *European Communities – Trade Description of Scallops (Canada)*) e um caso em que as partes em litígio chegaram a uma solução mutuamente satisfatória depois da apresentação do relatório às partes em litígio, mas antes da distribuição do relatório a todos os outros membros da OMC (caso *European Communities – Measures Affecting Butter Products (New Zealand)*).

### 4.5. A Regra da Transparência
De acordo com o nº 2 do art. 18º do Memorando de Entendimento sobre Resolução de Litígios:

> "As observações escritas apresentadas ao painel ou ao Órgão de Recurso serão tratadas como confidenciais, ficando contudo ao dispor das partes em litígio. O disposto no presente Memorando não impede que uma parte em litígio divulgue as suas próprias posições. Os membros devem tratar como confidenciais as informações transmitidas por outro membro ao painel ou ao Órgão de Recurso, caso aquele lhes tenha atribuído carácter confidencial. Uma parte em litígio, apresentará igualmente, a pedido de um membro, um resumo não confidencial das informações contidas nas suas observações escritas que possam ser transmitidas ao público".

Resulta claro do texto desta disposição que nada impede que uma parte em litígio divulgue as suas próprias posições[2813]. Isso mesmo foi reconhecido pelo Painel do caso *Argentina – Definitive Anti-Dumping Duties on Poultry from Brazil*:

> "7.14. (...) As duas primeiras frases do nº 2 do artigo 18º do Memorando de Entendimento sobre Resolução de Litígios não devem ser lidas como se estivessem formalmente isoladas uma da outra. Lidas em conjunto, e no contexto de uma a respeito da outra, as duas primeiras frases do nº 2 do artigo 18º do Memorando de Entendimento sobre Resolução de Litígios significam que, enquanto uma parte não tornará públicas as comunicações da outra parte, cada parte tem o direito de tornar públicas as suas próprias posições, com sujeição ao requisito de confidencialidade estabelecido na terceira frase do nº 2 do artigo 18º do Memorando de Entendimento sobre Resolu-

---

[2813] Esta disposição constitui uma novidade face ao regime vigente até à entrada em vigor dos acordos da OMC. Cf. Whitney DEBEVOISE, *Access to Documents and Panel and Appellate Body Sessions: Practice and Suggestions for Greater Transparency*, in The International Lawyer, 1998, p. 821.

1005

A FUNÇÃO JURISDICIONAL NO SISTEMA GATT/OMC

ção de Litígios. Recordamos que as comunicações escritas de uma parte a um painel incluem necessariamente as posições dessa parte. Por conseguinte, em nossa opinião, a apresentação de comunicações a um painel é uma das formas de uma parte tornar públicas as suas posições. Se uma parte decide tornar pública a totalidade da sua própria posição contida na sua comunicação escrita, tem o direito a fazê-lo, desde que seja respeitado o requisito de confidencialidade que figura na terceira frase do nº 2 do artigo 18º do Memorando de Entendimento sobre Resolução de Litígios. Dado que a Argentina não alegou que o Brasil tenha violado a obrigação de confidencialidade, não consideramos que a decisão do Brasil de tornar pública a totalidade da sua posição contida na sua primeira comunicação escrita ao Painel (com exclusão das provas documentais) seja incompatível com o nº 2 do artigo 18º do Memorando de Entendimento sobre Resolução de Litígios.

**7.15.** Além disso, observamos que, quando se levou a cabo a nossa primeira reunião substantiva com as partes, a Argentina já não alegava que o Brasil não tivesse direito a colocar à disposição do público a totalidade das suas comunicações escritas ao Painel durante os procedimentos do Painel. Portanto, implicitamente, a Argentina aceitou que o Brasil tinha direito a pôr a sua comunicação à disposição do público de acordo com o nº 2 do artigo 18º do Memorando de Entendimento sobre Resolução de Litígio. Embora a Argentina tenha alegado que o Brasil não deveria tê-lo feito até depois da publicação do relatório do Painel, não consideramos que exista algum fundamento para este argumento no nº 2 do artigo 18º do Memorando de Entendimento sobre Resolução de Litígios. O nº 2 do artigo 18 não estabelece limites temporais aos direitos e obrigações dos Membros ao abrigo dessa disposição. Nem encontramos nenhum fundamento para este argumento no nº 11 dos procedimentos de trabalho do Painel, que se refere à preparação da parte expositiva do relatório do Painel. Em nossa opinião, nada nesta disposição impõe algum limite aos direitos que cabem aos Membros em virtude do nº 2 do artigo 18º do Memorando de Entendimento sobre Resolução de Litígios"[2814].

E, de facto, um número importante de membros da OMC disponibiliza as suas próprias comunicações na Internet. A legislação dos Estados Unidos impõe mesmo que as comunicações apresentadas pelas autoridades norte-americanas sejam sempre tornadas públicas[2815] e que os Estados Unidos, quando intervenham no sistema de resolução de litígios da OMC, como parte em litígio ou parte terceira, solicitem sempre aos outros membros um resumo não confidencial das informações contidas nas observações escritas apresentadas que possam ser

---

[2814] Relatório do Painel no caso *Argentina – Definitive Anti-Dumping Duties on Poultry from Brazil* (WT/DS241/R), 22-4-2003, parágrafos 7.14-7.15.

[2815] As comunicações norte-americanas podem ser encontradas na página http://www.ustr.gov.

1006

## A FASE DE RECURSO

transmitidas ao público[2816]. O próprio Centro de Assessoria dos Assuntos Jurídicos da OMC disponibiliza as comunicações apresentadas pelos seus clientes (muitos países em desenvolvimento e os países menos avançados)[2817].

Ao não impedir que uma parte em litígio divulgue as suas próprias posições, a disposição em causa mostra abertamente que a falta de transparência não constitui uma fatalidade. A confidencialidade resulta sim de uma escolha deliberada dos Membros da OMC. Logo, qualquer queixa a respeito da falta de transparência tem de ser dirigida às partes em litígio e não à Organização Mundial do Comércio.

Não impondo o nº 2 do art. 18º do Memorando de Entendimento sobre Resolução de Litígios quaisquer condições, os sumários referidos são, com frequência, "too brief to be useful"[2818] e têm sido distribuídos tardiamente ou depois de o caso já ter sido decidido[2819]. Por isso mesmo, alguns membros da OMC têm proposto que o nº 2 do art. 18º do Memorando de Entendimento sobre Resolução de Litígios seja revisto, passando a ter, por exemplo, a seguinte redacção:

> "Depois de cada reunião de um painel ou audiência do Órgão de Recurso, cada parte e cada parte terceira num litígio, se solicitado por algum Membro, deve facultar, dentro de um prazo de 15 dias a partir da data do pedido, uma versão não confidencial das comunicações escritas apresentadas ao Painel que possa ser tornada pública. O Secretariado deve estabelecer e administrar um registo de resolução de litígios na OMC para facilitar o acesso a estas versões não confidenciais das comunicações escritas. O Órgão de Resolução de Litígios deve estabelecer regras e procedimentos que regulem a administração do registo pelo Secretariado"[2820].

A adopção desta solução permitiria a todas as pessoas interessadas entender os argumentos das partes em litígio enquanto o processo se desenrola.

---

[2816] Yang Guohua, Bryan Mercurio e Li Yongjie, *WTO Dispute Settlement Understanding: A Detailed Interpretation*, Kluwer Law International, 2005, pp. 218-219.

[2817] Porém, não é possível a um Membro da OMC apresentar ao painel cópia de um acordo privado caso este contenha uma cláusula de não divulgação. Só com o acordo de todas as partes do acordo, será possível proceder à sua divulgação. Cf. Relatório do Painel no caso *United States – Section 110(5) of the US Copyright Act* (WT/DS160/R), 15-6-2000, parágrafo 6.203.

[2818] William Davey, Proposals for Improving the Working Procedures of WTO Dispute Settlement Panels, in *The WTO Dispute Settlement System 1995-2003*, Federico Ortino e Ernst-Ulrich Petersmann ed., Kluwer Law International, Haia-Londres-Nova Iorque, 2004, p. 20.

[2819] Yang Guohua, Bryan Mercurio e Li Yongjie, *WTO Dispute Settlement Understanding: A Detailed Interpretation*, Kluwer Law International, 2005, p. 219.

[2820] OMC, *Special Session of the Dispute Settlement Body – Report by the Chairman, Ambassador Péter Balas, to the Trade Negotiations Committee* (TN/DS/9), 6-6-2003, p. 9.

A FUNÇÃO JURISDICIONAL NO SISTEMA GATT/OMC

Apesar de o nº 2 do art. 18º do Memorando prever a protecção de informação confidencial, um Painel observou que o nº 1 do art. 12º permite que os painéis adoptem procedimentos de trabalho adicionais aos previstos no Memorando de Entendimento sobre Resolução de Litígios:

> **"9.56.** Dado o carácter sensível da informação comercial confidencial que podia ser apresentada ao Painel neste caso, e dado o acordo das partes quanto à necessidade de uma protecção adicional dessa informação, o Painel decidiu adoptar um procedimento especial aplicável à informação comercial confidencial que vai além da protecção concedida pelo nº 2 do artigo 18º do Memorando de Entendimento sobre Resolução de Litígios. (...).
>
> **9.59.** Tendo em conta as observações formuladas por ambas as partes, o procedimento final aplicável à informação comercial confidencial adoptado pelo Painel prevê a apresentação de informação comercial confidencial, entre outros lugares, na Missão de Genebra da outra parte. O Procedimento estabelece que essa informação comercial confidencial deverá ser guardada num cofre localizado numa sala fechada da Missão em Genebra em causa, com restrições impostas ao acesso à sala fechada e ao cofre. O Procedimento prevê, ainda, que cada uma das partes possa visitar a Missão em Genebra da outra parte, examinar a localização proposta para o cofre e sugerir eventuais modificações"[2821].

---

[2821] Relatório do Painel no caso *Canada – Measures Affecting the Export of Civilian Aircraft* (WT/DS70/R), 14-4-1999, parágrafo 9.56 e 9.59. Um mês depois, um outro painel adoptou, igualmente, procedimentos adicionais de protecção de informação comercial confidencial:

"Por causa da preocupação expressa por uma das partes sobre a apresentação de informação comercial delicada ao Painel, este adoptou, na sua primeira reunião com as partes, uns 'Procedimentos aplicáveis à informação comercial confidencial'. De acordo com esses procedimentos, só as 'pessoas aprovadas' (ou seja, os membros do Painel, os representantes, os funcionários do Secretariado ou os membros do Grupo Permanente de Peritos) que tivessem apresentado ao Presidente do Painel uma Declaração de não divulgação estavam autorizadas a ver ou a escutar a informação designada por uma das partes como informação comercial confidencial no curso dos procedimentos do Painel. Tais pessoas aprovadas tinham a obrigação de não revelar nem permitir que se revelasse essa informação a nenhuma outra pessoa que não fosse uma das pessoas aprovadas, excepto de acordo com os Procedimentos. O Painel estava obrigado a não revelar informação comercial confidencial no seu relatório provisório nem no seu relatório definitivo, mas podia expor as conclusões retiradas de tal informação. Consequentemente, o Painel tomou medidas para que se omitisse do relatório toda a informação designada por uma das partes como informação comercial confidencial. Quando o Painel o considerou necessário, avançou-se com uma descrição do tipo de informação em causa". Cf. Relatório do Painel no caso *Australia – Subsidies Provided to Producers and Exporters of Automotive Leather* (WT/DS126/R), 25-5-1999, parágrafo 4.1.

1008

A FASE DE RECURSO

Ao contrário do painel, o Órgão de Recurso concluiu que não era necessário adoptar procedimentos adicionais de protecção de informação comercial de carácter confidencial durante a fase de recurso relativa a este mesmo caso

"Na nossa resolução preliminar de 11 de Junho de 1999, concluímos que não é necessário, tendo em conta todas as circunstâncias do presente caso, adoptar um procedimento adicional para proteger a informação comercial confidencial neste procedimento de recurso. A nossa decisão foi a seguinte:

De acordo com o nº 9 do artigo 17º do Memorando de Entendimento sobre Resolução de Litígios, o Órgão de Recurso tem a autoridade para definir os seus próprios Procedimentos de Trabalho. Ao abrigo da Regra 16(1) dos nossos Procedimentos de Trabalho, a Divisão do Órgão de Recurso pode adoptar procedimentos adicionais para o bom desenrolar de um determinado processo de recurso, desde que esses procedimentos adicionais não sejam incompatíveis com o Memorando de Entendimento sobre Resolução de Litígios, os outros acordos abrangidos e os Procedimentos de Trabalho do Órgão de Recurso. Concluímos, contudo, que não é necessário, atendendo a todas as circunstâncias deste caso, adoptar procedimentos *adicionais* para proteger 'informação comercial confidencial' durante estes procedimentos de recurso.

Observamos que, a respeito da 'informação comercial confidencial' apresentada ao Painel que permanece actualmente em poder dos participantes, o artigo XII do Procedimento aplicável à informação comercial confidencial exige que as partes 'no momento da conclusão do Painel' devolvam 'a informação comercial confidencial impressa ou codificada em binário na sua posse à parte que a tenha submetido (sic)' e que destruam 'todas as gravações e transcrições das audiências do Painel que contenham informação comercial confidencial, a não ser que as partes, de comum acordo, acordem o contrário'. Portanto, parece que cada participante tem a obrigação, em virtude dos procedimentos do painel, de devolver qualquer informação comercial confidencial apresentada pelo outro participante. Ao abrigo destes procedimentos, o Secretariado da OMC, que presta assistência ao Painel, 'transmitirá ao Órgão de Recurso, como parte do expediente do procedimento do Painel, a informação comercial confidencial impressa ou codificada em binário, juntamente com todas as gravações e transcrições do Painel que contenham informação comercial confidencial'. Essa informação será mantida num armário seguro, fechado à chave, no Secretariado do Órgão de Recurso.

Observamos igualmente que *todos* os Membros estão obrigados, em virtude das disposições do Memorando de Entendimento sobre Resolução de Litígios, a tratar estes procedimentos do Órgão de Recurso, incluindo as comunicações escritas e demais documentos apresentados pelos participantes e participantes terceiros, como

A FUNÇÃO JURISDICIONAL NO SISTEMA GATT/OMC

confidenciais. Estamos confiantes de que os participantes e participantes terceiros neste recurso *respeitarão plenamente* as suas obrigações ao abrigo do Memorando de Entendimento sobre Resolução de Litígios, reconhecendo que a obrigação de um Membro de manter a confidencialidade destes procedimentos se estende também às pessoas que esse Membro designe como seus representantes, advogados e consultores.

Consequentemente, recusamos o pedido do Brasil e do Canadá"[2822].

Esta diferença de tratamento é tanto mais curiosa quando sabemos que as partes em litígio solicitaram em ambas as situações a adopção de procedimentos adicionais de protecção da informação comercial confidencial. É verdade que, nos termos do nº 6 do art. 17º do Memorando, "um recurso deve ser limitado às questões de direito", mas também o é que o Órgão de Recurso lida algumas vezes com questões de facto[2823].

Por causa dos problemas associados ao tratamento da informação comercial de carácter confidencial que têm aparecido, o Canadá apresentou uma proposta de adição de um novo Apêndice 5 ao Memorando de Entendimento sobre Resolução de Litígios[2824]. Partindo do princípio de que a ausência de regras claras e previsíveis de protecção da informação comercial confidencial pode ser prejudicial à capacidade de defesa dos membros da OMC e à eficácia do sistema de resolução de litígios[2825], o novo Apêndice 5 ao Memorando de Entendimento sobre Resolução de Litígios proposto pelo Canadá teria a seguinte redacção:

## "APÊNDICE 5
### PROCEDIMENTO QUE REGE A INFORMAÇÃO COMERCIAL CONFIDENCIAL

### I. ÂMBITO DE APLICAÇÃO

1. Estes procedimentos são aplicáveis a toda a informação comercial confidencial submetida durante o procedimento do painel, mas não são aplicáveis a uma

---

[2822] Relatório do Órgão de Recurso no caso *Canada – Measures Affecting the Export of Civilian Aircraft* (WT/DS70/AB/R), 2-8-1999, parágrafo 141.

[2823] Pierre MONNIER, Working Procedures: Recent Changes and Prospective Developments, in *Reform and Development of the WTO Dispute Settlement System*, Dencho Georgiev e Kim Van der Borght Ed., Cameron May, Londres, 2006, p. 267.

[2824] OMC, *Contribution of Canada to the Improvement of the WTO Dispute Settlement Understanding – Communication from Canada* (TN/DS/W/41), 24-1-2003. A proposta avançada aplicar-se-ia aos procedimentos dos painéis e de arbitragem e deveria ser incorporada *mutatis mutandis* nos Procedimentos de Trabalho do Órgão de Recurso.

[2825] *Idem*, p. 2.

1010

A FASE DE RECURSO

parte a respeito da informação comercial confidencial que tenha comunicado inicialmente.

## II. OBRIGAÇÕES DAS PARTES

1. Cada uma das partes deve assegurar que os seus representantes respeitam o presente procedimento.

2. O tratamento da informação como informação comercial confidencial ao abrigo do presente procedimento impõe um ónus substancial ao Painel e às partes. A designação indiscriminada da informação como informação comercial confidencial poderia limitar a capacidade das partes para incluir plenamente na equipa que vai ocupar-se do litígio pessoas que tenham conhecimentos e competência técnica especiais relevantes para a exposição dos argumentos da parte, impedir o trabalho do Painel e complicar a sua função de formular constatações e conclusões públicas credíveis. Consequentemente, cada parte deve actuar de boa fé e exercer a máxima moderação ao designar informação como informação comercial confidencial.

## III. COMUNICAÇÃO POR UMA PARTE

1. Quando submete informação, uma parte pode designar a totalidade ou qualquer parte ou partes dessa informação como informação comercial confidencial.

2. Quando a comunicação de uma parte inclua informação comercial confidencial submetida inicialmente por outra parte, a comunicação deve identificar essa informação como informação comercial confidencial.

3. A parte que submeta uma prova documental que contenha informação comercial confidencial deve submeter uma cópia da prova documental ao Secretariado e duas cópias a cada uma das demais partes.

4. Se, tendo em conta a obrigação que incumbe às partes, o Painel considera que uma parte designou como informação comercial confidencial informação que não pode razoavelmente gozar desse tratamento, o Painel pode pedir à parte que justifique a designação. Se, na opinião do Painel, a parte não consegue justificar a designação, o Painel pode recusar tomar em consideração essa informação. Em tal caso, a parte que submete a informação pode livremente:

(i) retirar a informação, situação que implica que o Painel e as outras partes devolvam prontamente qualquer documento ou outro registo contendo a informação à parte que os tenha submetido; ou

(ii) retirar a designação da informação como informação comercial confidencial.

5. A parte que apresenta um documento de texto contendo informação comercial confidencial deve apresentar igualmente num prazo de dois dias úteis a partir dessa apresentação:

(i) uma versão editada do documento, redigida de tal maneira que permita uma compreensão razoável da substância da informação comercial confidencial; ou

A FUNÇÃO JURISDICIONAL NO SISTEMA GATT/OMC

(ii) em circunstâncias excepcionais, uma declaração escrita dizendo que:

(a) não é possível preparar uma versão editada, ou

(b) uma versão editada divulgaria dados que a parte tem razões legítimas para querer manter confidenciais.

6. Se o Painel considera que uma versão editada não cumpre as prescrições do nº 5 i), ou que não existem circunstâncias excepcionais que justifiquem uma declaração de acordo com o nº 5 ii), o Painel pode negar-se a tomar em consideração a informação comercial confidencial em questão. Em tal caso, a parte que tenha comunicado a informação pode livremente:

(i) retirar a informação, devendo o Secretariado e as outras partes devolver prontamente o documento contendo a informação à parte que o tenha submetido; ou

(ii) respeitar as disposições do nº 5 para satisfação do Painel.

## IV. CONSERVAÇÃO

1. O Secretariado deve conservar em lugar seguro todos os documentos ou outros registos que contenham informação comercial confidencial quando não estejam a ser utilizados por uma pessoa autorizada.

2. Cada uma das partes deve conservar todos os documentos ou outros registos que contenham informação comercial confidencial submetidos por outra parte num receptáculo fechado à chave, a que só tenham acesso as pessoas autorizadas, quando não estejam a ser utilizados por uma pessoa autorizada.

3. As pessoas autorizadas devem adoptar todas as precauções necessárias para salvaguardar a informação comercial confidencial quando utilizem ou guardem os documentos ou outros registos que contenham a informação.

## V. DIVULGAÇÃO

1. Só as pessoas autorizadas podem examinar ou ouvir a informação comercial confidencial que tenha sido submetida de acordo com o presente procedimento. Nenhuma pessoa autorizada que examine ou oiça informação comercial confidencial deve divulgá-la nem permitir que seja divulgada a nenhuma pessoa que não seja outra pessoa autorizada, excepto de acordo com o presente procedimento.

2. As pessoas autorizadas que examinem ou oiçam informação comercial confidencial só devem utilizá-la para os fins dos procedimentos do painel e para nenhum outro fim.

3. O Painel não deve divulgar informação comercial confidencial no seu relatório, mas pode expor conclusões baseadas nessa informação.

4. Caso a parte que submeta a informação comercial confidencial se oponha a que alguma pessoa seja designada pessoa autorizada, o Painel deve decidir sobre a objecção como uma questão preliminar. Se o Painel permite a designação, a informação

A FASE DE RECURSO

não pode ser divulgada à pessoa autorizada até que a parte que submete a informação tenha uma possibilidade razoável de:

(i) retirar a informação, devendo o Painel e as outras partes devolver prontamente qualquer documento ou outro registo contendo a informação à parte que o tenha submetido; ou

(ii) retirar a designação da informação como informação comercial confidencial.

5. Uma pessoa autorizada que examine ou oiça informação comercial confidencial pode tomar notas breves por escrito dessa informação unicamente para efeitos do procedimento do Painel. Essas notas estão sujeitas às prescrições dos artigos IV e VII.

6. Os documentos ou outros registos contendo informação comercial confidencial não podem ser copiados, distribuídos nem retirados de um receptáculo fechado à chave, excepto nos casos especificamente previstos no presente procedimento.

7. Uma parte pode levar consigo a uma reunião do Painel, somente para efeitos dessa reunião, os documentos ou outros registos contendo informação comercial confidencial que tenha recebido da outra parte de acordo com este procedimento e deve devolver imediatamente depois esses documentos ou outros registos ao receptáculo fechado à chave.

8. Um membro do Painel pode fazer uma cópia de qualquer documento ou outro registo contendo informação comercial confidencial e retirá-la do lugar seguro. A cópia deve ser utilizada exclusivamente por esse membro para efeitos do litígio e deve ser devolvida ao Secretariado quando terminem os procedimentos do Painel. A cópia deve ser guardada num receptáculo fechado à chave e estar sujeito à obrigação de salvaguarda prevista no nº 3 do artigo IV.

## VI. DIVULGAÇÃO NUMA REUNIÃO DO PAINEL

1. A parte que deseja comunicar informação comercial confidencial numa reunião do Painel deve informar este antes de o fazer. O Painel deve excluir da reunião as pessoas que não tenham a condição de pessoas autorizadas, enquanto durar a comunicação dessa informação.

## VII. DEVOLUÇÃO OU DESTRUIÇÃO

1. Após a conclusão do procedimento do Painel, dentro do prazo por este fixado, o Secretariado e as partes devem devolver os documentos ou outros registos contendo informação comercial confidencial ou certificar por escrito as partes que os documentos ou outros registos foram destruídos, a menos que a parte que comunicou inicialmente a informação comercial confidencial acorde outra coisa.

2. Se o relatório do Painel é objecto de recurso, o Secretariado deve transmitir ao Órgão de Recurso, como parte do registo dos procedimentos do Painel, os documentos ou outros registos contendo informação comercial confidencial que lhe tenham sido submetidos por uma parte, assim como quaisquer outros registos contendo tal

A FUNÇÃO JURISDICIONAL NO SISTEMA GATT/OMC

informação. O Secretariado deve transmitir esses documentos ou outros registos ao Órgão de Recurso separadamente do resto do registo.

## VIII. PROCEDIMENTOS ADICIONAIS OU ALTERNATIVOS

1. O Painel pode aplicar os procedimentos adicionais que considere necessários para proteger a confidencialidade da informação comercial confidencial.

2. O Painel pode, a pedido de ou com o consentimento das partes, modificar ou derrogar qualquer parte destes procedimentos.

## IX. DEFINIÇÕES

'pessoas autorizada' significa:

(i) um membro de um Painel;

(ii) um representante de uma parte;

(iii) um funcionário do Secretariado, ou

(iv) um perito nomeado pelo Painel que tenha apresentado ao Secretariado uma Declaração de Não Divulgação.

'conclusão do procedimento do Painel' significa quando:

(i) de acordo com o nº 4 do artigo 16º [do Memorando de Entendimento sobre Resolução de Litígios], o relatório do Painel é adoptado pelo Órgão de Resolução de Litígios ou não é adoptado por consenso pelo Órgão de Resolução de Litígios;

(ii) de acordo com os artigos 16º, nº 4, e 17º, nº 14 [do Memorando de Entendimento sobre Resolução de Litígios], o relatório do Painel é adoptado (com modificações, se existirem) com o relatório do Órgão de Recurso; ou

(iii) quando a autoridade para a criação do painel caduca de acordo com o nº 12 do artigo 12º [do Memorando de Entendimento sobre Resolução de Litígios].

'informação comercial confidencial' significa toda a informação do domínio privado ou comercialmente sensível designada como informação comercial confidencial pela parte que a submeta e que de outro modo não está disponível no domínio público.

'Declaração de Não Divulgação' significa uma cópia da declaração que figura no presente Apêndice, assinada e datada pela pessoa que faz a declaração.

'designada como informação comercial confidencial' significa:

(i) no caso de informação impressa, uma informação que ostente claramente, no lugar em que se encontre a informação no documento, a menção 'INFORMAÇÃO COMERCIAL CONFIDENCIAL' e o nome da parte que tenha submetido inicialmente a informação;

(ii) no caso de informação registada em ficheiros codificados em binário ou em qualquer outro meio, uma informação que ostente claramente a menção 'INFORMAÇÃO COMERCIAL CONFIDENCIAL' num selo do seu meio de registo e, no caso de informação registada em ficheiros codificados em binário, que ostente claramente no

A FASE DE RECURSO

lugar em que se encontre a informação nos ficheiros a menção 'INFORMAÇÃO COMER-
CIAL CONFIDENCIAL' e o nome da parte que tenha comunicado inicialmente a informação; e

(iii) no caso de informação comunicada oralmente, uma informação declarada
'informação comercial confidencial' pelo orador antes de comunicá-la e identificada
com o nome da parte que tenha comunicado inicialmente a informação.

'informação' inclui informação registada em qualquer meio, incluindo documentos impressos e ficheiros codificados em binário e a informação comunicada oralmente.

'outros registos' inclui gravações e transcrições das reuniões do Painel.

'reunião do Painel' significa uma reunião substantiva do Painel com as partes ou
qualquer reunião do Painel com as partes na fase intermédia de revisão, como descrito
nos procedimentos de trabalho adoptados pelo Painel.

'membro do painel' significa uma pessoa que faz parte do Painel.

Representante' significa:

(i) um empregado de uma parte;

(ii) um advogado ou outro assessor ou consultor de uma parte

autorizado por uma parte a actuar em seu nome no decurso do litígio e cuja autorização tenha sido notificada ao Secretariado e às demais partes; não obstante, em
nenhuma circunstância pode um representante ser uma pessoa ou um empregado,
funcionário ou agente de uma entidade que se possa razoavelmente prever que beneficie comercialmente da recepção da informação comercial confidencial.

'funcionário do Secretariado' significa uma pessoas empregada ou nomeada pelo
Secretariado que tenha sido autorizado por este a trabalhar no litígio e inclui tradu-
tores, intérpretes e redactores presentes nas reuniões do Painel.

'lugar seguro' significa um receptáculo fechado à chave escolhido pelo Secretariado para guardar de forma segura a informação comercial confidencial.

'documento de texto' inclui comunicações escritas ao Painel, em forma impressas
ou codificadas em binário".

Curiosamente, a proposta apresentada não prevê qualquer mecanismo que
assegure que as violações da confidencialidade sejam efectivamente sancionadas,
tal como acontece, aliás, actualmente[2826]. Uma possível sanção passa por reconhe-

---

[2826] No caso *European Communities – Export Subsidies on Sugar, Complaint by Brazil*, por exemplo, uma
associação de produtores de açúcar alemães submeteu à consideração do painel uma comunicação *amicus curiae*, a qual continha informação confidencial apresentada ao painel pelo Brasil. A
associação reconheceu que tinha examinado documentos apresentados pelo Brasil, mas recusou
revelar a fonte da sua informação. O Painel foi incapaz de determinar a fonte da fuga e limitou-se
a lamentar profundamente o ocorrido. No fim, a única consequência consistiu na recusa do painel
em considerar a comunicação *amicus curiae* apresentada pela associação alemã. Cf. Relatório do

A FUNÇÃO JURISDICIONAL NO SISTEMA GATT/OMC

cer à parte prejudicada pela violação da confidencialidade o direito "to sue the party that leaked the information in domestic courts for damages"[2827].

Ainda a propósito da transparência, alguns membros da OMC têm-se manifestado profundamente contra a abertura ao público das audiências dos painéis e do Órgão de Recurso, invocando que tal abertura afectaria a natureza intergovernamental dos procedimentos de resolução de litígios. É verdade que a natureza fechada das reuniões dos painéis e do Órgão de Recurso, "a legacy from the days trade disputes were resolved through diplomacy rather than adjudication"[2828], encoraja as partes em litígio a serem mais razoáveis, mais atreitas à obtenção de compromissos e acordos ("loss of face is a bit less of a concern because their faces are not broadcast on CNN)"[2829], mas convém não esquecer que muito poucos sistemas judiciais em todo o mundo funcionam em segredo e mesmo órgãos inter-governamentais como o Tribunal Internacional de Justiça, o Tribunal Internacional do Direito do Mar (respectivamente, art. 46º do Estatuto do Tribunal Internacional de Justiça, art. 26º, nº 2, do Estatuto do Tribunal Internacional do Direito do Mar) e os Tribunais *ad hoc* para a antiga Jugoslávia e o Ruanda funcionam de modo aberto e transparente[2830]. No fundo, como bem nota JOSEPH WEILER, "only in dictatorships is 'justice' administered behind closed doors"[2831]. O escrutínio público pode ajudar a prevenir ou a revelar abusos como a corrupção e incompetência, reforça a confiança numa justiça imparcial e aumenta, em con-

---

Painel no caso *European Communities – Export Subsidies on Sugar, Complaint by Brazil* (WT/DS266/R), 15-10-2004, parágrafos 7.80-7.85.

[2827] Michelle GRANDO, *Evidence, Proof, and Fact-Finding in WTO Dispute Settlement*, Oxford University Press, 2009, p. 286.

[2828] Peter Van den BOSSCHE, From afterthought to centerpiece: the WTO Appellate Body and its rise to prominence in the world trading system, in *The WTO at Ten: The Contribution of the Dispute Settlement System*, Ed. Giorgio Sacerdoti, Alan Yanovich e Jan Bohanes, Cambridge University Press, 2006, p. 298.

[2829] Raj BHALA, *The Power of the Past: Towards De Jure Stare Decisis in WTO Adjudication (Part Three of a Trilogy)*, in George Washington International Law Review, 2001, p. 944.

[2830] Bryan MERCURIO, *Improving Dispute Settlement in the World Trade Organization: The Dispute Settlement Understanding Review – Making it Work?*, in JWT, 2004, p. 810. Ao mesmo tempo, é normal os tribunais internacionais gozarem do poder de realizar audiências à porta fechada, por vontade própria ou a pedido das partes. Cf. William DAVEY, Proposals for Improving the Working Procedures of WTO Dispute Settlement Panels, in *The WTO Dispute Settlement System 1995-2003*, Federico Ortino e Ernst-Ulrich Petersmann ed., Kluwer Law International, Haia-Londres-Nova Iorque, 2004, p. 21.

[2831] Joseph WEILER, *The Rule of Lawyers and the Ethos of Diplomats: Reflections on the Internal and External Legitimacy of WTO Dispute Settlement*, in JWT, vol. 35, nº 2, 2001, p. 203.

1016

A FASE DE RECURSO

sequência, a legitimidade do aparelho forense face ao público obrigado a aceitar as suas decisões[2832].

Comparativamente aos painéis (ver *supra*), parecia ser mais difícil ao Órgão de Recurso aceder a um pedido de abertura ao público em geral. O Órgão de Recurso realiza apenas uma audiência oral, na qual estarão presentes quer os participantes, quer os participantes terceiros. O nº 10 do art. 17º do Memorando de Entendimento sobre Resolução de Litígios determina que os "procedimentos do Órgão de Recurso são confidenciais" e, segundo o próprio Órgão de Recurso:

> "A palavra 'procedimentos' inclui, num procedimento de recurso, quaisquer comunicações escritas, memorandos jurídicos, respostas escritas a perguntas e declarações orais dos participantes e participantes terceiros; a realização da audiência oral ante o Órgão de Recurso, incluindo as transcrições ou gravações dessa audiência; e as deliberações, a troca de opiniões e os trabalhos internos do Órgão de Recurso"[2833].

Não existe uma disposição semelhante ao nº 1 do art. 12º do Memorando de Entendimento permitindo que o Órgão de Recurso decida em contrário após consulta das partes em litígio. Não existe também no caso do Órgão de Recurso nenhuma disposição similar ao nº 2 do Apêndice 3 do Memorando de Entendimento a estabelecer que o Órgão de Recurso deve reunir em sessão fechada. Será assim possível ao Órgão de Recurso abrir a audiência oral aos membros da OMC e ao público em geral? A resposta só pode ser positiva. Primeiro, apesar do nº 10 do art. 17º do Memorando de Entendimento sobre Resolução de Litígios parecer indicar em sentido contrário, pensamos que ele não pode ser entendido em termos tão literais. Veja-se, por exemplo, a segunda frase do nº 2 do art. 18º do mesmo texto. Caso haja acordo entre todos os participantes e participantes terceiros, nada parece impedir que a audiência oral do Órgão de Recurso seja aberta ao público. Segundo, o nº 10 do art. 17º fala em "procedimentos do Órgão de Recurso", não em procedimento perante o Órgão de Recurso[2834]. Terceiro, nos

---

[2832] Lothar EHRING, *Public Access to Dispute Settlement Hearings in the World Trade Organization*, in JIEL, 2008, p. 1023.

[2833] Relatório do Órgão de Recurso no caso *Canada – Measures Affecting the Export of Civilian Aircraft* (WT/DS70/AB/R), 2-8-1999, parágrafo 143.

[2834] Nos casos *United States – Continued Suspension of Obligations in the European Communities – Hormones Dispute* e *Canada – Continued Suspension of Obligations in the European Communities – Hormones Dispute*, a secção do Órgão de Recurso responsável pela análise recebeu um pedido dos participantes (Canadá, Comunidade Europeia e Estados Unidos) de abertura da audiência oral do Órgão do Recurso aos membros da OMC e ao público em geral. Na sequência, a secção ouviu quer os participantes, quer os participantes terceiros. A respeito do nº 10 do art. 17º do Memorando de Entendimento sobre Resolução de Litígios, os participantes e alguns participantes terceiros fizeram as seguintes observações:

## A FUNÇÃO JURISDICIONAL NO SISTEMA GATT/OMC

dois litígios relativos ao chamado *Anti-Dumping Act of 1916*, apesar de o México ser parte terceira no caso iniciado pelas Comunidades Europeias, mas não no caso iniciado pelo Japão, não o impediu de estar presente na audiência oral relativa às duas queixas. Quarto, é comum os relatórios do Órgão de Recurso descreverem, por exemplo, factos que ocorreram na audiência oral ou respostas das partes em litígio e partes terceiras às questões colocadas. Os próprios pedidos de recurso são tornados públicos. Quinto, a definição de "procedimentos" avançada pelo Órgão de Recurso (ver *supra*) tinha a ver com uma solicitação de procedimentos adicionais para a protecção de informação comercial confidencial. Sexto, não faria sentido proibir ao Órgão de Recurso aquilo que é permitido aos painéis, até pelo facto de o Órgão de Recurso ser uma instituição bem mais jurisdicional que os painéis compostos caso a caso. Um autor defende mesmo que:

> "watching an Appellate Body hearing is objectively more interesting than observing panels, given that the Appellate Body normally asks more pointed questions, engages the parties more candidly on the more narrowly defined issues under appeal, and does not allow the parties to hold long monologues"[2835].

Finalmente, a questão tornou-se algo académica, uma vez que a secção do Órgão de Recurso responsável pela análise dos casos *United States – Continued Suspension of Obligations in the European Communities – Hormones Dispute* e *Canada – Continued Suspension of Obligations in the European Communities – Hormones Dispute*, decidiu, a pedido dos participantes (Canadá, Comunidade Europeia e Estados Unidos), abrir uma audiência oral pela primeira vez (realizada nos dias 28 e 29 de Julho 2008) aos membros da OMC e ao público em geral via transmissão simultânea em circuito fechado para uma outra sala[2836]. Segundo dados avançados pelo próprio Órgão de Recurso, registaram-se 80 pessoas para presenciar

---

"As Comunidades Europeias alegam que o termo 'procedimentos' no nº 10 do artigo 17º deveria ser interpretado restritivamente como abrangendo o trabalho interno do Órgão de Recurso mas não a sua audiência oral. Os Estados Unidos referem as Recomendações pelo Comité Preparatório para a OMC. Os Estados Unidos defendem que o Comité Preparatório considerava que o artigo 17º, nº 10, estava centrado nas deliberações do Órgão de Recurso. O Canadá reconhece que o termo 'procedimentos' abarca a audiência oral. Uma opinião similar foi avançada pelo Brasil, China, Índia e México". Cf. OMC, *Appellate Body – Annual Report for 2008* (WT/AB/11), 9-2-2009, p. 80.

[2835] Lothar EHRING, *Public Access to Dispute Settlement Hearings in the World Trade Organization*, in JIEL, 2008, p. 1030.

[2836] OMC, *Registration begins for public observation of the Appellate Body oral hearing in the appeals in US/Canada – Continued Suspension of Obligations in the EC – Hormones Dispute (Complainant EC) on 28-29 July 2008 in Geneva*, 2008 News Items, 15-7-2008. Os presentes na sala tiveram de apresentar passaporte válido e ficaram impedidos de gravar qualquer registo da audiência oral.

A FASE DE RECURSO

a audiência oral[2837]. Ao mesmo tempo, os participantes terceiros que quiseram fazer as suas intervenções confidencialmente puderam fazê-lo (os casos do Brasil e da Índia)[2838].

Esta tendência de a secção do Órgão de Recurso responsável pela análise abrir, a pedido dos participantes, a audiência oral aos membros da OMC e ao público em geral tem-se mantido desde então na maioria dos casos[2839] e, no âmbito do caso *United States – Laws, Regulations and Methodology for Calculating Dumping Margins ("Zeroing"), Recourse to Article 21.5 of the DSU by the European Communities*, o Órgão de Recurso adoptou no dia 4 de Março de 2009 a seguinte regra processual, muito semelhante às adoptadas nos outros casos:

"**1.** Em 16 de Fevereiro de 2009, a Divisão do Órgão de Recurso que examina o presente recurso recebeu uma solicitação das Comunidades Europeias para permitir a observação pelo público da audiência oral do procedimento de recurso. Em 19 de Fevereiro de 2009, os Estados Unidos solicitaram também à Divisão que autorizasse a observação da audiência pelo público. Os participantes afirmaram que não existia no Memorando de Entendimento sobre Resolução de Litígios nem nos Procedimentos de Trabalho qualquer norma a impedir o Órgão de Recurso de autorizar a observação da audiência pelo público.

**2.** Em 20 de Fevereiro de 2009, convidámos os participantes terceiros a formularem observações por escrito sobre os pedidos dos participantes. Em concreto, pedimos aos participantes terceiros que expusessem a sua opinião sobre a admissibilidade da observação da audiência pelo público de acordo com o Memorando de Entendimento sobre Resolução de Litígios e os Procedimentos de Trabalho e, se assim o desejassem, sobre os dispositivos logísticos concretos propostos nos pedidos. Em 2 de Março de 2009, recebemos observações da Coreia, Índia, Japão, México, Noruega, Tailândia e Taipé Chinês. O Japão, a Noruega e o Taipé Chinês manifestaram o seu apoio às solicitações dos participantes. A Índia, o México e a Tailândia expressaram a opinião

---

[2837] OMC, *Appellate Body – Annual Report for 2008* (WT/AB/11), 9-2-2009, p. 41.

[2838] Lothar EHRING, *Public Access to Dispute Settlement Hearings in the World Trade Organization*, in JIEL, 2008, p. 1030. Porém, no caso *European Communities – Regime for the Importation, Sale and Distribution of Bananas, Second Recourse to Article 21.5 of the DSU by Ecuador; European Communities – Regime for the Importation, Sale and Distribution of Bananas, Recourse to Article 21.5 of the DSU by the United States*, nenhum participante terceiro, incluindo o Brasil, pediu para fazer a sua intervenção longe do olhar do público. Cf. *Idem*.

[2839] Nos seis casos seguintes aos casos *United States – Continued Suspension of Obligations in the European Communities – Hormones Dispute* e *Canada – Continued Suspension of Obligations in the European Communities – Hormones Dispute*, apenas nos casos *India – Additional and Extra-Additional Duties on Imports from the United States* (WT/DS360/AB/R), 30-10-2008) e *China – Measures Affecting Imports of Automobile Partes* (WT/DS339/AB/R, WT/DS340/AB/R, WT/DS342/AB/R, 15-12-2008) a audiência oral não foi pública.

1019

A FUNÇÃO JURISDICIONAL NO SISTEMA GATT/OMC

de que as disposições do Memorando de Entendimento sobre Resolução de Litígios não permitem audiências públicas na fase de recurso. Segundo estes participantes terceiros, a audiência faz parte dos procedimentos do Órgão de Recurso e, por isso, está sujeita ao disposto no nº 10 do artigo 17º do Memorando de Entendimento sobre Resolução de Litígios, ao abrigo do qual 'os procedimentos do Órgão de Recurso terão carácter confidencial'. A Coreia partilhou estas preocupações, mas não se opôs à abertura da audiência ao público neste procedimento; ao mesmo tempo, solicitou ao Órgão de Recurso que considerasse confidenciais as suas declarações escritas e orais. O México e a Tailândia solicitaram expressamente ao Órgão de Recurso que, no caso de ser permitida a observação da audiência pelo público, considerasse confidenciais as suas comunicações escritas e declarações orais.

**3.** Tendo examinado cuidadosamente as observações dos participantes terceiros, formulamos a seguinte decisão sobre os pedidos dos participantes. O nº 10 do artigo 17º deve ser lido no seu contexto, em particular em relação com o nº 2 do artigo 18º do Memorando de Entendimento sobre Resolução de Litígios. A segunda frase do nº 2 do artigo 18º prevê expressamente que 'o disposto no presente Memorando não impede que uma parte em litígio divulgue as suas próprias posições'. Por conseguinte, ao abrigo do nº 2 do artigo 18º, as partes podem decidir renunciar à protecção do carácter confidencial das suas posições. A terceira frase do nº 2 do artigo 18º dispõe que os 'Membros devem tratar como confidenciais as informações transmitidas por outro Membro ao painel ou ao Órgão de Recurso, caso aquele lhes tenha atribuído carácter confidencial'. Esta disposição seria redundante caso se interpretasse que o nº 10 do artigo 17º exige confidencialidade absoluta a respeito de todos os elementos do procedimento de recurso. Não haveria necessidade de exigir, de acordo com o nº 2 do artigo 18º, que um Membro atribua carácter confidencial a determinada informação. A última frase do nº 2 do artigo 18º garante que nem sequer a atribuição desse carácter por um Membro porá em causa o direito de outro Membro tornar públicas as suas posições. Quando lhes é pedido, um Membro deverá apresentar um resumo não confidencial da informação contida nas suas comunicações escritas a que tenha atribuído carácter confidencial, as quais podem ser transmitidas ao público. Portanto, o nº 2 do artigo 18º apoia como contexto a opinião de que a norma de confidencialidade estabelecida no nº 10 do artigo 17º não é absoluta. Caso contrário, não seria permitido tornar públicas as comunicações escritas ou outras declarações em nenhuma fase dos procedimentos.

**4.** Na prática, a exigência de confidencialidade estabelecida no nº 10 do artigo 17º tem os seus limites. Os pedidos de recurso e os relatórios do Órgão de Recurso são transmitidos ao público. Os relatórios do Órgão de Recurso contêm resumos das comunicações escritas e orais dos participantes e participantes terceiros e citam essas comunicações directamente com frequência. A publicação dos relatórios do Órgão de Recurso é um traço intrínseco e necessário do nosso sistema de resolução de litígios

1020

# A FASE DE RECURSO

baseado em normas. Por conseguinte, no âmbito do Memorando de Entendimento sobre Resolução de Litígios, a confidencialidade é relativa e limitada no tempo.

**5.** Em nosso entender, é mais procedente entender que a prescrição de confidencialidade que figura no nº 10 do artigo 17º opera de maneira relacional. Nos procedimentos de recurso existem diferentes conjuntos de relações que incluem os seguintes. Em primeiro lugar, uma relação entre os participantes e o Órgão de Recurso. Em segundo lugar, uma relação entre os participantes terceiros e o Órgão de Recurso. A prescrição de que os procedimentos do Órgão de Recurso sejam confidenciais outorga protecção a estas relações separadas e tem por objectivo salvaguardar os interesses dos participantes e participantes terceiros e a função adjudicadora do Órgão de Recurso, a fim de o sistema de resolução de litígios operar em condições de equidade, imparcialidade, independência e integridade. Neste caso, os participantes solicitaram autorização para renunciar à protecção da confidencialidade das suas comunicações com o Órgão de Recurso na audiência oral. Os pedidos dos participantes não se estendem a nenhuma comunicação nem afectam a relação entre os participantes terceiros e o Órgão de Recurso. O direito à confidencialidade dos participantes terceiros na sua relação com o Órgão de Recurso não está em causa nestes pedidos. Portanto, a questão que se coloca é se as solicitações formuladas pelos participantes para renunciar à protecção da confidencialidade satisfazem os requisitos de equidade e integridade que são atributos essenciais do procedimento de recurso e definem a relação entre o Órgão de Recurso e os participantes. Se as solicitações cumprirem estes critérios, o Órgão de Recurso inclina-se a aceder às mesmas.

**6.** Notamos que o Memorando de Entendimento sobre Resolução de Litígios não prevê especificamente uma audiência oral na fase de recurso. O Órgão de Recurso instituiu a audiência oral nos seus Procedimentos de Trabalho, estabelecidos de acordo com o nº 9 do artigo 17º do Memorando de Entendimento sobre Resolução de Litígios. A condução e organização da audiência está compreendida nos poderes do Órgão de Recurso (*compétence de la compétence*) em conformidade com a Regra 27 dos Procedimentos de Trabalho. Em consequência, o Órgão de Recurso tem o poder de controlar a condução da audiência oral, inclusive de autorizar o levantamento da confidencialidade a pedido dos participantes, desde que isso não afecte desfavoravelmente os direitos e interesses dos participantes terceiros ou a integridade do processo de recurso. Como observámos antes, o nº 10 do artigo 17º é também aplicável à relação entre os participantes terceiros e o Órgão de Recurso. Todavia, em nossa opinião, os participantes terceiros não podem invocar o nº 10 do artigo 17º, na medida em que este se aplique à sua relação com o Órgão de Recurso, a fim de impedir que se levante a protecção da confidencialidade no que respeita à relação entre os participantes e o Órgão de Recurso. De igual modo, autorizar os pedidos dos participantes para renunciar à confidencialidade não afecta o direito de os participantes terceiros de preservação da confidencialidade das suas comunicações com o Órgão de Recurso.

A FUNÇÃO JURISDICIONAL NO SISTEMA GATT/OMC

**7.** Os próprios poderes do Órgão de Recurso estão circunscritos porquanto determinados aspectos da confidencialidade são incapazes de derrogação – mesmo pelo Órgão de Recurso – quando isso puder anular o exercício e a integridade da função adjudicadora do Órgão de Recurso. Isto inclui a situação prevista na segunda frase do nº 10 do artigo 17º, a qual estabelece que 'os relatórios do Órgão de Recurso serão redigidos sem a presença das partes em litígio e à luz das informações transmitidas e das declarações prestadas'. A confidencialidade das deliberações é necessária para proteger a integridade, a imparcialidade e a independência do processo de recurso. Em nosso entender, essas preocupações não surgem numa situação em que, na sequência de pedidos dos participantes, o Órgão de Recurso autoriza o levantamento da confidencialidade das declarações formuladas pelos participantes na audiência oral.

**8.** O Órgão de Recurso, tanto ao estabelecer os Procedimentos de Trabalho como na prática de recurso, tem fomentado a participação activa das partes terceiras no processo de recurso. O nº 4 do artigo 17º dispõe que os participantes terceiros 'podem apresentar comunicações escritas e ser ouvidas pelo Órgão de Recurso'. Nos seus Procedimentos de Trabalho, o Órgão de Recurso tem dado pleno efeito a este direito permitindo a intervenção dos participantes terceiros durante a totalidade da audiência oral, ao passo que as partes terceiras só se reúnem com os painéis numa sessão da primeira reunião substantiva. Os direitos dos participantes terceiros são distintos dos das partes principais num litígio. Estas têm um interesse sistémico na interpretação das disposições dos acordos abrangidos que podem estar em causa num recurso. Apesar de as suas opiniões sobre as questões de interpretação jurídica submetidas ao Órgão de Recurso serem sempre valiosas e examinadas detalhadamente, tais questões de interpretação jurídica não são inerentemente confidenciais. No entanto, não cabe aos participantes terceiros determinar qual é a melhor maneira de proteger a confidencialidade na relação entre os participantes e o Órgão de Recurso. Não consideramos que os participantes terceiros tenham identificado um interesse específico na sua relação com o Órgão de Recurso que resultaria desfavoravelmente afectado se autorizássemos os pedidos dos participantes.

**9.** Os pedidos de observação da audiência oral pelo público neste litígio foram formulados pelas Comunidades Europeias e Estados Unidos. Como explicámos antes, o Órgão de Recurso tem o poder de autorizar os pedidos de levantamento da confidencialidade formulados pelos participantes sempre que isso não afecte a confidencialidade da relação entre os participantes terceiros e o Órgão de Recurso nem prejudique a integridade do processo de recurso. Os participantes sugeriram que o Órgão de Recurso permita a observação pelo público da audiência oral neste litígio mediante uma transmissão simultânea, por circuito fechado de televisão, que seria interrompida quando usasse da palavra um participante terceiro que não deseje tornar pública a sua declaração. Não consideramos que a observação da audiência oral pelo público, utili-

1022

A FASE DE RECURSO

zando os meios antes descritos, tenha um impacto adverso na integridade das funções adjudicadoras desempenhadas pelo Órgão de Recurso.

**10.** Pelas razões expostas, a Divisão autoriza a observação da audiência oral pelo público no presente procedimento nas condições que a seguir se expõem. Em consequência, de acordo com a Regra 16(1) dos Procedimentos de Trabalho, adoptamos os seguintes procedimentos adicionais para efeitos do presente recurso:

a) A audiência oral será aberta a observação pública mediante transmissão simultânea por circuito fechado de televisão. O sinal de televisão por circuito fechado será difundido numa sala distinta, à qual terão acesso os delegados dos Membros da OMC e os membros do público en geral que estejam devidamente registados;

b) As declarações orais dos participantes terceiros que desejem manter a confidencialidade das suas comunicações, assim como das suas respostas a perguntas, não poderão ser observadas pelo público;

c) Qualquer participante terceiro que ainda não o tenha feito pode solicitar que as suas declarações orais e suas respostas a perguntas permaneçam confidenciais e não possam ser observadas pelo público. Esses pedidos deverão ser recebidos pelo Secretariado do Órgão de Recurso até às 17 h, hora de Genebra, de 4ª feira 18 de Março de 2009,

d) Um número apropriado de lugares será reservado para os delegados dos Membros da OMC na sala em que terá lugar a transmissão por circuito fechado.

e) Dar-se-á aviso da audiência oral ao público em geral na página Web da OMC. Os delegados da OMC e os membros do público em geral que desejem observar a audiência oral estarão obrigados a registar-se previamente ante o Secretariado da OMC.

f) Caso considerações práticas impeçam a audiência oral de ser transmitida de maneira simultânea, a correspondente gravação de vídeo será difundida em diferido"[2840].

A abertura das audiências orais a observação pública tem, em suma, diversas vantagens:

(i) permite ao público interessado ver com os seus próprios olhos que a secção do Órgão de Recurso em causa é altamente profissional, imparcial e objectiva e que as partes têm a oportunidade de apresentar as suas posições;

---

[2840] Relatório do Órgão de Recurso no caso *United States – Laws, Regulations and Methodology for Calculating Dumping Margins ("Zeroing"), Recourse to Article 21.5 of the DSU by the European Communities* (WT/DS294/AB/RW), 14-5-2009, Anexo III, parágrafos 1-10.

1023

A FUNÇÃO JURISDICIONAL NO SISTEMA GATT/OMC

     (ii) aumenta a transparência e a legitimidade do sistema de resolução de Litígios da OMC;

     (iii) coloca o Órgão de Recurso em consonância com os procedimentos geralmente seguidos por outros tribunais internacionais; e

     (iv) permite que os próprios membros da OMC vejam *in loco* como funciona o Órgão de Recurso.

Como salienta o Órgão de Recurso no seu relatório anual de 2007, no início de 2008, apenas 66 membros da Organização Mundial do Comércio tinham sido até então "um participante ou participante terceiro num processo de recurso, quase metade destes (28) apenas uma vez"[2841].

Apesar das melhorias registadas no que diz respeito à transparência dos procedimentos de resolução de litígios da OMC, continua a haver documentos importantes que não são tornados públicos, como a totalidade das comunicações dos participantes apresentadas durante os procedimentos ante o Órgão de Recurso.

## 4.6. O Plano de Trabalho

Nos termos do nº 1 da Regra 26 dos Procedimentos de Trabalho do Órgão de Recurso, a secção deve estabelecer, logo após o início de um recurso, um plano de trabalho adequado para o recurso em causa, em conformidade com os prazos estipulados nos Procedimentos de Trabalho do Órgão de Recurso[2842]. O plano de trabalho deve fixar datas exactas para a apresentação dos documentos e um calendário para o trabalho da secção, incluindo, caso seja possível, a data da audiência (Regra 26, nº 2, dos Procedimentos de Trabalho do Órgão de Recurso) e o Secretariado do Órgão de Recurso deve fornecer imediatamente uma cópia do plano de trabalho à parte apelante, às partes em litígio e a quaisquer partes terceiras (Regra 26, nº 4, dos Procedimentos de Trabalho do Órgão de Recurso).

Os prazos estabelecidos pela secção dependem do disposto no nº 5 do art. 17º do Memorando de Entendimento sobre Resolução de Litígios:

---

[2841] OMC, *Appellate Body – Annual Report for 2007* (WT/AB/9), 30-1-2008, p. 33. Segundo o relatório anual do Órgão de Recurso do ano seguinte, dos 153 membros da OMC que a OMC tinha em finais de 2008, 67 (44%) participaram em recursos em que se distribuíram relatórios do Órgão de Recurso. Cf. OMC, *Appellate Body – Annual Report for 2008* (WT/AB/11), 9-2-2009, p. 61.

[2842] Nos termos do nº 2 da Regra 31 dos Procedimentos de Trabalho do Órgão de Recurso, "o plano de trabalho de um recurso referente a subvenções proibidas, segundo os termos da parte II do Acordo sobre as Subvenções e as Medidas de Compensação, ajustar-se-á ao estabelecido no anexo I dos Procedimentos de Trabalho do Órgão de Recurso".

A FASE DE RECURSO

"Regra geral, o processo não deve exceder 60 dias desde a data em que uma parte em litígio notifique formalmente a sua decisão de recorrer até à data em que o Órgão de Recurso apresenta o seu relatório. Ao estabelecer o seu calendário, o Órgão de Recurso deve ter em conta as disposições do nº 9 do artigo 4º, se aplicáveis. Caso o Órgão de Recurso considere que não pode apresentar o seu relatório no prazo de 60 dias, deve informar o Órgão de Resolução de Litígios, por escrito, das razões do atraso, juntamente com uma estimativa do prazo dentro do qual pensa estar em condições de apresentar o seu relatório. Contudo, o processo nunca deve exceder um período de 90 dias"[2843].

De acordo com o nº 2 da Regra 16 dos Procedimentos de Trabalho do Órgão de Recurso, é possível, também, ainda que apenas em circunstâncias excepcionais, quando o cumprimento estrito de um dos prazos previstos nos Procedimentos resulte numa manifesta falta de equidade, que uma parte em litígio, um participante, uma parte terceira ou um participante terceiro possa pedir à secção que altere o prazo previsto nos Procedimentos para a apresentação de documentos ou as datas previstas no plano de trabalho para a audiência oral. Caso a secção aceite o pedido, as partes em litígio, os participantes, as partes terceiras e os participantes terceiros devem ser notificados das modificações produzidas nos prazos, mediante um plano de trabalho revisto.

Em termos gerais, a secção avaliará cada pedido à luz das circunstâncias que o rodeiam, embora isso nem sempre seja claro. No caso *United States – Measure Affecting Imports of Woven Wool Shirts and Blouses from India*, por exemplo, a secção estendeu o prazo previsto para a parte apelada, os Estados Unidos, apresentarem a sua comunicação em três dias, mas não forneceu qualquer razão para a prorrogação[2844]. Em contraste, a secção que analisou o caso *European Communities – Anti-Dumping Duties on Imports of Cotton-Type Bed Linen from India* decidiu, à luz das circunstâncias excepcionais do recurso, prorrogar em seis dias o prazo para a parte apelada e os participantes terceiros apresentarem as respectivas comunicações. Ainda que a secção não tenha identificado explicitamente as "circunstâncias excepcionais", é provável que ela tenha sido influenciada pelo facto de que, na ausência da prorrogação do prazo, as comunicações teriam de ser apresentadas

---

[2843] Em conformidade com o nº 9 do artigo 4º do Acordo sobre as Subvenções e as Medidas de Compensação, quando estejam em causa recursos de urgência, incluindo os que digam respeito a produtos perecíveis, o Órgão de Recurso deve fazer todos os possíveis para acelerar ao máximo os procedimentos do recurso. A secção deve ter isto em conta na elaboração do plano de trabalho para esse recurso (Regra 26, nº 3, dos Procedimentos de Trabalho do Órgão de Recurso).
[2844] Relatório do Órgão de Recurso no caso *United States – Measure Affecting Imports of Woven Wool Shirts and Blouses from India* (WT/DS33/AB/R), 25-4-1997, p. 2.

1025

A FUNÇÃO JURISDICIONAL NO SISTEMA GATT/OMC

no dia de trabalho seguinte ao feriado do Ano Novo[2845]. Pelo contrário, o Órgão de Recurso identificou claramente as "circunstâncias excepcionais" que o levaram a decidir pela prorrogação do prazo no caso *United States – Tax Treatment for "Foreign Sales Corporations" (Recourse to Article 21.5 of the DSU by the European Communities)*:

"Por carta de 22 de Outubro de 2001, os Estados Unidos solicitaram ao Órgão de Recurso, em conformidade com a Regra 16(2) dos Procedimentos de Trabalho, que modificasse os prazos estabelecidos no Calendário de Trabalho para o Recurso para a apresentação das comunicações de parte apelante dos Estados Unidos. Os Estados Unidos afirmaram que os suspeitos ataques bioterroristas tinham comprometido a capacidade da Administração para realizar as consultas necessárias com o Congresso a respeito do recurso [na sua carta, os Estados Unidos explicaram que, devido a entrega da bactéria anthrax no Congresso dos Estados Unidos, diversos edifícios tiveram que ser temporariamente encerrados, incluindo os edifícios que acomodam os gabinetes dos funcionários do Senado norte-americano com jurisdição sobre as questões suscitadas neste recurso]. Segundo os Estados Unidos, como consequência destas circunstâncias, a manutenção do calendário original seria manifestamente injusta para os Estados Unidos. Em carta enviada em 23 de Outubro de 2001, as Comunidades Europeias não se opuseram ao pedido formulado pelos Estados Unidos, mas solicitaram que, para manter o equilíbrio de direitos processuais dos participantes no presente recurso, o Órgão de Recurso prorrogasse em 14 dias o prazo para a apresentação da comunicação de parte apelada das Comunidades Europeias. Numa carta datada de 23 de Outubro de 2001, a Divisão do Órgão de Recurso responsável aceitou que as circunstâncias a que os Estados Unidos tinham feito referência constituíam 'circunstâncias excepcionais' no sentido da Regra 16(2) dos Procedimentos de Trabalho, e que a manutenção dos prazos para a apresentação da comunicação de parte apelante seria 'manifestamente injusta' para os Estados Unidos. Em consequência, a Divisão aceitou modificar o Calendário de Trabalho do presente recurso para dar aos Estados Unidos sete dias mais para apresentar a sua comunicação de parte apelante. Na mesma carta, a Divisão prorrogou também em sete dias os prazos para a apresentação das demais comunicações de partes apelantes, a comunicação de parte apelada e as comunicações dos participantes terceiros"[2846].

---

[2845] Relatório do Órgão de Recurso no caso *European Communities – Anti-Dumping Duties on Imports of Cotton-Type Bed Linen from India* (WT/DS141/AB/R), 1-3-2001, nota de rodapé 12.

[2846] Relatório do Órgão de Recurso no caso *United States – Tax Treatment for "Foreign Sales Corporations", Recourse to Article 21.5 of the DSU by the European Communities* (WT/DS108/AB/RW), 14-1-2002, parágrafo 8.

1026

A FASE DE RECURSO

Mais recentemente, no caso *Chile – Price Band System and Safeguard Measures Relating to Certain Agricultural Products, Recourse to Article 21.5 of the DSU by Argentina*, a secção recebeu em 9 de Fevereiro de 2007 uma carta da Argentina pedindo, em conformidade com o nº 2 da Regra 16 dos Procedimentos de Trabalho do Órgão de Recurso, que se alterasse a data prevista para apresentar a sua comunicação de outra parte apelante de 20 para 26 de Fevereiro de 2007. A Argentina explicou que a apresentação da comunicação no dia 20 de Fevereiro seria muito problemática para a Argentina, porquanto a audiência de outro procedimento de recurso, no qual era também participante, realizar-se-ia no dia 19 de Fevereiro de 2007. O Órgão de Recurso convidou o Chile e os participantes terceiros a formularem observações sobre o pedido da Argentina. Nem o Chile nem nenhum participante terceiro se opuseram ao pedido argentino, mas o Chile e os Estados Unidos solicitaram prorrogações dos prazos de apresentação das suas comunicações caso a secção aceitasse a solicitação da Argentina. Por carta de 15 de Fevereiro de 2007, a secção informou os participantes e os participantes terceiros de que tinha decidido modificar a data para a apresentação da comunicação da Argentina na qualidade de outra parte apelante de 20 para 23 de Fevereiro de 2007 e a data para a apresentação da comunicação de parte apelada do Chile e as comunicações dos participantes terceiros de 2 para 6 de Março de 2007[2847]. A secção não explica propriamente a razão pela qual aceitou o pedido da Argentina, mas refere, numa nota de rodapé do relatório do Órgão de Recurso, que o Chile, o outro participante no recurso, concordou que a situação enfrentada pela Argentina constituía uma "circunstância excepcional"[2848].

No que diz respeito à mudança da data prevista no plano de trabalho para a audiência oral, as divisões do Órgão de Recurso colocadas perante tais pedidos de alteração:

> "have given no, or only brief explanations of their reasons for granting or denying such requests in the reports. Hence, it is difficult to identify the types of circumstances that will in fact be deemed to 'result in manifest unfairness' to the party concerned. The Appellate Body will, before deciding on such requests, inquire as to whether the other participants and third participants in the appeal join in, accede to, or oppose the request"[2849].

---

[2847] Relatório do Órgão de Recurso no caso *Chile – Price Band System and Safeguard Measures Relating to Certain Agricultural Products, Recourse to Article 21.5 of the DSU by Argentina* (WT/DS207/AB/RW), 7-5-2007, parágrafo 11.

[2848] *Idem*, nota de rodapé 30.

[2849] Victoria DONALDSON, The Appellate Body: Institutional and Procedural Aspects (Chapter 27), in *The World Trade Organization: Legal, Economic and Political Analysis*, Volume I, Patrick Macrory, Arthur Appleton e Michael Plummer Ed., Springer, Nova Iorque, 2005, p. 1315.

A FUNÇÃO JURISDICIONAL NO SISTEMA GATT/OMC

Veja-se, por exemplo, o que se passou nos casos *United States – Import Prohibition of certain Shrimp and Shrimp Products (Recourse to Article 21.5 of the DSU by Malaysia)* e *European Communities – Regime for the Importation, Sale and Distribution of Bananas*. No primeiro, a secção do Órgão de Recurso em causa limitou se a dizer que:

> "Em 13 de Agosto de 2001, os Estados Unidos solicitaram à Divisão que analisa este recurso que alterasse a data da audiência oral estabelecida no calendário de trabalho para este recurso. Depois de convidar os participantes a exporem as suas opiniões a respeito desta solicitação, a Divisão decidiu que não modificaria a data da audiência oral"[2850].

No segundo, a secção do Órgão de Recurso em questão foi igualmente parca:

> "Em 10 de Julho de 1997, ao abrigo do disposto no nº 2 da Regra 16 dos Procedimentos de Trabalho, o Governo da Jamaica solicitou ao Órgão de Recurso que adiasse as datas da audiência oral, previstas no plano de trabalho para os dias 21 e 22 de Julho de 1997, para 4 e 5 de Agosto de 1997. O Órgão de Recurso não acedeu a este pedido por não estar convencido de que existiam circunstâncias excepcionais que causassem uma manifesta falta de equidade a qualquer participante ou participante terceiro e justificassem o adiamento da audiência oral neste recurso"[2851].

Os Procedimentos de Trabalho do Órgão de Recurso designam a data de apresentação do pedido de recurso como o "Dia zero"[2852] e contam qualquer prazo a partir dessa data. Assim, a parte apelante deve apresentar por escrito ao Secretariado do Órgão de Recurso, no prazo de 7 dias a contar da data de apresentação do pedido de recurso, uma comunicação escrita (Regra 21, nº 1, dos Procedimentos de Trabalho do Órgão de Recurso); no prazo de 12 dias contados a partir da data de apresentação do pedido de recurso, qualquer parte em litígio distinta da parte apelante inicial pode juntar-se a esse recurso ou recorrer com base noutros supostos erros nas questões de direito tratadas no relatório do painel e nas interpretações jurídicas desenvolvidas pelo painel (Regra 23, nº 1, dos Procedimentos de Trabalho do Órgão de Recurso); a outra parte apelante deve apresentar por escrito ao Secretariado do Órgão de Recurso, no prazo de 15 dias

---

[2850] Relatório do Órgão de Recurso no caso *United States – Import Prohibition of certain Shrimp and Shrimp Products (Recourse to Article 21.5 of the DSU by Malaysia)* (WT/DS58/AB/RW), 22-10-2001, parágrafo 11.

[2851] Relatório do Órgão de Recurso no caso *European Communities – Regime for the Importation, Sale and Distribution of Bananas* (WT/DS27/AB/R), 9-9-1997, parágrafo 4.

[2852] Petros MAVROIDIS e David PALMETER, *Dispute Settlement in the World Trade Organization: Practice and Procedure*, 2ª ed., Cambridge University Press, 2004, p. 226.

1028

A FASE DE RECURSO

a contar da data de apresentação do pedido de recurso, uma comunicação escrita (Regra 23, nº 3, dos Procedimentos de Trabalho do Órgão de Recurso); a parte apelante, toda a parte apelada e qualquer outra parte em litígio que deseje responder a uma comunicação apresentada em conformidade com o nº 3 da Regra 23 pode apresentar comunicações escritas no prazo de 25 dias a contar da data de apresentação do pedido de recurso e essas comunicações devem adoptar o modelo previsto no nº 2 da Regra 22 (Regra 23, nº 4, dos Procedimentos de Trabalho do Órgão de Recurso); e os participantes terceiros que não apresentem uma comunicação escrita devem notificar o Secretariado do Órgão de Recurso por escrito, no prazo de 25 dias a contar da data de apresentação do pedido de recurso, se têm intenção de comparecer na audiência oral e, se sim, se têm intenção de fazer uma declaração oral (Regra 24, nº 2, dos Procedimentos de Trabalho do Órgão de Recurso).

Uma vez que a decisão do Órgão de Resolução de Litígios sobre o vencimento dos prazos no Memorando de Entendimento sobre Resolução de Litígios é aplicável a todos os prazos estabelecidos (Regra 17, nº 2, dos Procedimentos de Trabalho do Órgão de Recurso), o requerente pode ter mais dois dias para preparar a sua comunicação se apresentar o pedido de recurso num Sábado.

Caso um participante não apresente uma comunicação nos prazos previstos ou não compareça na audiência oral, a secção deve, depois de ouvir a opinião dos participantes, tomar a decisão que considere apropriada, incluindo a rejeição do recurso (Regra 29 dos Procedimentos de Trabalho do Órgão de Recurso). Apesar de alguns membros da OMC já terem invocado a violação da Regra 29[2853], o Órgão de Recurso não necessitou de aplicar esta disposição até à data[2854].

### 4.7. O Prazo Limite de 90 dias

Apesar do disposto no nº 5 do art. 17º do Memorando de Entendimento sobre Resolução de Litígios e no nº 9 do art. 4º do Acordo sobre as Subvenções e as

---

[2853] Relatório do Órgão de Recurso no caso *United States – Import Prohibition of certain Shrimp and Shrimp Products* (WT/DS58/AB/R), 12-10-1998, parágrafo 92.

[2854] A não comparência está igualmente prevista no art. 53º do Estatuto do Tribunl Internacional de Justiça:

"1. Quando uma das partes não comparecer perante o Tribunal ou não apresentar a sua defesa, a outra parte poderá solicitar ao Tribunal que decida a favor da sua pretensão.

2. O Tribunal, antes de decidir nesse sentido, deve certificar-se não só de que o assunto é de sua competência, em conformidade com os artigos 36º e 37º, mas também de que a pretensão é bem fundada, de facto e de direito".

Sobre este artigo 53º, ver, sobretudo, Andreas ZIMMERMANN e Hans Von MANGOLDT, Article 53, in *The Statute of the International Court of Justice – A Commentary*, Andreas Zimmermann, Christian Tomuschat e Karin Oellers-Frahm ed., Oxford University Press, 2006, pp. 1141-1170.

A FUNÇÃO JURISDICIONAL NO SISTEMA GATT/OMC

Medidas de Compensação, o Órgão de Recurso não tem observado na maioria dos casos a regra geral dos 60 dias. Alguns processos do Órgão de Recurso têm ultrapassado mesmo o prazo limite dos 90 dias, isto apesar de o nº 5, *in fine*, do art. 17º do Memorando estabelecer que "o processo nunca deve exceder um período de 90 dias":

| Caso | Data do Pedido | Data de Circulação |
|---|---|---|
| *Hormones* (DS26, DS48) | 24-9-1997 | 16-1-1998 |
| *Brazil – Aircraft* (DS46) | 3-5-1999 | 2-8-1999 |
| *Canada – Aircraft* (DS70) | 3-5-1999 | 2-8-1999 |
| *US – Lead and Bismuth* (DS138) | 27-1-2000 | 10-5-2000 |
| *Thailand – Steel* (DS122) | 23-10-2000 | 12-3-2001 |
| *EC – Asbestos* (DS135) | 23-10-2000 | 12-3-2001 |
| *US – Cotton Subsidies* (DS267) | 18-10-2004 | 3-3-2005 |
| *EC – Sugar Subsidies* (DS265, DS266, DS283) | 13-1-2005 | 28-4-2005 |
| *Mexico – Rice* (DS295) | 20-7-2005 | 29-11-2005 |
| *US – Cotton Subsidies (Article 21.5)* (DS267) | 12-2-2008 | 2-6-2008 |
| *US – Hormones Suspension* (DS320) | 29-5-2008 | 16-10-2008 |
| *Canada – Hormones Suspension* (DS321) | 29-5-2008 | 16-10-2008 |

Assim, num total de 99 relatórios do Órgão de Recurso (31 de Dezembro de 2009), os prazos estipulados no nº 5 do art. 17º do Memorando (90 dias) ou no nº 9 do art. 4º do Acordo sobre as Subvenções e as Medidas de Compensação (60 dias) foram ultrapassados em 12 casos, ou seja, em cerca de 12% dos casos.

O prazo de 90 dias foi ultrapassado pela primeira vez no caso *European Communities – Measures Concerning Meat and Meat Products*, tendo o processo durado 114 dias entre a data em que uma parte em litígio notificou formalmente a sua decisão de recorrer e a data em que o Órgão de Recurso apresentou o seu relatório. Segundo o próprio Órgão de Recurso, tal facto deveu-se à natureza excepcional do caso, ao tempo necessário para a tradução e ao período de férias do Natal[2855].

Noutro caso, a morte de um dos membros da secção que estava a analisar inicialmente o recurso levou a que os participantes no recurso concordassem em prorrogar em duas semanas o prazo de 90 dias[2856]. De acordo com a Regra 13 dos Procedimentos de Trabalho do Órgão de Recurso, foi eleito um outro membro

[2855] OMC, *European Communities Measures Concerning Meat and Meat Products (Hormones) Complaint by the United States – Communication from the Appellate Body* (WT/DS26/11), 10-12-1997.
[2856] OMC, *United States – Imposition of Countervailing Duties on Certain Hot-Rolled Lead and Bismuth Carbon Steel Products Originating in the United Kingdom – Communication from the Appellate Body* (WT/DS138/6), 27-3-2000.

1030

A FASE DE RECURSO

do Órgão de Recurso em substituição do membro inicialmente seleccionado e, no interesse da equidade e do bom desenrolar do processo de recurso (Regra 16, nº 1, dos Procedimentos de Trabalho do Órgão de Recurso), decidiu-se realizar uma segunda audiência oral com a secção reconstituída[2857].

No caso *Thailand – Anti-Dumping Duties on Angles, Shapes and Sections of Iron or Non-Alloy Steel and H-Beams from Poland*, o Órgão de Recurso justificou o atraso com a excepcional carga de trabalho do Órgão de Recurso e, depois de ter obtido o acordo dos participantes no recurso, distribuiu o relatório sete semanas para além do prazo de 90 dias[2858]. No caso *European Communities – Measures Affecting Asbestos and Asbestos Containing Products*, a justificação para o atraso de sete semanas verificado foi exactamente a mesma[2859].

No caso *United States – Subsidies on Upland Cotton*, após consultarem o Secretariado do Órgão de Recurso, o Brasil e os Estados Unidos notaram que não seria possível ao Órgão de Recurso apresentar o relatório dentro do prazo de 90 dias previsto no nº 5 do art. 17º do Memorando e que seria necessário um período adicional pelas seguintes razões:

> "as questões colocadas no recurso eram especialmente numerosas e complexas em comparação com recursos anteriores, o que aumentava o volume de trabalho do Órgão de Recurso e dos serviços de tradução da OMC; os serviços de tradução da OMC não estavam disponíveis durante o período de férias da OMC; e era provável que o Órgão de Recurso estivesse a examinar dois ou três recursos durante o mesmo período"[2860].

No caso *European Communities – Export Subsidies on Sugar*, não consta do relatório do Órgão de Recurso qualquer justificação para o atraso de 15 dias em relação ao prazo de 90 dias estipulado no nº 5 do art. 17º do Memorando[2861]. Diz-se apenas que os participantes (Comunidades Europeias, Austrália, Brasil e Tailândia), depois de consultarem o Secretariado do Órgão de Recurso, aceitaram que não seria possível respeitar o prazo de 90 dias. No entanto, numa comunicação do Órgão de Recurso datada de 24 de Janeiro de 2005 (11 dias após a notificação do pedido de de recurso), refere-se como constrangimentos ao cumprimento do

---

[2857] Yang Guohua, Bryan Mercurio e Li Yongjie, *WTO Dispute Settlement Understanding: A Detailed Interpretation*, Kluwer Law International, 2005, p. 213.

[2858] Relatório do Órgão de Recurso no caso *Thailand – Anti-Dumping Duties on Angles, Shapes and Sections of Iron or Non-Alloy Steel and H-Beams from Poland* (WT/DS122/AB/R), 12-3-2001, parágrafo 7.

[2859] Relatório do Órgão de Recurso no caso *European Communities – Measures Affecting Asbestos and Asbestos Containing Products* (WT/DS135/AB/R), 12-3-2001, parágrafo 8.

[2860] Relatório do Órgão de Recurso no caso *United States – Subsidies on Upland Cotton* (WT/DS267/AB/R), 3-3-2005, parágrafo 8.

[2861] Relatório do Órgão de Recurso no caso *European Communities – Export Subsidies on Sugar* (WT/DS265/AB/R, WT/DS266/AB/R, WT/DS283/AB/R), 28-4-2005, parágrafo 7.

A FUNÇÃO JURISDICIONAL NO SISTEMA GATT/OMC

prazo de 90 dias as preocupações expressas por alguns participantes a respeito da data da audiência oral, os casos que o Órgão de Recurso estava a analisar simultaneamente e as necessidades em matéria de tradução[2862].

No caso *Mexico – Definitive Anti-Dumping Measures on Beef and Rice, Complaint with Respect to Rice*, os participantes solicitaram no início do recurso que todas as comunicações escritas fossem postas à disposição de todos os participantes em inglês e em espanhol. Na sequência de consultas com os participantes, a secção do Órgão de Recurso responsável pela análise do recurso preparou um plano de trabalho para o recurso, tendo em conta os prazos necessários para a tradução das comunicações estimados pela Divisão de Serviços Linguísticos e Documentação da OMC. Dado o tempo requerido para a tradução das comunicações, não foi possível distribuir o relatório do caso dentro dos 90 dias seguintes à data de apresentação do pedido de recurso. Apesar disso, os participantes confirmaram por escrito o seu acordo em considerar que o relatório do Órgão de Recurso corresponderia a um relatório do Órgão de Recurso distribuído em conformidade com o nº 5 do artigo 17º do Memorando[2863].

No caso *United States – Subsidies on Upland Cotton, Recourse to Article 21.5 of the DSU by Brazil*, após consultarem o Secretariado do Órgão de Recurso, o Brasil e os Estados Unidos concordaram, em carta conjunta, que não seria possível ao Órgão de Recurso cumprir o prazo de 90 dias referido no nº 5 do art. 17º do Memorando. O Brasil e os Estados Unidos concordaram que era necessário um tempo adicional por força da complexidade das questões suscitadas no recurso e das dificuldades encontradas pelo Órgão de Recurso em marcar a audiência oral[2864]. Após ter consultado os participantes, a secção responsável pela análise do recurso concedeu ainda um prazo adicional para o depósito das comunicações das partes apeladas e dos participantes terceiros e notificações, em conformidade com as Regras 16, 22, 23, 24 e 26 dos Procedimentos de Trabalho do Órgão de Recurso[2865].

Finalmente, nos casos *United States – Continued Suspension of Obligations in the EC – Hormones Dispute* e *Canada – Continued Suspension of Obligations in the EC – Hormones Dispute*, o Canadá, as Comunidades Europeias e os Estados Unidos, após consultarem o Secretariado do Órgão de Recurso, concordaram que não seria possível ao Órgão de Recurso distribuir os dois relatórios dentro do prazo de

[2862] OMC, *European Communities – Export Subsidies on Sugar, communication from the Appellate Body* (WT/DS265/26, WT/DS266/26, WT/DS283/7), 24-1-2005.

[2863] Relatório do Órgão de Recurso no caso *Mexico – Definitive Anti-Dumping Measures on Beef and Rice, Complaint with Respect to Rice* (WT/DS295/AB/R), 29-11-2005, parágrafo 7.

[2864] Relatório do Órgão de Recurso no caso *United States – Subsidies on Upland Cotton, Recourse to Article 21.5 of the DSU by Brazil* (WT/DS267/AB/RW), 2-6-2008, parágrafo 14.

[2865] *Idem*, noda de rodapé 35.

1032

A FASE DE RECURSO

90 dias[2866]. As razões avançadas foram as seguintes: a questão preliminar de procedimento colocada nestes dois casos (a observação pública da audiência oral), o volume do registo dos procedimentos do painel, o número e a complexidade das questões objecto de recurso e o facto de estar a decorrer simultaneamente outro procedimento de recurso[2867]. Ainda no âmbito destes dois casos, a secção responsável pela análise do recurso, depois de ter consultado os participantes, concedeu um prazo adicional para o depósito das comunicações das partes apeladas e dos participantes terceiros e notificações, em conformidade com as Regras 16, 22, 23, 24 e 26 dos Procedimentos de Trabalho do Órgão de Recurso[2868].

No que diz respeito ao Acordo sobre as Subvenções e as Medidas de Compensação, o n.º 9 do art. 4.º estabelece um procedimento especial no caso de supostas subvenções proibidas:

> "No caso de o relatório do painel ser objecto de um recurso, o Órgão de Recurso tomará a sua decisão no prazo de 30 dias a contar da data em que a parte em litígio notificou formalmente a sua intenção de interpor recurso. Se o Órgão de Recurso considerar que não pode apresentar o seu relatório no prazo de 30 dias, informará o Órgão de Resolução de Litígios por escrito dos motivos deste atraso, indicando o prazo em que considera poder apresentar o seu relatório. De qualquer modo, o processo não poderá ultrapassar 60 dias. O relatório do Órgão de Recurso será adoptado pelo Órgão de Resolução de Litígios e aceite incondicionalmente pelas partes em litígio, a menos que o Órgão de Resolução de Litígios decida por consenso não adoptar o relatório do Órgão de Recurso, no prazo de 20 dias após a sua comunicação aos membros" (art. 4.º, n.º 9).

O prazo máximo de 60 dias previsto no n.º 9 do art. 4.º do Acordo sobre as Subvenções e as Medidas de Compensação foi ultrapassado em dois recursos: casos *Brazil – Export Financing Programme for Aircraft* e *Canada – Measures Affecting the Export of Civilian Aircraft*. No relatório do Órgão de Recurso relativo a este último caso, por exemplo, diz-se que:

---

[2866] Neste caso *European Communities – Regime for the Importation, Sale and Distribution of Bananas, Second Recourse to Article 21.5 of the DSU by Ecuador; European Communities – Regime for the Importation, Sale and Distribution of Bananas, Recourse to Article 21.5 of the DSU by the United States*, o Órgão de Recurso emitiu dois relatórios num único documento. Posteriormente, no caso *China – Measures Affecting Imports of Automobile Partes*, o Órgão de Recurso emitiu três relatórios separados num único documento.

[2867] Relatório do Órgão de Recurso no caso *United States – Continued Suspension of Obligations in the EC – Hormones Dispute* (WT/DS320/AB/R), 16-10-2008; parágrafo 29; Relatório do Órgão de Recurso no caso *Canada – Continued Suspension of Obligations in the EC – Hormones Dispute* (WT/DS321/AB/R), 16-10-2008, parágrafo 29.

[2868] *Idem*, nota de rodapé 66.

1033

## A FUNÇÃO JURISDICIONAL NO SISTEMA GATT/OMC

"Mediante carta conjunta de 5 de Maio de 1999, o Canadá e o Brasil informaram o Órgão de Recurso de que, de acordo com o disposto na nota de rodapé 6 do artigo 4º do Acordo sobre as Subvenções e as Medidas de Compensação, tinham decidido, por mútuo acordo, prorrogar até 2 de Agosto de 1999 o prazo estabelecido no nº 9 do artigo 4º do Acordo sobre as Subvenções e as Medidas de Compensação para o Órgão de Recurso emitir a sua decisão no presente recurso"[2869].

Nos dois casos referidos, o pedido de recurso tinha sido apresentado no mesmo dia, mais exactamente no dia 3-5-1999, donde resulta que o Órgão de Recurso demorou cerca de 90 dias a distribuir o seu relatório.

Em jeito de considerações finais, queremos destacar vários aspectos. O maior atraso registado até agora verificou-se nos casos *European Communities – Measures Affecting Asbestos and Asbestos Containing Products, Thailand – Anti-Dumping Duties on Angles, Shapes and Sections of Iron or Non-Alloy Steel and H-Beams from Poland, United States – Continued Suspension of Obligations in the EC – Hormones Dispute* e *Canada – Continued Suspension of Obligations in the EC – Hormones Dispute*, tendo o processo durado em cada um 140 dias entre a data em que uma parte em litígio notificou formalmente a sua decisão de recorrer e a data em que o Órgão de Recurso apresentou o seu relatório.

O ultrapassar de um prazo não habilita uma parte em litígio a aplicar unilateralmente uma sanção, uma vez que tal possibilidade poria em causa o monopólio que o sistema de resolução de litígios tem de determinar se ocorreu ou não uma violação dos acordos da OMC[2870]. Porém, em todos os casos em que os prazos foram ultrapassados, a prorrogação do prazo foi feita sempre com o acordo dos participantes.

Caso o Órgão de Recurso obtenha, nos termos do nº 5 do art. 17º do Memorando, uma prorrogação do prazo de apresentação do seu relatório, esse período adicional deve ser acrescido aos prazos referidos *supra* (art. 20º, *in fine*, do Memorando)[2871].

---

[2869] Relatório do Órgão de Recurso no caso *Canada – Measures Affecting the Export of Civilian Aircraft* (WT/DS70/AB/R), 2-8-1999, parágrafo 4.

[2870] Niels PETERSEN, Article 20 DSU, in *WTO-Institutions and Dispute Settlement*, Rüdiger Wolfrum, Peter-Tobias Stoll e Karen Kaiser (eds), Max Planck Commentaries on World Trade Law, Max Planck Institute for Comparative Public Law and International Law, Martinus Nijhoff Publishers, Leiden/Boston, 2006, p. 494.

[2871] Na parte inicial do art. 20º do Memorando de Entendimento sobre Resolução de Litígios determina-se que:

"Salvo acordo em contrário das partes em litígio, o período decorrente entre a data de criação do painel pelo Órgão de Resolução de Litígios e a data em que o Órgão de Resolução de Litígios analisa o relatório do painel ou do Órgão de Recurso para adopção não deve, em geral,

A FASE DE RECURSO

Em boa verdade, o Órgão de Recurso está obrigado a respeitar um prazo de 75 dias e não de 90 dias. De acordo com o próprio Órgão de Recurso, a redacção de cada relatório deve estar completa pelo menos duas semanas antes da data da sua distribuição, de modo a que possa ser traduzido para as outras duas línguas oficiais da OMC[2872].

Como já foi referido, o Órgão de Recurso pôs a circular em Abril de 2004 possíveis alterações aos seus Procedimentos de Trabalho e endereçou uma carta ao Presidente do Órgão de Resolução de Litígios declarando que "seriam bem-vindas as opiniões dos membros da OMC sobre estas propostas de modificação – ou como podem ser melhorados os Procedimentos de Trabalho"[2873]. O Órgão de Recurso levou a cabo depois um processo de consultas lento e detalhado com o presidente do Órgão de Resolução de Litígios e, através deste, com os membros da OMC[2874]. Nesse sentido, o presidente do Órgão de Resolução de Litígios iniciou um processo de consultas ao abrigo dos já referidos *Additional Procedures for Consultations between the Chairperson of the Dispute Settlement Body and WTO Members in Relation to Amendments to the Working Procedures for Appellate Review*[2875]. As alterações propostas foram discutidas pelo Órgão de Resolução de Litígios na sua reunião de 19 de Maio de 2004, assim como numa reunião informal convocada para o efeito. Foram recebidos comentários escritos de vários membros da OMC (Argentina, Austrália, Brasil, Canadá, Comunidades Europeias, Estados Unidos, Hong Kong, Índia, Japão, México, Tailândia e Turquia) e, segundo o próprio Órgão de Recurso, "nas modificações que propomo-nos adoptar foram introduzidas alterações para atender aos comentários dos Membros"[2876]. Porém,

---

exceder nove meses, caso não se recorra do relatório do painel, ou doze meses, caso se recorra desse mesmo relatório".

[2872] OMC, *Working Procedures for Appellate Review – Communication from the Appellate Body* (WT/AB/WP/W/9), 7-10-2004, p. 8. Por isso, no caso *United States – Countervailing Measures Concerning Certain Products from the European Communities*, só o relatório em inglês ficou disponível no prazo de 90 dias, facto que se deveu a uma greve de zelo dos funcionários do Secretariado da OMC. Cf. OMC, *United States – Countervailing Measures Concerning Certain Products from the European Communities – Communication from the Appellate Body* (WT/DS212/10), 12-12-2002.

[2873] OMC, *Proposed Amendments to the Working Procedures for Appellate Review, Communication from the Appellate Body* (WT/AB/WP/W/8), 8-4-2004, p. 2.

[2874] Victoria Donaldson e Alan Yanovich, The Appellate Body's working procedures for appellate review, in *The WTO at Ten: The Contribution of the Dispute Settlement System*, Ed. Giorgio Sacerdoti, Alan Yanovich e Jan Bohanes, Cambridge University Press, 2006, p. 399.

[2875] OMC, *Additional Procedures for Consultations between the Chairperson of the Dispute Settlement Body and WTO Members in Relation to Amendments to the Working Procedures for Appellate Review – Decision adopted by the Dispute Settlement Body on 19 December 2002* (WT/DSB/31), 20-12-2002.

[2876] OMC, *Working Procedures for Appellate Review – Communication from the Appellate Body* (WT/AB/WP/W/9), 7-10-2004, p. 1.

1035

A FUNÇÃO JURISDICIONAL NO SISTEMA GATT/OMC

uma proposta no sentido de não incluir os períodos de férias (Natal/Ano Novo e Agosto) na contagem dos prazos previstos no nº 5 do art. 17º do Memorando de Entendimento sobre Resolução de Litígios foi retirada pelo Órgão de Recurso por causa das reacções de alguns membros da OMC. O Brasil, por exemplo, notou que, "uma vez que esta alteração estava em conflito com o prazo de 90 dias estabelecido no nº 5 do artigo 17º do Memorando de Entendimento sobre Resolução de Litígios, perguntava se isto poderia ser feito através de uma simples alteração nos procedimentos de trabalho"[2877]. Assim, embora o Órgão de Recurso tenha autoridade para alterar os respectivos Procedimentos de Trabalho, após consulta ao presidente do Órgão de Resolução de Litígios e ao Director-Geral da OMC (art. 17º, nº 9, do Memorando de Entendimento sobre Resolução de Litígios), existe alguma relutância em adoptar alterações aos Procedimentos de Trabalho sem o apoio da generalidade dos membros da OMC[2878]. Segundo o próprio Órgão de Recurso:

"À luz dos comentários feitos pelos Membros a respeito da nossa proposta de modificar o nº 1 da Regra 17 dos Procedimentos de Trabalho relativamente ao cálculo dos prazos de 60 e 90 dias para recorrer, decidimos não introduzir esta modificação neste momento. Ao mesmo tempo, observamos que os Membros reconheceram as dificuldades que suscita o cumprimento dos prazos prescritos no nº 5 do artigo 17º do Memorando de Entendimento sobre Resolução de Litígios quando os recursos abarcam os meses de Agosto e Dezembro/Janeiro e indicaram o seu desejo de eles próprios considerarem a possibilidade de adoptar medidas para atenuar as pressões adicionais que surgem durante esses períodos. Portanto, para que os Membros tenham a oportunidade de decidir por si mesmos a maneira de fazer frente a esta questão – como parte das negociações sobre o Memorando de Entendimento sobre Resolução de Litígios, na forma de uma decisão do Órgão de Resolução de Litígios que complemente a decisão do Órgão de Resolução de Litígios de 27 de Setembro de 1995 relativa ao cálculo dos prazos ou de outro modo – decidimos não introduzir esta modificação concreta neste momento. Não obstante, a nossa decisão não põe em causa o nosso direito de reexaminar mais adiante esta questão"[2879].

Não obstante a proposta avançada pelo Órgão de Recurso ter sido posta de parte, o acordo *ad hoc* entre os participantes do caso *United States – Subsidies on*

---

[2877] OMC, *Minutes of Meeting Held in the Centre William Rappard on 19 May 2004 – Dispute Settlement Body* (WT/DSB/M/169), 30-6-2004, p. 12.

[2878] Valerie HUGHES, The Institutional Dimension, in *The Oxford Handbook of International Trade Law*, Daniel Bethlehem, Donald McRae, Rodney Neufeld e Isabelle Van Damme Ed., Oxford University Press, 2009, p. 286.

[2879] OMC, *Working Procedures for Appellate Review – Communication from the Appellate Body* (WT/AB/WP/W/9), 7-10-2004, p. 7.

1036

A FASE DE RECURSO

*Upland Cotton* mostra, uma vez mais, que é possível ultrapassar eventuais dificuldades no que diz respeito ao cumprimento dos prazos estabelecidos no Memorando de Entendimento sobre Resolução de Litígios:

> "Depois de consultar o Secretariado do Órgão de Recurso, o Brasil e os Estados Unidos observaram, em cartas apresentadas em 10 de Dezembro de 2004, que o Órgão de Recurso não conseguiria distribuir o seu relatório sobre este recurso dentro do prazo de 90 dias a que se faz referência no nº 5 do artigo 17º do Memorando de Entendimento sobre Resolução de Litígios. O Brasil e os Estados Unidos acordaram que seria necessário mais tempo por várias razões: as questões colocadas no recurso eram especialmente numerosas e complexas em comparação com recursos anteriores, o que aumentava o volume de trabalho do Órgão de Recurso e dos serviços de tradução da OMC; os serviços de tradução da OMC não estavam disponíveis durante o período de férias da OMC; e era provável que o Órgão de Recurso estivesse a examinar dois ou três recursos durante o mesmo período. Em consequência, o Brasil e os Estados Unidos confirmaram que considerariam o relatório do Órgão de Recurso relativo ao presente procedimento, que devia ser publicado o mais tardar em 3 de Março de 2005, um relatório do Órgão de Recurso distribuído em conformidade com o nº 5 do artigo 17º do Memorando de Entendimento sobre Resolução de Litígios"[2880].

Portanto, apesar de nenhum tribunal internacional funcionar com prazos tão apertados, o Órgão de Recurso tem respeitado na maioria dos casos os prazos estipulados no Memorando e para tal facto têm contribuído essencialmente as razões que passamos a indicar:

(i) as decisões são tomadas por secções de três membros e não pelo Órgão de Recurso *en banc*, facto que leva a que os *bargaining costs* não sejam comparáveis, por exemplo, aos requeridos no caso do Tribunal Internacional de Justiça (a maioria mínima é de oito votos);

(ii) os membros da secção trabalham em conjunto na redacção do projecto de relatório, ao passo que cada juiz do Tribunal Internacional de Justiça deve participar no primeiro debate *en banc* com um projecto seu de decisão relativamente ao litígio em causa;

(iii) os membros do Órgão de Recurso contam com o apoio de funcionários altamente qualificados do seu Secretariado para realizar uma análise e investigação cuidadas no que diz respeito às questões suscitadas em cada recurso, o que permite a cada membro da secção poupar tempo e concentrar-se nos tópicos substantivos do recurso. Além disso, o Secretariado prepara

---

[2880] Relatório do Órgão de Recurso no caso *United States – Subsidies on Upland Cotton* (WT/DS267/AB/R), 3-3-2005, parágrafo 8.

A FUNÇÃO JURISDICIONAL NO SISTEMA GATT/OMC

documentos de apoio e os primeiros projectos de relatório depois de receber orientação das secções e desempenha um papel fundamental na preparação dos membros da secção para a audiência oral. No caso do Tribunal Internacional de Justiça, pelo contrário, os próprios juízes têm de fazer a investigação relativa a todas as questões objecto do litígio em causa[2881].

## 4.8. O Processo Escrito
### 4.8.1. Os Documentos

Os Procedimentos de Trabalho do Órgão de Recurso definem como "documento" o pedido de recurso, qualquer pedido de outro recurso e as comunicações e demais declarações escritas apresentadas pelos participantes ou participantes terceiros (Regra 1 dos Procedimentos de Trabalho do Órgão de Recurso).

Um documento só será considerado apresentado ao Órgão de Recurso se o Secretariado do Órgão de Recurso receber o dito documento no prazo estabelecido para a sua apresentação em conformidade com os Procedimentos de Trabalho do Órgão de Recurso (Regra 18, nº 1, dos Procedimentos de Trabalho do Órgão de Recurso). No âmbito dos casos *United States – Continued Suspension of Obligations in the EC – Hormones Dispute* e *Canada – Continued Suspension of Obligations in the EC – Hormones Dispute*, por exemplo, as Comunidades Europeias enviaram, em 27 de Junho de 2008, uma carta ao Secretariado do Órgão de Recurso notando que os Estados Unidos e o Canadá tinham apresentado as suas comunicações de parte apelada depois das 17 horas, limite estabelecido pela secção no plano de trabalho elaborado para estes recursos. As Comunidades Europeias apoiaram-se no nº 1 da Regra 18 dos Procedimentos de trabalho do Órgão de Recurso e solicitaram que a secção informasse as partes do tratamento que deveria ser concedido a estes documentos. Os Estados Unidos e o Canadá responderam através de cartas separadas e requereram à secção que rejeitasse o pedido das Comunidades Europeias. Na audiência oral, a secção insistiu na importância de que todos os participantes respeitassem estritamente os prazos estabelecidos no plano de trabalho, tendo em conta as limitações de tempo impostas aos participantes e aos membros do Órgão de Recurso nestes procedimentos. O fracasso em observar rigorosamente tais prazos pode ter um impacto sobre a equidade e o bom desenrolar do processo[2882].

---

[2881] Alberto ALVAREZ-JIMÉNEZ, *The WTO Appellate Body's Decision-Making Process: A Perfect Model for International Adjudication?*, in JIEL, 2009, pp. 314-315.

[2882] Relatório do Órgão de Recurso no caso *United States – Continued Suspension of Obligations in the EC – Hormones Dispute* (WT/DS320/AB/R), 16-10-2008; parágrafo 30; Relatório do Órgão de Recurso no caso *Canada – Continued Suspension of Obligations in the EC – Hormones Dispute* (WT/DS321/AB/R), 16-10-2008, parágrafo 30.

A FASE DE RECURSO

Todavia, depois de ter examinado minuciosamente a questão, e à luz dos prazos concretos em causa e do possível prejuízo que poderia produzir-se, a secção decidiu considerar as comunicações de parte apelada apresentadas pelos Estados Unidos e o Canadá[2883].

Excepto se os Procedimentos de Trabalho do Órgão de Recurso estabelecerem de outro modo, todos os documentos apresentados por uma parte em litígio, um participante, uma parte terceira ou um participante terceiro devem ser notificados a cada uma das demais partes em litígio, participantes, partes terceiras e participantes terceiros no recurso (Regra 18, nº 2, dos Procedimentos de Trabalho do Órgão de Recurso). Deste modo, contrariamente ao que acontece nos procedimentos dos painéis, as partes terceiras têm acesso a todos os documentos apresentados durante a fase de recurso.

Em cada um dos documentos apresentados ao Secretariado do Órgão de Recurso em conformidade com a Regra 18, nº 1, dos Procedimentos de Trabalho do Órgão de Recurso, deve figurar um comprovativo da notificação às demais partes em litígio, aos participantes, às partes terceiras e aos participantes terceiros, ou afixar-se o dito comprovativo ao mesmo (Regra 18, nº 3, dos Procedimentos de Trabalho do Órgão de Recurso)[2884].

Os documentos devem ser notificados pelo meio de distribuição ou comunicação mais rápido de que se disponha, incluindo:

a) a entrega de uma cópia do documento no endereço de serviço da parte em litígio, participante, parte terceira ou participante terceiro; ou

b) o envio de uma cópia do documento para o endereço de serviço da parte em litígio, participante, parte terceira ou participante terceiro mediante uma transmissão por fac-símile, serviços de mensagens urgentes ou serviços de correio urgente (Regra 18, nº 4, dos Procedimentos de Trabalho do Órgão de Recurso)[2885].

---

[2883] Idem.

[2884] Por "comprovativo de notificação", entende-se qualquer carta ou reconhecimento escrito em que se reconheça que foi entregue um documento, conforme exigido, às partes em litígio, aos participantes, às partes terceiras ou aos participantes terceiros, segundo os casos (Regra 1 dos Procedimentos de Trabalho do Órgão de Recurso). Presentemente, o Órgão de Recurso "usually considers the attachment to a filed document of a list of all of the addressees to whom the document has been sent to constitute sufficient proof of service". Cf. Victoria DONALDSON, The Appellate Body: Institutional and Procedural Aspects (Chapter 27), in *The World Trade Organization: Legal, Economic and Political Analysis*, Volume I, Patrick Macrory, Arthur Appleton e Michael Plummer Ed., Springer, Nova Iorque, 2005, p. 1315.

[2885] Por "endereço de serviço", entende-se o endereço da parte em litígio, do participante, da parte terceira ou do participante terceiro, utilizada geralmente nos procedimentos de resolução de litígios da OMC, salvo se a parte em litígio, o participante, a parte terceira ou o participante

A FUNÇÃO JURISDICIONAL NO SISTEMA GATT/OMC

Na prática, os documentos tendem a ser entregues pessoalmente ou enviados electronicamente[2886].

Mediante autorização da secção, um participante ou um participante terceiro podem corrigir erros materiais em qualquer um dos seus documentos (incluindo os erros tipográficos, erros de gramática ou palavras ou números colocados incorrectamente). O pedido de correcção de erros materiais deve identificar os erros específicos a corrigir e deve ser apresentado ao Secretariado do Órgão de Recurso o mais tardar até 30 dias após a data de apresentação do pedido de recurso. Uma cópia do pedido deve ser entregue às demais partes em litígio, aos participantes, às partes terceiras e aos participantes terceiros, aos quais se deve dar a oportunidade de comentar por escrito o pedido. A secção deve notificar a sua decisão às partes em litígio, aos participantes, às partes terceiras e aos participantes terceiros (Regra 18, nº 5, dos Procedimentos de Trabalho do Órgão de Recurso).

No caso *European Communities – Export Subsidies on Sugar,* por exemplo, o Canadá solicitou à secção do Órgão de Recurso responsável autorização, nos termos da Regra 18, nº 5, dos Procedimentos de Trabalho do Órgão de Recurso, para corrigir um "erro tipográfico" na comunicação que apresentou como participante terceiro. No seguimento, a secção do Órgão de Recurso convidou todos os participantes e participantes terceiros a comentarem a solicitação canadense. Tendo confirmado que nenhum dos participantes e participantes terceiros levantava objecções à solicitação apresentada, a secção autorizou o Canadá a corrigir o erro em questão[2887].

No caso *United States – Investigation of the International Trade Commission in Softwood Lumber from Canada, Recourse to Article 21.5 of the DSU by Canada,* apesar de o prazo já ter terminado, nem os Estados Unidos nem os participantes terceiros levantaram objecções ao pedido de correcção apresentado pelo Canadá. Além disso, a secção anuiu ao pedido formulado pelo Canadá porque a informação correcta figurava, em qualquer caso, num dos elementos de prova documentais apresentados pelo Canadá ao painel e a questão tinha sido discutida na audiência oral[2888].

---

terceiro tiver indicado claramente outro endereço (Regra 1 dos Procedimentos de Trabalho do Órgão de Recurso).

[2886] Petros MAVROIDIS e David PALMETER, *Dispute Settlement in the World Trade Organization: Practice and Procedure,* 2ª ed., Cambridge University Press, 2004, p. 214.

[2887] Relatório do Órgão de Recurso no caso *European Communities – Export Subsidies on Sugar* (WT/DS265/AB/R, WT/DS266/AB/R, WT/DS283/AB/R), 28-4-2005, parágrafo 10.

[2888] Relatório do Órgão de Recurso no caso *United States – Investigation of the International Trade Commission in Softwood Lumber from Canada, Recourse to Article 21.5 of the DSU by Canada* (WT/DS277/AB/RW), 13-4-2006, parágrafo 15.

1040

A FASE DE RECURSO

## 4.8.2. A(s) Parte(s) Apelante(s)

A parte apelante deve apresentar por escrito ao Secretariado do Órgão de Recurso, no prazo de 7 dias contados a partir da data de apresentação do pedido de recurso, uma comunicação escrita preparada em conformidade com o nº 2 da Regra 21 e enviar uma cópia de tal comunicação às demais partes em litígio e partes terceiras (Regra 21, nº 1, dos Procedimentos de Trabalho do Órgão de Recurso).

À primeira vista, o prazo de 7 dias pode parecer curto, mas convém ter presente que a parte apelante goza da possibilidade de começar a preparar a sua comunicação bem antes da apresentação do pedido de recurso, isto é, logo após o momento em que tenha conhecimento do relatório provisório do painel ou logo que o relatório final lhe é transmitido.

Nos termos da Regra 21, nº 2, dos Procedimentos de Trabalho do Órgão de Recurso, as comunicações por escrito preparadas em conformidade com o nº 1 da Regra 21 devem ser apresentadas com data, assinadas pela parte apelante e incluir:

i) uma exposição precisa dos motivos do recurso, com inclusão das alegações específicas de erros nas questões de direito tratadas no relatório do painel e nas interpretações jurídicas desenvolvidas pelo painel e os argumentos jurídicos em que se baseia;

ii) uma exposição precisa das disposições dos acordos abrangidos e outras fontes jurídicas em que se baseia a parte apelante; e

iii) a natureza da decisão que se pretende.

No caso *Japan – Countervailing Duties on Dynamic Random Access Memories from Korea*, a Coreia do Sul declarou que a comunicação de parte apelante apresentada pelo Japão não cumpria as prescrições do nº 2 da Regra 21 dos Procedimentos de Trabalho do Órgão de Recurso nem as exigências das garantias processuais devidas. A Coreia afirmou, em particular, que não tinha sido avisada de forma adequada sobre a natureza dos argumentos do Japão nem tido oportunidade para refutá-los[2889]. Todavia, segundo o Órgão de Recurso:

> "O Japão apresenta numerosos argumentos, na sua comunicação de parte apelante, em apoio da sua afirmação de que o exame pelo Painel da determinação da autoridade investigadora do Japão de existência de direcção ou ordem foi errada. Uma leitura atenta da comunicação de parte apelante apresentada pelo Japão deveria ter indicado à Coreia que estes argumentos também eram pertinentes a respeito do

---

[2889] Relatório do Órgão de Recurso no caso *Japan – Countervailing Duties on Dynamic Random Access Memories from Korea* (WT/DS336/AB/R), 28-11-2007, parágrafo 145.

1041

A FUNÇÃO JURISDICIONAL NO SISTEMA GATT/OMC

exame efectuado pelo Painel da determinação da autoridade investigadora de existência de uma vantagem. Portanto, em nosso entender, a comunicação de parte apelante
apresentada pelo Japão satisfaz os requisitos do n.º 2 da Regra 21 dos Procedimentos
de trabalho do Órgão de Recurso e das garantias processuais devidas"[2890].

No prazo de 12 dias contados a partir da data de apresentação do pedido de
recurso, qualquer parte em litígio distinta da parte apelante inicial pode juntar-
-se a esse recurso ou recorrer com base noutros supostos erros nas questões de
direito tratadas no relatório do painel e nas interpretações jurídicas desenvolvidas pelo painel[2891]. Tal parte deve notificar por escrito o Órgão de Resolução de
Litígios do seu recurso e em simultâneo apresentar ao Secretariado do Órgão
de Recurso um pedido de outro recurso (Regra 23, n.º 1, dos Procedimentos de
Trabalho do Órgão de Recurso).

O pedido de outro recurso deve incluir a seguinte informação:

a) o título do relatório do painel objecto de recurso;
b) o nome da parte em litígio que apresenta o pedido de outro recurso;
c) o endereço e os números de telefone e de fac-símile da parte em litígio; e
    i) uma exposição das questões colocadas no recurso por outro partici-
       pante ao qual a parte se junta;
    ii) um breve resumo da natureza do outro recurso, incluindo:
       A) a identificação dos supostos erros nas questões de direito tratadas
          no relatório do painel e nas interpretações jurídicas desenvolvidas
          pelo painel;
       B) uma lista das disposições jurídicas dos acordos abrangidos a respeito
          das quais se alega que o painel errou na interpretação e aplicação;
       C) sem prejuízo da faculdade da outra parte apelante referir outros
          parágrafos do relatório do painel no contexto do seu recurso, uma
          lista indicativa dos parágrafos do relatório do painel contendo os
          supostos erros (Regra 23, n.º 2, dos Procedimentos de Trabalho do
          Órgão de Recurso).

---

[2890] *Idem*, parágrafo 146.
[2891] "Although it may address some, all, or none of the issues appealed by the appellant, an other
appellant's submission is not intended to be a direct response to the Notice of Appeal or appellant's
submission. Rather, both appellants and other appellants are also 'appellees', sometimes referred
to as respondents". Cf. Victoria DONALDSON, The Appellate Body: Institutional and Procedural
Aspects (Chapter 27), in *The World Trade Organization: Legal, Economic and Political Analysis*, Volume
I, Patrick Macrory, Arthur Appleton e Michael Plummer Ed., Springer, Nova Iorque, 2005, p. 1305.

1042

A FASE DE RECURSO

Apresentado o pedido de outro recurso, a outra parte apelante deve apresentar por escrito ao Secretariado do Órgão de Recurso, no prazo de 15 dias a contar da data de apresentação do pedido de recurso, uma comunicação escrita preparada em conformidade com o nº 2 da Regra 21 dos Procedimentos de Trabalho do Órgão de Recurso e enviar cópia da comunicação às demais partes em litígio e partes terceiras (Regra 23, nº 3, dos Procedimentos de Trabalho do Órgão de Recurso). A parte apelante, toda a parte apelada e qualquer outra parte em litígio que deseje responder a uma comunicação apresentada em conformidade com o nº 3 da Regra 23 pode apresentar comunicações escritas no prazo de 25 dias a contar da data de apresentação do pedido de recurso e essas comunicações devem adoptar o modelo previsto no nº 2 da Regra 22 (Regra 23, nº 4, dos Procedimentos de Trabalho do Órgão de Recurso).

Nada impede, porém, que uma parte em litígio que não tenha apresentado uma comunicação em conformidade com a Regra 21 dos Procedimentos de Trabalho do Órgão de Recurso ou um pedido de outro recurso de acordo com o nº 1 da Regra 23 dos Procedimentos de Trabalho do Órgão de Recurso exerça o direito de recurso previsto no nº 4 do art. 16º do Memorando de Entendimento sobre Resolução de Litígios (Regra 23, nº 5, dos Procedimentos de Trabalho do Órgao de Recurso). Se tal direito foi exercido, os dois recursos separados devem ser analisados pela mesma secção do Órgão de Recurso (Regra 23, nº 6, dos Procedimentos de Trabalho do Órgão de Recurso). Os Procedimentos de Trabalho do Órgão de Recurso nada dizem, porém, quanto à questão de saber se o Órgão de Recurso deve elaborar um ou vários relatórios no caso de haver recursos separados. Regra geral, quando os recursos dizem respeito à mesma medida, uma única secção tem analisado o recurso e elaborado um relatório apenas. Nos casos em que, apesar de haver diversas partes em litígio, só foi distribuído um relatório do painel, os casos mantiveram-se juntos na fase de recurso (por exemplo, os casos *United States – Standards for Reformulated and Conventional Gasoline* e *United States – Import Prohibition of certain Shrimp and Shrimp Products*). Mesmo no caso *European Communities – Regime for the Importation, Sale and Distribution of Bananas*, não obstante o painel criado para analisar as múltiplas queixas ter distribuído quatro relatórios separados, o Órgão de Recurso elaborou apenas um relatório. A explicação para tal procedimento prende-se com o facto de as Comunidades Europeias terem apresentado um único pedido de recurso[2892].

É de notar, por último, que o Órgão de Recurso "juntou" efectivamente casos que foram analisados, na fase do painel, por painéis diferentes, mas compostos

---

[2892] OMC, *European Communities – Regime for the Importation, Sale and Distribution of Bananas – Notification of an Appeal by the European Communities under paragraph 4 of Article 16 of the Understanding on Rules and Procedures Governing the Settlement of Disputes* (WT/DS27/9), 13-6-1997.

1043

A FUNÇÃO JURISDICIONAL NO SISTEMA GATT/OMC

pelos mesmos indivíduos[2893]. No caso *European Communities Measures Concerning Meat and Meat Products (Hormones)*, o Órgão de Recurso salientou, igualmente, que o relatório do painel relativo à queixa apresentada pelos Estados Unidos e o relatório do painel referente à queixa apresentada pelo Canadá tinham chegado às mesmas conclusões[2894]. Apesar de terem apresentado dois pedidos de recurso, as Comunidades Europeias notificaram no mesmo dia o Órgão de Resolução de Litígios da sua decisão de recorrer de determinadas questões de direito referidas nos relatórios dos painéis e das interpretações jurídicas aí desenvolvidas[2895].

Subsequentemente, o Órgão de Recurso explica no caso *United States – Anti--Dumping Act of 1916* que, apesar de os dois relatórios apresentados pelos painéis (compostos pelos mesmos indivíduos) não serem idênticos, eles eram semelhantes em todos os aspectos principais[2896] e, por isso, o Órgão de Recurso decidiu, "tendo em conta a grande similitude das questões suscitadas nos dois recursos" e depois de consultar as partes, que "uma única Divisão ouviria e decidiria ambos os recursos"[2897].

### 4.8.3. A Parte Apelada

Logo no primeiro recurso que teve de analisar, o Órgão de Recurso tornou claro que as comunicações apresentadas pelas partes apeladas não servem para definir o âmbito do recurso:

> "A Venezuela e o Brasil não recorreram contra a constatação do Painel sobre a questão do ar puro nem contra o facto de este se ter abstido de se pronunciar sobre a aplicabilidade do Acordo sobre os Obstáculos Técnicos ao Comércio. A Venezuela e o Brasil não apresentaram comunicações ao abrigo da Regra 23(1) dos Procedimentos de Trabalho nem apresentaram recursos separados de acordo com o previsto na sua Regra 23(4). Os seus argumentos sobre estas duas questões foram formulados nas comunicações de parte apelada apresentadas ao abrigo da Regra 22 e, na sua qualidade de partes apeladas, a Venezuela e o Brasil não podem impugnar a constatação do Painel sobre a questão do ar puro nem a sua abstenção de se pronunciar sobre a aplicabilidade do Acordo sobre

---

[2893] Victoria DONALDSON, The Appellate Body: Institutional and Procedural Aspects (Chapter 27), in *The World Trade Organization: Legal, Economic and Political Analysis*, Volume I, Patrick Macrory, Arthur Appleton e Michael Plummer Ed., Springer, Nova Iorque, 2005, pp. 1316-1317.

[2894] Relatório do Órgão de Recurso no caso *European Communities Measures Concerning Meat and Meat Products (Hormones)* (WT/DS26/AB/R, WT/DS48/AB/R), 16-1-1998, parágrafo 6.

[2895] *Idem*, parágrafo 7.

[2896] Relatório do Órgão de Recurso no caso *United States – Anti-Dumping Act of 1916* (WT/DS136/AB/R, WT/DS162/AB/R), 28-8-2000, parágrafo 1.

[2897] *Idem*, parágrafo 7.

1044

A FASE DE RECURSO

os Obstáculos Técnicos ao Comércio. Na audiência oral, em resposta a perguntas formuladas pelo Órgão de Recurso, a Venezuela e o Brasil confirmaram que de facto não estavam a recorrer contra os dois aspectos mencionados, mas disseram que acreditavam que o Órgão de Recurso tinha autoridade, se o considerasse necessário, para examinar os resultados do exame dessas duas questões pelo Painel. No memorando que apresentaram depois da audiência oral, os Estados Unidos afirmaram, entre outras coisas, que, caso o Órgão de Recurso abordasse no presente recurso as duas questões antes referidas, os Estados Unidos seriam prejudicados e estimular-se-ia o afastamento dos Procedimentos de Trabalho. Os Estados Unidos acrescentaram que essa forma de proceder do Órgão de Recurso, caso ocorresse, criaria dificuldades para as partes terceiras cuja decisão de actuar ou não como participantes terceiros assentaria nas questões objecto de recurso conforme indicado no pedido de recurso e na comunicação da parte apelante. Os próprios Estados Unidos, que eram a única parte apelante no procedimento Appellate Body-1996-1, não tinham suscitado a questão do ar puro e da aplicabilidade do Acordo sobre os Obstáculos Técnicos ao Comércio"[2898].

Dito isto, qualquer parte em litígio que deseje responder às alegações constantes da comunicação apresentada pela parte apelante em conformidade com a Regra 21 pode apresentar ao Secretariado do Órgão de Recurso, no prazo de 25 dias contados a partir da data de apresentação do pedido de recurso, uma comunicação escrita preparada em conformidade com o nº 2 da Regra 22 e enviar uma cópia da comunicação à parte apelante, às demais partes em litígio e às partes terceiras (Regra 22, nº 1, dos Procedimentos de Trabalho do Órgão de Recurso). Neste caso, as comunicações escritas devem ser apresentadas com data, assinadas pela parte apelada e incluir:

i) uma exposição precisa dos motivos pelos quais se opõe às alegações específicas de erros nas questões de direito tratadas no relatório do painel e nas interpretações jurídicas desenvolvidas pelo painel e os argumentos jurídicos em que se apoia;

ii) a aceitação ou oposição a cada um dos motivos alegados na comunicação da parte apelante;

iii) uma exposição precisa das disposições dos acordos abrangidos e outras fontes jurídicas em que se baseia a parte apelada; e

iv) a natureza da decisão pretendida (Regra 22, nº 2, dos Procedimentos de Trabalho do Órgão de Recurso).

---

[2898] Relatório do Órgão de Recurso no caso *United States – Standards for Reformulated and Conventional Gasoline* (WT/DS2/AB/R), 29-4-1996, pp. 11-12.

A FUNÇÃO JURISDICIONAL NO SISTEMA GATT/OMC

### 4.8.4. Os Participantes Terceiros

Ao contrário das partes em litígio, as partes terceiras não podem recorrer do relatório de um Painel e, em consequência disso, influenciar o âmbito do recurso (mesmo se os seus interesses estão claramente em jogo). Mas, se uma das partes em litígio recorrer, as partes terceiras que tenham notificado o Órgão de Resolução de Litígios de um interesse substancial na matéria, nos termos do nº 2 do art. 10º do Memorando, podem participar, apresentando observações escritas, e ser ouvidas pelo Órgão de Recurso (art. 17º, nº 4, do Memorando de Entendimento sobre Resolução de Litígios). Aliás, basta a notificação ao Órgão de Recurso para que o estatuto de participante terceiro seja atribuído, não prevendo o Memorando uma nova avaliação do "interesse substancial" sustentado diante do Painel[2899].

Interessante é o facto de o nº 2 do art. 10º do Memorando de Entendimento sobre Resolução de Litígios dizer que qualquer parte terceira "terá oportunidade de ser ouvido pelo painel e de apresentar as suas observações por escrito ao mesmo", ao passo que o nº 4 do art. 17º do Memorando de Entendimento sobre Resolução de Litígios estabelece apenas que "as partes terceiras podem apresentar observações escritas e ser ouvidas pelo Órgão de Recurso". Isto sugere que os direitos das partes terceiras são automáticos na fase do painel, mas não automáticos na fase do recurso, "although this has not been the case in Appellate Body practice"[2900]. De facto, os Procedimentos de Trabalho do Órgão de Recurso estabelecem que todos os documentos apresentados por uma parte em litígio, um participante, uma parte terceira ou um participante terceiro devem ser notificados a cada uma das demais partes no litígio, participantes, partes terceiras e participantes terceiros no recurso (Regra 18, nº 2). Além disso, a parte apelante deve apresentar por escrito ao Secretariado do Órgão de Recurso, num prazo de 7 dias a contra da data de apresentação do aviso de recurso, uma comunicação preparada em conformidade com o nº 2 da Regra 21 e entregar cópia da dita comunicação às demais partes em litígio e partes terceiras (Regra 21, nº 1). As partes em litígio que desejem responder às alegações formuladas na comunicação apresentada pela parte apelante em conformidade com a Regra 21 poderão apresentar ao Secretariado do Órgão de Recurso, num prazo de 25 dias a contar da data de apresentação do aviso de recurso, uma comunicação por escrito preparada em conformidade com o nº 2 da Regra 22 e entregar uma cópia da comunicação ao apelante, demais partes em litígio e partes terceiras (Regra 22, nº 1).

---

[2899] Chi CARMODY, *Of Substantial Interest: Third Parties Under GATT*, in MJIL, 1997, p. 639.
[2900] Nick COVELLI, *Member Intervention in World Trade Organization Dispute Settlement Proceedings After EC-Sardines: The Rules, Jurisprudence, and Controversy*, in JWT, 2003, pp. 680-681.

A FASE DE RECURSO

Qualquer parte terceira pode ainda apresentar, no prazo de 25 dias a contar da data de apresentação do pedido de recurso, uma comunicação escrita, declarando a sua intenção em intervir como participante terceiro e contendo os motivos e argumentos jurídicos de apoio à sua posição (Regra 24, nº 1, dos Procedimentos de Trabalho do Órgão de Recurso) e qualquer parte terceira que não apresente uma comunicação escrita deve notificar o Secretariado do Órgão de Recurso por escrito, no mesmo prazo de 25 dias, dizendo se tem intenção em comparecer na audiência e, se sim, se tem intenção de fazer uma declaração oral (Regra 24, nº 2, dos Procedimentos de Trabalho do Órgão de Recurso). Quando se verifiquem estas duas situações, as partes terceiras podem comparecer na audiência, fazer uma declaração oral na mesma e responder às perguntas formuladas pela secção (Regra 27, nº 3, alínea *a*), dos Procedimentos de Trabalho do Órgão de Recurso). Segundo VICTORIA DONALDSON:

"as a matter of practice, third participants are afforded less time than participants – typically half as much time – to make an oral statement at the oral hearing, and usually have fewer, or no questions directed specifically to them during the oral hearing"[2901].

Antes de 1 de Maio de 2003, era participante terceiro a parte terceira que tivesse apresentado uma comunicação escrita. A parte terceira que não tivesse submetido qualquer comunicação não poderia, em princípio, estar presente na audiência oral. Para essas partes terceiras, contudo, o Órgão de Recurso criou a possibilidade de estarem presentes na audiência como "observadores passivos". Esgotado o prazo de 25 dias a contar da data de apresentação do pedido de recurso, uma parte terceira podia ainda participar no processo de recurso enquanto "observador passivo". No caso *United States – Safeguard Measures on Imports of Fresh, Chilled or Frozen Lamb Meat from New Zealand and Australia*, por exemplo:

"**8.** Em 26 de Fevereiro de 2001, o Órgão de Recurso recebeu cartas do Canadá e do Japão indicando que não apresentariam comunicações escritas neste recurso. O Canadá expressou que 'reservava o direito de intervir, quando apropriado, durante a audiência oral' e o Japão indicou que desejava reservar o seu direito de apresentar as suas opiniões na audiência oral'. Em 6 de Março de 2001, o Secretariado do Órgão de Recurso respondeu ao Canadá e ao Japão que a Secção que examinava este recurso desejava ter clarificações sobre se o Canadá e o Japão desejavam assistir à audiência oral simplesmente como 'observadores passivos' ou se desejavam participar activa-

---

[2901] Victoria DONALDSON, The Appellate Body: Institutional and Procedural Aspects (Chapter 27), in *The World Trade Organization: Legal, Economic and Political Analysis*, Volume I, Patrick Macrory, Arthur Appleton e Michael Plummer Ed., Springer, Nova Iorque, 2005, p. 1307.

# A FUNÇÃO JURISDICIONAL NO SISTEMA GATT/OMC

mente na audiência oral. Mediante cartas datadas de 9 de Março de 2001, o Canadá expressou que desejava assistir à audiência como um 'observador passivo', ao passo que o Japão expressou que 'desejaria ouvir os argumentos formulados pelas partes neste litígio e intervir quando fosse necessário e o Órgão de Recurso lhe desse a oportunidade de fazê-lo'.

**9.** Em 9 de Março de 2001, o Secretariado do Órgão de Recurso informou os participantes e os participantes terceiros de que a Secção que examinava este recurso estava 'inclinava a autorizar o Canadá e o Japão a assistirem à audiência oral como observadores passivos, se nenhum dos participantes ou participantes terceiros se opusesse'. Não recebeu nenhuma objecção. Em 14 de Março de 2001, a Secção que examinava este recurso informou o Canadá, o Japão e os participantes e as Comunidades Europeias de que o Canadá e o Japão seriam autorizados a assistir à audiência oral como observadores passivos, isto é, a ouvirem as declarações orais e as respostas às perguntas da Austrália, Comunidades Europeias, Nova Zelândia e Estados Unidos"[2902].

Posteriormente, no caso *European Communities – Trade Description of Sardines*, a Colômbia endereçou uma carta ao Órgão de Recurso dizendo que, embora não pretendesse apresentar observações escritas enquanto participante, tinha interesse em estar presente na audiência do processo de recurso:

"A Colômbia tinha participado nos procedimentos do Painel na qualidade de parte terceira e tinha notificado o seu interesse ao Órgão de Resolução de Litígios conforme previsto no nº 2 do artigo 10º do Memorando de Entendimento sobre Resolução de Litígios. Mediante carta de 7 de Agosto de 2002, informámos os participantes e participantes terceiros que estávamos inclinados a permitir que a Colômbia assistisse à audiência oral como observador passivo e pedimos que nos notificassem se tinham alguma objecção. As Comunidades Europeias não tinham nenhuma objecção a que a Colômbia assistisse à audiência oral como participante terceiro, mas opunha--se a que a Colômbia assistisse como observador passivo. O Equador não colocou nenhuma objecção a que a Colômbia assistisse à audiência oral, mas considerava que não existia nenhum fundamento jurídico para aplicar o estatuto de observador passivo e negar-lhe o direito a assistir como participante terceiro. Em 9 de Agosto de 2002, informámos os participantes e participantes terceiro de que seria permitido à Colômbia assistir à audiência oral como observador passivo"[2903].

---

[2902] Relatório do Órgão de Recurso no caso *United States – Safeguard Measures on Imports of Fresh, Chilled or Frozen Lamb Meat from New Zealand and Australia* (WT/DS177/AB/R, WT/DS178/AB/R), 1-5-2001, parágrafos 8-9.

[2903] Relatório do Órgão de Recurso no caso *European Communities – Trade Description of Sardines* (WT/DS231/AB/R), 26-9-2002, parágrafo 18.

1048

A FASE DE RECURSO

Actualmente, os Procedimentos de Trabalho do Órgão de Recurso vão mais longe, estabelecendo que:

"Qualquer parte terceira que não tenha apresentado uma comunicação escrita em conformidade com o nº 1 [da Regra 24], nem feito uma notificação ao Secretariado do Órgão de Recurso em conformidade com o nº 2 [da Regra 24], poderá notificar o Secretariado do Órgão de Recurso que pretende comparecer na audiência e poderá solicitar fazer uma declaração oral na audiência. Essas notificações e solicitações deverão ser notificadas por escrito ao Secretariado do Órgão de Recurso com a maior brevidade possível" (Regra 24, nº 4, dos Procedimentos de Trabalho do Órgão de Recurso).

Neste caso, a secção responsável, tendo em conta as exigências das garantias processuais devidas, decide se permite à parte terceira fazer uma declaração oral na audiência e responder às perguntas formuladas pela secção (Regra 27, nº 3, alínea *c*), dos Procedimentos de Trabalho do Órgão de Recurso).

### 4.9. A Audiência Oral

A secção do Órgão de Recurso responsável pela análise do recurso deve realizar uma audiência oral, a qual, regra geral, terá lugar entre 35 e 45 dias após a data de apresentação do aviso de recurso (Regra 27, nº 1, dos Procedimentos de Trabalho do Órgão de Recurso).

Qualquer parte terceira que tenha apresentado no prazo de 25 dias a contar da data de apresentação do pedido de recurso uma comunicação em conformidade com o nº 1 da Regra 24 dos Procedimentos de Trabalho do Órgão de Recurso ou tenha notificado o Secretariado do Órgão de Recurso em conformidade com o nº 2 da Regra 24 dos Procedimentos de Trabalho do Órgão de Recurso da sua intenção em comparecer na audiência, poderá comparecer na audiência, fazer uma declaração oral na mesma e responder às perguntas formuladas pela secção (Regra 27, nº 3, alínea *a*), dos Procedimentos de Trabalho do Órgão de Recurso).

Se possível dentro do plano de trabalho ou, em outro caso, o mais brevemente possível, o Secretariado do Órgão de Recurso deve notificar a data da audiência oral a todas as partes em litígio, aos participantes, às partes terceiras e aos participantes terceiros (Regra 27, nº 2, dos Procedimentos de Trabalho do Órgão de Recurso).

Na semana anterior à realização da audiência oral, o Secretariado do Órgão de Recurso envia, em nome da secção, uma carta a todas as partes a respeito da audiência oral. Normalmente, a carta contém informações sobre a hora de início da audiência, a sala em que ela decorrerá, a duração prevista (frequentemente, um dia, mas por vezes pode ir até dois dias ou mesmo três dias[2904]), o período

---

[2904] As audiências orais duram entre um e três dias, tudo dependendo do número e complexidade das questões, assim como do número de participantes. Um dia de audiência dura entre sete e oito

A FUNÇÃO JURISDICIONAL NO SISTEMA GATT/OMC

de tempo atribuído para as partes fazerem uma declaração oral, a ordem de rea-lização das declarações (a parte apelante fará a declaração em primeiro lugar, seguido da parte apelada e finalmente dos participantes terceiros[2905]) e a data limite para os participantes enviarem ao Secretariado do Órgão de Recurso a lista dos membros da sua delegação (usualmente, até ao meio-dia do dia anterior ao da audiência)[2906].

No interesse da equidade e do bom desenrolar do processo, como referido na Regra 16, nº 1, dos Procedimentos de Trabalho do Órgão de Recurso, e com o acordo dos participantes, a secção do Órgão de Recurso responsável pela análise de um caso pode consolidar os procedimentos de recurso relativos ao pedido de recurso apresentado. Tal aconteceu, por exemplo, nos casos *United States – Continued Suspension of Obligations in the EC – Hormones Dispute* e *Canada – Continued Suspension of Obligations in the EC – Hormones Dispute*. Consequentemente, uma única secção decidiu os recursos e foi realizada apenas uma audiência oral[2907]. No entanto, a pedido de dois dos participantes (Estados Unidos e Canadá), foram distribuídos dois relatórios separados do Órgão de Recurso (WT/DS320/AB/R e WT/DS321/AB/R), ainda que ambos constem de um único documento. Os dois relatórios são idênticos excepto no que diz respeito à secção de constatações e conclusões[2908].

Nos casos *European Communities – Regime for the Importation, Sale and Distribution of Bananas, Second Recourse to Article 21.5 of the DSU by Ecuador* e *European Communities – Regime for the Importation, Sale and Distribution of Bananas, Recourse to Article 21.5 of the DSU by the United States*, não obstante as partes terceiras não serem as mesmas, a secção do Órgão de Recurso responsável convidou todas as

horas (cf. Valerie Hughes, The Institutional Dimension, in *The Oxford Handbook of International Trade Law*, Daniel Bethlehem, Donald McRae, Rodney Neufeld e Isabelle Van Damme Ed., Oxford University Press, 2009, p. 288). As audiências orais dos casos *European Communities – Regime for the Importation, Sale and Distribution of Bananas* e *United States – Section 211 Omnibus Appropriations Act of 1998* foram as que duraram mais. Cf. Pierre Monnier, *Working Procedures Before Panels, the Appellate Body and Other Adjudicating Bodies of the WTO*, in The Law and Practice of International Courts and Tribunals, 2002, p. 531.

[2905] Os participantes terceiros falam por ordem alfabética. Cf. *Idem*.

[2906] Victoria Donaldson, The Appellate Body: Institutional and Procedural Aspects (Chapter 27), in *The World Trade Organization: Legal, Economic and Political Analysis*, Volume I, Patrick Macrory, Arthur Appleton e Michael Plummer Ed., Springer, Nova Iorque, 2005, p. 1293.

[2907] Relatório do Órgão de Recurso no caso *United States – Continued Suspension of Obligations in the EC – Hormones Dispute* (WT/DS320/AB/R), 18-10-2008, parágrafo 27; Relatório do Órgão de Recurso no caso *Canada – Continued Suspension of Obligations in the EC – Hormones Dispute* (WT/DS321/AB/R), 16-10-2008, parágrafo 27.

[2908] *Idem*, nota de rodapé 62.

1050

A FASE DE RECURSO

partes terceiras em cada um dos procedimentos consolidados a estarem presentes na única audiência oral realizada:

> "Numa carta com data de 1 de Setembro de 2008 dirigida aos participantes e participantes terceiros, a Secção do Órgão de Recurso responsável pela análise destes recursos declarou que, 'no interesse da equidade e do bom desenrolar do processo' como referido no nº 1 da Regra 16 dos Procedimentos de Trabalho, e depois de consultas com os participantes, os procedimentos de recurso no que respeita aos recursos das Comunidades Europeias relativamente aos relatórios dos painéis solicitados pelo Equador e os Estados Unidos seriam consolidados, devido à coincidência substancial do conteúdo dos litígios. Uma única Secção analisaria e resolveria os recursos e realizar-se-ia uma única audiência oral. A Secção convidou todos as partes terceiras em ambos os casos a assistirem a única audiência dos recursos consolidados. Não obstante, ela destacou que, nas suas comunicações escritas e declarações orais, os participantes terceiros só deviam abordar as questões objecto de recurso no(s) litígio(s) em que foram partes terceiras no procedimento correspondente do Painel. Os Estados Unidos e o Eqador solicitaram que o Órgão de Recurso apresentasse relatórios separados, na forma de dois documentos distintos ou de um documento com páginas de conclusões distintas"[2909].

Como já foi mencionado, nada impede que a data de realização da audiência oral possa ser alterada. No caso *United States – Investigation of the International Trade Commission in Softwood Lumber from Canada, Recourse to Article 21.5 of the DSU by Canada*, por exemplo, o Director do Secretariado do Órgão de Recurso recebeu em 18 de Janeiro de 2006 uma carta dos Estados Unidos solicitando a alteração da data prevista para a audiência (23 de Fevereiro de 2006), aduzindo que o "advogado principal dos Estados Unidos não estava livre nessa data devido a um compromisso anterior assumido há muito tempo"[2910]. Através de carta datada de 19 de Janeiro de 2006, a secção do Órgão de Recurso que estava a analisar o caso, baseando-se no nº 2 da Regra 16 dos Procedimentos de Trabalho do Órgão de Recurso, convidou os Estados Unidos a fornecerem mais detalhes em apoio do seu pedido, em particular, a natureza das "circunstâncias excepcionais", assim

---

[2909] Relatório do Órgão de Recurso no caso *European Communities – Regime for the Importation, Sale and Distribution of Bananas, Second Recourse to Article 21.5 of the DSU by Ecuador* (WT/DS27/AB/RW2/ECU), 26-11-2008, parágrafo 23; Relatório do Órgão de Recurso no caso *European Communities – Regime for the Importation, Sale and Distribution of Bananas, Recourse to Article 21.5 of the DSU by United States* (WT/DS27/AB/RW/USA), 26-11-2008, parágrafo 23.

[2910] Relatório do Órgão de Recurso no caso *United States – Investigation of the International Trade Commission in Softwood Lumber from Canada, Recourse to Article 21.5 of the DSU by Canada* (WT/DS277/AB/RW), 13-4-2006, parágrafo 13.

1051

A FUNÇÃO JURISDICIONAL NO SISTEMA GATT/OMC

como a "manifesta falta de equidade" que resultaria da não modificação da data de realização da audiência. Convidou-se também o Canadá e os participantes terceiros a apresentarem as suas observações sobre a solicitação dos Estados Unidos. Em 20 de Janeiro de 2006, os Estados Unidos apresentaram informação adicionais em apoio do seu pedido. Em 24 de Janeiro de 2006, o Canadá informou a secção de que preferia que a audiência se realizasse na data prevista inicialmente, ao mesmo tempo que dizia que poderia igualmente aceitar um atraso de um dia. Nem a China nem as Comunidades Europeias apresentaram observações sobre o pedido dos Estados Unidos[2911]. Em carta datada de 26 de Janeiro de 2006, a secção informou os participantes e os participantes terceiros de que tinha decidido modificar a data de realização da audiência para o dia 24 de Fevereiro de 2006, um dia depois da data prevista inicialmente[2912].

Também no caso *United States – Final Dumping Determination on Softwood Lumber From Canada, Recourse to Article 21.5 of the DSU by Canada*, a data de realização da audiência oral prevista inicialmente (26 de Junho de 2006) teve de ser antecipada para o dia 24 de Junho, por força de dificuldades logísticas associadas à realização na sede da OMC de reuniões relacionadas com as negociações do Programa de Doha para o Desenvolvimento. Nem os participantes nem os participantes terceiros levantaram objecções à alteração da data[2913].

Em concreto, a audiência oral tem início com uma breve declaração do Presidente da secção, descrevendo como decorrerá a audiência e convidando depois os participantes a suscitarem quaisquer questões preliminares. Na prática, é raro tal acontecer[2914]. Se não for suscitada nenhuma questão preliminar, então o Presidente da secção convida cada participante a fazer a sua declaração oral, começando pela primeira parte apelante:

> "Each participant is given a single opportunity to make its opening statement, regardless of whether there is an 'other appeal' or not. In other words, an appellant that is also an appellee in the other appeal is expected to use the opportunity to make an opening statement to address *all* of the issues that it wishes to speak to whether those issues were raised in its own appeal, or in the appeal(s) brought by the other participant(s). Of course, no participant is obliged to speak of *all* of the issues, and it

---

[2911] *Idem*, nota de rodapé 25.

[2912] *Idem*, parágrafo 13.

[2913] Relatório do Órgão de Recurso no caso *United States – Final Dumping Determination on Softwood Lumber From Canada, Recourse to Article 21.5 of the DSU by Canada* (WT/DS264/AB/RW), 15-8-2006, nota de rodapé 26.

[2914] Victoria DONALDSON, The Appellate Body: Institutional and Procedural Aspects (Chapter 27), in *The World Trade Organization: Legal, Economic and Political Analysis*, Volume I, Patrick Macrory, Arthur Appleton e Michael Plummer Ed., Springer, Nova Iorque, 2005, p. 1293.

1052

A FASE DE RECURSO

is a matter of strategy for each participant to decide how much time to devote to each issue, and when to rely on its written submissions alone regarding a particular issue. It is not uncommon for third participants to decline to make an oral statement during this first phase of the oral hearing"[2915].

O período de tempo atribuído para a declaração oral varia em função do número de questões e de participantes envolvidos:

"Opening statements may be as short as 15 minutes, or as long as an hour; most often, they are 20 or 30 minutes in duration. Third parties that have filed a written submission or that have notified their intention to attend the hearing will also be given an opportunity to make opening statements, although their length is usually limited to five or ten minutes"[2916].

O presidente da secção pode estabelecer limites de tempo para a apresentação oral dos argumentos (Regra 27, nº 4 dos Procedimentos de Trabalho do Órgão de Recurso) e, caso os tempos atribuídos sejam excedidos, os participantes serão, muito provavelmente, interrompidos[2917].

No caso *United States – Investigation of the International Trade Commission in Softwood Lumber from Canada, Recourse to Article 21.5 of the DSU by Canada*, após a secção do Órgão de Recurso que estava a analisar o caso ter alterado a data de realização da audiência para o dia seguinte ao dia previsto inicialmente[2918], as Comunidades Europeias solicitaram à secção em causa que ampliasse o tempo de que dispunham os participantes terceiros para realizar as suas exposições na audiência oral. As Comunidades Europeias baseavam o seu pedido no "contexto particularmente complexo deste litígio e a importância das questões de facto" e na necessidade de as Comunidades Europeias contarem com tempo para reflectir sobre a comunicação de parte apelada apresentada pelos Estados Unidos. A secção convidou as Comunidades Europeias a informarem a secção, uma vez examinada a comunicação dos Estados Unidos, se bastariam 10 minutos ou, em

---

[2915] *Idem.*

[2916] Valerie HUGHES, Special challenges at the appellate stage: a case study, in *Key Issues in WTO Dispute Settlement: The First Ten Years*, Rufus Yerxa e Bruce Wilson Ed., Cambridge University Press, 2005, p. 81. Ante os painéis, as partes em litígio têm, regra geral, a possibilidade de ler extensas exposições, que podem durar desde 30 minutos até uma hora ou mais.

[2917] Valerie HUGHES, The Institutional Dimension, in *The Oxford Handbook of International Trade Law*, Daniel Bethlehem, Donald McRae, Rodney Neufeld e Isabelle Van Damme Ed., Oxford University Press, 2009, p. 288.

[2918] Relatório do Órgão de Recurso no caso *United States – Investigation of the International Trade Commission in Softwood Lumber from Canada, Recourse to Article 21.5 of the DSU by Canada* (WT/DS277/AB/RW), 13-4-2006, parágrafo 13.

1053

A FUNÇÃO JURISDICIONAL NO SISTEMA GATT/OMC

caso negativo, quanto tempo mais solicitavam as Comunidades Europeias[2919]. A secção perguntou também à China, o outro participante terceiro neste recurso, se desejava contar com mais tempo para a apresentação da sua declaração oral. O Canadá e os Estados Unidos foram igualmente convidados a fazer observações sobre o pedido comunitário. Em 20 de Fevereiro de 2006, as Comunidades Europeias responderam pedindo 15 minutos para a sua exposição oral. O Canadá não levantou objecções, mas os Estados Unidos observaram que nenhum dos argumentos apresentados pelas Comunidades Europeias justificava dar mais tempo aos participantes terceiros para as suas exposições orais. Os Estados Unidos observaram, em particular, que, com o calendário aplicável actualmente para os recursos, os participantes terceiros, regra geral, apresentavam as suas comunicações no mesmo dia que as partes apeladas e, por isso, não tinham tempo para reflectir sobre a comunicação da parte apelada antes da apresentação da sua comunicação. No fim, a secção decidiu manter os 10 minutos antes concedidos aos participantes terceiros para a apresentação das suas exposições orais[2920].

Os participantes e os participantes terceiros podem fazer as suas declarações orais numa das três línguas oficiais da OMC, mas devem informar previamente o Secretariado do Órgão de Recurso caso queiram fazer as declarações em espanhol ou francês[2921].

Uma vez feitas as declarações orais, a secção coloca questões aos participantes e participantes terceiros, podendo formular entre 50 e 80 (ou mais!) questões[2922], ou seja, "the procedure is more inquisitorial than the procedure before a panel"[2923], ajudando a clarificar "key issues"[2924]. De facto:

> "(...) the members of the Appellate Body hearing the appeal engage in intensive, detailed questioning of the parties and third parties until all the legal issues in the

---

[2919] Através de carta dirigida em 14 de Fevereiro de 2006 aos participantes e participantes terceiros, a secção indicou que tinha decidido, preliminarmente, conceder 10 minutos a cada um dos participantes terceiros para formular a sua exposição na audiência.

[2920] Relatório do Órgão de Recurso no caso *United States – Investigation of the International Trade Commission in Softwood Lumber from Canada, Recourse to Article 21.5 of the DSU by Canada* (WT/DS277/AB/RW), 13-4-2006, parágrafo 14.

[2921] Victoria Donaldson, The Appellate Body: Institutional and Procedural Aspects (Chapter 27), in *The World Trade Organization: Legal, Economic and Political Analysis*, Volume I, Patrick Macrory, Arthur Appleton e Michael Plummer Ed., Springer, Nova Iorque, 2005, p. 1316.

[2922] Valerie Hughes, El Sistema de Solución de Diferencias de la OMC: Una Experiencia Exitosa, in *Solución de Controversias Comerciales Inter-Gubernamentales: Enfoques Multilaterales y Regionales*, Julio Lacarte e Jaime Granados ed., Banco Interamericano de Desarrollo, 2004, p. 78.

[2923] Pierre Monnier, *Working Procedures Before Panels, the Appellate Body and Other Adjudicating Bodies of the WTO*, in The Law and Practice of International Courts and Tribunals, 2002, p. 531.

[2924] Merit Janow, *Reflections on Serving on the Appellate Body*, in Loyola University Chicago International Law Review, Volume 6, Issue 1, 2008, p. 254.

A FASE DE RECURSO

case have been thoroughly examined. While this is often gruelling for the parties' counsel, this 'face-to-face' interrogation on the issues of law in the case is critical to the Appellate Body's understanding and appreciation of the appeal"[2925].

As questões não são colocadas por escrito, devendo ser respondidas de imediato, e não existe a possibilidade de fornecer respostas escritas adicionais nos dias seguintes à audiência, como sucede no caso da audiência ante o painel[2926]. Geralmente, os participantes e os participantes terceiros que desejam responder a uma questão ou comentar as respostas de outros participantes terão uma oportunidade para fazê-lo. Os participantes não podem, no entanto, trocar questões directamente entre si[2927].

Algo curiosa é a situação ocorrida no caso *United States – Sunset Reviews of Anti-Dumping Measures on Oil Country Tubular Goods from Argentina*. De facto, a Argentina (parte apelada e outra parte apelante no caso) apresentou em 12 de Outubro de 2004 uma carta na qual pedia à secção que analisava o recurso que informasse as partes no presente recurso, antes da audiência, da ordem pela qual a secção tinha intenção de tratar as questões objecto de recurso. A Argentina apoiava a sua solicitação referindo a prática seguida em alguns procedimentos de recurso anteriores. Os Estados Unidos não se opuseram ao pedido da Argentina. Em 13 de Outubro de 2004, a secção respondeu à solicitação, declarando que, conquanto não fosse prática do Órgão de Recurso informar os participantes, antes da audiência, das questões sobre as quais uma secção tinha intenção de formular perguntas, a secção, no exercício do seu poder discricionário na condução da audiência oral, havia decidido fornecer e identificar antecipadamente a ordem pela qual seriam tratadas as questões objecto de recurso durante a fase interrogatória. A secção sublinhou, no entanto, que "esta ordem das perguntas era de carácter geral e susceptível de sofrer alterações, dependendo da vontade da secção, à medida que continuasse o seu trabalho sobre o presente recurso"[2928].

Depois de a secção ter acabado de colocar questões aos participantes, estes e os participantes terceiros terão a possibilidade de avançar com algumas bre-

---

[2925] Debra STEGER, *The Struggle for Legitimacy in the WTO*, in Trade Policy Research 2003, Department of Foreign Affairs and International Trade (Canada), p. 132.

[2926] Valerie HUGHES, Special challenges at the appellate stage: a case study, in *Key Issues in WTO Dispute Settlement: The First Ten Years*, Rufus Yerxa e Bruce Wilson Ed., Cambridge University Press, 2005, p. 82.

[2927] Ao contrário do que acontece durante as reuniões que o painel tem com as partes em litígio, ainda que as partes em litígio só possam colocar questões por intermédio do painel.

[2928] Relatório do Órgão de Recurso no caso *United States – Sunset Reviews of Anti-Dumping Measures on Oil Country Tubular Goods from Argentina* (WT/DS268/AB/R), 29-11-2004, parágrafo 10.

1055

A FUNÇÃO JURISDICIONAL NO SISTEMA GATT/OMC

ves observações de carácter conclusivo. Na maioria dos casos, esta opção não é accionada[2929].

Subsequentemente à audiência oral, a secção do Órgão de Recurso troca opiniões e pontos de vista com os outros quatro membros do Órgão de Recurso e redige de seguida o seu relatório.

Finalmente, resulta claramente do nº 1 da Regra 28 dos Procedimentos de Trabalho do Órgão de Recurso que a secção pode colocar perguntas, oralmente ou por escrito, ou solicitar documentação adicional a qualquer participante, participante terceiro e fixar os prazos para a recepção das respostas por escrito ou da documentação (Regra 28, nº 1, dos Procedimentos de Trabalho do Órgão de Recurso). A secção pode solicitar a resposta por escrito às perguntas que colocou e a documentação adicional em qualquer momento do processo de recurso, ou seja, antes, durante ou depois da realização da audiência oral. No caso *United States – Tax Treatment for "Foreign Sales Corporations", Recourse to Article 21.5 of the DSU by the European Communities*, por exemplo, a secção solicitou aos Estados Unidos, durante a própria audiência oral, que reduzissem a escrito algumas das suas respostas e concedeu às Comunidades Europeias e aos participantes terceiros uma oportunidade para responderem por escrito a essas comunicações escritas adicionais[2930]. Em contraste, a secção do Órgão de Recurso em causa solicitou aos participantes no caso *United States – Import Prohibition of certain Shrimp and Shrimp Products* que apresentassem antes da realização da audiência oral comunicações adicionais sobre determinadas questões relacionadas com as alíneas *b*) e *g*) do art. XX do GATT[2931].

As perguntas, respostas ou documentação devem ser transmitidas aos demais participantes e participantes terceiros no recurso e estes devem ter a possibilidade de contestação (Regra 28, nº 2, dos Procedimentos de Trabalho do Órgão de Recurso)[2932].

---

[2929] Valerie HUGHES, El Sistema de Solución de Diferencias de la OMC: Una Experiencia Exitosa, in *Solución de Controversias Comerciales Inter-Gubernamentales: Enfoques Multilaterales y Regionales*, Julio Lacarte e Jaime Granados ed., Banco Interamericano de Desarrollo, 2004, p. 78.

[2930] Relatório do Órgão de Recurso no caso *United States – Tax Treatment for "Foreign Sales Corporations" (Recourse to Article 21.5 of the DSU by the European Communities)* (WT/DS108/AB/RW), 14-1-2002, parágrafo 11.

[2931] Relatório do Órgão de Recurso no caso *United States – Import Prohibition of certain Shrimp and Shrimp Products* (WT/DS58/AB/R), 12-10-1998, parágrafo 8.

[2932] Quando as perguntas ou os pedidos de documentação são feitos antes da audiência, as perguntas ou solicitações, assim como as respostas e documentação, devem ser postas também à disposição das partes terceiras, as quais poderão igualmente contestá-las (Regra 28, nº 3, dos Procedimentos de Trabalho do Órgão de Recurso).

A FASE DE RECURSO

## 4.10. As Comunicações Conjuntas

Nem o Memorando de Entendimento sobre Resolução de Litígios nem os Procedimentos de Trabalho do Órgão de Recurso lidam com a possibilidade de os participantes fazerem em conjunto comunicações escritas ou orais durante um recurso. Apesar disso, no caso *European Communities – Regime for the Importation, Sale and Distribution of Bananas*, as partes que aduziram queixa inicialmente apresentaram uma comunicação conjunta enquanto partes apelantes e uma comunicação conjunta enquanto partes apeladas e dois grupos separados de partes terceiras apresentaram cada um deles uma comunicação[2933]. No caso *United States – Anti-Dumping Act of 1916*, as Comunidades Europeias e o Japão apresentaram uma comunicação conjunta enquanto outras partes apelantes a respeito de ambos os recursos, mas cada uma apresentou uma comunicação separada enquanto partes apeladas e participantes terceiros[2934].

No que diz respeito à audiência oral, em casos em que os vários participantes partilhavam as mesmas posições sobre as questões, tais participantes dividiram entre si as questões, presumivelmente, para evitarem a repetição e possibilitarem uma utilização mais eficiente do tempo combinado disponível para os argumentos orais[2935].

## 4.11. As Decisões Preliminares

Presentemente, nem o Memorando de Entendimento sobre Resolução de Litígios nem os Procedimentos de Trabalho do Órgão de Recurso estabelecem formalmente procedimentos específicos ou regras relativos à possibilidade de o Órgão de Recurso adoptar determinadas resoluções antes da distribuição do seu relatório. Isso mesmo foi recordado pelos Estados Unidos no caso *United States – Continued Dumping and Subsidy Offset Act of 2000*[2936]. Apesar das limitações existentes, os participantes têm solicitado em alguns recursos ao Órgão de Recurso que tome decisões preliminares relativamente a determinadas questões processuais (por exemplo, a presença de advogados privados na audiência oral; o âmbito do recurso; o tratamento da informação confidencial; as comunicações *amicus curiae*, etc.).

---

[2933] Relatório do Órgão de Recurso no *caso European Communities – Regime for the Importation, Sale and Distribution of Bananas* (WT/DS27/AB/R), 9-9-1997, parágrafo 3.

[2934] Relatório do Órgão de Recurso no caso *United States – Anti-Dumping Act of 1916* (WT/DS136/AB/R, WT/DS162/AB/R), 28-8-2000, parágrafo 7.

[2935] Victoria DONALDSON, The Appellate Body: Institutional and Procedural Aspects (Chapter 27), in *The World Trade Organization: Legal, Economic and Political Analysis*, Volume I, Patrick Macrory, Arthur Appleton e Michael Plummer Ed., Springer, Nova Iorque, 2005, p. 1318.

[2936] Relatório do Órgão de Recurso no caso *United States – Continued Dumping and Subsidy Offset Act of 2000* (WT/DS217/AB/R, WT/DS234/AB/R), 16-1-2003, parágrafo 186.

A FUNÇÃO JURISDICIONAL NO SISTEMA GATT/OMC

Regra geral, o Órgão de Recurso tem lidado com estes pedidos de decisão preliminar caso a caso, sem referir o quadro jurídico ou os procedimentos que aplica a tais pedidos e decisões[2937], e tem possibilitado que os outros participantes e participantes terceiros comentem o pedido antes de tomar qualquer decisão sobre o mesmo. Numa ocasião, o Órgão de Recurso realizou mesmo uma audiência preliminar sobre o pedido:

> "125. Mediante carta conjunta de 27 de Maio de 1999, o Brasil e o Canadá solicitaram que aplicássemos, *mutatis mutandis*, o procedimento aplicável à informação comercial confidencial adoptado pelo Painel neste caso. No seu pedido, o Brasil e o Canadá pediram igualmente que determinadas cláusulas do procedimento aplicável à informação comercial confidencial se aplicassem também aos participantes terceiros neste recurso; em particular, que os participantes terceiros designassem representantes autorizados a quem seria exigido o preenchimento de uma declaração de reserva ao Presidente desta Divisão, antes de lhes ser permitido examinar qualquer informação designada como 'informação comercial confidencial' ou a assistir às partes da audiência em tal informação pudesse ser discutida.
>
> 126. Por carta de 31 de Maio de 1999, convidámos os participantes a apresentarem memorandos jurídicos em apoio do seu pedido e oferecemos a cada um deles a oportunidade de responderem ao memorando apresentado pelo outro. Os participantes terceiros tiveram também a oportunidade de apresentarem memorandos. O Brasil e o Canadá apresentaram memorandos em 2 de Junho de 1999. Em 4 de Junho de 1999, os participantes terceiros, as Comunidades Europeias e os Estados Unidos, também apresentaram memorandos. Na mesma data, o Brasil e o Canadá apresentaram as respostas escritas ao memorando apresentado anteriormente pela outra parte em 2 de Junho de 1999. Uma audiência preliminar sobre esta questão foi realizada em 10 de Junho de 1999 e esta Divisão sentou-se conjuntamente com a Divisão do Órgão de Recurso responsável por examinar o recurso no caso *Brazil – Export Financing Programme for Aircraft*"[2938].

A respeito desta situação excepcional, convém ter presente que os dois casos em análise pelo Órgão de Recurso (*Canada – Measures Affecting the Export of Civilian Aircraft* e *Brazil – Export Financing Programme for Aircraft*) diziam respeito a

---

[2937] Victoria DONALDSON, The Appellate Body: Institutional and Procedural Aspects (Chapter 27), in *The World Trade Organization: Legal, Economic and Political Analysis*, Volume I, Patrick Macrory, Arthur Appleton e Michael Plummer Ed., Springer, Nova Iorque, 2005, p. 1311.

[2938] Relatório do Órgão de Recurso no caso *Canada – Measures Affecting the Export of Civilian Aircraft* (WT/DS70/AB/R), 2-8-1999, parágrafos 125-126. Ver, também, o Relatório do Órgão de Recurso no caso *Brazil – Export Financing Programme for Aircraft* (WT/DS46/AB/R), 2-8-1999, parágrafos 103-104.

1058

A FASE DE RECURSO

medidas diferentes adoptadas por países diferentes e foram analisadas por dois painéis diferentes compostos por pessoas diferentes. Paralelamente, ambos os casos envolviam os mesmos membros da OMC como partes em litígio e partes terceiras, suscitavam questões jurídicas similares e os recursos relativos aos dois casos, um interposto pelo Canadá, o outro pelo Brasil, foram apresentados no mesmo dia. Nestas circunstâncias, foi realizada uma audiência preliminar para lidar com a questão da protecção da informação comercial confidencial, com as secções do Órgão de Recurso referentes aos dois casos a estarem presentes conjuntamente. Visto que um membro do Órgão de Recurso (o norte-americano James Bacchus) estava em ambas as secções, cinco membros do Órgão de Recurso participaram na audiência preliminar. Na audiência, os participantes e participantes terceiros tiveram a oportunidade de fazer declarações orais e de responder a questões colocadas pelas duas secções do Órgão de Recurso[2939].

Na maioria dos casos, o Órgão de Recurso decide sobre o pedido pouco tempo depois da sua apresentação, mas, em alguns casos, o Órgão de Recurso recusa tomar qualquer decisão sobre pedidos numa fase preliminar do recurso, lidando com as questões suscitadas apenas no seu relatório final. De acordo com VICTO-RIA DONALDSON:

> "The time at which the Appellate Body deals with a request appear in some cases to be determined by the type of issue raised, since certain issues by their nature require some decision or ruling from the Appellate Body before the date of circulation of the report or before the oral hearing. Typically, even when it rules on a request at a preliminary stage, the Appellate Body also elaborates further, in its final report, the reasons that led it to grant or refuse a particular request"[2940].

No caso *European Communities – Regime for the Importation, Sale and Distribution of Bananas*, por exemplo, depois de Santa Lúcia ter apresentado um pedido a solicitar autorização ao Órgão de Recurso para dois dos seus advogados privados poderem estar presentes na audiência oral, a secção do Órgão de Recurso responsável pela análise do recurso, após ter ouvido as partes que revelaram a sua opinião, demorou apenas seis dias a tomar uma decisão[2941].

---

[2939] Relatório do Órgão de Recurso no caso *Canada – Measures Affecting the Export of Civilian Aircraft* (WT/DS70/AB/R), 2-8-1999, parágrafo 6; Relatório do Órgão de Recurso no caso *Brazil – Export Financing Programme for Aircraft* (WT/DS46/AB/R), 2-8-1999, parágrafo 9.

[2940] Victoria DONALDSON, The Appellate Body: Institutional and Procedural Aspects (Chapter 27), in *The World Trade Organization: Legal, Economic and Political Analysis*, Volume I, Patrick Macrory, Arthur Appleton e Michael Plummer Ed., Springer, Nova Iorque, 2005, p. 1311.

[2941] Relatório do Órgão de Recurso no caso *European Communities – Regime for the Importation, Sale and Distribution of Bananas* (WT/DS27/AB/R), 9-9-1997, parágrafos 5 e 10.

# A FUNÇÃO JURISDICIONAL NO SISTEMA GATT/OMC

O Órgão de Recurso tem identificado alguns critérios a observar pelas partes em litígio quando estas suscitam objecções de natureza processual ou jurisdicional no decurso dos procedimentos de resolução de litígios. Em primeiro lugar, a objecção deve ser "suficientemente precisa":

> "Não acreditamos que o Painel tenha errado ao analisar as objecções processuais suscitadas pelas Comunidades Europeias apenas quando estas puderam alegar de modo preciso um prejuízo. É para nós evidente que a objecção de forma suscitada por uma parte em litígio deve ser suficientemente precisa para que o painel se possa pronunciar sobre a mesma"[2942].

O Órgão de Recurso declarou, posteriormente, que:

> "As exigências de boa fé, o respeito das garantias processuais devidas e o desenrolar ordenado do procedimento impõem que as objecções, especialmente das que potencialmente têm muita importância, devem ser suscitadas expressamente. Só desta forma poderá um Painel, a outra parte em litígio e as partes terceiras compreender que se formulou uma objecção específica e ter uma oportunidade adequada para examiná-la e responder-lhe. Em nossa opinião, a objecção do México não foi formulada explicitamente. Assim, ao fazer as suas 'observações', o México não observou esta norma"[2943].

Em segundo lugar, o Órgão de Recurso tem declarado que uma parte em litígio deve suscitar as suas objecções prontamente:

> "O princípio da boa fé exige que os Membros demandados assinalem oportuna e prontamente as deficiências processuais alegadas ao Membro queixoso, assim como ao Órgão de Resolução de Litígios ou ao Painel, de maneira a que, caso necessário, elas possam ser corrigidas para resolver os litígios. As regras processuais do sistema de resolução de litígios da OMC visam promover, não o desenvolvimento de técnicas de pleito, mas simplesmente a resolução equitativa, rápida e eficaz dos litígios comerciais"[2944].

---

[2942] Relatório do Órgão de Recurso no caso *European Communities Measures Concerning Meat and Meat Products (Hormones)* (WT/DS26/AB/R, WT/DS48/AB/R), 16-1-1998, parágrafo 152.

[2943] Relatório do Órgão de Recurso no caso *Mexico – Anti-Dumping Investigation of High Fructose Corn Syrup (HFCS) from the United States (Recourse to Article 21.5 of the DSU by the United States)* (WT/DS132/AB/RW), 22-10-2001, parágrafo 47.

[2944] Relatório do Órgão de Recurso no caso *United States – Tax Treatment for "Foreign Sales Corporations"* (WT/DS108/AB/R), 24-2-2000, parágrafo 166. Pouco tempo depois, o Órgão de Recurso voltou a salientar que, "quando um Membro deseja formular uma objecção num procedimento de resolução de litígios, ele deve fazê-lo sem demora". Cf. Relatório do Órgão de Recurso no caso

A FASE DE RECURSO

Um Membro que não formule as suas objecções em tempo oportuno, apesar de ter tido várias oportunidades para fazê-lo, pode ser visto como tendo renunciado ao seu direito de ter um painel a considerar tais objecções[2945]. Segundo o próprio Órgão de Recurso:

> "Uma determinação sobre a *oportunidade* de uma objecção suscitada ao abrigo do nº 2 do artigo 6º deve ser examinada caso a caso. Isto é coerente com a discricionariedade que o Memorando de Entendimento sobre Resolução de Litígios reconhece aos painéis para lidar com situações específicas que possam surgir num caso concreto e que não estejam expressamente reguladas. Além disso, ao abrigo do artigo 12º do Memorando de Entendimento sobre Resolução de Litígios, é o Painel que fixa o calendário dos seus procedimentos e, por isso, é o Painel que está em melhores condições de determinar se, nas circunstâncias particulares de cada caso, uma objecção é suscitada atempadamente"[2946].

No contexto específico dos recursos, o Órgão de Recurso notou que:

> "'Uma objecção à competência deve ser suscitada o mais cedo possível' e, do ponto de vista das devidas garantias processuais, é preferível que a parte apelante coloque essa questão no pedido de recurso, de modo a que as partes intimadas tenham conhecimento que tal alegação será formulada na fase do recurso. Todavia, a questão da competência de um Painel é de tal modo fundamental que é apropriado analisar as alegações de que um Painel ultrapassou a sua competência mesmo se elas não constam do pedido de recurso"[2947].

Ao mesmo tempo, o Órgão de Recurso defendeu que:

> "As objecções relativas à jurisdição devem ser suscitadas o mais cedo possível e os Painéis devem assegurar que se cumprem os requisitos de um procedimento com as garantias processuais devidas. Não obstante, concordamos com a opinião do Painel de que 'algumas questões de jurisdição podem ser de tal natureza que devam ser objecto da atenção do Painel em qualquer momento'. Não partilhamos a opinião das Comunidades Europeias de que as objecções à jurisdição de um painel devem ser consideradas simples 'objecções processuais'. A atribuição de jurisdição a um painel é um requisito

---

*Mexico – Anti-Dumping Investigation of High Fructose Corn Syrup (HFCS) from the United States (Recourse to Article 21.5 of the DSU by the United States)* (WT/DS132/AB/RW), 22-10-2001, parágrafo 50.

[2945] *Idem.*

[2946] Relatório do Órgão de Recurso no caso *Canada – Measures Relating to Exports of Wheat and Treatment of Imported Grain* (WT/DS276/AB/R), 30-8-2004, parágrafo 206.

[2947] Relatório do Órgão de Recurso no caso *United States – Continued Dumping and Subsidy Offset Act of 2000* (WT/DS217/AB/R, WT/DS234/AB/R), 16-1-2003, parágrafo 208.

A FUNÇÃO JURISDICIONAL NO SISTEMA GATT/OMC

prévio fundamental de um procedimento do Painel conforme ao direito. Por conseguinte, não consideramos que haja razões para aceitar o argumento das Comunidades Europeias de que devemos recusar o recurso dos Estados Unidos porque este país não suscitou ante o Painel a sua objecção à jurisdição no momento oportuno"[2948].

## 4.12. A Circulação do Relatório do Órgão de Recurso

A distribuição do relatório aos membros da OMC é o último passo do processo de recurso que está sob o controlo do Órgão de Recurso, mas nem o Memorando de Entendimento sobre Resolução de Litígios nem os Procedimentos de Trabalho do Órgão de Recurso impõem um método particular de circulação do relatório do Órgão de Recurso. Segundo VICTORIA DONALDSON:

> "Typically, on the official date of circulation, Appellate Body Reports are distributed by placing hard copies of the report, in the three working languages of the WTO, in the mailboxes of the WTO Members. At the same time, the three language versions of the report are placed on the WTO website. Thus usually occurs between 4 and 5 p.m. on the date of circulation. As a matter of practice, the Appellate Body will generally agree to allow the participants in an appeal – as long as the participants all agree – to pick up a hard copy of the final report a few hours in advance of the distribution to the mailboxes. In case of such early distribution, the Appellate Body reminds participants and third participants that the report is to remain confidential until such time as it is circulated to the membership as a whole"[2949].

De acordo com o próprio Órgão de Recurso, a redacção de cada relatório deve estar completa pelo menos duas semanas antes da data da sua distribuição, de modo a que possa ser traduzido para as outras duas línguas oficiais da OMC. O Órgão de Recurso está obrigado, pois, a respeitar um prazo de 75 dias e não de 90 dias. O tempo necessário para a tradução pode ser particularmente oneroso quando os casos abarcam o período festivo do Natal/Ano Novo porquanto, por causa do encerramento da OMC, os serviços de tradução não estão disponíveis durante um período que pode ir até 10 dias[2950].

---

[2948] Relatório do Órgão de Recurso no caso *United States – Anti-Dumping Act of 1916* (WT/DS136/AB/R, WT/DS162/AB/R), 28-8-2000, parágrafo 54.

[2949] Victoria DONALDSON, The Appellate Body: Institutional and Procedural Aspects (Chapter 27), in *The World Trade Organization: Legal, Economic and Political Analysis*, Volume I, Patrick Macrory, Arthur Appleton e Michael Plummer Ed., Springer, Nova Iorque, 2005, p. 1329.

[2950] OMC, *Working Procedures for Appellate Review – Communication from the Appellate Body* (WT/AB/WP/W/9), 7-10-2004, p. 8.

1062

A FASE DE RECURSO

## 5. Outros Aspectos Processuais
### 5.1. A Inexistência de uma Fase Intermédia de Revisão
Contrariamente ao que se passa na fase do painel, não existe uma fase intermédia de revisão nem relatório provisório no caso do processo de recurso. Com alguma surpresa, alguns membros da OMC propuseram a introdução de uma tal fase, de modo a permitir-lhes um maior controlo do sistema de resolução de litígios. Os Estados Unidos e o Chile, por exemplo, propuseram a introdução de uma alínea *b*) no nº 5 do art. 17º do Memorando com a seguinte redacção:

> "Depois de considerar as comunicações escritas e os argumentos orais, o Órgão de Recurso deve apresentar às partes um relatório provisório, incluindo tanto as secções descritivas como as constatações e conclusões do Órgão de Recurso. Dentro de um prazo fixado pelo Órgão de Recurso, qualquer uma das partes pode apresentar por escrito um pedido para o Órgão de Recurso reexaminar aspectos precisos do relatório provisório antes da distribuição do relatório definitivo aos Membros. A pedido de uma parte, o Órgão de Recurso deve realizar uma nova reunião com as partes sobre as questões identificadas nas observações escritas. Se não tiverem sido recebidas observações das partes no prazo estipulado, o relatório provisório será considerado como final e apresentado sem demora aos Membros. O relatório definitivo do Órgão de Recurso deve incluir uma discussão dos argumentos feitos na fase intermédia de revisão"[2951].

Um antigo membro do Órgão de Recurso, pelo contrário, acha que esta proposta não faz sentido:

> "At first sight, this extension of the interim review mechanism from panel proceedings to the Appellate Body might seem to be rather innocuous. On reflection, it is not. Panels are charged, i.e. with the establishment of facts, while the Appellate Body is limited to the review of issues of law. An interim review during the appeal procedure would therefore oblige the Appellate Body to discuss exclusively legal questions. In addition, panels are established *ad hoc*, while the Appellate Body is a permanent institution. To oblige the members of a division of the Appellate Body to discuss with the parties, before the issuance of their report, their findings, and the reasoning in support of their findings, seems to me to entail the risk of affecting the independence and authority of the Appellate Body"[2952].

---

[2951] OMC, *Negotiations on Improvements and Clarifications of the Dispute Settlement Understanding on Improving Flexibility and Member Control in WTO Dispute Settlement – Textual Contribution by Chile and the United States* (TN/DS/W/52), 14-3-2003, p. 1.

[2952] Claus-Dieter EHLERMANN, *Reflections on the Appellate Body of the WTO*, in JIEL, 2003, p. 707.

1063

A FUNÇÃO JURISDICIONAL NO SISTEMA GATT/OMC

Outro autor refere, ainda, o risco de ocorrerem pressões políticas susceptíveis de pôr em causa o estatuto jurisdicional dos membros do Órgão de Recurso[2953] e parece evidente que um relatório provisório na fase de recurso teria de ser acompanhado por uma extensão do tempo requerido para os procedimentos[2954].

Com vista a tornar o processo ainda mais célere, talvez fosse útil, sim, acabar com a fase intermédia de revisão actualmente existente em qualquer painel, permitindo, no entanto, que as partes pudessem corrigir eventuais erros no relatório durante o período de tempo entre a distribuição do relatório às partes em litígio e a distribuição do relatório aos outros membros da OMC (o tempo em que o relatório está a ser traduzido). O ganho de tempo assim obtido poderia permitir, por exemplo, a introdução do tão falado processo de reenvio. Apesar de os governos dos membros da OMC que perderam o litígio alegarem que necessitam de todo o tempo possível para decidir se interpõem recurso e consultar as partes interessadas, a realidade mostra que eles sabem, inevitavelmente, o resultado do caso quando recebem o relatório provisório.

## 5.2. As Medidas Cautelares

As medidas cautelares visam evitar um prejuízo irreparável, de modo a preservar os direitos das partes até que o tribunal profira uma decisão final[2955]. Nesse sentido, nos termos do art. 41º do Estatuto do Tribunal Internacional de Justiça:

> "1 – O Tribunal terá a faculdade de indicar, se julgar que as circunstâncias o exigem, quaisquer medidas provisórias que devam ser tomadas para preservar os direitos de cada parte.
>
> 2 – Antes que a sentença seja proferida, as partes e o Conselho de Segurança deverão ser informados imediatamente das medidas indicadas".

---

[2953] Ernst-Ulrich PETERSMANN, Additional Negotiation Proposals on Improvements and Clarifications of the DSU, in *The WTO Dispute Settlement System 1995-2003*, Federico Ortino e Ernst-Ulrich Petersmann ed., Kluwer Law International, Haia-Londres-Nova Iorque, 2004, p. 97.

[2954] A introdução da fase intermédia aumentaria a duração do processo de recurso em mais de seis semanas. Cf. Armin STEINBACH, *The DSU Interim Review – Need for its Elimination or Extension to the Appellate Body?*, in JIEL, 2009, p. 432.

[2955] As medidas cautelares visam, também, salvaguardar a jurisdição do tribunal internacional "to render a judgment which is effective". Cf. Chester BROWN, *A Common Law of International Adjudication*, Oxford University Press, 2007, p. 121.

1064

A FASE DE RECURSO

O Tribunal Internacional de Justiça goza mesmo do poder de indicar medidas cautelares *motu proprio*[2956] e é ponto assente, hoje em dia, que "as ordens sobre medidas cautelares" ao abrigo do artigo 41º "têm carácter vinculativo"[2957].

Não obstante o nº 4 do art. 96º da Carta de Havana prever a aplicação de uma medida cautelar numa determinada situação, era entendimento generalizado que os painéis e os grupos de trabalho do GATT de 1947 não dispunham da faculdade de decretar medidas cautelares[2958]. A ausência de tal faculdade fez-se sentir, em particular, no caso *Norway – Procurement of Toll Collection Equipment for the City of Trondheim*, visto que a construção em causa (um sistema electrónico de cobrança de portagens para a cidade de Trondheim) já estava erigida quando o Painel concluiu que as regras do Acordo sobre Compras Públicas não tinham sido respeitadas. Segundo o Painel:

> "todos os actos de incumprimento alegados pelos Estados Unidos eram actos que se tinham realizado no passado. A única via mencionada durante os procedimentos do Painel para que a Noruega pusesse a compra de Trondheim em conformidade com as obrigações impostos pelo Acordo seria anular o contrato e voltar a iniciar o processo de contratação. O Painel não considerou apropriado fazer uma recomendação nesse sentido. As recomendações dessa natureza não faziam parte da prática consuetudinária em matéria de resolução de litígios no quadro do sistema do GATT e os redactores do Acordo sobre Compras Públicas não tinham previsto expressamente que a formulação de recomendações dessa índole faria parte da tarefa atribuída aos painéis pelos termos de referência normais. Além disso, o Painel considerava que tal recomendação no caso em análise podia ser desproporcionada, implicar um desperdício de recursos e um possível prejuízo para os interesses de partes terceiras"[2959].

Nestas condições, o Painel limitou-se a pedir à Noruega que aceitasse a ilegalidade do seu acto e fornecesse garantias de não repetição[2960], ou seja, os Estados Unidos venceram o litígio, mas ficaram de mãos vazias[2961].

---

[2956] Karin OELLERS-FRAHM, Article 41, in *The Statute of the International Court of Justice – A Commentary*, Andreas Zimmermann, Christian Tomuschat e Karin Oellers-Frahm ed., Oxford University Press, 2006, p. 945.

[2957] TRIBUNAL INTERNACIONAL DE JUSTIÇA, *LaGrand Case (Germany/United States of America)*, Acórdão de 27-6-2001, parágrafo 109.

[2958] Georges CAVALIER, *A Call for Interim Relief at the WTO Level: Dispute Settlement and International Trade Diplomacy*, in World Competition, vol. 22, nº 3, 1999, pp. 124-125.

[2959] Relatório do Painel no caso *Norway – Procurement of Toll Collection Equipment for the City of Trondheim* (GPR.DS2/R), adoptado em 13-5-1992, parágrafo 4.17.

[2960] Petros MAVROIDIS, *Remedies in the WTO Legal System: Between a Rock and a Hard Place*, in EJIL, 2000, p. 776.

[2961] Esta situação parece estar na origem do nº 3 do art. XXII do Acordo da OMC sobre Compras Públicas, disposição que é conhecida, aliás, pelo nome de "Trondheim Provision" (cf. Christian

## A FUNÇÃO JURISDICIONAL NO SISTEMA GATT/OMC

A fim de evitar a repetição de situações semelhantes, o art. XX do novo Acordo da OMC sobre Compras Públicas permite o acesso rápido e directo das empresas estrangeiras aos tribunais nacionais ou a órgãos imparciais e independentes, sem a intervenção do Estado de que são nacionais[2962]. Assim, nos termos do novo mecanismo de impugnação previsto no artigo XX:

"1. Em caso de reclamação por parte de um fornecedor invocando uma infracção ao presente Acordo no contexto da celebração de um contrato, cada parte encorajará o fornecedor a tentar uma resolução da questão em consulta com a entidade adjudicante. Nesses casos, a entidade adjudicante apreciará a reclamação de modo imparcial e em tempo oportuno, de uma forma não prejudicial à obtenção de medidas correctivas no âmbito do sistema de impugnação.

2. Cada parte estabelecerá procedimentos não discriminatórios, céleres, transparentes e eficazes que permitam aos fornecedores impugnar alegadas infracções ao Acordo ocorridas no contexto da celebração de contratos em que tenham ou tenham tido um interesse.

3. Cada parte estabelecerá os seus procedimentos de impugnação por escrito e providenciará no sentido de que sejam acessíveis a todos.

4. Cada parte assegurará que a documentação relativa a todos os aspectos dos processos relativos a contratos abrangidos pelo presente Acordo seja conservada durante três anos.

5. O fornecedor interessado poderá ser obrigado a iniciar um procedimento de impugnação e a notificar a entidade adjudicante dentro de determinados prazos a contar da data em que o fundamento da reclamação seja conhecido, ou deveria razoavelmente ter sido conhecido, mas nunca dentro de um prazo inferior a 10 dias.

---

SCHEDE, *The 'Trondheim Provision' in the WTO Agreement on Government Procurement: Does This 'Major Revision' Live Up to the Needs of the Private Sector*, in Public Procurement Law Review, 1996, p. 162) e cujo teor é o seguinte:

"O Órgão de Resolução de Litígios terá competência para criar painéis, adoptar os relatórios dos painéis e do Órgão de Recurso, formular recomendações ou tomar decisões sobre a questão, fiscalizar a implementação das decisões e recomendações e autorizar a suspensão das concessões e outras obrigações ao abrigo do presente Acordo ou o estabelecimento de consultas relativamente a medidas correctivas quando não seja possível retirar as medidas que se tenha concluído constituírem uma infracção ao Acordo, na condição de que apenas os Membros da OMC partes no presente Acordo participem em decisões ou medidas tomadas pelo Órgão de Resolução de Litígios em relação a litígios no quadro do presente Acordo".

[2962] Designadamente, o nº 7 do art. XX do Acordo sobre Compras Públicas é, do ponto de vista processual, um raro exemplo no sistema GATT/OMC, visto permitir que as partes privadas invoquem o direito da OMC ante os tribunais nacionais. Cf. Bernard HOEKMAN e Petros MAVROIDIS, *The WTO's Agreement on Government Procurement: Expanding Disciplines, Declining Membership*, in Public Procurement Law Review, 1995, p. 71.

A FASE DE RECURSO

6. As impugnações serão apreciadas por um tribunal ou por um órgão de exame imparcial e independente que não tenha qualquer interesse no resultado da contratação e cujos membros estejam protegidos face a influências externas durante a duração do seu mandato. Um órgão de exame que não seja um tribunal estará sujeito a revisão judicial ou adoptará procedimentos que assegurem que:

a) Os participantes possam ser ouvidos antes de ser emitido um parecer ou de ser tomada uma decisão;

b) Os participantes possam fazer-se representar e acompanhar;

c) Os participantes tenham acesso a todo o processo;

d) O processo possa ser público;

e) Os pareceres ou decisões sejam formulados por escrito, com uma exposição descrevendo os respectivos fundamentos;

f) Possam ser apresentadas testemunhas;

g) Os documentos sejam dados a conhecer ao órgão de exame.

7. Os procedimentos de impugnação deverão prever:

a) Medidas provisórias rápidas para corrigir infracções ao Acordo e preservar oportunidades comerciais. Essas medidas poderão ter por efeito a suspensão do processo de contratação. No entanto, os procedimentos poderão prever a possibilidade de, ao decidir se essas medidas devem ser aplicadas, serem tidas em conta eventuais consequências adversas essenciais para os interesses envolvidos, incluindo o interesse público. Nessas circunstâncias, a não adopção de medidas será fundamentada por escrito;

b) Uma apreciação e a possibilidade de adopção de uma decisão sobre a justificação da impugnação;

c) A correcção da infracção ao Acordo ou a compensação pelas perdas e danos sofridos, que poderá limitar-se aos custos de preparação da proposta ou da reclamação.

8. Com vista à preservação dos interesses comerciais e outros interesses envolvidos, o procedimento de impugnação deverá normalmente ser concluído com celeridade".

Para além de constituir "a rather novel concept in GATT/WTO law"[2963], este novo mecanismo visa, no fundo, ter em conta a natureza específica dos litígios em matéria de compras públicas[2964]. Ao mesmo tempo, o novo Acordo sobre Compras Públicas não exclui a aplicação das disposições do Memorando de Entendimento sobre Resolução de Litígios (art. XXII). Estamos, pois, ante um mecanismo adi-

---

[2963] Gabrielle MARCEAU e Annet BLANK, *History of the Government Procurement Negotiations Since 1945*, in Public Procurement Law Review, 1996, p. 128.

[2964] *Idem*, p. 126.

A FUNÇÃO JURISDICIONAL NO SISTEMA GATT/OMC

cional aos sistema normal de resolução de litígios no âmbito da OMC, mas que difere deste último em alguns aspectos importantes. Primeiro, não está prevista qualquer participação do Órgão de Resolução de Litígios. Segundo, o processo é iniciado por "um fornecedor interessado" (art. XX, nºs 2 e 5, do Acordo sobre Compras Públicas) e não por um Membro da OMC. Como bem notou PATRICK MESSERLIN:

> "this is a unique innovation in the GATT system: it is the first time that direct access to enforcement procedures under the regulations of the importing country has been granted to foreign firms within the context of a GATT text"[2965].

Terceiro, os procedimentos de impugnação deverão prever "medidas provisórias rápidas para corrigir infracções ao Acordo e preservar oportunidades comerciais" (art. XX, nº 7, alínea *a*), do Acordo sobre Compras Públicas).

O recurso a medidas provisórias está previsto igualmente em outros acordos abrangidos (art. 17º, nº 1, do Acordo sobre as Subvenções e as Medidas de Compensação; art. 7º, nº 1, do Acordo sobre a Aplicação do Artigo VI do GATT de 1994; art. 50º do Acordo sobre os Aspectos dos Direitos de Propriedade Intelectual Relacionados com o Comércio), mas, tal como acontece no âmbito do Acordo sobre Compras Públicas, são as autoridades nacionais que têm competência para aplicar medidas provisórias e não os painéis ou o Órgão de Recurso.

A não previsão da possibilidade de os órgãos previstos no Memorando de Entendimento sobre Resolução de Litígios poderem aplicar medidas provisórias constitui uma situação muito insatisfatória, agravada pela circunstância de o sistema de resolução de litígios da OMC impor apenas a retirada do acto ilegal *ex nunc* e não o restabelecimento do *status quo ante* ou da situação que existiria se o acto ilegal não tivesse sido praticado. Como salienta FRIEDER ROESSLER:

> "The lack of retroactive remedies, combined with the lack of interim relief, has the following consequences: It is possible to violate – effectively unsanctioned – obligations under the WTO agreements for considerable periods of time simply by refusing to engage in constructive consultations, unnecessarily complicating the panel proceedings, appealing the panel report on whatever grounds and forcing the complainant to request an arbitrator to determine the length of the implementation period. The procedures intended to ensure the enforcement of WTO law can therefore be turned into a new mechanism to escape WTO law"[2966].

---

[2965] Patrick MESSERLIN, Agreement on Government Procurement, in *The New World Trading System: Readings*, OCDE, Paris, 1995, p. 65.

[2966] Frieder ROESSLER, The responsibilities of a WTO Member found to have violated WTO law, in *The WTO in the Twenty-First Century: Dispute Settlement, Negotiations, and Regionalism in Asia*, Yasuhei

# A FASE DE RECURSO

E se o poder de emitir medidas provisórias for visto como parte integrante de qualquer órgão que reclama o estatuto de tribunal, então, os painéis da OMC e o Órgão de Recurso não podem ser considerados como tal[2967]. Isto porque:

> "Other international adjudicatory bodies have considered the right to order interim measures to be so basis to the existence of a Court that they have not deemed such power to be dependent upon any express provision. The International Court of Justice has maintained that issuing interim orders 'is really an inherent jurisdiction, the power to exercise which is a necessary condition of the Court – or any court of law – being able to function at all'"[2968].

Existe também uma tendência geral no direito internacional de permitir medidas provisórias[2969]. KARIN OELLERS-FRAHM assevera mesmo que:

> "there is a widely held view according to which the power to order/indicate interim measures of protection exists irrespective of an explicit provision as an implied power of any international tribunal or as a general principle of law"[2970].

O poder de indicar medidas provisórias constitui, pois, um poder inerente, resultante da própria existência de um tribunal e da necessidade de que ele possa desempenhar as suas funções[2971] e de assegurar a eficácia da decisão final[2972].

---

Taniguchi, Alan Yanovich e Jan Bohanes Ed., Cambridge University Press, 2007, p. 143. É verdade que a não existência de remédios retrospectivos no sistema de resolução de litígios da OMC pode permitir a inferência de que os painéis e o Órgão de Recurso não dispõem do poder inerente de preservar os direitos das partes durante a pendência dos procedimentos, mas convém não esquecer que alguma doutrina e pelo menos um painel (caso *Australia – Subsidies Provided to Producers and Exporters of Automotive Leather* (WT/DS126/R)) entendem que os remédios no âmbito da OMC não têm de ser exclusivamente "forward-looking". Cf. Chester BROWN, *A Common Law of International Adjudication*, Oxford University Press, 2007, p. 135.

[2967] Friedl WEISS, Inherent Powers of National and International Courts, in *The WTO Dispute Settlement System 1995-2003*, Federico Ortino e Ernst-Ulrich Petersmann ed., Kluwer Law International, Haia-Londres-Nova Iorque, 2004, p. 187.

[2968] *Idem.*

[2969] Georges CAVALIER, *A Call for Interim Relief at the WTO Level: Dispute Settlement and International Trade Diplomacy*, in World Competition, vol. 22, nº 3, 1999, p. 108.

[2970] Karin OELLERS-FRAHM, Article 41, in *The Statute of the International Court of Justice – A Commentary*, Andreas Zimmermann, Christian Tomuschat e Karin Oellers-Frahm ed., Oxford University Press, 2006, p. 930.

[2971] Friedl WEISS, Inherent Powers of National and International Courts, in *The WTO Dispute Settlement System 1995-2003*, Federico Ortino e Ernst-Ulrich Petersmann ed., Kluwer Law International, Haia-Londres-Nova Iorque, 2004, p. 178.

[2972] Dinah SHELTON, *Form, Function, and the Powers of International Courts*, in CJIL, 2009, p. 548. No caso *Fisheries Jurisdiction*, por exemplo, o Tribunal Internacional de Justiça declarou:

## A FUNÇÃO JURISDICIONAL NO SISTEMA GATT/OMC

Nada impede, igualmente, que as partes em litígio concordem em atribuir a um painel o poder de ordenar medidas provisórias, através da adopção de termos de referência especiais[2973].

Assim, caso os painéis da OMC e o Órgão de Recurso se vejam confrontados pela primeira vez com um pedido de aplicação de medidas provisórias por uma ou por ambas as partes em litígio (ou participantes, no caso do Órgão de Recurso), o que não aconteceu até agora, ele deve lidar com tal solicitação caso a caso, através da Regra 16, nº 1, dos Procedimentos de Trabalho do Órgão de Recurso. Quando o Órgão de Recurso identifica um problema recorrente, o nº 9 do art. 17º do Memorando dá-lhe autoridade para alterar os seus procedimentos de trabalho[2974].

E, como bem nota FRIEDL WEISS, o Órgão de Recurso não sabe se tem realmente um determinado poder (e quais os seus limites) até exercê-lo e depois de avaliar a reacção dos membros da OMC[2975]. Enquanto a aceitação de comunicações *amicus curiae* pelo Órgão de Recurso suscitou grande polémica junto da grande maioria dos membros da OMC, a prática de "completar a análise" contribuiu seguramente para a credibilidade e legitimidade do sistema de resolução de litígios da OMC.

### 6. O Princípio da Colegialidade

Na elaboração dos Procedimentos de Trabalho, os membros do Órgão de Recurso fizeram algumas opções fundamentais no que diz respeito à natureza e à condução do processo de recurso. É de referir, em especial, a importância atribuída à natureza jurisdicional dos procedimentos e ao princípio da colegialidade[2976].

---

"Considerando que a aplicação imediata pela Islândia do seu Regulamento, antecipando o acórdão do Tribunal, prejudicaria os direitos invocados pelo Reino Unido e afectaria a possibilidade do seu restabelecimento total caso o Tribunal se pronunciasse a seu favor". Cf. TRIBUNAL INTERNACIONAL DE JUSTIÇA, *Fisheries Jurisdiction Case (United Kingdom of Great Britain and Northern Ireland v. Iceland), Request for the Indication of Interim Measures of Protection*, Ordem de 17-8-1972, parágrafo 22.

[2973] Georges CAVALIER, *A Call for Interim Relief at the WTO Level: Dispute Settlement and International Trade Diplomacy*, in World Competition, vol. 22, nº 3, 1999, p. 132.

[2974] Pierre MONNIER, Working Procedures: Recent Changes and Prospective Developments, in *Reform and Development of the WTO Dispute Settlement System*, Dencho Georgiev e Kim Van der Borght Ed., Cameron May, Londres, 2006, p. 266.

[2975] Friedl WEISS, Inherent Powers of National and International Courts, in *The WTO Dispute Settlement System 1995-2003*, Federico Ortino e Ernst-Ulrich Petersmann ed., Kluwer Law International, Haia-Londres-Nova Iorque, 2004, p. 182.

[2976] O Memorando de Entendimento sobre Resolução de Litígios não prevê, por exemplo, a realização de qualquer audiência oral durante a fase de recurso. A sua realização está prevista, sim, nos Procedimentos de Trabalho do Órgão de Recurso.

A FASE DE RECURSO

Relativamente ao princípio da colegialidade, é necessário ter presente que o Memorando de Entendimento sobre Resolução de Litígios, ao determinar que os recursos não serão ouvidos e dirimidos pelo Órgão de Recurso em sessão plenária, mas sim por uma secção de três membros, os quais exercerão as suas funções de um modo rotativo (art. 17º, nº 1), poderia criar um obstáculo importante ao desenvolvimento de uma jurisprudência segura e previsível[2977]. Significativamente, o Órgão de Recurso reconheceu e lidou com tal perigo nos respectivos Procedimentos de Trabalho, adoptando a Regra 4, cuja epígrafe é "Colegialidade", e que determina o seguinte:

"4.(1) Com o objectivo de garantir a uniformidade e coerência na adopção de decisões e de aproveitar a competência individual e colectiva dos Membros, os Membros devem reunir-se periodicamente para examinar questões práticas, de política geral e de procedimento.

(2) Os Membros devem manter-se ao corrente das actividades de resolução de litígios e demais actividades relevantes da OMC e, em particular, cada Membro deve receber todos os documentos apresentados num recurso.

(3) Em conformidade com os objectivos enunciados no nº 1, a secção encarregue de resolver um recurso deve trocar opiniões com os demais Membros antes de finalizar o relatório do recurso a distribuir aos Membros da OMC. O presente número está subordinado ao disposto nos nºs 2 e 3 da Regra 11.

(4) Nenhuma disposição das presentes Regras deve ser interpretada como interferindo com a autoridade e a liberdade plenas de uma secção para conhecer e decidir um recurso a ela confiado em conformidade com o nº 1 do Artigo 17º do Memorando de Entendimento sobre Resolução de Litígios".

Para além do desenvolvimento de uma jurisprudência segura e previsível, o princípio da colegialidade procura assegurar, também, que as conclusões a que chega o Órgão de Recurso beneficiam "from a true 'cross-pollination'" de cul-

---

[2977] DEBRA STEGER defende que a prática da colegialidade tem sido extremamente importante "in ensuring consistency" dos numerosos relatórios do Órgão de Recurso (cf. Debra STEGER, Improvements and Reforms of the WTO Appellate Body, in *The WTO Dispute Settlement System 1995-2003*, Federico Ortino e Ernst-Ulrich Petersmann ed., Kluwer Law International, Haia-Londres-Nova Iorque, 2004, p. 43). Mas, atenção, a consistência não é um valor em si, pois podemos estar consistentemente errados. Porém, ao realizar interpretações correctas, um tribunal adquire credibilidade institucional se puder demonstrar um padrão consistente. Cf. Petros MAVROIDIS e Kim Van der BORGHT, Impartiality, Independence and the WTO Appellate Body, in *Reform and Development of the WTO Dispute Settlement System*, Dencho Georgiev e Kim Van der Borght Ed., Cameron May, Londres, 2006, p. 221.

1071

A FUNÇÃO JURISDICIONAL NO SISTEMA GATT/OMC

turas e experiências jurídicas[2978]. Atendendo ao reduzido número de membros que compõe cada secção, nada garante, de facto, que a composição de uma secção em particular irá reflectir no Órgão de Recurso a diversidade de sistemas jurídicos[2979].

A "troca de opiniões" de que fala a Regra 4, nº 3, não se baseia em qualquer projecto de relatório elaborado pela secção[2980] e dura normalmente entre dois a três dias[2981]. Isto não significa, no entanto, que os membros da secção tenham de acomodar as posições dos outros quatro membros do Órgão de Recurso durante a troca de opiniões[2982]. Segundo um antigo membro do Órgão de Recurso: "the views of the other Appellate Body Members constitute formal input which the division may or may not choose to accept"[2983].

Portanto, não obstante a consagração do princípio da colegialidade, só os três membros incumbidos da análise do caso são responsáveis pela elaboração do relatório[2984], tendo para tal plena autoridade e liberdade (Regras 4, nº 4, e 3, nº 1, dos

[2978] Debra STEGER, Improvements and Reforms of the WTO Appellate Body, in *The WTO Dispute Settlement System 1995-2003*, Federico Ortino e Ernst-Ulrich Petersmann ed., Kluwer Law International, Haia-Londres-Nova Iorque, 2004, p. 44.

[2979] Donald McRAE, *The Contribution of International Trade Law to the Development of International Law*, in RCADI, 1996, vol. 260, pp. 186-187.

[2980] Alberto ALVAREZ-JIMÉNEZ, *The WTO Appellate Body's Decision-Making Process: A Perfect Model for International Adjudication?*, in JIEL, 2009, p. 304. Ainda segundo este autor, "the Division does not carry out its decision-making process on the basis of a draft circulated by the presiding Member". Cf. *Idem*, p. 309.

[2981] Yasuhei TANIGUCHI, *The WTO Dispute Settlement as Seen by a Proceduralist*, in CILJ, 2009, p. 3. Em casos complexos como o caso *European Communities Measures Concerning Meat and Meat Products (Hormones)*, a "troca de opiniões" durou cinco dias. Cf. Alberto ALVAREZ-JIMÉNEZ, *The WTO Appellate Body's Decision-Making Process: A Perfect Model for International Adjudication?*, in JIEL, 2009, p. 304.

[2982] *Idem*, p. 303. Bem mais complexo é o processo de redacção dos acórdãosno caso do Tribunal Internacional de Justiça. Na caracterização de um autor, estamos ante "a bargaining process", ou seja, os juízes do Tribunal Internacional de Justiça "hold out for the addition or deletion of certain passages and reasons, threatening to disrupt the creation of a majority or to deliver an individual opinion, unless there is compliance with their wishes". Cf. Iain SCOBBIE, *"Une Hérésie en Matière Judiciaire"? The Role of the Judge Ad Hoc in the International Court*, in The Law and Practice of International Courts and Tribunals, 2005, p. 444.

[2983] Mitsuo MATSUSHITA, Some Thoughts on the Appellate Body, (Chapter 30), in *The World Trade Organization: Legal, Economic and Political Analysis*, Volume I, Patrick Macrory, Arthur Appleton e Michael Plummer Ed., Springer, Nova Iorque, 2005, p. 1396.

[2984] Uma das razões para ter um número ímpar de membros é, presumivelmente, facilitar a resolução de desacordos entre os membros da secção e não está previsto quer no Memorando, quer nos Procedimentos de Trabalho, nenhum caso em que o presidente do Órgão de Recurso ou de uma secção disponha de "a casting vote". Em contraste, o Estatuto do Tribunal Internacional de Justiça estabelece que, "no caso de empate na votação, o presidente, ou juiz que o substitua,

1072

# A FASE DE RECURSO

Procedimentos de Trabalho do Órgão de Recurso)[2985]. Nesse sentido, apesar do relatório ser elaborado em nome do Órgão de Recurso e não de uma secção em particular, só os três membros do Órgão de Recurso responsáveis pela análise do caso assinam o relatório[2986].

A respeito da opção feita, vários antigos membros do Órgão de Recurso têm prestado publicamente tributo ao elevado grau de colegialidade entre os membros do Órgão de Recurso e ao efeito positivo que dele resultou na respectiva jurisprudência. Um dos membros fundadores do Órgão de Recurso enfatizou, por exemplo, que:

decidirá com o seu voto" (artigo 55º, nº 2). Por exemplo, a decisão do Tribunal Permamente de Justiça Internacional no caso *Lotus* foi adoptada com o voto de desempate do Presidente, o mesmo se passando, em relação ao Tribunal Internacional de Justiça, com a decisão deste nos chamados casos *South West Africa*. Cf. Bardo FASSBENDER, Article 55, in *The Statute of the International Court of Justice – A Commentary*, Andreas Zimmermann, Christian Tomuschat e Karin Oellers-Frahm ed., Oxford University Press, 2006, p. 1181.

[2985] Não procede, por isso, a seguinte crítica: "collegiality seems to go against Article 17(1) of the DSU, which explicitly states that three of the seven Appellate Body members shall serve on any given case" (Cf. Shoaib GHIAS, *A Theoretical and Political Analysis of the WTO Appellate Body*, in Berkeley Journal of International Law, 2006, pp. 535-536). Mais certeira parere ser a crítica avançada por DONALD MCRAE: "the 'collegiality' process of the Appellate Body, whereby members of a division decide after having consulted all of the members of the Appellate Body, appears inconsistent with principles of due process in common law systems where only those who have heard a case can be involved in decision-making" (cf. Donald MCRAE, *What is the Future of WTO Dispute Settlement?*, in JIEL, 2004, p. 8). Um antigo membro fundador do Órgão de Recurso observa mesmo que "important statements may be made during the oral hearing, and those Appellate Body members not present might have formed different impressions had they attended the hearing" (cf. Mitsuo MATSUSHITA, Some Thoughts on the Appellate Body, (Chapter 30), in *The World Trade Organization: Legal, Economic and Political Analysis*, Volume I, Patrick Macrory, Arthur Appleton e Michael Plummer Ed., Springer, Nova Iorque, 2005, p. 1396) e daí a sua proposta no sentido de os casos importantes (por exemplo, quando esteja em causa uma modificação de precedentes) serem ouvidos numa sessão *en banc* (cf. *Idem*, pp. 1396-1397). A respeito desta última crítica, é de notar que, nos últimos tempos, algumas audiências orais dos painéis e do Órgão de Recurso têm sido abertas ao público, através de um circuito fechado de televisão numa sala separada. Nada impede, pois, que os outros quatro membros do Órgão de Recurso possam também assistir às audiências da secção responsável pelo exame do recurso.

[2986] Ao que parece, os membros da secção distribuem entre si a tarefa de redigir o relatório (cf. Alberto ALVAREZ-JIMÉNEZ, *The WTO Appellate Body's Decision-Making Process: A Perfect Model for International Adjudication?*, in JIEL, 2009, p. 310). Em contraste, no caso do Tribunal Internacional de Justiça, a contribuição do escrivão para a redacção dos acórdãos do Tribunacional Internacional de Justiça é, por vezes, bastante substancial (cf. Hugh THIRLWAY, *The Drafting of ICJ Decisions Some Personal Recollections and Observations*, in Chinese Journal of International Law, 2006, p. 22). De notar que Hugh Thirlway foi escrivão oficial do Tribunal Internacional de Justiça de 1968 a 1994 e de 2003 a 2005.

A FUNÇÃO JURISDICIONAL NO SISTEMA GATT/OMC

"The system of 'exchange of views' among all Members has proved to be of enormous benefit to the work of the Appellate Body. As intended, the exchanges have permitted divisions to draw on the individual and collective expertise of all members. In addition, they have contributed greatly to consistency and coherence of decision-making. The exchanges of views have thus contributed to 'providing security and predictability to the multilateral trading system', which is, according to Dispute Settlement Understanding Article 3.2, the fundamental aim of the dispute settlement system of the WTO"[2987].

Paralelamente, uma vez que a presença de opiniões individuais pode debilitar a força persuasiva dos julgamentos, desfavorecer a solidariedade entre os juízes, desencorajar a obtenção de compromissos no interior do tribunal e pôr em causa a independência do tribunal (especialmente, se os juízes podem ser reeleitos ou renomeados)[2988], a Regra 3, nº 2, dos Procedimentos de Trabalho estabelece que todos os esforços devem ser envidados no sentido do consenso[2989], não obs-

---

[2987] Claus-Dieter EHLERMANN, *Six Years on the Bench of the "World Trade Court": Some Personal Experiences as Member of the Appellate Body of the World Trade Organization*, in JWT, 2002, p. 612.

[2988] Nos casos *South West Africa*, por exemplo, um juiz discordou de um colega seu de modo bastante desagradável:

"O eminente Juiz [Philip Jessup] parece ter perdido de vista o princípio elementar de que todos os direitos e deveres resultantes de um acordo são determinados de acordo com a intenção das partes na data da conclusão do acordo" (cf. TRIBUNAL INTERNACIONAL DE JUSTIÇA, *South West Africa Cases (Ethiopia v. South Africa, Liberia v. South Africa)*, Segunda Fase, Acórdão de 18-7-1966, Opinião Separada do Juiz Van Wyk, p. 79.

Isto não significa que as opiniões individuais não têm qualquer utilidade. Tais opiniões podem fornecer pontos de referência para os juristas que, posteriormente, voltam a examinar as questões em causa; pôr em destaque as ambiguidades da lei tal como redigida (cf. Meredith Kolsky LEWIS, *The Lack of Dissent in WTO Dispute Settlement*, in JIEL, 2006, p. 916); as opiniões concorrentes enriquecem o julgamento, uma vez que, tendo sido redigidas apenas por um juiz, revelam uma lógica interna e uma consistência superiores à opinião maioritária; as opiniões dissidentes podem ajudar a parte que perdeu o litígio a aceitar mais facilmente o veredicto; as opiniões individuais podem exercer uma pressão positiva sobre a maioria no sentido desta redigir uma decisão convincente ("this may be seen as the most important function of the institution of separate opinions". Cf. Rainer HOFMANN e Tilmann LAUBNER, Article 57, in *The Statute of the International Court of Justice – A Commentary*, Andreas Zimmermann, Christian Tomuschat e Karin Oellers-Frahm ed., Oxford University Press, 2006, pp. 1211-1212); e a possibilidade de responsabilização é maior no caso das opiniões individuais. Nesse sentido, Thomas Jefferson "disdained the issuance of single opinions prevalent under the early Marshall Court, referring to the practice as 'certainly convenient for the lazy, the modest and the incompetent'". Cf. Meredith Kolsky LEWIS, *The Lack of Dissent in WTO Dispute Settlement*, in JIEL, 2006, p. 924.

[2989] Nos termos da Regra 3, nº 2, dos Procedimentos de Trabalho, "the Appellate Body and its divisions *shall make every effort* to take their decisions by consensus" (itálico aditado).

1074

# A FASE DE RECURSO

tante os relatórios do Órgão de Recurso poderem ser aprovados por maioria pelos membros da secção responsável pela análise do recurso[2990].

Olhando para os relatórios do Órgão de Recurso, é forçoso concluir que o objectivo do consenso tem sido alcançado até agora, isto apesar de um dos primeiros membros do Órgão de Recurso ter observado que "the 'consensus' we have achieved in the many appeals that have been made, thus far, to the Appellate Body has not always been achieved easily"[2991]. Só seis anos após a entrada em funcionamento do novo sistema de resolução de litígios da OMC aparece pela primeira vez num relatório do Órgão de Recurso uma opinião concorrente de um dos membros da secção responsável pelo exame do recurso[2992] e somente dez anos depois da entrada em vigor dos acordos da OMC aparece pela primeira

---

[2990] Os "pareceres expressos no relatório do Órgão de Recurso pelos membros desse mesmo órgão são anónimos" (art. 17º, nº 11, do Memorando), donde resulta que as opiniões individuais são permitidas pelo Memorando, ainda que apenas a título anónimo. De igual modo, "os pareceres expressos no relatório do painel pelos seus membros serão anónimos" (art. 14º, nº 3, do Memorando). No caso *United States – Import Measures on Certain Products from the European Communities*, por exemplo, o relatório do Painel referiu expressamente que um dos membros do Painel considerou, ao contrário dos outros dois membros do Painel, que a medida aplicada pelos Estados Unidos consubstanciava sim uma violação do art. XI do GATT e não do art. II, nº 1, alíneas *a)* e *b)*, primeira frase, do GATT. Cf. Relatório do Painel no caso *United States – Import Measures on Certain Products from the European Communities* (WT/DS165/R), 17-6-2000, parágrafo 7.1.

[2991] James BACCHUS, *Around the Table of the Appellate Body of the World Trade Organization*, in Vanderbilt Journal of Transnational Law, 2002, p. 1030. Por vezes, um antigo membro do Órgão de Recurso chega mesmo a criticar explicitamente algumas conclusões constantes de relatórios do Órgão de Recurso apresentadas durante o seu mandato:
"It may be argued that the Appellate Body should have dealt with the issue in *Canada – Periodicals* exclusively on the basis of the GATT and should have refrained from announcing that, in the event of overlap of the GATT and the GATS, the claim of right under the GATS could be overridden by a requirement under the GATT. It seems that there was a sufficient factual basis for the panel and the Appellate Body to hold that this was a GATT case rather than a GATS case. The Appellate Body could have stopped right there. One cannot lightly maintain that GATT and GATS provisions overlap and a right of a Member under the GATS can easily be overridden by a provision in the GATT. This would create a systemic difficulty for Members and this possible incongruity between the GATS and the GATT may disturb the stability of the WTO system" (cf. Mitsuo MATSUSHITA, Appellate Body Jurisprudence on the GATS and TRIPS Agreements, in *The WTO Dispute Settlement System 1995-2003*, Federico Ortino e Ernst-Ulrich Petersmann ed., Kluwer Law International, Haia-Londres-Nova Iorque, 2004, pp. 462-463).
De notar que MATSUSHITA foi membro da secção em causa.

[2992] Relatório do Órgão de Recurso no caso *European Communities – Measures Affecting Asbestos and Asbestos Containing Products* (WT/DS135/AB/R), 12-3-2001, parágrafos 149-154.

A FUNÇÃO JURISDICIONAL NO SISTEMA GATT/OMC

vez uma opinião dissidente[2993]. Posteriormente, temos a assinalar uma opinião dissidente no caso *United States – Laws, Regulations and Methodology for Calculating Dumping Margins ("Zeroing"), Recourse to Article 21.5 of the DSU by the European Communities*[2994] e uma opinião concorrente no caso *United States – Continued Existence and Application of Zeroing Methodology*[2995]. É de notar que estes dois últimos casos dizem respeito à malfadada prática do *zeroing*[2996].

[2993] Relatório do Órgão de Recurso no caso *United States – Subsidies on Upland Cotton* (WT/DS267/AB/R), 3-3-2005, parágrafos 631-641. A dissidência em causa neste relatório diz respeito apenas a uma das questões objecto de recurso, isto num relatório que examina inúmeras questões jurídicas. A própria linguagem usada pelo membro dissidente neste caso demonstra algum desconforto pelo facto de assumir uma posição individual: "é apenas na interpretação do nº 2 do artigo 10º [do Acordo sobre a Agricultura] que me vejo obrigado a expor respeitosamente a minha discrepância" (parágrafo 631); "reconheço que o texto desta disposição não está isento de ambiguidade" (parágrafo 634).

[2994] Relatório do Órgão de Recurso no caso *United States – Laws, Regulations and Methodology for Calculating Dumping Margins ("Zeroing"), Recourse to Article 21.5 of the DSU by the European Communities* (WT/DS294/AB/RW), 14-5-2009, parágrafos 259-270.

[2995] Relatório do Órgão de Recurso no caso *United States – Continued Existence and Application of Zeroing Methodology* (WT/DS350/AB/R), 4-2-2009, parágrafos 304-313.

[2996] No caso desta prática de "redução a zero", estamos perante uma verdadeira saga. No momento em que escrevemos (Outubro de 2009), já temos a registar sete casos e dezoito relatórios. Os sete casos em causa são os seguintes:

1) *European Communities – Anti-Dumping Duties on Imports of Cotton-Type Bed Linen from India* (relatórios do Painel e do Órgão de Recurso);

2) *European Communities – Anti-Dumping Duties on Malleable Cast Iron Tube or Pipe Fittings from Brazil* (relatório do Painel);

3) *United States – Final Dumping Determination on Softwood Lumber From Canada* (relatórios iniciais do Painel e do Órgão de Recurso e relatórios do Painel e do Órgão de Recurso no contexto do nº 5 do art. 21º do Memorando);

4) *United States – Measures Relating to Zeroing and Sunset Reviews (Japan)* (relatórios iniciais do Painel e do Órgão de Recurso e relatórios do painel e do Órgão de Recurso no contexto do nº 5 do art. 21º do Memorando);

5) *United States – Measures Relating to Zeroing and Sunset Reviews (European Communities)* (relatórios iniciais do Painel e do Órgão de Recurso e relatórios do painel e do Órgão de Recurso ao abrigo do nº 5 do art. 21º do Memorando);

6) *United States – Anti-Dumping Measure on Shrimp from Ecuador* (relatório do Painel);

7) *United States – Continued Existence and Application of Zeroing Methodology* (relatórios do Painel e do Órgão de Recurso).

Além disso, o relatório do painel criado ao abrigo do nº 5 do art. 21º do Memorando no caso *United States – Final Dumping Determination on Softwood Lumber From Canada* chega a uma conclusão contrária à do painel inicial (o painel criado ao abrigo do nº 5 do art. 21º não tinha a mesma composição do painel inicial; tinha um membro diferente). Mais importante do que isso: dois relatórios de painéis que analisaram a prática do *zeroing* discordaram abertamente do Órgão de Recurso e recusaram seguir a sua argumentação (cf. Petros Mavroidis, Patrick Messerlin e Jasper Wauters, *The Law and Economics of Contingent Protection in the WTO*, Elgar International Economic Law,

1076

A FASE DE RECURSO

Seja sob que prisma for, este registo do Órgão de Recurso não pode deixar de ser considerado particularmente impressivo. Primeiro, o Órgão de Recurso apresentou 78 relatórios normais e 18 relatórios ao abrigo do nº 5 do art. 21º do Memorando até meados de 2010[2997]. Segundo, é bom ter presente que muitos recursos envolvem questões particularmente complexas e que os sete membros do Órgão de Recurso têm tradições jurídicas e *backgrounds* profissionais diferentes. Terceiro, a ocorrência de opiniões separadas ou dissidentes é frequente na prática de outros órgãos judiciais internacionais. Tem havido opiniões separadas ou dissidentes em todos os litígios resolvidos até agora pelo Tribunal Internacional do Direito do Mar[2998] e, no caso do principal órgão judicial das Nações Unidas, os números envolvidos são particularmente desconcertantes: em cerca de sessenta anos de actividade (até 15 de Novembro de 2005), o Tribunal Internacional de Justiça registou 1.017 opiniões individuais (262 declarações, 406 opiniões separadas e 349 opiniões dissidentes) em pouco mais de 243 decisões (90 julgamentos, 25 pareceres consultivos e 128 ordens)[2999]. Algumas das opiniões separadas chegam a ser bem mais extensas que a própria decisão do Tribunal. No caso *Fisheries Jurisdiction (Spain v. Canada)*, por exemplo, o acórdão do Tribunal Internacional de Justiça perfaz 37 páginas e as opiniões separadas 268 páginas, tendo 154 pági-

---

Edward Elgar, 2008, p. 65). Aliás, o sul-africano David Unterhalter presidiu a um dos painéis que, analisando a prática do *zeroing*, discordaram abertamente do Órgão de Recurso e recusaram seguir a sua argumentação (caso *United States – Measures Relating to Zeroing and Sunset Reviews (Japan)*). O relatório do Painel foi apresentado aos membros da OMC no dia 20 de Setembro de 2006 e, pouco tempo antes, David Unterhalter tinha sido nomeado membro do Órgão de Recurso, mais exactamente, em 31 de Julho de 2006. Finalmente, já se contabiliza uma opinião dissidente (caso *United States – Laws, Regulations and Methodology for Calculating Dumping Margins ("Zeroing")*) e uma opinião concorrente (caso *United States – Continued Existence and Application of Zeroing Methodology*) de membros do Órgão de Recurso em casos relativos à prática da redução a zero.

[2997] Entende-se normalmente por "opinião dissidente" a declaração de um juiz que se sente incapaz de concordar com a maioria do tribunal no que respeita a parte essencial da decisão em questão. Uma "opinião separada" é dada por um juiz que concorda com a maioria no que concerne à parte essencial da decisão, mas discorda dos fundamentos em que a mesma se baseia. Uma opinião separada fornece, usualmente, razões adicionais ou suplementares em apoio da decisão do tribunal. Finalmente, em alguns tribunais, como o Tribunal Internacional de Justiça, é prática dos juízes o recurso a "declarações", justificadas pelas mais diversas razões, como salientar certas passagens da decisão, expressar dissidência sem explicar a razão, explicar um voto ou mesmo exprimir sentimentos. Cf. Cesare ROMANO, Daniel TERRIS e Leigh SWIGART, *The International Judge: An Introduction to the Men and Women who Decide the World's Cases*, Brandeis University Press, Waltham-Massachusetts, 2007, p. 123.

[2998] http://www.itlos.org (sítio visitado em 10-5-2010).

[2999] Rainer HOFMANN e Tilmann LAUBNER, Article 57, in *The Statute of the International Court of Justice – A Commentary*, Andreas Zimmermann, Christian Tomuschat e Karin Oellers-Frahm ed., Oxford University Press, 2006, p. 1209.

A FUNÇÃO JURISDICIONAL NO SISTEMA GATT/OMC

nas a opinião dissidente do juiz *ad hoc* nomeado pela Espanha, ou seja, como ironiza ROBERT JENNINGS, "it might be said that he earned his nomination"[3000].

A respeito do elevado consenso entre os vários membros do Órgão de Recurso, MEREDITH LEWIS avança com várias explicações para tal fenómeno:

> "The primary reason the dispute settlement jurists have emphasized consensus appears to be out of a desire for legitimacy and a belief that speaking as one voice will prove their independence. (...) As a new institution, the Appellate Body may have particularly prioritised unanimity because revealing internal dissension could have undermined their nascent role as the ultimate experts on WTO matters. (...) Dissenting opinions could lead to implementation problems in dispute settlement. A Member on the losing side of a dispute might be more likely to delay compliance or refuse to comply altogether with a recommendation if the report contained an opinion to the effect that the losing Member's measures were in fact WTO-compliant"[3001].

Em relação às causas, CLAUS-DIETER EHLERMANN explica que:

> "the very early consensus on interpretative principles has facilitated decision-making and contributed considerably to the consistency and coherence of Appellate Body reports. At the same time, this consensus has also contributed to the already mentioned high degree of collegiality and friendly co-operation among the seven Appellate Body Members"[3002].

Ou seja, se as regras de interpretação forem claras, o espaço para a ocorrência de desentendimentos será bem menor.

Essencialmente, a abordagem seguida tem conferido maior credibilidade e legitimidade aos relatórios apresentados pelo Órgão de Recurso e permitido aos agentes económicos uma maior segurança e previsibilidade (art. 3º, nº 2, do Memorando) na condução das suas actividades comerciais[3003].

---

[3000] Robert JENNINGS, General Introduction, in *The Statute of the International Court of Justice – A Commentary*, Andreas Zimmermann, Christian Tomuschat e Karin Oellers-Frahm ed., Oxford University Press, 2006, pp. 30-31.

[3001] Meredith Kolsky LEWIS, *The Lack of Dissent in WTO Dispute Settlement*, in JIEL, 2006, pp. 904-905. As próprias decisões do Órgão de Recurso "are styled as reports – more evocative of an institutional or collective product – rather than opinions, which evoke images of an actual individual author or authors". Cf. *Idem*, p. 909.

[3002] Claus-Dieter EHLERMANN, *Six Years on the Bench of the "World Trade Court": Some Personal Experiences as Member of the Appellate Body of the World Trade Organization*, in JWT, 2002, p. 616.

[3003] Também no caso dos painéis da OMC, 7 dos 160 relatórios tornados públicos até 18 de Maio de 2010 incluíram oito opiniões individuais (seis dissidentes e duas separadas), a saber:

(1) Caso *European Communities – Measures Affecting the Importation of Certain Poultry Products* (WT/DS69/R), parágrafos 289-292;

A FASE DE RECURSO

Pode mesmo ver-se na prática do Órgão de Recurso de evitar opiniões separadas alguma similitude com a prática seguida por John Marshall quando este presidiu ao Supremo Tribunal dos Estados Unidos entre 1801 e 1835[3004]. Raj Bhala, por exemplo, considera que:

(2) Caso *United States – Import Measures on Certain Products from the European Communities* (WT/DS165/R e Add.1), parágrafos 660-6.61;

(3) Caso *United States – Countervailing Duties on Certain Corrosion-Resistant Carbon Steel Flat Products from Germany* (WT/DS213/R), parágrafos 10.1-10.15;

(4) Caso *European Communities – Conditions for the Granting of Tariff Preferences to Developing Countries* (WT/DS246/R), parágrafos 9.1-9.21;

(5) Caso *United States – Final Dumping Determination on Softwood Lumber from Canada* (WT/DS264/R), parágrafos 9.1-9.24;

(6) Caso *United States – Laws, Regulation and Methodology for Calculating Dumping Margins* (WT/DS294/R), parágrafo 7.285 (opinião separada);

(7) Caso *United States – Laws, Regulation and Methodology for Calculating Dumping Margins* (WT/DS294/R), parágrafos 9.1-9.62; e

(8) Caso *United States – Continued Existence and Application of Zeroing Methodology* (WT/DS350/R), parágrafos 9.1-9.10 (opinião separada).

De notar, ainda, que não é possível encontrar até agora qualquer opinião individual num painel criado ao abrigo do nº 5 do art. 21º do Memorando, que já houve duas opiniões individuais num só caso (caso *United States – Laws, Regulation and Methodology for Calculating Dumping Margins* (WT/DS294/R)) e que já houve duas opiniões individuais (uma separada e outra dissidente) em procedimentos de arbitragem iniciados ao abrigo do nº 6 do art. 22º do Memorando:

(1) Caso *United States – Tax Treatment for "Foreign Sales Corporations", Recourse to Arbitration by the United States under Article 22.6 of the DSU and Article 4.11 of the SCM Agreement* (WT/DS108/ARB), 30-8-2002, notas de rodapé 74 e 82 (opinião separada); e

(2) Caso *United States – Measures Affecting the Cross-Border Supply of Gambling and Betting Services, Recourse to Arbitration by the United States under Article 22.6 of the DSU* (WT/DS285/ARB), 21-12-2007, parágrafos 3.62-3.73.

No caso dos relatórios dos painéis, não surpreende que haja maior número de opiniões individuais: por um lado, os relatórios apresentados são em maior número do que os apresentados pelo Órgão de Recurso; por outro lado, os membros do Órgão de Recurso são "repeat players" entre si, ao passo que os membros dos painéis são escolhidos caso a caso. Não é frequente o mesmo cidadão de um país membro da OMC ser escolhido para membro de vários painéis, quanto mais escolhido com os mesmos membros de um painel anterior de que tenha feito parte. Em contrapartida, a influência que o Secretariado da OMC parece ter sobre os vários painéis pode ajudar a minimizar o número de opiniões individuais.

[3004] Convém referir, por último, que, dos sete relatórios de painéis que apresentaram opiniões individuais, o Órgão de Recurso ratificou tais opiniões (todas dissidentes) em três ocasiões (casos *European Communities – Measures Affecting the Importation of Certain Poultry Products* (WT/DS69/AB/R, parágrafos 140 e 151), *United States – Countervailing Duties on Certain Corrosion-Resistant Carbon Steel Flat Products from Germany* (WT/DS213/AB/R, parágrafos 58-92) e *United States – Laws, Regulation and Methodology for Calculating Dumping Margins* (WT/DS294/AB/R, parágrafos 123-135)) e daí a conclusão de que "dissents can have a significant impact at the panel level". Cf. Meredith Kolsky LEWIS, *The Lack of Dissent in WTO Dispute Settlement*, in JIEL, 2006, p. 929.

A FUNÇÃO JURISDICIONAL NO SISTEMA GATT/OMC

"Quite possibly, the more appropriate analogy is not between WTO tribunals and present-day American courts. Rather, it is between these newborn tribunals *and the infant Supreme Court of Chief Justice John Marshall*. Thus, exploring whether the WTO faces the same issue our great Chief Justice did might be fruitful: how to enhance the legitimacy of the judicial branch? Indeed, the question of the sovereignty of WTO Members, like the question of balance among the different branches of government and between the federal and state governments, are symptomatic of a deeper problem, namely, legitimacy"[3005].

De facto:

"Marshall dispensed with the original American system (following the practice of the King's Bench) of issuing seriatim opinions in favour of single opinions seemingly reflecting unanimous judgments in every case, Marshall insisted on this practice because he felt it would enhance the legitimacy of the fledgling court, and many have argued that in so doing, Marshall succeeded. Marshall's strong disapproval of separate opinions carried the day for many years, and separate opinions were all but unknown until Justice William Johnson – with strong encouragement from Thomas Jefferson – stood up to Marshall and voiced his opposition to majority opinions with which he disagreed"[3006].

Como foi escrito pouco tempo depois da entrada em vigor do Memorando: "in a world where the sphere of international law is constantly growing as the sphere of domestic law is continuously shrinking, it might be the destiny of the Appellate Body to become the 'John Marshall of international law' and elevate the authority of the whole international system over the power of one sovereign actor". Cf. Jared SILVERMAN, *Multilateral Resolution over Unilateral Retaliation: Adjudicating the Use of Section 301 Before the WTO*, in University of Pennsylvania Journal of International Economic Law, 1996, p. 294.

[3005] Raj BHALA, *The Myth About Stare Decisis and International Trade Law (Part One of a Trilogy)*, in American University International Law Review, 1999, p. 861.

[3006] Meredith Kolsky LEWIS, *The Lack of Dissent in WTO Dispute Settlement*, in JIEL, 2006, p. 906. Segundo um outro autor:

"the single majority opinion had been the Marshall Court's most distinctive practice from the outset (...). In adopting the single opinion, Marshall deliberately departed from the traditional mode of seriatim opinions by each of the Justices, which had prevailed under his predecessors and was also the custom in both the state and English courts" (cf. Charles HOBSON, *Defining the Office: John Marshall as Chief Justice*, in University of Pennsylvania Law Review, Vol. 154, 2006, p. 1442).

De facto, ao abrigo da tradição jurídica inglesa prevalecente no momento da independência dos Estados Unidos da América, os tribunais de apelação proferiam as sentenças através de opiniões separadas de cada um dos juízes participantes. Cônscios desta tradição, o Supremo Tribunal dos Estados Unidos adoptou inicialmente a prática das opiniões separadas, mas durante o mandato de John Marshall enquanto presidente do Supremo Tribunal tal prática quase que desapareceu. Sendo o poder judicial o mais fraco dos três poderes, John Marshall viu no fim das opiniões separadas

1080

A FASE DE RECURSO

Fundamentalmente, John Marshall reconhece as vantagens de uma opinião única para a autoridade e importância das decisões do Tribunal e para a promoção da certeza e previsibilidade da lei[3007]. O Tribunal seria visto pelo povo como uma instituição independente e unida e os respectivos julgamentos como o resultado de uma deliberação colectiva. A autoridade e o prestígio do Tribunal aumentariam e o seu presidente encarado como a personificação pessoal do estatuto e da dignidade do Tribunal[3008].

Curiosamente, ou talvez não, uma coligação de países pobres, conhecida pelo nome de "Grupo dos Países Menos Desenvolvidos" apresentou uma proposta visando alterar a actual situação:

> "Uma leitura cuidada da jurisprudência acumulada até agora no sistema de resolução de litígios revela que os interesses e perspectivas dos países em desenvolvimento não têm sido protegidos de forma adequada. Os painéis e o Órgão de Recurso têm feito gala de uma preocupação excessivamente asséptica pelos legalismos, muitas vezes em detrimento da evolução de uma jurisprudência favorável ao desenvolvimento. Este critério sufocante pode ser atribuível ao requisito de que todos os painéis ou Secções do Órgão de Recurso apresentem um único relatório bem definido. Não existe nenhuma disposição para as opiniões dissidentes no Memorando de Entendimento sobre Resolução de Litígios, questão que tem de ser repensada tendo em conta as deficiências patenteadas na jurisprudência do sistema de resolução de litígios. Frequentemente, e como demonstrado pela prática judicial no Tribunal Internacional de Justiça e em determinados sistemas judiciais nacionais, as opiniões dissidentes podem pôr em lugar de destaque preocupações normalmente esquecidas que podem, a longo prazo, configurar a evolução do sistema. As opiniões dissidentes deveriam ser permitidas no sistema de resolução de litígios mediante a inclusão de uma regra pela qual cada um dos membros do Painel ou do Órgão de Recurso deveria emitir uma opinião

um meio de reforçar o poder judicial, devendo o Supremo Tribunal falar a uma só voz, e a verdade é que, em 1835, ano em John Marshall faleceu, "the Supreme Court had acquired a kind of parity with Congress and the Executive that it did not possess in 1801". Cf. *Idem*, p. 1421.

[3007] Mesmo Oliver Wendell Holmes Jr., conhecido como "the Great Dissenter", notou que as opiniões dissidentes são na maioria dos casos indesejáveis e inúteis. Cf. Todd HENDERSON, *From Seriatim to Consensus and Back Again: A Theory of Dissent*, John M. Olin Law & Economics Working Paper nº 363 (2d series), The Law School – The University of Chicago, 2007, p. 41.

[3008] *Idem*, p. 1443. Ainda segundo CHARLES HOBSON, "dissenting opinions did occur, to be sure, though usually prefaced with an apology from the Justice for disagreeing with his colleagues. Most of the Marshall Court Justices, including the Chief Justice, dissented at one time or another". Cf. *Idem*, p. 1444.

1081

A FUNÇÃO JURISDICIONAL NO SISTEMA GATT/OMC

e a decisão final deveria ser tomada por maioria. Os Países Menos Avançados compreendem que isto pode significar mais recursos e mais trabalho para o Secretariado"[3009].

Muito sinceramente, não vemos grandes vantagens nesta proposta. Já é possível haver opiniões dissidentes e a procura do consenso implica que as questões sejam realmente debatidas.

## 7. Os Aspectos Financeiros

Presentemente, nenhuma disposição do Memorando de Entendimento sobre Resolução de Litígios nem os Procedimentos de Trabalho do Órgão de Recurso lidam com a questão dos custos e nunca nenhum participante num recurso solicitou (ou lhe foi atribuído) o pagamento das despesas incorridas[3010]. Nos casos do Tribunal Internacional de Justiça e do Tribunal Internacional do Direito do Mar, pelo contrário, os respectivos Estatutos dizem expressamente que, a menos que seja decidido em contrário pelo Tribunal, cada parte pagará as suas próprias custas no processo (respectivamente, artigos 64º e 34º)[3011]. Parece ser mesmo a regra geral nos órgãos judiciais internacionais cada parte pagar as suas próprias custas processuais[3012].

O Órgão de Recurso é financiado por contribuições feitas pelos membros da OMC, mas estes não têm de pagar qualquer quantia em dinheiro para interporem um recurso ou nele participarem. Os membros da OMC devem apenas arcar com os custos da sua participação nos recursos, nomeadamente, os custos de preparação das comunicações escritas, das cópias e da entrega de documentos, assim como os custos associados à presença dos seus representantes nas audiências do Órgão de Recurso em Genebra.

---

[3009] OMC, *Negotiations on the Dispute Settlement Understanding – Proposal by the Least-Developed Country Group* (TN/DS/W/17), 9-10-2002, parágrafo 5 (p. 2).

[3010] Victoria DONALDSON, The Appellate Body: Institutional and Procedural Aspects (Chapter 27), in *The World Trade Organization: Legal, Economic and Political Analysis*, Volume I, Patrick Macrory, Arthur Appleton e Michael Plummer Ed., Springer, Nova Iorque, 2005, p. 1326.

[3011] Alguns países em desenvolvimento têm proposto, no entanto, que o painel/Órgão de Recurso deve determinar um montante razoável "para os custos processuais e outras despesas em que tenha incorrido o país em desenvolvimento Membro, e tais despesas serem suportadas pelo país desenvolvido Membro", caso não proceda a queixa apresentada por um país desenvolvido contra um país em desenvolvimento ou a medida em questão, adoptada por um país desenvolvido e objecto da queixa apresentada por um país em desenvolvimento, seja declarada incompatível com um acordo abrangido. Cf. OMC, *Negotiations on the Dispute Settlement Understanding (Dispute Settlement Body – Special Session), Proposals on DSU by Cuba, Honduras, India, Indonesia, Malaysia, Pakistan, Sri Lanka, Tanzania and Zimbabwe* (TN/DS/W/19), 9-10-2002, p. 2.

[3012] Cesare ROMANO, *International Justice and Developing Countries (Continued): A Qualitative Analysis*, in The Law and Practice of International Courts and Tribunals, 2002, p. 553.

A FASE DE RECURSO

O orçamento do Órgão de Recurso é distinto do orçamento do Secretariado da OMC. Em 2008, o orçamento para o Órgão de Recurso e respectivo Secretariado foi de 4.408,200 francos suíços[3013]. Este valor inclui os custos fixos, como os salários dos funcionários do Secretariado e dos membros do Órgão de Recurso, mas já não inclui os custos variáveis, como por exemplo os custos relativos às viagens dos membros do Órgão de Recurso e o *per diem* que lhes é pago, valores que variam em função do número de recursos interpostos em cada ano. Os custos variáveis, cobertos pelo chamado *Appellate Body Operating Fund*, podem atingir 2/3 ou mais do montante dos custos fixos[3014].

Comparando os orçamentos de alguns dos principais tribunais internacionais, temos que, no ano de 2006, o Tribunal Penal Internacional teve um orçamento anual de 82 milhões de dólares, o Órgão de Recurso da OMC de 4.726,000 francos suíços, o Tribunal Europeu dos Direitos do Homem de €44.189,000, o Tribunal Internacional do Direito do Mar de €17.214,700 (bianual 2007-2008) e o Tribunal Internacional de Justiça de 34.956,900 milhões de dólares (bianual 2006-2007)[3015].

---

[3013] OMC, *2008 WTO Annual Report*, ed. OMC, 2008, p. 108.

[3014] Victoria DONALDSON, The Appellate Body: Institutional and Procedural Aspects (Chapter 27), in *The World Trade Organization: Legal, Economic and Political Analysis*, Volume I, Patrick Macrory, Arthur Appleton e Michael Plummer Ed., Springer, Nova Iorque, 2005, p. 1289.

[3015] Cesare ROMANO, Daniel TERRIS e Leigh SWIGART, *The International Judge: An Introduction to the Men and Women who Decide the World's Cases*, Brandeis University Press, Waltham-Massachusetts, 2007, pp. 160, 237, 239, 241. O orçamento do Tribunal Internacional de Justiça para o biénio 2008-2009 foi de 45.737,700 milhões de dólares. Cf. TRIBUNAL INTERNACIONAL DE JUSTIÇA, *Report of the International Court of Justice (1 August 2008-31 July 2009)*, Nações Unidas, Nova Iorque, 2009, p. 56.

# Capítulo 17
# O Recurso à Arbitragem

*"A curiosity of WTO dispute settlement practice is the almost exclusive reliance on litigation at a time when domestic legal systems, and private parties in international commercial disputes, are increasingly questioning the litigation model"*[3016].

## 1. Introdução

A ideia de resolver litígios comerciais entre Estados através do recurso à arbitragem não é recente[3017]. No caso do sistema comercial multilateral, os representantes dos governos reunidos em 1947 com vista a estabelecer a Organização Internacional do Comércio incluíram na Carta de Havana a possibilidade de recurso à arbitragem como meio de resolução de litígios (art. 93º).

Atendendo ao disposto no art. 37º da Convenção de Haia de 1907 para a Resolução Pacífica de Litígios Internacionais[3018], disposição onde é possível encontrar a definição padrão de arbitragem para o direito internacional público[3019], verifi-

---

[3016] Hunter NOTTAGE e Jan BOHANES, Arbitration as an alternative to litigation in the WTO: observations in the light of the 2005 Banana Tariff Arbitrations, in *The WTO in the Twenty-First Century: Dispute Settlement, Negotiations, and Regionalism in Asia*, Yasuhei Taniguchi, Alan Yanovich e Jan Bohanes Ed., Cambridge University Press, 2007, p. 246.

[3017] Sobre a importância do recurso à arbitragem na antiga Grécia, ver, por exemplo, Kaja HARTER-UIBOPUU, *Ancient Greek Approaches Toward Alternative Dispute Resolution*, in Willamette Journal of International Law & Dispute Resolution, 2002, pp. 47-69.

[3018] "A arbitragem internacional tem por objecto a resolução de litígios entre Estados por juízes da sua própria escolha e com base no respeito da lei. O recurso à arbitragem implica a obrigação de respeitar a sentença de boa fé".

[3019] Rüdiger WOLFRUM, Article 25 DSU, in *WTO-Institutions and Dispute Settlement*, Rüdiger Wolfrum, Peter-Tobias Stoll e Karen Kaiser (eds), Max Planck Commentaries on World Trade Law, Max

A FUNÇÃO JURISDICIONAL NO SISTEMA GATT/OMC

camos que são necessários dois requisitos essenciais para haver arbitragem no direito internacional público: a nomeação dos árbitros deve basear-se no acordo mútuo das partes e estas devem aceitar a decisão de arbitragem como vinculativa. Ambos os requisitos se encontravam previstos no art. 93º da Carta de Havana (o primeiro implicitamente, o segundo explicitamente)[3020].

A incorporação de algumas disposições da Carta de Havana no GATT de 1947 não levou, contudo, a que este último previsse expressamente o recurso à arbitragem[3021] e tal opção parece ter sido deliberada, uma vez que o texto do art. XXIII do GATT de 1947 deve muito à redacção do art. 93º da Carta de Havana[3022].

Foi somente durante o Ciclo do Uruguai que diversos Estados apresentaram propostas no sentido da resolução de litígios por meio de arbitragem[3023]. Estas

Planck Institute for Comparative Public Law and International Law, Martinus Nijhoff Publishers, Leiden/Boston, 2006, p. 567.

[3020] A autonomia face às partes é, pois, bem maior nos tribunais do que no caso da arbitragem: "Arbitrators serve as agents of the states before them, while parties are less able to influence and direct judicial proceedings. The adversaries cannot determine the composition of the bench (except where the court allows appointment of judges ad hoc) or the procedures". Cf. Dinah SHELTON, *Form, Function, and the Powers of International Courts*, in CJIL, 2009, p. 543.

[3021] Contra a opinião generalizada da doutrina e dos membros da OMC, as Comunidades Europeias defenderam durante as negociações do Ciclo do Uruguai que "um processo de arbitragem numa base consensual, cujo resultado é vinculativo para as partes, é uma opção que já existe no GATT; ele foi usado no passado, por exemplo, para determinar o prejuízo causado por uma determinada medida" (cf. GATT, *Communication from the European Economic Community* (MTN.GNG/NG13/W/12), 24-9-1987, p. 3). Talvez a Comunidade Europeia se estivesse a referir ao pedido feito por si e pelos Estados Unidos ao Conselho do GATT, em Outubro de 1963, com vista à criação de um Painel, cujos termos de referência passavam por determinar, na base da definição de aves domésticas estabelecida no parágrafo 02-02 da Pauta Aduaneira Comum da Comunidade Económica Europeia e na base das regras e práticas ao abrigo do GATT, o valor (expresso em dólares norte-americanos) a ser atribuído, a partir de 1 de Setembro de 1960, às exportações dos Estados Unidos de aves domésticas para a República Federal da Alemanha'. Em 29 de Outubro de 1963, o Conselho criou um painel com estes termos de referência e as duas partes em litígio concordaram aceitar as conclusões do Painel como vinculativas. No mês seguinte, o Painel realizou várias reuniões e apresentou o seu relatório às duas partes. As partes em causa implementaram depois as conclusões do painel (cf. GATT, *Concept, Forms and Effects of Arbitration – Note by the Secretariat* (MTN.GNG/NG13/W/20), 22-2-1988, pp. 8-9), ou seja, não foi necessário as partes contratantes adoptarem o relatório do Painel.

[3022] Valerie HUGHES, Arbitration within the WTO, in *The WTO Dispute Settlement System 1995-2003*, Federico Ortino e Ernst-Ulrich Petersmann ed., Kluwer Law International, Haia-Londres--Nova Iorque, 2004, p. 76.

[3023] Em meados de 1987, os Estados Unidos apresentaram uma proposta incluindo a arbitragem como meio alternativo de resolução de litígios, que coexistiria com o sistema dos painéis. Segundo os Estados Unidos, a arbitragem "was a widespread and common form of dispute settlement in international trade" e poderia ser usada em vez do processo normal do painel em certos tipos de litígios, "such as simple issues that were taking too long and becoming too political" (cf. David

1086

O RECURSO À ARBITRAGEM

propostas encontraram depois o seu espaço nas chamadas Regras de Montreal de melhoria das regras de resolução de litígios, adoptadas pelas Partes Contratantes do GATT em 12 de Abril de 1989. Nos termos da Secção E das referidas regras:

"1. Um processo rápido de arbitragem no âmbito do GATT como meio alternativo de resolução de litígios pode facilitar a solução de certos litígios sobre questões claramente definidas por ambas as partes.

2. O recurso à arbitragem deve estar sujeito ao acordo mútuo das partes, as quais devem acordar nos procedimentos a seguir. Os acordos para recorrer à arbitragem devem ser notificados a todas as partes contratantes num prazo razoavelmente anterior ao início do processo de arbitragem.

3. As outras partes contratantes podem tornar-se parte num processo de arbitragem com o acordo das partes que concordaram recorrer à arbitragem. As partes no processo de arbitragem devem comprometer-se a respeitar a decisão do árbitro"[3024].

Até à entrada em vigor dos acordos da OMC, porém, apenas um litígio, entre o Canadá e as Comunidades Europeias, foi resolvido por meio de arbitragem[3025]. As duas partes chegaram a acordo relativamente aos termos de referência e à escolha do árbitro (Gardner Patterson, antigo director-geral adjunto do GATT). Cada parte apresentou no início uma declaração escrita e uma segunda declaração a título de réplica, tendo havido igualmente uma discussão oral. O processo de arbitragem durou três meses, desde a altura em que as partes notificaram o Director-Geral da sua decisão de recorrer à arbitragem (Julho de 1990) até ao momento em que o árbitro apresentou a sua decisão (Outubro de 1990)[3026].

Na reunião do Conselho dos Representantes realizada em Novembro de 1990, o representante das Comunidades Europeias declarou que o procedimento de

JACYK, *The Integration of Article 25 Arbitration in WTO Dispute Settlement: The Past, Present and Future*, in Australian International Law Journal, 2008, p. 245). Posteriormente, a Suíça apresentou uma proposta sugerindo um processo de arbitragem caso o Conselho não adoptasse o relatório do painel. Cf. *Idem*, p. 246.

[3024] GATT, *Improvements to the GATT Dispute Settlement Rules and Procedures – Decision of 12 April 1989* (L/6489), 13-4-1989, Secção E.

[3025] Rüdiger WOLFRUM, Article 25 DSU, in *WTO-Institutions and Dispute Settlement*, Rüdiger Wolfrum, Peter-Tobias Stoll e Karen Kaiser (eds), Max Planck Commentaries on World Trade Law, Max Planck Institute for Comparative Public Law and International Law, Martinus Nijhoff Publishers, Leiden/Boston, 2006, p. 568.

[3026] Valerie HUGHES, Arbitration within the WTO, in *The WTO Dispute Settlement System 1995-2003*, Federico Ortino e Ernst-Ulrich Petersmann ed., Kluwer Law International, Haia-Londres-Nova Iorque, 2004, p. 79.

1087

A FUNÇÃO JURISDICIONAL NO SISTEMA GATT/OMC

arbitragem tinha constituído uma experiência positiva e que, "gostasse a Comunidade ou não do resultado, ela respeitaria as regras"[3027].

## 2. O Artigo 25º do Memorando

A reduzida importância da arbitragem durante a vigência do GATT de 1947 não impediu que o novo Memorando de Entendimento sobre Resolução de Litígios da OMC preveja no nº 1 do art. 25º a arbitragem como forma alternativa de resolução quando os litígios incidam sobre questões claramente definidas por ambas as partes (*in casu*, Membros da OMC). A arbitragem apresenta, no entanto, algumas especificidades no âmbito da OMC:

> "Seuls les Etas ont le *locus standi*. Le règlement des différends dans le cadre du système commercial multilatéral marque ainsi sa différence d'avec la structure *ratione personae* de l'arbitrage commercial international. Il n'y a pas une dynamique contentieuse personne privée/personne privée ou personne privée/Etat, mais plutôt une dynamique contentieuse Etat/Etat *stricto sensu* (c'est-à-dire un arbitrage limité aux seuls Etats membres de l'OMC"[3028].

Salvo disposição em contrário no Memorando de Entendimento sobre Resolução de Litígios, o recurso à arbitragem depende do acordo mútuo das partes (ao contrário do que acontece no caso dos painéis), as quais devem combinar os procedimentos a seguir, e o acordo no sentido de se recorrer à arbitragem deve ser notificado a todos os membros com um prazo suficiente antes do início do processo de arbitragem (art. 25º, nº 2, do Memorando de Entendimento sobre Resolução de Litígios), podendo os outros membros tornar-se parte num processo de arbitragem apenas com o acordo das partes que decidiram recorrer a este processo (art. 25º, nº 3, *ab initio*, do Memorando de Entendimento sobre Resolução de Litígios)[3029].

Na única arbitragem realizada até agora ao abrigo do art. 25º do Memorando, as partes em litígio só tiveram que notificar ao Órgão de Resolução de Litígios a sua decisão de recorrer à arbitragem, ou seja, o Órgão de Resolução de Litígios não teve que adoptar nenhuma decisão para que o caso fosse decidido por

---

[3027] GATT, *Analytical Index: Guide to GATT Law and Practice* (ed. Frieder Roessler), 6ª ed., Genebra, 1994, p. 715.

[3028] Laurence Boisson De CHAZOURNES *L'arbitrage à l'OMC*, in Revue de l'arbitrage, 2003-Nº 3, p. 951.

[3029] A arbitragem internacional distingue-se da mediação e da conciliação, pelo carácter obrigatório da decisão arbitral; e da solução judicial, pela escolha dos árbitros pelas partes e pela delimitação por estas do conflito, através do compromisso arbitral. Cf. André Gonçalves PEREIRA e Fausto de QUADROS, *Manual de Direito Internacional Público*, 3ª ed., Almedina, Lisboa, 1993, pp. 512-513.

1088

O RECURSO À ARBITRAGEM

arbitragem. Ao não existir um controlo multilateral sobre o recurso ao art. 25º, incumbiu aos próprios árbitros assegurar que esta disposição se aplicava em conformidade com as normas e princípios que regem o sistema da OMC[3030].

As partes no processo de arbitragem devem comprometer-se, ainda, a respeitar a decisão do árbitro[3031] e esta deve ser notificada ao Órgão de Resolução de Litígios e ao Conselho ou Comité de qualquer acordo relevante, podendo qualquer membro levantar uma questão relacionada com tal decisão (art. 25º, nº 3, *in fine*, do Memorando de Entendimento sobre Resolução de Litígios)[3032]. Significativamente, a decisão do árbitro não necessita de ser adoptada formalmente por nenhum dos órgãos notificados.

A decisão do árbitro, que não pode ser objecto de recurso, deve ser conforme aos acordos abrangidos, não anular ou prejudicar os benefícios devidos a qualquer membro por força desses acordos nem impedir a realização de qualquer objectivo desses mesmos acordos (art. 3º, nº 5, do Memorando de Entendimento sobre Resolução de Litígios).

À decisão do árbitro aplicam-se igualmente, *mutatis mutandis*, os artigos 21º e 22º do Memorando de Entendimento sobre Resolução de Litígios, o primeiro relativo à fiscalização da execução das recomendações e decisões, o segundo à compensação e suspensão das concessões. Mas será que as medidas de implementação da decisão de arbitragem podem ser sujeitas aos procedimentos previstos no nº 5 do art. 21º do Memorando de Entendimento sobre Resolução de Litígios? Se a resposta for positiva, será que é possível ao Órgão de Recurso analisar juridicamente a decisão do árbitro, nem que seja a título incidental?

---

[3030] Decisão de Arbitragem no caso *United States – Section 110(5) of the US Copyright Act, Recourse to Arbitration under Article 25 of the Dispute Settlement Understanding* (WT/DS160/ARB25/1), 9-11-2001, parágrafo 2.1.

[3031] De notar que, no plano do Direito internacional público, uma decisão de arbitragem só é vinculativa se o tribunal arbitral for constituído de modo apropriado, cumprir as instruções que lhe foram dadas e produzir uma decisão adequada. Ou seja, os árbitros só têm autoridade para responder à questão ou questões colocadas e, caso excedam a sua jurisdição, é possível a uma parte negar que a decisão de arbitragem é efectiva, invocando a sua nulidade (cf. J. G. MERRILLS, *International Dispute Settlement*, 4ª ed., Cambridge University Press, 2005, pp. 102 e 113). Além disso, o facto de uma decisão de arbitragem ser vinculativa não significa que ela seja necessariamente final. Os procedimentos podem ser reabertos pelas partes, para efeitos de interpretação, revisão, rectificação, recurso ou invalidez da decisão. Segundo MERRILLS, "whether such steps are permissible, and if so, whether the new case can be heard by the original tribunal, or must be brought before another body, like the International Court, depends partly on general international law, but mainly on the terms of the arbitration agreement". Cf. *Idem*, pp. 110-111.

[3032] Por exemplo, a decisão do árbitro deve ser notificada ao Conselho dos Aspectos dos Direitos de Propriedade Intelectual Relacionados com o Comércio se disser respeito a questões relacionadas com o Acordo TRIPS.

A FUNÇÃO JURISDICIONAL NO SISTEMA GATT/OMC

Nos quinze primeiros anos de funcionamento do sistema de resolução de litígios da OMC, nenhum litígio foi resolvido através do processo de arbitragem previsto no art. 25º do Memorando de Entendimento sobre Resolução de Litígios. Apenas num caso se recorreu, por acordo mútuo dos Estados Unidos e da Comunidade Europeia, ao processo de arbitragem previsto no art. 25º do Memorando de Entendimento sobre Resolução de Litígios, tendo o processo sido invocado, porém, para determinar o nível de anulação ou redução de vantagens sofrido pelas Comunidades Europeias em resultado da aplicação do Artigo 110(5)(B) do *Copyright Act* dos Estados Unidos[3033], ou seja, a arbitragem substituiu o procedimento previsto no nº 6 do art. 22º do Memorando de Entendimento sobre Resolução de Litígios[3034]. Nos termos dos procedimentos e prazos acordados pelos Estados Unidos e a Comunidade Europeia:

"1. O procedimento de arbitragem será levada a cabo pelo Painel que examinou inicialmente o caso. Caso um dos membros do Painel inicial não esteja disponível para o procedimento de arbitragem e as partes não acordem num substituto, as partes devem solicitar ao Director Geral da OMC que nomeie um substituto uma semana depois de apresentada a solicitação.

2. Os princípios jurídicos elaborados em anteriores procedimentos de arbitragem ao abrigo do artigo 22º do Memorando de Entendimento sobre Resolução de Litígios, tais como a alocação do ónus da prova entre as partes, devem aplicar-se a este procedimento de arbitragem.

3. O procedimento de arbitragem deve comportar os seguintes passos, por esta ordem: comunicação pelas Comunidades Europeias acerca do nível reclamado de anulação ou redução juntamente com a metodologia para o cálculo do dito nível; primeiras comunicações escritas e comunicações de réplica apresentadas simultaneamente por ambas as partes; reunião com as partes.

---

[3033] Decisão de Arbitragem no caso *United States – Section 110(5) of the US Copyright Act, Recourse to Arbitration under Article 25 of the Dispute Settlement Understanding* (WT/DS160/ARB25/1), 9-11-2001, parágrafo 1.1.

[3034] Segundo VALERIE HUGHES, "the entire arbitration resembled an Article 22.6 arbitration, both in terms of procedures as well as substance" (cf. Valerie HUGHES, Arbitration within the WTO, in *The WTO Dispute Settlement System 1995-2003*, Federico Ortino e Ernst-Ulrich Petersmann ed., Kluwer Law International, Haia-Londres-Nova Iorque, 2004, p. 81). Aliás, os Estados Unidos e as Comunidades Europeias solicitaram que o processo de arbitragem fosse conduzido pelo três membros que compuseram o painel inicial e tal só não aconteceu porque dois desses membros não estavam disponíveis. Consequentemente, o Director-Geral da OMC nomeou dois substitutos, tendo o único membro do painel inicial que se encontrava disponível desempenhado as funções de presidente. Cf. Decisão de Arbitragem no caso *United States – Section 110(5) of the US Copyright Act, Recourse to Arbitration under Article 25 of the Dispute Settlement Understanding* (WT/DS160/ARB25/1), 9-11-2001, parágrafos 1.3-1.4.

1090

O RECURSO À ARBITRAGEM

4. O procedimento de arbitragem não deve incluir partes terceiras.

5. O procedimento deve estar terminado o mais tardar em 25 de Setembro de 2001.

6. Os árbitros devem elaborar um calendário e procedimentos de trabalho adicionais caso necessário, em consulta com as partes.

7. Este procedimento de arbitragem deve terminar caso o pedido dos Estados Unidos de prorrogação do prazo razoável (WT/DS160/14) não seja concedido na reunião do Órgão de Resolução de Litígios que terá início em 24 de Julho de 2001"[3035].

No que diz respeito a estes procedimentos, é de observar que, contrariamente ao que se passa com os painéis, foi estabelecido que as primeiras comunicações deveriam ser apresentadas simultaneamente e não de modo sequencial e o limite temporal imposto pelas partes revelou-se irrealista, dado que a decisão dos árbitros foi dada a conhecer às partes apenas no dia 12 de Outubro de 2001.

As duas partes acordaram, igualmente, que a decisão de arbitragem seria definitiva e que a aceitariam como determinando o nível da anulação ou redução de vantagens para efeitos de qualquer futuro procedimento ao abrigo do artigo 22º do Memorando de Entendimento sobre Resolução de Litígios relacionado com o litígio em causa[3036].

De acordo com o calendário estabelecido, as Comunidades Europeias apresentaram uma nota metodológica em 14 de Agosto de 2001[3037]. Ambas as partes apresentaram comunicações escritas simultaneamente no dia 21 de Agosto de 2001. Depois, as partes apresentaram ao mesmo tempo réplicas por escrito em 28 de Agosto de 2001. Os Árbitros reuniram-se com as partes em 5 de Setembro de 2001. As respostas às perguntas feitas pelos Árbitros foram recebidas no dia 11 de Setembro e cada uma das partes estava autorizada a fazer observações sobre as respostas da outra parte até 14 de Setembro[3038]. Os Árbitros deram a conhecer a sua decisão às partes em 12 de Outubro de 2001[3039] e a mesma foi notificada

---

[3035] OMC, *United States – Section 110(5) of the US Copyright Act, Recourse to Article 25 of the DSU* (WT/DS160/15), 3-8-2001, Anexo.

[3036] Decisão de Arbitragem no caso *United States – Section 110(5) of the US Copyright Act, Recourse to Arbitration under Article 25 of the Dispute Settlement Understanding* (WT/DS160/ARB25/1), 9-11-2001, parágrafo 1.6.

[3037] As partes notificaram o Órgão de Resolução de Litígios da sua decisão de recorrer à arbitragem no dia 23 de Julho de 2001 e os árbitros foram nomeados em 13 de Agosto de 2001.

[3038] Decisão de Arbitragem no caso *United States – Section 110(5) of the US Copyright Act, Recourse to Arbitration under Article 25 of the Dispute Settlement Understanding* (WT/DS160/ARB25/1), 9-11-2001, parágrafo 1.7.

[3039] Os árbitros determinaram que o nível das vantagens da Comunidade Europeia que estavam a ser anuladas ou reduzidas em resultado da aplicação do Artigo 110(5)(B) equivalia a €1.219.900 por ano. Cf. *Idem*, parágrafo 5.1.

1091

A FUNÇÃO JURISDICIONAL NO SISTEMA GATT/OMC

ao Órgão de Resolução de Litígios e ao Conselho dos Aspectos dos Direitos de Propriedade Intelectual relacionados com o Comércio no dia 9 de Novembro de 2001, em cumprimento do disposto no nº 3 do artigo 25º do Memorando de Entendimento sobre Resolução de Litígios[3040].

Na ausência de pedidos específicos das partes sobre como deveria ser preservada a informação confidencial, os árbitros decidiram basear-se em geral na prática seguida pelo Órgão de Recurso a este respeito. Dado que informação confidencial poderia aparecer como tal na decisão a fim de fundamentar as constatações dos árbitros, estes decidiram preparar duas versões da sua decisão. Uma, destinada às partes, conteria toda a informação utilizada em apoio das determinações dos árbitros. A outra, que se distribuiria a todos os Membros da OMC, seria modificada para não incluir a informação a respeito da qual os árbitros, depois de consultar as partes, chegassem à conclusão de que não estava suficientemente garantida a confidencialidade por razões comerciais. A informação que os árbitros considerassem que era informação comercial confidencial seria substituída por "x"[3041].

A favor da opção feita pelos dois Membros mais poderosos da OMC, temos que o art. 25º do Memorando não especifica que o recurso à arbitragem é excluído quando está em jogo determinar o nível da anulação ou redução de vantagens sofrido por um Membro da OMC nem que tal recurso está limitado a alegações relativas aos acordos abrangidos[3042]. O único requisito realmente imposto resulta da parte final do nº 1 do art. 25º do memorando: o processo de arbitragem deve incidir sobre "questões claramente definidas por ambas as partes". É mesmo possível que o recurso à arbitragem na OMC não exija que o direito da OMC seja a lei aplicável ao diferendo[3043]. O Memorando sugere meramente que estas questões sejam resolvidas por mútuo acordo entre as partes (art. 25º) e que seja respeitado o disposto no já referido nº 5 do art. 3º do Memorando de Entendimento sobre Resolução de Litígios. Em particular, os árbitros acreditaram que a arbitragem

---

[3040] *Idem*, parágrafo 1.8.

[3041] *Idem*, parágrafo 1.24.

[3042] Joost PAUWELYN, *The Role of Public International Law in the WTO: How Far Can We Go?*, in AJIL, 2001, p. 554.

[3043] Ernst-Ulrich PETERSMANN, La Proliferación y Fragmentación de los Mecanismos de Solución de Controversias en el Comercio Internacional: Los Procedimientos de Solución de Diferencias de la OMC y los Mecanismos de Solución Alternativa de Controversias, in *Solución de Controversias Comerciales Inter-Gubernamentales: Enfoques Multilaterales y Regionales*, Julio Lacarte e Jaime Granados ed., Banco Interamericano de Desarrollo, 2004, pp. 292-293. *Contra*: Laurence Boisson De CHAZOURNES, Arbitration at the WTO: A *Terra Incognita* to be Further Explored, in *Law in the Service of Human Dignity – Essays in Honour of Florentino Feliciano*, Steve Charnovitz, Debra Steger e Peter van den Bossche Ed., Cambridge University Press, 2005, p. 200.

O RECURSO À ARBITRAGEM

não deveria ser aplicada de maneira a iludir a aplicação do nº 6 do art. 22º do Memorando de Entendimento sobre Resolução de Litígios, conforme resulta do nº 2, alínea *c*), do art. 23º do Memorando[3044].

Portanto, apesar de o procedimento de arbitragem previsto no Memorando de Entendimento sobre Resolução de Litígios parecer constituir, na realidade, uma alternativa ao procedimento dos painéis, o que parece resultar dos termos do nº 4 do art. 25º, no único caso em que até agora se recorreu à arbitragem nos termos do art. 25º do Memorando, o procedimento não foi utilizado como alternativa aos procedimentos do Painel, mas na fase de implementação, quando o relatório do Painel já tinha sido adoptado e concluído pela incompatibilidade com os acordos abrangidos das medidas adoptadas pelos Estados Unidos.

Apesar da flexibilidade de procedimentos e da celeridade associadas geralmente ao processo de arbitragem[3045], não deixa de ser curioso que o art. 25º só tenha sido utilizado num único caso e não propriamente nos termos previstos em tal disposição. Mas, como bem nota um autor, "no appeal is possible in an Article 25 arbitration, and the system has become so legalized that waiving one's right to appeal is something that WTO Members are unlikely to do"[3046].

## 3. As Arbitragens *Sui Generis*

Para além do art. 25º do Memorando de Entendimento sobre Resolução de litígios, o recurso à arbitragem encontra-se previsto igualmente nos artigos 4º, nº 11, e 7º, nº 10, do Acordo sobre as Subvenções e as Medidas de Compensação; no art. XXI, nº 3, alínea *a*), do GATS; e nos artigos 21º, nº 3, alínea *c*), 22º, nº 6, e 22º, nº 7, do Memorando de Entendimento sobre Resolução de Litígios. Todavia,

---

[3044] Decisão de Arbitragem no caso *United States – Section 110(5) of the US Copyright Act, Recourse to Arbitration under Article 25 of the Dispute Settlement Understanding* (WT/DS160/ARB25/1), 9-11-2001, nota de rodapé 22.

[3045] De facto, o recurso à arbitragem ao abrigo do art. 25º foi motivado principalmente pelo desejo de os dois membros da OMC envolvidos obterem uma decisão antes da data de finalização da legislatura do Congresso dos Estados Unidos (31 de Dezembro de 2001). Cf. *Idem*, parágrafo 1.12.

[3046] Joost Pauwelyn, *The Limits of Litigation: "Americanization" and Negotiation in the Settlement of WTO Disputes*, in Ohio State Journal on Dispute Resolution, 2003, p. 138. Ao mesmo tempo, não podemos deixar de notar que também as decisões de arbitragem emitidas ao abrigo do nº 3, alínea *c*) do art. 21º e do nº 6 do art. 22º, ambos do Memorando de Entendimento sobre Resolução de Litígios, não admitem a possibilidade de recurso e a verdade é que têm sido utilizados com alguma frequência pelos membros da OMC. Seja como for, uma vez que o objectivo das partes quando recorrem à arbitragem é pôr termo ao litígio, "provision for appeal" é relativamente rara. Cf. J. G. Merrills, *International Dispute Settlement*, 4ª ed., Cambridge University Press, 2005, p. 111.

1093

A FUNÇÃO JURISDICIONAL NO SISTEMA GATT/OMC

ao contrário do que exige o art. 25º do Memorando, o recurso aos outros processos de arbitragem não depende do acordo mútuo das partes e daí um autor concluir que temos presente nos acordos da OMC uma arbitragem do tipo tradicional (a prevista no art. 25º do Memorando) e uma arbitragem *sui generis* (a prevista nos outros artigos acima referidos)[3047].

Outro exemplo de arbitragem *sui generis* pode ser encontrado na chamada "Derrogação de Doha", por ter sido adoptada durante a Conferência Ministerial de Doha (2001)[3048]. Neste caso, a arbitragem é *sui generis* não porque não exija o acordo mútuo das partes, mas antes porque o seu fundamento jurídico se encontra previsto em actos adoptados por órgãos da Organização Mundial do Comércio e não propriamente nos acordos da OMC[3049].

Uma vez que a arbitragem *sui generis* baseada em artigos dos acordos da OMC vai merecer a nossa atenção noutras partes do presente estudo, vamos analisar somente a arbitragem cujo fundamento jurídico se encontra previsto numa decisão da Conferência Ministerial. É esse o caso das duas arbitragens realizadas no âmbito do inefável caso *Bananas* e baseadas nos procedimentos estabelecidos no documento "Comunidades Europeias – Acordo de Parceria ACP-CE, Decisão de 14 de Novembro de 2001" (a "derrogação de Doha").

A Derrogação de Doha acordou às Comunidades Europeias uma derrogação à obrigação do tratamento da nação mais favorecida prevista no nº 1 do art. I do GATT (com duração até 31 de Dezembro de 2007), de modo a permitir a concessão de um tratamento aduaneiro preferencial aos produtos originários dos Estados ACP, conforme previsto no nº 3 do artigo 36º e no Anexo V e seus Protocolos do Acordo de Parceria ACP-CE, e foi adoptada para facilitar a aplicação pelas Comunidades Europeias de dois entendimentos (entre as Comunidades Europeias e os Estados Unidos (WT/DS27/58) e entre as Comunidades Europeias e o Equador (WT/DS27/60), respectivamente) relacionados com a resolu-

---

[3047] Laurence Boisson De Chazournes *L'arbitrage à l'OMC*, in Revue de l'arbitrage, 2003-Nº 3, p. 949.

[3048] OMC, *European Communities – the ACP-EC Partnership Agreement* (WT/MIN(01)/15), 14-11-2001. O texto do documento "Comunidades Europeias – Acordo de Parceria ACP-CE, Decisão de 14 de Novembro de 2001" pode ser encontrado in Eduardo Paz Ferreira e João Atanásio, *Textos de Direito do Comércio Internacional e do Desenvolvimento Económico, Volume I – Comércio Internacional*, Almedina, 2004, pp. 785-789.

[3049] De notar que a Derrogação de Doha não excluía o direito dos Membros da OMC afectados invocarem os artigos XXII e XXIII do GATT de 1994. Cf. OMC, *European Communities – the ACP--EC Partnership Agreement* (WT/MIN(01)/15), 14-11-2001, nº 6.

1094

O RECURSO À ARBITRAGEM

ção do caso *European Communities – Regime for the Importation, Sale and Distribution of Bananas*[3050], também conhecido por caso *Bananas III*[3051].

O caso *Bananas III* contra o regime das Comunidades Europeias para a banana foi iniciado pelos Estados Unidos, Equador, Guatemala, Honduras e México em 1996. No contexto deste caso, o Órgão de Resolução de Litígios autorizou o Equador e os Estados Unidos a suspenderem determinadas concessões e, no caso do Equador, outras obrigações contraídas na OMC para com as Comunida-

---

[3050] O entendimento alcançado com o Equador, por exemplo, estabelece que:

"A. A Comissão Europeia e o Equador identificaram os meios pelos quais pode ser resolvido o prolongado litígio relativo ao regime comunitário para a importação de bananas.

B. De acordo com o nº 1 do artigo 16º do Regulamento No. (EC) 404/93 (modificado pelo Regulamento No. (EC) 216/2001), as Comunidades Europeias introduzirão um regime exclusivamente pautal para as importações de bananas o mais tardar em 1 de Janeiro de 2006. Para tal efeito, negociações ao abrigo do artigo XXVIII do GATT devem ser iniciadas o mais cedo possível, concedendo ao Equador o estatuto de principal fornecedor .

C. Entretanto, as Comunidades Europeias devem aplicar um regime de importação baseado nas licenças históricas, da seguinte maneira:

1. Com efeito a partir de 1 de Julho de 2001, as Comunidades Europeias devem aplicar um regime de importação baseado nas licenças históricas, tal como se estabelece no anexo I.

2. Com efeito o mais cedo possível depois daquela data, sujeito à aprovação do Conselho e do Parlamento Europeu e à adopção da derrogação relativa ao artigo XIII referida no parágrafo F, as Comunidades Europeias devem aplicar um regime de importação baseado nas licenças históricas, tal como estabelecido no anexo II. A Comissão tratará de conseguir a aplicação desse regime de importação o mais cedo possível.

D. O Equador toma nota de que a Comissão Europeia examinará o comércio de bananas orgânicos e apresentará o correspondente relatório o mais tardar em 31 de Dezembro de 2004.

E. No momento da aplicação do regime de importação descrito no parágrafo C, extinguir-se-á o direito do Equador de suspender concessões ou outras obrigações num valor não superior a 201,6 milhões de dólares norte-americanos anuais relativamente às Comunidades Europeias.

F. O Equador retirará a sua reserva a respeito da derrogação da aplicação do artigo I do GATT de 1994 que as Comunidades Europeias solicitaram para permitir o acesso preferencial às comunidades Europeias das mercadorias originárias dos Estados ACP signatários do Acordo de Cotonou; e contribuirá activamente na promoção da aceitação da solicitação das Comunidades Europeias de uma derrogação da aplicação do artigo XIII do GATT de 1994, necessária para administrar o contingente C no âmbito do regime de importação descrito no nº 2 do parágrafo C) até 31 de Dezembro de 2005.

G. As Comunidades Europeias e o Equador consideram que o presente Entendimento constitui uma solução mutuamente acordada do litígio relativo às bananas". Cf. OMC, *European Communities – Regime for the Importation, Sale and Distribution of Bananas, Understanding on Bananas between Ecuador and the EC* (WT/DS27/60, G/C/W/274), 9-7-2001.

[3051] Segundo os próprios árbitros, "este procedimento de arbitragem é parte integrante do acordo alcançado pelos Membros da OMC na concessão da derrogação". Cf. Decisão de Arbitragem, *European Communities – The ACP-EC Partnership Agreement, Recourse to Arbitration pursuant to the Decision of 14 November 2001* (WT/L/616), 1-8-2005, parágrafo 64.

A FUNÇÃO JURISDICIONAL NO SISTEMA GATT/OMC

des Europeias. Com o objectivo de resolver questões de execução pendentes, o Equador e os Estados Unidos negociaram com as Comunidades Europeias entendimentos que incluíam, entre outras coisas, a suspensão (Estados Unidos) ou o fim (Equador) do direito a suspender concessões ou outras obrigações para com as Comunidades Europeias, o ajustamento dos níveis dos contingentes pautais e a introdução de um regime exclusivamente pautal para as importações de bananas a partir de 1 de Janeiro de 2006, assim como a retirada das reservas formuladas por estes dois países a respeito da derrogação relativa às bananas.

No dia 15 de Julho de 2004, as Comunidades Europeias notificaram a OMC do seu propósito de modificar, em conformidade com o nº 5 do artigo XXVIII do GATT de 1994, as suas concessões respeitantes ao item da Nomenclatura combinada 08030019 (bananas) incluído na Lista CXL das Comunidades Europeias[3052].

---

[3052] A história do regime comunitário de importação de bananas era, segundo a própria decisão de arbitragem (de 2005), a seguinte:

"Na Lista CXL das Comunidades Europeias-15 registam-se os compromissos das Comunidades Europeias que detalham um contingente pautal de 2,2 milhões de toneladas métricas, com um direito aduaneiro consolidado dentro do contingente de 75 euros por tonelada métrica e um direito aduaneiro final consolidado fora do contingente de 680 euros por tonelada métrica. O actual sistema das Comunidades Europeias para a importação de bananas baseia-se em três contingentes pautais, A, B e C.

Desde a introdução da organização comum do mercado da banana das Comunidades Europeias em 1993, o regime comunitário para a importação de bananas foi alterado várias vezes. Entre 1 de Janeiro de 1995 e 30 de Junho de 2001 quotas específicas por países foram atribuídas a determinados exportadores de América Latina e a fornecedores não tradicionais de bananas ACP, num total de 2,553 milhões de toneladas métricas (das quais 2,2 milhões de toneladas métricas estavam consolidadas (contingente pautal A) e o resto eram quantidades autónomas, não consolidadas (contingente pautal B)). Os fornecedores ACP tradicionais desfrutavam de um contingente pautal livre de direitos de 857,700 toneladas métricas (contingente pautal C). No dia 1 de Julho de 2001, derrogaram-se as atribuições a países específicos dentro dos contingentes pautais A/B de 2,553 milhões de toneladas métricas. Esses contingentes pautais foram postos também à disposição tanto dos fornecedores ACP tradicionais como dos não tradicionais. Como consequência dos entendimentos no âmbito do caso *European Communities – Bananas III* com o Equador e os Estados Unidos, respectivamente, as Comunidades Europeias aumentaram, a partir de 1 de Janeiro de 2002, o contingente pautal B autónomo não consolidado para 453.000 toneladas métricas e reduziram o contingente pautal C para 750.000 toneladas métricas. Os fornecedores preferenciais continuaram a ter acesso exclusivo ao contingente pautal C.

Em 1 de Maio de 2004, na sequência da adesão de 10 países de Europa Central e Oriental às Comunidades Europeias, estas aumentaram o contingente pautal autónomo adicionando 300.000 toneladas métricas para o período 1 de Maio de 2004-31 de Dezembro de 2004. Para o ano 2005, a quantidade adicional foi fixada em 460,000 toneladas métricas, e os contingentes pautais Nação Mais Favorecida totais ampliaram-se para 3,113 milhões de toneladas métricas, das quais 2,2 milhões de toneladas métricas estavam consolidadas (contingente pautal A).

O RECURSO À ARBITRAGEM

Numa comunicação datada de 31 de Janeiro de 2005, as Comunidades Europeias notificaram os Membros da OMC da sua intenção em "substituir as suas concessões a respeito do item da Nomenclatura Combinada 08030019 (bananas) incluído na Lista CXL das Comunidades Europeias anexa ao Acordo Geral por um direito consolidado de 230 euros/tonelada". Indicaram também que a notificação constituía "o aviso em conformidade com os termos do Anexo da Decisão da Conferência Ministerial da OMC de 14 de Novembro de 2001 relativa ao Acordo de Parceria ACP-CE (WT/MIN(01)/15)"[3053].

A convite das Partes do Acordo de Cotonou e em concordância com os procedimentos estabelecidos no Anexo da Derrogação de Doha, realizaram-se em 22 de Fevereiro de 2005 consultas com os membros da OMC que exportavam bananas para as Comunidades Europeias com base na cláusula da nação mais favorecida, com o objectivo de prover em particular uma oportunidade de responder a qualquer pergunta que as partes interessadas desejassem formular sobre a metodologia utilizada para a reconsolidação do direito das Comunidades Europeias aplicável às bananas[3054].

Em 30 de Março de 2005, a Colômbia, a Costa Rica, o Equador, a Guatemala, as Honduras e o Panamá, seguidas, em 31 de Março de 2005, pela Nicarágua e Venezuela, e, em 1 de Abril de 2005, pelo Brasil (as partes interessadas), notificaram a OMC que solicitavam uma arbitragem em conformidade com os procedimentos estabelecidos no Anexo da Derrogação de Doha[3055]. Nos termos do

Os contingentes pautais A e B estão abertos a todos os fornecedores, com um direito aduaneiro de 75 euros por tonelada métrica para fornecedores que não são fornecedores preferenciais, e um nível de direitos zero para os fornecedores preferenciais. A taxa fora do contingente é de 680 euros por tonelada métrica para fornecedores não preferenciais e de 380 euros por tonelada métrica para os fornecedores preferenciais.

Em suma, o sistema vigente das Comunidades Europeias para importação de bananas consiste em contingentes pautais num total de 3,113 milhões de toneladas métrica aberto a todos os fornecedores e um contingente pautal de 750,000 toneladas métricas com direitos zero aberto exclusivamente aos fornecedores preferenciais. Os fornecedores Nação Mais Favorecida estão sujeitos a um direito aduaneiro consolidado dentro do contingente de 75 euros por tonelada métrica, ao passo que todas as importações de bananas dentro do contingente pautal procedentes de fornecedores preferenciais entram nas Comunidades Europeias com direito zero. Em 2004, as Comunidades Europeias-25 importaram um total de 3,87 milhões de toneladas métricas de bananas". Cf. Decisão de Arbitragem, *European Communities – The ACP-EC Partnership Agreement, Recourse to Arbitration pursuant to the Decision of 14 November 2001* (WT/L/616), 1-8-2005, parágrafos 13-18.

[3053] *Idem*, parágrafo 4.

[3054] OMC, *Non-Recognition of Rights under Article XXIV:6 and Article XXVIII of the GATT 1994, Communication from the European Communities* (WT/L/602), 17-2-2005.

[3055] Decisão de Arbitragem, *European Communities – The ACP-EC Partnership Agreement, Recourse to Arbitration pursuant to the Decision of 14 November 2001* (WT/L/616), 1-8-2005, parágrafo 6.

1097

## A FUNÇÃO JURISDICIONAL NO SISTEMA GATT/OMC

Anexo, "o árbitro será nomeado nos 10 dias seguintes ao pedido de arbitragem sempre que exista acordo entre as duas partes. Caso não exista acordo, o árbitro será nomeado pelo Director-Geral da OMC, após a realização de consultas com as partes, num prazo de 30 dias a contar do pedido de arbitragem".

No dia 12 de Abril, as partes notificaram o Director-Geral de que não tinham chegado a acordo sobre a nomeação do árbitro no prazo de 10 dias estipulado. O Director-Geral, após realizar consultas com as partes nos dias 15 e 18 de Abril de 2005, designou em 2 de Maio de 2005 os seguintes árbitros: John Weekes, Presidente; John Lockhart; e Yasuhei Taniguchi[3056].

O Anexo da Derrogação de Doha estipula que:

> "o mandato do árbitro consistirá em determinar, num prazo de 90 dias a contar da sua nomeação, se a reconsolidação prevista do direito aduaneiro aplicado pelas Comunidades Europeias às bananas produzirá como resultado mínimo a manutenção do acesso total aos mercados para os fornecedores de bananas Nação Mais Favorecida, tendo em conta os compromissos anteriormente mencionados das Comunidades Europeias".

Deste modo, os termos do mandato obrigavam, segundo os próprios árbitros nomeados, a considerar se uma determinada acção teria por resultado ou não uma determinada consequência. O texto do mandato poderia, ainda de acordo com os mesmos, dividir-se em três elementos. O primeiro seria a "reconsolidação prevista do direito aduaneiro das Comunidades Europeias aplicado às bananas". O segundo elemento compreenderia um ponto de referência ao abrigo do qual teria de ser avaliada a reconsolidação prevista do direito aduaneiro aplicável às bananas. Por conseguinte, este elemento do mandato requereria que o Árbitro determinasse se a reconsolidação prevista "teria como resultado a manutenção, pelo menos, do acesso total aos mercados para os fornecedores de bananas Nação Mais Favorecida". O terceiro e último elemento seria uma instrução ao Árbitro para que, ao efectuar a análise requerida pelo seu mandato, tivesse em conta todos os compromissos de acesso aos mercados no quadro da OMC contraídos pelas Comunidades Europeias em relação às bananas[3057].

O Árbitro não teria liberdade para ampliar o seu mandato. O âmbito da sua jurisdição encontrar-se-ia no instrumento que estabelece as suas faculdades. Nada indicava, pois, que o Árbitro pudesse determinar outras questões, como a compatibilidade da reconsolidação prevista das Comunidades Europeias com o nº 1 da Derrogação de Doha (o que, pela sua própria natureza, incluiria também

---

[3056] *Idem*, parágrafo 7.
[3057] *Idem*, parágrafo 20.

O RECURSO À ARBITRAGEM

a consideração dos termos do Acordo de Cotonou para determinar o que esse Acordo "requer"). O Árbitro constatou, por conseguinte, que esta alegação das Honduras, Panamá e Nicarágua ultrapassaria a sua jurisdição[3058].

A pedido de determinados países ACP exportadores de bananas, o Árbitro, após consultar as partes, convidou Santa Lúcia, os Camarões, a Costa do Marfim, Dominica, a República Dominicana, o Gana, Granada, Jamaica, Quénia, Madagáscar, Suriname, Tanzânia, Belize e São Vicente e Granadinas (os "Membros ACP pertinentes") a participarem com certas limitações na arbitragem[3059]. O Árbitro explicou a sua decisão por carta às partes e aos Membros ACP pertinentes, observando, em particular, que não havia nenhuma norma que impedisse a participação desses Membros e que o Árbitro gozava de discricionariedade para organizar a tramitação do procedimento. O Árbitro observou, também, que tal participação não teria efeitos negativos no calendário dos procedimentos nem no calendário para a conclusão da arbitragem, como previsto no Anexo da Derrogação de Doha. Por conseguinte, os Membros ACP pertinentes foram convidados a apresentar ao Árbitro uma comunicação escrita em forma de uma comunicação colectiva. Além disso, os Membros ACP pertinentes foram convidados a assistir à reunião com as partes, deu-se-lhes a oportunidade de fazerem uma única e breve declaração nessa reunião e a responderem a perguntas do Árbitro. Os Membros ACP pertinentes tiveram, por fim, acesso às comunicações apresentadas pelas partes antes da audiência com o Árbitro[3060].

Durante os procedimentos, o Árbitro solicitou e recebeu da Organização das Nações Unidas para a Agricultura e a Alimentação (FAO) informação relativa a certos dados sobre preços compilados por ela[3061].

O Árbitro reuniu com as partes e os Membros ACP pertinentes nos dias 28, 29 e 30 de Junho de 2005 e decidiu que a sua decisão seria distribuída às partes às 12h do meio-dia de 1 de Agosto de 2005, e notificada ao Conselho General e distribuída aos Membros da OMC às 17h desse mesmo dia[3062].

No essencial, as partes interpretavam de maneira muito distinta o sentido das palavras "acesso total aos mercados para os fornecedores de bananas Nação Mais Favorecida", assim como o significado e o alcance dos compromissos das Comunidades Europeias que deveriam ter-se em conta. As Comunidades Europeias interpretavam conjuntamente esses dois elementos do texto do mandato e alegavam que somente o nível de protecção para os produtores de bananas das

[3058] *Idem*, parágrafo 46.
[3059] *Idem*, parágrafo 9.
[3060] *Idem*, parágrafo 10.
[3061] *Idem*, parágrafo 11.
[3062] *Idem*, parágrafo 12.

1099

A FUNÇÃO JURISDICIONAL NO SISTEMA GATT/OMC

Comunidades Europeias (ou, inversamente, o grau de liberalização) concedido pelos compromissos pautais consignados na Lista CXL das Comunidades Europeias-15 constituía o ponto de referência com o qual se deveria comparar a reconsolidação prevista. A Colômbia, a Costa Rica, o Equador, a Guatemala e o Brasil alegavam que o conceito de "acesso total aos mercados para os fornecedores de bananas Nação Mais Favorecida" requeria uma análise mais ampla, que incluísse os compromissos consignados pelas Comunidades Europeias, mas não apenas estes, e que abarcaria a análise de todas as condições pertinentes que afectassem a concorrência no mercado, incluindo tanto o nível de protecção outorgado aos produtores das Comunidades Europeias como a margem de preferência de que desfrutavam os fornecedores preferenciais do mercado de bananas das Comunidades Europeias. As Honduras, a Nicarágua e o Panamá consideravam, também, que a posição dos fornecedores preferenciais seria pertinente para avaliar se a reconsolidação prevista "teria como resultado a manutenção, pelo menos, do acesso total aos mercados para os fornecedores de bananas Nação Mais Favorecida". Além disso, estas partes alegavam que uma análise do "acesso total aos mercados para os fornecedores de bananas Nação Mais Favorecida" teria que ser "*quantitativa*, exclusiva para os fornecedores *Nação Mais Favorecida*, e abarcando a quantia total dos volumes Nação Mais Favorecida então autorizados para a entrada Nação Mais Favorecida". As Honduras, a Nicarágua e o Panamá defendiam que ter em conta "todos os compromissos de acesso aos mercados no âmbito da OMC contraídos pelas Comunidades Europeias em relação às bananas" requereria ir além da consideração dos compromissos consolidados das Comunidades Europeias e deveria incluir uma análise dos compromissos assumidos com os fornecedores Nação Mais Favorecida à luz do alargamento das Comunidades Europeias; no contexto dos entendimentos a que chegaram as Comunidades Europeias, respectivamente, com os Estados Unidos e o Equador, no âmbito da resolução do litígio *Bananas III*; e ao abrigo do mandato de negociação do Programa de Doha para o Desenvolvimento, assim como da própria Derrogação de Doha[3063].

No fim, o Árbitro defendeu em decisão datada de 1 de Agosto de 2005 que:

> "**34.** (...) É difícil aceitar a declaração das Comunidades Europeias de que uma avaliação do 'acesso total aos mercados para os fornecedores de bananas Nação Mais Favorecida' no contexto do Anexo deve limitar-se *exclusivamente* aos compromissos de acesso aos mercados registados na Lista CXL das Comunidades Europeias. Esses compromissos podem muito bem ser um factor importante que afecta a oportunidade que as condições de entrada oferecem aos fornecedores de bananas Nação Mais

---

[3063] *Idem*, parágrafo 23.

1100

O RECURSO À ARBITRAGEM

Favorecida e o mandato requer claramente que tais compromissos – que estão indubitavelmente incluídos nas palavras 'todos os compromissos de acesso aos mercados no âmbito da OMC contraídos pelas Comunidades Europeias' – sejam tidos em conta durante a análise. Não obstante, é evidente que os compromissos consignados na lista das Comunidades Europeias relacionados com as bananas não abarcam todo o âmbito do 'acesso total aos mercados para os fornecedores de bananas Nação Mais Favorecida' de que estes desfrutam actualmente. Como já foi indicado, as Comunidades Europeias concedem aos fornecedores Nação Mais Favorecida uma oportunidade de entrar no mercado das bananas das Comunidades Europeia maior que a registada na sua Lista CXL, mediante quantidades 'autónomas' adicionais de contingentes pautais. Elas fazem parte das oportunidades de que os fornecedores de bananas Nação Mais Favorecida desfrutam no mercado das Comunidades Europeias e são, portanto, parte do 'acesso total aos mercados para os fornecedores Nação Mais Favorecida' que tem que manter-se, ou preservar-se, no quadro do novo direito aduaneiro. (...).

**37.** Em suma, o mandato requer que se determine se o novo direito aduaneiro proposto pelas Comunidades Europeias para as bananas preservaria, pelo menos, as oportunidades efectivas de entrada no mercado das bananas das Comunidades Europeias que as condições de entrada actualmente existentes oferecem aos fornecedores Nação Mais Favorecida. A análise deve incluir como factores não só os compromissos consolidados, mas também outros aspectos do regime de importação, *tal como este se aplica*. O Árbitro observa que a expressão 'acesso total aos mercados para os fornecedores de bananas Nação Mais Favorecida', ainda que aluda a certas oportunidades de entrada no mercado, não é uma garantia de um nível ou volume específico de comércio ou de preços. Em vez disso, diz respeito à oportunidade que os fornecedores Nação Mais Favorecida têm de entrar e competir no mercado das bananas das Comunidades Europeias"[3064].

Porém, a própria Derrogação de Doha determinava que:

"Se o árbitro determinar que a reconsolidação não produzirá como resultado mínimo a manutenção do acesso total aos mercados para os fornecedores de bananas nação mais favorecida, as Comunidades Europeias deverão rectificar a situação. Nos 10 dias seguintes à notificação da decisão arbitral ao Conselho Geral, as Comunidades Europeias iniciarão consultas com as partes interessadas que solicitaram a arbitragem. Na ausência de uma solução mutuamente satisfatória, o mesmo árbitro será convidado a determinar, num prazo de 30 dias contados a partir do novo pedido de arbitragem, se as Comunidades Europeias rectificaram a situação. A segunda decisão arbitral será notificada ao Conselho Geral. Se as Comunidades Europeias não tiverem rectificado

---

[3064] *Idem*, parágrafos 34 e 37.

1101

A FUNÇÃO JURISDICIONAL NO SISTEMA GATT/OMC

a situação, a presente derrogação deixará de aplicar-se às bananas aquando da entrada em vigor do novo regime tarifário das Comunidades Europeias. As negociações realizadas no quadro do artigo XXVIII e os procedimentos arbitrais concluir-se-ão antes da entrada em vigor do novo regime exclusivamente tarifário das Comunidades Europeias a 1 de Janeiro de 2006"[3065].

Ou seja, a Derrogação de Doha previa a possibilidade de haver uma segunda arbitragem. Consequentemente, no dia 13 de Setembro de 2005, as Comunidades Europeias notificaram as partes interessadas de que tinham revisto a sua proposta para estabelecer a partir de 1 de Janeiro de 2006 um direito aduaneiro Nação Mais Favorecida para as bananas de 187 euros por tonelada métrica e um contingente pautal para os países ACP de 775.000 toneladas métricas por ano em regime de franquia[3066].

Em 16 de Setembro de 2005, a Costa Rica, o Equador, as Honduras, a Nicarágua e o Panamá solicitaram aos árbitros (os mesmos da primeira arbitragem) uma resolução preliminar declarando que as Comunidades Europeias "não disp[unham] da faculdade, nos termos do Anexo da Derrogação, para pedir a segunda arbitragem"[3067]. Permitir que as Comunidades Europeias solicitassem uma segunda arbitragem redundaria em prejuízo dos direitos processuais das partes interessadas ao privá-las do tempo necessário para examinar e analisar a nova proposta[3068]. A Costa Rica, o Equador, as Honduras, a Nicarágua e o Panamá solicitaram ainda, em alternativa, uma revisão dos procedimentos e prazos estabelecidos na carta do Árbitro de 4 de Agosto de 2005[3069]. Numa comunicação separada, o Brasil, a Colômbia e a Guatemala solicitaram também uma revisão

---

[3065] OMC, *European Communities – the ACP-EC Partnership Agreement* (WT/MIN(01)/15), 14-11-2001, Anexo, parágrafo V.

[3066] Decisão de Arbitragem, *European Communities – The ACP-EC Partnership Agreement, Second Recourse to Arbitration pursuant to the Decision of 14 November 2001* (WT/L/625), 27-10-2005, parágrafo 7.

[3067] *Idem*, parágrafo 8.

[3068] *Idem*, parágrafo 14.

[3069] *Idem*, parágrafo 8. Na carta datada de 4 de Agosto, o Árbitro observou que se previa no quinto parágrafo do Anexo da Derrogação de Doha que, "na ausência de uma solução mutuamente satisfatória, o mesmo árbitro será convidado a determinar, num prazo de 30 dias contados a partir do novo pedido de arbitragem, se as Comunidades Europeias rectificaram a situação". Diante da possibilidade de uma segunda arbitragem, o Árbitro esboçou o procedimento que propunha seguir caso ela fosse solicitada. Esse procedimento incluía um calendário provisório para as comunicações das partes, a audiência e a decisão. Na carta eram convidados também a participar os mesmos países de África, Caribe e Pacífico que participaram na primeira arbitragem (os "Membros ACP pertinentes") em condições iguais, incluindo a possibilidade de apresentarem uma comunicação escrita colectiva e formularem uma declaração colectiva na audiência. Cf. *Idem*, parágrafo 4.

1102

O RECURSO À ARBITRAGEM

dos procedimentos e prazos. O Árbitro respondeu em 21 de Setembro de 2005 que, tendo em conta que até essa data não se tinha solicitado uma segunda arbitragem, as questões de organização e as solicitações de resoluções preliminares que surgissem no contexto de um pedido de segunda arbitragem poderiam ser examinadas numa reunião de organização convocada pouco tempo depois de qualquer solicitação dessa natureza[3070].

Numa comunicação datada de 26 de Setembro de 2005, as Comunidades Europeias notificaram o Árbitro que, depois de terem realizado consultas com as partes interessadas, não existiam então bases para tratar sequer de chegar a uma solução mutuamente satisfatória dentro de prazos que permitissem a aplicação do novo regime das Comunidades Europeias para a banana no dia 1 de Janeiro de 2006. Em consequência, pediram que o caso voltasse a submeter-se ao mesmo árbitro em conformidade com o Anexo da Derrogação de Doha. De acordo com o procedimento estabelecido pelo Árbitro na sua carta de 4 de Agosto de 2005, as Comunidades Europeias também apresentaram no mesmo dia uma comunicação escrita[3071].

O Árbitro realizou uma reunião organizacional com as partes em 28 de Setembro de 2005. Nessa reunião, a Costa Rica, o Equador, as Honduras, a Nicarágua e o Panamá reiteraram o seu pedido de uma resolução preliminar sobre a validade da solicitação de arbitragem formulada pelas Comunidades Europeias. A convite do Árbitro, as Comunidades Europeias apresentaram uma resposta escrita aos argumentos formulados no pedido de resolução preliminar[3072].

Numa comunicação datada de 29 de Setembro de 2005, o Árbitro informou as partes e os Membros ACP pertinentes das suas decisões sobre o calendário dos procedimentos e o pedido de resolução preliminar apresentado por certas partes interessadas. Em particular, concedeu tempo adicional para as comunicações das partes interessadas e os Membros ACP pertinentes. O Árbitro indicou também que se referiria ao pedido de resolução preliminar na sua decisão final[3073].

As partes interessadas e os Membros ACP pertinentes apresentaram comunicações escritas em 10 de Outubro de 2005. O Árbitro reuniu com as partes e os Membros ACP pertinentes em 19 de Outubro de 2005. As partes e os Membros ACP pertinentes apresentaram comunicações escritas finais em 21 de Outubro de 2005[3074]. No dia 27 de Outubro do mesmo ano, o tribunal arbitral emitiu a sua decisão na segunda arbitragem.

---

[3070] *Idem*, parágrafo 8.
[3071] *Idem*, parágrafo 9.
[3072] *Idem*, parágrafo 10.
[3073] *Idem*, parágrafo 11.
[3074] *Idem*, parágrafo 12.

A FUNÇÃO JURISDICIONAL NO SISTEMA GATT/OMC

A respeito do pedido de resolução preliminar, o árbitro observou que o quinto parágrafo do Anexo da Derrogação de Doha não incluía nenhuma limitação expressa sobre qual das partes poderia solicitar uma segunda arbitragem[3075]. Por isso, caso os redactores do Anexo tivessem querido limitar o direito de solicitar uma segunda arbitragem exclusivamente às partes interessadas, não teriam tido dificuldades em adoptar um texto similar ao que utilizaram no terceiro parágrafo, que limitava expressamente a certas partes interessadas o direito a solicitar a arbitragem inicial[3076]. Além disso, a condição "ausência de uma solução mutuamente satisfatória" denota que tal solução deveria ser satisfatória para todas as partes afectadas[3077].

No que diz respeito ao mandato do Árbitro, o Anexo da Derrogação de Doha dispunha que o Árbitro teria que determinar "se as Comunidades Europeias rectificaram a situação". As Comunidades Europeias propuseram rectificar a situação mediante um direito aduaneiro sobre as importações de banana em regime Nação Mais Favorecida de 187 euros por tonelada métrica e a abertura de um contingente pautal autónomo de 775.000 toneladas métricas para as importações originárias de países ACP com direitos nulos dentro do contingente. O contingente pautal seria administrado na base de um sistema de distribuição das licenças baseado em antecedentes históricos[3078].

O mandato do Árbitro passaria, pois, por determinar se as Comunidades Europeias "rectificaram a situação" à luz da primeira decisão, de modo a que a nova reconsolidação proposta pelas Comunidades Europeias tivesse como resultado a manutenção, pelo menos, do acesso total aos mercados para os fornecedores de bananas Nação Mais Favorecida, tendo em conta todos os compromissos de acesso aos mercados no âmbito da OMC contraídos pelas Comunidades Europeias em relação com as bananas. A análise do Árbitro neste segundo recurso à arbitragem deveria incorporar, como nos procedimentos iniciais, não somente os compromissos consolidados, mas todos os demais aspectos do regime das Comunidades Europeias para a importação de bananas, tal como aplicado[3079].

Tendo presente a ausência de dados perfeitos sobre os preços da banana, o Árbitro conclui que os cálculos das Comunidades Europeias não reflectiam da forma mais exacta possível a diferença efectiva entre o preço interno e o preço externo, pelo que os resultados do cálculo da diferença de preços sobrestimaram o nível deste último. Baseando-se nesta conclusão, o Árbitro constata que a pro-

---

[3075] *Idem*, parágrafo 16.
[3076] *Idem*, parágrafo 17.
[3077] *Idem*, parágrafo 18.
[3078] *Idem*, parágrafo 22.
[3079] *Idem*, parágrafo 23.

1104

# O RECURSO À ARBITRAGEM

posta reconsolidação pautal de 187 euros por tonelada métrica não teria como resultado a manutenção, pelo menos, do acesso total aos mercados para os fornecedores de bananas Nação Mais Favorecida, independentemente da aplicação ou não de um contingente pautal de 775.000 toneladas métricas às importações de bananas ACP e independentemente da resposta previsível da oferta dos beneficiários da iniciativa "Tudo Menos Armas" à margem preferencial resultante do direito aduaneiro proposto[3080].

Pelas razões descritas, o Árbitro determina que a rectificação proposta pelas Comunidades Europeias, consistente num novo direito aduaneiro Nação Mais Favorecida sobre as bananas de 187 euros por tonelada métrica e um contingente pautal de 775.000 toneladas métricas para as importações de bananas de origem ACP, não teria como resultado "a manutenção, pelo menos, do acesso total aos mercados para os fornecedores de bananas Nação Mais Favorecida", tendo em conta "todos os compromissos de acesso aos mercados no âmbito da OMC contraídos pelas Comunidades Europeias em relação com as bananas". Em consequência, o Árbitro constata que as Comunidades Europeias não tinham rectificado a situação, como prescrito no quinto parágrafo do Anexo da Derrogação de Doha[3081].

Cumpre destacar a respeito destes dois exemplos de arbitragem *sui generis* os seguintes aspectos. Primeiro, eles envolveram um volume de trabalho comparável ao de muitos procedimentos de painéis e do Órgão de Recurso. No total, as comunicações apresentadas pelas partes e partes terceiras e respectivos anexos resultaram em mais de 1,000 páginas de argumentos escritos e a audiência oral prolongou-se por cinco dias[3082]. Substantivamente, para além da argumentação jurídica, as comunicações incluíram matéria de facto contida em anexos, assim como argumentos, dados e modelos económicos detalhados[3083].

Segundo, reflectindo a complexidade do litígio, foram disponibilizados para apoiar os árbitros nomeados funcionários da divisão de assuntos jurídicos, da divisão da agricultura, da divisão da análise económica e das estatísticas (todas do Secretariado da OMC) e do Secretariado do Órgão de Recurso[3084]. Regra geral, os membros do Órgão de Recurso que analisam um determinado recurso contam exclusivamente com a ajuda do respectivo secretariado e os membros de cada painel com

---

[3080] *Idem*, parágrafo 116.

[3081] *Idem*, parágrafo 127.

[3082] Hunter NOTTAGE e Jan BOHANES, Arbitration as an alternative to litigation in the WTO: observations in the light of the 2005 Banana Tariff Arbitrations, in *The WTO in the Twenty-First Century: Dispute Settlement, Negotiations, and Regionalism in Asia*, Yasuhei Taniguchi, Alan Yanovich e Jan Bohanes Ed., Cambridge University Press, 2007, p. 220.

[3083] *Idem*.

[3084] *Idem*, p. 221.

## A FUNÇÃO JURISDICIONAL NO SISTEMA GATT/OMC

a ajuda de funcionários da divisão dos assuntos jurídicos ou da divisão das regras e, ocasionalmente, de funcionários de outras divisões do secretariado da OMC[3085].

Terceiro, espelhando a importância económica do mercado comunitário de importação de bananas para muitos membros da OMC, as duas arbitragens referidas contaram com a participação de 10 partes (as Comunidades Europeias e nove países da América Latina) e de 14 partes terceiras (países ACP exportadores de bananas).

Quarto, é notável a celeridade com que as duas arbitragens foram realizadas. A primeira arbitragem foi pedida no dia 30 de Março de 2005 e a decisão dos árbitros viu a luz do dia em 1 de Agosto mesmo ano. Este período de tempo incluiu 30 dias para a selecção dos árbitros e 90 dias para estes proferirem uma decisão. A segunda arbitragem foi ainda mais rápida, tendo o pedido ocorrido em 26 de Setembro de 2005 e a decisão emitida no dia 27 de Outubro de 2005.

Quinto, é dito muitas vezes que "arbitration is only good as the arbitrators"[3086]. Ora, no caso das duas arbitragens que estamos a analisar, foram nomeados como árbitros John Lockhart, Yasuhei Taniguchi e John Weekes. Os dois primeiros eram na altura membros do Órgão de Recurso e John Weekes tinha sido embaixador do Canadá junto do GATT durante as negociações do Ciclo do Uruguai, Presidente do Conselho dos Representantes em 1989 e das PARTES CONTRATANTES em 1990, negociador principal do Canadá nas negociações relativas ao NAFTA, embaixador do Canadá junto da OMC entre 1995 e 1999 e Presidente do Conselho Geral em 1998. E, de facto, o conhecimento e a experiência dos três árbitros nomeados parecem ter sido importantes na celeridade com que foram analisadas as questões submetidas.

Finalmente, não obstante a vantagem da celeridade, as arbitragens *sui generis* em causa apresentam também desvantagens. É de notar, em particular, que as duas decisões arbitrais proferidas não podem ser executadas através dos mecanismos previstos nos artigos 21º e 22º do Memorando de Entendimento sobre Resolução de Litígios[3087]. Por conseguinte, o único meio que cada um dos nove

---

[3085] Pese embora o Memorando diga que "o Secretariado assistirá os painéis, especialmente nos aspectos jurídicos, históricos e processuais das questões litigiosas e prestará apoio técnico e de secretariado" (art. 27º, nº 1) e que "o Órgão de Recurso terá o apoio administrativo e jurídico que for adequado" (art. 17º, nº 7), o Memorando nada diz relativamente a quem prestará apoio à arbitragem realizada nos termos do art. 25º, o mesmo se passando com a Derrogação de Doha.

[3086] Hunter NOTTAGE e Jan BOHANES, Arbitration as an alternative to litigation in the WTO: observations in the light of the 2005 Banana Tariff Arbitrations, in *The WTO in the Twenty-First Century: Dispute Settlement, Negotiations, and Regionalism in Asia*, Yasuhei Taniguchi, Alan Yanovich e Jan Bohanes Ed., Cambridge University Press, 2007, p. 243.

[3087] Em contraste, a arbitragem prevista no art. 25º do Memorando de Entendimento sobre Resolução de Litígios prevê expressamente a aplicação dos artigos 21º e 22º, *mutatis mutandis*, às decisões arbitrais proferidas.

O RECURSO À ARBITRAGEM

países da América Latina envolvidos nas duas arbitragens tem ao seu dispor para fazer face ao incumprimento das Comunidades Europeias consiste em apresentar uma nova queixa junto do sistema de resolução de litígios da OMC. Parece ter sido esta a razão pela qual o Equador apresentou em 26 de Novembro de 2006 um novo pedido de consultas junto das Comunidades Europeias relativamente às medidas adoptadas por estas últimas[3088], para cumprir, alegadamente, as recomendações e decisões do Órgão de Resolução de Litígios no caso *European Communities – Regime for the Importation, Sale and Distribution of Bananas*[3089].

## 4. As Vantagens e as Desvantagens

A pouca relevância da arbitragem enquanto meio de resolução de litígios comerciais entre os membros da OMC contrasta, visivelmente, com o que acontece nos sistemas jurídicos internos e nos litígios comerciais internacionais entre particulares[3090]. A menor celeridade, os custos envolvidos e a ausência de flexibilidade inerentes à resolução litigiosa resultaram, como referem alguns autores, "in a trend towards using alternatives to litigation, including arbitration"[3091].

No caso concreto dos litígios comerciais internacionais entre partes privadas, podem ser apontadas quatro razões principais para que a arbitragem seja actualmente o meio preferido de resolução[3092]. Primeiro, a sentença de um tribunal

---

[3088] Relatório do Painel no caso *European Communities – Regime for the Importation, Sale and Distribution of Bananas, Second Recourse to Article 21.5 of the DSU by Ecuador* (WT/DS27/RW2/ECU), 7-4-2008, parágrafo 1.1. No dia 1 de Janeiro de 2006, em vez de adoptar um regime unicamente pautal (como prometido no Memorando de 2001), o Regulamento 1964/2005 estabeleceu um direito aduaneiro de €176/mt sobre todas as importações de bananas, assim como um contingente pautal especial de zero de 775,000 mt para as bananas de origem ACP. Consequentemente, o Equador, pela segunda vez, solicitou a criação de um painel ao abrigo do nº 5 do art. 21º do Memorando. Os Estados Unidos solicitaram igualmente a criação de um painel ao abrigo do nº 5 do art. 21º (no seu caso, pela primeira vez).

[3089] Hunter Nottage e Jan Bohanes, Arbitration as an alternative to litigation in the WTO: observations in the light of the 2005 Banana Tariff Arbitrations, in *The WTO in the Twenty-First Century: Dispute Settlement, Negotiations, and Regionalism in Asia*, Yasuhei Taniguchi, Alan Yanovich e Jan Bohanes Ed., Cambridge University Press, 2007, p. 238.

[3090] Num plano mais geral, a arbitragem é relativamente pouco utilizada para a resolução de litígios entre Estados. Além do custo de um processo arbitral, a falta de jurisprudência consolidada dos tribunais pesa como facto que impede um maior recurso à arbitragem. Cf, Leonardo Brant e Marinana Andrade e Barros, Artigo 33, in *Comentário à Carta das Nações Unidas*, Leonardo Brant org., Centro de Direito Internacional (CEDIN), Belo Horizonte, 2008, p. 519.

[3091] Hunter Nottage e Jan Bohanes, Arbitration as an alternative to litigation in the WTO: observations in the light of the 2005 Banana Tariff Arbitrations, in *The WTO in the Twenty-First Century: Dispute Settlement, Negotiations, and Regionalism in Asia*, Yasuhei Taniguchi, Alan Yanovich e Jan Bohanes Ed., Cambridge University Press, 2007, p. 246.

[3092] Ao mesmo tempo, há quem defenda que a arbitragem tem a desvantagem de ser mais onerosa que a mediação ou negociação, não só por causa da sua "adversarial nature", mas também por poder

A FUNÇÃO JURISDICIONAL NO SISTEMA GATT/OMC

nacional só é geralmente executada internamente; em contraste, graças a uma rede de tratados internacionais, em particular da Convenção das Nações Unidas sobre o Reconhecimento e a Execução das Sentenças Arbitrais Estrangeiras (1958), as sentenças arbitrais tendem a ser juridicamente executadas em muitas jurisdições[3093]. Esta Convenção das Nações Unidas contava, em Novembro de 2009, com 144 Estados partes[3094].

Segundo, nenhum tribunal internacional lida com litígios comerciais internacionais entre privados (somente os Estados e territórios aduaneiros autónomos têm acesso directo ao sistema de resolução de litígios da OMC e, no caso do Tribunal Internacional de Justiça, só os Estados gozam de tal prerrogativa). Consequentemente, as partes que desejam fazer valer direitos jurídicos de carácter privado nos tribunais só podem recorrer aos tribunais nacionais[3095]. No contexto internacional, porém, os tribunais nacionais apresentam diversas desvantagens: pouca experiência em lidar com transacções comerciais internacionais, a linguagem usada pode ser diferente da contida em documentos e elementos de prova essenciais e pode ser necessário à parte reclamante recorrer aos serviços de advogados estrangeiros. A arbitragem, pelo contrário, permite que as partes discutam as suas diferenças recorrendo aos seus próprios advogados, perante árbitros nomeados por causa da sua familiaridade com as transacções comerciais internacionais a analisar[3096].

Terceiro, a flexibilidade dos procedimentos de arbitragem (as partes gozam de autonomia para desenvolverem os procedimentos de arbitragem mais adequa-

---

ter um impacto negativo sobre o desejo das partes de manutenção da sua relação empresarial, principalmente quando essa relação é duradoura. Cf. Margaret WANG, *Are Alternative Dispute Resolution Methods Superior to Litigation in Resolving Disputes in International Commerce?*, in Arbitrational International, Vol. 16, No. 2, 2000, pp. 207-208.

[3093] Hunter NOTTAGE e Jan BOHANES, Arbitration as an alternative to litigation in the WTO: observations in the light of the 2005 Banana Tariff Arbitrations, in *The WTO in the Twenty-First Century: Dispute Settlement, Negotiations, and Regionalism in Asia*, Yasuhei Taniguchi, Alan Yanovich e Jan Bohanes Ed., Cambridge University Press, 2007, p. 223.

[3094] http://www.uncitral.org.

[3095] "There is no truly international court for the resolution of transnational commercial disputes. Therefore, the forum for dispute resolution in international commerce is generally a domestic court". Cf. Margaret WANG, *Are Alternative Dispute Resolution Methods Superior to Litigation in Resolving Disputes in International Commerce?*, in Arbitrational International, Vol. 16, No. 2, 2000, p. 194.

[3096] Hunter NOTTAGE e Jan BOHANES, Arbitration as an alternative to litigation in the WTO: observations in the light of the 2005 Banana Tariff Arbitrations, in *The WTO in the Twenty-First Century: Dispute Settlement, Negotiations, and Regionalism in Asia*, Yasuhei Taniguchi, Alan Yanovich e Jan Bohanes Ed., Cambridge University Press, 2007, pp. 224-225.

O RECURSO À ARBITRAGEM

dos às circunstâncias particulares do caso em análise)[3097] e a tendência para ser menos morosa e dispendiosa que a resolução litigiosa[3098].

Finalmente, a confidencialidade dos procedimentos de arbitragem, isto é, a arbitragem comercial internacional tende a não estar aberta ao público[3099].

No caso concreto do sistema de resolução de litígios da OMC, é importante notar que o caso *United States – Section 211 Omnibus Appropriations Act of 1998* entre as Comunidades Europeias e os Estados Unidos suscitado ante a OMC surgiu a partir de um litígio comercial privado entre a empresa Pernod Ricard, uma destiladora e distribuidora multinacional com sede em França, e a empresa Bacardi-Martini, outra destiladora e distribuidora multinacional, mas com sede nos Estados Unidos, relativo aos direitos sobre a marca comercial *Havana Club*. Depois do caso ter sido suscitado nos tribunais norte-americanos, as empresas lograram converter o seu litígio privado numa impugnação intergovernamental das normas comerciais multilaterais, com a possibilidade de aplicação de sanções comerciais transatlânticas. Assim sendo, podemos concluir que:

> "The motivation for preferring arbitration over litigation in private international commercial disputes due to the lack of an international court to resolve private international commercial disputes does not exist in the WTO context as the WTO panels and the Appellate Body provide an international 'court' able to resolve WTO law disputes. As the WTO dispute settlement system also contains enforcement mechanisms, the motivation of ensuring the enforcement of the decision that exists in the private international commercial context also does not apply in the WTO context"[3100].

Mas caso ambas as empresas tivessem submetido o seu litígio privado à arbitragem privada de um terceiro ou a mediação (por exemplo, do Centro de Arbitragem da Organização Mundial de Propriedade Intelectual), teria sido possível evitar um litígio político internacional e determinado a titularidade dos direitos privados de maneira mais rápida e efectiva[3101].

---

[3097] Uma das principais vantagens da arbitragem é o facto de os procedimentos arbitrais poderem ser talhados à dimensão, complexidade e natureza do litígio e aos desejos das partes. Cf. Margaret WANG, *Are Alternative Dispute Resolution Methods Superior to Litigation in Resolving Disputes in International Commerce?*, in Arbitrational International, Vol. 16, No. 2, 2000, p. 202.

[3098] Hunter NOTTAGE e Jan BOHANES, Arbitration as an alternative to litigation in the WTO: observations in the light of the 2005 Banana Tariff Arbitrations, in *The WTO in the Twenty-First Century: Dispute Settlement, Negotiations, and Regionalism in Asia*, Yasuhei Taniguchi, Alan Yanovich e Jan Bohanes Ed., Cambridge University Press, 2007, p. 225.

[3099] *Idem*, p. 226.

[3100] *Idem*, p. 227.

[3101] Ernst-Ulrich PETERSMANN, La Proliferación y Fragmentación de los Mecanismos de Solución de Controversias en el Comercio Internacional: Los Procedimientos de Solución de Diferencias

1109

## A FUNÇÃO JURISDICIONAL NO SISTEMA GATT/OMC

Mais certeira é, em nosso entender, a desvantagem que se prende com a (relativa) morosidade do sistema de resolução de litígios da OMC. Não obstante o Órgão de Recurso se distinguir do Tribunal Internacional de Justiça no que concerne aos prazos dos procedimentos e de nenhum tribunal internacional funcionar com prazos tão apertados, o sistema de resolução de litígios da OMC demora, em muitos casos, demasiado tempo a resolver os litígios[3102].

Particularmente desvantajosa é a situação relativa à natureza prospectiva das sanções aplicáveis no âmbito do sistema de resolução de litígios da OMC, isto é, o prejuízo derivado das medidas proteccionistas declaradas ilegais, sofrido pelos agentes comerciais antes e durante os procedimentos de resolução de litígios, não é tido em conta.

Ao mesmo tempo, não nos podemos esquecer que esta desvantagem do sistema de resolução de litígios da OMC face à arbitragem pode ser vista como uma vantagem para a parte demandada que deseja manter medidas ilegais durante o máximo de tempo possível. Em tais situações, é mesmo difícil que as partes em causa cheguem a acordo para recorrer à arbitragem.

Finalmente, em contraste com a confidencialidade dos procedimentos de arbitragem, muitas audiências orais realizadas ultimamente no âmbito do sistema de resolução de litígios da OMC foram abertas, em circuito fechado televisivo, a alguns espectadores. Mas, caso desejem a publicidade da resolução e/ou do próprio litígio, nada impede que as partes que recorreram à arbitragem concordem nesse sentido[3103].

---

de la OMC y los Mecanismos de Solución Alternativa de Controversias, in *Solución de Controversias Comerciales Inter-Gubernamentales: Enfoques Multilaterales y Regionales,* Julio Lacarte e Jaime Granados ed., Banco Interamericano de Desarrollo, 2004, pp. 286-287.

[3102] William DAVEY, *The WTO Dispute Settlement: The First Ten Years,* in JIEL, 2005, p. 50.

[3103] Robert HOWSE e Ruti TEITEL, *Cross-Judging: Tribunalization in a Fragmented But Interconnected Global Order,* in New York University Journal of International Law and Politics, 2009, p. 979.

# Capítulo 18
# As Recomendações e Propostas do Painel e do Órgão de Recurso

*"The sharp rise in Art. 21.5 [do Memorando] adjudications and the ensuing extra time spent in dispute settlement proceedings should give food for thought to those who oppose the more frequent use of suggestions"*[3104].

## 1. O Processo de Adopção dos Relatórios
## 1.1. O GATT de 1947

A decisão das PARTES CONTRATANTES que criou o Conselho dos Representantes em 1960 estabelecia que o Conselho deveria considerar os assuntos que aparecessem entre as reuniões das PARTES CONTRATANTES a exigir atenção urgente e que as deveria relatar às PARTES CONTRATANTES com recomendações sobre qualquer acção que pudesse ser apropriadamente tomada por elas na próxima reunião regular. Assim, entre 1960 e 1968, as decisões sobre questões relativas ao nº 2 do art. XXIII do GATT, incluindo a adopção dos relatórios de painéis, foram adoptadas pelas PARTES CONTRATANTES, com base em recomendações do Conselho. Mas, em 1968, as PARTES CONTRATANTES concordaram em expandir a autoridade do Conselho, de modo a abarcar "todas as questões da competência das PARTES CONTRATANTES, excepto as decisões finais relativas ao nº 5 do artigo XXV"[3105]. Desde então, os relatórios dos painéis passaram a ser adoptados pelo

---

[3104] Petros MAVROIDIS, Article 19 DSU, in *WTO-Institutions and Dispute Settlement*, Rüdiger Wolfrum, Peter-Tobias Stoll e Karen Kaiser (eds), Max Planck Commentaries on World Trade Law, Max Planck Institute for Comparative Public Law and International Law, Martinus Nijhoff Publishers, Leiden/Boston, 2006, p. 490.

[3105] GATT, *Summary Record of the Ninth Meeting Held at the Palais des Nations, Geneva, on Monday, 25 November 1968, at 3 p.m.* (SR.25/9), pp. 176-177.

A FUNÇÃO JURISDICIONAL NO SISTEMA GATT/OMC

Conselho nas suas reuniões regulares (actuando em nome das Partes Contratantes) ou pelas Partes Contratantes na sua reunião anual, privilegiando-se a reunião que se realizasse primeiro[3106].

## 1.2. A Organização Mundial do Comércio

O Memorando de Entendimento sobre Resolução de Litígios não determina quem pode solicitar a adopção do relatório do painel[3107]. Na prática, é a parte "vencedora" quem geralmente solicita que a adopção do relatório seja colocada na agenda do Órgão de Resolução de Litígios[3108].

O Memorando não contém, igualmente, qualquer disposição a determinar quando é que a parte vencedora do litígio pode solicitar uma reunião do Órgão de Resolução de Litígios para efeitos de adopção do relatório do painel. Normalmente, é apresentado um pedido de convocação de uma reunião especial do Órgão de Resolução de Litígios para pôr a adopção do relatório de um painel na agenda de uma reunião do Órgão de Resolução de Litígios durante o período de 20 dias após a distribuição do relatório do painel aos membros da OMC. Um pedido de convocação de uma reunião do Órgão de Resolução de Litígios deve ser, regra geral, notificado com 10 dias de antemão[3109].

No caso da adopção dos relatórios do Órgão de Recurso, se não estiver prevista nenhuma reunião do Órgão de Resolução de Litígios durante o prazo de 30 dias a contar da sua apresentação aos membros, será convocada uma reunião do Órgão de Resolução de Litígios especialmente para esse efeito (nota de rodapé ao nº 14 do art. 17º do Memorando de Entendimento sobre Resolução de Litígios)[3110].

Apesar de o nº 14 do art. 17º do Memorando não referir o relatório do painel, entende-se que o relatório do Órgão de Recurso deve ser adoptado conjuntamente com o relatório do painel caso tenha sido interposto recurso. A ideia de que só é possível compreender "the overall ruling" lendo ambos os relatórios

---

[3106] GATT, *Analytical Index: Guide to GATT Law and Practice* (ed. Frieder Roessler), 6ª ed., Genebra, 1994, p. 708.

[3107] Alguns autores entendem que, na ausência de qualquer texto em contrário, qualquer membro da OMC, mesmo sem ter estado envolvido no litígio que originou a criação do painel, pode, se for caso disso, solicitar que a adopção do relatório do painel seja colocada na agenda do Órgão de Resolução de Litígios. Cf. Yang Guohua, Bryan Mercurio e Li Yongjie, *WTO Dispute Settlement Understanding: A Detailed Interpretation*, Kluwer Law International, 2005, p. 190.

[3108] *Idem.*

[3109] *Idem.*

[3110] No caso do nº 9 do art. 4º (subvenções proibidas) e do nº 7 do art. 7º (subvenções passíveis de recurso), ambos do Acordo sobre as Subvenções e as Medidas de Compensação, aplica-se um prazo de 20 dias.

# AS RECOMENDAÇÕES E PROPOSTAS DO PAINEL E DO ÓRGÃO DE RECURSO

resulta claramente do nº 4 do art. 16º do Memorando de Entendimento sobre Resolução de Litígios: "caso uma das partes em litígio tenha notificado a sua decisão de recorrer, o relatório [do painel] não será submetido à aprovação do Órgão de Resolução de Litígios até à conclusão do processo de recurso". Logo, caso tenha sido interposto recurso, ambos os relatórios são colocados na agenda do Órgão de Resolução de Litígios para adopção e este adopta o relatório do Órgão de Recurso em conjunto com o relatório do painel, como ratificado, alterado ou revogado pelo Órgão de Recurso.

É necessário também, não obstante o automatismo inerente à regra do consenso negativo, que a adopção do relatório de um painel ou do Órgão de Recurso seja inscrita na agenda do Órgão de Resolução de Litígios:

> "si l'adoption peut valablement être qualifiée d'automatique, l'affirmation ne vaut que pour autant que la procédure en soit bien activée, ce qui suppose que la question soit portée à l'ordre de jour de l'ORD [Órgão de Resolução de Litígios]. On aurait pu penser, compte tenu des délais indiqués dans le Mémorandum, que cette inscription était elle-même automatique et que le Secrétariat de l'OMC y pourvoyait. Or, il n'est en rien. Il semble que, selon la pratique en vigueur, il appartienne aux parties de demander cette inscription. Théoriquement, n'importe quel Etat membre pourrait aussi demander cette inscription. Quoi qu'il en soit, s'il n'y a pas une demande, l'adoption n'est pas programmée. Selon certaines interprétations, cette absence de demande pourrait être vue comme équivalent à un consensus contre l'adoption. Quelles que soient les réserves qu'une telle approche peut susciter, il convient de signaler que l'hypothèse n'est pas tout à fait d'école. En effet, un rapport, celui rendu par le Groupe spécial sur recours de la Communauté européenne à l'article 21.5 dans l'affaire de la *Banane* n'a jamais été adopté, faute d'inscription à l'ordre du jour"[3111].

A questão da adopção dos relatórios dos painéis e do Órgão de Recurso pode ser colocada na agenda do Órgão de Resolução de Litígios pela parte contra a qual foi apresentada a queixa, pela parte queixosa ou por ambas as partes em litígio. No caso de haver uma multiplicidade de partes queixosas, é possível que uma delas avance sozinha na colocação da adopção dos relatórios na agenda do Órgão de Resolução de Litígios ou é necessário que avancem todas em simultâneo? Esta questão surgiu a propósito da adopção do relatório do painel e do relatório do Órgão de Recurso proferidos no caso *United States – Continued Dumping and Subsidy Offset Act of 2000*. Neste caso, apesar de terem sido vários membros da OMC a apresentar queixa contra os Estados Unidos, o Órgão de Resolução de Litígios decidiu

---

[3111] Hélène Ruiz FABRI, *La juridictionnalisation du règlement des litiges économiques entre États*, in Revue de l'arbitrage, 2003-Nº 3, p. 893.

A FUNÇÃO JURISDICIONAL NO SISTEMA GATT/OMC

criar um único painel e este elaborou apenas um relatório, em conformidade com o art. 9º do Memorando de Entendimento sobre Resolução de Litígios[3112].

[3112] Muitas vezes, o termo "economia judicial" é associado à eficiência no funcionamento dos tribunais e do sistema forense, à gestão eficiente dos processos. Ora, no caso concreto do sistema de resolução de litígios, o carácter cada vez mais interdependente do comércio internacional leva a que, de facto, uma medida de política comercial afecte, muito provavelmente, não um, mas vários membros da OMC de uma só vez, o que produz com bastante frequência mais de uma queixa sobre o mesmo assunto. Assim, com o objectivo de evitar conclusões díspares e contraditórias sobre um mesmo assunto, de poupar tempo, recursos e custos, o nº 1 do art. 9º do Memorando de Entendimento sobre Resolução de Litígios prevê que:

"Nos casos em que mais de um membro da OMC requer a criação de um Painel para a análise da mesma questão, pode ser criado um único Painel para estudar essas queixas, tendo-se em devida conta os direitos de todos os membros interessados e, sempre que tal for viável, deve ser criado um único Painel para analisar essas queixas".

Na sequência deste número, o nº 2 do mesmo art. 9. determina que:

"Este painel organizará os seus trabalhos e apresentará as suas conclusões ao Órgão de Resolução de Litígios de um modo que não prejudique os direitos de que gozariam as partes em litígio se as diversas queixas tivessem sido analisadas por painéis diferentes. Se uma das partes em litígio assim o requerer, o painel apresentará relatórios separados sobre os litígios em causa. Os pedidos escritos de cada um dos queixosos serão colocados ao dispor dos outros queixosos, os quais terão o direito de estar presentes quando os outros apresentam as suas observações ao painel"

No caso *United States – Import Prohibition of certain Shrimp and Shrimp Products*, por exemplo, o Órgão de Resolução de Litígios decidiu estabelecer um único painel, não obstante a Índia ter apresentado um pedido separado depois do estabelecimento de um painel a pedido (feito conjuntamente) da Malásia e Tailândia e de um pedido separado do Paquistão, e apresentar um único relatório (cf. Relatório do Painel no caso *United States – Import Prohibition of certain Shrimp and Shrimp Products* (WT/DS58/R), 15-5-1998, parágrafos 1.2-1.3). Em contraste, no caso *European Communities – Regime for the Importation, Sale and Distribution of Bananas*, embora tenha sido criado um único Painel, as Comunidades Europeias solicitaram-lhe que preparasse quatro relatórios separados, um para cada parte queixosa. Na sequência, o Painel interpretou os termos do artigo 9º do Memorando de Entendimento sobre Resolução de Litígios como significando que ele estava obrigado a aceder ao pedido das Comunidades. Todavia, uma vez que os membros da OMC queixosos tinham feito observações orais em conjunto, apresentado respostas às questões e contestações em conjunto e corroborado os argumentos uns dos outros, o Painel decidiu que a descrição dos trâmites processuais, dos aspectos factuais e dos argumentos das partes deveriam ser idênticos nos quatro relatórios, desde que os objectivos do art. 9º fossem assegurados. Em particular, o Painel afirmou que um dos objectivos do art. 9º era:

"assegurar que a parte demandada não tenha que fazer frente posteriormente a um pedido de compensação ou a uma ameaça de medidas de retaliação ao abrigo do artigo 22º do Memorando de Entendimento sobre Resolução de Litígios a respeito de incompatibilidades não sanadas com as normas da OMC que não tenham sido antes alegadas por nenhuma das partes queixosas no procedimento de um painel" (cf. Relatório do Painel no caso *European Communities – Regime for the Importation, Sale and Distribution of Bananas* (WT/DS27/R/USA), 22-5-1997, parágrafo 7.56).

1114

AS RECOMENDAÇÕES E PROPOSTAS DO PAINEL E DO ÓRGÃO DE RECURSO

Os relatórios diferem apenas na secção das "Conclusões", isto porque as observações escritas iniciais apresentadas pelas partes queixosas ao Painel divergiam relativamente às alegadas incompatibilidades com os requisitos de determinadas disposições dos acordos abrangidos. Por exemplo, ao contrário do relatório respeitante aos Estados Unidos, o relatório relativo à Guatemala e às Honduras não analisava quaisquer questões associadas ao GATS, visto que as suas observações escritas iniciais não alegavam nenhuma incompatibilidade com as suas disposições. Seja como for, qualquer solicitação no sentido da apresentação de relatórios separados deve ser feita atempadamente. No caso *United States – Continued Dumping and Subsidy Offset Act of 2000*, por exemplo, o Painel defendeu que tais solicitações devem ser feitas preferencialmente quando o painel é criado (cf. Relatório do Painel no caso *United States – Continued Dumping and Subsidy Offset Act of 2000* (WT/DS217/R, WT/DS234/R), 16-9-2002, parágrafo 7.4). Ora, neste mesmo caso, os Estados Unidos requereram relatórios separados dois meses após a apresentação da parte descritiva do relatório do Painel às partes (cf. *Idem*). Contudo, os Estados Unidos não deram nenhuma explicação para o atraso nem alegaram que sofreriam prejuízos caso o Painel apresentasse um único relatório (este caso *United States – Continued Dumping and Subsidy Offset Act of 2000* contava com 11 membros da OMC como partes queixosas: Comunidades Europeias, Canadá, Japão, Austrália, México, Brasil, Chile, Índia, Indonésia, Coreia do Sul e Tailândia). Ao recusar o pedido dos Estados Unidos, o Painel notou que a preparação de relatórios separados atrasaria todo o processo e prejudicaria o direito de o México solicitar a revisão de determinados aspectos do relatório provisório (cf. *Idem*, parágrafo 7.5.). Estas conclusões foram depois ratificadas pelo Órgão de Recurso:

"**310.** Segundo os seus termos, o nº 2 do artigo 9º concede a uma parte um amplo direito a requerer um relatório separado. O *texto* desta disposição não subordina este direito a quaisquer condições. Em vez disso, o nº 2 do artigo 9º dispõe explicitamente que o painel 'apresentará' relatórios 'se uma das partes em litígio o solicita'. Assim, o texto do nº 2 do artigo 9º do Memorando de Entendimento sobre Resolução de Litígios não contém nenhum requisito para que o pedido de relatórios separados do painel se apresente *até um determinado momento*. Não obstante, observamos que o texto não dispõe explicitamente que tais pedidos possam ser apresentados *em qualquer momento*.

**311.** Uma vez feitas estas observações, notamos que o nº 2 do artigo 9º não deve ser lido isoladamente de outras disposições do Memorando de Entendimento sobre Resolução de Litígios e sem ter em conta o objecto e fim geral de tal Acordo. O objecto e fim geral do Memorando de Entendimento sobre Resolução de Litígios consta do nº 3 do artigo 3º do Memorando de Entendimento sobre Resolução de Litígios que estipula que a 'pronta resolução' dos litígios é 'essencial para que a OMC exerça as suas funções de um modo eficaz'. Se o direito a um relatório separado previsto no nº 2 do artigo 9º fosse 'incondicional', isso significaria que o painel teria a obrigação de apresentar um relatório separado, de acordo com o pedido de uma parte em litígio, *em qualquer momento durante os procedimentos do painel*. Além disso, o pedido para um tal relatório poderia ser feito por qualquer motivo – ou de facto *sem nenhum motivo* – inclusive no dia imediatamente anterior àquele em que está previsto distribuir o relatório do painel aos Membros da OMC em geral. Esta interpretação prejudicaria claramente o objecto e fim geral do Memorando de Entendimento sobre Resolução de Litígios que consiste em assegurar a 'pronta resolução' dos litígios (...)" (cf. Relatório do Órgão de Recurso no caso *United States – Continued Dumping and Subsidy Offset Act of 2000* (WT/DS217/AB/R, WT/DS234/AB/R), 16-1-2003, parágrafos 310-311).

A FUNÇÃO JURISDICIONAL NO SISTEMA GATT/OMC

Mesmo que um painel já tenha sido estabelecido com os seus próprios termos de referência, nada impede que tais termos sejam revistos quando surge uma nova parte queixosa. Tal aconteceu, por exemplo, no caso *United States – Standards for Reformulated and Conventional Gasoline*. O Órgão de Resolução de Litígios estabeleceu novos termos de referência, não obstante o Brasil ter solicitado a criação de um painel cerca de um mês depois da Venezuela (cf. Relatório do Painel no caso *United States – Standards for Reformulated and Conventional Gasoline* (WT/DS2/R), 20-5-1996, parágrafos 1.2-1.5).

Muito interessante de observar é a amplitude com que o nº 1 do art. 9º tem sido aplicado a situações que não se encontram previstas expressamente no Memorando de Entendimento sobre Resolução de Litígios. De facto, a acumulação de queixas tem sido usada também na situação inversa, ou seja, quando um só membro apresenta a mesma queixa contra vários membros da OMC. No caso *European Communities – Customs Classification of Certain Computer Equipment*, por exemplo, o facto de os Estados Unidos terem apresentado queixas separadas contra uma multiplicidade de partes (Comunidades Europeias, Reino Unido e Irlanda) não impediu a criação de um único Painel para analisar as queixas apresentadas.

Finalmente, se for criado mais do que um Painel para analisar queixas relacionadas com a mesma questão, os "diversos painéis deverão ser constituídos, na medida do possível, pelas mesmas pessoas, e o calendário processual dos diversos painéis deve ser igualmente harmonizado" (art. 9º, nº 3, do Memorando). Tal procedimento foi adoptado, por exemplo, no caso *European Communities – Measures Concerning Meat and Meat Products (Hormones)*, que teve como partes queixosas os Estados Unidos e o Canadá, não obstante as objecções levantadas pelas Comunidades Europeias:

"As Comunidades Europeias afirmam que o Painel adoptou um conjunto de decisões concedendo direitos adicionais a partes terceiras (Canadá e Estados Unidos) que não são justificados nos termos do artigo 9º, nº 3, do Memorando de Entendimento sobre Resolução de Litígios, que são incompatíveis com os artigos 7º, nº 1, 7º, nº 2, 18º, nº 2 e 10º, nº 3, do mesmo memorando e que não foram reconhecidos às outras partes terceiras. Recordamos que as Comunidades Europeias invocam as seguintes decisões do Painel: primeiro, a decisão de realizar uma reunião conjunta com os peritos científicos; segundo, a decisão de colocar à disposição do Canadá toda a informação apresentada pelos Estados Unidos no procedimento de resolução de litígios referente a este país; terceiro, a decisão de colocar à disposição dos Estados Unidos toda a informação apresentada pelos Canadá no procedimento de resolução de litígios relativo a este país; e, quatro, a decisão de convidar os Estados Unidos a assistir na qualidade de observador à segunda reunião substantiva e a fazer uma declaração no âmbito do procedimento de resolução de litígios iniciado pelo Canadá" (cf. Relatório do Órgão de Recurso no caso *European Communities Measures Concerning Meat and Meat Products (Hormones)* (WT/DS26/AB/R, WT/DS48/AB/R), 16-1-1998, parágrafo 150).

Respondendo ao protesto das Comunidades, o Órgão de Recurso salienta quatro aspectos:

"Primeiro, os dois litígios incidem sobre a mesma questão. Segundo, todas as partes nos dois litígios concordaram que os mesmos painelistas serviriam em mambos os procedimentos. Terceiro, mesmo se o procedimento iniciado pelo Canadá começou uns meses depois do procedimento iniciado pelos Estados Unidos, o Painel conseguiu terminar os dois relatórios ao mesmo tempo. Quarto, dado o facto de que os mesmos painelistas conduziram os dois procedimentos sobre a mesma questão, nem o Canadá nem os Estados Unidos eram partes terceiras normais" (cf. *Idem*, parágrafo 151).

## AS RECOMENDAÇÕES E PROPOSTAS DO PAINEL E DO ÓRGÃO DE RECURSO

Subsequentemente, tendo os Estados Unidos recorrido do relatório do painel, o Órgão de Recurso elaborou um só relatório. Por fim, numa reunião do Órgão de Resolução de Litígios realizada em Janeiro de 2003, os Estados Unidos puseram em causa a possibilidade de uma das partes queixosas, o Canadá, avançar sozinha na colocação da adopção do relatório dos painel e do Órgão de Recurso na agenda do Órgão de Resolução de Litígios:

> "Ao fazê-lo, o Canadá criou desnecessariamente incerteza jurídica a respeito das outras partes queixosas quanto aos direitos e obrigações das outras partes ao abrigo dos relatórios que podem ser adoptados na presente reunião. É igualmente um infortúnio o facto de a acção do Canadá ter suscitado a possibilidade de que no futuro os Membros enfrentem uma situação em que um interlocutor que não seja parte nem parte terceira possa forçar a adopção de um relatório num momento não desejado por nenhuma das partes. O prazo para alcançar uma solução mutuamente satisfatória não termina quando um relatório é publicado e seria um infortúnio que os esforços das partes neste sentido fossem truncados pelas acções de um interlocutor que não

Concretizando, o Órgão de Recurso observa que:

> " (...) Seria um desperdício de recursos e de tempo obrigar o Painel a realizar duas reuniões sucessivas, mas separadas, com o mesmo grupo de peritos, que teriam de expressar as suas opiniões em relação às mesmas questões científicas e técnicas a respeito das medidas comunitárias postas em causa. Não acreditamos que o Painel tenha errado ao analisar as objecções processuais suscitadas pelas Comunidades Europeias apenas quando estas puderam alegar de modo preciso um prejuízo. É para nós evidente que a objecção de forma suscitada por uma parte em litígio deve ser suficientemente precisa para que o painel se possa pronunciar sobre a mesma. A decisão do Painel de utilizar e fornecer toda a informação às partes em ambos os litígios foi tomada tendo em conta a sua decisão prévia de realizar uma reunião conjunta com os peritos. As Comunidades Europeias afirmam que elas não compreendem como o fornecimento a uma parte da informação relativa a um outro procedimento pode contribuir para harmonizar os calendários. Nós podemos ver a existência de uma relação entre a harmonização dos calendários prevista no artigo 9º, nº 3, do Memorando de Entendimento sobre Resolução de Litígios e a economia de esforço. Em litígios em que a avaliação de dados e opiniões científicas desempenha um papel importante, o segundo painel pode beneficiar da informação reunida no âmbito dos trabalhos do painel que foi criado mais cedo. O acesso a uma base comum de informação permite ao painel e às partes pouparem tempo, evitando que ambos tenham de compilar e analisar a informação já comunicada no outro procedimento de resolução de litígios. O artigo 3º, nº 3, do Memorando de Entendimento sobre Resolução de Litígios reconhece a importância de evitar atrasos desnecessários no processo de resolução de litígios e que a resolução rápida é indispensável ao bom funcionamento da OMC. Neste caso em particular, o Painel procurou evitar os atrasos inúteis, fazendo um esforço por respeitar o espírito e a letra do nº 3 do artigo 9º do Memorando de Entendimento sobre Resolução de Litígios. De facto, mesmo se o Canadá iniciou o seu procedimento uns meses mais tarde que os Estados Unidos, o Painel conseguiu terminar os dois relatórios ao mesmo tempo". Cf. Relatório do Órgão de Recurso no caso *European Communities Measures Concerning Meat and Meat Products (Hormones)* (WT/DS26/AB/R, WT/DS48/AB/R), 16-1-1998, parágrafos 152-153.

## A FUNÇÃO JURISDICIONAL NO SISTEMA GATT/OMC

foi parte e que promovesse a adopção de um relatório. Mais, este é o espectro que os Membros têm agora diante de si"[3113].

Na resposta, o Canadá observou o seguinte:

"(...) Só se publicou um relatório do Painel e um relatório do Órgão de Recurso. O Canadá não podia ter solicitado a adopção da 'sua parte' dos relatórios. O Canadá recorda que tinha acordado com um painel único para todas as partes queixosas com o objectivo de agilizar o processo. O facto de o Canadá ter aceite que as queixas fossem unidas não afecta de modo algum os direitos do Canadá ao abrigo do Memorando de Entendimento sobre Resolução de Litígios, na sua qualidade de Membro da OMC ou de parte em litígio, de solicitar a adopção dos relatórios. A este respeito, o artigo 9º do Memorando de Entendimento sobre Resolução de Litígios não vicia nem poderia viciar de nenhum modo os direitos de uma parte em litígio, ao abrigo do nº 4 do artigo 16º e do nº 14 do artigo 17º do Memorando de Entendimento sobre Resolução de Litígios, de solicitar a adopção de um relatório único do Painel e do Órgão de Recurso num caso de pluralidade de partes queixosas. (...) Se os Estados Unidos têm razão ao sugerir que a adopção de um relatório só se deveria propor por prévio consentimento de todas as partes queixosas num litígio com pluralidade de partes queixosas, a consequência seria que uma só parte queixosa poderia bloquear a adopção de um relatório. Não existe nenhum fundamento para isto no Memorando de Entendimento sobre Resolução de Litígios. Deste modo, a adopção dos relatórios de painéis e do Órgão de Recurso ficaria à mercê de negociações entre a parte demandada e uma só parte queixosa. Isso teria por efeito desencorajar as partes queixosas a apresentarem um caso de forma conjunta, o que teria consequências importantes para o funcionamento do sistema de resolução de litígios da OMC. Neste caso, tivessem as partes queixosas sido impedidas de juntar os casos, qual teria sido a consequência? Haveria uma maior carga administrativa para a OMC, ou seja, a publicação de 11 relatórios de painéis e 11 relatórios do Órgão de Recurso, cada um a requerer uma tradução separada. Haveria uma maior incerteza jurídica necessariamente resultante da existência de 11 relatórios separados de painéis examinando a mesma questão e a parte demandada teria que responder a 11 comunicações distintas em 11 procedimentos diferentes. Em resposta à observação dos Estados Unidos de que o Canadá criou incerteza jurídica quanto aos directos e obrigações das demais partes ao solicitar a inscrição deste ponto na ordem do dia, o Canadá recorda que o nº 14 do artigo 17º do Memorando de Entendimento sobre Resolução de Litígios estipula que 'os relatórios do Órgão de Recurso *serão* adoptados pelo Órgão de Resolução de Litígios e aceites *incondicional-*

---

[3113] OMC, *Minutes of Meeting Held in the Centre William Rappard on 27 January 2003* (WT/DSB/M/142), 6-3-2003, parágrafo 61.

## AS RECOMENDAÇÕES E PROPOSTAS DO PAINEL E DO ÓRGÃO DE RECURSO

*mente* pelas partes em litígio, salvo se o Órgão de Resolução de Litígios decidir por consenso não adoptar o relatório do Órgão de Recurso ...'. 'Incondicionalmente' não significa 'sujeito à aprovação da ordem do dia'; não significa 'sujeito ao consentimento das partes queixosas que apresentaram um caso conjunto' e também não significa 'sujeito aos desejos da parte demandada de chegar a uma solução negociada'"[3114].

Ainda a propósito da adopção dos relatórios, apenas os Membros da OMC (e não, por exemplo, o Secretariado da OMC) podem colocar a adopção de um relatório do Painel na agenda da reunião do Órgão de Resolução de Litígios[3115]. Caso nenhum Membro o faça, o relatório não será adoptado e, em consequência, não será juridicamente vinculativo. Até aos dias de hoje, isso ocorreu somente em relação ao relatório do painel relativo ao caso *European Communities – Regime for the Importation, Sale and Distribution of Bananas – Recourse to Article 21.5 by the European Communities* (WT/DS27/RW/EEC), tornado público no dia 12-4-1999[3116]. Neste caso, as Comunidades Europeias solicitaram a criação de um painel para determinar que as medidas que tinha adoptado com vista à execução das recomendações e decisões do Órgão de Resolução de Litígios deveriam presumir-se como estando em conformidade com as regras da OMC, uma vez que não tinham sido impugnadas pelas partes queixosas junto do sistema de resolução de litígios De facto, os membros da OMC que tinham apresentado a queixa inicial contra as Comunidades Europeias (Estados Unidos, Honduras e Guatemala) e que originou depois o pedido das Comunidades de criação de um painel ao abrigo do n.º 5 do art. 21.º do Memorando recusaram participar nos trabalhos deste último painel. Tendo o painel declarado que as Comunidades Europeias continuavam em situação de incumprimento, elas nunca solicitaram a adopção do relatório (nem os Estados Unidos, as Honduras e a Guatemala).

De notar que nem sempre os relatórios dos painéis são, ou necessitam de ser, submetidos à consideração do Órgão de Resolução de Litígios. O caso *European Communities – Measures Affecting Butter Products*, por exemplo, foi resolvido depois de as partes em litígio terem recebido o relatório provisório do painel. Conse-

---

[3114] *Idem*, parágrafo 63.

[3115] Bozena MUELLER-HOLYST, The role of the Dispute Settlement Body in the dispute settlement process, in *Key Issues in WTO Dispute Settlement: The First Ten Years*, Rufus Yerxa e Bruce Wilson Ed., Cambridge University Press, 2005, p. 27.

[3116] Peter Van den BOSSCHE, From afterthought to centerpiece: the WTO Appellate Body and its rise to prominence in the world trading system, in *The WTO at Ten: The Contribution of the Dispute Settlement System*, Ed. Giorgio Sacerdoti, Alan Yanovich e Jan Bohanes, Cambridge University Press, 2006, p. 311; Valerie HUGHES, The Institutional Dimension, in *The Oxford Handbook of International Trade Law*, Daniel Bethlehem, Donald McRae, Rodney Neufeld e Isabelle Van Damme Ed., Oxford University Press, 2009, p. 272.

A FUNÇÃO JURISDICIONAL NO SISTEMA GATT/OMC

quentemente, ao abrigo do nº 6 do art. 3º do Memorando, as partes notificaram o Órgão de Resolução de Litígios e os conselhos e comités relevantes da solução mutuamente acordada entre as partes em litígio e, por isso, o relatório do painel não contém quaisquer constatações ou conclusões, limitando-se, antes, a uma breve descrição do caso e da solução que foi dada ao mesmo (art. 12º, nº 7, *in fine*, do Memorando)[3117]. O mesmo se passou no caso *European Communities – Trade Description of Scallops*[3118].

Finalmente, nos casos *European Communities – Regime for the Importation, Sale and Distribution of Bananas, Second Recourse to Article 21.5 of the DSU by Ecuador* e *European Communities – Regime for the Importation, Sale and Distribution of Bananas, Recourse to Article 21.5 of the DSU by the United States*, o Órgão de Recurso emitiu dois relatórios num único documento, mas a adopção de cada relatório ocorreu em datas diferentes. O relatório relativo ao Equador foi adoptado em 11 de Dezembro de 2008 e o relatório referente aos Estados Unidos em 22 de Dezembro de 2008.

## 2. As Recomendações
### 2.1. O GATT de 1947

Nem o GATT de 1947 nem os vários acordos do Ciclo de Tóquio continham qualquer disposição que estabelecesse as sanções a aplicar nos casos em que os acordos eram violados. Era ao órgão adjudicador que cabia recomendar a sanção apropriada, tendo como único limite à sua liberdade o princípio *non ultra petita*, nos termos do qual um órgão adjudicador "não pode decidir para além do pedido"[3119].

Na prática, um painel chegou mesmo a recomendar que as PARTES CONTRATANTES solicitassem à parte demandada (os Estados Unidos) a alteração do seu comportamento, não obstante não ter constatado nenhuma violação do Acordo Geral[3120]. Curioso é, também, o caso *European Economic Community – Regulation on Imports of Parts and Components*, no qual estava em causa uma regra geral que

---

[3117] Relatório do Painel no caso *European Communities – Measures Affecting Butter Products* (WT/DS72/R), 24-11-1999.

[3118] Relatório do Painel no caso *European Communities – Trade Description of Scallops* (WT/DS7/R), 5-8-1996.

[3119] Petros MAVROIDIS, *Remedies in the WTO Legal System: Between a Rock and a Hard Place*, in EJIL, 2000, p. 774. Um antigo membro do Órgão de Recurso, por exemplo, entende que, no caso *Australia – Subsidies Provided to Producers and Exporters of Automotive Leathers – Recourse to Article 21:5 of the DSU by the United States*, o Painel "had acted *ultra petitum*, in requesting Australia to recover the already-paid non-recurrent export aid". Cf. Claus-Dieter EHLERMANN, *Reflections on the Appellate Body of the WTO*, in JIEL, 2003, p. 707.

[3120] Relatório do Painel *On Vitamins* (L/5331), adoptado em 1-10-1982, parágrafo 22(h).

1120

## AS RECOMENDAÇÕES E PROPOSTAS DO PAINEL E DO ÓRGÃO DE RECURSO

previa que a Comunidade Económica Europeia "podia" impor certos direitos anti-
-evasão. Apesar de ter considerado que a "aplicação" de tais direitos era incompatível com o nº 2 do art. III do GATT de 1947[3121], o Painel recorreu à distinção
entre medidas obrigatórias e medidas discricionárias (defendida antes pelo Painel
do caso *United States – Taxes on Petroleum and Certain Imported Substances (Superfund Act)*) para concluir que a mera existência de uma regra geral a providenciar
a aplicação de direitos anti-evasão não era "enquanto tal" incompatível com o
GATT[3122]. Apesar disso, o painel acrescentou que, "na perspectiva dos objectivos
gerais do Acordo Geral, seria desejável que a Comunidade Económica Europeia
retirasse a disposição anti-evasão"[3123]. Além disso, num caso que envolveu uma
queixa dos Estados Unidos contra os direitos aduaneiros aplicados aos têxteis por
Cuba, o Grupo de Trabalho que analisou a queixa recomendou uma renegociação
ao abrigo do art. XXVIII do GATT como meio de pôr termo ao litígio[3124].

Durante a vigência do GATT de 1947, apenas uma vez um painel recomendou
uma derrogação ao abrigo do nº 5 do art. XXV do Acordo Geral, visando permitir
à parte contratante contra a qual tinha sido apresentada a queixa ser dispensada
de uma obrigação que ela não tinha observado:

> "**13.** O Painel defendeu que, visto que a Jamaica tinha acedido ao Acordo Geral
> sobre Pautas Aduaneiras e Comércio de acordo com as disposições da alínea *c*) do nº 5
> do artigo XXVI, ela tinha adquirido os direitos e contraído as obrigações que o Reino
> Unido tinha aceite anteriormente em nome do território da Jamaica. Isto significava
> que a Jamaica tinha assumido os direitos e obrigações do Acordo Geral a si aplicados
> antes de obter a sua independência do Reino Unido. Em 6 de Agosto de 1962, data da
> independência da Jamaica, o nº 4 do artigo I fazia parte do Acordo Geral como tinha
> sido aplicado pelo Reino Unido em nome do território da Jamaica. Por conseguinte, a
> disposição do citado nº fixando a data de 10 de Abril de 1947 como data de referência
> para as margens de preferência admissíveis era aplicável à Jamaica.
>
> **14.** O Painel concordou, contudo, que era importante encontrar uma solução que,
> por um lado, não exigisse uma interpretação restritiva do Acordo Geral e que deixasse
> este intacto mas que, por outro, tivesse em conta que o caso da Jamaica era único e
> lhe permitisse, portanto, aplicar legalmente as margens preferenciais em vigor em 1 de
> Agosto de 1962, data em que se aplicou o Acordo Geral pela primeira vez ao território
> da Jamaica.

---

[3121] Relatório do Painel no caso *EEC – Regulation on Imports of Parts and Components* (L/6657), adoptado em 16-5-1990, parágrafo 6.3.

[3122] *Idem*, parágrafo 5.25.

[3123] *Idem*, parágrafo 5.26.

[3124] Relatório do Grupo de Trabalho sobre *Cuban Textiles* (CP.3/82), posto a circular em 10-8-1949,
nunca adoptado, parágrafo 8, alínea *d*).

A FUNÇÃO JURISDICIONAL NO SISTEMA GATT/OMC

**15.** Por conseguinte, o Painel sugere que, à luz das circunstâncias excepcionais que concorrem neste caso, as PARTES CONTRATANTES considerem a possibilidade de adoptar uma decisão de acordo com as disposições do nº 5 do artigo XXV, para poder alterar a respeito da Jamaica a data de referência que figura no nº 4 do artigo I, isto é, a de 10 de Abril de 1947, pela de 1 de Agosto de 1962.

**16.** O representante da Jamaica declarou que esta solução seria aceitável para o seu Governo. Se as PARTES CONTRATANTES aprovassem a alteração sugerida da data de referência, o seu Governo tomaria imediatamente as medidas necessárias para restaurar as margens preferenciais para o nível de 1962 no que concerne a todos os produtos cuja presente margem de preferência é superior à vigente em 1962. O Governo da Jamaica esperava que se chegasse assim a uma solução satisfatória para todas as partes interessadas.

**17.** O representante dos Estados Unidos notou que a solução proposta, se bem que satisfizesse em grande medida o pedido do seu Governo, teria como consequência legalizar um aumento na margem de preferência de alguns produtos de especial interesse comercial para o seu país. Estava, no entanto, disposto a recomendar a proposta do Painel ao seu Governo, no entendimento de que a derrogação não seria interpretada no sentido de autorizar o Governo da Jamaica a aumentar as margens de preferência sobre os produtos para os quais eram inferiores actualmente às vigentes em 1 de Agosto de 1962"[3125].

De notar que os relatórios dos painéis eram adoptados mesmo na ausência de uma constatação de anulação ou redução de vantagens. No caso *United States – Restrictions on the Importation of Sugar and Sugar-Containing Products applied under the 1955 waiver*, por exemplo, na ausência de uma incompatibilidade com o GATT, o Painel não propôs quaisquer recomendações. Por conseguinte, a Comunidade Económica Europeia sugeriu que o Conselho dos Representantes se limitasse a tomar nota do relatório do Painel. O representante dos Estados Unidos declarou, contudo, que:

"the basic flaw in the proposal to merely take note of the Panel Report on the ground that it contained no recommendation was that, should this approach be followed, it would imply that every time a complainant lost a case, the relevant report would not be adopted. The United States Sugar Panel Report was thus adopted on 7 November 1990"[3126].

---

[3125] Relatório do Painel no caso *Jamaica – Margins of Preference* (L/3485), adoptado em 2-2-1971, parágrafos 13-17.
[3126] Norio KOMURO, *The WTO Dispute Settlement Mechanism: Coverage and Procedures of the WTO Understanding*, in JWT, vol. 29, nº 4, 1995, p. 22.

1122

## AS RECOMENDAÇÕES E PROPOSTAS DO PAINEL E DO ÓRGÃO DE RECURSO

### 2.2. O Sistema de Resolução de Litígios da OMC
### 2.2.1. Introdução
Os estatutos dos tribunais internacionais não contêm, regra geral, regras a limitar o direito do tribunal determinar as responsabilidades de um Estado que tenha cometido um acto internacionalmente ilícito. Por exemplo, o Estatuto do Tribunal Internacional de Justiça (e, como vimos, os procedimentos observados pelos painéis durante a vigência do GATT de 1947) não impõe qualquer limitação a esse respeito[3127]. Em contraste, o nº 1 do art. 19º do Memorando de Entendimento sobre Resolução de Litígios determina que, caso um Painel ou o Órgão de Recurso considerem uma medida incompatível com um acordo abrangido, recomendarão ao membro em causa a conformação dessa medida com o acordo.

Ao mesmo tempo, as responsabilidades do Membro da OMC que viola as suas obrigações (as decorrentes dos acordos abrangidos) são muito mais limitadas que as responsabilidades incorridas no contexto do Direito internacional geral por um Estado que comete um acto ilícito. De facto, ao não prever a compensação pelos prejuízos ocorridos no passado, o regime sancionatório da OMC não dispõe do remédio da reparação. Quando o Tribunal Internacional de Justiça emite um acórdão em que conclui que um Estado violou uma regra de Direito internacional, o Estado em causa será responsável, primeiro, por pôr cobro à violação, se esta tiver carácter continuado, e, segundo, repará-la[3128].

### 2.2.2. O Artigo 19º do Memorando
Como acabámos de referir, caso um Painel ou o Órgão de Recurso considerem uma medida incompatível com um acordo abrangido, recomendarão ao membro em causa a conformação dessa medida com o acordo. O membro em causa é a parte em litígio à qual são dirigidas as recomendações do Painel ou do Órgão de Recurso (nota de rodapé 9 do Memorando de Entendimento sobre Resolução de Litígios) e a frase "a conformação dessa medida com o acordo" significa que um membro deve tomar as acções necessárias ao cumprimento das suas obrigações[3129]. Porém, no caso nº 7 do art. 4º do Acordo sobre as Subvenções e as Medidas de Compensação, "caso se verifique que a medida em questão constitui efectivamente uma subvenção proibida, *o Painel recomendará que o Membro que*

---

[3127] Frieder ROESSLER, The responsibilities of a WTO Member found to have violated WTO law, in *The WTO in the Twenty-First Century: Dispute Settlement, Negotiations, and Regionalism in Asia*, Yasuhei Taniguchi, Alan Yanovich e Jan Bohanes Ed., Cambridge University Press, 2007, p. 141.

[3128] Joost PAUWELYN, *Enforcement and Countermeasures in the WTO: Rules Are Rules – Toward a More Collective Approach*, in AJIL, 2000, p. 339.

[3129] Relatório do Painel no caso *Guatemala – Anti-dumping Investigation regarding Portland Cement from Mexico* (WT/DS60/R), 19-6-1998, parágrafo 7.26.

A FUNÇÃO JURISDICIONAL NO SISTEMA GATT/OMC

*concede a subvenção a elimine imediatamente,* especificando na sua recomendação o prazo para a eliminação da medida" (itálico aditado).

Nas palavras do famoso painel do caso *United States – Sections 301-310 of the Trade Act of 1974*:

> "A obrigação de os Membros colocarem a sua legislação em conformidade com as obrigações resultantes das normas da OMC é uma característica fundamental do sistema e, apesar do facto de que afecta o ordenamento jurídico interno dos Estados, tem que ser aplicada rigorosamente. Ao mesmo tempo, o cumprimento coercivo dessa obrigação deve ser feito com a menor intromissão possível. Deve dar-se ao Membro interessado a máxima autonomia para atingir tal conformidade e, se existe mais de um meio lícito para fazê-lo, ele deve ter liberdade para escolher o que melhor acomode os seus interesses"[3130].

Assim, embora o nº 7 do art. 3º do Memorando de Entendimento sobre Resolução de Litígios dê preferência à supressão das medidas incompatíveis, nada impede que o membro da OMC em causa coloque a medida incompatível em conformidade com um acordo abrangido:

(i) modificando-a;
(ii) obtendo uma derrogação; ou
(iii) renegociando os compromissos assumidos (artigos XXVIII do GATT e XXI do GATS).

A maioria dos membros da OMC e painéis inferem do nº 1 do art. 19º do Memorando que um Membro da OMC que tenha adoptado uma medida incompatível com o direito da OMC só incorre numa responsabilidade: colocar essa medida em conformidade com o direito da OMC, ou seja, nenhuma acção reparadora ou compensatória é devida[3131]. Os Estados Unidos expressaram esta posição ante um painel do seguinte modo:

> "As medidas correctivas retroactivas são incompatíveis com a prática estabelecida dos painéis de não recomendar medidas correctivas que de alguma forma tratem de restabelecer o *status quo ante* ou que de outro modo concedam à parte ganha-

---

[3130] Relatório do Painel no caso *United States – Sections 301-310 of the Trade Act of 1974* (WT/DS152/R), 22-12-1999, parágrafo 7.102.

[3131] Frieder ROESSLER, The responsibilities of a WTO Member found to have violated WTO law, in *The WTO in the Twenty-First Century: Dispute Settlement, Negotiations, and Regionalism in Asia*, Yasuhei Taniguchi, Alan Yanovich e Jan Bohanes Ed., Cambridge University Press, 2007, pp. 141-142.

## AS RECOMENDAÇÕES E PROPOSTAS DO PAINEL E DO ÓRGÃO DE RECURSO

dora uma reparação pelas medidas incompatíveis com a OMC tomadas pela parte demandada"[3132].

Aliás, o nº 1 do art. 19º foi incluído no Memorando por insistência dos Estados Unidos e dos lóbis antidumping norte-americanos interessados em limitar as decisões adoptadas durante a vigência do GATT de 1947 pedindo o reembolso dos direitos antidumping cobrados de modo ilegal[3133].

Com excepção do caso *Australia – Subsidies to Producers and Exporters of Automotive Leather, Recourse by the United States to Article 21.5 of the DSU*, todos os painéis da OMC se limitaram a recomendar que o Membro faltoso colocasse em conformidade com um acordo abrangido a medida declarada incompatível[3134]. O painel em causa, porém, baseou-se não no nº 1 do art. 19º do Memorando, mas antes no nº 7 do art. 4º do Acordo sobre as Subvenções e as Medidas de Compensação.

Nada impede, também, o Painel e o Órgão de Recurso de fazerem mais do que uma recomendação, inclusive à própria parte vencedora do litígio. No âmbito do GATT de 1947, por exemplo, houve litígios em que se fizeram recomendações a ambas as partes: no caso *French Import Restrictions*, o Painel sugeriu no seu relatório que as PARTES CONTRATANTES poderiam recomendar ao governo francês a retirada das suas restrições comerciais contrárias ao art. XI do Acordo Geral e aos Estados Unidos, a parte queixosa, a abstenção, por um período razoável de tempo, do exercício do seu direito de propor a suspensão da aplicação de concessões ou obrigações equivalentes ao abrigo do nº 2 do art. XXIII do GATT[3135].

A recomendação do painel ou do Órgão de Recurso refere, por vezes, as disposições relevantes dos acordos abrangidos:

---

[3132] Relatório do Painel no caso *Guatemala – Anti-Dumping Investigation Regarding Portland Cement from Mexico* (WT/DS60/R), 19-6-1998, parágrafo 5.63.

[3133] Ernst-Ulrich PETERSMANN, *The GATT/WTO Dispute Settlement System: International Law, International Organizations and Dispute Settlement*, Kluwer Law International, Londres-Haia-Boston, 1997, p. 140. Em contraste, no caso do NAFTA, os Estados Unidos concordaram em reembolsar, com juros, direitos antidumping e direitos compensadores, caso um painel assim o decida (Artigo 1904.15(a) do NAFTA).

[3134] Quando da discussão do relatório do painel relativo ao caso *Australia – Subsidies Provided to Producers and Exporters of Automotive Leathers (Recourse to Article 21:5 of the DSU by the United States)* no âmbito do Órgão de Resolução de Litígios, o Canadá referiu-se mesmo à sugestão do painel de devolução das subvenções pela empresa que delas beneficiou como "uma aberração única que não tem valor como precedente". Cf. OMC, *Minutes of Meeting Held in the Centre William Rappard on 11 February 2000 – Dispute Settlement Body* (WT/DSB/M/75), 7-3-2000, p. 8.

[3135] Relatório do Painel no caso *French Import Restriction, Recourse to Article XXIII:2 by the United States* (L/1921), adoptado em 14-11-1962, parágrafos 6-7.

## A FUNÇÃO JURISDICIONAL NO SISTEMA GATT/OMC

"O Órgão de Recurso *recomenda* que o Órgão de Resolução de Litígios solicite ao Chile que ponha o Novo Sistema Chileno, contido no Imposto Adicional às Bebidas Alcoólicas, em conformidade com as suas obrigações ao abrigo do nº 2, segunda frase, do Artigo III do GATT de 1994"[3136].

Caso o painel conclua que as medidas adoptadas pela parte contra a qual foi apresentada a queixa não são incompatíveis com os acordos abrangidos, nenhuma recomendação será feita[3137]. De modo semelhante, o Órgão de Recurso não fará qualquer recomendação ao Órgão de Resolução de Litígios ao abrigo do nº 1 do art. 19º do Memorando de Entendimento sobre Resolução de Litígios quando revoga a conclusão do painel de que uma medida adoptada por um Membro da OMC é incompatível com as suas obrigações ao abrigo dos acordos abrangidos[3138]. Mas, atenção, no caso *India – Additional and Extra-Additional Duties on Imports from the United States*, tendo constatado que os Estados Unidos não tinham demonstrado que o direito adicional sobre as bebidas alcoólicas e o directo adicional suplementar eram incompatíveis com as obrigações que cabiam à Índia em virtude do nº 1, alíneas *a*) e *b*), do artigo II do GATT de 1994, o Painel não formulou nenhuma recomendação em conformidade com o nº 1 do artigo 19º do Memorando de Entendimento sobre Resolução de Litígios. Não obstante, o Painel acrescentou o seguinte:

"Consideramos apropriado, nas circunstâncias concretas do presente caso, oferecer algumas observações finais. Recordamos que, depois do estabelecimento deste Painel, a Índia publicou novas notificações de direitos aduaneiros que introduziram determinadas modificações no [direito adicional] sobre as bebidas alcoólicas e o [direito adicional suplementar] 'para responder a preocupações suscitadas pelos parceiros comerciais [da Índia]'. Portanto, é apropriado notar que as resoluções do Painel sobre as alegações formuladas pelos Estados Unidos em conformidade com o nº 1, alíneas *a*) e *b*) do artigo II não implicam necessariamente que seja compatível com as obrigações da Índia no âmbito da OMC as novas notificações de direitos aduaneiros pertinentes que esse país retirara ou restabelecera de outro modo o *status quo ante*, isto é, a situação que existia na data de estabelecimento do Painel. Do mesmo modo, ao assinalar este ponto, não desejamos sugerir que a entrada em vigor das novas

---

[3136] Relatório do Órgão de Recurso no caso *Chile – Taxes on Alcoholic Beverages* (WT/DS87/AB/R, WT/DS110/AB/R), 13-12-1999, parágrafo 81.

[3137] Relatório do Painel no caso *United States – Rules of Origin for Textiles and Apparel Products* (WT/DS243/R), 20-6-2003, parágrafos 7.1-7.2.

[3138] Relatório do Órgão de Recurso no caso *United States – Sunset Review of Anti-Dumping Duties on Corrosion-Resistant Carbon Steel Flat Products from Japan* (WT/DS244/AB/R), 15-12-2003, parágrafo 213.

## AS RECOMENDAÇÕES E PROPOSTAS DO PAINEL E DO ÓRGÃO DE RECURSO

notificações de direitos aduaneiros signifique necessariamente que o [direito adicional] sobre as bebidas alcoólicas, na medida em que ainda existe, e o [direito adicional suplementar] são compatíveis com as normas da OMC"[3139].

Na fase de recurso, a Índia alegou que o Painel tinha cometido um erro de direito ao fazer estas observações finais. Em apoio do seu argumento, a Índia refere os nºs 1 e 2 do art. 19º do Memorando de Entendimento sobre Resolução de Litígios e afirma que essas disposições autorizam um painel a avançar com recomendações e sugestões relativamente à aplicação somente quando se tenha constatado que uma medida é incompatível com as disposições de um acordo abrangido. Assim sendo, as "observações finais" do Painel poderiam implicar um aumento ou a redução dos direitos e obrigações da Índia e infringir, por isso, o disposto no nº 2 do art. 19º do Memorando de Entendimento sobre Resolução de Litígios. A Índia considerava, ainda, que as "observações finais" do Painel não poderiam ser consideradas "conclusões" que ajudam o Órgão de Resolução de Litígios a adoptar as recomendações ou decisões no sentido do art. 11º do Memorando de Entendimento sobre Resolução de Litígios. Baseando-se nestes argumentos, a Índia solicitou ao Órgão de Recurso que concluísse que o painel tinha errado e infringido o disposto nos artigos 3º, nº 2, 11º e 19º do Memorando de Entendimento sobre Resolução de Litígios[3140].

Em contraste, os Estados Unidos defenderam que o Órgão de Recurso deveria indeferir o pedido da Índia, argumentando que as "observações finais" do painel correspondiam simplesmente a esclarecimentos das suas conclusões e que não tinham o carácter de propostas no sentido do nº 1 do art. 19º do Memorando de Entendimento sobre Resolução de Litígios[3141].

Finalmente, segundo o Órgão de Recurso:

"**229.** Não estamos de acordo com o argumento da Índia de que as 'observações finais' do Painel equivalem a uma constatação jurídica ou a uma recomendação no sentido da primeira frase do nº 1 do artigo 19º ou a uma proposta para a execução no sentido da segunda frase do nº 1 do artigo 19º do Memorando de Entendimento sobre Resolução de Litígios. O Painel não constatou nenhuma infracção do artigo II, nº 1, alíneas a) e b), e deixou claro que não estava a formular 'nenhuma recomendação em conformidade com o nº 1 do artigo 19º do Memorando de Entendimento sobre Resolução de Litígios'. Dado que não havia nada a aplicar, é difícil ver como poderia o Painel fazer uma proposta para a execução. (...)."

---

[3139] Relatório do Órgão de Recurso no caso *India – Additional and Extra-Additional Duties on Imports from the United States* (WT/DS360/AB/R), 30-10-2008, parágrafo 223.

[3140] *Idem*, parágrafo 224.

[3141] *Idem*, parágrafo 225.

A FUNÇÃO JURISDICIONAL NO SISTEMA GATT/OMC

**230.** As 'observações finais' do Painel não equivalem a constatações, conclusões ou recomendações sobre a conformidade com as normas da OMC das novas notificações de direitos aduaneiros publicadas pela Índia; são simplesmente explicações das conclusões do Painel, que são admissíveis, mas não constituem constatações em si mesmas. Em consequência, *constatamos* que o Painel não actuou contra o disposto nos artigos 3º, nº 2, 11º e 19º do Memorando de Entendimento sobre Resolução de Litígios ao incluir 'observações finais' no parágrafo 8.2 do seu relatório"[3142].

No caso *United States – Import Prohibition of Certain Shrimp and Shrimp Products, Recourse to Article 21.5 by Malaysia*, o Órgão de Recurso tornou claro que era a aplicação da medida, não a sua substância, que era incompatível com o direito da OMC e, por isso, tendo a aplicação da medida em litígio sido posta em conformidade com o direito da OMC, não foi necessário ao Órgão de Recurso fazer qualquer recomendação[3143].

Os painéis podem fazer, igualmente, recomendações condicionais. No caso *European Communities – Measures Affecting the Approval and Marketing of Biotech Products*, por exemplo, o painel recomendou ao Órgão de Resolução de Litígios que solicitasse à Comunidade Europeia a colocação da moratória geral relativa a aprovações em conformidade com as suas obrigações ao abrigo do Acordo relativo à Aplicação de Medidas Sanitárias e Fitossanitárias, "se, e na medida em que, a medida ainda não tivesse deixado de existir"[3144].

As recomendações constantes dos relatórios do Painel e do Órgão de Recurso tornam-se, após a sua adopção pelo Órgão de Resolução de Litígios, recomendações deste último órgão e, apesar da conotação mais branda da palavra "recomendação", o entendimento tradicional desta palavra na jurisprudência GATT/OMC tem sido a de que, quando aprovada pelo Órgão de Resolução de Litígios, "it is a legally binding order"[3145].

O único limite existente hoje em dia à liberdade de o Painel e o Órgão de Recurso fazerem recomendações prende-se com o facto de elas não poderem aumentar ou diminuir os direitos e obrigações previstos nos acordos abrangidos (art. 19º, nº 2, do Memorando). Por isso mesmo, o Órgão de Recurso concluiu no

---

[3142] *Idem*, parágrafos 229-230.

[3143] Relatório do Órgão de Recurso no caso *United States – Import Prohibition of certain Shrimp and Shrimp Products (Recourse to Article 21.5 of the DSU by Malaysia)* (WT/DS58/AB/RW), 22-10-2001, parágrafos 98 e 154.

[3144] Relatório do Painel no caso *European Communities – Measures Affecting the Approval and Marketing of Biotech Products* (WT/DS291/R, WT/DS292/R, WT/DS293/R), 29-9-2006, parágrafo 8.16.

[3145] Robert HUDEC, Broadening the Scope of Remedies in WTO Dispute Settlement, in *Improving WTO Dispute Settlement Procedures – Issues and Lessons from the Practice of Other International Courts and Tribunals*, Friedl Weiss ed., Cameron May, 2000, p. 377.

## AS RECOMENDAÇÕES E PROPOSTAS DO PAINEL E DO ÓRGÃO DE RECURSO

caso *United Sates – Import Measures on Certain Products from the European Communities* que o painel "errou ao recomendar que o Órgão de Resolução de Litígios solicitasse aos Estados Unidos que pusessem em conformidade com as obrigações que lhe impõe a OMC uma medida que o Painel tinha constatado já não estar em vigor"[3146]. Subsequentemente, o Órgão de Recurso distinguiu a questão de saber se um painel pode formular uma constatação relativamente a uma medida expirada da questão de saber se um painel pode fazer uma recomendação relativa a uma medida expirada:

"**271.** Os Estados Unidos pretendem encontrar apoio para a sua posição na resolução do Órgão de Recurso no caso *United Sates – Import Measures on Certain Products from the European Communities*, no qual o Órgão de Recurso revogou a decisão do Painel de fazer uma recomendação em virtude do nº 1 do artigo 19º do Memorando de Entendimento sobre Resolução de Litígios que os Estados Unidos colocassem a medida em litígio nesse caso (a 'Medida de 3 de Março') em conformidade com os acordos abrangidos, dado que o painel já tinha constatado que a medida tinha expirado. Não obstante, esse caso referia-se a uma situação diferente da que nos ocupa. Naquele caso, a Medida de 3 de Março tinha sido objecto de consultas mas tinha expirado. O expirar da Medida de 3 de Março não impediu que fosse uma 'medida em litígio' para efeitos do nº 2 do artigo 6º do Memorando de Entendimento sobre Resolução de Litígios. Efectivamente, nem o Painel nem o Órgão de Recurso constataram que a Medida de 3 de Março não estava compreendida nos termos de referência do Painel e ambos examinaram essa medida nas suas resoluções.

**272.** A questão de saber se uma medida expirada é susceptível de uma recomendação em virtude do nº 1 do artigo 19º do Memorando de Entendimento sobre Resolução de Litígios é diferente. O Órgão de Recurso no caso *United Sates – Import Measures on Certain Products from the European Communities* confirmou que a Medida de 3 de Março tinha deixado de existir. Observou que existia uma incompatibilidade evidente entre a constatação do Painel no sentido de que 'a Medida de 3 de Março já não estava em vigor' e a sua ulterior recomendação de que o Órgão de Resolução de Litígios pedisse aos Estados Unidos que pusessem a sua Medida de 3 de Março em conformidade com as obrigações contraídas no âmbito da OMC. Por conseguinte, o facto de uma medida ter expirado pode afectar a recomendação que um Painel pode fazer. Toda-

---

[3146] Relatório do Órgão de Recurso no caso *United Sates – Import Measures on Certain Products from the European Communities* (WT/DS165/AB/R), 11-12-2000, parágrafo 81. De igual modo, no caso *India – Measures Affecting the Automotive Sector*, o Painel defendeu que o nº 1 do art. 19º do Memorando de Entendimento sobre Resolução de Litígios "visa uma situação em que *existe* uma violação". Cf. Relatório do Painel no caso *India – Measures Affecting the Automotive Sector* (WT/DS146/R, WT/DS175/R), 21-12-2001, parágrafo 8.15.

A FUNÇÃO JURISDICIONAL NO SISTEMA GATT/OMC

via, não resolve a questão preliminar de saber se um painel pode examinar alegações a respeito dessa medida"[3147].

## 3. As Propostas
### 3.1. O GATT de 1947
Apesar de não ser possível encontrar no texto do GATT de 1947 nenhuma disposição semelhante ao actual nº 1 do art. 19º do Memorando de Entendimento sobre Resolução de Litígios, a figura das propostas também existia no contexto do Acordo Geral. Nesse sentido, o painel que analisou o caso *United States – Taxes on Petroleum and Certain Imported Substances (Superfund Act)* salientou que os Estados Unidos (a parte demandada) poderiam tornar a imposição sobre o petróleo (a medida impugnada) conforme com a primeira frase do nº 2 do artigo III do GATT "aumentando a taxa que incide sobre os produtos nacionais, baixando a taxa sobre os produtos importados ou fixando uma nova taxa comum para produtos importados e nacionais"[3148].

### 3.2. O Sistema de Resolução de Litígios da OMC
Além das recomendações, o Painel ou o Órgão de Recurso "podem propor formas para a execução, pelo membro em causa, dessas recomendações" (art. 19º, nº 1, *in fine*, do Memorando)[3149]. Mas, embora os painéis e o Órgão de Recurso estejam obrigados a recomendar ao membro em causa a conformação da medida incompatível com um acordo abrangido, a sugestão de formas para executar as recomendações é, pelo contrário, meramente facultativa[3150]. De igual modo, resulta claro da redacção do nº 1 do art. 19º do Memorando de Entendimento sobre Resolução de Litígios que os painéis não estão obrigados a avançar com propostas de execução, mesmo que sejam solicitados a fazê-lo pela parte queixosa:

> "O facto de *podermos*, em conformidade com o nº 1 do artigo 19º do Memorando de Entendimento sobre Resolução de Litígios, sugerir que se revogue uma medida antidumping não significa que tenhamos de fazê-lo ou devamos fazê-lo num determi-

---

[3147] Relatório do Órgão de Recurso no caso *United States – Subsidies on Upland Cotton* (WT/DS267/AB/R), 3-3-2005, parágrafos 271-272.

[3148] Relatório do Painel no caso *United States – Taxes on Petroleum and Certain Imported Substances (Superfund Act)* (L/6175), adoptado em 17-6-1987, parágrafo 5.1.9.

[3149] O Órgão de Recurso entende que o nº 1 do art 19º do Memorando implica que diversos modos de execução podem ser possíveis. Cf Relatório do Órgão de Recurso no caso *United States – Sunset Reviews of Anti-Dumping Measures on Oil Country Tubular Goods from Argentina, Recourse to Article 21.5 of the DSU by Argentina* (WT/DS268/AB/RW), 12-4-2007, parágrafo 173.

[3150] Relatório do Órgão de Recurso no caso *United States – Continued Existence and Application of Zeroing Methodology* (WT/DS350/AB/R), 4-2-2009, parágrafo 389.

1130

## AS RECOMENDAÇÕES E PROPOSTAS DO PAINEL E DO ÓRGÃO DE RECURSO

nado caso. (...). Em nossa opinião, é indefensável a afirmação da Coreia de que o artigo 1º dispõe imperativamente que qualquer violação do Acordo Antidumping, independentemente da sua natureza e da sua gravidade, requer a revogação da medida antidumping em questão. Apesar de não estarmos de acordo que tal interpretação tornaria nulo, em sentido jurídico estrito, o nº 1 do artigo 19º do Memorando de Entendimento sobre Resolução de Litígios, acreditamos que os redactores, se tivessem tido a intenção de se afastar da norma geral do nº 1 do artigo 19 e *exigir* a revogação das medidas antidumping em todos os casos de violação, teriam manifestado essa intenção incluindo uma disposição especial ou adicional sobre resolução de litígios no artigo 17º do Acordo Antidumping"[3151].

Mas, mesmo que um painel não avance com propostas para a execução das suas recomendações, ele deve analisar os argumentos esgrimidos por uma parte que requer uma proposta[3152].

Os membros da OMC podem adoptar qualquer comportamento, desde que assegurem a conformidade da medida incompatível com o(s) acordo(s) abrangido(s). Por vezes, a diversidade e a complexidade das medidas de execução podem tornar quase impossível a um painel avançar com propostas, particularmente, nos casos que envolvam o Acordo relativo à Aplicação de Medidas Sanitárias e Fitossanitárias, o Acordo sobre os Obstáculos Técnicos ao Comércio ou o Acordo sobre os Aspectos dos Direitos de Propriedade Intelectual relacionados com o Comércio.

Mesmo quando o Painel ou o Órgão de Recurso propõem formas para a execução das recomendações pela parte em litígio à qual elas são dirigidas, tais propostas não são consideradas vinculativas, ou seja, a escolha dos meios de execução é decidida, em primeiro lugar, pelo Membro em causa[3153]. Por conseguinte, no

---

[3151] Relatório do Painel no caso *United States – Anti-Dumping Measures on Stainless Steel Plate in Coils and Stainless Steel Sheet and Strip from Korea* (WT/DS179/R), 22-12-2000, parágrafo 7.9.

[3152] Relatório do Órgão de Recurso no caso *United States – Sunset Reviews of Anti-Dumping Measures on Oil Country Tubular Goods from Argentina, Recourse to Article 21.5 of the DSU by Argentina* (WT/DS268/AB/RW), 12-4-2007, parágrafo 183.

[3153] Relatório do Painel no caso *United States – Anti-Dumping and Countervailing Measures on Steel Plate from India* (WT/DS206/R), 28-6-2002, parágrafo 8.8. Ver, também, relatório do Painel no caso *Guatemala – Anti-Dumping Investigation regarding Portland Cement from México* (WT/DS60/R), 19-6-1998, parágrafo 8.2. No mesmo sentido, o Árbitro Yasuhei Taniguchi observou:

"O facto de existir essa proposta [no caso, do Painel que analisou o litígio em causa] não afecta, em última instância, o princípio firmemente estabelecido de que 'a escolha do meio de aplicação é, e deve ser, prerrogativa do Membro que há de proceder a ela'" (cf. Decisão de Arbitragem no caso *United States – Continued Dumping and Subsidy Offset Act of 2000, Arbitration under Article 21.3 (c) of the Understanding on Rules and Procedures Governing the Settlement of Disputes* (WT/DS217/14, WT/DS234/22), 13-6-2003, parágrafo 52).

1131

A FUNÇÃO JURISDICIONAL NO SISTEMA GATT/OMC

caso *India – Patent Protection for Pharmaceutical and Agricultural Chemical Products*, o Painel rejeitou uma solicitação dos Estados Unidos para recomendar que a Índia implementasse as suas obrigações de maneira similar à de outro país (*in casu*, o Paquistão), na medida em que tal poria em causa o direito da Índia escolher como implementar as disposições do acordo em causa[3154]. No fundo, esta solução tem a vantagem prática de permitir aos membros da OMC escolher o meio de execução que enfrente menos resistência política no plano interno[3155].

Apesar da sua importância em termos jurídicos, visto que representam a opinião do Painel e do Órgão de Recurso sobre o modo como a recomendação pode ser aplicada de acordo com as regras do sistema comercial multilateral, nada impede que possa haver outras formas, não incluídas nas propostas do Painel ou do Órgão de Recurso, que, se adoptadas, asseguram a conformidade da(s) medida(s) em causa com as regras do sistema comercial multilateral. Isso mesmo foi reconhecido pelo Painel do caso *United States – Anti-Dumping Act of 1916*:

> "**6.290.** Recordamos que o Japão solicita que recomendemos que os Estados Unidos derroguem a Lei de 1916 a fim de pôr esta Lei em conformidade com as obrigações dos Estados Unidos ao abrigo da OMC (...).
>
> **6.291.** Da primeira frase do n° 1 do artigo 19° [do Memorando de Entendimento sobre Resolução de Litígios] deduzimos que o tipo de recomendações que estamos autorizados a formular se limita a recomendar que o Membro em causa ponha a medida em questão em conformidade com os Acordos da OMC relevantes. Consequentemente, não podemos formular a recomendação solicitada pelo Japão.

Opinião contrária parecem ter PETROS MAVROIDIS e HENRIK HORN, quando defendem que:
"a contextual argument can be made to the effect that panels' suggestions are binding in the case of violation complaints. In the realm of non-violation complaints, the DSU explicitly states that panels' suggestions are not binding upon the parties to a dispute, while in the realm of violation complaints no such provision exists. *A contrario* therefore, one could that in the case of violation complaints, suggestions *are* binding upon parties" (cf. Petros MAVROIDIS e Henrik HORN, *Remedies in the WTO Dispute Settlement System and Developing Country Interests*, World Bank, 1999, p. 14).
Porém, o próprio PETROS MAVROIDIS observa, em artigo posterior, que:
"*a contrario* arguments are not very persuasive. At the end of the day, in cases of ambiguity the judge will not draw far-reaching conclusions based on the silence of the text. Indeed, especially in international law, the transfer of sovereignty must never be presumed" (cf. Petros MAVROIDIS, *Remedies in the WTO Legal System: Between a Rock and a Hard Place*, in EJIL, 2000, p. 784)

[3154] Relatório do Painel no caso *India – Patent Protection for Pharmaceutical and Agricultural Chemical Products* (WT/DS50/R), 5-9-1997, parágrafo 7.65.

[3155] Robert HUDEC, Broadening the Scope of Remedies in WTO Dispute Settlement, in *Improving WTO Dispute Settlement Procedures – Issues and Lessons from the Practice of Other International Courts and Tribunals*, Friedl Weiss ed., Cameron May, 2000, p. 378.

1132

## AS RECOMENDAÇÕES E PROPOSTAS DO PAINEL E DO ÓRGÃO DE RECURSO

**6.292.** Não obstante, observamos que, de acordo com o nº 1 do artigo 19º do Memorando de Entendimento sobre Resolução de Litígios, podemos sugerir formas pelas quais o Membro em causa poderia aplicar as nossas recomendações. Recordamos igualmente que examinámos todas as alegações a respeito das quais, em nossa opinião, era necessária uma constatação para possibilitar que o Órgão de Resolução de Litígios formulasse recomendações e resoluções suficientemente precisas para permitir o rápido cumprimento por um Membro com essas recomendações e resoluções, a fim de 'assegurar a efectiva resolução dos litígios em benefício de todos os Membros'. À luz das nossas constatações, consideramos que, a fim de pôr a Lei de 1916 em conformidade com as suas obrigações no âmbito da OMC, os Estados Unidos provavelmente teriam que modificar essa Lei com um alcance tal que ela deixaria de poder ter algumas das suas actuais características principais. Observamos também que a Lei de 1916 foi aplicada raramente em comparação com outros instrumentos antidumping ou anti-monopólio dos Estados Unidos e que, quando aplicada, nunca deu lugar à imposição de uma medida correctiva pelos tribunais. Finalmente, recordamos que o nº 7, quarta frase, do artigo 3º do Memorando de Entendimento sobre Resolução de Litígios estipula que:

'Na falta de uma solução mutuamente acordada, o objectivo imediato do sistema de resolução de litígios é normalmente o de assegurar a supressão das medidas em causa, caso se verifique que as mesmas são incompatíveis com as disposições de qualquer um dos acordos abrangidos'.

Em consequência, sugerimos que uma forma para os Estados Unidos porem a Lei de 1916 em conformidade com as suas obrigações junto da OMC seria a derrogação da Lei de 1916"[3156].

Todavia, se um Painel, como aconteceu no caso *Guatemala – Anti-Dumping Investigation regarding Portland Cement from Mexico*, estatui que uma determinada acção é o único meio apropriado para executar a sua recomendação, então, a proposta do Painel acaba por ser obrigatória[3157]. Mais importante do que isso, se as propostas feitas concretamente por um Painel ou pelo Órgão de Recurso

---

[3156] Relatório do Painel no caso *United States – Anti-Dumping Act of 1916* (WT/DS162/R), 29-5-2000, parágrafos 6.290-6.292.

[3157] Relatório do Painel nó caso *Guatemala – Anti-Dumping Investigation regarding Portland Cement from Mexico* (WT/DS60/R), 19-6-1998, parágrafo 8.6. Todavia, o Painel não fez qualquer proposta no que diz respeito ao pedido do México de reembolso dos direitos antidumping pagos:

"O México argumenta que as violações do Acordo Antidumping cometidas neste caso vão contra as fundações da investigação antidumping realizada pela Guatemala e tornam efectivamente inválida a investigação desde o princípio. Consequentemente, o México argumenta que há que apagar as consequências do início inválido e solicita-nos que façamos a seguinte recomendação à Guatemala: 1) revogar a medida antidumping imposta às importações de

A FUNÇÃO JURISDICIONAL NO SISTEMA GATT/OMC

forem seguidas pelo membro em causa, tal situação deve criar automaticamente uma presunção quase irrefutável de legalidade das medidas de execução[3158] e daí PETROS MAVROIDIS notar que a observância das propostas dos painéis e do Órgão de Recurso "is a highly recommended legal strategy"[3159].

De qualquer modo, os painéis só muito raramente propõem formas para a execução das suas recomendações pela parte em litígio à qual são dirigidas, evitando tornar as suas conclusões e recomendações mais intrusas que o necessário. Não obstante, no caso *United States – Restrictions on Imports of Cotton and Man-Made Fibre Underwear*, o Painel, depois de ter concluído que os Estados Unidos violaram os nºs 2, 4, 6, alínea *d*), 10 do art. 6º e o nº 4 do art. 2º do Acordo sobre os Têxteis e o Vestuário, propôs que "os Estados Unidos assegurassem a conformidade da medida posta em causa pela Costa Rica com as suas obrigações no âmbito do Acordo sobre os Têxteis e o Vestuário, retirando imediatamente a restrição imposta pela medida"[3160]; no caso *Guatemala – Anti-Dumping Investigation regarding Portland Cement from Mexico*, o Painel sugeriu que "a Guatemala revogasse a medida antidumping existente sobre as importações mexicanas de cimento, uma vez que (...) é o único meio apropriado de implementar a nossa recomendação"[3161]; e, no caso *United States – Continued Dumping and Subsidy Offset Act of 2000*, o Painel, depois de observar que "potencialmente poderiam existir diversos meios para os Estados Unidos porem o *Continued Dumping and Subsidy Offset Act of 2000* em conformidade com o regime da OMC", concluiu ser difícil "conceber qualquer método que pudesse ser mais adequado e/ou eficaz que a derrogação do *Conti-*

---

cimento portland cinzento procedente de Cruz Azul, e 2) reembolsar os direitos antidumping já cobrados. Recusamos fazer isto" (cf. *Idem*, parágrafo 8.1).
Segundo JEFFREY WAINCYMER:
"if logic suggests that there is only one means to effectively implement the recommendations or if the suggestion seeks to dissuade the responding Member from adopting a particular methodology, this is strong guidance as to the proper approach that should be taken. If the view is logically sustainable supporting a Panel's suggestion that there is only one means to bring a measure into compliance, then a failure to follow the recommendation would leave the respondent in breach of WTO obligations". Cf. Jeffrey WAINCYMER, *WTO Litigation: Procedural Aspects of Formal Dispute Settlement*, Cameron May, Londres, 2002, p. 636.

[3158] Petros MAVROIDIS, Article 19 DSU, in *WTO-Institutions and Dispute Settlement*, Rüdiger Wolfrum, Peter-Tobias Stoll e Karen Kaiser (eds), Max Planck Commentaries on World Trade Law, Max Planck Institute for Comparative Public Law and International Law, Màrtinus Nijhoff Publishers, Leiden/Boston, 2006, p. 490.

[3159] Petros MAVROIDIS *Remedies in the WTO Legal System: Between a Rock and a Hard Place*, in EJIL, 2000, p. 788.

[3160] Relatório do Painel no caso *United States – Restrictions on Imports of Cotton and Man-Made Fibre Underwear* (WT/DS24/R), 8-11-1996, parágrafo 8.3.

[3161] Relatório do Painel no caso *Guatemala – Anti-Dumping Investigation regarding Portland Cement from Mexico* (WT/DS60/R), 19-6-1998, parágrafo 8.6.

1134

## AS RECOMENDAÇÕES E PROPOSTAS DO PAINEL E DO ÓRGÃO DE RECURSO

*nued Dumping and Subsidy Offset Act of 2000*". Por esta razão, o Painel propõe que os Estados Unidos "ponham o *Continued Dumping and Subsidy Offset Act of 2000* em conformidade com o regime da OMC mediante a sua derrogação"[3162].

Como já foi referido, é possível que uma parte em litígio solicite ao painel ou ao Órgão de Recurso que avancem com propostas de implementação, mas parece que o pedido de sugestões deve ter alguma precisão:

> "As Comunidades Europeias pediram ao Painel que 'sugira aos Estados Unidos que modifiquem a sua legislação em matéria de direitos compensadores para reconhecer o princípio de que uma privatização realizada a preços de mercado extingue as subvenções'. As Comunidades Europeias não identificaram nenhuma disposição da legislação estado-unidense que exija a imposição de direitos compensadores nas circunstâncias do presente litígio. Portanto, não podemos fazer a sugestão solicitada pelas Comunidades Europeias. Não obstante, observamos que os Estados Unidos continuaram a aplicar a sua metodologia a respeito da transmissão de propriedade durante o decurso do presente litígio. Sugerimos, por isso, que os Estados Unidos adoptem todas as medidas apropriadas, incluindo uma revisão das suas práticas administrativas, para impedir que ocorra no futuro a violação mencionada *supra* do artigo 10º do Acordo sobre as Subvenções e as Medidas de Compensação"[3163].

É possível, igualmente, que um painel avance com uma proposta à margem de qualquer pedido das partes queixosas[3164], que a parte queixosa especifique um certo modo de execução das recomendações do Órgão de Resolução de Litígios e solicite que o painel proponha esse modo como uma das opções de execução[3165] e que um painel mencione especificamente várias opções de implementação:

> "**6.155.** À luz das nossas constatações e conclusões a respeito dos artigos I e XIII do GATT, das exigências da Convenção de Lomé e do alcance da Derrogação de Lomé, expostas *supra*, consideramos que as Comunidades Europeias dispõem pelo menos das seguintes opções para porem o seu regime de importação de bananas em conformidade com as normas da OMC.

---

[3162] Relatório do Painel no caso *United States – Continued Dumping and Subsidy Offset Act of 2000* (WT/DS217/R, WT/DS234/R), 16-9-2002, parágrafo 8.6.

[3163] Relatório do Painel no caso *United States – Imposition of Countervailing Duties on Certain Hot--Rolled Lead and Bismuth Carbon Steel Products Originating in the United Kingdom* (WT/DS138/R), 23-12-1999, parágrafo 8.2.

[3164] Relatório do Painel no caso *European Communities – Export Subsidies on Sugar (Complaint by Australia)* (WT/DS265/R), 15-10-2004, parágrafos 8.5-8.8.

[3165] Relatório do Painel no caso *United States – Final Countervailing Duty Determination with respect to certain Softwood Lumber from Canada* (WT/DS257/RW), 1-8-2005, parágrafo 5.6. Neste caso, o Painel recusou fazer a proposta avançada pela parte queixosa. Cf. *Idem*, parágrafo 5.7.

A FUNÇÃO JURISDICIONAL NO SISTEMA GATT/OMC

**6.156.** Primeiro, as Comunidades Europeias poderiam escolher aplicar um sistema exclusivamente pautal para as bananas, sem um contingente pautal. Isto poderia incluir uma preferência pautal (de nível zero ou outro tipo preferencial) para as bananas ACP. Neste caso, poderia ser necessária uma derrogação para a preferência pautal, a menos que esta seja desnecessária, por causa, por exemplo, da criação de uma zona de comércio livre, compatível com o artigo XXIV do GATT. Esta opção evitaria a necessidade de procurar acordos sobre as quotas do contingente pautal.

**6.157.** Segundo, as Comunidades Europeias poderiam escolher aplicar um sistema exclusivamente pautal para as bananas, com um contingente pautal para as bananas ACP, abrangido por uma derrogação apropriada.

**6.158.** Terceiro, as Comunidades Europeias poderiam manter os seus actuais contingentes pautais Nação Mais Favorecida, consolidados e autónomos, sem atribuir quotas para determinados países ou atribuindo essas quotas mediante acordo com todos os fornecedores que tenham um interesse substancial, de maneira compatível com os requisitos da parte introdutória geral do nº 2 do artigo XIII. O contingente pautal Nação Mais Favorecida poderia ser combinado com a extensão do tratamento de isenção pautal (ou de direitos preferenciais) às importações ACP. A respeito desse tratamento de isenção pautal, as Comunidades Europeias poderiam examinar com os Estados ACP se a Convenção de Lomé poderia ser lida como 'exigindo' esse tratamento, no sentido da Derrogação de Lomé. Recordamos que algumas importantes preferências que, segundo as constatações dos relatórios do Painel inicial e do Órgão de Recurso, são exigidas pela Convenção de Lomé não podem ser aplicadas de forma compatível com as normas da OMC (as mais importantes são as protecções quantitativas previstas no Protocolo Nº 5). Se tal interpretação da Convenção de Lomé fosse posta em causa, poder-se-ia procurar obter uma derrogação que amparasse o tratamento de isenção pautal. O contingente pautal Nação Mais Favorecida também poderia ser combinado com um contingente pautal para as importações ACP, tradicionais ou não, desde que se obtivesse uma derrogação apropriada a respeito do artigo XIII. Notamos que derrogações a respeito do tratamento de franquia pautal para as exportações de países em desenvolvimento têm sido concedidas pelos Membros em várias ocasiões. Neste contexto, é possível que seja necessário adoptar algumas medidas a respeito da Derrogação de Lomé, já que esta expira em 29 de Fevereiro de 2000.

**6.159.** Não formulamos nenhuma proposta concreta a respeito da alocação de licenças, mas observamos que as licenças não seriam necessárias num regime exclusivamente pautal"[3166].

---

[3166] Relatório do Painel no caso *European Communities –Regime for the Importation, Sale and Distribution of Bananas – Recourse to Article 21.5 by Ecuador* (WT/DS27/RW/ECU), 12-4-1999, parágrafos 6.155-6.159.

## AS RECOMENDAÇÕES E PROPOSTAS DO PAINEL E DO ÓRGÃO DE RECURSO

A relutância dos painéis em avançar com propostas de execução das suas recomendações pode implicar, para a parte em litígio à qual são dirigidas as recomendações, grandes dificuldades em determinar como colocar em conformidade com os acordos abrangidos a medida declarada incompatível. No caso *European Communities – Regime for the Importation, Sale and Distribution of Bananas*, por exemplo, o Painel limitou-se, depois de 400 páginas, a dizer o seguinte:

> "o Painel recomenda que o Órgão de Resolução de Litígios solicite às Comunidades Europeias a conformação do seu regime de importação de bananas com as suas obrigações no âmbito do GATT, do Acordo sobre os Procedimentos em Matéria de Licenças de Importação e do GATS"[3167].

O Órgão de Recurso não fez muito melhor. Após mais de 100 páginas, declarou somente que:

> "recomenda que o Órgão de Resolução de Litígios solicite às Comunidades Europeias a conformação das medidas consideradas, neste relatório e no relatório do Painel, tal como modificado por este relatório, incompatíveis com o GATT de 1994 e o GATS com as suas obrigações no âmbito destes dois acordos"[3168].

O Órgão de Recurso, aliás, nunca exerceu o seu direito de propor formas para a execução das suas recomendações[3169], embora já tenha sido solicitado a fazê-lo[3170].

Caso os painéis e o Órgão de Recurso estivessem obrigados a especificar claramente nos seus relatórios que medidas deveriam ser adoptadas pelo Membro da OMC faltoso para executar as suas recomendações, o nº 5 do art. 21º do Memorando perderia muita da sua relevância actual.

Por último, ainda que o nº 1 do art. 19º do Memorando de Entendimento sobre Resolução de Litígios não mencione os processos de arbitragem levados a cabo no âmbito do art. 22º do Memorando, não existe nada no Memorando que impeça os árbitros, agindo ao abrigo do nº 6 do art. 22º, de avançarem com propostas

---

[3167] Relatório do Painel no caso *European Communities – Regime for the Importation, Sale and Distribution of Bananas* (WT/DS27/R/USA), 22-5-1997, parágrafo 9.2.

[3168] Relatório do Órgão de Recurso no caso *European Communities – Regime for the Importation, Sale and Distribution of Bananas* (WT/DS27/AB/R), 9-9-1997, parágrafo 257.

[3169] James BACCHUS, *The Strange Death of Sir Francis Bacon: The Dos and Don't's of Appellate Advocacy in the WTO*, in LIEI, 2004, p. 22; OMC, *A Handbook on the WTO Dispute Settlement System – A WTO Secretariat Publication*, Cambridge University Press, 2004, p. 73.

[3170] Relatório do Órgão de Recurso no caso *United States – Laws, Regulations and Methodology for Calculating Dumping Margins ("Zeroing"), Recourse to Article 21.5 of the DSU by the European Communities* (WT/DS294/AB/RW), 14-5-2009, parágrafos 462-464 e 466-468.

A FUNÇÃO JURISDICIONAL NO SISTEMA GATT/OMC

sobre como implementar a sua decisão[3171]. De modo semelhante, não há nada no nº 1 do art. 19º do Memorando que sugira que não é aplicável aos painéis criados ao abrigo do nº 5 do art. 21º do Memorando[3172]. Ainda no que diz respeito à relação entre o nº 1 do art. 19º e o nº 5 do art. 21º, ambos do Memorando, o Órgão de Recurso defendeu que:

"**322.** As propostas formuladas ao abrigo do nº 1 do artigo 19º não são em si mesmas o objecto de exame dos painéis do art. 21º, nº 5. O nº 5 do artigo 21º do Memorando de Entendimento sobre Resolução de Litígios só se refere às 'medidas adoptadas para dar cumprimento às recomendações e decisões', e não às medidas destinadas a cumprir as propostas formuladas ao abrigo do nº 1 do artigo 19º. Isto confirma que a capacidade de exame dos painéis estabelecidos em conformidade com o nº 5 do artigo 21º se limita à determinação da existência das medidas adoptadas para dar cumprimento às recomendações e decisões do Órgão de Resolução de Litígios ou à compatibilidade de tais medidas com os acordos abrangidos (...).

**323.** Consideramos que as propostas formuladas pelos painéis ou o Órgão de Recurso, se aplicadas correctamente e plenamente, podem ter como resultado o cumprimento das recomendações e decisões do Órgão de Resolução de Litígios. Todavia, não é possível o pleno cumprimento das resoluções do Órgão de Resolução de Litígios e a compatibilidade com a OMC das medidas efectivamente adoptadas para cumprir simplesmente porque um Membro declara que as medidas que adoptou estão em conformidade com uma proposta formulada ao abrigo do nº 1 do artigo 19º do Memorando de Entendimento sobre Resolução de Litígios. Os procedimentos do nº 5 do artigo 21º centram-se na medida efectivamente adoptada para cumprir, não no modo como o Membro poderia aplicar as recomendações e decisões. O facto de seguir uma proposta não garante o cumprimento substantivo das recomendações e decisões formuladas pelo Órgão de Resolução de Litígios. A questão de saber se esse cumprimento foi alcançado deve ser determinado mediante um procedimento do nº 5 do artigo 21º. A adopção pelo Órgão de Resolução de Litígios de um relatório de um painel ou do Órgão de Recurso torna as recomendações e decisões neles contidas vinculativas para as partes. Essa adopção pelo Órgão de Resolução de Litígios não torna as propostas de aplicação vinculativas para as partes (especialmente quando, como neste caso, o primeiro Painel criado em conformidade com o nº 5 do artigo 21º solicitado pelo Equador formulou várias propostas); nem a adopção pelo Órgão de Resolução de Litígios significa que as medidas destinadas a aplicar propostas devem

---

[3171] Decisão dos Árbitros no caso *European Communities – Regime for the Importation, Sale and Distribution of Bananas – Recourse to Arbitration by the European Communities under Article 22.6 of the DSU* (WT/DS27/ARB/ECU), 24-3-2000, parágrafo 139.

[3172] Relatório do Painel no caso *European Communities – Regime for the Importation, Sale and Distribution of Bananas – Recourse to Article 21.5 by Equador* (WT/DS27/RW/ECU), 12-4-1999, parágrafo 6.11.

1138

## AS RECOMENDAÇÕES E PROPOSTAS DO PAINEL E DO ÓRGÃO DE RECURSO

ser presumidas compatíveis com a OMC ou que não podem ser submetidas a um exame num procedimento do nº 5 do artigo 21º. (...).

**325.** As propostas formuladas pelos painéis ou pelo Órgão de Recurso podem proporcionar uma orientação útil e servir de ajuda aos Membros, além de facilitar a aplicação das recomendações e decisões do Órgão de Resolução de Litígios, em particular em casos complexos. Todavia, o facto de um Membro ter decidido seguir uma proposta não dá lugar a uma presunção de cumprimento nos procedimentos do nº 5 do artigo 21º (...)"[3173].

Consideramos correcto o entendimento do Órgão de Recurso. O cumprimento pleno com as recomendações e decisões do Órgão de Resolução de Litígios não pode ser presumido simplesmente porque a parte demandada declara que as medidas que adoptou para cumprir estão em conformidade com as propostas feitas pelo painel ao abrigo do nº 1 do art. 19º do Memorando.

Ainda no que concerne à relação do art. 19º com outras disposições do Memorando, o Painel antecipou no caso *India – Quantitative Restrictions on Imports of Agricultural, Textile and Industrial Products* as dificuldades que a Índia poderia encontrar na implementação das suas recomendações e, por isso, realçou alguns factores que, na sua opinião, eram relevantes para o modo como a Índia poderia colocar as suas medidas em conformidade com as suas obrigações no âmbito dos acordos da OMC[3174]. Tendo presente o texto do nº 3, alínea *c*), do art. 21º do Memorando, o painel concluiu que o prazo de 15 meses a contar da adopção do relatório do painel ou do relatório do Órgão de Recurso constituía "uma directriz para o árbitro, não uma norma"[3175] e, em consequência, propôs um prazo razoável superior a 15 meses[3176]. O Painel enfatizou ainda que:

> "Os factores antecedentes ganham uma importância maior à luz do princípio do tratamento especial e diferenciado. Este princípio deveria ser salientado, dado que o nº 2 do artigo 21º do Memorando de Entendimento sobre Resolução de Litígios dispõe que 'aquando da análise de medidas no âmbito de um processo de resolução

---

[3173] Relatório do Órgão de Recurso no caso *European Communities – Regime for the Importation, Sale and Distribution of Bananas, Second Recourse to Article 21.5 of the DSU by Ecuador* (WT/DS27/AB/RW2/ECU), 26-11-2008, parágrafos 322-323 e 325; Relatório do Órgão de Recurso no caso *European Communities – Regime for the Importation, Sale and Distribution of Bananas, Recourse to Article 21.5 of the DSU by the United States* (WT/DS27/AB/RW/USA), 26-11-2008, parágrafos 322-323 e 325.

[3174] Relatório do Painel no caso *India – Quantitative Restrictions on Imports of Agricultural, Textile and Industrial Products* (WT/DS90/R), 6-4-1999, parágrafo 7.1.

[3175] *Idem*, parágrafo 7.5.

[3176] *Idem*, parágrafo 7.5.

1139

A FUNÇÃO JURISDICIONAL NO SISTEMA GATT/OMC

de litígios, será dada especial atenção a questões que afectem os interesses dos países Membros em desenvolvimento"[3177].

Assim, o painel sugeriu que as partes em litígio negociassem "um prazo para a aplicação/eliminação progressiva" e, caso não conseguissem chegar a um acordo, a arbitragem a realizar ao abrigo do nº 3, alínea *c*), do art. 21º do Memorando, deveria ser conduzida à luz das suas propostas[3178].

Estas propostas do painel foram criticadas pela parte queixosa. Segundo os Estados Unidos, "a panel might make non-binding suggestions about the ways in which to implement, not about how long a party should take to do so"[3179].

## 4. Os Efeitos dos Relatórios Adoptados
### 4.1. O Princípio do Caso Julgado

Essencialmente, o princípio do caso julgado determina que uma questão decidida por um tribunal não deve ser julgada novamente[3180] e ele dimana de dois princípios conexos, a saber: *nemo debet bis vexari pro eadem causa* (ninguém deve ser chamado a responder duas vezes sobre a mesma queixa) e *interest reipublicae ut sit finis litium* (é do interesse público que um litígio não dure para sempre). Este princípio é visto, normalmente, como um princípio geral de direito no sentido do nº 1, alínea *c*), do art. 38º do Estatuto do Tribunal Internacional de Justiça[3181].

Não obstante, devem ser observadas as seguintes três condições para que o princípio do caso julgado seja aplicável: as partes (*persona*), a questão em causa (*petitum*) e a causa da acção (*causa petendi*) devem ser as mesmas.

Nos termos do art. 59º do Estatuto do Tribunal Internacional de Justiça, "a decisão do Tribunal será obrigatória para as partes litigantes e a respeito do caso em questão"[3182] e, segundo o Tribunal Internacional de Justiça:

> "Para o Tribunal *res judicata pro veritate habetur*, e a verdade judicial no contexto de um caso é aquela que o Tribunal determinou, sujeita unicamente à disposição nos Estatutos para a revisão de acórdãos. A natureza da função judicial e necessidade

---

[3177] *Idem*, parágrafo 7.6.

[3178] *Idem*, parágrafo 7.7.

[3179] Mary FOOTER, *Developing Country Practice in the Matter of WTO Dispute Settlement*, in JWT, 2001, p. 71.

[3180] Ian BROWNLIE, *Princípios de Direito Internacional Público*, Fundação Calouste Gulbenkian, Lisboa, 1997, p. 10.

[3181] Jeffrey WAINCYMER, *WTO Litigation: Procedural Aspects of Formal Dispute Settlement*, Cameron May, Londres, 2002, p. 519.

[3182] No caso de um acórdão com opiniões divergentes, a opinião maioritária é reconhecida como "the *res judicata*". Cf. Noemi GAL-OR, *The Concept of Appeal in International Dispute Settlement*, in EJIL, 2008, p. 51.

AS RECOMENDAÇÕES E PROPOSTAS DO PAINEL E DO ÓRGÃO DE RECURSO

universalmente reconhecida da estabilidade das relações jurídicas exigem que seja assim"[3183].

No caso do sistema de resolução de litígios do GATT de 1947, é difícil declarar que vigorava qualquer princípio concernente à aplicação da *res judicata*, simplesmente porque foram muito poucas as medidas ou questões impugnadas mais do que uma vez. Os painéis que se viram confrontados com medidas ou questões que já tinham sido analisadas por painéis anteriores encostaram-se no princípio da economia judicial e, ao fazê-lo, criaram uma preferência "for a de facto rule of res judicata"[3184]. No caso *United States – Restrictions on the Importation of Sugar and Sugar-Containing Products Applied under the 1955 Waiver and under the Headnote to the Schedule of Tariff Concessions*, por exemplo, o Painel notou que:

> "O contingente aplicado às importações de açúcar em bruto e refinado ao abrigo da autoridade conferida pela Nota da Pauta Aduaneira dos Estados Unidos já foi considerado incompatível com as disposições do Acordo Geral num relatório de um painel adoptado pelas PARTES CONTRATANTES e acordou-se no Conselho que o presente Painel não examinaria de novo as constatações e conclusões constantes desse relatório. Por conseguinte, o Painel decidiu não examinar a compatibilidade deste contingente com as obrigações que incumbem aos Estados Unidos ao abrigo do Acordo Geral"[3185].

PHILIP NICHOLS nota, contudo, que o princípio do caso julgado não impedia as partes em litígio de reabrirem questões, ou seja:

> "If the prior panel's deliberations did not include the exact argument that was being preferred, the issue was not foreclosed. Similarly, when a prior panel's reasoning was not sufficiently detailed, a subsequent panel could revisit an issue. Moreover, panels often took refuge in a 'terms of reference' argument, thereby allowing a new examination of already disputed measures based on a wider array of GATT provisions"[3186].

---

[3183] TRIBUNAL INTERNACIONAL DE JUSTIÇA, *The Application of the Convention on the Prevention and Punishment of the Crime of Genocide (Bosnia and Herzegovina v. Serbia and Montenegro)*, Acórdão de 26-2-2007, parágrafo 139.

[3184] Philip NICHOLS, *GATT Doctrine*, in Virginia Journal of International Law, 1996, p. 433.

[3185] Relatório do Painel no caso *United States – Restrictions on the Importation of Sugar and Sugar-Containing Products Applied under the 1955 Waiver and under the Headnote to the Schedule of Tariff Concessions* (L/6631), adoptado em 7-11-1990, parágrafo 5.5.

[3186] Philip NICHOLS, *GATT Doctrine*, in Virginia Journal of International Law, 1996, pp. 433-434.

A FUNÇÃO JURISDICIONAL NO SISTEMA GATT/OMC

No caso do sistema de resolução de litígios da OMC, Giorgio Sacerdoti, membro do Órgão de Recurso entre 2001 e 2009, defende que não é acolhido o princípio do caso julgado:

"the WTO panels and the Appellate Body are not formally endowed with an adjudicative function: they do not issue 'judgements' endowed with *res judicata* effect; their reports are recommendations to the parties and to the WTO Member governments, not *per se* binding and final"[3187].

Ainda segundo um outro autor, a ausência de referência ao termo *res judicata* não constitui um obstáculo à sua utilização, mas neste caso em particular a análise é complicada pela separação entre o órgão que proclama "the legal truth" e o órgão que adopta, formalmente, a decisão[3188].

Mas, como já referimos, o Órgão de Resolução de Litígios não redige qualquer relatório e não tem competência para modificar os relatórios dos painéis e do Órgão de Recurso, limitando-se apenas a adoptá-los ou não. Basta ver que, entre o momento em que o Órgão de Resolução de Litígios cria o Painel e a altura em que o Órgão de Recurso apresenta o seu relatório, o Memorando não atribui nenhuma competência ao Órgão de Resolução de Litígios no processo de adjudicação de um litígio. Mais importante do que isso, não podendo o Órgão de Resolução de Litígios introduzir qualquer modificação nos relatórios dos painéis ou do Órgão de Recurso, a regra do consenso negativo transforma-o num simples *rubber stamp*[3189]. Portanto, na prática, os painéis e o Órgão de Recurso funcionam e chegam à suas conclusões "in an entirely independent and law-based fashion", isto é, eles são tribunais jurisdicionais no sentido do direito internacional[3190].

O próprio Órgão de Recurso, ao considerar que as conclusões e recomendações de um relatório de um Painel adoptado não são vinculativas, excepto para as partes em litígio e a respeito do caso em questão[3191], parece defender que o

---

[3187] Giorgio Sacerdoti, The role of lawyers in the WTO dispute settlement system, in *Key Issues in WTO Dispute Settlement: The First Ten Years*, Rufus Yerxa e Bruce Wilson Ed., Cambridge University Press, 2005, p. 127.

[3188] Hélène Ruiz Fabri, Dispute Settlement in the WTO: On the Trail of a Court, in *Law in the Service of Human Dignity – Essays in Honour of Florentino Feliciano*, Steve Charnovitz, Debra Steger e Peter van den Bossche Ed., Cambridge University Press, 2005, p. 151.

[3189] Yang Guohua, Bryan Mercurio e Li Yongjie, *WTO Dispute Settlement Understanding: A Detailed Interpretation*, Kluwer Law International, 2005, p. 11.

[3190] Joost Pauwelyn, *The Role of Public International Law in the WTO: How Far Can We Go?*, in AJIL, 2001, p. 553.

[3191] Relatório do Órgão de Recurso no caso *Japan – Taxes on Alcoholic Beverages* (WT/DS8/AB/R, WT/DS10/AB/R, WT/DS11/AB/R), 4-10-1996, p. 13. O princípio do caso julgado só se aplica se as partes em litígio forem as mesmas e a questão em litígio a mesma, ou seja, este princípio não

## AS RECOMENDAÇÕES E PROPOSTAS DO PAINEL E DO ÓRGÃO DE RECURSO

princípio do caso julgado se aplica quando as partes e a questão em litígio são as mesmas.

O Painel que considerou no caso *United States – Import Prohibition of Certain Shrimp and Shrimp Products, Recourse to Article 21.5 by Malaysia* defendeu, igualmente, que, "enquanto a medida de aplicação diante de nós for idêntica à medida examinada pelo Órgão de Recurso em relação com a alínea *g*) do artigo XX [do GATT de 1994], não devemos chegar a uma conclusão distinta da do Órgão de Recurso"[3192], o que o levou a concluir que:

> "(...) Como o artigo 609º propriamente dito [a medida em causa] não foi modificado, as constatações do Órgão de Recurso acerca da alínea *g*) mantêm-se válidas e a compatibilidade do artigo 609º como tal com as prescrições da alínea *g*) também se mantêm válidas"[3193].

Na sequência, a Malásia interpôs recurso alegando que o painel tinha agido de modo contrário ao disposto no nº 5 do art. 21º do Memorando de Entendimento sobre Resolução de Litígios, uma vez que não tinha analisado a compatibilidade com os acordos abrangidos da medida adoptada para dar cumprimento às recomendações e conclusões do Órgão de Resolução de Litígios nos procedimentos do painel original. Significativamente, o Órgão de Recurso entendeu que:

> "**96.** O Painel examinou adequadamente o artigo 609 como parte do seu exame da totalidade da nova medida, constatou correctamente que o artigo 609 não tinha sido modificado desde o procedimento inicial e concluiu acertadamente que, em consequência, a nossa resolução no caso *United States – Shrimp* a respeito da compatibilidade do artigo 609 se mantinha válida.
>
> **97.** Desejamos recordar que, como indica o título do artigo 21º, o procedimento dos painéis de acordo com o nº 5 do artigo 21º do Memorando de Entendimento sobre Resolução de Litígios faz parte do processo de '*fiscalização da execução das recomendações e decisões*' do Órgão de Resolução de Litígios. Isto inclui também os relatórios do Órgão de Recurso. Seguramente, o direito de os Membros da OMC recorrerem às disposições do Memorando de Entendimento sobre Resolução de Litígios, incluindo o nº 5 do artigo 21º, deve ser respeitado. Ainda assim, há que ter também presente que o nº 14 do artigo 17º do Memorando de Entendimento sobre Resolução de Litígios não só estabelece que os relatórios do Órgão de Recurso 'serão adoptados' por consenso

---

é aplicável a duas impugnações diferentes de medidas historicamente diferentes que colocam essencialmente as mesmas questões jurídicas. O princípio do caso julgado distingue-se, pois, do princípio do precedente.

[3192] Relatório do Painel no caso *United States – Import Prohibition of Certain Shrimp and Shrimp Products (Recourse to Article 21.5 by Malaysia)* (WT/DS58/RW), 15-6-2001, parágrafo 5.39.

[3193] *Idem*, parágrafo 5.41.

A FUNÇÃO JURISDICIONAL NO SISTEMA GATT/OMC

pelo Órgão de Resolução de Litígios, mas também que esses relatórios serão 'aceites incondicionalmente pelas partes em litígio ...'. Portanto, os relatórios do Órgão de Recurso que são adoptados pelo Órgão de Resolução de Litígio são, como estipula o nº 14 do artigo 17º, 'aceites incondicionalmente pelas partes em litígio' e, em consequência, devem ser tratados pelas partes num litígio em concreto como a resolução definitiva desse litígio (...)"[3194].

Posteriormente, o Órgão de Recurso refere vários factores para recusar reexaminar conclusões constantes do relatório de um painel original:

> "Notamos a respeito do primeiro elemento que o relatório do Painel inicial, no que se refere à medida *inicial* (a determinação inicial da Secretaria de Comércio e Fomento Industrial), foi adoptado e que estes procedimentos baseados no nº 5 do artigo 21º se referem a uma medida *posterior* (a nova determinação da Secretaria de Comércio e Fomento Industrial). Notamos, igualmente, que o México não recorreu contra o relatório do Painel inicial e que os nºs 2 e 3 do artigo 3º do Memorando de Entendimento sobre Resolução de Litígios reflectem a importância que a segurança, a previsibilidade e a rápida resolução dos litígios têm para o sistema multilateral de comércio. Não encontramos nenhum fundamento para examinarmos o tratamento dado pelo Painel inicial ao alegado acordo de restrição"[3195].

Finalmente, o Órgão de Recurso desenvolve esta sua fundamentação no caso *European Communities – Anti-Dumping Duties on Imports of Cotton-Type Bed Linen from India (Recourse to Article 21.5 of the DSU by India)*:

> "**93.** (...) Uma leitura do nº 4 do artigo 16º, do nº 1 do artigo 19º, dos nºs 1 e 3 do artigo 21º e do nº 1 do artigo 22º, considerados no seu conjunto, demonstra inequivocamente que uma constatação de um painel que não tenha sido objecto de recurso e que figure no relatório de um painel *adoptado* pelo Órgão de Resolução de Litígios deve ser aceite pelas partes como a resolução *definitiva* do litígio entre elas, do mesmo modo e com a mesma finalidade que uma constatação incluída num relatório do Órgão de Recurso adoptado pelo Órgão de Resolução de Litígios, a respeito da alegação em particular e do componente específico da medida que é objecto do recurso. (...).
>
> **96.** (...) Em nossa opinião, o efeito para as partes, das constatações adoptadas pelo Órgão de Resolução de Litígios como parte de um relatório de um painel é o

---

[3194] Relatório do Órgão de Recurso no caso *United States – Import Prohibition of certain Shrimp and Shrimp Products (Recourse to Article 21.5 of the DSU by Malaysia)* (WT/DS58/AB/RW), 22-10-2001, parágrafos 96-97.

[3195] Relatório do Órgão de Recurso no caso *Mexico – Anti-Dumping Investigation of High Fructose Corn Syrup (HFCS) from the United States (Recourse to Article 21.5 of the DSU by the United States)* (WT/DS132/AB/RW), 22-10-2001, parágrafo 79.

## AS RECOMENDAÇÕES E PROPOSTAS DO PAINEL E DO ÓRGÃO DE RECURSO

mesmo, tenha o painel constatado ou não que a parte queixosa não estabeleceu um caso *prima facie* de que a medida é incompatível com as obrigações da OMC, de que a medida é plenamente compatível com as obrigações da OMC ou de que a medida não é compatível com essas obrigações. Uma parte queixosa que, num procedimento inicial, não estabeleceu um caso *prima facie* não deverá dispor de uma 'segunda oportunidade' num procedimento ao abrigo do nº 5 do artigo 21º e receber portanto um tratamento mais favorável que uma parte queixosa que estabeleceu efectivamente um caso *prima facie* mas que, em última instância, não tenha prevalecido no procedimento do Painel inicial, por este não ter constatado que a medida impugnada era incompatível com as obrigações contraídas no âmbito da OMC. Nem uma parte demandada deve ser sujeita a uma segunda impugnação da medida cuja incompatibilidade com as obrigações contraídas no âmbito da OMC não se tenha constatado, simplesmente porque a parte queixosa não estabeleceu um caso *prima facie* e não porque não tenha conseguido persuadir em última instância o Painel inicial. Uma vez adoptadas pelo Órgão de Resolução de Litígios, ambas as constatações equivalem a uma resolução definitiva da questão entre as partes a respeito da alegação em particular e dos aspectos específicos da medida que são objecto da alegação"[3196].

Ao mesmo tempo, o Órgão de Recurso vem dizer que:

"Acreditamos que, numa situação em que um Painel, ao recusar pronunciar-se sobre uma determinada alegação, só tenha resolvido parcialmente a questão objecto de exame, a parte queixosa não deverá ser considerada responsável pelo falso exercício da economia judicial por parte do Painel, de tal modo que uma parte queixosa não será privada da possibilidade de formular a alegação num procedimento ulterior"[3197].

Em suma, estas conclusões do Órgão de Recurso sugerem que, no caso dos procedimentos do nº 5 do art. 21º do Memorando de Entendimento sobre Resolução de Litígios, caso as partes em litígio, as alegações e a medida em causa sejam as mesmas, então o painel e o Órgão de Recurso não devem reexaminar questões já decididas nos procedimentos iniciais. Por resolver fica, todavia, a aplicação das conclusões referidas para além dos procedimentos do nº 5 do art. 21º do Memorando e a medida em que a identidade das partes, alegações e medidas impede necessariamente mais considerações sobre uma questão apresentada[3198]. No caso

---

[3196] Relatório do Órgão de Recurso no caso *European Communities – Anti-Dumping Duties on Imports of Cotton-Type Bed Linen from India, Recourse to Article 21.5 of the DSU by India* (WT/DS141/AB/RW), 8-4-2003, parágrafos 93 e 96.

[3197] *Idem*, parágrafo 96, nota de rodapé 115.

[3198] Victoria DONALDSON, The Appellate Body: Institutional and Procedural Aspects (Chapter 27), in *The World Trade Organization: Legal, Economic and Political Analysis*, Volume I, Patrick Macrory, Arthur Appleton e Michael Plummer Ed., Springer, Nova Iorque, 2005, pp. 1331-1332.

A FUNÇÃO JURISDICIONAL NO SISTEMA GATT/OMC

*Canada – Certain Measures concerning Periodicals*, por exemplo, o Órgão de Recurso declara que:

> "não pode considerar-se que tenha sido ratificada pelo Órgão de Recurso a constatação de um painel que não tenha sido especificamente objecto de um recurso num determinado caso. Uma tal constatação pode ser examinada pelo Órgão de Recurso quando a questão é suscitada de modo apropriado num recurso subsequente"[3199].

No entanto, seis anos mais tarde, o Órgão de Recurso confirma as três condições indispensáveis à aplicação do efeito de caso julgado, pelo menos implicitamente, a propósito das constatações constantes do relatório de um painel que não sejam objecto de recurso:

> "uma constatação incluída no relatório de um painel e que *não tenha sido objecto de recurso* e tenha sido *adoptada* pelo Órgão de Resolução de Litígios deve ser tratada como a *resolução definitiva* de um litígio entre as partes no que respeita à alegação *em particular* e à componente *específica* de uma medida objecto dessa alegação"[3200].

De notar, por último, que um relatório de um painel ou do Órgão de Recurso adoptado vincula igualmente a parte queixosa. Esta questão tem relevância especialmente nos casos em que a parte queixosa não prevalece em todas as suas alegações de anulação ou redução de vantagens[3201].

## 4.2. O Princípio do Precedente
### 4.2.1. Introdução

Logo no primeiro parágrafo do preâmbulo do Acordo OMC, estabelece-se que as relações entre os membros da OMC no domínio comercial e económico:

> "devem ser orientadas tendo em vista a melhoria dos níveis de vida, a realização do pleno emprego e um aumento acentuado e constante dos rendimentos reais e da procura efectiva, bem como o desenvolvimento da produção e do comércio de mercadorias e serviços".

---

[3199] Relatório do Órgão de Recurso no caso *Canada – Certain Measures concerning Periodicals* (WT/DS31/AB/R), 30-6-1997, pp. 19-20, nota de rodapé 28.

[3200] Relatório do Órgão de Recurso no caso *European Communities – Anti-Dumping Duties on Imports of Cotton-Type Bed Linen from India, Recourse to Article 21.5 of the DSU by India* (WT/DS141/AB/RW), 8-4-2003, parágrafo 93.

[3201] OMC, *A Handbook on the WTO Dispute Settlement System – A WTO Secretariat Publication*, Cambridge University Press, 2004, p. 89.

1146

## AS RECOMENDAÇÕES E PROPOSTAS DO PAINEL E DO ÓRGÃO DE RECURSO

Caso os acordos da OMC sejam interpretados casuisticamente, sem atenção aos relatórios anteriores dos painéis e do Órgão de Recurso, será difícil saber se determinadas medidas adoptadas pelos membros da OMC são ou não compatíveis com as disposições que constam daqueles acordos. Negar-se-á, no fundo, qualquer segurança e previsibilidade aos agentes económicos no que concerne às suas decisões comerciais e de investimento e daí o princípio do precedente ser tão falado a respeito do sistema de resolução de litígios da OMC.

O termo "precedente" significa essencialmente uma decisão anterior, ou um conjunto de decisões anteriores, que funciona como modelo para decisões subsequentes[3202]. É, especificamente, a *ratio decidendi* da decisão anterior ou decisões que tem significado para os casos futuros[3203]. Ainda segundo RAJ BHALA:

"in a de jure stare decisis regime, there is a legal obligation incumbent on the adjudicator to accord due respect to its prior decisions and the prior decisions of a higher authority. To put it more strongly, these earlier decisions are officially recognized as a source of law for future disputes, hence the development of a common law from the decisions"[3204].

Em contraste:

"a 'de facto' doctrine of stare decisis is one that exists in fact. We need only watch how the adjudicator comes to its conclusions to see stare decisis in operation. We may, for example, see the adjudicator referring to and citing cases repeatedly in ways that suggest it feels bound by the force of the past. We may see the adjudicator struggling mightily to distinguish prior cases from the case at bar, and infer there from the binding force of precedent. We may even see lines of precedent, spawned by leading cases, on certain issues that do indeed appear to bind future disputants. Whatever our

---

[3202] O princípio *stare decisis* é uma forma forte de precedente, prevalecente principalmente no mundo da *common law* (cf. Felix DAVID, *The Role of Precedent in the WTO – New Horizons?*, Maastricht Working Papers – Faculty of Law, 2009-12, p. 16). O princípio do precedente distingue-se, também, do princípio do caso julgado (*res judicata*), uma vez que este limita o carácter vinculativo da decisão do tribunal apenas às partes de um litígio.

[3203] Raj BHALA, *The Myth About Stare Decisis and International Trade Law (Part One of a Trilogy)*, in American University International Law Review, 1999, p. 849. Segundo um outro autor, "the doctrine of *stare decisis* takes its name from the Latin phrase *'stare decisis et non quieta movere'*, which means to 'stand by the thing decided and do not disturb the calm". Cf. Dana BLACKMORE, *Eradicating the Long Standing Existence of a No-Precedent Rule in International Trade Law – Looking Toward Stare Decis is in WTO Dispute Settlement*, in North Carolina Journal of International Law and Commercial Regulation, 2004, pp. 503-504.

[3204] Raj BHALA, *The Myth About Stare Decisis and International Trade Law (Part One of a Trilogy)*, in American University International Law Review, 1999, p. 937.

A FUNÇÃO JURISDICIONAL NO SISTEMA GATT/OMC

evidence, however, we cannot conclude that de jure stare decisis exists, because prior decisions are not recognized officially as a source of law governing future disputes"[3205].

Quer o princípio formal do precedente, quer o princípio material, criam a presunção de que as decisões anteriores devem ser observadas, a menos que haja uma boa razão para decidir de outro modo[3206], mas existe entre eles uma diferença fundamental: o primeira é acatado "as a matter of law", ao passo que o segundo é-o devido a uma variedade "of extra-legal and quasi-legal factors", como, por exemplo, razões de eficiência ("today's tribunal benefits from the work done yesterday on the same legal question") e de justiça ("treating like cases alike")[3207].

No plano dos factos, alguns tribunais internacionais, como, por exemplo, o Tribunal Internacional de Justiça, ao seguirem a argumentação adoptada em decisões anteriores (a menos que haja uma boa razão para decidir de outro modo) desenvolveram uma jurisprudência credível. O principal órgão jurisdicional das Nações Unidas tem seguido sempre a prática de referir acórdãos seus anteriores[3208] e, por isso, apesar de não estar vinculado formalmente pelo princípio do precedente[3209], o Tribunal Internacional de Justiça adoptou largamente a sua

---

[3205] *Idem*, pp. 937-938.

[3206] Todo o precedente tem carácter vinculativo, ou seja, "it is just a question of whether a precedent is binding in a de facto or a de jure sense" (cf. Raj BHALA, *The Myth About Stare Decisis and International Trade Law (Part One of a Trilogy)*, in American University International Law Review, 1999, p. 919). *Contra*: "the fact that the doctrine of binding precedent does not apply means that decisions of the Court [Tribunal Internacional de Justiça] are not binding precedents; it does not mean that they are not 'precedents'". Cf. Mohamed SHAHABUDDEEN, *Precedent in the World Court*, Hersch Lauterpacht Memorial Lectures, Cambridge University Press, 1996, p. 2.

[3207] Raj BHALA, *The Precedent Setters: De Facto Stare Decisis in WTO Adjudication (Part Two of a Trilogy)*, in Journal of Transnational Law & Policy, 1999, pp. 3-4.

[3208] Cesare ROMANO, Daniel TERRIS e Leigh SWIGART, *The International Judge: An Introduction to the Men and Women who Decide the World's Cases*, Brandeis University Press, Waltham-Massachusetts, 2007, p. 118. Segundo um outro autor, o Tribunal Internacional de Justiça "is notorious for closely following its earlier judgments" (cf. August REINISCH, The Proliferation of International Dispute Settlement Mechanisms: The Threat of Fragmentation vs. the Promise of a More Effective System? Some Reflections From the Perspective of Investment Arbitration, in *International Law between Universalism and Fragmentation – Festschrift in Honour of Gerhard Hafner*, Isabelle Buffard, James Crawford, Alain Pellet e Stephan Wittich Ed., Martinus Nijhoff Publishers, Leiden-Boston, 2008, p. 123). HERSCH LAUTERPACHT, juiz do Tribunal Internacional de Justiça entre 1955 e 1960, concluía já num livro publicado em 1958 que, "in fact, the practice of referring to its previous decisions has become one of the most conspicuous features of the Judgments and Opinions of the Court" (cf. Hersch LAUTERPACHT, *The Development of International Law by the International Court*, Stevens & Sons, Londres, 1958, p. 9), "the general rule (...) is the constant and normal operation of precedent in the jurisprudence of the Court". Cf. *Idem*, p. 20.

[3209] Nos termos do art. 59º do Estatuto do Tribunal Internacional de Justiça, "a decisão do Tribunal será obrigatória para as partes litigantes e a respeito do caso em questão". Segundo o próprio

1148

## AS RECOMENDAÇÕES E PROPOSTAS DO PAINEL E DO ÓRGÃO DE RECURSO

substância, chegando mesmo a caracterizar algumas das suas decisões anteriores como "jurisprudência constante"[3210]. Ao adoptar na prática o princípio do precedente, o Tribunal Internacional de Justiça visa obter não apenas certeza na administração da justiça, mas também evitar o aparecimento de qualquer discricionariedade jurisdicional excessiva[3211]. Especificamente, o princípio do precedente coíbe os juízes de infundirem os seus próprios valores na sua construção e interpretação do direito[3212]. Como observou ALEXANDER HAMILTON:

> "To avoid an arbitrary discretion in the courts, it is indispensable that they should be bound down by strict rules and precedents which serve to define and point out their duty in every particular case that comes before them"[3213].

Até porque a continuidade e a coerência são atributos muito valiosos em qualquer sistema jurídico. A aplicação das mesmas regras aos mesmos factos, independentemente das partes envolvidas, é uma fonte importante de legitimidade para qualquer adjudicador, principalmente, para os tribunais internacionais, que têm apenas o poder de persuadir os destinatários da correcção das suas decisões. Como bem nota ROBERT HOWSE:

> "a doctrine of stare decisis is one of the means by which the legitimacy of panel decisions can be enhanced. The doctrine ensures that when courts do change their approach to a legal question they are required 'to explain the reasons for overruling themselves with care and explicitness'. Such a need reduces the scope for 'result oriented manipulation of law'"[3214].

---

Órgão de Recurso da OMC, a existência do artigo 59º não inibiu o Tribunal Internacional de Justiça (e o seu predecessor) de desenvolver uma jurisprudência em se distingue claramente o valor que se outorga às decisões anteriores (cf. Relatório do Órgão de Recurso no caso *Japan – Taxes on Alcoholic Beverages* (WT/DS8/AB/R, WT/DS10/AB/R, WT/DS11/AB/R), 4-10-1996, p. 15). Ou seja, a decisão do Tribunal será vinculativa para as partes em litígio e para ele próprio.

[3210] TRIBUNAL INTERNACIONAL DE JUSTIÇA, *Case Concerning United States Diplomatic and Consular Staff in Tehran (United States of America v. Iran)*, Acórdão de 24-5-1980, parágrafo 33.

[3211] Hersch LAUTERPACHT, *The Development of International Law by the International Court*, Stevens & Sons, Londres, 1958, p. 14.

[3212] Dana BLACKMORE, *Eradicating the Long Standing Existence of a No-Precedent Rule in International Trade Law – Looking Toward Stare Decisis in WTO Dispute Settlement*, in North Carolina Journal of International Law and Commercial Regulation, 2004, p. 507.

[3213] Alexander HAMILTON, No. 78: the Judiciary Department, in *The Federalist Papers*, Charles R. Kesler Ed., Mentor, 1999, p. 439.

[3214] Robert HOWSE, Adjudicative Legitimacy and Treaty Interpretation in International Trade Law: The Early Years of WTO Jurisprudence, in *The EU, the WTO and the NAFTA: Towards a Common Law of International Trade?*, Joseph Weiler ed., Oxford University Press, 2000, pp. 60-61.

A FUNÇÃO JURISDICIONAL NO SISTEMA GATT/OMC

Mas quando seguem as decisões proferidas em casos anteriores, os tribunais não o fazem apenas por razões de justiça ou de legitimidade; fazem-no também por razões de eficiência, objectivo subjacente, por exemplo, aos artigos 9º, nº 1, e 10º, nº 4, do Memorando de Entendimento sobre Resolução de Litígios.

Finalmente, o princípio do precedente torna um sistema jurídico mais seguro e previsível, torna mais fácil o conhecimento, o entendimento e o respeito das obrigações internacionais do sistema GATT/OMC, aspectos fulcrais para todos os que de algum modo nele participam e dele beneficiam (Governos nacionais, comerciantes, produtores, investidores e consumidores). Como observou o Painel do caso *United States – Sections 301-310 of the Trade Act of 1974*:

> "**7.73.** (...) Muitas das vantagens que se espera venham a resultar para os Membros da aceitação das diversas disciplinas do sistema GATT/OMC dependem da actividade de agentes económicos em mercados nacionais e mundiais. (...).
> **7.75.** A garantia da segurança e previsibilidade do sistema comercial multilateral constitui outro objecto e fim essenciais do sistema, podendo contribuir para a realização dos grandes objectivos inscritos no preâmbulo [do Acordo OMC]. De todas as disciplinas da OMC, o Memorando de Entendimento sobre Resolução de Litígios é um dos instrumentos mais importantes no que respeita à protecção da segurança e previsibilidade do sistema comercial multilateral e, desta forma, do mercado e dos seus diferentes intervenientes. As disposições do Memorando de Entendimento sobre Resolução de Litígios devem, pois, ser interpretadas à luz deste objecto e deste fim e de maneira a promovê-los com a maior eficácia possível.(...).
> **7.76.** (...) O sistema comercial multilateral é forçosamente composto não apenas por Estados mas também – na verdade, sobretudo – por agentes económicos. São estes últimos que mais padecem com a falta de segurança e de previsibilidade"[3215].

### 4.2.2. O GATT de 1947

A grande maioria dos relatórios de painéis publicados depois de 1973 refere relatórios anteriores e virtualmente todos os relatórios publicados após 1985 mencionam relatórios prévios como "authoritative precedent"[3216]. A prática seguida durante a vigência do GATT de 1947 demonstra claramente que as argumentações e conclusões jurídicas dos painéis podiam ser utilizadas por painéis posteriores como precedente[3217]. Só assim se compreende que alguns painéis limitassem

---

[3215] Relatório do Painel no caso *United States – Sections 301-310 of the Trade Act of 1974* (WT/DS152/R), 22-12-1999, parágrafos 7.73 e 7.75-7.76.

[3216] Philip Nichols, *GATT Doctrine*, in Virginia Journal of International Law, 1996, pp. 432-433.

[3217] Durante a vigência do GATT de 1947, alguns painéis utilizaram mesmo o termo "precedente" (cf. Relatório do Painel no caso *European Communities – Refunds on Exports of Sugar* (L/4833), adoptado em 6-11-1979, parágrafo 2.23; Relatório do Painel no caso *Japan – Trade in Semi-Conductors*

1150

## AS RECOMENDAÇÕES E PROPOSTAS DO PAINEL E DO ÓRGÃO DE RECURSO

expressamente a aplicabilidade da sua argumentação às medidas em questão. No famoso caso *United States – Section 337 of the Tariff Act of 1930*, por exemplo, o Painel enfatiza que, embora as suas observações no que diz respeito à aplicação da Secção 337 pudessem ser aplicadas fora do âmbito da propriedade intelectual, as suas considerações e conclusões limitavam-se "a casos de infracção de patentes"[3218].

Isto não significa que não haja situações em que a aplicação de regras jurídicas a factos idênticos não é seguida. Durante a vigência do GATT de 1947, o exemplo mais notório prende-se com o caso *European Economic Community – Restrictions on Imports of Dessert Apples (Complaint by Chile)*[3219]. As mesmas partes tinham litigado a mesma medida nove anos antes no caso *European Economic Community – Restrictions on Imports of Apples from Chile* (relatório adoptado em 10-11-1980). Não obstante o primeiro painel ter entendido que a medida em causa caía no âmbito da excepção prevista no nº 2, alínea *c*)(i), do art. XI do GATT, o painel posterior começou por afirmar que:

> "(...) Ao considerar os factos e argumentos relacionados com o artigo XI em particular, tomamos nota do facto de que um painel anterior, em 1980, apresentou um relatório sobre uma queixa envolvendo o mesmo produto e as mesmas partes que o caso actual e um conjunto similar de questões relativas ao GATT. Tomamos nota com atenção dos argumentos das partes sobre o valor, enquanto precedente, das recomendações desse painel e de outros painéis anteriores, assim como dos argumentos sobre as expectativas legítimas das partes contratantes resultantes da adopção dos relatórios dos painéis. Entendemos os seus termos de referência como significando que ele estava autorizado a examinar a questão submetida pelo Chile à luz de <u>todas</u> as disposições relevantes do Acordo Geral e das relacionadas com a sua interpretação e aplicação. Decidimos ter em conta o relatório do painel de 1980 e as expectativas legítimas criadas pela sua adopção, mas também outras práticas do GATT e relatórios de painéis adoptados pelas PARTES CONTRATANTES e as circunstâncias particulares da queixa em questão. Em consequência, não nos consideramos juridicamente vinculado por todos os detalhes e pelo raciocínio jurídico do mencionado relatório de 1980"[3220].

(L/6309), adoptado em 4-5-1988, parágrafo 107), embora frases como "long standing practice" ou "established GATT practice" fossem bem mais comuns.

[3218] Relatório do Painel no caso *United States – Section 337 of the Tariff Act of 1930* (L/6439), adoptado em 7 de Novembro de 1989, parágrafo 5.4.

[3219] Adrian CHUA, *The Precedential Effect of WTO Panel and Appellate Body Reports*, in Leiden Journal of International Law, 1998, p. 49.

[3220] Relatório do Painel no caso *European Economic Community – Restrictions on Imports of Dessert Apples (Complaint by Chile)* (L/6491), adoptado em 22-6-1989, parágrafo 12.1.

A FUNÇÃO JURISDICIONAL NO SISTEMA GATT/OMC

Depois, o Painel nota que:

"o painel de 1980 tinha chegado à conclusão de que: 'a Comunidade Económica Europeia, com o seu sistema de compras de intervenção pelos Estados membros e de compensação aos grupos de produtores por retirarem maças do mercado, restringia as quantidades de maças cuja comercialização se autorizava'. Todavia, o painel não tinha explicado a base para esta conclusão O painel notou também que um painel de 1978 tinha chegado à conclusão oposta sobre a compatibilidade com o artigo XI, nº 2, alínea c)(i), do sistema comunitário aplicado aos tomates em virtude do mesmo Regulamento 1035/72. Embora tomando a devida nota dos relatórios desses painéis anteriores, o Painel não considerou que eles o eximiam da responsabilidade que lhe incumbia ao abrigo dos seus termos de referência, de levar a cabo o seu próprio exame exaustivo desta importante questão"[3221].

Ou seja, apesar de as conclusões a que chegaram os painéis anteriores serem contraditórias, os seus argumentos jurídicos foram tomados em consideração pelo painel de 1989 e, como já foi referido, o princípio do precedente não impede que se decida de outro modo face a uma decisão anterior. Tem é de haver uma boa razão para tal comportamento. Não podemos esquecer, por outro lado, que os painéis estavam então altamente condicionados pela chamada regra do consenso positivo, o que levava a que muitos deles se preocupassem mais com a obtenção de uma solução de compromisso, que agradasse às partes em litígio, do que propriamente com os méritos intrínsecos do litígio.

Cumpre mencionar, por fim, a seguinte passagem do relatório do painel apresentado no caso *Tuna II*, a única instância em que ocorreu uma discussão sobre o princípio do *stare decisis* durante a vigência do GATT de 1947:

"Na opinião da Comunidade Económica Europeia e dos Países Baixos, a interpretação que os Estados Unidos faziam do termo 'necessárias', dando-lhe o sentido de 'que são necessárias' equivalia a rejeitar relatórios de painéis que tinham sido adoptados e que constituíam interpretações acordadas do Acordo Geral. A Comunidade Económica Europeia reconhecia que não existia *stare decisis* no GATT, se mais não fosse porque não existia uma hierarquia entre os tribunais ou órgãos arbitrais do GATT. O mesmo ocorria no caso da maioria dos tribunais ou cortes internacionais. Não obstante, esses tribunais ou cortes internacionais cuidavam sempre de respeitar os seus precedentes e manter uma certa coerência nas suas decisões. O GATT necessitava dessa coerência

---

[3221] *Idem*, parágrafo 12.10. No fim, o painel afastou-se da conclusão do painel de 1980, considerando que a medida em causa não beneficiava da excepção. Cf. *Idem*, parágrafo 12.17.

1152

## AS RECOMENDAÇÕES E PROPOSTAS DO PAINEL E DO ÓRGÃO DE RECURSO

nas interpretações dos painéis, a fim de dar estabilidade ao sistema internacional de comércio"[3222].

### 4.2.3. O Sistema de Resolução de Litígios da OMC

Tendo natureza essencialmente comercial, o Acordo OMC requer segurança e previsibilidade para os agentes económicos em geral. O próprio Memorando de Entendimento sobre Resolução de Litígios dispõe que "o sistema de resolução de litígios da OMC é um elemento fulcral de garantia da segurança e previsibilidade do sistema multilateral de comércio" (art. 3º, nº 2). É, pois, perfeitamente natural que os argumentos jurídicos adoptados pelos painéis e pelo Órgão de Recurso sejam influentes e tomados em consideração posteriormente quando da resolução de outros litígios (a menos que haja, voltamos a recordá-lo, uma boa razão para decidir de outro modo).

No caso do Órgão de Recurso, com excepção, obviamente, do primeiro relatório, ele nunca deixou de citar relatórios seus anteriores em apoio das suas constatações e conclusões[3223], falando-se mesmo nalguns casos em prática "bem estabelecida"[3224].

Vê-se que o Órgão de Recurso dá grande importância aos seus relatórios anteriores e, em particular, ao modo como as suas conclusões são interpretadas pelos painéis, pretendendo desse modo assegurar que a sua jurisprudência seja segura e previsível. Nesse sentido, o Órgão de Recurso afirmou já por várias vezes que, no caso do art. XX do GATT, se deve começar, primeiro, por verificar se a medida nacional em causa cai no âmbito de uma das suas alíneas e só depois se deverá examinar se a aplicação da mesma medida cumpre as condições referidas no prólogo do art. XX[3225].

É frequente o Órgão de Recurso citar relatórios de painéis adoptados durante a vigência do GATT de 1947 em apoio das suas conclusões. No caso *Japan – Taxes on Alcoholic Beverages*, por exemplo, o Órgão de Recurso, citando quatro relatórios

[3222] Relatório do Painel no caso *United States – Restrictions on Imports of Tuna* (WT/DS29/R), posto a circular em 16-6-1994, nunca adoptado, parágrafo 3.74.

[3223] No caso *United States – Definitive Safeguard Measures on Imports of Certain Steel Products*, o Órgão de Recurso refere-se em 64 ocasiões a conclusões constantes de relatórios seus anteriores. Segundo o próprio Órgão de Recurso, ele recorrerá a relatórios anteriores quando, na ausência de outros elementos distintivos, são patentes as similitudes fácticas entre o caso anterior e o caso que está a analisar. Cf. Relatório do Órgão de Recurso no caso *United States – Definitive Safeguard Measures on Imports of Circular Welded Carbon Quality Line Pipe from Korea* (WT/DS202/AB/R), 15-2-2002, parágrafo 102.

[3224] Relatório do Órgão de Recurso no caso *Canada – Certain Measures Concerning Periodicals* (WT/DS31/AB/R), 30-6-1997, p. 20.

[3225] Relatório do Órgão de Recurso no caso *United States – Standards for Reformulated and Conventional Gasoline* (WT/DS2/AB/R), 29-4-1996, pp. 21-22.

1153

A FUNÇÃO JURISDICIONAL NO SISTEMA GATT/OMC

de painéis adoptados previamente, conclui que a cláusula do tratamento nacional protege as condições de concorrência e não volumes de comércio[3226]. Aliás, não deixa de ser irónico que tenha sido precisamente neste relatório que o Órgão de Recurso recusou aos relatórios dos painéis adoptados durante a vigência do GATT 1947 qualquer valor como precedente[3227].

Em alguns casos, o Órgão de Recurso limita expressamente o impacto da sua resolução relativamente a casos futuros similares. Exemplo disso é o seguinte parágrafo do caso *Chile – Price Band System and Safeguard Measures Relating to Certain Agricultural Products*:

[3226] Relatório do Órgão de Recurso no caso *Japan – Taxes on Alcoholic Beverages* (WT/DS8/AB/R, WT/DS10/AB/R, WT/DS11/AB/R), 4-10-1996, p. 25. Veja-se nesse sentido o primeiro relatório adoptado pelas Partes Contratantes durante a vigência do GATT de 1947:
"O delegado do Brasil, apoiado por outro delegado, sugeriu que, quando não existissem importações de um dado produto ou quando as importações fossem reduzidas em termos de volume, as disposições do Artigo III não fossem aplicáveis. Outro delegado defendeu que as disposições do Artigo III fossem aplicáveis aos casos de importações reduzidas, mas não aos casos em que não existissem importações. Os outros membros do grupo de trabalho argumentaram que a ausência de importações das partes contratantes durante um qualquer período de tempo que podia ser escolhido para exame não seria necessariamente uma indicação de que eles não tinham qualquer interesse nas exportações do produto afectado pelo imposto, uma vez que as suas potencialidades como exportadores, atendendo à cláusula do tratamento nacional, deveriam ser tomadas em consideração. Estes membros do grupo de trabalho consideraram, por isso, que as disposições da primeira frase do nº 2 do Artigo III, eram igualmente aplicáveis fossem as importações originárias das outras partes contratantes substanciais, reduzidas ou inexistentes" (cf. Relatório do Grupo de Trabalho no caso *Brazilian – Internal Taxes* (CP.3/42), 30-6-1949, parágrafo 16).
Segundo ADRIAN CHUA:
"Requiring proof that the impugned measure caused actual detriment imports would render the GATT unadministrable. Evaluating the trade effects of a measure would require speculation on consumer purchasing behaviour and production plans of firms in the hypothetical situation where the impugned measure is absent. Whilst some parties have provided panels with econometric analyses of the effects of impugned measures, the reliability of such analyses is questionable". Cf. Adrian CHUA, *Precedent and Principles of WTO Panel Jurisprudence*, in Berkeley Journal of International Law, 1998, p. 189.
[3227] No caso *Japan – Taxes on Alcoholic Beverages*, o Órgão de Recurso declarou que:
"no GATT de 1947, era geralmente admitido que as conclusões e as recomendações que figuravam no relatório de um Painel adoptado vinculavam as partes em litígio num determinado caso, mas os painéis estabelecidos posteriormente não se sentiam juridicamente obrigados nem pelos detalhes nem pela fundamentação do relatório de um Painel anterior. Quando as PARTES CONTRATANTES decidiam adoptar o relatório de um Painel, o seu objectivo não era, em nossa opinião, que essa decisão constituísse uma interpretação definitiva das disposições pertinentes do GATT de 1947". Cf. Relatório do Órgão de Recurso no caso *Japan – Taxes on Alcoholic Beverages* (WT/DS8/AB/R, WT/DS10/AB/R, WT/DS11/AB/R), 4-10-1996, pp. 13-14.

1154

AS RECOMENDAÇÕES E PROPOSTAS DO PAINEL E DO ÓRGÃO DE RECURSO

"Sublinhamos que nos é pedido neste recurso que examinemos a medida que nos foi submetida – o sistema de bandas de preços do Chile –, para determinar a sua compatibilidade com certas obrigações do Chile no âmbito da OMC. Não nos foi pedido que examinemos nenhuma outra medida de nenhum outro membro da OMC. Por conseguinte, não necessitamos de oferecer, e não o faremos, nenhuma opinião sobre a compatibilidade dos sistemas de bandas de preços em geral com as obrigações da OMC nem sobre a compatibilidade com as obrigações da OMC de nenhum sistema específico de bandas de preços que possa ser aplicado por qualquer outro membro"[3228].

Outra limitação do âmbito de uma decisão pode ser encontrado no relatório do Órgão de Recurso emitido no caso in *United States – Section 211 Omnibus Appropriation Act of 1998*:

"Desejamos salientar que esta resolução não constitui um julgamento sobre o confisco, no sentido em que se define este termo no artigo 211. A validade da expropriação sem compensação de direitos de propriedade intelectual ou de qualquer outro tipo de direitos de propriedade levada a cabo por um membro da OMC dentro do seu território não nos foi colocada. Nem nos foi solicitado nem pronunciamos qualquer opinião neste recurso sobre se um membro da OMC deve ou não reconhecer no seu próprio território marcas de fábrica ou de comércio, nomes comerciais ou quaisquer outros direitos relativos a quaisquer direitos de propriedade intelectual ou outros direitos de propriedade que possam ter sido expropriados ou confiscados de outra forma noutros territórios"[3229].

No que diz respeito aos painéis, apesar de o Painel do caso *United States-Measures Affecting Alcoholic and Malt Beverages* ter entendido que, "para determinar se dois produtos sujeitos a tratamentos diferentes são ou não similares, é necessário considerar se a distinção é feita com o intuito de conceder protecção à produção nacional"[3230], o Painel do caso *Japan – Taxes on Alcoholic Beverages* declarou que "o termo 'produtos similares' sugere que, para dois produtos caírem nesta categoria, eles devem partilhar, além de utilizações finais comuns, essencialmente as mes-

---

[3228] Relatório do Órgão de Recurso no caso *Chile – Price Band System and Safeguard Measures Relating to Certain Agricultural Products* (WT/DS207/AB/R), 23-9-2002, parágrafo 203.

[3229] Relatório do Órgão de Recurso no caso *United States – Section 211 Omnibus Appropriations Act of 1998* (WT/DS176/AB/R), 2-1-2002, parágrafo 362.

[3230] Relatório do Painel no caso *United States-Measures Affecting Alcoholic and Malt Beverages* (DS23/R), adoptado em 19-6-1992, in *Analytical Index: Guide to GATT Law and Practice* (ed. Frieder Roessler), 6ª ed., Genebra, 1994, p. 144.

1155

A FUNÇÃO JURISDICIONAL NO SISTEMA GATT/OMC

mas características físicas"[3231], ao mesmo tempo que rejeitava o critério avançado pelo Painel do caso *United States-Measures Affecting Alcoholic and Malt Beverages* (o chamado *aims-and-effect test*)[3232]. Mas, ao fazê-lo, o Painel acaba por recorrer aos critérios de aferição da similitude dos produtos enunciados num relatório de um grupo de trabalho sobre *Border Tax Adjustments* (1970) e que foram seguidos pela generalidade dos painéis até ao relatório do Painel adoptado em 1992. Mais: no caso *United States – Measures Affecting the Imports of Woven Wool Shirts and Blouses from India*, medidas de salvaguarda transitórias impostas pelos Estados Unidos e postas em causa pela Índia foram retiradas antes do fim do processo do Painel. Apesar disso, a Índia requereu que o Painel continuasse o seu trabalho e, depois de apresentado o relatório final, notificou o Órgão de Resolução de Litígios da sua decisão de recorrer de certas questões de direito referidas no relatório, o que demonstra que estes relatórios só podem ter interesse prático se as partes acreditarem que as conclusões dos mesmos gozam do efeito de precedente[3233]. Finalmente, no caso *United States – Definitive Safeguard Measures on Imports of Certain Steel Products*, o relatório do painel contém 5,800 notas de rodapé, a maioria das quais citam relatórios anteriores de painéis e do Órgão de Recurso[3234].

Há quem defenda, igualmente, que não faz sentido a participação de partes terceiras nos procedimentos de resolução de litígios da OMC se os relatórios dos painéis e do Órgão de Recurso só produzirem efeitos relativamente ao caso a que digam respeito especificamente[3235].

A realidade mostra ainda, inequivocamente, que, apesar da ausência de um princípio formal do precedente, as partes num litígio comercial se guiam geralmente pelos relatórios de painéis anteriores e do Órgão de Recurso quando arti-

---

[3231] Relatório do Painel no caso *Japan – Taxes on Alcoholic Beverages* (WT/DS8/R, WT/DS10/R, WT/DS11/R), 11-7-1996, parágrafo 6.22.

[3232] *Idem*, parágrafos 6.16-6.18. Sobre o chamado "teste dos fins e efeitos" (*aims-and-effect test*), ver Pedro Infante MOTA, *O Sistema GATT/OMC: Introdução Histórica e Princípios Fundamentais*, Almedina, 2005, pp. 167-178.

[3233] Adrian CHUA, *Precedent and Principles of WTO Panel Jurisprudence*, in Berkeley Journal of International Law, 1998, p. 181.

[3234] John JACKSON, The WTO dispute settlement system after ten years: the first decade's promises and challenges, in *The WTO in the Twenty-First Century: Dispute Settlement, Negotiations, and Regionalism in Asia*, Yasuhei Taniguchi, Alan Yanovich e Jan Bohanes Ed., Cambridge University Press, 2007, p. 36.

[3235] Zhu LANYE, *The Effects of the WTO Dispute Settlement Panel and Appellate Body Reports: Is the Dispute Settlement Body Resolving Specific Disputes Only or Making Precedent at the Same Time?*, in Temple International & Comparative Law Journal, 2003, p. 235.

1156

## AS RECOMENDAÇÕES E PROPOSTAS DO PAINEL E DO ÓRGÃO DE RECURSO

culam e apresentam os seus casos junto do sistema de resolução de litígios da OMC[3236]. Isto mesmo foi reconhecido pelo Órgão de Recurso:

> "Na audiência oral do presente recurso, nenhum dos participantes pareceu discordar de que, se confirmássemos as constatações do Painel sobre a 'evolução imprevista das circunstâncias', o paralelismo e/ou o aumento das importações, não seria *necessário* que nos pronunciássemos sobre as alegações formuladas a respeito da relação de causalidade. Não obstante, vários participantes expressaram o seu interesse em que nos pronunciássemos sobre a relação de causalidade porquanto isso serviria de orientação aos membros para aplicar medidas de salvaguarda no futuro de modo compatível com as suas obrigações no âmbito da OMC (...)"[3237].

Convém ter presente, por último, que o Órgão de Recurso rejeita no caso *Japan – Taxes on Alcoholic Beverages* a conclusão do Painel de que os relatórios dos painéis adoptados constituem uma "prática ulterior" no sentido do nº 3, alínea *b*), do art. 31º da Convenção de Viena sobre o Direito dos Tratados, de 23 de Maio de 1969, ou "outras decisões das PARTES CONTRATANTES do GATT de 1947" no sentido da alínea *b*)(iv) do ponto 1 do texto do Anexo 1A que incorpora o GATT de 1994[3238], para concluir de seguida que:

> "os relatórios dos painéis adoptados são uma parte importante do GATT *acquis*. Eles são frequentemente tidos em conta por painéis posteriores. Eles criam expectativas legítimas entre os membros da OMC, pelo que devem ser tidos em conta quando forem relevantes para um litígio. Todavia, eles não são vinculativos, excepto para as

---

[3236] Com alguma ironia, um antigo membro do Órgão de Recurso afirmava que, "in my experience, when the case law supports a party's claim, that party argues the case law; and when the case law does not support a party's claim, that party reminds the division hearing the appeal that there is no *stare decisis* in public international law". Cf. James BACCHUS, *The Strange Death of Sir Francis Bacon: The Dos and Don't's of Appellate Advocacy in the WTO*, in LIEI, vol. 31, nº 1, 2004, p. 20.

[3237] Relatório do Órgão de Recurso no caso *United States – Definitive Safeguard Measures on Imports of Certain Steel Products* (WT/DS248/249/251/252/253/254/258/259/AB/R), 10-11-2003, parágrafo 484.

[3238] O princípio do precedente deve ser distinguido de "toda a prática seguida ulteriormente na aplicação do tratado pela qual se estabeleça o acordo das partes em relação à interpretação do tratado" (art. 31º, nº 3, alínea *b*), da Convenção de Viena sobre o Direito dos Tratados). Enquanto o primeiro assenta no carácter persuasivo dos relatórios dos painéis e do Órgão de Recurso, a segunda resulta do carácter persuasivo da prática seguida por alguns ou por todos os membros da OMC em relação ao significado das disposições constantes dos acordos da OMC. A questão só se colocou ou se coloca por causa da necessidade de os relatórios dos painéis e do Órgão de Recurso carecerem de adopção pelas partes contratantes (GATT de 1947)/membros (OMC).

A FUNÇÃO JURISDICIONAL NO SISTEMA GATT/OMC

partes em litígio e a respeito do caso em questão. Em suma, o seu carácter e o seu estatuto jurídico não foram alterados pela entrada em vigor do Acordo OMC"[3239].

Por outras palavras, parece que "precedents may be followed or discarded, but not disregarded"[3240].

Mas, será que a adopção dos relatórios dos painéis por consenso não constitui mesmo uma "prática ulterior pela qual se estabeleça o acordo das partes em relação à interpretação do tratado" (art. 31º, nº 3, alínea b), da Convenção de Viena)? O Órgão de Recurso respondeu negativamente no caso *Japan – Taxes on Alcoholic Beverages*:

"em direito internacional, uma prática é geralmente reconhecida como ulterior para efeitos de interpretação de um tratado quando corresponde a uma sequência de actos ou declarações 'concordantes, comuns e consistentes' suficiente para que se possa discernir um padrão que supõe o acordo das partes relativamente à interpretação do tratado. Um acto isolado não é, de modo geral, suficiente para constituir uma prática ulterior; somente uma sequência de actos que estabelece o acordo das partes é relevante"[3241].

O Órgão de Recurso conclui, pois, que a decisão de adoptar um relatório de um Painel constitui um acto isolado e não uma prática ulterior nem uma interpretação autêntica das disposições do GATT. Mas, se atentarmos bem, esta conclusão revela que o Órgão de Recurso não exclui a aplicação do princípio *per se*[3242]. O Órgão de Recurso nota apenas que o "princípio da prática ulterior" não é aplicável, regra geral, à decisão de adoptar um relatório de um Painel, visto que esta decisão isolada não equivale, no que diz respeito à *ratio decidendi* contida no relatório, a uma "sequência de actos ou declarações 'concordantes, comuns e consistentes' suficiente para que se possa discernir um padrão que supõe o acordo das partes relativamente à interpretação do tratado". Assim sendo, esta afirmação não exclui que a adopção de vários relatórios de painéis, contendo a mesma *ratio*

---

[3239] Relatório do Órgão de Recurso no caso *Japan – Taxes on Alcoholic Beverages* (WT/DS8/AB/R, WT/DS10/AB/R, WT/DS11/AB/R), 4-10-1996, pp. 14-15. Os relatórios dos painéis do GATT adoptados têm um estatuto especial, visto que fazem parte das "decisões, procedimentos e práticas habituais" que norteiam a OMC, por força do art. XVI, nº 1, do Acordo OMC. Cf. Relatório do Órgão de Recurso no caso *United States – Anti-Dumping Act of 1916* (WT/DS136/AB/R, WT/DS162/AB/R), 28-8-2000, parágrafo 61.

[3240] Petros Mavroidis e David Palmeter, *Dispute Settlement in the World Trade Organization: Practice and Procedure*, 2ª ed., Cambridge University Press, 2004, p. 54.

[3241] Relatório do Órgão de Recurso no caso *Japan – Taxes on Alcoholic Beverages* (WT/DS8/AB/R, WT/DS10/AB/R, WT/DS11/AB/R), 4-10-1996, p. 13.

[3242] Adrian Chua, *Precedent and Principles of WTO Panel Jurisprudence*, in Berkeley Journal of International Law, 1998, p. 185.

## AS RECOMENDAÇÕES E PROPOSTAS DO PAINEL E DO ÓRGÃO DE RECURSO

*decidendi*, constitua a sequência de actos ou declarações "concordantes, comuns e consistentes" que é exigida.

Relativamente ao valor dos relatórios dos painéis não adoptados, o Órgão de Recurso, ao mesmo tempo que afirmava, no caso *Japan – Taxes on Alcoholic Beverages*, que "os relatórios dos painéis não adoptados não têm nenhum estatuto jurídico no sistema do GATT ou da OMC, uma vez que não foram aprovados por decisão das PARTES CONTRATANTES do GATT ou dos membros da OMC", considerava que "um Painel podia, apesar disso, encontrar uma orientação útil na fundamentação apresentada num relatório de um Painel não adoptado que considerasse estar relacionado com o processo que lhe foi submetido"[3243]. E, de facto, o Painel do caso *Shrimp/Turtle* citou os dois relatórios do caso *Tuna/Dolphin* em apoio da sua conclusão de que a proibição de importar camarão violava o art. XI do GATT[3244]. Já no caso *Argentina – Measures Affecting Imports of Footwear, Textiles, Apparel and Other Items*, o Órgão de Recurso criticou o Painel por se apoiar extensamente nas conclusões de um relatório de um Painel não adoptado[3245].

Merece atenção, também, o facto de o Órgão de Recurso ter declarado no caso *United States – Import Prohibition of certain Shrimp and Shrimp Products, Recourse to Article 21.5 of the DSU by Malaysia* que o raciocínio do caso *Japan – Taxes on Alcoholic Beverages* se aplicava também aos relatórios do Órgão de Recurso adoptados:

> "107. A Malásia suscita também objecções às frequentes referências que o painel faz à nossa argumentação no relatório sobre o caso *United States – Shrimp*. O raciocínio contido no relatório sobre o caso *United States – Shrimp* em que o painel se baseou não era *dicta*; era essencial para a nossa resolução. O Painel procedeu correctamente ao utilizá-lo e basear-se nele. Nem estamos surpreendidos que o Painel tenha feito frequentes referências ao nosso relatório no caso *United States – Shrimp*. De facto, esperávamos que o Painel o fizesse. O Painel tinha, necessariamente, de tomar em consideração as nossas opiniões sobre esta questão, porquanto tínhamos revogado certos aspectos das constatações do painel inicial e, mais importante, tínhamos proporcionado uma orientação interpretativa para futuros painéis, como o painel que se ocupou do presente caso.

---

[3243] Relatório do Órgão de Recurso no caso *Japan – Taxes on Alcoholic Beverages* (WT/DS8/AB/R, WT/DS10/AB/R, WT/DS11/AB/R), 4-10-1996, p. 15.

[3244] Relatório do Painel no caso *United States – Import Prohibition of Certain Shrimp and Shrimp Products* (WT/DS58/R), 15-5-1998, parágrafo 7.16, nota de rodapé 623.

[3245] Segundo o Órgão de Recurso, "a utilização pelo Painel do relatório sobre o caso *Bananas II* parece ir além da simples busca de 'uma orientação útil' na argumentação seguida nesse relatório não adoptado. Na verdade, o Painel *baseia-se* no relatório do Painel que se ocupou do caso *Bananas II*". Cf. Relatório do Órgão de Recurso no caso *Argentina – Measures Affecting Imports of Footwear, Textiles, Apparel and Other Items* (WT/DS56/AB/R), 27-3-1998, parágrafo 43.

A FUNÇÃO JURISDICIONAL NO SISTEMA GATT/OMC

**108.** A este respeito, notamos que no nosso relatório no caso *Japan – Taxes on Alcoholic Beverages*, declarámos que:

Os relatórios dos painéis adoptados são uma parte importante do GATT *acquis*. Eles são frequentemente tidos em conta por painéis posteriores. Eles criam expectativas legítimas entre os membros da OMC, pelo que devem ser tidos em conta quando forem relevantes para um litígio.

**109.** Este raciocínio é aplicável igualmente aos relatórios adoptados do Órgão de Recurso. Em consequência, o Painel não errou ao tomar em consideração o raciocínio exposto num relatório adoptado do Órgão de Recurso – um relatório que, além disso, era directamente relevante para o tratamento dado pelo Painel às questões que lhe tinham sido colocadas. O Painel agiu correctamente ao utilizar as nossas constatações como instrumento para formular o seu próprio raciocínio (...)"[3246].

### 4.2.4. O Precedente Vertical no caso da OMC

Por força do duplo grau de jurisdição existente no sistema de resolução de litígios da OMC, importa distinguir o conceito de precedente vertical do conceito de precedente horizontal. No caso do primeiro, um tribunal hierarquicamente inferior está vinculado pela decisão de um tribunal superior (pertencendo ambos à mesma jurisdição); no caso do segundo, pelo contrário, a decisão de um tribunal situado num determinado nível (por exemplo, o Supremo Tribunal dos Estados Unidos) vincula esse tribunal ao longo dos tempos[3247].

Aplicando esta distinção ao sistema de resolução de litígios da OMC, temos que distinguir o funcionamento do princípio do precedente entre relatórios subsequentes do Órgão de Recurso (dimensão horizontal) e entre relatórios dos painéis e do Órgão de Recurso (dimensão vertical).

Logo no início, os painéis mostraram reverência para com o Órgão de Recurso: "o painel recorda a este respeito as conclusões do Órgão de Recurso no seu relatório do caso *United States – Standards for Reformulated and Conventional Gasoline*"[3248], "notamos que o Órgão de Recurso estabeleceu claramente"[3249], etc.. Alguns painéis recusaram-se mesmo a examinar a fundamentação do Órgão de

---

[3246] Relatório do Órgão de Recurso no caso *United States – Import Prohibition of certain Shrimp and Shrimp Products (Recourse to Article 21.5 of the DSU by Malaysia)* (WT/DS58/AB/RW), 22-10-2001, parágrafos 107-109.

[3247] Raj BHALA, *The Myth About Stare Decisis and International Trade Law (Part One of a Trilogy)*, in American University International Law Review, 1999, pp. 953-954.

[3248] Relatório do Painel no caso *Japan – Taxes on Alcoholic Beverages* (WT/DS8/R, WT/DS10/R, WT/DS11/R), 11-7-1996, parágrafo 6.22.

[3249] Relatório do Painel no caso *United States – Measure Affecting Imports of Woven Wool Shirts and Blouses from India* (WT/DS33/R), 6-1-1997, parágrafo 7.15.

1160

## AS RECOMENDAÇÕES E PROPOSTAS DO PAINEL E DO ÓRGÃO DE RECURSO

Recurso: "em nossa opinião, não nos compete examinar questões relativas ao modo como o Órgão de Recurso chegou às suas conclusões ..."[3250]. Todavia, neste mesmo caso *India – Patent Protection for Pharmaceutical and Agricultural Chemical Products*, o painel defendeu que os painéis não se encontram vinculados pelas decisões anteriores de painéis ou do Órgão de Recurso, mesmo se a questão analisada é a mesma. Não obstante, os painéis devem ter em conta as conclusões e a argumentação do Painel e do Órgão de Recurso nos respectivos relatórios quando a questão sujeita a análise seja a mesma. Além disso, os painéis devem atribuir a maior importância tanto ao nº 2 do art. 3º do Memorando de Entendimento sobre Resolução de Litígios, que destaca o papel do sistema de resolução de litígios da OMC em garantir a segurança e a previsibilidade do sistema comercial multilateral, como à necessidade de evitar resoluções contraditórias[3251]. Não deixa de ser estranho, porém, que o painel diga que os painéis não se encontram vinculados pelas decisões anteriores de painéis ou do Órgão de Recurso, mesmo se a questão analisada é a mesma, e ao mesmo tempo refira que "os painéis devem ter em conta as conclusões e a argumentação do Painel e do Órgão de Recurso nos respectivos relatórios quando a questão sujeita a análise seja a mesma".

Seja como for, estamos perante casos isolados. Regra geral, os painéis baseiam-se e tendem a conformar-se com a jurisprudência do Órgão de Recurso. Esta é, muito provavelmente, uma das razões da diminuição verificada nos últimos anos da quantidade de relatórios de painéis objecto de recurso[3252].

O próprio Órgão de Recurso já confirmou a existência do precedente vertical no sistema de resolução de litígios da OMC:

> "**158.** Está firmemente estabelecido que os relatórios do Órgão de Recurso não são vinculativos, excepto para resolver o litígio específico entre as partes. Todavia, isto não significa que os painéis posteriores são livres de desconsiderar as interpretações jurídicas e a *ratio decidendi* contida em relatórios anteriores do Órgão de Recurso que foram adoptados pelo Órgão de Resolução de Litígios. No caso *Japan – Taxes on Alcoholic Beverages*, o Órgão de Recurso constatou o seguinte:
>
>> os relatórios dos painéis adoptados são uma parte importante do GATT *acquis*. Eles são frequentemente tidos em conta por painéis posteriores. Eles criam expec-

---

[3250] Relatório do Painel no caso *India – Patent Protection for Pharmaceutical and Agricultural Chemical Products* (WT/DS79/R), 24-8-1998, parágrafo 7.55.

[3251] *Idem*, parágrafo 7.30.

[3252] Segundo um antigo membro do Órgão de Recurso, escrevendo em 2006, "during the last few years, about one-third of panel reports have not been appealed, where initially appeals were almost systemic". Cf. Giorgio SACERDOTI, The dispute settlement system of the WTO in action: a perspective on the first ten years, in *The WTO at Ten: The Contribution of the Dispute Settlement System*, Ed. Giorgio Sacerdoti, Alan Yanovich e Jan Bohanes, Cambridge University Press, 2006, p. 49.

A FUNÇÃO JURISDICIONAL NO SISTEMA GATT/OMC

tativas legítimas entre os membros da OMC, pelo que devem ser tidos em conta quando forem relevantes para um litígio.

**159.** No caso *United States – Import Prohibition of certain Shrimp and Shrimp Products (Recourse to Article 21.5 of the DSU by Malaysia)*, o Órgão de Recurso clarifica que este raciocínio era aplicável também as relatórios do Órgão de Recurso adoptados. No caso *United States – Sunset Reviews of Anti-Dumping Measures on Oil Country Tubular Goods from Argentina*, o Órgão de Recurso defende que 'seguir as conclusões a que chegou o Órgão de Recurso em litígios anteriores é não só adequado, mas é precisamente o que se espera dos painéis, sobretudo quando as questões são as mesmas'.

**160.** A prática em matéria de resolução de litígios demonstra que os membros da OMC atribuem grande importância à argumentação exposta em relatórios anteriores dos painéis e do Órgão de Recurso. Os relatórios adoptados dos painéis e do Órgão de Recurso são citados com frequência pelas partes em apoio dos seus argumentos jurídicos nos procedimentos de resolução de litígios e os painéis e o Órgão de Recurso baseiam-se neles em litígios posteriores. Além disso, ao promulgar ou modificar leis e regulamentos nacionais relativos a questões de comércio internacional, os membros da OMC têm em conta as interpretações jurídicas dos acordos abrangidos desenvolvidas em relatórios adoptados dos painéis e do Órgão de Recurso. Em consequência, as interpretações jurídicas desenvolvidas em relatórios de painéis e do Órgão de Recurso adoptados tornam-se parte essencial do *acquis* do sistema de resolução de litígios da OMC. Garantir a 'segurança e previsibilidade' no sistema de resolução de litígios, como contemplado no nº 2 do artigo 3º do Memorando de Entendimento sobre Resolução de Litígios, significa que, a menos que existam fortes razões, os órgãos jurisdicionais devem resolver a mesma questão jurídica da mesma maneira nos casos subsequentes.

**161.** Na estrutura hierárquica prevista no Memorando de Entendimento sobre Resolução de Litígios, os painéis e o Órgão de Recurso desempenham funções distintas. Com o objectivo de fortalecer a resolução de litígios no sistema comercial multilateral, o Ciclo do Uruguai estabeleceu o Órgão de Recurso como órgão permanente. De acordo com o nº 6 do artigo 17º do Memorando de Entendimento sobre Resolução de Litígios, o Órgão de Recurso tem autoridade para analisar as 'questões de direito referidas no relatório do painel e as interpretações jurídicas aí desenvolvidas'. Consequentemente, o nº 13 do artigo 17º estabelece que o Órgão de Recurso pode 'ratificar, alterar ou revogar' as conclusões jurídicas dos painéis. A criação do Órgão de Recurso pelos membros da OMC para examinar as interpretações jurídicas desenvolvidas pelos painéis demonstra que os membros reconheceram a importância da consistência e estabilidade na interpretação dos seus direitos e obrigações ao abrigo dos acordos abrangidos. Isto é essencial para promover 'segurança e previsibilidade' no sistema de resolução de litígios e para assegurar a 'pronta resolução' dos litígios. O fracasso do painel em seguir relatórios anteriormente adoptados do Órgão de Recurso

## AS RECOMENDAÇÕES E PROPOSTAS DO PAINEL E DO ÓRGÃO DE RECURSO

abordando as mesmas questões põe em causa o desenvolvimento de uma jurisprudência coerente e previsível clarificadora dos direitos e obrigações dos membros no âmbito dos acordos abrangidos como previsto no Memorando de Entendimento sobre Resolução de Litígios. A clarificação, como prevista no nº 2 do artigo 3º do Memorando de Entendimento sobre Resolução de Litígios, elucida o âmbito e significado das disposições dos acordos abrangidos em conformidade com as regras consuetudinárias de interpretação do direito internacional público. Enquanto a aplicação de uma disposição pode considerar-se confinada ao contexto em que tem lugar, a relevância da clarificação contida em relatórios adoptados do Órgão de Recurso não se limita à aplicação de uma disposição em particular num caso específico.

**162.** Estamos muito preocupados com a decisão do Painel de afastar a jurisprudência bem estabelecida do Órgão de Recurso que clarifica a interpretação das mesmas questões jurídicas. Como acima explicado, a abordagem do painel tem implicações sérias para o devido funcionamento do sistema de resolução de litígios da OMC. Todavia, consideramos que a falha do painel resultou, essencialmente, do seu entendimento errado das disposições jurídicas em causa. Dado que corrigimos a interpretação jurídica errada do painel e revogamos todas as suas constatações e conclusões que foram objecto de recurso, não formularemos neste caso uma constatação adicional de que o painel também incumpriu os deveres que lhe impunha o artigo 11º do Memorando de Entendimento sobre Resolução de Litígios"[3253].

A argumentação do Órgão de Recurso faz todo o sentido. Caso contrário, a análise de cada questão dependeria, em última instância, das convicções pessoais dos membros de cada painel num determinado momento. As partes terceiras deixariam de ter qualquer interesse em participar nos procedimentos dos painéis relativos a um determinado litígio. Cada painel poderia ter opiniões diferentes sobre questões tão fundamentais como o critério de análise, as regras de interpretação, o ónus da prova, etc.. As partes em litígio teriam um incentivo para pleitear em cada litígio todas e quaisquer questões jurídicas, uma vez que os painéis não estariam vinculados pelas conclusões a que chegou o Órgão de Recurso em relatórios anteriores. E, muito importante, os membros dos painéis não são, muitas vezes, juristas de formação. Em suma, o sistema de resolução de litígios da OMC deixaria de ser "um elemento fulcral de garantia da segurança e previsibilidade do sistema multilateral de comércio" (art. 3º, nº 2, do Memorando de Entendimento sobre Resolução de Litígios)[3254].

---

[3253] Relatório do Órgão de Recurso no caso *United States – Final Anti-Dumping Measures on Stainless Steel from Mexico* (WT/DS344/AB/R), 30-4-2008, parágrafos 158-162.
[3254] De notar que na reunião do Órgão de Resolução de Litígios em cuja agenda estava a adopção dos relatórios do painel e do Órgão de Recurso relativos ao caso *United States – Final Anti-Dumping*

A FUNÇÃO JURISDICIONAL NO SISTEMA GATT/OMC

É também interessante verificar uma vez mais que, quase de modo esquizofrénico, o Órgão de Recurso rejeita qualquer *stare decisis* e depois defende a adesão, *de facto*, aos seus próprios precedentes.

Fora do âmbito do sistema de resolução de litígios da OMC, o facto de não existir uma hierarquia entre os órgãos jurisdicionais internacionais leva KARIN OELLERS-FRAHM a defender que, "since each judicial body is autonomous with regard to the other ones, the principles of *stare decisis* and *lis pendens*, which in national law play a major role in avoiding conflicting jurisdiction, have no place in international jurisdiction"[3255]. Deste modo, o papel que os tribunais internacionais podem desempenhar na preservação da uniformidade do direito internacional é algo limitado:

> "international law is decentralised and fragmented, judicial bodies are consequently autonomous instruments lacking structural coherence and their decisions are binding exclusively upon the parties to the case and do not have any legal effect for other judicial bodies. Principles such as *stare decisis* or *lis pendens* which constitute an effective bar to conflicting jurisdiction in national law, are not transferable to the international law level. Only the principle of non-interference with the competencies of other international organs could be of some relevance if accepted as a rule of law"[3256].

Mas, ainda que a norma seja a não aplicação da doutrina *stare decisis* às decisões dos tribunais internacionais, estes "frequently look introspectively to their own developing jurisprudence when formulating decisions (perhaps as a means of self-legitimization), if not to the decisions of other courts"[3257].

### 4.2.5. Reviramentos de Jurisprudência

A segurança e previsibilidade do sistema comercial multilateral, em geral, e do sistema de resolução de litígios da OMC, em particular, não equivalem a rigidez e inflexibilidade. O próprio Órgão de Recurso observou que:

*Measures on Stainless Steel from Mexico*, apenas os Estados Unidos (a parte demandada) apoiaram as conclusões do painel. Todos os outros membros da OMC que falaram apoiaram o Órgão de Recurso, tendo mesmo um membro (o Chile) salientado que "a linha de acção do painel neste caso em particular foi infeliz". Cf. OMC, *Minutes of Meeting Held in the Centre William Rappard on 20 May 2008* (WT/DSB/M/250), 1-7-2008.

[3255] Karin OELLERS-FRAHM, *Multiplication of International Courts and Tribunals and Conflicting Jurisdiction – Problems and Possible Solutions*, in Max Planck Yearbook of United Nations Law, Volume 5, 2001, pp. 75-76.

[3256] *Idem*, pp. 90-91.

[3257] Christian LEATHLEY, *An Institutional Hierarchy to Combat the Fragmentation of International Law: Has the ILC Missed an Opportunity?*, in New York University Journal of International Law and Politics, 2007, p. 267.

1164

## AS RECOMENDAÇÕES E PROPOSTAS DO PAINEL E DO ÓRGÃO DE RECURSO

"As normas da OMC são fiáveis, compreensíveis e aplicáveis. Essas normas não são tão rígidas nem inflexíveis que não permitam juízos fundamentados para fazer frente ao fluxo e refluxo incessante e sempre em mudança dos factos reais, em casos reais, no mundo real. Elas servirão melhor o sistema de comércio multilateral se forem interpretadas com esse espírito. Desse modo, conseguiremos a 'segurança e previsibilidade' que procuravam para o sistema de comércio multilateral os Membros da OMC ao estabelecerem o sistema de resolução de litígios"[3258].

Além disso, os tribunais não são omniscientes:

"Like every other human agency, they too can profit from trial and error, from experience and reflection. As others have demonstrated, the principle commonly referred to as *stare decisis* has never been thought to extend so far as to prevent the courts from correcting their own errors"[3259].

Ao mesmo tempo, já mencionámos a necessidade de uma "cogent reason" para um *revirement de jurisprudence*, mas nunca os órgãos de adjudicação da OMC identificaram qualquer exemplo.

Fora do contexto da OMC, a Câmara de Recursos do Tribunal Penal Internacional para a Ex-Jugoslávia defendeu que:

"Entre as situações em que, no interesse da justiça, razões imperiosas exigem um afastamento de uma decisão, podemos incluir os casos em que a decisão anterior assentou num princípio jurídico errado ou os casos em que uma decisão anterior foi proferida *per incuriam*, isto é, uma decisão judicial que foi 'decidida erradamente, usualmente porque o juiz ou juízes estavam mal informados sobre o direito aplicável'"[3260].

No caso do Supremo Tribunal dos Estados Unidos, um precedente será afastado nas seguintes circunstâncias:

"where a rule of law has proved unworkable in practice; where related principles of law have so far developed as to have left the old rule 'no more than a remnant of abandoned doctrine'; and where facts, or the perception thereof, have changed so as 'to have robbed the old rule of significant justification or application'"[3261].

---

[3258] Relatório do Órgão de Recurso no caso *Japan – Taxes on Alcoholic Beverages* (WT/DS8/AB/R, WT/DS10/AB/R, WT/DS11/AB/R), 4-10-1996, p. 34.

[3259] Michael GERHARDT, *The Power of Precedent*, Oxford University Press, 2008, p. 56.

[3260] TRIBUNAL PENAL INTERNACIONAL PARA A EX-JUGOSLÁVIA, Câmara de Recursos, *Prosecutor v. Zlatko Aleksovski*, Case No. IT-95-14/1-Acórdão de 24-3-2000, parágrafo 108.

[3261] SUPREMO TRIBUNAL DOS ESTADOS UNIDOS, *Planned Parenthood of Southeastern Pennsylvania et al. v. Casey*, 505 U.S. 833, 854 (29-6-1992).

A FUNÇÃO JURISDICIONAL NO SISTEMA GATT/OMC

Na prática, a análise dos relatórios do Órgão de Recurso revela que a mudança da sua composição não tem produzido mudanças doutrinais radicais[3262] ou um *revirement de jurisprudence*[3263], ainda que seja possível apontar um ou outro exemplo de reviramentos *sub silentio*. Por exemplo, o Órgão de Recurso observa no caso *European Communities – Regime for the Importation, Sale and Distribution of Bananas* que, para saber se ocorreu uma infracção ao nº 4 do artigo III, não se exige que se considere separadamente se uma medida 'protege a produção nacional', uma vez que o nº 4 do art. III não se refere concretamente ao nº 1 do art. III[3264]. Acontece que, no caso *European Communities – Measures Affecting Asbestos and Asbestos Containing Products*, o Órgão de Recurso, tendo comentado anteriormente que não estava em causa no caso *European Communities – Regime for the Importation, Sale and Distribution of Bananas* a interpretação da expressão 'produtos similares' no nº 4 do art. III[3265], recorre expressamente ao nº 1 do artigo III e ao princípio geral nele enunciado quando interpreta o nº 4 do art. III[3266]. Assim sendo, ou o caso *European Communities – Regime for the Importation, Sale and Distribution of Bananas* permite, na realidade, que tenhamos em conta o nº 1 do art III quando interpretamos o nº 4 do art. III ou o caso *EC – Asbestos* revê implicitamente a conclusão do caso *Bananas III*[3267].

Ocasionalmente, o Órgão de Recurso tem clarificado ou corrigido, sim, expressamente determinados mal-entendidos relativamente à sua argumentação e recomendações em procedimentos de resolução de litígios subsequentes à sua formulação:

"**199.** Portanto, nos casos *European Communities – Regime for the Importation, Sale and Distribution of Bananas* e *European Communities – Measures Affecting the Importation of Certain Poultry Products*, o Órgão de Recurso distinguiu entre, por um lado, as leis, regulamentos, decisões judiciais e disposições administrativas de aplicação geral a

---

[3262] Robert HOWSE e Susan ESSERMAN, The Appellate Body, the WTO dispute settlement system, and the politics of multilateralism, in *The WTO at Ten: The Contribution of the Dispute Settlement System*, Ed. Giorgio Sacerdoti, Alan Yanovich e Jan Bohanes, Cambridge University Press, 2006, p. 66.

[3263] Petros MAVROIDIS, *No Outsourcing of Law? WTO Law As Practiced by WTO Courts*, in AJIL, 2008, p. 466; Werner ZDOUC, Features of the Appellate Body That Have Defined Its Performance, in *The WTO: Governance, Dispute Settlement, and Developing Countries*, Merit Janow, Victoria Donaldson e Alan Yanovich ed., Juris Publishing, Nova Iorque, 2008, p. 372.

[3264] Relatório do Órgão de Recurso no caso *European Communities – Regime for the Importation, Sale and Distribution of Bananas* (WT/DS27/AB/R), 9-9-1997, parágrafo 216.

[3265] Relatório do Órgão de Recurso no caso *European Communities – Measures Affecting Asbestos and Asbestos Containing Products* (WT/DS135/AB/R), 12-3-2001, parágrafo 88, nota de rodapé 57.

[3266] *Idem*, parágrafos 93 e 98.

[3267] Donald REGAN, *Regulatory Purpose and "Like Products" in Article III:4 of the GATT (With Additional Remarks on Article III:2)*, in JWT, 2002, pp. 446-447.

1166

AS RECOMENDAÇÕES E PROPOSTAS DO PAINEL E DO ÓRGÃO DE RECURSO

que se refere o nº 1 do artigo X do GATT de 1994 e, por outro lado, a aplicação destes instrumentos jurídicos. O Órgão de Recurso argumentou que, como o nº 3, alínea *a*), do artigo X estabelece disciplinas sobre a *aplicação* dos instrumentos jurídicos a que se refere o nº 1 do artigo X, as alegações concernentes ao *conteúdo substantivo* desses instrumentos jurídicos do nº 1 do artigo X ficam fora do âmbito de aplicação do nº 3, alínea *a*), do artigo X.

**200.** Todavia, as declarações do Órgão de Recurso nos casos *European Communities – Regime for the Importation, Sale and Distribution of Bananas* e *European Communities – Measures Affecting the Importation of Certain Poultry Products* não excluem a possibilidade de impugnar, ao abrigo do nº 3, alínea *a*), do artigo X, o conteúdo substantivo de um instrumento jurídico que regula a aplicação de um instrumento jurídico do tipo descrito no nº 1 do artigo X (...)"[3268].

### 4.2.6. Observações Finais

As duas principais conclusões a que chega RAJ BHALA no importante estudo que dedica ao princípio do precedente no âmbito do GATT de 1947 e da Organização Mundial do Comércio são, por um lado, a de que:

> "for all practical purposes, the reports of the Appellate Body do have a precedential effect on non-party Members in the future, they are binding source of law for these parties, and taken together they represent an emerging body of common law for international trade"[3269].

Por outro lado, a realidade da adjudicação do Órgão de Recurso da OMC evidencia que "stare decisis operates in a de facto, but still not de jure, sense"[3270].

É verdade que parece resultar do nº 2 do art. IX do Acordo OMC e do nº 2 do 3º do Memorando de Entendimento sobre Resolução de Litígios que os relatórios dos painéis criados no âmbito do GATT (adoptados e não adoptados), que os relatórios dos painéis estabelecidos já durante a vigência do novo Memorando e que os relatórios do Órgão de Recurso "are not to be used as a formal source of law for subsequent disputes"[3271]. Porém, se virmos bem, o nº 2 do art. 3º do Memorando de Entendimento sobre Resolução de Litígios parece apontar também em sentido contrário: os relatórios dos painéis e do Órgão de Recurso

---

[3268] Relatório do Órgão de Recurso *European Communities – Selected Customs Matters* (WT/DS315/AB/R), 13-11-2006, parágrafos 199-200.

[3269] Raj BHALA, *The Precedent Setters: De Facto Stare Decisis in WTO Adjudication (Part Two of a Trilogy)*, in Journal of Transnational Law & Policy, 1999, p. 9.

[3270] *Idem*, p. 2.

[3271] Raj BHALA, *The Myth About Stare Decisis and International Trade Law (Part One of a Trilogy)*, in American University International Law Review, 1999, p. 878.

A FUNÇÃO JURISDICIONAL NO SISTEMA GATT/OMC

adoptados pelo Órgão de Resolução de Litígios devem garantir "segurança e previsibilidade", "preservar os direitos e obrigações dos membros previstos nos acordos abrangidos" e "clarificar as disposições dos acordos abrangidos". Ora, como observa RAJ BHALA, é difícil de imaginar "a doctrine other than stare decisis that could better serve these ends"[3272], designadamente, como é que se pode assegurar segurança e previsibilidade se casos semelhantes não forem tratados do mesmo modo?

Paralelamente, o nº 2 do art. IX do Acordo OMC, ao estabelecer que "incumbe exclusivamente à Conferência Ministerial e ao Conselho Geral a adopção de interpretações do Acordo OMC e dos acordos comerciais multilaterais"[3273], demonstra somente que um princípio formal do precedente se encontra ausente do sistema de resolução de litígios da OMC. Por outras palavras, os relatórios dos painéis e do Órgão de Recurso, embora não constituam em si mesmo interpretações formais dos acordos, eles acabam, na prática, por interpretá-los, visto a sua argumentação ser observada no futuro.

Finalmente, RAJ BHALA advoga na última parte da sua trilogia que existem oito razões para que se consagre, *de jure*, o princípio do precedente, a saber:

> 1) *legitimidade*: os painéis e o Órgão de Recurso estariam obrigados a prestar a atenção devida aos precedentes aplicáveis legitimamente, facto que, por sua vez, aumentaria a probabilidade de casos semelhantes serem tratados, de facto, de modo idêntico e isto é exactamente "the outcome that comports with any conception of justice"[3274];
>
> 2) *harmonização e justiça*: seria um meio de fazer face ao problema da harmonização das decisões dos painéis e do Órgão de Recurso através do tempo, ou seja, "it would be a means of injecting at least one element of fairness into the decision-making process"[3275];
>
> 3) *evitar as confusões do Direito internacional costumeiro*: evitar-se-ia que os membros dos painéis e do Órgão de Recurso se vissem envolvidos em discussões sobre a existência ou não de um costume internacional e, se sim, sobre o seu conteúdo[3276].

---

[3272] Raj BHALA, *The Power of the Past: Towards De Jure Stare Decisis in WTO Adjudication (Part Three of a Trilogy)*, in George Washington International Law Review, 2001, p. 940.

[3273] Ainda segundo o art. 3º, nº 9, do Memorando de Entendimento sobre Resolução de Litígios, "as disposições do presente memorando não prejudicam o direito dos membros procurarem uma interpretação com autoridade das disposições de um acordo abrangido, através de uma decisão adoptada no âmbito do Acordo OMC ou de um acordo abrangido que seja um acordo comercial plurilateral".

[3274] Raj BHALA, *The Power of the Past: Towards De Jure Stare Decisis in WTO Adjudication (Part Three of a Trilogy)*, in George Washington International Law Review, 2001, p. 903.

[3275] *Idem*, p. 911.

[3276] *Ibidem*, p. 916.

1168

## AS RECOMENDAÇÕES E PROPOSTAS DO PAINEL E DO ÓRGÃO DE RECURSO

4) *rectificar o chamado 'Problema Identificado por Calabresi'*: caso os relatórios dos painéis e do Órgão de Recurso não sejam vistos como fonte de direito, caberá à Conferência Ministerial e ao Conselho Geral lidar com o problema das disposições obsoletas dos acordos da OMC, mas como é salientado muitas vezes "these bodies are presently doing everything to resist their responsibility as the 'legislature' of the world trading system"[3277];

5) *ir ao encontro das expectativas dos membros da OMC*: os membros da OMC em geral e os agentes económicos privados em particular querem segurança e previsibilidade nas suas relações comerciais transfronteiriças e, por isso, se eles concluírem que o Direito da OMC é demasiado imprevisível, a sua confiança na capacidade da OMC em providenciar "a firm legal infrastructure" para as relações comerciais internacionais diminuirá certamente[3278];

6) *garantir segurança e previsibilidade*: trata-se de um dos objectivos principais do sistema de resolução de litígios da OMC e, por isso, convém não esquecer que "stare decisis is very largely about predictability"[3279];

7) *aumento da transparência*: após a distribuição do relatório do painel, as partes em litígio estariam em melhores condições de saber se vale a pena ou não recorrer do mesmo, quais as conclusões que deveriam ser recorridas e como preparar o recurso; após a distribuição do relatório do Órgão de Recurso, a parte que vê rejeitada a sua pretensão teria uma ideia mais clara do precedente seguido ou criado[3280]; e

8) *redução dos custos de transacção*: ao vincular o comportamento futuro das partes às decisões anteriores, o princípio (formal) do precedente reduz a necessidade de apresentar uma nova queixa para resolução da questão em causa[3281], ou seja, "today's tribunal benefits from the work done yesterday on the same legal question; the wheel does not have to be reinvented[3282].

Acontece que a consagração de um princípio formal do precedente implica necessariamente a revisão do nº 2 do art. IX do Acordo OMC, de modo a que os painéis e o Órgão de Recurso passem a ter autoridade para interpretar o Acordo OMC e os acordos a ele anexados[3283]. Dadas as dificuldades inerentes a este passo (basta ver a celeuma que levantou o chamado "procedimento adicional" no caso *Asbestos*), dever-se-ia proceder a uma revisão do nº 2 do art. IX, consagrando o efeito precedencial das considerações do Órgão de Recurso (ou, na falta de um

---

[3277] *Ibidem*, p. 925.
[3278] *Ibidem*, p. 932.
[3279] *Ibidem*, p. 937.
[3280] *Ibidem*, p. 947.
[3281] *Ibidem*, pp. 949-950.
[3282] *Ibidem*, p. 950.
[3283] *Ibidem*, p. 955.

A FUNÇÃO JURISDICIONAL NO SISTEMA GATT/OMC

relatório do Órgão de Recurso, do Painel) somente na ausência de uma decisão contrária da Conferência Ministerial ou do Conselho Geral. Assegurar-se-ia assim que "the judiciary would not have the 'final say' as to textual interpretations. The balance of power would remain tipped in favor of the WTO Conference and Council"[3284].

---

[3284] *Ibidem*, pp. 956-957.

# Capítulo 19
# O Sistema de Resolução de Litígios da OMC
# e os Países em Desenvolvimento

> *"The notion of 'special and differential treatment' in terms of the Dispute Settlement Understanding is not helpful. It is evocative of 'charity', of 'difference', of 'indulgence' and 'preference'"*[3285].

## 1. O Sistema de Resolução de Litígios do GATT de 1947

Quando o GATT de 1947 entrou em vigor, os artigos XXII e XXIII constituíam as únicas disposições do Acordo Geral com relevância para a resolução de litígios de natureza comercial entre as partes contratantes, incluindo as que fossem países em desenvolvimento[3286]. Tal situação só mudou com a introdução da Parte IV, altura em que o Acordo Geral passa a ter uma disposição especial para os países em desenvolvimento em matéria de resolução de litígios[3287]. De facto, nos termos do nº 2 do art. XXXVII do GATT:

---

[3285] Asif QURESHI, Participation of Developing Countries in the WTO Dispute Settlement System, in *The WTO Dispute Settlement System 1995-2003*, Federico Ortino e Ernst-Ulrich Petersmann ed., Kluwer Law International, Haia-Londres-Nova Iorque, 2004, p. 494.

[3286] Sobre a definição dos termos "país em desenvolvimento" e "país menos avançado" para efeitos do GATT de 1947 e dos acordos da OMC, ver, por todos, Fan CUI, *Who Are the Developing Countries in the WTO?*, in The Law and Development Review, Volume 1, Nº 1, 2008, pp. 122-152.

[3287] Sob pressão dos países em vias de desenvolvimento, utilizando para tal a recém criada Conferência das Nações Unidas para o Comércio e Desenvolvimento (CNUCED), as Partes Contratantes aditaram ao Acordo Geral a Parte IV, intitulada "Comércio e Desenvolvimento" (é, aliás, a única Parte do GATT que tem título), e que começou a ser aplicada *de facto* por algumas partes contratantes mais desenvolvidas em 8 de Fevereiro de 1965 (a França, porém, só começou a aplicá-la em 1978). Cf. Hunter NOTTAGE e Thomas SEBASTIAN, *Giving Legal Effect to the Results of WTO Trade Negotiations: An Analysis of the Methods of Changing WTO Law*, in JIEL, 2006, p. 992). Ao reconhecer um estatuto jurídico diferenciado a favor dos países em desenvolvimento no seio do GATT, a Parte IV foi considerada a primeira grande vitória dos países em desenvolvimento no

A FUNÇÃO JURISDICIONAL NO SISTEMA GATT/OMC

plano das relações internacionais. Mais importante do que isso, "ao instituir um regime de dualidade de normas nas relações comerciais internacionais, a Parte IV do GATT contribuiu grandemente para o nascimento do chamado direito internacional do desenvolvimento" (Cf. Hervé CASSAN e Guy FEUER, *Droit international du développement*, 2ª ed., Dalloz, Paris, 1991, p. 491).

Concretamente, a Parte IV consagrou o famoso princípio da não reciprocidade, uma espécie de cláusula do país em desenvolvimento, nos termos do qual:

> "As Partes Contratantes desenvolvidas não esperam reciprocidade pelos compromissos tomados por elas nas negociações comerciais quanto à redução ou remoção dos direitos aduaneiros e de outros obstáculos ao comércio das Partes Contratantes menos desenvolvidas" (art. XXXVI, nº 8, do GATT).

Quanto à expressão "não esperam reciprocidade", resulta de uma nota interpretativa ao nº 8 do art. XXXVI que:

> "não se deve esperar que as partes contratantes menos desenvolvidas, no decurso de negociações comerciais, façam contribuições que sejam incompatíveis com as suas necessidades individuais em matéria de desenvolvimento, finanças e comércio, tendo em conta a evolução passada das trocas. Este número aplica-se aos casos de medidas tomadas em conformidade com a Secção A do artigo XVIII, com o artigo XXVIII [e] com o artigo XXVIII*bis*".

O princípio da não reciprocidade vigorou pela primeira vez no Ciclo de Dillon, durante o qual a Comunidade Económica Europeia anunciou que não esperava reciprocidade dos países em desenvolvimento (cf. T. SRINIVASAN, *Developing Countries and the Multilateral Trading System: From the GATT to the Uruguay Round and the Future*, Westview Press, 2000, p. 24); no Ciclo de Kennedy, as concessões dos países em desenvolvimento foram mínimas, não tendo a maioria oferecido nada de valor (muitos países em desenvolvimento não chegaram sequer a participar nas negociações) (cf. Robert E. HUDEC, *The GATT Legal System and World Trade Diplomacy*, Praeger Publishers, Nova Iorque-Washington-Londres, 1975, p. 210); no Ciclo de Tóquio, a participação dos países em desenvolvimento foi maior e, finalmente, no Ciclo do Uruguai, os países em desenvolvimento fizeram concessões comerciais significativas, embora não estivessem obrigados a tal (no Ciclo do Uruguai, o conjunto dos países em desenvolvimento reduziu, em média, os seus direitos aduaneiros em 2,3%. Cf. Michael FINGER e Alan WINTERS, What Can the WTO Do for Developing Countries?, in *The WTO as an International Organization*, Anne Krueger ed., The University of Chicago Press, 1998, p. 369).

A consagração formal do princípio da não reciprocidade, para além de legitimar o *free-riding* (cf. Edwini KESSIE, The Legal Status of Special and Differential Treatment Provisions under the WTO Agreements, in *WTO Law and Developing Countries*, George Bermann e Petros Mavroidis Ed. Cambridge University Press, 2007, p. 18), reconhece explicitamente no art. XXXVI que a existência de diferentes estágios de desenvolvimento é um factor a ter em conta (nº 1), que a política comercial pode servir de instrumento específico de ajuda ao crescimento dos países em desenvolvimento (nº 3) e que a estrutura do comércio internacional tem responsabilidades na problemática do desenvolvimento (nºs 4 e 5).

Foram estabelecidos, ainda, na Parte IV alguns compromissos individuais e colectivos. No primeiro caso, as partes contratantes do GATT comprometeram-se, por exemplo, a reduzir e a eliminar os obstáculos às exportações de produtos que apresentassem particular importância para os países em desenvolvimento e a não estabelecerem, sobre as importações de produtos também importantes para esses países, novas medidas fiscais ou outros obstáculos (art. XXXVII); no segundo caso, as partes contratantes comprometeram-se, por exemplo, a tomar medidas para proporcionar nos casos

# O SISTEMA DE RESOLUÇÃO DE LITÍGIOS DA OMC E OS PAÍSES EM DESENVOLVIMENTO

apropriados condições de acesso aos mercados mundiais mais favoráveis e aceitáveis para os produtos primários do particular interesse das partes contratantes menos desenvolvidas (art. XXXVIII). Em termos orgânicos, foi criado em 26 de Novembro de 1964, com base no art. XXXVIII, nº 2, alínea *f*), um Comité do Comércio e do Desenvolvimento, o qual continua a existir no âmbito da OMC. O Comité do Comércio e do Desenvolvimento tem actualmente por funções seguir a aplicação das disposições da Parte IV, examinar todas as questões de interesse particular para os países em desenvolvimento (por exemplo, a realização de estudos sobre os obstáculos que os países industrializados aplicam às exportações dos países em desenvolvimento) e preparar as decisões que os membros são chamados a adoptar sobre essas questões.

Apesar de todo o aparato e da epígrafe "Compromissos" no art. XXXVII, a doutrina entende que a Parte IV do GATT contém simples declarações de boa vontade (cf. Michael Finger, *A diplomat's economics: reciprocity in the Uruguay Round negotiations*, in WTR, 2005, p. 31). Com efeito, o art. XXXVII do GATT limita-se a dizer que as partes contratantes desenvolvidas "devem, na maior medida possível", "conceder forte prioridade", "fazer tudo o que estiver ao seu alcance", "estudar activamente" e "ter especialmente em consideração"). Veja-se igualmente o litígio que opôs o Chile à Comunidade Económica Europeia em 1979, no qual o Chile se queixou de uma violação do art. XXXVII do GATT por parte da Comunidade Económica Europeia, por esta ter tomado uma decisão que restringia a importação de maçãs dos países em desenvolvimento. Muito embora o art. XXXVII, nº 1, do GATT diga que as partes contratantes desenvolvidas devem, em toda a medida do possível, abster-se de criar ou de aumentar a incidência de direitos aduaneiros ou de obstáculos não pautais sobre as exportações, correntes ou potenciais, das partes contratantes menos desenvolvidas, o Painel que analisou o caso declarou que, atendendo à letra do art. XXXVII:

"não podia determinar que a Comunidade Económica Europeia não tinha efectuado esforços sérios para evitar tomar medidas de protecção contra o Chile. Por conseguinte, o Painel concluiu que a Comunidade Económica Europeia não violou as obrigações que a Parte IV lhe impõe" (cf. Relatório do Painel no caso *European Economic Communities – Restrictions on Imports of Apples from Chile* (L/5047), 10-11-1980, parágrafo 4.23. Ou seja, para que fosse encontrada uma violação do art. XXXVII do GATT, o país em desenvolvimento deveria provar que o país desenvolvido não tinha envidado todos os esforços possíveis ao seu alcance para evitar que a imposição de uma medida prejudicasse o comércio do país em desenvolvimento, o que é, por razões óbvias, difícil de provar. Além disso, no caso *Norway – Restrictions on Imports of Certain Textile Products*, o Painel observou que os objectivos da Parte IV não justificavam derrogações à Parte II do GATT (cf. Relatório do Painel no caso *Norway – Restrictions on Imports of Certain Textile Products* (L/4959), 18-6-1980, parágrafo 15), o que confirma que ela "consubstanciava mais uma declaração de princípios e de intenção do que uma alteração das regras que regulavam o comércio" (cf. Pretty Kuruvila, *Developing Countries and the GATT/WTO Dispute Settlement Mechanism*, in JWT, vol. 31, nº 6, 1997, p. 191).

Contudo, alguns autores, ao mesmo tempo que defendem o carácter não vinculativo das disposições que constituem a Parte IV do GATT, consideram que existe todavia uma excepção importante bem conhecida com o reconhecimento do princípio da não reciprocidade nas negociações comerciais entre países desenvolvidos e países em desenvolvimento (artigo XXXVI, nº 8) (cf. Dominique Carreau e Patrick Juillard, *Droit international économique*, 2ª ed., Dalloz, Paris, 2005, p. 224). Também o Secretariado da OMC considera que só o nº 8 do art. XXXVI tem carácter vinculativo no caso da Parte IV do GATT. Cf. OMC, *Implementation of Special and Differential Treatment Provisions in WTO Agreements and Decisions: Mandatory and Non-Mandatory Special and Differential Treatment Provisions*, Note by the Secretariat (WT/COMTD/W/77/Rev.1/Add.1), 21-12-2001.

1173

A FUNÇÃO JURISDICIONAL NO SISTEMA GATT/OMC

"2.a) Quando se considere que uma das disposições das alíneas a), b) e c) do parágrafo 1 não está a ser executada, a questão deverá ser apresentada às Partes Contratantes, seja pela parte que não cumpriu as disposições pertinentes, seja por qualquer outra parte contratante interessada.

b)i) A solicitação de qualquer parte contratante interessada e sem prejuízo das consultas bilaterais que, eventualmente, possam realizar-se, as Partes Contratantes devem realizar consultas sobre a referida questão com a parte contratante em causa e com todas as partes contratantes interessadas, com vista a encontrar soluções satisfatórias para todas as partes contratantes em causa, de forma a realizar os objectivos enunciados no artigo XXXVI. No decurso destas consultas, serão examinadas as razões invocadas nos casos em que não se tenham cumprido as disposições das alíneas a), b) e c) do primeiro parágrafo.

ii) Como a aplicação das disposições das alíneas a), b) e c) do parágrafo 1 pelas partes contratantes agindo individualmente pode, em certos casos, realizar-se mais facilmente no caso de se verificar uma acção colectiva com outras partes contratantes desenvolvidas, as consultas poderão, nos casos apropriados, ser dirigidas a esse fim.

iii) Nos casos apropriados, as consultas das Partes Contratantes podem também ser dirigidas à realização de um acordo sobre uma acção colectiva que permita alcançar os objectivos do presente Acordo, tal como previsto no parágrafo 1 do artigo XXV".

O Brasil e o Uruguai apresentaram, também por esta altura, uma proposta de revisão do art. XXIII do GATT, baseada nos seguintes quatro elementos:

(i) a possibilidade de os países em desenvolvimento poderem recorrer a medidas adicionais às previstas no nº 2 do art. XXIII;

(ii) caso se estabelecesse que as medidas impugnadas afectaram adversamente os interesses comerciais e económicos dos países em desenvolvimento e não fosse possível eliminar a medida ou obter uma compensação comercial adequada, deveria ser concedida uma compensação na forma de uma indemnização de carácter financeiro;

(iii) nos casos em que a capacidade de importação de um país em desenvolvimento tivesse sido reduzida pela manutenção de medidas incompatíveis com o GATT, por uma parte contratante desenvolvida, a parte contratante em desenvolvimento deveria, automaticamente, deixar de estar obrigada a cumprir as obrigações do Acordo Geral para com a parte contratante desenvolvida demandada durante o período de exame da medida impugnada; e

(iv) caso a recomendação das Partes Contratantes a um país desenvolvido não fosse acatada dentro de um determinado período de tempo, as

O SISTEMA DE RESOLUÇÃO DE LITÍGIOS DA OMC E OS PAÍSES EM DESENVOLVIMENTO

Partes Contratantes deveriam considerar qual a acção colectiva que podiam adoptar para obter o cumprimento da sua recomendação.

Esta proposta não foi aceite pelas partes contratantes, mas ela implicou uma pequena alteração do sistema de resolução de litígios então vigente, conhecida vulgarmente por "Decisão de 1966" (ver *supra* Parte I, Capítulo 1)[3288].

Na prática, nem a disposição da Parte IV nem os *Procedures under Article XXIII* adoptados em 1966 tiveram grande relevância durante a vigência do GATT de 1947. O sistema de resolução de litígios do GATT de 1947 era, claramente, mais sensível aos interesses dos fortes que aos interesses dos fracos[3289] e terá sido, seguramente, o reconhecimento deste problema que levou o Memorando de Entendimento sobre Resolução de Litígios a incluir um conjunto de disposições relativas às necessidades dos países em desenvolvimento e dos países menos avançados.

## 2. O Sistema de Resolução de Litígios da OMC
### 2.1. As Disposições Aplicáveis
Dos 27 artigos do Memorando de Entendimento sobre as Regras e Processos que regem a Resolução de Litígios, seis conferem um tratamento especial aos países em desenvolvimento em geral: art. 3º, nº 12; art. 4º, nº 10; art. 8º, nº 10; art. 12º, nºs 10 e 11; art. 21º, nºs 2, 7 e 8, e art. 27º, nº 2; e um, o art. 24º, confere um tratamento ainda mais especial aos países menos avançados.

Vale a pena notar que estas regras especiais relativas aos países em desenvolvimento não existem noutros mecanismos de resolução de litígios[3290]. No caso da OMC, este tratamento especial justifica-se por duas razões: a jurisdição compulsória e a impossibilidade de fazer reservas[3291].

Todas as disposições especiais têm natureza processual, visando assistir os países em desenvolvimento durante os procedimentos de resolução de litígios e não influenciar as conclusões a que chegam os adjudicadores. No essencial, elas visam neutralizar as diferenças de capacidade de litigar entre as partes em litígio.

Uma análise cuidada mostra, no entanto, que, com excepção do art. 24º, todas as outras disposições especiais a favor dos países em desenvolvimento já

---

[3288] South Centre, *Issues Regarding the Review of the WTO Dispute Settlement Mechanism*, South Centre Working Papers nº 1, 1999, pp. 2-3. Esta Decisão de 1966 ainda hoje se mantém em vigor (art. 3º, nº 12, do Memorando de Entendimento sobre Resolução de Litígios).

[3289] Robert Hudec, *Enforcing International Trade Law: The Evolution of the Modern GATT Legal System*, Butterworth Legal Publishers, Salem – New Hampshire, 1993, p. 353.

[3290] Facundo Pérez-Aznar, *Countermeasures in the WTO Dispute Settlement System: An Analysis of their Characteristics and Procedure in the Light of General International Law*, Graduate Institute of International Studies, Genebra, 2004, p. 104.

[3291] *Idem.*

A FUNÇÃO JURISDICIONAL NO SISTEMA GATT/OMC

se encontravam previstas, de um modo ou de outro, nos Procedimentos de 1966 e no Entendimento de 1979. Por exemplo, o nº 10 do art. 8º do Memorando de Entendimento sobre Resolução de Litígios corresponde ao parágrafo 6(iii) do Anexo do Entendimento de 1979; a assistência técnica do Secretariado já vinha referida no parágrafo 25 do Entendimento de 1979 e o nº 10 do art. 12º do Memorando de Entendimento sobre Resolução de Litígios reflecte o parágrafo 4 dos Procedimentos de 1966.

O Memorando de Entendimento sobre Resolução de Litígios introduz, apesar de tudo, um conjunto de novidades que podem tornar o sistema de resolução de litígios bem mais apelativo para a generalidade dos países em desenvolvimento. Podemos salientar a introdução da regra do consenso negativo, a criação do Órgão de Recurso, o carácter compulsório e vinculativo do sistema e regras de interpretação bem estabelecidas[3292].

Convém realçar, igualmente, o nº 12 do art. 3º, que torna aplicável a Decisão das PARTES CONTRATANTES de 5 de Abril de 1966 às queixas apresentadas por um país em desenvolvimento membro contra um país desenvolvido membro, permitindo aos países em desenvolvimento invocar algumas das suas disposições[3293], e o nº 2 do art. 27[93294].

No caso da primeira disposição, a parte queixosa tem o direito de invocar, em alternativa às disposições previstas nos artigos 4º (consultas), 5º (bons ofícios, a conciliação e a mediação), 6º (criação de painéis) e 12º (procedimentos relativos ao Painel) do Memorando de Entendimento sobre Resolução de Litígios, as disposições correspondentes da Decisão de 5 de Abril de 1966. Das disposições alternativas da Decisão de 1966, apenas duas podem ter realmente alguma relevância para os países em desenvolvimento. Por um lado, a Decisão permite a um país em desenvolvimento queixoso, se as consultas falharem, remeter o assunto para o Director-Geral, o qual, com vista a resolver o litígio, pode oferecer os seus bons ofícios, ou seja, permite-se que o Director-Geral se envolva no litígio, mesmo que o país desenvolvido se oponha a esse envolvimento (nº 1

---

[3292] O caso *Argentina v. European Economic Community* (L/6201, 8-7-1987) constitui um bom exemplo de uma situação em que uma parte contratante em desenvolvimento não conseguiu avançar com a sua queixa, uma vez que não houve consenso para a criação do painel, não obstante o apoio do Conselho dos Representantes. Cf. Pretty KURUVILA, *Developing Countries and the GATT/WTO Dispute Settlement Mechanism*, in JWT, vol. 31, nº 6, 1997, p. 176.

[3293] O texto da decisão de 5 de Abril de 1966 pode ser encontrado in GATT, *Analytical Index: Guide to GATT Law and Practice*, 6ª ed., Genebra, 1994, pp. 595-596.

[3294] De notar que o nº 2 do art. 27º do Memorando pode ter importância junto do Órgão de Resolução de Litígios, dos painéis e do Órgão de Recurso, ao passo que o destinatário, por exemplo, no caso dos nºs 7 e 8 do art. 21º do Memorando, é claramente o Órgão de Resolução de Litígios.

1176

O SISTEMA DE RESOLUÇÃO DE LITÍGIOS DA OMC E OS PAÍSES EM DESENVOLVIMENTO

da Decisão)[3295]; por outro lado, o período entre a criação do Painel e a apresentação do relatório aos membros nunca poderá ser superior a 60 dias (nº 7 da Decisão)[3296], embora o Memorando de Entendimento sobre Resolução de Litígios permita prorrogar o prazo referido se for considerado demasiado curto e a parte queixosa der o seu acordo.

No caso do nº 2 do art. 27º do Memorando de Entendimento sobre Resolução de Litígios, permite-se que o Secretariado da OMC preste assistência jurídica complementar aos países em desenvolvimento, para fazer face aos constrangimentos humanos e financeiros que limitam a participação dos países em desenvolvimento nos procedimentos do sistema de resolução de litígios. Para esse efeito, o Secretariado coloca ao dispor de qualquer país membro em desenvolvimento que assim o requeira peritos em questões jurídicas dos serviços de cooperação técnica da OMC. Porém, esta possibilidade de assistência jurídica a oferecer pelo Secretariado da OMC traz consigo dois problemas. Por um lado, ela só poder ocorrer após o país em desenvolvimento em causa ter apresentado uma queixa junto do sistema de resolução de litígios da OMC; por outro lado, ela pode pôr em causa o princípio da independência do Secretariado, caso alguns membros considerem que a assistência jurídica prestada pelo Secretariado favorece alguns membros da OMC em detrimento de outros

## 2.2. A Relevância Prática das Disposições Especiais

Apesar da participação activa dos países em desenvolvimento no sistema de resolução de litígios da OMC, um autor salienta, num artigo publicado em meados de 2007, que apenas tinham sido invocadas quatro das disposições previstas no Memorando de Entendimento sobre Resolução de Litígios a favor dos países em desenvolvimento[3297]. Por exemplo, o conceito referido no nº 10 do art. 4º do Memorando ("problemas e interesses específicos dos membros em desenvolvimento") não tinha sido ainda desenvolvido nos relatórios dos painéis e do Órgão de Recurso[3298] e foi só em 2007 que o nº 12, do art. 3º do Memorando foi accionado pela primeira vez, nomeadamente, quando a Colômbia e o Panamá

---

[3295] No caso do nº 1 do art. 5º do Memorando de Entendimento sobre Resolução de Litígios, os bons ofícios só podem ser accionados caso as partes em litígio acordem nesse sentido.

[3296] No caso do nº 9 do art. 12º do Memorando de Entendimento sobre Resolução de Litígios, "o período entre a criação do Painel e a apresentação do relatório aos membros nunca poderá ser superior a nove meses".

[3297] Amin ALAVI, *On the (Non-)Effectiveness of the World Trade Organization Special and Differential Treatments in the Dispute Settlement Process*, in JWT, 2007, p. 321.

[3298] No caso desta disposição, pensamos que dificilmente se poderá aferir do seu impacto junto dos países em desenvolvimento, na medida em que as consultas são confidenciais e não há nenhum registo oficial das mesmas.

A FUNÇÃO JURISDICIONAL NO SISTEMA GATT/OMC

solicitaram os bons ofícios do Director-Geral da OMC (ao abrigo da Decisão de 1966) em relação aos seus pedidos de consultas referentes ao regime comunitário de importação de bananas.

Relativamente aos artigos do Memorando de Entendimento sobre Resolução de Litígios que foram tomados em consideração, o Painel recebeu no caso *India – Quantitative Restrictions on Imports of Agricultural, Textile and Industrial Products* uma carta da missão permanente da Índia solicitando, de acordo com o nº 10 do art. 12º do Memorando, mais tempo para preparar e apresentar as suas primeiras observações escritas[3299]. A favor do seu pedido, a Índia observava que o caso tinha uma importância sistémica e abarcava um grande número de questões, que um novo Governo tinha entrado recentemente em funções, que não se encontrava ainda preenchido o lugar de Procurador-Geral (competente para intervir em litígios deste tipo), e que havia outras dificuldades administrativas que faziam com que fosse praticamente impossível à Índia respeitar o prazo fixado inicialmente para apresentar a sua primeira comunicação escrita[3300]. Apesar da oposição dos Estados Unidos à concessão de qualquer prazo suplementar, o Painel notou que:

> "(...) A Índia poderia ter suscitado várias das razões expostas na sua carta durante a reunião de organização realizada em 27 de Fevereiro de 1998. Não obstante, de acordo com o nº 10 do artigo 12º do Memorando de Entendimento sobre Resolução de Litígios, 'ao analisar a queixa contra um país Membro em desenvolvimento, o Painel deve conceder-lhe tempo suficiente para preparar e apresentar a sua argumentação'. À luz desta disposição, e tendo em conta a reorganização administrativa que está a ocorrer na Índia como resultado da recente mudança de Governo, o Painel decide conceder à Índia um prazo adicional para que prepare a sua comunicação. Contudo, tendo presente também a necessidade de respeitar os calendários do Memorando de Entendimento sobre Resolução de Litígios e as dificuldades de alterar as datas da reunião de 7 e 8 de Maio, o Painel considera que um prazo adicional de 10 dias constitui um

---

[3299] Nos termos do nº 10 do art. 12º do Memorando:

"No contexto das consultas relativas a uma medida adoptada por um país Membro em desenvolvimento, as partes podem acordar uma prorrogação dos prazos previstos nos nºs 7 e 8 do artigo 4º. Caso, decorrido o prazo estipulado, as partes em consulta não conseguirem chegar a um acordo sobre a conclusão das mesmas, o Presidente do Órgão de Resolução de Litígios decidirá, após consulta das partes, da prorrogação ou não do prazo em questão e, em caso afirmativo, por quanto tempo. Além disso, ao analisar a queixa contra um país Membro em desenvolvimento, o painel deve conceder-lhe tempo suficiente para preparar e apresentar a sua argumentação. O disposto no nº 1 do artigo 20º e no nº 4 do artigo 21º não é prejudicado por qualquer medida adoptada nos termos do presente número".

[3300] Relatório do Painel no caso *India – Quantitative Restrictions on Imports of Agricultural, Textile and Industrial Products* (WT/DS90/R), 6-4-1999, parágrafo 5.8.

## O SISTEMA DE RESOLUÇÃO DE LITÍGIOS DA OMC E OS PAÍSES EM DESENVOLVIMENTO

'tempo suficiente' no sentido do nº 10 do artigo 12º do Memorando de Entendimento sobre Resolução de Litígios (...)"[3301].

Também no âmbito deste caso, o Painel declarou, a propósito do nº 11 do art. 12º do Memorando[3302], que esta disposição:

> "(...) Obriga-nos a indicar explicitamente a forma como foram tomadas em consideração as disposições relevantes sobre tratamento especial e diferenciado para os países em desenvolvimento Membros que são parte dos acordos abrangidos e que tenham sido alegadas pelo país em desenvolvimento Membro no decurso do procedimento de resolução de litígios. Neste caso, temos notado que a secção B do artigo XVIII [do GATT de 1994], no seu conjunto, na qual se baseia a análise efectuada nesta secção, incorpora o princípio do tratamento especial e diferenciado relativamente a medidas tomadas por motivos de balança de pagamentos. Por conseguinte, toda esta parte G reflecte a nossa consideração das disposições relevantes sobre o tratamento especial e diferenciado, tal como acontece também com a secção VII do nosso relatório (propostas para a aplicação)"[3303].

O nº 11 do art. 12º do Memorando contém, pois, duas condições. Em primeiro lugar, um país em desenvolvimento deve invocar uma disposição relativa ao tratamento diferenciado e mais favorável que faça parte dos acordos abrangidos no âmbito de um litígio. No caso *Mexico – Tax Measures on Soft Drinks and Other Beverages*, por exemplo, depois de o México ter solicitado ao Painel que desse a maior importância possível durante os procedimentos de resolução de litígios ao seu estatuto de país em desenvolvimento e ao facto de a reforma agrária implicar um processo prolongado de ajustamento, o Painel limitou-se a dizer a respeito desta primeira condição que:

> "O Painel tem consciência da importância crucial das disposições relativas ao tratamento especial e diferenciado dos Acordos da OMC em geral e do nº 11 do artigo 12º do

---

[3301] *Idem*, parágrafo 5.10. O nº 10 do art. 12º do Memorando foi tido em conta, igualmente, no caso *Argentina – Definitive Safeguard Measure on Import of Preserved Peaches* (WT/DS238/R), 14-2-2003, parágrafos 4.2-4.7.

[3302] Nos termos do nº 11 do art. 12º do Memorando:

"Nos casos em que uma ou mais partes sejam um país Membro em desenvolvimento, o relatório do painel deve indicar expressamente a forma através da qual foram tidas em conta as disposições relativas ao tratamento diferenciado e mais favorável para os países Membros em desenvolvimento previstas nos acordos abrangidos invocados por esses países em desenvolvimento durante os procedimentos de resolução de litígios".

[3303] Relatório do Painel no caso *India – Quantitative Restrictions on Imports of Agricultural, Textile and Industrial Products* (WT/DS90/R), 6-4-1999, parágrafo 5.157.

A FUNÇÃO JURISDICIONAL NO SISTEMA GATT/OMC

Memorando de Entendimento sobre Resolução de Litígios em particular. Durante os seus procedimentos, o Painel tomou em consideração a situação do México como país em desenvolvimento, entre outras coisas, ao estabelecer o calendário do procedimento do Painel e, dentro desse calendário, alguma flexibilidade para a recepção das comunicações e respostas do México. No entanto, durante estes procedimentos, o México não suscitou nenhuma disposição concreta sobre tratamento diferenciado e mais favorável para os países em desenvolvimento que exija uma consideração adicional"[3304].

Em segundo lugar, a disposição invocada deve ser relevante para o litígio. No caso *United States – Continued Dumping and Subsidy Offset Act of 2000*, por exemplo, não obstante o pedido de realização de consultas apresentado pela Indonésia e pela Índia referir o art. 15º do Acordo sobre a Aplicação do Artigo VI do GATT de 1994, claramente uma disposição relativa ao tratamento diferenciado e mais favorável para os países Membros em desenvolvimento prevista nos acordos abrangidos, tal disposição não estava incluída nos termos de referência do painel criado. Diante deste facto, o Painel observou que:

"Notamos que não existe qualquer referência ao artigo 15º do Acordo sobre a Aplicação do Artigo VI do GATT de 1994 nos vários pedidos para a criação deste painel. Geralmente, o artigo 15º do Acordo sobre a Aplicação do Artigo VI do GATT de 1994 não caberia nos nossos termos de referência. Todavia, o nº 11 do artigo 12º do Memorando de Entendimento sobre Resolução de Litígios obriga os painéis a indicar 'expressamente a forma através da qual foram tidas em conta as disposições relativas ao tratamento diferenciado e mais favorável para os países membros em desenvolvimento previstas nos acordos abrangidos invocados por esses países em desenvolvimento durante os procedimentos de resolução de litígios'. Como consideramos que o artigo 15º do Acordo Antidumping é pertinente e a disposição foi invocada por países em desenvolvimento nestes procedimentos, estamos obrigados a considerar esta disposição, mesmo se ela não foi mencionada nos diferentes pedidos de estabelecimento do painel (...)"[3305].

---

[3304] Relatório do Painel no caso *Mexico – Tax Measures on Soft Drinks and Other Beverages* (WT/DS308/R), 7-10-2005, parágrafo 8.234.

[3305] Relatório do Painel no caso *United States – Continued Dumping and Subsidy Offset Act of 2000* (WT/DS217/R, WT/DS234/R), 16-9-2002, parágrafo 7.87. Normalmente, as medidas não incluídas nos termos de referência não podem ser consideradas pelo Painel (cf. Relatório do Órgão de Recurso no caso *European Communities – Regime for the Importation, Sale and Distribution of Bananas* (WT/DS27/AB/R), 9-9-1997, parágrafo 142). Segundo ANDREW MITCHELL, "perhaps the Panel was relying on the principle of special and differential treatment to permit the consideration of special and differential provisions in cases involving developing countries, whether or not the parties have raised such provisions". Cf. Andrew MITCHELL, *A legal principle of special and differential treatment for WTO disputes*, in WTR, 2006, p. 462.

1180

O SISTEMA DE RESOLUÇÃO DE LITÍGIOS DA OMC E OS PAÍSES EM DESENVOLVIMENTO

Caso as duas condições referidas sejam preenchidas, o Painel está obrigado a indicar expressamente a forma através da qual foram tidas em conta as disposições relativas ao tratamento diferenciado e mais favorável para os países Membros em desenvolvimento previstas nos acordos abrangidos invocadas por esses países em desenvolvimento durante os procedimentos de resolução de litígios. No entanto, no caso *United States – Definitive Safeguard Measures on Imports of Certain Steel Products*, uma vez que a medida de salvaguarda imposta pelos Estados Unidos tinha sido declarada incompatível com o Acordo sobre as Medidas de Salvaguarda, o Painel aplicou o princípio da economia judicial, entendendo que não era necessário analisar a alegação relativa a conformidade da mesma medida com o nº 1 do art. 9º do Acordo sobre as Medidas de Salvaguarda, uma disposição relativa ao tratamento diferenciado e mais favorável para os países Membros em desenvolvimento prevista num acordo abrangido[3306].

A disposição do Memorando de Entendimento sobre Resolução de Litígios a favor dos países em desenvolvimento mais vezes invocada, até agora, foi o nº 2 do art. 21º, mas nem sempre com êxito[3307]. No caso *Brazil – Export Financing Programme for Aircraft*, por exemplo, o Brasil solicitou um prazo razoável de maior duração, alegando que quaisquer alterações à medida declarada incompatível, criada pelo Congresso brasileiro, tinham de ser igualmente introduzidas pelo mesmo órgão e que a crise financeira a nível mundial tinha causado um impacto significativo e prejudicial no Brasil. Na resposta, o Árbitro recusou a solicitação do Brasil com os seguintes argumentos:

> "(...) Notamos que, enquanto o Programa PROEX foi criado por lei, actualmente ele mantém-se em vigor através de Medidas Provisórias emitidas pelo Governo brasileiro numa base mensal. De qualquer modo, recordamos a opinião do Canadá de que a aplicação não requer em primeiro lugar a modificação do plano PROEX de equiparação das taxas de juro, mas simplesmente a cessação da emissão de novas garantias para a exportação de aeronaves regionais brasileiras"[3308].

No caso do art. 24º do Memorando de Entendimento sobre Resolução de Litígios, a única disposição deste a lidar exclusivamente com os chamados países menos avançados, o seu texto é o seguinte:

---

[3306] Relatório do Painel no caso *United States – Definitive Safeguard Measures on Imports of Certain Steel Products* (WT/DS248/249/251/252/253/254/258/259/R), 11-7-2003, parágrafo 10.714.

[3307] Nos termos desta disposição "aquando da análise de medidas no âmbito de um processo de resolução de litígios, será dada especial atenção a questões que afectem os interesses de países Membros em desenvolvimento".

[3308] Relatório do Painel no caso *Brazil – Export Financing Programme for Aircraft* (WT/DS46/R), 14-4-1999, parágrafo 6.7.

1181

## A FUNÇÃO JURISDICIONAL NO SISTEMA GATT/OMC

"1. Em todas as fases da definição das causas de um litígio e do processo de resolução de litígios que envolvam um país Membro menos desenvolvido, deve ser dada especial atenção à situação especial dos países Membros menos desenvolvidos. Neste contexto, os Membros devem mostrar uma certa contenção em matéria de apresentação de queixas e pedidos no âmbito dos presentes procedimentos quando esteja envolvido um país Membro menos desenvolvido. Caso se verifique uma anulação ou redução de vantagens em resultado de uma medida adoptada por um país Membro menos desenvolvido, as partes queixosas devem mostrar uma certa contenção ao solicitarem compensação ou autorização para suspender a aplicação de concessões ou outras obrigações nos termos destes procedimentos.

2. Nos casos de resolução de litígios que envolvam um país Membro menos desenvolvido, quando não se encontrar uma solução satisfatória no âmbito do processo de consultas, o Director-Geral ou o Presidente do Órgão de Resolução de Litígios deverão, a pedido de um país Membro menos desenvolvido, oferecer os seus bons ofícios, conciliação e mediação com vista a assistir as partes na resolução do litígio, antes de se solicitar a criação de um painel. O Director-Geral ou o Presidente do Órgão de Resolução de Litígios, ao prestar a assistência referida supra, pode consultar qualquer fonte que considere adequada".

Significativamente, esta disposição foi invocada pela primeira vez (e única até agora) no caso *United States – Subsidies on Upland Cotton*, cujo relatório foi tornado público em Março de 2005, ou seja, mais de dez anos após a entrada em vigor do Memorando[3309]. Durante o processo de recurso, o Chade e o Benim, participantes terceiros do litígio, invocaram o nº 1 do art. 24º do Memorando de Entendimento sobre Resolução de Litígios e assinalaram que o Órgão de Recurso deveria ter em conta, por um lado, que o aumento da parte do mercado mundial detida pelos

---

[3309] Na realidade, a primeira vez que um país menos avançado participou no sistema de resolução de litígios da OMC como parte de um litígio ou como parte terceira foi no caso *India – Anti--Dumping Measure on Batteries from Bangladesh*, mas sem que o país menos avançado em causa, o Bangladesh, invocasse o art. 24º do Memorando de Entendimento sobre Resolução de Litígios. Neste caso, o Bangladesh solicitou, no dia 2 de Fevereiro de 2004, a realização de consultas com a Índia relativamente ao fundamento utilizado por este último país para a aplicação de direitos antidumping sobre baterias originárias do Bangladesh, nomeadamente, devido à recusa da Índia em terminar imediatamente o inquérito, não obstante ter concluído anteriormente que o volume de importações originárias do Bangladesh era negligenciável nos termos do nº 8 do art. 5º do Acordo sobre a Aplicação do Artigo VI do GATT de 1994 (cf. OMC, *India – Anti-Dumping Measure on Batteries from Bangladesh, Request for Consultations from Bangladesh* (WT/DS306/1, G/L/669, G/ADP/DS52/1), 2-2-2004). Posteriormente, a Índia e o Bangladesh notificaram o Órgão de Resolução de Litígios da obtenção de uma solução mutuamente aceitável. Cf. OMC, *India – Anti-Dumping Measures on Batteries from Bangladesh, Notification of Mutually Satisfactory Solution* (WT/DS306/3, G/L/669/Add.1, G/ADP/D52/2), 23-2-2006.

1182

# O SISTEMA DE RESOLUÇÃO DE LITÍGIOS DA OMC E OS PAÍSES EM DESENVOLVIMENTO

Estados Unidos causava um prejuízo sério ao Benim e ao Chade, devido à redução das respectivas quotas de mercado, e, por outro lado, que nada no texto do nº 3, alínea *d*), do art. 6º do Acordo sobre as Subvenções e as Medidas de Compensação limitava uma constatação de prejuízo sério à parte queixosa. Assim sendo, o Órgão de Recurso deveria concluir, ao abrigo da referida disposição do Acordo sobre as Subvenções e as Medidas de Compensação, no sentido dos Estados Unidos retirarem a subvenção ou eliminarem os efeitos desfavoráveis não apenas em relação ao Brasil, mas também em relação ao Benim e ao Chade[3310].

Sendo o Benim e o Chade partes terceiras, os Estados Unidos alegaram que eles não podiam recorrer de uma conclusão, pelo que o Órgão de Recurso não deveria analisar a questão colocada por ambos. Algo surpreendentemente, o Órgão de Recurso analisou o pedido do Chade e do Benim:

> "Recordamos que o nº 1 do artigo 24º do Memorando de Entendimento sobre Resolução de Litígios exige que 'em todas as fases da definição das causas de um litígio e do processo de resolução de litígios que envolvam um país Membro menos desenvolvido, deve ser dada atenção à situação especial dos países Membros menos avançados'. Reconhecemos plenamente a importância desta disposição. Não obstante, recordamos que o Benim e o Chade nos solicitam que constatemos que os seus interesses sofreram um prejuízo grave no sentido da alínea *c*) do artigo 5º do Acordo sobre as Subvenções e as Medidas de Compensação, caso constatemos que o Brasil sofreu um prejuízo grave como consequência de um aumento da participação dos Estados Unidos no mercado mundial de algodão americano (*upland*) no sentido do nº 3, alínea *d*), do artigo 6º do Acordo sobre as Subvenções e as Medidas de Compensação. Dado que não consideramos necessário decidir sobre o recurso do Brasil relativo à interpretação da expressão 'participação no mercado mundial' do nº 3, alínea *d*), do artigo 6º, não estamos por conseguinte em condições de aceder à solicitação do Benim e Chade de que completemos a análise e constatemos que, além do Brasil, também os interesses do Benim e do Chade sofreram um prejuízo grave no sentido do nº 3, alínea *d*), do artigo 6º e da alínea *c*) do artigo 5º do Acordo sobre as Subvenções e as Medidas de Compensação. Notamos que a solicitação do Benim e do Chade para completarmos a análise dependia de que revogássemos a interpretação que o Painel fez da expressão 'participação no mercado mundial' do nº 3, alínea *d*), do artigo 6º. Esta condição não se verifica"[3311].

Este comportamento do Órgão de Recurso é tanto mais surpreendente quando sabemos que apenas as partes em litígio podem recorrer das conclusões

---

[3310] Relatório do Órgão de Recurso no caso *United States – Subsidies on Upland Cotton* (WT/DS267/AB/R), 3-3-2005, parágrafo 214.

[3311] *Idem*, parágrafo 512.

# A FUNÇÃO JURISDICIONAL NO SISTEMA GATT/OMC

constantes do relatório de um Painel (art. 16º, nº 4) e que o próprio Órgão de Recurso defende que "a interpretação deve basear-se fundamentalmente no texto do tratado"[3312].

Portanto, na maioria dos litígios, os países em desenvolvimento parecem não ter obtido qualquer benefício por terem invocado as disposições especiais[3313]. A excepção à regra é, geralmente, o nº 2 do art. 21º do Memorando[3314].

## 2.3. Os Problemas e as Propostas de Resolução

Comparativamente ao GATT de 1947, o sistema de resolução de litígios da OMC é menos susceptível de depender do poder político ou económico das partes em litígio. Em princípio, a solução do litígio será menos arbitrária e mais justa para as partes, não dependendo da riqueza ou do poder de negociação das partes, mas antes da licitude da medida impugnada face a regras pré-estabelecidas, determinada por uma parte terceira independente. Expressivamente, Singapura titulou a primeira queixa apresentada junto do sistema de resolução de litígios (caso *Malaysia – Prohibition of Imports of Polyethylene and Polypropylene*) e o primeiro caso resolvido pelo Órgão de Recurso disse respeito a uma queixa apresentada pelo Brasil e Venezuela contra os Estados Unidos.

Ao mesmo tempo, a realidade mostra que, não obstante as disposições especiais do Memorando a favor dos países em desenvolvimento, estes não dispõem frequentemente de recursos administrativos e de juristas especializados e experimentados nas regras e princípios do sistema comercial multilateral. Em muitos casos, os países em desenvolvimento não conseguem sequer avaliar uma provável violação dos seus direitos. A assistência jurídica oferecida pelo Secretariado da OMC também só pode ocorrer depois de um país membro em desenvolvimento ter decidido apresentar uma queixa, não podendo, por isso, avaliar se determinadas práticas comerciais são incompatíveis com os acordos da OMC nem determi-

---

[3312] Relatório do Órgão de Recurso no caso *Japan – Taxes on Alcoholic Beverages* (WT/DS8/AB/R, WT/DS10/AB/R, WT/DS11/AB/R), 4-10-1996, pp. 11-12.

[3313] Amin ALAVI, *On the (Non-)Effectiveness of the World Trade Organization Special and Differential Treatments in the Dispute Settlement Process*, in JWT, 2007, p. 320.

[3314] Mesmo se os países em desenvolvimento não podem influenciar os seus termos de comércio ou, por outras palavras, o comportamento comercial dos outros, continua a ser do seu interesse participar na OMC, principalmente, porque:

> "By committing to certain rules that bind policies, a government can make its reforms more credible; officials can tell interest groups seeking the imposition of policies that violate the commitments that doing so would result in retaliation by trading partners" (cf. Chad BOWN e Bernard HOEKMAN, *Developing Countries and Enforcement of Trade Agreements: Why Dispute Settlement is Not Enough*, in JWT, 2008, pp. 180-181).

E os compromissos assumidos teriam menos credibilidade se não existisse um mecanismo de resolução de litígios a garantir na prática o respeito das obrigações contraídas.

O SISTEMA DE RESOLUÇÃO DE LITÍGIOS DA OMC E OS PAÍSES EM DESENVOLVIMENTO

nar se vale a pena apresentar queixa e, em consequência, a assistência técnica é prestada geralmente quando é apresentada uma queixa contra um país em desenvolvimento[3315].

A judicialização do sistema de resolução de litígios, levada a cabo para salvaguardar, em certa medida, os direitos dos países em desenvolvimento e dos países menos avançados, pode também ter tornado os procedimentos menos acessíveis à generalidade desses países. A cada vez maior complexidade do direito substantivo e o maior formalismo do processo de resolução de litígios impuseram custos enormes aos membros da OMC, quer na fase pré-litigiosa (quando um Membro da OMC identifica a existência de uma medida cuja legalidade vê como duvidosa), quer durante o próprio processo litigioso[3316]. Nada garante que os países pobres, quando vêem a sua pretensão ser reconhecida, consigam que os países ricos coloquem em conformidade com os acordos abrangidos a medida declarada incompatível. A execução da recomendação do Órgão de Resolução de Litígios continua a depender, em grande parte, da boa vontade da parte mais poderosa.

Portanto, os países pobres deparam actualmente com um sistema mais dispendioso, mais complexo, e que não resolve alguns dos problemas básicos associados a um sistema baseado no poder das partes. Como bem observaram MARC BUSCH e ERIC REINHARDT:

"By adding 26,000 pages of new treaty text ..., by imposing several new stages of legal activity per dispute, such as appeals, compliance reviews, and compensation arbitrations; and by judicializing proceedings and thus putting a premium on sophisticated legal argumentation as opposed to informal negotiation ... the WTO reforms have raised the hurdles facing developing countries contemplating litigation"[3317].

Muitas vezes, os países pobres vêem-se igualmente confrontados com problemas que podem levar a que eles pensem duas vezes antes da apresentação de uma queixa no âmbito da OMC e que comprometem, em certa medida, a razão de ser da OMC[3318]. No caso *Export Subsidies on Sugar*, por exemplo, a Tailândia viu-se confrontada com as advertências europeias de que reduziria o seu contingente de importação de atum tailandês no quadro do sistema generalizado de

[3315] Bernard HOEKMAN e Petros MAVROIDIS, *WTO Dispute Settlement, Transparency and Surveillance*, in WE, 2000, p. 535.

[3316] Timothy STOSTAD, *Trappings of Legality: Judicialization of Dispute Settlement in the WTO, and its Impact on Developing Countries*, in CILJ, Vol. 39, 2006, pp. 813-814.

[3317] Marc BUSCH e Eric REINHARDT, Testing international trade law: Empirical studies of GATT/WTO dispute settlement, in *The Political Economy of International Trade Law – Essays in Honor of Robert E. Hudec*, Daniel Kennedy e James Southwick ed., Cambridge University Press, 2002, p. 467.

[3318] Bernard HOEKMAN e Petros MAVROIDIS, *WTO Dispute Settlement, Transparency and Surveillance*, in WE, 2000, pp. 529-530.

1185

A FUNÇÃO JURISDICIONAL NO SISTEMA GATT/OMC

preferências caso apresentasse uma queixa contra a Comunidade Europeia[3319]. Lamentavelmente, um antigo membro do gabinete do Representante dos Estados Unidos para o Comércio confirmou mesmo que o seu país tinha ameaçado um país africano com a retirada de ajuda alimentar caso os seus representantes em Genebra apresentassem uma determinada queixa junto da OMC[3320]. E dois autores concluíram, analisando o período situado entre 1995 e 2001, que os países doadores tendem a penalizar os países em desenvolvimento que procuram proteger os seus interesses junto do sistema comercial multilateral[3321] e os países beneficiários de ajuda tendem a ser mais indecisos a iniciar um litígio comercial por causa da sua dependência "on financial support"[3322]. As probabilidades de os exportadores adversamente afectados participarem no sistema de resolução de litígios são também reduzidas quando eles estão envolvidos num acordo comercial preferencial com a possível parte demandada[3323].

Finalmente, os países em desenvolvimento não recorrem mais ao sistema de resolução de litígios da OMC por força do papel marginal de muitos no comércio mundial[3324]. Os países em desenvolvimento correspondem aproximadamente a 2/3 dos membros da OMC, mas a sua quota no comércio internacional é de apenas 1/3.

Claro está, nem todos os países em desenvolvimento parecem estar em desvantagem face aos países ricos, em termos de capacidade jurídica, poder económico e experiência. O êxito do Brasil junto do sistema de resolução de litígios da OMC é muitas vezes citado[3325]. Até finais de 2009, o Brasil foi o país não desenvolvido que apresentou mais queixas junto do sistema de resolução de litígios, mais exactamente, 24 queixas (5.5% do total), estando na origem de alguns casos particularmente importantes, nomeadamente, os casos *United States – Subsidies on Upland Cotton* e *European Communities – Export Subsidies on Sugar*[3326].

---

[3319] Gary Horlick e Nikolay Mizulin, *Los países en desarrollo y el mecanismo de solución de diferencias de la OMC*, in Integración & Comercio, Nº 23, Año 9, Júlio-Diciembre 2005, p. 142.

[3320] Gregory Shaffer, *The challenges of WTO law: strategies for developing country adaptation*, in WTR, 2006, p. 193.

[3321] Pilar Zejan e Frank Bartels, *Be Nice and Get Your Money – An Empirical Analysis of World Trade Organization Trade Disputes and Aid*, in JWT, 2006, p. 1043.

[3322] *Idem*, p. 1030.

[3323] Chad Bown, *Participation in WTO Dispute Settlement: Complainants, Interested Parties, and Free Riders*, in The World Bank Economic Review, Vol. 19, No. 2, 2005, pp. 291 e 308.

[3324] Comissão Warwick, *The Multilateral Trade Regime: Which Way Forward? The Report of the First Warwick Commission*, The University of Warwick, 2007, p. 33.

[3325] Gregory Shaffer, Michelle Sanchez e Barbara Rosenberg, *The Trials of Winning at the WTO: What Lies Behind Brazil's Success*, in CILJ, 2008, pp. 383-501.

[3326] É também interessante verificar que dois dos últimos embaixadores do Brasil junto da OMC (Celso Lafer e Celso de Amorim) assumiram o cargo de ministro dos negócios estrangeiros do seu país logo depois de abandonarem o seu posto em Genebra.

1186

O SISTEMA DE RESOLUÇÃO DE LITÍGIOS DA OMC E OS PAÍSES EM DESENVOLVIMENTO

Existem também provas de que o novo sistema de resolução de litígios aumentou, realmente, o poder de negociação dos países em desenvolvimento. Durante muitos anos, o Brasil não apresentou queixa contra a Comunidade Europeia junto do sistema de resolução de litígios do GATT de 1947, num caso em que estava em causa o tratamento concedido ao café solúvel, porque sabia que ela seria bloqueada. Após a entrada em vigor dos acordos da OMC, depois de o Brasil ter notificado a Comunidade Europeia de que iria solicitar a realização de consultas formais na próxima reunião do Órgão de Resolução de Litígios, a Comunidade ofereceu, três dias mais tarde, concessões comerciais que antes tinha dito serem impossíveis[3327].

De igual modo, o caso *United States – Restrictions on Imports of Cotton and Man-made Fibre Underwear* demonstra claramente que um país, política e economicamente fraco (no caso, a Costa Rica), pode pôr em causa com êxito as medidas comerciais de um membro da OMC infinitamente mais poderoso. Mais recentemente, o caso *European Communities – Trade Description of Sardines* demonstra igualmente como um pequeno país em desenvolvimento como o Peru pode "derrotar" a Comunidade Europeia, apenas a maior potência comercial do Mundo.

E, como veremos adiante (Parte V, Capítulo 22), não obstante a ênfase posta pelos membros da OMC na suspensão de concessões, os factos mostram que, dos cerca de 60 litígios em que era possível recorrer à aplicação de medidas de retaliação após o termo do prazo razoável estabelecido, os membros da OMC só solicitaram o direito de retaliar em 17 litígios e o Órgão de Resolução de Litígios só reconheceu esse direito em nove desses litígios. Mais, apenas em quatro desses nove litígios, as medidas de retaliação autorizadas foram realmente aplicadas[3328]. Assim, apesar de o Membro da OMC faltoso já não poder vetar a aplicação de medidas de retaliação contra si (possibilidade existente durante a vigência do GATT de 1947), a retaliação tem constituído mais a excepção do que a regra e, por isso, na grande maioria dos litígios "the catalyst for compliance does not appear to have been the threat of retaliation"[3329].

Por conseguinte, não obstante ser insofismável de que nas relações internacionais, tal como nas relações humanas, alguns terão sempre vantagens intrín-

---

[3327] Karen ALTER, *Resolving or exacerbating disputes? The WTO's new dispute resolution system*, in International Affairs, 2003, pp. 785-786.

[3328] William DAVEY, *Compliance Problems in WTO Dispute Settlement*, in CILJ, 2009, p. 124.

[3329] Hunter NOTTAGE, Evaluating the criticism that WTO retaliation rules undermine the utility of WTO dispute settlement for developing countries, in *The Law, Economics and Politics of Retaliation in WTO Dispute Settlement*, Cambridge University Press, 2010, p. 329.

## A FUNÇÃO JURISDICIONAL NO SISTEMA GATT/OMC

secas sobre os outros, um sistema *rule-oriented* é o que melhor serve a OMC[3330]. Atendendo às marcadas assimetrias existentes em termos de capacidade institucional, desenvolvimento económico e, numa perspectiva mais geral, poder internacional, um tal sistema "works to the advantage of all Members, but it especially gives security to the weaker Members who often, in the past, lacked the political or economic clout to enforce their rights, to protect their interests", ou seja, na OMC "*right* perseveres over *might*"[3331].

Não surpreende, assim, que alguns autores defendam que a ausência de capacidade jurídica representa o principal constrangimento a limitar o acesso dos países em desenvolvimento ao sistema de resolução de litígios da OMC[3332] e que:

---

[3330] Existe na diplomacia moderna uma dicotomia importante a ter em conta: a técnica orientada pela regra internacional (*rule oriented technique*) e a técnica orientada pelo poder internacional (*power oriented technique*). Esta dicotomia pode dar lugar a dois tipos de resolução pacífica dos litígios: o entendimento alcançado por negociação ou decisão com base em normas sobre as quais ambas as partes acordaram previamente, ou, então, o entendimento alcançado mediante negociação ou acordo com referência implícita ou explícita ao poderio de cada uma das partes. O primeiro tipo de resolução desencoraja a violação das regras, dado que um potencial violador das mesmas sabe que, muito provavelmente, terá de prestar contas se incorrer em tal comportamento, permite um tratamento mais justo dos países pequenos e promove a segurança e a previsibilidade do sistema comercial multilateral. O segundo tipo, de acordo com os seus defensores, torna a política comercial sustentável numa economia mundial em constante mudança, além de que o objectivo do sistema de resolução de litígios nas organizações económicas internacionais não deve passar por decidir quem tem razão ou determinar a responsabilidade das partes no litígio. O importante é que as violações terminem o mais rapidamente possível, pelo que o objectivo do sistema não deve passar pela rigorosa aplicação da Lei nem pela punição do comportamento ilegal, mas, antes, pelo "adjustment of divergences between states to find equitable solutions". A única sanção para o comportamento do país violador será a ocorrência de encontros diplomáticos desagradáveis. Um autor dá o seguinte exemplo desta técnica orientada pelo poder internacional:
"a trade diplomat from a powerful importing country may indicate to a less-developed exporting country that the granting of development aid, trade preferences or military assistance might have to be discontinued unless the developing country 'voluntarily' limits its competitive exports of textiles, clothing, agricultural or steel products". Cf. Ernst-Ulrich PETERSMANN, International Trade Law and the GATT/WTO Dispute Settlement System 1948-1996: An Introduction, in *International Trade Law and the GATT/WTO Dispute Settlement System*, Studies in Transnational Economic Law, vol. 11, Ernst-Ulrich Petersmann ed., Kluwer Law International, Londres-Haia-Boston, 1997, p. 30.

[3331] Julio LACARTE-MURÓ e Petina GAPPAH, *Developing Countries and the WTO Legal and Dispute Settlement System: A View from the Bench*, in JIEL, 2000, pp. 400-401.

[3332] "The more complex the system becomes, the more that legal capacity is required to use it". Cf. Marc BUSCH, Eric REINHARDT e Gregory SHAFFER, *Does legal capacity matter? A survey of WTO Members*, in WTR, 2009, p. 576.

1188

O SISTEMA DE RESOLUÇÃO DE LITÍGIOS DA OMC E OS PAÍSES EM DESENVOLVIMENTO

"the move from a 'power-oriented' to a more 'rule-oriented' (...) simply substitutes (or compounds) the traditional source of weakness – namely, the lack of market size and thus retaliatory power – with a new one: legal capacity"[3333].

Essencialmente, os procedimentos de resolução de litígios da OMC têm sido vistos como "a 'rich man's game'", em que a parte com recursos financeiros e poder é capaz de contratar assessoria competente e dispendiosa para advogar os seus interesses junto do painel e do Órgão de Recurso ou prolongar o caso "to drain" os recursos financeiros do oponente[3334].

Ao que parece, no caso *Japan – Measures Affecting Consumer Photographic Film and Paper*, os honorários da Dewey Ballantine (defensora da Kodak) e da Willkie Farr & Gallagher (patrocinadora da Fuji) ultrapassaram os 12 milhões de dólares norte-americanos[3335] e as despesas relativas ao caso *United States – Subsidies on Upland Cotton* custaram cerca de 2 milhões de dólares norte-americanos só à associação comercial brasileira do algodão[3336].

Afortunadamente, no caso *United States – Subsidies on Upland Cotton*, a sociedade de advogados White & Case redigiu a comunicação do Chade e do Benim, enquanto participantes terceiros na fase de recurso, numa base *pro bono*[3337]. Uma estratégia interessante para uma queixa a apresentar é também um país em desenvolvimento "to team up" com um país desenvolvido e beneficiar dos seus recursos e conhecimento. No caso *European Communities – Regime for the Importation, Sale and Distribution of Bananas*, por exemplo, o Equador, a Guatemala, as Honduras, o México e os Estados Unidos tomaram muitas decisões em conjunto no que diz respeito à queixa que apresentaram contra a Comunidade Europeia. Como conclui CHAD BOWN a respeito dos casos *Bananas* analisados durante a

---

[3333] Marc BUSCH e Eric REINHARDT, *Developing Countries and General Agreement on Tariffs and Trade/World Trade Organization Dispute Settlement*, in JWT, 2003, pp. 721-722.

[3334] Margaret WANG, *Are Alternative Dispute Resolution Methods Superior to Litigation in Resolving Disputes in International Commerce?*, in Arbitrational International, Vol. 16, No. 2, 2000, p. 203.

[3335] Gregory SHAFFER, 'Public-private partnerships' in WTO dispute settlement: the US and EU experience, in *The WTO in the Twenty-First Century: Dispute Settlement, Negotiations, and Regionalism in Asia*, Yasuhei Taniguchi, Alan Yanovich e Jan Bohanes Ed., Cambridge University Press, 2007, p. 159.

[3336] Gregory SHAFFER, Developing Country Use of the WTO Dispute Settlement System: Why it Matters, the Barriers Posed, in *Trade Disputes and the Dispute Settlement Understanding of the WTO: An Interdisciplinary Assessment*, Frontiers of Economics and Globalization, Volume 6, Ed. James C. Hartigan, Emerald Group, 2009, p. 183.

[3337] Amin ALAVI, *African Countries and the WTO's Dispute Settlement Mechanism*, in Development Policy Review, 2007, p. 32.

1189

A FUNÇÃO JURISDICIONAL NO SISTEMA GATT/OMC

vigência do GATT de 1947 e da OMC[3338], "the main distinction between the WTO and the GATT disputes from the complainant perspective was the presence of the United States"[3339].

Em qualquer caso, têm sido apresentadas várias propostas interessantes para pôr cobro à falta de recursos financeiros e humanos de que sofre a generalidade

---

[3338] O caso *European Communities – Regime for the Importation, Sale, and Distribution of Bananas* (DS27) analisado depois da entrada em vigor dos acordos da OMC é também conhecido por caso *Bananas III*, isto porque as políticas de importação de bananas mantidas pela Comunidade Europeia tinham já sido objecto de dois litígios durante a vigência do GATT de 1947. Em 1993, os vários regimes de importação de bananas dos Estados membros da Comunidade Europeia induziram cinco países exportadores de bananas (Colômbia, Costa Rica, Nicarágua, Guatemala e Venezuela) a apresentarem queixas ao abrigo do sistema de resolução de litígios do GATT de 1947. Neste litígio, comummente conhecido por caso *Bananas I*, os painelistas concluíram que os sistemas de importação mantidos por alguns Estados membros (França, Itália, Portugal, Espanha e Reino Unido) violavam o nº 1 do art. XI do GATT e que as preferências pautais concedidas pela Comunidade Europeia aos países ACP ofendiam a cláusula da nação mais favorecida. Todavia, uma vez que este litígio teve lugar durante a vigência do GATT de 1947, a Comunidade Europeia e os países ACP vetaram a adopção do relatório do painel, impedindo que ele se tornasse vinculativo. Pouco tempo depois, a nova organização comum do mercado das bananas entrou em vigor, facto que levou os mesmos cinco países da América Latina antes referidos a apresentarem nova queixa, mas desta vez contra o novo regime comunitário. O relatório do painel no chamado caso *Bananas II* (DS38/R) foi tornado público no dia 11 de Fevereiro de 1994 e concluiu, entre outras coisas, que os direitos aduaneiros aplicados a países terceiros infringiam o art. II do GATT, dado que ultrapassavam o direito aduaneiro consolidado (20% *ad valorem*), e que as preferências pautais concedidas pela Comunidade Europeia aos países ACP continuavam a ofender a cláusula da nação mais favorecida. Contudo, o painel não entendeu que o contingente pautal aplicado pela Comunidade Europeia (850 euros por tonelada fora da quota e 100 euros por tonelada dentro da quota) constituía uma restrição quantitativa no sentido do art. XI do GATT, "since the (high) out-of-quota tariff merely restricted imports without prohibiting them" (parágrafo 169). A respeito deste segundo relatório, é de assinalar que o painel referiu que tinha de examinar as medidas comunitárias em causa "exclusively in terms of their legal consistency" com o Acordo Geral (parágrafo 168). Ao mesmo tempo, o painel, tendo em conta a importância económica e social do produto bananas para muitos dos países interessados no litígio, sublinhou que, embora não pudesse modificar as obrigações dimanantes do GATT à luz de considerações económicas e sociais, nada impedia que a Comunidade Europeia e os países ACP recorressem ao nº 10 do art. XXIV e ao nº 5 do art. XXV, disposições estas que permitiriam atender a tais considerações económicas e sociais. E, de facto, foi concedido à Comunidade Europeia e aos países ACP uma derrogação ao art. I do GATT, adoptada em meados de Dezembro de 1994 (L/7604). Além disso, foi negociado um acordo-quadro relativo à importação de bananas com quatro das cinco partes queixosas do caso *Bananas II*. Finalmente, em 1995, o regime comunitário de importação de bananas foi objecto de nova queixa (o caso *Bananas III*), mas as partes queixosas não coincidiam com as que apresentaram queixa nos litígios anteriores. Apresentaram queixa desta vez os Estados Unidos, as Honduras, o México, a Guatemala e, posteriormente, o Equador.

[3339] Chad Bown, *Self-enforcing Trade: Developing Countries and WTO Dispute Settlement*, Brookings Institution Press, Washington, D.C., 2009, p. 56.

O SISTEMA DE RESOLUÇÃO DE LITÍGIOS DA OMC E OS PAÍSES EM DESENVOLVIMENTO

dos países pobres membros da OMC. Já se propôs, por exemplo, que o Secretariado da OMC criasse um gabinete cujo mandato seria muito semelhante ao de um promotor de justiça independente, proposta que teria a seguinte vantagem:

"Because cases would be brought *on behalf of*, rather than *by* the developing most affected, WTO-inconsistent trade barriers could be targeted without weaker complainants first having to summon the temerity to challenge stronger countries with whom they have diplomatic relationships, or on whom they depend for foreign aid"[3340].

Interessante é, também, a proposta avançada pela Comissão Warwick de criar um "Dispute Settlement Ombudsman", cujas funções seriam similares às referidas no art. 5º do Memorando de Entendimento sobre Resolução de Litígios[3341]. Mas, diferentemente do que se passa actualmente, os membros da OMC teriam direito aos serviços do *Ombudsman*, não sendo necessário o acordo de ambas as partes em litígio[3342].

Sugeriu-se, ainda, a aplicação de procedimentos de resolução de litígios ligeiros quando estejam em causa queixas relativas a pequenos volumes de comércio (por exemplo, um valor inferior a menos de um milhão de dólares norte-americanos de exportações). O painel seria constituído apenas por um membro e a análise da questão apresentada ao Órgão de Resolução de Litígios feita, no máximo, em três meses[3343]. A aceitação desta proposta teria a vantagem de reduzir o volume de trabalho, actualmente bastante pesado, dos painéis e do Órgão de Recurso, permitindo que a sua atenção se centrasse nos casos realmente importantes, e de diminuir os custos resultantes para os países em desenvolvimento da natureza prospectiva das medidas de retaliação vigente actualmente no sistema de resolução de litígios da OMC.

Todas estas propostas têm o mérito de tornar mais fácil a participação dos países em desenvolvimento nos procedimentos de resolução de litígios da OMC e, como é dito muitas vezes:

"An institution built on exclusion is bound to crumble sooner or later. (...) The idea behind participation is crucial not only vis-à-vis compliance but also because of

---

[3340] Timothy STOSTAD, *Trappings of Legality: Judicialization of Dispute Settlement in the WTO, and its Impact on Developing Countries*, in CILJ, Vol. 39, 2006, pp. 837-838.

[3341] A função principal do *Dispute Settlement Ombudsman* seria oferecer a sua mediação às partes em litígio em causa numa fase anterior ao pedido formal de consultas previsto no Memorando de Entendimento sobre Resolução de Litígios. Cf. COMISSÃO WARWICK, *The Multilateral Trade Regime: Which Way Forward? The Report of the First Warwick Commission*, The University of Warwick, 2007, p. 33.

[3342] *Idem.*

[3343] Mary FOOTER, *Developing Country Practice in the Matter of WTO Dispute Settlement*, in JWT, 2001, pp. 97-98.

A FUNÇÃO JURISDICIONAL NO SISTEMA GATT/OMC

the fact that a more participative approach would throw up a more equitable and fair rule in the first place"[3344].

Algumas das propostas, porém, dificilmente serão aceites por todos os membros da OMC. Desde logo, a criação de um gabinete especial dificilmente não poria em causa a independência do Secretariado da OMC. No que diz respeito à proposta de criação da figura do *Dispute Settlement Ombudsman*, pensamos que não é a necessidade de acordo entre as partes em litígio que leva a que os meios diplomáticos de resolução de litígios previstos no art. 5º do Memorando sejam pouco accionados, mas antes as desvantagens muitas vezes associadas a tais meios: dependência da boa vontade do réu, soluções bilaterais *ad hoc* reflectindo possivelmente o poder relativo das partes em vez do mérito da acção, etc.. Mais válida parece-nos a última proposta, embora haja muitas perguntas por responder[3345]. Por exemplo, seria possível recorrer do relatório do painel constituído por apenas um membro? Estariam os procedimentos abertos a todos os membros da OMC ou somente aos países em desenvolvimento e menos avançados? Quais seriam as medidas de retaliação a aplicar em caso de incumprimento?

Ainda relativamente às duas primeiras propostas, as mais polémicas, pensamos que elas são claramente desnecessárias atendendo à existência do Centro de Assessoria dos Assuntos Jurídicos da OMC, cuja criação "helped to level the playing field with regard to access to legal expertise for smaller and poorer countries"[3346].

## 3. O Centro de Assessoria dos Assuntos Jurídicos da OMC
### 3.1. Introdução
Nas últimas décadas, têm sido desenvolvidos vários esforços no sentido de fazer face ao problema dos custos em que incorrem os países em desenvolvimento quando decidem recorrer a tribunais internacionais. Nesse sentido, a ideia de que, por vezes, alguns Estados não recorrem ao Tribunal Internacional de Justiça por causa da falta de recursos humanos e financeiros levou à criação, em 1989, do Fundo de Afectação Especial (*Trust Fund*) do Secretário-Geral das Nações

---

[3344] Rahul SINGH, *The World Trade Organization and Legitimacy: Evolving a Framework for Bridging the Democratic Deficit*, in JWT, 2008, p. 350.

[3345] Sobre a criação de um *Small-Claims Procedure* no âmbito da OMC, ver, por todos, Hakan NORDSTRÖM e Gregory SHAFFER, Access to Justice in the WTO: A Case for a Small-Claims Procedure?, in *Developing Countries in the WTO Legal System*, Chantal Thomas e Joel Trachtman ed., Oxford University Press, 2009, pp. 191-246.

[3346] Bernard HOEKMAN, Henrik HORN e Petros MAVROIDIS, Winners and Losers in the Panel Stage of the WTO Dispute Settlement System, in *Developing Countries in the WTO Legal System*, Chantal Thomas e Joel Trachtman ed., Oxford University Press, 2009, p. 165.

# O SISTEMA DE RESOLUÇÃO DE LITÍGIOS DA OMC E OS PAÍSES EM DESENVOLVIMENTO

Unidas[3347]. O Secretário-Geral é o gestor do Fundo de Afectação Especial e é assistido na sua implementação pelo secretariado das Nações Unidas, através do gabinete dos assuntos jurídicos, responsável pela prestação dos serviços necessários[3348]. O Tribunal Internacional de Justiça não desempenha quaisquer tarefas no funcionamento do Fundo de Afectação Especial, facto que está em conformidade com o seu papel de órgão jurisdicional independente

O Fundo de Afectação Especial é financiado por contribuições voluntárias de Estados, organizações intergovernamentais, instituições nacionais, organizações não governamentais, particulares e empresas[3349].

No essencial, o Fundo visa encorajar os Estados a resolverem os seus litígios pacificamente, submetendo-os à consideração do Tribunal Internacional de Justiça. A assistência é fornecida aos países em desenvolvimento para fazerem face às despesas incorridas no âmbito de:

a) Um litígio submetido ao Tribunal Internacional de Justiça em conformidade com o n.º 1 do art. 40.º do Estatuto do Tribunal Internacional de Justiça:

   i) Mediante um acordo especial, com base no disposto no n.º 1 do art. 36.º do Estatuto do Tribunal Internacional de Justiça;

   ii) Mediante um pedido apresentado em conformidade com os n.ºs 1 e 2 do art. 36.º do Estatuto do Tribunal Internacional de Justiça, sempre que:

   – Num litígio em que uma das partes ou as duas tenham apresentado excepções preliminares em virtude do art. 79.º do regulamento do Tribunal, estas excepções tenham sido rejeitadas pelo Tribunal ou retiradas definitivamente pela(s) parte(s) interessada(s);

---

[3347] Cesare ROMANO, *International Justice and Developing Countries (Continued): A Qualitative Analysis*, in The Law and Practice of International Courts and Tribunals, 2002, p. 543. Em 2000, o Secretário-Geral das Nações Unidas estabeleceu também um *trust fund* para o Tribunal Internacional do Direito do Mar, de acordo com a resolução 55/7 da Assembleia Geral e em conformidade com o *Agreement on Cooperation and Relationship between the United Nations and ITLOS* de 18 de Dezembro de 1997. As contribuições para o fundo criado têm sido, contudo, escassas e modestas. Um autor conclui mesmo que "it is difficult to see how the fund at its present level can meaningfully contribute to encourage States to resolve international disputes by submitting them to ITLOS for resolution". Cf. Charles CLAYPOOLE, *Access to International Justice: A Review of the Trust Funds Available for Law of the Sea-Related Disputes*, in The International Journal of Marine and Coastal Law, 2008, p. 92.

[3348] Peter BEKKER, *International Legal Aid in Practice: The ICJ Trust Fund*, in AJIL, 1993, p. 660.

[3349] TRIBUNAL INTERNACIONAL DE JUSTIÇA, *Secretary-General's Trust Fund to Assist States in the Settlement of Disputes through the International Court of Justice – Report of the Secretary-General* (A/62/171), 31-7-2007, Ponto 5.

## A FUNÇÃO JURISDICIONAL NO SISTEMA GATT/OMC

– Num litígio em que não se tenham apresentado excepções preliminares, o Estado que solicite assistência financeira se comprometa
com o Secretário-Geral a não apresentar excepções preliminares em
virtude do art. 79º do regulamento do Tribunal e a pleitear o seu
caso "on the merits"; o Secretário-Geral informará devidamente o
Tribunal deste compromisso.

b) Uma execução de um acórdão do Tribunal Internacional de Justiça[3350].

O Fundo de Afectação Especial não poderá servir nunca para pagar quaisquer
prejuízos pecuniários que o Tribunal Internacional de Justiça decida imputar a
uma das partes em litígio[3351].

Podem beneficiar da ajuda financeira qualquer Estado membro das Nações
Unidas, qualquer Estado parte do Estatuto do Tribunal Internacional de Justiça
ou qualquer Estado que, não sendo parte do Estatuto do Tribunal Internacional
de Justiça, satisfaça as condições prescritas no nº 2 do art. 35º do Estatuto, se
demonstrarem que necessitam de ajuda financeira[3352]. Os pedidos de assistência
financeira são apreciados por um painel de três peritos, possuindo as mais elevadas qualificações judiciais e morais, devendo o seu exame orientar-se apenas
pelas necessidades financeiras do país que solicita ajuda e pela disponibilidade
financeira do Fundo de Afectação Especial[3353]. Com base na avaliação e recomendações do painel de peritos, o Secretário-Geral das Nações Unidas toma a decisão
final sobre a ajuda financeira a prestar[3354].

O Secretário-Geral das Nações Unidas recebeu, entre 1989 e 2001, unicamente quatro solicitações[3355]. Posteriormente, foi recebido um pedido conjunto
de ajuda da República do Benim e da República do Níger relativamente à submissão do seu litígio fronteiriço ao Tribunal Internacional de Justiça[3356] e um pedido
de ajuda do Djibuti quanto às despesas incorridas na instituição dos procedi-

---

[3350] TRIBUNAL INTERNACIONAL DE JUSTIÇA, *Fonds d'affectation spéciale du Secrétaire-général devant
aider les États à soumettre leurs différends à la Cour Internationale de Justice – Rapport du Secrétaire général*
(A/59/372), 21-9-2004, Ponto 6.

[3351] Peter BEKKER, *International Legal Aid in Practice: The ICJ Trust Fund*, in AJIL, 1993, pp. 662 e 664.

[3352] TRIBUNAL INTERNACIONAL DE JUSTIÇA, *Fonds d'affectation spéciale du Secrétaire-général devant ain-
der les États à soumettre leurs différends à la Cour Internationale de Justice – Rapport du Secrétaire général*
(A/59/372), 21-9-2004, Ponto 8.

[3353] *Idem*, Ponto 11.

[3354] *Idem*, Ponto 13.

[3355] Cesare ROMANO, *International Justice and Developing Countries (Continued): A Qualitative Analysis*,
in The Law and Practice of International Courts and Tribunals, 2002, pp. 553-554.

[3356] TRIBUNAL INTERNACIONAL DE JUSTIÇA, *Fonds d'affectation spéciale du Secrétaire-général devant ain-
der les États à soumettre leurs différends à la Cour Internationale de Justice – Rapport du Secrétaire général*
(A/59/372), 21-9-2004, Ponto 4.

O SISTEMA DE RESOLUÇÃO DE LITÍGIOS DA OMC E OS PAÍSES EM DESENVOLVIMENTO

mentos no Tribunal Internacional de Justiça no caso *Certain Questions of Mutual Assistance in Criminal Matters (Djibouti v. France)*[3357].

Depois de um começo auspicioso, o *Trust Fund* do Tribunal Internacional de Justiça tem sido afectado por dois problemas. As contribuições para o Fundo são voluntárias e as condições para beneficiar do Fundo são algo restritivas. No fundo, tais condições restritivas visam assegurar que o recurso ao Fundo é limitado aos litígios em que a jurisdição do tribunal não está em causa[3358].

### 3.2. O Centro de Assessoria

Reconhecendo que a credibilidade e a aceitação do sistema de resolução de litígios só podem ser assegurados se todos os Membros da OMC puderem participar efectivamente nos seus procedimentos, um conjunto de membros da OMC criou, em finais de 1999, o chamado Centro de Assessoria Jurídica em Assuntos da OMC (*Advisory Centre on WTO Law*)[3359]. Como reconheceu Renato Ruggiero, então Director-Geral da OMC, na cerimónia de assinatura do acordo que estabelece o Centro de Assessoria em Assuntos Jurídicos da OMC:

> "De um ponto de vista sistémico, ajudar os países em desenvolvimento a melhorarem a sua participação no sistema comercial multilateral contribui para a credibilidade da OMC. Como bem sabem, Eu tentei fortemente que a OMC tivesse como membros todos os Estados actualmente existentes, mas tal não chega para assegurar uma verdadeira universalidade. Esta depende da participação dos seus Membros no sistema. Nesta área, enfrentamos um sério desafio, agravado pela inevitável complexidade das regras e disciplinas da OMC e pelas múltiplas matérias abrangidas. Caso não tenhamos isto em mente, a necessária complexidade pode bem resultar num instrumento de marginalização daqueles que não dispõem de recursos humanos e conhecimento especializado"[3360].

O Centro de Assessoria, "the first true center for legal aid within the international legal system"[3361], tem por funções complementar as tarefas desempenhadas presentemente pelo Secretariado, é independente da OMC, tem sede em

---

[3357] Tribunal Internacional de Justiça, *Secretary-General's Trust Fund to Assist States in the Settlement of Disputes through the International Court of Justice – Report of the Secretary-General* (A/62/171), 31-7-2007, Ponto 4.

[3358] Cesare Romano, *International Justice and Developing Countries (Continued): A Qualitative Analysis*, in The Law and Practice of International Courts and Tribunals, 2002, pp. 555-556.

[3359] O texto do acordo que o institui pode ser encontrado in http://www.acwl.ch.

[3360] Centro de Assessoria em Assuntos Jurídicos da OMC, *Dispute Settlement – Introduction*, in http://www.acwl.ch/e/dispute/dispute_e.aspx, página visitada em 25-5-2007.

[3361] Mike Moore, *A World Without Walls – Freedom, Development, Free Trade and Global Governance*, Cambridge University Press, 2003, p. 107.

1195

A FUNÇÃO JURISDICIONAL NO SISTEMA GATT/OMC

Genebra e todos os membros da OMC podem ser membros do Centro, embora apenas os países em desenvolvimento, as economias em transição e os países menos avançados (designados como tal pelas Nações Unidas) possam recorrer aos seus serviços[3362]. No caso dos países menos avançados membros da OMC nem sequer é necessário que sejam membros do Centro para obterem o benefício da assessoria jurídica subsidiada nos procedimentos de resolução de litígios da OMC[3363]. Basta que sejam membros da OMC ou estejam em vias de adquirir a condição de membros.

Os objectivos do Centro são essencialmente quatro:

(i) organizar regularmente seminários sobre o direito e a jurisprudência da OMC;
(ii) prestar assessoria jurídica sobre o Direito da OMC;
(iii) apoiar juridicamente as partes em litígio e as partes terceiras nos procedimentos de resolução de litígios; e
(iv) promover as capacidades dos países em desenvolvimento em termos de recursos humanos, envolvendo directamente os funcionários destes países nos trabalhos do Centro.

Embora partilhados pelo Secretariado, estes objectivos podem assumir no caso do Centro, face à sua independência perante a OMC, um papel de maior importância, principalmente no que diz respeito ao apoio jurídico. Convém não esquecer que, de acordo com o Memorando de Entendimento sobre Resolução de Litígios, o perito do Secretariado assistirá o país membro em desenvolvimento de uma forma que assegure a permanente imparcialidade do Secretariado (art. 27º, nº 2, *in fine*). O próprio Acordo OMC determina que:

"as funções do director-geral e do pessoal do Secretariado terão um carácter exclusivamente internacional. No cumprimento dos seus deveres, o director-geral e o pessoal do Secretariado não solicitarão nem aceitarão instruções de qualquer governo ou autoridade estranha à OMC. O director-geral e o pessoal do Secretariado abster-

---

[3362] Apenas os governos dos países em desenvolvimento podem procurar a assistência jurídica do Centro e não as próprias empresas exportadoras ou associações industriais e comerciais desses países. Consequentemente, as empresas exportadoras dos países em desenvolvimento não podem recorrer directamente ao Centro de Assessoria Jurídica em Assuntos da OMC, solicitando que este investigue se existem ou não argumentos jurídicos para poder ser apresentada uma queixa junto do sistema de resolução de litígios da OMC. Tais empresas devem convencer primeiro o seu governo de que vale a pena recorrer aos serviços do Centro de Assessoria Jurídica em Assuntos da OMC.

[3363] Leo PALMA, El Centro de Asesoría Legal en Asuntos de la OMC, in *Solución de Controversias Comerciales Inter-Gubernamentales: Enfoques Multilaterales y Regionales*, Julio Lacarte e Jaime Granados ed., Banco Interamericano de Desarrollo, 2004, p. 349.

1196

O SISTEMA DE RESOLUÇÃO DE LITÍGIOS DA OMC E OS PAÍSES EM DESENVOLVIMENTO

-se-ão de qualquer acção que seja incompatível com o seu estatuto de funcionários internacionais. Os Membros da OMC respeitarão o carácter internacional das funções do Director-Geral e do pessoal do Secretariado e não os procurarão influenciar no cumprimento dos seus deveres" (art. VI, nº 4).

O Centro iniciou as suas actividades em meados de Julho de 2001 e, até finais de 2009, prestou assessoria jurídica em 34 casos[3364]. Significativamente, o único país menos avançado que, até agora, foi parte em litígio num processo do sistema de resolução de litígios da OMC foi representado pelo Centro de Assessoria em Assuntos Jurídicos da OMC e, ao que parece, o país em causa (o Bangladesh) não teria apresentado queixa se não tivesse beneficiado da assessoria jurídica prestada pelo Centro[3365].

O Centro de Assessoria Jurídica em Assuntos da OMC possui como membros:

(i) países desenvolvidos ("membros que constam do Anexo I");
(ii) países em desenvolvimento e países com economias em transição, incluindo territórios aduaneiros autónomos ("membros que constam do Anexo II", os quais, por sua vez, são classificados em Membros das Categorias A, B e C, com base na sua participação no comércio mundial, com uma correcção ascendente que reflicta os respectivos rendimentos *per capita*); e
(iii) países menos avançados ("membros que constam do Anexo III").

Em relação aos "membros que constam do Anexo II", caem na categoria A os países cuja participação no comércio mundial é superior ou igual a 1,5% do total das trocas comerciais realizadas a nível mundial, na categoria B aqueles cuja participação se situa entre 0,15% e 1,5% e na categoria C os que têm uma participação inferior a 0,15%. É com base nesta distinção que é fixada a contribuição de cada membro do Anexo II para o Fundo Fiduciário e os honorários a pagar pelos serviços prestados pelo Centro de Assessoria em Assuntos Jurídicos da OMC. Em finais de 2009, apenas Hong Kong e o Taipé Chinês se encontravam na categoria A e o Centro de Assessoria tinha como membros 10 países desenvolvidos (Canadá, Dinamarca, Finlândia, Irlanda, Itália, Holanda, Noruega, Suécia, Suíça e Reino Unido) e 30 países em desenvolvimento[3366].

Relativamente aos serviços que o Centro de Assessoria em Assuntos Jurídicos da OMC pode prestar, eles dividem-se essencialmente em dois tipos. Por um

---

[3364] CENTRO DE ASSESSORIA JURÍDICA EM ASSUNTOS DA OMC, *Report on Operations 2009*, s.d., p. 8.
[3365] CENTRO DE ASSESSORIA JURÍDICA EM ASSUNTOS DA OMC, *The ACWL after Four Years – A Progress Report by the Management Board* (ACWL/GA/2005/1, ACWL/MB/2005/1), 5-10-2005, p. 3.
[3366] CENTRO DE ASSESSORIA JURÍDICA EM ASSUNTOS DA OMC, *Report on Operations 2009*, s.d., p. 27.

1197

A FUNÇÃO JURISDICIONAL NO SISTEMA GATT/OMC

lado, o Centro presta gratuitamente assessoria jurídica aos seus membros países em desenvolvimento e em transição e a todos os países menos avançados (como já foi referido, não interessa se são ou não membros do Centro), durante um número máximo de horas, sobre questões relativas ao direito da OMC, incluindo:

(i) pareceres jurídicos relativamente a medidas adoptadas ou a adoptar (propostas legislativas e alterações à legislação vigente), devendo o Centro procurar ajudar os seus membros a realizarem os seus objectivos em matéria de política comercial de maneira a que sejam evitadas quaisquer incompatibilidades com o direito da OMC. Por exemplo, em 2006, o Centro de Assessoria em Assuntos Jurídicos da OMC avaliou propostas de aumento dos direitos aduaneiros acima do valor consolidado, propostas de aplicação de medidas antidumping e de salvaguarda, etc..

(ii) pareceres jurídicos relativamente a medidas que um membro do Centro procura pôr em causa junto do sistema de resolução de litígios da OMC, devendo o Centro fornecer uma avaliação das possibilidades de êxito do caso eventualmente a apresentar;

(iii) pareceres jurídicos relativamente a matérias que estejam a ser negociadas ou que resultem do processo de tomada de decisões no contexto da OMC. Por exemplo, em 2006, o Centro de Assessoria em Assuntos Jurídicos da OMC prestou assessoria em relação à renegociação de concessões pautais no âmbito do art. XXVIII do GATT, sobre questões jurídicas resultantes das negociações relativas ao tema da facilitação das trocas comerciais, etc.[3367].

Até finais de 2009, o Centro de Assessoria Jurídica em Assuntos da OMC prestou mais de 700 pareceres jurídicos aos seus membros e países menos avançados[3368]. Este tipo de assessoria jurídica pode ser prestado, igualmente, aos países em desenvolvimento que não sejam membros do Centro de Assessoria em Assuntos Jurídicos da OMC[3369]. Neste caso, em conformidade com a tabela de honorários prevista no Anexo IV do Acordo que Estabelece o Centro de Assessoria em Assuntos Jurídicos da OMC, os serviços prestados aos países em desenvolvimento incluídos na categoria A são remunerados a 350 dólares norte-americanos por hora, aos países em desenvolvimento que caem na categoria B a 300 dólares e aos países da categoria C a 250 dólares. Como é evidente, os pareceres jurídicos

---

[3367] No ano de 2009, por exemplo, dos 194 pareceres providenciados pelo Centro, 27% disseram respeito à primeira categoria, 31% à segunda categoria e 42% à terceira categoria. Cf. *Idem*, p. 5.

[3368] *Idem*, p. 3.

[3369] Kenneth Schunken, *The Advisory Centre on WTO Law: A Success Story, But for Whom?*, in The Law and Practice of International Courts and Tribunals, 2008, p. 63.

O SISTEMA DE RESOLUÇÃO DE LITÍGIOS DA OMC E OS PAÍSES EM DESENVOLVIMENTO

prestados pelo Centro permitem aos seus membros e aos países menos avançados membros participar mais efectivamente no processo de tomada de decisões e nas negociações da OMC e adquirir um melhor entendimento dos seus direitos e obrigações no contexto dos acordos da OMC.

O outro tipo de serviços que o Centro de Assessoria em Assuntos Jurídicos da OMC pode dispensar prende-se com o apoio jurídico a prestar aos seus membros países em desenvolvimento e países com economias em transição e a todos os países menos avançados durante um processo de resolução de litígios da OMC. Neste caso, o Centro trabalha em parceria com os delegados dos países em desenvolvimento, dos países com economias em transição e dos países menos avançados quando presta assessoria jurídica durante um processo do sistema de resolução de litígios da OMC. Antes do início do processo, os advogados do Centro de Assessoria em Assuntos Jurídicos da OMC preparam um parecer jurídico detalhado pondo em destaque os pontos fortes e fracos do caso e trabalham em conjunto com os delegados na preparação das consultas e estão presentes nas consultas caso haja uma solicitação nesse sentido. Durante a fase do painel, os advogados do Centro de Assessoria em Assuntos Jurídicos da OMC trabalham em conjunto com os delegados na redacção das observações escritas e das declarações a prestar oralmente e na preparação das respostas às questões colocadas pelo painel e pela(s) outra(s) parte(s) em litígio e, durante a fase de recurso, ajudam a redigir o pedido de recurso, as observações escritas a apresentar ao Órgão de Recurso e a responder às questões colocadas. Nada impede, também, que a ajuda do Centro se estenda aos procedimentos conduzidos ao abrigo dos artigos 5º e 25º do Memorando de Entendimento sobre Resolução de Litígios[3370].

Um grande número dos pareceres jurídicos prestados pelos juristas do Centro diz respeito a medidas tomadas ou a tomar pelos próprios membros que solicitam o parecer. Em contraste, com excepção de um caso (*India – Measures Affecting the Automotive Sector*), todos os processos de resolução de litígios em que o Centro participou até Maio de 2008 eram ofensivos, isto é, o país em desenvolvimento representado pelo Centro punha em causa uma medida tomada por outro Membro da OMC[3371]. Além disso, pese embora o Centro participe principalmente na fase de consultas e nos processos do painel e de recurso, ele tem participado igualmente na fase de execução das conclusões e recomendações dos painéis e do Órgão de Recurso. Por exemplo, o Centro ajudou o Peru a alcançar uma solução mutuamente satisfatória relativamente à implementação das conclusões e reco-

---

[3370] Centro de Assessoria Jurídica em Assuntos da OMC, *How to Use the Services of the ACWL – A Guide for Developing Countries and LDCs*, October 2007, Genebra, p. 19.

[3371] Chad Bown, *Self-enforcing Trade: Developing Countries and WTO Dispute Settlement*, Brookings Institution Press, Washington, D.C., 2009, p. 151.

## A FUNÇÃO JURISDICIONAL NO SISTEMA GATT/OMC

mendações no caso *European Communities – Trade Description of Sardines* e a Índia no seu recurso à arbitragem para determinação do prazo razoável nos termos do nº 3, alínea *c*), do art. 21º do Memorando no caso *European Communities – Conditions for the Granting of Tariff Preferences to Developing Countries*[3372].

No caso dos serviços prestados no âmbito do sistema de resolução de litígios da OMC, a cobrança é feita também à hora e tinha em 2007 um custo de 162 francos suíços por hora para os membros incluídos na categoria C, de 243 francos suíços para os membros da categoria B, de 324 francos suíços para os membros da categoria A e de 40 francos suíços para os países menos avançados[3373]. Em 2007, um litígio de complexidade elevada e abrangendo as fases do painel e do Órgão de Recurso custaria cerca de 28,240 francos suíços a um país menos avançado membro da OMC, 114,371 francos suíços a um país membro em desenvolvimento da categoria C, 171,558 francos suíços a um país membro em desenvolvimento da categoria B e 228,744 francos suíços a um país membro em desenvolvimento da categoria A[3374]. Caso dois ou mais membros da OMC decidam apresentar uma queixa em conjunto e solicitem ao Centro de Assessoria a preparação de apresentações conjuntas aos órgãos judiciais da OMC, os honorários acima indicados são divididos pelo número de países que utilizam os serviços do Centro.

O Centro de Assessoria Jurídica em Assuntos da OMC mantém, também, uma lista de advogados do sector privado dispostos a prestar assessoria aos países menos avançados e a outros membros do Centro caso ocorra um conflito de interesses que o impeça de prestar assessoria através dos seus próprios advogados (caso esteja em causa um litígio entre dois países membros do Centro, este prestará assessoria jurídica normalmente ao país que solicitou a sua ajuda em primeiro lugar)[3375].

Em finais de 2009, estavam disponíveis para prestar serviços de assessoria junto do sistema de resolução de litígios da OMC, através do Centro, 14 sociedades de advogados e dois advogados a título individual[3376]. Em 2006, por exemplo,

---

[3372] CENTRO DE ASSESSORIA EM ASSUNTOS JURÍDICOS DA OMC, *The ACWL after Four Years – A Progress Report by the Management Board* (ACWL/GA/2005/1, ACWL/MB/2005/1), 5-10-2005, p. 11.
[3373] CENTRO DE ASSESSORIA JURÍDICA EM ASSUNTOS DA OMC, *How to Use the Services of the ACWL – A Guide for Developing Countries and LDCs*, October 2007, Genebra, p. 24.
[3374] *Idem*, p. 26.
[3375] É a parte em litígio que não pode ser assessorada pelo Centro que escolhe qual a sociedade de advogados ou o advogado a título individual que lhe irá prestar apoio jurídico. Cf. CENTRO DE ASSESSORIA JURÍDICA EM ASSUNTOS DA OMC, *Report on Operations 2009*, s.d., p. 10.
[3376] Entre as sociedades de advogados encontram-se as seguintes: Sidley Austin; Vermulst, Verhaeghe, Graafsma & Bronckers; Van Bael & Bellis; White & Case; O'Connor & Company, etc.; os particulares são Donald McRae e Edmond McGovern, dois eminentes especialistas do Direito da OMC. Cf. CENTRO DE ASSESSORIA JURÍDICA EM ASSUNTOS DA OMC, *Report on Operations 2009*, s.d., p. 26.

1200

O SISTEMA DE RESOLUÇÃO DE LITÍGIOS DA OMC E OS PAÍSES EM DESENVOLVIMENTO

o Centro de Assessoria em Assuntos Jurídicos da OMC prestou apoio à Turquia (a parte contra à qual tinha sido apresentada a queixa) na fase do painel do caso *Turkey – Measures Affecting the Importation of Rice* através da sociedade de advogados O'Connor & Company com sede em Bruxelas[3377]. Tal assessoria é prestada às mesmas taxas reduzidas cobradas pelo Centro ou mesmo numa base *pro bono*[3378] ou, então, o Centro cobre a diferença entre as taxas cobradas pelas sociedades de advogados e particulares referidos e as taxas que o Centro teria cobrado pelos mesmos serviços[3379].

Foi também estabelecido o chamado *Technical Expertise Trust Fund*, com vista a ajudar a custear a recolha junto de peritos de informações necessárias no âmbito de um processo do sistema de resolução de litígios da OMC. O subsídio é de 20% para os membros da categoria A, de 40% para os membros da categoria B, de 60% para os membros da categoria C e de 90% para os países menos avançados[3380]. Em 2005, por exemplo, o Centro de Assessoria em Assuntos Jurídicos da OMC recorreu ao fundo em causa para ajudar os membros do Centro a obterem o testemunho de peritos em dois litígios[3381].

O financiamento das actividades do Centro de Assessoria em Assuntos Jurídicos da OMC tem resultado, essencialmente, de contribuições realizadas por países desenvolvidos, em particular pela Irlanda, Holanda, Noruega e Reino Unido. Para financiar o funcionamento do Centro, foram estabelecidos dois fundos: (i) contribuições plurianuais e (ii) o Fundo Fiduciário ("Endowment Fund"). Os países desenvolvidos contribuíram, no mínimo, com 1.620,000 francos suíços e os países membros em desenvolvimento da categoria A contribuíram para o Fundo Fiduciário com 486,000 francos suíços, os da categoria B com 162,000 francos suíços e os da categoria C com 81,000 francos suíços[3382]. Durante os primeiros

---

[3377] Até finais de 2009, o Centro prestou assessoria jurídica em quatro casos através do recurso a advogados privados. Cf. *Idem*, p. 13.

[3378] Chad Bown e Bernard Hoekman, *WTO Dispute Settlement and the Missing Developing Country Cases: Engaging the Private Sector*, in JIEL, 2005, p. 877.

[3379] Centro de Assessoria Jurídica em Assuntos da OMC, *How to Use the Services of the ACWL – A Guide for Developing Countries and LDCs*, October 2007, Genebra, p. 23.

[3380] Leo Palma, The Participation of Developing Countries in WTO Dispute Settlement and the Role of the Advisory Centre on WTO Law, in *Law in the Service of Human Dignity – Essays in Honour of Florentino Feliciano*, Steve Charnovitz, Debra Steger e Peter van den Bossche Ed., Cambridge University Press, 2005, p. 98.

[3381] Centro de Assessoria Jurídica em Assuntos da OMC, *Report on Operations 2006*, in http://www.acwl.ch, p. 6.

[3382] Leo Palma, The Participation of Developing Countries in WTO Dispute Settlement and the Role of the Advisory Centre on WTO Law, in *Law in the Service of Human Dignity – Essays in Honour of Florentino Feliciano*, Steve Charnovitz, Debra Steger e Peter van den Bossche Ed., Cambridge University Press, 2005, p. 100.

A FUNÇÃO JURISDICIONAL NO SISTEMA GATT/OMC

cinco anos de funcionamento do Centro (2001-5), as operações do Centro foram financiadas exclusivamente pelas contribuições plurianuais dos seguintes países membros desenvolvidos: Canadá, Irlanda, Holanda, Noruega, Suécia e Reino Unido. A partir de 2006, as operações do Centro começaram a ser financiadas pelas receitas resultantes dos investimentos do Fundo Fiduciário e pelos honorários dos serviços prestados[3383]. O valor do Fundo Fiduciário ascendia, em 2007, a cerca de 23 milhões de francos suíços[3384].

Importa concluir, pois, que o Centro de Assessoria Jurídica em Assuntos da OMC criou um precedente que outros tribunais internacionais terão dificuldade em ignorar:

> "First, unlike the Trust Fund created for the International Court of Justice and the ITLOS [Tribunal Internacional do Direito do Mar], and other forms of legal aid, it concentrates on providing human resources, not cash, to defray litigation costs. Second, it is an independent organ, external to the organization and its judicial body, thus reinforcing its credibility as an impartial player. Third, it brings together developing and developed countries into a partnership, rather than leaving the financial support of the endeavour to gratuitous contributions by developed countries. Finally, it is partially sustained by user-pays fees, which help reduce waste and unnecessary litigation, and it reinforces the commitment of the parties to the case"[3385].

O importante Relatório Sutherland notou, igualmente, que os países em desenvolvimento, "mesmo alguns dos mais pobres (*quando lhes é prestado o apoio jurídico que actualmente está à sua disposição*), estão defrontando cada vez mais os mais poderosos. *É assim que deve ser*" (itálico aditado)[3386].

Surpreendentemente, ou talvez não, nem os Estados Unidos nem as Comunidades Europeias mostraram qualquer interesse em apoiar o Centro de Assessoria em Assuntos Jurídicos da OMC. No caso dos Estados Unidos, OLIN WETHINGTON defende que:

> "it would be difficult for any U.S. administration to defend to U.S. taxpayers or the U.S. Congress a proposal to spend tax dollars on an institution created to assist others

---

[3383] Todas as receitas provenientes dos serviços prestados durante os cinco primeiros anos de funcionamento do Centro reverteram para o Fundo Fiduciário.

[3384] CENTRO DE ASSESSORIA JURÍDICA EM ASSUNTOS DA OMC, *How to Use the Services of the ACWL – A Guide for Developing Countries and LDCs*, October 2007, Genebra, p. 4.

[3385] Cesare ROMANO, *International Justice and Developing Countries (Continued): A Qualitative Analysis*, in The Law and Practice of International Courts and Tribunals, 2002, p. 565.

[3386] Peter SUTHERLAND, Jagdish BHAGWATI, Kwesi BOTCHWEY, Niall FITZGERALD, Koichi HAMADA, John JACKSON, Celso LAFER e Thierry de MONTBRIAL, *The Future of the WTO: Addressing institutional challenges in the new millennium*, Report by the Consultative Board to the Director-General Supachai Panitchpakdi, ed. WTO, 2004, parágrafo 222.

O SISTEMA DE RESOLUÇÃO DE LITÍGIOS DA OMC E OS PAÍSES EM DESENVOLVIMENTO

in challenges to U.S. trade law or regulations or to resist U.S. trade complaints filed with the WTO"[3387].

Para além de pôr em causa o princípio de uma representação adequada, a falta de apoio dos dois mais importantes membros da OMC não tem em conta que o acesso dos países em desenvolvimento ao sistema de resolução de litígios em pé de igualdade aumenta inevitavelmente a legitimidade da OMC[3388]. No caso *Sardines*, por exemplo, o Peru observou, quando apresentou inicialmente o caso, que tinha tentado resolver o litígio de modo amigável durante dois anos e que as Comunidades Europeias tinham ignorado todas as suas propostas e nunca respondido ao pedido formulado para justificar a exigência de rotulagem nos termos dos nºs 2 a 4 do art. 2º do Acordo sobre os Obstáculos Técnicos ao Comércio, não obstante as Comunidades estarem obrigadas a fornecer essa explicação ao abrigo do nº 5 do art. 2º do mesmo acordo[3389].

Caso o Centro de Assessoria dos Assuntos Jurídicos da OMC fosse um Membro da OMC, ele só estaria atrás das Comunidades Europeias e dos Estados Unidos no que diz respeito ao número de queixas apresentadas desde o ano da sua criação[3390]. Mais importante, os países membros do Centro de Assessoria têm recorrido, repetidamente, aos seus serviços, donde resulta que ficaram satisfeitos com o trabalho realizado anteriormente[3391].

---

[3387] Olin WETHINGTON, *Commentary on the Consultation Mechanism under the WTO Dispute Settlement Understanding during its First Five Years*, in Law and Policy in International Business, vol. 31, nº 3, 2000, p. 590.

[3388] Até Maio de 2008, o Centro de Assessoria representou países que apresentaram queixas contra os Estados Unidos em três ocasiões e contra as Comunidades Europeias em seis ocasiões. No mesmo período de tempo, o Centro também representou países que apresentaram queixas contra outros países em desenvolvimento em nove ocasiões. Cf. Chad BOWN, *Self-enforcing Trade: Developing Countries and WTO Dispute Settlement*, Brookings Institution Press, Washington, D.C., 2009, p. 152.

[3389] Andrea GREISBERGER, *Enhancing the Legitimacy of the World Trade Organization: Why the United States and the European Union Should Support the Advisory Centre on WTO Law*, in Vanderbilt Journal of Transnational Law, 2004, p. 850.

[3390] Chad BOWN, *Self-enforcing Trade: Developing Countries and WTO Dispute Settlement*, Brookings Institution Press, Washington, D.C., 2009, p. 138.

[3391] Em finais de 2009, o Centro contava com sete juristas: Frieder Roessler (Director Executivo), Leo Palma, Niall Meagher, Cherise Valles, Petina Gappah, Fernando Piérola e Hunter Nottage. Cf. CENTRO DE ASSESSORIA JURÍDICA EM ASSUNTOS DA OMC, *Report on Operations 2009*, s.d., p. 23.

Parte V
# A Fase Pós-Adjudicação.
## A Execução das Recomendações e Decisões do Órgão de Resolução de Litígios

# Capítulo 20
# O Prazo Razoável

> *"Unlike WTO law, in general public international law there is no period of grace within which a violation has no legal consequence"*[3392].

## 1. As Intenções dos Membros Faltosos

Regra geral, após proferir a sua sentença, um tribunal internacional torna-se formalmente *functus officio*[3393]. Significa isto que a execução daquela não faz parte das funções normais dos tribunais internacionais. Não é assim no caso da OMC.

Numa reunião do Órgão de Resolução de Litígios, a realizar no prazo de 30 dias a contar da data de adopção do relatório do Painel ou do Órgão de Recurso, o Membro em causa informará o Órgão de Resolução de Litígios das suas intenções no que se refere à execução das recomendações e decisões do Órgão de Resolução de Litígios (art. 21º, nº 3, do Memorando de Entendimento sobre Resolução de Litígios)[3394]. Se não estiver prevista nenhuma reunião do Órgão de Resolução de Litígios durante o período de 30 dias, será convocada uma reunião especialmente para o efeito referido (nota de rodapé 11 do Memorando de Entendimento sobre Resolução de Litígios).

---

[3392] Thomas SEBASTIAN, The law of permissible WTO retaliation, in *The Law, Economics and Politics of Retaliation in WTO Dispute Settlement*, Cambridge University Press, 2010, p. 93.

[3393] Math NOORTMANN, *Enforcing International Law: From Self-help to Self-contained Regimes*, Ashgate, 2005, p. 123.

[3394] Esta formulação não é das mais felizes, na medida em que parece reconhecer ao Membro faltoso uma margem real de manobra quanto à aplicação de recomendações e decisões do Órgão de Resolução de Litígios. Cf. Olivier BLIN, *Les sanctions dans l'Organisation mondiale du commerce*, in JDI, 2008, p. 453.

A FUNÇÃO JURISDICIONAL NO SISTEMA GATT/OMC

Os membros da OMC em causa têm declarado, quase sempre, a sua vontade de executar as recomendações e decisões do Órgão de Resolução de Litígios[3395]. Mesmo no caso *European Communities Measures concerning Meat and Meat Products (Hormones)*, a Comunidade Europeia informou o Órgão de Resolução de Litígios, nos termos do art. 21º, nº 3, do Memorando de Entendimento sobre Resolução de Litígios:

> "de que pretendia cumprir as suas obrigações ao abrigo do Acordo de Marraquexe que Estabelece a Organização Mundial do Comércio a respeito desta questão e que tinha iniciado o processo para examinar as opções de cumprimento com vista à aplicação no prazo mais breve possível"[3396].

Que tenhamos conhecimento, somente no caso *Canada – Export Credits and Loan Guarantees for Regional Aircraft*, o membro em falta declarou, já depois de a subvenção concedida ter sido declarada ilegal, que não tinha a intenção de executar as recomendações do Órgão de Resolução de Litígios, retirando imediatamente a subvenção tal como exigido pelo art. 4º, nº 7, do Acordo sobre Subvenções e Medidas de Compensação:

> "**3.106.** No presente caso, perguntámos ao Canadá que aclarasse se efectivamente não se propunha cumprir as recomendações do Órgão de Resolução de Litígios. O Canadá confirmou que cumpriria os seus compromissos contratuais de conceder o financiamento, cujo carácter ilícito se tinha constatado, a respeito das aeronaves não entregues na data fixada para o cumprimento. Interpretamos esta declaração no sentido de que o Canadá não pretende, por agora, retirar a subvenção em causa, como lhe exige o nº 7 do artigo 4º do Acordo sobre as Subvenções e as Medidas de Compensação (...)
>
> **3.107.** Consideramos que as contramedidas existem para contribuir para o fim de uma violação. Acreditamos também que o nível 'apropriado' das contramedidas deve reflectir o seu propósito específico. Tendo isto presente, consideramos que a declaração do Canadá de que, por enquanto, não pretende retirar a subvenção em questão

---

[3395] Nos casos *United States – Standards for Reformulated and Conventional Gasoline* e *United States – Restrictions on Imports of Cotton and Man-made Fibre Underwear*, os Estados Unidos, voluntariamente, viajaram mesmo para as capitais das respectivas partes queixosas "to provide assurances regarding implementation". Cf. Andrew SHOYER, Eric SOLOVY e Alexander KOFF, Implementation and Enforcement of Dispute Settlement Decisions (Chapter 28), in *The World Trade Organization: Legal, Economic and Political Analysis*, Volume I, Patrick Macrory, Arthur Appleton e Michael Plummer Ed., Springer, Nova Iorque, 2005, p. 1361.

[3396] Decisão de Arbitragem no caso *European Communities Measures concerning Meat and Meat Products (Hormones), Arbitration under Article 21.3 (c) of the Understanding on Rules and Procedures Governing the Settlement of Disputes* (WT/DS26/15, WT/DS48/13), 29-5-1998, parágrafo 1.

O PRAZO RAZOÁVEL

sugere que, para induzir ao cumprimento neste caso, seria necessário e apropriado um nível de contramedidas mais alto que o baseado na metodologia do Canadá"[3397].

Em contrapartida, o facto de ter havido uma opinião dissidente no relatório do Órgão de Recurso apresentado no caso *United States – Subsidies on Upland Cotton*[3398], não levou a que, apesar de alguns receios[3399] e do desapontamento das autoridades norte-americanas relativamente aos relatórios do painel e do Órgão de Recurso apresentados[3400], os Estados Unidos manifestassem qualquer intenção em não implementar as recomendações e decisões do Órgão de Resolução de Litígios.

No que concerne ao prazo de 30 dias que é concedido ao membro faltoso para informar o Órgão de Resolução de Litígios das suas intenções no que se refere à execução das recomendações e decisões, é duvidoso que o Membro em causa necessite realmente de um prazo de 30 dias para fazê-lo. Seria bem melhor que as suas intenções fossem expressas na reunião do Órgão de Resolução de Litígio em que o relatório ou os relatórios são adoptados[3401].

O Memorando de Entendimento sobre Resolução de Litígios nada diz, por outro lado, sobre o detalhe com que o Membro em falta deve informar o Órgão de Resolução de Litígios das suas intenções no que se refere à execução das recomendações e decisões do Órgão de Resolução de Litígios.

Finalmente, nos termos do nº 1, alínea *b*), do art. 26º do Memorando de Entendimento sobre Resolução de Litígios, "caso se verifique que uma medida anula ou reduz as vantagens, ou impede a realização de objectivos, previstos no acordo abrangido relevante sem violação do mesmo, não existe qualquer obrigação de abolir essa medida. Contudo, nesses casos, o Painel ou o Órgão de Recurso recomendarão ao membro em causa que proceda a um ajustamento mutuamente satisfatório" e, de acordo com a alínea *d*) do nº 1 do mesmo artigo, "sem prejuízo do disposto no nº 1 do art. 22º, uma compensação pode fazer parte de um ajusta-

---

[3397] Decisão de Arbitragem no caso *Canada – Export Credits and Loan Guarantees for Regional Aircraft, Recourse to Arbitration by Canada under Article 22.6 of the DSU and Article 4.11 of the SCM Agreement* (WT/DS222/ARB), 17-2-2003, parágrafos 3.106-3.107.

[3398] Relatório do Órgão de Recurso no caso *United States – Subsidies on Upland Cotton* (WT/DS267/AB/R), 3-3-2005, parágrafos 631-641.

[3399] Alberto Alvarez-Jiménez, *The WTO Appellate Body's Decision-Making Process: A Perfect Model for International Adjudication?*, in JIEL, 2009, p. 319.

[3400] OMC, *Minutes of Meeting Held in the Centre William Rappard on 21 March 2005 – Dispute Settlement Body* (WT/DSB/M/186), 14-4-2005, parágrafo 46.

[3401] Joost Pauwelyn, Proposals for Reforms of Article 21 of the DSU, in *The WTO Dispute Settlement System 1995-2003*, Federico Ortino e Ernst-Ulrich Petersmann ed., Kluwer Law International, Haia-Londres-Nova Iorque, 2004, p. 52.

A FUNÇÃO JURISDICIONAL NO SISTEMA GATT/OMC

mento mutuamente satisfatório para a resolução do litígio". Ou seja, parece ser possível, pelo menos teoricamente, que uma queixa de não violação dê origem a uma arbitragem nos termos do nº 3, alínea *c*), do art. 21º do Memorando. De facto, nos casos de violação, a solução da compensação só é possível caso as recomendações e decisões do Órgão de Resolução de Litígios não sejam executadas dentro de um prazo razoável (art. 22º, nº 1, do Memorando).

## 2. O Prazo Razoável

### 2.1. As Opções Disponíveis

O rápido cumprimento das recomendações ou decisões do Órgão de Resolução de Litígios é, como diz o próprio Memorando de Entendimento sobre Resolução de Litígios, "essencial para assegurar uma resolução eficaz dos litígios em benefício de todos os membros" (art. 21º, nº 1) e "essencial para que a OMC exerça as suas funções de um modo eficaz e para a manutenção de um equilíbrio adequado entre os direitos e obrigações dos Membros" (art. 3º, nº 3). E, como bem observa uma decisão de arbitragem, "'o rápido cumprimento' implica, em princípio, o cumprimento 'imediato'"[3402].

Pode dar-se o caso, porém, de os membros não estarem em condições de executar as recomendações e decisões do Órgão de Resolução de Litígios de forma imediata. Por exemplo, uma lei vigente que viola os compromissos da OMC não pode ser derrogada da noite para o dia. Caso não seja possível dar imediatamente cumprimento às recomendações e decisões[3403], o membro em causa disporá de um prazo razoável para o fazer[3404]. Contudo, como observou o Árbitro Yasuhei Taniguchi:

---

[3402] Decisão de Arbitragem no caso *Chile – Taxes on Alcoholic Beverages, Arbitration under Article 21.3 (c) of the Understanding on Rules and Procedures Governing the Settlement of Disputes* (WT/DS87/15, WT/DS110/14), 23-5-2000, parágrafo 38.

[3403] Na prática, "truly immediate implementation of rulings and recommendations of the Dispute Settlement Body has been the exception". Cf. Arthur STEINMANN, Article 21 DSU, in *WTO--Institutions and Dispute Settlement*, Rüdiger Wolfrum, Peter-Tobias Stoll e Karen Kaiser (eds), Max Planck Commentaries on World Trade Law, Max Planck Institute for Comparative Public Law and International Law, Martinus Nijhoff Publishers, Leiden/Boston, 2006, p. 500.

[3404] Como bem nota um autor, "[the] zero delay standard looked probably unrealistic to the negotiators of the WTO agreements who installed safety-valves, such as 'Reasonable Period of Time' in the DSU" (cf. Pierre MONNIER, *The Time to Comply with an Adverse WTO Ruling: Promptness within Reason*, in JWT, 2001, p. 825). Por vezes, as próprias partes queixosas reconhecem que é impraticável o cumprimento imediato por parte do Membro faltoso. Cf. Decisão de Arbitragem no caso *United States – Continued Dumping and Subsidy Offset Act of 2000, Arbitration under Article 21.3 (c) of the Understanding on Rules and Procedures Governing the Settlement of Disputes* (WT/DS217/14, WT/DS234/22), 13-6-2003, parágrafo 45.

1210

O PRAZO RAZOÁVEL

"O Membro que tem de aplicar as resoluções não dispõe incondicionalmente de um 'prazo razoável'. Ele só tem direito quando, de acordo com o nº 3 do artigo 21º, 'não seja possível cumprir imediatamente as recomendações e resoluções' do Órgão de Resolução de Litígios"[3405].

De facto, em alguns casos, a colocação de uma medida incompatível em conformidade com um acordo abrangido não necessitou de qualquer prazo razoável, uma vez que o membro da OMC em causa fê-lo antes da adopção do(s) relatório(s) ou pouco tempo depois. A primeira situação ocorreu, por exemplo, nos casos *United States – Measures Affecting Imports of Woven Wool Shirts and Blouses from India* e *United States – Imposition of Countervailing Duties on Certain Hot-Rolled Lead and Bismuth Carbon Steel Products Originating in the United Kingdom*; a segunda nos casos *United States – Restrictions on Imports of Woven Cotton and Man-Made Fibre Underwear, Argentina – Safeguard Measures on Import of Footwear* e *Guatemala – Definitive Anti-Dumping Measures on Grey Portland Cement from Mexico*[3406].

Nos termos do Memorando de Entendimento sobre Resolução de Litígios, o prazo razoável será o seguinte:

(i) o prazo proposto pelo membro em causa, desde que esse prazo seja aprovado pelo Órgão de Resolução de Litígios; ou, na falta de tal aprovação (art. 21º, nº 3, alínea *a*));

(ii) um prazo mutuamente acordado pelas partes em litígio, dentro de 45 dias a contar da data de adopção das recomendações e decisões [do Órgão de Resolução de Litígios]; ou, na falta de tal acordo (art. 21º, nº 3, alínea *b*));

(iii) um prazo determinado através de arbitragem vinculativa dentro de 90 dias a contar da data de adopção das recomendações e decisões [do Órgão de Resolução de Litígios] (art. 21º, nº 3, alínea *c*)).

Significativamente, nunca é possível a um membro da OMC determinar unilateralmente o prazo razoável para o membro em falta executar as recomendações e decisões do Órgão de Resolução de Litígios e é de notar que, relativamente à decisão de arbitragem, não existe qualquer disposição a prever a possibilidade de recurso ou a impor a necessidade de adopção da mesma pelo Órgão de Resolução de Litígios.

---

[3405] *Idem*, parágrafo 40. Na prática, porém, é concedida *complete deference* aos membros faltosos que alegam que o cumprimento imediato é impossível e que necessitam, por isso, de um prazo razoável para executar as recomendações e decisões do Órgão de Resolução de Litígios. Cf. Maurizio GAMBARDELLA e Davide ROVETTA, *Reasonable Period of Time to Comply with WTO Rulings: Need to Do More for Developing Countries*, in Global Trade and Customs Journal, Volume 3, Nº 3, 2008, p. 101.

[3406] Pierre MONNIER, *The Time to Comply with an Adverse WTO Ruling: Promptness within Reason*, in JWT, 2001, p. 828.

A FUNÇÃO JURISDICIONAL NO SISTEMA GATT/OMC

Em relação à primeira opção referida, nunca o Órgão de Resolução de Litígios aprovou um prazo razoável[3407]. A razão prende-se com o facto de o Órgão de Resolução de Litígios dever aprovar o prazo proposto pela parte que perdeu o litígio com base na regra do consenso positivo, o que permite à parte vencedora bloquear a aprovação. Apesar disso, em certas ocasiões, o Órgão de Resolução de Litígios tem, face a uma solicitação do Membro em falta[3408], aprovado a prorrogação do prazo razoável que tinha sido atribuído anteriormente através de arbitragem[3409].

A segunda opção é igualmente problemática, não só por causa da necessidade de obter um acordo mútuo, mas também devido ao limite temporal imposto. No entanto, ao contrário da primeira opção, esta opção não constitui uma mera hipótese. As partes em litígio têm chegado a acordo relativamente ao prazo razoável em muitos litígios[3410] e as duas partes em confronto no caso *Dominican Republic – Measures Affecting the Importation and Internal Sale of Cigarettes* concordaram mesmo no estabelecimento de um prazo razoável de 24 meses para a República Dominicana colocar em conformidade com o nº 1, alínea *b*), do art. II do GATT uma das medidas que tinha sido declarada incompatível pelo Painel[3411]. Este prazo

[3407] Porém, quando o Órgão de Resolução de Litígios aprova extensões de prazos razoáveis concedidos anteriormente por árbitros no âmbito de processos iniciados no âmbito do nº 3, alínea *c*), do art. 21º do Memorando de Entendimento sobre Resolução de Litígios, tais aprovações podem ser vistas "as an implicit application of paragraph (a) [of Article 21.3]". Cf. Pierre MONNIER, *The Time to Comply with an Adverse WTO Ruling: Promptness within Reason*, in JWT, 2001, p. 826.

[3408] Mesmo que tenha havido uma decisão de arbitragem a estabelecer um prazo razoável, o Órgão de Resolução de Litígios admite que tal prazo possa ser modificado se houver acordo entre as partes em litígio (cf. OMC, *Minutes of Meeting Held in the Centre William Rappard on 31 August 2004, Dispute Settlement Body* (WT/DSB/M/175), 24-9-2004, parágrafos 25-28). Tal modificação por mútuo acordo ocorreu, por exemplo, no caso *United States – Anti-Dumping Measures on Certain Hot-Rolled Steel Products from Japan*. Cf. OMC, *United States – Anti-Dumping Measures on Certain Hot-Rolled Steel Products from Japan, Request for Modification of the Reasonable Period of Time* (WT/DS184/18), 3-8-2004.

[3409] OMC, *A Handbook on the WTO Dispute Settlement System – A WTO Secretariat Publication*, Cambridge University Press, 2004, p. 76.

[3410] É esta a prática normal. Cf. William DAVEY, Expediting the Panel Process in WTO Dispute Settlement, in *The WTO: Governance, Dispute Settlement, and Developing Countries*, Merit Janow, Victoria Donaldson e Alan Yanovich ed., Juris Publishing, Nova Iorque, 2008, p. 419.

[3411] Decisão de Arbitragem no caso *Dominican Republic – Measures Affecting the Importation and Internal Sale of Cigarettes, Arbitration under Article 21.3 (c) of the Understanding on Rules and Procedures Governing the Settlement of Disputes* (WT/DS302/17), 29-8-2005, Anexo I, nº 3. No caso *United States – Section 211 Omnibus Appropriations Act of 1998*, as Comunidades Europeias e os Estados Unidos informaram o Presidente do Órgão de Resolução de Litígios de que tinham acordado mutuamente modificar o prazo razoável para execução das recomendações e decisões do Órgão de Resolução de Litígios estabelecido inicialmente ao abrigo do nº 3, alínea *b*), do art. 21º do Memorando de Entendimento sobre Resolução de Litígios. Cf. OMC, *United States – Section 211 Omnibus Appropriations Act of 1998, Modification of the Agreement under Article 21.3(b) of the DSU* (WT/DS176/15), 21-12-2004.

O PRAZO RAZOÁVEL

foi acordado já depois de ter sido nomeado um árbitro nos termos do art. 21º, nº 3, alínea *c*), do Memorando de Entendimento sobre Resolução de Litígios[3412]. Relativamente ao limite temporal imposto, regra geral, os membros da OMC não consideram o prazo de 45 dias obrigatório, uma vez que a maioria dos acordos acontece depois de já ter decorrido aquele período de tempo[3413].

No caso da terceira opção, caso as partes não consigam acordar na nomeação de um árbitro no prazo de 10 dias a contar da data em que decidiram recorrer à arbitragem, o Árbitro será nomeado pelo Director-Geral no prazo de 10 dias, após consulta das partes (nota de rodapé 12 do Memorando de Entendimento sobre Resolução de Litígios)[3414]. Até meados de 2009, as partes em litígio conseguiram acordar na nomeação de um árbitro em 18 das 28 arbitragens iniciadas ao abrigo do nº 3, alínea *c*), do art. 21º do Memorando. Apenas as partes em litígio podem participar na arbitragem, mesmo se apenas uma delas solicitou a determinação do prazo através de arbitragem[3415]. As partes terceiras, pelo contrário, não podem dar início ao processo de arbitragem nem nele participar[3416].

---

[3412] Decisão de Arbitragem no caso *Dominican Republic – Measures Affecting the Importation and Internal Sale of Cigarettes, Arbitration under Article 21.3 (c) of the Understanding on Rules and Procedures Governing the Settlement of Disputes* (WT/D3302/17), 29-8-2005, parágrafo 4.

[3413] OMC, *A Handbook on the WTO Dispute Settlement System – A WTO Secretariat Publication*, Cambridge University Press, 2004, p. 73.

[3414] Porém, no caso *United States – Sunset Reviews of Anti-Dumping Measures on Oil Country Tubular Goods from Argentina*, já depois de ter sido pedido ao Director-Geral da OMC que nomeasse o Árbitro, as partes em litígio, a Argentina e os Estados Unidos, acordaram na nomeação do Árbitro antes de o Director-Geral terminar as consultas. Cf. Decisão de Arbitragem no caso *United States – Sunset Reviews of Anti-Dumping Measures on Oil Country Tubular Goods from Argentina, Arbitration under Article 21.3 (c) of the Understanding on Rules and Procedures Governing the Settlement of Disputes* (WT/DS268/12), 7-6-2005, parágrafo 3.

[3415] Numa reunião organizacional realizada em 20 de Janeiro de 1997, "acordou-se que todas as partes originárias do litígio poderiam participar no procedimento de arbitragem, não obstante terem sido apenas os Estados Unidos a solicitar a arbitragem" (cf. Decisão de Arbitragem no caso *Japan – Taxes on Alcoholic Beverages, Arbitration under Article 21.3 (c) of the Understanding on Rules and Procedures Governing the Settlement of Disputes* (WT/DS8/15, WT/DS10/15, WT/DS11/13), 14-2-1997, parágrafo 3). Nada impede que o recurso à arbitragem seja solicitado igualmente pelo Membro que tem de executar as recomendações e decisões do Órgão de Resolução de Litígios (cf. Decisão de Arbitragem no caso *Chile – Taxes on Alcoholic Beverages, Arbitration under Article 21.3 (c) of the Understanding on Rules and Procedures Governing the Settlement of Disputes* (WT/DS87/15, WT/DS110/14), 23-5-2000, parágrafo 3) e nada impede, também, que duas partes queixosas diferentes solicitem arbitragens separadas, com árbitros diferentes, e que estes cheguem a conclusões discrepantes. Até agora, porém, esta última possibilidade não se concretizou. Cf. Arthur STEINMANN, Article 21 DSU, in *WTO-Institutions and Dispute Settlement*, Rüdiger Wolfrum, Peter-Tobias Stoll e Karen Kaiser (eds), Max Planck Commentaries on World Trade Law, Max Planck Institute for Comparative Public Law and International Law, Martinus Nijhoff Publishers, Leiden/Boston, 2006, p. 508.

[3416] *Idem*.

A FUNÇÃO JURISDICIONAL NO SISTEMA GATT/OMC

Tal como acontece com a segunda opção, também aqui a observância do limite temporal imposto (*in casu*, 90 dias) não é imperativa. Prova disso mesmo é o caso *United States – Definitive Safeguard Measures on Imports of Circular Welded Carbon Quality Line Pipe from Korea*, cujo relatório do Órgão de Recurso foi adoptado, em 8 de Março de 2002, pelo Órgão de Resolução de Litígios. Uma vez que as partes em litígio não chegaram a acordo sobre qual o prazo razoável para os Estados Unidos executarem as recomendações e decisões do Órgão de Resolução de Litígios, a Coreia solicitou, numa carta datada de 29 Abril de 2002, que tal prazo fosse determinado por arbitragem, nos termos do art. 21º, nº 3, alínea *c*), do Memorando. Acontece que as partes em litígio acordaram em prolongar o prazo de 90 dias referido no art. 21º, nº 3, alínea *c*), ao mesmo tempo que realçavam que a decisão do árbitro, quando emitida, seria considerada vinculativa por ambas as partes. Depois de sucessivos pedidos de adiamento da decisão do árbitro, a pedido das partes em litígio, estas comunicaram ao árbitro, em 24 de Julho de 2002, que tinham chegado a acordo sobre qual o prazo razoável (ou seja, 4 meses e meio depois da adopção do relatório pelo Órgão de Resolução de Litígios). Deste modo, o árbitro limitou-se a declarar que não iria proferir qualquer decisão sobre qual o prazo razoável para o cumprimento das decisões e recomendações do Órgão de Resolução de Litígios[3417]. Por outro lado, no caso *Chile Price Band System and Safeguard Measures Relating to Certain Agricultural Products*, a Argentina e o Chile informaram o Órgão de Resolução de Litígios, em 16 de Dezembro de 2002, que tinham concordado em adiar o fim do prazo da arbitragem vinculativa prevista no art. 21º, nº 3, alínea *c*), do Memorando. Segundo o acordo alcançado, a arbitragem deveria estar concluída dentro de 90 dias a contar da data em que o árbitro foi nomeado e não da data de adopção das conclusões e recomendações do Órgão de Resolução de Litígios[3418]. Por outro lado, ainda, no caso *United States – Section 110(5) of the US Copyright Act*, as partes em litígio solicitaram um prazo razoável determinado através de arbitragem vinculativa já depois de ter expirado o prazo de 90 dias (o relatório do Painel foi adoptado no dia 27 de Julho de 2000 e as partes recorreram à arbitragem no dia 22 de Novembro de 2000)[3419]. Finalmente, em casos envolvendo diferentes partes queixosas, algumas partes

[3417] Decisão de Arbitragem no caso *United States – Definitive Safeguard Measures on Imports of Circular Welded Carbon Quality Line Pipe from Korea, Arbitration under Article 21.3 (c) of the Understanding on Rules and Procedures Governing the Settlement of Disputes* (WT/DS202/17), 26-7-2002, parágrafo 9.

[3418] Decisão de Arbitragem no caso *Chile Price Band System and Safeguard Measures Relating to Certain Agricultural Products, Extension of Time-Period under Article 21.3(c) of the DSU* (WT/DS207/10), 19-12-2002, parágrafo 2.

[3419] Decisão de Arbitragem no caso *United States – Section 110(5) of the US Copyright Act, Arbitration under Article 21.3 (c) of the Understanding on Rules and Procedures Governing the Settlement of Disputes* (WT/DS160/12), 15-1-2001, parágrafos 1-3.

1214

O PRAZO RAZOÁVEL

negociaram períodos de implementação ao abrigo da alínea *b*), enquanto outras iniciaram procedimentos de arbitragem nos termos da alínea *c*)[3420].

Apesar de o Memorando de Entendimento sobre Resolução de Litígios pouco dizer[3421], nas arbitragens que se têm realizado ao abrigo do art. 21º, nº 3, alínea *c*), do Memorando, o Árbitro tem sido sempre um membro do Órgão de Recurso, mesmo que o relatório do Painel em questão não tenha sido objecto de recurso[3422]. Tal aconteceu, por exemplo, nos casos *Indonesia – Certain Measures Affecting the Automobile Industry* e *Argentina – Measures Affecting the Export of Bovine Hides and the Import of Finished Leather.* Em alguns casos, o Árbitro nem sequer fez parte da divisão responsável pela apreciação do recurso interposto do relatório do Painel. Tal aconteceu, por exemplo, com Claus-Dieter Ehlermann no caso *Canada – Term of Patent Protection.* Pode também um antigo membro do Órgão de Recurso ser nomeado árbitro. No caso *United States – Final Anti-Dumping Measures on Stainless Steel from Mexico*, por exemplo, a escolha do Director-Geral recaiu em Florentino Feliciano, membro do Órgão de Recurso entre Dezembro de 1995 e Dezembro de 2001[3423].

O facto de o árbitro ser sempre um membro do Órgão de Recurso tem a vantagem de garantir um bom conhecimento do caso ou, pelo menos, do funcionamento do sistema de resolução de litígios da OMC.

Uma vez nomeado, o Árbitro estabelece um plano de trabalho e fixa uma data para as partes apresentarem observações escritas e para a realização de uma audiência oral[3424]. As partes não podem trocar directamente questões entre si

---

[3420] Werner ZDOUC, The reasonable period of time for compliance with rulings and recommendations adopted by the WTO Dispute Settlement Body, in *Key Issues in WTO Dispute Settlement: The First Ten Years*, Rufus Yerxa e Bruce Wilson Ed., Cambridge University Press, 2005, p. 90.

[3421] O Memorando limita-se a dizer que "a expressão «árbitro» deve ser interpretada como referindo-se tanto a um indivíduo como a um grupo".

[3422] No caso *European Communities Measures concerning Meat and Meat Products (Hormones)*, após consulta às partes em litígio, o Director-Geral decidiu, em 30 de Abril de 1998, nomear Celso Lafer, na altura o embaixador brasileiro junto da OMC, e Julio Lacarte-Muró, então membro do Órgão de Recurso, como árbitros. Subsequentemente, o embaixador Lafer informou o Director-Geral de que não poderia aceitar a nomeação. O Director-Geral informou então as partes de que, devido aos prazos apertados previstos para o processo de arbitragem, a melhor medida a tomar passaria pela condução do processo de arbitragem apenas por Julio Lacarte-Muró. Cf.Decisão de Arbitragem no caso *European Communities Measures concerning Meat and Meat Products (Hormones), Arbitration under Article 21.3 (c) of the Understanding on Rules and Procedures Governing the Settlement of Disputes* (WT/DS26/15, WT/DS48/13), 29-5-1998, parágrafo 3.

[3423] Decisão de Arbitragem no caso *United States – Final Anti-Dumping Measures on Stainless Steel from Mexico, Arbitration under Article 21.3(c) of the Understanding on Rules and Procedures Governing the Settlement of Disputes* (WT/DS344/15), 31-10-2008, parágrafo 3.

[3424] Nas primeiras arbitragens, as comunicações escritas eram apresentadas em simultâneo pelas partes em litígio. Nas arbitragens mais recentes, o árbitro tem solicitado que a parte demandada

A FUNÇÃO JURISDICIONAL NO SISTEMA GATT/OMC

durante a audiência oral[3425]. De notar que, no caso *Chile – Price Band System and Safeguard Measures Relating to Certain Agricultural Products*, o Chile e a Argentina apresentaram observações escritas em 27 de Janeiro de 2003 e que a audiência oral se realizou no dia 17 de Fevereiro de 2003. Porém, quando da realização da audiência oral, ambas as partes apresentaram novos documentos, mas nenhuma das partes levantou objecções à apresentação pela outra dessa documentação adicional. As partes tiveram depois até ao dia 20 de Fevereiro para comentar os novos documentos apresentados. Ambas as partes apresentaram comentários, mas nenhuma avançou com a ideia de que o Árbitro não poderia ter em conta a nova documentação e, por isso mesmo, ela foi incluída no dossier do processo de arbitragem em causa[3426].

As regras de conduta para o Memorando de Entendimento sobre as Regras e Processos de Resolução de Litígios aplicam-se, também, aos árbitros envolvidos num processo de determinação do prazo razoável nos termos do nº 3, alínea *c*), do art. 21º do Memorando de Entendimento sobre Resolução de Litígios (art. IV, nº 1, das Regras de Conduta para o Memorando de Entendimento sobre as Regras e Processos de Resolução de Litígios) e, por isso, tais árbitros devem manter a todo o momento a confidencialidade das deliberações e procedimentos de resolução de litígios e de qualquer informação que uma parte identifique como confidencial, não devendo utilizar em nenhum momento a informação conhecida durante tais deliberações e procedimentos em benefício pessoal, próprio ou de outros (art. VII, nº 1, das Regras de Conduta para o Memorando de Entendimento sobre as Regras e Processos de Resolução de Litígios).

## 2.2. O Mandato do Árbitro

Sempre que se recorra a um processo de arbitragem, coloca-se a questão do mandato do Árbitro. No caso *European Communities Measures concerning Meat and Meat Products (Hormones)*, o Árbitro, observando que as partes discordavam sobre o que constituiria a aplicação das recomendações e decisões do Órgão de Resolução

---

apresente a sua comunicação em primeiro lugar, explicando os passos que propõe adoptar para implementar as recomendações e decisões do Órgão de Resolução de Litígios e o tempo que julga necessário. A parte queixosa apresenta depois a sua comunicação, reagindo aos argumentos da parte demandada. Cf. Alan YANOVICH e Werner ZDOUC, Procedural and Evidentiary Issues, in *The Oxford Handbook of International Trade Law*, Daniel Bethlehem, Donald McRae, Rodney Neufeld e Isabelle Van Damme Ed., Oxford University Press, 2009, p. 372.

[3425] Pierre MONNIER, *The Time to Comply with an Adverse WTO Ruling: Promptness within Reason*, in JWT, 2001, p. 834.

[3426] Decisão de Arbitragem no caso *Chile – Price Band System and Safeguard Measures Relating to Certain Agricultural Products, Arbitration under Article 21.3 (c) of the Understanding on Rules and Procedures Governing the Settlement of Disputes* (WT/DS207/13), 17-3-2003, parágrafo 3.

de Litígios ao abrigo do nº 3 do art. 21º do Memorando de Entendimento sobre Resolução de Litígios[3427], notou que:

> "Não corresponde ao meu mandato ao abrigo da alínea c) do nº 3 do artigo 21º do Memorando de Entendimento sobre Resolução de Litígios sugerir às Comunidades Europeias formas ou meios pelas quais podem aplicar as recomendações e resoluções do relatório do Órgão de Recurso e dos relatórios do Painel. A minha tarefa consiste em determinar o prazo razoável em que deve ser levada a cabo essa aplicação. O nº 7 do artigo 3º do Memorando de Entendimento sobre Resolução de Litígios dispõe, na sua parte pertinente, que 'o objectivo imediato do sistema de resolução de litígios é *normalmente o de assegurar a supressão das medidas em causa*, caso se verifique que as mesmas são incompatíveis com as disposições de qualquer um dos acordos abrangidos'. Apesar da supressão de uma medida incompatível constituir a forma *preferida* para dar cumprimento às recomendações e resoluções do Órgão de Resolução de Litígios em caso de violação, não é forçosamente a *única* forma de aplicação compatível com os acordos abrangidos. Assim, todo o Membro que deva aplicar recomendações e resoluções, goza de uma certa margem de liberdade para escolher os *meios* de aplicação, desde que os meios escolhidos sejam compatíveis com as recomendações e resoluções do Órgão de Resolução de Litígios e com os acordos abrangidos"[3428].

De modo semelhante, no caso *Australia – Measures Affecting Importation of Salmon*, o Árbitro, citando a decisão de arbitragem do caso *EC – Hormones*, declarou o seguinte:

> "Tenho presente os limites do meu mandato nesta arbitragem. Estou particularmente consciente de que não faz parte do meu mandato propor formas e meios de aplicação e que o meu trabalho se circunscreve à determinação do 'prazo razoável'.

---

[3427] As Comunidades Europeias mantinham que o relatório do Órgão de Recurso "impunha que diversos estudos científicos correspondentes a uma avaliação dos riscos fossem conduzidos como primeira medida necessária para pôr as medidas das Comunidades Europeias em conformidade com o Acordo relativo à Aplicação de Medidas Sanitárias e Fitossanitárias". Os Estados Unidos e o Canadá, pelo contrário, alegavam que "ao ter-se constatado que as medidas das Comunidades Europeias são incompatíveis com as obrigações das Comunidades Europeias ao abrigo do o Acordo relativo à Aplicação de Medidas Sanitárias e Fitossanitárias, a *única* forma de colocá-las em conformidade com as recomendações e resoluções do Órgão de Resolução de Litígios é através da sua supressão". Cf. Decisão de Arbitragem no caso *European Communities Measures concerning Meat and Meat Products (Hormones), Arbitration under Article 21.3 (c) of the Understanding on Rules and Procedures Governing the Settlement of Disputes* (WT/DS26/15, WT/DS48/13), 29-5-1998, parágrafo 32.
[3428] *Idem*, parágrafo 38.

A FUNÇÃO JURISDICIONAL NO SISTEMA GATT/OMC

A escolha dos meios de aplicação é, e deve ser, prerrogativa do Membro que procede à aplicação"[3429].

Por isso mesmo, o Árbitro do caso *United States – Continued Dumping and Subsidy Offset Act of 2000* declarou não aceitar "o argumento das Partes Queixosas de que a minha decisão deve basear-se no facto de que 'a única maneira efectiva' de os Estados Unidos cumprirem as recomendações e resoluções do Órgão de Resolução de Litígios é derrogar o *Continued Dumping and Subsidy Offset Act* [a medida declarada incompatível]"[3430].

A razão pela qual os árbitros se recusam a fazer determinações sobre a adequação de medidas a serem implementadas pelo Membro demandado, de modo a tornar as suas medidas compatíveis com as regras da OMC, deve-se, seguramente, ao procedimento previsto no n.º 5 do art. 21.º do Memorando de Entendimento sobre Resolução de Litígios. Como assinalou o Árbitro do caso *Canada – Patent Protection of Pharmaceutical Products*, o n.º 5 do art. 21.º poderia tornar-se supérfluo caso os árbitros pudessem fazer determinações sobre a compatibilidade das medidas de implementação propostas com os acordos abrangidos:

"**41.** (...) A minha responsabilidade não inclui em nenhum sentido determinar a *compatibilidade* da medida de aplicação proposta com as recomendações e resoluções do Órgão de Resolução de Litígios. O que deve preocupar um árbitro nomeado de acordo com o n.º 3, alínea *c*), do artigo 21.º é justamente *quando*, não *que* há de fazer o Membro em causa.

**42.** O *que* um Membro deve fazer para dar cumprimento às recomendações e resoluções do Órgão de Resolução de Litígios num caso concreto é uma questão abordada em outras disposições do Memorando de Entendimento sobre Resolução de Litígios. O n.º 5 do artigo 21.º estabelece um procedimento especial para determinar 'a existência de medidas destinadas a cumprir as recomendações e resoluções ou (...) a *compatibilidade* de tais medidas com um acordo abrangido' em caso de desacordo. Caso seja suscitada alguma questão sobre a suficiência da forma *que* um Membro escolhe para cumprir as recomendações e resoluções do Órgão de Resolução de Litígios e não acerca de *quando* esse Membro se propõe fazê-lo, a disposição aplicável é o n.º 5 do artigo 21.º e não o n.º 3 do mesmo artigo. As razões são muitas e evidentes. Por exemplo, se a compatibilidade das medidas de aplicação pudesse também ser examinada durante as arbitragens reguladas pelo n.º 3, alínea *c*), do artigo 21.º, o n.º 5 do

[3429] Decisão de Arbitragem no caso *Australia – Measures Affecting Importation of Salmon, Arbitration under Article 21.3 (c) of the Understanding on Rules and Procedures Governing the Settlement of Disputes* (WT/DS18/9), 23-2-1999, parágrafo 35.

[3430] Decisão de Arbitragem no caso *United States – Continued Dumping and Subsidy Offset Act of 2000, Arbitration under Article 21.3 (c) of the Understanding on Rules and Procedures Governing the Settlement of Disputes* (WT/DS217/14, WT/DS234/22), 13-6-2003, parágrafo 54.

1218

O PRAZO RAZOÁVEL

artigo 21º perderia grande parte da sua efectividade. As partes teriam pouco a perder se solicitassem também a um árbitro nomeado de acordo com o nº 3, alínea *c*), do artigo 21º uma resolução imediata sobre a compatibilidade de uma medida proposta. Além disso, o procedimento mais elaborado do nº 5 do artigo 21º, envolvendo um painel composto por três ou cinco membros e um relatório adoptado pelo Órgão de Resolução de Litígios, parece mais apropriado para avaliar a compatibilidade com as obrigações substantivas resultantes dos acordos abrangidos da OMC que o definido no nº 3, alínea *c*), do artigo 21º, que tem um alcance jurídico mais limitado"[3431].

Aparentemente, o árbitro também não pode fazer:

"qualquer determinação sobre o âmbito e conteúdo adequados da legislação de aplicação (...). O grau de complexidade da legislação de aplicação prevista pode ser relevante para o árbitro, na medida em que tal complexidade influa na duração do prazo que pode destinar-se razoavelmente à promulgação da legislação em causa. Mas a determinação do âmbito e conteúdo adequados da legislação prevista cabe, em princípio, ao Membro da OMC que deve proceder à aplicação"[3432].

Apesar de tudo, um árbitro tem de ter presente as opções que o Membro em falta tem de implementação das recomendações e decisões do Órgão de Resolução de Litígios para poder determinar o prazo razoável. Isto mesmo foi reconhecido pelo Árbitro do caso *Chile – Price Band System and Safeguard Measures Relating to Certain Agricultural Products*:

"O facto de uma arbitragem de acordo com o nº 3, alínea *c*), do artigo 21º se centrar no prazo para a aplicação não priva de importância, na perspectiva do árbitro, o conteúdo da aplicação, isto é, a forma ou meio concreto de aplicação. Na verdade, quanto mais informação se tiver sobre os detalhes da medida de aplicação, mais orientação terá um árbitro para determinar um prazo razoável e mais provável será esse prazo responder a um equilíbrio equitativo entre as necessidades legítimas do Membro que deve proceder à aplicação e as do Membro queixoso. Não obstante, o árbitro deve Abster-se de decidir o que deve fazer um Membro para proceder a uma aplicação adequada"[3433].

---

[3431] Decisão de Arbitragem no caso *Canada – Patent Protection of Pharmaceutical Products, Arbitration under Article 21.3(c) of the Understanding on Rules and Procedures Governing the Settlement of Disputes* (WT/DS114/13), 18-8-2000, parágrafos 41-42.

[3432] Decisão de Arbitragem no caso *United States – Anti-Dumping Measures on Certain Hot-Rolled Steel Products from Japan, Arbitration under Article 21.3(c) of the Understanding on Rules and Procedures Governing the Settlement of Disputes* (WT/DS184/13), 19-2-2002, parágrafo 30.

[3433] Decisão de Arbitragem no caso *Chile – Price Band System and Safeguard Measures Relating to Certain Agricultural Products, Arbitration under Article 21.3 (c) of the Understanding on Rules and Procedures Governing the Settlement of Disputes* (WT/DS207/13), 17-3-2003, parágrafo 37.

## A FUNÇÃO JURISDICIONAL NO SISTEMA GATT/OMC

Mas, ainda que os árbitros não tenham considerado como sua a tarefa de sugerir meios através dos quais o Membro demandado poderia tornar as suas medidas compatíveis com um acordo abrangido, o Árbitro do caso *Argentina – Measures Affecting the Export of Bovine Hides and the Import of Finished Leather* indicou, em termos gerais, o tipo de medida que o Membro demandado pode ter que adoptar para tornar compatível a medida que não está em conformidade com as regras da OMC:

> "(...) O nº 7 do artigo 3º do Memorando de Entendimento sobre Resolução de Litígios destaca que 'o *objectivo imediato* do sistema de resolução de litígios é normalmente o de assegurar *a supressão das medidas em causa*'. Ainda de acordo com o Memorando de Entendimento sobre Resolução de Litígios, 'só se deve recorrer à regra da compensação se a imediata *supressão* for impraticável e como uma medida *provisória, na pendência da supressão da medida que é incompatível com um acordo abrangido*'. O Memorando de Entendimento sobre Resolução de Litígios qualifica expressamente a suspensão de concessões ou outras obrigações ao abrigo dos acordos abrangidos como 'um *último recurso* (...) sob reserva de autorização pelo Órgão de Resolução de Litígios de tais medidas', mas também ela constitui uma medida '*provisória*' que, nos termos do nº 8 do artigo 22º do Memorando de Entendimento sobre Resolução de Litígios, só se manterá enquanto a medida que foi considerada incompatível com o acordo abrangido não for 'suprimida' ou enquanto não for encontrada uma '*solução mutuamente satisfatória*'. Além disso, e em qualquer caso, o nº 1 do artigo 22º do Memorando de Entendimento sobre Resolução de Litígios adverte que nem a compensação nem a suspensão de concessões ou outras obrigações são 'preferíveis à execução completa de uma recomendação como forma de tornar uma medida conforme aos acordos abrangidos'. Assim, claramente, é preciso pôr a medida incompatível em conformidade com as disposições específicas do acordo seja mediante a *supressão* total da medida, seja mediante a sua *modificação*, para eliminar ou rectificar os seus aspectos lesivos. Quando a medida incompatível é uma norma jurídica, é normalmente necessário outra norma jurídica que a derrogue ou modifique. Quando a medida em causa é um regulamento administrativo, pode ser ou não necessário uma nova norma jurídica, mas geralmente é necessário um regulamento que derrogue ou modifique o primeiro"[3434].

E, como é óbvio, a liberdade de escolha dos meios de implementação por parte do Membro em falta não pode ser ilimitada:

> "A escolha do método de aplicação compete ao Membro que deve proceder à mesma. Todavia, o Membro em causa não tem um direito ilimitado para escolher qual-

---

[3434] Decisão de Arbitragem no caso *Argentina – Measures Affecting the Export of Bovine Hides and the Import of Finished Leather, Arbitration under Article 21.3 (c) of the Understanding on Rules and Procedures Governing the Settlement of Disputes* (WT/DS155/10), 31-8-2001, parágrafo 40.

1220

O PRAZO RAZOÁVEL

quer método de aplicação. Além de ser compatível com as obrigações do Membro no âmbito da OMC, o método escolhido deve ser tal que possa ser aplicado num prazo razoável de acordo com as directrizes que figuram no nº 3, alínea *c*), do artigo 21º. Objectivos que são estranhos às recomendações e resoluções do Órgão de Resolução de Litígios no litígio em causa não podem ser incluídos no método se tal inclusão prolongar o prazo de aplicação. Sobretudo, assume-se que o Membro que deve proceder à aplicação actuará de 'boa fá' na escolha do método que considere mais apropriado para a aplicação das recomendações e resoluções do Órgão de Resolução de Litígios"[3435].

Ao mesmo tempo, o facto de um painel avançar com propostas nos termos do nº 1 do art. 19º do Memorando de Entendimento sobre Resolução de Litígiosa não põe em causa a liberdade que o Membro faltoso tem de escolher os meios de execução das recomendações e decisões do Órgão de Resolução de Litígios[3436].

Parece não ser possível também a um Árbitro determinar vários prazos razoáveis a respeito da mesma medida:

"**36.** Na presente arbitragem, Antígua defende que os Estados Unidos podem proceder à aplicação em parte mediante medidas executivas e em parte mediante medidas legislativas. No que concerne ao que Antígua denomina prestação de serviços de jogos de azar e apostas 'não relacionadas com o desporto e para corridas hípicas', Antígua alega que os Estados Unidos podem e devem aplicar as recomendações e resoluções do Órgão de Resolução de Litígios através da emissão pelo Presidente dos Estados Unidos de uma ordem executiva que aclare que a prestação desses serviços a partir de Antígua não está proibida em virtude da Lei de Comunicações por Cabo, da Lei de Viagens ou da *Illegal Gambling Business Act*. No que diz respeito à prestação de 'outros serviços de jogos de azar' e apostas 'relacionados com o desporto', Antígua aceita que será necessário uma alteração legislativa para aclarar se a Lei de Comunicações por Cabo, a Lei de Viagens e a *Illegal Gambling Business Act* são aplicáveis e de que forma a estas actividades. (...).

**40.** Por conseguinte, quando me pede que estabeleça esta distinção, Antígua está efectivamente a pedir-me que decida sobre o significado e o alcance da aplicação da legislação nacional norte-americana. Não considero que isso faça parte do meu mandato, dado que as constatações do Painel e do Órgão de Recurso não fazem essa distinção.

---

[3435] Decisão de Arbitragem no caso *European Communities – Export Subsidies on Sugar, Arbitration under Article 21.3 (c) of the Understanding on Rules and Procedures Governing the Settlement of Disputes* (WT/DS265/33, WT/DS266/33, WT/DS283/14), 28-10-2005, parágrafo 69.
[3436] Decisão de Arbitragem no caso *United States – Continued Dumping and Subsidy Offset Act of 2000, Arbitration under Article 21.3 (c) of the Understanding on Rules and Procedures Governing the Settlement of Disputes* (WT/DS217/14, WT/DS234/22), 13-6-2003, parágrafo 52.

A FUNÇÃO JURISDICIONAL NO SISTEMA GATT/OMC

**41.** Como não me pronuncio sobre a existência da distinção propugnada por Antígua, não necessito de resolver, no presente procedimento, se um árbitro pode, em virtude do nº 3, alínea *c*), do artigo 21º do Memorando de Entendimento sobre Resolução de Litígios, determinar mais de um prazo razoável para a aplicação. Não estou persuadido de que o mero uso do artigo indefinido 'um' nas palavras 'um prazo razoável' seja suficiente, como sugerem os Estados Unidos, para estabelecer definitivamente que um árbitro só está autorizado a determinar um *único* prazo razoável para a aplicação num litígio. Ao mesmo tempo, conceptualmente, tenho dificuldades em aceitar que se podem determinar, como parece solicitar Antígua, dois prazos razoáveis separados a respeito da *mesma* medida. Não obstante, não é minha intenção excluir *a priori*, e sem ter realizado uma análise interpretativa detalhada das disposições relevantes do Memorando de Entendimento sobre Resolução de Litígios, a possibilidade de que um árbitro possa estabelecer prazos razoáveis separados para medidas separadas. É verdade que, até agora, nenhum árbitro o fez. No entanto, também é verdade que, até agora, nenhum árbitro foi solicitado a fazê-lo"[3437].

Subsequentemente, no caso *Colombia – Indicative Prices and Restrictions on Ports of Entry*, o Panamá (a parte queixosa) solicita ao Árbitro dois prazos razoáveis para execução das recomendações e decisões do Órgão de Resolução de Litígios:

"um prazo mais longo para a medida relativa aos preços indicativos, considerando que uma modificação do Decreto 2685/1999 pode requerer a intervenção presidencial e o exame pelo Comité Triplo A [*comité de asuntos aduaneros, arancelarios y de comercio exterior*]; e um prazo mais breve para a medida relativa aos portos de entrada, dado que a Resolução 7373/2007 e suas posteriores prorrogações podem ser modificadas exclusivamente pela *Dirección de Impuestos y Aduanas Nacionales* mediante procedimentos administrativos ordinários"[3438].

Depois de referir o parágrafo 41 do caso *United States – Measures Affecting the Cross-Border Supply of Gambling and Betting Services*, o Árbitro conclui, sem justificar, que:

"(...) Independentemente de sabermos se o nº 3, alínea *c*), do artigo 21º me permite ou não estabelecer dois prazos razoáveis distintos para as duas medidas em litígio distintas, não considero apropriado determinar nesta arbitragem prazos separados

---

[3437] Decisão de Arbitragem no caso *United States – Measures Affecting the Cross-Border Supply of Gambling and Betting Services, Arbitration under Article 21.3 (c) of the Understanding on Rules and Procedures Governing the Settlement of Disputes* (WT/DS285/13), 19-8-2005, parágrafos 36 e 40-41.
[3438] Decisão de Arbitragem no caso *Colombia – Indicative Prices and Restrictions on Ports of Entry, Arbitration under Article 21.3(c) of the Understanding on Rules and Procedures Governing the Settlement of Disputes* (WT/DS366/13), 2-10-2009, parágrafo 56.

O PRAZO RAZOÁVEL

para colocar em conformidade o mecanismo de preços indicativos e a medida relativa aos portos de entrada"[3439].

## 2.3. A Indicação dos 15 Meses
O Memorando de Entendimento sobre Resolução de Litígios não impõe nenhum prazo como sendo o prazo razoável, limitando-se a dizer que:

> "o prazo razoável para execução das recomendações do Painel ou do Órgão de Recurso não deve exceder 15 meses a contar da data de adopção de um relatório do Painel ou do Órgão de Recurso. Contudo, esse prazo pode ser mais curto ou mais longo, consoante as circunstâncias específicas do caso" (art. 21º, nº 3, alínea *c*), *in fine*).

As três primeiras decisões de arbitragem (casos *Japan – Taxes on Alcoholic Beverages, European Communities –Regime for the Importation, Sale and Distribution of Bananas* e *European Communities Measures concerning Meat and Meat Products (Hormones)*) atribuíram sempre um prazo igual ou superior (uma semana no caso *Bananas*[3440]) a 15 meses, circunstância passível de sugerir que as partes que tinham de executar as recomendações e decisões do Órgão de Resolução de Litígios gozavam automaticamente de um prazo razoável de 15 meses para fazê-lo[3441]. No caso *Japan – Taxes on Alcoholic Beverages*, por exemplo, o Árbitro declarou: "nao estou convencido de que as 'circunstâncias específicas' avançadas pelo Japão [o Membro em falta] e pelos Estados Unidos [uma das partes queixosas] justifiquem um desvio, num ou noutro sentido, da 'directriz' dos 15 meses"[3442]. As próprias

---

[3439] *Idem*, parágrafo 109.

[3440] No caso *Bananas*, o Árbitro justifica a semana a mais relativamente à referência dos 15 meses dizendo apenas "de modo a que o prazo razoável para a aplicação termine em 1 de Janeiro de 1999". Cf. Decisão de Arbitragem no caso *European Communities – Regime for the Importation, Sale and Distribution of Bananas, Arbitration under Article 21.3(c) of the Understanding on Rules and Procedures Governing the Settlement of Disputes* (WT/DS27/15), 7-1-1998, parágrafo 19.

[3441] Em boa verdade, o Árbitro do caso *Hormones* defendeu que a referência aos 15 meses deve ser vista como uma "orientação para o árbitro, não como uma norma. (...) Por outras palavras, a directriz dos 15 meses fixa um limite terminal ou um máximo no caso habitual" (cf. Decisão de Arbitragem no caso *European Communities Measures concerning Meat and Meat Products (Hormones), Arbitration under Article 21.3 (c) of the Understanding on Rules and Procedures Governing the Settlement of Disputes* (WT/DS26/15, WT/DS48/13), 29-5-1998, parágrafo 25). Deste modo, como é observado por alguns autores, "although the arbitral decision, *EC – Hormones*, did not deviate from the 15-month 'guideline', its reasoning created the analytical framework for shorter implementation periods in future cases". Cf. Yang Guohua, Bryan Mercurio e Li Yongjie, *WTO Dispute Settlement Understanding: A Detailed Interpretation*, Kluwer Law International, 2005, p. 238.

[3442] Decisão de Arbitragem no caso *Japan – Taxes on Alcoholic Beverages, Arbitration under Article 21.3 (c) of the Understanding on Rules and Procedures Governing the Settlement of Disputes* (WT/DS8/15, WT/DS10/15, WT/DS11/13), 14-2-1997, parágrafo 27.

1223

A FUNÇÃO JURISDICIONAL NO SISTEMA GATT/OMC

Comunidades Europeias defenderam que, em geral, "o 'prazo razoável' deveria ser de 15 meses"[3443]. Mas, como observam alguns autores:

> "These decisions [as três decisões de arbitragem referidas] created concern from Members who felt granting losing parties an automatic entitlement to a compliance period of 15 months seemed contrary to the 'prompt compliance' standard of Article 21 and an unfair extension of the dispute settlement process"[3444].

Contudo, no caso *Indonesia – Certain Measures Affecting the Automobile Industry*, o Árbitro decidiu atribuir um prazo razoável de 12 meses[3445], demonstrando que os árbitros não estavam obrigados a conceder um prazo de 15 meses em todos os casos e a verdade é que, até Agosto de 2010, para além dos três casos referidos, apenas mais uma decisão de arbitragem voltou a conceder novamente um prazo razoável de 15 meses[3446].

O afastamento da regra da correspondência do prazo razoável a 15 meses é justificado pelo Árbitro do caso *Canada – Patent Protection of Pharmaceutical Products* do seguinte modo:

> "Implícito no texto do nº 3 do artigo 21º parece estar a suposição de que, usualmente, os Membros cumprirão as recomendações e resoluções do Órgão de Resolução de Litígios 'imediatamente'. Portanto, o 'prazo razoável' a que faz referência o nº 3 do artigo 21º é um período de tempo em que implicitamente não concorrem circunstâncias ordinárias, mas circunstâncias em que é 'impraticável cumprir *imediatamente* ...'"[3447].

De igual modo, CLAUS-DIETER EHLERMANN observou que:

> "**37.** O sentido do artigo 21º, nº 3, alínea *c*) é elucidado pelo seu contexto. Este contexto inclui o texto introdutório do artigo 21º, nº 3, o qual reconhece que a questão do 'prazo razoável' para a execução só é relevante caso 'não seja possível dar imediatamente cumprimento às recomendações e decisões do Órgão de Resolução de Litígios';

---

[3443] *Idem*, parágrafo 25.

[3444] Yang GUOHUA, Bryan MERCURIO e Li YONGJIE, *WTO Dispute Settlement Understanding: A Detailed Interpretation*, Kluwer Law International, 2005, p. 238.

[3445] Decisão de Arbitragem no caso *Indonesia – Certain Measures Affecting the Automobile Industry, Arbitration under Article 21.3 (c) of the Understanding on Rules and Procedures Governing the Settlement of Disputes* (WT/DS54/15, WT/DS55/14, WT/DS59/13, WT/DS64/12), 7-12-1998, parágrafo 25.

[3446] Decisão de Arbitragem no caso *United States – Anti-Dumping Measures on Certain Hot-Rolled Steel Products from Japan, Arbitration under Article 21.3(c) of the Understanding on Rules and Procedures Governing the Settlement of Disputes* (WT/DS184/13), 19-2-2002, parágrafo 40.

[3447] Decisão de Arbitragem no caso *Canada – Patent Protection of Pharmaceutical Products, Arbitration under Article 21.3(c) of the Understanding on Rules and Procedures Governing the Settlement of Disputes* (WT/DS114/13), 18-8-2000, parágrafo 45.

1224

## O PRAZO RAZOÁVEL

o artigo 21º, nº 1, o qual sublinha que 'o rápido cumprimento das recomendações e decisões do Órgão de Resolução de Litígios é essencial para assegurar uma resolução eficaz em benefício de todos os membros'; e o artigo 3º, nº 3, o qual acentua igualmente que 'a pronta resolução de situações em que um membro considera que um benefício que lhe é devido directa ou indirectamente ao abrigo de acordos abrangidos está a ser prejudicado por medidas adoptadas por outro membro é essencial para que a OMC exerça as suas funções de um modo eficaz e para a manutenção de um equilíbrio adequado entre os direitos e obrigações dos membros'.

**38.** O Memorando acentua assim expressamente a importância do 'cumprimento imediato' (...)"[3448].

Até agora, 6 meses foi o prazo razoável de menor duração concedido através de arbitragem[3449] e somente num caso foi autorizado um prazo razoável superior a 15 meses, mais concretamente 15 meses e uma semana (caso *Bananas*), embora já tenha havido pedidos a solicitar um prazo razoável de duração bem maior. Por exemplo, no caso *European Communities Measures Concerning Meat and Meat Products (Hormones)*, na ausência de acordo entre a Comunidade Europeia e os Estados Unidos e Canadá quanto à duração do prazo razoável, foi nomeado pelo Director-Geral um árbitro (Julio Lacarte Muró, na altura membro do Órgão de Recurso) para fixar esse prazo. A Comunidade Europeia declarou a sua intenção de proceder a avaliações dos riscos específicos tanto em relação às hormonas como aos resíduos, abrangendo todas as seis hormonas de crescimento em causa, e de rever as medidas à luz dos resultados dessa avaliação[3450]. A Comunidade Europeia indicou que a avaliação dos riscos exigiria cerca de dois anos, a que se seguiria um período de aproximadamente 15 meses para a necessária acção legislativa[3451]. Os Estados Unidos e o Canadá, pelo contrário, alegaram que o prazo razoável para execução das recomendações do Órgão de Resolução de Litígios não deveria exceder os 10 meses, visto que as avaliações dos riscos, pretendidas

---

[3448] Decisão de Arbitragem no caso *Canada – Term of Patent Protection, Arbitration under Article 21.3 (c) of the Understanding on Rules and Procedures Governing the Settlement of Disputes* (WT/DS170/10), 28-2-2001, parágrafos 37-38.

[3449] Decisão de Arbitragem no caso *Canada – Patent Protection of Pharmaceutical Products, Arbitration under Article 21.3(c) of the Understanding on Rules and Procedures Governing the Settlement of Disputes* (WT/DS114/13), 18-8-2000, parágrafo 64.

[3450] As hormonas de crescimento, ainda que utilizadas amplamente em todo o Mundo, estiveram na origem de um importante litígio entre os Estados Unidos e as Comunidades Europeias que, em certa medida, ainda perdura.

[3451] Decisão de Arbitragem no caso *European Communities Measures concerning Meat and Meat Products (Hormones), Arbitration under Article 21.3 (c) of the Understanding on Rules and Procedures Governing the Settlement of Disputes* (WT/DS26/15, WT/DS48/13), 29-5-1998, parágrafo 5.

A FUNÇÃO JURISDICIONAL NO SISTEMA GATT/OMC

pela Comunidade Europeia, eram irrelevantes para fins de execução das recomendações[3452]. Além disso, aqueles dois países consideravam que a regulamentação das hormonas utilizadas nos animais constituía uma matéria agrícola, sujeita
ao art. 43º do Tratado de Maastricht, disposição que exigia apenas o procedimento de consultas[3453].

Quando da sua decisão, o árbitro recordou os seguintes elementos:

i) Os painéis e o Órgão de Recurso recomendaram que a Comunidade Europeia colocasse as suas medidas, consideradas incompatíveis com o Acordo
sobre a Aplicação de Medidas Sanitárias e Fitossanitárias, em conformidade com as suas obrigações no âmbito da OMC;
ii) Muito embora o nº 1 do art. 19º do Memorando de Entendimento sobre
Resolução de Litígios preveja que o Painel ou o Órgão de Recurso possam
propor formas para a execução dessa recomendação, nenhum dos dois o fez;
iii) O Órgão de Recurso concluiu que a medida da Comunidade Europeia não
tinha por base uma avaliação dos riscos, em conformidade com o disposto
no Acordo sobre a Aplicação de Medidas Sanitárias e Fitossanitárias.

O árbitro afirmou que o facto de se encomendarem estudos científicos ou de
se consultarem peritos não era um elemento pertinente para a determinação do
prazo razoável, não podendo justificar um período de tempo mais longo que o
previsto no nº 3 do art. 21º do Memorando:

"Não satisfaria a exigência de *rápido* cumprimento a inclusão no prazo razoável do
tempo necessário para efectuar estudos ou consultar peritos, a fim de demonstrar a
*compatibilidade* de uma medida já declarada *incompatível*"[3454].

No que se refere ao processo legislativo, o Árbitro considerou que, em conformidade com a legislação comunitária então em vigor, podia ser adoptada uma
proposta tendo em vista revogar ou alterar a proibição, tanto a nível interno como

---

[3452] O Órgão de Resolução de Litígios havia decidido que a proibição de importação de carne
norte-americana e canadiana com hormonas de crescimento rápido não se baseava em qualquer
necessidade de protecção da saúde humana e que, como tal, deveria ser eliminada.

[3453] Decisão de Arbitragem no caso *European Communities Measures concerning Meat and Meat Products (Hormones), Arbitration under Article 21.3 (c) of the Understanding on Rules and Procedures Governing
the Settlement of Disputes* (WT/DS26/15, WT/DS48/13), 29-5-1998, parágrafos 15-22.

[3454] *Idem*, parágrafo 39. Na prática, as Comunidades Europeias usaram precisamente o prazo de
15 meses concedido para realizar esses estudos científicos e, no fim do prazo razoável, concluíram
que não iriam modificar a medida que tinha sido declarada incompatível com o direito da OMC.
Cf. OMC, *European Communities Measures concerning Meat and Meat Products (Hormones), Status Report
by the European Communities* (WT/DS26/17/Add.4, WT/DS48/15/Add.4), 11-5-1999.

1226

# O PRAZO RAZOÁVEL

externo, ao abrigo do art. 43º do Tratado; contudo, manifestou-se igualmente ciente de que a entrada em vigor do Tratado de Amesterdão (na altura, prevista para Janeiro de 1999), implicaria obrigatoriamente o recurso ao procedimento de co-decisão previsto no art. 189º-B do Tratado de Maastricht[3455].

Nesta base, o árbitro concedeu um prazo razoável de 15 meses, desde a adopção dos relatórios do Painel e do Órgão de Recurso pelo Órgão de Resolução de Litígios, em 13 de Fevereiro de 1998, para que a Comunidade Europeia executasse as decisões e recomendações do Órgão de Resolução de Litígios, ou seja, até 13 de Maio de 1999[3456].

O caso *European Communities Measures concerning Meat and Meat Products (Hormones), Arbitration under Article 21.3 (c) of the Understanding on Rules and Procedures Governing the Settlement of Disputes*, é revelador, igualmente, de um outro aspecto interessante. Na maioria dos casos, o prazo razoável proposto pela Membro faltoso tem sido superior ao sugerido pelas partes queixosas. Apenas no caso *Canada – Patent Protection of Pharmaceutical Products*, as Comunidades Europeias, a parte queixosa, avançaram com a sugestão de um prazo razoável inferior a 12 meses e o membro em falta, o Canadá, com um prazo de 11 meses (a decisão de arbitragem ficou-se pelos seis meses)[3457]. Isto porque as Comunidades Europeias entendiam que a execução das recomendações e decisões do Órgão de Resolução de Litígios por parte do Canadá exigia, necessariamente, "acção legislativa e não regulamentar"[3458].

Curioso é também o facto de a Argentina ter avançado com um prazo razoável de 46 meses e 15 dias (um dos prazos razoáveis mais longos alguma vez sugerido) no caso *Argentina – Measures Affecting the Export of Bovine Hides and the Import of Finished Leather*[3459], a Comunidade Europeia, a parte queixosa, com um

---

[3455] Decisão de Arbitragem no caso *European Communities Measures concerning Meat and Meat Products (Hormones), Arbitration under Article 21.3 (c) of the Understanding on Rules and Procedures Governing the Settlement of Disputes* (WT/DS26/15, WT/DS48/13), 29-5-1998, parágrafo 47.

[3456] *Idem*, parágrafo 48.

[3457] Decisão de Arbitragem no caso *Canada – Patent Protection of Pharmaceutical Products, Arbitration under Article 21.3(c) of the Understanding on Rules and Procedures Governing the Settlement of Disputes* (WT/DS114/13), 18-8-2000, parágrafos 21-22, 24 e 64.

[3458] *Idem*, parágrafo 24.

[3459] Decisão de Arbitragem no caso *Argentina – Measures Affecting the Export of Bovine Hides and the Import of Finished Leather, Arbitration under Article 21.3 (c) of the Understanding on Rules and Procedures Governing the Settlement of Disputes* (WT/DS155/10), 31-8-2001, parágrafo 5. No caso *Japan – Taxes on Alcoholic Beverages*, o Japão chegou mesmo a solicitar um prazo razoável de 5 anos no que diz respeito ao produto shochu B. Cf. Decisão de Arbitragem no caso *Japan – Taxes on Alcoholic Beverages, Arbitration under Article 21.3 (c) of the Understanding on Rules and Procedures Governing the Settlement of Disputes* (WT/DS8/15, WT/DS10/15, WT/DS11/13), 14-2-1997, parágrafo 8.

A FUNÇÃO JURISDICIONAL NO SISTEMA GATT/OMC

prazo razoável de 8 meses[3460] e o árbitro decidido por um prazo razoável de 12 meses e 12 dias[3461].

Por último, no caso *Japan – Taxes on Alcoholic Beverages*, a aplicação plena das recomendações e decisões do Órgão de Resolução de Litígios relativamente ao produto "Shochu B" só seria possível, ao abrigo do projecto japonês de reforma fiscal da altura, em Outubro de 2001, isto é, cinco anos após a adopção dos relatórios do Painel e do Órgão de Recurso[3462]. Visto que o próprio Japão não considerava razoável um tal prazo de 5 anos, ele ofereceu às Comunidades Europeias, aos Estados Unidos e ao Canadá, como compensação pela implementação extemporânea, uma redução antecipada dos direitos aduaneiros sobre bebidas alcoólicas negociados no contexto do Ciclo do Uruguai. Apenas as Comunidades Europeias aceitaram, porém, a oferta japonesa[3463].

## 2.4. Os Princípios Gerais

A determinação do prazo razoável não constitui um processo puramente matemático. Por isso mesmo, as várias decisões de arbitragem proferidas ao abrigo do nº 3, alínea c), do art. 21º do Memorando de Entendimento sobre Resolução de Litígios têm posto em relevo um conjunto de princípios gerais ou circunstâncias específicas pertinentes para a determinação do prazo razoável de execução das recomendações e decisões do Órgão de Resolução de Litígios. Em primeiro lugar, temos, nas palavras do Árbitro do caso *Korea – Taxes on Alcoholic Beverages*[3464], "o factor mais importante na determinação da duração do prazo razoável":

> "Está claro que o prazo razoável a que se refere a alínea c) do nº 3 do artigo 21º deve ser o prazo mais breve possível no âmbito do ordenamento jurídico do Membro para aplicar as recomendações e resoluções do Órgão de Resolução de Litígios"[3465].

[3460] Decisão de Arbitragem no caso *Argentina – Measures Affecting the Export of Bovine Hides and the Import of Finished Leather, Arbitration under Article 21.3 (c) of the Understanding on Rules and Procedures Governing the Settlement of Disputes* (WT/DS155/10), 31-8-2001, parágrafo 36.

[3461] *Idem*, parágrafo 52.

[3462] Segundo o Japão, "ao abrigo da reforma fiscal proposta, o imposto aplicado ao Shochu B sofrerá um aumento de 240%, um aumento sem precedentes na história de qualquer país desenvolvido". Cf. Decisão de Arbitragem no caso *Japan – Taxes on Alcoholic Beverages, Arbitration under Article 21.3 (c) of the Understanding on Rules and Procedures Governing the Settlement of Disputes* (WT/DS8/15, WT/DS10/15, WT/DS11/13), 14-2-1997, parágrafo 19.

[3463] *Idem*, parágrafo 23.

[3464] Decisão de Arbitragem no caso *Korea – Taxes on Alcoholic Beverages, Arbitration under Article 21.3 (c) of the Understanding on Rules and Procedures Governing the Settlement of Disputes* (WT/DS75/16, WT/DS84/14), 4-6-1999, parágrafo 37.

[3465] Decisão de Arbitragem no caso *European Communities Measures concerning Meat and Meat Products (Hormones), Arbitration under Article 21.3 (c) of the Understanding on Rules and Procedures Governing the Settlement of Disputes* (WT/DS26/15, WT/DS48/13), 29-5-1998, parágrafo 26.

1228

O PRAZO RAZOÁVEL

O árbitro terá de analisar, pois, o sistema legislativo do Membro da OMC que tem de executar as recomendações e decisões do Órgão de Resolução de Litígios. Aliás, "domestic legislative procedure is the most frequent factor addressed in the arbitral decisions"[3466], mas, como é evidente, "o cálculo da duração dos diversos trâmites de um processo legislativo interno não é uma ciência exacta"[3467].

Importa invocar a respeito deste princípio geral dois aspectos importantes. Por um lado, o Árbitro do caso *United States – Measures Affecting the Cross-Border Supply of Gambling and Betting Services* (Claus-Dieter Ehlermann) defendeu que a insistência estrita no prazo mais breve possível para a aplicação dentro do ordenamento jurídico do Membro da OMC a que cabe a implementação deixaria o Árbitro atado de pés e mãos e impediria que ele identificasse e ponderasse devidamente as circunstâncias específicas que são determinantes do prazo razoável em cada caso:

> "Antígua e os Estados Unidos concordam que, como afirmaram outros árbitros, o 'prazo razoável' ao abrigo do nº 3, alínea *c*), do artigo 21º deveria ser 'o prazo mais breve possível dentro do sistema jurídico do Membro em causa para aplicar as recomendações e resoluções relevantes do Órgão de Resolução de Litígios' à luz 'das circunstâncias específicas' do litígio. Convém, contudo, recordar que o Memorando de Entendimento sobre Resolução de Litígios não refere o 'prazo mais breve possível para a aplicação dentro do sistema jurídico' do Membro responsável pela aplicação. Esta é simplesmente uma frase útil empregada por outros árbitros para descrever a sua função. No entanto, não vejo esta norma como algo independente do texto do Memorando de Entendimento sobre Resolução de Litígios. Em minha opinião, na determinação do 'prazo mais breve possível para a aplicação' podem, e devem, ser tomados em consideração os dois princípios que são mencionados expressamente no artigo 21º do Memorando de Entendimento sobre Resolução de Litígios, a saber, a razoabilidade e a necessidade de rápido cumprimento. Além disso, as diferenças em decisões de arbitragem anteriores envolvendo a aplicação de medidas legislativas pelos Estados Unidos demonstraram que, e como prescreve o texto do nº 3, alínea *c*), do artigo 21º, cada árbitro deve ter em conta as 'circunstâncias específicas' relevantes para o litígio em causa. Em minha opinião, uma insistência estrita no 'prazo mais breve possível para a aplicação dentro do ordenamento jurídico' do Membro responsável pela aplicação ataria os pés e as mãos ao árbitro e impediria que ele identificasse

---

[3466] Shin-yi Peng, *How Much Time is Reasonable? The Arbitral Decisions under Article 21.3(c) of the DSU*, in Berkeley Journal of International Law, 2008, p. 335.

[3467] Decisão de Arbitragem no caso *United States – Continued Dumping and Subsidy Offset Act of 2000, Arbitration under Article 21.3 (c) of the Understanding on Rules and Procedures Governing the Settlement of Disputes* (WT/DS217/14, WT/DS234/22), 13-6-2003, parágrafo 66.

A FUNÇÃO JURISDICIONAL NO SISTEMA GATT/OMC

e ponderasse devidamente as circunstâncias específicas que são determinantes do 'razoável' em cada caso"[3468].

Por outro lado, o Árbitro do caso *European Communities – Customs Classification of Frozen Boneless Chicken Cuts* entendeu que:

"(...) Nem todas as acções identificadas pelas Comunidades Europeias são exigidas ao abrigo do direito comunitário quando se trata de adoptar um regulamento da Comissão. Em alguns casos, isto poderia dar a entender que as acções não exigidas juridicamente teriam menos importância na minha determinação do prazo razoável. Não obstante, em outros casos, o facto de uma determinada medida não ser imperativa não significa que careça de pertinência para a minha determinação. A este respeito, noto em particular que determinados procedimentos e prazos, ainda que não obrigatórios, se baseiam numa prática uniforme que as Comunidades Europeias demonstraram com provas pertinentes. Se bem que os Membros da OMC desejem sempre assegurar que cumprem plenamente todas as suas obrigações no âmbito da OMC aplicando o mais cedo possível nos seus próprios sistemas jurídicos as resoluções adversas da OMC, normalmente deveriam bastar as práticas uniformes observadas nesses sistemas"[3469].

Deste modo, tendo a prática normal (*standard practice*) sido definida como compreendendo passos jurídicos e não jurídicos, "the time standard practice takes to implement may not always be the shortest period of implementation"[3470]. Em segundo lugar, ainda que o prazo razoável deva ser o mais reduzido possível, "isto não obriga um Membro a recorrer em todos os casos a um procedimento legislativo *extraordinário* em vez de seguir o procedimento legislativo *normal*"[3471] e, por isso, o Árbitro do caso *Korea – Taxes on Alcoholic Beverages* considerou:

"razoável permitir à Coreia seguir o seu procedimento legislativo *normal* para o exame e aprovação de um projecto de Lei tributária com implicações orçamentais, ou seja,

---

[3468] Decisão de Arbitragem no caso *United States – Measures Affecting the Cross-Border Supply of Gambling and Betting Services, Arbitration under Article 21.3 (c) of the Understanding on Rules and Procedures Governing the Settlement of Disputes* (WT/DS285/13), 19-8-2005, parágrafo 44.

[3469] Decisão de Arbitragem no caso *European Communities – Customs Classification of Frozen Boneless Chicken Cuts, Arbitration under Article 21.3 (c) of the Understanding on Rules and Procedures Governing the Settlement of Disputes* (WT/DS269/13, WT/DS286/15), 20-2-2006, parágrafo 79.

[3470] Alberto ALVAREZ-JIMÉNEZ, *A reasonable period of time for dispute settlement implementation: an operative interpretation for developing country complainants*, in WTR, 2007, p. 459.

[3471] Decisão de Arbitragem no caso *Korea – Taxes on Alcoholic Beverages, Arbitration under Article 21.3 (c) of the Understanding on Rules and Procedures Governing the Settlement of Disputes* (WT/DS75/16, WT/DS84/14), 4-6-1999, parágrafo 42.

O PRAZO RAZOÁVEL

apresentar as modificações propostas no próximo período regular de sessões da Assembleia Nacional"[3472].

É importante ter em conta também a este respeito a decisão de arbitragem do caso *Chile – Taxes on Alcoholic Beverages*:

"Ao submeter que oito meses e nove dias contados a partir de 12 de Janeiro de 2000 constituem um 'prazo razoável' para o Chile aplicar as recomendações e resoluções do Órgão de Resolução de Litígios, as Comunidades Europeias alegam que o projecto modificativo poderia bem ser introduzido pelo Presidente de Chile convocando uma sessão extraordinária do Congresso Nacional para tramitar especificamente esse projecto e talvez outros projectos de lei. As Comunidades Europeias também sugerem que o Presidente poderia recorrer aos procedimentos de urgência previstos na Constituição. No entanto, considero que o Membro afectado tem a prerrogativa e a responsabilidade soberanas de determinar por si o método mais apropriado, e provavelmente mais eficaz, de aplicar as recomendações e resoluções do Órgão de Resolução de Litígios assegurando a aprovação da lei modificativa. A escolha das medidas concretas para tramitar a promulgação de uma nova lei, assim como a fixação dos prazos dessas medidas, pertence ao Membro afectado. O Chile terá como preocupação a promulgação *satisfatória* da lei que modifica o existente imposto adicional sobre bebidas alcoólicas, tendo em conta as estruturas objectivas, as normas constitucionais e as práticas que constituem efectivamente o processo legislativo de várias etapas vigente no Chile"[3473].

Finalmente, no caso *European Communities – Conditions for the Granting of Tariff Preferences to Developing Countries*:

"**41.** (...) A Índia defende que o Conselho não está obrigado juridicamente pelo artigo 133º do Tratado constitutivo da Comunidade Europeia a solicitar um parecer do Parlamento Europeu e do ECOSOC [Comité Económico e Social] e, portanto, a Índia exclui este trâmite do processo de aplicação. Em contraste, as Comunidades Europeias entendem que, apesar deste não ser um requisito expresso do artigo 133º, é uma 'prática estabelecida' e, de facto, um requisito, dentro do sistema das Comunidades Europeias e, por conseguinte, deve ser incluído no processo de aplicação. Segundo, a Índia alega que, mesmo se o Conselho solicitasse um parecer do Parlamento Europeu e do ECOSOC, estas instituições e o Conselho poderiam examinar a proposta da Comissão ao mesmo tempo e não sucessivamente. As Comunidades Europeias respondem que,

---

[3472] *Idem.*

[3473] Decisão de Arbitragem no caso *Chile – Taxes on Alcoholic Beverages, Arbitration under Article 21.3 (c) of the Understanding on Rules and Procedures Governing the Settlement of Disputes* (WT/DS87/15, WT/DS110/14), 23-5-2000, parágrafo 42.

1231

A FUNÇÃO JURISDICIONAL NO SISTEMA GATT/OMC

mesmo se as três instituições examinarem a proposta ao mesmo tempo, o Conselho necessitará não obstante de tempo adicional depois deste exame para continuar a estudar a proposta, porque é necessário que adopte uma decisão sobre a mesma tendo em conta os pareceres apresentados pelo Parlamento Europeu e ECOSOC (...).

**42.** Não é incomum que os sistemas nacionais ou outros sistemas jurídicos apliquem regras de procedimento que não são impostas explicitamente por instrumentos jurídicos. Além disso, considero relevante que o Conselho tenha solicitado ao longo dos anos um parecer ao Parlamento Europeu e ao ECOSOC antes de adoptar a grande maioria dos regulamentos relacionados com o Sistema Generalizado de Preferências das Comunidades Europeias. As Comunidades Europeias também sugeriram que as consequências de não solicitar esses pareceres neste processo de aplicação seria uma questão a ser determinada pelo Tribunal de Justiça das Comunidades Europeias. Por conseguinte, a adopção do regulamento em questão sem solicitar pareceres ao Parlamento Europeu e ao ECOSOC seria um procedimento 'extraordinário'. Concordo com os árbitros anteriores quando defendem que os Membros que devem proceder à aplicação não estão obrigados a adoptar 'procedimentos legislativos extraordinários' em todos os casos. Em minha opinião, solicitar os pareceres do Parlamento Europeu e do ECOSOC deve ser incluído na determinação do prazo razoável para a aplicação"[3474].

Em terceiro lugar, seja qual for o método de implementação escolhido pelo membro em falta, ele deve tirar partido da flexibilidade e da discricionariedade disponíveis no seu sistema jurídico e administrativo para executar as recomendações e decisões do Órgão de Resolução de Litígios o mais rapidamente possível. No caso *United States – Anti-Dumping Act of 1916*, por exemplo, o Árbitro salientou que:

"Dado que este é um caso em que os Estados Unidos devem aprovar um instrumento legislativo para pôr em conformidade a sua legislação com as suas obrigações contratuais internacionais ao abrigo dos acordos abrangidos, cabe razoavelmente esperar que o Congresso desse país recorra à flexibilidade disponível dentro dos seus procedimentos legislativos normais para aprovar a legislação necessária o mais rapidamente possível"[3475].

Ao longo dos vários casos, os Árbitros têm identificado várias manifestações de flexibilidade. No caso *Canada – Certain Measures Affecting the Automotive Industry*, por exemplo, o Árbitro notou que:

---

[3474] Decisão de Arbitragem no caso *European Communities – Conditions for the Granting of Tariff Preferences to Developing Countries, Arbitration under Article 21.3(c) of the Understanding on Rules and Procedures Governing the Settlement of Disputes* (WT/DS246/14), 20-9-2004, parágrafos 41-42.

[3475] Decisão de Arbitragem no caso *United States – Anti-Dumping Act of 1916, Arbitration under Article 21.3 (c) of the Understanding on Rules and Procedures Governing the Settlement of Disputes* (WT/DS136/11, WT/DS162/14), 28-2-2001, parágrafo 39.

1232

O PRAZO RAZOÁVEL

"é claro que a duração de algumas das etapas propostas pelo Canadá para a aplicação das recomendações e resoluções do Órgão de Resolução de Litígios no presente litígio não estão estabelecidas por leis ou regulamentos. Pelo contrário, correspondem a cálculos feitos pelo Governo do Canadá. O período realmente necessário para aplicar as recomendações e resoluções do Órgão de Resolução de Litígios neste caso depende da discricionariedade do Governo canadense e o Canadá dispõe de uma margem considerável de flexibilidade a este respeito"[3476].

O Árbitro declarou também no caso *Chile – Price Band System and Safeguard Measures Relating to Certain Agricultural Products* que:

> "Estou também consciente do facto de que a maioria dos trâmites do procedimento legislativo do Chile, ainda que exigidos pela lei, não estão sujeitos a limites legais ou constitucionais. Consequentemente, parece existir um certo grau de 'flexibilidade' dentro do processo legislativo normal"[3477].

De igual modo, no caso *United States – Section 110(5) of the US Copyright Act*:

> "Em resposta a perguntas formuladas na audiência oral, os Estados Unidos reconheceram que o Congresso 'goza de considerável flexibilidade' no que respeita ao calendário dos seus trabalhos. Além disso, a 'grande maioria' dos trâmites do processo legislativo, segundo os Estados Unidos, não estão sujeitos a prazos obrigatórios. Consequentemente, quando o Congresso dos Estados Unidos deseja adoptar prontamente decisões sobre uma questão, os seus procedimentos legislativos normais reconhecem-lhe a flexibilidade para fazê-lo. Em minha opinião, o prazo proposto pelos Estados Unidos não tem suficientemente em conta esta flexibilidade"[3478].

Finalmente, o Árbitro realçou no caso *Brazil – Measures Affecting Imports of Retreaded Tyres* que:

> "O Brasil explicou que, segundo o Regulamento interno do Tribunal Supremo Federal, o Presidente goza de certa liberdade quanto ao momento em que um determinado caso se inclui na ordem do dia do Tribunal para efeitos de votação. A este

---

[3476] Decisão de Arbitragem no caso *Canada – Certain Measures Affecting the Automotive Industry*, *Arbitration under Article 21.3 (c) of the Understanding on Rules and Procedures Governing the Settlement of Disputes* (WT/DS139/12, WT/DS142/12), 4-10-2000, parágrafo 47.

[3477] Decisão de Arbitragem no caso *Chile – Price Band System and Safeguard Measures Relating to Certain Agricultural Products*, *Arbitration under Article 21.3 (c) of the Understanding on Rules and Procedures Governing the Settlement of Disputes* (WT/DS207/13), 17-3-2003, parágrafo 39.

[3478] Decisão de Arbitragem no caso *United States – Section 110(5) of the US Copyright Act*, *Arbitration under Article 21.3 (c) of the Understanding on Rules and Procedures Governing the Settlement of Disputes* (WT/DS160/12), 15-1-2001, parágrafo 38.

1233

A FUNÇÃO JURISDICIONAL NO SISTEMA GATT/OMC

respeito, recordo que se espera que o Membro da OMC que deve aplicar as recomendações e resoluções aproveite toda a flexibilidade que lhe oferece o seu sistema jurídico para assegurar que a aplicação se realiza prontamente, de acordo com o artigo 21º do Memorando de Entendimento sobre Resolução de Litígios. O Brasil explicou que, de acordo com o Regulamento interno do Tribunal Supremo Federal, o magistrado relator pode pedir ao Presidente que dê prioridade a certos tipos de casos e que o Presidente tem discricionariedade para aceder a esse pedido. O Brasil explicou, ainda, que, de acordo com o artigo 145º do Regulamento interno do Tribunal Supremo Federal, os procedimentos Arguição de Incumprimento de Preceito Fundamental podem ser objecto dessa acção prioritária. A existência dessa norma e prática demonstra que existe flexibilidade para acelerar os procedimentos ante o Tribunal Supremo Federal. Tenho presente as declarações de Árbitros anteriores segundo as quais não se pode esperar o recurso a procedimentos 'extraordinários'. No entanto, no contexto do presente caso, não considero que dar prioridade a um determinado caso no Tribunal Supremo Federal possa ser considerado um recurso a procedimentos 'extraordinários'. Noto, igualmente, que, em 31 de Janeiro de 2008, o Governo do Brasil solicitou ao Tribunal Supremo Federal que tomasse nota da decisão da OMC e apressasse os procedimentos"[3479].

Essencialmente, a flexibilidade pode manifestar-se na inexistência de trâmites obrigatórios nas leis e regulamentos do membro em causa para realizar a implementação proposta ou na ausência de prazos obrigatórios para o cumprimento desses trâmites[3480].

Em quarto lugar:

"Se a aplicação se leva a cabo por meios *administrativos*, como um regulamento, o 'prazo razoável' normalmente será mais breve do que no caso da aplicação realizada por meios *legislativos*. Parece razoável supor, a menos que se demonstre o contrário em função das circunstâncias invulgares que ocorrem num caso concreto, que os regulamentos podem ser alterados com mais rapidez do que as leis. De facto, o procedimento administrativo pode por vezes ser longo; mas o processo legislativo muitas vezes pode ser mais longo"[3481].

---

[3479] Decisão de Arbitragem no caso *Brazil – Measures Affecting Imports of Retreaded Tyres, Arbitration under Article 21.3(c) of the Understanding on Rules and Procedures Governing the Settlement of Disputes* (WT/DS332/16), 29-8-2008, parágrafo 73.

[3480] Decisão de Arbitragem no caso *Japan – Countervailing Duties on Dynamic Random Access Memories from Korea, Arbitration under Article 21.3(c) of the Understanding on Rules and Procedures Governing the Settlement of Disputes* (WT/DS336/16), 5-5-2008, parágrafo 47.

[3481] Decisão de Arbitragem no caso *Canada – Patent Protection of Pharmaceutical Products, Arbitration under Article 21.3 (c) of the Understanding on Rules and Procedures Governing the Settlement of Disputes* (WT/DS114/13), 18-8-2000, parágrafo 49. Já durante o Ciclo do Uruguai, um participante nas

O PRAZO RAZOÁVEL

A distinção entre a implementação mediante processos administrativos e a implementação através de medidas legislativas:

"Baseia-se no facto de que as medidas administrativas geralmente podem ser realizadas somente por uma instituição (com frequência, o poder executivo) do Membro que deve proceder à aplicação, ao passo que as medidas legislativas exigem regra geral a participação de outras instituições (normalmente, pelo menos, do poder legislativo – que provavelmente tem processos mais lentos, mais deliberativos – possivelmente em conjunção também com o poder executivo)"[3482].

Se a implementação proposta pelas Comunidades Europeias puder ser levada a cabo exclusivamente pela Comissão Europeia, sem o envolvimento do Conselho ou do Parlamento Europeu, então tais medidas não serão vistas como "legislativas" no sentido do nº 3, alínea c), do art. 21º do Memorando de Entendimento sobre Resolução de Litígios[3483]. Estar-se-á também perante uma acção puramente administrativa caso a implementação não exija nenhuma modificação de leis nem da legislação subordinada[3484].

Queremos destacar, enfim, mais três aspectos. Primeiro, as partes em litígio podem chegar a acordo quanto aos modo de implementação ("os meios de aplicação neste litígio são legislativos e não administrativos"[3485]). Segundo, a "aplicação através do poder judicial" não pode ser a priori excluída do conjunto de acções que podem ser tomadas com vista à execução das recomendações e decisões do Órgão de Resolução de Litígios[3486]. Enfim, as práticas administrativas, mesmo quando não tenham carácter vinculativo, podem ser tomadas em consideração

---

negociações sugeriu que a "shorter period of time be provided when compliance could be accomplished by executive action rather than legislative action which inherently would require more time". Cf. Terence STEWART e Christopher CALLAHAN, Dispute Settlement Mechanisms, in *The GATT Uruguay Round. A Negotiating History (1986-1992)*, Terence Stewart ed., vol. II, Kluwer Law and Taxation, Deventer – Boston, 1993, p. 2764.

[3482] Decisão de Arbitragem no caso *European Communities – Customs Classification of Frozen Boneless Chicken Cuts, Arbitration under Article 21.3 (c) of the Understanding on Rules and Procedures Governing the Settlement of Disputes* (WT/DS269/13, WT/DS286/15), 20-2-2006, parágrafo 67.

[3483] *Idem*, parágrafo 67.

[3484] Decisão de Arbitragem no caso *Japan – Countervailing Duties on Dynamic Random Access Memories from Korea, Arbitration under Article 21.3(c) of the Understanding on Rules and Procedures Governing the Settlement of Disputes* (WT/DS336/16), 5-5-2008, parágrafo 47.

[3485] Decisão de Arbitragem no caso *Canada – Term of Patent Protection, Arbitration under Article 21.3 (c) of the Understanding on Rules and Procedures Governing the Settlement of Disputes* (WT/DS170/10), 28-2-2001, parágrafo 41.

[3486] Decisão de Arbitragem no caso *Brazil – Measures Affecting Imports of Retreaded Tyres, Arbitration under Article 21.3(c) of the Understanding on Rules and Procedures Governing the Settlement of Disputes* (WT/DS332/16), 29-8-2008, parágrafo 68.

A FUNÇÃO JURISDICIONAL NO SISTEMA GATT/OMC

pelos árbitros na determinação do prazo razoável. No caso *Canada – Patent Protection of Pharmaceutical Products*, por exemplo, o Árbitro observou o seguinte:

> "Ao examinar o prazo proposto pelo Canadá para a aplicação, recordo a minha anterior observação de que um 'prazo razoável' segundo o nº 3 do artigo 21º deve ser o prazo mais breve possível, no âmbito do ordenamento jurídico do Membro, para aplicar as recomendações e resoluções do Órgão de Resolução de Litígios. Observo a este respeito que a maioria das fases concretas da aplicação proposta pelo Canadá são ou juridicamente necessárias ao abrigo da Lei sobre Instrumentos Normativos ou imperativas de acordo com a Política Regulamentar do Governo do Canadá. As fases estabelecidas na Lei sobre Instrumentos Normativos são juridicamente obrigatórias. Em contraste, as fases exigidas pela Política Regulamentar não são formalmente vinculativas no sentido de uma lei ou de um regulamento. Mesmo nesse caso, as fases estabelecidas na Política regulamentar foram-me descritas pelo Canadá na audiência oral como práticas administrativas que, em termos práticos, os funcionários públicos devem normalmente respeitar e esta declaração do Canadá não foi refutada expressamente pelas Comunidades Europeias. Aceito, por isso, para efeitos desta arbitragem, que estas fases, ainda que não sejam juridicamente vinculativas, podem, contudo, fazer parte do 'prazo razoável' para a aplicação. Consequentemente, tive em conta tanto as fases juridicamente necessárias em virtude da Lei sobre Instrumentos Normativos como as fases e os prazos especificados pela Política Regulamentar ao avaliar e calcular um 'prazo razoável' imperativo"[3487].

### 2.5. As "Circunstâncias Específicas do Caso" Relevantes

Resulta claramente do nº 3, alínea *c*), do art. 21º do Memorando que as "circunstâncias específicas" de cada caso devem ser tomadas em consideração na determinação do prazo razoável, tornando-o mais curto ou mais longo[3488]. Um Árbitro notou mesmo que, "em última instância, o que influi no 'prazo prudencial' para a aplicação são as 'circunstâncias específicas' relevantes"[3489].

Não sendo o prazo de 15 meses vinculativo, o prazo razoável pode ser mais curto ou mais longo, consoante as circunstâncias específicas do caso (art. 21º, nº 3,

---

[3487] Decisão de Arbitragem no caso *Canada – Patent Protection of Pharmaceutical Products, Arbitration under Article 21.3(c) of the Understanding on Rules and Procedures Governing the Settlement of Disputes* (WT/DS114/13), 18-8-2000, parágrafo 54.

[3488] Decisão de Arbitragem no caso *Japan – Countervailing Duties on Dynamic Random Access Memories from Korea, Arbitration under Article 21.3(c) of the Understanding on Rules and Procedures Governing the Settlement of Disputes* (WT/DS336/16), 5-5-2008, parágrafo 25.

[3489] Decisão de Arbitragem no caso *United States – Continued Dumping and Subsidy Offset Act of 2000, Arbitration under Article 21.3 (c) of the Understanding on Rules and Procedures Governing the Settlement of Disputes* (WT/DS217/14, WT/DS234/22), 13-6-2003, parágrafo 41.

O PRAZO RAZOÁVEL

*in fine*, do Memorando de Entendimento sobre Resolução de Litígios), mas, como bem observou um árbitro, "o termo 'circunstâncias específicas' não é definido no Memorando de Entendimento sobre Resolução de Litígios"[3490]. Tem cabido assim aos vários árbitros nomeados densificar tal termo.

A complexidade das medidas de execução das recomendações e decisões do Órgão de Resolução de Litígios, por exemplo, foi considerada uma "circunstância específica" relevante[3491] e não poderia ser de outro modo[3492]. A redacção de uma medida complexa do ponto de vista técnico como, por exemplo, um regulamento sanitário é bem mais exigente do que a simples alteração do valor de uma imposição pautal ou da duração da protecção concedida[3493]. Assim, no caso *Canada – Patent Protection of Pharmaceutical Products*, o Árbitro considerou que:

> "**50.** A *complexidade* da aplicação proposta pode ser um factor relevante. Se a aplicação se consegue mediante um conjunto de regulamentos novos que afectam muitos sectores de actividade económica, será necessário o tempo suficiente para redigir as alterações, consultar as partes afectadas e fazer as modificações consequentes consideradas necessárias. Por outro lado, se a aplicação proposta consiste, por exemplo, na simples derrogação de uma única disposição ou talvez de uma ou duas frases, é evidente que em tal caso será necessário menos tempo para a redacção, as consultas e a finalização do procedimento. Com efeito, a complexidade não é meramente uma questão do número de páginas de um projecto de regulamento; contudo, parece razoável supor que, na maioria dos casos, quanto mais breve for um projecto de regulamento, menor será a sua provável complexidade.
>
> **51.** Além disso, deve ter-se em conta o carácter *juridicamente vinculativo*, e não discricionário, das fases que compõem o processo de aplicação. Se a legislação de um Membro estabelece um prazo imperativo para uma parte obrigatória do processo

---

[3490] Decisão de Arbitragem no caso *Japan – Taxes on Alcoholic Beverages, Arbitration under Article 21.3 (c) of the Understanding on Rules and Procedures Governing the Settlement of Disputes* (WT/DS8/15, WT/DS10/15, WT/DS11/13), 14-2-1997, parágrafo 11.

[3491] Decisão de Arbitragem no caso *Canada – Patent Protection of Pharmaceutical Products, Arbitration under Article 21.3(c) of the Understanding on Rules and Procedures Governing the Settlement of Disputes* (WT/DS114/13), 18-8-2000, parágrafo 50.

[3492] Em contraste, um autor importante como WILLIAM DAVEY defende que, "having a complex legislative system is fine and perhaps even admirable, but it should not give a violator a reward by lengthening the penalty-free period during which it is able to inflict damage on others". Cf. William DAVEY, Evaluating WTO dispute settlement: what results have been achieved through consultations and implementation of panel reports?, in *The WTO in the Twenty-First Century: Dispute Settlement, Negotiations, and Regionalism in Asia*, Yasuhei Taniguchi, Alan Yanovich e Jan Bohanes Ed., Cambridge University Press, 2007, p. 125.

[3493] Decisão de Arbitragem no caso *Canada – Term of Patent Protection, Arbitration under Article 21.3 (c) of the Understanding on Rules and Procedures Governing the Settlement of Disputes* (WT/DS170/10), 28-2-2001, parágrafos 54-56.

A FUNÇÃO JURISDICIONAL NO SISTEMA GATT/OMC

necessário para introduzir uma alteração nos regulamentos, essa parte do prazo proposto será razoável a não ser que se demonstre o contrário em função das circunstâncias invulgares que ocorram num determinado caso. Por outro lado, se não existe uma disposição imperativa deste tipo, o Membro que afirme a necessidade de um determinado prazo deve fazer frente a um ónus da prova muito mais exigente. O exigido pela lei deve ser cumprido; o não exigido pela lei não tem necessariamente de ser cumprido, pois dependerá dos factos e circunstâncias de cada caso concreto"[3494].

Outro exemplo interessante diz respeito ao caso *European Communities – Regime for the Importation, Sale and Distribution of Bananas,* tendo as Comunidades Europeias solicitado um prazo razoável longo com base nas seguintes razões:

"**5.** (...) Em justificação deste pedido [um prazo razoável de 15 meses e uma semana], as Comunidades Europeias notam que a modificação do regime vigente nas Comunidades Europeias para a importação de bananas, exigida pelas recomendações e resoluções do Órgão de Resolução de Litígios, será uma tarefa difícil e complexa por várias razões.

**6.** Primeiro, as Comunidades Europeias assinalam que ao modificar o seu regime para a importação de bananas terá que estabelecer um difícil equilíbrio entre as obrigações internacionais coexistentes ao abrigo do Acordo de Marraquexe que Cria a Organização Mundial do Comércio e a Convenção de Lomé IV entre os Estados ACP e as Comunidades Europeias a fim de respeitar ambos. As Comunidades Europeias assinalam, igualmente, que a modificação do seu regime para a importação de bananas reabrirá o prolongado debate entre os Estados membros da União Europeia sobre muitas das questões que tinham sido acordadas em 1993 quando os diferentes mercados nacionais de banana foram transformados num mercado comunitário único.

**7.** Segundo, as Comunidades Europeias explicam que a modificação do seu regime para a importação de bananas exigirá o recurso a um complexo procedimento legislativo envolvendo: a Comissão Europeia, que há de apresentar uma proposta relativa às alterações necessárias; o Parlamento Europeu, que terá que dar a sua opinião sobre as alterações propostas; e o Conselho da União Europeia, que tomará uma decisão sobre as alterações, por uma maioria qualificada ou por unanimidade, segundo siga ou não a proposta da Comissão. As Comunidades Europeias notam também que, uma vez adoptada a legislação básica alterada pelo Conselho, a Comissão Europeia terá ainda que adoptar uma legislação de aplicação para tornar operativo o novo regime de importação.

**8.** Terceiro, as Comunidades Europeias referem o facto de que a Convenção de Lomé lhes impõe, no seu artigo 12º, a obrigação jurídica de consultar os Estados ACP 'quando a Comunidade tenciona ... adoptar uma medida passível de afectar os interes-

---

[3494] Decisão de Arbitragem no caso *Canada – Patent Protection of Pharmaceutical Products, Arbitration under Article 21.3(c) of the Understanding on Rules and Procedures Governing the Settlement of Disputes* (WT/DS114/13), 18-8-2000, parágrafos 50-51.

1238

O PRAZO RAZOÁVEL

ses dos Estados ACP abrangidos pelos objectivos desta Convenção'. No entender das Comunidades Europeias, esta obrigação de realizar consultas é certamente aplicável à alteração do regime de importação de bananas. As Comunidades Europeias mantêm que, portanto, o seu procedimento legislativo terá que permitir tempo suficiente para considerar as observações feitas pelos Estados ACP, antes de tomar uma decisão definitiva sobre o novo regime de importação de bananas.

**9.** Quarto, as Comunidades Europeias notam que, ao abrigo da sua prática administrativa, toda a alteração na legislação que afecte directamente o regime aduaneiro dos produtos relativamente à importação ou à exportação entra em vigor ou em 1 de Janeiro ou em 1 de Julho do ano relevante. Esta prática, segundo as Comunidades Europeias, reflecte as necessidades de gestão interna e o interesse económico dos operadores no mercado em operar ao abrigo de procedimentos ordenados e previsíveis.

**10.** Finalmente, as Comunidades Europeias alegam que um aviso prévio com um período de tempo razoável a respeito de qualquer alteração importante da legislação deve ser dado para permitir que os intervenientes no fornecimento de bananas efectuem os ajustamentos necessários do seu planeamento e logística"[3495].

Ao decidir, o Árbitro reconheceu a complexidade do processo de implementação e acordou o mais longo prazo razoável alguma vez concedido[3496].

Acresce que, no caso *Canada – Patent Protection of Pharmaceutical Products*, face à alegação do Canadá de que a revogação "do Regulamento sobre o Fabrico e Armazenamento de Medicamentos Patenteados seria uma questão política muito sensível no Canadá"[3497], o Árbitro distinguiu a questão da complexidade do processo de implementação do carácter litigioso do mesmo:

"A 'complexidade' não está em questão neste caso. Em termos substantivos, só nos interessa uma frase de um projecto de regulamento. Nada mais. Nem estou persuadido de que o 'carácter litigioso' deva ser sempre uma questão. Nenhuma disposição do nº 3 do artigo 21º indica que o suposto 'carácter litigioso' no âmbito interno de um país de uma medida adoptada para cumprir uma resolução da OMC seja de algum modo um dos factores a ser considerado para determinar o 'prazo razoável' para a aplicação. Todos os litígios da OMC são 'conflituosos' no âmbito interno dos países,

---

[3495] Decisão de Arbitragem no caso *European Communities – Regime for the Importation, Sale and Distribution of Bananas, Arbitration under Article 21.3(c) of the Understanding on Rules and Procedures Governing the Settlement of Disputes* (WT/DS27/15), 7-1-1998, parágrafos 5-10.

[3496] *Idem*, parágrafos 19-20.

[3497] Decisão de Arbitragem no caso *Canada – Patent Protection of Pharmaceutical Products, Arbitration under Article 21.3(c) of the Understanding on Rules and Procedures Governing the Settlement of Disputes* (WT/DS114/13), 18-8-2000, parágrafo 21.

A FUNÇÃO JURISDICIONAL NO SISTEMA GATT/OMC

pelo menos até certo ponto; se não o fossem, os Membros da OMC não teriam necessidade de recorrer ao sistema de resolução de litígios"[3498].

Até porque, como foi já salientado:

"As Comunidades Europeias afirmam que as consequências políticas, económicas ou sociais das medidas de aplicação necessárias não são factores relevantes que o árbitro possa ter em conta para determinar o 'prazo razoável'. De facto, segundo as Comunidades Europeias, se tais elementos tivessem que ser tomados em consideração, chegar-se-ia ao paradoxo de as medidas mais proteccionistas poderiam ser mantidas durante um período de tempo mais longo depois de terem sido declaradas incompatíveis com as obrigações do Membro ao abrigo da OMC"[3499].

De modo idêntico, os Estados Unidos alegaram no caso *Japan – Taxes on Alcoholic Beverages* que:

"A questão das 'circunstâncias específicas' não requer, portanto, uma valoração do ponto de vista da política geral, mas antes uma análise técnica do sistema legislativo ou regulamentar nacional do país Membro em causa. Não devem ser tidos em conta aspectos políticos, económicos e sociais internos. Os Estados Unidos defendem que as dificuldades económicas e/ou sociais e a tensão política são inevitáveis sempre que um governo pretende pôr fim à sua protecção a um ramo de produção nacional. Segundo os Estados Unidos, se tais aspectos fossem tomados em consideração, isso poria em perigo a integridade do sistema de resolução de litígios da OMC"[3500].

Em sentido contrário, temos a decisão do Árbitro do caso *Chile – Price Band System and Safeguard Measures Relating to Certain Agricultural Products*. Ao mesmo tempo que declarava que "o simples carácter litigioso não pode ser, de acordo com o n.º 3, alínea *c*), do artigo 21.º, razão suficiente para estabelecer um prazo mais longo"[3501], acrescentava logo a seguir que:

"Não obstante, os elementos de facto do presente litígio, como identificados pelo Chile e não contestados pela Argentina, suscitam preocupações especiais que merecem ser tidas em conta na minha determinação. Em minha opinião, o Sistema de Bandas

---

[3498] *Idem*, parágrafo 60.

[3499] Decisão de Arbitragem no caso *Indonesia – Certain Measures Affecting the Automobile Industry, Arbitration under Article 21.3 (c) of the Understanding on Rules and Procedures Governing the Settlement of Disputes* (WT/DS54/15, WT/DS55/14, WT/DS59/13, WT/DS64/12), 7-12-1998, parágrafo 13.

[3500] Decisão de Arbitragem no caso *Japan – Taxes on Alcoholic Beverages, Arbitration under Article 21.3 (c) of the Understanding on Rules and Procedures Governing the Settlement of Disputes* (WT/DS8/15, WT/DS10/15, WT/DS11/13), 14-2-1997, parágrafo 13.

[3501] Decisão de Arbitragem no caso *Chile – Price Band System and Safeguard Measures Relating to Certain Agricultural Products, Arbitration under Article 21.3 (c) of the Understanding on Rules and Procedures Governing the Settlement of Disputes* (WT/DS207/13), 17-3-2003, parágrafo 47.

1240

O PRAZO RAZOÁVEL

de Preços está tão fundamentalmente integrado nas políticas do Chile que a oposição interna à eliminação ou modificação dessas medidas reflecte, não simplesmente a oposição de grupos de interesses à perda de protecção, mas também um sério debate, dentro e fora do órgão legislativo do Chile, sobre a forma de elaborar uma medida de aplicação ante uma resolução do Órgão de Resolução de Litígios contrária à lei original. À luz da natureza duradoura do Sistema de Bandas de Preços, da integração essencial desse sistema nas políticas agrícolas fundamentais do Chile, da sua posição reguladora da determinação dos preços na política agrícola chilena e da sua complexidade, considero que a sua função singular e o seu impacto na sociedade chilena constituem um factor relevante para a minha determinação do 'prazo razoável' para a aplicação"[3502].

Alguns membros da OMC têm alegado, por outro lado, circunstâncias ou acontecimentos políticos particulares para convencerem o Árbitro a conceder-lhes um prazo razoável mais longo. No caso *United States – Anti-Dumping Act of 1916*, por exemplo, os Estados Unidos destacaram como "circunstâncias específicas adicionais" que:

"devido às eleições realizadas recentemente nos Estados Unidos, é necessário um período de transição de vários meses antes que uma legislação proposta pelo Poder Executivo possa ser aprovada por uma nova Administração e antes que o novo Congresso esteja suficientemente organizado para realizar consultas com a Administração e começar um 'exame sério da legislação'"[3503].

---

[3502] Decisão de Arbitragem no caso *Chile – Price Band System and Safeguard Measures Relating to Certain Agricultural Products, Arbitration under Article 21.3 (c) of the Understanding on Rules and Procedures Governing the Settlement of Disputes* (WT/DS207/13), 17-3-2003, parágrafo 48. No caso *Colombia – Indicative Prices and Restrictions on Ports of Entry*, a Colômbia destacou igualmente que:
"(...) O Painel reconheceu a existência de um grave problema de contrabando originário do Panamá ligado à lavagem de dinheiro e ao tráfico de estupefacientes e reconheceu que a subfacturação e o contrabando representava 'para a Colômbia uma realidade relativamente mais importante que para muitos outros países'. A Colômbia alega que as medidas relativas aos preços indicativos e aos portos de entrada faziam parte do 'conjunto de medidas regulamentares' adoptadas para combater esses problemas, que afectavam a estabilidade económica, social e política da Colômbia. No entender da Colômbia, a importância de assegurar que as novas medidas abordem as complexas questões económicas, sociais e políticas que a Colômbia enfrenta, e de que essas medidas 'sejam integradas com uma perturbação mínima da eficácia do regime existente de luta contra o contrabando', justifica a determinação de um prazo mais longo para a aplicação" (cf. Decisão de Arbitragem no caso *Colombia – Indicative Prices and Restrictions on Ports of Entry, Arbitration under Article 21.3(c) of the Understanding on Rules and Procedures Governing the Settlement of Disputes* (WT/DS366/13), 2-10-2009, parágrafo 31).
[3503] O Árbitro concluiu, porém, que a Colômbia não tinha estabelecido:
"de que modo o mecanismo de preços indicativos e a medida relativa aos portos de entrada operam como 'pilares fundamentais' do regime regulamentar que adoptaram para lutar contra a subfacturação e o contrabando. Mesmo se fosse esse o caso, a Colômbia não tinha demons-

A FUNÇÃO JURISDICIONAL NO SISTEMA GATT/OMC

Na resposta, o Árbitro declarou que:

"Os Estados Unidos também me instam a ter em conta as 'outras circunstâncias especiais' presentes neste caso, isto é, a necessidade de um período de transição devido à existência de um novo Presidente, uma nova Administração e um novo Congresso e as consequentes mudanças na relação de forças entre os dois principais partidos políticos do país. Mesmo tendo em conta estas circunstâncias extraordinárias, noto que é importante para o caso em causa que o primeiro período de sessões do 107º Congresso dos Estados Unidos esteja em curso desde o dia 3 de Janeiro de 2001. É possível, portanto, que os Estados Unidos apresentem uma proposta legislativa e a façam aprovar pelo Congresso o mais rapidamente possível, utilizando, como já indiquei anteriormente, toda a flexibilidade disponível dentro dos seus procedimentos legislativos normais"[3504].

No caso *European Communities – Conditions for the Granting of Tariff Preferences to Developing Countries*, pelo contrário, o Árbitro parece ter atendido a determinadas circunstâncias de carácter político. A favor de um prazo mais alargado, as Comunidades Europeias alegaram que o processo decisório se tinha tornado mais pesado e moroso desde o alargamento da União Europeia de 15 para 25 Estados membros no dia 1 de Maio de 2004, a eleição de um novo Parlamento Europeu em Junho de 2004 e o começo de funções de uma nova Comissão a partir de 1 de Novembro de 2004[3505]. Segundo o Árbitro:

"**53.** Para começar com o alargamento europeu, as Comunidades Europeias alegam que será necessário muito tempo para traduzir para os 20 idiomas oficiais alguns instrumentos relacionados com a aplicação. Estou de acordo que é provável que esta circunstância aumente o prazo razoavelmente necessário para finalizar alguns trâmites no processo de aplicação. Por conseguinte, tive isto em conta na minha determina-

trado de que modo a importância relativa dessas medidas no seu regime global de controlo aduaneiro e observância das disposições aduaneiras para combater a subfacturação e o contrabando repercute no processo de aplicação de maneira que justifique a determinação de um prazo razoável mais longo para a aplicação". Cf. Decisão de Arbitragem no caso *Colombia – Indicative Prices and Restrictions on Ports of Entry, Arbitration under Article 21.3(c) of the Understanding on Rules and Procedur es Governing the Settlement of Disputes* (WT/DS366/13), 2-10-2009, parágrafo 103.

Decisão de Arbitragem no caso *United States – Anti-Dumping Act of 1916, Arbitration under Article 21.3 (c) of the Understanding on Rules and Procedures Governing the Settlement of Disputes* (WT/DS136/11, WT/DS162/14), 28-2-2001, parágrafo 37.

[3504] *Idem*, parágrafo 40.

[3505] Decisão de Arbitragem no caso *European Communities – Conditions for the Granting of Tariff Preferences to Developing Countries, Arbitration under Article 21.3(c) of the Understanding on Rules and Procedures Governing the Settlement of Disputes* (WT/DS246/14), 20-9-2004, parágrafo 11.

1242

ção. Também estou de acordo com as Comunidades Europeias de que, se um Estado membro da União Europeia solicitar uma verificação de que o Conselho adoptou o regulamento de aplicação por uma maioria qualificada representando pelo menos 62% da população da União Europeia, isto poderá aumentar o tempo necessário para a aplicação.

**54.** Passo a ocupar-me agora da eleição de um novo Parlamento Europeu em Junho de 2004 e da entrada em funções de uma nova Comissão em 1 de Novembro de 2004. Segundo os cálculos das Comunidades Europeias, a Comissão ultimará a sua proposta sobre um regulamento do Conselho de modificação do Regime Droga e essa proposta será transmitida ao Parlamento Europeu, em Outubro de 2004. O facto de uma nova Comissão iniciar funções em 1 de Novembro de 2004 não parece aumentar o tempo necessário para ultimar essa proposta. Igualmente, se a proposta da Comissão é transmitida ao Parlamento Europeu em Outubro de 2004, isso deverá dar tempo suficiente para o Parlamento Europeu entrar 'em funcionamento' antes de examinar a proposta"[3506].

No fim, o Árbitro determinou que 14 meses e 11 dias seria um prazo razoável para a implementação[3507].

Por último, o Árbitro do caso *United States – Measures Affecting the Cross-Border Supply of Gambling and Betting Services* reconheceu a sua incapacidade em determinar "se a incapacidade do Congresso em aprovar determinados projectos de lei no passado se deveu à sua complexidade – uma circunstância específica pertinente – ou ao seu carácter contencioso – algo que para efeitos da minha determinação não constituiria uma circunstância específica pertinente"[3508].

Para além da complexidade do processo de implementação, o Árbitro do caso *Korea – Taxes on Alcoholic Beverages* considerou igualmente como circunstância específica a existência de um período de graça:

> "Tendo presente que o artigo 13-2 da Lei sobre a Promulgação de Leis e Decretos, etc., estabelece um período de graça de 30 dias para a aplicação de determinadas leis, decretos presidenciais e outros instrumentos, considero razoável conceder à Coreia

---

[3506] *Idem*, parágrafos 53-54.

[3507] *Idem*, parágrafo 60.

[3508] Decisão de Arbitragem no caso *United States – Measures Affecting the Cross-Border Supply of Gambling and Betting Services, Arbitration under Article 21.3 (c) of the Understanding on Rules and Procedures Governing the Settlement of Disputes* (WT/DS285/13), 19-8-2005, parágrafo 48. Por exemplo, o Árbitro aceitou como circunstâncias específicas os seguintes factos: "a aplicação por via legislativa vê-se complicada tanto pelo objectivo de eliminar a discriminação entre o tratamento atribuído aos prestadores de serviços nacionais e o tratamento atribuído aos de Antígua ou de aclarar que essa discriminação não existe, como pelo carácter altamente regulamentado do sector dos jogos de azar e apostas por Internet em que esse objectivo deve ser alcançado". Cf. *Idem*, parágrafo 64.

A FUNÇÃO JURISDICIONAL NO SISTEMA GATT/OMC

um período adicional de 30 dias, contados desde a promulgação das modificações da legislação fiscal e das modificações dos instrumentos regulamentares, como parte do prazo razoável"[3509].

## 2.6. As "Circunstâncias Específicas do Caso" Irrelevantes

Sem ambicionarmos ser exaustivos e tendo presente que as "circunstâncias específicas" são sempre únicas, não foram tidas também como relevantes várias das "circunstâncias específicas" invocadas. Primeiro, os ajustamentos estruturais a realizar pelas empresas:

"A Indonésia solicita também um período adicional de nove meses depois da publicação da medida de aplicação (isto é, até 23 de Outubro de 1999) como período de 'transição' para que as empresas/sectores afectados possam introduzir ajustamentos estruturais. Não considero que os ajustamentos estruturais dos sectores produtivos da Indonésia afectados constituam uma 'circunstância específica' que pode ser tida em conta ao abrigo do com o nº 3, alínea c), do artigo 21º do Memorando de Entendimento sobre Resolução de Litígios. Em quase todos os casos em que se tenha constatado que uma medida é incompatível com as obrigações de um Membro ao abrigo do GATT de 1994 ou de qualquer outro acordo abrangido e, por conseguinte, deva ser posta em conformidade com esse acordo, será necessário algum grau de ajustamento do ramo de produção nacional do Membro em causa, independentemente de este ser um país desenvolvido ou um país em desenvolvimento (...)"[3510].

De igual modo, a Argentina apresentou no caso *Argentina – Measures Affecting the Export of Bovine Hides and the Import of Finished Leather* um argumento similar ao da Indonésia:

"7. Desde 1992, a Argentina tem vindo a desenvolver um programa de luta contra a evasão fiscal e de reforma do seu sistema fiscal. A peça fundamental desse programa é o sistema de percepções e retenções aplicáveis ao Imposto sobre o Valor Acrescentado e ao Imposto sobre Lucros. Este programa está relacionado tanto do ponto de vista económico como do ponto de vista jurídico com o objectivo de redu-

---

[3509] Decisão de Arbitragem no caso *Korea – Taxes on Alcoholic Beverages, Arbitration under Article 21.3 (c) of the Understanding on Rules and Procedures Governing the Settlement of Disputes* (WT/DS75/16, WT/DS84/14), 4-6-1999, parágrafo 47. Ver, também, Decisão de Arbitragem no caso *European Communities – Conditions for the Granting of Tariff Preferences to Developing Countries, Arbitration under Article 21.3(c) of the Understanding on Rules and Procedures Governing the Settlement of Disputes* (WT/DS246/14), 20-9-2004, parágrafo 51.

[3510] Decisão de Arbitragem no caso *Indonesia – Certain Measures Affecting the Automobile Industry, Arbitration under Article 21.3 (c) of the Understanding on Rules and Procedures Governing the Settlement of Disputes* (WT/DS54/15, WT/DS55/14, WT/DS59/13, WT/DS64/12), 7-12-1998, parágrafo 23.

1244

ção do défice fiscal. O programa recebeu o apoio expresso de diversos organismos de crédito internacionais, em particular do Fundo Monetário Internacional ('FMI'). Os acordos concluídos com o FMI estabelecem uma série de metas quantitativas, para o défice fiscal, gasto primário e endividamento público, entre outras, que são objecto de uma supervisão trimestral durante o período de vigência do programa. O fracasso da Argentina em atingir estas metas impediria o desembolso dos fundos a que este país pode aceder em virtude dos acordos.

**8.** A Argentina destaca que a sua situação fiscal se deteriorou significativamente nos últimos anos, devido fundamentalmente à queda dos recursos tributários ocasionada pela recessão económica que começou no terceiro trimestre de 1998 na sequência da 'crise asiática' de 1997 (...)"[3511].

Citando a decisão de Arbitragem do caso *Indonesia – Certain Measures Affecting the Automobile Industry*, o Árbitro declarou que:

"a necessidade de um ajustamento estrutural do ramo ou ramos de produção a respeito dos quais se promulgou e aplicou a medida incompatível com a OMC tem sido vista, normalmente, em anteriores arbitragens ao abrigo do nº 3, alínea *c*), do artigo 21º do Memorando de Entendimento sobre Resolução de Litígios, como *não* influenciando a determinação de um 'prazo razoável' para a aplicação das recomendações e resoluções do Órgão de Resolução de Litígios"[3512].

Segundo, o impacto das medidas de implementação junto dos consumidores e dos produtores nacionais:

"O Japão cita como 'circunstância específica' relevante os efeitos desfavoráveis do aumento dos impostos para os consumidores e produtores de shochu japoneses. Em virtude da reforma fiscal proposta, o imposto aplicado ao Shochu A será multiplicado por 1,6 e o aplicado ao Shochu B por 2,4. Segundo o Japão, um aumento de 240%, sem nenhum escalonamento, não teria precedentes na história de qualquer país desenvolvido. O Japão alega que, para mitigar os efeitos negativos para os consumidores e produtores do aumento dos impostos aplicados às bebidas alcoólicas, o normal seria escalonar esse aumento no tempo"[3513].

---

[3511] Decisão de Arbitragem no caso *Argentina – Measures Affecting the Export of Bovine Hides and the Import of Finished Leather, Arbitration under Article 21.3 (c) of the Understanding on Rules and Procedures Governing the Settlement of Disputes* (WT/DS155/10), 31-8-2001, parágrafos 7-8.

[3512] *Idem*, parágrafo 41.

[3513] Decisão de Arbitragem no caso *Japan – Taxes on Alcoholic Beverages, Arbitration under Article 21.3 (c) of the Understanding on Rules and Procedures Governing the Settlement of Disputes* (WT/DS8/15, WT/DS10/15, WT/DS11/13), 14-2-1997, parágrafo 19.

## A FUNÇÃO JURISDICIONAL NO SISTEMA GATT/OMC

Terceiro, as férias de Verão:

> "O Canadá solicita também que se tenha em conta 'o período de férias de Verão de Julho e Agosto' para calcular o 'prazo razoável' para a aplicação e que, por conseguinte, se adicionem aproximadamente dois meses ao prazo para a aplicação. Não encontro nenhuma referência às 'férias de Verão' no Memorando de Entendimento sobre Resolução de Litígios. Nem o Canadá me indicou disposições jurídicas ou de Política Regulamentar sobre tais 'férias de Verão'. Este argumento do Canadá é irrelevante"[3514];

Quarto, a inacção de um membro nos primeiros meses a seguir à adopção dos relatórios do Painel e/ou do Órgão de Recurso:

> "Apesar de o nº 3 do artigo 21º reconhecer que existem circunstâncias em que a aplicação *imediata* é 'impraticável', o processo de aplicação não deve ser prolongado devido à passividade (ou à insuficiente actividade) de um Membro nos primeiros meses posteriores à adopção. Por outras palavras, independentemente de um Membro poder ou não *completar* prontamente a aplicação, ele deve no mínimo *iniciar* e adoptar prontamente medidas concretas tendentes à aplicação. Caso contrário, a passividade ou a conduta dilatória do Membro que deve proceder à aplicação agravaria a anulação ou redução dos direitos de outros Membros causada pela medida incompatível. É por esta razão que as decisões arbitrais ao abrigo do nº 3, alínea *c*), do artigo 21º calculam o 'prazo razoável' a partir da data de adopção dos relatórios do Painel e/ou do Órgão de Recurso"[3515];

---

[3514] Decisão de Arbitragem no caso *Canada – Patent Protection of Pharmaceutical Products, Arbitration under Article 21.3(c) of the Understanding on Rules and Procedures Governing the Settlement of Disputes* (WT/DS114/13), 18-8-2000, parágrafo 61.

[3515] Decisão de Arbitragem no caso *Chile – Price Band System and Safeguard Measures Relating to Certain Agricultural Products, Arbitration under Article 21.3 (c) of the Understanding on Rules and Procedures Governing the Settlement of Disputes* (WT/DS207/13), 17-3-2003, parágrafo 43. Já anteriormente, no caso *United States – Section 110(5) Copyright Act*, o Árbitro tinha referido que:
"O Membro que procede à aplicação deve aproveitar o período posterior à adopção do relatório de um painel e/ou do Órgão de Recurso para iniciar a aplicação das recomendações e resoluções do Órgão de Resolução de Litígios. Os árbitros examinarão cuidadosamente os actos relacionados com a aplicação realizados pelo Membro que deve proceder a ela no período que medeia entre a adopção do relatório de um painel ou do Órgão de Recurso e o início de uma arbitragem. Caso um árbitro perceba que o Membro que deve proceder à aplicação não iniciou esta de forma adequada após a adopção, com vista a um 'rápido cumprimento', espera-se que o árbitro tenha em conta esse facto ao determinar 'o prazo razoável'". Cf. Decisão de Arbitragem no caso *United States – Section 110(5) of the US Copyright Act, Arbitration under Article 21.3 (c) of the Understanding on Rules and Procedures Governing the Settlement of Disputes* (WT/DS160/12), 15-1-2001, parágrafo 46.

1246

O PRAZO RAZOÁVEL

No caso *European Communities – Customs Classification of Frozen Boneless Chicken Cuts*, o Brasil, uma das duas partes queixosas, salientou que, após a adopção dos relatórios do painel e do Órgão de Recurso em 27 de Setembro de 2005, a Comunidade Europeia não tomou de imediato nenhuma medida com vista à execução das recomendações e conclusões do Órgão de Resolução de Litígios e, uma vez que o Memorando de Entendimento sobre Resolução de Litígios impõe o rápido cumprimento, a falta de iniciativa do Membro em causa deveria ser tida em conta desfavoravelmente na determinação do prazo razoável[3516]. Durante a audiência oral, a Comunidade Europeia reconheceu que, quatro meses após a adopção das recomendações e conclusões do Órgão de Resolução de Litígios, não tinha ainda adoptado nenhuma medida concreta tendente à implementação[3517], circunstância que levou o Árbitro a concordar com o Brasil e a observar que o facto de as Comunidades Europeias não terem dado início à implementação das recomendações e decisões do Órgão de Resolução de Litígios constituía um factor a ter em conta na determinação do prazo razoável[3518].

Quinto, a existência de numerosas opções para executar as recomendações e decisões do Órgão de Resolução de Litígios:

> "Ponderar e comparar as respectivas vantagens de diversas alternativas legislativas é uma das funções e aspectos fundamentais de todo o processo legislativo. O mero facto de a aplicação das recomendações e resoluções do Órgão de Resolução de Litígios obrigar a escolher entre várias opções alternativas, ou inclusive entre um grande número delas, não constitui a meu ver, por si só, uma circunstância particular que possa influir na minha determinação do prazo mais breve possível para a aplicação das recomendações e resoluções do Órgão de Resolução de Litígios neste caso"[3519].

Sexto, o prejuízo económico causado a operadores económicos das partes queixosas:

> "**79.** Em minha opinião, o prejuízo económico sofrido pelos exportadores estrangeiros não influi, e por definição não pode influir, no 'prazo mais breve possível no âmbito do ordenamento jurídico do Membro para aplicar as recomendações e resoluções do Órgão de Resolução de Litígios'. As circunstâncias do caso, no sentido do

---

[3516] Decisão de Arbitragem no caso *European Communities – Customs Classification of Frozen Boneless Chicken Cuts, Arbitration under Article 21.3 (c) of the Understanding on Rules and Procedures Governing the Settlement of Disputes* (WT/DS269/13, WT/DS286/15), 20-2-2006, parágrafo 22.

[3517] *Idem*, parágrafo 66.

[3518] *Idem*.

[3519] Decisão de Arbitragem no caso *United States – Continued Dumping and Subsidy Offset Act of 2000, Arbitration under Article 21.3 (c) of the Understanding on Rules and Procedures Governing the Settlement of Disputes* (WT/DS217/14, WT/DS234/22), 13-6-2003, parágrafo 59.

A FUNÇÃO JURISDICIONAL NO SISTEMA GATT/OMC

nº 3, alínea c), do artigo 21º, só podem ser de tal natureza que influam na evolução e no desenvolvimento do próprio processo de aplicação. Os factores externos ao próprio processo legislativo carecem de relevância a respeito da determinação do prazo razoável para a aplicação.

**80.** Não quero dizer com isto que um prejuízo económico causado por medidas incompatíveis com o regime da OMC a agentes económicos das Partes Queixosas, ou de qualquer outro Membro da OMC, não tenha pertinência no contexto da aplicação das recomendações e resoluções do Órgão de Resolução de Litígios. Muitas medidas incompatíveis com o regime da OMC causarão alguma forma de prejuízo económico a exportadores de Membros da OMC. Todavia, a necessidade, e a urgência, de eliminar as medidas incompatíveis com o regime da OMC e de suprimir o prejuízo que tais medidas causam aos agentes económicos já estão reflectidas, em minha opinião, no princípio do 'rápido cumprimento' referido no nº 1 do artigo 21º do Memorando de Entendimento sobre Resolução de Litígios. A mesma preocupação, no meu entender, é a que inspira o princípio firmemente estabelecido, no âmbito do nº 3, alínea c), do artigo 21º, de que o prazo razoável para a aplicação há de ser o mais breve possível no quadro do ordenamento jurídico do Membro. Portanto, excederia o devido, e seria incongruente, voltar a tomar em consideração a questão do prejuízo económico quando da determinação do prazo mais breve possível para a aplicação no quadro do ordenamento jurídico do Membro que há de proceder a ela"[3520].

Sétimo, o tempo necessário para a investigação científica sob a forma de avaliações do risco:

"A supressão é a forma *preferida* de aplicação do nº 7 do artigo 3º do Memorando de Entendimento sobre Resolução de Litígios e, segundo o nº 1 do artigo 21º, o *rápido cumprimento* das recomendações e resoluções do Órgão de Resolução de Litígios é essencial. Não satisfaria a exigência de *rápido* cumprimento a inclusão no prazo razoável do tempo necessário para efectuar estudos ou consultar peritos, a fim de demonstrar a *compatibilidade* de uma medida já declarada *incompatível*. Isso não pode ser considerado como 'circunstâncias específicas' que justifiquem um período superior ao da directriz proposta na alínea c) do nº 3 do artigo 21º. Não queremos dizer com isto que a realização de estudos científicos ou de consultas com peritos *não pode* fazer parte de um processo interno de aplicação num determinado caso, mas antes que essas considerações não são pertinentes para determinar o prazo razoável"[3521].

---

[3520] *Idem*, parágrafos 79-80.

[3521] Decisão de Arbitragem no caso *European Communities Measures concerning Meat and Meat Products (Hormones), Arbitration under Article 21.3 (c) of the Understanding on Rules and Procedures Governing the Settlement of Disputes* (WT/DS26/15, WT/DS48/13), 29-5-1998, parágrafo 39.

1248

O PRAZO RAZOÁVEL

Oitavo, se um Governo tem uma representação minoritária ou maioritária no respectivo Parlamento. No primeiro caso:

"O Japão cita como uma das 'circunstâncias específicas' relevantes, os poderes limitados do poder executivo em matéria de tributação e a necessidade de a Dieta aprovar uma lei em sentido formal para aplicar as recomendações e resoluções do Órgão de Resolução de Litígios. Dado que as modificações propostas envolvem aumentos drásticos dos impostos aplicados ao shochu e, por conseguinte, são muito impopulares e suscitaram uma oposição política considerável, o procedimento de preparação e adopção dessas modificações tem sido e continuará a ser difícil e complexo. Acresce à dificuldade e complexidade do processo legislativo o facto de o Governo actual não ter maioria em nenhuma das duas Câmaras da Dieta"[3522].

No caso da representação maioritária:

"**59.** Enquanto o Canadá invoca o carácter polémico de qualquer modificação da sua Lei de Patentes que tenha um impacto no sistema canadense de cuidados de saúde, os Estados Unidos destacam que, no caso do sistema parlamentar canadense, o Governo do Canadá tem maioria nas duas Câmaras do Parlamento, a Câmara dos Comuns e o Senado. Segundo os Estados Unidos, graças a essa maioria, o Governo controla o processo legislativo e estabelece do princípio ao fim o calendário de ambas as Câmaras; o Governo do Canadá pode, em síntese, conseguir em qualquer momento que se aprove uma norma legislativa que deseje ver aprovada.

**60.** Pode perfeitamente ser possível que o sistema político do Canadá e a distribuição de lugares entre os partidos políticos presentes no Parlamento do Canadá facilite a aprovação das iniciativas legislativas do actual Governo canadense. Não obstante, sinto-me muito pouco inclinado a ter em conta esses factores ao determinar o 'prazo razoável'. Estes factores variam de país para país e de Constituição para Constituição. Mesmo dentro de um determinado país, eles mudam com o decurso do tempo. Além disso, a sua avaliação será normalmente difícil e altamente especulativa. Noto igualmente que estes factores nunca foram considerados como 'circunstâncias específicas' em nenhuma das decisões arbitrais anteriores emitidas ao abrigo do nº 3, alínea *c*), do artigo 21º do Memorando de Entendimento sobre Resolução de Litígios. Assim, os factores políticos mencionados no parágrafo anterior e invocados pelos Estados Uni-

---

[3522] Decisão de Arbitragem no caso *Japan – Taxes on Alcoholic Beverages, Arbitration under Article 21.3 (c) of the Understanding on Rules and Procedures Governing the Settlement of Disputes* (WT/DS8/15, WT/DS10/15, WT/DS11/13), 14-2-1997, parágrafo 18. No fim o Árbitro declarou "Não estou convencido de que as 'circunstâncias específicas' avançadas pelo Japão (...) justificam um desvio da 'directriz' dos 15 meses num ou noutro sentido". Cf. *Idem*, parágrafo 27.

A FUNÇÃO JURISDICIONAL NO SISTEMA GATT/OMC

dos em apoio do seu pedido de um 'prazo razoável' de seis meses não são relevantes para a minha tarefa"[3523].

Nono, a conveniência de a medida de implementação entrar em vigor ao mesmo tempo que outras alterações legislativas:

"Independentemente dos argumentos concretos do Canadá sobre esta questão, desejo sublinhar que os factores não relacionados com a avaliação do prazo mais breve possível para que um Membro aplique, no âmbito do seu ordenamento jurídico, as recomendações e resoluções do Órgão de Resolução de Litígios num determinado caso carecem de relevância para determinar o 'prazo razoável' de acordo com o nº 3, alínea c), do artigo 21º do Memorando de Entendimento sobre Resolução de Litígios. Ainda que possa ser mais conveniente para o Canadá aplicar as recomendações do Órgão de Resolução de Litígios no presente caso observando o mesmo calendário previsto para a reforma do seu regime de administração alfandegária, este factor não é relevante na determinação do 'prazo mais breve possível' para a aplicação das recomendações do Órgão de Resolução de Litígios no âmbito do ordenamento jurídico do Canadá (...)"[3524].

Décimo, factores externos ao próprio processo legislativo:

"52. (...) O simples facto de um Membro afirmar que necessita de recorrer a esses processos externos de adopção de decisões como parte de uma proposta de aplicação não merece a mesma deferência que no caso de um procedimento de aplicação incluído integralmente no sistema jurídico interno desse Membro. Em contraste, no meu entender, um Membro que deve proceder à aplicação e procura sair dos seus processos internos de adopção de decisões deve demonstrar que este elemento externo da aplicação que propõe é necessário e, portanto, indispensável para o cumprimento pleno e efectivo por parte desse Membro, mediante a aplicação das recomendações e resoluções do Órgão de Resolução de Litígios, das obrigações que lhe cabem em virtude dos acordos abrangidos.

53. Além disso, observo com certa preocupação que, dado que não existe actualmente nenhuma decisão da Organização Mundial das Alfândegas que aborde a clarificação efectuada pelo Painel e pelo Órgão de Recurso da Lista das Comunidades Europeias na OMC, esta primeira fase de aplicação proposta pelas Comunidades

---

[3523] Decisão de Arbitragem no caso *Canada – Term of Patent Protection, Arbitration under Article 21.3 (c) of the Understanding on Rules and Procedures Governing the Settlement of Disputes* (WT/DS170/10), 28-2-2001, parágrafos 59-60.

[3524] Decisão de Arbitragem no caso *Canada – Certain Measures Affecting the Automotive Industry, Arbitration under Article 21.3 (c) of the Understanding on Rules and Procedures Governing the Settlement of Disputes* (WT/DS139/12, WT/DS142/12), 4-10-2000, parágrafo 55.

# O PRAZO RAZOÁVEL

Europeias [a decisão de classificação do Comité do Sistema Harmonizado da Organização Mundial das Alfândegas] tem o potencial de criar o que cabe considerar como um obstáculo para a necessária aplicação das recomendações e resoluções do Órgão de Resolução de Litígios no presente litígio (...).

55. (...) As recomendações e resoluções do Órgão de Resolução de Litígios no presente litígio não serão aplicadas mediante uma decisão de classificação da Organização Mundial das Alfândegas. Independentemente do resultado de uma decisão da Organização Mundial das Alfândegas, as recomendações e resoluções do Órgão de Resolução de Litígios no presente litígio não estarão mais próximo da aplicação a menos que, e até que, as Comunidades Europeias adoptem internamente medidas para aplicá-las. As Comunidades Europeias declaram que não adoptarão nenhuma medida no plano interno até que recebam uma decisão da Organização Mundial das Alfândegas. Por conseguinte, é possível imaginar que uma decisão da Organização Mundial das Alfândegas sobre a classificação pautal para responder a uma solicitação das Comunidades Europeias poderia prolongar este litígio em vez de contribuir para solucioná-la mediante a aplicação das recomendações e resoluções do Órgão de Resolução de Litígios. Ao cumprir as minhas obrigações como árbitro de acordo com o Memorando de Entendimento sobre Resolução de Litígios, sinto-me naturalmente relutante em ter em conta na determinação do prazo razoável o tempo necessário para obter de outra organização internacional uma decisão que pode não contribuir – ou pode mesmo criar obstáculos – para a aplicação das recomendações e resoluções do Órgão de Resolução de Litígios.

56. (...) Portanto, nestas circunstâncias específicas, não posso aceitar que o recurso à Organização Mundial das Alfândegas seja um elemento da aplicação proposta pelas Comunidades Europeias que Eu deva ter em conta ao calcular o prazo razoável simplesmente porque as Comunidades Europeias o propuseram. Em vez disso, as Comunidades Europeias devem demonstrar que esta primeira medida de aplicação é um requisito no âmbito do Direito Comunitário. Não posso fiar-me simplesmente nas suas palavras, as Comunidades Europeias devem demonstrar que é assim"[3525].

Finalmente, a prática anterior:

"Passo agora para as (...) 'circunstâncias específicas' sugeridas pelas Comunidades Europeias como influenciando a determinação do prazo razoável para o cumprimento, a saber, os prazos concedidos em anteriores decisões arbitrais relativos a medidas legislativas das Comunidades Europeias. Em minha opinião, o nº 3, alínea c), do artigo 21º exige aos árbitros que tenham em conta as 'circunstâncias específicas' do

---

[3525] Decisão de Arbitragem no caso *European Communities – Customs Classification of Frozen Boneless Chicken Cuts, Arbitration under Article 21.3 (c) of the Understanding on Rules and Procedures Governing the Settlement of Disputes* (WT/DS269/13, WT/DS286/15), 20-2-2006, parágrafos 52-53 e 55-56.

A FUNÇÃO JURISDICIONAL NO SISTEMA GATT/OMC

caso apresentado. Apesar dos árbitros poderem retirar alguma orientação útil de anteriores decisões arbitrais a este respeito, os factos e circunstâncias da aplicação num litígio podem diferir, e na maioria das vezes diferem, dos factos e das circunstâncias da aplicação noutro litígio. Consequentemente, abstenho-me de considerar aqui que os prazos razoáveis concedidos em anteriores decisões arbitrais relativos a medidas legislativas das Comunidades Europeias são uma 'circunstância específica', exclusivamente porque a presente arbitragem também se refere à aplicação pelas Comunidades Europeias mediante uma medida legislativa"[3526].

Porém, no caso *United States – Continued Dumping and Subsidy Offset Act of 2000*, o Árbitro teve em conta não a prática seguida em arbitragens anteriores relativamente ao mesmo tipo de medida de implementação, mas sim pelo Membro que tinha de executar as recomendações e decisões do Órgão de Resolução de Litígios:

"Tenho presente que, como assinalaram os Estados Unidos, os trâmites que constituem o seu processo legislativo são numerosos e potencialmente morosos. No entanto, noto que o Congresso dos Estados Unidos já aprovou projectos de lei em prazos reduzidos; por exemplo, o próprio *Continued Dumping and Subsidy Offset Act of 2000* parece ter sido aprovado num período de apenas 25 dias"[3527].

Do mesmo modo, no caso *United States – Measures Affecting the Cross-Border Supply of Gambling and Betting Services*:

"Antígua destaca também que o Congresso dos Estados Unidos só necessitou de cinco meses para aprovar as emendas de 2000 ao Interstate Horseracing Act. Tomo nota desse facto. Como essas emendas estão relacionadas com a mesma área em que os Estados Unidos tencionam proceder à aplicação no presente caso, considero relevante que o Congresso tenha sido capaz de actuar de maneira tão expedita em ocasião anterior"[3528].

---

[3526] Decisão de Arbitragem no caso *European Communities – Export Subsidies on Sugar, Arbitration under Article 21.3 (c) of the Understanding on Rules and Procedures Governing the Settlement of Disputes* (WT/DS265/33, WT/DS266/33, WT/DS283/14), 28-10-2005, parágrafo 97.

[3527] Decisão de Arbitragem no caso *United States – Continued Dumping and Subsidy Offset Act of 2000, Arbitration under Article 21.3 (c) of the Understanding on Rules and Procedures Governing the Settlement of Disputes* (WT/DS217/14, WT/DS234/22), 13-6-2003, parágrafo 64.

[3528] Decisão de Arbitragem no caso *United States – Measures Affecting the Cross-Border Supply of Gambling and Betting Services, Arbitration under Article 21.3 (c) of the Understanding on Rules and Procedures Governing the Settlement of Disputes* (WT/DS285/13), 19-8-2005, parágrafo 55.

O PRAZO RAZOÁVEL

## 2.7. O Caso dos Países em Desenvolvimento

Até agora, a disposição do Memorando de Entendimento sobre Resolução de Litígios a favor dos países em desenvolvimento mais vezes invocada foi o nº 2 do art. 21º, nos termos da qual, "aquando da análise de medidas no âmbito de um processo de resolução de litígios, será dada especial atenção a questões que afectem os interesses de países Membros em desenvolvimento". Encontrando-se esta disposição inserida no art. 21º, o contexto parece indicar que, quando estejam em causa países em desenvolvimento, deve ser dada especial atenção a questões que afectem os seus interesses quando da execução das recomendações e decisões do Órgão de Resolução de Litígios. Contudo, por não estar redigida em termos muito claros, várias questões ficaram inicialmente por responder. Por exemplo, em que termos se concretiza a "especial atenção"? Quais os interesses dos países Membros em desenvolvimento relevantes? Quais os interesses que devem ser tidos em conta: os do país em desenvolvimento que apresenta a queixa, os do país em desenvolvimento contra o qual é apresentada a queixa, os das partes terceiras que sejam países em desenvolvimento ou os dos países em desenvolvimento em geral? Estas questões têm sido abordadas em vários litígios, que passamos a referir. Assim, no caso *Indonesia – Certain Measures Affecting the Automobile Industry*, a Indonésia solicitou um prazo razoável de 15 meses, por considerar que três factores principais deveriam ser tomados em consideração como "circunstâncias específicas do caso" na determinação do prazo razoável no âmbito do art. 21º, nº 3, alínea c), do Memorando. Esses três factores eram os seguintes:

  (i) a grave crise económica que afectava na altura a Indonésia;
  (ii) a complexidade das deliberações exigidas para colocar o chamado Programa 1993 em conformidade com as obrigações da Indonésia (o chamado Programa 1993 abrangia 190 empresas/indústrias, as quais empregavam, por sua vez, milhares de trabalhadores); e
  (iii) era necessário um período transitório para adaptação antes das novas medidas entrarem em vigor[3529].

Significativamente, o Árbitro declarou que:

  "A Indonésia indicou que, para levar a cabo o processo normativo necessário para aplicar as recomendações e resoluções do Órgão de Resolução de Litígios no presente caso, necessita de um prazo de seis meses a partir da data de adopção do relatório do Painel. Concordo com a decisão do árbitro no caso *European Communities – Hormones* que: lido no seu contexto, está claro que o prazo razoável a que se refere a alínea c)

---

[3529] Decisão de Arbitragem no caso *Indonesia – Certain Measures Affecting the Automobile Industry, Arbitration under Article 21.3 (c) of the Understanding on Rules and Procedures Governing the Settlement of Disputes* (WT/DS54/15, WT/DS55/14, WT/DS59/13, WT/DS64/12), 7-12-1998, parágrafos 7-11.

A FUNÇÃO JURISDICIONAL NO SISTEMA GATT/OMC

do nº 3 do artigo 21º deve ser o prazo mais breve possível no âmbito do ordenamento jurídico do Membro para aplicar as recomendações e resoluções do Órgão de Resolução de Litígios. Em minha opinião, o prazo mais breve possível para que a Indonésia complete o seu processo normativo interno para aplicar as recomendações ou resoluções do Órgão de Resolução de Litígios é um prazo de seis meses"[3530].

Quanto ao pedido da Indonésia de um período transitório adicional de 9 meses para permitir que as empresas/indústrias afectadas realizassem ajustamentos estruturais, o Árbitro afirmou que:

"Não considero que os ajustamentos estruturais dos sectores produtivos da Indonésia afectados constituam uma 'circunstância específica' que pode ser tida em conta ao abrigo do com o nº 3, alínea *c*), do artigo 21º do Memorando de Entendimento sobre Resolução de Litígios. Em quase todos os casos em que se tenha constatado que uma medida é incompatível com as obrigações de um Membro ao abrigo do GATT de 1994 ou de qualquer outro acordo abrangido e, por conseguinte, deva ser posta em conformidade com esse acordo, será necessário algum grau de ajustamento do ramo de produção nacional do Membro em causa, independentemente de este ser um país desenvolvido ou um país em desenvolvimento (...)"[3531].

No fim, porém, o árbitro considerou ser apropriado, ao abrigo do art. 21º, nº 3, alínea *c*), do Memorando, um prazo razoável de 12 meses, a contar da data de adopção do relatório do Painel pelo Órgão de Resolução de Litígios, para a Indonésia executar as recomendações e decisões do Órgão de Resolução de Litígios, visto estar em causa um país em desenvolvimento que se encontrava numa situação económica e financeira extrema[3532]. Mas, atenção, embora o árbitro tenha destacado uma das circunstâncias específicas do caso (a gravidade da situação económica e financeira da Indonésia), a sua decisão parece atender principalmente ao facto de a Indonésia ser um país em desenvolvimento.

Outra situação interessante prende-se com o caso *Chile – Taxes on Alcoholic Beverages*. Apesar de o Chile ter destacado a sensibilidade política da alteração jurídica exigida pela implementação, visto que a nova legislação afectaria as receitas fiscais, a saúde pública e a situação económica e social dos produtores de pisco[3533], o Árbitro não tomou em consideração, pelo menos expressamente, o

---

[3530] *Idem*, parágrafo 22.
[3531] *Idem*, parágrafo 23.
[3532] *Idem*, parágrafos 24-25.
[3533] Decisão de Arbitragem no caso *Chile – Taxes on Alcoholic Beverages, Arbitration under Article 21.3 (c) of the Understanding on Rules and Procedures Governing the Settlement of Disputes* (WT/DS87/15, WT/DS110/14), 23-5-2000, parágrafo 21.

1254

O PRAZO RAZOÁVEL

pedido do Chile na determinação da duração do prazo razoável, talvez porque este país em desenvolvimento:

"(...) não foi nem muito específico ou concreto sobre os seus interesses particulares como país em desenvolvimento Membro nem sobre como esses interesses poderiam efectivamente influir na duração do 'prazo razoável' para promulgar a legislação obrigatória necessária"[3534].

Relativamente aos interesses dos países em desenvolvimento em geral, as Comunidades Europeias (a parte vencida no litígio) defenderam no caso *European Communities – Export Subsidies on Sugar* que:

"(...) O âmbito do nº 2 do artigo 21º do Memorando de Entendimento sobre Resolução de Litígios não está limitado aos países em desenvolvimento Membros enquanto partes *às quais incumbe a aplicação*, e não enquanto partes *queixosas*, num litígio. Mais exactamente, as Comunidades Europeias alegam que o nº 2 do artigo 21º é também aplicável aos países em desenvolvimento Membros que *não* são partes num litígio. As Comunidades Europeias não parecem questionar os interesses de desenvolvimento do Brasil e Tailândia nem as provas apresentadas por estes países. Em vez disso, alegam que uma consequência de um prazo de aplicação mais breve, combinado com a suspensão da exportação do açúcar C propugnada pelas Partes Queixosas, 'poderia ser' um aumento do preço do açúcar no mercado mundial, o qual afectaria desfavoravelmente os interesses dos países em desenvolvimento importadores de açúcar. As Comunidades Europeias alegam também que estes interesses, assim como os dos países ACP, também são interesses no sentido do nº 2 do artigo 21º a que devo prestar 'especial atenção'"[3535].

Apesar desta argumentação, o Árbitro considerou que:

"**99.** (...) O nº 2 do artigo 21º tem que ser interpretado como requerendo que os árbitros prestem 'especial atenção' às 'questões que afectem os interesses' tanto do país ou países em desenvolvimento Membros *que devem proceder à aplicação* como do país ou países em desenvolvimento Membros *queixosos*. Observo que o Brasil, as Comunidades Europeias a a Tailândia estão explicitamente de acordo sobre este ponto. Ao chegar a esta conclusão, concordo com o Árbitro do caso *United States – Gambling* de que o texto do nº 2 do artigo 21º não limita o seu âmbito de aplicação aos países em desenvolvimento Membros a que incumbe a aplicação.

---

[3534] *Idem*, parágrafo 44.
[3535] Decisão de Arbitragem no caso *European Communities – Export Subsidies on Sugar, Arbitration under Article 21.3 (c) of the Understanding on Rules and Procedures Governing the Settlement of Disputes* (WT/DS265/33, WT/DS266/33, WT/DS283/14), 28-10-2005, parágrafo 98.

A FUNÇÃO JURISDICIONAL NO SISTEMA GATT/OMC

Observo também que os nºs 7 e 8 do artigo 21º se referem as circunstâncias em que a 'questão foi suscitada por um país em desenvolvimento Membro' ou 'a questão é apresentada por um país em desenvolvimento Membro'; isto indica que, quando os redactores do Memorando de Entendimento sobre Resolução de Litígios quiseram limitar o âmbito de uma disposição a um determinado grupo ou categoria de países em desenvolvimento Membros, o fizeram expressamente.

**100.** (...) O Brasil alega que a sua indústria do açúcar gera mais de uma quinta parte do produto interno bruto total da sua agro-indústria; que um estudo de 1997 concluiu que a indústria do açúcar 'tinha criado mais de 654.000 postos de trabalho directos e 937.000 postos indirectos no Brasil' e empregava directamente 764.593 pessoas no Brasil; que a indústria do açúcar tem uma importância acrescida porque está com frequência localizada em zonas rurais e tem uma tradição de fonte de emprego responsável do ponto de vista social; e que as exportações de açúcar subvencionado procedentes das Comunidades Europeias exercem um 'efeito prejudicial sobre os preços no mercado de exportação'. A Tailândia alega que as exportações de açúcar procedentes das Comunidades Europeias têm um 'efeito depressivo ... sobre o preço do açúcar no mercado mundial'. A Tailândia também refere as consequências desfavoráveis que resultam da continuação das exportações subvencionadas procedentes das Comunidades Europeias sobre '1,5 milhões de famílias de agricultores e trabalhadores relacionados com o açúcar'. A Tailândia alega finalmente que uma grande parte das suas zonas produtoras de açúcar se encontra em partes do seu território cujos rendimentos anuais são inferiores aos rendimentos anuais médios da Tailândia. Tanto o Brasil como a Tailândia apresentam provas em apoio dos seus respectivos argumentos.

**101.** Após examinar as provas, estou convencido, em termos gerais, de que o Brasil e a Tailândia demonstraram os seus interesses como países em desenvolvimento Membros para efeitos do nº 2 do artigo 21º e de que estes interesses são relevantes para a minha determinação do prazo razoável na presente arbitragem.

**102.** No que respeita aos interesses de desenvolvimento dos países ACP, tenho conhecimento do acesso preferencial ao mercado comunitário de que gozam os países ACP em virtude do Acordo de Cotonou. No entanto, as provas bastante limitadas que tenho ante mim não me permitem deduzir de que maneira específica os países ACP se verão afectados pela aplicação das recomendações e resoluções do Órgão de Resolução de Litígios neste litígio. Portanto, careço de uma base precisa para poder prestar 'especial atenção' aos interesses dos países ACP ao determinar o prazo razoável na presente arbitragem.

**103.** De igual modo, não tenho ante mim provas suficientes que demonstrem se ou como os interesses de outros países em desenvolvimento Membros que são exportadores ou importadores de açúcar seriam afectados pela aplicação das recomendações e resoluções do Órgão de Resolução de Litígios. As Comunidades Europeias não

O PRAZO RAZOÁVEL

identificaram especificamente esses outros países em desenvolvimento Membros na sua comunicação ou na audiência oral.

**104.** Consequentemente, não é necessário que, nas circunstâncias específicas da presente arbitragem, decida se o nº 2 do artigo 21º é igualmente aplicável aos países em desenvolvimento Membros que *não* são partes no procedimento de arbitragem iniciado de acordo com o nº 3, alínea *c*), do artigo 21º"[3536].

Ainda no âmbito deste caso, o Árbitro observou que:

"**80.** Outro aspecto do procedimento legislativo das Comunidades Europeias sobre o qual as partes estão em desacordo diz respeito à necessidade de realizar consultas com os países ACP. As Comunidades Europeias alegam que, ao abrigo do Acordo de Cotonou entre as Comunidades Europeias e os países ACP, estão obrigadas a realizar consultas com estes sobre as medidas que podem 'afectar os interesses' desses países. Segundo as Comunidades Europeias, esta prescrição de realizar consultas com os países ACP 'ao longo de todo o processo legislativo', assim como a necessidade de 'examinar as suas comunicações e responder a elas', 'aumentará a complexidade do debate ... e exigirá tempo adicional'.

**81.** Não questiono a necessidade de que, em virtude do Acordo de Cotonou, as Comunidades Europeias realizem consultas com os países ACP sobre as 'medidas que podem afectar os interesses dos Estados ACP'. Todavia, as Comunidades Europeias não demonstraram porquê isto tem um impacto que exija tempo adicional para que as Comunidades Europeias apliquem as recomendações e resoluções do Órgão de Resolução de Litígios. Observo, primeiro, que a aplicação das Comunidades Europeias neste litígio se refere aos seus *compromissos em matéria de subvenções à exportação* ao abrigo do Acordo sobre a Agricultura, ao passo que os países ACP gozam de *acesso* preferencial *ao mercado* comunitário. Segundo, as Comunidades Europeias não facultaram informação suficiente sobre que consultas tiveram lugar com os países ACP nem sobre o modo como as consultas realizadas no passado com esses países tiveram um impacto no processo legislativo das Comunidades Europeias. Estas não me proporcionaram informação suficiente para justificar a sua afirmação de que as consultas

---

[3536] *Idem*, parágrafos 99-104. Relativamente à referência feita no parágrafo 99 ao caso *United States – Gambling*, de facto, o Árbitro do caso *United States – Measures Affecting the Cross-Border Supply of Gambling and Betting Services* defendeu que: "o texto do nº 2 do artigo 21º não limita expressamente o seu âmbito de aplicação aos países em desenvolvimento Membros *enquanto partes responsáveis pela aplicação*, e não enquanto partes queixosas, num litígio". Cf. Decisão de Arbitragem no caso *United States – Measures Affecting the Cross-Border Supply of Gambling and Betting Services, Arbitration under Article 21.3 (c) of the Understanding on Rules and Procedures Governing the Settlement of Disputes* (WT/DS285/13), 19-8-2005, parágrafo 59.

1257

A FUNÇÃO JURISDICIONAL NO SISTEMA GATT/OMC

com os países ACP exigirão tempo adicional para a aplicação das recomendações e resoluções do Órgão de Resolução de Litígios"[3537].

Posteriormente, no caso *European Communities – Customs Classification of Frozen Boneless Chicken Cuts*, o Brasil (a parte queixosa e vencedora do litígio) solicitou que fosse dada especial atenção aos interesses de um país Membro em desenvolvimento na determinação do prazo razoável[3538], avançando com vários argumentos:

"**31.** O Brasil salienta os efeitos que as medidas impugnadas – o Regulamento (CE) Nº 1223/2002 da Comissão e a Decisão 2003/97/CE da Comissão – tiveram nos interesses do Brasil. A este respeito, o Brasil refere a perda de vendas no mercado comunitário e observa que, com base no crescimento das exportações nos três anos anteriores à adopção das medidas impugnadas, o volume das exportações para as Comunidades Europeias era de 170.000 toneladas métricas inferior ao que se poderia esperar na ausência dessas medidas, o que representa uma perda de 300 milhões de euros.

**32.** O Brasil também alega que a indústria avícola é um sector fundamental da economia brasileira, responsável pela criação de pelo menos 180.000 postos de trabalho. A indústria avícola, em particular várias grandes empresas, tem sido importante ao realizar investimentos e criar postos de trabalho em regiões desfavorecidas do Brasil. Algumas empresas avícolas também têm prestado serviços às suas comunidades ao

---

[3537] Decisão de Arbitragem no caso *European Communities – Export Subsidies on Sugar, Arbitration under Article 21.3 (c) of the Understanding on Rules and Procedures Governing the Settlement of Disputes* (WT/DS265/33, WT/DS266/33, WT/DS283/14), 28-10-2005, parágrafos 80-81. De notar que, no caso *Chile – Taxes on Alcoholic Beverages*, o Árbitro concluiu que a fase das consultas do processo legislativo no Congresso Nacional chileno constituía claramente "uma fase importante se o êxito do esforço legislativo é importante" (cf. Decisão de Arbitragem no caso *Chile – Taxes on Alcoholic Beverages, Arbitration under Article 21.3 (c) of the Understanding on Rules and Procedures Governing the Settlement of Disputes* (WT/DS87/15, WT/DS110/14), 23-5-2000, parágrafo 43). De modo semelhante, no caso *Chile – Price Band System and Safeguard Measures Relating to Certain Agricultural Products*, o Árbitro defende que:
"A fase das consultas é importante para estabelecer a base que permite que um projecto de lei seja aprovado no processo legislativo. Ainda que não sejam juridicamente obrigatórias, as consultas tanto com as instituições públicas como com os sectores afectados da sociedade são tipicamente parte integrante do processo legislativo nas comunidades políticas contemporâneas e essas consultas devem ser tidas em conta quando é fixado um 'prazo razoável' para a aplicação".
Cf. Decisão de Arbitragem no caso *Chile – Price Band System and Safeguard Measures Relating to Certain Agricultural Products, Arbitration under Article 21.3 (c) of the Understanding on Rules and Procedures Governing the Settlement of Disputes* (WT/DS207/13), 17-3-2003, parágrafo 42.
[3538] Para apoiar o seu pedido, o Brasil apresentou provas relativas à quota de mercado, às receitas, ao emprego dependente desta indústria e ao papel da mesma na promoção de programas sociais no Brasil. Cf. Decisão de Arbitragem no caso *European Communities – Customs Classification of Frozen Boneless Chicken Cuts* (WT/DS269/13, WT/DS286/15), 20-2-2006, parágrafo 81.

1258

O PRAZO RAZOÁVEL

oferecer programas sociais para atender às necessidades dos pobres. Como consequência disto, o Brasil alega que esta indústria tem sido decisiva para o comércio e o desenvolvimento social do Brasil e, por isso, é especialmente agudo o impacto das medidas das Comunidades Europeias incompatíveis com as normas da OMC no presente litígio"[3539].

Ante o pedido e as circunstâncias invocadas pelo Brasil, o Árbitro concluiu que:

> "O Brasil demonstrou satisfatoriamente que as medidas das Comunidades Europeias que são objecto do presente litígio afectam realmente os seus interesses. Além disso, o Brasil tem razão quando defende que o nº 2 do artigo 21º, segundo os seus próprios termos, não estabelece nenhuma distinção entre os casos em que os países em desenvolvimento Membros actuam como partes queixosas e os casos em que devem proceder à aplicação num determinado litígio. Não obstante, como já observei, a minha determinação do prazo razoável resulta do modo como interpreto o *prazo mais breve possível* no ordenamento jurídico da Comunidade para aplicar o regulamento da Comissão proposto para modificar a Nota Adicional 7 do título 02.10. Tendo chegado ao prazo mais breve possível, considero que o prazo razoável para a aplicação não é afectado adicionalmente pelo facto de o Brasil, como Membro queixoso no presente litígio, ser um país em desenvolvimento"[3540].

A decisão do Árbitro neste caso representa, pois, uma viragem face à decisão proferida no caso *European Communities – Export Subsidies on Sugar*. Não obstante ter reconhecido que o Brasil tinha demonstrado que os seus interesses tinham sido afectados pelas medidas adoptadas pelas Comunidades Europeias, o Árbitro recusou retirar qualquer consequência da circunstância de o Brasil ser um país em desenvolvimento. Nas palavras do Árbitro: "a minha determinação do prazo razoável resulta do meu entendimento sobre *o prazo mais breve possível* no ordenamento jurídico comunitário"[3541].

Finalmente, temos o caso *Chile – Price Band System and Safeguard Measures Relating to Certain Agricultural Products*, o primeiro caso em que ambas as partes em litígio eram países em desenvolvimento. Assim, enquanto o Chile, a parte vencida, solicitava ao árbitro um prazo razoável de maior duração[3542], a Argentina

---

[3539] *Idem*, parágrafos 30-32.
[3540] *Idem*, parágrafo 82.
[3541] *Idem*.
[3542] "O Chile salienta que o Sistema de Bandas de Preços constituiu um dos 'pilares' mais fundamentais da sua política agrária durante quase 20 anos (...). Além disso, o Chile alega que o Sistema de Bandas de Preços era perfeitamente conhecida pelos parceiros comerciais desse país quando

A FUNÇÃO JURISDICIONAL NO SISTEMA GATT/OMC

apresentava um pedido em sentido contrário[3543]. Contudo, uma vez que o Chile foi incapaz de nomear obstáculos adicionais específicos à sua condição de país em desenvolvimento, o Árbitro disse que:

"Esta é uma questão que Eu deveria ter em conta ao avaliar a possibilidade da necessidade de um prazo mais longo para a aplicação. A inexistência actual de dificuldades concretas na posição do Chile como país em desenvolvimento contrasta com a situação de anteriores arbitragens, que os Membros identificaram, não simplesmente por causa das suas posições como países em desenvolvimento, mas também pela existência de uma situação económica e financeira 'grave' ou 'extremamente grave' no momento do prazo de aplicação proposto. Em contraste, as graves dificuldades financeiras que a Argentina enfrenta actualmente agravam ainda mais o ónus que pesa sobre este país como país em desenvolvimento queixoso que conseguiu estabelecer a incompatibilidade com as regras da OMC de uma medida impugnada. Consequentemente, reconheço que o Chile pode efectivamente enfrentar obstáculos como país em desenvolvimento na sua aplicação das recomendações e resoluções do Órgão de Resolução de Litígios e que, de forma análoga, a Argentina continua a enfrentar dificuldades como país em desenvolvimento enquanto se mantiver o Sistema de Bandas de Preços incompatível com as normas da OMC. Por conseguinte, nas circunstâncias pouco habituais do presente caso, a 'especial atenção' que presto aos interesses dos países em desenvolvimento não me leva a estabelecer um prazo mais longo ou mais curto"[3544].

Posteriormente, o Árbitro do caso *Colombia – Indicative Prices and Restrictions on Ports of Entry* vem dizer que, numa situação em que o Membro em falta (Colômbia) e a parte queixosa (Panamá) são países em desenvolvimento, o disposto no

---

teve lugar o Ciclo do Uruguai e que esses parceiros asseguraram que o Sistema de Bandas de Preços era compatível com os compromissos contraídos pelo Chile no âmbito do Acordo sobre a Agricultura. Em consequência, o Chile identifica uma ampla oposição que resiste à modificação do Sistema de Bandas de Preços porque, segundo o Chile, essa oposição considera que o Sistema de Bandas de Preços é uma medida de defesa usada para compensar as políticas proteccionistas de outros países e um mecanismo plenamente transparente que os demais Membros da OMC anteriormente tinham compreendido e aceitado". Cf. Decisão de Arbitragem no caso *Chile – Price Band System and Safeguard Measures Relating to Certain Agricultural Products, Arbitration under Article 21.3 (c) of the Understanding on Rules and Procedures Governing the Settlement of Disputes* (WT/DS207/13), 17-3-2003, parágrafo 46.

[3543] "A Argentina refere arbitragens anteriores que rejeitaram o 'carácter litigioso' interno de uma medida proposta como base para conceder um prazo de aplicação mais longo". Cf. *Idem*, parágrafo 47.

[3544] Decisão de Arbitragem no caso *Chile – Price Band System and Safeguard Measures Relating to Certain Agricultural Products, Arbitration under Article 21.3 (c) of the Understanding on Rules and Procedures Governing the Settlement of Disputes* (WT/DS207/13), 17-3-2003, parágrafo 56.

O PRAZO RAZOÁVEL

nº 2 do art. 21º do Memorando de Entendimento sobre Resolução de Litígios terá pouca relevância, "excepto se uma das partes conseguir demonstrar que é afectada mais gravemente que a outra por dificuldades relacionadas com a sua condição de país em desenvolvimento"[3545].

É importante notar, ainda, que a aplicação do nº 2 do art. 21º do Memorando no contexto dos procedimentos realizados ao abrigo do nº 3, alínea *c*), do art. 21º do Memorando não se restringe aos casos em que as partes queixosas são exclusivamente países em desenvolvimento. De facto, o Árbitro do caso *European Communities – Export Subsidies on Sugar* aplicou o nº 2 do art. 21º em benefício do Brasil e da Tailândia num litígio em que também a Austrália era parte queixosa.

## 2.8. O Caso das Subvenções Proibidas

Nos termos do nº 7 do art. 4º do Acordo da OMC sobre as Subvenções e as Medidas de Compensação, se for criado um Painel e este concluir que a medida em questão constitui efectivamente uma subvenção proibida, o Painel recomendará que o Membro que concede a subvenção a elimine imediatamente, especificando na sua recomendação o prazo para a eliminação da medida[3546]. O Órgão de Recurso chega mesmo a dizer que as disposições do nº 3 do art. 21º do Memorando de Entendimento sobre Resolução de Litígios não são relevantes na determinação do prazo razoável para implementação de uma conclusão de incompatibilidade

---

[3545] Decisão de Arbitragem no caso *Colombia – Indicative Prices and Restrictions on Ports of Entry, Arbitration under Article 21.3(c) of the Understanding on Rules and Procedures Governing the Settlement of Disputes* (WT/DS366/13), 2-10-2009, parágrafo 106.

[3546] Só no caso de não ser dado seguimento à recomendação no prazo decidido pelo Painel, é que o Órgão de Resolução de Litígios autorizará o Membro queixoso a tomar as contramedidas apropriadas, a menos que o Órgão de Resolução de Litígios decida por consenso rejeitar o pedido (art. 4º, nº 10, do Acordo sobre as Subvenções e as Medidas de Compensação). Por outro lado, no caso das subvenções passíveis de recurso, "sempre que seja adoptado um relatório de um painel ou do Órgão de Recurso, no qual tenha sido determinado que uma subvenção causou efeitos desfavoráveis aos interesses de um outro Membro, na acepção do artigo 5º, o Membro que concede ou mantém esta subvenção tomará as medidas apropriadas para eliminar os efeitos desfavoráveis ou suprirá a subvenção" (art. 7º, nº 8, do Acordo sobre as Subvenções e as Medidas de Compensação). No caso de o Membro em questão não ter tomado as medidas apropriadas para eliminar os efeitos desfavoráveis da subvenção ou suprimir a subvenção no prazo de seis meses a contar da data em que o Órgão de Resolução de Litígios adoptou o relatório do painel ou do Órgão de Recurso, e na ausência de um acordo sobre medidas de compensação, o Órgão de Resolução de Litígios autorizará o Membro queixoso a tomar contramedidas, proporcionais ao grau e à natureza dos efeitos desfavoráveis cuja existência tenha sido determinada, a menos que o Órgão de Resolução de Litígios decida por consenso rejeitar o pedido (art. 7º, nº 9, do Acordo sobre as Subvenções e as Medidas de Compensação).

A FUNÇÃO JURISDICIONAL NO SISTEMA GATT/OMC

com as disposições relativas a subvenções proibidas da Parte II do Acordo sobre as Subvenções e as Medidas de Compensação[3547].

Posto isto, no que diz respeito ao termo "imediatamente", o Órgão de Recurso concluiu no caso *Brazil – Export Financing Programme for Aircraft* que "não vemos nenhum motivo para alterar a recomendação do Painel de que, neste caso, a expressão 'imediatamente' significa 90 dias"[3548].

Porém, o caso *United States – Tax Treatment for "Foreign Sales Corporations"* mostra que nem sempre é possível uma abordagem tão rigorosa, tendo o Painel determinado que a expressão "imediatamente" significava um ano. As razões avançadas foram as seguintes:

> "Dado que a aplicação da recomendação do Painel exigirá a adopção de medidas legislativas (um facto reconhecido pelas Comunidades Europeias), que o ano fiscal de 2000 tem início nos Estados Unidos no dia 1 de Outubro de 1999, e que não está prevista a distribuição do presente relatório aos membros antes de Setembro de 1999 (e, no caso de ser objecto de recurso, pode não ser adoptado antes do começo da Primavera em 2000), não consideramos que seja possível, na prática, que os Estados Unidos adoptem as medidas legislativas necessárias em Outubro de 1999. Sendo assim, e actuando de boa fé, isto não pode ser descrito como uma 'demora'. Todavia, esta limitação temporal objectiva não existirá efectivamente a partir do próximo ano fiscal (2001), que começa no dia 1 de Outubro de 2000. Como esta seria a primeira data viável em que os Estados Unidos poderiam aplicar a nossa recomendação, ela satisfaz o requisito 'imediatamente' estabelecido no nº 7 do artigo 4º. Em consequência, especificamos que as subvenções relativas às 'foreign sales corporations' devem ser retiradas efectivamente o mais tardar no dia 1 de Outubro de 2000"[3549].

Posteriormente, no caso *Canada – Certain Measures Affecting the Automotive Industry*, o Painel assinalou que, para saber que período de tempo corresponderia à eliminação imediata num caso concreto, era necessário tomar em consideração a natureza das medidas necessárias à eliminação da subvenção proibida[3550]. Reflectindo a abordagem do caso *United States – Tax Treatment for "Foreign Sales Corporations"*, o Painel observou que as medidas em causa eram actos do poder executivo e não do poder legislativo e que, normalmente, a emenda ou revoga-

---

[3547] Relatório do Órgão de Recurso no caso *Brazil – Export Financing Programme for Aircraft* (WT/DS46/AB/R), 2-8-1999, parágrafo 192.
[3548] *Idem*, parágrafo 194.
[3549] Relatório do Painel no caso *United States – Tax Treatment for "Foreign Sales Corporations"*, 8-10-1999, parágrafo 8.8.
[3550] Relatório do Painel no caso *Canada – Certain Measures Affecting the Automotive Industry* (WT/DS139/R, WT/DS142/R), 11-2-2000, parágrafo 11.6.

O PRAZO RAZOÁVEL

ção de um acto do poder executivo pode ser efectuada mais rapidamente do que seria o caso se fosse exigida uma acção legislativa[3551], isto é, a exigência interna de que fossem tomadas medidas executivas para aplicar as medidas recomendadas desempenhou um papel decisivo.

Contudo, como é fácil reconhecer, esta abordagem pode tornar-se assaz discutível e a longo prazo mesmo contraproducente. Na prática, ela introduzirá uma distinção injustificada entre dois países com sistemas semelhantes de subvenções à exportação, mas introduzidos através de medidas diferentes – recorrendo-se ao poder executivo num caso e ao legislativo noutro caso. Em tais circunstâncias, será difícil aceitar uma decisão que exija a um Membro a eliminação das suas subvenções à exportação no prazo de 90 dias e a outro Membro no prazo de um ano. Em suma, a referida abordagem constitui claramente um incentivo adicional para os países introduzirem as suas subvenções à exportação através de instrumentos legislativos que não possam ser alterados com facilidade nos respectivos quadros constitucionais nacionais[3552].

Finalmente, no caso *Australia – Subsidies Provided to Producers and Exporters of Automotive Leather*, a Austrália alega que, uma vez que o prazo razoável para implementação das decisões de um Painel ao abrigo do Memorando de Entendimento sobre Resolução de Litígios é de 15 meses e os prazos, no caso dos litígios relativos a subvenções proibidas são reduzidos para metade (art. 4º, nº 12, do Acordo sobre as Subvenções e as Medidas de Compensação), seria apropriado um prazo de sete meses e meio[3553]. O Painel recusou, contudo, considerar procedente a alegação feita pela Austrália:

"**10.6.** Mesmo supondo que a Austrália tem razão ao considerar que um período de 15 meses é o prazo 'normal' para a aplicação das decisões de painéis, questão que não abordamos, não concordamos que nos litígios concernentes a subvenções à exportação proceda adoptar um período igual a metade desse prazo. Em primeiro lugar, o nº 12 do artigo 4º dispõe expressamente que, 'com excepção dos prazos especificamente referidos no presente artigo', os demais prazos aplicáveis previstos no Memorando de Entendimento sobre Resolução de Litígios devem ser reduzidos para metade no caso dos litígios relativos a subvenções à exportação. Em nossa opinião, o nº 7 do artigo 4º, que dispõe que a subvenção seja eliminada 'imediatamente' e que o Painel especificará na sua recomendação o prazo para a eliminação da medida, estabelece que o prazo para essa retirada seja um dos 'prazos estabelecidos especialmente no presente

---

[3551] *Idem*, parágrafo 11.7.

[3552] Melaku Desta, *The Law of International Trade in Agricultural Products: From GATT 1947 to the WTO Agreement on Agriculture*, Kluwer Law International, Haia-Londres-Nova Iorque, 2002, p. 196.

[3553] Relatório do Painel no caso *Australia – Subsidies Provided to Producers and Exporters of Automotive Leather* (WT/DS126/R), 25-5-1999, parágrafo 10.5.

1263

A FUNÇÃO JURISDICIONAL NO SISTEMA GATT/OMC

artigo', ou seja, no artigo 4º do próprio Acordo sobre as Subvenções e as Medidas de Compensação. Além disso, não acreditamos, como questão de facto, que se possa afirmar razoavelmente que um prazo de sete meses e meio responde à prescrição de que a medida seja eliminada 'imediatamente'.

**10.7.** Tendo em conta a natureza das medidas, consideramos que um prazo de 90 dias seria apropriado para retirar as medidas. Consequentemente, recomendamos que as medidas sejam retiradas dentro de um prazo de 90 dias"[3554].

## 2.9. O Ónus da Prova

Em relação ao ónus da prova, matéria não abordada no nº 3, alínea *c*), do art. 21º do Memorando de Entendimento sobre Resolução de Litígios, o Árbitro do caso *European Communities – Regime for the Importation, Sale and Distribution of Bananas* (Said El-Naggar) notou que:

> "As partes queixosas não me persuadiram de que existem 'circunstâncias especí-ficas' neste caso que justifiquem um prazo mais breve que o estipulado pela directriz do nº 3, alínea *c*), do artigo 21º do Memorando de Entendimento sobre Resolução de Litígios. Ao mesmo tempo, a complexidade do processo de aplicação, demonstrada pelas Comunidades Europeias, parece aconselhar a observância da directriz, com uma pequena modificação, de modo a que o 'prazo razoável' para a aplicação expire em 1 de Janeiro de 1999"[3555].

Esta conclusão, diga-se, não prima pela clareza. Por um lado, o Árbitro parece partir do princípio de que todo o Membro em falta gozaria, de modo automático, de um prazo razoável de 15 meses, pelo que caberia às partes queixosas provar a existência de circunstâncias específicas que justificassem um prazo mais curto. Ao mesmo tempo, o Árbitro conclui que as Comunidades Europeias, ao demons-trarem a complexidade do processo de implementação, têm direito ao prazo de 15 meses.

Na arbitragem seguinte, o Árbitro então nomeado (Julio Lacarte-Muró) limita-se a dizer que:

> "O ónus da prova incumbe à parte que pretende demonstrar que as 'circunstâncias específicas' justificam um prazo mais breve ou mais longo. Assim, nesta arbitragem, cabe às Comunidades Europeias demonstrar que existem circunstâncias específicas que exigem um prazo razoável de 39 meses e, de igual modo, incumbe aos Estados Unidos

---

[3554] *Idem*, parágrafos 10.6.-10.7.

[3555] Decisão de Arbitragem no caso *European Communities – Regime for the Importation, Sale and Dis-tribution of Bananas, Arbitration under Article 21.3(c) of the Understanding on Rules and Procedures Gov-erning the Settlement of Disputes* (WT/DS27/15), 7-1-1998, parágrafo 19.

# O PRAZO RAZOÁVEL

e ao Canadá demonstrar que as circunstâncias específicas levam à conclusão de que um prazo de 10 meses é razoável"[3556].

No fim, o Árbitro concede ao Membro em falta um prazo razoável de 15 meses, circunstância passível de sugerir que, caso as partes queixosas não consigam provar a razoabilidade de um prazo inferior ao tempo referido, o membro em falta terá direito, pelo menos, a um prazo de 15 meses.

Curiosamente, o Árbitro do caso *Australia – Measures Affecting Importation of Salmon* chega mesmo a conceder um prazo razoável de 8 meses, não obstante ter rejeitado todos os argumentos da Austrália, o Membro em falta, invocados a favor da necessidade de um prazo razoável para implementação das recomendações e decisões do Órgão de Resolução de Litígios[3557].

Aliás, se virmos bem, o nº 3, alínea *c*), do art. 21º do Memorando de Entendimento sobre Resolução de Litígios não impõe sequer qualquer ónus preliminar ao Membro em falta sobre a necessidade deste provar que não é possível dar imediatamente cumprimento às recomendações e decisões do Órgão de Resolução de Litígios.

As coisas parecem começar a ganhar alguma ordem com o caso *Canada – Patent Protection of Pharmaceutical Products*. Segundo James Bacchus, o Árbitro nomeado:

> "Como o cumprimento imediato é a opção preferida pelo nº 3 do artigo 21º, é em minha opinião ao Membro que deve aplicar as resoluções e recomendações que incumbe o ónus de provar – caso seja impraticável cumprir imediatamente – que a duração de qualquer prazo proposto para a aplicação, incluindo todas as supostas fases que compõem o mesmo, representa um 'prazo razoável'. E quanto mais longo for o prazo proposto para a aplicação, mais exigente será o ónus da prova"[3558].

Ainda no âmbito deste caso, o Árbitro referiu que:

> "Alguns dos prazos especificados pelo Canadá para certas fases do processo de aplicação não estão determinados por lei ou regulamento. Pelo contrário, têm sido

---

[3556] Decisão de Arbitragem no caso *European Communities Measures concerning Meat and Meat Products (Hormones), Arbitration under Article 21.3 (c) of the Understanding on Rules and Procedures Governing the Settlement of Disputes* (WT/DS26/15, WT/DS48/13), 29-5-1998, parágrafo 27.

[3557] Decisão de Arbitragem no caso *Australia – Measures Affecting Importation of Salmon, Arbitration under Article 21.3 (c) of the Understanding on Rules and Procedures Governing the Settlement of Disputes* (WT/DS18/9), 23-2-1999, parágrafos 37-39.

[3558] Decisão de Arbitragem no caso *Canada – Patent Protection of Pharmaceutical Products, Arbitration under Article 21.3 (c) of the Understanding on Rules and Procedures Governing the Settlement of Disputes* (WT/DS114/13), 18-8-2000, parágrafo 47.

1265

A FUNÇÃO JURISDICIONAL NO SISTEMA GATT/OMC

calculados pelo Canadá para efeitos do presente procedimento. Como estes cálculos não estão fixados em nenhuma lei ou regulamento, mas são apenas cálculos, o ónus que incumbe ao Canadá quando demonstra a sua exactidão e legitimidade é mais pesado"[3559].

Um ano depois, o árbitro do caso *United States – Anti-Dumping Act of 1916* vem dizer claramente que cabe ao Membro em falta provar:

"que o prazo de 15 meses proposto é o 'prazo mais breve possível' para dar cumprimento, dentro do seu sistema legislativo, às recomendações e resoluções adoptadas pelo Órgão de Resolução de Litígios neste caso particular"[3560].

Posteriormente, o Árbitro do caso *United States – Continued Dumping and Subsidy Offset Act of 2000* estabelece aquela que é a prática seguida hoje em dia no âmbito da determinação do prazo razoável nos termos do nº 3, alínea *c*), do art. 21º:

"Incumbe ao Membro que deve proceder à aplicação provar que o prazo que propõe constitui 'o prazo mais breve possível' no âmbito do seu ordenamento jurídico para aplicar as recomendações e resoluções do Órgão de Resolução de Litígios. Se esse Membro não provar que o prazo que solicita é efectivamente o mais breve possível no âmbito do seu ordenamento jurídico, o Árbitro deve determinar 'o prazo mais breve possível' para a aplicação, que será menor que o proposto pelo Membro que há de proceder à aplicação, com base nas provas apresentadas por todas as partes nas suas comunicações e tendo em conta a directriz sobre os 15 meses constante do nº 3, alínea *c*), do artigo 21º"[3561].

Mas, atenção, pouco tempo depois, um outro Árbitro parece rejeitar o princípio de que o ónus da prova se torna maior caso o prazo proposto seja superior a 15 meses:

"A Índia alegou que cabe ao Membro que deve proceder à aplicação – neste caso, as Comunidades Europeias – o ónus de demonstrar que o prazo que propõe é razoável e que o 'ónus já por si grande se tornará ainda maior' se este prazo supera os 15 meses. Em minha opinião, as Comunidades Europeias devem demonstrar que o prazo que

---

[3559] *Idem*, parágrafo 55.

[3560] Decisão de Arbitragem no caso *United States – Anti-Dumping Act of 1916, Arbitration under Article 21.3 (c) of the Understanding on Rules and Procedures Governing the Settlement of Disputes* (WT/DS136/11, WT/DS162/14), 28-2-2001, parágrafo 33.

[3561] Decisão de Arbitragem no caso *United States – Continued Dumping and Subsidy Offset Act of 2000, Arbitration under Article 21.3 (c) of the Understanding on Rules and Procedures Governing the Settlement of Disputes* (WT/DS217/14, WT/DS234/22), 13-6-2003, parágrafo 44.

O PRAZO RAZOÁVEL

propõem é razoável, mas não considero que seja necessário nesta arbitragem determinar se o ónus da prova aumenta se o prazo proposto é superior a 15 meses (...)"[3562].

Muito recentemente, um Árbitro volta a reiterar a tomada de posição defendida no caso *United States – Continued Dumping and Subsidy Offset Act of 2000*[3563].

## 3. A Etapa Seguinte

O Órgão de Resolução de Litígios fiscalizará a execução das recomendações ou decisões adoptadas, podendo, igualmente, qualquer membro levantar no Órgão de Resolução de Litígios, em qualquer momento após a sua adopção, a questão da execução das recomendações ou decisões. Salvo decisão em contrário do Órgão de Resolução de Litígios, a questão da execução das recomendações ou decisões fará parte da ordem de trabalhos da reunião do Órgão de Resolução de Litígios a realizar num prazo de seis meses a contar da data de definição do prazo razoável e manter-se-á na ordem de trabalhos do Órgão de Resolução de Litígios até que a questão esteja resolvida. Pelo menos 10 dias antes de cada reunião do Órgão de Resolução de Litígios, o Membro em causa apresentará ao Órgão de Resolução de Litígios um relatório escrito sobre os progressos efectuados na execução das recomendações ou decisões (art. 21º, nº 6, do Memorando de Entendimento sobre Resolução de Litígios). Na prática, estes relatórios escritos exigem muito pouco aos Membros da OMC que têm de executar as recomendações e decisões adoptadas:

> "The implementing Member is not required to identify the changes, such as the offending measures it will remove or implementing legislation that will bring it into compliance with the ruling. Members are not even required to specify any sort of implementation schedule or consult with the winning party over implementation. Put simply, no good faith need be shown during the entire implementation period. The only obligation a losing member must comply with during the implementation period is providing a 'status report' six months into the reasonable period of time and continuing at regular intervals. The report, however, is of little use as there is no requirement as to how specific or vague the losing member must be in reporting. (...) Despite the lax requirements imposed on the losing party, the losing party often

---

[3562] Decisão de Arbitragem no caso *European Communities – Conditions for the Granting of Tariff Preferences to Developing Countries, Arbitration under Article 21.3(c) of the Understanding on Rules and Procedures Governing the Settlement of Disputes* (WT/DS246/14), 20-9-2004, parágrafo 27.
[3563] Decisão de Arbitragem no caso *Brazil – Measures Affecting Imports of Retreaded Tyres, Arbitration under Article 21.3(c) of the Understanding on Rules and Procedures Governing the Settlement of Disputes* (WT/DS332/16), 29-8-2008, parágrafo 51.

A FUNÇÃO JURISDICIONAL NO SISTEMA GATT/OMC

actively consults with the winning party during the implementation period to ensure compliance is reached"[3564].

Caso as recomendações e decisões do Órgão de Resolução de Litígios não sejam executadas dentro de um prazo razoável, a compensação e a suspensão de concessões são medidas temporárias que se podem adoptar (art. 22, nº 1, do Memorando de Entendimento sobre Resolução de Litígios).

Se o Membro em causa não tornar a medida que foi considerada incompatível com o acordo abrangido conforme ao mesmo, ou se, de qualquer outro modo, não cumprir as recomendações e as decisões dentro do prazo razoável determinado nos termos do nº 3 do artigo 21º, esse Membro deverá, se tal lhe for requerido e nunca após o termo do prazo razoável fixado, entabular negociações com qualquer parte que tenha accionado os processos de resolução de litígios, com vista a chegarem a acordo sobre uma compensação mutuamente satisfatória (art. 22º, nº 2, *ab initio*, do Memorando de Entendimento sobre Resolução de Litígios).

Se não for acordada nenhuma compensação satisfatória no prazo de 20 dias a contar da data em que expira o prazo razoável, qualquer parte que tenha accionado o processo de resolução de litígios pode solicitar autorização do Órgão de Resolução de Litígios para suspender a aplicação, em relação ao membro em causa, das concessões ou outras obrigações previstas nos acordos abrangidos (art. 22º, nº 2, *in fine*, do Memorando de Entendimento sobre Resolução de Litígios).

Seja como for, a generalidade dos autores conclui que o sistema de resolução de litígios da OMC não cria incentivos para os membros em falta executarem atempadamente as recomendações e decisões do Órgão de Resolução de Litígios. Desde logo, a natureza prospectiva das medidas a aplicar em caso de incumprimento das recomendações e decisões dentro do prazo razoável determinado nos termos do nº 3 do artigo 21º do Memorando leva muitos autores a concordarem que a fase de implementação é relativamente fraca comparativamente às outras fases do sistema de resolução de litígios da OMC[3565].

---

[3564] Yang GUOHUA, Bryan MERCURIO e Li YONGJIE, *WTO Dispute Settlement Understanding: A Detailed Interpretation*, Kluwer Law International, 2005, pp. 245-246. É bem conhecido o que se passou no caso *Japan – Measures Affecting Agricultural Products*. Durante vários meses, circulou o mesmo relatório escrito sobre os progressos efectuados, de poucos parágrafos, e dizendo que estava iminente uma solução mutuamente acordada. Cf. Joost PAUWELYN, Proposals for Reforms of Article 21 of the DSU, in *The WTO Dispute Settlement System 1995-2003*, Federico Ortino e Ernst-Ulrich Petersmann ed., Kluwer Law International, Haia-Londres-Nova Iorque, 2004, p. 53.

[3565] Edwini KESSIE, The "Early Harvest Negotiations" in 2003, in *The WTO Dispute Settlement System 1995-2003*, Federico Ortino e Ernst-Ulrich Petersmann ed., Kluwer Law International, Haia-Londres-Nova Iorque, 2004, p. 142.

# Capítulo 21
# A Fiscalização da Execução das Recomendações e Decisões do Órgão de Resolução de Litígios

*"The International Court of Justice has no power (...) to act in any other manner as a monitoring mechanism of follow-up"*[3566].

## 1. Introdução

Embora o GATT tivesse introduzido o conceito geral de supervisão do processo de implementação pelas PARTES CONTRATANTES no seu Memorando Relativo a Notificações, Consultas, Resolução de Litígios e Supervisão, adoptado na sequência do Ciclo de Tóquio 1979[3567], ele não continha, especificamente, nenhum procedimento que permitisse analisar, do ponto de vista da sua conformidade com as disposições do Acordo Geral, as medidas de implementação adoptadas pela parte contratante que não via a sua pretensão ser reconhecida por um painel. É verdade que alguns painéis analisaram ocasionalmente a existência ou compatibilidade das medidas de implementação adoptadas com recomendações e decisões pré-

---

[3566] Christian Tomuschat, Article 36, in *The Statute of the International Court of Justice – A Commentary*, Andreas Zimmermann, Christian Tomuschat e Karin Oellers-Frahm ed., Oxford University Press, 2006, p. 632.

[3567] GATT, *Memorando Relativo a Notificações, Consultas, Resolução de Litígios e Supervisão* (L/4907), 28-11-1979, parágrafos 22-23:

"As PARTES CONTRATANTES devem manter sob vigilância toda a questão sobre a qual tenham feito recomendações ou ditado resoluções. Caso as recomendações das PARTES CONTRATANTES não sejam aplicadas dentro de um prazo razoável, a parte contratante que suscitou o caso pode pedir às PARTES CONTRATANTES que façam o necessário para encontrar uma solução adequada. Se a questão tiver sido suscitada por uma parte contratante menos desenvolvida, as PARTES CONTRATANTES podem considerar que outras acções podem tomar que sejam adequadas às circunstâncias".

A FUNÇÃO JURISDICIONAL NO SISTEMA GATT/OMC

vias[3568], mas convém não esquecer que tais painéis, de facto, só raramente eram criados e não trabalhavam ao abrigo de quaisquer regras especiais[3569].

Assim, uma parte contratante insatisfeita com as medidas de implementação adoptadas por outra parte contratante tinha ao seu dispor apenas a possibilidade de encetar um novo (e moroso) procedimento de resolução de litígios[3570].

[3568] Por exemplo, no caso *Canada – Import, Distribution and Sale of Certain Alcoholic Drinks by Provincial Marketing Agencies*:

"Os Estados Unidos alegaram que o Canadá não tinha posto em conformidade com o Acordo Geral as práticas dos organismos provinciais de comercialização de bebidas alcoólicas relacionadas com a cerveja que nas constatações do relatório do Painel de 1988 sobre os organismos de comercialização de bebidas alcoólicas tinham sido explicitamente consideradas incompatíveis com as obrigações que cabem ao Canadá em virtude dos artigos II, nº 4, e XI, nº 1, do Acordo Geral, em particular, as práticas discriminatórias em matéria de inclusão nas listas, aumentos de preço e pontos de venda. O Canadá solicitou que, como estas práticas não requereriam uma análise fáctica extensa, o presente Painel formulasse as suas conclusões e recomendações sobre as mesmas antes de considerar a situação jurídica a respeito do Acordo Geral das demais práticas dos organismos provinciais de comercialização de bebidas alcoólicas do Canadá mencionadas nos documentos DS17/2 e DS17/3. (...).

O Painel considerou cuidadosamente o pedido dos Estados Unidos para adoptar um procedimento acelerado, isto é, que o Painel determinasse de imediato que as vantagens resultantes para os Estados Unidos do Acordo Geral tinham sido anuladas ou reduzidas em resultado das práticas mantidas pelos organismos provinciais de comercialização de bebidas alcoólicas do Canadá e examinadas pelo Painel de 1988. Com efeito, em 1988, o Painel constatou que determinadas práticas provinciais eram contrárias às disposições do Acordo Geral. No seguimento das suas recomendações, as PARTES CONTRATANTES pediram ao Canadá que tomasse 'as medidas razoáveis ao seu alcance para assegurar que os organismos provinciais de comercialização de bebidas alcoólicas do Canadá observassem as disposições dos artigos II e XI do Acordo Geral'.

Todavia, como notado nos parágrafos 4.21 e 4.25 do relatório do Painel, este não fez uma análise fáctica detalhada das práticas objecto da queixa. O Canadá tinha informado agora o presente Painel de que se tinham operado alterações no concernente à maioria das questões abordadas pelo Painel de 1988, pelo que considerava que, antes de poder formular a determinação imediata pedida pelos Estados Unidos, teria que proceder a essa análise fáctica detalhada para poder considerar se, desde 1988, o Governo do Canadá tinha tomado as medidas razoáveis que estavam ao seu alcance para lograr que os organismos provinciais pusessem as suas práticas em conformidade com as constatações do Painel de 1988. Por outras palavras, não podia utilizar um procedimento acelerado a respeito das medidas abordadas no relatório do Painel de 1988. Nestas circunstâncias, acederia ao pedido formulado pelos Estados Unidos, a saber, que formulasse conjuntamente constatações e recomendações sobre todas e cada uma das práticas dos organismos provinciais de comercialização de bebidas alcoólicas do Canadá identificadas nas comunicações dos Estados Unidos". Cf. Relatório do Painel no caso *Canada – Import, Distribution and Sale of Certain Alcoholic Drinks by Provincial Marketing Agencies* (DS17/R), 18-2-1992, parágrafos 3.1 e 3.4.

[3569] Steve CHARNOVITZ e Jason KEARNS, *Adjudicating Compliance in the WTO: A Review of DSU Article 21.5*, in JIEL, 2002, p. 332.

[3570] Arthur STEINMANN, Article 21 DSU, in *WTO-Institutions and Dispute Settlement*, Rüdiger Wolfrum, Peter-Tobias Stoll e Karen Kaiser (eds), Max Planck Commentaries on World Trade Law, Max

## A FISCALIZAÇÃO DA EXECUÇÃO DAS RECOMENDAÇÕES E DECISÕES DO ÓRGÃO

Com a entrada em vigor do novo Memorando de Entendimento sobre Resolução de Litígios, passa a existir um procedimento que permite examinar com grande rapidez se as medidas adoptadas para dar cumprimento às recomendações e decisões do Órgão de Resolução de Litígios são compatíveis com os acordos abrangidos. Tal procedimento encontra-se previsto no nº 5 do art. 21º do Memorando de Entendimento sobre Resolução de Litígios, constituindo um procedimento fundamental para a eficácia e credibilidade do sistema de resolução de litígios da OMC, e é:

"in many ways truly extraordinary for an international regime – it operates very swiftly, providing for a decision in only 90 days and, more importantly, refers the question of compliance with an independent body of dispute settlement (namely: a panel), outside the general forum of the Dispute Settlement Body"[3571].

A possibilidade de admissão de novas queixas permite distingui-lo, igualmente, do chamado pedido de interpretação consagrado no art. 60º do Estatuto do Tribunal Internacional de Justiça. De acordo com esta disposição, "A sentença é definitiva e inapelável. Em caso de controvérsia quanto ao sentido e ao alcance da sentença, caberá ao Tribunal interpretá-la a pedido de qualquer das partes".

No caso *Request for interpretation of the Judgment of November 20th, 1950, in the Asylum Case (Colombia v. Peru)*, o Tribunal Internacional de Justiça realçou que "a interpretação não poderá em nenhum caso ir além dos limites do acórdão"[3572]. A função do art. 60º passa apenas por explicar, e não por alterar, o que o Tribunal já tinha decidido com carácter vinculativo no julgamento inicial e, por isso, o Tribunal Internacional de Justiça está vinculado pelos limites do seu julgamento anterior, não podendo tomar em consideração factos não discutidos nos procedimentos iniciais nem qualquer desenvolvimento ocorrido após o julgamento inicial[3573].

---

Planck Institute for Comparative Public Law and International Law, Martinus Nijhoff Publishers, Leiden/Boston, 2006, p. 510. Ainda segundo este autor: "Article 21.5 builds on the experiences of many multilateral environmental agreements, which also contain specified non-compliance procedures, albeit mainly within the general forum". Cf. *Idem*.

[3571] *Idem*.

[3572] Tribunal Internacional de Justiça, *Request for interpretation of the Judgment of November 20th, 1950, in the Asylum Case (Colombia v. Peru)*, Acórdão de 27-11-1950, p. 403.

[3573] Andreas Zimmermann e Tobias Thienel, Article 60, in *The Statute of the International Court of Justice – A Commentary*, Andreas Zimmermann, Christian Tomuschat e Karin Oellers-Frahm ed., Oxford University Press, 2006, p. 1283. A possibilidade de atender a novos factos está prevista, sim, no art. 61º do Estatuto do Tribunal Internacional de Justiça, cujo nº 1 dispõe que:
"O pedido de revisão de uma sentença só poderá ser feito em razão da descoberta de algum facto susceptível de exercer influência decisiva, o qual, na ocasião de ser proferida a sentença,

A FUNÇÃO JURISDICIONAL NO SISTEMA GATT/OMC

No caso dos procedimentos do nº 5 do art. 21º do Memorando de Entendimento sobre Resolução de Litígios, pelo contrário, permite-se que se possa ir, até certo ponto, além do que foi decidido nos procedimentos iniciais[3574], analisando-se, designadamente, novas alegações:

"(...) O nº 5 do artigo 21º não se refere unicamente à compatibilidade de determinadas medidas com as recomendações e resoluções do Órgão de Resolução de Litígios adoptadas em consequência do litígio inicial, à compatibilidade com os acordos abrangidos ou com disposições específicas desses acordos compreendidos no âmbito do mandato do painel que analisou inicialmente o caso, ou à compatibilidade com disposições específicas da OMC em relação às quais o Painel que analisou inicialmente o caso encontrou violações. Se o propósito a que responde esta disposição do Memorando de Entendimento sobre Resolução de Litígios tivesse sido limitar o mandato dos painéis estabelecidos de acordo com o nº 5 do artigo 21º em qualquer destes sentidos, o seu texto indicaria expressamente essa limitação; mas o texto refere-se, de forma geral, à 'compatibilidade com um acordo abrangido'. A razão é óbvia: a parte queixosa que tenha vencido o litígio inicial não deve ver-se forçada a iniciar de novo todo o processo do Memorando de Entendimento sobre Resolução de Litígios quando o Membro encarregue de cumprir as recomendações do Órgão de Resolução de Litígios no âmbito de um acordo abrangido, viole, deliberadamente ou não, as suas obrigações ao abrigo de outras disposições dos acordos abrangidos. É necessário em tal caso um procedimento abreviado. Esse procedimento está previsto no nº 5 do artigo 21º (...)"[3575].

Outra diferença interessante é a seguinte: ao abrigo do art. 60º do Estatuto do Tribunal Internacional de Justiça, apenas as partes em litígio podem solicitar uma interpretação de um julgamento anterior[3576], mas, como veremos *infra*, alguns

---

era desconhecido do Tribunal e também da parte que solicita a revisão, contanto que tal desconhecimento não tenha sido devido a negligência".
Sobre o processo de revisão, ver Andreas ZIMMERMANN e Robin GEISS, Article 61, in *The Statute of the International Court of Justice – A Commentary*, Andreas Zimmermann, Christian Tomuschat e Karin Oellers-Frahm ed., Oxford University Press, 2006, pp. 1299-1329.

[3574] Até certo ponto, porquanto, quando um painel criado ao abrigo do nº 5 do art. 21º do Memorando está a examinar alegações diferentes das relacionadas com as recomendações e conclusões do Órgão de Resolução de Litígios, ele está a fazê-lo com base na fundamentação e argumentação do painel inicial e, por conseguinte, o âmbito dos dois procedimentos não é assim tão díspar.

[3575] Relatório do Painel no caso *Australia – Measures Affecting Importation of Salmon, Recourse to Article 21.5 of the DSU by Canada* (WT/DS18/RW), 18-2-2000, parágrafo 7.10.

[3576] Andreas ZIMMERMANN e Tobias THIENEL, Article 60, in *The Statute of the International Court of Justice – A Commentary*, Andreas Zimmermann, Christian Tomuschat e Karin Oellers-Frahm ed., Oxford University Press, 2006, p. 1290.

A FISCALIZAÇÃO DA EXECUÇÃO DAS RECOMENDAÇÕES E DECISÕES DO ÓRGÃO

autores entendem que é possível que um membro que não tenha sido parte no painel inicial recorra ao nº 5 do art. 21º do Memorando de Entendimento sobre Resolução de Litígios.

## 2. O Procedimento do Artigo 21º, nº 5, do Memorando
### 2.1. O Texto da Disposição
Segundo o disposto no nº 5 do art. 21º do Memorando de Entendimento sobre Resolução de Litígios:

> "Caso haja desacordo quanto à existência ou compatibilidade com um acordo abrangido de medidas adoptadas para dar cumprimento às recomendações e decisões, esse diferendo será resolvido através destes processos de resolução de litígios, incluindo o recurso, sempre que possível, ao Painel original. O Painel deve apresentar o seu relatório no prazo de 90 dias a contar da data em que a questão lhe foi submetida para apreciação"[3577].

Ao prever um prazo de apenas 90 dias, o procedimento previsto no nº 5 do art. 21º do Memorando corrobora que o rápido cumprimento das recomendações ou decisões do Órgão de Resolução de Litígios é essencial para assegurar uma resolução eficaz dos litígios em benefício de todos os membros (art. 21º, nº 1, do Memorando de Entendimento sobre Resolução de Litígios)[3578]. Ao mesmo tempo, ao prever que o diferendo será resolvido por um Painel (sempre que possível, o original) e no âmbito dos processos de resolução de litígios normais, o procedimento previsto no nº 5 do art. 21º implica que será feita "uma apreciação objectiva da questão apresentada" (art. 11º do Memorando de Entendimento sobre Resolução de Litígios), tornando mais aceitável a possibilidade de aplica-

---

[3577] O prazo de 90 dias é reduzido para 60 dias no caso do Acordo sobre Compras Públicas (art. XXII, nº 6).

[3578] Nos termos do nº 8 do art. 12º do Memorando de Entendimento sobre Resolução de Litígios: "o prazo durante o qual o painel deverá proceder à sua análise, desde a data em que a composição e os termos de referência do painel foram acordados até à data em que o relatório final foi apresentado às partes em litígio, não deverá exceder seis meses".
No caso do procedimento previsto no nº 5 do art. 21º do Memorando, caso o Painel considere que não pode apresentar o seu relatório dentro do prazo estipulado, informará o Órgão de Resolução de Litígios, por escrito, das razões do atraso, juntamente com uma estimativa do prazo dentro do qual pensa estar em condições de apresentar o seu relatório (art. 21º, nº 5, *in fine*). No caso *Japan – Measures Affecting the Importation of Apples,* por exemplo, o painel foi criado na reunião do Órgão de Resolução de Litígios do dia 30 de Julho de 2004, mas, devido à necessidade de serem consultados peritos científicos, o Painel comunicou que esperava apresentar o relatório final aos membros da OMC durante a segunda metade do mês de Maio de 2005 (cf. OMC, *Japan – Measures Affecting the Importation of Apples, Recourse by the United States to Article 21.5 of the DSU (Communication from the Chairman of the Panel)* (WT/DS245/17), 29-10-2004).

A FUNÇÃO JURISDICIONAL NO SISTEMA GATT/OMC

ção de medidas de retaliação no caso de incumprimento por parte do Membro da OMC faltoso. No fundo, observa Arthur Steinmann, "Art. 21.5 acts as a good example of the overall formalization and introduction of the rule of law into the dispute settlement procedures in the Dispute Settlement Understanding"[3579].

O recurso ao nº 5 do art. 21º do Memorando de Entendimento sobre Resolução de Litígios foi accionado, pela primeira vez, em 1999, pelo Equador, um dos queixosos do caso *European Communities – Regime for the Importation, Sale and Distribution of Bananas*. O Painel, com a mesma composição do original, considerou que as novas medidas da Comunidade Europeia eram, tal como as anteriores, incompatíveis com o GATT e o GATS[3580], ou seja, o Painel não se limitou a verificar se as medidas incompatíveis tinham sido retiradas. Ainda segundo o Painel:

> "**6.3.** As Comunidades Europeias alegam que os termos de referência deste Painel estão limitados pelo nº 5 do artigo 21º do Memorando de Entendimento sobre Resolução de Litígios às 'questões' a respeito das quais o Órgão de Resolução de Litígios adoptou as suas recomendações ou resoluções baseadas nos relatórios do Painel inicial e do Órgão de Recurso no presente caso. Na opinião das Comunidades Europeias, este Painel só pode verificar a compatibilidade das medidas adoptadas para aplicar essas recomendações e não examinar outras alegações suscitadas pelo Equador. (...).
>
> **6.9.** (...) A aceitação do argumento das Comunidades Europeias significaria em muitos casos que seriam necessários dois procedimentos. Um procedimento de painel acelerado para determinar se as medidas infractoras foram eliminadas e outro procedimento normal para considerar a compatibilidade geral da nova medida com as obrigações no âmbito da OMC. Tal processo não promoveria a rápida resolução dos litígios nem seria compatível com essa finalidade"[3581].

De notar, ainda, que o texto do nº 5 do art. 21º do Memorando é omisso relativamente a várias questões importantes. Não obstante a referência feita à resolução do diferendo "através destes processos de resolução de litígios", o texto da disposição referida nada diz, por exemplo, sobre quem pode recorrer ao procedimento em causa, se deve haver obrigatoriamente consultas entre as partes em litígio, se deve haver uma fase intermédia de revisão e um relatório provisório ou se é possível recorrer do relatório do painel. Todas estas questões têm vindo

---

[3579] Arthur Steinmann, Article 21 DSU, in *WTO-Institutions and Dispute Settlement*, Rüdiger Wolfrum, Peter-Tobias Stoll e Karen Kaiser (eds), Max Planck Commentaries on World Trade Law, Max Planck Institute for Comparative Public Law and International Law, Martinus Nijhoff Publishers, Leiden/Boston, 2006, p. 510.

[3580] Relatório do Painel no caso *European Communities – Regime for the Importation, Sale and Distribution of Bananas, Recourse to Article 21.5 by Ecuador* (WT/DS27/RW/ECU), 12-4-1999, parágrafo 7.1.

[3581] *Idem*, parágrafos 6.3 e 6.9.

1274

A FISCALIZAÇÃO DA EXECUÇÃO DAS RECOMENDAÇÕES E DECISÕES DO ÓRGÃO

a ser respondidas, implícita ou explicitamente, pelos painéis criados ao abrigo da disposição que temos vindo a analisar e, sobretudo, pelo Órgão de Recurso.

## 2.2. *Standing*

O art. 21º, nº 5, do Memorando de Entendimento sobre Resolução de Litígios não é claro quanto aos membros que podem questionar se as medidas adoptadas para dar cumprimento às recomendações e decisões do Órgão de Resolução de Litígios são compatíveis com um acordo abrangido. É claro que a parte que teve sucesso na sua pretensão no litígio inicial tem direito a solicitar a criação de um painel ao abrigo do nº 5 do art. 21º. Mas pode, por exemplo, a parte obrigada a cumprir as recomendações e decisões do Órgão de Resolução de Litígios recorrer ao art. 21º, nº 5? E as partes terceiras? No caso *European Communities – Regime for the Importation, Sale and Distribution of Bananas, Recourse to Article 21.5 by the European Communities*, por exemplo, as Comunidades Europeias solicitaram a criação de um Painel nos termos do nº 5 do art. 21º do Memorando:

"com o mandato de constatar que as medidas de aplicação das Comunidades Euro-peias deviam reputar-se conformes às regras da OMC, salvo se a sua conformidade tivesse sido questionada de acordo com os procedimentos adequados do Memorando de Entendimento sobre Resolução de Litígios"[3582].

Ainda segundo as Comunidades Europeias:

"As Comunidades Europeias solicitaram ao Painel que constatasse que, dado que a Guatemala, as Honduras, o México e os Estados Unidos não tinham recorrido ao procedimento de resolução de litígios em conformidade com as normas e procedi-mentos do Memorando de Entendimento sobre Resolução de Litígios, o novo regime da Comunidade Europeia para a importação, venda e distribuição de bananas, adop-tado com o fim de cumprir as recomendações e resoluções do Órgão de Resolução de Litígios nos três procedimentos de resolução de litígios relacionados com o caso *EC – Regime for Importation, Sale and Distribution of Bananas*, era satisfatório para essas partes no litígio inicial e que, no que se referia a tais partes, esse regime estava em conformidade com os acordos abrangidos da OMC, enquanto essas partes iniciais não tivessem impugnado com êxito o novo regime da Comunidade Europeia em con-formidade com os procedimentos pertinentes de resolução de litígios da OMC"[3583].

---

[3582] Relatório do Painel no caso *European Communities – Regime for the Importation, Sale and Distri-bution of Bananas, Recourse to Article 21.5 by the European Communities* (WT/DS27/RW/EEC), 12-4-1999, parágrafo 1.4.
[3583] *Idem*, parágrafo 2.22.

A FUNÇÃO JURISDICIONAL NO SISTEMA GATT/OMC

Na resposta, o Painel, ainda que concordasse em parte com as Comunidades, impôs um limite à posição defendida por tão importante Membro da OMC:

"(...) Não existe normalmente no sistema de resolução de litígios da OMC uma presunção de incompatibilidade em relação às medidas adoptadas por um Membro. Ao mesmo tempo, também consideramos que o facto de um Membro não impugnar, num dado momento, as medidas de outro Membro não pode ser interpretado como criando a presunção de que o primeiro Membro admite que as medidas adoptadas pelo outro Membro são compatíveis com o Acordo sobre a OMC"[3584].

Quanto à possibilidade de as Comunidades Europeias, a parte obrigada a cumprir as recomendações e decisões do Órgão de Resolução de Litígios, poderem recorrer ao art. 21º, nº 5, o Painel observou que:

"Não se deduz claramente das disposições do nº 5 do artigo 21º se a parte demandada inicial no procedimento de um painel está ou deveria estar, autorizado em virtude do Memorando de Entendimento sobre Resolução de Litígios para iniciar um procedimento de acordo com o nº 5 do artigo 21º com o objectivo de estabelecer a compatibilidade com a OMC de medidas adoptadas com o fim de aplicar resoluções e recomendações do Órgão de Resolução de Litígios. Supondo que tal acção é permitida, observamos que neste procedimento, as Comunidades Europeias apresentam na sua comunicação escrita um só parágrafo (o parágrafo 2.15) a resumir brevemente os aspectos do seu anterior regime para a importação de bananas que foram modificados com o propósito de dar cumprimento às recomendações e resoluções do Órgão de Resolução de Litígios. Não acreditamos que se possa formular uma constatação de compatibilidade com a OMC com base na comunicação apresentada pelas Comunidades Europeias neste caso, já que não há uma análise suficiente de como foram eliminados de forma compatível com a OMC aspectos que anteriormente se tinha constatado que eram incompatíveis com a OMC"[3585].

Ao mesmo tempo, o Painel conclui que:

"não deve ser excluída a possibilidade de se usar o nº 5 do artigo 21º dessa forma, particularmente quando a finalidade do início de tal procedimento seja claramente o exame da compatibilidade de medidas de aplicação com a OMC"[3586].

---

[3584] *Idem*, parágrafo 4.13.
[3585] *Idem*, parágrafo 4.14.
[3586] *Idem*, parágrafo 4.18.

## A FISCALIZAÇÃO DA EXECUÇÃO DAS RECOMENDAÇÕES E DECISÕES DO ÓRGÃO

O Painel notou, por fim, que não tinha autoridade para compelir as partes queixosas a participarem como partes num painel criado ao abrigo do nº 5 do art. 21º do Memorando:

> "Em nosso entender, não existe no Memorando de Entendimento sobre Resolução de Litígios nenhuma disposição que autorize um painel a obrigar um Membro a actuar como parte num procedimento. Assim, não temos autoridade para obrigar as partes queixosas iniciais a participar neste procedimento, iniciado em conformidade com o nº 5 do artigo 21º[do Memorando de Entendimento sobre Resolução de Litígios]. Notamos que as partes queixosas iniciais recusaram participar neste procedimento, pelo que constatamos que não são partes nele. Em consequência, não consideramos necessário examinar as questões de procedimento mencionadas nas suas cartas, por exemplo, se as Comunidades Europeias não cumpriram o disposto nos artigos 4º e 6º do Memorando de Entendimento sobre Resolução de Litígios no que concerne ao procedimento deste Painel"[3587].

Assim sendo, coloca-se o seguinte problema: caso o Membro faltoso solicite a criação de um painel ao abrigo do nº 5 do art. 21º do Memorando e as partes queixosas recusem participar, pode acontecer que, se as medidas adoptadas para dar cumprimento às recomendações e decisões continuarem a ser incompatíveis, não haja nenhum Membro da OMC com vontade para solicitar que o Órgão de Resolução de Litígios adopte o relatório do painel (caso não seja interposto recurso). Apesar de o nº 4 do art. 16º do Memorando de Entendimento não impor, textualmente, a necessidade de haver um "nominator"[3588], a prática seguida indica que apenas os Membros da OMC (e não o Secretariado da OMC) podem colocar a adopção de um relatório do Painel na agenda de uma reunião do Órgão de Resolução de Litígios[3589]. Caso nenhum Membro o faça, o relatório não será adoptado e, em consequência, não será juridicamente vinculativo. Tal circunstância ocorreu, de facto, em relação ao relatório do painel do caso *European Communities – Regime for the Importation, Sale and Distribution of Bananas, Recourse to Article 21.5 by the European Communities)* (WT/DS27/RW/EEC, tornado público no dia 12-4-1999[3590].

---

[3587] *Idem*, parágrafo 4.12.

[3588] Jeffrey WAINCYMER, *WTO Litigation: Procedural Aspects of Formal Dispute Settlement*, Cameron May, Londres, 2002, p. 672.

[3589] Bozena MUELLER-HOLYST, The role of the Dispute Settlement Body in the dispute settlement process, in *Key Issues in WTO Dispute Settlement: The First Ten Years*, Rufus Yerxa e Bruce Wilson Ed., Cambridge University Press, 2005, p. 27.

[3590] Peter Van den BOSSCHE, From afterthought to centerpiece: the WTO Appellate Body and its rise to prominence in the world trading system, in *The WTO at Ten: The Contribution of the Dis-*

A FUNÇÃO JURISDICIONAL NO SISTEMA GATT/OMC

Alguns autores entendem, por fim, que é possível que um membro que não tenha sido parte no painel inicial recorra ao art. 21º, nº 5, do Memorando[3591]. Se, por exemplo, o membro A adopta medidas para dar cumprimento às recomendações e decisões do Órgão de Resolução de Litígios, tais medidas podem satisfazer o membro B, mas podem também violar regras da OMC, prejudicando o membro C, que não foi parte no primeiro painel. Segundo STEVE CHARNOVITZ e JASON KEARNS:

"this scenario is easily imaginable in disputes regarding the allocation of quotas. While a member in this predicament would clearly be entitled to request the establishment of an entirely new panel, the member might generally prefer to initiate an expedited Article 21.5 proceeding with a panel that is already familiar with the substance of the dispute. The DSU appears to contemplate the initiation of an Article 21.5 proceeding by a member not party to the original proceeding. Article 21.5 governs a 'disagreement' relating to measures taken to comply, without providing any explicit limitation on the members that can be a party to that disagreement"[3592].

Ainda de acordo com os dois autores citados:

"the argument against giving standing to former non-parties is that the Article 21.5 proceeding is an outgrowth of the original proceeding, and thus should be limited to the original participants. Yet that principle is not followed when it comes to third parties. Article 21.5 panels have regularly granted third-party status (upon request) to members who were not third parties in the original proceeding"[3593].

De facto, segundo o próprio Órgão de Recurso:

"tal como o Memorando se apresenta actualmente, na sua forma actual, os direitos das partes terceiras nos procedimentos dos painéis estão limitados aos direitos previstos no artigo 10º e no Apêndice 3 do Memorando. Para além destas garantias mínimas, os painéis gozam de discricionariedade para conceder às partes terceiras direitos de

---

pute Settlement System, Ed. Giorgio Sacerdoti, Alan Yanovich e Jan Bohanes, Cambridge University Press, 2006, p. 311.

[3591] Yuka FUKUNAGA, Securing Compliance Through the WTO Dispute Settlement System: Implementation of DSB Recommendations, in JIEL, 2006, p. 409.

[3592] Steve CHARNOVITZ e Jason KEARNS, Adjudicating Compliance in the WTO: A Review of DSU Article 21.5, in JIEL, 2002, p. 343.

[3593] Idem, p. 344. No caso Australia – Subsidies Provided to Producers and Exporters of Automotive Leathers, Recourse to Article 21:5 of the DSU by the United States, por exemplo, as Comunidades Europeias e o México participaram como "novas" partes terceiras. Cf. Relatório do Painel no caso Australia – Subsidies Provided to Producers and Exporters of Automotive Leathers, Recourse to Article 21:5 of the DSU by the United States (WT/DS126/RW), 21-1-2000, parágrafo 1.7.

1278

## A FISCALIZAÇÃO DA EXECUÇÃO DAS RECOMENDAÇÕES E DECISÕES DO ÓRGÃO

participação adicionais em casos particulares, sempre que esses direitos 'mais amplos' sejam compatíveis com as disposições do Memorando e os princípios reguladores das garantias processuais. Não obstante, os painéis não estão habilitados a limitar os direitos garantidos às partes terceiras pelas disposições do Memorando"[3594].

Além do mais, o nº 1 do art. 21º do Memorando de Entendimento sobre Resolução de Litígios reconhece que "o rápido cumprimento das recomendações ou decisões do Órgão de Resolução de Litígios é essencial para assegurar uma resolução eficaz dos litígios em benefício *de todos os membros*" e o nº 6 do mesmo artigo que "a questão da execução das recomendações ou decisões pode ser levantada no Órgão de Resolução de Litígios *por qualquer membro* em qualquer momento após a sua adopção" (itálico aditado).

### 2.3. O Pedido de Criação do Painel

É a parte queixosa, em geral, que estabelece quais as medidas que são submetidas à consideração de um painel. Uma "questão" ante um painel consiste nas "medidas" em causa e nas queixas relativas a tais medidas, como estabelecido no pedido de criação do painel[3595].

O nº 5 do art. 21º do Memorando nada diz, no entanto, sobre a forma que o pedido de criação do painel deve assumir, sobre o momento em que pode ser solicitada a criação do painel, sobre os seus termos de referência, etc.. Por exemplo, será que um pedido de criação de um painel ao abrigo do nº 5 do art. 21º não pode ser feito até ter expirado o prazo razoável para execução das recomen-

---

[3594] Relatório do Órgão de Recurso no caso *United States – Tax Treatment for "Foreign Sales Corporations", Recourse to Article 21.5 of the DSU by the European Communities* (WT/DS108/AB/RW), 14-1-2002, parágrafo 243.

[3595] Relatório do Painel no caso *Australia – Subsidies Provided to Producers and Exporters of Automotive Leathers (Recourse to Article 21:5 of the DSU by the United States)* (WT/DS126/RW), 21-1-2000, parágrafo 6.4. Ainda de acordo com o Painel:
"Mesmo supondo que um painel pode concluir que uma medida identificada expressamente no pedido de criação não tinha sido apresentada correctamente ante ele num procedimento realizado de acordo com o nº 5 do artigo 21º, questão que não decidimos aqui, neste caso não vemos nenhuma base para tal conclusão. O empréstimo de 1999 está intrinsecamente ligado às medidas tomadas pela Austrália em resposta à resolução do Órgão de Resolução de Litígios neste litígio, do ponto de vista tanto da sua data como da sua natureza. Em nossa opinião, o empréstimo 1999 não pode ser excluído da nossa consideração sem limitar seriamente a nossa capacidade para julgar, na base do pedido dos Estados Unidos, se a Austrália adoptou medidas para dar cumprimento à resolução do Órgão de Resolução de Litígios. Na ausência de quaisquer razões poderosas para fazê-lo, recusamos concluir que uma medida identificada expressamente no pedido de criação não está dentro dos nossos termos de referência". Cf. *Idem*, parágrafo 6.5.

A FUNÇÃO JURISDICIONAL NO SISTEMA GATT/OMC

dações do painel ou do Órgão de Recurso? Será que, pelo contrário, é possível pedir a criação de um painel logo que a parte em litígio à qual são dirigidas as recomendações do painel ou do Órgão de Recurso adopte ou promulgue medidas de execução? Regra geral, o pedido de criação do painel é apresentado logo que termina o prazo razoável. Todavia, no caso *United States – Import Prohibition of Certain Shrimp and Shrimp Products, Recourse to Article 21.5 by Malaysia*, a parte queixosa (Malásia) solicitou a criação de um painel ao abrigo do nº 5 do art. 21º do Memorando alguns meses depois do termo do prazo razoável, *in casu*, cerca de 9 meses depois[3596]. Em contraste, no caso *European Communities –Regime for the Importation, Sale and Distribution of Bananas, Recourse to Article 21.5 by the European Communities*, as Comunidades Europeias solicitaram a criação do painel cerca de duas semanas antes do termo do prazo razoável[3597].

Os painéis e, principalmente, o Órgão de Recurso têm tido, por isso, um papel importante, uma vez mais, em clarificar os vários elementos constantes do nº 5 do art. 21º. Nesse sentido, o Órgão de Recurso entende que, com vista a identificar "as medidas específicas em questão" e a apresentar "uma breve síntese jurídica da base jurídica da queixa" num pedido de criação de um painel ao abrigo do nº 5 do art. 21º do Memorando, a parte queixosa deve identificar, no mínimo, os seguintes elementos no seu pedido de criação:

"**59.** (...) Entendemos (...) que o nº 2 do artigo 6º do Memorando de Entendimento sobre Resolução de Litígios é geralmente aplicável aos pedidos de criação de um painel apresentados ao abrigo do nº 5 do artigo 21º. Ao mesmo tempo, dado que o nº 5 do artigo 21º lida com os procedimentos relativos ao cumprimento, é necessário interpretar o nº 2 do artigo 6º à luz do nº 5 do artigo 21º. Dito de outra forma, é necessário adaptar as prescrições do nº 2 do artigo 6º, aplicáveis ao pedido de criação de um painel inicial, ao pedido de criação de um painel apresentado ao abrigo do nº 5 do artigo 21º. (...)

**62.** Com vista a identificar as 'medidas específicas em questão' e apresentar 'uma breve síntese da base jurídica da queixa' num pedido de criação de um painel especial do nº 5 do artigo 21º, a parte queixosa deve citar, no mínimo, no seu pedido de criação do painel os seguintes elementos. Primeiro, a parte queixosa deve citar as recomendações e resoluções que o Órgão de Resolução de Litígios formulou no litígio inicial, assim como em qualquer procedimento anterior do nº 5 do artigo 21º, e que, segundo a parte queixosa, ainda não foram cumpridas. Segundo, a parte queixosa deve iden-

---

[3596] Relatório do Painel no caso *United States – Import Prohibition of Certain Shrimp and Shrimp Products, Recourse to Article 21.5 by Malaysia* (WT/DS58/RW), 15-6-2001, parágrafos 1.1-1.4.

[3597] Relatório do Painel no caso *European Communities –Regime for the Importation, Sale and Distribution of Bananas, Recourse to Article 21.5 by the European Communities* (WT/DS27/RW/EEC), 12-4-1999, parágrafo 1.4.

## A FISCALIZAÇÃO DA EXECUÇÃO DAS RECOMENDAÇÕES E DECISÕES DO ÓRGÃO

tificar com detalhe suficiente as medidas supostamente destinadas a cumprir essas recomendações e resoluções, assim como as possíveis omissões ou deficiências dessas medidas, ou declarar que *nenhumas* medidas foram adoptadas pelo Membro faltoso. Terceiro, a parte queixosa deve indicar a base jurídica da sua queixa, especificando como as medidas adoptadas, ou não adoptadas, não eliminaram as incompatibilidades com as normas da OMC constatadas nos anteriores procedimentos ou se essas medidas deram lugar a novas incompatibilidades com tais normas"[3598].

Até agora, a questão mais importante suscitada a respeito do pedido de criação de um painel ao abrigo do nº 5 do art. 21º do Memorando surgiu no caso *United States – Laws, Regulations and Methodology for Calculating Dumping Margins ("Zeroing"), Recourse to Article 21.5 of the DSU by the European Communities*. Estava em causa saber se determinados reexames administrativos, reexames por alteração de circunstâncias e reexames por extinção posteriores às 15 investigações iniciais e às revisões administrativas em causa no litígio inicial caberiam no âmbito dos termos de referência do painel criado em conformidade com o nº 5 do art. 21º do Memorando:

"**192.** A este respeito, consideramos que as determinações efectuadas em exames administrativos ulteriores, exames por alteração de circunstâncias e exames por extinção publicadas em conexão com as medidas em litígio no procedimento inicial constituem medidas separadas e distintas que, por conseguinte, não podem ser caracterizadas devidamente como simples 'modificações' dessas medidas. Observamos que, recentemente, o Órgão de Recurso defendeu no caso *US – Continued Zeroing* que 'as *determinações sucessivas* em virtude das quais se mantêm os direitos são etapas conectadas ... envolvendo a imposição, avaliação e cobrança de direitos ao abrigo da mesma ordem de imposição de direitos antidumping'. Apesar de o Órgão de Recurso reconhecer que os exames ulteriores são 'etapas conectadas' correspondentes à mesma ordem de imposição de direitos antidumping, também clarificou que os exames ulteriores supõem 'determinações sucessivas'. Em nosso entender, essas determinações sucessivas não constituem simples 'modificações' da medida imediatamente anterior, já que constituem determinações *distintas*.

**193.** Além disso, como o Painel observou correctamente, as próprias Comunidades Europeias pareceram identificar, ante o Painel, as determinações realizadas nos exames ulteriores publicados ao abrigo da mesma ordem de imposição de direitos antidumping como medidas distintas. Com efeito, o pedido de criação do Painel apresentado pelas Comunidades Europeias identifica como 'casos' separados exames

---

[3598] Relatório do Órgão de Recurso no caso *United States – Tax Treatment for "Foreign Sales Corporations", Second Recourse to Article 21.5 of the DSU by the European Communities* (WT/DS108/AB/RW2), 13-2-2006, parágrafos 59 e 62.

A FUNÇÃO JURISDICIONAL NO SISTEMA GATT/OMC

administrativos que substituíram investigações iniciais em causa em três ocasiões. Também se identificaram como 'casos' separados, em cinco ocasiões, exames administrativos sucessivos realizados ao abrigo da mesma ordem de imposição de direitos antidumping. As Comunidades Europeias alegam que decidiram separar as investigações iniciais e os exames administrativos em diferentes 'casos', a fim de permitir um exame separado dessas medidas e devido à estrutura das suas alegações (alegações separadas sobre as medidas 'em si mesmas' e 'em sua aplicação' em relação com as investigações iniciais e os exames administrativos, respectivamente). Não estamos convencidos. Se as referências das Comunidades Europeias a *'quaisquer modificações'* também englobassem os exames administrativos sucessivos publicados ao abrigo da mesma ordem de imposição de direitos antidumping, não teria sido necessário às Comunidades Europeias enumerar os sucessivos exames referentes a uma mesma ordem de imposição de direitos antidumping como 'casos' separados, já que as constatações do Painel sobre a medida inicial abarcariam automaticamente os exames administrativos ulteriores"[3599].

Ainda segundo o Órgão de Recurso:

"(...) Tal como no procedimento de resolução de litígios *inicial*, a 'questão' objecto do procedimento do nº 5 do artigo 21º consiste em dois elementos: as *medidas* específicas em questão e a base jurídica da queixa (isto é, as *alegações*). Se uma *alegação* impugna uma *medida* que não é uma 'medida destinada a cumprir', essa *alegação* não pode ser suscitada devidamente num procedimento do nº 5 do artigo 21º. Concordamos com o Painel de que, em última instância, compete ao Painel do nº 5 do artigo 21º – e não à parte queixosa ou à parte demandada – determinar quais das medidas enumeradas no pedido da sua criação são 'medidas destinadas a cumprir' (...)"[3600].

Claro está, a qualificação de um acto por um Membro como medida destinada a cumprir quando esse Membro defende o contrário não é algo que um painel deva fazer com ligeireza[3601].

Finalmente, uma vez que as disposições que governam as consultas e a criação dos painéis não distinguem os diferentes tipos de painel, será que os painéis criados ao abrigo do nº 5 do art. 21º do Memorando devem ser precedidos de

---

[3599] Relatório do Órgão de Recurso no caso *United States – Laws, Regulations and Methodology for Calculating Dumping Margins ("Zeroing"), Recourse to Article 21.5 of the DSU by the European Communities* (WT/DS294/AB/RW), 14-5-2009, parágrafos 192-193.

[3600] Relatório do Órgão de Recurso no caso *European Communities – Anti-Dumping Duties on Imports of Cotton-Type Bed Linen from India, Recourse to Article 21.5 of the DSU by India* (WT/DS141/AB/RW), 8-4-2003, parágrafo 78.

[3601] Relatório do Órgão de Recurso no caso *United States – Final Countervailing Duty Determination with respect to certain Softwood Lumber from Canada, Recourse by Canada to Article 21.5 of the DSU* (WT/DS257/AB/RW), 5-12-2005, parágrafo 74.

## A FISCALIZAÇÃO DA EXECUÇÃO DAS RECOMENDAÇÕES E DECISÕES DO ÓRGÃO

consultas? Na maioria dos casos, não se têm realizado consultas[3602], talvez porque a realização obrigatória de consultas pode ter por efeito estender o período durante o qual a parte queixosa sofre prejuízos.

### 2.4. O Mandato do Painel

Uma vez criado um painel ao abrigo do art. 21º, nº 5, do Memorando de Entendimento sobre Resolução de Litígios, o seu mandato consiste em examinar se as medidas adoptadas para dar cumprimento às recomendações e decisões feitas existem e, se sim, se elas são compatíveis com um acordo abrangido.

Segundo o painel do caso *Australia – Measures Affecting Importation of Salmon, Recourse to Article 21.5 of the DSU by Canada*:

> "Existe um novo regime de medidas de aplicação quando nele se estabelecem todas as prescrições e critérios ao abrigo dos quais o produto em causa *pode* entrar no mercado do Membro que procede ao cumprimento. Para que os produtos possam entrar no mercado, é necessário, também, que estejam em vigor as novas medidas que estabelecem essas prescrições e critérios. Não consideramos que o facto de uma regulamentação geral estabelecer alguns desses critérios e prescrições básicos – mas não todos- seja suficiente para que 'exista' um novo regime. Por outro lado, não consideramos necessário que o produto tenha entrado efectivamente no mercado. Em nosso entender, o factor que reveste uma importância decisiva é se, no novo regime, *existem efectivamente oportunidades* de comércio e não se elas ocorrerão no futuro nem se tais oportunidades deram lugar de facto a transacções concretas no passado"[3603].

Ulteriormente, o Órgão de Recurso defende, num primeiro passo, que a palavra "existência" no nº 5 do art. 21º do Memorando "sugere que as medidas englobadas no âmbito do nº 5 do artigo 21º compreendem não só as acções positivas, mas também as *omissões*"[3604]; num segundo passo, que, "se não foram adoptadas medidas para cumprir com as recomendações e resoluções do Órgão de Resolução de Litígios, essa omissão também estará compreendida no âmbito dos pro-

---

[3602] Tsai-Yu LIN, *Compliance Proceedings under Article 21.5 of DSU and Doha Proposed Reform*, in The International Lawyer, Vol. 39, No. 4, 2005, p. 928; Joost PAUWELYN, Proposals for Reforms of Article 21 of the DSU, in *The WTO Dispute Settlement System 1995-2003*, Federico Ortino e Ernst--Ulrich Petersmann ed., Kluwer Law International, Haia-Londres-Nova Iorque, 2004, p. 54; Yoichi SUZUKI, 'Sequencing' and Compliance, in *Reform and Development of the WTO Dispute Settlement System*, Dencho Georgiev e Kim Van der Borght Ed., Cameron May, Londres, 2006, p. 384.

[3603] Relatório do Painel no caso *Australia – Measures Affecting Importation of Salmon, Recourse to Article 21.5 of the DSU by Canada* (WT/DS18/RW), 18-2-2000, parágrafo 7.28.

[3604] Relatório do Órgão de Recurso no caso *United States – Final Countervailing Duty Determination with respect to certain Softwood Lumber from Canada, Recourse by Canada to Article 21.5 of the DSU* (WT/DS257/AB/RW), 5-12-2005, parágrafo 67.

A FUNÇÃO JURISDICIONAL NO SISTEMA GATT/OMC

cedimentos sobre a execução"[3605]. Mas será que faz mesmo sentido esta última afirmação do Órgão de Recurso? Não em termos tão absolutos ou literais. Caso contrário, mesmo que nenhuma medida tivesse sido adoptada, um Membro da OMC só poderia recorrer à suspensão de concessões ou outras obrigações, nos termos do nº 6 do art. 22º do Memorando, depois de um painel criado ao abrigo do nº 5 do art. 21º ter confirmado que nenhuma medida tinha sido adoptada. Acontece que "non-compliance can easily be determined in case of complete inaction on the part of the defending party"[3606]. A asserção do Órgão de Recurso só fará sentido se houver um desacordo quanto à existência ou não de uma medida, de uma omissão. Logo, o recurso ao procedimento previsto no nº 5 do art. 21º do Memorando não fará qualquer sentido se o Membro em falta nada fizer para implementar as recomendações e decisões até ao fim do prazo razoável. Esta situação ocorreu, por exemplo, no caso *European Communities Measures Concerning Meat and Meat Products (Hormones)*.

Os procedimentos do nº 5 do art. 21º do Memorando, por outro lado:

> "**36.** (...) não têm por objecto *qualquer* medida de um Membro da OMC, mas unicamente as 'medidas *destinadas a cumprir* as recomendações e resoluções' do Órgão de Resolução de Litígios. Em nossa opinião, a expressão 'medidas destinadas a cumprir' designa aquelas medidas adoptadas ou que deveriam ser adoptadas por um Membro para cumprir as recomendações e resoluções do Órgão de Resolução de Litígios. Em princípio, uma medida 'destinada a cumprir as recomendações e resoluções' do Órgão de Resolução de Litígios *não* será a mesma que foi objecto do litígio inicial, pelo que existiriam duas medidas distintas e separadas: a medida inicial, que *deu lugar* às recomendações e resoluções do Órgão de Resolução de Litígios e as 'medidas destinadas a cumprir' as recomendações e resoluções, adoptadas ou que deveriam ser adoptadas para *aplicar* tais recomendações e resoluções. No presente procedimento de acordo com o nº 5 do artigo 21º, a medida em litígio é uma nova medida, o programa *revisto* do TPC [Technology Partnerships Canada], que entrou em vigor em 18 de Novembro de 1999 e que o Canadá qualifica de 'medida destinada a cumprir as recomendações e resoluções' do Órgão de Resolução de Litígios. (...).
>
> **40.** Já assinalámos que o presente procedimento, de acordo com o nº 5 do artigo 21º do Memorando de Entendimento sobre Resolução de Litígios, se refere à 'compa-

---

[3605] Relatório do Órgão de Recurso no caso *United States – Laws, Regulations and Methodology for Calculating Dumping Margins ("Zeroing"), Recourse to Article 21.5 of the DSU by the European Communities* (WT/DS294/AB/RW), 14-5-2009, parágrafo 205.

[3606] Peter-Tobias Stoll, Article 22 DSU, in *WTO-Institutions and Dispute Settlement*, Rüdiger Wolfrum, Peter-Tobias Stoll e Karen Kaiser (eds), Max Planck Commentaries on World Trade Law, Max Planck Institute for Comparative Public Law and International Law, Martinus Nijhoff Publishers, Leiden/Boston, 2006, p. 530.

1284

# A FISCALIZAÇÃO DA EXECUÇÃO DAS RECOMENDAÇÕES E DECISÕES DO ÓRGÃO

tibilidade' do programa revisto do TPC com o nº 1, alínea *a*), do artigo 3º do Acordo sobre as Subvenções e as Medidas de Compensação. Em consequência, não estamos de acordo com o Painel do nº 5 do artigo 21º de que o âmbito do presente procedimento de resolução de litígios de acordo com o nº 5 do artigo 21º está limitado a saber se o Canadá *aplicou ou não a recomendação do Órgão de Resolução de Litígios*. O Órgão de Resolução de Litígios recomendou que a medida que se tinha constatado ser uma subvenção proibida à exportação deveria ser retirada no prazo de 90 dias contados a partir da data de adopção do relatório do Órgão de Recurso e do relatório do Painel que examinou inicialmente o caso, como modificado – ou seja, 18 de Novembro de 1999. A recomendação de retirar a subvenção proibida à exportação não abarcava, logicamente, a nova medida, visto que esta não existia quando o Órgão de Resolução de Litígios formulou a sua recomendação. Logo, a função do Painel do nº 5 do artigo 21º neste caso consiste em determinar se a nova medida – o programa *revisto* do TPC – é compatível com o nº 1, alínea *a*), do artigo 3º do Acordo sobre as Subvenções e as Medidas de Compensação.

**41.** Consequentemente, ao levar a cabo o seu exame ao abrigo do nº 5 do artigo 21º do Memorando de Entendimento sobre Resolução de Litígios, um painel não está confinado a examinar as 'medidas destinadas a cumprir' as recomendações e resoluções sob a perspectiva das alegações, argumentos e circunstâncias fácticas relativas à medida objecto do procedimento inicial. Apesar destes elementos poderem ter alguma relevância para os procedimentos do nº 5 do artigo 21º, estes procedimentos dizem respeito, em princípio, não à medida inicial, mas a uma medida nova e distinta que não foi apresentada ao painel que examinou inicialmente o caso. Além disso, os factos pertinentes relativamente à 'medida destinada a cumprir' as recomendações e resoluções podem ser diferentes dos factos pertinentes relativos à medida em litígio no procedimento inicial. É lógico, por isso, que as alegações, argumentos e circunstâncias fácticas pertinentes relativamente à 'medida destinada a cumprir' as recomendações e resoluções não sejam, necessariamente, os mesmos que eram pertinentes no litígio inicial. De facto, a utilidade do exame previsto no nº 5 do artigo 21º do Memorando de Entendimento sobre Resolução de Litígios seria gravemente afectada se um painel estivesse obrigado a examinar a nova medida sob a perspectiva das alegações, argumentos e circunstâncias fácticas relativas à medida inicial, porquanto um painel criado de acordo com o nº 5 do artigo 21º não poderia em tal caso examinar plenamente a 'compatibilidade com um acordo abrangido' das 'medidas destinadas a cumprir' as recomendações e resoluções, como exigido pelo nº 5 do artigo 21º do Memorando de Entendimento sobre Resolução de Litígios"[3607].

---

[3607] Relatório do Órgão de Recurso no caso *Canada – Measures Affecting the Export of Civilian Aircraft, Recourse by Brazil to Article 21.5 of the DSU* (WT/DS70/AB/RW), 21-7-2000, parágrafos 36 e 40-41.

A FUNÇÃO JURISDICIONAL NO SISTEMA GATT/OMC

O Órgão de Recurso reconhece, deste modo, que podem ser feitas novas alegações ou argumentos no âmbito de um processo de resolução de litígios levado a cabo ao abrigo do art. 21º, nº 5. São as medidas adoptadas para dar cumprimento às recomendações e decisões do Órgão de Resolução de Litígios que estão em causa e não as medidas originárias e aquelas podem ser incompatíveis com os acordos abrangidos por razões diferentes das julgadas procedentes no caso das medidas originárias. Caso contrário, a parte em falta poderia substituir a medida considerada incompatível com uma disposição de acordo abrangido por uma medida incompatível com outra disposição do mesmo acordo ou de outro acordo abrangido.

O mandato de um painel criado ao abrigo do nº 5 do art. 21º do Memorando não está, também, limitado às medidas que o Membro faltoso mantém como visando executar as recomendações e decisões do Órgão de Resolução de Litígios. Ainda que tal designação seja sempre relevante[3608]:

> "**6.15.** É evidente que compete ao Painel e não às Comunidades Europeias [o Membro em falta] decidir se as medidas citadas pela Índia [a parte queixosa] no pedido de criação devem ser consideradas medidas 'destinadas a cumprir' e, em consequência, incluídas no âmbito do presente litígio. Dito isto, contudo, a Índia também não tem direito a determinar que medidas adoptadas pelas Comunidades Europeias são medidas destinadas a cumprir. Pelo contrário, esta é uma questão que deve ser examinada e decidida por um painel criado de acordo com o nº 5 do artigo 21º. (...).
>
> **6.17.** Ainda que seja claro que é a Índia quem em primeira instância decide o alcance do seu pedido de criação, incluindo as medidas que deseja impugnar, o Painel tem algo a dizer no que respeita à determinação do alcance do seu mandato. Num procedimento de acordo com o nº 5 do artigo 21º, não pode permitir-se ao Membro queixoso que introduza à força no litígio medidas que não estão 'tão claramente relacionadas, tanto do ponto de vista do tempo como do seu objecto, com os relatórios correspondentes do Painel e do Órgão de Recurso', que qualquer observador imparcial consideraria tratar-se de medidas 'destinadas a cumprir' essas recomendações ou resoluções', do mesmo modo que não pode permitir-se que o Membro obrigado a cumprir exclua essas medidas do procedimento. Em nosso entender, se uma parte impugnou, num pedido de criação de um painel de acordo com o nº 5 do artigo 21º, medidas que o Membro obrigado a cumprir **não** 'destinou a cumprir', um painel pode negar-se a abordar as alegações relativas a tais medidas"[3609].

---

[3608] Relatório do Órgão de Recurso no caso *United States – Laws, Regulations and Methodology for Calculating Dumping Margins ("Zeroing"), Recourse to Article 21.5 of the DSU by the European Communities* (WT/DS294/AB/RW), 14-5-2009, parágrafo 203.

[3609] Relatório do Painel no caso *European Communities – Anti-Dumping Duties on Imports of Cotton-Type Bed Linen from India, Recourse to Article 21.5 of the DSU by India* (WT/DS141/RW), 29-11-2002, parágrafos 6.15 e 6.17.

1286

## A FISCALIZAÇÃO DA EXECUÇÃO DAS RECOMENDAÇÕES E DECISÕES DO ÓRGÃO

O painel concluiu neste caso, acertadamente, que o reexame feito pela Comunidade Europeia dos direitos antidumping aplicados às importações de roupa de cama em algodão do Egipto e do Paquistão não constituía uma medida adoptada para dar cumprimento às recomendações e decisões do Órgão de Resolução de Litígios. O litígio original dizia respeito a determinações de dumping contra importações de roupa de cama em algodão originárias da Índia, pelo que as recomendações do Órgão de Resolução de Litígio não compreenderiam determinações relativas a importações do Egipto e do Paquistão, não obstante ter sido utilizada a mesma metodologia de cálculo em todas as importações[3610].

A parte obrigada a cumprir as recomendações e decisões do Órgão de Resolução de Litígios não goza, assim, de uma discricionariedade absoluta para decidir se uma medida é ou não adoptada para "dar cumprimento às recomendações e decisões" do Órgão de Resolução de Litígios. Caso o mandato de um painel estivesse limitado às medidas que o Membro faltoso declara como visando executar as recomendações e decisões do Órgão de Resolução de Litígios:

"(...) O Membro encarregue de cumprir as recomendações e resoluções poderia simplesmente evitar o exame de determinadas medidas por um painel criado ao abrigo do nº 5 do artigo 21º do Memorando, mesmo se tais medidas estivessem claramente relacionadas, tanto do ponto de vista do tempo como do seu objecto, com os relatórios correspondentes do Painel e do Órgão de Recurso e qualquer observador imparcial as considerasse medidas 'destinadas a cumprir' essas recomendações ou resoluções. Sem pretender dar uma definição exacta da expressão 'medidas destinadas a cumprir' aplicável em <u>todos</u> os casos, consideramos que, no contexto do presente litígio, qualquer medida de quarentena introduzida pela Austrália posteriormente à adopção em 6 de Novembro de 1998 das recomendações e resoluções do Órgão de Resolução de Litígios no litígio inicial – e dentro de um prazo mais ou menos limitado após aquela data – que se aplique às importações de salmão fresco, refrigerado ou congelado procedente do Canadá, constitui uma 'medida destinada a cumprir' essas recomendações e resoluções. A medida decretada pela Tasmânia, em 20 de Outubro de 1999, proíbe todas as importações de salmão em certas partes da Austrália por razões de quarentena [o pedido de criação do painel tinha sido apresentado numa reunião do Órgão de Resolução de Litígios realizada nos dias 27-28 de Julho de 1999]. Por conseguinte, consideramos que se trata de uma medida 'destinada a cumprir' no sentido do nº 5 do artigo 21º"[3611].

---

[3610] *Idem*, parágrafo 6.18.

[3611] Relatório do Painel no caso *Australia – Measures Affecting Importation of Salmon, Recourse to Article 21.5 of the DSU by Canada* (WT/DS18/RW), 18-2-2000, parágrafo 7.10 (subparágrafo 22).

A FUNÇÃO JURISDICIONAL NO SISTEMA GATT/OMC

Ao tomar em consideração medidas adoptadas subsequentemente à criação de um painel nos termos do nº 5 do art. 21º do Memorando, o Painel adopta, pois, uma interpretação assaz ampla do requisito "medidas adoptadas para dar cumprimento"[3612].

Nada impede, igualmente, que um painel analise medidas adoptadas antes do momento em que o Órgão de Resolução de Litígios adopta as recomendações e decisões:

"222. Antes de mais, concordamos com o Painel de que as medidas destinadas a cumprir as recomendações e resoluções do Órgão de Resolução de Litígios são, normalmente, posteriores à adopção das recomendações e resoluções. Como notou o Órgão de Recurso no caso *United States – Softwood Lumber IV (Article 21.5 – Canada)*, 'no seu conjunto, o artigo 21º lida com acontecimentos *subsequentes* à adopção pelo Órgão de Resolução de Litígios de recomendações e resoluções num litígio em concreto' [parágrafo 70].

223. Todavia, a constatação do Painel de que 'uma medida adoptada antes da adopção das recomendações e resoluções do Órgão de Resolução de Litígios só raramente, ou nunca, poderá destinar-se 'a executar' essas recomendações e resoluções' [parágrafo 8.115] parece basear-se na ideia de que o mandato de um painel em virtude do nº 5 do artigo 21º se limita às medidas adoptadas 'com vista' ao cumprimento das recomendações e resoluções do Órgão de Resolução de Litígios ou 'que têm por finalidade atingi-lo'. Como observámos anteriormente, na interpretação do Órgão de Recurso, 'o facto de o nº 5 do artigo 21º impar que um painel avalie a 'existência' e a 'compatibilidade' tende a pesar contra uma interpretação do nº 5 do artigo 21º que limitasse o alcance da jurisdição de um painel às medidas que estão *orientadas* para o cumprimento ou que *têm por objectivo atingi-lo*'. Por esta razão, as medidas 'com uma relação especialmente estreita' com a 'medida destinada a cumprir' declarada como tal e com as recomendações e resoluções do Órgão de Resolução de Litígios podem estar também compreendidas no âmbito dos procedimentos de um painel criado de

---

[3612] Muito recentemente, o Órgão de Recurso entendeu como medidas de implementação medidas adoptadas após o termo do prazo razoável mas antes da criação do painel:
"Quando um painel criado de acordo com o nº 5 do artigo 21º constata que um Membro da OMC não cumpriu as recomendações e resoluções do Órgão de Resolução de Litígios no procedimento inicial, a consequência dessa constatação é que esse Membro continua sujeito às obrigações derivadas das recomendações e resoluções formuladas pelo Órgão de Resolução de Litígios no procedimento inicial. Não obstante, se o painel criado de acordo com o nº 5 do artigo 21º constata que se existe cumprimento no momento em que foi criado, mas não no termo do prazo razoável, o Membro da OMC em causa não necessitará de adoptar medidas correctivas adicionais". Cf. Relatório do Órgão de Recurso no caso *United States – Laws, Regulations and Methodology for Calculating Dumping Margins ("Zeroing"), Recourse to Article 21.5 of the DSU by the European Communities* (WT/DS294/AB/RW), 14-5-2009, parágrafo 412.

1288

## A FISCALIZAÇÃO DA EXECUÇÃO DAS RECOMENDAÇÕES E DECISÕES DO ÓRGÃO

acordo com o nº 5 do artigo 21º do Memorando de Entendimento sobre Resolução de Litígios, ainda que tais medidas não estejam, em rigor, medidas que têm por objectivo lograr o cumprimento dessas recomendações e resoluções.

**224.** Neste sentido, estamos de acordo com as Comunidades Europeias e os Estados Unidos em que a *data* de uma medida não pode determinar a questão de saber se esta tem um vínculo com a aplicação por um Membro das recomendações e resoluções do Órgão de Resolução de Litígios suficientemente próximo para cair no âmbito de um procedimento do nº 5 do artigo 21º. Uma vez que o cumprimento com as recomendações e resoluções do Órgão de Resolução de Litígios pode ser alcançado *antes* da sua adopção pelo Órgão de Resolução de Litígios, é possível que um painel criado em conformidade com o nº 5 do artigo 21º tenha que examinar factos com data anterior à da adopção das recomendações e resoluções para resolver um desacordo relativamente à 'existência' de tais medidas ou à sua 'compatibilidade ... com um acordo abrangido' (...).

**225.** Consideramos que a data de uma medida permanece um factor relevante para determinar se tem um vínculo suficientemente próximo com a aplicação por um Membro das recomendações e resoluções do Órgão de Resolução de Litígios. Com efeito, o facto de que uma medida é adoptada simultaneamente, ou imediatamente antes ou depois de tal adopção, com a introdução pelos Membros de medidas específicas para aplicar as recomendações e resoluções do Órgão de Resolução de Litígios pode apoiar a constatação de que essas medidas estão estreitamente relacionadas. Ao invés, pode haver situações em que o facto de a suposta medida 'estreitamente relacionada' ter sido adoptada muito antes da adopção das recomendações e resoluções do Órgão de Resolução de Litígios é suficiente para dissolver a relação entre essa medida e as obrigações de um Membro relativas à aplicação.

226. Em nosso entender, o Painel errou ao basear-se de modo formalista na data de publicação dos exames ulteriores para determinar se esses exames tinham uma relação estreita com as recomendações e resoluções do Órgão de Resolução de Litígios. O que se deveria ter investigado não era se os exames ulteriores tinham sido realizados com a intenção de executar as recomendações e resoluções do Órgão de Resolução de Litígios, mas sim se os exames ulteriores, apesar do facto de terem sido publicados antes da adopção das recomendações e resoluções do Órgão de Resolução de Litígios, continuavam a ter uma relação suficientemente próxima no que concerne à *natureza*, *efeitos* e *datas*, com essas recomendações e resoluções e com as medidas 'destinadas a cumprir' declaradas como tais, de modo a caírem no âmbito do procedimento do nº 5 do artigo 21º"[3613].

Nada impede, por último, que uma alegação relativa a um aspecto de uma medida a respeito da qual o painel inicial exerceu economia judicial possa ser

---

[3613] *Idem*, parágrafos 222-226.

A FUNÇÃO JURISDICIONAL NO SISTEMA GATT/OMC

apreciada ao abrigo do nº 5 do art. 21º do Memorando[3614], assim como uma determinada alegação que não foi analisada no procedimento inicial por não ter sido possível ao Órgão de Recurso completar a análise[3615].

Essencialmente, tem-se dado primazia à preservação da utilidade dos procedimentos previstos no nº 5 do art. 21º do Memorando em detrimento de quaisquer considerações de *due process* resultantes do art. 6º, nº 2, do Memorando[3616], estratégia que encontra apoio ainda no objectivo da pronta resolução dos litígios decorrente dos artigos 3º, nº 3, e 21º, nº 1, do Memorando de Entendimento sobre Resolução de Litígios. Como nota JOOST PAUWELYN:

> "already in 'normal' panel procedures, the question often arises whether a change or modification in the measure, be it before or during the panel proceedings, can be examined by the panel: If so, the panel risks going beyond its mandate (established at the time the panel was set up); if not, the panel risks inviting reluctant defendants to simply change their measure just before or during procedures, so as to avoid an adverse ruling on it (and to trigger a potentially endless series of panel proceedings)"[3617].

Claro está, existem alguns limites, como explicou, aliás, o próprio Órgão de Recurso:

> "Algumas medidas com uma relação especialmente próxima com a 'medida destinada a cumprir' declarada e com as recomendações e resoluções do Órgão de Resolução de Litígios podem ser também susceptíveis de exame por um painel que actue ao abrigo do nº 5 do artigo 21º. *Para determinar se é este o caso, o painel está obrigado a analisar essas relações, o que pode, em função dos factos concretos, requerer um exame das datas, natureza e efeitos das diversas medidas. Isto também obriga um painel do nº 5 do artigo 21º a examinar os antecedentes fácticos e jurídicos com base nos quais é adoptada uma medida que se declarou constituir uma 'medida destinada a cumprir'.* Só então um painel estará em condições de opinar sobre se existem ligações suficientemente próximas para que caracterize essa outra medida como uma medida 'destinada a cumprir' e, em consequência, avaliar a

---

[3614] Relatório do Órgão de Recurso no caso *United States – Sunset Reviews of Anti-Dumping Measures on Oil Country Tubular Goods from Argentina, Recourse to Article 21.5 of the DSU by Argentina* (WT/DS268/AB/RW), 12-4-2007, parágrafo 148.

[3615] Relatório do Órgão de Recurso no caso *United States – Subsidies on Upland Cotton, Recourse to Article 21.5 of the DSU by Brazil* (WT/DS267/AB/RW), 2-6-2008, parágrafo 210.

[3616] Bjorn KUNOY, *Catch Me if You Can: An Analysis of "Measures Taken to Comply" under the WTO Dispute Settlement Understanding*, in Chinese Journal of International Law, Vol. 6, No. 1, 2007, p. 62.

[3617] Joost PAUWELYN, Proposals for Reforms of Article 21 of the DSU, in *The WTO Dispute Settlement System 1995-2003*, Federico Ortino e Ernst-Ulrich Petersmann ed., Kluwer Law International, Haia-Londres-Nova Iorque, 2004, p. 57.

1290

# A FISCALIZAÇÃO DA EXECUÇÃO DAS RECOMENDAÇÕES E DECISÕES DO ÓRGÃO

sua compatibilidade com os acordos abrangidos num procedimento do nº 5 do artigo 21º" (itálico aditado)[3618].

Relativamente à condição "desacordo quanto à existência ou compatibilidade com um acordo abrangido", um painel criado no âmbito do nº 5 do art. 21º do Memorando de Entendimento sobre Resolução de Litígios pode, potencialmente, examinar a compatibilidade de uma medida adoptada para dar cumprimento a uma recomendação ou decisão do Órgão de Resolução de Litígios à luz de qualquer disposição de qualquer acordo abrangido[3619].

Em qualquer caso, a empreitada de um painel é demarcada pelas alegações feitas especificamente pela parte queixosa, não podendo um painel criado ao abrigo do nº 5 do art. 21º do Memorando ocupar-se de uma alegação que não tenha sido formulada:

> "Quando a questão em causa é a compatibilidade de uma nova medida 'destinada a cumprir' as recomendações e resoluções, a função de um painel num caso submetido a ele pelo Órgão de Resolução de Litígios para que seja objecto de um procedimento de acordo com o nº 5 do artigo 21º consiste em examinar essa nova medida na sua totalidade. O cumprimento dessa função requer que o painel considere tanto a medida em si mesma como a sua aplicação. Como estabelece claramente o título do artigo 21º, a função dos painéis criados de acordo com o nº 5 do artigo 21º faz parte do processo de 'Fiscalização da execução das recomendações e decisões' do Órgão de Resolução de Litígios. Para tal efeito, a função de um painel criado de acordo com o nº 5 do artigo 21º consiste em examinar a 'compatibilidade [...] com um acordo abrangido' de 'medidas adoptadas para dar cumprimento às recomendações e decisões' do Órgão de Resolução de Litígios. Essa função está delimitada pelas alegações concretas formuladas pela parte queixosa quando o Órgão de Resolução de Litígios submete a questão a um painel para que seja objecto de um procedimento de acordo com o nº 5 do artigo 21º. Não faz parte da função de um painel criado de acordo com o nº 5 do artigo 21º lidar com uma alegação que não foi feita"[3620].

---

[3618] Relatório do Órgão de Recurso no caso *United States – Final Countervailing Duty Determination with respect to certain Softwood Lumber from Canada, Recourse by Canada to Article 21.5 of the DSU* (WT/DS257/AB/RW), 5-12-2005, parágrafo 77.

[3619] Relatório do Painel no caso *Australia – Measures Affecting Importation of Salmon, Recourse to Article 21.5 of the DSU by Canada* (WT/DS18/RW), 18-2-2000, parágrafo 7.10 (subparágrafo 9).

[3620] Relatório do Órgão de Recurso no caso *United States – Import Prohibition of certain Shrimp and Shrimp Products (Recourse to Article 21.5 of the DSU by Malaysia)* (WT/DS58/AB/RW), 22-10-2001, parágrafo 87.

# A FUNÇÃO JURISDICIONAL NO SISTEMA GATT/OMC

Mais exactamente, não faz parte da tarefa de um painel criado nos termos do nº 5 do art. 21º ir além das alegações concretas que se tenham formulado a respeito da compatibilidade de uma nova medida com um acordo abrangido:

> "Entendemos que a Malásia alega, baseando-se em parte na nossa decisão no caso *Canada – Aircraft (21.5)*, que o Painel estava obrigado neste caso a examinar a *totalidade* da medida dos Estados Unidos e a avaliar a sua compatibilidade com as disposições relevantes do GATT de 1994. É certo que essa é uma função do painel de acordo com o nº 5 do artigo 21º do Memorando de Entendimento sobre Resolução de Litígios, mas, como temos declarado, não faz parte da função de um painel ir além das alegações concretas que tenham sido formuladas a respeito da compatibilidade de uma nova medida com um acordo abrangido quando o Órgão de Resolução de Litígios submete um caso para que seja objecto de um procedimento de acordo com o nº 5 do artigo 21º. Assim, no presente caso, não teria sido apropriado que o Painel examinasse uma alegação que *não* tinha sido formulada pela Malásia quando solicitou que o Órgão de Resolução de Litígios submetesse este caso a um procedimento do nº 5 do artigo 21º"[3621].

E será que é possível a um painel criado ao abrigo do nº 5 do art. 21º do Memorando examinar novas medidas, diferentes das antigas, mas com o mesmo efeito restritivo? Cherise Valles e Brendan McGivern notam que a parte em falta pode argumentar, legitimamente, que as novas medidas não devem estar sujeitas ao prazo de 90 dias previsto no art. 21º, nº 5, do Memorando, mas, sim, por razões de justiça processual, ao prazo de seis meses previsto no art. 12º, nº 8, do Memorando de Entendimento sobre Resolução de Litígios[3622]. Além disso, enquanto o Membro faltoso dispõe normalmente, no caso do art. 21º, nº 3, do Memorando, de um prazo razoável para executar as recomendações e decisões do Órgão de Resolução de Litígios, não existe tal "período de graça" no caso do nº 5 do art. 21º.

Significativamente, o Órgão de Recurso observou no caso *European Communities – Anti-Dumping Duties on Imports of Cotton-Type Bed Linen from India (Recourse to Article 21.5 of the DSU by the European Communities)*, a respeito dos termos de referência de um painel criado ao abrigo do nº 5 do art. 21º do Memorando, que:

> "**80.** Este recurso suscita uma questão diferente da que se submeteu à nossa consideração no caso *Canada – Aircraft (Article 21.5 – Brazil)*. No presente caso, a Índia não suscitou uma alegação *nova* ante o Painel do nº 5 do artigo 21º; em vez disso, a Índia reafirmou no procedimento do nº 5 do artigo 21º a *mesma* alegação que tinha suscitado

---

[3621] *Idem*, parágrafo 88.
[3622] Cherise Valles e Brendan McGivern, *The Right to Retaliate under the WTO Agreement: The "Sequencing" Problem*, in JWT, vol. 34, nº 2, 2000, p. 66.

A FISCALIZAÇÃO DA EXECUÇÃO DAS RECOMENDAÇÕES E DECISÕES DO ÓRGÃO

ante o Painel inicial a respeito de um componente da medida de aplicação que era o mesmo que na medida inicial. Esta *mesma* alegação foi rejeitada pelo Painel inicial e a Índia não recorreu contra essa constatação. (...).

**87.** A Índia suscitou neste procedimento do nº 5 do artigo 21º a *mesma* alegação relativa a 'outros factores' formulada ao abrigo do nº 5 do artigo 3º [do Acordo Antidumping] no procedimento inicial. Ao fazê-lo, a Índia procura impugnar um aspecto da medida inicial que não foi modificado, e que as Comunidades Europeias não tinham que modificar, para cumprir as recomendações e resoluções do Órgão de Resolução de Litígios de pôr essa medida em conformidade com as obrigações que lhes cabem no âmbito da OMC.

**88.** Por estas razões, concordamos com a declaração do Painel distinguindo, a este respeito, o caso *Canada – Aircraft (Article 21.5 – Brazil)* destes procedimentos do nº 5 do artigo 21º:

Naquele caso, o Canadá aplicou as recomendações do Órgão de Resolução de Litígios adoptando uma medida nova e distinta. No procedimento do nº 5 do artigo 21º, o Brasil formulou alegações relativas a essa medida que não tinha suscitado no litígio inicial. O Canadá contestou as alegações suscitadas pelo Brasil contra a nova medida alegando que não se tinham suscitado alegações similares contra a medida originária. Caso a objecção do Canadá tivesse sido aceite, o Brasil teria sido impedido de formular alegações que **não podia** ter suscitado no procedimento inicial. A questão a decidir é saber se deve permitir-se à Índia suscitar, neste procedimento inicial do nº 5 do artigo 21º, alegações a respeito do nº 5 do artigo 3º que **podia suscitar** e que **suscitou** realmente ante o Painel inicial, mas que não manteve, e que o Painel rejeitou porque não estabeleceu *prima facie* a existência de uma violação [parágrafo 6.48].

Concordamos com o Painel que o caso *Canada – Aircraft (Article 21.5 – Brazil)* envolvia uma alegação *nova* que impugnava um componente *novo* da medida destinada a cumprir que não era parte da medida inicial. Consequentemente, a situação tratada no caso *Canada – Aircraft (Article 21.5 – Brazil)* era distinta da tratada no presente recurso.

**89.** Nem a nossa constatação no caso *United States – FSC (Article 21.5 – EC)* apoia a posição da Índia no presente recurso. Nesse litígio relativo à aplicação, o Painel do nº 5 do artigo 21º pronunciou-se sobre uma alegação *nova*, formulada ao abrigo do artigo III do GATT de 1994, que as Comunidades Europeias não tinham suscitado no procedimento inicial. Ratificamos essa decisão no recurso. Naquele litígio, as Comunidades Europeias impugnaram um 'limite de conteúdo estrangeiro' (que é similar a uma prescrição em matéria de conteúdo local) imposto pela 'Foreign Sales Corporations Repeal and Extraterritorial Income Exclusion Act of 2000 (ETI)' aos bens de comércio exterior elegíveis para um tratamento fiscal especial. Essa disposição estabeleceu um 'limite de conteúdo estrangeiro' *distinto* do estabelecido no 'regime

A FUNÇÃO JURISDICIONAL NO SISTEMA GATT/OMC

regulador das Empresas de Vendas no Estrangeiro (*Foreign Sales Corporations*)', que os Estados Unidos tinham *modificado* com o objectivo de cumprir as recomendações e resoluções do Órgão de Resolução de Litígios no litígio inicial. Por outras palavras, o caso *United States – FSC (Article 21.5 – EC)* envolvia uma alegação *nova* que impugnava um componente *modificado* da medida destinada a cumprir, enquanto o presente litígio, em contraste, se refere à *mesma* alegação contra um componente *não modificado* da medida de aplicação que era parte da medida inicial e que não se constatou que era incompatível com as obrigações contraídas no âmbito da OMC (...)"[3623].

Concordamos inteiramente com as conclusões a que chegou o Órgão de Recurso. Ao eliminar a possibilidade "of a continuous loop of evasion"[3624], impede-se que a parte obrigada a dar cumprimento às recomendações e decisões do Órgão de Resolução de Litígios revogue as medidas originárias, substituindo-as por medidas com o mesmo efeito restritivo, e evite que a outra parte possa solicitar autorização para retaliar.

Finalmente, no recente caso *United States – Laws, Regulations and Methodology for Calculating Dumping Margins ("Zeroing"), Recourse to Article 21.5 of the DSU by the European Communities*, colocaram-se as seguintes questões: se uma alegação pudesse ter sido apresentada contra a medida em causa no procedimento inicial, mas não foi, poderia uma alegação ser apresentada pela primeira vez contra um aspecto inalterado daquela medida no âmbito do procedimento previsto no nº 5 do art. 21º do Memorando? Deve o Membro da OMC faltoso ser responsabilizado pela não correcção de uma violação dos acordos abrangidos que não foi objecto de qualquer queixa no painel inicial?

Há uns anos, um painel respondeu negativamente:

"Permitir às Comunidades Europeias introduzir uma nova alegação relativa a um aspecto da medida inicial que nunca foi impugnado e que não se modificou suscitaria problemas graves relativamente às garantias processuais devidas dos Estados Unidos. Ponderando todos os factores, a utilidade de um procedimento do nº 5 do artigo 21º não deve conduzir a que se prive as partes em litígio das suas garantias processuais devidas básicas"[3625].

---

[3623] Relatório do Órgão de Recurso no caso *European Communities – Anti-Dumping Duties on Imports of Cotton-Type Bed Linen from India, Recourse to Article 21.5 of the DSU by India* (WT/DS141/AB/RW), 8-4-2003, parágrafos 80 e 87-89.

[3624] Steve CHARNOVITZ e Jason KEARNS, *Adjudicating Compliance in the WTO: A Review of DSU Article 21.5*, in JIEL, 2002, p. 334.

[3625] Relatório do Painel no caso *United States – Countervailing Measures Concerning Certain Products from the European Communities* (WT/DS212/RW), 17-8-2005, parágrafo 7.76.

1294

A FISCALIZAÇÃO DA EXECUÇÃO DAS RECOMENDAÇÕES E DECISÕES DO ÓRGÃO

Mais recentemente, o painel do caso *United States – Laws, Regulations and Methodology for Calculating Dumping Margins ("Zeroing"), Recourse to Article 21.5 of the DSU by the European Communities,* citando o caso acabado de referir, chega à mesma conclusão[3626].

Interposto recurso, o Órgão de Recurso revoga, no entanto, a conclusão do painel:

"**424.** Não estamos de acordo com a ideia de que um Membro pode ter direito a presumir num procedimento do nº 5 do artigo 21º que um aspecto de uma medida que não foi impugnado no procedimento inicial é compatível com as obrigações desse Membro ao abrigo dos acordos abrangidos. No caso *United States – Oil Country Tubular Goods Sunset Reviews (Article 21.5 – Argentina),* o Órgão de Recurso considerou que, 'com base nas conclusões do Painel inicial [relativas à determinação da probabilidade de dumping], o Departamento do Comércio dos Estados Unidos não podia supor que as suas constatações sobre a suposta diminuição do volume das importações eram compatíveis com as normas da OMC', já que se referiam a um aspecto distinto da medida inicial. Se determinadas alegações contra aspectos de uma medida não foram decididas quanto ao mérito no procedimento inicial, não estão abrangidas pelas recomendações e resoluções do Órgão de Resolução de Litígios e, portanto, um Membro não deve ter direito a presumir que esses aspectos da medida são compatíveis com os acordos abrangidos.

**425.** Recordamos que, no caso *European Communities – Bed Linen (Article 21.5 – India),* o Órgão de Recurso constatou que um Membro queixoso que não tenha estabelecido uma presunção *prima facie* no procedimento inicial em relação a um aspecto da medida que se manteve inalterado depois da execução não pode voltar a apresentar, no procedimento do nº 5 do artigo 21º, a mesma queixa a respeito do elemento não modificado da medida nos casos em que este elemento não modificado pode ser separado da parte modificada da medida de execução. No caso *United States – Shrimp (Article 21.5 – Malaysia),* o Órgão de Recurso constatou que um Membro queixoso não pode voltar a invocar a mesma alegação contra um aspecto não modificado da medida que no procedimento inicial se constatou ser compatível com as normas da OMC.

**426.** Referindo-se a estes dois casos no caso *United States – Upland Cotton (Article 21.5 – Brazil),* o Órgão de Recurso observou que, 'dado que os relatórios adoptados dos painéis e do Órgão de Recurso devem ser aceites pelas partes em litígio, permitir que uma das partes num procedimento do nº 5 do artigo 21º reitere uma alegação que já foi objecto de uma decisão nos relatórios adoptados daria efectivamente a essa parte uma injusta 'segunda oportunidade'. Contudo, no caso *United States – Upland*

---

[3626] Relatório do Painel no caso *United States – Laws, Regulations and Methodology for Calculating Dumping Margins ("Zeroing"), Recourse to Article 21.5 of the DSU by the European Communities* (WT/DS294/RW), 17-12-2008, parágrafos 8.237-8.242.

1295

A FUNÇÃO JURISDICIONAL NO SISTEMA GATT/OMC

*Cotton (Article 21.5 – Brazil)*, o Órgão de Recurso diferenciou as alegações que foram suscitadas nos casos *European Communities – Bed Linen (Article 21.5 – India)* e *United States – Shrimp (Article 21.5 – Malaysia)* das que foram objecto de atenção nesse litígio e constatou que permitir ao Membro queixoso fazer valer uma alegação que ele não conseguiu estabelecer no procedimento inicial não lhe daria uma injusta 'segunda oportunidade' nem poria em causa a finalidade das recomendações e resoluções do Órgão de Resolução de Litígios.

**427.** Enquanto as alegações formuladas no procedimento do nº 5 do artigo 21º não podem ser utilizadas para reabrir questões que foram decididas quanto ao mérito no procedimento inicial, a aceitação sem condições das recomendações e resoluções do Órgão de Resolução de Litígios pelas partes num litígio não impede que sejam suscitadas novas alegações contra medidas destinadas a executar que incorporam aspectos não modificados das medidas iniciais que poderiam ter sido feitas, mas não foram, no procedimento inicial. Não vemos como o facto de permitir essas alegações no procedimento do nº 5 do artigo 21º poria 'em perigo os princípios de equidade fundamental e processo devido' nem como daria injustamente uma 'segunda oportunidade' ao Membro queixoso, sempre que estas novas alegações digam respeito a uma medida 'destinada a cumprir' e não reiterem alegações que foram decididas no procedimento inicial.

**428.** Observamos que, no caso presente, as Comunidades Europeias não suscitaram no procedimento inicial uma alegação sobre o suposto erro aritmético. Por essa razão, esta questão não foi decidida nas recomendações e resoluções iniciais do Órgão de Resolução de Litígios, que só se referiam ao método de redução a zero. Portanto, permitir que as Comunidades Europeias suscitassem alegações contra esse suposto erro neste procedimento do nº 5 do artigo 21º não colocaria problemas em termos de garantias processuais, porque esse facto não daria em si mesmo às Comunidades Europeias outra oportunidade de avançar com alegações que não conseguiu fazer valer no procedimento inicial, de tal modo que não se poria em perigo a finalidade das recomendações e resoluções do órgão de Resolução de Litígios. (...).

**430.** Ao constatar que 'o âmbito de aplicação do nº 5 do artigo 21º do Memorando de Entendimento sobre Resolução de Litígios não é tão amplo que permita a uma parte queixosa formular alegações que poderia ter feito, mas não fez, no procedimento inicial, a respeito de aspectos da medida inicial em litígio que se incorporaram na medida destinada ao cumprimento, mas que não se modificaram', o Painel baseou-se também na seguinte declaração do Órgão de Recurso no caso *United States – Upland Cotton (Article 21.5 – Brazil)*: 'Normalmente não se admitiria que um Membro queixoso formulasse, no procedimento do nº 5 do artigo 21º, alegações que puderia ter suscitado no procedimento inicial, mas não suscitou'.

**431.** Notamos que o Órgão de Recurso fez esta declaração depois de ter formulado a sua constatação principal de que deve ser permitido aos Membros suscitar no

1296

# A FISCALIZAÇÃO DA EXECUÇÃO DAS RECOMENDAÇÕES E DECISÕES DO ÓRGÃO

procedimento do n.º 5 do artigo 21.º alegações que se colocaram mas não se resolveram quanto ao mérito no procedimento inicial. O Órgão de Recurso disse que essas alegações *normalmente* não podiam ser colocadas no procedimento do n.º 5 do artigo 21.º; não disse que essas alegações nunca poderiam ser suscitadas, como sugere o Painel. Além disso, no mesmo parágrafo, o Órgão de Recurso referiu a sua decisão anterior no caso *Canada – Aircraft (Article 21.5 – Brazil)*, em que tinha constatado que 'esses procedimentos [do n.º 5 do artigo 21.º] envolvem, em princípio, não a medida inicial, mas uma medida nova e distinta que não foi submetida ao painel que analisou inicialmente o caso' e que 'as alegações, argumentos e circunstâncias fácticas relevantes para a 'medida destinada a cumprir' as recomendações e resoluções não serão, necessariamente, as mesmas que eram relevantes no litígio inicial'. Consideramos que as constatações do Órgão de Recurso no caso *United States – Upland Cotton (Article 21.5 – Brazil)* devem ser interpretadas de maneira coerente com as constatações do caso *Canada – Aircraft (Article 21.5 – Brazil)*.

**432.** Portanto, se interpretarmos a declaração do Órgão de Recurso no caso *United States – Upland Cotton (Article 21.5 – Brazil)* juntamente com a sua declaração no caso *Canada – Aircraft (Article 21.5 – Brazil)*, ela exclui, em princípio ('normalmente'), do procedimento do n.º 5 do artigo 21.º as novas alegações que pudessem ter sido suscitadas no procedimento inicial, mas não as novas alegações contra uma medida destinada a executar, ou seja, em princípio, uma medida nova e diferente. Isto é assim mesmo quando essa medida destinada a executar incorpora elementos da medida inicial que não tenham sido modificados, mas que não são separáveis de outros aspectos da medida destinada a executar.

**433.** Recordamos que o Painel constatou que o 'âmbito de aplicação do n.º 5 do artigo 21.º do Memorando de Entendimento sobre Resolução de Litígios não é tão amplo que permita a uma parte queixosa formular alegações que ela poderia ter formulado, mas não formulou, no decurso do procedimento inicial, a respeito de aspectos da medida inicial em causa que foram incorporados, mas permanecem inalterados, na medida destinada à execução'. Discordamos desta constatação do Painel, na medida em que impede novas alegações contra aspectos indissociáveis de uma medida destinada a executar que permanecem inalterados relativamente à medida inicial (...)"[3627].

Estas conclusões do Órgão de Recurso são, em nosso entender, algo censuráveis. Nas circunstâncias referidas, caso a parte queixosa avance com algumas alegações durante os procedimentos do art. 21.º, n.º 5, do Memorando que poderia ter aduzido ante o primeiro painel, o Membro faltoso poderá ficar sujeito de

---

[3627] Relatório do Órgão de Recurso no caso *United States – Laws, Regulations and Methodology for Calculating Dumping Margins ("Zeroing"), Recourse to Article 21.5 of the DSU by the European Communities* (WT/DS294/AB/RW), 14-5-2009, parágrafos 424-428 e 430-433.

A FUNÇÃO JURISDICIONAL NO SISTEMA GATT/OMC

imediato, caso perca o litígio, a sanções comerciais, não beneficiando de qualquer prazo razoável para colocar as medidas declaradas incompatíveis em conformidade com os acordos da OMC[3628]. Além disso, encontrando-se os procedimentos do art. 21º, nº 5, do Memorando sujeitos a prazos bem mais apertados do que o normal e tendo os painéis adoptado, por isso, a prática de ter apenas uma reunião com as partes e partes terceiras (em vez das duas reuniões normais), a parte arguida terá seguramente maiores dificuldades em defender as medidas que adoptou.

### 2.5. O Ónus da Prova

A questão do ónus da prova no âmbito dos procedimentos do art. 21º, nº 5, do Memorando não se afasta da prática seguida, em geral, no âmbito dos outros procedimentos de resolução de litígios previstos no Memorando de Entendimento sobre Resolução de Litígios. No caso *Brazil – Export Financing Programme for Aircraft (Recourse by Canada to Article 21.5 of the DSU)*, por exemplo, o Órgão de Recurso notou que:

> "Ante o Painel que analisou inicialmente o caso *Brazil – Aircraft*, o Brasil reconheceu que tinha o ónus de provar a sua alegada 'defesa' ao abrigo do iem k). Todavia, nestes procedimentos de acordo com o nº 5 do artigo 21º, o Brasil alega que este ónus da prova, ao abrigo do item k), incumbe ao Canadá. Em nossa opinião, o facto de a medida em questão ter sido 'adoptada para cumprir' 'as recomendações e resoluções' do Órgão de Resolução de Litígios não modifica a alocação do ónus de provar a 'defesa' do Brasil ao abrigo do item k). A este respeito, o Brasil admite que a medida no âmbito do PROEX revisto é, em princípio, proibida pelo nº 1, alínea *a*), do artigo 3º do Acordo sobre as Subvenções e as Medidas de Compensação; não obstante, o Brasil afirma que a medida do PROEX é justificada pelo primeiro parágrafo do item k). Portanto, em nossa opinião, o Brasil está claramente a utilizar o item k) para fazer uma alegação afirmativa em sua defesa. No caso *United States – Measure Affecting Imports of Woven Wool Shirts and Blouses from India*, dissemos: 'é razoável que o ónus de estabelecer essa defesa [afirmativa] incumba à parte que a invoca'. Como nestes procedimentos é o Brasil quem invoca esta 'defesa' utilizando o item k), concordamos com o Painel do nº 5 do artigo 21º de que incumbe ao Brasil o ónus de provar que o PROEX revisto é justificado pelo primeiro parágrafo do item k), incluindo o ónus de provar

[3628] É uma característica dos procedimentos do nº 5 do artigo 21º que nenhum prazo razoável para execução está disponível se a nova medida adoptada para aplicar as recomendações e decisões do Órgão de Resolução de Litígios for considerada incompatível com a OMC. Cf. Relatório do Órgão de Recurso no caso *United States – Subsidies on Upland Cotton, Recourse to Article 21.5 of the DSU by Brazil* (WT/DS267/AB/RW), 2-6-2008, parágrafo 207.

1298

## A FISCALIZAÇÃO DA EXECUÇÃO DAS RECOMENDAÇÕES E DECISÕES DO ÓRGÃO

que os pagamentos efectuados no âmbito do PROEX revisto *não* 'são usados para assegurar uma vantagem importante nas condições dos créditos à exportação"[3629].

Portanto, o facto de estarmos perante uma medida adoptada para dar cumprimento às recomendações e decisões do Órgão de Resolução de Litígios não altera a normal distribuição do ónus da prova.

Cabendo à parte demandada inicial o ónus de demonstrar que a sua medida de aplicação sanou os defeitos identificados nas recomendações e decisões do Órgão de Resolução de Litígios, o *quantum* de prova que isso implica consiste numa descrição clara da sua medida de aplicação e uma explicação adequada da forma pela qual essa medida rectifica as incompatibilidades encontradas no procedimento inicial, a fim de que o painel do nº 5 do artigo 21º esteja em condições de realizar uma avaliação objectiva da questão e, na ausência de réplica, pronunciar-se a favor da parte demandada inicial[3630].

### 2.6. O Chamado "Sequencing Problem"

Na sua reunião de 25 de Setembro de 1997, o Órgão de Resolução de Litígios adoptou o relatório do Órgão de Recurso, no qual se apurou que o regime aplicado pelas Comunidades Europeias à importação, venda e distribuição de bananas era incompatível com o GATT de 1994 e o GATS. O prazo razoável concedido à Comunidade Europeia para executar as recomendações e decisões do Órgão de Resolução de Litígios foi determinado por arbitragem, nos termos do nº 3, alínea *c*), do art. 21º do Memorando de Entendimento sobre Resolução de Litígios, e expirava no dia 1 de Janeiro de 1999[3631]. Ainda antes de acabar o prazo razoável, a Comunidade Europeia adoptou um novo regime de importação, venda e distribuição de bananas (Regulamento nº 1637/98, de 20 de Julho de 1998, e Regulamento nº 2362/98, de 28 de Outubro de 1998).

---

[3629] Relatório do Órgão de Recurso no caso *Brazil – Export Financing Programme for Aircraft (Recourse by Canada to Article 21.5 of the DSU)* (WT/DS46/AB/RW), 21-7-2000, parágrafo 66.

[3630] Relatório do Órgão de Recurso no caso *United States – Continued Suspension of Obligations in the EC – Hormones Dispute* (WT/DS320/AB/R), 16-10-2008, parágrafo 362. Ainda segundo o Órgão de Recurso:

"No que respeita a todas as demais questões, o ónus de prova cabe à parte queixosa inicial. Tais questões podem incluir uma alegação de que a medida de aplicação é incompatível com os acordos abrangidos por outros motivos ou que a medida de aplicação continua a ser insuficiente por razões não indicadas pela parte demandada inicial quando satisfazia o ónus da prova que lhe incumbia". Cf. *Idem*, parágrafo 364.

[3631] Decisão de Arbitragem no caso *European Communities – Regime for the Importation, Sale and Distribution of Bananas, Arbitration under Article 21.3(c) of the Understanding on Rules and Procedures Governing the Settlement of Disputes* (WT/DS27/15), 7-1-1998, parágrafo 20.

A FUNÇÃO JURISDICIONAL NO SISTEMA GATT/OMC

Em 12 de Janeiro de 1999, o Órgão de Resolução de Litígios criou dois painéis ao abrigo do art. 21º, nº 5, do Memorando de Entendimento sobre Resolução de Litígios[3632]. Um foi criado a pedido do Equador com a função de determinar se o novo regime comunitário relativo às bananas era compatível com as regras da OMC. O outro foi criado a solicitação da Comunidade Europeia, "with a 'mandate' to find that the European Community measures must be presumed to conform to WTO rules unless their conformity has been duly challenged under the appropriate Dispute Settlement Understanding procedures"[3633].

Dois dias depois, os Estados Unidos solicitaram ao Órgão de Resolução de Litígios, nos termos do nº 2 do art. 22º do Memorando, autorização para suspenderem, em relação à Comunidade Europeia e respectivos Estados-membros, concessões no montante de 520 milhões de dólares norte-americanos. No seguimento, foi marcada uma reunião do Órgão de Resolução de Litígios para o dia 25 de Janeiro, mas, perante a oposição firme da Comunidade Europeia, que considerava não terem sido respeitadas as condições para os Estados Unidos apresentarem o pedido de retaliação, a reunião em causa foi suspensa.

Posteriormente, a Comunidade Europeia apresentou, em 29 de Janeiro, um pedido no sentido de a questão ser resolvida por arbitragem, nos termos do art. 22º, nº 6, do Memorando, pelo que, em finais de Janeiro, havia dois procedimentos concorrentes e paralelos: por um lado, o processo de arbitragem do art. 22º, nº 6 (sobre o nível de suspensão das concessões e sobre a observância ou não dos princípios referidos no art. 22º, nº 3, do Memorando), que deveria estar concluído no prazo de 60 dias a contar da data em que terminou o prazo razoável (portanto, até 2 de Março de 1999); por outro lado, os painéis criados a pedido do Equador e da Comunidade Europeia no dia 12 de Janeiro de 1999, nos termos do art. 21º, nº 5, do Memorando, que deveriam apresentar os relatórios no prazo de 90 dias a contar da data em que as respectivas questões lhes foram submetidas para apreciação (ou seja, até 12 de Abril de 1999). Esta concorrência de processos levou à situação anómala de a decisão sobre o nível da retaliação estar agendada para sair antes da decisão relativa à compatibilidade das medidas comunitárias de execução com as regras comerciais multilaterais. Contudo, quer o processo de arbitragem, quer os painéis convocados ao abrigo do art. 21º, nº 5, eram com-

---

[3632] Não existindo nenhuma disposição no Memorando que permita a um Painel obrigar um membro da OMC a participar como parte num processo de um Painel, também nada obriga as partes originárias a participarem num Painel criado ao abrigo do art. 21, nº 5, do Memorando. Cf. Relatório do Painel no caso *European Communities – Regime for the Importation, Sale and Distribution of Bananas, Recourse to Article 21.5 by the European Communities* (WT/DS27/RW/ECU), 12-4-1999, parágrafo 4.12.
[3633] Cherise VALLES e Brendan McGIVERN, *The Right to Retaliate under the WTO Agreement: The "Sequencing" Problem*, in JWT, vol. 34, nº 2, 2000, p. 74.

1300

## A FISCALIZAÇÃO DA EXECUÇÃO DAS RECOMENDAÇÕES E DECISÕES DO ÓRGÃO

postos pelas mesmas três pessoas (os membros do painel inicial do caso *European Communities – Regime for the Importation, Sale and Distribution of Bananas*).

Em 2 de Março de 1999, dia em que acabava o prazo para o processo de arbitragem, os árbitros forneceram às partes em litígio aquilo que apelidaram de "decisão inicial", ao mesmo tempo que observavam que precisavam de mais informação antes de poderem apresentar o seu relatório final:

> "Esta informação deve permitir-nos adoptar uma opinião definitiva sobre o nível de anulação ou redução baseado na incompatibilidade, caso exista, do regime revisto da Comunidade Europeia para as bananas com a OMC e, se relevante, determinar o nível da suspensão de concessões ou outras obrigações equivalente ao nível dessa anulação ou redução"[3634].

Apesar de não estar prevista no Memorando de Entendimento sobre Resolução de Litígios, a decisão inicial foi justificada pelos árbitros do seguinte modo:

> "dado que as nossas próprias decisões não podem ser objecto de recurso, consideramos imperativo conseguir o maior grau possível de claridade, a fim de evitar futuras discrepâncias entre as partes. Para alcançar este objectivo, era preciso que as partes dispusessem de mais tempo para nos submeterem a informação que necessitamos para completar as nossas tarefas"[3635].

A decisão final foi apresentada em 6 de Abril de 1999 e, segundo a mesma, os árbitros não podiam aferir da equivalência entre o nível de suspensão das concessões desejado e o nível da anulação ou redução de vantagens sem primeiro averiguarem da compatibilidade do novo regime comunitário de importação de bananas com o direito da OMC[3636]. Os árbitros consideraram, igualmente, que o art. 21º, nº 5, do Memorando constituía, para os membros que não desejassem retaliar, "o principal instrumento para impugnar as medidas de execução"[3637], e que o nível de anulação ou redução de vantagens sofrido pelos Estados Unidos

---

[3634] Decisão dos Árbitros no caso *European Communities –Regime for the Importation, Sale and Distribution of Bananas, Recourse to Arbitration by the European Communities under Article 22.6 of the DSU* (WT/DS27/ARB), 9-4-1999, parágrafo 2.10.

[3635] *Idem*, parágrafo 2.12.

[3636] "É a compatibilidade ou incompatibilidade do novo regime da Comunidade Europeia com as regras da OMC – e não do regime anterior – que tem de ser a base para a avaliação da equivalência entre o nível de anulação sofrido e o nível da suspensão proposta". Cf. *Idem*, parágrafo 4.5.

[3637] *Ibidem*, parágrafo 4.11. Esta interpretação, segundo PAOLO MENGOZZI, "omet en effet de tenir compte du fait que la rétorsion prévue par l'article 22 continue à jouer un rôle crucial dans le droit commercial international, même après l'instauration de l'OMC. (...) Dans ce contexte, le fait de ramener l'application de l'article 21 paragraphe 5 à un instrument destiné aux membres non désireux de recourir à une rétorsion revient à écarter cet article du système dans lequel il est intégré".

A FUNÇÃO JURISDICIONAL NO SISTEMA GATT/OMC

era anualmente de 191.4 milhões de dólares norte-americanos, pelo que, nos termos do art. 22º, nº 6, do Memorando, o Órgão de Resolução de Litígios autorizou os Estados Unidos, em 9 de Abril de 1999, a suspenderem, quanto à Comunidade Europeia, concessões no valor decidido pelos árbitros[3638]. Pela primeira vez na história do novo sistema de resolução de litígios da OMC, foi concedida autorização a um membro para suspender concessões comerciais relativamente a outro membro.

Quanto ao Painel criado a pedido do Equador, ao abrigo do art. 21º, nº 5, do Memorando, os membros da OMC receberam o seu relatório em 12 de Abril de 1999, o qual apurou que as medidas de execução tomadas pela Comunidade Europeia eram incompatíveis com as obrigações que lhe incumbiam em virtude do GATT de 1994 e do GATS[3639]. No caso do Painel criado a pedido da Comunidade Europeia, o Painel declarou, indo contra à pretensão comunitária, que:

> "o insucesso (...) de um membro em pôr em causa as medidas de outro membro não pode ser interpretado como criando uma presunção de que o primeiro membro aceita as medidas do outro membro como compatíveis com o Acordo OMC"[3640].

A respeito deste célebre caso, verificou-se, essencialmente, que o texto do Memorando é ambíguo relativamente a um aspecto importantíssimo: quando é que surge o direito de retaliação?

Esta questão foi, como vimos, central no litígio que envolveu os Estados Unidos e a Comunidade Europeia relativamente à execução da decisão proferida no caso *European Communities – Regime for the Importation, Sale and Distribution of Bananas*. Os Estados Unidos afirmavam que a Comunidade Europeia não tinha executado as conclusões e recomendações do Órgão de Recurso, pelo que pediam autorização para retaliar. As autoridades norte-americanas consideravam que o art. 22º, nºs 2 e 6, do Memorando de Entendimento sobre Resolução de Litígios lhes concedia (parte vencedora do litígio) 10 dias para pedirem autorização para retaliar. O nº 2 do art. 22º permitia-lhes, no caso de não ser acordada nenhuma compensação satisfatória no prazo de 20 dias a contar da data em que expira o prazo razoável, solicitar a autorização do Órgão de Resolução de Litígios para

---

Cf. Paolo MENGOZZI, *Structure et principes de l'OMC à la lumière de la mise en œuvre des recommandations de l'ORD dans l'affaire Bananes III*, in Revue du Marché Unique Européen, nº 4/1999, p. 20.

[3638] Decisão dos Árbitros no caso *European Communities –Regime for the Importation, Sale and Distribution of Bananas, Recourse to Arbitration by the European Communities under Article 22.6 of the DSU* (WT/DS27/ARB), 9-4-1999, parágrafo 8.1.

[3639] Este relatório foi depois adoptado pelo Órgão de Resolução de Litígios em 6 de Maio de 1999.

[3640] Relatório do Painel no caso *European Communities –Regime for the Importation, Sale and Distribution of Bananas, Recourse to Article 21.5 by the European Communities* (WT/DS27/RW/EEC), 12-4-1999, parágrafo 4.13.

A FISCALIZAÇÃO DA EXECUÇÃO DAS RECOMENDAÇÕES E DECISÕES DO ÓRGÃO

suspenderem a aplicação, em relação ao membro incumpridor, de concessões ou outras obrigações previstas nos acordos abrangidos. Além disso, estabelecendo o nº 6 do art. 22º que "o Órgão de Resolução de Litígios, mediante pedido, concederá autorização para suspender concessões ou outras obrigações no prazo de 30 dias a contar do termo do prazo razoável salvo se o Órgão de Resolução de Litígios decidir, por consenso, rejeitar o pedido", os norte-americanos entendiam que, tendo o prazo razoável terminado no dia 1 de Janeiro, tinham 10 dias (de 21 a 31 de Janeiro) para pedirem ao Órgão de Resolução de Litígios autorização para retaliar, ao abrigo da regra do consenso negativo. Expirado esse prazo de 10 dias, o Órgão de Resolução de Litígios só podia autorizar a suspensão de concessões com o consentimento de todos os membros presentes na reunião do Órgão de Resolução de Litígios, o que permitiria à Comunidade Europeia, no caso em análise, bloquear qualquer pedido de retaliação apresentado pelos Estados Unidos. Além do mais, este reduzido período de 10 dias levava a que, segundo os Estados Unidos, o recurso ao procedimento de 90 dias previsto no nº 5 do art. 21º do Memorando não pudesse ser visto como uma condição prévia da invocação do art. 22º. Com efeito, se um Painel, nos termos do art. 21º, nº 5, fosse novamente convocado depois de expirar o período razoável de tempo, tal Painel apresentaria o seu relatório muito depois do período de 10 dias referido anteriormente, o que levaria à perda do direito de a parte vencedora pedir autorização para retaliar segundo a regra do consenso negativo. Logo, os prazos estabelecidos no art. 22º encontram-se ligados ao "prazo razoável", o que não aconteceria se os redactores do Memorando considerassem que o recurso ao art. 22º só seria possível depois da conclusão do processo previsto no art. 21º, nº 5.

A Comunidade Europeia, pelo contrário, considerava que os Estados Unidos não tinham observado a sequência imposta pelo Memorando, isto é, a determinação (multilateral) de não conformidade deveria preceder qualquer pedido de suspensão de concessões comerciais. Segundo a Comunidade Europeia, só depois de terminar o processo previsto no art. 21º, nº 5, o Órgão de Resolução de Litígios estaria em condições de saber se as medidas de execução comunitárias respeitavam ou não as suas recomendações.

Não era claro, portanto, se o processo previsto no art. 21º, nº 5, do Memorando deveria preceder ou não qualquer pedido de autorização para retaliar, nos termos do art. 22º do Memorando[3641]. Até porque o art. 22º não faz qualquer referência

---

[3641] Já PETROS MAVROIDIS defende que é perfeitamente possível harmonizar o art. 21º, nº 5, com o art. 22º, nº 6. A primeira disposição deve aplicar-se nos casos em que haja desacordo quanto à existência ou compatibilidade com um acordo abrangido de *medidas adoptadas* para dar cumprimento às recomendações e decisões, ao passo que a segunda se deve aplicar aos casos em que *nenhuma medida* foi adoptada (cf. Petros MAVROIDIS, *Remedies in the WTO Legal System: Between a Rock and a*

A FUNÇÃO JURISDICIONAL NO SISTEMA GATT/OMC

ao art. 21º, nº 5 e, muito importante, o Painel do caso *European Communities – Regime for the Importation, Sale and Distribution of Bananas, Recourse to Article 21.5 by the European Communities* declarou que:

> "(...) A respeito dos argumentos da Comunidade Europeia relativos aos artigos 21º, 22º e 23º do Memorando de Entendimento sobre Resolução de Litígios, estamos perfeitamente conscientes da controvérsia no Órgão de Resolução de Litígios sobre a interpretação destes artigos e sobre a relação entre eles, mas consideramos que essa questão será melhor resolvida no contexto do actual exame do Memorando de Entendimento sobre Resolução de Litígios pelos Membros e não no contexto do procedimento de um painel em que só há uma parte e em que só participam activamente algumas partes terceiras"[3642].

E, de facto, um conjunto de membros da OMC propôs, em Outubro de 2001, inserir no Memorando um novo procedimento destinado a resolver litígios sobre a compatibilidade com um acordo abrangido das medidas adoptadas para dar cumprimento às recomendações e decisões do Órgão de Resolução de Litígios[3643].

---

*Hard Place*, in EJIL, 2000, p. 797). Posteriormente, este mesmo autor vem afirmar que "an interpretation in favour of sequencing respects the principle of effective interpretation: the 30-day period counts as of the end of the reasonable period of time in cases where following condemnation, a WTO Member does nothing to address the violation observed; the 30-day period counts as of the date when the compliance panel (and, eventually, the Appellate Body) has issued its report in case of disagreement between the parties as to the adequacy of implementing activities" (cf. Petros MAVROIDIS, Proposals for Reform of Article 22 of the DSU: Reconsidering the "Sequencing" Issue and Suspension of Concessions, in *The WTO Dispute Settlement System 1995-2003*, Federico Ortino e Ernst-Ulrich Petersmann ed., Kluwer Law International, Haia-Londres-Nova Iorque, 2004, p. 65). Por último, caso o painel criado nos termos do nº 5 do art. 21º possa completar os seus trabalhos durante o prazo razoável estabelecido, deixa de haver a possibilidade de ocorrência de um conflito com os prazos apertados previstos no art. 22º. Todavia, só muito raramente os membros faltosos adoptam as medidas de execução antes do expirar do prazo razoável. Cf. Cherise VALLES e Brendan McGIVERN, *The Right to Retaliate under the WTO Agreement: The "Sequencing" Problem*, in JWT, vol. 34, nº 2, 2000, p. 66.

[3642] Relatório do Painel no caso *European Communities – Regime for the Importation, Sale and Distribution of Bananas, Recourse to Article 21.5 by the European Communities* (WT/DS27/RW/EEC), 12-4-1999, parágrafo 4.17.

[3643] Este novo procedimento corresponderia ao art. 21*bis* do Memorando, intitular-se-ia "*Determination of Compliance*" e consistiria no seguinte:

> "1. Em caso de desacordo entre a parte queixosa e o Membro afectado quanto à existência de medidas adoptadas para cumprir as recomendações ou resoluções do Órgão de Resolução de Litígios ou à compatibilidade de tais medidas com um acordo abrangido, esse desacordo deve ser resolvido mediante recurso ao procedimento de resolução de litígios estabelecido no presente artigo.

## A FISCALIZAÇÃO DA EXECUÇÃO DAS RECOMENDAÇÕES E DECISÕES DO ÓRGÃO

2. A parte queixosa pode solicitar a criação de um painel sobre o cumprimento composto pelos membros do painel que examinou inicialmente o caso em qualquer momento após:

(i) o Membro em causa declarar que não necessita de um prazo razoável para o cumprimento previsto no n.º 3 do artigo 21.º;

(ii) o Membro em causa apresentar uma notificação de acordo com o n.º 6, alínea c), do artigo 21.º de que cumpriu as recomendações ou resoluções do Órgão de Resolução de Litígios; ou

(iii) dez dias antes do termo do prazo razoável;

O pedido deve ser apresentado por escrito.

3. Se bem que seja desejável a realização de consultas entre o Membro em causa e a parte queixosa, elas não são requeridas antes de um pedido de criação de um painel sobre o cumprimento apresentado ao abrigo do n.º 2.

4. Ao solicitar a criação de um painel sobre o cumprimento, a parte queixosa deve identificar as medidas específicas em litígio e apresentar um breve resumo da base jurídica da queixa, suficiente para apresentar o problema com clareza. A menos que as partes do painel sobre o cumprimento acordem em termos de referência especiais dentro de um prazo de cinco dias a partir da data da criação de tal painel, os termos de referência normais previstos no artigo 7.º serão aplicáveis ao painel sobre o cumprimento.

5. O Órgão de resolução de Litígios deve reunir-se 10 dias depois da apresentação do pedido, a menos que a parte queixosa solicite que a reunião se realize em data posterior. Nessa reunião, o Órgão de Resolução de Litígios deve estabelecer um painel sobre o cumprimento, a menos que o Órgão de Resolução de Litígios decida por consenso não estabelecer esse painel.

6. O Painel sobre o cumprimento deve distribuir o seu relatório aos Membros dentro dos 90 dias seguintes à data da sua criação.

7. Na data da distribuição do relatório do painel sobre o cumprimento ou posteriormente, qualquer uma das partes no procedimento do dito painel pode solicitar que o Órgão de Resolução de Litígios realize uma reunião para adoptar o relatório e o Órgão de Resolução de Litígios deve reunir 10 dias depois da apresentação de tal pedido, a não ser que a parte que solicita a reunião peça que esta se realize em data posterior. Nessa reunião, o relatório do painel sobre o cumprimento deve ser adoptado pelo Órgão de Resolução de Litígios e aceite incondicionalmente pelas partes do painel sobre o cumprimento a menos que uma das partes do painel sobre o cumprimento notifique formalmente o Órgão de Resolução de Litígios da sua decisão de recorrer ou o Órgão de Resolução de Litígios decida por consenso não adoptar o relatório. Este procedimento de adopção não prejudica o direito de os Membros exporem as suas opiniões sobre o relatório do painel sobre o cumprimento.

7bis. Caso o relatório do painel sobre o cumprimento seja objecto de recurso, os procedimentos do Órgão de Recurso, assim como a adopção do relatório do Órgão de Recurso, devem ser conduzidos de acordo com o artigo 17.º.

8. Se o relatório do painel sobre o cumprimento ou do Órgão de Recurso constata que o Membro em causa não colocou a medida declarada incompatível com um acordo abrangido em conformidade com esse acordo ou não cumpriu de outra forma as recomendações ou resoluções do Órgão de Resolução de Litígios no litígio dentro do prazo razoável, o Membro em causa não tem direito a nenhum novo prazo para a aplicação depois da adopção pelo Órgão de Resolução de Litígios do relatório do painel sobre o cumprimento e, quando o relatório do painel sobre o cumprimento foi objecto de recurso, do relatório do Órgão de Recurso.

1305

A FUNÇÃO JURISDICIONAL NO SISTEMA GATT/OMC

Ainda segundo essa proposta, nenhum pedido de retaliação poderia ser feito até haver uma determinação multilateral de incompatibilidade, segundo o procedimento previsto no art. 21º*bis*[3644].

Na ausência de qualquer solução de carácter multilateral, as partes em litígio têm conseguido resolver o problema da sequência através de acordos bilaterais[3645], acordos que, como é evidente, só se aplicam no âmbito de cada um dos litígios[3646]. No caso *Australia – Measures Affecting Importation of Salmon*, por exemplo, o Canadá começou por solicitar, nos termos do nº 2 do art. 22º do Memorando, autorização do Órgão de Resolução de Litígios para suspender a aplicação de concessões em relação à Austrália e esta requereu simultaneamente ao Órgão de Resolução de Litígios que a questão da determinação do nível de retaliação fosse resolvida por arbitragem, nos termos do nº 6 do art. 22º do Memorando. Ambas as partes em litígio concordaram depois suspender temporariamente o processo de arbitragem, até depois da circulação do relatório do painel que o Canadá tinha, entretanto, pedido para criar ao abrigo do art. 21º, nº 5, acordo que

---

9. O Painel sobre o cumprimento deve estabelecer os seus próprios procedimentos de trabalho. As disposições dos artigos 1º a 3º, 8º a 14º (excepto o nº 5 do artigo 8º), 18º e 19º, os nºs 1, 2, 7 e 8 do artigo 21º, os artigos 23º, 24º e 26º e o nº 1 do artigo 27º do Memorando de Entendimento sobre Resolução de Litígios devem aplicar-se aos procedimentos do Painel sobre o cumprimento, salvo quando i) essas disposições forem incompatíveis com os prazos estabelecidos no presente artigo ou ii) o presente artigo estabelecer disposições mais específicas". Cf. OMC, *Proposal to Amend Certain Provisions of the Understanding on Rules and Procedures Governing the Settlement of Disputes (DSU) pursuant to Article X of the Marrakesh Agreement Establishing the World Trade Organization*, Submission by Bolivia, Canada, Chile, Colombia, Costa Rica, Ecuador, Japan, Korea, New Zealand, Norway, Peru, Switzerland, Uruguay and Venezuela for Examination and Further Consideration by the General Council (WT/GC/W/410/Rev.1), 26-10-2001.

[3644] Segundo esta proposta, o nº 2(iii) do art. 22 deveria passar a ter a seguinte redacção: "Se: o relatório do painel sobre o cumprimento ou do Órgão de Recurso, de acordo com o artigo 21º*bis*, constata que o Membro em causa não colocou as medidas declaradas incompatíveis com um acordo abrangido em conformidade com esse acordo ou não cumpriu de outro modo as recomendações ou resoluções do Órgão de Resolução de Litígios; a parte queixosa pode pedir a autorização do Órgão de Resolução de Litígios para suspender a aplicação ao Membro em causa de concessões ou outras obrigações ao abrigo dos acordos abrangidos. Uma reunido do Órgão de Resolução de Litígios deve ser convocada para este propósito dentro dos 10 dias seguintes ao pedido, salvo se a parte queixosa solicitar que a reunião se realize em data posterior. As partes do litígio são encorajadas a realizar consultas antes da reunião para examinar uma solução mutuamente satisfatória". Cf. *Idem*.

[3645] Sobre estes acordos bilaterais, ver, sobretudo, Sylvia RHODES, *The Article 21.5/22 Problem: Clarification through Bilateral Agreements?*, in JIEL, 2000, pp. 553-558.

[3646] Estes acordos são importantes desde logo por sugerirem o compromisso das partes relativamente ao funcionamento do sistema de resolução de litígios da OMC. Cf. *Idem*, p. 556.

A FISCALIZAÇÃO DA EXECUÇÃO DAS RECOMENDAÇÕES E DECISÕES DO ÓRGÃO

foi reconhecido pelo árbitro[3647]. Mantendo-se a situação de incumprimento, a parte queixosa poderia recomeçar o processo de arbitragem[3648] e, caso o Canadá solicitasse autorização para retaliar, a Austrália concordava que a regra do consenso negativo continuaria a aplicar-se[3649].

Para além desta abordagem, os membros da OMC têm adoptado outra com vista a solucionarem o problema da sequência. No caso desta, as partes em litígio dão início ao procedimento do art. 21º, nº 5, antes de começarem os procedimentos relativos à suspensão de concessões comerciais, derrogando na prática o prazo previsto no art. 22º do Memorando. Todavia, caso a situação de incumprimento se mantenha, o Membro faltoso não levantará obstáculos à apresentação de um pedido de retaliação, mesmo fora do prazo. O Membro faltoso poderá contestar apenas o nível de suspensão proposto. Curiosamente, o primeiro caso a seguir esta abordagem, o caso *Australia – Subsidies Provided to Producers and Exporters of Automotive Leather, Recourse by the United States to Article 21.5 of the DSU*, envolveu os Estados Unidos, país que meses antes tinha lutado vigorosamente contra uma proposta semelhante apresentada pelas Comunidades Europeias com vista à resolução do *sequencing problem* nascido no caso *Bananas*[3650].

Seguiram também esta última abordagem os importantes casos *Brazil – Export Financing Programme for Aircraft, Recourse by Canada to Article 21.5 of the DSU, e Canada – Measures Affecting the Export of Civilian Aircraft, Recourse by Brazil to Article 21.5 of the DSU*, tendo em ambos sido adoptado o acordo que a seguir se reproduz:

> **"*Brazil – Export Financing Programme for Aircraft***
> Os relatórios do Painel e do Órgão de Recurso no presente litígio foram adoptados pelo Órgão de Resolução de Litígios em 20 de Agosto de 1999.
>
> Entre as recomendações e resoluções do Órgão de Resolução de Litígios figurou a recomendação de que o Brasil pusesse as medidas que se tinha constatado serem incompatíveis com o Acordo sobre as Subvenções e as Medidas de Compensação em conformidade com as disposições desse Acordo e que o Brasil retirasse as subvenções

---

[3647] Relatório do Painel no caso *Australia – Measures Affecting Importation of Salmon, Recourse to Article 21.5 of the DSU by Canada* (WT/DS18/RW), 18-2-2000, parágrafo 1.3.

[3648] Seguiram igualmente esta abordagem os casos *United States – Tax Treatment for "Foreign Sales Corporations", Recourse to Arbitration by the European Communities under Article 21.5 of the DSU* (WT/DS108/RW), 20-8-2001, e *Canada – Measures Affecting the Importation of Milk and the Exportation of Dairy Products, Recourse to Article 21.5 of the DSU* (WT/DS103/RW, WT/DS113/RW), 3-12-2001.

[3649] Yoichi Suzuki, 'Sequencing' and Compliance, in *Reform and Development of the WTO Dispute Settlement System*, Dencho Georgiev e Kim Van der Borght Ed., Cameron May, Londres, 2006, p. 380.

[3650] Bryan Mercurio, *Improving Dispute Settlement in the World Trade Organization: The Dispute Settlement Understanding Review – Making it Work?*, in JWT, 2004, p. 830.

A FUNÇÃO JURISDICIONAL NO SISTEMA GATT/OMC

à exportação destinadas às aeronaves de transporte regional ao abrigo do PROEX dentro de 90 dias, ou seja, o mais tardar em 18 de Novembro de 1999.

Existe um desacordo entre o Canadá e o Brasil a respeito da existência de medidas destinadas a cumprir as recomendações e resoluções do Órgão de Resolução de Litígios ou da compatibilidade de tais medidas com um acordo abrangido, no sentido do nº 5 do artigo 21º do Memorando de Entendimento sobre Resolução de Litígios.

O Canadá e o Brasil chegaram a um acordo a respeito do procedimento aplicável à tramitação deste caso nos termos dos artigos 21º e 22º do Memorando de Entendimento sobre Resolução de Litígios e do artigo 4º do Acordo sobre as Subvenções e as Medidas de Compensação, como se expõe de seguida:

1. Em 23 de Novembro de 1999, o Canadá solicitará que esta questão seja submetida ao Painel que examinou inicialmente o caso, de acordo com o nº 5 do artigo 21º do Memorando de Entendimento sobre Resolução de Litígios. O Canadá também solicitará a convocação de uma reunido do Órgão de Resolução de Litígios em 3 de Dezembro de 1999 e o Brasil não se oporá à realização desta reunião.

2. Na reunido do Órgão de Resolução de Litígios convocada a pedido do Canadá, o Brasil aceitará a criação de um painel de reexame ao abrigo do nº 5 do artigo 21º do Memorando de Entendimento sobre Resolução de Litígios e não suscitará qualquer objecção processual à criação desse painel.

3. O Brasil e o Canadá devem cooperar para assegurar que o painel de reexame convocado de acordo com o nº 5 do artigo 21º do Memorando de Entendimento sobre Resolução de Litígios será capaz de distribuir o seu relatório dentro dos 60 dias posteriores à sua criação. O Canadá não solicitará autorização para suspender concessões antes da distribuição do relatório previsto no nº 5 do artigo 21º.

4. Nem o Brasil nem o Canadá se oporão a um pedido de convocação do Órgão de Resolução de Litígios para examinar o relatório que lhe pode ser apresentado ao abrigo do nº 5 do artigo 21º para adopção. No caso desse relatório constatar que o Brasil não cumpriu as recomendações ou resoluções do Órgão de Resolução de Litígios, nenhuma das partes se oporá a que o Órgão de Resolução de Litígios examine um pedido formulado pelo Canadá para que seja autorizado a suspender concessões ao abrigo do nº 2 do artigo 22º do Memorando de Entendimento sobre Resolução de Litígios e/ou do nº 10 do artigo 4º do Acordo sobre as Subvenções e as Medidas de Compensação; sem prejuízo, contudo, de o Brasil poder solicitar que a questão seja submetida a arbitragem de acordo com o nº 6 do artigo 22º do Memorando de Entendimento sobre Resolução de Litígio.

5. De acordo com a nota 6 do artigo 4º do Acordo sobre as Subvenções e as Medidas de Compensação, o Brasil e o Canadá concordam que o prazo máximo para que o Órgão de Resolução de Litígios adopte medidas ao abrigo da primeira frase do nº 6 do artigo 22º do Memorando de Entendimento sobre Resolução de Litígios será de 15 dias a contar da distribuição do relatório previsto no nº 5 do

1308

## A FISCALIZAÇÃO DA EXECUÇÃO DAS RECOMENDAÇÕES E DECISÕES DO ÓRGÃO

artigo 21º do Memorando de Entendimento sobre Resolução de Litígios e que o prazo máximo estabelecido na terceira frase do nº 6 do artigo 22º do Memorando de Entendimento sobre Resolução de Litígios para a conclusão da arbitragem deve ser de 30 dias a contar da data em que a questão é submetida à arbitragem.

6. O presente acordo deve ser remetido imediatamente ao Presidente do Órgão de Resolução de Litígios para a sua distribuição a todos os Membros da OMC.

ACORDADO em Genebra no dia 23 de Novembro, 1999"[3651].

Finalmente, no caso *Canada – Measures Affecting the Importation of Milk and the Exportation of Dairy Products, Recourse to Article 21.5 by New Zealand and the United States*, as duas partes queixosas, a Nova Zelândia e os Estados Unidos, solicitaram simultaneamente a criação de um painel ao abrigo do nº 5 do art. 21º do Memorando e autorização ao Órgão de Resolução de Litígios, em conformidade com o nº 2 do art. 22º do Memorando, para retaliarem contra o Membro faltoso, o Canadá. Ao mesmo tempo, as partes em litígio concordaram em pedir ao árbitro que suspendesse os seus trabalhos: (a) até à adopção do relatório do painel; ou (b) caso fosse interposto recurso, até à adopção do relatório do Órgão de Recurso[3652].

Portanto, embora o problema da sequência entre os artigos 21º, nº 5, e 22º não tenha sido resolvido em termos multilaterais, vários acordos bilaterais têm estabelecido que o Painel criado para aferir da compatibilidade com um acordo abrangido de medidas adoptadas para dar cumprimento às recomendações e decisões do Órgão de Resolução de Litígios precede qualquer pedido de autorização para retaliar.

Depois do litígio que os opôs no famoso caso *Bananas*, os Estados Unidos e a Comunidade Europeia chegaram mesmo a um entendimento sobre a relação entre os procedimentos previstos nos artigos 21º e 22º do Memorando de Entendimento sobre Resolução de Litígios no caso *United States – Tax Treatment of "Foreign Sales Corporations"*:

---

[3651] OMC, *Brazil – Export Financing Programme for Aircraft, Recourse by Canada to Article 21.5 of the DSU* (WT/DS46/13), 26-11-1999, Anexo; OMC, *Canada – Measures Affecting the Export of Civilian Aircraft, Recourse by Brazil to Article 21.5 of the DSU* (WT/DS70/9), 23-11-1999, Anexo. Segundo a nota de rodapé 6 [Artigo 4º] do Acordo sobre as Subvenções e as Medidas de Compensação, "os prazos mencionados no presente artigo poderão ser prorrogados de comum acordo".

[3652] Relatório do Painel no caso *Canada – Measures Affecting the Importation of Milk and the Exportation of Dairy Products, Recourse to Article 21.5 by New Zealand and the United States* (WT/DS103/RW, WT/DS113/RW), 11-7-2001, parágrafo 1.7.

1309

A FUNÇÃO JURISDICIONAL NO SISTEMA GATT/OMC

"**1.** Caso as Comunidades Europeias considerem que existe a situação descrita no nº 5 do artigo 21º do Memorando de Entendimento sobre Resolução de Litígios, elas solicitarão a realização de consultas, que as partes concordam realizar nos 12 dias seguintes à data de circulação do pedido, a fim de permitir que as partes terceiras possam solicitar participar nas consultas. As Comunidades Europeias e os Estados Unidos concordam que no termo desta ronda de consultas, caso uma das partes assim o declare, ambas as partes considerarão conjuntamente que as consultas não permitiram resolver o litígio.

**2.** Consequentemente, as Comunidades Europeias estarão autorizadas a solicitar imediatamente a criação de um painel de acordo com o nº 5 do artigo 21º do Memorando de Entendimento sobre Resolução de Litígios.

**3.** Na primeira reunião do Órgão de Resolução de Litígios em que o pedido das Comunidades Europeias figure como item da agenda, os Estados Unidos aceitarão a criação do painel do artigo 21º, nº 5.

**4.** As Comunidades Europeias e os Estados Unidos cooperarão a fim de que o Painel do artigo 21º, nº 5, possa distribuir o seu relatório nos 90 dias seguintes à sua criação, excluindo todo o período durante o qual os trabalhos do painel possam ser suspensos ao abrigo do nº 12 do artigo 12º do Memorando de Entendimento sobre Resolução de Litígios.

**5.** Qualquer uma das partes pode solicitar ao Órgão de Resolução de Litígios que adopte o relatório do painel do artigo 21º, nº 5, numa reunião que se realizará pelo menos 20 dias depois da distribuição do relatório, excepto se uma das partes interpuser recurso.

**6.** Em caso de recurso contra o relatório do painel do artigo 21º, nº 5, as Comunidades Europeias e os Estados Unidos cooperarão a fim de permitir que o Órgão de Recurso possa distribuir o seu relatório nos 60 dias seguintes à data de notificação do recurso.

**7.** Caso seja interposto recurso, qualquer uma das partes pode solicitar ao Órgão de Resolução de Litígios que adopte os relatórios do Órgão de Recurso e do painel do artigo 21º, n,º 5 (modificado pelo relatório do Órgão de Recurso) numa reunião que se realizará nos 15 dias seguintes à distribuição do relatório do Órgão de Recurso.

**8.** Caso as Comunidades Europeias tenham solicitado a realização de consultas ao abrigo do nº 1, e uma vez expirado o prazo (o prazo para a aplicação) à disposição dos Estados Unidos para aplicar as recomendações e resoluções do Órgão de Resolução de Litígios no caso *United States – Tax Treatment of 'Foreign Sales Corporations'*, as Comunidades Europeias podem solicitar autorização para suspender concessões ou outras obrigações ao abrigo do nº 2 do artigo 22º do Memorando de Entendimento sobre Resolução de Litígios e adoptar contramedidas de acordo com o nº 10 do artigo 4º do Acordo sobre as Subvenções e Medidas de Compensação.

**9.** Caso não exista nenhuma medida para cumprir as recomendações e resoluções do Órgão de Resolução de Litígios no termo do prazo para a aplicação, as Comuni-

1310

## A FISCALIZAÇÃO DA EXECUÇÃO DAS RECOMENDAÇÕES E DECISÕES DO ÓRGÃO

dades Europeias podem solicitar autorização para suspender concessões ou outras obrigações ao abrigo do nº 2 do artigo 22º do Memorando de Entendimento sobre Resolução de Litígios e adoptar contramedidas de acordo com o nº 10 do artigo 4º do Acordo sobre as Subvenções e Medidas de Compensação, sem recorrer ao nº 5 do artigo 21º do Memorando de Entendimento sobre Resolução de Litígios.

**10.** Ao abrigo do nº 6 do artigo 22º do Memorando de Entendimento sobre Resolução de Litígios, incluindo o nº 4 do artigo 11º do Acordo sobre as Subvenções e Medidas de Compensação, os Estados Unidos impugnarão o carácter apropriado das contramedidas e/ou o nível da suspensão de concessões ou outras obrigações e/ou apresentarão uma alegação de acordo com o nº 3 do artigo 22º antes da data da reunião do Órgão de Resolução de Litígios na qual o pedido das Comunidades Europeias seja examinado, e a questão será submetida a arbitragem de acordo com o nº 6 do artigo 22º do Memorando de Entendimento sobre Resolução de Litígios. As Comunidades Europeias não oporão nenhuma objecção a que a questão seja submetida a tal arbitragem.

**11.** Caso as Comunidades Europeias tenham solicitado a criação de um painel ao abrigo do nº 2, tanto as Comunidades Europeias como os Estados Unidos acordam solicitar ao árbitro, o mais cedo possível, que suspenda os seus trabalhos até a) à adopção do relatório do painel do nº 5 do artigo 21º ou b) se existir um recurso, à adopção do relatório do Órgão de Recurso.

**12.** No caso de o Órgão de Resolução de Litígios considerar que as medidas adoptadas pelos Estados Unidos para cumprir as recomendações e resoluções do Órgão de Resolução de Litígios são incompatíveis com os acordos abrangidos mencionados no pedido de criação do painel do nº 5 do artigo 21º, o árbitro reassumirá automaticamente os seus trabalhos. No caso de o Órgão de Resolução de Litígios considerar que as medidas adoptadas pelos Estados Unidos para cumprir as recomendações e resoluções do Órgão de Resolução de Litígios não são incompatíveis com os acordos abrangidos mencionados no pedido de criação do painel do nº 5 do artigo 21º, as Comunidades Europeias retirarão o pedido apresentado ao abrigo do nº 2 do artigo 22º do Memorando de Entendimento sobre Resolução de Litígios, pondo dessa forma termo ao procedimento de arbitragem.

**13.** As Comunidades Europeias e os Estados Unidos cooperarão a fim de que o árbitro possa distribuir o seu relatório nos 60 dias seguintes a ter reassumido os seus trabalhos.

**14.** Se qualquer um dos membros do Painel que examinou inicialmente o caso não está disponível para integrar o painel do nº 5 do artigo 21º ou para a arbitragem prevista no nº 6 do artigo 22º (ou para ambos), as Comunidades Europeias e os Estados Unidos acordam solicitar ao Director Geral da OMC que nomeie o mais cedo possível um substituto para o procedimento ou procedimentos em que isto seja necessário. Se um membro do Painel que examinou inicialmente o caso não pode servir em ambos os procedimentos, as partes solicitarão também que o Director Geral ao fazer esta nomeação designe uma pessoa que possa servir em ambos os procedimentos.

A FUNÇÃO JURISDICIONAL NO SISTEMA GATT/OMC

**15.** Tendo em conta que este litígio foi conduzido ao abrigo do Acordo sobre as Subvenções e as Medidas de Compensação e do Acordo sobre a Agricultura, as partes concordam que os prazos previstos no Memorando de Entendimento sobre Resolução de Litígios continuarão a aplicar-se aos procedimentos cobertos por este acordo, excepto se neste se acordar outra coisa.

**16.** As partes concordam em continuar cooperando em todas as questões relacionadas com o presente acordo e a não suscitar nenhuma objecção processual a nenhuma das disposições previstas no mesmo. Se durante a aplicação do presente acordo as partes consideram que um aspecto processual não foi contemplado devidamente por este acordo, elas procurarão encontrar uma solução dentro do prazo mais breve possível que não afecte os demais aspectos e disposições acordadas no mesmo"[3653].

À luz da prática que tem sido observada, é possível concluir, pois, que os membros da OMC aceitam que, caso haja desacordo quanto à existência ou compatibilidade com um acordo abrangido das medidas adoptadas, o termo do processo previsto no art. 21º, nº 5, constitui uma condição indispensável para que o art. 22º possa ser invocado. Ao mesmo tempo, convém ter presente que, apesar de os acordos bilaterais permitirem, na prática, solucionar o problema da sequência, a única solução durável e compatível com o objectivo da segurança e previsibilidade do sistema comercial multilateral passa pela alteração do texto do sistema de resolução de litígios da OMC. Além disso, os acordos bilaterais demandam sempre o consenso de ambas as partes em litígio.

## 2.7. Outras Questões Processuais

Dado que os processos do art. 21º, nº 5, do Memorando estão sujeitos a prazos bem mais apertados do que os previstos no art. 12º, nº 8, do Memorando de Entendimento sobre Resolução de Litígios, os painéis têm adoptado a prática de ter apenas uma reunião com as partes e partes terceiras, em vez das duas reuniões normais[3654]. Já no caso das observações escritas, os painéis do art. 21º, nº 5, do Memorando têm mantido a prática de solicitá-las às partes por duas vezes[3655].

---

[3653] OMC, *United States – Tax Treatment for 'Foreign Sales Corporations' – Understanding between the European Communities and the United States Regarding Procedures under Articles 21 and 22 of the DSU and Article 4 of the SCM Agreement* (WT/DS108/12), 5-10-2000.

[3654] Arthur Steinmann, Article 21 DSU, in *WTO-Institutions and Dispute Settlement*, Rüdiger Wolfrum, Peter-Tobias Stoll e Karen Kaiser (eds), Max Planck Commentaries on World Trade Law, Max Planck Institute for Comparative Public Law and International Law, Martinus Nijhoff Publishers, Leiden/Boston, 2006, p. 516.

[3655] Relatório do Órgão de Recurso no caso *United States – Tax Treatment for "Foreign Sales Corporations", Recourse to Article 21.5 of the DSU by the European Communities* (WT/DS108/AB/RW), 14-1-2002, parágrafo 239.

1312

A FISCALIZAÇÃO DA EXECUÇÃO DAS RECOMENDAÇÕES E DECISÕES DO ÓRGÃO

No caso das partes terceiras, o Órgão de Recurso defende que o nº 3 do art. 10º do Memorando de Entendimento sobre Resolução de Litígios:

"requer que as partes terceiras recebam todas as comunicações feitas pelas partes até à realização da primeira reunião do painel em que participem as partes terceiras – quer essa reunião seja a primeira de duas reuniões do painel, quer seja a primeira e única reunião do Painel. Interpretado deste modo, o nº 3 do artigo 10º tem o mesmo sentido e pode ser aplicado da mesma maneira, seja qual for o número de reuniões do Painel realizadas num determinado caso"[3656].

Para além das garantias mínimas previstas no artigo 10º e no Apêndice 3 do Memorando, os painéis criados nos termos do nº 5 do art. 21º do Memorando gozam de discricionariedade para conceder às partes terceiras direitos de participação adicionais em casos particulares, sempre que esses direitos mais amplos sejam compatíveis com as disposições do Memorando e os princípios reguladores das garantias processuais[3657]. No caso *European Communities – Regime for the Importation, Sale and Distribution of Bananas, Second Recourse to Article 21.5 of the Dispute Settlement Understanding by Ecuador*, por exemplo, o Painel decidiu, a pedido de algumas partes terceiras, que as partes terceiras teriam os seguintes direitos adicionais:

(i) o direito a estarem presentes na reunião do painel com as partes em litígio e partes terceiras;

(ii) o direito a receberem cópias das primeiras comunicações escritas e as réplicas das partes em litígio, assim como cópias das perguntas formuladas pelo painel às partes em litígio e às outras partes terceiras e cópias das respostas das partes em litígio e partes terceiras a essas perguntas; e

(iii) o direito a formularem oralmente perguntas às partes em litígio durante a reunião, ainda que as partes em litígio não estivessem obrigadas a responder às mesmas[3658].

No que concerne ao relatório provisório, ambas as partes em litígio do caso *European Communities – Regime for the Importation, Sale and Distribution of Bananas, Recourse to Article 21.5 by the European Communities* pediram ao painel que considerasse a hipótese de haver um relatório provisório, pedido que o painel recu-

---

[3656] *Idem*, parágrafo 251.

[3657] *Idem*, parágrafo 243.

[3658] Relatório do Painel no caso *European Communities – Regime for the Importation, Sale and Distribution of Bananas, Second Recourse to Article 21.5 of the DSU by Ecuador* (WT/DS27/RW2/ECU), 7-4-2008, parágrafo 1.5.

A FUNÇÃO JURISDICIONAL NO SISTEMA GATT/OMC

sou por força do reduzido prazo de 90 dias que tinha para apresentar o relatório final[3659]. Subsequentemente, muitos painéis adoptaram a prática de não apresentar um relatório provisório, embora seja possível apontar algumas excepções[3660]. Veja-se, por exemplo, o relatório do painel no caso *Canada – Measures Affecting the Export of Civilian Aircraft, Recourse by Brazil to Article 21.5 of the DSU*[3661].

Relativamente à chamada fase intermédia de revisão, o painel do caso *Brazil – Export Financing Programme for Aircraft, Second Recourse by Canada to Article 21.5 of the DSU* nota que nenhuma parte em litígio solicitou uma reunião, de acordo com o nº 2 do art. 15º do Memorando[3662]. Significa isto que, caso tivesse havido uma solicitação nesse sentido, o painel teria realizado tal reunião com as partes em litígio? Pensamos que sim.

Outra questão fundamental que pode ser colocada é a relativa à possibilidade de o relatório do Painel referido no art. 21º, nº 5, do Memorando ser objecto de recurso. O art. 17º, nº 4, do Memorando de Entendimento sobre Resolução de Litígios permite às partes em litígio recorrer do relatório de um Painel, pelo que parece ser possível recorrer do relatório de um Painel convocado ao abrigo do art. 21º, nº 5[3663].

Dada a falta de clareza do Memorando, as partes em litígio têm sentido a necessidade de negociar acordos bilaterais sobre a aplicação do art. 21º, nº 5, do Memorando. No caso *Australia – Subsidies Provided to Producers and Exporters of Automative Leather*, por exemplo, os Estados Unidos e a Austrália concordaram em "unconditionally accept the review panel report and not to appeal that report", enquanto no caso *Canada – Measures Affecting the Export of Civilian Aircraft*, o Brasil afirmou que o acordo "does not prejudge its rights concerning an appeal of the review panel report"[3664]. E, de facto, em Maio de 2000, relatórios de painéis

---

[3659] Relatório do Painel no caso *European Communities – Regime for the Importation, Sale and Distribution of Bananas, Recourse to Article 21.5 by Ecuador* (WT/DS27/RW/ECU), 12-4-1999 parágrafo 6.2.

[3660] Uma vez que o texto do art. 15º do Memorando não faz qualquer distinção entre painéis normais e painéis criados ao abrigo do nº 5 do art. 21º do Memorando, há quem entenda que estes últimos deveriam apresentar sempre um relatório provisório às partes. Cf. Pierre MONNIER, *Working Procedures Before Panels, the Appellate Body and Other Adjudicating Bodies of the WTO*, in The Law and Practice of International Courts and Tribunals, 2002, pp. 511-512.

[3661] Relatório do Painel no caso *Canada – Measures Affecting the Export of Civilian Aircraft (Recourse by Brazil to Article 21.5 of the DSU)* (WT/DS70/RW), 9-5-2000, parágrafo 1.12.

[3662] Relatório do Painel no caso *Brazil – Export Financing Programme for Aircraft, Second Recourse by Canada to Article 21.5 of the DSU* (WT/DS46/RW/2), 26-7-2001, parágrafo 1.13.

[3663] Mas, atenção, uma parte não pode pedir que o Órgão de Recurso "examine o relatório do Painel inicial" quando esse relatório não foi objecto de recurso. Cf. Relatório do Órgão de Recurso no caso *Mexico – Anti-Dumping Investigation of High Fructose Corn Syrup (HFCS) from the United States (Recourse to Article 21.5 of the DSU by the United States)* (WT/DS132/AB/RW), 22-10-2001, parágrafos 78-79.

[3664] Sylvia RHODES, *The Article 21.5/22 Problem: Clarification through Bilateral Agreements?*, in JIEL, 2000, p. 557.

1314

A FISCALIZAÇÃO DA EXECUÇÃO DAS RECOMENDAÇÕES E DECISÕES DO ÓRGÃO

elaborados ao abrigo do nº 5 do art. 21º do Memorando foram, pela primeira vez, objecto de recurso e aceites pelo Órgão de Recurso. Curiosamente, ou talvez não, o Órgão de Recurso não forneceu qualquer explicação ou justificação.

Merece atenção, por outro lado, o facto de ser possível recorrer ao art. 21º, nº 5, do Memorando mais de uma vez no âmbito do mesmo caso. No caso *Brazil – Export Financing Programme for Aircarft*, o Órgão de Resolução de Litígios adoptou em 20 de Agosto de 1999 o relatório do Órgão de Recurso e recomendou ao Brasil que colocasse as suas subvenções à exportação, o objecto do litígio, em conformidade com as suas obrigações ao abrigo do art. 3º, nº 1, alínea *a)*, e nº 2, do Acordo sobre as Subvenções e as Medidas de Compensação. Acontece que o Canadá considerou que as medidas de implementação das recomendações do Órgão de Recurso e do Painel postas em prática pelo Brasil continuavam a não respeitar o Acordo sobre as Subvenções e as Medidas de Compensação. Consequentemente, o Canadá solicitou a criação de um Painel, conforme previsto no art. 21º, nº 5, do Memorando. O relatório do Painel foi distribuído aos membros da OMC em 9 de Maio de 2000, tendo o Painel concordado com o Canadá. Depois disso, num relatório distribuído aos membros da OMC em 21 de Julho de 2000, o Órgão de Recurso ratificou as conclusões do Painel. Posteriormente, numa reunião realizada em 12 de Dezembro de 2000, o Órgão de Resolução de Litígios autorizou o Canadá a aplicar medidas de retaliação contra o Brasil no montante de 344.2 milhões de dólares canadianos anualmente. Nessa mesma reunião, porém, o Brasil informou o Órgão de Resolução de Litígios das novas medidas que tinha tomado, as quais, na sua opinião, respeitavam as obrigações que resultavam para si do Acordo sobre as Subvenções e as Medidas de Compensação. Opinião contrária teve o Canadá e daí ter solicitado ao Órgão de Resolução de Litígios, em 22 de Janeiro de 2001, a criação de um novo Painel ao abrigo do art. 21, nº 5, do Memorando. Nessa comunicação, o Canadá notou que:

"não tinha aplicado ainda as contramedidas autorizadas pelo Órgão de Resolução de Litígios em 12 de Dezembro de 2000 e que o seu segundo recurso ao nº 5 do artigo 21º do Memorando de Entendimento sobre Resolução de Litígios não prejudicava a sua posição jurídica a respeito da aplicação das contramedidas autorizadas"[3665].

Finalmente, na sua reunião de 16 de Fevereiro de 2001, o Órgão de Resolução de Litígios decidiu, de acordo com o art. 21º, nº 5, do Memorando, submeter a

---

[3665] Relatório do Painel no caso *Brazil – Export Financing Programme for Aircraft, Second Recourse by Canada to Article 21.5 of the DSU* (WT/DS46/RW2), 26-7-2001, parágrafo 1.7.

A FUNÇÃO JURISDICIONAL NO SISTEMA GATT/OMC

questão levantada pelo Canadá ao Painel originário, cujo relatório foi apresentado às partes em 10 de Julho de 2001.

Aparentemente, o Canadá concluiu que um segundo recurso ao procedimento previsto no nº 5 do art. 21º do Memorando "would promote prompt compliance more readily than the act of retaliation itself"[3666].

Também interessante é a situação ocorrida no caso *United States – Import Prohibition of Certain Shrimp and Shrimp Products*. Apesar de o painel criado ao abrigo do art. 21º, nº 5, do Memorando ter concluído que "a nova medida norte-americana justifica-se ao abrigo do artigo XX do GATT de 1994 apenas se continuarem a ser respeitadas as condições que figuram nas constatações do presente relatório, em particular os esforços sérios e de boa fé em curso, destinados a lograr um acordo multilateral"[3667], ele declarou que, "caso estas condições deixassem de ser satisfeitas no futuro, qualquer parte queixosa do caso inicial poderia, então, recorrer novamente ao nº 5 do artigo 21º do Memorando de Entendimento sobre Resolução de Litígios"[3668]. Esta conclusão foi ratificada pelo Órgão de Recurso e mostra que, mesmo no caso de terem sido cumpridas com êxito as recomendações e decisões, nada impede que se volte a recorrer ao art. 21º, nº 5, do Memorando. JOOST PAUWELYN fala, a este respeito, em "continuing jurisdiction of 21.5 panels"[3669].

Em relação à possibilidade prevista no nº 1 do art. 19º do Memorando de um painel poder propor formas para a execução das recomendações, o painel do caso *European Communities – Regime for the Importation, Sale and Distribution of Bananas, Recourse to Article 21.5 of the DSU by Ecuador* observou que:

> "Embora os Membros mantenham a sua liberdade para escolher a maneira como aplicam as recomendações e resoluções do Órgão de Resolução de Litígios, parece apropriado que, depois de uma tentativa de aplicação que resultou pelo menos em parte infrutuosa, um painel previsto no nº 5 do artigo 21º formule propostas com o objectivo de pôr fim rapidamente ao litígio"[3670].

---

[3666] Steve CHARNOVITZ e Jason KEARNS, *Adjudicating Compliance in the WTO: A Review of DSU Article 21.5*, in JIEL, 2002, p. 334.

[3667] Relatório do Painel no caso *United States – Import Prohibition of Certain Shrimp and Shrimp Products, Recourse to Article 21.5 by Malaysia* (WT/DS58/RW), 15-6-2001, parágrafo 6, nº 1, alínea b).

[3668] *Idem*, parágrafo 6.2.

[3669] Joost PAUWELYN, Proposals for Reforms of Article 21 of the DSU, in *The WTO Dispute Settlement System 1995-2003*, Federico Ortino e Ernst-Ulrich Petersmann ed., Kluwer Law International, Haia-Londres-Nova Iorque, 2004, p. 55.

[3670] Relatório do Painel no *caso European Communities – Regime for the Importation, Sale and Distribution of Bananas, Recourse to Article 21.5 of the DSU by Ecuador* (WT/DS27/RW/ECU), 12-4-1999, parágrafo 6.154.

A FISCALIZAÇÃO DA EXECUÇÃO DAS RECOMENDAÇÕES E DECISÕES DO ÓRGÃO

## 3. A Importância dos Procedimentos de Cumprimento

Em apenas alguns anos, o art. 21º, nº 5, do Memorando tornou-se um dos pilares do sistema de resolução de litígios da OMC. Até ao dia 1 de Outubro de 2009, circularam 29 relatórios de painéis criados ao abrigo do nº 5 do art. 21º do Memorando e foi interposto recurso em 62% dos casos.

O facto de as partes em litígio continuarem a recorrer ao procedimento previsto no nº 5 do art. 21º do Memorando sugere que ele é visto de modo favorável pelos Membros da OMC e que, protelando estes o pedido de autorização para retaliarem, confiam na avaliação realizada pelos painéis criados ao abrigo da disposição mencionada.

Expressivamente, de todos os casos analisados no âmbito do procedimento previsto no nº 5 do art. 21º do Memorando, apenas no caso *United States – Import Prohibition of Certain Shrimp and Shrimp Products, Recourse to Article 21.5 by Malaysia* o Painel e o Órgão de Recurso concluíram que o Membro faltoso tinha efectivamente adoptado medidas para dar cumprimento às recomendações e decisões do Órgão de Litígios[3671].

Todavia, apesar da importância dos procedimentos relativos ao cumprimento, nada impede que uma solução mutuamente acordada ao abrigo do nº 7 do artigo 3º possa abarcar um acordo pelo qual se desista do direito a promover procedimentos relativos ao cumprimento ou se disponha no sentido da suspensão do direito a recorrer ao nº 5 do artigo 21º até que tenham sido implementadas as medidas acordadas numa solução mutuamente acordada. Mas, o mero acordo a respeito de uma "solução" não implica, forçosamente, que as partes renunciam ao seu direito de recorrer ao sistema de resolução de litígios em caso de desacordo sobre a existência de uma medida destinada ao cumprimento ou da sua conformidade com os acordos abrangidos. Pelo contrário, tem que existir uma indicação clara, no acordo celebrado pelas partes, de uma desistência do direito a recorrer ao nº 5 do artigo 21º[3672].

---

[3671] Yuka FUKUNAGA, *Securing Compliance Through the WTO Dispute Settlement System: Implementation of DSB Recommendations*, in JIEL, 2006, p. 405; e «http://www.worldtradelaw.net».

[3672] Relatório do Órgão de Recurso no caso *European Communities – Regime for the Importation, Sale and Distribution of Bananas, Second Recourse to Article 21.5 of the DSU by Ecuador* (WT/DS27/AB/RW2/ECU), 26-11-2008, parágrafo 212; Relatório do Órgão de Recurso no caso *European Communities – Regime for the Importation, Sale and Distribution of Bananas, Recourse to Article 21.5 of the DSU by the United States* (WT/DS27/AB/RW/USA), 26-11-2008, parágrafo 212.

# Capítulo 22
# A Falta de Execução

*"WTO remedies – in particular the availability of trade sanctions*
*– remain the envy of most other international law regimes"*[3673].

## 1. Introdução

Todo o país ou território aduaneiro autónomo que seja membro da OMC obriga-se a respeitar tanto o conjunto de normas aplicáveis a todos os membros como todas as concessões e compromissos comerciais acordados com os outros membros (art. XVI, nº 4, do Acordo OMC). Mas, é evidente que qualquer sistema jurídico digno desse nome necessita de atender à questão do incumprimento. Caso contrário, os princípios e as regras consagradas e os acordos celebrados podem tornar-se ilusórios ou pouco credíveis.

O Memorando de Entendimento sobre as Regras e Processos que Regem a Resolução de Litígios da OMC reconhece que, embora o objectivo imediato do sistema de resolução de litígios seja "normalmente o de assegurar a supressão das medidas em causa, caso se verifique que as mesmas são incompatíveis com as disposições de qualquer um dos acordos abrangidos" (art. 3º, nº 7), nem sempre tal acontece. Por conseguinte, o nº 1 do art. 22º do Memorando de Entendimento sobre Resolução de Litígios prevê que "a compensação e a suspensão de concessões e outras obrigações são medidas temporárias que se podem adoptar caso

---

[3673] Joost PAUWELYN, Remedies in the WTO: 'First Set the Goal, then Fix the Instruments to get There', in *WTO Law and Process*, Mads Andenas e Federico Ortino Ed., British Institute of International and Comparative Law, 2005, p. 185.

A FUNÇÃO JURISDICIONAL NO SISTEMA GATT/OMC

as recomendações e as decisões [do Órgão de Resolução de Litígios] não sejam executadas dentro de um prazo razoável"[3674].

Dependendo a compensação e a suspensão de concessões e outras obrigações da vontade dos seus membros[3675], a OMC não dispõe, igualmente, do poder de compeli-los a obedecer às determinações jurídicas dos painéis e do Órgão de Recurso:

> "Even in the WTO, where the Appellate Body can determine non-compliance and authorize withdrawal of trade concessions by a 'wronged' state against a non-compliance state, the court itself does not wield the power to enforce directly or even to authorize other centralized enforcers; it merely plays a gatekeeping role with regard to what is fundamentally a self-help process. Thus, even the strongest international court does not actually have the power to enforce its decisions at all like that of a domestic court"[3676].

Uma das críticas mais frequentes e fundamentais ao Direito Internacional diz respeito precisamente ao facto de ele não dispor de uma "world police to command or coerce obedience to international law rules"[3677].

---

[3674] A suspensão de concessões ou outras obrigações constitui uma medida que, ao abrigo do direito internacional, é formalmente conhecida por "contramedidas" (cf. Facundo Pérez-Aznar, *Countermeasures in the WTO Dispute Settlement System: An Analysis of their Characteristics and Procedure in the Light of General International Law*, Graduate Institute of International Studies, Genebra, 2004, p. 1) e estamos perante uma "sanção" quando uma medida comercial é usada contra um país para que ele coloque o seu comportamento em conformidade com as suas obrigações internacionais. Cf. Steve Charnovitz, *Rethinking WTO Trade Sanctions*, in AJIL, 2001, p. 804.

[3675] E, em última instância, "the offending measure will be changed only if the violating Member agrees to change it". Cf. Andrew Shoyer, Eric Solovy e Alexander Koff, Implementation and Enforcement of Dispute Settlement Decisions (Chapter 28), in *The World Trade Organization: Legal, Economic and Political Analysis*, Volume I, Patrick Macrory, Arthur Appleton e Michael Plummer Ed., Springer, Nova Iorque, 2005, p. 1343.

[3676] Kal Raustiala, *Form and Substance in International Agreements*, in AJIL, 2005, p. 606.

[3677] Yenkong Ngangjoh, *Collective Countermeasures and the WTO Dispute Settlement: 'Solidarity Measures Revisited'*, in Nordic Journal of Commercial Law, Issue 2004/2, p. 3. Num ordenamento jurídico como o internacional, que regula as relações entre Estados soberanos, a aplicação coactiva do Direito depende das retorsões ou contramedidas adoptadas pelo Estado afectado e daí a observação frequente de que "the defining characteristic of international law is the lack of a centralized enforcement mechanism" (cf. Rachel Brewster, *Unpacking the State's Reputation*, in HILJ, 2009, p. 231). No caso do mecanismo de sanções da OMC, não obstante se defender, por vezes, que ele corresponde a um sistema de justiça privada, na medida em que a sanção é aplicada pela vítima, a verdade é que o Estado lesado não goza do poder de apreciar, ele próprio, a violação que levou à sanção nem de suspender as concessões ou outras obrigações sem a autorização do Órgão de Resolução de Litígios. Cf. Olivier Blin, *Les sanctions dans l'Organisation mondiale du commerce*, in JDI, 2008, pp. 446-447.

1320

A FALTA DE EXECUÇÃO

Em qualquer caso, existem outros factores a promover o respeito das obrigações internacionais para além da previsão de aplicação de sanções em caso de incumprimento. Primeiro, a perda de reputação ou de confiança quando um Membro da OMC não cumpre as recomendações e decisões do Órgão de Resolução de Litígios será, provavelmente, um factor muito importante, porque tornará mais difícil ao membro em causa a conclusão futura de acordos comerciais com os outros membros da OMC, isto num sistema caracterizado por negociações permanentes[3678].

Segundo, as teorias explicativas do comércio internacional "give a clear economic rationale" para a cooperação na OMC e para o cumprimento com a grande maioria dos seus princípios e regras[3679].

Terceiro, existe um interesse comum em manter relações internacionais amigáveis e não faz muito sentido negociar direitos, obrigações e tratados, se depois eles não são efectivos. O êxito das relações comerciais internacionais depende, em grande medida, da credibilidade dos múltiplos instrumentos jurídicos que as governam. Não só os membros da OMC, mas também os actores privados, incluindo industriais, agricultores, comerciantes e investidores, necessitam de regras do jogo claras e previsíveis para poderem tomar decisões racionais e eficientes.

Quarto, os governos não gostam de ver as suas acções ser criticadas. Não é por acaso que todos os membros da OMC (com excepção do Canadá, num caso já referido por nós) têm dito que pretendem colocar as medidas que foram declaradas incompatíveis em conformidade com as obrigações resultantes para eles dos acordos da OMC.

Quinto, a própria legitimidade das regras e a credibilidade do órgão jurisdicional que profere uma sentença podem ter um papel fundamental no cumprimento por parte do país faltoso.

Sexto, a resolução ordeira de litígios comerciais tem um papel essencial na prevenção da escalada ou da proliferação de guerras comerciais desgovernadas ou do recurso a medidas de retaliação unilaterais e arbitrárias.

A própria ausência de verdadeiros poderes coercivos no caso da OMC tem resultado na criação de mecanismos alternativos, que promovem a transparência e, com isso, a execução das regras e tratados negociadas.

---

[3678] A reputação pode ajudar a explicar "why we observe widespread compliance with WTO law despite existing prospective-only remedies that would seem, considered alone, to provide incentives for breach". Cf. Joel TRACHTMAN, *The WTO Cathedral*, in Stanford Journal of International Law, 2007, p. 141.

[3679] Naboth van den BROEK, *Power Paradoxes in Enforcement and Implementation of World Trade Organization Dispute Settlement Reports – Interdisciplinary Approaches and New Proposals*, in JWT, 2003, p. 134.

A FUNÇÃO JURISDICIONAL NO SISTEMA GATT/OMC

De notar que, em contraste com o esquema elaborado da OMC, o Estatuto do Tribunal Internacional de Justiça, contendo "only limited provision for remedies and enforcement"[3680], presume "governmental compliance with authoritative judgments"[3681]. O Estatuto dispõe expressamente que o Tribunal pode determinar "a natureza ou a extensão da reparação devida pela ruptura de um compromisso internacional" (art. 36º, nº 2, alínea *d*)) e que "a decisão do Tribunal será obrigatória para as partes litigantes e a respeito do caso em questão" (art. 59º). No caso da Carta das Nações Unidas, o art. 94º prevê que:

"1. Cada membro das Nações Unidas compromete-se a conformar-se com a decisão do Tribunal Internacional de Justiça em qualquer caso em que for parte.

2. Se uma das partes em determinado caso deixar de cumprir as obrigações que lhe incumbem em virtude de sentença pelo Tribunal, a outra terá direito de recorrer ao Conselho de Segurança, que poderá, se o julgar necessário, fazer recomendações ou decidir sobre medidas a serem tomadas para o cumprimento da sentença".

Até aos dias de hoje, o Tribunal Internacional de Justiça concedeu uma indemnização por perdas e danos apenas uma vez, no caso *Corfu Channel*:

"This involved the assessment of the harm caused by mines to British warships in Albanian waters. Similarly its predecessor, the Permanent Court of International Justice, made an award of damages in only one case, the Wimbledon; the Court awarded damages for the loss caused by the illegal refusal of passage to a French ship through the Kiel canal. It is true that damages were requested in far more cases than these two; they were sought in about a third of all Permanent Court of International Justice and International Court of Justice cases"[3682].

Na prática, também somente uma vez se recorreu ao Conselho de Segurança com base no nº 2 do art. 94º da Carta das Nações Unidas:

"Essa apelação foi realizada pela Nicarágua, em consequência da decisão de mérito tomada pela Corte em 27 de Junho de 1986 no litígio que opunha este país aos Estados Unidos, no que concernia a certas actividades militares e paramilitares operadas em seu território ou contra ele. Evidentemente, a resolução proposta pela Nicarágua

---

[3680] Christine GRAY, Types of Remedies in ICJ Cases: Lessons for the WTO?, in *Improving WTO Dispute Settlement Procedures – Issues and Lessons from the Practice of Other International Courts and Tribunals*, Friedl Weiss ed., Cameron May, 2000, p. 402.

[3681] Steve CHARNOVITZ, *The Enforcement of WTO Judgments*, in YJIL, 2009, p. 560.

[3682] Christine GRAY, Types of Remedies in ICJ Cases: Lessons for the WTO?, in *Improving WTO Dispute Settlement Procedures – Issues and Lessons from the Practice of Other International Courts and Tribunals*, Friedl Weiss ed., Cameron May, 2000, pp. 402-403.

A FALTA DE EXECUÇÃO

no Conselho chocou-se com um voto negativo dos Estados Unidos e, por essa razão, não veio a ser adoptada. A questão foi então apresentada diante da Assembleia Geral, que, na base do artigo 10º da Carta, formulou diversas recomendações em favor das partes. A força dessas recomendações era limitada, pois se tratava de recomendações de natureza facultativa"[3683].

Apesar de as decisões do Tribunal Internacional de Justiça poderem ser executadas recorrendo ao uso da força[3684], nunca o Conselho de Segurança das Nações Unidas o autorizou, "because doing so would be a drastic step of great political significance"[3685].

## 2. O GATT de 1947

Caso o Conselho dos Representantes adoptasse um relatório condenando uma determinada medida adoptada por uma parte contratante, o GATT de 1947 não dispunha de qualquer mecanismo coercivo que forçasse, directamente, essa parte contratante a retirar a medida declarada incompatível ou a pagar uma compensação às partes contratantes prejudicadas pela adopção da mesma. De facto, nos termos do nº 2 do art. XXIII do GATT, as PARTES CONTRATANTES:

> "Se considerarem que as circunstâncias são suficientemente graves para justificar uma tal medida, poderão autorizar *uma ou várias partes contratantes a suspender*, em

---

[3683] Leonardo BRANT e Daniela VIEIRA, Artigo 94, in *Comentário à Carta das Nações Unidas*, Leonardo Brant org., Centro de Direito Internacional (CEDIN), Belo Horizonte, 2008, p. 1136. Ainda segundo estes autores, o único exemplo de intervenção positiva das Nações Unidas com a finalidade de verificar a execução de uma sentença do Tribunal Internacional de Justiça encontra-se no caso *Territorial Dispute (Libyan Arab Jamahiriya/Chad)*, Acórdão de 3-2-1994 (cf. *Idem*). O facto de a execução forçada dos acórdãos do Tribunal Internacional de Justiça ficar confiada, segundo o nº 2 do art. 94º da Carta das Nações Unidas, à discricionariedade de um órgão político como o Conselho de Segurança implica que a 'politização' da fase de execução não é um rasgo singular da OMC. Cf. Xavier Fernández PONS, *La OMC y el Derecho internacional: Un estudio sobre el sistema de solución de diferencias de la OMC y las normas secundarias del Derecho internacional general*, Marcial Pons, Madrid-Barcelona, 2006, pp. 89-90.

[3684] Durante a elaboração da Carta das Nações Unidas, Cuba e Bolívia quiseram mesmo classificar expressamente como um acto de agressão o não cumprimento de uma decisão do Tribunal Internacional de Justiça. Cf. Karin OELLERS-FRAHM, Article 94 UN Charter, in *The Statute of the International Court of Justice – A Commentary*, Andreas Zimmermann, Christian Tomuschat e Karin Oellers-Frahm ed., Oxford University Press, 2006, p. 161.

[3685] Karen ALTER, *Delegating to International Courts: Self-Binding Vs. Other-Binding Delegation*, in Law and Contemporary Problems, 2008, p. 74. Nos termos do art. 39º da Carta das Nações Unidas, "o Conselho de Segurança determinará a existência de qualquer ameaça à paz, ruptura da paz ou acto de agressão e fará recomendações ou decidirá que medidas deverão ser tomadas de acordo com os artigos 41º e 42º, a fim de manter ou restabelecer a paz e a segurança internacionais".

A FUNÇÃO JURISDICIONAL NO SISTEMA GATT/OMC

relação a uma ou mais partes contratantes, a aplicação de toda a concessão ou o cumprimento de outra obrigação resultante do Acordo Geral, cuja suspensão entendam apropriada em função das circunstâncias" (itálico aditado).

Ao mesmo tempo, a parte queixosa só podia adoptar medidas de retaliação contra a parte contratante faltosa caso se reunissem algumas condições[3686]. A retaliação deveria ser autorizada pelas Partes Contratantes e só quando as circunstâncias fossem suficientemente graves para justificar uma tal medida e a medida de retaliação estava limitada, isto é, a suspensão autorizada seria a "apropriada em função das circunstâncias".

Não era claro, no entanto, se a suspensão deveria ser equivalente ao prejuízo causado pela medida da parte contratante faltosa ou se poderia assumir uma natureza punitiva. Por exemplo, numa reunião do Conselho dos Representantes, realizada em meados de 1988, o assessor jurídico do Director-Geral do GATT destacou que:

"Existem poucas disposições no Acordo Geral a prever o recurso à aplicação de medidas de retaliação. Em duas dessas disposições, os Artigos XIX e XXVIII, a retaliação foi definida como a retirada de concessões substancialmente equivalentes. No caso do Artigo XXIII, o texto é mais amplo, referindo-se a medidas apropriadas às circunstâncias, ou seja, parece existir maior margem de manobra a respeito do cálculo das medidas de retaliação ao abrigo do Artigo XXII do que ao abrigo dos Artigos XIX ou XXVIII"[3687].

Na prática, o único caso em que uma parte contratante foi autorizada a retaliar contra outra ocorreu em 1952, depois de a Holanda ter solicitado autorização para retaliar contra os Estados Unidos[3688]. O Grupo de Trabalho então constituído para analisar o pedido holandês começou por fazer as seguintes observações:

"O Grupo de Trabalho foi instruído pelas Partes Contratantes a investigar o carácter apropriado da medida que o Governo Holandês propôs adoptar, tendo em

---

[3686] Para além do nº 2 do art. XXIII, existiam mais seis disposições do GATT a prever uma retirada ou suspensão de concessões: artigos XII, nº 4; XVIII, nº 7; XVIII, nº 21; XIX, nº 3; XXVII; XXVIII, nº 3; e XXVIII, nº 4.

[3687] GATT, *Minutes of the Meeting Held in the Centre William Rappard on 4 May 1988* (C/M/220), 8-6-1988, p. 35.

[3688] Por força das restrições quantitativas aplicadas pelos Estados Unidos, a partir do Verão de 1951, a um grande número de lacticínios, foram particularmente afectadas as exportações de queijo holandês para o mercado norte-americano. Cf. Laurence Boisson de Chazournes, *Les contremesures dans les relations internationales économiques*, Institut Universitaire de Hautes Études Internationales/Genebra, Pedone, Paris, 1992, pp. 94-95.

1324

A FALTA DE EXECUÇÃO

conta a sua equivalência com o prejuízo sofrido pela Holanda em consequência das restrições norte-americanas;

O Grupo de Trabalho sentiu que o carácter apropriado da medida avançada pelo Governo Holandês deveria ser considerado sob dois prismas: primeiro, se a medida era apropriada em função das circunstâncias e, segundo, se o montante de restrições quantitativas proposto pelo Governo Holandês era razoável, tendo em conta o prejuízo sofrido;

Apesar de o Grupo de Trabalho ter reconhecido que era apropriado considerar os cálculos do comércio afectado pelas medidas e contramedidas em causa, ele tinha presente que um critério puramente estatístico, em si, não seria suficiente e que seria também necessário considerar outros elementos económicos mais amplos na avaliação do prejuízo sofrido. Acordou-se, por conseguinte, que seria apropriado tomar em consideração o argumento do Governo Holandês de que as restrições impostas pelos Estados Unidos tinham tido sérias consequências sobre os esforços que estavam a ser feitos pela Holanda para estimular as suas exportações para os Estados Unidos, não apenas dos produtos sujeitos às restrições, mas também de outros produtos, e tinham afectado os seus esforços para ultrapassar as dificuldades em matéria de balança de pagamentos que a Holanda estava a enfrentar;

O Grupo de Trabalho reconheceu as dificuldades inerentes ao exercício de fixar, com qualquer precisão real, o limiar a partir do qual qualquer medida proposta já não poderia ser considerada razoável. (...) O Grupo de Trabalho decidiu recomendar uma medida de certo modo diferente em magnitude da medida proposta pela Holanda"[3689].

No fim, o relatório do Grupo de Trabalho foi adoptado com as abstenções dos Estados Unidos e da Holanda[3690] e as suas principais conclusões foram as seguintes:

"1. que a medida proposta pelo Governo Holandês tem carácter apropriado e
2. que, tendo em conta
(i) o valor do comércio envolvido,
(ii) os aspectos mais amplos do prejuízo sofrido pela Holanda e

---

[3689] GATT, *Analytical Index: Guide to GATT Law and Practice* (ed. Frieder Roessler), 6ª ed., Genebra, 1994, pp. 649-650.

[3690] Segundo o representante norte-americano, a sua delegação estava preparada "to accept the decision but, in view of its nature, wished to be recorded as abstaining on the taking of the decision". A Holanda absteve-se igualmente de votar pela mesma razão invocada pela delegação norte-americana. Cf. Norio Komuro, *The WTO Dispute Settlement Mechanism: Coverage and Procedures of the WTO Understanding*, in JWT, vol. 29, nº 4, 1995, pp. 34-35.

A FUNÇÃO JURISDICIONAL NO SISTEMA GATT/OMC

(iii) a declaração do Governo Holandês de que o seu objectivo principal ao propor a medida em questão é contribuir para a eventual solução da questão de acordo com os objectivos e espírito do Acordo Geral,

A limitação pela Holanda das importações de farinha de trigo dos Estados Unidos a 60,000 toneladas em 1953 seria apropriada no sentido do Artigo XXIII"[3691].

Portanto, em razão do prejuízo sofrido pela Holanda, por causa das restrições quantitativas aplicadas aos seus lacticínios pelos Estados Unidos, as Partes Contratantes autorizaram a Holanda a impor um limite de 60,000 toneladas métricas às importações de farinha de trigo originárias dos Estados Unidos durante o ano de 1953. Mas, apesar de a autorização para retaliar ter sido renovada até 1959, a Holanda nunca retaliou[3692], isto porque:

"Le prix de la farine de froment exportée par les Etats-Unis était avantageux pour les Pays-Bas et il aurait été difficile de trouver une source d'approvisionnement subsidiaire présentant des avantages comparables. De plus, même si la mesure avait été appliquée en son entier, elle n'aurait affecté qu'un peu moins de 2% du total des exportations américaines de farine de froment"[3693].

Para além deste caso, o recurso à retaliação foi contemplado subsequentemente em diversas ocasiões, mas as PARTES CONTRATANTES ou o Conselho dos Representantes nunca mais autorizaram a aplicação de medidas de retaliação[3694]. Nalguns litígios, a aplicação de medidas de retaliação foi considerada legítima, mas o membro faltoso bloqueou a adopção da decisão pelas Partes Contratantes. Por exemplo, no caso *European Economic Communities – United States Income Tax Legislations*, os Estados Unidos bloquearam o pedido de aplicação de medidas de retaliação feito pela Comunidade Económica Europeia; no caso *United States – European Economic Community Payments and Subsidies on Oilseeds and Animal--Feed Proteins*, foram os Estados Unidos a solicitarem autorização para retaliar e

---

[3691] GATT, *Analytical Index: Guide to GATT Law and Practice* (ed. Frieder Roessler), 6ª ed., Genebra, 1994, p. 650.

[3692] Aparentemente, os dois países em causa chegaram a um compromisso: os Estados Unidos relaxaram as quotas que impunham em relação aos queijos Edam e Gouda e a Holanda deixou de solicitar a extensão da autorização para retaliar. Cf. Naboth van den BROEK, *Power Paradoxes in Enforcement and Implementation of World Trade Organization Dispute Settlement Reports – Interdisciplinary Approaches and New Proposals*, in JWT, 2003, p. 144.

[3693] Laurence Boisson de CHAZOURNES, *Les contre-mesures dans les relations internationales économiques*, Institut Universitaire de Hautes Études Internationales/Genebra, Pedone, Paris, 1992, p. 96.

[3694] Norio KOMURO, *The WTO Dispute Settlement Mechanism: Coverage and Procedures of the WTO Understanding*, in JWT, vol. 29, nº 4, 1995, p. 35.

1326

A FALTA DE EXECUÇÃO

a Comunidade Económica Europeia a bloquear tal pedido[3695]. No caso *United States Sugar*, o Canadá solicitou, em 1985, a criação de um painel e a autorização do Conselho de Representantes para retaliar de imediato, numa base interina, até às deliberações finais do painel, mas o Conselho não autorizou tal retaliação[3696]. A retaliação comercial sem autorização do Conselho dos Representantes (acção que podia ser considerada *prima facie* um caso de anulação ou prejuízo), tendo como actor principal os Estados Unidos, desempenhou igualmente um papel importante, principalmente desde 1985. No caso *European Economic Community – Tariff Treatment of Citrus Products from Certain Mediterranean Countries*, por exemplo, a Comunidade Económica Europeia recusou aceitar o relatório do Painel, por o considerar contrário aos painéis anteriores sobre casos de não violação. Consequentemente, os Estados Unidos aumentaram unilateralmente, em Junho de 1985, os direitos aduaneiros relativos à massa originária da Comunidade. Estes direitos estiveram em vigor até que um acordo bilateral entre os Estados Unidos e a Comunidade Europeia foi obtido em 21 de Agosto de 1986[3697]. Algumas partes contratantes recorreram, por vezes, a certos instrumentos previstos pelo GATT, como as medidas de salvaguarda, não para fazer face a uma situação de emergência, mas para cumprir, de facto, a função própria das contramedidas, concebendo-as como reacção a um ilícito anterior[3698].

Ainda de acordo com a prática seguida no GATT de 1947, a restituição em espécie podia não ser exigida caso fosse material ou juridicamente impossível ou excessivamente onerosa para o país que violou as suas obrigações[3699]. No caso *Norway – Procurement of Toll Collection Equipment for the City of Trondheim*, por exemplo, a construção em causa (um sistema electrónico de cobrança de portagens para a cidade de Trondheim) já estava erigida quando o Painel concluiu que as regras do Acordo sobre Compras Públicas não tinham sido respeitadas. Segundo o Painel, todos os actos de incumprimento alegados pelos Estados Unidos eram actos que se tinham realizado no passado. A única via mencionada

---

[3695] Peter-Tobias STOLL e Arthur STEINMANN, *WTO Dispute Settlement: The Implementation Stage*, in Max Planck Yearbook of United Nations Law, vol. 3, 1999, pp. 419-420.

[3696] GATT, *Analytical Index: Guide to GATT Law and Practice* (ed. Frieder Roessler), 6ª ed., Genebra, 1994, pp. 646-647.

[3697] Norio KOMURO, *The WTO Dispute Settlement Mechanism: Coverage and Procedures of the WTO Understanding*, in JWT, vol. 29, nº 4, 1995, pp. 35-36.

[3698] Xavier Fernández PONS, *La OMC y el Derecho internacional: Un estudio sobre el sistema de solución de diferencias de la OMC y las normas secundarias del Derecho internacional general*, Marcial Pons, Madrid-Barcelona, 2006, p. 379.

[3699] Ernst-Ulrich PETERSMANN, *The GATT/WTO Dispute Settlement System: International Law, International Organizations and Dispute Settlement*, Kluwer Law International, Londres-Haia-Boston, 1997, p. 78.

A FUNÇÃO JURISDICIONAL NO SISTEMA GATT/OMC

durante os procedimentos do Painel para que a Noruega pusesse a compra de Trondheim em conformidade com as obrigações impostos pelo Acordo seria anular o contrato e voltar a iniciar o processo de contratação. O Painel não considerou apropriado fazer uma recomendação nesse sentido. As recomendações dessa natureza não faziam parte da prática consuetudinária em matéria de resolução de litígios no quadro do sistema do GATT e os redactores do Acordo sobre Compras Públicas não tinham previsto expressamente que a formulação de recomendações dessa índole faria parte da tarefa atribuída aos painéis pelos termos de referência normais. Além disso, o Painel considerava que tal recomendação no caso em análise podia ser desproporcionada, implicar um desperdício de recursos e um possível prejuízo para os interesses de partes terceiras[3700]. Nestas condições, o Painel limitou-se a pedir à Noruega que aceitasse a ilegalidade do seu acto e fornecesse garantias de não repetição[3701].

Outro aspecto particularmente interessante do GATT de 1947 prendia-se com o facto de ser prática habitual as partes queixosas requererem, no âmbito do art. XXIII do GATT, apenas a retirada do acto ilegal *ex nunc* ou *pro futuro* e não o restabelecimento da situação que existiria se o acto ilegal não tivesse sido praticado[3702]. Isto porque o Acordo Geral estabelece normas mínimas para o tratamento não discriminatório dos bens comercializados que, na jurisprudência do GATT, são interpretadas não no sentido de proteger as expectativas quanto ao volume de exportações, mas sim as expectativas relativas à relação concorrencial entre produtos importados e produtos nacionais. É impossível, pois, recriar na maioria dos casos as oportunidades comerciais perdidas ou calcular rigorosamente os volumes comerciais desaparecidos. Mesmo o reembolso de direitos aduaneiros ilegais ou de imposições internas ilegais nunca foi solicitado no âmbito do sistema de resolução de litígios do GATT, porquanto o seu pagamento aos importadores individuais não restabeleceria as condições de concorrência enfrentadas pelas partes contratantes exportadoras no passado.

Somente no caso dos direitos antidumping e compensadores, se começou a recomendar, a partir dos anos 80, não apenas a revogação dos direitos antidum-

---

[3700] Relatório do Painel no caso *Norway – Procurement of Toll Collection Equipment for the City of Trondheim* (GPR.DS2/R), 13-5-1992, parágrafo 4.17.

[3701] Petros MAVROIDIS, *Remedies in the WTO Legal System: Between a Rock and a Hard Place*, in EJIL, 2000, p. 776.

[3702] A obrigação de retirar o acto ilegal *ex tunc*, restabelecendo a situação que existiria se o acto em causa não tivesse sido praticado, "in *extremis* could go back in time even to the late 1940s", implicando "impossible amounts of compensation and considerable difficulties in assessing past injury". Cf. Allan ROSAS, *Implementation and Enforcement of WTO Dispute Settlement Findings: An EU Perspective*, in JIEL, 2001, p. 140.

1328

A FALTA DE EXECUÇÃO

ping e compensadores ilegais, como também o seu reembolso[3703]. No caso *New Zealand – Imports of Electrical Transformers from Finland*, por exemplo, as Partes Contratantes consideraram que, caso uma parte contratante cobrasse inapropriadamente direitos antidumping sobre as importações de um outro membro, era correcto recomendar a devolução da quantia cobrada e o painel propôs, de facto, ao Conselho que dirigisse à Nova Zelândia uma recomendação para revogar a ordem de aplicação do direito antidumping e reembolsar o direito pago[3704].

Os Estados Unidos nunca estiveram, todavia, de acordo com o reembolso e daí terem recusado adoptar o relatório do Painel no caso *Stainless Steel Hollow Products from Sweden*[3705]. Apesar de o Painel ter recomendado que os Estados Unidos revogassem os direitos antidumping impostos e reembolsassem os direitos antidumping que tinham sido pagos, os Estados Unidos defenderam que seria suficiente a correcção do erro em termos prospectivos[3706]. No caso *United States – Antidumping Duties on Imports of Gray Portland Cement and Cement Clinker from Mexico*, o Painel especificou ainda mais a sua recomendação:

> "O Painel recomenda que o Comité solicite aos Estados Unidos que revoguem a ordem sobre direitos antidumping aplicada ao cimento Portland cinzento e ao cimento clinker procedentes do México e que reembolsem quaisquer direitos antidumping pagos ou depositados ao abrigo desta ordem"[3707].

---

[3703] Um exame dos relatórios de painéis apresentados durante a vigência do GATT de 1947 revela cinco casos em que foi recomendado "a retrospective remedy". Estes cinco casos diziam todos respeito a direitos antidumping ou compensadores e foram todos examinados ao abrigo do Acordo do Ciclo de Tóquio relativo à Interpretação e Aplicação dos Artigos VI, XVI e XXIII do Acordo Geral sobre Pautas Aduaneiras e Comércio (cf. Gavin GOH e Andreas ZIEGLER, *Retrospective Remedies in the WTO After Automotive Leather*, in JIEL, 2003, pp. 552-553). De notar que, nos termos do nº 9 do art. 18º do Acordo relativo à Interpretação e Aplicação dos Artigos VI, XVI e XXIII do Acordo Geral sobre Pautas Aduaneiras e Comércio:

"O Comité [das Subvenções e Medidas de Compensação] examinará o relatório do painel logo que possível e pode, tendo em conta as verificações nele contidas, fazer recomendações às partes com vista a resolver o diferendo. Se as recomendações do Comité não forem seguidas dentro de um prazo razoável, o Comité pode autorizar contramedidas apropriadas (incluindo a retirada de concessões ou obrigações decorrentes do Acordo Geral), tendo em conta a natureza e o grau de efeito desfavorável cuja existência tiver sido verificada. As recomendações do Comité devem ser apresentadas às partes no prazo de trinta dias a contar da recepção do relatório do painel".

[3704] Relatório do Painel no caso *New Zealand – Imports of Electrical Transformers from Finland* (L/5814), adoptado em 18-7-1985, parágrafo 4.11.

[3705] Petros MAVROIDIS e David PALMETER, *Dispute Settlement in the World Trade Organization: Practice and Procedure*, 2ª ed., Cambridge University Press, 2004, p. 263.

[3706] *Idem*.

[3707] Relatório do Painel no caso *United States – Antidumping Duties on Imports of Gray Portland Cement and Cement Clinker from Mexico* (ADP/82), posto a circular em 9-7-1992, nunca adoptado, parágrafo 6.2.

A FUNÇÃO JURISDICIONAL NO SISTEMA GATT/OMC

Apesar de assim se respeitar o princípio *ex injuria non oritur jus*, segundo o qual nenhum acto legal pode resultar de uma ilegalidade[3708], a jurisprudência no campo dos direitos antidumping e compensadores é caso único na história do GATT de 1947[3709].

## 3. A Hierarquia do Art. 3º, nº 7, do Memorando

O objectivo do sistema de resolução de litígios da OMC passa pela obtenção de uma solução positiva para um litígio, sendo preferível uma solução mutuamente aceitável para as partes e conforme aos acordos abrangidos[3710]. Quando tal não for

---

[3708] Petros MAVROIDIS, *Remedies in the WTO Legal System: Between a Rock and a Hard Place*, in EJIL, 2000, pp. 775-776.

[3709] *Idem*, p. 776.

[3710] Alguns acordos concluídos para resolver litígios suscitados durante a vigência do GATT de 1947 constituíam violação claras do princípio da não discriminação. Por exemplo, em 29 de Março de 1994, as Comunidades Europeias celebraram com quatro países da América Latina (Colômbia, Costa Rica, Nicarágua e Venezuela) um Acordo Quadro sobre a importação de Bananas, de modo a porem fim ao litígio sobre o regime comunitário para a importação, venda e distribuição de bananas (cf. COSTA RICA, COLÔMBIA, REPÚBLICA DOMINICANA, NICARÁGUA, Venezuela, COMUNIDADE EUROPEIA, *Framework Agreement on Banana Imports (29-3-1994)*, ILM, Vol. XXXIV, 1995, pp. 1-2). Os países da América Latina referidos e a Guatemala reclamavam que este regime comunitário, tal como havia sido estabelecido pelo Regulamento (CEE) 404/93 do Conselho, de 13 de Fevereiro de 1993, era incompatível com o Acordo Geral, ao prever, entre outros aspectos, um tratamento privilegiado para as bananas originárias dos países ACP. O Painel que analisou o litígio concluiu, rebatendo os argumentos comunitários, que a dita discriminação era injustificável, que a Convenção de Lomé, prevendo o acesso ao mercado comunitário de produtos ACP ao abrigo de um regime preferencial não recíproco, não satisfazia os requisitos estipulados pelo art. XXIV do GATT para as zonas de comércio livre (pressupõem uma liberalização substancial e recíproca das trocas comerciais entre as partes) e a discriminação tinha lugar em detrimento de outros países em desenvolvimento (cf. Relatório do Painel no caso *EEC – Import Regime for Bananas* (DS38/R), 11-2-1994, nunca adoptado, parágrafos 155, 159, 162, 164 e 170). Em 23 de Março de 1994, o relatório do painel foi examinado pela primeira vez pelo Conselho dos Representantes com vista à sua adopção. Discordando da interpretação seguida pelo painel, as Comunidades Europeias recusaram adoptar o relatório, sendo, aliás, secundadas por Santa Lúcia, que actuou em representação dos países ACP. Poucos dias depois, as Comunidades Europeias celebraram o citado Acordo Quadro com quatro das cinco partes contratantes queixosas (a Guatemala foi a excepção). Segundo o art. 11º do Acordo Quadro, este representava a solução do litígio entre as suas partes e a renúncia a voltar a apresentar a mesma queixa no futuro. Apesar de o Acordo Quadro aumentar as possibilidades de importação de bananas originárias dos países da América Latina, ele continuava a tratar preferencialmente as bananas originárias dos países ACP. As Comunidades Europeias, temendo que voltasse a ser apresentada uma queixa no âmbito do sistema de resolução de litígios da OMC, cuja entrada em vigor era iminente, solicitou que fosse aprovada uma derrogação em conformidade com o nº 5 do art. XXV do GATT relativamente à disposições da Convenção de Lomé IV, exonerando-a do cumprimento do tratamento da nação mais favorecida previsto no nº 1 do art. I do GATT. A concessão da derrogação foi aprovada pelo Conselho dos Representantes no dia 9 de Dezembro de 1994,

1330

A FALTA DE EXECUÇÃO

possível, o objectivo imediato do sistema de resolução de litígios "é normalmente o de assegurar a supressão das medidas em causa, caso se verifique que as mesmas são incompatíveis com as disposições de qualquer um dos acordos abrangidos" (art. 3º, nº 7, do Memorando de Entendimento sobre Resolução de Litígios), o que explica serem poucos os casos em que os painéis ou o Órgão de Recurso fazem propostas (art. 19º, nº 1, *in fine*, do Memorando de Entendimento sobre Resolução de Litígios). Ao mesmo tempo, podem ocorrer situações em que a simples eliminação da medida incompatível não é adequada, necessária ou praticável. Em contraste com o GATT de 1947, caracterizado por um conjunto de proibições, alguns dos actuais acordos do sistema comercial multilateral contêm obrigações positivas[3711] e, como bem nota EDMOND MCGOVERN, "since a member can break such obligations by

prevendo a sua vigência até 29 de Fevereiro de 2000 (L/7604). Ainda assim, a Guatemala, uma vez entrado em vigor o novo sistema de resolução de litígios da OMC, apresentou uma nova queixa, a que se juntaram outros países que não tinham subscrito o Acordo Quadro. O Órgão de Recurso considerou depois o Acordo Quadro incompatível com o nº 1 do art. XIII do GATT de 1994. Cf. Relatório do Órgão de Recurso no caso *European Communities – Regime for the Importation, Sale and Distribution of Bananas* (WT/DS27/AB/R), 9-9-1997, parágrafo 162.

[3711] Ao estabelecer um conjunto de normas fundamentais mínimas de protecção para cada uma das grandes categorias de direitos de propriedade intelectual, o Acordo TRIPS é muito diferente dos outros acordos comerciais multilaterais e constitui mesmo, na opinião de alguns autores, o primeiro grande exemplo a nível multilateral do que tem sido chamado de integração positiva (cf. Bernard HOEKMAN, Thomas HERTEL e Will MARTIN, *Developing Countries and a New Round of WTO Negotiations*, in WBRO, 2002, p. 131), na medida em que os outros acordos comerciais não obrigam os membros da OMC a adoptar determinado comportamento. Como bem nota ROBERT E. HUDEC, tradicionalmente, as obrigações jurídicas do GATT limitavam-se a regras que diziam aos governos o que não deveriam fazer – regras proibindo certas restrições fronteiriças, regras limitando o nível dos direitos aduaneiros e regras proibindo imposições internas e regulamentações que tratassem as importações de modo menos favorável em relação aos produtos nacionais. Este tipo negativo de obrigações internacionais é o mais fácil de negociar e o mais fácil de controlar e de fazer cumprir. Acontece que, no Ciclo do Uruguai, os governos concluíram o Acordo sobre os Aspectos dos Direitos de Propriedade Intelectual Relacionados com o Comércio, no qual, pela primeira vez, o GATT produziu obrigações positivas, dizendo aos governos o que eles devem fazer – especificamente, que leis de defesa da propriedade intelectual devem ter (cf. Robert E. HUDEC, *A WTO Perspective on Private Anti-Competitive Behavior in World Markets*, in New England Law Review, 1999, p. 86). Os Acordos sobre os Obstáculos Técnicos ao Comércio e a Aplicação de Medidas Sanitárias e Fitossanitárias, por exemplo, não obrigam um membro da OMC a adoptar legislação protectora da segurança e saúde dos seus cidadãos. Eles apenas impõem que os membros da OMC observem certas regras e princípios caso decidam adoptar uma regulamentação técnica, uma norma ou uma medida de carácter sanitário ou fitossanitário. No fundo, o Acordo TRIPS configura uma situação próxima de uma directiva comunitária, dado que, ao mesmo tempo que especifica certos objectivos (*minimum standards*), deixando aos membros a possibilidade de determinarem livremente o método adequado para a execução das suas disposições, no quadro dos respectivos sistemas e práticas jurídicas, e de preverem na sua legislação uma protecção mais vasta do que a prescrita no Acordo TRIPS, desde que essa protecção não seja contrária às suas disposições (art. 1º, nº 1), ou

A FUNÇÃO JURISDICIONAL NO SISTEMA GATT/OMC

mere inaction there may be no 'measure' to bring into conformity with the WTO obligations"[3712].

seja, o Acordo TRIPS não visa uma completa harmonização (cf. Keith MASKUS, *Intellectual Property Rights in the Global Economy*, Institute for International Economics, Washington, D.C., 2000, p. 5). Ao obrigar os governos dos membros da OMC que subscreveram os seus compromissos adicionais a intervirem quando o comportamento de certas empresas for passível de restringir a concorrência, o Acordo sobre Telecomunicações de Base vai ainda mais longe que o Acordo TRIPS. De facto, segundo os compromissos adicionais adoptados por alguns membros da OMC nos termos do art. XVIII do GATS, serão mantidas, com vista à prevenção de práticas restritivas da concorrência no domínio das telecomunicações, as medidas consideradas adequadas para impedir os prestadores que, individualmente ou em conjunto, constituam prestadores de serviços relevantes de se dedicarem ou persistirem em práticas restritivas da concorrência. Estas práticas incluirão em particular: i) o envolvimento em subvenções cruzadas restritivas da concorrência; ii) a utilização de informações obtidas através de concorrentes, com resultados restritivos da concorrência; e iii) a não disponibilização a outros prestadores de serviços, em tempo oportuno, de informações técnicas sobre infra-estruturas essenciais, bem como informações comercialmente relevantes que lhes sejam necessários para fins de prestação de serviços. Ou seja, embora outros acordos comerciais da OMC contenham disposições relativas ao direito da concorrência, que se limitam, no entanto, a autorizar os Governos a intervirem face a alegadas práticas anti-concorrenciais por parte de empresas privadas, estes compromissos adicionais ao Acordo Geral sobre o Comércio de Serviços relativos às Telecomunicações de Base, também conhecidos por *Reference Paper*, são os primeiros a obrigarem os Governos a intervir. Ao mesmo tempo, porém, os princípios estabelecidos não primam em muitos aspectos pelo rigor, o que permite alguma discricionariedade às entidades nacionais. É disso exemplo o facto de se dizer que "serão mantidas as medidas *consideradas adequadas* para impedir os prestadores que, individualmente ou em conjunto, constituam prestadores de serviços relevantes de se dedicarem ou persistirem em práticas restritivas da concorrência" (itálico aditado). Recentemente, um Painel observou que:

> "uma análise dos compromissos constantes do *Reference Paper* indica que os membros reconheceram que o sector das telecomunicações se caracterizava, em muitos casos, pela existência de monopólios ou situações de domínio do mercado. A eliminação dos obstáculos ao acesso aos mercados e ao tratamento nacional não foi considerado suficiente para garantir a aplicação efectiva dos compromissos de acesso aos mercados nos serviços de telecomunicações básicas. Por conseguinte, muitos membros aceitaram assumir compromissos adicionais para aplicarem um quadro regulamentar favorável à concorrência destinado a evitar um comportamento monopolista contínuo, em particular pelos *antigos* operadores monopolistas, e o abuso do domínio do mercado por estes ou outros fornecedores principais. Os membros desejavam garantir que os compromissos de acesso aos mercados e de tratamento nacional não fossem debilitados pelo comportamento contrário à concorrência dos monopólios ou dos fornecedores dominantes, particularmente frequente no sector das telecomunicações (...)" (cf. Relatório do Painel no caso *Mexico – Measures Affecting Telecommunications Services* (WT/DS204/R), 2-4-2004, parágrafo 7.237).

O texto dos compromissos adicionais assumidos pelas Comunidades Europeias e seus Estados membros no contexto do Acordo sobre Telecomunicações de Base pode ser encontrado in Diário da República – I Série A, de 7-3-1998, pp. 905-906.

[3712] Edmond MCGOVERN, *International Trade Regulation*, Chapter 2, Exeter – Globefield Press, 1999, p. 2.23-61.

1332

A FALTA DE EXECUÇÃO

Só se deve recorrer à regra da compensação se a imediata abolição da medida for impraticável e como medida provisória, até se conseguir a supressão das medidas incompatíveis. O último recurso previsto de que um membro dispõe consiste na possibilidade de o mesmo suspender a aplicação de concessões ou outras obrigações previstas nos "acordos abrangidos" numa base discriminatória em relação a outro membro, sob reserva de autorização pelo Órgão de Resolução de Litígios de tais medidas[3713].

Assim, embora o Memorando de Entendimento sobre Resolução de Litígios diga expressamente que a medida que foi considerada incompatível com o acordo abrangido deve ser revogada até ao final do prazo razoável (art. 22º, nº 8), ele reconhece igualmente que tal poderá nem sempre ser exequível, indicando duas alternativas possíveis (e temporárias) para resolver uma situação de não conformidade após esse prazo. Contudo, nem a compensação nem a suspensão de concessões ou outras obrigações são preferíveis à execução completa de uma recomendação como forma de tornar uma medida conforme aos "acordos abrangidos" (art. 22º, nº 1, do Memorando)[3714], ideia que resulta, segundo JOHN JACKSON, das seguintes disposições do Memorando: art. 3º, nº 2; art. 3º, nº 7; art. 7º, nº 1; art. 11º; art. 15º, nº 2; art. 15º, nº 3; art. 17º, nº 13; art. 19º, nº 1; art. 21º, nº 1;

---

[3713] Mais explícito é o nº 2 do art. XXIII do GATT, indicando que a suspensão da aplicação de toda a concessão ou outra obrigação resultante do Acordo Geral só será possível se as PARTES CONTRATANTES considerarem "que as circunstâncias são suficientemente graves para justificar uma tal medida". De notar que esta exigência de que as circunstâncias sejam suficientemente graves para justificar a medida de retaliação não consta do Memorando de Entendimento sobre Resolução de Litígios. Estranhamente, o nº 2 do artigo XXIII do GATS dispõe que, "se o Órgão de Resolução de Litígios considerar que as circunstâncias são suficientemente graves para justificar uma medida desse tipo, poderá autorizar um Membro ou Membros a suspender a aplicação em relação a qualquer outro Membro ou Membros das obrigações e compromissos específicos de acordo com o disposto no artigo 22º do Memorando de Entendimento sobre Resolução de Litígios". Uma interpretação textual sugere que o GATS impõe um critério adicional de gravidade quando um Membro (ou Membros faltosos) recusou cumprir as recomendações do Órgão de Resolução de Litígios, mas nenhum painel, Órgão de Recurso ou árbitro analisou até agora a disposição referida.

[3714] John JACKSON, *The WTO Dispute Settlement Understanding – Misunderstandings on the Nature of Legal Obligation*, in AJIL, 1997, p. 63. Não se trata, infelizmente, de uma questão meramente académica. De acordo com ANDREA SCHNEIDER, "in the face of a recent WTO preliminary report that the United States embargo on shrimp imports, designed to protect sea turtles, was illegal, speculation has begun that the United States would prefer to pay compensation or accept sanctions rather than change the law". Cf. Andrea SCHNEIDER, *Democracy and Dispute Resolution: Individual Rights in International Trade Organizations*, in University of Pennsylvania Journal of International Economic Law, 1998, p. 623.

1333

A FUNÇÃO JURISDICIONAL NO SISTEMA GATT/OMC

art. 21º, nº 3; art. 22º, nº 1; art. 22º, nº 2; art. 26º, nº 1, alínea *b*), e, principalmente, do art. 22º, nº 8[3715], que dispõe, na parte relevante, do seguinte modo:

> "(...) O Órgão de Resolução de Litígios continua a fiscalizar a aplicação das recomendações ou decisões adoptadas, incluindo os casos em que foi concedida uma compensação ou em que foram suspensas concessões ou outras obrigações mas em que as recomendações para tornar uma medida conforme aos acordos abrangidos não foram executadas".

Além disso, nos chamados casos de não violação, não existe qualquer obrigação de abolir a medida que, embora anule ou reduza as vantagens, ou impeça a realização de objectivos, previstos no acordo abrangido relevante, não viola o mesmo (art. 26º, nº 1, alínea *b*), do Memorando de Entendimento sobre Resolução de Litígios), donde se infere que, nos casos de violação, existe uma obrigação de abolir a medida que viola o(s) acordo(s) abrangido(s) relevante(s)[3716]. O próprio nº 4 do art. XVI do Acordo OMC, ao consagrar o princípio da conformidade, é relevante nesta matéria[3717].

Ao mesmo tempo, estando a compensação e a suspensão de concessões ou outras obrigações previstas no Memorando de Entendimento sobre Resolução de Litígios, alguns autores defendem que um Membro da OMC está autorizado "to choose to breach an obligation, and pay compensation to the injured party"[3718]. Ou seja, o sistema de resolução de litígios daria guarida à chamada Teoria do

---

[3715] John Jackson, Designing and Implementing Effective Dispute Settlement Procedures: WTO Dispute Settlement, Appraisal and Prospects, in *The WTO as an International Organization*, Anne Krueger ed., The University of Chicago Press, 1998, p. 170.

[3716] Claro está, "once the 'binding' international law obligation to follow a panel or appellate report has been established, international law is not always efficient in inducing compliance". Cf. John Jackson, *International Law Status of WTO Dispute Settlement Reports: Obligation to Comply or Option to "Buy Out"?*, in AJIL, 2004, p. 117.

[3717] O Memorando prevê apenas uma situação em que dá preferência à compensação ou suspensão de concessões em vez da colocação da medida incompatível em conformidade com os acordos abrangidos. De facto, se as medidas razoáveis de que um membro disponha para garantir a observância de uma disposição do GATT de 1994 não forem suficientes para remover as medidas incompatíveis das administrações regionais ou locais no seu território, o membro continua responsável, visto que "as disposições relativas à compensação e à suspensão de concessões ou outras obrigações são aplicáveis nos casos em que não tenha sido possível garantir o respeito de tal disposição" (nº 14 do Memorando de Entendimento sobre a Interpretação do art. XXIV do GATT de 1994 e art. 22, nº 9, do Memorando de Entendimento sobre as Regras e Processos que regem a Resolução de Litígios).

[3718] Joel Trachtman, *The Economic Structure of International Law*, Harvard University Press, 2008, p. 144.

1334

A FALTA DE EXECUÇÃO

"*Efficient Breach*"[3719], nos termos da qual um incumprimento é eficiente "if the economic gains for the party committing the breach are greater than the losses for the party to whom the obligation is owed"[3720]. Esta teoria assenta, essencialmente, no facto de os Estados, quando concluem tratados (tal como os particulares quando celebram contratos), serem incapazes de antecipar todas as situações possíveis em tais acordos e, em determinadas circunstâncias, os custos totais associados ao cumprimento ultrapassarem os custos da violação[3721]. Em tais situações, "violation of the law is preferable"[3722] ou, no contexto da OMC, um Membro pode nalguns casos escolher sujeitar-se a medidas de retaliação comercial ou oferecer uma compensação, em vez de modificar a legislação ou a medida declarada incompatível[3723].

A questão que se coloca, pois, é a de saber se o texto do Memorando de Entendimento sobre Resolução de Litígios pode ser interpretado como compatível igualmente com um "'perform or pay' system" ou se o sistema de resolução de litígios da OMC obriga à execução completa de uma recomendação como forma de tornar uma medida conforme aos "acordos abrangidos"[3724]. ALAN O. SYKES,

---

[3719] Joel TRACHTMAN e Jeffrey DUNOFF, *Economic Analysis of International Law*, in YJIL, vol. 24, nº 1, 1999, p. 33.

[3720] Piet EECKHOUT, Remedies and Compliance, in *The Oxford Handbook of International Trade Law*, Daniel Bethlehem, Donald McRae, Rodney Neufeld, Isabelle Van Damme Ed., Oxford University Press, 2009, p. 447.

[3721] Nas próprias palavras do Órgão de Recurso, o Acordo OMC "is a treaty – the international equivalent of a contract". Cf. Relatório do Órgão de Recurso no caso *Japan – Taxes on Alcoholic Beverages* (WT/DS8/AB/R, WT/DS10/AB/R, WT/DS11/AB/R), 4-10-1996, p. 15.

[3722] Andrew GUZMAN, *A Compliance-Based Theory of International Law*, in California Law Review, 2002, p. 1866.

[3723] Como conclui um autor, "there is the opportunity for 'civil disobedience' in the system" (cf. Matthew SCHAEFER, *Sovereignty, Influence, Realpolitik and the World Trade Organization*, in Hastings International & Comparative Law Review, 2002, p. 360) e, segundo FERRARESE:
"This aspect is evident in the hormones case where the dispute between Europe and North American partners (United States and Canada) still is in existence, without ending the membership of the parties to the same organization. (...) The absence of 'punitive' measures in case of breach of obligations can be seen as a tool for facilitating some differentiation among states especially on delicate issues, leaving room for sovereign or democratic choices: as the hormones case teaches, the 'retaliation' measures can be the 'price' not only for efficiency but also for democracy. This room is especially important where the subject matter of the dispute, as in the health case, has moral or political nature and an all-or-nothing character that makes any compromise impossible, because in other fields (tariff rates, for example) it is easier for the parties to arrange an appropriate solution through payments". Cf. Maria Rosaria FERRARESE, *Hormones and Democracy. Inclusion, no "Exit-Option" and Some "Voice": "Democratic" Signals in International Law?*, in Global Jurist Topics, Volume 6, Issue 2, 2006, Article 2, pp. 7-8.

[3724] Alan O. SYKES, The Remedy for Breach of Obligations under the WTO Dispute Settlement Understanding: Damages or Specific Performance?, in *New Directions in International Economic Law:*

A FUNÇÃO JURISDICIONAL NO SISTEMA GATT/OMC

por exemplo, defende que o facto de o objectivo imediato do sistema de resolução de litígios da OMC ser normalmente o de assegurar a supressão das medidas incompatíveis com as disposições de qualquer um dos acordos abrangidos (art. 3º, nº 7, do Memorando), não implica que seja esse sempre o objectivo do sistema; o facto de um Painel ou o Órgão de Recurso, caso considerem uma medida incompatível com um acordo abrangido, deverem recomendar a conformação dessa medida com o acordo (art. 19º, nº 1, do Memorando), não significa que haja uma obrigação de seguir a recomendação, em detrimento da possibilidade de a parte que perdeu o litígio pagar os prejuízos. Além disso, os artigos XIX e XXVIII do GATT possibilitam uma *damages option* para as situações em que as negociações chegam a um impasse[3725]. Merece especial atenção, ainda, o facto de o Memorando de Entendimento sobre Resolução de Litígios limitar o nível de suspensão de concessões ou outras obrigações ao nível da anulação ou redução de vantagens e não ao lucro obtido, o que pode levar a que os membros da OMC não tenham frequentemente qualquer incentivo para cumprir[3726]. Finalmente, como o Memorando não permite que a suspensão de concessões ou outras obrigações seja desproporcionada ou punitiva, a medida não é suficientemente severa, muitas vezes, para induzir ao cumprimento[3727], ou seja, os governos que negociaram a criação da OMC não tinham a intenção de que o cumprimento fosse obrigatório[3728].

---

*Essays in Honour of John Jackson*, Marco Bronckers e Reinhard Quick ed., Kluwer Law International, Haia-Londres-Boston, 2000, p. 349.

[3725] *Idem*, pp. 347-357. O art. XXVIII, em particular, permite a um membro da OMC se afastar, em vez da possibilidade da suspensão de concessões, dos compromissos que assumiu no âmbito da OMC por um período ilimitado de tempo, se oferecer uma compensação de valor substancialmente equivalente em troca. Além disso, o art. XXVIII não obriga o membro que retira uma concessão a chegar a acordo com os parceiros comerciais afectados.

[3726] Petros Mavroidis, *Remedies in the WTO Legal System: Between a Rock and a Hard Place*, in EJIL, 2000, p. 807.

[3727] Decisão de Arbitragem no caso *European Communities – Regime for the Importation, Sale and Distribution of Bananas, Recourse to Arbitration by the European Communities under Article 22.6 of the DSU* (WT/DS27/ARB), 9-4-1999, parágrafo 6.3; Decisão de Arbitragem no caso *Brazil – Export Financing Programme for Aircraft, Recourse to Arbitration by Brazil under Article 22.6 of the DSU and Article 4.11 of the SCM Agreement* (WT/DS46/ARB), 28-8-2000, parágrafo 3.55; Decisão de Arbitragem no caso *United States – Section 110(5) of the US Copyright Act, Recourse to Arbitration under Article 25 of the DSU* (WT/DS160/ARB25/1), 9-11-2001, parágrafo 4.27.

[3728] Warren Schwartz e Alan O. Sykes, *The Economic Structure of Renegotiation and Dispute Resolution in the WTO/GATT System*, John M. Olin Law & Economics Working Paper nº 143 (2d series), The Law School – The University of Chicago, 2002, pp. 3 e 12. Mas, se é verdade que medidas de retaliação com carácter punitivo seriam do agrado das interesses nacionais prejudicados pela medida declarada incompatível com o direito da OMC, também o é que esse carácter punitivo se traduziria num prejuízo económico maior para os seus próprios cidadãos.

## A FALTA DE EXECUÇÃO

Não obstante estes últimos argumentos, consideramos que é fundamental evitar, a todo o custo, a possibilidade de uma "OMC à la carte", nos termos da qual os membros ricos "compram" as suas violações dos acordos comerciais, enquanto os membros pobres executam as recomendações e as decisões do Órgão de Resolução de Litígios. No caso *United States – Section 110(5) of the US Copyright Act*, por exemplo, os Estados Unidos concordaram, em Dezembro de 2001, em pagar à Comunidade Europeia 3 milhões de dólares como compensação no contexto da resolução do litígio subjacente, "a move that could presage further use of the payment option and possibly disadvantage poor countries"[3729]. Além do mais, a compra do incumprimento implicaria uma espécie de alteração *de facto* às obrigações dos membros, feita à margem das regras estipuladas no art. X do Acordo OMC. O próprio texto dos Artigos sobre a Responsabilidade Internacional do Estado adoptados pela Comissão do Direito Internacional em 2001 refere claramente que o objectivo das medidas de retaliação é induzir ao cumprimento do Estado responsável por um facto internacionalmente ilícito (art. 49º, nº 1). As medidas de retaliação não constituem um meio alternativo (e definitivo) de reparação para a parte prejudicada[3730]. E, como muito bem salienta MARCO BRONCKERS:

> "it is not possible to build a credible system of global governance, if compliance with any governing rule can simply be replaced with compensation. (...) Compliance is of equal benefit to developing and developed World Trade Organization members. It confirms that all countries are equal under the law"[3731].

O próprio facto de os membros da OMC recorrerem ao nº 5 do art. 21º do Memorando demonstra que eles se sentem obrigados a cumprir as recomendações e decisões do Órgão de Resolução de Litígios. Mesmo quando retaliam, os membros da OMC em causa continuam a esperar que o membro faltoso ponha fim à medida declarada incompatível com as regras da OMC[3732].

---

[3729] Chi CARMODY, *Remedies and Conformity under the WTO Agreement*, in JIEL, 2002, pp. 319-320.

[3730] Robert HOWSE e Robert STAIGER, United States – Anti-Dumping Act of 1916 (Original Complaint by the European Communities) – Recourse to Arbitration by the United States under Article 22.6 of the DSU, WT/DS136/ARB, 24 February 2004: A Legal and Economic Analysis, in *The WTO Case Law of 2003*, The American Law Institute Reporters' Studies, Henrik Horn e Petros Mavroidis ed., Cambridge University Press, 2006, p. 277.

[3731] Marco BRONCKERS, *More Power to the WTO?*, in JIEL, 2001, p. 61.

[3732] Segundo PAUWELYN, "not a single WTO member has expressed the view that when it retaliates it merely seeks compensation and no longer expects compliance". Cf. Joost PAUWELYN, The calculation and design of trade retaliation in context: what is the goal of suspending WTO obligations?, in *The Law, Economics and Politics of Retaliation in WTO Dispute Settlement*, Cambridge University Press, 2010, p. 42.

A FUNÇÃO JURISDICIONAL NO SISTEMA GATT/OMC

JAMES BACCHUS, agindo como árbitro, concluiu igualmente que:

"É axiomático que as supostas violações dos acordos abrangidos devam ser reparadas exclusivamente através dos procedimentos estabelecidos no Memorando de Entendimento sobre Resolução de Litígios, que prevêem o exame dessas alegações por um painel e possivelmente pelo Órgão de Recurso, e que, caso se constate a existência de violações e os relatórios relevantes sejam adoptados pelo Órgão de Resolução de Litígios, o Membro demandado está obrigado a aplicar prontamente as recomendações e resoluções do Órgão de Resolução de Litígios. *Estas recomendações e resoluções são vinculativas para o Membro que têm de aplicá-las e obrigam tal Membro a pôr as medidas declaradas incompatíveis com as normas da OMC em conformidade com as suas obrigações ao abrigo dos acordos abrangidos*" (itálico aditado)[3733].

Não faria muito sentido, de facto, ter um sistema de resolução de litígios tão elaborado como o da OMC se as recomendações e decisões do Órgão de Resolução de Litígios não necessitassem de ser respeitadas.

O nº 8 do art. 22º do Memorando indica, também, que:

"suspension is not a permanent rebalancing of concessions (as in tariff renegotiations under GATT, Article XXVIII), but a temporary solution that must be ended if, but only if, WTO rulings are implemented or a settlement is reached. The fact that the Dispute Settlement Body must keep the matter under surveillance and that violating countries must submit regular status reports underlines that suspension is temporary and not a substitute compensation for compliance. In sum, the contextual goal of WTO suspension as expressed in the DSU is not rebalancing or compensation as such, but compliance or settlement"[3734].

Além disso, a suspensão de concessões ou outras obrigações, pela sua própria natureza, não compensa as vítimas dos prejuízos causados pelas medidas declaradas incompatíveis com o direito da OMC. Os beneficiários finais das regras do comércio internacional não são propriamente os Estados contratantes, mas sim os particulares e as empresas, enquanto produtores e consumidores[3735]. Logo, uma violação a respeito do sector da carne bovina não é, de maneira nenhuma,

---

[3733] Decisão de Arbitragem no caso *European Communities – Customs Classification of Frozen Boneless Chicken Cuts, Arbitration under Article 21.3 (c) of the Understanding on Rules and Procedures Governing the Settlement of Disputes* (WT/DS269/13, WT/DS286/15), 20-2-2006, parágrafo 55.

[3734] Joost PAUWELYN, The calculation and design of trade retaliation in context: what is the goal of suspending WTO obligations?, in *The Law, Economics and Politics of Retaliation in WTO Dispute Settlement*, Cambridge University Press, 2010, p. 47.

[3735] Como bem nota um autor, "any adverse impact upon states caused by WTO violations occurs by reason of the adverse impact on private entities". Cf. Arwel DAVIES, *Reviewing dispute settlement at the World Trade Organization: a time to reconsider the role/s of compensation?*, in WTR, 2006, p. 49.

1338

## A FALTA DE EXECUÇÃO

compensada por um aumento até 100% dos direitos aduaneiros *ad valorem* aplicáveis ao fiambre dinamarquês, à carne de porco germânica, ao patê de ganso, mostarda e queijo franceses e aos tomates enlatados e trufas italianos (situação ocorrida no âmbito do caso *Hormones*) e, por isso, não sendo as vítimas compensadas pelos prejuízos sofridos, não se verifica a condição *sine qua non* para que se possa falar de incumprimento eficiente.

Mesmo que se conseguisse conceber um sistema que permitisse compensar totalmente as vítimas do incumprimento, "the nature of WTO entitlements is such that putting an accurate value or price on WTO entitlements is difficult, costly and prone to either over-or (especially) undervaluation"[3736]. Como observaram os próprios árbitros do caso *United States – Measures Affecting the Cross-Border Supply of Gambling and Betting Services, Recourse to Arbitration by the United States under Article 22.6 of the DSU*:

> "3.173. Ao proceder desta maneira, temos a impressão de avançar por um terreno que as partes tornaram movediço. Os dados estão rodeados por um certo grau de incerteza. No caso da maioria das variáveis, os dados consistem em indicadores do que deve ser calculado e as observações são demasiado escassas para permitir uma análise econométrica adequada (...).
>
> **3.174.** Portanto, dispomos de muito pouca informação e orientação. Não obstante, tentaremos mantermo-nos o mais perto possível dos enfoques propostos pelas partes e utilizar ao máximo a limitada informação que nos foi facultada (...)"[3737].

Para complicar ainda mais a situação, muitos dos novos acordos do Ciclo do Uruguai (por exemplo, o Acordo sobre a Aplicação de Medidas Sanitárias e Fitossanitárias e o Acordo sobre os Obstáculos Técnicos ao Comércio) já não assentam numa simples troca recíproca de concessões pautais.

E, caso a parte queixosa retalie, ela não será compensada pelos custos internos inerentes à imposição de direitos aduaneiros mais elevados. Em vez de estar na situação em que estaria caso o acordo tivesse sido implementado, a parte queixosa encontrar-se-á na situação em que estava antes da negociação que resultou no acordo[3738].

---

[3736] Joost PAUWELYN, The calculation and design of trade retaliation in context: what is the goal of suspending WTO obligations?, in *The Law, Economics and Politics of Retaliation in WTO Dispute Settlement*, Cambridge University Press, 2010, p. 63.

[3737] Decisão de Arbitragem no caso *United States – Measures Affecting the Cross-Border Supply of Gambling and Betting Services, Recourse to Arbitration by the United States under Article 22.6 of the DSU* (WT/DS285/ARB), 21-12-2007, parágrafos 3.173-3.174.

[3738] Robert LAWRENCE, *Crimes & Punishments? Retaliation Under The WTO*, Institute for International Economics, Washington, DC, 2003, p. 37.

1339

A FUNÇÃO JURISDICIONAL NO SISTEMA GATT/OMC

Se aceitarmos as teorias económicas vigentes relativas às vantagens do comércio livre, é difícil ver também que papel poderá haver para a teoria do incumprimento eficiente. Não sendo as restrições às trocas comerciais eficientes do ponto de vista económico, como poderiam, então, os ganhos económicos para o Membro da OMC que a elas recorre ultrapassar as perdas registadas no país de exportação[3739].

O comportamento das partes queixosas sugere, também, que o seu objectivo essencial é o cumprimento das recomendações e decisões do Órgão de Resolução de Litígios, não o reequilíbrio de concessões[3740]. Caso o objectivo principal fosse o do reequilíbrio, os membros da OMC teriam aplicado as medidas de retaliação em todos os casos em que receberam autorização para tal, aplicariam tais medidas a uma vasta gama de produtos e não a um pequeno número de exportadores politicamente influentes junto do Membro da OMC incumpridor, não veríamos as Comunidades Europeias a aumentar gradualmente os direitos aduaneiros com o objectivo de pressionar os Estados Unidos a cumprirem as recomendações e decisões do Órgão de Resolução de Litígios no âmbito do caso *Foreign Sales Corporations* e não presenciaríamos os Estados Unidos a ameaçarem recorrer à chamada retaliação carrossel[3741].

Finalmente, a inclusão do critério estrito da equivalência não teve como objectivo pôr em causa o objectivo do cumprimento. Em vez disso:

> "multilaterally controlled equivalence was the *quid pro quo* for automatic authorization of WTO retaliation. (...) Imposing the ceiling of 'equivalent' retaliation was meant to avoid punitive sanctions, not to justify continued non-compliance"[3742].

---

[3739] Piet EECKHOUT, Remedies and Compliance, in *The Oxford Handbook of International Trade Law*, Daniel Bethlehem, Donald McRae, Rodney Neufeld, Isabelle Van Damme Ed., Oxford University Press, 2009, p. 447.

[3740] O incumprimento eficiente e o reequilíbrio de concessões são conceitos próximos mas não necessariamente idênticos:

"Re-balancing involves ensuring that the parties to the agreement end up in the same position that they would have been had the breach never occurred – in thes sense that the mutual benefits of the agreement are the same. Efficient breach involves ensuring that the breaching party faces the full cost of the harm it imposes (so it can determine if there is an ultimate increase in political or economic welfare from breach)". Cf. Andrew GREEN e Michael TREBILCOCK, *Enforcing WTO Obligations: What Can We Learn from Export Subsidies?*, in JIEL, 2007, pp. 659-660.

[3741] Gregory SHAFFER e Daniel GANIN, Extrapolating purpose from practice: rebalancing or inducing compliance, in *The Law, Economics and Politics of Retaliation in WTO Dispute Settlement*, Cambridge University Press, 2010, pp. 80-84.

[3742] Joost PAUWELYN, The calculation and design of trade retaliation in context: what is the goal of suspending WTO obligations?, in *The Law, Economics and Politics of Retaliation in WTO Dispute Settlement*, Cambridge University Press, 2010, p. 58. No que diz respeito aos Artigos da Comissão do Direito Internacional sobre a Responsabilidade Internacional do Estado, o art. 51º requer que

A FALTA DE EXECUÇÃO

## 4. A Natureza Prospectiva das Recomendações

No caso do sistema de resolução de litígios da OMC, é opinião dominante que as recomendações dos painéis e do Órgão de Recurso feitas ao abrigo do nº 1 do art. 19º do Memorando têm carácter meramente *ex nunc*, ou seja, elas não visam "to repair the past harm"[3743]. A história das negociações relativas ao Memorando de Entendimento sobre Resolução de Litígios indica, igualmente, que medidas correctivas de natureza retrospectiva "are not available in the normal course of events"[3744]. A prática seguida depois de 1995 aponta, enfim, no sentido referido, embora haja excepções. No caso *Guatemala – Anti-Dumping Investigation regarding Portland Cement from Mexico*, por exemplo, o Painel sugeriu que a Guatemala revogasse o direito antidumping cobrado[3745] e, como bem nota PETROS MAVROIDIS, "revocation, in principle, is distinguished from withdrawal, in the sense that the latter has an undeniable *ex nunc* effect whereas the former should be acknowledged as having an *ex tunc* effect"[3746]. Significativamente, no caso posterior *Guatemala – Definitive Anti-Dumping Measures on Grey Portland Cement From Mexico*, o Painel observa que:

> "A respeito do pedido do México de que sugiramos à Guatemala que reembolse os direitos antidumping cobrados, observamos que a Guatemala manteve em vigor até ao momento, durante um período de três anos e meio, uma medida antidumping incompatível com a OMC. Assim, entendemos plenamente o desejo do México de que se reembolsem os direitos antidumping e se considere que em circunstâncias como as presentes possa ser justificável o reembolso. Todavia, recordamos que as propostas ao abrigo do nº 1 do artigo 19º dizem respeito à forma como o Membro afectado poderia aplicar uma recomendação de colocar uma em conformidade com um acordo abrangido. O pedido do México suscita questões sistémicas importantes a

---

as contramedidas sejam proporcionais, o que parece excluir contramedidas punitivas, e o art. 49º determina que o objectivo das contramedidas é induzir ao cumprimento "and does not include punishment". Cf. Joel TRACHTMAN, *The Economic Structure of International Law*, Harvard University Press, 2008, p. 140.

[3743] Numa análise textual, "retroactive operation would only apply if bringing the measure into conformity required such behaviour". Cf. Jeffrey WAINCYMER, *WTO Litigation: Procedural Aspects of Formal Dispute Settlement*, Cameron May, Londres, 2002, p. 642.

[3744] *Idem.*

[3745] Segundo o Painel, "sugerimos que a Guatemala revogue a medida antidumping existente sobre as importações de cimento mexicano, porquanto, na nossa opinião, essa constitui a única forma apropriada de implementar a nossa recomendação". Cf. Relatório do Painel no caso *Guatemala – Anti-Dumping Investigation Regarding Portland Cement from Mexico* (WT/DS60/R), 19-6-1998, parágrafo 8.6.

[3746] Petros MAVROIDIS *Remedies in the WTO Legal System: Between a Rock and a Hard Place*, in EJIL, 2000, p. 780.

1341

A FUNÇÃO JURISDICIONAL NO SISTEMA GATT/OMC

respeito da natureza dos actos necessários para aplicar uma recomendação segundo os termos do nº 1 do artigo 19º do Memorando de Entendimento sobre Resolução de Litígios, questões que não foram examinadas a fundo neste litígio. Por conseguinte, declinamos o pedido do México de que sugiramos que a Guatemala reembolse os direitos antidumping cobrados"[3747].

Regra geral, a data a partir da qual o nível da anulação ou redução de vantagens deve ser quantificado é o dia em que termina o prazo razoável para um membro dar cumprimento às recomendações e decisões do Órgão de Resolução de Litígios e não o dia em que a medida considerada mais tarde incompatível foi adoptada ou declarada ilícita por um painel ou pelo Órgão de Recurso. Nesse sentido, os árbitros declararam no caso *European Communities – Regime for the Importation, Sale and Distribution of Bananas* que:

> "Ao considerarmos esta questão, não queremos sugerir que as Comunidades Europeias têm a obrigação de remediar as discriminações do passado. O nº 7 do artigo 3º do Memorando de Entendimento sobre Resolução de Litígios estabelece que 'o objectivo imediato do sistema de resolução de litígios é normalmente o de assegurar a supressão das medidas em causa caso se verifique que as mesmas são incompatíveis com as disposições de qualquer um dos acordos abrangidos'. Este princípio exige o cumprimento *ex nunc* a partir do vencimento do prazo razoável de cumprimento das recomendações e resoluções adoptadas pelo Órgão de Resolução de Litígios. Caso decidíssemos que a alocação de licenças aos prestadores de serviços originários de países terceiros devia ser 'corrigida' para os anos 1994 a 1996, criaríamos um efeito retroactivo de medidas correctivas *ex tunc*. Todavia, em nossa opinião, o que se exige às Comunidades Europeias é que ponham fim aos padrões discriminatórios na alocação de licenças com efeito *prospectivo* a partir do começo do ano de 1999"[3748].

De igual modo, os árbitros do caso *Hormones* defenderam que:

> "(...) O nosso ponto de partida é o seguinte: quais seriam <u>as exportações anuais prospectivas de carne de bovino e produtos de carne de bovino tratada com hormonas dos Estados Unidos para as Comunidades Europeias <i>se as Comunidades Europeias tivessem suprimido a proibição em 13 de Maio de 1999</i></u>? 13 de Maio de 1999 foi a data em que expirou o prazo razoável concedido às Comunidades Europeias para aplicar os relatórios do Painel e do Órgão de Recurso. (...) Não podemos assumir que, a partir

---

[3747] Relatório do Painel no caso *Guatemala – Definitive Anti-Dumping Measures on Grey Portland Cement From Mexico* (WT/DS156/R), 24-10-2000, parágrafo 9.7.

[3748] Decisão de Arbitragem no caso *European Communities – Regime for the Importation, Sale and Distribution of Bananas, Recourse to Arbitration by the European Communities under Article 22.6 of the DSU* (WT/DS27/ARB), 9-4-1999, parágrafo 5.45.

1342

A FALTA DE EXECUÇÃO

de 1989, isto é, desde o momento em que impuseram a proibição, as Comunidades Europeias tinham a obrigação jurídica de suprimir essa proibição (...)"[3749].

Já na arbitragem relativa ao chamado caso *United States – Section 110(5) of the United States Copyright Act*, levada a cabo ao abrigo do art. 25º do Memorando de Entendimento sobre Resolução de Litígios, os árbitros consideraram que não era praticável utilizar o termo do prazo razoável (27-7-2001) como ponto de partida do cálculo da anulação ou redução de vantagens. Em vez disso, os árbitros tomaram como ponto de partida "a date as close as possible to the date on which the matter was referred to them"[3750], *in casu*, 23 de Julho de 2001, isto porque:

> "Em 24 de Julho de 2001, o Órgão de Resolução de Litígios concordou em prorrogar esse prazo [razoável] até finais do período de sessões em curso do Congresso dos Estados Unidos ou até 31 de Dezembro de 2001, prevalecendo a que vencer primeiro. Nestas circunstâncias, os Árbitros consideram que não é viável utilizar como data limite a data do final do prazo razoável, porque isso aumentaria a insegurança dos seus cálculos, devido à necessidade de suposições adicionais quanto à situação existente no final de um período que se desconhece"[3751].

Portanto, o Membro da OMC infractor deve pôr fim a sua medida, considerada incompatível por um painel ou pelo Órgão de Recurso, até ao termo do prazo razoável concedido. Não lhe pode ser exigido que repare o prejuízo causado pela medida em causa antes do termo do prazo razoável[3752]. É neste sentido que se diz que as medidas de retaliação autorizadas no âmbito da OMC têm natureza prospectiva.

Caso os membros vejam as suas pretensões reconhecidas, eles podem adoptar, desde que autorizados pelo chamado Órgão de Resolução de Litígios da OMC, medidas de retaliação (de carácter *ex nunc*) contra o membro da OMC em falta. No caso *Foreign Sales Corporations*, por exemplo, a Comunidade Europeia foi autorizada a aplicar medidas de retaliação contra os Estados Unidos no valor de 4 biliões de euros por ano. Não obstante a medida norte-americana se encontrar em vigor há mais de 15 anos, os árbitros só contabilizaram os prejuízos causados

---

[3749] Decisão de Arbitragem no caso *European Communities – Measures Concerning Meat and Meat Products (Hormones) (Original Complaint by the United States), Recourse to Arbitration by the European Communities under Article 22.6 of the DSU* (WT/DS26/ARB), 12-7-1999, parágrafo 38.

[3750] Decisão de Arbitragem no caso *United States – Section 110(5) of the US Copyright Act, Recourse to Arbitration under Article 25 of the DSU* (WT/DS160/ARB25/1), 9-11-2001, parágrafo 4.24.

[3751] *Idem*, parágrafo 4.20.

[3752] Nada impede, no entanto, que um Membro da OMC infractor chegue a acordo com a outra parte em litígio e se comprometa, no âmbito de uma solução mutuamente aceitável, a reparar o prejuízo causado antes do termo do prazo razoável.

1343

A FUNÇÃO JURISDICIONAL NO SISTEMA GATT/OMC

pela medida norte-americana em causa a partir do fim do prazo razoável, estabelecido nos termos do art. 21º, nº 3, do Memorando, para a mesma ser colocada em conformidade com os acordos relevantes da OMC[3753].

Naturalmente, sendo as medidas de retaliação aplicadas *ex nunc*, é difícil a um Governo não recorrer a todas as manobras dilatórias possíveis quando pressionado por grupos de pressão internos, interessados na manutenção das medidas proteccionistas. A falta de retroactividade no actual sistema de resolução de litígios da OMC permite que os membros se comportem, impunemente, de modo incompatível com as suas obrigações, pelo menos enquanto durar o litígio.

No sentido de fazer face a este problema, merece uma chamada de atenção o caso *Australia – Subsidies Provided to Producers and Exporters of Automotive Leathers – Recourse to Article 21:5 of the DSU by the United States*. Contra a vontade das duas partes em litígio[3754], o painel recomendou não só que a Austrália deixasse de conceder subvenções à exportação a um produtor de pele para utilização na indústria automóvel, mas também que o beneficiário da subvenção devolvesse o dinheiro (estavam em causa 30 milhões de dólares australianos)[3755]. No entendimento do painel, "a recomendação de que se 'retire [a subvenção]' prevista no nº 7 do artigo 4º do Acordo sobre as Subvenções e as Medidas de Compensação não se limita só a uma medida prospectiva, mas pode abarcar o reembolso da subvenção proibida"[3756].

---

[3753] Expressivamente, a Comunidade Europeia não requereu neste caso *Foreign Sales Corporation* qualquer execução retrospectiva, mais exactamente, ela não exigiu que os Estados Unidos reparassem os prejuízos causados no passado pelas subvenções à exportação proibidas, mas apenas que os norte-americanos deixassem de conceder tais subvenções a partir do termo do prazo razoável de execução (1 de Outubro de 2000).

[3754] Os Estados Unidos e a Austrália, assim como a Comunidade Europeia na sua qualidade de parte terceira, alegaram que uma interpretação do nº 7 do artigo 4º do Acordo sobre as Subvenções e as Medidas de Compensação que permitisse uma medida correctiva retroactiva seria incompatível com o artigo 19º do Memorando de Entendimento sobre Resolução de Litígios e com a prática consuetudinária do GATT de 1947 e da OMC (cf. Relatório do Painel no caso *Australia – Subsidies Provided to Producers and Exporters of Automotive Leathers – Recourse to Article 21:5 of the DSU by the United States* (WT/DS126/RW), 21-1-2000, parágrafo 6.29). Segundo alguns autores, "by making a finding on remedy not requested by any of the parties", o painel excedeu claramente o seu mandato e infringiu o princípio fundamental das garantias processuais devidas. Cf. Gavin GOH e Andreas ZIEGLER, *Retrospective Remedies in the WTO After Automotive Leather*, in JIEL, 2003, p. 551.

[3755] Segundo alguns autores, "this had always been possible in principle – what was required was that the panel interpret the relevant language requiring withdrawal of the subsidy as applying as of the date that the subsidy was first applied, rather than as of the date it is found to be illegal". Cf. Bernard HOEKMAN e Michel KOSTECKI, *The Political Economy of the World Trading System: The WTO and Beyond*, 2ª ed., Oxford University Press, 2001, p. 89.

[3756] Relatório do Painel no caso *Australia – Subsidies Provided to Producers and Exporters of Automotive Leathers – Recourse to Article 21:5 of the DSU by the United States* (WT/DS126/RW), 21-1-2000, parágrafo 6.39.

1344

A FALTA DE EXECUÇÃO

Apesar de alguns painéis terem recomendado, a partir dos anos 80, não apenas a revogação dos direitos antidumping e compensadores ilegais, como também o seu reembolso, esta foi a primeira vez que um painel do GATT ou da OMC requereu a um agente privado a devolução do dinheiro ao Governo:

> "There were GATT [1947] cases in which the government was directed to repay an antidumping duty erroneously collected from an importer, but there the private actor was being compensated. In leather, the assets of the private actor were to be confiscated"[3757].

Significativamente, não tendo as conclusões do painel no caso *Australia – Subsidies Provided to Producers and Exporters of Automotive Leathers – Recourse to Article 21:5 of the DSU by the United States* (limitadas ao Acordo sobre as Subvenções e as Medidas de Compensação) sido objecto de qualquer recurso, os Estados Unidos e a Austrália ignoraram a recomendação do painel e, de forma bilateral, resolveram o litígio, tendo notificado, em 24 de Julho de 2000, o presidente do Órgão de Resolução de Litígios da solução mutuamente acordada pelos dois países no que diz respeito à execução das conclusões do relatório do Painel. A solução mutuamente acordada impôs:

(i) o pagamento de 7.2 milhões de dólares australianos ao governo australiano pela empresa que beneficiou da ajuda de maneira contrária às obrigações do seu país no âmbito da OMC (os 7.2 milhões de dólares correspondiam à quantia ainda não utilizada pelo beneficiário);

(ii) a suspensão de certos aduaneiros nação mais favorecida; e

(iii) a remoção do produto "pele para utilização na indústria automóvel" de certos programas de apoio do governo australiano aos sectores dos têxteis, vestuário, calçado e automóvel e a proibição de outros subsídios, concedidos directa ou indirectamente, à produção, venda e distribuição de pele para utilização na indústria automóvel durante um período de doze anos[3758].

---

[3757] Steve CHARNOVITZ, *Economic and Social Actors in the World Trade Organization*, in ILSA Journal of International & Comparative Law, 2001, p. 269. Em contraste com o que se passou no caso *Australia – Subsidies Provided to Producers and Exporters of Automotive Leathers – Recourse to Article 21:5 of the DSU by the United States*, caso um Governo imponha, de modo ilegal, direitos aduaneiros, direitos antidumping ou impostos gerais, a devolução do dinheiro cobrado será exigida não a empresas privadas, mas ao próprio Governo.

[3758] Notificação de solução mutuamente acordada no caso *Austrália – Subsidies Provided to Producers and Exporters of Automotive Leather* (WT/DS126/11, G/SCM/D20/2), 31-7-2000.

1345

A FUNÇÃO JURISDICIONAL NO SISTEMA GATT/OMC

Como seria de esperar, a conclusão do painel foi objecto de muitas críticas, nomeadamente, por parte da Austrália, Brasil, Canadá, Japão e Malásia. Apenas Hong Kong falou a favor do painel[3759]. Mais importante, a conclusão do painel sobre a natureza retrospectiva da medida correctiva não tem sido seguida, na prática, pelos painéis e pelas partes em litígios subsequentes[3760].

Apesar de tudo, alguns membros da OMC, principalmente países pobres, têm reivindicado a introdução de medidas correctivas com carácter retroactivo. Nesse sentido, o chamado Grupo Africano apresentou em Setembro de 2002 a seguinte proposta:

> "Se bem que seja bem-vinda a compensação em forma de acesso adicional ao mercado, a compensação deveria reflectir de maneira predominante a necessidade de pagar continuamente uma compensação monetária durante a vigência e até à retirada das medidas que infringem as obrigações. Essa compensação monetária responderia à perda sofrida em consequência e durante a vigência das medidas infractoras das obrigações contraídas na OMC, mas não seria substitutiva da retirada dessas medidas. Nenhuma disposição sobre compensação monetária obrigatória deverá afectar o requisito de retirar as medidas infractoras"[3761].

Cerca de duas semanas depois, o denominado Grupo dos Países Menos Avançados apresenta uma proposta com o seguinte teor:

> "(...) Há razões de peso para defender a compensação monetária. Esta medida correctiva é importante para os países em desenvolvimento e os países menos avançados e para qualquer economia que sofra durante o tempo em que esteja em vigor uma medida infractora. (...) Tal compensação monetária deveria ser equivalente à perda ou prejuízo sofrido e consequência directa da medida infractora. A quantificação da perda ou prejuízo a ser compensado deveria começar sempre a partir da data em que o Membro infractor adoptou a medida (...)"[3762].

A proposta dos países menos avançados é especialmente exigente, defendendo que se imponha uma compensação obrigatória, preferencialmente

---

[3759] John RAGOSTA, *Unmasking the WTO – Access to the DSB System: Can the WTO DSB Live Up to the Moniker "World Trade Court"?*, in Law & Policy in International Business, 2000, p. 745.

[3760] Gavin GOH e Andreas ZIEGLER, *Retrospective Remedies in the WTO After Automotive Leather*, in JIEL, 2003, p. 545.

[3761] OMC, *Negotiations on the Dispute Settlement Understanding, Proposal by the African Group* (TN/DS/W/15), 25-9-2002, parágrafo 5 (p. 3).

[3762] OMC, *Negotiations on the Dispute Settlement Understanding, Proposal by the LDC Group* (TN/DS/W/17), 9-10-2002, parágrafo 13 (p. 4).

1346

A FALTA DE EXECUÇÃO

monetária e equivalente ao prejuízo sofrido, quantificado desde a data em que o Membro infractor adoptou a medida declarada incompatível.

Naturalmente, não é por acaso que estas propostas foram apresentadas por países do continente africano e/ou países menos avançados. Caracterizando-se as economias desses países, muitas vezes, pela falta de diversificação das actividades económicas ligadas à exportação, elas podem sofrer danos irreparáveis, até por correrem o risco de perder o mercado em causa de modo permanente para países concorrentes ou produtos sucedâneos. É de lamentar que os países que participaram nas negociações do Ciclo do Uruguai não tenham previsto, expressamente, a faculdade de se aplicarem medidas provisórias nem a possibilidade de atribuição de uma compensação pelos prejuízos efectivamente sofridos (ou, pelo menos, durante a pendência da acção), no caso de a medida objecto de queixa ser considerada contrária às regras da OMC[3763]. Trata-se, em ambos os casos, de uma omissão particularmente censurável, se tivermos em conta que, normalmente, pode demorar 30 meses até que a medida objecto de queixa seja retirada (só o prazo razoável para execução das recomendações do Painel ou do Órgão de Recurso pode atingir os 15 meses a contar da data da adopção de um relatório do Painel ou do Órgão de Recurso). A proposta de introdução de um direito de compensação teria, ainda, o mérito de "estimular" os países a cumprirem rapidamente as recomendações ou decisões do Órgão de Resolução de Litígios.

No plano doutrinário, um autor tão importante como MARCO BRONCKERS propõe mesmo o aditamento de uma nova alínea e) ao nº 3 do art. 22º do Memorando. Assim, em alternativa à retaliação e retaliação cruzada, se o Órgão de Resolução de Litígios desse razão a um país em desenvolvimento (ou a um país menos avançado), este deveria ter a possibilidade de requerer uma compensação financeira, pelos danos causados pela violação aos seus nacionais, caso a parte que não executou as decisões e recomendações do Órgão de Resolução de Litígios dentro do prazo razoável estabelecido fosse um país desenvolvido. Esses danos seriam calculados desde a data em que os mesmos ocorreram até à data em que a violação terminou, devendo ainda o país desenvolvido pagar juros desde a data em que foi apresentada a queixa pelo país em desenvolvimento[3764].

À primeira vista, a introdução da retroactividade no sistema de resolução de litígios da OMC teria, de facto, várias vantagens. Principalmente, a natureza retrospectiva das medidas de retaliação criaria um incentivo importante para os

---

[3763] Por exemplo, enquanto se resolvia o litígio Bananas entre o Equador, os Estados Unidos e a Comunidade Europeia, a empresa Chiquita "filed for bankruptcy". Cf. Karen ALTER, Resolving or exacerbating disputes? The WTO's new dispute resolution system, in International Affairs, 2003, pp. 789-790.

[3764] Marco BRONCKERS, More Power to the WTO?, in JIEL, 2001, p. 63.

A FUNÇÃO JURISDICIONAL NO SISTEMA GATT/OMC

membros da OMC executarem rapidamente as recomendações e decisões do
Órgão de Resolução de Litígios, desencorajaria manobras dilatórias maliciosas
ou práticas do tipo *hit-and-run*[3765], passaria a constituir uma arma de dissuasão

[3765] O sistema de resolução de litígios da OMC não prevê qualquer protecção real contra as medidas incompatíveis com as regras da OMC que são aplicadas ou têm um impacto comercial durante um período inferior ao que duram normalmente os procedimentos de resolução de litígios no âmbito da OMC. Consequentemente, um Membro da OMC pode adoptar uma medida incompatível com as regras da OMC sabendo que uma queixa apresentada contra ele demorará entre 2 a 3 anos a dar resultados, manter a medida em causa durante este período de tempo e revogá-la pouco tempo antes da eventual aplicação de sanções. Entretanto, o objectivo que presidiu à adopção da medida já foi atingido. Esta prática de *hit-and-run* aconteceu, por exemplo, no caso *United States – Definitive Safeguard Measures on Imports of Certain Steel Products*:

"the peculiarities and shortcomings of WTO dispute resolution may explain why the United States government opted to impose steel tariffs when it was clear from the outset that such a measure was illegal and would unequivocally result in a seemingly humiliating loss at the WTO. Quite evidently the lack of reparatory remedies made this a risk-free option. The United States government knew from experience that litigation at the WTO lasted at least 18 months, usually even longer. It also knew that the worst-case scenario was that the steel tariff measure would have to be repealed. It would be free to keep the extra income generated while the illegal steel tariffs were in place and the domestic industry would at the same time stand to benefit from less competition. No reparation would have to be made for any of the pecuniary and other damage caused during the time of the application of the illegal tariff. Apart perhaps from the negative publicity generated by WTO litigation and alienation of the input-user industry, this is a rare example of a true win-win situation. Of course that does not take account of the overall economic impact of the measure. Indeed, the then Secretary of the Treasury, Paul O'Neill, said at the time that the measure was unnecessary and cost more jobs than it created. (...) The seeds for this apparently nonsensical move were probably sown in late 2001, when President Bush sought so-called 'fast-track' authority to conclude trade agreements without having to seek advice from Congress. The House of Representatives granted such authority, but by a one-vote margin only. Given this very close outcome, it is quite conceivable that the push for votes by the administration included promises to impose steel tariffs. This hypothesis is supported by the timing of the measure, which suggests that the administration had a view to the November 2002 mid-term elections in which certain marginal United States steel-producing states were targeted for electoral gain" (cf. Hans MAHNCKE, *US Steel Tariffs and the WTO Dispute Resolution Mechanism*, in Leiden Journal of International Law, 2004, pp. 621-622).
Este caso tem ainda a curiosidade de demonstrar que a importância das medidas de retaliação pode ser mais política do que económica. De facto, confrontada com a medida de salvaguarda protectora da indústria do aço estado-unidense, as Comunidades Europeias ameaçaram com a possibilidade de impor medidas de retaliação, ao abrigo do nº 2 do art. 8º do Acordo sobre as Medidas de Salvaguarda, visando indústrias em Estados norte-americanos fundamentais para os Republicanos nas eleições para o Congresso que se iriam realizar brevemente. Os aumentos das tarifas propostos pelas Comunidades iriam incidir sobre produtos de Estados norte-americanos politicamente sensíveis: as laranjas da Florida, os têxteis das duas Carolinas e os automóveis de Michigan. Cf. Donald McRAE, *Measuring the Effectiveness of the WTO Dispute Settlement System*, in Asian Journal of WTO and International Health Law and Policy, Vol. 3, 2008, p. 9.

A FALTA DE EXECUÇÃO

contra potenciais violadores das obrigações da OMC e permitiria que a noção de equivalência entre o nível da medida de retaliação a aplicar e a anulação ou redução das vantagens passasse a constituir uma realidade no caso de algumas das medidas impostas por alguns dos membros da OMC:

> "In the case of a one-time subsidy, an interpretation of 'bringing into conformity' that does not encompass any repayment whatsoever will mean that the dispute ruling is merely declaratory. It does not even appear to include a duty of non-repetition [artigo 30º dos Artigos da Comissão do Direito Internacional sobre a Responsabilidade Internacional do Estado]. In such cases, a purely prospective remedy is clearly wholly ineffective"[3766].

É de notar, ainda, que um Estado que tenha actuado de modo contrário às normas do Direito internacional público, está obrigado, regra geral, a pôr fim ao acto declarado ilegal (carácter prospectivo) e a prover reparação ao Estado lesado pelos prejuízos sofridos (carácter retrospectivo)[3767]. De acordo com o Tribunal Permanente de Justiça Internacional, numa passagem muitas vezes citada do caso *Factory at Chorzów*:

> "A Reparação deve, na medida do possível, apagar todas as consequências do acto ilícito e restabelecer a situação que teria provavelmente existido caso aquele acto não tivesse sido cometido"[3768].

O próprio nº 1 do artigo 31º dos Artigos da Comissão do Direito Internacional sobre a Responsabilidade Internacional do Estado estabelece que "o Estado responsável está obrigado a reparar totalmente o prejuízo causado pelo facto internacionalmente ilícito". Por conseguinte, ao não prever a compensação pelos prejuízos ocorridos no passado, o regime sancionatório da OMC não dispõe do remédio da reparação, "the standard international law remedy"[3769], e oferece

---

[3766] Piet EECKHOUT, Remedies and Compliance, in *The Oxford Handbook of International Trade Law*, Daniel Bethlehem, Donald McRae, Rodney Neufeld, Isabelle Van Damme Ed., Oxford University Press, 2009, p. 450.

[3767] John JACKSON e Carlos VÁZQUEZ, *Some Reflections on Compliance With the Dispute Settlement Decisions*, in Law & Policy in International Business, 2002, p. 561.

[3768] TRIBUNAL PERMANENTE DE JUSTIÇA INTERNACIONAL, *Case Concerning the Factory at Chorzów (Claims for indemnity), Merits*, Acórdão de 13-9-1928 (Series A-No. 17), p. 47.

[3769] William DAVEY, Sanctions in the WTO: problems and solutions, in *The Law, Economics and Politics of Retaliation in WTO Dispute Settlement*, Cambridge University Press, 2010, p. 365. Porém, estudos doutrinários recentes sobre a prática internacional têm apontado que, fora do exercício da protecção diplomática e dos casos em que a violação consiste ou é acompanhada por uma acção violenta contra bens, meios e órgãos de um Estado, não é assim tão claro que o direito internacional consuetudinário imponha a reparação do prejuízo, pois raramente se formulam pretensões em tal

1349

## A FUNÇÃO JURISDICIONAL NO SISTEMA GATT/OMC

menos que o Tribunal Internacional de Justiça[3770]. Claro está, a disposição do artigo 55º dos Artigos da Comissão do Direito Internacional sobre a Responsabilidade Internacional do Estado, intitulada *lex specialis*, está desenhada para abrir a porta a tais conjuntos especiais de regras secundárias[3771]. Ao mesmo tempo, PIET EECKHOUT nota que:

> "the *lex specialis* principle of Article 55 International Law Commission Articles seems purely functional: the Articles do not apply *where and to the extent* that there are special rules. The WTO legal texts, rich as they may be, do not cover all aspects of international responsibility, and the gaps can easily be filled with the International Law Commission Articles"[3772].

No que concerne às medidas correctivas passíveis de aplicação no âmbito do sistema de resolução de litígios, um painel defendeu que o nº 1 do art. 23º do Memorando "deve ser interpretado no sentido de que os membros não podem procurar obter, por meios distintos do recurso ao Memorando de Entendimento sobre Resolução de Litígios, resultados que podem ser obtidos graças às medidas correctivas previstas no Memorando de Entendimento sobre Resolução de Litígios"[3773]. No caso *European Communities – Regime for the Importation, Sale and Distribution of Bananas*, por exemplo, os Estados Unidos estavam tão irritados com o incumprimento e as manobras dilatórias das Comunidades Europeias que chegaram a ponderar a hipótese de suspensão dos direitos de aterragem das companhias aéreas comunitárias[3774]. Caso prevalecesse a posição do painel relativa

sentido (cf. Xavier Fernández PONS, *La OMC y el Derecho internacional: Un estudio sobre el sistema de solución de diferencias de la OMC y las normas secundarias del Derecho internacional general*, Marcial Pons, Madrid-Barcelona, 2006, p. 340). Assim sendo, o exame da prática internacional parece testemunhar que a ausência generalizada de uma reparação do prejuízo vigente no sistema da OMC não é assim tão singular ou rara.

[3770] Quando o Tribunal Internacional de Justiça emite um acórdão em que conclui que um Estado violou uma regra de Direito internacional, o Estado em causa será responsável, primeiro, por pôr cobro à violação, se esta tiver carácter continuado, e, segundo, repará-la. Cf. Joost PAUWELYN, *Enforcement and Countermeasures in the WTO: Rules Are Rules – Toward a More Collective Approach*, in AJIL, 2000, p. 339.

[3771] Bruno SIMMA e Dirk PULKOWSKI, *Of Planets and the Universe: Self-contained Regimes in International Law*, in EJIL, 2006, p. 486.

[3772] Piet EECKHOUT, Remedies and Compliance, in *The Oxford Handbook of International Trade Law*, Daniel Bethlehem, Donald McRae, Rodney Neufeld, Isabelle Van Damme Ed., Oxford University Press, 2009, pp. 441-442.

[3773] Relatório do Painel no caso *European Communities – Measures Affecting Trade in Commercial Vessels* (WT/DS301/R), 22-4-2005, parágrafo 7.196.

[3774] Jide NZELIBE, *The Credibility Imperative: The Political Dynamics of Retaliation in the World Trade Organization's Dispute Resolution Mechanism*, in Theoretical Inquiries in Law, 2005, p. 247.

1350

# A FALTA DE EXECUÇÃO

ao art. 23º do Memorando, os Estados Unidos não poderiam fazê-lo. No caso da codificação da Comissão do Direito Internacional, pelo contrário, os seus artigos 49º a 51º não parecem obstar a que os Estados Unidos adoptassem a acção referida[3775]. As muitas críticas que mereceu a conclusão sobre a natureza retrospectiva da medida correctiva do painel do caso *Australia – Subsidies Provided to Producers and Exporters of Automotive Leathers – Recourse to Article 21:5 of the DSU by the United States* e o facto de a prática ulterior seguida pelos painéis e pelas partes em litígios não apoiar este painel levam-nos a concluir que uma parte queixosa só pode recorrer ao regime sancionatório previsto no Memorando. É importante ter presente, também, que os instrumentos constitutivos dos tribunais internacionais "rarely make provision for remedies that they have the power to award"[3776].

Assim, apesar das vantagens inerentes à existência de um regime sancionatório de carácter retrospectivo e da prática seguida geralmente no Direito internacional público, que razões terão levado os participantes nas negociações do Ciclo do Uruguai a consagrar o carácter prospectivo dos remédios passíveis de aplicação no âmbito do sistema de resolução de litígios da OMC? Fundamentalmente, podem ser aduzidas três razões. Primeiro, a natureza prospectiva das medidas de retaliação pode ser vista como uma maneira de encorajar os membros da OMC "to litigate their disputes to conclusion" de modo a que as regras sejam clarificadas para benefício de todos[3777].

Segundo:

> "weak remedies in the WTO were a crucial precondition for the otherwise strengthened WTO dispute process. Knowing that they could no longer block dispute rulings, WTO Members were eager to limit the remedies or sanctions that would follow any WTO condemnation"[3778].

---

[3775] Mas, segundo o próprio relator James Crawford, dependerá da norma especial estabelecer a medida em que as normas mais gerais sobre responsabilidade do Estado estabelecidas nos presentes artigos são afastadas por ela. Em alguns casos, o texto de um tratado ou de outro texto expressa claramente que só se produzirão as consequências que se especificam. Quando assim acontece, a consequência estará "determinada" pela norma especial. Noutras ocasiões, pode modificar-se um aspecto da lei geral e os demais aspectos continuam a ser aplicáveis. Um exemplo do primeiro caso é o Memorando de Entendimento sobre Resolução de Litígios da OMC. Cf. James Crawford, *Los artículos de la Comisión de Derecho Internacional sobre la Responsabilidad Internacional del Estado – Introducción, texto y comentários*, Editorial Dykinson, Madrid, 2004, p. 356.

[3776] Chester Brown, *A Common Law of International Adjudication*, Oxford University Press, 2007, p. 9.

[3777] Warren Schwartz e Alan O. Sykes, *The Economic Structure of Renegotiation and Dispute Resolution in the WTO/GATT System*, John M. Olin Law & Economics Working Paper nº 143 (2d. series), The Law School – The University of Chicago, 2002, p. 26.

[3778] Joost Pauwelyn, *The Sutherland Report: A Missed Opportunity for Genuine Debate on Trade, Globalization and Reforming the WTO*, in JIEL, 2005, p. 344.

A FUNÇÃO JURISDICIONAL NO SISTEMA GATT/OMC

Num plano mais generalizado:

"without broad exceptions and multiple escape clauses such as safeguards, tariff renegotiations, waivers, and weak remedies, the original GATT could not have been concluded. Equally, the Tokyo Round agreements would not have been finalized but for
certain exit options; in particular, the à la carte nature of the Tokyo Round codes on
nontariff barriers and the exclusion of GATT developing countries from both new and
existing GATT disciplines through, for example, the Enabling Clause. The successful conclusion of the Uruguay Round, as well, required the confirmation of certain
exit options. Notwithstanding the general thickening of the WTO legal structure,
GATT's original safety valves were maintained, some were even expanded, and most
of them were also transposed to new WTO agreements on trade in goods, GATS, and
TRIPS"[3779].

Ou seja, dadas as incertezas do futuro, os negociadores necessitam destas
opções de saída e válvulas de segurança. Sem elas, a amplitude e profundidade
das obrigações substantivas da OMC não constituiriam uma realidade. Por exemplo, na impossibilidade de aplicarem medidas de salvaguarda, é natural que os
governos nacionais mostrassem maior relutância em assumir os riscos associados
aos compromissos de liberalização comercial, pelo que é melhor que sejam assumidos, por exemplo, 100 compromissos e 10 sejam retirados do que só assumidos
50 compromissos e todos eles devam ser mantidos[3780].

Finalmente, a obrigação de retirar o acto ilegal *ex tunc*, restabelecendo a situação que existiria se o acto em causa não tivesse sido praticado, poderia implicar,
*in extremis*, o regresso a finais dos anos 40 e, consequentemente, dificuldades
consideráveis na determinação dos prejuízos ocorridos no passado e montantes avultados a título de compensação[3781]. É certo que alguns autores sugerem a
introdução de medidas de retaliação *ex tunc* somente no caso dos direitos anti-

---

[3779] Joost PAUWELYN, *The Transformation of World Trade*, in Michigan Law Review, 2005, p. 52. Ou,
como diz outro autor, "the result of stronger retaliatory penalties could simply be more protection"
(cf. Robert LAWRENCE, *Crimes & Punishments? Retaliation Under The WTO*, Institute for International Economics, Washington, DC, 2003, p. 83). É também provável que o agravamento do regime
sancionatório da OMC se traduza na apresentação de pedidos de inclusão de mais "non-trade-rela-
ted issues" na agenda de negociações da OMC. Cf. T. SRINIVASAN, *The Dispute Settlement Mechanism
of the WTO: A Brief History and an Evaluation from Economic, Contractarian and Legal Perspectives*, in
WE, 2007, p. 1058.

[3780] Kenneth W. DAM, *The GATT Law and International Economic Organization*, The University of
Chicago Press, Chicago e Londres, 1970, p. 80.

[3781] Allan ROSAS, *Implementation and Enforcement of WTO Dispute Settlement Findings: An EU Perspective*, in JIEL, 2001, p. 140.

## A FALTA DE EXECUÇÃO

dumping e compensadores, por serem mais fáceis de calcular e de reembolsar[3782], mas, mesmo nestes casos, é provável que o cálculo do prejuízo resultante da sua imposição "end up with a different quantum"[3783]. Não só os importadores podem fazer repercutir os custos adicionais resultantes da aplicação dos direitos anti-dumping ou compensadores sobre os consumidores, como também o prejuízo dos exportadores é, frequentemente, superior ao valor dos direitos pagos. Basta ter presente que um simples pedido de aplicação de direitos antidumping tende a refrear as importações, mesmo que, no fim da investigação levada a cabo, o pedido não seja aceite. Neste caso, as importações das empresas referidas no pedido de investigação sofrem uma redução da ordem dos 15 a 20%, ao passo que, quando o pedido é aceite, as importações caem entre 50 a 70%[3784]. Estima-se igualmente que cerca de metade das investigações terminem sem a aplicação de quaisquer direitos antidumping[3785]. Em suma, é provável que, quando as investigações relativas a uma prática de dumping ou a uma concessão de subvenções têm início, os exportadores tenham de começar a procurar novos mercados.

O caso *Foreign Sales Corporations* demonstra, igualmente, que a hipótese da *restitutio* nem sempre é praticável. Imagine-se o que seria os Estados Unidos a solicitar a milhares de empresas, norte-americanas e estrangeiras, a devolução dos subsídios de que beneficiaram durante mais de duas décadas, além de que tal demanda seria, quase de certeza, incompatível com a proibição de legislação retroactiva consagrada nas constituições da maioria dos Estados[3786].

Convém chamar a atenção, também, para outro aspecto significativo do caso *Foreign Sales Corporations*. Não obstante as altas taxas de cumprimento registadas no âmbito do sistema de resolução de litígios da OMC, o cumprimento atempado ocorre apenas em cerca de 60% dos casos[3787] e os Estados Unidos têm sido a principal fonte de execução extemporânea das recomendações e decisões do Órgão de Resolução de Litígios[3788]. Um antigo director do Secretariado da OMC avança, por isso, com a ideia de introduzir um mecanismo de ajustamento para

---

[3782] Patricio GRANÉ, *Remedies under WTO Law*, in JIEL, 2001, p. 771.

[3783] Petros MAVROIDIS, *Remedies in the WTO Legal System: Between a Rock and a Hard Place*, in EJIL, 2000, p. 776.

[3784] Douglas IRWIN, *Free Trade Under Fire*, Princeton University Press, Princeton – Nova Jersey, 2002, p. 120.

[3785] OMC, *Overview of Developments in the International Trading Environment – Annual Report by the Director-General* (WT/TPR/OV/8), 15-11-2002, p. 23.

[3786] Bruno SIMMA e Dirk PULKOWSKI, *Of Planets and the Universe: Self-contained Regimes in International Law*, in EJIL, 2006, p. 523.

[3787] William DAVEY, Sanctions in the WTO: problems and solutions, in *The Law, Economics and Politics of Retaliation in WTO Dispute Settlement*, Cambridge University Press, 2010, p. 361.

[3788] *Idem*, p. 362.

A FUNÇÃO JURISDICIONAL NO SISTEMA GATT/OMC

aumentar as sanções com o decurso do tempo, a fim de impedir que o não cumprimento atempado das recomendações e decisões do Órgão de Resolução de Litígios se transforme no *status quo*[3789]. Em certo sentido, esta solução foi utilizada pelas Comunidades Europeias no caso *United States – Tax Treatment for "Foreign Sales Corporations"*. De facto, tendo a Comunidade Europeia sido autorizada pelo Órgão de Resolução de Litígios, em 7 de Maio de 2003, a impor contramedidas até ao valor de 4.043 milhões de dólares norte-americanos, sob a forma de um direito adicional até 100% *ad valorem* sobre certos produtos originários dos Estados Unidos, a Comunidade adoptou o regulamento nº 2193/2003[3790], que determinava que, a partir de 1 de Março de 2004, seriam suspensas as concessões pautais da Comunidade no que respeita aos produtos originários dos Estados Unidos que constassem da lista anexa ao mesmo e de acordo com as seguintes taxas:

- 5% de 1 de Março de 2004 a 31 de Março de 2004;
- 6% de 1 de Abril de 2004 a 30 de Abril de 2004;
- 7% de 1 de Maio a 31 de Maio de 2004;
- 8% de 1 de Junho de 2004 a 30 de Junho de 2004;
- 9% de 1 de Julho de 2004 a 31 de Julho de 2004:
- 10% de 1 de Agosto de 2004 a 31 de Agosto de 2004;
- 11% de 1 de Setembro de 2004 a 30 de Setembro de 2004;
- 12% de 1 de Outubro de 2004 a 31 de Outubro de 2004;
- 13% de 1 de Novembro de 2004 a 30 de Novembro de 2004;
- 14% de 1 de Dezembro de 2004 a 31 de Dezembro de 2004;
- 15% de 1 de Janeiro de 2005 a 31 de Janeiro de 2005;
- 16% de 1 de Fevereiro de 2005 a 28 de Fevereiro de 2005;
- 17% a partir de 1 de Março de 2005.

Após 1 de Março de 2005, a Comissão deveria apresentar uma proposta ao Conselho, tendo em vista o exame do regulamento referido anteriormente, à luz da evolução da situação. O regulamento dispunha, ainda, que a suspensão dos direitos consolidados seria temporária e aplicada somente até que fosse revogada a medida norte-americana não conforme às regras da OMC.

Aspecto importante, Bruxelas decidiu começar por aplicar medidas de valor muito inferior ao autorizado pela OMC e sem prever chegar ao montante total autorizado pelo Órgão de Resolução de Litígios. Por conseguinte, em Março de

[3789] William DAVEY, *The WTO: Looking Forwards*, in JIEL, 2006, pp. 22-23.
[3790] Regulamento (CE) Nº 2193/2003 do Conselho de 8 de Dezembro de 2003 *que institui direitos aduaneiros adicionais sobre as importações de certos produtos originários dos Estados Unidos da América*, in JOCE L 328, de 17-12-2003, pp. 3-12.

1354

A FALTA DE EXECUÇÃO

2004, as medidas de retaliação ascenderam a pouco mais de 200 milhões de dólares norte-americanos e estava previsto que ascendessem a cerca de 700 milhões em Março de 2005, se a legislação objecto do litígio se mantivesse em vigor. Na sequência da adopção, em Outubro de 2004, da nova legislação fiscal estado-unidense sobre as empresas, a Comunidade Europeia suspendeu as medidas de retaliação em 1 de Janeiro de 2005.

## 5. A Solução da Compensação
### 5.1. O GATT de 1947
Durante a vigência do GATT de 1947, as partes em litígio já tinham a possibilidade de pôr fim a um litígio por meio de uma compensação voluntária[3791]. Ainda que a possibilidade de compensação não estivesse prevista explicitamente no texto do GATT 1947, a existência de tal opção foi reconhecida e codificada durante o Ciclo de Tóquio, mais exactamente, no nº 4 da Descrição Acordada da Prática Consuetudinária do GATT em Matéria de Resolução de Litígios anexa ao Memorando Relativo a Notificações, Consultas, Resolução de Litígios e Supervisão de 1979:

> "O objectivo das PARTES CONTRATANTES tem sido sempre encontrar uma solução positiva para os litígios. Evidentemente, é preferível uma solução mutuamente aceitável para as partes em litígio. Na ausência de uma solução mutuamente acordada, o objectivo primordial das PARTES CONTRATANTES é, usualmente, conseguir a retirada das medidas em causa quando se constata que estas são incompatíveis com o Acordo Geral. Só se deve conceder uma compensação quando não seja praticável retirar imediatamente as medidas incompatíveis com o Acordo Geral e como solução provisória até à sua supressão".

### 5.2. A Compensação Comercial
No caso do sistema de resolução de litígios da OMC, a compensação continua a ser uma medida temporária, que pode ser adoptada caso as recomendações e as decisões do Órgão de Resolução de Litígios não sejam executadas dentro do prazo razoável estabelecido (art. 22º, nº 1, do Memorando)[3792].

---

[3791] Peter-Tobias STOLL e Arthur STEINMANN, *WTO Dispute Settlement: The Implementation Stage*, in Max Planck Yearbook of United Nations Law, vol. 3, 1999, p. 420.

[3792] No contexto da OMC, a compensação tem um significado muito diferente do utilizado geralmente no Direito Internacional:
"While 'compensation' is ordinarily thought of as a retrospective remedy designed to compensate for past harm, in the WTO, the term refers to a purely forward looking remedy: the granting of a trade benefit to the prevailing party in order to compensate prospectively for the nullification or impairment caused by the nonconforming measure" (cf. John JACKSON e

1355

# A FUNÇÃO JURISDICIONAL NO SISTEMA GATT/OMC

Ao implicar a redução das barreiras ao comércio, a solução da compensação faz com que os princípios do livre-cambismo sejam necessariamente observados, beneficiando inclusivamente a própria parte em litígio à qual são dirigidas as recomendações e decisões[3793]. A compensação tem, ainda, a característica de ser oferecida não apenas à parte que viu o Órgão de Resolução de Litígios dar-lhe razão, mas também a todos os membros da OMC[3794]. De facto, "a compensação é voluntária e, se aprovada, deve ser compatível com os acordos abrangidos" (art. 22º, nº 1, *in fine*, do Memorando de Entendimento sobre Resolução de Litígios) e, como é sabido, a cláusula da nação mais favorecida constitui um dos princípios fundamentais do sistema GATT/OMC[3795]. Por conseguinte, a aceitação da compensação oferecida não implica, forçosamente, que o Membro da OMC vencedor do litígio veja aumentar a sua quota no mercado do Membro da OMC que oferece a compensação.

Carlos VÁZQUEZ, *Some Reflections on Compliance With the Dispute Settlement Decisions*, in Law & Policy in International Business, 2002, p. 560).
Além disso, no Direito Internacional Geral, a compensação assume normalmente a forma pecuniária. Cf. Patricio GRANÉ, *Remedies under WTO Law*, in JIEL, 2001, p. 762.

[3793] Efectivamente, a compensação, ao liberalizar as trocas comerciais, beneficia ambas as partes do litígio, bem como os membros da OMC que exportem os produtos cujas barreiras à importação sofreram uma redução.

[3794] Na prática, nada impede que sejam escolhidos produtos exportados apenas pela parte queixosa ou por um número pequeno de membros da OMC.

[3795] No caso da suspensão das concessões ou outras obrigações previstas nos acordos abrangidos, o Memorando de Entendimento sobre Resolução de Litígios não requer que os produtos a atingir pelas sanções sejam seleccionados de maneira a que se observe a cláusula da nação mais favorecida. No caso *Hormones*, por exemplo, o representante norte-americano para o comércio internacional "varied the countries for several items on the hit list; none of the sanctions is EC-wide" (cf. Steve CHARNOVITZ, Should the teeth be pulled? An analysis of WTO sanctions, in *The Political Economy of International Trade Law – Essays in Honor of Robert E. Hudec*, Daniel Kennedy e James Southwick ed., Cambridge University Press, 2002, p. 625). O Reino Unido "was reportedly kept off the hit list because it had voted against the hormone ban" (cf. Steve CHARNOVITZ, *The WTO's Problematic "Last Resort" Against Noncompliance*, in Aussenwirtschaft, 2002, p. 423). De notar, por último, que SIMON SCHROPP discorda do entendimento geral a respeito do nº 1, *in fine*, do art. 22º do Memorando:
"The covered agreements often provide for exceptions to the most-favored-nation principle (e.g. GATT Art. XXIV, the enabling clause, Dispute Settlement Understanding Art. 22.2), yet these provisions are equally consistent with the covered agreements. This sentence [a compensação (...), se aprovada, deve ser compatível com os acordos abrangidos] means that compensation must be in line with the general rules of the game, and it excludes prohibited behaviour such as quantitative restrictions, voluntary export restraints, organized market arrangements, or export subsidies". Cf. Simon SCHROPP, *Trade Policy Flexibility and Enforcement in the World Trade Organization: A Law and Economic Analysis*, Cambridge University Press, 2009, p. 311.

A FALTA DE EXECUÇÃO

Ao mesmo tempo, a compensação nada faz pelos produtores que, em resultado da adopção da medida declarada incompatível, sofreram o prejuízo. No famoso caso *Hormones*, por exemplo, mesmo que a Comunidade Europeia oferecesse uma compensação, prometendo reduzir os direitos aduaneiros que incidiam, por exemplo, sobre as exportações de automóveis originários dos Estados Unidos e do Canadá, os produtores de carne de vaca norte-americanos e canadianos teriam de continuar a enfrentar a proibição de utilização de hormonas de crescimento imposta pela Comunidade Europeia. Mesmo do ponto de vista da Comunidade Europeia, a oferta da compensação traduzir-se-ia, no fundo, em seleccionar uma indústria inocente (a dos automóveis) para "pagar a conta" (sofrendo os direitos aduaneiros que a protegessem uma redução no seu montante) pelos benefícios concedidos à indústria que lucrou com a proibição de utilização de hormonas de crescimento (os produtores de carne de vaca que não recorressem a esse tipo de substância)[3796]. Além disso, a redução dos direitos aduaneiros cobrados sobre os automóveis implicaria forçosamente maiores oportunidades de acesso ao mercado comunitário por parte de todos os membros da OMC exportadores de automóveis e não apenas dos fabricantes norte-americanos e canadianos. Muito provavelmente, ao ter de observar a cláusula da nação mais favorecida, a soma total da compensação oferecida seria mais elevada do que o nível da redução ou anulação de vantagens causado pela medida declarada incompatível.

Na prática, ao exigir que as partes em litígio cheguem "a acordo sobre uma compensação mutuamente satisfatória" (art. 22º, nº 2, do Memorando), a compensação raramente acontece. É natural, por exemplo, que o Membro da OMC queixoso procure que a compensação ocorra em sectores ou produtos nos quais é o principal fornecedor e a realidade revela que as partes em litígio têm, regra geral, estimativas muito divergentes sobre o nível da anulação ou redução de vantagens. O Memorando de Entendimento sobre Resolução de Litígios nada diz, também, sobre como deve ser determinada a compensação. No entanto, por analogia com as disposições relativas à suspensão de concessões, a compensação deve ser equivalente ao nível da anulação ou redução de vantagens, embora se trate de uma questão sujeita a acordo, e seria desejável que as partes em litígio pudessem submeter tal questão aos procedimentos previstos no nº 6 do art. 22º do Memorando[3797].

---

[3796] E, como observa DAVID PALMETER a propósito do caso *United States – Standards for Reformulated and Conventional Gasoline*: "imagine the U.S. Trade Representative explaining to an industry why the United States had agreed to lower tariffs on its products in order to keep in place a discriminatory rule that favored the oil industry". Cf. David PALMETER, *National Sovereignty and the World Trade Organization*, in Journal of World Intellectual Property, 1999, p. 87.

[3797] De notar que, no caso *United States – Section 110(5) of the US Copyright Act*, os Estados Unidos e as Comunidades Europeias concordaram, por acordo mútuo, em recorrer ao processo de arbitragem

A FUNÇÃO JURISDICIONAL NO SISTEMA GATT/OMC

O caso *Turkey – Restrictions on Imports of Textile and Clothing Products* constitui um dos poucos casos em que as partes em litígio chegaram a acordo sobre uma compensação mutuamente satisfatória[3798] e, conquanto o Memorando nada diga sobre a forma que a compensação deve revestir, o caso *United States – Section 110(5) of the US Copyright Act* revela, por exemplo, que a compensação financeira constitui um meio de fazer face a um incumprimento das regras dos acordos da OMC[3799].

### 5.3. A Compensação Financeira

Durante o Ciclo do Uruguai, chegaram a ser apresentadas propostas de introdução de uma obrigação de compensação financeira, que foram, contudo, rejeitadas[3800]. Talvez por causa dos problemas que tal solução pode eventualmente

---

previsto no art. 25º do Memorando de Entendimento sobre Resolução de Litígios para determinar o nível da anulação ou redução de vantagens em resultado da aplicação da *Section 110(5)(B) of the United States Copyright Act*. Cf. Decisão de Arbitragem no caso *United States – Section 110(5) of the US Copyright Act, Recourse to Arbitration under Article 25 of the Dispute Settlement Understanding* (WT/DS160/ARB25/1), 9-11-2001, parágrafo 1.1.

[3798] OMC, *Turkey – Restrictions on Imports of Textile and Clothing Products, Notification of Mutually Acceptable Solution* (WT/DS34/14), 19-7-2001. Ainda segundo o acordo alcançado, "acceptance by the Government of India of the compensation is without prejudice to Turkey's legal obligation to comply with the recommendations and rulings of the Dispute Settlement Body in the dispute".

[3799] O artigo 110(5) da Lei de Direito de Autor dos Estados Unidos, modificada pela Lei sobre a lealdade na concessão de licenças sobre obras musicais, publicada em 27 de Outubro de 1998, permite, quando se cumpram determinadas condições, a emissão de música por rádio ou televisão em lugares públicos (bares, lojas, restaurantes, etc.) sem pagar direitos. O litígio na OMC centrou-se na compatibilidade das isenções previstas no artigo 110(5) com o artigo 13º do Acordo TRIPS. No relatório distribuído aos membros em 15 de Junho de 2000, o Painel constatou que a denominada isenção "empresarial", prevista na parte (B) do artigo 110(5), não cumpria as prescrições do artigo 13º do Acordo TRIPS. Na sua essência, a isenção "empresarial" permite a amplificação de emissões musicais, sem necessidade de autorização nem pagamento de taxas, por parte de estabelecimentos de comidas e bebidas e estabelecimentos de serviços retalhistas, sempre que o seu tamanho não supera uma determinada superfície. Mas, em vez de modificar a medida declarada incompatível, os Estados Unidos concordaram pagar aproximadamente 1 milhão de dólares por ano de compensação aos artistas comunitários (cf. Alan Sykes, *Public versus Private Enforcement of International Economic Law: Standing and Remedy*, in The Journal of Legal Studies, 2005, p. 637). A prática no âmbito do GATT de 1947 era em sentido contrário, ou seja, no sentido da adopção de medidas comerciais, de medidas de carácter não monetário. Cf. John Jackson, Designing and Implementing Effective Dispute Settlement Procedures: WTO Dispute Settlement, Appraisal and Prospects, in *The WTO as an International Organization*, Anne Krueger ed., The University of Chicago Press, 1998, p. 169.

[3800] Ernst-Ulrich Petersmann, The Dispute Settlement System of the World Trade Organization and the Evolution of the GATT Dispute Settlement System since 1948, in *The World Trading System. Critical Perspectives on the World Economy, vol. II, Dispute Settlement in the World Trading System*, Robert Howse ed., Routledge, Londres e Nova Iorque, 1998, p. 281.

1358

A FALTA DE EXECUÇÃO

originar. Além disso, a compensação financeira parece permitir o afastamento da cláusula da nação mais favorecida[3801]. Muito crítico, o representante da Austrália observou o seguinte a propósito da solução adoptada no caso *United States – Section 110(5) of the US Copyright Act*:

> "(...) A Austrália deseja deixar registado a sua grande preocupação com as disposições em matéria de compensação que entende terem sido acordadas entre os Estados Unidos e as Comunidades Europeias. A Austrália preocupa-se que essas disposições sobre compensação possam infringir as obrigações sobre não discriminação resultantes das normas da OMC. De igual modo, elas parecem prever um adiamento do cumprimento por parte dos Estados Unidos das recomendações do Órgão de Resolução de Litígios até três anos. A Austrália preocupa-se especialmente com o carácter aparentemente discriminatório das disposições em matéria de compensação propostas. A este respeito, a Austrália observa que não foi oferecida nenhuma compensação a outros Membros cujos interesses foram anulados ou reduzidos pela contínua infracção por parte dos Estados Unidos das suas obrigações no âmbito da OMC (...)"[3802].

Não obstante, a retaliação "is in many ways an incoherent instrument"[3803], não fazendo muito sentido, de facto, combater o proteccionismo com medidas de carácter proteccionista. Alguns autores avançam, por isso, com a ideia de o Membro da OMC incumpridor pagar uma compensação financeira à parte queixosa[3804], solução que teria várias vantagens. Primeiro, a compensação financeira ajudaria a reparar realmente o prejuízo causado aos interesses privados em resul-

---

[3801] *Contra*: Margareta DJORDJEVIC e Bernard O'CONNOR, *Practical Aspects of Monetary Compensation: The US – Copyright Case*, in JIEL, 2005, p. 132. Atendendo ao texto do nº 1 do artigo I do GATT, existe uma razão óbvia para distinguirmos a compensação financeira da compensação comercial. A linguagem utilizada demonstra claramente que a disposição em causa não foi redigida com a compensação financeira em mente. A compensação financeira não envolve a redução ou eliminação de direitos aduaneiros, regulamentações ou formalidades ou imposições internas previamente aplicados. Cf. Arwel DAVIES, *Reviewing dispute settlement at the World Trade Organization: a time to reconsider the role/s of compensation?*, in WTR, 2006, p. 45.

[3802] OMC, *Minutes of Meeting Held in the Centre William Rappard on 18 January 2002 – Dispute Settlement Body* (WT/DSB/M/117), 15-2-2002, parágrafo 32. De notar que alguns artistas australianos também foram afectados pela medida norte-americana em causa. Cf. Thomas ZIMMERMANN, *Negotiating the Review of the WTO Dispute Settlement Understanding*, Cameron May, 2006, p. 180.

[3803] Donald MCRAE, *Measuring the Effectiveness of the WTO Dispute Settlement System*, in Asian Journal of WTO and International Health Law and Policy, Vol. 3, 2008, p. 9.

[3804] Marco BRONCKERS e Naboth van den BROEK, *Financial Compensation in the WTO: Improving the Remedies in the WTO Dispute Settlement*, in JIEL, 2005, pp. 101-126; Alan MELTZER *et al.*, *Relatório do International Financial Institution Advisory Committee*, 2000, in http://www.house.gov/jec/imf/meltzer.htm, 3-3-2002, p. 107.

1359

A FUNÇÃO JURISDICIONAL NO SISTEMA GATT/OMC

tado da medida declarada incompatível com o direito da OMC. Como refere MARCO BRONCKERS:

"as the retaliatory measures imposed by the United States in the *Bananas* and *Hormones* cases have amply demonstrated, retaliatory measures tend to injure a motley assembly of exporters and importers, often smaller companies, who rarely, if ever, have an interest in the original dispute. These companies have a point when arguing that any damages paid for WTO violations by a non-complying country ought to be paid from public funds, rather than by an arbitrary selection of individuals"[3805].

Segundo, a compensação financeira não implicaria uma restrição das trocas comerciais. Terceiro, se conjugada com alguma retroactividade ou com o aumento gradual do seu montante em função da duração do incumprimento, a compensação financeira poderia constituir um desincentivo importante para um Membro da OMC recorrer a manobras dilatórias. Quarto, a compensação financeira seria paga pelo orçamento do Membro da OMC incumpridor e não por determinados sectores ou empresas inocentes desse Membro. Quinto, nota STEVE CHARNOVITZ:

"whether or not a fine succeeds in inducing compliance, a fine may still be a better instrument than a trade sanction because if the miscreant government pays it, the burden of the fine falls on the target nation"[3806].

Começa a haver sinais, aliás, de que o pagamento de multas está a gerar cada vez mais aceitação. Veja-se, por exemplo, o artigo 22.15(5) do acordo de comércio livre entre o Chile e os Estados Unidos e o artigo 20.6(5) do acordo de comércio livre entre Singapura e os Estados Unidos[3807]. O próprio Congresso norte-americano autorizou recentemente cerca de 50 milhões de dólares norte-americanos para os Estados Unidos utilizarem para o pagamento de "prejuízos" em litígios comerciais[3808].

Comparando com a compensação de natureza comercial, a solução da compensação financeira teria também a vantagem, numa época em que imperam os

[3805] Marco BRONCKERS, *More Power to the WTO?*, in JIEL, 2001, p. 62.

[3806] Steve CHARNOVITZ, *Rethinking WTO Trade Sanctions*, in AJIL, 2001, p. 827.

[3807] Estes dois acordos entraram em vigor em 2004 e ambos prevêem que a parte incumpridora, quando confrontada com a suspensão de concessões, possa escolher pagar uma determinada compensação monetária (acordada com a outra parte ou, na ausência de acordo, um montante equivalente a metade da anulação ou redução de vantagens). O texto dos dois acordos pode ser encontrado in http://www.ustr.gov

[3808] William DAVEY, Evaluating WTO dispute settlement: what results have been achieved through consultations and implementation of panel reports?, in *The WTO in the Twenty-First Century: Dispute Settlement, Negotiations, and Regionalism in Asia*, Yasuhei Taniguchi, Alan Yanovich e Jan Bohanes Ed., Cambridge University Press, 2007, p. 131.

A FALTA DE EXECUÇÃO

constrangimentos de ordem orçamental, de atrair maior atenção do parlamento do membro da OMC incumpridor. Daí a observação de que a compensação financeira pode ter "a higer compliance inducement effect" que a compensação comercial, mesmo se o montante pago é calculado com referência ao nível de anulação ou redução de vantagens[3809].

Não se pense, todavia, que a solução da compensação financeira não padece de quaisquer inconvenientes. Por exemplo, a compensação financeira pode ser menos eficaz que uma medida de natureza comercial no incitamento ao cumprimento, uma vez que os custos se dispersam por todos os contribuintes:

> "while monetary damages may impose some political costs on the regime in the scofflaw state, the regime will have every incentive to disperse the impact of such a sanction by spreading its burden across a diffuse and politically weak domestic constituency"[3810].

Além disso, a compensação financeira permite aos Estados mais poderosos do ponto de vista económico comprar as violações das suas obrigações internacionais com uma determinada quantia de dinheiro[3811]. No caso *United States – Section 110(5) of the US Copyright Act*, por exemplo, o acordo alcançado com as Comunidades Europeias não exigiu aos Estados Unidos que alterassem a legislação declarada contrária ao direito da OMC[3812]. Em certas circunstâncias, os países ricos podem mesmo não pagar, na realidade, qualquer compensação financeira. Atendendo aos elevados montantes de ajuda financeira concedida a muitos países pobres, basta que eles substituam "aid with a fine payment"[3813]. Não é também necessariamente verdade que a compensação financeira ajuda a reparar real-

---

[3809] Arwel DAVIES, *Reviewing dispute settlement at the World Trade Organization: a time to reconsider the role/s of compensation?*, in WTR, 2006, p. 40.

[3810] Jide NZELIBE, *The Case Against Reforming the WTO Enforcement Mechanism*, in University of Illinois Law Review, 2008, p. 322.

[3811] Por isso mesmo, caso fosse adoptada a solução da compensação financeira, as capacidades limitadas de pagamento dos países em desenvolvimento teriam que ser tomadas em consideração, nomeadamente, através de uma "appropriate scaling". Cf. William DAVEY, *The WTO: Looking Forwards*, in JIEL, 2006, pp. 22-23.

[3812] Ou seja, caso o acordo entre os Estados Unidos e as Comunidades Europeias seja visto como uma solução permanente para o litígio, não será respeitada a condição de que as soluções mutuamente acordadas sejam compatíveis com os acordos abrangidos (art. 3º, nº 7, do Memorando). Cf. Bryan MERCURIO, Retaliatory Trade Measures in the WTO Dispute Settlement Understanding: Are There Really Alternatives?, in *Trade Disputes and the Dispute Settlement Understanding of the WTO: An Interdisciplinary Assessment*, Frontiers of Economics and Globalization, Volume 6, Ed. James C. Hartigan, Emerald Group, 2009, p. 417.

[3813] Won-Mog CHOI, *To Comply or Not to Comply? Non-implementation Problems in the WTO Dispute Settlement System*, in JWT, 2007, p. 1066.

A FUNÇÃO JURISDICIONAL NO SISTEMA GATT/OMC

mente o prejuízo causado aos interesses privados em causa. Apesar de alguns autores observarem que o caso *United States – Section 110(5) of the US Copyright Act* patenteia que a compensação monetária "can go directly to the injured party"[3814], a verdade é que a *Irish Music Rights Organisation* não recebeu qualquer compensação, apesar de ser a parte afectada e ter sido quem esteve na origem da apresentação da queixa. A compensação monetária dos Estados Unidos foi concedida, sim, ao *European Grouping of Societies of Authors and Composers*, isto apesar de o montante da mesma ter sido calculado com base na anulação ou redução de vantagens causada à *Irish Music Rights Organisation* (e não a todos os artistas comunitários)[3815]. Finalmente, ao passo que a retaliação comercial "entails 'self--help'", o pagamento de quantias monetárias depende da vontade do Membro da OMC em situação de incumprimento[3816]. Logo, caso um Estado recuse pagar a compensação monetária, a parte queixosa não tem outra alternativa que suspender vantagens relativamente àquele Estado[3817]. Isso mesmo é reconhecido nos artigos 22.15(7) do acordo de comércio livre entre o Chile e os Estados Unidos e 20.6(7) do acordo de comércio livre entre Singapura e os Estados Unidos[3818].

---

[3814] Marco BRONCKERS e Naboth van den BROEK, *Financial Compensation in the WTO: Improving the Remedies in the WTO Dispute Settlement*, in JIEL, 2005, p. 116.

[3815] Margareta DJORDJEVIC e Bernard O'CONNOR, *Practical Aspects of Monetary Compensation: The US – Copyright Case*, in JIEL, 2005, p. 130.

[3816] Joel TRACHTMAN, *The WTO Cathedral*, in Stanford Journal of International Law, 2007, p. 163.

[3817] Ou, então, caso o Membro da OMC incumpridor recusasse pagar o montante devido, a parte queixosa poderia, em princípio, apossar-se de activos físicos e financeiros daquele Membro, ou dos seus nacionais, que estivessem sob a jurisdição da parte queixosa (cf. Reto MALACRIDA, *Towards Sounder and Fairer WTO Retaliation: Suggestions for Possible Additional Procedural Rules Governing Members' Preparation and Adoption of Retaliatory Measures*, in JWT, 2008, p. 17). Nada impede, no entanto, que o montante devido possa exceder o valor dos activos do Membro da OMC incumpridor.

[3818] No plano político, GREGORY SHAFFER nota que:

"A legalized international trading system with strong remedies could arm nationalists, on the political left and right, with new arguments to attack the WTO system for challenging national 'sovereignty', thereby triggering greater antagonism toward trade liberalization, the WTO, and the WTO's dispute settlement system. The issue of taxation played a central role in the United States' declaration of independence from Great Britain in 1776. Conflict over tariff policy exacerbated tensions between the north and south of the United States in the build up toward southern succession and the U.S. civil war of 1861. Empowering an international body such as the WTO to impose large monetary fines that must be paid out of a country's treasury can incite passionate opposition. WTO law arguably provides for only limited remedies because governments and in particular powerful governments have not wanted WTO law to be *that* binding". Cf. Gregory SHAFFER, How to Make the WTO Dispute Settlement System Work for Developing Countries: Some Proactive Developing Country Strategies, in *Towards a Development-Supportive Dispute Settlement System in the WTO*, International Centre for Trade and Sustainable Development, ICTSD Resource Paper No. 5, March 2003, p. 40.

1362

A FALTA DE EXECUÇÃO

## 6. A Suspensão das Concessões
### 6.1. O Primeiro Pedido de Autorização
Se não for acordada nenhuma compensação mutuamente satisfatória no prazo
de 20 dias a contar da data em que expira o prazo razoável, qualquer parte que
tenha accionado o processo de resolução de litígios pode solicitar autorização
do Órgão de Resolução de Litígios para suspender a aplicação, em relação ao
Membro em causa, das concessões ou outras obrigações previstas nos acordos
abrangidos (art. 22º, nº 2, *in fine*, do Memorando de Entendimento sobre Resolução de Litígios)[3819].

[3819] O prazo de 30 dias referido na primeira frase do nº 6 do art. 22º parece implicar, implicitamente, que qualquer pedido posterior ao mesmo será inadmissível (cf. Peter-Tobias STOLL, Article
22 DSU, in *WTO-Institutions and Dispute Settlement*, Rüdiger Wolfrum, Peter-Tobias Stoll e Karen
Kaiser (eds), Max Planck Commentaries on World Trade Law, Max Planck Institute for Compara-
tive Public Law and International Law, Martinus Nijhoff Publishers, Leiden/Boston, 2006, p. 537).
Este entendimento foi avançado, igualmente, pelos Estados Unidos no caso *European Communities
– Regime for the Importation, Sale and Distribution of Bananas, Recourse to Arbitration by the European
Communities under Article 22.6 of the DSU*:
> "Notamos que, na opinião dos Estados Unidos, a impossibilidade de apresentar um pedido
> de autorização para suspender concessões no prazo do nº 6 do artigo 22º implica a perda do
> direito a fazê-lo, pelo menos ao abrigo das circunstâncias em é aplicável a regra do consenso
> negativo do nº 6 do artigo 22º" (cf. Decisão de Arbitragem no caso *European Communities –
> Regime for the Importation, Sale and Distribution of Bananas, Recourse to Arbitration by the European
> Communities under Article 22.6 of the DSU* (WT/DS27/ARB), 9-4-1999, parágrafo 4.11).
Na prática, porém, o prazo de 30 dias pode ser afastado por acordo mútuo entre as partes em lití-
gio. Veja-se, por exemplo, o Entendimento alcançado em 2005 pelas Comunidades Europeias e os
Estados Unidos no caso *United States – Section 211 Omnibus Appropriations Act of 1998*:
> "Tendo em conta que os Estados Unidos informaram o Órgão de Resolução de Litígios de que
> continuarão a trabalhar para colocar o artigo 211 da Lei *Omnibus Appropriations Act* de 1998 em
> conformidade com as suas obrigações no âmbito da OMC,
As Comunidades Europeias e os Estados Unidos chegaram ao seguinte entendimento a respeito
do caso *United States – Section 211 Appropriations Act*:
1. As Comunidades Europeias não solicitarão nesta fase a autorização do Órgão de Resolução
de Litígios para suspender concessões ou outras obrigações ao abrigo do nº 2 do artigo 22º do
Memorando de Entendimento sobre Resolução de Litígios.
2. Se as Comunidades Europeias, em alguma data futura, decidirem pedir a autorização do
Órgão de Resolução de Litígios para suspender concessões ou outras obrigações ao abrigo do
nº 2 do artigo 22º do Memorando de Entendimento sobre Resolução de Litígios, as Comunidades Europeias avisarão com antecedência os Estados Unidos e realizarão consultas com eles
antes de formularem tal pedido.
3. As Comunidades Europeias conservam o direito a que, em alguma data futura, o Órgão de
Resolução de Litígios lhes conceda autorização para suspender concessões ou outras obrigações ao abrigo do nº 6 do artigo 22º do Memorando de Entendimento sobre Resolução de
Litígios e os Estados Unidos não procurarão bloquear o pedido das Comunidades Europeias

A FUNÇÃO JURISDICIONAL NO SISTEMA GATT/OMC

O Memorando de Entendimento sobre Resolução de Litígios nada diz, contudo, sobre a forma que deve assumir o pedido a solicitar autorização para suspender a aplicação de concessões ou outras obrigações em relação à parte em litígio à qual são dirigidas as recomendações do painel ou do Órgão de Recurso (art. 22º, nº 2, do Memorando) ou o pedido a solicitar arbitragem nos termos do nº 6 do art. 22º[3820]. Apesar do silêncio do Memorando, os Árbitros do caso *European Communities – Measures Concerning Meat and Meat Products (Hormones)* estabeleceram que qualquer pedido nesse sentido deve observar os seguintes requisitos mínimos:

> "(...) Caso se proceda à suspensão de concessões pautais, essa suspensão só pode afectar os produtos que figurem na lista de produtos anexa ao pedido. Essa conclusão decorre dos requisitos mínimos aglutinados a um pedido de suspensão de concessões ou outras obrigações, que, em nossa opinião, são os seguintes: 1) o pedido deve estabelecer um nível específico de suspensão, equivalente ao nível da anulação ou redução causado pela medida incompatível com a OMC, em virtude do nº 4 do artigo 22º; e 2) o pedido deve especificar o acordo e sector(es) que serão afectados pela suspensão de concessões ou obrigações, em conformidade com o nº 3 do artigo 22º"[3821].

Claro está, quanto mais preciso for o pedido de suspensão em termos de produtos abarcados, tipo e nível de suspensão, etc., melhor. Tal precisão pode ser encorajada para atingir os objectivos de segurança e previsibilidade do sistema

de autorização do Órgão de Resolução de Litígios alegando que essa acção não teria lugar dentro do prazo previsto na primeira frase do nº 6 do artigo 22º.
4. Os Estados Unidos conservam o direito de impugnar o nível da suspensão proposta ou de alegar que não foram seguidos os princípios e procedimentos consagrados no nº 3 do artigo 22º do Memorando de Entendimento sobre Resolução de Litígios e de ter a questão submetida a arbitragem ao abrigo do nº 6 do artigo 22º do Memorando de Entendimento sobre Resolução de Litígios". Cf. OMC, *United States – Section 211 Omnibus Appropriations Act of 1998, Understanding between the European Communities and the United States* (WT/DS176/16), 1-7-2005.

[3820] Durante a vigência do GATT de 1947, um painel declarou que os Estados Unidos:
"tinham alegado que, mesmo se o Painel chegasse a constatar uma anulação ou redução de uma vantagem resultante para as Comunidades Europeias do Acordo Geral, as circunstâncias não seriam suficientemente gravosas para justificar a autorização de uma suspensão de obrigações ou concessões ao abrigo do nº 2 do artigo XXIII, dado que as Comunidades Europeias não tinham sofrido qualquer prejuízo económico. O Painel decidiu não examinar este argumento porque a parte queixosa, as Comunidades Europeias, não lhe tinham pedido que fizesse constatações a respeito da autorização para suspender obrigações ou concessões ao abrigo do artigo XXIII". Cf. Relatório do Painel no caso *United States Manufacturing Clause* (L/5609), 1-3-1984, parágrafo 41.

[3821] Decisão de Arbitragem no caso *European Communities – Measures concerning Meat and Meat Products (Hormones) (Original Complaint by Canada), Recourse to Arbitration by the European Communities under Article 22.6 of the DSU* (WT/DS26/ARB), 12-7-1999, parágrafo 16.

1364

A FALTA DE EXECUÇÃO

comercial multilateral prosseguidos pelo Memorando de Entendimento de Resolução de Litígios (artigo 3º, nº 2) e de chegar a uma solução pronta e positiva dos litígios (artigo 3º, nºs 3 e 7). Outra razão para que seja desejável a máxima precisão é a declaração do nº 10 do artigo 3º: "todos os Membros intervirão nos procedimentos previstos no Memorando de Entendimento sobre Resolução de Litígios de boa fé com vista a resolver o litígio"[3822].

Subsequentemente, os Árbitros do caso *European Communities – Regime for the Importation, Sale and Distribution of Bananas, Recourse to Arbitration by the European Communities under Article 22.6 of the DSU* notaram que relativamente ao pedido de autorização:

> "O Memorando de Entendimento sobre Resolução de Litígios não dispõe expressamente que os requisitos de especificidade, previstos no nº 2 do artigo 6º para os pedidos de criação de painéis se apliquem *mutatis mutandis* aos procedimentos de arbitragem previstos no artigo 22º. Todavia, consideramos que os pedidos de suspensão previstos no nº 2 do artigo 22º, assim como os pedidos de arbitragem previstos no nº 6 do artigo 22º, perseguem os mesmos objectivos em termos de garantias processuais devidas que os pedidos previstos no nº 2 do artigo 6º. Primeiro, servem de aviso à outra parte e permitem-lhe responder ao pedido de suspensão ou ao pedido de arbitragem, respectivamente. Segundo, o pedido apresentado em conformidade com o nº 2 do artigo 22º por uma parte queixosa define a competência do Órgão de Resolução de Litígios para autorizar a suspensão pela parte queixosa. Do mesmo modo, um pedido de arbitragem ao abrigo do nº 6 do artigo 22º define o mandato dos Árbitros. Por conseguinte, consideramos que os critérios de especificidade que estão consagrados na jurisprudência da OMC relativa ao nº 2 do artigo 6º são pertinentes para os pedidos de suspensão previstos no nº 2 do artigo 22º e para os pedidos de arbitragem previstos no nº 6 do artigo 22º, conforme o caso. Não obstante, não se aplicam a um documento que se apresente durante o procedimento de arbitragem e no qual se exponha a metodologia utilizada para calcular o nível da anulação ou da redução"[3823].

No âmbito deste caso, por exemplo, o pedido de suspensão apresentado pelo Equador ao abrigo do nº 2 do art. 22º do Memorando, datado de 8 de Novembro de 1999, avança especificamente com a quantia de 450 milhões de dólares norte-americanos como o valor proposto para a suspensão de concessões ou outras obrigações[3824]. Ao mesmo tempo, assinalaram os árbitros:

---

[3822] *Idem*, nota de rodapé 16.
[3823] Decisão de Arbitragem no caso *European Communities – Regime for the Importation, Sale and Distribution of Bananas, Recourse to Arbitration by the European Communities under Article 22.6 of the DSU* (WT/DS27/ARB/ECU), 24-3-2000, parágrafo 20.
[3824] *Idem*, parágrafo 22.

A FUNÇÃO JURISDICIONAL NO SISTEMA GATT/OMC

"No documento sobre a metodologia e nas comunicações, o Equador defendeu que o prejuízo directo e indirecto e as repercussões macroeconómicas para toda a sua economia ascendiam a um total de 1 bilião de dólares norte-americanos. Ainda que o Equador tenha dito que não tinha a intenção de aumentar o nível de suspensão indicado no seu pedido inicial, ele alegou que os Árbitros deveriam ter em conta as repercussões económicas totais do regime das Comunidades Europeias para a banana aplicando um multiplicador ao calcular o nível da anulação e da redução de vantagens sofrido pelo Equador. A este respeito, o Equador refere-se ao nº 8 do artigo 21º do Memorando de Entendimento sobre Resolução de Litígios"[3825].

Todavia, à luz dos requisitos mínimos que qualquer pedido de autorização apresentado ao abrigo do nº 2 do art. 22º do Memorando deve observar, os árbitros entenderam que:

"O nível de suspensão especificado no pedido apresentado pelo Equador em conformidade com o nº 2 do artigo 22º é o nível pertinente e que define o valor da suspensão solicitada para efeitos deste procedimento de arbitragem. As estimativas adicionais apresentadas pelo Equador no seu documento sobre a metodologia e nas suas comunicações não estavam dirigidas ao Órgão de Resolução de Litígios, pelo que não podem ser incluídas por este ao submeter o caso a arbitragem. Os pedidos e os argumentos suplementares apresentados posteriormente relativos a níveis adicionais de alegada anulação ou redução não são, em nossa opinião, compatíveis com os requisitos mínimos de especificidade aplicáveis a tais pedidos, porque não estavam incluídos no pedido de suspensão apresentado pelo Equador ao Órgão de Resolução de Litígios em conformidade com o nº 2 do artigo 22º"[3826].

No que diz respeito ao segundo requisito mínimo (o pedido deve especificar o acordo e sector(es) onde serão suspensas concessões ou outras obrigações), os Árbitros do caso *European Communities – Regime for the Importation, Sale and Distribution of Bananas, Recourse to Arbitration by the European Communities under Article 22.6 of the DSU* começaram por observar que o Equador:

"Especifica ao abrigo do GATS o subsector de 'serviços comerciais de distribuição por grosso' (CPC 622)'. Ao abrigo do Acordo TRIPS, o Equador solicita a suspensão, nos termos do nº 3, alínea c), do artigo 22º, do artigo 14º relativo à 'Protecção dos artistas intérpretes ou executantes, dos produtores de fonogramas (registos de som) e dos organismos de radiodifusão' na Secção 1 (Direito do autor e direitos conexos), Secção 3 (Indicações geográficas) e Secção 4 (Desenhos e modelos industriais)"[3827].

[3825] *Idem*, parágrafo 23.
[3826] Idem, parágrafo 24.
[3827] *Idem*, parágrafo 25.

1366

A FALTA DE EXECUÇÃO

Concluindo depois que estes pedidos do Equador ao abrigo do GATS e do Acordo TRIPS satisfaziam o segundo requisito mínimo[3828].

Ainda no que diz respeito ao pedido apresentado no âmbito do nº 2 do art. 22º do Memorando, o Equador reservou o direito de suspender concessões pautais ou outras obrigações no quadro do GATT de 1994 no caso de poderem ser aplicadas "in a practicable and effective manner"[3829]. A esta reserva do Equador, os árbitros levantaram as seguintes objecções:

"**28.** (...) Recordamos as nossas considerações de que os requisitos do nº 2 do artigo 6º são relevantes para os pedidos formulados ao abrigo do nº 2 do artigo 22º. Segundo a prática estabelecida no contexto da resolução de litígios em relação com o nº 2 do artigo 6º, os painéis e o Órgão de Recurso têm declarado sistematicamente que uma medida impugnada por uma parte queixosa não pode ser vista como estando dentro dos termos de referência de um painel, excepto se estiver identificada de modo claro no pedido de criação de um painel. Nos litígios passados relativos ao nº 2 do artigo 6º, quando uma parte queixosa pretendia deixar em aberto a possibilidade de complementar ulteriormente a lista inicial de medidas contidas no seu pedido de criação de um painel (utilizando expressamente no pedido de criação do painel frases como 'incluídas, mas não limitadas, as medidas enumeradas'), os termos de referência do painel estavam limitados às medidas identificadas em concreto.

**29.** Com base na aplicação destas normas de especificidade aos pedidos formulados ao abrigo do nº 2 do artigo 22º, consideramos que os termos de referência dos árbitros que actuam em conformidade com o nº 6 do artigo 22º estão limitados ao(s) sector(es) e/ou acordo(s) a respeito dos quais se pede concretamente ao Órgão de Resolução de Litígios que autorize a suspensão. Assim, consideramos que a declaração do Equador de que 'reserva o direito' de suspender concessões no quadro do GATT não é compatível com os requisitos mínimos aplicáveis aos pedidos formulados de acordo com o nº 2 do artigo 22º. Por conseguinte, concluímos que os nossos termos de referência neste procedimento de arbitragem incluem apenas os pedidos do Equador de autorização de suspensão de concessões ou outras obrigações a respeito dos sectores específicos no âmbito do GATS e do Acordo TRIPS que se indicam sem condições no pedido apresentado por esse país em conformidade com o nº 2 do artigo 22º"[3830].

Os árbitros declararam, por fim, que:

"Concordamos com o Equador que tal documento sobre metodologia [usado para calcular a anulação ou redução] não é mencionado em nenhuma disposição do Memorando de Entendimento sobre Resolução de Litígios. Nem consideramos que os

[3828] *Idem*, parágrafo 26.
[3829] *Idem*, parágrafo 27.
[3830] *Idem*, parágrafos 28-29.

1367

A FUNÇÃO JURISDICIONAL NO SISTEMA GATT/OMC

requisitos de especificidade do nº 2 do artigo 6º tenham relação com esse documento sobre metodologia (...). Por estas razões, rejeitamos a ideia de que os requisitos de especificidade do nº 2 do artigo 6º se aplicam *mutatis mutandis* ao documento sobre metodologia"[3831].

Finalmente, os Árbitros do caso *United States – Anti-Dumping Act of 1916 (Original Complaint by the European Communities), Recourse to Arbitration by the United States under Article 22.6 of the DSU* notaram que:

"**3.10.** A parte que procura suspender obrigações não está obrigada, em nossa opinião, em virtude do artigo 22º do Memorando de Entendimento sobre Resolução de Litígios, a indicar com precisão quais são as 'obrigações' para cuja suspensão pede autorização. O nº 2 do artigo 22º do Memorando de Entendimento sobre Resolução de Litígios diz simplesmente que uma parte poderá pedir a autorização do Órgão de Resolução de Litígios 'para suspender a aplicação, em relação ao Membro em causa, das concessões ou outras obrigações previstas nos acordos abrangidos'. Não se exige que a parte solicitante identifique exactamente as obrigações que deseja suspender.

**3.11.** Além disso, notamos que em casos anteriores nem os Árbitros nem o Órgão de Resolução de Litígios exigiram que as partes solicitantes enumerassem as concessões ou outras obrigações que esses Membros procuravam suspender. Por exemplo, no caso *Canada – Export Credits and Loan Guarantees for Regional Aircraft (Artigo 22º, nº 6)*, o Árbitro aceitou, e o Órgão de Resolução de Litígios autorizou, a suspensão pelo Brasil, entre outras, da 'aplicação das obrigações resultantes do Acordo sobre os Procedimentos em matéria de Licenças de Importação relativas aos requisitos em matéria de licenças aplicadas às importações procedentes do Canadá'. No pedido do Brasil não se indicava quais eram as 'obrigações' resultantes do Acordo sobre os Procedimentos em matéria de Licenças de Importação que desejava suspender, nem os Árbitros exigiram tal especificidade. No caso *Brazil – Export Financing Programme for Aircraft (Artigo 22º, nº 6)*, os Árbitros também não se opuseram à suspensão pelo Canadá de obrigações contraídas em virtude 'do Acordo sobre os Têxteis e o Vestuário e do Acordo sobre os Procedimentos em matéria de Licenças de Importação'. No caso *European Communities –Regime for the Importation, Sale and Distribution of Bananas (Artigo 22º, nº 6)*, os Árbitros indicaram que a parte queixosa poderia obter autorização do Órgão de Resolução de Litígios para suspender obrigações não especificadas 'em virtude do Acordo TRIPS' a respeito de certos sectores.

**3.12.** Mesmo nos casos de pedidos de suspensão de concessões pautais 'e obrigações conexas derivadas do GATT de 1994', os árbitros não exigiram que se especificasse que obrigações conexas eram essas.

---

[3831] *Idem*, parágrafo 36.

1368

A FALTA DE EXECUÇÃO

**3.13.** Por conseguinte, a prática anterior indica que os Árbitros aceitaram pedidos para suspender 'obrigações' não especificadas. O Órgão de Resolução de Litígios concedeu autorização para suspender obrigações, permitindo ao mesmo tempo que o Membro solicitante decidisse que obrigações concretas escolheria para implementar a autorização. Não obstante, salientamos que qualquer que seja a discricionariedade concedida a esse Membro, ela está sujeita ao requisito de que o nível da suspensão de obrigações não pode exceder o nível da anulação ou redução. (...).

**3.14.** Portanto, não consideramos que o pedido formulado pelas Comunidades Europeias a fim de 'suspender as obrigações resultantes do GATT de 1994 e do Acordo Antidumping para adoptar, a respeito das importações originárias dos Estados Unidos, uma regulamentação equivalente à Lei de 1916' possa ser considerada deficiente ao abrigo do artigo 22º do Memorando de Entendimento sobre Resolução de Litígios por não ter especificado quais são as 'obrigações' que procuram suspender"[3832].

Não é necessário, também, especificar no pedido quais os produtos que estão para ser sujeitos a direitos aduaneiros adicionais ou a medida do aumento:

"**2.20.** (...) Assinalamos que o pedido das Comunidades Europeias refere expressamente o GATT de 1994. Além disso, na medida em que especifica que a suspensão consistiria na imposição de 'um direito de importação adicional aos direitos aduaneiros consolidados numa lista definitiva de produtos originários dos Estados Unidos', o pedido especifica de forma inequívoca o sector (comércio de mercadorias) afectado. (...).

**2.22.** O pedido das Comunidades Europeias de autorização para suspender concessões ou outras obrigações, embora pudesse ser sem dúvida mais informativo, é aceitável do ponto de vista do requisito de especificidade mínimo aplicável aos pedidos formulados ao abrigo do nº 2 do artigo 22º. A este respeito, consideramos que os Estados Unidos não demonstram que a sua capacidade de adoptar uma decisão fundada de solicitar uma arbitragem ou a sua capacidade de defesa no presente procedimento foram prejudicadas em resultado do modo como foi formulado o pedido das Comunidades Europeias"[3833].

Porém, o entendimento dos árbitros não tem sido sempre coerente. Os Árbitros do caso *European Communities – Measures concerning Meat and Meat Products*

---

[3832] Decisão de Arbitragem no caso *United States – Anti-Dumping Act of 1916 (Original Complaint by the European Communities), Recourse to Arbitration by the United States under Article 22.6 of the DSU* (WT/DS136/ARB), 24-2-2004, parágrafos 3.10-3.14.

[3833] Decisão de Arbitragem no caso *United States – Continued Dumping and Subsidy Offset Act of 2000 (Original Complaint by the European Communities), Recourse to Arbitration by the United States under Article 22.6 of the DSU* (WT/DS217/ARB/EEC), 31-8-2004, parágrafo 2.22.

A FUNÇÃO JURISDICIONAL NO SISTEMA GATT/OMC

*(Hormones) (Original Complaint by Canada), Recourse to Arbitration by the European Communities under Article 22.6 of the DSU* declararam que:

> "No presente caso, o Canadá tem de identificar – e identifica – os produtos que podem ser objecto da suspensão de um modo que nos permita atribuir um valor comercial anual a cada um desses produtos quando sujeitos ao direito aduaneiro adicional proposto, nomeadamente, um direito aduaneiro de 100%. Uma vez feito isto, o Canadá pode seleccionar dessa lista produtos – incluídos nela – cujo valor comercial total não exceda o valor da redução comercial que constatemos (...)"[3834].

A maioria dos membros da OMC tem recusado, no entanto, fornecer listas de produtos no seu primeiro pedido de autorização para retaliar e os árbitros não têm levantado objecções a esse comportamento[3835]. E, no caso *European Communities – Regime for the Importation, Sale and Distribution of Bananas*, os Estados Unidos apresentaram uma segunda lista de produtos quando apresentaram ao Órgão de Resolução de Litígios o seu segundo pedido solicitando autorização para retaliar de modo compatível com a decisão do árbitro, ou seja, já depois de os árbitros terem determinado que o nível de anulação ou redução de vantagens ascendia a 191.4 milhões de dólares norte-americanos[3836].

## 6.2. O Mandato dos Árbitros

Ficou estabelecido logo na primeira decisão de arbitragem proferida ao abrigo do art. 22º do Memorando de Entendimento sobre Resolução de Litígios que o mandato dos árbitros se encontra descrito nos respectivos nºs 6 e 7[3837]. Importa reproduzir, por isso, o texto das duas disposições em causa. Nos termos do nº 6 do art. 22º:

> "Caso se verifique a situação descrita no nº 2, o Órgão de Resolução de Litígios, mediante pedido, concederá autorização para suspender concessões ou outras obrigações no prazo de 30 dias a contar do termo do prazo razoável, salvo se o Órgão de Resolução de Litígios decidir, por consenso, rejeitar o pedido. Contudo, se o Membro em causa colocar objecções ao nível de suspensão proposta, ou alegar que os princípios e procedimentos previstos no nº 3 não foram respeitados quando uma parte quei-

---

[3834] Decisão de Arbitragem no caso *European Communities – Measures concerning Meat and Meat Products (Hormones) (Original Complaint by Canada), Recourse to Arbitration by the European Communities under Article 22.6 of the DSU* (WT/DS48/ARB), 12-7-1999, parágrafo 21.

[3835] Thomas SEBASTIAN, The law of permissible WTO retaliation, in *The Law, Economics and Politics of Retaliation in WTO Dispute Settlement*, Cambridge University Press, 2010, p. 95.

[3836] Yenkong NGANGJOH, *World Trade Organization Dispute Settlement Retaliatory Regime at the Tenth Anniversary of the Organization: Reshaping the "Last Resort" Against Non-compliance*, in JWT, 2006, p. 370.

[3837] Decisão de Arbitragem no caso *European Communities – Regime for the Importation, Sale and Distribution of Bananas, Recourse to Arbitration by the European Communities under Article 22.6 of the DSU* (WT/DS27/ARB), 9-4-1999, parágrafo1.4.

1370

A FALTA DE EXECUÇÃO

xosa solicitou autorização para suspender concessões ou outras obrigações nos termos das alíneas *b*) ou *c*) do nº 3, a questão deverá ser resolvida por arbitragem. Este processo de arbitragem será conduzido pelo painel inicial, se os seus membros estiverem disponíveis, ou por um árbitro nomeado pelo Director-Geral, e deverá estar concluído no prazo de 60 dias a contar da data em que termina o prazo razoável. As concessões ou outras obrigações não serão suspensas no decurso do processo de arbitragem"[3838].

Passando ao nº 7 do mesmo artigo:

"O árbitro, agindo de acordo com o previsto no nº 6, não analisará o carácter das concessões ou outras obrigações a suspender mas verificará se o nível de tal suspensão é equivalente ao nível da anulação ou redução de vantagens. O árbitro pode igualmente determinar se a suspensão de concessões ou outras obrigações proposta é permitida pelo acordo abrangido. Contudo, se a questão submetida à apreciação do árbitro incluir uma alegação de que os princípios e procedimentos previstos no nº 3 não foram respeitados, o árbitro deve examinar essa mesma alegação. Caso o árbitro verifique que esses princípios e procedimentos não foram respeitados, a parte queixosa deve aplicá-los nos termos previstos no referido nº 3. As partes aceitaram a decisão do árbitro como final e as partes em causa não procurarão uma segunda arbitragem. O Órgão de Resolução de Litígios será informado atempadamente da decisão do árbitro e concederá, mediante pedido, autorização para suspender as concessões ou outras obrigações nos casos em que esse pedido seja compatível com a decisão do árbitro, salvo se o Órgão de Resolução de Litígios decidir por consenso rejeitar o pedido"[3839].

O mandato dos árbitros ao abrigo dos processos de arbitragem iniciados nos termos do art. 22º do Memorando consiste, assim, nas seguintes tarefas: (i) verificar se o nível da suspensão proposto é equivalente ao nível da anulação ou redução de vantagens; (ii) determinar se a suspensão de concessões ou outras obrigações proposta é permitida pelo acordo abrangido; (iii) examinar qualquer alegação de que os princípios e procedimentos previstos no nº 3 não foram respeitados; e (iv) não analisar o carácter das concessões ou outras obrigações a suspender[3840].

---

[3838] A expressão «árbitro» deve ser interpretada como referindo-se tanto a um indivíduo como a um grupo (Nota de rodapé ao nº 6 do art. 22º do Memorando de Entendimento sobre Resolução de Litígios).

[3839] A expressão «árbitro» deve ser interpretada como referindo-se tanto a um indivíduo ou grupo como aos membros do painel inicial, quando ajam na condição de árbitros (Nota de rodapé ao nº 7 do art. 22º do Memorando de Entendimento sobre Resolução de Litígios).

[3840] Está também dentro da jurisdição dos Árbitros determinar o âmbito do seu mandato. Cf. Decisão de Arbitragem no caso *Brazil – Export Financing Programme for Aircraft, Recourse to Arbitra-*

A FUNÇÃO JURISDICIONAL NO SISTEMA GATT/OMC

No que diz respeito ao ponto (iv), os árbitros do caso *European Communities – Measures concerning Meat and Meat Products (Hormones) (Original Complaint by Canada), Recourse to Arbitration by the European Communities under Article 22.6 of the DSU* observaram o seguinte:

"**19.** (...) Não podemos exigir aos Estados Unidos que especifiquem mais a natureza da suspensão proposta. Como admitem todas as partes que intervêm neste litígio, se uma proposta de suspensão afecta unicamente biscoitos, com um directo aduaneiro *ad valorem* de 100%, não cabe aos Árbitros decidir, por exemplo, que a suspensão deveria afectar queijos e não biscoitos, que deveria impor-se um direito aduaneiro de 150% em lugar de um direito aduaneiro de 100% ou que o aumento pautal deveria ser cobrado com base no peso do produto e não *ad valorem*. Todos estes aspectos são aspectos *qualitativos* da suspensão proposta que dizem respeito à natureza das concessões a serem retiradas. Eles não cabem na competência dos Árbitros.

**20.** Em contraste, temos de determinar se o nível global proposto da suspensão é *equivalente* ao nível da anulação ou redução, o que implica uma avaliação *quantitativa* (e não qualitativa) da suspensão proposta. Como assinalaram os Árbitros do caso *Bananas* 'é impossível assegurar a correspondência ou identidade dos níveis se um deles não é definido de modo claro'. Assim, como requisito prévio para assegurarmos a equivalência entre ambos os níveis, é necessário que possamos determinar, não só o 'nível da anulação ou redução', mas também o 'nível da suspensão de concessões ou outras obrigações'. Em consequência, para dar cumprimento à obrigação de equivalência imposta pelo nº 4 do artigo 22º, o Membro que solicita a suspensão tem que identificar o nível da suspensão de concessões que propõe de um modo que nos permita determinar a sua equivalência"[3841].

Posteriormente, os árbitros do caso *United States – Anti-Dumping Act of 1916 (Original Complaint by the European Communities), Recourse to Arbitration by the United States under Article 22.6 of the DSU* sublinharam que:

"**5.41.** (...) Um exame do regulamento 'espelho' proposto pelas Comunidades Europeia exigiria um papel significativamente mais activo que o recusado pelos árbitros dos casos *EC – Hormones (US) (Article 22.6 – EC)* and *EC – Hormones (Canada) (Article 22.6 – EC)*.

**5.42.** Em consequência, estimamos que a proposta das Comunidades Europeias de adoptar um regulamento 'espelho' se relaciona com a natureza das obrigações a

---

tion by Brazil under Article 22.6 of the DSU and Article 4.11 of the SCM Agreement (WT/DS46/ARB), 28-8-2000, parágrafo 3.14.

[3841] Decisão de Arbitragem no caso *European Communities – Measures concerning Meat and Meat Products (Hormones) (Original Complaint by Canada), Recourse to Arbitration by the European Communities under Article 22.6 of the DSU* (WT/DS26/ARB), 12-7-1999, parágrafos 19-20.

## A FALTA DE EXECUÇÃO

suspender. Estamos de acordo com os Estados Unidos de que não temos jurisdição para determinar a equivalência entre a *medida* proposta para pôr em prática a suspensão e a *medida* que deu lugar à anulação ou redução. Os nºs 6 e 7 do artigo 22º do Memorando de Entendimento sobre Resolução de Litígios autorizam a suspensão de *concessões ou outras obrigações*. Os Árbitros não têm competência para aprovar a adopção de *medidas* pela parte queixosa.

**5.43.** Nesta fase, portanto, limitamo-nos a tomar nota, como questão de facto, das declarações das Comunidades Europeias de que desejam implementar qualquer suspensão de obrigações autorizada mediante o regulamento 'espelho' que propõem. Todavia, de acordo com as claras limitações do nosso mandato estabelecidas no nº 7 do artigo 22º, abstemo-nos de examinar esse regulamento"[3842].

No que concerne ao ponto (i), perguntou-se no caso *United States – Anti--Dumping Act of 1916 (Original Complaint by the European Communities), Recourse to Arbitration by the United States under Article 22.6 of the DSU* se seria possível a um Membro da OMC suspender obrigações "equivalentes qualitativamente":

> **"5.17.** Recordamos que este caso é o primeiro em que um Membro da OMC trata de suspender obrigações 'equivalentes em termos qualitativos'. Em todos os casos anteriores, as partes que procuravam suspender concessões ou outras obrigações apresentaram uma cifra monetária indicando a quantia da suspensão desejada.
>
> **5.18.** Notamos que as arbitragens anteriores constataram que a 'equivalência' tinha de ser determinada em termos quantitativos. (...).
>
> **5.21.** (...) Não é possível determinar *em abstracto* se um pedido 'qualitativamente equivalente' baseado no nº 2 do artigo 22º está em conformidade com o regime da OMC. É necessário determinar como realmente a suspensão resultante de tal 'equivalência qualitativa' seria aplicada. Mais especificamente:
>
> – Se a suspensão de obrigações for aplicada de modo a que seja igual ou inferior ao nível de anulação ou redução sofrido pelas Comunidades Europeias, a suspensão estará, em princípio, em conformidade com o nº 4 do artigo 22º do Memorando de Entendimento sobre Resolução de Litígios.
>
> – Se a suspensão de obrigações for aplicada de modo a que seja superior ao nível de anulação ou redução sofrido pelas Comunidades Europeias, a suspensão será punitiva e não estará em conformidade com o nº 4 do artigo 22º do Memorando de Entendimento sobre resolução de Litígios. (...).
>
> **5.29.** A este respeito, observamos que o pedido das Comunidades Europeias não coloca limites quantificáveis ou monetários ao modo como a sua suspensão poderia

---

[3842] Decisão de Arbitragem no caso *United States – Anti-Dumping Act of 1916 (Original Complaint by the European Communities), Recourse to Arbitration by the United States under Article 22.6 of the DSU* (WT/DS136/ARB), 24-2-2004, parágrafos 5.41-5.43.

1373

A FUNÇÃO JURISDICIONAL NO SISTEMA GATT/OMC

ser aplicada na prática. Poderia aplicar-se a uma quantidade ilimitada de exportações estado-unidenses para as Comunidades Europeias.

**5.30.** Concordamos com os Estados Unidos que, mesmo quando medidas idênticas são aplicadas de maneira similar, os efeitos sobre o comércio podem ser dramaticamente diferentes. O seguinte exemplo hipotético ilustra bem este ponto:

– O Membro X exporta para o Membro Y mercadorias no valor de 10.000 milhões de dólares. O Membro Y decide aplicar um imposto de 10% *ad valorem* sobre todos os produtos importados do Membro X. A repercussão económica ou comercial total dessa medida (supondo que as exportações continuam como antes e que o imposto se pague) será de 1.000 milhões de dólares.

– Constata-se que o imposto *ad valorem* de 10% aplicado pelo Membro Y é incompatível com o regime da OMC. Na sequência do vencimento do prazo razoável, o Membro X trata de adoptar uma medida 'qualitativamente equivalente' impondo um imposto *ad valorem* de 10% sobre todas as importações originárias do Membro Y.

– O Membro Y exporta mercadorias para o Membro X no valor de 100.000 milhões de dólares. A repercussão económica ou comercial total desta medida 'qualitativamente equivalente', o imposto *ad valorem* de 10% sobre todos os produtos importados do Membro Y, seria de 10.000 milhões de dólares. (...).

**5.33.** As Comunidades Europeias alegam que 'de qualquer modo, a possível repercussão da legislação comunitária seria mais limitada que a da Lei de 1916', em parte porque, historicamente, foram poucos os casos de medidas antidumping impostas sobre produtos estado-unidenses. Todavia, os Árbitros não podem simplesmente *supor*, com base na evolução histórica do comércio ou outros factores, que a suspensão proposta pelas Comunidades Europeias sempre terá 'efeitos similares ou, na realidade, efeitos económicos menos gravosos que a Lei de 1916.

**5.34.** Tendo em conta a aplicação potencialmente ilimitada da suspensão proposta pelas Comunidades Europeias, como descrita no seu pedido, é possível que tal suspensão exceda o nível da anulação ou redução quando aplicada e, em consequência, tornar-se punitiva. O pedido das Comunidades Europeias não assegura que a suspensão se limitará ao nível da anulação que sofreu, expresso em termos económicos ou comerciais quantificáveis.

**5.35.** Em consequência, constatamos que os Estados Unidos satisfizeram o seu ónus de prova inicial de estabelecer um caso *prima facie* ou a presunção de que o nível da suspensão proposto pelas Comunidades Europeias não é equivalente ao nível da anulação e redução"[3843].

---

[3843] Decisão de Arbitragem no caso *United States – Anti-Dumping Act of 1916 (Original Complaint by the European Communities), Recourse to Arbitration by the United States under Article 22.6 of the DSU* (WT/DS136/ARB), 24-2-2004, parágrafos 5.17-5.18, 5.21, 5.29-5.30 e 5.33-5.35.

1374

A FALTA DE EXECUÇÃO

As medidas que não são mencionadas no pedido inicial de autorização para retaliar estão, também, fora dos termos de referência dos árbitros:

"Concordamos com as Comunidades Europeias de que o Regulamento do Conselho (CE) Nº 2238/2003 não está compreendido no nosso mandato. O nosso mandato está definido no nº 7 do artigo 22º do Memorando de Entendimento sobre Resolução de Litígios, que nos exige determinar se o nível da suspensão de obrigações solicitado pelas Comunidades Europeias, definido no seu pedido de 7 de Janeiro de 2002, é equivalente ao nível da anulação ou redução sofrido pelas Comunidades Europeias como consequência da Lei de 1916. No pedido das Comunidades Europeias não se menciona o Regulamento e não vemos base alguma no nº 7 do artigo 22º para que os Árbitros possam assumir jurisdição para examiná-lo"[3844].

É igualmente duvidoso que um Membro da OMC possa modificar ou ampliar as contramedidas solicitadas durante o decurso de um procedimento de arbitragem[3845].

Caso os árbitros decidam que a proposta de um Membro da OMC não é compatível com a OMC, isto é, que o valor proposto é excessivo, eles não podem finalizar o seu exame da mesma forma que os painéis, pedindo ao Órgão de Resolução de Litígios que recomende que se ponha a medida em conformidade com as obrigações resultantes da OMC. Em conformidade com o enfoque adoptado pelos Árbitros no caso *Bananas* (em que o valor proposto pelos Estados Unidos de 520 milhões de dólares norte-americanos foi reduzido pelos árbitros para 191,4 milhões de dólares norte-americanos), o mandato dos árbitros não pode limitar-se a isso. Em função dos objectivos básicos da resolução pronta e positiva dos litígios, eles têm de calcular o nível de suspensão que consideram equivalente ao prejuízo sofrido. Esta é a tarefa essencial dos Árbitros[3846].

Em certas situações, pode mesmo ser necessário que os árbitros confiram se a nova medida adoptada pelo Membro da OMC faltoso é compatível com o direito da OMC:

"**4.8.** (...) Não podemos cumprir a nossa função de avaliar a *equivalência* entre os dois níveis citados [o da suspensão proposta e o da anulação ou redução da vantagens] se não chegarmos antes a uma conclusão sobre se o regime revisto das Comunidades Europeias é, com base nas nossas constatações e das constatações do Órgão

---

[3844] *Idem*, parágrafo 3.19.

[3845] Decisão de Arbitragem no caso *Brazil – Export Financing Programme for Aircraft, Recourse to Arbitration by Brazil under Article 22.6 of the DSU and Article 4.11 of the SCM Agreement* (WT/DS46/ARB), 28-8-2000, parágrafo 3.14.

[3846] Decisão de Arbitragem no caso *European Communities – Measures Concerning Meat and Meat Products (Hormones) (Original Complaint by the United States), Recourse to Arbitration by the European Communities under Article 22.6 of the DSU* (WT/DS26/ARB), 12-7-1999, parágrafo 12.

1375

# A FUNÇÃO JURISDICIONAL NO SISTEMA GATT/OMC

de Recurso no litígio inicial, plenamente compatível com a OMC. A causa básica de qualquer anulação ou redução sofrido pelos Estados Unidos seria a incompatibilidade com a OMC do regime revisto das Comunidades Europeias. Dado que o nível da suspensão de concessões proposta tem de ser equivalente ao nível de anulação ou redução, é necessário, logicamente, que o exame que temos de realizar na qualidade de Árbitros se centre em primeiro lugar no último desses níveis para que possamos estar em condições de avaliar a sua equivalência com o nível da suspensão de concessões proposta pelos Estados Unidos. (...).

**4.10.** (...) As Comunidades Europeias aduzem que não deveríamos examinar a compatibilidade do seu novo regime para as bananas. Em primeiro lugar, afirmam que, se o fizermos, ultrapassamos o nosso mandato, que, segundo indicam, se limita à determinação do nível de suspensão e da equivalência entre esse nível e o nível de anulação ou redução. Não obstante, como se indicou antes, o estabelecimento do nível de anulação ou redução pode requerer uma análise da existência de anulação ou redução resultantes da incompatibilidade com a OMC do novo regime para a banana"[3847].

De notar, por fim, que os Estados Unidos, na reunião organizacional relativa ao caso *United States – Measures Affecting the Cross-Border Supply of Gambling and Betting Services, Recourse to Arbitration by the United States under Article 22.6 of the DSU*, solicitaram aos árbitros a abertura ao público da sua reunião com as partes em litígio. Os árbitros solicitaram e receberam as opiniões de Antígua a respeito deste pedido e, numa comunicação escrita dirigida às duas partes em 21 de Agosto de 2007, declararam o seguinte:

> "O Árbitro nota em primeiro lugar a ausência de uma disposição específica no Memorando de Entendimento sobre Resolução de Litígios a respeito desta questão relativamente ao procedimento arbitral previsto no n.º 6 do artigo 22.º. O Árbitro considera que tem uma margem de discricionariedade para lidar, sempre de acordo com as garantias processuais devidas, com situações concretas que possam surgir num determinado caso e que não estejam reguladas explicitamente pelo Memorando de Entendimento sobre Resolução de Litígios. Ao mesmo tempo, o Árbitro considera que, no exercício destas faculdades discricionárias, deve ter em conta devidamente os pontos de vista das partes. Neste caso, Antígua opõe-se a que se dê carácter público à reunião. Por conseguinte, e tendo presente o objecto dos procedimentos, o Árbitro decidiu não permitir a abertura da reunião ao público"[3848].

---

[3847] Decisão de Arbitragem no caso *European Communities – Regime for the Importation, Sale and Distribution of Bananas, Recourse to Arbitration by the European Communities under Article 22.6 of the DSU* (WT/DS27/ARB), 9-4-1999, parágrafos 4.8 e 4.10.

[3848] Decisão de Arbitragem no caso *United States – Measures Affecting the Cross-Border Supply of Gambling and Betting Services, Recourse to Arbitration by the United States under Article 22.6 of the DSU* (WT/DS285/ARB), 21-12-2007, parágrafo 2.29.

1376

A FALTA DE EXECUÇÃO

## 6.3. O Segundo Pedido de Autorização
### 6.3.1. Os limites estabelecidos

Uma vez emitida a decisão arbitral, esta não necessita de ser adoptada pelo Órgão de Resolução de litígios para produzir efeitos nem é passível de recurso[3849]. Partindo do princípio de que é autorizado algum nível de suspensão de concessões ou outras obrigações, a parte queixosa pode, então, apresentar um segundo pedido ao Órgão de Resolução de Litígios solicitando autorização para retaliar de uma maneira compatível com a decisão de arbitragem[3850]. Nos termos do nº 7, *in fine*, do art. 22º do Memorando:

> "O Órgão de Resolução de Litígios será informado atempadamente da decisão do árbitro e concederá, *mediante pedido*, autorização para suspender as concessões ou outras obrigações nos casos em que esse pedido seja compatível com a decisão do árbitro, salvo se o Órgão de Resolução de Litígios decidir por consenso rejeitar o pedido" (itálico aditado).

Aplicando-se a regra do consenso negativo, esta autorização do Órgão de Resolução de Litígios para retaliar é automática e parece não estar sujeita a quaisquer prazos.

Não obstante, a autorização concedida pelo Órgão de Resolução de Litígios não implica, necessariamente, que o Membro da OMC a quem foi concedida a autorização esteja obrigado a suspender efectivamente quaisquer concessões ou outras obrigações. O Membro da OMC em causa pode, por exemplo, usar tal autorização como "a bargaining tool" com o Membro da OMC faltoso. A própria ameaça de retaliação pode levar a que um membro da OMC ponha em conformidade com um acordo abrangido uma medida incompatível. No caso *Australia – Measures Affecting Importation of Salmon*, por exemplo, o painel criado ao abrigo do nº 5 do art. 21º do Memorando de Entendimento sobre Resolução de Litígios considerou que a Austrália não tinha posto fim ao seu incumprimento. Tal só aconteceu quando o Canadá solicitou autorização para aplicar sanções comerciais no valor 45 milhões de dólares canadianos[3851].

---

[3849] Nos termos do nº 7 do art. 22º do Memorando, "as partes aceitarão a decisão do árbitro como final e as partes em causa não procurarão uma segunda arbitragem".

[3850] Ver, por exemplo, o pedido apresentado pelo Equador, em 5 de Maio de 2000, no âmbito do caso *European Communities – Regime for the Importation, Sale, and Distribution of Bananas, Recourse to Article 22.7 of the Dispute Settlement Understanding by Ecuador* (WT/DS27/54).

[3851] Steve CHARNOVITZ, *Rethinking WTO Trade Sanctions*, in AJIL, 2001, p. 797; Rafiqul ISLAM, *Recent EU Trade Sanctions on the US to Induce Compliance with the WTO Rulings in the Foreign Sales Corporations Case: Its Policy Contradiction Revisited*, in JWT, 2004, p. 477. Segundo o Ministro do Comércio da Austrália da altura, "It was vital in reaching this settlement that innocent Australian exporters did not get caught in the crossfire". Cf. Reto MALACRIDA, *Towards Sounder and Fairer*

A FUNÇÃO JURISDICIONAL NO SISTEMA GATT/OMC

Caso a parte queixosa adopte medidas de retaliação que ultrapassam os limites do que foi autorizado pelo Órgão de Resolução de Litígios, o Membro da OMC faltoso pode recorrer aos procedimentos de resolução de litígios apropriados para impugnar aquelas medidas[3852]. Até à data, não foi impugnada nenhuma medida de retaliação "on the basis that they are *ultra vires* the relevant Dispute Settlement Body authorisation"[3853].

Claro está, não é possível, também, a aplicação das medidas de retaliação antes da autorização ser concedida. No âmbito do caso *European Communities – Regime for the Importation, Sale and Distribution of Bananas*, o Director da Divisão de Cumprimento de Normas Comerciais do Serviço de Alfândegas dos Estados Unidos emitiu, em 4 de Março de 1999, um memorando intitulado "Sanções Europeias", no qual instruía os Directores de Territórios Aduaneiros e de Portos a tomarem certas medidas a respeito dos produtos importados designados das Comunidades Europeias, com efeitos desde 3 de Março de 1999[3854]. Porém, a caução majorada imposta pelos Estados Unidos (em 3 de Março) em resposta ao seu descontentamento com o caso *Bananas*, antes da concessão pelo Órgão de Resolução de Litígios da autorização para retaliar (em 19 de Abril), constituía uma medida unilateral que violava o Memorando de Entendimento sobre Resolução de Litígios[3855].

### 6.3.2. As listas de produtos anexas ao pedido de autorização
Caso o Membro da OMC lesado decida levar avante a suspensão de concessões autorizada, apenas os produtos constantes da lista de produtos anexa ao pedido de autorização poderão ser objecto da suspensão, ou seja, o queixoso não pode seleccionar produtos não incluídos naquela lista.

Não havendo um método homogéneo ou imperativo, a escolha dos produtos depende da vontade das autoridades competentes do Membro da OMC autorizado a retaliar. No caso *Foreign Sales Corporations*, por exemplo, tendo uma decisão de arbitragem autorizado, em 30 de Agosto de 2002, a Comunidade Europeia a impor sanções no valor de 4.043 milhões de dólares, mediante o aumento dos direitos aduaneiros aplicáveis a determinados produtos até 100%, a Comissão

---

*WTO Retaliation: Suggestions for Possible Additional Procedural Rules Governing Members' Preparation and Adoption of Retaliatory Measures*, in JWT, 2008, p. 9.

[3852] Decisão de Arbitragem no caso *United States – Measures Affecting the Cross-Border Supply of Gambling and Betting Services, Recourse to Arbitration by the United States under Article 22.6 of the DSU* (WT/DS285/ARB), 21-12-2007, parágrafo 5.12.

[3853] Thomas SEBASTIAN, The law of permissible WTO retaliation, in *The Law, Economics and Politics of Retaliation in WTO Dispute Settlement*, Cambridge University Press, 2010, p. 98.

[3854] Relatório do Órgão de Recurso no caso *United Sates – Import Measures on Certain Products from the European Communities* (WT/DS165/AB/R), 11-12-2000, parágrafo 3.

[3855] *Idem*, parágrafo 58.

1378

## A FALTA DE EXECUÇÃO

Europeia publicou, em 13 de Setembro, no Jornal Oficial um aviso do qual constava a proposta de lista dos produtos que deveriam ser abrangidos pelas medidas de retaliação. Segundo a prática da OMC, a lista foi estabelecida num montante mais elevado do que o fixado por arbitragem, de modo a ser possível a exclusão de alguns produtos, após consultas entre as partes interessadas. A fim de elaborar a lista definitiva dos produtos que poderiam ser objecto das medidas de retaliação autorizadas, a Comissão Europeia convidou as empresas, as federações profissionais ou qualquer outra parte interessada da Comunidade Europeia a apresentarem os seus pontos de vista e comentários. A consulta pública, que se prolongou por um período de 60 dias, tinha por objectivo minimizar as consequências negativas das eventuais sanções sobre os interesses da Comunidade Europeia. A este respeito, a Comissão havia incluído na lista os produtos cuja parte média das importações dos Estados Unidos era reduzida (inferior a 20%), ou seja, produtos relativamente aos quais a Comunidade não estava substancialmente dependente do seu abastecimento nos Estados Unidos. Após o processo de consulta pública, a Comissão consultou os Estados-Membros e chegou a acordo sobre uma lista final de produtos. No fim, foram retirados 956 itens dos 2,556 itens da lista inicial[3856], na sequência de pedidos dos Estados-membros, empresas comunitárias e associações comerciais[3857]. Claro está, pode haver sempre surpresas:

> "One of the tools for minimising the damage on the European economy was the selection of products for which there were sufficient alternative sources of supply. Obviously, this (statistical) enquiry took place at the level of tariff classifications, and could not exclude the fact that more narrowly defined individual products deviated

[3856] Nada mau, se tivermos presente que, em 1990, os Estados-membros das Comunidades Europeias, quando consideraram a possibilidade de aplicar medidas de retaliação contra os Estados Unidos por causa das sanções que este país aplicou contra às Comunidades Europeias, por causa da legislação que estas adoptaram relativamente às hormonas de crescimento, só conseguiram concordar com a inclusão dos extintores de fogo na lista dos produtos sobre os quais deveria incidir a acção de retaliação comunitária (cf. Theofanis CHRISTOFOROU, The World Trade Organization, Its Dispute Settlement System and the European Union: A Preliminary Assessment of Nearly Ten Years of Application, in *L'Intégration Européenne au XXIème Siècle: En Hommage à Jacques Bourrinet*, La Documentation Française, Paris, 2004, p. 264). Ainda segundo este autor:
> "the economic and trade interests and level of development of its constituent Member States frequently diverge, to which one has to add the different historical and political ties of the Member States with third countries (e.g. the special ties of the European Union and its Member States with a number of ACP and Mediterranean countries). The example of fire-extinguishers is frequently cited in the diplomatic circles in Brussels to illustrate graphically this point. Cf. *Idem*.

[3857] Hakan NORDSTRÖM, The politics of selecting trade retaliation in the European Community: a view from the floor, in *The Law, Economics and Politics of Retaliation in WTO Dispute Settlement*, Cambridge University Press, 2010, p. 269.

## A FUNÇÃO JURISDICIONAL NO SISTEMA GATT/OMC

in their supply pattern from the broader product category in which they fell. Thus, as the European Community realised only when the sanctions came into effect, they caused severe problems for suppliers of cheerleader pom-poms to American football teams in Europe"[3858].

Por último, em 7 de Maio de 2003, no quadro de uma reunião extraordinária do Órgão de Resolução de Litígios, a Comunidade Europeia foi autorizada a aplicar medidas de retaliação contra os Estados Unidos. Os produtos seleccionados para constar da lista final visavam, essencialmente, dois objectivos: minimizar o prejuízo causado à Comunidade (a lista deveria conter produtos que pudessem ser facilmente encontrados em mercados distintos do mercado objecto das medidas de retaliação) e maximizar o impacto das medidas de retaliação nos Estados Unidos.

É bem provável que as medidas de retaliação (ou a ameaça da sua aplicação) tenham maior êxito quando o país que a elas recorre escolhe indústrias ou sectores económicos passíveis de pressionarem o país incumpridor a executar rapidamente as recomendações e decisões do Órgão de Resolução de Litígios ou produtos em que os seus exportadores possam ver-se confrontados com custos de ajustamento significativos na procura de mercados alternativos[3859]. No caso

---

[3858] Lothar EHRING, The European Community's experience and practice in suspending WTO obligations, in The Law, Economics and Politics of Retaliation in WTO Dispute Settlement, Cambridge University Press, 2010, p. 249. De modo semelhante, no caso European Communities – Regime for the Importation, Sale and Distribution of Bananas, os Estados Unidos retiraram as máquinas de lavar de origem comunitária da lista de produtos alvo das suas medidas de retaliação, após descobrirem que as máquinas em causa continham muitos componentes de origem norte-americana. Cf. Reto MALACRIDA, Towards Sounder and Fairer WTO Retaliation: Suggestions for Possible Additional Procedural Rules Governing Members' Preparation and Adoption of Retaliatory Measures, in JWT, 2008, p. 32.

[3859] Com vista a evitar prejuízos para os importadores e consumidores nacionais, devem-se escolher produtos que possam ser importados de outros países (não sujeitos ao pedido de aplicação de medidas de retaliação) ou fornecidos por produtores nacionais. Todavia, esta não é uma tarefa fácil. O Canadá, por exemplo, depende muito do mercado norte-americano. Certa de 75% das importações canadenses são originárias dos Estados Unidos e as relações comerciais entre os dois países são tão duradouras e profundas que muitos importadores terão dificuldades em encontrar, como alternativa, preços semelhantes aos dos produtos originários dos Estados Unidos (cf. Vasken KHABAYAN, Canada's experience and practice in suspending WTO obligations, in The Law, Economics and Politics of Retaliation in WTO Dispute Settlement, Cambridge University Press, 2010, p. 278). Quando tiveram de retaliar contra os Estados Unidos, no âmbito do caso United States – Continued Dumping and Subsidy Offset Act of 2000 (Original Complaint by the European Communities), o Canadá escolheu como alvo, selectivamente, bens produzidos nos Estados norte-americanos cujos representantes apoiaram a legislação declarada incompatível (cf. Gregory SHAFFER e Daniel GANIN, Extrapolating purpose from practice: rebalancing or inducing compliance, in The Law, Economics and Politics of Retaliation in WTO Dispute Settlement, Cambridge University Press, 2010, p. 81). Num

A FALTA DE EXECUÇÃO

*European Communities Measures Concerning Meat and Meat Products (Hormones)*, por exemplo, a lista de produtos escolhidos pelos Estados Unidos:

"was crafted to exert maximum pressure on the Europeans while inflicting minimum economic impact on American business. France, Germany, Italy, and Denmark were the countries most deeply affected by the tariffs because they were the largest countries within the European Union – with the exception of Denmark, chosen because it was the European Union's largest meat exporter. When the retaliation went into effect on July 29 [1999], affected products included Danish ham; German pork; French goose-liver pâté, mustard and Roquefort; and Italian truffles and canned tomatoes. The most heavily targeted of these goods was European pork. Among the other products affected were glues and adhesives from France, Germany, and Italy, as well as chocolate and *foie gras*. France was hit with tariffs of 24 percent of the total value; Germany, 24 percent; Italy 21 percent; and Denmark, 15 percent. The remainder was divided among the other 10 European Union countries, excluding the United Kingdom"[3860].

É interessante verificar que os Estados Unidos escolheram, deliberadamente, alguns produtos que são símbolos da cultura europeia.

Ao mesmo tempo, este caso mostra, inequivocamente, que as vítimas das medidas de retaliação nada têm a ver com os perpetradores da violação[3861] e que podem mesmo surgir vítimas colaterais inesperadas[3862]. De facto, nos protestos

---

plano mais geral, quanto mais a parte queixosa importa da parte demandada, maior a possibilidade de aplicação de sanções comerciais. Por conseguinte, a capacidade da parte queixosa de impor prejuízos à parte demandada, através da suspensão de concessões no caso de incumprimento, influencia a decisão de apresentar uma queixa no âmbito do sistema de resolução de litígios. Cf. Andrew GUZMAN e Beth SIMMONS, *Power Plays and Capacity Constraints: The Selection of Defendants in World Trade Organization Disputes*, in Journal of Legal Studies, 2005, p. 578.

[3860] Robert Z. LAWRENCE, Charan DEVEREAUX e Michael WATKINS, *Case Studies in US Trade Negotiation – Vol. 2: Resolving Disputes*, Institute for International Economics, Washington, DC, 2006, p. 73. A lista final de produtos alvo das medidas de retaliação impostas pelos Estados Unidos no caso *Hormones* resultou de um processo que envolveu os Departamentos do Estado, do Comércio e da Agricultura e o Representante dos Estados Unidos para o Comércio. Cf. *Idem.*

[3861] Para além do Conselho de Segurança, a OMC é, ao que parece, a única instituição global a recorrer a sanções comerciais para responder a situações de incumprimento das suas regras. Muitos tratados recorrem a controlos comerciais (no âmbito da protecção do ambiente, do controlo do narcotráfico, etc.), mas apenas a OMC autoriza medidas discricionárias contra "unrelated products". Cf. Steve CHARNOVITZ, *The WTO's Problematic "Last Resort" Against Noncompliance*, in Aussenwirtschaft, 2002, p. 428.

[3862] Ficou famosa a pergunta dos produtores do queijo italiano *pecorino*, um dos produtos alvo das medidas de retaliação aplicadas pelos Estados Unidos no âmbito do caso *European Communities – Regime for the Importation, Sale and Distribution of Bananas*: "What do we have to do with bananas?".

A FUNÇÃO JURISDICIONAL NO SISTEMA GATT/OMC

que se seguiram em França após a aplicação das medidas de retaliação pelos Estados Unidos, as empresas norte-americanas McDonald's e Coca-Cola, "emblems of world commerce, the corporatization of food production"[3863], foram particularmente visadas. No Verão de 1999, 150 agricultores ocuparam o estabelecimento McDonald's localizado na cidade francesa de Auch com placas dizendo "No hormones in foie gras country"[3864] e alguns cafés em Dijon aumentaram o preço da garrafa de Coca-Cola para 100 francos[3865]. Pouco tempo depois, a empresa francesa subsidiária da McDonald's lançou uma campanha nos meios de comunicação nacionais para responder à publicidade negativa, enfatizando que 80% dos produtos servidos nos 750 restaurantes sitos em território francês eram feitos em França[3866].

De notar, por último, que os Estados Unidos ameaçaram impor no caso *Bananas* sanções sobre as importações de produtos de caxemira da Escócia, numa tentativa de pressionar o Reino Unido, "a key swing vote" na votação do Conselho das Comunidades relativa à manutenção do regime incompatível com o direito da OMC. As pressões exercidas pelos escoceses sobre o primeiro-ministro Tony Blair, ele próprio de origem escocesa, resultaram na retirada, no último minuto, da caxemira da lista de sanções norte-americana. Diz-se que tal decisão se deveu à necessidade imperiosa de o Reino Unido e os Estados Unidos chegarem a uma posição comum relativamente à crise que se verificava então na Bósnia[3867]. Ou seja, "important areas like development aid, military support, loan guarantees, and support for creating new treaties are all elements in the war chest of a powerful country"[3868].

---

Cf. Reto MALACRIDA, *Towards Sounder and Fairer WTO Retaliation: Suggestions for Possible Additional Procedural Rules Governing Members' Preparation and Adoption of Retaliatory Measures*, in JWT, 2008, p. 14.

[3863] Robert Z. LAWRENCE, Charan DEVEREAUX e Michael WATKINS, *Case Studies in US Trade Negotiation – Vol. 2: Resolving Disputes*, Institute for International Economics, Washington, DC, 2006, p. 75.

[3864] *Idem*, p. 31.

[3865] *Idem*, p. 75.

[3866] *Idem*.

[3867] Bernard O'CONNOR, *Remedies in the World Trade Organization Dispute Settlement System – The Bananas and Hormones Cases*, in JWT, 2004, p. 251. Alegou-se que a decisão de atingir os produtos de caxemira escoceses poderia causar a perda de 4.000 empregos na Escócia rural. Cf. Reto MALACRIDA, *Towards Sounder and Fairer WTO Retaliation: Suggestions for Possible Additional Procedural Rules Governing Members' Preparation and Adoption of Retaliatory Measures*, in JWT, 2008, p. 31.

[3868] Andrew SHOYER, Eric SOLOVY e Alexander KOFF, Implementation and Enforcement of Dispute Settlement Decisions (Chapter 28), in *The World Trade Organization: Legal, Economic and Political Analysis*, Volume I, Patrick Macrory, Arthur Appleton e Michael Plummer Ed., Springer, Nova Iorque, 2005, p. 1364.

A FALTA DE EXECUÇÃO

### 6.3.3. A proposta de Hakan Nordström

As medidas de retaliação propostas na maioria dos pedidos apresentados até agora ao Órgão de Resolução de Litígios assumem a forma de direitos aduaneiros de 100% *ad valorem* sobre os produtos constantes da lista anexa. Com frequência, a lista inclui o valor das importações para cada um dos produtos identificados durante o ano mais recente e a ideia subjacente ao direito aduaneiro de 100% é, aparentemente, a de que um direito aduaneiro proibitivo ou pára as importações ou gera receitas pautais equivalentes ao valor das importações se os produtos sujeitos ao direito adicional continuarem a ser importados[3869]. Inevitavelmente, o recurso a medidas de retaliação que impõem direitos aduaneiros tão elevados sobre um conjunto restrito de produtos implica um elevado grau de concentração dos prejuízos. Mas esta concentração pode verificar-se, também, ao nível dos países que aplicam as medidas de retaliação. No já citado caso *Foreign Sales Corporations*, por exemplo, mais de 50% das importações objecto das medidas de retaliação tinham como destino final o Reino Unido[3870]. A fim de evitar esta última situação, HAKAN NORDSTRÖM propõe, como alternativa à abordagem da *short list*, a imposição de um pequeno direito aduaneiro uniforme a todos os produtos[3871], ou seja:

> "The average import elasticity would have to be estimated on historical import data since it depends on the product composition of the bilateral trade in the particular case. For example, in the *United States – Foreign Sales Corporations* dispute, where the award was US$4.043 billion and the import in the reference period US$199 billion, the uniform duty would be 1 per cent if the average import elasticity is 2"[3872].

Esta solução teria várias vantagens. Deixaria de ser necessário realizar consultas para a escolha dos produtos a constar da lista, seria mais fácil de aplicar em termos administrativos, os prejuízos inerentes à imposição de medidas de retaliação seriam repartidos equitativamente e haveria um efeito positivo do lado das receitas. No caso *Foreign Sales Corporations*, por exemplo, calcula-se que, caindo as importações dos Estados Unidos apenas marginalmente, as receitas geradas poderiam ascender aproximadamente a 2 biliões de dólares norte-americanos por ano[3873].

---

[3869] Yves RENOUF, A brief introduction to countermeasures in the WTO dispute settlement system, in *Key Issues in WTO Dispute Settlement: The First Ten Years*, Rufus Yerxa e Bruce Wilson Ed., Cambridge University Press, 2005, p. 115.

[3870] Hakan NORDSTRÖM, The politics of selecting trade retaliation in the European Community: a view from the floor, in *The Law, Economics and Politics of Retaliation in WTO Dispute Settlement*, Cambridge University Press, 2010, p. 269.

[3871] *Idem*, p. 274.

[3872] *Idem*.

[3873] *Idem*, pp. 274-275. Em contraste, a solução dos direitos aduaneiros proibitivos sobre um conjunto restrito de produtos gera muito poucas, ou nenhumas, receitas, uma vez que é destruída a base de incidência dos direitos.

1383

A FUNÇÃO JURISDICIONAL NO SISTEMA GATT/OMC

Claro está, esta solução do direito uniforme também teria desvantagens. Deixaria de fazer sentido a hipótese de os países em desenvolvimento privilegiarem a suspensão de obrigações do Acordo TRIPS (actualmente em cima da mesa de negociações) e, sobretudo, o impacto das medidas de retaliação seria menos sentido no país alvo das mesmas. JIDE NZELIBE, por exemplo, defende que "a politically-calibrated retaliation strategy"[3874] é mais eficaz a induzir as partes ao cumprimento dos compromissos acordados, principalmente, porque as sanções comerciais podem ter como destinatários exportadores poderosos do país incumpridor para que exerçam pressão sobre o seu governo, de modo a que este ponha fim à violação[3875]. No caso *United States – Section 211 Omnibus Appropriations Act of 1998*, por exemplo, a coligação USA*Engage, constituída por mais de 650 empresas norte-americanas com interesses comerciais e investimentos no estrangeiro, apoiou a revogação da medida nacional declarada incompatível, por causa do seu receio de que os outros países retaliassem removendo as protecções de marcas registadas norte-americanas previstas em acordos bilaterais e multilaterais que não o Acordo TRIPS[3876]. O próprio Painel do caso *United States – Import Measures on Certain Products from the European Communities* observou que o principal fim da suspensão de concessões compatível com a OMC é o de fazer intervir outros grupos de interesse do membro infractor a fim de o incitarem a respeitar as suas obrigações[3877]. Em suma, se a retaliação tiver como alvo uma vasta gama de indústrias, "mobilization will be difficult because of free-rider problems"[3878].

### 6.3.4. As discrepâncias registadas nos montantes

Com excepção do caso *United States – Tax Treatment for "Foreign Sales Corporations"*, os árbitros rejeitaram sempre o nível proposto pelo Membro da OMC que solicita o direito de suspender concessões ou outras obrigações e estabeleceram num novo nível (nalguns casos, bem inferior), baseado na sua própria avaliação.

A título de exemplo, no âmbito do caso *European Communities – Regime for the Importation, Sale and Distribution of Bananas*, os Estados Unidos, nos termos do nº 2 do art. 22º do Memorando, solicitaram ao Órgão de Resolução de Litígios autorização para suspender a aplicação, relativamente às Comunidades Europeias e

---

[3874] Jide NZELIBE, *The Credibility Imperative: The Political Dynamics of Retaliation in the World Trade Organization's Dispute Resolution Mechanism*, in Theoretical Inquiries in Law, 2005, p. 225.

[3875] *Idem*, pp. 215-254.

[3876] Emily TAYLOR, *The Havana Club Saga: Threatening More than Just "Cuba Coke"*, in Northwestern Journal of International Law & Business, 2004, pp. 513-532.

[3877] Relatório do Painel no caso *United States – Import Measures on Certain Products from the European Communities* (WT/DS165/R), 17-7-2000, parágrafo 6.82.

[3878] Jide NZELIBE, *The Credibility Imperative: The Political Dynamics of Retaliation in the World Trade Organization's Dispute Resolution Mechanism*, in Theoretical Inquiries in Law, 2005, p. 224.

1384

A FALTA DE EXECUÇÃO

seus Estados-membros, de concessões pautais e obrigações ao abrigo do GATT de 1994 no valor de 520 milhões de dólares norte-americanos[3879] e os árbitros determinaram que o nível de anulação ou redução sofrido pelos Estados Unidos era de 191.4 milhões de dólares norte-americanos por ano[3880].

No caso *European Communities – Regime for the Importation, Sale and Distribution of Bananas*, o Equador pediu a autorização do Órgão de Resolução de Litígios para suspender concessões ou outras obrigações resultantes do Acordo TRIPS, do GATS e do GATT de 1994 no valor de 450 milhões de dólares norte-americanos[3881] e os árbitros determinaram que o nível de anulação e redução sofridos pelo Equador era de 201.6 milhões de dólares norte-americanos[3882].

No caso *European Communities – Measures concerning Meat and Meat Products (Hormones) (Original Complaint by the United States)*, os Estados Unidos, nos termos do nº 2 do art. 22º do Memorando, solicitaram autorização ao Órgão de Resolução de Litígios para suspender a aplicação, relativamente às Comunidades Europeias e seus Estados-membros, de concessões pautais na importância de 202 milhões de milhões de dólares norte-americanos por ano[3883] e os árbitros determinaram que o nível de anulação ou redução sofrido pelo Canadá era de 116.8 milhões de dólares norte-americanos por ano[3884].

No caso *European Communities – Measures concerning Meat and Meat Products (Hormones) (Original Complaint by Canada)*, o Canadá, nos termos do nº 2 do art. 22º do Memorando, solicitou autorização ao Órgão de Resolução de Litígios para suspender a aplicação, relativamente às Comunidades Europeias e seus Estados-membros, de concessões pautais no montante de 75 milhões de milhões de dólares canadenses por ano[3885] e os árbitros determinaram que o nível de anulação

---

[3879] Decisão de Arbitragem no caso *European Communities – Regime for the Importation, Sale and Distribution of Bananas, Recourse to Arbitration by the European Communities under Article 22.6 of the DSU* (WT/DS27/ARB), 9-4-1999, parágrafo 1.1.

[3880] *Idem*, parágrafo 8.1.

[3881] Decisão de Arbitragem no caso *European Communities – Regime for the Importation, Sale and Distribution of Bananas, Recourse to Arbitration by the European Communities under Article 22.6 of the DSU* (WT/DS27/ARB/ECU), 24-3-2000, parágrafo 1.

[3882] *Idem*, parágrafo 170.

[3883] Decisão de Arbitragem no caso *European Communities – Measures Concerning Meat and Meat Products (Hormones) (Original Complaint by the United States), Recourse to Arbitration by the European Communities under Article 22.6 of the DSU* (WT/DS26/ARB), 12-7-1999, parágrafo 1.

[3884] *Idem*, parágrafo 83.

[3885] Decisão de Arbitragem no caso *European Communities – Measures concerning Meat and Meat Products (Hormones) (Original Complaint by Canada), Recourse to Arbitration by the European Communities under Article 22.6 of the DSU* (WT/DS48/ARB), 12-7-1999, parágrafo 1.

1385

A FUNÇÃO JURISDICIONAL NO SISTEMA GATT/OMC

ou redução sofrido pelo Canadá era de 11.3 milhões de dólares canadenses por ano[3886].

No âmbito do caso *Brazil – Export Financing Programme for Aircraft*, o Canadá, ao abrigo do nº 10 do art. 4º do Acordo sobre as Subvenções e as Medidas de Compensação e nº 2 do art. 22º do Memorando, requereu a realização de uma reunião especial do Órgão de Resolução de Litígios para autorizá-lo a tomar contramedidas apropriadas na quantia de 700 milhões de dólares canadenses por ano[3887]. Os árbitros decidiram que a suspensão pelo Canadá da aplicação ao Brasil de concessões pautais ou outras obrigações ao abrigo do GATT de 1994, do Acordo sobre os Têxteis e o Vestuário e do Acordo sobre os Procedimentos em Matéria de Licenças de Importação no valor máximo de 344.2 milhões de dólares canadianos por ano constituiriam contramedidas apropriadas no sentido do nº 10 do art. 4º do Acordo sobre as Subvenções e as Medidas de Compensação[3888].

No caso *United States – Tax Treatment for "Foreign Sales Corporations"*, as Comunidades Europeias, nos termos do nº 10 do art. 4º do Acordo sobre as Subvenções e as Medidas de Compensação e nº 2 do art. 22º do Memorando, solicitaram autorização ao Órgão de Resolução de Litígios para adoptarem contramedidas apropriadas e suspenderem concessões no montante de 4.043 milhões de dólares norte-americanos por ano[3889]. As Comunidades Europeias basearam a sua proposta de contramedidas no valor do subsídio e não directamente nos benefícios conferidos pelo mesmo[3890]. No fim, os árbitros determinaram que a suspensão pelas Comunidades Europeias de concessões ao abrigo do GATT de 1994 na forma da imposição de um direito de 100% *ad valorem* sobre as importações de certos bens dos Estados Unidos no montante máximo de 4.043 milhões de dólares norte-americanos por ano constituiria uma contramedida apropriada no sentido do nº 10 do art. 4º do Acordo sobre as Subvenções e as Medidas de Compensação[3891].

No âmbito do caso *Canada – Export Credits and Loan Guarantees for Regional Aircraft*, o Brasil declarou que o Canadá não tinha seguido as recomendações do Órgão de Resolução de Litígios dentro do prazo razoável especificado pelo painel

---

[3886] *Idem*, parágrafo 72.

[3887] Decisão de Arbitragem no caso *Brazil – Export Financing Programme for Aircraft, Recourse to Arbitration by Brazil under Article 22.6 of the DSU and Article 4.11 of the SCM Agreement* (WT/DS46/ARB), 28-8-2000, parágrafo 1.1.

[3888] *Idem*, parágrafo 4.1.

[3889] Decisão de Arbitragem no caso *United States – Tax Treatment for "Foreign Sales Corporations", Recourse to Arbitration by the United States under Article 22.6 of the DSU and Article 4.11 of the SCM Agreement* (WT/DS108/ARB), 30-8-2002, parágrafo 1.4.

[3890] *Idem*, parágrafo 6.23.

[3891] *Idem*, parágrafo 8.1.

1386

A FALTA DE EXECUÇÃO

e, em conformidade com o nº 10 do art. 4º do Acordo sobre as Subvenções e as Medidas de Compensação e nº 2 do art. 22º do Memorando, solicitou autorização ao Órgão de Resolução de Litígios para adoptar contramedidas apropriadas no valor de 3.36 biliões de dólares norte-americanos[3892], importância a que chegou com base nas estimativas do valor dos contratos correspondentes a aeronaves não entregues até à data em que deveriam ter sido retiradas as subvenções (20 de Maio de 2002)[3893]. No fim, os árbitros determinaram que a suspensão pelo Brasil abrangendo trocas comerciais na soma total de 247.797,000 milhões de dólares norte-americanos corresponderia a uma contramedida apropriada no sentido do nº 10 do art. 4º do Acordo sobre as Subvenções e as Medidas de Compensação[3894].

Em 21 de Junho de 2007, Antígua solicitou ao Órgão de Resolução de Litígios, ao abrigo do nº 2 do art. 22º do Memorando de Entendimento sobre Resolução de Litígios, autorização para suspender a aplicação, relativamente aos Estados Unidos, de concessões e outras obrigações, ao abrigo do GATS e do Acordo TRIPS no valor anual de 3.443 biliões de dólares norte-americanos[3895]. No fim, os árbitros determinaram que o nível anual de anulação ou redução de vantagens resultantes para Antígua neste caso era de 21 milhões de dólares norte-americanos[3896].

De notar que, caso um membro da OMC solicite ao Órgão de Resolução de Litígios que o nível de suspensão de concessões ou outras obrigações seja inferior ao nível de anulação ou redução de vantagens, os árbitros não podem aumentar a medida da retaliação, de modo a que esta atinja o nível de anulação ou redução de vantagens. De acordo com o Direito internacional consuetudinário, o juiz está vinculado pelo que lhe foi solicitado e nada pode acrescentar-lhe (*non ultra petita*)[3897].

## 6.4. O Ónus da Prova nos Procedimentos de Arbitragem do Art. 22º

Estabeleceu-se logo numa das primeiras decisões de arbitragem que:

> "**9.** Cabe *presumir* que os Membros da OMC, como entidades soberanas, actuam em conformidade com as suas obrigações no âmbito da OMC. Cabe à parte que alega que um Membro agiu de *forma incompatível* com as regras da OMC o ónus de provar

---

[3892] Decisão de Arbitragem no caso *Canada – Export Credits and Loan Guarantees for Regional Aircraft, Recourse to Arbitration by Canada under Article 22.6 of the DSU and Article 4.11 of the SCM Agreement* (WT/DS222/ARB), 17-2-2003, parágrafo 1.2.

[3893] *Idem*, parágrafo 3.1.

[3894] *Idem*, parágrafo 4.1.

[3895] Decisão de Arbitragem no caso *United States – Measures Affecting the Cross-Border Supply of Gambling and Betting Services, Recourse to Arbitration by the United States under Article 22.6 of the DSU* (WT/DS285/ARB), 21-12-2007, parágrafo 1.5.

[3896] *Idem*, parágrafo 6.1.

[3897] Petros MAVROIDIS, *Remedies in the WTO Legal System: Between a Rock and a Hard Place*, in EJIL, 2000, p. 803.

1387

A FUNÇÃO JURISDICIONAL NO SISTEMA GATT/OMC

essa incompatibilidade. O acto que aqui examinamos é a proposta norte-americana de suspensão de concessões. A regra da OMC em questão é o nº 4 do artigo 22º [do Memorando], que prescreve que o nível de suspensão seja equivalente ao nível da anulação ou redução. As Comunidades Europeias impugnam a conformidade da proposta norte-americana com a dita regra da OMC. Em consequência, incumbe às Comunidades Europeias provar que a proposta norte-americana é incompatível com o nº 4 do artigo 22º. Segundo a jurisprudência da OMC bem estabelecida, isso significa que é às Comunidades Europeias que cabe apresentar argumentos e provas suficientes para estabelecer uma presunção *prima facie* de que o nível de suspensão proposto pelos Estados Unidos *não* é equivalente ao nível da anulação ou redução causado pela proibição comunitária das hormonas. Não obstante, uma vez que as Comunidades Europeias tenham estabelecido essa presunção, cabe aos Estados Unidos apresentar argumentos e provas suficientes para refutar a presunção. Caso exista um equilíbrio entre todos os argumentos e provas apresentados, as Comunidades Europeias, na sua qualidade de parte a que incumbe inicialmente o ónus da prova, serão a parte vencida.

**10.** As mesmas regras aplicam-se sempre que é alegado um determinado facto; (...) Cabe à parte que alega o facto provar a sua existência.

**11.** O dever que *todas* as partes têm de apresentar provas e colaborar na apresentação de provas aos árbitros – uma questão que deve ser distinguida da questão de saber a quem incumbe o ónus da prova – é crucial nos procedimentos de arbitragem previstos no Artigo 22º. As Comunidades Europeias estão obrigadas a apresentar provas que demonstrem que a proposta *não* é equivalente. Todavia, ao mesmo tempo e tão prontamente quanto possível, os Estados Unidos estão obrigados também a apresentar provas que expliquem como chegaram à sua proposta e as razões pelas quais a sua proposta é equivalente à redução do comércio que sofreram. Algumas das provas – como os dados relativos ao comércio com países terceiros, a capacidade de exportação e os exportadores afectados – podem, de facto, estar unicamente na posse dos Estados Unidos, que são a parte que sofreu a redução do comércio. Esta é a razão pela qual solicitámos aos Estados Unidos a apresentação do denominado documento sobre a metodologia"[3898].

Assim, embora haja uma sequência a respeitar, a avaliação dos árbitros deve basear-se em todos os argumentos e elementos de prova apresentados pelas partes. Este entendimento vale igualmente para os processos de arbitragem respeitantes às subvenções proibidas e para efeitos de aplicação do nº 3 do art. 22º do Memorando de Entendimento sobre Resolução de Litígios. Relativamente à primeira situação, os árbitros do caso *Brazil – Export Financing Programme for Air-*

---

[3898] Decisão de Arbitragem no caso *European Communities – Measures concerning Meat and Meat Products (Hormones) (Original Complaint by Canada), Recourse to Arbitration by the European Communities under Article 22.6 of the DSU* (WT/DS26/ARB), 12-7-1999, parágrafos 9-11.

1388

*craft, Recourse to Arbitration by Brazil under Article 22.6 of the DSU and Article 4.11 of the SCM Agreement* consideraram que:

"Conforme a prática estabelecida na OMC no que respeita ao ónus da prova na resolução de litígios, incumbe ao Membro que alega que outro actuou de forma incompatível com as normas da OMC o ónus de provar essa incompatibilidade. No presente caso, a medida em litígio é a proposta do Canadá de suspender concessões e outras obrigações no montante de 700 milhões de dólares canadenses como 'contramedidas apropriadas' no sentido do nº 10 do artigo 4º do Acordo sobre as Subvenções e as Medidas de Compensação. O Brasil impugna a conformidade desta proposta com o artigo 22º do Memorando de Entendimento sobre Resolução de Litígios e o nº 10 do artigo 4º do Acordo sobre as Subvenções e as Medidas de Compensação. Consequentemente, incumbe ao Brasil apresentar provas suficientes para demonstrar *prima facie* ou estabelecer uma 'presunção' de que as contramedidas que o Canadá propõe adoptar não são 'apropriadas'. Quando o Brasil o tiver feito, cabe ao Canadá apresentar provas suficientes para refutar essa 'presunção' (...)"[3899]

No que diz respeito à segunda situação, os árbitros do caso *European Communities – Regime for the Importation, Sale and Distribution of Bananas, Recourse to Arbitration by the European Communities under Article 22.6 of the DSU* concluíram que:

"Neste contexto, recordamos as nossas considerações sobre a alocação do ónus da prova nos procedimentos de arbitragem ao abrigo do artigo 22º, a saber, que, tendo em conta o disposto na alínea *a*) do nº 3 do artigo 22º, a parte queixosa que solicita a suspensão deve apresentar informação expondo as razões e explicações para a sua consideração inicial dos princípios e procedimentos estabelecidos no nº 3 do artigo 22º que a levaram a pedir autorização ao abrigo de um sector ou de um acordo distintos daqueles em que se constatou uma violação. Todavia, incumbiria à outra parte assumir em última instância o ónus de demonstrar que a suspensão dentro do mesmo sector ou no âmbito do mesmo acordo é praticável *e* eficaz para a parte que solicita a suspensão. No caso que nos ocupa, isto significa que, depois de o Equador ter exposto as suas considerações ao abrigo do nº 3 do artigo 22º, incumbe em última instância às Comunidades Europeias estabelecer que a suspensão de concessões aplicáveis a mercadorias no âmbito do GATT ou a suspensão de compromissos assumidos em sectores de serviços distintos dos serviços de distribuição no âmbito do Acordo Geral sobre o Comércio de Serviços são praticáveis *e* eficazes para o Equador dadas as circunstâncias específicas do caso e do país em causa"[3900].

---

[3899] Decisão de Arbitragem no caso *Brazil – Export Financing Programme for Aircraft, Recourse to Arbitration by Brazil under Article 22.6 of the DSU and Article 4.11 of the SCM Agreement* (WT/DS46/ARB), 28-8-2000, parágrafo 2.8.

[3900] Decisão de Arbitragem no caso *European Communities – Regime for the Importation, Sale and Distribution of Bananas, Recourse to Arbitration by the European Communities under Article 22.6 of the DSU*

# A FUNÇÃO JURISDICIONAL NO SISTEMA GATT/OMC

No fundo, salientaram os árbitros do caso *Brazil – Export Financing Programme for Aircraft, Recourse to Arbitration by Brazil under Article 22.6 of the DSU and Article 4.11 of the SCM Agreement*:

> "Uma questão distinta da questão de saber a quem incumbe o ónus da prova é a relativa à obrigação de ambas as partes apresentarem provas e colaborarem na apresentação de provas aos Árbitros. Por esta razão, apesar de incumbir inicialmente ao Brasil o ónus da prova, esperamos que o Canadá apresente provas que expliquem as razões pelas quais a sua proposta corresponde a contramedidas apropriadas e solicitamos-lhe que apresente um 'documento de metodologia' explicando a forma como chegou ao nível das contramedidas que propõe"[3901].

Caso as provas respeitantes a uma determinada alegação tenham igual peso, os árbitros concluirão que a alegação não foi estabelecida. Caso todos os elementos de prova tenham igual peso, o Brasil, na qualidade de parte a quem incumbe inicialmente o ónus da prova, perderá o caso[3902]. Caso os Estados Unidos não convençam os árbitros de que existe un nível positivo de anulação ou redução, o nível de suspensão de concessões será fixado em zero[3903].

O facto de um caso incidir sobre a suspensão de obrigações e não sobre a suspensão de concessões pautais em nada altera o ónus da prova aplicável[3904].

---

(WT/DS27/ARB/ECU), 24-3-2000, parágrafo 75. Mais recentemente, os árbitros do caso *United States – Measures Affecting the Cross-Border Supply of Gambling and Betting Services, Recourse to Arbitration by the United States under Article 22.6 of the DSU* confirmaram este entendimento:
"Incumbe aos Estados Unidos demonstrar em primeira instância que Antígua não observou os princípios do nº 3 do artigo 22º do Memorando de Entendimento sobre Resolução de Litígios nem teve devidamente em conta os factores enunciados na alínea *d*). Ao mesmo tempo, também neste caso, pela própria natureza da situação, é provável que alguns dos dados fundamentais relacionados com os factores a ter em conta e com a forma como Antígua os considerou estejam principalmente em poder da própria Antígua. De facto, na sua condição de Membro que solicita a suspensão num sector ou acordo distinto daquele em que se constatou a violação, cabe a Antígua 'indicar as razões do seu pedido', conforme resulta do nº 3, alínea *e*), do artigo 22º". Cf. Decisão de Arbitragem no caso *United States – Measures Affecting the Cross-Border Supply of Gambling and Betting Services, Recourse to Arbitration by the United States under Article 22.6 of the DSU* (WT/DS285/ARB), 21-12-2007, parágrafo 2.27.

[3901] Decisão de Arbitragem no caso *Brazil – Export Financing Programme for Aircraft, Recourse to Arbitration by Brazil under Article 22.6 of the DSU and Article 4.11 of the SCM Agreement* (WT/DS46/ARB), 28-8-2000, parágrafo 2.9.

[3902] *Idem*, parágrafo 2.8.

[3903] Decisão de Arbitragem no caso *European Communities – Regime for the Importation, Sale and Distribution of Bananas, Recourse to Arbitration by the European Communities under Article 22.6 of the DSU* (WT/DS27/ARB), 9-4-1999, parágrafo 4.13.

[3904] Decisão de Arbitragem no caso *United States – Anti-Dumping Act of 1916 (Original Complaint by the European Communities), Recourse to Arbitration by the United States under Article 22.6 of the DSU* (WT/DS136/ARB), 24-2-2004, parágrafo 3.3.

A FALTA DE EXECUÇÃO

Convém ter presente, finalmente, duas possibilidades. A primeira diz respeito
à possibilidade de os elementos de prova serem apresentados tardiamente. Neste
caso, os árbitros do caso *Canada – Export Credits and Loan Guarantees for Regional
Aircraft, Recourse to Arbitration by Canada under Article 22.6 of the DSU and Article
4.11 of the SCM Agreement* decidiram do seguinte modo:

"2.11. Recordamos que a alínea *d*) dos nossos Procedimentos de Trabalho dispõe
o seguinte:

'd) as partes devem apresentar aos árbitros todas as provas fácticas o mais tardar com as primeiras comunicações escritas dirigidas aos árbitros, excepto no que se
refere às provas necessárias para efeitos das comunicações a título de réplica ou das
respostas às perguntas formuladas. Poderão ser estabelecidas excepções a este procedimento por causas justificadas. Em tal caso, deve dar-se à outra parte um prazo para
formular observações, conforme apropriado. (...).

**2.14.** Neste caso, o Canadá solicita que o Árbitro rejeite as provas porque o Brasil
não invocou causas justificadas para apresentar tardiamente um elemento de informação que tinha estado ao seu alcance durante certo tempo. O Brasil responde que
as Provas documentais BRA-76 e 77 foram apresentadas como parte da sua resposta
à pergunta 2 dirigida pelo Árbitro a ambas as partes. No entanto, não encontramos
referências a essas provas documentais em lugar algum da resposta do Brasil de 1
de Novembro de 2002. Supondo que a prova era para efeitos de réplica, não vemos
nenhuma razão para que ela não tivesse podido apresentar-se junto com a declaração
oral do Brasil na nossa reunião, em lugar de apresentar-se com a sua declaração final.
Ao atrasar a apresentação destas provas até à sua declaração final, a situação do Brasil
como parte demandada proporcionou-lhe uma vantagem processual, dado que falou
em último lugar e não estava previsto nos Procedimentos de Trabalho que o Canadá
pudesse responder nesse momento. Isto torna ainda menos aceitável essa apresentação tardia de provas. A apresentação deliberada de provas num momento em que a
outra parte normalmente já não está em condições de formular as suas observações
a respeito – como neste caso – não só afecta negativamente os interesses dessa parte,
mas também afecta as garantias processuais devidas em geral e pode gerar demoras
no trabalho dos painéis e árbitros, tornando mais difícil cumprir os prazos que figuram nos acordos da OMC. Consequentemente, consideramos mais apropriado excluir
essas provas que dar ao Canadá a oportunidade de responder a elas, tanto mais que o
Canadá tinha solicitado expressamente que o Árbitro as rejeitasse. Logo, decidimos
não tomar em consideração as Provas documentais BRA-76 a 77 apresentadas pelo
Brasil"[3905].

---

[3905] Decisão de Arbitragem no caso *Canada – Export Credits and Loan Guarantees for Regional Aircraft,
Recourse to Arbitration by Canada under Article 22.6 of the DSU and Article 4.11 of the SCM Agreement*
(WT/DS222/ARB), 17-2-2003, parágrafos 2.11 e 2.14.

1391

A FUNÇÃO JURISDICIONAL NO SISTEMA GATT/OMC

A segunda possibilidade tem a ver com a admissibilidade de novos argumentos. Os mesmos árbitros que analisaram a primeira possibilidade, decidiram agora que:

"**2.15.** Uma vez que rejeitamos as Provas documentais BRA-76 e 77, não vemos nenhuma razão para examinar os argumentos do Canadá referentes a elas.

**2.16.** Por conseguinte, temos de considerar a comunicação adicional do Canadá na medida em que se refere às observações finais do Brasil formuladas na reunião, separadamente das Provas documentais BRA-76 e 77. Esta comunicação não deve ser considerada como uma resposta a novas provas, mas como uma nova comunicação de argumentos que não está prevista nos Procedimentos de Trabalho. Uma interpretação estrita dos nossos Procedimentos de Trabalho deveria levar-nos a não considerar a comunicação adicional do Canadá. Não obstante, observamos que o Brasil desenvolveu uma nova linha de argumentação nas suas observações finais. Era em benefício das garantias processuais devidas e da informação do Árbitro ouvir o que o Canadá tinha a dizer a esse respeito, se o Canadá assim o desejasse. Observamos também que, mesmo se o Canadá decidisse responder aos argumentos do Brasil, o direito do Brasil – como parte demandada – a falar em último lugar foi preservado pela oportunidade dada às partes de comentarem as respostas dadas pela outra às perguntas do Árbitro. Não vemos nenhuma razão para intervir formalmente nesse processo, sempre que sejam respeitadas as garantias processuais devidas. Também não acreditamos que a nossa passividade a este respeito possa levar a uma troca ilimitada de argumentos, porque os comentários sobre as respostas às perguntas foram a última oportunidade das partes para expressarem os seus pontos de vista, conforme declarado pelo Árbitro na sua audiência com as partes.

**2.17.** Por estas razões, decidimos aceitar as observações do Canadá sobre a declaração final do Brasil e as observações do Brasil sobre essas observações"[3906].

## 6.5. "Concessões" e "Outras Obrigações"

A expressão "concessões" diz respeito, claramente, aos direitos aduaneiros consolidados, aos compromissos em matéria de acesso aos mercados (Acordo sobre a Agricultura) ou aos compromissos específicos (GATS)[3907].

---

[3906] *Idem*, parágrafos 2.15-2.17.

[3907] Em relação aos produtos não constantes das listas de concessões anexas ao GATT, os Membros mantêm a liberdade de cobrar o direito aduaneiro que bem entenderem, inclusive direitos aduaneiros de montante suficientemente elevado para impedirem todas as importações de um determinado produto (os chamados direitos aduaneiros proibitivos), e não necessitam de autorização do Órgão de Resolução de Litígios para suspenderem as concessões. Esta faculdade dos Membros da OMC encontra-se, no entanto, cada vez mais cerceada, visto que o Ciclo do Uruguai conseguiu aumentos sensíveis quanto à percentagem de trocas comerciais sujeitas ao princípio

1392

A FALTA DE EXECUÇÃO

Sempre que recorreram à suspensão de concessões, os Estados Unidos impuseram direitos aduaneiros *ad valorem* de 100% sobre uma lista de produtos do membro da OMC em falta[3908]. Porém, no caso *Hormones*, tecnicamente os Estados Unidos não suspenderam concessões. É verdade que a retaliação norte-americana se traduziu na cobrança de direitos aduaneiros de 100% sobre um conjunto de produtos comunitários. Contudo, nenhum dos produtos em causa tinha tido alguma vez um direito aduaneiro próximo dos 100%, nem mesmo em 1947. Por conseguinte, a retaliação norte-americana parece-se mais com uma sanção do que com uma suspensão de concessões e, por isso, STEVE CHARNOVITZ afirma que o n.º 6 do art. 22.º do Memorando de Entendimento sobre Resolução de Litígios permite igualmente a suspensão de outras obrigações, ou seja, os árbitros poderiam justificar as contramedidas norte-americanas como uma suspensão dos artigos I e II do GATT[3909].

Bem mais ampla é a expressão "outras obrigações", abrangendo, em princípio, todas as obrigações previstas nos "acordos abrangidos"[3910]. No caso *United States – Anti-Dumping Act of 1916*, a Comunidade Europeia e o Japão solicitaram mesmo ao Órgão de Resolução de Litígios autorização para que, em ambos os casos, a suspensão de obrigações em relação aos Estados Unidos se traduzisse na adopção de regimes jurídicos semelhantes ao *Anti-Dumping Act of 1916* ("a mirror-image statute")[3911]. A Lei de 1916 foi aprovada pelo Congresso dos Estados

da consolidação. Esses aumentos irão traduzir-se, como é evidente, numa maior segurança dos agentes económicos na condução das suas actividades comerciais, a menos que a consolidação dos direitos aduaneiros se situe em valor estratosféricos. Por exemplo, o Egipto consolidou um direito aduaneiro agrícola em 3,000%. Cf. CONFERÊNCIAS DAS NAÇÕES UNIDAS PARA O COMÉRCIO E DESENVOLVIMENTO, *The Least Developed Countries Report 2004: Linking International Trade with Poverty Reduction*, United Nations, 2004, p. 61.

[3908] Atendendo ao seu carácter proibitivo, há quem dê o nome de "killer duty" aos direitos aduaneiros de 100% (cf. Reto MALACRIDA, WTO retaliatory measures: the case for multilateral regulation of the domestic decision-making process, in *The Law, Economics and Politics of Retaliation in WTO Dispute Settlement*, Cambridge University Press, 2010, p. 374) e, como reconheceu o Órgão de Recurso, "a proibição das importações é, normalmente, a 'arma' mais pesada de que dispõe um membro no seu arsenal de medidas comerciais". Cf. Relatório do Órgão de Recurso no caso *United States – Import Prohibition of Certain Shrimp and Shrimp Products* (WT/DS58/AB/R), 12-10-1998, parágrafo 171.

[3909] Steve CHARNOVITZ, Should the teeth be pulled? An analysis of WTO sanctions, in *The Political Economy of International Trade Law – Essays in Honor of Robert E. Hudec*, Daniel Kennedy e James Southwick ed., Cambridge University Press, 2002, pp. 611-612.

[3910] Nos termos do art. 22.º do Memorando, "concessões *ou outras* obrigações" (itálico aditado), ou seja, as concessões são simplesmente um subtipo de obrigações da OMC.

[3911] Quer o relatório do Painel, quer o relatório do Órgão de Recurso, consideraram que a lei norte-americana violava os artigos VI, n.ºs 1 e 2, do GATT de 1994, os artigos 1.º, 4.º e 5.º, n.º 5, do Acordo sobre a Aplicação do Artigo VI do GATT de 1994 e o art. XVI, n.º 4, do Acordo OMC. Em 26 de

A FUNÇÃO JURISDICIONAL NO SISTEMA GATT/OMC

Unidos ao abrigo da epígrafe 'Concorrência Desleal' do Título VIII da Lei sobre Rendimento de 1916 e estipula em parte o seguinte:

"É ilegal para um importador ou um agente à importação de artigos de qualquer país estrangeiro nos Estados Unidos, o facto de, habitual e sistematicamente, importar, vender ou fazer importar ou vender tais artigos nos Estados Unidos, a um preço substancialmente inferior ao seu valor real de mercado ou preço grossista de venda, no momento da sua exportação para os Estados Unidos, nos principais mercados do país da sua produção, ou de outros países estrangeiros para onde sejam exportados habitualmente, depois de adicionar a esse valor real de mercado o preço de venda ou preço grossista de venda, o frete, os direitos e as demais imposições e despesas resultantes necessariamente da importação e venda dos mesmos nos Estados Unidos, sempre que tal acto ou tais actos se realizem com a intenção de destruir ou prejudicar um ramo de produção nos Estados Unidos, ou de impedir o estabelecimento de um ramo de produção nos Estados Unidos, ou de restringir ou monopolizar qualquer parte do comércio internacional e interno de tais artigos nos Estados Unidos.

Toda a pessoa que infrinja o presente artigo, ou concorde ou conspire com outra pessoa para infringi-lo incorrerá em delito e, após a sua condenação, será castigada com uma pena de multa não superior a 5.000 dólares, uma pena privativa de liberdade não superior a um ano, ou a ambas as penas, à discrição do tribunal.

Toda a pessoa lesada nas suas actividades empresariais ou bens por causa de uma infracção do presente artigo, ou de um acordo ou conspiração para infringi-lo, poderá

Setembro de 2000, o Órgão de Resolução de Litígios adoptou ambos os relatórios e recomendou aos Estados Unidos que colocassem em conformidade com as suas obrigações a lei nacional em causa. Para esse efeito, os Estados Unidos dispuseram de um prazo razoável de dez meses, ou seja, até 26 de Julho de 2001. A pedido dos Estados Unidos, feito em 12 de Julho de 2001, o prazo razoável foi ainda prorrogado, por decisão do Órgão de Resolução de Litígios e merecendo a concordância do Japão e da Comunidade Europeia, até 31 de Dezembro do mesmo ano. Porém, só em Novembro de 2004, os Estados Unidos adoptaram legislação revogando a lei de 1916, mas só prospectivamente, ou seja, a nova legislação não afectou qualquer litígio pendente na altura da sua entrada em vigor. Ora, como notam alguns autores:

"This is significant because there are at least two court actions pending under the Act. In *Goss Int'l Corp v. Tokyo Kikai Seisakusho, Ltd.* The jury returned a \$31 million damages verdict against TKS, a Japanese printing press manufacturer. The Japanese government has shown relatively little concern about the TKS matter at the WTO and has not sought retaliation, probably because under existing Japanese legislation TKS can bring an action for \$31 million against a Japanese subsidiary of Goss! However, another 1916 Act suit against three Japanese outboard motor producers brought by the Bankruptcy trustee of Outboard Marine Corporation would offer a more significant problem for the Japanese defendants if the action were to result in monetary damages, since Outboard Marine has no operations in Japan". Cf. Raj BHALA e David GANTZ, *WTO Case Review 2004*, in Arizona Journal of International and Comparative Law, Vol. 22, No. 2, 2005, pp. 110-111.

1394

A FALTA DE EXECUÇÃO

intentar uma acção ante o tribunal de distrito dos Estados Unidos correspondente ao distrito em que resida ou se encontre o demandado, ou aquele em que este tenha um agente, independentemente da quantia do litígio, e receberá o triplo da quantia dos danos sofridos, assim como as custas judiciais, incluindo uma soma apropriada a título de honorários do advogado"[3912].

Os factos revelam que nunca um caso apresentado a um tribunal norte-americano ao abrigo desta lei de 1916 teve êxito[3913]. Apesar disso, o Órgão de Recurso concluiu que a mera existência de tal legislação tinha efeitos sobre a concorrência e "a chilling effect" sobre os comerciantes. Aliás, as Comunidades Europeias, o Japão e os Estados Unidos concordaram que a revogação da Lei de 1916 constituía o único modo de cumprir com os relatórios do painel e do Órgão de Recurso[3914]. Além do mais, a dificuldade em determinar a equivalência entre o nível de suspensão de concessões ou outras obrigações autorizadas pelo Órgão de Resolução de Litígios e o nível da anulação ou redução de vantagens levou a que as partes queixosas (Japão e Comunidades Europeias) tivessem avançado com a proposta de introduzirem "a mirror-image statute", que se aplicaria somente às importações norte-americanas[3915]. Segundo BRENDAN MCGIVERN, o pedido do Japão e da Comunidade Europeia:

"seemed to be based on the fact that the United States legislation has not been applied, and so a monetary-based request to suspend tariff concessions could be vulnerable to attack on the ground that the level of nullification or impairment was either negligible or non-existent"[3916].

Muito interessante é também o pedido que o Canadá apresentou, em 2000, ao Órgão de Resolução de Litígios no âmbito do caso *Brazil – Export Financing Programme for Aircraft*. Para além de solicitar autorização para adoptar contramedidas apropriadas em conformidade com o nº 10 do artigo 4º do Acordo sobre as

---

[3912] Decisão de Arbitragem no caso *United States – Anti-Dumping Act of 1916 (Original Complaint by the European Communities), Recourse to Arbitration by the United States under Article 22.6 of the DSU* (WT/DS136/ARB), 24-2-2004, parágrafo 2.3.

[3913] John JACKSON, *Sovereignty, the WTO, and Changing Fundamentals of International Law*, Hersch Lauterpacht Memorial Lectures, Cambridge University Press, 2006, p. 179.

[3914] Alberto ALVAREZ-JIMÉNEZ, *Emerging WTO Competition Jurisprudence and its Possibilities for Future Development*, in Northwestern Journal of International Law & Business, 2004, p. 501.

[3915] OMC, *United States – Anti-Dumping Act of 1916, Recourse by Japan to Article 22.2 of the DSU* (WT/DS162/18), 10-1-2002; *United States – Anti-Dumping Act of 1916, Recourse by the European Communities to Article 22.2 of the DSU* (WT/DS136/15), 11-1-2002.

[3916] Brendan MCGIVERN, *Seeking Compliance with WTO Rulings: Theory, Practice and Alternatives*, in The International Lawyer, 2002, p. 147.

A FUNÇÃO JURISDICIONAL NO SISTEMA GATT/OMC

Subvenções e as Medidas de Compensação e o nº 2 do artigo 22º do Memorando de Entendimento sobre Resolução de Litígios no valor de 700 milhões de dólares canadenses por ano, o Canadá solicitou igualmente autorização para adoptar todas ou algumas das seguintes contramedidas:

"1) a suspensão da aplicação da obrigação prevista na alínea *a*) do nº 6 do artigo VI do GATT de 1994 de determinar que o efeito da subvenção no âmbito do PROEX [uma medida brasileira] seja tal que cause ou ameace causar um prejuízo importante a um ramo de produção nacional já existente ou que retarde de maneira importante a criação de um ramo de produção nacional;

2) a suspensão da aplicação das obrigações previstas no Acordo sobre os Têxteis e o Vestuário relativas as restrições quantitativas à importação de têxteis e roupas de vestir originárias do Brasil;

3) a suspensão da aplicação das obrigações previstas no Acordo sobre Procedimentos em matéria de Licenças de Importação relativas as prescrições em matéria de licenças relativas às importações originárias do Brasil, e

4) a suspensão das concessões pautais e obrigações conexas no âmbito do GATT de 1994 mediante a imposição de uma sobretaxa de 100 por cento sobre os direitos aduaneiros vigentes a uma lista de produtos importados do Brasil. Em 13 de Maio de 2000, o Canadá publicará no Jornal Oficial do Canadá a lista proposta de produtos aos quais poderão ser retiradas as concessões. Essa lista anexa-se para facilitar a referência.

O Canadá poderá, ainda, excluir o Brasil da lista de países beneficiários do directo aduaneiro preferencial geral, que é concedido unilateralmente pelo Canadá a quase todas as importações originárias dos países em desenvolvimento"[3917].

Ainda a respeito do termo "obrigações", será que é possível, por exemplo, a parte queixosa solicitar que o direito de votar por parte do Membro da OMC incumpridor seja suspenso, como acontece no âmbito do Fundo Monetário Internacional (art. XXVI, Secção 2, alínea *b*), do Acordo relativo ao Fundo Monetário Internacional)?

Será que é possível que um Membro da OMC veja suspenso o seu direito de recorrer ao sistema de resolução de litígios? A resposta só pode ser negativa, desde logo porque não estamos propriamente perante obrigações, mas, sim, perante direitos, além de que, dada a gravidade das sanções em causa, seria normal que o Acordo OMC e o Memorando de Entendimento sobre Resolução de

---

[3917] OMC, *Brazil – Export Financing Programme for Aircraft, Recourse by Canada to Article 4.10 of the SCM Agreement and Article 22.2 of the* DSU (WT/DS46/16), 11-5-2000, pp. 1-2.

1396

A FALTA DE EXECUÇÃO

Litígios se lhes referisse caso fossem permitidas[3918]. E não deixaria de ser um absurdo verificar se a suspensão do direito de votar ou a impossibilidade de recorrer ao sistema de resolução de litígios seriam equivalentes ao nível da anulação ou redução de vantagens[3919].

E quanto às obrigações previstas no Acordo OMC, como, por exemplo, a obrigação de cada membro da OMC assegurar "a conformidade das suas disposições legislativas, regulamentares e administrativas com as suas obrigações, tal como enunciadas nos acordos que figuram em anexo" (art. XVI, nº 4, do Acordo OMC)? Neste caso, o art. 22º, nº 3, do Memorando de Entendimento sobre Resolução de Litígios é bastante ambíguo. Por um lado, o Apêndice 1 inclui entre os "acordos abrangidos" o Acordo OMC; por outro lado, o art. 22º, nº 3, alínea g), do Memorando, ao não referir o Acordo OMC (nem o Memorando), parece excluir a possibilidade de serem suspensas obrigações em relação ao mesmo. A própria alínea d) do mesmo número, ao dar ênfase apenas a elementos comerciais e económicos, parece apontar no mesmo sentido. Porém, no caso *United States – Anti-Dumping Act of 1916*, o Japão solicitou ao Órgão de Resolução de Litígios autorização para suspender em relação aos Estados Unidos a aplicação do art. XVI, nº 4, do Acordo OMC[3920]. Trata-se, no entanto, de uma hipótese absurda, uma vez que, ao incumprimento dos Estados Unidos, o Japão responderia com outro incumprimento, além de que no contexto da OMC o art. 60º da Convenção de Viena sobre o Direito dos Tratados não é aplicável em virtude da adopção das disposições mais precisas do art. 23º do Memorando[3921]. Além disso, existem obrigações cuja suspensão nunca deve ser permitida, sob pena de poder ruir toda a estrutura em que se apoia o sistema comercial multilateral. Seria esse o caso, seguramente, da suspensão da obrigação de um membro colocar em conformidade uma medida considerada incompatível com um acordo abrangido. Caso contrário, a Comunidade Europeia poderia continuar a proibir a importação de carne de vaca com hormonas de crescimento e os Estados Unidos, em troca, manter o *Anti-Dumping Act of 1916*.

Relativamente à hipótese de expulsão, é de notar que o GATT de 1947 não previa expressamente nenhuma cláusula que permitisse a expulsão de uma

---

[3918] Pelo que sabemos, a hipótese de um membro da OMC ver suspenso os respectivos direitos de votar ou de acesso ao sistema de resolução de litígios chegou a ser ponderada, mas apenas em relação aos membros que não pagassem as contribuições devidas para o orçamento da Organização.

[3919] A suspensão do direito de voto não é também uma boa ideia pelo simples facto de que as decisões no âmbito da OMC são tomadas por consenso.

[3920] OMC, *United States – Anti-Dumping Act of 1916, Recourse by Japan to Article 22.2 of the DSU* (WT/DS162/18), 10-1-2002.

[3921] Relatório do Painel no caso *United States – Import Measures on Certain Products from the European Communities* (WT/DS165/R), 17-7-2000, nota de rodapé 170.

A FUNÇÃO JURISDICIONAL NO SISTEMA GATT/OMC

parte contratante, situação que se mantém com a OMC[3922]. Apenas se prevê, em ambos os acordos, que, caso um determinado membro lese, através da sua política comercial, os direitos de outros membros e o litígio não for resolvido amigavelmente, os lesados poderão suspender, quanto ao faltoso, "a aplicação de toda a concessão ou outra obrigação resultante do Acordo Geral" (art. XXIII, nº 2, do GATT 1994). No limite, mas tal nunca aconteceu, é mesmo possível que se todos os membros suspenderem as suas obrigações relativamente ao membro faltoso, este se encontre *de facto* excluído do GATT e da OMC[3923].

No caso do Fundo Monetário Internacional, pelo contrário, prevê-se expressamente a hipótese de retirada compulsória de um país, na sequência do recurso a uma série de sanções clássicas e progressivas. Ele pode recorrer, por exemplo, à simples pressão moral, publicando relatórios especiais (art. XII, secção 8, do Acordo relativo ao Fundo Monetário Internacional) ou fazendo representações (art. XIV, secção 3, do Acordo relativo ao Fundo Monetário Internacional) aos membros faltosos[3924]. Mais graves são as sanções a aplicar aos países membros não cumpridores previstas na Secção 2 do do art. XXVI do Acordo relativo ao Fundo Monetário Internacional. Assim, se um membro deixar de cumprir qualquer das

---

[3922] Dado que o GATT de 1947 não entrou em vigor de acordo com o seu art. XXVI, o nº 2 do art. XXXII manteve-se inaplicável durante toda a vigência do Acordo Geral. Segundo esta última disposição, "as partes contratantes que tenham aceite este Acordo de harmonia com o nº 4 do artigo XXVI poderão, em qualquer momento após a entrada em vigor deste Acordo de harmonia com o nº 6 do referido artigo, decidir que uma parte contratante, que não aceitou este Acordo segundo este processo, deixará de ser parte contratante". É de notar, no entanto, que a expulsão do membro que se revela incapaz de cumprir as obrigações inerentes à sua participação numa Organização Internacional, impedindo-a de funcionar, pode ser vista como um poder implícito de toda e qualquer organização internacional (cf. Henry SCHERMERS e Niels BLOKKER, *International Institutional Law*, 3ª ed., Martinus Nijhoff Publishers, Haia-Londres-Boston, 1995, p. 99). Apesar disso, em certas organizações internacionais, o poder de expulsão encontra-se expressamente previsto. Por exemplo, segundo o art. 6º da Carta das Nações Unidas, um membro da Organização que viole persistentemente os princípios contidos na Carta pode ser expulso pela Assembleia Geral mediante recomendação do Conselho de Segurança.

[3923] John JACKSON, *Sovereignty, the WTO, and Changing Fundamentals of International Law*, Hersch Lauterpacht Memorial Lectures, Cambridge University Press, 2006, p. 197. Outra possibilidade para uma eventual expulsão resulta do art. X, nºs 3 e 5, do Acordo OMC. Segundo o nº 3 do art. X, por exemplo,

"a Conferência Ministerial poderá decidir, por maioria de três quartos dos membros, que uma alteração adoptada ao abrigo do disposto no presente número é de tal natureza que qualquer membro que não a tenha aceitado, num prazo que a Conferência Ministerial fixará para cada caso, *poderá retirar-se do Acordo OMC ...*" (itálico aditado).

[3924] Estes dois procedimentos nunca foram, porém, utilizados pelo Fundo Monetário Internacional. Cf. Dominique CARREAU e Patrick JUILLARD, *Droit international économique*, 2ª ed., Dalloz, Paris, 2005, p. 579.

# A FALTA DE EXECUÇÃO

obrigações impostas pelo Acordo, o Fundo poderá privar esse membro da capacidade para utilizar os recursos gerais do Fundo (art. XXVI, Secção 2, alínea *a*), do Acordo relativo ao Fundo Monetário Internacional)[3925]. Esta é igualmente a sanção aplicada especificamente no caso de má utilização dos recursos do Fundo (art. V, secção 5, do Acordo relativo ao Fundo Monetário Internacional) e um país assim sancionado encontrar-se-á incapacitado, de facto, de aceder às fontes privadas de financiamento internacional[3926]. Países como a Libéria, o Sudão, o Peru, o Iraque, o Zaire, etc., ficaram sujeitos a esta sanção financeira no final dos anos 80[3927]. Se, após o vencimento de um período razoável contado a partir da declaração pelo Fundo da incapacidade do membro para utilizar os recursos gerais do Fundo, nos termos da alínea *a*), o membro persistir no não cumprimento de qualquer das obrigações, o Fundo, por maioria de 70% do total dos votos, poderá suspender os direitos de voto do membro. Durante o período de suspensão serão aplicadas as disposições do anexo L (art. XXVI, Secção 2, alínea *b*), do Acordo relativo ao Fundo Monetário Internacional). Esta sanção foi aplicada, nos anos 90, ao Sudão e ao Zaire[3928]. Se, após o termo de um período razoável contado a partir da decisão de suspensão, nos termos da alínea *b*), o membro persistir no não cumprimento de qualquer das obrigações impostas pelo Acordo, esse membro poderá ser convidado a retirar-se do Fundo por decisão da Assembleia dos Governadores adoptada por maioria dos governadores que representem 85% do total dos votos (art. XXVI, Secção 2, alínea *c*), do Acordo relativo ao Fundo Monetário Internacional). Apesar de ter sido recomendada pelo Directório Executivo em relação ao Sudão durante vários anos, a sanção da retirada compulsória não chegou a ser aplicada. A Checoslováquia foi, assim, o único membro sujeito à sanção da retirada compulsória (em 1954), ao abrigo do então art. XV, Secção 2 (actual art. XXVI, Secção 2), tendo a razão invocada sido o facto de aquele país não ter fornecido ao Fundo Monetário Internacional a informação solicitada[3929].

---

[3925] De notar, que nenhuma disposição da Secção 2 do art. XXVI deverá ser interpretada como limitação da aplicação das disposições do art. V, Secção 5, ou do art. VI, Secção 1.

[3926] Normalmente, uma declaração que impossibilita um país membro de utilizar os recursos gerais do Fundo é enviada a todos os Governadores do Fundo e aos presidentes de outras instituições financeiras internacionais, como o Banco Mundial e os bancos de desenvolvimento regional relevantes. Cf. Andreas LOWENFELD, *International Economic Law*, 2ª ed., Oxford University Press, 2008, p. 664.

[3927] Dominique CARREAU e Patrick JUILLARD, *Droit international économique*, 2ª ed., Dalloz, Paris, 2005, p. 579.

[3928] Andreas LOWENFELD, *International Economic Law*, 2ª ed., Oxford University Press, 2008, p. 664.

[3929] Dominique CARREAU e Patrick JUILLARD, *Droit international économique*, 2ª ed., Dalloz, Paris, 2005, p. 579.

A FUNÇÃO JURISDICIONAL NO SISTEMA GATT/OMC

No total, o Fundo Monetário Internacional aplicou as sanções previstas nos seus estatutos menos de 15 vezes, mas isto não significa que o sistema de Bretton Woods tenha sido sempre respeitado escrupulosamente pelos países membros do Fundo[3930]. Por exemplo, o Canadá deixou flutuar a sua moeda durante a década de 50, sem ser objecto de quaisquer sanções[3931]. O mesmo se passou quando os Estados Unidos decidiram, em Agosto de 1971, deixar flutuar livremente a sua moeda e instituir uma sobretaxa sobre as suas importações[3932].

O facto de o património da OMC não ser constituído por recursos financeiros, mas por normas jurídicas, implica que algumas das sanções passíveis de aplicação pelo Fundo Monetário Internacional não são transponíveis para o âmbito da OMC.

### 6.6. A Possibilidade de Retaliação Cruzada
### 6.6.1. Os princípios e procedimentos

Em algumas situações (por exemplo, o comércio entre as Comunidades Europeias e o Egipto), o comércio de serviços pode ser apenas num sentido (com excepção do turismo). A menos que as Comunidades possam retaliar contra as mercadorias egípcias, elas podem não ter qualquer meio ao seu dispor para induzir ao cumprimento o Egipto caso este país viole os compromissos assumidos, por exemplo, no sector dos serviços financeiros. Por conseguinte, ao considerar quais as concessões ou outras obrigações a suspender, a parte queixosa aplicará os seguintes princípios e procedimentos (art. 22º, nº 3, alíneas *a*), *b*), e *c*) do Memorando de Entendimento sobre Resolução de Litígios), a saber:

a) O princípio geral é o de que a parte queixosa deve, primeiro, procurar suspender as concessões ou outras obrigações no(s) mesmo(s) sector(es) em que o Painel ou o Órgão de Recurso constataram uma violação, anulação ou redução de vantagens (a chamada *Parallel retaliation*);

b) Caso essa parte considere que não é viável ou eficaz suspender concessões ou outras obrigações nos mesmos sectores, pode procurar suspender concessões ou outras obrigações em outros sectores abrangidos pelo mesmo acordo (*Cross-sector retaliation*);

c) Caso essa parte considere que não é viável ou eficaz suspender concessões ou outras obrigações em outros sectores abrangidos pelo mesmo acordo, e

---

[3930] *Idem*, pp. 579-580.

[3931] Andreas LOWENFELD, *International Economic Law*, 2ª ed., Oxford University Press, 2008, p. 624.

[3932] Dominique CARREAU Les moyens de pression économique au regard du F.M.I., du G.A.T.T. et de l'O.C.D.E., in *Les moyens de pression économiques et le droit international*, Actes du colloque de la Société Belge de Droit International – Palais des Académies de Bruxelles 26-27 octobre 1984, Bruylant, p. 33.

1400

A FALTA DE EXECUÇÃO

que as circunstâncias são suficientemente graves, pode procurar suspender concessões ou outras obrigações previstas noutros acordos abrangidos (*Cross-agreement retaliation*)[3933].

Ao aplicar estes princípios, a parte queixosa terá em conta igualmente:

(i) O comércio no sector ou no âmbito do acordo com base no qual o Painel ou o Órgão de Recurso constatou uma violação, anulação ou redução de vantagens, e a importância, para si, desse comércio; e

(ii) Os elementos económicos mais vastos relacionados com a anulação ou a redução de vantagens e as consequências económicas mais amplas da suspensão de concessões ou outras obrigações (art. 22º, nº 3, alínea *d*), do Memorando de Entendimento sobre Resolução de Litígios).

O facto de os poderes conferidos aos árbitros no quadro das alíneas *b*) e *c*) estarem previstos de maneira explícita no nº 6 do art. 22º do Memorando significa *a fortiori* que a autoridade dos árbitros inclui o poder de examinar se o Membro que solicita autorização para suspender concessões ou outras obrigações seguiu os princípios e procedimentos previstos[3934].

Diga-se, ainda, que o Memorando de Entendimento sobre Resolução de Litígios entende por "sector":

(i) No que se refere às mercadorias, todas as mercadorias;

(ii) No que se refere aos serviços, um sector principal, tal como identificado na actual "Lista de Classificação Sectorial de Serviços" que, no documento MTN.GNS/W/120 de 10 de Julho de 1991, identifica onze sectores (serviços às empresas, incluindo os serviços das profissões liberais; serviços de comunicação, incluindo os serviços de telecomunicações e os serviços audiovisuais; construção e serviços de engenharia conexos; serviços de distribuição; serviços de ensino; serviços no domínio do ambiente; serviços financeiros, incluindo os serviços bancários e os seguros; serviços sociais e de saúde; turismo e serviços afins; actividades recreativas,

---

[3933] Em termos gerais, apenas a alínea *a*) reflecte o princípio da reciprocidade. Cf. Peter-Tobias Stoll, Article 22 DSU, in *WTO-Institutions and Dispute Settlement*, Rüdiger Wolfrum, Peter-Tobias Stoll e Karen Kaiser (eds), Max Planck Commentaries on World Trade Law, Max Planck Institute for Comparative Public Law and International Law, Martinus Nijhoff Publishers, Leiden/Boston, 2006, p. 538.

[3934] Decisão de Arbitragem no caso *European Communities – Regime for the Importation, Sale and Distribution of Bananas, Recourse to Arbitration by the European Communities under Article 22.6 of the DSU* (WT/DS27/ARB/ECU), 24-3-2000, parágrafo 50.

A FUNÇÃO JURISDICIONAL NO SISTEMA GATT/OMC

culturais e desportivas; e serviços de transporte, incluindo os serviços de transporte marítimo, por via navegável, aéreo e terrestre); e

(iii) No que se refere aos direitos de propriedade intelectual relacionados com o comércio, cada uma das categorias de direitos de propriedade intelectual previstas nas secções 1, 2, 3, 4, 5, 6 ou 7 da parte II, ou as obrigações previstas na parte III ou IV do Acordo sobre os TRIPS (art. 22º, nº 3, alínea *f*)).

Por sua vez, o Memorando de Entendimento sobre Resolução de Litígios entende por "acordos":

(i) No que se refere às mercadorias, os acordos enumerados no Anexo 1A do Acordo OMC, bem como os acordos comerciais plurilaterais, desde que as partes em litígio sejam igualmente partes nesses acordos;

(ii) No que se refere aos serviços, o GATS; e

(iii) No que se refere aos direitos de propriedade intelectual, o Acordo TRIPS (art. 22º, nº 3, alínea *g*)).

Admite-se, assim, através da alínea *b)* e, sobretudo, da alínea *c)*, a possibilidade de "retaliação cruzada", permitindo-se, por exemplo, que uma violação detectada na área do comércio de mercadorias possa ser sujeita a retaliação na área do comércio de serviços ou vice-versa.

A possibilidade de retaliação cruzada só não é permitida no caso do Acordo sobre Compras Públicas:

"Não obstante o disposto no nº 2 do artigo 22º do Memorando de Entendimento sobre a Resolução de Litígios, os litígios ocorridos no quadro de qualquer Acordo enumerado no apêndice 1 do Memorando de Entendimento sobre a Resolução de Litígios que não o presente Acordo não darão lugar à suspensão de concessões ou outras obrigações ao abrigo do presente Acordo, e os litígios ocorridos no quadro do presente Acordo não darão lugar à suspensão de concessões ou outras obrigações ao abrigo de qualquer outro Acordo enumerado no referido apêndice 1" (art. XXII, nº 7, do Acordo sobre Compras Públicas).

Recorde-se que o Acordo sobre Compras Públicas é um acordo comercial plurilateral, só criando direitos e obrigações para os Membros da OMC que o tenham aceitado (art. II, nº 3, do Acordo OMC)[3935].

---

[3935] Certos negociadores dos países em desenvolvimento opuseram-se à possibilidade de retaliação cruzada no que diz respeito ao Acordo sobre Compras Públicas, porquanto este acordo não era parte do "Compromisso Único" e qualquer medida que sugerisse uma tal ligação deveria ser

A FALTA DE EXECUÇÃO

De notar, por fim, que a figura da retaliação cruzada não constitui propriamente uma novidade, prevista apenas a partir da entrada em vigor dos acordos do Ciclo do Uruguai. Durante a vigência do GATT de 1947, a retaliação tomou a forma de retaliação cruzada, por exemplo, no caso *Brazilian Pharmaceutical Products*. Em resposta a uma alegada violação da lei de propriedade intelectual, a medida de retaliação consistiu no aumento dos direitos aduaneiros por parte do país supostamente ofendido. No dia 11 de Junho de 1987, a Associação norte-americana *Pharmaceutical Manufacturers* apresentou uma petição defendendo que o Brasil não protegia as patentes relativas a produtos farmacêuticos, constituindo, por essa razão, uma prática não razoável que prejudicava o comércio norte-americano. Ao abrigo da autoridade que lhe era concedida pela Secção 301, o Presidente norte-americano proclamou aumentos no valor de 100% *ad valorem* dos direitos aduaneiros aplicáveis, por exemplo, a certos produtos de papel e produtos electrónicos, efectivos a partir de Outubro de 1988. Em 20 de Junho de 1990, o governo brasileiro anunciou que estavam a ser tomadas medidas com vista à protecção das patentes relativas a produtos farmacêuticos e respectivos processos de produção, facto que levou o Representante dos Estados Unidos para o Comércio a pôr fim ao referido aumento dos direitos aduaneiros[3936].

### 6.6.2. As condições de aplicação

Caso a parte queixosa decida solicitar autorização para suspender concessões ou outras obrigações nos termos das alíneas *b)* ou *c)*, deve indicar as razões do seu pedido, o qual deve ser simultaneamente apresentado ao Órgão de Resolução de Litígios, aos conselhos relevantes e igualmente, no caso de um pedido nos termos da alínea *d)* do nº 3 do art. 22º, aos órgãos sectoriais relevantes (art. 22º, nº 3, alínea *e)*, do Memorando de Entendimento sobre Resolução de Litígios).

Como já foi referido, a retaliação cruzada só é possível quando se considere que não é viável ou eficaz suspender concessões ou outras obrigações nos mesmos sectores (alínea *b)*) ou em outros sectores abrangidos pelo mesmo acordo (alínea *c)*). A respeito desta condição, os árbitros do caso *European Communities – Regime for the Importation, Sale and Distribution of Bananas, Recourse to Arbitration by the European Communities under Article 22.6 of the DSU* notaram que:

> **"71.** Para dar um exemplo evidente, não está disponível para ser aplicada na prática e, por isso, não pode ser considerada viável uma suspensão de compromissos em

---

evitada. Cf. Gabrielle Marceau e Annet Blank, *History of the Government Procurement Negotiations Since 1945*, in Public Procurement Law Review, 1996, p. 115.

[3936] Norio Komuro, *The WTO Dispute Settlement Mechanism: Coverage and Procedures of the WTO Understanding*, in JWT, vol. 29, nº 4, 1995, p. 74.

1403

A FUNÇÃO JURISDICIONAL NO SISTEMA GATT/OMC

subsectores de serviços a respeito de modos de prestação dos serviços que uma determinada parte reclamante não tenha consolidado na sua Lista anexa ao GATS (...).

**73.** Cabe perguntar se alguma vez se poderá alcançar este objectivo [da eficácia] numa situação em que exista um grande desequilíbrio, quanto ao volume de comércio e o poder económico, entre a parte reclamante que procura efectuar uma suspensão e a outra parte que não colocou as suas medidas incompatíveis com a OMC em conformidade com o direito da OMC. Nesse caso, e em situações em que a parte reclamante depende muito das importações procedentes da outra parte, poderá suceder que a suspensão de determinadas concessões ou algumas outras obrigações ocasione efeitos mais prejudiciais para a parte que procura efectuar a suspensão que para a outra parte. Em tais circunstâncias, o facto de a parte reclamante considerar em que sector ou em que acordo poderia esperar que a suspensão resultasse menos prejudicial parecia-nos suficiente para constatar que a consideração pela parte reclamante do critério de eficácia é compatível com a exigência de seguir os princípios e procedimentos estabelecidos no nº 3 do artigo 22º.

**74.** A consideração pela parte reclamante da viabilidade e eficácia de uma suspensão alternativa dentro do mesmo sector ou no âmbito do mesmo acordo não necessita de levar à conclusão de que essa suspensão alternativa é inviável *e* ineficaz para satisfazer o prescrito no nº 3 do artigo 22º. Isto é assim porquanto em nenhuma das alíneas do nº 3 do artigo 22 se dispõe que uma suspensão alternativa dentro do mesmo sector ou no âmbito do mesmo acordo tem de ser *tanto* inviável *como* ineficaz. Em consequência, é suficiente que a parte reclamante considere que uma suspensão alternativa que não se refira a outros sectores ou a outros acordos é *ou* inviável *ou* ineficaz para que a parte em questão possa efectuar a suspensão no quadro de outro sector ou acordo"[3937].

Resulta ainda da escolha das palavras "caso essa parte [a queixosa] considere" nas alíneas *b*) e *c*) que estas:

"(...) deixam à parte queixosa afectada uma certa margem de apreciação para chegar às suas próprias conclusões a respeito de uma avaliação de determinados elementos fácticos, ou seja, se é viável e eficaz a suspensão dentro do mesmo sector ou no quadro do mesmo acordo e se as circunstâncias são graves. Todavia, da utilização dos termos 'ao considerar quais as concessões ou outras obrigações a suspender, a parte queixosa *deve aplicar* os seguintes princípios e procedimentos' na introdução do nº 3 do artigo 22º depreende-se igualmente que essa margem de apreciação de que dispõe a parte queixosa afectada está sujeita ao exame dos Árbitros. A margem de exame dos Árbitros implica a faculdade de julgar num sentido amplo se a parte queixosa

---

[3937] Decisão de Arbitragem no caso *European Communities – Regime for the Importation, Sale and Distribution of Bananas, Recourse to Arbitration by the European Communities under Article 22.6 of the DSU* (WT/DS27/ARB/ECU), 24-3-2000, parágrafos 71 e 73-74.

1404

A FALTA DE EXECUÇÃO

em questão considerou objectivamente os factos necessários e se, com base nestes factos, poderia credivelmente chegar à conclusão de que seria inviável ou ineficaz procurar uma suspensão dentro do mesmo sector ao abrigo dos mesmos acordos ou unicamente ao abrigo de outro acordo desde que as circunstâncias fossem suficientemente graves"[3938].

Os árbitros não excluem, também, a possibilidade de as circunstâncias relevantes para efeitos de consideração dos princípios e procedimentos estabelecidos no nº 3 do art. 22º do Memorando poderem mudar com o tempo, especialmente se não se eliminam os aspectos da medida em causa que são incompatíveis com a OMC e se, como resultado disso, a suspensão de concessões ou outras obrigações permanece em vigor durante um período mais longo. Mas as alterações relativas aos sectores do comércio ou acordos afectados por essa suspensão só podem aplicar-se de forma compatível com o art. 22º do Memorando de Entendimento sobre Resolução de Litígios se existir uma autorização específica do Órgão de Resolução de Litígios e, se impugnadas, um exame ulterior pelos árbitros em conformidade com o disposto no nº 6 do artigo 22º"[3939].

No que diz respeito aos dois aspectos referidos na alínea *d*) do nº 3 do art. 22º do Memorando de Entendimento sobre Resolução de Litígios, os árbitros do caso *United States – Measures Affecting the Cross-Border Supply of Gambling and Betting Services, Recourse to Arbitration by the United States under Article 22.6 of the DSU* decidiram que eles requerem que a parte queixosa considere os seguintes elementos:

"(a) o comércio realizado no sector relevante (como definido na alínea *f*)) e a importância que tem esse comércio para a parte queixosa (no presente caso Antígua), incluindo considerações concernentes à importância relativa desse comércio para a parte queixosa e para o Membro relativamente ao qual se aplicaria a suspensão solicitada (os Estados Unidos);

(b) 'os elementos económicos mais amplos' relativos ao Membro que sofre a anulação ou redução (no presente caso Antígua);

(c) 'as consequências económicas mais amplas' da suspensão de concessões ou outras obrigações, quer para a parte a respeito da qual se constatou o incumprimento das normas da OMC (os Estados Unidos), quer para a parte queixosa (Antígua)"[3940].

---

[3938] *Idem*, parágrafo 52.

[3939] *Idem*, parágrafo 32.

[3940] Decisão de Arbitragem no caso *United States – Measures Affecting the Cross-Border Supply of Gambling and Betting Services, Recourse to Arbitration by the United States under Article 22.6 of the DSU* (WT/DS285/ARB), 21-12-2007, parágrafo 4.37.

1405

A FUNÇÃO JURISDICIONAL NO SISTEMA GATT/OMC

A fim de demonstrar a gravidade das circunstâncias, Antígua apresentou alguns dados básicos de comparação da população, tamanho, PIB, exportações e importações dos Estados Unidos e de Antígua:

"**4.110.** (...) Tem recursos naturais extremamente limitados e uma superfície de terra cultivável muito limitada, de tal modo que não pode produzir produtos agro--pecuários suficientes para satisfazer as necessidades internas e muito menos para exportação. (...) A sua economia tornou-se dependente em grande medida do turismo e serviços conexos, incluindo hotéis e restaurantes, comércio a retalho, construção, bens imóveis e casas e transporte (...), a vulnerabilidade do sector do turismo face a factores externos (como condições climáticas, ameaças à segurança ou recessão económica nos mercados de procedência dos turistas), assim como o facto de este sector tender a empregar trabalhadores não qualificados e a gerar empregos mal remunerados.

**4.111.** (...) A necessidade de diversificar a sua economia e que para fazê-lo tentou desenvolver o comércio de serviços, incluindo o comércio de jogos de azar à distância, com a participação activa do seu Governo (...)"[3941].

Perante estes argumentos, os árbitros concluíram que:

"**4.113.** (...) Era razoável que Antígua determinasse, à luz dos elementos salientados, que as circunstâncias são 'suficientemente graves' no sentido do nº 3, alínea *c*), do artigo 22º. Concretamente, em nossa opinião, as diversas considerações que Antígua destaca agravam as dificuldades para encontrar uma maneira praticável ou eficaz de suspender concessões ou outras obrigações no âmbito do Acordo Geral sobre o Comércio de Serviços.

**4.114.** Notamos a este respeito que o carácter extremamente desequilibrado das relações comerciais entre as partes torna ainda mais difícil para Antígua encontrar uma maneira de assegurar a eficácia de uma suspensão de concessões ou outras obrigações contra os Estados Unidos ao abrigo do mesmo acordo. Notamos também que a grande dependência da economia de Antígua nos mesmos sectores candidatos à aplicação de medidas de retaliação ao abrigo do Acordo Geral sobre o Comércio de Serviços aumenta a probabilidade de que se produza um impacto adverso para a própria Antígua, incluindo para os trabalhadores que recebem salários reduzidos. (...).

**4.116.** À luz destes elementos, constatamos que Antígua podia formular de maneira plausível uma determinação de que 'as circunstâncias são suficientemente graves', no sentido do nº 3, alínea *c*), do artigo 22º"[3942].

---

[3941] *Idem*, parágrafos 4.110-4.111.
[3942] *Idem*, parágrafo 4.113-4.114 e 4.116.

## A FALTA DE EXECUÇÃO

No que diz respeito, especificamente, ao ónus da prova no âmbito do nº 3 do art. 22º do Memorando, os árbitros declararam o seguinte:

"**59.** (...) Incumbe às Comunidades Europeias impugnar as considerações iniciais do Equador sobre os princípios e procedimentos estabelecidos nas alíneas *b*) a *d*) do nº 3 do artigo 22º. Não obstante, uma vez que as Comunidades Europeias demonstraram *prima facie* que tais princípios e procedimentos não foram seguidos e que os factores enumerados na alínea *d*) não foram tidos em conta, incumbe ao Equador refutar esta presunção.

**60.** Tendo em vista as nossas considerações relativas ao ónus da prova *supra*, acreditamos também que, efectivamente, é provável que determinada informação sobre a maneira em que o Equador considerou os princípios e procedimentos estabelecidos nas alíneas *b*) e *c*) do nº 3 do artigo 22º e teve em conta os factores enumerados na alínea *d*) do nº 3 do mesmo artigo esteja apenas na posse do Equador. Tendo em conta também o requisito da alínea *e*) de que a parte que solicita a autorização de suspensão 'deve indicar as razões do seu pedido', é nossa posição que o Equador teria que avançar e submeter informação indicando as razões e explicações credíveis para a sua consideração inicial dos princípios e procedimentos estabelecidos no nº 3 do artigo 22º que levaram a que ele solicitasse autorização no quadro de um sector e acordo distintos daqueles em que se constataram violações"[3943].

Até agora, nenhum país em desenvolvimento que solicitou autorização para recorrer à retaliação cruzada viu negada essa possibilidade pelos árbitros. Apesar disso, alguns países em desenvolvimento consideram exigentes as condições referidas no nº 3 do art. 22º do Memorando e, por isso, têm defendido no contexto do actual processo de revisão do Memorando de Entendimento sobre Resolução de Litígios que a inviabilidade e a ineficácia da retaliação no mesmo sector ou ao abrigo do mesmo acordo deveriam ser presumidas quando os países em desenvolvimento têm êxito numa queixa apresentada contra um país desenvolvido[3944] ou que:

"os países em desenvolvimento queixosos possam solicitar autorização para suspender concessões e outras obrigações nos sectores que escolham. Não deveria ser exigido a esses países a demonstração de que 1) é 'inviável ou ineficaz' suspender concessões no mesmo sector ou Acordo em que se constatou a violação; e 2) as 'circunstâncias são

---

[3943] Decisão de Arbitragem no caso *European Communities – Regime for the Importation, Sale and Distribution of Bananas, Recourse to Arbitration by the European Communities under Article 22.6 of the DSU* (WT/DS27/ARB/ECU), 24-3-2000, parágrafos 59-60.

[3944] Werner Zᴅᴏᴜᴄ, Cross-retaliation and suspension under the GATS and TRIPS agreements, in *The Law, Economics and Politics of Retaliation in WTO Dispute Settlement*, Cambridge University Press, 2010, p. 522.

A FUNÇÃO JURISDICIONAL NO SISTEMA GATT/OMC

suficientemente graves' para solicitar a suspensão de concessões no âmbito de acordos distintos daqueles em que se constatou a violação"[3945].

### 6.6.3. As vantagens e os problemas

Embora vise aumentar a observância das regras do sistema comercial multilateral, a solução da "retaliação cruzada" é especialmente injusta, visto permitir aplicar sanções a produtores que nada têm a ver com o litígio propriamente dito. Apesar deste problema, inerente a toda e qualquer suspensão de concessões autorizada ao abrigo do Memorando de Entendimento sobre Resolução de Litígios, a possibilidade de "retaliação cruzada" pode ser particularmente importante para os países em desenvolvimento. Regra geral, estes países têm pouco a perder se aplicarem medidas de retaliação na área dos direitos de propriedade intelectual, mas muito a perder se o sector atingido for o das mercadorias. Por isso mesmo, no caso *European Communities – Regime for the Importation, Sale and Distribution of Bananas*, o Equador requereu autorização para retaliar, não através do aumento dos direitos aduaneiros aplicáveis a produtos originários da Comunidade Europeia, mas através da suspensão de algumas das suas obrigações para com a Comunidade Europeia no âmbito do GATS e do TRIPs. Procedendo deste modo, o Equador pretendia assegurar que a sua retaliação fosse "genuinely welfare in a way that conventional retaliation is not"[3946]. Curiosamente, esta vantagem da "retaliação cruzada" não foi prevista por muitos dos países em desenvolvimento participantes nas negociações comerciais multilaterais do Ciclo do Uruguai:

> "It was clear that dispute settlement would have to be integrated into a single undertaking, but the idea that countries could be authorized to retaliate in one area (e.g., textiles) for a transgression in another area (e.g., intellectual property) was something that developing countries strongly resisted. And yet, without cross-retaliation it might be difficult or impossible to provide meaningful sanctions (i.e., suspension of concessions) to back up the dispute settlement system. This matter was finally settled on December 19, 1991, when India, long the principal holdout, accepted the principle of cross-retaliation"[3947].

---

[3945] OMC, *Negotiations on the Dispute Settlement Understanding (Dispute Settlement Body – Special Session), Proposals on DSU by Cuba, Honduras, India, Indonesia, Malaysia, Pakistan, Sri Lanka, Tanzania and Zimbabwe* (TN/DS/W/19), 9-10-2002, pp. 1-2.

[3946] Jayashree WATAL e Arvind SUBRAMANIAN, *Can TRIPS Serve as an Enforcement Device for Developing Countries in the WTO?*, in JIEL, 2000, p. 405.

[3947] Gilbert WINHAM, *An Institutional Theory of WTO Decision-Making: Why Negotiation in the WTO Resembles Law-Making in the U.S. Congress*, Occasional Paper No. 11, Munk Centre for International Studies at Trinity College-University of Toronto, 2006, pp. 12-13.

1408

A FALTA DE EXECUÇÃO

A incorporação do conceito de retaliação cruzada no Memorando de Entendimento sobre Resolução de Litígios deveu-se a um pedido dos Estados Unidos[3948].

Ao mesmo tempo, sendo os direitos de propriedade intelectual direitos privados (considerando 4º do preâmbulo do Acordo TRIPS), dificilmente eles poderão ser retirados, suspensos ou restabelecidos como acontece no caso das concessões pautais:

> "Once the [intellectual property] rights have been conferred through domestic legislation and pursuant to an act of parliament, their withdrawal can be challenged as illegal or unconstitutional by the affected parties in the domestic courts. On the other hand, when tariffs are raised in retaliation, the affected foreign supplier has no direct right that he can challenge in the retaliating country's courts. Raising a tariff in most countries can be done through an act of the executive. Private Intellectual Property rights granted through legislation cannot so easily be withdrawn by the executive"[3949].

PETER J. KUYPER conclui, igualmente, que é difícil de imaginar que as violações do Acordo TRIPS sejam remediadas através de uma suspensão selectiva de alguns direitos de propriedade intelectual de nacionais de um Estado em particular, situação que considera aproximar-se de um confisco discriminatório de propriedade[3950]. Por exemplo, permite a suspensão da protecção de uma marca registada que produtores concorrentes a utilizem sem pagarem qualquer "royalty" e sem qualquer controle de qualidade? Pode a suspensão da protecção das indicações geográficas permitir aos produtores locais do país que recorre à suspensão rotular os seus produtos com uma indicação geográfica do país alvo da retaliação e, com isso, induzir em erro os consumidores sobre as qualidades ou características dos produtos? Nalguns casos, a suspensão de certos direitos de propriedade intelectual pode ter consequências a longo prazo e mesmo irreversíveis. No caso da protecção das patentes ou das marcas comerciais registadas, o restabelecimento destes direitos após o cumprimento do Membro da OMC faltoso não terá mais qualquer benefício ou uso económico, porquanto a essência da

---

[3948] Norio KOMURO, *The WTO Dispute Settlement Mechanism: Coverage and Procedures of the WTO Understanding*, in JWT, vol. 29, nº 4, 1995, p. 60.

[3949] Arvind SUBRAMANIAN, India as User and Creator of Intellectual Property: The Challenges Post-Doha, in *India and the WTO*, Aaditya Mattoo e Robert Stern ed., World Bank-Oxford University Press, 2003, p. 173.

[3950] Peter J. KUYPER, *The Law of GATT as a Special Field of International Law: Ignorance, Further Refinement or Self-Contained System of International Law?*, in Netherlands Yearbook of International Law, 1994, p. 253.

1409

A FUNÇÃO JURISDICIONAL NO SISTEMA GATT/OMC

protecção "is lost forever and cannot be restored, even after unlawful acts have ceased and sanctions are withdrawn"[3951].

Há quem considere, também, que o recurso à retaliação cruzada suspendendo as obrigações resultantes do acordo TRIPS pode gerar consequências negativas para o país que a solicita dado que a redução do grau de protecção da propriedade intelectual poderá ter repercussões negativas nos fluxos de investimento e nas transferências de tecnologia a partir do estrangeiro, necessárias ao desenvolvimento económico. De facto, apesar da autorização recebida em 2000 para retaliar contra a Comunidade Europeia:

> "Press reports from that period suggested that Ecuadorian officials had given assurances to the European Union that retaliation would not occur. It is not clear why Ecuador backed down from its threat. One official pointed to the intrinsic risks of violating TRIPS, emphasizing that such a move could easily discourage the foreign investment that Ecuador (like other developing countries) was so eager to attract"[3952].

Finalmente, nos termos do nº 2 do art. 2º do Acordo TRIPS:

> "Nenhuma das disposições incluídas nas partes I a IV do presente Acordo poderá constituir uma derrogação das obrigações que possam vincular os Membros entre si ao abrigo da Convenção de Paris, da Convenção de Berna, da Convenção de Roma e do Tratado sobre a Protecção da Propriedade Intelectual Relativa aos Circuitos Integrados".

Ou seja, num litígio entre dois membros da OMC igualmente partes das convenções administradas pela Organização Mundial de Propriedade Intelectual, a suspensão de patentes, por exemplo, poderia infringir a Convenção de Paris. Assim, caso um Membro da OMC seja autorizado a suspender obrigações do Acordo TRIPS, será que tal medida de retaliação é proibida pelas convenções da Organização Mundial de Propriedade Intelectual? Este problema já foi mesmo identificado por alguns árbitros:

> "Não entra no âmbito da nossa jurisdição como Árbitros que actuam em cumprimento do disposto no nº 6 do artigo 22º do Memorando de Entendimento sobre Resolução de Litígios emitir um juízo sobre se o Equador, ao suspender certas obri-

---

[3951] Thomas COTTIER, The Impact of the TRIPS Agreement on Private Practice and Litigation, in *Dispute Resolution in the World Trade Organisation*, James Cameron e Karen Campbell ed., Cameron May, Londres, 1998, p. 119.

[3952] James McCall SMITH, *Compliance Bargaining in the WTO: Ecuador and the Bananas Dispute*, Paper Prepared for a Conference on Developing Countries and the Trade Negotiation Process, UNCTAD, 6-7 November, 2003, Geneva, pp. 17-18.

1410

A FALTA DE EXECUÇÃO

gações do Acordo TRIPS, uma vez recebida a autorização do Órgão de Resolução de Litígios, actuaria de forma incompatível com as suas obrigações internacionais derivadas de tratados distintos dos acordos abrangidos pela OMC (por exemplo, as Convenções de Paris, Berna e Roma, que o Equador ratificou). Corresponde em todo o caso inteiramente ao Equador e às demais partes nesses tratados examinar a questão de saber se a forma específica escolhida pelo Equador para aplicar essa suspensão de certas obrigações do Acordo TRIPS suscita dificuldades jurídicas ou práticas no âmbito desses tratados"[3953].

Para responder à questão colocada, importa ter presente, primeiro, que o nº 2 do art. 2º do Acordo TRIPS não menciona a sua Parte V, cujo título é precisamente "Prevenção e resolução de litígios". Segundo, o nº 3 do art. 22º do Memorando de Entendimento sobre Resolução de Litígios menciona expressamente o Acordo TRIPS. Terceiro, as convenções em causa da Organização Mundial de Propriedade Intelectual só proíbem expressamente "acordos especiais" subsequentes entre partes contratantes da Organização se tais acordos não concederem direitos mais amplos ou forem contrários às mesmas (artigos 19º, 20º e 21º das Convenções de Paris, Berna e Roma, respectivamente). Quarto, as quatro convenções da Organização Mundial de Propriedade Intelectual em causa permitem que os litígios relativos à propriedade intelectual possam ser dirimidos não apenas ante o Tribunal Internacional de Justiça, mas também por outros métodos de resolução de litígios. Quinto, no caso específico da retaliação cruzada que resulte na suspensão de direitos de propriedade intelectual, o litígio inicial nada tem a ver com a protecção desses direitos e, por isso, é questionável se as disposições relevantes das Convenções de Paris, Roma e Berna e do Tratado sobre a Protecção da Propriedade Intelectual Relativa aos Circuitos Integrados podem ser interpretadas como abrangendo tais litígios[3954]. Finalmente, os acordos da OMC são posteriores às convenções da Organização Mundial de Propriedade Intelectual referidas e, de acordo com o art. 30º da Convenção de Viena sobre o Direito dos Tratados, isso implica que as convenções da Organização Mundial de Propriedade Intelectual em causa só se aplicarão na medida em que as suas disposições forem compatíveis com as do Acordo TRIPS e do Memorando de

---

[3953] Decisão de Arbitragem no caso *European Communities – Regime for the Importation, Sale and Distribution of Bananas, Recourse to Arbitration by the European Communities under Article 22.6 of the DSU* (WT/DS27/ARB/ECU), 24-3-2000, parágrafo 152.

[3954] Erich VRANES, Cross Retaliation under GATS and TRIPS – An Optimal Enforcement Device for Developing Countries?, in *The Banana Dispute: An Economic and Legal Analysis*, Fritz Breuss, Stefan Griller e Erich Vranes eds., Springer, Viena-Nova Iorque, 2003, p. 124.

A FUNÇÃO JURISDICIONAL NO SISTEMA GATT/OMC

Entendimento sobre Resolução de Litígios[3955]. É verdade que, não sendo todos os membros da OMC partes das convenções mais antigas da Organização Mundial de Propriedade Intelectual, terá de ser observado o disposto no nº 1, alínea *b*), do art. 41º da Convenção de Viena[3956], a saber:

> "Duas ou mais partes dum tratado multilateral podem concluir um acordo tendo por objecto modificar o tratado somente no que respeita às relações entre si: b) se a modificação em questão não for proibida pelo tratado, desde que: i) não ofenda o gozo, pelas outras partes, dos direitos que lhes provenham do tratado, nem o cumprimento das suas obrigações; ii) não diga respeito a uma disposição que não possa ser derrogada sem que haja incompatibilidade com a realização efectiva do objecto e dos fins do tratado em geral".

Mas, como nota ERICH VRANES:

> "It would run counter to this object and purpose (art. 41(b)) of the pertinent World Intellectual Property Organization Conventions if intellectual property rights of private parties that most likely have no connection to the original dispute, in casu the banana dispute, were infringed as a consequence of a Dispute Settlement Understanding decision. However, under general international law a modification of a treaty by a later-in-time agreement is valid *inter partes, even if* it is prohibited by the earlier treaty: the reason is that Articles 30 and 41 of the Vienna Convention distinguish between permissibility of a treaty modification by a later-in-time agreement (which might give rise to claims for damages and so on) and validity *inter partes*. Consequently, the Dispute Settlement Understanding provisions on cross retaliation *apply* between Ecuador and the European Community (and, generally speaking, between WTO Members), as they would only be void, if they infringed *ius cogens*. Theoretically speaking, one might then consider whether the European Community could claim damages under public international law for infringement of the World Intellectual Property Organiza-

---

[3955] De acordo com LUCAS SPADANO, em caso de conflito, é provável que ele seja resolvido a favor do direito da OMC, seja porque uma autorização do Órgão de Resolução de litígios para suspender direitos de propriedade intelectual, como previsto no art. 22º do Memorando de Entendimento sobre Resolução de Litígios "is a more specific rule in relation to the general protection of intellectual property rights" (*lex specialis derogate generali*), seja porque os tratados posteriores (o direito da OMC) devem prevalecer (*lex posterior derogat priori*). Cf. Lucas Eduardo SPADANO, *Cross-agreement retaliation in the WTO dispute settlement system: an important enforcement mechanism for developing countries?*, in WTR, 2008, p. 536.

[3956] Erich VRANES, Cross Retaliation under GATS and TRIPS – An Optimal Enforcement Device for Developing Countries?, in *The Banana Dispute: An Economic and Legal Analysis*, Fritz Breuss, Stefan Griller e Erich Vranes eds., Springer, Viena-Nova Iorque, 2003, p. 125.

1412

A FALTA DE EXECUÇÃO

tion Conventions by Ecuador. Yet, the European Community would arguably be *estopped* from doing so, since it, too, voluntarily became a contracting party to the WTO/Dispute Settlement Understanding system and accepted the cross retaliation instrument"[3957].

### 6.6.4. A (prática) das retaliações cruzadas autorizadas

Apesar dos problemas identificados, o Equador requereu ao Órgão de Resolução de Litígios permissão para retaliar no âmbito do Acordo TRIPS, tendo os árbitros observado apenas que.

> "Estamos conscientes de que a suspensão solicitada de certas obrigações relativas aos direitos de propriedade intelectual relacionados com o comércio interfere em última instância com os direitos privados de pessoas físicas ou jurídicas. É muito pouco provável que essas pessoas tenham alguma conexão com o facto de as Comunidades Europeias continuarem sem cumprir plenamente as resoluções do Órgão de Resolução de Litígios no procedimento iniciado em conformidade com o nº 5 do artigo 21º do Memorando de Entendimento sobre Resolução de Litígios em relação com o caso *Bananas III* entre o Equador e as Comunidades Europeias. A mesma lógica é verdade para a suspensão de concessões ou outras obrigações no âmbito do GATT (ou outros acordos contidos no Anexo 1A), assim como no âmbito do GATS. Todavia, pode-se considerar que a interferência com os direitos privados de propriedade de particulares ou empresas tem maior alcance no âmbito do Acordo TRIPS, dada a possibilidade teoricamente ilimitada de copiar fonogramas ou utilizar outros direitos de propriedade intelectual. Em contraste, os produtores de mercadorias e os prestadores de serviços afectados pela suspensão de concessões ou outras obrigações no âmbito do GATT ou do GATS podem deixar de exportar para o Membro que impõe essa suspensão"[3958].

O pedido do Equador foi o primeiro pedido de retaliação por parte de um país em desenvolvimento e o primeiro em que se solicitou autorização ao Órgão de Resolução de Litígios para retaliar fora do sector em que o Painel ou o Órgão de Recurso encontraram uma anulação ou redução de vantagens[3959].

---

[3957] *Idem*, pp. 126-127.
[3958] Decisão de Arbitragem no caso *European Communities – Regime for the Importation, Sale and Distribution of Bananas, Recourse to Arbitration by the European Communities under Article 22.6 of the DSU* (WT/DS27/ARB/ECU), 24-3-2000, parágrafo 157.
[3959] No caso em apreço, o Painel convocado ao abrigo do art. 21º, nº 5, do Memorando concluiu que o GATT e o sector dos serviços de distribuição no âmbito do GATS foram os sectores que, nos termos da alínea *f)* do nº 3 do art. 22 do Memorando, as medidas comunitárias violaram.

1413

## A FUNÇÃO JURISDICIONAL NO SISTEMA GATT/OMC

Segundo o Equador, as suas importações de mercadorias da Comunidade Europeia eram demasiado pequenas para haver "full retaliation" (estabelecida pelos árbitros em 201.6 milhões de dólares norte-americanos por ano)[3960]. Além disso, para muitos países em desenvolvimento, aplicar medidas de retaliação em relação às importações dos países desenvolvidos é nitidamente contraproducente, visto que tais medidas aumentariam inevitavelmente os preços dos bens de capital e de outros produtos e serviços indispensáveis ao seu próprio desenvolvimento económico. Daí a conclusão de que a proibição da importação de bens de investimento ou de bens primários utilizados como *inputs* no sector industrial equatoriano ou o aumento dos respectivos direitos aduaneiros seriam demasiado onerosos para a economia do Equador:

> "**89.** O Equador nota que importa principalmente produtos primários e bens de investimento das Comunidades Europeias. De acordo com os dados que apresentou, as importações de bens distintos dos bens de consumo representam aproximadamente 85% das importações totais procedentes das Comunidades Europeias nos últimos anos. O Equador afirma que a suspensão de concessões a respeito desses bens é inviável ou ineficaz porque estes são utilizados como inputs nos processos de fabrico do país e a imposição de direitos aduaneiros proibitivos às importações desses bens procedentes das Comunidades Europeias prejudicaria mais o Equador que as Comunidades Europeias. (...).
>
> **91.** (...) Como ponto de partida da nossa análise, presumimos que a suspensão de concessões às importações equatorianas desses tipos de bens procedentes das Comunidades Europeias e a imposição de direitos adicionais aumentariam o custo da produção nacional na ausência de outras fontes de abastecimento a um custo simular. (...).
>
> **94.** Em qualquer caso, mesmo se existissem fontes de abastecimento distintas das Comunidades Europeias a oferecer os produtos em questão a preços similares, as Comunidades Europeias não lograram rebater o argumento do Equador de que a mudança de fontes de abastecimento distintas das Comunidades Europeias envolveria custos de transição para o Equador ajustar-se a essas fontes, custos que, segundo o Equador, são relativamente elevados dada a sua condição de país em desenvolvimento.
>
> **95.** Além disso, atendendo ao facto de que o Equador, que é um país em desenvolvimento pequeno, representa apenas uma proporção insignificante das exportações das Comunidades Europeias desses produtos, é pouco provável que a suspensão pelo Equador das concessões vis-à-vis as Comunidades Europeias tenha um impacto considerável na procura dessas exportações das Comunidades Europeias.

---

[3960] Em 2000, o Equador tinha 12 milhões de habitantes e um PIB de 19.700 milhões de dólares norte-americanos, ao passo que a Comunidade Europeia tinha 374 milhões de habitantes e um PIB de 7.995.575 milhões de dólares. Cf. Cristian ESPINOSA, *The WTO Banana Dispute: Do Ecuador's Sanctions Against the European Communities Make Sense?*, in Bridges, Year 4, nº 4, 2000, pp. 3 e 10.

1414

A FALTA DE EXECUÇÃO

**96.** À luz das considerações precedentes, concluímos que as Comunidades Europeias não demonstraram que a suspensão das concessões no âmbito do GATT a respeito dos produtos primários e dos bens de capital seja viável e eficaz para o Equador. (...).

**100.** A suspensão de concessões a respeito dos bens de consumo não pode causar qualquer efeito adverso directo para as indústrias manufactureiras e de transformação do Equador. Assim, o principal argumento do Equador a respeito dos bens de investimento e bens primários, acima referido, não pode aplicar-se aos bens de consumo. É também verdade que o aumento dos preços que resulta da suspensão de concessões relativas aos bens de consumo poderia ocasionar uma redução do bem-estar dos consumidores finais do país que suspende as concessões (...).

**101.** À luz das considerações anteriores, estimamos que a medida em que a suspensão de concessões no âmbito do GATT é viável ou eficaz pode variar em função das categorias de produtos importados pelo Equador das Comunidades Europeias (...)"[3961].

No caso dos serviços, de acordo com a Lista de Classificação Sectorial de Serviços citada no nº 3, alínea *f)*(ii) do Memorando de Entendimento sobre Resolução de Litígios, o sector principal dos serviços de distribuição compreende os subsectores dos "serviços de corretagem", "serviços de comércio grossista", "serviços de comércio a retalho", "franchising" e "outros". O Equador não tinha assumido compromissos específicos em matéria de acesso aos mercados ou de tratamento nacional em nenhum desses subsectores, com excepção do sector dos serviços de comércio grossista. Como é evidente, o Equador não podia suspender compromissos ou outras obrigações em subsectores do sector dos serviços de distribuição a respeito dos quais não tinha assumido previamente compromissos específicos[3962]. Segundo os Árbitros:

"**106.** Recordamos que a suspensão de compromissos só é possível a respeito dos sectores de serviços e dos modos de prestação que o Equador tenha consolidado na sua Lista de compromissos específicos. O Equador contraiu compromissos em matéria de acesso aos mercados e/ou tratamento nacional, por exemplo, nos serviços prestados às empresas, serviços de comunicações, serviços de construção e engenharia, serviços financeiros, serviços sociais e de saúde, diferentes tipos de transporte, serviços de turismo, serviços relacionados com as viagens, o lazer e a cultura. Todavia, na maioria dos sectores ou subsectores de serviços em que assumiu compromissos, o Equa-

---

[3961] Decisão de Arbitragem no caso *European Communities – Regime for the Importation, Sale and Distribution of Bananas, Recourse to Arbitration by the European Communities under Article 22.6 of the DSU* (WT/DS27/ARB/ECU), 24-3-2000, parágrafos 89, 91, 94-96 e 100-101.
[3962] *Idem*, parágrafo 103.

1415

A FUNÇÃO JURISDICIONAL NO SISTEMA GATT/OMC

dor não consolidou as obrigações correspondentes aos quatro modos de prestação de serviços previstos no nº 2 do artigo I do GATS. De facto, muitos dos compromissos específicos do Equador excluem o modo de prestação 1 (prestação transfronteiriça) e limitam-se aos modos de prestação 2 e 3 (consumo no estrangeiro e presença comercial). (...).

**108.** Atendendo à estrutura particular da sua Lista de compromissos específicos, o Equador observa que a suspensão dos seus compromissos específicos no âmbito do GATS não afectará praticamente a prestação transfronteiriça de serviços das Comunidades Europeias para o Equador. Concordamos que, sobretudo, essa suspensão de compromissos afectaria invariavelmente o terceiro modo de prestação de serviços, isto é, a prestação mediante a presença comercial de prestadores de serviços das Comunidades Europeias no Equador ou, por outras palavras, os investimentos directos estrangeiros.

**109.** No que diz respeito à suspensão de compromissos relativos à presença comercial, o Equador aduz que a suspensão desses compromissos distorceria o clima dos investimentos no Equador para os investidores actuais e potenciais das Comunidades Europeias. Por conseguinte, o Equador considerava que essa suspensão seria ineficaz, já que o prejudicaria mais que às Comunidades Europeias.

**110.** Consideramos que as consequências da suspensão de compromissos relativos à presença comercial seria especialmente prejudicial para um país Membro em desenvolvimento como o Equador, que depende em grande medida do investimento directo estrangeiro. Chegamos a esta conclusão pelas seguintes razões.

**111.** Os prestadores de serviços das Comunidades Europeias que actualmente têm presença comercial no Equador (isto é, que se encontram na etapa posterior ao estabelecimento) seriam afectados negativamente pelas consequências dessa suspensão de compromissos até que transferissem os seus investimentos para outro país, o que lhes ocasionaria gastos adicionais. Evidentemente, a retirada de compromissos relativos à presença comercial não implicaria a cessação imediata de uma presença comercial de propriedade ou controlada por nacionais de países das Comunidades Europeias, mas os prestadores de serviços procedentes das Comunidades Europeias ver-se-iam imediatamente privados de protecção legal, da previsibilidade e da segurança garantida pelas disposições do GATS. Se a suspensão de compromissos obrigar os prestadores de serviços das Comunidades Europeias que actualmente têm presença comercial no Equador a transferir os seus investimentos, isso causaria um prejuízo importante para a economia do Equador.

**112.** Os prestadores de serviços das Comunidades Europeias que são investidores potenciais no Equador (isto é, os que se encontram na etapa prévia ao estabelecimento) poderiam facilmente mudar o seu interesse para outros países para evitar as consequências do impacto da suspensão dos compromissos relativos à presença comercial. Uma vez mais, seria causado um prejuízo importante à economia do Equador.

A FALTA DE EXECUÇÃO

**113.** Além disso, o Equador afirmou que a suspensão dos compromissos relativos à presença comercial seria impraticável. Assinalou que, por exemplo, uma parte poderia, com autorização do Órgão de Resolução de Litígios, ordenar a um prestador de serviços com presença comercial no país que pusesse termo às suas actividades e impor um imposto adicional a cada unidade da sua produção de serviços. Essas medidas contra os prestadores de serviços de um país estrangeiro poderiam provocar conflitos em muitas jurisdições a respeito dos direitos relacionados, por exemplo, com a igualdade de tratamento prevista na legislação nacional ou em tratados internacionais e causaria dificuldades administrativas importantes.

**114.** Em nossa opinião, não parece difícil evitar que os prestadores de serviços das Comunidades Europeias (que se encontrem na etapa prévia ao estabelecimento) se estabeleçam no Equador. Não obstante, ainda que seja possível em teoria, na prática é difícil impedir que os prestadores de serviços das Comunidades Europeias já estabelecidos a nível local (que se encontrem na etapa posterior ao estabelecimento) prestem serviços dentro do território do Equador. Por exemplo, pode causar dificuldades administrativas encerrar ou limitar a produção de serviços de uma sucursal ou gabinete de representação como forma de presença comercial. Podem surgir dificuldades jurídicas e administrativas adicionais na hora de encerrar ou de limitar a produção de uma presença comercial na forma de um estabelecimento que goza de personalidade jurídica por direito próprio, devido à protecção jurídica outorgada às pessoas jurídicas no direito nacional ou internacional.

**115.** De seguida, examinamos as considerações do Equador a respeito da prestação transfronteiriça de serviços. O Equador observa que a suspensão desses compromissos provocaria dificuldades de tipo prático e continuaria a ser ineficaz em alguns sectores de serviços. Por exemplo, de um ponto de vista técnico, seria difícil pôr termo a certas correntes de comércio de serviços transfronteiriço, como os fluxos de telecomunicações.

**116.** No que se refere a um pequeno número de sectores ou subsectores de serviços, o Equador não só contraiu compromissos a respeito da prestação transfronteiriça (primeiro modo de prestação de serviços), mas também a respeito de outros modos de prestação, como o consumo no estrangeiro (segundo modo) e/ou a presença comercial (terceiro modo). Este é o caso, por exemplo, dos serviços de construção e engenharia, dos serviços relacionados com o meio ambiente, dos serviços sociais e de saúde, dos serviços de turismo e dos relacionados as viagens e dos serviços de lazer, culturais e desportivos.

**117.** Acreditamos que, no caso de muitas destas transacções de serviços, os compromissos contraídos a respeito dos diferentes modos de prestação oferecem distintos meios de prestar serviços. Isto significa que, na prática, é tecnicamente possível prestar esses serviços mediante a sua prestação transfronteiriça ou dentro dos modos de consumo no estrangeiro ou presença comercial. Na medida em que seja esse o caso,

1417

## A FUNÇÃO JURISDICIONAL NO SISTEMA GATT/OMC

resulta difícil para o Equador aplicar a suspensão de compromissos relativos a um só desses modos de prestação consolidados. Além disso, caso o Equador suspendesse compromissos relativos à prestação transfronteiriça nos sectores de serviços em que também consolidou a prestação mediante a presença comercial e em que estes modos de prestação podem constituir outras vias possíveis de prestação de serviços, as nossas considerações anteriores sobre a ineficácia e as dificuldades práticas que o Equador enfrentaria quando suspendesse os seus compromissos em matéria de presença comercial seriam também válidas"[3963].

Tendo os Árbitros concluído que a suspensão não seria viável ou eficaz nos mesmos sectores (isto é, no GATT e no sector dos serviços de distribuição no GATS), nem em outros sectores no quadro do mesmo acordo (isto é, no caso do GATS, nos sectores consolidados distintos do sector dos serviços de distribuição) em que se constataram as violações[3964], o Equador afirmou que:

"O sector da banana é a base da sua economia. O Equador é o maior exportador de bananas do mundo e o maior exportador para o mercado europeu. A produção de bananas é, também, a principal fonte de emprego e de divisas. Cerca de 11% da população do Equador depende totalmente deste sector. As exportações de bananas (como mercadoria apenas) representam 25,45% das exportações totais de mercadorias do Equador. A produção de bananas representa quase 5,2% do PIB"[3965].

O Equador alegou, por outro lado, que enfrentava a pior crise económica da sua história: a sua economia tinha contraído 7% em 1999, as importações declinado 52% e o emprego aumentado para 17%[3966]. As Comunidades Europeias replicaram dizendo que:

"O Equador não estabeleceu claramente uma relação causal entre o incumprimento pelas Comunidades Europeias das resoluções do Órgão de Resolução de Litígios dentro do prazo razoável e a crise económica do Equador. Na opinião das

---

[3963] *Idem*, parágrafos 106, 108-117.
[3964] Decisão de Arbitragem no caso *European Communities – Regime for the Importation, Sale and Distribution of Bananas, Recourse to Arbitration by the European Communities under Article 22.6 of the DSU* (WT/DS27/ARB/ECU), 24-3-2000, parágrafo 121.
[3965] *Idem*, parágrafo 129. Segundo os Árbitros:
"Esta informação demonstra que o Equador teve em conta que a sua economia depende em grande medida das bananas e que é altamente sensível a quaisquer alterações nos fluxos do comércio internacional e condições de concorrência no estrangeiro. Concluímos que o Equador teve em conta, no sentido do nº 3, alínea *d*)(i) do artigo 22º, o comércio realizado no sector (sectores) e no acordo (acordos) em que se constatou a existência de violações das normas da OMC e a importância desse comércio para o país". Cf. *Idem*, parágrafo 130.
[3966] *Idem*, parágrafo 132.

1418

A FALTA DE EXECUÇÃO

Comunidades Europeias, esta crise pode dever-se a múltiplas razões, incluindo desastres naturais e problemas políticos internos"[3967].

Porém, os Árbitros observaram que:

"a subalínea ii) da alínea *d*) do nº 3 do artigo 22º não exige que a parte queixosa estabeleça uma relação causal entre a anulação ou a redução sofridas e 'os elementos económicos mais amplos' a serem tomados em consideração. Basta demonstrar que existe uma relação entre 'os elementos económicos mais amplos' considerados pelo Equador e a anulação ou a redução resultantes do regime das Comunidades Europeias para a importação de bananas. Consideramos plausível o argumento do Equador de que a anulação ou a redução causados pelos aspectos do regime de importações das Comunidades Europeias que são incompatíveis com as normas da OMC agravaram os seus problemas económicos, sobretudo tendo em conta a importância do comércio de bananas e os serviços de distribuição conexos para o Equador"[3968].

No fim, em resultado do insucesso da Comunidade Europeia em colocar o seu regime relativo às bananas em conformidade com às regras da OMC, o Equador obteve autorização para suspender algumas das suas obrigações no âmbito do Acordo TRIPS nos seguintes termos:

"**173.** Por conseguinte (...):

b) O Equador pode pedir, em conformidade com a alínea *a*) do nº 3 do artigo 22º, e obter a autorização do Órgão de Resolução de Litígios para suspender concessões ou outras obrigações no âmbito do GATT relativas a certas categorias de bens a respeito dos quais nos convenceu de que a suspensão de concessões é eficaz e viável. Apesar da condição estabelecida no nº 7 do artigo 22º de que os Árbitros 'não analisarão o carácter das concessões ou outras obrigações a suspender', notamos que, em nossa opinião, estas categorias de bens não incluem os bens de capital nem os produtos primários utilizados como inputs pela indústria transformadora do Equador, mas incluem bens destinados ao consumo final pelos consumidores no Equador. Observamos que, em consonância com a prática seguida em procedimentos anteriores de arbitragem iniciados em conformidade com o artigo 22º, o Equador, ao apresentar este pedido de suspensão de concessões a respeito de certas categorias de produtos, deveria apresentar ao Órgão de Resolução de Litígios uma lista identificando os produtos a respeito dos quais tem a intenção de aplicar essa suspensão uma vez autorizado.

c) O Equador pode solicitar, em conformidade com a alínea *a*) do nº 3 do artigo 22º, e obter a autorização do Órgão de Resolução de Litígios para suspender com-

---

[3967] *Idem.*
[3968] *Idem*, parágrafo 133.

A FUNÇÃO JURISDICIONAL NO SISTEMA GATT/OMC

promissos no âmbito do GATS a respeito dos 'serviços comerciais de distribuição grossista' (CPC 622) no sector principal dos serviços de distribuição.

d) Na medida em que a suspensão solicitada no âmbito do GATT e do GATS, em conformidade com as alíneas *b*) e *c*) *supra*, seja insuficiente para alcançar o nível de anulação e redução indicado na alínea *a*) deste parágrafo, o Equador poderá solicitar, de acordo com a alínea *c*) do nº 3 do artigo 22º, e obter a autorização do Órgão de Resolução de Litígios para suspender as obrigações que lhe incumbem em virtude do Acordo TRIPS em relação aos seguintes sectores:

 i) Secção 1: Direito de autor e direitos conexos, artigo 14º sobre 'Protecção dos artistas intérpretes ou executantes, dos produtores de fonogramas (registos de som) e dos organismos de radiodifusão';

 ii) Secção 3: Indicações geográficas;

 iii) Secção 4: Desenhos e modelos industriais.

**174.** Recordamos o princípio geral estabelecido na alínea *a*) do nº 3 do artigo 22º de que a parte queixosa deverá tratar primeiramente de suspender concessões ou outras obrigações relativas aos mesmos sectores em que o painel ou o Órgão de Recurso tenham constatado uma infracção ou outra anulação ou redução. A este respeito, recordamos que, segundo o relatório relativo ao procedimento entre o Equador e as Comunidades Europeias, iniciado de acordo com o nº 5 do artigo 21º, o GATT e o sector de serviços de distribuição no âmbito do GATS correspondem aos sectores, no sentido da alínea *f*) do nº 3 do artigo 22º, em que o painel convocado constatou que havia infracções"[3969].

Ainda segundo a decisão de arbitragem, era importante ter em atenção que, no caso da suspensão de obrigações ao abrigo do art. 14º do Acordo TRIPS, tal como foi solicitado pelo Equador, podia haver diferentes detentores dos diferentes direitos relativos a fonogramas e que estes detentores de direitos não tinham necessariamente a nacionalidade, no sentido do art. 1º, nº 3, do Acordo TRIPS, de um dos 13 Estados-membros da Comunidade Europeia em questão (de fora do pedido de autorização para retaliar apresentado pelo Equador ficaram a Holanda e a Dinamarca[3970], presumivelmente em reconhecimento dos seus votos em 1998 contra o regime comunitário relativo às bananas revisto no Conselho de Ministros[3971]), mesmo se o fonograma em causa tivesse sido produzido num daqueles Estados-membros. O artista detentor dos direitos de um fonograma ao abrigo do

---

[3969] *Idem*, parágrafos 173, alíneas *b*), *c*) e *d*), e 174.

[3970] *Idem*, parágrafo 6 e nota de rodapé 2.

[3971] Timothy JOSLING, Bananas and the WTO: Testing the New Dispute Settlement Process, in *Banana Wars: The Anatomy of a Trade Dispute*, Timothy Josling e Timothy Taylor ed., Centre for Agricultural Bioscience International (CABI) Publishing, 2003, p. 190.

A FALTA DE EXECUÇÃO

art. 14º podia não ser nacional de um dos 13 Estados-membros em causa, mas o produtor do fonograma podia ser nacional de um desses mesmos Estados. Tais situações teriam de ser consideradas cuidadosamente pelo Equador quando da aplicação da suspensão das obrigações relativas ao Acordo TRIPS, a fim de não prejudicar os titulares de direitos que não pudessem ser considerados nacionais desses 13 Estados-membros das Comunidades Europeias[3972].

Seja como for, em termos de impacto económico, o Equador teve o cuidado de restringir os seus alvos às categorias de propriedade intelectual em que há pouca ou mesmo nenhuma transferência de tecnologia, a fim de não pôr em causa o seu acesso a tecnologias valiosas[3973]. Nas palavras de um autor, "music and alcohol, after all, are the functional equivalent of consumer non-durables in the context of intellectual property"[3974].

Até à data, todos os pedidos e autorizações de retaliação cruzada disseram respeito ao GATS e ao Acordo TRIPS e foram feitos em três casos:

(1) pelo Equador no caso *European Communities – Regime for the Importation, Sale and Distribution of Bananas (Ecuador)*;

(2) por Antígua e Barbados no caso *United States – Measures Affecting the Cross-
-Border Supply of Gambling and Betting Services*; e

(3) pelo Brasil no caso *United States – Subsidies on Upland Cotton*.

Na prática, nenhum dos países que recebeu autorização para recorrer à retaliação cruzada a aplicou efectivamente.

---

[3972] Decisão dos Árbitros no caso *European Communities –Regime for the Importation, Sale and Distribution of Bananas, Recourse to Arbitration by the European Communities under Article 22.6 of the DSU* (WT/DS27/ARB/ECU), 24-3-2000, parágrafo 144.

[3973] Pese embora o cálculo do valor dos direitos de propriedade intelectual em termos monetários possa ser extremamente complicado e os diferentes métodos de cálculo possam levar a resultados bastante diversos, está longe de ser impossível determinar um valor caso um país solicite autorização para retaliar no sector dos direitos de propriedade intelectual relacionados com o comércio (cf. Decisão de Arbitragem no caso *European Communities –Regime for the Importation, Sale and Distribution of Bananas, Recourse to Arbitration by the European Communities under Article 22.6 of the DSU* (WT/DS27/ARB/ECU), 24-3-2000, parágrafos 161-162). Por exemplo, caso escolhamos um grupo de produtos farmacêuticos patenteados para suspensão da protecção da patente, o valor da anulação ou redução pode ser razoavelmente previsto. Cf. Frederick ABBOTT, Cross-retaliation in TRIPS: issues of law and practice, in *The Law, Economics and Politics of Retaliation in WTO Dispute Settlement*, Cambridge University Press, 2010, p. 562.

[3974] James McCall SMITH, *Compliance Bargaining in the WTO: Ecuador and the Bananas Dispute*, Paper Prepared for a Conference on Developing Countries and the Trade Negotiation Process, UNCTAD, 6-7 November, 2003, Geneva, p. 15.

## 6.7. A Legislação Carrossel

Com o objectivo de pressionar a Comunidade Europeia a colocar o seu regime de importação de bananas e de carne de vaca em conformidade com as regras da OMC e aplicar as decisões e recomendações do Órgão de Resolução de Litígios, o Congresso norte-americano aprovou, em 18 de Maio de 2000, a Secção 407 da Lei do Comércio e Desenvolvimento de 2000 (*Trade and Development Act of 2000*). Esta legislação, comummente apelidada de "legislação carrossel", prevê a revisão obrigatória e unilateral da lista dos produtos alvo das sanções comerciais norte--americanas 120 dias depois da aplicação da primeira suspensão de concessões e depois de 6 em 6 meses e tem por objectivo tornar mais enérgicas e imprevisíveis as medidas de retaliação, prejudicando um maior número de exportadores dos membros da OMC que, segundo os Estados Unidos, não observaram as recomendações feitas no âmbito do sistema de resolução de litígios da OMC[3975].

Em Junho do mesmo ano, a Comunidade Europeia apresentou um pedido de realização de consultas com as autoridades norte-americanas, argumentando que a legislação carrossel infringia o Memorando de Entendimento sobre Resolução de Litígios pelas seguintes razões:

(i) impunha a adopção de medidas unilaterais sem qualquer controlo multilateral prévio;

(ii) impunha a suspensão ou ameaça de suspensão de concessões e outras obrigações distintas das que o Órgão de Resolução de Litígios tinha autorizado a suspender, pelo que na prática todas as concessões consolidadas pelos Estados Unidos na sua lista de concessões anexa ao GATT de 1994 poderiam ser modificadas unilateralmente e em qualquer momento;

(iii) o critério da equivalência seria posto em causa, uma vez que criava um desequilíbrio estrutural entre o nível cumulativo da suspensão de concessões e o nível da anulação ou de redução de vantagens determinado pelos procedimentos pertinentes do Órgão de Resolução de Litígios; e

(iv) tinha um efeito paralisador do mercado, o que afectava a segurança e previsibilidade do sistema comercial multilateral.

No essencial, a Comunidade Europeia considerava que a legislação norte--americana era incompatível, em particular, com as seguintes disposições dos acordos da OMC: o nº 2 do art. 3º, o nº 5 do art. 21º e os artigos 22º e 23º do

---

[3975] A ideia, segundo RAJ BHALA, "was to create uncertainty among European exporters and thereby compel them to pressure their leaders in Brussels to comply with WTO rulings". Cf. RAJ BHALA, *The Bananas War*, in McGeorge Law Review, 2000, p. 950.

A FALTA DE EXECUÇÃO

Memorando de Entendimento sobre Resolução de Litígios; o nº 4 do art. XVI do Acordo OMC e os artigos I, II e XI do GATT de 1994[3976].

Apesar dos fortes rumores de que a revisão dos produtos alvo da suspensão de concessões poderia ter lugar em 14 ou 18 de Novembro de 2000 (180 dias ou seis meses depois da entrada em vigor da *Section 407 of the Trade and Development Act of 2000*), tal não aconteceu[3977] e nunca foi criado um painel para determinar a compatibilidade da legislação norte-americana com os acordos abrangidos.

Ao que parece, a Comunidade Europeia terá observado, na sequência da sua vitória no caso *Foreign Sales Corporation*, que a legislação carrossel constituía "a dangerous game" para os Estados Unidos jogarem contra os seus parceiros comerciais[3978].

Todavia, por causa do resultado final do caso *United States – Continued Suspension of Obligations in the EC – Hormones Dispute* (WT/DS320/AB/R), também conhecido por caso *Hormones II*, o Representante dos Estados Unidos para o Comércio Internacional decidiu, em Janeiro de 2009, modificar a lista de retaliação adoptada em Julho de 1999:

> "by making additions to and deletions from the list of products subject to additional duties, by changing the European Community Member States whose products are subject to the duties, and, for one product, by increasing the level of the additional duties"[3979].

Mais exactamente, a lista revista aumentaria o número de Estados-membros da Comunidade Europeia alvo das sanções (de 14 para 26 Estados[3980]), removeria

---

[3976] OMC, *United States – Section 306 of the Trade Act of 1974 and Amendments Thereto*, Request for Consultations by the European Communities (WT/DS200/1, G/L/386), 13-6-2000.

[3977] Segundo a "legislação carrossel", não é necessário ao Representante dos Estados Unidos para o Comércio Internacional proceder à revisão unilateral da lista dos produtos alvo das sanções comerciais norte-americanas se estiver iminente o cumprimento das recomendações e decisões do Órgão de Resolução de Litígios ou se o Representante dos Estados Unidos para o Comércio Internacional e as partes interessadas norte-americanas concordarem ambos que a revisão não é necessária naquele caso em particular. Cf. Lenore SEK, *Trade Retaliation: The "Carousel" Approach*, Congressional Research Service Report for Congress (RS 20715), in http://www.cnie.org/nle/crsreports/economics/econ-133.cfm

[3978] Scott ANDERSEN e Justine BLANCHET, The United States' experience and practice in suspending WTO obligations, in *The Law, Economics and Politics of Retaliation in WTO Dispute Settlement*, Cambridge University Press, 2010, p. 237.

[3979] ESTADOS UNIDOS DA AMÉRICA, *2009 Trade Policy Agenda and 2008 Annual Report of the President of the United States on the Trade Agreements Program*, Washington, D.C., 2009, p. 211.

[3980] Em 1999, os Estados Unidos excluíram das suas sanções comerciais os produtos agrícolas e alimentares originários do Reino Unido, uma vez que o governo Britânico se tinha oposto, em geral, à proibição imposta pela Comunidade Europeia (cf. Robert Z. LAWRENCE, Charan DEVE-

1423

A FUNÇÃO JURISDICIONAL NO SISTEMA GATT/OMC

e adicionaria alguns produtos e o direito aduaneiro adicional aplicável ao queijo *roquefort* passaria de 100% para 300% *ad valorem*[3981].

Do ponto de vista jurídico, pode alegar-se que qualquer modificação da lista subsequentemente à decisão de autorização para retaliar necessita de ser aprovada outra vez pelo Órgão de Resolução de Litígios. Não obstante, os Estados Unidos alegam que o Memorando não impede a rotação das listas de produtos sujeitos a retaliação, desde que o nível desta não ultrapasse o nível determinado por arbitragem e, se virmos bem, os produtos que constam da nova lista já constavam da lista inicialmente aprovada pelo Órgão de Resolução de Litígios em 1999. Os próprios árbitros defenderam, na decisão então apresentada, que os Estados Unidos podiam seleccionar produtos dessa lista – nela incluídos – cujo valor comercial total não excedesse o valor da redução comercial encontrada[3982]. E convém não esquecer que os Estados Unidos só modificaram a lista em 2009 porque as Comunidades Europeias ainda não tinham, na altura, colocado em conformidade com os acordos abrangidos a medida declarada incompatível há mais de dez anos.

Do ponto de vista económico, medidas do tipo da "legislação carrossel" implicam, inevitavelmente, uma redução da previsibilidade e segurança do sistema comercial multilateral, objectivos cuja garantia cabe especialmente ao sistema de resolução de litígios[3983], e afectam igualmente os importadores, produtores e consumidores do próprio país que a elas recorrem:

REAUX e Michael WATKINS, *Case Studies in US Trade Negotiation – Vol. 2: Resolving Disputes*, Institute for International Economics, Washington, DC, 2006, p. 74). Esta exclusão manteve-se inalterada com a lista revista em 2009. Cf. GABINETE DO REPRESENTANTE DOS ESTADOS UNIDOS PARA O COMÉRCIO, *Modification of Action Taken in Connection With WTO Dispute Settlement Proceedings on the European Communities' Ban on Imports of U.S. Beef and Beef Products*, in Federal Register, Vol. 74, No. 14, 23-1-2009, pp. 4265-4268.

[3981] Catharina KOOPS, *Suspensions: To Be Continued. The Consequences of the Appellate Body Report in Hormones II*, in LIEI, 2009, pp. 365-366. Na sequência deste aumento, produtores de Roquefort protestaram nas ruas de Paris e entregaram em mão 7 Kg de queijo Roquefort ao embaixador norte-americano em França. Cf. Chad BOWN e Joost PAUWELYN, Trade retaliation in WTO dispute settlement: a multi-disciplinary analysis, in *The Law, Economics and Politics of Retaliation in WTO Dispute Settlement*, Cambridge University Press, 2010, p. 15.

[3982] Decisão de Arbitragem no caso *European Communities – Measures Concerning Meat and Meat Products (Hormones) (Original Complaint by the United States), Recourse to Arbitration by the European Communities under Article 22.6 of the DSU* (WT/DS26/ARB), 12-7-1999, parágrafo 21.

[3983] Isso mesmo foi salientado por uma decisão de arbitragem: "Quanto mais preciso for o pedido de suspensão em termos de produtos abarcados, tipo e nível de suspensão, etc., melhor. Tal precisão pode ser encorajada para atingir os objectivos de segurança e previsibilidade do sistema comercial multilateral prosseguidos pelo Memorando de Entendimento de Resolução de Litígios (artigo 3º, nº 2)". Cf. *Idem*, parágrafo 16, nota de rodapé 16.

A FALTA DE EXECUÇÃO

"Importers in the United States need to take into account that their supply of imports might decrease or increase over short periods of time, since the product lists are rotated every hald year with little prior warning and with only a guess as to which products will be added to or removed from the list. Producers need to take into account that the competition for their products might increase or decrease every half year, influencing production and prices in the United States as well. Consumers, who are even less informed in subjects such as WTO retaliation or tariffs, face changing prices and supplies impacting their welfare or forcing them to look for alternative products"[3984].

De qualquer modo, prevista para entrar em vigor no dia 23 de Abril de 2009, a lista revista nunca viu a luz do dia, dado que os representantes dos Estados Unidos e da Comunidade Europeia junto da OMC assinaram um memorando de Entendimento, em Maio de 2009, cujos traços fundamentais são os seguintes: os Estados Unidos comprometeram-se a reduzir as sanções aplicadas à Comunidade Europeia e esta acordou em aumentar o acesso ao mercado comunitário da carne de vaca norte-americana sem hormonas de crescimento durante um período de quatro anos[3985].

Importa referir, por fim, que a Austrália já propôs alterar o nº 7 do art. 22º do Memorando, com vista a restringir severamente práticas do tipo da legislação carrossel:

> "Os Membros não modificarão as concessões ou outras obrigações sempre que o árbitro tenha determinado, ao abrigo do nº 6, que estas são equivalentes ao nível da anulação ou redução, a menos que a modificação seja para corrigir um erro técnico ou que acontecimentos ulteriores tornem inúteis as concessões ou outras obrigações. Caso um Membro modifique as concessões ou outras obrigações, o outro Membro conservará o direito de recorrer à arbitragem em virtude do nº 6 do artigo 22º"[3986].

## 6.8. O Requisito da "Equivalência"
### 6.8.1. Introdução

Em contraste com o estabelecido no nº 2 do art. XXIII do GATT de 1947, o nº 4 do art. 22º do Memorando de Entendimento sobre Resolução de Litígios determina que "o nível de suspensão de concessões ou outras obrigações autorizadas pelo Órgão de Resolução de Litígios deve ser equivalente ao nível da anulação ou redução de vantagens".

[3984] Catharina Koops, *Suspensions: To Be Continued. The Consequences of the Appellate Body Report in Hormones II*, in LIEI, 2009, p. 366.

[3985] *Idem*, pp. 366-367.

[3986] OMC, *Negotiations on Improvements and Clarifications of the Dispute Settlement Understanding, Communication from Australia* (TN/DS/W/49), 17-2-2003, p. 6.

A FUNÇÃO JURISDICIONAL NO SISTEMA GATT/OMC

Apesar de alguns autores entenderem que, "despite some linguistic confusion, there seems little question that equivalence was in fact the standard employed in GATT"[3987], os árbitros do caso *European Communities –Regime for the Importation, Sale and Distribution of Bananas* defenderam que:

> "**6.4.** (...) À luz da referência expressa dos nºs 4 e 7 do artigo 22º do Memorando de Entendimento sobre Resolução de Litígios à necessidade de garantir a *equivalência* entre o nível da suspensão proposta e o nível da anulação ou redução sofridos, o critério da *apropriação* aplicado pelo Grupo de Trabalho de 1952 perdeu a sua importância como critério para a autorização da suspensão de concessões ao abrigo do Memorando de Entendimento sobre Resolução de Litígios.
>
> **6.5.** Não obstante, observamos que o sentido corrente de '*apropriado*' (...) sugere um determinado grau de conexão entre o nível da suspensão proposta e o nível da anulação ou redução, ao passo que o sentido corrente de '*equivalente*' indicia um grau maior de correspondência, identidade ou um equilíbrio mais estrito entre o nível da suspensão proposta e o nível da anulação ou redução. Em consequência, concluímos que o critério de *equivalência* reflecte uma norma mais estrita de exame para os Árbitros que actuam em conformidade com o nº 7 do artigo 22º do Memorando de Entendimento sobre Resolução de Litígios da OMC do que sugeriria um exame baseado no critério da *apropriação* aplicado de acordo com o GATT de 1947"[3988].

O carácter temporário das contramedidas indica, também, que elas têm por finalidade induzir ao cumprimento, mas isso não significa que o Órgão de Resolução de Litígios deva conceder uma autorização para suspender concessões para além do que é equivalente ao nível da anulação ou redução de vantagens. Não há nenhuma disposição nos nºs 1, 4 e 7 do art. 22º do Memorando de Entendimento sobre Resolução de Litígios que justifique contramedidas de carácter punitivo[3989].

---

[3987] Isto porque "the view that 'appropriate' permits something less than 'equivalent' is, of course, contrary to the view that Article XXIII's language is designed to compensate parties, since something less presumably would not be full compensation" (cf. David PALMETER e Stanimir ALEXANDROV, "Inducing compliance" in WTO dispute settlement, in *The Political Economy of International Trade Law – Essays in Honor of Robert E. Hudec*, Daniel Kennedy e James Southwick ed., Cambridge University Press, 2002, pp. 648-649). Há igualmente um painel que adopta claramente o critério da equivalência:
"Sugere que as PARTES CONTRATANTES recomendem ao Governo dos Estados Unidos que se abstenha, durante um prazo razoável, de exercer o seu direito a propor a suspensão do cumprimento de obrigações ou a aplicação de concessões equivalentes, ao abrigo dos procedimentos do nº 2 do artigo XXIII do GATT (...)". Cf. Relatório do Painel no caso *French Import Restriction, Recourse to Article XXIII:2 by the United States* (L/1921), 14-11-1962, parágrafo 7.

[3988] Decisão de Arbitragem no caso *European Communities –Regime for the Importation, Sale and Distribution of Bananas, Recourse to Arbitration by the European Communities under Article 22.6 of the DSU* (WT/DS27/ARB), 9-4-1999, parágrafos 6.4-6.5.

[3989] *Idem*, parágrafo 6.3.

A FALTA DE EXECUÇÃO

Uma contramedida torna-se punitiva quando não só tem por objectivo assegurar que o Estado que tenha incumprido as suas obrigações ponha a sua conduta em conformidade com as suas obrigações internacionais, mas contém um elemento adicional cuja finalidade é sancionar a actuação desse Estado[3990].

Em todos os casos decididos ao abrigo do critério da equivalência previsto no nº 4 do art. 22º do Memorando (sete até agora), os árbitros adoptaram o que pode ser denominado uma abordagem "equality-of-harm"[3991]. No caso *European Communities –Regime for the Importation, Sale and Distribution of Bananas*, por exemplo, os árbitros tiveram de determinar se a medida de retaliação proposta pelos Estados Unidos (o aumento dos direitos aduaneiros sobre os produtos importados das Comunidades Europeias) era equivalente à violação continuada do direito da OMC pelas Comunidades Europeias (um regime de importação de bananas discriminatório, prejudicando os exportadores de bananas da América Latina e os prestadores de serviços de distribuição norte-americanos). Essencialmente, a solução adoptada pelos árbitros passou pela comparação das duas medidas em termos de efeitos prejudiciais[3992] e daí a observação de que esta abordagem "is reminiscent of the biblical remedial principle – an eye for an eye, a tooth for a tooth"[3993].

Para calcular a anulação ou redução de vantagens subjacente à violação, os árbitros têm recorrido ao chamado "counterfactual", isto é, a situação que existiria se o membro da OMC tivesse removido a medida declarada incompatível no termo do prazo razoável concedido[3994]. E, para computar tal anulação ou redução de vantagens, os árbitros têm de: (1) especificar o *counterfactual* para avaliar os efeitos da medida; (2) concordar na metodologia para medir tais efeitos; (3)

---

[3990] Decisão de Arbitragem no caso *Brazil – Export Financing Programme for Aircraft, Recourse to Arbitration by Brazil under Article 22.6 of the DSU and Article 4.11 of the SCM Agreement* (WT/DS46/ARB), 28-8-2000, parágrafo 3.55. Os árbitros devem assegurar também no âmbito do art. 25º do Memorando que a sua determinação do nível de anulação ou redução de vantagens "não leva a uma situação em que as possíveis suspensões de concessões ou outras obrigações por parte das Comunidades Europeias de acordo com o nº 7 do artigo 22º [do Memorando de Entendimento sobre Resolução de Litígios] tenham de facto carácter 'punitivo', devido a uma sobreavaliação do nível das vantagens das Comunidades Europeias anuladas ou reduzidas pela aplicação do artigo 110(5)(B)". Cf. Decisão de Arbitragem no caso *United States – Section 110(5) of the US Copyright Act, Recourse to Arbitration under Article 25 of the DSU* (WT/DS160/ARB25/1), 9-11-2001, parágrafo 4.27.

[3991] Em cinco dos sete casos, ambas as partes em litígio concordaram com o uso de tal abordagem.

[3992] Thomas Sᴇʙᴀsᴛɪᴀɴ, The law of permissible WTO retaliation, in *The Law, Economics and Politics of Retaliation in WTO Dispute Settlement*, Cambridge University Press, 2010, p. 99.

[3993] Thomas Sᴇʙᴀsᴛɪᴀɴ, *World Trade Organization Remedies and the Assessment of Proportionality: Equivalence and Appropriateness*, in HILJ, 2007, p. 350.

[3994] Decisão de Arbitragem no caso *United States – Continued Dumping and Subsidy Offset Act of 2000 (Original Complaint by the European Communities), Recourse to Arbitration by the United States under Article 22.6 of the DSU* (WT/DS217/ARB/EEC), 31-8-2004, nota de rodapé 34.

1427

A FUNÇÃO JURISDICIONAL NO SISTEMA GATT/OMC

determinar as entidades cuja posição é relevante para a análise; (4) decidir que efeitos prejudiciais serão considerados; e (5) tomar em considerar alterações que possam surgir com o decurso do tempo.

### 6.8.2. A escolha do counterfactual

Enquanto o valor das importações ao abrigo do regime real pode ser facilmente verificado, a determinação do seu valor ao abrigo do *counterfactual* constitui uma tarefa complexa, não só porque é necessário definir como seria um regime compatível com o direito da OMC, mas também calcular o valor das importações num tal cenário hipotético.

No que diz respeito ao primeiro aspecto, podem existir, e é frequente que tal aconteça, várias opções para o Membro da OMC incumpridor considerar a fim de executar as recomendações e decisões do Órgão de Resolução de Litígios[3995]. No caso *European Communities – Regime for the Importation, Sale and Distribution of Bananas, Recourse to Arbitration by the European Communities under Article 22.6 of the DSU*, por exemplo, foram debatidos quatro cenários, todos propostos pela parte queixosa (os Estados Unidos):

> "7.4. Na nossa decisão inicial, solicitámos aos Estados Unidos que nos apresentassem novos cálculos a respeito dos quatro seguintes regimes 'hipotéticos' distintos do actual regime revisto das Comunidades Europeias:
>
> (1) um regime baseado unicamente em direitos aduaneiros, sem contingentes pautais, mas incluindo uma preferência pautal África, Caraíbas e Pacífico (com um cálculo dos seus efeitos para uma gama de taxas pautais compreendidas entre 75 euros por tonelada e o tipo consolidado aplicado às importações não compreendidas no contingente);
>
> (2) um sistema de contingentes pautais com um regime de concessão de licenças baseado na ordem de apresentação dos pedidos;
>
> (3) a distribuição completa do contingente num sistema de contingentes pautais (em que os contingentes para as importações tradicionais ACP são reduzidos para o

---

[3995] Durante a vigência do GATT de 1947, um painel tinha já salientado que os Estados Unidos (a parte demandada) poderiam tornar a imposição sobre o petróleo (a medida impugnada) conforme com a primeira frase do nº 2 do artigo III do GATT "aumentando a taxa que incide sobre os produtos nacionais, baixando a taxa sobre os produtos importados ou fixando uma nova taxa comum para produtos importados e nacionais". Ainda segundo o painel:
"Cada uma destas soluções teria consequências diferentes sobre o comércio e, por conseguinte, não é logicamente possível determinar a diferença de efeitos sobre o comércio entre a taxa actual e uma taxa que fosse compatível com a primeira frase do nº 2 do artigo III, nem dessa forma determinar o efeito do incumprimento desta disposição". Cf. Relatório do Painel no caso *United States – Taxes on Petroleum and Certain Imported Substances (Superfund Act)* (L/6175), adoptado em 17-6-1987, parágrafo 5.1.9.

1428

A FALTA DE EXECUÇÃO

nível dos resultados comerciais anteriores efectivos), com distribuições por países a todos os abastecedores substanciais e não substanciais ACP e não ACP; e

(4) a hipótese de base dos Estados Unidos, que, como já se indicou, tinha como premissa a manutenção de um volume de 857.700 toneladas para as importações ACP e a ampliação do contingente pautal Nação Mais Favorecida para 3,7 milhões de toneladas.

**7.5.** Na sua resposta, os Estados Unidos procederam da forma que lhes tinha sido solicitada e apresentaram a seguinte gama de níveis (excluindo a embalagem):

(1) Um regime baseado unicamente em direitos aduaneiros com um direito de 75 euros por tonelada: 326.9 milhões de dólares norte-americanos;

(2) Um sistema de concessão de licenças por ordem de apresentação dos pedidos: 619.8 milhões de dólares norte-americanos;

(3) Distribuição completa do contingente pautal: 558.6 milhões de dólares norte--americanos; e

(4) Hipótese de base dos Estados Unidos: 362.4 milhões de dólares norte-americanos.

**7.6.** Nas suas observações gerais sobre as quatro hipóteses, as Comunidades Europeias assinalam que um regime baseado unicamente em direitos aduaneiros, os lucros dos fornecedores estado-unidenses seriam inferiores aos que obtêm actualmente, devido à inexistência de rendas contingentárias. Além disso, segundo as Comunidades Europeias, não é provável que a quota de mercado desses fornecedores experimentasse modificações, porquanto competiriam entre si e com outros fornecedores não estado-unidenses, como fazem agora. Em relação ao regime de licenças concedidas por ordem de apresentação dos pedidos, as Comunidades Europeias notam que os preços e volumes continuariam a ser os mesmos e só mudariam as distribuições de licenças. As Comunidades Europeias afirmam que, dado o grande número de importadores tradicionais que teriam directo a solicitar licenças, a proporção de licenças obtidas pelos fornecedores estado-unidenses diminuiria e estes obteriam menores rendas contingentárias (e menos lucros) que actualmente. No caso da terceira hipótese – distribuição completa do contingente pautal – as Comunidades Europeias argumentam que é provável que os abastecimentos e preços continuem a ser os mesmos, com os fornecedores estado-unidenses a obterem lucos comparáveis aos obtidos no regime actual. Por último, relativamente à hipótese de base dos Estados Unidos, as Comunidades Europeias entendem que a expansão do contingente pautal no montante proposto pelos Estados Unidos seria suficientemente amplo para que o resultado em termos económicos fosse equivalente ao de um regime baseado unicamente em direitos aduaneiros (primeira hipótese). Em síntese, as Comunidades Europeias acreditam que nenhuma das hipóteses mencionadas implicaria para os fornecedores estado-unidenses lucros maiores que os obtidos no actual regime revisto. Não obstante, como já indicámos, o efeito relevante não é, em nossa opinião, sobre os lucros

A FUNÇÃO JURISDICIONAL NO SISTEMA GATT/OMC

dos fornecedores estado-unidenses, mas sobre o valor das importações relevantes dos Estados Unidos.

**7.7.** Vários regimes hipotéticos seriam compatíveis com a OMC. Depois de avaliarmos as diversas hipóteses, decidimos escolher, como hipótese razoável, uma situação em que o contingente pautal global fosse de 2.553 milhões de toneladas (sujeitas ao pagamento de um direito aduaneiro de 75 euros por tonelada) e de acesso ilimitado de bananas ACP em regime de franquia pautal (com a preferência pautal ACP coberta, como está actualmente, por uma derrogação). Dado que o contingente actual correspondente às importações em regime de franquia pautal de bananas tradicionais ACP carece na prática de restrições, este regime hipotético teria um impacto sobre os preços e o volume efeitos similar aos do regime actual das Comunidades Europeias. Não obstante, as licenças de importação seriam distribuídas de forma diferente para rectificar as violações do GATS.

**7.8.** Calculamos os efeitos do regime revisto das Comunidades Europeias para a banana sobre as importações relevantes procedentes dos Estados Unidos, em comparação com os da hipótese descrita no parágrafo anterior, partindo do princípio de que o volume agregado das importações comunitárias de bananas é o mesmo em ambas as situações *ceteris paribus*, isto é, de que a produção e consumo de bananas nas Comunidades Europeias e os preços f.o.b., c.i.f., no grossista e a retalho das bananas são também os mesmos. Isto implica, por sua vez, que o valor agregado dos serviços comerciais grossistas relacionados com a banana depois do ponto f.o.b. e o valor agregado das rendas contingentárias das importações de bananas são os mesmos numa e noutra situação. A partir dos dados sobre preços e volumes de que dispomos resulta fácil calcular ambos os valores. A única diferença entre uma e outra situação é a concernente à parte desses valores agregados que corresponde aos prestadores de serviços estado-unidenses e a outros prestadores de serviços. Por conseguinte, com esta metodologia e esta hipótese concretas não precisamos estabelecer conjecturas sobre a capacidade de resposta, em termos de volume, dos produtores, consumidores e importadores às variações dos preços internos das Comunidades Europeias, posto que não há nenhuma diferença. A nossa tarefa reduz-se a determinar as diferenças entre as duas situações quanto à a) participação dos Estados Unidos nos serviços de comércio por grosso para as bananas vendidas nas Comunidades Europeias e b) à proporção das licenças de importação de bananas que dão origem a rendas contingentárias detida pelos Estados Unidos. Utilizando os diversos dados facultados sobre as quotas estado-unidenses de mercado e a informação que temos sobre a actual distribuição do contingente e da distribuição que consideramos que se produziria na hipótese compatível com a OMC que escolhemos, determinamos que o nível de anulação e redução é de 191.4 milhões de dólares norte-americanos por ano"[3996].

---

[3996] Decisão de Arbitragem no caso *European Communities – Regime for the Importation, Sale and Distribution of Bananas, Recourse to Arbitration by the European Communities under Article 22.6 of the DSU* (WT/DS27/ARB), 9-4-1999, parágrafos 7.4-7.8

1430

A FALTA DE EXECUÇÃO

Importa tomar em consideração, igualmente, o caso *United States – Measures Affecting the Cross-Border Supply of Gambling and Betting Services, Recourse to Arbitration by the United States under Article 22.6 of the DSU*. Para começar, as duas partes envolvidas divergiram quanto ao cenário ou situação hipotética ("counterfactual") a ter em conta:

"**3.2.** No seu Documento sobre Metodologia, Antígua apresentou três cálculos em apoio do nível de suspensão de concessões e outras obrigações proposto e explicou que os seus cálculos se baseavam numa situação hipotética que supunha que, para cumprir as recomendações e resoluções do Órgão de Resolução de Litígios, os Estados Unidos permitiriam aos operadores de Antígua um acesso ilimitado à prestação de serviços transfronteiriços de jogos de azar e apostas à distância aos consumidores dos Estados Unidos. Concretamente, Antígua indicou que partiu das seguintes suposições em relação à situação hipotética:

1. Os Estados Unidos cumprem os seus compromissos no âmbito do GATS a respeito dos serviços de jogos de azar e apostas à distância conforme como estabelecido no litígio;
2. Os Estados Unidos reconhecem que os operadores de jogos de azar à distância baseados em Antígua que prestam serviços a clientes situados nos Estados Unidos se regem pelo direito de Antígua;
3. Os Estados Unidos não põem obstáculos às transferências electrónicas de fundos entre os operadores de jogos de azar à distância de Antígua e seus clientes;
4. Os Estados Unidos não põem obstáculos à publicidade dos operadores de jogos de azar à distância de Antígua;
5. Os operadores de jogos de azar à distância de Antígua não se vêem obrigados a investir recursos consideráveis para neutralizar medidas dos Estados Unidos destinadas a restringir a prestação a consumidores dos Estados Unidos de serviços de apostas à distância por operadores de jogos de azar.

**3.3.** Os Estados Unidos concordam com a ideia básica – exposta no Documento sobre Metodologia de Antígua – de que o nível de anulação e redução pode ser calculado com base numa 'situação hipotética' em que se supõe que o Membro interessado adoptou medidas em cumprimento das recomendações e resoluções do Órgão de Resolução de Litígios.

**3.4.** Todavia, os Estados Unidos impugnam a eleição da hipótese escolhida por Antígua. Concretamente, questionam a suposição de que a medida de cumprimento dos Estados Unidos seria uma medida que autorizara 'todos os tipos de serviços transfronteiriços de jogos de azar', para o que os Estados Unidos consideram que Antígua carece de fundamento tanto jurídico como fáctico. Na opinião dos Estados Unidos, o Árbitro deve ter em conta 'a possibilidade de cumprimento ao abrigo de diversos enfoques e não unicamente ao abrigo do preferido por Antígua'. Os Estados Unidos

A FUNÇÃO JURISDICIONAL NO SISTEMA GATT/OMC

alegam que as recomendações e as resoluções do Órgão de Resolução de Litígios se referem ao tratamento discriminatório das apostas hípicas, pelo que a verdadeira questão, na hipótese de os Estados Unidos procederem ao cumprimento permitindo o acesso ao mercado aos prestadores de serviços estrangeiros, é a seguinte: 'quais seriam os efeitos económicos da adopção pelos Estados Unidos de medidas que permitissem aos prestadores de Antígua (e de todos os demais Membros da OMC) prestar serviços transfronteiriços de jogos de azar à distância a respeito das corridas de cavalos?'"[3997].

Tendo constatado que a hipótese proposta por Antígua não era apropriada, os árbitros tiveram que determinar que outra situação alternativa poderia sê-lo[3998], a saber:

"**3.24.** Não discordamos da afirmação dos Estados Unidos de que os Membros da OMC gozam em geral de discricionariedade para determinar os meios pelos quais cumprirão as resoluções do Órgão de Resolução de Litígios que lhes são adversas, sempre que tais meios estejam em conformidade com os Acordos abrangidos da OMC. Mas isto não significa, em nosso entender, que o Membro em causa pode decidir livremente, para efeitos da determinação prevista no nº 7 do artigo 22º do Memorando de Entendimento sobre Resolução de Litígios, entre a gama de medidas que poderia ter adoptado para cumprir essas resoluções, qual servirá de base para a avaliação do Árbitro. (...).

**3.26.** Não acreditamos que a hipótese proposta deva corresponder necessariamente ao cenário 'mais provável' de cumprimento pelo Membro em causa. Por natureza, uma hipótese constitui uma suposição e, portanto, pode existir num determinado caso, um certo grau de incerteza quanto à forma exacta que o cumprimento poderia ter tomado, tivesse ele ocorrido. O Membro em causa pode ter tido à sua disposição uma gama de possibilidades distintas compatíveis com as normas da OMC para escolher uma, a fim de proceder ao cumprimento. Não nos cabe especular qual teria sido esse cenário mais 'provável'.

**3.27.** Não obstante, a hipótese, em nosso entender, deve reflectir pelo menos um cenário plausível ou 'razoável' de cumprimento. Uma hipótese que supusesse uma forma de cumprimento que conduz a um nível de anulação ou redução de vantagens inverosimilmente elevado daria lugar a uma suspensão que excederia o nível da anulação ou de redução efectivamente sofrido. Inversamente, uma hipótese que subestimasse o nível das vantagens resultantes para a parte reclamante aumentaria o risco

---

[3997] Decisão de Arbitragem no caso *United States – Measures Affecting the Cross-Border Supply of Gambling and Betting Services, Recourse to Arbitration by the United States under Article 22.6 of the DSU* (WT/DS285/ARB), 21-12-2007, parágrafos 3.2-3.4.

[3998] *Idem*, parágrafo 3.19.

1432

# A FALTA DE EXECUÇÃO

de dar lugar a uma redução injustificada do nível de suspensão, abaixo do nível a que tem direito a parte reclamante, ou seja, 'equivalência'"[3999].

Tendo os árbitros concluído que a hipótese (*counterfactual*) a usar deveria reflectir pelo menos um cenário plausível ou razoável de cumprimento, eles consideraram adequado ter em conta as circunstâncias particulares do caso:

"**3.41.** (...) Observamos a este respeito que os Estados Unidos invocaram sistematicamente uma política em matéria de moral e ordem pública como fundamento das restrições ao acesso ao mercado estado-unidense de jogos de azar à distância, tanto no procedimento inicial como no procedimento relativo ao cumprimento [art. 21º, nº 5, do Memorando]. Os Estados Unidos, portanto, têm invocado este objectivo de política antes e depois da data final do prazo razoável, que é a data em que se supõe que começa a situação hipotética.

**3.42.** Observamos ainda que o Órgão de Recurso constatou que as medidas dos Estados Unidos que restringem o acesso ao mercado dos jogos de azar à distância eram 'necessárias' no sentido do artigo XIV do GATS para a protecção da moral e ordem pública e que os Estados Unidos não tinham demonstrado, 'à luz da Lei de apostas interestaduais sobre corridas de cavalos, que as proibições incluídas nessas Leis são aplicadas tanto aos prestadores de serviços *de apostas hípicas* à distância nacionais como aos estrangeiros e, em consequência, não estabeleceram que essas medidas cumprem as prescrições do prólogo'.

**3.43.** À luz destes elementos, consideramos que a suposição de Antígua de que poderia simplesmente 'ignorar' a defesa, invocada sem êxito, pelos Estados Unidos baseada no artigo XIV do GATS e de que os Estados Unidos cumpririam as resoluções outorgando aos operadores de Antígua um acesso ilimitado a todos os sectores do seu mercado de jogos de azar à distância, não era razoável, tendo em conta as circunstâncias concretas do presente litígio.

**3.44.** Ao formularmos esta determinação, nós considerámos cuidadosamente os argumentos de Antígua de que tinha direito a esperar um acesso ao mercado ilimitado porque os Estados Unidos estavam obrigados a outorgá-lo em virtude do artigo XVI do GATS e dos seus compromissos específicos, e de que Antígua também tinha direito a esperar a 'supressão' da medida incompatível com as normas da OMC (ou seja, neste litígio, na opinião de Antígua, a supressão das restrições impostas pelos Estados Unidos ao acesso ao mercado dos jogos de azar à distância) em conformidade com o nº 7 do artigo 3º do Memorando de Entendimento sobre Resolução de Litígios.

**3.45.** Concordamos com Antígua que os Estados Unidos estão obrigados pelo artigo XVI do GATS e pela Lista dos Estados Unidos a conceder o acesso ao seu mer-

---

[3999] *Idem*, parágrafos 3.24 e 3.26-3.27.

A FUNÇÃO JURISDICIONAL NO SISTEMA GATT/OMC

cado para a prestação transfronteiriça de serviços de jogos de azar à distância. Ao mesmo tempo, contudo, o GATS reconhece também o direito do Membro de estabelecer regulamentações com o fim de realizar os objectivos da sua política nacional e o artigo XIV admite expressamente a possibilidade de adoptar as medidas necessárias para proteger a moral e a ordem pública. Neste litígio, esses objectivos legítimos de política nacional foram invocados sistematicamente pelos Estados Unidos para restringir o acesso ao seu mercado de jogos de azar à distância, apesar da existência de um compromisso específico, e o Órgão de Recurso constatou que as três leis federais em litígio no procedimento eram 'medidas necessárias para proteger a moral ou manter a ordem pública'. Nestas circunstâncias, uma hipótese razoável deve ter em conta esses objectivos das políticas dos Estados Unidos.

**3.46.** Observamos também que, enquanto o nº 7 do artigo 3º do Memorando de Entendimento sobre Resolução de Litígios dispõe efectivamente que o objectivo do mecanismo de resolução de litígios é *em geral* a supressão das medidas incompatíveis, não entendemos que essa disposição signifique que em todos os litígios esse seja o único resultado possível quando se constatou uma violação de um dos acordos abrangidos. As recomendações do Órgão de Resolução de Litígios no presente litígio obrigam os Estados Unidos a pôr as suas medidas em conformidade com o GATS, mas não os obrigam necessariamente a 'suprimir' as medidas eliminando totalmente as restrições que mantêm relativamente aos serviços de jogos de azar e apostas à distância. Observamos a este respeito que 'o conceito de cumprimento ou aplicação prescrito no Memorando de Entendimento sobre Resolução de Litígios' tem sido descrito por árbitros mandatados, ao abrigo do nº 3, alínea *c*), do artigo 21º do Memorando de Entendimento sobre Resolução de Litígios, para determinar o prazo razoável para a aplicação como 'a supressão *ou modificação* de uma medida ou de parte de uma medida, cuja adopção ou aplicação por um Membro da OMC constituiu a violação de uma disposição de um acordo abrangido. De facto, observamos que a própria Antígua parece estar de acordo de que uma proibição total dos serviços de jogos de azar e apostas à distância (ou seja, o encerramento total do mercado) também constituiria, na realidade, uma forma de cumprimento pelos Estados Unidos no presente litígio"[4000].

Portanto, uma vez determinado que a situação hipotética utilizada por Antígua para calcular os benefícios para si resultantes no litígio em causa não reflectia de modo rigoroso essas vantagens, os árbitros tiveram de decidir o que poderia constituir uma hipótese razoável, atendendo às circunstâncias do caso[4001]. Nesse sentido, os árbitros chamaram a atenção para vários factos que uma situação hipotética razoável teria de tomar em consideração. Primeiro, os objectivos da polí-

[4000] *Idem*, parágrafos 3.41-3.46.
[4001] *Idem*, parágrafos 3.50.

1434

# A FALTA DE EXECUÇÃO

tica norte-americana de protecção da moralidade pública e da ordem pública[4002]. Segundo, o aspecto concreto das medidas norte-americanas que se constatou darem lugar a uma discriminação arbitrária, no sentido do preâmbulo do art. XIV do GATS, foi o tratamento dado aos jogos de azar e de apostas à distância relacionados com as corridas de cavalos[4003]. Finalmente, ser razoável assumir, atendendo às circunstâncias do litígio, que teria sido possível aos Estados Unidos remover a discriminação dando aos prestadores estrangeiros acesso aos jogos de azar e de apostas à distância relacionados com as corridas de cavalos[4004].

Essencialmente, os dois casos referidos revelam que a escolha do *counterfactual* é particularmente importante. Em parte, é essa escolha que justifica às discrepâncias registadas entre o montante solicitado pela parte queixosa ao Órgão de Resolução de Litígios e o montante a que têm chegado os árbitros (ver *supra*). É, por isso, criticável que os árbitros considerem que podem "to pick one of several counterfactuals", uma vez que tal escolha implicará diferentes níveis de anulação ou redução[4005]. Os árbitros do caso *European Communities –Regime for the Importation, Sale and Distribution of Bananas* nem sequer justificaram a escolha da sua hipótese[4006].

No caso *United States – Measures Affecting the Cross-Border Supply of Gambling and Betting Services*, um dos árbitros discordou mesmo da escolha da situação hipotética feita pelos outros dois árbitros[4007]. Enquanto a maioria dos árbitros optou pela hipótese proposta pelos Estados Unidos (os Estados Unidos permitiriam aos prestadores estrangeiros acesso aos jogos de azar e de apostas à distância relacionados apenas com as corridas de cavalos), o árbitro dissidente preferia a proposta avançada por Antígua (os Estados Unidos outorgariam a todos os operadores estrangeiros um acesso ilimitado a todos os sectores do seu mercado de jogos de azar à distância). Enquanto a maioria dos árbitros entendeu que a hipótese proposta por Antígua não era razoável por não tomar em consideração os objectivos

---

[4002] *Idem*, parágrafos 3.51.

[4003] *Idem*, parágrafos 3.57.

[4004] *Idem*, parágrafos 3.58.

[4005] Lothar EHRING, The European Community's experience and practice in suspending WTO obligations, in *The Law, Economics and Politics of Retaliation in WTO Dispute Settlement*, Cambridge University Press, 2010, p. 263.

[4006] "There is virtually no analysis in the report as to why the counterfactual they chose was a reasonable basis to calculate the nullification or impairment suffered by the complainant". Cf. Brendan MCGIVERN, *Seeking Compliance with WTO Rulings: Theory, Practice and Alternatives*, in The International Lawyer, 2002, p. 151.

[4007] Decisão de Arbitragem no caso *United States – Measures Affecting the Cross-Border Supply of Gambling and Betting Services, Recourse to Arbitration by the United States under Article 22.6 of the DSU* (WT/DS285/ARB), 21-12-2007, parágrafos 3.62 e 3.69.

1435

A FUNÇÃO JURISDICIONAL NO SISTEMA GATT/OMC

da política norte-americana[4008], o árbitro dissidente afirmou que não era claro como os Estados Unidos pretendiam conciliar a protecção da moral ou da ordem pública com a abertura de um segmento do mercado (as corridas de cavalos)[4009].

No fim, parece ter prevalecido não só a ideia de que a hipótese escolhida deveria reflectir pelo menos um cenário plausível ou 'razoável' de cumprimento, mas também que ela não supusesse uma forma de cumprimento que conduziria a um nível de anulação ou redução de vantagens inverosimilmente elevado e, em consequência, a uma suspensão superior ao nível da anulação ou de redução efectivamente sofrido[4010].

Em qualquer caso, a escolha da maioria dos árbitros deixa-nos perplexo, na medida em que, como bem observou Antígua, a situação hipotética proposta pelos Estados Unidos não cumpriria as recomendações e decisões do Órgão de Resolução de Litígios.

> "(...) No procedimento anterior, os Estados Unidos defenderam que tinham directo a manter as medidas infractoras por força da aplicação do artigo XIV do GATS e que proibiam todos os jogos de azar à distância porque, pela sua própria natureza, os jogos de azar à distância suscitavam riscos e tinham outras características perniciosas que nem a regulamentação nem nenhum outro meio podiam parar. No entendimento de Antígua, portanto, os Estados Unidos não podem afirmar agora que é 'necessário' proibir todos os jogos de azar à distância para proteger os seus cidadãos se os autorizam expressamente em *qualquer* contexto. Antígua assinala também que os Estados Unidos nunca argumentaram que os jogos de azar à distância sobre corridas de cavalos fossem em algum sentido 'mais seguros' que os jogos de azar à distância de outro tipo nem que os prestadores de serviços de Antígua só devessem ser autorizados a fazer aquilo que podem fazer licitamente os prestadores de serviços nacionais (...)"[4011].

Acontece que a maioria dos árbitros e o árbitro dissidente tomaram a posição de que não cabia nos limites do seu mandato estabelecer a conformidade de medidas de cumprimento hipotéticas com os acordos abrangidos da OMC[4012]. Mas, como é óbvio, nenhum árbitro pode partir do princípio de que as hipóteses aplicadas são compatíveis com o direito da OMC; eles devem ter a certeza dessa compatibilidade. Como observa THOMAS SEBASTIAN:

---

[4008] *Idem*, parágrafo 3.43.

[4009] *Idem*, parágrafo 3.67.

[4010] *Idem*, parágrafo 3.27.

[4011] *Idem*, parágrafo 3.55. Em contraste, a hipótese avançada por Antígua não violaria o Acordo Geral sobre o Comércio de Serviços.

[4012] *Idem*, parágrafo 3.56.

1436

A FALTA DE EXECUÇÃO

"It would appear that a threshold requirement for a counterfactual is that it is indisputably WTO-consistent. Counterfactual choice questions should arise only when there is more than one *WTO-consistent* means of coming into compliance. (...) A comparison of the current WTO-inconsistent situation with another *WTO-inconsistent* counterfactual simply cannot yield an estimate of nullification and impairment"[4013].

Os próprios árbitros do caso *European Communities –Regime for the Importation, Sale and Distribution of Bananas* já tinham notado anteriormente que:

"**4.3.** No litígio inicial *European Communities –Regime for the Importation, Sale and Distribution of Bananas,* as constatações de anulação e redução basearam-se na conclusão de que determinados aspectos das medidas das Comunidades Europeias em litígio eram incompatíveis com as obrigações das Comunidades Europeias no âmbito da OMC. Em consequência, a avaliação do nível de anulação ou redução pressupõe a avaliação da compatibilidade ou incompatibilidade das medidas de aplicação adoptadas pelas Comunidades Europeias, isto é, do regime revisto para a banana, com as normas da OMC, relativamente às constatações do Painel e do Órgão de Recurso relativas ao regime anterior. (...).

**4.8.** Não podemos cumprir a nossa função de avaliar a *equivalência* entre os dois níveis [da suspensão proposta e da anulação ou redução] se não chegarmos antes a uma conclusão sobre se o regime revisto das Comunidades Europeias é, com base nas nossas constatações e das constatações do Órgão de Recurso no litígio inicial, plenamente compatível com as regras da OMC. A causa básica de qualquer anulação ou redução sofrida pelos Estados Unidos seria a incompatibilidade com a OMC do regime revisto das Comunidades Europeias. Dado que o nível da suspensão de concessões proposta tem de ser equivalente ao nível de anulação ou redução, é necessário, logicamente, que o exame que temos de realizar na qualidade de Árbitros se centre em primeiro lugar no último nível para que possamos estar em condições de avaliar a sua equivalência com o nível da suspensão de concessões proposto pelos Estados Unidos"[4014].

Apesar das Comunidades Europeias terem defendido, no âmbito deste caso, que um painel criado ao abrigo do nº 5 do art. 21º do Memorando de Entendimento sobre Resolução de Litígios constituiria o fórum próprio para aferir da

---

[4013] Thomas SEBASTIAN, The law of permissible WTO retaliation, in *The Law, Economics and Politics of Retaliation in WTO Dispute Settlement,* Cambridge University Press, 2010, p. 104.

[4014] Decisão de Arbitragem no caso *European Communities –Regime for the Importation, Sale and Distribution of Bananas, Recourse to Arbitration by the European Communities under Article 22.6 of the DSU* (WT/DS27/ARB), 9-4-1999, parágrafos 4.3 e 4.8.

## A FUNÇÃO JURISDICIONAL NO SISTEMA GATT/OMC

compatibilidade de um *counterfactual*, basta ler os termos da disposição mencionada para ver que não faz sentido a sua alegação:

> "Caso haja desacordo quanto à existência ou compatibilidade com um acordo abrangido de medidas *adoptadas* para dar cumprimento às recomendações e decisões, esse diferendo será resolvido através destes processos de resolução de litígios, incluindo o recurso, sempre que possível, ao Painel original" (itálico aditado).

De qualquer modo, o senso comum e algumas disposições dos acordos abrangidos (por exemplo, os artigos 21º, nº 5, do Memorando de Entendimento sobre Resolução de Litígios e XVI, nº 4, do Acordo OMC) dizem-nos claramente que as soluções para os litígios têm de ser compatíveis com os acordos abrangidos.

Não sendo possível encontrar no Memorando de Entendimento sobre Resolução de Litígios qualquer disposição a estabelecer o princípio que deve governar a escolha, ou seja, que razão leva os árbitros a escolher uma hipótese e não outra[4015], têm sido avançadas diversas sugestões no que diz respeito à escolha entre situações hipotéticas. WILLIAM DAVEY, por exemplo, defende que:

> "the complaining party should have the right to choose its preferred counterfactual, so long as it is WTO-consistent, in its initial request for retaliation authority and it should be for the respondent to come up with a plausible WTO-consistent alternative if it objects to the complainant's counterfactual"[4016].

A discrepância de valores no caso *United States – Measures Affecting the Cross-Border Supply of Gambling and Betting Services, Recourse to Arbitration by the United States under Article 22.6 of the DSU*, por exemplo, explica-se pelo cenário escolhido por Antígua para basear os seus cálculos e pelos dados utilizados para calcular as exportações perdidas ao abrigo daquele cenário.

Por seu turno, THOMAS SEBASTIAN advoga que, em teoria, poder-se-ia articular uma regra que conferisse preferência à hipótese que gera o montante mais reduzido de anulação e redução ou, em contraste, o montante mais elevado de anulação e redução[4017]. Naturalmente, a primeira sugestão parte do princípio de que o Membro faltoso teria executado as recomendações e decisões do Órgão de Resolução de Litígios da maneira menos vantajosa para a parte que solicita a suspensão; a segunda tem subjacente o princípio de que a suspensão tem como

---

[4015] Regra geral, tem sido aplicado um critério geral de razoabilidade nas arbitragens realizadas no âmbito do nº 6 do art. 22º do Memorando.

[4016] William DAVEY, Sanctions in the WTO: problems and solutions, in *The Law, Economics and Politics of Retaliation in WTO Dispute Settlement*, Cambridge University Press, 2010, p. 368.

[4017] Thomas SEBASTIAN, The law of permissible WTO retaliation, in *The Law, Economics and Politics of Retaliation in WTO Dispute Settlement*, Cambridge University Press, 2010, p. 105.

A FALTA DE EXECUÇÃO

objectivo induzir ao cumprimento das recomendações e decisões do Órgão de Resolução de Litígios.

Há quem observe, por último, que:

"under the current practice, arbitrators compare the actual breach-ridden situation with a counterfactual that would prevail if the illegality were removed after the reasonable period of time. This counterfactual may be apt to re-establish the *status quo ante* the breach, yet it is not suited to compensate the complainant for its true damage suffered from the violation of the contract. Contract theory would mandate that nullification or impairment be calculated based on a counterfactual that puts the injured party in as good a position as it would have been if the violating party had performed as promised ('expectation damages')"[4018].

As indemnizações baseadas nos danos previstos (*expectation damages*) dizem respeito a um mundo em que a vítima da violação contratual é totalmente compensada por todas as perdas de eficiência devidas à medida em questão da parte demandada. Tais indemnizações visam reconstruir o que seria o mundo caso a medida em questão nunca tivesse sido cometida. A diferença entre as indemnizações baseadas nos danos previstos e as indemnizações por lesão da confiança (*reliance damages*) é que estas compensam a vítima pelos prejuizos sofridos directamente, mas deixam de lado os efeitos indirectos e as oportunidades perdidas. Como já foi referido, as indemnizações retroactivas (*ex tunc*) são proibidas pelo texto do Memorando de Entendimento sobre Resolução de Litígios. Logo, medidas que equivalham à *expectation damages* não podem ser concedidas, mesmo que os árbitros o queiram.

### 6.8.3. A escolha da métrica

Para calcular os efeitos prejudiciais da violação subjacente, os árbitros necessitam de usar uma medida, uma métrica. Teoricamente, os efeitos prejudiciais podem ser avaliados através do recurso a diferentes métricas, como os lucros perdidos, as reduções da quota de mercado, o número de empregos perdidos, os aumentos do montante dos direitos aduaneiros, etc.. É a escolha da medida que nos diz o que está ser equilibrado ao abrigo do nº 4 do art. 22º do Memorando de Entendimento sobre Resolução de Litígios. Uma vez mais, nenhuma disposição dos acordos abrangidos especifica como deve ser medida a anulação ou redução e, por isso, os árbitros gozam de uma certa discricionariedade na escolha da métrica

---

[4018] Simon SCHROPP, The equivalence standard under Article 22.4 of the DSU: a 'tariffic' misunderstanding?, in *The Law, Economics and Politics of Retaliation in WTO Dispute Settlement*, Cambridge University Press, 2010, p. 447.

A FUNÇÃO JURISDICIONAL NO SISTEMA GATT/OMC

apropriada[4019]. No caso *European Communities – Regime for the Importation, Sale and Distribution of Bananas,* por exemplo, os árbitros optaram pelo valor bruto das exportações impedidas (*value-of-trade-blocked metric*) por causa das medidas em questão:

> **6.12.** A base para calcular a anulação ou redução de correntes comerciais dos Estados Unidos deve basear-se nas perdas de exportações estado-unidenses de mercadorias para as Comunidades Europeias e nas perdas de prestação de serviços para as Comunidades Europeias ou dentro das Comunidades Europeias sofridas pelos prestadores norte-americanos de serviços. Todavia, consideramos que as perdas de exportações estado-unidenses de bens ou serviços *no comércio entre os Estados Unidos e países terceiros* não supõem uma anulação ou redução, nem sequer de vantagens *indirectas* resultantes para os Estados Unidos do GATT ou do GATS, em razão da qual as Comunidades Europeias poderiam enfrentar a suspensão de concessões. Na medida em que a avaliação pelos Estados Unidos da anulação ou redução inclui perdas de *exportações estado-unidenses* de produtos definidos como *conteúdo estado-unidense incorporado nas bananas da América Latina* (concretamente fertilizantes, pesticidas e maquinaria estado-unidenses enviados para a América Latina e capitais ou serviços de gestão estado-unidenses utilizados no cultivo de bananas) não temos em conta essas perdas de exportações estado-unidenses para calcular a anulação ou redução no presente procedimento de arbitragem entre as Comunidades Europeias e os Estados Unidos. (...).
>
> **7.1.** É necessário utilizar a mesma base [a referida no parágrafo 6.27] para calcular o nível de anulação ou redução e para medir o nível da suspensão de concessões. Dado que este último é o valor bruto das importações estado-unidenses procedentes das Comunidades Europeias, a base comparável para calcular a anulação e redução é, em nossa opinião, o impacto sobre o valor das importações comunitárias relevantes procedentes dos Estados Unidos (e não os custos e lucros das empresas estado-unidenses, utilizados na comunicação dos Estados Unidos). Mais concretamente, comparamos o valor das importações comunitárias relevantes procedentes dos Estados Unidos ao abrigo do actual regime para a importação de bananas (a situação actual) com o seu valor ao abrigo de um regime compatível com a OMC (situação 'hipotética')"[4020].

---

[4019] Algumas métricas só em casos excepcionais parecem poder ser aplicadas. No que diz respeito aos lucros perdidos, por exemplo, existem poucas actividades que sejam mais vulneráveis a riscos que o comércio internacional, dada a possibilidade de variações nas taxas de juro, na procura dos consumidores, nos preços dos *inputs* e mesmo de riscos políticos.

[4020] Decisão de Arbitragem no caso *European Communities – Regime for the Importation, Sale and Distribution of Bananas, Recourse to Arbitration by the European Communities under Article 22.6 of the DSU* (WT/DS27/ARB), 9-4-1999, parágrafos 6.12 e 7.1. Nos termos do parágrafo 6.27:

1440

A FALTA DE EXECUÇÃO

Esta métrica do valor do comércio bloqueado tem sido extraordinariamente popular junto dos árbitros e dos membros da OMC:

"In the ten Article 22.6 arbitrations conducted to date, at least one party to the arbitration has argued for the use of this metric in one form or another. Arbitrators have applied this metric in all but one of the cases where the equality-of-harm approach was adopted"[4021].

No caso *United States – Continued Dumping and Subsidy Offset Act of 2000*, os Estados Unidos chegaram mesmo a defender que os efeitos prejudiciais deveriam ser sempre medidos pela métrica do valor do comércio bloqueado. Os árbitros discordaram:

"**3.70.** Não concordamos com os Estados Unidos de que a anulação ou redução tem de limitar-se em todos os casos ao comércio directamente perdido em consequência da violação. Concordamos com as partes solicitantes de que o termo 'efeito sobre o comércio' não figura nem no artigo XXIII do GATT de 1994 nem no artigo 22º do Memorando de Entendimento sobre Resolução de Litígios. As decisões de árbitros anteriores baseadas no impacto directo no comércio não são precedentes vinculativos.
**3.71.** Todavia, como já foi mencionado, o enfoque baseado no 'efeito sobre o comércio' tem sido aplicado de forma habitual em outras arbitragens em conformidade com o nº 6 do artigo 22º e parece ser geralmente aceite pelos Membros como *uma* forma correcta de aplicar o artigo 22º do Memorando de Entendimento sobre Resolução de Litígios"[4022].

Apesar de tudo, os árbitros acabaram por adoptar neste caso a métrica do valor do comércio bloqueado:

"Nesta base, concluímos que devemos aplicar um enfoque baseado na determinação do efeito sobre o comércio das partes solicitantes do incumprimento pelos Estados Unidos das suas obrigações no âmbito da OMC devido à aplicação do CDSOA

"Notamos que o pedido inicial dos Estados Unidos de autorização para suspender concessões ou outras obrigações envolvia exclusivamente as perdas sofridas por uma empresa norte--americana. Com vista a calcular o nível de anulação e redução sofrido pelos Estados Unidos, é nosso entendimento que é necessário calcular os efeitos líquidos agregados sobre todos os fornecedores norte-americanos de serviços de venda a retalho de bananas vendidas a retalho nas Comunidades Europeias".

[4021] Thomas SEBASTIAN, The law of permissible WTO retaliation, in *The Law, Economics and Politics of Retaliation in WTO Dispute Settlement*, Cambridge University Press, 2010, p. 106.
[4022] Decisão de Arbitragem no caso *United States – Continued Dumping and Subsidy Offset Act of 2000 (Original Complaint by the European Communities), Recourse to Arbitration by the United States under Article 22.6 of the DSU* (WT/DS217/ARB/EEC), 31-8-2004, parágrafos 3.70-3.71.

1441

A FUNÇÃO JURISDICIONAL NO SISTEMA GATT/OMC

[*Continued Dumping and Subsidy Offset Act of 2000* ou Lei de compensação por continuação do dumping ou manutenção das subvenções de 2000]. De facto, enquanto contestam a opinião dos Estados Unidos de que a anulação ou redução só pode ser avaliada em relação com o efeito sobre o comércio da medida impugnada e a conclusão de que o efeito real sobre o comércio do CDSOA é 'zero', as partes solicitantes não alegaram convincentemente que não pode ser aplicável no presente caso *um enfoque* baseado no efeito sobre o comércio do CDSOA"[4023].

A única excepção à métrica do valor do comércio bloqueado prende-se com o caso *United States – Anti-Dumping Act of 1916,* uma vez que os árbitros parecem ter medido a violação em termos de "amount-of-monetary-costs-imposed":

> "**5.58.** Em nossa opinião, todas as sentenças finais ditadas contra empresas das Comunidades Europeias ou suas filiais em virtude da Lei de 1916 constituiriam uma anulação ou redução de vantagens resultantes para as Comunidades Europeias, até ao valor acumulado em dólares ou em termos monetários da sentença final. No nosso entendimento, seria apropriado incluir unicamente as sentenças 'finais', isto é, os montantes pagáveis depois de os recursos estarem completos ou os prazos de recurso vencidos. Além disso, todas essas decisões são tornadas públicas, pelo que o montante das condenações é de fácil verificação. (...).
>
> **5.61.** Em nossa opinião, qualquer decisão resultante de acordos amigáveis concluídos por empresas das Comunidades Europeias ou suas filiais no âmbito da Lei de 1916 equivaleria igualmente a uma anulação ou redução de vantagens resultantes para as Comunidades Europeias, até ao valor acumulado em dólares ou em termos monetários dos acordos. Também neste caso, tais acordos resultam de uma legislação incompatível com as regras da OMC e, em consequência, anulam ou reduzem vantagens resultantes para as Comunidades Europeias. No nosso entendimento, o efeito jurídico em termos da anulação ou redução de vantagens resultantes para as Comunidades Europeias é o mesmo, quer se trate de somas que devem ser pagas por entidades das Comunidades Europeias em cumprimento de ordens judiciais em virtude da Lei de 1916, quer de acordos concluídos no quadro da dita Lei"[4024].

Neste caso *United States – Anti-Dumping Act of 1916,* as Comunidades Europeias solicitaram autorização para adoptar uma "mirror regulation", isto é, autorização para suspender a aplicação de obrigações contraídas com os Estados Unidos ao abrigo do GATT de 1994 e do Acordo sobre a Aplicação do Artigo VI do GATT

---

[4023] *Idem,* parágrafo 3.72.

[4024] Decisão de Arbitragem no caso *United States – Anti-Dumping Act of 1916 (Original Complaint by the European Communities), Recourse to Arbitration by the United States under Article 22.6 of the DSU* (WT/DS136/ARB), 24-2-2004, parágrafos 5.58 e 5.61.

1442

A FALTA DE EXECUÇÃO

de 1994, com o fim de adoptar a respeito das importações procedentes dos Estados Unidos uma regulamentação equivalente à Lei de 1916[4025].

Por outro lado, numa arbitragem realizada ao abrigo do art. 25º do Memorando de Entendimento sobre Resolução de Litígios, os árbitros utilizaram a medida dos lucros perdidos como métrica relevante:

> "Neste caso, os Árbitros avaliaram o nível das vantagens das Comunidades Europeias que o artigo 110(5)(B) está a anular ou a reduzir em termos de receitas não recebidas pelos titulares de direitos de autor das Comunidades Europeias"[4026].

Portanto, nos casos em que a medida incompatível com o direito da OMC restringiu o volume de exportações do Membro que solicita a autorização para retaliar, a métrica baseou-se no valor das exportações perdidas. As quatro medidas foram uma proibição de importação (caso *European Communities – Measures Concerning Meat and Meat Products (Hormones)*), uma quota (caso *European Communities – Regime for the Importation, Sale and Distribution of Bananas*), desembolsos de receitas aos produtores nacionais (caso *United States – Continued Dumping and Subsidy Offset Act of 2000*) e uma proibição de prestação de serviços transfronteiriços (caso *United States – Measures Affecting the Cross-Border Supply of Gambling and Betting Services*). Nos casos em que a medida resultou em custos económicos directos para os operadores comerciais, a métrica baseou-se no montante desses custos. As duas medidas eram as seguintes: pagamentos por exportadores resultantes de acordos judiciais ou sancionados jurisdicionalmente (caso *United States – Anti-Dumping Act of 1916*) e perdas de receitas pelos detentores de direitos de autor (caso *United States – Section 110(5) of the US Copyright Act*). Nestes casos, não foi demonstrado que as medidas resultaram na perda de exportações.

Com excepção das arbitragens realizadas ao abrigo do nº 11 do art. 4º do Acordo sobre as Subvenções e as Medidas de Compensação, os árbitros apoiaram-se numa abordagem baseada nos efeitos económicos ou comerciais da violação. Ainda que a maioria das arbitragens se tenha baseado no conceito mais restrito do efeito sobre o comércio, notamos que as arbitragens relativas aos casos *United States – Section 110(5) of the US Copyright Act* e *United States – Anti-Dumping Act of 1916* atenderam aos efeitos económicos. A utilização na maioria dos casos do efeito directo sobre o comércio reflecte o facto de que o comércio perdido é, regra geral, mais directamente identificável e quantificável e que, em tal contexto, os árbitros preferiram basear-se em valores verificáveis.

---

[4025] *Idem*, parágrafo 2.1.
[4026] Decisão de Arbitragem no caso *United States – Section 110(5) of the US Copyright Act, Recourse to Arbitration under Article 25 of the Dispute Settlement Understanding* (WT/DS160/ARB25/1), 9-11-2001, parágrafo 3.19.

A FUNÇÃO JURISDICIONAL NO SISTEMA GATT/OMC

Nos casos *United States – Section 110(5) of the US Copyright Act* e *United States – Anti-Dumping Act of 1916*, a utilização do conceito mais amplo de impacto económico foi ditada pela natureza das medidas em litígio. No primeiro caso, não se tinham realizado trocas comerciais reais, mas tinham sido infringidos direitos que conferiam vantagens económicas aos titulares de direitos de propriedade intelectual na forma de receitas. No segundo caso, a legislação em causa lidava com a possibilidade de iniciação de procedimentos civis e/ou penais contra as empresas que importavam mercadorias objecto de dumping. Dado que uma decisão judicial ou acordo ao abrigo da Lei de 1916 não restringia automaticamente o comércio, resultava mais apropriado o conceito, mais amplo, de efeito económico.

Mas, mesmo no caso dos efeitos sobre o comércio, a estimativa do nível correcto da suspensão de concessões "equivalente ao nível da anulação ou redução de vantagens" é praticamente impossível[4027]. Como observa KYM ANDERSON:

> "there is scope for the complainant to minimize its economic welfare loss from retaliating, just as there is scope for the respondent to mitigate its lost sales through diverting them to other countries. For all these reasons, trade loss equivalence would never translate into equivalent damage to economic welfare, except by coincidence"[4028].

Um outro autor salienta, ainda, que:

> "the 'impact on the value of the relevant ... imports' describes a trade measure's *effect* (lost trade), while the 'gross value of imports' to be targeted describes a trade measure's *scope of application* (affected trade). Quite obviously, lost trade will often be significantly less than affected trade. The result of the arbitrators' approach will thus be a systematic bias towards levels of suspension lower than levels of impairment by an order of magnitude"[4029].

Naturalmente, esta questão torna-se supérflua para efeitos das arbitragens realizadas ao abrigo do nº 6 do art. 22º do Memorando quando esteja em causa uma medida proibitiva, uma vez que o comércio perdido e o comércio afectado coincidiriam.

### 6.8.4. As entidades relevantes para a análise

A questão que aqui se coloca é saber se os árbitros estão limitados, na sua avaliação, aos efeitos experimentados pelos nacionais do Membro da OMC que soli-

---

[4027] Fritz BREUSS, *WTO Dispute Settlement: An Economic Analysis of Four EU-US Mini Trade Wars – A Survey*, in Journal of Industry, Competition and Trade, 2004, pp. 306-307.

[4028] Kym ANDERSON, *Peculiarities of retaliation in WTO dispute settlement*, in WTR, 2002, p. 129.

[4029] Holger SPAMANN, *The Myth of 'Rebalancing' Retaliation in WTO Dispute Settlement Practice*, in JIEL, 2006, pp. 45-46.

1444

A FALTA DE EXECUÇÃO

cita a suspensão ou se podem tomar em consideração a posição de entidades de países terceiros.

No caso *United States – Continued Dumping and Subsidy Offset Act of 2000* (CDSOA), por exemplo, os Estados Unidos contestaram o direito de as partes solicitantes retaliarem em nome de outros Membros[4030]. Os árbitros aceitaram o argumento dos Estados Unidos:

> "Dado que o enfoque das partes solicitantes sobre a distribuição dos desembolsos correspondentes às ordens sobre as importações procedentes de outros Membros e não Membros da OMC se baseia na mesma premissa de violação objectiva *erga omnes* que já rejeitamos na secção III.B.2 *supra*, chegamos à conclusão de que uma parte solicitante só pode pedir a suspensão de concessões ou outras obrigações a respeito do efeito sobre o comércio causado pelos desembolsos no âmbito do CDSOA relativos às suas próprias exportações"[4031].

Ainda segundo os árbitros:

> "Em nossa opinião, uma medida melhor é a baseada na distribuição dos pagamentos ao abrigo do CDSOA, a qual, por sua vez, se baseia nas percepções agregadas de direitos sobre as importações de produtos sujeitas a ordens de estabelecimento de direitos antidumping ou compensadores, mas que pode ser analisada para determinar a distribuição dessas importações entre os diversos países exportadores. Isso permite-nos concluir que a participação de um Membro da OMC nos desembolsos totais é um indicador melhor que a participação agregada nas importações da proporção das exportações desse Membro que se perderá em resultado do desembolso. Em consequência, decidimos distribuir o efeito total sobre o comércio entre as partes solicitantes em função da parte dos desembolsos no âmbito do CDSOA atribuível a direitos percebidos sobre as suas respectivas exportações. Ao procedermos dessa forma, notamos que o nível de anulação ou redução não será superior, para cada parte solicitante, ao nível de anulação ou redução que resulta dos desembolsos relativos às exportações dessa parte sujeitas a ordens de estabelecimento de direitos antidumping ou compensadores"[4032].

Como é fácil de ver, esta decisão dos árbitros não é das mais correctas. Ao decidirem distribuir o efeito total sobre o comércio entre as partes solicitantes

---

[4030] Decisão de Arbitragem no caso *United States – Continued Dumping and Subsidy Offset Act of 2000 (Original Complaint by the European Communities), Recourse to Arbitration by the United States under Article 22.6 of the DSU* (WT/DS217/ARB/EEC), 31-8-2004, parágrafos 3.147.
[4031] *Idem*, parágrafos 4.16.
[4032] *Idem*, parágrafos 3.148.

1445

A FUNÇÃO JURISDICIONAL NO SISTEMA GATT/OMC

em função da parte dos desembolsos no âmbito do *Continued Dumping and Subsidy Offset Act of 2000* atribuível a direitos percebidos sobre as suas respectivas exportações, os árbitros não tiveram presente que o efeito de uma transferência para uma empresa nacional é sentido por todas as empresas concorrentes e não apenas pelos exportadores estabelecidos nos países sujeitos a direitos antidumping. É legítimo concluir, pois, que os árbitros acabaram por atribuir direitos de retaliação excessivos às partes queixosas.

### 6.8.5. Os efeitos prejudiciais a considerar

Apenas as perdas causadas pela violação serão tomadas em consideração no cálculo da anulação e redução. As perdas atribuíveis a outros factores podem ser ignoradas. No caso *United States – Measures Affecting the Cross-Border Supply of Gambling and Betting Services*, por exemplo, os Estados Unidos identificaram outros factores que poderiam ser responsáveis pela diminuição do quinhão de Antígua no mercado mundial e que não deviam ser atribuídos a medidas norte-americanas, nomeadamente:

> "as reduzidas barreiras de acesso ao mercado no caso dos jogos de azar por Internet e o consequente aumento da concorrência de operadores radicados em outros lugares. De acordo com os Estados Unidos, Antígua não apresentou provas de que o seu sector de jogos de azar à distância possui características especiais que colocam os seus prestadores numa situação de vantagem comparativamente aos concorrentes de outros países. Os Estados Unidos concluem que, se os jogos de azar por Internet representam uma tendência crescente, como afirma Antígua, Antígua continuará a perder quota de mercado em benefício de outras nações. Mais exactamente, no que respeita ao mercado estado-unidense, Antígua enfrentará também a concorrência dos prestadores nacionais caso os Estados Unidos legalizem os jogos de azar por Internet. Pelo contrário, até ao momento actual, as leis penais estado-unidenses que proíbem os jogos de azar à distância têm sido aplicadas rigidamente aos operadores situados nos Estados Unidos, enquanto que os operadores estrangeiros continuam a estar fora do alcance dessas leis"[4033].

Com base nos elementos de prova apresentados, os árbitros aceitaram as objecções apresentadas pelos Estados Unidos:

> "**3.135.** (...) Temos de ter em conta que outros factores, no decurso do tempo, especialmente um aumento da concorrência, podem ter afectado os níveis das receitas dos jogos de azar à distância de Antígua em 2001, mesmo na ausência das medidas dos

---

[4033] Decisão de Arbitragem no caso *United States – Measures Affecting the Cross-Border Supply of Gambling and Betting Services, Recourse to Arbitration by the United States under Article 22.6 of the DSU* (WT/DS285/ARB), 21-12-2007, parágrafo 3.127.

1446

A FALTA DE EXECUÇÃO

Estados Unidos. Com o fim de não atribuir erradamente essa redução das receitas às medidas estado-unidenses, temos presente que as medidas dos Estados Unidos, em particular as medidas de execução que implicam a proibição imposta às empresas de cartões de crédito e a sistemas como PayPal de efectuar pagamentos a operadores de jogos de azar estrangeiros, podem afectar todos os fornecedores e não apenas os de um determinado país de origem. No que concerne ao risco de procedimentos criminais, todos os operadores de jogos de azar à distância parecem *a priori* ser um alvo igualmente provável, ainda que várias operações de Antígua tenham sido objecto de perseguição penal no passado.

**3.136.** Em particular, reconhecemos que os dados da Global Betting and Gaming Consultants (GBGC) manifestam que as receitas mundiais geradas na América do Norte têm continuado a aumentar e que os diversos países da região da América do Sul e Central e o Caribe, assim como toda a região no seu conjunto, têm registado novos aumentos das suas receitas totais. Parece-nos razoável supor que não é improvável que os países da região (diferentemente, por exemplo, dos fornecedores europeus) sejam concorrentes efectivos de Antígua no mercado dos Estados Unidos, posto que se beneficiam de algumas das suas vantagens (maior similitude provável das estruturas de custos, fusos horários etc.). Não acreditamos que haja alguma razão para pensar que esses países serão afectados pelas medidas dos Estados Unidos de forma diferente que Antígua. Em consequência, parte das perdas de Antígua podem reflectir a sua perda de competitividade *vis-à-vis* os seus concorrentes e o aumento das receitas destes últimos à custa de Antígua. Tendo isto em conta, não consideramos apropriado aceitar a afirmação de Antígua de que a sua perda de receitas é imputável inteiramente às medidas dos Estados Unidos e de que não é necessário efectuar nenhum ajustamento para reflectir as variações relativas quanto à competitividade.

**3.137.** Mas também não cremos que a perda de quota de mercado de Antígua não tenha nada a ver com as medidas dos Estados Unidos e se deva inteiramente à entrada de novos prestadores e concorrentes. Embora Antígua pudesse ter perdido quota de mercado, em qualquer caso, em benefício dos seus concorrentes, é possível que as suas receitas tenham sofrido uma redução maior do que teria acontecido na ausência da medida norte-americana. Ao tratarmos de deslindar as repercussões de uns e outros factores, não consideramos demasiado útil atender, como fazem os Estados Unidos no seu enfoque alternativo [secção III.D.2 a)], à participação de Antígua no mercado mundial, a qual pode ser afectada pela evolução de outros mercados e actividades de jogo nos quais Antígua não está presente, e aos prestadores com os quais Antígua não concorre de facto. Em vez disso, pensamos que é importante examinar a posição relativa de Antígua a respeito de concorrentes que concorrem no mercado dos Estados Unidos e que é provável serem afectados da mesma maneira pela medida estado--unidense. Se assim é, é possível que não possamos seguir nenhum dos dois enfoques extremos (tudo ou nada) propostos pelas partes.

A FUNÇÃO JURISDICIONAL NO SISTEMA GATT/OMC

**3.138.** Há que fazer outra consideração sobre a concorrência em função da situação hipotética escolhida. O enfoque de Antígua supõe que Antígua continuaria a prestar serviços de jogos de azar à distância nas mesmas condições que em 2001, isto é, sem a concorrência de prestadores nacionais nos Estados Unidos. Todavia, caso se legalizasse a prestação transfronteiriça de serviços de jogos de azar à distância, é provável que essa legalização se aplicasse tanto aos prestadores estrangeiros como aos nacionais. Na falta de qualquer experiência histórica a este respeito, qualquer suposição sobre como se desenvolveria Antígua nessa situação pertence ao reino da pura especulação. Em consequência, parece-nos claro que a situação hipotética de Antígua, que prescinde completamente do possível acesso de concorrentes nacionais ao mercado é deficiente.

**3.139.** Até ao momento, a única prova que temos da existência de uma situação de concorrência com presença de prestadores nacionais diz respeito ao mercado de apostas hípicas à distância. A observação de Antígua de que os seus operadores desenvolvem uma escassa actividade na esfera das apostas sobre corridas de cavalos, devido sem dúvida a uma série de razões comerciais, poderia, pelo menos em parte, estar relacionada com a intensidade da concorrência num segmento do mercado em que já concorrem entre si prestadores nacionais e estrangeiros"[4034].

Dito isto, os árbitros ajustaram os cálculos das receitas dos jogos de azar à distância perdidas por Antígua, de modo a serem tomados em consideração as perdas que não poderiam ser atribuídas às medidas norte-americanas, mas antes ao aumento da concorrência por outros prestadores estrangeiros[4035].

Outro exemplo a ter em conta passou-se no caso *European Communities – Measures Concerning Meat and Meat Products (Hormones)*. Neste caso, os Estados Unidos alegaram que, em resultado das actividades de comercialização e promoção estado-unidenses que teriam tido lugar na ausência da proibição das hormonas, teria sido possível realizar exportações norte-americanas adicionais de despojos comestíveis de animais da espécie bovina para as Comunidades Europeias no valor de 20.1 milhões de dólares[4036]. Naturalmente, os árbitros rejeitaram o pedido dos Estados Unidos:

> "Decidimos não ter em conta estas exportações perdidas. (...) Mesmo supondo que as actividades de comercialização teriam recomeçado tivesse sido suprimida a proibição em 13 de Maio de 1999, consideramos que a relação causal entre a proibição

[4034] *Idem*, parágrafos 3.135-3.139.
[4035] *Idem*, parágrafos 3.181-3.183.
[4036] Decisão de Arbitragem no caso *European Communities – Measures Concerning Meat and Meat Products (Hormones) (Original Complaint by the United States), Recourse to Arbitration by the European Communities under Article 22.6 of the DSU* (WT/DS26/ARB), 12-7-1999, parágrafo 76.

1448

A FALTA DE EXECUÇÃO

das hormonas e as exportações perdidas, segundo as alegações, desde o dia 13 de Maio de 1999 é demasiado distante. Ter em conta estas exportações perdidas seria, em nossa opinião, demasiado especulativo"[4037].

Estas avaliações da relação causal são, em última instância, questões de facto e o resultado alcançado depende dos elementos de prova apresentados aos árbitros relativamente ao impacto da violação subjacente[4038].

Merece atenção, ainda, o facto de os Estados Unidos terem argumentado no caso *European Communities –Regime for the Importation, Sale and Distribution of Bananas* que as exportações norte-americanas para os países da América Latina (por exemplo, fertilizantes), utilizadas na produção de bananas que seriam exportadas para a Comunidade Europeia no âmbito de um regime compatível com as regras da OMC, também deveriam ser tidas em conta quando do estabelecimento do nível de suspensão de concessões ou outras obrigações[4039]. Os Estados Unidos invocaram, a favor da "contabilização" dos chamados benefícios indirectos, os artigos XXIII, nº 1, do GATT e 3º, nº 3, do Memorando de Entendimento sobre Resolução de Litígios[4040]. O primeiro artigo dispõe que, "no caso de uma parte contratante considerar que uma vantagem para si resultante, directa ou *indirectamente*, deste Acordo se encontra anulada ou comprometida ...", o segundo, que "a pronta resolução de situações em que um membro considera que um benefício que lhe é devido directa ou *indirectamente* ao abrigo de acordos abrangidos está a ser prejudicado por medidas adoptadas por outro membro é essencial para que a OMC exerça as suas funções de um modo eficaz e para a manutenção de um equilíbrio adequado entre os direitos e obrigações dos membros".

Os árbitros, porém, entenderam que:

> "Na prática dos procedimentos de resolução de litígios do GATT durante os últimos decénios, tornou-se um truísmo que a inexistência de correntes comerciais *reais* não é determinante para efeitos de constatar que não correu nenhuma violação, porquanto não pode ser excluída a possibilidade de que a inexistência de trocas comerciais seja o resultado de uma medida ilícita. Como se declarava nos relatórios iniciais dos painéis, as disposições relativas à não discriminação foram interpretadas, na prática anterior dos procedimentos de resolução de litígios, como protegendo as 'oportu-

---

[4037] *Idem*, parágrafo 77.

[4038] Thomas SEBASTIAN, The law of permissible WTO retaliation, in *The Law, Economics and Politics of Retaliation in WTO Dispute Settlement*, Cambridge University Press, 2010, p. 109.

[4039] Decisão de Arbitragem no caso *European Communities – Regime for the Importation, Sale and Distribution of Bananas, Recourse to Arbitration by the European Communities under Article 22.6 of the DSU* (WT/DS27/ARB), 9-4-1999, parágrafo 6.6.

[4040] *Idem*, parágrafo 6.7.

A FUNÇÃO JURISDICIONAL NO SISTEMA GATT/OMC

nidades de concorrência' ou a 'igualdade efectiva de oportunidades' para os produtos estrangeiros, as quais podiam ver-se comprometidas por 'leis e regulamentos (...) que possam alterar (...) as condições da concorrência entre o produto de origem nacional e o produto de importação'. Em todos esses relatórios de anteriores painéis examinou--se a suposta anulação ou redução de oportunidades potenciais de comércio resultantes da cláusula do tratamento nacional. O caso *United States – Taxes on Petroleum and Certain Imported Substances (Superfund Act)*, que deu origem ao texto do nº 8 do artigo 3º do Memorando de Entendimento sobre Resolução de Litígios, no qual se estabelece a presunção de anulação ou redução em caso de violação do GATT, referia-se também à suposta violação do artigo III do GATT. Em consequência, a protecção das oportunidades *potenciais* de comércio baseia-se no comércio *potencial* entre a parte reclamante e a parte demandada. De forma análoga, no caso de uma suposta violação da cláusula do tratamento Nação Mais Favorecida, o litígio envolveria também ao comércio entre a parte reclamante ou um país terceiro, de um lado, e a parte reclamante, do outro"[4041].

Os árbitros referiram, ainda, que:

"**6.13.** (...) Tradicionalmente, os Membros da OMC determinam a origem dos produtos agro-pecuários em função do lugar de produção. Em princípio, cada banana é originária do país em que tenha sido cultivada. Para efeitos das normas da OMC não é pertinente o facto de que os bens ou serviços (fertilizantes, maquinaria, pesticidas, capitais e serviços de gestão) utilizados como *inputs* intermédios no cultivo de bananas e sua entrega até à fase f.o.b. sejam de origem estado-unidense, mesmo se o conteúdo estado-unidense representa uma proporção importante do valor do produto final (...).

**6.14.** Seria errado supor que não existe outra acção no quadro do sistema de resolução de litígios da OMC para reclamar uma compensação ou pedir uma autorização para suspender concessões equivalentes ao nível da anulação ou redução causados a respeito das bananas originárias da América Latina, com inclusão dos inputs nelas incorporados, qualquer que seja a sua espécie ou origem. Ao abrigo do Memorando de Entendimento sobre Resolução de Litígios, têm directo a obter uma reparação por esse nível de anulação ou redução os Membros da OMC de que são originárias essas bananas e não os Estados Unidos. De facto, vários desses Membros da OMC exercitaram recentemente ou estão a exercitar os direitos que lhes pertencem em virtude do Memorando de Entendimento sobre Resolução de Litígios. Além disso, a nossa preocupação com a protecção dos direitos dos demais Membros da OMC está em consonância com os princípios de direito internacional público de igualdade soberana dos Estados e de não interferência com os direitos de outros Estados. Em consequência, o Memorando de Entendimento sobre Resolução de Litígios não reconhece, nem é

[4041] *Idem*, parágrafo 6.11.

1450

A FALTA DE EXECUÇÃO

necessário que reconheça, a um Membro da OMC o direito a reclamar uma compensação ou a solicitar uma autorização para suspender concessões por força da anulação ou redução sofridos por outros Membros da OMC relativos a mercadorias originárias desses Membros ou procedentes de empresas prestadoras de serviços que sejam da sua propriedade ou estejam debaixo do seu controlo"[4042].

Além disso:

"**6.15.** Caso reclamações *sobrepostas* por diferentes membros da OMC relativas à anulação ou redução sofridas por causa das mesmas perdas de trocas comerciais de mercadorias (e de inputs em forma de bens e serviços utilizados na sua produção ou nelas incorporados) ou pelas mesmas perdas de comércio de serviços fossem permitidas ao abrigo do Memorando de Entendimento sobre Resolução de Litígios, apareceria o problema da '*dupla contagem*' da anulação ou redução. Devido à diferente origem dos bens ou serviços utilizados como *inputs* na produção de bananas, por um lado, e das bananas como *produtos finais*, por outro, poderiam ser apresentados pedidos *cumulativos* de compensação ou suspensão de concessões para o *mesmo* nível de anulação ou redução causado por um Membro.

**6.16.** Se permitíssemos essa '*dupla contagem*' da mesma anulação ou redução em procedimentos de arbitragem em conformidade com o nº 6 do artigo 22º do Memorando de Entendimento sobre Resolução de Litígios em que são partes diferentes Membros da OMC, poderiam produzir-se incompatibilidades com o critério de '*equivalência*' referido nos nºs 4 e 7 do artigo 22º do Memorando de Entendimento sobre Resolução de Litígios. Dado que não é possível que o *mesmo* nível de anulação ou redução imposto a *um* Membro se imponha simultaneamente a *outro*, as autorizações de suspensão de concessões concedidas pelo Órgão de Resolução de Litígios a diferentes Membros da OMC poderiam superar o nível total de anulação ou redução causado pelo Membro que não tivesse posto uma medida incompatível com a OMC em conformidade com as normas jurídicas desta Organização. Além disso, a compensação *cumulativa* a vários Membros da OMC ou a suspensão *cumulativa* de concessões por vários Membros da OMC pelo *mesmo* nível de anulação ou redução seriam contrários ao princípio geral de direito internacional de proporcionalidade das contramedidas"[4043].

Deste modo, os árbitros chegaram à seguinte conclusão:

"Consideramos que devemos excluir do cálculo da anulação ou redução em que se funda o direito dos Estados Unidos a reclamar no presente procedimento de arbitragem não só os inputs em forma de bens ou serviços utilizados no cultivo de bananas,

---

[4042] *Idem*, parágrafos 6.13-6.14.
[4043] *Idem*, parágrafos 6.15-16.

A FUNÇÃO JURISDICIONAL NO SISTEMA GATT/OMC

mas também os serviços que acrescentam valor às bananas no período compreendido entre a fase de colheita e a fase f.o.b. (...)"[4044].

No que diz respeito a estas conclusões, importa dizer, em primeiro lugar, que, atendendo a imprecisão associada à utilização de *counterfactuals*, a tomada em consideração dos benefícios indirectos tornaria ainda mais especulativos os resultados da arbitragem. Em segundo lugar, a conclusão dos árbitros de que o cálculo da anulação ou redução de correntes comerciais dos Estados Unidos se deve basear nas perdas de exportações estado-unidenses de mercadorias para as Comunidades Europeias e nas perdas de prestação de serviços para as Comunidades Europeias ou dentro das Comunidades Europeias sofridas pelos prestadores norte-americanos de serviços não é imaculada do ponto de vista económico:

> "Trade among goods often involves added value from various regions. What the WTO member always loses when it faces an illegal trade practice is its domestic added value. For the rest, it should be obliged to show that it purchased foreign value for one purpose: to export to the particular market"[4045].

O fenómeno da globalização económica está a tornar, também, os procedimentos de quantificação dos prejuízos comerciais e de determinação do critério da equivalência cada vez mais complexos.

O entendimento de que o Membro da OMC que solicita autorização goza de 100% do direito de retaliar contra a medida declarada incompatível de outro Membro, ao passo que o país que fornece *inputs* não goza do direito de retaliar é cada vez mais inapropriado no actual contexto de globalização económica. Por exemplo, no caso do fabrico de um bem tão simples como a boneca Barbie, a fragmentação do processo de produção é enorme. Embora o rótulo da boneca diga "made in China", a verdade é que a China se limita a fornecer o espaço onde se localiza a fábrica, o factor de produção trabalho, a electricidade, assim como o algodão necessário às roupas. Já o Japão fornece o cabelo em nylon, a Arábia Saudita o petróleo, o Japão, os Estados Unidos e a Europa quase toda a maquinaria e ferramentas, o Taipé Chinês transforma o petróleo em plástico, a maioria dos moldes (o item mais caro) vem dos Estados Unidos, do Japão ou de Hong-Kong, os Estados Unidos fornecem a embalagem de cartão e a tinta e Hong-Kong providencia os serviços bancários e de seguros necessários, assegura o transporte das matérias-primas para as fábricas situadas na província do Cantão no sul da China,

---

[4044] *Idem*, parágrafo 6.18.
[4045] Petros MAVROIDIS, *Remedies in the WTO Legal System: Between a Rock and a Hard Place*, in EJIL, 2000, p. 805.

1452

A FALTA DE EXECUÇÃO

bem como a recolha do produto final e o seu transporte para o mercado internacional[4046]. Ao que parece, um *laptop* é o epítome do processo de fragmentação[4047].

Finalmente, como já foi dito, as Comunidades Europeias solicitaram no caso *United States – Anti-Dumping Act of 1916* autorização para suspender a aplicação de obrigações contraídas com os Estados Unidos ao abrigo do GATT de 1994 e do Acordo sobre a Aplicação do Artigo VI do GATT de 1994, com o fim de adoptar a respeito das importações procedentes dos Estados Unidos uma regulamentação equivalente à Lei de 1916[4048]. Apesar de a suspensão solicitada não ter sido formulada em termos quantitativos, os árbitros entenderam que, por si só, isso não implicava que o pedido das Comunidades Europeias fosse incompatível com o art. 22º do Memorando[4049]. Todavia, para determinar se a suspensão qualitativa poderia ser aplicada de modo a que o nível da suspensão pudesse exceder o nível da anulação ou redução, seria necessário determinar os efeitos comerciais ou económicos da Lei de 1916 nas Comunidades Europeias. Uma vez realizada essa determinação, as Comunidades Europeias poderiam aplicar a sua medida de suspensão até, mas não além, essa quantidade. Isto requeria uma determinação dos efeitos comerciais ou económicos da Lei de 1916 nas Comunidades Europeias em termos numéricos ou monetários, único modo pelo qual os Árbitros podem determinar a "equivalência" no presente contexto[4050]. Os árbitros não aceitaram, também, o argumento das Comunidades Europeias de que a sua suspensão de obrigações era "equivalente" porque a medida proposta reproduziria, ou reproduziria parcialmente, a Lei de 1916[4051]. Medidas comerciais similares, ou mesmo idênticas, podem ter efeitos comerciais ou económicos não similares, de modo que a suspensão poderia não ser "equivalente"[4052].

---

[4046] Francis SNYDER, Governing Economic Globalisation: Global Legal Pluralism and EU Law, in *Regional and Global Regulation of International Trade*, Francis Snyder ed., Hart Publishing, Oxford--Portland Oregon, 2002, pp. 4-5.

[4047] OMC, *World Trade Report 2008: Trade in a Globalizing World*, ed. OMC, 2008, p. 112.

[4048] Decisão de Arbitragem no caso *United States – Anti-Dumping Act of 1916 (Original Complaint by the European Communities), Recourse to Arbitration by the United States under Article 22.6 of the DSU* (WT/DS136/ARB), 24-2-2004, parágrafo 2.1.

[4049] *Idem*, parágrafo 5.21.

[4050] *Idem*, parágrafo 5.23. Um autor nota que este parágrafo suscita a questão de saber como responder a medidas ilegais que não resultam em efeitos adversos sobre o comércio. Cf. Thomas SEBASTIAN, The law of permissible WTO retaliation, in *The Law, Economics and Politics of Retaliation in WTO Dispute Settlement*, Cambridge University Press, 2010, p. 113.

[4051] Decisão de Arbitragem no caso *United States – Anti-Dumping Act of 1916 (Original Complaint by the European Communities), Recourse to Arbitration by the United States under Article 22.6 of the DSU* (WT/DS136/ARB), 24-2-2004, parágrafo 7.3.

[4052] *Idem*, parágrafo 7.5.

1453

A FUNÇÃO JURISDICIONAL NO SISTEMA GATT/OMC

As Comunidades Europeias podem aplicar estes parâmetros para determinar o nível de anulação ou redução que sofreram como consequência da Lei de 1916. Caso a Lei de 1916 seja aplicada no futuro – por exemplo, decisões de tribunais dos Estados Unidos contra entidades das Comunidades Europeias, ou futuras decisões de acordo envolvendo entidades das Comunidades Europeias – as Comunidades Europeias terão direito a ajustar o nível quantificado da suspensão para tomar em consideração esse nível adicional de anulação ou redução. A Lei de 1916 é incompatível com o regime da OMC "em si mesma" e cada aplicação dessa Lei anula ou reduz ainda mais as vantagens resultantes para as Comunidades Europeias[4053]. Os árbitros não consideraram apropriado, por fim, incluir quaisquer pedidos de reclamação relativos ao pretenso "efeito paralisador" nem a custas judiciais ou gastos conexos:

"**5.69.** Consideramos que qualquer alegação pelas Comunidades Europeias de um efeito dissuasivo ou 'paralisador' no presente caso seria demasiado especulativo e demasiado distante. Não necessitamos de decidir, para efeitos desta arbitragem, o problema mais geral de saber se cabe considerar que existe um 'efeito paralisador' para fins de resolução de litígios na OMC. Precisamos apenas de determinar se esse efeito paralisador pode ser devidamente quantificado para efeitos de determinação do nível de anulação ou redução sofrido pelas Comunidades Europeias como consequência da Lei de 1916.

**5.70.** Ambas as partes concordam que o efeito paralisador não pode ser quantificado no presente caso. Os Estados Unidos, referindo-se a certos estudos econométricos apresentados pelas Comunidades Europeias, alegam que 'mesmo se estes estudos pudessem ser considerados como determinando a existência de um 'efeito paralisador' a respeito dos direitos antidumping, não o fazem a respeito da Lei de 1916'. As Comunidades Europeias reconheceram que 'não têm conhecimento de nenhum modelo econométrico que pudesse medir o 'efeito paralisador' produzido pela mera existência de legislação antidumping ou, em termos ainda mais específicos, da Lei de 1916. (...).

**5.72.** Com base na informação prestada aos árbitros, concordamos com as partes de que não é possível a quantificação do efeito paralisador. Em consequência, o efeito paralisador supostamente causado pela Lei de 1916 não poderia ser incluído em nenhum cálculo das Comunidades Europeias do nível geral da anulação ou redução que sofreram.

**5.73.** As Comunidades Europeias consideram que os 'gastos judiciais relacionados com assuntos pendentes nos tribunais dos Estados Unidos' são um dos 'custos imediatos da Lei de 1916'. Os Estados Unidos adoptam uma posição contrária, sublinhando

---

[4053] *Idem*, parágrafo 7.8.

1454

A FALTA DE EXECUÇÃO

que 'não conseguem ver como é possível que os gastos judiciais de casos pendentes ao abrigo da Lei de 1916 se relacionem com alguma 'vantagem' resultante para os Membros da OMC de algum Acordo da OMC. As Comunidades Europeias não assinalaram no regime da OMC nenhuma obrigação de prevenir demandas contra pessoas num Membro' (...). Por conseguinte, os 'gastos judiciais' em que incorram os importadores em consequência da Lei de 1916 não parecem constituir a anulação ou redução de nenhuma 'vantagem' resultante para um Membro de nenhum Acordo da OMC. (...).

**5.76.** Os Árbitros recordam a sua posição de que é apropriado seguir o critério prudente adoptado por outros árbitros anteriores para determinar o nível da anulação ou redução. Não temos conhecimento de nenhuma base nos Acordos da OMC que apoie o critério proposto pelas Comunidades Europeias de que as custas processuais podem ser alegadas como uma perda de vantagens resultantes para um Membro da OMC. Além disso, não temos presente nenhum caso anterior em que se tenha admitido tal alegação. Também não é claro que tipo de custos poderiam ser incluídos em tal alegação e em que circunstâncias.

**5.77.** Nas circunstâncias deste caso, é um facto incontestado que as Comunidades Europeias não 'quantificaram devidamente' o montante das custas processuais pagos por entidades das Comunidades Europeias como consequência da Lei de 1916. As Comunidades Europeias reconhecem inclusivamente que só apresentaram exemplos de tais custas e não uma tabulação geral verificável. Além disso, esses exemplos de custas têm sido contestados pelos Estados Unidos.

**5.78.** Em consequência, em nossa opinião, os gastos judiciais em que incorreram as entidades das Comunidades Europeias ao abrigo da Lei de 1916 não poderiam ser incluídos em nenhum cálculo das Comunidades Europeias do nível geral da anulação ou redução"[4054].

No fim, os árbitros não determinaram qualquer montante monetário em concreto, especificando sim que:

"**8.1.** (...) As Comunidades Europeias poderiam suspender obrigações ao abrigo do GATT de 1994 e do Acordo sobre a Aplicação do Artigo VI do GATT de 1994 a respeito de importações procedentes dos Estados Unidos. As Comunidades Europeias devem assegurar que a aplicação desta suspensão é quantificada e não excede o nível quantificado de anulação ou redução que sofreram como consequência da Lei de 1916.

**8.2.** Ao quantificar o nível monetário da anulação ou redução que sofreram, as Comunidades Europeias podem incluir:

a) o valor monetário acumulado de quaisquer somas pagas por entidades das Comunidades Europeias em virtude de sentenças judiciais finais por reclamações formuladas ao abrigo da Lei de 1916; e

---

[4054] *Idem*, parágrafos 5.69-5.70, 5.72-5.73 e 5.76-5.78.

A FUNÇÃO JURISDICIONAL NO SISTEMA GATT/OMC

b) o valor monetário acumulado de quaisquer somas pagáveis por entidades das Comunidades Europeias em virtude da resolução por transacção de reclamações formuladas ao abrigo da Lei de 1916"[4055].

É indubitável que os árbitros estiveram bem quando recusaram calcular o chamado efeito paralisador, atendendo às dificuldades associadas a tal exercício, nomeadamente, por estar em causa uma medida em vigor há mais de 80 anos. Estiveram menos bem quando recusaram atender aos custos processuais em que incorreram os importadores comunitários em consequência da Lei de 1916. Ao contrário dos primeiros, estes últimos custos são perfeitamente quantificáveis em termos monetários e não faz muito sentido que os árbitros tenham concluído que o pagamento de uma multa pode ser entendido como a perda de uma vantagem resultante para um Membro da OMC e os gastos judiciais não[4056].

### 6.8.6. Alterações que possam surgir com o decurso do tempo

Será que o art. 22º do Memorando de Entendimento sobre Resolução de Litígios permite que o nível de anulação ou redução de vantagens resultante da violação subjacente possa variar de ano para ano? Será que os níveis de anulação ou redução de vantagens e de suspensão de concessões podem ser ajustados com o decurso do tempo?

A maioria das arbitragens iniciais estabeleceram um único nível de anulação ou redução, correspondente aos prejuízos causados após o termo do prazo razoável concedido à parte demandada para colocar em conformidade a sua legislação. Mas, se virmos bem, o nº 4 do art. 22º do Memorando de Entendimento sobre Resolução de Litígios determina apenas que o nível de suspensão de concessões ou outras obrigações autorizadas pelo Órgão de Resolução de Litígios deve ser equivalente ao nível da anulação ou redução de vantagens, não que o nível deva ser fixo, "established up to a certain amount once and for all"[4057].

Dito isto, em 16 de Janeiro de 2004, as Comunidades Europeias solicitaram ao Órgão de Resolução de Litígios, nos termos do nº 2 do art. 22º do Memorando de Entendimento sobre Resolução de Litígios, autorização para suspender a aplicação, relativamente aos Estados Unidos, de concessões pautais e obrigações conexas no âmbito do GATT de 1994 num montante a ser determinado em cada ano em função do montante dos pagamentos de compensação efectuados aos pro-

---

[4055] *Idem*, parágrafos 8.1-8.2.
[4056] Thomas SEBASTIAN, The law of permissible WTO retaliation, in *The Law, Economics and Politics of Retaliation in WTO Dispute Settlement*, Cambridge University Press, 2010, p. 110.
[4057] Thomas JÜRGENSEN, *Crime and Punishment: Retaliation under the World Trade Organization Dispute Settlement System*, in JWT, 2005, p. 335.

1456

A FALTA DE EXECUÇÃO

dutores nacionais na última distribuição anual ao abrigo do *Continued Dumping and Subsidy Offset Act of 2000*[4058]. Apesar de os Estados Unidos terem contestado o nível da suspensão proposto pelas Comunidades Europeias, baseando-se, entre outros aspectos, no facto de o pedido das Comunidades Europeias não especificar o nível da suspensão que se propunha levar a cabo, pelo que constituía uma base inadequada para que os árbitros formulassem as determinações previstas no nº 7 do artigo 22º do Memorando de Entendimento sobre Resolução de Litígios[4059], os árbitros observaram o seguinte:

> "**4.20.** (...) Enquanto observamos que o nº 4 do artigo 22º se refere ao 'nível' (singular) da suspensão de concessões ou outras obrigações, não estamos convencidos de que estes termos estabeleçam a obrigação de identificar um nível único e permanente de anulação ou redução. A exigência do nº 4 do artigo 22º é simplesmente que os dois níveis sejam equivalentes. Desde que os dois níveis sejam equivalentes, não vemos nenhuma razão para esses níveis não possam ser ajustados periodicamente, sempre que os ajustamentos sejam justificados e não aumentem a imprevisibilidade. De facto, não vemos no Memorando de Entendimento sobre Resolução de Litígios nenhuma limitação à possibilidade de estabelecer um nível variável de suspensão se o nível de anulação ou redução varia também.
>
> **4.21.** A maioria das arbitragens anteriores estabeleceram um único nível de anulação ou redução, correspondente ao nível que existia no final do prazo razoável concedido à parte demandada para colocar em conformidade a sua legislação. Não negamos que este enfoque seja, na grande maioria dos casos, o mais adequado. Não obstante, não encontramos nada no artigo 22º do Memorando de Entendimento sobre Resolução de Litígios que nos impeça de seguir uma via distinta se as circunstâncias do presente caso assim o exigirem claramente.
>
> **4.22.** A análise económica que realizámos antes indica que o valor e a distribuição por sectores da repercussão no comércio do CDSOA poderiam variar amplamente de um ano para outro, devido aos numerosos factores que afectam as quantidades que podem ser desembolsadas, à natureza dos receptores e à forma em que é provável que cada categoria de receptores utilize as quantidades monetárias recebidas ao abrigo do CDSOA.
>
> **4.23.** Temos presente os argumentos dos Estados Unidos de que a possibilidade de variar o nível de suspensões poderia tornar imprevisível o nível das contramedidas aplicadas de um ano para próximo e de que nenhuma fórmula poderia ser desenvolvida para introduzir um grau suficiente de previsibilidade. Estes argumentos não nos

---

[4058] Decisão de Arbitragem no caso *United States – Continued Dumping and Subsidy Offset Act of 2000 (Original Complaint by the European Communities), Recourse to Arbitration by the United States under Article 22.6 of the DSU* (WT/DS217/ARB/EEC), 31-8-2004, parágrafo 1.4.

[4059] *Idem*, parágrafo 1.7.

A FUNÇÃO JURISDICIONAL NO SISTEMA GATT/OMC

parecem concludentes. De facto, o nível da anulação ou redução em termos de efeito sobre o comércio que calculámos *supra* baseia-se no CDSOA, uma lei concebida e adoptada pelas autoridades estado-unidenses, cujos desembolsos são determinados também pelas autoridades dos Estados Unidos. Deve ser fácil para as autoridades estado-unidenses aplicar a fórmula elaborada na presente Decisão para constatar o volume de comércio dos Estados Unidos que pode ficar sujeito à suspensão de concessões ou outras obrigações em cada um dos anos seguintes. Em consequência, o grau de imprevisibilidade seria mínimo.

**4.24.** Além disso, no presente caso, os Estados Unidos controlariam os instrumentos para reduzir o nível efectivo da suspensão de concessões ou outras obrigações. De facto, em outras arbitragens em que se estabeleceu de uma vez por todas o nível de anulação ou redução, a parte demandada não podia influir no nível das contramedidas aplicadas ao seu comércio, salvo se a parte solicitante aceitasse modificá-lo. No presente caso, o nível da suspensão de concessões dependerá automaticamente da quantia dos desembolsos efectuados no âmbito do CDSOA num determinado ano. Se essa quantia diminui, diminuirá o nível da suspensão de concessões ou outras obrigações que as partes solicitantes têm direito a impor. Se não se efectuam desembolsos, o nível da suspensão terá de ser 'zero'"[4060]

Deste modo, bastava aos Estados Unidos não efectuarem desembolsos para que os membros da OMC autorizados a retaliar contra si não pudessem fazê-lo. No fim, os árbitros determinaram que:

"**5.1.** (...) o nível de anulação ou redução sofrido pelas Comunidades Europeias num determinado ano equivale ao total dos desembolsos efectuados ao abrigo do CDSOA no ano anterior relativos a direitos antidumping ou compensadores pagos sobre as importações procedentes das Comunidades Europeias, multiplicado pelo coeficiente indicado (...).

**5.2.** Em consequência, decidimos que a suspensão pelas Comunidades Europeias de concessões ou outras obrigações em forma de imposição de um direito de importação adicional aos direitos aduaneiros consolidados numa lista de produtos originários dos Estados Unidos que abarque, anualmente, um *valor total do comércio* que não seja superior, em dólares dos Estados Unidos, ao montante resultante da seguinte equação:

Quantia dos desembolsos efectuados ao abrigo do CDSOA para o ano mais recente de que se disponham de dados correspondentes aos direitos antidumping ou compensatórios pagos sobre as importações procedentes das Comunidades Europeias nesse ano, segundo os dados publicados pelas autoridades estado-unidenses.

---

[4060] *Idem*, parágrafos 4.20-4.24.

## A FALTA DE EXECUÇÃO

*Multiplicado por:* 0.72

Seria consistente com o nº 4 do artigo 22º do Memorando de Entendimento sobre Resolução de Litígios.

**5.3.** A este respeito, notamos que as Comunidades Europeias notificarão ao Órgão de Resolução de Litígios cada ano, antes da entrada em vigor de um novo nível de suspensão de concessões ou outras obrigações com base na fórmula que figura *supra*, a lista de produtos que estarão sujeitos a esta medida.

**5.4.** Nesse contexto, sugerimos que as Comunidades Europeias também notifiquem ao Órgão de Resolução de Litígios, anualmente, o volume do comércio que ficará sujeito à medida mencionada *supra*"[4061].

Como é que os árbitros chegaram ao valor de 72%? A resposta encontra-se nos seguintes parágrafos da decisão de arbitragem:

"**3.139.** (...) A questão da transmissão diz respeito ao grau em que uma empresa utiliza uma subvenção que recebe para reduzir o preço dos produtos que exporta. Num extremo, a empresa pode optar por aplicar a quantia total da subvenção ao preço dos seus produtos, reduzindo assim os seus preços. No outro, pode optar por não reduzir o preço do produto.

**3.140.** Em consequência, a transmissão, no contexto do caso que nos foi colocado, refere-se ao grau em que um desembolso ao abrigo do CDSOA será utilizado para reduzir os preços dos produtos de uma empresa beneficiária. A suposição de uma transmissão de 100% indicia uma aplicação do montante total, ao passo que a suposição zero implica que nenhum montante será aplicado.

**3.141.** A posição dos Estados Unidos de que o factor de transmissão é zero é muito pouco realista. Um factor zero presumiria que nenhum receptor de um pagamento ao abrigo do CDSOA utilizaria os fundos de forma a que alguma vez pudessem ter efeitos sobre os preços. Ainda que possa ser este o caso para algumas empresas, parece impossível que ocorra sempre e inevitavelmente no caso de todas as empresas, já que, ao abrigo de um princípio básico da economia, é previsível que as empresas utilizem de forma eficiente o dinheiro de que dispõem e algumas delas utilizariam esse dinheiro para reduzir os seus preços.

**3.142.** A tese das partes solicitantes de que a transmissão plena se baseia na presunção de que todas as empresas que recebem pagamentos ao abrigo do CDSOA utilizaram em todos os casos esses pagamentos na sua totalidade para financiar reduções dos preços dos produtos sujeitos à ordens de estabelecimento de direitos antidumping ou compensadores em questão, o que parece bastante pouco provável na

---

[4061] *Idem*, parágrafos 5.1-5.4.

A FUNÇÃO JURISDICIONAL NO SISTEMA GATT/OMC

realidade. Em especial, se bem que algumas empresas possam utilizar dessa forma as quantidades percebidas ao abrigo do CDSOA, o programa deixa aos receptores liberdade para utilizar os fundos como desejam. Além disso, a maioria ou muitas das empresas que produzem um produto sujeito a uma ordem de estabelecimento de direitos antidumping ou compensatórios produzem também outros (e com frequência muitos outros). Logo, é possível que os benefícios do CDSOA se apliquem a produtos que não estão sujeitos a ordens. Ademais, algumas empresas receptoras podem utilizar os pagamentos para treinar os seus trabalhadores, aperfeiçoar a sua tecnologia ou maquinaria ou para ampliar a sua capacidade e/ou sua produção. Ainda que seja evidente que a utilização dos fundos dessa maneira terá efeitos na oferta que podem ter efeitos finais incidentais nos preços, estes efeitos nos preços terão um carácter inter-temporal. Por último, algumas empresas podem, como referem os Estados Unidos, não usar os fundos de uma maneira que tenha efeitos sobre os preços.

**3.143.** Para identificarmos um valor adequado do coeficiente de transmissão, solicitamos às partes comunicações e orientações complementares. De um lado, os Estados Unidos responderam que um estudo do seu programa de sociedades estado-unidenses de vendas ao estrangeiro [Domestic International Sales Corporation] tinha identificado uma transmissão dessa subvenção à exportação de 75% do pagamento, mas manifestaram que consideravam que seria razoável supor 'uma transmissão de 25%'. Esta declaração não está apoiada por nenhuma metodologia nem se baseia em nenhuma prova fáctica. Do outro lado, as partes solicitantes não modificaram a sua posição de que a única transmissão fiável é de 100%.

**3.144.** Na ausência de informação precisa sobre o valor da transmissão, adoptamos o mesmo enfoque que temos adoptado a respeito do valor da elasticidade de substituição; em lugar de utilizar um valor específico temos utilizado a gama de 25 a 100% derivada das observações das partes. O ponto mais baixo da gama é proposto pelos Estados Unidos, enquanto que a hipótese de 100% se baseia, como declarámos antes, na suposição de que todos os incentivos induzem a empresa a utilizar os fundos de uma forma comercialmente útil. Reconhecemos que uma transmissão de 100% não é, de facto, realista, pelas razões antes indicadas e não desejamos beneficiar as partes solicitantes por não terem justificado a sua posição de que a transmissão é de 100%. Não obstante, não nos foi facilitada uma informação mais adequada que nos permita aplicar outra percentagem distinta da percentagem mais alta da gama de que dispomos e a nossa intuição diz-nos que se o ponto mais alto da gama não é 100% é muito provável que se cifre numa percentagem muito próxima.

**3.145.** Procedemos agora á aplicação do modelo. O quadro 3 [p. 40 da decisão de arbitragem] resume os resultados que temos obtido para a gama de elasticidades de substituição supostas e para uma gama de valores de transmissão supostos para os anos 2001, 2002 e 2003. Para cada ano temos 12 valores, o que nos dá um total de 36 valores. Antes de mais nada, observamos que a gama correspondente a 2003 difere da

A FALTA DE EXECUÇÃO

correspondente aos dois outros anos, devido à modificação das distribuições por remo de produção nesse ano (ver gráfico 1 da decisão de arbitragem). A modificação anual da distribuição por ramos de produção é também uma das razões porque utilizamos uma média baseada nos anos 2001-2003, apesar de que, até 27 de Dezembro de 2003, não se pediu aos Estados Unidos que pusessem a sua legislação em conformidade com as suas obrigações no âmbito da OMC.

**3.146.** Dado que a nossa abordagem se baseia em atribuir um valor único ao coeficiente de efeito sobre o comércio, necessitamos de uma metodologia para reduzir as 36 estimativas a um único valor. Tendo em conta que não temos nenhuma orientação da literatura ou das comunicações das partes, decidimos tomar para cada ano a média de cada uma de duas filas intermédias e a média da coluna central para chegar à média dos três valores. Desta forma, obtemos um valor de 0,68 para 2001, 0,78 para 2002 e 0,70 para 2003 e um valor global de 0,72"[4062].

### 6.8.7. O caso especial das subvenções
Nos termos do nºs 10 e 11 do art. 4º do Acordo sobre as Subvenções e as Medidas de Compensação:

> "**10.** Caso não seja dado seguimento à recomendação do Órgão de Resolução de Litígios no prazo decidido pelo painel, que começará na data de adopção do relatório do painel ou do relatório do Órgão de Recurso, o Órgão de Resolução de Litígios autorizará o Membro queixoso a tomar as contramedidas apropriadas, a menos que o Órgão de Resolução de Litígios decida por consenso rejeitar o pedido
>
> **11.** No caso de uma parte em litígio solicitar uma arbitragem, em conformidade com o nº 6 do artigo 22º do Memorando de Entendimento sobre Resolução de Litígios, o árbitro determinará se as contramedidas são apropriadas"[4063].

Diz-se ainda numa nota de rodapé a estas duas disposições que a expressão "apropriadas" não deve ser interpretada "como autorizando contramedidas desproporcionadas pelo facto de as subvenções abrangidas pelas presentes disposições serem proibidas"[4064].

---

[4062] *Idem*, parágrafos 3.139-3.146.

[4063] De acordo com o Apêndice 2 do Memorando de Entendimento sobre Resolução de Litígios, os nºs 10 e 11 do art. 4º do Acordo sobre as Subvenções e as Medidas de Compensação são regras especiais ou complementares previstas nos acordos abrangidos.

[4064] Nos termos do nº 1 do art. 3º do Acordo sobre as Subvenções e as Medidas de Compensação, as subvenções serão proibidas quando se encontram: *a*) subordinadas, de direito ou de facto, quer exclusivamente, quer entre diversas outras condições, aos resultados das exportações, incluindo os enumerados no Anexo I [do Acordo sobre as Subvenções e as Medidas de Compensação]; e *b*) subordinadas, quer exclusivamente, quer entre diversas outras condições, à utilização de produtos nacionais em detrimento de produtos importados.

A FUNÇÃO JURISDICIONAL NO SISTEMA GATT/OMC

No caso *Brazil – Export Financing Programme for Aircraft*, o primeiro a lidar com as duas disposições referidas, os árbitros concluíram que um valor das contramedidas que corresponda ao montante total da subvenção é "apropriado" para fazer frente a uma subvenção à exportação proibida[4065]. Mais exactamente, os árbitros basearam o seu cálculo do montante da subvenção no valor dos pagamentos concedidos pelo governo Brasileiro ao abrigo do Programa de Financiamento às Exportações (PROEX) às companhias de aviação que comprassem aviões produzidos pela Embraer:

"(...) a) Começamos com a identificação do preço de venda médio dos modelos de aeronaves cujas vendas estão subvencionadas. Tomamos igualmente em conta o facto de que as vendas de peças de substituição também terem dado lugar a pagamentos no âmbito do PROEX. Consideramos que o financiamento do PROEX de peças de substituição deve incluir-se no nosso cálculo da subvenção.

b) Seguidamente, fazemos uma projecção da produção anual de aeronaves, por modelo, para o período 2000-2005 (seis anos). Escolhemos este período sobretudo porque corresponde ao período em que pode supor-se que as avaliações da capacidade de produção da Embraer são razoavelmente exactas. Observamos também, com base na informação disponível, que a Embraer não poderá satisfazer totalmente até 2005 os pedidos acumulados relacionados com vendas anteriores a 18 de Novembro de 1999 que não se tinham entregado nessa data e com as ventas do modelo ERJ-135 efectuadas entre 19 de Novembro de 1999 e 30 de Junho de 2000.

c) O passo seguinte consiste em calcular o valor actual da subvenção por modelo de aeronave, utilizando o preço de venda de cada modelo, uma taxa de financiamento de xxx% (para um financiamento correspondente a xxx% do preço), a equiparação das taxas de juro aplicáveis no quadro do PROEX (3,8% ou 2,5% do financiamento, dependendo da venda ou da data em que teve lugar), a comissão do agente que nos pareceu representativa desses tipos de transacções no Brasil e um taxa de desconto igual ao LIBOR [London Interbank Offer Rate].

d) Por último, para cada modelo multiplicamos o número total de aeronaves vendidas com uma perequação das taxa de juro ao abrigo do PROEX de 3,8% pelo valor actual da subvenção por modelo e o número total de aeronaves vendidas com uma perequação das taxa de juro de 2,5% pelo valor actual da subvenção por modelo. O total é distribuído por um período de seis anos para que dê o valor actual médio anual da subvenção para cada um dos modelos subvencionados (ERJ-135 e ERJ-145).

---

[4065] Decisão de Arbitragem no caso *Brazil – Export Financing Programme for Aircraft, Recourse to Arbitration by Brazil under Article 22.6 of the DSU and Article 4.11 of the SCM Agreement* (WT/DS46/ARB), 28-8-2000, parágrafo 3.60. Em inglês, designa-se por "amount-of-subsidy" a abordagem adoptada pelos árbitros.

A FALTA DE EXECUÇÃO

O total corresponde ao nível apropriado das contramedidas baseado nas premissas acima expostas"[4066].

A abordagem do "montante da subvenção" tem sido seguida em todos os casos relacionados com os nºs 10 e 11 do art. 4º do Acordo sobre as Subvenções e as Medidas de Compensação e os árbitros geram valores para o montante da subvenção na data em que expira o prazo razoável para a execução[4067].

---

[4066] *Idem*, parágrafo 3.66. De notar que imperativos de confidencialidade levaram os árbitros a apresentar neste caso duas versões do seu relatório:

"Durante o procedimento, o Brasil insistiu no carácter confidencial de determinados documentos que forneceu aos Árbitros. Estamos conscientes dos graves problemas que podia provocar a divulgação de determinada informação comercial ou financeira. Estamos conscientes, igualmente, do facto de que a plena cooperação dos Membros e dos particulares no sistema de resolução de litígios da OMC, que é imprescindível para avaliar objectivamente os factos, depende em muitos casos da protecção adequada da informação confidencial.

Por esta razão, decidimos preparar duas versões do presente relatório: a primeira versão, incluindo os detalhes dos nossos cálculos e toda a informação em que se basearam, foi distribuída exclusivamente às partes, de forma confidencial. A segunda, da qual se retirou a maioria dos dados sensíveis do ponto de vista comercial, foi distribuída aos Membros. Apesar de esta última versão não incluir alguns dados, ela é suficientemente detalhada para que todos os Membros possam entender o raciocínio dos Árbitros e a metodologia aplicada para determinar se as contramedidas propostas pelo Canadá são apropriadas. Os Árbitros consideram que, desta forma, respeitaram as suas obrigações no âmbito do Memorando de Entendimento sobre Resolução de Litígios sem prejuízo da protecção adequada do carácter confidencial de determinada informação que as partes solicitaram que se considerasse como tal" (cf. *Idem*, parágrafos 2.13-2.14).

Assim, o texto da versão distribuída aos Membros é idêntico ao texto da versão confidencial entregue às partes em litígio, com a ressalva de que a informação que os Árbitros consideraram confidencial, face às observações das partes, foi substituída pela anotação "xxx".

[4067] Thomas Sebastian, The law of permissible WTO retaliation, in *The Law, Economics and Politics of Retaliation in WTO Dispute Settlement*, Cambridge University Press, 2010, p. 115. No que diz respeito às subvenções proibidas, não existe qualquer referência no nº 10 do art. 4º do Acordo sobre as Subvenções e as Medidas de Compensação a conceitos como "efeitos sobre o comércio" ou "efeitos desfavoráveis". Em contraste, o nº 9 do art. 7º do mesmo Acordo fala em "contramedidas, proporcionais ao grau e à natureza dos efeitos desfavoráveis cuja existência tenha sido determinada". O "grau dos efeitos desfavoráveis" pode ser entendido como o elemento quantitativo, ao passo que a referência à "natureza dos efeitos desfavoráveis" parece apontar para algo de carácter mais qualitativo (cf. Decisão de Arbitragem no caso *United States – Subsidies on Upland Cotton, Recourse to Arbitration under Article 22.6 of the DSU and Article 7.10 of the SCM Agreement* (WT/DS267/ARB2), 31-8-2009, parágrafo 4.41). Ainda a respeito das subvenções passíveis de recurso, esta decisão de arbitragem afastou-se da abordagem seguida por decisões anteriores a propósito das subvenções proibidas. Em vez da abordagem do "montante da subvenção", a decisão em causa calculou os efeitos desfavoráveis sobre o resto do Mundo dos empréstimos para a comercialização e os pagamentos anticíclicos dos Estados Unidos na campanha de comercialização do ano de 2005 (2.905 milhões

A FUNÇÃO JURISDICIONAL NO SISTEMA GATT/OMC

Nada impede, por outro lado, que as contramedidas possam ser adaptadas ao caso particular em questão[4068]. Tal acomodação já ocorreu, por exemplo, no caso *Canada – Export Credits and Loan Guarantees for Regional Aircraft*:

"**3.107.** Consideramos que as contramedidas existem para contribuir para o fim de uma violação. Acreditamos também que o nível 'apropriado' das contramedidas deve reflectir o seu propósito específico. Tendo isto presente, consideramos que a declaração do Canadá de que, por enquanto, não pretende retirar a subvenção em questão sugere que, para induzir ao cumprimento neste caso, seria necessário e apropriado um nível de contramedidas mais alto que o baseado na metodologia do Canadá.

**3.121.** Recordando a posição actual do Canadá de manter a subvenção em questão e tendo em conta a função das contramedidas quanto a induzir ao cumprimento, decidimos ajustar o nível das contramedidas calculadas com base no montante total da subvenção numa cifra que consideramos razoavelmente significativa para que o Canadá reconsidere a sua posição actual de manter a subvenção em questão em infracção das suas obrigações. Em consequência, ajustamos o nível das contramedidas numa cifra equivalente a 20% do montante da subvenção calculado na secção III.E *supra* (...)"[4069].

O facto de uma parte queixosa ser autorizada a adoptar contramedidas num montante correspondente ao montante total da subvenção proibida concedida pode suscitar também algumas questões interessantes, nomeadamente, se forem apresentadas novas queixas contra a mesma subvenção após a autorização concedida pelo Órgão de Resolução de Litígios. Esta questão foi analisada do seguinte modo pelos árbitros do caso *United States – Tax Treatment for "Foreign Sales Corporations"*:

"**6.27.** Nas circunstâncias do presente caso, as Comunidades Europeias são a única parte queixosa que pretende adoptar contramedidas relativamente a esta medida infractora. (...). Sem dúvida, se tivesse havido muitos demandantes a pretender, cada um deles, adoptar contramedidas num montante igual ao valor da subvenção, esta consideração teria sido tomada em consideração para sabermos se as contramedidas poderiam ser consideradas não 'apropriadas' dadas as circunstâncias (...).

de dólares norte-americanos). Depois, atendendo à percentagem do Brasil na produção de algodão a nível mundial (5.1% em 2005), autorizou a aplicação de contramedidas no valor de 147.3 milhões de dólares norte-americanos. Cf. *Idem*, parágrafos 4.193-4.195.

[4068] Decisão de Arbitragem no caso *United States – Tax Treatment for "Foreign Sales Corporations"*, *Recourse to Arbitration by the United States under Article 22.6 of the DSU and Article 4.11 of the SCM Agreement* (WT/DS108/ARB), 30-8-2002, parágrafo 5.12.

[4069] Decisão de Arbitragem no caso *Canada – Export Credits and Loan Guarantees for Regional Aircraft*, *Recourse to Arbitration by Canada under Article 22.6 of the DSU and Article 4.11 of the SCM Agreement* (WT/DS222/ARB), 17-2-2003, parágrafos 3.107 e 3.121.

1464

A FALTA DE EXECUÇÃO

**6.28.** De uma forma puramente abstracta, o raciocínio que temos seguido pode ser construído como sendo intrinsecamente aplicável aos demais membros da OMC como à parte queixosa no presente caso, a saber, as Comunidades Europeias. Assinalamos unicamente, a este respeito, que no presente caso não nos foi apresentada uma queixa múltipla, mas sim uma queixa por um único Membro. Assim, não estávamos obrigados a considerar se e como a autorização para adoptar contramedidas com base no nosso raciocínio anterior deveria ser repartida entre mais de uma parte queixosa. Caso tivesse havido um problema de repartição, não era necessário que o considerássemos, e não o fizemos, como elemento que pudesse 'diminuir' de outro modo a autorização concedida às Comunidades Europeias para adoptar contramedidas neste caso em concreto.

**6.29.** Claro está, a nossa expectativa é que esta determinação tenha o efeito prático de facilitar o pronto cumprimento pelos Estados Unidos. Na hipótese de ser apresentada uma queixa no futuro, só podemos observar que isso daria origem inevitavelmente a uma situação diferente para avaliar. Na medida em que a justificação procurada para as contramedidas era pura e simplesmente responder à medida inicial (e não, por exemplo, os efeitos sobre o comércio do Membro afectado) é concebível que a questão da repartição se colocasse (...). Tomamos nota, neste ponto, da declaração das Comunidades Europeias:

'é muito possível que as Comunidades Europeias se sentissem muito contentes de partilhar com outro Membro a tarefa de aplicar contramedidas aos Estados Unidos e aceitassem voluntariamente suprimir algumas das contramedidas, a fim de abrir uma margem maior para que outro Membro de la OMC seja autorizado a fazer o mesmo. Este seria outro facto que os futuros árbitros poderiam ter em conta'"[4070].

Esta abordagem dos árbitros no caso das subvenções proibidas contrasta abertamente com a abordagem do "equality-of-harm", na medida em que esta última visa assegurar que apenas os efeitos prejudiciais experimentados por uma parte queixosa são tomados em consideração quando da determinação da magnitude da retaliação[4071].

---

[4070] Decisão de Arbitragem no caso *United States – Tax Treatment for "Foreign Sales Corporations", Recourse to Arbitration by the United States under Article 22.6 of the DSU and Article 4.11 of the SCM Agreement* (WT/DS108/ARB), 30-8-2002, parágrafos 6.27-6.29.

[4071] Porém, na última arbitragem realizada ao abrigo do nº 10 do art. 4º do Acordo sobre as Subvenções e as Medidas de Compensação, o acordo das duas partes em litígio quanto à adopção da abordagem do montante da subvenção (cf. Decisão de Arbitragem no caso *United States – Subsidies on Upland Cotton, Recourse to Arbitration under Article 22.6 of the DSU and Article 4.11 of the SCM Agreement* (WT/DS267/ARB1), 31-8-2009, parágrafo 4.127) não impediu que os árbitros considerassem igualmente os efeitos da medida em causa sobre o comércio (cf. *Idem*, parágrafo 4.133), mais exactamente:

1465

A FUNÇÃO JURISDICIONAL NO SISTEMA GATT/OMC

No que diz respeito à adopção da abordagem do montante da subvenção, os árbitros do caso *Brazil – Export Financing Programme for Aircraft* justificaram-na do seguinte modo:

"**3.44.** (...) Uma contramedida é 'apropriada', *inter alia*, se ela *efectivamente* induz ao cumprimento.

**3.45.** Recordamos a este respeito que a medida em relação à qual se solicitou o reconhecimento do direito a adoptar contramedidas é uma subvenção à exportação proibida, incluída no âmbito do nº 1, alínea *a*), do artigo 3º do Acordo sobre as Subvenções e as Medidas de Compensação. O nº 7 do artigo 4º do Acordo sobre as Subvenções e as Medidas de Compensação estabelece a este respeito que caso se chegue à conclusão de que uma medida é uma subvenção proibida, ela será retirada imediatamente. Em tal caso, 'induzir ao cumprimento' significa efectivamente induzir a retirada da subvenção proibida.

**3.46.** Em contraste, outras medidas ilegais não têm de ser eliminadas imediatamente. (...) O conceito de anulação ou redução não se encontra nos artigos 3º e 4º do Acordo sobre as Subvenções e as Medidas de Compensação. Os Árbitros entendem que deve ser dado sentido ao facto de os negociadores não terem incluído no conceito de anulação ou redução nesses artigos, embora ele seja mencionado expressamente no artigo 5º do dito Acordo, referente aos efeitos desfavoráveis das subvenções accionáveis.

**3.47.** Uma primeira abordagem possível seria considerar que o conceito de anulação ou redução não é aplicável ao artigo 4º do Acordo sobre as Subvenções e as Medidas de Compensação. Observamos a este respeito que, em relação às subvenções accionáveis, o artigo 5º só faz referência à anulação ou redução como uma das três categorias de efeitos desfavoráveis. Isto poderia significar que também caberia aplicar no contexto do artigo 4º do Acordo sobre as Subvenções e as Medidas de Compensação um critério distinto do da anulação ou redução.

**3.48.** Dito isto, observamos que o Painel inicial concluiu que, como se tinha constatado a existência de uma violação, se tinha colocado um caso de presunção de anulação ou redução nos termos do nº 8 do artigo 3º do Memorando de Entendimento

"O Árbitro não está persuadido de que um critério baseado no 'montante da subvenção', por si só e sem ajustamentos, esteja sempre em conformidade com o critério jurídico do nº 10 do artigo 4º do Acordo sobre as Subvenções e as Medidas de Compensação. Na realidade, pensamos que na maioria dos casos não será um critério 'apropriado', apesar da sua conveniência do ponto de vista do cálculo e do seu atractivo literal do ponto de vista da retirada da subvenção. O exame do carácter 'apropriado' das contramedidas, e em particular a condição de que não devem ser 'desproporcionadas', sugerem que deve existir algum grau de relação entre o nível das contramedidas e os efeitos de distorção do comércio da medida no Membro queixoso". Cf. *Idem*, parágrafo 4.135.

A FALTA DE EXECUÇÃO

sobre Resolução de Litígios, que o Brasil não tinha refutado. Neste contexto, sentimo--nos hoje mais inclinados para considerar que não se fez nenhuma referência no artigo 4º do Acordo sobre as Subvenções e as Medidas de Compensação à anulação ou redução pelos seguintes motivos:

(a) uma violação do artigo 3º do Acordo sobre as Subvenções e as Medidas de Compensação implica uma presunção irrefutável de anulação ou redução. Por conseguinte, não era necessário referi-lo;

(b) o objectivo do artigo 4º é conseguir a *retirada* da subvenção proibida. Neste sentido, consideramos que a obrigação de retirar uma subvenção proibida tem um carácter distinto da de suprimir a anulação ou redução causada a um Membro pela medida. A primeira tem por objectivo suprimir uma medida que se presume, em virtude do Acordo OMC, que tem efeitos desfavoráveis para o comércio, independentemente de quem sofre esses efeitos comerciais e em que medida. A segunda tem por objectivo eliminar os efeitos de uma medida sobre o comércio de um Membro em concreto.

(c) o facto de que a anulação ou redução ser estabelecida a respeito de uma medida não significa necessariamente que, na presença de uma obrigação de retirada da medida, o nível das contramedidas apropriadas deva basear-se apenas no nível da anulação ou redução sofrido pelo Membro que solicita a autorização para adoptar contramedidas

**3.49.** Observamos também que, quando os negociadores tiveram o propósito de limitar as contramedidas ao efeito causado pela subvenção no comércio de um Membro, utilizaram termos distintos de 'contramedidas apropriadas'. Nos nºs 9 e 10 do artigo 7º, que são umas disposições equivalentes aos nºs 9 e 10 do artigo 4º, referentes às subvenções proibidas, só que referentes agora às subvenções accionáveis, se utilizam os termos 'proporcionadas ao grau e natureza dos efeitos desfavoráveis cuja existência se tenha determinado'. (...).

**3.51.** (...) Notamos que as notas de rodapé 9 e 10 confirmam pelo menos que não deve dar-se ao termo 'apropriadas' que figura nos nºs 10 e 11 do artigo 4º do Acordo sobre as Subvenções e as Medidas de Compensação o mesmo significado que ao termo 'equivalente' que figura no artigo 22º do Memorando de Entendimento sobre Resolução de Litígios. (...)

**3.54.** (...) O nível das contramedidas corresponde simplesmente ao montante da subvenção que tem de ser eliminado. De facto, dado que normalmente as subvenções à exportação têm um efeito multiplicador (um montante concedido a uma empresa para realizar uma série de vendas permitem-lhe, por sua vez, introduzir-se num mercado específico, com a possibilidade de se expandir e capturar quotas de mercado), entendemos que um cálculo baseado no nível da anulação ou redução produziria (...) valores mais altos que um cálculo baseado exclusivamente no montante da subvenção.

1467

A FUNÇÃO JURISDICIONAL NO SISTEMA GATT/OMC

Por outro lado, se o nível real da anulação ou redução é substancialmente inferior à subvenção, uma contramedida baseada no nível real da anulação ou redução terá um efeito de estímulo menor ou nulo, pelo que o país que concede a subvenção talvez não retire a medida impugnada.

**3.55.** O Brasil alegou igualmente que contramedidas baseadas no montante total da subvenção seriam excessivamente punitivas. Entendemos a palavra 'punitiva' no sentido que se lhe dá nos Projectos de artigos [da Comissão do Direito Internacional sobre a Responsabilidade Internacional do Estado]. Uma contramedida é punitiva quando não só tem por objecto assegurar que o Estado que não tenha cumprido as suas obrigações ponha a sua conduta em conformidade com as suas obrigações internacionais, mas que contém um elemento adicional cuja finalidade é sancionar a actuação desse Estado. Como não consideramos que um cálculo das contramedidas apropriadas baseado no montante da subvenção concedida seja desproporcionado, concluímos que, *a fortiori*, não pode ser punitivo. (...).

**3.57.** Entendemos que as disposições do nº 11 do artigo 4º do Acordo sobre as Subvenções e as Medidas de Compensação são normas especiais ou adicionais. (...) Apesar de concordarmos que, na prática, podem produzir-se situações em que as contramedidas equivalentes ao nível da anulação ou redução seriam apropriadas, recordamos que o conceito de anulação ou redução está ausente dos artigos 3º e 4º do Acordo sobre as Subvenções e as Medidas de Compensação. Assim sendo, não existe nenhuma obrigação jurídica de que as contramedidas na forma de suspensão de concessões ou outras obrigações sejam equivalentes ao nível da anulação ou redução"[4072].

Num caso posterior, os árbitros notaram, ainda, que:

"**5.61.** Tal como interpretamos o nº 10 do artigo 4º do Acordo sobre as Subvenções e as Medidas de Compensação, um Membro está autorizado a adoptar contramedidas que tenham em conta apropriadamente a gravidade da violação e a natureza da alteração do equilíbrio de direitos e obrigações em questão. Isto não pode ser reduzido a uma exigência que limite as contramedidas aos efeitos sobre o comércio (...).

**5.62.** Ao mesmo tempo, o nº 10 do artigo 4º do Acordo sobre as Subvenções e as Medidas de Compensação não equivale a um cheque em branco. Nenhuma disposição do texto ou do seu contexto sugere uma autorização para adoptar medidas manifestamente punitivas. Pelo contrário, a nota de rodapé 9 previne expressamente contra tal interpretação sem limites, ao clarificar que a expressão 'apropriadas' não pode ser interpretada como permitindo permita contramedidas 'desproporcionadas'. Todavia, interpretar esta indicação como reintroduzindo efectivamente nessa dispo-

---

[4072] Decisão de Arbitragem no caso *Brazil – Export Financing Programme for Aircraft, Recourse to Arbitration by Brazil under Article 22.6 of the DSU and Article 4.11 of the SCM Agreement* (WT/DS46/ARB), 28-8-2000, parágrafos 3.44-3.49, 3.51, 3.54-3.55 e 3.57.

A FALTA DE EXECUÇÃO

sição um limite quantitativo equivalente ao que se encontra noutras disposições do Acordo sobre as Subvenções e as Medidas de Compensação ou no nº 4 do artigo 22º do Memorando de Entendimento sobre Resolução de Litígios significaria realizar uma leitura do texto excluindo os termos específicos do nº 10 do artigo 4º do Acordo sobre as Subvenções e as Medidas de Compensação (...)"[4073].

Finalmente, os árbitros defenderam no caso *Canada – Export Credits and Loan Guarantees for Regional Aircraft* que:

> "Uma (...) forma de apreciar o carácter apropriado consiste em considerar as contramedidas propostas à luz do nível total do comércio de mercadorias entre as duas partes. Isto parece ser particularmente relevante, já que o efeito das contramedidas é limitar o comércio e o Brasil solicitou a suspensão de concessões relativas à importação de mercadorias procedentes do Canadá. A esse respeito, o Canadá estima que as suas exportações de mercadorias para o Brasil equivaleram em 2001 a 591 milhões de dólares norte-americanos. O Brasil estima essa quantidade em 927 milhões de dólares. Deste modo, o nível das contramedidas propostas situar-se-ia entre três e seis vezes o montante das importações anuais do Brasil procedentes do Canadá. (...) Apesar de não desejarmos minimizar a gravidade da violação inicial que constituiu a medida em questão, a consideração deste facto de que a autorização das contramedidas, se aplicada, interromperia uma proporção importante do comércio de mercadorias entre as partes durante vários anos leva-nos a constatar que o nível das contramedidas propostas pelo Brasil pode não ser apropriado às circunstâncias do caso"[4074].

Merece atenção, por fim, o facto de a opção pelo recurso a um regime sancionatório específico para as subvenções proibidas não fazer muito sentido do ponto de vista económico. Desde logo, não há razões para as medidas de retaliação a aplicar contra as subvenções proibidas serem mais severas que as aplicáveis a outras violações das regras da OMC[4075]. Até porque as subvenções à exportação podem, na realidade, aumentar o bem-estar económico global[4076] e raramente

---

[4073] Decisão de Arbitragem no caso *United States – Tax Treatment for "Foreign Sales Corporations", Recourse to Arbitration by the United States under Article 22.6 of the DSU and Article 4.11 of the SCM Agreement* (WT/DS108/ARB), 30-8-2002, parágrafos 5.61-5.62.

[4074] Decisão de Arbitragem no caso *Canada – Export Credits and Loan Guarantees for Regional Aircraft, Recourse to Arbitration by Canada under Article 22.6 of the DSU and Article 4.11 of the SCM Agreement* (WT/DS222/ARB), 17-2-2003, parágrafo 3.42.

[4075] Robert LAWRENCE, *Crimes & Punishments? Retaliation Under The WTO*, Institute for International Economics, Washington, DC, 2003, p. 12.

[4076] Alan SYKES, Optimal sanctions in the WTO: the case for decoupling (and the uneasy case for the status quo), in *The Law, Economics and Politics of Retaliation in WTO Dispute Settlement*, Cambridge University Press, 2010, p. 353. Uma subvenção encoraja tipicamente a produção no país

1469

# A FUNÇÃO JURISDICIONAL NO SISTEMA GATT/OMC

que a concede. O efeito da subvenção é reduzir o preço mundial do bem subvencionado, pelo que os efeitos da subvenção são transmitidos ao país importador através da queda do preço mundial (cf. Gene GROSSMAN e Petros MAVROIDIS, United States – Imposition of Countervailing Duties on Certain Hot-Rolled Lead and Bismuth Carbon Steel Products Originating in the United Kingdom: Here Today, Gone Tomorrow? Privatization and the Injury Caused by Non-Recurring Subsidies, in *The WTO Case Law of 2001*, The American Law Institute Reporters' Studies, Henrik Horn e Petros Mavroidis ed., Cambridge University Press, 2003, pp. 182-183). Ao mesmo tempo, se os Estados puderem conceder subvenções a seu bel prazer, sem ser permitida a aplicação de direitos de compensação, pode ocorrer uma escalada progressiva, em que muitos países concedem subvenções, o que pode pôr em causa o bem-estar mundial. JOEL TRACHTMAN, por exemplo, defende que a razão da existência de regras jurídicas internacionais restringindo a concessão de subvenções e permitindo a aplicação de medidas de compensação é impedir "uma corrida para o fundo" [*race to the bottom*] na acção de subsidiar (cf. Joel TRACHTMAN, *Regulatory Competition and Regulatory Jurisdiction*, in JIEL, 2000, p. 339). ALAN O. SYKES, pelo contrário, considera que existem razões para duvidar que os direitos compensadores no sistema da OMC desencorajam realmente as subvenções. Eles têm sido utilizados raramente e predominantemente por apenas algumas nações (mais notavelmente, pelos Estados Unidos). Direitos compensadores aplicados de modo unilateral e descoordenado podem simplesmente desviar os produtos subvencionados para mercados que não recorrem a subvenções e não desencorajar subvenções ruinosas. A existência do teste do prejuízo como condição de aplicação dos direitos compensadores é outro obstáculo à sua eficácia em desencorajar o desperdício, visto que assegura que somente um número limitado de países pode utilizá-los para fazer face à concessão de subvenções ruinosas. Além disso, os direitos compensadores só serão utilizados se os seus parceiros comerciais tiverem deles conhecimento e só depois de algum tempo, período durante o qual os beneficiários das subvenções podem ter obtido vantagens consideráveis" (cf. Alan O. SYKES, *The Economics of WTO Rules on Subsidies and Countervailing Measures*, John M. Olin Law & Economics Working Paper nº 186 (2d series), The Law School – The University of Chicago, 2003, p. 24). É também usual dizer-se que a atribuição de subvenções, seja à produção, seja à exportação, ao provocar a expansão dos produtores e exportadores com maiores custos de produção à custa dos produtores e exportadores com custos de produção mais reduzidos, implica que os bens e serviços exportados deixam de ser produzidos ao menor custo possível. Veja-se o caso da agricultura, onde os preços do mercado mundial não reflectem as vantagens comparativas de muitos países em desenvolvimento. À custa da protecção conferida pelas subvenções, os agricultores dos países ricos podem exportar os seus produtos a um preço inferior ao seu custo de produção, o que muito contribui para o enfraquecimento do tecido económico e social, a má nutrição, a fome e a dependência de muitos países em desenvolvimento da ajuda externa. Mais: é óbvio que nem todos os países têm capacidade para atribuir subvenções às empresas nacionais, além de que a simples possibilidade de atribuição de subvenções pode levar a que certos grupos com um peso desproporcionado junto do poder político exerçam certas pressões no sentido de receberem uma maior "fatia do bolo", com consequências nefastas para a comunidade considerada no seu conjunto. Ao mesmo tempo, nota STEPHEN TOKARICK:

> "subsidies in place in OECD countries could actually benefit some poor, developing countries that are importers of the subsidised products. This occurs because OECD subsidies depress the world prices of the products that they export, which is a terms-of-trade gain to net-importing countries. Subsidies in OECD countries have opposing effects on different groups *within* the importing country, as producers would be hurt and consumers would benefit, but on

A FALTA DE EXECUÇÃO

causam prejuízos aos Estados importadores dos bens beneficiários das subvenções[4077]. Diz-se muitas vezes que os governos dos países de destino das exportações deveriam enviar aos países de origem notas de agradecimento pela ajuda externa não solicitada, lamentando só que as subvenções não sejam maiores e mais frequentes[4078]. Por conseguinte, uma vez que as decisões de arbitragem relativas a subvenções proibidas foram para além dos "prejuízos" causados à parte queixosa, os árbitros autorizaram suspensões punitivas[4079]. Os árbitros do caso *United States – Anti-Dumping Act of 1916 (Original Complaint by the European Communities), Recourse to Arbitration by the United States under Article 22.6 of the DSU* parecem concordar com esta nossa asserção. Na sua opinião, "qualquer suspensão de obrigações que exceda o nível da anulação ou redução será punitiva"[4080].

## 6.9. O Caso dos Países em Desenvolvimento

Muitas vezes, refere-se que a suspensão de concessões, se levada a cabo por uma grande potência comercial contra um pequeno país, pode ter efeitos devastadores na economia deste último. As acções de retaliação por parte de países pequenos não têm, em contrapartida, qualquer impacto na economia das grandes potências comerciais, além de que podem ser prejudiciais aos seus interesses[4081].

---

balance, the gain to consumers would outweigh the loss to producers. Agricultural subsidies in OECD countries do, however, hurt countries that are net exporters of subsidised products. Therefore, the net effect of agricultural subsidies in OECD countries on a particular country depends, in the first instance, on whether it is a net importer or exporter of the product to which the subsidies apply. It is also possible that removing agricultural subsidies in OECD countries could cause some countries to shift from being an importer to an exporter, in which case, the welfare effects are ambiguous". Cf. Stephen TOKARICK, *Who Bears the Cost of Agricultural Support in OECD Countries?*, in WE, 2005, p. 574.

[4077] Joel TRACHTMAN, *The WTO Cathedral*, in Stanford Journal of International Law, 2007, p. 133. Regra geral, as subvenções à exportação oneram, sim, os contribuintes do Estado que as concede.

[4078] Michael TREBILCOCK e Robert HOWSE, *Trade Liberalization and Regulatory Diversity: Reconciling Competitive Markets with Competitive Politics*, in European Journal of Law and Economics, 1998, p. 12. Tal como acontece no caso do dumping, só as chamadas subvenções predatórias são consideradas claramente prejudiciais para os consumidores do país importador.

[4079] Convém não esquecer que, para efeitos do Acordo sobre as Subvenções e as Medidas de Compensação, considera-se que existe uma subvenção se "existir uma contribuição financeira do Estado ou de qualquer entidade pública no território de um Membro" e "deste modo se conceder uma vantagem" (art. 1º, nº 1).

[4080] Decisão de Arbitragem no caso *United States – Anti-Dumping Act of 1916 (Original Complaint by the European Communities), Recourse to Arbitration by the United States under Article 22.6 of the DSU* (WT/DS136/ARB), 24-2-2004, parágrafo 5.22.

[4081] Este desequilíbrio, como é óbvio, pode pôr em causa a utilidade do sistema de resolução de litígios da OMC para os países em desenvolvimentos. Cf. Hunter NOTTAGE, Evaluating the criticism that WTO retaliation rules undermine the utility of WTO dispute settlement for developing

A FUNÇÃO JURISDICIONAL NO SISTEMA GATT/OMC

No caso *United States – Measures Affecting the Cross-Border Supply of Gambling and Betting Services*, por exemplo, a fim de demonstrar a gravidade das circunstâncias, Antígua apresentou alguns dados básicos de comparação da população, tamanho, PIB, exportações e importações entre si e os Estados Unidos, todos demonstrando uma desigualdade considerável:

> "Antígua nota que é um país em desenvolvimento com uma população de aproximadamente 80.000 habitantes e que, com uma extensão territorial total de apenas 442 km², é de longe o Membro mais pequeno da OMC que apresentou um pedido de suspensão de concessões ao abrigo do artigo 22º do Memorando de Entendimento sobre Resolução de Litígios e que está consciente da dificuldade de adoptar contra-medidas eficazes contra a economia dominante do Mundo. Antígua aduz que os seus recursos naturais são insignificantes e que, em consequência, não só as exportações do país são limitadas (as suas exportações para os Estados Unidos alcançam aproximadamente um valor de 4,4 milhões de dólares norte-americanos), mas está obrigada a importar uma parte considerável dos bens e serviços que necessita e utiliza a sua população. Antígua declara que anualmente, aproximadamente 48,9% desses bens e serviços importados provêm, como única fonte, de fornecedores radicados nos Estados Unidos. A imposição por Antígua de direitos adicionais de importação sobre produtos importados dos Estados Unidos ou de restrições à prestação de serviços pelos Estados Unidos terá, na opinião de Antígua, repercussões adversas desproporcionadas sobre o país, tornando esses produtos e serviços sejam consideravelmente mais custosos para os seus cidadãos. Tendo em conta a enorme diferença entre as economias dos Estados Unidos e de Antígua, a imposição de direitos ou restrições adicionais às importações de bens e serviços procedentes dos Estados Unidos teria em Antígua repercussões negativas muito maiores que nos Estados Unidos. De facto, a interrupção do comércio de qualquer tipo de produtos e serviços com os Estados Unidos (180 milhões de dólares norte-americanos anuais, ou seja, menos de 0,02% de todas as exportações procedentes dos Estados Unidos) não teria praticamente nenhuma incidência na economia dos Estados Unidos, que poderiam desviar com facilidade esse volume relativamente pequeno de intercâmbios comerciais para outros lugares"[4082].

Mas, será que é uma perda de tempo e de dinheiro para um país em desenvolvimento recorrer ao sistema de resolução de litígios da OMC contra os países ricos, uma vez que não dispõe de qualquer modo efectivo de fazer cumprir uma

---

countries, in *The Law, Economics and Politics of Retaliation in WTO Dispute Settlement*, Cambridge University Press, 2010, p. 324.

[4082] Decisão de Arbitragem no caso *United States – Measures Affecting the Cross-Border Supply of Gambling and Betting Services, Recourse to Arbitration by the United States under Article 22.6 of the DSU* (WT/DS285/ARB), 21-12-2007, parágrafo 4.2.

1472

A FALTA DE EXECUÇÃO

decisão ou recomendação favorável do Órgão de Resolução de Litígios? Pensamos que não. Como observa HUNTER NOTTAGE:

> "[The] high compliance rates with adverse WTO dispute settlement rulings are not limited to those disputes brought by developed countries. Similar compliance rates have been observed when smaller and developing countries have obtained favourable rulings"[4083].

Naturalmente, as altas taxas de cumprimento das decisões ou recomendações do Órgão de Resolução de Litígios, mesmo quando a parte queixosa é um país pequeno ou em desenvolvimento, são difíceis de reconciliar com a perspectiva de que a capacidade de retaliar é um factor importante na resolução dos litígios da OMC.

Antes da entrada em vigor dos acordos da OMC, existem igualmente vários exemplos de litígios em que, tendo o sistema de resolução de litígios do GATT de 1947 decidido a favor da parte claramente mais fraca, a parte mais forte retirou a medida contrária às disposições do Acordo Geral:

1) em 1949, o Chile apresentou uma queixa contra a Austrália por causa de um subsídio concedido por esta ao sulfato de amoníaco e que, segundo o Chile, violava o art. I do Acordo Geral (caso *The Australian Subsidy on Ammonium Sulphate*, relatório adoptado em 3 de Abril de 1950);

2) em 1961, o Brasil apresentou uma queixa contra o Reino Unido por este ter aumentado os direitos aduaneiros das bananas originárias dos países não membros da Commonwealth (caso *United Kingdom – Increase in Margin of Preferences on Bananas*);

3) em 1972, Israel apresentou uma queixa contra o Reino Unido por este ter aplicado restrições quantitativas às importações de têxteis de algodão israelitas (caso *United Kingdom – Import Restrictions on Cotton Textiles*, relatório adoptado em 5 de Fevereiro de 1973);

4) em 1979, o Chile apresentou uma queixa contra a Comunidade Económica Europeia, por esta ter aplicado quotas as importações de maçãs chilenas (caso *EEC – Restrictions on Imports of Apples from Chile II*, relatório adoptado em 10 de Novembro de 1980);

5) em 1980, a Índia alegou que os Estados Unidos tinham imposto um direito compensador sem que tivessem provado a existência de um prejuízo importante (caso *United States Countervailing Duties*, relatório adoptado em 3 de Novembro de 1981);

---

[4083] Hunter NOTTAGE, Evaluating the criticism that WTO retaliation rules undermine the utility of WTO dispute settlement for developing countries, in *The Law, Economics and Politics of Retaliation in WTO Dispute Settlement*, Cambridge University Press, 2010, p. 327.

A FUNÇÃO JURISDICIONAL NO SISTEMA GATT/OMC

6) em 1981, Hong Kong pôs em causa a legalidade das quotas aplicadas pela Comunidade Económica Europeia a vários dos seus produtos (caso *EEC – Quantitative Restrictions against Imports of Certain Products from Hong Kong*, relatório adoptado em 12 de Julho de 1983); e

7) em 1993, a Guatemala, a Nicarágua a Costa Rica, a Venezuela e a Colômbia apresentaram uma queixa contra a Comunidade Económica Europeia, alegando que o regime de importação de bananas imposto por esta era discriminatório, por favorecer os países ACP produtores de bananas (caso *EEC – Import Regime for Bananas*).

Nos casos 1, 2, 3, 4 e 6, a parte mais forte, uma vez provada a sua violação do GATT, cumpriu sempre com o decidido pelo sistema de resolução de litígios. No caso 5, os Estados Unidos acordaram em retirar o direito compensador antes da criação do Painel e, no caso 7, a Comunidade Económica Europeia celebrou com os países queixosos um acordo quadro, que acomodou as suas exigências[4084].

No caso do sistema de resolução de litígios da OMC, não obstante a ênfase posta pelos membros da OMC na suspensão de concessões[4085], os factos mostram que, dos cerca de 60 litígios em que era possível recorrer à aplicação de medidas de retaliação após o termo do prazo razoável estabelecido, os membros da OMC só solicitaram o direito de retaliar em 17 litígios e o Órgão de Resolução de Litígios só reconheceu esse direito em nove desses litígios. Mais, apenas em quatro desses nove litígios, as medidas de retaliação autorizadas foram realmente aplicadas[4086].

Assim, apesar de o Membro da OMC faltoso já não poder vetar a aplicação de medidas de retaliação contra si (possibilidade existente durante a vigência do GATT de 1947), a retaliação tem constituído mais a excepção do que a regra e, por isso, na grande maioria dos litígios "the catalyst for compliance does not appear to have been the threat of retaliation"[4087]. Se a Comunidade Europeia e

---

[4084] Giovanni Maggi, *The Role of Multilateral Institutions in International Trade Cooperation*, in American Economic Review, 1999, pp. 209-210.

[4085] Só nos primeiros sete anos de funcionamento do sistema de resolução de litígios da OMC, três casos resultaram na suspensão de concessões comerciais: os Estados Unidos retaliaram contra a Comunidade Europeia no caso *Bananas*; os Estados Unidos e o Canadá retaliaram contra a Comunidade Europeia no caso *Hormones*.

[4086] Casos *European Communities – Bananas, European Communities – Hormones, United States – Foreign Sales Corporations* [as Comunidades Europeias retaliaram contra os Estados Unidos] e *United States Byrd Amendment* [as Comunidades Europeias, o Canadá, o Japão e o México aplicaram medidas de retaliação contra os Estados Unidos]". Cf. William Davey, *Compliance Problems in WTO Dispute Settlement*, in CILJ, 2009, p. 124.

[4087] Hunter Nottage, Evaluating the criticism that WTO retaliation rules undermine the utility of WTO dispute settlement for developing countries, in *The Law, Economics and Politics of Retaliation in WTO Dispute Settlement*, Cambridge University Press, 2010, p. 329.

1474

A FALTA DE EXECUÇÃO

os Estados Unidos cumpriram na maioria dos casos as recomendações e decisões do Órgão de Resolução de Litígios, não foi por causa da ameaça de retaliação, mas principalmente por causa dos custos para a sua reputação e do êxito das relações económicas internacionais depender muito da credibilidade dos múltiplos instrumentos jurídicos que as governam. E, para um país em desenvolvimento, o simples facto de obter autorização para retaliar contra um país desenvolvido pode ser suficiente para que essa perda de reputação e de confiança constitua uma realidade aos olhos de outros membros da OMC.

Olhando especificamente para a experiência dos países em desenvolvimento com a prática da suspensão de concessões ou outras obrigações, verificamos que já foram vários os países em desenvolvimento que, ao abrigo do art. 22º, nº 6, do Memorando, solicitaram e obtiveram autorização para suspender concessões ou outras obrigações relativamente a outros membros da OMC:

(i) Equador contra a Comunidade Europeia (caso *European Communities –Regime for the Importation, Sale and Distribution of Bananas* (WT/DS27/ARB/ECU);

(ii) Brasil contra o Canadá (caso *Canada – Export Credits and Loan Guarantees for Regional Aircraft* (WT/DS222/ARB);

(iii) Chile, Índia, México e Brasil contra os Estados Unidos (caso *United States – Continued Dumping and Subsidy Offset Act of 2000* (WT/DS217/ARB/EEC);

(iv) Antígua contra os Estados Unidos (caso *United States – Measures Affecting the Cross-Border Supply of Gambling and Betting Services* (WT/DS285/ARB); (v) Brasil contra os Estados Unidos (casos *United States – Subsidies on Upland Cotton* (WT/DS267/ARB1, WT/DS267/ARB2).

Ou seja, os países em desenvolvimento têm visto algum mérito em solicitar autorização para aplicarem medidas de retaliação quando uma determinada medida declarada incompatível não foi posta em conformidade com os acordos abrangidos (findo o prazo razoável).

Na prática, os países em desenvolvimento impuseram medidas de retaliação apenas em uma das oito ocasiões em que receberam autorização (o México no caso *United States – Continued Dumping and Subsidy Offset Act of 2000*). Em contraste, os países desenvolvidos impuseram medidas de retaliação em oito das 10 ocasiões em que receberam autorização para retaliar[4088].

No âmbito do caso *European Communities –Regime for the Importation, Sale and Distribution of Bananas*, o Equador não aplicou quaisquer medidas de retaliação

---

[4088] *Idem*, p. 331.

A FUNÇÃO JURISDICIONAL NO SISTEMA GATT/OMC

por várias razões. O Equador deixou que fossem os Estados Unidos, que tinham recebido igualmente autorização para retaliar contra a Comunidade Europeia no âmbito do mesmo caso, a pressionarem a Comunidade Europeia[4089]. A decisão arbitral que autorizou o Equador a retaliar foi tornada pública em Março de 2000 e, pouco tempo depois, o Equador chegou a acordo com a Comunidade Europeia para pôr fim ao litígio[4090]. E parece que a Comunidade Europeia apoiou o esforço do Equador na redução da sua dívida externa junto do Clube de Paris em troca da promessa feita pelo Equador de não retaliar[4091].

No caso *United States – Continued Dumping and Subsidy Offset Act of 2000*, o facto de o Japão, a Comunidade Europeia e o Canadá terem retaliado contra os Estados Unidos levou, igualmente, a que apenas um dos países em desenvolvimento que receberam autorização para retaliar julgasse imperioso fazê-lo (o México)[4092].

Por sua vez, no caso *Canada – Export Credits and Loan Guarantees for Regional Aircraft*, no último parágrafo da decisão arbitral:

> "O Árbitro sabe que as partes têm estado a realizar consultas. O Árbitro considera que, dadas as circunstâncias particulares deste caso, um acordo mutuamente satisfatório entre as partes que aborde as questões tratadas neste caso *no seu contexto mais amplo* seria a solução mais apropriada"[4093].

Ora, ao autorizar o Brasil a aplicar medidas de retaliação num valor próximo (247,797 milhões de dólares norte-americanos por ano) ao valor autorizado para as medidas de retaliação a aplicar pelo Canadá (344,2 milhões de dólares cana-

---

[4089] Os Estados Unidos foram autorizados a aplicar medidas de retaliação no valor de 191.4 milhões de dólares norte-americanos por ano. É curioso notar, ainda, que os Estados Unidos chegaram a acordo primeiro com a Comunidade Europeia e o Equador ficou tão transtornado com o acordo entre as duas grandes potências comerciais que o seu ministro dos negócios estrangeiros chegou a ameaçar pedir aos Estados Unidos que retirassem uma base militar do território equatoriano. Cf. Karen ALTER, *Resolving or exacerbating disputes? The WTO's new dispute resolution system*, in International Affairs, 2003, pp. 789-790.

[4090] OMC, *European Communities – Regime for the Importation, Sale and Distribution of Bananas, Understanding on Bananas between Ecuador and the EC* (WT/DS27/60, G/C/W/274), 9-7-2001.

[4091] Erich VRANES, Cross Retaliation under GATS and TRIPS – An Optimal Enforcement Device for Developing Countries?, in *The Banana Dispute: An Economic and Legal Analysis*, Fritz Breuss, Stefan Griller e Erich Vranes eds., Springer, Viena-Nova Iorque, 2003, p. 128.

[4092] Hunter NOTTAGE, Evaluating the criticism that WTO retaliation rules undermine the utility of WTO dispute settlement for developing countries, in *The Law, Economics and Politics of Retaliation in WTO Dispute Settlement*, Cambridge University Press, 2010, p. 331.

[4093] Decisão de Arbitragem no caso *Canada – Export Credits and Loan Guarantees for Regional Aircraft, Recourse to Arbitration by Canada under Article 22.6 of the DSU and Article 4.11 of the SCM Agreement* (WT/DS222/ARB), 17-2-2003, parágrafo 4.4.

1476

A FALTA DE EXECUÇÃO

denses por ano), é provável que os árbitros estivessem a tentar criar um incentivo para o Brasil e o Canadá "to go back to the negotiating table"[4094].

Finalmente, no caso *United States – Measures Affecting the Cross-Border Supply of Gambling and Betting Services*, a circunstância de os Estados Unidos terem decidido alterar a sua lista de compromissos específicos através dos procedimentos previstos no art. XXI do GATS teve consequências, no plano jurídico, relativamente ao direito de retaliar de Antígua:

> "Both the Appellate Body as well as the Compliance-Panel Report base their findings on the United States commitments as contained in its *original* service schedule. As soon as the modified United States commitments supersede and replace the original ones, the United States domestic law will arguably be in accordance with its GATS commitments and Antigua will not have a case anymore"[4095].

É provável, também, que a consciência de que a aplicação de medidas de retaliação causará mais prejuízos à sua economia contribua para que os países em desenvolvimento não as apliquem na grande maioria dos casos[4096]. Por conseguinte, há quem conclua que "the only action of consequence a smaller winner

---

[4094] Yves RENOUF, A brief introduction to countermeasures in the WTO dispute settlement system, in *Key Issues in WTO Dispute Settlement: The First Ten Years*, Rufus Yerxa e Bruce Wilson Ed., Cambridge University Press, 2005, p. 121.

[4095] Henning RUSE-KHAN, *A Pirate of the Caribbean? The Attractions of Suspending TRIPS Obligations*, in JIEL, 2008, p. 323. Ao recorrer aos procedimentos regulados no art. XXI do GATS para clarificar a exclusão dos serviços de jogos de azar e de apostas da sua lista de compromissos específicos, os Estados Unidos não pretenderam colocar a sua legislação interna em conformidade com as suas obrigações internacionais (como interpretadas pelo Órgão de Recurso no caso *United States – Measures Affecting the Cross-Border Supply of Gambling and Betting Services*). Pelo contrário, os Estados Unidos pretenderam modificar tais obrigações internacionais para alinhá-las com a legislação e práticas norte-americanas. Mas, atenção, Antígua goza do direito de suspender obrigações do Acordo TRIPS no valor anual de 21 milhões de dólares norte-americanos, autorizadas pelos árbitros ao abrigo do art. 22º do memorando de Entendimento sobre Resolução de Litígios, enquanto as modificações à lista de compromissos específicos dos Estados Unidos não entrarem em vigor. Cf. *Idem*, p. 324.

[4096] Mas existem excepções. Sendo os países pobres "imitators rather than innovators of technology" (cf. Lucas Eduardo SPADANO, *Cross-agreement retaliation in the WTO dispute settlement system: an important enforcement mechanism for developing countries?*, in WTR, 2008, p. 533), a suspensão das obrigações do Acordo TRIPS pode aleviar, de certo modo, as assimetrias na dimensão do mercado, poder económico e capacidade tecnológica entre os países em desenvolvimento que suspendem tais obrigações e os países desenvolvidos incumpridores das obrigações da OMC. Cf. Werner ZDOUC, Cross-retaliation and suspension under the GATS and TRIPS agreements, in *The Law, Economics and Politics of Retaliation in WTO Dispute Settlement*, Cambridge University Press, 2010, p. 534.

A FUNÇÃO JURISDICIONAL NO SISTEMA GATT/OMC

could take is to stop debt repayment"[4097] e quem avance com a possibilidade de a retaliação poder ser aplicada por todos os membros da OMC e não apenas pelos membros lesados[4098].

A ideia de retaliação colectiva suscita, no entanto, alguns problemas, designadamente, o respeito da exigência de que as sanções aplicadas pelo conjunto dos membros da OMC não ultrapassem o nível de suspensão de concessões autorizado pelo Órgão de Resolução de Litígios (o chamado problema do "*double-counting*")[4099]. Além disso, se um dos membros da OMC se recusar, apesar das suas obrigações, a retaliar em conjunto com os outros membros da OMC, é possível que ocorra a seu favor algum "desvio de comércio". E, como faz notar BREN-DAN MCGIVERN:

> "It is extremely difficult for a complaining party to impose sanctions in a way that does not hurt its own consumers and businesses. Many governments would be even more reluctant to impose commercial harm on their economies in order to resolve a completely unrelated trade dispute"[4100].

---

[4097] Kofi KUFUOR, *From the GATT to the WTO: The Developing Countries and the Reform of the Procedures for the Settlement of International Trade Disputes*, in JWT, vol. 31, nº 5, 1997, p. 120.

[4098] Bernard HOEKMAN e Michel KOSTECKI, *The Political Economy of the World Trading System: The WTO and Beyond*, 2ª ed., Oxford University Press, 2001, p. 90; Joost PAUWELYN, *Enforcement and Countermeasures in the WTO: Rules Are Rules – Toward a More Collective Approach*, in AJIL, 2000, p. 345. De notar que o estado actual do direito internacional sobre as contramedidas adoptadas no interesse geral ou colectivo é incerto. A prática dos Estados é escassa e envolve um número limitado de Estados. Na actualidade, não parece ser reconhecido claramente o direito de os Estados mencionados no artigo 48º (os Estados distintos do Estado lesionado) adoptarem contramedidas no interesse colectivo (cf. James CRAWFORD, *Los artículos de la Comisión de Derecho Internacional sobre la Responsabilidad Internacional del Estado – Introducción, texto y comentários*, Editorial Dykinson, Madrid, 2004, p. 352). De notar, ainda, que é fundamental distinguir entre medidas individuais (as tomadas por um Estado ou por um grupo de Estados, cada um actuando a título individual e através dos seus próprios órgãos) e as reacções institucionais no âmbito de organizações internacionais. Esta última situação ocorre, por exemplo, quando se produz ao abrigo do Capítulo VII da Carta das Nações Unidas e não é visada pelos Artigos da Comissão do Direito Internacional sobre a Responsabilidade Internacional do Estado. Cf. *Idem*, p. 349.

[4099] Actualmente, a retaliação colectiva não é permitida pelo Memorando de Entendimento sobre Resolução de Litígios: "se não for acordada nenhuma compensação satisfatória no prazo de 20 dias a contar da data em que expira o prazo razoável, *qualquer parte que tenha accionado o processo de resolução de litígios* pode solicitar autorização do Órgão de Resolução de Litígios para suspender a aplicação, em relação ao Membro em causa, das concessões ou outras obrigações previstas nos acordos abrangidos" (art. 22º, nº 2, *in fine*) (itálico aditado). Pelo menos em teoria, o nº 2 do artigo 94º da Carta das Nações Unidas parece permitir a imposição de medidas colectivas em resposta ao não cumprimento das decisões do Tribunal Internacional de Justiça.

[4100] Brendan MCGIVERN, *Seeking Compliance with WTO Rulings: Theory, Practice and Alternatives*, in The International Lawyer, 2002, p. 156.

1478

A FALTA DE EXECUÇÃO

Não é claro, enfim, como as medidas de retaliação colectiva seriam distribuídas entre os membros da OMC (*minus* o Membro incumpridor) e como seriam escolhidas as concessões ou outras obrigações a suspender.

Curiosa é a proposta que passa pela atribuição pelo Fundo Monetário Internacional de direitos de saque especiais ao país em desenvolvimento lesado em lugar da suspensão de concessões ou outras obrigações[4101]. Esta solução não parece ser, contudo, possível. Nos termos do parágrafo 5 da Declaração relativa à contribuição da Organização Mundial do Comércio para uma maior coerência na elaboração das políticas comerciais a nível mundial:

> "As inter-relações entre os diversos aspectos da política económica obrigam as
> instituições internacionais com responsabilidades em cada uma destas áreas a pros-
> seguir políticas coerentes e complementares. Deste modo, a Organização Mundial do
> Comércio deve prosseguir e desenvolver acções de cooperação com as organizações
> internacionais responsáveis pelas questões financeiras e monetárias, embora respei-
> tando o mandato, os requisitos de confidencialidade e a necessária autonomia dos
> processos decisórios de cada instituição e *evitando a imposição aos governos de condicio-
> nalidades cruzadas ou exigências adicionais*" (itálico aditado)[4102].

## 6.10. O Objectivo da Suspensão de Concessões ou Outras Obrigações
### 6.10.1. Considerações gerais

Ao contrário da compensação comercial, a suspensão de concessões previstas nos acordos abrangidos implica que o membro que viu a sua pretensão ser reconhecida aumenta as barreiras às trocas comerciais com o membro faltoso[4103] e daí muitos autores dizerem que o país que recorre à suspensão de concessões dá um "tiro no próprio pé". Isso mesmo foi reconhecido numa decisão de arbitragem: "a suspensão de concessões não é do interesse económico" de nenhuma das partes em litígio[4104]. Mais: pese embora a retaliação possa recair sobre os produtores de

---

[4101] Asif QURESHI, Participation of Developing Countries in the WTO Dispute Settlement System, in *The WTO Dispute Settlement System 1995-2003*, Federico Ortino e Ernst-Ulrich Petersmann ed., Kluwer Law International, Haia-Londres-Nova Iorque, 2004, p. 497.

[4102] O texto desta Declaração pode ser encontrado in Eduardo Paz FERREIRA e João ATANÁSIO, *Textos de Direito do Comércio Internacional e do Desenvolvimento Económico*, Volume I – Comércio Internacional, Almedina, 2004, pp. 669-670.

[4103] STEVE CHARNOVITZ considera mesmo que "the freedom to engage in voluntary commercial intercourse is a basic human right" (cf. Steve CHARNOVITZ, *Rethinking WTO Trade Sanctions*, in AJIL, 2001, pp. 810-811). Infelizmente, a lógica mercantilista da suspensão de concessões encontra-se prevista igualmente em pelo menos nove disposições do GATT: artigos II, nº 5; XII, nº 4; XVIII, nº 7; XVIII, nº 21; XIX, nº 3; XXIII, nº 2; XXVII; XXVIII, nº 3; e XXVIII, nº 4.

[4104] Decisão de Arbitragem no caso *European Communities – Regime for the Importation, Sale and Distribution of Bananas, Recourse to Arbitration by the European Communities under Article 22.6 of the*

1479

A FUNÇÃO JURISDICIONAL NO SISTEMA GATT/OMC

carne de vaca da Comunidade que exportem para os mercados norte-americano e canadense, os produtores norte-americanos e canadenses de carne de vaca com hormonas de crescimento não vêem a sua situação melhorar com a aplicação pelo seu país de medidas de retaliação, continuando a ter de enfrentar a medida declarada incompatível pelo Órgão de Resolução de Litígios[4105], e, por isso, "a victory in the Dispute Settlement Body can become something of a pyrrhic victory for the complainant industry"[4106].

A imposição de restrições comerciais implica, necessariamente, uma redução do bem-estar dos consumidores e distribuidores nacionais e, para os produtores, o aumento dos direitos aduaneiros aumenta o preço dos *inputs* e, com isso, aumenta o preço dos produtos finais destinados aos mercados nacional e internacional. Pode haver, é certo, alguns produtores que beneficiarão com o aumento dos direitos aduaneiros, uma vez que poderão aumentar os preços no mercado interno e/ou aumentar a sua quota neste mercado, e podem também os produtores ou exportadores estrangeiros decidir absorver o aumento do direito aduaneiro, a fim de não perderem quota no mercado do Membro da OMC que retalia. Neste caso, a retaliação não implicaria qualquer custo económico para a economia da parte queixosa. No caso *European Communities – Regime for the Importation, Sale and Distribution of Bananas*, por exemplo, um dos fabricantes de um dos produtos visados pelas medidas de retaliação impostas pelos Estados Unidos decidiu pagar, do seu próprio bolso, o direito aduaneiro de 100%, explicando que não queria perder clientes norte-americanos imprescindíveis e 10 anos de trabalho[4107].

---

*DSU* (WT/DS27/ARB), 9-4-1999, parágrafo 2.13. A suspensão de concessões pode também ter um impacto negativo em países terceiros. Basta que as suas indústrias forneçam *inputs* às indústrias do Membro da OMC alvo das medidas de retaliação.

[4105] Foi, por isso, natural que um senador norte-americano tivesse apresentado, em Junho de 2000, uma proposta no sentido de criar a *Beef Industry Compensation Trust Fund*, o qual teria por função canalizar os direitos aduaneiros cobrados no âmbito das medidas de retaliação aplicadas pelos Estados Unidos no caso *Hormones* para os produtores de carne de vaca norte-americanos prejudicados pela medida comunitária. Cf. Alberto ALEMANNO, Private Parties and WTO Dispute Settlement System: Who bears the costs of non-compliance and why private parties should not bear them, in *Essays on the Future of the World Trade Organization, Volume II – The WTO Judicial System: Contributions and Challenges*, Julien Chaisse e Tiziano Balmelli Ed., Editions Interuniversitaires Suisses, Genebra-Lugano-Bruxelas, 2008, p. 259.

[4106] Philippe RUTTLEY, WTO Dispute Settlement and Private Sector Interests: A Slow but Gradual Improvement?, in *Due Process in WTO Dispute Settlement*, Philippe Ruttley, Iain MacVay e Marc Weisberger ed., Cameron May, 2001, p. 181.

[4107] Reto MALACRIDA, *Towards Sounder and Fairer WTO Retaliation: Suggestions for Possible Additional Procedural Rules Governing Members' Preparation and Adoption of Retaliatory Measures*, in JWT, 2008, p. 12).

A FALTA DE EXECUÇÃO

Também se o governo de um país grande impuser um direito aduaneiro a um produto importado, ele aumentará o preço e reduzirá a procura no mercado interno, o que afectará uma parte do mercado total suficientemente importante para reduzir o preço mundial do produto em causa. O direito aduaneiro terá por efeito reduzir o preço das importações em relação ao das exportações (os termos de troca) e aumentar dessa maneira os rendimentos nacionais à custa de países terceiros[4108]. O custo do bem-estar imposto aos outros países será tanto maior quanto mais reduzida for a elasticidade da curva da oferta internacional.

No contexto da OMC, o argumento tradicional contra os chamados direitos aduaneiros óptimos é de que a vantagem conseguida só é obtida à custa do prejuízo do país ou dos países que ficam com os "termos do comércio" desfavorecidos. Ora, a "teoria dos jogos" mostra que é mais vantajoso haver cooperação do que imposições unilaterais. A própria história ensina que a promoção de benefícios à custa dos interesses de outros países pode resultar em guerras comerciais com prejuízos para todos. Essa a razão para que o "argumento dos termos do comércio", cientificamente "the most durable and important exception to free trade ever conceived"[4109], nunca tenha sido explorado por qualquer bloco económico regional[4110] nem pelas duas grandes potências comerciais que o mundo conheceu desde meados do século XIX (o Reino Unido e os Estados Unidos). Pelo contrário, ambos os países promoveram fortemente, durante os respectivos períodos de hegemonia, a liberalização comercial. É verdade que as regras da OMC autorizam a aplicação de medidas de retaliação contra uma violação continuada do direito da OMC, mas não que o Membro incumpridor retalie contra a parte queixosa, ou seja, o risco de guerras comerciais parece ser inexistente no caso da OMC. Mas também é verdade que a queixa apresentada pelas Comunidades Europeias a respeito de certas medidas fiscais norte-americanas (*Foreign Sales Corporations*) foi estimulada por um desejo de ensinar aos Estados Unidos uma lição sobre o uso

---

[4108] Joost Pauwelyn, The calculation and design of trade retaliation in context: what is the goal of suspending WTO obligations?, in *The Law, Economics and Politics of Retaliation in WTO Dispute Settlement*, Cambridge University Press, 2010, p. 37.

[4109] Douglas Irwin, *Against the Tide. An Intellectual History of Free Trade*, Princeton University Press, 1998, p. 101.

[4110] Stephan Haggard, Regionalism in Asia and the Americas, in *The Political Economy of Regionalism*, Edited by Edward D. Mansfield e Helen V. Milner, Columbia University Press, Nova Iorque, 1997, p. 26. Opinião dissonante é a de André Sapir: "with reference to temperate agricultural products, the effect of trade diversion is to improve the Community's terms of trade, by reducing imports and depressing world prices". Cf. André Sapir, *Regionalism and the New Theory of International Trade: Do the Bells Toll for the GATT? A European Outlook*, in WE, vol. 16, nº 4, 1993, p. 429.

A FUNÇÃO JURISDICIONAL NO SISTEMA GATT/OMC

intemperado da retaliação[4111]. Ou seja, as medidas de retaliação aplicadas pelos Estados Unidos nos casos *bananas* e *hormones* tiveram um efeito *boomerang*[4112].

Em qualquer caso, é evidente que, do ponto de vista da OMC enquanto organização, a autorização concedida a um membro para aplicar restrições comerciais em relação a outro membro contradiz o objectivo do livre-cambismo, o que não deixa de ser absurdo. Com alguma ironia, STEVE CHARNOVITZ nota que:

> "International agencies do not generally sponsor actions that contradict the agency's purpose. For example, the World Health Organization does not authorize spreading viruses to countries that do not cooperate in international health efforts. The World Intellectual Property Organization does not fight piracy with piracy. Hence, the WTO's endorsement of a trade restriction to promote free trade seems bizarre"[4113].

A solução da compensação comercial é, pois, claramente preferível à possibilidade da suspensão de concessões ou outras obrigações. Trata-se, desde logo, de uma solução claramente consentânea com o espírito subjacente ao actual sistema comercial multilateral.

### 6.10.2. A relevância prática da suspensão de concessões

Na prática, até meados de 2010, foram aplicadas medidas de retaliação em quatro litígios: os Estados Unidos e o Canadá no caso *European Communities Measures Concerning Meat and Meat Products (Hormones)*; os Estados Unidos no caso *European Communities – Regime for the Importation, Sale and Distribution of Bananas*; as Comunidades Europeias no caso *United States – Tax Treatment for "Foreign Sales Corporations"* e as Comunidades Europeias, o Canadá, o Japão e o México no caso *United States – Continued Dumping and Subsidy Offset Act of 2000*. A respeito destes casos, vale a pena atentar nos seguintes aspectos. Primeiro, as origens dos casos *Bananas*, *Hormones* e *Foreign Sales Corporations* remontam aos anos 80. Apesar disso, eles não impediram as duas grandes potências comerciais da actualidade de concluir com êxito o Ciclo do Uruguai e de lançar, já no século XXI, o Ciclo de Doha.

Segundo, é bom ter presente que, apesar de a medida analisada pelo Órgão de Recurso no caso *Hormones* se manter em vigor 10 anos após ter sido declarada

---

[4111] Robert E. HUDEC, *Review article: Free trade, sovereignty, democracy: the future of the World Trade Organization (Claude E. Barfield)*, in WTR, 2002, p. 219.

[4112] Pierre MONNIER, *Le système de compensations et de rétorsions de l'Organisation Mondiale du Commerce: Les Membres de l'OMC jouent-ils aux échecs comme des billes ou lancent-ils leurs billes comme des nuls?*, in International Law FORUM, 2003, p. 53.

[4113] Steve CHARNOVITZ, *Rethinking WTO Trade Sanctions*, in AJIL, 2001, p. 810.

1482

## A FALTA DE EXECUÇÃO

incompatível, o novo sistema de resolução de litígios da OMC impediu o recurso a medidas unilaterais e a medidas de retaliação potencialmente arbitrárias, como sucedeu antes da entrada em vigor dos acordos da OMC, quando os Estados Unidos agiram como acusador, juiz e executante.

Terceiro, os quatro casos de incumprimento que degeneraram na aplicação de medidas de retaliação envolveram, quase que exclusivamente, as duas principais potências comerciais. O principal parceiro comercial dos Estados Unidos é a Comunidade Europeia e vice-versa. O conjunto das suas economias corresponde a 58% do PIB global e são ambos responsáveis por 37% do comércio mundial[4114]. Significativamente, o volume de trocas comerciais bilaterais cresceu rapidamente durante o tempo em que decorreu a alegada guerra comercial entre os dois membros da OMC mais importantes. As exportações de mercadorias norte-americanas para o mercado comunitário mais do que duplicaram entre 1990 e 2001 e as importações norte-americanas das Comunidades quase que triplicaram[4115].

Quarto, mesmo no caso *Foreign Sales Corporations*, o montante de retaliação autorizado equivalia a 2.4% do valor das importações comunitárias dos Estados Unidos[4116] e, como já foi referido, as Comunidades Europeias aplicaram apenas medidas de retaliação num valor correspondente a 14% do montante autorizado pelo Órgão de Resolução de Litígios.

Quinto, estavam em causa no caso *Bananas* medidas de retaliação no montante de 191.4 milhões de dólares norte-americanos, ou seja, estamos a falar de uma gota no oceano. E os Estados Unidos só aplicaram as medidas de retaliação autorizadas entre Abril de 1999 e Julho de 2001, instante em que entrou em vigor a nova legislação comunitária. Significativamente, a conclusão mais importante a retirar do caso *Bananas* é a circunstância de o litígio ter sido resolvido por negociação[4117]. Numa primeira fase, a Comunidade Europeia obteve uma derrogação, concedida em 14 de Novembro de 2001, relativamente às suas obrigações face aos nºs 1 e 2 do art. XIII do GATT de 1994, assim se legitimando a discriminação comercial praticada pela Comunidade Europeia[4118], pelo menos durante algum tempo. Numa segunda fase, já depois de o Órgão de Recurso ter apresentado,

---

[4114] COMISSÃO EUROPEIA, *United States Barriers to Trade and Investment: Report for 2006*, Bruxelas, Fevereiro de 2007, p. 5.

[4115] Hainz HAUSER e Alexander ROITINGER, Renegotiation in Transatlantic Trade Disputes, in *Transatlantic Economic Disputes: The EU, the US, and the WTO*, Ernst-Ulrich Petersmann e Mark Pollack ed., Oxford University Press, 2003, p. 506.

[4116] Fritz BREUSS, *WTO Dispute Settlement: An Economic Analysis of Four EU-US Mini Trade Wars – A Survey*, in Journal of Industry, Competition and Trade, 2004, p. 300.

[4117] Gary Clyde HUFBAUER, *International Economic Law in Times That Are Stressful*, in JIEL, 2002, p. 8.

[4118] OMC, *European Communities – transitional regime for the EC autonomous tariff rate quotas on imports of bananas* (WT/MIN(01)/16), 14-11-2001.

1483

A FUNÇÃO JURISDICIONAL NO SISTEMA GATT/OMC

em Novembro de 2008, um novo relatório a questionar o regime comunitário de importação de bananas então vigente[4119], foi concluído no dia 31 de Maio de 2010 o chamado Acordo de Genebra sobre o Comércio de Bananas, também conhecido pela sigla GATB (*Geneva Agreement on Trade in Bananas*). Este acordo foi assinado pelos seguintes membros da OMC: União Europeia, Colômbia, Panamá, Equador, Costa Rica, Honduras, Guatemala, Peru, Brasil, México, Nicarágua e Venezuela. Essencialmente, o acordo estabelece a aplicação de um regime unicamente pautal e não discriminatório para a importação de bananas pela União Europeia[4120]. Em 8 de Junho de 2010, os Estados Unidos assinaram também um acordo com a União Europeia que, de diferente, tem apenas a imposição de a União não aplicar qualquer medida que discrimine entre prestadores de serviços de distribuição de bananas com base na propriedade ou controlo do prestador do serviço ou na origem das bananas distribuídas.

Referindo-se ao caso *Bananas*, the trade case of the decade"[4121], FRIEDL WEISS nota que a sua longevidade e intensidade é tanto mais surpreedente quando sabemos que nenhum dos principais protagonistas, a Comunidade Europeia e os Estados Unidos, "had a substantial producer interest to defend"[4122]. No caso concreto da queixa apresentada pelos Estados Unidos pouco tempo depois da entrada em vigor dos acordos da OMC, pensamos que podem ser avançadas principalmente duas explicações. Por um lado, apesar de os Estados Unidos terem uma produção interna muito diminuta e de não exportarem bananas, duas multinacionais norte-americanas, a *Dole* e a *Chiquita*, estavam muito envolvidas na produção e comercialização de bananas a nível global[4123] e, como já foi dito, Carl Lindner da *Chiquita Bananas* doou quase 1 milhão de dólares aos dois partidos dominantes em

---

[4119] Relatório do Órgão de Recurso no caso *European Communities – Regime for the Importation, Sale and Distribution of Bananas, Second Recourse to Article 21.5 of the DSU by Ecuador; European Communities – Regime for the Importation, Sale and Distribution of Bananas, Recourse to Article 21.5 of the DSU by the United States* (WT/DS27/AB/RW2/ECU, WT/DS27/AB/RW/USA), 26-11-2008.

[4120] Ao abrigo do GATB, a União Europeia reduzirá gradualmente os direitos aduaneiros aplicados às bananas de 176 para 114 euros por tonelada em 2017 (ou 2019 o mais tardar caso seja adiada a conclusão do Ciclo de Doha para o Desenvolvimento). O GATB contém, igualmente, uma "cláusula de resolução" para a solução definitiva de todos os litígios pendentes.

[4121] John JACKSON e Mauricio SALAS, *Procedural Overview of the WTO EC – Banana Dispute*, in JIEL, 2000, p. 145. RAJ BHALA chega mesmo a considerar o caso *Bananas* "the greatest case in GATT--WTO history". Cf. Raj BHALA, *The Bananas War*, in McGeorge Law Review, 2000, p. 957.

[4122] Friedl WEISS, Manifestly Illegal Import Restrictions and Non-compliance with WTO Dispute Settlement Rulings: Lessons from the Banana Dispute, in *Transatlantic Economic Disputes: The EU, the US, and the WTO*, Ernst-Ulrich Petersmann e Mark Pollack ed., Oxford University Press, 2003, p. 138.

[4123] Bruce HIRSH, *The WTO Bananas Decision: Cutting Through the Ticket*, in Leiden Journal of International Law, 1998, pp. 204-205.

1484

# A FALTA DE EXECUÇÃO

1993 e 1994, fazendo dele um dos maiores contribuintes durante o ciclo eleitoral então a decorrer. Por outro lado, a organização do mercado comum da banana era, e foi durante muito tempo, apontada como "the most controversial single Common Agricultural Policy market regime"[4124].

Cumpre realçar, por fim, que as regras de direito interno estão longe de ser sempre observadas (por exemplo, as regras relativas ao trânsito), isto é, os sistemas jurídicos nacionais não são infalíveis. O facto de uma parte que viu a sua pretensão ser reconhecida poder não ser capaz de receber a indemnização atribuída pelo tribunal, por causa da insolvência do devedor, não afecta, igualmente, a natureza do contrato ou põe em causa a existência do sistema jurídico ao abrigo do qual foi celebrado o contrato. Pouco importa, também, que a OMC não tenha prisão, termo de fiança, capacetes azuis, cacete ou gás lacrimogéneo[4125]. Como nota Lucius Caflisch:

> "dès qu'une violation du droit est suivie d'une sanction et que celle-ci a la nature d'une réaction à cette violation, le droit international a les caractéristiques d'un ordre juridique; peu importe le caractère organisé ou non de la sanction"[4126].

Essencialmente, os tribunais internacionais não podem oferecer às partes algo que é natural nos tribunais nacionais: "a judgment that will be enforced by marshals and police"[4127]. Mas, durante vários séculos, não existiu na Islândia execução pública das decisões dos tribunais:

> "There was no executive arm of government and as a result there were no sheriffs, no police, no soldiers, and no prosecutors. All suits, including criminal suits, were prosecuted by private individuals, and, what was the greater innovation in the art of minimizing government (for a number of societies that no one would call stateless have left prosecution even of criminal cases to private individuals), all judicial decrees were enforced privately, if at all"[4128].

Ao mesmo tempo, convém ter presente que as sanções podem passar por medidas físicas (encarceramento), económicas (multas) e emocionais (perda da

---

[4124] Giovanni Anania, *The 2005 WTO arbitration and the new EU import regime for bananas: a cut too far?*, in European Review of Agricultural Economics, Vol. 33 (4), 2006, p. 449.

[4125] Judith Bello, *The WTO Dispute Settlement Understanding: Less Is More*, in AJIL, 1996, pp. 416-417.

[4126] Lucius Caflisch, *Cent ans de règlement pacifique des différends interétatiques*, in RCADI, 2001, vol. 288, Martinus Nijhoff, Haia-Boston-Londres, 2002, p. 260.

[4127] Eric Posner e John Yoo, *Judicial Independence in International Tribunals*, in California Law Review, 2005, p. 55.

[4128] Richard Posner, *Medieval Iceland and Modern Legal Scholarship*, in Michigan Law Review, 1992, p. 1497.

A FUNÇÃO JURISDICIONAL NO SISTEMA GATT/OMC

reputação, retirada do afecto) e que elas podem ser decretadas por uma parte terceira independente (por exemplo, a polícia), pela colectividade (por exemplo, ostracismo por uma tribo ou clã) ou pela própria parte afectada[4129]. E, como veremos *infra*, há quem veja na possibilidade de incumprimento das regras internacionais "an important security valve"[4130]. Claro está, o facto de um Membro da OMC incumpridor poder escolher, como já aconteceu, não implementar logo as recomendações do Órgão de Resolução de Litígios, por força dos custos políticos e económicos da implementação, não significa que ele não esteja obrigado a executar as recomendações[4131]. Tanto é assim que, quer no âmbito do caso *Hormones*, quer no âmbito do caso *Bananas*, as partes em litígios mantiveram ou têm mantido negociações constantes com vista à obtenção de uma solução mutuamente aceitável para os dois litígios em causa.

## 7. A Fase Pós-Retaliação

De acordo com o disposto no nº 8 do art. 22º do Memorando:

"A suspensão de concessões ou outras obrigações será temporária e só se manterá enquanto a medida que foi considerada incompatível com o acordo abrangido não for revogada, ou o Membro que deve dar cumprimento às recomendações ou decisões não apresentar uma solução para a anulação ou redução de vantagens, ou enquanto não for encontrada uma solução mutuamente satisfatória. Em conformidade com o disposto no nº 6 do artigo 21º, o Órgão de Resolução de Litígios continuará a fiscalizar a aplicação das recomendações ou decisões adoptadas, incluindo os casos em que foi concedida uma compensação ou em que foram suspensas concessões ou outras obrigações, mas em que as recomendações para tornar uma medida conforme aos acordos abrangidos não foram executadas".

A respeito da aplicação desta disposição, tem sido observado que ela não estabelece qualquer procedimento que permita ao membro da OMC alvo das medidas de retaliação pedir a retirada das mesmas ou verificar se ele cumpriu efectivamente as recomendações e decisões do Órgão de Resolução de Litígios. O Membro faltoso pode asseverar que a nova medida adoptada cumpre tais recomendações e decisões e a parte queixosa afirmar precisamente o oposto.

---

[4129] Simon SCHROPP, The equivalence standard under Article 22.4 of the DSU: a 'tariffic' misunderstanding?, in *The Law, Economics and Politics of Retaliation in WTO Dispute Settlement*, Cambridge University Press, 2010, p. 474.

[4130] Martin NETTESHEIM, *Legitimizing the WTO: The Dispute Settlement Process as Formalized Arbitration*, in Rivista Trimestrale di Diritto Pubblico, 2003, p. 715.

[4131] Yuka FUKUNAGA, *Securing Compliance Through the WTO Dispute Settlement System: Implementation of DSB Recommendations*, in JIEL, 2006, pp. 397-398.

1486

A FALTA DE EXECUÇÃO

Depois de reconhecer que o nº 8 do art. 22º do Memorando não identificava, de facto, os procedimentos a seguir nesta situação[4132], coube uma vez mais ao Órgão de Recurso responder a estas importantes questões no âmbito do caso *United States – Continued Suspension of Obligations in the EC – Hormones Dispute*.

Tendo em conta os resultados de uma queixa apresentada pelos Estados Unidos junto do sistema de resolução de litígios da OMC (caso *Hormones I*)[4133], a Comissão Europeia iniciou logo em 1999, em conformidade com as exigências do Acordo relativo à Aplicação de Medidas Sanitárias e Fitossanitárias, tal como interpretadas pelo Órgão de Recurso, uma avaliação complementar dos riscos de seis substâncias hormonais (estradiol 17β, testosterona, progesterona, acetato de trembolona, zeranol e acetato de melengestrol), cuja administração era proibida pela Directiva 96/22/CE[4134]. Em paralelo, a Comissão iniciou e financiou alguns estudos científicos e projectos de investigação específicos sobre as seis hormonas referidas, de modo a obter o maior número possível de informações científicas ainda por recolher, de acordo com a interpretação e as conclusões dos relatórios do painel e do Órgão de Recurso no caso *Hormones I*. À luz dos resultados da avaliação dos riscos e de todos os outros dados pertinentes, a Comissão Europeia concluiu que, para atingir o nível de protecção estabelecido na Comunidade Europeia contra os riscos que se colocavam, em especial, para a saúde humana pela utilização corrente das referidas hormonas para estimular o crescimento e pelo consumo de resíduos presentes na carne de animais a que tivessem sido administradas, era necessário manter a proibição permanente estabelecida pela Directiva 96/22/CE no que respeita ao estradiol 17β e continuar a aplicar, a título provisório, a proibição das restantes cinco hormonas. Conse-

---

[4132] Relatório do Órgão de Recurso no caso *United States – Continued Suspension of Obligations in the EC – Hormones Dispute* (WT/DS320/AB/R), 16-10-2008, parágrafo 310.

[4133] Em Abril de 1996, os Estados Unidos apresentaram uma queixa formal junto do sistema de resolução de litígios da OMC contra a proibição de utilização de substâncias hormonais para fins de engorda na produção de carne de vaca, medida imposta pelas Comunidades Europeias. Esta queixa foi a primeira a invocar o Acordo relativo à Aplicação de Medidas Sanitárias e Fitossanitárias, uma das grandes novidades do Ciclo do Uruguai. Essencialmente, as Comunidades Europeias perderam o caso *Hormones I*, não porque não observaram as normas estabelecidas pelo *Codex Alimentarius*, mas sim porque a proibição à importação imposta não se baseou numa avaliação dos riscos no sentido dos nºs 1 e 2 do art. 5º do Acordo relativo à Aplicação de Medidas Sanitárias e Fitossanitárias (cf. Relatório do Órgão de Recurso no caso *European Communities Measures Concerning Meat and Meat Products (Hormones)* (WT/DS26/AB/R, WT/DS48/AB/R), 16-1-1998, parágrafo 208) e, excepto no caso do nº 7 do art. 5º ou quando as medidas sanitárias ou fitossanitárias estão em conformidade com as normas, directrizes ou recomendações internacionais (art. 3º, nº 2), o Acordo relativo à Aplicação de Medidas Sanitárias e Fitossanitárias exige que todas as medidas sanitárias e fitossanitárias se baseiem numa avaliação dos riscos, em consonância com o disposto no nº 1 do seu art. 5º

[4134] JOCE L 125, 23-5-1996, pp. 3-9.

A FUNÇÃO JURISDICIONAL NO SISTEMA GATT/OMC

quentemente, o Parlamento Europeu e o Conselho alteraram a Directiva 96/22/ CE através da adopção da Directiva 2003/74/CE[4135]. A Comunidade Europeia notificou a Directiva 2003/74/CE ao Órgão de Resolução de Litígios em 27 de Outubro de 2003, ao mesmo tempo que alegava que a mesma implementava as recomendações e decisões feitas pelo Órgão de Resolução de Litígios no âmbito do caso *Hormones I*. Ou seja, tendo revogado a medida então declarada incompatível (a Directiva 96/22/CE), a Comunidade solicitava o fim de todas as medidas de suspensão de concessões impostas pelos Estados Unidos e o Canadá. Estes dois membros da OMC, todavia, discordaram e recusaram pôr fim às suas medidas de retaliação, assim como iniciar novos procedimentos de resolução de litígios ao abrigo do nº 5 do art. 21º do Memorando, para permitir que a Directiva 2003/74/ CE pudesse ser analisada. Em Janeiro de 2005, a Comunidade Europeia solicitou a criação de um painel para analisar a sua alegação de que os Estados Unidos e o Canadá já não estavam autorizados a suspender concessões, por força da adopção da nova Directiva comunitária. Porém, em 16 de Outubro, o Órgão de Recurso emitiu o seu relatório concluindo que, apesar de a autorização para suspender concessões ser condicional e limitada no tempo (artigo 22º, nº 8, do Memorando de Entendimento sobre Resolução de Litígios), a suspensão de concessões por parte dos Estados Unidos e do Canadá podia ser mantida:

> "**303.** Enquanto a medida que foi considerada incompatível com o acordo abrangido não for revogada, enquanto o Membro que deve dar cumprimento às recomendações ou decisões não apresentar uma solução para a anulação ou redução de vantagens ou enquanto não for encontrada uma solução mutuamente satisfatória.
>
> **309.** (...) Estamos de acordo de que as três condições mencionadas no nº 8 do artigo 22º são alternativas entre si. Mas são alternativas que dão lugar a um mesmo resultado: o fim da suspensão de concessões e a solução definitiva do litígio. É difícil imaginar como poderia um litígio ficar definitivamente resolvido meramente porque se suprimiu formalmente a medida incompatível, independentemente de ter sido alcançado o cumprimento substantivo. (...) É difícil imaginar como poderia um litígio ficar definitivamente resolvido meramente porque se suprimiu formalmente a medida incompatível, independentemente de ter sido alcançado o cumprimento substantivo. (...).
>
> **318.** Discordamos da afirmação das Comunidades Europeias de que 'a mera *existência* de uma medida de aplicação adoptada de boa fé e sua posterior notificação ao Órgão de Resolução de Litígios' exigem que os Estados Unidos e o Canadá ponham fim à aplicação da suspensão de concessões autorizada pelo Órgão de Resolução de Litígios"[4136].

---

[4135] JOCE L 262, 14-10-2003, pp. 17-21.

[4136] Relatório do Órgão de Recurso no caso *United States – Continued Suspension of Obligations in the EC – Hormones Dispute* (WT/DS320/AB/R), 16-10-2008, parágrafos 303, 309 e 318.

1488

A FALTA DE EXECUÇÃO

Ainda segundo o Órgão de Recurso, dentro da estrutura processual do Memorando de Entendimento sobre Resolução de Litígios, o procedimento previsto no nº 5 do artigo 21º é o procedimento adequado para determinar se a medida incompatível foi revogada no sentido do nº 8 do artigo 22º[4137], porquanto o nº 5 do artigo 21º prevê um procedimento específico para resolver os desacordos quanto à compatibilidade das medidas adoptadas por um Membro para aplicar as recomendações e decisões do Órgão de Resolução de Litígios com os acordos abrangidos[4138].

Não indicando o nº 5 do artigo 21º qual das partes em litígio pode iniciar os procedimentos, o Órgão de Recurso entende que é possível que tanto uma parte como a outra possam submeter a questão do desacordo a um painel criado ao abrigo do artigo 21º, nº 5[4139].

---

[4137] *Idem*, parágrafo 305.

[4138] *Idem*, parágrafos 338 e 345. Ainda segundo o Órgão de Recurso, nada impede, certamente, que as partes em litígio procurem resolver uma alegação de cumprimento por um Membro que alega ter cumprido as recomendações e resoluções do Órgão de Resolução de Litígios por meios consensuais ou por outros meios previstos no Memorando de Entendimento sobre Resolução de Litígios. Os Membros podem realizar consultas ou recorrer à mediação e os bons ofícios. Além disso, o artigo 25º estabelece a arbitragem como alternativa a respeito dos procedimentos de painel para a resolução de litígios. Cf. *Idem*, parágrafo 340.

[4139] *Idem*, parágrafo 347. Ainda segundo o Órgão de Recurso:
"Reconhecemos que teoricamente é possível que a parte queixosa inicial recuse participar num procedimento do nº 5 do artigo 21º iniciado pela parte demandada inicial. Todavia, esta situação não é algo que só possa ocorrer no procedimento do nº 5 do artigo 21º iniciado pela parte demandada inicial, já que o Memorando de Entendimento sobre Resolução de Litígios não estabelece os meios para obrigar qualquer parte a participar num procedimento de resolução de litígios. Uma parte demandada que se recuse a participar nos procedimentos de resolução de litígios perderá a oportunidade de defender a sua posição e correrá o risco de que se formule uma constatação a favor da parte queixosa que tenha estabelecido um caso *prima facie*. De modo semelhante, nos procedimentos de um painel criado ao abrigo do nº 5 do artigo 21º iniciado pela parte demandada inicial, a parte queixosa inicial que recuse participar perde a oportunidade de explicar ao painel do nº 5 do artigo 21º a razão pela qual a medida adoptada para dar cumprimento não rectifica as incompatibilidades constatadas no procedimento inicial e, por conseguinte, a razão pela qual a suspensão de concessões continua a ser justificada pelo nº 8 do artigo 22º do memorando, apesar da medida adoptada para dar cumprimento. Na ausência de qualquer réplica pela parte queixosa inicial, o painel do nº 5 do artigo 21º formulará a sua determinação, com base num caso *prima facie* apresentado pela parte demandada inicial de que a sua medida de execução a colocou em conformidade com as recomendações e decisões do Órgão de Resolução de Litígios. Por conseguinte, se a parte queixosa inicial suspendeu concessões em conformidade com a autorização do Órgão de Resolução de Litígios, a parte queixosa inicial terá um forte incentivo para participar, por temor a que fique sem efeito a autorização para suspender concessões em resultado da adopção pelo Órgão de Resolução

A FUNÇÃO JURISDICIONAL NO SISTEMA GATT/OMC

Caso um painel criado ao abrigo do nº 5 do art. 21º do Memorando determine que o Membro vencido num litígio cumpriu efectivamente as recomendações e decisões do Órgão de Resolução de Litígios, a autorização para suspender concessões termina *ipso iure*[4140], como exigido, aliás, pelo nº 8 do art. 22º do Memorando.

A respeito da remissão feita pelo nº 8 do art. 22º para o nº 6 do art. 21º do Memorando, resulta da mesma que:

> "O Órgão de Resolução de Litígios fiscalizará a execução das recomendações ou decisões adoptadas. A questão da execução das recomendações ou decisões pode ser levantada no Órgão de Resolução de Litígios por qualquer Membro em qualquer momento após a sua adopção. Salvo decisão em contrário do Órgão de Resolução de Litígios, a questão da execução das recomendações ou decisões fará parte da ordem de trabalhos da reunião do Órgão de Resolução de Litígios a realizar num prazo de seis meses a contar da data de definição do prazo razoável nos termos do nº 3 e manter--se-á na ordem de trabalhos do Órgão de Resolução de Litígios até que a questão esteja resolvida. Pelo menos 10 dias antes de cada reunião do Órgão de Resolução de Litígios, o Membro em causa apresentará ao Órgão de Resolução de Litígios um relatório escrito sobre os progressos técnicos efectuados na execução das recomendações ou decisões".

Na prática, esta disposição não tem tido grande relevância. Os relatórios escritos sobre os progressos técnicos efectuados na execução das recomendações ou decisões do Órgão de Resolução de Litígios tendem a ser breves, pouco informativos e altamente repetitivos. Alguns membros da OMC, especialmente os Estados Unidos, apresentam "virtually identical status reports month after month"[4141].

---

de Litígios da constatação do peinal do nº 5 do artigo 21º de que a parte demandada inicial se colocou em conformidade". Cf. *Idem*, parágrafo 358.

[4140] *Idem*, parágrafo 355.

[4141] Brendan McGivern, Implementation of panel and Appellate Body rulings: an overview, in *Key Issues in WTO Dispute Settlement: The First Ten Years*, Rufus Yerxa e Bruce Wilson Ed., Cambridge University Press, 2005, p. 109.

Parte VI

# Um Governo dos Juízes?

# Capítulo 23
# Os Mecanismos de Controlo

> *"without control there would be no consent, and without consent there would be no adjudication"*[4142].

## 1. A Independência dos Tribunais

Entre os valores nucleares subjacentes ao exercício da função jurisdicional encontra-se, naturalmente, a independência do tribunal:

> "The variable independence measures the extent to which adjudicators for an international authority charged with dispute resolution are able to deliberate and reach legal judgments independently of national governments. In other words, it assesses the extent to which adjudication is rendered impartially with respect to concrete state interests in a specific case"[4143].

Entende-se que um tribunal internacional é independente quando reúne as seguintes características:

(1) os seus membros não dependem das partes em litígio para a sua nomeação ou salário;

(2) possui jurisdição compulsória;

(3) os juízes observam regras processuais preestabelecidas;

(4) podem intervir partes terceiras;

(5) as partes em litígio não têm direito a um seu nacional como juiz[4144].

---

[4142] Jacob COGAN, *Competition and Control in International Adjudication*, in Virginia Journal of International Law, 2008, p. 419.

[4143] Robert KEOHANE, Andrew MORAVCSIK e Anne-Marie SLAUGHTER, *Legalized Dispute Resolution: Interstate and Transnational*, in International Organization, 2000, pp. 459-460.

[4144] Eric POSNER e John YOO, *Judicial Independence in International Tribunals*, in California Law Review, 2005, pp. 7, 9 e 51.

A FUNÇÃO JURISDICIONAL NO SISTEMA GATT/OMC

A independência dos tribunais implica, portanto, o exercício da função jurisdicional livre de qualquer perseguição e pressão política, aspecto fulcral para a
sua legitimidade, credibilidade e eficácia[4145].

Significativamente, ERIC POSNER e JOHN YOO concluem, depois de analisarem o Tribunal Permanente de Justiça Internacional, o Tribunal Internacional
de Justiça, o Tribunal Internacional do Direito do Mar, o Tribunal de Justiça das
Comunidades Europeias, o Tribunal Europeu dos Direitos do Homem, os painéis
do GATT, o Tribunal Penal Internacional e o Órgão de Recurso da OMC, que
este último é o único a reunir as cinco características referidas[4146]. Alguns autores pensam mesmo que os membros do Órgão de Recurso têm exibido níveis de
integridade e independência que rivalizam com os níveis encontrados "in the
best domestic court systems"[4147].

Mas, tal como acontece com os tribunais nacionais, a independência de um
tribunal internacional não significa que o comportamento dos seus juízes não
está sujeito a quaisquer constrangimentos[4148]. Para além das regras de conduta a
que os juízes estão sempre sujeitos, os Estados têm sempre ao seu dispor mecanismos a que podem recorrer para controlar a acção dos tribunais internacionais:

| Mecanismos formais | Mecanismos ex ante | Mecanismos ex post |
| --- | --- | --- |
| | 1. regras substantivas definidas de modo preciso | 1. reinterpretação das regras substantivas |
| | 2. métodos de interpretação ou critérios de análise definidos de modo preciso | 2. renegociação da jurisdição dos órgãos de resolução de litígios, das regras de acesso ou das regras processuais |
| | 3. reservas às regras substantivas | 3. poder de renovar o mandato dos membros dos órgãos de resolução de litígios |
| | 4. reservas à jurisdição do tribunal | |
| | 5. regras que regulam o acesso e os procedimentos | 4. atraso na implementação das decisões |
| | 6. regras relativas à selecção, dura-ção do mandato e composição dos membros dos órgãos de resolução de litígios | 5. retirada unilateral da jurisdi-ção do tribunal ou exercício do direito de recesso do tratado subjacente |

[4145] Dinah SHELTON, Legal Norms to Promote the Independence and Accountability of International Tribunals, in The Law and Practice of International Courts and Tribunals, 2003, p. 27.

[4146] Eric POSNER e John YOO, Judicial Independence in International Tribunals, in California Law
Review, 2005, p. 52.

[4147] Robert HOWSE e Susan ESSERMAN, The WTO on Trial, in Foreign Affairs, January/February
2003, p. 132.

[4148] Laurence HELFER e Anne-Marie SLAUGHTER, Why States Create International Tribunals: A Response to Professors Posner and Yoo, in California Law Review, Vol. 93, 2005, p. 904.

1494

## OS MECANISMOS DE CONTROLO

| Mecanismos políticos | 1. entendimentos informais relativos à escolha dos membros dos órgãos de resolução de litígios 2. capacidade para apresentar queixas e defender-se das queixas apresentadas 3. recursos humanos e financeiros inadequados 4. relação com outros tribunais e mecanismos de resolução de litígios | 1. desafios à legitimidade do tribunal ou de uma decisão em particular 2. incumprimento ou cumprimento parcial de uma decisão 3. controlo da lista dos casos pendentes 4. *forum shopping* relativamente a tribunais com jurisdições concorrentes |
|---|---|---|

FONTE: Laurence HELFER e Anne-Marie SLAUGHTER, *Why States Create International Tribunals: A Response to Professors Posner and Yoo*, in California Law Review, 2005, p. 944.

Assim, regras substantivas definidas de modo preciso inibem uma jurisprudência activista, desde logo, porque os juízes terão de encontrar uma justificação convincente para se terem afastado do sentido comum negociado pelos Estados[4149]. Caso os custos de negociação de um acordo internacional sejam elevados (no caso específico da OMC, até por causa da maior intromissão dos novos acordos no domínio interno dos membros), os negociadores podem tolerar alguma ambiguidade textual, mas tendem a especificar quais as regras de interpretação que um tribunal deve utilizar (por exemplo, o artigo 3º, nº 2, do Memorando de Entendimento sobre Resolução de Litígios) e/ou o grau de deferência a reconhecer aos decisores políticos nacionais (por exemplo, o artigo 17º, nº 6, do Acordo sobre a Aplicação do Artigo VI do GATT de 1994).

Se, não obstante os mecanismos formais de controlo *ex ante* identificados, um tribunal pronuncia um conjunto de decisões que os Estados consideram censuráveis, estes dispõem formalmente de diversas opções *ex post* para sinalizar o seu desagrado: a interpretação com autoridade das obrigações substantivas do tratado, a alteração formal do tratado, a não recondução dos juízes, a denúncia unilateral da jurisdição do tribunal ou o exercício do direito de recesso do tratado subjacente, etc.

No que concerne aos mecanismos políticos referidos, os mais problemáticos para a legitimidade e credibilidade de um tribunal serão, seguramente, o incumprimento de uma decisão sua ou os Estados deixarem de recorrer aos seus serviços.

Por conseguinte, conquanto os Estados estabeleçam tribunais formalmente independentes para aumentar a credibilidade dos seus compromissos, a acção dos tribunais criados é constrangida por um conjunto de mecanismos "structural,

---

[4149] Laurence HELFER e Anne-Marie SLAUGHTER, *Why States Create International Tribunals: A Response to Professors Posner and Yoo*, in California Law Review, Vol. 93, 2005, p. 47.

A FUNÇÃO JURISDICIONAL NO SISTEMA GATT/OMC

political, and discursive" que mitigam a independência formal dos juízes[4150] e, por isso, não sendo a independência dos tribunais internacionais absoluta, talvez seja preferível falar em "constrained independence"[4151], em "bounded discretion"[4152].

Os próprios tribunais internacionais têm desenvolvido, ao longo dos tempos, um conjunto de controlos internos ou de restrição jurisdicional "to dispose of cases or issues within cases" quando uma decisão parece desnecessária, inapropriada ou talvez simplesmente demasiado controversa[4153]. Pense-se, por exemplo, no princípio da economia judicial, no princípio *non ultra petita*, na doutrina da questão política, nas limitações de acesso ao tribunal, etc.. A lógica subjacente é a de que todos os juízes partilham o desejo de ver as suas decisões executadas e, por isso, eles são sensíveis a eventuais ameaças de não cumprimento, de repeli-las por meios legislativos ou de retirada do apoio institucional.

## 2. O Sistema de Resolução de Litígios da OMC
### 2.1. Introdução
Uma das grandes ilações que se pode retirar da evolução do sistema de resolução de litígios do GATT de 1947 é a de que, quanto mais normativa se torna a resolução de litígios, menor é o controlo que as partes em litígio (ou outras) podem exercer sobre ele. Actualmente, por força da introdução da regra do consenso negativo, já não é possível a um Membro da OMC impedir a criação de um painel para analisar uma queixa apresentada contra uma medida que tenha adoptado, a adopção do relatório de um painel a declarar essa medida incompatível com os acordos abrangidos ou a aplicação de medidas de retaliação caso não tenha colocado a medida incompatível em conformidade com os acordos abrangidos.

Ao mesmo tempo, a independência de que gozam os painéis e o Órgão de Recurso no âmbito do sistema de resolução de litígios da OMC não significa que a sua acção não se encontra sujeita a qualquer controlo. Desde logo, as conclusões e as interpretações jurídicas dos painéis estão sujeitas ao controlo do Órgão de

---

[4150] Quanto maior o controlo directo dos Estados sobre os juízes, "the lesser the utility of those judges and their courts to States". Cf. Jacob COGAN, *Competition and Control in International Adjudication*, in Virginia Journal of International Law, 2008, p. 416.

[4151] Laurence HELFER e Anne-Marie SLAUGHTER, *Why States Create International Tribunals: A Response to Professors Posner and Yoo*, in California Law Review, Vol. 93, 2005, p. 902.

[4152] Tom GINSBURG, *Bounded Discretion in International Judicial Lawmaking*, in Virginia Journal of International Law, 2005, pp. 631-673.

[4153] William DAVEY, Has the WTO Dispute Settlement System Exceeded Its Authority? A Consideration of Deference Shown by the System to Member Government Decisions and Its Use of Issue-Avoidance Techniques, in *The Role of the Judge in International Trade Regulation: Experience and Lessons for the WTO*, Thomas Cottier e Petros Mavroidis ed., Studies in International Economics – The World Trade Forum, volume 4, The University of Michigan Press, 2003, pp. 58-59.

1496

OS MECANISMOS DE CONTROLO

Recurso e as conclusões e recomendações do principal órgão judicial da OMC podem ser alteradas por acção dos membros da OMC.

O próprio Memorando de Entendimento sobre Resolução de Litígios entrou em vigor com a possibilidade de os membros da OMC porem fim à sua vigência em finais de 1999. De facto, a Decisão relativa à aplicação e revisão do Memorando de Entendimento sobre as Regras e Processos Que Regem a Resolução de Litígios estabelecia que:

> "Os Ministros (...) convidam a Conferência Ministerial a concluir uma revisão completa das regras e processos de resolução de litígios no âmbito da Organização Mundial do Comércio no prazo de quatro anos a contar da data de entrada em vigor do Acordo que institui a Organização Mundial do Comércio e a adoptar uma decisão, aquando da sua primeira reunião após a conclusão da revisão, no sentido de continuar, alterar ou extinguir tais normas e processos de resolução de litígios"[4154].

Porém, consultas informais levadas a cabo pelo presidente do Órgão de Resolução de Litígios revelaram que nenhuma delegação nacional estava a favor da extinção do Memorando de Entendimento sobre Resolução de Litígios[4155]. Antes pelo contrário. Segundo o presidente do Órgão de Resolução de Litígios:

> "As delegações que Eu consultei consideram que, em geral, o Memorando de Entendimento sobre resolução de Litígios é um elemento essencial para o bom funcionamento da OMC; que, como os Ministros declararam em Singapura, está a funcionar eficazmente; que os seus atributos, como o carácter automático e a previsibilidade, são características positivas, como é o seu enfoque de dupla via que permite quer a possibilidade de resolver os litígios por meio de recomendações e resoluções de painéis (e do Órgão de Recurso) ou pela oportunidade de procurar soluções mutuamente acordadas"[4156].

De notar, ainda, que nem sempre os mecanismos de controlo acima identificados existem no âmbito do sistema de resolução de litígios da OMC ou dos outros acordos da OMC. Por exemplo, não é possível a um Membro da OMC

---

[4154] O texto desta Decisão pode ser encontrado in Eduardo Paz FERREIRA e João ATANÁSIO, *Textos de Direito do Comércio Internacional e do Desenvolvimento Económico*, Volume I – Comércio Internacional, Almedina, 2004, p. 690.

[4155] David EVANS e Celso de Tarso PEREIRA, DSU review: a view from the inside, in *Key Issues in WTO Dispute Settlement: The First Ten Years*, Rufus Yerxa e Bruce Wilson Ed., Cambridge University Press, 2005, p. 254.

[4156] OMC, *Procedures for the Review of the Dispute Settlement Understanding* (WT/DSB/W/74), 26-2-1998, p. 1.

## A FUNÇÃO JURISDICIONAL NO SISTEMA GATT/OMC

formular reservas à jurisdição do sistema de resolução de litígios[4157] e, no caso das reservas às regras substantivas dos acordos comerciais multilaterais[4158], elas podem ser formuladas apenas na medida do previsto nesses acordos[4159]. As reservas são permitidas, com o consentimento dos outros membros, no Acordo sobre os Obstáculos Técnicos ao Comércio (art. 15º, nº 1), no Acordo sobre a Aplicação do Artigo VI do GATT de 1994 (art. 18º, nº 2), no Acordo sobre os Procedimentos em Matéria de Licenças de Importação (art. 8º, nº 1), no Acordo sobre as Subvenções e as Medidas de Compensação (art. 32º, nº 2), no Acordo TRIPS (art. 72º) e no Acordo sobre a Aplicação do Artigo VII do GATT de 1994 (art. 21º)[4160]. A formulação unilateral de reservas parece ser permitida apenas no caso do Acordo sobre a Aplicação do Artigo VII do GATT de 1994. De facto, segundo o parágrafo 3º do Anexo III:

> "os países em desenvolvimento que considerarem que a inversão da ordem de aplicação a pedido do importador, prevista no artigo 4º do acordo, é susceptível de lhes criar reais dificuldades poderão eventualmente formular uma reserva ao artigo 4º, nos seguintes termos: o governo de ...... reserva-se o direito de dispor que a disposição

---

[4157] O Acordo OMC também não permite que se formulem reservas relativamente a nenhuma das suas disposições (art. XVI, nº 5), impedindo assim que a uniformidade dos direitos e obrigações dos membros da OMC seja posta em causa.

[4158] A expressão "reservas" designa uma declaração unilateral, qualquer que seja o seu conteúdo ou a sua designação, feita por um Estado quando assina, ratifica, aceita ou aprova um tratado ou a ele adere, pela qual visa excluir ou modificar o efeito jurídico de certas disposições do tratado na sua aplicação a este Estado (art. 2º, nº 1, alínea *d*), da Convenção de Viena sobre o Direito dos Tratados, de 23 de Maio de 1969).

[4159] Antes do Ciclo do Uruguai, algumas restrições quantitativas foram mantidas através de uma reserva negociada quando da acessão de uma parte contratante ao Acordo Geral. A Suíça, por exemplo, acedeu ao GATT com a seguinte reserva:

"reserva a sua posição relativamente à aplicação das disposições do Artigo XI do Acordo Geral na medida do necessário para permitir ... restrições à importação de acordo com o Título II da Lei Federal de 3 de Outubro de 1951 assim como da legislação referente aos monopólios do álcool e trigo baseados nos Artigos 32ºbis e 23ºbis (como alterados em 1952) da Constituição Federal e em conformidade com o Artigo 11º da Lei Federal de 28 de Setembro de 1956".

Ao mesmo tempo, a Suíça comprometeu-se a respeitar as seguintes condições: (i) lesar o menos possível os interesses das Partes Contratantes; (ii) aplicar de forma não discriminatória as restrições quantitativas, em conformidade com o art. XIII do GATT; (iii) informar anualmente as Partes Contratantes sobre as medidas aplicadas em virtude da reserva; e (iv) sujeitar-se de três em três anos a um exame aprofundado, pelas Partes Contratantes, sobre a aplicação da reserva.

[4160] Até 2006, não tinha sido formulada qualquer reserva ao abrigo destas disposições. Cf. Naboth van den BROEK, Article XVI WTO Agreement, in *WTO-Institutions and Dispute Settlement*, Rüdiger Wolfrum, Peter-Tobias Stoll e Karen Kaiser (eds.), Max Planck Commentaries on World Trade Law, Max Planck Institute for Comparative Public Law and International Law, Martinus Nijhoff Publishers, Leiden/Boston, 2006, p. 190.

## OS MECANISMOS DE CONTROLO

pertinente do artigo 4º do acordo só será aplicada se as autoridades aduaneiras acederem ao pedido de inversão da ordem e aplicação dos artigos 5º e 6º. Se um país em desenvolvimento formular tal reserva, os membros darão o seu consentimento a essa reserva em conformidade com as disposições do artigo 21 do acordo".

Parece resultar deste parágrafo que o consentimento dos outros membros constitui uma mera formalidade, visto não se poderem opor à reserva formulada pelo país em desenvolvimento.

Para aqueles acordos comerciais multilaterais, como o GATS e o Acordo sobre a Agricultura, em que os compromissos e concessões desempenham um papel importante, a possibilidade de um Membro da OMC formular reservas tem pouca relevância prática. No caso do Acordo sobre Compras Públicas, o principal acordo comercial plurilateral, as reservas são proibidas expressamente (art. XXIV, nº 4).

De qualquer modo, os participantes nas negociações do Ciclo do Uruguai estabeleceram alguns mecanismos que possibilitam que "a 'legal' result" inaceitável para os membros da OMC (ou para uma grande maioria dos mesmos) possa ser efectivamente modificado por eles[4161].

### 2.2. O Poder de Interpretação

Ao contrário do que acontecia com a Carta de Havana e o GATT de 1947 e como acontece, aliás, com muitas organizações internacionais[4162], o poder de interpretação dos acordos da OMC encontra-se previsto expressamente no texto do Acordo OMC e no Memorando de Entendimento sobre Resolução de Litígios[4163]. No caso do Acordo OMC, o nº 2 do art. IX determina que:

---

[4161] William Davey, WTO Dispute Settlement: Segregating the Useful Political Aspects and Avoiding "Over-Legalization", in *New Directions in International Economic Law: Essays in Honour of John Jackson*, Marco Bronckers e Reinhard Quick ed., Kluwer Law International, Haia-Londres-Boston, 2000, p. 297.

[4162] No entanto, John Jackson considerava que as Partes Contratantes tinham competência, ao abrigo do art. XXV, nº 1 do GATT de 1947 ("facilitar a aplicação do Acordo Geral e permitir atingir os seus objectivos") para procederem a verdadeiras interpretações do texto do GATT (cf. John Jackson, *The World Trading System. Law and Policy of International Economic Relations*, 2ª ed., The Massachusetts Institute of Technology Press, 1997, 1997, p. 123). O próprio *Analytical Index* refere que "as Partes Contratantes adoptaram em muitos casos uma decisão, resolução ou recomendação relativamente a uma determinada questão; por vezes, tais decisões incluíram elementos interpretativos do Acordo Geral". Cf. GATT, *Analytical Index: Guide to GATT Law and Practice* (ed. Frieder Roessler), 6ª. ed., Genebra, 1994, p. 812.

[4163] Mas, apesar de não estar expressamente consagrado, alguns grupos de trabalho e painéis procediam ocasionalmente nos seus relatórios a verdadeiras interpretações do GATT de 1947, relatórios esses que eram depois adoptados pelas Partes Contratantes. Outras vezes, as próprias

A FUNÇÃO JURISDICIONAL NO SISTEMA GATT/OMC

"Incumbe exclusivamente à Conferência Ministerial e ao Conselho Geral a adopção de interpretações do presente Acordo e dos acordos comerciais multilaterais. No caso da interpretação de um acordo comercial multilateral do Anexo 1, essa competência será exercida com base numa recomendação do Conselho que supervisiona o funcionamento desse acordo. A decisão de adoptar uma interpretação será tomada por maioria de três quartos dos Membros. O disposto no presente número não será utilizado de um modo que prejudique as disposições em matéria de alteração previstas no artigo X".

Por seu turno, o nº 9 do art. 3º do Memorando de Entendimento sobre Resolução de Litígios estabelece que:

"As disposições do presente Memorando não prejudicam o direito de os Membros procurarem uma interpretação com autoridade das disposições de um acordo abrangido, através de uma decisão adoptada no âmbito do Acordo OMC ou de um acordo abrangido que seja um acordo comercial plurilateral".

Cabendo a última palavra em matéria de interpretação das disposições do Acordo OMC e dos acordos abrangidos aos órgãos políticos da OMC (a Conferência Ministerial e o Conselho Geral), pretende-se com estas regras assegurar a unidade e o controlo político da interpretação[4164]. Ou seja, o poder exclusivo de interpretação de que gozam a Conferência Ministerial e o Conselho Geral permite corrigir "legislativamente" uma interpretação errada dos órgãos do sistema de resolução de litígios, permite evitar que os painéis ou o Órgão de Recurso limitem os direitos dos membros da OMC ou ampliem as suas obrigações mediante interpretações extensivas das disposições dos acordos abrangidos[4165].

PARTES CONTRATANTES interpretavam o Acordo Geral quando adoptavam uma decisão. Mesmo o Presidente das PARTES CONTRATANTES procedeu a interpretações do Acordo (cf. GATT, *Analytical Index: Guide to GATT Law and Practice* (ed. Frieder Roessler), 6ª. ed., Genebra, 1994, p. 811) e nenhuma objecção foi levantada a esse tipo de comportamentos. Cf. John JACKSON, *The World Trade Organization: Constitution and Jurisprudence*, Chatham House Papers – The Royal Institute of International Affairs, Londres, 1998, p. 42.

[4164] Esta possibilidade de recurso à Conferência Ministerial ou ao Conselho Geral, órgãos que normalmente não desempenham qualquer papel no âmbito do sistema de resolução de litígios da OMC, implica que, em determinadas circunstâncias, eles funcionam como uma espécie de "final constitutional court". Cf. C.L. LIM, *The Amicus Brief Issue at the WTO*, in Chinese Journal of International Law, Vol. 4, No. 1, 2005, p. 104.

[4165] Interessante é a opinião de ADRIAN CHUA: em vez de vermos o nº 2 do art. IX do Acordo OMC como excluindo o desenvolvimento de interpretações com autoridade através da adopção dos relatórios de painéis, talvez fosse melhor considerar essa adopção pelos membros como um exercício do seu poder de procurarem uma interpretação com autoridade das disposições de um acordo abrangido. E, por vezes, as interpretações dos painéis são tidas em conta quando da revisão das

1500

OS MECANISMOS DE CONTROLO

Até à data, porém, ainda não foi adoptada nenhuma "interpretação clarificadora" pelos membros da OMC[4166], embora já tenha havido pedidos nesse sentido. Por exemplo, em Fevereiro de 1999, as Comunidades Europeias solicitaram, ao abrigo do art. IX, nº 2, do Acordo OMC, uma interpretação de certas disposições do Memorando de Entendimento sobre Resolução de Litígios (estava em causa a relação entre os artigos 21º, nº 5, e 22º do Memorando de Entendimento sobre as Regras e Processos que Regem a Resolução de Litígios)[4167]. Contudo, os Estados Unidos opuseram-se ao pedido por entenderem, entre outras coisas, que a interpretação com autoridade solicitada poria em causa as disposições em matéria de alteração previstas no artigo X do Acordo OMC ou seja, "prejudicaria desnecessariamente a estrutura institucional desta Organização"[4168].

Em qualquer caso, o parágrafo 4º da Declaração sobre o Acordo TRIPS e Saúde Pública, adoptada na última conferência Ministerial de Doha, apesar de não poder ser visto propriamente como uma interpretação no sentido do nº 2 do art. IX do Acordo OMC, dado que não se baseou numa recomendação do Conselho dos Aspectos dos Direitos de Propriedade Intelectual Relacionados com o Comércio, pode ser considerado "as a very close approximation of an interpretation and, from a functional standpoint, may be indistinguishable"[4169].

disposições dos acordos que compõem o sistema comercial multilateral, sendo disso exemplo o actual art. 3º, nº 8, do Memorando de Entendimento sobre Resolução de Litígios. Cf. Adrian CHUA, *The Precedential Effect of WTO Panel and Appellate Body Reports*, in Leiden Journal of International Law, 1998, p. 54.

[4166] Marco BRONCKERS, *Better Rules for a New Millennium: A Warning Against Undemocratic Developments in the WTO*, in JIEL, 1999, p. 551; Frieder ROESSLER, Are the Judicial Organs of the World Trade Organization Overburdened?, in *Efficiency, Equity, and Legitimacy: The Multilateral Trading System at the Millennium*, Roger Porter, Pierre Sauvé, Arvind Subramanian e Americo Zampetti ed., Brookings Institution Press, Washington, D.C., 2001, p. 324.

[4167] OMC, *Request for an Authoritative Interpretation pursuant to Article IX:2 of the Marrakesh Agreement Establishing the World Trade Organization – Communication from the European Communities* (WT/GC/W/143), 5-2-1999.

[4168] OMC, *Procedures for Amendment and Interpretation of the Dispute Settlement Understanding – Response to European Communities' Request for an Authoritative Interpretation of the Dispute Settlement Understanding Pursuant to Article IX:2 of the WTO Agreement, Communication from the United States* (WT/GC/W/144), 5-2-1999, p. 1.

[4169] Frederick ABBOTT, *The Doha Declaration on the TRIPS Agreement and Public Health: Lighting a Dark Corner at the WTO*, in JIEL, 2002, p. 492. DAYA SHANKER defende mesmo que, "for the first time in the Dispute Settlement System of the WTO, the Ministerial Conference used Article IX(2) of the Marrakesh Agreement to arrive at an interpretation of a Multilateral Trade Agreement" (cf. Daya SHANKER, *The Vienna Convention on the Law of Treaties, the Dispute Settlement System of the WTO and the Doha Declaration on the TRIPS Agreement*, in JWT, 2002, p. 722). Seja como for, a verdade é que o parágrafo 4º da Declaração sobre o Acordo TRIPS e Saúde Pública se traduz claramente num

1501

A FUNÇÃO JURISDICIONAL NO SISTEMA GATT/OMC

Na prática, os membros da OMC nunca adoptaram uma interpretação com autoridade ou algo semelhante para reverter uma interpretação das disposições dos acordos abrangidos avançada por um painel ou pelo Órgão de Recurso. Claro está, a acontecer, uma tal interpretação afectaria, indubitavelmente, a reputação institucional dos painéis e do Órgão de Recurso.

Finalmente, não obstante o nº 2 do art. IX do Acordo OMC não determinar os efeitos jurídicos de uma interpretação com autoridade, o Órgão de Recurso parece entender que uma tal interpretação vincula todos os membros da OMC:

> "A distinção entre uma interpretação com autoridade e uma interpretação efectuada num procedimento de resolução de litígios está claramente enunciada no Acordo OMC. Segundo este Acordo, uma interpretação com autoridade realizada pelos Membros da OMC em conformidade com o nº 2 do artigo IX deve distinguir-se das resoluções e recomendações do Órgão de Resolução de Litígios baseadas nos relatórios de painéis e do Órgão de Recurso. Segundo o nº 2 do artigo 3º do Memorando de Entendimento sobre Resolução de Litígios, as recomendações e resoluções do Órgão de Resolução de Litígios servem apenas para clarificar as disposições dos acordos abrangidos e 'não podem aumentar ou diminuir os direitos e obrigações previstos nos acordos abrangidos'"[4170].

O Órgão de Recurso parece admitir, pelo menos implicitamente, que uma interpretação com autoridade pode aumentar ou diminuir os direitos e obrigações dos membros da OMC previstos nos acordos abrangidos[4171]. Em contrapartida, uma interpretação com autoridade deve limitar-se, por definição, a clarificar disposições dos acordos da OMC, não a desenvolver obrigações totalmente novas[4172].

---

acordo (logo no seu início diz-se: 'we agree') e, tendo sido adoptado por consenso pelos ministros, pode ser visto como uma decisão dos membros nos termos do art. IX, nº 1, do Acordo OMC.

[4170] Relatório do Órgão de Recurso no caso *United States – Tax Treatment for "Foreign Sales Corporations"* (WT/DS108/AB/R), 24-2-2000, nota de rodapé 127.

[4171] *Contra*: Tarcisio GAZZINI, *Can Authoritative Interpretation Under Article IX:2 of the Agreement Establishing the WTO Modify the Rights and Obligations of Members?*, in ICLQ, 2008, p. 180, especialmente, porque "modifications of WTO law without the involvement of the organs competent under municipal law to accept international trade obligations would be a rather surprising departure from normal practice and was certainly not the intention of the contracting parties in relation to Article IX:2".

[4172] As interpretações multilaterais (as adoptadas nos termos do nº 2 do artigo IX do Acordo OMC) têm por objecto clarificar o sentido de obrigações existentes, não modificar o seu conteúdo. Cf. Relatório do Órgão de Recurso no caso *European Communities – Regime for the Importation, Sale and Distribution of Bananas, Second Recourse to Article 21.5 of the DSU by Ecuador; European Communities – Regime for the Importation, Sale and Distribution of Bananas, Recourse to Article 21.5 of the DSU by the United States* (WT/DS27/AB/RW2/ECU, WT/DS27/AB/RW/USA), 26-11-2008, parágrafo 383.

1502

## OS MECANISMOS DE CONTROLO

## 2.3. A Possibilidade de Alterações

No caso das alterações aos acordos da OMC[4173], as regras do art. X do Acordo OMC são, no seu conjunto, assaz rigorosas, havendo mesmo quem diga que elas "are written as if in stone"[4174]. Sendo habitual encontrar omissões e disposições de carácter ambíguo em muitos dos acordos da OMC, talvez tivesse sido preferível maior flexibilidade[4175].

---

[4173] No seu art. XXX, o GATT de 1947 consagrava um mecanismo formal de emenda, que supunha, quanto às alterações das disposições da Parte I (artigos I, II e XXX), a unanimidade das Partes Contratantes e quanto às das restantes disposições a sua aceitação por dois terços das Partes Contratantes. Tal mecanismo, accionado em raros momentos, foi, por exemplo, utilizado quando da revisão de 1955 e da adopção da Parte IV do GATT. Contudo, face às dificuldades de obtenção dos consensos necessários à aprovação de emendas formais, as alterações ao quadro legal do GATT ocorreram, muitas vezes, com base em outros métodos, os quais reflectiam "o informalismo ou a visão pragmática do GATT" (cf. Paulo de Pitta e Cunha, *A erosão das regras comerciais internacionais*, in Revista da Ordem dos Advogados, 1990, p. 339). É disso exemplo a conclusão dos chamados Acordos do Ciclo de Tóquio, concebidos como instrumentos legais separados e que passaram a coexistir com o Acordo Geral, sem, no entanto, se ter definido uma relação explícita com este. Na opinião de Ernst-Ulrich Petersmann,os acordos do Ciclo de Tóquio não constituíram nem uma emenda ao Acordo Geral (nos termos do art. XXX do GATT) nem uma decisão das Partes Contratantes (de acordo com o nº 4 do art. XXV do GATT). Entre os respectivos países signatários, os acordos do Ciclo de Tóquio adquiriam, contudo, alguma relevância jurídica como "meios complementares de interpretação" (art. 32º da Convenção de Viena sobre o Direito dos Tratados, de 23 de Maio de 1969) em relação ao GATT (cf. Ernst-Ulrich Petersmann, *International Governmental Trade Organizations: GATT and UNCTAD*, in International Encyclopedia of Comparative Law, vol. XVII, 1979, p. 30). Para além da prática dos acordos separados, em que participava um número variável e limitado de Partes Contratantes do GATT, existia uma outra forma de tornear as dificuldades de aplicação do mecanismo da emenda formal, sendo disso exemplo a adopção de decisões das Partes Contratantes, como aconteceu em Novembro de 1979 com a Decisão sobre Tratamento Diferenciado e Mais Favorável, Reciprocidade e Participação Total dos Países em Desenvolvimento, a qual, através da "cláusula de habilitação", veio conferir base legal permanente às preferências em favor dos países em desenvolvimento, isto em clara derrogação do disposto no nº 1 do art. I do GATT. A prática seguida no âmbito do GATT de 1947 em relação às sobretaxas de importação, utilizadas com alguma regularidade pelas partes contratantes com problemas de balança de pagamentos, leva alguns autores a falarem, ainda, numa revisão *de facto* do Acordo Geral (cf. John Jackson, William Davey e Alan O. Sykes, *Legal Problems of International Economic Relations. Cases, Materials and Text on the National and International Regulation of Transnational Economic Relations*, 4ª ed., American Casebook Series, West Group, 2002, p. 1104), visto não haver neste nenhuma disposição legal a autorizar a adopção de tais sobretaxas.

[4174] Mitsuo Matsushita, Thomas Schoenbaum e Petros Mavroidis, *The World Trade Organization: Law, Practice, and Policy*, Oxford University Press, 2003, p. 592.

[4175] Mas, como observa Kenneth Abbott, "if amendment were easier, the General Agreement might be seriously weakened in periods of highly protectionist sentiment". Cf. Kenneth Abbott, *GATT as a Public Institution: The Uruguay Round and Beyond*, in Brooklyn Journal of International Law, 1992, p. 83.

## A FUNÇÃO JURISDICIONAL NO SISTEMA GATT/OMC

Em concreto, o nº 1 do art. X do Acordo OMC estabelece que qualquer Membro pode introduzir uma proposta de alteração das disposições que figuram no Acordo OMC ou dos acordos comerciais multilaterais, apresentando-a à Conferência Ministerial, e que os três conselhos sectoriais podem igualmente apresentar à Conferência Ministerial propostas de alteração das disposições dos correspondentes acordos comerciais multilaterais que figuram no Anexo 1, cujo funcionamento supervisionem. Em relação ao procedimento a seguir, a mesma disposição estabelece um processo algo labiríntico. Senão veja-se:

> "Durante um prazo de 90 dias a contar da apresentação formal da proposta à Conferência Ministerial, a menos que esta decida num prazo mais longo, qualquer decisão da Conferência Ministerial no sentido de apresentar aos membros, para aceitação, a alteração proposta, será tomada por consenso. A menos que seja aplicável o disposto nos nºs 2, 5 e 6, esta decisão precisará se é aplicável o disposto no nºs 3 ou 4. Se se chegar a consenso, a Conferência Ministerial apresentará imediatamente a alteração proposta aos membros, para aceitação. Caso, dentro do prazo estabelecido, não seja possível chegar a consenso numa reunião da Conferência Ministerial, esta última decidirá, por maioria de dois terços dos membros, da apresentação, ou não, da alteração proposta aos membros para aceitação. Sob reserva do disposto nos nºs 2, 5 e 6 do art. X do Acordo OMC, à alteração proposta é aplicável o disposto no nº 3, a menos que a Conferência Ministerial decida, por maioria de três quartos dos membros, que é aplicável o disposto no nº 4".

No que diz respeito aos acordos da OMC, o art. X do Acordo OMC estabelece tacitamente uma espécie de hierarquia entre as várias disposições do Acordo OMC e dos acordos comerciais multilaterais. No topo, temos as alterações aos artigos IX e X do Acordo OMC, I e II do GATT 1994, II, nº 1, do GATS, e 4º do Acordo TRIPS, as quais só produzem efeitos quando aceites por todos os membros (art. X, nº 2, do Acordo OMC)[4176].

As alterações às outras disposições do Acordo OMC ou dos acordos comerciais multilaterais que figuram nos Anexos 1A e 1C, susceptíveis de modificar os direitos e obrigações dos membros, só produzirão efeitos, no que respeita aos membros que as tenham aceitado, a partir do momento em que tenham sido aceites por dois terços dos membros e, posteriormente, no que respeita a qualquer outro membro, a partir do momento em que este as tenha aceitado (art. X, nº 3, do Acordo OMC)[4177]. Em contrapartida, se, em relação aos mesmos acordos,

---

[4176] Exceptuando os artigos IX e X do Acordo OMC, e II do GATT 1994, todas estas disposições se referem à cláusula da nação mais favorecida.

[4177] De notar, porém, que a Conferência Ministerial poderá decidir, por maioria de três quartos dos membros, que uma alteração adoptada ao abrigo do disposto na primeira parte do nº 3 do art. X do

OS MECANISMOS DE CONTROLO

estiverem em causa alterações não susceptíveis de colocar em causa os direitos ou as obrigações dos membros, as alterações produzirão efeitos para todos os membros a partir do momento em que tenham sido aceites por três quartos dos membros (art. X, nº 4, do Acordo OMC).

Estranhamente, o Acordo OMC não fornece nenhuma indicação sobre quais são as alterações das disposições do Acordo OMC ou dos acordos comerciais multilaterais que figuram nos Anexos 1A e 1C susceptíveis de modificar, ou não, os direitos e obrigações dos membros. STEVE CHARNOVITZ, por exemplo, defende que uma decisão que estabeleça um procedimento para tomar em consideração comunicações *amicus curiae* não modificará as obrigações dos membros da OMC[4178]. RAJ BHALA entende que os direitos e obrigações de todos os membros da OMC serão afectados caso se consagre formalmente a doutrina do precedente, uma vez que o equilíbrio de poder entre os "órgãos judiciais", por um lado, e a Conferência Ministerial e o Conselho Geral, por outro lado, sofreria uma modificação profunda[4179]. FRIEDER ROESSLER observa, finalmente, que:

"what was meant was that amendments, which do not change the policy obligations of Members towards each other, such as amendments relating to the institutional structure or the procedures of the WTO, could be made applicable to all. The rule that amendments apply only to those Members that have accepted them is not workable in the case of an amendment of institutional or procedural provisions. Since the WTO can have only one institutional structure and one set of procedures applicable to all Members, the rule that amendments apply only to Members that have accepted would have entailed the need to achieve unanimity for such amendments"[4180].

Acordo OMC é de tal natureza que qualquer membro que não a tenha aceitado, num prazo que a Conferência Ministerial fixará para cada caso, poderá retirar-se do Acordo OMC ou continuar a ser membro com o consentimento da Conferência Ministerial (art. X, nº 3, *in fine*, do Acordo OMC).

[4178] Steve CHARNOVITZ, *The Legal Status of the Doha Declarations*, in JIEL, 2002, p. 210. Também DEBRA STEGER defende que a aceitação de comunicações *amicus curiae* não aumenta ou diminui os direitos e obrigações dos membros da OMC previstos nos acordos abrangidos. Cf. Debra STEGER, *Amicus Curiae*: Participant or Friend? The WTO and NAFTA Experience, in *European Integration and International Co-ordination – Studies in Transnational Economic Law in Honour of Claus-Dieter Ehlermann*, Armin von Bogdandy/Petros Mavroidis/Yves Mény ed., Kluwer Law International, Haia/Londres/Nova Iorque, 2002, p. 422.

[4179] Raj BHALA, *The Power of the Past: Towards De Jure Stare Decisis in WTO Adjudication (Part Three of a Trilogy)*, in George Washington International Law Review, 2001, p. 963.

[4180] Frieder ROESSLER, The Agreement Establishing the World Trade Organization, in *The Uruguay Round Results. A European Lawyers' Perspective*, Jacques Bourgeois, Frédérique Berrod & Eric Fournier ed., College of Europe and European Interuniversity Press, Bruxelas, 1995, p. 75.

1505

A FUNÇÃO JURISDICIONAL NO SISTEMA GATT/OMC

É possível, também, à Conferência Ministerial decidir, *a contrario*, por maioria qualificada de ¾, que uma emenda não modifica verdadeiramente os direitos e obrigações dos membros (art. X, nº 1, *in fine*, do Acordo OMC).

No que diz respeito ao Anexo 2, qualquer membro da OMC poderá apresentar uma proposta de alteração das suas disposições, submetendo tal proposta à apreciação da Conferência Ministerial. A decisão de aprovação de alterações do acordo comercial multilateral que figura no Anexo 2 será tomada por consenso, produzindo tais alterações efeitos, para todos os membros, a partir do momento em que tenham sido aprovadas pela Conferência Ministerial (art. X, nº 8, do Acordo OMC)[4181].

A possibilidade de os acordos da OMC sofrerem alterações é, portanto, diminuta[4182]. O processo é complexo e ambíguo e as maiorias previstas particularmente exigentes. Tanto é assim que, até hoje, apenas uma alteração a um acordo da OMC foi aprovada pelos membros. Com efeito, os membros da OMC aprovaram, em 6 de Dezembro de 2005, alterações ao Acordo TRIPS, no sentido de conferirem carácter permanente à decisão de implementação do nº 6 da declaração ministerial de Doha relativa ao acordo sobre os aspectos dos direitos de propriedade intelectual relacionados com o comércio e a saúde pública adoptada em 30 de Agosto de 2003[4183]. As alterações passarão a fazer parte formalmente do Acordo TRIPS quando 2/3 dos membros da OMC as tiverem ratificado[4184]. Até lá, manter-se-á em vigor a decisão de 30 de Agosto de 2003[4185].

---

[4181] As alterações dos acordos comerciais plurilaterais serão regidas pelas suas próprias disposições (art. X, nº 10, do Acordo OMC).

[4182] A adesão de um novo membro não é vista como uma alteração, mas os acordos da OMC são modificados "in order to cover an additional subject of international law". Cf. Mary FOOTER, *An Institutional and Normative Analysis of the World Trade Organization*, Martinus Nijhoff, Leiden-Boston, 2006, p. 241.

[4183] O texto da declaração ministerial de Doha relativa ao acordo sobre os aspectos dos direitos de propriedade intelectual relacionados com o comércio e a saúde pública adoptada pode ser encontrado in Eduardo Paz FERREIRA e João ATANÁSIO, *Textos de Direito do Comércio Internacional e do Desenvolvimento Económico*, Volume I – Comércio Internacional, Almedina, 2004, pp. 763-765; o texto da decisão de implementação do nº 6 da declaração ministerial de Doha relativa ao acordo sobre os aspectos dos direitos de propriedade intelectual relacionados com o comércio e a saúde pública [WT/L/540] adoptada em 30 de Agosto de 2003 in http://www.wto.org; e o texto do Protocolo que altera o Acordo TRIPS in Jornal Oficial da União Europeia L 311, 29-11-2007, pp. 37-41.

[4184] Os Estados Unidos foram o primeiro membro da OMC a depositar o seu instrumento formal de aceitação da alteração ao Acordo TRIPS (cf. Steve CHARNOVITZ e Adrian FONTECILLA, *U.S. Practice Regarding Acceptance of Amendments to the WTO Agreement*, in AJIL, 2007, p. 655) e, em Fevereiro de 2010, 54 membros da OMC tinham aceite a alteração.

[4185] OMC, *Members OK amendment to make health flexibility permanent*, 2005 Press Releases, Press/426, 6-12-2005.

OS MECANISMOS DE CONTROLO

Temos a salientar, por outro lado, a conclusão, em Abril de 1997, do primeiro acordo de liberalização comercial desde a criação da Organização Mundial do Comércio: o Acordo sobre as Tecnologias da Informação. Formalmente, este Acordo não constitui um acordo comercial plurilateral, no sentido do Anexo 4 do Acordo OMC, mas sim um exemplo de um *zero-for-zero agreement*, ao abrigo do qual os seus membros decidiram eliminar os direitos aduaneiros para um conjunto de produtos[4186]. Todavia, apesar de este acordo ter sido negociado entre um grupo de membros da OMC, os seus benefícios aplicam-se a todos os outros membros da OMC[4187]. A experiência do Acordo sobre as Tecnologias da Informação revela, assim, que os membros da OMC podem, apesar da rigidez do processo estabelecido para a revisão dos acordos comerciais, encontrar meios de, na prática, adoptarem novos acordos comerciais plurilaterais.

Mesmo no caso do Memorando de Entendimento sobre Resolução de Litígios, a ausência de alterações não tem impedido os membros da OMC, os painéis e o Órgão de Recurso de lidarem com alguns dos problemas que têm surgido. Por exemplo, a chamada "questão da sequência" deixou de ser realmente um problema, a abertura ao pública das audiências orais dos painéis e do Órgão de Recurso é cada vez mais habitual e o Órgão de Recurso tem revisto com frequência os seus procedimentos de trabalho.

Por último, embora constem da agenda de negociações da OMC os assuntos mais diversos[4188], as negociações comerciais multilaterais do Ciclo de Doha, iniciadas em 2001 e cuja conclusão estava prevista para 1 de Janeiro de 2005, continuam a decorrer e já vamos em 2010. ROBERT HOWSE nota, por isso, que:

> "In the presence of political and diplomatic impasse, the judiciary has an enhanced role in the preservation of the legitimacy of the system through evolving its practices to reflect shifting conceptions of legitimate international order. It is remarkable that, while many WTO members have responded to the impasse by shifting focus to regional or bilateral negotiations and agreements, the WTO dispute settlement system remains vital and, anecdotally, seems to be preferred to regional or bilateral dispute settlement processes to settle disputes that could arguably be brought in either forum"[4189].

---

[4186] Bernard HOEKMAN e Michel KOSTECKI, *The Political Economy of the World Trading System: The WTO and Beyond*, 2ª ed., Oxford University Press, 2001, p. 106.

[4187] OMC, *Market Access: Unfinished Business*, Special Studies nº 6, ed. OMC, 2001, p. 16.

[4188] Tem-se falado dos direitos mínimos dos trabalhadores, da protecção do ambiente, investimento, concorrência, redução da pobreza, fiscalidade, corrupção, mobilidade do factor de produção trabalho, etc..

[4189] Robert HOWSE, *Moving the WTO Forward – One Case at a Time*, in CILJ, 2009, p. 228.

1507

## A FUNÇÃO JURISDICIONAL NO SISTEMA GATT/OMC

Portanto, uma vez mais, nunca os membros da OMC adoptaram qualquer alteração dos acordos da OMC para reverterem uma interpretação adoptada por um painel ou pelo Órgão de Recurso. Apesar disso, existem alguns sinais de que alguns membros da OMC, nomeadamente, os Estados Unidos e o Chile, querem recuperar algum controlo político sobre os relatórios do Órgão de Recurso. Nesse sentido, é bem elucidativa a sua proposta de alteração da redacção do actual nº 13 do art. 17º do Memorando:

"Caso as partes em litígio não consigam chegar a uma solução mutuamente satisfatória, o Órgão de Recurso apresentará as suas conclusões, sob a forma de um relatório escrito, ao Órgão de Resolução de Litígios. Nesse caso, o Órgão de Recurso deve expor no seu relatório a aplicabilidade das disposições pertinentes e os fundamentos em que se baseiam as suas constatações e recomendações. O Órgão de Recurso pode ratificar, alterar ou revogar as conclusões jurídicas do painel. O Órgão de Recurso não incluirá no relatório que distribua aos membros nenhuma constatação, nenhuma constatação junto com os fundamentos em que esta se baseia nem um fundamento em que se baseie uma constatação (nos casos em que a constatação se baseia em mais de um fundamento), que as partes em litígio tenham acordado não incluir. Caso as partes em litígio tenham chegado a uma resolução da questão, o relatório do Órgão de Recurso deverá limitar-se a uma breve descrição do caso e à solução que foi dada ao mesmo e o relatório do painel será nulo e não terá efeitos jurídicos. Caso as partes em litígio tenham chegado a uma resolução do recurso: a) o relatório do Órgão de Recurso limitar-se-á a uma breve descrição do caso, com indicação de que se chegou a uma solução a respeito do recurso e b) se uma parte em litígio o solicitar, o Órgão de Resolução de Litígios adoptará o relatório do painel dentro dos 21 dias seguintes à distribuição do relatório do Órgão de Recurso, salvo se o Órgão de Resolução de Litígios decidir por consenso não adoptá-lo"[4190].

Escrevendo em 2004, um autor concluía que os Estados Unidos tinham perdido três vezes mais casos para outros membros da OMC do que as Comunidades Europeias[4191]. É interessante verificar, ainda, que a Administração Clinton iniciou 68 casos junto da OMC entre 1994 e 2000 e a Administração Bush 16 casos entre 2000 e 2006; os Estados Unidos foram alvo de 50 queixas entre 1994 e 2000 e de 44 queixas entre 2001 e 2006. Ou seja, parece que os Estados Unidos estão a jogar à defesa no sistema de resolução de litígios da OMC.

[4190] OMC, *Flexibility and Member Control – Revised Textual Proposal by Chile and the United States* (TN/DS/W/89), 31-5-2007, pp. 2-3.
[4191] Theofanis CHRISTOFOROU, The World Trade Organization, Its Dispute Settlement System and the European Union: A Preliminary Assessment of Nearly Ten Years of Application, in *L'Intégration Européenne au XXIème Siècle: En Hommage à Jacques Bourrinet*, La Documentation Française, Paris, 2004, p. 270.

1508

OS MECANISMOS DE CONTROLO

## 2.4. A Concessão de Derrogações

Ao contrário de uma alteração, uma derrogação está limitada no tempo e não cria novos ou modifica os direitos e obrigações existentes para os membros da OMC[4192].

As condições para que uma derrogação (*waiver* na língua inglesa) possa ser concedida no âmbito da OMC tornaram-se bem mais rigorosas comparativamente ao exigido no nº 5 do art. XXV do GATT de 1947[4193]. Agora, nos termos do nº 3 do art. IX do Acordo OMC:

> "em circunstâncias excepcionais (...), a Conferência Ministerial poderá decidir dispensar um membro de uma das obrigações que lhe incumbem por força do presente acordo ou de um dos acordos comerciais multilaterais, desde que tal decisão seja tomada por três quartos dos membros".

Qualquer pedido de derrogação respeitante ao Acordo que institui a OMC deve ser submetido à apreciação da Conferência Ministerial (art. IX, nº 3, alínea *a*), do Acordo OMC)[4194], mas qualquer pedido de derrogação respeitante aos acordos comerciais multilaterais que figuram nos anexos 1A, 1B e 1C e respectivos anexos deve ser inicialmente submetido à apreciação do Conselho do Comércio de Mercadorias, do Conselho do Comércio de Serviços ou do Conselho dos Aspectos dos Direitos de Propriedade Intelectual Relacionados com o Comércio, respectivamente, dentro de um prazo não superior a 90 dias. No termo desse prazo, o Conselho em causa apresentará um relatório à Conferência Ministerial (art. IX, nº 3, alínea *b*))[4195].

---

[4192] Relatório do Órgão de Recurso no caso *European Communities – Regime for the Importation, Sale and Distribution of Bananas, Second Recourse to Article 21.5 of the DSU by Ecuador; European Communities – Regime for the Importation, Sale and Distribution of Bananas, Recourse to Article 21.5 of the DSU by the United States* (WT/DS27/AB/RW2/ECU, WT/DS27/AB/RW/USA), 26-11-2008, parágrafo 384.

[4193] O art. XXV, nº 5, do GATT de 1947 dispunha do seguinte modo: "Em circunstâncias excepcionais, além das previstas por outros artigos deste Acordo, as Partes Contratantes poderão dispensar uma parte contratante de uma das obrigações que lhe são impostas por este Acordo, com a condição de que uma tal decisão seja sancionada por uma maioria de dois terços dos votos emitidos e que esta maioria compreenda mais de metade das partes contratantes".

[4194] Na prática, é o Conselho Geral da OMC que normalmente concede ou prorroga as derrogações e algumas delas bem importantes (por exemplo, a derrogação relativa ao sistema Kimberley). Porém, por vezes, é a Conferência Ministerial que, por razões políticas, concede a derrogação. Tal aconteceu, por exemplo, com a derrogação relativa ao regime de transição para os contingentes aplicados pelas Comunidades Europeias às importações de bananas, concedida em 2001, durante a Conferência Ministerial realizada em Doha. Cf. Pieter Kuijper, WTO Institutional Aspects, in *The Oxford Handbook of International Trade Law*, Daniel Bethlehem, Donald McRae, Rodney Neufeld e Isabelle Van Damme Ed., Oxford University Press, 2009, p. 86.

[4195] As decisões relativas a derrogações quanto a disposições dos acordos comerciais plurilaterais são regidas pelas suas disposições (art. IX, nº 5, do Acordo OMC).

1509

A FUNÇÃO JURISDICIONAL NO SISTEMA GATT/OMC

A concessão de uma derrogação não implica, pois, qualquer alteração dos acordos da OMC[4196]. A concessão de uma derrogação parece não implicar, também, que a medida que dela beneficia viola inevitavelmente os acordos da OMC, sendo disso exemplo a derrogação relativa ao chamado Sistema Kimberley[4197]. Segundo o preâmbulo da decisão que concedeu tal derrogação:

"esta Decisão não julga antecipadamente a compatibilidade das medidas nacionais adoptadas em conformidade com o Sistema de Certificação do Processo de Kimberley com as disposições do Acordo OMC, incluindo as excepções relevantes às regras da OMC, e que a derrogação é concedida por razões de segurança jurídica"[4198].

A concessão de uma derrogação não implica, enfim, a exclusão do direito dos Membros afectados pela mesma recorrerem ao sistema de resolução de litígios da OMC[4199].

Ao autorizar as derrogações, a Conferência Ministerial deverá indicar as circunstâncias excepcionais que justificam a decisão, as modalidades e condições que regem a aplicação da derrogação, bem como a data de cessação da derrogação[4200].

---

[4196] THIÉBAUT FLORY vê as derrogações como um caso de aplicação da cláusula *rebus sic stantibus* no âmbito do comércio internacional. Cf. Thiébaut FLORY, *Le GATT, Droit International et Commerce Mondial*, Librairie Générale de Droit et de Jurisprudence, Paris, 1968, p. 84.

[4197] Em sentido contrário, parece ir o Memorando de Entendimento Respeitante às Derrogações às Obrigações Decorrentes do Acordo Geral sobre Pautas Aduaneiras e Comércio de 1994: "um pedido de derrogação ou de prorrogação de uma derrogação deve incluir uma descrição das medidas que o membro se propõe adoptar, os objectivos específicos que pretende alcançar e os motivos que o impedem de realizar os seus objectivos através de *medidas compatíveis* com as obrigações que para ele decorrerem do GATT de 1994" (nº 1) (itálico aditado).

[4198] OMC, *Waiver Concerning Kimberley Process Certification Scheme for Rough Diamonds – Decision of 15 May 2003* (WT/L/518), 27-5-2003, considerando nº 4.

[4199] Porém, atendendo à natureza inerentemente política da condição "circunstâncias excepcionais", há quem defenda que não pode ser apresentada uma queixa contra a derrogação concedida alegando a inexistência de condições excepcionais. Cf. James HARRISON, *Legal and Political Oversight of WTO Waivers*, in JIEL, 2008, pp. 417-418.

[4200] Conquanto não seja necessário que o Membro da OMC que apresenta o pedido de derrogação prove a existência de "circunstâncias excepcionais", a decisão que conceda uma derrogação deverá indicar as circunstâncias excepcionais que a justificam. A condição "circunstâncias excepcionais" nunca foi definida de modo preciso, mas têm sido consideradas como preenchendo tal exigência algumas das seguintes situações: prejuízos não estritamente económicos; a longevidade do acordo comercial ou das restrições impostas; um prejuízo grave à totalidade da indústria nacional; a ausência de medidas alternativas compatíveis com as obrigações do GATT; a implementação de medidas de harmonização; objectivos de ordem política, como a redução do tráfico de droga; etc.. (cf. Daniel MARINBERG, *GATT/WTO Waivers: "Exceptional Circumstances" As Applied to the Lomé Waiver*, in Boston University International Law Journal, 2001, pp. 129-162). Na prática, a condição

OS MECANISMOS DE CONTROLO

Qualquer derrogação concedida por um período superior a um ano será examinada pela Conferência Ministerial, o mais tardar, um ano após ter sido concedida e, posteriormente, todos os anos até ao termo da sua vigência. Com base neste reexame anual, a Conferência Ministerial pode prorrogar, alterar ou pôr termo à derrogação (art. IX, nº 4, do Acordo OMC)[4201].

A regra do GATT de 1947 de que, devido à sua natureza, termos e condições, as derrogações deviam ser interpretadas restritivamente, parece aplicar-se igualmente aos Acordos da OMC, visto que, segundo o Órgão de Recurso, as derrogações devem ser interpretadas "com grande cuidado"[4202]. Além disso, o Órgão de Recurso, mencionando expressamente o relatório do Painel no caso *United States – Restrictions on Imports of Sugar* de 1989, declarou que um membro pode diminuir ou derrogar alguns dos seus direitos e conceder vantagens aos outros membros, mas não reduzir unilateralmente as suas próprias obrigações[4203]. Por exemplo, um Membro da OMC não pode inserir na sua lista de concessões um contingente pautal que viole o art. XIII do GATT.

No caso das derrogações relativas ao GATT de 1994, o Memorando de Entendimento respeitante às Derrogações às Obrigações Decorrentes do GATT de 1994 impõe que um membro da OMC, ao pedir uma derrogação ou a prorrogação de uma derrogação existente, tenha que observar alguns requisitos adicionais: passa a ter que ser explícito quanto às medidas que propõe adoptar, aos objectivos específicos que pretende atingir e às razões pelas quais é obrigado a agir de

---

das "circunstâncias excepcionais" não tem impedido os regimes preferenciais de beneficiarem de derrogações (por exemplo, o Acordo de Parceria ACP-CE (WT/MIN(01)/15), 4-11-2001). Finalmente, no que diz respeito à Cláusula de Habilitação adoptada em 1979, considerando a letra do artigo XXV, nº 5, do GATT, é evidente que se fez uma interpretação muito extensiva desta disposição (fala apenas numa "parte contratante"), de tal modo que os efeitos da derrogação concedida podem ser equiparados, na prática, aos de uma alteração.

[4201] Atenção que o poder de conceder derrogações não é privativo da Conferência Ministerial e do Conselho Geral. Por exemplo, também o Conselho dos Aspectos dos Direitos de Propriedade Intelectual Relacionados com o Comércio dispõe do poder de dispensar um membro da OMC das suas obrigações (art. 63º, nº 2, do Acordo TRIPS). Mas, enquanto no caso do art. IX, nº 3, do Acordo OMC, as derrogações concedidas dispensam um membro de uma das obrigações que lhe incumbem por força do Acordo OMC ou de um dos acordos comerciais multilaterais, no caso do nº 2 do art. 63º, se uma determinada condição for preenchida, todos os membros são dispensados de uma obrigação que lhes cabe observar por força do Acordo TRIPS.

[4202] Relatório do Órgão de Recurso no caso *European Communities – Regime for the Importation, Sale and Distribution of Bananas* (WT/DS27/AB/R), 9-9-1997, parágrafo 185.

[4203] Relatório do Órgão de Recurso no caso *European Communities – Measures Affecting the Importation of Certain Poultry Products* (WT/DS69/AB/R), 13-7-1998, parágrafo 98. Ver, também, o relatório do Órgão de Recurso no caso *European Communities – Regime for the Importation, Sale and Distribution of Bananas* (WT/DS27/AB/R), 9-9-1997, parágrafo 154.

1511

A FUNÇÃO JURISDICIONAL NO SISTEMA GATT/OMC

maneira incompatível com as obrigações que para ele decorrem do GATT de 1994 (nº 1).

O Memorando prevê, igualmente, a possibilidade de recurso ao sistema de resolução de litígios caso um Membro se sinta lesado pela aplicação de uma derrogação (nº 3).

É de assinalar que, quando os primeiros pedidos de derrogações (e de adesão) foram submetidos no Verão de 1995, os membros da OMC revelaram algumas dúvidas sobre qual o procedimento a observar em matéria de tomada de decisões: as decisões deveriam ser tomadas por uma maioria de ¾ dos membros, conforme previsto no art. IX, nº 3, do Acordo OMC, ou por consenso, nos termos do art. IX, nº 1, do Acordo OMC[4204]?

No caso dos pedidos relativos a derrogações, a condição de que ¾ dos membros da OMC decidam a favor da dispensa de um membro de uma das obrigações que lhe incumbem por força dos acordos implica o voto afirmativo de mais de 110 membros e, muito provavelmente, a paralisia da OMC, até porque alguns dos membros não dispõem de qualquer representação em Genebra. Perante tal possibilidade, o Conselho Geral decidiu em Novembro de 1995 clarificar as regras de tomada de decisões dos artigos IX e XII do Acordo OMC:

> "Nas ocasiões em que examine questões relativas a pedidos de derrogações ou de adesões apresentados ao abrigo dos artigos IX ou XII do Acordo OMC, respectivamente, o Conselho Geral procurará tomar uma decisão em conformidade com o nº 1 do artigo IX. Salvo disposição em contrário, quando não for possível adoptar uma decisão por consenso, a questão em causa deverá ser decidida por votação em conformidade com as disposições relevantes dos artigos IX ou XII"[4205].

É nosso entendimento, por último, que o art. XXV, nº 5, do GATT de 1947 deixou de estar em vigor[4206]. Não só porque, nos termos do Memorando de Enten-

[4204] Debra STEGER, The World Trade Organization: A New Constitution for the Trading System, in New Directions in International Economic Law: Essays in Honour of John H. Jackson, Marco Bronckers e Reinhard Quick ed., Kluwer Law International, Londres-Haia-Boston, 2000, pp. 149-150.

[4205] OMC, Decision-Making Procedures under Articles IX and XII of the WTO Agreement – Statement by the Chairman as agreed by the General Council on 15 November 1995 (WT/L/93), 24-11-1995. Ainda segundo esta declaração, "este procedimento não impedirá nenhum Membro de solicitar uma votação no momento em que a decisão é tomada. Consequentemente, se um Membro tem um problema particular com um projecto de decisão relativo a um pedido de derrogação ou de adesão à OMC, ele deverá tomar as medidas necessárias para assegurar a sua presença na reunião em que a questão será examinada. A ausência de um Membro será considerada como implicando que ele não tem nenhuma observação ou objecção ao projecto de decisão sobre a questão em causa".

[4206] Em contraste, o art. XXIV, nº 10, do GATT mantém-se em vigor. Segundo esta disposição, a Conferência Ministerial e o Conselho Geral poderão, por decisão tomada por maioria de dois ter-

1512

OS MECANISMOS DE CONTROLO

dimento respeitante às Derrogações às Obrigações Decorrentes do GATT de 1994, "qualquer derrogação em vigor à data da entrada em vigor do Acordo OMC caducará, a menos que seja prorrogada em conformidade com os procedimentos referidos no memorando" (onde não é possível encontrar qualquer referência ao art. XXV, nº 5, do GATT) ou os estabelecidos no art. IX do Acordo OMC (nº 2 do Memorando), mas também porque o art. XVI, nº 3, do Acordo OMC estabelece que, em caso de conflito entre uma disposição do Acordo OMC (no caso, o art. IX, nº 3) e uma disposição de um dos acordos comerciais multilaterais, prevalece a disposição do Acordo OMC relativamente ao objecto do conflito. Isto não significa, no entanto, que o art. XXV, nº 5, do GATT de 1947 deixou de ter qualquer relevância. As condições de invocação ("em circunstâncias excepcionais") são as mesmas no caso do Acordo OMC, pelo que pode ser importante a experiência adquirida no âmbito do GATT de 1947[4207].

No que diz respeito especificamente ao sistema de resolução de litígios da OMC, ainda que o famosíssimo caso *European Communities – Regime for the Importation, Sale and Distribution of Bananas* tenha sido (eventualmente) resolvido e as sanções comerciais levantadas após as partes em litígio terem chegado a um compromisso político (*in casu*, uma derrogação[4208]), nunca uma derrogação foi concedida "to revise law after an unpopular Appellate Body decision"[4209].

Em contrapartida, a derrogação concedida ao sistema Kimberley relativo aos "diamantes de sangue", para além de demonstrar que o problema da fragmen-

ços, aprovar propostas que não estejam inteiramente de harmonia com as disposições dos nºs 5 a 9 inclusive do mesmo artigo, com a condição de que tais propostas conduzam ao estabelecimento de uma união aduaneira ou de uma zona de comércio livre. Os trabalhos preparatórios do GATT de 1947 revelam que o nº 10 do art. XXIV visava, essencialmente, as zonas de comércio livre e as uniões aduaneiras com países que não eram partes contratantes do GATT. Cf. OMC, *Le régionalisme et le système commercial mondial*, ed. OMC, Genebra, 1995, p. 13.

[4207] Não obstante o requisito "circunstâncias excepcionais", durante a vigência do GATT de 1947 foram acordadas 115 derrogações e apenas dois pedidos foram recusados. O primeiro aconteceu em 1969 e dizia respeito ao pedido da Comunidade Económica Europeia de derrogação das suas obrigações ao abrigo do art. I do GATT, com vista a reduzir os direitos aduaneiros aplicáveis às importações de laranjas, tangerinas e limões originárias de Israel e Espanha. O segundo ocorreu em 1970 e estava em causa um pedido da Grécia de preferências aduaneiras para as importações de alguns produtos manufacturados originários da União Soviética. Entre as derrogações concedidas mais importantes, temos as relativas à Secção 22 do Acto de Ajustamento Agrícola (Estados Unidos), à Comunidade Europeia do Carvão e do Aço e ao Sistema de Preferências Generalizadas.

[4208] O texto desta derrogação pode ser encontrado in Eduardo Paz FERREIRA e João ATANÁSIO, *Textos de Direito do Comércio Internacional e do Desenvolvimento Económico, Volume I – Comércio Internacional*, Almedina, 2004, pp. 791-792.

[4209] Steve CHARNOVITZ, Judicial Independence in the World Trade Organization, in *International Organizations and International Dispute Settlement: Trends and Prospects*, Laurence Boisson De Chazournes, Cesare Romano e Ruth Mackenzie ed., Transnational Publishers, 2002, p. 231.

1513

A FUNÇÃO JURISDICIONAL NO SISTEMA GATT/OMC

tação no plano internacional existe, também, entre órgãos políticos[4210], atesta igualmente que, caso decidam usar o seu "negotiating muscle", os membros da OMC gozam do poder de "controlar" a aplicação do direito através do processo político de decisão[4211]. De facto, segundo uma decisão adoptada pelo Conselho Geral da OMC no dia 15 de Maio de 2003:

> "no que diz respeito às medidas adoptadas por um Membro enumerado no anexo que sejam necessárias para proibir a exportação de diamantes em bruto para países não participantes no Sistema de Certificação do Processo Kimberley em conformidade com este sistema, suspende-se a aplicação do nº 1 do artigo I, o nº 1 do artigo XI e o nº 1 do artigo XIII do GATT de 1994 desde o dia 1 de Janeiro de 2003 até ao dia 31 de Dezembro de 2006"; e
>
> "no que diz respeito às medidas adoptadas por um Membro enumerado no anexo que sejam necessárias para proibir a importação de diamantes em bruto de países não participantes no Sistema de Certificação do Processo Kimberley em conformidade com este sistema, suspende-se a aplicação do nº 1 do artigo I, o nº 1 do artigo XI e o nº 1 do artigo XIII do GATT de 1994 desde o dia 1 de Janeiro de 2003 até ao dia 31 de Dezembro de 2006"[4212].

Aplicando-se a derrogação somente às medidas necessárias a proibir a exportação e importação de diamantes em bruto em relação aos países não participantes no Sistema Kimberley, de fora ficaram as restrições comerciais aplicadas entre os membros da OMC participantes no Sistema Kimberley. Contudo, se um membro da OMC participante impuser restrições ao comércio com outros mem-

---

[4210] O Sistema Kimberley foi sancionado pelo Conselho de Segurança das Nações Unidas, mas isso não obstou a que os participantes no sistema tivessem solicitado uma derrogação junto do Conselho de Mercadorias da OMC, "implying that United Nations approval was not sufficient for this purpose". Cf. Tomer BROUDE, *Principles of Normative Integration and the Allocation of International Authority: The WTO, the Vienna Convention on the Law of Treaties, and the Rio Declaration*, in Loyola University Chicago International Law Review, Volume 6, Issue 1, 2008, p. 178.

[4211] Hélène Ruiz FABRI, Drawing a line of equilibrium in a complex world, in *The WTO at Ten: The Contribution of the Dispute Settlement System*, Ed. Giorgio Sacerdoti, Alan Yanovich e Jan Bohanes, Cambridge University Press, 2006, p. 136.

[4212] OMC, *Waiver Concerning Kimberley Process Certification Scheme for Rough Diamonds – Decision of 15 May 2003* (WT/L/518), 27-5-2003. A derrogação aplicar-se-á também às medidas que implementem o *Kimberley Process Certification Scheme* adoptadas por qualquer membro que, não constando do anexo à decisão, notifique o Conselho do Comércio de Mercadorias do seu desejo em ser abrangido pela derrogação. O Sistema Kimberley entrou em vigor no dia 1 de Janeiro de 2003 e estabelece um esquema internacional de certificação que visa pôr termo à ligação entre o comércio de diamantes em bruto e os conflitos armados, especialmente em países africanos, pelo que o comércio de diamantes em bruto entre membros participantes no Sistema Kimberley e membros não participantes é proibido.

## OS MECANISMOS DE CONTROLO

bros participantes (os diamantes em bruto que não disponham de um certificado não podem ser comercializados), tais restrições serão contrárias ao art. XI, nº 1, do GATT. O art. XX, alínea *a*), (protecção da moralidade pública) e o art. XXI, alínea *c*) (e, muito provavelmente, também a alínea *b*)(ii)) do GATT parecem justificar, no entanto, as restrições aplicadas ao abrigo do Sistema Kimberley. Nesse sentido, o próprio preâmbulo da decisão que concede a derrogação no âmbito da OMC nota que "o Sistema de Certificação do Processo Kimberley responde a um chamamento da Assembleia Geral das Nações Unidas de que se examine de maneira urgente e se considere cuidadosamente a possibilidade de adopção de medidas eficazes e pragmáticas para fazer frente ao problema dos diamantes de zonas em conflito" (considerando nº 8) e que "a Resolução S/RES/1459(2003) do Conselho de Segurança das Nações Unidas apoia o Sistema de Certificação do Processo Kimberley" (considerando nº 9), além de que, "actuando ao abrigo do Capítulo VII da Carta das Nações Unidas, o Conselho de Segurança das Nações Unidas impôs embargos aos diamantes em bruto originários de Angola, Serra Leoa e Libéria. Todos os membros das Nações Unidas devem respeitar tais embargos"[4213]. O que não deixa de ser algo surpreendente é o facto de ter sido necessário obter uma derrogação em relação ao comércio de diamantes em bruto originários dos membros da OMC não participantes no Sistema Kimberley ou a eles destinados. A justificação dos artigos XX e XXI do GATT vale tanto para as restrições aplicadas aos membros países participantes no Sistema Kimberley como para os membros não participantes. Talvez a explicação possa ser encontrada na preocupação dos membros da OMC em não deixar que a relação entre o sistema Kimberley e as excepções do GATT fosse determinada pelos painéis ou pelo Órgão de Recurso. Essencialmente, a decisão adoptada pelos membros da OMC a propósito do sistema Kimberley ilustra que:

> "there is no structural institutional imbalance in the World Trade Organization between the political and the judicial branches, and certainly not one that favours the latter branch. Where the membership is able to come to agreement, it has the means to pre-empt, as well as to shape, judicial outcomes"[4214].

## 2.5. O Direito de Recesso

Resulta do nº 1 do art. XV do Acordo OMC que qualquer membro pode abandonar a organização, produzindo tal recesso efeitos no termo de um prazo de

---

[4213] Joost Pauwelyn, *WTO Compassion or Superiority Complex?: What to Make of the WTO Waiver for 'Conflict Diamonds'*, in MJIL, 2003, p. 1184.

[4214] Robert Howse e Susan Esserman, The Appellate Body, the WTO dispute settlement system, and the politics of multilateralism, in *The WTO at Ten: The Contribution of the Dispute Settlement System*, Ed. Giorgio Sacerdoti, Alan Yanovich e Jan Bohanes, Cambridge University Press, 2006, pp. 76-77.

A FUNÇÃO JURISDICIONAL NO SISTEMA GATT/OMC

seis meses, a contar da data em que o Director-Geral da OMC tiver recebido a notificação escrita do recesso[4215]. No GATT de 1947, vigorava, pelo contrário, a regra dos sessenta dias imposta pelo Protocolo de Aplicação Provisória[4216], e pelo menos quatro Estados exerceram o direito de retirada ou de recesso: a China (efectiva a partir de 5 de Maio de 1950), o Líbano (25 de Fevereiro de 1951), a Síria (6 de Agosto de 1951) e a Libéria (13 de Junho de 1953)[4217].

No caso concreto da OMC, a partir do momento em que um Estado ou território aduaneiro autónomo se torna Membro da OMC, ele fica sujeito, por força do princípio do compromisso único, a todos os acordos comerciais multilaterais da OMC (art. II, nº 2 do Acordo OMC) e aceita *ex ante* a jurisdição dos painéis e do Órgão de Recurso da OMC. Em consequência, não é necessário que as partes em litígio aceitem a jurisdição do sistema de resolução de litígios da OMC numa declaração ou acordo separados; ela resulta da adesão de um membro à OMC. Assim sendo, não é possível a um Estado ou território aduaneiro autónomo manter o estatuto de Membro da OMC e deixar de aceitar a jurisdição do sistema de resolução de litígios da OMC. Em contraste, nada impede que um Estado se mantenha membro das Nações Unidas, mas retire, em resposta a uma decisão ou acórdão desfavorável aos respectivos interesses, o seu consentimento à jurisdição do Tribunal Internacional de Justiça relativamente a casos futuros[4218]. Um exemplo famoso prende-se com o caso *Military and Paramilitary Activities in and Against Nicaragua*, cujos factos essenciais são os seguintes: em 1984, a Nicarágua intentou uma acção junto do Tribunal Internacional de Justiça, alegando que os

---

[4215] No caso de um acordo comercial plurilateral, o exercício do direito de recesso será regido pelas disposições do próprio acordo (art. XV, nº 2, do Acordo OMC).

[4216] Devido ao facto de o GATT de 1947 ter sido aplicado provisoriamente até à entrada em funções da OMC, a regra dos 60 dias, constante do nº 5 do Protocolo de Aplicação Provisória, prevalecia sobre o art. XXXI do GATT, que impunha um prazo de seis meses para qualquer parte contratante se poder retirar do Acordo Geral. Cf. Ernst-Ulrich PETERSMANN, Strengthening the Domestic Legal Framework of the GATT Multilateral Trade System: Possibilities and Problems of Making GATT Rules Effective in Domestic Legal Systems, in *The New GATT Round of Multilateral Trade Negotiations: Legal and Economic Problems*, 2ª ed., Meinhard Hilf e Ernst-Ulrich Petersmann ed., Kluwer, Deventer – Boston, 1991, pp. 100-101.

[4217] GATT, *Analytical Index: Guide to GATT Law and Practice* (ed. Frieder Roessler), 6ª ed., Genebra, 1994, p. 937; Arthur STEINMANN, Article XV WTO Agreement, in *WTO-Institutions and Dispute Settlement*, Rüdiger Wolfrum, Peter-Tobias Stoll e Karen Kaiser (eds), Max Planck Commentaries on World Trade Law, Max Planck Institute for Comparative Public Law and International Law, Martinus Nijhoff Publishers, Leiden/Boston, 2006, pp. 165-169.

[4218] Berglind BIRKLAND, *Reining in Non-State Actors: State Responsibility and Attribution in Cases of Genocide*, in New York University Law Review, 2009, p. 1633. Mas a recusa de um Estado em se submeter à jurisdição de um tribunal não liberta esse Estado da influência das decisões do tribunal que interpretam o tratado. Cf. Andrew GUZMAN e Timothy MEYER, *International Common Law: The Soft Law of International Tribunals*, in CJIL, 2009, p. 517.

1516

OS MECANISMOS DE CONTROLO

Estados Unidos tinham violado a Carta das Nações Unidas e o direito consuetudinário internacional, por, entre outras coisas, terem atacado instalações e minado portos nicaraguenses. Quer os Estados Unidos, quer a Nicarágua, tinham aceite a jurisdição compulsória do Tribunal Internacional de Justiça. Porém, três dias antes de a Nicarágua apresentar a sua petição em 9 de Abril de 1984, o Secretário de Estado George Shultz declarou que os Estados Unidos não aceitariam a jurisdição compulsória do Tribunal Internacional de Justiça sobre litígios com origem na América Central. O Tribunal rejeitou a tentativa dos Estados Unidos de modificarem a sua aceitação da jurisdição compulsória (sujeita a um pré-aviso de seis meses para produzir efeitos). Consequentemente, em 18 de Janeiro de 1985, os Estados Unidos tomaram a atitude sem precedentes de declarar que se retiravam do processo, designadamente, por continuarem a entender que não estava em causa uma controvérsia jurídica passível de jurisdição do Tribunal nos termos do artigo 36º, nº 2, do Estatuto[4219]:

"The United States has consistently taken the position that the proceedings initiated by Nicaragua in the International Court of Justice are a misuse of the Court for political purposes and that the Court lacks jurisdiction and competence over such a case. The Court's decision of November 26, 1984, finding that it has jurisdiction, is contrary to law and fact. With great reluctance, the United States has decided not to participate in further proceedings in this case. United States policy in Central America has been to promote democracy, reform, and freedom; to support economic development; to help provide a security shield against those – like Nicaragua, Cuba, and USSR – who seek to spread tyranny by force; and to support dialogue and negotiation both within and among the countries of the region. In providing a security shield, we have acted in the exercise of the inherent right of collective self-defense, enshrined in the United Nations Charter and the Rio Treaty. We have done so in defense of the vital national security interests of the United States and in support of the peace and security of the hemisphere. (...). The conflict in Central America, therefore, is not a narrow legal dispute; it is an inherently political problem that is not appropriate for judicial resolution. The conflict will be solved only by political and diplomatic means – not through a judicial tribunal. The International Court of Justice was never intended to resolve issues of collective security and self-defense and is patently unsuited for such a role. Unlike domestic courts, the World Court has jurisdiction only to the

---

[4219] José Manuel Sérvulo CORREIA, *Relatório sobre Programa, Conteúdo e Métodos da Disciplina de Direito Internacional Público (Processo no Tribunal Internacional de Justiça)*, Provas Públicas de agregação em Ciências Jurídico-Políticas (Universidade de Lisboa), 2005, p. 81. A posição dos Estados Unidos era a de que, tratando-se de um caso que envolvia o emprego actual da força, ele se encontrava fora da jurisdição do Tribunal, reentrando exclusivamente na competência do Conselho de Segurança e na da Organização dos Estados Americanos. Cf. *Idem*, p. 82.

1517

## A FUNÇÃO JURISDICIONAL NO SISTEMA GATT/OMC

extent that nation-states have consented to it. When the United States accepted the court's compulsory jurisdiction in 1946, it certainly never conceived of such a role for the court in such controversies. Nicaragua's suit against the United States – which includes an absurd demand for hundreds of millions of dollars in reparations – is a blatant misuse of the court for political and propaganda purposes.

As one of the foremost supporters of the International Court of Justice, the United States is one of the only 44 of 159 member states of the United Nations that have accepted the Court's compulsory jurisdiction at all. Furthermore, the vast majority of these 44 states have attached to their acceptance reservations that substantially limit its scope. Along with the United Kingdom, the United States is one of only two permanent members of the United Nations Security Council that have accepted that jurisdiction. And of the 16 judges now claiming to sit in judgment on the United States in this case, 11 are from countries that do not accept the Court's compulsory jurisdiction. (...).

Much of the evidence that would establish Nicaragua's aggression against its neighbours is of a highly sensitive intelligence character. We will not risk United States national security by presenting such sensitive material in public or before a Court that includes two judges from Warsaw Pact nations. This problem only confirms the reality that such issues are not suited for the International Court of Justice"[4220].

A decisão do Tribunal Internacional de Justiça quanto ao fundo, proferida em 27 de Junho de 1986, foi amplamente desfavorável aos Estados Unidos, tendo o Tribunal concluído, entre outras coisas, que os Estados Unidos tinham violado as regras de direito consuetudinário da proibição do uso da força e de não ingerência em assuntos da jurisdição interna dos Estados. Reagindo ao acórdão, George P. Shultz, em carta dirigida a Javier Perez de Cuellar, então Secretário-Geral das Nações Unidas, comunicou que os Estados Unidos punham termo à sua declaração, depositada em 26 de Agosto de 1946, aceitando a jurisdição compulsória do Tribunal Internacional de Justiça:

"Our experience with compulsory jurisdiction has been deeply disappointing. (...) In 1946 we accepted the risks of our submitting to the Court's compulsory jurisdiction because we believed that the respect owed to the Court by other states and the Court's own appreciation of the need to adhere scrupulously to its proper judicial role, would prevent the Court's process from being abused for political ends. Those assumptions have now been proved wrong. As a result, the President has concluded that continuation of our acceptance of the Court's compulsory jurisdiction would be

---

[4220] ESTADOS UNIDOS DA AMÉRICA, *Statement of the U.S. Withdrawal from the Proceedings Initiated by Nicaragua in the International Court of Justice (January 18, 1985)*, in ILM, vol. XXIV, 1985, pp. 246-248.

1518

OS MECANISMOS DE CONTROLO

contrary to our commitment to the principle of the equal application of the law and would endanger our vital national interests. On January 18 of this year we announced that the United States would no longer participate in the proceedings instituted against it by Nicaragua in the International Court of Justice. Neither the rule of law nor the search for peace in Central America would have been served by further United States participation. The objectives of the International Court of Justice to which we subscribe – the peaceful adjudication of international disputes – were being subverted by the effort of Nicaragua and its Cuban and Soviet sponsors to use the Court as a political weapon. Indeed, the Court itself was never seen fit to accept jurisdiction over any other political conflict involving ongoing hostilities. This action does not signify any diminution of our traditional commitment to international law and to the International Court of Justice in performing its proper functions. United States acceptance of the World Court's jurisdiction under Article 36(1) of its Statute remains strong. We are committed to the proposition that the jurisdiction of the Court comprises all cases which the parties refer to it and all matters that are appropriate for the Court to handle pursuant to the United Nations Charter or treaties and conventions in force. We will continue to make use of the Court to resolve disputes whenever appropriate and will encourage others to do likewise"[4221].

Tendo os Estados Unidos ignorado o acórdão do Tribunal Internacional de Justiça[4222], a Nicarágua recorreu ao Conselho de Segurança no quadro do nº 2 do artigo 94º da Carta das Nações Unidas. Foi esta a primeira vez que um Estado alegou perante aquele órgão o incumprimento por outro de obrigações decorrentes de sentença proferida pelo Tribunal[4223].

Outro exemplo conhecido prende-se com a declaração da Austrália, feita em 21 de Março de 2002, a excluir-se da jurisdição do Tribunal Internacional de Justiça e do Tribunal Internacional do Direito do Mar no que diz respeito a todos os litígios relacionados com a delimitação de zonas marítimas. Estando para breve o reconhecimento da independência de Timor Leste (tornou-se independente no dia 20 de Maio de 2002), a Austrália receava que o novo país não reconhecesse os acordos relativos ao mar de Timor negociados entre si a a Administração Transitória de Timor Leste em Julho de 2001 e, por isso, decidiu impedir qualquer

---

[4221] Estados Unidos da América, *Department of State Letter and Statement Concerning Termination of Acceptance of I.C.J. Compulsory Jurisdiction (October 7, 1985)*, in ILM, vol. XXIV, 1985, pp. 1744-1745.
[4222] Eric Posner e John Yoo, *Judicial Independence in International Tribunals*, in California Law Review, 2005, pp. 38-39.
[4223] José Manuel Sérvulo Correia, *Relatório sobre Programa, Conteúdo e Métodos da Disciplina de Direito Internacional Público (Processo no Tribunal Internacional de Justiça)*, Provas Públicas de agregação em Ciências Jurídico-Políticas (Universidade de Lisboa), 2005, p. 84.

1519

A FUNÇÃO JURISDICIONAL NO SISTEMA GATT/OMC

tentativa de Timor de recorrer ao Tribunal Internacional de Justiça para resolver qualquer litígio relacionado com a delimitação da sua zona marítima[4224].

Finalmente, um caso de pressão indirecta aconteceu em relação ao pedido da Organização Mundial de Saúde de um parecer consultivo do Tribunal Internacional de Justiça sobre a legalidade das armas nucleares. De acordo com o *Lawyers' Committee on Nuclear Weapons*, as potências nucleares levantaram objecções ao pedido e, pelo menos num caso, ameaçaram reduzir ou eliminar o financiamento para a Organização Mundial de Saúde, a menos que o pedido fosse retirado[4225].

No que concerne à OMC, a introdução da regra do consenso negativo teve como principal consequência que já não é possível a um Membro da OMC, com o seu voto apenas, vetar a adopção dos relatórios dos relatórios dos painéis e do Órgão de Recurso. Agora, em última instância, um Estado ou território aduaneiro autónomo poderá reagir a eventuais comportamentos activistas por parte dos painéis e do Órgão de Recurso deixando de ser membro da OMC, mesmo que a título transitório[4226].

O número elevado de membros da OMC e de pedidos de adesão demonstra, no entanto, a importância e a confiança que o sistema comercial multilateral inspira e é a prova da diluição dos conflitos de concepção, tanto mais que, como observou o antigo Presidente do Conselho Geral da OMC, o brasileiro Celso Lafer, o património da OMC não é constituído por recursos financeiros, mas por normas jurídicas[4227]. A OMC tem atraído, de facto, um número cada vez maior de países, o que, para além de reflectir o crescente consenso quanto aos benefícios da liberalização comercial, resulta da circunstância de a adesão de um país (ou de um território aduaneiro autónomo) à OMC implicar necessariamente um conjunto de benefícios[4228]. Como reconheceu o próprio Órgão de Recurso:

---

[4224] Gillian TRIGGS e Dean BIALEK, *Australia Withdraws Maritime Disputes from the Compulsory Jurisdiction of the International Court of Justice and the International Tribunal for the Law of the Sea*, in The International Journal of Marine and Coastal Law, 2002, pp. 427-428.

[4225] Dinah SHELTON, *Legal Norms to Promote the Independence and Accountability of International Tribunals*, in The Law and Practice of International Courts and Tribunals, 2003, p. 51.

[4226] Por exemplo, os Estados Unidos deixaram de ser membros da Organização Internacional do Trabalho entre 1977 e 1980 e da Organização das Nações Unidas para a Educação, a Ciência e a Cultura entre 1984 e 2003. Cf. Jacob COGAN, *Noncompliance and the International Rule of Law*, in YJIL, 2006, p. 202.

[4227] OMC, *WTO Focus*, nº 27, 1998, p. 3. BERNARD HOEKMAN e MICHEL KOSTECKI consideram mesmo que a OMC tem as características de um bem público: "adding members to the club does not detract from the benefits accruing to existing members. Indeed, the contrary is more likely – implying that efficiency is maximized if all nations are included". Cf. Bernard HOEKMAN e Michel KOSTECKI, *The Political Economy of the World Trading System: The WTO and Beyond*, 2ª ed., Oxford University Press, 2001, p. 119.

[4228] E à medida que cresce o número de membros da OMC e a integração entre eles, aumentam os custos dos países que não são membros da OMC, situação que origina "a bandwagon effect". Cf.

OS MECANISMOS DE CONTROLO

"Parece evidente que, no exercício da sua soberania e em nome dos respectivos interesses nacionais, os membros da OMC assumiram um compromisso. *Em troca dos benefícios que esperam retirar do seu estatuto de membro da OMC*, eles aceitaram exercer a sua soberania de acordo com os compromissos que assumiram no quadro do Acordo OMC" (itálico aditado)[4229].

Em finais de 2008, a OMC tinha 153 membros, representando aproximadamente 91% da população mundial, 98% do PIB mundial e 96% da comércio mundial[4230]. Entre os principais benefícios oferecidos pela OMC a um Membro, podemos apontar os seguintes:

a) um melhor acesso ao mercado dos outros membros da OMC e a garantia de que beneficiará de todas as concessões e compromissos acordadas em futuras negociações comerciais da OMC, aspectos particularmente importantes para os países com reduzido poder de negociação;

b) a possibilidade de ter uma palavra a dizer na formulação das regras e disciplinas do sistema comercial multilateral que eventualmente venham a ser acordadas em futuras negociações comerciais;

c) a garantia de poder resolver litígios comerciais recorrendo ao sistema de resolução de litígios da OMC, aspecto capital para os países menos importantes do ponto de vista comercial;

d) uma maior credibilidade das políticas governamentais. Por exemplo, embora muitos países em desenvolvimento tenham começado, à partir da década de 80 do século XX, a reduzir unilateralmente as suas barreiras ao comércio internacional (e ao investimento estrangeiro), a verdade é que, com a entrada em funções da OMC, a maioria dos países em desenvolvimento escolheu consolidar os esforços de liberalização comercial nas respectivas listas de concessões, o que aumentou grandemente a credibilidade das reformas levadas a cabo. A questão da credibilidade das políticas governamentais é particularmente marcante no caso dos chamados "países em transição para uma economia de mercado";

e) uma maior segurança, previsibilidade e transparência no acesso aos mercados dos outros membros da OMC. Por exemplo, uma das maiores moti-

---

Richard STEINBERG, The Transformation of European Trading States, in *The State After Statism: New State Activities in the Age of Liberalization*, Jonah D. Levy ed., Harvard University Press, 2006, p. 360.

[4229] Relatório do Órgão de Recurso no caso *Japan – Taxes on Alcoholic Beverages* (WT/DS8/AB/R, WT/DS10/AB/R, WT/DS11/AB/R), 4-10-1996, p. 15.

[4230] Kent JONES, *The political economy of WTO accession: the unfinished business of universal membership*, in WTR, 2009, p. 279.

A FUNÇÃO JURISDICIONAL NO SISTEMA GATT/OMC

vações para a China aderir à OMC prendeu-se com a necessidade de evitar que os preços das exportações chinesas continuassem a ser considerados, quando dos inquéritos relativos à determinação da existência de qualquer alegada prática de dumping, como não sendo fiáveis, por serem supostamente influenciados pelo Governo[4231]. Trata-se de um aspecto essencial, se tivermos em conta que, nos inquéritos levados a cabo pelos Estados Unidos nos anos de 1995-98, a margem de dumping média encontrada nas chamadas *non-market economies* foi da ordem dos 67%, contra 7.3% nos casos em que o preço a comparar com o praticado no mercado norte-americano era realmente o do mercado do país de exportação[4232]. Ao assinar o protocolo de adesão à OMC em Novembro de 2001, o governo chinês, apesar de ter aceite que, no âmbito dos direitos antidumping, os demais membros possam continuar a tratar a China como uma *non-market economy* durante os próximos 15 anos (até 2017), conseguiu obter em benefício dos seus produtores a seguinte regra:

"se os produtores sob investigação puderem demonstrar claramente que condições de economia de mercado prevalecem na indústria que produz o produto similar em relação ao fabrico, produção e venda do produto em causa, o Membro

---

[4231] Segundo ALEXANDER POLOUEKTOV,

"in an investigation dealing with a 'state-trading' country, United States administering authorities would normally take physical amounts of its input components (parts, energy and water supplies, labour, overheads, etc.) and value them at prices prevailing in a 'surrogate' market economy country, which is at 'approximately the same level of economic development' as the country under investigation. (...) It is not hence always clear what set of factors becomes decisive and why when a 'surrogate' country is being chosen. Besides, not being parties to the ongoing investigation, 'surrogate' country producers have little incentives to co-operate and, apart from revealing sensitive commercial information, take an unnecessary financial and administrative burden. As a result, it is not infrequent that the investigating authorities have to use a third-or even a fourth-best option. One can easily figure out to what extent the resulting virtual values calculated in this way correlate with those of the responding country. The usual result of such a methodology is that on the average dumping margins calculated for goods imported from 'non-market' economies are times higher than those for 'market--economy' countries. (...) For China 'surrogate' countries were Yugoslavia, Japan, Norway, India, Turkey, Argentina, United States and Brazil. The reader may wish to reflect on what all the 'surrogate' countries listed have in common as far as the 'level of economic development' is concerned". Cf. Alexander POLOUEKTOV, *Non-Market Economy Issues in the WTO Anti-Dumping Law and Accession Negotiations: Revival of a Two-tier Membership?*, in JWT, 2002, p. 11.

[4232] Douglas IRWIN, *Free Trade Under Fire*, Princeton University Press, Princeton – Nova Jersey, 2002, p. 115. Ainda no que diz respeito aos países que não têm uma economia de mercado, apesar de representarem menos de 7% das exportações mundiais, cerca de 1/3 das medidas antidumping aplicadas no período 1995/97 incidiram sobre eles. Cf. Constantine MICHALOPOULOS, *Developing Countries in the WTO*, Palgrave Macmillan, 2001, p. 118.

OS MECANISMOS DE CONTROLO

da OMC importador deve utilizar na determinação dos preços comparáveis os preços chineses ou os custos da indústria sob investigação" (nº 15, alínea *a*)(i) do Protocolo de Adesão)[4233].

*f)* uma redução do peso dos interesses proteccionistas, visto a aplicação, por exemplo, da cláusula da nação mais favorecida dificultar a introdução pelos Estados de novos obstáculos ao comércio, impedir a sua aplicação selectiva e, com isso, a aplicação de medidas de retaliação por parte dos países desfavorecidos pela sua introdução[4234].

*g)* uma maior democratização dos países que ainda estão longe de serem verdadeiras democracias. A longo prazo, o comércio tende a ajudar na democratização das nações[4235] e, muito importante, "the linkage of international trade to conflict reduction is fairly robust"[4236].

---

[4233] Como o protocolo de adesão não define o conceito de *non-market economy*, tal tarefa cabe à legislação interna de cada país. No caso do Brasil, por exemplo, o instrumento pertinente é a Circular da Secretária de Comércio Exterior do Ministério do Desenvolvimento, Indústria e Comércio Exterior nº 59, de 28-11-2001, que recorre, para avaliação da existência de condições de economia de mercado aos seguintes factores: i) grau de controlo governamental sobre as empresas ou sobre os meios de produção; ii) nível de controle estatal sobre a alocação de recursos, sobre preços e decisões de produção de empresas; iii) legislação aplicável em matéria de propriedade, investimento, tributação e falência; iv) grau em que os salários são determinados livremente em negociações entre empregadores e empregados; v) grau em que pesistem distorções herdadas do sistema de economia centralizada relativas a, entre outros aspectos, amortização dos activos, outras deduções do activo, trocas directas de bens e pagamentos sob a forma de compensação de dívidas; e vi) nível de interferência estatal sobre as operações de câmbio. Cf. MINISTÉRIO DO DESENVOLVIMENTO, INDÚSTRIA E COMÉRCIO EXTERIOR (Brasil), *Defesa Comercial – Acordos e Legislação*, Cadernos DECOM [Departamento de Defesa Comercial] Nº 2, Brasília, Dezembro de 2002, pp. 13-14.
[4234] É verdade que alguns países beneficiam do tratamento da nação mais favorecida, apesar de não serem membros da OMC. Por exemplo, em 2003, apenas quatro países (Cuba, Laos, Coreia do Norte e Jugoslávia) não recebiam o tratamento da nação mais favorecida ou um tratamento mais favorável por parte dos Estados Unidos (cf. Andrew ROSE, *Do We Really Know that the WTO Increases Trade?*, Robert Schuman Centre for Advanced Studies – Transatlantic Programme Series, RSC nº 2003/15, European University Institute, p. 44). No entanto, a atribuição do tratamento da nação mais favorecida é, por vezes, condicional. Nesse sentido, os norte-americanos só concedem o tratamento da nação mais favorecida à Rússia enquanto esta respeitar a chamada emenda "Jackson--Vanik", relativa à liberdade de emigração.
[4235] John MCGINNIS e Mark MOVSESIAN, *The World Trade Constitution*, in Harvard Law Review, 2000, p. 588. Com efeito, "the most economically open countries today are more than three times as likely to enjoy full political and civil freedoms as those that are relatively closed". Cf. Daniel GRISWOLD, *Trading Tyranny for Freedom: How Open Markets Till the Soil for Democracy*, CATO Trade Policy Analysis nº 26, 6-1-2004, p. 1.
[4236] Jon PEVEHOUSE e Bruce RUSSETT, *Democratic International Governmental Organizations Promote Peace*, in International Organization, 2006, p. 969.

A FUNÇÃO JURISDICIONAL NO SISTEMA GATT/OMC

Mesmo quando se diz que a adesão de um país à OMC implica uma redução do valor dos direitos aduaneiros a cobrar pelo país que adere e, em consequência, a diminuição das suas receitas aduaneiras, convém ter presente que a adesão levará à eliminação das restrições quantitativas que existam e que essas restrições serão, normalmente, substituídas por direitos aduaneiros. Além disso, a diminuição do valor dos direitos aduaneiros e a eliminação das quotas estimularão a actividade económica e, por força disso, o volume de importações, daí resultando um impacto positivo no recebimento de receitas por parte do governo do país que adere. E a produção aumenta 1,6% por cada ponto percentual de aumento da abertura (exportações mais importações como percentagem do PIB)[4237].

Portanto, a possibilidade de exercício do direito de recesso por parte de um Membro da OMC só seria passível de influir no exercício da função jurisdicional no âmbito da OMC se procedesse a conclusão a que chegou ANDREW ROSE num estudo que realizou: "membership in the GATT/WTO is not associated with substantially enhanced trade, once standard factors have been taken into account"[4238]. Apesar de o comércio internacional ter crescido mais rapidamente que a produção mundial nas últimas décadas, o mesmo autor sustenta que as explicações mais plausíveis passam não pelo GATT, mas sim pelas seguintes razões:

"rates of productivity growth in tradables, falling transports costs, regional trade associations, converging tastes, the shift from primary products to manufacturing and services, growing international liquidity, and changing endowments"[4239].

A participação no GATT e na OMC teria um efeito importante no volume das suas trocas comerciais unicamente no caso dos países industrializados: "a pair of industrial GATT/WTO members trades about 60% more than an otherwise-identical pair of non-members"[4240].

Como é evidente, estas conclusões suscitaram muita controvérsia. Não constituía o GATT uma das maravilhas da história económica internacional do pós-guerra e a instituição mais eficiente em termos de performance económica mundial nos 50 anos seguintes ao termo do conflito mundial?

---

[4237] OMC, *World Trade Report 2004: Exploring the linkage between the domestic policy environment and international trade*, ed. OMC, 2004, p. 162.

[4238] Andrew ROSE, *Do We Really Know that the WTO Increases Trade?*, p. 1. Curiosamente, ANDREW ROSE conclui, no mesmo estudo, que o sistema generalizado de preferências "approximately doubles trade". Cf. Andrew ROSE, *Do We Really Know that the WTO Increases Trade?*, Robert Schuman Centre for Advanced Studies – Transatlantic Programme Series, RSC nº 2003/15, European University Institute, p. 1.

[4239] *Idem*, p. 14.

[4240] *Ibidem*, p. 9.

1524

ARVIND SUBRAMANIAN e SHANG-JIN WEI foram os primeiros autores a criticar o estudo em questão, realçando que "the GATT/WTO has done a splendid job of promoting trade wherever it was designed to do so and correspondingly failed to promote trade where the design of rules militated against it"[4241]. Nesse sentido, os dois autores concluem que:

"the WTO has served to increase industrial country imports substantially, possibly by about 68 percent, the result of successive rounds of tariff liberalization. But it has done a less good job of increasing the imports of developing countries because developing countries were essentially exempted from the basic GATT/WTO mission of progressively lowering import barriers under the so-called principle of special and differential treatment. Luckily, given that industrial countries have accounted for nearly two-thirds of global imports during the period 1950-2000, the positive impact on global trade has been substantial, creating an additional 44 percent worth of current world trade. It is important to stress that the above does not imply that developing countries have not benefitted from WTO membership. We find that there has been little impact of WTO membership on their imports. But their exports did receive a boost, by as much as a third, because their industrial country partners liberalized their imports pursuant to WTO membership. (...) WTO membership in sectors with high protection in the industrial countries – food, clothing, and footwear – has had no impact on trade"[4242].

Outros autores invocam, ainda, a necessidade de ter presente que o GATT criou direitos e obrigações não apenas para os seus membros formais, mas também para um conjunto vasto de países e territórios que nunca aderiram formalmente ao GATT, incluindo colónias e novos Estados independentes[4243]. Se tivermos em consideração este importante aspecto, verificamos que:

---

[4241] Arvind SUBRAMANIAN e Shang-Jin WEI, *The WTO Promotes Trade, Strongly But Unevenly*, IMF Working Paper 03/185, International Monetary Fund, 2003, p. 20.

[4242] *Idem*, pp. 20-21.

[4243] Em princípio, o GATT de 1947 estava aberto a todos os Estados e territórios aduaneiros distintos que gozassem de inteira autonomia na condução das suas relações comerciais externas e das outras questões tratadas no Acordo Geral. Como bem nota um autor, "the GATT has generally been inclusive rather than exclusive" (cf. Jagdish BHAGWATI, Regionalism and multilateralism: an overview, in *New Dimensions in Regional Integration*, Jaime de Melo e Arvind Panagariya ed., Centre for Economic Policy Research, Cambridge University Press, 1993, p. 46). Muitas vezes, a acessão encontrava-se subordinada a uma negociação de pautas aduaneiras entre a futura parte contratantes e as partes contratantes do Acordo Geral, mas noutros casos um país podia ser admitido a título provisório, situação que ocorreu com a Tunísia, que aceitou o GATT a título provisório em 12 de Novembro de 1959 e que só se tornou parte contratante no dia 12 de Março de 1990 (cf. GATT, *Analytical Index: Guide to GATT Law and Practice* (ed. Frieder Roessler), 6ª ed., Genebra, 1994, p. 949). Durante as negociações pautais para a plena adesão ao GATT do país que tinha acedido

# A FUNÇÃO JURISDICIONAL NO SISTEMA GATT/OMC

provisoriamente, as relações comerciais deste último com as partes contratantes desenvolviam-se com base no Acordo Geral; eles não podiam votar ou recorrer ao sistema de resolução de litígios, mas o seu acesso aos mercados equivalia ao das partes contratantes formais (cf. Judith GOLDSTEIN, Douglas RIVERS e Michael TOMZ, *Institutions in International Relations: Understanding the Effects of the GATT and the WTO on World Trade*, in International Organization, 2007, p. 42). Muito interessante era, também, a possibilidade de, ao abrigo do art. XXVI, nº 5, alínea *c*), do GATT (a chamada "cláusula colonial"), um território, ao tornar-se independente de uma parte contratante do GATT, poder, se fosse essa a sua vontade, tornar-se automaticamente ou pouco tempo depois da data da sua independência parte contratante, desde que a antiga potência colonial lhe aplicasse o Acordo Geral e apadrinhasse a sua acessão. Isto é, se o governo de um território aduaneiro, em relação ao qual uma parte contratante aceitou o GATT ou deu efeito à sua aplicação provisória, passasse a usufruir de uma autonomia completa na condução das suas relações comerciais externas, esse governo podia ser admitido como parte contratante desde que nas negociações iniciais de acessão a parte contratante responsável tivesse incluído esse território aduaneiro. O art. XXVI, nº 5, alínea *c*), foi introduzido no GATT por força da situação da Birmânia (actual Myanmar), do Ceilão (actual Sri Lanka) e da Rodésia do Sul (actual Zimbabué), territórios que, ao gozarem, segundo o próprio governo britânico, de completa autonomia na condução das suas relações comerciais externas, podiam participar no GATT de 1947 como partes contratantes de pleno direito, ou seja, a disposição em causa foi introduzida com o intuito de lidar com situações semelhantes que surgissem eventualmente no futuro (cf. Tatsuro KUNUGI, *State Succession in the Framework of GATT*, in AJIL, 1965, p. 270). As concessões negociadas em relação à pauta desse território aduaneiro, incluídas numa subdivisão da lista da parte contratante patrocinadora, eram transferidas para uma lista própria em nome da nova parte contratante, não se exigindo, pois, um "bilhete de admissão" como requisito de acessão. Por conseguinte, não se verificava um acréscimo de concessões pautais, como sucedia na acessão ordinária, mas apenas uma transferência formal de posições pautais já consolidadas. Em 15 de Abril de 1994, das então 123 partes contratantes do GATT, 60 tinham-se tornado partes contratantes através do art. XXVI, nº 5, alínea *c*) (cf. GATT, GATT, *Analytical Index: Guide to GATT Law and Practice* (ed. Frieder Roessler), 6ª ed., Genebra, 1994, p. 853). Finalmente, alguns novos países preferiam aplicar *de facto* o Acordo Geral durante um determinado período de tempo (no início, estabeleceu-se como regra geral um período de dois anos a contar da aquisição da autonomia; a partir de 1967, porém, este limite temporal deixou de ser observado) relativamente às partes contratantes do Acordo Geral, possibilidade que lhes permitia ter tempo para considerar a sua política comercial e decidir se queriam tornar-se partes contratantes de pleno direito do GATT. Cada parte contratante do GATT decidia se aplicava ou não as disposições do Acordo Geral a um país que aplicasse o GATT *de facto* e os litígios entre si não eram regulados pelo nº 2 do art. XXIII do GATT (cf. Gabrielle MARCEAU, Pratique et pratiques dans le droit de l'Organisation mondiale du commerce, in *La pratique et le droit international*, Société française pour le droit international, Colloque de Genève, Pedone, Paris, 2004, p. 171). Os países que aplicassem *de facto* o GATT recebiam o tratamento da nação mais favorecida, eram regularmente informados sobre as actividades do GATT, recebiam todos os documentos e publicações do GATT, deviam observar as disposições substantivas do Acordo Geral, mas não as processuais (por exemplo, quando um dos países que aplicava *de facto* o GATT impunha restrições à importação por razões ligadas à sua balança de pagamentos, esse país não estava obrigado a notificar o GATT nem a consultar o comité das restrições relacionadas com a balança de pagamentos do GATT), podiam assistir como observadores à sessão anual das PARTES CONTRATANTES, mas não podiam votar nem tinham de contri-

OS MECANISMOS DE CONTROLO

"Among two formal members, trade increased 41 percent, as compared with trade among pairs of nonparticipants. When one country was a formal member and the other a non-member participant, trade increased by about 46 percent. We estimate the trade effect when both countries were non-member participants to be 56 percent. The overall effect of GATT/WTO participation was to increase trade about 43 percent among countries in the organization relative to pairs of nonparticipants"[4244].

Mais:

"We further find that the GATT/WTO increased trade for both industrial and nonindustrial countries. (...) The GATT/WTO expanded commerce by more than 70 percent when both trading partners were industrial nations, by about 45 percent when trade was between an industrial and a developing economy, and by approximately 33 percent between developing countries that had standing in the organization"[4245].

Interessante é também a conclusão de que as nações industrializadas ganharam mais com a sua participação no sistema GATT/OMC (um aumento de 71% no comércio) do que com a participação em acordos comerciais preferenciais (um aumento de 34% no comércio)[4246].

De notar, por último, que os efeitos do sistema GATT/OMC não se mantiveram constantes ao longo do tempo. O aumento do comércio foi maior nos primeiros anos de vigência do GATT (mais de 90% em 1948) e depois, gradativamente, os efeitos começaram a diminuir e, na viragem do século, representavam apenas cerca de 11% "for the average participating dyad"[4247].

Em síntese, a participação no sistema GATT/OMC parece ter beneficiado todos os países, independentemente do seu nível de desenvolvimento[4248].

---

buir para o orçamento da organização (salvo se tivessem solicitado e obtido o estatuto de observador). Em Abril de 1994, 13 países aplicavam o Acordo Geral *de facto* (Argélia, Bahamas, Cambodja, Cabo Verde, Guiné Equatorial, Kiribati, Papua Nova Guiné, São Tomé e Príncipe, Seychelles, Ilhas Salomão, Tonga, Tuvalu e Iémen).

[4244] Judith GOLDSTEIN, Douglas RIVERS e Michael TOMZ, *Institutions in International Relations: Understanding the Effects of the GATT and the WTO on World Trade*, in International Organization, 2007, p. 55.

[4245] *Idem*, p. 56.

[4246] *Idem*, pp. 56-57.

[4247] *Idem*, p. 61.

[4248] No caso dos países em desenvolvimento, podem ser avançadas três possíveis explicações para esta conclusão:

"First, the GATT/WTO required developing countries to extend MFN [cláusula da nação mais favorecida] tariffs to other participants, many of whom were previously subject to higher rates. Through the simple application of this principle, the GATT/WTO broadened the geographic coverage of trade. Second, through negotiations, the organization encouraged developing

A FUNÇÃO JURISDICIONAL NO SISTEMA GATT/OMC

Um sistema comercial multilateral baseado em regras e princípios oferece, ainda, outro tipo de vantagens igualmente importantes como, por exemplo, um sistema de resolução de litígios e a pacificação das relações comerciais internacionais (ambas difíceis de quantificar), as empresas estrangeiras preferem investir o seu dinheiro em países em desenvolvimento membros da OMC e, em resultado da adopção do Acordo sobre a Aplicação de Medidas Sanitárias e Fitossanitárias, DONNA ROBERTS salienta que os Estados Unidos passaram a permitir a importação de carne da Argentina pela primeira vez em 80 anos e que o Japão eliminou a proibição que aplicou durante 46 anos à importação de tomates originários dos Estados Unidos[4249].

Mesmo no caso da principal potência económica da actualidade[4250], é ponto assente que o desempenho da economia norte-americana deve muito à liberalização das trocas comerciais registada desde o fim do segundo conflito mundial com base no GATT. Como defende ROBERT Z. LAWRENCE:

"trade cannot deliver prosperity in a vacuum. In a world of nation-states, moving goods and services across borders may require dealing with a host of institutional, regulatory, linguistic, legal, cultural, informational, and political factors. International commerce is therefore more risky and associated with higher transaction costs than domestic commerce. The existence of rules, and a mechanism for enforcing them, is crucial to reducing these transaction costs. Firms sinking large investments in dis-countries to lower and bind their tariffs. In some cases this occurred because developing countries acted on behalf of their colonies; in other cases, developing countries participated directly in the negotiating rounds. Finally, the GATT/WTO gave developing countries access to markets of other participants, including ones that liberalized their trade policies considerably. Thus, even when countries only partially followed the rule of the regime, all members benefited, making the GATT/WTO more than an elite 'country club'" (cf. *Idem*, pp. 57-58).

Um outro estudo concluiu, ainda, que, o sistema comercial multilateral "has been less successful as liberalizing trade in such areas as agriculture and labour-intensive commodities. However, the GATT/WTO has been highly effective in increasing trade in capital-intensive commodities. (...) However, the importance of trade in capital-intensive commodities for economic growth has been highlighted by the literature on embodied international Research & Development spillovers". Cf. Hans-Jürgen ENGELBRECHT e Christopher PEARCE, *The GATT/WTO has promoted trade, but only in capital-intensive commodities!*, in Applied Economics, 2007, pp. 1573-1574.

[4249] Donna ROBERTS, *Preliminary Assessment of the Effects of the WTO Agreement on Sanitary and Phytosanitary Trade Regulations*, in JIEL, 1998, pp. 396-397.

[4250] Em 1948, o PIB norte-americano representava cerca de 65% do PIB total de todas as partes contratantes do GATT. Em 1970, o peso do PIB norte-americano no total do GATT tinha caído para 46% e, em 2000, representava cerca de 33% do PIB de todos os membros da OMC (o das Comunidades Europeias equivalia a cerca de 31%). Cf. John BARTON, Judith GOLDSTEIN, Timothy JOSLING e Richard STEINBERG, *The Evolution of the Trade Regime: Politics, Law, and Economics of the GATT and the WTO*, Princeton University Press, 2006, pp. 11 e 13.

1528

OS MECANISMOS DE CONTROLO

tribution and production need to be sure about the conditions that govern market access and the regulatory and competitive environments in which they will operate. Absent that certainty, the full potential of global engagement will not be realized. Paradoxically, enforceable trade rules are important for the same reason that they are unpopular. Because trade creates winners and losers, there is always political pressure to disrupt trade even though its effect on the economy as a whole is positive. Under competitive conditions, imports provide consumers with benefits in excess of the costs to domestic producers, but producers often have more political influence. Similarly, international competition pits firms and workers from different nations against one another and leads to pressures for national political leaders to assist local producers at the expenses of foreigners. National producers' pleas for help will be particularly hard to resist if they can argue that their foreign competitors receive help from their governments. Under these circumstances, trade rules play a crucial role, both in restraining protective measures that may directly reduce consumer welfare and in helping to reassure investors and workers that the system is equitable"[4251].

Calcula-se que os rendimentos dos Estados Unidos são cerca de 10% mais elevados "than they would be if the economy were self-sufficient[4252] e que "the annual increment to a four person household's income owing to the WTO" é de 3,000 dólares[4253]. Os produtores norte-americanos que exportam conseguem cobrar preços mais elevados pelos seus produtos e realizar economias de escala, as importações reduzem o preço dos produtos e aumentam as escolhas dos consumidores e o comércio intensifica a concorrência, instigando as empresas a serem mais produtivas e inovadoras. A soma das importações e exportações norte-americanas cresceu de 6.5% do PIB em 1960 para cerca de 20% na viragem do século[4254] e, num plano mais genérico, a rácio das exportações mundiais de bens e serviços face ao PIB aumentou de 13.5% em 1970 para 32% em 2005[4255].

Sem surpresa, uma resolução introduzida em 2000 no sentido dos Estados Unidos se retirarem da OMC, em conformidade com o Artigo 125 do *Uruguay*

---

[4251] Robert Z. LAWRENCE, *The United States and the WTO Dispute Settlement System*, The Bernard and Irene Schwartz Series on American Competitiveness, Council on Foreign Relations, CSR No. 25, March 2007, p. 4.

[4252] *Idem.*

[4253] Gautam SEN, The United States and the GATT/WTO System, in *US Hegemony and International Organizations – The United States and Multilateral Institutions*, Rosemary Foot, S. Neil MacFarlane e Michael Mastanduno ed., Oxford University Press, 2003, p. 119.

[4254] David HUMMELS, *Transportation Costs and International Trade in the Second Era of Globalization*, in Journal of Economic Perspectives, vol. 21, nº 3, 2007, p. 131.

[4255] Susan AARONSON, *Seeping in slowly: how human rights concerns are penetrating the WTO*, in WTR, 2007, p. 413.

A FUNÇÃO JURISDICIONAL NO SISTEMA GATT/OMC

*Round Agreements Act*[4256], foi muito pragmaticamente rejeitada pela Câmara dos Representantes em 21 de Junho de 2000, por uma clara maioria de 363 votos contra 56[4257]. Cinco anos depois, quando da apresentação do segundo relatório, foi introduzida a Resolução 27, que propugnava a retirada dos Estados Unidos da OMC. A Administração norte-americana opôs-se fortemente à resolução apresentada e, no dia 9 de Junho de 2005, a Câmara dos Representantes rejeitou-a por 338 votos contra 86[4258]. Até porque, caso exercessem o direito de recesso, os Estados Unidos teriam de negociar um novo bilhete de admissão se quisessem voltar a aderir à OMC (o caso da China[4259]).

---

[4256] O Artigo 125 do *Uruguay Round Agreements Act* determina que, começando no dia 1 de Março de 2000 e cada cinco anos depois, o relatório sobre as actividades da OMC transmitido pelo Presidente ao Congresso deve incluir uma análise do valor de os Estados Unidos continuarem a participar na OMC. Na sequência da apresentação do relatório, o Congresso pode retirar a sua aprovação do Acordo da OMC.

[4257] Genc TRNAVCI, *The Virtues and Vices of the World Trade Organization and Proposals for Its Reform*, in Emory International Law Review, 2004, p. 445.

[4258] OMC, *Trade Policy Review – United States, Report by the Secretariat* (WT/TPR/S/160), 15-2-2006, p. 15.

[4259] A República da China foi uma das 23 partes contratantes fundadoras do GATT de 1947, mas, depois da tomada do poder pelo partido comunista em 1 de Outubro de 1949, o Governo Nacionalista mudou-se para o Taipé Chinês e notificou em 6 de Março de 1950 o Secretário-Geral das Nações Unidas da sua decisão de retirada do GATT, nos termos do artigo 5º do Protocolo de Aplicação Provisória (cf. Henry GAO, *China's Participation in the WTO: A Lawyer's Perspective*, in Singapore Yearbook of International Law, 2007, pp. 2-3). Apesar de o Governo de Pequim nunca ter reconhecido aquela decisão de abandono (o Governo de Chiang Kai-shek não era o representante legítimo da China), a República Popular da China suspendeu as suas relações com o GATT durante cerca de 30 anos. Durante esse período, o comércio externo constituía uma pequena fracção da economia chinesa, ao passo que, em 1998, o comércio externo representava 34% do PIB da China (cf. Qingjiang KONG, *China's WTO Accession: Commitments and Implications*, in JIEL, 2000, p. 657). Só em Julho de 1986, a China notificou o GATT do seu desejo de readquirir o estatuto de parte contratante do Acordo Geral (cf. OMC, *WTO Focus*, nº 34, 1998, p. 4). Antes, a China tinha enviado, pela primeira vez, uma delegação para assistir à 38ª assembleia das partes contratantes realizada em Novembro de 1982, tinha-se tornado parte do Acordo Multifibras em Janeiro de 1984 e obtido o estatuto de país observador no Conselho de Representantes do GATT em Dezembro de 1984. Na prática, a China, readquirindo o estatuto de parte contratante, pretendia evitar negociar o chamado "ticket of admission". No entanto, tal era impossível, desde logo porque as suas práticas comerciais eram, em muitos casos, contrárias às regras e princípios do GATT. Além disso, "from an international perspective, even presuming that the Republic of China's withdrawal has no effect on 'China', the long-term non-application between the People's Republic of China and contracting parties had led to 'suspension' or 'termination' of the GATT based on the Vienna Convention on the Laws of Treaties" (cf. Pasha HSIEH, *Facing China: Taiwan's Status as a Separate Customs Territory in the World Trade Organization*, in JWT, 2005, p. 1199). Por conseguinte, o Conselho dos Representantes criou, em 1987, um grupo de trabalho para analisar o pedido da China. De então para cá, as regras e princípios do GATT "served as a model for Chinese legal reform" e "the

1530

OS MECANISMOS DE CONTROLO

É, assim, pouco credível nos dias de hoje qualquer ameaça de retirada da OMC, seja em consequência de uma conclusão desfavorável por parte de um painel ou, sobretudo, do Órgão de Recurso, seja por outra razão qualquer.

## 3. Os Meios de Controlo Aplicados pelos Membros

Ao reinar a regra da tomada de decisões por consenso no âmbito da OMC, é particularmente difícil aos membros da OMC reverter uma conclusão constante do relatório de um painel ou do Órgão de Recurso. Aparentemente, o receio de um Membro da OMC ficar vinculado pelas decisões adoptadas por maioria pelos órgãos políticos da OMC é maior do que o temor de ficar vinculado pelas conclusões e recomendações dos painéis e do Órgão de Recurso. Além disso, os meios de resposta mencionados envolvem frequentemente custos, respostas morosas e limitadas em termos de alcance e são passíveis de oposição por outras partes do tratado. Eles tornam quase impossível ajustar as regras da OMC a novas circunstâncias. Por conseguinte, a incapacidade ou pouca probabilidade de os membros da OMC modificarem as consequências das decisões do Órgão de Resolução de Litígios (melhor dizendo, dos relatórios dos painéis e do Órgão de Recurso), através de alterações (art. X do Acordo OMC), derrogações (art. IX, nºs 3 e 4, do Acordo OMC) e interpretações com autoridade (art. IX, nº 2, do Acordo OMC) transferem efectivamente para os painéis e o Órgão de Recurso a responsabilidade de assegurar a aceitação política dos respectivos relatórios[4260]. A própria ameaça de abandono da OMC, por mais poderoso que seja o Membro em causa, goza de pouca credibilidade.

requirements of integration into the international community and its primary trade institution have also lent impetus to domestic reform, providing reformers with important political leverage against domestic opponents" (cf. David BLUMENTAL, *Applying GATT to Marketizing Economies: The Dilemma of WTO Accession and Reform of China's State-Owned Enterprises (SOES)*, in JIEL, 1999, p. 114). Concluída a adesão da China à OMC, os líderes chineses observaram que "WTO entry was the biggest single economic step they had taken in fifty years" (cf. Mike MOORE, *A World Without Walls – Freedom, Development, Free Trade and Global Governance*, Cambridge University Press, 2003, p. 138). De notar, apesar de tudo, que a China aderiu à OMC após 15 anos de difíceis negociações e em condições pouco favoráveis quando comparadas com as condições impostas a outros países para a sua adesão à OMC. Em muitos casos, a China assumiu não só compromissos adicionais e mais exigentes que os requeridos pelos acordos da OMC (as chamadas obrigações *WTO-plus*), como também concordou com regras que reduzem os seus direitos enquanto membro da OMC (as chamadas regras *WTO-minus*) Cf. Michelle ZANG, *The WTO Contingent Trade Instruments Against China: What Does Accession Bring?*, in ICLQ, 2009, p. 322.

[4260] Frieder ROESSLER, Are the Judicial Organs of the World Trade Organization Overburdened?, in *Efficiency, Equity, and Legitimacy: The Multilateral Trading System at the Millennium*, Roger Porter, Pierre Sauvé, Arvind Subramanian e Americo Zampetti ed., Brookings Institution Press, Washington, D.C., 2001, p. 326.

A FUNÇÃO JURISDICIONAL NO SISTEMA GATT/OMC

Os membros da OMC dispõem, apesar de tudo, de alguns mecanismos que impedem a transformação dos painéis e do Órgão de Recurso em "runaway courts".

Os membros da OMC descontentes com uma determinada conclusão ou recomendação de um Painel ou do Órgão de Recurso assinalam usualmente a sua discordância através de uma declaração diplomática feita numa reunião do Órgão de Resolução de Litígios[4261]. Como já foi referido, o caso mais importante de contestação ao Órgão de Recurso até agora ocorreu no caso *European Communities – Measures Affecting Asbestos and Asbestos Containing Products* e teve a ver com a sua iniciativa de estabelecer um procedimento adicional para a aceitação de comunicações *amicus curiae*. A diligência do Órgão de Recurso deu lugar a uma imensa polémica entre os membros da OMC e motivou uma reunião extraordinária do Conselho Geral em 22 de Novembro de 2000, convocada pelo Egipto em nome do chamado Grupo Informal de Países em Desenvolvimento[4262]. Nessa reunião, o Órgão de Recurso foi severamente criticado, tendo a grande maioria dos membros da OMC, com a excepção importante dos Estados Unidos, considerado que o estabelecimento de um procedimento para aceitação das comunicações *amicus curiae* era uma questão que deveria ser abordada pelos membros da OMC no Conselho Geral e não pelo Órgão de Recurso no contexto de um litígio, já que afectava os direitos dos membros da OMC. Alguns membros da OMC chegaram inclusivamente a propor que alguns dos membros do Órgão de Recurso se retractassem, tendo o representante do Paquistão junto da OMC chegado mesmo a pedir a demissão do Presidente do Órgão de Recurso[4263], e o director

---

[4261] Como já foi dito, não é por acaso que membros do secretariado do Órgão de Recurso assistem às reuniões do Órgão de Resolução de Litígios.

[4262] OMC, *Minutes of Meeting (General Council) Held in the Centre William Rappard on 22 November 2000* (WT/GC/M/60), 23-1-2001, parágrafo 1 (p. 1).

[4263] Padideh ALA'I, *Judicial Lobbying at the WTO: The Debate over the Use of Amicus Curiae Briefs and the U.S. Experience*, in Fordham International Law Journal, 2000, p. 65. O Órgão de Recurso tem um presidente, o qual será eleito pelos seus membros (Regra 5, nº 1, dos Procedimentos de Trabalho do Órgão de Recurso). O mandato do presidente tem a duração de um ano, mas os membros do Órgão de Recurso podem decidir prorrogar o mandato por um período adicional de um ano, no máximo. Tal aconteceu, por exemplo, com o primeiro presidente do Órgão de Recurso, Júlio Lacarte-Muró, que ocupou o cargo entre Fevereiro de 1996 e Fevereiro de 1998, e com James Bacchus, que foi presidente do Órgão de Recurso entre Dezembro de 2001 e Dezembro de 2003 (cf. Christian WALTER, Article 17 DSU, in *WTO-Institutions and Dispute Settlement*, Rüdiger Wolfrum, Peter-Tobias Stoll e Karen Kaiser (eds), Max Planck Commentaries on World Trade Law, Max Planck Institute for Comparative Public Law and International Law, Martinus Nijhoff Publishers, Leiden/Boston, 2006, p. 451). Todavia, a fim de garantir a rotatividade na presidência, nenhum membro do Órgão de Recurso pode desempenhar o cargo de presidente consecutivamente por mais de dois mandatos (Regra 5, nº 2, dos Procedimentos de Trabalho do Órgão de Recurso). O Presidente do Órgão de Recurso tem a seu cargo a direcção geral das actividades do Órgão de Recurso e, em especial, a supervisão do funcionamento interno do Órgão de Recurso e a realização de qualquer

1532

OS MECANISMOS DE CONTROLO

do Secretariado do Órgão de Recurso, Debra Steger, demitiu-se abruptamente, "amid reports that her controversial stance on *amicus* submissions prompted her departure"[4264]. Apesar da celeuma, o Presidente do Conselho Geral, o embaixador Kare Bryn da Noruega, limitou-se a chamar a atenção do Órgão de Recurso para que procedesse no futuro com extrema cautela sobre estas questões[4265].

É possível exercer, também, algum controlo sobre a composição de um tribunal internacional, impedindo a nomeação de determinados membros propostos ou obstando à sua recondução[4266]. Os governos nacionais podem usar o processo de nomeação para influenciar *ex ante* o "comportamento" de um determinado

outra função que os Membros entendam atribuir-lhe (Regra 5, nº 3, dos Procedimentos de Trabalho do Órgão de Recurso). Na prática, o Presidente do Órgão de Recurso representa e fala em nome do Órgão de Recurso nas comunicações com os representantes de outros órgãos da OMC, em particular com o Presidente do Órgão de Resolução de Litígios. Segundo os Procedimentos de Trabalho do Órgão de Recurso, caso a presidência fique vaga devido a incapacidade permanente do Presidente por enfermidade ou morte, ou por resignação ou termo do seu mandato, os Membros devem eleger um novo Presidente, que exercerá as suas funções durante o período de um mandato completo, em conformidade com o disposto no nº 2 [da Regra 5] (Regra 5, nº 4, dos Procedimentos de Trabalho do Órgão de Recurso). Em caso de ausência ou incapacidade temporária do Presidente, o Órgão de Recurso deve autorizar outro Membro a actuar como Presidente interino, o qual terá temporariamente todas os poderes, obrigações e funções do Presidente, até que este esteja em condições de voltar a assumir as suas funções (Regra 5, nº 5, dos Procedimentos de Trabalho do Órgão de Recurso). Quando não está em causa o Presidente do Órgão de Recurso, aplica-se à resignação dos outros membros do Órgão de Recurso a Regra 14 dos Procedimentos de Trabalho do Órgão de Recurso:

"Qualquer membro que tenha intenção de renunciar ao seu cargo deve notificar as suas intenções por escrito ao Presidente do Órgão de Recurso, o qual deve informar imediatamente o Presidente do Órgão de Resolução de Litígios, o Director-Geral da OMC e os demais membros do Órgão de Recurso.

A resignação tem efeitos 90 dias após a notificação ter sido efectuada em conformidade com o nº 1, a menos que o Órgão de Resolução de Litígios, em consulta com o Órgão de Recurso, decida outra coisa".

[4264] James McCall SMITH, *WTO dispute settlement: the politics of procedure in Appellate Body rulings*, in WTR, 2003, p. 89.

[4265] OMC, *Minutes of Meeting (General Council) Held in the Centre William Rappard on 22 November 2000* (WT/GC/M/60), 23-1-2001, parágrafo 123 (pp. 28-29).

[4266] No caso do Supremo Tribunal dos Estados Unidos, por exemplo, "changes in the Court's membership have been instrumental in persuading the Court to overrule precedents, and more precedents have been overturned by the Court by far than by any other method" (cf. Michael GERHARDT, *The Power of Precedent*, Oxford University Press, 2008, p. 9). E, de facto, "Republican appointees and Democratic appointees differ in their voting patterns, often very significantly" (cf. Cass SUNSTEIN, David SCHKADE, Lisa ELLMAN e Andres SAWICKI, *Are Judges Political? An Empirical Analysis of the Federal Judiciary*, Brookings Institution Press, Washington, D.C., 2006, p. vii), mais precisamente, "Republican appointees show significantly more conservative voting patterns than Democratic appointees". Cf. *Idem*, p. 42.

1533

A FUNÇÃO JURISDICIONAL NO SISTEMA GATT/OMC

tribunal. Os governos podem, por exemplo, seleccionar os juízes com base nas decisões que esperam que estes tomem. Nesse sentido, ainda que sujeito a aprovação por maioria simples do Senado, o Presidente norte-americano tem o poder de nomear vitaliciamente os juízes do Supremo Tribunal. Este poder presidencial é particularmente importante, uma vez que os presidentes dos Estados Unidos procuram moldar, de alguma forma, o futuro através da nomeação de juízes conservadores ou liberais conforme as suas preferências. Pese embora seja difícil saber *ex ante* como se irão comportar os juízes uma vez nomeados, os governos podem conseguir fazer inferências razoáveis com base no comportamento passado dos juízes, no seu *background* político e profissional, nos artigos académicos e em entrevistas[4267].

No que diz respeito ao controlo *ex post* da recondução dos membros de um tribunal, o caso porventura mais famoso ocorreu no Tribunal Internacional de Justiça[4268], mais exactamente, com a substituição dos juízes que tinham votado "on the 'wrong side'" no caso *South West Africa (Second Phase)*:

> "the strongest blow to the confidence in the Court, especially amongst the Asian-African states, came in 1966 when the Court, by the casting vote of the President, after nearly six years of proceedings costing millions of dollars, more than a dozen volumes of written proceedings, almost 300 hours of oral testimony, and more than 100 Court sessions, decided – or refused to decide – the *South-West Africa* cases by declining to go into their merits on the basis of a matter of 'antecedent character' which was not even argued by either of the parties"[4269].

A decisão do Tribunal Internacional de Justiça de 1966 teve duas consequências imediatas: por um lado, um boicote efectivo à sua jurisdição, dado muitos dos novos Estados independentes o verem como um tribunal "colonialista"; por outro lado, muitos desses Estados reconheceram a importância de usar as eleições trienais dos juízes para alterar a composição do Tribunal e, em consequência, "its basic philosophy of law"[4270].

---

[4267] Erik VOETEN, *The Politics of International Judicial Appointments*, in CJIL, 2009, p. 388.

[4268] Alega-se, também, que quatro governos nacionais procederam à substituição de juízes activistas na sequência do controverso caso *Codorniu*, decidido em 1994 pelo Tribunal de Justiça das Comunidades Europeias. Cf. Erik VOETEN, *The Politics of International Judicial Appointments*, in CJIL, 2009, p. 393.

[4269] Ram Prakash ANAND, *Enhancing the Acceptability of Compulsory Procedures of International Dispute Settlement*, in Max Planck Yearbook of United Nations Law, vol. 5, 2001, p. 9.

[4270] Edward MCWHINNEY, *The International Court of Justice and International Law-making: The Judicial Activism/Self-restraint Antinomy*, in Chinese Journal of International Law, 2006, p. 10. Ainda de acordo com este autor:

1534

OS MECANISMOS DE CONTROLO

Consequentemente, cinco anos depois, a decisão do tribunal de 1966 foi, no essencial, invertida por uma maioria clara no caso *Legal Consequences for States of the Continued Presence of South Africa in Namibia (South West Africa) notwithstanding Security Council Resolution 276 (1970)*, reflectindo uma mudança de atitude da parte do Tribunal Internacional de Justiça[4271].

No caso do sistema de resolução de litígios da OMC, as Comunidades Europeias e os Estados Unidos gozam, na prática, de privilégios especiais no momento da nomeação dos membros do Órgão de Recurso, parecendo ter a capacidade de vetar candidatos e, em consequência, assegurar que os nomeados não são excessivamente activistas, parciais ou legisladores compulsivos. O gabinete do Representante dos Estados Unidos para o Comércio Internacional, por exemplo, examina cuidadosamente cada candidato, lendo os trabalhos e/ou as decisões judiciais passadas de cada um e entrevistando-os em Washington, D.C., ou em Genebra, antes de decidir se um determinado candidato conta ou não com o seu apoio. E, ao que parece, "this unilateral de facto veto power is believed to be used routinely"[4272].

A pequena duração do mandato de membro do Órgão de Recurso (apenas quatro anos) e o facto de os membros do Órgão de Recurso poderem ser reconduzidos no seu cargo uma vez (art. 17º, nº 2, do Memorando de Entendimento sobre Resolução de Litígios), indica, também, que os membros do Órgão de Recurso estão sujeitos, implicitamente, a um controlo *ex post*: a não recondução de um determinado membro do Órgão de Recurso pode significar que os Membros da OMC desaprovam o seu registo enquanto membro do Órgão de Recurso. No fundo, a pequena duração do mandato de membro do Órgão de Recurso

---

"The triennial elections to the Court, held in the autumn of 1966, had brought unexpected defeat, not always perhaps deserved on the individual professional qualifications involved, of candidates who were being 'punished' for *their respective State's* vote, as it was perceived, in *South West Africa, Second Phase* only a few months earlier. The elections, within the Court, for the post of President of the Court, in 1967 and 1970 – a normally largely ceremonial post that, by internal custom, is rotated every three years on a 'regional' basis – were marked by an unusual degree of personal bitterness and ended in the defeat of 'classical' candidates of some considerable seniority in favour of persons considered more open, as jurists, to the winds of political change in the World Community at large". Cf. *Idem*, p. 11.

[4271] Jacob COGAN, *Competition and Control in International Adjudication*, in Virginia Journal of International Law, 2008, p. 428.

[4272] Cesare ROMANO, Daniel TERRIS e Leigh SWIGART, *The International Judge: An Introduction to the Men and Women who Decide the World's Cases*, Brandeis University Press, Waltham-Massachusetts, 2007, p. 31.

1535

A FUNÇÃO JURISDICIONAL NO SISTEMA GATT/OMC

reflecte o desejo de os membros da OMC manterem um certo controlo sobre os membros do Órgão de Recurso[4273].

Na prática, o Órgão de Resolução de Litígios tem reconduzido sempre os membros que mostram vontade em continuar no cargo por mais quatro anos. Em 1997, quando se procedeu ao sorteio para determinar o nome dos três dos sete membros iniciais do Órgão de Recurso que teriam um mandato de apenas dois anos[4274], os três membros sorteados foram imediatamente reconduzidos no seu cargo por mais 4 anos[4275] e, em 1999, quando dois dos membros do Órgão de Recurso que cumpriram um primeiro mandato de quatro anos mostraram vontade em ser reconduzidos, o então Presidente do Órgão de Resolução de Litígios consultou as delegações dos membros da OMC e, no seguimento das mesmas, decidiu reconduzir os dois membros em causa[4276]. Porém, vários membros da OMC (México, Malásia e Índia) declararam então que, do seu ponto de vista, a recondução dos membros do Órgão de Recurso para um segundo mandato não

---

[4273] Naturalmente, o facto de o Memorando determinar que os pareceres expressos no relatório do Órgão de Recurso pelos membros desse mesmo órgão são anónimos (art. 17º, nº 11) não facilita, em parte, este controlo *ex post* pelos membros da OMC.

[4274] De acordo com o nº 2 do art. 17º do Memorando de Entendimento sobre Resolução de Litígios, o Órgão de Resolução de Litígios:

"nomeará os membros do Órgão de Recurso por um período de quatro anos, podendo cada membro ser reconduzido no seu cargo uma vez. Contudo, o mandato de três das sete pessoas nomeadas imediatamente após a entrada em vigor do Acordo OMC terminará decorridos dois anos. A escolha dessas três pessoas será feita por sorteio. As vagas serão preenchidas à medida que forem surgindo. Uma pessoa nomeada para substituir outra cujo mandato ainda não tinha expirado manter-se-á em funções pelo período restante do mandato do seu predecessor".

[4275] Numa determinada ocasião, dois membros do Órgão de Recurso que tinham recusado a consideração dos seus nomes para um segundo mandato viram o seu primeiro mandato ser prorrogado em cerca de três meses e meio. Tal facto permitiu ao Órgão de Recurso continuar a funcionar sem sobressaltos num período de muito trabalho durante o processo de nomeação dos dois novos membros do Órgão de Recurso (cf. Victoria DONALDSON, The Appellate Body: Institutional and Procedural Aspects (Chapter 27), in *The World Trade Organization: Legal, Economic and Political Analysis*, Volume I, Patrick Macrory, Arthur Appleton e Michael Plummer Ed., Springer, Nova Iorque, 2005, p. 1287). Por outro lado, quando o então membro do Órgão de Recurso Christopher Beeby faleceu, o seu substituto, o Japonês Yasuhei Taniguchi, foi nomeado membro do Órgão de Recurso pelo período restante do mandato do seu predecessor e não por um período de quatro anos. Cf. OMC, *Minutes of Meeting Held in the Centre William Rappard on 25 May 2000 – Dispute Settlement Body* (WT/DSB/M/82), 26-6-2000, p. 2.

Os membros do Órgão de Recurso que, em Junho de 1997, viram o seu mandato ser renovado por mais 4 anos pelo Órgão de Resolução de Litígios foram: Claus-Dieter Ehlermann, Florentino Feliciano e Julio Lacarte-Muró.

[4276] Victoria DONALDSON, The Appellate Body: Institutional and Procedural Aspects (Chapter 27), in *The World Trade Organization: Legal, Economic and Political Analysis*, Volume I, Patrick Macrory, Arthur Appleton e Michael Plummer Ed., Springer, Nova Iorque, 2005, pp. 1287-1288.

OS MECANISMOS DE CONTROLO

deveria ser automática[4277]. Seja como for, vários membros da OMC apresentaram no âmbito do actual processo de revisão do Memorando de Entendimento sobre Resolução de Litígios a seguinte proposta, com o intuito de reforçar a independência dos membros do Órgão de Recurso:

"Esta situação em que os membros do Órgão de Recurso dependem dos Membros da OMC para obter um segundo mandato de quatro anos não está em consonância com a dignidade do alto cargo que tais pessoas ocupam. Nem é favorável à independência que os membros do Órgão de Recurso estão obrigados a exercer no desempenho das suas funções. (...) Portanto, para que os membros do Órgão de Recurso possam desempenhar as suas funções com independência, incumbe aos Membros da OMC a responsabilidade de garantir que tais membros, depois da sua nomeação para ocupar os seus altos cargos, não dependam do apoio dos Membros da OMC para obter um segundo mandato. A fim de manter e realçar a dignidade do alto cargo que ocupam os membros do Órgão de Recurso e a fim de garantir que tais membros não tenham que depender dos Membros da OMC para obter um segundo mandato, propõe-se que todas as futuras nomeações de membros do Órgão de Recurso sejam por um período fixo e não renovável. Considera-se que este período fixo não renovável deveria ser de seis anos. Este enfoque estimularia a existência de um clima favorável ao funcionamento imparcial e independente do Órgão de Recurso"[4278].

Finalmente, um país pode desafiar um acto de um órgão judicial internacional, recusando observá-lo. Nalguns casos, o incumprimento constitui mesmo a opção mais atractiva, visto poder ser executada rapidamente e de modo unilateral[4279], e porventura a mais legítima:

"allowing suspension of equivalent obligations in response to, for example, a WTO illegal ban on hormones treated beef – a ban that seems democratically supported among consumers mainly for reasons other than trade protectionism – could provide

---

[4277] OMC, *Minutes of Meeting Held in the Centre William Rappard on 27 October and 3 November 1999 – Dispute Settlement Body* (WT/DSB/M/70), 15-12-1999, pp. 32-35.

[4278] OMC, *Negotiations on the Dispute Settlement Understanding – Proposals on DSU by Cuba, Honduras, India, Malaysia, Pakistan, Sri Lanka, Tanzania and Zimbabwe (Dispute Settlement Body)* (TN/DS/W/18), 7-10-2002, pp. 4-5.

[4279] Em contraste, a revisão de um tratado exige negociações, morosas, complexas e bem sucedidas. Ou seja, "the threat of treaty revision is essentially the 'nuclear option' – exceedingly effective, but difficult to use – and is therefore a relatively ineffective and non-credible means of Member State control". Cf. Clifford CARRUBBA, Matthew GABEL e Charles HANKLA, *Judicial Behavior under Political Constraints: Evidence from the European Court of Justice*, in American Political Science Review, Vol. 102, No. 4, 2008, p. 438.

1537

A FUNÇÃO JURISDICIONAL NO SISTEMA GATT/OMC

an important safeguard that may, in the long run, legitimize WTO obligations, rather than undermine them"[4280].

Além disso, "a self-interested international negotiator" que esteja a ponderar os ganhos e os custos associados à conclusão de um acordo internacional pode demonstrar maior vontade em assinar tal acordo, e ficar obrigado pelas suas disposições, se souber que o incumprimento das suas obrigações é permitido em determinadas circunstâncias[4281].

## 4. Os Meios de Controlo dos Órgãos de Adjudicação
### 4.1. Introdução
Essencialmente, o sistema de resolução de litígios da OMC deve desempenhar três funções básicas: preservar os direitos dos membros (art. $3^{\circ}$, $n^{\circ}$ 2, do Memorando); clarificar o sentido das disposições dos acordos abrangidos (art. $3^{\circ}$, $n^{\circ}$ 2, do Memorando); e resolver prontamente os litígios (art. $3^{\circ}$, $n^{\circ}$ 3, do Memorando).

No exercício das respectivas funções jurisdicionais, os painéis e o Órgão de Recurso têm recorrido a diversos princípios, de modo a que o mandato que lhes foi conferido pelos membros da OMC não seja ultrapassado, sobretudo, aos princípios *non ultra petita* e da economia jurisprudencial. É também conhecido o apego do Órgão de Recurso à Convenção de Viena sobre o Direito dos Tratados. Alguns dos princípios ou práticas resultam do próprio Memorando (por exemplo, o recurso aos artigos $31^{\circ}$ e $32^{\circ}$ da Convenção de Viena quando está em causa a interpretação dos acordos abrangidos), outros da prática dos painéis e do Órgão de Recurso. De qualquer modo, todos os princípios ou práticas visam, no essencial, respeitar a injunção "não aumentar ou diminuir os direitos e obrigações previstos nos acordos abrangidos".

### 4.2. As Regras de Interpretação Adoptadas
#### 4.2.1. O GATT de 1947
O texto do GATT de 1947 nada dizia sobre as regras de interpretação a aplicar. E embora a Convenção de Viena, tecnicamente, não fosse aplicável ao Acordo Geral, visto que era posterior, entende-se que:

> "the portion of the Vienna Convention governing the general interpretation of treaties is considered to codify accepted rules of customary international law. Because

---

[4280] Joost PAUWELYN, *A Typology of Multilateral Treaty Obligations: Are WTO Obligations Bilateral or Collective in Nature?*, in EJIL, 2003, p. 938.
[4281] Peter ROSENDORFF, *Stability and Rigidity: Politics and Design of the WTO's Dispute Settlement Procedure*, in American Political Science Review, 2005, p. 390.

1538

OS MECANISMOS DE CONTROLO

the Vienna Convention is regarded as declaratory of existing law, it is considered authoritative even for countries not a party to it"[4282].

Por exemplo, os Estados Unidos reconheceram no caso *United States Restrictions on Imports of Tuna* (1994) que a Convenção de Viena expressava as regras básicas de interpretação dos tratados[4283]. As regras de interpretação da Convenção de Viena sobre o Direito dos Tratados têm sido tratadas, igualmente, pelo Tribunal Internacional de Justiça como reflectindo o direito internacional costumeiro[4284].

Já sabemos, também, que os painéis criados durante a vigência do GATT de 1947 foram frequentemente criticados pela tendência em considerarem o método histórico como estando, pelo menos, ao mesmo nível dos outros métodos de interpretação, mas não entre os meios secundários, hierarquia que resulta claramente da Convenção de Viena sobre o Direito dos Tratados de 23 de Maio de 1969[4285]. No famoso caso *United States – Restrictions on Imports of Tuna from Mexico* de Setembro de 1991, por exemplo, o recurso pelo Painel aos trabalhos preparatórios foi fundamental para as suas conclusões:

> "o registo indica que as preocupações dos redactores da alínea *b*) do artigo XX se centraram na utilização de medidas sanitárias destinadas a proteger a vida ou saúde das pessoas, animais ou plantas dentro da jurisdição do país importador"[4286].

É certo que foi reconhecido nas sessões de redacção da Carta de Havana e do GATT que os trabalhos preparatórios seriam importantes para a interpreta-

---

[4282] Thomas SCHOENBAUM, *Free International Trade and Protection of the Environment: Irreconcilable conflict?*, in AJIL, 1992, p. 719.

[4283] Relatório do Painel no caso *United States Restrictions on Imports of Tuna* (DS29/R), posto a circular em 16-6-1994, nunca adoptado, parágrafo 5.18.

[4284] Ver, por exemplo, o caso *Kasikili/Sedudu Island (Botswana/Namibia)*, Acórdão do Tribunal Internacional de Justiça de 13-12-1999, parágrafo 18:
"Relativamente à interpretação deste Tratado, o Tribunal nota que nem o Botsuana nem a Namíbia são partes da Convenção de Viena sobre o Direito dos Tratados de 23 de Maio de 1969, mas ambos consideram que o Artigo 31º da Convenção de Viena é aplicável enquanto expressão do direito internacional consuetudinário. O próprio Tribunal já teve a oportunidade no passado de defender que o direito internacional consuetudinário está expresso no Artigo 31º da Convenção de Viena".

[4285] Com vista a clarificar o sentido dos artigos II, nº 2, alínea *c*), e VIII, nº 1, alínea *a*), do GATT, um painel chegou mesmo a recorrer à *Convention Relating to the Simplification of Customs Formalities* de 3 de Novembro de 1923. Cf. Relatório do Painel no caso *United States Customs User Fee* (L/6264), adoptado em 2-2-1988, parágrafo 71.

[4286] Relatório do Painel no caso *United States – Restrictions on Imports of Tuna from México* (DS21/R), posto a circular em 3-9-1991, nunca adoptado, parágrafo. 5.26.

A FUNÇÃO JURISDICIONAL NO SISTEMA GATT/OMC

ção dos acordos[4287]. O problema é que o recurso aos trabalhos preparatórios é caracterizado claramente pelo art. 32º da Convenção de Viena como um meio de interpretação suplementar, deixando claro que os trabalhos preparatórios dos tratados apenas devem ser tidos em consideração ou para confirmar o sentido resultante da aplicação dos meios de interpretação referidos no art. 31º da mesma Convenção ou para determinar o sentido, quando a interpretação obtida segundo os meios de interpretação referidos no art. 31º "deixa o sentido ambíguo ou obscuro" ou "conduz a um resultado que é manifestamente absurdo ou não razoável". Ou seja, o art. 32º não pode ser utilizado para contrariar um sentido claro, resultante da aplicação do art. 31º[4288].

Além disso, um recurso excessivo aos trabalhos preparatórios em instituições internacionais como o GATT pode tornar o Acordo Geral demasiado rígido ou inflexível em relação aos rápidos acontecimentos da economia mundial. Mais importante, o recurso aos trabalhos preparatórios torna-se questionável face a adesão de novos membros, visto que privilegia inevitavelmente as supostas intenções e expectativas:

"of a fairly narrow 'interpretive community' – that of the treaty negotiators – over the broader community affected by interpretive decisions, the community implicated in the notion of democratic or social legitimacy"[4289].

---

[4287] John JACKSON, *World Trade and the Law of GATT*, The Michie Company, Charlottesville – Virginia, 1969, pp. 20-21.

[4288] Todavia, de acordo com um antigo presidente do Tribunal Internacional de Justiça, Stephen Schwebel, os trabalhos preparatórios devem ter um estatuto igual ao dos meios de interpretação primários (ver, por exemplo, a sua opinião dissidente no caso *Concerning Maritime Delimitation and Territorial Questions between Qatar and Bahrain (Qatar v. Bahrain)*, Acórdão do Tribunal Internacional de Justiça de 15-2-1995 (jurisdição e admissibilidade), p. 39: "os *travaux préparatoires* não são menos evidência da intenção das partes quando eles contradizem do que quando eles confirmam o sentido pretensamente claro do texto ou do contexto das disposições convencionais". Assim, quando uma disposição de um tratado tem sido interpretada recorrendo aos meios primários de interpretação e não é possível demonstrar que resulta num sentido ambíguo ou obscuro nem conduz a um resultado que é manifestamente absurdo ou não razoável, os trabalhos preparatórios do tratado podem ainda ser utilizados não apenas para confirmar o resultado antes alcançado, mas também para substituí-lo. Mesmo numa situação em que a utilização dos meios primários de interpretação deixa o sentido de uma disposição de um tratado claro, um sentido contrário resultante da utilização dos trabalhos preparatórios pode apesar disso gozar de prioridade (cf. Ulf LINDERFALK, *Is the Hierarchical Structure of Articles 31 and 32 of the Vienna Convention Real or Not? Interpreting the Rules of Interpretation*, in Netherlands International Law Review, 2007, p. 138). Contra este entendimento, temos que os trabalhos preparatórios da Convenção de Viena sobre o Direito dos Tratados revelam claramente a sua posição subalterna face aos meios primários de interpretação. Cf. *Idem*, p. 152.

[4289] Robert HOWSE, The legitimacy of the World Trade Organization, in *The Legitimacy of International Organizations*, J.-M. Coicaud e V. Heiskanen (eds.), United Nations University Press, Nova Iorque-Tóquio, 2001, p. 388. Por causa do princípio da igualdade soberana entre Estados, ULF

1540

OS MECANISMOS DE CONTROLO

É verdade que este argumento perde alguma da sua importância quando os trabalhos preparatórios são publicados ou acessíveis a um país antes da sua adesão ao tratado em causa[4290]. O Tribunal Internacional de Justiça, por exemplo, "has in one case referred to the *travaux* of a treaty without mentioning that neither State before the court had participated in the negotiations"[4291]. Acontece que não existe qualquer registo oficial das negociações no caso do GATT e da OMC. A história das negociações baseia-se, primacialmente, nas comunicações submetidas pelos membros e em documentos formais ou notas do Secretariado do GATT[4292].

É de salientar, finalmente, que a primeira referência expressa à Convenção de Viena só ocorreu no caso *United States – Imposition of Anti-Dumping Duties on Imports of Fresh and Chilled Atlantic Salmon from Norway*, adoptado pelas partes contratantes poucos meses antes da entrada em vigor dos acordos da OMC:

> "A interpretação do nº 4 do artigo 3º defendida pelos Estados Unidos nos procedimentos ante o Painel faria com que este ignorasse totalmente a cláusula 'pelos efeitos' do dito número. Essa interpretação era incompatível com o sentido corrente dos termos e com a história da redacção da disposição. A Convenção de Viena sobre o Direito dos Tratados estabelecia que 'Um tratado deve ser interpretado de boa fé, segundo o sentido comum atribuível aos termos do tratado no seu contexto e à luz dos respectivos objecto e fim'. Portanto, a prática interpretativa internacional era atribuir um sentido a todas as frases de um texto"[4293].

### 4.2.2. O Papel da Convenção de Viena (1969)

Nos termos do nº 2 do art. 3º do Memorando de Entendimento sobre Resolução de Litígios, o sistema de resolução de litígios da OMC permite clarificar as disposições desses acordos em conformidade com as normas de interpretação

---

LINDERFALK considera também ilegítimo que se dê maior importância na interpretação de uma disposição de um tratado às intenções dos Estados que tomaram parte na sua redacção comparativamente às intenções dos Estados que aderiram posteriormente ao tratado em causa. Cf. Ulf LINDERFALK, *Is the Hierarchical Structure of Articles 31 and 32 of the Vienna Convention Real or Not? Interpreting the Rules of Interpretation*, in Netherlands International Law Review, 2007, p. 153.

[4290] De acordo com JEFFREY WAINCYMER, "on one view, if a Member was not a party to those negotiations, they ought not to be subject to those deliberations. The contrary view is that having freely entered into the treaty they have impliedly approved the negotiating history. While each view has some merit, the preponderant view among international law scholars is that *travaux* can be used in these circumstances". Cf. Jeffrey WAINCYMER, *WTO Litigation: Procedural Aspects of Formal Dispute Settlement*, Cameron May, Londres, 2002, p. 489.

[4291] Michael LENNARD, *Navigating by the Stars: Interpreting the WTO Agreements*, in JIEL, 2002, p. 49.

[4292] Jeffrey WAINCYMER, *WTO Litigation: Procedural Aspects of Formal Dispute Settlement*, Cameron May, Londres, 2002, p. 487.

[4293] Relatório do Painel no caso *United States – Imposition of Anti-Dumping Duties on Imports of Fresh and Chilled Atlantic Salmon from Norway* (ADP/87), adoptado em 27-4-1994, parágrafo 298.

A FUNÇÃO JURISDICIONAL NO SISTEMA GATT/OMC

do direito público internacional. Constituindo o Acordo OMC (e respectivos anexos) um tratado internacional, esta disposição "states the obvious"[4294], pois, como observou o próprio Órgão de Recurso, as regras consuetudinárias de interpretação dos tratados são aplicáveis a qualquer tratado, em qualquer domínio do direito internacional público[4295].

A originalidade de o Acordo OMC ser o único instrumento jurídico internacional a confirmar explicitamente as regras de interpretação do direito internacional[4296] foi explicada pelo painel do caso *Korea – Measures Affecting Government Procurement* do seguinte modo:

> "O texto do nº 2 do artigo 3º contempla um problema específico que se colocou no âmbito do GATT, no sentido de que, entre outras coisas, o recurso aos antecedentes de negociação estava a utilizar-se de forma alegadamente incompatível com as normas usuais do direito internacional público para a interpretação dos tratados"[4297].

Também no plano doutrinário se entende que o nº 2 do art. 3º do Memorando constitui uma reacção contra a tendência dos painéis criados durante a vigência do GATT de 1947 privilegiarem os trabalhos preparatórios na interpretação do Acordo Geral[4298].

Ao referirem as regras de interpretação do direito internacional público aplicáveis, os redactores do Memorando tiveram por objectivo que ela fosse uma referência indirecta aos princípios dos artigos 31º e 32º da Convenção de Viena sobre o Direito dos Tratados, de 23 de Maio de 1969. Indirecta porque a Convenção em si não poderia ser referida, visto que vários membros da OMC não são partes dela (por exemplo, os Estados Unidos) ou estão impossibilitados de o ser (por exemplo, as Comunidades Europeias).

O texto das duas disposições da Convenção de Viena referidas é o seguinte:

"**ARTIGO 31º**
**(Regra geral de interpretação)**
1. Um tratado deve ser interpretado de boa fé, segundo o sentido comum atribuível aos termos do tratado no seu contexto e à luz dos respectivos objecto e fim.

---

[4294] Gabrielle MARCEAU, *Fragmentation in International Law: The Relationship between WTO Law and General International Law – a Few Comments from a WTO Perspective*, in Finnish Yearbook of International Law, Vol. XVII, 2006, p. 9.

[4295] Relatório do Órgão de Recurso no caso *United States – Continued Existence and Application of Zeroing Methodology* (WT/DS350/AB/R), 4-2-2009, parágrafo 267.

[4296] Joost PAUWELYN, *The Role of Public International Law in the WTO: How Far Can We Go?*, in AJIL, 2001, p. 542.

[4297] Relatório do Painel no caso *Korea – Measures Affecting Government Procurement* (WT/DS163/R), 1-5-2000, nota de rodapé 753.

[4298] Isabelle Van DAMME, *Treaty Interpretation by the WTO Appellate Body*, Oxford University Press, 2009, p. 311.

## OS MECANISMOS DE CONTROLO

2. Para os fins de interpretação de um tratado, o contexto compreende, além do texto, preâmbulo e anexos inclusos:

*a*) qualquer acordo que tenha relação com o tratado e que se celebrou entre todas as partes na altura da conclusão do tratado;

*b*) qualquer instrumento estabelecido por uma ou várias partes na ocasião da conclusão do tratado e aceite pelas outras partes como instrumento relacionado com o tratado.

3. Ter-se-á em consideração, simultaneamente com o contexto:

*a*) todo o acordo estabelecido entre as partes sobre a interpretação do tratado ou a aplicação das suas disposições;

*b*) toda a prática ulterior na aplicação do tratado pela qual se estabeleça o acordo das partes em relação à interpretação do tratado;

*c*) toda a regra pertinente de direito internacional aplicável às relações entre as partes.

4. Um termo será entendido num sentido particular se estiver estabelecido que tal era a intenção das partes.

### ARTIGO 32º
### (Meios complementares de interpretação)

Pode-se recorrer a meios complementares de interpretação e designadamente aos trabalhos preparatórios e às circunstâncias em que foi concluído o tratado, para confirmar o sentido resultante da aplicação do artigo 31º ou para o determinar quando a interpretação de acordo com o mesmo artigo:

*a*) deixa o sentido ambíguo ou obscuro; ou

*b*) conduz a um resultado que é manifestamente absurdo ou não razoável".

Significativamente, o Órgão de Recurso defendeu logo num dos seus primeiros relatórios que:

"O nº 2 do artigo 3º do Memorando de Entendimento sobre Resolução de Litígios instrui o Órgão de Recurso a clarificar as disposições do GATT de 1994 e dos outros 'acordos abrangidos' do Acordo OMC 'em conformidade com as regras consuetudinárias de interpretação do direito internacional público'. Ao seguir esta instrução, no relatório relativo ao caso *United States – Standards for Reformulated and Conventional Gasoline*, insistimos na necessidade de conseguir essa clarificação por referência à regra fundamental de interpretação dos tratados enunciada no nº 1 do artigo 31º da Convenção de Viena. Sublinhámos nessa ocasião que esta regra geral de interpretação 'tinha adquirido o estatuto de uma regra de direito internacional consuetudinário ou geral'. Não há qualquer dúvida de que o artigo 32º, que lida com os meios complementares de interpretação, adquiriu igualmente o mesmo estatuto"[4299].

---

[4299] Relatório do Órgão de Recurso no caso *Japan – Taxes on Alcoholic Beverages* (WT/DS8/AB/R, WT/DS10/AB/R, WT/DS11/AB/R), 4-10-1996, p. 10.

A FUNÇÃO JURISDICIONAL NO SISTEMA GATT/OMC

Ao confirmar que as questões de interpretação que se colocam no âmbito do sistema de resolução de litígios da OMC devem ser resolvidas mediante a aplicação das normas costumeiras de interpretação do direito internacional público e que os princípios codificados nos artigos 31º e 32º da Convenção de Viena sobre o Direito dos Tratados constituem tais normas costumeiras, o Órgão de Recurso diz claramente que estes dois artigos são aplicáveis a todos os membros da OMC e, de facto, os Estados Unidos "regularly argue their WTO and other cases based on the language of the Vienna Convention"[4300]. A relevância da Convenção de Viena é, pois, universalmente aceite "as the general guide of treaty interpretation"[4301].

Ao definir as regras de interpretação aplicáveis logo nos seus dois primeiros relatórios (casos *United States – Standards for Reformulated and Conventional Gasoline* e *Japan – Taxes on Alcoholic Beverages*, o Órgão de Recurso deu provas, igualmente, de uma grande maturidade e celeridade:

> "Tant la Cour Internationale de Justice que la Cour de Justice des Communautés Européennes (CJCE) ont été – et restent (CJCE) – plus hésitantes. S'agissant de la Cour internationale, la première véritable reconnaissance des règles d'interprétation de la Convention de Vienne comme reflétant, à bien des égards, une codification du droit international coutumier existant sur ce point se trouve dans l'affaire de 1991 relative à la sentence arbitrale du 31 juillet 1989 (*Guinée-Bissau c/Sénégal*). Elle a, depuis, essaimé, et il n'est presque pas d'arrêt de la Cour qui ne les mentionne désormais, d'une manière ou d'une autre. On ne trouve pas semblable considération dans la jurisprudence de la CJCE"[4302].

E, sendo usual dizer-se que a interpretação "se réfère plus aux qualités artistiques que scientifiques du juriste"[4303], o recurso aos artigos 31º e 32º da Convenção de Viena tem a virtude de permitir, minimamente, uma aproximação interpretativa coerente, lógica e estruturada a um conjunto de regras na sua grande maioria novas, cujo conteúdo é, muitas vezes, pouco rigoroso, polissémico e, por vezes, mesmo contraditório[4304]. É sabido que as disposições do Acordo OMC e dos seus anexos foram negociadas no âmbito de 15 grupos de trabalho diferentes, "which

---

[4300] Michael LENNARD, *Navigating by the Stars: Interpreting the WTO Agreements*, in JIEL, 2002, pp. 18-19.

[4301] Alexander ORAKHELASHVILI, *Interpretation of Jurisdictional Instruments in International Dispute Settlement*, in The Law and Practice of International Courts and Tribunals, 2007, p. 163.

[4302] Eric CANAL-FORGUES, *Sur l'interprétation dans le droit de l'OMC*, in RGDIP, 2001, p. 19.

[4303] Jean-Marc SOREL, Article 31 de la Convention de Vienne de 1969, in *Les Conventions de Vienne sur le Droit des Traités*, Bruylant, Bruxelas, 2006, p. 1293.

[4304] Existem, claro está, excepções. Regra geral, as listas de concessões do GATT descrevem as obrigações assumidas de um modo claro.

1544

## OS MECANISMOS DE CONTROLO

may not have been sufficiently coordinated with one another"[4305], que um tratado "resulta da marca de variadas mãos"[4306], que os acordos da OMC equivaliam no momento da sua conclusão a um total de 26.228 páginas[4307] e que os textos jurídicos internacionais contêm "political minefields that international judges especially are poorly placed to navigate successfully"[4308], desde logo, porquanto o contexto político e cultural em que trabalha um juiz internacional é muito diferente daquele em que labora um juiz nacional e a sociedade internacional bem mais heterogénea[4309].

A referência no nº 2 do art. 3º do Memorando é, enfim, apenas às regras de interpretação, categoria onde cabem claramente os artigos 31º, 32º e 33º da Convenção de Viena[4310]. Menos claro é o papel de outros artigos da mesma conven-

[4305] Gabrielle MARCEAU e Joel TRACHTMAN, Responding to National Concerns, in The Oxford Handbook of International Trade Law, Daniel Bethlehem, Donald McRae, Rodney Neufeld e Isabelle Van Damme Ed., Oxford University Press, 2009, p. 210.

[4306] Relatório do Órgão de Recurso no caso United States – Continued Existence and Application of Zeroing Methodology (WT/DS350/AB/R), 4-2-2009, parágrafo 306.

[4307] Amelia PORGES, GATT: Multilateral Trade Negotiations Final Act Embodying the Results of the Uruguay Round of Trade Negotiations, in ILM, vol. XXXIII, nº 5, 1994, p. 1126.

[4308] Karen ALTER, Resolving or exacerbating disputes? The WTO's new dispute resolution system, in International Affairs, 2003, p. 793.

[4309] Contudo, "the critical difference between domestic and international courts is that the former are backed by a system of coercive enforcement". Cf. Andrew GUZMAN, International Tribunals: A Rational Choice Analysis, in University of Pennsylvania Law Review, 2008, p. 178.

[4310] O artigo 33º da Convenção de Viena reflecte "direito internacional consuetudinário". Cf. TRIBUNAL INTERNACIONAL DE JUSTIÇA, La Grand Case (Germany/United States of America), Acórdão de 27-6-2001, parágrafo 101. Resulta do Acordo OMC que os acordos da OMC foram feitos "em Marraquexe em 15 de Abril de 1994, num único exemplar, em língua espanhola, francesa e inglesa, fazendo fé qualquer dos textos". Ora, nos termos do art. 33º da Convenção de Viena:
"1. Quando um tratado foi autenticado em duas ou várias línguas, o seu texto faz fé em cada uma dessas línguas, salvo se o tratado dispuser ou as partes convencionarem que, em caso de divergências, um determinado texto prevalecerá.
2. Uma versão do tratado numa língua que não seja alguma daquelas em que o texto foi autenticado, só será considerada como texto autêntico se o tratado o previr ou as partes o tiverem convencionado.
3. Presume-se que os termos de um tratado têm o mesmo sentido nos diversos textos autênticos.
4. Quando a comparação dos textos autênticos apresenta uma diferença de sentido que a aplicação dos artigos 31º e 32º não permite remediar, adoptar-se-á o sentido que melhor concilie esses textos tendo em conta o objecto e o fim do tratado, salvo o caso em que um determinado texto prevalece, nos termos do número 1".
Não existe no Acordo OMC qualquer cláusula a determinar que um determinado texto autêntico prevalecerá em caso de divergências.
Mas, tendo presente que a negociação dos acordos da OMC foi conduzida em inglês (cf. Evandro Menezes de CARVALHO, The Juridical Discourse of the World Trade Organization: The Method of Interpre-

## A FUNÇÃO JURISDICIONAL NO SISTEMA GATT/OMC

ção. Ainda assim, no caso *Brazil – Measures Affecting Desiccated Coconut*, o Órgão de Recurso concluiu, com base no art. 28º da Convenção de Viena, "que, ausente uma intenção contrária, um tratado não pode ser aplicado a actos ou factos que tiveram lugar, ou a situações que deixaram de existir, antes da sua data de entrada em vigor"[4311], o princípio *pacta sunt servanda*, expresso no art. 26º da Convenção de Viena, foi tido em conta pelo Painel no caso *Korea – Measures Affecting Government Procurement*[4312], os artigos 60º e 70º da Convenção de Viena foram tomados

---

*tation of the Appellate Body's Reports*, in Global Jurist, Vol. 7-Issue 1, Article 4 <http://www.bepress. com/gj/vol7/iss1/art4>, p. 12) e que a grande maioria das actividades do sistema de resolução de litígios é conduzida em inglês (cf. Bradly CONDON, *Lost in Translation: Plurilingual Interpretation of WTO Law*, in Journal of International Dispute Settlement, Vol. 1, No. 1, 2010, p. 192; Valerie HUGHES, The WTO dispute settlement system – from initiating proceedings to ensuring implementation: what needs improvement?, in *The WTO at Ten: The Contribution of the Dispute Settlement System*, Ed. Giorgio Sacerdoti, Alan Yanovich e Jan Bohanes, Cambridge University Press, 2006, p. 209), a versão inglesa é a mais autêntica das versões autênticas, mas isso não significa que as outras duas versões não sejam relevantes ou que exista uma relação hierárquica entre as três versões. Nesse sentido, veja-se, por exemplo, a seguinte conclusão do Órgão de Recurso:

"O texto da versão francesa do nº 2, alínea *a*), da Cláusula de Habilitação, que exige que as preferências pautais sejam concedidas '*de acordo com o Sistema generalizado de preferências*' apoia a nossa interpretação. (...) Na nossa opinião, os termos mais fortes, mais vinculativos, tanto do texto francês como do texto espanhol – isto é, usando 'como definido no' em vez de 'como descrito no' – apoiam a nossa opinião de que só o tratamento pautal preferencial que é 'generalizado, não recíproco e não discriminatório' é abrangido pelo nº 2, alínea *a*), da Cláusula de Habilitação" (sublinhado aditado) (cf. Relatório do Órgão de Recurso no caso *European Communities – Conditions for the Granting of Tariff Preferences to Developing Countries* (WT/DS246/ AB/R), 7-4-2004, parágrafo 147).

De notar que o nº 4 do art. 33º é aplicável se existir uma diferença, não necessariamente um conflito (cf. Isabelle Van DAMME, *Treaty Interpretation by the WTO Appellate Body*, Oxford University Press, 2009, p. 331). Tendo em conta os relatórios do Órgão de Recurso tornados públicos até 7 de Outubro de 2009, o Órgão de Recurso tinha considerado mais do que um texto autêntico apenas em 22.1% dos relatórios (cf. Bradly CONDON, *Lost in Translation: Plurilingual Interpretation of WTO Law*, in Journal of International Dispute Settlement, Vol. 1, No. 1, 2010, p. 204) e citado o artigo 33º da Convenção de Viena apenas em sete relatórios (cf. *Idem*, p. 201). Ou seja, o artigo 33º não impõe qualquer obrigação de comparar os textos autênticos em todos os casos. Cf. *Idem*, p. 205.

[4311] Relatório do Órgão de Recurso no caso *Brazil – Measures Affecting Desiccated Coconut* (WT/DS22/ AB/R), 21-2-1997, p. 14. Cumpre assinalar que o Órgão de Recurso não tem razão quando diz que " o princípio de interpretação codificado no art. 28º da Convenção de Viena é relevante para a interpretação dos acordos abrangidos" (cf. Relatório do Órgão de Recurso no caso *European Communities – Trade Description of Sardines* (WT/DS231/AB/R), 26-9-2002, parágrafo 200). O art. 28º diz respeito, sim, à aplicabilidade de um tratado.

[4312] Relatório do Painel no caso *Korea – Measures Affecting Government Procurement* (WT/DS163/R), 1-5-2000, parágrafo 7.93.

1546

## OS MECANISMOS DE CONTROLO

em consideração pelos árbitros no caso *Brazil – Export Financing Programme for Aircraft*[4313], etc..

### 4.2.3. O Artigo 31º da Convenção de Viena

Com a entrada em vigor do novo sistema de resolução de litígios, a hierarquia estabelecida pelos artigos 31º e 32º da Convenção de Viena parece estar a ser respeitada. Logo num dos primeiros litígios após a entrada em funções da OMC, o Painel que o analisou considerou que:

> "de acordo com o artigo 31º da Convenção de Viena sobre o Direito dos Tratados, o ponto de partida da interpretação de um tratado internacional, como o Acordo Geral sobre Pautas Aduaneiras e Comércio de 1994, são os termos do tratado. Os termos do tratado devem ser interpretados no seu contexto e à luz do objecto e do fim do tratado no seu conjunto, devendo ainda ter-se em conta todo o acordo ulterior e toda a prática seguida ulteriormente. O recurso aos meios complementares de interpretação só deve ocorrer a título excepcional e quando concorram as circunstâncias indicadas no artigo 32º da Convenção de Viena sobre o Direito dos Tratados"[4314].

No âmbito do mesmo caso, o Órgão de Recurso declarou expressamente que o art. 31º da Convenção de Viena "dispõe que o texto do tratado constitui a base do processo interpretativo: 'a interpretação deve basear-se fundamentalmente no texto do tratado'"[4315].

Posteriormente, o Órgão de Recurso realça no caso *European Communities Measures Concerning Meat and Meat Products (Hormones)* que o intérprete tem de ler e interpretar as palavras utilizadas no acordo em exame e não as palavras que o intérprete possa achar que deveriam ter sido utilizadas[4316].

Algo estranhamente, o Órgão de Recurso parece estabelecer depois uma sequência no caso *United States – Import Prohibition of Certain Shrimp and Shrimp Products*:

---

[4313] Decisão de Arbitragem no caso *Brazil – Export Financing Programme for Aircraft, Recourse to Arbitration by Brazil under Article 22.6 of the DSU and Article 4.11 of the SCM Agreement* (WT/DS46/ARB), 28-8-2000, parágrafo 3.10.

[4314] Relatório do Painel no caso *Japan – Taxes on Alcoholic Beverages* (WT/DS8/R, WT/DS10/R, WT/DS11/R), 11-7-1996, parágrafo 6.9.

[4315] Relatório do Órgão de Recurso no caso *Japan – Taxes on Alcoholic Beverages* (WT/DS8/AB/R, WT/DS10/AB/R, WT/DS11/AB/R), 4-10-1996, pp. 11-12. Até porque, "if the text of the WTO agreements is assumed to capture state's consent, attention to the text is the most important source of legitimacy for Appellate Body decisions". Cf. Joshua MELTZER, *State Sovereignty and the Legitimacy of the WTO*, in University of Pennsylvania Journal of International Economic Law, 2005, p. 694.

[4316] Relatório do Órgão de Recurso no caso *European Communities Measures Concerning Meat and Meat Products (Hormones)* (WT/DS26/AB/R, WT/DS48/AB/R), 16-1-1998, parágrafo 181.

1547

A FUNÇÃO JURISDICIONAL NO SISTEMA GATT/OMC

"quando o significado do texto em si é equívoco ou inconcludente ou quando se quer ter a confirmação de que a interpretação do próprio texto está correcta, pode ser útil recorrer ao objecto e ao fim do tratado no seu conjunto"[4317].

Não nos parece que seja possível, no entanto, falar de uma sequência no caso do nº 1 do art. 31º da Convenção de Viena. Nesse sentido, um Painel observou que os elementos mencionados no artigo 31º – o texto, o contexto e o objecto e o fim, assim como a boa fé – têm de ser vistos como uma única regra de interpretação e não como uma sequência de testes distintos a aplicar por ordem hierárquica. Muitas vezes, o contexto e o objecto e o fim podem aparecer simplesmente para confirmar uma interpretação aparentemente resultante do texto "bruto". Na realidade, é sempre algum contexto, mesmo que implícito, que determina qual o sentido a considerar como "normal" e é impossível, frequentemente, determinar o sentido, incluindo o "sentido normal", sem considerar também o objecto e o fim[4318].

A favor da posição sustentada pelo Painel, parece ir igualmente a Comissão do Direito Internacional, a qual, no seu comentário ao art. 31º da Convenção de Viena, observou que:

> "The Commission, by heading the article 'General Rule of Interpretation' in singular and by underlining the connexion between paragraphs 1 and 2 and again between paragraph 3 and the two previous paragraphs, intended to indicate that the application of the means of interpretation in the article would be a single combined operation. All the various elements as they were present in any given case, would be thrown into the crucible and their interaction would give the legally relevant interpretation. Thus [Article 31] is entitled 'General Rule of interpretation' in the singular, not 'General Rules of' in the plural, because the Commission desired to emphasize that the process of interpretation is a unity and that the provisions of the article form a single, closely integrated rule"[4319].

Até porque o método textual pode ser facilmente paralisado devido ao facto de haver sempre mais do que um sentido comum e o significado associado a um termo varia normalmente em função do contexto[4320]. A importância de atender

---

[4317] Relatório do Órgão de Recurso no caso *United States – Import Prohibition of Certain Shrimp and Shrimp Products* (WT/DS58/AB/R), 12-10-1998, parágrafo 114.

[4318] Relatório do Painel no caso *United States – Sections 301-310 of the Trade Act of 1974* (WT/DS152/R), 22-12-1999, parágrafo 7.22.

[4319] Daya SHANKER, *The Vienna Convention on the Law of Treaties, the Dispute Settlement System of the WTO and the Doha Declaration on the TRIPs Agreement*, in JWT, 2002, p. 727.

[4320] O próprio Órgão de Recurso reconheceu a propósito da expressão "produtos similares" no contexto do GATT que:

1548

## OS MECANISMOS DE CONTROLO

aos três elementos é por isso evidente. Não admira, pois, que o Órgão de Recurso tenha abandonado qualquer ideia de sequência, declarando no caso *European Communities – Customs Classification of Frozen Boneless Chicken Cuts* que:

> "A interpretação de acordo com as normas costumeiras codificadas no artigo 31º da Convenção de Viena constitui em última instância um exercício holístico que não deve subdividir-se mecanicamente em componentes rígidos"[4321].

Ao mesmo tempo, uma abordagem holística não implica que todos os elementos tenham o mesmo peso interpretativo. Nada impede que se examine, em primeiro lugar, o elemento textual[4322], como defendeu o Órgão de Recurso no caso *Canada – Term of Patent Protection*:

> "ao abordar este questão, *examinaremos em primeiro lugar, como sempre, o texto da disposição do tratado*, em conformidade com a regra geral enunciada no artigo 31º da Convenção de Viena sobre o Direito dos Tratados" (itálico aditado)[4323].

O Órgão de Recurso tem atribuído, também, a maior importância ao critério literal (o "sentido comum atribuível aos termos do tratado") quando recorre ao nº 1 do art. 31º da Convenção de Viena[4324], sendo frequente encontrar nos relatórios do Órgão de Recurso referências a dicionários, em particular ao *Shorter*

---

"não existe nenhuma metodologia única que seja adequada a todos os casos. (...) O conceito de 'similitude' tem uma natureza relativa, evocando a imagem de um acordeão. O acordeão da 'similitude' expande-se e encolhe em lugares diferentes, em função das diferentes disposições do Acordo OMC que são aplicáveis. A expansão do acordeão em qualquer desses lugares deve ser determinada pela disposição específica em que se encontra o termo 'similar', bem como pelo contexto e pelas circunstâncias que se verificam num dado caso ao qual essa disposição pode ser aplicada". Cf. Relatório do Órgão de Recurso no caso *Japan – Taxes on Alcoholic Beverages* (WT/DS8/AB/R, WT/DS10/AB/R, WT/DS11/AB/R), 4-10-1996, pp. 22-23.

[4321] Relatório do Órgão de Recurso no caso *European Communities – Customs Classification of Frozen Boneless Chicken Cuts* (WT/DS269/AB/R, WT/DS286/AB/R), 12-9-2005, parágrafo 176.

[4322] "Where else could interpretation start?". Cf. Isabelle Van Damme, *Treaty Interpretation by the WTO Appellate Body*, Oxford University Press, 2009, p. 221.

[4323] Relatório do Órgão de Recurso no caso *Canada – Term of Patent Protection* (WT/DS170/AB/R), 18-9-2000, parágrafo 53.

[4324] Até porque a Convenção de Viena, "while including some elements of the other methods, is clearly designed as a fundamentally 'textual' approach". Cf. Michael Lennard, *Navigating by the Stars: Interpreting the WTO Agreements*, in JIEL, 2002, p. 21.

1549

A FUNÇÃO JURISDICIONAL NO SISTEMA GATT/OMC

*Oxford Dictionary*[4325], de tal modo que este se tornou, nas palavras de alguns observadores, um dos "acordos abrangidos"[4326].

Mas, apesar de ser frequente a descoberta do sentido comum na jurisprudência da OMC "by looking a word up in a dictionary"[4327], de os dicionários introduzirem "an element of predictability" e contrariarem "the impression of arbitrariness"[4328], o próprio Órgão de Recurso salienta a propósito da definição de "like" do the *New Shorter Oxford English Dictionary* (Lesley Brown ed., Clarendon Press, 1993, Vol. I, p. 1588) que:

> **90.** (...) Um dicionário atribui ao termo 'similar' o seguinte significado: 'Que tem as mesmas características ou qualidades que outra coisa; com uma forma, dimensão, etc., quase idêntica à de uma outra coisa; semelhante'.
>
> **91.** Esta definição sugere que os produtos 'similares' são produtos que apresentam um certo número de características ou qualidades idênticas ou semelhantes. (...).
>
> **92.** No entanto, como já observámos, as definições dos dicionários deixam em aberto muitas questões de interpretação. Em primeiro lugar, esta definição não indica *quais as características ou qualidades que são importantes* para avaliar a 'similitude' entre produtos ao abrigo do nº 4 do artigo III. A título exemplificativo, a maior parte dos produtos tem numerosas qualidades e características, que vão desde as propriedades físicas, como a composição, a dimensão, a forma, a textura e, eventualmente, o gosto e o odor, até às utilizações finais e aplicações do produto. Em segundo lugar, esta definição não fornece qualquer indicação quanto a saber *em que proporção ou medida devem os produtos ter características comuns* para que possam ser 'produtos similares' na acepção do nº 4 do artigo III. Os produtos podem ter muito poucas ou, pelo contrário, muitas características ou qualidades comuns. Assim, em teoria, o termo 'similar'

---

[4325] Naturalmente, os diferentes dicionários podem oferecer diferentes definições de uma palavra ou expressão, mas, segundo um antigo membro do Órgão de Recurso, "the words of the English language are nowhere better defined than in the Oxford English Dictionary". Cf. James BACCHUS, *The Appeals of Trade: The Making of an Old GATT Hand*, Address to the International Trade Law Conference of the American Bar Association, Georgetown University Law School, 31-1-2003, in http://www.worldtradelaw.net/articles/bacchusgatthand.pdf, p. 10.

[4326] Claus-Dieter EHLERMANN, *Six Years on the Bench of the "World Trade Court": Some Personal Experiences as Member of the Appellate Body of the World Trade Organization*, in JWT, 2002, p. 616. Em contraste, durante a vigência do GATT de 1947, apenas um painel recorreu a um dicionário para uma definição [Relatório do Painel no caso *United States – Taxes on Automobiles* (DS31/R), posto a circular em 11-10-1994, nunca adoptado, parágrafo 5.10, nota de rodapé 131]". Cf. Philip NICHOLS, *GATT Doctrine*, in Virginia Journal of International Law, 1996, p. 450.

[4327] Dongsheng ZANG, *Textualism in GATT/WTO Jurisprudence: Lessons for the Constitutionalization Debate*, in Syracuse Journal of International Law & Commerce, Vol. 33, 2006, p. 394.

[4328] Isabelle Van DAMME, Jurisdiction, Applicable Law, and Interpretation, in *The Oxford Handbook of International Trade Law*, Daniel Bethlehem, Donald McRae, Rodney Neufeld e Isabelle Van Damme Ed., Oxford University Press, 2009, p. 327.

OS MECANISMOS DE CONTROLO

pode ser aplicado a um grande número de diferentes graus de 'similaridade' ou 'similitude'. Em terceiro lugar, esta definição de 'similar' não indica *qual o ponto de vista* em que deve ser apreciada a 'similitude'. Por exemplo, os consumidores finais podem ter uma opinião muito diferente dos inventores ou dos produtores quanto à 'similitude' de dois produtos"[4329].

Resumindo, para determinar o sentido comum, um painel pode começar pelas definições dadas pelos dicionários dos termos a interpretar. Mas os dicionários, por si só, não são necessariamente capazes de resolver questões complexas de interpretação, já que normalmente procuram registar todas as acepções das palavras – as vulgares ou raras, as universais ou especializadas[4330]. É de notar que o Órgão de Recurso faz esta afirmação depois o Painel do caso *United States – Measures Affecting the Cross-Border Supply of Gambling and Betting Services* ter recorrido a 13 dicionários em língua inglesa para determinar o sentido comum da palavra "Sporting"[4331].

Existe também a tendência entre os painéis e o Órgão de Recurso para referirem o livro de Ian Sinclair relativo à Convenção de Viena sobre Direito dos Tratados (*The Vienna Convention on the Law of Treaties*, Manchester University Press, 1ª ed. em 1973, 2ª ed. em 1984)[4332], mas mesmo nos Estados Unidos o livro em causa "is known to be of extreme conservative leaning"[4333].

Em relação aos dois critérios restantes, o Órgão de Recurso tem recorrido mais ao "contexto" do que ao "objecto e fim"[4334] e a interpretação da palavra "should" no nº 1 do art. 13º do Memorando de Entendimento sobre Resolução de Litígios é um dos raros casos em que o Órgão de Recurso, ao seguir a metodologia prescrita pelo art. 31º da Convenção de Viena de 1969, atribuiu maior peso ao critério do "contexto" e do "objecto e fim" do que ao "sentido comum atribuível aos

---

[4329] Relatório do Órgão de Recurso no caso *European Communities – Measures Affecting Asbestos and Asbestos Containing Products* (WT/DS135/AB/R), 12-3-2001, parágrafos 90-92.

[4330] Relatório do Órgão de Recurso no caso *United States – Measures Affecting the Cross-Border Supply of Gambling and Betting Services* (WT/DS285/AB/R), 7-4-2005, parágrafo 164.

[4331] Relatório do Painel no caso *United States – Measures Affecting the Cross-Border Supply of Gambling and Betting Services* (WT/DS285/R), 10-11-2004, parágrafos 6.55-6.59.

[4332] Relatório do Órgão de Recurso no caso *Japan – Taxes on Alcoholic Beverages* (WT/DS8/AB/R, WT/DS10/AB/R, WT/DS11/AB/R), 4-10-1996, notas de rodapé 24, 25 e 26; Relatório do Órgão de Recurso no caso *United States – Import Prohibition of certain Shrimp and Shrimp Products* (WT/DS58/AB/R), 12-10-1998, nota de rodapé 83.

[4333] Daya SHANKER, *The Vienna Convention on the Law of Treaties, the Dispute Settlement System of the WTO and the Doha Declaration on the TRIPs Agreement*, in JWT, 2002, p. 732.

[4334] Claus-Dieter EHLERMANN, *Six Years on the Bench of the "World Trade Court": Some Personal Experiences as Member of the Appellate Body of the World Trade Organization*, in JWT, 2002, p. 616.

1551

A FUNÇÃO JURISDICIONAL NO SISTEMA GATT/OMC

termos do tratado"[4335]. No caso *Canada – Measures Affecting the Export of Civilian Aircraft*, por exemplo, o Órgão de Recurso observou o seguinte:

"**187.** Observamos que o nº 1 do artigo 13º do Memorando de Entendimento sobre Resolução de Litígios estabelece que 'um Membro *deve* [should] responder atempadamente e de forma completa a qualquer pedido, apresentado por um Painel, de informações que o referido Painel considere necessárias e adequadas'. Embora a palavra inglesa 'should' seja frequentemente utilizada coloquialmente com valor de exortação ou para expressar uma preferência, ela nem sempre é utilizada dessa forma. A palavra 'should' pode também ser utilizada para expressar um direito ou obrigação. Por exemplo, a palavra 'should' já foi anteriormente interpretada como implicando uma obrigação 'dos painéis no contexto do artigo 11º do Memorando de Entendimento sobre Resolução de Litígios. De forma análoga, consideramos que a palavra 'should' na terceira frase do nº 1 do artigo 13º é utilizada, no contexto do artigo 13º considerado no seu conjunto, num sentido normativo e não num sentido simplesmente exortativo. Dito de outro modo, em virtude do nº 1 do artigo 13º do Memorando de Entendimento sobre Resolução de Litígios, os membros têm o dever de 'responder atempadamente e de forma completa' aos pedidos de informação feitos pelos painéis.

**188.** Se os Membros a que um painel solicita informação não estivessem legalmente obrigados a 'responder' ao seu pedido, facultando a informação em questão, o '*direito*' indiscutível desse painel de 'recolher' informação ao abrigo do nº 1 do artigo 13º careceria de sentido. Qualquer Membro parte de um litígio poderia, arbitrariamente, anular os poderes do painel de obter informação e de controlar o processo de recolha de informação que os artigos 12º e 13º do Memorando de Entendimento sobre Resolução de Litígios põem nas suas mãos. Por outras palavras, um Membro poderia impedir que um painel levasse a cabo a sua tarefa de determinar os elementos de facto que configuram o litígio que lhe foi submetido e, inevitavelmente, impedir que procedesse à qualificação jurídica desses elementos de facto (...)"[4336].

Subsequentemente, o Órgão de Recurso defende que o contexto é pertinente para o intérprete de um tratado na medida em que aclare a questão interpretativa a ser resolvida, como o significado da expressão ou da frase em causa. Assim, para que determinada disposição, acordo ou instrumento constitua um contexto pertinente numa determinada situação, ela deve não só estar compreendida dentro do âmbito dos limites formais identificados no nº 2 do artigo 31º; ela deve também

---

[4335] *Idem*, p. 624.
[4336] Relatório do Órgão de Recurso no caso *Canada – Measures Affecting the Export of Civilian Aircraft* (WT/DS70/AB/R), 2-8-1999, parágrafos 187-188.

OS MECANISMOS DE CONTROLO

ter alguma pertinência a respeito do texto que se está a interpretar, passível de ajudar o intérprete a determinar o significado desse texto[4337].

Na prática, o Órgão de Recurso parece aceitar a relevância do elemento contextual se ele apoiar o sentido comum de um termo, mas não se o modificar[4338], tem considerado o contexto "vizinho" de uma disposição mais importante que o contexto "distante" (como o preâmbulo[4339]) e é raro considerar o sentido comum fora do seu contexto[4340]. Um exemplo desta situação invulgar pode ser encontrado no caso *Brazil – Export Financing Programme for Aircraft (Recourse by Canada to Article 21.5 of the DSU)*, tendo o Órgão de Recurso interpretado o termo "withdraw" referido no nº 7 do artigo 4º do Acordo sobre as Subvenções e as Medidas de Compensação unicamente com base em definições encontradas em dicionários[4341].

---

[4337] Relatório do Órgão de Recurso no caso *China – Measures Affecting Imports of Automobile Parts* (WT/DS339, WT/DS340, WT/DS342), 15-12-2008, parágrafo 151.

[4338] Isabelle Van DAMME, Jurisdiction, Applicable Law, and Interpretation, in *The Oxford Handbook of International Trade Law*, Daniel Bethlehem, Donald McRae, Rodney Neufeld e Isabelle Van Damme Ed., Oxford University Press, 2009, p. 327. Segundo um outro autor, na maioria dos casos, "the adjudicating bodies have refused to consider that the meaning of treaty terms may differ with the context". Cf. Petros MAVROIDIS, *No Outsourcing of Law? WTO Law As Practiced by WTO Courts*, in AJIL, 2008, p. 470.

[4339] Os objectivos da OMC, enquanto organização internacional, não se limitam aos objectivos geralmente constantes dos preâmbulos, seja o do Acordo OMC, seja o do GATT. Por exemplo, segundo o preâmbulo do Acordo sobre a Agricultura, a segurança alimentar é um dos objectivos que importa ter presente. Há mesmo casos em que os objectivos previstos no preâmbulo de outros acordos comerciais conflituam com os objectivos previstos no preâmbulo do Acordo OMC. É o caso do preâmbulo do Acordo TRIPS, que fala na necessidade de promover uma protecção eficaz e adequada dos direitos de propriedade intelectual, objectivo que pode entrar em conflito com a liberalização do comércio e ter efeitos negativos sobre o bem-estar de alguns países (cf. Peter LLOYD, *The architecture of the WTO*, in European Journal of Political Economy, 2001, p. 330). Ao contrário de todos os outros acordos comerciais multilaterais, o Acordo sobre a Aplicação do Artigo VI do GATT de 1994 e o Acordo sobre as Subvenções e as Medidas de Compensação não contêm qualquer preâmbulo. Geralmente, o preâmbulo explicita a razão de ser de cada um dos acordos comerciais e contextualiza-os em relação ao objectivo máximo da OMC: "a redução substancial das pautas aduaneiras e dos demais entraves ao comércio e a eliminação do tratamento discriminatório no comércio internacional". A referida ausência talvez se deva ao facto de os direitos antidumping e os direitos compensadores se traduzirem, no fundo, em limitações à livre troca de mercadorias e de a sua aplicação ser pouco justificável em termos económicos.

[4340] Isabelle Van DAMME, *Treaty Interpretation by the WTO Appellate Body*, Oxford University Press, 2009, p. 223.

[4341] Relatório do Órgão de Recurso no caso *Brazil – Export Financing Programme for Aircraft (Recourse by Canada to Article 21.5 of the DSU)* (WT/DS46/AB/RW), 21-7-2000, parágrafo 45.

1553

A FUNÇÃO JURISDICIONAL NO SISTEMA GATT/OMC

A relutância do Órgão de Recurso em promover interpretações teleológicas, deve-se, em parte, ao carácter compulsório e exclusivo da sua jurisdição[4342] e, por isso:

> "the more binding the *ex ante* jurisdiction, the more justified appears to be the caution and the self-restraint of the judicial body in the use of the different criteria of interpretation of the obligations undertaken by members"[4343].

Mas deve-se, igualmente, ao facto de a maioria dos tratados não ter um objecto e fim únicos, mas antes uma variedade de objectos e fins diferentes e possivelmente divergentes[4344], e de "a teleology-driven judge" poder acabar por agir como um *lawmaker*, impondo direitos e obrigações que os signatários nunca desejaram impor a si mesmos[4345]. Como resulta explicitamente do nº 2 do art. IX do Acordo OMC: "incumbe exclusivamente à Conferência Ministerial e ao Conselho Geral a adopção de interpretações do presente acordo e dos acordos comerciais multilaterais".

### 4.2.4. O Artigo 32º da Convenção de Viena

Embora o art. 32º da Convenção de Viena não dê qualquer definição de "meios complementares de interpretação", resulta da sua leitura que podem ser incluídos entre esses meios os trabalhos preparatórios e as circunstâncias em que foi concluído o tratado. No caso *European Communities – Customs Classification of Certain Computer*, o Órgão de Recurso observa que as circunstâncias em que foi concluído um tratado permitem, quando necessário, examinar o fundo histórico no qual o tratado foi negociado[4346] e, no caso *European Communities – Customs Classification of Frozen Boneless Chicken Cuts*, o Órgão de Recurso explica que:

> "**289.** (...) Um 'facto, acto ou instrumento' pode ser pertinente como meio de interpretação suplementar não só se influiu realmente num aspecto específico do texto do tratado no sentido de uma relação de causa e efeito; ele também pode ser

---

[4342] Giorgio SACERDOTI, The dispute settlement system of the WTO in action: a perspective on the first ten years, in *The WTO at Ten: The Contribution of the Dispute Settlement System*, Ed. Giorgio Sacerdoti, Alan Yanovich e Jan Bohanes, Cambridge University Press, 2006, p. 46.

[4343] *Idem*, p. 47.

[4344] Isto é certamente verdade para o Acordo OMC. Cf. Relatório do Órgão de Recurso no caso *United States – Import Prohibition of certain Shrimp and Shrimp Products* (WT/DS58/AB/R), 12-10-1998, parágrafo 17.

[4345] Petros MAVROIDIS, Legal Eagles? The WTO Appellate Body's First Ten Years, in *The WTO: Governance, Dispute Settlement, and Developing Countries*, Merit Janow, Victoria Donaldson e Alan Yanovich ed., Juris Publishing, Nova Iorque, 2008, p. 365.

[4346] Relatório do Órgão de Recurso no caso *European Communities – Customs Classification of Certain Computer* (WT/DS62/AB/R, WT/DS67/AB/R, WT/DS68/AB/R), 5-6-1998, parágrafo 86.

1554

## OS MECANISMOS DE CONTROLO

considerado como uma 'circunstância da conclusão' quando ajuda a discernir qual era a intenção comum das partes a respeito do tratado ou de uma disposição concreta no momento da celebração. (...) Não só as fontes 'multilaterais', mas também os actos, instrumentos ou declarações 'unilaterais' das respectivas partes negociadoras podem ser úteis para averiguar 'a situação real que as partes desejavam regular mediante o tratado' e, em última instância, para discernir a intenção comum das partes. (...).

291. Em nosso entender, a pertinência de uma circunstância para a interpretação deveria ser determinada com base em factores objectivos e não em intenções subjectivas. Podemos imaginar uma série de factores objectivos que podem ser úteis para determinar o grau de pertinência de determinadas circunstâncias para interpretar uma disposição concreta de um tratado. Estas incluem o tipo de facto, documento ou instrumento e sua natureza jurídica; a relação temporal da circunstância com a celebração do tratado; o conhecimento efectivo de um acto ou instrumento publicado ou o simples acesso a ele; o conteúdo do documento, instrumento ou facto relativamente à disposição do tratado a ser interpretada; e se e como foi utilizada ou influenciou as negociações do tratado. (...).

293. (...) Os factos, actos e instrumentos podem fazer parte dos 'antecedentes históricos da negociação do tratado', inclusivamente quando essas circunstâncias são anteriores ao momento em que se conclui o tratado, mas continuam a influenciar ou a reflectir as intenções comuns das partes no momento da conclusão. Também estamos de acordo com o Painel de que existe 'alguma correlação entre o momento de um facto, acto ou outro instrumento ... e a sua pertinência para o tratado em questão' no sentido de que 'quanta mais distância houver no tempo entre o momento em que se produziu um facto ou foi promulgado um acto ou outro instrumento e a conclusão de um tratado', menos pertinente será para interpretar o tratado em questão. O que será considerado 'próximo no tempo variará de uma disposição do tratado para outra' e pode depender da estrutura do processo de negociação. Em consequência, não vemos nenhum erro na constatação do Painel de que as circunstâncias da conclusão devem ser determinadas ao longo de um período de tempo que finaliza na data de conclusão do Acordo OMC. (...).

297. (...) Na medida em que seja possível considerar que um acto ou instrumento de uma determinada parte é uma circunstância no sentido do artigo 32º para determinar as intenções das partes, consideramos que parece ser suficiente o facto de que este acto ou instrumento tenha sido publicado oficialmente e tenha estado à disposição do público, de modo a que qualquer parte interessada possa tê-lo conhecido. Naturalmente, a prova do conhecimento real aumentará o grau de pertinência de uma circunstância para a interpretação"[4347].

---

[4347] Relatório do Órgão de Recurso no caso *European Communities – Customs Classification of Frozen Boneless Chicken Cuts* (WT(DS269/AB/R, WT/DS286/AB/R), 12-9-2005, parágrafos 289, 291, 293 e 297.

A FUNÇÃO JURISDICIONAL NO SISTEMA GATT/OMC

No que diz respeito à utilização de trabalhos preparatórios, o Órgão de Recurso já se baseou em relatórios de comités e subcomités da *Interim Commission* para a Organização Internacional do Comércio e outras discussões ocorridas durante as negociações da Carta de Havana[4348], numa declaração do Conselho de Representantes do GATT de 1947[4349], em projectos de tratados e em discussões nos grupos de negociação durante o Ciclo do Uruguai, em discussões durante as negociações de tratados referenciados nos acordos da OMC, em propostas individuais feitas pelas delegações nacionais, etc.[4350]. Significativamente, no caso *United States – Final Dumping Determination on Softwood Lumber From Canada, Recourse to Article 21.5 of the DSU by Canada*, o Órgão de Recurso defende que os materiais históricos não oferecem uma orientação adicional sempre que as propostas de negociação (*in casu*, propostas apresentadas durante as negociações do Ciclo do Uruguai e relativas ao Acordo sobre a Aplicação do Artigo VI do GATT de 1994) não são concludentes e reflectem as posições de algumas das partes contratantes, mas não de todas elas[4351].

O intérprete de um tratado não se encontra, por outro lado, limitado aos meios complementares de interpretação referidos expressamente no art. 32º, disposição cujo texto, ao utilizar o termo "designadamente", demonstra isso mesmo. Nesse sentido, no caso *Chile – Price Band System and Safeguard Measures Relating to Certain Agricultural Products*, o Painel observa que:

> "Consideramos que determinados documentos, que são anteriores à data da entrada em vigor do Acordo sobre a Agricultura mas que literalmente falando não fazem parte dos trabalhos preparatórios, podem aclarar o que os Membros da OMC queriam dizer ao utilizar esses 'termos especializados'..."[4352].

Podemos apontar como exemplos típicos a correspondência (cartas, notas e memorandos) trocada entre dois ou mais Estados participantes nas negociações durante o processo de redacção de um tratado; os projectos preliminares ou propostas para um tratado juntamente com as modificações sugeridas; os registos

---

[4348] Relatório do Órgão de Recurso no caso *Canada – Certain Measures concerning Periodicals* (WT/DS31/AB/R), 30-6-1997, p. 34.

[4349] Relatório do Órgão de Recurso no caso *United States – Import Prohibition of certain Shrimp and Shrimp Products* (WT/DS58/AB/R), 12-10-1998, parágrafo 154.

[4350] Isabelle Van DAMME, *Treaty Interpretation by the WTO Appellate Body*, Oxford University Press, 2009, p. 316.

[4351] Relatório do Órgão de Recurso no caso *United States – Final Dumping Determination on Softwood Lumber From Canada, Recourse to Article 21.5 of the DSU by Canada* (WT/DS264/AB/RW), 15-8-2006, parágrafo 121.

[4352] Relatório do Painel no caso *Chile – Price Band System and Safeguard Measures Relating to Certain Agricultural Products* (WT/DS207/R), 3-5-2002, parágrafo 7.35.

1556

## OS MECANISMOS DE CONTROLO

das negociações realizadas (actas, sumários, *comptes rendus*); os registos das conferências internacionais; relatórios, as declarações e outros documentos similares usados nas conferências[4353].

Os acordos comerciais do Ciclo de Tóquio têm sido, igualmente, tratados como "meios suplementares de interpretação"[4354] e o Órgão de Recurso já defendeu que também os acórdãos de tribunais nacionais ou comunitários podem ser tratados como tal:

> "Partilhamos a consideração do Painel de que os acórdãos dos tribunais internos não estão, em princípio, excluídos de ser considerados como 'circunstancias da conclusão' de um tratado, se forem úteis para determinar as intenções comuns das partes para efeitos de interpretação em conformidade com o artigo 32º. Não obstante, é necessário assinalar que os acórdãos se referem fundamentalmente a um litígio específico e, pela sua própria natureza, têm menos pertinência que os actos legislativos de aplicação geral (ainda que os acórdãos possam ter alguns efeitos como precedente em alguns sistemas jurídicos"[4355].

Em contraste com o GATT de 1947, a prática seguida pelo Órgão de Recurso e painéis evidencia claramente uma menor predilecção pela utilização dos trabalhos preparatórios, embora seja possível encontrá-los a título de confirmação[4356]. Por exemplo, no caso *United States – Import Prohibition of certain Shrimp and Shrimp Products*, o Órgão de Recurso, ao mesmo tempo que declara que a história da sua elaboração não demonstrava a intenção dos autores do GATT de 1947 de excluir os recursos naturais biológicos do âmbito de aplicação da alínea *g*) do artigo XX[4357], recorria à história da negociação do artigo XX do GATT para confirmar a interpretação do prólogo a que chegou aplicando o artigo 31º da Convenção de Viena[4358]. De igual modo, o Órgão de Recurso observou no caso *Canada – Certain Measures concerning Periodicals* que:

---

[4353] Ulf LINDERFALK, *On the Interpretation of Treaties: The Modern International Law as Expressed in the 1969 Vienna Convention on the Law of Treaties*, Springer, 2007, p. 240.

[4354] Relatório do Painel no caso *Argentina – Definitive Anti-dumping Duties on Poultry from Brazil* (WT/DS241/R), 22-4-2003, parágrafo 7.358.

[4355] Relatório do Órgão de Recurso no caso *European Communities – Customs Classification of Frozen Boneless Chicken Cuts* (WT(DS269/AB/R, WT/DS286/AB/R), 12-9-2005, parágrafo 309.

[4356] "The Appellate Body has used preparatory work mostly to justify and confirm interpretations arrived at on the basis of other principles of interpretation". Cf. Isabelle Van DAMME, *Treaty Interpretation by the WTO Appellate Body*, Oxford University Press, 2009, p. 317.

[4357] Relatório do Órgão de Recurso no caso *United States – Import Prohibition of Certain Shrimp and Shrimp Products* (WT/DS58/AB/R), 12-10-1998, nota de rodapé 114.

[4358] *Idem*, nota de rodapé 152.

## A FUNÇÃO JURISDICIONAL NO SISTEMA GATT/OMC

"A nossa interpretação textual é corroborada pelo contexto do nº 8, alínea *b*), do artigo III examinado em relação com os nºs 2 e 4 do artigo III do GATT de 1994. Além disso, o objecto e a finalidade do nº 8, alínea *b*), do artigo III é confirmado pela história da redacção do artigo III. Neste contexto, referimo-nos à seguinte discussão registada nos Relatórios dos Comités e Subcomités Principais da Comissão Interina da Organização Internacional do Comércio relativamente à disposição da Carta de Havana para uma Organização Internacional do Comércio, que corresponde ao disposto no nº 8, alínea *b*), do artigo III do GATT de 1994"[4359].

O Órgão de Recurso também já recorreu ao art. 32º para clarificar o significado em casos em que o sentido permanece obscuro após a aplicação do art. 31º[4360].

É frequente, também, o Órgão de Recurso referir os trabalhos preparatórios dos acordos abrangidos sem especificar qualquer fonte[4361].

### 4.2.5. Observações finais

O Órgão de Recurso dissipou, desde o início, quaisquer dúvidas sobre as regras básicas de interpretação de tratados que iria aplicar e, como bem notou o actual Director-Geral da OMC, "no other international dispute system is so attached to the Vienna Convention"[4362]. Logo no primeiro caso que teve de apreciar, o Órgão de Recurso declarou que a regra geral de interpretação consagrada no nº 1 do art. 31º da Convenção de Viena sobre o Direito dos Tratados se transformou numa regra de direito internacional consuetudinário ou geral[4363], defendendo que o mesmo se passava com o art. 32º da mesma Convenção logo no caso seguinte[4364], regras que os painéis e o Órgão de Recurso devem assim observar, nos termos

---

[4359] Relatório do Órgão de Recurso no caso *Canada – Certain Measures concerning Periodicals* (WT/DS31/AB/R), 30-6-1997, p. 36.

[4360] Relatório do Órgão de Recurso no caso *United States – Measures Affecting the Cross-Border Supply of Gambling and Betting Services* (WT/DS285/AB/R), 7-4-2005, parágrafo 197.

[4361] Isabelle Van DAMME, *Treaty Interpretation by the WTO Appellate Body*, Oxford University Press, 2009, p. 319.

[4362] Pascal LAMY, *The Place of the WTO and its Law in the International Legal Order*, in EJIL, 2007, p. 979.

[4363] Relatório do Órgão de Recurso no caso *United States – Standards for Reformulated and Conventional Gasoline* (WT/DS2/AB/R), 29-4-1996, p. 17. O art. 31º da Convenção de Viena foi aplicado inclusive à interpretação das palavras do Órgão de Recurso. Cf. Relatório do Painel no caso *Canada – Measures Affecting the Importation of Milk and the Exportation of Dairy Products, Second Recourse to Article 21.5 by New Zealand and the United States* (WT/DS103/RW2, WT/DS113/RW2), 26-7-2002, parágrafo 5.80.

[4364] Relatório do Órgão de Recurso no caso *Japan – Taxes on Alcoholic Beverages* (WT/DS8/AB/R, WT/DS10/AB/R, WT/DS11/AB/R), 4-10-1996, p. 10.

1558

OS MECANISMOS DE CONTROLO

do art. 3º, nº 2, do Memorando, quando procuram clarificar as disposições dos acordos abrangidos.

De acordo com ROBERT HUDEC:

"the care and attention given to the Vienna Convention on the Law of Treaties (now dutifully echoed and amplified in most panel reports) could be viewed as bit excessive, given the rather open-ended drafting of Vienna Convention on the Law of Treaties Articles 31 and 32 and the differences among scholars as to what they mean"[4365].

Todavia, logo a seguir, o mesmo autor observa em defesa desta prática que:

"it must be remembered that the WTO dispute settlement procedure is facing a difficult task of obtaining government compliance with its new and more demanding rules (...). In this situation, a normal measure of prudence would dictate giving legal rules the greatest possible appearance of objective legal authority. Claiming that results are called for by the Vienna Convention on the Law of Treaties's carefully codified principles of customary international law is the first thing any rational tribunal would do in these circumstances"[4366].

O próprio Órgão de Recurso declarou que tinha dificuldades em imaginar circunstâncias nas quais um Painel pudesse aumentar os direitos e obrigações de um Membro da OMC caso as suas conclusões reflictam uma interpretação e aplicação correctas das disposições dos acordos abrangidos[4367]. No mesmo sentido, ROBERT HOWSE defende que:

"in all of the prominent instances where the Appellate Body has been accused of exceeding its authority, it has based itself upon a defensible interpretation of World Trade Organization law, consistent with the interpretive rules and principles in the Vienna Convention on the Law of Treaties"[4368].

---

[4365] Robert HUDEC, *The New WTO Dispute Settlement Procedure: An Overview of the First Three Years*, in MJGT, 1999, pp. 29-30.

[4366] *Idem*, p. 30.

[4367] Relatório do Órgão de Recurso no caso *Chile – Taxes on Alcoholic Beverages* (WT/DS87/AB/R, WT/DS110/AB/R), 13-12-1999, parágrafo 79.

[4368] Robert HOWSE, The Most Dangerous Branch? WTO Appellate Body Jurisprudence on the Nature and Limits of the Judicial Power, in *The Role of the Judge in International Trade Regulation: Experience and Lessons for the WTO*, Thomas Cottier e Petros Mavroidis ed., Studies in International Economics – The World Trade Forum, volume 4, The University of Michigan Press, 2003, p. 13. Um outro autor conclui, porém, que:

"the language of the relevant WTO agreement has been strictly interpreted when a strict interpretation has served a panel's or the Appellate Body's trade policy preferences. But where the agreement contains language that, fairly read, allows a WTO Member discretion to inter-

1559

A FUNÇÃO JURISDICIONAL NO SISTEMA GATT/OMC

No que diz respeito ao apego ao método literal, um antigo membro do Órgão de Recurso da OMC observa que:

"The heavy reliance on the 'ordinary meaning to be given to the terms of the treaty' has protected the Appellate Body from criticism that its reports have added to or diminished the rights and obligations provided in the covered agreements (Article 3.2, third sentence, DSU). On a more general level, the interpretative method, established and clearly announced by the Appellate Body, has had a legitimizing effect, and this from the very beginning of its activity"[4369].

O facto de privilegiar o método textual, por vezes até de forma excessiva, revela a vontade de o Órgão de Recuso se manter o mais perto possível da vontade dos autores do tratado, correspondendo assim ao objectivo da interpretação e conferindo-lhe a sua legitimidade[4370]. O método literal de interpretação é relativamente seguro e o resultado da sua aplicação mais facilmente aceitável que os resultados obtidos através do recurso a outros métodos interpretativos[4371]. É verdade que a interpretação feita pelo Órgão de Recurso de uma determinada disposição ou termo nalguns casos não é, claramente, o resultado da aplicação de um método literal de interpretação. Por exemplo, no caso *United States – Import Prohibition of certain Shrimp and Shrimp Products* (parágrafos 104-110), a interpretação do termo "seek", (interpretado como significando "receber", "aceitar") constante do art. 13º do Memorando, é vista por muitos autores e membros da OMC como claramente questionável. Todavia, à luz da complexidade dos acordos da OMC, é difícil ao Órgão de Recurso produzir sempre conclusões jurídicas consistentes[4372]. Mais importante:

pret the relevant agreement in a way that offends a panel's or the Appellate Body's policy sensibilities, both have been happy to read the offending language out of the agreement. And where the relevant agreement is silent on a point, panels and the Appellate Body have had no qualms about filling the gap in a way that promotes their favored policy" (cf. John GREENWALD, *WTO Dispute Settlement: An Exercise in Trade Law Legislation?*, in JIEL, 2003, p. 113).
O autor chega a esta conclusão depois de analisar os relatórios dos painéis e do Órgão de Recurso referentes aos acordos da OMC sobre medidas de defesa comercial.

[4369] Claus-Dieter EHLERMANN, *Six Years on the Bench of the "World Trade Court": Some Personal Experiences as Member of the Appellate Body of the World Trade Organization*, in JWT, 2002, p. 617.

[4370] Hélène Ruiz FABRI, *Le juge de l'OMC: ombres et lumières d'une figure judiciaire singulière*, in RGDIP, 2006, p. 52.

[4371] De acordo com MICHAEL LENNARD, "The relative certainty of the primarilly textual approach is best adapted to preventing disputes arising, as well as to solving those that have arisen". Cf. Michael LENNARD, *Navigating by the Stars: Interpreting the WTO Agreements*, in JIEL, 2002, p. 22.

[4372] Konstantin JOERGENS, *True Appellate Procedure or Only a Two Stage Process? A Comparative View of the Appellate Body under the WTO Dispute Settlement Understanding*, in Law and Policy in International Business, 1999, p. 219.

OS MECANISMOS DE CONTROLO

"Criticism is voiced, in particular, when the Appellate Body seems to stretch or to deviate from its own interpretative methods. Nobody can, however, deny that the method of literal interpretation has limits, and that recourse to other interpretative criteria may be necessary, as is recognized by Articles 31 and 32 of the Vienna Convention"[4373].

Expressivamente, o próprio Órgão de Recurso nota, logo no seu segundo relatório, que as regras dos acordos da OMC devem ser interpretadas tendo presente que:

"(...) As regras da OMC são fiáveis, compreensíveis e aplicáveis. As regras da OMC não são tão rígidas nem inflexíveis que não permitam juízos fundamentados face aos fluxos e refluxos incessantes e sempre em mudança dos factos reais, em casos reais, no mundo real. Elas servirão melhor o sistema comercial multilateral se forem interpretadas com esse espírito"[4374].

O Memorando de Entendimento sobre Resolução de Litígios não contém, por outro lado, um preâmbulo a estabelecer o seu objecto e fim, mas tal ausência não impede que os intérpretes retirem tal objecto e fim das suas próprias disposições. O Órgão de Recurso fê-lo por exemplo em relação ao Acordo sobre as Subvenções e as Medidas de Compensação:

"Olhando para além do contexto imediato do nº 3 do artigo 21º, passamos ao objecto e fim do Acordo sobre as Subvenções e as Medidas de Compensação. Notamos, em primeiro lugar, que o Acordo não contém nenhum preâmbulo que nos oriente na tarefa de descobrirmos o seu objecto e fim. No caso *Brazil – Desiccated Coconut*, observámos que o 'Acordo sobre as Subvenções e as Medidas de Compensação contém um conjunto de direitos e obrigações que vai muito mais além que a mera aplicação e interpretação dos artigos VI, XVI e XXIII do GATT de 1947'. O Acordo sobre as Subvenções e as Medidas de Compensação define o conceito de 'subvenção', assim como as condições em que os Membros não podem recorrer a subvenções. Ele estabelece os remédios quando os Membros empregam subvenções proibidas e outros remédios disponíveis para os Membros cujos interesses comerciais resultam prejudicados pelas práticas de outros Membros em matéria de subvenções. A Parte V do Acordo sobre as Subvenções e as Medidas de Compensação lida com um desses recursos, que permite aos Membros cobrarem direitos compensadores sobre os pro-

---

[4373] Claus-Dieter EHLERMANN, *Six Years on the Bench of the "World Trade Court": Some Personal Experiences as Member of the Appellate Body of the World Trade Organization*, in JWT, 2002, p. 617.
[4374] Relatório do Órgão de Recurso no caso *Japan – Taxes on Alcoholic Beverages* (WT/DS8/AB/R, WT/DS10/AB/R, WT/DS11/AB/R), 4-10-1996, p. 31.

A FUNÇÃO JURISDICIONAL NO SISTEMA GATT/OMC

dutos importados para compensar os benefícios das subvenções específicas atribuídas ao fabrico, produção ou exportação desses produtos. Mas a Parte V também subordina o direito de aplicar esses direitos à condição de que se demonstre o cumprimento de três condições substantivas (a existência de uma subvenção, de prejuízo e de um nexo de causalidade entre a primeira e o segundo) e ao acatamento das suas normas processuais e substantivas, especialmente do requisito de que os direitos compensadores não podem exceder o montante das subvenções. Considerado no seu conjunto, o objecto e fim principal do Acordo sobre as Subvenções e as Medidas de Compensação consiste em aumentar e melhorar as disciplinas do GATT referentes ao uso das subvenções e dos direitos compensadores"[4375].

Ainda segundo o Órgão de Recurso, o preâmbulo do Acordo OMC inspira todos os acordos abrangidos[4376].

Apesar do papel importante da Convenção de Viena para efeitos de interpretação dos acordos abrangidos, nem todos os princípios de interpretação estão cobertos expressamente pelas suas disposições[4377]. A Convenção de Viena não refere, por exemplo, muitas das presunções geralmente utilizadas, como é o caso da presunção *expressio unius est exclusio alterius* or *ejusdem generis*. Isso não significa a exclusão da sua aplicação[4378], o mesmo se passando com a tradicional máxima *in dubio mitius*[4379].

Numerosos relatórios do Órgão de Recurso têm referido, também, alguns princípios gerais de interpretação dos tratados, como, por exemplo, o dever de examinar o texto do tratado para se determinarem as intenções das partes[4380], o princípio do efeito útil como um princípio fundamental na interpretação dos tratados[4381], a aplicação das regras normais de interpretação dos tratados às dis-

[4375] Relatório do Órgão de Recurso no caso *United States – Countervailing Duties on Certain Corrosion-Resistant Carbon Steel Flat Products from Germany* (WT/DS213/AB/R), 28-11-2002. parágrafo 73.

[4376] Relatório do Órgão de Recurso no caso *European Communities – Conditions for the Granting of Tariff Preferences to Developing Countries* (WT/DS246/AB/R), 7-4-2004, parágrafos 159-161.

[4377] A Convenção de Viena sobre o Direito dos Tratados codificou apenas os princípios básicos "on which agreement could be found". Cf. Isabelle Van DAMME, *Treaty Interpretation by the WTO Appellate Body*, Oxford University Press, 2009, p. 381.

[4378] Jeffrey WAINCYMER, *WTO Litigation: Procedural Aspects of Formal Dispute Settlement*, Cameron May, Londres, 2002, p. 410.

[4379] Xavier Fernández PONS, *La OMC y el Derecho internacional: Un estudio sobre el sistema de solución de diferencias de la OMC y las normas secundarias del Derecho internacional general*, Marcial Pons, Madrid-Barcelona, 2006, p. 229.

[4380] Relatório do Órgão de Recurso no caso *India – Patent Protection for Pharmaceutical and Agricultural Chemical Products* (WT/DS50/AB/R), 19-12-1997, parágrafo 45.

[4381] Relatório do Órgão de Recurso no caso *Japan – Taxes on Alcoholic Beverages* (WT/DS8/AB/R, WT/DS10/AB/R, WT/DS11/AB/R), 4-10-1996, p. 12.

1562

OS MECANISMOS DE CONTROLO

posições dos tratados caracterizadas como excepções[4382], o princípio da boa fé[4383], etc..

Por fim, os artigos 31º a 33º da Convenção de Viena não prevêem que a legislação, os regulamentos e as práticas dos Estados sejam utilizados na interpretação do texto dos tratados. Apesar disso, no caso *United States – Final Anti-Dumping Measures on Stainless Steel from Mexico*, o Órgão de Recurso concluiu que excertos do *Statement of Administrative Action* (submetido ao Congresso pelo Presidente por ocasião da execução pelos Estados Unidos dos resultados do Ciclo do Uruguai), apoiavam a sua interpretação do Acordo sobre a Aplicação do Artigo VI do GATT de 1994[4384].

### 4.3. O Princípio da Economia Judicial
### 4.3.1. Introdução

O princípio da economia judicial permite que um painel se abstenha de formular constatações múltiplas de que a mesma medida é incompatível com diversas disposições quando uma única constatação de incompatibilidade, ou um certo número delas, basta para solucionar o diferendo[4385].

---

[4382] Relatório do Órgão de Recurso no caso *European Communities Measures Concerning Meat and Meat Products (Hormones)* (WT/DS26/AB/R, WT/DS48/AB/R), 16-1-1998, parágrafo 104.

[4383] Segundo o Órgão de Recurso, "em virtude do nº 10 do artigo 3º do Memorando, os membros da OMC, caso surja um litígio, devem intervir nos processos de resolução de litígios 'de boa fé com vista a resolver o litígio'. Esta é outra manifestação específica do princípio da boa fé que, como temos assinalado, é ao mesmo tempo um princípio geral de direito e um princípio geral do direito internacional. Este princípio omnipresente exige que o membro queixoso e o membro demandado observem as prescrições do Memorando (e as prescrições conexas estabelecidas em outros acordos abrangidos) de boa fé. Mediante o cumprimento de boa fé, os membros queixosos proporcionam aos membros demandados toda a protecção e oportunidade para se defenderem, em conformidade com a letra e o espírito das regras do processo. Como já foi referido, o mesmo princípio da boa fé impõe que os membros demandados chamem oportuna e prontamente a atenção dos membros queixosos, assim como a do Órgão de Resolução de Litígios e do Painel, para as deficiências processuais alegadas, de maneira a que, caso seja necessário, as correcções possam ser feitas para resolver os litígios" (cf. Relatório do Órgão de Recurso no caso *United States – Tax Treatment for "Foreign Sales Corporations"* (WT/DS108/AB/R), 24-2-2000, parágrafo 166). Ainda segundo o Órgão de Recurso, "de nenhuma maneira se deve presumir que os Membros da OMC *mantêm* uma protecção ou discriminação anterior mediante a adopção de uma nova medida. Isto equivaleria quase a uma presunção de má fé". Cf. Relatório do Órgão de Recurso no caso *Chile – Taxes on Alcoholic Beverages* (WT/DS87/AB/R, WT/DS110/AB/R), 13-12-1999, parágrafo 74.

[4384] Relatório do Órgão de Recurso no caso *United States – Final Anti-Dumping Measures on Stainless Steel from Mexico* (WT/DS344/AB/R), 30-4-2008, nota de rodapé 210.

[4385] Relatório do Órgão de Recurso no caso *Canada – Measures Relating to Exports of Wheat and Treatment of Imported Grain* (WT/DS276/AB/R), 30-8-2004, parágrafo 133.

A FUNÇÃO JURISDICIONAL NO SISTEMA GATT/OMC

Quer durante a vigência do GATT de 1947, quer depois da entrada em funções da OMC, os painéis têm observado, regra geral, o princípio da economia judicial.

No caso do primeiro acordo, se um Painel considerava que uma determinada medida era contrária a uma disposição do GATT, tornava-se, então, desnecessário verificar se aquela medida violava igualmente outras disposições do Acordo Geral invocadas pela parte queixosa em apoio da sua pretensão[4386]. Aliás:

> "the history of GATT dispute settlement is replete with circumstances in which panels did not find it necessary to examine certain legal issues raised by the parties to the disputes. (...) GATT panels did not employ the term 'judicial economy', but rather used a formula according to which 'it was not necessary' for panels to address particular legal issues raised by the parties in a given dispute. The term 'judicial economy' was used only subsequently in the context of WTO dispute settlement"[4387].

De notar que as disposições que têm sido referidas pelo Órgão de Recurso como justificação para os painéis exercerem economia judicial, assim como para estabelecerem fronteiras entre a economia judicial apropriada e falsa (por exemplo, os artigos 3º, nº 4, e 21º, nº 1, do Memorando de Entendimento sobre Resolução de Litígios) não existiam no tempo do GATT de 1947[4388].

### 4.3.2. O Sistema de Resolução de Litígios da OMC

No caso *United States – Measure Affecting Imports of Woven Wool Shirts and Blouses from India*, o Painel respondeu ao argumento da Índia de que tinha direito, ao abrigo do artigo 11º do Memorando de Entendimento sobre Resolução de Litígios, "to a finding on each of the issues it raised" do seguinte modo:

> "(...) Discordamos e referimos a prática de economia judicial constante por parte dos painéis do GATT. A Índia tem direito a que o Painel resolva o litígio relativo à 'medida' impugnada e se consideramos que a questão concreta objecto do litígio pode ser resolvida analisando unicamente alguns dos argumentos apresentados pela parte queixosa, podemos proceder desse modo. Portanto, decidimos analisar somente as questões jurídicas que consideramos necessárias para formular conclusões que aju-

---

[4386] Ver, por exemplo, os Relatórios do Painel nos casos *European Economic Community – Quantitative Restrictions Against Imports of Certain Products from Hong Kong* (L/5511), relatório adoptado em 12-7-1983, parágrafo 33, e *Canada – Administration of the Foreign Investment Review Act* (L/5504), relatório adoptado em 7-2-1984, parágrafo 5.16.

[4387] Jan BOHANES e Andreas SENNEKAMP, Reflections on the concept of 'judicial economy' in WTO dispute settlement, in *The WTO at Ten: The Contribution of the Dispute Settlement System*, Ed. Giorgio Sacerdoti, Alan Yanovich e Jan Bohanes, Cambridge University Press, 2006, p. 425.

[4388] *Idem*, p. 429.

1564

OS MECANISMOS DE CONTROLO

dem o Órgão de Resolução de Litígios a fazer recomendações ou decisões a respeito deste litígio"[4389].

Descontente com a conclusão jurídica do Painel referente ao princípio da economia judicial, a Índia recorreu mas não viu a sua pretensão ser reconhecida pelo Órgão de Recurso:

> "Nada nesta disposição [Artigo 11º do Memorando de Entendimento sobre Resolução de Litígios] nem na prática prévia do GATT <u>exige</u> que um painel examine <u>todas</u> as alegações jurídicas formuladas pela parte queixosa. Os painéis anteriores do GATT de 1947 e da OMC abordaram com frequência só as questões que consideravam necessárias para a resolução do litígio entre as partes e recusaram decidir sobre outras questões. Por conseguinte, se um painel considerava que uma medida era incompatível com uma determinada disposição do GATT de 1947, ele geralmente não examinava se essa medida era também incompatível com outras disposições do GATT, cuja violação tivesse sido alegada por uma parte queixosa. Na prática recente da OMC, os painéis também se têm abstido de examinar todas e cada uma das alegações formuladas pela parte queixosa e têm formulado conclusões só sobre aquelas alegações que, segundo os painéis, são necessárias para resolver o litígio em causa (...). Embora alguns painéis do GATT de 1947 e da OMC tenham adoptado efectivamente resoluções mais amplas, examinando e decidindo questões que não eram absolutamente necessárias para resolver o litígio em questão, não existe no Memorando de Entendimento sobre Resolução de Litígios nenhuma disposição que obrigue os painéis a proceder desse modo. Além disso, tal exigência não é compatível com o objectivo do sistema de resolução de litígios. O nº 7 do artigo 3º do Memorando de Entendimento sobre Resolução de Litígios estabelece expressamente: 'o objectivo do sistema de resolução de litígios é o de obter uma solução positiva para um litígio'. (...) Por conseguinte, o objectivo básico do sistema de resolução de litígios na OMC é resolver litígios. Este objectivo fundamental é afirmado no Memorando de Entendimento sobre Resolução de Litígios em reiteradas ocasiões. Por exemplo, o nº 4 do artigo 3º estabelece: 'as recomendações ou decisões adoptadas pelo Órgão de Resolução de Litígios destinar-se-ão a conseguir uma resolução satisfatória da questão em conformidade com os direitos e obrigações previstos no presente Memorando e nos acordos abrangidos'"[4390].

Para que não restassem quaisquer dúvidas, o Órgão de Recurso pormenoriza o seu entendimento a propósito do princípio da economia judicial em três rela-

[4389] Relatório do Painel no caso *United States – Measure Affecting Imports of Woven Wool Shirts and Blouses from India* (WT/DS33/R), 6-1-1997, parágrafo 6.6.
[4390] Relatório do Órgão de Recurso no caso *United States – Measure Affecting Imports of Woven Wool Shirts and Blouses from India* (WT/DS33/AB/R), 25-4-1997, pp. 18-19.

A FUNÇÃO JURISDICIONAL NO SISTEMA GATT/OMC

tórios posteriores. No primeiro relatório, o Órgão de Recurso defende que um Painel "tem liberdade para determinar as alegações que deve tratar para resolver o litígio entre as partes – desde que essas alegações estejam compreendidas nos termos de referência do Painel"[4391].

No segundo, o Órgão de Recurso declara que, embora o princípio da economia judicial permita a um Painel não se ocupar de mais alegações que as necessárias para solucionar o diferendo, ele não obriga o Painel a proceder desse modo:

> "Os Estados Unidos parecem considerar que o nosso relatório no caso *United States – Shirts and Blouses* estabelece o princípio geral de que os painéis podem não examinar questões que não são necessárias para resolver o litígio entre as partes. Não partilhamos esta interpretação das nossas constatações. No recurso em causa, a Índia defendeu que tinha direito a que o Painel formulasse uma constatação sobre cada uma das alegações jurídicas que tinha formulado. Nós, pelo contrário, consideramos que o princípio da economia judicial permite a um painel recusar pronunciar-se sobre determinadas alegações"[4392].

Finalmente, no caso *Australia – Measures Affecting Importation of Salmon*, o Órgão de Recurso circunscreve o âmbito do princípio da economia judicial:

> "O princípio da economia judicial deve ser aplicado tendo presente o objectivo do sistema de resolução de litígios. O objectivo é o de resolver a questão em causa e 'assegurar uma solução positiva para um litígio' [art. 3º, nº 7, do Memorando]. Chegar a uma resolução apenas parcial da questão em causa seria uma falsa economia judicial. *Um Painel deve examinar as alegações a respeito das quais é necessária uma conclusão para que o Órgão de Resolução de Litígios possa formular recomendações e tomar decisões suficientemente precisas, de modo a permitir o rápido cumprimento pelo membro* com essas recomendações e decisões e 'assegurar uma resolução eficaz dos litígios em benefício de todos os membros'" (itálico aditado)[4393].

Deste modo, o Órgão de Recurso concentra a atenção nas recomendações e decisões do Órgão de Resolução de Litígios e, em consequência, no cumprimento das mesmas por parte do membro faltoso. Por exemplo:

---

[4391] Relatório do Órgão de Recurso no caso *India – Patent Protection for Pharmaceutical and Agricultural Chemical Products* (WT/DS50/AB/R), 19-12-1997, parágrafo 87.

[4392] Relatório do Órgão de Recurso no caso *United States – Imposition of Countervailing Duties on Certain Hot-Rolled Lead and Bismuth Carbon Steel Products Originating in the United Kingdom* (WT/DS138/AB/R), 10-5-2000, parágrafo 71.

[4393] Relatório do Órgão de Recurso no caso *Australia – Measures Affecting Importation of Salmon* (WT/DS18/AB/R), 20-10-1998, parágrafo 223.

1566

OS MECANISMOS DE CONTROLO

"No presente caso, o facto de o Painel ter formulado constatações a respeito da violação do nº 1 do artigo 5º em relação ao salmão canadense, sem formular também constatações a respeito dos nºs 5 e 6 do artigo 5º, não permite que o Órgão de Resolução de Litígios formule recomendações e resoluções suficientemente precisas para que a Austrália possa cumprir as obrigações que lhe cabem em virtude do Acordo relativo à Aplicação de Medidas Sanitárias e Fitossanitárias, a fim de assegurar a resolução efectiva deste litígio com o Canadá. *Uma medida sanitária e fitossanitária posta em conformidade com o nº 1 do artigo 5º poderia continuar a ser incompatível com o nº 5 do artigo 5º, com o nº 6 do mesmo artigo, ou com ambos*" (itálico aditado)[4394].

De igual modo, no caso *European Communities – Export Subsidies on Sugar*, o Órgão de Recurso concluiu que o Painel tinha exercido falsa economia judicial, por não permitir que o Órgão de Resolução de Litígios pudesse formular recomendações e tomar decisões suficientemente precisas. A razão invocada pelo Órgão de Recurso é, todavia, diferente da razão invocada no caso *Australia – Measures Affecting Importation of Salmon*:

"**332.** Ao abrigo do nº 1 do artigo 19º do Memorando de Entendimento sobre Resolução de Litígios, caso um painel considere 'uma medida incompatível com um acordo abrangido, recomendará ao Membro em causa a conformação dessa medida com o Acordo'. O painel não está obrigado a formular uma recomendação sobre o modo como o Membro deve cumprir as suas obrigações ou sobre o calendário para a execução. Todavia, o artigo 19º, nº 1, também estipula que 'o painel ou o Órgão de Recurso *podem* propor formas para a execução, pelo Membro em causa, dessas recomendações'.

**333.** Em conformidade com o nº 2 do artigo 1º do Memorando de Entendimento sobre Resolução de Litígios, a situação é diferente para os litígios suscitados ao abrigo da Parte II do Acordo sobre as Subvenções e as Medidas de Compensação. O Acordo sobre as Subvenções e as Medidas de Compensação contém 'normas e processos especiais ou complementares sobre resolução de litígios' no que respeita às subvenções proibidas (artigo 3º). em particular o artigo 4º, nº 7 (...).

**334.** Por conseguinte, quando um painel constata que um Membro queixoso estabeleceu que a subvenção em questão é proibida no sentido do artigo 3º do Acordo sobre as Subvenções e as Medidas de Compensação, ele deve formular uma recomendação adicional tal como se indica no nº 7 do artigo 4º. Se é adoptada, esta recomendação adicional – que o Membro que concede a subvenção a elimine imediatamente – tornar-se-á uma recomendação ou resolução do Órgão de Resolução de Litígios.

**335.** Neste caso, as constatações do Painel ao abrigo dos artigos 3º e 8º do Acordo sobre a Agricultura não eram suficientes para 'resolver plenamente' o litígio. Isto é

---

[4394] *Idem*, parágrafo 224.

1567

A FUNÇÃO JURISDICIONAL NO SISTEMA GATT/OMC

assim porque o Painel, ao declinar pronunciar-se sobre as alegações formuladas pelas partes queixosas ao abrigo do artigo 3º do Acordo sobre as Subvenções e as Medidas de Compensação, impediu estas de recorrerem a uma medida correctiva, em conformidade com o nº 7 do artigo 4º do Acordo sobre as Subvenções e as Medidas de Compensação, no caso de uma conclusão do Painel favorável às partes queixosas a respeito das suas alegações ao abrigo do artigo 3º do Acordo sobre as Subvenções e as Medidas de Compensação. Além disso, ao recusar pronunciar-se sobre as alegações formuladas pelas partes queixosas ao abrigo do artigo 3º do Acordo sobre as Subvenções e as Medidas de Compensação, o Painel incumpriu a obrigação que lhe cabe em virtude do artigo 11º do Memorando de Entendimento sobre Resolução de Litígios, por quanto não formulou 'conclusões que ajudem o Órgão de Resolução de Litígios a adoptar as recomendações ou decisões previstas nos acordos abrangidos', nomeadamente, uma recomendação ou decisão pelo Órgão de Resolução de Litígios em conformidade com o nº 7 do artigo 4º. Isto constitui uma aplicação errada do princípio da economia judicial e um erro jurídico"[4395].

O princípio da economia judicial vale, também, para as circunstâncias em que um Painel não se pronuncia sobre uma alegação classificada como alternativa, isto é, uma alegação que é feita caso o painel rejeite a alegação principal:

"Em nossa opinião, para 'assegurar uma solução positiva' no presente litígio não era necessário o Painel formular uma determinação sobre a alegação *alternativa* das Comunidades Europeias acerca dos requisitos em matéria de Valor Acrescentado Canadiano ao abrigo da alínea *a*) do nº 1 do artigo 3º do Acordo sobre as Subvenções e as Medidas de Compensação. O Painel tinha constatado já que esses requisitos violavam o nº 4 do artigo III do GATT de 1994 e o artigo XVII do Acordo Geral sobre o Comércio de Serviços. Em nossa opinião, tendo formulado estas constatações, o Painel podia perfeitamente, no exercício da discricionariedade implícita no princípio da economia judicial, optar por não examinar a alegação *alternativa* das Comunidades Europeias de que os requisitos em matéria de Valor Acrescentado Canadiano são incompatíveis com a alínea *a*) do nº 1 do artigo 3º do Acordo sobre as Subvenções e as Medidas de Compensação"[4396].

---

[4395] Relatório do Órgão de Recurso no caso *European Communities – Export Subsidies on Sugar* (WT/DS265/AB/R, WT/DS266/AB/R, WT/DS283/AB/R), 28-4-2005, parágrafos 332-335.

[4396] Relatório do Órgão de Recurso no caso *Canada – Certain Measures Affecting the Automotive Industry* (WT/DS139/AB/R, WT/DS142/AB/R), 31-5-2000, parágrafo 116. Segundo Jan Bohanes e Andreas Sennekamp:

"a situation involving alternative claims is, arguably, somewhat different from a situation of cumulative claims, because it is *the party itself* that suggests to a panel that it examines the second (alternative) claim only in the event that the panel were to reject the first claim". Cf. Jan Bohanes e Andreas Sennekamp, Reflections on the concept of 'judicial economy' in WTO

OS MECANISMOS DE CONTROLO

De igual modo, é possível aplicar, implicitamente, o princípio da economia judicial quando estejam em causa condições cumulativas. Veja-se, por exemplo, o caso do nº 7 do art. 5º do Acordo relativo à Aplicação de Medidas Sanitárias e Fitossanitárias. Quando um membro da OMC pretende adoptar provisoriamente uma medida sanitária ou fitossanitária, ele deve demonstrar a existência de quatro condições:

(i) as provas científicas pertinentes são insuficientes;
(ii) a medida deve ser adoptada com base nas informações pertinentes disponíveis;
(iii) o membro da OMC deve esforçar-se por obter as informações adicionais necessárias para proceder a uma avaliação mais objectiva do risco; e
(iv) examinar, em consequência, a medida sanitária ou fitossanitária num prazo razoável.

Estes quatro requisitos têm uma natureza claramente cumulativa. A não observância de um dos requisitos implica que a medida em causa seja considerada incompatível com o nº 7 do art. 5º do Acordo Relativo à Aplicação de Medidas Sanitárias e Fitossanitárias[4397]. Ora, no caso *Japan – Measures Affecting Agricultural Products*, o Painel considerou que o Japão não tinha observado as duas últimas condições, o que o levou a não analisar as duas primeiras[4398].

dispute settlement, in *The WTO at Ten: The Contribution of the Dispute Settlement System*, Ed. Giorgio Sacerdoti, Alan Yanovich e Jan Bohanes, Cambridge University Press, 2006, p. 439.

[4397] Relatório do Órgão de Recurso no caso *Japan – Measures Affecting Agricultural Products* (WT/DS76/AB/R), 22-2-1999, parágrafo 89.

[4398] Relatório do Painel no caso *Japan – Measures Affecting Agricultural Products* (WT/DS76/R), 27-10-1998, parágrafos 8.56-8.58. Em contraste, o Painel do caso *United States – Measures Affecting the Cross-Border Supply of Gambling and Betting Services*, colocado perante uma situação similar no âmbito do art. XIV do GATS, decidiu analisar o prólogo deste artigo:

"Dado que o Painel chegou à conclusão de que os Estados Unidos não foram capazes de justificar provisoriamente a Lei de Comunicações por Cabo, a Lei de Viagens (lidas conjuntamente com as leis estatais pertinentes) e a Lei sobre actividades ilícitas de jogos de azar (lida conjuntamente com as leis estatais pertinentes) ao abrigo da alínea *a*) nem da alínea *c*) do artigo XIV do Acordo Geral sobre o Comércio de Serviços, logicamente não é necessário considerarmos se cumpriram os requisitos do preâmbulo do artigo XIV. Não obstante, dado que as partes formularam importantes argumentos sobre questões fundamentais examinadas adiante, decidimos analisá-las a fim de ajudar as partes a resolverem o litígio subjacente no presente caso"(cf. Relatório do Painel no caso *United States – Measures Affecting the Cross-Border Supply of Gambling and Betting Services* (WT/DS285/R), 10-11-2004, parágrafo 6.566).

De igual modo, ARTHUR APPLETON salienta que, "having already found one rationale for striking down the US measure [in paragraph 7.56], the *Shrimp/Turtle* Panel made a factual finding that it had "no evidence" that the US undertook negotiations for an international agreement to pro-

1569

A FUNÇÃO JURISDICIONAL NO SISTEMA GATT/OMC

Sempre que a discricionariedade implícita no princípio da economia judicial for exercida, o Órgão de Recurso defende que, em benefício da transparência e da equidade a respeito das partes, os painéis devem, em todos os casos, mencionar expressamente as alegações que decidam não analisar e relativamente às quais não se pronunciam por razões de economia judicial[4399]. O silêncio não é suficiente para estes efeitos[4400].

Os painéis têm, igualmente, a liberdade de analisar apenas os argumentos que consideram necessários à resolução de um litígio:

> "Notamos que o recurso do Brasil ao abrigo do artigo 11º do Memorando de Entendimento sobre Resolução de Litígios está relacionado com o exercício pelo Painel do princípio da economia judicial na sua consideração de diversos argumentos em apoio das diversas alegações apresentadas pelo Brasil ao Painel. O Brasil, com efeito, alega que o Painel abusou da sua discricionariedade ao não abordar no seu relatório uma série de argumentos apresentados pelo Brasil relativamente ao direito e prática do GATT e da OMC. No caso *United States – Measure Affecting Imports of Woven Wool Shirts and Blouses from India*, afirmámos que não existe no artigo 11º nem na prática prévia do GATT nada que *exija* que um painel examine *todas* as alegações jurídicas formuladas pela parte queixosa e que 'um painel só necessita de examinar as alegações que devem ser abordadas para resolver a questão em causa no litígio'. Assim como os painéis têm discricionariedade para analisar unicamente as *alegações* que têm de ser abordadas para resolver a questão em causa num litígio, os painéis também têm discricionariedade para analisar unicamente os *argumentos* que entendam necessários para resolver uma determinada alegação. Desde que seja claro num relatório do painel que este examinou razoavelmente uma alegação, o facto de um determinado argumento relativo a essa alegação não ser abordado especificamente na secção sobre 'Constatações' do seu relatório não levará, em si mesmo, à conclusão de que o painel não cumpriu o dever de fazer uma 'apreciação objectiva da questão que lhe foi apresentada' como exigido pelo artigo 11º do Memorando de Entendimento sobre Resolução de Litígios"[4401].

tect sea turtles], the Appellate Body, without need or explanation, developed at least six additional grounds to support its decision. Judicial economy was forgotten (...)". Cf. Arthur APPLETON, *Shrimp/Turtle: Untangling the Nets*, in JIEL, 1999, p. 481.

[4399] Por vezes, os painéis não declaram expressamente que estão a recorrer ao princípio da economia judicial. No caso *United States – Subsidies on Upland Cotton*, por exemplo, o Painel declarou que não considerava necessário levar a cabo "nenhum exame adicional". Cf. Relatório do Painel no caso *United States – Subsidies on Upland Cotton* (WT/DS267/R), 8-9-2004, nota de rodapé 1061.

[4400] Relatório do Órgão de Recurso no caso *Canada – Certain Measures Affecting the Automotive Industry* (WT/DS139/AB/R, WT/DS142/AB/R), 31-5-2000, parágrafo 117.

[4401] Relatório do Órgão de Recurso no caso *EC – Measures Affecting the Importation of Certain Poultry Products* (WT/DS69/AB/R), 13-7-1998, parágrafo 135.

## OS MECANISMOS DE CONTROLO

Mas, embora o princípio da economia seja aplicável a alegações e a argumentos, ele não vale quando estão em causa produtos (e serviços). Um Painel deve considerar todos os produtos (e serviços) incluídos nos respectivos termos de referência:

"Não existe nenhuma razão, ao aplicar o princípio da economia judicial, para examinar os nºs 5 e 6 [do Acordo relativo à Aplicação de Medidas Sanitárias e Fitossanitárias] em relação unicamente com uma categoria dos produtos em litígio, ou seja, o salmão do Pacífico capturado no oceano, e não empreender a mesma análise relativamente às demais categorias, isto é, outras classes de salmão canadense. (...) A única explicação do Painel para limitar o seu exame dos nºs 5 e 6 do artigo 5º em relação unicamente com o salmão do Pacífico capturado no oceano foi que 'as provas e argumentos de que dispomos que são relevantes para os nºs 5 e 6 do artigo 5º *centram-se* no salmão do Pacífico adulto capturado no oceano'. O Painel não formulou nenhuma constatação no sentido de que o Canadá não tinha estabelecido uma presunção *prima facie* a respeito das suas alegações ao abrigo dos nºs 5 e 6 do artigo 5º relativamente a outras classes de salmão canadense. Observamos que, a este respeito, o caso que se examina apresenta similitudes com o do *Japan – Taxes on Alcoholic Beverages*, porquanto em tal caso considerámos que, ao não ter examinado todos os produtos incluídos nos seus termos de referência, o Painel tinha incorrido num erro de direito. De forma análoga, no presente caso, os termos de referência não só incluem o salmão do Pacífico capturado no oceano, mas também outras classes de salmão canadense"[4402].

De igual modo, o Órgão de Recurso entendeu no caso *Japan – Measures Affecting Agricultural Products* que:

"(...) Ao não formular nenhuma constatação ao abrigo do nº 1 do artigo 5º [do Acordo relativo à Aplicação de Medidas Sanitárias e Fitossanitárias] no que respeita à prescrição relativa aos testes por variedade aplicada aos damascos, pêras, ameixas e marmelos, o Painel aplicou de modo inapropriado o princípio da economia judicial. Consideramos que uma constatação feita ao abrigo do nº 1 do artigo 5º concernente aos damascos, pêras, ameixas e marmelos é necessária 'para assegurar uma resolução efectiva' do litígio"[4403].

---

[4402] Relatório do Órgão de Recurso no caso *Australia – Measures Affecting Importation of Salmon* (WT/DS18/AB/R), 20-10-1998, parágrafo 225. No caso *Japan – Taxes on Alcoholic Beverages*, o Órgão de Recurso entendeu que, "ao não ter incorporado nas suas conclusões todos os produtos incluídos nos seus termos de referência, o Painel incorreu num erro de direito". Cf. Relatório do Órgão de Recurso no caso *Japan – Taxes on Alcoholic Beverages* (WT/DS8/AB/R, WT/DS10/AB/R, WT/DS11/AB/R), 4-10-1996, p. 28.

[4403] Relatório do Órgão de Recurso no caso *Japan – Measures Affecting Agricultural Products* (WT/DS76/AB/R), 22-2-1999, parágrafo 111.

A FUNÇÃO JURISDICIONAL NO SISTEMA GATT/OMC

Se obrigações que não são idênticas proibirem aparentemente a medida em questão, a mais específica das duas deve ser analisada em primeiro lugar. Deste modo, sempre que o GATT e outro acordo do Anexo 1A do Acordo OMC se apliquem a uma mesma medida, esta deve ser examinada com base no acordo que a trata especificamente e de forma detalhada. Nesse sentido, o Órgão de Recurso declarou no caso *European Communities – Regime for the Importation, Sale, and Distribution of Bananas* que:

> "Embora sejam aplicáveis o nº 3, alínea *a*), do artigo X do GATT de 1994 e o nº 3 do artigo 1º do Acordo sobre os Procedimentos em Matéria de Licenças de Importação, o Painel deveria ter aplicado em primeiro lugar o Acordo sobre os Procedimentos em Matéria de Licenças de Importação, visto que este Acordo se ocupa especificamente e de forma detalhada da administração dos procedimentos relativos às licenças de importação. Se o Painel tivesse procedido deste modo, não teria necessitado de examinar a suposta incompatibilidade com o nº 3, alínea *a*), do artigo X do GATT de 1994"[4404].

Por último, na falta de acordo entre as partes em litígio, nada impede que um Painel continue a analisar uma determinada medida, mesmo que entretanto elatenha deixado de vigorar[4405]. O próprio Órgão de Recurso é dessa opinião.

O facto de um painel continuar a analisar uma medida que já deixou de vigorar é também visto por alguns autores como um corolário do princípio da economia judicial: ao analisar essa medida, um painel dá indicações importantes aos Membros da OMC sobre a legalidade de medidas similares que, porventura, venham a ser adoptadas futuramente[4406].

### 4.3.3. O Caso do Órgão de Recurso

Aparentemente, o princípio da economia judicial parece não ser aplicável à fase do Recurso: o "Órgão de Recurso analisará *cada* uma das questões colocadas"

---

[4404] Relatório do Órgão de Recurso no caso *European Communities – Regime for the Importation, Sale, and Distribution of Bananas* (WT/DS27/AB/R), 9-9-1997, parágrafo 204. Também durante a vigência do GATT de 1947, o Painel do caso *European Economic Community – Restrictions on Imports of Dessert Apples* considerou mais apropriado analisar a compatibilidade das medidas da Comunidade Económica Europeia não ao abrigo do art. I do GATT, mas sim do art. XIII do GATT, uma vez que este ultimo artigo "lida com a administração não discriminatória de restrições quantitativas e é, por isso, lex specialis neste caso". Cf. Relatório do Painel no caso *European Economic Community – Restrictions on Imports of Dessert Apples, complaint by Chile*, adoptado em 22-6-1989, parágrafo 12.28.

[4405] Relatório do Painel no caso *United States – Measure Affecting Imports of Woven Wool Shirts and Blouses from India* (WT/DS33/R), 6-1-1997, parágrafo 6.2.

[4406] Ana FRISCHTAK, *Balancing Judicial Economy, State Opportunism, and Due Process Concerns in the WTO*, in MJIL, 2005, pp. 967-968.

1572

OS MECANISMOS DE CONTROLO

durante o processo de recurso (itálico aditado) (art. 17º, nº 12, do Memorando). Apesar do argumento literal, WILLIAM DAVEY defende que também o Órgão de Recurso:

> "has the flexibility of exercising judicial economy. It can simply say that having addressed certain issues, the remaining issues do not need to be considered separately. That statement, in itself, 'addresses' the remaining issues"[4407].

Com efeito, o Órgão de Recurso defende no caso *United States – Definitive Safeguard Measures on Imports of Certain Steel Products* que:

> "Tendo em conta que já constatámos que as medidas submetidas ao nosso exame são incompatíveis com o nº 1, alínea *a*), do artigo XIX do GATT de 1994 e com o nº 1 do artigo 2º, o nº 1 do artigo 3º e o nº 2 do artigo 4º do Acordo sobre Medidas de Salvaguarda, é desnecessário, para efeitos de solucionar o presente litígio, decidir sobre se o Painel estava certo ao constatar que os Estados Unidos também tinham agido de maneira incompatível com o nº 1 do artigo 2º e o nº 2 do artigo 4º do Acordo sobre Medidas de Salvaguarda porquanto o relatório da Comissão do Comércio Internacional dos Estados Unidos não demonstrou a existência de um nexo de causalidade entre o aumento das importações originárias de *todas* as fontes (isto é, as importações abarcadas pelas medidas *e* as importações não abarcadas por estas) e o prejuízo grave ao ramo de produção nacional. Consequentemente, recusamos decidir sobre a questão do nexo de causalidade (...)"[4408].

---

[4407] William DAVEY, *Has the WTO Dispute Settlement System Exceeded Its Authority? A Consideration of Deference Shown by the System to Member Government Decisions and Its Use of Issue-Avoidance Techniques*, in JIEL, 2001, p. 110.

[4408] Relatório do Órgão de Recurso no caso *United States – Definitive Safeguard Measures on Imports of Certain Steel Products* (WT/DS248/249/251/252/253/254/258/259/AB/R), 10-11-2003, parágrafo 483. De igual modo, no caso *Turkey – Restrictions on Imports of Textile and Clothing Products*, o Órgão de Recurso absteve-se de rever ou clarificar os aspectos constantes do relatório de um painel que considerou desnecessários à resolução do litígio em causa:
"Desejamos assinalar que não formulamos qualquer conclusão sobre se as restrições quantitativas consideradas incompatíveis com os artigos XI e XIII do GATT de 1994 poderão *alguma vez* ser justificadas em virtude do artigo XXIV. Concluímos apenas que as restrições quantitativas objecto do presente recurso não são justificadas com base naquela disposição. Do mesmo modo, não estabelecemos qualquer conclusão sobre numerosas questões adicionais que podem ser suscitadas relativamente ao artigo XXIV. A resolução dessas outras questões terá de esperar por outro dia. Entendemos que não é necessário formular outras conclusões para além das que aqui foram expostas para desempenhar a nossa tarefa em conformidade com o Memorando de Entendimento sobre Resolução de Litígios na resolução do presente caso". Cf. Relatório do Órgão de Recurso no caso *Turkey – Restrictions on Imports of Textile and Clothing Products* (WT/DS34/AB/R), 22-10-1999, parágrafo 65.

A FUNÇÃO JURISDICIONAL NO SISTEMA GATT/OMC

Posteriormente, o Órgão de Recurso volta a considerar ser desnecessário pronunciar-se sobre diversas questões para efeitos de resolução do litígio relativo ao caso *United States – Laws, Regulations and Methodology for Calculating Dumping Margins ("Zeroing")*[4409].

Ao mesmo tempo, o Órgão de Recurso não parece ser um grande entusiasta do princípio da economia judicial relativamente a si e é importante que assim seja[4410]. Por causa da influência dos seus relatórios, o papel que o Órgão de Recurso desempenha na clarificação dos direitos e obrigações dos Membros da OMC, contribuindo para a segurança e previsibilidade do sistema comercial multilateral, é mais importante que o dos painéis e convém ter sempre presente que os tratados negociados internacionalmente nunca são redigidos de maneira suficientemente clara[4411]. Apesar do Órgão de Recurso entender que os acordos abrangidos contêm "linguagem cuidadosamente negociada"[4412], "um equilíbrio de direitos e obrigações dos membros cuidadosamente desenhado"[4413], "um equilíbrio delicado e cuidadosamente negociado"[4414], "um equilíbrio cuidadosamente negociado de direitos e obrigações"[4415], etc., a verdade é que, como bem nota Jan Klabbers:

"few treaties (and the WTO agreements are no exceptions) are able to provide their parties with full certainty. Some issues are simply never considered during the drafting, and thus will come to be settled by other means, e.g. by judicial decision. Other issues may have been considered by the parties, but may have been left open, in whole or in part, due to the absence of political agreement. And where a treaty contains gaps, it often falls on judicial bodies (if present) to close them"[4416].

---

[4409] Relatório do Órgão de Recurso no caso *United States – Laws, Regulations and Methodology for Calculating Dumping Margins ("Zeroing")* (WT/DS294/AB/R), 18-4-2006, parágrafo 263, alíneas *a)* (ii), (iv) e (vi), e *f)*.

[4410] Alberto Alvarez-Jiménez, *The WTO Appellate Body's Exercise of Judicial Economy*, in JIEL, 2009, pp. 395 e 415.

[4411] A este respeito, ficou famosa a definição avançada por Philip Allott: "treaties are disagreement reduced to writing. It follows that their meaning will always require some act of interpretation, which, moreover, will always have to reckon with the underlying disagreement". Cf. Philip Allott, *The Concept of International Law*, in EJIL, 1999, p. 43.

[4412] Relatório do Órgão de Recurso no caso *United States – Restrictions on Imports of Cotton and Man--made Fibre Underwear* (WT/DS24/AB/R), 10-2-1997, p. 15.

[4413] Relatório do Órgão de Recurso no caso *United States – Measure Affecting Imports of Woven Wool Shirts and Blouses from India* (WT/DS33/AB/R), 25-4-1997, p. 16.

[4414] Relatório do Órgão de Recurso no caso *European Communities Measures Concerning Meat and Meat Products (Hormones)* (WT/DS26/AB/R, WT/DS48/AB/R), 16-1-1998, parágrafo 177.

[4415] Relatório do Órgão de Recurso no caso *Brazil – Export Financing Programme for Aircraft* (WT/DS46/AB/R), 2-8-1999, parágrafo 139.

[4416] Jan Klabbers, *On Rationalism in Politics: Interpretation of Treaties and the World Trade Organization*, in Nordic Journal of International Law, 2005, pp. 413-414.

OS MECANISMOS DE CONTROLO

### 4.3.4. Observações finais

Na sua essência, o recurso ao princípio da economia judicial permite a prossecução de vários objectivos. O princípio da economia judicial evita que os painéis (e o Órgão de Recurso) analisem desnecessariamente questões controversas[4417]. No caso *European Communities – Measures Affecting the Approval and Marketing of Biotech Products*, por exemplo, não obstante as partes queixosas terem suscitado a questão da similitude dos produtos biotecnológicos e produtos convencionais e da segurança dos primeiros, o Painel considerou supérfluo analisar tais questões[4418].

O princípio da economia judicial ajuda a manter, igualmente, a distinção entre as funções legislativa e jurisdicional na OMC, isto é, os painéis invocam o princípio da economia judicial "to narrow" o precedente[4419].

O princípio da economia judicial é visto, também, como um meio de assegurar o cumprimento das recomendações e decisões adoptadas pelo Órgão de Resolução de Litígios. O facto de não serem analisadas as questões mais controversas, torna mais fácil ao Membro da OMC faltoso executar tais recomendações e decisões[4420].

Finalmente, o princípio da economia judicial constitui uma das ferramentas que permite evitar o aparecimento de opiniões individuais nos relatórios dos painéis e do Órgão de Recurso[4421].

Segundo um estudo recente, os painéis recorrem ao princípio da economia judicial em 41% dos casos[4422], donde a conclusão de que, "if issue-avoidance happens at the WTO, it happens through the use of judicial economy"[4423].

Claro está, o exercício do princípio da economia judicial pode colocar alguns problemas. Primeiro, o sistema de resolução de litígios requer, nos termos do

---

[4417] William DAVEY, Has the WTO Dispute Settlement System Exceeded Its Authority? A Consideration of Deference Shown by the System to Member Government Decisions and Its Use of Issue-Avoidance Techniques, in *The Role of the Judge in International Trade Regulation: Experience and Lessons for the WTO*, Thomas Cottier e Petros Mavroidis ed., Studies in International Economics – The World Trade Forum, volume 4, The University of Michigan Press, 2003, p. 71.

[4418] Relatório do Painel no caso *European Communities – Measures Affecting the Approval and Marketing of Biotech Products* (WT/DS291/R, WT/DS292/R, WT/DS293/R), 29-9-2006, parágrafo 8.3.

[4419] Marc BUSCH e Krzysztof PELC, *The Politics of Judicial Economy at the World Trade Organization*, in International Organization, 2010, p. 258.

[4420] Sintomaticamente, quando é apresentada uma queixa contra os Estados Unidos ou as Comunidades Europeias, as probabilidades de um painel recorrer ao princípio da economia judicial sobem de 26% para 51%. Cf. *Idem*, pp. 274-275.

[4421] Alberto ALVAREZ-JIMÉNEZ, *The WTO Appellate Body's Decision-Making Process: A Perfect Model for International Adjudication?*, in JIEL, 2009, p. 311.

[4422] Marc BUSCH e Krzysztof PELC, *The Politics of Judicial Economy at the World Trade Organization*, in International Organization, 2010, p. 257.

[4423] *Idem*, p. 260.

1575

A FUNÇÃO JURISDICIONAL NO SISTEMA GATT/OMC

nº 1 do art. 7º do Memorando, que os painéis analisem, à luz das disposições relevantes do(s) acordo(s) abrangido(s) citados pelas partes em litígio, a queixa apresentada ao Órgão de Resolução de Litígios. Segundo, caso a questão da compensação ou retaliação surja, o membro queixoso deve ter todas as suas queixas tidas em conta. Terceiro, se o Órgão de Recurso considerar aconselhável alterar ou revogar uma conclusão do Painel em relação à queixa que foi examinada, a realização de progressos nas restantes queixas pode ser difícil na ausência de considerações pelo Painel.

Relativamente ao primeiro problema identificado, JACQUES BOURGEOIS assinala que:

> "requiring a panel to deal with claims that are not necessary to resolve the dispute is tantamount to adding a new function, i.e., that of rendering advisory opinions on the interpretation of the WTO Agreement. If such proposal were to be considered, one would have to examine how it would relate to Article IX of the WTO Agreement and Article 3.9 of the DSU. Moreover, 'judicial economy' is a precious device enabling panels composed in an *ad hoc* fashion of people that may have other professional duties to meet the deadlines set forth by the DSU"[4424].

Em contrapartida, a análise de mais alegações por parte do Painel (e, porventura, por parte do Órgão de Recurso) pode facilitar o processo de implementação dos relatórios, uma vez que ambas as partes estarão melhor informadas sobre os seus direitos e obrigações. Uma vez que o Painel analisa somente as alegações necessárias à resolução do litígio entre as partes, pode a medida em questão ser colocada em conformidade com as disposições tidas em conta pelo Painel, mas continuar a ser incompatível com disposições que, embora alegadas, foram deixadas de fora da análise do Painel[4425].

No entanto, e aqui já estamos a ter em conta também o segundo problema invocado, é bom não esquecer que é muito frequente os Membros da OMC invocarem, enquanto estratégia de litigação, um grande número de alegações ao abrigo de um determinado acordo abrangido, de modo a cobrirem as diferentes

---

[4424] Jacques BOURGEOIS, The Gasoline, the Hormones and the Shrimps Cases in the Light of Procedural Law, in *Free World Trade and the European Union – The Reconciliation of Interests and the Review of the Understanding on Dispute Settlement in the Framework of the World Trade Organization*, The Academy of European Law in Trier, vol. 28, 2000, p. 67.

[4425] Por exemplo, o Órgão de Recurso notou no caso *European Communities – Measures Affecting Asbestos and Asbestos Containing Products* que o Acordo sobre os Obstáculos Técnicos ao Comércio impõe aos membros obrigações que parecem ser diferentes e adicionais em relação às obrigações impostas aos membros pelo GATT de 1994. Cf. Relatório do Órgão de Recurso no caso *European Communities – Measures Affecting Asbestos and Asbestos Containing Products* (WT/DS135/AB/R), 12-3-2001, parágrafo 80.

## OS MECANISMOS DE CONTROLO

facetas de um litígio[4426]. No caso *United States – Anti-Dumping Measures on Cement from Mexico*, por exemplo, o pedido de criação de um painel apresentado pelo México identifica 15 medidas diferentes (por exemplo, reexames administrativos dos direitos antidumping e cálculo das margens de dumping) que, alegadamente, violariam 12 artigos e o Anexo II do Acordo sobre a Aplicação do Artigo VI do GATT de 1994, os artigos VI e X do GATT de 1994 e o art. XVI, nº 4, do Acordo OMC[4427]. Acontece que:

> "The reason for such litigation strategy is, arguably, that WTO Members want to be sure to have done everything possible to make their case, given the economic significance of panel and Appellate Body rulings and the effort involved in bringing and arguing a WTO case. The increasing involvement of private law firms in WTO dispute settlement may also contribute to that trend. Of course, while it may be in the interest of a WTO Member to cover as many aspects as possible in the dispute, this renders the task of panels more difficult, in particular as the proceedings under the WTO dispute settlement system operate under tight deadlines. The time-related concern may constitute an additional incentive for panels to dispose of certain issues through the application of judicial economy"[4428].

Além disso, em termos substantivos, quando um painel recorre ao princípio da economia judicial, é 14% menos provável que ele veja algumas das suas conclusões e interpretações jurídicas serem revogadas pelo Órgão de Recurso[4429].

Não admira, pois, que o princípio da economia judicial tenha maior relevância no contexto da OMC do que na jurisprudência de outros tribunais internacionais. Para além dos prazos apertados a que estão sujeitos os painéis (e o Órgão de Recurso) e das estratégias de litigação seguidas pelas partes queixosas, tal facto resulta, igualmente, da sobreposição entre alguns dos "acordos abrangidos" (a mesma medida pode cair no âmbito de vários acordos da OMC). Em consequência desta sobreposição dos acordos da OMC, as partes queixosas podem sentir-se

---

[4426] A maioria dos casos tem um número limitado de alegações (entre 1 e 15), mas alguns chegam a ter mais de 80. Cf. Bernard HOEKMAN, Henrik HORN e Petros MAVROIDIS, Winners and Losers in the Panel Stage of the WTO Dispute Settlement System, in *Developing Countries in the WTO Legal System*, Chantal Thomas e Joel Trachtman ed., Oxford University Press, 2009, p. 156.

[4427] OMC, *United States – Anti-Dumping Measures on Cement from México, Request for the Establishment of a Panel by Mexico* (WT/DS281/2), 8-8-2003.

[4428] Jan BOHANES e Andreas SENNEKAMP, Reflections on the concept of 'judicial economy' in WTO dispute settlement, in *The WTO at Ten: The Contribution of the Dispute Settlement System*, Ed. Giorgio Sacerdoti, Alan Yanovich e Jan Bohanes, Cambridge University Press, 2006, p. 442.

[4429] Marc BUSCH e Krzysztof PELC, *Does the WTO Need a Permanent Body of Panelists?*, in JIEL, 2009, p. 591.

1577

A FUNÇÃO JURISDICIONAL NO SISTEMA GATT/OMC

instigadas a justificar as suas alegações ao abrigo de vários "acordos abrangidos", a fim de maximizar as suas hipóteses de êxito[4430].

Finalmente, o terceiro problema deixará de existir caso seja acolhida a sugestão da criação de um grupo permanente de painelistas profissionais ou introduzida a possibilidade de o Órgão de Recurso devolver o processo ao painel, como vários Membros da OMC têm proposto no actual ciclo de Doha.

Sopesados os vários argumentos, pensamos que o princípio da economia judicial constitui um modo válido de lidar com questões politicamente sensíveis, desnecessárias à resolução de um determinado litígio, minimizando desse modo o impacto político dos relatórios. A aplicação do princípio da economia judicial constitui, largamente, uma abordagem menos expansiva e, por conseguinte, mais apropriada para órgãos que analisam programas e medidas de governos soberanos[4431]. A aplicação do princípio da economia judicial permite, igualmente, reduzir o risco de conclusões contraditórias entre os diferentes painéis e poupar os recursos judiciais e do Secretariado da OMC, designadamente, reduzindo a duração do processo litigioso.

---

[4430] Jan BOHANES e Andreas SENNEKAMP, Reflections on the concept of 'judicial economy' in WTO dispute settlement, in *The WTO at Ten: The Contribution of the Dispute Settlement System*, Ed. Giorgio Sacerdoti, Alan Yanovich e Jan Bohanes, Cambridge University Press, 2006, p. 441.
[4431] Petros MAVROIDIS e David PALMETER, *Dispute Settlement in the World Trade Organization: Practice and Procedure*, 2ª ed., Cambridge University Press, 2004, p. 227.

1578

# Capítulo 24
# A Eficácia do Sistema de Resolução de Litígios da OMC

*"the World Trade Organization, on any view, the most successful inter-
-state system of dispute settlement ever"*[4432].

## 1. Introdução

O sistema de resolução de litígios da OMC não teria ganho a proeminência e a legitimidade que tem hoje se os membros da OMC não recorressem frequentemente aos procedimentos nele previstos. Naturalmente, o número de queixas apresentadas não pode constituir o único meio de aferição do seu êxito ou fracasso. É possível também apreciar tal questão verificando em que medida os objectivos subjacentes ao sistema estão a ser acatados, em que medida as principais potências comerciais recorrem aos seus serviços, em que medida as decisões e recomendações do Órgão de Resolução de Litígios são cumpridas, em que medida a análise do litígio realizada pelos órgãos de adjudicação é de qualidade, etc..

E, apesar de resultar do Memorando que o objectivo principal do sistema de resolução de litígios da OMC "é o de obter uma solução positiva para um litígio" (art. 3º, nº 7), convém não esquecer que qualquer sistema de resolução de litígios internacional visa realizar, regra geral, pelo menos 12 objectivos diferentes[4433], a saber:

1.   Anular o prejuízo causado pela parte demandada à parte queixosa;

---

[4432] James CRAWFORD, *Continuity and Discontinuity in International Dispute Settlement: An Inaugural Lecture*, in Journal of International Dispute Settlement, Vol. 1, No. 1, 2010, p. 4.
[4433] John JACKSON, Policy Underpinnings of International Juridical Institutions, in *WTO Law and Process*, Mads Andenas e Federico Ortino Ed., British Institute of International and Comparative Law, 2005, pp. 115-116.

A FUNÇÃO JURISDICIONAL NO SISTEMA GATT/OMC

2. Resolver os diferendos de modo amigável, evitando tensões internacionais ou mesmo o recurso à guerra;
3. Dirimir expeditamente os litígios;
4. Garantir segurança e previsibilidade;
5. Preencher lacunas e pôr fim a ambiguidades no texto do tratado;
6. Promover o cumprimento dos acórdãos;
7. Fazer face a assimetrias de poder;
8. Restabelecer o equilíbrio de vantagens;
9. Reconhecer aos participantes o direito a um procedimento justo;
10. Apresentar decisões fundamentadas, a fim de promover uma ampla aceitação pública da aplicação e desenvolvimento das regras;
11. Analisar fundadamente as importantes implicações inerentes à aplicação das regras, de modo a clarificar questões complexas;
12. Definir e racionalizar a alocação dos poderes governamentais.

No caso concreto do sistema de resolução de litígios da OMC, muitos destes objectivos são acolhidos de modo expresso. Por exemplo, o nº 2 do art. 3º do Memorando refere que o sistema de resolução de litígios da OMC é um elemento fulcral de garantia da segurança e previsibilidade do sistema multilateral de comércio e que o mesmo permite clarificar as disposições dos acordos abrangidos em conformidade com as regras habituais de interpretação do direito internacional público; o nº 3 do art. 3º do Memorando estabelece que a pronta resolução dos litígios é essencial para que a OMC exerça as suas funções de um modo eficaz e para a manutenção de um equilíbrio adequado entre os direitos e obrigações dos Membros; o nº 7 do art. 12º do Memorando determina que o relatório do painel deverá apresentar os fundamentos essenciais de quaisquer conclusões e recomendações que adopte; e o art. 27º do Memorando prevê que os países em desenvolvimento possam receber assistência jurídica do Secretariado da OMC.

Em contraste, alguns dos objectivos referenciados não se encontram presentes no sistema de resolução de litígios da OMC. O primeiro objectivo, por exemplo, não parece estar presente: as medidas correctivas previstas no direito da OMC são geralmente consideradas como tendo natureza prospectiva[4434].

## 2. O Grau de Utilização

Caso as decisões dos tribunais internacionais não tivessem qualquer valia no mundo real, os Estados, em geral, e as grandes potências económicas e militares,

---

[4434] Relatório do Órgão de Recurso no caso *United States – Subsidies on Upland Cotton, Recourse to Article 21.5 of the DSU by Brazil* (WT/DS267/AB/RW), 2-6-2008, nota de rodapé 494.

1580

A EFICÁCIA DO SISTEMA DE RESOLUÇÃO DE LITÍGIOS DA OMC

em particular, não recorreriam aos seus préstimos. O grau de utilização de um tribunal internacional é, por isso, um critério que importa tomar em consideração[4435].

Nos termos do Memorando de Entendimento sobre Resolução de Litígios, uma "queixa" surge geralmente quando um Membro solicita a realização de consultas com outro Membro[4436] e, para cada queixa, o Secretariado da OMC atribui um número individual[4437].

Até 31 de Dezembro de 2009, foram apresentadas 402 queixas[4438], distribuídas em termos anuais do seguinte modo:

---

[4435] Apesar de alguns autores entenderem, e bem, que a eficácia dos tribunais internacionais "is an elusive concept" (cf. Laurence HELFER e Anne-Marie SLAUGHTER, *Why States Create International Tribunals: A Response to Professors Posner and Yoo*, in California Law Review, 2005, p. 917), outros autores defendem, sem mais, que a eficácia de um tribunal internacional pode ser definida "as frequent usage of a tribunal and high compliance with its decisions" (cf. Eric POSNER e John YOO, *Reply to Helfer and Slaughter*, in California Law Review, 2005, p. 959). Ainda segundo o juiz Gilbert Guillaume, antigo presidente do Tribunal Internacional de Justiça, "every judicial body tends – whether or not consciously – to assess its value by reference to the frequency with which is seized". Cf. Citado in William Thomas WORSTER, *Competition and Comity in the Fragmentation of International Law*, in Brooklyn Journal of International Law, 2008, p. 143.

[4436] Simon LESTER e Kara LEITNER, *WTO Dispute Settlement 1995-2004 – A Statistical Analysis*, in JIEL, 2005, p. 231. Por conseguinte, não devem ser contabilizadas como queixas as objecções de ordem geral suscitadas relativamente a medidas de outros membros da OMC numa reunião do Conselho Geral ou do Mecanismo de Exame das Políticas Comerciais, assim como as acções unilaterais, como, por exemplo, as suscitadas ao abrigo do Artigo 301º da Lei de Comércio Exterior de 1974 dos Estados Unidos, que não sejam acompanhadas de um pedido formal de consultas no âmbito do sistema de resolução de litígios da OMC.

[4437] Ao famoso caso *European Communities – Regime for the Importation, Sale and Distribution of Bananas*, por exemplo, foi atribuído o número 27.

[4438] Simon LESTER e Kara LEITNER, *WTO Dispute Settlement 1995-2009 – A Statistical Analysis*, in JIEL, 2010, p. 206. Estão incluídos no número de queixas cinco litígios em que não se registou a apresentação de qualquer pedido formal de realização de consultas: caso *United States – Measures Affecting Imports of Women's and Girls' Wool Coats* (DS32); caso *United States – Measures Affecting Imports of Woven Wool Shirts and Blouses* (DS33); caso *Colombia – Safeguard Measure on Imports of Plain Polyester Filaments from Thailand* (DS181); caso *United States – Transitional Safeguard Measures on Certain Imports of Woven Fabrics of Cotton and Cotton Mixtures Originating in Brazil* (DS190); e caso *United States – Transitional Safeguard Measure on Combed Cotton Yarn from Pakistan* (DS192). Nestes cinco casos, o pedido de consultas foi feito ao abrigo do Acordo sobre os Têxteis e o Vestuário, o qual, nos termos do seu art. 8º, nº 10, permitia a um membro insatisfeito com as recomendações do Órgão de Supervisão dos Têxteis pedir a criação de um Painel, sem ter que requerer a realização de consultas nos termos do art. 4º do Memorando. Por outro lado, das 37 queixas relativas ao ano de 2002, oito tiveram a ver com o caso *United States – Definitive Safeguard Measures on Imports of Certain Steel Products*.

## A FUNÇÃO JURISDICIONAL NO SISTEMA GATT/OMC

| Ano | Queixas |
|---|---|
| 1995 | 25 |
| 1996 | 39 |
| 1997 | 50 |
| 1998 | 41 |
| 1999 | 30 |
| 2000 | 34 |
| 2001 | 23 |
| 2002 | 37 |
| 2003 | 26 |
| 2004 | 19 |
| 2005 | 12 |
| 2006 | 20 |
| 2007 | 13 |
| 2008 | 19 |
| 2009 | 14 |

Comparativamente, durante os 47 anos de vigência do GATT de 1947, foram iniciados 432 casos, criados 188 painéis e apresentados 150 relatórios de painéis[4439] e o Tribunal Internacional de Justiça emitiu 61 acórdãos e 23 pareceres consultivos nos seus primeiros 50 anos de funcionamento[4440]. É verdade que o sucesso de um tribunal internacional também pode ser medido pela natureza e importância dos casos decididos[4441], mas, se virmos bem, alguns dos casos analisados pelos painéis durante a vigência do GATT de 1947 tiveram consequências tão profundas nos governos nacionais e nos assuntos mundiais como os do Tribunal Internacional de Justiça[4442] e, depois da entrada em funções da OMC, a atenção dos painéis e/ou do Órgão de Recurso já incidiu sobre a protecção do ambiente (casos *United States – Standards for Reformulated and Conventional Gasoline* e *United States – Import Prohibition of Certain Shrimp and Shrimp Products*), a protecção dos consumidores (caso *EC – Measures Affecting Meat and Meat Products (Hormones)*), a saúde pública (casos *EC – Measures Affecting the Prohibition of Asbestos and Asbestos Products* e *Argentina – Patent Production for Pharmaceuticals*), a fiscalidade

---

[4439] Marc BUSCH e Eric REINHARDT, *The Evolution of GATT/WTO Dispute Settlement*, in Trade Policy Research 2003, Department of Foreign Affairs and International Trade (Canada), p. 151. Uma vez que a resolução de litígios nos primeiros anos de vigência do GATT se baseava em grupos de trabalho, o termo "painéis" inclui igualmente esses órgãos alternativos.

[4440] Valerie HUGHES, El Sistema de Solución de Diferencias de la OMC: Una Experiencia Exitosa, in *Solución de Controversias Comerciales Inter-Gubernamentales: Enfoques Multilaterales y Regionales*, Julio Lacarte e Jaime Granados ed., Banco Interamericano de Desarrollo, 2004, p. 63.

[4441] Robert JENNINGS, General Introduction, in *The Statute of the International Court of Justice – A Commentary*, Andreas Zimmermann, Christian Tomuschat e Karin Oellers-Frahm ed., Oxford University Press, 2006, p. 12.

[4442] John JACKSON, Global Economics and International Economic Law, in *The Jurisprudence of GATT and the WTO: Insights on Treaty Law and Economic Relations*, Cambridge University Press, 2000, p. 12.

1582

A EFICÁCIA DO SISTEMA DE RESOLUÇÃO DE LITÍGIOS DA OMC

(caso *United States – Tax Treatment for "Foreign Sales Corporations"*), o investimento (caso *Indonesia – Certain Measures Affecting the Automobile Industry*), a propriedade intelectual (caso *United States – Section 211 Omnibus Appropriations Act of 1998*), a segurança nacional (caso *United States – The Cuban Liberty and Democratic Solidarity Act*) e mesmo a protecção dos direitos humanos (caso *United States – Measures Affecting Government Procurement*).

No que diz respeito aos relatórios de painéis[4443], os números são os seguintes:

---

[4443] A respeito destes números, é necessário ter em conta o seguinte: primeiro, quatro dos relatórios que circularam não contêm quaisquer conclusões, limitando-se a dizer que foi alcançada uma solução mutuamente satisfatória (dois relatórios no caso *European Communities – Trade Description of Scallops (1996)*, um relatório no caso *European Communities – Measures Affecting Butter Products (1999)* e um relatório no caso *Japan – Import Quotas on Dried Laver and Seasoned Laver* (2006). Estes quatro relatórios não foram contabilizados. Segundo, em alguns casos, o Painel apresentou relatórios separados nos termos do nº 2 do art. 9º do Memorando: quatro relatórios de painéis no caso *European Communities – Regime for the Importation, Sale and Distribution of Bananas (1997)*, dois no caso *European Communities Measures Concerning Meat and Meat Products (Hormones) (1997)*, dois no caso *United States – Anti-Dumping Act of 1916 (2000)*, três no caso *European Communities – Export Subsidies on Sugar (2004))*, dois no caso *European Communities – Protection on Trademarks and Geographical Indications for Agricultural Products and Foodstuffs* (2005), dois no caso *European Communities – Customs Classification of Frozen Boneless Chicken Cuts* (2005) e dois no caso *United States/Canada – Continued Suspension of Obligations in the EC – Hormones Dispute*. Todos estes relatórios de painéis foram contabilizados individualmente. Terceiro, no caso *United States – Definitive Safeguard Measures on Imports of Certain Steel Products (2003)* o Painel apresentou oito relatórios separados num só documento (parágrafo 10.725), no caso *Canada – Measures Relating to Exports of Wheat and Treatment of Imported Grain (2004)* o Painel apresentou dois relatórios separados num único documento (parágrafo 6.2), no caso *European Communities – Measures Affecting the Approval and Marketing of Biotech Products* (2006) o painel apresentou três relatórios separados num único documento (parágrafo 7.6) e no caso *China – Measures Affecting Imports of Automobile Parts* (2008) o painel apresentou três relatórios separados num único documento (parágrafo 2.7). Em todos estes casos, foi contabilizado apenas um relatório. Quarto, não estão incluídos neste quadro os relatórios apresentados ao abrigo do nº 5 do art. 21º do Memorando. No âmbito desta disposição, desde a entrada em funções da OMC até finais de 2009, foram apresentadas 41 queixas ao abrigo do nº 5 do art. 21º do Memorando, uma vezes requerendo a realização prévia de consultas, outras vezes solicitando de imediato a criação do painel (cf. Simon LESTER e Kara LEITNER, *WTO Dispute Settlement 1995-2009 – A Statistical Analysis*, in JIEL, 2010, p. 214), e circularam 28 relatórios de painéis (cf. Simon LESTER e Kara LEITNER, *WTO Dispute Settlement 1995-2009 – A Statistical Analysis*, in JIEL, 2010, p. 215). No caso *United States – Anti-Dumping Duty on Dynamic Random Access Memory Semiconductors (DRAMS) of One Megabit or Above from Korea*, foi posto a circular um relatório, mas o mesmo limitava-se a declarar que tinha sido alcançada uma solução mutuamente acordada. Este relatório não foi contabilizado. Dos relatórios de painéis que circularam ao abrigo do nº 5 do art. 21º do Memorando, foi interposto recurso de 19 relatórios (67.9%). No caso *European Communities – Regime for the Importation, Sale and Distribution of Bananas (2008)*, o Órgão de Recurso apresentou num único documento um relatório para o primeiro recurso interposto pelos Estados Unidos do relatório do painel criado ao abrigo do nº 5 do art. 21º do Memorando e um relatório para o segundo recurso interposto pelo Equa-

## A FUNÇÃO JURISDICIONAL NO SISTEMA GATT/OMC

| Ano | Relatórios que circularam | Relatórios que circularam e foram objecto de recurso |
|---|---|---|
| 1995 | 0 | 0 |
| 1996 | 4 | 4 |
| 1997 | 10 | 10 |
| 1998 | 10 | 7 |
| 1999 | 13 | 10 |
| 2000 | 18 | 11 |
| 2001 | 7 | 5 |
| 2002 | 10 | 5 |
| 2003 | 9 | 6 |
| 2004 | 11 | 9 |
| 2005 | 13 | 7 |
| 2006 | 3 | 2 |
| 2007 | 7 | 3 |
| 2008 | 8 | 7 |
| 2009 | 3 | 1 |
| Total | 126 | 87 |

Não obstante alguns relatórios importantes apresentados por painéis não terem sido objecto de recurso (por exemplo, o relatório relativo ao famoso caso *United States – Sections 301-310 of the Trade Act of 1974*)[4444], a percentagem de relatórios de painéis recorridos nos primeiros 15 anos de funcionamento do sistema de resolução de litígios da OMC é de 69%[4445]. Este número é tanto mais impressivo quando sabemos que, para os participantes nas negociações do Ciclo do

dor do painel criado ao abrigo do nº 5 do art. 21º do Memorando. Contabilizamos neste caso um único relatório. É preciso ter em conta, finalmente, que o sistema de resolução de litígios da OMC inclui novos procedimentos, inexistentes no GATT de 1947, tais como arbitragens para determinar o prazo razoável para execução das recomendações do painel ou do Órgão de Recurso (art. 21º, nº 3, alínea *c*), do Memorando) e examinar o nível de suspensão de concessões ou outras obrigações proposto (art. 22º, nº 6, do Memorando). Até finais de Maio de 2010, aconteceram 29 arbitragens ao abrigo do nº 3, alínea *c*), do art. 21º e 19 ao abrigo do nº 6 do art. 22º.

[4444] De notar que alguns casos chegam a ser estudados pelos membros do Órgão de Recurso, principalmente, a sua componente factual (por exemplo, o caso *European Communities – Measures Affecting the Approval and Marketing of Biotech Products*), "in anticipation of an appeal being filed because they wanted to understand the substantial factual aspects of the case before addressing legal issues on appeal" (cf. Valerie HUGHES, The Institutional Dimension, in *The Oxford Handbook of International Trade Law*, Daniel Bethlehem, Donald McRae, Rodney Neufeld e Isabelle Van Damme Ed., Oxford University Press, 2009, p. 283). De realçar que não foi interposto recurso do relatório do painel relativo ao caso *European Communities – Measures Affecting the Approval and Marketing of Biotech Products*.

[4445] Não foi contabilizado o pedido de recurso apresentado no caso *India – Measures Affecting the Automotive Sector*, uma vez que a Índia retirou posteriormente o seu pedido. O recurso de um relatório de um Painel ocorre quando uma das partes em litígio notifica formalmente o Órgão de Resolução de Litígios da sua decisão de recorrer (art. 16º, nº 4, do Memorando). Convém ter em conta, ainda, que as outras partes em litígio podem apresentar um pedido de "outro" recurso nos termos da Regra 23(1) dos Procedimentos de Trabalho para o Processo de Recurso:

1584

# A EFICÁCIA DO SISTEMA DE RESOLUÇÃO DE LITÍGIOS DA OMC

Uruguai, a intervenção do Órgão de Recurso aconteceria apenas a título excepcional[4446]. Mas, será que a percentagem referida indicia que os painéis realizaram uma tarefa deficiente? Será que o menor índice de recursos ocorrido nos últimos anos implica que os painéis melhoraram o seu desempenho em relação aos anos anteriores? Será que diminuiu a confiança no Órgão de Recurso em comparação com os primeiros anos de funcionamento do sistema de resolução de litígios da OMC?

Em nosso entender, é errado concluir da elevada percentagem de recursos que a maioria dos relatórios de painéis é de fraca qualidade. Regra geral, se uma das partes em litígio acredita que um painel errou na análise de uma determinada questão jurídica, provavelmente interporá recurso para procurar obter um resultado favorável. É improvável que um Governo não aproveite todos os meios ao seu dispor para intentar obter o fim desejado. Empresas influentes podem persuadir os seus governos a interpor recurso em determinados casos, mesmo que as possibilidades de êxito sejam escassas, com o único intuito de protelar a revisão ou a eliminação da medida declarada incompatível. Na maioria dos casos, o Membro da OMC cuja legislação ou medidas comerciais foram declaradas incompatíveis com os acordos abrangidos pelo Painel tem pouco a perder com a apresentação de um pedido de recurso. Mesmo que o Órgão de Recurso ratifique as conclusões de incompatibilidade do Painel, o membro faltoso terá, pelo menos, mais algum tempo para rever a legislação ou as medidas comerciais declaradas incompatíveis. Talvez mais importante, o membro faltoso poderá dizer aos seus constituintes que esgotou todos os meios ao seu alcance para defender a legislação ou medidas comerciais em causa.

Em contrapartida, um Membro da OMC pode preferir não correr o risco de submeter uma questão particularmente delicada à consideração do Órgão de Recurso para que este não caucione ainda mais as constatações e conclusões do Painel.

"Num prazo de 12 dias contados a partir da data da apresentação do pedido de recurso, qualquer parte em litígio distinta do apelante original poderá juntar-se a esse recurso ou recorrer com base em outros supostos erros nas questões de direito referidas no relatório do painel e nas interpretações jurídicas aí desenvolvidas. A parte em causa deve notificar por escrito o Órgão de Resolução de Litígios do seu recurso e deve, simultaneamente, apresentar no Secretariado um pedido de outro recurso".
Nos 15 primeiros anos de funcionamento do sistema de resolução de litígios, 56.25% dos processos de recurso terminados envolveram um "outro" recurso deste tipo. Cf. Simon LESTER e Kara LEITNER, *WTO Dispute Settlement 1995-2009 – A Statistical Analysis*, in JIEL, 2010, p. 212.

[4446] Peter Van den BOSSCHE, From afterthought to centerpiece: the WTO Appellate Body and its rise to prominence in the world trading system, in *The WTO at Ten: The Contribution of the Dispute Settlement System*, Ed. Giorgio Sacerdoti, Alan Yanovich e Jan Bohanes, Cambridge University Press, 2006, p. 311.

A FUNÇÃO JURISDICIONAL NO SISTEMA GATT/OMC

É também natural que ocorra actualmente uma diminuição do número de queixas apresentadas. Primeiro, alguns dos casos que ficaram por resolver durante a vigência do GATT de 1947 já foram solucionados ou estão em vias de o ser. Segundo, o sistema de resolução de litígios da OMC, ao contribuir com a sua jurisprudência para a clarificação das disposições que compõem os acordos da OMC e, em consequência, para a segurança e previsibilidade do sistema comercial multilateral, leva a que a necessidade de recorrer ao sistema diminua forçosamente. Terceiro, é natural que os Membros da OMC se abstenham de apresentar queixas relativamente a casos que podem ser resolvidos através das negociações que estão a decorrer no âmbito do Ciclo de Doha (2001-)[4447].

Enfim, muitos casos – incluindo aqueles que não têm, claramente, "pernas para andar" – nunca são alvo de qualquer pedido de criação de um painel. O recurso ao sistema de resolução de litígios pode ser dispendioso para a potencial parte queixosa, esta pode não querer colocar em foco a duvidosa legalidade de algumas das suas políticas e práticas comerciais e as partes podem sentir que uma solução mutuamente acordada é mais provável de acontecer na fase das consultas ("in the shadow of the law").

Relativamente aos utilizadores propriamente ditos, os Estados Unidos e as Comunidades Europeias foram claramente os membros da OMC que apresentaram maior número de queixas nos primeiros 15 anos de funcionamento do sistema de resolução de litígios da OMC:

**Partes Queixosas (1995-2009)**

| | |
|---|---|
| Brasil | 24 |
| Canadá | 33 |
| Chile | 10 |
| China | 6 |
| Comunidades Europeias | 81 |
| Coreia do Sul | 14 |
| Estados Unidos | 93 |
| Índia | 18 |
| Japão | 13 |
| México | 21 |
| Outros países desenvolvidos | 22 |
| Outros Países em desenvolvimento | 94 |
| Países menos avançados | 1 |
| Total | 430 |

[4447] Ao mesmo tempo, ao clarificar as questões colocadas pelos membros da OMC, a jurisprudência dos painéis e do Órgão de Recurso ajuda a esclarecer o que deve ser negociado e a melhorar a posição negocial de alguns membros (cf. Ernst-Ulrich PETERSMANN, Strategic Use of WTO Dispute Settlement Proceedings for Advancing WTO Negotiations on Agriculture, in *Developing Countries in the Doha Round – WTO Decision-making Procedures and Negotiations on Trade in Agriculture and Services*, Ernst-Ulrich Petersmann ed., European University Institute/Robert Schuman Centre for advanced studies, 2005, pp. 143-160). Ao clarificar as regras jurídicas, o sistema de resolução de litígios pode ajudar, igualmente, a promover o cumprimento das mesmas. Cf. Kal RAUSTIALA, *Form and Substance in International Agreements*, in AJIL, 2005, pp. 606-607.

A EFICÁCIA DO SISTEMA DE RESOLUÇÃO DE LITÍGIOS DA OMC

As duas grandes potências comerciais foram assim responsáveis por 40.4% do número total de queixas, 40.2% das queixas apresentadas tiveram origem num país em desenvolvimento e somente uma queixa foi apresentada por um país menos avançado (Bangladesh)[4448].

É interessante verificar que o poder económico não explica tudo. Por um lado, a taxa de participação dos países em desenvolvimento é claramente superior à quota que detêm no comércio internacional[4449]. Apesar de a vasta maioria dos Membros da OMC representar uma reduzida fracção do comércio internacional, o peso do comércio face ao PIB em muitos desses países é superior ao registado no caso das principais potências comerciais. Logo, para muitos dos países em desenvolvimento, o comércio internacional e um funcionamento justo e eficiente do sistema comercial multilateral são cruciais para o seu desenvolvimento económico. Por outro lado, os países "with more litigious domestic environments" apresentam mais queixas junto do sistema de resolução de litígios da OMC do que os países menos litigiosos[4450]. Os Estados Unidos, por exemplo, são responsáveis por 8.1% das exportações mundiais de mercadorias e 14% das exportações mundiais de serviços, mas titularam mais de 21% das queixas apresentadas.

---

[4448] Dado que a grande maioria dos países menos avançados beneficia de um tratamento pautal especial, e não só, ao abrigo dos múltiplos sistemas de preferências generalizadas, o sector exportador destes países têm poucos incentivos para pressionar os respectivos governos nacionais a apresentarem queixas junto do sistema de resolução de litígios da OMC. Todavia, reflectindo a importância que atribuem à existência e eficácia do sistema de resolução de litígios da OMC, muitos países menos avançados têm apresentado propostas de alteração do Memorando de Entendimento sobre Resolução de Litígios, procurando obter, essencialmente, uma maior atenção para os seus problemas e interesses. Já foi proposto, por exemplo, que um painel possa ter dois membros oriundos de países não desenvolvidos (um obrigatoriamente, o outro a pedido), que os países menos avançados possam participar como partes terceiras sem demonstrar que têm um interesse substancial numa questão em análise num painel, que o Secretariado da OMC possa efectivamente prestar apoio jurídico em matéria de resolução de litígios aos países menos avançados, que a chamada retaliação colectiva seja automática caso um país menos avançado tenha êxito na queixa, que seja criado um *WTO Fund on Dispute Settlement*, financiado pelo orçamento regular da OMC e destinado a facilitar a utilização efectiva do sistema de resolução de litígios pelos países menos avançados, etc..

[4449] A situação do Brasil é, a este respeito, particularmente interessante. Apesar de o Brasil ser responsável por apenas 1.23% das exportações mundiais de mercadorias e 0.76% das exportações mundiais de serviços (dados de 2008), ele foi o país não desenvolvido que apresentou mais queixas junto do sistema de resolução de litígios, mais exactamente, 24 queixas (5.5% do total).

[4450] Ji Li, *From "See You in Court!" to "See You in Geneva!": An Empirical Study of the Role of Social Norms in International Trade Dispute Resolution*, in YJIL, 2007, pp. 485-510. Segundo este mesmo autor, "the United States is famous for its litigious social environment, and its lawyer/population ratio is 3.35 per thousand. In contrast, the ratio is 0.15 in Japan, a country widely known as non-litigious". Cf. *Idem*, p. 500.

A FUNÇÃO JURISDICIONAL NO SISTEMA GATT/OMC

O Japão, em contraste, titulou apenas 3% das queixas, não obstante ser responsável por 4.9% das exportações mundiais de mercadorias e 3.9% das exportações mundiais de serviços[4451].

Outro aspecto curioso prende-se com o facto de as taxas de sucesso das partes queixosas se situarem entre 83% e 91%[4452] e, segundo, KEISUKE LIDA:

> "This high 'conviction' rate in World Trade Organization dispute settlement is a puzzle, at least according to a well-accepted theory of domestic litigation (in civil suits, the proportion of verdicts for the plaintiff should be about 50 per cent)"[4453].

Têm sido avançadas algumas explicações para esta inebriante taxa de êxito: as partes queixosas só apresentam queixa quando têm a certeza de que a lei está verdadeiramente do seu lado[4454], o facto de as consultas levarem a um acordo ou ao abandono de mais de metade das queixas apresentadas[4455], o *quantum* probatório

---

[4451] Estes dados são relativos ao ano de 2008 e podem ser encontrados in http://www.wto.org (página visitada em 25 de Junho de 2010).

[4452] Juscelino COLARES, *A Theory of WTO Adjudication: From Empirical Analysis to Biased Rule Development*, in Vanderbilt Journal of Transnational Law, Volume 42, 2009, p. 413. Outros autores concluíram que as partes queixosas tinham vencido 88% dos casos que acabaram com recomendações e conclusões do Painel ou do Órgão de Recurso (cf. Keisuke LIDA, *Why Does the World Trade Organization Appear Neoliberal? The Puzzle of the High Incidence of Guilty Verdicts in WTO Adjudication*, in Journal of Public Policy, 2003, p. 4) e que "complainants 'win' over 80% of all disputes (193 of 240 rulings), combining Panel and Appellate Body data; 81.9% of Panel rulings and 78.4% of rulings by the Appellate Body have been in favour of the Complainant" (cf. John MATON e Carolyn MATON, *Independence under Fire: Extra-Legal Pressures and Coalition Building in WTO Dispute Settlement*, in JIEL, 2007, p. 328). No caso do GATT de 1947, as partes queixosas venceram 77% dos casos. Cf. Robert HUDEC, *Enforcing International Trade Law: The Evolution of the Modern GATT Legal System*, Butterworth Legal Publishers, Salem – New Hampshire, 1993, p. 278.

[4453] Keisuke LIDA, *Why Does the World Trade Organization Appear Neoliberal? The Puzzle of the High Incidence of Guilty Verdicts in WTO Adjudication*, in Journal of Public Policy, 2003, p. 2. De modo semelhante, um outro autor nota que, "in both GATT 1947 as well as in WTO dispute settlement proceedings, complainants have tended to win more than 80% of all panel proceedings", situação que difere "markedly from normal success rates in private litigation or in European courts". Cf. Ernst-Ulrich PETERSMANN, *Judging Judges: From 'Principal-Agent Theory' To 'Constitutional Justice' in Multilevel 'Judicial Governance' of Economic Cooperation Among Citizens*, in JIEL, 2008, p. 836.

[4454] Segundo dois autores, os queixosos "have been very careful to bring cases highly likely to win, both to avoid the embarrassment of losing *and* to avoid setting precedents". Cf. Gary HORLICK e Judith COLEMAN, A Comment on Compliance with WTO Dispute Settlement Decisions, in *The WTO: Governance, Dispute Settlement, and Developing Countries*, Merit Janow, Victoria Donaldson e Alan Yanovich ed., Juris Publishing, Nova Iorque, 2008, p. 773.

[4455] Marc BUSCH e Eric REINHARDT, *Three's a Crowd – Third Parties and WTO Dispute Settlement*, in World Politics, April 2006, p. 450.

1588

A EFICÁCIA DO SISTEMA DE RESOLUÇÃO DE LITÍGIOS DA OMC

aplicável à maioria dos casos[4456] e a abrangência dos princípios da OMC relativos à proibição de medidas discriminatórias na fronteira[4457]. A taxa de condenação acima referida revela que nem os painéis nem o Órgão de Recurso "supports richer or more powerful states as against others"[4458] e, uma vez que as medidas impugnadas consistem, regra geral, em medidas restritivas das trocas comerciais a nível internacional, a OMC parece constituir "a very potent liberalizing force"[4459].

Entre 1996 e 2009, o acordo abrangido mais invocado pelas partes queixosas no âmbito dos procedimentos de resolução de litígios da OMC foi o GATT, citado em 310 das 402 queixas apresentadas, vindo a seguir, a grande distância, o Acordo sobre as Subvenções e as Medidas de Compensação (citado 83 vezes), o Acordo sobre a Aplicação do Artigo VI do GATT de 1994 (80 vezes), o Acordo sobre a Agricultura (64 vezes), o Acordo sobre os Obstáculos Técnicos ao Comércio (40 vezes), o Acordo sobre a Aplicação de Medidas Sanitárias e Fitossanitárias (36 vezes), o Acordo sobre as Medidas de Salvaguarda (36 vezes), o Acordo sobre as Licenças de Importação (34 vezes), o Acordo TRIPS (26 vezes), o Acordo sobre as Medidas de Investimento Relacionadas com o Comércio (25 vezes), o Acordo Geral sobre o Comércio de Serviços (19 vezes), o Acordo sobre os Têxteis e o Vestuário (16 vezes), o Acordo sobre a Aplicação do Artigo VII do GATT de 1994 (15 vezes), o Acordo sobre as Regras de Origem (7 vezes) e o Acordo sobre as Compras Públicas (4 vezes)[4460].

De assinalar que muitas das queixas envolvem mais do que um acordo abrangido e, por isso, o número de invocações ultrapassa o número total de queixas, que o facto de um acordo ter sido invocado não significa que ele tenha sido efectivamente analisado por um painel e que o recurso frequente ao GATT se deve, no fundo, à maior familiaridade que os membros da OMC têm com as regras do Acordo Geral e ao facto de as suas disposições terem um carácter mais geral, providenciando uma base para uma alegação adicional mesmo quando a principal queixa é feita ao abrigo de um acordo mais específico[4461]. A circunstância

[4456] Michelle GRANDO, *Evidence, Proof, and Fact-Finding in WTO Dispute Settlement*, Oxford University Press, 2009, p. 356.

[4457] Ernst-Ulrich PETERSMANN, *Judging Judges: From 'Principal-Agent Theory' To 'Constitutional Justice' in Multilevel 'Judicial Governance' of Economic Cooperation Among Citizens*, in JIEL, 2008, p. 837.

[4458] John MATON e Carolyn MATON, *Independence under Fire: Extra-Legal Pressures and Coalition Building in WTO Dispute Settlement*, in JIEL, 2007, p. 333.

[4459] *Idem*, pp. 322-323.

[4460] Simon LESTER e Kara LEITNER, *WTO Dispute Settlement 1995-2009 – A Statistical Analysis*, in JIEL, 2010, p. 210.

[4461] Simon LESTER e Kara LEITNER, *WTO Dispute Settlement 1995-2002: A Statistical Analysis*, in JIEL, 2003, p. 261.

A FUNÇÃO JURISDICIONAL NO SISTEMA GATT/OMC

de a maioria das queixas apresentadas por países em desenvolvimento dizer respeito a mercadorias parece indiciar também, caso existissem dúvidas, que eles não são exportadores de serviços e, sobretudo, de propriedade intelectual. Ou seja, confirma-se que a maioria dos países em desenvolvimento são imitadores e não inventores de tecnologia[4462].

De salientar, por último, que a China, o Japão, a Coreia do Sul e o Brasil nunca suscitaram qualquer caso junto do Tribunal Internacional de Justiça[4463] e que este tem sido abandonado por outras das mais importantes economias a nível mundial (a França e a Itália não submetem qualquer caso à sua consideração desde os anos 60)[4464].

Passando às partes demandadas, o quadro é o seguinte:

**Partes Demandadas (1995-2009)**

| | |
|---|---|
| Brasil | 14 |
| Canadá | 15 |
| Chile | 13 |
| China | 17 |
| Comunidades Europeias | 67 |
| Coreia do Sul | 14 |
| Estados Unidos | 108 |
| Índia | 20 |
| Japão | 15 |
| México | 14 |
| Outros países desenvolvidos | 25 |
| Outros Países em desenvolvimento | 80 |
| Países menos avançados | 0 |
| Total | 402 |

De notar que, uma vez que algumas queixas são apresentadas por vários membros da OMC, o número de queixas ultrapassa o número de partes demandadas. Além disso, o número relativo às Comunidades Europeias como parte demandada não inclui as queixas apresentadas individualmente contra os seus Estados--membros.

Feitas estas ressalvas, 175 queixas tiveram os Estados Unidos ou as Comunidades Europeias como parte demandada (43.5% do número total de queixas),

---

[4462] O Acordo TRIPS é "a producer/technology-owner driven agreement". Cf. Frederick ABBOTT, The TRIPS-legality of measures taken to address public health crises: Responding to USTR-State--industry positions that undermine the WTO, in *The Political Economy of International Trade Law – Essays in Honor of Robert E. Hudec*, Daniel Kennedy e James Southwick ed., Cambridge University Press, 2002, p. 313.

[4463] Eric POSNER e Miguel de FIGUEIREDO, *Is the International Court of Justice Biased?*, in The Journal of Legal Studies, 2005, p. 614.

[4464] http://www.icj-cij.org (página visitada em 15 de Junho de 2010).

1590

# A EFICÁCIA DO SISTEMA DE RESOLUÇÃO DE LITÍGIOS DA OMC

houve até agora 50 litígios entre os Estados Unidos e as Comunidades Europeias (19 queixas foram apresentadas pelos Estados Unidos e 31 pelas Comunidades Europeias)[4465], foram apresentadas 158 queixas contra países em desenvolvimento (quase 39% do número total de queixas), a China tem sido o país em desenvolvimento proporcionalmente mais fustigado (ao contrário dos outros países em desenvolvimento referidos no quadro, ela tornou-se membro da OMC apenas em 2001), nunca um país menos avançado foi alvo de uma queixa e a maioria dos países em desenvolvimento membros da OMC nunca foi objecto de qualquer queixa apresentada junto do sistema de resolução de litígios.

Mas, sendo a suspensão de concessões e outras obrigações imposta pelos membros da OMC, seria de esperar que a maioria dos países em desenvolvimento fosse particularmente visada, nomeadamente, por disporem de um poder de retaliação e de capacidades jurídicas limitados. Existem, porém, várias explicações para que os Membros da OMC não impugnem medidas dos países pobres. Primeiro, estes países assumiram poucos compromissos em matéria de acesso aos respectivos mercados. Segundo, eles podem invocar várias disposições que lhes oferecem um tratamento especial e diferenciado. Terceiro, os possíveis ganhos que os exportadores estrangeiros podem esperar do êxito de uma queixa apresentada (em termos de melhoria do acesso aos mercados) podem ser demasiado reduzidos para compensar os custos económicos do pleito[4466]. Quarto, as queixas contra países pobres são também dispendiosas do ponto de vista politico, isto é, muitos governos, especialmente os dos países ricos, podem preferir não ser vistos "as 'picking on' a poor country for WTO violations"[4467]. Curiosamente, a não apresentação de queixas pode ser nefasta para os interesses económicos dos países em desenvolvimento. Por exemplo, a falta de litigância impõe custos de bem-estar à economia e perdas para os consumidores e as indústrias nacionais que consomem *inputs* superiores aos ganhos desfrutados pelos produtores nacionais que, de outro modo, teriam de concorrer com importações.

Durante a vigência do GATT de 1947, apenas um país africano esteve envolvido de modo directo num litígio[4468]. O país em causa foi a África do Sul, que apresentou uma queixa contra uma medida fiscal aplicada pela Província do

---

[4465] http://www.wto.org (página visitada em 15 de Junho de 2010).

[4466] A pequena dimensão do mercado dos países pobres funciona como um desincentivo para a apresentação de queixas, uma vez que a taxa de retorno esperada é demasiado baixa. Cf. Bernard HOEKMAN, Henrik HORN e Petros MAVROIDIS, Winners and Losers in the Panel Stage of the WTO Dispute Settlement System, in *Developing Countries in the WTO Legal System*, Chantal Thomas e Joel Trachtman ed., Oxford University Press, 2009, p. 151.

[4467] Chad BOWN e Bernard HOEKMAN, *Developing Countries and Enforcement of Trade Agreements: Why Dispute Settlement is Not Enough*, in JWT, 2008, p. 179.

[4468] Victor MOSOTI, *Africa in the First Decade of WTO Dispute Settlement*, in JIEL, 2006, p. 433.

A FUNÇÃO JURISDICIONAL NO SISTEMA GATT/OMC

Ontário à venda de moedas de ouro[4469]. Nos primeiros 15 anos de aplicação do Memorando de Entendimento sobre Resolução de Litígios, também apenas um país africano esteve envolvido num litígio como uma das partes, no caso, como parte demandada[4470].

No que diz respeito especificamente à fase de recurso, uma raridade nos tribunais internacionais, a participação dos Membros da OMC é a seguinte no período entre 1996 e 2009:

|  | Países desenvolvidos | Países em desenvolvimento |
|---|---|---|
| Partes apelantes | 65 | 45 |
| Outras partes apelantes | 45 | 18 |
| Partes apeladas | 135 | 57 |
| Participantes terceiros | 173 | 289 |

Os principais participantes e participantes terceiros em recursos no mesmo período são, por seu turno, os seguintes[4471]:

| Membro | Parte apelante | Outra parte apelante | Parte apelada | Participante terceiro |
|---|---|---|---|---|
| Argentina | 2 | 3 | 5 | 12 |
| Austrália | 2 | 1 | 5 | 23 |
| Brasil | 8 | 4 | 12 | 23 |
| Canadá | 10 | 7 | 16 | 15 |
| Chile | 3 | 0 | 2 | 7 |
| China | 4 | 1 | 2 | 26 |
| CE/EU | 18 | 13 | 35 | 47 |
| Coreia | 4 | 3 | 6 | 16 |
| EUA | 29 | 16 | 60 | 27 |
| Hong Kong | 0 | 0 | 0 | 8 |
| Índia | 6 | 2 | 7 | 23 |
| Japão | 6 | 4 | 11 | 38 |
| México | 5 | 1 | 4 | 27 |
| Nova Zelândia | 0 | 2 | 5 | 11 |
| Noruega | 0 | 1 | 1 | 13 |
| Tailândia | 4 | 0 | 5 | 16 |
| Taipé Chinês | 0 | 0 | 0 | 19 |

Até finais de 2009, circularam 78 relatórios normais do Órgão de Recurso e 18 relatórios ao abrigo de recursos interpostos de relatórios de painéis criados ao

---

[4469] Caso *Canada – Measures Affecting the Sale of Gold Coins* (L/5863), relatório do painel posto a circular em 17-9-1985, nunca adoptado.

[4470] Caso *Egypt – Definitive Anti-Dumping Measures on Steel Rebar from Turkey* (WT/DS211/R), 8-8-2002.

[4471] OMC, *Appellate Body Annual Report for 2009*, February 2010 (WT/AB/13), 17-2-2010, pp. 41 e 61-63.

# A EFICÁCIA DO SISTEMA DE RESOLUÇÃO DE LITÍGIOS DA OMC

abrigo do nº 5 do art. 21º do Memorando[4472]. Comparativamente, entre 1995 e finais de 2009, foram apresentados 48 casos ao Tribunal Internacional de Justiça e 15 ao Tribunal Internacional do Direito do Mar[4473].

Participaram também em recursos, até finais de 2009, 67 dos 153 membros da OMC[4474].

## 3. O Impacto Normativo
### 3.1. Introdução

Ainda que constitua uma prova de confiança, a eficácia do sistema de resolução de litígios da OMC não se afere unicamente pela quantidade de queixas apresentadas e recursos interpostos nem pelo número de membros da OMC que a ele recorrem. A sua eficiência pode ser apreciada, igualmente, pela sua contribuição para o progresso do direito que regula o comércio internacional (e consequente efeito profiláctico, encorajando os membros da OMC a pensarem sobre a legalidade de determinadas medidas quando da sua adopção[4475]), através de um reportório de jurisprudência que abarca uma grande variedade de questões[4476].

Escrevendo em 2008, JOHN JACKSON observava que, não obstante os prazos apertados e a complexidade das questões apresentadas pelos membros da OMC, o sistema de resolução de litígios da OMC já tinha produzido mais de 60,000 páginas de jurisprudência[4477] e, no geral, "the quality is quite high compared

---

[4472] No caso dos relatórios normais, o Órgão de Recurso apresentou no caso *United State/Canada – Continued Suspension of Obligations in the EC – Hormones Dispute* dois relatórios, idênticos, um para cada parte queixosa (os Estados Unidos e o Canadá) e, por isso, contabilizamos cada relatório. Em contraste, no caso *China – Measures Affecting Imports of Automobile Parts*, o Órgão de Recurso apresentou três relatórios separados num único documento e, por isso, só contabilizamos um relatório.

[4473] No caso do Tribunal Internacional de Justiça, é necessário ter presente que a Sérvia e Montenegro apresentou nos anos 90 queixas similares contra 10 países (Alemanha, Bélgica, Canadá, Espanha, Estados Unidos, França, Holanda, Itália, Portugal e Reino Unido).

[4474] OMC, *Appellate Body Annual Report for 2009*, February 2010 (WT/AB/13), 17-2-2010, p. 61.

[4475] Como observam alguns autores, "by acting as an 'institutional memory' – storing, archiving, retrieving, editing, processing and publishing crucial information – a dispute settlement institution reduces transaction costs and increases transparency. It may be too costly for every country to generate and process this information on its own" (cf. Alexander KECK e Simon SCHROPP, *Indisputably Essential: The Economics of Dispute Settlement Institutions in Trade Agreements*, Staff Working Paper 2007-02, WTO Economic Research and Statistics Division, September 2007, p. 16). Ou seja, ao cumprir a função de repositório e de disseminador de informação, um sistema de resolução de litígios torna mais fácil detectar uma violação.

[4476] JOHN JACKSON, por exemplo, considera que os primeiros cinco anos da OMC podem ter sido "the most interesting five years of international jurisprudence in the history of mankind". Cf. John JACKSON, *Remarks*, in ASIL Proceedings 2000, p. 222.

[4477] John JACKSON, *The case of the World Trade Organization*, in International Affairs, 2008, p. 445.

1593

A FUNÇÃO JURISDICIONAL NO SISTEMA GATT/OMC

with most judicial institutions in the world"[4478]. O autor citado considera mesmo que talvez o trabalho desenvolvido até agora pelo Órgão de Recurso tenha ido além do registo de qualquer outro tribunal internacional que alguma vez tenha existido[4479]).

Hoje é dia, é impossível entender o alcance de muitas das obrigações dos acordos da OMC sem tomar em consideração o modo como elas têm sido interpretadas pelos painéis e, sobretudo, pelo Órgão de Recurso[4480].

Além disso, salienta um antigo membro do Órgão de Recurso:

> "I have heard renowned, experienced advocates who have also appeared before many of the other notable international and other tribunals of the world say that no other tribunal in the world is as demanding, as exhausting, as inquisitive, or as downright persistent as the Appellate Body of the World Trade Organization in the pursuit of legal truth"[4481].

Com efeito, o Órgão de Recurso introduziu uma sensação de rigor e de delicada análise que vai muito além da jurisprudência desenvolvida durante a vigência do GATT de 1947[4482]. Em concreto, gostaríamos de chamar a atenção,

---

[4478] John JACKSON, *Sovereignty, the WTO, and Changing Fundamentals of International Law*, Hersch Lauterpacht Memorial Lectures, Cambridge University Press, 2006, p. 157. Por ter estado na origem do lançamento das bases para o estabelecimento da Organização Mundial do Comércio e por ter publicado em 1969 a obra mais importante sobre o GATT de 1947 (*World Trade and the Law of GATT*, The Michie Company, Charlottesville – Virginia), John Jackson é visto como "the 'father of international trade law'". Cf. Debra STEGER, *The Culture of the WTO: Why It Needs to Change*, in JIEL, 2007, p. 487.

[4479] John JACKSON, The European Union and the WTO: Some Constitutional Tensions, in *Melanges En Hommage a Jean-Victor Louis*, Vol. II, Éditions de l'Université de Bruxelles, 2003, p. 99.

[4480] No entendimento do importante Relatório Sutherland, "a jurisprudência do sistema de resolução de litígios da OMC tem fornecido importantes esclarecimentos sobre dúzias de questões jurídicas concretas". Cf. Peter SUTHERLAND, Jagdish BHAGWATI, Kwesi BOTCHWEY, Niall FITZGERALD, Koichi HAMADA, John JACKSON, Celso LAFER e Thierry de MONTBRIAL, *The Future of the WTO: Addressing institutional challenges in the new millennium*, Report by the Consultative Board to the Director-General Supachai Panitchpakdi, ed. WTO, 2004, parágrafo 226.

[4481] James BACCHUS, *The Strange Death of Sir Francis Bacon: The Dos and Don't's of Appellate Advocacy in the WTO*, in LIEI, vol. 31, nº 1, 2004, p. 16.

[4482] Para além do impacto normativo, o impacto económico das conclusões e recomendações constantes dos relatórios dos painéis e do Órgão de Recurso é igualmente importante. Mesmo no caso *Bananas*, um dos casos que levantou maiores problemas até agora, o Banco Mundial concluiu, na década de 90, que as preferências custaram aos consumidores comunitários 13.25 dólares por cada dólar de benefício transferido para os fornecedores dos países ACP (cf. Raj BHALA, *The Bananas War*, in McGeorge Law Review, 2000, pp. 885-886). O valor das acções da empresa *Chiquita Brands International Inc.* aumentou mais de 9% depois de um painel da OMC ter decidido, em 2007, a favor uma vez mais do Equador num litígio em que continuava a estar em causa a política comunitária

1594

## A EFICÁCIA DO SISTEMA DE RESOLUÇÃO DE LITÍGIOS DA OMC

no plano processual, para a importância das conclusões do Órgão de Recurso relativamente à participação dos advogados privados no sistema de resolução de litígios da OMC, designadamente, por permitir reduzir as assimetrias de poder, possibilitando aos países menos desenvolvidos uma melhor defesa dos seus interesses comerciais, e reforçar "the role of fair procedures in the legitimacy of WTO dispute settlement outcomes"[4483]; no plano do direito substantivo, para os desenvolvimentos da chamada doutrina do produto/processo.

### 3.2. A Representação por Advogados Privados

Durante a vigência do GATT de 1947, os advogados privados não apresentavam os casos directamente aos painéis; essa tarefa era desempenhada por funcionários governamentais[4484]. Os advogados privados aconselhavam, redigiam as observações e "esperavam na cafetaria" durante as reuniões do Painel, disponíveis para responder a quaisquer perguntas dos seus clientes[4485].

Como seria de esperar, a imensa complexidade jurídica dos acordos comerciais do sistema OMC implicou um aumento da procura dos serviços de advogados privados[4486], até porque muitos membros, em especial os países em

---

relativa às bananas (http://worldtradelaw.typepad.com/ielpblog/2007/12/the-real-world.html, 4-12-2007). Aliás, de um ponto de vista meramente económico, um país dificilmente poderá ser considerado perdedor num litígio comercial.

[4483] Robert Howse, The legitimacy of the World Trade Organization, in *The Legitimacy of International Organizations*, J.-M. Coicaud e V. Heiskanen (eds.), United Nations University Press, Nova Iorque-Tóquio, 2001, p. 380.

[4484] Segundo Cesare Romano:
> "For more than forty-five years, under the GATT system, private counsels were not permitted to represent member governments in dispute settlement proceedings. When the WTO replaced the GATT, at least during the first years, the same practice prevailed. The absence of private lawyers among the agents andcounsels was considered a testimony to the diplomatic roots of the GATT system: a dispute settlement mechanism for States and open only to States and their representatives". Cf. Cesare Romano, *The Americanization of International Litigation*, in Ohio State Journal on Dispute Resolution, 2003, p. 110.

[4485] Petros Mavroidis e David Palmeter, *Dispute Settlement in the World Trade Organization: Practice and Procedure*, Kluwer Law International, Haia-Londres-Boston, 1999, p. 96. No caso da fase das consultas, David Palmeter nota que:
> "in my own experience, as a private lawyer advising governments in GATT and WTO disputes, I have been both inside the room during consultations in a case that settled after consultations (without objection from the other side) and outside the room – because that was the way the government I was advising wanted it". Cf. David Palmeter, *The Need for Due Process in WTO Proceedings*, in JWT, vol. 31, nº 1, 1997, p. 53.

[4486] "The more complex the system becomes, the more that legal capacity is required to use it" (cf. Marc Busch, Eric Reinhardt e Gregory Shaffer, *Does legal capacity matter? A survey of WTO Members*, in WTR, 2009, pp. 559-560). No caso *United States – Definitive Safeguard Measures on Imports of Certain Steel Products*, por exemplo, estiveram envolvidos aproximadamente 80 escritórios de

A FUNÇÃO JURISDICIONAL NO SISTEMA GATT/OMC

desenvolvimento, não dispõem de experiência nem dos recursos necessários à existência de um gabinete permanente de juristas especializados em Direito e comércio internacional.

Acontece que, no caso *European Communities – Regime for the Importation, Sale and Distribution of Bananas*, os Estados Unidos e o México levantaram objecções a respeito da possibilidade de dois advogados privados fazerem parte da delegação de Santa Lúcia[4487], o que levou o Painel a proibir a sua presença nas suas reuniões com base nas seguintes considerações:

> "(a) A prática seguida anteriormente nos procedimentos de resolução de litígios do GATT e da OMC tinha sido de não admitir advogados privados nas reuniões dos painéis se alguma das partes se opusesse à sua presença;
>
> (b) Nos procedimentos de trabalho do Painel, adoptados na reunião de organização do Painel, tínhamos manifestado a expectativa de que somente os representantes de governos estariam presentes nas reuniões do Painel;
>
> (c) A presença de advogados privados nas delegações de algumas partes terceiras não seria justa para as partes e outras partes terceiras que tinham recorrido aos serviços de advogados privados na preparação das suas comunicações, mas que não estiveram acompanhados por esses advogados, porque supunham que todos os participantes na reunião respeitariam o previsto nos procedimentos de trabalho adoptados pelo Painel na sua reunião de organização;
>
> (d) Dado que os advogados privados não podem ser sujeitos às normas disciplinares aplicáveis aos representantes dos governos, a sua presença nas reuniões do Painel poderia suscitar preocupações acerca de possíveis quebras da confidencialidade;
>
> (e) Seria a admissão de advogados privados nas reuniões dos painéis, caso se convertesse numa prática comum, do interesse dos membros mais pequenos, já que poderia implicar para eles um fardo financeiro desproporcionado;

advogados. Cf. John JACKSON, *The case of the World Trade Organization*, in International Affairs, 2008, p. 449.

[4487] Rutsel MARTHA, *Representation of Parties in World Trade Disputes*, in JWT, vol. 31, nº 2, 1997, p. 83. Entre os advogados privados encontrava-se Christopher Parlin, o qual, por não trabalhar a tempo inteiro para o governo de Santa Lúcia, não poderia fazer parte da sua delegação. Uma carta enviada pelo Painel ao embaixador de Santa Lúcia definiu "bona fide government employees as those whose principal employer is the government" (cf. Jessica PEARLMAN, *Participation by Private Counsel in World Trade Organization Dispute Settlement Proceedings*, in Law & Policy in International Business, 1999, p. 404). Note-se, enfim, que Santa Lúcia nem sequer tinha representação diplomática em Genebra (cf. Gary HORLICK e Nikolay MIZULIN, *Los países en desarrollo y el mecanismo de solución de diferencias de la OMC*, in Integración & Comercio, Nº 23, Año 9, Júlio-Diciembre 2005, p. 138) e que Christopher Parlin foi membro da delegação norte-americana que participou nas negociações do Ciclo do Uruguai relativas ao sistema de resolução de Litígios. Cf. James McCall SMITH, *WTO dispute settlement: the politics of procedure in Appellate Body rulings*, in WTR, 2003, p. 90.

1596

# A EFICÁCIA DO SISTEMA DE RESOLUÇÃO DE LITÍGIOS DA OMC

(f) Além disso, preocupava-nos o facto de a presença de advogados privados poder modificar o carácter intergovernamental do procedimento de solução de litígios da OMC"[4488].

Ainda segundo o Painel, o facto de a presença de advogados privados não ser permitida nas suas reuniões não poria de nenhum modo em causa o direito de as partes ou partes terceiras se reunirem e realizarem consultas com os seus advogados privados durante o procedimento do Painel nem de receberem assessoria jurídica ou de outra índole de peritos não governamentais na preparação das observações escritas[4489].

Sendo parte terceira no processo, Santa Lúcia não podia recorrer da conclusão do Painel. Apesar disso, a questão da representação por advogados privados colocou-se no processo de recurso, visto Santa Lúcia ter solicitado autorização para ser representada junto do Órgão de Recurso por dois advogados privados[4490]. Não obstante a oposição das Comunidades Europeias e dos Estados Unidos[4491], o Órgão de Recurso respondeu afirmativamente ao pedido formulado por Santa Lúcia:

> "10. (...) Não encontramos nada no Acordo OMC, no sistema de resolução de litígios e nos Procedimentos de Trabalho do Órgão de Recurso, nem no Direito internacional geral ou na prática prevalecente dos tribunais internacionais que impeça um membro da OMC de determinar a composição da sua delegação nos procedimentos do Órgão de Recurso (...).

---

[4488] Relatório do Painel no caso *European Communities – Regime for the Importation, Sale and Distribution of Bananas* (WT/DS27/R/USA), 22-5-1997, parágrafo 7.11.

[4489] *Idem*, parágrafo 7.12. Segundo JOHN JACKSON, "it always was the case that private counsel were extensively used for preparation of written and oral submittals outside the hearing rooms". Cf. John JACKSON, *Sovereignty, the WTO, and Changing Fundamentals of International Law*, Hersch Lauterpacht Memorial Lectures, Cambridge University Press, 2006, p. 155.

[4490] Relatório do Órgão de Recurso no caso *European Communities – Regime for the Importation, Sale, and Distribution of Bananas* (WT/DS27/AB/R), 9-9-1997, parágrafo 5. Mas, ao que parece, a questão da presença dos advogados privados na sala de audiências colocou-se logo no primeiro caso analisado pelo Órgão de Recurso (caso *Gasoline*). De facto, os países da América Latina participantes no caso (Venezuela e Brasil) declinaram o convite do Órgão de Recurso no sentido de os seus advogados poderem estar presentes. Cf. Cesare ROMANO, *International Justice and Developing Countries (Continued): A Qualitative Analysis*, in The Law and Practice of International Courts and Tribunals, 2002, p. 568.

[4491] Segundo as Comunidades Europeias e os Estados Unidos, a prática seguida desde a entrada em vigor do GATT de 1947 era a de permitir apresentações nos procedimentos de resolução de litígios exclusivamente por advogados do governo ou por peritos que trabalhassem para os governos. Cf. John BARTON, Judith GOLDSTEIN, Timothy JOSLING e Richard STEINBERG, *The Evolution of the Trade Regime: Politics, Law, and Economics of the GATT and the WTO*, Princeton University Press, 2006, p. 75.

# A FUNÇÃO JURISDICIONAL NO SISTEMA GATT/OMC

**11.** (...) É bem sabido que, nos procedimentos de resolução de litígios da OMC, muitos governos solicitam e obtêm de facto a assistência de assessores jurídicos privados, que não são funcionários do governo em questão, que prestam assessoria sobre as questões jurídicas e colaboram na preparação das comunicações escritas apresentadas aos painéis e ao Órgão de Recurso e das respostas escritas às perguntas formuladas pelos painéis, pelas demais partes e pelo Órgão de Recurso, assim como em outros trabalhos preparatórios relacionados com os procedimentos dos painéis e do Órgão de Recurso. Não nos compete examinar essas práticas. A única questão que temos de examinar é se Santa Lúcia tem directo a estar representada por advogados escolhidos por si na audiência oral do Órgão de Recurso.

**12.** Notamos que não há nenhuma disposição do Acordo de Marraquexe que estabelece a Organização Mundial do Comércio, do Memorando de Entendimento sobre Resolução de Litígios ou dos Procedimentos de Trabalho que especifique quem pode representar um governo na apresentação dos seus argumentos numa audiência oral do Órgão de Recurso. No que diz respeito à prática do GATT, em nenhum relatório de um painel se faz referência expressa a esta questão no contexto das reuniões do Painel com as partes. Notamos igualmente que a representação por assessores jurídicos escolhidos pelo próprio governo pode ter especial importância - especialmente no caso dos países em desenvolvimento Membros – para tornar possível a plena participação nos procedimentos de resolução de litígios. Além disso, dado que o mandato do Órgão de Recurso está limitado ao exame de questões de direito referidas no relatório do painel e às interpretações jurídicas aí desenvolvidas, é particularmente importante que os governos sejam representados nos procedimentos do Órgão de Recurso por assessores jurídicos devidamente preparados"[4492].

O Órgão de Recurso permite, assim, a cada membro da OMC o exercício do seu direito, enquanto Estados soberanos, de escolher quem fará parte da sua delegação. Deste modo, o Órgão de Recurso parece ter em conta não só que a igualdade das partes num litígio deve permanecer como o princípio básico da adjudicação internacional[4493], mas também que o direito a uma representação

---

[4492] Relatório do Órgão de Recurso no caso *European Communities – Regime for the Importation, Sale, and Distribution of Bananas* (WT/DS27/AB/R), 9-9-1997, parágrafos 10-12.

[4493] TRIBUNAL INTERNACIONAL DE JUSTIÇA, Caso *Military and Paramilitary Activities in and against Nicaragua (Nicaragua v. United States of America)*, *Merits*, Acórdão de 27-6-1986, p. 26 (parágrafo 31). O princípio da igualdade das partes aplica-se a todos os tipos de procedimentos judiciais e arbitrais, implicando que os mesmos direitos devem ser concedidos a todas as partes "and there must be a constant drive to equalize eventual unevenness among the parties to the extent that it may influence the possibility of a fair outcome of the trial" (cf. Robert KOLB, General Principles of Procedural Law, in *The Statute of the International Court of Justice – A Commentary*, Andreas Zimmermann, Christian Tomuschat e Karin Oellers-Frahm ed., Oxford University Press, 2006, p. 799).

# A EFICÁCIA DO SISTEMA DE RESOLUÇÃO DE LITÍGIOS DA OMC

efectiva é visto comummente como um dos direitos processuais fundamentais[4494].

Posteriormente, a presença de advogados privados como representantes de uma parte em litígio passa a ser admitida, igualmente, nos procedimentos do Painel[4495]. Segundo o Painel do caso *Indonesia – Certain Measures Affecting the Automobile Industry*:

> "A nomeação dos membros da delegação da Indonésia que devem assistir às reuniões deste Painel cabe ao Governo desse país e não encontramos nenhuma disposição no Acordo OMC ou no Memorando de Entendimento sobre Resolução de Litígios, incluindo as normas gerais de procedimento desses instrumentos, que impeça um Membro da OMC de determinar livremente a composição da sua delegação nas reuniões dos painéis da OMC. Nem a prática anterior no procedimento de resolução de litígios do GATT e da OMC nos leva a chegar a uma conclusão distinta neste caso. Em particular, notamos que, ao contrário do presente caso, os procedimentos de trabalho do Painel do caso *Bananas III* continham uma disposição específica que limitava aos funcionários governamentais a participação no procedimento"[4496].

---

Naturalmente, o resultado final de um julgamento não será considerado justo se as partes em litígio não tiveram as mesmas oportunidades para pleitearem e apresentarem o seu caso. Ao mesmo tempo, a igualdade das partes é formal, ou seja, as partes devem ter as mesmas oportunidades, mas isso não significa que elas tenham, por exemplo, de esgotar o tempo que lhes foi concedido para falar. Cf. *Idem*, p. 800.

[4494] Erich VRANES, The Bananas Dispute – Fundamental Issues under WTO Law, in *The Banana Dispute: An Economic and Legal Analysis*, Fritz Breuss, Stefan Griller e Erich Vranes eds., Springer, Viena-Nova Iorque, 2003, p. 55.

[4495] A presença de advogados privados é admitida, igualmente, nos processos de arbitragem iniciados ao abrigo do art. 22º do Memorando de Entendimento sobre Resolução de Litígios:
"As partes têm o direito de determinar a composição das suas próprias delegações. As delegações podem incluir, como representantes do governo em causa, conselheiros e assessores privados. As partes devem ser responsáveis por todos os membros das suas delegações e devem assegurar que todos eles actuam de acordo com as normas do Memorando de Entendimento sobre Resolução de Litígios e destes Procedimentos de trabalho, em particular no que respeita ao carácter confidencial dos procedimentos. As partes devem apresentar uma lista dos integrantes da sua delegação antes de qualquer reunião com o Árbitro ou no início dela". Cf. Decisão de Arbitragem no caso *United States – Continued Dumping and Subsidy Offset Act of 2000 (Original Complaint by the European Communities), Recourse to Arbitration by the United States under Article 22.6 of the DSU* (WT/DS217/ARB/EEC), 31-8-2004, Anexo A, parágrafo (i).

[4496] Relatório do Painel no caso *Indonesia – Certain Measures Affecting the Automobile Industry* (WT/DS54/R, WT/DS55/R, WT/DS59/R, WT/DS64/R), 2-7-1998, parágrafo 14.1.

# A FUNÇÃO JURISDICIONAL NO SISTEMA GATT/OMC

É verdade que, ao abrir a porta à presença de advogados privados, o Órgão de Recurso agiu "at odds with nearly fifty years of GATT practice"[4497], mas também o é que a sua decisão permitiu que o sistema de resolução de litígios da OMC passasse a estar em consonância com a prática dominante nos tribunais internacionais e com o direito internacional público. No âmbito do Estatuto do Tribunal Internacional de Justiça, por exemplo, nenhuma tentativa é feita no sentido de determinar o modo como as partes serão representadas perante o Tribunal[4498], pelo que as partes gozam da liberdade de incluir tanto funcionários governamentais como advogados privados nas delegações que as representam perante o Tribunal[4499]. Também ao abrigo dos princípios relativos à representação dos Estados nas suas relações com organizações internacionais, consagrados na Convenção de Viena sobre a Representação dos Estados nas suas relações com as Organizações Internacionais de Carácter Universal de 14 de Março de 1975[4500], "a State may send a delegation to an organ or to a conference in accordance with the rules of the Organization" (art. 42º, nº 1, da Convenção de Viena sobre a Representação dos Estados nas suas relações com as Organizações Internacionais de Carácter Universal). A referência às regras da Organização prende-se com o facto de alguns instrumentos constitutivos exigirem que a representação seja feita por um ministro ou por um representante em especial. Mas, desde que sejam observadas algumas limitações no que diz respeito à dimensão da delegação (art. 46º da Convenção de Viena sobre a Representação dos Estados nas suas relações com as Organizações Internacionais de Carácter Universal) ou à nomeação de delegados com a nacionalidade do país sede da organização (art. 73º da Convenção de Viena sobre a Representação dos Estados nas suas relações com as Organizações Internacionais de Carácter Universal), "the sending State may freely appoint the members of its delegation" (art. 43º da Convenção de Viena sobre a Representação dos Estados nas suas relações com as Organizações

---

[4497] John BARTON, Judith GOLDSTEIN, Timothy JOSLING e Richard STEINBERG, *The Evolution of the Trade Regime: Politics, Law, and Economics of the GATT and the WTO*, Princeton University Press, 2006, p. 76.

[4498] Tem sido sempre entendido que "any person appointed to act as 'counsel or advocate' under para. 2 of Art. 42 is entitled to address the Court on behalf of the appointing party". Cf. Franklin BERMAN, Article 42, in *The Statute of the International Court of Justice – A Commentary*, Andreas Zimmermann, Christian Tomuschat e Karin Oellers-Frahm ed., Oxford University Press, 2006, p. 972.

[4499] Rutsel MARTHA, *Representation of Parties in World Trade Disputes*, in JWT, vol. 31, nº 2, 1997, p. 89; Jeffrey WAINCYMER, *WTO Litigation: Procedural Aspects of Formal Dispute Settlement*, Cameron May, Londres, 2002, p. 325.

[4500] Embora esta Convenção ainda não tenha entrado em vigor, a sua Parte III ("Delegations to Organs and to Conferences") reflecte o direito internacional comum em matéria de representação dos Estados nas suas relações com organizações internacionais. Cf. Rutsel MARTHA, *Representation of Parties in World Trade Disputes*, in JWT, vol. 31, nº 2, 1997, p. 86.

1600

Internacionais de Carácter Universal) e, "in addition to the head of delegation, the delegation may include other delegates, diplomatic staff, administrative and technical staff and service staff" (art. 45º da Convenção de Viena sobre a Representação dos Estados nas suas relações com as Organizações Internacionais de Carácter Universal).

Também não é possível defender que a exclusão de advogados privados visa preservar o carácter intergovernamental dos procedimentos de resolução de litígios no âmbito da OMC. Como bem nota Rutsel Martha:

> "Whoever is appointed to represent a government is deemed to act in a governmental capacity, irrespective of his or her contractual relationship with the appointing government. As a matter of fact, a number of private attorneys have specialized in the intricacies of litigating inter-State disputes before the International Court of Justice, and their presence has never been considered to be irreconcilable with the purely inter-governmental nature of the proceedings of the World Court"[4501].

A possibilidade de advogados privados fazerem parte das delegações das partes é tanto mais importante quando sabemos que a maioria dos países em desenvolvimento, ao contrário dos países ricos, não está envolvida normalmente em muitos litígios comerciais nem tem recursos humanos e financeiros para dispor de um gabinete a tempo inteiro de juristas especializados em Direito e comércio internacional[4502]. Isso mesmo é reconhecido pelo Memorando de Entendimento sobre Resolução de Litígios (art. 27º, nº 2). Além disso, o facto de o Memorando de Entendimento sobre Resolução de Litígios ter sido o acordo abrangido mais vezes abordado na fase de recurso entre 1996 e 2009, mais exactamente 77

---

[4501] Rutsel Martha, *Representation of Parties in World Trade Disputes*, in JWT, vol. 31, nº 2, 1997, p. 91.
[4502] Como salienta David Palmeter, "to confine legal representation to permanent government officials in practice is to reserve that advantage only for those governments that can afford them, or whose volume of litigation makes the investment worthwhile". Cf. David Palmeter, *The Need for Due Process in WTO Proceedings*, in JWT, vol. 31, nº 1, 1997, p. 53.

A FUNÇÃO JURISDICIONAL NO SISTEMA GATT/OMC

vezes[4503], confirma aquilo que se diz muitas vezes: "any experienced lawyer knows that cases are most often won or lost on procedural grounds"[4504].

### 3.3. A Doutrina do Produto/Processo
### 3.3.1. Os processos e métodos de produção incorporados e não incorporados

Ao abrigo da chamada doutrina do produto/processo[4505], as distinções dos produtos baseadas nas características do processo de produção, ou do produtor, que não sejam determinantes das características do produto final, são simplesmente

---

[4503] No caso da fase de recurso, entre 1996 e 2009, o Memorando de Entendimento sobre Resolução de Litígios foi abordado 77 vezes, o GATT de 1994 62 vezes, o Acordo sobre a Aplicação do Artigo VI do GATT de 1994 27 vezes, o Acordo sobre as Subvenções e as Medidas de Compensação 24 vezes, o Acordo sobre a Agricultura 13 vezes, o Acordo OMC 10 vezes, o Acordo sobre as Medidas de Salvaguarda 7 vezes, o Acordo sobre a Aplicação de Medidas Sanitárias e Fitossanitárias 6 vezes, o Acordo Geral sobre o Comércio de Serviços 5 vezes, o Acordo TRIPS 3 vezes, o Acordo sobre os Têxteis e o Vestuário 3 vezes, o Acordo sobre os Obstáculos Técnicos ao Comércio 2 vezes e o Acordo sobre as Licenças de Importação 2 vezes (cf. OMC, *Appellate Body Annual Report for 2009*, February 2010 (WT/AB/13), 17-2-2010, pp. 9 e 60). Portanto, nem todos os acordos da OMC foram até agora objecto de análise por parte do Órgão de Recurso. O Órgão de Recurso nunca se pronunciou, por exemplo, sobre o Acordo relativo às Medidas de Investimento relacionados com o Comércio nem sobre o Acordo sobre a Inspecção antes da Expedição.

[4504] Petros MAVROIDIS e David PALMETER, *Dispute Settlement in the World Trade Organization: Practice and Procedure*, 2ª ed., Cambridge University Press, 2004, p. i.

[4505] Apesar de REX ZEDALIS considerar que as origens teóricas da determinação de que as medidas ambientais que atendem a processos e métodos de produção não incorporados violam o artigo III podem ser encontradas no caso *Belgian Family Allowances* de 1952 (cf. Rex ZEDALIS, *Product v. Non-Product Based Distinctions in GATT Article III Trade and Environment Jurisprudence: Recent Developments*, in European Environmental Law Review, April 1997, p. 109), ROBERT E. HUDEC nota que este caso de 1952 é, de modo errado, citado frequentemente como a origem da doutrina do produto/processo. O caso referido envolvia uma imposição interna imposta aos produtos adquiridos por organismos públicos quando os produtos fossem originários de países que não tivessem adoptado um sistema de subsídios familiares. O Painel concluiu meramente que uma diferenciação entre produtos com base no seu país de origem violava a obrigação da nação mais favorecida do nº 1 do artigo I do GATT (a qual se aplica às imposições internas). A diferenciação fiscal em questão no caso também violava a doutrina do produto/processo, uma vez que o sistema de segurança social do país de origem nada tinha a ver com as características do produto, mas o Painel do caso *Belgian Family Allowances* não ofereceu nenhum dos argumentos jurídicos necessários para apoiar a conclusão doutrinal" (cf. Robert E. HUDEC, The Product-Process Doctrine in GATT/ WTO Jurisprudence, in *New Directions in International Economic Law: Essays in Honour of John H. Jackson*, Marco Bronckers e Reinhard Quick ed., Kluwer Law International, Londres-Haia-Boston, 2000, pp. 187-188). Provavelmente, o processo ou método de produção mais conhecido na história do comércio internacional é o da Pauta Aduaneira Alemã de 1904 [ou 1902, segundo alguns autores], relativo à consagração de uma redução pautal para o "gado de montanha, gordo, malhado ou de pêlo escuro, criado em local situado a, pelo menos, 300 metros acima do nível do mar e que permanece pelo menos um mês por ano nos pastos situados a 800 metros acima do nível do mar".

## A EFICÁCIA DO SISTEMA DE RESOLUÇÃO DE LITÍGIOS DA OMC

vistas *a priori* como ilegítimas[4506]. Por exemplo, não tem qualquer efeito no peixe enquanto tal ou no seu valor nutritivo ou gustativo junto do consumidor a proibição de utilizar na pesca uma rede arrastão, embora tal medida possa ajudar a proteger o ambiente. É impossível determinar, simplesmente olhando para uma mesa, se no seu fabrico se utilizou madeira de bosques geridos de modo sustentável ou se está em causa madeira extraída ilegalmente. Alguns autores defendem mesmo que "since no traces of genetically modified organisms remain in the final genetically modified food product, genetically modified foods are essentially like to non-genetically modified foods"[4507]. Em contraste, o gado criado com hormonas de crescimento implica que seja possível encontrar na carne resíduos de hormonas[4508] e a exposição do atum a químicos na água afecta o atum enquanto produto[4509].

No apuramento da similitude de dois produtos, o nacional e o importado, está assim presente uma distinção fundamental: por um lado, temos os chamados "processos e métodos de produção incorporados", que originam uma modificação detectável, evidente, no produto final; por outro lado, os "processos e métodos de produção não incorporados", que não provocam qualquer transformação perceptível no produto final.

Por atender às características do produto, a doutrina do "produto/processo" não se confunde com o chamado teste dos "fins e efeitos" e uma norma que esta-

---

Cf. Steve CHARNOVITZ, *The Law of Environmental "PPMs" in the WTO: Debunking the Myth of Illegality*, in YJIL, 2002, p. 68.

[4506] Robert E. HUDEC, GATT/WTO Constraints on National Regulation: Requiem for an "Aim and Effects" Test, in *Essays on the Nature of International Trade Law*, Cameron May, Londres, 1999, pp. 364-365. Ainda segundo este autor, a doutrina do produto/processo implica que os regulamentos que proíbam a venda de bens importados produzidos de maneira prejudicial para o ambiente ou bens importados feitos por crianças violam os artigos III ou XI do GATT, mesmo que tais regulamentos sejam aplicados igualmente aos produtos nacionais (cf. Robert E. HUDEC, The Product-Process Doctrine in GATT/WTO Jurisprudence, in *New Directions in International Economic Law: Essays in Honour of John H. Jackson*, Marco Bronckers e Reinhard Quick ed., Kluwer Law International, Londres-Haia-Boston, 2000, p. 187). O termo "processos e métodos de produção" encontra a sua origem no nº 25 do art. 14º do Acordo sobre os Obstáculos Técnicos ao Comércio do Ciclo de Tóquio (1973-79): "os procedimentos de resolução dos diferendos acima referidos podem ser invocados quando uma Parte considerar que obrigações decorrentes do presente acordo estão a ser iludidas pela elaboração de prescrições baseadas mais em procedimentos e métodos de produção do que nas características dos produtos".

[4507] Nick COVELLI e Viktor HOHOTS, *The Health Regulation of Biotech Foods under the WTO Agreements*, in JIEL, 2003, p. 790.

[4508] Mitsuo MATSUSHITA, Thomas SCHOENBAUM e Petros MAVROIDIS, *The World Trade Organization: Law, Practice, and Policy*, Oxford University Press, 2003, pp. 461-462.

[4509] Raj BHALA, *Modern GATT Law: A Treatise on the General Agreement on Tariffs and Trade*, Sweet & Maxwell, Londres, 2005, p. 640.

A FUNÇÃO JURISDICIONAL NO SISTEMA GATT/OMC

beleça obrigatoriamente o lugar de produção de um bem não constitui um processo ou método de produção. Por exemplo, a lei norte-americana que proíbe a importação de produtos originários de Cuba constitui um boicote e não um processo ou método de produção[4510].

### 3.3.2. Os casos *Tuna/Dolphin*

Durante a vigência do GATT de 1947, a primeira vez que um Painel lidou abertamente com a doutrina do produto/processo foi no caso *United States – Restrictions on Imports of Tuna from Mexico* de 1991[4511]. Este afamado caso respondeu, então, à seguinte questão fundamental: Seria possível a um país, ao abrigo das regras do sistema comercial multilateral, agir contra o método utilizado por outro país na produção de um bem?

No caso em questão, os Estados Unidos consideravam que as redes utilizadas pelos pescadores mexicanos na zona oriental do Oceano Pacífico eram susceptíveis de matar muito mais golfinhos do que as redes utilizadas pelos pescadores norte-americanos[4512]. Assim, se um país que exportava atum para os Estados Unidos não conseguisse provar que respeitava as regras sobre protecção de golfinhos estabelecidas na legislação norte-americana de protecção da fauna marinha, o Governo norte-americano decretaria um boicote a todo o peixe proveniente do país em causa[4513]. Foi o que aconteceu com o México, que viu as suas exportações de atum para os Estados Unidos serem totalmente banidas (o boicote aplicou-se igualmente aos países intermediários, ou seja, países onde o atum mexicano era processado e enlatado). No seguimento, o México requereu a criação de um painel em Janeiro de 1991, alegando que a medida norte-americana violava, entre outras disposições do Acordo Geral, os seus artigos III, XI e XIII. Os Estados Unidos, pelo contrário, entendiam que o boicote aplicado ao México era compatível

---

[4510] Aplicadas às importações, as medidas restritivas entram na categoria genérica do boicote, isto é, interdições de comprar. Aplicadas às exportações, as medidas restritivas entram na categoria genérica do embargo, isto é, interdições de vender. Cf. Dominique CARREAU e Patrick JUILLARD, *Droit international économique*, 2ª ed., Dalloz, Paris, 2005, pp. 240-241.

[4511] Robert E. HUDEC, The Product-Process Doctrine in GATT/WTO Jurisprudence, in *New Directions in International Economic Law: Essays in Honour of John H. Jackson*, Marco Bronckers e Reinhard Quick ed., Kluwer Law International, Londres-Haia-Boston, 2000, p. 187.

[4512] Nas zonas tropicais da área oriental do Oceano Pacífico (curiosamente, somente nestas águas), os cardumes de atum nadam, frequentemente, por baixo de grupos de golfinhos e, por isso, quando o atum é pescado com as redes habituais, os golfinhos são também apanhados pelas redes e morrem se não forem libertados.

[4513] Muito embora os Estados Unidos tenham apresentado as restrições à importação de atum do México como uma medida protectora do meio ambiente, nem por isso deixaram de ouvir acusações de proteccionismo por parte dos países mais pobres, dado que nenhum acordo internacional considerava então que os golfinhos corriam perigo de extinção.

1604

# A EFICÁCIA DO SISTEMA DE RESOLUÇÃO DE LITÍGIOS DA OMC

com o nº 4 do art. III do GATT e, em alternativa, justificado pelas alíneas *b*) e *g*) do art. XX do GATT[4514].

O relatório do Painel foi apresentado às partes contratantes do GATT em Setembro do mesmo ano e a sua conclusão principal foi a seguinte:

"o Artigo III, nº 4, pede a comparação do tratamento do atum importado *enquanto produto* com o do atum nacional *enquanto produto*. Os regulamentos que governam a captura de golfinhos incidental à captura de atum não podem, possivelmente, afectar o atum enquanto produto. Por conseguinte, o Artigo III, nº 4, obriga os Estados Unidos a concederem um tratamento ao atum mexicano não menos favorável que o concedido ao atum norte-americano, quer a captura incidental de golfinhos pelo navios mexicanos corresponda ou não à dos navios norte-americanos"[4515].

Portanto, os Estados Unidos não podiam decretar um boicote às importações de atum e produtos derivados do México, apenas porque o modo de captura do atum não satisfazia a legislação norte-americana. O tratamento concedido ao atum importado deveria ser igual ao tratamento concedido ao atum nacional, independentemente do impacte ambiental dos métodos de pesca de um e outro país. Foi introduzida assim claramente no âmbito do GATT a doutrina do "produto/processo"[4516].

O Painel concluiu, também, que as preocupações dos redactores da alínea *b*) do artigo XX centraram-se no uso de medidas sanitárias para salvaguardar a vida ou a saúde das pessoas, animais ou plantas dentro da jurisdição do país impor-

---

[4514] A este respeito, o Painel conclui que "uma parte de um litígio podia alegar em alternativa que o artigo XX era passível de aplicação, sem que esse argumento constituísse *ipso facto* uma admissão de que as medidas em questão seriam, de outro modo, incompatíveis com o Acordo Geral. De facto, o funcionamento eficiente do sistema de resolução de litígios exige que tais argumentos alternativos sejam possíveis" (cf. Relatório do Painel no caso *United States – Restrictions on Imports of Tuna* (DS21/R), posto a circular em 3-9-1991, nunca adoptado, parágrafo 5.22). Por não ter sido adoptado pelas partes contratantes do GATT de 1947, este relatório é dos poucos que não é possível encontrar no *site* da Organização Mundial do Comércio [http://www.wto.org]. Ele pode ser encontrado, no entanto, in ILM, vol. XXX, 1991, pp. 1594-1623.

[4515] Relatório do Painel no caso *United States – Restrictions on Imports of Tuna* (DS21/R), posto a circular em 3-9-1991, nunca adoptado, parágrafo 5.15.

[4516] Posteriormente, o Painel do caso *United States Restrictions on Imports of Tuna* (*Tuna II*) de 1994 confirma esta interpretação: "o artigo III requer uma comparação entre o tratamento concedido aos *produtos* nacionais e aos *produtos* importados similares e não uma comparação das políticas ou práticas do país de origem com as do país importador". Cf. Relatório do Painel no caso *United States Restrictions on Imports of Tuna* (DS29/R), posto a circular em 16-6-1994, nunca adoptado, parágrafo 5.8.

1605

# A FUNÇÃO JURISDICIONAL NO SISTEMA GATT/OMC

tador[4517]. Dito de outra forma, as regras do GATT não permitiam a adopção por uma parte contratante de medidas comerciais com o objectivo de tentar aplicar as suas próprias leis noutro país, mesmo que estivesse em causa a protecção da vida de animais ou a protecção de recursos naturais (estava em causa o pretenso problema da "extra-jurisdicionalidade").

Caso os argumentos norte-americanos tivessem sido aceites, qualquer país poderia impedir as importações de produtos de outro país com o fundamento de que o país que exporta tem políticas ambientais e sociais diferentes das suas[4518].

[4517] Relatório do Painel no caso *United States – Restrictions on Imports of Tuna* (DS21/R), posto a circular em 3-9-1991, nunca adoptado, parágrafo 5.26. Assim, enquanto o primeiro Painel do caso *Tuna* analisou a questão da suposta "extra-jurisdicionalidade", o segundo Painel do caso *Tuna* examinou a questão da extra-territorialidade". Ora, como bem salientam PETROS MAVROIDIS e AADITYA MATTOO, "a jurisdição é definida ao nível da lei nacional. Em princípio, todas as jurisdições nacionais distinguem entre jurisdição territorial e *in personam*, resultando da soma das duas a definição precisa do âmbito da jurisdição nacional". Cf. Petros MAVROIDIS e Aaditya MATTOO, Trade, Environment and the WTO: The Dispute Settlement Practice Relating to Article XX of GATT, in *International Trade Law and the GATT/WTO Dispute Settlement System*, Studies in Transnational Economic Law, vol. 11, Ernst-Ulrich Petersmann ed., Kluwer Law International, Londres--Haia-Boston, 1997, p. 329.

[4518] Relatório do Painel no caso *United States – Restrictions on Imports of Tuna* (DS21/R), posto a circular em 3-9-1991, nunca adoptado, parágrafo 5.27. Já no caso *Tuna-Dolphin II*, relativo a um boicote secundário, o Painel entendeu que "não se poderia dizer que o Acordo Geral condenava em absoluto as medidas relativas a coisas ou acções situadas fora da jurisdição territorial da parte que toma a medida" (cf. Relatório do Painel no caso *United States Restrictions on Imports of Tuna* (DS29/R), posto a circular em 16-6-1994, nunca adoptado, parágrafo 5.16). O Painel observou, ainda, que, "ao abrigo do direito internacional geral, os Estados não estão, em princípio, impedidos de regular o comportamento dos seus nacionais (pessoas, animais, plantas e recursos naturais) fora do território de cada um" (cf. *Idem*, parágrafo 5.17), pelo que o Painel não encontrava nenhuma razão válida para apoiar a conclusão de que a alínea *g*) do artigo XX só se aplicava a políticas de conservação de recursos naturais esgotáveis situados dentro do território da parte contratante que invoca aquela alínea. Consequentemente, o Painel entendeu que "a política de conservação de golfinhos nas zonas tropicais da área oriental do Oceano Pacífico, que os Estados Unidos seguiam dentro da sua jurisdição em relação aos seus nacionais e navios, caía dentro do âmbito das políticas abrangidas pela alínea *g*) do artigo XX" (cf. *Ibidem*, parágrafo 5.20). O Painel disse, finalmente, que "o texto da alínea *g*) do artigo XX não estabelece qualquer limitação em relação à localização dos recursos vivos a proteger" (cf. *Ibidem*, parágrafo 5.31). A respeito dos relatórios proferidos nos dois casos *Tuna*, PETROS MAVROIDIS e AADITYA MATTOO notam que "existe uma diferença fundamental entre os relatórios dos dois painéis: o relatório do caso *Tuna I* coloca o acento na extra-jurisdicionalidade, as passo que o relatório do caso *Tuna II* o põe na extra-territorialidade. Concordamos que apesar de podermos, em princípio, ler os dois relatórios como não sendo mutuamente exclusivos (um caso de extra-territorialidade e também de intra-jurisdicionalidade é a aplicação da lei do país X aos navios que tragam a sua bandeira e naveguem nas águas territoriais do país Y), a primeira noção (extra-jurisdicionalidade), do modo como foi utilizada no relatório do caso *Tuna I*, é, no mínimo, confusa. O primeiro relatório do Painel no caso *Tuna I* parece assumir uma regulação internacio-

## A EFICÁCIA DO SISTEMA DE RESOLUÇÃO DE LITÍGIOS DA OMC

Isso, a acontecer, abriria a porta para qualquer país aplicar unilateralmente restrições comerciais, com o intuito de impor os seus próprios padrões a outros países. Nas palavras do próprio Painel, o GATT:

"não constituiria mais um quadro multilateral para o comércio entre todas as partes contratantes e a segurança jurídica seria assegurada apenas em relação ao comércio entre um número limitado de partes contratantes com regulamentações internas idênticas"[4519].

Ao mesmo tempo, porém, o painel não se opôs à introdução de um rótulo nas embalagens de atum, garantindo aos consumidores que o atum não foi capturado através de processos prejudiciais para os golfinhos, isto desde que tal informação se aplicasse ao atum de todas as origens. E, uma vez que o atum podia ser vendido nos Estados Unidos com ou sem o rótulo "Dolphin Safe", qualquer vantagem que pudesse resultar da utilização do rótulo dependeria da livre escolha dos consumidores[4520], isto é, o carácter voluntário do programa de rotulagem ecológica foi determinante para estabelecer a sua compatibilidade com o Acordo Geral.

Contudo, muito embora todos os delegados presentes na reunião do Conselho dos Representantes em que o caso foi analisado (realizada no início de

nal da jurisdição neste âmbito que simplesmente não existe. O relatório do Painel no caso *Tuna II*, por outro lado, utiliza implicitamente a lei nacional como indicação para se pronunciar sobre a questão jurisdicional, ao analisar toda a questão no contexto do princípio da territorialidade. (...) O relatório do caso *Tuna II* considera, correctamente, que nada impede os Estados de, em muitas ocasiões, exercerem jurisdição extraterritorial; a jurisdição *in personam* oferece um exemplo disso" (cf. Petros Mavroidis e Aaditya Mattoo, Trade, Environment and the WTO: The Dispute Settlement Practice Relating to Article XX of GATT, in *International Trade Law and the GATT/WTO Dispute Settlement System*, Studies in Transnational Economic Law, vol. 11, Ernst-Ulrich Petersmann ed., Kluwer Law International, Londres-Haia-Boston, 1997, p. 331). Deste modo, "o artigo XX não pode ser utilizado para alcançar objectivos de carácter ambiental de um país forçando os outros países a alterarem as suas políticas ou a adoptarem as desejadas políticas de conservação". Cf. Dukgeun Ahn, *Environmental Disputes in the GATT/WTO: Before and After US – Shrimp Case*, in MJIL, 1999, p. 832.

[4519] Relatório do Painel no caso *United States Restrictions on Imports of Tuna* (DS21/R), posto a circular em 3-9-1991, nunca adoptado, parágrafo 5.27.

[4520] *Idem*, parágrafos 5.41-5.44. Segundo Douglas Kysar, ao aprovar o programa de rotulagem dos Estados Unidos e rejeitar simultaneamente o boicote à importação de atum aplicado pela administração norte-americana, o Painel do caso *Tuna/Dolphin* parece apoiar o entendimento de que o comportamento dos consumidores no mercado providencia uma fonte de influência mais legítima sobre as práticas de produção estrangeiras do que a actividade política dos cidadãos e seus representantes. Cf. Douglas Kysar, *Preferences for Processes: The Process/Product Distinction and the Regulation of Consumer Choice*, in Harvard Law Review, 2004, p. 625.

1607

A FUNÇÃO JURISDICIONAL NO SISTEMA GATT/OMC

1992), com excepção do delegado norte-americano[4521], apoiassem as conclusões do Painel[4522], o relatório deste nunca chegou a ser adoptado[4523]. Tal não impediu que o caso tivesse sido alvo de grande atenção e objecto de anúncios de página inteira em alguns dos principais jornais norte-americanos, por iniciativa de grupos ambientais e outros grupos de interesses[4524]. Depois de apresentadas as conclusões do Painel, o GATT chegou mesmo a ser apelidado de *GATTzilla*, em homenagem ao monstro de animação japonês chamado Godzilla[4525], ou seja, por força das circunstâncias, o sistema comercial multilateral passou a dedicar uma atenção às questões ambientais como nunca antes tinha acontecido, facto que leva JOHN JACKSON a afirmar que "os ambientalistas perderam as batalhas mas ganharam a guerra"[4526].

[4521] O Presidente norte-americano de então recebeu uma carta assinada por 100 Representantes e uma carta assinada por 64 senadores exprimindo a sua preocupação com o relatório do painel do caso *Tuna I* e instando o Presidente a bloquear a sua adopção. Cf. Philip NICHOLS, *GATT Doctrine*, in Virginia Journal of International Law, 1996, p. 444.

[4522] Steve CHARNOVITZ, *Environmental and Labour Standards in Trade*, in WE, 1992, p. 338. No entanto, quando do caso *Canada – Certain Measures concerning Periodicals*, os Estados Unidos recorreram à doutrina do produto/processo em apoio da sua queixa contra o Canadá (cf. Relatório do Painel no caso *Canada – Certain Measures concerning Periodicals* (WT/DS31/R), 14-3-1997, parágrafo 3.64). Daí ROBERT E. HUDEC concluir que, "dentro da OMC, a doutrina do produto/processo parece estar a descansar confortavelmente, ainda que sem a aprovação definitiva do Órgão de Recurso". Cf. Robert E. HUDEC, The Product-Process Doctrine in GATT/WTO Jurisprudence, in *New Directions in International Economic Law: Essays in Honour of John H. Jackson*, Marco Bronckers e Reinhard Quick ed., Kluwer Law International, Londres-Haia-Boston, 2000, p. 217.

[4523] Porém, o México concordou em não submeter o relatório do painel ao Conselho dos Representantes, para efeitos de adopção, durante um período indefinido. Este acordo foi alcançado durante a reunião anual da Comissão Estados Unidos/México, realizada em 9 de Setembro de 1991. No dia 27 de Setembro de 1991, o Governo do México colocou um anúncio de página inteira no *New York Times* anunciando a implementação de um plano abrangente de protecção dos golfinhos, apoiado pela previsão de sanções criminais em caso de violação. Este *volte-face* tem sido explicado pela importância atribuída pelo México à conclusão de um acordo de comércio livre com os Estados Unidos. Cf. Joel TRACHTMAN, *GATT Dispute Settlement Panel/United States – Restrictions on Imports of Tuna (1991)*, in AJIL, 1992, p. 143.

[4524] Este litígio comercial, "known as the tuna-dolphin dispute, generated more commentary and publicity than any other dispute in GATT history". Cf. Gregory SHAFFER, "If only we were elephants": The Political economy of the WTO's treatment of trade and environment matters, in *The Political Economy of International Trade Law – Essays in Honor of Robert E. Hudec*, Daniel Kennedy e James Southwick ed., Cambridge University Press, 2002, p. 358.

[4525] Daniel ESTY, *Greening the GATT: Trade, Environment, and the Future*, Institute for International Economics, Washington, D.C., 1994, p. 34; John JACKSON, World Trade Rules and Environmental Policies: Congruence or Conflict?, in *The Jurisprudence of GATT and the WTO: Insights on Treaty Law and Economic Relations*, Cambridge University Press, 2000, p. 422.

[4526] Citado in Steve CHARNOVITZ e Michael WEINSTEIN, *The Greening of the WTO*, in Foreign Affairs, 2001, p. 151.

1608

## A EFICÁCIA DO SISTEMA DE RESOLUÇÃO DE LITÍGIOS DA OMC

### 3.3.3. O caso *Shrimp/Turtles*

Após a entrada em vigor dos acordos da OMC, um Painel, depois de observar que a distinção do Regulamento norte-americano sobre a Gasolina entre refinadores, por um lado, e importadores e misturadores, por outro, que afectava o tratamento concedido à gasolina importada em comparação com o concedido à gasolina de produção nacional, estava relacionada com certas diferenças nas características dos refinadores, misturadores e importadores e com a natureza dos dados por eles possuídos[4527], defende que:

> "além de ser contrária ao sentido ordinário dos seus termos, qualquer interpretação dessa natureza no caso do nº 4 do artigo III significaria que o tratamento dado aos produtos importados e nacionais em causa não poderia continuar a ser assegurada na base objectiva da sua similitude enquanto produtos. Os produtos importados ficariam expostos a um tratamento altamente subjectivo e variável em função de factores exógenos, o que criaria uma grande instabilidade e insegurança no que respeita às condições de concorrência entre produtos nacionais e importados de um modo essencialmente incompatível com o objecto e a razão de ser do artigo III [do GATT de 1994]"[4528].

No caso do Órgão de Recurso, não foi abordada até agora no âmbito do art. III do GATT a doutrina do produto/processo, pelo menos explicitamente. ROBERT HOWSE e ELISABETH TUERK defendem, apesar disso, que o parágrafo 100 do relatório do Órgão de Recurso no caso *European Communities – Measures Affecting Asbestos and Asbestos Containing Products*[4529]:

> "mitiga de facto, sem repudiar explicitamente, a doutrina do produto/processo. (...) Mesmo se os produtos que têm diferentes processos e métodos de produção são considerados 'similares' no âmbito do nº 4 do artigo III, distinções regulamentares podem ser feitas entre eles, *seja qual for* o seu fundamento, desde que o resultado seja *não proteccionista*. Deste modo, por exemplo, se todo o 'camarão' for considerado similar independentemente de o seu modo de captura ser ou não fatal para as tartarugas, isto é, se foram ou não capturados de um modo que não resultou em níveis indevidos de

---

[4527] Relatório do Painel no caso *United States – Standards for Reformulated and Conventional Gasoline* (WT/DS2/R), 29-1-1996, parágrafo 6.11.

[4528] *Idem*, parágrafo 6.12.

[4529] "Existe um segundo elemento que deve ser estabelecido para que uma medida possa ser considerada incompatível com o nº 4 do artigo III, mesmo quando dois produtos são 'similares'. O Membro queixoso deve estabelecer ainda que a medida atribui ao grupo de produtos *importados* 'similares' 'um tratamento menos favorável' do que o concedido ao grupo de produtos *nacionais* 'similares'". Cf. Relatório do Órgão de Recurso no caso *European Communities – Measures Affecting Asbestos and Asbestos Containing Products* (WT/DS135/AB/R), 12-3-2001, parágrafo 100.

## A FUNÇÃO JURISDICIONAL NO SISTEMA GATT/OMC

mortalidade das tartarugas, isto não significa *necessariamente* que a regulamentação que exige que todo o camarão vendido nos Estados Unidos seja 'amigo' das tartarugas é incompatível com o nº 4 do artigo III. Teríamos de considerar se o desenho e a estrutura do esquema resultam num tratamento menos favorável do grupo do camarão importado face ao grupo do camarão nacional, isto é, se o esquema resulta na protecção da produção nacional?"[4530].

Seja como for, é necessário ter presente, para começar, que a oposição de muitos países em desenvolvimento à aceitação de distinções baseadas no processo de produção resulta principalmente de razões de ordem estratégica[4531]. Os riscos de estabelecer e aceitar normas ecológicas para processos e métodos de produção no âmbito do GATT são, hoje em dia, de dois tipos. Primeiro, essas normas seriam muito provavelmente as utilizadas nos países desenvolvidos, permitindo assim que as normas ambientais fossem facilmente manipuláveis para fins proteccionistas. Segundo, o estabelecimento de normas ecológicas para processos e métodos de produção poderia ser utilizado como porta de abertura para esticar o conceito no futuro e ser tido como um precedente para incorporar outros objectivos não relacionados com o comércio, tais como normas laborais, direitos do homem, boa governança, e todos os tipos de outras pressões nacionais que dificilmente têm alguma coisa a ver com a OMC[4532].

Imagine-se, por exemplo, a Índia a proibir a importação de produtos originários de países que maltratassem as vacas, animal sagrado para a grande maioria da sua população, e a Comunidade Europeia a impedir a importação de produtos norte-americanos enquanto alguns Estados Federados continuarem a aplicar a

---

[4530] Robert HOWSE e Elisabeth TUERK, The WTO Impact on Internal Regulations – A Case Study of the Canada-EC Asbestos Dispute, in *The EU and the WTO: Legal and Constitutional Issues*, Gráinne de Búrca e Joanne Scott ed., Hart Publishing, Oxford-Portland Oregon, 2001, pp. 297-298.

[4531] Muito embora o utilizador do processo e método de produção seja quase sempre um país rico e o país objecto de crítica frequentemente um país em desenvolvimento (cf. Steve CHARNOVITZ, *The Law of Environmental "PPMs" in the WTO: Debunking the Myth of Illegality*, in YJIL, 2002, p. 62), nem sempre a questão "processos e métodos de produção não incorporados" opõe os países em desenvolvimento aos países ricos. Veja-se, por exemplo, o conflito entre a União Europeia e os Estados Unidos em relação aos organismos geneticamente modificados.

[4532] Magda SHAHIN, Trade and Environment: How Real Is the Debate?, in *Trade, Environment, and the Millennium*, 2ª ed., Gary Sampson e Bradnee Chambers ed., 2002, p. 57. E daí a observação de que, "from the environmental perspective, how a good is made is of central importance. From a developing country perspective, dictating how a good is produced is an intrusion on sovereignty". Cf.Mark HALLE, The WTO and sustainable development, in *The WTO in the Twenty-First Century: Dispute Settlement, Negotiations, and Regionalism in Asia*, Yasuhei Taniguchi, Alan Yanovich e Jan Bohanes Ed., Cambridge University Press, 2007, p. 401.

A EFICÁCIA DO SISTEMA DE RESOLUÇÃO DE LITÍGIOS DA OMC

pena de morte. A sobrevivência do sistema comercial multilateral seria seriamente posta em risco[4533].

A questão fundamental é: se introduzirmos a possibilidade de medidas restritivas do comércio ligadas ao processo de produção, como é que estabelecemos um limite apropriado para impedir abusos[4534]. A permissão de restrições ao comércio internacional baseadas em métodos e processos de produção não incorporados abriria muito provavelmente a porta à entrada abusiva de interesses proteccionistas, com repercussões sistémicas consideráveis[4535].

O próprio texto do GATT parece não admitir uma distinção entre produtos assente unicamente no processo de produção. Nesse sentido, JOHN JACKSON nota que:

> "a ideia de que não existe um 'texto justificável' a apoiar a essência da doutrina do produto/processo é questionável. Existe 'texto justificável'. (...) A própria palavra 'produto' (aparecendo em muitas partes dos acordos da OMC, inclusive no artigo III do GATT) é texto que pode justificar uma interpretação. Tal interpretação exige que a nossa atenção incida sobre as características de um *produto*, em vez do *processo* de produção de um produto"[4536].

---

[4533] É possível, no entanto, que, por exemplo, as considerações religiosas caiam no âmbito da alínea *a*) do art. XX do GATT. Cf. Steve CHARNOVITZ, *The Moral Exception in Trade Policy*, in Virginia Journal of International Law, 1998, pp. 729-730.

[4534] John JACKSON, *Comments on Shrimp/Turtle and the Product/Process Distinction*, in EJIL, 2000, p. 304.

[4535] Não deixa de ser estranho, por exemplo, que os rótulos ecológicos, defendidos no início com grande entusiasmo pelos Estados Unidos e Canadá no âmbito da protecção do ambiente, sejam agora postos em causa por estes dois países em relação aos organismos geneticamente modificados (cf. Manoj JOSHI, *Are Eco-Labels Consistent with World Trade Organization Agreements?*, in JWT, 2004, pp. 82-83). Segundo os Estados Unidos, não faz sentido que produtos considerados seguros sejam sujeitos a tais esquemas de rotulagem, além de que todo o sistema de certificação seria bastante dispendioso e complexo. Há mesmo quem defenda que a exigência de incluir nos alimentos um rótulo dizendo que tais produtos não incluem organismos geneticamente modificados poderia ser inconstitucional, por violar os direitos dos produtores norte-americanos constantes do primeiro aditamento (restrição da liberdade de expressão). Cf. Athita KOMINDR, To Label or Not To label: Levelling the Trading Field, in *Reconciling Environment and Trade*, John Jackson e Edith Brown Weiss ed., Transnational Publishers, Ardsley-Nova Iorque, 2001, pp. 676-677.

[4536] John JACKSON, *Comments on Shrimp/Turtle and the Product/Process Distinction*, in EJIL, 2000, pp. 303-304. Contrariamente, ROBERT E. HUDEC nota que o nº 1 do art. III do GATT "cobre expressamente todas as imposições e regulamentos 'que afectam a venda, a colocação à venda, a compra, o transporte, a distribuição ou a utilização de produtos no mercado interno' – uma frase que seguramente cobriria uma regulamentação baseada num processo que, por exemplo, proibisse a venda de atum 'inimigo' dos golfinhos" (cf. Robert E. HUDEC, The Product-Process Doctrine in GATT/WTO Jurisprudence, in *New Directions in International Economic Law: Essays in Honour of John H. Jackson*, Marco Bronckers e Reinhard Quick ed., Kluwer Law International, Londres-Haia-

A FUNÇÃO JURISDICIONAL NO SISTEMA GATT/OMC

Mesmo que se defenda que o sentido comum do termo "produto" não pode ser visto separadamente do correspondente processo de produção, afecte este ou não o produto final, tal interpretação teria de encontrar algum amparo no contexto e nos respectivos objecto e fim do GATT, isto é, os outros elementos referidos no nº 1 do art. 31º da Convenção de Viena sobre o Direito dos Tratados, de 23 de Maio de 1969. Acontece que o contexto não parece permitir tal interpretação, em particular a alínea *e*) do art. XX do GATT. De facto, se um país quiser proibir a importação de artigos fabricados nas prisões, tal discriminação será inteiramente justificável ao abrigo da alínea *e*) do art. XX, a menos que o país em causa permita a comercialização no território nacional de artigos fabricados nas suas prisões. Por conseguinte, a possibilidade de negar a similitude dos produtos no âmbito do art. III do GATT, pelo simples facto de serem ou não fabricados em prisões, tornaria inútil a excepção prevista na alínea *e*) do art. XX. Tal interpretação seria claramente incompatível com a obrigação defendida pelo Órgão de Recurso de que o intérprete de um tratado deve dar sentido e efeito a todos os termos do tratado: "um intérprete não é livre de adoptar uma interpretação que possa ter por resultado tornar redundantes ou inúteis cláusulas ou parágrafos inteiros de um tratado"[4537].

Mas será que faz verdadeiramente sentido a distinção entre produto e processo e método de produção num mundo ecologicamente (e não só) cada vez mais interdependente? Numa perspectiva ambiental, o processo de produção de um bem não é, muito frequentemente, mais importante do que o produto? Por exemplo, defender que um país deve aceitar um semicondutor importado por ele ser fisicamente similar a um semicondutor produzido internamente é absurdo se o fabrico daquele violar o Protocolo de Montreal relativo à protecção da camada de ozono[4538]. Além disso, a distinção entre produto e processo de produção já foi introduzida no âmbito do sistema comercial multilateral. Para além da referida alínea *e*) do art. XX do GATT, também o Acordo TRIPS tem presente

-Boston, 2000, p. 194) e ROBERT HOWSE e DONALD REGAN que "a referência reiterada a 'produtos' nada nos diz sobre a distinção produto/processo. Ela limita-se a reflectir o facto de o GATT dizer respeito ao comércio de mercadorias, não ao comércio de serviços ou ao movimento de capitais ou do trabalho". Cf. Robert HOWSE e Donald REGAN, *The Product/Process Distinction – An Illusory Basis for Disciplining 'Unilateralism' in Trade Policy*, in EJIL, vol. 11, nº 2, 2000, p. 254.

[4537] Relatório do Órgão de Recurso no caso *Korea – Definitive Safeguard Measure on Imports of Certain Dairy Products* (WT/DS98/AB/R), 14-12-1999, parágrafo 80.

[4538] Daniel ESTY, *Greening the GATT: Trade, Environment, and the Future*, Institute for International Economics, Washington, D.C., 1994, pp. 51 e 105. Também será certamente legítimo aplicar restrições à importação de mobiliário quando a madeira nele utilizado contribui para a destruição irreversível das florestas tropicais, até porque, como salienta DANIEL ESTY, "metade [dos novos tratamentos médicos] nos anos mais recentes tem origem em plantas tropicais" (Cf. *Idem*, p. 18), e de bens assentes na utilização de trabalho escravo.

1612

## A EFICÁCIA DO SISTEMA DE RESOLUÇÃO DE LITÍGIOS DA OMC

a distinção entre produto e processo de produção (embora o *software* original e o *software* copiado sejam produtos similares, o "processo de produção" de cada um é bastante diferente) e o Acordo sobre a Agricultura reconhece a importância dos métodos de produção na protecção do ambiente (nº 12, alínea *a*), do Anexo 2)[4539]. O próprio relatório do Órgão de Recurso no caso *European Communities – Measures Affecting Asbestos and Asbestos Containing Products* sugere que a tomada em consideração dos gostos e hábitos dos consumidores na determinação da similitude dos produtos pode permitir maior margem de manobra na distinção de produtos com base em características não físicas[4540].

Como resolver, então, esta disputa respeitante aos "processos e métodos de produção não incorporados" (quando não previstos nos acordos da OMC), cuja resolução a contento de todos é vital para a continuidade e o desenvolvimento harmonioso do sistema comercial multilateral?

A resposta pode ser encontrada no relatório apresentado pelo Órgão de Recurso no caso *United States – Import Prohibition of Certain Shrimp and Shrimp Products*[4541], no qual se reconhece que, em princípio, é possível a um país impor-

---

[4539] No caso dos Acordos sobre os Obstáculos Técnicos ao Comércio e sobre a Aplicação de Medidas Sanitárias e Fitossanitárias, a distinção entre "processos e métodos de produção incorporados" e "processos e métodos de produção não incorporados" é tida em conta, embora não seja acolhida expressamente. No caso do primeiro Acordo, ao definir-se regulamento técnico como o "documento que identifica as características de um produto ou de *processos e métodos de produção relacionados com essas características*, incluindo as disposições administrativas aplicáveis, cujo cumprimento é obrigatório ..." (Anexo I), ficam fora do âmbito do Acordo as regras sobre os processos e métodos de produção que tenham o propósito, por exemplo, de reduzir um dano ambiental causado pela produção de um determinado produto. No caso do segundo Acordo, determina-se no seu Anexo A que "as medidas sanitárias ou fitossanitárias incluem todas as leis, decretos, regulamentações, prescrições e procedimentos aplicáveis, incluindo, nomeadamente, os critérios relativos ao produto final; *os processos e métodos de produção* ..." (itálicos aditados). Contudo, uma vez que o Acordo sobre a Aplicação de Medidas Sanitárias e Fitossanitárias se aplica somente às medidas que visam proteger no território do país importador a saúde e a vida das pessoas e dos animais (Anexo A, nº 1), os "processos e métodos de produção não incorporados" típicos não caem no seu âmbito de aplicação (os processos e métodos de produção desenhados para melhorar o ambiente do país exportador).

[4540] Relatório do Órgão de Recurso no caso *European Communities – Measures Affecting Asbestos and Asbestos Containing Products* (WT/DS135/AB/R), 12-3-2001, parágrafo 139.

[4541] O enquadramento deste importante caso é o seguinte: os Estados Unidos publicaram em 1987 regulamentos que obrigavam todos os navios de pesca de camarão a utilizarem dispositivos de exclusão de tartarugas marinhas aprovados ou a reduzirem o tempo de pesca de arrasto em zonas determinadas onde a mortalidade das tartarugas marinhas fosse elevada. Estes regulamentos, que entraram em vigor em 1990, foram modificados de modo a tornar obrigatória a utilização dos dispositivos de exclusão de tartarugas marinhas. O art. 609º, adoptado a 21 de Novembro de 1989, impôs, a partir do dia 1 de Maio de 1991, o mais tardar, uma proibição de importar camarões pescados com técnicas de pesca comercial susceptíveis de prejudicar as tartarugas marinhas. Esta

1613

A FUNÇÃO JURISDICIONAL NO SISTEMA GATT/OMC

tador subordinar o acesso ao seu mercado à adopção pelos países exportadores de certas políticas impostas por ele[4542].

Mais exactamente, o Órgão de Recurso, depois de observar que o Painel tinha constatado que a medida dos Estados Unidos em questão relevava da categoria de medidas excluídas da protecção do prólogo do art. XX do GATT, declarou o seguinte:

> "No caso em apreço, o Painel constatou que a medida dos Estados Unidos em questão relevava desta categoria de medidas excluídas, pois o artigo 609º subordinava o acesso ao mercado de camarão nos Estados Unidos à adopção pelos países exportadores de certas políticas de conservação prescritas pelos Estados Unidos. Afigura-se-nos, contudo, que <u>a sujeição do acesso ao mercado interno de um Membro ao respeito ou à adopção pelos membros exportadores de uma política ou políticas prescritas unilateralmente pelo Membro importador pode, em certa medida, constituir um elemento comum às medidas previstas em qualquer uma das excepções enunciadas nas alíneas a) a j) do artigo XX</u>. As alíneas a) a j) abrangem medidas que são reconhecidas como *excepções às obrigações substantivas* estabelecidas no GATT de 1994, em virtude de as políticas internas incorporadas nessas medidas terem sido reconhecidas como tendo uma natureza importante e legítima. Não é necessário dar por adquirido que o facto de exigir aos países exportadores que respeitem ou adoptem certas políticas (mesmo que cobertas, em princípio, por algumas das excepções) prescritas pelo país importador tem como resultado a insusceptibilidade *a priori* de justificação ao abrigo do artigo XX. Tal interpretação torna inútil grande parte das excepções específicas previstas pelo artigo XX, senão mesmo todas, resultado esse que seria incompatível com os princípios de interpretação a cuja aplicação estamos adstritos" (sublinhado aditado)[4543].

proibição não era aplicável aos países que tivessem sido certificados. Tratava-se, em suma, de um caso muito semelhante ao caso *Tuna I*. Note-se, no entanto, que, contrariamente ao que aconteceu neste último caso, no caso *Shrimp*, os Estados Unidos mudaram de estratégia. De facto, os Estados Unidos não defenderam que as medidas de conservação eram regulamentos internos compatíveis com o nº 4 do art. III do GATT, insusceptíveis de revisão no âmbito do art. XI do GATT. Em vez disso, os Estados Unidos centraram a sua defesa nas excepções gerais do art. XX do GATT, não mencionando o nº 4 do art. III, e tendo virtualmente admitido que a proibição de importar em causa constituía uma violação do art. XI. De notar, também, que, ao contrário dos golfinhos, as tartarugas são reconhecidas internacionalmente como uma espécie que corre perigo de extinção.

[4542] Segundo JOHN JACKSON, o caso *Shrimp-Turtle* "is the single most significant and important case of the jurisprudence of the WTO. More specifically, paragraph 121 of the Appellate Body's report is perhaps the single most important paragraph of that case". Cf. John JACKSON, *The case of the World Trade Organization*, in International Affairs, 2008, p. 450.

[4543] Relatório do Órgão de Recurso no caso *United States – Import Prohibition of certain Shrimp and Shrimp Products* (WT/DS58/AB/R), 12-10-1998, parágrafo 121. A respeito desta conclusão do Órgão de Recurso, DONALD MCRAE observa que "o reconhecimento pelo Órgão de Recurso de tais medi-

A EFICÁCIA DO SISTEMA DE RESOLUÇÃO DE LITÍGIOS DA OMC

Portanto, o Órgão de Recurso não questionou de nenhum modo que os Estados Unidos pudessem fazer depender as importações de camarões de um sistema de protecção das tartarugas equivalente ao sistema por si utilizado.

Não obstante, o Órgão de Recurso faz depender a legalidade das medidas comerciais aplicadas em função do processo de produção da observância de alguns requisitos, a saber:

i) o Membro da OMC interessado na introdução de um determinado processo e método de produção deve realizar negociações sérias com todos os países que exportam o produto em questão para o seu território, com o objectivo de concluir acordos bilaterais ou multilaterais de protecção e conservação do recurso natural em causa (no caso *Shrimp*, as tartarugas marinhas), antes de impedir a importação do produto em questão (no caso em análise, camarão)[4544];

ii) o Membro da OMC em causa deve ter em consideração as diferentes condições nos diversos países que exportam o produto em causa[4545];

iii) todos os países exportadores devem beneficiar do mesmo período transitório[4546];

iv) o esforço realizado na transferência da tecnologia necessária (no caso *Shrimp*, estava em causa tecnologia que evitava a captura das tartarugas

das unilaterais só se estende ao seu tratamento da primeira questão no âmbito do artigo XX, isto é, se a medida em questão cai dentro de uma das excepções do artigo XX. Ele não seguiu a mesma lógica na sua interpretação do *prólogo*, ou seja, "it appears unlikely that unilateral measures that fall within one of the exceptions in paragraphs (a) to (j) in Article XX will meet the requirements of the *chapeau*". Cf. Donald McRae, GATT Article XX and the WTO Appellate Body, in *New Directions in International Economic Law: Essays in Honour of John H. Jackson*, Marco Bronckers e Reinhard Quick ed., Kluwer Law International, Londres-Haia-Boston, 2000, p. 234.

[4544] Relatório do Órgão de Recurso no caso *United States – Import Prohibition of Certain Shrimp and Shrimp Products* (WT/DS58/AB/R), 12-10-1998, parágrafo 166.

[4545] *Idem*, parágrafos 163-165.

[4546] *Ibidem*, parágrafos 173-174. Enquanto os 14 países da região das Caraíbas/Atlântico Ocidental dispunham de um período transitório de três anos para que os seus navios de pesca de camarão passassem a utilizar "dispositivos de exclusão de tartarugas marinhas", os restantes países exportadores de camarões com destino aos Estados Unidos (incluindo os queixosos: Índia, Malásia, Paquistão e Tailândia) dispuseram de apenas quatro meses para pôr em prática a prescrição relativa à utilização obrigatória dos "dispositivos de exclusão de tartarugas marinhas". Ora, de acordo com o Órgão de Recurso, apesar de as diferenças nos períodos fixados para a execução da prescrição referida se deverem às decisões do Tribunal do Comércio Internacional, os Estados Unidos não deixavam "de ser responsáveis pelas consequências jurídicas do impacto discriminatório das decisões deste tribunal. Como todos os outros membros da OMC e da comunidade dos Estados em geral, os Estados Unidos assumem a responsabilidade das acções do conjunto dos poderes públicos, incluindo o poder judicial". Cf. *Ibidem*, parágrafo 173.

1615

# A FUNÇÃO JURISDICIONAL NO SISTEMA GATT/OMC

quando da pesca do camarão) para todos os países exportadores deve ser o mesmo[4547];

v) o processo de certificação das importações deve ser transparente e permitir a audição dos países afectados, bem como a possibilidade de recurso contra a não certificação[4548].

O facto de o Órgão de Recurso ter revisto cuidadosamente o processo e método de produção em causa e ter criticado especificamente o modo como os Estados Unidos estavam a aplicar a lei demonstra claramente que os processos e métodos de produção não incorporados podem ser justificados ao abrigo do artigo XX do GATT[4549].

A respeito da questão de saber se existe um limite de competência implícito na alínea *g*) do artigo XX do GATT (questão que levantou imensa polémica no caso *United States – Restrictions on Imports of Tuna from Mexico* de 1991[4550]) entre o recurso natural esgotável e o membro da OMC que procura justificar a sua medida ao abrigo daquela alínea, o Órgão de Recurso declarou o seguinte:

"as tartarugas marinhas são animais altamente migratórios, que se deslocam em águas que relevam da jurisdição de diversos Estados costeiros, bem como em alto mar. (...) Sabemos que todas as espécies de tartarugas marinhas em questão neste processo, ou seja, as visadas pelo artigo 609º podem ser encontradas em águas sobre as quais os Estados Unidos exercem jurisdição. Bem entendido, não se alega que *todas* as populações destas espécies migrem para águas sujeitas à jurisdição dos Estados Unidos, ou as atravessem, num qualquer momento. Nem o recorrente, nem os restantes participantes reivindicam direitos de propriedade exclusiva sobre as tartarugas marinhas, pelo menos não quando elas nadam livremente no seu habitat natural – os oceanos. Não nos pronunciamos sobre a questão de saber se existe um limite de jurisdição implícito na alínea *g*) do artigo XX nem, sendo esse o caso, sobre a natureza e alcance desse

---

[4547] *Ibidem*, parágrafo 175.

[4548] *Ibidem*, parágrafo 180.

[4549] Steve CHARNOVITZ, *The Law of Environmental "PPMs" in the WTO: Debunking the Myth of Illegality*, in YJIL, 2002, p. 97; Jan MCDONALD, *Domestic regulation, international standards, and technical barriers to trade*, in WTR, 2005, p. 256. Mas, como realça DOUGLAS KYSAR, o caso *Shrimp/Turtle* não põe em causa a anterior jurisprudência do GATT relativa ao âmbito de aplicação do art. III, uma vez que as medidas comerciais aplicadas pelos Estados Unidos, impondo um determinado processo ou método de produção, foram avaliadas no contexto das excepções gerais do art. XX. Cf. Douglas KYSAR, *Preferences for Processes: The Process/Product Distinction and the Regulation of Consumer Choice*, in Harvard Law Review, 2004, p. 547.

[4550] Alguns autores, porém, defendem que o texto do artigo XX do GATT não contém qualquer limitação territorial. Cf. Bernhard JANSEN e Maurits LUGARD, *Some Considerations on Trade Barriers Erected for Non-Economic Reasons and WTO Obligations*, in JIEL, 1999, p. 533.

A EFICÁCIA DO SISTEMA DE RESOLUÇÃO DE LITÍGIOS DA OMC

limite. Notamos apenas que, atendendo às circunstâncias específicas deste caso, existe um nexo suficiente entre as populações marinhas migratórias e ameaçadas de extinção em causa e os Estados Unidos, para efeitos da alínea *g*) do artigo XX"[4551].

Deste modo, ficou por resolver a questão de saber se a alínea *g*) do artigo XX impõe ou não limites jurisdicionais ou territoriais à sua invocação, além de que não ficou claro quais os requisitos indispensáveis à ocorrência de um "nexo suficiente". Isto não significa obviamente, atendendo à conclusão do Órgão de Recurso, que o artigo XX permite qualquer medida de protecção do ambiente, independentemente da natureza e extensão do seu âmbito territorial. No caso *United States – Import Prohibition of Certain Shrimp and Shrimp Products*, o relatório do Órgão de Recurso diz expressamente que as tartarugas marinhas são reconhecidas internacionalmente como espécies ameaçadas de extinção, migratórias e que nadam no alto mar e em águas que relevam da jurisdição de diversos Estados costeiros, incluindo os Estados Unidos[4552].

A alínea *g*) exige, igualmente, que as medidas relativas à conservação de recursos naturais esgotáveis sejam aplicadas "conjuntamente com restrições à produção ou ao consumo nacionais"[4553]. Em virtude deste requisito, a alínea *g*) do art. XX do GATT impõe a existência de um nexo entre as medidas comerciais que visam proteger o ambiente e a regulamentação nacional que lida com o mesmo problema ambiental. Não é possível a um Membro da OMC impor as suas preocupações em matéria de conservação do ambiente a países terceiros e não tomar internamente medidas que visam responder também ao mesmo problema ambiental.

### 3.3.4. Considerações finais
Atendendo à interdependência ecológica do Mundo actual, é de particular importância a exigência de cooperação internacional avançada pelo Órgão de Recurso no caso *United States – Import Prohibition of Certain Shrimp and Shrimp*

---

[4551] Relatório do Órgão de Recurso no caso *United States – Import Prohibition of Certain Shrimp and Shrimp Products* (WT/DS58/AB/R), 12-10-1998, parágrafo 133.

[4552] Segundo ROBERT HOWSE, "as florestas tropicais e os seus ecossistemas têm "a global 'commons' or public good dimension", o que cria um "nexo suficiente". Cf. Robert HOWSE, *Back to Court After Shrimp/Turtle? Almost but not Quite Yet: India's Short Lived Challenge to Labor and Environmental Exceptions in the European Union's Generalized System of Preferences*, in American University International Law Review, 2003, pp. 1376-1377.

[4553] Por vezes, somente as restrições ao consumo deverão ser tomadas em consideração. Por exemplo, não existindo florestas tropicais na Comunidade Europeia, somente as restrições ao consumo no interior da Comunidade de produtos derivados de tais florestas deverão ser tomadas em consideração.

A FUNÇÃO JURISDICIONAL NO SISTEMA GATT/OMC

*Products*. Tal exigência é reconhecida no princípio 12 da Declaração do Rio e em vários tratados internacionais de protecção do ambiente (por exemplo, no art. 5º da Convenção sobre Diversidade Biológica)[4554] e alguns autores defendem mesmo que ela resulta do direito consuetudinário internacional[4555].

Significativamente, na sequência do primeiro caso que se debruçou abertamente sobre a doutrina do "produto/processo" (o caso *Tuna-Dolphin I*), foi

[4554] Nos termos do princípio 12 da Declaração do Rio sobre Ambiente e Desenvolvimento: "Os Estados deverão cooperar para promover um sistema económico aberto e de suporte, que conduza ao crescimento económico e ao desenvolvimento sustentável em todos os países, de forma a melhor ponderar os problemas de degradação ambiental. As medidas de política comercial com objectivos ambientais não deverão constituir um meio de discriminação arbitrária ou injustificável nem uma restrição disfarçada ao comércio internacional. Deverão evitar-se acções unilaterais tendo em vista a resolução dos desafios ambientais fora da área da jurisdição do país importador. As medidas de carácter ambiental, que digam respeito a problemas ambientais transfronteiriços ou mundiais, deverão, tanto quanto possível, basear-se num consenso internacional".
Muito embora a Declaração do Rio não exclua por completo o recurso a medidas unilaterais, ela dá clara preferência à cooperação internacional, o que não surpreende. As restrições comerciais unilaterais permitem a um país ou grupo de países impor os seus valores a outros países, pelo que o recurso a esse tipo de medidas só será admissível perante a ameaça de um dano imediato, sério e irreparável. Ainda segundo ROBERT HOWSE, só é possível aplicar medidas unilaterais se um país recusar negociar de boa fé uma solução cooperativa para problemas comuns (Cf. Robert HOWSE, *The Appellate Body Rulings in the Shrimp/Turtle Case: A New Legal Baseline for the Trade and Environment Debate*, in Columbia Journal of Environmental Law, 2002, p. 506). A Declaração do Rio resultou da Conferência das Nações Unidas sobre Ambiente e Desenvolvimento, mais conhecida por Cimeira da Terra, realizada em Junho de 1992, no Rio de Janeiro, que, entre outras coisas, aprovou a agenda 21, um plano mundial que visa o "desenvolvimento sustentável", conduziu a quatro novos tratados internacionais sobre alterações climáticas, diversidade biológica, desertificação e pesca no alto mar, criou a Comissão das Nações Unidas sobre Desenvolvimento Sustentável, com o objectivo de acompanhar a aplicação dos acordos do Rio e servir de fórum permanente de negociação da política mundial nos domínios do ambiente e do desenvolvimento (o texto da Declaração do Rio pode ser encontrado in ILM, vol. XXXI, 1992, pp. 876-880). Em termos de valor, a Declaração do Rio sobre Ambiente e Desenvolvimento é talvez o instrumento intergovernamental que expõe mais de perto os princípios do direito do ambiente, mas é claramente não vinculativo e somente as disposições que são costume internacional serão vistas como vinculativas (cf. John JACKSON e Edith Brown WEISS, The Framework for Environment and Trade Disputes, in *Reconciling Environment and Trade*, John Jackson e Edith Brown Weiss ed., Transnational Publishers, Ardsley-Nova Iorque, 2001, p. 12). Por exemplo, o Tribunal Internacional de Justiça declarou na Opinião proferida no caso *Legality of the Threat or Use of Nuclear Weapons* que "a existência da obrigação geral dos Estados de assegurar que as actividades dentro da sua jurisdição e controlo respeitam o ambiente de outros Estados ou de áreas fora do controlo nacional é parte actualmente do corpo do direito internacional relativo ao ambiente". Cf. TRIBUNAL INTERNACIONAL DE JUSTIÇA, *Legality of the Threat or Use of Nuclear Weapons*, Parecer Consultivo de 8-7-1996, parágrafo 29.
[4555] Meinhard HILF, *Libertad del comercio mundial contra protección del medio ambiente?*, in Revista Electrónica de Estudios Internacionales, nº 1, 2000, p. 14.

1618

A EFICÁCIA DO SISTEMA DE RESOLUÇÃO DE LITÍGIOS DA OMC

celebrado em 1992 um Acordo para a Redução da Mortalidade de Golfinhos na zona oriental do Pacífico, no qual participam os próprios Estados Unidos e o México[4556]. O Acordo foi implementado com tanto êxito que alguns cientistas observam que a zona oriental do Oceano Pacífico é actualmente o lugar do Mundo onde se pesca atum mais seguro para os golfinhos[4557].

A questão da cooperação internacional é tanto mais importante quando sabemos que os países em desenvolvimento alegam, muitas vezes, que os países industrializados beneficiaram de décadas ou mesmo de séculos de ausência de regras de protecção do ambiente[4558]. Mesmo nos dias de hoje, muitos dos problemas ambientais existentes a nível mundial resultam de acções levadas a cabo sobretudo nos países ricos, nomeadamente, o mais importante problema ambiental da actualidade (o aquecimento global)[4559].

[4556] O texto do *Agreement for the Reduction of Dolphin Mortality in the Eastern Pacific Ocean* pode ser encontrado in ILM, vol. XXXIII, 1994, pp. 936-942.

[4557] Mitsuo MATSUSHITA, Thomas SCHOENBAUM e Petros MAVROIDIS, *The World Trade Organization: Law, Practice, and Policy*, Oxford University Press, 2003, p. 465.

[4558] Daí o princípio nº 7 da Declaração do Rio, de 1992, dizer que "os Estados devem cooperar num espírito de parceria mundial com vista a preservar, proteger e recuperar a saúde e a integridade do ecossistema terrestre. *Os Estados têm responsabilidades comuns embora diferenciadas, tendo em conta os diferentes contributos para a degradação do ambiente, a nível mundial*" (itálico aditado). O chamado princípio das responsabilidades comuns embora diferenciadas encontra-se consagrado, por exemplo, no art. 3º, nº 1, da Convenção Quadro sobre Alterações Climáticas de 9 de Maio de 1992: "as Partes Contratantes devem proteger o sistema climático para benefício das gerações presentes e futuras da humanidade, com base na equidade e de acordo com as suas responsabilidades comuns mas diferenciadas e com as respectivas capacidades. Assim, as Partes constituídas por países desenvolvidos devem tomar a liderança no combate à alteração climática e aos seus efeitos adversos". Há mesmo quem considere que o princípio das responsabilidades comuns embora diferenciadas pode ser caracterizado actualmente "como um princípio de direito ou um princípio fundamental do direito internacional do ambiente" (cf. Yoshiro MATSUI, *Some Aspects of the Principle of "Common but Differentiated Responsibilities"*, in International Environmental Agreements: Politics, Law and Economics, 2002, p. 166). Também no âmbito da OMC, o princípio das responsabilidades comuns embora diferenciadas já foi referido, designadamente num relatório de um Painel: "o Painel exorta a Malásia e os Estados Unidos a cooperarem plenamente, a fim de concluírem o mais cedo possível um acordo que permita proteger e conservar as tartarugas marinhas, para satisfação de todos os interesses em causa, e tendo em conta o princípio de que os Estados têm responsabilidades comuns mas diferenciadas na conservação e protecção do ambiente". Cf. Relatório do Painel no caso *United States – Import Prohibition of Certain Shrimp and Shrimp Products, Recourse to Article 21.5 by Malaysia* (WT/DS58/RW), 15-6-2001, parágrafo 7.2.

[4559] A respeito da protecção da camada de ozono, problema que afecta todos os países da comunidade internacional, é interessante verificar que os países desenvolvidos não mostram nenhuma relutância em assistir técnica e financeiramente os países em desenvolvimento. De facto, no âmbito do Protocolo de Montreal relativo às Substâncias Prejudiciais à Camada de Ozono, foi criado o chamado "Fundo Multilateral", resultante de contribuições dos países desenvolvidos, para ajudar

A FUNÇÃO JURISDICIONAL NO SISTEMA GATT/OMC

## 4. O Grau de Contestação
### 4.1. Introdução
Os membros da OMC descontentes com uma determinada conclusão ou reco-mendação de um painel ou do Órgão de Recurso assinalam usualmente a sua dis-cordância através de uma declaração diplomática feita numa reunião do Órgão de Resolução de Litígios. Mas, o facto de uma determinada conclusão ou recomen-dação constante do relatório de um painel ou do Órgão de Recurso ser criticada ou a recusa de um Membro da OMC em executar as decisões e recomendações do Órgão de Resolução de Litígios não significa, em si mesmo, que a análise do caso pelos órgãos de adjudicação da OMC tenha sido deficiente[4560]. Qualquer avaliação é, por definição, subjectiva e a complexidade dos litígios internacionais permite que seja sempre possível justificar mais do que uma conclusão e, por isso, os críticos podem encontrar permanentemente algo "to object to"[4561].

Atendendo ao funcionamento do novo sistema de resolução de litígios da OMC até meados de 2010, o primeiro aspecto a destacar é o da ausência "of *collective* reaction by principals", facto que pode ser interpretado como um sinal de aprovação tácita da jurisprudência da OMC[4562]. Só muito raramente, alguns membros da OMC colocaram em causa o trabalho desenvolvido quer pelos pai-néis, quer pelo Órgão de Recurso, tendo as situações mais controversas ocorrido nos casos *United States – Import Prohibition of certain Shrimp and Shrimp Products*

---

os países em desenvolvimento a implementarem as medidas de controlo impostas pelo Protocolo. O Fundo Multilateral funciona sob a autoridade do chamado Comité Executivo e recorre a diversas organizações internacionais (por exemplo, o Banco Mundial, o Programa das Nações Unidas para o Meio Ambiente, a Organização das Nações Unidas para o Desenvolvimento Industrial) para levar a cabo os projectos que financia. Até 2001, o Fundo Multilateral tinha já distribuído mais de um bilião de dólares em financiamentos de projectos destinados a eliminar a utilização de tecnologias e substâncias prejudiciais à camada de ozono nos países em desenvolvimento. Cf. OMC, *Compliance and Dispute Settlement Provisions in the WTO and in Multilateral Environmental Agreements – Note by the WTO and UNEP Secretariats* (WT/CTE/W/191), 6-6-2001.

[4560] No caso *United States – Import Prohibition of certain Shrimp and Shrimp Products*, por exemplo, as partes que venceram o litígio criticaram o relatório do Órgão de Recurso ao passo que os Estados Unidos, a parte vencida "welcomed" o relatório e solicitou a sua adopção. Cf. Arthur APPLETON, *Shrimp/Turtle: Untangling the Nets*, in JIEL, 1999, p. 478.

[4561] J. G. MERRILLS, *International Dispute Settlement*, 4ª ed., Cambridge University Press, 2005, p. 330.

[4562] Petros MAVROIDIS, Licence to Adjudicate: A Critical Evaluation of the Work of the WTO Appellate Body So far, in *Trade Disputes and the Dispute Settlement Understanding of the WTO: An Interdisciplinary Assessment*, Frontiers of Economics and Globalization, Volume 6, Ed. James C. Har-tigan, Emerald Group, 2009, p. 81.

A EFICÁCIA DO SISTEMA DE RESOLUÇÃO DE LITÍGIOS DA OMC

e *European Communities – Measures Affecting Asbestos and Asbestos Containing Products*[4563].

No primeiro caso, ao reclamar a discricionariedade para aceitar comunicações *amicus curiae*, o Órgão de Recurso abre caminho à entrada das preocupações da sociedade civil no sistema de resolução de litígios da OMC[4564] e, sendo a voz da sociedade civil nos dias de hoje uma realidade incontornável no âmbito das relações económicas internacionais, defende-se que:

> "In its *Shrimp-Turtle* report, the WTO's Appellate Body held for the very first time that both the Appellate Body and the panels had legal authority to accept *amicus* briefs submitted by non-governmental organizations. This was widely celebrated as an important doctrinal breakthrough, and heralded as the sort of doctrinal evolution necessary if the WTO is to successfully address concerns over its legitimacy"[4565].

Todavia, contrariando o direito exclusivo de interpretação consagrado no nº 2 do art. IX do Acordo OMC, o Órgão de Recurso adopta na verdade uma nova interpretação do art. 13º do Memorando de Entendimento sobre Resolução de Litígios. Embora esta disposição permita aos painéis procurar informação, ela parece impedi-los de considerarem informação não solicitada.

No segundo caso, a iniciativa do Órgão de Recurso de adoptar um procedimento adicional para aceitação de comunicações *amicus curiae* deu lugar a uma imensa polémica entre os membros da OMC, tendo alguns chegado mesmo a propor que o Presidente do Órgão de Recurso, Florentino Feliciano, deveria renunciar[4566].

Ou seja, estava em causa em ambos os casos o papel das organizações não governamentais no desenvolvimento do sistema comercial multilateral.

### 4.2. O Caso das Organizações Não Governamentais

Como seria de esperar, o sistema comercial multilateral baseado nos acordos da OMC tem despertado grande interesse junto da sociedade civil, sobretudo junto das chamadas organizações não governamentais. Entre os factores que levam a um maior interesse, podemos apontar a aplicação das normas do sistema comercial multilateral a políticas nacionais fundadas em interesses tão legítimos

---

[4563] Donald McRae, *Measuring the Effectiveness of the WTO Dispute Settlement System*, in Asian Journal of WTO and International Health Law and Policy, Vol. 3, 2008, p. 3.

[4564] Shoaib Ghias, *A Theoretical and Political Analysis of the WTO Appellate Body*, in Berkeley Journal of International Law, 2006, pp. 535-536.

[4565] Jeffrey Dunoff, *The WTO's Legitimacy Crisis: Reflections on the Law and Politics of WTO Dispute Resolution*, in American Review of International Arbitration, 2002, p. 200.

[4566] Jochem Wiers, *Responsible Decision-makers, Do It Yourself: The Panel Report in the Asbestos Case*, in Legal Issues of Economic Integration, 2001, p. 119.

1621

A FUNÇÃO JURISDICIONAL NO SISTEMA GATT/OMC

como a protecção do ambiente ou da saúde, bem como a criação de um sistema de resolução de litígios de jurisdição compulsória, cujas decisões são adoptadas automaticamente por força da regra do consenso negativo e que pode levar, inclusivamente, à aplicação de pesadas sanções comerciais aos países faltosos.

O facto de o sistema de resolução de litígios da OMC ser automático, rápido e eficaz e poder levar à aplicação de sanções económicas implica que a OMC "will often 'attract' jurisdiction"[4567]. Veja-se, por exemplo, os casos da Convenção de Paris para a Protecção da Propriedade Industrial e da Convenção de Berna para a Protecção das Obras Literárias e Artísticas. Ambas as convenções estabelecem que qualquer litígio relativo à interpretação e aplicação das convenções pode ser levado ao Tribunal Internacional de Justiça (artigos e 28º e 33º, respectivamente), mas tal nunca aconteceu[4568]. Em contraste, desde que as disposições básicas das convenções de Paris e Berna foram incorporadas por referência no Acordo sobre os Aspectos dos Direitos de Propriedade Intelectual Relacionados com o Comércio (conhecido vulgarmente por Acordo TRIPS), já vários litígios relativos a ambas as convenções foram dirimidos no âmbito do sistema de resolução de litígios da OMC.

Importa, assim, descrever e analisar os argumentos mais importantes invocados por muitos membros da OMC contra a participação dos *amici*.

### 4.2.1. A natureza intergovernamental da OMC

Muitos membros da OMC defendem que os painéis e o Órgão de Recurso não devem aceitar informação não solicitada de organizações não governamentais, porquanto a abertura do sistema de resolução de litígios aos actores não estaduais alteraria a natureza intergovernamental e poria em causa os direitos reconhecidos às partes em litígio e às partes terceiras. Por exemplo, na sequência do caso *United States – Imposition of Countervailing Duties on Certain Hot-Rolled Lead and Bismuth Carbon Steel Products Originating in the United Kingdom*, Hong Kong observou o seguinte:

> "Para justificar o seu direito, o Órgão de Recurso baseou-se na sua interpretação do nº 9 do artigo 17º do Memorando de Entendimento sobre Resolução de Litígios. Todavia, aquela disposição diz respeito unicamente aos procedimentos relativos à fase

---

[4567] Gabrielle MARCEAU, *Conflicts of Norms and Conflicts of Jurisdictions: The Relationship between the WTO Agreement and MEAs and other Treaties*, in JWT, 2001, p. 1109.

[4568] Ernst-Ulrich PETERSMANN, La Proliferación y Fragmentación de los Mecanismos de Solución de Controversias en el Comercio Internacional: Los Procedimientos de Solución de Diferencias de la OMC y los Mecanismos de Solución Alternativa de Controversias, in *Solución de Controversias Comerciales Inter-Gubernamentales: Enfoques Multilaterales y Regionales*, Julio Lacarte e Jaime Granados ed., Banco Interamericano de Desarrollo, 2004, p. 311.

1622

# A EFICÁCIA DO SISTEMA DE RESOLUÇÃO DE LITÍGIOS DA OMC

de recurso e permite ao Órgão de Recurso definir os seus procedimentos de trabalho ao abrigo de certas condições. Por conseguinte, as questões a serem consideradas neste contexto têm de ser processuais. No entanto, a aceitação pelo Órgão de Recurso de comunicações *amicus curiae* não constitui uma questão processual mas sim uma questão substantiva. Ela afecta o carácter intergovernamental da OMC assim como os direitos e obrigações dos Membros"[4569].

Como sintetiza BRIGITTE STERN, "it is the entire philosophy of international trade dispute settlement that is at stake"[4570].

Constitui uma realidade inegável, no entanto, que a maioria das queixas apresentadas junto do sistema de resolução de litígios da OMC correspondem a conflitos entre operadores económicos concretos. Apesar de vários dos acordos da OMC falarem em "membro importador" e "membro exportador", como se fossem os governos a realizar as trocas comerciais (por exemplo, os artigos 2º, nº 5, 4º, nº 2, 6º, nº 11, do Acordo sobre a Aplicação do Artigo VI do GATT de 1994; artigos 2º, nº 12, e 5º, nº 9, do Acordo sobre os Têxteis e o Vestuário; artigos 15º, nº 2, 18º, nº 5, e 27º, nº 10, do Acordo sobre as Subvenções e as Medidas de Compensação) e de só os membros da OMC gozarem do direito de acesso ao sistema de resolução de litígios, os factos mostram que o sistema GATT/OMC não é totalmente indiferente aos interesses dos particulares. Como nota o painel do caso *United States – Sections 301-310 of the Trade Act of 1974*:

> **7.72.** (...) Nem o GATT nem o Acordo OMC foram, até ao momento, interpretados pelos respectivos órgãos como constituindo uma ordem jurídica que produz efeitos directos. Assim sendo, o sistema GATT/OMC *não* criou uma nova ordem jurídica cujos sujeitos são as partes contratantes ou os Membros e os respectivos nacionais.
>
> **7.73.** Todavia, seria completamente errado pensar que a situação dos particulares não tem qualquer relevância no quadro jurídico do sistema GATT/OMC. Muitas das vantagens que se espera venham a resultar para os membros em resultado da aceitação das diversas disciplinas do sistema GATT/OMC dependem da actividade de operadores económicos nos mercados nacionais e mundiais. O propósito de grande partes dessas disciplinas, em boa verdade um dos objectivos primordiais do sistema GATT/

---

[4569] OMC, *Minutes of Meeting Held in the Centre William Rappard on 7 June 2000 – Dispute Settlement Body* (WT/DSB/M/83), 7-7-2000, parágrafo 15 (p. 5).

[4570] Brigitte STERN, The emergence of non-state actors in international commercial disputes through WTO Appellate Body case-law, in *The WTO at Ten: The Contribution of the Dispute Settlement System*, Ed. Giorgio Sacerdoti, Alan Yanovich e Jan Bohanes, Cambridge University Press, 2006, pp. 380-381.

A FUNÇÃO JURISDICIONAL NO SISTEMA GATT/OMC

OMC no seu conjunto, é criar condições de mercado que permitam a essas actividades individuais prosperar"[4571].

Além disso, muitos dos interesses em jogo nos litígios da OMC dizem respeito não apenas a concessões comerciais trocadas entre os governos nacionais, mas também a regras dos acordos da OMC que têm um impacto directo e profundo nos interesses dos operadores económicos, dos consumidores e da população em geral (por exemplo, o litígio relativo aos organismos geneticamente modificados). Logo, a possibilidade de apresentação de comunicações *amicus curiae* seria uma forma de compensar o acesso limitado e precário de que gozam os particulares junto do sistema de resolução de litígios da OMC. Paralelamente, nota SUNGJOON CHO:

> "The concept of legitimacy as an evaluative criterion for a polity or an institution can be defined both narrowly and broadly. A narrow definition mainly concerns formal procedures, such as ratification, while a broad one concerns 'societal acceptability' of the polity or institution. (...) The more one emphasizes the 'inter-governmental' nature of the WTO, the closer its legitimacy approaches a narrow view. According to this view, the WTO's legitimacy is attributed to that of WTO Members. If Member governments are legitimate, then the WTO should also be legitimate because these governments negotiated, signed, and ratified the WTO. Yet, that is not the end of the story, at least to those who cast doubts on the WTO's legitimacy. (...) Thanks to the 'global association revolution', new players like NGOs have recently been added to the global trading community, rendering the intergovernmental *ethos* less sustainable than before. At the same time, the success of GATT and the launch of WTO have generated high expectations among observers and pulled like a 'magnet' attention from a broad audience. This widening of the observer or stakeholder circle has led

---

[4571] Relatório do Painel no caso *United States – Sections 301-310 of the Trade Act of 1974* (WT/DS152/R), 22-12-1999, parágrafos 7.72-7.73. Ainda a respeito destes parágrafos, convém ter em conta o conteúdo da nota de rodapé 661 do relatório do Painel:
"Trata-se neste caso de uma declaração sobre uma questão de facto, que não supõe da nossa parte qualquer determinação sobre o fundo. Observamos que a questão de saber se existem circunstâncias em que as obrigações impostas aos Membros por um qualquer dos acordos da OMC criam para os particulares direitos que os tribunais nacionais devem salvaguardar pode permanecer em aberto".
O parágrafo 7.72 constitui uma referência óbvia às famosas observações feitas pelo Tribunal de Justiça das Comunidades Europeias no caso *Van Gend & Loos*: "the Community constitutes a new legal order ... and the subjects of which comprise not only Member States but also their nationals". Aliás, Joseph Weiler, profundo conhecedor da realidade comunitária, era um dos membros do painel que analisou o caso *United States – Sections 301-310 of the Trade Act of 1974*.

A EFICÁCIA DO SISTEMA DE RESOLUÇÃO DE LITÍGIOS DA OMC

to a shift in the dimension of WTO's legitimacy from a narrow to a broad one, which corresponds with acceptability by this extended society"[4572].

### 4.2.2. O texto do Memorando

De acordo com alguns membros da OMC, o nº 1 do art. 13º do Memorando de Entendimento sobre Resolução de Litígios não pode ser utilizado como base para a admissão de comunicações *amicus curiae* não solicitadas. O contexto do nº 1 do art. 13º do Memorando não apoia a interpretação extensiva desta disposição feita pelo Órgão de Recurso. Pelo contrário, várias disposições do Memorando favorecem a interpretação restritiva do verbo "procurar" ("to seek") realizada pelo Painel. O próprio art. 1º do Memorando de Entendimento sobre Resolução de Litígios, cuja epígrafe é "Âmbito", apesar de não excluir expressamente o *locus standi* das partes privadas, resulta claro da sua redacção que a resolução de litígios de acordo com o Memorando deve ter lugar exclusivamente entre os países e territórios aduaneiros autónomos membros da OMC. O art. 10º do Memorando de Entendimento sobre Resolução de Litígios não permite, também, a participação de países que não sejam membros da OMC, mesmo que estes tenham um interesse substancial numa questão em análise num painel, nem a participação de actores não estaduais. O único caso em que a participação directa de actores não estaduais é permitida, prende-se com o procedimento de exame independente previsto no art. 4º do Acordo sobre a Inspecção antes da Expedição[4573].

---

[4572] Sungjoon Cho, *A quest for WTO's legitimacy*, in WTR, 2005, pp. 392-393.

[4573] A chamada Entidade Independente foi estabelecida em Dezembro de 1995 pelo Conselho Geral da OMC, de acordo com o art. 4º do Acordo sobre a Inspecção antes da Expedição (cf. OMC, *Operation of the independent entity established under Article 4 of the agreement on preshipment inspection – Decision of 13 December 1995*, 1996 Press Releases, Press/9 February 1996), disposição que consagra o único procedimento de resolução de litígios da OMC aberto formalmente a partes privadas. A Entidade Independente entrou em funções no dia 1 de Maio de 1996, é constituída conjuntamente pela Câmara de Comércio Internacional (representando os exportadores), a Federação Internacional das Agências de Inspecção (representando as agências de inspecção antes da expedição) e a OMC, é administrada pela OMC (é um órgão subsidiário do Conselho do Comércio de Mercadorias), e tem por tarefa essencial resolver, de acordo com as disposições do Acordo sobre a Inspecção antes da Expedição, os litígios entre os exportadores e as agências de inspecção antes da expedição (em 2006, cerca de 32 governos, dos quais 28 membros da OMC, recorriam a agências de inspecção antes da expedição. Cf. Janet CHAKARIAN-RENOUF, *The WTO Independent Entity on Preshipment Inspection Receives its First Case for Review*, in Global Trade and Customs Journal, Volume 1, Nº 1, 2006, p. 30). Nos primeiros quinze anos de existência da OMC, apenas dois litígios foram submetidos à Entidade Independente, os dois envolvendo a empresa Alcatel CIT e a Société Générale de Surveillance. A decisão relativa ao primeiro litígio é de 2-11-2005 (G/PSI/IE/R/1), a segunda de 14-11-2006 (G/PSI/IE/R/2).

A FUNÇÃO JURISDICIONAL NO SISTEMA GATT/OMC

Muitos membros da OMC recordam, por último, que apenas eles podem alterar as regras do sistema de resolução de litígios (e por consenso), pelo que as conclusões do Órgão de Recurso que têm permitido a aceitação de comunicações *amicus curiae* não solicitadas equivalem não a uma interpretação legítima do Memorando, mas sim a "illegal rule-making", donde resulta uma violação dos artigos 3º, nº 2, e 19º, nº 2, do Memorando de Entendimento sobre Resolução de Litígios. A Índia defende mesmo que:

> "Se os governos souberem que os seus organismos não governamentais têm mais uma oportunidade de influenciar o sistema de resolução de litígios [através da apresentação de comunicações *amicus curiae*], então (...) pode inclusive haver consequências para o cumprimento [das decisões e recomendações do Órgão de Resolução de Litígios] pelos próprios governos"[4574].

Assim, ao permitir a participação de particulares no sistema de resolução de litígios da OMC por sua própria iniciativa através da apresentação de comunicações *amicus curiae*, o Órgão de Recurso enfraquece claramente o direito de os Membros da OMC decidirem sobre o papel que os particulares podem desempenhar no sistema de resolução de litígios da OMC.

Não obstante a oposição da maioria dos membros da OMC, a aceitação e a apreciação de comunicações *amicus curiae* pelos painéis e Órgão de Recurso constituem um aspecto essencial da faculdade inerente a todo o órgão de resolução de litígios de aceder a toda a informação potencialmente relevante para a resolução dos litígios da melhor maneira possível[4575]. De acordo com ROBERT HOWSE:

> "There is a wide range of domestic and international practice that suggests, in contemporary circumstances, that the discretion to consider such [*amicus curiae*] briefs has become widely (if not entirely universally) assumed as an appropriate judicial right, implicit in the function of the tribunal to make a judgement having heard all the relevant facts and arguments"[4576].

A possibilidade de apresentação de comunicações *amicus curiae* pode assim providenciar uma medida de justiça processual, ou pelo menos o acesso, a pes-

---

[4574] OMC, *Minutes of Meeting (General Council) Held in the Centre William Rappard on 22 November 2000* (WT/GC/M/60), 23-1-2001, parágrafo 38.

[4575] Por exemplo, DINAH SHELTON defende que "all courts probably have the inherent power to request anyone to assist their deliberations or to refuse volunteers". Cf. Dinah SHELTON, *The Participation of Nongovernmental Organizations in International Judicial Proceedings*, in AJIL, 1994, p. 617.

[4576] Robert HOWSE, The legitimacy of the World Trade Organization, in *The Legitimacy of International Organizations*, J.-M. Coicaud e V. Heiskanen (eds.), United Nations University Press, Nova Iorque-Tóquio, 2001, p. 382.

1626

# A EFICÁCIA DO SISTEMA DE RESOLUÇÃO DE LITÍGIOS DA OMC

soas ou entidades que não podem ser partes de um litígio a dirimir por um tribunal internacional, mas cujos interesses podem ser afectados pela decisão deste último[4577] e ser indispensável à concretização da obrigação de o painel "fazer uma apreciação objectiva da questão que lhe foi colocada" (art. 11º do Memorando de Entendimento sobre Resolução de Litígios)[4578]. Os *amici* podem, por exemplo, apresentar argumentos que as partes não querem apresentar por razões políticas ou de ordem estratégica[4579].

E, de facto, a aceitação e consideração de comunicações *amicus curiae* é prática habitual de alguns dos mais importantes tribunais internacionais[4580]. Tribunais como o Tribunal Penal Internacional para a antiga Jugoslávia, o Tribunal Penal Internacional para o Ruanda, o Tribunal Europeu dos Direitos do Homem e o Tribunal Penal Internacional possuem expressamente o poder de aceitar comunicações *amicus curiae* e outros têm criado esse direito através da sua própria juris-

---

[4577] Segundo LANCE BATHOLOMEUSZ, "*amici* have fulfilled this function in WTO proceedings (Panel: *Australia – Salmon*: "Concerned Fishermen and Processors" from South Australia)". Cf. Lance BATHOLOMEUSZ, *The Amicus Curiae before International Courts and Tribunals*, in Non State Actors and International Law, 2005, p. 279.

[4578] A.L.C. de MESTRAL e M. AUERBACH-ZIOGAS, A Proposal to Introduce an Advocate General's Position into WTO Dispute Settlement, in *Law in the Service of Human Dignity – Essays in Honour of Florentino Feliciano*, Steve Charnovitz, Debra Steger e Peter van den Bossche Ed., Cambridge University Press, 2005, p. 174.

[4579] Ao mesmo tempo, convém ter presente que as organizações não governamentais não necessitam de provar a veracidade das suas declarações, que o ónus de refutar tais declarações cabe às partes em litígio prejudicadas pelas mesmas (cf. Asif QURESHI, *Extraterritorial Shrimps, NGOs and the WTO Appellate Body*, in ICLQ, Vol. 48, 1999, p. 205) e não aos painéis:

"At least one party must respond to arguments stemming from a private person or entity which does not have the rights and obligations of a WTO Member and therefore has no standing before the WTO. In other words, the acceptance of a submission from a non-state actor affects the balance between the parties to the dispute settlement and becomes a question of due process". Cf. Georg UMBRICHT, *An 'Amicus Curiae Brief' on Amicus Curiae Briefs at the WTO*, in JIEL, 2001, p. 779.

[4580] Segundo GABRIELLE MARCEAU e MATTHEW STILWELL:

"the statutes and rules of international tribunals illustrates a wide spectrum of involvement and participation by non-State actors in international dispute settlement. In some international tribunals, NGOs have significant rights of participation; in others, opportunities to be involved are minimal, or non-existent. A greater level of involvement occurs in international tribunals such as the Human Rights bodies, the World Bank Inspection Panel, and the International Criminal Court. These tribunals provide fairly considerable rights of participation to non-State actors, including in some cases the right to initiate proceedings, or provide independent evidence as *amicus curiae*". Cf. Gabrielle MARCEAU e Matthew STILWELL, *Practical Suggestions for Amicus Curiae Briefs before WTO Adjudicating Bodies*, in JIEL, 2001, pp. 174-175.

A FUNÇÃO JURISDICIONAL NO SISTEMA GATT/OMC

prudência (por exemplo, os tribunais do NAFTA e do Centro Internacional para a Resolução de Diferendos relativos a Investimentos)[4581].

Desde os anos noventa, os *amici curiae* ganharam maior proeminência junto das jurisdições internacionais e, com a crescente influência dos actores não estaduais no plano internacional, é provável que tal tendência se mantenha[4582]. Mesmo no caso do Tribunal Internacional de Justiça, órgão que ao longo da sua existência somente uma vez, no caso *Gabcikovo-Nagymaros*, aceitou (informalmente) observações de uma organização não governamental[4583], deu-se em Julho

---

[4581] Christian LEATHLEY, *An Institutional Hierarchy to Combat the Fragmentation of International Law: Has the ILC Missed an Opportunity?*, in New York University Journal of International Law and Politics, 2007, p. 299. No caso do Tribunal Permanente de Justiça Internacional, NICOLAS LEROUX observa que:

[4582] "only four cases involved private international organizations in the entire history of the Permanent Court of International Justice. We found these 4 cases of participation of private organizations out of a total of 27 advisory proceedings that took place before the Permanent Court of International Justice from 1922 to 1940. NGOs were allowed to present arguments, either in writing or orally (cf. Nicolas LEROUX, *NGOs at the World Court: Lessons from the past*, in International Community Law Review, 2006, p. 207),

Mais exactamente, "every private international organization that we encountered in Permanent Court of International Justice proceedings was a trade union, admitted to participate in proceedings involving the International Labour Organization". Cf. *Idem*, p. 208.

Lance BATHOLOMEUSZ, *The Amicus Curiae before International Courts and Tribunals*, in Non-State Actors and International Law, 2005, p. 285.

[4583] *Idem*, p. 215. De acordo com MARKUS BENZING:

"While the International Court of Justice accepted an *amicus curiae* brief in the *South West Africa* opinion [1950], it rejected such a possibility in the contentious *Asylum* case [1950]. The Court justified this change in approach with the difference in wording between article 66(2) and (4) International Court of Justice Statute on the one hand and article 34(2) International Court of Justice Statute on the other. While article 66 speaks of 'international organisation' in the context of advisory proceedings, article 34(2) of the Statute limits the Courts power to receive material from non-parties to 'public international organisations'. Ever since, amicus curiae submissions have been rejected. In the *Legality of the Use of Nuclear Weapons* advisory opinion, the written remarks made by an NGO did not become part of the dossier, but were made available to the judges in the Court's library. (...) Moreover, individuals cannot act as *amici curiae*. The Registrar of the International Court of Justice replied to an application in the *Namibia* advisory opinion that the explicit mentioning of 'organisation' in article 66 of the International Court of Justice Statute was exhaustive and consciously excluded natural persons. Thus, according to the procedural law of the International Court of Justice as it stands, only NGOs can make *amicus curiae* submissions, but even they are limited to advisory proceedings". Cf. Markus BENZING, *Community Interests in the Procedure of International Courts and Tribunals*, in The Law and Practice of International Courts and Tribunals, 2006, p. 402.

Apesar da recusa verificada, é importante fazer uma breve referência ao caso *Asylum (Colombia v. Peru)* de 1950. Os trabalhos preparatórios relativos ao nº 2 do art. 34º do Estatuto do Tribunal Internacional de Justiça mostram que o comité responsável pela sua redacção quis incluir apenas

## A EFICÁCIA DO SISTEMA DE RESOLUÇÃO DE LITÍGIOS DA OMC

de 2004 um passo importante no sentido de uma maior abertura, com a adopção da Instrução de Processo XII,

"the first provision ever in the history of the World Court dealing explicitly with the participation of non-governmental organizations, *i.e.* explicitly mentioning private international organizations as being potentially relevant to the work of the Court outside of the expert/witness-calling system at article 50 of the Statute"[4584].

Não implicando qualquer alteração ao Estatuto do Tribunal, consubstanciando sim o resultado de uma adaptação constante dos métodos de funcionamento, a Instrução XII dispõe que.

"1. Sempre que uma organização não governamental apresenta, por sua iniciativa própria, uma declaração escrita e/ou um documento no âmbito de um procedimento consultivo, essa declaração e/ou esse documento não devem ser considerados como fazendo parte do registo do caso.

2. Tais declarações escritas e/ou documentos devem ser tratadas como publicações prontamente acessíveis e podem, em consequência, ser mencionados pelos Estados e organizações intergovernamentais que apresentem declarações escritas ou orais no caso da mesma maneira que as publicações no domínio público.

3. As declarações escritas e/ou os documentos submetidos pelas organizações não governamentais deverão ser colocados numa sala do Palácio da Paz designada para este efeito. Todos os Estados e organizações intergovernamentais que apresentem declarações escritas ou orais ao abrigo do artigo 66º dos Estatutos serão informados do local onde podem consultar as declarações escritas e/ou documentos submetidos pelas organizações não governamentais"[4585].

Com a adopção desta Instrução de Processo, o Tribunal Internacional de Justiça reconhece que as organizações não governamentais podem ter interesse em apresentar observações no contexto de um parecer consultivo, convida-as a apresentarem comunicações e estabelece formalmente relações com as organi-

---

as organizações compostas por Estados, atirando fora qualquer possibilidade de as organizações não governamentais apresentarem argumentos ao Tribunal Internacional de Justiça nos procedimentos contenciosos. Ora, a relevância do caso *Asylum* para o que nos interessa abordar prende-se precisamente com o facto de uma organização não governamental (a *League for the Rights of Man*) ter tentado submeter comunicações ao Tribunal precisamente no caso *Asylum*, sustentando que o termo "públicas" constante do nº 2 do art. 34º se referia à natureza do interesse prosseguido por uma organização. Cf. Nicolas Leroux, *NGOs at the World Court: Lessons from the past*, in International Community Law Review, 2006, p. 211.

[4584] *Idem*, p. 218.

[4585] O texto da Instrução de Processo XII pode ser encontrado in http:www.icj-cij.org.

A FUNÇÃO JURISDICIONAL NO SISTEMA GATT/OMC

zações não governamentais. A Instrução de Processo XII nada diz, todavia, sobre a possibilidade da abordagem do Tribunal Internacional de Justiça ser aplicável igualmente aos casos contenciosos[4586].

A experiência do Tribunal Interamericano de Direitos Humanos e da Comissão Africana de Direitos Humanos e dos Povos demonstra, também, que a decisão de aceitar comunicações *amicus curiae* não é necessariamente contrária aos interesses e à cultura jurídica dos países em desenvolvimento[4587].

É interessante verificar, por fim, que as conclusões do Órgão de Recurso em matéria de comunicações *amicus curiae* têm um impacto cada vez maior sobre a jurisprudência de outras organizações internacionais. Por exemplo, no famoso caso *Methanex*, suscitado ao abrigo do capítulo XI do NAFTA, o tribunal arbitral concluiu que dispunha do poder de aceitar comunicações *amicus curiae* de particulares, apesar de o tratado ser omisso a esse respeito. Segundo o tribunal arbitral:

> "A prática da Organização Mundial do Comércio demonstra que o âmbito de um poder processual pode ser estendido à recepção de comunicações escritas de terceiros não partes, mesmo num procedimento judicial respeitante a direitos e obrigações de partes estaduais"[4588].

### 4.2.3. A questão da legitimidade

Alguns membros da OMC suspeitam das organizações não governamentais por causa da pouca transparência da agenda e do modo de funcionamento e financiamento de muitas delas. O seu grau de representatividade e legitimidade é menor que o de governos eleitos democraticamente[4589]. É precisamente por não serem responsáveis ante o eleitorado que as organizações não governamentais podem advogar, muitas vezes, posições extremas, que acabam por cativar a atenção dos *media*. É difícil controlar a justeza de muitas declarações e relatórios das

---

[4586] Dinah SHELTON, *The International Court of Justice and Nongovernmental Organizations*, in International Community Law Review, 2007, p. 140.

[4587] Robert HOWSE e Susan ESSERMAN, *The WTO on Trial*, in Foreign Affairs, January/February 2003, pp. 134-135.

[4588] NAFTA, *Decision of the Tribunal on Petition from Third Persons to Intervene as "Amici Curiae"*, caso Methanex Corporation and the United States of America, Janeiro de 2001, parágrafo 33, in World Trade and Arbitration Materials, vol. 13, nº 3, 2001, pp. 95-120. Sobre esta decisão, ver Howard MANN, *Opening the Doors, at Least a Little: Comment on the Amicus Decision in Methanex v. United States*, in Review of European Community & International Environmental Law, 2001, pp. 241-245.

[4589] As organizações não governamentais "typically advocate a relatively narrow set of interests, in contrast to national governments, which typically make policy after balancing all of society's interests". Cf. Jeffrey DUNOFF, *The Misguided Debate over NGO Participation at the WTO*, in JIEL, 1998, p. 438.

1630

## A EFICÁCIA DO SISTEMA DE RESOLUÇÃO DE LITÍGIOS DA OMC

organizações não governamentais criticando algumas empresas multinacionais e que levam, muitas vezes, ao boicote de certos produtos e empresas por parte dos consumidores[4590].

Ao mesmo tempo, há que ter em conta que a introdução da responsabilidade eleitoral das organizações internacionais não constitui uma opção viável e, por isso, a participação das organizações não governamentais pode ser particularmente importante para a legitimidade da OMC. Por um lado, as organizações não governamentais defendem geralmente valores não associados directamente ao comércio internacional, como a protecção do ambiente e a defesa dos direitos laborais. Trata-se de um aspecto salientado, por exemplo, pela chamada Comissão Warwick:

> "The Commission urges panels and the Appellate Body to be more open to the submission and consideration of *amicus curiae* briefs by non-state actors, including civil society. Permitting non-state actors to participate in this way has the benefit of enriching the nature and quality of information that panelists have when considering disputes and of contributing to the transparency of dispute resolution processes. Such briefs may have a particular value in disputes that involve conflicts between economic and non-economic values"[4591].

Por outro lado:

> "Although the notion of a global *demos* seems implausible, there are elements of democracy that can be realized, at least partially, at the global level, by facilitating greater access to WTO processes for non-governmental actors and more transparency and deliberation within those processes – not so much with view to creating eventually a world democracy, but rather to enhancing the connection between WTO decision-making and domestic processes of accountability"[4592].

---

[4590] Por exemplo, por causa da má publicidade, o preço das acções da Nike, empresa norte-americana de material desportivo, caiu 19% entre 1996 e 2000. Cf. Kimberly Ann ELLIOTT e Richard FREEMAN, *Can Labor Standards Improve under Globalization?*, Institute for International Economics, Washington, DC, 2003, p. 40.

[4591] COMISSÃO WARWICK, *The Multilateral Trade Regime: Which Way Forward? The Report of the First Warwick Commission*, The University of Warwick, 2007, p. 33.

[4592] Robert HOWSE e Kalypso NICOLAÏDIS, Legitimacy through "Higher Law"? Why Constitutionalizing the WTO Is a Step Too Far, in *The Role of the Judge in International Trade Regulation: Experience and Lessons for the WTO*, Thomas Cottier e Petros Mavroidis ed., Studies in International Economics – The World Trade Forum, volume 4, The University of Michigan Press, 2003, p. 311. Ainda segundo um outro autor, "international organizations have 'democratized' international lawmaking at least to the extent that they have encouraged the participation of more states, not merely the 'civilized' ones, as well as nonstate actors, in the production of international rules". Cf. José ALVAREZ, *International Organizations: Then and Now*, in AJIL, 2006, p. 332.

A FUNÇÃO JURISDICIONAL NO SISTEMA GATT/OMC

Há quem invoque, no entanto, a necessidade de aumentar a transparência das actividades das organizações não governamentais, porquanto:

"Notwithstanding the increased influence and power on the global scene of NGOs such as Amnesty International, Oxfam, Greenpeace or the Sierra Club, NGOs are not subject to any global regulations other than their own internal rules"[4593].

Até por causa das conclusões de um estudo tornado público em 2003:

"Information on the WTO's trade activities is excellent. (The executive body is the most transparent of all of the inter-governmental organisations in this study [Organização Mundial do Comércio, Banco de Pagamentos Internacionais, Organização para a Cooperação e Desenvolvimento Económicos, Banco Mundial e Alto Comissariado das Nações Unidas para os Refugiados], with draft papers, minutes and summaries readily available. (...) The WTO is only one of two inter-governmental organisations that publishes its entire website in more than one language, in this case French and Spanish"[4594].

Na verdade, 99,6% dos documentos da OMC produzidos em 1999 foram tornados públicos[4595], o que é bastante significativo em termos de transparência. Só alguns dos documentos da OMC recebidos pelos seus membros não devem ser tornados públicos. É o caso, por exemplo, dos documentos cuja publicidade possa prejudicar a posição negocial dos membros considerados individualmente[4596]. Por conseguinte, a acusação feita por muitas organizações não governamentais de que a OMC funciona de modo pouco transparente não corresponde à realidade. Aliás, segundo o estudo acima referido, "international non-governmental organisations provide less online information about their activities than inter-governmental organisations and transnational corporations"[4597], o que não deixa de ser irónico.

---

[4593] Joost PAUWELYN, Non-Traditional Patterns of Global Regulation: Is the WTO 'Missing the Boat'?, in *Constitutionalism, Multilevel Trade Governance and Social Regulation*, Christian Joerges e Ernst-Ulrich Petersmann ed., Hart Publishing, Oxford-Portland, 2006, pp. 222-223.

[4594] Hetty KOVACH, Caroline NELIGAN e Simon BURALL, *Power without accountability?*, The Global Accountability Report 1-2003, One World Trust, 2002/2003, p. 15.

[4595] OMC, *Overview of Developments in the International Trading Environment – Annual Report by the Director-General* (WT/TPR/OV/6), 22-11-2000, p. 15.

[4596] Em boa verdade, uma maior transparência apresenta perigos e benefícios. É a natureza fechada dos procedimentos que permite aos governos, muitas vezes, a realização dos *tradeoffs* necessários à conclusão das negociações comerciais ou às partes em litígio alcançarem uma solução mutuamente satisfatória e, por isso, o efeito de uma maior abertura pode, paradoxalmente, traduzir-se numa diminuição da eficácia da cooperação ou adjudicação internacionais.

[4597] Hetty KOVACH, Caroline NELIGAN e Simon BURALL, *Power without accountability?*, The Global Accountability Report 1-2003, One World Trust, 2002/2003, p. iv.

A EFICÁCIA DO SISTEMA DE RESOLUÇÃO DE LITÍGIOS DA OMC

## 4.2.4. O desequilíbrio Norte/Sul

Muitos países em desenvolvimento Membros da OMC alegam que a aceitação de comunicações *amicus curiae* tem como resultado aumentar ainda mais o poder das bem financiadas organizações não governamentais dos países desenvolvidos, cujas agendas raramente coincidem com os interesses dos países pobres[4598]. Escrevendo em 2003, MAURA BLUE JEFFORDS salientava que mais de 1,490 organizações não governamentais tinham tido algum contacto com a OMC, sendo a maioria da Europa e da América do Norte[4599]. No fundo, a participação das organizações não governamentais aumentaria ainda mais o desequilíbrio Norte-Sul já existente na OMC:

> "Developing countries have noted that this may increase the burden on countries that have only limited resources to apply to WTO dispute settlement. Developing countries are particularly concerned that they may be deluged by submissions from northern NGO's with significant resources to devote to influencing the outcome of WTO disputes, including industry associations and firms"[4600].

Talvez seja preferível, assim, que a participação das organizações não governamentais se faça mais ao nível governamental do que junto da OMC. Até porque apenas as organizações não governamentais dos países ricos dispõem frequentemente dos recursos necessários a uma participação real. Por exemplo, o *World Wide Fund for Nature* em 2001, empregava cerca de 3.000 pessoas em todo o mundo e tinha um orçamento de 351 milhões de dólares[4601], ao passo que a OMC apresentava um orçamento de 134 milhões de francos suíços e somente 552 funcionários ao seu dispor. Embora não se possa assumir que tais organizações vão agir geralmente contra os interesses dos países em desenvolvimento, 87% das organizações não governamentais acreditadas junto da Conferência Ministerial de Seattle eram originárias de países desenvolvidos[4602] e muitas dessas orga-

---

[4598] OMC, *Statement by Uruguay at the General Council Regarding the Decision by the Appellate Body Concerning Amicus Curiae Briefs*, WT/GC/38, 12-12-2000.

[4599] Maura Blue JEFFORDS, *Turning the Protester into a Partner for Development: The Need for Effective Consultation Between the WTO & NGOs*, in Brooklyn Journal of International Law, 2003, p. 951.

[4600] Gabrielle MARCEAU e Matthew STILWELL, *Practical Suggestions for Amicus Curiae Briefs before WTO Adjudicating Bodies*, in JIEL, 2001, p. 164.

[4601] Hetty KOVACH, Caroline NELIGAN e Simon BURALL, *Power without accountability?*, The Global Accountability Report 1-2003, One World Trust, 2002/2003, p. 28.

[4602] PROGRAMA DAS NAÇÕES UNIDAS PARA O DESENVOLVIMENTO (PNUD), *Relatório do Desenvolvimento Humano 2002*, Trinova Editora, Lisboa, 2002, p. 8. Mais exactamente, estiveram presentes na Conferência Ministerial de Seattle 738 organizações não governamentais, 635 das quais do Norte (314 dos Estados Unidos e 184 das Comunidades Europeias) (cf. Rafael LEAL-ARCAS, *The EU Institutions and Their Modus Operandi in the World Trading System*, in Columbia Journal of European

A FUNÇÃO JURISDICIONAL NO SISTEMA GATT/OMC

nizações, financiadas na sua quase totalidade por contribuições do hemisfério Norte[4603], são conhecidas por proporem a introdução de padrões mínimos em matéria de protecção do ambiente e direitos laborais.

Apesar de tudo, uma coligação de organizações não governamentais, denominada *Jubilee 2000*, conseguiu recentemente uma redução significativa das dívidas dos países mais pobres[4604]. É conhecida a influência movida por algumas organizações não governamentais (*Consumer Project on Technology, Médecins Sans Frontières* e *Oxfam*), actuando concertadamente com os países em desenvolvimento, para que a Declaração sobre o Acordo TRIPS e a Saúde Pública fosse adoptada na Conferência Ministerial de Doha[4605]. Mais recentemente, a Comunidade de Desenvolvimento da África Austral, juntamente com a ajuda de algumas organizações não governamentais, conseguiu obter o acordo da indústria diamantífera e da comunidade internacional para a necessidade de um sistema global de certificação dos diamantes em bruto, fonte de muitos conflitos armados naquela região do continente africano[4606] e a organização estado-unidense *Environmental Working Group* (EWG), tem aproveitado a informação disponibilizada pelo Governo norte-americano ao abrigo do *Freedom of Information Act* para espalhar dados sobre os apoios governamentais concedidos aos agricultores nacionais[4607]. Naturalmente, os dados divulgados aumentam a transparência e disseminam informação que pode ser usada para mobilizar os contribuintes e consumidores norte-americanos para o apoio à reforma dos subsídios agrícolas[4608].

---

Law, 2005, p. 167). Segundo um estudo realizado muito recentemente, as conferências ministeriais da OMC que se realizam em países da OCDE são presenciadas por 85% de organizações não governamentais oriundas do Norte e 15% do Sul e as conferencias ministeriais que não têm lugar em países da OCDE são frequentadas por 75% de organizações não governamentais oriundas do Norte e 25% do Sul. Cf. Martina PIEWITT, *Participatory Governance in the WTO: How Inclusive Is Global Civil Society?*, in JWT, 2010, p. 485.

[4603] Gregory SHAFFER, *The World Trade Organization Under Challenge: Democracy and the Law and Politics of the WTO's Treatment of Trade and Environment Matters*, in The Harvard Environmental Law Review, 2001, p. 67.

[4604] THE ECONOMIST, *The non-governmental order*, 11-12-1999, in lexis-nexis, p. 1.

[4605] Peter DRAHOS, *When the Weak Bargain with the Strong: Negotiations in the World Trade Organization*, in International Negotiation, 2003, p. 83.

[4606] Tracey Michelle PRICE, *The Kimberley Process: Conflict Diamonds, WTO Obligations, and the Universality Debate*, in MJGT, 2003, p. 68.

[4607] De notar que informação recolhida ao abrigo desta legislação norte-americana tem sido usada nos procedimentos de resolução de litígios da OMC. Cf. Relatório do Painel no caso *United States – Subsidies on Upland Cotton* (WT/DS267/R), 8-9-2004, parágrafo 7.21.

[4608] Chad BOWN, *Self-enforcing Trade: Developing Countries and WTO Dispute Settlement*, Brookings Institution Press, Washington, D.C., 2009, p. 198.

1634

A EFICÁCIA DO SISTEMA DE RESOLUÇÃO DE LITÍGIOS DA OMC

De igual modo, é possível estabelecer uma relação de trabalho entre os países em desenvolvimento e as organizações não governamentais sedeadas nos países ricos no âmbito do sistema de resolução de litígios da OMC. No caso *European Communities – Trade Description of Sardines*, por exemplo, a Associação de Consumidores do Reino Unido, a maior associação de consumidores da Europa e a segunda maior a nível mundial, trabalhou com a sociedade de advogados britânica Clyde & Co, numa base *pro bono*, na preparação de uma comunicação *amicus curiae* de apoio às observações apresentadas ao painel pelo Peru[4609]. Neste caso, o Peru punha em causa um regulamento da Comunidade Europeia que não permitia a venda do peixe peruano como sardinhas no mercado comunitário, ainda que tal peixe pudesse ser vendido em todo o Mundo como sardinhas, em conformidade com uma norma internacional adoptada sob os auspícios da Comissão do *Codex Alimentarius*[4610]. Segundo a comunicação de dez páginas da Associação de Consumidores do Reino Unido, o regulamento comunitário ia claramente contra os interesses económicos e informativos dos consumidores europeus e protegia uma indústria em particular no mercado comunitário, mais concretamente a indústria pesqueira espanhola. Graças à Associação de Consumidores e à sociedade de advogados que a apoiou, o Peru e o Centro de Assessoria em Assuntos Jurídicos da OMC receberam gratuitamente apoio jurídico em matérias de alguma complexidade. O Centro de Assessoria anexou mesmo a comunicação

---

[4609] Gregory SHAFFER, How to Make the WTO Dispute Settlement System Work for Developing Countries: Some Proactive Developing Country Strategies, in *Towards a Development-Supportive Dispute Settlement System in the WTO*, International Centre for Trade and Sustainable Development, ICTSD Resource Paper No. 5, March 2003, p. 35.

[4610] No que concerne à relação entre o direito comunitário e as normas do *Codex Alimentarius*, o Tribunal de Justiça das Comunidades Europeias socorre-se das normas do *Codex* para clarificar o significado de determinadas expressões usadas na legislação alimentar da Comunidade (cf. Sara POLI, *The European Community and the Adoption of International Food Standards within the Codex Alimentarius Commission*, in European Law Journal, 2004, p. 617) e o Tribunal sempre atribuiu grande importância aos trabalhos da Comissão do *Codex Alimentarius* no âmbito da aplicação do artigo 30º TCE (cf. Acórdão do Tribunal de Justiça das Comunidades Europeias de 4 de Junho de 1992, *Criminal Proceedings Against Debus*, Processos C-13/91 e C-113/91, Colectânea de Jurisprudência 1992, p. I-3617, parágrafo 17). A observância das normas do *Codex Alimentarius* tem sido invocada também pelos Estados-membros para justificarem legislação nacional no sector alimentar, vista como estando a violar a livre circulação de mercadorias (cf. Acórdão do Tribunal de Justiça das Comunidades Europeias de 23 de Setembro de 2003, *Comissão das Comunidades Europeias contra Reino da Dinamarca*, Processo C-192/01, Colectânea de Jurisprudência 2003, p. I-9693, parágrafo 10). Todavia, no Direito Comunitário, "o simples facto de uma mercadoria não estar em inteira conformidade com a norma prevista no *Codex Alimentarius* não implica que a sua comercialização possa ser proibida". Cf. Acórdão do Tribunal de Justiça das Comunidades Europeias de 22 de Setembro de 1988, *Ministère public v Gérard Deserbais*, Processo 286/86, Colectânea de Jurisprudência 1988, p. 4907, parágrafo 15.

A FUNÇÃO JURISDICIONAL NO SISTEMA GATT/OMC

*amicus curiae* da Associação de Consumidores às observações escritas submetidas pelo Peru ao painel e, mais importante do que isso, a comunicação parece ter tido algum impacto junto do painel. De facto, quando a Comunidade Europeia pôs em causa, durante a fase intermédia de revisão (art. 15º do Memorando de Entendimento sobre Resolução de Litígios) a utilização da comunicação da Associação de Consumidores pelo painel, este confirmou que:

> "tomou em consideração a carta da Associação de Consumidores para determinar se os consumidores europeus associam o termo 'sardinha' exclusivamente com a *Sardina pilchardus*; mas, como já foi dito, não foi este o único fundamento sobre o qual efectuámos a determinação, pois tivemos em conta outras provas no processo geral de apreciação e ponderação"[4611].

Finalmente, a sugestão de que a participação das organizações não governamentais se faça mais ao nível governamental do que junto da OMC não está isenta de críticas. Desde logo, prejudica os indivíduos que vivem em países que não são democracias.

### 4.2.5. O desequilíbrio entre o processo político e o processo jurisdicional

Não faz muito sentido o desequilíbrio que existe actualmente entre o Memorando de Entendimento sobre Resolução de Litígios, onde a grande maioria dos membros da OMC recusa a participação dos *amici curiae*, e o processo político, onde se reconhece o aumento da importância das organizações não governamentais na cena internacional e, consequentemente, a possibilidade de o Conselho Geral adoptar as medidas adequadas para a existência de consultas e de cooperação com aquelas que se ocupam de questões relacionadas com as da Organização Mundial do Comércio (art. V, nº 2, do Acordo OMC). Por vezes, os acordos da OMC atribuem mesmo obrigações às organizações não governamentais (artigos 3º e 8º do Acordo sobre os Obstáculos Técnicos ao Comércio e art. 13º do Acordo relativo à Aplicação de Medidas Sanitárias e Fitossanitárias) ou reconhecem o papel importante desempenhado por algumas dessas organizações (nº 7, alínea *b*), do Anexo relativo às Telecomunicações).

Nestas circunstâncias, não surpreende que o Conselho Geral tenha adoptado uma decisão em Julho de 1996, através da qual se aceitou um conjunto de *Guidelines for Arrangements on Relations with NGOs*[4612]. Paradoxalmente, apesar de os membros da OMC reconhecerem a importância do papel que as organiza-

---

[4611] Relatório do Painel no caso *European Communities – Trade Description of Sardines* (WT/DS231/R), 29-5-2002, parágrafo 6.15.
[4612] OMC, *Guidelines for Arrangements on Relations with Non-Governmental Organizations – Decision adopted by the General Council on 18 July 1996* (WT/L/162), 23-7-1996.

1636

A EFICÁCIA DO SISTEMA DE RESOLUÇÃO DE LITÍGIOS DA OMC

ções não governamentais podem desempenhar no aumento do conhecimento público das actividades da OMC, concordarem em aumentar a transparência e melhorar a comunicação com as organizações não governamentais e em fornecerem mais informação sobre as actividades da OMC, nomeadamente, disponibilizando os documentos o mais rapidamente possível e facultando-os *on-line*, as *guidelines* foram adoptadas sem qualquer *input* por parte das organizações não governamentais[4613]. E, tal como acontece com a grande maioria das organizações internacionais mais importantes[4614], a OMC não permite que as organizações não governamentais sejam envolvidas directamente no seu trabalho nem nas suas reuniões. Segundo as próprias *guidelines,* o estreitamento das relações de consulta e de cooperação com as organizações não governamentais deve ocorrer sobretudo no plano nacional, onde reside a responsabilidade fundamental de ter em conta os diferentes elementos de interesse público que concorrem na formulação das políticas comerciais[4615]. Ainda mais significativo é o facto de as *guidelines* atribuírem ao Secretariado, órgão destituído de qualquer poder de decisão formal na estrutura institucional da OMC, o papel principal na interacção com as organizações não governamentais[4616], de os presidentes dos conselhos e comités da OMC poderem participar em discussões e encontros com organizações não governamentais apenas a título pessoal, excepto se o órgão a que presidem decidir de outro modo[4617], e de as regras de funcionamento das reuniões da Conferência Ministerial e do Conselho Geral apenas permitirem a concessão do estatuto de observador a representantes de Estados, territórios aduaneiros autónomos e organizações internacionais[4618].

[4613] Maura Blue JEFFORDS, *Turning the Protester into a Partner for Development: The Need for Effective Consultation Between the WTO & NGOs,* in Brooklyn Journal of International Law, 2003, p. 949.

[4614] A Organização Internacional do Trabalho é, actualmente, a única organização internacional que permite aos representantes de organizações não governamentais uma participação total nas suas actividades e trabalhos. Cf. Steve CHARNOVITZ, *The Emergence of Democratic Participation in Global Governance (Paris, 1919),* in Indiana Journal of Global Legal Studies, 2003, p. 65.

[4615] OMC, *Guidelines for Arrangements on Relations with Non-Governmental Organizations – Decision adopted by the General Council on 18 July 1996* (WT/L/162), 23-7-1996, parágrafo 6.

[4616] *Idem,* parágrafo 4.

[4617] *Idem,* parágrafo 5.

[4618] Resulta do Anexo 2 da decisão do Conselho Geral de 25 de Julho de 1996 que só é possível aos governos obter o estatuto de observador junto da Conferência Ministerial se lhe dirigirem uma comunicação, indicando as razões do seu pedido. Os pedidos apresentados são depois apreciados, caso a caso, pela Conferência Ministerial. Mas os países que obtenham o estatuto de observador nas sessões da Conferência Ministerial não gozam automaticamente desses estatuto nas reuniões do Conselho Geral ou dos seus órgãos subsidiários(cf. OMC, *Rules of Procedure for Sessions of the Ministerial Conference and Meetings of the General Council, Annex 2 ("Guidelines for Observer Status for Governments in the WTO")* (WT/L/161), 25-7-1996).

A FUNÇÃO JURISDICIONAL NO SISTEMA GATT/OMC

Apesar das limitações referidas, as organizações não governamentais que se ocupam de questões relacionadas com as da OMC puderam registar-se para as várias conferências ministeriais e estar presentes nas sessões plenárias, mas sem

No caso do Conselho Geral, os governos que desejem obter o estatuto de observador devem dirigir-lhe uma comunicação exprimindo a sua intenção de dar início ao processo de adesão ao Acordo OMC no período máximo de 5 anos e apresentar uma descrição das suas políticas económicas e comerciais. Também aqui, os pedidos são apreciados, caso a caso, pelo Conselho Geral e a ser concedido o estatuto de observador, é-o inicialmente por um período de 5 anos (um país pode, no fim do período de 5 anos, requerer uma prorrogação ao Conselho Geral, o qual, apresentado o pedido por escrito, decide sobre o pedido, bem como sobre a duração da prorrogação). Os países que obtenham o estatuto de observador junto do Conselho Geral e seus órgãos subsidiários devem ser convidados a assistir às reuniões da Conferência Ministerial como observadores e podem participar como observadores nas reuniões dos grupos de trabalho e outros órgãos subsidiários do Conselho Geral, com excepção do Comité do Orçamento, Finanças e Administração. Os governos que gozem do estatuto de observador têm acesso aos principais documentos da OMC, podem requerer a assistência técnica do Secretariado em relação ao funcionamento do sistema comercial multilateral em geral e às negociações de adesão ao Acordo OMC em particular, os seus representantes podem falar nas reuniões dos órgãos da OMC junto dos quais gozam do estatuto de observador depois dos membros da OMC terem falado, mas só podem apresentar propostas se forem convidados especificamente para o efeito. Não podem, contudo, participar no processo de decisão. No que concerne às organizações internacionais, o Anexo 3 da decisão do Conselho Geral de 25 de Julho de 1996 estabelece que o estatuto de observador só pode ser obtido se aquelas demonstrarem que as matérias discutidas nos órgãos da OMC lhes interessam directamente e que têm competência em matéria de política comercial ou responsabilidades relacionadas com as da OMC (cf. OMC, *Rules of Procedure for Sessions of the Ministerial Conference and Meetings of the General Council, Annex 3 ("Observer Status for International Intergovernmental Organizations in the WTO")* (WT/L/161), 25-7-1996).

O estatuto de observador deve ser requerido por escrito para cada um dos órgãos da OMC e não pode ser concedido nos casos das reuniões do Órgão de Resolução de Litígios e do Comité do Orçamento, Finanças e Administração. Na sua decisão, o órgão da OMC terá em conta a natureza do trabalho da organização em causa, o número de membros da OMC na organização, a existência ou não de reciprocidade no que diz respeito ao acesso aos procedimentos, documentos e outros aspectos e se a organização já se encontrava associada no passado aos trabalhos do GATT de 1947.

Quando um representante de uma organização internacional goza do estatuto de observador, ele pode falar nas reuniões dos órgãos da OMC junto dos quais desfruta desse estatuto depois dos membros da OMC terem falado, mas só pode fazer circular papéis ou apresentar propostas se for convidado especificamente para o efeito. Além disso, não pode participar no processo de decisão, mas pode receber cópias dos principais documentos da OMC, bem como cópias dos documentos relativos aos trabalhos dos órgãos da OMC em que participa como observador. Se uma organização internacional não participar nos trabalhos de um órgão da OMC por mais de um ano, perde automaticamente o estatuto de observador junto desse órgão (no caso da conferência ministerial, este período é de dois anos), o que revela a preocupação da OMC de o seu funcionamento não ser perturbado pela presença de organizações que não têm propriamente *a trade interest*.

1638

# A EFICÁCIA DO SISTEMA DE RESOLUÇÃO DE LITÍGIOS DA OMC

direito a falar[4619]. Estiveram representadas 108 organizações não governamentais em Singapura, 128 em Genebra, 686 em Seattle, 370 em Doha, 795 em Cancún e 811 em Hong Kong[4620], ou seja, a OMC tem permitido a presença de grande número de organizações não governamentais nas suas reuniões mais importantes.

O Secretariado da OMC tem organizado, igualmente, vários seminários com organizações não governamentais interessadas sobre assuntos que caem no âmbito de actuação da OMC (por exemplo, a relação entre o comércio e o ambiente), as organizações não governamentais são frequentemente convidadas para apresentarem directamente, em Genebra, aos membros da OMC interessados e aos funcionários do Secretariado os seus mais recentes estudos (a selecção das organizações não governamentais é feita pelo Secretariado, mas os Membros da OMC podem propor nomes de organizações a convidar), uma lista mensal de *papers* das organizações não governamentais recebidos pelo Secretariado é compilada e posta a circular no *site* da OMC para informação dos membros e do público em geral, o Secretariado publica mensalmente um boletim electrónico contendo informação sobre as suas actividades e as da OMC e os acontecimentos de interesse para as organizações não governamentais[4621].

Quanto à possibilidade de uma maior participação das organizações não governamentais nas actividades da OMC, não falta quem considere que uma maior abertura implicaria necessariamente um aumento da eficácia e da legitimidade da OMC, dos seus recursos (por exemplo, em matéria de assistência técnica) e da quantidade e qualidade da informação disponível. Essa participação não se deveria limitar à mera observância das discussões ocorridas em Genebra, mas também à possibilidade de as organizações não governamentais participarem activamente, submetendo os seus pontos de vista nas reuniões realizadas sob a égide da OMC. As organizações não governamentais oferecem não apenas "specific substantive area expertise"[4622], a qual não pode ser oferecida pelo pequeno Secretariado da OMC, como representam igualmente a riqueza e a diversidade

---

[4619] No caso da Conferência Ministerial de Doha, ver OMC, *procedures regarding registration and attendance of non-governmental organizations at the fourth session of the ministerial conference* (WT/MIN(01) INF/3), 10-5-2001.

[4620] OMC, *Annual Report 2007*, ed. OMC, 2007, p. 60.

[4621] OMC, *2003 Annual Report*, ed. OMC, 2003, p. 118; *WTO Secretariat Activities with NGOs* (WT/INF/30), 12-4-2001.

[4622] E este conhecimento especializado é cada vez mais importante "with the increasing workload and variety of matters that adjudicators are called upon to address". Cf. Luisa VIERUCCI, NGOs before international courts and tribunals, in *NGOs in International Law: Efficiency in Flexibility?*, Pierre-Marie Dupuy e Luisa Vierucci Ed., Edward Elgar, 2008, p. 157.

A FUNÇÃO JURISDICIONAL NO SISTEMA GATT/OMC

da sociedade civil[4623]. Por exemplo, as pessoas preocupadas com a protecção das espécies animais e vegetais em vias de extinção terão maior facilidade em obter informação sobre o comércio das mesmas junto do *World Wildlife Fund* do que junto dos respectivos governos, pelo que faz todo o sentido a participação dos funcionários do *World Wildlife Fund* nas discussões da OMC relativas à preservação das espécies ou a possibilidade de apresentarem comunicações enquanto *amici* junto dos painéis e do Órgão de Recurso.

Mas, pense-se o que se pensar, não é coerente defender que organizações que não são partes de um acordo internacional, que não são se encontram vinculadas pelas suas disposições, possam participar activamente nas negociações, tendo os mesmos direitos de países e territórios aduaneiros partes desses acordo e vinculados pelas disposições do mesmo. No caso da OMC, seria também muito complicado determinar quais os grupos da sociedade civil que deveriam estar representados nas suas diferentes reuniões, ou seja:

> "Should farmer's unions be present during negotiations on the reduction of agricultural subsidies that lead to environmental degradation, or should environmental NGOs? Should consumer groups be present during negotiations when trade liberalization leading to lower consumer prices was being discussed, or should it be the sectoral interests that would be adversely affected by a lowering of trade barriers? Who should be present during talks about restricting trade in products derived from genetically modified organisms?"[4624].

No que diz respeito às centenas, ou milhares, de organizações não governamentais que lidam com a defesa do ambiente[4625], como seleccionar as que teriam a oportunidade de participar nas reuniões de trabalho da OMC? Bem, quando a OMC se viu confrontada com o problema da acreditação das organizações não governamentais durante a realização da Conferência Ministerial de Singapura em Dezembro de 1996, o Secretariado da OMC acreditou todas as organizações não governamentais de carácter não lucrativo que se ocupassem de questões relacionadas com as actividades da OMC (art. V, nº 2, do Acordo OMC). A natureza representativa e a legitimidade das organizações não governamentais, por

---

[4623] Daniel ESTY, *Linkages and Governance: NGOs at the World Trade Organization*, University of Pennsylvania Journal of International Economic Law, 1998, pp. 709-730.

[4624] Gary SAMPSON, *Trade, Environment and the WTO: The Post-Seattle Agenda*, Overseas Development Council, Washington, D.C., 2000, p. 43.

[4625] Por exemplo, o *World Summit on Sustainable Development* realizado em Joanesburgo em 2002 contou com a presença de 15,000 organizações não governamentais. Cf. John JACKSON, *Sovereignty, the WTO, and Changing Fundamentals of International Law*, Hersch Lauterpacht Memorial Lectures, Cambridge University Press, 2006, p. 26.

A EFICÁCIA DO SISTEMA DE RESOLUÇÃO DE LITÍGIOS DA OMC

exemplo, não foram examinadas. Apenas as empresas privadas e as sociedades de advogados viram a sua acreditação ser recusada, por razões relacionadas com a sua natureza lucrativa[4626]. Esta prática manteve-se nas conferências ministeriais subsequentes[4627] e tem ajudado a circunscrever o número de organizações não governamentais elegíveis para estarem presentes nas reuniões mais importantes da OMC.

A prática seguida pelas Conferências das Nações Unidas para o Comércio e Desenvolvimento pode servir também de orientação à OMC, até por existir uma relação especial entre a OMC e as Conferências das Nações Unidas para o Comércio e Desenvolvimento, facto sublinhado pela nomeação em 2005 de um antigo Director-Geral da OMC, Supachai Panitchpakdi, para o cargo de Secretário-Geral das Conferências das Nações Unidas para o Comércio e Desenvolvimento. No caso destas Conferências, as organizações não governamentais são classificadas como gerais, especiais ou nacionais. As organizações não governamentais gerais são aquelas que se ocupam de questões relacionadas com a maioria das actividades das Conferências das Nações Unidas para o Comércio e Desenvolvimento; as organizações não governamentais especiais, por sua vez, detêm uma competência especial em determinadas áreas de actividade das Conferências das Nações Unidas para o Comércio e Desenvolvimento; finalmente, são nacionais as organizações não governamentais que podem contribuir de modo importante para o trabalho das Conferências das Nações Unidas para o Comércio e Desenvolvimento, devendo o país em causa ser consultado a esse respeito[4628]. Até agora, o Conselho do Comércio e do Desenvolvimento concedeu um estatuto consultivo a mais de 200 organizações não governamentais. As organizações não governamentais que gozem de um estatuto consultivo podem participar nas actividades da Conferências das Nações Unidas para o Comércio e Desenvolvimento assistindo às reuniões como observadores, comunicando com os delegados de cada país membro, pondo a circular documentação, falando a convite do Presidente do Conselho do Comércio e do Desenvolvimento e após aprovação dos membros e propondo temas para discussão. Todas as organizações não gover-

---

[4626] Peter Van den BOSSCHE, *NGO Involvement in the WTO: A Comparative Perspective*, in JIEL, 2008, p. 746.

[4627] Peter Van Den BOSSCHE, *Rules on NGO Accreditation: Do Existing Legal Arrangements Facilitate the Legitimization of the Role of NGOs in International Organizations?*, Maastricht Working Papers – Faculty of Law, 2005-10, p. 19.

[4628] CONFERÊNCIA DAS NAÇÕES UNIDAS PARA O COMÉRCIO E DESENVOLVIMENTO, *Board Decision 43 (VII) – Arrangements for the participation of non-governmental organizations in the activities of the United Nations Conference on Trade and Development*, 20-9-1968; e *Rule 77 of Rules of Procedure of the Trade and Development Board* (TD/B/16/Rev.4), March 1989.

A FUNÇÃO JURISDICIONAL NO SISTEMA GATT/OMC

namentais com estatuto consultivo recebem a documentação relativa às reuniões e conferências[4629].

Por outro lado, representantes de organizações não governamentais fizeram parte das delegações de alguns membros da OMC nas conferências ministeriais de Seattle e Doha[4630], o mesmo se passando na conferência ministerial de Cancún, onde tiveram, por exemplo, acesso a documentos restritos[4631]. Mesmo a delegação oficial das Comunidades Europeias à Conferência Ministerial realizada em Hong Kong no ano de 2005 incluía quatro organizações não governamentais: CIDSE, Greenpeace, Solidar, and WIDE[4632]. Consta ainda que:

> "one London-based environmental NGO, the Foundation for International Environmental Law and Development ('FIELD'), even negotiated a deal with a developing country, Sierra Leone, to represent it before the Committee on Trade and Environment. (...) FIELD supported the cost of attending and reporting in meetings in exchange for direct access to Committee on Trade and Environment meetings"[4633].

### 4.2.6. O princípio do consentimento

A participação dos *amici curiae* dificilmente se ajusta à noção de que o consentimento das Estados é a pedra angular da resolução de litígios por via judicial[4634] ou, num plano mais geral, "the contribution of NGOs to the vibrancy of international law is a puzzle because, doctrinally, international law is understood to be a product of state positivism"[4635]. Como lembra Laurence Helfer:

---

[4629] Maura Blue JEFFORDS, *Turning the Protester into a Partner for Development: The Need for Effective Consultation Between the WTO & NGOs*, in Brooklyn Journal of International Law, 2003, p. 969.

[4630] Steve CHARNOVITZ, *WTO Cosmopolitics*, in New York University Journal of International Law and Politics, 2002, p. 340.

[4631] John JACKSON, *Sovereignty, the WTO, and Changing Fundamentals of International Law*, Hersch Lauterpacht Memorial Lectures, Cambridge University Press, 2006, p. 27.

[4632] Seema SAPRA, *The WTO System of Trade Governance: The State NGO Debate and the Appropriate Role for Non-state Actors*, in Oregon Review of International Law, Vol. 11, 2009, p. 91.

[4633] Gregory SHAFFER, *The World Trade Organization Under Challenge: Democracy and the Law and Politics of the WTO's Treatment of Trade and Environment Matters*, in The Harvard Environmental Law Review, 2001, pp. 62-63.

[4634] Lance BATHOLOMEUSZ, *The Amicus Curiae before International Courts and Tribunals*, in Non-State Actors and International Law, 2005, p. 282. O próprio Tribunal Internacional de Justiça defende que a base do direito internacional assenta nos princípios da soberania e do consentimento. Cf TRIBUNAL INTERNACIONAL DE JUSTIÇA, *Legality of the Threat or Use of Nuclear Weapons*, Parecer Consultivo de 8-7-1996, parágrafo 21.

[4635] Steve CHARNOVITZ, *Nongovernmental Organizations and International Law (Centennial Essays)*, in AJIL, 2006, p. 348. Apesar de o princípio *pacta sunt servanda* e uma das exigências de existência do costume internacional (a convicção de obrigatoriedade) reflectirem a teoria do consentimento, alguns autores destacam que:

A EFICÁCIA DO SISTEMA DE RESOLUÇÃO DE LITÍGIOS DA OMC

"For centuries, the international legal system has been premised on the bedrock understanding that states must consent to the creation of international law. This meta norm of consent is especially well ingrained for treaties. The Vienna Convention on the Law of Treaties [Art. 34º: "um tratado não cria nem obrigações nem direitos para um Estado terceiro sem o consentimento deste último], the writings of august commentators, and the frequent reassertions of state control over the creation of new legal obligations all demonstrate the enduring force of consent as a fundamental principle of international agreements. Grounding treaties on state consent has many advantages for a decentralized and largely anarchic international legal system. It ensures that states manifest expressly their approval of new international obligations. It enables government leaders to signal their solemn commitment to other nations, pledging their reputations as collateral. And it reconciles treaties with domestic legal authority by enabling domestic political institutions to review and endorse the provisions they contain. Taken together, these benefits provide international agreements with an imprimatur of legitimacy that promotes rule-conforming behaviour by states. This is vitally important in a legal system that suffers from a pervasive 'compliance deficit' – a paucity of centralized enforcement mechanisms that limit opportunities to sanction or penalize rule violators"[4636].

Na prática, porém, as organizações não governamentais têm exercido, sobretudo desde o final da segunda Guerra Mundial, uma influência profunda sobre o âmbito e os ditames do direito internacional, encorajando a celebração de tratados e promovendo a criação de novas organizações internacionais[4637]. As organizações não governamentais defenderam que a Carta das Nações Unidas incluísse referências aos direitos humanos e ajudaram os diplomatas na redacção da Declaração Universal dos Direitos Humanos. Mais recentemente, grupos de organizações não governamentais tiveram um papel importante na criação do

---

"Much of international law does not rest on consent. New states, for example, are expected (by old states) to comply with most, if not all, of international law at the moment of their emergence. Even old states are bound by customary international law that they played no role in creating. Finally, a state cannot eliminate its international law obligations simply by withdrawing consent. (...) States frequently fail to consent to international law. (...) Still, states consent to some aspects of international law – most notably, treaties – and so one might want to argue at least that states have a moral obligation to comply with treaties". Cf. Eric POSNER e Jack GOLDSMITH, *The Limits of International Law*, Oxford University Press, 2005, pp. 189-190.

[4636] Laurence HELFER, *Nonconsensual International Lawmaking*, in University of Illinois Law Review, 2008, pp. 72-73.

[4637] Steve CHARNOVITZ, *Nongovernmental Organizations and International Law (Centennial Essays)*, in AJIL, 2006, p. 348.

1643

A FUNÇÃO JURISDICIONAL NO SISTEMA GATT/OMC

Tribunal Penal Internacional e na formulação das suas regras e procedimentos[4638] e no fracasso do acordo multilateral sobre o investimento em 1998[4639]; levaram a que o Comité Internacional da Cruz Vermelha aclarasse que o rapto e a violação constituem um crime ao abrigo do direito humanitário internacional[4640]; e desempenharam um papel capital no estabelecimento da Convenção de Otava sobre Proibição de Minas Terrestres[4641].

Muitas organizações de carácter governamental contam, também, com as organizações não governamentais quando não dispõem de meios de acção. A Agência Internacional de Energia Atómica, por exemplo, recorria frequentemente às organizações não governamentais para monitorar a actividade nuclear de países como o Iraque[4642]. Numa escala global, as organizações não governamentais pressionam frequentemente as grandes empresas para que não adoptem determinadas medidas. No Verão de 1995, por exemplo, o *Greenpeace* pressionou a empresa Shell para não submergir uma plataforma petrolífera no Norte do

---

[4638] Cesare ROMANO, Daniel TERRIS e Leigh SWIGART, *The International Judge: An Introduction to the Men and Women who Decide the World's Cases*, Brandeis University Press, Waltham-Massachusetts, 2007, p. 47. Nas negociações realizadas em Roma relativas ao Tribunal Penal Internacional participaram 33 organizações intergovernamentais e 236 organizações não governamentais e, como salienta um autor:

"NGOs took it upon themselves in the course of those negotiations to issue daily broadsheets covering virtually every aspect of the process, including draft proposals for the edification of delegates as well as for millions who stayed abreast of progress through the Internet. These efforts, in turn, put considerable pressures on the government representatives present and may have helped to spur the changes in many governments' positions reflected in the final result: an overwhelming vote in favor of a treaty that on a number of crucial issues, such as jurisdiction, was considerably more expansive (and invasive of 'sovereignty') than the initial draft that had been provided by the International Law Commission". Cf. José ALVAREZ, *International Organizations as Law-makers*, Oxford University Press, 2005, p. 277.

[4639] Bob KIEFFER, *L'organisation mondiale du commerce et l'évolution du droit international public*, Larcier, Bruxelas, 2008, p. 139.

[4640] Steve CHARNOVITZ, *Nongovernmental Organizations and International Law (Centennial Essays)*, in AJIL, 2006, pp. 352-353.

[4641] Segundo KENNETH ANDERSON:

"the Ottawa Convention represents, especially to the NGO activist community, the victory of what non-governmental organizations and now many others call 'international civil society' – the successful entry of international non-governmental organizations into diplomatic and lawmaking processes that hitherto have been reserved largely to states and international organizations, represented by officially recognized and accredited diplomats. It is, according to this view of things, the 'democratization of international law'". Cf. Kenneth ANDERSON, *The Ottawa Convention Banning Landmines, the Role of International Non-governmental Organizations and the Idea of International Civil Society*, in EJIL, 2000, p. 92.

[4642] Jared CAWLEY, *Friend of the Court: How the WTO Justifies the Acceptance of the Amicus Curiae Brief from Non-Governmental Organizations*, in Penn State International Law Review, 2004, p. 73.

1644

A EFICÁCIA DO SISTEMA DE RESOLUÇÃO DE LITÍGIOS DA OMC

Oceano Atlântico empreendendo um boicote aos seus produtos na Alemanha, campanha que resultou num declínio das vendas da Shell em mais de 30%[4643].

Ao nível das organizações internacionais, o *Greenpeace* e outros grupos têm pago as quotas inerentes ao estatuto de membros da *International Whaling Commission* devidas pelos países mais pequenos, com o fim de obterem os votos necessários à aprovação de uma moratória na pesca da baleia. O *Greenpeace* chega mesmo a preparar as comunicações que os membros devem apresentar obrigatoriamente e a representá-los junto da organização[4644]. O próprio Banco Mundial criou um comité consultivo composto por representantes de organizações não governamentais, com o intuito de introduzir os valores associados à protecção dos direitos humanos e do ambiente no seu processo decisório[4645], e a percentagem de projectos do Banco Mundial com algum grau de envolvimento da sociedade civil aumentou de 6%, em finais dos anos 80, para mais de 70% em 2006[4646].

No caso da OMC, as organizações não governamentais tiveram, por exemplo, um papel importante na inclusão nas negociações de Doha dos temas dos subsídios à indústria pesqueira, dos bens e serviços amigos do ambiente e da ajuda alimentar[4647]. O próprio *World Trade Report* de 2007 menciona três áreas específicas onde as organizações não governamentais influenciaram com êxito o processo decisório da OMC nos últimos tempos: o acesso aos medicamentos, os subsídios ao algodão e os subsídios à pesca[4648]. No que diz respeito ao sistema de resolução de litígios da OMC, a conhecida Oxfam criou uma página na internet, possibilitando às pessoas que enviassem mensagens electrónicas directamente ao Presidente Bush, pedindo-lhe (num texto predeterminado) que implementasse os relatórios adoptados pelo Órgão de Resolução de Litígios condenando os subsídios norte-americanos ao algodão[4649]. Certos litígios analisados pelos sistemas de resolução de litígios do GATT de 1947 e da OMC (os casos *Tuna I* e *Shrimp*)

---

[4643] *Idem*, p. 71; Peter SPIRO, *New Global Potentates: Nongovernmental Organizations and the "Unregulated" Marketplace*, in Cardozo Law Review, 1996, p. 960.

[4644] Peter SPIRO, Non-Governmental Organizations and Civil Society, in *The Oxford Handbook of International Environmental Law*, Daniel Bodansky, Jutta Brunnée e Ellen Hey Ed., Oxford University Press, 2007, p. 783.

[4645] *Idem*, p. 781.

[4646] Eric WERKER e Faisal AHMED, *What do Nongovernmental Organizations Do?*, in Journal of Economic Perspectives, 2008, p. 75.

[4647] OMC, *Civil society is influencing the WTO agenda*, WTO News: Speeches – DG Pascal Lamy, 4-10-2007.

[4648] OMC, *World Trade Report 2007: Six decades of multilateral trade cooperation: What have we learnt?*, ed. OMC, 2007, pp. 340-342.

[4649] Joost PAUWELYN, Non-Traditional Patterns of Global Regulation: Is the WTO 'Missing the Boat'?, in *Constitutionalism, Multilevel Trade Governance and Social Regulation*, Christian Joerges e Ernst-Ulrich Petersmann ed., Hart Publishing, Oxford-Portland, 2006, p. 205.

A FUNÇÃO JURISDICIONAL NO SISTEMA GATT/OMC

tiveram, também, origem em acções judiciais intentadas por organizações não governamentais junto dos tribunais norte-americanos[4650].

Além do mais, apesar de o consentimento dos Estados providenciar uma base poderosa para a legitimidade das regras que constituem os acordos da OMC[4651], é altamente improvável que, caso não existisse a ameaça de acções unilaterais por parte principalmente dos Estados Unidos, muitos países em desenvolvimento concordassem com as novas regras do GATS e do Acordo TRIPS, facto que leva ROBERT HOWSE a perguntar: "to what extent does this context of unilateralism or the threat of unilateralism vitiate the legitimating value of the consent of those authorities?"[4652].

Alguns autores têm também dificuldade em ver como o consentimento dos Estados pode tornar as instituições de governação global legítimas, visto que muitos Estados não são democráticos e violam sistematicamente os direitos humanos dos seus cidadãos[4653]. O GATT nunca foi um clube de nações democráticas. Entre as suas partes contratantes era possível encontrar "a host of military dictatorships, autocratic fiefdoms and communist states"[4654] e, não obstante os direitos humanos terem servido de justificação à aplicação de sanções comerciais contra a África do Sul, esta manteve-se como parte contratante do GATT até ao fim do regime de *apartheid*. Mais recentemente, apesar de os acontecimentos de Tienanmen terem levado à suspensão das negociações de adesão da China à OMC desde Junho de 1989 até Fevereiro de 1992[4655] e de o registo da China

---

[4650] Bob KIEFFER, *L'organisation mondiale du commerce et l'évolution du droit international public*, Larcier, Bruxelas, 2008, p. 162.

[4651] Robert HOWSE, The legitimacy of the World Trade Organization, in *The Legitimacy of International Organizations*, J.-M. Coicaud e V. Heiskanen (eds.), United Nations University Press, Nova Iorque-Tóquio, 2001, p. 359.

[4652] *Idem*, p. 360. Com alguma ironia, JOSEPH WEILER nota que:
"The consent given by these 'sovereign' states is not much different to the 'consent' that each of us gives, when we upgrade the operating system of our computer and blithely click the 'I Agree' button on the Microsoft Terms and Conditions. One cannot afford to be out, and one cannot afford to leave. The Legitimation that comes from sovereignty is increasingly untenable. The ability to chose one's obligations has gone. The Single Undertaking; the No Reservations Treaty are today increasingly the norm, rather than the exception. It is either all, or nothing, and nothing is not an option, so it has to be all". Cf. Joseph WEILER, *The Geology of International Law – Governance, Democracy and Legitimacy*, in Zeitschrift für ausländisches öffentliches Recht und Völkerrecht, 2004, pp. 557-558.

[4653] Robert KEOHANE e Allen BUCHANAN, *The Legitimacy of Global Governance Institutions*, in Ethics & International Affairs, 2006, p. 413.

[4654] Jeffery ATIK, *Democratizing the WTO*, in George Washington International Law Review, 2001, p. 460.

[4655] Anna LANOSZKA, *The World Trade Organization Accession Process: Negotiating Participation in a Globalizing Economy*, in JWT, 2001, p. 599.

1646

## A EFICÁCIA DO SISTEMA DE RESOLUÇÃO DE LITÍGIOS DA OMC

em matéria de direitos humanos ter sido falado nas negociações relativas à sua adesão à OMC[4656], é inequívoco que, actualmente, muitos dos membros da OMC não respeitam os direitos do homem (por exemplo, Myanmar). Aliás, segundo cálculos feitos, somente 51.68% dos membros da OMC em 2005 podiam ser considerados democracias[4657].

O princípio do consentimento tem sofrido alguns rombos mesmo no caso das grandes potências comerciais. Nesse sentido, o Órgão de Recurso confirma no caso *European Communities – Trade Description of Sardines*, decidido ao abrigo do Acordo sobre os Obstáculos Técnicos ao Comércio, que mesmo as regras do *Codex Alimentarius* resultantes de um voto maioritário são relevantes para os membros da OMC, ao contrário do argumento das Comunidades Europeias de que apenas as normas adoptadas por consenso poderiam ser vistas como "normas internacionais pertinentes"[4658]. No essencial, o argumento das Comunidades

---

[4656] John Barton, Judith Goldstein, Timothy Josling e Richard Steinberg, *The Evolution of the Trade Regime: Politics, Law, and Economics of the GATT and the WTO*, Princeton University Press, 2006, p. 156.

[4657] Susan Aaronson, *Seeping in slowly: how human rights concerns are penetrating the WTO*, in WTR, 2007, p. 419. E entendimento corrente que o livre-cambismo promove a difusão dos ideais democráticos (cf. Jagdish Bhagwati, *Free Trade Today*, Princeton University Press, Princeton e Oxford, 2002, p. 43; Daniel Griswold, *Trading Tyranny for Freedom: How Open Markets Till the Soil for Democracy*, CATO Trade Policy Analysis nº 26, 6-1-2004, p. 2). Por exemplo, a integração do Chile, do Taipé Chinês, da Coreia do Sul e do México na economia mundial tem sido acompanhada por um aumento da democracia nos respectivos territórios. Paralelamente, porém, não podemos deixar de assinalar que foi a ditadura de Pinochet que acabou com décadas de proteccionismo no Chile (cf. Jeffrey D. Sachs e Andrew Warner, *Economic Reform and the Process of Global Integration*, in Brookings Papers on Economic Activity, 1995, nº 1, p. 21). Parece existir, por último, uma relação estreita entre liberdade económica e crescimento económico, isto é, quanto maior for a liberdade económica num país, maior será o seu crescimento económico. Nesse sentido, Ernst-Ulrich Petersmann observa que "the fact that the average per capita income of e.g. Singapore increased from about US$500 in 1965 to more than US$25,000 in 1995, whereas the per capita income of some African developing countries stagnated during the same 30 year period, seems, in large part, due to the respective government policies" (cf. Ernst-Ulrich Petersmann, *The GATT/WTO Dispute Settlement System: International Law, International Organizations and Dispute Settlement*, Kluwer Law International, Londres-Haia-Boston, 1997, p. 9). No mesmo sentido, Mike Moore salienta que "thirty years ago, Ghana had the same living standards as South Korea; (...) in 1945, the north had the richest, most industrialized part of the Peninsula. South Korea's GNP per capita did not reach $100 until 1963. Now South Korea is in the OECD, while its other half in the north is an economic basket-case. (...). Burma's and Thailand's living standards were the same after the Second World War. Now the average Thai is twenty-five times better off". Cf. Mike Moore, *A World Without Walls – Freedom, Development, Free Trade and Global Governance*, Cambridge University Press, 2003, p. 25.

[4658] Relatório do Órgão de Recurso no caso *European Communities – Trade Description of Sardines* (WT/DS231/AB/R), 26-9-2002, parágrafos 218-219, 222-223 e 227.

A FUNÇÃO JURISDICIONAL NO SISTEMA GATT/OMC

dizia respeito à interpretação da definição de "norma" contida no n.º 2 do Anexo 1 do Acordo sobre os Obstáculos Técnicos ao Comércio, exemplo claro do carácter vago, absurdo, de algumas das disposições dos acordos da OMC, por falta de acordo entre os membros participantes nas negociações do Ciclo do Uruguai. Enquanto tal definição de "norma" refere unicamente os documentos aprovados por um organismo reconhecido, sem qualquer menção à regra do consenso, uma nota explicativa a esta definição determina, *in fine*, que "as normas elaboradas pela comunidade de normalização internacional baseiam-se numa decisão consensual. O presente acordo abrange também documentos que não se baseiam num consenso". Não surpreende, por isso, que o Órgão de Recurso tenha aceite a interpretação do Painel de que a última frase serve para incluir na definição de "normas" documentos que não se baseiam num consenso com vista a conceder efeito útil à última frase citada[4659], mas nem o Painel nem o Órgão de Recurso lidaram com "the logical absurdity" da parte mencionada da nota explicativa[4660].

Como é evidente, a conclusão a que chegaram o Painel e o Órgão de Recurso tem ramificações para a governação internacional e a responsabilidade democrática. Os Estados podem descobrir que normas que eles não aceitaram – que de facto rejeitaram – devem ser tomadas em consideração e ter outra relevância jurídica no âmbito do n.º 4 do art. 2.º do Acordo sobre os Obstáculos Técnicos ao Comércio[4661]. Veja-se, também, o caso *Hormones* (decidido ao abrigo do Acordo

[4659] Segundo o Órgão de Recurso: "concordamos com a interpretação do Painel. Em nossa opinião, o texto da nota explicativa apoia a conclusão de que não é exigido consenso para a adopção das normas adoptadas pela comunidade internacional de normalização". Cf. Relatório do Órgão de Recurso no caso *European Communities – Trade Description of Sardines* (WT/DS231/AB/R), 26-9-2002, parágrafo 222.

[4660] Gabrielle MARCEAU e Joel TRACHTMAN, GATT, TBT and SPS: A Map of WTO Law of Domestic Regulation of Goods, in *The WTO Dispute Settlement System 1995-2003*, Federico Ortino e Ernst-Ulrich Petersmann ed., Kluwer Law International, Haia-Londres-Nova Iorque, 2004, p. 305. Mas, como observa HARM SCHEPEL:

"At issue in *Sardines*, after all, was the decision-making process in the Codex Alimentarius, a body whose standards, more often and more obviously, are of relevance under the SPS Agreement than under the TBT Agreement. And if it is debatable whether the TBT Agreement requires 'consensus', the SPS Agreement certainly does not. The Appellate Body, then, was faced with the danger of requiring different procedural guarantees under the two Agreements of one and the same organisation, potentially even regarding one and the same standard". Cf. Harm SCHEPEL, The Empire's Drains: Sources of Legal Recognition of Private Standardisation Under the TBT Agreement, in *Constitutionalism, Multilevel Trade Governance and Social Regulation*, Christian Joerges e Ernst-Ulrich Petersmann ed., Hart Publishing, Oxford-Portland, 2006, p. 401.

[4661] Joel TRACHTMAN, *The World Trading System, the International Legal System and Multilevel Choice*, in European Law Journal, Vol. 12, No. 4, 2006, p. 481. Ainda por cima, o recurso à votação para adoptar normas tem aumentado desde a entrada em vigor dos entrada em vigor do Acordo relativo

A EFICÁCIA DO SISTEMA DE RESOLUÇÃO DE LITÍGIOS DA OMC

relativo à Aplicação de Medidas Sanitárias e Fitossanitárias). Por causa da forte pressão exercida pela maioria dos Estados-membros e pelo Parlamento Europeu, o Conselho da Comunidade Económica Europeia adoptou, na década de 80, uma proibição de utilização de substâncias hormonais na engorda de animais no interior da Comunidade, com vista a proteger a sua população contra o risco de cancro (em 1989, a proibição aplicava-se igualmente à importação de animais e carne com hormonas para o mercado comunitário)[4662]. Portanto, a proibição de utilização de hormonas nas Comunidades Europeias foi o resultado de uma longa discussão ao nível dos governos nacionais, do Conselho das Comunidades e da Comissão Europeia. Em certo sentido, a proibição em causa reflectiu o processo de decisão democrático das Comunidades Europeias e por isso, um antigo membro do Órgão de Recurso observa que:

> "There is sentiment in Europe that an important political decision which reflects the political process of Europe should not be so easily overturned by an international organization. Of course, there is a counter-argument that the European Communities acceded to and signed WTO agreements and it should be bound by it. Legally this is a correct answer. However, this shows that an intervention of WTO disciplines into domestic policies of Members may create political tension and, if it goes too much, this may cause non-compliance of WTO disciplines"[4663].

Ainda segundo outro autor:

> "It is discomforting that the relatively undemocratic and commerce-oriented rules of world trade can force a population to admit products that they genuinely do not wish to have on their market. Whether or not the views of the majority are rational, contemporary deference to democracy suggests that they should be able to decide for themselves what is made and sold within their jurisdiction"[4664].

---

à Aplicação de Medidas Sanitárias e Fitossanitárias e do Acordo sobre os Obstáculos Técnicos ao Comércio, não obstante o *Codex Alimentarius* dar preferência à adopção de normas por consenso. Antes de 1995, nenhuma norma do *Codex* foi adoptada por votação, mas, desde então, três normas foram adoptadas por votação dos membros do *Codex*. Cf. Michael LIVERMORE, *Authority and Legitimacy in Global Governance: Deliberation, Institutional Differentiation, and the Codex Alimentarius*, in New York University Law Review, Vol. 81, nº 2, May 2006, pp. 787-788.

[4662] Marco SLOTBOOM, *The Hormones Case: An Increased Risk of Illegality of Sanitary and Phytosanitary Measures*, in CMLR, 1999, p. 473.

[4663] Mitsuo MATSUSHITA, *Food Safety Issues under WTO Agreements*, in Manchester Journal of International Economic Law, Vol. 2-Issue 2, 2005, pp. 11-12.

[4664] Gareth DAVIES, *Morality clauses and decision making in situations of scientific uncertainty: the case of GMOs*, in WTR, 2007, p. 250. Em contraste, PETER GERHART sublinha que:
"the WTO allows each member, in the representation of its people, to try to persuade other countries to change policies that are inimical to the interests of its people when those people

A FUNÇÃO JURISDICIONAL NO SISTEMA GATT/OMC

O próprio Tribunal de Justiça das Comunidades Europeias considerou a legislação comunitária em causa "a lawful exercise of discretionary powers of the EC legislature" [Acórdão do Tribunal de Justiça das Comunidades Europeias, *The Queen contra The Minister of Agriculture, Fisheries and Food and the Secretary of State for Health, ex parte: Fedesa e outros*, Processo C-331/88, 13-11-1990, Colectânea I-4023][4665]. Mais exactamente, o Tribunal de Justiça das Comunidades Europeias permitiu, na ausência de uma avaliação dos riscos, a adopção de medidas sanitárias e fitossanitárias simplesmente para aliviar a inquietação dos consumidores[4666]. Ao abrigo do Acordo relativo à Aplicação de Medidas Sanitárias e

would otherwise be adversely affected by the policy without representation. A country proposing to increase a tariff or subsidy, or to regulate its affairs in a way that reduces access to its market unnecessarily, must appear in a forum that allows those adversely affected by the policy to argue against the policy. Because this forum fosters participatory policymaking, it is consistent with, and reinforces, global federalism that increases, rather than decreases global democracy and effective national sovereignty" (cf. Peter GERHART, *The Two Constitutional Visions of the World Trade Organization*, in University of Pennsylvania Journal of International Economic Law, 2003, p. 74).

O próprio Órgão de Recurso disse no caso *United States – Import Prohibition of Certain Shrimp and Shrimp Products* que:

"Outro aspecto da aplicação do Artigo 609º [a legislação norte-americana em disputa] que tem um peso importante em qualquer determinação sobre se uma discriminação é justificável ou injustificável é o facto de os Estados Unidos não terem empreendido com as partes apeladas, assim como com outros Membros que exportam camarões para os Estados Unidos, negociações sérias e globais com o objectivo de concluir acordos bilaterais ou multilaterais para a protecção e conservação das tartarugas marinhas, antes de aplicarem a proibição das importações contra as exportações de camarão desses outros Membros" (cf. Relatório do Órgão de Recurso no caso *United States – Import Prohibition of Certain Shrimp and Shrimp Products* (WT/DS58/AB/R), 12-10-1998, parágrafo 166).

Outro autor a ter em conta é KAL RAUSTIALA, para quem "international institutions are, paradoxically, saviors of sovereignty" (cf. Kal RAUSTIALA, *Rethinking the Sovereignty Debate in International Economic Law*, in JIEL, vol. 6, nº 4, 2003, p. 862). Problemas tão diversos como o aquecimento do globo, o buraco na camada do ozono, as chuvas ácidas, a poluição dos oceanos, a degradação dos solos, o desmatar das florestas, as armas nucleares, o narcotráfico, o terrorismo internacional, etc., demonstram que os poderes dos Estados têm efectivamente sofrido uma erosão crescente e que a interdependência dos dias de hoje torna impossível aos Estados responderem isoladamente a problemas que são intrinsecamente de âmbito regional ou global. Não é por acaso que se registou, no período após a Segunda Guerra Mundial, uma explosão de tratados e organizações internacionais.

[4665] Marco SLOTBOOM, *The Hormones Case: An Increased Risk of Illegality of Sanitary and Phytosanitary Measures*, in CMLR, 1999, p. 471.

[4666] De acordo com um autor, "the hormones ban in *Fedesa* could have been a response to public fears, where the authorities opted to appease an irrational electorate rather than take difficult but necessary decisions" (cf. Eadaoin CHAOIMH, *Trading in Precaution: A Comparative Study of the Precautionary Jurisprudence of the European Court and the WTO's Adjudicating Body*, in LIEI, 2006, p. 150). Significativamente, um painel e o Órgão de Recurso concluíram que o regime comunitário

1650

A EFICÁCIA DO SISTEMA DE RESOLUÇÃO DE LITÍGIOS DA OMC

Fitossanitárias, como já foi referido, a Comunidade pode actualmente apenas adoptar uma medida sanitária ou fitossanitária se tal medida respeitar uma norma internacional ou se ela se basear numa avaliação dos riscos. Assim sendo, não obstante o Órgão de Recurso ter recusado inferir uma intenção proteccionista por detrás da proibição de importar carne com hormonas por causa da profundidade e dimensão das inquietações registadas e da intensidade das preocupações dos

relativo às hormonas de crescimento era ilegal, ao passo que o Tribunal de Justiça das Comunidades Europeias concluiu que tal regime era legítimo:

> "in *Fedesa* the European Court of Justice considered the European Communities hormones ban a lawful exercise of discretionary powers, even though there was no evidence that the hormones concerned would be dangerous for human or animal health. Consequently, the European Court of Justice found that the European Communities legislature did not infringe European Community law by prohibiting without any time limit the use of the hormones in question, although there was no scientific certainty as to the existence or extent of the public health risks. Apparently, the European Court of Justice considered the market integration accomplished by the European Communities legislation on hormones sufficient and it was less concerned with the quality of the legislation, i.e., whether or not there was a scientific justification for it" (cf. Marco SLOTBOOM, *Do Public Health Measures Receive Similar Treatment in European Community and World Trade Organization Law?*, in JWT, 2003, p. 589).

Várias razões podem ser avançadas para os desfechos assinalados. Primeiro, enquanto no caso *Hormones* o critério de análise a observar era o da "apreciação objectiva" (art. 11º do Memorando de Entendimento sobre Resolução de Litígios), o Tribunal de Justiça baseia-se geralmente no teste do "erro manifesto" (cf. Natalie MCNELIS, *The Role of the Judge in the EU and WTO: Lessons from the BSE and Hormones Cases*, in *The Role of the Judge in International Trade Regulation: Experience and Lessons for the WTO*, Thomas Cottier e Petros Mavroidis ed., Studies in International Economics – The World Trade Forum, volume 4, The University of Michigan Press, 2003, pp. 230-231), sendo o teste do erro manifesto, evidentemente, bem mais condescendente para com as medidas aplicadas. Segundo, "where the burden of a risk (however minimal) is internal, and the benefit of lifting a ban is largely external, it will always be difficult for an authority to justify to its population taking a less trade-restrictive stance" (cf. *Idem*, p. 240). Terceiro, as medidas que as instituições comunitárias adoptaram relativamente às hormonas de crescimento podem ser vistas como promovendo a livre circulação de mercadorias no mercado comunitário:

> "The European Court exhibited greater deference than the WTO dispute settlement organs in reviewing the scientific basis of Council acts prohibiting hormones in beef. It should, however, be stressed that the reluctance of the Court to second-guess legislative policy choices occurred in the context of an act conceived as facilitating rather than impeding market integration. Indeed, had the measures not been enacted, the different approaches adopted by the Member States to the administration of hormones in farming might have resulted in market fragmentation as a result of Member State recourse to Article 30 EC Treaty exception (formerly Article 36)". Cf. Joanne SCOTT, On Kith and Kine (and Crustaceans): Trade and Environment in the EU and WTO, in *The EU, the WTO, and the NAFTA: Towards a Common Law of International Trade?*, Joseph Weiler ed., Oxford University Press, 2001, p. 160.

A FUNÇÃO JURISDICIONAL NO SISTEMA GATT/OMC

consumidores[4667], as regras do Acordo sobre a Aplicação de Medidas Sanitárias e Fitossanitárias não reconhecem qualquer papel às preferências dos consumidores ou ao medo na aplicação de restrições às importações[4668], ao contrário do que se passa no GATT[4669].

[4667] Relatório do Órgão de Recurso no caso *European Communities Measures Concerning Meat and Meat Products (Hormones)* (WT/DS26/AB/R, WT/DS48/AB/R), 16-1-1998, parágrafo 245.

[4668] John BARTON, Judith GOLDSTEIN, Timothy JOSLING e Richard STEINBERG, *The Evolution of the Trade Regime: Politics, Law, and Economics of the GATT and the WTO*, Princeton University Press, 2006, p. 139.

[4669] No caso *Asbestos*, o Órgão de Recurso, referindo-se à definição de "like" do the *New Shorter Oxford English Dictionary* (Lesley Brown ed., Clarendon Press, 1993, Vol. I, p. 1588) observou que tal definição "não indica *qual o ponto de vista* em que deve ser apreciada a 'similitude'. Por exemplo, os consumidores finais podem ter uma opinião muito diferente dos inventores ou dos produtores quanto à 'similitude' de dois produtos" (cf. Relatório do Órgão de Recurso no caso *European Communities – Measures Affecting Asbestos and Asbestos Containing Products* (WT/DS135/AB/R), 12-3-2001, parágrafos 90-92). A respeito desta última consideração (qual o ponto de vista?), as considerações feitas pelo Órgão de Recurso relativamente à percepção dos consumidores sobre os riscos para a saúde parecem sugerir que, no fundo, é a perspectiva do consumidor que deve ser determinante. Ora, segundo GAËTAN VERHOOSEL:

"ainda que pareça, *a priori*, muito louvável que tal peso seja dado às preferências dos consumidores, alegadamente o elemento mais importante da elasticidade cruzada dos preços, a consideração do Órgão de Recurso suscita um dilema importante. Ela permite, potencialmente, que uma avaliação feita pelo consumidor a propósito de um risco para a saúde, sem qualquer base científica a apoiá-lo, justifique uma regulamentação interna que prejudica especificamente as importações. Isto é problemático, dado o comportamento do consumidor estar naturalmente sujeito à influência dos governantes. Existem limites à autonomia do consumidor. Um exemplo simples pode clarificar este aspecto. Vamos supor que há dez anos atrás, num determinado país, as importações de carne foram banidas por recorrerem a hormonas e se considerar que o seu consumo envolveria um risco para a saúde. Vamos supor, também, que esta proibição não foi apoiada por quaisquer provas científicas. Será que não é razoável assumir que, dez anos depois de avisos do governo contra a carne supostamente perigosa, os cidadãos do país em causa considerarão, de facto, que aquela carne *é* perigosa? Outro exemplo. Vamos supor que um determinado governo decidiu proibir as importações de alimentos geneticamente modificados, na sequência do lançamento pelos lóbis agrícolas do país de uma discreta campanha, embora efectiva, sobre os riscos daquele tipo de alimentos. Vamos supor que não existe base científica para apoiar a proibição. É óbvio que os consumidores do país em causa vão acreditar no seu próprio governo e não nos exportadores estrangeiros. Deste modo, os governos podem muito bem ser induzidos a 'informar' os seus cidadãos de um 'risco para a saúde' relativamente a determinadas importações e a tentarem convencê-los a não consumirem produtos importados. Em consequência, os governos que *são* quem pode ser responsabilizado no âmbito dos acordos da OMC gozariam da possibilidade de transferir discretamente o encargo de proteger a indústria nacional para os consumidores, os quais, claro está, *não* podem ser responsabilizados no âmbito dos acordos da OMC. A linha que separa as campanhas 'o nacional é que é bom' ('*Buy Domestic*') das regulamentações de saúde fúteis, cientificamente injustificadas, é, na verdade, muito ténue". Cf. Gaëtan VERHOOSEL, *National*

# A EFICÁCIA DO SISTEMA DE RESOLUÇÃO DE LITÍGIOS DA OMC

## 4.2.7. O princípio *jura novit curia*

O princípio *jura novit curia* foi definido pelo Tribunal Internacional de Justiça nos seguintes termos:

> "Tendo o Tribunal por função determinar e aplicar o direito relevante atendendo às circunstâncias do caso, o ónus de estabelecer ou provar as regras de direito internacional não pode ser imposto a qualquer uma das partes, porquanto o Tribunal conhece a lei"[4670].

E segundo o Órgão de Recurso da OMC:

> "Em conformidade com o princípio *jura novit curia*, as Comunidades Europeias não têm que proporcionar-nos a interpretação jurídica a ser dada a uma determinada disposição da Cláusula de Habilitação; em vez disso, as Comunidades Europeias têm que apresentar provas suficientes que apoiem a sua afirmação de que o Regime Droga [a medida em causa] cumpre os requisitos impostos pela Cláusula de Habilitação"[4671].

A questão que aqui se coloca é saber se a participação dos *amici* não contribui para pôr em causa o princípio *jura novit curia*? A Comunidade Europeia, por exemplo, defendeu que:

> "A autoridade dos painéis é limitada à consideração de informação factual e assessoria técnica por pessoas ou entidades estranhas ao litígio e não abarca a possibilidade de um painel aceitar qualquer argumento jurídico ou interpretação jurídica de tais pessoas ou entidades"[4672].

---

*Treatment and WTO Dispute Settlement: Adjudicating the Boundaries of Regulatory Autonomy*, Hart Publishing, Oxford-Portland Oregon, 2002, p. 57.

Won-Mog Choi considera, apesar de tudo, que os diferentes hábitos dos consumidores não são necessariamente a consequência da intervenção governamental. Por exemplo, não é a tributação mais elevada da carne de vaca que leva inevitavelmente os Hindus a consumirem carne de porco (cf. Won-Mog Choi, *'Like Products' in International Trade Law: Towards a Consistent GATT/WTO Jurisprudence*, Oxford University Press, 2003, p. 25), e na interpretação de "produtos similares" no caso do art. XIX do GATT deve ser dado maior peso à percepção dos produtores, na medida em que o objectivo principal desta disposição passa pela protecção da indústria nacional e não dos consumidores. Cf. *Idem*, p. 55.

[4670] Tribunal Internacional de Justiça, *Fisheries Jurisdiction (United Kingdom v. Iceland)*, Acórdão de 25-7-1974, parágrafo 17 (p. 9).

[4671] Relatório do Órgão de Recurso no caso *European Communities – Conditions for the Granting of Tariff Preferences to Developing Countries* (WT/DS246/AB/R), 7-4-2004, parágrafo 105.

[4672] Relatório do Painel no caso *United States – Section 110(5) of the US Copyright Act* (WT/DS160/R), 15-6-2000, parágrafo 6.6.

A FUNÇÃO JURISDICIONAL NO SISTEMA GATT/OMC

Na resposta, o Painel faz notar o seguinte:

"No presente caso, não rejeitamos abertamente a informação contida na carta dirigida pelo escritório de advogados que representa a *American Society for Composers Authors and Publishers* ao Representante dos Estados Unidos para as questões comerciais internacionais, que foi copiada e enviada para o Painel. Recordamos que o Órgão de Recurso reconheceu a autoridade dos painéis para aceitarem informação não solicitada. No entanto, partilhamos o ponto de vista expresso pelas partes no sentido de que a mencionada carta, no essencial, duplica a informação já apresentada pelas partes. Também salientamos que a carta não estava dirigida ao Painel; ela foi apenas copiada e remetida ao mesmo. Por conseguinte, apesar de não termos recusado a cópia da carta, não a utilizámos na nossa fundamentação nem nas nossas constatações"[4673].

A própria Comunidade Europeia muda de posição pouco tempo depois[4674]. No que diz respeito ao Órgão de Recurso, este defendeu no caso *European Communities Measures Concerning Meat and Meat Products (Hormones)* que:

"Os painéis estão inibidos de examinar as alegações jurídicas que estejam fora do âmbito dos seus termos de referência. Todavia, *nada no Memorando de Entendimento sobre Resolução de Litígios limita a faculdade de um Painel utilizar livremente os argumentos apresentados por qualquer uma das partes – ou de desenvolver o seu próprio raciocínio jurídico – para apoiar as suas próprias opiniões e conclusões sobre a questão submetida à sua consideração.* Um painel poderia bem não ser capaz de proceder a uma avaliação objectiva da questão, como exigido pelo artigo 11º do Memorando de Entendimento sobre Resolução de Litígios, se tivesse que limitar a sua argumentação apenas aos argumentos apresentados pelas partes em litígio. Dado que neste caso em particular ambas as partes queixosas alegaram que as medidas comunitárias eram incompatíveis com o nº 5 do artigo 5º do Acordo relativo à Aplicação de Medidas Sanitárias e Fitossanitárias, concluímos que o Painel não fez nenhuma constatação jurídica para além do que lhe foi solicitado pelas partes" (itálico aditado)[4675].

Deste modo, o princípio *jura novit curia* encontra-se sujeito ao princípio *non ultra petita*. É suposto o juiz conhecer a lei, mas ele só pode tomar decisões, em geral, relativamente às alegações jurídicas invocadas pelas partes em litígio[4676].

[4673] *Idem*, parágrafo 6.8.
[4674] Relatório do Painel no caso *European Communities – Measures Affecting Asbestos and Asbestos Containing Products* (WT/DS135/R), 18-9-2000, parágrafo 6.2.
[4675] Relatório do Órgão de Recurso no caso *European Communities Measures Concerning Meat and Meat Products (Hormones)* (WT/DS26/AB/R, WT/DS48/AB/R), 16-1-1998, parágrafo 156.
[4676] Joost PAUWELYN, *Cross-agreement complaints before the Appellate Body: a case study of the EC-Asbestos dispute*, in WTR, 2002, p. 68.

1654

A EFICÁCIA DO SISTEMA DE RESOLUÇÃO DE LITÍGIOS DA OMC

No caso *United States – Section 110(5) of the US Copyright Act*, o facto de o Painel ter perguntado à Organização Mundial de Propriedade Intelectual "como deveria interpretar determinadas disposições jurídicas numa convenção da Organização Mundial de Propriedade Intelectual mencionada no Acordo da OMC sobre os Aspectos dos Direitos de Propriedade Intelectual relacionados com o Comércio"[4677], demonstra, ainda, que o art. 13º do Memorando permite aos painéis solicitarem informação esclarecedora de certas questões de direito, não se limitando apenas às questões factuais. E não poderia ser de outro modo. Os painéis devem conhecer o direito da OMC, mas isso não impede que outras instituições ou indivíduos possuam um maior conhecimento que os painéis em determinadas áreas específicas do direito. Esta é uma das razões pelas quais os painéis e os tribunais internacionais recorrem aos escritos doutrinários de outros juristas ou procuram informação junto de outras organizações ou tribunais internacionais[4678].

JOOST PAUWELYN considera mesmo que é possível ao Órgão de Recurso receber ou solicitar a opinião de outros tribunais, presumivelmente com maior conhecimento sobre a questão apresentada[4679].

Importa referir, por último, que resulta do próprio Memorando de Entendimento sobre Resolução de Litígios que o Secretariado "assistirá os painéis, especialmente nos aspectos jurídicos ... das questões litigiosas" (art. 27º, nº 1) e que a aceitação de comunicações *amicus curiae* não implica que o juiz é incompetente. Basta ver que, durante o período de 1998-1999, foi apresentada, pelo menos, uma comunicação *amicus curiae* em 95% dos casos julgados pelo Supremo Tribunal dos Estados Unidos[4680].

Relativamente ao Órgão de Recurso propriamente dito, ele decidiu no caso *United States – Import Prohibition of Certain Shrimp and Shrimp Products* examinar, sempre que fossem pertinentes, os argumentos jurídicos formulados pelas várias organizações não governamentais nas três comunicações anexas como elementos à comunicação do apelante Estados Unidos[4681].

O próprio Procedimento Adicional adoptado pelo Órgão de Recurso no caso *Asbestos* mostra-se favorável a que as comunicações *amicus curiae* contenham argumentos jurídicos:

---

[4677] Joost PAUWELYN, *The Use of Experts in WTO Dispute Settlement*, in ICLQ, 2002, p. 332.
[4678] No caso da OMC, veja-se o art. 13º do Memorando de Entendimento sobre Resolução de Litígios.
[4679] Joost PAUWELYN, *The Use of Experts in WTO Dispute Settlement*, in ICLQ, 2002, p. 336.
[4680] Jared CAWLEY, *Friend of the Court: How the WTO Justifies the Acceptance of the Amicus Curiae Brief from Non-Governmental Organizations*, in Penn State International Law Review, 2004, p. 47.
[4681] Relatório do Órgão de Recurso no caso *United States – Import Prohibition of Certain Shrimp and Shrimp Products* (WT/DS58/AB/R), 12-10-1998, parágrafo 83.

1655

A FUNÇÃO JURISDICIONAL NO SISTEMA GATT/OMC

"7. A comunicação escrita apresentada ao Órgão de Recurso por um requerente que obteve autorização para apresentar essa comunicação deverá:

(c) compreender uma exposição exacta, limitada estritamente aos argumentos jurídicos, que sustente a posição jurídica do requerente quanto às questões de direito ou às interpretações jurídicas contidas no relatório do Painel a respeito dos quais o requerente foi autorizado a apresentar uma comunicação por escrito".

### 4.3. O Incumprimento das Recomendações e Decisões do ORL

Apesar de alguns problemas inerentes à aplicação do critério do cumprimento ou incumprimento das decisões de um tribunal internacional[4682], um Estado pode, de facto, desafiar uma decisão desrespeitando-a ou ignorando-a. Quando isso acontece, a credibilidade do tribunal é, naturalmente, minada. A taxa de incumprimento das suas decisões preocupa, por isso, qualquer tribunal internacional[4683].

Mesmo no caso do sistema de resolução de litígios da OMC, não obstante a jurisdição ser compulsória e o carácter automático das várias fases previstas no Memorando, o cumprimento dos relatórios adoptados pelo Órgão de Resolução de Litígios continua a depender, em última instância, da vontade dos membros da OMC. Tal como acontece com o Direito internacional público em geral, a OMC não dispõe de um mecanismo directo de coerção que obrigue os Estados a cumprirem as recomendações e decisões do Órgão de Resolução de Litígios[4684]. Como bem nota Judith Bello num famoso editorial escrito, em Julho de 1996, no *American Journal of International Law*:

---

[4682] Exemplificando, os Estados podem submeter os casos politicamente sensíveis a determinados tribunais e os casos mais fáceis, menos sensíveis, a outros tribunais; uma alta taxa de cumprimento com as decisões de um tribunal não implica, necessariamente, que o tribunal esteja a encorajar o respeito das obrigações jurídicas subjacentes, ou seja, um tribunal "could get a high rate of compliance, for example, by ruling in favour of the defendant in every case" (cf. Andrew GUZMAN, *International Tribunals: A Rational Choice Analysis*, in University of Pennsylvania Law Review, 2008, p. 187); e, aos casos mais importantes de incumprimento ocorridos em finais dos anos 80, seguiu-se não a destruição do regime assente no GATT, mas sim o acordo que mais liberalizou o comércio mundial. Cf. Marc BUSCH e Eric REINHARDT, Testing international trade law: Empirical studies of GATT/WTO dispute settlement, in *The Political Economy of International Trade Law – Essays in Honor of Robert E. Hudec*, Daniel Kennedy e James Southwick ed., Cambridge University Press, 2002, p. 472.

[4683] John BARTON, Judith GOLDSTEIN, Timothy JOSLING e Richard STEINBERG, *The Evolution of the Trade Regime: Politics, Law, and Economics of the GATT and the WTO*, Princeton University Press, 2006, p. 84.

[4684] Como observou LAUTERPACHT há mais de 50 anos, "in the international sphere there is no certainty of compulsory execution of the judgments rendered by an international court". Cf. Hersch LAUTERPACHT, *The Development of International Law by the International Court*, Stevens & Sons, Londres, 1958, p. 76.

1656

A EFICÁCIA DO SISTEMA DE RESOLUÇÃO DE LITÍGIOS DA OMC

"Quando um Painel criado ao abrigo do sistema de resolução de litígios da OMC conclui que um determinado membro da OMC violou os princípios e regras constantes dos acordos da OMC, não existe qualquer perspectiva de encarceração, uma obrigação de reparação, uma indemnização por danos infligidos ou uma injunção da polícia. A OMC não tem prisão, termo de fiança, capacetes azuis, cacete ou gás lacrimogéneo. Em vez disso, a OMC – essencialmente uma confederação de governos nacionais soberanos – baseia-se no cumprimento voluntário"[4685].

Significativamente, os Membros da OMC em relação aos quais são dirigidas as recomendações referidas no nº 1 do art. 19º do Memorando têm dito, quase sempre, que pretendem executar as recomendações e decisões do Órgão de Resolução de Litígios[4686]. Mas, como é óbvio, nem sempre elas são executadas, pelo menos atempadamente. Pese embora o objectivo imediato do sistema de resolução de litígios da OMC seja, normalmente, o de assegurar a supressão das medidas em causa, caso se verifique que as mesmas são incompatíveis com as disposições de qualquer um dos acordos abrangidos (art. 3º, nº 7, do Memorando), o próprio Memorando prevê, em caso de incumprimento por um Membro da OMC, que os membros que viram as suas pretensões ser legitimadas pelo Órgão de Resolução de Litígios recorram, por exemplo, à suspensão de concessões ou de outras obrigações previstas nos acordos abrangidos.

Em termos gerais, o cumprimento das recomendações dos painéis e do Órgão de Recurso tem sido bastante aceitável: uma taxa de cumprimento da ordem dos

---

[4685] Judith BELLO, *The WTO Dispute Settlement Understanding: Less Is More*, in AJIL, 1996, pp. 416--417.

[4686] Segundo ANDREW GUZMAN, o incumprimento de uma decisão pode implicar "a loss of reputational capital in the international arena" (cf. Andrew GUZMAN, *A Compliance-Based Theory of International Law*, in California Law Review, 2002, p. 1846), ou seja:
"A state that violates an international commitment signals to other states that it does not take its international promises seriously and that it is willing to ignore its obligations. When that state seeks to enter into agreements in the future, its potential partners will take into account the risk that the agreement will be violated, and will be less willing to offer concessions of their own in exchange for promises from that country. If there is enough suspicion, potential partners may simply refuse to deal with the state. A violation of international commitments, then, imposes a reputational cost that is felt when future agreements are sought. A state known to honour its agreements, even when doing so imposes costs, can extract more for its promises than a state known to violate agreements easily". Cf. Andrew GUZMAN, *The Design of International Agreements*, in EJIL, 2005, p. 596.

1657

A FUNÇÃO JURISDICIONAL NO SISTEMA GATT/OMC

83% nos primeiros dez anos de aplicação do Memorando[4687] e um autor chega mesmo a sugerir um valor superior[4688].

Apesar de tudo, têm-se registado no sistema de resolução de litígios alguns casos patológicos de incumprimento[4689], principalmente, por parte das duas principais potências comerciais[4690]. Os Estados Unidos podem mesmo ser vistos como

---

[4687] William DAVEY, *Compliance Problems in WTO Dispute Settlement*, in CILJ, 2009, p. 119. No caso do Tribunal Internacional de Justiça, dois autores concluíram que a taxa de cumprimento se situava nos 68% (cf. Tom GINSBURG e Richard MCADAMS, *Adjudicating in Anarchy: An Expressive Theory of International Dispute Resolution*, in William and Mary Law Review, Volume 45, No. 4, 2004, p. 1311). E, atenção, a jurisdição do Tribunal Internacional de Justiça nem sempre é compulsória.

[4688] Bruce WILSON, *Compliance by WTO Members with Adverse WTO Dispute Settlement Rulings: The Record to Date*, in JIEL, 2007, pp. 397-403.

[4689] Entre as propostas avançadas para melhorar o registo da OMC em matéria de cumprimento das recomendações e decisões do Órgão de Resolução de Litígios, a mais polémica é, certamente, a que se prende com o reconhecimento do princípio do efeito directo. O exemplo histórico da Comunidade Europeia "suggests that domestic legal techniques, such as recognition of directly applicable individual rights and their judicial protection by domestic courts, may offer not only the most effective means of implementing international rules on the liberalization of tariff and non-tariff barriers, but may generate also important additional beneficial effects (e.g. democratic legitimation of international decision-making process through direct citizen participation, greater scope for decentralized economic decision-making, legal security and more predictable government policies for domestic traders" (cf. Ernst-Ulrich PETERSMANN, Strengthening the Domestic Legal Framework of the GATT Multilateral Trade System: Possibilities and Problems of Making GATT Rules Effective in Domestic Legal Systems, in *The New GATT Round of Multilateral Trade Negotiations: Legal and Economic Problems*, 2ª ed., Meinhard Hilf e Ernst-Ulrich Petersmann ed., Kluwer, Deventer – Boston, 1991, p. 39). Actualmente, são invocados três argumentos a favor do não reconhecimento do princípio do efeito directo aos acordos da OMC: 1) o reconhecimento de tal princípio poria em causa a soberania dos membros da OMC e, em particular, a margem de manobra do poder legislativo (argumento invocado principalmente pelos Estados Unidos); 2) o reconhecimento do princípio do efeito directo privaria os órgãos legislativos e administrativos da desejável flexibilidade política, uma vez que os particulares passariam a ter maiores possibilidades de pôr em causa as suas medidas (argumento avançado pelo Tribunal de Justiça das Comunidades Europeias); e 3) os acordos da OMC primam pela flexibilidade, não sendo igualmente suficientemente precisos ou obrigatórios para conferirem direitos aos particulares (posição sustentada pela Comunidade Europeia e pelo Japão) (cf. Xin ZHANG, *Direct Effect of the WTO Agreements: National Survey*, in International Trade Law & Regulation, 2003, nº 2, pp. 35-46). O reconhecimento do efeito directo poderia implicar, igualmente, um papel predominante para o Tribunal de Justiça das Comunidades Europeias e o Supremo Tribunal dos Estados Unidos na aplicação e interpretação dos acordos da OMC. Evidentemente, diferentes interpretações dos direitos e obrigações dos membros da OMC pelos tribunais nacionais poriam em causa a segurança e previsibilidade do sistema comercial multilateral.

[4690] Um autor nota que a não implementação ocorre apenas excepcionalmente quando, por exemplo, "the EC Council or the US Congress lacked the necessary political majorities for amending domestic legislation". Cf. Ernst-Ulrich PETERSMANN, *Multilevel Judicial Governance of International Trade Requires a Common Conception of Rule of Law and Justice*, in JIEL, 2007, p. 545.

# A EFICÁCIA DO SISTEMA DE RESOLUÇÃO DE LITÍGIOS DA OMC

"the biggest troublemaker"[4691]. As dificuldades tendem a surgir quando os casos extravasam do âmbito comercial. Como salienta STEVE CHARNOVITZ, os casos *Bananas* e *Hormones* "involved deep-seated policy choices by the European Communities on health, culture, and historical trade preferences"[4692].

Mas, por exemplo, no caso *Hormones*, apesar de a medida declarada incompatível pelo Órgão de Recurso (a proibição comunitária de importar carne de vaca com hormonas de crescimento) se manter em vigor depois de anos de negociações, de novos acordos comerciais, de um novo sistema de resolução de litígios e de longos debates no *Codex*[4693], o novo sistema de resolução de litígios da OMC fez diferença. Permitiu que o caso fosse analisado, as regras clarificadas e se obtivessem conclusões e recomendações. Em vez do recurso a medidas unilaterais e a medidas de retaliação potencialmente arbitrárias, como sucedeu antes da entrada em vigor dos acordos da OMC, quando os Estados Unidos agiram como acusador, juiz e executante, as autoridades norte-americanas tiveram a sua queixa analisada, após a entrada em vigor dos vários acordos da OMC, por um órgão verdadeiramente imparcial e as suas medidas de retaliação sujeitas a um escrutínio multilateral. E, como destaca GARY HORLICK:

> "Every so often there is a strategic reason for bringing a case. In *EC – Hormones*, for example, the United States and Canada jointly were limited to an 11,000-ton quota on beef in Europe, so we were not going to sell much anyway. That is a tenth of 1% of the total consumption. So this was not a real market. The purpose of *EC – Hormones* was to send a signal to the big markets. Do not do the same thing – and that worked. This was game theory, that is, that the United States would bring the case, would win the case, and would retaliate, but it had no effect on Europe. But it did have a significant

---

[4691] Won-Mog CHOI, *To Comply or Not to Comply? Non-implementation Problems in the WTO Dispute Settlement System*, in JWT, 2007, p. 1060. Mais à frente, este autor nota que "the real troublemaker is the United States Congress and the United States executive branch's unwillingness or inability to deal with congressional interest groups" (cf. *Idem*, p. 1063). Muitas vezes, as dificuldades em persuadir o Congresso a aprovar legislação que coloque os Estados Unidos em conformidade com as suas obrigações no âmbito do sistema GATT/OMC têm sido exacerbadas pelo crescimento contínuo do défice comercial norte-americano, que muitos nos Estados Unidos atribuem a práticas comerciais "desleais" que restringem o acesso dos produtos e serviços norte-americanos aos mercados estrangeiros. Cf. Sol PICCIOTTO, *The WTO's Appellate Body: Legal Formalism as a Legitimation of Global Governance*, in Governance: An International Journal of Policy, Administration, and Institutions, Vol. 18, No. 3, 2005, p. 487.

[4692] Steve CHARNOVITZ, *Rethinking WTO Trade Sanctions*, in AJIL, 2001, p. 809.

[4693] Há quem fale nestes casos em "wrong cases", isto é, "disputes that would resist resolution". Cf. C. O'Neal TAYLOR, *Impossible Cases: Lessons from the First Decade of WTO Dispute Settlement*, in University of Pennsylvania Journal of International Economic Law, 2007, p. 316.

A FUNÇÃO JURISDICIONAL NO SISTEMA GATT/OMC

effect on big markets like Japan and Mexico, which would be looking at $1 billion of retaliation"[4694].

O caso *Hormones* permite, igualmente, a conclusão de que o Acordo relativo à Aplicação de Medidas Sanitárias e Fitossanitárias, assente no paradigma da ciência, funcionou como pretendido, não obstante as tentativas das Comunidades Europeias em manipulá-lo[4695]. É mesmo pouco provável que venha a aparecer um caso em que se recusa tão claramente seguir o parecer dos cientistas. Como concluíram, respectivamente, o Órgão de Recurso e o Painel:

> "A maior parte, ou mesmo todos, dos estudos científicos referidos pelas Comunidades Europeias, a respeito das cinco hormonas aqui em causa, concluíram que a sua utilização para efeitos de promoção do crescimento é 'segura' se as hormonas forem administradas em conformidade com as boas práticas veterinárias"[4696].

> "(...) Não se depreende de nenhum dos testemunhos científicos citados pelas Comunidades Europeias que se ocupam especificamente da inocuidade de todas ou algumas das hormonas em questão quando são utilizadas para estimular o crescimento um risco identificável para a saúde humana se a utilização dessas hormonas respeitar as boas práticas veterinárias. (...) Notamos que esta conclusão foi também confirmada pelos peritos científicos que assessoraram o Painel"[4697].

As próprias Comunidades Europeias admitiram publicamente, repetidas vezes, que nunca tinham avaliado a segurança das hormonas em causa[4698], ou seja, a proibição de hormonas de crescimento na carne parece ter pouco a ver com a segurança alimentar. Nesse sentido, segundo PATRICK MESSERLIN:

> "Clearly, the main reason for the 1989 ban was the European Communities' shrinking beef markets (the European Communities consumption of beef meat has declined at an annual rate of 1.3 percent since the early 1980s). Because hormones

---

[4694] Gary HORLICK, Considering Remedies (Panel Discussion), in *The WTO: Governance, Dispute Settlement, and Developing Countries*, Merit Janow, Victoria Donaldson e Alan Yanovich ed., Juris Publishing, Nova Iorque, 2008, p. 830.

[4695] William KERR, *Science-based Rules of Trade – A Mantra for Some, An Anathema for Others*, in The Estey Centre Journal of International and Trade Policy, vol. 4, nº 2, 2003, p. 95.

[4696] Relatório do Órgão de Recurso no caso *European Communities Measures Concerning Meat and Meat Products (Hormones)* (WT/DS26/AB/R, WT/DS48/AB/R), 16-1-1998, parágrafo 206.

[4697] Relatório do Painel no caso *European Communities Measures Concerning Meat and Meat Products (Hormones)* (WT/DS26/R/USA), 18-8-1997, parágrafo 8.124.

[4698] Robert Z. LAWRENCE, Charan DEVEREAUX e Michael WATKINS, *Case Studies in US Trade Negotiation – Vol. 2: Resolving Disputes*, Institute for International Economics, Washington, DC, 2006, p. 68.

1660

A EFICÁCIA DO SISTEMA DE RESOLUÇÃO DE LITÍGIOS DA OMC

allow substantial increases in beef production, they could only create massive stocks in an European Community unable to reform the Common Agricultural Policy"[4699].

Não deixa de ser significativo, também, que, até Fevereiro de 2007, os Estados Unidos tenham estado envolvidos em 11 litígios relacionados com o Acordo relativo à Aplicação de Medidas Sanitárias e Fitossanitárias, nove vezes como parte queixosa, e as Comunidades Europeias igualmente envolvidas em 11 litígios do mesmo tipo, mas oito vezes como parte demandada[4700], isto é, os efeitos comerciais adversos da política de segurança alimentar das Comunidades Europeia têm sido particularmente visados pelos seus parceiros comerciais.

## 5. O Grau de Activismo Judicial
### 5.1. O Artigo 3º, Nº 2, do Memorando

O nº 2 do art. 3º é, seguramente, a disposição do Memorando que tem suscitado mais comentários. O seu teor é o seguinte:

> "O sistema de resolução de litígios da OMC é um elemento fulcral de garantia da segurança e previsibilidade do sistema multilateral de comércio e os membros reconhecem que o mesmo permite preservar os direitos e obrigações dos membros previstos nos acordos abrangidos e clarificar as disposições desses acordos em conformidade com as normas costumeiras de interpretação do direito internacional público. As recomendações e decisões do Órgão de Resolução de Litígios não podem aumentar ou diminuir os direitos e obrigações previstos nos acordos abrangidos".

Curiosamente, ou talvez não, a autoria desta disposição é atribuída à Comunidade Europeia[4701], "with an eye" na jurisprudência do Tribunal de Justiça das Comunidades Europeias e na determinação em excluir que os painéis e o Órgão de Recurso sejam activistas[4702], aumentando ou diminuindo os direitos e obrigações dos membros da OMC previstos nos "acordos abrangidos"[4703].

---

[4699] Patrick MESSERLIN, *Measuring the Costs of Protection in Europe: European Commercial Policy in the 2000s*, Institute for International Economics, Washington, DC, 2001, p. 117.

[4700] Mark POLLACK e Gregory SHAFFER, *When Cooperation Fails: The International Law and Politics of Genetically Modified Foods*, Oxford University Press, 2009, p. 150.

[4701] Norio KOMURO, *The WTO Dispute Settlement Mechanism: Coverage and Procedures of the WTO Understanding*, in JWT, vol. 29, nº 4, 1995, p. 38.

[4702] Armin Von BOGDANDY, *Law and Politics in the WTO – Strategies to Cope with a Deficient Relationship*, in Max Planck Yearbook of United Nations Law, vol. 5, 2001, p. 617.

[4703] Também segundo o nº 2 do art. 19º do Memorando de Entendimento sobre Resolução de Litígios, "nas suas conclusões e recomendações, o Painel e o Órgão de Recurso não podem aumentar ou diminuir os direitos e obrigações previstos nos acordos abrangidos".

1661

A FUNÇÃO JURISDICIONAL NO SISTEMA GATT/OMC

Não satisfeitos com as garantias previstas no Memorando de Entendimento sobre Resolução de Litígios, o Congresso dos Estados Unidos tentou mesmo rejeitá-lo quando os Acordos do Ciclo do Uruguai lhe foram submetidos para aprovação, ao mesmo tempo que declarava aceitar o GATT, o GATS e o Acordo TRIPS[4704]. Este contratempo só foi ultrapassado através de um acordo político alcançado em finais de Novembro de 1994, entre a administração Clinton e o senador republicano Bob Dole, prometendo este último apoiar a ratificação dos acordos do Ciclo do Uruguai pelo Senado em troca do compromisso da administração norte-americana de criar uma "WTO Dispute Settlement Review Commission", também conhecida por Comissão Dole[4705].

Vista pelas outras potências comerciais como "an ironic declaration of potential United States unilateralism"[4706], a Comissão Dole seria composta por 5 antigos juízes federais e competente para, unilateralmente, passar em revista as decisões do Órgão de Resolução de Litígios da OMC quando desfavoráveis aos Estados Unidos. Mais precisamente, a Comissão norte-americana teria de determinar se um painel ou o Órgão de Recurso:

(i) excederam as respectivas competências ou termos de referência;
(ii) aumentaram as obrigações ou reduziram os direitos resultantes para os Estados Unidos dos acordos do Ciclo do Uruguai;
(iii) agiram de modo arbitrário ou caprichosamente, procederam erradamente ou afastaram-se de modo demonstrável dos procedimentos especificados nos acordos do Ciclo do Uruguai para os painéis e o Órgão de Recurso; ou
(iv) desrespeitaram o critério de análise aplicável[4707].

Quando a Comissão considerasse que três decisões do Órgão de Resolução de Litígios, no período de 5 anos, eram contrárias aos interesses norte-americanos, os Estados Unidos teriam a possibilidade de se retirar da OMC[4708]. Mas, atenção

---

[4704] Rachel BREWSTER, *Rule-Based Dispute Resolution in International Trade Law*, in Virginia Law Review, Vol. 92, 2006, p. 280.

[4705] O texto da proposta de criação da *WTO Dispute Settlement Review Commission* pode ser encontrado em Edwin VERMULST e Bart DRIESSEN, *An Overview of the WTO Dispute Settlement System and its Relationship with the Uruguay Round Agreements: Nice on Paper but Too Much Stress for the System?*, in JWT, vol. 29, nº 2, 1995, p. 153.

[4706] Homer MOYER, *How Will The Uruguay Round Change the Practice of Trade Law in the United States? U.S. Institutions, Not the WTO, May Hold the Answer*, in JWT, vol. 30, nº 3, 1996, pp. 77.

[4707] *Idem.*

[4708] Gary N. HORLICK, *WTO Dispute Settlement and the Dole Commission*, in JWT, vol. 29, nº 6, 1995, pp. 45-48.

1662

# A EFICÁCIA DO SISTEMA DE RESOLUÇÃO DE LITÍGIOS DA OMC

as decisões da Comissão não seriam vinculativas para o Congresso, desempenhando antes "an advisory function"[4709].

Assim, com base no compromisso alcançado entre o Presidente Clinton e o então líder da minoria republicana, os acordos do Ciclo do Uruguai foram adoptados pela Câmara dos Representantes, em 29 de Novembro de 1994, por 288 votos a favor e 140 votos contra e pelo Senado, no dia 1 de Dezembro de 1994, por 76 votos a favor e 24 votos contra[4710].

Porém, propostas no sentido de incluir como membros da Comissão advogados peritos no direito do comércio internacional e líderes laborais[4711] e o facto de a credibilidade do sistema comercial multilateral depender, sobretudo, das grandes potências comerciais levaram a que a *WTO Dispute Settlement Review Commission* nunca chegasse a ser criada. Mas, ao que parece, a Comissão Dole "is set to be activated at anytime necessary"[4712].

Em boa verdade, interpretado literalmente, o limite constante do nº 2, *in fine*, do art. 3º do Memorando constitui "an empty vessel"[4713]. Em todos os casos analisados no âmbito do sistema de resolução de litígios da OMC, as partes em litígio têm opiniões diferentes relativamente aos seus direitos e obrigações[4714] e, de um modo ou de outro, qualquer adjudicação aumenta os direitos ou diminui as obrigações da parte que vê a sua pretensão ser reconhecida ou diminui os direitos ou aumenta as obrigações da parte perdedora. Talvez seja mais defensável dizer que:

> "The winning party has a definite right, whereas before it had only a claim of right; the losing party, if the challenged regulation is invalidated, has a definite obligation where it could previously claim to have none"[4715].

---

[4709] Andrew HERMAN, *The WTO Dispute Settlement Review Commission: An Unwise Extension of Extrajudicial Roles*, in Hastings Law Journal, 1996, p. 1640.

[4710] An CHEN, *The Three Big Rounds of U.S. Unilateralism Versus WTO Multilateralism During the Last Decade: A Combined Analysis of the Great 1994 Sovereignty Debate, Section 301 Disputes (1998-2000), and Section 201 Disputes (2002-Present)*, in Temple International & Comparative Law Journal, 2003, p. 424.

[4711] Rachel BREWSTER, *Rule-Based Dispute Resolution in International Trade Law*, in Virginia Law Review, Vol. 92, 2006, p. 281.

[4712] An CHEN, Trade as the Guarantor of Peace, Liberty and Security?, in *Redefining Sovereignty in International Economic Law*, Wenhua Shan, Penelope Simons e Dalvinder Singh ed., Hart Publishing, Oxford-Portland, 2008, p. 144.

[4713] Raj BHALA, *The Myth About Stare Decisis and International Trade Law (Part One of a Trilogy)*, in American University International Law Review, 1999, p. 879.

[4714] Steve CHARNOVITZ, Comment on the "WTO Response", in *The Role of the Judge in International Trade Regulation: Experience and Lessons for the WTO*, Thomas Cottier e Petros Mavroidis ed., Studies in International Economics – The World Trade Forum, volume 4, The University of Michigan Press, 2003, p. 216.

[4715] Donald REGAN, *Do World Trade Organization Dispute Settlement Reports Affect the Obligations of Non-Parties? Response to McNelis*, in JWT, 2003, pp. 892-893.

A FUNÇÃO JURISDICIONAL NO SISTEMA GATT/OMC

Fundamentalmente, o limite referido determina apenas que os painéis e o Órgão de Recurso da OMC não devem ser "activistas"[4716].

## 5.2. A Problemática do Activismo Judicial

Apesar de não ser fácil determinar objectivamente o termo "activismo judicial", WILLIAM DAVEY entende que ele ocorre quando um órgão jurisdicional interpreta uma regra de um modo que a maioria daqueles que a adoptaram nunca imaginou[4717]. Por exemplo, "by focusing on the spirit" dos tratados comunitário e esforçando-se por dar "full effectiveness to Community law", o Tribunal de Justiça das Comunidades Europeias não presta, muitas vezes, atenção ao texto da legislação comunitária[4718]. Sintomaticamente, no centro do debate sobre o activismo judicial, está a abordagem do Tribunal de Justiça à interpretação do direito comunitário[4719] e é sabido que ele é um promotor da interpretação teleológica[4720].

Num plano mais geral, qualquer entendimento adequado do termo "activismo judicial" no direito internacional público deve começar pelo caso *Lotus* (1927), ou seja, pelo princípio fundamental de que os Estados gozam de completa liberdade de acção na ausência de qualquer regra ou norma específica do direito internacional que limite a sua conduta. Nesta perspectiva, realça ROBERT HOWSE:

> "judicial activism would be a tendency to impose on states legal limits or constraints not justified by the strict rule of international law. Judicial restraint, by contrast, would reflect a hesitation to constrain state conduct, in the absence of clear and well-defined rules of law"[4721].

---

[4716] Não estando incluída no texto do GATT de 1947, a ideia de que os painéis estavam sujeitos a limitações, não podendo aumentar ou diminuir os direitos e obrigações previstos no Acordo Geral, apareceu pela primeira vez na Declaração Ministerial de 1982 (cf. Terence STEWART, Amy DWYER e Elizabeth HEIN, Proposals for DSU Reform that Address Reform Directly or Indirectly, the Limitations on Panels and the Appellate Body Not to Create Rights and Obligations, in *Reform and Development of the WTO Dispute Settlement System*, Dencho Georgiev e Kim Van der Borght Ed., Cameron May, Londres, 2006, p. 332). Porém, o poder de bloqueio que sempre existiu durante a vigência do GATT de 1947 desencorajava significativamente quaisquer veleidades de activismo judicial por parte dos painéis.

[4717] William DAVEY, The Limits of Judicial Processes, in *The Oxford Handbook of International Trade Law*, Daniel Bethlehem, Donald McRae, Rodney Neufeld, Isabelle Van Damme Ed., Oxford University Press, 2009, p. 474.

[4718] Takis TRIDIMAS, *The Court of Justice and Judicial Activism*, in ELR, 1996, p. 199.

[4719] *Idem*, p. 203.

[4720] Claus-Dieter EHLERMANN, *Six Years on the Bench of the "World Trade Court": Some Personal Experiences as Member of the Appellate Body of the World Trade Organization*, in JWT, 2002, p. 616.

[4721] Robert HOWSE, The Most Dangerous Branch? WTO Appellate Body Jurisprudence on the Nature and Limits of the Judicial Power, in *The Role of the Judge in International Trade Regulation:*

1664

A EFICÁCIA DO SISTEMA DE RESOLUÇÃO DE LITÍGIOS DA OMC

Portanto, está associado à ideia de activismo judicial alguma forma de *law--making* quando os tribunais interpretam a lei. O próprio Órgão de Recurso já teve a oportunidade de dizer que:

> "Atendendo ao objectivo expresso de resolução de litígios que permeia o Memorando de Entendimento sobre Resolução de Litígios, não consideramos que o nº 2 do artigo 3º do Memorando de Entendimento sobre Resolução de Litígios implica encorajar os painéis e o Órgão de Recurso a 'legislarem' mediante a clarificação das disposições vigentes do Acordo OMC fora do contexto de resolução da resolução de um determinado litígio. Um painel necessita apenas de examinar as alegações que devem ser examinadas com vista a resolução da questão em causa no litígio. Notamos, além disso, que o Artigo IX do Acordo OMC determina que 'incumbe exclusivamente' à Conferência Ministerial e ao Conselho Geral a adopção de interpretações do Acordo OMC e dos acordos comerciais multilaterais. Isto é reconhecido explicitamente no nº 9 do Artigo 3º do Memorando de Entendimento sobre Resolução de Litígios"[4722].

A respeito deste importantíssimo binómio activismo/passividade judicial, fulcral para o futuro da OMC enquanto organização internacional relevante, importa ter presente que uma postura de activismo judicial no caso da OMC implica que "the law (...) is no longer in the agreements; it is in the decisions of the Appellate Body"[4723].

A incorporação de direitos e obrigações que não foram objecto de qualquer negociação por parte dos membros da OMC poderá ter como consequência que alguns membros obtenham vantagens à custa de outros membros e, com isso, aumentar o risco de incumprimento[4724].

---

*Experience and Lessons for the WTO*, Thomas Cottier e Petros Mavroidis ed., Studies in International Economics – The World Trade Forum, volume 4, The University of Michigan Press, 2003, p. 35.

[4722] Relatório do Órgão de Recurso no caso *United States – Measure Affecting Imports of Woven Wool Shirts and Blouses from India* (WT/DS33/AB/R), 25-4-1997, p. 19. Nos termos do nº 9 do art. 3º do Memorando:

"As disposições do presente Memorando não prejudicam o direito de os Membros procurarem uma interpretação com autoridade das disposições de um acordo abrangido, através de uma decisão adoptada no âmbito do Acordo OMC ou de um acordo abrangido que seja um acordo comercial plurilateral".

Uma interpretação autêntica ou com autoridade significa uma interpretação vinculativa, que não pode ser impugnada como errada. Cf. Rudolf BERNHARDT, Interpretation in International Law, in *Encyclopedia of Public International Law*, Max Planck Institute for Comparative Public Law and International Law, Volume Two, North-Holland Elsevier, 1999, p. 1423.

[4723] Donald MCRAE, *What is the Future of WTO Dispute Settlement?*, in JIEL, 2004, p. 6.

[4724] Dinah SHELTON, *Form, Function, and the Powers of International Courts*, in CJIL, 2009, p. 555.

A FUNÇÃO JURISDICIONAL NO SISTEMA GATT/OMC

A assunção de um comportamento activista coloca, também, em causa a soberania dos Estados e o princípio da legitimidade democrática, por impor "policy choices on nations" sem o seu consentimento[4725]. Tal comportamento pode ser apropriado numa comunidade política relativamente coesa e com valores largamente partilhados, mas não no contexto internacional. Fundamentalmente, um tribunal internacional não pode lidar com Estados soberanos do mesmo modo que um tribunal nacional lida com litigantes privados[4726]. O próprio Órgão de Recurso tem demonstrado estar ciente dos limites dos seus poderes de adjudicação. No caso *United States – Countervailing Duties on Certain Corrosion-Resistant Carbon Steel Flat Products from Germany*, por exemplo, ele observa que:

> "Uma constatação da nossa parte de que a norma *de minimis* do nº 9 do artigo 11º [do Acordo sobre a Aplicação do Artigo VI do GATT de 1994] está implícita nos exames por extinção previstos no nº 3 do artigo 21º [do Acordo sobre a Aplicação do Artigo VI do GATT de 1994] perturbaria o delicado equilíbrio de direitos e obrigações alcançado pelas partes nas negociações, tal como está consagrado no texto final do nº 3 do artigo 21º. Tal constatação seria contrária à prescrição do nº 2 do artigo 3º do Memorando de Entendimento sobre Resolução de Litígios, reiterada no nº 2 do seu artigo 19º, nos termos da qual as nossas conclusões e recomendações 'não podem aumentar ou diminuir os direitos e obrigações previstos nos acordos abrangidos'"[4727].

O Órgão de Recurso confirmou, igualmente, que não é tarefa dos painéis ou do Órgão de Recurso alterar o Memorando de Entendimento sobre Resolução de Litígios ou qualquer outro acordo abrangido. Somente os membros da OMC gozam dessa faculdade[4728].

O Órgão de Recurso chega a ter o cuidado de declarar o que não decidiu, de modo a que não pesem sobre si quaisquer acusações de activismo judicial. No famosíssimo caso *United States – Import Prohibition of Certain Shrimp and Shrimp Products*, por exemplo, o Órgão de Recurso, consciente das críticas que o seu relatório poderia suscitar junto de alguns membros da OMC e de certos grupos ambientais, declara o seguinte:

---

[4725] J. Patrick KELLY, *Judicial Activism at the World Trade Organization: Developing Principles of Self-Restraint*, in Northwestern Journal of International Law & Business, 2002, p. 388.

[4726] Até porque, como já foi referido, a cooperação das partes em litígio é fulcral para o êxito da adjudicação internacional.

[4727] Relatório do Órgão de Recurso no caso *United States – Countervailing Duties on Certain Corrosion-Resistant Carbon Steel Flat Products from Germany* (WT/DS213/AB/R), 28-11-2002, parágrafo 91.

[4728] Relatório do Órgão de Recurso no caso *United Sates – Import Measures on Certain Products from the European Communities* (WT/DS165/AB/R), 11-12-2000, parágrafo 92.

A EFICÁCIA DO SISTEMA DE RESOLUÇÃO DE LITÍGIOS DA OMC

"**185.** Ao formular estas conclusões, queremos sublinhar o que *não* decidimos. *Não* decidimos que a protecção e a preservação do ambiente não têm importância para os membros da OMC. É evidente que têm. *Não* decidimos que as nações soberanas que são membros da OMC não podem adoptar medidas eficazes para a protecção de espécies ameaçadas, como é o caso das tartarugas marinhas. É evidente que podem e devem. E *não* decidimos que os Estados soberanos não deveriam agir concretamente nos planos bilateral, plurilateral ou multilateral, seja no quadro da OMC seja no de outros fóruns internacionais, para proteger as espécies ameaçadas ou proteger de outra forma o ambiente. É evidente que devem actuar e actuam.

**186.** O que nós *decidimos* neste recurso foi apenas isto: embora a medida adoptada pelos Estados Unidos que é objecto deste recurso sirva um objectivo ambiental reconhecido como legítimo ao abrigo da alínea *g*) do artigo XX do GATT de 1994, ela foi aplicada pelos Estados Unidos de maneira a constituir uma discriminação arbitrária e injustificada entre os membros da OMC, o que é contrário ao disposto no prólogo do artigo (...)" (itálico no original)[4729].

Aliás, logo no primeiro caso objecto de recurso, o Órgão de Recurso declarou que:

"Os Membros da OMC dispõem de uma larga autonomia para determinar as suas próprias políticas em matéria de ambiente (incluindo a relação entre o ambiente e o comércio), os seus objectivos ambientais e a legislação ambiental que adoptam e aplicam"[4730].

Assim, em contraste com as conclusões do painel que analisou o caso *Tuna – Dolphin*, estas duas citações de relatórios do Órgão de Recurso demonstram claramente que a protecção do ambiente não resulta de imposições de Genebra[4731], mas é sim determinada pelos membros da OMC, através dos seus próprios

---

[4729] Relatório do Órgão de Recurso no caso *United States – Import Prohibition of Certain Shrimp and Shrimp Products* (WT/DS58/AB/R), 12-10-1998, parágrafos 185-186.

[4730] Relatório do Órgão de Recurso no caso *United States – Standards for Reformulated and Conventional Gasoline* (WT/DS2/AB/R), 29-4-1996, p. 30.

[4731] Significativamente, no caso *United States – Standards for Reformulated and Conventional Gasoline*, a Administração Clinton reconheceu, em privado, que os Estados Unidos tinham imposto uma barreira comercial mascarada de regulamentação ambiental e que estava, em boa verdade, contente com o desfecho do litígio. Cf. David VOGEL, *The WTO, International Trade and Environmental Protection: European and American Perspectives*, Robert Schuman Centre for Advanced Studies nº 2002/34, European University Institute Working Papers, 2002, p. 18.

1667

A FUNÇÃO JURISDICIONAL NO SISTEMA GATT/OMC

processos políticos em Washington D.C., Bruxelas, Tóquio, Nova Dehli, Buenos Aires, Beijing, etc.[4732]

Pouco tempo depois de ter entrado em funções, o Órgão de Recurso considerou igualmente que:

> "Não podemos supor levianamente que Estados soberanos tiveram a intenção de impor a si mesmos a obrigação mais onerosa, em vez da menos pesada, tornando obrigatória a *conformidade* ou o *cumprimento* com essas normas, directivas ou recomendações. Para defender tal suposição e justificar uma interpretação de tão largo alcance, seria necessário que no Tratado se utilizasse uma linguagem muito mais concreta e imperativa que a do artigo 3º do Acordo sobre a Aplicação de Medidas Sanitárias e Fitossanitárias"[4733].

## 5.3. Os Constrangimentos Existentes

Todos os sistemas jurídicos são incompletos, no sentido de que não é realista esperar "a precise pre-existing rule to exist for every dispute that arises"[4734]. Os próprios Estados podem decidir reduzir os custos de negociação associados à redacção dos acordos internacionais e os riscos de incumprimento permitindo, deliberadamente, que o texto de um acordo fique ambíguo[4735]. Os Estados podem também deixar impreciso o teor das obrigações para evitar problemas com a ratificação do tratado. Como é muitas vezes observado:

> "World Trade Organization agreements reflect the need to obtain a consensus and are often written with what can charitably be termed 'diplomatic ambiguity'. This may be a virtue when it comes to obtaining agreement, but it is problematic when it comes to interpreting it"[4736].

O Órgão de Recurso reconheceu, por exemplo, que os termos do artigos 21º, nº 5, e 22º, ambos do Memorando de Entendimento sobre Resolução de Litígios

---

[4732] Petros MAVROIDIS, *Cosi Fan Tutti: Tales of Trade and Development, Development and Trade*, in GYIL, Vol. 47, 2005, p. 47.

[4733] Relatório do Órgão de Recurso no caso *European Communities Measures Concerning Meat and Meat Products (Hormones)* (WT/DS26/AB/R, WT/DS48/AB/R), 16-1-1998, parágrafo 165.

[4734] Dinah SHELTON, *Form, Function, and the Powers of International Courts*, in CJIL, 2009, p. 553.

[4735] Na prática do moderno direito internacional, "disputes as to the meaning of specific treaty provisions are a quite frequent occurrence". Cf. Ulf LINDERFALK, *Is the Hierarchical Structure of Articles 31 and 32 of the Vienna Convention Real or Not? Interpreting the Rules of Interpretation*, in Netherlands International Law Review, 2007, p. 134.

[4736] Robert Z. LAWRENCE, *The United States and the WTO Dispute Settlement System*, The Bernard and Irene Schwartz Series on American Competitiveness, Council on Foreign Relations, No. 25, March 2007, p. 17.

1668

A EFICÁCIA DO SISTEMA DE RESOLUÇÃO DE LITÍGIOS DA OMC

"não são um 'modelo de claridade'"[4737]. Em casos extremos, os membros chegam a reconhecer que não foi possível chegar a um acordo. Nesse sentido, os participantes nas negociações do Ciclo do Uruguai não obtiveram uma solução para o problema criado pelo chamado expediente da evasão ao pagamento de direitos antidumping. As partes envolvidas nas negociações comerciais multilaterais não conseguiram aprovar um texto específico, principalmente, por não terem chegado a acordo sobre o seu âmbito. Assim, o único resultado visível do Ciclo do Uruguai diz respeito a uma Decisão relativa à prevenção da evasão, a qual se limita a dizer que:

"os Ministros (...) conscientes de que é desejável que sejam aplicáveis, o mais rapidamente possível, regras uniformes neste domínio, decidem submeter esta questão para resolução ao Comité das Práticas Antidumping instituído pelo Acordo"[4738].

Até agora, contudo, nada se decidiu sobre a questão da evasão ao pagamento de direitos antidumping e já passaram 16 anos sobre a entrada em vigor dos acordos da OMC[4739].

[4737] Relatório do Órgão de Recurso no caso *United Sates – Import Measures on Certain Products from the European Communities* (WT/DS165/AB/R), 11-12-2000, parágrafo 91.
[4738] O texto desta Decisão pode ser encontrado in Eduardo Paz FERREIRA e João ATANÁSIO, *Textos de Direito do Comércio Internacional e do Desenvolvimento Económico*, Volume I – Comércio Internacional, Almedina, 2004, pp. 677-678.
[4739] Esta situação pode suscitar, porventura, a questão do *non-liquet*. Numa situação de *non liquet*, um painel conclui que possui jurisdição substantiva e que é apropriado exercê-la, mas não pode apresentar uma conclusão sobre os méritos do caso, com base no facto de não haver qualquer norma a ser aplicada ou de a lei aplicável não ser clara. No contexto do sistema de resolução de litígios da OMC, JOOST PAUWELYN defende que só é possível proclamar um *non liquet* em circunstâncias extremas:
"An international adjudicator is assumed to know the law (*jura novit curia*) and, if two conflicting norms apply to the same situation, his or her function will be to apply conflict rules so as to enable only one of the two norms to apply. But if the law itself fails to offer the solution as to which of the two norms applies, it should not, normally, be for the judge him/herself to make that decision. In effect, and although there would then be a problem of 'too much law' (two norms apply and one cannot decide which one ought to prevail), one is faced with a lacuna in the law: international law offers no solution as to which norms must prevail. As a result, one may have to declare *a non liquet*" (cf. Joost PAUWELYN, *Conflict of Norms in Public International Law: How WTO Law Relates to other Rules of International Law*, Cambridge University Press, 2003, p. 419).
Normalmente, o sistema de resolução de litígios da OMC é confrontado com alegações de que uma medida viola um ou mais acordos abrangidos. Ora, os painéis e o Órgão de Recurso são capazes de responder a tais questões recorrendo aos métodos usuais de interpretação dos tratados. Caso a parte queixosa não consiga provar a violação de um acordo, ele perderá o litígio por essa razão (cf. William DAVEY, Has the WTO Dispute Settlement System Exceeded Its Authority? A Con-

1669

A FUNÇÃO JURISDICIONAL NO SISTEMA GATT/OMC

Muitas vezes, os Estados acreditam também que a ambiguidade do texto torna mais fácil alegar que determinadas disposições não põem realmente em causa os interesses dos respectivos eleitorados.

A linha divisória entre *law-making* e *law-interpretation* não é, igualmente, fácil de desenhar, principalmente no contexto dos acordos da OMC[4740]. Os membros da OMC nem sempre podem prever de modo preciso a extensão dos compromissos que assumiram, dado que muitos dos acordos que compõem o sistema jurídico da OMC apresentam um carácter altamente técnico e, como já foi mencionado, muitas das disposições dos acordos da OMC são algo vagas ou incom-

sideration of Deference Shown by the System to Member Government Decisions and Its Use of Issue-Avoidance Techniques, in *The Role of the Judge in International Trade Regulation: Experience and Lessons for the WTO*, Thomas Cottier e Petros Mavroidis ed., Studies in International Economics – The World Trade Forum, volume 4, The University of Michigan Press, 2003, p. 68). No caso *United States – Anti-Dumping Measures on Certain Hot-Rolled Steel Products from Japan*, o Órgão de Recurso detectou uma lacuna no nº 4 do artigo 9º do Acordo sobre a Aplicação do Artigo VI do GATT de 1994 (cf. Relatório do Órgão de Recurso no caso *United States – Anti-Dumping Measures on Certain Hot-Rolled Steel Products from Japan* (WT/DS184/AB/R), 24-7-2001, parágrafos 125-126). Todavia, o próprio Órgão de Recurso declarou que "este recurso não suscita a questão de saber como a lacuna pode ser ultrapassada com base no texto actual do Acordo Antidumping, pelo que não é necessário abordá-la" (cf. *Idem*, parágrafo 126).

Uma situação de *non liquet* é um acontecimento raro na jurisprudência internacional, não porque o direito internacional é um sistema jurídico completo e perfeito, mas porque os tribunais internacionais abominam abdicar da sua função existencial: a resolução dos litígios (cf. Cesare Romano, *Deciphering the Grammar of the International Jurisprudential Dialogue*, in New York University Journal of International Law and Politics, 2009, p. 769). Como conclui Prosper Weil, "in contentious proceedings, *non liquet* may well be a scandal". Cf. Prosper Weil, *"The Court Cannot Conclude Definitively ..." Non Liquet Revisited*, in CJTL, 1997, p. 117.

[4740] Há mesmo quem a descreva como ilusória (cf. Donald McRae, Treaty interpretation and the development of international trade law by the Appellate Body, in *The WTO at Ten: The Contribution of the Dispute Settlement System*, Ed. Giorgio Sacerdoti, Alan Yanovich e Jan Bohanes, Cambridge University Press, 2006, p. 363). Um antigo juiz do Tribunal Internacional de Justiça teceu, igualmente, algumas considerações interessantes a este respeito:

"Indubitavelmente, um tribunal declara qual é o direito, mas não legisla. Na prática, contudo, é extremamente difícil e delicado fixar a fronteira. Claro, o juiz declara o direito, mas ele não funciona com base em automatismos. Não podemos negar a possibilidade de algum grau de criatividade nas suas actividades judiciais. O que não é permitido aos juízes é criar direito independentemente de qualquer sistema, instituição ou norma jurídica existente. O que lhes é permitido é declarar o que pode logicamente ser deduzido da *raison d'être* de um sistema, instituição ou norma jurídica existente" (cf. Tribunal Internacional de Justiça, *South West Africa cases (Ethiopia v. South Africa; Liberia v. South Africa)*, Segunda Fase, Acórdão de 18-7-1966, Opinião Dissidente do Juiz Tanaka, p. 277).

Nos primeiros anos de vigência do GATT de 1947, quando os litígios eram decididos pelas Partes Contratantes ou Grupos de Trabalho (que incluíam representantes das partes em litígio), não existia nenhuma linha a demarcar claramente a feitura da lei da sua interpretação.

1670

A EFICÁCIA DO SISTEMA DE RESOLUÇÃO DE LITÍGIOS DA OMC

pletas, o que leva a que o juiz tenha efectivamente de completá-lo "by means of case-law"[4741]. Veja-se, por exemplo, a cláusula do tratamento nacional prevista no art. III do GATT de 1994, verdadeira trave-mestra de todo o sistema jurídico assente nos acordos da OMC. Como já foi mencionado, não existe sequer consenso sobre a interpretação da palavra "produto". O art. III do GATT nada diz, também, sobre o importantíssimo conceito de "produtos similares". Quanto mais abrangente for a definição de "produtos similares", maior será, porventura, o conjunto de medidas consideradas incompatíveis com a cláusula do tratamento nacional. Por exemplo, se um carro é um carro, os carros importados que consomem muito combustível não podem ser tributados de modo mais elevado que os carros nacionais, não obstante a maior eficiência destes últimos do ponto de vista do consumo. Todavia, se um carro importado pouco eficiente não for considerado um "produto similar" de um carro de fabrico nacional muito eficiente, a tributação mais elevada dos carros importados já não será considerada incompatível com a cláusula do tratamento nacional.

Nestas circunstâncias, qualquer conclusão a que cheguem os painéis e, principalmente, o Órgão de Recurso é, muito provavelmente, a interpretação mais influente de qualquer disposição dos acordos da OMC[4742].

Fundamentalmente, o nº 2 do art. 3º do Memorando de Entendimento sobre Resolução de Litígios impõe que a clarificação das disposições dos chamados acordos abrangidos seja feita "em conformidade com as normas de interpretação do direito internacional público"[4743]. O Órgão de Recurso em particular, quando

---

[4741] Petros MAVROIDIS, Looking for Mr and Mrs Right: ten years of the Appellate Body at the WTO, in *The WTO at Ten: The Contribution of the Dispute Settlement System*, Ed. Giorgio Sacerdoti, Alan Yanovich e Jan Bohanes, Cambridge University Press, 2006, p. 351. Ainda a respeito do carácter algo vago ou incompleto de algumas das disposições dos acordos OMC, LORAND BARTELS nota que:

> "Indeterminacy is, of course, a feature common to all legal systems – and probably inherent in them as well – but it is particularly marked in the WTO, where the substantive agreements are especially characterized by gaps, overlaps, and conflicts. A number of reasons have been advanced to explain this state of affairs. One is that the agreements were originally negotiated in parallel, the original intention being that they would operate as autonomous agreements. Another is that the Uruguay Round negotiators, often not lawyers themselves, worked without sufficient legal vetting of the results". Cf. Lorand BARTELS, *The Separation of Powers in the WTO: How To Avoid Judicial Activism*, in ICLQ, 2004, p. 871.

[4742] Jeffrey WAINCYMER, *WTO Litigation: Procedural Aspects of Formal Dispute Settlement*, Cameron May, Londres, 2002, p. 705.

[4743] A própria Convenção de Viena sobre o Direito dos Tratados "is far from being an exact science" e, por isso, "the WTO judge has in front of her not one, but two incomplete contracts". Cf. Petros MAVROIDIS, Looking for Mr and Mrs Right: ten years of the Appellate Body at the WTO, in *The WTO at Ten: The Contribution of the Dispute Settlement System*, Ed. Giorgio Sacerdoti, Alan Yanovich e Jan Bohanes, Cambridge University Press, 2006, p. 352.

A FUNÇÃO JURISDICIONAL NO SISTEMA GATT/OMC

clarifica disposições ambíguas e colmata lacunas nos textos dos acordos, deve comportar-se de modo extremamente cauteloso no labirinto regulador dos acordos da OMC, privilegiando uma abordagem literal da interpretação, de modo a evitar que pesem sobre si acusações de *law-making*.

Outro constrangimento importante resulta do facto de uma conclusão desfavorável da parte dos órgãos de adjudicação da OMC implicar que o membro da OMC em causa coloque a medida nacional declarada incompatível em conformidade com os acordos da OMC, situação que origina questões importantes ao nível da legitimidade[4744]. Além de que os membros dos painéis e do Órgão de Recurso não são eleitos (como em qualquer tribunal internacional), mas ambos os órgãos possuem jurisdição compulsória, diferentemente do que é usual nos tribunais internacionais. Como notam JOHN MCGINNIS e MARK MOVSESIAN:

> "some have objected to the World Trade Organization's adjudicative system because of its 'democratic deficit'. Critics decry the fact that the World Trade Organization has authority to invalidate laws enacted by national legislatures which, unlike World Trade Organization panelists, remain accountable to the citizens who elect them"[4745].

---

[4744] Sol PICCIOTTO, *The WTO's Appellate Body: Legal Formalism as a Legitimation of Global Governance*, in Governance: An International Journal of Policy, Administration, and Institutions, Vol. 18, No. 3, 2005, p. 482.

[4745] John MCGINNIS e Mark MOVSESIAN, *The World Trade Constitution*, in Harvard Law Review, 2000, p. 569. De notar que o Governo norte-americano defendeu que a ratificação dos acordos do Ciclo do Uruguai por parte dos Estados Unidos seria compatível "with democracy" pelas seguintes razões:

"(1) WTO organs would have no power to change U.S. law without Congressional action since the WTO agreements were not 'self-executing';

(2) the U.S. could not be easily outvoted in WTO organs since action was usually to be taken on the basis of consensus and interpretations (which could not, in any case, constitute an amendment of the underlying agreements) which would require a vote by three-fourths and not a mere majority of the membership;

(3) amendments to the treaty could not be imposed on the U.S. without its consent;

(4) the WTO secretariat was an impartial body not beholden to any other government;

(5) U.S. federalism concerns were protected by various mechanisms such as the promise that the states of the U.S. would be consulted on ways to conform state law with WTO obligations, U.S. states would play a role in WTO dispute settlement when their interests were implicated, and the U.S. federal government and not a WTO panel would ultimately decide when state laws needed to be changed;

(6) WTO dispute settlement did not include a private right of action but would permit the U.S. government to screen the types of disputes that it would bring;

(7) the relevant U.S. executive agency would regularly report to the U.S. Congress on votes taken within the WTO and the possibility of WTO challenges to U.S. law;

(8) WTO dispute settlers had no authority to demand a change in U.S. law and were authorized only to interpret, not add to or diminish rights in the covered agreements;

A EFICÁCIA DO SISTEMA DE RESOLUÇÃO DE LITÍGIOS DA OMC

Dependendo a remoção da medida declarada incompatível da vontade do membro da OMC que a adoptou, os órgãos de adjudicação dispõem apenas do poder de persuasão[4746]. As conclusões constantes dos relatórios só serão vistas como justas e imparciais se forem consideradas legítimas pelo conjunto dos membros da OMC e, por isso, a questão da sua legitimidade tem assumido contornos mais importantes do que é normal. Um autor tão importante como JEFFREY DUNOFF conclui mesmo que "perhaps no issue is as controversial as the legitimacy of the WTO's dispute settlement system"[4747].

Para complicar ainda mais as coisas, os painéis e o Órgão de Recurso estão incumbidos de dirimir os litígios que lhes sejam apresentados (por maior que seja a sua sensibilidade política), os acordos que têm de interpretar quando analisam um litígio são complexos e têm um impacto directo e profundo nos interesses dos operadores económicos, dos consumidores e da população em geral (por exemplo, os litígios relativos às hormonas de crescimento e aos organismos geneticamente modificados).

Do ponto de vista da legitimidade dos órgãos de adjudicação da OMC, é também problemático que o sistema comercial multilateral centre a sua atenção muitas vezes na protecção dos produtores e não na protecção dos consumidores[4748]. O Acordo sobre a Agricultura é claramente proteccionista, as medidas antidum-

(9) unilateral U.S. action against states was still possible outside the WTO context (as with respect to matters not covered by the WTO agreement or with respect to non-WTO members); and

(10) the U.S. Federal Register would publish notices of all pending WTO disputes to enable interested private parties to provide their views to the U.S. executive agency charged with handling such disputes". Cf. José ALVAREZ, *International Organizations as Law-makers*, Oxford University Press, 2005, pp. 638-639.

[4746] Meinhard HILF, *Power, Rules and Principles – Which Orientation for WTO/GATT Law?*, in JIEL, 2001, p. 130.

[4747] Jeffrey DUNOFF, *The WTO's Legitimacy Crisis: Reflections on the Law and Politics of WTO Dispute Resolution*, in American Review of International Arbitration, 2002, p. 197.

[4748] Petros MAVROIDIS, Come Together? Producer Welfare, Consumer Welfare and WTO Rules, in *Preparing the Doha Development Round: Challenges to the Legitimacy and Efficiency of the World Trading System*, Ernst-Ulrich Petersmann ed., European University Institute-Robert Schuman Centre for Advanced Studies, Florença, 2004, pp. 137-153. Segundo um outro autor:

"The focus on trade matters in the late 1940s and early 1950s (that is, during the years where the GATT was created and took shape) was not on the welfare balances. For instance, Meade's highly influential textbook [*The Theory of International Economic Policy, Volume II: Trade and Welfare*, Oxford University Press, 1955] devotes most of its chapter on 'taxes (i.e. tariffs) and subsidies' to their impact on the public budget. Most of its developments related to welfare balances as conceived today were largely limited to the mere evocation of changes in prices". Cf. Patrick MESSERLIN, Non-discrimination, Welfare Balances and WTO Rules: An Historical Perspective, in *Preparing the Doha Development Round: Challenges to the Legitimacy and Efficiency of*

# A FUNÇÃO JURISDICIONAL NO SISTEMA GATT/OMC

ping, de compensação e de salvaguarda só são passíveis de aplicação quando um ramo de produção nacional sofre um prejuízo[4749], a condenação do dumping não faz muito sentido do ponto de vista económico[4750], o Acordo TRIPS atende primacialmente aos interesses dos detentores de direitos de propriedade intelectual[4751] e, passados mais de 60 anos sobre o desfecho da Carta de Havana, ainda não foram criadas regras multilaterais sobre a protecção da concorrência[4752]. PAUL KRUGMAN conclui mesmo que:

> "If economists ruled the world, there would be no need for a World Trade Organization. The economist's case for free trade is essentially a unilateral case: a country serves its own interests by pursuing free trade regardless of what other countries may do (...). So, if our theories really held sway, there would be no need for trade treaties: global free trade would emerge spontaneously from the unrestricted pursuit of national interest"[4753].

the World Trading System, Ernst-Ulrich Petersmann ed., European University Institute-Robert Schuman Centre for Advanced Studies, Florença, 2004, pp. 155-156.

[4749] "It is a fact of life, presumably rooted in the public-goods character of political action, that trade policy tends to place a much higher weight on producers than on consumers". Cf. Paul KRUGMAN, What Should Trade Negotiators Negotiate About?, in Journal of Economic Literature, 1997, p. 118.

[4750] "Unless dumping is truly predatory, which in practice appears rarely to be the case, there is no standard efficiency rationale for the position that dumped imports should be treated any differently by a government than imports that are not dumped". Cf. Merit JANOW e Robert STAIGER, Robert, European Communities – Anti-dumping Duties on Imports of Cotton-Type Bed Linen from India, in The WTO Case Law of 2001, The American Law Institute Reporters' Studies, Henrik Horn e Petros Mavroidis ed., Cambridge University Press, 2003, p. 118.

[4751] Como nota ABBOTT:
"Although the TRIPS Agreement would undoubtedly have a major impact on pharmaceutical pricing in the developing countries, the World Health Organization was largely absent from the negotiations. (...) Although World Intellectual Property Organization prepared a few background papers for the TRIPS negotiating group, it was not a substantial factor in the TRIPS negotiations". Cf. Frederick ABBOTT, The TRIPS-legality of measures taken to address public health crises: Responding to USTR-State-industry positions that undermine the WTO, in The Political Economy of International Trade Law – Essays in Honor of Robert E. Hudec, Daniel Kennedy e James Southwick ed., Cambridge University Press, 2002, p. 315.

[4752] Ernst-Ulrich PETERSMANN, Constitutionalism and WTO law: From a state-centered approach towards a human rights approach in international economic law, in The Political Economy of International Trade Law – Essays in Honor of Robert E. Hudec, Daniel Kennedy e James Southwick ed., Cambridge University Press, 2002, p. 56.

[4753] Paul KRUGMAN, What Should Trade Negotiators Negotiate About?, in Journal of Economic Literature, 1997, p. 113. Claro está, a realidade é bem diferente. Sendo normal os Governos nacionais depararem com incentivos políticos para restringir as trocas comerciais, a criação do GATT e da OMC, ao assegurar a coordenação internacional, constituiu um passo fundamental para a liberalização das trocas comerciais registada nos últimos decénios. Ao mesmo tempo, observa LUÍS PEDRO CUNHA

A EFICÁCIA DO SISTEMA DE RESOLUÇÃO DE LITÍGIOS DA OMC

Mas, existindo a OMC, a sua legitimidade depende muito do modo como as decisões são tomadas[4754] e do sentimento de que é capaz de aumentar o bem--estar dos cidadãos em geral[4755]. Apesar de estarmos perante um conceito ou atributo difícil de definir de modo preciso, "more susceptible to subjective perception than to objective measurement"[4756], um estudo centrado na OMC sugere que a legitimidade no plano internacional depende dos procedimentos seguidos (*inputs*) e dos resultados obtidos (*outputs*)[4757].

"a liberalização comercial unilateral tem o inconveniente de poder deteriorar os termos de troca do país que a promove. Se um país tiver um poder monopsónico ou oligopsónico no mercado mundial e admitindo que a oferta mundial do produto é inelástica, este país tem capacidade para influenciar o preço mundial desse produto, no sentido da baixa, através da imposição de direitos alfandegários (se tiver uma posição "monopolista" e admitindo que a procura mundial é inelástica, pode fazê-lo lançando um imposto sobre as exportações). Assim se alteram favoravelmente os termos de troca. O argumento dos termos de troca pode então explicar a desvantagem de um país levar a cabo um processo de liberalização comercial unilateral. Se o fizer, a deterioração dos termos de troca que venha a suportar pode eliminar os ganhos da liberalização comercial" (cf. Luís Pedro CUNHA, *O Sistema Comercial Multilateral e os Espaços de Integração Regional*, Coimbra Editora, 2008, pp. 43-44)

Caso a liberalização das trocas comerciais proceda sob a alçada do princípio da reciprocidade, com a redução dos direitos aduaneiros a ocorrer multilateralmente, os termos de comércio "are held constant" e cada Governo pode obter ganhos da expansão das trocas comerciais sem experimentar, em consequência, um declínio dos termos de comércio (cf. Kyle BAGWELL e Robert STAIGER, *The Economics of the World Trading System*, The Massachusetts Institute of Technology Press, Cambridge, Massachusetts, 2002, p. 60). Em suma, "the purpose of a trade agreement is to offer a means of escape from a terms-of-trade-driven Prisoners' Dilemma". Cf. *Idem*, p. 4.

[4754] Daniel ESTY, *Good Governance at the World Trade Organization: Building a Foundation of Administrative Law*, in JIEL, 2007, p. 517.

[4755] "Ideas have power, but we hope that they are most powerful when they make peoplee's lives better". Cf. Joel TRACHTMAN, *The Constitutions of the WTO*, in EJIL, 2006, p. 646.

[4756] Laurence HELFER e Anne-Marie SLAUGHTER, *Toward a Theory of Effective Supranational Adjudication*, in The Yale Law Journal, 1997, p. 284.

[4757] Robert KEOHANE e Joseph NYE, The Club Model of Multilateral Cooperation and Problems of Democratic Legitimacy, in *Efficiency, Equity, and Legitimacy: The Multilateral Trading System at the Millennium*, Roger Porter, Pierre Sauvé, Arvind Subramanian e Americo Zampetti ed., Brookings Institution Press, Washington, D.C., 2001, pp. 264-294. Segundo um outro autor:
"Although political philosophers and social scientists have proposed innumerable theories of legitimacy, generally these can be grouped into three basic types: source-based, procedural, and substantive. First, authority can be legitimated by its origin or source (...). Many writers have attempted to found political authority on consent – for example, state consent to treaties (...). Second, authority can be legitimate because it involves procedures considered to be fair. (...) Judicial legitimacy, for example, depends on such procedures as the right to be heard, to confront witnesses and to an impartial judge (...). Finally, authority can be legitimated by its success in producing desired outcomes – for example, economic welfare, social justice, or

A FUNÇÃO JURISDICIONAL NO SISTEMA GATT/OMC

No caso específico dos *outputs*, conquanto a liberalização das trocas comerciais internacionais reduza os preços dos bens e serviços junto dos consumidores, estes preocupam-se cada vez mais com a redução da pobreza a nível mundial, a promoção dos direitos humanos, a protecção do ambiente e dos direitos mínimos dos trabalhadores, a salvaguarda da saúde pública, etc.[4758]. E, à medida que a globalização económica avança, mais o comércio internacional toca outros domínios e valores[4759], e sabe-se que a liberalização das forças do mercado não basta ou não pode assegurar, de modo adequado, o provisão dos "social public goods" referidos[4760].

Um outro constrangimento importante a que se encontram, igualmente, sujeitos os painéis e o Órgão de Recurso é o concernente à falta de lógica de alguns dos acordos da OMC e de algumas das suas disposições[4761]. No caso do Acordo sobre as Medidas de Salvaguarda, por exemplo, o aumento das importações pode resultar, por exemplo, de uma queda do preço mundial devido à queda dos custos dos *inputs* no estrangeiro, ao desenvolvimento da tecnologia utilizada na produção no estrangeiro ou ao enfraquecimento da procura no estrangeiro[4762]. O aumento das quantidades de importações pode resultar, também, de um aumento da procura

environmental protection". Cf Daniel BODANSKY, *The Legitimacy of International Governance: A Coming Challenge for International Environmental Law?*, in AJIL, 1999, pp. 611-612.

[4758] Isto não significa que a liberalização das trocas comerciais é, necessariamente, contrária à promoção destes valores. No caso dos direitos humanos, por exemplo, não falta quem defenda que "over time, the GATT and the WTO have stimulated trade and improved governance" (cf. Susan AARONSON, *Seeping in slowly: how human rights concerns are penetrating the WTO*, in WTR, 2007, p. 414). JOEL TRACHTMAN defende mesmo que "the rights to trade – including those to a vocation and livelihood – are not necessarily inferior in priority to certain other rights. We can think in circumstances in which there may be deep normative import, if not normative superiority, attaching to trade law values; for example, trade disciplines may alleviate poverty in a very significant way at the expense of modest incursions on human rights or environmental protection". Cf. Joel TRACHTMAN, *Book Review – Conflict of Norms in Public International Law: How WTO Law Relates to Other Rules of International Law by Joost Pauwelyn*, in AJIL, 2004, p. 856.

[4759] Daniel ESTY, *The World Trade Organization's legitimacy crisis*, in WTR, 2002, p. 14; Patrizia NANZ, Democratic Legitimacy and Constitutionalisation of Transnational Trade Governance: A View from Political Theory, in *Constitutionalism, Multilevel Trade Governance and Social Regulation*, Christian Joerges e Ernst-Ulrich Petersmann ed., Hart Publishing, Oxford-Portland, 2006, p. 67.

[4760] Joost PAUWELYN, *The Sutherland Report: A Missed Opportunity for Genuine Debate on Trade, Globalization and Reforming the WTO*, in JIEL, 2005, p. 332-333.

[4761] Petros MAVROIDIS, *Cosi Fan Tutti: Tales of Trade and Development, Development and Trade*, in GYIL, Vol. 47, 2005, p. 54.

[4762] Nos termos do nº 1 do art. 2º do Acordo sobre as Medidas de Salvaguarda:
"Um Membro poderá aplicar uma medida de salvaguarda em relação a um produto unicamente se tiver determinado, em conformidade com as disposições a seguir enunciadas, que esse produto é importado no seu território em quantidades de tal modo elevadas, em termos absolutos ou em relação à produção nacional, e em tais condições que cause ou ameace cau-

A EFICÁCIA DO SISTEMA DE RESOLUÇÃO DE LITÍGIOS DA OMC

nacional atribuível, por exemplo, ao aumento do rendimento dos consumidores ou dos custos crescentes da produção nacional. Tendo em conta estes factos, a questão "causou o aumento das quantidades de importações um prejuízo grave à indústria nacional?" é simplesmente incoerente. Suponha-se, por exemplo, que a indústria nacional sofre um declínio devido ao aumento dos custos. Face ao preço mundial, a produção nacional cai e as importações aumentam, preenchendo o hiato crescente entre a procura e a oferta nacionais. Constituem as "quantidades crescentes" de importações a "causa" deste prejuízo? Certamente que não no sentido usual do termo "causar". O que mudou foram os custos das empresas nacionais e essa alteração resultou na redução da produção nacional e no aumento das importações[4763].

Para além dos constrangimentos assinalados, a pressão sobre o Órgão de Recurso (e, em menor medida, sobre os painéis) é tanto maior quando sabemos, por um lado, que a regra do consenso negativo implica que uma nova interpretação de algumas disposições dos acordos da OMC não prevista pelos participantes nas negociações do Ciclo do Uruguai seja forçosamente adoptada; por outro lado, que o processo político de tomada de decisões por consenso torna muito difícil aos membros da OMC "corrigir" qualquer interpretação sua e/ou dos painéis.

## 5.4. O Desequilíbrio entre o Processo Político e o Processo Jurisdicional
### 5.4.1. A regra do consenso positivo
De acordo com o nº 1 do art. IX do Acordo OMC, "a Organização Mundial do Comércio manterá a prática da tomada de decisões por consenso seguida por força do GATT de 1947", o que não surpreende. Apesar de envolver alguns riscos[4764], a regra do consenso é entendida como essencial à aceitação e cumprimento das regras do sistema comercial multilateral e à sua legitimidade democrática, evitando o clima de confronto que o recurso à votação pode implicar. Mesmo em organizações como o Fundo Monetário Internacional e o Banco Mundial, muito embora os acordos institutivos disponham que "todas as decisões, salvo disposição expressa em contrário, serão tomadas por maioria de votos" (art. XII, Secção 5, alínea *c*), do Acordo Relativo ao Fundo Monetário Internacional e art. V, Secção 3, alínea *b*), do Acordo Relativo ao Banco Mundial), na prática,

---

sar um prejuízo grave ao ramo de produção nacional de produtos similares ou directamente concorrentes".

[4763] Alan O. SYKES, *The Persistent Puzzles of Safeguards: Lessons from the Steel Dispute*, in JIEL, 2004, pp. 528-529.

[4764] Para SERGEI VOITOVICH, por exemplo, "unanimity and consensus are fraught with the danger of obstructionism or, at least, of the lowest level of compromise and vague wordings of the adopted regulations". Cf. Sergei VOITOVICH, *Normative Acts of the International Economic Organizations in International Law-Making*, in JWT, vol. 24, nº 4, 1990, p. 23.

## A FUNÇÃO JURISDICIONAL NO SISTEMA GATT/OMC

as decisões são tomadas por consenso[4765]. Para tal situação, muito contribui o facto de a prática da tomada de decisões por consenso proteger os interesses dos países que correm o risco de ficar permanentemente em minoria: no caso do Fundo Monetário Internacional e do Banco Mundial, correm tal risco os países em desenvolvimento, visto os países ricos deterem a maioria dos votos[4766]; no caso da OMC, esse risco corre por conta dos países desenvolvidos, dado que os países em desenvolvimento detêm a maioria dos votos, não obstante o seu peso no comércio internacional ser bem inferior ao dos países desenvolvidos[4767].

De acordo com a nota de rodapé 1 do Acordo OMC:

> "considera-se que o órgão em causa tomou uma decisão por consenso sobre uma questão que lhe foi apresentada, se nenhum Membro presente na reunião no decurso da qual a referida decisão foi tomada se tiver oposto formalmente à decisão proposta".

---

[4765] Segundo MILES KAHLER, "consensus reigns informally at the International Monetary Fund and the World Bank, just as it rules formally at the WTO" (cf. Miles KAHLER, *Leadership Selection in the Major Multilaterals*, Institute for International Economics, Washington, D.C., 2001, p. 23). Mais recentemente, um outro autor salienta que, "in practice, it is rare for the Fund to actually vote; typically the Managing Director will not bring a matter to the Executive Board unless there is a consensus" (cf. Andreas LOWENFELD, *International Economic Law*, 2ª ed., Oxford University Press, 2008, p. 604). Com maior rigor, HECTOR TORRES observa que:
> "Ironically, the Fund is keen to say that its decisions are mostly taken by consensus. This is because the Executive Board rarely votes; however, not voting and taking the trouble to build up consensus are quite different things. In lieu of taking a formal vote, the Chair of the Executive Board, either the Managing Director or one of its deputies, is responsible for identifying the 'sense of the meeting', which in plain language is to ascertain whether there would be a qualified majority of votes if there were to be a vote on the issue under consideration".
> Cf. Hector TORRES, *Reforming the International Monetary Fund – Why Its Legitimacy Is at Stake*, in JIEL, 2007, p. 446.

[4766] Por exemplo, em 2002, 53% do total de votos no Fundo Monetário Internacional estavam nas mãos de um grupo constituído pelos Estados Unidos, Comunidade Europeia e Japão. Cf. Thomas COTTIER e Satoko TAKENOSHITA, *The Balance of Power in WTO Decision-Making: Towards Weighted Voting in Legislative Response*, in Aussenwirtschaft, 2003, p. 181.

[4767] De acordo com SERGEI VOITOVICH:
> "Majority voting in various formulas dominated the international economic organizations founded in the 1940s and 1950s when it was to the benefit of Western countries, the major initiators and participants of those organizations (the IMF, IBRD, FAO, GATT). But since the 1960s the shift towards unanimity and consensus has become apparent. This tendency was determined not only by the majority change in the international arena as a result of decolonisation, though this reason was, undoubtedly, important. (...) The international economic organizations' Member States realized that decisions taken against the minority's could cause problems of proper implementation". Cf. Sergei VOITOVICH, *Normative Acts of the International Economic Organizations in International Law-Making*, in JWT, vol. 24, nº 4, 1990, pp. 21-22.

1678

A EFICÁCIA DO SISTEMA DE RESOLUÇÃO DE LITÍGIOS DA OMC

Ou seja, consenso não é a mesma coisa que unanimidade, visto que as abstenções e os membros ausentes não impedem a tomada de uma decisão por consenso[4768]. Apenas uma oposição formal à decisão proposta impedirá a sua adopção[4769].

Sempre que não for possível chegar a uma decisão por consenso, a questão em causa, salvo disposição em contrário, será decidida por votação (art. IX, n° 1, do Acordo OMC)[4770]. Neste caso, salvo disposição em contrário, as decisões da

[4768] Há quem distinga vários tipos de unanimidade, a saber: – a unanimidade relativa (as abstenções não impedem a adopção de um acto que requer unanimidade); – a unanimidade dos membros presentes; e – a unanimidade absoluta (todos os votos têm de ser afirmativos). Em princípio, a unanimidade relativa produz os mesmos efeitos que o consenso, ainda que difiram ligeiramente do ponto de vista da técnica processual. Uma votação por unanimidade, mesmo na sua forma relativa, revela expressamente as tomadas de posição dos membros (seja afirmativa seja abstencionista) sobre a medida que está para ser adoptada, ao passo que o consenso revela apenas a ausência de uma atitude negativa. Cf. *Idem*, p. 25.

[4769] É de notar que a Declaração Ministerial de Doha (2001) determina expressamente, nos parágrafos 20, 23, 26 e 27, que qualquer decisão relativa à negociação das chamadas "questões de Singapura" (investimento, política de concorrência, transparência dos contratos públicos e facilitação do comércio) deve ser adoptada por "consenso explícito", ou seja, o mero silêncio já não é suficiente. Mesmo no final da Conferência Ministerial de Doha, a Índia conseguiu obter a seguinte declaração do Presidente da Conferência Ministerial, *in casu*, o Ministro do Comércio do Qatar:
"O meu entendimento é o de que a decisão da quinta Conferência Ministerial necessitaria de ser tomada por consenso explícito antes de as negociações sobre as questões de Singapura poderem prosseguir (...). Em minha opinião, isto daria a cada Membro o direito de tomar uma posição sobre as modalidades que impediriam as negociações de prosseguir após a quinta Conferencia Ministerial até esse Membro estar preparado para se juntar ao consenso explícito" (cf. OMC, *Summary Record of the Ninth Meeting Held at the Sheraton Convention Centre, Doha, Qatar on Wednesday, 14 November 2001, at 6 p.m. – Ministerial Conference, Fourth Session, Doha, 9-14 November 2001* (WT/MIN(01)/SR/9), 10-1-2002, p. 2).
O estatuto jurídico desta declaração está longe de ser claro. Não só a declaração referida não foi anexada à Declaração Ministerial de Doha, como também ela parece ir contra o disposto no texto desta última: "excepção feita aos melhoramentos e clarificações introduzidos no Memorando de Entendimento sobre as Regras e Processos que Regem a Resolução de Litígios, o desenvolvimento e a conclusão das negociações e a entrada em vigor dos seus resultados serão considerados como partes de um compromisso global" (parágrafo 47). Seja como for, a declaração do Presidente da Conferência Ministerial "paved the way for members to exclude the Singapore issues from the further negotiation mandate – despite the 'single undertaking' governing the Doha Round" (cf. Henning Ruse-Khan, *The Role of Chairman's Statements in the WTO*, in JWT, 2007, p. 484). De facto, no dia 1 de Agosto de 2004, o Conselho Geral retirou três das questões de Singapura do âmbito das negociações comerciais multilaterais (investimento, concorrência e transparência nas compras públicas), ao mesmo tempo que concordava, por "consenso explícito", dar início a negociações sobre a facilitação das trocas comerciais.

[4770] O facto de o n° 1 do art. IX do Acordo OMC dizer que, "nos casos em que não for possível chegar a uma decisão por consenso, a questão em causa será decidida por votação" leva FRIEDER

## A FUNÇÃO JURISDICIONAL NO SISTEMA GATT/OMC

Conferência Ministerial e do Conselho Geral serão adoptadas por maioria dos votos expressos[4771], dispondo cada membro da Organização Mundial do Comércio de um voto (art. IX, nº 1, do Acordo OMC), ou seja, observa-se o princípio "um membro, um voto"[4772]. Em alguns casos, porém, o Acordo OMC impõe outra maioria que não a maioria simples dos votos expressos. Por exemplo:

ROESSLER a distinguir entre "consensus as a rule" e "consensus as a practice". No primeiro caso, a decisão só pode ser tomada por consenso. Por exemplo, por não ter havido consenso no Comité das Subvenções e Medidas de Compensação para prolongar, nos termos do art. 31º do Acordo sobre as Subvenções e as Medidas de Compensação, a aplicação provisória do nº 1 do art. 6º do mesmo acordo para além de 31 de Dezembro de 1999, o Grupo Informal de Peritos foi extinto (cf. OMC, *2000 Rapport Annuel*, ed. OMC, p. 53). No segundo caso, quando não for possível chegar a consenso, a questão em causa será decidida por votação (cf. Frieder ROESSLER, The Agreement Establishing the World Trade Organization, in *The Uruguay Round Results. A European Lawyers' Perspective*, Jacques Bourgeois, Frédérique Berrod & Eric Fournier ed., College of Europe and European Interuniversity Press, Bruxelas, 1995, p. 74). Na prática, porém, a regra do consenso tem sido aplicada mesmo em situações que não a exigem (por exemplo, a eleição do Director-Geral da OMC em 1999).

[4771] No caso do recurso a votação, as regras de funcionamento do Conselho Geral impõem que "o quórum será constituído pela maioria simples dos membros" (cf. OMC, *Rules of Procedures for Meetings of the General Council* (WT/L/161), 25-7-1996, Regra 16). Em contrapartida, a OMC "does not apply the quorum requirements of the Rules of Procedure when decision-making is by consensus" (cf. Claus-Dieter EHLERMANN e Lothar EHRING, *Decision-Making in the World Trade Organization: Is the Consensus Practice of the World Trade Organization Adequate for Making, Revising and Implementing Rules on International Trade?*, in JIEL, 2005, p. 67), isto é, uma decisão por consenso baseia-se nos membros da OMC presentes na reunião (cf. Mary FOOTER, *An Institutional and Normative Analysis of the World Trade Organization*, Martinus Nijhoff, Leiden-Boston, 2006, p. 279). Contudo, na reunião do Órgão de Resolução de Litígios em que estava em causa a adopção dos relatórios do Painel e do Órgão de Recurso relativos ao caso *Japan – Taxes on Alcoholic Beverages*, o Japão levantou a questão do quórum. Como estavam presentes representantes de apenas 38 membros da OMC, a sessão foi suspensa até ao dia em que o quórum exigido estivesse reunido (cf. Debra STEGER, The World Trade Organization: A New Constitution for the Trading System, in *New Directions in International Economic Law: Essays in Honour of John H. Jackson*, Marco Bronckers e Reinhard Quick ed., Kluwer Law International, Londres-Haia-Boston, 2000, p. 148). As reuniões do Órgão de Resolução de Litígios são regidas igualmente pelas regras de funcionamento das reuniões do Conselho Geral. Cf. OMC, *Rules of Procedure for Meetings of the Dispute Settlement Body* (WT/DSB/9), 16-1-1997.

[4772] Este princípio "um membro, um voto" (art. IX, nº 1, do Acordo OMC) contrasta com o que acontece geralmente no âmbito do Direito Internacional Económico. Uma das características deste ramo de Direito é precisamente a perda de importância do princípio da igualdade, aceitando e oficializando o papel dos Estados mais poderosos do ponto de vista económico através da técnica do voto ponderado, utilizada, por exemplo, no Banco Mundial (art. V, secção 3, alínea *a*), do Acordo relativo ao Banco Internacional para a Reconstrução e Desenvolvimento) e no Fundo Monetário Internacional (art. XII, secção V, alínea *a*), do Acordo relativo ao Fundo Monetário Internacional). Não obstante, as últimas negociações comerciais multilaterais do Ciclo do Uruguai (1986-94), dominadas claramente pelas grandes potências comerciais, sem a anuência das quais nenhum acordo foi possível, acabam por demonstrar que, mesmo no caso da Organização Mun-

1680

## A EFICÁCIA DO SISTEMA DE RESOLUÇÃO DE LITÍGIOS DA OMC

- no caso da regulamentação financeira e das previsões orçamentais anuais, impõe-se uma maioria de dois terços que inclua mais de metade dos membros da OMC para a sua adopção pelo Conselho Geral (art. VII, nº 3, do Acordo OMC);
- no caso dos acordos sobre as modalidades de adesão, a Conferência Ministerial deve aprová-los por uma maioria de dois terços dos membros da OMC (art. XII, nº 2, do Acordo OMC); e
- no caso de a Conferência Ministerial decidir dispensar um membro de uma das obrigações que lhe incumbem por força do Acordo OMC ou de um dos acordos comerciais multilaterais, ela só poderá fazê-lo se tal decisão for tomada por três quartos dos membros (art. IX, nº 3, do Acordo OMC).

É possível encontrar, ainda, situações em que o Acordo OMC impõe que as decisões sejam tomadas obrigatoriamente por consenso ou mesmo por todos os membros da OMC. No primeiro caso, por exemplo, o nº 9 do art. X do Acordo OMC estabelece que, "a pedido dos Membros parte num acordo comercial, a

---

dial do Comércio, prevalece o chamado "princípio da aristocracia" (cf. André Gonçalves PEREIRA e Fausto de QUADROS, *Manual de Direito Internacional Público* 3ª ed., Almedina, Coimbra, 1993, pp. 450-451). Mais: os Estados Unidos e a Comunidade Europeia, verdadeiros *primus inter pares*, tendem a afirmar a sua preponderância e a alargar os seus espaços de influência através de uma rede de acordos comerciais preferenciais com países terceiros. Em finais de 2006, a Comunidade Europeia, por exemplo, só concedia o tratamento da nação mais favorecida a nove membros da OMC: Austrália, Canadá, Taipé Chinês, Hong Kong, Japão, Coreia do Sul, Nova Zelândia, Singapura e Estados Unidos, países estes responsáveis por cerca de 30% das importações totais feitas pela Comunidade em 2005 (cf. ORGANIZAÇÃO MUNDIAL DO COMÉRCIO, *Trade Policy Review – European Communities, Report by the Secretariat* (WT/TPR/S/177), 22-1-2007, p. 24). Por outro lado, as decisões no âmbito da OMC não são tomadas por voto secreto, mas sim levantando a mão (cf. Asif QURESHI, *The World Trade Organization. Implementing International Trade Norms*, Manchester University Press, Manchester e Nova Iorque, 1996, pp. 6-7). Por isso, se um membro da OMC pretende rejeitar uma proposta, deve fazê-lo abertamente e perante os outros membros presentes. Deste modo, assinalam alguns autores:

"There is no way, thus, for dissenters to hide their identity (as with secret ballots); a fact that may dissuade weaker Members from stating their true preferences, especially if they go against the interest of their economic benefactors (donors of foreign aid or trade preferences)" (cf. Hakan NORDSTRÖM, Participation of Developing Countries in the WTO – New Evidence Based on the 2003 Official Records, in *WTO Law and Developing Countries*, George Bermann e Petros Mavroidis Ed., Cambridge University Press, 2007, p. 152).

É de notar, por último, que os Estados Unidos defenderam nas negociações relativas à criação da Organização Internacional do Comércio que o número de votos deveria depender do peso de cada país no comércio internacional, ao passo que 35 dos 56 delegados presentes na Conferência de Havana defenderam o sistema "um país, um voto". Cf. John BARTON, Judith GOLDSTEIN, Timothy JOSLING e Richard STEINBERG, *The Evolution of the Trade Regime: Politics, Law, and Economics of the GATT and the WTO*, Princeton University Press, 2006, p. 36.

1681

A FUNÇÃO JURISDICIONAL NO SISTEMA GATT/OMC

Conferência Ministerial poderá decidir unicamente por consenso, aditar tal acordo ao Anexo 4". Já quanto à tomada de decisões obrigatoriamente por unanimidade, o art. X, nº 2, do Acordo OMC determina que as alterações aos artigos IX e X do Acordo OMC, I e II do GATT de 1994, II, nº 1, do GATS, e 4º do Acordo sobre os Aspectos dos Direitos de Propriedade Intelectual Relacionados com o Comércio "produzirão efeitos unicamente após terem sido aceites por todos os membros".

Depois da assinatura dos acordos comerciais do Ciclo do Uruguai, os membros da OMC decidiram, também, que o recurso à votação só é possível no âmbito da Conferência Ministerial e do Conselho Geral[4773], o que não admira, se tivermos presente que o art. IX, nº 1, do Acordo OMC só refere os dois principais órgãos da OMC. Assim, quando, em relação a uma determinada questão, não for possível chegar a consenso num dos órgãos subsidiários (por exemplo, o Conselho do Comércio de Mercadorias), a questão em causa deverá ser levada ao Conselho Geral "para decisão". Mas, atenção, caso um acordo do Anexo 1ᴬ exija especificamente que o Conselho do Comércio de Mercadorias decida por consenso, o Conselho Geral só pode adoptar a decisão por consenso[4774].

Significativamente, nos primeiros 15 anos de funcionamento da OMC, com excepção do caso da adesão do Equador (o primeiro país a aderir à OMC, depois da sua entrada em funções[4775])), não ocorreu nenhuma votação[4776]. Mais: os membros da OMC não demonstraram vontade, até hoje, de decidir uma questão por votação quando não é possível chegar a uma decisão por consenso[4777]. Mesmo durante o conturbado processo de selecção do Director-Geral da OMC ocorrido em 1999, a reacção da maioria das delegações foi agitada e incluiu declarações do tipo "we don't vote here" quando os embaixadores de dois países asiáticos soli-

---

[4773] OMC, *Agreement Establishing the WTO*, WTO Agreements Series nº 1, 1999, p. 19.

[4774] OMC, *Rules of Procedure for Meetings of the Council for Trade in Goods* (WT/L/79), 7-8-1995, Regra 33.

[4775] A adesão do Equador foi aprovada por uma maioria de 2/3. Cf. OMC, *Accession of Ecuador – Decision of 16 August 1995* (WT/ACC/ECU/5), 22-8-1995, p. 1.

[4776] De acordo com LORAND BARTELS:
"shortly after the establishment of the WTO in 1995, there were some votes but these occurred in unique circumstances. There was a postal ballot on the accession of Ecuador to the WTO, and this only took place because there were not enough Members present at the meeting to satisfy the rule, set out in Article XII:2 of the WTO Agreement, that decisions on accession be taken by two-thirds of the Members of the WTO. There were similarly postal ballots on certain waivers". Cf. Lorand BARTELS, *The Separation of Powers in the WTO: How To Avoid Judicial Activism*, in ICLQ, 2004, pp. 864-865.

[4777] Claus-Dieter EHLERMANN e Lothar EHRING, *The Authoritative Interpretation Under Article IX:2 of the Agreement Establishing the World Trade Organization: Current Law, Practice and Possible Improvements*, in JIEL, 2005, p. 818.

1682

## A EFICÁCIA DO SISTEMA DE RESOLUÇÃO DE LITÍGIOS DA OMC

citaram uma votação[4778]. Segundo um antiga directora do Secretariado do Órgão de Recurso, "the culture of the WTO forbids even thinking about voting"[4779].

### 5.4.2. O Paradoxo Institucional

Por causa da introdução da regra do consenso negativo no que diz respeito à adopção dos relatórios dos painéis e do Órgão de Recurso, alguns autores salientam que:

> "the contrast between the very burdensome political decision-making process and the highly effective, (quasi-)automatic dispute settlement system appears like an institutional paradox, when previously, under the GATT, both areas were dominated by the consensus rule"[4780].

O paradoxo institucional implica, no essencial, que a "fraca" capacidade legislativa da OMC exerce grande pressão sobre o Órgão de Recurso[4781].

Muitas vezes, os obstáculos à tomada de decisões pelos membros da OMC levam a que os Governos recorram ao sistema de resolução de litígios para tentar obter resultados que não conquistaram na mesa de negociações[4782]. Como se isso não bastasse, ROBERT HUDEC salienta que:

---

[4778] Manfred ELSIG, *Different facets of power in decision-making in the WTO*, National Centre of Competence in Research Trade Regulation – Swiss National Centre of Competence in Research, Working Paper No 2006/23, September 2006, p. 11.

[4779] Debra STEGER, *The Culture of the WTO: Why It Needs to Change*, in JIEL, 2007, p. 488.

[4780] Claus-Dieter EHLERMANN e Lothar EHRING, *Decision-Making in the World Trade Organization: Is the Consensus Practice of the World Trade Organization Adequate for Making, Revising and Implementing Rules on International Trade?*, in JIEL, 2005, p. 69.

[4781] John JACKSON, *International Economic Law in Times That Are Interesting*, in JIEL, 2000, p. 8.

[4782] Segundo três antigos Directores-Gerais, "there is an excessive resort to litigation as a substitute for negotiation" (cf. Arthur DUNKEL, Peter SUTHERLAND e Renato RUGGIERO, *Joint statement on the multilateral trading system*, 2001 News Items, 1-2-2001, parágrafo 2). Durante a vigência do GATT de 1947, um painel podia, por vezes, evitar analisar uma determinada questão dizendo simplesmente que não podia responder à questão formulada. Numa queixa apresentada pelo Uruguai, em 1961, contra 15 países desenvolvidos, a parte queixosa colocou uma questão que o painel não respondeu. O Uruguai pediu que o painel analisasse a legalidade do direito nivelador aplicada pela Comunidade Económica Europeia, mas o painel declarou que "it could not make a judgment because the Contracting Parties had previously debated the issue and were unable to reach a conclusion" (cf. Robert HUDEC, *GATT Dispute Settlement After the Tokyo Round: An Unfinished Business*, in CILJ, Volume 13, Number 2, 1980, pp. 189-190).
Não deixa de ser sintomático que a proposta abaixo descrita e debatida durante o Ciclo do Uruguai não tenha sido consagrada expressamente no Memorando de Entendimento sobre Resolução de Litígios:
"Em circunstâncias excepcionais, quando um painel ou o Órgão de Recurso concluem que não podem resolver um conflito fundamental entre as disposições substantivas de quaisquer

1683

# A FUNÇÃO JURISDICIONAL NO SISTEMA GATT/OMC

"the WTO's inability to legislate on controversial issues would deprive WTO law of a safety valve that most other legal systems possess – the power to reverse errant rulings by legislation. The existence of this major constitutional flaw has been widely recognized"[4783].

Não podendo a OMC escolher os seus litígios, só se os membros da OMC exercerem algum retraimento é que os casos politicamente mais sensíveis não serão levados à consideração dos painéis e do Órgão de Recurso. Como já foi referido, no caso do art. XXI do GATT, os membros da OMC têm recorrido frequentemente à pressão internacional e à diplomacia para resolver os litígios comerciais ligados às questões de segurança. Também no caso das restrições impostas pela Comunidade Europeia à importação de organismos geneticamente modificados, os Estados Unidos abstiveram-se durante muitos anos de recorrer ao sistema de resolução de litígios da OMC, "in the hope of reaching a negotiated solution"[4784]. Outro exemplo de prudência por parte das partes em litígio pode ser encontrado no chamado caso *Swordfish*.

Mas, caso os membros da OMC não exerçam algum contracção na apresentação dos chamados *wrong cases* junto do sistema de resolução de litígios da OMC[4785], receia-se que o paradoxo institucional tenha como consequência, inevitavelmente, um aumento da pressão sobre os painéis e o Órgão de Recurso "to 'create law'" e, porventura, desrespeitarem o disposto no n.º 2 do art. 19.º do Memorando de Entendimento sobre Resolução de Litígios: "em conformidade com o n.º 2 do artigo 3.º, nas suas conclusões e recomendações, o painel e o Órgão

acordos abrangidos sem criar novos direitos ou obrigações no âmbito desses acordos abrangidos, ele deve relatar as suas conclusões ao Órgão de Resolução de Litígios para este tomar as medidas apropriadas. Tal relatório deve conter uma descrição dos factos da questão, um resumo dos argumentos das partes e uma descrição das disposições dos acordos abrangidos que o painel ou o Órgão de Recurso consideraram estar em conflito". Cf. GATT, *Draft Final Act Embodying the Results of the Uruguay Round of Multilateral Trade Negotiations – Trade Negotiations Committee* (MTN.TNC/W/FA), 20-12-1991, p. T.4.

[4783] Robert E. HUDEC, *Review article: Free trade, sovereignty, democracy: the future of the World Trade Organization (Claude E. Barfield)*, in WTR, 2002, p. 212.

[4784] Ernst-Ulrich PETERSMANN, *Justice as Conflict Resolution: Proliferation, Fragmentation, and Decentralization of Dispute Settlement in International Trade*, in University of Pennsylvania Journal of International Economic Law, 2006, p. 339.

[4785] Segundo ROBERT E. HUDEC, "the 'wrong case' objection – the idea that governments should never bring legal complaints against trade measures that have so much domestic political support that, no matter how WTO-illegal they are, it is simply politically impossible to change them". Cf. Robert E. HUDEC, *Review article: Free trade, sovereignty, democracy: the future of the World Trade Organization* (Claude E. Barfield), in WTR, 2002, pp. 212-213.

# A EFICÁCIA DO SISTEMA DE RESOLUÇÃO DE LITÍGIOS DA OMC

de Recurso não podem aumentar ou diminuir os direitos e obrigações previstos nos acordos abrangidos".

O outro risco apontado à existência de um processo político de tomada de decisões por consenso prende-se com a paralisia da OMC. Por exemplo, DMITRI VERENYOV observa que "one emphatic example of the failure of consensus in the WTO is the election of its second Director General"[4786]. Mas, se atentarmos bem, as decisões relativas à escolha de Michael Moore e de Supachai Panitchpakdi para o cargo de Director-Geral da OMC foram tomadas por consenso e o processo de tomada de decisões da OMC não tem impedido a adopção de algumas decisões assaz importantes, ou seja, a paralisia de que falam alguns autores não é assim tão aparente. A regra do consenso não impediu a adesão da China (provavelmente mais importante do que um novo ciclo de negociações), o lançamento do Ciclo de Doha (2001-) dois meses após os atentados de 11 de Setembro de 2001, a conclusão do Acordo sobre as Tecnologias da Informação e de quatro protocolos no âmbito do Acordo Geral sobre o Comércio de Serviços[4787], a criação do Comité do Comércio e Ambiente, a adopção da Declaração relativa ao Acordo sobre os Aspectos dos Direitos de Propriedade Intelectual Relacionados com o Comércio e a Saúde Pública durante a Conferência Ministerial de Doha, a concessão de uma derrogação para efeitos de implementação do chamado sistema de certificação do Processo de Kimberley para o comércio internacional de diamantes em bruto, a adopção de procedimentos para a nomeação do Director-Geral da OMC, etc..

E será que alguém imagina que a reforma do comércio internacional de produtos agrícolas ou a eliminação do actual regime antidumping possam ser feitas contra a vontade das duas maiores potências comerciais da actualidade, a Comunidade Europeia e os Estados Unidos? Pensamos que não[4788].

---

[4786] Dmitri VERENYOV, *Vote or Lose: An Analysis of Decision-Making Alternatives for the World Trade Organization*, in Buffalo Law Review, 2003, p. 470.

[4787] O segundo protocolo e o quinto protocolo aplicam-se aos serviços financeiros, o terceiro protocolo à circulação de pessoas singulares e o quarto protocolo às telecomunicações de base. É de notar que não existe um primeiro protocolo. Esta denominação estava reservada para os compromissos tardios de alguns países em desenvolvimento, mas ela acabou por não ser utilizada. Cf. David LUFF, *Le Droit de l'Organisation Mondiale du Commerce: Analyse Critique*, Bruylant, Bruxelas, 2004, p. 25.

[4788] Depois do papel importante que teve no lançamento das negociações comerciais do Ciclo de Doha, a Administração Bush sucumbiu, em Março de 2002, aos pedidos da indústria do aço e procedeu ao aumento dos direitos aduaneiros através do recurso a medidas de salvaguarda e, dois meses depois, aumentou igualmente o apoio aos agricultores norte-americanos ao abrigo da *Farm Bill*. Ora, como observa JAGDISH BHAGWATI, o sinal dado foi mau: não é possível iniciar negociações para reduzir o proteccionismo e aumentar, logo de seguida, os subsídios e as barreiras ao comércio (cf. Jagdish BHAGWATI, *Don't Cry for Cancún*, in Foreign Affairs, 2004, p. 56), ou seja, a OMC sofre também de uma certa falta de liderança política por parte de alguns dos seus membros

A FUNÇÃO JURISDICIONAL NO SISTEMA GATT/OMC

As únicas situações em que a regra do consenso levou verdadeiramente a um beco sem saída são as que dizem respeito ao exame dos acordos comerciais preferenciais. De acordo com o relatório anual de 2003 da OMC, "nenhum relatório de exame do Comité dos Acordos Comerciais Regionais [da OMC] foi finalizado desde 1995, devido à ausência de consenso"[4789].

Sintomaticamente, os membros em geral não vêem nenhuma necessidade numa reforma radical da OMC; eles apoiam firmemente a prática da tomada de decisões por consenso e entendem que as consultas informais continuam a ser um instrumento útil caso se apliquem certos melhoramentos a respeito da participação e da transparência[4790]. A maioria dos países em desenvolvimento considera mesmo inegociável a prática da tomada de decisões por consenso[4791]. O afastamento da regra do consenso teria como consequência, forçosamente, exacerbar os problemas associados à legitimidade interna da OMC, uma vez que aumentaria a percepção de não inclusão no processo decisório por parte de muitos países em desenvolvimento e:

> "when a country does not feel part of the rule-making process itself, it would be unreasonable to expect that particular country to advance the fundamental values of an institution. An institution built on exclusion is bound to crumble sooner or later. (...) The idea behind participation is crucial not only vis-à-vis compliance but also because of the fact that a more participative approach would throw up a more equitable and fair rule in the first place. It is here that the democratization of the rule-making process assumes its importance"[4792].

Dir-se-á também que:

mais importantes. Com alguma graça, um autor observa que o GATT de 1947 era "a bicycle built for two with the United States in the front seat and the European Communities in the back". A OMC, em contraste, "is more likely a bus careening down a hill with many drivers, none of whom are certain about where they want to go". Cf. Debra STEGER, *The Culture of the WTO: Why It Needs to Change*, in JIEL, 2007, p. 484.

[4789] OMC, *2003 WTO Annual Report*, ed. OMC, 2003, p. 29.

[4790] OMC, *Overview of Developments in the International Trading Environment – Annual Report by the Director-General* (WT/TPR/OV/6), 22-11-2000, p. 8, parágrafo 32.

[4791] SOUTH CENTRE, *WTO Decision-Making and Developing Countries*, South Centre Working Papers nº 11, 2001, p. 14. DEBRA STEGER, antiga Directora do Secretariado do Órgão de Recurso da OMC, defende mesmo que todos os membros da OMC, desde os Estados Unidos e a Comunidade Europeia até aos países menos avançados, "are wedded to the practice of decision-making by consensus. It is part of the *ethos* of the WTO". Cf. Debra P. STEGER, *The Struggle for Legitimacy in the WTO*, in Trade Policy Research 2003, Department of Foreign Affairs and International Trade (Canada), p. 138.

[4792] Rahul SINGH, *The World Trade Organization and Legitimacy: Evolving a Framework for Bridging the Democratic Deficit*, in JWT, 2008, p. 350.

1686

# A EFICÁCIA DO SISTEMA DE RESOLUÇÃO DE LITÍGIOS DA OMC

"countries could only accept the dramatic increase in legalization and digest the automatic and compulsory enforcement of WTO obligations under the new Dispute Settlement Understanding once they were reassured that, in the political process, no new obligations could arise without their consent. It is this enhanced voice, or participation in the political process, that gave WTO members the confidence to engage in the revolutionary transformation of the dispute process and to accept it with relative equanimity"[4793].

JOOST PAUWELYN conclui, por isso, que "the role consensus plays in the internal and external legitimacy of the world trade system largely compensates for the delay and *lourdeur* in WTO decision making, as well as for the sometimes limited outcome in trade negotiations"[4794].

Portanto, não é a regra do consenso que está em causa, mas sim o modo como as negociações são muitas vezes conduzidas[4795]. De qualquer modo, têm

---

[4793] Joost PAUWELYN, *The Transformation of World Trade*, in Michigan Law Review, 2005, p. 31.

[4794] *Idem*, p. 57.

[4795] Em boa verdade, a não participação de muitos países em desenvolvimento no processo de negociações comerciais é tão-somente um sintoma de um problema maior. Muitos países em desenvolvimento membros da OMC não dispõem de uma representação permanente em Genebra que lhes permita acompanhar o conjunto dos trabalhos da OMC e, mesmo os que têm, não vão, muitas vezes por falta de recursos humanos e capacidade técnica, a todas as reuniões. Ora, sendo a OMC uma *members-driven organization* (são as delegações nacionais dos Membros da OMC que mantêm o essencial da autoridade e influência sobre a natureza e direcção das actividades da Organização), é importante que os seus membros disponham de uma missão diplomática em Genebra (em certos casos, dirigida por um embaixador especialmente acreditado junto da OMC) e que os respectivos funcionários, por vezes assistidos por técnicos especialmente enviados pelas Administrações dos membros, acompanhem as reuniões dos numerosos órgãos de negociação da OMC (grande parte do trabalho é realizado pelas delegações em Genebra). Como salienta RAHUL SINGH:

"At its core, democracy mandates participation in deliberation and decision-making by agents considered as moral and political equals. As a corollary, this means that gross inequalities that would prevent such participation need to be addressed if democratic legitimacy is to be achieved" (cf. Rahul SINGH, *The World Trade Organization and Legitimacy: Evolving a Framework for Bridging the Democratic Deficit*, in JWT, 2008, p. 351).

Infelizmente, 22 membros da OMC não dispunham em 2007 de qualquer representação permanente junto da sede da OMC, em Genebra (cf. Hakan NORDSTRÖM, Participation of Developing Countries in the WTO – New Evidence Based on the 2003 Official Records, in *WTO Law and Developing Countries*, George Bermann e Petros Mavroidis Ed. Cambridge University Press, 2007, p. 155). Em contraste, as representações em Genebra dos países desenvolvidos têm, em média, 10.6 delegados (cf. Hakan NORDSTRÖM, Participation of Developing Countries in the WTO – New Evidence Based on the 2003 Official Records, in *WTO Law and Developing Countries*, George Bermann e Petros Mavroidis Ed. Cambridge University Press, 2007, p. 157) e estima-se que o Reino Unido gasta anualmente cerca de 900,000 dólares norte-americanos para manter a sua represen-

A FUNÇÃO JURISDICIONAL NO SISTEMA GATT/OMC

tação junto da sede da OMC (cf. Maki TANAKA, *Bridging the Gap Between Northern NGOs and Southern Sovereigns in the Trade-Environment Debate: The Pursuit of Democratic Dispute Settlements in the WTO Under the Rio Principles*, in Ecology Law Quarterly, 2003, p. 152). Mesmo quando dispõem de delegações em Genebra, os representantes dos países em desenvolvimento não se encontram adstritos apenas ao acompanhamento das actividades da OMC, mas também de outras organizações internacionais com sede na mesma cidade (por exemplo, a Conferência das Nações Unidas para o Comércio e Desenvolvimento, a Organização Internacional do Trabalho, a Organização Mundial de Propriedade Intelectual e a Organização Mundial de Saúde). Sabendo nós da complexidade e variedade dos assuntos discutidos e negociados no âmbito da OMC, que quase todos os seus órgãos estão abertos à participação de todos os membros, isso significa que, em muitos casos, alguns dos membros da OMC não se fazem representar nas reuniões desses órgãos. Interessante é a solução encontrada pela OMC para fazer face à falta de representação das Ilhas do Pacífico. De facto, a OMC ajudou a criar o chamado *Pacific Islands Forum Representative Office* em Genebra, permitindo a presença em Genebra, rotativamente de seis em seis meses, de representantes de cada uma das Ilhas do Pacífico membros da OMC (cf. Meredith Kolsky LEWIS, *WTO Winners and Losers: The Trade and Development Disconnect*, in Georgetown Journal of International Law, 2007, p. 189).

Aumentar a assistência técnica prestada pelo Secretariado da OMC e por outras organizações (intergovernamentais ou não) é, pois, primordial. Igualmente importante seria reduzir o número de reuniões, de modo a que as delegações dos países menos desenvolvidos possam estar preparadas e presentes fisicamente. Por exemplo, só em 2001, os órgãos da OMC realizaram 400 reuniões formais, 500 reuniões informais e outras 90 reuniões, tais como seminários, simpósios, etc. (cf. OMC, *Scheduling of WTO meetings in 2002*, 2002 News Items, 13-2-2002). Há que corrigir, em suma, a marginalização de muitos membros da OMC e garantir a sua participação efectiva no funcionamento da OMC e, em consequência, uma integração plena no sistema comercial multilateral.

Uma solução para melhorar a situação talvez passe por encorajar grupos de membros (por exemplo, da mesma região) a cooperarem, dividindo a responsabilidade entre si na cobertura das várias reuniões realizadas diariamente em Genebra. A própria OMC, partindo do princípio de que a representação permanece, por definição, uma prerrogativa dos Estados soberanos, tem levado a cabo várias iniciativas com o objectivo de criar a capacidade institucional necessária à participação dos membros sem representantes residentes em Genebra nas negociações e trabalhos da OMC e à melhoria dos fluxos de informação para os mesmos. Nesse sentido, a OMC organiza a chamada "Semana em Genebra", durante a qual se convidam representantes dos membros não residentes para estarem presentes em Genebra e cujos objectivos são:

    (i) informar os participantes sobre a situação dos trabalhos desenvolvidos e em curso na OMC;

    (ii) familiarizar os participantes com o modo de funcionamento da OMC;

    (iii) fornecer informação sobre os meios de assistência técnica que lhes são oferecidos e dar aos participantes a oportunidade de participarem, durante a sua estadia, nas actividades dos diversos órgãos da OMC.

A primeira *Geneva Week* teve lugar em Novembro de 1999 e visou preparar os participantes para a terceira conferência ministerial, realizada em Seattle. Os membros não residentes recebem, ainda, informação actualizada sobre o Programa de Trabalho da OMC e a evolução do comércio internacional e o Secretariado prepara periodicamente notas informativas sobre a OMC que incluem um resumo do que foi discutido nas reuniões dos vários órgãos da OMC.

A instalação dos chamados *WTO Reference Centres* em muitos países em desenvolvimento e menos desenvolvidos é, também, um aspecto fundamental na integração destes países no sistema comer-

A EFICÁCIA DO SISTEMA DE RESOLUÇÃO DE LITÍGIOS DA OMC

sido apresentadas várias propostas com vista a tornar o processo de decisão dos órgãos políticos da OMC mais célere e menos atreito a bloqueios e o processo de resolução de litígios da OMC menos propenso a eventuais acusações de activismo judicial.

### 5.4.3. As propostas apresentadas
### 5.4.3.1. A proposta de Claude Barfield

Considerando que o desequilíbrio entre um sistema de resolução de litígios eficiente e um processo de tomada de decisões ineficaz aumenta a pressão sobre os painéis e o Órgão de Recurso "to 'create law'"[4796] e que essa possibilidade suscita algumas questões no plano da legitimidade democrática, CLAUDE BARFIELD propõe a criação do seguinte "mecanismo de bloqueio": se pelo menos 1/3 dos membros do Órgão de Resolução de Litígios, correspondentes a pelo menos ¼ do comércio total entre os membros da OMC, se opuser a uma conclusão ou recomendação de um Painel ou do Órgão de Recurso, tal conclusão ou recomendação deve ser bloqueada e o Órgão de Resolução de Litígios declarar que "it is not binding WTO law"[4797].

Apesar desta solução ser defendida por alguns dos críticos do sistema de resolução de litígios da OMC[4798], ela dificilmente seria aceite por todos os membros da OMC. Basta ter presente que as Comunidades Europeias representam mais de ¼ do comércio mundial e que os Estados membros da Comunidade e os paí-

---

cial multilateral. Os centros em causa visam permitir aos funcionários governamentais, agentes económicos e académicos um acesso pronto aos documentos da OMC, às suas bases de dados, etc., desempenhando, pois, um papel vital na ligação dos países em desenvolvimento e menos desenvolvidos a Genebra. Em finais de 2004, já tinham sido instalados130 centros de referência em 87 países (cf. OMC, *2005 Annual Report*, ed. OMC, 2005, p. 157), tendo a sua instalação sido apoiada por donativos realizados por alguns membros da OMC.

Temos, por último, o chamado Programa Integrado Conjunto de Assistência Técnica, destinado a mobilizar os conhecimentos e o apoio da OMC, das Conferências das Nações Unidas para o Comércio e Desenvolvimento (CNUCED) e do Centro de Comércio Internacional para ajudar os países africanos a retirarem benefícios da sua participação no sistema comercial multilateral. Os três objectivos do Programa Integrado são os seguintes:

    1) criar nos países beneficiários capacidade para entender o sistema comercial multilateral em evolução e suas consequências para o comércio externo;

    2) adaptar a economia nacional às obrigações e disciplinas do sistema comercial multilateral; e

    3) obter o máximo de vantagens do sistema comercial multilateral mediante o aumento da capacidade de resposta dos exportadores.

[4796] Claude BARFIELD, *Free Trade, Sovereignty, Democracy: The Future of the World Trade Organization*, The American Enterprise Institute Press, Washington, D.C., 2001, p. 7.

[4797] *Idem*, p. 127.

[4798] John RAGOSTA, Navin JONEJA e Mikhail ZELDOVICH, *WTO Dispute Settlement: the System is Flawed and Must be Fixed*, in International Lawyer, 2003, p. 745-746

A FUNÇÃO JURISDICIONAL NO SISTEMA GATT/OMC

ses ACP correspondem a mais de 1/3 dos membros da OMC. Logo, actuando em conjunto com os países ACP, as Comunidades poderiam facilmente bloquear a adopção dos relatórios pelo Órgão de Resolução de Litígios. Os outros membros da OMC não teriam, certamente, a mesma facilidade em bloquear relatórios dos painéis e do Órgão de Recurso. DEBRA STEGER nota a este respeito que:

> "the United States was the strongest proponent of decision making by consensus in the Uruguay Round because it realized that almost all other countries in the world are allied in some sort of regional or other grouping, and as a result, it feared that it could be overruled by a coalition of, for example, developing countries or by the European Union and countries informally aligned with the European Union"[4799].

Além disso, seria difícil à parte em litígio ver o relatório que reconheceu a sua pretensão ser posto de parte por uma minoria dos membros da OMC. Finalmente, caso a proposta descrita fosse aceite, ela reintroduziria uma fraqueza fundamental presente no sistema de resolução de litígios do GATT de 1947, a saber, a politização do processo de resolução de litígios:

> "the possibility of (a minority of) individual WTO members blocking the dispute process would seriously taint the objectivity and legal quality of dispute rulings. As happened in the GATT days, when panels operated in the shadow of a veto, WTO panels would again have to take up a political role and craft their decisions in such a way that they would pass muster with the required majority of WTO members. The adoption process, as well, would inevitably lead to power games and nasty political infighting, bargaining, and trade-offs (of the sort, 'I support blocking your ruling if you support blocking mine')"[4800].

O modelo judicial foi desenvolvido precisamente porque o modelo diplomático nem sempre resolvia os litígios e porque favorecia as partes contratantes mais poderosas. Voltar ao antigo sistema de resolução de Litígios do GATT de 1947 não será certamente a melhor resposta. O bloqueio à criação dos painéis e à adopção dos seus relatórios era demasiado fácil, além de ter contribuído (convém não esquecer) para o unilateralismo agressivo dos Estados Unidos.

### 5.4.3.2. Um Sistema de Voto Ponderado
Alguns autores têm proposto, também, a introdução do sistema do voto ponderado no âmbito da OMC, com base em quatro possíveis variáveis: a importância

---

[4799] Debra STEGER, *Book Review: Free Trade, Sovereignty, Democracy: The Future of the World Trade Organization by Claude Barfield*, in JIEL, 2002, p. 568.

[4800] Joost PAUWELYN, *The Transformation of World Trade*, in Michigan Law Review, 2005, p. 48.

A EFICÁCIA DO SISTEMA DE RESOLUÇÃO DE LITÍGIOS DA OMC

do comércio de mercadorias e serviços, a dimensão do PIB, o grau de abertura da economia e a população do país[4801]. Todavia, a prática da tomada de decisões por consenso continua a ser seguida no âmbito da OMC e a sua manutenção parece colher o consenso dos membros da OMC em geral. Prova disso mesmo é o facto de as decisões relativas a derrogações e adesões, as únicas situações em que no âmbito do GATT de 1947 o recurso à votação constituía uma realidade, terem passado também a ser adoptadas por consenso[4802].

Merece atenção, igualmente, o facto de ser difícil, devido à dinâmica da economia internacional, estabelecer indicadores apropriados para interpretar o poder relativo dos membros da OMC no mercado mundial[4803], "a diffi-

---

[4801] Thomas COTTIER e Satoko TAKENOSHITA, *The Balance of Power in WTO Decision-Making: Towards Weighted Voting in Legislative Response*, in Aussenwirtschaft, 2003, pp. 171-214.

[4802] Além disso, PETER VAN DEN BOSSCHE e IVETA ALEXOVICOVÁ notam que:

"international organizations established during or shortly after the Second World War often provided for decision-making by majority vote. This development has been explained by the spirit of cooperation prevailing at that time, as well as by the dominant role played by the United States and its traditions of democracy and majority vote at home. However, the practice of decision making in international organizations soon showed that states were not ready to accept decision-making by majority vote and did, in fact, regularly resort to decision-making by consensus. Subsequently, and in particular in the last three decades, decision-making by consensus has been increasingly included also in formal decision-making rules of international organizations. If a new international organization is established today, it is likely that its charter will provide for decision-making by consensus, not for decision-making by voting".

Cf. Peter Van Den BOSSCHE e Iveta ALEXOVICOVÁ, *Effective Global Economic Governance by the World Trade Organization*, in JIEL, 2005, p. 670.

[4803] Apesar de tudo, alguns autores salientam que, embora seja difícil quantificar o poder, "the obvious base of real power within the WTO is import market size, for power in bargaining and in dispute settlement depends on the threat not to give an exporter access to a particular market" (cf. John BARTON, Judith GOLDSTEIN, Timothy JOSLING e Richard STEINBERG, *The Evolution of the Trade Regime: Politics, Law, and Economics of the GATT and the WTO*, Princeton University Press, 2006, p. 171). De igual modo, STEPHEN ZAMORA considerava, no caso do GATT de 1947, que este constituía uma organização "dominated by those developed countries that have sizable markets and efficient export industries, and thus carry the most bargaining power in the trade negotiating process" (cf. Stephen ZAMORA, *Voting in International Economic Organizations*, in AJIL, 1980, p. 580) e CLAUS-DIETER EHLERMANN e LOTHAR EHRING que:

"it seems unavoidable that the proposed texts that emerge in a negotiating process reflect the views of different Members to very different degrees. These texts arguably give more weight to the positions of Members who are less likely to give up their veto than to the views of Members with weaker consensus resistance capacity. This capacity tends to be linked to their size and importance in international trade. In a way, therefore, consensus is a partial substitute for weighted voting". Cf. Claus-Dieter EHLERMANN e Lothar EHRING, *Decision-Making in the World Trade Organization: Is the Consensus Practice of the World Trade Organization Adequate for Making, Revising and Implementing Rules on International Trade?*, in JIEL, 2005, p. 66.

A FUNÇÃO JURISDICIONAL NO SISTEMA GATT/OMC

culty that would recur if different types of decisions required different thresholds"[4804].

Finalmente, um processo plenamente democrático a nível internacional seria politicamente insustentável. Desde logo, os países mais poderosos do ponto de vista comercial opor-se-iam a um sistema "with population-weighted voting"[4805]. Alguns autores defendem mesmo que a democracia tem pouco a ver com a sociedade internacional. O direito internacional baseia-se na soberania do Estado e não na democracia. Com efeito, o princípio "um Estado, um voto" é totalmente diferente do princípio "um ser humano, um voto". Logo, caso a democracia consista no "government for the people by the people", ela não tem nada em comum com o princípio da soberania. Caso transpuséssemos a democracia para o plano internacional isso significaria que a China teria cerca de um bilião e algumas centenas de milhões de votos e Nauru 8,000 votos[4806].

### 5.4.3.3. A Adopção Parcial dos Relatórios

Na 43ª reunião das PARTES CONTRATANTES, realizada em Dezembro de 1987, o representante do Japão levantou objecções a certas partes do relatório do Painel no caso *Japan – Restrictions on Imports of Certain Agricultural Products*, circunstância que o levou a solicitar a sua adopção parcial[4807]. Porém, na mesma reunião, nove outras delegações falaram a favor da adopção do relatório na sua totalidade, tendo o representante dos Estados Unidos declarado especificamente que:

> "Juridicamente, o GATT tratava os relatórios dos painéis como unidades; as partes não podiam separar e escolher quais as constatações a aceitar. A adopção parcial de um relatório parcial não tinha precedentes no GATT. O processo de resolução de litígios perderia o seu significado se uma parte demandada pudesse separar e escolher para adopção apenas as partes favoráveis do relatório de um painel"[4808].

---

[4804] COMISSÃO WARWICK, *The Multilateral Trade Regime: Which Way Forward? The Report of the First Warwick Commission*, The University of Warwick, 2007, p. 29.

[4805] John BARTON, Judith GOLDSTEIN, Timothy JOSLING e Richard STEINBERG, *The Evolution of the Trade Regime: Politics, Law, and Economics of the GATT and the WTO*, Princeton University Press, 2006, p. 24.

[4806] AlainPELLET, Legitimacy of Legislative and Executive Actions of International Institutions, in *Legitimacy in International Law*, Rüdiger Wolfrum e Volker Röben (eds.), Springer, 2008, pp. 66-67.

[4807] GATT, *Analytical Index: Guide to GATT Law and Practice* (ed. Frieder Roessler), 6ª ed., Genebra, 1994, p. 709.

[4808] *Idem.*

1692

# A EFICÁCIA DO SISTEMA DE RESOLUÇÃO DE LITÍGIOS DA OMC

No fim, o relatório do Painel acabou por ser adoptado na sua totalidade na reunião seguinte do Conselho de Representantes, realizada em 2 Fevereiro de 1988[4809].

No âmbito da OMC, é de referir o caso *India – Measures Affecting the Automotive Sector*. Apesar de a Índia ter retirado o seu pedido de recurso em 14 de Março de 2002, por causa da introdução pela sua parte de uma nova política para o sector automóvel, o Órgão de Recurso fez sair um pequeno relatório com a história processual do caso. Posteriormente, numa reunião do Órgão de Resolução de Litígios realizada em 5 de Abril do mesmo ano, os Estados Unidos louvaram a decisão da Índia de retirar o seu pedido de recurso e partilharam algumas das suas reservas em relação à secção VIII do relatório do Painel. Segundo a Índia, as conclusões contidas na secção VIII encontravam-se fora dos termos de referência do Painel e eram incorrectas, de facto e de direito, o que a levou a solicitar que o Órgão de Resolução de Litígios só adoptasse parte do relatório do Painel e considerasse a adopção da secção VIII apenas na sua próxima reunião. As Comunidades Europeias, que consideravam as conclusões do Painel perfeitamente legítimas, responderam que os relatórios deveriam ser adoptados incondicionalmente pelas partes, não havendo, por isso, justificação para a solicitação da Índia[4810].

Subsequentemente, o Órgão de Resolução de Litígios adopta na sua totalidade os relatórios do Painel e do Órgão de Recurso, até porque, de acordo com o nº 14 do art. 17º do Memorando, "os relatórios do Órgão de Recurso serão adoptados pelo Órgão de Resolução de Litígios e *aceites incondicionalmente* pelas partes

---

[4809] Norio Komuro, *The WTO Dispute Settlement Mechanism: Coverage and Procedures of the WTO Understanding*, in in JWT, vol. 29, nº 4, 1995, p. 22. É de notar, ainda, que alguns relatórios de painéis que foram adoptados durante a vigência do GATT de 1947 foram-no sujeitos a um entendimento. Por exemplo, o relatório do Painel no caso *United States – Imports of Certain Automotive Spring Assemblies* foi adoptado em 1983 sujeito ao entendimento de que "a sua adopção não deveria impedir um exame futuro da utilização do Artigo 337º em casos de violação de patentes do ponto de vista da sua compatibilidade com os artigos III e XI do Acordo Geral" (cf. GATT, *Minutes of Meeting Held in the Centre William Rappard on 26 May 1983* (C/M/168), 14-6-1983, p. 10). E, de facto, a Secção 337 foi depois examinada pelo Painel do caso *United States – Section 337 of the Tariff Act of 1930*, cujo relatório foi adoptado em 1989. É de notar, por fim, que, ante as muitas críticas feitas às conclusões e constatações jurídicas do Painel no caso *Spain – Measures concerning Domestic Sale of Soyabean Oil*, o Conselho dos Representantes limitou-se a tomar nota ("took note") do relatório do painel e das declarações feitas por algumas partes contratantes durante a reunião em que se considerou a sua adopção. Ao mesmo tempo, o Presidente do Conselho observou que, "em termos gerais, os relatórios dos painéis têm sido adoptados. (...) Em termos gerais, cabe ao Conselho decidir por si como proceder em cada caso". Cf. GATT, *Analytical Index: Guide to GATT Law and Practice* (ed. Frieder Roessler), 6ª ed., Genebra, 1994, p. 710.

[4810] OMC, *WTO Dispute Settlement Body – Minutes of Meeting held on 5 April 2002*, 23-4-2003, parágrafo 21.

A FUNÇÃO JURISDICIONAL NO SISTEMA GATT/OMC

em litígio, salvo se o Órgão de Resolução de Litígios decidir por consenso não adoptar *o relatório* do Órgão de Recurso" (itálico aditado)[4811]. Por conseguinte, os membros presentes no Órgão de Resolução de Litígios só podem decidir sobre a adopção do relatório de um Painel ou do Órgão de Recurso na sua totalidade.

Algo surpreendentemente, contudo, CLAUS-DIETER EHLERMANN advogou, já depois de ter deixado de ser membro do Órgão de Recurso, que:

"the possibility of a negative consensus limited to a specific part of a panel or Appellate Body report has not been excluded. (...) Such a targeted 'chirurgical' intervention might be easier to achieve than the rejection of the totality of a panel or an Appellate Body report"[4812].

Também a favor da adopção parcial do relatório de um Painel ou do Órgão de Recurso, temos uma proposta apresentada em conjunto pelos Estados Unidos e Chile no sentido de os actuais artigos 12º, nº 7, e 17º, nº 14, do Memorando passarem a ter, respectivamente, as seguintes redacções:

"Caso as partes em litígio não consigam chegar a uma solução mutuamente satisfatória, o painel apresentará as suas conclusões, sob a forma de um relatório escrito ao Órgão de Resolução de Litígios. Nesse caso, o relatório do painel deverá apresentar as conclusões sobre as questões de facto, sobre as disposições aplicáveis e os fundamentos essenciais de quaisquer conclusões e recomendações que adopte. O painel não incluirá no relatório que distribua aos membros nenhuma constatação ou fundamento em que esta se baseia que as partes em litígio tenham acordado em não incluir. Caso as partes em litígio tenham chegado a uma resolução da questão, o relatório do painel deverá limitar-se a uma breve descrição do caso e à solução que foi dada ao mesmo"[4813].

"Um relatório do Órgão de Recurso deve ser adoptado pelo Órgão de Resolução de Litígios e aceite incondicionalmente pelas partes em litígio salvo se o Órgão de Resolução de Litígios decidir por consenso não adoptar o relatório do Órgão de Recurso no prazo de 30 dias a contar da sua apresentação aos Membros. Todavia, o Órgão de Resolução de Litígios poderá decidir por consenso não adoptar uma constatação formulada no relatório ou os fundamentos em que esta se baseia. Uma parte

---

[4811] No caso dos relatórios dos painéis, o nº 4 do art. 16º do Memorando de Entendimento sobre Resolução de Litígios refere-se unicamente à adopção "do relatório".

[4812] Claus-Dieter EHLERMANN, *Experiences from the WTO Appellate Body*, in Texas International Law Journal, 2003, p. 479.

[4813] OMC, *Negotiations on Improvements and Clarifications of the Dispute Settlement Understanding on Improving Flexibility and Member Control in WTO Dispute Settlement – Textual Contribution by Chile and the United States* (TN/DS/W/52), 14-3-2003, p. 2.

1694

A EFICÁCIA DO SISTEMA DE RESOLUÇÃO DE LITÍGIOS DA OMC

em litígio não necessita de aceitar qualquer constatação, ou os fundamentos em que esta se baseia, que o Órgão de Resolução de Litígios não tenha adoptado. Este procedimento de adopção não prejudica o directo de os Membros exprimirem as suas opiniões sobre um relatório do Órgão de Recurso"[4814].

A proposta apresentada pelo Chile e Estados Unidos mereceu, principalmente, o apoio da Malásia, Hong Kong e Singapura, países que recorreram às conclusões do Órgão de Recurso relativas às comunicações *amicus curiae* como exemplos da razão do mérito da proposta[4815].

E, se virmos bem, não é difícil encontrar casos em que ambas as partes em litígio estavam contra uma conclusão ou recomendação específica de um relatório. Por exemplo, no caso *Australia – Subsidies Provided to Producers and Exporters of Automotive Leathers – Recourse to Article 21:5 of the DSU by the United States*, o Painel recomendou não só que a Austrália deixasse de conceder subvenções à exportação a um produtor de pele para uso na indústria automóvel, mas também que este restituísse o dinheiro (estavam em causa 30 milhões de dólares australianos). Acontece que a parte queixosa, os Estados Unidos, por serem contra ela, não tinham requerido a solução avançada pelo Painel.

Analisando a proposta de adopção parcial dos relatórios dos painéis e do Órgão de Recurso, uma ideia logo se impõe. Caso a proposta fosse adoptada, poderiam surgir situações em que uma parte em litígio mais fraca poderia ficar sujeita a uma pressão considerável para concordar com a não inclusão num relatório de determinada constatação ou fundamento. Além disso, os interesses das partes terceiras poderiam deixar de ser considerados.

### 5.4.3.4. O Modelo de Geometria Variável

Bem mais interessante é a proposta que se prende com a possibilidade de aplicação no âmbito da OMC do denominado modelo de Geometria Variável (acordos entre alguns membros da OMC)[4816]. Por exemplo, será que é necessário, do ponto de vista económico, que as pequenas ilhas do Pacífico procedam à criação de autoridades da concorrência ou adoptem leis de defesa da concorrência? Em nosso entender, uma abordagem *one-size-fits-all* dificilmente terá êxito, devendo antes os membros da OMC escolher o regime de defesa da concorrência que

---

[4814] *Idem.*

[4815] Thomas ZIMMERMANN, *Negotiating the Review of the WTO Dispute Settlement Understanding*, Cameron May, 2006, p. 116.

[4816] Sobre o conceito de Geometria Variável, ver, sobretudo, Andrew CORNFORD, *Variable Geometry for the WTO: Concept and Precedents*, UNCTAD Discussion Papers, No. 171, May 2004.

A FUNÇÃO JURISDICIONAL NO SISTEMA GATT/OMC

melhor se adapte à situação económica e às prioridades de desenvolvimento de cada um.

Atendendo ao fracasso das negociações de Cancún, em parte devido à oposição quase generalizada dos países em desenvolvimento a algumas das chamadas "questões de Singapura" (concorrência, investimento e compras públicas), talvez seja, de facto, preferível negociar acordos que não sejam vinculativos para a universalidade dos membros da OMC[4817], até porque, "in the trade-off between depth and width, are we more interested in expanding the scope of globally agreed rules or in securing countries' adherence to them?"[4818]. Como observou o *Financial Times*:

"the European Union wants changes to what Pascal Lamy, trade commissioner, calls the institution's 'medieval' structure and decision-making methods. But such proposals are unlikely to get far, because they miss the real target. The organization's 148 members [153 membros em finais de 2008] will find it no easier to achieve consensus for such reforms than to agree on trade liberalization. In any case, the main problem is not WTO procedures: it is the gaping disparity between its members' level of development (...). It is absurd to push, as the European Union has done, to impose rules in complex areas such as competition and investment on countries so poor that some cannot even afford WTO diplomatic representation. If such rules have any place in the WTO, all but its richest members should be free to opt in or out of them. Refusing such flexibility will only lead to a repetition of the deadlock that sank Cancun. The much bigger task is to move ahead with the opening of market that is – or should be – the top priority of negotiators. Efforts should focus on liberalizing trade in the economies that matter. As well as the 25 or so industrialized nations, they include a similar number of larger or more advanced developing countries. Among the latter are Brazil, China, India, South Africa, Mexico, Malaysia, Chile and South Korea. This group of about 50 should spearhead a revival of the Doha round. Its members generate, actually and potentially, most of world trade. They are equipped to negotiate effectively. Opening their markets, which they should do to all WTO members and not just to each other, would boost growth worldwide. The risk of 'free-riding' on such market access by poor countries outside the core group is negligible, because they export so little. (...) Some may object that limited participation in liberalization would be a step backwards that would create a two-tier WTO. But as Cancun showed, the organization is heading in that direction already. It is far better to recognize that

---

[4817] De notar que a incorporação de novos acordos comerciais plurilaterais nos acordos da OMC exige o acordo de membros que não queiram aderir ao acordo em causa (art. X, nº 9, do Acordo OMC).

[4818] Pierre SAUVÉ e Craig VANGRASSTEK, *The Consistency of WTO Rules: Can The Single Undertaking Be Squared With Variable Geometry?*, in JIEL, 2006, pp. 839-840.

A EFICÁCIA DO SISTEMA DE RESOLUÇÃO DE LITÍGIOS DA OMC

reality and seek ways to deal with it than to accept the inevitable alternatives: crippling paralysis and still more bitter internal divisions"[4819].

A Comissão Warwick sugere mesmo alguns critérios e procedimentos a seguir pelas decisões adoptadas por uma "critical mass":

"– That new rules are required to protect or refine the existing balance of rights and obligations under the WTO and/or that the extension of cooperation into new regulatory areas will impart a discernible positive global welfare benefit;
– That the disciplines be binding and justiciable so as to attain the objectives laid out in the first criterion above;
– That the rights acquired by the signatories to an agreement shall be extended to all Members on a non-discriminatory basis, with the obligations falling only on signatories;
– That Members shall consider any distributional consequences arising among Members from cooperation in new regulatory areas and shall consider means of addressing any such adverse consequences that they anticipate;
– Given the objectives at hand and the international cooperation sought, no other international forum provides an evidently better venue for pursuing cooperation than the WTO;
– That the WTO membership would collectively undertake to provide any necessary technical support, capacity-building and infrastructural needs in order to favour the participation of developing countries so wishing to participate in an agreement and derive tangible benefits from such participation;
– That all Members not forming part of the initial critical mass shall have the unchallengeable and unqualified right to join the accord at any time in the future on terms no more demanding than those undertaken by signatories to the accord in question"[4820].

---

[4819] Financial Times [United States Edition], *The real lesson of Cancun failure: the answer is new negotiating geometries, not WTO reform*, 23-9-2003, p. 16.
[4820] COMISSÃO WARWICK, *The Multilateral Trade Regime: Which Way Forward? The Report of the First Warwick Commission*, The University of Warwick, 2007, pp. 31-32. Particularmente importante é o último critério avançado pela Comissão Warwick. Isto porque os membros não originários da OMC assumem muitas vezes compromissos superiores aos dos membros originários da OMC (art. XI, nº 1, do Acordo OMC). De facto, enquanto muitos dos países em desenvolvimento membros originários da OMC não consolidaram uma grande parte dos seus direitos aduaneiros (só os direitos aduaneiros aplicáveis a produtos agrícolas foram totalmente consolidados), os membros que aderiram através do processo previsto no art. XII do Acordo OMC tiveram de consolidar todos os seus direitos aduaneiros. Por exemplo, enquanto o Cambodja, Nepal e Vanuatu concordaram em consolidar todas as suas linhas pautais, a Tanzânia, um país menos avançado membro originário da OMC, consolidou unicamente 13.3% das suas linhas e a Austrália, um dos países mais ricos do

1697

A FUNÇÃO JURISDICIONAL NO SISTEMA GATT/OMC

Ainda segundo a Comissão Warwick:

"based on the above considerations and criteria, we believe that serious thought should be given to critical mass as part of the decision-making procedures for delineating the WTO agenda. We believe these arrangements can protect the varied but legitimate interests of all Members of the WTO, render decision-making more supple and efficient, and reduce the risk that Members will find themselves obliged to accept legal commitments they do not consider to be in their national interest"[4821].

Esta proposta do modelo de geometria variável tem a vantagem de já se encontrar presente, em certa medida, no actual sistema comercial multilateral baseado nos acordos da OMC. Para além dos dois acordos comerciais plurilaterais, o princípio da globalidade ou do compromisso único não se estendeu às listas de concessões – cada Membro estabeleceu a sua e, em consequência, negociou um compromisso separado[4822] – e, actualmente, apenas um membro da OMC

Mundo, 97% das linhas (cf. Conferências das Nações Unidas para o Comércio e Desenvolvimento (CNUCED), *The Least Developed Countries Report 2004: Linking International Trade with Poverty Reduction*, United Nations, 2004, p. 61). Além disso, os membros não originários da OMC têm sofrido pressões no sentido de subscreverem os dois acordos comerciais plurilaterais.

[4821] Comissão Warwick, *The Multilateral Trade Regime: Which Way Forward? The Report of the First Warwick Commission*, The University of Warwick, 2007, p. 32.

[4822] A ideia do "compromisso único" foi desenvolvida com vista a responder à importante fragmentação no sistema GATT de 1947 que resultou das negociações comerciais multilaterais do Ciclo de Tóquio (cf. Debra Steger, *The Culture of the WTO: Why It Needs to Change*, in JIEL, 2007, p. 488). Assim, durante as negociações do Ciclo do Uruguai (1986-94), o conceito de globalidade ou do compromisso único (*single undertaking*) foi utilizado em dois sentidos. Por um lado, temos o compromisso único de carácter político, relativo ao método de negociações (nenhum acordo comercial sem todas as questões estarem resolvidas – *nothing is agreed until everything is agreed*). Por outro lado, temos o compromisso único de carácter jurídico, relativo à ideia de que os resultados das negociações formariam um "pacote único", a implementar como um Tratado só. Neste último caso, Gabrielle Marceau realça que:

"Even though the WTO Agreement is a single treaty, 15 different working groups, which may not have co-ordinated sufficiently with one another, negotiated the provisions. It was only towards the end of the negotiations that they agreed to create a 'Single Undertaking', and governments decided to annex the resulting text from each working group to the WTO Agreement. Although some efforts at legal co-ordination must have been made, the late action of the Legal Drafting Group and the United States's resistance to the establishment of a formal international organization left several ambiguities in the texts" (cf. Gabrielle Marceau, Balance and coherence by the WTO Appellate Body: who could do better?, in *The WTO at Ten: The Contribution of the Dispute Settlement System*, Ed. Giorgio Sacerdoti, Alan Yanovich e Jan Bohanes, Cambridge University Press, 2006, p. 333-334).

Mesmo quando os direitos aduaneiros têm o mesmo valor, isso não significa que o efeito proteccionista seja equivalente. Explicando melhor: os Estados Unidos sempre utilizaram o preço *free on board* para fins aduaneiros, ao passo que a maioria dos seus parceiros comerciais prefere o preço *cost*,

1698

# A EFICÁCIA DO SISTEMA DE RESOLUÇÃO DE LITÍGIOS DA OMC

(Mongólia) não participa em qualquer acordo comercial preferencial[4823]. No caso das negociações realizadas após a conclusão do Ciclo do Uruguai, o princípio da globalidade foi muitas vezes posto de lado. Veja-se, por exemplo, o caso do Acordo sobre Telecomunicações de Base, que entrou em vigor em 5 de Fevereiro de 1998, e que associava então 69 países de todos os continentes[4824]. Mais: muitos países em desenvolvimento e menos avançados não têm conseguido aplicar plenamente todos os acordos concluídos no âmbito do Ciclo do Uruguai e daí ter sido adoptada durante a Conferência Ministerial de Doha uma decisão denominada "Decisão sobre as Questões e Preocupações relativas à Aplicação". Mesmo um país desenvolvido com recursos imensos como o Canadá demorou cinco anos a tornar possível a aplicação do Acordo sobre a Aplicação do Artigo VII do GATT de 1994 no seu território[4825].

## 6. Fiéis ao Mandato Atribuído?
Naturalmente, os órgãos de adjudicação da OMC não podem rever os acordos abrangidos, incutindo em muitos deles uma lógica, económica ou de outra natureza, que se encontra ausente presentemente.

---

*insurance and freight,* donde resulta que um direito aduaneiro de 10% aplicado pelos Estados Unidos produz menos receita e constitui um obstáculo menos importante do que um direito aduaneiro de 10% aplicado por um país que utilize o preço *cif* (cf. John JACKSON, William DAVEY e Alan O. SYKES, *Legal Problems of International Economic Relations. Cases, Materials and Text on the National and International Regulation of Transnational Economic Relations,* 4ª ed., American Casebook Series, West Group, 2002, p. 375). Tem sido assinalado, no entanto, que "o uso do preço CIF pelos Estados Unidos seria inconstitucional, visto que o artigo I, secção 9, da Constituição dos Estados Unidos proíbe que seja dada uma preferência a portos de um estado sobre os de outro e o artigo I, secção 8, exige que todos os direitos alfandegários sejam uniformes em todo o território dos Estados Unidos. Se o uso do preço CIF violaria a cláusula da uniformidade nunca foi decidido" (cf. Mitsuo MATSUSHITA, Thomas SCHOENBAUM e Petros MAVROIDIS, *The World Trade Organization: Law, Practice, and Policy,* 2ª ed., Oxford University Press, 2006, pp. 264-265). Por isso mesmo, apesar de o Órgão de Recurso entender que as listas de concessões são parte integrante do GATT (art. II, nº 7, do GATT), devendo as concessões inscritas nas listas ser interpretadas como fazendo parte "dos termos do tratado" (cf. Relatório do Órgão de Recurso no caso *European Communities – Customs Classification of Certain Computer Equipment* (WT/DS62/AB/R, WT/DS67/AB/R, WT/DS68/AB/R), 5-6-1998, parágrafo 84), entendemos que as modificações a essas listas não devem ser vistas como alterações aos acordos, não se lhes aplicando, consequentemente, o art. X do Acordo OMC.

[4823] Jo-Ann CRAWFORD e Roberto FIORENTINO, *The Changing Landscape of Regional Trade Agreements,* WTO Discussion Paper nº 8, 2005, p. 1.

[4824] Estes 69 países correspondiam, por sua vez, a mais de 93% das receitas mundiais em serviços de telecomunicações.

[4825] Bernard HOEKMAN e Michel KOSTECKI, *The Political Economy of the World Trading System: The WTO and Beyond,* 2ª ed., Oxford University Press, 2001, p. 440.

A FUNÇÃO JURISDICIONAL NO SISTEMA GATT/OMC

Todavia, aproveitando habilmente os poderes que lhe são conferidos e algumas insuficiências de carácter processual do Memorando de Entendimento sobre Resolução de Litígios, o Órgão de Recurso estabeleceu regras que o ajudam a recolher informação sobre as preferências da generalidade dos membros da OMC. Por exemplo, ele adopta uma definição expansiva do conceito de legitimidade activa, cauciona a prática ocasional de os painéis reconhecerem direitos adicionais de participação às partes terceiras, aceita a apresentação de comunicações *amicus curiae* por actores não estaduais e permite a representação de membros da OMC por advogados privados[4826]. Ou seja, "rather quietly", o Órgão de Recurso "has crafted an activist approach" em relação a uma série de questões processuais importantes[4827], parecendo não querer correr o risco de perder o contacto com o Mundo exterior ou de ficar isolado do contexto político que o rodeia. No fundo:

> "If aware of the political stakes for the disputants and the views of other governments, Appellate Body members have a better chance of avoiding costly instances of isolated defiance or collective restraint. Therefore, the Appellate Body will work to increase the amount and quality of information available to it during appellate review and to reduce the risks of reversal or noncompliance"[4828].

A informação recolhida pode ajudar, de facto, os órgãos de adjudicação da OMC a actuarem de modo estratégico ou, como dizem alguns autores a propósito do Órgão de Recurso, como um giroscópio institucional, "one that provides balance in a system [entre valores e entre países desenvolvidos e países em desenvolvimento] that, if unbalanced, could fall apart"[4829]. No caso *European Communities – Measures Affecting Asbestos and Asbestos Containing Products*, por exemplo, depois de ter revogado a conclusão do painel de que a medida em causa era incompatível com o nº 4 do art. III do GATT de 1994, o Órgão de Recurso não necessitava de analisar as conclusões do painel relativas ao art. XX do Acordo Geral. O Órgão de Recurso aproveitou, no entanto, a oportunidade para clarificar as disposições do art. XX, dando pistas importantes aos membros da OMC sobre

---

[4826] Richard STEINBERG, *Judicial Lawmaking at the WTO: Discursive, Constitutional, and Political Constraints*, in AJIL, 2004, p. 273. Segundo um outro autor, "receiving this input in advance of its rulings helps the Appellate Body reduce the likelihood of collective restraint by member states in the Dispute Settlement Body or General Council". Cf. James McCall SMITH, *WTO dispute settlement: the politics of procedure in Appellate Body rulings*, in WTR, 2003, p. 87.

[4827] *Idem*, p. 67.

[4828] *Idem*, p. 79.

[4829] Peter GERHART e Archana KELLA, *Power and Preferences: Developing Countries and the Role of the WTO Appellate Body*, in North Carolina Journal of International Law and Commercial Regulation, Vol. 30, 2005, p. 567.

A EFICÁCIA DO SISTEMA DE RESOLUÇÃO DE LITÍGIOS DA OMC

as condições necessárias para que as excepções gerais previstas naquele artigo possam ser legitimamente invocadas[4830].

Decerto que existem outros casos em que o Órgão de Recurso exibe uma tendência para agir mais como um *lawmaker*. Para além dos exemplos referidos ao longo deste estudo, o exemplo mais famoso talvez seja o atinente à adopção de uma interpretação evolutiva da alínea *g*) do art. XX do GATT:

"**128.** (...) Textualmente, a alínea *g*) do artigo XX *não* está limitada à conservação de recursos naturais 'minerais' ou 'não vivos'. O principal argumento dos queixosos reside na ideia de que os recursos naturais 'biológicos' são 'renováveis' e, por isso, não podem ser recursos naturais 'esgotáveis'. Não cremos que os recursos naturais 'esgotáveis' e os recursos naturais 'renováveis' se excluam mutuamente. Uma lição que a moderna biologia nos ensina é a de que as espécies vivas, embora capazes de se reproduzirem e, nesse sentido, 'renováveis', podem em determinadas circunstâncias diminuir, esgotar-se ou desaparecer, muitas vezes devido a actividades humanas. Os recursos biológicos são tão 'esgotáveis' como o petróleo, o minério de ferro e os outros recursos não biológicos.

**129.** As palavras da alínea *g*) do artigo XX, 'recursos naturais esgotáveis', foram redigidas há mais de cinquenta anos. Elas devem ser analisadas por um intérprete de tratados à luz das preocupações actuais da comunidade de nações em matéria de protecção e conservação do ambiente. Embora o artigo XX não tenha sido alterado durante o Ciclo do Uruguai, o preâmbulo do Acordo OMC demonstra que os signatários desse acordo estavam, em 1994, plenamente conscientes da importância e legitimidade da protecção do ambiente enquanto objectivo de política nacional e internacional. O preâmbulo do Acordo OMC – que enforma não só o GATT de 1994, mas também os outros acordos abrangidos – reconhece expressamente o 'objectivo do desenvolvimento sustentável' (...).

**130.** Na perspectiva do preâmbulo do Acordo OMC, constatamos que o conteúdo ou a referência da expressão genérica 'recursos naturais' usada na alínea *g*) do art. XX não são 'estáticos', mas antes 'evolutivos por definição'. Convém, por isso, salientar que as modernas convenções e declarações internacionais se referem frequentemente aos recursos naturais como integrando simultaneamente recursos biológicos e não biológicos. (...).

**131.** (...) Além disso, dois relatórios de Painéis adoptados no âmbito do GATT de 1947 constataram que o peixe era um 'recurso natural esgotável' para efeitos da alínea *g*) do artigo XX. Consideramos que, em consonância com a regra do efeito útil na interpretação dos tratados, as medidas relativas à conservação de recursos naturais

---

[4830] Relatório do Órgão de Recurso no caso *European Communities – Measures Affecting Asbestos and Asbestos Containing Products* (WT/DS135/AB/R), 12-3-2001, parágrafos 155-175.

A FUNÇÃO JURISDICIONAL NO SISTEMA GATT/OMC

esgotáveis, sejam eles *biológicos* ou *não biológicos*, podem cair no âmbito do artigo XX, alínea *g*)"[4831].

A interpretação do Órgão de Recurso afasta-se evidentemente do significado literal do termo "recursos naturais esgotáveis" e constitui um caso claro de activismo judicial *pur sang*[4832]. Quando a alínea *g*) do art. XX do GATT foi redigida, o termo "recurso natural" era interpretado como visando um "mineral" ou "matéria-prima" e o termo "recursos naturais esgotáveis" como incluindo os metais, em contraste com os renováveis que incluiriam os animais, as plantas e a água[4833]. Também a história das negociações apoia a opinião de que os redactores do GATT tinham em mente bens como o petróleo e não animais, que cairiam no âmbito da alínea *b*) do art. XX do GATT[4834].

A interpretação evolutiva do Órgão de Recurso foi, igualmente, muito criticada pelos países em desenvolvimento[4835].

A interpretação do termo "recursos naturais esgotáveis" é tanto mais surpreendente quando sabemos que o Órgão de Recurso é conhecido por aderir, com frequência, a uma interpretação altamente textual dos acordos da OMC[4836] e põe em causa o princípio do efeito útil como princípio fundamental na interpretação dos tratados. Sendo possível o esgotamento dos recursos renováveis, a inclusão destes na categoria de "esgotáveis" implica que este termo deixa de ter qualquer significado, passando o termo "esgotável" a incluir ambos os tipos de recursos: os renováveis e os não renováveis[4837].

---

[4831] Relatório do Órgão de Recurso no caso *United States – Import Prohibition of Certain Shrimp and Shrimp Products* (WT/DS58/AB/R), 12-10-1998, parágrafos 128-131.

[4832] O Órgão de Recurso ignorou no caso *Shrimp/Turtle* "the State Consent aspects" dos acordos da OMC e assumiu "the legislative role of the Ministerial Council under the guise of interpretation". Cf. J. Patrick KELLY, *The Seduction of the Appellate Body: Shrimp/Sea Turtle I and II and the Proper Role of States in WTO Governance*, in CILJ, 2005, p. 476.

[4833] Victoria IMPERIALE, Characterizing Air as an Exhaustible Natural Resource, in *Reconciling Environment and Trade*, John Jackson e Edith Brown Weiss ed., Transnational Publishers, Ardsley--Nova Iorque, 2001, p. 242.

[4834] Petros MAVROIDIS, Legal Eagles? The WTO Appellate Body's First Ten Years, in *The WTO: Governance, Dispute Settlement, and Developing Countries*, Merit Janow, Victoria Donaldson e Alan Yanovich ed., Juris Publishing, Nova Iorque, 2008, p. 354.

[4835] Keisuke LIDA *Is WTO Dispute Settlement Effective?*, in Global Governance, 2004, p. 219.

[4836] Segundo um autor, "the Appellate Body's decision in this case was nothing short of shocking". Cf. Omar CHAUDHARY, *The Propriety of Preferences: An Evaluation of EC and U.S. GSP Schemes in the Wake of EC –Preferences*, in Asper Review, 2005, p. 181.

[4837] A aplicação do princípio da interpretação evolutiva pode originar, também, problemas de conciliação com o princípio da segurança jurídica, tal como ele resulta do princípio *Pacta sunt servanda* e do artigo 3º, nº 2, do Memorando de Entendimento sobre Resolução de Litígios. Cf. Eric CANAL-FORGUES, *Le règlement des différends à l'OMC*, Bruylant, Bruxelas, 2008, p. 122.

A EFICÁCIA DO SISTEMA DE RESOLUÇÃO DE LITÍGIOS DA OMC

Apesar de tudo, há quem veja o relatório do Órgão de Recurso no caso *Shrimp--Turtle* como o mais importante da jurisprudência da OMC e estamos a falar de John Jackson[4838]. Outros autores defendem, também, que:

> "By holding that the terms of the Article XX(g) exception can evolve with the views of the international community, the Appellate Body demonstrated a willingness to exercise significant interpretative discretion. In this case, that discretion was applied in a way that improved the ability of panels and the Appellate Body to apply WTO rules in ways that reflect changing notions in the international community regarding the appropriate balance between policing national regulatory measures that may improperly restrict trade and deferring to measures that legitimately promote non-commercial values"[4839].

É também este o nosso entendimento, principalmente, porque a interpretação do Órgão de Recurso permite ampliar o alcance da excepção da alínea *g*) à conservação de praticamente qualquer recurso natural[4840]. E, apesar de PETROS MAVROIDIS entender que não é possível encontrar na Convenção de Viena sobre o Direitos dos Tratados espaço para a interpretação evolutiva[4841], a preferência por uma interpretação dinâmica reflecte-se na própria estrutura da Convenção de Viena sobre o Direito dos Tratados. De acordo com o art. 31º da Convenção, os acordos e entendimentos subsequentes entre as partes, assim como todas as regras pertinentes de Direito Internacional (o que inclui obviamente o costume, o qual é necessariamente evolucionário) são fontes obrigatórias da interpretação dos tratados, ao passo que os trabalhos preparatórios, segundo o art. 32º da Convenção, são fontes facultativas, que só podem ser utilizadas "quando a interpretação obtida segundo o artigo 31º deixa o sentido ambíguo ou obscuro ou conduz a um resultado que é manifestamente absurdo ou não razoável" ou para "confirmar o sentido resultante da aplicação do artigo 31º"[4842]. Todavia, quando

---

[4838] John JACKSON, *The case of the World Trade Organization*, in International Affairs, 2008, p. 450.

[4839] Timothy REIF e Julie ECKERT, *Courage You Can't Understand: How to Achieve the Right Balance Between Shaping and Policing Commerce in Disputes Before the World Trade Organization*, in CJTL, 2004, p. 686.

[4840] Também a Comissão do Direito Internacional aplaudiu a interpretação evolutiva adoptada pelo Órgão de Recurso. Cf. COMISSÃO DO DIREITO INTERNACIONAL, 58ª Sessão, *Fragmentation of International Law: Difficulties arising from the Diversification and Expansion of International Law*, Report of the Study Group of the International Law Commission – Finalised by Martti Koskenniemi (A/CN.4/L.682), 13-4-2006, parágrafo 478.

[4841] Petros MAVROIDIS, *No Outsourcing of Law? WTO Law As Practiced by WTO Courts*, in AJIL, 2008, p. 445.

[4842] Robert HOWSE, Adjudicative Legitimacy and Treaty Interpretation in International Trade Law: The Early Years of WTO Jurisprudence, in *The EU, the WTO, and the NAFTA: Towards a Common Law of International Trade?*, Joseph Weiler ed., Oxford University Press, 2001, p. 56.

A FUNÇÃO JURISDICIONAL NO SISTEMA GATT/OMC

justificou a sua interpretação evolutiva no caso *United States – Import Prohibition of Certain Shrimp and Shrimp Products*, o Órgão de Recurso não se referiu explicitamente à estrutura da Convenção de Viena, mas sim ao Parecer Consultivo do Tribunal Internacional de Justiça no caso *Namíbia (Consequências jurídicas)* de 1971:

> "quando os conceitos consagrados por um tratado são, 'por definição, evolutivos', a sua 'interpretação não pode deixar de ter em conta a evolução subsequente do direito (...). Além disso, um instrumento internacional tem de ser interpretado e aplicado no âmbito do conjunto do sistema jurídico em vigor no momento da interpretação".

Mais recentemente, o Tribunal Internacional de Justiça adopta uma abordagem evolucionária no caso *Gabcíkovo-Nagymaros Project*:

> "Para efeitos de avaliação dos riscos ambientais, são as normas actuais que devem ser tomadas em consideração. Isto é não só permitido pelo texto dos Artigos 15º e 19º, mas mesmo exigido, *na medida em que estes artigos impõem uma contínua – e, por isso, necessariamente evolutiva – obrigação sobre as partes* de manter a qualidade da água do Danúbio e de proteger a natureza (...). Graças às novas perspectivas oferecidas pela ciência e a uma consciência crescente dos riscos para a humanidade – para as gerações presentes e futuras – da prossecução de tais intervenções a um ritmo irreflectido e persistente, novas normas e exigências foram desenvolvidas e consagradas num grande número de instrumentos durante as últimas duas décadas. Estas novas normas têm que ser tomadas em consideração e estas novas exigências apreciadas convenientemente, não apenas quando os Estados contemplam novas actividades *mas também quando eles prosseguem actividades iniciadas no passado*. O conceito de desenvolvimento sustentável traduz bem esta necessidade de reconciliar o desenvolvimento económico com a protecção do ambiente" (itálico aditado)[4843].

Esta maior sensibilidade, especialmente do Órgão de Recurso, a outros valores para além da liberalização das trocas comerciais espelha-se, igualmente, noutros casos. Durante a vigência do GATT de 1947, apesar de os termos do art. XX do GATT ("nada no presente acordo impedirá") indiciarem a primazia dos valores nele constantes sobre a liberalização do comércio, era prática reiterada dos painéis interpretar restritivamente as excepções do artigo XX do Acordo Geral[4844], situ-

---

[4843] Tribunal Internacional de Justiça, *Case Concerning the Gabcíkovo-Nagymaros Project*, Acórdão de 25-9-1997, parágrafo 140.

[4844] No direito da OMC, o respeito dos valores não económicos está ligado à técnica da excepção. Cf. Philippe Maddalon, *Les rapports des groupes spéciaux et de l'organe d'appel de l'OMC*, in AFDI, 2005, p. 630.

1704

# A EFICÁCIA DO SISTEMA DE RESOLUÇÃO DE LITÍGIOS DA OMC

ação que originava necessariamente um certo *pro-trade bias*[4845]. Como destacou o Painel do caso *United States Restrictions on Imports of Tuna*:

> "Painéis anteriores estabeleceram que o artigo XX constitui uma excepção limitada e condicional às obrigações existentes ao abrigo de outras disposições do Acordo Geral e não uma regra positiva que estabeleça, ela própria, obrigações. Em consequência, a prática dos painéis tem sido a de interpretar o artigo XX restritivamente, de colocar o ónus na parte que invoca o artigo XX para justificar a sua invocação, e de não examinar as excepções do artigo XX, a menos que invocadas"[4846].

Esta abordagem privilegiava claramente o livre-cambismo sobre outros valores concorrentes e assumia que os últimos, incorporados na excepção, não poderiam desalojar facilmente o primeiro, independentemente da natureza da questão em litígio[4847]. Mas, como bem observa DANI RODRIK:

> "Global economic rules are not written by Platonic philosopher-kings, or even by the present-day pretenders to that status, the academic economists. If World Trade Organization agreements were truly about 'free trade', they could all be replaced with a single sentence: 'Trade shall be free'"[4848].

No plano dos princípios, parece ser esta também a opinião do Órgão de Recurso. Pouco tempo depois da sua entrada em funções, o Órgão de Recurso rejeita a prática de que as excepções devam ser interpretadas restritivamente:

> "O simples facto de se caracterizar uma disposição de um tratado como 'excepção' não basta para justificar uma interpretação 'mais estrita' ou 'mais restrita' dessa disposição do que a que se obteria mediante um exame do sentido habitual das palavras concretas do tratado, consideradas no contexto e à luz do objecto e fim desse tratado ou, por outras palavras, aplicando as regras normais de interpretação dos tratados (...)"[4849].

---

[4845] Sanford GAINES, *The WTO's Reading of the GATT Article XX Chapeau: A Disguised Restriction on Environmental Measures*, in University of Pennsylvania Journal of International Economic Law, 2001, p. 830; Meinhard HILF, *Power, Rules and Principles – Which Orientation for WTO/GATT Law?*, in JIEL, 2001, p. 128.

[4846] Relatório do Painel no caso *United States Restrictions on Imports of Tuna* (DS21/R), posto a circular em 3-9-1991, nunca adoptado, parágrafo 5.22.

[4847] Robert HOWSE, *From Politics to Technocracy – and Back Again: The Fate of the Multilateral Trading Regime*, in AJIL, 2002, p. 110.

[4848] Dani RODRIK, Feasible Globalizations, in *Globalization: What's New?*, Michael Weinstein ed., Columbia University Press, Nova Iorque, 2005, p. 207.

[4849] Relatório do Órgão de Recurso no caso *European Communities – Measures Concerning Meat and Meat Products (Hormones)* (WT/DS26/AB/R, WT/DS48/AB/R), 16-1-1998, parágrafo 104.

A FUNÇÃO JURISDICIONAL NO SISTEMA GATT/OMC

Não obstante PETER VAN DEN BOSSCHE defender que constitui "an accepted principle of interpretation that exceptions are to be construed narrowly (*singularia non sunt extendenda*)"[4850], pensamos que esta conclusão do Órgão de Recurso encontra apoio nos artigos 31º e 32º da Convenção de Viena sobre o Direito dos Tratados de 1969. Não resulta destas duas disposições que se deva dar preferência a uma parte do texto sobre outra, interpretando a primeira de um modo amplo e a segunda restritivamente[4851]. O Órgão de Recurso assinalou posteriormente que:

> "Para interpretar e aplicar o prólogo, é-nos necessário levar a cabo a tarefa delicada de localizar e circunscrever o ponto de equilíbrio entre o direito de um Membro a invocar uma excepção com base no artigo XX e os direitos resultantes para os outros membros das disposições substantivas (por exemplo, o artigo XI) do GATT de 1994, de forma a que nenhum dos direitos em causa anule o outro e, dessa forma, falseie, anule ou comprometa o equilíbrio de direitos e de obrigações estabelecido pelos próprios membros neste Acordo. A localização do ponto de equilíbrio expresso no prólogo não é fixa nem imutável; esse ponto desloca-se em função das variações do tipo e forma das medidas em causa e das diferenças dos factos subjacentes aos litígios considerados"[4852].

O Órgão de Recurso fez notar, também, que a vontade de manter o sistema comercial multilateral e de o não prejudicar é necessariamente um princípio fundamental e constante que subjaz ao Acordo OMC, mas não constitui nem um direito nem uma obrigação ou sequer uma regra de interpretação susceptível de ser utilizada para examinar uma determinada medida ao abrigo do prólogo do artigo XX do GATT[4853].

Para que não restassem dúvidas, o Órgão de Recurso declara no caso *European Communities – Measures Affecting Asbestos and Asbestos Containing Products* que a saúde é um bem jurídico que merece ser salvaguardado e cuja protecção deverá prevalecer sobre a liberalização das trocas comerciais e, mais importante do que isso, "é indiscutível que os membros da OMC têm o direito de estabelecer o nível

---

[4850] Peter Van den BOSSCHE, From afterthought to centerpiece: the WTO Appellate Body and its rise to prominence in the world trading system, in *The WTO at Ten: The Contribution of the Dispute Settlement System*, Ed. Giorgio Sacerdoti, Alan Yanovich e Jan Bohanes, Cambridge University Press, 2006, p. 320.

[4851] O princípio do efeito útil contradiz inerentemente a noção de interpretação restritiva dos tratados e esta não faz parte do direito internacional. Cf. Alexander ORAKHELASHVILI, *Interpretation of Jurisdictional Instruments in International Dispute Settlement*, in The Law and Practice of International Courts and Tribunals, 2007, p. 166.

[4852] Relatório do Órgão de Recurso no caso *United States – Import Prohibition of Certain Shrimp and Shrimp Products* (WT/DS58/AB/R), 12-10-1998, parágrafo 159.

[4853] *Idem*, parágrafo 116.

A EFICÁCIA DO SISTEMA DE RESOLUÇÃO DE LITÍGIOS DA OMC

de protecção da saúde que entendem apropriado numa dada situação"[4854]. O caso *Asbestos* implicou, deste modo, uma maior abertura do sistema comercial multilateral a interesses que não são estritamente comerciais, introduzindo critérios não comerciais na interpretação das normas do GATT, como a admissão da protecção da saúde como elemento relevante na aferição da similitude de vários produtos.

Depois da entrada em vigor dos acordos da OMC, algumas conclusões de painéis alargaram, igualmente, o alcance das excepções previstas no art. XX do GATT, tendo um Painel concluído mesmo que:

> "O ar puro era um recurso (tinha valor) natural que podia esgotar-se. O facto de o recurso esgotado ser definido em função das suas propriedades não tinha uma importância decisiva. Do mesmo modo, o facto de um recurso ser renovável não podia ser invocado como objecção. (...) Em consequência, uma política que visa reduzir o esgotamento do ar puro constitui uma política de conservação de um recurso natural no sentido do artigo XX, alínea *g*)"[4855].

Outro exemplo plenamente elucidativo passou-se no caso *China – Measures Affecting Trading Rights and Distribution Services for Certain Publications and Audiovisual Entertainment Products*. No âmbito deste caso, a China defendeu que a cláusula introdutória do parágrafo 5.1 do seu Protocolo de Adesao permitia-lhe justificar as disposições das suas medidas consideradas incompatíveis com os seus compromissos em matéria de direito a comerciar como necessárias para proteger a moralidade pública na China no sentido da alínea *a*) do artigo XX do GATT de 1994[4856].

Apesar de parecer resultar do texto do art. XX do GATT que as excepções nele previstas têm um âmbito de aplicação limitado, só permitindo justificar

---

[4854] Relatório do Órgão de Recurso no caso *European Communities – Measures Affecting Asbestos and Asbestos Containing Products* (WT/DS135/AB/R), 12-3-2001, parágrafo 168.

[4855] Relatório do Painel do caso *United States – Standards for Reformulated and Conventional Gasoline* (WT/DS2/R), 29-1-1996, parágrafo 6.37.

[4856] Relatório do Órgão de Recurso no caso *China – Measures Affecting Trading Rights and Distribution Services for Certain Publications and Audiovisual Entertainment Products* (WT/DS363/AB/R), 21-12-2009, parágrafo 214. Nos termos do parágrafo 5.1 do Protocolo de Adesão da China: "Sem prejuízo do directo da China de regular o comércio de forma compatível com o Acordo sobre a OMC, a China liberalizará progressivamente a disponibilidade e o alcance do direito a ter actividades comerciais, de forma a que, num prazo de três anos contados a partir da adesão, todas as empresas na China tenham o direito a ter actividades comerciais com todo o tipo de mercadorias em todo o território aduaneiro da China, salvo as mercadorias enumeradas no anexo 2A, que continuarão sujeitas a um regime de comércio de Estado em conformidade com o presente Protocolo. Este direito a ter actividades comerciais incluirá o directo a importar e exportar mercadorias".

## A FUNÇÃO JURISDICIONAL NO SISTEMA GATT/OMC

medidas incompatíveis com outras disposições do Acordo Geral ("nenhuma disposição do presente Acordo"), o Órgão de Recurso defendeu que:

"As disposições que a China procura justificar têm um vínculo objectivo e claramente discernível com a regulação da China de comércio nos produtos pertinentes. À luz desta relação entre disposições das medidas de China que são incompatíveis com os seus compromissos em matéria de direito a comerciar e a regulação da China de comércio nos produtos pertinentes, constatamos que a China pode recorrer à cláusula introdutória do parágrafo 5.1 do seu Protocolo de Adesão e justificar estas disposições como necessárias para proteger a moral pública na China, no sentido da alínea *a*) do artigo XX do GATT de 1994. Todavia, para justificar com êxito estas disposições, é necessário que a China tenha demonstrado que satisfazem os requisitos do artigo XX do GATT de 1994 e, portanto, constituem o exercício do seu direito a regular o comércio *de forma compatível com o Acordo OMC* (...)"[4857].

A justificação principal para esta conclusão do Órgão de Recurso encontra-se no seguinte parágrafo do seu relatório:

"Recordamos a este respeito a nossa interpretação da relação entre a cláusula introdutória e o resto da primeira frase do parágrafo 5.1. Em conformidade com o parágrafo 5.1, a China assume um compromisso a respeito dos *comerciantes*, que adopta a forma de um compromisso de conceder a todas as empresas na China o direito a importar e exportar mercadorias. Ao mesmo tempo, este compromisso, ou obrigação, é feito com sujeição ao direito da China a regular o *comércio* de forma compatível com o Acordo OMC e não pode afectar negativamente esse direito. Consideramos que as obrigações assumidas pela China a respeito do direito a comerciar, que se referem aos comerciantes, e as obrigações impostas a todos os Membros da OMC a respeito da sua regulação do comércio de mercadorias, estão estreitamente relacionadas. Isto é especialmente assim no caso dos compromissos da China em matéria do direito a comerciar, por um lado, e as obrigações impostas a todos os Membros da OMC em virtude dos artigos III e XI do GATT de 1994, por outro, como alguns Membros da OMC reconheceram expressamente durante as negociações sobre a adesão da China à OMC. Essa relação reflecte-se também no próprio parágrafo 5.1. Lida no seu conjunto, esta disposição refere-se com clareza ao comércio de *mercadorias*. As duas primeiras frases referem-se aos direitos que a China deve dar a possíveis importadores e exportadores de *mercadorias*. A frase seguinte, ou terceira do parágrafo 5.1, dispõe que:

A todas estas mercadorias deve ser concedido um tratamento nacional de acordo com o artigo III do GATT de 1994, especialmente o seu nº 4, no que concerne

---

[4857] *Idem*, parágrafo 233.

A EFICÁCIA DO SISTEMA DE RESOLUÇÃO DE LITÍGIOS DA OMC

à sua venda, oferta para venda, compra, transporte, distribuição e uso no mercado interior, com inclusão do acesso directo às mesmas por parte dos usuários finais"[4858].

Estamos, indubitavelmente, perante uma das conclusões mais importantes da história da jurisprudência da OMC. Até à apresentação deste relatório do Órgão de Recurso, não se sabia, por exemplo, se o Acordo relativo à Aplicação de Medidas Sanitárias e Fitossanitárias prevalecia sobre considerações de ordem moral, de protecção do ambiente ou poderia pôr em causa a segurança dos membros da OMC?

Isto porque os participantes nas negociações comerciais multilaterais do Ciclo do Uruguai não incluíram no Acordo relativo à Aplicação de Medidas Sanitárias e Fitossanitárias as excepções constantes dos artigos XX e XXI do GATT[4859]. O Acordo relativo aos Obstáculos Técnicos ao Comércio adoptado no Ciclo de Tóquio, pelo contrário, determinava que:

"Quando forem exigidos regulamentos técnicos ou normas e existirem normas internacionais pertinentes ou estiverem em fase final de elaboração, as Partes utilizarão essas normas internacionais ou os seus elementos pertinentes como base dos regulamentos técnicos ou das normas, salvo nos casos em que, como será devidamente explicado, se tal for solicitado, essas normas internacionais ou os seus elementos forem inadequados para as Partes interessadas, por exemplo, pelas seguintes razões: imperativos de segurança nacional, prevenção de práticas susceptíveis de induzir em erro, protecção da saúde ou da segurança das pessoas, da vida ou da saúde dos animais ou preservação dos vegetais, protecção do ambiente, factores climáticos e outros factores geográficos fundamentais tecnológicos fundamentais" (art. 2º, nº 2).

Como é evidente, os Estados Unidos poderiam alegar que os ataques do 11 de Setembro de 2001 constituíram uma ameaça à sua segurança (art. XXI do GATT) e, em consequência, justificar o *Bioterrorism Act*[4860]. Mas, como já foi referido,

---

[4858] *Idem*, parágrafo 226.

[4859] Segundo HAL SHAPIRO, os participantes nas negociações "did not believe that there was a need to do so and they did not foresee circumstances in which those exceptions might be relevant to sanitary and phytosanitary issues". Cf. Hal SHAPIRO, *The Rules that Swallowed the Exceptions: The WTO SPS Agreement and Its Relationship to GATT Articles XX and XXI: The Threat of the EU-GMO Dispute*, in Arizona Journal of International and Comparative Law, 2007, p. 202.

[4860] Partindo da noção abrangente de medidas sanitárias e fitossanitárias constante do nº 1 do Anexo A do Acordo relativo à Aplicação de Medidas Sanitárias e Fitossanitárias, é possível concluir que o *Public Health Security and Bioterrorism Preparedness and Response Act* adoptado pelos Estados Unidos em Junho de 2002, na sequência dos ataques de *anthrax* ocorridos em finais de 2001, preenche todas as características essenciais de uma medida sanitária e fitossanitária. Primeiro, ele foi

## A FUNÇÃO JURISDICIONAL NO SISTEMA GATT/OMC

o Acordo relativo à Aplicação de Medidas Sanitárias e Fitossanitárias não contém qualquer artigo dedicado a excepções gerais ou relativas à segurança, como acontece, por exemplo, com o bem menos importante Acordo sobre as Medidas de Investimento Relacionadas com o Comércio[4861]. Isso mesmo foi reconhecido pelas Comunidades Europeias no importantíssimo caso *European Communities – Measures Affecting the Approval and Marketing of Biotech Products*:

> "As Comunidades Europeias observam que as Directivas 90/220 e 2001/18 afirmam reiteradamente que uma das suas finalidades é proteger o meio ambiente. Em contraste, as Comunidades Europeias referem que o Anexo A do Acordo relativo à Aplicação de Medidas Sanitárias e Fitossanitárias não lida com a protecção do meio ambiente, mas o nº 2 do artigo 2º do Acordo sobre os Obstáculos Técnicos ao Comércio, pelo contrário, menciona expressamente o 'meio ambiente'. Segundo as Comunidades Europeias, é evidente que, quando o redactor de um acordo internacional utiliza um termo num instrumento, mas não noutro, ele pretende excluir esse termo do último instrumento. As Comunidades Europeias concluem, por isso, que o Acordo relativo à Aplicação de Medidas Sanitárias e Fitossanitárias não lida com a prevenção de riscos para o meio ambiente"[4862].

Na prática, o Título III do *Bioterrorism Act*, denominado *Protecting Safety and Security of Food and Drug Supply*, ao restringir as importações de produtos alimentares, ao impor maiores custos de transacção e requisitos processuais às exportações de alimentos de outros membros da OMC para os Estados Unidos, equivale seguramente a um obstáculo não pautal[4863].

Cumpre destacar, por último, que a interpretação que o Órgão de Recurso faz de muitas disposições do Acordo Relativo à Aplicação de Medidas Sanitárias e Fitossanitárias dá claramente primazia à saúde (sobre o comércio). Para além

---

adoptado com o propósito de proteger a saúde e a vida das pessoas e dos animais dentro do território norte-americano. Segundo, o *Bioterrorism Act* visa claramente assegurar a protecção contra os riscos derivados de aditivos, contaminantes, toxinas e doenças contidos em alimentos e bebidas. Terceiro, a legislação em causa afecta expressamente o comércio internacional. Cf. Hal SHAPIRO, *The Rules that Swallowed the Exceptions: The WTO SPS Agreement and Its Relationship to GATT Articles XX and XXI: The Threat of the EU-GMO Dispute*, in Arizona Journal of International and Comparative Law, 2007, pp. 219-220.

[4861] Nos termos do art. 3º deste Acordo, "todas as excepções previstas no GATT 1994 são aplicáveis, na medida do adequado, às disposições do presente acordo".

[4862] Relatório do Painel no caso *European Communities – Measures Affecting the Approval and Marketing of Biotech Products* (WT/DS291/R, WT/DS292/R, WT/DS293/R), 29-9-2006, parágrafo 7.198.

[4863] Claire BOISEN, *Title III of the Bioterrorism Act: Sacrificing U.S. Trade Relations in the Name of Food Security*, in American University Law Review, 2007, p. 675.

1710

A EFICÁCIA DO SISTEMA DE RESOLUÇÃO DE LITÍGIOS DA OMC

do que já escrevemos no capítulo referente à problemática do critério de análise (ver *supra* Parte II, Capítulo 6), o Órgão de Recurso defendeu recentemente que:

"(...) a ciência evolui continuamente. Pode ser útil conceber o grau de mudança como um espectro. Num dos seus extremos situam-se os avanços graduais da ciência. Quando estes avanços científicos são marginais, não justificam a conclusão de que provas anteriormente suficientes passaram a ser insuficientes. No outro extremo situam-se as mudanças científicas mais radicais que dão lugar a uma mudança de paradigma. Estas mudanças radicais não são frequentes. Limitar a aplicação do nº 7 do artigo 5º [do Acordo relativo à Aplicação de Medidas Sanitárias e Fitossanitárias] às situações em que os avanços científicos dão lugar a uma mudança de paradigma constituiria uma abordagem demasiado inflexível. Deveria ser permitido aos Membros da OMC adoptar uma medida provisória quando novas provas procedentes de uma fonte qualificada e respeitada põem em questão a relação entre o conjunto de provas científicas preexistente e as conclusões a respeito dos riscos. Referimo-nos às circunstâncias em que novas provas científicas suscitam dúvidas sobre se o conjunto de provas científicas existente anteriormente continua a permitir uma avaliação de risco suficientemente objectiva"[4864].

Em contraste, o Painel tinha avançado com um teste bem mais exigente:

"(...) Deve haver uma massa crítica de novas provas e/ou informação que ponha em causa os preceitos fundamentais do conhecimento e as provas de maneira que as provas pertinentes, antes suficientes, sejam agora insuficientes (...)"[4865].

O Órgão de Recurso salienta ainda no âmbito deste caso que:

"Um painel que examina a compatibilidade de uma medida sanitária ou fitossanitária com o nº 1 do artigo 5º deve determinar se a medida em questão se 'baseia' numa avaliação dos riscos. Cabe ao Membro da OMC a tarefa de realizar a avaliação dos riscos. A tarefa do painel é examinar essa avaliação dos riscos. Quando um painel vai além dos limites deste mandato e actua como avaliador dos riscos, substitui o juízo do avaliador dos riscos pelo seu próprio juízo científico, realiza um exame *de novo* e, consequentemente, excede as suas funções ao abrigo do artigo 11º do Memorando de Entendimento sobre Resolução de Litígios"[4866].

---

[4864] Relatório do Órgão de Recurso no caso *United States – Continued Suspension of Obligations in the EC – Hormones Dispute* (WT/DS320/AB/R), 16-10-2008, parágrafo 703.

[4865] Relatório do Painel no caso *United States – Continued Suspension of Obligations in the EC – Hormones Dispute* (WT/DS320/R), 31-3-2008, parágrafo 7.666.

[4866] Relatório do Órgão de Recurso no caso *United States – Continued Suspension of Obligations in the EC – Hormones Dispute* (WT/DS320/AB/R), 16-10-2008, parágrafo 590.

A FUNÇÃO JURISDICIONAL NO SISTEMA GATT/OMC

O Órgão de Recurso rejeita assim, de modo claro, a transformação da OMC num "science court", com poderes para dirimir litígios de carácter científico[4867].

Todos os casos relatados demonstram, em suma, que o Órgão de Recurso está longe de considerar a liberalização absoluta das trocas comerciais como o *Holy Grail* do sistema GATT/OMC.

Resta-nos saber, por fim, se o Órgão de Recurso tem sido predominantemente fiel ao seu mandato. A maioria da doutrina pensa que sim[4868]. Apesar de não haver dúvidas de que ele tem assumido, em certas ocasiões, um papel criativo, o Órgão de Recurso não tem sido "irresponsibly 'activist'"[4869].

Aliás, tomando em consideração vários factores assinalados neste capítulo, "international judicial lawmaking" parece inevitável[4870]. Desde logo, o facto de as regras da OMC serem redigidas, com frequência, em termos vagos implica uma delegação *de facto* ao sistema de resolução de litígios da OMC do poder de criar efectivamente direito. Além disso, observa Sérvulo Correia, é hoje um ponto assente no âmbito da metodologia jurídica que "as decisões dos tribunais têm um papel criativo, não se cingindo à pura transposição mecânica de um comando normativo para uma situação da vida"[4871].

Mesmo se o Tribunal Internacional de Justiça salienta em vários casos que não é "um órgão legislativo" e que o seu dever "é aplicar o direito tal como o encontra, não criá-lo"[4872], a verdade é que ele tem adoptado, em alguns casos,

---

[4867] Marcos Orellana, *Evolving WTO Law Concerning Health, Safety and Environmental Measures*, in Trade, Law and Development, Vol. 1, No. 1, 2009, p. 136.

[4868] Petros Mavroidis, Licence to Adjudicate: A Critical Evaluation of the Work of the WTO Appellate Body So far, in *Trade Disputes and the Dispute Settlement Understanding of the WTO: An Interdisciplinary Assessment*, Frontiers of Economics and Globalization, Volume 6, Ed. James C. Hartigan, Emerald Group, 2009, p. 79.

[4869] Judith Goldstein e Richard Steinberg, *Regulatory Shift: The Rise of Judicial Liberalization at the WTO*, University of California, Los Angeles, School of Law – Law & Economics Research Paper Series, Research Paper No. 07-15, 2007, p. 23.

[4870] Tom Ginsburg, *Bounded Discretion in International Judicial Lawmaking*, in Virginia Journal of International Law, 2005, p. 632.

[4871] José Manuel Sérvulo Correia, *Relatório sobre Programa, Conteúdo e Métodos da Disciplina de Direito Internacional Público (Processo no Tribunal Internacional de Justiça)*, Provas Públicas de agregação em Ciências Jurídico-Políticas (Universidade de Lisboa), 2005, p. 65.

[4872] Tribunal Internacional de Justiça, *South West Africa cases (Ethiopia v. South Africa; Liberia v. South Africa)*, Segunda Fase, Acórdão de 18-7-1966, parágrafo 89 (p. 48). Mais recentemente, no parecer consultivo relativo à *Legality of the Threat or Use of Nuclear Weapons*, o Tribunal Internacional de Justiça voltou a defender que "ele declara o direito existente e não legisla". Cf. Tribunal Internacional de Justiça, *Legality of the Threat or Use of Nuclear Weapons*, Parecer Consultivo de 8-7-1996, parágrafo 18.

## A EFICÁCIA DO SISTEMA DE RESOLUÇÃO DE LITÍGIOS DA OMC

"a 'law-making' role"[4873]. No parecer consultivo relativo à *Reparation for Injuries Suffered in the Service of the United Nations*, por exemplo, o Tribunal Internacional de Justiça pôs fim à ideia de que o direito internacional era aplicável somente aos Estados soberanos, deixando de lado as organizações internacionais[4874]. Além disso, os juízes internacionais tendem, na prática, a decidir de modo consistente com as suas decisões anteriores e a citá-las, reforçando o valor de precedente das decisões anteriores[4875]. No parecer consultivo relativo às *Legal Consequences of the Construction of a Wall in the Occupied Palestinian Territory*, por exemplo, o Tribunal Internacional de Justiça referiu, em apenas oito parágrafos, 20 decisões anteriores suas ou do Tribunal Permanente de Justiça Internacional[4876]. Atendendo à dificuldade da distinção entre "law-finding" e "law-creating", é também inevitável que uma decisão do Tribunal Internacional de Justiça envolva alguma criatividade sempre que tenha de lidar com questões de direito internacional que nunca foram abordadas antes, seja por tribunais internacionais, seja pelos Estados.

Há cerca de 50 anos, um dos mais eminentes jusinternacionalistas de sempre já tinha chamado a atenção para a circunstância de a "judicial law-making" constituir um traço permanente da administração da justiça em qualquer sociedade[4877]. Logo, desde que não assuma a forma de desprezo deliberado pela lei existente, *judicial law making* "is a phenomenon both healthy and unavoidable"[4878].

A própria experiência do GATT de 1947 é exemplar. Quando os painéis que analisaram os casos *Italian Discrimination Against Imported Agricultural Machinery* e *United States – Section 337 of the Tariff Act of 1930* apresentaram os seus relatórios em 1958 e 1989, respectivamente, algumas das suas conclusões (respectivamente, parágrafos 12 e 5.11) foram muito criticadas pelo facto de a sua interpretação da cláusula do tratamento nacional prevista no art. III do GATT implicar um

---

[4873] Catherine BRÖLMANN, *The International Court of Justice and International Organisations*, in International Community Law Review, 2007, p. 184.

[4874] TRIBUNAL INTERNACIONAL DE JUSTIÇA, *Reparation for Injuries Suffered in the Service of the United Nations*, Parecer Consultivo de 11-4-1949, pp 187-188.

[4875] Cesare ROMANO, Daniel TERRIS e Leigh SWIGART, *The International Judge: An Introduction to the Men and Women who Decide the World's Cases*, Brandeis University Press, Waltham-Massachusetts, 2007, p. 118

[4876] TRIBUNAL INTERNACIONAL DE JUSTIÇA, *Legal Consequences of the Construction of a Wall in the Occupied Palestinian Territory*, Parecer Consultivo de 9-7-2004, parágrafos 38-45. Alguns autores concluem, por isso, que, "while in theory international judges cannot make international law, in the end they achieve law-making effects through repeated self-reference". Cf. Cesare ROMANO, Daniel TERRIS e Leigh SWIGART, *The International Judge: An Introduction to the Men and Women who Decide the World's Cases*, Brandeis University Press, Waltham-Massachusetts, 2007, p. 118

[4877] Hersch LAUTERPACHT, *The Development of International Law by the International Court*, Stevens & Sons, Londres, 1958, p. 155.

[4878] *Idem*, p. 156.

## A FUNÇÃO JURISDICIONAL NO SISTEMA GATT/OMC

aumento das obrigações que resultavam do Acordo Geral para as partes contratantes. Apesar disso, os relatórios foram adoptados pelas partes contratantes e, significativamente, têm sido vistos desde então como "landmark decisions"[4879]. Ainda hoje são citados por muitos painéis, pelo Órgão de Recurso e Membros da OMC em apoio das suas argumentações e conclusões. Mais: o texto do nº 2 do art. XVII do GATS baseia-se no parágrafo 5.11 do relatório do Painel no caso *United States – Section 337 of the Tariff Act of 1930* e o texto do nº 3 do mesmo artigo no relatório do painel no caso *Italian Discrimination Against Imported Agricultural Machinery*.

Na prática, o Órgão de Recurso tem demonstrado uma capacidade ímpar para dirimir conflitos em áreas sensíveis, como, por exemplo, a relação entre o comércio e a protecção do ambiente e o tratamento especial e diferenciado concedido pelos países ricos aos países em desenvolvimento[4880].

Tendo os painéis e o Órgão de Recurso da OMC gerado, até agora, mais de 60,000 páginas de jurisprudência, é perfeitamente defensável dizer do Órgão de Recurso da OMC o que o antigo Juiz Mohamed Shahabuddeen do Tribunal Internacional de Justiça disse a respeito deste último órgão: "it is of course an exaggeration to suggest that the Court is a legislator; it is also an exaggeration to assert that it cannot create any law at all"[4881].

Em boa verdade, qualquer *syllabus* relativo à disciplina de direito do comércio internacional está repleto de excertos de relatórios de painéis e, sobretudo, do Órgão de Recurso, situação que leva um autor a observar que "surely that syllabus would convey a false impression of the predominant source of law in the world trading system"[4882].

---

[4879] Werner ZDOUC, WTO Dispute Settlement Practice relating to the General Agreement on Trade in Services, in *The WTO Dispute Settlement System 1995-2003*, Federico Ortino e Ernst-Ulrich Petersmann ed., Kluwer Law International, Haia-Londres-Nova Iorque, 2004, p. 405.

[4880] Robert HOWSE e Susan ESSERMAN, The Appellate Body, the WTO dispute settlement system, and the politics of multilateralism, in *The WTO at Ten: The Contribution of the Dispute Settlement System*, Ed. Giorgio Sacerdoti, Alan Yanovich e Jan Bohanes, Cambridge University Press, 2006, p. 62.

[4881] Mohamed SHAHABUDDEEN, *Precedent in the World Court*, Hersch Lauterpacht Memorial Lectures, Cambridge University Press, 1996, p. 86.

[4882] Raj BHALA, *The Power of the Past: Towards De Jure Stare Decisis in WTO Adjudication (Part Three of a Trilogy)*, in George Washington International Law Review, 2001, p. 919.

## CONCLUSÕES

**1. A jurisdição do sistema de resolução de litígios do GATT de 1947 era claramente voluntária.** Uma parte contratante podia vetar a criação do painel, recusar seleccionar os membros do painel, impedir a adopção do relatório do painel e bloquear a autorização para retaliar. Por vezes, a lentidão e a facilidade de bloqueio inerentes ao sistema tiveram como consequência importante a adopção de medidas de retaliação de natureza unilateral, principalmente por parte dos Estados Unidos.

Não obstante, o sistema de resolução de litígios do GATT de 1947 conseguiu dirimir com êxito a grande maioria dos mais de 100 litígios que lhe foram submetidos e o comércio internacional conheceu um desenvolvimento espectacular durante a vigência do Acordo Geral, crescendo sempre a taxas superiores às da produção mundial. É provável, no entanto, que muitos casos nunca tenham sido objecto de uma queixa junto do sistema de resolução de litígios do GATT de 1947 devido à suspeita de que a parte demandada exerceria o seu direito de veto. É provável, também, que, conscientes da possibilidade de uma das partes em litígio bloquear a adopção dos relatórios ou a sua execução, os painéis possam ter sido influenciados pelo objectivo de alcançar uma solução mutuamente aceitável para ambas as partes em litígio quando da redacção das suas conclusões.

**2.** A evolução histórica do sistema de resolução de litígios, desde a entrada em vigor do GATT de 1947 até à adopção dos acordos do Ciclo do Uruguai, revela **uma judicialização progressiva**. Pouco tempo depois da entrada em vigor do Acordo Geral, os litígios deixaram de ser analisados por grupos de trabalho, dos quais faziam parte as próprias partes em litígio, para passarem a sê-lo por painéis, compostos por membros independentes das partes em litígio, e o direito a um painel foi reconhecido em determinadas situações em finais dos anos 80.

O novo Memorando de Entendimento sobre as Regras e Processos que Rege a Resolução de Litígios da OMC (Anexo 2 da Acta Final do Ciclo do Uruguai)

A FUNÇÃO JURISDICIONAL NO SISTEMA GATT/OMC

pretende reforçar o primado do direito e adaptar o sistema de resolução de litígios do GATT ao novo sistema comercial multilateral assente nos acordos da OMC. Essencialmente, o Memorando de Entendimento afasta-se do sistema de resolução de litígios do GATT de 1947 em alguns aspectos importantes: elimina a possibilidade de *forum shopping* existente durante os últimos anos de vigência do Acordo Geral, estabelece prazos rigorosos para a resolução dos litígios, introduz a regra do consenso negativo, é criado o Órgão de Recurso, é admitida a possibilidade de retaliação cruzada e, muito importante, a jurisdição do sistema de resolução de litígios passa a ser compulsória para todos os membros da OMC. De facto, os participantes no Ciclo do Uruguai decidiram que decisões essenciais, tais como a criação de um Painel, a adopção dos relatórios do Painel e do Órgão de Recurso e a autorização para a suspensão de concessões ou outras obrigações ficariam sujeitas à famosa "regra do consenso negativo".

Nenhum Membro da OMC pode impedir, pois, que uma queixa apresentada contra si por outro Membro seja analisada, numa primeira instância, por um painel e, depois, pelo Órgão de Recurso e, por isso, o sistema de resolução de litígios da OMC é, comparativamente ao GATT de 1947 e a outros regimes internacionais, menos susceptível de depender do poder político ou económico das partes em litígio. Em princípio, a resolução do litígio será menos arbitrária e mais justa para as partes, dependendo menos da riqueza ou do poder de negociação das partes e mais da licitude ou ilicitude da medida impugnada face a regras pré--estabelecidas, determinada por uma parte terceira independente.

De uma maneira geral, visa-se impedir que os membros da OMC resolvam unilateralmente os litígios comerciais em que estejam envolvidos, obrigando-os a seguir as normas e procedimentos multilaterais do Memorando de Entendimento sobre Resolução de Litígios. Qualquer autorização para a suspensão de concessões ou outras obrigações deve ser dada pelo Órgão de Resolução de Litígios e um Membro da OMC não pode determinar, unilateralmente, as sanções a aplicar em caso de incumprimento.

Os próprios membros do Órgão de Recurso fizeram algumas opções fundamentais quando da elaboração dos Procedimentos de Trabalho no que diz respeito à natureza e condução do processo de recurso. É de referir, em especial, **a importância atribuída à natureza jurisdicional dos procedimentos** (e ao princípio da colegialidade). O Memorando de Entendimento sobre Resolução de Litígios não prevê, por exemplo, a realização de qualquer audiência oral durante a fase de recurso. A sua realização está prevista, sim, nos Procedimentos de Trabalho do Órgão de Recurso.

Ao mesmo tempo, a judicialização do sistema de resolução de litígios, levada a cabo para salvaguardar, em certa medida, os direitos dos países em desenvolvimento e dos países menos avançados, pode também ter tornado os procedimen-

CONCLUSÃO

tos menos acessíveis à generalidade desses países. A cada vez maior complexidade do direito substantivo e o maior formalismo do processo de resolução de litígios impuseram custos significativos aos membros da OMC, quer na fase pré-litigiosa (quando um Membro identifica a existência de uma medida cuja legalidade vê como duvidosa), quer durante o próprio processo litigioso. A criação do Centro de Assessoria dos Assuntos Jurídicos da OMC foi, por isso, muito importante, ajudando a nivelar o acesso ao conhecimento jurídico especializado no direito da OMC.

**3.** Caso as decisões dos tribunais internacionais não tivessem qualquer valia no mundo real, os Estados, em geral, e as grandes potências económicas e militares, em particular, não recorreriam aos seus préstimos. Sintomaticamente, os Estados Unidos e as Comunidades Europeias foram claramente os membros da OMC que apresentaram maior número de queixas nos primeiros 15 anos de funcionamento do sistema de resolução de litígios da OMC.

Mas, ainda que constitua uma prova de confiança, a eficácia do sistema de resolução de litígios da OMC não se afere unicamente pela quantidade de queixas apresentadas e recursos interpostos nem pelo número de membros da OMC que a ele recorrem. A sua eficácia pode ser apreciada, igualmente, pela sua contribuição para o progresso do direito que regula o comércio internacional (e consequente efeito profiláctico, encorajando os membros da OMC a pensarem sobre a legalidade de determinadas medidas quando da sua adopção), através de um reportório de jurisprudência que abarca uma grande variedade de questões. Apesar dos prazos apertados e da complexidade das questões apresentadas pelos membros da OMC, o sistema de resolução de litígios já produziu mais de 60,000 páginas de jurisprudência e, no geral, a qualidade é bastante elevada. Actualmente, **é impossível entender o alcance de muitas das obrigações dos acordos da OMC sem tomar em consideração o modo como elas têm sido interpretadas pelos painéis e, sobretudo, pelo Órgão de Recurso**.

Só muito raramente, alguns membros da OMC colocaram em causa o trabalho desenvolvido quer pelos painéis, quer pelo Órgão de Recurso, tendo as situações mais controversas ocorrido a respeito do papel das organização não governamentais no desenvolvimento do sistema comercial multilateral.

**4.** Entre os valores nucleares subjacentes ao exercício da função jurisdicional encontra-se, naturalmente, a independência do tribunal. Mas, tal como acontece com os tribunais nacionais, a independência de um tribunal internacional não significa que o comportamento dos seus juízes não está sujeito a quaisquer limites. Para além das regras de conduta a que os juízes estão sempre sujeitos, os Estados têm sempre ao seu dispor mecanismos a que podem recorrer para

A FUNÇÃO JURISDICIONAL NO SISTEMA GATT/OMC

controlar a acção dos tribunais internacionais. Na verdade, apesar da jurisdição compulsória e do carácter automático das várias fases previstas no Memorando de Entendimento sobre Resolução de Litígios, o cumprimento dos relatórios adoptados pelo Órgão de Resolução de Litígios continua a depender, em última instância, da vontade dos membros da OMC. Em termos gerais, **o cumprimento das resoluções dos painéis e do Órgão de Recurso tem sido particularmente impressivo**. E, se a Comunidade Europeia e os Estados Unidos cumpriram na maioria dos casos essas resoluções, não foi seguramente por causa da ameaça de retaliação.

O número elevado de membros da OMC e de pedidos de adesão demonstra, igualmente, a importância e a confiança que o sistema comercial multilateral inspira e é a prova da diluição dos conflitos de concepção, tanto mais que o património da OMC não é constituído por recursos financeiros, mas por princípios e regras. Mesmo no caso das principais potências comerciais da actualidade, é ponto assente que o desempenho das respectivas economias deve muito à liberalização das trocas comerciais. É, assim, pouco credível nos dias de hoje qualquer ameaça de retirada da OMC, por mais poderoso que seja o Membro em causa, seja em consequência de uma conclusão desfavorável por parte de um painel ou, sobretudo, do Órgão de Recurso, seja por qualquer outra razão.

**5.** Na sua essência, todos os sistemas jurídicos são incompletos e os membros da OMC nem sempre podem prever de modo preciso a extensão dos compromissos que assumiram, dado que muitos dos acordos que compõem o sistema jurídico da OMC apresentam um carácter altamente técnico. Os próprios Estados podem decidir reduzir os custos de negociação associados à redacção dos acordos internacionais e os riscos de incumprimento permitindo, deliberadamente, que o texto de um acordo fique ambíguo. Não obstante, os painéis e o Órgão de Recurso estão incumbidos de dirimir os litígios que lhes sejam apresentados (por maior que seja a sua sensibilidade política), os acordos que têm de interpretar quando analisam um litígio são complexos e têm um impacto directo e profundo nos interesses dos operadores económicos, dos consumidores e da população em geral.

A pressão sobre o Órgão de Recurso (e, em menor medida, sobre os painéis) é tanto maior quando sabemos que a regra do consenso negativo implica que uma nova interpretação de algumas disposições dos acordos da OMC não prevista pelos participantes nas negociações do Ciclo do Uruguai seja forçosamente adoptada e que o processo político de tomada de decisões por consenso (positivo) torna muito difícil aos membros da OMC "corrigir" qualquer interpretação sua e/ou dos painéis. Inevitavelmente, o chamado paradoxo institucional exerce grande pressão sobre o Órgão de Recurso e, muitas vezes, os obstáculos à tomada de decisões pelos membros da OMC levam a que os Governos nacionais recorram

CONCLUSÃO

ao sistema de resolução de litígios para tentar obter resultados que não conquistaram na mesa de negociações.

A adopção automática dos relatórios do Órgão de Recurso alterou, pois, a dinâmica do sistema de resolução de litígios. Enquanto no âmbito do GATT de 1947 as partes podiam bloquear a adopção das decisões em matéria de resolução de litígios com que não concordassem, **no contexto da OMC é muito difícil ao processo político de tomada de decisões alterar os resultados de um relatório do Órgão de Recurso**.

**6.** Apesar de não haver dúvidas de que o Órgão de Recurso tem assumido, em certas ocasiões, um papel criativo, ele tem sido predominantemente fiel ao seu mandato (art. 3º, nº 2, do Memorando de Entendimento sobre Resolução de Litígios) e não um activista irresponsável. O Órgão de Recurso tem demonstrado uma capacidade ímpar para dirimir conflitos em áreas sensíveis, como, por exemplo, a relação entre o comércio e a protecção do meio ambiente e o tratamento especial e diferenciado concedido pelos países ricos aos países em desenvolvimento. De igual modo, o Órgão de Recurso tem sido chamado a decidir sobre numerosas questões sistémicas e processuais, tais como a interpretação dos acordos abrangidos, os direitos das partes terceiras, os termos de referência dos painéis, o ónus da prova, a admissão e tratamento dos elementos de prova pelos painéis, o recurso a peritos externos, o critério de análise, a jurisdição ou competência dos painéis, a recolha de informação pelos painéis, a admissão de comunicações *amicus curiae*, a representação das partes em litígio por advogados privados, etc.. Todas as conclusões apresentadas pelo Órgão de Recurso a respeito destas importantíssimas questões têm contribuído para estabelecer **um sistema de resolução de litígios assente em sólidas garantias processuais devidas** e para aumentar significativamente a confiança que os Membros da OMC depositam no sistema de resolução de Litígios. A percepção de legitimidade processual e metodológica dos relatórios dos painéis e do Órgão de Recurso constitui um aspecto fundamental para a aceitação das respectivas conclusões e recomendações, inclusive pelas partes vencidas.

É verdade que o novo sistema de resolução de litígios da OMC continua a ter laivos da negociação diplomática. A fase das consultas continua a desempenhar uma função primordial, existe a possibilidade de recurso aos bons ofícios, conciliação e mediação, os relatórios dos painéis e do Órgão de Recurso são adoptados pelo Órgão de Resolução de Litígios, etc.. Mas também é verdade que, com a criação do Órgão de Recurso, é dado um "passo de gigante", porquanto o sistema GATT/OMC adquire uma característica importante de todos os regimes jurídicos evoluídos: **a separação do poder jurisdicional dos órgãos responsáveis pelo processo político de tomada de decisões**.

# A FUNÇÃO JURISDICIONAL NO SISTEMA GATT/OMC

**7.** Eventualmente, o Órgão de Recurso só não poderá ser considerado um verdadeiro tribunal por ser um órgão eminentemente político, o Órgão de Resolução de Litígios, a adoptar os seus relatórios. Mas, se virmos bem, **estamos em presença de um tribunal em tudo menos no nome e o Órgão de Recurso é mesmo o único tribunal internacional cuja jurisdição é aceite, sem reservas, pelos Estados Unidos, a grande potência militar dos nossos tempos**.

Na sua essência, qualquer órgão deve satisfazer cumulativamente três critérios (orgânico, formal e material) para poder ser apelidado de tribunal. O critério orgânico diz respeito ao estatuto do órgão responsável pela resolução dos litígios. Relativamente à sua composição, nomeação e período que dura o exercício do cargo de membro do Órgão de Recurso, este segue o padrão de outros tribunais internacionais. Independência, imparcialidade e competência são atributos garantidos; exige-se abstenção em caso de conflito de interesses; o Órgão de Recurso tem carácter permanente e a nacionalidade dos seus membros é irrelevante para efeitos da composição da divisão que vai analisar o recurso. No que diz respeito ao critério formal, o princípio da igualdade das partes e de armas e o respeito das garantias processuais devidas, típicas de qualquer adjudicação, são aspectos fundamentais dos procedimentos ante o Órgão de Recurso. A respeito do critério material, a função conferida ao Órgão de Recurso é, sem quaisquer dúvidas, a de dirimir litígios intergovernamentais aplicando a lei em vigor e a introdução da regra do consenso negativo implica, *de facto*, que os relatórios do Órgão de Recurso (e dos painéis) devem ser adoptados na sua totalidade, não sendo permitido ao Órgão de Resolução de Litígios introduzir-lhes qualquer modificação, e só podem ser rejeitados se todos os membros da OMC presentes na reunião do Órgão de Resolução de Litígios, em cuja agenda esteja presente a adopção do(s) relatório(s), votarem contra a mesma, incluindo a parte que viu a sua pretensão ser legitimada.

# BIBLIOGRAFIA

AARONSON, Susan, *Seeping in slowly: how human rights concerns are penetrating the WTO*, in WTR, 2007, pp. 413-449.

ABBOTT, Frederick, WTO Dispute Settlement and the Agreement on Trade-Related Aspects of Intellectual Property Rights, in *International Trade Law and the GATT/WTO Dispute Settlement System*, Studies in Transnational Economic Law, vol. 11, Ernst-Ulrich Petersmann ed., Kluwer Law International, Londres-Haia-Boston, 1997, pp. 415-437.

– Distributed Governance at the WTO-WIPO: An Evolving Model for Open-Architecture Integrated Governance, in *New Directions in International Economic Law: Essays in Honour of John H. Jackson*, Marco Bronckers e Reinhard Quick ed., Kluwer Law International, Londres-Haia-Boston, 2000, pp. 15-33.

– *The Doha Declaration on the TRIPs Agreement and Public Health: Lighting a Dark Corner at the WTO*, in JIEL, 2002, pp. 469-505.

– The TRIPS-legality of measures taken to address public health crises: Responding to USTR-State-industry positions that undermine the WTO, in *The Political Economy of International Trade Law – Essays in Honor of Robert E. Hudec*, Daniel Kennedy e James Southwick ed., Cambridge University Press, 2002, pp. 311-342.

– *Non-Violation or Impairment Causes of Action under the TRIPS Agreement and the Fifth Ministerial Conference: A Warning and Reminder*, Quaker United Nations Office, Occasional Paper 11, 2003 «www.quno.org»

– Cross-retaliation in TRIPS: issues of law and practice, in *The Law, Economics and Politics of Retaliation in WTO Dispute Settlement*, Cambridge University Press, 2010, pp. 536-588.

ABBOTT, Frederick e COTTIER, Thomas, Dispute Prevention and Dispute Settlement in the Field of Intellectual Property Rights and Electronic Commerce: US – Section 211 Omnibus Appropriations Act 1998 ('Havana Club'), in *Transatlantic Economic Disputes: The EU, the US, and the WTO*, Ernst-Ulrich Petersmann e Mark Pollack ed., Oxford University Press, 2003, pp. 429-447.

ABBOTT, Kenneth, *GATT as a Public Institution: The Uruguay Round and Beyond*, in Brooklyn Journal of International Law, 1992, pp. 31-85.

– Defensive Unfairness: The Normative Structure of Section 301, in *Fair Trade and Harmonization*, Jagdish Bhagwati e Robert Hudec ed., vol. 2, The MIT Press, Cambridge-Massachusetts e Londres, 1996, pp. 415-471.

– US-EU Disputes over Technical Barriers to Trade and the 'Hushkits' Dispute, in *Transatlantic Economic Disputes: The EU, the US, and the WTO*, Ernst-Ulrich Petersmann e Mark Pollack ed., Oxford University Press, 2003, pp. 247-280.

ABBOTT, Kenneth, KEOHANE, Robert, MORAVCSIK, Andrew, SLAUGHTER, Anne-Marie e SNIDAL, Duncan, *The Concept of Legalization*, in International Organization, 2000, pp. 401-419.

ABBOTT, Roderick, *GATT And the Trade Policy Review Mechanism: Further Reflections on Earlier Reflections*, in JWT, vol. 27, nº 3, 1993, pp. 117-119.

– WTO Disputes: The Battles in the Trade Wars – A Win-Win Game? Or a Lottery?, in *European Integration and International Co-ordination – Studies in Transnational Economic Law in Honour of Claus-Dieter Ehlermann*, Armin von Bogdandy/Petros Mavroidis/Yves Mény ed., Kluwer Law International, Haia/Londres/Nova Iorque, 2002, pp. 1-12.

– Preventing and Settling Transatlantic Disputes: The EU, the US, and the WTO, in *Transatlantic Economic Disputes: The EU, the US, and the WTO*, Ernst-Ulrich Petersmann e Mark Pollack ed., Oxford University Press, 2003, pp. 563-567.

ABI-SAAB, Georges, The WTO dispute settlement and general international law, in *Key Issues in WTO Dispute Settlement: The First Ten Years*, Rufus Yerxa e Bruce Wilson Ed., Cambridge University Press, 2005, pp. 7-11.

– The Security Council as Legislator and as Executive in its Fight Against Terrorism and Against Proliferation of Weapons of Mass Destruction: The Question of Legitimacy, in *Legitimacy in International Law*, Rüdiger Wolfrum e Volker Röben (eds.), Springer, 2008, pp. 109-130.

ABU-AKEEL, Aly, *Definition of Trade in Services under the GATS: Legal Implications*, in George Washington Journal of International Law and Economics, 1999, pp. 189-210.

ACORDO GERAL SOBRE PAUTAS ADUANEIRAS E COMÉRCIO (GATT), *Analytical Index: Guide to GATT Law and Practice* (ed. Frieder Roessler), 6ª ed., Genebra, 1994.

ADAMANTOPOULOS, Konstantinos, *An Anatomy of the World Trade Organization*, Kluwer Law International, Londres-Haia-Boston, 1997.

ADLUNG, Rudolf, *Public Services and the GATS*, in JIEL, 2006, pp. 455-485.

AHN, Dukgeun, *Environmental Disputes in the GATT/WTO: Before and After US – Shrimp Case*, in MJIL, 1999, pp. 819-870.

– *Linkages between International Financial and Trade Institutions: IMF, World Bank and WTO*, in JWT, vol. 34, nº 4, 2000, pp. 1-35.

AKANDE, Dapo e WILLIAMS, Sope, *International Adjudication on National Security Issues: What Role for the WTO?*, in Virginia Journal of International Law, 2003, pp. 365-404.

AL-KASHIF, Abd, GATS's Non-Violation Complaint: Its Elements and Scope Comparing to GATT 1994, in *The World Trade Organization and Trade in Services*, Kern Alexander e Mads Andenas ed., Martinus Nijhoff Publishers, Leiden-Boston, 2008, pp. 509-558.

ALA'I, Padideh, *Judicial Lobbying at the WTO: The Debate over the Use of Amicus Curiae Briefs and the U.S. Experience*, in Fordham International Law Journal, 2000, pp. 62-94.

ALAVI, Amin, *African Countries and the WTO's Dispute Settlement Mechanism*, in Development Policy Review, 2007, pp. 25-42.

– *On the (Non-)Effectiveness of the World Trade Organization Special and Differential Treatments in the Dispute Settlement Process*, in JWT, 2007, pp. 319-349.

ALBUQUERQUE, Celso de, Carta do Atlântico e Declaração das Nações Unidas, in *Legado Político do Ocidente. O Homem e o Estado*, Estratégia – vol. VIII, coordenação de Adriano Moreira, Alejandro Bugallo e Celso Albuquerque, Instituto Português da Conjuntura Estratégica, Lisboa, 1995, pp. 216-218

ALEMANNO, Alberto, *Judicial Enforcement of the WTO Hormones Ruling Within the European Community: Toward EC Liability for the Non-Implementation of WTO Dispute Settlement Decisions?*, in HILJ, Volume 45, Number 2, 2004, pp. 547-561.

– Food Safety and the Single European Market, in *What's the Beef? The Contested Governance of European Food Safety*, Christopher Ansell e David Vogel Ed., The MIT Press, Cambridge-Massachusetts, Londres, 2006, pp. 237-258.

– Private Parties and WTO Dispute Settlement System: Who bears the costs of non-compliance and why private parties should not bear them, in *Essays on the Future of the World Trade Organization, Volume II – The WTO Judicial System: Contributions and Challenges*, Julien Chaisse e Tiziano Balmelli Ed., Editions Interuniversitaires Suisses, Genebra-Lugano--Bruxelas, 2008, pp. 245-282.

– The Dialogue between Judges and Experts in the EU and WTO, in *Shaping the Rule of Law through Dialogue: International and Supranational Experiences*, Paolo Carrozza, Filippo Fontanelli e Giuseppe Martinico ed., Europa Law Publishing, 2010, pp. 345-373.

ALEMANNO, Alberto e MAHIEU, Stéphanie, *The European Food Safety Authority before European Courts*, in European Food and Feed Law Review, 5/2008, pp. 320-333.

ALEXANDROFF, Alan e SHARMA, Rajeev, The National Security Provision – GATT Article XXI (Chapter 35), in *The World Trade Organization: Legal, Economic and Political Analysis*, Volume I, Patrick Macrory, Arthur Appleton e Michael Plummer Ed., Springer, Nova Iorque, 2005, pp. 1571-1579.

ALEXANDROV, Stanimir, *The Compulsory Jurisdiction of the International Court of Justice: How Compulsory Is It?*, in Chinese Journal of International Law, Vol. 5, No. 1, 2006, pp. 29-38.

ALLEN, Michael, *Globalization and Peremptory Norms in International Law: from Westphalian to Global Constitutionalism?*, in International Politics, 2004, pp. 341-353.

ALLEN, William, *The International Trade Philosophy of Cordell Hull (1907-1933)*, in AER, 1953, pp. 101-116.

ALLOTT, Philip, *The Concept of International Law*, in EJIL, 1999, pp. 31-50.

AL-KHATIB, Ghassan, *La part du droit dans l'organisation économique internationale contemporaine*, Eds. Bruylant – l'Université de Bruxelles, 1994.

ALMEIDA, Alberto Francisco Ribeiro de, *Os Princípios Estruturantes do Acordo TRIP'S: Um Contributo para a Liberalização do Comércio Mundial*, in Revista da Ordem dos Advogados, Volumes I/II, 2004, pp. 257-337.

ALMEIDA, José Carlos Moitinho de, *Direito Comunitário. A Ordem Jurídica Comunitária. As Liberdades Fundamentais na C.E.E.*, Centro de Publicações do Ministério da Justiça, Lisboa, 1985.

ALTER, Karen, *Resolving or exacerbating disputes? The WTO's new dispute resolution system*, in International Affairs, 2003, pp. 783-800.

– *Do International Courts Enhance Compliance with International Law?*, in Review of Asian and Pacific Studies, 2003, pp. 51-78.

– *Private Litigants and the New International Courts*, in Comparative Political Studies, Volume 39, Number 1, 2006, pp. 22-49.

– Delegation to International Courts and the Limits of Recontracting Political

Power, in *Delegation and Agency in International Organizations*, Darren Hawkins, David Lake, Daniel Nielson e Michael Tierney ed., Cambridge University Press, 2006, pp. 312-338.

– *Delegating to International Courts: Self-Binding Vs. Other-Binding Delegation*, in Law and Contemporary Problems, 2008, pp. 37-76.

Álvares, Pedro, *O GATT, de Punta del Este a Marraquexe*, Publicações Europa-América, 1994.

Alvarez, José, *Why Nations Behave*, in MJIL, 1998, pp. 303-317.

– *The New Treaty Makers*, in Boston College International and Comparative Law Review, 2002, pp. 213-234.

– *The New Dispute Settlers: (Half) Truths and Consequences*, in Texas International Law Journal, 2003, pp. 405-444.

– *International Organizations as Law-makers*, Oxford University Press, 2005.

– *International Organizations: Then and Now*, in AJIL, 2006, pp. 324-347.

– The Factors Driving and Constraining the Incorporation of International Law in WTO Adjudication, in *The WTO: Governance, Dispute Settlement, and Developing Countries*, Merit Janow, Victoria Donaldson e Alan Yanovich ed., Juris Publishing, Nova Iorque, 2008, pp. 611-633.

– *Three Responses to "Proliferating" Tribunals*, in New York University Journal of International Law and Politics, 2009, pp. 991-1012.

Alvarez-Jiménez, Alberto, *The WTO AB Report on Mexico – Soft Drinks, and the Limits of the WTO Dispute Settlement System*, in LIEI, 2006, pp. 319-333.

– *A reasonable period of time for dispute settlement implementation: an operative interpretation for developing country complainants*, in WTR, 2007, pp. 451-476.

– *The Enhancing of the WTO Judiciary's*

*Control over Disputes and Suggestions for the Exceptional Expansion of Such Control to Favour Developing and Least Developing Countries*, in The Law and Practice of International Courts and Tribunals, 2007, pp. 269-301.

– *International State Responsibility for Acts of Non-State Actors: The Recent Standards Set By the International Court of Justice in Genocide and Why the WTO Appellate Body Should Not Embrace Them*, in Syracuse Journal of International Law & Commerce, Vol. 35, 2007, pp. 1-25.

– *The WTO Appellate Body's Decision-Making Process: A Perfect Model for International Adjudication?*, in JIEL, 2009, pp. 289-331.

– *The WTO Appellate Body's Exercise of Judicial Economy*, in JIEL, 2009, pp. 393-415.

Amerasinghe, Chittharanjan, *Judges of the International Court of Justice – Elections and Qualifications*, in Leiden Journal of International Law, 2001, pp. 335-348.

– *Jurisdiction of Specific International Tribunals*, Martinus Nijhoff Publishers, Leiden-Boston, 2009.

Anand, Ram Prakash, *Enhancing the Acceptability of Compulsory Procedures of International Dispute Settlement*, in Max Planck Yearbook of United Nations Law, vol. 5, 2001, pp. 1-20.

Anania, Giovanni, *The 2005 WTO arbitration and the new EU import regime for bananas: a cut too far?*, in European Review of Agricultural Economics, Vol. 33 (4), 2006, pp. 449-484.

Andersen, Scott, Administration of evidence in WTO dispute settlement proceedings, in *Key Issues in WTO Dispute Settlement: The First Ten Years*, Rufus Yerxa e Bruce Wilson Ed., Cambridge University Press, 2005, pp. 177-189.

Andersen, Scott e Blanchet, Justine, The United States' experience and practice in suspending WTO obligations, in *The Law, Economics and Politics of Retaliation in WTO Dispute Settlement*, Cambridge University Press, 2010, pp. 235-243.

ANDERSON, David, Article 18, in *The Statute of the International Court of Justice – A Commentary*, Andreas Zimmermann, Christian Tomuschat e Karin Oellers-Frahm ed., Oxford University Press, 2006, pp. 351-357.

ANDERSON, Kenneth, *The Ottawa Convention Banning Landmines, the Role of International Non-governmental Organizations and the Idea of International Civil Society*, in EJIL, 2000, pp. 91-120.

ANDERSON, Kym, *Peculiarities of retaliation in WTO dispute settlement*, in WTR, 2002, pp. 123-134.

ANDRIANARIVONY, Minoarison, *L'organe d'appel de l'O.M.C.: une institution originale investie d'une mission constitutionnelle et normative (ou de la structuration d'un droit international de la concurrence)*, in RBDI, 2000, pp. 276-340.

ANTONIADIS, Antonis, *Enhanced Third Party Rights in the WTO Dispute Settlement Understanding*, in LIEI, 2002, pp. 285-304.

– *Unilateral Measures and WTO Dispute Settlement: An EC Perspective*, in JWT, 2007, pp. 605-627.

– *The European Union and WTO law: a nexus of reactive, coactive, and proactive approaches*, in WTR, 2007, pp. 45-87.

ANTONINI, Renato e DI GIANNI, Fabrizio, Comments on the Article '*Should DSB Recommendations Give Rise to Rights in EC Damages Actions?*' *by Bernard O'Connor*, in Global Trade and Customs Journal, Volume 2, Nº 7/8, 2007, pp. 299-302.

APPLETON, Arthur, *Shrimp/Turtle: Untangling the Nets*, in JIEL, 1999, pp. 477-496.

– *Amicus Curiae Submissions in the Carbon Steel Case: Another Rabbit from The Appellate Body's Hat?*, in JIEL, 2000, pp. 691-699.

– Environmental Labelling Schemes Revisited: WTO Law and Developing Country Implications, in *Trade, Environment, and the Millennium*, 2ª ed., Gary Sampson e Bradnee Chambers ed., 2002, pp. 235-266.

– Preliminary thoughts on WTO retaliation in the services sector, in *The Law, Economics and Politics of Retaliation in WTO Dispute Settlement*, Cambridge University Press, 2010, pp. 589-622.

ARAÚJO JR., José Tavares de e TINEO, Luis, Competition Policy and Regional Trade Agreements, in *Trade Rules in the Making: Challenges in Regional and Multilateral Negotiations*, Miguel Rodríguez Mendoza, Patrick Low e Barbara Kotschwar ed., Organization of American States-Brookings Institution Press, Washington, D.C., 1999, pp. 444-461.

AREND, Katrin, Article 9 DSU, in *WTO-Institutions and Dispute Settlement*, Rüdiger Wolfrum, Peter-Tobias Stoll e Karen Kaiser (eds), Max Planck Commentaries on World Trade Law, Max Planck Institute for Comparative Public Law and International Law, Martinus Nijhoff Publishers, Leiden/Boston, 2006, pp. 365-372.

– Article 10 DSU, in *WTO-Institutions and Dispute Settlement*, Rüdiger Wolfrum, Peter-Tobias Stoll e Karen Kaiser (eds), Max Planck Commentaries on World Trade Law, Max Planck Institute for Comparative Public Law and International Law, Martinus Nijhoff Publishers, Leiden/Boston, 2006, pp. 373-385.

– Article 13 DSU, in *WTO-Institutions and Dispute Settlement*, Rüdiger Wolfrum, Peter-Tobias Stoll e Karen Kaiser (eds), Max Planck Commentaries on World Trade Law, Max Planck Institute for Comparative Public Law and International Law, Martinus Nijhoff Publishers, Leiden/Boston, 2006, pp. 415-429.

– Article 14 DSU, in *WTO-Institutions and Dispute Settlement*, Rüdiger Wolfrum, Peter-Tobias Stoll e Karen Kaiser (eds), Max Planck Commentaries on World Trade Law, Max Planck Institute for Comparative Public Law and International Law, Martinus Nijhoff Publishers, Leiden/Boston, 2006, pp. 430-434.

– Article 18 DSU, in *WTO-Institutions and Dispute Settlement*, Rüdiger Wolfrum, Peter-Tobias Stoll e Karen Kaiser (eds), Max Planck Commentaries on World Trade Law, Max Planck Institute for Comparative Public Law and International Law, Martinus Nijhoff Publishers, Leiden/Boston, 2006, pp. 473-482.

– Appendix 4 DSU, in *WTO-Institutions and Dispute Settlement*, Rüdiger Wolfrum, Peter-Tobias Stoll e Karen Kaiser (eds), Max Planck Commentaries on World Trade Law, Max Planck Institute for Comparative Public Law and International Law, Martinus Nijhoff Publishers, Leiden/Boston, 2006, pp. 610-618.

– *EC Liability in the Absence of Unlawfulness – The FIAMM Case*, in Göttingen Journal of International Law, 2009, pp. 199-218.

ARNDT, Sven et al., *Globalisation and Trade: A Symposium*, in WE, vol. 20, nº 5, 1997, pp. 695-707.

ARROWSMITH, Sue, *Reviewing the GPA: The Role and Development of the Plurilateral Agreement After Doha*, in JIEL, 2002, pp. 761-790.

ASCENSIO, Hervé, *L'amicus curiae devant les juridictions internationales*, in RGDIP, 2001, pp. 897-929.

– Article 70 de la Convention de Vienne de 1969, in *Les Conventions de Vienne sur le Droit des Traités*, Bruylant, Bruxelas, 2006, pp. 2503-2539.

ATHUKORALA, Prema-Chandra, *Agricultural Trade Reforms in the Doha Round: A Developing Country Perspective*, in JWT, 2004, pp. 877-897.

ATHUKORALA, Prema-Chandra e JAYASURIYA, Sisira, *Food Safety Issues, Trade and WTO Rules: A Developing Country Perspective*, in WE, 2003, pp. 1395-1416.

ATIK, Jeffery, *Democratizing the WTO*, in George Washington International Law Review, 2001, pp. 451-472.

– *The Weakest Link: Demonstrating the Inconsistency of "Appropriate Levels of Protection" in Australia-Salmon*, in Risk Analysis, Vol. 24, No. 2, 2004, pp. 483-490.

ÁVILA, Antonio, MIER, Miguel e URRUTIA, Juan, *Política comercial exterior de la Unión Europea*, Ediciones Pirámide, Madrid, 1997.

AZNAR-GOMEZ, Mariano, Article 2, in *The Statute of the International Court of Justice – A Commentary*, Andreas Zimmermann, Christian Tomuschat e Karin Oellers--Frahm ed., Oxford University Press, 2006, pp. 205-218.

– Article 3, in *The Statute of the International Court of Justice – A Commentary*, Andreas Zimmermann, Christian Tomuschat e Karin Oellers-Frahm ed., Oxford University Press, 2006, pp. 219-224.

BACCHUS, James, *The Role of Lawyers in the WTO*, in Vanderbilt Journal of Transnational Law, 2001, pp. 953-961.

– *Around the Table of the Appellate Body of the World Trade Organization*, in Vanderbilt Journal of Transnational Law, 2002, pp. 1021-1039.

– *The Appeals of Trade: The Making of an Old GATT Hand*, Address to the International Trade Law Conference of the American Bar Association, Georgetown University Law School, 31-1-2003, p. 10, in http://www.worldtradelaw.net/articles/bacchusgatthand.pdf

– *Groping Toward Grotius: The WTO and the International Rule of Law*, in HILJ, 2003, pp. 533-550.

– *The Strange Death of Sir Francis Bacon: The Dos and Don't's of Appellate Advocacy in the WTO*, in LIEI, vol. 31, nº 1, 2004, pp. 13-24.

BAEL, Ivo Van, *The GATT Dispute Settlement Procedure*, in JWT, vol. 22, nº 4, 1988, pp. 67-77.

BAGWELL, Kyle, Remedies in the World Trade Organization: An Economic Perspective, in *The WTO: Governance, Dispute Settlement, and Developing Countries*, Merit Janow, Victoria Donaldson e Alan Yanovich ed., Juris Publishing, Nova Iorque, 2008, pp. 733-770.

BAGWELL, Kyle e STAIGER, Robert, *The Economics of the World Trading System*, The Massachusetts Institute of Technology Press, Cambridge, Massachusetts, 2002.

BAGWELL, Kyle e SYKES, Alan O., *Chile – price band system and safeguard measures relating to certain agricultural products*, in WTR, vol. 3, nº 3, 2004, pp. 507-528.

BAGWELL, Kyle, MAVROIDIS, Petros e STAIGER, Robert, *It's A Question of Market Access*, in AJIL, 2002, pp. 56-76.

– *The Case for Tradable Remedies in WTO Dispute Settlement*, Worl Bank Policy Research Paper nº 3314, 2004.

– *Auctioning countermeasures in the WTO*, in Journal of International Economics, 2007, pp. 309-332.

BALDWIN, Robert, The Political Economy of Trade Policy: Integrating the Perspectives of Economists and Political Scientists, in *The Political Economy of Trade Policy, Papers in Honor of Jagdish Bhagwati*, Robert C. Feenstra, Gene M. Grossman e Douglas Irwin ed., The MIT Press, 1996, pp. 147-173.

– Pragmatism Versus Principle in GATT Decision-Making: A Brief Historical Perspective, in *From GATT to the WTO: The Multilateral Trading System in the New Millennium*, Kluwer Law International, Haia-Londres-Boston, 2000, pp. 35-44.

BANCO MUNDIAL, *Globalization, Growth, and Poverty: Building an Inclusive World Economy*, World Bank – Oxford University Press, 2002.

– *Global Economic Prospects 2005: Trade, Regionalism, and Development*, ed. World Bank, 2005.

– *Global Economic Prospects 2007: Managing the Next Wave of Globalization*, ed. World Bank 2007.

BAPTISTA, Eduardo Correia, *Direito Internacional Público: Conceito e Fontes*, vol. I, Lex, Lisboa, 1998.

BARCELÓ, John, *Burden of Proof, Prima Facie Case and Presumption in WTO Dispute Settlement*, in CILJ, 2009, pp. 23-43.

BARFIELD, Claude, *Free Trade, Sovereignty, Democracy: The Future of the World Trade Organization*, The American Enterprise Institute Press, Washington, D.C., 2001.

BARONCINI, Elisa, *The European Community and the Diplomatic Phase of the WTO Dispute Settlement Understanding*, in Yearbook of European Law, 1998, pp. 157-220.

BARTELS, Lorand, *Applicable Law in WTO Dispute Settlement Proceedings*, in JWT, vol. 35, nº 3, 2001, pp. 499-519.

– *Article XX of GATT and the Problem of Extraterritorial Jurisdiction: The Case of Trade Measures for the Protection of Human Rights*, in JWT, 2002, pp. 353-403.

– *The Separation of Powers in the WTO: How To Avoid Judicial Activism*, in ICLQ, 2004, pp. 861-895.

– WTO Dispute Settlement Practice on Article XXIV of the GATT, in *The WTO Dispute Settlement System 1995-2003*, Federico Ortino e Ernst-Ulrich Petersmann ed., Kluwer Law International, Haia-Londres-Nova Iorque, 2004, pp. 263-273.

BATHOLOMEUSZ, Lance, *The Amicus Curiae before International Courts and Tribunals*, in Non-State Actors and International Law, 2005, pp. 209-286.

BARTON, John; GOLDSTEIN, Judith; JOSLING, Timothy e STEINBERG, Richard, *The Evolution of the Trade Regime: Politics, Law, and Economics of the GATT and the WTO*, Princeton University Press, 2006.

BAYARD, Thomas e ELLIOTT, Kimberly Ann, *'Aggressive Unilateralism' and Section 301: Market Opening or Market Closing?*, in WE, vol. 15, nº 6, 1992, pp. 685-706.

BECROFT, Ross, *The Standard of Review Strikes Back: The US – Korea DRAMS Appeal*, in JIEL, 2006, pp. 207-217.

BEHBOODI, Rambod, *Legal Reasoning and the International Law of Trade: The First Steps of the Appellate Body of the WTO*, in JWT, vol. 32, nº 4, 1998, pp. 55-99.

– *'Should' Means 'Shall': A Critical Analysis of the Obligation to Submit Information under Article 13.1 of the DSU in the Canada – Aircraft Case*, in JIEL, 2000, pp. 563-592.

BEKKER, Peter, *International Legal Aid in Practice: The ICJ Trust Fund*, in AJIL, 1993, pp. 659-668.

BELLMANN, Christophe e GERSTER, Richard, *Accountability in the World Trade Organization*, in JWT, vol. 30, nº 6, 1996, pp. 31-73.

BELLO, Judith, *The WTO Dispute Settlement Understanding: Less Is More*, in AJIL, 1996, pp. 416-418.

BENEDEK, Wolfgang, Relations of the WTO with other International Organizations and NGOs, in *International Economic Law with a Human Face*, Friedl Weiss, Erik Denters e Paul de Waart ed., Kluwer Law International, Haia, Dordrecht e Londres, 1998, pp.479-495.

BENVENISTI, Eyal, *Exit and Voice in the Age of Globalization*, in Michigan Law Review, Vol. 98, 1999, pp. 167-213.

BENVENISTI, Eyal e DOWNS, George, *The Empire's New Clothes: Political Economy and the Fragmentation of International Law*, in Stanford Law Review, Volume 60, Issue 2, 2007, pp. 595-631.

BENZING, Markus, *Community Interests in the Procedure of International Courts and Tribunals*, in The Law and Practice of International Courts and Tribunals, 2006, pp. 369-408.

– Trade Policy Review Mechanism, in *WTO-Institutions and Dispute Settlement*, Rüdiger Wolfrum, Peter-Tobias Stoll e Karen Kaiser (eds), Max Planck Commentaries on World Trade Law, Max Planck Institute for Comparative Public Law and International Law, Martinus Nijhoff Publishers, Leiden/Boston, 2006, pp. 619-634.

BERCERO, I. e GARZOTTI, P., DSU Reform: What are the Underlying Issues?, in *Reform and Development of the WTO Dispute Settlement System*, Dencho Georgiev e Kim Van der Borght Ed., Cameron May, Londres, 2006, pp. 123-152.

BERGEIJK, Peter e MENSINK, Nico, *Measuring Globalization*, in JWT, vol. 31, nº 3, 1997, pp. 159-168.

BERMAN, Franklin, Legal Theories on International Dispute Prevention and Dispute Settlement: Lessons for the Transatlantic Partnership, in *Transatlantic Economic Disputes: The EU, the US, and the WTO*, Ernst-Ulrich Petersmann e Mark Pollack ed., Oxford University Press, 2003, pp. 451-464.

– Article 42, in *The Statute of the International Court of Justice – A Commentary*, Andreas Zimmermann, Christian Tomuschat e Karin Oellers-Frahm ed., Oxford University Press, 2006, pp. 967-976.

BERNASCONI-OSTERWALDER, Nathalie, The Cartagena Protocol on Biosafety: A Multilateral Approach to Regulate GMOS, in *Reconciling Environment and Trade*, John Jackson e Edith Brown Weiss ed., Transnational Publishers, Ardsley-Nova Iorque, 2001, pp. 689-721.

BERNHARDT, Rudolf, Interpretation in International Law, in *Encyclopedia of Public International Law*, Max Planck Institute for Comparative Public Law and International Law, Volume Two, North-Holland Elsevier, 1999, pp. 1416-1426.

– Article 103, in *The Charter of the United Nations: A Commentary*, vol. II, Bruno Simma ed., 2ª ed., Oxford University Press, 2002, pp. 1292-1302.

BHAGWATI, Jagdish, Market Disruption, Export Market Disruption, Compensation, and GATT Reform, in *The New International Economic Order. The North-South Debate*, Jagdish Bhagwati ed., The MIT Press, 1977, pp. 159-191.

– *Splintering and Disembodiment of Services and Developing Nations*, in WE, 1984, pp. 133-143.

– *Protectionnisme*, Dunod, Paris, 1990.

– Aggressive Unilateralism: An Overview, in *Aggressive Unilateralism: America's 301 Trade Policy and the World Trading System*, Jagdish Bhagwati e Hugh Patrick ed., The University of Michigan Press, 1990, pp. 1-45.

– *The World Trading System at Risk*, Harvester Wheatsheaf, 1991.

– Fair Trade, Reciprocity and Harmonization: The New Challenge to the Theory and Policy of Free Trade, in *Analytical and Negotiating Issues in the Global Trading System*, Studies in International Trade Policy, Alan Deardorff e Alan Stern ed., The University of Michigan Press, 1994, pp. 547-598.

– *The US-Japan car dispute: a monumental mistake*, in International Affairs, vol. 72, nº 2, 1996, pp. 261-279.

– Is Free Trade Passé After All?, in *Political Economy and International Economics*, Douglas Irwin ed., The MIT Press, 1996, pp. 3-34.

– U.S. Trade Policy at the Crossroads, in *Political Economy and International Economics*, Douglas Irwin ed., The MIT Press, 1996, pp. 35-83.

– The Demands to Reduce Domestic Diversity among Trading Nations, in *Fair Trade and Harmonization*, Jagdish Bhagwati e Robert Hudec ed., vol. 1, The MIT Press, Cambridge-Massachusetts e Londres, 1996, pp. 9-40.

– The Global Age: From a Skeptical South to a Fearful North, in *A Stream of Windows. Unsettling Reflections on Trade, Immigration, and Democracy*, The MIT Press, 1998, pp. 29-71.

– Trade Linkage and Human Rights, in *The Uruguay Round and Beyond, Essays in Honour of Arthur Dunkel*, Springer, 1998, pp. 241-250.

– *Globalization in Your Face: A New Book Humanizes Global Capitalism*, in FA, vol. 79, nº 4, 2000, pp. 134-139.

– Fifty Years: Looking Back, Looking Forward, in *From GATT to the WTO: The Multilateral Trading System in the New Millennium*, Kluwer Law International, Haia-Londres-Boston, 2000, pp. 57-65.

– After Seattle: Free Trade and the WTO, in *Efficiency, Equity, and Legitimacy: The Multilateral Trading System at the Millennium*, Roger Porter, Pierre Sauvé, Arvind Subramanian e Americo Zampetti ed., Brookings Institution Press, Washington, D.C., 2001, pp. 50-62.

– *Coping with Antiglobalization: A Trilogy of Discontents*, in FA, 2002, pp. 2-7.

– *Free Trade Today*, Princeton University Press, Princeton e Oxford, 2002.

– *Afterword: The Question of Linkage*, in AJIL, 2002, pp. 126-134.

– *Don't Cry for Cancún*, in FA, 2004, pp. 52-63.

BHAGWATI, Jagdish e PANAGARIYA, Arvind, *The Theory of Preferential Trade Agreements: Historical Evolution and Current Trends*, in AEA Papers and Proceedings, 1996, pp. 82-87.

– Preferential Trading Areas and Multilateralism: Strangers, Friends, or Foes?, in *Trading Blocs: Alternative Approaches to Analysing Preferential Trade Agreements*, Jagdish Bhagwati, Pravin Krishna e Arvind Panagariya ed., The Massachusetts Institute of Technology Press, 1999, pp. 33-100.

BHALA, Raj, *The Myth About Stare Decisis and International Trade Law (Part One of a Trilogy)*, in American University International Law Review, 1999, pp. 845-956.

– *The Precedent Setters: De Facto Stare Decisis in WTO Adjudication (Part Two of a Trilogy)*, in Journal of Transnational Law & Policy, 1999, pp. 1-151.

– *Five Theoretical Themes in the World Trade Organization Adjudicatory System*, in ILSA Journal of International & Comparative Law, 2000, pp. 437-443.

– *The Bananas War*, in McGeorge Law Review, 2000, pp. 839-971.

– *The Power of the Past: Towards De Jure Stare Decisis in WTO Adjudication (Part Three of a Trilogy)*, in George Washington International Law Review, 2001, pp. 873-978.

– *WTO Dispute Settlement and Austin's Positivism: a Primer on the Intersection*, in International Trade Law & Regulation, 2003, nº 1, pp. 14-25.

– *Modern GATT Law: A Treatise on the General Agreement on Tariffs and Trade*, Sweet & Maxwell, Londres, 2005.

BHALA, Raj e GANTZ, David, *WTO Case Review 2000*, in Arizona Journal of International and Comparative Law, Vol. 18, No. 1, 2001, pp. 7-101.

– *WTO Case Review 2004*, in Arizona Journal of International and Comparative Law, Vol. 22, No. 2, 2005, pp. 99-249.

– *WTO Case Review 2007*, in Arizona Journal of International and Comparative Law, Vol. 25, No. 1, 2008, pp. 76-155.

BHALA, Raj e ATTARD, Lucienne, *Austin's Ghost and DSU Reform*, in The International Lawyer, 2003, pp. 651-676.

BHUIYAN, Sharif, *Mandatory and Discretionary Legislation: The Continued Relevance of the Distinction under the WTO*, in JIEL, 2002, pp. 571-604.

– *Unreal Federal Clauses of the World Trade Organization Treaty: A Case for Removing the "Apparent" Limitations on Implementation and Observance of World Trade Organization Commitments at Sub-national Levels*, in JWT, 2004, pp. 123-136.

– *National Law in WTO Law: Effectiveness and Good Governance in the World Trading System*, Cambridge University Press, 2007.

BIANCHI, Andrea, GRADONI, Lorenzo e SAMSON, Melanie, *Developing Countries, Countermeasures and WTO Law: Reinterpreting the DSU against the Background of International Law*, International Centre for Trade and Sustainable Development, Issue Paper No. 5, 2008.

BILLA, Benjamin e ROSE-ACKERMAN, Susan, *Treaties and National Security*, in New York University Journal of International Law and Politics, 2008, pp. 437-496.

BIRKLAND, Berglind, *Reining in Non-State Actors: State Responsibility and Attribution in Cases of Genocide*, in New York University Law Review, 2009, pp. 1623-1655.

BJORKLUND, Andrea, *Private Rights and Public International Law: Why Competition Among International Economic Law Tribunals Is Not Working*, in Hastings Law Journal, 2007, pp. 241-307.

BLACKHURST, Richard, The Capacity of the WTO to Fulfill Its Mandate, in *The WTO as an International Organization*, Anne Krueger ed., The University of Chicago Press, 1998, pp. 31-58.

BLACKHURST, Richard e HARTRIDGE, David, *Improving the Capacity of WTO Institutions to Fulfil Their Mandate*, in JIEL, vol. 7, nº 3, 2004, pp. 705-716.

BLACKMORE, Dana, *Eradicating the Long Standing Existence of a No-Precedent Rule in International Trade Law – Looking Toward Stare Decisis in WTO Dispute Settlement*, in North Carolina Journal of International Law and Commercial Regulation, 2004, pp. 487-519.

BLIN, Olivier, *Les sanctions dans l'Organisation mondiale du commerce*, in JDI, 2008, pp. 441-466.

BLUMENTAL, David, *Applying GATT to Marketizing Economies: The Dilemma of WTO Accession and Reform of China's State-Owned Enterprises (SOES)*, in JIEL, 1999, pp. 113-153.

BÖCKENFÖRDE, Markus, Article 26 DSU, in *WTO-Institutions and Dispute Settlement*, Rüdiger Wolfrum, Peter-Tobias Stoll e Karen Kaiser (eds), Max Planck Commentaries on World Trade Law, Max Planck Institute for Comparative Public Law and International Law, Martinus Nijhoff Publishers, Leiden/Boston, 2006, pp. 572-586.

BODANSKY, Daniel, *The Legitimacy of International Governance: A Coming Challenge for International Environmental Law?*, in AJIL, 1999, pp. 596-624.

BOER, Stephen de , Trading Culture: The Canada-US Magazine Dispute, in *Dispute Resolution in the World Trade Organisation*, James Cameron e Karen Campbell ed., Cameron May, Londres, 1998, pp. 232-249.

BOGDANDY, Armin Von, *The Non-Violation Procedure of Article XXIII:2, GATT: Its Operational Rationale*, in JWT, vol. 26, nº 4, 1992, pp. 95-111.

*– Law and Politics in the WTO – Strategies to Cope with a Deficient Relationship*, in Max Planck Yearbook of United Nations Law, vol. 5, 2001, pp. 609-674.

BOGDANDY, Armin Von e WAGNER, Markus, Article III WTO Agreement, in *WTO-Institutions and Dispute Settlement*, Rüdiger Wolfrum, Peter-Tobias Stoll e Karen Kaiser (eds), Max Planck Commentaries on World Trade Law, Max Planck Institute for Comparative Public Law and International Law, Martinus Nijhoff Publishers, Leiden/Boston, 2006, pp. 28-38.

– Article XIII WTO Agreement, in *WTO-Institutions and Dispute Settlement*, Rüdiger Wolfrum, Peter-Tobias Stoll e Karen Kaiser (eds), Max Planck Commentaries on World Trade Law, Max Planck Institute for Comparative Public Law and International Law, Martinus Nijhoff Publishers, Leiden/Boston, 2006, pp. 153-158.

BOHANES, Jan, *Risk Regulation in WTO Law: A Procedure-Based Approach to the Precautionary Principle*, in Columbia Journal of Transnational Law, Vol. 40, 2002, pp. 323-389.

BOHANES, Jan e LOCKHART, Nicolas, Standard of Review in WTO Law, in *The Oxford Handbook of International Trade Law*, Daniel Bethlehem, Donald McRae, Rodney Neufeld e Isabelle Van Damme Ed., Oxford University Press, 2009, pp. 378-436.

BOHANES, Jan e SANDFORD, Iain, *The (Untapped) Potential of WTO Rules to Discipline Private Trade-Restrictive Conduct*, Online Proceedings – Working Paper No. 56/08, Society of International Economic Law, Inaugural Conference, Geneva, July 15-17, 2008.

BOHANES, Jan e SENNEKAMP, Andreas, Reflections on the concept of 'judicial economy' in WTO dispute settlement, in *The WTO at Ten: The Contribution of the Dispute Settlement System*, Ed. Giorgio Sacerdoti, Alan Yanovich e Jan Bohanes, Cambridge University Press, 2006, pp. 424-449.

BOISEN, Claire, *Title III of the Bioterrorism Act: Sacrificing U.S. Trade Relations in the Name of Food Security*, in American University Law Review, 2007, pp. 667-718.

BONZON, Yves, *Institutionalizing Public Participation in WTO Decision Making: Some Conceptual Hurdles and Avenues*, in JIEL, 2008, pp. 751-777.

BORGHT, Kim Van der, *The Advisory Center on WTO Law: Advancing Fairness and Equality*, in JIEL, 1999, pp. 723-728.

– *The Review of the WTO Understanding of Dispute Settlement: Some Reflections on the Current Debate*, in American University International Law Review, 1999, pp. 1223-1243.

BOSSCHE, Peter Van den, The European Community and the Uruguay Round Agreements, in *Implementing the Uruguay Round*, John Jackson e Alan O. Sykes ed., Clarendon Press – Oxford, 1997, pp. 23-102.

– *WTO Dispute Settlement in 1997 (Part I)*, in JIEL, 1998, pp. 161-171.

– *WTO Dispute Settlement in 1997 (Part II)*, in JIEL, 1998, pp. 479-490.

– Appellate Review in WTO Dispute Settlement, in *Improving WTO Dispute Settlement Procedures – Issues and Lessons from the Practice of Other International Courts and Tribunals*, Friedl Weiss ed., Cameron May, 2000, pp. 305-319.

– *The Law and Policy of the World Trade Organization*, Cambridge University Press, 2005.

– *Rules on NGO Accreditation: Do Existing Legal Arrangements Facilitate the Legitimization of the Role of NGOs in International Organizations?*, Maastricht Working Papers – Faculty of Law, 2005-10.

– Reform of the WTO Dispute Settlement System: What to Expect from the Doha Development Round?, in *Law in the Service of Human Dignity – Essays in Honour of Florentino Feliciano*, Steve Charnovitz, Debra Steger e Peter van den Bossche Ed., Cambridge University Press, 2005, pp. 103-126.

– The making of the 'World Trade Court': the origins and development of the Appellate Body of the World Trade Organization, in *Key Issues in WTO Dispute Settlement: The First Ten Years*, Rufus Yerxa e Bruce Wilson Ed., Cambridge University Press, 2005, pp. 63-79.

– From afterthought to centerpiece: the WTO Appellate Body and its rise to prominence in the world trading system, in *The WTO at Ten: The Contribution of the Dispute Settlement System*, Ed. Giorgio Sacerdoti, Alan Yanovich e Jan Bohanes, Cambridge University Press, 2006, pp. 289-325.

– *Looking for Proportionality in WTO Law*, in LIEI, 2008, pp. 283-294.

– *NGO Involvement in the WTO: A Comparative Perspective*, in JIEL, 2008, pp. 717--749.

BOSSCHE, Peter Van den e ALEXOVICOVÁ, Iveta, *Effective Global Economic Governance by the World Trade Organization*, in JIEL, 2005, pp. 667-690.

BOURGEOIS, Jacques, *Le GATT et le Traité CEE*, in Diritto Comunitario e degli Scambi Internazionali, ano XIX, 1980, pp. 31-55.

– Trade Policy-Making Institutions and Procedures in the European Community, in *National Constitutions and International Economic Law*, Studies in Transnational Economic Law, vol. 8, Meinhard Hilf e Ernst-Ulrich Petersmann ed., Kluwer Law and Taxation Publishers, Deventer- Boston, 1993, pp. 175-201.

– *L'avis de la Cour de justice des Communautés européennes à propos de l'Uruguay Round: un avis mitigé*, in RMUE, nº 4, 1994, pp. 11-24.

– *The EC in the WTO and Advisory Opinion 1/94: an Echternach Procession*, in CMLR, 1995, pp. 763-787.

– The Uruguay Round of GATT: Some General Comments from an EC Standpoint, in *The European Union and World Trade Law After the GATT Uruguay Round*, Nicholas Emiliou e David O'Keeffe ed., John Wiley & Sons, 1996, pp. 81-90.

– GATT/WTO Dispute Settlement Practice in the Field of Anti-dumping Law, in *International Trade Law and the GATT/WTO Dispute Settlement System*, Studies in Transnational Economic Law, vol. 11, Ernst-Ulrich Petersmann ed., Kluwer Law International, Londres-Haia-Boston, 1997, pp. 285-311.

– The Gasoline, the Hormones and the Shrimps Cases in the Light of Procedural Law, in *Free World Trade and the European Union – The Reconciliation of Interests and the Review of the Understanding on Dispute Settlement in the Framework of the World Trade Organization*, The Academy of European Law in Trier, vol. 28, 2000, pp. 63-75.

– "Subsidiarity" in the WTO Context from a Legal Perspective, in *New Directions in International Economic Law: Essays in Honour of John H. Jackson*, Marco Bronckers e Reinhard Quick ed., Kluwer Law International, Londres-Haia-Boston, 2000, pp. 35-46.

– *Some Reflections on the WTO Dispute Settlement System from a Practitioner's Perspective*, in JIEL, 2001, pp. 145-154.

– On the Internal Morality of WTO Law, in *European Integration and International Co-ordination – Studies in Transnational Economic Law in Honour of Claus-Dieter Ehlermann*, Armin von Bogdandy/Petros Mavroidis/Yves Mény ed., Kluwer Law International, Haia/Londres/Nova Iorque, 2002, pp. 39-54.

– *Comment on a WTO Permanent Panel Body*, in JIEL, 2003, pp. 211-214.

– Sanctions and Countermeasures: Do the Remedies Make Sense?, in *Reform and Development of the WTO Dispute Settlement System*, Dencho Georgiev e Kim Van der Borght Ed., Cameron May, Londres, 2006, pp. 37-42.

BOUTHILLIER, Yves Le, Article 32 de la Convention de Vienne de 1969, in *Les Conventions de Vienne sur le Droit des Traités*, Bruylant, Bruxelas, 2006, pp. 1339-1368.

BOWN, Chad, *The Economics of Trade Disputes, the GATT's Article XXIII, and the WTO's Dispute Settlement Understanding*, in Economics and Politics, 2002, pp. 283-323.

– *Developing Countries as Plaintiffs and Defendants in GATT/WTO Trade Disputes*, in WE, 2004, pp. 59-80.

– *Participation in WTO Dispute Settlement: Complainants, Interested Parties, and Free Riders*, in The World Bank Economic Review, Vol. 19, No. 2, 2005, pp. 287-310.

– MFN and the Third-Party Economic Interests of Developing Countries in GATT/WTO Dispute Settlement, in *Developing Countries in the WTO Legal System*, Chantal Thomas e Joel Trachtman ed., Oxford University Press, 2009, pp. 265-290.

– *Self-enforcing Trade: Developing Countries and WTO Dispute Settlement*, Brookings Institution Press, Washington, D.C., 2009.

– The WTO Secretariat and the role of economics in panels and arbitrations, in *The Law, Economics and Politics of Retaliation in WTO Dispute Settlement*, Cambridge University Press, 2010, pp. 391-433.

BOWN, Chad e HOEKMAN, Bernard, *WTO Dispute Settlement and the Missing Developing Country Cases: Engaging the Private Sector*, in JIEL, 2005, pp. 861-890.

– *Developing Countries and Enforcement of Trade Agreements: Why Dispute Settlement is Not Enough*, in JWT, 2008, pp. 177-203.

BOWN, Chad e PAUWELYN, Joost, Trade retaliation in WTO dispute settlement: a multi-disciplinary analysis, in *The Law, Economics and Politics of Retaliation in WTO Dispute Settlement*, Cambridge University Press, 2010, pp. 1-20.

BOWN, Chad e TRACHTMAN, Joel, *Brazil – Measures Affecting Imports of Retreaded Tyres: A Balancing Act*, in WTR, 2009, pp. 85-135.

BRACK, Duncan, Environmental Treaties and Trade: Multilateral Environmental Agreements and the Multilateral Trading System, in *Trade, Environment, and the Millennium*, 2ª ed., Gary Sampson e Bradnee Chambers ed., 2002, pp. 321-352.

BRAGA, Carlos Primo e FINK, Carsten, *Reforming Intellectual Property Rights Regimes: Challenges for Developing Countries*, in JIEL, 1998, pp. 537-554.

BRAND, Ronald, *Private Parties and GATT Dispute Resolution: Implications of the Panel Report on Section 337 of the US Tariff Act of 1930*, in JWT, 1990, vol. 24, nº 3, pp. 5-30.

BRANT, Leonardo e BARROS, Marinana Andrade, Artigo 33, in *Comentário à Carta das Nações Unidas*, Leonardo Brant org., Centro de Direito Internacional (CEDIN), Belo Horizonte, 2008, pp. 505-521.

BRANT, Leonardo e VIEIRA, Daniela, Artigo 93, in *Comentário à Carta das Nações Unidas*, Leonardo Brant org., Centro de Direito Internacional (CEDIN), Belo Horizonte, 2008, pp. 1119-1125.

– Artigo 94, in *Comentário à Carta das Nações Unidas*, Leonardo Brant org., Cen-tro de Direito Internacional (CEDIN), Belo Horizonte, 2008, pp. 1127-1137.

BREUSS, Fritz, *WTO Dispute Settlement: An Economic Analysis of Four EU-US Mini Trade Wars – A Survey*, in Journal of Industry, Competition and Trade, 2004, pp. 275-315.

BREWER, Thomas e YOUNG, Stephen, *WTO Disputes and Developing Countries*, in JWT, vol. 33, nº 5, 1999, pp. 169-182.

BREWSTER, Rachel, *Rule-Based Dispute Resolution in International Trade Law*, in Virginia Law Review, Vol. 92, 2006, pp. 251-288.

– *Unpacking the State's Reputation*, in HILJ, 2009, pp. 231-269.

BRIESE, Robyn e SCHILL, Stephan, *"If the State Considers": Self-Judging Clauses in International Dispute Settlement*, in Max Planck Yearbook of United Nations Law, Volume 13, 2009, pp. 61-140.

BRIMEYER, Benjamin, *Bananas, Beef, and Compliance in the World Trade Organization: The Inability of the WTO Dispute Settlement Process to Achieve Compliance from Superpower Nations*, in MJGT, 2001, pp. 133-168.

BROEK, Naboth van den, *Legal Persuasion, Political Realism, and Legitimacy: The European Court's Recent Treatment of the Effect of WTO Agreements in the EC Legal Order*, in JIEL, 2001, pp. 411-440.

– *Power Paradoxes in Enforcement and Implementation of World Trade Organization Dispute Settlement Reports – Interdisciplinary Approaches and New Proposals*, in JWT, 2003, pp. 127-162.

– Article XVI WTO Agreement, in *WTO-Institutions and Dispute Settlement*, Rüdiger Wolfrum, Peter-Tobias Stoll e Karen Kaiser (eds), Max Planck Commentaries on World Trade Law, Max Planck Institute for Comparative Public Law and International Law, Martinus

Nijhoff Publishers, Leiden/Boston, 2006, pp. 170-191.

BRÖLMANN, Catherine, *The International Court of Justice and International Organisations*, in International Community Law Review, 2007, pp. 181-186.

BRONCKERS, Marco, *The Impact of TRIPS: Intellectual Property Protection in Developing Countries*, in CMLR, 1994, pp. 1245-1281.
– *Better Rules for a New Millennium: A Warning Against Undemocratic Developments in the WTO*, in JIEL, 1999, pp. 547-566.
– The WTO Reference Paper on Telecommunications: A Model for WTO Competition Law?, in *New Directions in International Economic Law: Essays in Honour of John H. Jackson*, Marco Bronckers e Reinhard Quick ed., Kluwer Law International, Londres-Haia-Boston, 2000, pp. 371-389.
– *More Power to the WTO?*, in JIEL, 2001, pp. 41-65.
– *La jurisprudence des juridictions communautaires relatives à l'OMC demande réparation: plaidoyer pour les droits des états membres*, in Cahiers de Droit Européen, 2001, pp. 3-14.
– *The Relationship of the EC Courts with Other International Tribunals: Non-Committal, Respectful or Submissive?*, in CMLR, 2007, pp. 601-627.
– *Private Appeals to WTO Law: An Update*, in JWT, 2008, pp. 245-260.
– *From ' Direct Effect' To 'Muted Dialogue': Recent Developments in the European Courts' Case Law on the WTO and Beyond*, in JIEL, 2008, pp. 885-898.

BRONCKERS, Marco e BROEK, Naboth van den, *Financial Compensation in the WTO: Improving the Remedies in the WTO Dispute Settlement*, in JIEL, 2005, pp. 101-126.

BRONCKERS, Marco e KUIJPER, Pieter, *WTO Law in the European Court of Justice*, in CMLR, 2005, pp. 1313-1355.

BRONCKERS, Marco e McNELIS, Natalie, Fact and Law in Pleadings Before the Appellate Body, in *Improving WTO Dispute Settlement Procedures – Issues and Lessons from the Practice of Other International Courts and Tribunals*, Friedl Weiss ed., Cameron May, 2000, pp. 321-333.

BRONCKERS, Marco e SOOPRAMANIEN, Ravi, *The Impact of WTO Law on European Food Regulation*, in European Food and Feed Law Review, 2008, pp. 361-375.

BROUDE, Tomer, *The Rule(s) of Trade and the Rhetos of Development: Reflections on the Functional and Aspirational Legitimacy of the WTO*, in CJTL, 2006, pp. 221-261.
– *Genetically modified rules: the awkward rule-exception-right distinction in EC – Biotech*, in WTR, 2007, pp. 215-231.
– *Principles of Normative Integration and the Allocation of International Authority: The WTO, the Vienna Convention on the Law of Treaties, and the Rio Declaration*, in Loyola University Chicago International Law Review, Volume 6, Issue 1, 2008, pp. 173-207.

BROWN, Chester, *The Evolution and Application of Rules Concerning Independence of the "International Judiciary"*, in The Law and Practice of International Courts and Tribunals, 2003, pp. 63-96.
– *A Common Law of International Adjudication*, Oxford University Press, 2007.
– *The Cross-Fertilization of Principles Relating to Procedure and Remedies in the Jurisprudence of International Courts and Tribunals*, in Loyola of Los Angeles International and Comparative Law Review, 2008, pp. 220-245.

BROWNLIE, Ian, *Princípios de Direito Internacional Público*, Fundação Calouste Gulbenkian, Lisboa, 1997.

BUERGENTHAL, Thomas, *Proliferation of International Courts and Tribunals: Is It Good or Bad?*, in Leiden Journal of International Law, 2001, pp. 267-275.

BÚRCA, Gráinne de e SCOTT, Joanne, The Impact of the WTO on EU Decision-making, in *The EU and the WTO: Legal and Constitutional Issues*, Gráinne de Búrca e Joanne Scott ed., Hart Publishing, Oxford-Portland Oregon, 2001, pp. 1-30.

BURCHARDI, Jan-Erik e FRANKEN, Lorenz, *Beyond Biosafety: An Analysis of the EC – Biotech Panel Report*, in Aussenwirtschaft, 2007, pp. 77-106.

BURDEAU, Geneviève, Aspects juridiques de la mise en oeuvre des accords de Marrakech, in *La réorganisation mondiale des échanges (problèmes juridiques)*, Société Française pour le Droit International, Colloque de Nice, Pedone, Paris, 1996, pp. 203-250.

BURGSTALLER, Markus, *Theories of Compliance with International Law*, Martinus Nijhoff Publishers, Leiden/Boston, 2004.

BUSCH, Marc, *Democracy, Consultation, and the Paneling of Disputes Under GATT*, in Journal of Conflict Resolution, 44, nº 4, 2000, pp. 425-446.

– *Overlapping Institutions, Forum Shopping, and Dispute Settlement in International Trade*, in International Organization, 2007, pp. 735-761.

BUSCH, Marc e PELC, Krzysztof, *Does the WTO Need a Permanent Body of Panelists?*, in JIEL, 2009, pp. 579-594.

– *The Politics of Judicial Economy at the World Trade Organization*, in International Organization, 2010, pp. 257-279.

BUSCH, Marc e REINHARDT, Eric, *Bargaining in the Shadow of the Law: Early Settlement in GATT/WTO Disputes*, in Fordham International Law Journal, 2000, pp. 158-172.

– Testing international trade law: Empirical studies of GATT/WTO dispute settlement, in *The Political Economy of International Trade Law – Essays in Honor of Robert E. Hudec*, Daniel Kennedy e James Southwick ed., Cambridge University Press, 2002, pp. 457-481.

– Transatlantic Trade Conflicts and GATT/WTO Dispute Settlement, in *Transatlantic Economic Disputes: The EU, the US, and the WTO*, Ernst-Ulrich Petersmann e Mark Pollack ed., Oxford University Press, 2003, pp. 465-485.

– *Developing Countries and General Agreement on Tariffs and Trade/World Trade Organization Dispute Settlement*, in JWT, 2003, pp. 719-735.

– *The Evolution of GATT/WTO Dispute Settlement*, in Trade Policy Research 2003, Department of Foreign Affairs and International Trade (Canada), pp. 143-183.

– Fixing What "Ain't Broke"? Third Party Rights, Consultations, and the DSU, in *Reform and Development of the WTO Dispute Settlement System*, Dencho Georgiev e Kim Van Der Borght ed., Cameron May, Londres, 2006, pp. 75-87.

– *Three's a Crowd – Third Parties and WTO Dispute Settlement*, in World Politics, April 2006, pp. 446-477.

– Developing Countries and GATT/WTO Dispute Settlement, in *WTO Law and Developing Countries*, George Bermann e Petros Mavroidis Ed. Cambridge University Press, 2007, pp. 195-212.

– With a Little Help from Our Friends? Developing Country Complaints and Third-Party Participation, in *Developing Countries in the WTO Legal System*, Chantal Thomas e Joel Trachtman ed., Oxford University Press, 2009, pp. 247-263.

BUSCH, Marc, REINHARDT, Eric e SHAFFER, Gregory, *Does legal capacity matter? A survey of WTO Members*, in WTR, 2009, pp. 559-577.

BUSTAMANTE, Rodrigo, *The Need for a GATT Doctrine of Locus Standi: Why the United States Cannot Stand the European*

*Community's Banana Import Regime*, in MJGT, 1997, pp. 533-583.

Büthe, Tim, *The Globalization of Health and Safety Standards: Delegation of Regulatory Authority in the SPS Agreement of the 1994 Agreement Establishing the World Trade Organization*, in Law and Contemporary Problems, 2008, pp. 219-255.

Bütler, Monika e Hauser, Heinz, *The WTO Dispute Settlement System: A First Assessment from an Economic Perspective*, in The Journal of Law, Economics, & Organization, vol. 16, nº 2, 2000, pp. 503-533.

Caflisch, Lucius, Cent ans de règlement pacifique des différends interétatiques, in RCADI, 2001, vol. 288, Martinus Nijhoff, Haia-Boston-Londres, 2002, pp. 245-467.

Cai, Phoenix, *Between Intensive Care and the Crematorium: Using the Standard of Review to Restore Balance to the WTO*, in Tulane Journal of International and Comparative Law, 2007, pp. 465-539.

Cameron, James, The Precautionary Principle, in *Trade, Environment, and the Millennium*, 2ª ed., Gary Sampson e Bradnee Chambers ed., 2002, pp. 287-319.

Cameron, James e Campbell, Karen, Introduction, in *Dispute Resolution in the World Trade Organisation*, James Cameron e Karen Campbell ed., Cameron May, Londres, 1998, pp. 17-27.

– Challenging the Boundaries of the DSU through Trade and Environment Disputes, in *Dispute Resolution in the World Trade Organisation*, James Cameron e Karen Campbell ed., Cameron May, Londres, 1998, pp. 204-231.

Cameron, James e Gray, Kevin, *Principles of International Law in the WTO Dispute Settlement Body*, in ICLQ, 2001, pp. 248-298.

Cameron, James e Orava, Stephen, GATT/WTO Panels Between Recording and Finding Facts: Issues of Due Process, Evidence, Burden of Proof, and Standard of Review in GATT/WTO Dispute Settlement, in *Improving WTO Dispute Settlement Procedures – Issues and Lessons from the Practice of Other International Courts and Tribunals*, Friedl Weiss ed., Cameron May, 2000, pp. 195-242.

Canal-Forgues, Eric, *Le système de règlement des différends de l'organisation mondiale du commerce (OMC)*, in RGDIP, 1994, pp. 689-707.

– *La procédure d'examen en appel de l'organisation mondiale du commerce*, in AFDI, 1996, pp. 845-863.

– *Sur l'interprétation dans le droit de l'OMC*, in RGDIP, 2001, pp. 5-23.

– *Le règlement des différends à l'OMC*, Bruylant, Bruxelas, 2008.

Canal-Forgues, Eric e Ostrihansky, Rudolf, *New Developments in the GATT Dispute Settlement Procedures*, in JWT, vol. 24, nº 2, 1990, pp. 67-89.

Cann Jr., Wesley, *Creating Standards and Accountability for the Use of the WTO Security Exception: Reducing the Role of Power-Based Relations and Establishing a New Balance Between Sovereignty and Multilateralism*, in YJIL, 2001, pp. 413-485.

Carmody, Chi, *Of Substantial Interest: Third Parties Under GATT*, in MJIL, 1997, pp. 615-657.

– *Remedies and Conformity under the WTO Agreement*, in JIEL, 2002, pp. 307-329.

– *WTO Obligations as Collective*, in EJIL, 2006, pp. 419-443.

– *A Theory of WTO Law*, in JIEL, 2008, pp. 527-557.

Caron, David, *Towards A Political Theory of International Courts and Tribunals*, in Berkeley Journal of International Law, 2007, pp. 401-421.

Carreau, Dominique, Les moyens de pression économique au regard du F.M.I., du G.A.T.T. et de l'O.C.D.E., in *Les moyens de pression économiques et le droit international,* Actes du colloque de la Société Belge de Droit International – Palais des Académies de Bruxelles 26-27 octobre 1984, Bruylant, pp. 20-33.

CARREAU, Dominique e JUILLARD, Patrick, *Droit International Économique,* 4ª ed., Librairie Générale de Droit et de Jurisprudence, Paris, 1998.
– *Droit international économique,* 1ª ed., Dalloz, Paris, 2003.
– *Droit international économique,* 2ª ed., Dalloz, Paris, 2005.

CARRUBBA, Clifford, GABEL, Matthew e HANKLA, Charles, *Judicial Behavior under Political Constraints: Evidence from the European Court of Justice,* in American Political Science Review, Vol. 102, No. 4, 2008, pp. 435-452.

CARVALHO, Evandro Menezes de, *The Juridical Discourse of the World Trade Organization: The Method of Interpretation of the Appellate Body's Reports,* in Global Jurist, 2007, Vol. 7-Issue 1, Article 4, <http://www.bepress.com/gj/vol7/iss1/art4>.

CASS, Deborah Z., *The 'Constitutionalization' of International Trade Law: Judicial Norm-Generation as the Engine of Constitutional Development in International Trade,* in EJIL, 2001, pp. 39-75.

CASS, Ronald e HARING, John, Domestic regulation and international trade: Where's the race? Lessons from telecommunications and export controls, in *The Political Economy of International Trade Law – Essays in Honor of Robert E. Hudec,* Daniel Kennedy e James Southwick ed., Cambridge University Press, 2002, pp. 111-154.

CASSAN, Hervé e FEUER, Guy, *Droit international du développement,* 2ª ed., Dalloz, Paris, 1991.

CASSESE, Antonio, *The Nicaragua and Tadic Tests Revisited in Light of the ICJ Judgment on Genocide in Bosnia,* in EJIL, 2007, pp. 649-668.

CAVALIER, Georges, *A Call for Interim Relief at the WTO Level: Dispute Settlement and International Trade Diplomacy,* in World Competition, vol. 22, nº 3, 1999, pp. 103-139.

CAWLEY, Jared, *Friend of the Court: How the WTO Justifies the Acceptance of the Amicus Curiae Brief from Non-Governmental Organizations,* in Penn State International Law Review, 2004, pp. 47-78.

CAZALA, Julien, *L'invocation de l'estoppel dans le cadre de la procédure de règlement des différends de l'organisation mondiale du commerce,* in RGDIP, 2003, pp. 885-904.
– *Les renvois opérés par le droit de l'organisation mondiale du commerce à des instruments extérieurs à l'organisation,* in RBDI, 2005/1-2, pp. 527-558.

CENTRO DE ASSESSORIA JURÍDICA EM ASSUNTOS DA OMC, *The Agreement establishing the Advisory Centre on WTO Law.*
– *Report on Operations – July 2001 to July 2002.*
– *Decision 2004/3 Adopted by the Management Board on 26 March 2004 – Billing Policy and Revised Time Budget* (ACWL/MB/D/2004/3), 26-3-2004.
– *Decision 2004/4 Adopted by the Management Board on 26 March 2004 – Rules for the Subcontracting of External Legal Counsel* (ACWL/MB/D/2004/4), 26-3-2004.
– *The ACWL after Four Years – A Progress Report by the Management Board* (ACWL/GA/2005/1, ACWL/MB/2005/1), 5-10-2005.
– *Report on Operations 2006,* s.d.
– *How to Use the Services of the ACWL – A Guide for Developing Countries and LDCs,* October 2007, Genebra.
– *Report on Operations 2009,* s.d.

CENTRO INTERNACIONAL PARA O COMÉRCIO E DESENVOLVIMENTO SUSTENTÁVEL, *Rwanda Tests Public Health Waiver,* in Bridges, No. 6, October 2007, p. 9.

CHAISSE, Julien e CHAKRABORTY, Debashis, *Implementing WTO Rules Through Negotiations and Sanctions: The Role of Trade Policy Review Mechanism and Dispute Settlement System*, in University of Pennsylvania Journal of International Economic Law, 2007, pp. 153-185.

CHAKARIAN-RENOUF, Janet, *The WTO Independent Entity on Preshipment Inspection Receives its First Case for Review*, in Global Trade and Customs Journal, Volume 1, Nº 1, 2006, pp. 29-38.

CHANG, Seung, *GATTing a Green Trade Barrier: Eco-Labelling and the WTO Agreement on Technical Barriers to Trade*, in JWT, vol. 31, nº 1, 1997, pp. 137-159.

– *Taming Unilateralism under the Multilateral Trading System: Unfinished Job in the WTO Panel Ruling on U.S. Sections 301-310 of the Trade Act of 1974*, in Law & Policy in International Business, vol. 31, nº 4, 2000, pp. 1151-1225.

– *Comment on a WTO Permanent Panel Body*, in JIEL, 2003, pp. 219-224.

CHAOIMH, Eadaoin, *Trading in Precaution: A Comparative Study of the Precautionary Jurisprudence of the European Court and the WTO's Adjudicating Body*, in LIEI, 2006, pp. 139-165.

CHARNOVITZ, Steve, *Two Centuries of Participation: NGOs and International Governance*, in MJIL, 1997, pp. 183-286.

– *The Moral Exception in Trade Policy*, in Virginia Journal of International Law, 1998, pp. 689-745.

– *The Globalization of Economic Human Rights*, in Brooklyn Journal of International Law, 1999, pp. 113-124.

– *Opening the WTO to Nongovernmental Interests*, in Fordham International Law Journal, 2000, pp. 173-216.

– *The Supervision of Health and Biosafety Regulation by World Trade Rules*, in Tulane Environmental Law Journal, 2000, pp. 271-302.

– *Rethinking WTO Trade Sanctions*, in AJIL, 2001, pp. 792-832.

– *Economic and Social Actors in the World Trade Organization*, in ILSA Journal of International & Comparative Law, 2001, pp. 259-274.

– *The Legal Status of the Doha Declarations*, in JIEL, 2002, pp. 207-211.

– Improving the Agreement on Sanitary and Phytosanitary Standards, in *Trade, Environment, and the Millennium*, 2ª ed., Gary Sampson e Bradnee Chambers ed., 2002, pp. 207-233.

– *Triangulating the World Trade Organization*, in AJIL, 2002, pp. 28-55.

– *WTO Cosmopolitics*, in New York University Journal of International Law and Politics, 2002, pp. 299-354.

– *The Law of Environmental "PPMs" in the WTO: Debunking the Myth of Illegality*, in YJIL, 2002, pp. 59-110.

– Should the teeth be pulled? An analysis of WTO sanctions, in *The Political Economy of International Trade Law – Essays in Honor of Robert E. Hudec*, Daniel Kennedy e James Southwick ed., Cambridge University Press, 2002, pp. 602-635.

– *The WTO's Problematic "Last Resort" Against Noncompliance*, in Aussenwirtschaft, 2002, pp. 409-439.

– Judicial Independence in the World Trade Organization, in *International Organizations and International Dispute Settlement: Trends and Prospects*, Laurence Boisson De Chazournes, Cesare Romano e Ruth Mackenzie ed., Transnational Publishers, 2002, pp. 219-240.

– *A World Environment Organization*, in Columbia Journal of Environmental Law, 2002, pp. 323-362.

– *The Emergence of Democratic Participation in Global Governance (Paris, 1919)*, in Indiana Journal of Global Legal Studies, 2003, pp. 45-77.

– Comment on the "WTO Response", in *The Role of the Judge in International Trade Regulation: Experience and Lessons for the WTO*, Thomas Cottier e Petros Mavroidis ed., Studies in International Economics – The World Trade Forum, volume 4, The University of Michigan Press, 2003, pp. 213-217.

– *The World Trade Organization and Law Enforcement*, in JWT, 2003, pp. 817-837.

– Últimas Novedades y Trabajos Académicos sobre los Recursos para el Cumplimiento de las Normas de la OMC, in *Solución de Controversias Comerciales Inter-Gubernamentales: Enfoques Multilaterales y Regionales*, Julio Lacarte e Jaime Granados ed., Banco Interamericano de Desarrollo, 2004, pp. 95-105.

– *The WTO and Cosmopolitics*, in JIEL, vol. 7, nº 3, 2004, pp. 675-682.

– *Transparency and Participation in the World Trade Organization*, in Rutgers Law Review, 2004, pp. 927-959.

– *The World Trade Organization in 2020*, in Journal of International Law & International Relations, Vol. 1 (1-2), 2005, pp. 167-189.

– *An Analysis of Pascal Lamy's Proposal on Collective Preferences*, in JIEL, 2005, pp. 449-472.

– *Nongovernmental Organizations and International Law (Centennial Essays)*, in AJIL, 2006, pp. 348-372.

– *Taiwan's WTO Membership and Its International Implications*, in Asian Journal of WTO and International Health Law and Policy, Vol. 1, 2006, pp. 401-431.

– *The WTO's Environmental Progress*, in JIEL, 2007, pp. 685-706.

– Mapping the Law of WTO Accession, in *The WTO: Governance, Dispute Settlement, and Developing Countries*, Merit Janow, Victoria Donaldson e Alan Yanovich ed., Juris Publishing, Nova Iorque, 2008, pp. 855-920.

– *The Enforcement of WTO Judgments*, in YJIL, 2009, pp. 558-566.

CHARNOVITZ, Steve e KEARNS, Jason, *Adjudicating Compliance in the WTO: A Review of DSU Article 21.5*, in JIEL, 2002, pp. 331-352.

CHARNOVITZ, Steve e WEINSTEIN, Michael, *The Greening of the WTO*, in FA, 2001, pp. 147-156.

CHARNOVITZ, Steve e WICKHAM, John, *Non-Governmental Organizations and the Original International Trade Regime*, in JWT, vol. 29, nº 5, 1995, pp. 111-122.

CHATHÁIN, Carmel Ni, *The European Community and the Member States in the Dispute Settlement Understanding of the WTO: United or Divided?*, in European Law Journal, 1999, pp. 461-478.

CHAZOURNES, Laurence Boisson De, *Les contre-mesures dans les relations internationales économiques*, Institut Universitaire de Hautes Études Internationales/Genebra, Pedone, Paris, 1992.

– *L'arbitrage à l'OMC*, in Revue de l'arbitrage, 2003-Nº 3, pp. 949-988.

– Arbitration at the WTO: A *Terra Incognita* to be Further Explored, in *Law in the Service of Human Dignity – Essays in Honour of Florentino Feliciano*, Steve Charnovitz, Debra Steger e Peter van den Bossche Ed., Cambridge University Press, 2005, pp. 181-201.

CHAZOURNES, Laurence Boisson de e BOUTRUCHE, Théo, International Trade Law, United Nations, and Collective Security Issues, in *The Oxford Handbook of International Trade Law*, Daniel Bethlehem, Donald McRae, Rodney Neufeld e Isabelle Van Damme Ed., Oxford University Press, 2009, pp. 695-722.

CHAZOURNES, Laurence Boisson de e MBENGUE, Makane, *The Amici Curiae and the WTO Dispute Settlement System: The Doors Are Open*, in The Law and Practice of International Courts and Tribunals, 2003, pp. 205-248.

CHEN, An, *The Three Big Rounds of U.S. Unilateralism Versus WTO Multilateralism During the Last Decade: A Combined Analysis of the Great 1994 Sovereignty Debate, Section 301 Disputes (1998-2000), and Section 201 Disputes (2002-Present)*, in Temple International & Comparative Law Journal, 2003, pp. 409-466.

– Trade as the Guarantor of Peace, Liberty and Security?, in *Redefining Sovereignty in International Economic Law*, Wenhua Shan, Penelope Simons e Dalvinder Singh ed., Hart Publishing, Oxford-Portland, 2008, pp. 87-145.

CHICHESTER, Darrell, *Battle of the Beef, the Rematch: An Evaluation of the Latest E.C. Directive Banning Beef Produced with Growth Hormones and the U.S. Refusal to Accept the Directive as WTO Compliant*, in American University International Law Review, 2005, pp. 221-276.

CHINKIN, Christine, Article 62, in *The Statute of the International Court of Justice – A Commentary*, Andreas Zimmermann, Christian Tomuschat e Karin Oellers-Frahm ed., Oxford University Press, 2006, pp. 1331-1368.

– Article 63, in *The Statute of the International Court of Justice – A Commentary*, Andreas Zimmermann, Christian Tomuschat e Karin Oellers-Frahm ed., Oxford University Press, 2006, pp. 1369-1392.

CHO, Sungjoon, *GATT Non-Violation Issues in the WTO Framework: Are They the Achilles' Heel of the Dispute Settlement Process?*, in HILJ, 1998, pp. 311-355.

– *A Bridge Too Far: The Fall of the Fifth WTO Ministerial Conference in Cancún and the Future of Trade Constitution*, in JIEL, 2004, pp. 219-244.

– *The WTO's Gemeinschaft*, in Alabama Law Review, 2004, pp. 483-542.

– *The Nature of Remedies in International Trade Law*, in University of Pittsburgh Law Review, 2004, pp. 763-809.

– *A quest for WTO's legitimacy*, in WTR, 2005, pp. 391-399.

– *WTO's Identity Crisis*, in WTR, 2006, pp. 298-308.

– *Toward a New Economic Constitution: Judicial Disciplines on Trade Politics*, in Wake Forest Law Review, 2007, pp. 167-197.

– *Of the World Trade Court's Burden*, in EJIL, 2009, pp. 675-727.

CHOI, Won-Mog, *'Like Products' in International Trade Law: Towards a Consistent GATT/WTO Jurisprudence*, Oxford University Press, 2003.

– *To Comply or Not to Comply? Non-implementation Problems in the WTO Dispute Settlement System*, in JWT, 2007, pp. 1043-1071.

CHRISTOFOROU, Theofanis, Multilateral Rules as a Constraint on Regional Rules: A Regional Perspective, in *Regionalism and Multilateralism after the Uruguay Round. Convergence, Divergence and Interaction*, Paul Demaret, Jean-François Bellis e Gonzalo García Jiménez org., European Interuniversity Press, Bruxelas, 1997, pp. 757-770.

– *Settlement of Science-Based Trade Disputes in the WTO: A Critical Review of the Developing Case Law in the Face of Scientific Uncertainty*, in New York University Environmental Law Journal, 2000, pp. 622-648.

– WTO Panels in the Face of Scientific Uncertainty, in *Improving WTO Dispute Settlement Procedures – Issues and Lessons from the Practice of Other International Courts and Tribunals*, Friedl Weiss ed., Cameron May, 2000, pp. 243-288.

– The World Trade Organization, Its Dispute Settlement System and the European Union: A Preliminary Assessment of Nearly Ten Years of Application, in *L'Intégration Européenne au XXIème Siècle: En Hommage à Jacques Bourrinet*, La Documentation Française, Paris, 2004, pp. 257-278.

Chua, Adrian, *Reasonable Expectations and Non-Violation Complaints in GATT/WTO Jurisprudence*, in JWT, vol. 32, nº 2, 1998, pp. 27-49.

– *The Precedential Effect of WTO Panel and Appellate Body Reports*, in Leiden Journal of International Law, 1998, pp. 45-61.

– *Precedent and Principles of WTO Panel Jurisprudence*, in Berkeley Journal of International Law, 1998, pp. 171-196.

Claypoole, Charles, *Access to International Justice: A Review of the Trust Funds Available for Law of the Sea-Related Disputes*, in The International Journal of Marine and Coastal Law, 2008, pp. 77-94.

Cogan, Jacob, *Noncompliance and the International Rule of Law*, in YJIL, 2006, pp. 189-210.

– *Competition and Control in International Adjudication*, in Virginia Journal of International Law, 2008, pp. 411-449.

– *Representation and Power in International Organization: The Operational Constitution and Its Critics*, in AJIL, 2009, pp. 209-263.

Colares, Juscelino, *A Theory of WTO Adjudication: From Empirical Analysis to Biased Rule Development*, in Vanderbilt Journal of Transnational Law, Volume 42, 2009, pp. 383-439.

Cole, Matthew, *Examining the Environmental Case Against Free Trade*, in JWT, vol. 33, nº 5, 1999, pp. 183-196.

Coleman, Andrew, *The International Court of Justice and Highly Political Matters*, in Melbourne Journal of International Law, 2003, pp. 29-75.

Collins, David, *Institutionalized Fact-Finding at the WTO*, in University of Pennsylvania Journal of International Economic Law, 2006, pp. 367-387.

– *Efficient Breach, Reliance and Contract Remedies at the WTO*, in JWT, 2009, pp. 225-244.

Collins Jr., Paul, *Friends of the Supreme Court: Interest Groups and Judicial Decision Making*, Oxford University Press, 2008.

Comissão do Codex Alimentarius, *Codex Alimentarius Commission Procedural Manual*, 17ª ed., Joint FAO/WHO Food Standards Programme, 2007.

Comissão do Direito Internacional, 58ª Sessão, *Fragmentation of International Law: Difficulties arising from the Diversification and Expansion of International Law*, Report of the Study Group of the International Law Commission – Finalised by Martti Koskenniemi (A/CN.4/L.682), 13-4-2006.

– 58ª Sessão, *Conclusions of the work of the Study Group on the Fragmentation of International Law: Difficulties arising from the Diversification and Expansion of International Law*, Report of the Study Group of the International Law Commission – Finalised by Martti Koskenniemi (A/CN.4/L.702), 18-7-2006.

Comissão Europeia, *Agreement between the Government of the United States of America and the Commission of the European Communities regarding the application of their Competition Laws*, in JOCE L 95, 27-4-95, pp. 47-52.

– *The European Union as a World Trade Partner*, in European Economy – Reports and Studies, nº 3, 1997.

– *O Novo Mercado Transatlântico*, Bruxelas, 11-3-1998, COM(1998) 125 Final.

– *Decisões da OMC relativas à proibição das hormonas por parte da CE*, Bruxelas, 10-2-1999, COM(1999) 81 Final.

– *A abordagem da UE em relação ao Millennium Round no âmbito da OMC*, Bruxelas, 8-7-1999, COM(1999) 331 Final.

*– Les activités de l'Union Européenne dans le cadre de l'Organisation Mondiale du Commerce – Rapport au Parlement Europeen*, Bruxelas, 1999.

*– Guiding principles for the clarification and elaboration of Articles 21, 22 and 23 of the WTO Dispute Settlement Understanding*, Bruxelas, 23-7-1999.

*– Livro Branco sobre a Segurança Alimentar*, Bruxelas, 12-1-2000, COM(1999) 719 Final.

*– A Comissão e as Organizações Não Governamentais: O Reforço da Parceria*, Bruxelas, 18-1-2000, COM(2000) 11 Final.

*– Comunicação da Comissão relativa ao princípio da precaução*, Bruxelas, 2-2-2000, COM(2000) 1 Final.

*– Relatório da Comissão ao Conselho e ao Parlamento Europeu sobre a Aplicação do Acordo entre as Comunidades Europeias e o Governo dos Estados Unidos da América relativo à Aplicação dos respectivos Direitos da Concorrência de 1 de Janeiro de 1999 a 31 de Dezembro de 1999*, 4-10-2000, COM(2000) 618 Final.

*– Report on United States Barriers to Trade and Investment*, Bruxelas, Dezembro de 2003.

*– United States Barriers to Trade and Investment: Report for 2006*, Bruxelas, Fevereiro de 2007.

*– United States Barriers to Trade and Investment Report for 2008*, Bruxelas, Julho de 2009.

COMISSÃO WARWICK, *The Multilateral Trade Regime: Which Way Forward? The Report of the First Warwick Commission*, The University of Warwick, 2007.

COMITÉ DAS MEDIDAS SANITÁRIAS E FITOS-SANITÁRIAS (OMC), *Guidelines to Further the Practical Implementation of Article 5.5* (G/SPS/15), 18-7-2000.

*– Specific Trade Concerns – Note by the Secretariat, Revision* (G/SPS/GEN/204/Rev.8), 27-3-2008.

COMMISSION ON INTELLECTUAL PROPERTY RIGHTS, *Integrating Intellectual Property Rights and Development Policy*, 2002 [http://www.wto.org].

COMUNIDADES EUROPEIAS, *Discussion Paper from the European Communities: Review of the Dispute Settlement Understanding*, Bruxelas, 21-10-1998, in http://europa.eu.int/comm/dg01/1021disp.htm

*– Contribution of the European Communities and Its Member States to the Improvement of the WTO Dispute Settlement Understanding* (TN/DS/W/1), 13-3-2002.

CONDON, Bradly, *Lost in Translation: Plurilingual Interpretation of WTO Law*, in Journal of International Dispute Settlement, Vol. 1, No. 1, 2010, pp. 191-216.

CONE, Sydney, *The Appellate Body, the Protection of Sea Turtles and the Technique of "Completing the Analysis"*, in JWT, vol. 33, nº 2, 1999, pp. 51-61.

*– The Asbestos Case and Dispute Settlement in the World Trade Organization: The Uneasy Relationship Between Panels and the Appellate Body*, in MJIL, 2001, pp.103-142.

CONFERÊNCIA DAS NAÇÕES UNIDAS PARA O COMÉRCIO E DESENVOLVIMENTO, *Board Decision 43 (VII) – Arrangements for the participation of non-governmental organizations in the activities of the United Nations Conference on Trade and Development*, 20-9-1968.

*– Rule 77 of Rules of Procedure of the Trade and Development Board* (TD/B/16/Rev.4), March 1989.

*– The Least Developed Countries Report 2004: Linking International Trade with Poverty Reduction*, United Nations, 2004.

CONRAD, Christiane, *The EC – Biotech dispute and applicability of the SPS Agreement: are the panel's findings built on shaky ground?*, in WTR, 2007, pp. 233-248.

CONSELHO DA UNIÃO EUROPEIA, Regulamento (CE) Nº 1515/2001 de 23 de Julho de 2001 *relativo às medidas que a Comunidade pode adoptar na sequência de um relatório sobre medidas antidumping e anti-subvenções aprovado pelo Órgão de Resolução de Litígios da OMC*, in JOCE L 201, 26-7-2001, pp. 10-11.

– Regulamento (CE) Nº 975/2003 de 5 de Junho de 2003 *relativo à abertura e modo de gestão de contingentes pautais para as importações de conservas de atum classificadas nos códigos NC 1604 14 11, 1604 14 18 e 1604 20 70*, in JOCE L 141, 7-6-2003, pp. 1-2.

CONSELHO DA UNIÃO EUROPEIA/PARLAMENTO EUROPEU, Regulamento (CE) Nº 178/2002 de 28 de Janeiro de 2002 *que determina os princípios e normas gerais da legislação alimentar, cria a Autoridade Europeia para a Segurança dos Alimentos e estabelece procedimentos em matéria de segurança dos géneros alimentícios*, in JOCE L 31, 1-2-2002, pp. 1-24.

CONSELHO ECONÓMICO E SOCIAL DAS NAÇÕES UNIDAS, *Second Session of the Preparatory Committee of the United Nations Conference on Trade and Employment – Thirty-Third Meeting of Commission "B" Held on Tuesday, August 19 1947 at 2.30 P.M. in the Palais des Nations, Geneva* (E/PC/T/B/PV/33) 19-8-1947.

CONSELHO DE SEGURANÇA DAS NAÇÕES UNIDAS, *Resolution 1373 (2001) Adopted by the Security Council at its 4385th meeting, on 28 September 2001* (S/RES/1373(2001), 28-9-2001.

CORNFORD, Andrew, *Variable Geometry for the WTO: Concept and Precedents*, UNCTAD Discussion Papers, No. 171, May 2004.

CORREIA, José Manuel Sérvulo, *Relatório sobre Programa, Conteúdo e Métodos da Disciplina de Direito Internacional Público (Processo no Tribunal Internacional de Justiça)*, Provas Públicas de agregação em Ciências Jurídico-Políticas (Universidade de Lisboa), 2005.

COSSY, Mireille, Panel's consultations with scientific experts: the right to seek information under Article 13 of the DSU, in *Key Issues in WTO Dispute Settlement: The First Ten Years*, Rufus Yerxa e Bruce Wilson Ed., Cambridge University Press, 2005, pp. 204-220.

COSTA RICA, COLÔMBIA, REPÚBLICA DOMINICANA, NICARÁGUA, VENEZUELA, COMUNIDADE EUROPEIA, *Framework Agreement on Banana Imports (29-3-1994)*, ILM, Vol. XXXIV, 1995, pp. 1-2

CÔTÉ, Charles-Emmanuel, *La participation des personnes privées au règlement des différends internationaux économiques: l'élargissement du droit de porter plainte à l'OMC*, Bruylant, Bruxelas, 2007.

COTTIER, Thomas, *Dispute Settlement in the World Trade Organization: Characteristics and Structural Implications for the European Union*, in CMLR, 1998, pp. 325-378.

– The Impact of the TRIPS Agreement on Private Practice and Litigation, in *Dispute Resolution in the World Trade Organisation*, James Cameron e Karen Campbell ed., Cameron May, Londres, 1998, pp. 111-127.

– Dispute Settlement and Legal Quality Assessment in the Negotiating Process: The Example of the SPS Agreement, in *The Next Trade Negotiating Round: Examining the Agenda for Seattle*, Jagdish Bhagwati ed., Columbia University, 1999, pp. 251-256.

– *Limits to International Trade: The Constitutional Challenge*, in ASIL Proceedings 2000, pp. 220-222.

– *Trade and Human Rights: A Relationship to Discover*, in JIEL, 2002, pp. 111-132.

– A Theory of Direct Effect in Global Law, in *European Integration and International Co-ordination – Studies in Transnational Economic Law in Honour of Claus-Dieter Ehlermann*, Armin von Bogdandy/Petros Mavroidis/Yves Mény ed., Kluwer Law International, Haia/Londres/Nova Iorque, 2002, pp. 99-123.

– *The WTO Permanent Panel Body: A Bridge Too Far?*, in JIEL, 2003, pp. 187-202.

– Proposals for Moving from Ad hoc Panels to Permanent WTO Panelists, in *The WTO Dispute Settlement System 1995-2003*, Federico Ortino e Ernst-Ulrich Petersmann ed., Kluwer Law International, Haia-Londres-Nova Iorque, 2004, pp. 31-39.

COTTIER, Thomas e FOLTEA, Marina, Constitutional Functions of the WTO and Regional Trade Agreements, in *Regional Trade Agreements and the WTO Legal System*, Lorand Bartels e Federico Ortino Ed., Oxford University Press, 2006, 2006, pp. 43-76.

COTTIER, Thomas e HERTIG, Maya, *The Prospects of 21$^{st}$ Century Constitutionalism*, in Max Planck Yearbook of United Nations Law, Volume 7, 2003, pp. 261-328.

COTTIER, Thomas e OESCH, Matthias, The Paradox of Judicial Review in International Trade Regulation: Towards a Comprehensive Framework, in *The Role of the Judge in International Trade Regulation: Experience and Lessons for the WTO*, Thomas Cottier e Petros Mavroidis ed., Studies in International Economics – The World Trade Forum, volume 4, The University of Michigan Press, 2003, pp. 287-306.

COTTIER, Thomas e SCHEFER, Krista, Non-Violation Complaints in WTO/GATT Dispute Settlement: Past, Present and Future, in *International Trade Law and the GATT/WTO Dispute Settlement System*, Studies in Transnational Economic Law, vol. 11, Ernst-Ulrich Petersmann ed., Kluwer Law International, Londres-Haia-Boston, 1997, pp. 145-183.

– *The Relationship Between World Trade Organization Law, National and Regional Law*, in JIEL, 1998, pp. 83-122.

– Good Faith and the Protection of Legitimate Expectations in the WTO, in *New Directions in International Economic Law: Essays in Honour of John H. Jackson*, Marco Bronckers e Reinhard Quick ed., Kluwer Law International, Londres-Haia-Boston, 2000, pp. 47-68.

COTTIER, Thomas e TAKENOSHITA, Satoko, *The Balance of Power in WTO Decision-Making: Towards Weighted Voting in Legislative Response*, in Aussenwirtschaft, 2003, pp. 171-214.

COVELLI, Nick, *Public International Law and Third Party Participation in WTO Panel Proceedings*, in JWT, vol. 33, nº 2, 1999, pp. 125-139.

– *Member Intervention in World Trade Organization Dispute Settlement Proceedings After EC–Sardines: The Rules, Jurisprudence, and Controversy*, in JWT, 2003, pp. 673-690.

COVELLI, Nick e HOHOTS, Viktor, *The Health Regulation of Biotech Foods under the WTO Agreements*, in JIEL, 2003, pp. 773-795.

COVELLI, Nick e SHARMA, Rajeev, *Proposals for Reform of the WTO Dispute Settlement Understanding in Respect of Third Parties*, in International Trade Law & Regulation, 2003, nº 1, pp. 1-3.

CRAWFORD, James, *Los artículos de la Comisión de Derecho Internacional sobre la Responsabilidad Internacional del Estado – Introducción, texto y comentários*, Editorial Dykinson, Madrid, 2004.

– *Continuity and Discontinuity in International Dispute Settlement: An Inaugural Lecture*, in Journal of International Dispute Settlement, Vol. 1, No. 1, 2010, pp. 3-24.

CRAWFORD, James, PEEL, Jacqueline e OLLESON, Simon, *The ILC's Articles on*

*Responsibility of States for Internationally Wrongful Acts: Completion of the Second Reading*, in EJIL, 2001, pp. 963-988.

CRAWFORD, Jo-Ann, FIORENTINO, Roberto e TOQUEBOEUF, Christelle, The landscape of regional trade agreements and WTO surveillance, in *Multilateralizing Regionalism: Challenges for the Global Trading System*, Richard Baldwin e Patrick Low Ed., Cambridge University Press, 2009, pp. 28-76.

CROLEY, Steven e JACKSON, John, *WTO Dispute Procedures, Standard of Review, and Deference to National Governments*, in AJIL, 1996, pp. 193-213.

– WTO Dispute Panel Deference to National Government Decisions. The Misplaced Analogy to the U.S. Chevron Standard-Of-Review Doctrine, in *International Trade Law and the GATT/WTO Dispute Settlement System*, Studies in Transnational Economic Law, vol. 11, Ernst-Ulrich Petersmann ed., Kluwer Law International, Londres-Haia-Boston, 1997, pp. 187-210.

CROOME, John, *Reshaping the World Trading System. A History of the Uruguay Round*, World Trade Organization, Genebra, 1995.

– *Guide to the Uruguay Round Agreements*, Kluwer Law International, Haia-Londres-Boston, 1999.

CUI, Fan, *Who Are the Developing Countries in the WTO?*, in The Law and Development Review, Volume 1, Nº 1, 2008, pp. 122-152.

CULBERT, Jay, *War-Time Anglo-American Talks and the Making of the GATT*, in WE, vol. 10, nº 4, 1987, pp. 381-399.

CULOT, Henri, *Soft Law et Droit de l'OMC*, in Revue Internationale de Droit Économique, 2005, pp. 251-289.

CUNHA, Luís Pedro, *O Sistema Comercial Multilateral e os Espaços de Integração Regional*, Coimbra Editora, 2008.

CUNHA, Paulo de Pitta e, *Direito Internacional Económico (Economia Política II/ Relações Económicas Internacionais. Relatório sobre o Programa, Conteúdo e Métodos de Ensino)*, in Revista da Faculdade de Direito da Universidade de Lisboa, vol. XXV, 1984, pp. 29-99.

– *A erosão das regras comerciais internacionais*, in Revista da Ordem dos Advogados, 1990, pp. 335-343.

– *A Organização Mundial do Comércio na Estrutura da Ordem Económica Internacional*, in Revista da Ordem dos Advogados, 1997, pp. 959-967.

CUNNINGHAM, Richard e CRIBB, Troy, *A Review of WTO Dispute Settlement of US Anti-Dumping and Countervailing Duty Measures*, in JIEL, 2003, pp. 155-170.

CURZON, Victoria, *GATT's New Trade Policy Review Mechanism*, in WE, vol. 14, nº 2, 1991, pp. 227-238.

DAM, Kenneth W., *The GATT Law and International Economic Organization*, The University of Chicago Press, Chicago e Londres, 1970.

– *Cordell Hull, the Reciprocal Trade Agreement Act, and the WTO*, John M. Olin Law & Economics Working Paper nº 228 (2d series), The Law School – The University of Chicago, 2004.

DAMME, Isabelle Van, What Role is there for Regional International Law in the Interpretation of the WTO Agreements?, in *Regional Trade Agreements and the WTO Legal System*, Lorand Bartels e Federico Ortino ed., Oxford University Press, 2006, pp. 553-575.

– Jurisdiction, Applicable Law, and Interpretation, in *The Oxford Handbook of International Trade Law*, Daniel Bethlehem, Donald McRae, Rodney Neufeld e Isabelle Van Damme Ed., Oxford University Press, 2009, pp. 298-343.

– *Treaty Interpretation by the WTO Appellate Body*, Oxford University Press, 2009.

DAMROSCH, Lori, *Enforcing International Law through Non-Forcible Measures*, in RCADI, 1997, vol. 269, Martinus Nijhoff, Haia-Boston-Londres, 1998, pp. 9-250.
– Article 56, in *The Statute of the International Court of Justice – A Commentary*, Andreas Zimmermann, Christian Tomuschat e Karin Oellers-Frahm ed., Oxford University Press, 2006, pp. 1183-1198.

DANI, Marco, *Remedying European legal pluralism: The FIAMM and Fedon Litigation and the judicial protection of international trade bystanders*, Jean Monnet Working Paper 06/09– New York University School of Law, 2009.

DANIC, Olivia, *La fuyante responsabilité de la Communauté pour les dommages qu'elle cause: retour sur les affaires FIAMM et FEDON*, in RMCUE, nº 535, 2010, pp. 128-135.

DANVIVATHANA, Pornchai, Is It Beneficial to WTO Members to Reform the Panel System?, in *Reform and Development of the WTO Dispute Settlement System*, Dencho Georgiev e Kim Van der Borght Ed., Cameron May, Londres, 2006, pp. 87-108.

DAS, Bhagirath Lal, *An Introduction to the WTO Agreements*, Zed Books, Londres-Nova Iorque, 1998.
– *The WTO Agreements: Deficiencies, Imbalances and Required Changes*, Zed Books, Londres-Nova Iorque, 1998.

DAS, Dilip, *Debacle at Seattle: the Way the Cookie Crumbled*, in JWT, vol. 34, nº 5, 2000, pp. 181-201.

DAVEY, William, *Dispute Settlement in GATT*, in Fordham International Law Journal, 1987, pp. 51-109.
– Improving WTO Dispute Settlement, in *The Next Trade Negotiating Round: Examining the Agenda for Seattle*, Jagdish Bhagwati ed., Columbia University, 1999, pp. 225-231.
– *The WTO Dispute Settlement System*, in JIEL, 2000, pp. 15-18.

– WTO Dispute Settlement, in *Free World Trade and the European Union – The Reconciliation of Interests and the Review of the Understanding on Dispute Settlement in the Framework of the World Trade Organization*, The Academy of European Law in Trier, vol. 28, 2000, pp. 55-58.
– *Supporting the World Trade Organization Dispute Settlement System*, in JWT, vol. 34, nº 1, 2000, pp. 167-170.
– WTO Dispute Settlement: Segregating the Useful Political Aspects and Avoiding "Over-Legalization", in *New Directions in International Economic Law: Essays in Honour of John H. Jackson*, Marco Bronckers e Reinhard Quick ed., Kluwer Law International, Londres-Haia-Boston, 2000, pp. 291-307.
– *Has the WTO Dispute Settlement System Exceeded Its Authority? A Consideration of Deference Shown by the System to Member Government Decisions and Its Use of Issue-Avoidance Techniques*, in JIEL, 2001, pp. 79-110.
– Comment, in *Efficiency, Equity, and Legitimacy: The Multilateral Trading System at the Millennium*, Roger Porter, Pierre Sauvé, Arvind Subramanian e Americo Zampetti ed., Brookings Institution Press, Washington, D.C., 2001, pp. 329-333.
– The WTO Dispute Settlement System, in *Trade, Environment, and the Millennium*, 2ª ed., Gary Sampson e Bradnee Chambers ed., 2002, pp. 145-174.
– A permanent panel body for WTO dispute settlement: Desirable or practical?, in *The Political Economy of International Trade Law – Essays in Honor of Robert E. Hudec*, Daniel Kennedy e James Southwick ed., Cambridge University Press, 2002, pp. 496-527.
– *The Case for a WTO Permanent Panel Body*, in JIEL, 2003, pp. 177-186.

– Has the WTO Dispute Settlement System Exceeded Its Authority? A Consideration of Deference Shown by the System to Member Government Decisions and Its Use of Issue-Avoidance Techniques, in *The Role of the Judge in International Trade Regulation: Experience and Lessons for the WTO*, Thomas Cottier e Petros Mavroidis ed., Studies in International Economics – The World Trade Forum, volume 4, The University of Michigan Press, 2003, pp. 43-79.

– Proposals for Improving the Working Procedures of WTO Dispute Settlement Panels, in *The WTO Dispute Settlement System 1995-2003*, Federico Ortino e Ernst-Ulrich Petersmann ed., Kluwer Law International, Haia-Londres-Nova Iorque, 2004, pp. 19-30.

– WTO Dispute Settlement Practice Relating to GATT 1994, in *The WTO Dispute Settlement System 1995-2003*, Federico Ortino e Ernst-Ulrich Petersmann ed., Kluwer Law International, Haia-Londres--Nova Iorque, 2004, pp. 191-216.

– *The WTO Dispute Settlement: The First Ten Years*, in JIEL, 2005, pp. 17-50.

– *The Sutherland Report on Dispute Settlement: A Comment*, in JIEL, 2005, pp. 321--328.

– *The WTO: Looking Forwards*, in JIEL, 2006, pp. 3-29.

– Dispute Settlement in the WTO and RTAs: A Comment, in *Regional Trade Agreements and the WTO Legal System*, Lorand Bartels e Federico Ortino ed., Oxford University Press, 2006, pp. 343-357.

– Evaluating WTO dispute settlement: what results have been achieved through consultations and implementation of panel reports?, in *The WTO in the Twenty-First Century: Dispute Settlement, Negotiations, and Regionalism in Asia*, Yasuhei Taniguchi, Alan Yanovich

e Jan Bohanes Ed., Cambridge University Press, 2007, pp. 98-140.

– Expediting the Panel Process in WTO Dispute Settlement, in *The WTO: Governance, Dispute Settlement, and Developing Countries*, Merit Janow, Victoria Donaldson e Alan Yanovich ed., Juris Publishing, Nova Iorque, 2008, pp. 409-470.

– *Compliance Problems in WTO Dispute Settlement*, in CILJ, 2009, pp. 119-128.

– The Limits of Judicial Processes, in *The Oxford Handbook of International Trade Law*, Daniel Bethlehem, Donald McRae, Rodney Neufeld, Isabelle Van Damme Ed., Oxford University Press, 2009, pp. 460-478.

– Sanctions in the WTO: problems and solutions, in *The Law, Economics and Politics of Retaliation in WTO Dispute Settlement*, Cambridge University Press, 2010, pp. 360-372.

DAVEY, William e SAPIR, André, *The Soft Drinks Case: The WTO and Regional Agreements*, in WTR, 2009, pp. 5-23.

DAVID, Felix, *The Role of Precedent in the WTO – New Horizons?*, Maastricht Working Papers – Faculty of Law, 2009-12.

DAVID, Marcella, *Passport to Justice: Internationalizing the Political Question Doctrine for Application in the World Court*, in HILJ, 1999, pp. 81-150.

DAVIES, Arwel, *Mandatory and Discretionary Legislation in WTO Law: A Distinction Worth Preserving?*, in LIEI, 2004, pp. 185-218.

– *Reviewing dispute settlement at the World Trade Organization: a time to reconsider the role/s of compensation?*, in WTR, 2006, pp. 31-67.

– *The DSU Article 3.8 Presumption That An Infringement Constitutes a Prima Facie Case of Nullification or Impairment: When Does It Operate and Why?*, in JIEL, 2010, pp. 181-204.

DAVIES, Gareth, *Morality clauses and decision making in situations of scientific uncertainty: the case of GMOs*, in WTR, 2007, pp. 249-263.

DEBEVOISE, Whitney, *Access to Documents and Panel and Appellate Body Sessions: Practice and Suggestions for Greater Transparency*, in The International Lawyer, 1998, pp. 817-849.

DELICH, Valentina, Developing Countries and the WTO Dispute Settlement System, in *Development, Trade, and the WTO: A Handbook*, Bernard Hoekman, Aaditya Mattoo e Philip English ed., The World Bank, Washington, D.C., pp. 71-80.

DEMARET, Paul, *The Metamorphoses of the GATT: From the Havana Charter to the World Trade Organization*, in CJTL, 1995, pp. 123-171.
– The Reciprocal Influence of Multilateral and Regional Trade Rules: A Framework of Analysis, in *Regionalism and Multilateralism after the Uruguay Round. Convergence, Divergence and Interaction*, Paul Demaret, Jean-François Bellis e Gonzalo García Jiménez org., European Interuniversity Press, Bruxelas, 1997, pp. 805-838.

DESMEDT, Axel, *Hormones: 'Objective Assessment' and (or as) Standard of Review*, in JIEL, 1998, pp. 695-698.
– *European Court Rules on TRIPS Agreement*, in JIEL, 1998, pp. 679-682.
– *ECJ Restricts Effect of WTO Agreements in the EC Legal Order*, in JIEL, 2000, pp. 191-192.
– *European Court of Justice on the Effect of WTO Agreements in the EC Legal Order*, in LIEI, 2000, pp. 93-101.
– *Proportionality in WTO Law*, in JIEL, 2001, pp. 441-480.

DESTA, Melaku, *Food Security and International Trade Law: An Appraisal of the World Trade Organization Approach*, in JWT, vol. 35, nº 3, 2001, pp. 449-468.

– *The Law of International Trade in Agricultural Products: From GATT 1947 to the WTO Agreement on Agriculture*, Kluwer Law International, Haia-Londres-Nova Iorque, 2002.

DICK, Allen, *The EC Hormone Ban Dispute and the Application of the Dispute Settlement Provisions of the Standards Code*, in MJIL, 1989, pp. 872-885.

DIEBOLD JR., William, *The End of the ITO*, Essays in International Finance nº 16, Princeton, 1952.
– *Reflections on the International Trade Organization*, in Northern Illinois University Law Review, 1994, pp. 335-346.

DIEGO-FERNANDEZ, Mateo, *Trade negotiations make strange bedfellows*, in WTR, 2008, pp. 423-453.

DILLON, Sara, *Fuji-Kodak, the WTO, and the Death of Domestic Political Constituencies*, in MJGT, 1999, pp. 197-248.

DILLON JR., Thomas, *The World Trade Organization: A New Legal Order for World Trade?*, in MJIL, 1995, pp. 349-402.

DJORDJEVIC, Margareta, *Domestic Regulation and Free Trade in Services – A Balancing Act*, in LIEI, 2002, pp. 305-322.

DJORDJEVIC, Margareta e O'CONNOR, Bernard, *Practical Aspects of Monetary Compensation: The US – Copyright Case*, in JIEL, 2005, pp. 127-142.

DOLLAR, David, Fostering Equity through International Institutions, in *Efficiency, Equity, and Legitimacy: The Multilateral Trading System at the Millennium*, Roger Porter, Pierre Sauvé, Arvind Subramanian e Americo Zampetti ed., Brookings Institution Press, Washington, D.C., 2001, pp. 212-221.

DONALDSON, Victoria, The Appellate Body: Institutional and Procedural Aspects (Chapter 27), in *The World Trade Organization: Legal, Economic and Political Analysis*, Volume I, Patrick Macrory,

Arthur Appleton e Michael Plummer Ed., Springer, Nova Iorque, 2005, pp. 1277-1339.

DONALDSON, Victoria e YANOVICH, Alan, The Appellate Body's working procedures for appellate review, in *The WTO at Ten: The Contribution of the Dispute Settlement System*, Ed. Giorgio Sacerdoti, Alan Yanovich e Jan Bohanes, Cambridge University Press, 2006, pp. 386-423.

DOUMA, Wybe, How Safe is Safe? The EU, the USA and the WTO Codex Alimentarius Debate on Food Safety Issues, in *The European Union and the International Legal Order: Discord or Harmony?*, Vincent Kronenberger Ed., T.M.C. Asser Press, Haia, 2001, pp. 181-197.

DOUSSIS, Emmanuella, *Intérêt juridique et intervention devant la cour internationale de justice*, in RGDIP, 2001, pp. 55-89.

DRAHOS, Peter, *When the Weak Bargain with the Strong: Negotiations in the World Trade Organization*, in International Negotiation, 2003, pp. 79-109.

DU, Michael, *Standard of Review Under the SPS Agreement After EC-Hormones II*, in ICLQ, 2010, pp 441-459.

DUNKEL, Arthur, SUTHERLAND, Peter e RUGGIERO, Renato, *Joint statement on the multilateral trading system*, 2001 News Items, 1-2-2001 [http://www.wto.org].

DUNNE III, Matthew, *Redefining Power Orientation: A Reassessment of Jackson's Paradigm in Light of Asymmetries of Power, Negotiation, and Compliance in the GATT/WTO Dispute Settlement System*, in Law & Policy in International Business, 2002, pp. 277-342.

DUNOFF, Jeffrey, *The Misguided Debate over NGO Participation at the WTO*, in JIEL, 1998, pp. 433-456.

– *The Death of the Trade Regime*, in EJIL, 1999, pp. 733-762.

– *The WTO in Transition: Of Constituents, Competence and Coherence*, in George

Washington International Law Review, 2001, pp. 979-1013.

– *How Should International Economic Disputes Be Resolved?*, in South Texas Law Review, 2001, pp. 1219-1226.

– *Civil Society at the WTO: The Illusion of Inclusion?*, in ILSA Journal of International & Comparative Law, 2001, pp. 275--284.

– *The WTO's Legitimacy Crisis: Reflections on the Law and Politics of WTO Dispute Resolution*, in American Review of International Arbitration, 2002, pp. 197-208.

– *Public Participation in the Trade Regime: of Litigation, Frustration, Agitation and Legitimation*, in Rutgers Law Review, Vol. 56, 2004, pp. 961-970.

– *Lotus Eaters: Reflections on the Varietals Dispute, the SPS Agreement, and WTO Dispute Resolution*, Institute for International Law and Public Policy-Temple University Beasley School of Law, White Paper Series No. 2006-1.

– Comment on Nordström's "Developing Countries and the WTO: What's Wrong with Inactivity?", in *WTO Law and Developing Countries*, George Bermann e Petros Mavroidis Ed. Cambridge University Press, 2007, pp. 186-194.

– When – and Why – Do Hard Cases Make Bad Law? The GSP Dispute, in *WTO Law and Developing Countries*, George Bermann e Petros Mavroidis Ed. Cambridge University Press, 2007, pp. 283-291.

– *Does the U.S. Support International Tribunals? The Case of the Multilateral Trade System*, Institute for International Law and Public Policy White Paper Series No. 2007-1, Temple University – Beasley School of Law, 2007.

– *Less Than Zero: The Effects of Giving Domestic Effect to WTO Law*, in Loyola University Chicago International Law

Review, Volume 6, Issue 1, 2008, pp. 279-310.

– Dysfunction, Diversion, and the Debate over Preferences: (How) do Preferential Trade Policies Work?, in *Developing Countries in the WTO Legal System*, Chantal Thomas e Joel Trachtman ed., Oxford University Press, 2009, pp. 45-73.

DUPUY, Pierre-Marie, Conclusion: return on the legal status of NGOs and on the methodological problems which arise for legal scholarship, in *NGOs in International Law: Efficiency in Flexibility?*, Pierre-Marie Dupuy e Luisa Vierucci Ed., Edward Elgar, 2008, pp. 204-215.

DURLING, James, Rights of Access to WTO Dispute Settlement, in *Due Process in WTO Dispute Settlement*, Philippe Ruttley, Iain MacVay e Marc Weisberger ed., Cameron May, 2001, pp. 141-156.

– *Deference, But Only When Due: WTO Review of Anti-Dumping Measures*, in JIEL, 2003, pp. 125-153.

– Beyond Doha: reflections on the future of trade remedies, in *The WTO in the Twenty-First Century: Dispute Settlement, Negotiations, and Regionalism in Asia*, Yasuhei Taniguchi, Alan Yanovich e Jan Bohanes Ed., Cambridge University Press, 2007, pp. 341-366.

DURLING, James e HARDIN, David, *Amicus curiae* participation in WTO dispute settlement: reflections on the past decade, in *Key Issues in WTO Dispute Settlement: The First Ten Years*, Rufus Yerxa e Bruce Wilson Ed., Cambridge University Press, 2005, pp. 221-231.

DURLING, James e LESTER, Simon, *Original Meanings and the Film Dispute: The Drafting History, Textual Evolution, and Application of the Non-Violation Nullification or Impairment Remedy*, in George Washington Journal of International Law and Economics, Vol. 32, 1999, pp. 211-269.

ECHOLS, Marsha, *Food Safety and the WTO: The Interplay of Culture, Science and Technology*, Kluwer Law International, Londres-Haia-Nova Iorque, 2001.

ECKERSLEY, Robyn, *A Green Public Sphere in the WTO: The Amicus Curiae Interventions in the Trans-Atlantic Biotech Dispute*, in Journal of Trade and Environment Studies, 2005-2, 23 pp.

EECKHOUT, Piet, *The Domestic Legal Status of the WTO Agreement: Interconnecting Legal Systems*, in CMLR, 1997, pp. 11-58.

– Constitutional Concepts for Free Trade in Services, in *The EU and the WTO: Legal and Constitutional Issues*, Gráinne de Búrca e Joanne Scott ed., Hart Publishing, Oxford-Portland Oregon, 2001, pp. 211-235.

– *Judicial Enforcement of WTO Law in the European Union – Some Further Reflections*, in JIEL, 2002, pp. 91-110.

– The EU and its Member States in the WTO – Issues of Responsibility, in *Regional Trade Agreements and the WTO Legal System*, Lorand Bartels e Federico Ortino ed., Oxford University Press, 2006, pp. 449-464.

– Remedies and Compliance, in *The Oxford Handbook of International Trade Law*, Daniel Bethlehem, Donald McRae, Rodney Neufeld, Isabelle Van Damme Ed., Oxford University Press, 2009, pp. 437-459.

– *Case C-308/06, The Queen on the application of Intertanko and Others v Secretary of State for Transport, judgment of the Court of Justice (Grand Chamber) of 3 June 2008, nyr*, in CMLR, 2009, pp. 2041-2057.

– *The Scales of Trade – Reflections on the Growth and Functions of the WTO Adjudicative Branch*, in JIEL, 2010, pp. 3-26.

EGEA, Rosa, *El asunto Amianto – por fin una decisión saludable*, in REEI, nº 3, 2001.

EGGERS, Barbara e MACKENZIE, Ruth, *The Cartagena Protocol on Biosafey*, in JIEL, 2000, pp. 525-543.

EGGERS, Barbara e PARK, Young, *WTO Dispute Settlement 1995-99: A Statistical Analysis*, in JIEL, 2000, pp. 193-204.

EHLERMANN, Claus-Dieter, *Six Years on the Bench of the "World Trade Court": Some Personal Experiences as Member of the Appellate Body of the World Trade Organization*, in JWT, 2002, pp. 605-639.

– *Tensions between the dispute settlement process and the diplomatic and treaty-making activities of the WTO*, in WTR, 2002, pp. 301-308.

– *Experiences from the WTO Appellate Body*, in Texas International Law Journal, 2003, pp. 469-488.

– *Reflections on the Appellate Body of the WTO*, in JIEL, 2003, pp. 695-708.

– Reflections on the Process of Clarification and Improvement of the DSU, in *The WTO Dispute Settlement System 1995-2003*, Federico Ortino e Ernst-Ulrich Petersmann ed., Kluwer Law International, Haia-Londres-Nova Iorque, 2004, pp. 105-114.

EHLERMANN, Claus-Dieter e EHRING, Lothar, *WTO Dispute Settlement and Competition Law: Views from the Perspective of the Appellate Body Experience*, in Fordham International Law Journal, 2003, pp. 1505-1561.

– Can the WTO Dispute Settlement System Deal with Competition Disputes?, in *Preparing the Doha Development Round: Challenges to the Legitimacy and Efficiency of the World Trading System*, Ernst-Ulrich Petersmann ed., European University Institute-Robert Schuman Centre for Advanced Studies, Florença, 2004, pp. 249-281.

– *Decision-Making in the World Trade Organization: Is the Consensus Practice of the World Trade Organization Adequate for Making, Revising and Implementing Rules on International Trade?*, in JIEL, 2005, pp. 51-75.

– *The Authoritative Interpretation Under Article IX:2 of the Agreement Establishing the World Trade Organization: Current Law, Practice and Possible Improvements*, in JIEL, 2005, pp. 803-824.

EHLERMANN, Claus-Dieter e LOCKHART, Nicolas, *Standard of Review in WTO Law*, in JIEL, 2004, pp. 491-521.

EHRENHAFT, Peter, *The Role of Lawyers in the World Trade Organization*, in Vanderbilt Journal of Transnational Law, Vol. 34, 2001, pp. 963-988.

EHRING, Lothar, *Public Access to Dispute Settlement Hearings in the World Trade Organization*, in JIEL, 2008, pp. 1021-1034.

– The European Community's experience and practice in suspending WTO obligations, in *The Law, Economics and Politics of Retaliation in WTO Dispute Settlement*, Cambridge University Press, 2010, pp. 244-266.

EICHENGREEN, Barry, *A Globalização do Capital. Uma História do Sistema Monetário Internacional*, Editorial Bizâncio, Lisboa, 1999.

ELLIOTT, Kimberly Ann e FREEMAN, Richard, *Can Labor Standards Improve under Globalization?*, Institute for International Economics, Washington, DC, 2003.

ELSIG, Manfred, *Different facets of power in decision-making in the WTO*, National Centre of Competence in Research Trade Regulation – Swiss National Centre of Competence in Research, Working Paper No 2006/23, September 2006.

– *The World Trade Organization at Work: Performance in a Member-Driven Milieu*, in Review of International Organizations, Volume 5, 2010, pp. 345-363.

EMMERSON, Andrew, *Conceptualizing Security Exceptions: Legal Doctrine or Political Excuse?*, in JIEL, 2008, pp. 135-154.

ENDERS, Alice, Dispute settlement in regional and multilateral trade agreements, in *Regional Integration and the Global Trading System*, Kym Anderson e Richard Blackhurst ed., Harvester Wheatsheaf, 1993, pp. 344-357.

ENGELBRECHT, Hans-Jürgen e PEARCE, Christopher, *The GATT/WTO has promoted trade, but only in capital-intensive commodities!*, in Applied Economics, 2007, pp. 1573-1581.

ENSKOG, Dorothée, *La malédiction de l'article 301*, in RMCUE, nº 427, 1999, pp. 224--227.

EPPS, Tracey, *Reconciling public opinion and WTO rules under the SPS Agreement*, in WTR, 2008, pp. 359-392.

– *International Trade and Health Protection: A Critical Assessment of the WTO's SPS Agreement*, Edward Elgar, Cheltenham, UK/Northampton, USA, 2008.

ESCARAMEIA, Paula, *Colectânea de Leis de Direito Internacional*, ISCSP, Lisboa, 1994.

ESCUDERO, Manuel López, *El comercio internacional internacional de servicios después de la Ronda Uruguay*, Tecnos, Madrid, 1996.

ESPINOSA, Cristian, *The WTO Banana Dispute: Do Ecuador's Sanctions Against the European Communities Make Sense?*, in Bridges, Year 4, nº 4, 2000, pp. 3 e 10.

ESPÓSITO, Carlos D., *La Organización Mundial del Comercio y los Particulares*, Dykinson, Madrid, 1999.

ESTADOS UNIDOS DA AMÉRICA, *Proposals for Expansion of World Trade and Employment*, Department of State, November 1945, in http://www.efficientfrontier.com/files/proposals.pdf.

– *Statement of the U.S. Withdrawal from the Proceedings Initiated by Nicaragua in the International Court of Justice (January 18, 1985)*, in ILM, vol. XXIV, 1985, pp. 246-248.

– *Department of State Letter and Statement Concerning Termination of Acceptance of I.C.J. Compulsory Jurisdiction (October 7, 1985)*, in ILM, vol. XXIV, 1985, pp. 1742-1745.

– *United States –Japan: Automotive Agreement and Supporting Documents*, in ILM, vol. XXXIV, 1995, pp. 1482-1488.

– *2009 Trade Policy Agenda and 2008 Annual Report of the President of the United States on the Trade Agreements Program*, Washington, D.C., 2009.

– Caso *United States – Anti-Dumping Measures on Polyethylene Retail Carrier Bags from Thailand*, Primeira Comunicação Escrita dos Estados Unidos (WT/DS383) 26-10-2009.

ESTY, Daniel, *Greening the GATT: Trade, Environment, and the Future*, Institute for International Economics, Washington, D.C., 1994.

– *Linkages and Governance: NGOs at the World Trade Organization*, in University of Pennsylvania Journal of International Economic Law, 1998, pp. 709-730.

– *Non-Governmental Organizations at the World Trade Organization: Cooperation, Competition, or Exclusion*, in JIEL, 1998, pp. 123-147.

– We the People: Civil Society and the World Trade Organization, in *New Directions in International Economic Law: Essays in Honour of John H. Jackson*, Marco Bronckers e Reinhard Quick ed., Kluwer Law International, Londres-Haia-Boston, 2000, pp. 87-99.

– Environmental Governance at the WTO: Outreach to Civil Society, in *Trade, Environment, and the Millennium*, 2ª ed., Gary Sampson e Bradnee Chambers ed., 2002, pp. 119-144.

– *The World Trade Organization's legitimacy crisis*, in WTR, 2002, pp. 7-22.

– Strengthening the International Environmental Regime: A Transatlantic Perspective, in *Transatlantic Economic Disputes: The EU, the US, and the WTO*, Ernst-Ulrich Petersmann e Mark Pollack ed., Oxford University Press, 2003, pp. 371-384.

– *Good Governance at the World Trade Organization: Building a Foundation of Administrative Law*, in JIEL, 2007, pp. 509-527.

EVANS, David e PEREIRA, Celso de Tarso, DSU review: a view from the inside, in *Key Issues in WTO Dispute Settlement: The First Ten Years*, Rufus Yerxa e Bruce Wilson Ed., Cambridge University Press, 2005, pp. 251-268.

EVANS, Gail, *Lawmaking under the Trade Constitution: A Study in Legislating by the World Trade Organization*, Kluwer Law International, Haia-Londres-Boston, 2000.

EVANS, Phillip e WALSH, James, *The EIU guide to the New GATT*, The Economist Intelligence Unit, Londres, 1994.

EVENETT, Simon, *Study on Issues Relating to a Possible Multilateral Framework on Competition Policy* (WT/WGTCP/W/228), 19-5-2003.

– Sticking to the rules: quantifying the market access that is potentially protected by WTO-sanctioned trade retaliation, in *The Law, Economics and Politics of Retaliation in WTO Dispute Settlement*, Cambridge University Press, 2010, pp. 198-231.

EVENETT, Simon e BRAGA, Carlos Primo, *WTO Accession: Lessons from Experience*, The World Bank Group – International Trade Department, Trade Note 22, 6-6-2005.

EVERLING, Ulrich, *Will Europe Slip on Bananas? The Bananas Judgment of the Court of Justice and National Courts*, in CMLR, 1996, pp. 401-437.

EWART, Andrea, *Small Developing States in the WTO: A Procedural Approach to Special and Differential Treatment Through Reforms to Dispute Settlement*, in Syracuse Journal of International Law & Commerce, Vol. 35, 2007, pp. 27-76.

EZRAHI, Ariel, *Opting Out of Opt-Out Clauses: Removing Obstacles to International Trade and International Peace*, in Law & Policy in International Business, vol. 31, nº 1, 1999, pp. 123-156.

FABRI, Hélène Ruiz, *Le règlement des différends dans le cadre de l'organisation mondiale du commerce*, in JDI, 1997, pp. 709-755.

– *Organisation Mondiale du Commerce, Droit institutionnel*, in Juris-Classeur – Droit International, 1998, Fascicule 130-10.

– *Organisation Mondiale du Commerce, Droit matériel*, in Juris-Classeur – Droit International, 1998, Fascicule 130-20 e Fascicule 130-25.

– *Organisation Mondiale du Commerce: Chronique du règlement des différends*, in JDI, 1999, pp. 453-506.

– *Organisation Mondiale du Commerce: Chronique du règlement des différends*, in JDI, 2000, pp. 385-434.

– *Le contentieux de l'exécution dans le règlement des différends de l'Organisation mondiale du commerce*, in JDI, 2000, pp. 605-645.

– *Seattle, bogue de l'an 2000 pour l'OMC?*, International Law FORUM 2, 2000, pp. 3-9.

– *Organisation Mondiale du Commerce: Chronique du règlement des différends*, in JDI, 2001, pp. 901-953.

– *La juridictionnalisation du règlement des litiges économiques entre États*, in Revue de l'arbitrage, 2003-Nº 3, pp. 881-947.

– Dispute Settlement in the WTO: On the Trail of a Court, in *Law in the Service of Human Dignity – Essays in Honour of Florentino Feliciano*, Steve Charnovitz, Debra Steger e Peter van den Bossche Ed., Cambridge University Press, 2005, pp. 136-158.

– Drawing a line of equilibrium in a complex world, in *The WTO at Ten: The Contribution of the Dispute Settlement System*, Ed. Giorgio Sacerdoti, Alan Yanovich e Jan Bohanes, Cambridge University Press, 2006, pp. 125-142.

*– Le juge de l'OMC: ombres et lumières d'une figure judiciaire singulière*, in RGDIP, 2006, pp. 39-82.

– La motivation des décisions dans le règlement des différends de l'OMC, in *La motivation des décisions des juridictions internationales*, Hélène Ruiz-Fabri e Jean-Marc Sorel, Pedone ed., Paris, 2008, pp. 103-132.

FABRI, Hélène Ruiz e MONNIER, Pierre, *Organisation Mondiale du Commerce: Chronique du règlement des différends (2003)*, in JDI, 2004, pp. 997-1047.

FEENSTRA, Robert, *How Costly is Protectionism?*, in Journal of Economic Perspectives, 1992, pp. 159-178

*– Integration of Trade and Disintegration of Production in the Global Economy*, in Journal of Economic Perspectives, 1998, pp. 31-50.

FASSBENDER, Bardo, Article 55, in *The Statute of the International Court of Justice – A Commentary*, Andreas Zimmermann, Christian Tomuschat e Karin Oellers-Frahm ed., Oxford University Press, 2006, pp. 1177-1181.

FAUNCE, Thomas, NEVILLE, Warwick e WASSON, Anton, Non-Violation Nullification of Benefit Claims: Opportunities and Dilemmas for Australia in the WTO Dispute Settlement System, in *Ten Years of WTO Dispute Settlement: Australian Perspectives*, Office of Trade Negotiations of the Department of Foreign Affairs and Trade (Australia) ed., 2006, pp. 123-139.

FEKETEKUTY, Geza, Assessing and Improving the Architecture of GATS, in *GATS 2000: New Directions in Services Trade Liberalization*, Pierre Sauvé e Robert Stern ed., Brookings Institution Press, Washington, D.C., 2000, pp. 85-111.

FERNANDES, Carlos Roma, Acordo Geral sobre Pautas Aduaneiras e Comércio (GATT), in *POLIS – Enciclopédia Verbo da Sociedade e do Estado*, vol. nº 1, Lisboa, 1986, pp. 88-94.

FERNANDES, José Pedro Teixeira, *Elementos de Economia Política Internacional*, Almedina, Coimbra, 2005.

FERRARESE, Maria Rosaria, *Hormones and Democracy. Inclusion, no "Exit-Option" and Some "Voice": "Democratic" Signals in International Law?*, in Global Jurist Topics, 2006, Volume 6-Issue 2, Article 2 (17 pp.).

FERRÃO, Marisa Caetano, A jurisdição do Tribunal Internacional de Justiça: Em especial a Cláusula Facultativa de Jurisdição Obrigatória, in *Estudos de Direito Internacional Público e Relações Internacionais*, Coordenação de Margarida Salema d'Oliveira Martins, Associação Académica da Faculdade de Direito de Lisboa, 2008, pp. 285-366.

FERREIRA, Eduardo Paz, *Valores e Interesses: Desenvolvimento Económico e Política Comunitária de Cooperação*, Almedina, Coimbra, 2004.

FERREIRA, Eduardo Paz e ATANÁSIO, João, *Textos de Direito do Comércio Internacional e do Desenvolvimento Económico*, Volume I – Comércio Internacional, Almedina, 2004.

FERREIRA, Nuno, *A Responsabilidade Internacional: Evolução na Tradição*, in Revista da Ordem dos Advogados, Setembro de 2006, pp. 735-763.

FINANCIAL TIMES, The, *The real lesson of Cancun failure: the answer is new negotiating geometries, not WTO reform*, 23-9-2003 [USA Edition], p. 16.

FINGER, Michael, *Implementing the Uruguay Round Agreements: Problems for Developing Countries*, in WE, 2001, pp. 1097-1108.

*– The Uruguay Round North-South bargain: Will the WTO get over it?*, in *The Political Economy of International Trade Law – Essays in Honor of Robert E. Hudec*, Daniel Kennedy e James Southwick ed.,

Cambridge University Press, 2002, pp. 301-310.

– *A diplomat's economics: reciprocity in the Uruguay Round negotiations*, in WTR, 2005, pp. 27-40.

FINGER, Michael e SCHULER, Philip, *Implementation of Uruguay Round Commitments: The Development Challenge*, in WE, vol. 23, nº 4, 2000, pp. 511-525.

– Implementation of WTO Commitments: The Development Challenge, in *Development, Trade, and the WTO: A Handbook*, Bernard Hoekman, Aaditya Mattoo e Philip English ed., The World Bank, Washington, D.C., 2002, pp. 493-503.

FINGER, Michael e WINTERS, Alan, What Can the WTO Do for Developing Countries?, in *The WTO as an International Organization*, Anne Krueger ed., The University of Chicago Press, 1998, pp. 365-392.

– Reciprocity in the WTO, in *Development, Trade, and the WTO: A Handbook*, Bernard Hoekman, Aaditya Mattoo e Philip English ed., The World Bank, Washington, D.C., 2002, pp. 50-60.

FINK, Carsten e REICHENMILLER, Patrick, *Tightening TRIPS: The Intellectual Property Provisions of Recent US Free Trade Agreements*, Trade Note 20, 7-2-2005, International Trade Department, The World Bank Group.

FINK, Carsten e SMARZYNSKA, Beata, Trademarks, Geographical Indications, and Developing Countries, in *Development, Trade, and the WTO: A Handbook*, Bernard Hoekman, Aaditya Mattoo e Philip English ed., The World Bank, Washington, D.C., 2002, pp. 403-412.

FISHER, Elizabeth, Beyond the Science/ Democracy Dichotomy: The World Trade Organization Sanitary and Phytosanitary Agreement and Administrative Constitutionalism, in *Constitutionalism,*

*Multilevel Trade Governance and Social Regulation*, Christian Joerges e Ernst--Ulrich Petersmann ed., Hart Publishing, Oxford-Portland, 2006, pp. 327-349.

FLASSBECK, Heiner, *Economic Policy Challenges in an Open Economy: Coherence Between Trade and Finance* (WT/WGTDF/W/27), 24-11-2004.

FLETT, Jamen, *Collective Intelligence and the Possibility of Dissent: Anonymous Individual Opinions in WTO Jurisprudence*, in JIEL, 2010, pp. 287-320.

FLETT, James, *From the Green Room to the Court Room (And Back): Judicial Clarification of Ambiguity in WTO Law and the Effects on Subsequent Negotiations*, Oñati Socio-Legal Series, v. 1, n. 4 (2011), 44pp.

FLORY, Thiébaut, *Le GATT, Droit International et Commerce Mondial*, LGDJ, Paris, 1968.

– *L'evolution du Système Juridique du GATT*, in JDI, 1977, pp. 787-805.

– *Les accords du Tokyo Round du G.A.T.T. et la réforme des procédures de règlement des différends dans le système commercial interétatique*, in RGDIP, Vol. 86(2), 1982, pp. 235-253.

– *La conférence ministérielle du G.A.T.T. (24-29 novembre 1982)*, in AFDI, 1982, pp. 752-756.

– *Commerce*, in AFDI, 1986, pp. 604-621.

– *L'évolution des régimes juridiques du GATT depuis les Accords du Tokyo Round de 1979*, in JDI, 1986, pp. 329-345.

– *L'acte final de l'Uruguay Round*, in AFDI, 1993, pp. 752-762.

– *L'entrée en vigueur des accords du cycle d'Uruguay*, in AFDI, 1994, pp. 708-716.

– *Remarques à propos du nouveau système commercial mondial issu des Accords du cycle d'Uruguay*, in JDI, 1995, pp. 877-891.

– La mise en place d'un nouveau système commercial multilatéral, in *La Communauté Européenne et le GATT. Éva-*

*luation des accords du cycle d'Uruguay*, Thiébaut Flory org., Éditions Apogée, 1995, pp. 17-22.

– Rapport genéral, in *La réorganisation mondiale des échanges (problèmes juridiques)*, Société Française pour le Droit International, Colloque de Nice, Pedone, Paris, 1996, pp. 89-111.

– *Chronique du règlement des litiges de l'OMC*, in RMCUE, nº 425, 1999, pp. 121-127.

– *Chronique du règlement des litiges de l'OMC*, in RMCUE, nº 429, 1999, pp. 401-413.

– *L'organisation mondiale du commerce: Droit institutionnel et substantiel*, Bruylant, Bruxelas, 1999.

– *Chronique du règlement des litiges de l'OMC*, in RMCUE, nº 434, 2000, pp. 47-56.

– *Chronique du règlement des litiges de l'OMC*, in RMCUE, nº 442, 2000, pp. 609 619.

FOOTER, Mary, *Global and Regional Approaches to the Regulation of Trade in Services*, in ICLQ, 1994, pp. 661-678.

– *Remedies under the New GATT Agreement on Government Procurement*, in Public Procurement Law Review, 1995, pp. 80-93.

– Some Aspects of Third Party Intervention in GATT/WTO Dispute Settlement Proceedings, in *International Trade Law and the GATT/WTO Dispute Settlement System*, Studies in Transnational Economic Law, vol. 11, Ernst-Ulrich Petersmann ed., Kluwer Law International, Londres-Haia-Boston, 1997, pp. 213--244.

– *The Role of Consensus in GATT/WTO Decision-Making*, in Northwestern Journal of International Law & Business, 1996, vol. 17, number 2/3, pp. 653-680.

– *Developing Country Practice in the Matter of WTO Dispute Settlement*, in JWT, 2001, pp. 55-98.

– *The General Agreement on Trade in Services: Taking Stock and Moving Forward*, in LIEI, 2002, pp. 7-25.

– *An Institutional and Normative Analysis of the World Trade Organization*, Martinus Nijhoff, Leiden-Boston, 2006.

– *Post-normal science in the multilateral trading system: social science expertise and the EC – Biotech panel*, in WTR, 2007, pp. 281-297.

– *Some Theoretical and Legal Perspectives on WTO Compliance*, in Netherlands Yearbook of International Law, 2007, pp. 61-112.

FOOTER, Mary E. e ZIA-ZARIFI, Saman, *European Communities – Measures Affecting Asbestos and Asbestos-Containing Products: The World Trade Organization on Trial for its Handling of Occupational Health and Safety Issues*, in Melbourne Journal of International Law, 2002, pp. 120-142.

FORD, Rosemary, *The Beef Hormone Dispute and Carousel Sanctions: A Roundabout Way of Forcing Compliance with World Trade Organization Decisions*, in Brooklyn Journal of International Law, 2002, pp. 543-573.

FOREMAN-PECK, James, *A History of the World Economy. International Economic Relations Since 1850*, Harvester Wheatsheaf, 1995.

FOSTER, Caroline, *Social Science Experts and Amicus Curiae Briefs in International Courts and Tribunals: The WTO Biotech Case*, in Netherlands International Law Review, 2005, pp. 433-459.

– *Public Opinion and the Interpretation of the World Trade Organisation's Agreement on Sanitary and Phytosanitary Measures*, in JIEL, 2008, pp. 427-458.

FOX, Eleanor, *The WTO's First Antitrust Case – Mexican Telecom: A Sleeping Victory for Trade and Competition*, in JIEL, 2006, pp. 271-292.

Fox, Hazel, The Definition and Sources of International Economic Law, in *International Economic Law and Developing States: An Introduction*, Hazel Fox ed., The British Institute of International and Comparative Law, Londres, 1992, pp. 3-24.

François, Joseph e Martin, Will, Binding Tariffs: Why Do It?, in *Development, Trade, and the WTO: A Handbook*, Bernard Hoekman, Aaditya Mattoo e Philip English ed., The World Bank, Washington, D.C., 2002, pp. 540-547.

Franck, Thomas, *Fairness in International Law and Institutions*, Oxford University Press, 1995.

Franck, Thomas e Prows, Peter, *The Role of Presumptions in International Tribunals*, in The Law and Practice of International Courts and Tribunals, 2005, pp. 197-245.

Frankel, Jeffrey, *Regional Trading Blocs in the World Economic System*, Institute for International Economics, Washington, D.C., 1997.
– Assessing the Efficiency Gains from Further Liberalization, in *Efficiency, Equity, and Legitimacy: The Multilateral Trading System at the Millennium*, Roger Porter, Pierre Sauvé, Arvind Subramanian e Americo Zampetti ed., Brookings Institution Press, Washington, D.C., 2001, pp. 81-105.

Freeman, Richard, *Are your wages set in Beijing?*, in Journal of Economic Perspectives, 1995, pp. 15-32.

Freiberg, Kenneth, *World Trade Organization: Second Protocol to the General Agreement on Trade in Services (GATS) and Related Decisions*, in ILM, vol. XXXV, 1996, pp. 199-206.

French, Duncan, *Treaty Interpretation and the Incorporation of Extraneous Legal Rules*, in ICLQ, 2006, pp. 281-314.

Frischtak, Ana, *Balancing Judicial Economy, State Opportunism, and Due Process Concerns in the WTO*, in MJIL, 2005, pp. 947-989.

Frison-Roche, Marie-Anne, *Tribunal de l'OMC: le système des sanctions*, in Les notes bleues de Bercy, nº 186, 2000.
– Le principe du contradictoire et les droits de la défense devant l'organe de règlement des différends de l'organisation mondiale du commerce, in *Le principe du contradictoire devant les juridictions internationales*, Pedone, Paris, 2004, pp. 125-148.

Frowein, Jochen e Oellers-Frahm, Karin, Article 65, in *The Statute of the International Court of Justice – A Commentary*, Andreas Zimmermann, Christian Tomuschat e Karin Oellers-Frahm ed., Oxford University Press, 2006, pp. 1401-1426.

Fukunaga, Yuka, *Securing Compliance Through the WTO Dispute Settlement System: Implementation of DSB Recommendations*, in JIEL, 2006, pp. 383-426.

Gabilondo, José, *Developing Countries in the WTO Dispute Settlement Procedures: Improving their Participation*, in JWT, 2001, pp. 483-488.

Gabinete do Representante dos Estados Unidos para o Comércio, *Modification of Action Taken in Connection With WTO Dispute Settlement Proceedings on the European Communities' Ban on Imports of U.S. Beef and Beef Products*, in Federal Register, Vol. 74, No. 14, 23-1-2009, pp. 4265-4268.

Gaeta, Paola, *On What Conditions Can a State Be Held Responsible for Genocide?*, in EJIL, 2007, pp. 631-648.

Gaffney, John, *The GATT and the GATS: Should They Be Mutually Exclusive Agreements?*, in Leiden Journal of International Law, 1999, pp. 135-153.
– Due Process in the World Trade Organization: The Need for Procedural Justice in the Dispute Settlement System, in American University International Law Review, 1999, pp. 1173-1221.

GAISFORD, James e KERR, William, *A Note on Increasing the Effectiveness of Sanctions*, in JWT, vol. 28, nº 6, 1994, pp. 169-176.

GAL-OR, Noemi, *The Concept of Appeal in International Dispute Settlement*, in EJIL, 2008, pp. 43-65.

GALICKI, Zdzislaw, Hierarchy in International Law within the Context of Its Fragmentation, in *International Law between Universalism and Fragmentation – Festschrift in Honour of Gerhard Hafner*, Isabelle Buffard, James Crawford, Alain Pellet e Stephan Wittich Ed., Martinus Nijhoff Publishers, Leiden-Boston, 2008, pp. 41-59.

GAMBARDELLA, Maurizio e ROVETTA, Davide, *Reasonable Period of Time to Comply with WTO Rulings: Need to Do More for Developing Countries*, in Global Trade and Customs Journal, Volume 3, Nº 3, 2008, pp. 99-107.

GANTZ, David, *Dispute Settlement Under the NAFTA and the WTO: Choice of Forum Opportunities and Risks for the NAFTA Parties*, in American University International Law Review, 1999, pp. 1025-1106.

GANTZ, David e SCHROPP, Simon, *Rice Age: Comments on the Panel Report in Turkey – Measures Affecting the Importation of Rice*, in WTR, 2009, pp. 145-177.

GAO, Henry, Aggressive Legalism: The East Asian Experience and Lessons for China, in *China's Participation in the WTO*, Henry Gao e Donald Lewis Ed., Cameron May, Londres, 2005, pp. 315-351.

– *Amicus Curiae in WTO Dispute Settlement: Theory and Practice*, in China Rights Forum, No. 1, 2006, pp. 51-57.

– Reflections on the relationship between WTO negotiations and dispute settlement: lessons from the GATS, in *The WTO in the Twenty-First Century: Dispute Settlement, Negotiations, and Regionalism in Asia*, Yasuhei Taniguchi, Alan Yanovich e Jan Bohanes Ed., Cambridge University Press, 2007, pp. 367-380.

– *China's Participation in the WTO: A Lawyer's Perspective*, in Singapore Yearbook of International Law, 2007, pp. 1-34.

GARCÍA, Bermejo e MUNIÁIN, Laura, *Del GATT a la Organización Mundial del Comercio: análisis y perspectivas de futuro*, in Anuario de Derecho Internacional, 1996, pp. 147-200.

GARCÍA-CASTRILLÓN, Carmen Otero, *Private Parties under the Present WTO (Bilateralist) Competition Regime*, in JWT, 2001, pp. 99-122.

GARCIA, Frank, *Evaluating International Economic Law Dispute Resolution Mechanisms*, in South Texas Law Review, 2001, pp. 1215-1218.

GARCIA-RUBIO, Mariano, Unilateral Measures as a Means of Forcible Execution of WTO Recommendations and Decisions, in *Economic Sanctions in International Law*, Laura Picchio Forlati e Linos-Alexandre Sicilianos ed., Hague Academy of International Law, Martinus Nijhoff Publishers, Leiden/Boston, 2004, pp. 445-475.

GARDNER, Richard, *Sterling-Dollar Diplomacy: The Origins and the Prospects of our International Economic Order*, 2ª ed., Mcgraw-Hill Book Company, Nova Iorque-Toronto-Sydney-Londres, 1969.

GASPARON, Philipp, *The Transposition of the Principle of Member State Liability into the Context of External Relations*, in EJIL, 1999, pp. 605-624.

GASSAMA, Ibrahim, *Confronting Globalization: Lessons from the Banana Wars and the Seattle Protests*, in Oregon Law Review, Vol. 81, 2002, pp. 707-737.

GATHII, James Thuo, *The Legal Status of the Doha Declaration on Trips and Public Health Under the Vienna Convention on*

*the Law of Treaties*, in Harvard Journal of Law & Technology, 2002, pp. 291-317.
– *Foreign Precedents in the Federal Judiciary: The Case of the World Trade Organization's DSB Decisions*, in Georgia Journal of International and Comparative Law, 2005, pp. 1-42.

GATTINARA, Giacomo, *WTO Law in Luxembourg: Inconsistencies and Perspectives*, in Italian Yearbook of International Law, Volume XVIII, 2008, pp. 117-136.
– *The Relevance of WTO Dispute Settlement Decisions in the US Legal Order*, in LIEI, 2009, pp. 285-312.

GAUTHIER, Gilles, O'BRIEN, Erin e SPENCER, Susan, Déjà Vu, or New Beginning for Safeguards and Subsidies Rules in Services Trade?, in *GATS 2000: New Directions in Services Trade Liberalization*, Pierre Sauvé e Robert Stern ed., Brookings Institution Press, Washington, D.C., 2000, pp. 165-183.

GAZZINI, Tarcisio, *The Legal Nature of WTO Obligations and the Consequences of their Violation*, in EJIL, 2006, pp. 723-742.
– *Can Authoritative Interpretation Under Article IX:2 of the Agreement Establishing the WTO Modify the Rights and Obligations of Members?*, in ICLQ, 2008, pp. 169-181.

GEORGET, Patricia, GOLITSYN, Vladimir e ZACKLIN, Ralph, Article 4, in *The Statute of the International Court of Justice – A Commentary*, Andreas Zimmermann, Christian Tomuschat e Karin Oellers-Frahm ed., Oxford University Press, 2006, pp. 225-239.

GERBER, David, *The U.S. – European Conflict Over the Globalization of Antitrust Law: A Legal Experience Perspective*, in New England Law Review, 1999, pp. 123-142.
– *Competition Law and the WTO: Rethinking the Relationship*, in JIEL, 2007, pp. 707-724.

GERHARDT, Michael, *The Power of Precedent*, Oxford University Press, 2008.

GERHART, Peter, *The Two Constitutional Visions of the World Trade Organization*, in University of Pennsylvania Journal of International Economic Law, 2003, pp. 1-75.

GERHART, Peter e KELLA, Archana, *Power and Preferences: Developing Countries and the Role of the WTO Appellate Body*, in North Carolina Journal of International Law and Commercial Regulation, Vol. 30, 2005, pp. 515-575.

GERSTER, Richard, *Proposals for Voting Reform within the International Monetary Fund*, in JWT, vol. 27, nº 3, 1993, pp. 121-136.

GERSTETTER, Christiane, The Appellate Body's 'Response' to the Tensions and Interdependencies Between Transnational Trade Governance and Social Regulation, in *Constitutionalism, Multilevel Trade Governance and Social Regulation*, Christian Joerges e Ernst-Ulrich Petersmann ed., Hart Publishing, Oxford-Portland, 2006, pp. 111-131.

GERTLER, Jeffrey, What China's WTO Accession Is All About, in *China and the WTO: Accession, Policy Reform, and Poverty Reduction Strategies*, Deepak Bhattasali, Shantong Li e Will Martin ed., World Bank-Oxford University Press, 2004, pp. 21-28.

GETLAN, Myles, *TRIPs and the Future of Section 301: A Comparative Study in Trade Dispute Resolution*, in CJTL, 1995, pp. 173-218.

GEUZE, Matthijs e WAGER, Hannu, *WTO Dispute Settlement Practice Relating to the TRIPS Agreement*, in JIEL, 1999, pp. 347-384.

GHIAS, Shoaib, *A Theoretical and Political Analysis of the WTO Appellate Body*, in Berkeley Journal of International Law, 2006, pp. 534-553.

GIANVITI, François, Les rapports entre L'organisation Mondiale du Commerce et le Fonds Monétaire International, in

*La réorganisation mondiale des échanges (problèmes juridiques)*, Société Française pour le Droit International, Colloque de Nice, Pedone, Paris, 1996, pp. 75-86.

GIFFORD, Daniel, *Trade and Tensions*, in Minnesota Journal of International Law, 2006, pp. 297-328.

GIFFORD, Daniel e MATSUSHITA, Mitsuo, Antitrust or Competition Laws Viewed in a Trading Context: Harmony or Dissonance?, in *Fair Trade and Harmonization*, Jagdish Bhagwati e Robert Hudec ed., vol. 2, The MIT Press, Cambridge-Massachusetts e Londres, 1996, pp. 269-331.

GILLESPIE, Alexander, *The Precautionary Principle in the Twenty-First Century: A Case Study of Noise Pollution in the Ocean*, in The International Journal of Marine and Coastal Law, Vol. 22, No. 1, 2007, pp. 61-87.

GILPIN, Robert, *Global Political Economy: Understanding the International Economic Order*, Princeton University Press, Princeton – Nova Jersey, 2001.

GINSBURG, Tom, *Bounded Discretion in International Judicial Lawmaking*, in Virginia Journal of International Law, 2005, pp. 631-673.

GINSBURG, Tom e MCADAMS, Richard, *Adjudicating in Anarchy: An Expressive Theory of International Dispute Resolution*, in William and Mary Law Review, Volume 45, No. 4, 2004, pp. 1229-1330.

GLANIA, Guido, *Various Approaches for Institutional Reforms within the WTO*, in Aussenwirtschaft, 2004, pp. 7-28.

GOH, Gavin, *Tipping the Apple Cart: The Limits of Science and Law in the SPS Agreement after Japan – Apples*, in JWT, 2006, pp. 655-686.

GOH, Gavin e MORGAN, David, *Political Considerations and Pragmatic Outcomes in WTO Dispute Rulings*, in University of New South Wales Law Journal Law Journal, 2007, pp. 477-503.

GOH, Gavin e ZIEGLER, Andreas, *Retrospective Remedies in the WTO After Automotive Leather*, in JIEL, 2003, pp. 545-564.

GOLD, Joseph, *Weighted Voting Power: Some Limits and Some Problems*, in AJIL, 1974, pp. 687-708.

GOLDMAN, Julie, *Bad Lawyering or Ulterior Motive? Why the United States Lost the Film Case before the WTO Dispute Settlement Panel*, in Law & Policy in International Business, 1999, pp. 417-437.

GOLDSTEIN, Judith, Creating the GATT Rules: Politics, Institutions, and American Policy, in *The World Trading System. Critical Perspectives on the World Economy, vol. I, Historical and Conceptual Foundations*, Robert Howse ed., Routledge, Londres e Nova Iorque, 1998, pp. 22-49.
– International Institutions and Domestic Politics: GATT, WTO and the Liberalization of International Trade, in *The WTO as an International Organization*, Anne Krueger ed., The University of Chicago Press, 1998, pp. 133-152.

GOLDSTEIN, Judith e GOWA, Joanne, *US national power and the post-war trading regime*, in WTR, 2002, pp. 153-170.

GOLDSTEIN, Judith e STEINBERG, Richard, *Regulatory Shift: The Rise of Judicial Liberalization at the WTO*, UCLA School of Law – Law & Economics Research Paper Series, Research Paper No. 07-15, 2007.

GOLDSTEIN, Judith; RIVERS, Douglas e TOMZ, Michael, *Institutions in International Relations: Understanding the Effects of the GATT and the WTO on World Trade*, in International Organization, 2007, pp. 37-67.

GOLDSTEIN, Judith, KAHLER, Miles, KEOHANE, Robert e SLAUGHTER, Anne--Marie, *Introduction: Legalization and World Politics*, in International Organization, 2000, pp. 385-399.

GÓMEZ, Mariano J. Aznar, *En torno a la unidad sistémica del derecho internacional*, in

Revista Española de Derecho Internacional, vol. LIX (2007), pp. 563-593.

GOODE, Walter, *Dictionary of Trade Policy Terms*, 4ª ed., Cambridge University Press, 2003.

GOVAERE, Inge, The Reception of the WTO Agreement in the European Union: The Legacy of GATT, in *Regionalism and Multilateralism after the Uruguay Round. Convergence, Divergence and Interaction*, Paul Demaret, Jean-François Bellis e Gonzalo García Jiménez org., European Interuniversity Press, Bruxelas, 1997, pp. 703-714.

GRAHAM, Edward, Approaches to Competition Policy, in *Trade Rules in the Making: Challenges in Regional and Multilateral Negotiations*, Miguel Rodríguez Mendoza, Patrick Low e Barbara Kotschwar ed., Organization of American States-Brookings Institution Press, Washington, D.C., 1999, pp. 417-443.

– Trade, Competition, and the WTO Agenda, in *The WTO after Seattle*, Institute for International Economics, Washington, D.C., 2000, pp. 205-222.

– *Fighting the Wrong Enemy: Antiglobal Activists and Multinational Enterprises*, Institute for International Economics, Washington, D.C., 2000.

GRAHAM, Edward e LIU, Ligang, *Opening China's Bond Market: Catalyst to Further Reform and a Jumpstart to the Stalled WTO Accession Negotiations*, in JWT, vol. 32, nº 4, 1998, pp. 5-19.

GRANADILLO, Elizabeth, *Regulation of the International Trade of Endangered Species by the World Trade Organization*, in George Washington Journal of International Law & Economics, 2000, pp. 437-464.

GRANDO, Michelle, *Allocating the Burden of Proof in WTO Disputes: A Critical Analysis*, in JIEL, 2006, pp. 615-656.

– *Evidence, Proof, and Fact-Finding in WTO Dispute Settlement*, Oxford University Press, 2009.

GRANÉ, Patricio, *Remedies under WTO Law*, in JIEL, 2001, pp. 755-772.

GRANGER, Clotilde e SIROËN, Jean-Marc, *Core Labour Standards in Trade Agreements: From Multilateralism to Bilateralism*, in JWT, 2006, pp. 813-836.

GRANGER, Leah, *Explaining the Broad-Based Support for WTO Adjudication*, in Berkeley Journal of International Law, 2006, pp. 521-533.

GRANT, Thomas, *Defining Statehood: The Montevideo Convention and Its Discontents*, in CJTL, 1999, pp. 403-457.

GRAY, Christine, Types of Remedies in ICJ Cases: Lessons for the WTO?, in *Improving WTO Dispute Settlement Procedures – Issues and Lessons from the Practice of Other International Courts and Tribunals*, Friedl Weiss ed., Cameron May, 2000, pp. 401-415.

GRAZ, Jean-Christophe, *Aux sources de l'OMC: La Charte de la Havane 1941-1950*, Droz, Genebra, 1999.

GREEN, Andrew e EPPS, Tracey, *The WTO, Science, and the Environment: Moving Towards Consistency*, in JIEL, 2007, pp. 285-316.

GREEN, Andrew e TREBILCOCK, Michael, *Enforcing WTO Obligations: What Can We Learn from Export Subsidies?*, in JIEL, 2007, pp. 653-683.

GREENWALD, John, *WTO Dispute Settlement: An Exercise in Trade Law Legislation?*, in JIEL, 2003, pp. 113-124.

GREISBERGER, Andrea, *Enhancing the Legitimacy of the World Trade Organization: Why the United States and the European Union Should Support the Advisory Centre on WTO Law*, in Vanderbilt Journal of Transnational Law, 2004, pp. 827-860.

GRILLER, Stefan, *Judicial Enforceability of WTO Law in the European Union: Annotation to Case C-149/96, Portugal V. Council*, in JIEL, 2000, pp. 441-472.

GRINOLS, Earl e PERRELLI, Roberto, *The WTO Impact on International Trade Dis-*

*putes: An Event History Analysis*, in The Review of Economics and Statistics, November 2006, pp. 613-624.

GRISWOLD, Daniel, *WTO Report Card: America's Economic Stake in Open Trade*, CATO Institute Trade Briefing Paper nº 8, 3-4-2000.

– *The Future of the WTO*, in CATO Journal, 2000, pp. 345-350.

– *Trading Tyranny for Freedom: How Open Markets Till the Soil for Democracy*, CATO Trade Policy Analysis nº 26, 6-1-2004.

GROSSMAN, Gene e MAVROIDIS, Petros, United States – Imposition of Countervailing Duties on Certain Hot-Rolled Lead and Bismuth Carbon Steel Products Originating in the United Kingdom: Here Today, Gone Tomorrow? Privatization and the Injury Caused by Non-Recurring Subsidies, in *The WTO Case Law of 2001*, The American Law Institute Reporters' Studies, Henrik Horn e Petros Mavroidis ed., Cambridge University Press, 2003, pp. 170-200.

– United States – Section 110(5) of the US Copyright Act, Recourse to Arbitration under Article 25 of the DSU: Would've or Should've? Impaired Benefits due to Copyright Infringement, in *The WTO Case Law of 2001*, The American Law Institute Reporters' Studies, Henrik Horn e Petros Mavroidis ed., Cambridge University Press, 2003, pp. 281-299.

GROSSMAN, Gene e HELPMAN, Elhanan, *Trade Wars and Trade Talks*, in Journal of Political Economy, 1995, pp. 675-708.

GROSSMAN, Gene e SYKES, Alan O., *A preference for development: the law and economics of GSP*, in WTR, 2005, pp. 41-67.

GRUSZCZYNSKI, Lukasz, *Science in the Process of Risk Regulation under the WTO Agreement on Sanitary and Phytosanitary Measures*, in German Law Journal, 2006, pp. 371-398.

– SPS Measures Adopted in Case of Insufficiency of Scientific Evidence, in *Essays on the Future of the World Trade Organization, Volume II – The WTO Judicial System: Contributions and Challenges*, Julien Chaisse e Tiziano Balmelli Ed., Editions Interuniversitaires Suisses, Genebra--Lugano-Bruxelas, 2008, pp. 91-140.

GRYNBERG, Roman e JOY, Roy, *The Accession of Vanuatu to the WTO: Lessons for the Multilateral Trading System*, in JWT, Vol. 34, nº 6, 2000, pp. 159-173.

GUILLAUME, Gilbert, De l'emploi des langues à la cour internationale de justice, in *Droit du Pouvoir, Pouvoir du Droit, Mélanges offerts à Jean Salmon*, Bruylant, Bruxelas, 2007, pp. 1277-1292.

GUOHUA, Yang e JIN, Cheng, *The Process of China's Accession to the WTO*, in JIEL, 2001, pp. 297-328.

GUOHUA, Yang; MERCURIO, Bryan e YONGJIE, Li, *WTO Dispute Settlement Understanding: A Detailed Interpretation*, Kluwer Law International, 2005.

GURRY, Francis, *The Dispute Resolution Services of the World Intellectual Property Organization*, in JIEL, 1999, pp. 385-398.

GUZMAN, Andrew, *A Compliance-Based Theory of International Law*, in California Law Review, 2002, pp. 1825-1887.

– *Food Fears: Health and Safety at the WTO*, in Virginia Journal of International Law, 2004, pp. 1-39.

– *The Design of International Agreements*, in EJIL, 2005, pp. 579-612.

– *The Promise of International Law*, in Virginia Law Review, 2006, pp. 533-564.

– Dispute Resolution in SPS Cases, in *Ten Years of WTO Dispute Settlement*, Dan Horovitz, Daniel Moulis e Debra Steger ed., International Bar Association, Londres, 2007, pp. 215-233.

– *International Tribunals: A Rational Choice Analysis*, in University of Pennsylvania Law Review, 2008, pp. 171-235.

– *Determining the Appropriate Standard of Review in WTO Disputes*, in CILJ, 2009, pp. 45-76.

GUZMAN, Andrew e MEYER, Timothy, *International Common Law: The Soft Law of International Tribunals*, in CJIL, 2009, pp. 515-535.

GUZMAN, Andrew e SIMMONS, Beth, *To Settle or Empanel? An Empirical Analysis of Litigation and Settlement at the World Trade Organization*, in The Journal of Legal Studies, 2002, pp. 205-235.

– *Power Plays and Capacity Constraints: The Selection of Defendants in World Trade Organization Disputes*, in The Journal of Legal Studies, 2005, pp. 557-598.

HAFNER, Gerhard, *Pros and Cons Ensuing from Fragmentation of International Law*, in MJIL, 2004, pp. 849-863.

HAHN, Michael, *Vital Interests and the Law of GATT: An Analysis of GATT's Security Exception*, in MJIL, 1991, pp. 558-620.

– *A Clash of Cultures? The UNESCO Diversity Convention and International Trade Law*, in JIEL, 2006, pp. 515-552.

HAHN, Michael e SCHUSTER, Gunnar, *Le droit des États membres de se prévaloir en justice d'un accord liant la Communauté. L'invocabilité du GATT dans l'affaire République Fédérale d'Allemagne contre Conseil de l'Union européenne*, in RGDIP, 1995-2, pp. 367-384.

HALLE, Mark, The WTO and sustainable development, in *The WTO in the Twenty-First Century: Dispute Settlement, Negotiations, and Regionalism in Asia*, Yasuhei Taniguchi, Alan Yanovich e Jan Bohanes Ed., Cambridge University Press, 2007, pp. 395-405.

HAMILTON, Alexander, MADISON, James e JAY, John, *The Federalist Papers*, Charles R. Kesler Ed., Mentor, 1999.

HANSEN, Marc e VERMULST, Edwin, *The GATT Protocol of Provisional Application:*

*A Dying Grandfather?*, in CJTL, 1989, pp. 263-308.

HARLAND, Christopher, *International Court of Justice Elections: a Report on the First Fifty Years*, in Canadian Yearbook of International Law, 1996, pp. 303-367.

HARRISON, James, *Legal and Political Oversight of WTO Waivers*, in JIEL, 2008, pp. 411-425.

HART, Michael, *The WTO and the Political Economy of Globalization*, in JWT, vol. 31, nº 5, 1997, pp. 75-93.

HART, Jeffrey e SPERO, Joan, *The Politics of International Economic Relations*, 5ª ed., Routledge, Londres e Nova Iorque, 1997.

HARTER-UIBOPUU, Kaja, *Ancient Greek Approaches Toward Alternative Dispute Resolution*, in Willamette Journal of International Law & Dispute Resolution, 2002, pp. 47-69.

HATHAWAY, Dale e STOVALL, John, US Interests in the Banana Trade Controversy, in *Banana Wars: The Anatomy of a Trade Dispute*, Timothy Josling e Timothy Taylor ed., Centre for Agricultural Bioscience International (CABI) Publishing, 2003, pp. 151-167.

HAUS, Leah A., *Globalizing the GATT: The Soviet Union's Successor States, Eastern Europe, and the International Trading System*, The Brookings Institution, Washington, D.C., 1992.

HAUSER, Heinz e ROITINGER, Alexander, Renegotiation in Transatlantic Trade Disputes, in *Transatlantic Economic Disputes: The EU, the US, and the WTO*, Ernst-Ulrich Petersmann e Mark Pollack ed., Oxford University Press, 2003, pp. 487-506.

HAYES, Edward, *Changing Notions of Sovereignty and Federalism in the International Economic System: A Reassessment of WTO Regulation of Federal States and the Regional and Local Governments Within their Terri-*

*tories*, in Northwestern Journal of International Law & Business, 2004, pp. 1-36.
– *A Comparative Analysis of the Regulation of State and Provincial Governments in NAFTA and GATT/WTO*, in CJIL, 2005, pp. 605-623.

HEALY, Melissa, *European Communities – Conditions for the Granting of Tariff Preferences to Developing Countries: The Use of Positive Conditionality in the European Generalised System of Preferences*, in International Trade Law & Regulation, 2009, nº 3, pp. 79-87.

HEISKANEN, Veijo, *The Regulatory Philosophy of International Trade Law*, in JWT, 2004, pp. 1-36.

HELFER, Laurence, *Constitutional Analogies in the International Legal System*, in Loyola of Los Angeles Law Review, 2003, pp. 193-237.
– *Regime Shifting: The TRIPs Agreement and New Dynamics of International Intellectual Property Lawmaking*, in YJIL, 2004, pp. 1-83.
– *Exiting Treaties*, in Virginia Law Review, vol. 91, 2005, pp. 1579-1648.
– *Nonconsensual International Lawmaking*, in University of Illinois Law Review, 2008, pp. 71-125.

HELFER, Laurence e SLAUGHTER, Anne-Marie, *Toward a Theory of Effective Supranational Adjudication*, in The Yale Law Journal, 1997, pp. 273-391.
– *Why States Create International Tribunals: A Response to Professors Posner and Yoo*, in California Law Review, 2005, pp. 899-956.

HELMEDACH, Achim e ZANGL, Bernhard, Dispute Settlement Under GATT and WTO: An Empirical Enquiry into a Regime Change, in *Constitutionalism, Multilevel Trade Governance and Social Regulation*, Christian Joerges e Ernst-Ulrich Petersmann ed., Hart Publishing, Oxford-Portland, 2006, pp. 85-110.

HENCKELS, Caroline, *GMOs in the WTO: A Critique of the Panel's Legal Reasoning in EC – Biotech*, in Melbourne Journal of International Law, 2006, pp. 278-305.

HENDERSON, David, International Agencies and Cross-Border Liberalization: The WTO in Context, in *The WTO as an International Organization*, Anne Krueger ed., The University of Chicago Press, 1998, pp. 97-130.
– *WTO 2002: imaginary crisis, real problems*, in WTR, 2002, pp. 277-296.

HENDERSON, Todd, *From Seriatim to Consensus and Back Again: A Theory of Dissent*, John M. Olin Law & Economics Working Paper nº 363 (2d series), The Law School – The University of Chicago, 2007.

HERMAN, Andrew, *The WTO Dispute Settlement Review Commission: An Unwise Extension of Extrajudicial Roles*, in Hastings Law Journal, 1996, pp. 1635-1667.

HERNÁNDEZ-LÓPEZ, Ernesto, *Recent Trends and Perspectives for Non-State Actor Participation in World Trade Organization Disputes*, in JWT, vol. 35, nº 3, 2001, pp. 469-498.

HERRMANN, Christoph, *Common Commercial Policy after Nice: Sisyphus Would Have Done a Better Job*, in CMLR, 2002, pp. 7-29.

HERWIG, Alexia, The Precautionary Principle in Support of Practical Reason: An Argument Against Formalistic Interpretations of the Precautionary Principle, in *Constitutionalism, Multilevel Trade Governance and Social Regulation*, Christian Joerges e Ernst-Ulrich Petersmann ed., Hart Publishing, Oxford-Portland, 2006, pp. 301-325.

HIGGINS, Rosalyn, *A Babel of Judicial Voices? Ruminations from the Bench*, in ICLQ, 2006, pp. 791-804.

HILF, Meinhard, Settlement of Disputes in International Economic Organizations: Comparative Analysis and Proposals for

Strengthening the GATT Dispute Settlement Procedures, in *The New GATT Round of Multilateral Trade Negotiations: Legal and Economic Problems*, 2ª ed., Meinhard Hilf e Ernst-Ulrich Petersmann ed., Kluwer, Deventer – Boston, 1991, pp. 285-322.

– The Role of National Courts in International Trade Relations, in *International Trade Law and the GATT/WTO Dispute Settlement System*, Studies in Transnational Economic Law, vol. 11, Ernst-Ulrich Petersmann ed., Kluwer Law International, Londres-Haia-Boston, 1997, pp. 561-585.

– *Libertad del comercio mundial contra protección del medio ambiente?*, in REEI, nº 1, 2000.

– *Power, Rules and Principles – Which Orientation for WTO/GATT Law?*, in JIEL, 2001, pp. 111-130.

HILF, Meinhard e PUTH, Sebastian, The Principle of Proportionality on Its Way into WTO/GATT Law, in *European Integration and International Co-ordination – Studies in Transnational Economic Law in Honour of Claus-Dieter Ehlermann*, Armin von Bogdandy/Petros Mavroidis/Yves Mény ed., Kluwer Law International, Haia/Londres/Nova Iorque, 2002, pp. 199-218.

HILLMAN, Jennifer, *Conflicts Between Dispute Settlement Mechanisms in Regional Trade Agreements and the WTO – What Should the WTO Do?*, in CILJ, 2009, pp. 193-208.

HILPOLD, Peter, *Regional Integration According to Article XXIV GATT – Between Law and Politics*, in Max Planck Yearbook of United Nations Law, vol. 7, 2003, pp. 219-260.

HINDLEY, Brian, Safeguards, VERs and Anti-Dumping Action, in *The New World Trading System: Readings*, OCDE, Paris, 1995, pp. 91-103.

– Competition Law and the WTO: Alternative Structures for Agreement, in *Fair Trade and Harmonization*, Jagdish Bhagwati e Robert Hudec ed., vol. 2, The MIT Press, Cambridge-Massachusetts e Londres, 1996, pp. 333-348.

– What subjects are suitable for WTO agreement?, in *The Political Economy of International Trade Law – Essays in Honor of Robert E. Hudec*, Daniel Kennedy e James Southwick ed., Cambridge University Press, 2002, pp. 157--170.

HIRSH, Bruce, *The WTO Bananas Decision: Cutting Through the Ticket*, in Leiden Journal of International Law, 1998, pp. 201-227.

HIRST, Paul e THOMPSON, Grahame, *Globalização em questão*, Editora Vozes, Petrópolis, 1998.

HOBSON, Charles, *Defining the Office: John Marshall as Chief Justice*, in University of Pennsylvania Law Review, Vol. 154, 2006, pp. 1421-1461.

HODA, Anwarul, *Tariff Negotiations and Renegotiations under the GATT and the WTO: Procedures and Practices*, Cambridge University Press, 2001.

HOEKMAN, Bernard, *Trade Laws and Institutions: Good Practices and the World Trade Organization*, World Bank Discussion Papers, nº 282, 1995.

– General Agreement on Trade in Services, in *The New World Trading System: Readings*, OCDE, Paris, 1995, pp. 177-187.

– Towards a More Balanced and Comprehensive Services Agreement, in *The WTO after Seattle*, Institute for International Economics, Washington, D.C., 2000, pp. 119-135.

– *The Next Round of Services Negotiations: Identifying Priorities and Options*, in Federal Reserve Bank of St. Louis Review, July-August 2000, pp. 31-47.

– The WTO: Functions and Basic Principles, in *Development, Trade, and the WTO: A Handbook*, Bernard Hoekman, Aaditya Mattoo e Philip English ed., The World Bank, Washington, D.C., 2002, pp. 41-49.

HOEKMAN, Bernard e KOSTECKI, Michel, *The Political Economy of the World Trading System: From GATT to WTO*, Oxford University Press, 1996.

– *The Political Economy of the World Trading System: The WTO and Beyond*, 2ª ed., Oxford University Press, 2001.

HOEKMAN, Bernard e MAVROIDIS, Petros, *Competition, Competition Policy and the GATT*, in WE, vol. 17, nº 2, 1994, pp. 121--150.

– *The WTO's Agreement on Government Procurement: Expanding Disciplines, Declining Membership*, in Public Procurement Law Review, 1995, pp. 63-79.

– *Enforcing Multilateral Commitments: Dispute Settlement and Developing Countries*, The WTO/World Bank Conference on Developing Countries' in a Millennium Round, 1999.

– *WTO Dispute Settlement, Transparency and Surveillance*, in WE, vol. 23, nº 4, 2000, pp. 527-542.

– *Economic Development, Competition Policy and the World Trade Organization*, in JWT, 2003, pp. 1-27.

– *Nothing Dramatic (... regarding administration of customs laws)*, in WTR, 2009, pp. 31-44.

HOEKMAN, Bernard e MESSERLIN, Patrick, Liberalizing Trade in Services: Reciprocal Negotiations and Regulatory Reform, in *GATS 2000: New Directions in Services Trade Liberalization*, Pierre Sauvé e Robert Stern ed., Brookings Institution Press, Washington, D.C., 2000, pp. 487-508.

HOFMANN, Rainer e LAUBNER, Tilmann, Article 57, in *The Statute of the International Court of Justice – A Commentary*, Andreas Zimmermann, Christian Tomuschat e Karin Oellers-Frahm ed., Oxford University Press, 2006, pp. 1199-1215.

HOEKMAN, Bernard, HORN, Henrik e MAVROIDIS, Petros, Winners and Losers in the Panel Stage of the WTO Dispute Settlement System, in *Developing Countries in the WTO Legal System*, Chantal Thomas e Joel Trachtman ed., Oxford University Press, 2009, pp. 151-190.

HOGG, Sarah e NAWAZ, Mahmud, Economic Considerations and the DSU, in *Dispute Resolution in the World Trade Organisation*, James Cameron e Karen Campbell ed., Cameron May, Londres, 1998, pp. 59-68.

HOLLIS, Duncan, *Why State Consent Still Matters – Non-State Actors, Treaties, and the Changing Sources of International Law*, in Berkeley Journal of International Law, 2005, pp. 137-174.

HOLMES, Peter, The WTO and the EU: Some Constitutional Comparisons, in *The EU and the WTO: Legal and Constitutional Issues*, Gráinne de Búrca e Joanne Scott ed., Hart Publishing, Oxford-Portland Oregon, 2001, pp. 59-80.

HOLMES, Peter e YOUNG, Alasdair, Protection or Protectionism? EU Food Safety and the WTO, in *What's the Beef? The Contested Governance of European Food Safety*, Christopher Ansell e David Vogel Ed., The MIT Press, Cambridge-Massachusetts, Londres, 2006, pp. 281-305.

HOLMES, Peter, ROLLO, Jim e YOUNG, Alasdair, *Emerging Trends in WTO Dispute Settlement: Back to the GATT?*, World Bank Policy Research Working Paper nº 3133, 2003.

HORLICK, Gary, *WTO Dispute Settlement and the Dole Commission*, in JWT, vol. 29, nº 6, 1995, pp. 45-48.

– *The Speedbump at Seattle*, in JIEL, 2000, pp. 167-172.

– *Over the Bump in Doha?*, in JIEL, 2002, pp. 195-202.

– Problems with the compliance structure of the WTO dispute resolution process, in *The Political Economy of International Trade Law – Essays in Honor of Robert E. Hudec*, Daniel Kennedy e James Southwick ed., Cambridge University Press, 2002, pp. 636-645.

– Considering Remedies (Panel Discussion), in *The WTO: Governance, Dispute Settlement, and Developing Countries*, Merit Janow, Victoria Donaldson e Alan Yanovich ed., Juris Publishing, Nova Iorque, 2008, pp. 817-842.

HORLICK, Gary e CLARKE, Peggy, Standards for Panels Reviewing Anti-dumping Determinations under the GATT and WTO, in *International Trade Law and the GATT/WTO Dispute Settlement System*, Studies in Transnational Economic Law, vol. 11, Ernst-Ulrich Petersmann ed., Kluwer Law International, Londres-Haia-Boston, 1997, pp. 315-324.

HORLICK, Gary e COLEMAN, Judith, A Comment on Compliance with WTO Dispute Settlement Decisions, in *The WTO: Governance, Dispute Settlement, and Developing Countries*, Merit Janow, Victoria Donaldson e Alan Yanovich ed., Juris Publishing, Nova Iorque, 2008, pp. 771-776.

HORLICK, Gary e MIZULIN, Nikolay, *Los países en desarrollo y el mecanismo de solución de diferencias de la OMC*, in Integración & Comercio, Nº 23, Año 9, Júlio-Diciembre 2005, pp. 137-144.

HORLICK, Gary e SHEA, Eleanor, Dealing with U.S. Trade Laws: Before, During, and After, in *Development, Trade, and the WTO: A Handbook*, Bernard Hoekman, Aaditya Mattoo e Philip English ed., The World Bank, Washington, D.C., 2002, pp. 206-212.

HORMATS, Robert, Governance of the Global Trading System, in *Efficiency, Equity,* *and Legitimacy: The Multilateral Trading System at the Millennium*, Roger Porter, Pierre Sauvé, Arvind Subramanian e Americo Zampetti ed., Brookings Institution Press, Washington, D.C., 2001, pp. 392-407.

HOUBEN, Hiddo, *China's Economic Reforms and Integration into the World Trading System*, in JWT, vol. 33, nº 3, 1999, pp. 1-18.

HOUSMAN, Robert, *Democratizing International Trade Decision-making*, in CILJ, 1994, pp. 699-747.

HOWSE, Robert, *The Turtles Panel: Another Environmental Disaster in Geneva*, in JWT, vol. 32, nº 5, 1998, pp. 73-100.

– *The House that Jackson Built: Restructuring the GATT System*, in MJIL, 1999, pp. 107-119.

– *The World Trade Organization and the Protection of Workers' Rights*, in The Journal of Small and Emerging Business Law, 1999, pp. 131-172.

– Managing the Interface between International Trade Law and the Regulatory State: What Lessons Should (and Should Not) Be Drawn from the Jurisprudence of the United States Dormant Commerce Clause, in *Regulatory Barriers and the Principle of Non-Discrimination in World Trade Law*, Thomas Cottier e Petros Mavroidis ed., Studies in International Economics – The World Trade Forum, vol. 2, The University of Michigan Press, 2000, pp. 139-166.

– *Democracy, Science, and Free Trade: Risk Regulation on Trial at the World Trade Organization*, in Michigan Law Review, 2000, pp. 2329-2357.

– Adjudicative Legitimacy and Treaty Interpretation in International Trade Law: The Early Years of WTO Jurisprudence, in *The EU, the WTO, and the NAFTA: Towards a Common Law of International Trade?*, Joseph Weiler ed., Oxford University Press, 2001, pp. 35-69.

– The legitimacy of the World Trade Organization, in *The Legitimacy of International Organizations*, J.-M. Coicaud e V. Heiskanen (eds.), United Nations University Press, Nova Iorque-Tóquio, 2001, pp. 355-407.

– *The Appellate Body Rulings in the Shrimp/ Turtle Case: A New Legal Baseline for the Trade and Environment Debate*, in Columbia Journal of Environmental Law, 2002, pp. 491-521.

– Trade negotiations and high politics: Drawing the right lessons from Seattle, in *The Political Economy of International Trade Law – Essays in Honor of Robert E. Hudec*, Daniel Kennedy e James Southwick ed., Cambridge University Press, 2002, pp. 430-434.

– *From Politics to Technocracy – and Back Again: The Fate of the Multilateral Trading Regime*, in AJIL, 2002, pp. 94-117.

– *Human Rights in the WTO: Whose Rights, What Humanity? Comment on Petersmann*, in EJIL, 2002, pp. 651-659.

– *The Sardines Panel and AB Rulings – Some Preliminary Reactions*, in LIEI, 2002, pp. 247-254.

– *Membership and its Privileges: the WTO, Civil Society, and the Amicus Brief Controversy*, in European Law Journal, 2003, pp. 496-510.

– *India's WTO Challenge to Drug Enforcement Conditions in the European Community Generalized System of Preferences: A Little Known Case with Major Repercussions for "Political" Conditionality in US Trade Policy*, in CJIL, 2003, pp. 385-405.

– *Back to Court After Shrimp/Turtle? Almost but not Quite Yet: India's Short Lived Challenge to Labor and Environmental Exceptions in the European Union's Generalized System of Preferences*, in American University International Law Review, 2003, pp. 1333-1381.

– The Most Dangerous Branch? WTO Appellate Body Jurisprudence on the Nature and Limits of the Judicial Power, in *The Role of the Judge in International Trade Regulation: Experience and Lessons for the WTO*, Thomas Cottier e Petros Mavroidis ed., Studies in International Economics – The World Trade Forum, volume 4, The University of Michigan Press, 2003, pp. 11-41.

– *Montesquieu on Commerce, Conquest, War, and Peace*, in Brooklyn Journal of International Law, 2006, pp. 693-708.

– A New Device for Creating International Legal Normativity: The WTO Technical Barriers to Trade Agreement and 'International Standards', in *Constitutionalism, Multilevel Trade Governance and Social Regulation*, Christian Joerges e Ernst-Ulrich Petersmann ed., Hart Publishing, Oxford-Portland, 2006, pp. 383-395.

– Sovereignty, Lost and Found, in *Redefining Sovereignty in International Economic Law*, Wenhua Shan, Penelope Simons e Dalvinder Singh ed., Hart Publishing, Oxford-Portland, 2008, pp. 61-75.

– The Use and Abuse of International Law in WTO Trade/Environment Litigation, in *The WTO: Governance, Dispute Settlement, and Developing Countries*, Merit Janow, Victoria Donaldson e Alan Yanovich ed., Juris Publishing, Nova Iorque, 2008, pp. 635-670.

– *Moving the WTO Forward – One Case at a Time*, in CILJ, 2009, pp. 223-231.

Howse, Robert e Esserman, Susan, *The WTO on Trial*, in FA, January/February 2003, pp. 130-140.

– The Appellate Body, the WTO dispute settlement system, and the politics of multilateralism, in *The WTO at Ten: The Contribution of the Dispute Settlement System*, Ed. Giorgio Sacerdoti, Alan

Yanovich e Jan Bohanes, Cambridge University Press, 2006, pp. 61-80.

Howse, Robert e Horn, Henrik, *European Communities – Measures Affecting the Approval and Marketing of Biotech Products*, in WTR, 2009, pp. 49-83.

Howse, Robert e Mavroidis, Petros, *Europe's Evolving Regulatory Strategy for GMOs – The Issue of Consistency with WTO Law: Of Kine and Brine*, in Fordham International Law Journal, 2000, pp. 317-370.

Howse, Robert e Neven, Damien, United States – Tax Treatment for "Foreign Sales Corporations" Recourse to Arbitration by the United States under Article 22.6 of the DSU and Article 4.11 of the SCM Agreement (WT/DS108/ARB): A Comment, in *The WTO Case Law of 2002*, The American Law Institute Reporters' Studies, Henrik Horn e Petros Mavroidis ed., Cambridge University Press, 2005, pp. 37-63.

Howse, Robert e Nicolaïdis, Kalypso, *Legitimacy and Global Governance: Why Constitutionalizing the WTO Is a Step Too Far?*, in *Efficiency, Equity, and Legitimacy: The Multilateral Trading System at the Millennium*, Roger Porter, Pierre Sauvé, Arvind Subramanian e Americo Zampetti ed., Brookings Institution Press, Washington, D.C., 2001, pp. 227-252.

– Legitimacy through "Higher Law"? Why Constitutionalizing the WTO Is a Step Too Far, in *The Role of the Judge in International Trade Regulation: Experience and Lessons for the WTO*, Thomas Cottier e Petros Mavroidis ed., Studies in International Economics – The World Trade Forum, volume 4, The University of Michigan Press, 2003, pp. 307-348.

– Democracy without Sovereignty: The Global Vocation of Political Ethics, in *The Shifting Allocation of Authority in Internatio-*nal Law: Considering Sovereignty, Supremacy and Subsidiarity, Essays in honour of Professor Ruth Lapidoth, Tomer Broude e Yuval Shany ed., Hart Publishing, Oxford-Portland, 2008, pp. 163-191.

Howse, Robert e Regan, Donald, *The Product/Process Distinction – An Illusory Basis for Disciplining 'Unilateralism' in Trade Policy*, in EJIL, vol. 11, nº 2, 2000, pp. 249-289.

Howse, Robert e Staiger, Robert, United States – Anti-Dumping Act of 1916 (Original Complaint by the European Communities) – Recourse to Arbitration by the United States under Article 22.6 of the DSU, WT/DS136/ARB, 24 February 2004: A Legal and Economic Analysis, in *The WTO Case Law of 2003*, The American Law Institute Reporters' Studies, Henrik Horn e Petros Mavroidis ed., Cambridge University Press, 2006, pp. 254-279.

Howse, Robert e Teitel, Ruti, *Cross-Judging: Tribunalization in a Fragmented But Interconnected Global Order*, in New York University Journal of International Law and Politics, 2009, pp. 959-990.

Howse, Robert e Tuerk, Elisabeth, The WTO Impact on Internal Regulations – A Case Study of the Canada-EC Asbestos Dispute, in *The EU and the WTO: Legal and Constitutional Issues*, Gráinne de Búrca e Joanne Scott ed., Hart Publishing, Oxford-Portland Oregon, 2001, pp. 283-328.

Hsieh, Pasha, *Facing China: Taiwan's Status as a Separate Customs Territory in the World Trade Organization*, in JWT, 2005, pp. 1195-1221.

– An Unrecognized Sate in Foreign and International Courts: The Case of the Republic of China on Taiwan, in MJIL, Vol. 28, 2007, pp. 765-814.

Hsu, Locknie, Applicability of WTO Law in Regional Trade Agreements: Identifying the Links, in *Regional Trade Agreements and the WTO Legal System*, Lorand Bartels e Federico Ortino ed., Oxford University Press, 2006, pp. 525-552.

Hu, Jiaxiang, *The Role of International Law in the Development of WTO Law*, in JIEL, 2004, pp. 143-167.

Huang, Dongli, *Legal Interpretation of Paragraph 242 of the Report of the Working Party on the Accession of China Under the World Trade Organization Legal Framework*, in JWT, 2006, pp. 137-152.

Hudec, Robert E., *The GATT Legal System and World Trade Diplomacy*, Praeger Publishers, Nova Iorque-Washington-Londres, 1975.

– *Retaliation Against "Unreasonable" Foreign Trade Practices: The New Section 301 and GATT Nullification and Impairment*, in Minnesota Law Review, Vol. 59, 1975, pp. 461-539.

– *GATT Dispute Settlement After the Tokyo Round: An Unfinished Business*, in CILJ, Volume 13, Number 2, 1980, pp. 145-203.

– *"Transcending the Ostensible": Some Reflections on the Nature of Litigation Between Governments*, in Minnesota Law Review, Vol. 72, 1987, pp. 211-226.

– *Self-Help In International Trade Disputes*, in ASIL Proceedings, 1990, pp. 33-38.

– Thinking about the New Section 301: Beyond Good and Evil, in *Aggressive Unilateralism: America's 301 Trade Policy and the World Trading System*, Jagdish Bhagwati e Hugh Patrick ed., The University of Michigan Press, 1990, pp. 113-159.

– *Enforcing International Trade Law: The Evolution of the Modern GATT Legal System*, Butterworth Legal Publishers, Salem – New Hampshire, 1993.

– Dispute Settlement, in *The New World Trading System: Readings*, OCDE, Paris, 1995, pp. 135-139.

– *International Economic Law: The Political Theatre Dimension*, in University of Pennsylvania Journal of International Economic Law, 1996, pp. 9-15.

– GATT Legal Restraints on the Use of Trade Measures against Foreign Environmental Practices, in *Fair Trade and Harmonization*, Jagdish Bhagwati e Robert Hudec ed., vol. 2, The MIT Press, Cambridge-Massachusetts e Londres, 1996, pp. 95-174.

– *Differences in National Environmental Standards: The Level-Playing-Field Dimension*, in MJGT, 1996, pp. 1-28.

– The Role of the GATT Secretariat in the Evolution of the WTO Dispute Settlement Procedure, in *The Uruguay Round and Beyond, Essays in Honour of Arthur Dunkel*, Springer, 1998, pp. 101-120.

– The GATT Legal System: A Diplomat's Jurisprudence, in *The World Trading System. Critical Perspectives on the World Economy, vol. II, Dispute Settlement in the World Trading System*, Robert Howse ed., Routledge, Londres e Nova Iorque, 1998, pp. 8-59.

– *Does the Agreement on Agriculture Work? Agricultural Disputes After the Uruguay Round*, The International Agricultural Trade Research Consortium Working Paper 98-2, 1998.

– The Agenda for Reform of the Dispute Settlement Procedure, in *The Next Trade Negotiating Round: Examining the Agenda for Seattle*, Jagdish Bhagwati ed., Columbia University, 1999, pp. 233-244.

– GATT/WTO Constraints on National Regulation: Requiem for an "Aim and Effects" Test, in *Essays on the Nature of International Trade Law*, Cameron May, Londres, 1999, pp. 359-393.

– *A WTO Perspective on Private Anti-Competitive Behavior in World Markets*, in New England Law Review, 1999, pp. 79-100.

– *The New WTO Dispute Settlement Procedure: An Overview of the First Three Years*, in MJGT, 1999, pp. 1-53.

– Broadening the Scope of Remedies in WTO Dispute Settlement, in *Improving WTO Dispute Settlement Procedures – Issues and Lessons from the Practice of Other International Courts and Tribunals*, Friedl Weiss ed., Cameron May, 2000, pp. 369-400.

– The Product-Process Doctrine in GATT/WTO Jurisprudence, in *New Directions in International Economic Law: Essays in Honour of John H. Jackson*, Marco Bronckers e Reinhard Quick ed., Kluwer Law International, Londres-Haia-Boston, 2000, pp. 187-217.

– The Adequacy of WTO Dispute Settlement Remedies: A Developing Country Perspective, in *Development, Trade, and the WTO: A Handbook*, Bernard Hoekman, Aaditya Mattoo e Philip English ed., The World Bank, Washington, D.C., 2002, pp. 81-91.

– *Review article: Free trade, sovereignty, democracy: the future of the World Trade Organization* (Claude E. Barfield), in WTR, 2002, pp. 211-222.

– *Science and "Post-Discriminatory" WTO Law*, in Boston College International & Comparative Law Review, 2003, pp. 185-195.

HUDEC, Robert e MORRISON, Fred, Judicial Protection of Individual Rights under the Foreign Trade Laws of the United States, in *National Constitutions and International Economic Law*, Meinhard Hilf e Ernst-Ulrich Petersmann ed., Studies in Transnational Economic Law, vol. 8, Kluwer, 1993, pp. 91-133.

HUDEC, Robert, KENNEDY, Daniel e SGARBOSSA, Mark, A Statistical Profile of GATT Dispute Settlement Cases: 1948-89, in *The World Trading System. Critical Perspectives on the World Economy, vol. II, Dispute Settlement in the World Trading System*, Robert Howse ed., Routledge, Londres e Nova Iorque, 1998, pp. 162-263.

– *A Statistical Profile of GATT Dispute Settlement Cases: 1948-89*, in MJGT, Vol. 2, Nº1, 1993, pp. 1-113.

HUDSON, Manley O., *International Tribunals: Past and Future*, Carnegie Endowment for International Peace-Brookings Institution, Washington, 1944.

HUFBAUER, Gary Clyde, *International Economic Law in Times That Are Stressful*, in JIEL, 2002, pp. 3-16.

HUFBAUER, Gary Clyde e GOODRICH, Ben, *More Pain, More Gain: Politics and Economics of Eliminating Tariffs*, in International Economics Policy Briefs, nº PB03-8, Institute for International Economics, 2003.

HUFBAUER, Gary Clyde e SHELTON, Joanna, *Subsidies in International Trade*, Institute for International Economics, Washington D.C., 1984.

HUFBAUER, Gary Clyde, SCHOTT, Jeffrey, ELLIOTT, Kimberly e OEGG, Barbara, *Economic Sanctions Reconsidered*, 3ª ed., Peterson Institute for International Economics, Washington, DC, 2007.

HUGHES, Valerie, El Sistema de Solución de Diferencias de la OMC: Una Experiencia Exitosa, in *Solución de Controversias Comerciales Inter-Gubernamentales: Enfoques Multilaterales y Regionales*, Julio Lacarte e Jaime Granados ed., Banco Interamericano de Desarrollo, 2004, pp. 61-86.

– Arbitration within the WTO, in *The WTO Dispute Settlement System 1995-2003*, Federico Ortino e Ernst-Ulrich Petersmann ed., Kluwer Law International, Haia-Londres-Nova Iorque, 2004, pp. 75-86.

– Special challenges at the appellate stage: a case study, in *Key Issues in WTO Dispute Settlement: The First Ten Years*, Rufus Yerxa e Bruce Wilson Ed., Cambridge University Press, 2005, pp. 80-87.

– The WTO dispute settlement system – from initiating proceedings to ensuring implementation: what needs improvement?, in *The WTO at Ten: The Contribution of the Dispute Settlement System*, Ed. Giorgio Sacerdoti, Alan Yanovich e Jan Bohanes, Cambridge University Press, 2006, pp. 193-234.

– Accomplishments of the WTO dispute settlement mechanism, in *The WTO in the Twenty-First Century: Dispute Settlement, Negotiations, and Regionalism in Asia*, Yasuhei Taniguchi, Alan Yanovich e Jan Bohanes Ed., Cambridge University Press, 2007, pp. 185-211.

– The Strengths, Weaknesses, and Future of WTO Appellate Review, in *The WTO: Governance, Dispute Settlement, and Developing Countries*, Merit Janow, Victoria Donaldson e Alan Yanovich ed., Juris Publishing, Nova Iorque, 2008, pp. 471-504.

– The Institutional Dimension, in *The Oxford Handbook of International Trade Law*, Daniel Bethlehem, Donald McRae, Rodney Neufeld e Isabelle Van Damme Ed., Oxford University Press, 2009, pp. 269-297.

HÜLLER, Thorsten e MAIER, Matthias Leonhard, Fixing the Codex? Global Food-Safety Governance Under Review, in *Constitutionalism, Multilevel Trade Governance and Social Regulation*, Christian Joerges e Ernst-Ulrich Petersmann ed., Hart Publishing, Oxford-Portland, 2006, pp. 267-299.

IGLESIAS, Lorella, *Las comunicaciones amicus curiae en el mecanismo de solución de diferencias de la organización mundial del comercio: el asunto amianto*, in REEI, nº 3, 2001.

IKENSON, Dan, *Nonmarket Nonsense: U.S. Antidumping Policy toward China*, CATO Institute Trade Briefing Paper nº 22, 7-3-2005.

IMPERIALE, Victoria, Characterizing Air as an Exhaustible Natural Resource, in *Reconciling Environment and Trade*, John Jackson e Edith Brown Weiss ed., Transnational Publishers, Ardsley-Nova Iorque, 2001, pp. 243-260.

INAMA, Stefano, *An Overview of Judicial Remedies Available to EC Importers: Are they really Effective and Available?*, in JWT, vol. 28, nº 3, 1994, pp. 67-94.

INGCO, Merlinda e NASH, John, What's at Stake? Developing-Country Interests in the Doha Development Round, in *Agriculture and the WTO: Creating a Trading System for Development*, Merlinda Ingco e John Nash Ed., World Bank-Oxford University Press, 2004, pp. 1-22.

INTER-PARLIAMENTARY UNION, *Final Declaration/Conclusions*, Parliamentary Meeting, Doha/Qatar, 11 November 2001, in http://www.ipu.org/splz-e/doha.htm

IRWIN, Douglas, *The United States in a New Global Economy? A Century's Perspective*, in AEA Papers and Proceedings, 1996, pp. 41-46.

– *Against the Tide. An Intellectual History of Free Trade*, Princeton University Press, Princeton – Nova Jersey, 1996.

– *Do We Need the WTO?*, in CATO Journal, 2000, pp. 351-357.

– *Free Trade Under Fire*, Princeton University Press, Princeton – Nova Jersey, 2002.

– *Long-run trends in world trade and income*, in WTR, 2002, pp. 89-100.

IRWIN, Douglas, MAVROIDIS, Petros e SYKES, Alan, *The Genesis of the GATT*, Cambridge University Press, 2008.

IRIYE, Akira, *A Century of NGOs*, in Diplomatic History, Vol. 23, No. 3, 1999, pp. 421-435.

IRWIN, Douglas e TERVIÖ, Marko, *Does trade raise income? Evidence from the twentieth century*, in Journal of International Economics, 2002, pp. 1-18.

ISLAM, Rafiqul, *Recent EU Trade Sanctions on the US to Induce Compliance with the WTO Rulings in the Foreign Sales Corpo-*

*rations Case: Its Policy Contradiction Revisited*, in JWT, 2004, pp. 471-489.

IWASAWA, Yuji, Improving the Dispute Settlement Mechanism, in *The Next Trade Negotiating Round: Examining the Agenda for Seattle*, Jagdish Bhagwati ed., Columbia University, 1999, pp. 245-250.

– *WTO Dispute Settlement as Judicial Supervision*, in JIEL, 2002, pp. 287-305.

IYNEDJIAN, Marc, *Reform of the WTO Appeal Process*, in The Journal of World Investment & Trade, Vol. 6, No. 5, 2005, pp. 809-841.

– *The Case for Incorporating Scientists and Technicians into WTO Panels*, in JWT, 2008, pp. 279-297.

JACKSON, John, *World Trade and the Law of GATT*, The Michie Company, Charlottesville – Virginia, 1969.

– *Governmental Disputes in International Trade Relations: A Proposal in the Context of GATT*, in JWTL, vol. 13, n⁰ 1, 1979, pp. 1-21.

– *Constructing a Constitution for Trade in Services*, in WE, vol. 11, n⁰ 2, 1988, pp. 187-202.

– *Restructuring the GATT System*, Council of Foreign Relations Press, Nova Iorque, 1990.

– Strengthening the International Legal Framework of the GATT-MTN System: Reform Proposals for the New GATT Round, in *The New GATT Round of Multilateral Trade Negotiations: Legal and Economic Problems*, 2ª ed., Meinhard Hilf e Ernst-Ulrich Petersmann ed., Kluwer, Deventer – Boston, 1991, pp. 3-23.

– *Managing Economic Interdependence. An Overview*, in Law & Policy in International Business, vol. 24, 1993, pp. 1025-1033.

– *Observations sur les résultats du cycle de l'Uruguay*, in RGDIP, 1994, pp. 675-688.

– *International Economic Law: Reflections on the "Boilerroom" of International Relations*, in AUJILP, 1995, pp. 595-606.

– Dispute Settlement Procedures, in *The New World Trading System: Readings*, OCDE, Paris, 1995, pp. 117-124.

– *Reflections on International Economic Law*, in University of Pennsylvania Journal of International Economic Law, 1996, pp. 17-28.

– The WTO Dispute Settlement Procedures: A Preliminary Appraisal, in *The World Trading System: Challenges Ahead*, Institute for International Economics, Washington, D.C., 1996, pp. 153-165.

– *Appraising the Launch and Functioning of the WTO*, in GYIL, vol. 39, 1996, pp. 20-41.

– *The WTO Dispute Settlement Understanding – Misunderstandings on the Nature of Legal Obligation*, in AJIL, 1997, pp. 60-64.

– *The World Trading System. Law and Policy of International Economic Relations*, 2ª ed., The Massachusetts Institute of Technology Press, 1997.

– Designing and Implementing Effective Dispute Settlement Procedures: WTO Dispute Settlement, Appraisal and Prospects, in *The WTO as an International Organization*, Anne Krueger ed., The University of Chicago Press, 1998, pp. 161-180.

– *The World Trade Organization: Constitution and Jurisprudence*, Chatham House Papers – The Royal Institute of International Affairs, Londres, 1998.

– The Uruguay Round Results and National Sovereignty, in *The Uruguay Round and Beyond, Essays in Honour of Arthur Dunkel*, Springer, 1998, pp. 293-304.

– Dispute Settlement and the WTO: Emerging Problems, in *The Next Trade Negotiating Round: Examining the Agenda for Seattle*, Jagdish Bhagwati ed., Columbia University, 1999, pp. 261-276.

– *Fragmentation or Unification among International Institutions: The World Trade*

*Organization*, in New York University Journal of International Law and Politics, 1999, pp. 823-831.

– *International Economic Law: Jurisprudence and Contours*, in ASIL Proceedings, 1999, pp. 98-104.

– Global Economics and International Economic Law, in *The Jurisprudence of GATT and the WTO: Insights on Treaty Law and Economic Relations*, Cambridge University Press, 2000, pp. 3-14 e 449-461.

– The Puzzle of GATT: Legal Aspects of a Surprising Institution, in *The Jurisprudence of GATT and the WTO: Insights on Treaty Law and Economic Relations*, Cambridge University Press, 2000, pp. 17-33.

– The Birth of the GATT-MTN System: A Constitutional Appraisal, in *The Jurisprudence of GATT and the WTO: Insights on Treaty Law and Economic Relations*, Cambridge University Press, 2000, pp. 34-48.

– GATT Machinery and the Tokyo Round Agreements, in *The Jurisprudence of GATT and the WTO: Insights on Treaty Law and Economic Relations*, Cambridge University Press, 2000, pp. 49-54.

– Equality and Discrimination in International Economic Law: The General Agreement on Tariffs and Trade, in *The Jurisprudence of GATT and the WTO: Insights on Treaty Law and Economic Relations*, Cambridge University Press, 2000, pp.57-68.

– The Legal Meaning of a GATT Dispute Settlement Report: Some Reflections, in *The Jurisprudence of GATT and the WTO: Insights on Treaty Law and Economic Relations*, Cambridge University Press, 2000, pp. 118-132.

– Dispute Settlement and the WTO: Emerging Problems, in *The Jurisprudence of GATT and the WTO: Insights on Treaty Law and Economic Relations*, Cambridge University Press, 2000, pp. 168-192.

– Status of Treaties in Domestic Legal Systems: A Policy Analysis, in *The Jurisprudence of GATT and the WTO: Insights on Treaty Law and Economic Relations*, Cambridge University Press, 2000, pp. 328--366.

– The Great 1994 Sovereignty Debate: United States Acceptance and Implementation of the Uruguay Round Results, in *The Jurisprudence of GATT and the WTO: Insights on Treaty Law and Economic Relations*, Cambridge University Press, 2000, pp. 367-395.

– The World Trade Organization: Watershed Innovation or Cautious Small Step Forward?, in *The Jurisprudence of GATT and the WTO: Insights on Treaty Law and Economic Relations*, Cambridge University Press, 2000, pp. 399-413.

– World Trade Rules and Environmental Policies: Congruence or Conflict?, in *The Jurisprudence of GATT and the WTO: Insights on Treaty Law and Economic Relations*, Cambridge University Press, 2000, pp. 414-448.

– *Comments on Shrimp/Turtle and the Product/Process Distinction*, in EJIL, vol. 11, nº 2, 2000, pp. 303-307.

– Dispute Settlement and a New Round, in *The WTO after Seattle*, Institute for International Economics, Washington, D.C., 2000, pp. 269-282.

– *International Economic Law in Times That Are Interesting*, in JIEL, 2000, pp. 3-14.

– *The Perils of Globalization and the World Trading System*, in Fordham International Law Journal, 2000, pp. 371-382.

– *Remarks*, in ASIL Proceedings 2000, pp. 222-224.

– *The Role and Effectiveness of the WTO Dispute Settlement Mechanism*, in Brookings Trade Forum 2000, pp. 179-209.

– *The WTO 'Constitution' and Proposed Reforms: Seven 'Mantras' Revisited*, in JIEL, 2001, pp. 67-78.

– *Perceptions about the WTO trade institutions*, in WTR, 2002, pp. 101-114.

– Sovereignty, subsidiarity, and separation of powers: The high-wire balancing act of globalization, in *The Political Economy of International Trade Law: Essays in Honour of Robert E. Hudec*, Daniel Kennedy e James Southwick ed., Cambridge University Press, 2002, pp. 13-31.

– The impact of China's accession on the WTO, in *China and the World Trading System: Entering the New Millennium*, Deborah Z. Cass, Brett G. Williams e George Barker ed., Cambridge University Press, 2003, pp. 19-30.

– The European Union and the WTO: Some Constitutional Tensions, in *Melanges En Hommage a Jean-Victor Louis*, Vol. II, Éditions de l'Université de Bruxelles, 2003, pp. 93-106.

– *Sovereignty-Modern: A New Approach to an Outdated Concept*, in AJIL, 2003, pp. 782-802.

– *The Varied Policies of International Juridical Bodies – Reflections on Theory and Practice*, in MJIL, 2004, pp. 869-878.

– *International Law Status of WTO Dispute Settlement Reports: Obligation to Comply or Option to "Buy Out"?*, in AJIL, 2004, pp. 109-123.

– Justice Feliciano and the WTO Environmental Cases: Laying the Foundations of a 'Constitutional Jurisprudence' with Implications for Developing Countries, in *Law in the Service of Human Dignity – Essays in Honour of Florentino Feliciano*, Steve Charnovitz, Debra Steger e Peter van den Bossche Ed., Cambridge University Press, 2005, pp. 29-43.

– Policy Underpinnings of International Juridical Institutions, in *WTO Law and Process*, Mads Andenas e Federico Ortino Ed., British Institute of International and Comparative Law, 2005, pp. 115-125.

– *Sovereignty, the WTO, and Changing Fundamentals of International Law*, Hersch Lauterpacht Memorial Lectures, Cambridge University Press, 2006.

– *International Economic Law: Complexity and Puzzles*, in JIEL, 2007, pp. 3-12.

– The WTO dispute settlement system after ten years: the first decade's promises and challenges, in *The WTO in the Twenty-First Century: Dispute Settlement, Negotiations, and Regionalism in Asia*, Yasuhei Taniguchi, Alan Yanovich e Jan Bohanes Ed., Cambridge University Press, 2007, pp. 23-37.

– *The case of the World Trade Organization*, in International Affairs, 2008, pp. 437-454.

– The Evolution of the World Trading System – The Legal and Institutional Context, in *The Oxford Handbook of International Trade Law*, Daniel Bethlehem, Donald McRae, Rodney Neufeld e Isabelle Van Damme Ed., Oxford University Press, 2009, pp. 30-53.

– *Process and Procedure in WTO Dispute Settlement*, in CILJ, 2009, pp. 233-240.

JACKSON, John e BRONCKERS, Marco, *Editorial Comment: Outside Counsel in WTO Dispute Processes*, in JIEL, 1998, pp. 155-158.

JACKSON, John e CROLEY, Steven, *WTO Dispute Procedures, Standard of Review, and Deference to National Governments*, in AJIL, 1996, pp. 193-213.

– WTO Dispute Panel Deference to National Government Decisions. The Misplaced Analogy to the U.S. Chevron Standard-Of-Review Doctrine, in *International Trade Law and the GATT/WTO Dispute Settlement System*, Studies in Transnational Economic Law, vol. 11, Ernst-Ulrich Petersmann ed., Kluwer Law International, Londres-Haia-Boston, 1997, pp. 187-210.

JACKSON, John e GRANE, Patricio, *The Saga Continues: An Update of the Banana Dispute and Its Procedural Offspring*, in JIEL, 2001, pp. 581-595.

JACKSON, John e LOWENFELD, Andreas, Helms-Burton, the U.S., and the WTO, in *The Role of Government in International Trade – Essays over Three Decades*, Cameron May, 2000, pp. 406-410.

JACKSON, John e RHODES, Sylvia, *United States Law and China's WTO Accession Process*, in JIEL, 1999, pp. 497-510.

JACKSON, John e SALAS, Mauricio, *Procedural Overview of the WTO EC – Banana Dispute*, in JIEL, 2000, pp. 145-166.

JACKSON, John e SYKES, Alan O., Introduction and Overview, in *Implementing the Uruguay Round*, John Jackson and Alan O. Sykes ed., Clarendon Press – Oxford, 1997, pp. 1-21.

– Questions and Comparisons, in *Implementing the Uruguay Round*, John Jackson and Alan O. Sykes ed., Clarendon Press – Oxford, 1997, pp. 457-467.

JACKSON, John e VÁZQUEZ, Carlos, *Some Reflections on Compliance With the Dispute Settlement Decisions*, in Law & Policy in International Business, 2002, pp. 555-567.

JACKSON, John e WEISS, Edith Brown, The Framework for Environment and Trade Disputes, in *Reconciling Environment and Trade*, John Jackson e Edith Brown Weiss ed., Transnational Publishers, Ardsley--Nova Iorque, 2001, pp. 1-37.

JACKSON, John, DAVEY, William e SYKES, Alan O., *Legal Problems of International Economic Relations. Cases, Materials and Text on the National and International Regulation of Transnational Economic Relations*, 4ª ed., American Casebook Series, West Group, 2002.

JACYK, David, *The Integration of Article 25 Arbitration in WTO Dispute Settlement: The Past, Present and Future*, in Australian International Law Journal, 2008, pp. 235-266.

JAENICKE, Günther, General Agreement on Tariffs and Trade (1947), in *Encyclopedia of Public International Law*, t. 5, 1983, pp. 20-27.

– Havana Charter, in *Encyclopedia of Public International Law*, t. 8, Rudolf Bernhardt ed., 1985, pp. 260-264.

– International Trade Conflicts before the Permanent Court of International Justice and the International Court of Justice, in *Adjudication of International Trade Disputes in International and National Economic Law*, Ernst-Ulrich Petersmann and G. Jaenicke ed., University Press Fribourg, 1992, pp. 43-58.

JANOW, Merit, International Competition Policy and the WTO, in *The Uruguay Round and Beyond, Essays in Honour of Arthur Dunkel*, Springer, 1998, pp. 279-291.

– Introduction to Competition Policy, in *The Next Trade Negotiating Round: Examining the Agenda for Seattle*, Jagdish Bhagwati ed., Columbia University, 1999, pp. 103-106.

– *Reflections on Serving on the Appellate Body*, in Loyola University Chicago International Law Review, Volume 6, Issue 1, 2008, pp. 249-258.

JANOW, Merit e STAIGER, Robert, European Communities – Anti-dumping Duties on Imports of Cotton-Type Bed Linen from India, in *The WTO Case Law of 2001*, The American Law Institute Reporters' Studies, Henrik Horn e Petros Mavroidis ed., Cambridge University Press, 2003, pp. 115-139.

JANSEN, Bernhard, Scope of Jurisdiction in GATT/WTO Dispute Settlement: Consultations and Panel Requests, in *Improving WTO Dispute Settlement Procedures – Issues and Lessons from the Practice of Other International Courts and Tribunals*,

Friedl Weiss ed., Cameron May, 2000, pp. 45-53.

JAWARA, Fatoumata e KWA, Aileen, *Behind the scenes at the WTO: the real world of international trade negotiations*, Zed Books, Londres e Nova Iorque, 2003.

JEFFORDS, Maura Blue, *Turning the Protester into a Partner for Development: The Need for Effective Consultation Between the WTO & NGOs*, in Brooklyn Journal of International Law, 2003, pp. 937-988.

JENNINGS, Robert, General Introduction, in *The Statute of the International Court of Justice – A Commentary*, Andreas Zimmermann, Christian Tomuschat e Karin Oellers-Frahm ed., Oxford University Press, 2006, pp. 3-37.

JENNY, Frédéric, Globalization, Competition and Trade Policy: Issues and Challenges, in *The Next Trade Negotiating Round: Examining the Agenda for Seattle*, Jagdish Bhagwati ed., Columbia University, 1999, pp. 131-160.

JHA, Veena, Environmental Regulation and the WTO, in *Development, Trade, and the WTO: A Handbook*, Bernard Hoekman, Aaditya Mattoo e Philip English ed., The World Bank, Washington, D.C., 2002, pp. 472-481.

JHA, Veena e VOSSENAAR, René, Breaking the Deadlock: A Positive Agenda on Trade, Environment, and Development, in *Trade, Environment, and the Millennium*, 2ª ed., Gary Sampson e Bradnee Chambers ed., 2002, pp. 81-117.

– Key Trade and Environment Issues: Problems and Possible Solutions, in *Trade, Environment, and the Millennium*, 2ª ed., Gary Sampson e Bradnee Chambers ed., 2002, pp. 405-422.

JOERGES, Christian, *Law, Science and the Management of Risks to Health at the National, European and International Level – Stories on Baby Dummies, Mad Cows and Hormones in Beef*, in Columbia Journal of European Law, 2001, pp. 1-19.

– Constitutionalism in Postnational Constellations: Contrasting Social Regulation in the EU and in the WTO, in *Constitutionalism, Multilevel Trade Governance and Social Regulation*, Christian Joerges e Ernst-Ulrich Petersmann ed., Hart Publishing, Oxford-Portland, 2006, pp. 491-527.

JOERGES, Christian e NEYER, Jürgen, *Politics, risk management, World Trade Organisation governance and the limits of legalisation*, in Science and Public Policy, volume 30, number 3, 2003, pp. 219-225.

JOERGENS, Konstantin, *True Appellate Procedure or Only A Two-Stage Process? A Comparative View of the Appellate Body Under the WTO Dispute Settlement Understanding*, in Law & Policy in International Business, 1999, pp. 193-229.

JOHNSON, Timothy, BLACK, Ryan e RINGSMUTH, Eve, *Hear Me Roar: What Provokes Supreme Court Justices to Dissent from the Bench?*, in Minnesota Law Review, 2009, pp. 1560-1581.

JONES, Kent, *The WTO core agreement, non-trade issues and institutional integrity*, in WTR, 2002, pp. 257-276.

– *The political economy of WTO accession: the unfinished business of universal membership*, in WTR, 2009, pp. 279-314.

JOURNAL OF INTERNATIONAL ECONOMIC LAW, *Issues of Amicus Curiae Submissions: Note by the Editors*, in JIEL, 2000, pp. 701-706.

JOSLING, Timothy, *Agricultural Trade Policy: Completing the Reform*, Institute for International Economics, Washington D.C., 1998.

– Agriculture and the Next WTO Round, in *The WTO after Seattle*, Institute for International Economics, Washington, D.C., 2000, pp. 91-117.

– Bananas and the WTO: Testing the New Dispute Settlement Process, in *Banana Wars: The Anatomy of a Trade Dispute*, Timothy Josling e Timothy Taylor ed., Centre for Agricultural Bioscience International (CABI) Publishing, 2003, pp. 169-194.

JOSLING, Timothy e SHELDON, Ian, *Biotechnology Regulations and the WTO*, The International Agricultural Trade Research Consortium Working Paper 02-2, 2002.

JOSLING, Timothy e STEINBERG, Richard, *When the Peace Ends: The Vulnerability of EC and US Agricultural Subsisides to WTO Legal Challenge*, in JIEL, 2003, pp. 369-417.

JOSLING, Tim, ROBERTS, Donna e ORDEN, David, *Food Regulation and Trade: Toward a Safe and Open Global System*, Institute for International Economics, Washington, DC, 2004.

JOUANNEAU, Daniel, *Le GATT*, Presses Universitaires de France, Paris, 1987.

– *Le GATT et l'Organisation Mondiale du Commerce*, Presses Universitaires de France, Paris, 1996.

JÜRGENSEN, Thomas, *Crime and Punishment: Retaliation under the World Trade Organization Dispute Settlement System*, in JWT, 2005, pp. 327-340.

KAHLER, Miles, *Leadership Selection in the Major Multilaterals*, Institute for International Economics, Washington, DC, 2001.

KAISER, Karen, Article 2 DSU, in *WTO-Institutions and Dispute Settlement*, Rüdiger Wolfrum, Peter-Tobias Stoll e Karen Kaiser (eds), Max Planck Commentaries on World Trade Law, Max Planck Institute for Comparative Public Law and International Law, Martinus Nijhoff Publishers, Leiden/Boston, 2006, pp. 277-280.

– Article 27 DSU, in *WTO-Institutions and Dispute Settlement*, Rüdiger Wolfrum, Peter-Tobias Stoll e Karen Kaiser (eds),

Max Planck Commentaries on World Trade Law, Max Planck Institute for Comparative Public Law and International Law, Martinus Nijhoff Publishers, Leiden/Boston, 2006, pp. 587-592.

KANTCHEVSKI, Petko, *The Differences Between the Panel Procedures of the GATT and the WTO: The Role of GATT and WTO Panels in Trade Dispute Settlement*, in Brigham Young University, Volume 3, 2006, pp. 79-140.

KAVASS, Igor, *WTO Accession: Procedure, Requirements and Costs*, in JWT, 2007, pp. 453-474.

KAZEKI, Jun, *Permanent Group of Experts under the SCM Agreement*, in JWT, 2009, pp. 1031-1045.

KECK, Alexander e SCHROPP, Simon, *Indisputably Essential: The Economics of Dispute Settlement Institutions in Trade Agreements*, Staff Working Paper 2007-02, WTO Economic Research and Statistics Division, September 2007.

KEESING, Donald, *Improving Trade Policy Reviews in the World Trade Organization*, Institute for International Economics, Washington, D.C., 1998.

KELLER, Joseph, *The Future of Amicus Participation at the WTO: Implications of the Sardines Decision and Suggestions for Further Development*, in International Journal of Legal Information, 2005, pp. 449-470.

KELLY, Claire R., *Power, Linkage and Accommodation: The WTO as an International Actor and Its Influence on Other Actors and Regimes*, in Berkeley Journal of International Law, 2006, pp. 79-128.

KELLY, J. Patrick, *Judicial Activism at the World Trade Organization: Developing Principles of Self-Restraint*, in Northwestern Journal of International Law & Business, 2002, pp. 353-388.

– *The Seduction of the Appellate Body: Shrimp/Sea Turtle I and II and the Proper*

*Role of States in WTO Governance*, in CILJ, 2005, pp. 459-491.

KENEN, Peter, *Economia Internacional*, Tradução da 3ª edição, Editora Campus, 1998.

KENNEDY, Kevin, *The GATT-WTO System at Fifty*, in Wisconsin International Law Journal, 1998, pp. 421-528.

– *A WTO Agreement on Investment: A Solution in Search of a Problem?*, in University of Pennsylvania Journal of International Economic Law, 2003, pp. 77-188.

KENNERS, Jeffrey, The Remodeled European Community GSP+: A Positive Response to the WTO Ruling?, in *WTO Law and Developing Countries*, George Bermann e Petros Mavroidis Ed. Cambridge University Press, 2007, pp. 292-305.

KEOHANE, Robert, *After Hegemony: Cooperation and Discord in the World Political Economy*, Princeton University Press, 1984.

– International Institutions: Two Approaches, in *The World Trading System. Critical Perspectives on the World Economy, vol. I, Historical and Conceptual Foundations*, Robert Howse ed., Routledge, Londres e Nova Iorque, 1998, pp. 78-101.

KEOHANE, Robert e BUCHANAN, Allen, *The Legitimacy of Global Governance Institutions*, in Ethics & International Affairs, 2006, pp. 405-437.

KEOHANE, Robert e NYE, Joseph, *The Club Model of Multilateral Cooperation and Problems of Democratic Legitimacy*, in *Efficiency, Equity, and Legitimacy: The Multilateral Trading System at the Millennium*, Roger Porter, Pierre Sauvé, Arvind Subramanian e Americo Zampetti ed., Brookings Institution Press, Washington, D.C., 2001, pp. 264-294.

KEOHANE, Robert, MORAVCSIK, Andrew SLAUGHTER, Anne-Marie, *Legalized Dispute Resolution: Interstate and Transnational*, in International Organization, 2000, pp. 457-488.

KERR, William, *Science-based Rules of Trade – A Mantra for Some, An Anathema for Others*, in The Estey Centre Journal of International and Trade Policy, vol. 4, nº 2, 2003, pp. 86-97.

– *Homeland Security and the Rules of International Trade*, in The Estey Centre Journal of International Law and Trade Policy, vol. 5, nº 1, 2004, pp. 1-10.

KERR, William e HOBBS, Jill, *The North American-European Union Dispute Over Beef Produced Using Growth Hormones: A Major Test for the New International Trade Regime*, in WE, 2002, pp. 283-296.

– Consumers, Cows and Carousels: Why the Dispute over Beef Hormones is Far More Important than its Commercial Value, in *The WTO and the Regulation of International Trade: Recent Trade Disputes between the European Union and the United States*, Nicholas Perdikis e Robert Read ed., Edward Elgar, 2005, pp. 191-214.

KERR, William e PHILLIPS, Peter, *Alternative Paradigms: The WTO Versus the Biosafety Protocol for Trade in Genetically Modified Organisms*, in JWT, vol. 34, nº 4, 2000, pp. 63-75.

KESSIE, Edwini, *Enhancing Security and Predictability for Private Business Operators under the Dispute Settlement System of the WTO*, in JWT, vol. 34, nº 6, 2000, pp. 1-17.

– The "Early Harvest Negotiations" in 2003, in *The WTO Dispute Settlement System 1995-2003*, Federico Ortino e Ernst-Ulrich Petersmann ed., Kluwer Law International, Haia-Londres-Nova Iorque, 2004, pp. 115-150.

– The Legal Status of Special and Differential Treatment Provisions under the WTO Agreements, in *WTO Law and Developing Countries*, George Bermann e Petros Mavroidis Ed. Cambridge University Press, 2007, pp. 12-35.

KHABAYAN, Vasken, Canada's experience and practice in suspending WTO obligations, in *The Law, Economics and Politics of Retaliation in WTO Dispute Settlement*, Cambridge University Press, 2010, pp. 277-280.

KIBOLA, Hamisi, *Pre-shipment Inspection and the GATT*, in JWT, vol. 23, nº 2, 1989, pp. 49-60.

KIEFFER, Bob, *L'organisation mondiale du commerce et l'évolution du droit international public*, Larcier, Bruxelas, 2008.

KIM, Dae-Won, *Non-Violation Complaints in WTO Law: Theory and Practice*, Peter Lang, Berna-Berlim-Bruxelas-Frankfurt-Nova Iorque-Oxford-Viena, 2006.

KIM, Ho Cheol, *Burden of Proof and the Prima Facie Case: The Evolving History and Its Applications in the WTO Jurisprudence*, in Richmond Journal of Global Law & Business, 2007, pp. 245-263.

KIM, Hyun Chong, *The WTO Dispute Settlement Process: A Primer*, in JIEL, 1999, pp. 457-476.

KINDLEBERGER, Charles, *International Public Goods without International Government*, in AER, 1986, pp. 1-13.
– The Rise of Free Trade in Western Europe, 1820-1875, in *The Integration of the World Economy, 1850-1914*, vol. II, C. Knick Harley ed., An Elgar Reference Collection, 1996, pp. 19-54.

KINGSBURY, Benedict, Global Environmental Governance as Administration: Implications for International Law, in *The Oxford Handbook of International Environmental Law*, Daniel Bodansky, Jutta Brunnée e Ellen Hey Ed., Oxford University Press, 2007, pp. 63-84.

KITT, Dennis, *What's Wrong with Volunteering? The Futility of the WTO's Ban on Voluntary Export Restraints*, in CJTL, 2009, pp. 359-386.

KLABBERS, Jan, *On Rationalism in Politics: Interpretation of Treaties and the World Trade Organization*, in Nordic Journal of International Law, 2005, pp. 405-428.

– *Checks and Balances in the Law of International Organizations*, in Ius Gentium – Comparative Perspectives on Law and Justice, Volume 13, 2007, pp. 141-163.

KLEBES-PELISSIER, Anne, *L'organisation mondiale du commerce confrontée à la législation commerciale américaine*, in RTDE, 2002, pp. 183-207.

KNOBL, Peter, *GATT Application: The Grandfather is Still Alive*, in JWT, vol. 25, nº 4, 1991, pp. 101-118.

KOGAN, Lawrence, *The Precautionary Principle and WTO Law: Divergent Views Toward the Role of Science in Assessing and Managing Risk*, in Seton Hall Journal of Diplomacy and International Relations, Volume V, Number 1, 2004, pp. 77-123.

KOHONA, Palitha, *The Regulation of International Economic Relations through Law*, Martinus Nijhoff Publishers, 1985.
– *Dispute Resolution under the World Trade Organization: An Overview*, in JWT, vol. 28, nº 2, 1994, pp. 23-47.

KOLB, Robert, General Principles of Procedural Law, in *The Statute of the International Court of Justice – A Commentary*, Andreas Zimmermann, Christian Tomuschat e Karin Oellers-Frahm ed., Oxford University Press, 2006, pp. 793-835.

KOMINDR, Athita, To Label or Not To label: Leveling the Trading Field, in *Reconciling Environment and Trade*, John Jackson e Edith Brown Weiss ed., Transnational Publishers, Ardsley-Nova Iorque, 2001, pp. 673-688.

KOMURO, Norio, *The WTO Dispute Settlement Mechanism: Coverage and Procedures of the WTO Understanding*, in JWT, vol. 29, nº 4, 1995, pp. 5-86.
– *Kodak-Fuji Film Dispute and the WTO Panel Ruling*, in JWT, vol. 32, nº 5, 1998, pp. 161-217.
– *The EC Banana Regime and Judicial Control*, in JWT, vol. 34, nº 5, 2000, pp. 1- 79.

KONG, Qingjiang, *China's WTO Accession: Commitments and Implications*, in JIEL, 2000, pp. 655-690.

KONTOROVICH, Eugene, *The Arab League Boycott and WTO Accession: Can Foreign Policy Excuse Discriminatory Sanctions?*, in CJIL, Vol. 4, No. 2, 2003, pp. 283-304.

KOOIJMANS, Pieter, Article 31, in *The Statute of the International Court of Justice – A Commentary*, Andreas Zimmermann, Christian Tomuschat e Karin Oellers--Frahm ed., Oxford University Press, 2006, pp. 495-506.

KOOPS, Catharina, *Suspensions: To Be Continued. The Consequences of the Appellate Body Report in Hormones II*, in LIEI, 2009, pp. 353-368.

KOTERA, Akira, On the Legal Character of Retaliation in the World Trade Organization System, in *Liber Amicorum Judge Shigeru Oda*, Kluwer Law International, 2002, pp. 911-921.

KOVACH, Hetty, NELIGAN, Caroline e BURALL, Simon, *Power without accountability?, The Global Accountability Report 1-2003*, One World Trust, 2002/2003 <http://www.oneworldtrust.org/Files/Pubs/GAP%20report/GAP2003.pdf>.

KRAJEWSKI, Markus, *Democratic Legitimacy and Constitutional Perspectives of WTO Law*, in JWT, 2001, pp. 167-186.

– *Public Services and Trade Liberalization: Mapping the Legal Framework*, in JIEL, 2003, pp. 341-367.

KREIER, Jesse, Contingent trade remedies and WTO Dispute Settlement: some particularities, in *Key Issues in WTO Dispute Settlement: The First Ten Years*, Rufus Yerxa e Bruce Wilson Ed., Cambridge University Press, 2005, pp. 46-62.

KRENZLER, Horst e WIEGAND, Gunnar, *EU-US Relations: More than Trade Disputes?*, in European Foreign Affairs Review, 1999, pp. 153-180.

KRISCH, Nico, *International Law in Times of Hegemony: Unequal Power and the Shaping of the International Legal Order*, in EJIL, 2005, pp. 369-408.

KRISLOV, Samuel, *Do Free Markets Create Free Societies?*, in Syracuse Journal of International Law & Commerce, Vol. 33, 2005, pp. 155-174.

KRUEGER, Anne O., Introduction, in *The WTO as an International Organization*, Anne Krueger ed., The University of Chicago Press, 1998, pp. 1-27.

– An Agenda for the WTO, in *The WTO as an International Organization*, Anne Krueger ed., The University of Chicago Press, 1998, pp. 401-410.

– *Why Trade Liberalisation is Good for Growth*, in The Economic Journal, 1998, pp. 1513-1522.

– *Whither the World Bank and the IMF?*, in Journal of Economic Literature, vol. XXXVI, 1998, pp. 1983-2020.

– *Are Preferential Trading Arrangements Trade-Liberalizing or Protectionist?*, in Journal of Economic Perspectives, 1999, pp. 105-124.

– *Wilful ignorance: the struggle to convince the free trade skeptics*, in WTR, vol. 3, nº 3, 2004, pp. 483-493.

KRUGMAN, Paul, *Does the New Trade Theory Require a New Trade Policy?*, in WE, vol. 15, nº 4, 1992, pp. 423-441.

– *Growing World Trade: Causes and Consequences*, in Brookings Papers on Economic Activity, 1995, nº 1, pp. 327-377.

– *Is Capitalism Too Productive?*, in FA, vol. 76, nº 5, 1997, pp. 79-94.

– *What Should Trade Negotiators Negotiate About?*, in Journal of Economic Literature, 1997, pp. 113-120.

– *La mondialisation n'est pas coupable. Vertus et limites du libre échange*, La Découverte, Paris, 1998.

– *Globalização e Globobagens*, Editora Campus, 1999.

KUFUOR, Kofi, *From the GATT to the WTO: The Developing Countries and the Reform of the Procedures for the Settlement of International Trade Disputes*, in JWT, vol. 31, nº 5, 1997, pp. 117-145.

KUIJPER, Pieter J., *A Legal Drafting Group for the Doha Round A Modest Proposal*, in JWT, 2003, pp 1031-1036.

– From initiating proceedings to ensuring implementation: the links with the Community legal order, in *The WTO at Ten: The Contribution of the Dispute Settlement System*, Ed. Giorgio Sacerdoti, Alan Yanovich e Jan Bohanes, Cambridge University Press, 2006, pp. 266-281.

– Does the World Trade Organization Prohibit Retorsions and Reprisals? Legitimate "Contracting Out" or "Clinical Isolation" Again?, in *The WTO: Governance, Dispute Settlement, and Developing Countries*, Merit Janow, Victoria Donaldson e Alan Yanovich ed., Juris Publishing, Nova Iorque, 2008, pp. 695-708.

– WTO Institutional Aspects, in *The Oxford Handbook of International Trade Law*, Daniel Bethlehem, Donald McRae, Rodney Neufeld e Isabelle Van Damme Ed., Oxford University Press, 2009, pp. 79-128.

KUILWIJK, Kees Jan, *The European Court of Justice and the GATT Dilemma. Public Interest versus Individual Rights?*, Critical European Studies Series – vol. 1, Nexed Editions Academic Publishers, 1996.

– *Castro's Cuba and the U.S. Helms-Burton Act: An Interpretation of the GATT Security Exemption*, in JWT, vol. 31, nº 3, 1997, pp. 49-61.

KULOVESI, Kati, *A Link Between Interpretation, International Environmental Law and Legitimacy at the WTO Dispute Settlement?*, in International Trade Law & Regulation, 2005, pp. 188-196.

KUMAR, Mohan, Dispute Settlement System in the WTO: Developing Country Participation and Possible Reform, in *Reform and Development of the WTO Dispute Settlement System*, Dencho Georgiev e Kim Van der Borght Ed., Cameron May, Londres, 2006, pp. 177-190.

KUMM, Mattias, *The Legitimacy of International Law: A Constitutionalist Framework of Analysis*, in EJIL, 2004, pp. 907-931.

KUNOY, Bjorn, *Catch Me if You Can: An Analysis of "Measures Taken to Comply" under the WTO Dispute Settlement Understanding*, in Chinese Journal of International Law, Vol. 6, No. 1, 2007, pp. 43-66.

KUNUGI, Tatsuro, *State Succession in the Framework of GATT*, in AJIL, 1965, pp. 268-290.

KURUVILA, Pretty, *Developing Countries and the GATT/WTO Dispute Settlement Mechanism*, in JWT, vol. 31, nº 6, 1997, pp. 171-208.

KUYPER, Pieter J., *The Law of GATT as a Special Field of International Law: Ignorance, Further Refinement or Self-Contained System of International Law?*, in Netherlands Yearbook of International Law, 1994, pp. 227-257.

– The New WTO Dispute Settlement System: The Impact on the Community, in *The Uruguay Round Results. A European Lawyers' Perspective*, Jacques Bourgeois, Frédérique Berrod & Eric Fournier ed., College of Europe and European Interuniversity Press, Bruxelas, 1995, pp. 87-114.

– *Remedies and Retaliation in the WTO: Are They Likely To Be Effective? The State Perspective and The Company Perspective*, in ASIL Proceedings, 1997, pp. 282-286.

– The Appellate Body and the Facts, in *New Directions in International Economic Law: Essays in Honour of John H. Jackson*, Marco Bronckers e Reinhard Quick ed., Kluwer Law International, Londres--Haia-Boston, 2000, pp. 309-323.

– The Pre-Litigation Stage in the WTO Dispute Settlement Procedure and in the EC Infringement Procedure, in *Improving WTO Dispute Settlement Procedures – Issues and Lessons from the Practice of Other International Courts and Tribunals*, Friedl Weiss ed., Cameron May, 2000, pp. 67-74.

– Some institutional issues presently before the WTO, in *The Political Economy of International Trade Law – Essays in Honor of Robert E. Hudec*, Daniel Kennedy e James Southwick ed., Cambridge University Press, 2002, pp. 81-110.

KYSAR, Douglas, *Preferences for Processes: The Process/Product Distinction and the Regulation of Consumer Choice*, in Harvard Law Review, 2004, pp. 526-642.

– *It Might Have Been: Risk, Precaution and Opportunity Costs*, in Journal of Land Use & Environmental Law, 2006, pp. 1-57.

LABISA, António dos Santos, *Manual de organismos internacionais*, Banco de Portugal, 1994.

LACARTE-MURÓ, Julio, *Letter to the Chairman of the Dispute Settlement Body (Mr. Celso Lafer)*, 7-2-1996, in ILM, Vol. XXXV, 1996, pp. 498-500.

LACARTE-MURÓ, Julio e GAPPAH, Petina, *Developing Countries and the WTO Legal and Dispute Settlement System: A View from the Bench*, in JIEL, 2000, pp. 395-401.

LACARTE-MURÓ, Julio e PIÉROLA, Fernando, Estudio Comparativo de los Mecanismos de Solución de Diferencias del GATT y de la OMC: Qué se Logró en la Ronda Uruguay?, in *Solución de Controversias Comerciales Inter-Gubernamentales: Enfoques Multilaterales y Regionales*, Julio Lacarte e Jaime Granados ed., Banco Interamericano de Desarrollo, 2004, pp. 13-32.

LAFER, Celso, *Réflexions sur l'OMC lors du 50e anniversaire du système multilatéral commercial: L'impact d'un monde en transformation sur le droit international économique*, in JDI, 1998, pp. 933-944.

– The Role of the WTO in International Trade Regulation, in *The WTO and International Trade Regulation*, Philip Ruttley, Iain Macvay e Carol George ed., Cameron May, 1998, pp. 33-44.

LAGONI, Rainer e LANDWEHR, Oliver, Article 70, in *The Charter of the United Nations: A Commentary*, vol. II, Bruno Simma ed., 2ª ed., Oxford University Press, 2002, pp. 1062-1067.

LAIRD, Sam, *The WTO's Trade Policy Review Mechanism – From Through the Looking Glass*, in WE, vol. 22, nº 6, 1999, pp. 741-764.

– *Dolphins, Turtles, Mad Cows and Butterflies – A Look at the Multilateral Trading System in the 21$^{st}$ Century*, in WE, 2001, pp. 453-481.

LAKE, David, *Power, Protection, and Free Trade: International Sources of U.S. Commercial Strategy, 1887-1939*, Cornell University Press, Ithaca e Londres, 1988.

LAMY, Pascal, *Europa na Primeira Linha: o moldar da nova Mundialização*, Publicações Europa-América, 2003.

– *The Place of the WTO and its Law in the International Legal Order*, in EJIL, 2007, pp. 969-984.

LANG, Andrew, Re-Righting International Trade: Some Critical Thoughts on the Contemporary Trade and Human Rights Literature, in *Redefining Sovereignty in International Economic Law*, Wenhua Shan, Penelope Simons e Dalvinder Singh ed., Hart Publishing, Oxford-Portland, 2008, pp. 387-398.

LANGHAMMER, Rolf e LÜCKE, Matthias, *WTO Accession Issues*, in WE, vol. 22, nº 6, 1999, pp. 837-873.

LANOSZKA, Anna, *The World Trade Organization Accession Process: Negotiating Participation in a Globalizing Economy*, in JWT, 2001, pp. 575-602.

– *The Promises of Multilateralism and the Hazards of 'Single Undertaking': The Bre-*

*akdown of Decision Making Within the WTO*, in Michigan State Journal of International Law, 2008, pp. 655-675.

LANYE, Zhu, *The Effects of the WTO Dispute Settlement Panel and Appellate Body Reports: Is the Dispute Settlement Body Resolving Specific Disputes Only or Making Precedent at the Same Time?*, in Temple International & Comparative Law Journal, 2003, pp. 221-236.

LAROUER, Christophe, *WTO Non-Violation Complaints: A Misunderstood Remedy in the WTO Dispute Settlement System*, in Netherlands International Law Review, 2006, pp. 97-126.

LASTRA, Rosa, *The International Monetary Fund in Historical Perspective*, in JIEL, 2000, pp. 507-523.

LAUTERPACHT, Hersch, *The Development of International Law by the International Court*, Stevens & Sons, Londres, 1958.

LAVRANOS, Nikolaos, *Some Proposals for a Fundamental DSU Reform*, in LIEI, 2002, pp. 73-82.

LAWRENCE, Robert Z., *Crimes & Punishments? Retaliation Under The WTO*, Institute for International Economics, Washington, DC, 2003.
– *The United States and the WTO Dispute Settlement System*, The Bernard and Irene Schwartz Series on American Competitiveness, Council on Foreign Relations, No. 25, March 2007.
– Trade Policy: The Exception to American Exceptionalism?, in *Power and Superpower: Global Leadership and Exceptionalism in the 21st Century*, Morton Halperin, Jeffrey Laurenti, Peter Rundlet e Spencer Boyer ed., Century Foundation Press, 2007, pp. 259-275.

LAWRENCE, Robert Z. e BRADFORD, Scott C., *Has Globalization Gone Far Enough? The Costs of Fragmented Markets*, Institute for International Economics, Washington, DC, 2004.

LAWRENCE, Robert Z.; DEVEREAUX, Charan e WATKINS, Michael, *Case Studies in US Trade Negotiation – Vol. 2: Resolving Disputes*, Institute for International Economics, Washington, DC, 2006.

LAYTON, Duane e MIRANDA, Jorge O., *Advocacy Before World Trade Organization Dispute Settlement Panels in Trade Remedy Cases*, in JWT, 2003, pp. 69-103.

LEAL-ARCAS, Rafael, *The EU Institutions and Their Modus Operandi in the World Trading System*, in Columbia Journal of European Law, 2005, pp. 147-238.
– *Polycephalous Anatomy of the EC in the WTO: An Analysis of Law and Practice*, in Florida Journal of International Law, 2007, pp. 569-670.

LEATHLEY, Christian, *An Institutional Hierarchy to Combat the Fragmentation of International Law: Has the ILC Missed an Opportunity?*, in New York University Journal of International Law and Politics, 2007, pp. 259-306.

LEBULLENGER, Joël, *La communauté européenne face au processus de réexamen du système de règlement des différends de l'organisation mondiale du commerce*, in RMCUE, nº 422, 1998, pp. 629-637.

LEE, Philip e KENNEDY, Brian, *The Potential Direct Effect of GATT 1994 in European Community Law*, in JWT, vol. 30, nº 1, 1996, pp. 67-89.

LEEBRON, David, *An Overview of the Uruguay Round Results*, in CJTL, 1995, pp. 11-35.
– Lying Down with Procrustes: An Analysis of Harmonization Claims, in *Fair Trade and Harmonization*, Jagdish Bhagwati e Robert Hudec ed., vol. 1, The MIT Press, Cambridge-Massachusetts e Londres, 1996, pp. 41-117.
– Better Reconciliation of Interests in WTO Law: an American Position, in *Free World Trade and the European Union – The Reconciliation of Interests and the Review of*

*the Understanding on Dispute Settlement in the Framework of the World Trade Organization*, The Academy of European Law in Trier, vol. 28, 2000, pp. 121-129.

– *Linkages*, in AJIL, 2002, pp. 5-27.

LEFEBER, René, The Provisional Application of Treaties, in *Essays on the Law of Treaties: A Collection of Essays in Honour of Bert Vierdag*, Jan Klabbers e René Lefeber ed., Martinus Nijhoff Publishers, 1998, pp. 81-95.

LENNARD, Michael, *Navigating by the Stars: Interpreting the WTO Agreements*, in JIEL, 2002, pp. 17-89.

LEROUX, Nicolas, *NGOs at the World Court: Lessons from the past*, in International Community Law Review, 2006, pp. 203-221.

LESTER, Simon, *And the Nominees Are ...*, in International Economic Law and Policy Blog, 9-4-2009 «http://www.worldtradelaw.net».

LESTER, Simon e LEITNER, Kara, *WTO Dispute Settlement 1995-2002: A Statistical Analysis*, in JIEL, 2003, pp. 251-261.

– *WTO Dispute Settlement 1995-2003: A Statistical Analysis*, in JIEL, 2004, pp. 169-181.

– *WTO Dispute Settlement 1995-2004: A Statistical Analysis*, in JIEL, 2005, pp. 231-244.

– *WTO Dispute Settlement1995-2005 – A Statistical Analysis*, in JIEL, 2006, pp. 219-231.

– *WTO Dispute Settlement 1995-2006 – A Statistical Analysis*, in JIEL, 2007, pp. 165-179.

– *WTO Dispute Settlement 1995-2007 – A Statistical Analysis*, in JIEL, 2008, pp. 179-192.

– *WTO Dispute Settlement1995-2008 – A Statistical Analysis*, in JIEL, 2009, pp. 195-208.

– *WTO Dispute Settlement 1995-2009 – A Statistical Analysis*, in JIEL, 2010, pp. 205-218.

LESTER, Simon; MERCURIO, Bryan; DAVIES, Arwel e LEITNER, Kara, *World Trade Law: Text, Materials and Commentary*, Hart Publishing, Oxford-Portland, 2008.

LEVY, Philip e SRINIVASAN, T., *Regionalism and the (Dis)advantage of Dispute-Settlement Access*, in AEA Papers and Proceedings, 1996, pp. 93-98.

LEWIS, Meredith Kolsky, *The Lack of Dissent in WTO Dispute Settlement*, in JIEL, 2006, pp. 895-931.

– *WTO Winners and Losers: The Trade and Development Disconnect*, in Georgetown Journal of International Law, 2007, pp. 165-198.

LI, Ji, *From "See You in Court!" to "See You in Geneva!": An Empirical Study of the Role of Social Norms in International Trade Dispute Resolution*, in YJIL, 2007, pp. 485-510.

LICHTENBAUM, Peter, *Procedural Issues in WTO Dispute Resolution*, in MJIL, 1998, pp. 1195-1274.

– *Dispute Settlement and Institutional Issues*, in JIEL, 2000, pp. 173-176.

LIDA, Keisuke, *Why Does the World Trade Organization Appear Neoliberal? The Puzzle of the High Incidence of Guilty Verdicts in WTO Adjudication*, in Journal of Public Policy, 2003, pp. 1-21.

– *Is WTO Dispute Settlement Effective?*, in Global Governance, 2004, pp. 207-225.

LIM, C.L., *The Amicus Brief Issue at the WTO*, in Chinese Journal of International Law, Vol. 4, No. 1, 2005, pp. 85-120.

– *Asian WTO Members and the Amicus Brief Controversy: Arguments and Strategies*, in Asian Journal of WTO and International Health Law and Policy, Vol. 1, 2006, pp. 85-103.

LIN, Tsai-Yu, *Compliance Proceedings under Article 21.5 of DSU and Doha Proposed Reform*, in The International Lawyer, Vol. 39, No. 4, 2005, pp. 915-936.

LINARELLI, John, *The Role of Dispute Settlement in World Trade Law: Some Les-*

sons from the Kodak-Fuji Dispute, in Law & Policy in International Business, Vol. 31, 2000, pp. 263-372.

LINDBLOM, Anna-Karin, *Non-Governmental Organisations in International Law*, Cambridge University Press, 2005.

LINDERFALK, Ulf, *Is the Hierarchical Structure of Articles 31 and 32 of the Vienna Convention Real or Not? Interpreting the Rules of Interpretation*, in Netherlands International Law Review, 2007, pp. 133-154.

– *On the Interpretation of Treaties: The Modern International Law as Expressed in the 1969 Vienna Convention on the Law of Treaties*, Springer, 2007.

– *Doing the Right Thing for the Right Reason – Why Dynamic or Static Approaches Should be Taken in the Interpretation of Treaties*, in International Community Law Review, 2008, pp. 109-141.

LINDROOS, Anja, *Addressing Norm Conflicts in a Fragmented Legal System: The Doctrine of Lex Specialis*, in Nordic Journal of International Law, 2005, pp. 27-66.

LINDROOS, Anja e MEHLING, Michael, *Dispelling the Chimera of 'Self-Contained Regimes' International Law and the WTO*, in EJIL, 2005, pp. 857-877.

LINDSEY, Brink, GRISWOLD, Daniel, GROOMBRIDGE, Mark e LUKAS, Aaron, *Seattle and Beyond: A WTO Agenda for the New Millennium*, Trade Policy Analysis nº 8, CATO Institute's Center for Trade Policy Studies, 4-11-1999.

LINTON, Suzannah e TIBA, Firew Kebede, *The International Judge in an Age of Multiple International Courts and Tribunals*, in CJIL, 2009, pp. 407-470.

LITTLE, Scott, *Preliminary Objections to Panel Requests and Terms of Reference: Panel and Appellate Body Rulings on the First Line of Defence in WTO Dispute Settlement Proceedings*, in JWT, 2001, pp. 517-554.

LIVERMORE, Michael, *Authority and Legitimacy in Global Governance: Deliberation,* *Institutional Differentiation, and the Codex Alimentarius*, in New York University Law Review, Vol. 81, nº 2, May 2006, pp. 766-801.

LIIVOJA, Rain, *The Scope of the Supremacy Clause of the United Nations Charter*, in ICLQ, 2008, pp. 583-612.

LLOYD, Nicole, *Beef Hormones Foster Animosity and Not Growth: An Analysis of the World Trade Organization Solving the United States' and European Communities' Beef Hormone Dispute*, in Penn State International Law Review, Vol. 25:2, 2006, pp. 557-587.

LLOYD, Peter, *The architecture of the WTO*, in European Journal of Political Economy, 2001, pp. 327-353.

– *When should new areas of rules be added to the WTO?*, in WTR, 2005, pp. 275-293.

LOCKHART, John e VOON, Tania, *Reviewing Appellate Review in the WTO Dispute Settlement System*, in Melbourne Journal of International Law, 2005, pp. 474-484.

LOCKHART, Nicolas e SHEARGOLD, Elizabeth, *In Search of Relevant Discretion: The Role of the Mandatory/Discretionary Distinction in WTO Law*, in JIEL, 2010, pp. 379-421.

LONG, Olivier, *La place du droit et ses limites dans le système commercial du GATT*, in RCADI, 1983-IV, vol.182, pp. 9-142.

LOPES, J. Cidreiro, *O Acordo Geral sobre Pautas Aduaneiras e Comércio (GATT)*, Instituto Gulbenkian de Ciência, Lisboa, 1965.

LOPEZ-HURTADO, Carlos, *Social Labelling and WTO Law*, in JIEL, 2002, pp. 719-746.

LORCHER, Torsten, *WTO Dispute Settlement and Arbitration*, in International Arbitration Law Review, 6(6), 2003, pp. 203-215.

LOUIS, Jean-Victor, *Les relations extérieures de l'Union européenne: unité ou complémentarité*, in RMUE, nº 4, 1994, pp. 5-10.

– Some Reflections on the Implementation of WTO Rules in the European Community Legal Order, in *New Direc-*

*tions in International Economic Law: Essays in Honour of John H. Jackson*, Marco Bronckers e Reinhard Quick ed., Kluwer Law International, Londres-Haia-Boston, 2000, pp. 493-507.

– Le droit de retrait de l'Union Européenne, in *Droit du Pouvoir, Pouvoir du Droit, Mélanges offerts à Jean Salmon*, Bruylant, Bruxelas, 2007, pp. 1293-1316.

LOUNGNARATH, Vilaysoun e STEHLY, Céline, *The General Dispute Settlement Mechanism in the North American Free Trade Agreement and the World Trade Organization System: Is North American Regionalism Really Preferable to Multilateralism?*, in JWT, vol. 34, nº 1, 2000, pp. 39-71.

LOW, Patrick, Is the WTO Doing Enough for Developing Countries?, in *WTO Law and Developing Countries*, George Bermann e Petros Mavroidis Ed. Cambridge University Press, 2007, pp. 324-358.

LOW, Patrick e KECK, Alexander, *Special and Differential Treatment in the WTO: Why, When and How?*, Staff Working Paper 2004-03, WTO Economic Research and Statistics Division, May 2004.

LOW, Patrick e MATTOO, Aaditya, Is There a Better Way? Alternative Approaches to Liberalization under GATS, in *GATS 2000: New Directions in Services Trade Liberalization*, Pierre Sauvé e Robert Stern ed., Brookings Institution Press, Washington, D.C., 2000, pp. 449-472.

LOW, Patrick, MENDOZA, Miguel Rodríguez e KOTSCHWAR, Barbara, Trade Rules in the Making: An Overview, in *Trade Rules in the Making: Challenges in Regional and Multilateral Negotiations*, Miguel Rodríguez Mendoza, Patrick Low e Barbara Kotschwar ed., Organization of American States-Brookings Institution Press, Washington, D.C., 1999, pp. 1-19.

LOWE, Vaughan, Sovereignty and International Economic Law, in *Redefining Sovereignty in International Economic Law*, Wenhua Shan, Penelope Simons e Dalvinder Singh ed., Hart Publishing, Oxford-Portland, 2008, pp. 77-84.

LOWENFELD, Andreas, *Remedies Along with Rights: Institutional Reform in the New GATT*, in AJIL, 1994, pp. 477-488.

– *International Economic Law*, 2ª ed., Oxford University Press, 2008.

LOY, Frank, Public Participation in the World Trade Organization, in *The Role of the World Trade Organization in Global Governance*, Gary Sampson ed, United Nations University Press, Tóquio-Nova Iorque-Paris, 2001, pp. 113-135.

LÜCKE, Matthias, *Accession of the CIS Countries to the World Trade Organization*, in GYIL, vol. 39, 1996, pp. 134-163.

LUFF, David, *Le Droit de l'Organisation Mondiale du Commerce: Analyse Critique*, Bruylant, Bruxelas, 2004.

LUGARD, Maurits, *Scope of Appellate Review: Objective Assessment of the Facts and Issues of Law*, in JIEL, 1998, pp. 323-327.

LUGARD, Maurits e JANSEN, Bernhard, *Some Considerations on Trade Barriers Erected for Non-Economic Reasons and WTO Obligations*, in JIEL, 1999, pp. 530-536.

LUKE, David, *OAU/AEC Member States, the Seattle Preparatory Process and Seattle*, in JWT, vol. 34, nº 3, 2000, pp. 39-46.

LYBBERT, Travis, *On assessing the cost of TRIPS implementation*, in WTR, 2002, pp. 309-319.

MACKLEM, Patrick, *Labour Law Beyond Borders*, in JIEL, 2002, pp. 605-645.

MACLAREN, Roy, The Geo-political Changes during the 1980s and their influence on the GATT, in *The Uruguay Round and Beyond, Essays in Honour of Arthur Dunkel*, Springer, 1998, pp. 181-193.

MACMILLAN, Fiona, *International Economic Law and Public International Law: Strangers in the Night*, in International Trade Law & Regulation, 2004, pp. 115-124.

MADDALON, Philippe, *Les rapports des groupes spéciaux et de l'organe d'appel de l'OMC*, in AFDI, 2005, pp. 603-632.

MADURO, Miguel Poiares, The Constitution of the Global Market, in *Regional and Global Regulation of International Trade*, Francis Snyder ed., Hart Publishing, Oxford-Portland Oregon, 2002, pp. 49-70.

MAGGI, Giovanni, *The Role of Multilateral Institutions in International Trade Cooperation*, in AER, 1999, pp. 190-214.

MAGNUS, John, Compliance with WTO dispute settlement decisions: is there a crisis?, in *Key Issues in WTO Dispute Settlement: The First Ten Years*, Rufus Yerxa e Bruce Wilson Ed., Cambridge University Press, 2005, pp. 242-250.

MAH, Jai, *Reflections on the Trade Policy Review Mechanism in the World Trade Organization*, in JWT, vol. 31, nº 5, 1997, pp. 49-56.

MAHNCKE, Hans, *US Steel Tariffs and the WTO Dispute Resolution Mechanism*, in Leiden Journal of International Law, 2004, pp. 615-624.

MAHNCKE, Hans e SCULLY-HILL, Anne, *The Emergence of the Doctrine of Stare Decisis in the World Trade Organization Dispute Settlement System*, in LIEI, 2009, pp. 133-156.

MAJONE, Giandomenico, *What Price Safety? The Precautionary Principle and its Policy Implications*, in Journal of Common Market Studies, 2002, pp. 89-109.

MAKI, Peter, *Interpreting GATT Using the Vienna Convention on the Law of Treaties: A Method to Increase the Legitimacy of the Dispute Settlement System*, in MJGT, 2000, pp. 343-360.

MALACRIDA, Reto, *Towards Sounder and Fairer WTO Retaliation: Suggestions for Possible Additional Procedural Rules Governing Members' Preparation and Adoption of Retaliatory Measures*, in JWT, 2008, pp. 3-60.
– WTO retaliatory measures: the case for multilateral regulation of the domestic decision-making process, in *The Law, Economics and Politics of Retaliation in WTO Dispute Settlement*, Cambridge University Press, 2010, pp. 373-390.

MALAGUTI, Maria-Chiara, *Restrictive Business Practices in International Trade and the Role of the World Trade Organization*, in JWT, vol. 32, nº 3, 1998, pp. 117-151.

MALANCZUK, Peter, Globalization and the Future Role of Sovereign States, in *International Economic Law with a Human Face*, Friedl Weiss, Erik Denters e Paul de Waart ed., Kluwer Law International, Haia, Dordrecht e Londres, 1998, pp. 45-65.

MANN, Howard, *Opening the Doors, at Least a Little: Comment on the Amicus Decision in Methanex v. United States*, in Review of European Community & International Environmental Law, 2001, pp. 241-245.

MANSFIELD, Edward D. e BRONSON, Rachel, The Political Economy of Major-Power Trade Flows, in *The Political Economy of Regionalism*, Edward D. Mansfield e Helen V. Milner ed., Columbia University Press, Nova Iorque, 1997, pp. 188-208.

MANSFIELD, Edward D. e MILNER, Helen V., The Political Economy of Regionalism: An Overview, in *The Political Economy of Regionalism*, Edward D. Mansfield e Helen V. Milner ed., Columbia University Press, Nova Iorque, 1997, pp. 1-19.

MANSFIELD, Edward e PEVEHOUSE, Jon, *Democratization and International Organizations*, in International Organization, Volume 60, Winter 2006, pp. 137-167.

MARCEAU, Gabrielle, *Transition from GATT to WTO: A Most Pragmatic Operation*, in JWT, vol. 29, nº 4, 1995, pp. 147-163.
– The Dispute Settlement Rules of the North American Free Trade Agreement: A Thematic Comparison with the Dispute Settlement Rules of the World Trade Organization, in *International Trade Law and the GATT/WTO Dispute*

*Settlement System*, Studies in Transnational Economic Law, vol. 11, Ernst-Ulrich Petersmann ed., Kluwer Law International, Londres-Haia-Boston, 1997, pp. 489-542.

– *Les procédures d'accession à l'Organisation mondiale du commerce (OMC)*, in Annuaire canadien de Droit international 1997, pp. 233-252.

– *NAFTA and WTO Dispute Settlement Rules: A Thematic Comparison*, in JWT, vol. 31, nº 2, 1997, pp. 25-81.

– *Dispute Settlement Mechanisms, Regional or Multilateral: Which One is Better?*, in JWT, vol. 31, nº 3, 1997, pp. 169-179.

– *Rules on Ethics for the New World Trade Organization Dispute Settlement Mechanism: The Rules of Conduct for the Understanding on Rules and Procedures Governing the Settlement of Disputes*, in JWT, vol. 32, nº 3, 1998, pp. 57-97.

– *A Call for Coherence in International Law: Praises for the Prohibition Against "Clinical Isolation" in WTO Dispute Settlement*, in JWT, vol. 33, nº 5, 1999, pp. 87-152.

– *Conflicts of Norms and Conflicts of Jurisdictions: The Relationship between the WTO Agreement and MEAs and other Treaties*, in JWT, 2001, pp. 1081-1131.

– *WTO Dispute Settlement and Human Rights*, in EJIL, 2002, pp. 753-814.

– Pratique et pratiques dans le droit de l'Organisation mondiale du commerce, in *La pratique et le droit international*, Société française pour le droit international, Colloque de Genève, Pedone, Paris, 2004, pp. 159-208.

– Consultations and the panel process in the WTO dispute settlement system, in *Key Issues in WTO Dispute Settlement: The First Ten Years*, Rufus Yerxa e Bruce Wilson Ed., Cambridge University Press, 2005, pp. 29-45.

– Balance and coherence by the WTO Appellate Body: who could do better?,

in *The WTO at Ten: The Contribution of the Dispute Settlement System*, Ed. Giorgio Sacerdoti, Alan Yanovich e Jan Bohanes, Cambridge University Press, 2006, pp. 326-347.

– *Fragmentation in International Law: The Relationship between WTO Law and General International Law – a Few Comments from a WTO Perspective*, in Finnish Yearbook of International Law, Vol. XVII, 2006, pp. 5-20.

MARCEAU, Gabrielle e KYUNG, Kwak, Overlaps and Conflicts of Jurisdiction between the World Trade Organization and Regional Trade Agreements, in *Regional Trade Agreements and the WTO Legal System*, Lorand Bartels e Federico Ortino ed., Oxford University Press, 2006, pp. 465-524.

MARCEAU, Gabrielle e PEDERSEN, Peter, *Is the WTO Open and Transparent? A Discussion of the Relationship of the WTO with Non-governmental Organisations and Civil Society's Claims for more Transparency and Public Participation*, in JWT, vol. 33, nº 1, 1999, pp. 5-49.

MARCEAU, Gabrielle e STILWELL, Matthew, *Practical Suggestions for Amicus Curiae Briefs before WTO Adjudicating Bodies*, in JIEL, 2001, pp. 155-187.

MARCEAU, Gabrielle e TRACHTMAN, Joel, *The Technical Barriers to Trade Agreement, the Sanitary and Phytosanitary Agreement, and the General Agreement on Tariffs and Trade: A Map of the World Trade Organization Law of Domestic Regulation of Goods*, in JWT, 2002, pp. 811-881.

– GATT, TBT and SPS: A Map of WTO Law of Domestic Regulation of Goods, in *The WTO Dispute Settlement System 1995-2003*, Federico Ortino e Ernst-Ulrich Petersmann ed., Kluwer Law International, Haia-Londres-Nova Iorque, 2004, pp. 275-340.

– Responding to National Concerns, in *The Oxford Handbook of International Trade Law*, Daniel Bethlehem, Donald McRae, Rodney Neufeld e Isabelle Van Damme Ed., Oxford University Press, 2009, pp. 209-236.

MARCEAU, Gabrielle e WYATT, Julian, *Dispute Settlement Regimes Intermingled: Regional Trade Agreements and the WTO*, in Journal of International Dispute Settlement, Vol. 1, No. 1, 2010, pp. 67-95.

MARTENS, Kerstin, *Mission Impossible? Defining Nongovernmental Organizations*, in Voluntas: International Journal of Voluntary and Nonprofit Organizations, Vol. 13, No. 3, September 2002, pp. 271-285.

MARTHA, Rutsel, *World Trade Disputes Settlement and the Exhaustion of Local Remedies Rule*, in JWT, vol. 30, nº 4, 1996, pp. 107-130.

– *Precedent in World Trade Law*, in Netherlands International Law Review, 1997, pp. 346-377.

– *Representation of Parties in World Trade Disputes*, in JWT, vol. 31, nº 2, 1997, pp. 83-96.

– *The Duty to Exercise Judgement on the Fruitfulness of Actions in World Trade Law*, in JWT, 2001, pp. 1035-1059.

– *Capacity to sue and be sued under WTO law*, in WTR, 2004, pp. 27-51.

MARTIN, Ashley, *The Regulation of DDT: A Choice between Evils*, in Vanderbilt Journal of Transnational Law, 2008, pp. 677--704.

MARTIN, Will e IANCHOVICHINA, Elena, *Implications of China's Accession to the World Trade Organisation for China and the WTO*, in WE, 2001, pp. 1205-1219.

MARTINS, Margarida Salema d'Oliveira e MARTINS, Afonso d'Oliveira, *Direito das Organizações Internacionais*, vol. I, 2ª ed., Associação Académica da Faculdade de Direito de Lisboa, 1996.

MASKUS, Keith, Intellectual Property Rights in the World Trade Organization: Progress and Prospects, in *Launching New Global Trade Talks: An Action Agenda*, Institute for International Economics, Washington, D.C., 1998, pp. 133-148.

– Intellectual Property Rights Issues for the New Round, in *The WTO after Seattle*, Institute for International Economics, Washington, D.C., 2000, pp. 137-158.

– *Intellectual Property Rights in the Global Economy*, Institute for International Economics, Washington, D.C., 2000.

– Benefiting from Intellectual Property Protection, in *Development, Trade, and the WTO: A Handbook*, Bernard Hoekman, Aaditya Mattoo e Philip English ed., The World Bank, Washington, D.C., 2002, pp. 369-381.

– *Regulatory standards in the WTO: Comparing intellectual property rights with competition policy, environmental protection, and core labor standards*, in WTR, 2002, pp. 135-152

MASKUS, Keith e REICHMAN, Jerome, *The Globalization of Private Knowledge Goods and the Privatization of Global Public Goods*, in JIEL, 2004, pp. 279-320.

MASSON, Antoine, *La confirmation par l'arrêt Parys v. Belgische Interventie-en restitutiebureau de l'articulation paradoxale du droit de l'OMC et du droit communautaire*, in RMCUE, nº 496, 2006, pp. 189-194.

MATHIS, James, *WTO Panel Report, European Communities – Trade Description of Sardines*, in LIEI, 2002, pp. 335-347.

– *WTO Core Principles and Prohibition: Obligations Relating to Private Practices, National Competition Laws and Implications for a Competition Policy Framework*, United Nations Conference on Trade and Development-United Nations, Nova Iorque-Genebra, 2003.

MATON, John e MATON, Carolyn, *Independence under Fire: Extra-Legal Pressures and Coalition Building in WTO Dispute Settlement*, in JIEL, 2007, pp. 317-334.

MATSUI, Yoshiro, *Some Aspects of the Principle of "Common but Differentiated Responsibilities"*, in International Environmental Agreements: Politics, Law and Economics, 2002, pp. 151-171.

MATSUSHITA, Mitsuo, Harmonization of National Economic Institutions: Harmonization by Bilateral Agreements and the GATT, in *National Constitutions and International Economic Law*, Meinhard Hilf e Ernst-Ulrich Petersmann ed., Studies in Transnational Economic Law, vol. 8, Kluwer, 1993, pp. 457-472.

– Restrictive Business Practices and the WTO/GATT Dispute Settlement Process, in *International Trade Law and the GATT/WTO Dispute Settlement System*, Studies in Transnational Economic Law, vol. 11, Ernst-Ulrich Petersmann ed., Kluwer Law International, Londres-Haia-Boston, 1997, pp. 359-373.

– Competition Policy in the Framework of WTO, in *European Integration and International Co-ordination – Studies in Transnational Economic Law in Honour of Claus-Dieter Ehlermann*, Armin von Bogdandy/Petros Mavroidis/Yves Mény ed., Kluwer Law International, Haia/Londres/Nova Iorque, 2002, pp. 305-316.

– Some Issues of the SPS Agreement, in *The Role of the Judge in International Trade Regulation: Experience and Lessons for the WTO*, Thomas Cottier e Petros Mavroidis ed., Studies in International Economics – The World Trade Forum, volume 4, The University of Michigan Press, 2003, pp. 193-212.

– *Governance of International Trade Under World Trade Organization Agreements – Relationships Between World Trade Organization Agreements and Other Trade Agreements*, in JWT, 2004, pp. 185-210.

– Appellate Body Jurisprudence on the GATS and TRIPS Agreements, in *The WTO Dispute Settlement System 1995-2003*, Federico Ortino e Ernst-Ulrich Petersmann ed., Kluwer Law International, Haia-Londres-Nova Iorque, 2004, pp. 455-474.

– *Food Safety Issues under WTO Agreements*, in Manchester Journal of International Economic Law, Vol. 2-Issue 2, 2005, pp. 7-17.

– Some Thoughts on the Appellate Body, (Chapter 30), in *The World Trade Organization: Legal, Economic and Political Analysis*, Volume I, Patrick Macrory, Arthur Appleton e Michael Plummer Ed., Springer, Nova Iorque, 2005, pp. 1389-1403.

– "Sovereignty" Issues in Interpreting WTO Agreements: The Sardines Case and Article 2.4 of the TBT Agreement, in *Reform and Development of the WTO Dispute Settlement System*, Dencho Georgiev e Kim Van der Borght Ed., Cameron May, Londres, 2006, pp. 191-199.

– A review of some appellate decisions: law, policy, and economics in dispute settlement, in *The WTO in the Twenty-First Century: Dispute Settlement, Negotiations, and Regionalism in Asia*, Yasuhei Taniguchi, Alan Yanovich e Jan Bohanes Ed., Cambridge University Press, 2007, pp. 282-293.

– A Review of Major WTO Jurisprudence, in *The WTO: Governance, Dispute Settlement, and Developing Countries*, Merit Janow, Victoria Donaldson e Alan Yanovich ed., Juris Publishing, Nova Iorque, 2008, pp. 505-524.

MATSUSHITA, Mitsuo e IINO, Aya, *The Blocking Legislation as a Countermeasure to the US Anti-Dumping Act of 1916: A Compara-*

*tive Analysis of the EC and Japanese Damage Recovery Legislation*, in JWT, 2006, pp. 753-776.

MATSUSHITA, Mitsuo, SCHOENBAUM, Thomas e MAVROIDIS, Petros, *The World Trade Organization: Law, Practice, and Policy*, Oxford University Press, 2003.

– *The World Trade Organization: Law, Practice, and Policy*, 2ª ed., Oxford University Press, 2006.

MATTOO, Aaditya, *National Treatment in the GATS: Corner-Stone or Pandora's Box?*, in JWT, vol. 31, nº 1, 1997, pp. 107-135.

– *China's Accession to the WTO: The Services Dimension*, in JIEL, 2003, pp. 299-339.

MAUPAIN, Francis, *The Settlement of Disputes Within the International Labour Office*, in JIEL, 1999, pp. 273-293.

MAVROIDIS, Petros, *Surveillance Schemes: The GATT's New Trade Policy Review Mechanism*, in MJIL, 1992, pp. 374-414.

– *Les pratiques restrictives du commerce: la question de la répartition des compétences entre la communauté européenne et ses états membres dans le cadre de l'organisation mondiale du commerce*, in AFDI, 1996, pp. 864-871.

– *Remedies in the WTO Legal System: Between a Rock and a Hard Place*, in EJIL, 2000, pp. 763-813.

– *Trade and Environment after the Shrimps--Turtles Litigation*, in JWT, vol. 34, nº 1, 2000, pp. 73-88.

– *Amicus Curiae Briefs Before the WTO: Much Ado About Nothing*, in *European Integration and International Co-ordination – Studies in Transnational Economic Law in Honour of Claus-Dieter Ehlermann*, Armin von Bogdandy/Petros Mavroidis/Yves Mény ed., Kluwer Law International, Haia/Londres/Nova Iorque, 2002, pp. 317-329.

– *The Meeting in Doha: Keep on Keeping on*, in JWT, 2002, pp. 167-169.

– Judicial supremacy, judicial restraint, and the issue of consistency of preferential trade agreements with the WTO: The apple in the picture, in *The Political Economy of International Trade Law – Essays in Honor of Robert E. Hudec*, Daniel Kennedy e James Southwick ed., Cambridge University Press, 2002, pp. 583-601.

– The Trade Disputes Concerning Health Policy Between the EC and the US, in *Transatlantic Economic Disputes: The EU, the US, and the WTO*, Ernst-Ulrich Petersmann e Mark Pollack ed., Oxford University Press, 2003, pp. 233-245.

– Proposals for Reform of Article 22 of the DSU: Reconsidering the "Sequencing" Issue and Suspension of Concessions, in *The WTO Dispute Settlement System 1995-2003*, Federico Ortino e Ernst-Ulrich Petersmann ed., Kluwer Law International, Haia-Londres-Nova Iorque, 2004, pp. 61-73.

– Development of WTO Dispute Settlement Procedures Through Case-Law (We Will Fix It), in *The WTO Dispute Settlement System 1995-2003*, Federico Ortino e Ernst-Ulrich Petersmann ed., Kluwer Law International, Haia-Londres-Nova Iorque, 2004, pp. 153-176.

– Come Together? Producer Welfare, Consumer Welfare and WTO Rules, in *Preparing the Doha Development Round: Challenges to the Legitimacy and Efficiency of the World Trading System*, Ernst-Ulrich Petersmann ed., European University Institute-Robert Schuman Centre for Advanced Studies, Florença, 2004, pp. 137-153.

– Looking for Mr and Mrs Right: ten years of the Appellate Body at the WTO, in *The WTO at Ten: The Contribution of the Dispute Settlement System*, Ed. Giorgio Sacerdoti, Alan Yanovich e Jan Bohanes, Cambridge University Press, 2006, pp. 348-359.

– Article 6 DSU, in *WTO-Institutions and Dispute Settlement*, Rüdiger Wolfrum, Peter-Tobias Stoll e Karen Kaiser (eds), Max Planck Commentaries on World Trade Law, Max Planck Institute for Comparative Public Law and International Law, Martinus Nijhoff Publishers, Leiden/Boston, 2006, pp. 337-353.

– Article 7 DSU, in *WTO-Institutions and Dispute Settlement*, Rüdiger Wolfrum, Peter-Tobias Stoll e Karen Kaiser (eds), Max Planck Commentaries on World Trade Law, Max Planck Institute for Comparative Public Law and International Law, Martinus Nijhoff Publishers, Leiden/Boston, 2006, pp. 354-359.

– Article 8 DSU, in *WTO-Institutions and Dispute Settlement*, Rüdiger Wolfrum, Peter-Tobias Stoll e Karen Kaiser (eds), Max Planck Commentaries on World Trade Law, Max Planck Institute for Comparative Public Law and International Law, Martinus Nijhoff Publishers, Leiden/Boston, 2006, pp. 360-364.

– Article 11 DSU, in *WTO-Institutions and Dispute Settlement*, Rüdiger Wolfrum, Peter-Tobias Stoll e Karen Kaiser (eds), Max Planck Commentaries on World Trade Law, Max Planck Institute for Comparative Public Law and International Law, Martinus Nijhoff Publishers, Leiden/Boston, 2006, pp. 386-405.

– Article 12 DSU, in *WTO-Institutions and Dispute Settlement*, Rüdiger Wolfrum, Peter-Tobias Stoll e Karen Kaiser (eds), Max Planck Commentaries on World Trade Law, Max Planck Institute for Comparative Public Law and International Law, Martinus Nijhoff Publishers, Leiden/Boston, 2006, pp. 406-414.

– Article 16 DSU, in *WTO-Institutions and Dispute Settlement*, Rüdiger Wolfrum, Peter-Tobias Stoll e Karen Kaiser (eds), Max Planck Commentaries on World Trade Law, Max Planck Institute for Comparative Public Law and International Law, Martinus Nijhoff Publishers, Leiden/Boston, 2006, pp. 442-444.

– Article 19 DSU, in *WTO-Institutions and Dispute Settlement*, Rüdiger Wolfrum, Peter-Tobias Stoll e Karen Kaiser (eds), Max Planck Commentaries on World Trade Law, Max Planck Institute for Comparative Public Law and International Law, Martinus Nijhoff Publishers, Leiden/Boston, 2006, pp. 483-491.

– Appendix 3 DSU, in *WTO-Institutions and Dispute Settlement*, Rüdiger Wolfrum, Peter-Tobias Stoll e Karen Kaiser (eds), Max Planck Commentaries on World Trade Law, Max Planck Institute for Comparative Public Law and International Law, Martinus Nijhoff Publishers, Leiden/Boston, 2006, pp. 602-609.

– *No Outsourcing of Law? WTO Law As Practiced by WTO Courts*, in AJIL, 2008, pp. 421-474.

– *It's alright ma, I'm only bleeding (A comment on the Fedon jurisprudence of the Court of First Instance)*, Sant'Anna School of Advanced Studies – Department of Law, STALS Research Paper nº 11/2008.

– Legal Eagles? The WTO Appellate Body's First Ten Years, in *The WTO: Governance, Dispute Settlement, and Developing Countries*, Merit Janow, Victoria Donaldson e Alan Yanovich ed., Juris Publishing, Nova Iorque, 2008, pp. 345-367.

– Licence to Adjudicate: A Critical Evaluation of the Work of the WTO Appellate Body So far, in *Trade Disputes and the Dispute Settlement Understanding of the WTO: An Interdisciplinary Assessment*, Frontiers of Economics and Globalization, Volume 6, Ed. James C. Hartigan, Emerald Group, 2009, pp. 73-90.

MAVROIDIS, Petros e BORGHT, Kim Van der, Impartiality, Independence and the WTO Appellate Body, in *Reform and Development of the WTO Dispute Settlement System*, Dencho Georgiev e Kim Van der Borght Ed., Cameron May, Londres, 2006, pp. 201-224.

MAVROIDIS, Petros e HORN, Henrik, *Remedies in the WTO Dispute Settlement System and Developing Country Interests*, World Bank, 1999.

– National Health Regulations and the SPS Agreement: The WTO Case Law of the Early Years, in *The Role of the Judge in International Trade Regulation: Experience and Lessons for the WTO*, Thomas Cottier e Petros Mavroidis ed., Studies in International Economics – The World Trade Forum, volume 4, The University of Michigan Press, 2003, pp. 255-284.

– The WTO Dispute Settlement System 1995-2006: Some Descriptive Statistics, in *Trade Disputes and the Dispute Settlement Understanding of the WTO: An Interdisciplinary Assessment*, Frontiers of Economics and Globalization, Volume 6, Ed. James C. Hartigan, Emerald Group, 2009, pp. 3-31.

MAVROIDIS, Petros e MATTOO, Aaditya, Trade, Environment and the WTO: The Dispute Settlement Practice Relating to Article XX of GATT, in *International Trade Law and the GATT/WTO Dispute Settlement System*, Studies in Transnational Economic Law, vol. 11, Ernst-Ulrich Petersmann ed., Kluwer Law International, Londres-Haia-Boston, 1997, pp. 327-343.

MAVROIDIS, Petros e NEVEN, Damien, Some Reflections on Extraterritoriality in International Economic Law: A Law and Economic Analysis, in *Mélanges en Hommage à Michel Waelbroeck*, Bruylant, Bruxelas, 1999, pp. 1297-1325.

– The WTO Agreement on Telecommunications: It's Never Too Late, in *The Liberalization of State Monopolies in the European Union and Beyond*, Damien Geradin ed., Kluwer Law International, Haia-Boston-Londres, 2000, pp. 307-318.

MAVROIDIS, Petros e PALMETER, David, *The WTO Legal System: Sources of Law*, in AJIL, 1998, pp. 398-413.

– *Dispute Settlement in the World Trade Organization: Practice and Procedure*, Kluwer Law International, Haia-Londres-Boston, 1999.

– *Dispute Settlement in the World Trade Organization: Practice and Procedure*, 2ª ed., Cambridge University Press, 2004.

MAVROIDIS, Petros e VAN SICLEN, Sally, *The Application of the GATT/WTO Dispute Resolution System to Competition Issues*, in JWT, vol. 31, nº 5, 1997, pp. 5-45.

MAVROIDIS, Petros e ZDOUC, Werner, *Legal Means to Protect Private Parties' Interests in the WTO: The Case of the EC New Trade Barriers Regulation*, in JIEL, 1998, pp. 407-432.

MAVROIDIS, Petros, HORN, Henrik e NORDSTRÖM, Hakan, *Is the Use of the WTO Dispute Settlement System Biased?*, Centre for Economic Policy Research Discussion Paper nº 2340, 1999.

MAVROIDIS, Petros, MESSERLIN, Patrick e WAUTERS, Jasper, *The Law and Economics of Contingent Protection in the WTO*, Elgar International Economic Law, Edward Elgar, 2008.

MAVROIDIS, Petros, VERMULST, Edwin e WAER, Paul, *The Functioning of the Appellate Body After Four Years: Towards Rule Integrity*, in JWT, vol. 33, nº 2, 1999, pp. 1-50.

MAYEDA, Graham, *Developing Disharmony? The SPS and TBT Agreements and the Impact of Harmonization on Developing Countries*, in JIEL, 2004, pp. 737-764.

MCBRIDE, Scott, *Dispute Settlement in the WTO: Backbone of the Global Trading System or Delegation of Awesome Power?*, in

Law & Policy in International Business, 2001, pp. 643-675.

McCALLEY, Priscila, *The Dangers of Unregulated Counsel in the WTO*, in Georgetown Journal of Legal Ethics, Vol. 18, 2005, pp. 975-986.

McCORRISTON, Steve, *Market Structure Issues and the Evaluation of the Reform of the EU Banana Regime*, in WE, vol. 23, nº 7, 2000, pp. 923-938.

McDONALD, Jan, *Domestic regulation, international standards, and technical barriers to trade*, in WTR, 2005, pp. 249-274.

McGINNIS, John e MOVSESIAN, Mark, *The World Trade Constitution*, in Harvard Law Review, 2000, pp. 511-605.

McGIVERN, Brendan, *Seeking Compliance with WTO Rulings: Theory, Practice and Alternatives*, in The International Lawyer, 2002, pp. 141-157.

– Implementation of panel and Appellate Body rulings: an overview, in *Key Issues in WTO Dispute Settlement: The First Ten Years*, Rufus Yerxa e Bruce Wilson Ed., Cambridge University Press, 2005, pp. 98-109.

– Retaliation Revisited: Compliance and Implementation Issues in WTO Dispute Settlement, in *Reform and Development of the WTO Dispute Settlement System*, Dencho Georgiev e Kim Van der Borght Ed., Cameron May, Londres, 2006, pp. 225-245.

McGOVERN, Edmond, Dispute Settlement in the GATT – Adjudication or Negotiation?, in *The European Community and GATT*, Meinhard Hilf, Francis Jacobs e Ernst-Ulrich Petersmann ed., Kluwer, Deventer – Boston, 1986, pp. 73-84.

– *International Trade Regulation*, Chapter 2, Exeter – Globefield Press, 1999.

– *International Trade Regulation*, Chapter 1, Exeter – Globefield Press, 2001.

– *International Trade Regulation*, Chapter 1, Exeter – Globefield Press, 2002.

– *International Trade Regulation*, Chapter 1, Exeter – Globefield Press, 2003.

– *International Trade Regulation*, Chapter 1, Exeter – Globefield Press, 2004.

McGRADY, Benn, *Fragmentation of International Law or "Systemic Integration" of Treaty Regimes: EC – Biotech Products and the Proper Interpretation of Article 31(3)(c) of the Vienna Convention on the Law of Treaties*, in JWT, 2008, pp. 589-618.

McLACHLAN, Campbell, *The Principle of Systemic Integration and Article 31(3)(C) of the Vienna Convention*, in ICLQ, 2005, pp. 279-320.

McMAHON, Joseph, Going Bananas? Dispute Resolution in Agriculture, in *Dispute Resolution in the World Trade Organisation*, James Cameron e Karen Campbell ed., Cameron May, Londres, 1998, pp. 128-147.

McNELIS, Natalie, *The European Union Trade Barriers Regulation: A More Effective Instrument*, in JIEL, 1998, pp. 149-155.

– *Success for Private Complainants under the EU's Trade Barriers Regulation*, in JIEL, 1999, pp. 519-529.

– *Both Sides Consider Section 301 Panel Report a Victory*, in LIEI, 2000, pp. 185-194.

– *The Role of the Judge in the EU and WTO: Lessons from the BSE and Hormones Cases*, in JIEL, 2001, pp. 189-208.

– *The Role of the Judge in the EU and WTO: Lessons from the BSE and Hormones Cases*, in *The Role of the Judge in International Trade Regulation: Experience and Lessons for the WTO*, Thomas Cottier e Petros Mavroidis ed., Studies in International Economics – The World Trade Forum, volume 4, The University of Michigan Press, 2003, pp. 225-246.

– *What Obligations Are Created by World Trade Organization Dispute Settlement Reports?*, in JWT, 2003, pp. 647-672.

McNiel, Dale, *The First Case Under the WTO's Sanitary and Phytosanitary Agreement: The European Union's Hormone Ban*, in Virginia Journal of International Law, 1998, pp. 89-134.

McRae, Donald, *The Contribution of International Trade Law to the Development of International Law*, in RCADI, 1996, vol. 260, pp. 99-237.

– The Emerging Appellate Jurisdiction in International Trade Law, in *Dispute Resolution in the World Trade Organisation*, James Cameron e Karen Campbell ed., Cameron May, Londres, 1998, pp. 98-110.

– *The WTO in International Law: Tradition Continued or New Frontier?*, in JIEL, 2000, pp. 27-41.

– *What is the Future of WTO Dispute Settlement?*, in JIEL, 2004, pp. 3-21.

– Treaty interpretation and the development of international trade law by the Appellate Body, in *The WTO at Ten: The Contribution of the Dispute Settlement System*, Ed. Giorgio Sacerdoti, Alan Yanovich e Jan Bohanes, Cambridge University Press, 2006, pp. 360-371.

– *Measuring the Effectiveness of the WTO Dispute Settlement System*, in Asian Journal of WTO and International Health Law and Policy, Vol. 3, 2008, pp. 1-20.

– The Place of the WTO in the International Systemt, in *The Oxford Handbook of International Trade Law*, Daniel Bethlehem, Donald McRae, Rodney Neufeld e Isabelle Van Damme Ed., Oxford University Press, 2009, pp. 54-75.

McRae, Donald e Hansen, Robin, Reconciling the International and the Domestic: The Reasonable Period of Time Under Article 21.3 of the DSU, in *The WTO: Governance, Dispute Settlement, and Developing Countries*, Merit Janow, Victoria Donaldson e Alan Yanovich ed., Juris Publishing, Nova Iorque, 2008, pp. 987-1008.

McRae, Donald e Thomas, J. C., *The GATT and Multilateral Treaty Making: The Tokyo Round*, in AJIL, 1983, pp. 51-83.

McWhinney, Edward, *The International Court of Justice and International Law-making: The Judicial Activism/Self-restraint Antinomy*, in Chinese Journal of International Law, 2006, pp. 3-13.

Meade, James, *A Proposal for an International Commercial Union (25th July, 1942)*, in WE, vol. 10, nº 4, 1987, pp. 400-407.

Meltzer, Alan *et al.*, *Relatório do International Financial Institution Advisory Committee*, 2000, in http://www.house.gov/jec/imf/meltzer.htm

Meltzer, Joshua, *Interpreting the WTO Agreements – A Commentary on Professor Pauwelyn's Approach*, in MJIL, 2004, pp. 917-923.

– *State Sovereignty and the Legitimacy of the WTO*, in University of Pennsylvania Journal of International Economic Law, 2005, pp. 693-733.

Mendoza, Ronald, The Multilateral Trade Regime: A Global Public Good for All?, in *Providing Global Public Goods – Managing Globalization*, Inge Kaul, Pedro Conceição, Katell Le Goulven e Ronald Mendoza ed., Oxford University Press, 2003, pp. 455-483.

Meng, Werner, Article 57, in *The Charter of the United Nations: A Commentary*, vol. II, Bruno Simma ed., 2ª ed., Oxford University Press, 2002, pp. 944-966.

– 'Early Warning System' for Dispute Prevention in the Transatlantic Partnership: Experiences and Prospects, in *Transatlantic Economic Disputes: The EU, the US, and the WTO*, Ernst-Ulrich Petersmann e Mark Pollack ed., Oxford University Press, 2003, pp. 507-526.

Mengozzi, Paolo, *Les droits des citoyens de l'Union européenne et l'applicabilité directe des accords de Marrakech*, in RMUE, nº 4/1994, pp. 165-183.

– *The World Trade Organization Law: An Analysis of its First Practice*, in Rivista di Diritto Europeo, 1998, pp. 3-40.

– *Structure et principes de l'OMC à la lumière de la mise en oeuvre des recommandations de l'ORD dans l'affaire Bananes III*, in RMUE, nº 4/1999, pp. 11-24.

MERCOSUL, *The Olivos Protocol for the Settlement of Disputes in Mercosur*, in ILM, vol. XLII, 2003, pp. 2-18.

MERCURIO, Bryan, *Improving Dispute Settlement in the World Trade Organization: The Dispute Settlement Understanding Review – Making it Work?*, in JWT, 2004, pp. 795-854.

– *The WTO and its Institutional Impediments*, in Melbourne Journal of International Law, Vol. 8, 2007, pp. 198-232.

– Retaliatory Trade Measures in the WTO Dispute Settlement Understanding: Are There Really Alternatives?, in *Trade Disputes and the Dispute Settlement Understanding of the WTO: An Interdisciplinary Assessment*, Frontiers of Economics and Globalization, Volume 6, Ed. James C. Hartigan, Emerald Group, 2009, pp. 397-442.

MERKOURIS, Panos, *Debating the Ouroboros of International Law: The Drafting History of Article 31(3)(c)*, in International Community Law Review, 2007, pp. 1-31.

MERRILLS, J. G., *International Dispute Settlement*, 4ª ed., Cambridge University Press, 2005.

– *The Mosaic of International Dispute Settlement Procedures: Complementary or Contradictory?*, in Netherlands International Law Review, 2007, pp. 361-393.

MESQUITA, Maria José Rangel de, Condenação de um Estado Membro da União Europeia no pagamento de sanções pecuniárias: um princípio com futuro – reflexões breves sobre o primeiro e o segundo acórdãos do Tribunal de Justiça que aplicam uma sanção pecuniária compulsória a um Estado Membro, in *Estudos em Homenagem ao Prof. Doutor Joaquim Moreira da Silva Cunha*, Faculdade de Direito da Universidade de Lisboa, Coimbra Editora, 2005, pp. 621-638.

MESSERLIN, Patrick, *La nouvelle Organisation Mondiale du Commerce*, Dunod, Paris, 1995.

– Agreement on Government Procurement, in *The New World Trading System: Readings*, OCDE, Paris, 1995, pp. 65-71.

– *Commerce international*, Presses Universitaires de France, Paris, 1998.

– *Measuring the Costs of Protection in Europe: European Commercial Policy in the 2000s*, Institute for International Economics, Washington, DC, 2001.

– Non-discrimination, Welfare Balances and WTO Rules: An Historical Perspective, in *Preparing the Doha Development Round: Challenges to the Legitimacy and Efficiency of the World Trading System*, Ernst-Ulrich Petersmann ed., European University Institute-Robert Schuman Centre for Advanced Studies, Florença, 2004, pp. 154-170.

MESSERLIN, Patrick e PALMETER, David, Technical Regulations and Industry Standards (TRIS), in *Regulatory Barriers and the Principle of Non-Discrimination in World Trade Law*, Thomas Cottier e Petros Mavroidis ed., Studies in International Economics – The World Trade Forum, vol. 2, The University of Michigan Press, 2000, pp. 245-260.

MESTRAL, A.L.C de e AUERBACH-ZIOGAS, M., A Proposal to Introduce an Advocate General's Position into WTO Dispute Settlement, in *Law in the Service of Human Dignity – Essays in Honour of Florentino Feliciano*, Steve Charnovitz, Debra Steger e Peter van den Bossche Ed., Cambridge University Press, 2005, pp. 159-180.

MICHALOPOULOS, Constantine, WTO Accession, in *Development, Trade, and the WTO: A Handbook*, Bernard Hoekman, Aaditya Mattoo e Philip English ed., The World Bank, Washington, D.C., 2002, pp. 61-70.

MIGUEL, Pablo Zapatero, *La invención de los panels del GATT*, in Revista de Información Comercial Española, Nº 843, Julio-Agosto 2008, pp. 89-106.

MILLER, Nathan, *An International Jurisprudence? The Operation of "Precedent" Across International Tribunals*, in Leiden Journal of International Law, 2002, pp. 483-526.

MILNER, Helen, The Political Economy of U.S. Trade Policy: A Study of the Super 301 Provision, in *Aggressive Unilateralism: America's 301 Trade Policy and the World Trading System*, Jagdish Bhagwati e Hugh Patrick ed., The University of Michigan Press, 1990, pp. 163-180.

MINISTÉRIO DO COMÉRCIO E TURISMO, *GATT: as negociações do "Uruguay Round". Análise sumária da Acta Final, suplemento da autoria do Ministério do Comércio e Turismo*, in Expresso de 29-1-1994.

MINISTÉRIO DO DESENVOLVIMENTO, INDÚSTRIA E COMÉRCIO EXTERIOR (Brasil), *Defesa Comercial – Acordos e Legislação*, Cadernos DECOM [Departamento de Defesa Comercial] Nº 2, Brasília, Dezembro de 2002.

MIRANDA, Jorge, *Textos Históricos do Direito Constitucional*, Imprensa Nacional-Casa da Moeda, Lisboa, 1980.

– *Apreciação do relatório sobre o programa, os conteúdos e os métodos de ensino de uma disciplina de direito internacional público (processo no Tribunal Internacional de Justiça) apresentado pelo Prof. Doutor José Manuel Sérvulo Correia a provas de agregação*, in Revista da Faculdade de Direito da Universidade de Lisboa, vol. XLVIII, nºs 1 e 2, 2007, pp. 595-603.

MITCHELL, Andrew, Due process in WTO disputes, in *Key Issues in WTO Dispute Settlement: The First Ten Years*, Rufus Yerxa e Bruce Wilson Ed., Cambridge University Press, 2005, pp. 144-160.

– *A legal principle of special and differential treatment for WTO disputes*, in WTR, 2006, pp. 445-469.

– *Good Faith in WTO Dispute Settlement*, in Melbourne Journal of International Law, 2006, pp. 339-373.

– *Proportionality and Remedies in WTO Disputes*, in EJIL, 2006, pp. 985-1008.

– Fair Crack of the Whip: Examining Procedural Fairness in WTO Disputes Using an Australian Administrative Law Framework, in *Ten Years of WTO Dispute Settlement: Australian Perspectives*, Office of Trade Negotiations of the Department of Foreign Affairs and Trade (Australia) ed., 2006, pp. 45-69.

– *Legal Principles in WTO Disputes*, Cambridge University Press, 2008.

MITCHELL, Andrew e HEATON, David, *The Inherent Jurisdiction of WTO Tribunals: The Need for a Principled Approach*, Legal Studies Research Paper No. 416, Melbourne Law School, Julho de 2009.

– *The Inherent Jurisdiction of WTO Tribunals: The Select Application of Public International Law Required by the Judicial Function*, in MJIL, 2010, pp. 559-619.

MONNIER, Pierre, *The Time to Comply with an Adverse WTO Ruling: Promptness within Reason*, in JWT, 2001, pp. 825-845.

– *Working Procedures Before Panels, the Appellate Body and Other Adjudicating Bodies of the WTO*, in The Law and Practice of International Courts and Tribunals, 2002, pp. 481-538.

– *Le système de compensations et de rétorsions de l'Organisation Mondiale du Commerce: Les Membres de l'OMC jouent-ils aux échecs comme des billes ou lancent-ils leurs billes comme des nuls?*, in International Law FORUM, 2003, pp. 47-61.

– Working Procedures: Recent Changes and Prospective Developments, in *Reform and Development of the WTO Dispute Settlement System*, Dencho Georgiev e Kim Van der Borght Ed., Cameron May, Londres, 2006, pp. 265-285.

MONTAGUTI, Elisabetta e LUGARD, Maurits, *The GATT 1994 and Other Annex 1A Agreements: Four Different Relationships?*, in JIEL, 2000, pp. 473-484.

MONTESQUIEU, Charles de, *De L'esprit des Lois*, Librairie Garnier Frères, Paris, s.d.

MOORE, Mike, *A World Without Walls – Freedom, Development, Free Trade and Global Governance*, Cambridge University Press, 2003.

MOORE, Patrick, *The Decisions Bridging the GATT 1947 and the WTO Agreement*, in AJIL, 1996, pp. 317-328.

MORA, Miquel Montaña i, *A GATT With Teeth: Law Wins Over Politics in the Resolution of International Trade Disputes*, in Columbia Journal of Transnational Law, 1993, pp. 103-180.

– *International Law and International Relations Cheek to Cheek: an IL/IR Perspective on the Uruguay Round Negotiations on Agriculture*, in GYIL, vol. 37, 1994, pp. 315-359.

– *A Rediscovered Basis for the Court of Justice of the European Communities to Refuse Direct Effect to the Uruguay Round Agreements?*, in JWT, vol. 30, nº 5, 1996, pp. 43-59.

MOREY, Barbara e TIOZZO, Carine, *La résolution du conflit de la banane opposant les États-Unis à la Communauté Européenne par l'OMC. La guerre des bananes: suite et fin?*, in RMCUE, nº 429, 1999, pp. 394--400.

MORNINGSTAR, Richard, *The FSC Challenge*, in CMLR, pp. 1-5.

MORRISON, Peter, WTO Dispute Settlement in Services: Procedural and Substantive Aspects, in *International Trade Law and the GATT/WTO Dispute Settlement System*, Studies in Transnational Economic Law, vol. 11, Ernst-Ulrich Petersmann ed., Kluwer Law International, Londres-Haia-Boston, 1997, pp. 377-393.

MORTENSEN, Jens Ladefoged, *The Institutional Requirements of the WTO in an Era of Globalisation: Imperfections in the Global Economic Polity*, in European Law Journal, 2000, pp. 176-204.

MOSLER, Hermann e OELLERS-FRAHM, Karin, Article 93, in *The Charter of the United Nations: A Commentary*, vol. II, Bruno Simma ed., 2ª ed., Oxford University Press, 2002, pp. 1171-1174.

– Article 95, in *The Charter of the United Nations: A Commentary*, vol. II, Bruno Simma ed., 2ª ed., Oxford University Press, 2002, p. 1179.

– Article 96, in *The Charter of the United Nations: A Commentary*, vol. II, Bruno Simma ed., 2ª ed., Oxford University Press, 2002, pp. 1179-1190.

MOSOTI, Victor, *Africa in the First Decade of WTO Dispute Settlement*, in JIEL, 2006, pp. 427-453.

MOTA, Pedro Infante, *Os Blocos Económicos Regionais e o Sistema Comercial Multilateral. O Caso da Comunidade Europeia*, in Revista da Faculdade de Direito da Universidade de Lisboa, vol. XL, nº 1 e 2, 1999, pp. 71-156.

– *A Organização Mundial do Comércio e os Blocos Econômicos Regionais*, in Cadernos PROLAM/Universidade de São Paulo, ano 3-vol. 2, 2004, pp. 89-142.

– National Report Portugal, in *WTO and Direct Taxation*, Michael Lang, Judith Herdin e Ines Hofbauer ed., Linde Verlag Wien, Viena, 2005, pp. 561-610.

– *O Sistema GATT/OMC: Introdução Histórica e Princípios Fundamentais*, Almedina, Coimbra, 2005.

– O Processo de Tomada de Decisões na Organização Mundial do Comércio, in *Estudos Jurídicos e Económicos em Homenagem ao Prof. Doutor António de Sousa Franco*, Edição da Faculdade de Direito da Universidade de Lisboa, Coimbra Editora, 2006, pp. 691-733.

– *O princípio da não discriminação no sistema GATT/OMC*, in Revista Fórum de Direito Tributário, ano 4, nº 24, Novembro/Dezembro 2006, pp. 33-147.

MOTAAL, Doaa, *Multilateral Environmental Agreements (MEAs) and WTO Rules: Why the "Burden of Accommodation" Should Shift to MEAs*, in JWT, 2001, pp. 1215-1233.

– The Agreement on Technical Barriers to Trade, the Committee on Trade and Environment, and Eco-Labelling, in *Trade, Environment, and the Millennium*, 2ª ed., Gary Sampson e Bradnee Chambers ed., 2002, pp. 267-285.

– *The "Multilateral Scientific Consensus" and the World Trade Organization*, in JWT, 2004, pp. 855-876.

– *Is the World Trade Organization Anti-Precaution?*, in JWT, 2005, pp. 483-501.

MOTTA, Eduardo e DIEGO-FERNÁNDEZ, Mateo, If the DSU is "Working Reasonably Well", Why does Everybody want to Change it?, in *Reform and Development of the WTO Dispute Settlement System*, Dencho Georgiev e Kim Van der Borght Ed., Cameron May, Londres, 2006, pp. 293-307.

MOYER, Homer, *How Will The Uruguay Round Change the Practice of Trade Law in the United States? U.S. Institutions, Not the WTO, May Hold the Answer*, in JWT, vol. 30, nº 3, 1996, pp. 63-85.

MUELLER-HOLYST, Bozena, The role of the Dispute Settlement Body in the dispute settlement process, in *Key Issues in WTO Dispute Settlement: The First Ten Years*, Rufus Yerxa e Bruce Wilson Ed., Cambridge University Press, 2005, pp. 25-28.

MUKERJI, Asoke, *Developing Countries and the WTO: Issues of Implementation*, in JWT, vol. 34, nº 6, 2000, pp. 33-74.

MÜLLERSON, Rein, Aspects of Legitimacy of Decisions of International Courts and Tribunals: Comments, in *Legitimacy in International Law*, Rüdiger Wolfrum e Volker Röben (eds.), Springer, 2008, pp. 189-201.

MULVENA, Michelle, *Has the WTO Gone Bananas? How the Bananas Dispute Has Tested the WTO Dispute Settlement Mechanism*, in New England International and Comparative Law Annual, 2001, pp. 177-192.

MURPHY, Dale, *The Tuna-Dolphin Wars*, in JWT, 2006, pp. 597-617.

MURPHY, Sean, *Bioterrorism Act's Notice Requirements for Food Imports*, in AJIL, 2004, pp. 837-838.

– *The United States and the International Court of Justice: Coping with Antinomies*, Legal Studies Research Paper No. 291, The George Washington University Law School, 2007.

MURRAY, Paula, *The International Environmental Management Standard, ISO 14000: A Non-Tariff Barrier or a Step to an Emerging Global Environmental Policy?*, in University of Pennsylvania Journal of International Economic Law, 1997, pp. 577-615.

MYHRMAN, Johan e WEINGAST, Barry, *Douglass C. North's Contributions to Economics and Economic History*, in The Scandinavian Journal of Economics, 1994, pp. 185-193.

NAÇÕES UNIDAS, *Manual on Statistics of International Trade in Services*, 2002.

NAIKI, Yoshiko, *The Mandatory/Discretionary Doctrine in WTO Law: The US – Sec-*

*tion 301 and Its Aftermath*, in JIEL, vol. 7, nº 1, 2004, pp. 23-72.

NANZ, Patrizia, Democratic Legitimacy and Constitutionalisation of Transnational Trade Governance: A View from Political Theory, in *Constitutionalism, Multilevel Trade Governance and Social Regulation*, Christian Joerges e Ernst-Ulrich Petersmann ed., Hart Publishing, Oxford-Portland, 2006, pp. 59-82.

NAVARRO, Irene, *Los límites del unilateralismo en el sistema de solución de diferencias de la organización mundial del comercio: el informe del grupo especial sobre los artículos 301 a 310 de la ley de comercio exterior de los Estados Unidos*, in REEI, Número 1, 2000.

NEFF, Stephen, *Boycott and the Law of Nations: Economic Warfare and Modern International Law in Historical Perspective*, in British Yearbook of International Law, Vol. LIX, 1988, pp. 113-149.

NETTESHEIM, Martin, *Legitimizing the WTO: The Dispute Settlement Process as Formalized Arbitration*, in Rivista Trimestrale di Diritto Pubblico, 2003, pp. 711-729.

NEUGEBAUER, Regine, Fine-Tuning WTO Jurisprudence and the SPS Agreement to Improve Trade Integration and Harmonization, in *Reconciling Environment and Trade*, John Jackson e Edith Brown Weiss ed., Transnational Publishers, Ardsley-Nova Iorque, 2001, pp. 325-352.

NEUMANN, Jan e TÜRK, Elisabeth, *Necessity Revisited: Proportionality in World Trade Organization Law After Korea – Beef, EC – Asbestos and EC – Sardines*, in JWT, 2003, pp. 199-233.

NEUMANN, Peter, *The Relationship Between GATT and the United Nations*, in CILJ, 1970, 63-78.

NGANGJOH, Yenkong, *Pacta Sunt Servanda and Complaints in the WTO Dispute Settlement*, in Manchester Journal of International Economic Law, Vol. 1, Issue 2, 2004, pp. 75-95.

– *Collective Countermeasures and the WTO Dispute Settlement: 'Solidarity Measures Revisited'*, in Nordic Journal of Commercial Law, Issue 2004/2, 16 pp.

– *World Trade Organization Dispute Settlement Retaliatory Regime at the Tenth Anniversary of the Organization: Reshaping the "Last Resort" Against Non-compliance*, in JWT, 2006, pp. 365-384.

NICHOLS, Philip, *GATT Doctrine*, in Virginia Journal of International Law, 1996, pp. 379-466.

– *Realism, Liberalism, Values, and the World Trade Organization*, in University of Pennsylvania Journal of International Economic Law, 1996, pp. 851-882.

– *Forgotten Linkages – Historical Institutionalism and Sociological Institutionalism and Analysis of the World Trade Organization*, in University of Pennsylvania Journal of International Economic Law, 1998, pp. 461-511.

– Sovereignty and Reform of the World Trade Organization, in *Redefining Sovereignty in International Economic Law*, Wenhua Shan, Penelope Simons e Dalvinder Singh ed., Hart Publishing, Oxford-Portland, 2008, pp. 147-157.

NICKEL, Rainer, Participatory Transnational Governance, in *Constitutionalism, Multilevel Trade Governance and Social Regulation*, Christian Joerges e Ernst-Ulrich Petersmann ed., Hart Publishing, Oxford-Portland, 2006, pp. 157-195.

NICOLAIDES, Phedon, The Role of Competition Policy in Economic Integration and the Role of Regional Blocs in Internationalizing Competition Policy, in *Free Trade Agreements and Customs Unions: Experiences, challenges and constraints*, Madeleine Hosli and Arild Saether ed., European Institute of Public Administration, Maastricht, 1997, pp. 35-50.

NIU, Huei-Chih, *A Comparative Perspective on the International Health Regulations and the World Trade Organization's Agreement on the Application of Sanitary and Phytosanitary Measures*, in Asian Journal of WTO and International Health Law and Policy, Vol. 1, 2006, pp. 513-541.

NOGUEIRA, Gustavo, *The First WTO Appellate Body Review*, in JWT, vol. 30, nº 6, 1996, pp. 5-29.

NOIVILLE, Christine, Compatibility or Clash? EU Food Safety and the WTO, in *What's the Beef? The Contested Governance of European Food Safety*, Christopher Ansell e David Vogel Ed., The MIT Press, Cambridge-Massachusetts, Londres, 2006, pp. 307-325.

NOLAND, Marcus, *Learning to Love the WTO*, in FA, vol. 78, nº 5, 1999, pp. 78-92.

NOORTMANN, Math, *Enforcing International Law: From Self-help to Self-contained Regimes*, Ashgate, 2005.

NORDGREN, Ingrid, *The GATT Panels During the Uruguay Round: A Joker in the Negotiating Game*, in JWT, vol. 25, nº 5, 1991, pp. 57-72.

NORDSTRÖM, Hakan, *The World Trade Organization Secretariat in a Changing World*, in JWT, 2005, pp. 819-853.
– Participation of Developing Countries in the WTO – New Evidence Based on the 2003 Official Records, in *WTO Law and Developing Countries*, George Bermann e Petros Mavroidis Ed. Cambridge University Press, 2007, pp. 146-185.
– The politics of selecting trade retaliation in the European Community: a view from the floor, in *The Law, Economics and Politics of Retaliation in WTO Dispute Settlement*, Cambridge University Press, 2010, pp. 267-276.

NORDSTRÖM, Hakan e SHAFFER, Gregory, Access to Justice in the WTO: A Case for a Small-Claims Procedure?, in *Developing Countries in the WTO Legal System*, Chantal Thomas e Joel Trachtman ed., Oxford University Press, 2009, pp. 191-246.

NORTH, Douglass, *Institutions, Institutional Change and Economic Performance*, Cambridge University Press, 1990.
– *Economic Performance Through Time*, in AER, 1994, pp. 359-368.

NOTTAGE, Hunter, *Trade and Competition in the WTO: Pondering the Applicability of Special and Differential Treatment*, in JIEL, 2003, pp. 23-47.
– Evaluating the criticism that WTO retaliation rules undermine the utility of WTO dispute settlement for developing countries, in *The Law, Economics and Politics of Retaliation in WTO Dispute Settlement*, Cambridge University Press, 2010, pp. 319-338.

NOTTAGE, Hunter e BOHANES, Jan, Arbitration as an alternative to litigation in the WTO: observations in the light of the 2005 Banana Tariff Arbitrations, in *The WTO in the Twenty-First Century: Dispute Settlement, Negotiations, and Regionalism in Asia*, Yasuhei Taniguchi, Alan Yanovich e Jan Bohanes Ed., Cambridge University Press, 2007, pp. 213-247.

NOTTAGE, Hunter e SEBASTIAN, Thomas, *Giving Legal Effect to the Results of WTO Trade Negotiations: An Analysis of the Methods of Changing WTO Law*, in JIEL, 2006, pp. 989-1016.

NZELIBE, Jide, *The Credibility Imperative: The Political Dynamics of Retaliation in the World Trade Organization's Dispute Resolution Mechanism*, in Theoretical Inquiries in Law, 2005, pp. 215-254.
– *The Case Against Reforming the WTO Enforcement Mechanism*, in University of Illinois Law Review, 2008, pp. 319-357.

O'BRIEN, Robert; SCHOLTE, Jan Aart e WILLIAMS, Marc, *The WTO and Civil Society*, in JWT, vol. 33, nº 1, 1999, pp. 107-123.

O'CONNOR, Bernard, *Remedies in the World Trade Organization Dispute Settlement System – The Bananas and Hormones Cases*, in JWT, 2004, pp. 245-266.

– *Should Dispute Settlement Body Recommendations Give Rise to Rights in EC Damages Actions?*, in Global Trade and Customs Journal, Volume 2, Nº 7/8, 2007, pp. 293-298.

O'NEILL, Maria, *On the Boundary Clash between EC Commercial Law and WTO Law*, in LIEI, 2005, pp. 65-86.

ODA, Shigeru, *The Compulsory Jurisdiction of the International Court of Justice: A Myth? A Statistical Analysis of Contentious Cases*, in ICLQ, 2000, pp. 251-277.

ODELL, John, The Seattle impasse and its implications for the World Trade Organization, in *The Political Economy of International Trade Law – Essays in Honor of Robert E. Hudec*, Daniel Kennedy e James Southwick ed., Cambridge University Press, 2002, pp. 400-429.

OELLERS-FRAHM, Karin, *Multiplication of International Courts and Tribunals and Conflicting Jurisdiction – Problems and Possible Solutions*, in Max Planck Yearbook of United Nations Law, Volume 5, 2001, pp. 67-104.

– Article 94 UN Charter, in *The Statute of the International Court of Justice – A Commentary*, Andreas Zimmermann, Christian Tomuschat e Karin Oellers-Frahm ed., Oxford University Press, 2006, pp. 159-175.

– Article 41, in *The Statute of the International Court of Justice – A Commentary*, Andreas Zimmermann, Christian Tomuschat e Karin Oellers-Frahm ed., Oxford University Press, 2006, pp. 923-966.

OESCH, Matthias, *Standards of Review in WTO Dispute Settlement*, in JIEL, 2003, pp. 635-659.

– *Standards of Review in WTO Dispute Resolution*, Oxford University Press, 2003.

– Standards of review in WTO panel proceedings, in *Key Issues in WTO Dispute Settlement: The First Ten Years*, Rufus Yerxa e Bruce Wilson Ed., Cambridge University Press, 2005, pp. 161-176.

OHLHOFF, Stefan e SCHLOEMANN, Hannes, *"Constitutionalization" and Dispute Settlement in the WTO: National Security as an Issue of Competence*, in AJIL, 1999, pp. 424-451.

OLIVARES, Gustavo, *The Case for Giving Effectiveness to GATT/WTO Rules on Developing Countries and LDCs*, in JWT, vol. 35, nº 3, 2001, pp. 545-551.

OLSON, Mancur, *A Lógica da Acção Colectiva: Bens Públicos e Teoria dos Grupos*, Celta Editora, Oeiras, 1998.

OPPERMANN, Thomas e CASCANTE, José, Dispute Settlement in the EC: Lessons for the GATT/WTO Dispute Settlement System?, *in International Trade Law and the GATT/WTO Dispute Settlement System*, Studies in Transnational Economic Law, vol. 11, Ernst-Ulrich Petersmann ed., Kluwer Law International, Londres-Haia-Boston, 1997, pp. 469-486.

ORAKHELASHVILI, Alexander, *Interpretation of Jurisdictional Instruments in International Dispute Settlement*, in The Law and Practice of International Courts and Tribunals, 2007, pp. 159-188.

ORCALLI, Gabriele, *A Constitutional Interpretation of the GATT/WTO*, in Constitutional Political Economy, 2003, pp. 141-154.

ORELLANA, Marcos, *The Swordfish Dispute between the EU and Chile at the ITLOS and the WTO*, in Nordic Journal of International Law, 2002, pp. 55-81.

– *Evolving WTO Law Concerning Health, Safety and Environmental Measures*, in Trade, Law and Development, Vol. 1, No. 1, 2009, pp. 103-143.

– WTO and Civil Society, in *The Oxford Handbook of International Trade Law*,

Daniel Bethlehem, Donald McRae, Rodney Neufeld e Isabelle Van Damme Ed., Oxford University Press, 2009, pp. 671-694.

ORGANIZAÇÃO DE COOPERAÇÃO E DESENVOLVIMENTO ECONÓMICO (OCDE), *Pour l'ouverture des marchés: les avantages de la libéralisation des échanges et de investissement*, ed. OCDE, 1998.

– *Intra-Industry and Intra-Firm Trade and the Internationalisation of Production*, in OECD Economic Outlook nº 71, 2002, pp. 159-170.

ORGANIZAÇÃO MUNDIAL DE SAÚDE/ORGANIZAÇÃO PARA A ALIMENTAÇÃO E A AGRICULTURA, *Understanding the Codex Alimentarius – Revised and Updated*, Roma, 2005.

ORTINO, Federico, WTO Jurisprudence on De Jure and De Facto Discrimination, in *The WTO Dispute Settlement System 1995-2003*, Federico Ortino e Ernst-Ulrich Petersmann ed., Kluwer Law International, Haia-Londres-Nova Iorque, 2004, pp. 217-262.

OSTRY, Sylvia, Looking Back to Look Forward: The Multilateral Trading System after 50 years, in *From GATT to the WTO: The Multilateral Trading System in the New Millennium*, Kluwer Law International, Haia-Londres-Boston, 2000, pp. 97-112.

– *World Trade Organization: Institutional Design for Better Governance*, in *Efficiency, Equity, and Legitimacy: The Multilateral Trading System at the Millennium*, Roger Porter, Pierre Sauvé, Arvind Subramanian e Americo Zampetti ed., Brookings Institution Press, Washington, D.C., 2001, pp. 361-380.

– The Uruguay Round North-South Grand Bargain: Implications for future negotiations, in *The Political Economy of International Trade Law – Essays in Honor of Robert E. Hudec*, Daniel Kennedy e James Southwick ed., Cambridge University Press, 2002, pp. 285-300.

– *The World Trade Organization: NGOs, New Bargaining Coalitions, and a System under Stress*, University of Toronto-MUNK Centre for International Studies, Occasional Paper No. IV, 2006.

OTTOLENGHI, Michael e PROWS, Peter, *Res Judicata in the ICJ's Genocide Case: Implications for Other Courts and Tribunals?*, in Pace International Law Review, 2009, pp. 37-54.

OWEN, Scott, *Might a Future Tuna Embargo Withstand a WTO Challenge in Light of the Recent Shrimp-Turtle Ruling?*, in Houston Journal of International Law, 2004, pp. 123-163.

PACE, Virgile, *Cinq ans après sa mise en place: la necessaire reforme du mécanisme de règlement des différends de l'OMC*, in RGDIP, 2000, pp. 615-656.

PAEMEN, Hugo, *Multilatéralisme: l'Europe gagne*, in Revue des Affaires Européennes, nº 1, 1994, pp. 9-11.

– Avoidance and Settlement of 'High Policy Disputes': Lessons from the Dispute over 'The Cuban Liberty and Democratic Solidarity Act', in *Transatlantic Economic Disputes: The EU, the US, and the WTO*, Ernst-Ulrich Petersmann e Mark Pollack ed., Oxford University Press, 2003, pp. 361-370.

– Practical Recommendations for Policy Reforms in Order to Prevent and Settle US-EU Trade and Economic Disputes, in *Transatlantic Economic Disputes: The EU, the US, and the WTO*, Ernst-Ulrich Petersmann e Mark Pollack ed., Oxford University Press, 2003, pp. 573-575.

PAEMEN, Hugo e BENSCH, Alexandra, *Du GATT à l'OMC: La Communauté européenne dans l'Uruguay Round*, Leuven University Press, 1995.

PALMA, Leo, El Centro de Asesoría Legal en Asuntos de la OMC, in *Solución de Controversias Comerciales Inter-Gubernamentales: Enfoques Multilaterales y Regionales*, Julio Lacarte e Jaime Granados ed., Banco Interamericano de Desarrollo, 2004, pp. 343-354.

– The Participation of Developing Countries in WTO Dispute Settlement and the Role of the Advisory Centre on WTO Law, in *Law in the Service of Human Dignity – Essays in Honour of Florentino Feliciano*, Steve Charnovitz, Debra Steger e Peter van den Bossche Ed., Cambridge University Press, 2005, pp. 90-102.

PALMETER, David, *A Commentary on the WTO Anti-Dumping Code*, in JWT, vol. 30, nº 4, 1996, pp. 43-69.

– *The Need for Due Process in WTO Proceedings*, in JWT, vol. 31, nº 1, 1997, pp. 51-57.

– *The WTO Appellate Body Needs Remand Authority*, in JWT, vol. 32, nº 1, 1998, pp. 41-44.

– A Few – Very Few – Kind Words for Section 301, in *The WTO and International Trade Regulation*, Philip Ruttley, Iain Macvay e Carol George ed., Cameron May, 1998, pp. 123-129.

– *National Sovereignty and the World Trade Organization*, in Journal of World Intellectual Property, 1999, pp. 77-91.

– *The WTO as a Legal System*, in Fordham International Law Journal, 2000, pp. 444-480.

PALMETER, David e ALEXANDROV, Stanimir, "Inducing compliance" in WTO dispute settlement, in *The Political Economy of International Trade Law – Essays in Honor of Robert E. Hudec*, Daniel Kennedy e James Southwick ed., Cambridge University Press, 2002, pp. 646-666.

PALMETER, David e SCHROPP, Simon, *Commentary on the Appellate Body Report in EC – Bananas III (Article 21.5): waiver-thin, or lock, stock, and metric ton?*, in WTR, 2010, pp. 7-57.

PANITCHPAKDI, Supachai, The WTO at ten: building on ten years of achievements, in *The WTO at Ten: The Contribution of the Dispute Settlement System*, Ed. Giorgio Sacerdoti, Alan Yanovich e Jan Bohanes, Cambridge University Press, 2006, pp. 7-12.

PAPAUX, Alain, Article 33 de la Convention de Vienne de 1969, in *Les Conventions de Vienne sur le Droit des Traités*, Bruylant, Bruxelas, 2006, pp. 1373-1400.

PARENTI, Antonio, *Accession to the World Trade Organisation: A Legal Analysis*, in LIEI, 2000, pp. 141-157.

PARISI, Francesco e FON, Vincy, *The Hidden Bias of the Vienna Convention on the International Law of Treaties*, in Review of Law and Economics, 2008, pp. 383-406.

PARK, Yound Duk e PANIZZON, Marion, *WTO Dispute Settlement 1995-2001: A Statistical Analysis*, in JIEL, 2002, pp. 221-244.

PARLIN, Christopher et al., *The World Trade Organization*, in ASIL Proceedings, 1995, pp. 316-336.

PARLIN, Christopher, *Operations of Consultations, Deterrence, and Mediation*, in Law and Policy in International Business, vol. 31, nº 3, 2000, pp. 565-572.

PATTERSON, Eliza e PATTERSON, Gardner, *The Road from GATT to MTO*, in MJGT, 1994, pp. 35-59.

PAUWELYN, Joost, *The WTO Agreement on Sanitary and Phytosanitary (SPS) Measures as Applied in the First Three SPS Disputes: EC – Hormones, Australia – Salmon and Japan – Varietals*, in JIEL, 1999, pp. 641-664.

– *Enforcement and Countermeasures in the WTO: Rules Are Rules – Toward a More Collective Approach*, in AJIL, 2000, pp. 335-347.

– *Evidence, Proof and Persuasion in the WTO Dispute Settlement: Who Bears the Burden?*, in JIEL, 2001, pp. 227-258.
– *The Role of Public International Law in the WTO: How Far Can We Go?*, in AJIL, 2001, pp. 535-578.
– *The Use of Experts in WTO Dispute Settlement*, in ICLQ, 2002, pp. 325-364.
– *The Nature of WTO Obligations*, Jean Monnet Working Paper 1/02 – New York University School of Law, 2002.
– *Cross-agreement complaints before the Appellate Body: a case study of the EC-Asbestos dispute*, in WTR, 2002, pp. 63-87.
– *WTO Compassion or Superiority Complex?: What to Make of the WTO Waiver for 'Conflict Diamonds'*, in MJIL, 2003, pp. 1177-1207.
– *A Typology of Multilateral Treaty Obligations: Are WTO Obligations Bilateral or Collective in Nature?*, in EJIL, 2003, pp. 907-951.
– *The Limits of Litigation: "Americanization" and Negotiation in the Settlement of WTO Disputes*, in Ohio State Journal on Dispute Resolution, 2003, pp. 121-140.
– *How to Win a World Trade Organization Dispute Based on Non-World Trade Organization Law? Questions of Jurisdiction and Merits*, in JWT, 2003, pp. 997-1030.
– Does the WTO Stand for "Deference to" or "Interference with" National Health Authorities When Applying the Agreement on Sanitary and Phytosanitary Measures (SPS Agreement)?, in *The Role of the Judge in International Trade Regulation: Experience and Lessons for the WTO*, Thomas Cottier e Petros Mavroidis ed., Studies in International Economics – The World Trade Forum, volume 4, The University of Michigan Press, 2003, pp. 175-192.
– *Conflict of Norms in Public International Law: How WTO Law Relates to other Rules of International Law*, Cambridge University Press, 2003.
– *Going Global, Regional, or Both? Dispute Settlement in the Southern African Development Community (SADC) and Overlaps with the WTO and Other Jurisdictions*, in MJGT, Vol. 13:2, 2004, pp. 231-304.
– Proposals for Reforms of Article 21 of the DSU, in *The WTO Dispute Settlement System 1995-2003*, Federico Ortino e Ernst-Ulrich Petersmann ed., Kluwer Law International, Haia-Londres-Nova Iorque, 2004, pp. 51-59.
– *Bridging Fragmentation and Unity: International Law as a Universe of Inter-Connected Islands*, in MJIL, 2004, pp. 903-916.
– *The Jurisdiction of the World Trade Organization*, in ASIL Proceedings, 2004, pp. 135-138.
– *The Transformation of World Trade*, in Michigan Law Review, 2005, pp. 1-65.
– The Application of Non-WTO Rules of International Law in WTO Dispute Settlement (Chapter 31), in *The World Trade Organization: Legal, Economic and Political Analysis*, Volume I, Patrick Macrory, Arthur Appleton e Michael Plummer Ed., Springer, Nova Iorque, 2005, pp. 1405-1425.
– *The Sutherland Report: A Missed Opportunity for Genuine Debate on Trade, Globalization and Reforming the WTO*, in JIEL, 2005, pp. 329-346.
– Remedies in the WTO: 'First Set the Goal, then Fix the Instruments to get There', in *WTO Law and Process*, Mads Andenas e Federico Ortino Ed., British Institute of International and Comparative Law, 2005, pp. 185-199.
– Relationship with International Law, in *WTO Law and Process*, Mads Andenas e Federico Ortino Ed., British Institute of International and Comparative Law, 2005, pp. 494-500.

– WTO dispute settlement: Of sovereign interests, private rights and public goods, in *International Public Goods and Transfer of Technology Under a Globalized Intellectual Property Regime*, Keith Maskus e Jerome Reichman ed., Cambridge University Press, 2005, pp. 817-830.

– *Book Review: The Constitutionalization of the World Trade Organization: Legitimacy, Democracy, and Community in the International Trading System*, by Deborah Z. Cass, Oxford University Press, 2005, in AJIL, 2006, pp. 986-991.

– Non-Traditional Patterns of Global Regulation: Is the WTO 'Missing the Boat'?, in *Constitutionalism, Multilevel Trade Governance and Social Regulation*, Christian Joerges e Ernst-Ulrich Petersmann ed., Hart Publishing, Oxford--Portland, 2006, pp. 199-227.

– *Appeal Without Remand: A Design Flaw in WTO Dispute Settlement and How to Fix It*, in Bridges, No. 3, May 2007, pp. 11-12 <http://www.ictsd.org>.

– *Appeal Without Remand: A Design Flaw in WTO Dispute Settlement and How to Fix It*, International Centre for Trade and Sustainable Development, Issue Paper No. 1, 2007.

– *La sélection des juges à l'OMC, et peut-être celle d'un Chinois, mérite plus d'attention*, in Le Temps, 16-11-2007 <http://www.letemps.ch/template/print.asp?article=219460>

– *New Trade Politics for the 21st Century*, in JIEL, 2008, pp. 559-573.

– The calculation and design of trade retaliation in context: what is the goal of suspending WTO obligations?, in *The Law, Economics and Politics of Retaliation in WTO Dispute Settlement*, Cambridge University Press, 2010, pp. 34-65.

PAUWELYN, Joost e SALLES, Luiz Eduardo, *Forum Shopping Before International Tribunals: (Real) Concerns, (Im)possible Solutions*, in CILJ, 2009, pp. 77-118.

PAUWELYN, Joost; CRAWFORD-BROWN, Douglas e SMITH, Kelly, *Environmental Risk, Precaution, and Scientific Rationality in the Contex of WTO/NAFTA Trade Rules*, in Risk Analysis, Vol. 24, No. 2, 2004, pp. 461-469.

PEARLMAN, Jessica, *Participation by Private Counsel in World Trade Organization Dispute Settlement Proceedings*, in Law & Policy in International Business, 1999, pp. 399-415.

PEDERSEN, Peter, *The WTO decision-making process and internal transparency*, in WTR, 2006, pp. 103-131.

PEEL, Jacqueline, *A GMO by Any Other Name ... Might Be an SPS Risk!: Implications of Expanding the Scope of the WTO Sanitary and Phytosanitary Measures Agreement*, in EJIL, 2006, pp. 1009-1031.

PELC, Krzysztof, *Constraining Coercion? Legitimacy and Its Role in U.S. Trade Policy, 1975-2000*, in International Organization, 2010, pp. 65-96.

PELLET, Alain, Legitimacy of Legislative and Executive Actions of International Institutions, in *Legitimacy in International Law*, Rüdiger Wolfrum e Volker Röben (eds.), Springer, 2008, pp. 63-82.

PENG, Shin-yi, *How Much Time is Reasonable? The Arbitral Decisions under Article 21.3(c) of the DSU*, in Berkeley Journal of International Law, 2008, pp. 323-351.

PENROSE, Ernest, *Economic Planning for the Peace*, Princeton University Press, 1953.

PEREIRA, Ravi Afonso, *Why Would International Administrative Activity Be Any Less Legitimate? – A Study of the Codex Alimentarius Commission*, in German Law Journal, Vol. 9, No. 11, 2008, pp. 1693-1718.

PEREZ, Antonio, *The Passive Virtues and the World Court: Pro-Dialogic Abstention by the International Court of Justice*, in MJIL, 1997, pp. 399-444.

## BIBLIOGRAFIA

– *WTO and U.N. Law: Institutional Comity in National Security*, in YJIL, 1998, pp. 301-381.

Pérez-Aznar, Facundo, *Countermeasures in the WTO Dispute Settlement System: An Analysis of their Characteristics and Procedure in the Light of General International Law*, Graduate Institute of International Studies, Genebra, 2004.

Perez, Oren, *Multiple Regimes, Issue Linkage, and International Cooperation: Exploring the Role of the WTO*, in University of Pennsylvania Journal of International Economic Law, 2005, pp. 735-772.

– *Anomalies at the precautionary kingdom: reflections on the GMO Panel's decision*, in WTR, 2007, pp. 265-280.

– *Purity Lost: The Paradoxical Face of the New Transnational Legal Body*, in Brooklyn Journal of International Law, 2007, pp. 1 58.

Perrotti, Luisa, *WTO Relations with Non-State Actors: Captive to Its Own Web?*, in Global Jurist Advances, 2006, Vol. 6-Issue 3, Article 3.

Pescatore, Pierre, Introduction, in *The European Community and GATT*, Meinhard Hilf, Francis Jacobs e Ernst-Ulrich Petersmann ed., Kluwer, Deventer – Boston, 1986, pp. xv-xvii.

– *The GATT Dispute Settlement Mechanism: Its Present Situation and its Prospects*, in JWT, vol. 27, nº 1, 1993, pp. 5-20.

– Judicial Protection of Individual Rights by the EC Court of Justice in the Field of Foreign Trade, in *National Constitutions and International Economic Law*, Studies in Transnational Economic Law, vol. 8, Meinhard Hilf e Ernst-Ulrich Petersmann ed., Kluwer Law and Taxation Publishers, Deventer- Boston, 1993, pp. 203-210.

– The New WTO Dispute Settlement Mechanism, in *Regionalism and Multilateralism after the Uruguay Round. Convergence,* *Divergence and Interaction*, Paul Demaret, Jean-François Bellis e Gonzalo García Jiménez org., European Interuniversity Press, Bruxelas, 1997, pp. 661-693.

– *Opinion 1/94 on "Conclusion" of the WTO Agreement: Is There an Escape From a Programmed Disaster?*, in CMLR, 1999, pp. 387-403.

– Free World Trade and the European Union – The Reconciliation of Interests and the Revision of Dispute Resolution Procedures in the Framework of the WTO, in *Free World Trade and the European Union – The Reconciliation of Interests and the Review of the Understanding on Dispute Settlement in the Framework of the World t in the Framework* of the World of European Law in Trier, vol. 28, 2000, pp. 9-27.

Petersmann, Ernst-Ulrich, *International Governmental Trade Organizations: GATT and UNCTAD*, in International Encyclopedia of Comparative Law, vol. XVII, 1979, pp. 3-45.

– *Application of GATT by the Court of Justice of the European Communities*, in CMLR, 1983, pp. 397-437.

– *International and European Foreign Trade Law: GATT Dispute Settlement Proceedings against the EEC*, in CMLR, 1985, pp. 441-487.

– The EEC as a GATT Member – Legal Conflicts Between GATT Law and European Community Law, in *The European Community and GATT*, Meinhard Hilf, Francis Jacobs e Ernst-Ulrich Petersmann ed., Kluwer, Deventer – Boston, 1986, pp. 23-71.

– *Grey Area Trade Policy and the Rule of Law*, in JWT, vol. 22, nº 2, 1988, pp. 23-44.

– *GATT Dispute Settlement Proceedings in the Field of Antidumping Law*, in CMLR, 1991, pp. 69-113.

1809

– Strengthening the Domestic Legal Framework of the GATT Multilateral Trade System: Possibilities and Problems of Making GATT Rules Effective in Domestic Legal Systems, in *The New GATT Round of Multilateral Trade Negotiations: Legal and Economic Problems*, 2ª ed., Meinhard Hilf e Ernst-Ulrich Petersmann ed., Kluwer, Deventer – Boston, 1991, pp. 33-113.

– Strengthening the GATT Dispute Settlement System: On the Use of Arbitration in GATT, in *The New GATT Round of Multilateral Trade Negotiations: Legal and Economic Problems*, 2ª ed., Meinhard Hilf e Ernst-Ulrich Petersmann ed., Kluwer, Deventer – Boston, 1991, pp. 323-343.

– National Constitutions and International Economic Law, in *National Constitutions and International Economic Law*, Studies in Transnational Economic Law, vol. 8, Meinhard Hilf e Ernst-Ulrich Petersmann ed., Kluwer Law and Taxation Publishers, Deventer- Boston, 1993, pp. 3-52.

– Limited Government and Unlimited Trade Policy Powers? Why Effective Judicial Review of Foreign Trade Restrictions Depends on Individual Rights, in *National Constitutions and International Economic Law*, Studies in Transnational Economic Law, vol. 8, Meinhard Hilf e Ernst-Ulrich Petersmann ed., Kluwer Law and Taxation Publishers, Deventer- Boston, 1993, pp. 537-561.

– *The Transformation of the World Trading System through the 1994 Agreement Establishing the World Trade Organization*, in EJIL, vol. 6, 1995, pp. 161-221.

– *International and European Trade and Environmental Law after the Uruguay Round*, Kluwer Law International, Londres-Haia-Boston, 1995.

– *Proposals for a New Constitution for the European Union: Building-Blocks for a*

*Constitutional Theory and Constitutional Law of the EU*, in CMLR, 1995, pp. 1123--1175.

– *International Competition Rules for Governments and for Private Business*, in JWT, vol. 30, nº 3, 1996, pp. 5-35.

– The GATT Dispute Settlement System as an Instrument of the Foreign Trade Policy of the EC, in *The European Union and World Trade Law After the GATT Uruguay Round*, Nicholas Emiliou and David O'Keeffe ed., John Wiley & Sons, 1996, pp. 253-277.

– International Trade Law and the GATT/WTO Dispute Settlement System 1948-1996: An Introduction, in *International Trade Law and the GATT/WTO Dispute Settlement System*, Studies in Transnational Economic Law, vol. 11, Ernst-Ulrich Petersmann ed., Kluwer Law International, Londres-Haia-Boston, 1997, pp. 5-122.

– *The GATT/WTO Dispute Settlement System: International Law, International Organizations and Dispute Settlement*, Kluwer Law International, Londres-Haia-Boston, 1997.

– *Dispute Settlement: Food for Thought fot the CTE*, in Bridges, Year 1, nº 3, 1997, pp. 11-12.

– Trade Policy as a Constitutional Problem. On the 'Domestic Policy Functions' of International Trade Rules, in *The World Trading System. Critical Perspectives on the World Economy, vol. I, Historical and Conceptual Foundations*, Robert Howse ed., Routledge, Londres e Nova Iorque, 1998, pp. 121-151.

– The Dispute Settlement System of the World Trade Organization and the Evolution of the GATT Dispute Settlement System since 1948, in *The World Trading System. Critical Perspectives on the World Economy, vol. II, Dispute Settlement in the*

*World Trading System*, Robert Howse ed., Routledge, Londres e Nova Iorque, 1998, pp. 264-332.

– *How to Promote the International Rule of Law? Contributions by the WTO Appellate Review System*, in JIEL, 1998, pp. 25-48.

– *From the Hobbesian International Law of Coexistence to Modern Integration Law: The WTO Dispute Settlement System*, in JIEL, 1998, pp. 175-198.

– *Dispute Settlement in International Economic Law – Lessons for Strengthening International Dispute Settlement in Non-Economic Areas*, in JIEL, 1999, pp. 189-248.

– *Legal, Economic and Political Objectives of National and International Competition Policies: Constitutional Functions of WTO "Linking Principles" for Trade and Competition*, in New England Law Review, 1999, pp. 145-161.

– *The WTO Panel and Arbitration Reports on the EC Banana Regime*, in Bridges, Year 3, nº 3, 1999, pp. 3-4.

– *On the Constitution of John H. Jackson*, in MJIL, 1999, pp. 149-160.

– *From 'Negative' to 'Positive' Integration in the WTO: Time for 'Mainstreaming Human Rights' into WTO Law?*, in CMLR, 2000, pp. 1363-1382.

– Alternative Dispute Resolution – Lessons for the WTO?, in *Improving WTO Dispute Settlement Procedures – Issues and Lessons from the Practice of Other International Courts and Tribunals*, Friedl Weiss ed., Cameron May, 2000, pp. 27-42.

– The WTO Constitution and the Millennium Round, in *New Directions in International Economic Law: Essays in Honour of John H. Jackson*, Marco Bronckers e Reinhard Quick ed., Kluwer Law International, Londres-Haia-Boston, 2000, pp. 111-133.

– *The WTO Constitution and Human Rights*, in JIEL, 2000, pp. 19-25.

– *Prevention and Settlement of International Trade Disputes Between the European Union and the United States*, in Tulane Journal of International and Comparative Law, 2000, pp. 233-260.

– *Human Rights and International Economic Law in the 21st Century: The Need to Clarify their Interrelationships*, in JIEL, 2001, pp. 3-39.

– European and International Constitutional Law: Time for Promoting "Cosmopolitan Democracy" in the WTO, in *The EU and the WTO: Legal and Constitutional Issues*, Gráinne de Búrca e Joanne Scott ed., Hart Publishing, Oxford-Portland Oregon, 2001, pp. 81-110.

– Alternative Dispute Resolution: What Lessons for the WTO?, in *Law of International Business and Dispute Settlement in the 21ˢᵗ Century – Liber Amicorum Karl-Heinz Böckstiegel*, Carl Heymanns Verlag KG, Colónia-Berlim-Bona-Munique, 2001, pp. 615-628.

– Constitutionalism and WTO law: From a state-centered approach towards a human rights approach in international economic law, in *The Political Economy of International Trade Law – Essays in Honor of Robert E. Hudec*, Daniel Kennedy e James Southwick ed., Cambridge University Press, 2002, pp. 32-67.

– *WTO Negotiators Meet Academics: The Negotiations on Improvements of the WTO Dispute Settlement System*, in JIEL, 2003, pp. 237-250.

– Prevention and Settlement of Transatlantic Economic Disputes: Legal Strategies for EU/US Leadership, in *Transatlantic Economic Disputes: The EU, the US, and the WTO*, Ernst-Ulrich Petersmann e Mark Pollack ed., Oxford University Press, 2003, pp. 3-64.

– *Theories of Justice, Human Rights, and the Constitution of International Markets*, in Loyola of Los Angeles Law Review, Vol. 37, 2003, pp. 407-459.

– Preventing and Settling Transatlantic Economic Disputes: Legal and Policy Recommendations from a Citizen Perspective, in *Transatlantic Economic Disputes: The EU, the US, and the WTO*, Ernst-Ulrich Petersmann e Mark Pollack ed., Oxford University Press, 2003, pp. 577-594.

– Limits of WTO Jurisprudence: Comments from an International Law and Human Rights Perspective, in *The Role of the Judge in International Trade Regulation: Experience and Lessons for the W TO*, Thomas Cottier e Petros Mavroidis ed., Studies in International Economics – The World Trade Forum, volume 4, The University of Michigan Press, 2003, pp. 81-87.

– La Proliferación y Fragmentación de los Mecanismos de Solución de Controversias en el Comercio Internacional: Los Procedimientos de Solución de Diferencias de la OMC y los Mecanismos de Solución Alternativa de Controversias, in *Solución de Controversias Comerciales Inter-Gubernamentales: Enfoques Multilaterales y Regionales*, Julio Lacarte e Jaime Granados ed., Banco Interamericano de Desarrollo, 2004, pp. 273-318.

– The Doha Development Round Negotiations on Improvements of the WTO Dispute Settlement Understanding 2001-2003: An Overview, in *The WTO Dispute Settlement System 1995-2003*, Federico Ortino e Ernst-Ulrich Petersmann ed., Kluwer Law International, Haia-Londres-Nova Iorque, 2004, pp. 3-17.

– Additional Negotiation Proposals on Improvements and Clarifications of the DSU, in *The WTO Dispute Settlement System 1995-2003*, Federico Ortino e Ernst--Ulrich Petersmann ed., Kluwer Law

International, Haia-Londres-Nova Iorque, 2004, pp. 91-98.

– *Addressing Institutional Challenges to the WTO in the New Millennium: A Longer--Term Perspective*, in JIEL, 2005, pp. 647-665.

– International Trade Law, Human Rights and Theories of Justice, in *Law in the Service of Human Dignity – Essays in Honour of Florentino Feliciano*, Steve Charnovitz, Debra Steger e Peter van den Bossche Ed., Cambridge University Press, 2005, pp. 44-57.

– Strategic Use of WTO Dispute Settlement Proceedings for Advancing WTO Negotiations on Agriculture, in *Developing Countries in the Doha Round – WTO Decision-making Procedures and Negotiations on Trade in Agriculture and Services*, Ernst--Ulrich Petersmann ed., European University Institute/Robert Schuman Centre for advanced studies, 2005, pp. 143-160.

– *Human Rights, Constitutionalism and the World Trade Organization: Challenges for World Trade Organization Jurisprudence and Civil Society*, in Leiden Journal of International Law, 2006, pp. 633-667.

– *Justice as Conflict Resolution: Proliferation, Fragmentation, and Decentralization of Dispute Settlement in International Trade*, in University of Pennsylvania Journal of International Economic Law, 2006, pp. 273-366.

– From 'member-driven governance' to constitutionally limited 'multi-level trade governance' in the WTO, in *The WTO at Ten: The Contribution of the Dispute Settlement System*, Ed. Giorgio Sacerdoti, Alan Yanovich e Jan Bohanes, Cambridge University Press, 2006, pp. 86-110.

– Multilevel Trade Governance in the WTO Requires Multilevel Constitutionalism, in *Constitutionalism, Multilevel*

*Trade Governance and Social Regulation,* Christian Joerges e Ernst-Ulrich Petersmann ed., Hart Publishing, Oxford-Portland, 2006, pp. 5-57.

– *Multilevel Judicial Governance of International Trade Requires a Common Conception of Rule of Law and Justice,* in JIEL, 2007, pp. 529-551.

– WTO dispute settlement practice 1995-2005: lessons from the past and future challenges, in *The WTO in the Twenty-First Century: Dispute Settlement, Negotiations, and Regionalism in Asia,* Yasuhei Taniguchi, Alan Yanovich e Jan Bohanes Ed., Cambridge University Press, 2007, pp. 38-97.

– State Sovereignty, Popular Sovereignty and Individual Sovereignty: From Constitutional Nationalism to Multilevel Constitutionalism in International Economic Law?, in *Redefining Sovereignty in International Economic Law,* Wenhua Shan, Penelope Simons e Dalvinder Singh ed., Hart Publishing, Oxford-Portland, 2008, pp. 27-60.

– *Judging Judges: From 'Principal-Agent Theory' To 'Constitutional Justice' in Multilevel 'Judicial Governance' of Economic Cooperation Among Citizens,* in JIEL, 2008, pp. 827-884.

– *De-Fragmentation of International Economic Law Through Constitutional Interpretation and Adjudication with Due Respect for Reasonable Disagreement,* in Loyola University Chicago International Law Review, Volume 6, Issue 1, 2008, pp. 209-247.

PETERSEN, Niels, Article 20 DSU, in *WTO-Institutions and Dispute Settlement,* Rüdiger Wolfrum, Peter-Tobias Stoll e Karen Kaiser (eds), Max Planck Commentaries on World Trade Law, Max Planck Institute for Comparative Public Law and International Law, Martinus Nijhoff

Publishers, Leiden/Boston, 2006, pp. 492-494.

– Article 24 DSU, in *WTO-Institutions and Dispute Settlement,* Rüdiger Wolfrum, Peter-Tobias Stoll e Karen Kaiser (eds), Max Planck Commentaries on World Trade Law, Max Planck Institute for Comparative Public Law and International Law, Martinus Nijhoff Publishers, Leiden/Boston, 2006, pp. 563-565.

PETTINATO, Jared, *Executing the Political Question Doctrine,* in Northern Kentucky Law Review, 2006, pp. 61-81.

PEVEHOUSE, Jon e RUSSETT, Bruce, *Democratic International Governmental Organizations Promote Peace,* in International Organization, 2006, pp. 969-1000.

PFITZER, James e SABUNE, Sheila, *Burden of Proof in WTO Dispute Settlement: Contemplating Preponderance of the Evidence,* International Centre for Trade and Sustainable Development, Issue Paper No. 9, 2009.

PHAM, Hansel, *Developing Countries and the WTO: The Need for More Mediation in the DSU,* in Harvard Negotiation Law Review, 2004, pp. 331-389.

PICCIOTTO, Sol, *The WTO's Appellate Body: Legal Formalism as a Legitimation of Global Governance,* in Governance: An International Journal of Policy, Administration, and Institutions, Vol. 18, No. 3, 2005, pp. 477-503.

PIÉROLA, Fernando, The Question of Remand Authority for the Appellate Body, in *Challenges and Prospects for the WTO,* Andrew Mitchell ed., Cameron May, Londres, 2005, pp. 193-215.

– *Solución de Diferencias ante la OMC: Presente y Perspectivas,* Cameron May, Londres, 2008.

PIEWITT, Martina, *Participatory Governance in the WTO: How Inclusive Is Global Civil Society?,* in JWT, 2010, pp. 467-488.

PINTO, Luís Maria Teixeira, Aspectos da Globalização, in *Estudos Jurídicos e Económicos em Homenagem ao Professor João Lumbrales*, Edição da Faculdade de Direito da Universidade de Lisboa, Coimbra Editora, 2000, pp. 557-567.

PLAISANT, R., *L'Organisation internationale du commerce*, in RGDIP, 1950, pp. 159-224.

PLANK, Rosine, An Unofficial Description of how a GATT Panel Works and Does Not, in *The World Trading System. Critical Perspectives on the World Economy, vol. II, Dispute Settlement in the World Trading System*, Robert Howse ed., Routledge, Londres e Nova Iorque, 1998, pp. 60-104.

PLANK-BRUMBACK, Rosine, The GATT/WTO Dispute Settlement System and the Negotiations for a Free Trade Area of the Americas, in *Trade Rules in the Making: Challenges in Regional and Multilateral Negotiations*, Miguel Rodríguez Mendoza, Patrick Low e Barbara Kotschwar ed., Organization of American States-Brookings Institution Press, Washington, D.C., 1999, pp. 365-386.

POLI, Sara, *The European Community and the Adoption of International Food Standards within the Codex Alimentarius Commission*, in European Law Journal, 2004, pp. 613-630.

– *The EC's implementation of the WTO ruling in the Biotech Dispute*, in ELR, 2007, pp. 705-726.

POLLACK, Mark, The Political Economy of Transatlantic Trade Disputes, in *Transatlantic Economic Disputes: The EU, the US, and the WTO*, Ernst-Ulrich Petersmann e Mark Pollack ed., Oxford University Press, 2003, pp. 65-118.

– Managing System Friction: Regulatory Conflicts in Transatlantic Relations and the WTO, in *Transatlantic Economic Disputes: The EU, the US, and the WTO*, Ernst-Ulrich Petersmann e Mark Pollack

ed., Oxford University Press, 2003, pp. 595-602.

POLLACK, Mark e SHAFFER, Gregory, *When Cooperation Fails: The International Law and Politics of Genetically Modified Foods*, Oxford University Press, 2009.

POLOUEKTOV, Alexander, *Non-Market Economy Issues in the WTO Anti-Dumping Law and Accession Negotiations: Revival of a Two-tier Membership?*, in JWT, 2002, pp. 1-37.

POMFRET, Richard, *The Economics of Regional Trading Arrangements*, Clarendon Press, Oxford, 1997.

PONS, Xavier Fernández, *La OMC y el Derecho internacional: Un estudio sobre el sistema de solución de diferencias de la OMC y las normas secundarias del Derecho internacional general*, Marcial Pons, Madrid-Barcelona, 2006.

PORGES, Amelia, *GATT. Multilateral Trade Negotiations (The Uruguay Round): Final Act Embodying the Results of The Uruguay Round of Trade Negociations*, in ILM, vol. XXXIII, nº 1, 1994, pp. 1-8.

– *GATT: Multilateral Trade Negotiations Final Act Embodying the Results of the Uruguay Round of Trade Negotiations*, in ILM, vol. XXXIII, nº 5, 1994, pp. 1125-1132.

– *Settling WTO Disputes: What Do Litigation Models Tell Us?*, in Ohio State Journal of Dispute Resolution, 2003, pp. 141-184.

PORTER, Roger, Efficiency, Equity, and Legitimacy: The Global Trading System in the Twenty-First Century, in *Efficiency, Equity, and Legitimacy: The Multilateral Trading System at the Millennium*, Roger Porter, Pierre Sauvé, Arvind Subramanian e Americo Zampetti ed., Brookings Institution Press, Washington, D.C., 2001, pp. 3-15.

POSNER, Eric, *International Law and the Disaggregated State*, in Florida State University Law Review, 2005, pp. 797-842.

- *The International Court of Justice: Voting and Usage Statistics*, in ASIL Proceedings, 2005, pp. 130-132.

- The Decline of the International Court of Justice, in *International Conflict Resolution*, Stefan Voigt, Max Albert e Dieter Schmidtchen Ed., Mohr Siebeck, 2006, pp. 111-142.

POSNER, Eric e FIGUEIREDO, Miguel de, *Is the International Court of Justice Biased?*, in The Journal of Legal Studies, 2005, pp. 599-630.

POSNER, Eric e GOLDSMITH, Jack, *The Limits of International Law*, Oxford University Press, 2005.

- *The New International Law Scholarship*, in Georgia Journal of International and Comparative Law, 2006, pp. 463-484.

POSNER, Eric e YOO, John, *Judicial Independence in International Tribunals*, in California Law Review, 2005, pp. 1-74.

- *Reply to Helfer and Slaughter*, in California Law Review, 2005, pp. 957-973.

POSNER, Richard, *Medieval Iceland and Modern Legal Scholarship*, in Michigan Law Review, 1992, pp. 1495-1511.

POST, Diahanna L., *The Precautionary Principle and Risk Assessment in International Food Safety: How the World Trade Organization Influences Standards*, in Risk Analysis, Vol. 26, No. 5, 2006, pp. 1259-1273.

PREEG, Ernest H., *From Here to Free Trade: Essays in Post-Uruguay Round Trade Strategy*, The University of Chicago Press, 1998.

- *The South Rises in Seattle*, in JIEL, 2000, pp. 183-185.

PRÉVOST, Denise e BOSSCHE, Peter Van den, The Agreement on the Application of Sanitary and Phytosanitary Measures (Chapter 7), in *The World Trade Organization: Legal, Economic and Political Analysis*, Volume I, Patrick Macrory, Arthur Appleton e Michael Plummer Ed., Springer, Nova Iorque, 2005, pp. 231-370.

PRÉVOST, Denise e MATTHEE, Mariëlle, *The SPS Agreement as a Bottleneck in Agricultural Trade between the European Union and Developing Countries: How to Solve the Conflict*, in LIEI, 2002, pp. 43-59.

PRICE, Tracey Michelle, *The Kimberley Process: Conflict Diamonds, WTO Obligations, and the Universality Debate*, in MJGT, 2003, pp. 1-69.

PROGRAMA DAS NAÇÕES UNIDAS PARA O DESENVOLVIMENTO (PNUD), *Relatório do Desenvolvimento Humano 2002*, Trinova Editora, Lisboa, 2002.

PROST, Olivier, Confidentiality issues under the DSU: fact-finding process versus confidentiality, in *Key Issues in WTO Dispute Settlement: The First Ten Years*, Rufus Yerxa e Bruce Wilson Ed., Cambridge University Press, 2005, pp. 190-203.

PUBLIC CITIZEN – GLOBAL TRADE WATCH, *Comments of Public Citizen, Inc. Regarding U.S. Preparations for the World Trade Organization's Ministerial Meeting 1999*, 22-10-1998, in http://www.citizen.org/pctrade/gattwto/1999.htm

PUCKETT, Lynne e REYNOLDS, William, *Rules, Sanctions and Enforcement under Section 301: At Odds with the WTO?*, in AJIL, 1996, pp. 675-689.

PUENTE, Susana Hernández, *Section 301 and the New WTO Dispute Settlement Understanding*, in ILSA (International Law Students Association) Journal of International & Comparative Law, 1995, vol. 2, nº 1, pp. 213-233.

QIN, Julia Ya, *China, India, and the Law of the World Trade Organization*, in Asian Journal of Comparative Law, Volume 3-Issue 1, 2008, 43 pp.

QUADROS, Fausto de, *Direito das Comunidades Europeias e Direito Internacional Público. Contributo para o estudo da natu-*

*reza jurídica do Direito Comunitário Europeu*, Colecção Teses, Almedina, Lisboa, 1984.
– Princípio da exaustão dos meios internos, in *Dicionário Jurídico da Administração Pública*, 1991, pp. 268-291.

QUADROS, Fausto de e MARTINS, Ana Guerra, *Contencioso Comunitário*, Almedina, 2002.

QUADROS, Fausto de e PEREIRA, André Gonçalves, *Manual de Direito Internacional Público* 3ª ed., Almedina, Coimbra, 1993.

QUAGLIA, Maria de Lourdes Albertini, *How the Judges of the Appellate Body Form Their Opinion and its Reflection on the Implementation of the Reports of the WTO Dispute Settlement Body*, in Anuário Brasileiro de Direito Internacional, Volume 2, 2009, pp. 31-47.

QUICK, Reinhard, The Community's Regulation on Leg-Hold Traps: Creative Unilateralism Made Compatible with WTO Law through Bilateral Negotiations?, in *New Directions in International Economic Law: Essays in Honour of John H. Jackson*, Marco Bronckers e Reinhard Quick ed., Kluwer Law International, Londres-Haia-Boston, 2000, pp. 239-257.

QUICK, Reinhard e BLÜTHNER, Andreas, *Has the Appellate Body Erred? An Appraisal and Criticism of the Ruling in the WTO Hormones Case*, in JIEL, 1999, pp. 603-639.

QURESHI, Asif, *Some Reflections on the GATT TPRM, in the Light of the Trade Policy Review of the European Communities – A Legal Perspective*, in JWT, vol. 26, nº 6, 1992, pp. 103-120.
– *The Role of GATT in the Management of Trade Blocs. An Enforcement Perspective*, in JWT, vol. 27, nº 3, 1993, pp. 101-115.
– *Trade-Related Aspects of International Taxation. A New WTO Code of Conduct?*, in JWT, vol. 30, nº 2, 1996, pp. 160-194.

– *The World Trade Organization. Implementing International Trade Norms*, Manchester University Press, Manchester e Nova Iorque, 1996.
– International Trade and Human Rights from the Perspective of the WTO, in *International Economic Law with a Human Face*, Friedl Weiss, Erik Denters e Paul de Waart ed., Kluwer Law International, Haia, Dordrecht e Londres, 1998, pp. 159-173.
– *Extraterritorial Shrimps, NGOs and the WTO Appellate Body*, in ICLQ, Vol. 48, 1999, pp. 199-206.
– Participation of Developing Countries in the WTO Dispute Settlement System, in *The WTO Dispute Settlement System 1995-2003*, Federico Ortino e Ernst-Ulrich Petersmann ed., Kluwer Law International, Haia-Londres-Nova Iorque, 2004, pp. 475-498.
– Sovereignty Issues in the WTO Dispute Settlement – A 'Development Sovereignty' Perspective, in *Redefining Sovereignty in International Economic Law*, Wenhua Shan, Penelope Simons e Dalvinder Singh ed., Hart Publishing, Oxford-Portland, 2008, pp. 159-169.

RAGOSTA, John, *Unmasking the WTO – Access to the DSB System: Can the WTO DSB Live Up to the Moniker "World Trade Court"?*, in Law & Policy in International Business, 2000, pp. 739-768.

RAGOSTA, John, JONEJA, Navin e ZELDOVICH, Mikhail, *WTO Dispute Settlement: the System is Flawed and Must Be Fixed*, in The International Lawyer, vol. 37, nº 3, 2003, pp. 697-752.

RAI, Sheela, *Protection of Competition Through Anti-dumping Law: A Case Study of the Vitamin Industry in India*, in JWT, 2006, pp. 969-977.

RAINELLI, Michel, *Le GATT*, La Découverte, Collection "Repères", Paris, 1993.

– *A Organização Mundial do Comércio*, Terramar, 1998.

RAINELLI, Michel e CHARLIER, Christophe, *Hormones, Risk Management, Precaution and Protectionism: An Analysis of the Dispute on Hormone-Treated Beef between the European Union and the United States*, in European Journal of Law and Economics, 2002, pp. 83-97.

RAITH, Raimund, Suspension of concessions and retaliation under the Agreement on Safeguards: the recent *US – Steel Safeguards* case, in *Key Issues in WTO Dispute Settlement: The First Ten Years*, Rufus Yerxa e Bruce Wilson Ed., Cambridge University Press, 2005, pp. 232-241.

RANGASWAMI, Viji, *Operation of the Appellate Process and Functions, Including the Appellate Body*, in Law & Policy in International Business, 2000, pp. 701-704.

RAO, Chandrasekhara, *ITLOS: The First Six Years*, in Max Planck Yearbook of United Nations Law, 2002, pp. 183-300.

RAPPARD, William, *Post-War Efforts for Freer Trade*, Geneva Studies, Vol. IX, nº 2, 1938.

RASMUSSEN, Hjalte, *L'organisation mondiale du commerce et ses instruments législatifs et juridictionnels*, in RMUE, nº 4, 1994, pp. 185-193.

RAUSTIALA, Kal, *Rethinking the Sovereignty Debate in International Economic Law*, in JIEL, 2003, pp. 841-878.
– *Form and Substance in International Agreements*, in AJIL, 2005, pp. 581-614.

READ, Robert, *The Political Economy of Trade Protection: The Determinants and Welfare Impact of the 2002 US Emergency Steel Safeguard Measures*, in WE, 2005, pp. 1119-1137.
– Trade Dispute Settlement Mechanisms: the WTO Dispute Settlement Understanding in the Wake of the GATT, in *The WTO and the Regulation of International Trade: Recent Trade Disputes between the European Union and the United States*, Nicholas Perdikis e Robert Read ed., Edward Elgar, 2005, pp. 29-48.

REBASTI, Emanuele, Beyond consultative status: which legal framework for enhanced interaction between NGOs and intergovernmental organizations?, in *NGOs in International Law: Efficiency in Flexibility?*, Pierre-Marie Dupuy e Luisa Vierucci Ed., Edward Elgar, 2008, pp. 21-70.

REGAN, Donald, *Do World Trade Organization Dispute Settlement Reports Affect the Obligations of Non-Parties? Response to McNelis*, in JWT, 2003, pp. 883-896.

REICH, Arie, *From Diplomacy to Law: The Juridicization of International Trade Relations*, in Northwestern Journal of International Law and Business, 1996, vol. 17, nºs 2/3, pp. 775-849.
– *The Threat of Politicization of the World Trade Organization*, in University of Pennsylvania Journal of International Economic Law, 2005, pp. 779-814.

REIF, Timothy e ECKERT, Julie, *Courage You Can't Understand: How to Achieve the Right Balance Between Shaping and Policing Commerce in Disputes Before the World Trade Organization*, in CJTL, 2004, pp. 657-714.

REINHARDT, Eric, *Aggressive Multilateralism: The Determinants of GATT/WTO Dispute Initiation 1948-1998*, 1999 Annual Meeting of the International Studies Association, Washington, D.C..

REINISCH, August, *Widening the US Embargo Against Cuba Extraterritorially: A Few Public International Law Comments on the 'Cuban Liberty and Democratic Solidarity (LIBERTAD) Act of 1996'*, in EJIL, 1996, pp. 545-562.
– *The Use and Limits of Res Judicata and Lis Pendens As Procedural Tools To Avoid Conflicting Dispute Settlement Outcomes*, in

The Law and Practice of International Courts and Tribunals, 2004, pp. 37-77.

– The Proliferation of International Dispute Settlement Mechanisms: The Threat of Fragmentation vs. the Promise of a More Effective System? Some Reflections From the Perspective of Investment Arbitration, in *International Law between Universalism and Fragmentation – Festschrift in Honour of Gerhard Hafner*, Isabelle Buffard, James Crawford, Alain Pellet e Stephan Wittich Ed., Martinus Nijhoff Publishers, Leiden-Boston, 2008, pp. 107-125.

REINISCH, August e IRGEL, Christina, *The participation of non-governmental organisations (NGOs) in the WTO dispute settlement system*, in Non-State Actors and International Law, 2001, pp. 127-151.

REITZ, Curtis, *Enforcement of the General Agreement on Tariffs and Trade*, in University of Pennsylvania Journal of International Economic Law, 1996, pp. 555-603.

RENOUF, Yves, *Les mécanismes d'adoption et de mise en oeuvre du règlement des différends dans le cadre de l'OMC sont-ils viables?*, in AFDI, 1994, pp. 776-791.

– A brief introduction to countermeasures in the WTO dispute settlement system, in *Key Issues in WTO Dispute Settlement: The First Ten Years*, Rufus Yerxa e Bruce Wilson Ed., Cambridge University Press, 2005, pp. 110-122.

– From Bananas to Byrd: damage calculation coming of age?, in *The Law, Economics and Politics of Retaliation in WTO Dispute Settlement*, Cambridge University Press, 2010, pp. 135-146.

RESS, Georg, The Interpretation of the Charter, in *The Charter of the United Nations: A Commentary*, vol. I, Bruno Simma ed., 2ª ed., Oxford University Press, 2002, pp. 13-32.

REUS-SMIT, Christian, *International Crises of Legitimacy*, in International Politics, Vol. 44, 2007, pp. 157-174.

RHODES, Carolyn, *Reciprocity, U.S. Trade Policy, and the GATT Regime*, Cornell University Press, Ithaca e Londres, 1993.

RHODES, Sylvia, *The Article 21.5/22 Problem: Clarification through Bilateral Agreements?*, in JIEL, 2000, pp. 553-558.

RIBEIRO, Manuel e SALDANHA, António de, *Textos de Direito Internacional Público. Organizações Internacionais*, ISCSP, Lisboa, 1995.

RIVERA-TORRES, Olivette, *The Biosafety Protocol and the WTO*, in Boston College International & Comparative Law Review, 2003, pp. 263-323.

ROBBINS, Josh, *False Friends: Amicus Curiae and Procedural Discretion in WTO Appeals under the Hot-Rolled Lead/Asbestos Doctrine*, in HILJ, 2003, pp. 317-329.

ROBERTS, Donna, *Preliminary Assessment of the Effects of the WTO Agreement on Sanitary and Phytosanitary Trade Regulations*, in JIEL, 1998, pp. 377-405.

ROBINSON, Davis, *The Role of Politics in the Election and the Work of Judges of the International Court of Justice*, in ASIL Proceedings, 2003, pp. 277-282.

RODRIK, Dani, *Has globalization gone too far?*, Institute for International Economics, Washington, D.C., 1997.

– *How Far Will International Economic Integration Go?*, in Journal of Economic Perspectives, 2000, pp. 177-186.

– Trade Policy Reform as Institutional Reform, in *Development, Trade, and the WTO: A Handbook*, Bernard Hoekman, Aaditya Mattoo e Philip English ed., The World Bank, Washington, D.C., 2002, pp. 3-10.

– Feasible Globalizations, in *Globalization: What's New?*, Michael Weinstein ed., Columbia University Press, Nova Iorque, 2005, pp. 196-213.

– *How to Save Globalization from Its Cheerleaders*, in The Journal of International Trade and Diplomacy 1(2), Fall 2007, pp. 1-33.

RODRIK, Dani e RODRÍGUEZ, Francisco, *Trade Policy and Economic Growth: A Skeptic's Guide to the Cross-National Evidence*, NBER Working Paper nº 7081, 1999.

ROESSLER, Frieder, *The Scope, Limits and Function of the GATT Legal System*, in WE, vol. 8, nº 3, 1985, pp. 287-298.

– *The Provisional Application of the GATT – Note on the Report of the GATT Panel on the "Manufacturing Clause" in the U.S. Copyright Legislation*, in JWTL, vol. 19, nº 3, 1985, pp. 289-295.

– *The Competence of GATT*, in JWTL, vol. 21, nº 3, 1987, pp. 73-83.

– The Relationship Between the World Trade Order and the International Monetary System, in *The New GATT Round of Multilateral Trade Negotiations: Legal and Economic Problems*, 2ª ed., Meinhard Hilf e Ernst-Ulrich Petersmann ed., Kluwer, Deventer – Boston, 1991, pp. 363-386.

– The Constitutional Function of the Multilateral Trade Order, in *National Constitutions and International Economic Law*, Meinhard Hilf e Ernst-Ulrich Petersmann ed., Studies in Transnational Economic Law, vol. 8, Kluwer Law and Taxation Publishers, Deventer – Boston, 1993, pp. 53-62.

– The Agreement Establishing the World Trade Organization, in *The Uruguay Round Results. A European Lawyers' Perspective*, Jacques Bourgeois, Frédérique Berrod & Eric Fournier ed., College of Europe and European Interuniversity Press, Bruxelas, 1995, pp. 67-85.

– Diverging Domestic Policies and Multilateral Trade Integration, in *Fair Trade and Harmonization*, Jagdish Bhagwati e Robert Hudec ed., vol. 2, The MIT Press, Cambridge-Massachusetts e Londres, 1996, pp. 21-56.

– The Role of the World Trade Organization and Post-Uruguay Round Issues, in *Trade Policy Issues*, Chorng-Huey Wong e Naheed Kirmani ed., International Monetary Fund, Washington, D.C., 1997, pp. 165-177.

– The Concept of Nullification and Impairment in the Legal System of the World Trade Organization, in *International Trade Law and the GATT/WTO Dispute Settlement System*, Studies in Transnational Economic Law, vol. 11, Ernst-Ulrich Petersmann ed., Kluwer Law International, Londres-Haia-Boston, 1997, pp. 125-142.

– A Evolução do Sistema de Resolução de Litígios do GATT/OMC, in *A Organização Mundial do Comércio e a Resolução de Litígios*, Conferência realizada no auditório da FLAD em 13 de Maio de 1997, Fundação Luso-Americana para o Desenvolvimento, 1998, pp. 65-78.

– Domestic Policy Objectives and the Multilateral Trade Order: Lessons from the Past, in *The WTO as an International Organization*, Anne Krueger ed., The University of Chicago Press, 1998, pp. 213-229.

– *Should Principles of Competition Policy Be Incorporated into WTO Law Through Non-Violation Complaints?*, in JIEL, 1999, pp. 413-421.

– The Institutional Balance between the Judicial and the Political Organs of the WTO, in *New Directions in International Economic Law: Essays in Honour of John H. Jackson*, Marco Bronckers e Reinhard Quick ed., Kluwer Law International, Londres-Haia-Boston, 2000, pp. 325-345.

– The International Law Commission and the New International Economic

Order, in *The Legal Structure, Functions & Limits of the World Trade Order – A Collection of Essays by Frieder Roessler*, Cameron May, Londres, 2000, pp. 49-68.

– The Relationship Between the World Trade Order and the International Monetary System, in *The Legal Structure, Functions & Limits of the World Trade Order – A Collection of Essays by Frieder Roessler*, Cameron May, Londres, 2000, pp. 157--179.

– The Relationship Between Regional Trade Agreements and the Multilateral Trade Order: A Reassessment, in *The Legal Structure, Functions & Limits of the World Trade Order – A Collection of Essays by Frieder Roessler*, Cameron May, Londres, 2000, pp. 181-196.

– Are the Judicial Organs of the World Trade Organization Overburdened?, in *Efficiency, Equity, and Legitimacy: The Multilateral Trading System at the Millennium*, Roger Porter, Pierre Sauvé, Arvind Subramanian e Americo Zampetti ed., Brookings Institution Press, Washington, D.C., 2001, pp. 308-328

– *Comment on a WTO Permanent Panel Body: The Cobra Effects of the WTO Panel Selection Procedures*, in JIEL, 2003, pp. 230-235.

– The responsibilities of a WTO Member found to have violated WTO law, in *The WTO in the Twenty-First Century: Dispute Settlement, Negotiations, and Regionalism in Asia*, Yasuhei Taniguchi, Alan Yanovich e Jan Bohanes Ed., Cambridge University Press, 2007, pp. 141-147.

– The Scope of WTO Law Enforced Through WTO Dispute Settlement Procedures, in *The WTO: Governance, Dispute Settlement, and Developing Countries*, Merit Janow, Victoria Donaldson e Alan Yanovich ed., Juris Publishing, Nova Iorque, 2008, pp. 331-344.

ROESSLER, Frieder e GAPPAH, Petina, A Re-Appraisal of Non-Violation Complaints Under the WTO Dispute Settlement Procedures (Chapter 29), in *The World Trade Organization: Legal, Economic and Political Analysis*, Volume I, Patrick Macrory, Arthur Appleton e Michael Plummer Ed., Springer, Nova Iorque, 2005, pp. 1371-1387.

ROMANO, Cesare, *The Proliferation of International Judicial Bodies: The Pieces of the Puzzle*, in New York University Journal of International Law and Politics, 1999, pp. 709-750.

– *International Justice and Developing Countries: A Quantitative Analysis*, in The Law and Practice of International Courts and Tribunals, 2002, pp. 367-399.

– *International Justice and Developing Countries (Continued): A Qualitative Analysis*, in The Law and Practice of International Courts and Tribunals, 2002, pp. 539-611.

– *The Americanization of International Litigation*, in Ohio State Journal on Dispute Resolution, 2003, pp. 89-119.

– International Dispute Settlement, in *The Oxford Handbook of International Environmental Law*, Daniel Bodansky, Jutta Brunnée e Ellen Hey Ed., Oxford University Press, 2007, pp. 1036-1056.

– *The Shift from the Consensual to the Compulsory Paradigm in International Adjudication: Elements for a Theory of Consent*, in New York University Journal of International Law and Politics, 2007, pp. 791-872.

– *The Sword and the Scales: The United States and International Courts and Tribunals*, Loyola Law School – Los Angeles, Legal Studies Paper No. 22, 2009.

– *Deciphering the Grammar of the International Jurisprudential Dialogue*, in New York University Journal of International Law and Politics, 2009, pp. 755-787.

ROMANO, Cesare; TERRIS, Daniel e SWIGART, Leigh, *The International Judge: An*

*Introduction to the Men and Women who Decide the World's Cases*, Brandeis University Press, Waltham-Massachusetts, 2007.

– *Toward a Community of International Judges*, in Loyola of Los Angeles International and Comparative Law Review, 2008, pp. 419-471.

ROMERO, Alicia Cebada, *La Organización Mundial del Comercio y la Unión Europea*, La Ley, Madrid, 2002.

ROSAS, Allan, Joinder of Parties and Third Party Intervention in WTO Dispute Settlement, in *Improving WTO Dispute Settlement Procedures – Issues and Lessons from the Practice of Other International Courts and Tribunals*, Friedl Weiss ed., Cameron May, 2000, pp. 77-87.

– *Implementation and Enforcement of WTO Dispute Settlement Findings: An EU Perspective*, in JIEL, 2001, pp. 131-144.

ROSE, Andrew, *Do We Really Know that the WTO Increases Trade?*, Robert Schuman Centre for Advanced Studies – Transatlantic Programme Series, RSC nº 2003/15, European University Institute.

ROSENDORFF, B. Peter, *Stability and Rigidity: Politics and Design of the WTO's Dispute Settlement Procedure*, in American Political Science Review, 2005, pp. 389-400.

RUBIN, Seymour, *The Judicial Review Problem in the International Trade Organization*, in Harvard Law Review, 1949, pp. 78-98.

RUSE-KHAN, Henning, *The Role of Chairman's Statements in the WTO*, in JWT, 2007, pp. 475-534.

– *A Pirate of the Caribbean? The Attractions of Suspending TRIPS Obligations*, in JIEL, 2008, pp. 313-364.

RUTTLEY, Philippe, The Effect of WTO Agreements in EC Law, in *The WTO and International Trade Regulation*, Philippe Ruttley, Iain Macvay e Carol George ed., Cameron May, 1998, pp. 130-162.

– WTO Dispute Settlement and Private Sector Interests: A Slow but Gradual Improvement?, in *Due Process in WTO Dispute Settlement*, Philippe Ruttley, Iain MacVay e Marc Weisberger ed., Cameron May, 2001, pp. 167-192.

SACERDOTI, Giorgio, Appeal and Judicial Review in International Arbitration and Adjudication: The Case of the WTO Appellate Review, in *International Trade Law and the GATT/WTO Dispute Settlement System*, Studies in Transnational Economic Law, vol. 11, Ernst-Ulrich Petersmann ed., Kluwer Law International, Londres-Haia-Boston, 1997, pp. 247-280.

– The role of lawyers in the WTO dispute settlement system, in *Key Issues in WTO Dispute Settlement: The First Ten Years*, Rufus Yerxa e Bruce Wilson Ed., Cambridge University Press, 2005, pp. 125-131.

– *The Dispute Settlement System of the WTO: Structure and Function in the Perspective of the First 10 Years*, in The Law and Practice of International Courts and Tribunals, 2006, pp. 49-75.

– The dispute settlement system of the WTO in action: a perspective on the first ten years, in *The WTO at Ten: The Contribution of the Dispute Settlement System*, Ed. Giorgio Sacerdoti, Alan Yanovich e Jan Bohanes, Cambridge University Press, 2006, pp. 35-57.

– WTO Law and the "Fragmentation" of International Law: Specificity, Integration, Conflicts, in *The WTO: Governance, Dispute Settlement, and Developing Countries*, Merit Janow, Victoria Donaldson e Alan Yanovich ed., Juris Publishing, Nova Iorque, 2008, pp. 595-609.

– *Competition Issues in the Global Economy and the WTO Regulation of World Trade*, in Anuário Brasileiro de Direito Internacional, Volume 2, 2009, pp. 68-80.

– The nature of WTO arbitrations on retaliation, in *The Law, Economics and Politics of Retaliation in WTO Dispute Settlement*, Cambridge University Press, 2010, pp. 23-33.

SACHS, Jeffrey, A New Framework for Globalization, in *Efficiency, Equity, and Legitimacy: The Multilateral Trading System at the Millennium*, Roger Porter, Pierre Sauvé, Arvind Subramanian e Americo Zampetti ed., Brookings Institution Press, Washington, D.C., 2001, pp. 63-77.

SACHS, Jeffrey e WARNER, Andrew, *Economic Reform and the process of Global Integration*, in Brookings Papers on Economic Activity, 1995, pp. 1-107.

SACK, Jörn, *The European Community's Membership of International Organizations*, in CMLR, 1995, pp. 1227-1256.

SAFRIN, Sabrina, *Treaties in Collision? The Biosafety Protocol and the World Trade Organization Agreements*, in AJIL, 2002, pp. 606-628.

SALMON, Naomi, *A European perspective on the precautionary principle, food safety and the free trade imperative of the WTO*, in ELR, 2002, pp. 138-155.

SAMPSON, Gary, Greater Coherence in Global Economic Policymaking: A WTO Perspective, in *The WTO as an International Organization*, Anne Krueger ed., The University of Chicago Press, 1998, pp. 257-270.

– Trade and the Environment, in *Trade Rules in the Making: Challenges in Regional and Multilateral Negotiations*, Miguel Rodríguez Mendoza, Patrick Low e Barbara Kotschwar ed., Organization of American States-Brookings Institution Press, Washington, D.C., 1999, pp. 511-524.

– *Trade, Environment and the WTO: The Post-Seattle Agenda*, Overseas Development Council, Washington, D.C., 2000.

– *The World Trade Organisation After Seattle*, in WE, vol. 23, nº 9, 2000, pp. 1097-1117.

– Overview, in *The Role of the World Trade Organization in Global Governance*, Gary Sampson ed, United Nations University Press, Tóquio-Nova Iorque-Paris, 2001, pp. 1-18.

– *Effective Multilateral Environment Agreements and Why the WTO Needs Them*, in WE, 2001, pp. 1109-1134.

SAMPSON, Gary e CHAMBERS, Bradnee, Introduction and Overview, in *Trade, Environment, and the Millennium*, 2ª ed., Gary Sampson e Bradnee Chambers ed., 2002, pp. 1-27.

SANDS, Philippe, *Turtles and Torturers: The Transformation of International Law*, in New York University Journal of International Law and Politics, 2001, pp. 527-559.

– The Independence of the International Judiciary: Some Introductory Thoughts, in *Law in the Service of Human Dignity – Essays in Honour of Florentino Feliciano*, Steve Charnovitz, Debra Steger e Peter van den Bossche Ed., Cambridge University Press, 2005, pp. 313-322.

SANDS, Philippe e MACKENZIE, Ruth, *International Courts and Tribunals and the Independence of the International Judge*, in HILJ, 2003, pp. 271-285.

SANDS, Philippe, MCLACHLAN, Campbell e MACKENZIE, Ruth, *The Burgh House Principles on the Independency of the International Judiciary*, in The Law and Practice of International Courts and Tribunals, 2005, pp. 247-260.

SANTOS, Luís Máximo dos, A participação da Comunidade Europeia na Organização Mundial do Comércio, in *Em torno da revisão do Tratado da União Europeia*, Almedina, 1997, pp. 161-178.

SANTOS, Luís Máximo dos, MORAIS, Luís e RICARDO, Fernando Pereira, *Textos de*

*Relações Económicas Internacionais*, 2ª ed., AAFDL, Lisboa, 1999/2000.

SANTULLI, Carlo, *Qu'est-ce qu'une jurisdiction internationale? Des organes répressifs internationaux à l'ORD*, in AFDI, 2000, pp. 58-81.

SAPIR, André, *Regionalism and the New Theory of International Trade: Do the Bells Toll for the GATT? A European Outlook*, in WE, vol. 16, nº 4, 1993, pp. 423-438.

– *The General Agreement on Trade in Services: From 1994 to the Year 2000*, in JWT, vol. 33, nº 1, 1999, pp. 51-66.

– *Who's Afraid of Globalization? Domestic Adjustment in Europe and America*, in *Efficiency, Equity, and Legitimacy: The Multilateral Trading System at the Millennium*, Roger Porter, Pierre Sauvé, Arvind Subramanian e Americo Zampetti ed., Brookings Institution Press, Washington, D.C., 2001, pp. 179-204.

SAPRA, Seema, *The WTO System of Trade Governance: The State NGO Debate and the Appropriate Role for Non-state Actors*, in Oregon Review of International Law, Vol. 11, 2009, pp. 71-107.

SATZER, Janina, *Explaining the Decreased Use of International Courts – The Case of the ICJ*, in Review of Law and Economics, 2007, pp. 11-36.

SAUVÉ, Pierre, Regional versus Multilateral Approaches to Services and Investment Liberalization: Anything to Worry About?, in *Regionalism and Multilateralism after the Uruguay Round. Convergence, Divergence and Interaction*, Paul Demaret, Jean-François Bellis e Gonzalo García Jiménez org., European Interuniversity Press, Bruxelas, 1997, pp. 429-455.

– *National Treatment in the GATS: Corner-Stone or Pandora's Box?*, in JWT, vol. 31, nº 1, 1997, pp. 107-135.

– *MFN and the GATS*, in *Regulatory Barriers and the Principle of Non-Discrimina-*

*tion in World Trade Law*, Thomas Cottier e Petros Mavroidis ed., Studies in International Economics – The World Trade Forum, vol. 2, The University of Michigan Press, 2000, pp. 51-99.

– Completing the GATS Framework: Safeguards, Subsidies, and Government Procurement, in *Development, Trade, and the WTO: A Handbook*, Bernard Hoekman, Aaditya Mattoo e Philip English ed., The World Bank, Washington, D.C., 2002, pp. 326-335.

SAUVÉ, Pierre e STERN, Robert, New Directions in Services Trade Liberalization: An Overview, in *GATS 2000: New Directions in Services Trade Liberalization*, Pierre Sauvé e Robert Stern ed., Brookings Institution Press, Washington, D.C., 2000, pp. 1-30.

SAUVÉ, Pierre e ZAMPETTI, Americo, *Subsidiarity Perspectives on the New Trade Agenda*, in JIEL, 2000, pp. 83-114.

SCHAEFER, Matthew, *Section 301 and the World Trade Organization: A Largefuly Peaceful Coexistence to Date*, in JIEL, 1998, pp. 156-160.

– *Twenty-First Century Trade Negotiations, The US Constitution, and The Elimination of US State-Level Protectionism*, in JIEL, 1999, pp. 71-111.

– U.S. States, Sub-Federal Rules, and the World Trading System, in *New Directions in International Economic Law: Essays in Honour of John H. Jackson*, Marco Bronckers e Reinhard Quick ed., Kluwer Law International, Londres-Haia-Boston, 2000, pp. 525-541.

– *Sovereignty, Influence, Realpolitik and the World Trade Organization*, in Hastings International & Comparative Law Review, 2002, pp. 341-369.

– Lessons from the Dispute over the Massachusetts Act Regulating State Contracts with Companies doing Business with Burma (Myanmar), in *Transatlantic Economic Disputes: The EU, the US, and the WTO*, Ernst-Ulrich Petersmann e Mark Pollack ed., Oxford University Press, 2003, pp. 327-360.

SCHARPF, Fritz, *Judicial Review and the Political Question: A Functional Analysis*, in The Yale Law Journal, 1966, pp. 517-597.

SCHEDE, Christian, *The 'Trondheim Provision' in the WTO Agreement on Government Procurement: Does This 'Major Revision' Live Up to the Needs of the Private Sector*, in Public Procurement Law Review, 1996, pp. 161-185.

– *The Strengthening of the Multilateral System – Article 23 of the WTO Dispute Settlement Understanding: Dismantling Unilateral Retaliation under Section 301 of the 1974 Trade Act?*, in World Competition, Volume 20, Nº 1, 1996, pp. 109-138.

SCHEPEL, Harm, *The Empire's Drains: Sources of Legal Recognition of Private Standardisation Under the TBT Agreement*, in *Constitutionalism, Multilevel Trade Governance and Social Regulation*, Christian Joerges e Ernst-Ulrich Petersmann ed., Hart Publishing, Oxford-Portland, 2006, pp. 397-409.

SCHERMERS, Henry e BLOKKER, Niels, *International Institutional Law*, 3ª ed., Martinus Nijhoff Publishers, Haia-Londres-Boston, 1995.

SCHERZBERG, Arno, *EU-US Trade Disputes about Risk Regulation: The Case of Genetically Modified Organisms*, in Cambridge Review of International Affairs, Volume 19, Number 1, March 2006, pp. 121-137.

SCHMALENBACH, Kirsten, *Struggle for Exclusiveness: The ECJ and Competing International Tribunals*, in *International Law between Universalism and Fragmentation – Festschrift in Honour of Gerhard Hafner*, Isabelle Buffard, James Crawford, Alain Pellet e Stephan Wittich Ed., Mar-

tinus Nijhoff Publishers, Leiden-Boston, 2008, pp. 1045-1068.

SCHNEIDER, Andrea, *Democracy and Dispute Resolution: Individual Rights in International Trade Organizations*, in University of Pennsylvania Journal of International Economic Law, 1998, pp. 587-638.

SCHOENBAUM, Thomas, *WTO Dispute Settlement: Praise and Suggestions for Reform*, in ICLQ, 1998, pp. 647-658.

SCHOENBAUM, Thomas e ARNOLD, Douglas, Judicial Review of International Trade Law Decisions: A Comparative Analysis, in *National Constitutions and International Economic Law*, Hilf, Meinhard e Petersmann, Ernst-Ulrich ed., Studies in Transnational Economic Law, vol. 8, Kluwer, 1993, pp. 475-501.

SCHORKOPF, Frank, Article 4 DSU, in *WTO-Institutions and Dispute Settlement*, Rüdiger Wolfrum, Peter-Tobias Stoll e Karen Kaiser (eds), Max Planck Commentaries on World Trade Law, Max Planck Institute for Comparative Public Law and International Law, Martinus Nijhoff Publishers, Leiden/Boston, 2006, pp. 317-330.

– Article 5 DSU, in *WTO-Institutions and Dispute Settlement*, Rüdiger Wolfrum, Peter-Tobias Stoll e Karen Kaiser (eds), Max Planck Commentaries on World Trade Law, Max Planck Institute for Comparative Public Law and International Law, Martinus Nijhoff Publishers, Leiden/Boston, 2006, pp. 331-336.

– Article XI WTO Agreement, in *WTO-Institutions and Dispute Settlement*, Rüdiger Wolfrum, Peter-Tobias Stoll e Karen Kaiser (eds), Max Planck Commentaries on World Trade Law, Max Planck Institute for Comparative Public Law and International Law, Martinus Nijhoff Publishers, Leiden/Boston, 2006, pp. 137-143.

Schott, Jeffrey J., Challenges Facing the World Trade Organization, in *The World Trading System: Challenges Ahead*, Institute for International Economics, Washington, D.C., 1996, pp. 3-24.

– Setting the Course, in *The World Trading System: Challenges Ahead*, Institute for International Economics, Washington, D.C., 1996, pp. 281-310.

– Whither U.S.-EU Trade Relations?, in *Transatlantic Economic Relations in the Post-Cold War Era*, Barry Eichengren ed., Council on Foreign Relations, 1998, pp. 36-68.

– The WTO after Seattle, in *The WTO after Seattle*, Institute for International Economics, Washington, D.C., 2000, pp. 3-40.

– *Prospects for New WTO Trade Negotiations*, in CATO Journal, 2000, pp. 379-383.

Comment on the Doha Ministerial, in JIEL, 2002, pp. 191-195.

Schott, Jeffrey J. e Watal, Jayashree, Decision-making in the WTO, in *The WTO after Seattle*, Institute for International Economics, Washington, D.C., 2000, pp. 283-292.

Schreuer, Christoph, What is a Legal Dispute?, in *International Law between Universalism and Fragmentation – Festschrift in Honour of Gerhard Hafner*, Isabelle Buffard, James Crawford, Alain Pellet e Stephan Wittich Ed., Martinus Nijhoff Publishers, Leiden-Boston, 2008, pp. 959-979.

Schropp, Simon, *Trade Policy Flexibility and Enforcement in the World Trade Organization: A Law and Economic Analysis*, Cambridge University Press, 2009.

– The equivalence standard under Article 22.4 of the DSU: a 'tariffic' misunderstanding?, in *The Law, Economics and Politics of Retaliation in WTO Dispute Settlement*, Cambridge University Press, 2010, pp. 446-502.

Schuchhardt, Christiane, Consultations (Chapter 25), in *The World Trade Organization: Legal, Economic and Political Analysis*, Volume I, Patrick Macrory, Arthur Appleton e Michael Plummer Ed., Springer, Nova Iorque, 2005, pp. 1197-1232.

Schunken, Kenneth, *The Advisory Centre on WTO Law: A Success Story, But for Whom?*, in The Law and Practice of International Courts and Tribunals, 2008, pp. 59-79.

Schwartz, Warren e Sykes, Alan O., *The Economic Structure of Renegotiation and Dispute Resolution in the WTO/GATT System*, John M. Olin Law & Economics Working Paper nº 143 (2d series), The Law School – The University of Chicago, 2002.

Schwarzenberger, Georg, *The Principles and Standards of International Economic Law*, in RCADI, 1966-I. vol. 117, pp. 3-98.

Scobbie, Iain, *"Une Hérésie en Matière Judiciaire"? The Role of the Judge Ad Hoc in the International Court*, in The Law and Practice of International Courts and Tribunals, 2005, pp. 421-464.

Scott, Joanne, On Kith and Kine (and Crustaceans): Trade and Environment in the EU and WTO, in *The EU, the WTO, and the NAFTA: Towards a Common Law of International Trade?*, Joseph Weiler ed., Oxford University Press, 2001, pp. 125-167.

– *European Regulation of GMOs and the WTO*, in Columbia Journal of European Law, 2003, pp. 213-239.

– *International Trade and Environmental Governance: Relating Rules (and Standards) in the EU and the WTO*, in EJIL, 2004, pp. 307-354.

– *The WTO Agreement on Sanitary and Phytosanitary Measures – A Commentary*, Oxford University Press, 2007.

Sebastian, Thomas, *World Trade Organization Remedies and the Assessment of Propor-*

*tionality: Equivalence and Appropriateness*, in HILJ, 2007, pp. 337-382.

– The law of permissible WTO retaliation, in *The Law, Economics and Politics of Retaliation in WTO Dispute Settlement*, Cambridge University Press, 2010, pp. 89-127.

SEIDL-HOHENVELDERN, Ignaz, *International Economic "Soft Law"*, in RCADI, 1979-II, vol. 163, pp. 165-246.

– *International Economic Law*, in RCADI, 1986-III, vol. 198, pp. 9-264.

– Hierarchy of Treaties, in *Essays on the Law of Treaties: A Collection of Essays in Honour of Bert Vierdag*, Jan Klabbers e René Lefeber ed., Martinus Nijhoff Publishers, 1998, pp. 7-18.

SEIDMAN, Louis Michael, *The Secret Life of the Political Question Doctrine*, in The John Marshall Law Review, 2004, pp. 441-480.

SEK, Lenore, *Trade Retaliation: The "Carousel" Approach*, Congressional Research Service Report for Congress (RS 20715), in http://www.cnie.org/nle/crsreports/economics/econ-133.cfm

SEN, Gautam, The United States and the GATT/WTO System, in *US Hegemony and International Organizations – The United States and Multilateral Institutions*, Rosemary Foot, S. Neil MacFarlane e Michael Mastanduno ed., Oxford University Press, 2003, pp. 115-138.

SERRA, Jaime et al., *Reflections on Regionalism. Report of the study group on international trade*, Carnegie endowment for international peace, Washington, D.C., 1997.

SHAFFER, Gregory, *The Democratic Legitimacy of Extraterritorial U.S. Trade Sanctions on Environmental Grounds: The WTO Shrimp-Turtle Case*, in ASIL Proceedings 2000, pp. 84-87.

– *WTO Blue-Green Blues: The Impact of U.S. Domestic Politics on Trade-Labor,*

*Trade-Environment Linkages for The WTO's Future*, in Fordham International Law Journal, 2000, pp. 608-651.

– *The World Trade Organization Under Challenge: Democracy and the Law and Politics of the WTO's Treatment of Trade and Environment Matters*, in The Harvard Environmental Law Review, 2001, pp. 1-93.

– "If only we were elephants": The Political economy of the WTO's treatment of trade and environment matters, in *The Political Economy of International Trade Law – Essays in Honor of Robert E. Hudec*, Daniel Kennedy e James Southwick ed., Cambridge University Press, 2002, pp. 349-393.

– Managing US-EU Trade Relations through Mutual Recognition and Safe Harbor Agreements: 'New' and 'Global' Approaches to Transatlantic Economic Governance?, in *Transatlantic Economic Disputes: The EU, the US, and the WTO*, Ernst-Ulrich Petersmann e Mark Pollack ed., Oxford University Press, 2003, pp. 297-325.

– How to Make the WTO Dispute Settlement System Work for Developing Countries: Some Proactive Developing Country Strategies, in *Towards a Development-Supportive Dispute Settlement System in the WTO*, International Centre for Trade and Sustainable Development, ICTSD Resource Paper No. 5, March 2003, pp. 1-65.

– *Defending Interests: Public-Private Partnerships in WTO Litigation*, Brookings Institution Press, Washington, D.C., 2003.

– *Parliamentary Oversight of WTO Rule-Making: The Political, Normative, and Practical Contexts*, in JIEL, vol. 7, nº 3, 2004, pp. 629-654.

– *The role of the Director-General and Secretariat: Chapter IX of the Sutherland Report*, in WTR, 2005, pp. 429-438.

– *The challenges of WTO law: strategies for developing country adaptation*, in WTR, 2006, pp. 177-198.

– 'Public-private partnerships' in WTO dispute settlement: the US and EU experience, in *The WTO in the Twenty-First Century: Dispute Settlement, Negotiations, and Regionalism in Asia*, Yasuhei Taniguchi, Alan Yanovich e Jan Bohanes Ed., Cambridge University Press, 2007, pp. 148-184.

– Developing Country Use of the WTO Dispute Settlement System: Why it Matters, the Barriers Posed, in *Trade Disputes and the Dispute Settlement Understanding of the WTO: An Interdisciplinary Assessment*, Frontiers of Economics and Globalization, Volume 6, Ed. James C. Hartigan, Emerald Group, 2009, pp. 167-190.

SHAFFER, Gregory e GANIN, Daniel, Extrapolating purpose from practice: rebalancing or inducing compliance, in *The Law, Economics and Politics of Retaliation in WTO Dispute Settlement*, Cambridge University Press, 2010, pp. 73-85.

SHAFFER, Gregory, SANCHEZ, Michelle e ROSENBERG, Barbara, *The Trials of Winning at the WTO: What Lies Behind Brazil's Success*, in CILJ, 2008, pp. 383-501.

SHAHABUDDEEN, Mohamed, *Precedent in the World Court*, Hersch Lauterpacht Memorial Lectures, Cambridge University Press, 1996.

SHAHIN, Magda, Trade and Environment: How Real Is the Debate?, in *Trade, Environment, and the Millennium*, 2ª ed., Gary Sampson e Bradnee Chambers ed., 2002, pp. 45-80.

SHAMSEY, John, *ITLOS vs. Goliath: The International Tribunal for the Law of the Sea Stands Tall with the Appellate Body in the Chilean-EU Swordfish Dispute*, in Transnational Law & Contemporary Problems, Vol. 12, 2002, pp. 513-540.

SHANKER, Daya, *The Vienna Convention on the Law of Treaties, the Dispute Settlement System of the WTO and the Doha Declaration on the TRIPs Agreement*, in JWT, 2002, pp. 721-772.

SHANY, Yuval, *The Competing Jurisdictions of International Courts and Tribunals*, Oxford University Press, 2003.

– *Toward a General Margin of Appreciation Doctrine in International Law?*, in EJIL, 2005, pp. 907-940.

– *Squaring the Circle? Independence and Impartiality of Party-Appointed Adjudicators in International Legal Proceedings*, in Loyola of Los Angeles International and Comparative Law Review, 2008, pp. 473-490.

– *No Longer a Weak Department of Power? Reflections on the Emergence of a New International Judiciary*, in EJIL, 2009, pp. 73-91.

SHAPIRO, Hal, *Is There a Role for Sub-Federal Governments in International Trade Policy Formation?*, in Ius Gentium, Volume 9, 2003, pp. 73-114.

– *The Rules that Swallowed the Exceptions: The WTO SPS Agreement and Its Relationship to GATT Articles XX and XXI: The Threat of the EU-GMO Dispute*, in Arizona Journal of International and Comparative Law, 2007, pp. 199-233.

SHELL, Richard, Trade Legalism and International Relations Theory: An Analysis of the World Trade Organization, in *The World Trading System. Critical Perspectives on the World Economy, vol. II, Dispute Settlement in the World Trading System*, Robert Howse ed., Routledge, Londres e Nova Iorque, 1998, pp. 333-416.

SHELTON, Dinah, *The Participation of Nongovernmental Organizations in International Judicial Proceedings*, in AJIL, 1994, pp. 611-642.

– *Reconcilable Differences? The Interpretation of Multilingual Treaties*, in Hastings

International and Comparative Law Review, 1997, pp. 611-638.
– *Legal Norms to Promote the Independence and Accountability of International Tribunals*, in The Law and Practice of International Courts and Tribunals, 2003, pp. 27-62.
– *Normative Hierarchy in International Law*, in AJIL, 2006, pp. 291-323.
– *The International Court of Justice and Nongovernmental Organizations*, in International Community Law Review, 2007, pp. 139-155.
– *Form, Function, and the Powers of International Courts*, in CJIL, 2009, pp. 537-571.
SHERMAN, Richard e ELIASSON, Johan, *Trade Disputes and Non-state Actors: New Institutional Arrangements and the Privatisation of Commercial Diplomacy*, in WE, 2006, pp. 473-489.
SHETREET, Shimon, *Standards of Conduct of International Judges: Outside Activities*, in The Law and Practice of International Courts and Tribunals, 2003, pp. 127-161.
SHOYER, Andrew, *The First Three Years of WTO Dispute Settlement: Observations and Suggestions*, in JIEL, 1998, pp. 277-302.
– *Panel Selection in WTO Dispute Settlement Proceedings*, in JIEL, 2003, pp. 203-209.
SHOYER, Andrew e SOLOVY, Eric, *The Process and Procedure of Litigating at the World Trade Organization: A Review of the Work of the Appellate Body*, in Law & Policy in International Business, 2000, pp. 677-695.
SHOYER, Andrew, SOLOVY, Eric e KOFF, Alexander, Implementation and Enforcement of Dispute Settlement Decisions (Chapter 28), in *The World Trade Organization: Legal, Economic and Political Analysis*, Volume I, Patrick Macrory, Arthur Appleton e Michael Plummer Ed., Springer, Nova Iorque, 2005, pp. 1341-1369.

SIEBERT, Horst, What Does Globalization Mean for the World Trading System?, in *From GATT to the WTO: The Multilateral Trading System in the New Millennium*, Kluwer Law International, Haia-Londres-Boston, 2000, pp. 137-165.
SIEGEL, Deborah, *Legal Aspects of the IMF/WTO Relationship: The Fund's Articles of Agreement and the WTO Agreements*, in AJIL, 2002, pp. 561-599.
SILVA, Miguel Moura e, *Opinion 1/94 and the Division of Powers Between the Member States and the European Community in International Economic Relations: For Whom the Bells Toll?*, in Revista Jurídica da Associação Académica da Faculdade de Direito de Lisboa, nº 20, 1996, pp. 203-216.
– *O GATT e a ordem jurídica comunitária: Ceci n'est pas une pipe*, in Direito e Justiça, vol. XII, 1998, pp. 123-173.
– *Direito Internacional Económico: Jurisprudência Relativa ao Sistema GATT/OMC*, AAFDL, Lisboa, 2002.
SILVERMAN, Jared, *Multilateral Resolution over Unilateral Retaliation: Adjudicating the Use of Section 301 Before the WTO*, in University of Pennsylvania Journal of International Economic Law, 1996, pp. 233-294.
SIM, Kwan Kiat, *Rethinking the mandatory/discretionary legislation distinction in WTO jurisprudence*, in WTR, 2003, pp. 33-64.
SIMMA, Bruno e PULKOWSKI, Dirk, *Of Planets and the Universe: Self-contained Regimes in International Law*, in EJIL, 2006, pp. 483-529.
SIMMA, Bruno e TAMS, Christian, Article 60 de la Convention de Vienne de 1969, in *Les Conventions de Vienne sur le Droit des Traités*, Bruylant, Bruxelas, 2006, pp. 2131-2176.
SINGH, Rahul, *The World Trade Organization and Legitimacy: Evolving a Framework for Bridging the Democratic Deficit*, in JWT, 2008, pp. 347-365.

SKOGSTAD, Grace, Regulating Food Safety Risks in the European Union: A Comparative Perspective, in *What's the Beef? The Contested Governance of European Food Safety*, Christopher Ansell e David Vogel Ed., The MIT Press, Cambridge-Massachusetts, Londres, 2006, pp. 213-236.

SKOUTERIS, Thomas, Customary Rules of Interpretation of Public International Law and Interpretative Practices in the WTO Dispute Settlement System, in *International Trade Law on the 50 th Anniversary of the Multilateral Trade System*, Dott A. Giuffrè Editore, Milão, 1999, pp. 113-144.

SLAUGHTER, Anne-Marie, *Liberal International Relations Theory and International Economic Law*, in AUJILP, 1995, pp. 717-743.
– Regulating the World: Multilateralism, International Law, and the Projection of the New Deal Regulatory State, in *The World Trading System. Critical Perspectives on the World Economy, vol. I, Historical and Conceptual Foundations*, Robert Howse ed., Routledge, Londres e Nova Iorque, 1998, pp. 50-77.
– *International Law and International Relations*, in RCADI, t. 285, 2000, pp. 9-250.
– *Judicial Globalization*, in Virginia Journal of International Law, 2000, pp. 1103--1124.

SLAUGHTER, Anne-Marie e BOSCO, David, *Plaintiff's Diplomacy*, in FA, 2000, pp.102-116.

SLOTBOOM, Marco, *Do Public Health Measures Receive Similar Treatment in European Community and World Trade Organization Law?*, in JWT, 2003, pp. 553-596.
– *Participation of NGOs before the WTO and EC tribunals: which court is the better friend?*, in WTR, 2006, pp. 69-101.

SMITH, Adam M., *"Judicial Nationalism" in International Law: National Identity and Judicial Autonomy at the ICJ*, in Texas International Law Journal, Vol. 40, 2005, pp. 197-231.

SMITH, Fiona e WOODS, Lorna, *A Distinction Without a Difference: Exploring the Boundary Between Goods and Services in The World Trade Organization and The European Union*, in Columbia Journal of European Law, 2005, pp. 1-60.

SMITH, James McCall, *The Politics of Dispute Settlement Design: Explaining Legalism in Regional Trade Pacts*, in International Organization, 2000, pp. 137-180.
– *Compliance Bargaining in the WTO: Ecuador and the Bananas Dispute*, Paper Prepared for a Conference on Developing Countries and the Trade Negotiation Process, UNCTAD, 6-7 November, 2003, Geneva.
– *WTO dispute settlement: the politics of procedure in Appellate Body rulings*, in WTR, 2003, pp. 65-100.

SMITH, Murray, Accession to the WTO: Key Strategic Issues, in *The World Trading System: Challenges Ahead*, Institute for International Economics, Washington, D.C., 1996, pp. 167-181.

SMITMANS, Hector, Unresolved Issues in the WTO Understanding on Rules and Procedures Governing the Settlement of Disputes, in *Reform and Development of the WTO Dispute Settlement System*, Dencho Georgiev e Kim Van der Borght Ed., Cameron May, Londres, 2006, pp. 247-264.

SNYDER, Francis, Governing Economic Globalisation: Global Legal Pluralism and EU Law, in *Regional and Global Regulation of International Trade*, Francis Snyder ed., Hart Publishing, Oxford--Portland Oregon, 2002, pp. 1-47.
– *The Gatekeepers: The European Courts and WTO Law*, in CMLR, 2003, pp. 313-367.

SOHN, Louis, *Expulsion or Forced Withdrawal from an International Organization*, in Harvard Law Review, 1964, pp. 1381-1425.

SOREL, Jean-Marc, Article 31 de la Convention de Vienne de 1969, in *Les Conventions de Vienne sur le Droit des Traités*, Bruylant, Bruxelas, 2006, pp. 1289-1334.

SOUTH CENTRE, *Issues Regarding the Review of the WTO Dispute Settlement Mechanism*, South Centre Working Papers nº 1, 1999.
– *WTO Decision-Making and Developing Countries*, South Centre Working Papers nº 11, 2001.

SPADANO, Lucas Eduardo, *Cross-agreement retaliation in the WTO dispute settlement system: an important enforcement mechanism for developing countries?*, in WTR, 2008, pp. 511-545.

SPAMANN, Holger, *Standard of Review for World Trade Organization Panels in Trade Remedy Cases: a Critical Analysis*, in JWT, 2004, pp. 509-555.
– *The Myth of 'Rebalancing' Retaliation in WTO Dispute Settlement Practice*, in JIEL, 2006, pp. 31-79.

SPELLISCY, Shane, *The Proliferation of International Tribunals: A Chink in the Armor*, in CJTL, 2001, pp. 143-175.

SPIERMANN, Ole, Historical Introduction, in *The Statute of the International Court of Justice – A Commentary*, Andreas Zimmermann, Christian Tomuschat e Karin Oellers-Frahm ed., Oxford University Press, 2006, pp. 39-62.

SPIRO, Peter, *New Global Potentates: Nongovernmental Organizations and the "Unregulated" Marketplace*, in Cardozo Law Review, 1996, pp. 957-969.
– *Accounting for NGOs*, in CJIL, 2002, pp. 161-169.
– *A Negative Proof of International Law*, in Georgia Journal of International and Comparative Law, 2006, pp. 1-18.
– Non-Governmental Organizations and Civil Society, in *The Oxford Handbook of International Environmental Law*, Daniel Bodansky, Jutta Brunnée e Ellen Hey

Ed., Oxford University Press, 2007, pp. 770-790.

SREEJITH, S.G., *Public International Law and the WTO: A Reckoning of Legal Positivism and Neoliberalism*, in San Diego International Law Journal, 2007, pp. 5-79.

SRINIVASAN, T., *Developing Countries and the Multilateral Trading System: From the GATT to the Uruguay Round and the Future*, Westview Press, 2000.
– *The Washington Consensus a Decade Later: Ideology and the Art and Science of Policy Advice*, in The World Bank Research Observer, 2000, pp. 265-270.
– The TRIPS Agreement, in *The Political Economy of International Trade Law – Essays in Honor of Robert E. Hudec*, Daniel Kennedy e James Southwick ed., Cambridge University Press, 2002, pp. 343-348.
– *The Dispute Settlement Mechanism of the WTO: A Brief History and an Evaluation from Economic, Contractarian and Legal Perspectives*, in WE, 2007, pp. 1033-1068.

STEFFEK, Jens e KISSLING, Claudia, Why Co-operate? Civil Society Participation at the WTO, in *Constitutionalism, Multilevel Trade Governance and Social Regulation*, Christian Joerges e Ernst-Ulrich Petersmann ed., Hart Publishing, Oxford-Portland, 2006, pp. 135-155.

STEGER, Debra, *Appellate Body Jurisprudence Relating to Trade Remedies*, in JWT, vol. 35, nº 5, 2001, pp. 799-823.
– The World Trade Organization: A New Constitution for the Trading System, in *New Directions in International Economic Law: Essays in Honour of John H. Jackson*, Marco Bronckers e Reinhard Quick ed., Kluwer Law International, Londres-Haia-Boston, 2000, pp. 135-153.
– *Afterword: The "Trade and ..." Conundrum – A Commentary*, in AJIL, 2002, pp. 135-145.

– The Appellate Body and its contribution to WTO dispute settlement, in *The Political Economy of International Trade Law – Essays in Honor of Robert E. Hudec*, Daniel Kennedy e James Southwick ed., Cambridge University Press, 2002, pp. 482-495.

– *Amicus Curiae*: Participant or Friend? The WTO and NAFTA Experience, in *European Integration and International Co-ordination – Studies in Transnational Economic Law in Honour of Claus-Dieter Ehlermann*, Armin von Bogdandy/Petros Mavroidis/Yves Mény ed., Kluwer Law International, Haia/Londres/Nova Iorque, 2002, pp. 419-450.

– *The Struggle for Legitimacy in the WTO*, in Trade Policy Research 2003, Department of Foreign Affairs and International Trade (Canada), pp. 111-141.

– The World Trade Organization: A New Constitution for the Trading System, in *Peace Through Trade: Building the World Trade Organization*, Cameron May, Londres, 2004, pp. 25-46.

– The Rule of Law or The Rule of Lawyers?, in *Peace Through Trade: Building the World Trade Organization*, Cameron May, Londres, 2004, pp. 257-285.

– Improvements and Reforms of the WTO Appellate Body, in *The WTO Dispute Settlement System 1995-2003*, Federico Ortino e Ernst-Ulrich Petersmann ed., Kluwer Law International, Haia-Londres-Nova Iorque, 2004, pp. 41-49.

– The Challenges to the Legitimacy of the WTO, in *Law in the Service of Human Dignity – Essays in Honour of Florentino Feliciano*, Steve Charnovitz, Debra Steger e Peter van den Bossche Ed., Cambridge University Press, 2005, pp. 202-221.

– *The Culture of the WTO: Why It Needs to Change*, in JIEL, 2007, pp. 483-495.

STEGER, Debra e HAINSWORTH, Susan, New Directions in International Trade Law:

WTO Dispute Settlement, in *Dispute Resolution in the World Trade Organisation*, James Cameron e Karen Campbell ed., Cameron May, Londres, 1998, pp. 28-58.

– *World Trade Organization Dispute Settlement: The First Three Years*, in JIEL, 1998, pp. 199-226.

STEIN, Eric, *International Integration and Democracy: No Love at First Sight*, in AJIL, 2001, pp. 489-534.

STEIN, Torsten, Article 36, in *The Charter of the United Nations: A Commentary*, vol. I, Bruno Simma ed., 2ª ed., Oxford University Press, 2002, pp. 616-628.

STEINBACH, Armin, *The DSU Interim Review – Need for its Elimination or Extension to the Appellate Body?*, in JIEL, 2009, pp. 417-434.

– *EC Liability for Non-compliance with Decisions of the WTO DSB: The Lack of Judicial Protection Persists*, in JWT, 2009, pp. 1047-1069.

STEINBERG, Richard, Transatlanticism in Support of Multilateralism? Prospects for Great Power Management of the World Trading System, in *Regionalism and Multilateralism after the Uruguay Round. Convergence, Divergence and Interaction*, Paul Demaret, Jean-François Bellis e Gonzalo García Jiménez org., European Interuniversity Press, Bruxelas, 1997, pp. 295-338.

– Direct Application of Multilateral Agreements in the United States, in *Regionalism and Multilateralism after the Uruguay Round. Convergence, Divergence and Interaction*, Paul Demaret, Jean-François Bellis e Gonzalo García Jiménez org., European Interuniversity Press, Bruxelas, 1997, pp. 715-723.

– *Trade-Environment Negotiations in the EU, NAFTA, and WTO: Regional Trajectories of Rule Development*, in AJIL, 1997, pp. 231-267.

– *In the Shadow of Law or Power? Consensus-Based Bargaining and Outcomes in the GATT/WTO*, in International Organization, 2002, pp. 339-374.

– *Judicial Lawmaking at the WTO: Discursive, Constitutional, and Political Constraints*, in AJIL, 2004, pp. 247-275.

STEINBERGER, Eva, *The WTO Treaty as a Mixed Agreement: Problems with the EC's and the EC Member States' Membership of the WTO*, in EJIL, 2006, pp. 837-862.

STEINMANN, Arthur, Article 21 DSU, in *WTO-Institutions and Dispute Settlement*, Rüdiger Wolfrum, Peter-Tobias Stoll e Karen Kaiser (eds), Max Planck Commentaries on World Trade Law, Max Planck Institute for Comparative Public Law and International Law, Martinus Nijhoff Publishers, Leiden/Boston, 2006, pp. 495-522.

– Article 22 DSU, in *WTO-Institutions and Dispute Settlement*, Rüdiger Wolfrum, Peter-Tobias Stoll e Karen Kaiser (eds), Max Planck Commentaries on World Trade Law, Max Planck Institute for Comparative Public Law and International Law, Martinus Nijhoff Publishers, Leiden/Boston, 2006, pp. 523-556.

– Article 23 DSU, in *WTO-Institutions and Dispute Settlement*, Rüdiger Wolfrum, Peter-Tobias Stoll e Karen Kaiser (eds), Max Planck Commentaries on World Trade Law, Max Planck Institute for Comparative Public Law and International Law, Martinus Nijhoff Publishers, Leiden/Boston, 2006, pp. 557-562.

– Article XV WTO Agreement, in *WTO-Institutions and Dispute Settlement*, Rüdiger Wolfrum, Peter-Tobias Stoll e Karen Kaiser (eds), Max Planck Commentaries on World Trade Law, Max Planck Institute for Comparative Public Law and International Law, Martinus Nijhoff Publishers, Leiden/Boston, 2006, pp. 165-169.

STEPHAN, Paul, *Barbarians Inside the Gate: Public Choice Theory and International Economic Law*, in AUJILP, 1995, pp. 745-767.

– *Sheriff or Prisoner? The United States and the World Trade Organization*, in CJIL, Vol. 1, No. 1, 2000, pp. 49-74.

STERN, Brigitte, *Un Nouvel Ordre Économique International?*, Recueil de Textes et Documents, volume 1, Economica, Paris, 1983.

– *L'intervention des tiers dans le contentieux de l'OMC*, in RGDIP, 2003-2, pp. 257--301.

– The Intervention of Private Entities and States as "Friends of the Court" in WTO Dispute Settlement Proceedings (Chapter 32), in *The World Trade Organization: Legal, Economic and Political Analysis*, Volume I, Patrick Macrory, Arthur Appleton e Michael Plummer Ed., Springer, Nova Iorque, 2005, pp. 1427-1458.

– The emergence of non-state actors in international commercial disputes through WTO Appellate Body case-law, in *The WTO at Ten: The Contribution of the Dispute Settlement System*, Ed. Giorgio Sacerdoti, Alan Yanovich e Jan Bohanes, Cambridge University Press, 2006, pp. 372-385.

STERN, Robert, Quantifying Barriers to Trade in Services, in *Development, Trade, and the WTO: A Handbook*, Bernard Hoekman, Aaditya Mattoo e Philip English ed., The World Bank, Washington, D.C., 2002, pp. 247-258.

STERN, Robert e BROWN, Andrew, *What are the issues in using trade agreements to improve international labor standards?*, in WTR, 2008, pp. 331-357.

STERNBERG, Jonathan, *Deciding Not to Decide: The Judiciary Act of 1925 and the Discretionary Court*, in Journal of Supreme Court History, Volume 33, Nº 1, 2008, pp. 1-16.

STEWART, Barnaby, *Polishing the Jewel in the Crown: A Timely Review of the WTO*

*Dispute Settlement Understanding*, in Auckland University Law Review, Volume 9, No. 1, 2000, pp. 25-46.

STEWART, Terence e BURR, Mara, *The WTO's First Two and a Half Years of Dispute Resolution*, in North Carolina Journal of International Law and Commercial Regulation, 1998, pp. 490-644.

STEWART, Terence e CALLAHAN, Christopher, Dispute Settlement Mechanisms, in *The GATT Uruguay Round. A Negotiating History (1986-1992)*, Terence Stewart ed., vol. II, Kluwer Law and Taxation, Deventer – Boston, 1993, pp. 2663-2875.

STEWART, Terence e JOHANSON, David, *The SPS Agreement of the World Trade Organization and International Organizations: The Roles of the Codex Alimentarius Commission, the International Plant Protection Convention, and the International Office of Epizootics*, in Syracuse Journal of International Law and Commerce, 1998, pp. 27-53.

– *A Nexus of Trade and the Environment: The Relationship Between the Cartagena Protocol on Biosafety and the SPS Agreement of the World Trade Organization*, in Colorado Journal of International Law and Policy, 2003, pp. 1-52.

STEWART, Terence; DWYER, Amy e HEIN, Elizabeth, Proposals for DSU Reform that Address Reform Directly or Indirectly, the Limitations on Panels and the Appellate Body Not to Create Rights and Obligations, in *Reform and Development of the WTO Dispute Settlement System*, Dencho Georgiev e Kim Van der Borght Ed., Cameron May, Londres, 2006, pp. 331-366.

STIGLITZ, Joseph, *Globalization and Its Discontents*, W. W. Norton & Company, Nova Iorque e Londres, 2002.

STIGLITZ, Joseph e CHARLTON, Andrew, *Common values for the Development Round*, in WTR, vol. 3, nº 3, 2004, pp. 495-506.

STIRLING, Patricia, *The Use of Trade Sanctions as an Enforcement Mechanism for Basic Human Rights: A Proposal for Addition to the World Trade Organization*, in AUJILP, 1996, pp. 1-46.

STOLER, Andrew, *The WTO dispute settlement process: did the negotiators get what they wanted?*, in WTR, 2004, pp. 99-118.

– Enhancing the Operation of the WTO Panel Process and Appellate Review: Lessons from Experience and A Focus on Transparency, in *The WTO: Governance, Dispute Settlement, and Developing Countries*, Merit Janow, Victoria Donaldson e Alan Yanovich ed., Juris Publishing, Nova Iorque, 2008, pp. 525-542.

STOLL, Peter-Tobias, World Trade, Dispute Settlement, in *Encyclopedia of Public International Law*, Volume Four, Rudolf Bernhardt Direction, Max Planck Institute for Comparative Public Law and International Law, Elsevier, 2000, pp. 1520-1529.

– World Trade Organization, in *Encyclopedia of Public International Law*, Volume Four, Rudolf Bernhardt Direction, Max Planck Institute for Comparative Public Law and International Law, Elsevier, 2000, pp. 1529-1542.

– Article 1 DSU, in *WTO-Institutions and Dispute Settlement*, Rüdiger Wolfrum, Peter-Tobias Stoll e Karen Kaiser (eds), Max Planck Commentaries on World Trade Law, Max Planck Institute for Comparative Public Law and International Law, Martinus Nijhoff Publishers, Leiden/Boston, 2006, pp. 268-276.

– Article 3 DSU, in *WTO-Institutions and Dispute Settlement*, Rüdiger Wolfrum, Peter-Tobias Stoll e Karen Kaiser (eds), Max Planck Commentaries on World Trade Law, Max Planck Institute for Comparative Public Law and International Law, Martinus Nijhoff Publishers, Leiden/Boston, 2006, pp. 281-314.

- Article 22 DSU, in *WTO-Institutions and Dispute Settlement*, Rüdiger Wolfrum, Peter-Tobias Stoll e Karen Kaiser (eds), Max Planck Commentaries on World Trade Law, Max Planck Institute for Comparative Public Law and International Law, Martinus Nijhoff Publishers, Leiden/Boston, 2006, pp. 523-556.
- Appendix 1 DSU, in *WTO-Institutions and Dispute Settlement*, Rüdiger Wolfrum, Peter-Tobias Stoll e Karen Kaiser (eds), Max Planck Commentaries on World Trade Law, Max Planck Institute for Comparative Public Law and International Law, Martinus Nijhoff Publishers, Leiden/Boston, 2006, pp. 593-595.
- Appendix 2 DSU, in *WTO-Institutions and Dispute Settlement*, Rüdiger Wolfrum, Peter-Tobias Stoll e Karen Kaiser (eds), Max Planck Commentaries on World Trade Law, Max Planck Institute for Comparative Public Law and International Law, Martinus Nijhoff Publishers, Leiden/Boston, 2006, pp. 596-601.

STOLL, Peter-Tobias e AREND, Katrin, Article 15 DSU, in *WTO-Institutions and Dispute Settlement*, Rüdiger Wolfrum, Peter-Tobias Stoll e Karen Kaiser (eds), Max Planck Commentaries on World Trade Law, Max Planck Institute for Comparative Public Law and International Law, Martinus Nijhoff Publishers, Leiden/Boston, 2006, pp. 435-441.

STOLL, Peter-Tobias e STEINMANN, Arthur, *WTO Dispute Settlement: The Implementation Stage*, in Max Planck Yearbook of United Nations Law, vol. 3, 1999, pp. 407-437.

STOSTAD, Timothy, *Trappings of Legality: Judicialization of Dispute Settlement in the WTO, and its Impact on Developing Countries*, in CILJ, 2006, pp. 811-845.

SUBEDI, Surya, *The Notion of Free Trade and the First Ten Years of the World Trade Organization: How Level Is the 'Level Playing Field'?*, in Netherlands International Law Review, 2006, pp. 273-296.

SUBRAMANIAN, Arvind, Proprietary Protection of Genetic Resources and Traditional Knowledge, in *Development, Trade, and the WTO: A Handbook*, Bernard Hoekman, Aaditya Mattoo e Philip English ed., The World Bank, Washington, D.C., 2002, pp. 382-389.
- India as User and Creator of Intellectual Property: The Challenges Post-Doha, in *India and the WTO*, Aaditya Mattoo e Robert Stern ed., World Bank-Oxford University Press, 2003, pp. 169-195.

SUBRAMANIAN, Arvind e WEI, Shang-Jin, *The WTO Promotes Trade, Strongly But Unevenly*, IMF Working Paper 03/185, International Monetary Fund, 2003.

SUNSTEIN, Cass, *Beyond the Precautionary Principle*, in University of Pennsylvania Law Review, 2003, pp. 1003-1058.

SUNSTEIN, Cass, SCHKADE, David, ELLMAN, Lisa e SAWICKI, Andres, *Are Judges Political? An Empirical Analysis of the Federal Judiciary*, Brookings Institution Press, Washington, D.C., 2006.

SUTHERLAND, Peter, Globalisation and the Uruguay Round, in *The Uruguay Round and Beyond, Essays in Honour of Arthur Dunkel*, Springer, 1998, pp. 143-153.

SUTHERLAND, Peter, SEWELL, John e WEINER, David, Challenges Facing the WTO and Policies to Address Global Governance, in *The Role of the World Trade Organization in Global Governance*, Gary Sampson ed, United Nations University Press, Tóquio-Nova Iorque-Paris, 2001, pp. 81-111.

SUTHERLAND, Peter, BHAGWATI, Jagdish, BOTCHWEY, Kwesi, FITZGERALD, Niall, HAMADA, Koichi, JACKSON, John, LAFER, Celso e MONTBRIAL, Thierry de, *The Future of the WTO: Addressing institutional challenges in the new millennium*, Report by the Consultative Board to the Director-General Supachai Panitchpakdi, ed. WTO, 2004.

Suzuki, Yoichi, 'Sequencing' and Compliance, in *Reform and Development of the WTO Dispute Settlement System*, Dencho Georgiev e Kim Van der Borght Ed., Cameron May, Londres, 2006, pp. 367--391.

Svernlöv, Carl, *Super 301: Gone But Not Forgotten*, in JWT, vol. 26, nº 3, 1992, pp. 125-132.

Sweeney, Brendan, *Export Cartels: Is There a Need for Global Rules?*, in JIEL, 2007, pp. 87-115.

Sweet, Alec Stone, The New GATT: Dispute Resolution and the Judicialization of the Trade Regime, in *Law Above Nations: Supranational Courts and the Legalization of Politics*, Mary Volcanock ed., Florida University Press, 1997, pp. 118-141.

Sweet, Alec Stone e Sandholtz, Wayne, Law, politics, and international governance, in *The Politics of International Law*, Christian Reus-Smit ed., Cambridge University Press, 2004, pp. 238-271.

Sykes, Alan O., *The (Limited) Role of Regulatory Harmonization in International Goods and Services Markets*, in JIEL, 1999, pp. 49-70.

– *Regulatory Protectionism and the Law of International Trade*, in The University of Chicago Law Review, vol. 66, nº 1, 1999, pp. 1-46.

– *Regulatory Competition or Regulatory Harmonization? A Silly Question?*, in JIEL, 2000, pp. 257-264.

– The Remedy for Breach of Obligations under the WTO Dispute Settlement Understanding: Damages or Specific Performance?, in *New Directions in International Economic Law: Essays in Honour of John H. Jackson*, Marco Bronckers e Rei-nhard Quick ed., Kluwer Law International, Londres-Haia-Boston, 2000, pp. 347-357.

– "Efficient Protection" Through WTO Rulemaking, in *Efficiency, Equity, and Legitimacy: The Multilateral Trading System at the Millennium*, Roger Porter, Pierre Sauvé, Arvind Subramanian e Americo Zampetti ed., Brookings Institution Press, Washington, D.C., 2001, pp. 114-141.

– *TRIPs, Pharmaceuticals, Developing Countries, and the Doha "Solution"*, John M. Olin Law & Economics Working Paper nº 140 (2d series), The Law School – The University of Chicago, 2002.

– *Domestic Regulation, Sovereignty, and Scientific Evidence Requirements: A Pessimistic View*, in CJIL, 2002, pp. 353-368.

– *The Economics of WTO Rules on Subsidies and Countervailing Measures*, John M. Olin Law & Economics Working Paper nº 186 (2d series), The Law School – The University of Chicago, 2003.

– *The Persistent Puzzles of Safeguards: Lessons from the Steel Dispute*, in JIEL, 2004, pp. 523-564.

– *Public versus Private Enforcement of International Economic Law: Standing and Remedy*, in The Journal of Legal Studies, 2005, pp. 631-666.

– Optimal sanctions in the WTO: the case for decoupling (and the uneasy case for the status quo), in *The Law, Economics and Politics of Retaliation in WTO Dispute Settlement*, Cambridge University Press, 2010, pp. 339-354.

Tams, Christian, Article 49, in *The Statute of the International Court of Justice – A Commentary*, Andreas Zimmermann, Christian Tomuschat e Karin Oellers-Frahm ed., Oxford University Press, 2006, pp. 1099-1108.

– Article 50, in *The Statute of the International Court of Justice – A Commen-*

*tary*, Andreas Zimmermann, Christian Tomuschat e Karin Oellers-Frahm ed., Oxford University Press, 2006, pp. 1109-1118.

TANAKA, Maki, *Bridging the Gap Between Northern NGOs and Southern Sovereigns in the Trade-Environment Debate: The Pursuit of Democratic Dispute Settlements in the WTO Under the Rio Principles*, in Ecology Law Quarterly, 2003, pp. 113-188.

TANCREDI, Antonello, *EC Practice in the WTO: How Wide is the 'Scope for Manoeuvre'?*, in EJIL, 2004, pp. 933-961.

TANGERMANN, Stefan, Agriculture on the way to firm international trading rules, in *The Political Economy of International Trade Law – Essays in Honor of Robert E. Hudec*, Daniel Kennedy e James Southwick ed., Cambridge University Press, 2002, pp. 254-282.

TANIGUCHI, Yasuhei, Understanding the Concept of Prima Facie Proof in WTO Dispute Settlement, in *The WTO: Governance, Dispute Settlement, and Developing Countries*, Merit Janow, Victoria Donaldson e Alan Yanovich ed., Juris Publishing, Nova Iorque, 2008, pp. 553-572.

– *The WTO Dispute Settlement as Seen by a Proceduralist*, in CILJ, 2009, pp. 1-21.

TARULLO, Daniel, *Law and Governance in a Global Economy*, in ASIL Proceedings, 1999, pp. 105-113.

– *Competition Policy for Global Markets*, in JIEL, 1999, pp. 445-455.

– The Relationship of WTO Obligations to Other International Arrangements, in *New Directions in International Economic Law: Essays in Honour of John H. Jackson*, Marco Bronckers e Reinhard Quick ed., Kluwer Law International, Londres-Haia-Boston, 2000, pp. 155-173.

– *The Hidden Costs of International Dispute Settlement: WTO Review of Domestic Anti-dumping Decisions*, Georgetown University Law Center, 2002 Working Paper Series in Business, Economics, and Regulatory Policy Working Paper nº 351080, in http://papers.ssrn.com

TAXIL, Bérangère, *L'OMC et le pays en développement*, Montchrestien, Paris, 1998.

TAYLOR, C. O'Neal, *The Limits of Economic Power: Section 301 and the World Trade Organization Dispute Settlement System*, in Vanderbilt Journal of Transnational Law, Vol. 30, 1997, pp. 209-315.

– *Impossible Cases: Lessons from the First Decade of WTO Dispute Settlement*, in University of Pennsylvania Journal of International Economic Law, 2007, pp. 309-447.

THE ECONOMIST, *World Trade: Fifty Years On*, 16-5-1998, pp. 19-23.

– *The non-governmental order*, 11-12-1999, in lexis-nexis

– *Who runs the world? Wrestling for influence*, 3-7-2008.

THEMAAT, Pieter Verloren Van, *The Changing Structure of International Economic Law*, Martinus Nijhoff Publishers, Haia-Boston-Londres, 1981.

THIES, Anne, *The impact of general principles of EC law on its liability regime towards retaliation victims after FIAMM*, in ELR, 2009, pp. 889-913.

THIRLWAY, Hugh, *The Drafting of ICJ Decisions Some Personal Recollections and Observations*, in Chinese Journal of International Law, 2006, pp. 15-28.

THOMAS, Christopher, *Litigation Process under the GATT Dispute Settlement System: Lessons for the World Trade Organization?*, in JWT, vol. 30, nº 2, 1996, pp. 53-81.

– *The Need for Due Process in WTO Proceedings*, in JWT, vol. 31, nº 1, 1997, pp. 45-49.

THOMAS, Urs P., *The Codex Alimentarius and Environment-related Food Safety: the Functioning of the Global Standards*, in Journal of Trade and Environment Studies, Issue 2004-2, March 2004, 30 pp.

THÜRER, Daniel, Boundaries of Justice? An International Law Approach, in *International Law between Universalism and Fragmentation – Festschrift in Honour of Gerhard Hafner*, Isabelle Buffard, James Crawford, Alain Pellet e Stephan Wittich Ed., Martinus Nijhoff Publishers, Leiden-Boston, 2008, pp. 127-138.

TIETJE, Christian, *Global Governance and Inter-Agency Co-operation in International Economic Law*, in JWT, 2002, pp. 501-515.

TIETJE, Christian e NOWROT, Karsten, *Forming the Centre of a Transnational Economic Legal Order? Thoughts on the Current and Future Position of Non-State Actors in WTO Law*, in European Business Organization Law Review, 2004, pp. 321-351.

TIJMES-LHL, Jaime, *Consensus and majority voting in the WTO*, in WTR, 2009, pp. 417-437.

TOKARICK, Stephen, *Who Bears the Cost of Agricultural Support in OECD Countries?*, in WE, 2005, pp. 573-593.

TOMAZOS, Anastasios, The GSP Fallacy: A Critique of the Appellate Body's Ruling in the GSP Case on Legal, Economic, and Political/Systemic Grounds, in *WTO Law and Developing Countries*, George Bermann e Petros Mavroidis Ed. Cambridge University Press, 2007, pp. 306-323.

TOMUSCHAT, Christian, International Courts and Tribunals, in *Encyclopedia of Public International Law*, Rudolf Bernhardt ed., vol. 1, 1981, pp. 92-99.

– Article 33, in *The Charter of the United Nations: A Commentary*, vol. II, Bruno Simma ed., 2ª ed., Oxford University Press, 2002, pp. 583-594.

– Article 33 UN Charter, in *The Statute of the International Court of Justice – A Commentary*, Andreas Zimmermann, Christian Tomuschat e Karin Oellers-Frahm

ed., Oxford University Press, 2006, pp. 107-119.

– Article 36, in *The Statute of the International Court of Justice – A Commentary*, Andreas Zimmermann, Christian Tomuschat e Karin Oellers-Frahm ed., Oxford University Press, 2006, pp. 589-657.

TORRE, Fernando Castillo de la, *The Status of GATT in EEC Law*, in JWT, vol. 26, nº 5, 1992, pp. 35-43.

– *The EEC New Instrument of Trade Policy: Some Comments in the Light of the Latest Developments*, in CMLR, 1993, pp. 687-719.

TRACHTMAN, Joel, *Trade in Financial Services under GATS, NAFTA and the EC: A Regulatory Jurisdiction Analysis*, in CJTL, 1995, pp. 37-122.

– *The International Economic Law Revolution*, in University of Pennsylvania Journal of International Economic Law, 1996, pp. 33-61.

– *The Theory of the Firm and the Theory of the International Economic Organization: Toward Comparative Institutional Analysis*, in Northwestern Journal of International Law and Business, 1996, vol. 17, nºs 2/3, pp. 470-555.

– *Trade and ... Problems, Cost-Benefit Analysis and Subsidiarity*, in EJIL, 1998, pp. 32-85.

– *The Domain of WTO Dispute Resolution*, in HILJ, 1999, pp. 333-377.

– *Bananas, Direct Effect and Compliance*, in EJIL, 1999, pp. 655-678.

– *Regulatory Competition and Regulatory Jurisdiction*, in JIEL, 2000, pp. 331-348.

– *Institutional Linkage: Transcending "Trade and ..."*, in AJIL, 2002, pp. 77-93.

– *Legal Aspects of a Poverty Agenda at the WTO: Trade Law and 'Global Apartheid'*, in JIEL, 2003, pp. 3-21.

– *Toward Open Recognition? Standardization and Regional Integration Under Article*

*XXIV of GATT*, in JIEL, 2003, pp. 459-492.

– Private Parties in EC-US Dispute Settlement at the WTO: Toward Intermediated Domestic Effect, in *Transatlantic Economic Disputes: The EU, the US, and the WTO*, Ernst-Ulrich Petersmann e Mark Pollack ed., Oxford University Press, 2003, pp. 527-550.

– The Agency Model of Judging in Economic Integration: Balancing Responsibilities, in *The Role of the Judge in International Trade Regulation: Experience and Lessons for the WTO*, Thomas Cottier e Petros Mavroidis ed., Studies in International Economics – The World Trade Forum, volume 4, The University of Michigan Press, 2003, pp. 135-150.

– *Book Review – Conflict of Norms in Public International Law: How WTO Law Relates to Other Rules of International Law by Joost Pauwelyn*, in AJIL, 2004, pp. 855-861.

– Jurisdiction in WTO dispute settlement, in *Key Issues in WTO Dispute Settlement: The First Ten Years*, Rufus Yerxa e Bruce Wilson Ed., Cambridge University Press, 2005, pp. 132-143.

– *The Constitutions of the WTO*, in EJIL, 2006, pp. 623-646.

– *The World Trading System, the International Legal System and Multilevel Choice*, in European Law Journal, 2006, pp. 469-485.

– *Welcome to Cosmopolis, World of Boundless Opportunity*, in CILJ, Vol. 39, 2006, pp. 477-499.

– *Regulatory Jurisdiction and the WTO*, in JIEL, 2007, pp. 631-651.

– International trade: regionalism, in *Research Handbook in International Economic Law*, Andrew Guzman e Alan O. Sykes ed., Edward Elgar, Cheltenham, UK-Northampton, USA, 2007, pp. 151-176.

– *The WTO Cathedral*, in Stanford Journal of International Law, 2007, pp. 127-167.

– *The Economic Structure of International Law*, Harvard University Press, 2008.

TRACHTMAN, Joel e DUNOFF, Jeffrey, *Economic Analysis of International Law*, in YJIL, vol. 24, nº 1, 1999, pp. 1-59.

TRACHTMAN, Joel e MOREMEN, Philip, *Costs and Benefits of Private Participation in WTO Dispute Settlement: Whose Right Is It Anyway?*, in HILJ, 2003, pp. 221-250.

TRACHTMAN, Joel e NICOLAIDIS, Kalypso, From Political Regulation to Managed Recognition in GATS, in *GATS 2000: New Directions in Services Trade Liberalization*, Pierre Sauvé e Robert Stern ed., Brookings Institution Press, Washington, D.C., 2000, pp. 241-282.

TREBILCOCK, Michael, Competition Policy and Trade Policy, in *The World Trading System. Critical Perspectives on the World Economy, vol. IV, The Uruguay Round and Beyond*, Robert Howse ed., Routledge, Londres e Nova Iorque, 1998, pp. 352-391.

– *Critiquing the Critics of Economic Globalization*, in Journal of Internacional Law & Internacional Relations, Vol. 1 (1-2), 2005, pp. 213-238.

TREBILCOCK, Michael e HOWSE, Robert, The free trade-fair trade debate: Trade, labor, and the environment, in *Economic dimensions in international law: comparative and empirical perspectives*, Jagdeep S. Bhandari e Alan O. Sykes ed., Cambridge University Press, 1997, pp. 186-234.

– *Trade Liberalization and Regulatory Diversity: Reconciling Competitive Markets with Competitive Politics*, in European Journal of Law and Economics, 1998, pp. 5-37.

– *The Regulation of International Trade*, 2ª ed., Routledge, Londres e Nova Iorque, 1999.

TREBILCOCK, Michael e SOLOWAY, Julie, International trade policy and domestic food safety regulation: The case for substantial deference by the WTO Dispute Settlement Body under the SPS Agreement, in *The Political Economy of International Trade Law – Essays in Honor of Robert E. Hudec*, Daniel Kennedy e James Southwick ed., Cambridge University Press, 2002, pp. 537-574.

TREVES, Tullio, Aspects of Legitimacy of Decisions of International Courts and Tribunals, in *Legitimacy in International Law*, Rüdiger Wolfrum e Volker Röben (eds.), Springer, 2008, pp. 169-188.

TRIDIMAS, Takis, *The Court of Justice and Judicial Activism*, in ELR, 1996, pp. 199--210.

TRIGGS, Gillian e BIALEK, Dean, *Australia Withdraws Maritime Disputes from the Compulsory Jurisdiction of the International Court of Justice and the International Tribunal for the Law of the Sea*, in The International Journal of Marine and Coastal Law, 2002, pp. 423-430.

TRNAVCI, Genc, *The Virtues and Vices of the World Trade Organization and Proposals for Its Reform*, in Emory International Law Review, 2004, pp. 421-453.

TUMLIR, Jan, GATT Rules and Community Law. A Comparison of Economic and Legal Functions, in *The European Community and GATT*, Meinhard Hilf, Francis Jacobs e Ernst-Ulrich Petersmann ed., Kluwer, Deventer – Boston, 1986, pp. 1-22.

TURKSEN, Umut, *The WTO Law and the EC's GSP+ Arrangement*, in JWT, 2009, pp. 927-968.

UKPABI, Ugochukwu Chima, *Juridical Substance or Myth Over Balance-of-Payment: Developing Countries and the Role of the International Monetary Fund in the World Trade Organization*, in MJIL, 2005, pp. 701-736.

UMBRICHT, Georg, *An 'Amicus Curiae Brief' on Amicus Curiae Briefs at the WTO*, in JIEL, 2001, pp. 773-794.

UNIÃO EUROPEIA, *Protocolo que altera o Acordo TRIPS*, in Jornal Oficial da União Europeia L 311, 29-11-2007, pp. 37-41.

UNITED STATES GENERAL ACCOUNTING OFFICE, *World Trade Organization: Standard of Review and Impact of Trade Remedy Rulings*, Report to the Ranking Minority Member – Committee on Finance, U.S. Senate, July 2003.

UNTERHALTER, David, The Burden of Proof in WTO Dispute Settlement, in *The WTO: Governance, Dispute Settlement, and Developing Countries*, Merit Janow, Victoria Donaldson e Alan Yanovich ed., Juris Publishing, Nova Iorque, 2008, pp. 543--552.

– *Allocating the Burden of Proof in WTO Dispute Settlement Proceedings*, in CILJ, 2009, pp. 209-221.

VAGTS, Detlev, *International Economic Law and the American Journal of International Law*, in AJIL, 2006, pp. 769-782.

VALLES, Cherise e MCGIVERN, Brendan, *The Right to Retaliate under the WTO Agreement: The "Sequencing" Problem*, in JWT, vol. 34, nº 2, 2000, pp. 63-84.

VÁZQUEZ, Carlos Manuel, *Trade Sanctions and Human Rights – Past, Present, and Future*, in JIEL, 2003, pp. 797-839.

VEGGELAND, Frode e BORGEN, Svein, *Negotiating International Food Standards: The World Trade Organization's Impact on the Codex Alimentarius Commission*, in Governance: An International Journal of Policy, Administration, and Institutions, Vol. 18, No. 4, 2005, pp. 675-708.

VERDIRAME, Guglielmo, *The Definition of Developing Countries under GATT and other International Law*, in GYIL, vol. 39, 1996, pp. 164-197.

VERENYOV, Dmitri, *Vote or Lose: An Analysis of Decision-Making Alternatives for the*

*World Trade Organization*, in Buffalo Law Review, 2003, pp. 427-481.

VERHOEVEN, Joe, *Jura novit curia et le juge international*, in *Essays in Honour of Christian Tomuschat: Common Values in International Law*, P.-M. Dupuy, B. Fassbender, M. N. Shaw, K.-P. Sommermann eds., Engel Verlag, Kehl, 2006, pp. 635-653.

VERMULST, Edwin e DRIESSEN, Bart, *An Overview of the WTO Dispute Settlement System and its Relationship with the Uruguay Round Agreements: Nice on Paper but Too Much Stress for the System?*, in JWT, vol. 29, nº 2, 1995, pp. 131-161.

VERMULST, Edwin e GRAAFSMA, Folkert, *WTO Dispute Settlement with Respect to Trade Contingency Measures: Selected Issues*, in JWT, 2001, pp. 209-228.

VERMULST, Edwin e SUNDBERG, Drew, *The EC Trade Barriers Regulation: An Obstacle to Trade?*, in JWT, 2001, pp. 989-1013.

VERMULST, Edwin e PRUSA, Thomas, *A One-Two Punch on Zeroing: US – Zeroing (EC) and US – Zeroing (Japan)*, in WTR, 2009, pp. 187-241.

VICTOR, David, *The Sanitary and Phytosanitary Agreement of the World Trade Organization: An Assessment after Five Years*, in New York University Journal of International Law and Politics, 2000, pp. 865-937.

VIERUCCI, Luisa, NGOs before international courts and tribunals, in *NGOs in International Law: Efficiency in Flexibility?*, Pierre-Marie Dupuy e Luisa Vierucci Ed., Edward Elgar, 2008, pp. 155-180.

VIERUCCI, Luisa e BAKKER, Christine, Introduction: a normative or pragmatic definition of NGOs?, in *NGOs in International Law: Efficiency in Flexibility?*, Pierre-Marie Dupuy e Luisa Vierucci Ed., Edward Elgar, 2008, pp. 1-17.

VILLALPANDO, Santiago, *Attribution of Conduct to the State: How the Rules of State Res-*

*ponsibility May Be Applied within the WTO Dispute Settlement System*, in JIEL, 2002, pp. 393-420.

VINER, Jacob, *Conflicts of Principle in Drafting a Trade Charter*, in FA, 1946-1947, pp. 612-628.

VINES, David, The WTO in Relation to the Fund and the Bank: Competencies, Agendas and Linkages, in *The WTO as an International Organization*, Anne Krueger ed., The University of Chicago Press, 1998, pp. 59-95.

VOETEN, Erik, *The Impartiality of International Judges: Evidence from the European Court of Human Rights*, in American Political Science Review, Vol. 102, No. 4, 2008, pp. 417-433.

– *The Politics of International Judicial Appointments*, in CJIL, 2009, pp. 387-405.

VOITOVICH, Sergei, *Normative Acts of the International Economic Organizations in International Law-Making*, in JWT, vol. 24, nº 4, 1990, pp. 21-38.

VOON, Tania, *To Uphold, Modify or Reverse? How the WTO Appellate Body Treats Panel Reports*, in The Journal of World Investment & Trade, Vol. 7, No. 4, 2006, pp. 507-518.

– *UNESCO and the WTO: A Clash of Cultures?*, in ICLQ, 2006, pp. 635-651.

VOON, Tania e YANOVICH, Alan, What Is the Measure at Issue?, in *Challenges and Prospects for the WTO*, Andrew Mitchell ed., Cameron May, Londres, 2005, pp. 115-163.

– *The Facts Aside: The Limitation of WTO Appeals to Issues of Law*, in JWT, 2006, pp. 239-258.

– *Completing the Analysis in WTO Appeals: The Practice and Its Limitations*, in JIEL, 2006, pp. 933-950.

VRANES, Erich, From Bananas I to the 2001 Bananas Settlement: A Factual and Procedural Analysis of the WTO

Proceedings, in *The Banana Dispute: An Economic and Legal Analysis*, Fritz Breuss, Stefan Griller e Erich Vranes eds., Springer, Viena-Nova Iorque, 2003, pp. 1-37.
– The Bananas Dispute – Fundamental Issues under WTO Law, in *The Banana Dispute: An Economic and Legal Analysis*, Fritz Breuss, Stefan Griller e Erich Vranes eds., Springer, Viena-Nova Iorque, 2003, pp. 39-111.
– Cross Retaliation under GATS and TRIPS – An Optimal Enforcement Device for Developing Countries?, in *The Banana Dispute: An Economic and Legal Analysis*, Fritz Breuss, Stefan Griller e Erich Vranes eds., Springer, Viena-Nova Iorque, 2003, pp. 113-130.
– *Jurisdiction and Applicable Law in WTO Dispute Settlement*, in GYIL, Vol., 48, 2006, pp. 265-289.
– *The Overlap between GATT and GATS: A Methodological Mate*, in LIEI, 2009, pp. 215-238.

WAINCYMER, Jeffrey, *Settlement of Disputes Within the World Trade Organisation: A Guide to the Jurisprudence*, in WE, 2001, pp. 1247-1278.
– *WTO Litigation: Procedural Aspects of Formal Dispute Settlement*, Cameron May, Londres, 2002.
– Evaluating Options for Dispute Settlement Reform, in *Reform and Development of the WTO Dispute Settlement System*, Dencho Georgiev e Kim Van der Borght Ed., Cameron May, Londres, 2006, pp. 405-422.

WALKER, Herman, *Dispute Settlement: The Chicken War*, in AJIL, 1964, pp. 671-685.

WALSH, Thomas, *Dispute Settlement at the World Trade Organization: Do Municipal Laws Promoting Private Party Identification of Trade Disputes Affect State Participation?*, in JWT, 2006, pp. 889-908.

WALTER, Christian, Article 17 DSU, in *WTO-Institutions and Dispute Settlement*,

Rüdiger Wolfrum, Peter-Tobias Stoll e Karen Kaiser (eds), Max Planck Commentaries on World Trade Law, Max Planck Institute for Comparative Public Law and International Law, Martinus Nijhoff Publishers, Leiden/Boston, 2006, pp. 445-472.

WANG, Guiguo, *China's Return to GATT*, in JWT, vol. 28, n⁰ 3, 1994, pp. 51-65.

WANG, Lei, *Separate Customs Territory in GATT and Taiwan's Request for GATT Membership*, in JWT, vol. 25, n⁰ 5, 1991, pp. 5-19.
– *Non-Application Issues in the GATT and the WTO*, in JWT, vol. 28, n⁰ 2, 1994, pp. 49-74.
– *Are Trade Disputes Fairly Settled?*, in JWT, vol. 31, n⁰ 1, 1997, pp. 59-72.

WANG, Margaret, *Are Alternative Dispute Resolution Methods Superior to Litigation in Resolving Disputes in International Commerce?*, in Arbitrational International, Vol. 16, No. 2, 2000, pp. 189-211.

WARREN, Tony e FINDLAY, Christopher, Measuring Impediments to Trade in Services, in *GATS 2000: New Directions in Services Trade Liberalization*, Pierre Sauvé e Robert Stern ed., Brookings Institution Press, Washington, D.C., 2000, pp. 57-84.

WATAL, Jayashree, Developing Countries' Interests in a "Development Round", in *The WTO after Seattle*, Institute for International Economics, Washington, D.C., 2000, pp. 71-83.
– Implementing the TRIPs Agreement, in *Development, Trade, and the WTO: A Handbook*, Bernard Hoekman, Aaditya Mattoo e Philip English ed., The World Bank, Washington, D.C., 2002, pp. 359-368.

WATAL, Jayashree e SCHERER, F. M., *Post-TRIPS Options for Access to Patented Medicines in Developing Nations*, in JIEL, 2002, pp. 913-939.

WATAL, Jayashree e SUBRAMANIAN, Arvind, *Can TRIPS Serve as an Enforcement Device for Developing Countries in the WTO?*, in JIEL, 2000, pp. 403-416.

WATTS, Arthur, Burden of Proof, and Evidence Before the ICJ, in *Improving WTO Dispute Settlement Procedures – Issues and Lessons from the Practice of Other International Courts and Tribunals*, Friedl Weiss ed., Cameron May, 2000, pp. 289-301.

WEAVER, Robert e ABELLARD, Delphine, The Functioning of the GATT System, in *The GATT Uruguay Round. A Negotiating History (1986-1992)*, Terence Stewart ed., vol. II, Kluwer Law and Taxation, Deventer – Boston, 1993, pp. 1895-1950.

WEI, Zhao, *China's WTO Accession: Commitments and Prospects*, in JWT, vol. 32, nº 2, 1998, pp. 51-75.

WEIL, Prosper, *"The Court Cannot Conclude Definitively ..." Non Liquet Revisited*, in CJTL, 1997, pp. 109-119.

WEILER, Joseph, *The Rule of Lawyers and the Ethos of Diplomats: Reflections on WTO Dispute Settlement*, in *Efficiency, Equity, and Legitimacy: The Multilateral Trading System at the Millennium*, Roger Porter, Pierre Sauvé, Arvind Subramanian e Americo Zampetti ed., Brookings Institution Press, Washington, D.C., 2001, pp. 334-350.

– *The Rule of Lawyers and the Ethos of Diplomats: Reflections on the Internal and External Legitimacy of WTO Dispute Settlement*, in JWT, vol. 35, nº 2, 2001, pp. 191-207.

– *Cain and Abel – Convergence and Divergence in International Trade Law*, in *The EU, the WTO, and the NAFTA: Towards a Common Law of International Trade?*, Joseph Weiler ed., Oxford University Press, 2001, pp. 1-4.

– Epilogue: Towards a Common Law of International Trade, in *The EU, the WTO, and the NAFTA: Towards a Common Law of International Trade?*, Joseph Weiler ed., Oxford University Press, 2001, pp. 201-232.

– *The Geology of International Law – Governance, Democracy and Legitimacy*, in Zeitschrift für ausländisches öffentliches Recht und Völkerrecht, 2004, pp. 547-562.

– Law, Culture, and Values in the WTO – Gazing Into the Crystal Ball, in *The Oxford Handbook of International Trade Law*, Daniel Bethlehem, Donald McRae, Rodney Neufeld e Isabelle Van Damme Ed., Oxford University Press, 2009, pp. 749-772.

– *Brazil – Measures Affecting Imports of Retreaded Tyres (DS332)*, in WTR, 2009, pp. 137-144.

WEILER, Joseph e HORN, Henrik, European Communities – Trade Description of Sardines: Textualism and its Discontent, in *The WTO Case Law of 2002*, The American Law Institute Reporters' Studies, Henrik Horn e Petros Mavroidis ed., Cambridge University Press, 2005, pp. 248-275.

WEILER, Joseph e NEVEN, Damien, Japan – Measures Affecting the Importation of Apples (DS245/AB/R): One Bad Apple? A Comment, in *The WTO Case Law of 2003*, The American Law Institute Reporters' Studies, Henrik Horn e Petros Mavroidis ed., Cambridge University Press, 2006, pp. 280-310.

WEISS, Edith Brown, Strengthening National Compliance with Trade Law: Insights from Environment, in *New Directions in International Economic Law: Essays in Honour of John H. Jackson*, Marco Bronckers e Reinhard Quick ed., Kluwer Law International, Londres-Haia-Boston, 2000, pp. 457-471.

WEISS, Friedl, *The General Agreement on Trade in Services 1994*, in CMLR, 1995, pp. 1177-1225.

– Dispute Settlement under the "Plurilateral Trade Agreements": The Case of the Agreement on Government Procurement, in *International Trade Law and the GATT/WTO Dispute Settlement System*, Studies in Transnational Economic Law, vol. 11, Ernst-Ulrich Petersmann ed., Kluwer Law International, Londres-Haia-Boston, 1997, pp. 441-464.

– From Havana to Marrakesh: Treaty Making for Trade, in *Essays on the Law of Treaties: A Collection of Essays in Honour of Bert Vierdag*, Jan Klabbers e René Lefeber ed., Martinus Nijhoff Publishers, 1998, pp. 155-170.

– Dispute Settlement under the General Agreement on Trade in Services, in *Dispute Resolution in the World Trade Organisation*, James Cameron e Karen Campbell ed., Cameron May, Londres, 1998, pp. 148-170.

– Optimising the Dispute Settlement Procedure (a European Position), in *Free World Trade and the European Union – The Reconciliation of Interests and the Review of the Understanding on Dispute Settlement in the Framework of the World Trade Organization*, The Academy of European Law in Trier, vol. 28, 2000, pp. 77-86.

– Improving WTO Procedural Law: Problems and Lessons from the Practice of Other International Courts and Tribunals, in *Improving WTO Dispute Settlement Procedures – Issues and Lessons from the Practice of Other International Courts and Tribunals*, Friedl Weiss ed., Cameron May, 2000, pp. 17-26.

– *Laissez-faire Be Fair!*, in LIEI, 2002, pp. 1-6.

– WTO decision-making: Is it reformable?, in *The Political Economy of International Trade Law – Essays in Honor of Robert E. Hudec*, Daniel Kennedy e James Southwick ed., Cambridge University Press, 2002, pp. 68-80.

– Manifestly Illegal Import Restrictions and Non-compliance with WTO Dispute Settlement Rulings: Lessons from the Banana Dispute, in *Transatlantic Economic Disputes: The EU, the US, and the WTO*, Ernst-Ulrich Petersmann e Mark Pollack ed., Oxford University Press, 2003, pp. 121-139.

– Inherent Powers of National and International Courts, in *The WTO Dispute Settlement System 1995-2003*, Federico Ortino e Ernst-Ulrich Petersmann ed., Kluwer Law International, Haia-Londres-Nova Iorque, 2004, pp. 177-190.

– The limits of the WTO: facing non-trade issues, in *The WTO at Ten: The Contribution of the Dispute Settlement System*, Ed. Giorgio Sacerdoti, Alan Yanovich e Jan Bohanes, Cambridge University Press, 2006, pp. 155-190.

WEISS, Wolfgang, *Security and predictability under WTO law*, in WTR, 2003, pp. 183-219.

– *Reform of the Dispute Settlement Understanding*, in Manchester Journal of International Economic Law, Vol. 1, Issue 2, 2004, pp. 96-111.

WERKER, Eric e AHMED, Faisal, *What do Nongovernmental Organizations Do?*, in Journal of Economic Perspectives, 2008, pp. 73-92.

WET, Erika de, The Legitimacy of United Nations Security Council Decisions in the Fight against Terrorism and the Proliferation of Weapons of Mass Destruction: Some Critical Remarks, in *Legitimacy in International Law*, Rüdiger Wolfrum e Volker Röben (eds.), Springer, 2008, pp. 131-154.

WETHINGTON, Olin, *Commentary on the Consultation Mechanism under the WTO Dispute Settlement Understanding during its First Five Years*, in Law and Policy in International Business, vol. 31, nº 3, 2000, pp. 583-590.

WHITE, Eric, Written and Oral Submissions in WTO Dispute Settlement, in *Improving WTO Dispute Settlement Procedures – Issues and Lessons from the Practice of Other International Courts and Tribunals*, Friedl Weiss ed., Cameron May, 2000, pp. 121-132.

WIENER, Jonathan, *Whose Precaution After All? A Comment on the Comparison and Evolution of Risk Regulatory Systems*, in Duke Journal of Comparative & International Law, 2003, pp. 207-262.

– Precaution, in *The Oxford Handbook of International Environmental Law*, Daniel Bodansky, Jutta Brunnée e Ellen Hey Ed., Oxford University Press, 2007, pp. 597-612.

WIERS, Jochem, *The WTO's Rules of Conduct for Dispute Settlement*, in Leiden Journal of International Law, 1998, pp. 265-274.

– *Responsible Decision-makers, Do It Yourself: The Panel Report in the Asbestos Case*, in LIEI, 2001, pp. 117-126.

WIERS, Jochem e MATHIS, James, *The Report of the Appellate Body in the Asbestos Dispute*, in LIEI, 2001, pp. 211-225.

WILCOX, Clair, *A Charter for World Trade*, The Macmillan Company, Nova Iorque, 1949.

WILKINSON, Rorden, *The WTO in Crisis: Exploring the Dimensions of Institutional Inertia*, in JWT, vol. 35, nº 3, 2001, pp. 397-419.

WILKINSON, Rorden e SCOTT, James, *Developing country participation in the GATT: a reassessment*, in WTR, 2008, pp. 473-510.

WILLIAMS, Brett, Non-Violation Complaints in the WTO System, in *International Trade Law on the 50th Anniversary of the Multilateral Trade System*, Paolo Mengozzi Ed., Dott. A. Giuffrè Editore, Milão, 1999, pp. 675-797.

WILLIAMSON, Jeffrey e O'ROURKE, Kevin, *When did globalization begin?*, in European Review of Economic History, 2002, pp. 23-50.

WILSON, Bruce, *Can the WTO Dispute Settlement Body Be a Judicial Tribunal Rather than a Diplomatic Club?*, in Law & Policy in International Business, Vol. 31, 2000, pp. 779-781.

– The WTO dispute settlement system and its operation: a brief overview of the first ten years, in *Key Issues in WTO Dispute Settlement: The First Ten Years*, Rufus Yerxa e Bruce Wilson Ed., Cambridge University Press, 2005, pp. 15-24.

– *Compliance by WTO Members with Adverse WTO Dispute Settlement Rulings: The Record to Date*, in JIEL, 2007, pp. 397-403.

– Compliance by WTO Members with Adverse WTO Dispute Settlement Rulings, in *The WTO: Governance, Dispute Settlement, and Developing Countries*, Merit Janow, Victoria Donaldson e Alan Yanovich ed., Juris Publishing, Nova Iorque, 2008, pp. 777-782.

WINHAM, Gilbert, Lessons from history, in *The World Trading System. Critical Perspectives on the World Economy, vol. I, Historical and Conceptual Foundations*, Robert Howse ed., Routledge, Londres e Nova Iorque, 1998, pp. 10-21.

– *The World Trade Organisation: Institution-Building in the Multilateral Trade System*, in WE, vol. 21, nº 3, 1998, pp. 349-368.

– *International regime conflict in trade and environment: the Biosafety Protocol and the WTO*, in WTR, vol. 2, nº 2, 2003, pp. 131-155.

– *An Institutional Theory of WTO Decision-Making: Why Negotiation in the WTO Resembles Law-Making in the U.S. Congress*, Occasional Paper No. 11, Munk Centre for International Studies at Trinity College-University of Toronto, 2006, pp. 7-39.

– The Evolution of the World Trading System – The Economic and Policy Context, in *The Oxford Handbook of International Trade Law*, Daniel Bethlehem, Donald McRae, Rodney Neufeld e Isabelle Van Damme Ed., Oxford University Press, 2009, pp. 5-29.

WINKLER, Sigrid, *Can trade make a sovereign? Taiwan–China–EU relations in the WTO*, in Asia Europe Journal, 2008, pp. 467-485.

WINTERS, Alan, The European Community: A Case of Successful Integration?, in *New Dimensions in Regional Integration*, Jaime de Melo Arvind Panagariya ed., Centre for Economic Policy Research, Cambridge University Press, 1993, pp. 202-228.

– *The EC and protection: The political economy*, in European Economic Review, 1994, pp. 596-603.

– Trade and Poverty: Is There a Connection?, in *Trade, Income Disparity and Poverty*, Special Studies nº 5, ed. OMC, 2000, pp. 43-69.

WINTERS, Alan e KOL, Jacob, *The EU after Cancun: Can the Leopard Change its Spots?*, in European Foreign Affairs Review, 2004, pp. 1-25.

WINTERS, Alan e ROLLO, Jim, *Subsidiarity and Governance Challenges for the WTO: Environmental and Labour Standards*, in WE, vol. 23, nº 4, 2000, pp. 561-576.

WINTERS, Alan e SCHIFF, Maurice, *Regional Integration and Development*, World Bank, Washington, DC, 2003.

WITTICH, Stephan, The Judicial Functions of the International Court of Justice, in *International Law between Universalism and Fragmentation – Festschrift in Honour of Gerhard Hafner*, Isabelle Buffard, James Crawford, Alain Pellet e Stephan Wittich Ed., Martinus Nijhoff Publishers, Leiden-Boston, 2008, pp. 981-1000.

WOLD, Chris, *Multilateral Environmental Agreements and the GATT: Conflict and Resolution?*, in Environmental Law, 1996, pp. 841-921.

WOLF, Martin, *Will the Nation-State Survive Globalization?*, in FA, vol. 80, nº 1, 2001, pp. 178-190.

– What the World Needs from the Multilateral Trading System, in *The Role of the World Trade Organization in Global Governance*, Gary Sampson ed, United Nations University Press, Tóquio-Nova Iorque-Paris, 2001, pp. 183-208.

– *Is Globalisation in Danger?*, in WE, 2003, pp. 393-411.

– *Why Globalization Works*, Yale University Press, New Haven e Londres, 2004.

WOLFE, Robert, *Global trade as a Single Undertaking: the role of ministers in the WTO*, in International Journal, 1996, pp. 690-709.

WOLFF, Alan, *Problems with WTO Dispute Settlement*, in CJIL, 2001, pp. 417-426.

WOLFRUM, Rüdiger, Preamble, *in The Charter of the Unite Bruno Simma ed.*, 2ª ed., Oxford University Press, 2002, pp. 33-37.

– Article 25 DSU, in *WTO-Institutions and Dispute Settlement*, Rüdiger Wolfrum, Peter-Tobias Stoll e Karen Kaiser (eds), Max Planck Commentaries on World Trade Law, Max Planck Institute for Comparative Public Law and International Law, Martinus Nijhoff Publishers, Leiden/Boston, 2006, pp. 566-571.

– Legitimacy of International Law from a Legal Perspective: Some Introductory Considerations, in *Legitimacy in International Law*, Rüdiger Wolfrum e Volker Röben (eds.), Springer, 2008, pp. 1-24.

WORLD TRADE INSTITUTE (Genebra), *Director of Legal Affairs at the WTO*, in International Economic Law and Policy Blog, 19-11-2009 «http://worldtradelaw.net»

WORSTER, William Thomas, *Competition and Comity in the Fragmentation of International Law*, in Brooklyn Journal of International Law, 2008, pp. 119-149.

WOUTERS, Jan e MEESTER, Bart De, *Safeguarding Coherence in Global Policy-Making on Trade and Health: The EU-WHO-WTO Triangle*, in International Organizations Law Review, 2005, pp. 295-335.

YANG, Tseming, *International Treaty Enforcement as a Public Good: Institutional Deterrent Sanctions in International Environmental Agreements*, in MJIL, 2006, pp. 1131-1184.

YANG, Yongzheng, *China's WTO Accession: The Economics and Politics*, in JWT, vol. 34, nº 4, 2000, pp. 77-94.

YANOVICH, Alan, The evolving WTO dispute settlement system, in *The WTO in the Twenty-First Century: Dispute Settlement, Negotiations, and Regionalism in Asia*, Yasuhei Taniguchi, Alan Yanovich e Jan Bohanes Ed., Cambridge University Press, 2007, pp. 248-257.

YANOVICH, Alan e ZDOUC, Werner, Procedural and Evidentiary Issues, in *The Oxford Handbook of International Trade Law*, Daniel Bethlehem, Donald McRae, Rodney Neufeld e Isabelle Van Damme Ed., Oxford University Press, 2009, pp. 344-377.

Beth YARBROUGH e YARBROUGH, Robert, Dispute Settlement in International Trade: Regionalism and Procedural Coordination, in *The Political Economy of Regionalism*, Edward D. Mansfield e Helen V. Milner ed., Columbia University Press, Nova Iorque, 1997, pp. 134-163.

– Reciprocity, Bilateralism, and Economic 'Hostages': Self-enforcing Agreements in International Trade, in *The World Trading System. Critical Perspectives on the World Economy, vol. I, Historical and Conceptual Foundations*, Robert Howse ed., Routledge, Londres e Nova Iorque, 1998, pp. 103-121.

YAVITZ, Laura, *The World Trade Organization Appellate Body Report, European Commu-*

*nities – Measures Affecting Asbestos and Asbestos-Containing Products*, in MJGT, 2002, pp. 43-67.

YEATER, Marceil e VASQUEZ, Juan, *Demystifying the Relationship Between CITES and the WTO*, in Review of European Community and International Environmental Law, 2001, pp. 271-276.

YENKONG, Ngangjoh, *Third Party Rights and the Concept of Legal Interest in World Trade Organization Dispute Settlement: Extending Participatory Rights to Enforcement Rights*, in JWT, 2004, pp. 757-772.

YOUNG, Margaret, *WTO undercurrents at the Court of Justice*, in ELR, 2005, pp. 711-723.

– *The WTO's Use of Relevant Rules of International Law: An Analysis of the Biotech Case*, in ICLQ, 2007, pp. 907-930.

ZAMBELLI, Mirko, *L'Amicus Curiae dans le Règlement des Différends de L'OMC: État des Lieux et Perspectives*, in Revue International de Droit Économique, 2005, pp. 197-217.

ZAMORA, Stephen, *Voting in International Economic Organization*, in AJIL, 1980, pp. 566-608.

– *Is There Customary International Economic Law?*, in GYIL, 1989, pp. 9-42.

ZAMPETTI, Americo Beviglia, *Democratic Legitimacy in the World Trade Organization: The Justice Dimension*, in JWT, 2003, pp. 105-126.

ZANG, Dongsheng, *Textualism in GATT/WTO Jurisprudence: Lessons for the Constitutionalization Debate*, in Syracuse Journal of International Law & Commerce, Vol. 33, 2006, pp. 393-444.

ZANG, Michelle, *The WTO Contingent Trade Instruments Against China: What Does Accession Bring?*, in ICLQ, 2009, pp. 321-351.

ZAPATERO, Pablo, *Modern International Law and the Advent of Special Legal Systems*, in Arizona Journal of International & Comparative Law, Vol. 23, No. 1, 2005, pp. 55-75.

ZDOUC, Werner, *WTO Dispute Settlement Practice relating to the GATS*, in JIEL, 1999, pp. 295-346.

– WTO Dispute Settlement Practice relating to the General Agreement on Trade in Services, in *The WTO Dispute Settlement System 1995-2003*, Federico Ortino e Ernst-Ulrich Petersmann ed., Kluwer Law International, Haia-Londres-Nova Iorque, 2004, pp. 381-420.

– The reasonable period of time for compliance with rulings and recommendations adopted by the WTO Dispute Settlement Body, in *Key Issues in WTO Dispute Settlement: The First Ten Years*, Rufus Yerxa e Bruce Wilson Ed., Cambridge University Press, 2005, pp. 88-97.

– The Panel Process (Chapter 26), in *The World Trade Organization: Legal, Economic and Political Analysis*, Volume I, Patrick Macrory, Arthur Appleton e Michael Plummer Ed., Springer, Nova Iorque, 2005, pp. 1233-1276.

– Features of the Appellate Body That Have Defined Its Performance, in *The WTO: Governance, Dispute Settlement, and Developing Countries*, Merit Janow, Victoria Donaldson e Alan Yanovich ed., Juris Publishing, Nova Iorque, 2008, pp. 369-385.

– Cross-retaliation and suspension under the GATS and TRIPS agreements, in *The Law, Economics and Politics of Retaliation in WTO Dispute Settlement*, Cambridge University Press, 2010, pp. 515-535.

ZEDALIS, Rex, *A Theory of the GATT "Like" Product Common Language Cases*, in Vanderbilt Journal of Transnational Law, vol. 27, nº 1, 1994, pp. 33-134.

– *Product v. Non-Product Based Distinctions in GATT Article III Trade and Environment Jurisprudence: Recent Developments*, in European Environmental Law Review, April 1997, pp. 108-112.

– *When Do the Activities of Private Parties Trigger WTO Rules?*, in JIEL, 2007, pp. 335-362.

ZEITLER, Helge, *'Good Faith' in the WTO Jurisprudence: Necessary Balancing Element or An Open Door to Judicial Activism?*, in JIEL, 2005, pp. 721-758.

ZEJAN, Pilar e BARTELS, Frank, *Be Nice and Get Your Money – An Empirical Analysis of World Trade Organization Trade Disputes and Aid*, in JWT, 2006, pp. 1021-1047.

ZHANG, Xin, *Direct Effect of the WTO Agreements: National Survey*, in International Trade Law & Regulation, 2003, nº 2, pp. 35-46.

ZIEGLER, Andreas, *Scope and Function of the WTO Appellate System: What Future after the Millennium Round?*, in Max Planck Yearbook of United Nations Law, vol. 3, 1999, pp. 439-470.

ZIMMERMANN, Andreas e GEISS, Robin, Article 61, in *The Statute of the International Court of Justice – A Commentary*, Andreas Zimmermann, Christian Tomuschat e Karin Oellers-Frahm ed., Oxford University Press, 2006, pp. 1299-1329.

ZIMMERMANN, Andreas e MANGOLDT, Hans Von, Article 53, in *The Statute of the International Court of Justice – A Commentary*, Andreas Zimmermann, Christian Tomuschat e Karin Oellers-Frahm ed., Oxford University Press, 2006, pp. 1141-1170.

ZIMMERMANN, Andreas e THIENEL, Tobias, Article 60, in *The Statute of the International Court of Justice – A Commentary*, Andreas Zimmermann, Christian Tomuschat e Karin Oellers-Frahm ed., Oxford University Press, 2006, pp. 1275-1297.

A FUNÇÃO JURISDICIONAL NO SISTEMA GATT/OMC

ZIMMERMANN, Thomas, *WTO Dispute Settlement at Ten: Evolution, Experiences, and Evaluation*, in Aussenwirtschaft, 2005, pp. 27-61.
– *Negotiating the Review of the WTO Dispute Settlement Understanding*, Cameron May, 2006.

ZLEPTNIG, Stefan, *The Standard of Review in WTO Law*, in European Business Law Review, 2002, pp. 427-457.

ZOELLNER, Carl-Sebastian, *Transparency: An Analysis of an Evolving Fundamental Principle of International Economic Law*, in MJIL, 2006, pp. 579-628.

ZONNEKEYN, Geert, *The Legal Status of WTO Panel Reports in the EC Legal Order: Some Reflections on the Opinion of Advocate General Mischo in the Atlanta Case*, in JIEL, 1999, pp. 713-722.
– *The Status of WTO Law in the Community Legal Order: Some Comments in the Light of the Portuguese Textiles Case*, in ELR, 2000, pp. 293-302.
– *The Status of Adopted Panel and Appellate Body Reports in the European Court of Justice and the European Court of First Instance: The Banana Experience*, in JWT, vol. 34, nº 2, 2000, pp. 93-108.
– *The Status of WTO Law in the EC Legal Order: The Final Curtain?*, in JWT, vol. 34, nº 3, 2000, pp. 111-125.
– *The Latest on Indirect Effect of WTO Law in the EC Legal Order: The Nakajima Case Law Misjudged?*, in JIEL, 2001, pp. 597-608.
– *The Appellate Body's Communication on Amicus Curiae Briefs in the Asbestos Case: An Echternach Procession?*, in JWT, vol. 35, nº 3, 2001, pp. 553-563.
– *EC Liability for Non-Implementation of WTO Dispute Settlement Decisions – Are the Dice Cast?*, in JIEL, 2004, pp. 483-490.

# WEBGRAFIA

http://www.icj-cij.org (Tribunal Internacional de Justiça)

http://www.eur-lex.europa (Legislação e jurisprudência comunitárias)

http://www.pca-cpa.org (Tribunal Permanente de Arbitragem)

http://www.un.org/icty (Tribunal Penal Internacional para a Ex-Jugoslávia)

http://www.itlos.org (Tribunal Internacional do Direito do Mar)

http://www.law.georgetown.edu/iiel/research/projects/dsureview/synopsis.html (Institute of International Economic Law – Georgetown University)

http://www.ustr.gov (*United States Trade Representative*)

http://www.gatt.stanford.edu/page/home (Documentos relativos ao GATT de 1947)

http://www.wto.org (Organização Mundial do Comércio)

http://www.worldbank.org/trade (Banco Mundial)

http://docsonline.wto.org/gen_search.asp?searchmode=simple (Documentos da OMC)

http://www.acwl.ch (Centro de Assessoria dos Assuntos Jurídicos da OMC)

http://www.worldtradelaw.net (*Sítio* fundamental sobre o Direito da OMC)

http://www.imf.org (Fundo Monetário Internacional)

# ÍNDICE

| | |
|---|---|
| AGRADECIMENTOS | 5 |
| ABREVIATURAS | 7 |
| PRELIMINARES | 9 |
| 1. Objectivo | 9 |
| 2. Notas Importantes | 11 |

## PARTE I  ASPECTOS INTRODUTÓRIOS — 13

CAPÍTULO 1  O Sistema de Resolução de Litígios do GATT de 1947 — 15

| | |
|---|---|
| 1. Introdução | 15 |
| 2. Os Projectos Anteriores à Carta de Havana | 16 |
| 3. A Carta de Havana | 19 |
| 4. O GATT de 1947 | 30 |
| 4.1. Os Artigos XXII e XXIII | 30 |
| 4.2. Os Grupos de Trabalho | 36 |
| 4.3. Os Painéis | 37 |
| 4.4. A Presunção *Prima Facie* de Anulação ou Redução de Vantagens | 41 |
| 4.5. Os Países em Desenvolvimento e a Decisão de 1966 | 42 |
| 4.6. O Memorando de 1979 | 47 |
| 4.7. O Gabinete dos Assuntos Jurídicos | 51 |
| 4.8. A Declaração Ministerial de 1982 | 53 |
| 4.9. A Decisão de 1984 | 55 |
| 4.10. A Decisão de 1989 | 55 |
| 5. Um Sistema de Resolução de Litígios Eficaz? | 58 |

CAPÍTULO 2  O Ciclo do Uruguai e a Organização Mundial do Comércio — 75

| | |
|---|---|
| 1. Introdução Histórica | 75 |
| 2. As Funções da OMC | 78 |
| 2.1. O Artigo III do Acordo OMC | 78 |
| 2.2. A *Members-Driven Organization* | 82 |

A FUNÇÃO JURISDICIONAL NO SISTEMA GATT/OMC

| | |
|---|---|
| 2.3. Um Princípio do Equilíbrio Institucional? | 87 |
| 2.3.1. O GATT de 1947 | 87 |
| 2.3.2. A Organização Mundial do Comércio | 89 |
| 3. A Função Jurisdicional da OMC | 98 |
| 3.1. A Regra do Consenso Positivo no GATT de 1947 | 98 |
| 3.2. A (Nova) Regra do Consenso Negativo | 103 |
| 3.3. O Ciclo do Uruguai e a Criação do Órgão de Recurso | 105 |
| 3.4. As Expectativas dos Negociadores | 109 |

| | |
|---|---|
| PARTE II AS BALIZAS DO SISTEMA DE RESOLUÇÃO DE LITÍGIOS DA OMC | 117 |
| CAPÍTULO 3 A Jurisdição | 119 |
| 1. O Princípio do Consentimento | 119 |
| 2. O Artigo XXIII do Gatt | 122 |
| 3. A Jurisdição Compulsória | 128 |
| 4. A Jurisdição *Ratione Materiae* | 134 |
| 4.1. Introdução | 134 |
| 4.2. Os "Acordos Abrangidos" | 135 |
| 4.3. O Caso do Mecanismo de Exame das Políticas Comerciais | 148 |
| 4.4. As Normas e Processos Especiais ou Complementares | 150 |
| 4.5. As Declarações e Decisões Ministeriais | 154 |
| 4.6. Os Acordos Celebrados pela OMC | 156 |
| 4.7. A Cláusula de Não Aplicação | 158 |
| 5. O Acesso ao Sistema de Resolução de Litígios | 162 |
| 5.1. A Jurisdição *Ratione Personae* | 162 |
| 5.2. *Locus Standi* | 171 |
| 5.3. O Princípio do Esgotamento dos Meios Internos | 181 |
| 5.4. A Legitimidade Passiva | 186 |
| 5.4.1. Introdução | 186 |
| 5.4.2. As Administrações Regionais ou Locais | 189 |
| 5.4.3. As Medidas das Entidades Privadas | 199 |
| 5.4.3.1. Introdução | 199 |
| 5.4.3.2. O Critério da Organização Mundial do Comércio | 202 |
| 5.4.3.3. Outros Critérios | 210 |
| 5.4.3.4. Considerações Finais | 223 |
| 5.4.4. O Caso da Comunidade Europeia | 227 |
| 6. Jurisdição Exclusiva | 234 |
| 6.1. Introdução | 234 |
| 6.2. O Artigo 23º do Memorando | 238 |
| 6.3. O Unilateralismo Comercial "Agressivo" | 244 |

ÍNDICE

6.4. O Caso *United States – Sections 301-310 of the Trade Act of 1974*    249
6.5. Outros Tribunais Internacionais    260
     6.5.1. Introdução    260
     6.5.2. O Tribunal Internacional de Justiça    262
     6.5.3. O Tribunal de Justiça das Comunidades Europeias    265
6.6. Sobreposições e Conflitos de Jurisdição    281
     6.6.1. Introdução    281
     6.6.2. O Caso *Swordfish*    282
     6.6.3. As Regras de Coordenação    283
7.   A Jurisdição *Ratione Temporis*    295
8.   A Jurisdição Consultiva    298
8.1. O GATT de 1947    298
8.2. O Sistema de Resolução de Litígios da OMC    299
9.   A Jurisdição Inerente    303
10. A Agenda (Futura) da OMC    308
10.1. Introdução    308
10.2. O Caso das Práticas Comerciais Restritivas    309
10.3. Os Limites À Inclusão de Novas Matérias    314
10.4. O Caso *EC Conditions for the Granting of Tariff Preferences*    315

CAPÍTULO 4   Os Casos de não Violação    325
1.   Introdução    325
2.   As Origens dos Casos de não Violação    327
3.   Os Casos de não Violação no GATT de 1947    329
4.   Os Casos de não Violação na OMC    339
4.1. As Novidades    339
4.2. O Artigo 26º, nº 1, do Memorando    348
4.3. As Condições de Aplicação    349
4.4. As Queixas de Situação    368
5.   O Futuro dos Casos de não Violação    372

CAPÍTULO 5   O Direito Aplicável    377
1.   O Sistema de Resolução de Litígios do GATT de 1947    377
2.   A Organização Mundial do Comércio    383
2.1. Introdução    383
2.2. O Método da Deferência    388
2.3. O Método de Incorporação por Referência    394
2.4. As Disposições *Safe Harbor*    398
3.   A Especificidade do Sistema de Resolução de Litígios    410
3.1. Introdução    410

A FUNÇÃO JURISDICIONAL NO SISTEMA GATT/OMC

3.2. O Direito Aplicável ............................................................. 416
   3.2.1. As Lacunas Processuais ............................................. 416
   3.2.2. O Direito Substantivo ............................................... 417
   3.2.3. O Texto do Memorando de Entendimento sobre Resolução
      de Litígios ................................................................ 422
   3.2.4. A Jurisprudência da OMC ......................................... 425
   3.2.5. O Artigo 31º, nº 3, da Convenção de Viena ................ 432
   3.2.6. O Caso *European Communities – Biotech Products* ...... 436
   3.2.7. As Condições de Aplicação das "non-WTO rules" ....... 452

CAPÍTULO 6  O Critério de Análise ......................................... 457
1.  O GATT de 1947 ..................................................................... 457
2.  Os Acordos da OMC .............................................................. 460
2.1. Introdução ............................................................................ 460
2.2. A Avaliação Objectiva dos Factos ......................................... 464
2.3. A Avaliação Objectiva das Questões Jurídicas ...................... 477
2.4. O Critério de Análise do Acordo Antidumping ...................... 479
2.5. A Apreciação Objectiva da Questão ...................................... 509
2.6. O Direito Interno dos Membros da OMC ............................. 514

PARTE III  OS ACTORES ..................................................... 521
CAPÍTULO 7  O Órgão de Resolução de Litígios ...................... 523
1.  Um *Alter Ego* do Conselho Geral ......................................... 523
2.  Os Poderes do Órgão de Resolução de Litígios ..................... 524
3.  O Processo de Adopção dos Relatórios ................................. 526

CAPÍTULO 8  Os Painéis .......................................................... 529
1.  A Composição dos Painéis ..................................................... 529
2.  A Independência dos Painéis .................................................. 536
3.  Os Painéis do Artigo 21º, nº 5, do Memorando ..................... 542
4.  A Natureza Jurídica dos Painéis ............................................ 545

CAPÍTULO 9  O Órgão de Recurso ........................................... 547
1.  A Composição do Órgão de Recurso ..................................... 547
2.  O Processo de Nomeação dos Membros ................................ 560
2.1. A Nomeação dos Membros do Órgão de Recurso ................. 560
2.2. O Afastamento de um Membro do Órgão de Recurso ........... 565
3.  As Várias Formações do Órgão de Recurso ........................... 570
3.1. A primeira formação ............................................................ 570
3.2. A segunda formação ............................................................. 571

## ÍNDICE

3.3. A terceira formação — 572
3.4. A quarta formação — 572
3.5. A quinta formação — 573
3.6. A sexta formação — 573
3.7. A Sétima Formação — 574
3.8. Análise das Várias Formações — 576
4. As Secções do Órgão de Recurso — 583
5. O Secretariado do Órgão de Recurso — 585

CAPÍTULO 10  O Secretariado e o Director-Geral da OMC — 587
1. Introdução — 587
2. O Secretariado e o Sistema de Resolução de Litígios — 596
3. O Futuro do Secretariado da OMC — 603

CAPÍTULO 11  As Partes Terceiras — 609
1. O GATT de 1947 — 609
2. O Memorando de Entendimento — 615
2.1. O Regime Normal — 615
2.2. Os Direitos Adicionais — 620
2.3. As Especificidades do Estatuto de Partes Terceiras — 625
2.4. A Fase de Recurso — 630
2.5. O Artigo 22º do Memorando — 631
3. As Recomendações dos Painéis e do Órgão de Recurso — 635
4. Uma Maior Participação? — 638

CAPÍTULO 12  Os Peritos Externos — 643
1. Introdução — 643
2. O Direito Positivo — 646
3. A Prática dos Painéis — 649
4. A Independência e Imparcialidade dos Peritos — 660

CAPÍTULO 13  Os *Amici Curiae* — 671
1. Definição de Actores Não Estaduais — 671
2. O GATT de 1947 — 674
3. O Sistema de Resolução de Litígios da OMC — 676
3.1. Os Painéis — 676
3.2. O Órgão de Recurso — 683
4. A Relevância Prática das Comunicações *Amicus Curiae* — 701
5. Observações Finais — 704

1853

A FUNÇÃO JURISDICIONAL NO SISTEMA GATT/OMC

PARTE IV  OS PROCESSOS DE RESOLUÇÃO DE LITÍGIOS ............ 711
CAPÍTULO 14  Os Meios Diplomáticos de Resolução de Litígios ...... 713
1.   Introdução ................................................................................. 713
2.   A Fase das Consultas ................................................................ 716
2.1. O GATT de 1947 ........................................................................ 716
2.2. A Organização Mundial do Comércio ...................................... 719
     2.2.1.  A Fase Pré-Consultas ....................................................... 719
     2.2.2.  A Fase das Consultas nos Acordos Abrangidos ............. 720
     2.2.3.  Os Bons Ofícios, a Conciliação e a Mediação ............... 738
3.   A Relevância Prática dos Meios Diplomáticos ......................... 741
4.   Os Acordos de Autolimitação das Exportações ....................... 746
5.   A Criação de um Painel ............................................................ 752

CAPÍTULO 15  A Fase do Painel ................................................... 755
1.   O Início da Fase do Painel ....................................................... 755
2.   O Pedido de Criação do Painel ................................................ 756
2.1. Introdução ................................................................................. 756
2.2. A Questão da Admissibilidade .................................................. 757
2.3. A Identificação das Medidas Específicas em Questão .............. 779
2.4. As Medidas Subsidiárias ........................................................... 781
2.5. A Alteração ou Extinção das Medidas ...................................... 782
2.6. Medidas não incluídas nos pedidos de consultas e/ou de criação do painel  796
2.7. Medidas não adoptadas no momento do pedido de criação do painel  797
2.8. A Identificação dos Produtos em Questão ............................... 804
2.9. Uma Breve Síntese da Base Jurídica da Queixa ....................... 806
2.10. A Insuficiência do Pedido de Criação do Painel ..................... 814
3.   As "Medidas Específicas em Questão" ..................................... 815
3.1. Introdução ................................................................................. 815
3.2. Um Acto ou Omissão ............................................................... 815
3.3. As Medidas Não Escritas .......................................................... 818
3.4. Atribuível a um Membro da OMC ........................................... 820
3.5. Uma Medida Vinculativa ou Não ............................................. 822
3.6. As Medidas "Enquanto Tais" ou "Como Aplicadas" ............... 822
3.7. Medidas Obrigatórias e Medidas Discricionárias .................... 824
3.8. O Acordo Geral sobre o Comércio de Serviços ....................... 829
3.9. As Medidas dos Órgãos da OMC ............................................ 833
     3.9.1.  Os Problemas .................................................................. 833
     3.9.2.  A Revisão Jurisdicional .................................................. 836
4.   Os Termos de Referência .......................................................... 841
4.1. O GATT de 1947 ........................................................................ 841

| | |
|---|---|
| 4.2. Os Termos de Referência Normais | 845 |
| 4.3. Os Termos de Referência Especiais | 848 |
| 4.4. A Importância dos Termos de Referência | 849 |
| 5. Os Procedimentos a Seguir pelos Painéis | 855 |
| 5.1. O Apêndice 3 do Memorando | 855 |
| 5.2. A Fase Intermédia de Revisão | 868 |
| 5.3. A Regra da Confidencialidade | 874 |
| 5.4. A Regra da Fundamentação | 882 |
| 5.5. Os Prazos Estabelecidos | 884 |
| 6. A Prova | 888 |
| 6.1. O GATT de 1947 | 888 |
| 6.2. Os Acordos da OMC | 889 |
|    6.2.1. Introdução | 889 |
|    6.2.2. *Actori incumbit probatio* | 891 |
|    6.2.3. O Momento da Apresentação dos Elementos de Prova | 894 |
|    6.2.4. Um Caso *Prima Facie* | 899 |
|    6.2.5. A Refutação de um Caso *Prima Facie* | 901 |
|    6.2.6. A Discricionariedade dos Painéis | 906 |
|    6.2.7. O Ónus da Prova no Caso das Excepções | 908 |
|    6.2.7.1. O Princípio Geral | 908 |
|    6.2.7.2. Os chamados "direitos autónomos" | 909 |
|    6.2.8. A Possibilidade de Inferências Adversas | 911 |
| 7. O Princípio das Garantias Processuais Devidas | 917 |
| 7.1. Introdução Histórica | 917 |
| 7.2. O Caso da Organização Mundial do Comércio | 919 |

| | |
|---|---|
| CAPÍTULO 16 A Fase de Recurso | 923 |
| 1. A Possibilidade de Recurso | 923 |
| 2. Recurso das Decisões do Painel? | 928 |
| 3. Os Procedimentos de Trabalho | 930 |
| 4. O Processo de Recurso | 939 |
| 4.1. O Pedido de Recurso | 939 |
| 4.2. Os Recursos Condicionais | 957 |
| 4.3. O Âmbito do Recurso | 959 |
|    4.3.1. O Artigo 17º, nº 6, do Memorando | 959 |
|    4.3.2. O Artigo 17º, nº 13, do Memorando | 973 |
|    4.3.3. A Prática "Completar a Análise" | 982 |
|    4.3.3.1. A ausência do poder de reenvio | 982 |
|    4.3.3.2. A prática do Órgão de Recurso | 984 |
|    4.3.4. O Critério de Análise | 993 |

A FUNÇÃO JURISDICIONAL NO SISTEMA GATT/OMC

4.4. A Regra da Imparcialidade — 1001
4.5. A Regra da Transparência — 1005
4.6. O Plano de Trabalho — 1024
4.7. O Prazo Limite de 90 dias — 1029
4.8. O Processo Escrito — 1038
    4.8.1. Os Documentos — 1038
    4.8.2. A(s) Parte(s) Apelante(s) — 1041
    4.8.3. A Parte Apelada — 1044
    4.8.4. Os Participantes Terceiros — 1046
4.9. A Audiência Oral — 1049
4.10. As Comunicações Conjuntas — 1057
4.11. As Decisões Preliminares — 1057
4.12. A Circulação do Relatório do Órgão de Recurso — 1062
5. Outros Aspectos Processuais — 1063
5.1. A Inexistência de uma Fase Intermédia de Revisão — 1063
5.2. As Medidas Cautelares — 1064
6. O Princípio da Colegialidade — 1070
7. Os Aspectos Financeiros — 1082

CAPÍTULO 17 O Recurso à Arbitragem — 1085
1. Introdução — 1085
2. O Artigo 25º do Memorando — 1088
3. As Arbitragens *Sui Generis* — 1093
4. As Vantagens e as Desvantagens — 1107

CAPÍTULO 18 As Recomendações e Propostas do Painel
e do Órgão de Recurso — 1111
1. O Processo de Adopção dos Relatórios — 1111
1.1. O GATT de 1947 — 1111
1.2. A Organização Mundial do Comércio — 1112
2. As Recomendações — 1120
2.1. O GATT de 1947 — 1120
2.2. O Sistema de Resolução de Litígios da OMC — 1123
    2.2.1. Introdução — 1123
    2.2.2. O Artigo 19º do Memorando — 1123
3. As Propostas — 1130
3.1. O GATT de 1947 — 1130
3.2. O Sistema de Resolução de Litígios da OMC — 1130
4. Os Efeitos dos Relatórios Adoptados — 1140
4.1. O Princípio do Caso Julgado — 1140

## ÍNDICE

4.2. O Princípio do Precedente ............ 1146
   4.2.1. Introdução ............ 1146
   4.2.2. O GATT de 1947 ............ 1150
   4.2.3. O Sistema de Resolução de Litígios da OMC ............ 1153
   4.2.4. O Precedente Vertical no caso da OMC ............ 1160
   4.2.5. Reviramentos de Jurisprudência ............ 1164
   4.2.6. Observações Finais ............ 1167

CAPÍTULO 19   O Sistema de Resolução de Litígios da OMC
e os Países em Desenvolvimento ............ 1171
1.   O Sistema de Resolução de Litígios do GATT de 1947 ............ 1171
2.   O Sistema de Resolução de Litígios da OMC ............ 1175
2.1. As Disposições Aplicáveis ............ 1175
2.2. A Relevância Prática das Disposições Especiais ............ 1177
2.3. Os Problemas e as Propostas de Resolução ............ 1184
3.   O Centro de Assessoria dos Assuntos Jurídicos da OMC ............ 1192
3.1. Introdução ............ 1192
3.2. O Centro de Assessoria ............ 1195

## PARTE V  A FASE PÓS-ADJUDICAÇÃO. A EXECUÇÃO DAS RECOMENDAÇÕES E DECISÕES DO ÓRGÃO DE RESOLUÇÃO DE LITÍGIOS ............ 1205

CAPÍTULO 20   O Prazo Razoável ............ 1207
1.   As Intenções dos Membros Faltosos ............ 1207
2.   O Prazo Razoável ............ 1210
2.1. As Opções Disponíveis ............ 1210
2.2. O Mandato do Árbitro ............ 1216
2.3. A Indicação dos 15 Meses ............ 1223
2.4. Os Princípios Gerais ............ 1228
2.5. As "Circunstâncias Específicas do Caso" Relevantes ............ 1236
2.6. As "Circunstâncias Específicas do Caso" Irrelevantes ............ 1244
2.7. O Caso dos Países em Desenvolvimento ............ 1253
2.8. O Caso das Subvenções Proibidas ............ 1261
2.9. O Ónus da Prova ............ 1264
3.   A Etapa Seguinte ............ 1267

CAPÍTULO 21   A Fiscalização da Execução das Recomendações e Decisões
do Órgão de Resolução de Litígios ............ 1269
1.   Introdução ............ 1269
2.   O Procedimento do Artigo 21º, nº 5, do Memorando ............ 1273

# A FUNÇÃO JURISDICIONAL NO SISTEMA GATT/OMC

| | |
|---|---|
| 2.1. O Texto da Disposição | 1273 |
| 2.2. *Standing* | 1275 |
| 2.3. O Pedido de Criação do Painel | 1279 |
| 2.4. O Mandato do Painel | 1283 |
| 2.5. O Ónus da Prova | 1298 |
| 2.6. O Chamado "Sequencing Problem" | 1299 |
| 2.7. Outras Questões Processuais | 1312 |
| 3. A Importância dos Procedimentos de Cumprimento | 1317 |

| | |
|---|---|
| CAPÍTULO 22 A Falta de Execução | 1319 |
| 1. Introdução | 1319 |
| 2. O GATT de 1947 | 1323 |
| 3. A Hierarquia do Art. 3º, nº 7, do Memorando | 1330 |
| 4. A Natureza Prospectiva das Recomendações | 1341 |
| 5. A Solução da Compensação | 1355 |
| 5.1. O GATT de 1947 | 1355 |
| 5.2. A Compensação Comercial | 1355 |
| 5.3. A Compensação Financeira | 1358 |
| 6. A Suspensão das Concessões | 1363 |
| 6.1. O Primeiro Pedido de Autorização | 1363 |
| 6.2. O Mandato dos Árbitros | 1370 |
| 6.3. O Segundo Pedido de Autorização | 1377 |
| 6.3.1. Os limites estabelecidos | 1377 |
| 6.3.2. As listas de produtos anexas ao pedido de autorização | 1378 |
| 6.3.3. A proposta de Hakan Nordström | 1383 |
| 6.3.4. As discrepâncias registadas nos montantes | 1384 |
| 6.4. O Ónus da Prova nos Procedimentos de Arbitragem do Art. 22º | 1387 |
| 6.5. "Concessões" e "Outras Obrigações" | 1392 |
| 6.6. A Possibilidade de Retaliação Cruzada | 1400 |
| 6.6.1. Os princípios e procedimentos | 1400 |
| 6.6.2. As condições de aplicação | 1403 |
| 6.6.3. As vantagens e os problemas | 1408 |
| 6.6.4. A (prática) das retaliações cruzadas autorizadas | 1413 |
| 6.7. A Legislação Carrossel | 1422 |
| 6.8. O Requisito da "Equivalência" | 1425 |
| 6.8.1. Introdução | 1425 |
| 6.8.2. A escolha do counterfactual | 1428 |
| 6.8.3. A escolha da métrica | 1439 |
| 6.8.4. As entidades relevantes para a análise | 1444 |
| 6.8.5. Os efeitos prejudiciais a considerar | 1446 |

| | |
|---|---|
| 6.8.6. Alterações que possam surgir com o decurso do tempo | 1456 |
| 6.8.7. O caso especial das subvenções | 1461 |
| 6.9. O Caso dos Países em Desenvolvimento | 1471 |
| 6.10. O Objectivo da Suspensão de Concessões ou Outras Obrigações | 1479 |
|    6.10.1. Considerações gerais | 1479 |
|    6.10.2. A relevância prática da suspensão de concessões | 1482 |
| 7. A Fase Pós-Retaliação | 1486 |

## PARTE VI  UM GOVERNO DOS JUÍZES? — 1491

CAPÍTULO 23  Os Mecanismos de Controlo — 1493

| | |
|---|---|
| 11. A Independência dos Tribunais | 1493 |
| 2. O Sistema de Resolução de Litígios da OMC | 1496 |
| 2.1. Introdução | 1496 |
| 2.2. O Poder de Interpretação | 1499 |
| 2.3. A Possibilidade de Alterações | 1503 |
| 2.4. A Concessão de Derrogações | 1509 |
| 2.5. O Direito de Recesso | 1515 |
| 3. Os Meios de Controlo Aplicados pelos Membros | 1531 |
| 4. Os Meios de Controlo dos Órgãos de Adjudicação | 1538 |
| 4.1. Introdução | 1538 |
| 4.2. As Regras de Interpretação Adoptadas | 1538 |
|    4.2.1. O GATT de 1947 | 1538 |
|    4.2.2. O Papel da Convenção de Viena (1969) | 1541 |
|    4.2.3. O Artigo 31º da Convenção de Viena | 1547 |
|    4.2.4. O Artigo 32º da Convenção de Viena | 1554 |
|    4.2.5. Observações finais | 1558 |
| 4.3. O Princípio da Economia Judicial | 1563 |
|    4.3.1. Introdução | 1563 |
|    4.3.2. O Sistema de Resolução de Litígios da OMC | 1564 |
|    4.3.3. O Caso do Órgão de Recurso | 1572 |
|    4.3.4. Observações finais | 1575 |

CAPÍTULO 24  A Eficácia do Sistema de Resolução de  Litígios da OMC — 1579

| | |
|---|---|
| 1. Introdução | 1579 |
| 2. O Grau de Utilização | 1580 |
| 3. O Impacto Normativo | 1593 |
| 3.1. Introdução | 1593 |
| 3.2. A Representação por Advogados Privados | 1595 |
| 3.3. A Doutrina do Produto/Processo | 1602 |

A FUNÇÃO JURISDICIONAL NO SISTEMA GATT/OMC

| | |
|---|---|
| 3.3.1. Os processos e métodos de produção incorporados e não incorporados | 1602 |
| 3.3.2. Os casos *Tuna/Dolphin* | 1604 |
| 3.3.3. O caso *Shrimp/Turtles* | 1609 |
| 3.3.4. Considerações finais | 1617 |
| 4. O Grau de Contestação | 1620 |
| 4.1. Introdução | 1620 |
| 4.2. O Caso das Organizações Não Governamentais | 1621 |
| 4.2.1. A natureza intergovernamental da OMC | 1622 |
| 4.2.2. O texto do Memorando | 1625 |
| 4.2.3. A questão da legitimidade | 1630 |
| 4.2.4. O desequilíbrio Norte/Sul | 1633 |
| 4.2.5. O desequilíbrio entre o processo político e o processo jurisdicional | 1636 |
| 4.2.6. O princípio do consentimento | 1642 |
| 4.2.7. O princípio *jura novit curia* | 1653 |
| 4.3. O Incumprimento das Recomendações e Decisões do ORL | 1656 |
| 5. O Grau de Activismo Judicial | 1661 |
| 5.1. O Artigo 3º, Nº 2, do Memorando | 1661 |
| 5.2. A Problemática do Activismo Judicial | 1664 |
| 5.3. Os Constrangimentos Existentes | 1668 |
| 5.4. O Desequilíbrio entre o Processo Político e o Processo Jurisdicional | 1677 |
| 5.4.1. A regra do consenso positivo | 1677 |
| 5.4.2. O Paradoxo Institucional | 1683 |
| 5.4.3. As propostas apresentadas | 1689 |
| 5.4.3.1. A proposta de Claude Barfield | 1689 |
| 5.4.3.2. Um Sistema de Voto Ponderado | 1690 |
| 5.4.3.3. A Adopção Parcial dos Relatórios | 1692 |
| 5.4.3.4. O Modelo de Geometria Variável | 1695 |
| 6. Fiéis ao Mandato Atribuído? | 1699 |
| | |
| CONCLUSÕES | 1715 |
| BIBLIOGRAFIA | 1721 |
| WEBGRAFIA | 1848 |
| ÍNDICE | 1849 |